中国艺术年鉴

2012年卷 + 上

王文章　主编
中国艺术研究院《中国艺术年鉴》编辑部　编

文化艺术出版社
Culture and Art Publishing House

图书在版编目（CIP）数据

中国艺术年鉴．2012／王文章主编．—北京：文化艺术出版社，2014.10
ISBN 978－7－5039－5778－9

Ⅰ．①中…　Ⅱ．①王…　Ⅲ．①艺术—中国—2012
—年鉴　Ⅳ．①J12－54

中国版本图书馆 CIP 数据核字（2014）第 102240 号

中国艺术年鉴·2012 年卷

主　　编　王文章
责任编辑　陶　玮　潘　艳　徐建华
装帧设计　李　鹏
出版发行　文化艺术出版社
地　　址　北京市东城区东四八条 52 号　100700
网　　址　www.whyscbs.com
电子邮箱　whysbooks@263.net
电　　话　（010）84057666（总编室）84057667（办公室）
　　　　　（010）84057691—84057699（发行部）
传　　真　（010）84057660（总编室）84057670（办公室）
　　　　　（010）84057690（发行部）
经　　销　新华书店
印　　刷　北京金彩印刷有限公司
版　　次　2014 年 10 月第 1 版
　　　　　2014 年 10 月第 1 次印刷
开　　本　880 毫米×1230 毫米　1/16
印　　张　110.25
字　　数　2400 千字
书　　号　ISBN 978－7－5039－5778－9
定　　价　600.00 元（上下册）

《中国艺术年鉴》
编辑机构人员

主　编

王文章

副主编

王能宪　田黎明

吕品田　贾磊磊

杨　斌　孙伟科

编辑部主任

孙伟科

编辑部副主任

丛玲玲

分卷主编

丛玲玲

王　晶

柯　凡

杜　蕾

马　岩

张啸涛

陈　乾

王　伟

顾骁瑾

孙晓霞（特邀）

高　伟（特邀）

前　言

2012年是不平凡的一年，中国共产党“十八大”胜利召开，以习近平为总书记的党中央以“中国梦”为号召，开启了建设富强、民主、文明、和谐的社会主义现代化国家的新阶段。

2012年也是中国文化艺术发展取得辉煌成就的一年。党的“十八大”报告中明确指出了我国文化艺术发展所取得的巨大进步：“文化建设迈上新台阶。社会主义核心价值体系建设深入开展，文化体制改革全面推进，公共文化服务体系建设取得重大进展，文化产业快速发展，文化创作生产更加繁荣，人民精神文化生活更加丰富多彩。”2012年，党的“百花齐放、百家争鸣”的方针得到有效贯彻和执行，艺术思想活跃，艺术发展势头强劲，艺术创作繁荣。艺术学理论研究、戏曲、话剧、音乐、美术、舞蹈、曲艺、艺术设计等领域有许多可以载入史册的学术成果、作品、演出、活动和艺术家。为了继续全面反映全国艺术发展状况，对艺术各门类学科发展做出评述，宏观与微观相结合地反映我国艺术创作的成果，显示我国不同艺术门类所取得的实绩和它们之间的协调发展，我们沿用2011年的年鉴体例编辑了《中国艺术年鉴·2012年卷》，即：反映本年度我国各艺术门类、各艺术工作领域的实际情况及所取得的成就，本着客观纪录与学术评述相结合、全面反映与重点突出相协调、活动情况与反响评价相兼顾的编辑思路，侧重艺术创作，立足学术考量，以文化强国的艺术发展要求与艺术本体规律为辑选标准，纪录和凸显那些符合艺术规律、对艺术创作健康发展具有推动作用和借鉴价值的优秀作品和工作实践。

本年鉴按照惯用的艺术分类方式并结合年鉴编辑体例，分为总类、艺术学、戏曲、话剧、音乐、舞蹈、曲艺、杂技·魔术、电影、电视、美术、工艺美术、摄影、书法·篆刻、设计、索引16个分卷。与《中国艺术年鉴·2011年卷》相比，原独立的动画卷并入电影、电视卷中，新增加了艺术学卷、设计卷。

本年鉴分为四级条目，依次为：卷目——栏目——类目——条目。条目为基本信息单元，以【 】标示。

各卷目下设栏目，依次为："年度述评"、"文件·文献"、"专题"、"作品"、"纪事"。

"年度述评"，以专论的形式，从不同角度对年度艺术发展的诸多方面做出视野开阔、立体丰富、严谨深入的现状评价、经验总结和趋势前瞻。

"文件·文献"，辑录年度内文化艺术主管部门和艺术团体发布的与艺术工作相关的法规、规划、公告、通知等文件。

"专题"，就年度中的重要艺术活动、事件、热点、话题，辑选与此相关的媒体报道、采访、评论文章，对其进行全面展现。

"作品"，辑录年度内各艺术门类有影响的新作或佳作。

"纪事"，简要纪录年度内艺术展演、评比、会议、产业、交流等各类活动信息。

各栏目下设类目，类目是若干相关条目的归类总称，根据各卷、各栏目所载条目的具体情况设置。

本年鉴实行分卷主编制。稿件含约稿和摘录两类，摘录稿件涉及讲话、文件、报道、评论、论文等文体。年鉴纪事所录信息均从全国主要报纸期刊、公开出版物及网站收集而来，并按本年鉴的表述规范加以编辑整理。

中国艺术研究院《中国艺术年鉴》编辑部

2014年7月5日

中国艺术年鉴

2012年卷 + 总目

上册目录

总类卷……1

分卷主编　丛玲玲

戏曲卷……229

分卷主编 杜 蕾 柯 凡

曲艺卷……751　　分卷主编　王　晶

杂技·魔术卷……813

分卷主编 高 伟

下册目录

美术卷……1097

分卷主编 王 伟

分卷主编：丛玲玲

中国艺术年鉴

2012年卷

总类卷

特载

【胡锦涛《坚定不移沿着中国特色社会主义道路前进　为全面建成小康社会而奋斗——在中国共产党第十八次全国代表大会上的报告》之六《扎实推进社会主义文化强国建设》】

文化是民族的血脉，是人民的精神家园。全面建成小康社会，实现中华民族伟大复兴，必须推动社会主义文化大发展大繁荣，兴起社会主义文化建设新高潮，提高国家文化软实力，发挥文化引领风尚、教育人民、服务社会、推动发展的作用。

建设社会主义文化强国，必须走中国特色社会主义文化发展道路，坚持为人民服务、为社会主义服务的方向，坚持百花齐放、百家争鸣的方针，坚持贴近实际、贴近生活、贴近群众的原则，推动社会主义精神文明和物质文明全面发展，建设面向现代化、面向世界、面向未来的，民族的、科学的、大众的社会主义文化。

建设社会主义文化强国，关键是增强全民族文化创造活力。要深化文化体制改革，解放和发展文化生产力，发扬学术民主、艺术民主，为人民提供广阔文化舞台，让一切文化创造源泉充分涌流，开创全民族文化创造活力持续迸发、社会文化生活更加丰富多彩、人民基本文化权益得到更好保障、人民思想道德素质和科学文化素质全面提高、中华文化国际影响力不断增强的新局面。

（一）加强社会主义核心价值体系建设。社会主义核心价值体系是兴国之魂，决定着中国特色社会主义发展方向。要深入开展社会主义核心价值体系学习教育，用社会主义核心价值体系引领社会思潮、凝聚社会共识。推进马克思主义中国化、时代化、大众化，坚持不懈用中国特色社会主义理论体系武装全党、教育人民，深入实施马克思主义理论研究和建设工程，建设哲学社会科学创新体系，推动中国特色社会主义理论体系进教材、进课堂、进头脑。广泛开展理想信念教育，把广大人民团结凝聚在中国特色社会主义伟大旗帜之下。大力弘扬民族精神和时代精神，深入开展爱国主义、集体主义、社会主义教育，丰富人民精神世界，增强人民精神力量。倡导富强、民主、文明、和谐，倡导自由、平等、公正、法治，倡导爱国、敬业、诚信、友善，积极培育和践行社会主义核心价值观。牢牢掌握意识形态工作领导权和主导权，坚持正确导向，提高引导能力，壮大主流思想舆论。

（二）全面提高公民道德素质。这是社会主义道德建设的基本任务。要坚持依法治国和以德治国相结合，加强社会公德、职业道德、家庭美德、个人品德教育，弘扬中华传统美德，弘扬时代新风。推进公民道德建设工程，弘扬真善美、贬斥假恶丑，引导人们自觉履行法定义务、社会责任、家庭责任，营造劳动光荣、创造伟大的社会氛围，培育知荣辱、讲正气、作奉献、促和谐的良好风尚。深入开展道德领域突出问题专项教育和治理，加强政务诚信、商务诚信、社会诚信和司法公信建设。加强和改进思想政治工作，注重人文关怀和心理疏导，培育自尊自信、理性平和、积极向上的社会心态。深化群众性精神文明创建活动，广泛开展志愿服务，推动学雷锋活动、学习宣传道德模范常态化。

（三）丰富人民精神文化生活。让人民享有健康丰富的精神文化生活，是全面建成小康社会的重要内容。要坚持以人民为中心的创作导向，提高文化产品质量，为人民提供更好更多的精神食粮。坚持面向基层、服务群众，加快推进重点文化惠民工程，加大对农村和欠发达地区文化建设的帮扶力度，继续推动公共文化服务设施向社会免费开放。建设优秀传统文化传承体系，弘扬中华优秀传统文化。推广和规范使用国家通用语言文字。繁荣发展少数民族文化事业。开展群众性文化活动，引导群众在文化建设中自我表现、自我教育、自我服务。开展全民阅读活动。加强和改进网络内容建设，唱响网上主旋律。加强网络社会管理，推进网络依法规范有序运行。开展“扫黄打非”，抵制低俗现象。普及科学知识，弘扬科学精神，提高全民科学素养。广泛开展全民健身运动，促进群众体育和竞技体育全面发展。

（四）增强文化整体实力和竞争力。文化实力和竞争力是国家富强、民族振兴的重要标志。要坚持把社会效益放在首位、社会效益和经济效益相统一，推动文化事业全面繁荣、文化产业快速发展。发展哲学社会科学、新闻出版、广播影视、文学艺术事业。加强重大公共文化工程和文化项目建设，完善公共文化服务体系，提高服务效能。促进文化和科技融合，发展新型文化业态，提高文化产业规模化、集约化、专业化水平。构建和发展现代传播体系，提高传播能力。增强国有公益性文化单位活力，完善经营性文化单位法人治理结构，繁荣文化市场。扩大文化领域对外开放，积极吸收借鉴国外优秀文化成果。营造有利于高素质文化人才大量涌现、健康成长的良好环境，造就一批名家大师和民族文化代表人物，表彰有杰出贡献的文化工作者。

我们一定要坚持社会主义先进文化前进方向，树立高度的文化自觉和文化自信，向着建设社会主义文化强国宏伟目标阔步前进。

（2012 年 11 月 8 日）

【李长春《在新的历史条件下继承和弘扬〈讲话〉精神　奋力开拓中国特色社会主义文化发展道路——在纪念毛泽东同志〈在延安文艺座谈会上的讲话〉发表 70 周年座谈会上的讲话》】

今天我们在这里隆重集会，纪念毛泽东同志《在延安文艺座谈会上的讲话》发表 70 周年。中央对这次座谈会高度重视，胡锦涛总书记专门作出重要指示，深刻阐明《讲话》的历史地位和重要作用，高度赞扬 70 年来一代又一代文艺工作者作出的重要贡献，对新形势下进一步继承和弘扬《讲话》精神、繁荣发展社会主义文艺事业提出了明确要求。胡锦涛总书记的重要指示充分体现了党中央对文化工作的高度重视和对广大文艺工作者的殷切期望，必将鼓舞和鞭策广大文艺工作者沿着《讲话》指引的正确方向，在新的历史起点上推动社会主义文艺繁荣发展。

70 年前，在延安整风期间，毛泽东同志亲自主持召开了由文艺工作者和中央各部门负责人参加的延安文艺座谈会，发表了重要讲话。《讲话》从马克思主义理论的高度，紧密结合中国革命的实际，系统总结了五四运动以来中国革命文艺运动的基本经验，鲜明地提出“我们的文学艺术都是为人民大众的，首先是为工农兵的”，从根本上回答了革命文艺的方向、道路等重大原则问题。《讲话》第一次科学、系统地阐述了党的文艺主张和文艺思想，深刻论述了文艺与人民、文艺与政治、文艺与生活、文艺与时代、内容与形式、继承与创新、歌颂与暴露、普及与提高、世界观与文艺创作等重要问题，提出了一系列富有创造性的理论观点，确定了党领导文艺工作的基本理论、路线、方针，是马克思主义中国化一篇彪炳史册的光辉文献。《讲话》作为毛泽东思想的重要组成部分，不仅是我们党领导文化建设和文艺工作的重要里程碑，也对整个中国革命事业的发展和胜利产生了广泛而深远的指导作用；不仅将我国革命文艺运动推进到了一个崭新的阶段，也为我们今天探索和开拓中国特色社会主义文化发展道路提供了重要的理论指南。此时此刻，我们回顾 70 年峥嵘岁月，重温毛泽东同志的《讲话》精神，联系当代中国文艺发展和文化建设的伟大实践，更加强烈地感受到《讲话》闪耀着永恒的思想光芒和跨越时空的不朽力量。

70 年来，在《讲话》精神指引下，我们党始终把文艺事业摆在重要位置，高度重视、精心领导，并随着时代的发展不断提出新的战略思想，作出新的决策部署，团结带领广大文艺工作者推动社会主义文艺繁荣发展，取得了历史性的伟大成就。以毛泽东同志为核心的党的第一代中央领导集体，把文学艺术作为在争取民族独立、人民解放斗争中团结人民、战胜敌人的强大武器，作为鼓舞站起来了的中国人民建设社会主义新家园的冲锋号角，激励和引导广大进步作家艺术家踊跃投身革命和建设的时代洪流，催生出一大批感人肺腑、影响深远的优秀文艺作品，开启了社会主义文艺的崭新纪元。以邓小平同志为核心的党的第二代中央领导集体，积极推动文化领域的拨乱反正，邓小平同志《在中国文学艺术工作者第四次代表大会上的祝词》指明了改革开放新时期社会主义文艺事业繁荣发展的正确道路，强调人民是文艺工作者的母亲，文艺要为培育“四有”新人作出贡献，文艺工作者要成为名副其实的人类灵魂工程师，把最好的精神食粮奉献给人民，文艺事业迎来了新的春天。以江泽民同志为核心的党的第三代中央领导集体，在全面推进中国特色社会主义伟大事业的进程中，积极推进社会主义文化建设，努力发展社会主义先进文化，要求作家艺术家在人民的历史创造中进行艺术的创造，在人民的进步中造就艺术的进步，创作出更多无愧于伟大时代、无愧于伟大人民的优秀作品，广大文艺工作者满腔热情地讴歌时代发展和社会进步的主旋律，社会主义文艺园地百花竞放、繁花似锦。党的十六大以来，以胡锦涛同志为总书记的党中央在团结带领全国各族人民全面建设小康社会、开创中国特色社会主义事业新局面的伟大征程中，不断推进文化体制改革，不断深化对文化发展规律的认识，形成了文化改革发展的一系列新思想、新观点、新论断，号召广大文艺工作者把握时代前进脉搏，顺应历史发展要求，把艺术追求融入国家发展的洪流之中，把文艺创造寓于时代的进步之中，满腔热情地讴歌时代主旋律，社会主义文艺充分发挥了引领风尚、教育人民、服务社会、推动发展的作用，呈现出大团结大繁荣大发展的生动局面。70年来，一代又一代文艺工作者在《讲话》精神的感召下，与时代同进步、与祖国共命运、与人民心连心，自觉投身革命、建设、改革的伟大实践，不断推出反映时代呼声、振奋民族精神、陶冶高尚情操的优秀作品，不断涌现德艺双馨、深受人民喜爱的文艺家，谱写了我国文化发展的辉煌篇章，为激励亿万人民投身民族解放、国家富强、改革开放的宏伟事业作出了重要贡献，为满足人民精神需求、丰富人民精神世界、增强人民精神力量发挥了重要作用。

70年来，我们党始终坚持解放思想、实事求是、与时俱进，不断继承和丰富《讲话》精神，不断探索和创新社会主义文艺的理论与实践，不断深化对社会主义文艺事业发展规律的认识，取得了一系列重要成就，积累了一系列宝贵经验。这些宝贵经验，概括起来讲，主要体现在：一是必须坚持正确的政治立场，自觉用马克思主义中国化最新成果武装头脑、指导实践、推动工作，以马克思列宁主义、毛泽东思想、邓小平理论和“三个代表”重要思想为指导，深入贯彻落实科学发展观；二是必须坚持社会主义先进文化的前进方向，全面贯彻落实党的文艺方针政策，坚持为人民服务、为社会主义服务，坚持百花齐放、百家争鸣，弘扬主旋律、提倡多样化，在继承借鉴的基础上，古为今用、洋为中用、推陈出新；三是必须坚持以人为本，贴近实际、贴近生活、贴近群众，充分发挥人民在文化建设中的主体作用，真正做到文化发展为了人民、文化发展依靠人民、文化发展成果由人民共享；四是必须坚持把社会效益放在首位、社会效益和经济效益相统一，遵循文化发展规律，适应社会主义市场经济发展要求，一手抓文化事业、一手抓文化产业，一手抓繁荣、一手抓管理，做到“两手抓、两加强”，推动文化事业和文化产业全面协调可持续发展；五是必须坚持解放思想、实事求是、与时俱进，深化文化体制改革，推进文化创新，构建有利于文化繁荣发展的体制机制，不断解放和发展文化生产力；六是必须坚持尊重规律、团结和谐，尊重文艺工作者的创造性劳动，充分调动文艺工作者的积极性、主动性、创造性，努力形成有利于多出优秀作品、多出优秀人才的良好局面。这些宝贵经验，体现了《讲话》发表以来我们党领导文艺工作的优良传统，体现了新世纪新阶段文艺工作的成功探索，反映了社会主义文艺工作的本质要求，是繁荣发展社会主义文艺的重要遵循，我们要长期坚持并在实践中不断丰富和发展。

70年前，在中华民族内忧外患、生死存亡的危难关头，《讲话》犹如精神灯塔，指引革命文艺健康发展，使之成为推动中国革命取得胜利的重要力量；70年后，在夺取全面建设小康社会新胜利、开创中国特色社会主义事业新局面、实现中华民族伟大复兴的征程上，我们纪念《讲话》，就是要引领文艺事业更好地肩负起历史使命，充分发挥讴歌人民、昭示光明、凝聚力量、鼓舞人心的重要作用。回顾在《讲话》精神指引下中国文艺70年的辉煌历程，站在新的历史起点上展望未来，我们对社会主义文艺的美好前景充满信心。去年，我们党胜利召开了十七届六中全会，明确提出坚持中国特色社会主义文化发展道路、努力建设社会主义文化强国的战略目标。这是新中国成立特别是改革开放以来我国文化建设实践探索的基本结论，鲜明回答了新的历史条件下我国文化改革发展走什么样的路、朝什么样的目标迈进这个带有方向性、战略性的重大问题，是对中国特色社会主义道路的丰富和发展，是我们党理论创新和实践创新的又一重大成果，为我们党在新的历史条件下领导文化工作提供了根本遵循。这次全会，是我们党领导文化工作又一具有里程碑意义的大事。以党的十七届六中全会为标志，我国文化改革发展进入了新的历史性阶段。

在新的历史条件下继承和弘扬《讲话》精神，最重要的就是坚持中国特色社会主义文化发展道路。中国特色社会主义文化发展道路，凝结着中华民族优秀历史文化传统，吸收了人类文明进步有益成果，是中国特色社会主义道路的重要组成部分，是鼓舞中华儿女不断增强文化自觉和文化自信、凝聚全社会智慧力量推动文化科学发展的正确道路。这条道路，贯穿了《讲话》中蕴含的马克思主义立场、观点和方法，既与《讲话》精神在思想内涵、精神实质、根本要求等方面一脉相承，又紧密结合发展了的实际与时俱进，体现出鲜明的实践特色、民族特色、时代特色。广大文化工作者要从全局和战略的高度认清肩负的崇高责任和神圣使命，高举中国特色社会主义伟大旗帜，以邓小平理论和“三个代表”重要思想为指导，深入贯彻落实科学发展观，更加自觉地继承和弘扬《讲话》精神，更加积极地响应党的十七届六中全会号召，提升文化自觉，增强文化自信，以科学发展为主题，以建设社会主义核心价值体系为根本任务，以满足人民精神文化需求为出发点和落脚点，以改革创新为动力，沿着中国特色社会主义文化发展道路开拓奋进，不断开创我国文化繁荣发展的新局面。

一、坚持中国特色社会主义文化发展道路，必须以马克思主义为指导，始终用马克思主义中国化的最新成果引领文化发展方向

毛泽东同志在《讲话》中指出，“马克思列宁主义是一切革命者都应该学习的科学，文艺工作者不能是例外”，强调要“用辩证唯物论和历史唯物论的观点去观察世界，观察社会，观察文学艺术”。在新的历史条件下继承和弘扬《讲话》精神、奋力开拓中国特色社会主义文化发展道路，最重要的就是坚持以马克思主义为指导，坚持以社会主义先进文化为引领，这是中国特色社会主义文化发展道路的本质特征。马克思主义是我们立党立国的根本指导思想。我们党从诞生之日起就始终高举马克思主义的旗帜，并在同中国实际相结合的过程中不断推进马克思主义中国化、时代化、大众化。正是有了马克思主义的科学指导，中国革命、建设、改革才不断从胜利走向新的胜利，社会主义文化才不断从繁荣走向新的繁荣。在社会主义市场经济日益发展和对外开放不断扩大的新形势下，我国社会思潮更加多元多样，只有毫不动摇地坚持马克思主义的指导地位，用发展着的马克思主义指导实践、引领思潮，才能打牢中国特色社会主义文化建设的思想基础，才能使我们在错综复杂的形势中始终把握文化发展的正确方向。

中国特色社会主义理论体系是马克思主义中国化的最新成果。坚持以马克思主义为指导，最根本的是要把中国特色社会主义理论体系贯彻落实到文艺创作、文艺活动、文艺评论等各个方面。要深刻领会中国特色社会主义理论体系的科学内涵和精神实质，掌握贯穿其中的马克思主义立场、观点、方法，用中国特色社会主义理论体系研究解决文化改革发展面临的问题，充分发挥科学理论武装头脑、指导实践、推动工作的巨大作用。要深入开展马克思主义文艺观学习实践活动，引导文艺工作者深入学习马克思主义经典著作，运用辩证唯物主义和历史唯物主义指导文艺创作，正确反映五千年中华文明史，正确反映近代中国革命史，正确反映党领导人民的奋斗史、创业史、改革开放史，展示社会主义现代化建设的辉煌成就，激发人们爱党爱国的热情，坚定走中国特色社会主义道路的信念和信心。要加强马克思主义文艺理论研究，根据时代变化的新要求，研究回答新时期文艺创作面临的重大理论和现实问题，构建符合中国实际的马克思主义文艺思想体系和美学体系，探索建立中国特色社会主义文艺评价体系，使文艺发展建立在深厚理论基础之上。要紧密联系文艺创作实践开展积极健康的文艺评论，关注热点焦点问题，褒优贬劣、激浊扬清，形成有利于先进思想文化传播的良好氛围。要积极探索用马克思主义引领文化思潮的有效途径，深入研究不同阶层、不同群体思想活动的差异性，在纷繁复杂的文化生态中辨析主流与支流、区分先进与落后，在事关方向、原则的重大问题上，旗帜鲜明地表达党的文艺立场、文艺方针，理直气壮地批评不良倾向和错误观点，努力在多样化文化思潮中立主导、谋共识，不断巩固马克思主义的指导地位。

二、坚持中国特色社会主义文化发展道路，必须大力建设社会主义核心价值体系，巩固全党全国各族人民团结奋斗的共同思想道德基础

《讲话》在中国革命形势最为严酷的时刻呼唤革命文艺承担起“打倒我们民族的敌人，完成民族解

放的任务”，对文艺工作发挥团结凝聚亿万中国人民的作用提出了明确要求，强调要使文艺“作为团结人民、教育人民、打击敌人、消灭敌人的有力的武器，帮助人民同心同德地和敌人作斗争。”在新的历史条件下继承和弘扬《讲话》精神、奋力开拓中国特色社会主义文化发展道路，就要大力建设社会主义核心价值体系，凝魂聚气、强基固本，推动在全社会形成统一指导思想、共同理想信念、强大精神力量和基本道德规范，这是中国特色社会主义文化发展道路的根本任务。社会主义核心价值体系是兴国之魂，是社会主义先进文化的精髓，决定着中国特色社会主义的发展方向。文艺事业是中国特色社会主义事业的重要组成部分，是社会主义文化建设的重要内容。当代中国文艺作为民族精神的火炬、人民奋进的号角，必须自觉体现和传播社会主义核心价值体系，赋予精神文化产品更加丰富、更加深刻的思想内涵，推动全社会形成良好思想道德风尚和积极健康的文化氛围，激发亿万人民群众奋发向上的精神力量，建设中华民族共有精神家园，为中华民族伟大复兴提供有力文化支撑。

广大文艺工作者要承担起弘扬社会主义核心价值体系的历史使命，自觉把正确的价值追求同崇高的艺术追求统一起来，在践行社会主义核心价值体系的过程中进行艺术创造。纵观古今中外的文化发展史，任何文化都是其精神价值与承载这些精神价值的物质基础和传播形态之间的有机统一。精神价值是文化的“魂”，决定着文化的性质和方向。承载文化精神价值的物质基础和传播形态是文化的“体”，决定着文化精神价值的传播力和影响力。每一次文化的繁荣发展，都是文化“魂”与“体”完美结合的结果。我们要深刻认识和把握文化建设“魂”与“体”的辩证关系，努力寻找社会主义核心价值体系与人们情感世界的契合点，通过生动感人的形式表现社会主义核心价值体系，以丰富多样的题材、鲜明生动的形象、个性化的艺术创新和有效的传播形式来培育和弘扬正确的价值导向，让人们在美的享受中得到陶冶、受到启迪，增强社会主义核心价值体系的感召力和影响力。要准确把握时代脉搏、紧扣党和国家工作主线，推出更多热情讴歌改革开放和现代化建设伟大成就、生动展示中国人民奋发有为精神风貌和宏伟业绩的文艺作品，用内容更加丰富、形式更加多样、影响更加广泛的文化活动，唱响在中国共产党领导下、走中国特色社会主义道路、实现中华民族伟大复兴的时代最强音。要把以爱国主义为核心的民族精神和以改革创新为核心的时代精神作为文艺作品的突出主题，大力弘扬中华民族自强不息、艰苦奋斗、百折不挠、敢于胜利的优秀传统，深刻反映当代中国人民顽强拼搏、开拓创新的进取精神。要通过各种形式的文艺创作，倡导中华民族优秀传统道德和社会主义精神文明，倡导正确的世界观、人生观和价值观，弘扬真善美、贬斥假恶丑，引导人们增强道德判断力和道德荣誉感，把积极的人生追求、高尚的情感境界、健康的生活情趣传递给人民，在全社会形成践行社会主义荣辱观的良好风尚。

三、坚持中国特色社会主义文化发展道路，必须贴近实际、贴近生活、贴近群众，牢固树立以人民为中心的创作导向

《讲话》旗帜鲜明地提出“为什么人的问题，是一个根本的问题，原则的问题”，强调“我们的文学艺术都是为人民大众的”，“一切革命的文学家艺术家只有联系群众，表现群众，把自己当作群众的忠实的代言人，他们的工作才有意义”。这是毛泽东同志从中国革命文艺运动的实际出发，运用马克思主义唯物史观对“文艺为什么人服务”这个根本问题作出的科学回答，开辟了马克思主义文艺理论的新境界，不仅对我国文艺事业发展而且对整个文化建设都具有重大指导作用，是《讲话》这座精神灯塔中最耀眼的光芒。在新的历史条件下继承和弘扬《讲话》精神、奋力开拓中国特色社会主义文化发展道路，就要坚持以人为本、人民至上，这是中国特色社会主义文化发展道路的根本方向和最终目的。历史和现实充分证明，人民是历史的创造者，也是文化发展最深厚的力量源泉。一切伟大的文化工作者无不具有深厚的人民情怀，一切伟大的精神文化产品无不具有深刻的人民性，当文化工作者的心与人民的心紧紧贴在一起的时候，文化产品就会拥有感人至深的力量，就会拥有传之久远的生命力。我们建设的社会主义文化，是人民大众的文化。中国特色社会主义文化发展道路，是人民群众共建共享的道路，社会主义文化建设与整个社会主义事业的价值追求有着高度的内在一致性，那就是文化源于人民、文化为了人民、文化属于人民。这就要求我们必须牢固树立马克思主义的群众观点，牢记文化建设的根基和

力量在人民，自觉走与人民结合的道路，站稳群众立场，培养群众感情，坚持文化发展为了人民、文化发展依靠人民、文化发展成果由人民共享，实现好、维护好、发展好、广大人民的文化权益。

广大文艺工作者要继承发扬文艺为人民服务、为社会主义服务的光荣传统，更加自觉主动地承担起为人民抒写、为人民放歌的历史责任。要坚持以人为本，树立以人民为中心的创作导向，让人民成为文艺作品的主角，忠实生动地记录普通群众创造美好生活的伟大实践，浓墨重彩地歌颂各行各业劳动者可歌可泣的事迹，满怀热忱地反映他们的精神世界。要坚持贴近实际、贴近生活、贴近群众，积极投身“走基层、转作风、改文风”活动，全心全意、真心实意地到人民群众中去，到改革开放和现代化建设的第一线，向实践学习，拜人民为师，关心人民命运，体察人民愿望，从人民群众的火热生活中挖掘素材，从人民群众的实践创造中提炼主题，从人民群众的审美需求中汲取灵感，把握生活的主流，展示社会的积极面，展现人生的美好前景，让人们在文艺作品中看到光明、看到进步、看到希望。要坚持面向基层、重心下移，把发展先进文化作为保障和改善民生的重要内容，以满足人民精神文化需求为出发点和落脚点，多创作生产基层群众喜闻乐见的文艺作品，多开展群众乐于参与、便于参与的文艺活动，把更多优秀作品投向基层，把更多文化服务延伸到基层，让文化发展成果惠及全体人民。要充分发挥人民在文化建设中的主体作用，尊重人民的首创精神，开辟渠道、搭建平台、创造条件，开展多层次、多形式的群众性文化活动，挖掘基层的文化资源，支持群众自办文化，激发群众的智慧和力量，让蕴藏于人民中的文化创造活力竞相迸发、充分涌流。

四、坚持中国特色社会主义文化发展道路，必须牢牢把握科学发展这个主题，把科学发展观的要求贯穿到文化工作的各个方面

《讲话》深刻地指出，“为什么人服务的问题解决了，接着的问题就是如何去服务”。在新的历史条件下继承和弘扬《讲话》精神、奋力开拓中国特色社会主义文化发展道路，就要坚持把科学发展观的要求贯穿到文化工作的各个方面。科学发展是党和国家工作的鲜明主题，也是中国特色社会主义文化发展道路的鲜明主题。当今世界，文化在综合国力竞争中的地位和作用更加凸显，维护国家文化安全的任务更加艰巨，增强国家文化软实力、扩大中华文化国际影响力的要求更加紧迫，只有通过科学发展，文化建设才能不断获得新的发展动力和增长空间，实现与经济建设、政治建设、社会建设以及生态文明建设的协调发展。要充分认识中国特色社会主义文化发展道路是文化的科学发展之路，牢固树立符合科学发展观要求的新的文化发展理念，紧紧抓住科学发展这一主题，激活文化发展内生动力，不断增强文化发展后劲，实现文化又好又快发展。

站在新的历史起点上，我们要努力把握当今文化发展趋势和文化建设规律，始终把发展作为第一要务，用发展的办法解决前进中的问题，强化机遇意识、发展意识，紧紧抓住难得的重要战略机遇期，解决好影响文化科学发展的突出问题，推动文化持续快速健康发展。要坚持一手抓公益性文化事业，一手抓文化产业，推动文化事业和文化产业相互促进、共同发展。一方面坚持政府主导，按照公益性、基本性、均等性、便利性的要求，加快文化基础设施建设，优先安排与群众切身利益紧密相关的文化项目，深入实施好重点文化惠民工程，完善覆盖全社会的公共文化服务体系，让群众广泛享有免费或优惠的基本公共文化服务。另一方面，以推动文化产业成为国民经济支柱性产业为目标，实施重大文化产业项目带动战略，提高文化产业规模化、集约化、专业化水平，推动文化产业跨越式发展，使之成为发展现代服务业的重要抓手、新的经济增长点、经济结构战略性调整的重要支点、转变经济发展方式的重要着力点，为推动文化科学发展提供重要支撑。要坚持统筹兼顾，加快转变文化发展方式，力争在发展中促转变、在转变中谋发展。要处理好数量与质量的关系，把提高文化产品创作生产质量放在更加突出的位置，深入实施精品战略，充分发挥“五个一工程”、重大革命和历史题材创作工程、重点文学艺术作品扶持工程等的示范带动作用，推出更多思想性、艺术性、观赏性相统一的精品力作。要处理好繁荣与管理的关系，在促进繁荣的过程中改进和创新管理，通过科学有效的管理为繁荣文化提供健康有序的制度环境。要处理好社会效益与经济效益的关系，无论是文化事业还是文化产业，都要突出以文化人的功能，坚持把社会效益放在首位，实现社会效益和经济效益的有机统一。

五、坚持中国特色社会主义文化发展道路，必须解放思想、实事求是、与时俱进，始终以改革创新为强大动力

《讲话》深刻指出，“作为观念形态的文艺作品，都是一定的社会生活在人类头脑中的反映的产物。”毛泽东同志还反复强调，革命文艺事业必须随着实践的发展而发展。在新的历史条件下继承和弘扬《讲话》精神、奋力开拓中国特色社会主义文化发展道路，就要坚持解放思想、实事求是、与时俱进，深化改革、勇于创新，这是中国特色社会主义文化发展道路越走越宽广的根本保证。这些年文化领域取得的一切进步，最根本的原因就是改革创新，最鲜明的标志也是改革创新，改革创新是推动文化大发展大繁荣、建设社会主义文化强国的不竭动力。实践证明，在社会主义市场经济条件下，只有通过改革创新，建立起有利于发挥市场在文化资源配置中积极作用的体制机制，才能充分解放和发展文化生产力，推动文化单位和文艺工作者遵循艺术规律，焕发创造活力，更好地贴近群众、贴近市场，丰富文化产品服务，繁荣城乡文化市场，最大限度地满足人民日益增长的精神文化需求，在新的历史条件下切实解决好“为什么人”的问题。可以说，深化文化体制改革是继承和弘扬文艺为人民服务这一《讲话》核心思想的本质要求，与《讲话》精神一脉相承并赋予了新的时代内涵。

我们要紧紧围绕文化发展为了人民、依靠人民、服务人民、由人民评判、为人民共享这一根本要求，深化文化体制改革，加快建立贴近群众、贴近市场的体制机制，切实提高社会主义市场经济条件下满足人民精神文化需求的能力和水平。要进一步创新公共文化服务体制机制，按照“增加投入、转换机制、增强活力、改善服务”的要求，深化公益性文化单位内部劳动人事制度、收入分配制度等改革，完善服务方式、改进服务质量，不断提高保障人民基本文化权益的能力。要进一步创新有利于加快文化产业发展的体制机制，在国有经营性文化单位转企改制的基础上，把改革改组改造与加强管理结合起来，加快培育一批富有活力、实力和竞争力的合格市场主体，催生新型文化业态，提高文化产品和服务供给能力，更好地满足人民多样化、多层次、多方面的精神文化需求。要进一步创新文化产品的评价体系，坚持把遵循先进文化前进方向、人民满意作为评价作品的最高标准，把群众评价、专家评价和市场检验统一起来，催生更多“既叫好又叫座”的精神文化产品。要进一步创新有利于推动广大文艺工作者服务群众、面向市场的体制机制，坚持公有制为主体、多种所有制共同发展的文化产业格局，引导和鼓励越来越多的文艺工作者在服务基层、服务群众的过程中各展所长、建功立业。要大力营造有利于文化创新的浓厚氛围，保护创新热情，完善创新机制，鼓励原创，使一切创新的观念得到尊重，一切创新的举措得到支持，不断把文化创新的丰硕成果奉献给人民群众。

六、坚持中国特色社会主义文化发展道路，必须积极吸收世界优秀文明成果，推动中华文化走向世界

《讲话》指出，“对于中国和外国过去时代所遗留下来的丰富的文学艺术遗产和优良的文学艺术传统，我们是要继承的”，同时“批判地吸收其中一切有益的东西。”在新的历史条件下继承和弘扬《讲话》精神、奋力开拓中国特色社会主义文化发展道路，就要努力形成以民族文化为主体、吸收外来有益文化、推动中华文化走向世界的文化开放格局，要坚持以我为主、为我所用，学习借鉴一切有利于加强我国社会主义文化建设的有益经验、一切有利于丰富我国人民文化生活的积极成果、一切有利于发展我国文化事业和文化产业的经营管理理念和机制，广泛参与世界文明对话，共同维护文化多样性，这是发展中国特色社会主义文化、为人类文明作出新的更大贡献的重要历史使命。中华文化源远流长、博大精深，是世界文化的重要组成部分，反映了鲜明的民族个性和审美特征，积淀着深厚的精神追求，是中华民族生生不息、团结奋进的不竭动力，是发展中国特色社会主义文化的深厚基础，也为世界文化多样性发展作出了积极贡献。中国特色社会主义文化发展道路是开放的道路，我们要立足中华文化的深厚沃土，努力推动中华文化走出去、增强中华文化在世界上的感召力和影响力，促进世界各民族文化和谐共存、互鉴发展。

广大文化工作者要担负起弘扬中华文化的崇高使命，继承中华优秀传统文化，弘扬五四运动以来形

成的革命文化传统，适应社会发展进步的新要求，不断赋予中华文化以新的活力，使古老的中华文明之树开出新的时代之花，进一步增强民族凝聚力、向心力。要正确对待外来文化，坚持辩证取舍，兼收并蓄、博采众长，提高转化再造能力，吸收借鉴一切国外文化有益成果，推出更多具有中国特色、中国风格、中国气派的精品力作。要积极推动双边、多边文化往来，促进文化相互借鉴，使文化成为加深中国人民与世界人民相互了解和友谊的精神纽带。要推动国际文化产品贸易交易和文化服务平台建设，发挥文化产业和文化企业在推动文化走出去中经常性、持久性的优势和作用，培育一批具有较强实力和国际竞争力的外向型文化企业，努力构建以政府为主导、以企业为主体、以市场化运作为主要方式的文化走出去新格局。要把政府交流和民间交流结合起来，发挥非公有制文化企业、文化非营利机构在对外文化交流中的作用，支持海外侨胞积极开展中外人文交流。要遵循国际文化交流规律，适应国际文化市场需求，改进对外文化传播方式方法，加快建设现代传播体系，既充分展现中华民族优秀文化内涵、体现当代中国价值观念和文化建设的最新成果，又符合国外受众的思维方式、审美特点和接受习惯，努力做到“中国内涵、国际表达”，充分展示中国人民改革创新、和平发展、文明进步的精神风貌和良好形象，提升中华文化的辐射力和影响力，推动形成与我国国际地位相适应的文化软实力。

加强和改进党的领导，是坚持中国特色社会主义文化发展道路的根本政治保证。各级党委和政府要进一步提高对文化建设地位和作用的认识，把思想统一到党的十七大和十七届六中全会精神上来，进一步增强政治意识、责任意识、大局意识，把文化建设摆在全局工作重要位置，纳入经济社会发展总体规划，纳入科学发展考核评价体系，与经济社会发展一同研究部署、一同组织实施、一同督促检查。要切实担负起推进文化改革发展的政治责任，深入研究文化改革发展重大问题，掌握文化改革发展领导权。坚持德才兼备、以德为先的用人标准，加强文化领域领导班子和党组织建设。建立健全党委统一领导、党政齐抓共管、宣传部门组织协调、有关部门分工负责、社会力量积极参与的工作体制和工作格局，形成文化建设强大合力。

推动文化事业繁荣发展，关键在人才。要牢固树立“人才资源是第一资源”的观念，把队伍建设摆在更加突出的位置，加大工作力度，努力造就一批有影响的文化名家、文化大师和各领域领军人物，建设一支宏大的文化人才队伍。要加强文艺院校建设，努力培养更多优秀青年文艺工作者。要关心爱护文艺工作者，政治上充分信任、创作上热情支持、生活上真诚关怀，努力为他们办实事、解难事。要尊重劳动、尊重知识、尊重人才、尊重创造，营造团结鼓劲、和谐奋进的良好氛围，建立和完善有利于优秀人才健康成长和脱颖而出的体制机制，最大限度地调动广大文艺工作者的积极性、主动性、创造性。要引导作家艺术家努力践行文艺界“爱国、为民、崇德、尚艺”的核心价值观，自觉遵守《中国文艺工作者职业道德公约》，珍惜时代提供的舞台，珍重社会给予的关爱，严肃对待作品的社会效果，热心公益、弘扬正气，以德艺双馨的公众形象，争做恪守职业道德的表率，更好地完成党和人民赋予的神圣使命。

“随着经济建设的高潮的到来，不可避免地将要出现一个文化建设的高潮。”毛泽东同志的这个预言已经变成现实，中华民族的伟大复兴必将伴随着中华文化的繁荣兴盛，社会主义文化建设正在迎来繁荣发展的黄金时期。让我们更加紧密地团结在以胡锦涛同志为总书记的党中央周围，高举中国特色社会主义伟大旗帜，以邓小平理论和“三个代表”重要思想为指导，深入贯彻落实科学发展观，继承和弘扬毛泽东同志《在延安文艺座谈会上的讲话》精神，肩负起庄严的历史使命和时代责任，以高度的文化自觉和文化自信，在中国特色社会主义文化发展道路上创造中华文化的新辉煌，为建设社会主义文化强国而努力奋斗！

（2012 年 5 月 23 日）

原载《人民日报》2012 年 5 月 24 日

【刘云山《以崇高文化理想和艺术追求推动我国文艺繁荣发展》】

精神文明建设“五个一工程”是推动我国文化繁荣发展的综合性示范工程。这项工程从1991年启动以来，在党中央亲切关怀和地方各级党委政府大力支持下，宣传文化部门和单位精心组织实施，广大文艺工作者热情参与，文化产品创作取得丰硕成果。20年来，“五个一工程”以其独特吸引力和巨大影响力，推动着我国文化的繁荣发展与进步，成为党领导文艺工作、凝聚文艺队伍的重要平台，成为引导创作生产、催生优秀作品的有效途径，成为弘扬社会主义先进文化、建设社会主义精神文明的响亮品牌。

近年来，伴随着中国特色社会主义事业深入推进，我国文化建设在加快改革发展中实现了新的历史性跨越，文艺创作生产呈现出蓬勃发展的生动景象。第十二届“五个一工程”的评选表彰，就是对这些年我国文艺工作成效的一次全面检阅，是对创作成果的一次集中展示。从这届“五个一工程”入选作品情况看，具有这样几个特点：一是富有时代感、高扬主旋律。讴歌当代中国的发展进步，构筑团结奋进的精神力量，越来越成为文艺创作的鲜明主题。围绕推动科学发展、促进社会和谐的生动实践，围绕纪念新中国成立六十周年、中国共产党成立九十周年、迎接党的十八大等重大活动，广大文艺工作者精心策划选题、倾心投入创作，推出了一大批反映党和人民奋斗历程、弘扬民族精神和时代精神的优秀作品。这次入选的作品，都具有鲜明的时代感和厚重的历史感，弘扬了主旋律和社会主流价值。二是艺术水准高、作品质量好。近年来，一批精品工程和重点项目的实施，带动了文艺作品质量的整体提升。在创作过程中，无论是宏大主题的叙事，还是百姓情感的表达，无论是历史进程的展示，还是现实生活的描绘，无论是传统的艺术门类，还是新生的表现形式，都努力在艺术上不断超越，在感染力上不断升华。本届入选的176部作品，囊括了近年来各文艺门类中的优秀作品，体现了思想性、艺术性、观赏性的有机统一，都是优中选优的好作品。三是群众普遍认可、社会影响广泛。注重群众评价，认真听取群众意见，是这届“五个一工程”的一个重要原则。评选工作中，在确保正确导向的前提下，把演出场次、票房收入、收视收听率、发行量作为重要依据。同时，每个艺术门类都吸收群众评委参加，评选结果也都在各大媒体进行公示，广泛听取社会各方面意见。许多获奖作品都是热播剧、畅销书，市场反响好、群众口碑好，实现了社会效益和经济效益双丰收。四是彰显改革成果、展示发展活力。文化体制改革深入推进，极大地增强了文化单位的发展活力，极大地激发了文艺工作者的创作热情，为优秀作品的创作生产注入了新的动力。这些年来，我国文化产品之丰富、文化市场之繁荣，都充分反映了文化体制改革的巨大成效。从这次评选看，获奖多的地区大多是改革走在前列的地区，获奖作品多的单位都是改革焕发了生机活力的单位。实践充分证明，只有深化改革，才能多出优秀作品、多出优秀人才，才能推动文化的大发展大繁荣。

党的十七届六中全会从坚持和发展中国特色社会主义、实现民族伟大复兴的高度，对推动文化大发展大繁荣作出全面部署，吹响了文化进军的新号角，开启了建设社会主义文化强国的新征程。现在，全党全社会重视文化的氛围更加浓厚，加快文化改革发展、推进文化创新创造的良好局面正在形成，一个文化建设的新高潮正在蓬勃兴起。要树立高度的文化自觉和文化自信，以邓小平理论、“三个代表”重要思想为指导，深入贯彻落实科学发展观，坚持中国特色社会主义文化发展道路，坚持为人民服务、为社会主义服务的方向和百花齐放、百家争鸣的方针，保持崇高的文化理想和艺术追求，在顺应时代潮流中实现文艺的历史进步，在改革创新中增强文艺的发展活力，在多出优秀作品中促进文艺的更大繁荣。

一、自觉践行社会主义核心价值体系，在推进中国特色社会主义伟大实践中进行艺术创造。一切进步的文艺都是时代精神的生动写照，一切优秀的作品都是对崇高理想的深情礼赞。我国历来有“文以载道”的优良传统，许多传世之作都传递着真善美的价值追求，都是心灵与生活的教科书。社会主义文艺作为民族精神的火炬、时代前进的号角，最鲜明的特征就是以美的形式、美的力量，揭示社会进步的本质，传颂先进的思想文化，激励人们奋发前行。社会主义核心价值体系是兴国之魂，集中反映着当代中国各族人民的价值理想，为文艺的繁荣发展提供了基本遵循。只有坚持文以载道、以文化人，把弘扬社会主义核心价值体系作为根本任务，贯穿到文艺创作生产的各个方面，才能更好地发挥文化引领风尚、教育人民、服务社会、推动发展的重要作用。要坚持用马克思主义立场、观点、方法观察社会生活，把握历史发展主流，讲述伟大时代的动人故事，描绘改革发展的光明前景，弘扬民族精神和时代精神，更好地凝聚共同理想、唱响奋进凯歌，坚定人们走中国特色社会主义道路的信念、信心。要坚持不懈地用优秀作品弘扬真善美、贬斥假恶丑，充分反映和传播正确的世界观、人生观和价值观，用关爱的情怀和发现的眼光，刻画“最美人物”、颂扬“最美精神”，着力展现大情大义、传递温暖温馨，让美好的道德情感成为人们的精神营养。越是闪光的思想、崇高的精神，越需要艺术化的描绘、形象化的表达。要努力实现内容与形式的契合，实现无形之魂与有形之体的统一，把深刻的思想内涵融入艺术创造之中，寓理于情、寓教于乐，用生动的笔触、优美的旋律、感人的形象来打动读者、感染受众，让人们在艺术享受中受到教育、得到提高。

二、始终秉持以人民为中心的创作导向，把更好更多的精神食粮奉献给人民。我们的文艺源于人民、为了人民、属于人民，只有扎根人民群众的生产生活，与人民群众同心同行，文艺创作之源才永不干涸，文学艺术之树才能永葆常青。“人民”两个大字写在社会主义文艺旗帜上，意义非同寻常、分量重于泰山。人民文艺就要服务人民，对人民的态度、对人民的情感，决定着文艺工作的立场、方向，决定着文艺创作的得失成败。那些有作为的作家艺术家，那些经久不衰的精品佳作，无不保持着与人民同呼吸、共命运的深厚情怀，无不体现着为人民立言、为人民放歌的精神境界。“为了谁、依靠谁、我是谁”，始终是文艺工作者和我们的文艺创作必须回答好的一个根本性问题。在文艺创作的实践中，要把人民放在最高位置，秉持人民至上的价值理念，树立以人民为中心的创作导向，坚持贴近实际、贴近生活、贴近群众，牢记人民群众是我们的根、我们的本，带着对人民群众的深厚感情进行文艺创作。要坚持以人民群众为表现主体和服务对象，关注群众需求、回应大众关切，踏着各族人民的奋斗足迹，生动记录人民群众创造美好生活的心路历程，热忱歌颂各行各业劳动者的感人事迹，积极扶持面向基层群众的文艺作品创作生产，推出更多普通百姓买得起、用得上的文化产品和文化服务。“走基层、转作风、改文风”，是新形势下宣传思想文化战线、贯彻党的群众路线的重大举措，是人民文艺更好地服务人民的重要途径。“走转改”，贵在走、难在转、重在改。希望广大文艺工作者继续发扬好老一辈作家艺术家的光荣传统，多到基层学习采风，多到群众中感受生活，以人民为师、与群众为伴，体察民生冷暖、万家忧乐，从中汲取题材主题、情节语言、诗情画意，在与人民群众的紧密联系中增长艺术才干，努力成为人民欢迎的作家艺术家。

三、坚持不懈地深化和推进改革，进一步解放和发展文化生产力。改革是动力之源、活力之源，是文化繁荣发展的必由之路。党的十六大以来，宣传思想文化战线高举改革的旗帜，不断深化对文化发展规律的认识，推动文化体制改革由点到面、由浅入深，在重点领域和关键环节取得新的突破、新的进展，基本完成了既定的阶段性改革任务。实践证明，改革极大地解放和发展了文化生产力，激发了文化创新创造的活力，使我国文化的整体面貌和发展格局焕然一新。这些年，我国文化的繁荣根本上得益于改革，哪里有改革，哪里的文化事业、文化产业就生机盎然，哪里改革步伐快，哪里的文化发展就硕果累累。时代在发展、事业在推进，在新的历史起点上实现文化更大繁荣，必须运用好近年来的成功经验，坚持不懈地推进改革、深化改革，用改革的办法解决前进中的问题、破解发展中的难题。要进一步增强改革意识，解放思想、更新观念，牢固树立与时代发展相适应的文化理念，积极探索推动文化繁荣发展的新思路、新办法，不断以思想的新解放开辟文化发展的新局面。要适应改革开放和发展市场经济的新要求，积极创新宏观管理体制、加快政府职能转变、健全文化市场体系，正确处理政府和市场、政府和社会之间的关系，促进文化要素合理流动，提高文化资源配置效率，形成有利于文化科学发展的体制机制。要加强分类指导，结合文艺院团、影视机构、出版单位的实际，继续深化改革，不断完善管理模式、运行机制和发展方式，特别是经营性文化单位要在转企改制的基础上，完善法人治理结构，建立现代企业制度，进一步增强自我更新、自我发展的内在动力。

四、牢固树立高标准高品位的艺术追求，努力打造经得起历史和实践检验的文化精品。一个国家文艺的发展水平、一个文艺家的艺术造诣，最终体现在文艺作品的水准上，体现在文艺精品的数量上。不懈追求卓越、攀登高峰，永远是成就艺术抱负、铸造艺术辉煌的必由之路。应当看到，这些年我国文艺作品的总体数量和质量都有了很大提升，推出了不少优秀作品，但与时代发展的要求相比、与人民群众的期待相比，称得上经典的文化精品还不够多。推动文艺繁荣、建设文化强国，迫切需要我们向经典看齐、以名家为范，鼓励创新和超越，强化精品意识，正确处理数量与质量的关系，把提高作品质量作为中心环节，打造更多思想性、艺术性、观赏性相统一的精品力作。要坚持不忘本来、吸收外来、着眼将来，以礼敬自豪的态度对待民族文化，以开放包容的心态对待外来文化，大力推动创新创造，倡导不同题材体裁、风格样式的竞相发展，推出更多具有原创价值的文艺产品和文化品牌。要积极推动科技与文化的融合，用科技手段强化艺术表现，用技术含量提升艺术魅力，拓展艺术表现空间，丰富艺术表现形式。当然也要注意，技术不能代替艺术。文艺作品作用于人们的思想和灵魂，往往成为人们的生活伴侣、精神支撑，文艺创作必须重品位、讲格调。要始终把社会效益放在首位，把社会责任贯注在文艺创作实践之中，恪守艺术良知，保持思想品格和艺术品位，精益求精、用心用功地打磨作品，严肃认真地考虑作品的社会效果，把最好的精神食粮奉献给人民、奉献给社会。

五、切实加强对文艺创作生产的引导，形成有利于文艺事业健康发展的良好环境。加强对文艺创作生产的引导，是保障文艺事业健康发展的内在要求，是提高创作质量、多出精品力作的重要途径。现在，社会思想文化十分活跃，文艺创作生产的组织方式、投入方式、队伍结构日趋多样。这就要求我们切实加强和改进引导工作，积极探索科学有效的引导方式，着力营造有利于出精品、出人才的良好环境。要改进组织工作方式，加强创作规划，抓好选题论证，健全符合文艺特点、适应社会主义市场经济规律的精品创作生产机制，完善文化产品评价体系和激励机制，把更多的优势资源集中到带动性强、影响力大的重点项目，切实发挥好精神文明建设“五个一工程”等文化精品工程的示范导向作用。文艺评论与文艺创作相生相伴、相辅相成，积极健康的文艺批评是文艺创作的一面镜子，是提升文艺创作水平的一剂良药。要重视加强文艺评论工作，倡导客观公正、实事求是的风气，倡导与人为善、以理服人的风气，倡导讲真话、建净言的风气，加强对文艺现象的科学分析，增强文艺评论的说服力、影响力、公信力，更好地发挥文艺评论在引领创作方向、提升鉴赏水平等方面的重要作用。要高度重视人才队伍建设，坚持尊重劳动、尊重知识、尊重人才、尊重创造，遵循文艺发展规律和人才成长规律，加大政策扶持力度，拓宽人才培养渠道，深入实施“四个一批”宣传文化人才培养工程，通过研修培训、项目资助、实践锻炼等途径，造就更多年轻文艺人才和文化名家，让文艺工作者才华有施展空间、抱负有实现途径、贡献得到社会尊重。当代中国正在以崭新的姿态创造着新的辉煌，文化事业正在迎来一个繁荣发展的新时期。广大文艺工作者要清醒认识肩负的历史责任，奋发有为、开拓进取，努力为时代放歌、为人民抒情，共同谱写我国文艺事业的壮丽篇章，为建设社会主义文化强国作出新的更大贡献。

（本文系中共中央政治局委员、中央书记处书记、中宣部部长刘云山2012年9月25日在第十二届精神文明建设“五个一工程”表彰座谈会上的讲话，发表时有删节。）

原载《求是》2012年第20期

文件・文献

【《文化部“十二五”时期文化改革发展规划》】

“十二五”时期是全面建设小康社会的关键时期，是深化改革开放、加快转变经济发展方式的攻坚时期，也是促进文化又好又快发展的关键阶段。为深入贯彻落实党的十七届六中全会精神，深化文化体制改革，推动社会主义文化大发展大繁荣，不断增强国家文化软实力，根据《中共中央关于深化文化体制改革、推动社会主义文化大发展大繁荣若干重大问题的决定》、《中华人民共和国国民经济和社会发展第十二个五年规划纲要》和《国家“十二五”时期文化改革发展规划纲要》，编制本规划。

序言

文化是民族的血脉，是人民的精神家园。当今世界，文化的地位和作用更加凸显，文化越来越成为民族凝聚力和创造力的重要源泉、越来越成为综合国力竞争的重要因素、越来越成为经济社会发展的重要支撑，丰富精神文化生活越来越成为我国人民的热切愿望。文化的发展关系实现全面建设小康社会奋斗目标，关系坚持和发展中国特色社会主义，关系实现中华民族伟大复兴。

“十一五”时期是我国文化建设的创新发展期，文化建设取得令人瞩目的新成就。文艺创作生产进一步繁荣，推出一大批优秀作品。覆盖城乡的公共文化服务体系初步建立，人民群众的基本文化权益得到有效保障。一大批文化设施相继建成投入使用，有效改善了文化发展的基本物质条件。文化产业蓬勃发展，日益成为经济发展新的增长点。文化遗产保护制度初步建立，保护状况得到明显改善。文化体制改革取得实质性进展，推动文化科学发展的体制机制初步形成。文化与科技的融合日益加深，文化创新能力不断增强。文化市场体系更加完善，监管水平不断提高。对外及对港澳台文化交流与贸易不断拓展，中华文化的国际影响力明显提升。“人才兴文”战略顺利实施，文化人才队伍不断壮大。文化投入稳步增长，为文化发展提供了重要支撑。

当前和今后一段时期，我国发展仍处于可以大有作为的重要战略机遇期，文化领域正在发生广泛而深刻的变革，推动文化大发展大繁荣既具备许多有利条件，也面临一系列新情况新问题。我国经济持续快速发展、综合国力日益增强，为文化建设奠定了坚实的物质基础；中国特色社会主义理论和实践的丰硕成果，为文化建设提供了宝贵的精神文化资源；全社会重视、参与文化建设的热情日益高涨，为文化建设营造了良好的社会氛围；人民群众快速增长的精神文化需求，为文化发展拓展了巨大的空间；我国的国际地位和影响力显著提高，为中华文化走出去提供了重要契机。文化改革发展面临难得的历史机遇。同时，我们还必须看到，面对新形势新要求，我国文化发展的整体质量和水平还不够高，与人民群众日益增长的精神文化需求，与快速发展的现代传播手段，与不断扩大对外开放、推动我国经济社会又好又快发展的新形势相比，还不完全适应。文化建设自身还存在一些不足，城乡、区域文化发展不均衡的情况仍然存在，文化人才结构和布局不够合理，制约文化科学发展的体制机制障碍尚未完全破除。必须不断增强机遇意识和忧患意识，抓住机遇，迎接挑战，更加自觉、更加主动地推动社会主义文化大发展大繁荣，努力开创中国特色社会主义文化建设新局面。

一、指导思想和方针原则

（一）指导思想

高举中国特色社会主义伟大旗帜，以马克思列宁主义、毛泽东思想、邓小平理论和“三个代表”重要思想为指导，深入贯彻落实科学发展观，坚持社会主义先进文化前进方向，以科学发展为主题，以建设社会主义核心价值体系为根本任务，以满足人民精神文化需求为出发点和落脚点，以改革创新为动力，发展面向现代化、面向世界、面向未来的民族的、科学的、大众的社会主义文化，培养高度的文化自觉和文化自信，提高全民族文明素质，增强国家文化软实力，弘扬中华文化，坚持中国特色社会主义文化发展道路，努力建设社会主义文化强国。

（二）方针原则

1. 坚持社会主义先进文化前进方向。贯彻“二为”方向、“双百”方针，弘扬主旋律，提倡多样化，推进社会主义核心价值体系建设，始终把社会效益放在首位，实现经济效益和社会效益的有机统一。

2. 坚持以人为本。发挥人民群众的主体作用，不断激发全社会的文化创造活力。充分调动广大文化工作者的积极性和创造性，贴近实际、贴近生活、贴近群众。坚持文化发展为了人民、文化发展依靠人民、文化发展成果由人民共享。

3. 坚持改革创新。树立新的文化发展理念，创新文化管理思路，提高文化的科学发展水平。加快推进体制机制、内容形式、传播手段和发展业态创新，不断解放和发展文化生产力，增强社会主义文化的吸引力和凝聚力。

4. 坚持统筹兼顾。正确处理和把握文化改革发展中的重大关系。一手抓公益性文化事业，一手抓经营性文化产业，实现两轮驱动。统筹城乡、区域发展，形成城市带动农村和东中西优势互补、良性互动的发展格局。统筹国内国际两种资源，继承弘扬中华优秀文化，吸收借鉴世界文明有益成果，维护世界文化多样性。处理好改革与发展、繁荣与管理的关系，促进文化协调健康发展。

5. 坚持重在建设。着眼长远，立足当前，切实推进思想建设、队伍建设、制度建设、业务建设，加强基础设施建设，实施重大文化工程，不断推动各项文化工作取得新突破。

二、发展目标和主要指标

（一）发展目标

围绕建设社会主义文化强国的宏伟目标，全面落实到2020年文化改革发展的总体部署，到2015年，文化建设的主要目标是：文化产品创作生产体系不断完善，创作生产更多无愧于历史、无愧于时代、无愧于人民的优秀作品，为人民提供更好更多的精神食粮。覆盖城乡、结构合理、功能健全、实用高效的公共文化服务体系基本建立，各级各类文化设施更加完善，使人民群众能够公平、就近、便捷享受公共文化服务，基本文化权益得到更好保障。推动文化产业实现跨越式发展，逐步成为促进经济发展方式转变、优化经济结构、扩大就业创业的国民经济支柱性产业。科技进步成为文化发展的重要动力和引擎，文化与科技融合在深度与广度上得到实质性推进。

统一开放竞争有序的现代文化市场体系基本构建，文化市场监管进一步加强，文化市场经营秩序更加规范。文化遗产保护理念深入人心，保护体系基本形成，实现全面保护与有效传承。对外文化交流和贸易迈上新台阶，基本形成官民并举的对外和对港澳台文化工作新格局，中华文化影响力不断扩大。文化体制改革重点任务基本完成，文化体制机制充满活力、富有效率，有力促进文化科学发展。文化人才队伍发展壮大，人才结构更加合理。文化引领风尚、教育人民、服务社会、推动发展的功能充分发挥，国家文化软实力和国际竞争力显著提升。

（二）主要指标

——保证公共财政对文化建设投入的增长幅度高于财政经常性收入增长幅度，提高文化支出占财政支出比例。

——“十二五”期间，推出100部以上深受人民群众喜爱、久演不衰的优秀保留剧目和精品剧目，保护和扶持60个左右全国重点地方戏曲院团，扶持创作60台左右优秀地方戏剧目，30台左右优秀京剧剧目，挖掘整理改编20台左右优秀昆曲剧目，重点扶持20台左右交响乐、15台左右歌剧（音乐剧）、10台左右舞剧（芭蕾舞剧），扶持10个左右全国重点美术馆。

——到“十二五”期末，全国60%以上图书馆达到部颁三级以上评估标准，全国60%以上省市群艺馆、文化馆达到部颁三级以上评估标准。基本实现全国所有地市级城市均有设施达标、布局合理、功能完善的公共图书馆、文化馆。

——到“十二五”期末，全国人均拥有公共图书馆藏书达到0.7册左右。各级公共图书馆，文化共享工程乡镇、街道、社区基层服务点基本建有公共电子阅览室。文化信息资源共享工程资源量争取达到530百万兆字节以上，入户率达到50%左右。国家数字图书馆资源总量争取达到1000百万兆字节以上，并提供全媒体服务。中西部地区争取每县配备1台流动文化车，中西部地区已完成转制的县级剧团每团配备1辆流动舞台车。

——“十二五”期间，文化部门管理的文化产业增加值年平均现价增长速度高于20%，2015年比2010年至少翻一番，实现倍增。建成10家左右具有重大影响的国家级文化产业示范园区，培育100个左右特色鲜明、主导产业突出的特色文化产业集群，培育30家左右上市文化企业，形成10家左右全国性或跨区域的文艺演出院线，打造3–5个具有国际影响的文化产业展会。

——到“十二五”期末，第一至第六批全国重点文物保护单位的重大文物险情排除率达到100%，全国博物馆总数达到3500个，免费开放博物馆总数达到2500个，文化遗存较丰富的地市级以上中心城市拥有1个功能健全的博物馆。国有博物馆一级文物的建账建档率达到100%。文物博物馆一级风险单位中文物收藏单位的防火、防盗设施达标率达到100%。“十二五”期间，新设立20个国家级文化生态保护区，在非物质文化遗产资源丰富的地区建设100个非物质文化遗产保护利用设施。

——“十二五”期间，安排150个左右重点科技攻关项目、300个左右基础科研项目、75个科技转化推广项目。国家社科基金艺术学项目立项600个、文化部文化艺术科学研究项目立项300个。

——“十二五”期间，在国际、多边、双边等场合举办国家级重大涉外文化活动30项以上，邀请500名国际文化名人与1000名青少年文化使者来华访问，对外文化援助的受援国家达20个以上。海外中国文化中心形成合理布局，到“十二五”期末，总数达到25–30所。

三、加强文化产品创作生产的引导

（一）实施精品战略。引导广大文化工作者自觉践行社会主义核心价值体系，坚持社会主义先进文化前进方向，反映人民主体地位和现实生活，积极发挥重大文化工程的示范作用，把精品意识贯穿于文艺创作生产全过程，不断增强艺术院团、美术馆、画院的创作演出展览能力，提高文艺作品质量。继续实施“国家舞台艺术精品工程”、“国家重点京剧院团保护与扶持规划”、“国家昆曲艺术抢救、保护和扶持工程”、“国家美术收藏和捐赠奖励工程”、“国家重大现实题材美术创作工程”等重点项目，推出一批深受群众喜爱、思想性艺术性观赏性相统一的精品力作。

（二）促进各艺术门类全面协调发展。切实加强对艺术事业的宏观管理，建立国家扶持艺术创作、生产、传播的长效机制。加大投入力度，设立国家艺术基金，面向全社会文化机构和个人进行资助和奖励，支持优秀艺术作品创作和优秀文艺人才培养，引导文化产品创作生产。大力推动精品创作展演，推动戏剧（戏曲）、音乐、舞蹈、杂技、曲艺、美术等艺术形式繁荣发展，特别重视民族民间艺术形式的繁荣发展。开拓艺术传播渠道。办好中国艺术节、中国京剧节等重大艺术活动。通过组织巡演、下基层慰问演出、高雅艺术进校园、低票价运营、演出交易会等办法，进一步加强宣传，扩大优秀艺术作品在国内外的知名度及影响力。

（三）切实加强和改进文艺评奖和文艺评论。坚持把遵循社会主义先进文化前进方向、人民群众满意作为评价作品的最高标准，把群众评价、专家评价和市场检验统一起来，形成科学的评价标准。建立公开、公平、公正评奖机制，精简评奖种类，改进评奖办法，不断提高国家级文艺奖项的权威性和公信度。加强和改进文艺批评，坚持正确创作方向，倡导主流价值取向，着力增强文艺评论的针对性。培育文艺评论骨干力量，推动文艺精品宣传推介的常态化、制度化。

（四）发挥艺术科研的导向和促进作用。充分发挥国家社科基金艺术学项目和文化部文化艺术科学研究项目的导向作用，进一步深化和拓展我国艺术学学科体系建设和当代文化发展问题研究。加强艺术研究院所建设，拓展职能，提升效能。发挥艺术科研工作在文化决策咨询、文艺档案管理、文化活动策划、文艺刊物建设等方面的作用。

四、加快构建公共文化服务体系

（一）创新公共文化服务机制。以国家公共文化服务体系示范区建设为抓手，进一步强化地方党委、政府主导责任，努力突破体制障碍，盘活文化资源，加大跨部门、跨领域、跨系统文化项目的交流与合作，实现基层公共文化资源综合利用，共建共享。加强公共文化服务体系软件建设，推进理论政策和制度设计研究，探索建立符合我国国情、符合文化发展特点和社会主义市场经济规律的公共文化服务体系制度基本框架。重点建立群众文化需求动态反馈、公共文化服务经费保障、社会力量参与公共文化绩效评价和监督等机制，加快制定公共文化服务机构的服务标准和服务规范，逐步推进公共文化服务的制度化、标准化和规范化。

（二）完善公共文化设施网络。适应推进城市化和建设社会主义新农村的要求，统筹规划，合理布局，以城乡基层文化设施建设为重点，以流动文化设施和数字文化阵地建设为补充，继续加强公共文化设施建设，努力形成比较完备的国家、省、市、县（区）、乡镇（街道）、村（社区）六级公共文化设施网络。进一步加大城乡基层文化设施建设力度，重点向贫困地区、落后地区、革命老区和基层农村倾斜。以服务人口为依据，制定和完善设施建设标准和设备配置标准，推进公共文化设施建设的规范化、标准化。实施全国地市级公共文化设施建设规划，建设一批地市级公共图书馆、文化馆、博物馆。继续实施县级图书馆、文化馆修缮和社区文化中心（活动室）服务能力建设等项目。建立灵活机动、方便群众的流动服务网络。

（三）加大公共文化产品和服务供给力度。充分发挥公共文化单位在公共文化产品创作和服务提供方面的重要作用，为群众提供优质高效、普遍均等的公共文化产品和服务。继续推动文化馆（站）、博物馆、图书馆、美术馆、纪念馆向社会免费开放。推广公共图书馆总分馆制。依托公共图书馆讲座联盟等平台，鼓励各级公共图书馆开展立法决策咨询、讲座、展览等服务。加强流动文化服务。推广政府购买、集中配送、连锁服务等公共文化产品提供方式，健全市场化提供机制。引导社会力量有序参与公共文化服务，支持各种民办博物馆、图书馆等公益性文化机构发展，努力形成良性竞争、多元互补的公共文化服务供给体系。

（四）大力推动数字文化建设。大力推进全国文化信息资源共享工程，充分发挥其在公共文化服务中的战略性、基础性作用，建立公共文化资源提供平台，推进数字服务进入家庭。建立内容丰富的数字文化资源库群，加强少数民族语言数字资源译制工作。实施公共电子阅览室建设计划，利用文化信息资源共享工程工作网络，依托公益性文化单位，建立公共电子阅览室，为基层群众特别是广大青少年提供内容健康、服务规范、环境良好的公益性互联网服务。加强数字图书馆建设，借助“三网融合”工程，实现全国图书馆资源的无障碍共享。实施数字图书馆推广工程，以技术手段整合国家数字图书馆与全国各级公共图书馆数字资源，形成覆盖全国的数字图书馆服务网络。搭建满足不同需求的全媒体数字图书馆服务平台。推进数字博物馆建设工程，建立博物馆信息资源共享平台。努力形成覆盖城乡的数字文化服务体系。

（五）广泛开展群众性文化活动。以“群星奖”、“中国民间文化艺术之乡”为龙头，推出一批优秀的、具有可持续发展价值的文化品牌，提高影响力，发挥导向性、示范性和带动性作用，实现群众文化活动的整体推进、全面提高。以群众文化需求为导向，鼓励广大文化工作者生产创作一批深刻反映时代精神，具有浓厚生活气息和较高艺术价值，为群众喜闻乐见的文化精品剧（节）目，并加强推广力度。挖掘各类节庆活动的文化内涵，丰富其内容和形式，坚持面向基层，服务群众，组织好“文化下乡”、“文化进社区”、群众文艺精品巡演展演、老年合唱节、少儿合唱节等公益性文化活动，广泛开展群众乐于参与、便于参与的城乡基层文化活动，丰富城乡基层群众的精神文化生活。

（六）推进基本公共文化服务均等化。加强面向特定地域、特殊群体的文化关怀。以农民、进城务工人员、老年人、未成年人、下岗失业人员、低收入人群、残障人群等群体为对象，通过政府补贴、发放文化消费券等措施，提高公共文化供给能力。将进城务工人员纳入城市公共文化服务范畴，合理配置公共文化资源。完善东部地区对西部地区、发达地区对欠发达地区、城市对农村的文化援助机制。实施文化建设“春雨工程”。继续加快推进边疆少数民族地区基层公共文化基础设施建设。鼓励艺术院校学生、文艺工作者和热心文化公益事业的各界人士开展文化志愿服务。扩大实施“全国文化志愿者边疆行”活动，丰富边疆少数民族地区文化生活。

五、加强文化遗产保护利用和传承

（一）提高文物保护与利用水平。健全中国特色、与世界接轨的文物理论体系，科学完备、保障有力的文物法律体系，责权明晰、效能统一的文物管理体系，联动响应、监管到位的文物安全体系，特色鲜明、布局合理的博物馆体系，政府主导、惠及全民的文物博物馆公共文化服务体系，结构优化、素质全面的文物人才队伍体系，重点突破、支撑发展的文物科技创新体系，多方协力、共建共享的文物社会参与体系，传输便捷、覆盖广泛的文物传播体系。加强文物保护能力建设。加强文物资源调查，公布全国第三次文物普查成果，开展全国国有可移动文物普查、中国海外流失文物调查和民间收藏文物调查。加强文物法制和标准化建设。提高文物执法督察能力和安全监管水平。优化文物人才队伍结构，培养造就一批高素质的文物保护和管理人才。提升文物科学研究和技术创新的支撑能力。加强文物对外交流与合作。初步形成文物信息化发展框架。推动文物由抢救性保护向预防性保护转变。着力实施一批重大文物保护工程，排除重大文物险情。加强基本建设中的考古发掘和文物抢救工作。加强大遗址、世界文化遗产、水下文物的保护、展示和利用工作。推动博物馆发展由数量增长向质量提升转变。优化博物馆体系，深化博物馆免费开放，重视对生态博物馆、社区博物馆等新型博物馆的研究和建设，加大对民办博物馆的引导和支持力度，加强博物馆藏品保护和科学研究，创新博物馆管理机制。加强社会文物管理，引导民间文物收藏行为。鼓励具有市场前景的文物资源在国家政策支持下与产业和市场相结合，探索文物利用的新形式、新途径。加强文物保护基础设施建设，提高文物保护装备水平。

（二）加强非物质文化遗产保护。完成非物质文化遗产普查资料的整理、编目、存档，加强非物质文化遗产普查资料的研究和利用，编制全国非物质文化遗产普查报告，开展非物质文化遗产专项重点调查。完成非物质文化遗产数据库和网站建设，建成覆盖全国的数字化保护系统平台。进一步完善四级名录体系及保护机制，制定非物质文化遗产项目分类保护标准以及保护规划，加强“人类非物质文化遗产代表作名录”、“急需保护的非物质文化遗产名录”和“国家级非物质文化遗产名录”项目的保护，落实科学保护措施，实行“国家级非物质文化遗产名录”动态管理。加强代表性传承人保护，健全传承机制。加强省、市、县级传承人队伍建设，落实对各级非物质文化遗产项目代表性传承人的保护措施，鼓励和扶持代表性传承人提高技艺和开展传习活动。推进文化生态保护区建设，积极探索科学合理的建设模式和整体性保护方式。在有效保护的基础上，积极推动非物质文化遗产的合理利用，推进非物质文化遗产生产性保护，命名一批非物质文化遗产生产性保护示范基地，开展非物质文化遗产保护利用设施建设。加强非物质文化遗产保护理论研究和政策研究，认定一批研究基地，推出一批研究成果。组织出版非物质文化遗产普查成果、保护成果及普及读物。加强西部地区和少数民族尤其是人口较少民族非物质文化遗产抢救和保护工作。加强对传统工艺美术的保护。

（三）推进古籍保护工作。继续开展《国家珍贵古籍名录》和全国古籍重点保护单位的申报、评审工作。基本完成《中华古籍总目》各分省卷的编纂工作，开展古籍基本丛书（电子版）编纂工作，努力建成中华古籍数字资源库。改善古籍保管条件。加强国家级古籍修复中心建设，有计划、有步骤地开展古籍修复工作。开展在职培训、学历教育，培养一批具有较高水平的古籍保护专业人员。开展《中华医藏》、《中华再造善本续编》编纂出版工作。加强对少数民族古籍的保护，继续实施西藏古籍、新疆古籍保护专项工作。完成清史纂修任务。加强古籍出版工作。系统调查散失海外的中华古籍珍本。实施民国时期文献保护计划、新中国成立后中文报纸缩微转换保存计划和“中国记忆”项目。

（四）拓展文化遗产展示传播途径。深入挖掘文化遗产的历史、文化、科学价值，运用现代传播技术，实施中华文明展示工程和文化遗产陈列展示精品工程，全面提升文化遗产展示、展演水平和传播能力。充分利用民族传统节日和“文化遗产日”，组织开展文化遗产保护系列宣传展示活动，提高全社会文化遗产保护意识。加强文化艺术档案资料的收集、整理、管理和保护，加快艺术档案资源信息化建设步伐，不断提升服务能力。积极推动博物馆教育与国民教育、义务教育紧密结合，推动文化遗产教育和传承进校园、进课堂、进社区、进家庭。积极参与文化遗产保护国际交流与合作，宣传我国文化遗产保护成果。

六、推动文化产业成为国民经济支柱性产业

（一）推动文化产业重点领域发展。积极协调有关部门，逐步完善文化产业各门类政策，改造提升演艺、娱乐、文化旅游、工艺美术等传统文化产业，加快发展动漫、游戏、网络文化、数字文化服务等新兴文化产业，构建结构合理、门类齐全、科技含量高、竞争力强的现代文化产业体系，形成各行业百花齐放、共同繁荣的良好局面，推动文化产业跨越式发展。

（二）优化文化产业布局。实施差异化的区域文化产业发展战略，加强分类指导，努力形成东中西部优势互补、相互拉动、共同发展的局面。鼓励东部地区优化产业结构，倡导文化创新，提升文化品质，实现跨越发展。支持中部地区完善产业政策，扩大文化消费，规范市场秩序，加快产业崛起。引导西部地区发挥资源优势，突出区域特色，培育消费市场，带动产业发展。支持东部地区加快发展动漫游戏、创意设计、网络文化、数字文化服务等行业，培育科技型文化产业集群。引导中西部地区及限制开发的主体功能区，重点发展演艺、文化旅游、艺术品、工艺美术、节庆会展等文化产业。统筹城乡文化产业发展，形成一批具有国际影响的文化创意中心城市和城市群，支持中小城市利用特色资源打造文化产业亮点，鼓励资源城市转型过程中将文化产业作为产业结构调整的重要着力点，培育一批特色文化产业乡镇和文化产业特色村。

（三）建设文化产业基地、园区和特色产业群。推动文化产业结构调整，促进文化产业转型升级，提高文化产业规模化、集约化、专业化水平。加强对文化产业基地、园区的规划、认定、调整和指导工作，对园区、基地实行动态管理，建设一批高起点、规模化、代表国家水准和未来发展方向的国家级文化产业示范园区和一批集聚效应明显的文化产业示范基地。加强对现有动漫游戏产业基地的指导，强化基地的孵化、交易、展示、培训等作用。开展特色文化产业示范区创建工作，在特色文化资源富集地区，培育一批特色鲜明、主导产业突出的特色文化产业集群。

（四）健全文化市场体系。建立健全门类齐全的文化产品市场和文化要素市场，促进文化产品和生产要素的合理流动，充分发挥市场在文化资源配置中的积极作用。鼓励发展连锁经营、物流配送、电子商务等现代流通组织和流通形式。引导重点城市群建设区域文化产品销售中心和文化物流配送中心，加强中小城市文化消费市场建设，合理布局小城镇和乡村文化服务网点，构建以大城市为中心、中小城市相配套、贯通城乡的文化产品流通网络。构建覆盖全国主要城市的演出院线体系，支持全国文化票务网络建设，推动网吧连锁化发展，培育农村文化市场。加强文化领域知识产权保护工作。发展人才、技术、鉴定、经纪、评估、拍卖等文化中介服务，规范艺术品交易、文化会展等行业发展，逐步将中国建设成为世界艺术品重要交易中心。

（五）健全文化产业投融资体系。促进文化产业与金融业全面对接，引导和鼓励社会资本投入文化产业，建立健全多元化、多层次、多渠道的投融资体系。推进银行业全面支持文化产业，鼓励金融机构开发适合的金融产品，巩固和深化部行合作机制，加大信贷投放，创新授信模式。发挥资本市场作用，形成文化企业上市梯次推进格局，推动上市融资，扩大直接融资规模。支持文化企业通过债券市场融资。充分发挥投资拉动作用，促进文化产业投资，培育文化产业领域战略投资者。推动文化产业保险市场建设。加强对文化产权交易的管理，引导文化产权交易机构健康有序发展。探索完善文化类无形资产确权、评估、质押、流转体系。

（六）扩大文化消费。把扩大文化消费作为扩大内需的重要组成部分，建立扩大文化消费需求的长效机制，以优质、丰富的文化产品和服务吸引消费者，增加文化消费总量，提高文化消费水平。营造良好的文化消费环境和氛围，引导城乡居民转变文化消费观念。鼓励各地实施文化消费补贴制度，有条件的地方要为困难群众和农民工文化消费提供适当补贴。支持建设、改造剧院等文化消费基础设施，为文化消费创造必要的基础条件。引导文化企业开发适销对路的文化产品和服务，培育新的文化消费增长

点。大力开发适宜互联网、移动终端等载体的网络文化产品。提升城市文化消费的质量和层次，加强农村文化网点建设，扩大农村文化消费。

（七）促进文化产业与相关产业融合。建立健全产业融合发展的体制机制，优化产业融合发展的政策环境，促进文化与旅游、体育、信息、物流、工业、建筑、会展、商贸、休闲等行业融合，提高国民经济的文化附加值。支持各类企业加大创意设计投入，提升纺织、轻工、包装等行业的文化内涵，推动创意设计向家具、家电、家纺、家饰生产延伸。推动文化产业与旅游产业融合发展，以文化提升旅游，以旅游传播文化。打破文化产业门类的边界，促进不同文化行业之间的融合，整合各种资源，延伸文化产业链。

七、完善文化市场监管体系

（一）完善文化市场综合执法机构。继续深化文化市场综合执法改革，推动落实机构编制、人员身份、经费保障等问题，建立完善综合执法机构各项工作制度。

（二）建设文化市场综合执法队伍。按照“统一领导、统一协调、统一执法”的要求，加强综合执法队伍素质建设、装备建设、形象建设和业务建设，不断推进综合执法工作的专业化、科学化、规范化，建设一支政治强、业务精、纪律严、作风正、形象好的文化市场综合执法队伍。

（三）创新文化市场技术监管模式。逐步建成覆盖全国、上下联动、统一高效的文化市场技术监管平台，规范市场准入和综合执法工作，实现对主要门类文化市场的综合动态监管和应急指挥，全面提升文化市场监管能力。

（四）全面加强文化市场监管。巩固文化市场综合执法改革成果，建立协调有序的综合执法运行机制，做到依法管理、科学管理、有效管理。依法查处违法文化经营活动，规范文化市场秩序，严厉打击侵权盗版行为，保护知识产权。加大城乡网吧、娱乐、演出市场整治力度，维护未成年人合法权益。强化农村、边境文化市场监管，确保文化市场平稳有序运行。

（五）加强文化市场诚信建设。全面实施政务公开，加强信息服务，建立全国及省、市级文化市场经营管理数据库，向社会公开政策信息、审批信息、文化市场发展及警示信息等政府基础数据。强化行业自律，推动成立全国动漫行业协会、全国网吧行业协会、全国娱乐场所行业协会、全国艺术品经营行业协会等组织，充分发挥行业协会在文化市场诚信建设中的作用。开展文化市场企业信用等级评定，带动文化市场的行风建设。

八、加强对外文化交流与贸易

（一）强化文化在国家对外工作大局中的独特作用。进一步密切我国与世界各国及重要国际组织的文化关系。配合国家重要外事工作，组织国家文化年、中国文化节、文化周等重大对外文化活动。加强与周边国家和区域组织的文化交流与合作，积极营造良好的周边环境。加大对外文化援助力度，巩固和促进同发展中国家的友好关系。加强与联合国教科文组织等国际、区域机构的互动联系，开展多边及双边机制下的文化合作，积极参与国际文化事务，增强话语权。

（二）树立“文化中国”新形象。创新方法、搭建平台、拓宽渠道、深化内涵、丰富内容，深入开展多渠道、多形式、多层次对外文化交流，精心组织“欢乐春节”等大型品牌活动。加强文化人士交流与互访，拓展表演艺术、视觉艺术、文物、图书、影视等各领域的交流与合作。加强思想文化领域的国际对话，倡导相互尊重、开放兼容的文明观，支持在哲学社会科学领域开展学术对话与研讨，增强国际学术界的中国声音。

（三）加快海外中国文化中心建设。加强统筹规划，加快整体发展，完善全球布局，加速建设布局合理、功能多样、内容丰富的海外中国文化中心，加强运营保障和支撑体系建设，构建中华文化海外展示和体验综合平台。统筹宣传文化系统和地方文化资源，密切海外中国文化中心与其他海外教育和文化机构的合作，借助扎根当地的平台优势，加强与驻在国民众的交流互动，提高中华文化的国际传播能力和对国外优秀成果的吸收借鉴能力。

（四）服务国内文化建设。进一步加大请进来的力度，在交流交融中促合作、促发展。开展文化各领域的交流互访，举办各类国际性文化活动和专业比赛，借鉴和吸收世界先进文化成果和有益经验。准确把握世界文化最新动态与发展趋势，为科学制定符合我国文化体制改革和文化建设的政策措施提供参考依据。

（五）推动文化产品和服务走出去。积极探索推动中华文化走出去的新方式、新办法，鼓励更多地以民间和商业的方式走出去，促进不同文化的相互了解和尊重，建立健全政府对外文化贸易工作框架。实施品牌战略，着力培育一批具有自主知识产权和较强国际竞争力的大型文化企业，鼓励文化企业通过多种方式参与国际文化市场竞争。加强信息服务，完善文化贸易统计系统。搭建对外文化贸易平台，加强国际营销网络建设，建立政府间对外文化产业合作机制，协助提升国内文化产业领域重点展会的国际化运营水平。推动实施出口便利化措施，在重点出口地区建立对外文化贸易基地。逐步形成以政府为引导、企业为主体、市场化运作为主要方式的对外文化贸易新格局。

（六）深化对港澳台文化工作。创新工作方式，培育一批知名文化交流品牌，推动一批大陆优秀文化项目及文化产品入岛交流，不断增强对台文化交流的亲和力、感染力、影响力。选派一批优秀内地艺术团赴港澳交流，充分发挥区位优势，不断深化对港澳地区的文化交流与合作。

九、推动文化体制机制改革创新

（一）培育壮大市场主体。深入推进国有经营性文化单位转企改制，推动已转制的国有文化企业建立现代企业制度、完善法人治理结构，形成符合现代企业制度要求、体现文化企业特点的资产组织形式和经营管理模式，推动国有文化企业积极参与市场竞争、自觉承担社会责任。完成一般性国有文艺院团转企改制，培育合格演艺市场主体。通过深化改革、调整结构、整合资源，鼓励有实力的文化企业进行跨地区、跨行业、跨所有制的经营和重组，形成一批有较强竞争力和自主创新能力的国有或国有控股文化企业集团。引导、扶持、规范非公有资本进入政策许可的文化产业领域，培育民营骨干文化企业。培育一批主业突出、核心竞争力强的上市文化公司。培育国际知名文化企业品牌。加强对中小文化企业、文化工作室的扶持。逐步建立起多种所有制共同发展，以国有骨干文化企业为引领、大量中小文化企业为基础的统一开放竞争有序的现代文化市场格局。

（二）稳步推进公益性文化事业单位改革创新。按照增加投入、转换机制、增强活力、改善服务的方针，推进图书馆、博物馆、纪念馆、美术馆、文化馆等公益性文化事业单位深化人事、收入分配和社会保障制度改革，建立健全事业单位法人治理结构。按照中央关于事业单位改革的统一部署，积极深化改革，激发发展活力，突出公益属性，强化服务职能，提高服务水平。推进少数保留事业体制的国有文艺院团按照政府扶持、转换机制、面向市场、增强活力的方针进行改革创新，实行企业化管理，改进政府投入机制，完善艺术生产机制，建立社会资助机制。

（三）加快推进文化宏观管理体制改革。加快转变政府职能，提高推动文化科学发展的能力。进一步理顺文化行政管理部门与文化企事业单位、中介组织的关系，推进政企分开、政事分开、管办分离，强化政策调节、市场监管、社会管理和公共服务等职能，建立职责明确、反应灵敏、运转有序、统一高效的宏观调控体系。创新管理手段，健全文化法律法规和政策体系，综合运用法律、经济、行政、技术等多种手段，实现科学管理、依法管理。完善国有文化资产管理体制和运行机制。建立和完善文化产业发展、文化市场管理、文化遗产保护、对外文化交流、文化与旅游结合等方面的统筹协调机制与相关制度，协调相关部委之间、中央与地方之间、文化部与部属机构之间的工作职能，充分发挥政府作用，调动社会力量参与文化建设的积极性，共同推动文化发展。加强文化及相关产业统计工作，完善分类标准和统计指标，规范统计方法，增强统计数据的科学性。

（四）实施国家文化创新工程。全面推动文化理论创新、文化体制机制创新、文化内容形式创新、文化科技创新、文化业态创新。推动创新成果在公共文化服务、文化产业、文化资源保护、舞台演艺等领域的运用与推广。增强社会各界参与文化创新的自觉性和主动性，营造有利于创新项目成长的文化氛围，加快构建有利于全面提升自主创新能力的体制机制。鼓励文化产品原创，提升文化创意水平。

（五）推动文化与科技融合。积极运用高新技术，拓宽文化传播渠道，丰富文化表现形式。以科技创新为动力，完善公共文化服务的提供方式和内容，满足人民群众的基本文化需求。实施文化与科技融合促进工程，通过国家文化科技提升计划和文化科技创新项目，研发一批具有自主知识产权的核心技术，推广一批高新技术成果，提升文化行业技术与装备水平。推动传统艺术与现代技术相互融合，加速改造提升传统文化业态，发展新兴文化业态。完善以文化科技创新体系、文化标准体系、文化科技管理体系为主体的文化科技支撑体系。加大文化信息资源整合力度，构建结构完备、功能齐全的文化系统信息数据库，提高文化系统信息化水平。

十、加强文化人才队伍建设

（一）加大培训力度。充分发挥教育培训在文化人才培养中的基础性作用。完善在职人员继续教育体系，积极拓展培训空间，创新培训手段，逐步形成抓重点、分层次、多渠道、有特色的培训工作体系。将高等院校教育与在职培训、实践锻炼紧密结合，按照分级负责、分类管理、全员培训原则，逐步形成组织调训、干部培训、在职教育、挂职实践和远程教育相结合的工作格局，提高教育培训成效。

（二）完善人才评价机制。探索实施对专业技术人才、技能人才进行分类界定的方式，推进评价体系多元化。加快推进职称制度改革，完善专业技术职务任职评价方法。研究制定符合艺术人才成长规律的有关专业评审标准，继续完善专家评委库，构建评审申报工作系统。探索建立从业人员职业资格制度。建立以岗位绩效考核为基础的事业单位人员考核评价制度，健全完善党政领导干部考核评价机制。建立在重大文化工程、重大文化项目实施中培养、使用和支持人才的机制。

（三）建立健全人才激励保障机制。建立文化行业艺术专业人才保障机制，探索建立从事特殊艺术专业人才退出机制。实施艺术院团优秀演员继续教育工程。积极推动落实国家荣誉制度，表彰奖励成就卓著的文化工作者。

（四）指导艺术职业院校的学科建设与人才培养。加大艺术职业院校改革力度，推动艺术职业院校专业创新，专业设置与文化改革发展相适应，加快培养跨艺术、科技研究和文化管理领域的复合型人才。加强文化系统所属中等艺术职业学校校舍建设，提升学校办学条件。

十一、保障政策

（一）政府投入保障政策

加大政府投入力度，建立健全同国力相匹配、同人民群众文化需求相适应的政府投入保障机制。增加公共文化服务体系建设资金和经费保障投入，建立公共文化服务体系经费保障机制，对公益性文化单位给予重点保障。以农村和基层、边疆民族地区、贫困地区为重点，优先安排涉及广大人民群众切身利益的文化项目，重点保障基层公共文化机构正常运转和开展基本公共文化服务活动所需经费，扶持公共文化机构的技术改造和设备投入。争取农村文化建设专项资金支持，保证一定数量的中央转移支付资金用于乡镇和村文化建设。转变投入方式，通过政府购买服务、项目补贴、以奖代补等方式，鼓励和引导社会力量提供公共文化产品和服务。推动公共文化设施土地使用纳入土地利用总体规划和城乡发展规划，依法保障公共文化设施用地。增加文化遗产保护经费投入。支持政府间文化交流和中华文化走出去。研究和改进财政资金支持文化产业的投入方式，增加文化产业发展专项资金规模，支持战略性、先导性、带动性文化产业项目建设，支持文化科技研发应用和提高文化企业技术装备水平。创新政府扶持方式，充分利用国家文化发展基金，引导文化产品创作生产和人才培养。提高各级彩票公益金用于文化事业比重。

（二）文化经济政策

对已有支持文化体制改革、支持文化事业和文化产业发展的经济政策进行修订或延续。进一步落实鼓励社会组织、机构和个人捐赠以及兴办公益性文化事业的税收优惠政策，促进企业及民间对文化的投入明显增加。把文化科技研发纳入国家科技创新体系，运用产业政策鼓励文化集成应用高新技术，支持文化装备业与文化产业协调发展。加大财政、税收、金融、用地等方面对文化产业的政策扶持力度，对文化内容创意生产、非物质文化遗产项目经营实行税收优惠。继续完善、落实对动漫产业的税收优惠政策扶持力度。落实和完善金融支持文化产业发展政策，加强和改善对文化企业的金融服务。深化与金融机构的合作，完善相关配套措施，建立适合我国实际的文化产业信用担保制度和文化类无形资产评估、质押和交易制度，形成文化产业投融资信息共享机制。完善文化市场准入等政策，鼓励和支持非公有资本以多种形式投资文化产业，保障非公有制企业在土地使用、技术创新、财税政策、融资服务、对外贸易等方面与国有文化企业享受同等待遇。争取加大文化事业建设费支持力度。发挥文化产业投资基金的引导作用，吸引金融资本和其他社会资本进入文化产业。加强对原创性作品的政策扶持和创新型人才的培养。继续执行文化体制改革配套政策，对转企改制国有文化单位扶持政策执行期限再延长5年。

（三）文化贸易促进政策

加大已有支持对外文化贸易各项优惠政策的落实力度，进一步落实完善有关财税政策，支持文化企业走出去。支持文化企业在海外投资、投标、收购、营销、参展和宣传等市场开拓活动，依法完善对文化企业的出境出口审批政策，减少出境出口审批程序，为文化企业走出去提供通关便利。对符合条件的文化企业发展海外业务给予账户开立、资金汇兑方面的政策便利。加强文化企业和文化产品在进出口环节的知识产权保护，维护权利人的合法权益。建立外向型企业和产品网络资源库，在重点口岸建立对外文化贸易出口基地和服务平台。扶持外向型产品研发及文化产品出口和企业落地经营。对出口业绩优秀的企业和项目予以奖励，分区域制订实施文化产品推广计划。

（四）法制保障

建立健全文化法律法规体系，加快文化立法进程，制定和完善公共文化服务保障、文化产业振兴、文化市场管理等方面法律法规，将文化建设的重大政策措施适时上升为法律法规，加强地方文化立法，提高文化建设法制化水平。认真贯彻实施《非物质文化遗产法》，推动相关配套法规规章的出台，积极落实《文化市场综合行政执法管理办法》，建立健全文化市场综合执法各项规章制度。继续推进《公共图书馆法》立法工作，研究制定《文化产业促进法》、《公共文化服务保障法》。修订完善《文物保护法》。推动《博物馆条例》、《大运河遗产保护条例》、《世界文化遗产保护管理条例》等专项立法建设和文物保护地方性法规体系建设。推动出台《艺术品市场管理条例》、《古籍保护条例》、《国家图书馆条例》，修订《互联网上网服务营业场所管理条例》，尽快出台《游戏游艺机市场管理办法》、《娱乐场所管理条例实施细则》等部门规章。积极参与促进文化艺术发展、鼓励文化艺术创新的知识产权立法。对法律法规实施情况进行全面考察、深入评估和及时清理。加强依法行政，完善文化行政执法体制和机制，健全执法程序，加强对文化综合执法机构的业务指导，实现综合执法的法制化、科学化、规范化。深化行政审批制度改革，创新行政许可实施机制，推进政府信息公开，完善行政复议，加强行政监督和问责。初步建立国家文物督察制度。开展“六五”普法工作，加强文化法制机构和队伍建设，增强文化工作者用法能力，改善文化法制环境。

十二、组织实施

各级文化行政部门要统一思想，充分认识编制和实施《文化部“十二五”时期文化改革发展规划》的重大意义，积极推动各级党委和政府把文化建设摆在全局工作的重要位置，纳入经济社会发展总体规划，纳入科学发展考核评价体系，真正做到文化建设与经济建设、政治建设、社会建设以及生态文明建设一同部署、一同实施、一同考核。文化系统各部门、各单位要结合规划提出的目标和任务，制订落实规划的实施方案，扎实推进各项工作。各级文化行政部门要结合实际，认真贯彻落实本规划，要建立规划评估机制，加强对规划执行的评估督察，做好中期评估和期末评估，确保各项任务的落实。

（2012年5月28日发布）

【《演出经纪人员管理办法》】

第一章　总则

第一条　为规范演出经纪活动，加强演出经纪人员管理，明确演出经纪活动当事人的权利与义务，保障演出市场健康发展，根据《营业性演出管理条例》（以下简称《条例》）及《营业性演出管理条例实施细则》（以下简称《实施细则》），制定本办法。

第二条　本办法所称演出经纪资格证书是专职演出经纪人员的从业资格证明，全国通用。

第三条　本办法所称演出经纪人员，包括在演出经纪机构中从事演出组织、制作、营销，演出居间、代理、行纪，演员签约、推广、代理等活动的从业人员；在县级文化主管部门备案的个体演出经纪人。

第四条　设立演出经纪机构，应当符合《条例》规定的条件，有 3 名以上取得演出经纪资格证书的专职演出经纪人员。

个体演出经纪人在县级文化主管部门备案时，应当出具演出经纪资格证书。

第五条　演出经纪人员在演出经纪活动中应当遵守公平、公正、公开、诚信的原则。

第六条　文化部指导监督中国演出行业协会组织实施演出经纪人员资格认定工作。各级文化主管部门负责本辖区内演出经纪人员经纪活动的监督管理。

第二章　演出经纪资格证书

第七条　中国演出行业协会负责演出经纪资格证书的核发与管理。

（一）制定演出经纪资格证书考试大纲。考试内容应当包括演出市场政策法规、演出市场基础知识、演出经纪实务以及从业规范、艺术基础理论。

（二）每年应当组织 2 次全国性考试。考试时间、考试地点应当提前 2 个月向社会公布，考试结束后 30 日内公布合格名单并核发演出经纪资格证书。

（三）统一印制演出经纪资格证书，证书全国统一编号。

第八条　凡年满 18 周岁以上，中专以上文化程度，具有完全民事行为能力的（含我国香港特别行政区、澳门特别行政区、台湾地区人员），可以通过考试取得演出经纪资格证书。

第九条　演出经纪资格证书有效期为 5 年。有效期满应当到原发证单位办理换证手续。逾期未办理的，应当注销演出经纪资格证书。

第十条　演出经纪人员从业单位发生变更的，演出经纪人员应当到原发证单位办理变更手续。

第十一条　任何单位和个人不得伪造、变造、出租、出借演出经纪资格证书。

第三章　从业规范

第十二条　演出经纪人员应当遵守以下规定：

（一）根据《条例》、《实施细则》以及相关法规的规定提供演出经纪服务；

（二）演出经纪合同中应当注明负责该项业务演出经纪人员的演出经纪资格证书证号；

（三）保存经纪业务记录；

（四）对所经纪的演出项目进行内容自审，保证演出内容健康合法；

（五）按规定参加演出经纪相关继续教育，提高业务素质和职业道德水平；

（六）法律法规规定的其他行为规则。

第十三条　演出经纪人员不得有下列行为：

（一）在演出经纪机构中从业的人员以个人名义从事演出经纪活动；

（二）在两家以上（含两家）演出经纪机构从业；

（三）隐瞒与经纪业务有关的重要事项，或者对经纪业务作虚假宣传；

（四）为含有《条例》第二十六条禁止内容的演出提供经纪服务；

（五）法律法规禁止的其他行为。

第十四条 演出经纪人员在经纪活动中应当保障演员合法权益，规范演员从业行为，协助演员提高业务素质，督促演员遵守职业道德。

第四章 监督管理

第十五条 文化主管部门颁发、换发演出经纪机构营业性演出许可证时，应当核验并登记演出经纪人员的演出经纪资格证书。

第十六条 文化主管部门审批营业性演出活动，应当核验负责该项业务演出经纪人员的演出经纪资格证书。

第十七条 中国演出行业协会应当加强对演出经纪人员的信用管理，对演出经纪人员违反职业道德和行业规范的行为，应当在行业内按规定处理。演出经纪机构受到行政处罚的，中国演出行业协会应当对负责该项经纪业务的演出经纪人员予以通报批评，情节严重的，中国演出行业协会应当注销其演出经纪资格证书，自注销之日起 5 年内不得重新申请。

第十八条 中国演出行业协会应当依托全国文化市场技术监管与服务平台，建立演出经纪人员档案，记录演出经纪资格证书取得、变更、撤销等信息，为行政审批、综合执法、公众查询提供服务。

第十九条 中国演出行业协会应当根据演出经纪业务特点，制定演出经纪人员分类、分级管理细则，加强对演出经纪人员的服务，健全继续教育制度，提高演出经纪人员素质与水平。

第二十条 中国演出行业协会组织演出经纪人员资格认定工作收取费用的，应当依法办理相关手续，接受社会监督。

第二十一条 本办法自 2013 年 3 月 1 日起施行。

2012 年 12 月 5 日发布

《文化部关于鼓励和引导民间资本进入文化领域的实施意见》（文产发〔2012〕17 号）

各省、自治区、直辖市文化厅（局），新疆生产建设兵团文化广播电视局，各计划单列市文化局，各直属单位：

为贯彻党的十七届六中全会精神，落实《国务院关于鼓励和引导民间投资健康发展的若干意见》（国发〔2010〕13 号）和《国务院办公厅关于鼓励和引导民间投资健康发展重点工作分工的通知》（国办函〔2010〕120 号）精神，鼓励和引导民间资本进入文化领域，文化部结合当前文化改革发展实际，制定本实施意见。

一、充分认识促进民间资本进入文化领域的重要意义

（一）随着改革开放不断深入和经济社会发展方式转型升级，民间资本已成为推动我国文化建设的重要力量，在深化文化体制改革、发展公益性文化事业、繁荣文化产业、推动文艺创作生产、开展多渠道、多形式、多层次对外文化交流等方面发挥了重要作用。鼓励和引导民间资本进入文化领域，是深入贯彻党的十七届六中全会精神，推动社会主义文化大发展大繁荣，进一步兴起社会主义文化建设新高潮的重要举措。鼓励和引导民间资本进入文化领域，有利于完善社会主义市场经济体制，充分发挥市场在文化资源配置中的积极作用；有利于优化国民经济结构、创造更多就业机会，增加城乡居民收入；有利于拓宽文化资金来源渠道，促进投资主体多元化；有利于进一步解放文化生产力，调动社会各方面积极性，整合各种资源，凝聚各方力量，激发全社会文化创造活力，形成全社会共同参与文化建设的新局面；有利于丰富文化产品和服务供给，满足人民群众日益增长的多样化的精神文化需求。

二、鼓励民间资本参与国有文艺院团转企改制

（二）鼓励和支持民间资本以投资、控股、参股、并购、重组、项目合作等多种方式，积极参与国

有文艺院团转企改制。鼓励艺术名家和其他演职人员以个人持股的方式参与转制院团的股份制改造。

（三）民间资本参与国有文艺院团转企改制，可享受国有文艺院团转企改制和国家扶持文化企业发展的相关优惠政策。

三、鼓励民间资本参与公共文化服务体系建设

（四）鼓励民间资本捐建或捐资助建博物馆、图书馆、文化馆、美术馆等公共文化基础设施，引导和鼓励民间资本通过捐助机构、资助项目、赞助活动、提供设施等形式参与公共文化服务。民间资本捐资助建公益性文化设施，可尊重捐赠者的意见，以适当方式予以褒奖；通过公益性社会团体和县级以上人民政府及其部门捐赠捐助的，可按有关法律法规享受税收优惠政策。

（五）采取政府采购、项目补贴、定向资助、贷款贴息、税收减免等政策措施，引导民间资本投资兴建民间文化馆、图书馆、博物馆、美术馆等文化设施；支持民间资本兴办具有公益性和准公益性特点的读书社、书画社、乡村文艺俱乐部、文化大院、群众文艺团队、社区文化服务组织、民间文艺协会等，直接面向社会公众提供公益文化服务。

（六）逐步建立公共文化服务政府采购制度，支持民营文化企业的产品和服务进入政府公共文化产品和服务采购目录。鼓励民间资本通过招投标等方式，参与基础文化设施建设、公共文化产品创作生产、公益性文化产品和服务供给、重大文化惠民工程、重大公益性文化活动和其他公共文化服务。

四、鼓励民间资本投资文化产业发展

（七）鼓励和引导民间资本投资演艺、娱乐、动漫、游戏、文化旅游、艺术品、工艺美术、文化会展、创意设计、网络文化、数字文化服务等行业和领域。支持民间资本参与重大文化产业项目实施，鼓励民营文化企业跨区域、跨行业兼并重组。民间资本投资符合国家重点扶持方向的文化行业门类和领域，可通过项目补助、贷款贴息、保费补贴、绩效奖励等方式给予资金扶持。

（八）对民营文化企业在立项审批、投资核准、项目招投标、政府采购、评比表彰、申请专项资金、享受税收优惠、申报国家级文化产业示范园区和国家文化产业示范基地等方面，要与国有文化企业一视同仁，不得对民营文化企业设置任何附加条件、标准和程序。

（九）建立健全多元化、多层次、多渠道的文化产业投融资体系，鼓励和支持民营文化企业借助资本市场做大做强。支持民营文化企业通过信贷、信托、基金、债券等金融工具融资，支持民营文化企业通过并购重组、上市等方式融资。鼓励和引导民间资本参与的金融机构、中介组织、各类投资基金进入文化产业领域。

五、鼓励民间资本投入非物质文化遗产传承保护

（十）鼓励民间资本积极投入非物质文化遗产基础设施建设，支持民间资本结合文化旅游、民俗节庆活动等建设非物质文化遗产博物馆、展示馆、传习所等基础设施，开展保护、展示、传承、宣传活动。

（十一）鼓励和引导民间资本利用现有优惠政策，参与非物质文化遗产生产性保护。积极协调有关部门，研究制定非物质文化遗产生产性保护税收、信贷、融资、土地使用等方面的扶持办法，为民间资本参与非物质文化遗产生产性保护营造有利环境。

（十二）鼓励民间资本建立信息平台和社会中介组织，为非物质文化遗产生产性保护搭建桥梁和纽带。鼓励民间资本支持非物质文化遗产代表性传承人开展传统技艺与题材的创新和发展，推动传统产品的功能转型和审美价值提升。鼓励民间资本支持技艺展示、产品销售等活动，宣传非物质文化遗产及其产品的文化内涵和审美价值。鼓励民间资本通过设立公益性基金等方式参与非物质文化遗产保护，如对濒危的非物质文化遗产进行抢救性保护，对代表性传承人及学艺者予以资助等。

六、鼓励民间资本积极参与对外文化交流和文化贸易

（十三）积极倡导“以政府为主导、民间为主体、市场化运作为主要方式”的方针，鼓励民间资本以资助、投资、捐赠等多种形式参与对外文化交流和对外文化贸易，鼓励民间资本参与节庆、演出、展

览、展销等各种双边和多边文化交流活动及项目。

（十四）逐步建立重大对外文化交流项目的招投标和采购制度，鼓励和支持有良好信誉和资质的民营文化企业参与投标，打造对外文化交流精品项目。

（十五）鼓励和引导民营文化企业向规模化、集约化和国际化方向发展，努力开拓国际文化市场，扩大我国优秀文化产品和服务出口规模。鼓励民间资本通过新设、收购、合作等方式，在境外设立文化企业、收购文化设施、建立分支机构等。

七、为民间资本进入文化领域创造良好发展环境

（十六）加快推进文化行政部门观念和职能转变，切实推进政企分开、政事分开、管办分离，消除制约民间资本进入文化领域的制度性障碍，强化政策调节、市场监管、社会管理和公共服务职能，加大对民营文化企业、民办文化机构、民间文化组织等的服务力度，促进民间资本健康发展。

（十七）全面梳理文化领域各项行政审批事项，完善信息公开制度，推动管理内容、标准和程序的公开化、规范化，为民间资本进入文化领域提供公开透明、平等准入、公平竞争的发展环境。积极协调有关部门，简化项目审批、税收优惠、进出口通关、资金汇兑、捐赠认定等事项办理流程，清理和规范涉企收费，切实减轻企业负担。

（十八）会同有关部门逐项落实鼓励和引导民间资本进入文化领域的各项政策措施，针对不同领域，研究制定具体扶持办法，加大财政、税收、金融、用地等方面的扶持力度，完善民间资本进入文化领域的政策保障机制，切实保护民间资本的合法权益。

（十九）不断提高政府公共服务水平，加强“文化产业投融资公共服务平台”等投资信息平台建设，及时发布国家政策、发展规划、准入标准、行业动态、项目招标、产品和服务采购等信息。充分发挥驻外使领馆文化处（组）、海外中国文化中心等的作用，协助民营文化企业了解和分析海外文化市场动态，拓展海外营销网络和渠道。

（二十）各级文化行政部门要积极组织宣传党中央、国务院关于鼓励、支持和引导民间资本健康发展的方针、政策和措施，客观、公正评价民间资本在促进文化发展方面的积极作用，营造有利于民间资本进入文化领域的舆论氛围。支持民营文化企业、民办机构及民间文化团体人才队伍建设，在评定职称、参与培训、申报项目、表彰奖励等方面与国有文化单位同等对待，带动民间文化人才参与文化建设的积极性。

八、加强对民间资本进入文化领域的指导和规范管理

（二十一）各级文化行政部门要依照有关法律法规要求，加快建立和完善管理制度和征信体系，综合运用政策指导、资质认定、业务培训、监督检查等措施，加强和改进对民间资本进入文化领域的服务和管理，引导其在依法投资、依法经营的同时，不断提高自身素质和能力，树立诚信意识和责任意识，主动承担和履行相应的社会责任。

（二十二）加强对民间资本进入文化领域现状、发展趋势的监测和分析，把握民间资本进入文化领域的动态，适时修订《文化部文化产业投资指导目录》，合理引导民间投资者正确判断形势，减少盲目投资。

（二十三）加强文化行业协会、促进会、商会、学会、联盟等行业自律组织建设，充分发挥其为民间资本进入文化领域提供法律、政策、咨询、财务、金融、技术、管理和市场信息等方面服务的积极作用。

（二十四）各级文化行政部门和各文化部直属单位要认真贯彻落实国家相关政策，采取切实措施，促进民间资本进入文化领域，并注意跟踪政策实施效果和存在的问题，及时将有关情况反馈我部。

文化部

2012 年 6 月 28 日

专题

纪念毛泽东同志《在延安文艺座谈会上的讲话》发表70周年

【文化部党组书记、部长蔡武《继承和弘扬〈讲话〉精神　坚持中国特色社会主义文化发展道路》】

70年前的今天，毛泽东同志发表了《在延安文艺座谈会上的讲话》。这篇光辉著作运用马克思主义的立场、观点和方法，全面总结了“五四”以后中国革命运动的历史经验，深刻阐明了党对文艺工作的基本方针，提出了文艺为什么人服务和如何服务等根本问题。《讲话》的发表，丰富和发展了马克思主义文艺理论，开创了中国革命文艺运动的新纪元，成为中国新文艺发展史上的一座里程碑。

今天我们纪念《讲话》发表70周年，其目的不仅在于重温《讲话》的重要内容，继承延安时期所开创的革命文艺传统，更在于深刻理解《讲话》精神在今天的时代内涵，把《讲话》精神进一步发扬光大。当前，我们弘扬《讲话》精神，最重要的就是深刻领会中国特色社会主义文化发展道路的内涵，推动社会主义文化大发展、大繁荣，建设社会主义文化强国。

第一，必须坚持“二为”方向、“双百”方针。今天，我们讲“二为”方向，就是要坚持为人民服务、为社会主义服务。坚持“为人民服务”，就是要把满足人民群众多样化、多层次、多方面精神文化需求，实现好、发展好、维护好最广大人民群众根本利益作为文化建设的出发点和落脚点。坚持“为社会主义服务”，就是要坚持社会主义先进文化的前进方向，把建设社会主义核心价值体系作为根本任务贯穿到文化建设的方方面面，努力为中国特色社会主义事业提供坚强思想保证、强大精神动力、有力舆论支持、良好文化条件。我们讲坚持“双百”方针，就是要正确处理好尊重差异、包容多样与坚持主导、发展主流的关系，坚持用马克思主义中国化的最新成果指导文化建设，努力发展先进文化，同时以宽广的胸怀、长远的眼光，营造积极健康、宽松和谐的氛围，尊重差异、包容多样，从而最大限度地焕发广大文化工作者和人民群众的创造活力，使社会主义文化百花园更加绚烂多姿、生机盎然。

第二，必须坚持以人为本，科学发展。坚持以人为本，就是要坚持文化发展为了人民，文化发展依靠人民，文化发展成果由人民共享；牢固树立以人民为中心的创作理念，引导和鼓励艺术家贴近实际、贴近生活、贴近群众，从火热的生活中汲取营养，努力创作人民喜闻乐见的优秀文化产品；充分尊重人民的首创精神，发挥人民在文化创造中的主体作用，搭建群众乐于参与、便于参与的文化活动平台；完善文化产品评价体系和激励机制，提高群众评价权重，把人民群众满意不满意作为最高的评价标准；坚持眼睛向下、重心下移，面向基层、面向群众，让文化改革发展成果惠及全体人民。坚持科学发展，就是要努力统筹好文化建设与经济、政治、社会建设协调发展的关系；要正确认识文化的双重属性和双重功能，按照公益性文化事业和经营性文化产业两轮驱动的发展思路推动文化建设；要坚持统筹协调，推动区域平衡、城乡平衡，努力实现可持续发展；注重统筹国内国际两个大局、两个市场，既注重国内文化建设，又不断加大对外文化交流力度；注重把握国情，坚持尽力而为、量力而行，扎扎实实推动文化建设。

第三，必须坚持与时俱进，不断创新。在新的历史阶段，我们必须把握时代脉搏，顺应时代潮流，不断解放思想，赋予《讲话》精神以新的时代内涵，从而引领文化艺术事业沿着正确的方向继续前进。同时，要努力适应文化建设的新形势，深刻把握文化发展的新特点，了解人民群众的新需求，在文化工作中不断创新。要大力推进文化内容、形式、方法、手段的创新，实现题材、体裁、品种、风格和载体的极大丰富，不断提升文化的原创能力，增强艺术作品的感染力和影响力，在信息化时代，尤其要注重文化与科技的融合，坚持自主创新，努力用先进科技传播先进文化，大力发展新型文化业态，不断提升为人民群众提供高品质文化产品和服务的能力，努力满足人民群众的精神文化需求。

第四，必须坚持深化改革，解放和发展文化生产力。近几年来，我们在党中央的领导下，坚定不移地推进文化体制改革，努力破除阻碍文化发展的体制机制积弊，进一步解放和发展了文化艺术生产力。实践证明，只有深化改革，才能为推动社会主义文化大发展大繁荣提供强大动力。我们必须坚定不移地贯彻落实中央关于深化改革的总体部署，加大力度，加快进度，着力构建充满活力、富有效率、更加开放、有利于文化科学发展的体制机制。必须大力推进经营性文化事业单位转企改制，加大公益性文化事业单位内部改革，着力振兴文化产业，推动其成为国民经济支柱性产业，巩固文化市场综合执法改革成果，推动政府职能转变。

第五，必须适应全球化潮流，扩大对外开放。当今世界，各种思想文化交流、交融、交锋更加频繁，文化在综合国力竞争中的地位作用更加凸显，维护国家文化安全任务更加艰巨、更加复杂。我们必须积极应对全球化的挑战，全方位、多层次、宽领域地推动中华文化“走出去”，不断增进世界人民对中国的了解，大力增强中华文化的影响力和感召力。同时，要以更加开放包容的心态和更加博大的胸怀，吸收和借鉴一切有利于加强我国文化建设的有益经验、一切有利于丰富我国人民精神生活的文化成果、一切有利于发展我国文化事业和文化产业的经营管理理念和机制，加大文化领域智力、人才、技术的引进力度，吸收外资进入法律法规许可的文化产业领域。要真正地把优秀中华文化送出去，把优秀世界文化引进来，从而实现“各美其美，美人之美，美美与共，天下大同”。

第六，必须坚持大团结的方针，努力营造良好环境。今天，我们面临着实现中华民族伟大复兴、建设社会主义文化强国的艰巨任务。要实现这样的目标，必须团结一切可以团结的力量，努力营造团结和谐、昂扬向上的氛围，充分调动广大文化工作者和广大人民群众进行文化创造的主动性和积极性。要坚持尊重知识、尊重人才、尊重创造、尊重劳动，努力营造和谐宽松的气氛，推动优秀人才和优秀作品脱颖而出。要具有海纳百川的胸襟和伯乐识马的慧眼，善于发现人才，大胆使用人才，在使用中培养和锻炼人才。要知人善任、人尽其才，采取切实措施，建立激励机制。要与艺术家交朋友，做艺术家的贴心人。用良好的环境吸引人才，用真挚的感情团结人才，用科学制度和健全法规管理人才。要制定有效的政策，鼓励社会各界参与文化建设，形成文化建设的强大合力。

当代中国正处在全面建设小康社会的关键时期，波澜壮阔的改革进程，如火如荼的发展实践，实现中华民族伟大复兴的时代主旋律，呼唤着广大文化工作者以高昂向上的精神面貌承担起文化发展繁荣的历史使命。广大文化工作者要更加紧密地团结在以胡锦涛同志为总书记的党中央周围，以贯彻党的十七届六中全会精神为契机，不断增强文化自觉和文化自信，努力推动各项文化工作，为推动社会主义文化大发展大繁荣做出新的更大的贡献！

原载《中国艺术报》2012年5月25日

【中国文联党组书记、副主席赵实《坚定不移走与人民相结合的文艺道路——在中国文联纪念〈在延安文艺座谈会上的讲话〉发表70周年座谈会上的讲话》】

今天，中国文联在这里召开座谈会，隆重纪念毛泽东同志《在延安文艺座谈会上的讲话》发表70周年。目的是进一步继承弘扬《讲话》精神，发扬党的文艺工作优良传统，贯彻落实党的十七届六中全会精神和第九次全国文代会精神，团结凝聚广大文艺工作者坚持走中国特色社会主义文化发展道路，努力开创文艺事业新局面，为建设社会主义文化强国贡献力量。刚才尚长荣、王晓棠、侯一民、李准、姜昆、冯双白、赵长青、宋祖英、王一川等9位艺术家、评论家结合自己的艺术实践和学习体会，作了很好的发言，充分体现了各位艺术家、评论家对《讲话》精神的深刻理解，对弘扬《讲话》精神、繁荣文艺事业的真知灼见，大家的发言饱含深情、生动丰富，使我们深受感染、深受启发。

70年前，在中国抗日战争的艰难岁月，我们党在革命圣地延安召开了中国新文艺发展史上第一个文艺座谈会，毛泽东同志发表了具有划时代意义的重要讲话，开启了中国文艺发展的新纪元。《讲话》把马克思主义基本原理同中国革命具体实际相结合，运用辩证唯物主义和历史唯物主义的立场、观点、方法，总结了中国革命文艺运动的基本经验，针对当时文艺实践存在的唯心论、教条主义和轻视实践、脱离群众等突出问题，明确提出了"我们的文学艺术都是为人民大众的，首先是为工农兵的"这一著名论断，深刻阐述了文艺为什么人这一方向性、原则性的根本问题，系统论述了文艺与人民、与政治、与生活、与时代的关系，内容与形式、继承与创新、歌颂与暴露、普及与提高、世界观与文艺创作等事关革命文艺发展方向的重要问题，确立了党对文艺工作的根本方针和理论观点，对我们党的文艺理论建设、文艺政策制定和文艺实践发展都产生了巨大而深远的影响。广大文艺工作者正是在《讲话》精神的指引下，端正了创作方向、转变了思想感情、改进了创作方法，坚持文艺为人民大众、为工农兵服务，创作出一大批适应革命需要、深受广大群众欢迎的优秀文艺作品。如大型歌剧《白毛女》，新秧歌剧《兄妹开荒》、《夫妻识字》，评剧《逼上梁山》、《三打祝家庄》，小说《小二黑结婚》、《李有才板话》，等等。这些优秀文艺作品极大地激发了亿万人民的旺盛斗志，极大地振奋了伟大的民族精神，在争取民族独立、人民解放、建立新中国的进程中发挥了重要作用。

70年来，《讲话》精神与时俱进，不断得到弘扬和发展。我们党适应时代发展的新要求，不断提出新的战略思想，丰富完善了社会主义文艺理论，推动我国文艺实践实现了历史性的巨大进步。在社会主义建设初期，以毛泽东同志为核心的第一代中央领导集体进一步提出百花齐放、百家争鸣，洋为中用、古为今用、推陈出新等重要理论观点，推动形成了新中国文艺繁荣发展的第一次高潮。在改革开放新时期，以邓小平同志为核心的第二代中央领导集体在总结历史经验教训的基础上，进一步指明了文艺为人民服务、为社会主义服务的方向，鲜明提出了人民是文艺工作者的母亲，人民需要艺术，艺术更需要人民的著名论断，深刻阐述了文艺工作在社会主义现代化建设事业中的重要地位作用和社会主义文艺事业兴旺发达的根本道路，开创了中国特色社会主义文艺发展的新征程，文艺事业迎来了百花盛开的春天。在改革开放的新阶段，以江泽民同志为核心的第三代中央领导集体在我国社会主义事业发展的重大历史关头，针对我国文化建设和文艺事业的繁荣发展作出了一系列重要部署，引领全党坚持先进文化的前进方向，鲜明提出文艺是民族精神的火炬、人民奋进的号角，以高尚的精神塑造人、以优秀的作品鼓舞人等重要论断，明确了当代文艺工作和文艺工作者的历史使命和崇高职责，号召广大作家艺术家在人民的历史创造中进行艺术的创造，在人民的进步中造就艺术的进步。我国社会主义文艺事业呈现出百花竞放、姹紫嫣红的喜人景象，为顺利推进我国改革开放伟大进程作出了重要贡献。党的十六大以来，以胡锦涛同志为总书记的党中央从全面建设小康社会、发展中国特色社会主义和实现中华民族伟大复兴的战略高度，作出了推动社会主义文化大发展大繁荣、兴起社会主义文化建设新高潮的重大决策部署。特别是党的十七届六中全会鲜明地提出了坚持中国特色社会主义文化发展道路，努力建设社会主义文化强国的宏伟目标，为繁荣发展文艺事业提供了难得的历史机遇和广阔的发展空间。广大文艺工作者按照胡锦涛总书记的要求，坚持与时代同进步、与祖国共命运、与人民心连心，更加自觉、更加主动地承担起用社会主义先进文化引领社会进步，推进文化创造、弘扬文明风尚的历史责任，为人民群众奉献了一大批思想性、艺术性、观赏性俱佳的优秀文艺作品，充分展现了亿万人民在党的领导下坚持走中国特色社会主义发展道路的信心和决心，文艺界涌现出一大批德艺双馨的优秀文艺工作者，呈现出大团结、大繁荣、大发展的生动局面。

今天，我们重温《讲话》精神，深切地感受到《讲话》精神所具有的强大生命力，闪耀着永恒的思想光芒。《讲话》是我们党领导文艺工作的经典文献，不仅直接指导和引领我国革命文艺的发展，而且极大地丰富和发展了马克思主义文艺理论，为探索和开辟中国特色社会主义文艺发展道路提供了丰富的思想源泉和理论指导，是矗立在我国文艺发展史上一座熠熠生辉的历史丰碑。

根据中央的统一部署，中国文联和各全国文艺家协会围绕纪念《讲话》发表70周年，开展了采风创作、慰问演出、展览展映、座谈研讨、培训辅导等一系列丰富多彩的文艺活动。5月初，文联党组和书记处专门印发了《关于深入开展文艺志愿服务的意见》，举行了文艺志愿服务活动启动仪式，对深入开展文艺志愿服务作出了全面部署，号召文艺工作者坚定不移走与人民相结合的文艺道路，更好地走进基层、服务群众，奉献社会、提升境界。中共中央政治局委员、中央书记处书记、中宣部部长刘云山同志专门发来贺信，希望我们坚持为人民服务、为社会主义服务的方向，秉持文化惠民、文化为民、文化乐民的宗旨，组织开展多种形式的志愿服务活动，为推动基层公共文化建设、促进社会主义文化大发展大繁荣作出新的贡献。5月以来，中国文联及各全国文艺家协会率领广大文艺家深入基层，组织开展了大量形式多样的文艺惠民活动。其中，来自戏剧、音乐、舞蹈、书法等协会的著名艺术家奔赴革命圣地延安，同陕西和延安的文艺工作者一道开展了精彩的慰问、采风、演出活动，为延安人民送去精神食粮、送上欢乐温馨，充分表达了广大文艺工作者对老区人民的崇敬之情和感恩之情。艺术家们深入到延安的社区、农村、学校、敬老院等基层，参观了延安革命纪念馆、鲁迅艺术文学院和宝塔山、枣园、杨家岭等革命旧址，看望慰问了老红军、基层群众和中小学生等。亲临革命圣地，重温延安精神和《讲话》精神，大家深受教育和鼓舞，老中青艺术家们纷纷表示，正是因为有了伟大的延安精神的哺育，一代又一代共产党人为了民族独立、人民解放，抛头颅、洒热血，矢志不渝、英勇奋斗，才换来了革命的胜利和今天的幸福生活；正是有了《讲话》精神的指引，一代又一代进步文艺工作者，始终站在时代前列，积极投身于我国革命、建设和改革发展的历史洪流中，创作出了大量深受人民群众喜爱的优秀文艺作品，才有了今天的社会主义文艺蓬勃发展的生动景象。特别是当艺术家们来到延安鲁艺旧址时，抚今追昔，感慨万千，大家既为革命文艺前辈们在极为艰苦的条件下创造出的历史功绩感到崇敬和鼓舞，又对努力开创社会主义文艺事业的美好未来充满信心和希望。

今天，我们弘扬《讲话》精神，就是要深入贯彻落实党的十七届六中全会和第九次全国文代会精神，坚定不移走中国特色社会主义文化发展道路，进一步增强推动社会主义文艺大发展大繁荣的责任感和使命感，更加主动、更加自觉地担负起历史和时代赋予的崇高使命。

弘扬《讲话》精神，要求我们必须坚持以马克思主义中国化的最新理论成果为指导，确保文艺工作沿着先进文化的正确方向前进。当今世界，思想文化交流、交融、交锋日趋频繁，文艺领域也更加纷繁复杂，用社会主义核心价值体系引领各种文艺思潮的任务更加紧迫。我们要始终坚持马克思主义在文艺领域的指导地位，更加自觉地运用中国特色社会主义理论指导文艺创作，科学看待和反映社会矛盾，准确把握社会发展的主流与方向，努力唱响时代进步的主旋律。我们要始终坚持正确的价值导向，把建设社会主义核心价值体系的要求贯穿到文艺创作、生产、传播、评论等各环节，深刻反映当代中国人民奋发向上的理想信念和精神追求，热情讴歌改革开放和现代化建设的伟大成就，大力弘扬以爱国主义为核心的民族精神和以改革创新为核心的时代精神，大力倡导中华民族优秀传统道德，弘扬真善美、贬斥假恶丑，壮大健康向上的主流文化，抵制落后低俗的腐朽文化，努力建设社会主义精神文明，不断激励人们自信自强、开拓创新，不断增强人民追求美好生活的精神力量，为建设富强民主文明和谐的中国特色社会主义事业营造良好的文化氛围。

弘扬《讲话》精神，要求我们必须牢固树立以人民为中心的创作导向，始终坚持与时代同行、与人民同心。人民是历史的创造者，是文艺工作者的母亲。人民群众的社会实践和社会生活是文艺创作最深厚的源泉。一切进步文艺工作者的艺术生命，都源于同人民的血肉联系，忘记和脱离人民群众是文艺创作最大的危险。我们要始终坚持以人民为中心的创作导向，以提高民族素质和塑造高尚人格为己任，把人民群众作为文艺创作的表现主体和服务对象，把个人的艺术追求融入人民创造美好生活的鲜活实践，以充沛的激情、丰富的想象、生动的笔触、优美的旋律、感人的形象，为人民放歌、为人民抒情、为人民呼吁，把最美好的精神食粮奉献给人民。要自觉把“三贴近”作为文艺创作的重要原则，深入开展“走转改”和“送欢乐下基层”活动，大力开展文艺志愿服务，不断地走进基层、沉下心来，深入群众、情系群众、尊重群众，把群众当成最好的老师，在增进和人民群众的真挚情感过程中保持创作的鲜活生命力，充分展示人民创造美好生活的伟大实践，让人们在文艺作品中看到希望、看到进步，不断满足人民群众日益增长的精神文化需求。要充分发挥人民群众的首创精神，大力繁荣发展群众文艺，让蕴藏于人民中的文艺创造活力竞相迸发。

弘扬《讲话》精神，要求我们必须坚持改革创新，不断解放和发展文艺生产力，推出更多更好的优秀作品。改革创新是文艺事业永葆生机活力的根本所在。当今社会文化交流日益频繁，人民群众的文化需求和审美情趣呈现出多层次、多样化的新特点，对文艺繁荣发展提出了新的更高要求。我们要勇于创新、大胆探索，不断推动文艺观念、内容形式、体制机制、传播手段的创新，大力促进不同体裁题材、风格流派的发展，提倡不同形式和风格自由发展。要努力弘扬中华民族优秀文化传统和五四运动以来形成的革命文化传统，努力学习借鉴国外文化创新的有益成果，潜心创作、精益求精，不断提高文艺作品的原创能力和思想艺术质量，增强作品的吸引力、感染力。要充分认识现代科技对文艺发展产生的革命性影响，积极运用高新技术提高文艺的表现力和传播力。

弘扬《讲话》精神，要求我们必须加强文艺理论和评论工作，努力开创文艺评论新风。当前，我国文艺事业呈现出繁荣发展的喜人景象。但是，随着文艺作品的数量急剧增加，质量却又参差不齐，特别需要科学健康的文艺评论加以辨析和引导。我们要高度重视文艺理论建设，认真研究文艺创作的新情况、新特点，准确把握文艺发展的新要求、新趋势、新规律，积极回答当前关系我国文艺发展全局的战略性问题和新时期文艺创作面临的重大理论问题，进一步丰富和发展马克思主义文艺理论和美学思想。要用马克思主义文艺观指导文艺评论，坚持实事求是、真诚友善，观点鲜明、敢于直言，使我们的评论既有鲜明的价值立场，又有鲜活的时代气息，既贴近现实，又反映本质，既思辨缜密，又清新生动，具有较强的针对性、吸引力、说服力。要坚持专家评论与群众评价、市场检验的有机统一，不断巩固文艺评论的大众基础。要在文艺界充分发扬艺术民主和学术民主，形成不同观点和学派自由讨论、平等交流的良好氛围，真正树立起文艺评论的新风正气。

弘扬《讲话》精神，要求我们必须自觉践行“爱国、为民、崇德、尚艺”文艺界核心价值观，大力加强职业道德建设。社会主义文化大发展大繁荣，需要一支德艺双馨、规模宏大的高素质文艺人才队伍。我们要坚持尊重劳动、尊重知识、尊重人才、尊重创造，大力营造有利于优秀人才健康成长、脱颖而出的良好环境。广大文艺工作者要不断加强自身修养，努力践行“爱国、为民、崇德、尚艺”文艺界核心价值观，模范遵守《中国文艺工作者职业道德公约》（即坚持爱国为民、弘扬先进文化、追求德艺双馨、倡导宽容和谐、模范遵纪守法）。要满腔热情地讴歌祖国、讴歌时代，努力为促进祖国统一，维护国家利益和民族团结贡献力量。自觉植根人民、感恩人民、服务人民，始终把满足人民群众的精神文化需求作为根本出发点和落脚点。自觉追求高尚的道德情操，树立良好的社会公德、职业道德、家庭美德、个人品德，认真履行人类灵魂工程师的神圣职责，主动承担起弘扬先进文化和引领社会文明风尚的时代责任。自觉树立高远的艺术理想，发扬勇于创新、精益求精的艺术精神，认真对待文艺作品和文艺服务的社会效果，自觉抵制低俗之风，努力以高尚的道德情操、真诚的艺术态度和良好的社会形象，赢得人民群众的尊重和赞誉。

同志们，文联是党领导的人民团体，是党和政府联系文艺界的桥梁和纽带，是繁荣社会主义文艺、发展先进文化、建设文化强国的重要力量，更是广大文艺家和文艺工作者的共同家园。我们要牢牢把握先进文化的前进方向，始终坚持为人民服务、为社会主义服务的方向和百花齐放、百家争鸣的方针，坚定不移走与人民、与祖国、与时代相结合的文艺道路，更加自觉更加主动地服务大局、服务群众、服务文艺创作、服务文艺工作者，努力把文联建成一个以人为本、务实高效、温馨和谐的文艺工作者之家。

同志们，我们欣逢伟大的时代，建设社会主义文化强国的蓝图已经绘就、号角已经吹响，文艺事业繁荣发展的又一个春天已经到来。让我们高举中国特色社会主义伟大旗帜，高擎《讲话》精神的火炬，更加紧密地团结在以胡锦涛同志为总书记的党中央周围，以邓小平理论和“三个代表”重要思想为指导，深入贯彻落实科学发展观，坚定走中国特色社会主义文化发展道路，辛勤耕耘，潜心创作，多出精品，多出人才，以优异的成绩迎接党的十八大胜利召开，为推动社会主义文艺大发展大繁荣、建设社会主义文化强国、实现中华民族伟大复兴作出新的更大的贡献。

（2012 年 5 月 17 日）

原载《中国艺术报》2012 年 5 月 18 日

【纪念毛泽东同志《在延安文艺座谈会上的讲话》发表 70 周年座谈会】

2012 年 5 月 23 日上午，纪念毛泽东同志《在延安文艺座谈会上的讲话》发表 70 周年座谈会在北京人民大会堂举行。中共中央总书记、国家主席、中央军委主席胡锦涛作出重要指示。中共中央政治局常委李长春出席座谈会并讲话。

胡锦涛指出，毛泽东同志《在延安文艺座谈会上的讲话》，把马克思主义基本原理同中国革命文艺实践创造性地结合起来，是我们党领导文艺事业的经典文献。70 年来，在《讲话》精神指引下，一代又一代文艺工作者自觉投身人民群众创造历史的伟大实践，创作出一大批具有正确政治立场、深刻思想内涵、感人艺术魅力的优秀作品，推动文艺事业健康发展，为我国革命、建设、改革提供了强大精神力量。胡锦涛强调，70 年的历史充分表明，《讲话》始终闪耀着伟大的真理光芒，《讲话》所指明的方向和道路始终是我国文艺事业发展必须遵循的正确方向和道路。

胡锦涛勉励广大文艺工作者在新的历史条件下，认真重温《讲话》精神，按照党的十七届六中全会提出的要求，坚持中国特色社会主义文化发展道路，全面贯彻“二为”方向和“双百”方针，牢牢把握以人民为中心的创作导向，切实尊重文艺规律，大力推进改革创新，更加自觉地贴近实际、贴近生活、贴近群众，为人民奉献更多思想性、艺术性、观赏性高度统一的精品力作，为推动社会主义文化大发展大繁荣、建设社会主义文化强国贡献智慧和力量。

李长春在讲话中说，胡锦涛总书记的重要指示，深刻阐明《讲话》的历史地位和重要作用，高度赞扬 70 年来一代又一代文艺工作者作出的重要贡献，对新形势下进一步继承和弘扬《讲话》精神、繁荣发展社会主义文艺事业提出了明确要求。这充分体现了党中央对文化工作的高度重视和对广大文艺工作者的殷切期望，必将鼓舞和激励广大文艺工作者沿着《讲话》指引的正确方向，在新的历史起点上推动社会主义文艺繁荣发展。

李长春说，70 年来，《讲话》犹如精神灯塔，指引我国文艺事业和文化建设不断谱写辉煌篇章，为满足人民精神需求、丰富人民精神世界、增强人民精神力量，激励亿万人民投身民族解放、国家富强、改革开放的宏伟事业作出了重要贡献。在新的历史条件下继承和弘扬《讲话》精神，最重要的就是深入贯彻落实党的十七届六中全会精神，坚持中国特色社会主义文化发展道路，建设社会主义文化强国。李长春强调，继承和弘扬《讲话》精神、奋力开拓中国特色社会主义文化发展道路，必须坚持以马克思主义为指导，始终用马克思主义中国化的最新成果引领文化发展方向；必须牢牢把握科学发展这个主题，把科学发展观的要求贯穿到文化工作的各个方面；必须大力建设社会主义核心价值体系，巩固全党全国各族人民团结奋斗的共同思想道德基础；必须贴近实际、贴近生活、贴近群众，牢固树立以人民为中心的创作导向；必须解放思想、实事求是、与时俱进，始终以改革创新为强大动力；必须积极吸收世界优秀文明成果，推动中华文化走向世界。各级党委和政府要进一步加强对文化建设的领导，加强文化人才队伍建设，为推动文化繁荣健康发展提供坚强保障。广大文化工作者要大力继承和弘扬《讲话》精神，积极追求德艺双馨，自觉树立良好形象，以文化改革发展的优异成绩迎接党的十八大胜利召开。

中共中央政治局委员、中央书记处书记、中宣部部长刘云山主持座谈会。中共中央政治局委员、国务委员刘延东出席座谈会。

出席座谈会的领导同志还有华建敏、陈奎元、孙家正。

会上，文化部部长蔡武、老艺术家于蓝、作曲家印青、作家迟子建先后发言。

中央宣传文化系统各部门、解放军总政治部负责人和作家、艺术家代表参加了座谈会。

【为人民放歌—— 纪念毛泽东同志《在延安文艺座谈会上的讲话》发表 70 周年大型文艺晚会】

2012 年 5 月 23 日晚，“为人民放歌——纪念毛泽东同志《在延安文艺座谈会上的讲话》发表 70 周年大型文艺晚会”在京举行，中共中央政治局常委李长春出席观看，并与老艺术家代表和演职人员亲切交谈。

李长春勉励广大文艺工作者认真学习贯彻胡锦涛总书记对纪念《讲话》发表 70 周年作出的重要指示，继承和弘扬《讲话》精神，积极响应党的十七届六中全会号召，提升文化自觉，增强文化自信，坚持“二为”方向和“双百”方针，坚持以人民为中心的创作导向，贴近实际、贴近生活、贴近群众，创作推出更多思想性艺术性观赏性相统一、人民喜闻乐见的优秀作品，推动社会主义文化大发展大繁荣，使中国特色社会主义文化发展道路越走越宽广，以优异成绩迎接党的十八大胜利召开。

中共中央政治局委员、书记处书记、中宣部部长刘云山，中共中央政治局委员、国务委员刘延东，全国人大常委会副委员长华建敏，全国政协副主席、中国社科院院长陈奎元，全国政协副主席、中国文联主席孙家正一同观看演出。

晚会由中央宣传部、文化部、国家广电总局、中国文联、中国作协、解放军总政治部共同主办，分为回顾、发展、传承三个篇章，以《讲话》发表 70 周年为历史索引，综合运用歌曲、舞蹈、朗诵、戏曲、杂技等多种艺术形式，集中演出了 70 年来近 50 部经典文艺作品。

晚会节目包括陕北民歌《山丹丹花开红艳艳》、歌曲《祖国颂》、北京奥运主题曲《我和你》，秧歌《夫妻识字》、《兄妹开荒》，民族歌剧《白毛女》选段、情景歌舞《保卫黄河》，民族舞蹈《鄂尔多斯》、古典舞蹈《扇舞丹青》，影视歌曲《英雄赞歌》、歌舞表演《在希望的田野上》，歌曲《走向复兴》等。晚会还通过专题短片，采访了不同时期文艺工作者代表。同时运用多媒体技术，展现了文学、书法、绘画、摄影、影视等艺术门类的优秀作品。

【中国艺术研究院主办“纪念《在延安文艺座谈会上的讲话》发表 70 周年研讨会”】

2012 年 5 月 28 日，中国艺术研究院主办的纪念《在延安文艺座谈会上的讲话》发表 70 周年研讨会在北京召开。文化部党组书记、部长蔡武出席会议并作了题为《继承和弘扬〈讲话〉精神，坚持中国特色社会主义文化发展道路》的讲话。文化部副部长、中国艺术研究院院长王文章出席会议。

蔡武在讲话中指出，70 年前，毛泽东同志发表了《在延安文艺座谈会上的讲话》。这篇光辉著作运用马克思主义的立场、观点和方法，全面总结了“五四”以后中国革命运动的历史经验，深刻阐明了党对文艺工作的基本方针，提出了文艺为什么人服务和如何服务等根本问题。《讲话》的发表，丰富和发展了马克思主义文艺理论，开创了中国革命文艺运动的新纪元，成为中国新文艺发展史上的一座里程碑。在 5 月 23 日纪念毛泽东同志《在延安文艺座谈会上的讲话》发表 70 周年座谈会上，传达了胡锦涛总书记的重要指示，李长春同志代表党中央发表了重要讲话。胡锦涛总书记强调，70 年的历史充分表明，《讲话》始终闪耀着伟大的真理光芒，《讲话》所指明的方向和道路始终是我国文艺事业发展必须遵循的正确方向和道路。

蔡武说，70 年来，在《讲话》精神的指引下，我们党始终坚持引领中国先进文化的前进方向，团结带领各族人民以思想文化新崛起、理论创造新成果、文化建设新成就，推动党和人民的事业向前发展；我们党不断深化对文化建设作用与地位的认识，探索总结在不同的历史时期文化建设发展的内在规律，适时制定符合革命、建设和改革等不同历史时期要求的文化发展战略和方针政策，特别是在改革开放新时期努力探索中国特色社会主义文化发展道路。党的十七届六中全会明确提出，坚持走中国特色社会主义文化发展道路，努力建设社会主义文化强国，开创了我们国家文化改革发展新的时期。70 年来，在《讲话》精神的指引下，广大文化工作者以澎湃的革命激情深入革命、建设和改革第一线，与人民群众同呼吸、共命运，创作出许多感人至深的文艺作品，以务实的作风提供更加丰富多样的文化生活，努力推动文化建设不断取得新成就。可以说，《讲话》精神所体现的文艺思想，对文艺创作生产以及文化建设始终发挥着重要的指导作用，犹如一盏明灯闪耀着真理的光辉。

蔡武强调，今天我们纪念《讲话》发表 70 周年，其目的不仅在于重温《讲话》的重要内容，继承延安时期所开创的革命文艺传统，更在于深刻理解《讲话》精神在今天的时代内涵，把《讲话》精神进一步发扬光大。当前我们弘扬《讲话》精神，最重要就是深刻领会胡锦涛总书记的重要指示精神，深刻领会李长春同志代表党中央所作的重要讲话，深刻领会中国特色社会主义文化发展道路的内涵。必须坚持“二为”方向、“双百”方针；必须坚持以人为本，科学发展；必须坚持与时俱进，不断创新；必须坚持深化改革，解放和发展文化生产力；必须适应全球化潮流，进一步扩大对外开放；必须坚持大团结的方针，努力营造良好环境。

中国文联原副主席李准和中宣部、文化部有关负责人，以及来自中国社会科学院、北京大学、中国人民大学、中国传媒大学、首都师范大学、中国艺术研究院等单位的 60 余位专家、学者与会研讨。大家围绕《讲话》的重要价值和地位、发表 70 年来党在不同历史时期领导文艺事业的成就和经验、《讲话》与社会主义文化大发展大繁荣的关系等问题展开了热烈的讨论。与会者一致认为，《讲话》对当代中国的文艺与文化实践仍然具有重要意义。学习《讲话》精神，并形成有效指导实践的文艺与文化理论，是当前我国文化建设的重要任务。

研讨会由中国艺术研究院马克思主义文艺理论研究所承办，中国延安文艺学会、中国社会主义文艺学会协办。

【中国文联举办“纪念《在延安文艺座谈会上的讲话》发表 70 周年系列活动”】

2012 年 5 月 8 日，由中国文联，中国戏剧家协会，中国音乐家协会，中国舞蹈家协会，陕西省委宣传部，陕西省文联，延安市委、市政府等单位共同举办的“纪念毛泽东同志《在延安文艺座谈会上的讲话》发表 70 周年系列活动”在延安启动。当晚，由中国文联、中国戏剧家协会等单位组织的第一场大型演出“中国戏剧家延安行”文艺晚会在延安解放剧院举行。

开展此次系列活动，是中国文联为纪念《讲话》发表 70 周年，推动社会主义文化大发展大繁荣，以实际行动迎接党的十八大胜利召开而精心组织的。本场演出后，中国文联组织文艺家在延安进行一系列参观采风，举办戏剧发展、舞蹈创作等方面的理论研讨会，看望慰问老红军，深入基层开展文艺志愿服务活动。大型舞蹈诗《延安记忆》和大型文艺演出《我要去延安》在 5 月 9 日和 10 日奉献给当地群众。

2012 年 5 月 17 日，为纪念毛泽东同志《在延安文艺座谈会上的讲话》发表 70 周年，中国文联在京举办座谈会。全国政协副主席、中国文联主席孙家正，中宣部副部长翟卫华，中国文联党组书记、副主席赵实，中国文联党组副书记、副主席覃志刚、李屹等出席了座谈会。孙家正主持座谈会，并发表重要讲话。

尚长荣、王晓棠、侯一民、李准、姜昆、冯双白、赵长青、宋祖英、王一川等 9 位艺术家、评论家从不同的角度和侧面，结合自己的艺术实践，畅谈了对毛泽东同志《在延安文艺座谈会上的讲话》的时代背景、基本精神、思想内涵和指导意义的学习体会，进一步学习领会了党中央三代领导核心和胡锦涛总书记关于党的文艺工作的重要论述，表达了把握历史机遇，牢记历史使命和社会责任，深入践行“爱国、为民、崇德、尚艺”的文艺界核心价值观，努力成为德艺双馨文艺家的理想和追求。

国有文艺院团体制改革

【文化部党组书记、部长蔡武《统一思想、奋发有为，圆满完成国有文艺院团体制改革任务——在全国文化系统国有文艺院团体制改革工作座谈会上的讲话》】

2008年初以来，中央领导同志在不同的场合对国有文艺院团为什么要改革，怎样改，遵循什么方针，实行什么优惠政策，宣传、文化和相关政府部门分别应承担哪些责任，针对不同情况院团应采取怎样的改革思路等，多次作出深刻论述，讲得非常透彻。刚才我们传达、学习中央领导的指示精神，就是为了进一步统一大家的认识，增强做好改革工作的紧迫感和责任感。

近年来，文化部门认真贯彻中央的战略部署，周密部署、扎实工作，推动文化系统国有文艺院团体制改革工作取得突破性进展。到去年底，2100多个承担改革任务的院团中，已有近1200家完成或正在完成改革任务，有300家确定改革路径。现在尚有内蒙古、河南、湖南、江西、广西、甘肃等省（区）的626家院团，大体占承担改革任务院团的1/4强、1/3弱，还需要加快步伐，迎头赶上。总体看，文化系统国有文艺院团体制改革大局已定，不可逆转。励小捷同志刚才代表文化部党组讲的几点意见十分重要，各地要切实贯彻，务必按已经确定的改革“路线图”、“时间表”和“任务书”，按时、按质、按量完成转企改制任务，今年6月底必须全部完成。文化部将及时组织验收考核。

现在虽然进展已过大半，但任务仍然十分艰巨，我们一定要以攻坚克难的精神，抓紧抓好这项工作。这里，我再强调三点。

第一，继续在提高认识、统一思想上下功夫。要树立全局观念，以时不我待的紧迫感、勇于担当的责任感，抓紧时间完成改革任务。国有文艺院团体制改革被中央确定为要实现“重点突破”的两项重点任务之一，这项任务如不能按期完成，就会拖了整个文化改革发展的后腿，拖慢文化大发展大繁荣的步子。国有文艺院团体制改革总体上来说成绩是好的，这让我们对在今年上半年完成改革任务充满信心。但现在有几个省（区、市）的改革工作还相对比较滞后，分析起来可能有种种客观原因，但关键问题还在于认识不够统一、决心不够大、信心不够强。文化系统的同志，特别是领导同志一定要在提高认识、统一思想上下更大的功夫。十七届六中全会后，各地掀起了积极学习贯彻全会精神的热潮。看了各省（区、市）学习贯彻全会《决定》精神的材料，我深切地感受到，各省（区、市）党委、政府的文化自觉空前提高，对文化体制改革工作都高度重视，支持改革的态度非常明确，推进文化繁荣发展的信心非常坚定，一致认为全会《决定》指明了文化体制改革的关键，非常符合当前文化建设的实际，要全力以赴地贯彻执行。这次全国宣传部长会议上，我和部分省（区、市）的党委常委、宣传部部长进行了交流，他们支持、推进国有文艺院团体制改革的态度都非常明确、坚定。有中央的正确决策，有各省（区、市）党委、政府的高度重视，有优惠政策的保驾护航，我们各级文化行政部门，特别是各省（区、市）文化厅局，要牢固树立机遇意识，趁势而上，尽快解决改革中需要突破的难点问题。既定的国有文艺院团体制改革“时间表”不可逆转，切不可等待观望，坐失良机，贻误发展大计。

第二，要认真学习、研究、领会院团改革的方针政策。在去年的全国文化体制改革工作会议上，我们提出“五个一批”的国有文艺院团改革路径，即以“转制一批”、“整合一批”、“撤销一批”、“划转一批”和“保留一批”的思路落实改革任务。这是文化部党组充分考虑到各地院团的实际情况，总结长期以来各地“一团一策”的改革探索经验，通过深入调查研究、总结归纳，深思熟虑提出，并经中央主管领导同志同意的。在中宣部、文化部联合下发的《关于加快国有文艺院团体制改革的通知》中再次明确了这个思路。虽然国有文艺院团数量不多，改革涉及的人员也不多，但与其他领域的改革相比，情况复杂得多，历史遗留问题也很多。因此我们坚持改革不动摇，执行中央决策不打折扣，同时我们坚持从实际出发、实事求是的原则，特别强调分类指导、稳步推进。为推进国有文艺院团体制改革，我们推动相关部门出台了一系列优惠政策，这些政策含金量都很高。在党委宣传部门的指导下，与各个相关部门协调好，把政策用到位，就没有解决不了的问题。这次全国文化厅局长会议再次强调，国有文艺院团转企改制任务完成的衡量标准是"应转制、能转制的院团必须全部转制到位"。希望大家一定要深刻理解改革指导方针，在对待改革的问题上态度必须十分坚决，不能有任何犹豫。一定要按照中央制定的指导方针，坚持"五个一批"的路径，圆满完成任务。

第三，以改革创新、奋发有为的精神状态全面完成国有文艺院团体制改革。要完成既定的国有文艺院团体制改革各项任务，时间紧、头绪多、情况纷繁复杂。在有些地区，由于各种各样的原因工作推进不力，比如，优惠政策没有到位、更加优惠的政策还没有出台，与各个部门之间还有大量的协商沟通工作要做，面临地方党委、政府换届、方案没有及时获批，等等。但是，我们一定要以改革创新、奋发有为的精神状态对待国有文艺院团体制改革这样一个非常复杂的任务。改革是结构调整、利益格局调整，肯定牵涉到许多复杂的问题，需要认真去寻求解决之道；涉及许多部门，需要去协调沟通；涉及演职人员的切身利益，需要统筹考虑，需要做耐心细致的思想工作。我们文化行政部门各级领导，要义无反顾，坚定不移地抓改革，要有突破传统思维定式的勇气。文化部近年来积极转变政府职能、推动实现"三个转变"，即由办文化为主向管文化为主转变，由管微观向管宏观转变，由主要面向直属单位转为面向全社会转变，就是要跳出部门利益的"小九九"，跳出眼前利益的小圈子。我们要打破传统思维模式，改变"文工团"观念，别担心改革后不如以前管事业院团那样方便，不归自己管了，权小了，利少了。今后，不论什么性质的院团，我们都要做好政策扶持、行业指导，制定宏观政策，实施扶持措施，创造市场环境，抓好创作导向。要从文化大发展大繁荣的大局看问题，放眼未来，对历史负责、对事业负责，只有这样，才能轻装上阵，下功夫推进改革，按时完成任务。

我希望在6月底，全国国有文艺院团转企改制工作能够实现满堂红，以文化改革发展的优异成绩，迎接党的十八大。

（2012年1月6日）

原载《中国文化报》2012年1月12日

【文化部党组书记、部长蔡武《深化体制机制改革创新　开创国有文艺院团发展新局面——在全国国有文艺院团体制改革经验总结交流视频会议上的讲话》】

在国有文艺院团体制改革阶段性任务全面完成之际，文化部决定，对在国有文艺院团体制改革工作中作出突出贡献的地区、单位和个人进行通报表扬。在此，我首先代表文化部，向在改革工作中作出突出贡献的地区、单位和个人表示热烈的祝贺！向多年来奋斗在文化系统改革一线的广大干部职工表示崇高的敬意！向多年来支持改革、关心改革的各个方面的同志表示衷心的感谢！

前不久，中央召开了全国文化体制改革工作表彰大会，对全国文化体制改革工作先进地区、先进单位、先进个人进行了表彰。胡锦涛同志亲切会见了大会代表，温家宝、习近平、李克强同志参加了会见，李长春同志参加会见并在会上作了重要讲话。李长春同志在讲话中全面回顾了党的十六大以来深化文化体制改革的不平凡历程，系统总结了文化改革发展取得的历史性成就，深刻归纳了文化改革发展的一系列宝贵经验，并就进一步推进文化改革发展提出了明确要求。希望各地结合贯彻落实本次视频会议精神，认真组织学习，全面贯彻落实。

党的十六大特别是十七大以来，文化系统认真落实中央关于深化文化体制改革的决策部署，推动文化系统体制改革各项工作不断取得新突破，在经营性事业单位转企改制、文化市场综合执法改革、文艺创作生产引导、创新公共文化服务体系建设、实现文化产业跨越式发展、转变政府职能、推动中华文化“走出去”等方面取得了重大进展。特别是国有文艺院团体制改革这项文化体制改革重点任务，从试点先行、逐步推开，到全面推开，走过了一条艰难探索、不断取得成效的道路。按照中央确定的“路线图”、“时间表”和“任务书”，我们已经全面完成了国有文艺院团转企改制阶段性任务，形成了演艺体制新格局，开创出演艺业发展新局面。这一成绩的取得，是党中央、国务院坚强领导的结果，也是文化系统广大干部职工积极贯彻落实中央精神，解放思想、迎难而上、攻坚克难的结果。

一、探索创新、攻坚克难，国有文艺院团体制改革取得阶段性重大胜利

党的十六大以来，国有文艺院团体制改革历经 9 年多，大体上可分为三个主要阶段：2003 年 6 月，中央召开文化体制改革试点工作会议，全国国有文艺院团体制改革试点工作正式启动；2009 年 7 月，在总结试点工作经验基础上，中宣部、文化部下发《关于深化国有文艺演出院团体制改革的若干意见》，改革逐步向纵深拓展、向面上推开；2011 年 5 月，中宣部、文化部下发《关于加快国有文艺院团体制改革的通知》，要求各地在 2012 年上半年之前完成国有文艺院团转企改制的阶段性任务，改革进入攻坚克难、全面推进新阶段，经过艰苦努力，我们在十八大之前圆满完成了阶段性改革任务。通过不懈探索，国有文艺院团面貌焕然一新，呈现欣欣向荣的繁荣景象。

一是转企改制中心环节取得大进展，演艺业体制格局发生根本性变化。转企改制作为国有文艺院团体制改革的中心环节，是改革是否取得实质性进展的重要标志。目前，全国承担改革任务的 2103 家国有文艺院团，已经按照“五个一批”的改革路径，完成既定改革任务，其中，转企改制院团占已完成改革任务院团的比例为 61%，占目前国有院团总数的比例为 87%，杂技、话剧、歌舞类院团基本实现全行业转企改制。河北、山西、江苏、安徽、重庆、贵州、宁夏等先期完成改革任务的省区市，“早改早受益”的效应正在显现。江苏演艺集团有限公司、北京演艺集团有限责任公司等一批率先完成转企改制、发挥了引领示范作用的改革单位，在“早改早发展”政策的鼓励下，已经开始步入良性发展轨道，体制优势在逐步显现，部分转制院团的股份制改造工作已取得初步成效。这些地区和单位，走在深化改革、加快推动演艺业繁荣发展的前列，为其他地区和单位做出了表率。

二是转变演艺发展方式迈出大步伐，演艺业科学发展水平显著提高。围绕科学发展这一主题，以转变文化发展方式为主线，通过向规模化、集约化、专业化方向发展，演艺业整体实力和市场竞争力显著提高。中国东方演艺集团有限公司和北京、辽宁、江苏、上海等 14 个省区市组建的省级演艺集团公司，成为演艺市场中坚力量，其中，中国东方演艺集团有限公司、北京演艺集团有限责任公司、江苏演艺集团有限公司年收入超亿元。上海杂技团有限公司、甘肃省杂技团有限责任公司、云南丽江民族演艺有限公司等企业通过将演艺与旅游、创意、高新技术等产业深度融合，有效推进演艺产业结构转型升级。宁夏话剧艺术发展有限责任公司、大厂评剧歌舞演艺有限责任公司、陕西周至县剧团等企业积极开拓特色市场，企业实力不断壮大。云南省歌舞剧院有限责任公司、重庆杂技艺术有限责任公司等企业倾力打造外向型精品力作，推动演艺“走出去”成效显著。广州粤剧院有限公司、山东高密市凤城演艺有限责任公司等在以市场化方式保护传承非物质文化遗产方面开创了新的路子。演艺院线迅速发展，目前已形成中演演出院线、保利院线两大全国性院线，北方剧院联盟、西部演出联盟、东部剧院联盟、长三角演艺联盟、珠三角演艺联盟等地方联盟，演艺企业发展空间大大拓展。

三是国有文艺院团改革发展政策实现重要突破，演艺业改革发展的外部环境不断优化。通过积极出台国有文艺院团改革发展政策，基本建立了覆盖各个层级、相关职能部门齐抓共建的国有文艺院团改革发展政策体系。认真贯彻落实国办发〔2008〕114 号文件精神，结合国有文艺院团改革实际，出台了一系列举措，在解决增加财政资金投入、加强基础设施建设、推进政府采购等方面，实现新的政策突破。同时，积极推动地方结合实际出台更加优惠、更具操作性的地方政策。山西、安徽、四川、重庆等 16

个省区市出台23个省级专项政策。各级财政对国有文艺院团的投入由2008年的57.3亿元增加到2011年的83.5亿元，增幅达45.7%。北京、天津、安徽等地区积极采取措施，贯彻落实“一团一场”政策，取得明显进展。江苏、安徽、重庆、宁夏等地区积极转变财政投入方式，通过政府购买转制院团公益性演出产品的方式，扶持转制院团的艺术生产。

四是演艺产品评价激励机制发生大转变，演艺创作生产取得社会效益和经济效益双丰收。坚持把遵循社会主义先进文化前进方向、人民群众满意作为评价作品的最高标准，把群众评价、专家评价和市场检验统一起来，形成科学的评价标准，催生一大批市场欢迎、群众喜爱的精品力作。修改文华奖评奖规则，对参选剧目和演员的演出场次作出明确规定。出台《关于鼓励民营文艺表演艺术院团意见》，提出民营院团在全国性文艺评奖、文艺调演表彰活动中与国有文艺院团享受同等待遇。在新型评价激励机制的引导下，我国演艺创作生产呈现积极向上、繁荣发展的新景象。2011年全国文艺院团演出场次达155万场，比2008年增加了64.5万场，增长71.2%；演出收入达52.8亿元，比2008年增加了32.3亿元，增长157%。各级国有文艺院团打造出《复兴之路》、《丽水金沙》、《时空之旅》、《1699·桃花扇》、《梦回长安》、《花木兰》、《月上贺兰》、《梦幻腾冲》、《苦乐村官》、《红河谷》等大批优秀作品。

五是文化系统广大干部职工思想观念实现大解放，文化自觉文化自信进一步增强。坚持以新的文化发展理念为指导，做到思想观念不为既有经验所束缚、工作举措不为习惯做法所局限、发展方式不为传统模式所制约，文化自觉文化自信呈现新风貌。不断深化对体制与机制之间关系的认识，认识到体制决定机制，机制依附于体制，国有文艺院团改革只有通过创新体制，才能为微观机制转换扫清障碍，真正激发国有文艺院团的生机与活力，破除了“不肯改”的守旧观念。高度重视市场在文化资源配置中的积极作用，认识到政府能配置给院团的资源是有限的，而市场却是无限的，国有文艺院团只要积极面向市场、勇于开拓市场，完全可以在市场竞争中发展壮大，扭转了“不敢改”的犹疑态度。认真总结试点单位改革经验，逐渐确立以“转企改制”为中心环节和“转制一批、整合一批、撤销一批、划转一批、保留一批”的改革路径，消除了“不会改”的茫然情绪。通过改革，文化系统广大干部职工深刻认识到深化改革是推动文化大发展大繁荣的必由之路，“想改革发展、议改革发展、谋改革发展”在文化系统蔚然成风。

实践充分证明，中央关于深化国有文艺院团体制改革的决策是完全正确的，改革是解放和发展演艺生产力的根本途径，文化系统广大干部职工是一支贯彻中央决策绝不含糊、敢打硬仗、善打硬仗的坚强队伍。

二、总结经验、把握规律，不断深化对国有文艺院团体制改革的认识

在改革实践中，我们加深了对国有文艺院团改革规律的认识，逐步把握在社会主义市场经济条件下文艺发展的客观规律，为国有文艺院团进一步深化改革、加快发展积累了宝贵的经验，主要体现在五个方面：

一是必须紧紧依靠党中央、国务院的坚强领导。这些年，改革之所以取得历史性突破，最根本的是有党中央、国务院的坚强领导。改革每临关键时刻，中央领导同志总是给予及时的指导和有力的支持。在中央的正确指引下，文化系统上下不为困难风险所惧，不为杂音噪音所扰，不为传闻谣言所惑，坚定不移、毫不动摇地推动国有文艺院团体制改革向纵深拓展。改革实践充分证明，只有紧紧依靠党中央、国务院的坚强领导，在大局下思考、谋划、行动，改革才能始终沿着正确的方向前进。

二是必须不断推进解放思想、转变观念。在改革中，我们认真学习贯彻科学发展观，牢固树立新的文化发展理念，坚决革除一切不符合科学发展需要的错误观念、陈规陋习和体制弊端。深入开展国有文艺院团改革理论研究，不断深化对国有文艺院团改革的规律性认识，提高改革工作的自觉性和科学性。同时，高度重视思想动员，编发大量有针对性的学习读本，举办系列培训班和研讨班，及时推广改革典型，通过媒体反复宣传国有文艺院团改革的意义、实质和前景。随着改革的深入，越来越多的同志认清了改革发展的规律和形势，切实转变了观念，自觉加入改革的行列。改革实践充分证明，只有牢固树立

新的文化发展理念，不断推进思想解放，改革才能真正获得内生动力。

三是必须坚持一切从实际出发，坚持目标坚定与策略灵活的统一。在改革目标制定上，我们坚决贯彻中央的决策部署，鲜明提出要以转企改制为中心环节，在2012年上半年之前完成国有文艺院团改革阶段性任务的总体目标。在改革路径设计上，我们坚持“区别对待、分类指导”方针，充分考虑各地院团发展实际，采用“五个一批”路径加以推动。改革实践充分证明，只有坚持改革不动摇，执行中央决策不含糊，坚持实事求是，从实际出发，注意策略的灵活性，改革才能平稳顺利推进。

四是必须最大限度凝聚共识、汇聚力量。在改革中，我们积极争取各级党委、政府支持，推动各地将国有文艺院团改革列为党委、政府重要工作内容，组建改革领导机构，完善国有文艺院团改革工作机制，形成推进国有文艺院团改革的强大合力。文化部各司局各单位通力合作、明确分工，在政策倾斜、资金支持、培训指导、舆论宣传等方面结合各自职能推出了一系列实际举措。为积极争取社会各界的理解和支持，我们多批次组织关心改革的社会人士参观改革院团，参与工作调研。在实际工作中，我们注重倾听职工呼声，维护职工基本权益，充分调动广大演职员工参与改革、推进改革的积极性、主动性和创造性。改革实践充分证明，只有团结一切可以团结的力量，调动一切可以调动的积极因素，改革才能获得最广泛的支持。

五是必须保持求真务实、攻坚克难、奋发有为的精神状态。我们坚持以攻坚克难的勇气推动改革深入，以扎实认真的工作作风保障改革质量，以昂扬奋进的精神状态保证改革顺利推进。近年来，我们组织了多轮由文化部领导带队的国有文艺院团改革专项督察活动，督促各地加快改革步伐。在重大问题上，我们态度审慎、讨论充分，比如在确定保留事业性质院团名单的过程中，我们以约谈的形式，认真听取全国各省区市有关负责同志的意见和建议。我们发扬知难而进、顽强拼搏的奋斗精神，有效解决改革中前所未有的难题，如期完成国有文艺院团改革阶段性任务。改革实践充分证明，只有常葆奋发有为之态、大兴求真务实之风，矢志不移攻坚克难，改革才能取得实效。

三、真抓实干、毫不懈怠，继续推进国有文艺院团深化改革加快发展

转企改制阶段性任务的完成，是国有文艺院团体制改革进程中的一大步，接下来，深化改革、加快发展的任务更加艰巨，我们必须按照中央的要求，以更加坚定的决心、更加有力的举措、更加完善的制度推动国有文艺院团体制改革不断深化。当前和今后一段时间，要着力做好以下几项工作：

一是巩固改革成果。认真做好复查、验收等收尾工作，促进已完成转企改制任务的院团开展“回头看”，规范改革工作，确保改革质量。

二是继续深化改革。积极开展调研工作，认真做好发展规划。推动转制院团尽快建立现代企业制度、完善法人治理结构、加快公司制股份制改造，提升市场竞争力。加强转制院团自身发展能力建设，不断增强转制院团发展内生动力，争取尽快做大做强。推动保留事业单位性质的院团面向市场、面向观众，转换机制，增强活力，深化人事、收入分配和社会保障制度改革，实行企业化管理。

三是完善政策扶持。会同中央有关部门，共同完善政策扶持体系，并推动各地制定更加优惠、更具操作性的地方政策，着力增强转制院团面向市场的经营能力。加大财政投入力度，建立健全权责统一的政策激励约束机制，加强对转制院团的评估、考核，提高政策扶持的针对性、科学性、合理性，为转制院团的健康良性发展和演艺业的发展繁荣提供长期的政策保障。

四是做大做强骨干演艺企业。开展演艺企业评估，建立演艺企业交流平台，推进演艺企业间各类资源的协作与整合，鼓励有实力的演艺企业以资本为纽带，实行跨地区、跨行业、跨所有制、跨媒体兼并重组，形成一批有影响、有品牌、有竞争力的企业或企业集团，打造一批具有较强国际竞争力的“文化航母”。

五是加快政府职能转变。调整改革工作重点，加强改革队伍建设。继续推进政企分开、政事分开、管办分离，强化政策调节、市场监管、社会管理和公共服务等职能，建立职责明确、反应灵敏、运转有序、统一高效的宏观调控体系，推动形成新的文化行政管理体制，实现法治政府和服务型政府的目标。

同志们！改革开放是我们时代的最鲜明特征，时代呼唤改革，人民期盼改革，实践要求改革。我们要坚决按照中央的战略部署，按照科学发展观的要求，不断解放思想、不断探索文化发展规律、不断开创改革发展新局面。让我们继续奋发进取、扎实工作，为促进社会主义文化大发展大繁荣、为建设社会主义文化强国作出新的贡献！

（2012 年 10 月 30 日）

原载《中国文化报》2012 年 11 月 2 日

【全国文化系统国有文艺院团体制改革工作座谈会】

2012 年 1 月 6 日，文化部在北京召开全国文化系统国有文艺院团体制改革工作座谈会。文化部党组书记、部长蔡武出席会议并作重要讲话。文化部党组成员、副部长励小捷代表部党组讲话，文化部党组副书记、副部长赵少华主持会议并作总结讲话。党组成员、中纪委驻文化部纪检组组长李洪峰，党组成员、副部长王文章，党组成员、部长助理兼人事司司长高树勋出席会议。

蔡武同志传达了中央领导同志近年来关于国有文艺院团体制改革的一系列重要指示，并对如何做好下一步工作提出了明确的要求。他强调，国有文艺院团体制改革虽然进展过半，但任务仍然十分艰巨，我们一定要以攻坚克难的精神，抓紧抓好这项工作。各级文化行政部门要深入学习贯彻十七届六中全会和全国宣传部长会议精神，增强做好改革工作的紧迫感和责任感。一是要继续在提高认识、统一思想上下功夫。牢固树立机遇意识，趁势而上，抓住大好机遇尽快解决改革中需要突破的难点问题。二是要认真学习、研究、领会院团改革的方针政策。要坚持用“五个一批”的思路推进改革，与各个相关部门协调好，把政策用到位，坚决做到“应转尽转”。三是要以改革创新、奋发有为的精神状态全面完成国有文艺院团体制改革。突破传统思维定式，认真寻求复杂问题的解决之道，跳出眼前利益的小圈子，从文化大发展大繁荣的大局看问题，放眼未来，对历史负责，对事业负责，下功夫推进改革，按时完成任务。

励小捷同志指出，2011 年，国有文艺院团体制改革工作取得了突破性的进展，改革共识空前凝聚，改革的路径更加务实、政策措施更加完善，演艺业体制格局正在发生根本改变，转制院团的先发优势正在凸显，截至去年 12 月，全国文化系统 2102 家承担改革任务的国有文艺院团，已完成和正在进行转制、撤销和划转的院团达 1176 家，另有 300 家院团已经确定了改革路径。可以说，国有文艺院团体制改革大局已定、不可逆转。各级文化行政部门要正确把握国有文艺院团体制改革面临的形势，对改革的前景要有充分信心，对改革的大势要有正确判断，对新的课题要有清醒认识。要全面推进、加快进度，加强保障、落实政策，规范实施、扎实推进，强化责任、狠抓落实，着眼长远、巩固提高，确保如期完成国有文艺院团体制改革任务。

赵少华同志在总结讲话中就贯彻落实会议精神，做好 2012 年国有文艺院团体制改革工作，提出三点具体要求。一是要传达好、学习好、落实好中央关于深化国有文艺院团体制改革的决策部署，坚决贯彻落实蔡武同志重要讲话精神和励小捷同志代表部党组对今年文化体制改革工作所作的安排，树立大局意识，切实把思想统一到中央的决策部署上来，以高度的文化自觉推进改革。二是要研究好、掌握好、运用好国有文艺院团体制改革的政策，并善于争取政策，推动制定更具操作性、更加优惠的地方配套政策措施，确保改革顺利进行。三是要以敢创新、敢作为、敢负责的精神推进国有文艺院团的改革发展，抓紧时间进度、稳定和加强改革队伍、细化工作指标、责任落实到人、制定奖惩措施，圆满完成工作任务。

全国各省（区、市）文化厅局主要负责同志，文化部各司局的主要负责同志参加了座谈会。在会上，山西、安徽、湖北、重庆、宁夏等 5 省（区、市）文化厅局主要负责同志到会发言或提交书面材料，介绍了所在地区推进国有文艺院团体制改革的进展、做法和下一步工作安排。

【观点】全国文化系统国有文艺院团体制改革工作座谈会发言摘编

加大力度 加快进度 深入推进国有文艺院团体制改革工作

◎山西省文化厅厅长 张明亮

山西省认真贯彻落实中央关于文化体制改革的有关精神，结合全省文化系统实际，积极稳妥、扎实有序地开展国有文艺院团体制改革，取得了初步成效。

一、改革进展情况

2011 年 4 月，以省歌舞剧院、省曲艺团、省晋剧院、省话剧院、省京剧院 5 家院团为基础，组建了山西省演艺集团有限责任公司。山西省晋剧院经中央同意保留事业体制。省歌舞剧院、省曲艺团、省话剧院、省京剧院核销事业编制，人员已妥善安置。同年 4 月，省委宣传部、省文化厅联合下发《山西省国有文艺演出院团体制改革指导意见》（晋文发〔2011〕21 号），我省市、县两级国有文艺院团体制改革全面推开。省文化体制改革工作领导小组和省文化厅分别召开会议，及时进行部署。截至 2011 年 12 月底，全省国有文艺院团已全部完成改革任务。

二、工作体会

经过 3 年的改革探索，山西省基本实现了全省范围内的演艺产业布局、剧种科学保护和演出市场的初步调整，总结起来主要有以下几点体会。

第一，党委、政府的高度重视是推进改革的决定因素。山西省委省政府高度重视，先后召开 3 次省委常委会、2 次省政府常务会专题研究文化体制改革工作，省委、省政府先后出台 3 个文件支持文化改革发展。王君同志亲自担任省文化体制改革工作领导小组组长，并且 4 次深入基层调研，主持召开 6 次省文化体制改革工作领导小组会议，进行动员部署，为全省文化体制改革工作顺利推进提供了领导保障。

第二，政策的完善配套是决定改革成败的关键所在。改革不仅是结构调整，也是利益格局的调整，改革推进顺利与否，配套政策是关键。山西省认真贯彻落实中央关于文化体制改革的政策规定，确保职工利益不因改革而受损，确保财政拨款的渠道和总量不变，确保支持转制院团改革发展的力度不断加大。

第三，“出人才、出作品、出活力”的良好局面是推动改革的最终目的。改革后，山西基本形成国有、集体和民营院团竞相发展，大剧种、小剧种平等竞争的良好局面。院团创造的活力竞相焕发，创新的动力前所未有，我省通过各种渠道培养、引进 300 多位各类艺术人才，推出 50 多台精品力作，引起了良好的社会反响，市场和经济收入也发生了很大的变化，许多转制院团都实现了收入翻番。

创新体制机制 加大扶持力度 国有文艺院团体制改革成效初显

◎安徽省文化厅厅长 杨 果

安徽省委、省政府高度重视文化改革与发展，将深化文化体制改革列入每年省委常委会工作要点和省政府重点工作，纳入各级领导班子任期目标和政绩考核标准，列入“一把手工程”，对国有文艺院团体制改革这一重点、难点工作，认真研究，积极探索，先行先试，强力推进。安徽省国有文艺院团体制改革主要有以下几个特点和态势：

一是转制任务全面完成。各地有关部门把国有文艺院团转企改制作为文化体制改革的重中之重，进一步明确任务，落实责任。全省 93 家国有文艺院团中，省徽京剧院保留事业性质、实行企业化管理，17 家撤销，75 家转企改制后合并重组为 53 家演艺公司或集团公司。目前，除个别转制院团人员社保属地衔接手续正在办理之中外，全省转制院团工商注册登记、核销事业编制、注销事业法人、在职职工劳动合同签订等一系列工作均已完成，真正做到了“可核查、不可逆”。

二是新型机制初步建立。转制院团围绕重塑合格文化市场主体，从完善企业产权、组织、管理制度入手，研究制定业务运营、薪酬分配、财务管理等规章制度，逐步建立符合现代企业要求的人事、财务和收入分配制度，逐步建立适应市场要求的艺术产品生产机制和演出经营机制，逐步建立健全法人治理结构和规范的资产经营责任制。其中，安徽再芬黄梅艺术股份有限公司实施转企改制、股份制改造、上市“三步并作一步走”，创造了国有文艺院团改革的新经验。

三是经费投入逐年增加。各级财政都建立了稳定增长机制，确保每年文化建设投入增幅高于同级财政经常性收入增幅。在资金投向上，突出“谁改革支持谁、改革不吃亏”的政策导向，转制后的院团原有事业费保持不变，总量不减，并从文化事业建设费和宣传文化发展基金中拨出专款，对文化体制改革走在全省前列的芜湖、滁州等6市分别给予100万元、80万元不等的奖励。同时，进一步加大对省直院团的支持力度，每年安排2000万元专项资金，用于省演艺集团设施更新、剧目创作和人才培养，演出场次补贴由每场2000元增至7000元，2011年还安排5000万元专门解决5个省属院团转制中的特殊问题。

四是改革成效初步显现。安徽演艺集团有限公司联合省内28家演艺单位组建“安徽演出联盟”，在国家大剧院成功举办“营销推介会”，现场签约787场次演出订单，协议金额达1792万元。怀宁县黄梅戏演艺中心创作生产的大型黄梅戏《独秀山下的女人》荣获第十二届中国戏剧节最高奖项——优秀剧目奖。在加强艺术创作的同时，转制院团的营业收入和职工年平均收入也有了明显增长。2011年，安徽演艺集团有限公司全年演出达2155场，经营收入4500万元；芜湖艺术剧院职工年平均收入从1万多元增长到4.5万元。

加强领导　多措并举　全面提速国有文艺院团体制改革

◎湖北省文化厅厅长　杜建国

2011年，我厅在省委、省政府的领导下，加快推进国有文艺院团体制改革工作，取得重要进展。截至2011年12月31日，全省100家国有文艺院团，完成转企改制38家，撤销10家，划转为公益性保护传承机构25家。

一是领导重视，加强对国有文艺院团体制改革工作的指导。近年来，湖北省委、省政府始终把文化体制改革摆在全局工作中的突出位置，进行重点部署，文化体制改革成为名副其实的“一把手”工程。省委书记李鸿忠同志、省长王国生同志先后担任省文化体制改革与文化产业发展领导小组组长。十七届六中全会召开前后，李鸿忠书记等省委、省政府领导深入省直院团调研文化改革发展。2011年7月，我省召开了全省文化体制改革动员大会，王国生省长出席会议并讲话，明确提出要按照中央要求全面完成国有文艺院团体制改革任务。2011年12月，省委督办室给各市、州党委书记发出专项督办通知，要求各地加快推进国有文艺院团体制改革。

二是强力推进，推动国有文艺院团体制改革取得突破。湖北省制定出台了《关于加快全省国有文艺演出院团体制改革的意见》，召开全省文化系统国有文艺院团体制改革会议进行部署，要求除中央明确保留事业单位性质的4家院团外，其他96家院团都要按照“转制、整合、撤销、划转”的方式进行改革。率先推动省直院团改革，整合省歌剧舞剧院、省地方戏剧院、省话剧院、省演出中心、湖北剧院、省文化艺术器材公司、湖北音像艺术出版社7家单位组建湖北省演艺集团有限责任公司。加大对市县级院团改革的指导力度，由厅领导带队深入到各市州、直管市逐一进行调研督察。

三是争取政策，助力国有文艺院团体制改革全面完成。我省针对省演艺集团有限责任公司及所属单位资产底子薄、人员包袱重、市场发育程度低、缺乏市场运营经验等实际问题，制定了一系列优惠政策。省财政继续拨付原有预算经费；转变财政投入方式，通过购买公益性演出和服务、补助公益性演出和低票价惠民演出、资助基础设施建设、扶持精品艺术创作生产及文化产业发展等方式，支持转制院团发展；院团转制成本由财政据实结算；财政拨付一定的开办费；转制院团享受税收优惠政策等。院团转制前的离退休人员，继续按原有渠道和标准享受离退休待遇和医疗待遇；对转制院团人员纳入当地社会保险体系，办理养老、失业、医疗、工伤、生育保险等。

以改革促发展　推动演艺业实现跨越式发展

◎重庆市文化广播电视局局长　汪　俊

重庆市高度重视国有文艺院团体制改革工作，目前，8 家市级、19 家区县级国有文艺院团改革任务已经完成。我们着眼解放和发展院团艺术生产力，通过改革推动发展，主要做了以下工作：

一是坚持一团一策，分类实施改革。市级院团采取 4 种改革模式：市歌舞团整体划转给重庆广电集团，利用广电媒体优势，组建了重庆歌舞团有限责任公司；市京剧团、市话剧团划入红岩联线，与红岩联线下属的 3 家公司整合组建了重庆红岩文化产业集团；市杂技团、市曲艺团、市越剧团、市演出管理处全部资产合并，成立了重庆演艺集团有限责任公司；市川剧院、市歌剧院经中央批准保留事业单位性质，实行企业化经营。区县院团采取 3 种改革模式：8 家转企改制成立了演艺公司，9 家划转当地文化馆、非遗传承机构，2 家予以注销。

二是坚持借势发展，政策保障改革。采取“5 +5”的政策体系，2010 年明确了 5 个方面政策。第一，人员安置实行“老人老政策、新人新办法”；第二，财政投入不减反增，以 2009 年投入为基数，连续 3 年按 10% 递增；第三，每个转制院团一次性给予 400 万元，人员参加养老保险，补缴部分财政“兜底”；第四，成立艺员管理中心管理离退休人员和未聘人员，其医疗保险费、病员慰问费、老同志活动费等全额纳入财政预算；第五，为院团配置团场、剧场，未完成配置前，由市财政出资租用场地。2011 年，又落实了 5 个方面政策。第一，国有文艺院团离退休人员绩效工资比照全额事业单位执行，由市财政统筹解决；第二，在职人员按照人均 3000 元/月的标准作为绩效工资执行，由市财政纳入经费预算；第三，政府购买演出从每年 1000 场增加至 2000 场，平均每场 1 万元；第四，院团演出场次补贴分 100 场、150 场、200 场 3 个档次，分别给予每场 1 万元、1.5 万元、2 万元补贴；第五，对获得省部级及以上奖项的文艺作品和个人，由市财政按 1∶ 1 的比例配套进行奖励。

三是坚持创新机制，纵深推进改革。建立 3 个机制来激发院团活力。第一，创新拨款机制，经费养事。财政对院团演职人员津补贴补足部分的 40% 以项目经费方式拨付。院团剧目创作采取项目制，院团申报、专家委员会审定、经费随项目走。第二，创新考核机制，奖优惩劣。对院团按年度进行工作目标考核，主要设置出作品、出人才和出经济效益三大类指标。第三，创新分配机制，多干多得。转企改制院团实行全员合同聘用制，建立岗位薪酬制度，按工作绩效进行分配，岗位定期评聘，薪酬随岗变化。暂时保留事业单位人员实行绩效工资，薪酬随工作岗位、工作量和工作业绩浮动。

通过改革，我市的文艺院团走上了良性发展轨道，在出人才、出作品、出效益方面取得了一定成绩。重庆歌舞团有限责任公司 2010 年演出 200 多场，实现总收入 2796 万元，分别是转制时的 8.8 倍和 2.8 倍。重庆演艺集团有限责任公司 2010 年实现总收入 5433.6 万元，是转制时的 2 倍。

统一认识　抓住机遇　大力推进国有文艺院团体制改革

◎宁夏回族自治区文化厅厅长　杨玉经

宁夏按照中央确定的“路线图”、“时间表”和“任务书”，大力推进国有文艺院团体制改革。全区 13 家国有文艺院团，有 8 家院团实施了转企改制，5 家规模较小的市县院团进行了划转、撤销，国有文艺院团体制改革任务基本完成。

一是统一思想认识，营造支持院团改革的环境氛围。自治区党委、政府对院团改革高度重视，党政“一把手”总负责，及时就有关问题进行研究部署、提出工作要求。分管领导多次组织相关部门到先进省（区、市）学习取经，明确工作思路和推进措施。在此基础上，文化厅全力跟进，与有关部门密切沟通协商，结合宁夏实际制订切实可行的改革方案。特别是针对国有文艺院团体制改革的特殊性进行广泛深入研究，通过会议、走访、专题报告等多种方式，争取领导和有关部门的理解支持，形成了推进国有文艺院团体制改革的整体合力。

二是抢抓改革机遇，切实解决院团累积的重点难点问题。考虑宁夏文化市场小、文化消费能力低、演艺资源少且散、主体实力不强等情况，按照省委、省政府关于“小省区办大文化”的要求，明确了最大限度地优化整合现有资源、组建成立宁夏演艺集团有限公司等龙头企业，撤销、划转规模实力较小市县院团的工作思路，借改革的有利时机，一次性解决长期以来积累形成的矛盾问题。同时加大资金投入和政策保障力度，并通过市场较为成熟的歌舞、杂技类院团，反哺京剧、秦腔等非遗艺术剧种院团的方式，促进演艺事业的全面繁荣发展。

三是加大政策扶持，积极稳妥推进院团转企改制。结合实际，科学进行顶层设计，加大资金投入和政策保障力度。如按照“改革不减经费”的要求，以 2011 年部门预算为基数，对单位基本支出、项目支出予以全额保留，对转制前离退休人员和转制时提前退休人员的离退休费等各项费用另行负担；对从事舞蹈、戏曲武功特殊艺术表演专业的人员放宽提前退休政策，并把原有离退休人员和转制提前退休人员从企业剥离出来，最大限度地减轻企业人员负担；对转制前参加工作、转制后退休人员参加企业养老保险，采取加发补贴的办法解决与事业单位人员退休待遇差的问题等。

四是强化工作落实，确保转制院团持续发展。在保持系统稳定、实现平稳过渡、配备精干班子的同时，配置优质资产，设立文化体制改革发展专项资金，实施转制院团“一团一场”基础设施维修改造，落实“十二五”创作规划和年度创作计划，转制院团呈现出精品剧目、演出场次、演员收入“三增加”的良好局面。2010 年至今，宁夏话剧团共演出话剧 337 场，专场歌舞节目 137 场，实现演出收入 496.6 万元，演员人均收入达到 3800 元。银川艺术剧院实现经济收入 1400 万元，演员月人均收入由转制前的 2800 元增加至 3500 元，实现了社会和经济效益双增长。

讴歌伟大时代，艺术奉献人民—— 2012 年全国优秀剧目展演

【概况】

由文化部主办的“讴歌伟大时代，艺术奉献人民——2012 年全国优秀剧目展演”活动，自 2012 年 8 月 9 日起在北京举行。各地共推荐申报了 109 台优秀剧目。经文化部艺术司组织专家评审，从中遴选出了 84 台参演剧目，加上参加今年国家艺术院团优秀剧目展演的 35 台剧目，总计有 119 台剧目参与展演。展演历时近 3 个月。总计 230 余场演出分别在国家大剧院、首都剧场、长安大戏院、梅兰芳大剧院、天桥剧场等 19 个演出场所进行，观众达 20 余万人。

本次展演参演剧目艺术门类齐全，涵盖戏曲（京昆 12 台、地方戏 38 台）、话剧儿童剧（25 台）和歌剧、舞剧、歌舞诗、音乐剧（44 台）等主要艺术门类。戏曲中包括京剧、昆剧，还有评剧、河北梆子、豫剧、晋剧、越剧、川剧、秦腔、采茶戏等地方戏剧种。剧目坚持“三并举”的剧目创作方针，题材广泛，艺术质量较高。参演剧目中讴歌改革开放、歌颂英模人物、反映百姓生活的现实题材剧目 40 余台，占参演剧目的 1/3，新编历史剧注重历史价值与现实审美的紧密结合。

参演剧目中，一批著名艺术家和艺术名家参与领衔主演。如著名戏曲、戏剧艺术家尚长荣、孟广禄、蔡正仁、李树建、李胜素、曾昭娟、陈美兰、贾文龙、董圆圆、魏积安、洪涛等。歌唱家、舞蹈家迪里拜尔、山翀、黄豆豆、朱妍、张剑等。与此同时，这次展演也为艺术新人的成长提供了舞台，推出了一批新秀，戏曲类如青年演员吕洋、凌克、常东、万小慧等。歌舞类如青年演员王泽南、金婷婷、孙小娟等。

本次展演，国家艺术院团共推出了 35 台优秀剧目参加这次展演，其中，新创剧目 23 台，占国家艺术院团参演剧目的 2/3。中央芭蕾舞团的芭蕾舞剧《小美人鱼》，中央歌剧院的歌剧《辛亥风云》等在展演活动中首演。老中青艺术家联袂登台，俞峰、李心草、李胜素、董圆圆、黄渤、袁泉、刘云志、吴牧野等一批国家艺术院团的领军人物和优秀青年演员登台亮相，展现了国家艺术院团良好的精神面貌。

展演期间还举办国家艺术院团艺术建设专题研讨会，就院团剧目创作等进行专题研讨，促进国家艺术院团的创作生产和经营演出；举办国家艺术院团优秀剧目交易推介活动，邀请国内外演出商共同推进国家艺术院团的演出推广，交易会上举办论坛，就“中国文化艺术走向海外市场的深度思考”等主题开展深入交流。

另外，展演继续坚持文化惠民原则，坚持面向市场、面向群众，组织包括农民工、社区普通群众在内的工人、农民、大中小学学生等基层群众观看演出，使人民大众共享文化发展的成果。展演实行低票价，要求整体票价低于平时的商业演出，同时确保一定比例的低价票，100 元以下的演出票超过 50%，以充分体现展演活动的公益性。

【文化部党组书记、部长蔡武《为时代立传　为人民放歌——在 2012 年全国优秀剧目展演艺术创作座谈会上的讲话》】

为进一步贯彻落实党的十七届六中全会精神，迎接中国共产党第十八次全国代表大会的召开，全面展示近年来舞台艺术创作的丰硕成果和广大文艺工作者昂扬向上、奋发进取的精神风貌，推出更多的艺

术人才，不断推动舞台艺术创作的发展和繁荣，文化部从2012年8月到10月在北京举办“讴歌伟大时代，艺术奉献人民——2012年全国优秀剧目展演”。这是继2009年国庆60周年献礼演出活动之后的又一次重大展演活动，已经成为今年下半年我国人民文化生活中的一件大事。目前，展演已经开始近一个月了，演出精彩纷呈，观众反响热烈，舆论好评不断。最近，我看了豫剧《兰考往事——焦裕禄》，现场反应非常好，观众鼓掌达31次之多。今天，我们召开“2012年全国优秀剧目展演艺术创作座谈会”，是为了更好地总结近年来艺术创作的经验启示，充分调动广大文艺工作者的积极性、创造性，进一步推动我国艺术事业的大发展大繁荣。下面，我就党的十六大以来艺术创作以及这次展演的情况，讲几点意见，供大家参考。

一、抓住用好艺术创作发展有利时机，党的十六大以来艺术创作成果丰硕

党的十六大以来，特别是十七大以后，党和政府高度重视艺术创作和艺术事业发展，经费投入的增长幅度前所未有，宽松和谐的创作环境前所未有，人民群众对优秀艺术作品的关注和期盼前所未有。党的十七届六中全会提出坚持中国特色社会主义文化发展道路，努力建设社会主义文化强国，标志着我国文化发展进入了新的历史时期。广大艺术工作者紧紧抓住历史机遇，坚持以科学发展观为统领，以改革创新为动力，全面贯彻“二为”方向、“双百”方针和“三贴近”原则，自觉践行社会主义核心价值观，以满足人民群众日益增长的精神文化需求为出发点和落脚点，充分发挥主动性、积极性和创造性，创作热情和活力持续迸发，创作队伍日益发展壮大，文艺作品数量更加丰富，质量明显提高，精品力作不断涌现，艺术事业呈现出健康发展、全面繁荣的良好局面。这些成绩的取得，离不开党中央、国务院的正确领导，离不开中国特色社会主义理论的指导、科学发展观的引领，离不开改革开放的良好环境，离不开中央各有关部门和各地党委、政府的大力支持，离不开社会各界的关注、关心，更离不开广大艺术工作者的辛勤努力。在党和国家的重大活动中，如北京奥运会、新中国成立60周年、上海世博会、建党90周年等重大活动中，在中华民族的传统节日里，在抗震救灾的第一线，在工厂矿山、学校军营、田间地头，艺术工作者不畏艰苦、不计报酬、不争名利、默默奉献，创作生产出一批思想性、艺术性、观赏性相统一的精品力作，为人民群众奉献更好更多的精神食粮。在这里，我代表文化部党组向你们并通过你们向全国的艺术工作者致以崇高的敬意！

这些年的艺术实践，使我们进一步深化了对中国特色社会主义文化发展道路和在社会主义市场经济条件下的艺术规律的认识，积累了十分宝贵的经验。一是必须坚持正确的创作方向。必须全面贯彻文艺的“二为”方向、“双百”方针和“三贴近”原则，弘扬主旋律、提倡多样化。只有头脑清醒、立场坚定，才能保证艺术创作方向明确、导向正确。二是必须坚持以人民为中心的创作导向。始终牢固树立人民是历史创造者的观点，坚持以人为本，调动广大艺术工作者的积极性和创造性，自觉深入生活，与人民同心，与时代同行，在人民的历史创造中进行文化创造，创作生产出更好更多的无愧于历史、无愧于时代、无愧于人民的精品力作，让人民共享艺术发展成果。三是必须坚持正确的文化立场。艺术工作者要牢记为人民服务、为社会主义服务的神圣职责，切实担负起社会责任，始终把社会效益放在第一位，努力实现社会效益与经济效益的统一，发挥文艺作品引领风尚、教育人民、服务社会、推动发展和满足人民群众日益增长的多样化的精神文化需求的作用。四是必须坚持两手抓、两加强的工作思路。坚持运用辩证思维，一手坚持弘扬主旋律，一手提倡多样化；一手抓精品艺术创作，一手抓面向基层演出；一手抓创新剧目创作，一手抓保留剧目演出；一手抓国有艺术院团改革，一手抓民营艺术院团发展，促进艺术事业的全面繁荣发展。五是必须坚持尊重艺术规律，发扬艺术民主。既要加强对艺术创作生产的引导，又要努力创造宽松和谐的艺术创作氛围，不打棍子、不扣帽子、不抓辫子，同时加强文艺批评，提倡不同形式和风格的自由发展，提倡不同观点和学派的充分讨论，充分调动广大文艺工作者的积极性和创造性。六是必须坚持继承传统、不断创新。推进艺术发展，基础在继承，关键在创新。继承是根，创新是干。背离传统，创新就会成为无源之水、无本之木；在继承的基础上不断创新，才能薪火相传、不断发展。

二、集中展示近年来优秀艺术创作成果，为党的十八大召开营造良好氛围

我们这次展演的主题是“讴歌伟大时代，艺术奉献人民。”刚才我们总结了这些年来取得的成绩和经验，从中我们认识到无论是国家整体发展还是文化发展都处在非常好的历史时期，尤其是文化建设进入到历史最好时期。中国人民在中国共产党的领导下，全面建设小康社会，建设中国特色社会主义，致力于实现中华民族的伟大复兴。

身处这样一个伟大的时代，一个奋发有为的时代，一个能创造辉煌的时代，广大文化工作者、艺术工作者都要有一种强烈的历史责任感、历史使命感，我们要在艺术上热情讴歌改革开放和社会主义现代化建设伟大实践，生动展示我国人民奋发有为的精神风貌和创造历史的辉煌业绩。通过举办“讴歌伟大时代艺术奉献人民——2012年全国优秀剧目展演”，集中展示近年来的艺术创作成果，营造热烈、喜庆、欢乐的文化氛围，迎接党的十八大胜利召开。这次展演有以下几个显著特点：一是展演规模大，历时时间长。展演共有119台剧目，其中，各地方和部队的有84台，参加国家艺术院团优秀剧目展演的有35台。从8月持续到10月，历时近三个月。在国家大剧院、梅兰芳大剧院等19个演出场所演出240余场，观众预计达30余万人。二是参演剧目艺术门类齐全。涵盖戏曲（京昆12台、地方戏38台）、话剧儿童剧（25台）和歌剧、舞剧、歌舞诗、音乐剧（44台）等主要艺术门类。三是参演院团涵盖多种体制。参加这次展演活动的85个艺术院团中，既有代表国家级艺术水平的国家艺术院团和具有浓郁地方特色的省级、市级艺术院团，也有来自基层的县级剧团；既有国营艺术院团，也有民营艺术院团；既有保留事业单位性质、深化内部机制改革的院团，也有实现转企改制的院团。尽管隶属关系不同，体制各异，各院团参加这次展演进行创作演出的热情却是同样高涨，邀请专家指导剧目创作，精益求精，反复打磨、提高剧目质量，整体水平非常高。四是参演剧目名家荟萃，艺术新秀不断涌现。参演剧目中，一批著名艺术家和艺术名家领衔主演，为剧目增光添彩，如参加今天座谈会的著名艺术家尚长荣，今年72岁高龄，是这次展演中年龄最长的演员，主演的《廉吏于成龙》广受好评。这次展演也为艺术新人的成长提供了舞台，推出了一批新秀，呈现出艺术事业后继有人的喜人景象。

多年来我们坚持剧目创作“三并举”方针，促进了舞台艺术的全面繁荣发展。尤其值得一提的是近年来现代戏创作取得了显著成绩，涌现出一批既获奖又深受观众喜爱的佳作。从题材上讲，既有表现革命历史题材的剧目，如京剧《江姐》、豫剧《铡刀下的红梅》、粤剧《刑场上的婚礼》等；也有表现当代英模人物和优秀共产党人的剧目，如话剧《郭明义》、《生命档案》，吕剧《百姓书记》，豫剧《兰考往事——焦裕禄》等。既有关注重大历史事件和社会改革进程的剧目，如话剧《小平您好》、《这是最后的斗争》、《红旗渠》，评剧《马本仓当官记》等，也有反映凡人小事、百姓生活的剧目，如话剧《向上走，向下走》、《搬家》，滑稽戏《顾家姆妈》，陇剧《苦乐村官》等。这次展演中现实题材剧目有40余台，占参演剧目的1/3，如秦腔《西京故事》、评剧《非常妈妈》、河北梆子《日头日头照着我》、二人台《花落花开》、上党梆子《西沟女儿》、漫瀚剧《草原阿妈》、川剧《槐花儿时开》、吉剧《鹿乡姐妹》、舞剧《温暖》、音乐剧《告诉海》等。在现代戏创作过程中，培养造就了一批现代戏创作队伍。涌现出国家话剧院、总政话剧团、陕西省戏曲研究院、辽宁人民艺术剧院、苏州市滑稽戏剧团、河南豫剧院等致力于现实题材创作的优秀艺术院团。从编剧来看，在座的有陈彦，还有孟冰、孙德民、李亭、陆伦章、曹锐、黄定山等。从导演来看，有查明哲、王晓鹰、卢昂、张曼君、宫晓东、熊源伟、王小琮等。从演员阵容来看，一大批文华奖、梅花奖获奖演员，如顾芗、刘秀荣、李东桥、王红丽、洪涛、李跃民、贾文龙等，在现代戏舞台上塑造出一批十分鲜活生动、深受观众喜爱的艺术形象。

人民群众是历史的创作者，是文化的创造者，是一切文化创造的源泉。人民群众是文化的享有者，是文化的评判者。是否遵循社会主义先进文化前进方向、人民群众是否满意，是评价作品的最高标准。我们这次展演的主题之一是艺术奉献人民，正是基于以上认识提炼出来的。近年来，我们坚持面向基层，面向农村，实行重心下移，服务基层，举办了优秀保留剧目大奖作品全国巡演活动，持续举办高雅艺术进校园、三下乡等活动，举办国家艺术院团优秀剧目展演，倡导国家院团建立联系基层基地，有力

地激发了艺术院团的创作演出热情，发挥了国家艺术院团的导向性、代表性、示范性作用，较好地满足了人民群众的精神文化需求。本次展演实行了低票价，要求整体票价低于平时的商业演出，同时确保一定比例的低价票，100 元以下的演出票超过 50%，以充分体现展演活动的公益性，让广大观众欣赏到优秀的舞台演出。

三、坚持以人民为中心的创作导向，创作生产更好更多的优秀艺术作品

正确创作方向是艺术创作生产的根本问题，一切进步的艺术创作生产都源于人民、为了人民、属于人民。党的十六大以来，我们始终坚持“二为”方向、“双百”方针，坚持“三贴近”原则，坚持以人民为中心的创作导向，艺术创作生产取得了显著的成绩。我们必须继续坚持正确的创作方向，坚持以人民为中心的创作导向，概括说，要做到以下四点：

一要坚持树立社会主义核心价值体系的导向。社会主义核心价值体系是兴国之魂，是社会主义先进文化的精髓，决定着中国特色社会主义发展方向。社会主义核心价值体系是根源于民族优秀文化和社会主义先进文化并吸收人类文明成果发展起来的，适应了时代发展要求，集中反映着当代中国人民的理想信念和精神追求，是我国社会主义文化的引领和主导。这是艺术创作最根本的导向，任何艺术作品都不能背离社会主义核心价值体系的要求。

二要坚持树立深入生活、反映现实，表现民族精神和时代精神的导向。一切进步的文化创作生产都源于人民、为了人民、属于人民。创作生产离不开人民，离不开生活，更加离不开改革开放和社会主义现代化建设伟大实践。艺术创作要与生活息息相关，既要反映人民的心声，又要引领人民的精神生活。

三要坚持树立面向群众、面向基层的导向。人民群众是文艺鉴赏和消费的主体，是文艺作品的最终评判者。我们从事艺术创作生产的目的是为了满足人民群众多样化的精神文化需求。我们将不断改进文艺评奖，注重艺术作品演出的可持续性，鼓励更多的优秀作品走向基层，与观众见面。

四要坚持树立国际视野、学习借鉴的导向。以我为主、积极吸收借鉴国外优秀文化成果，为我所用。我们要虚怀若谷、不妄自尊大，要自尊自信、不妄自菲薄，海纳百川，融会贯通。全球化时代，文化的多样性是一个根本特征，一定要有国际视野，各国各民族文化没有高下优劣之分，只有不同的特点，各种文化要相互尊重、相互交流、相互借鉴。要各美其美、美人之美、美美与共、天下大同。代表国家水准的艺术院团和大型文化企业更要有国际眼光，通过学习借鉴、消化吸收，打造出具有世界水准的优秀艺术作品。

做到上述四点，必须用科学辩证思维指导艺术实践，用符合文艺规律的方式推动艺术发展，一切从实际出发，坚持弘扬主旋律与提倡多样化并举，反映社会的主流思想、价值取向和时代的最强音，为时代立传、为人民放歌，歌颂真善美，鞭笞假恶丑，表现丰富多彩的社会生活；坚持精品艺术创作与面向基层演出并重，创作与演出是艺术工作的两个方面，优秀作品是艺术服务人民的基础，演出是艺术作品价值的体现；坚持创新剧目与保留剧目并立，继承是创新的基础，创新是继承的发展，一部又一部保留剧目是我们用汗水铸就的丰碑，一出又一出创新剧目是我们给伟大时代和人民群众的献礼；坚持国有艺术院团和民营艺术院团并进，院团是艺术事业发展的主体，国有艺术院团是我国舞台艺术事业的主力军，民营艺术院团是我国舞台艺术事业的生力军，二者要共同发展，互相促进，以满足广大人民群众不断增长的精神文化需求。

参加今天座谈会的都是艺术创作各领域的专家、学者、杰出的艺术家和院团长，具有丰富的经验。我讲的是个人的一些认识，抛砖引玉，希望大家各抒己见，建言献策，以 2012 年全国优秀剧目展演为契机，推动我国艺术事业不断繁荣发展。

谢谢大家。

【文化部党组成员、副部长王文章《注重艺术本体创造　深刻反映时代精神——在2012年全国优秀剧目展演艺术创作座谈会上的发言》】

为了迎接和庆祝党的十八大胜利召开，文化部从2012年8月到10月在北京举办“讴歌伟大时代，艺术奉献人民——2012年全国优秀剧目展演”。为了从理论上总结演出剧目艺术创作得失，进一步推动舞台艺术创作繁荣，我们召开“2012年全国优秀剧目展演艺术创作座谈会”，请专家学者通过艺术评论和讨论，促进艺术发展。

2012年全国优秀剧目展演是我们当前舞台艺术创作的集中展示。119台参演剧目，涵盖所有艺术门类，其中绝大部分剧目是经过市场和观众双重检验的优秀剧目。现在已有40台剧目上演，可以说是精品荟萃，异彩纷呈，观众反响非常热烈。

参加展演的这些剧目，总体上思想性、艺术性和观赏性统一，有强烈的思想震撼力和艺术感染力。为什么会有这样的艺术效果，我想主要在于，戏曲、话剧、儿童剧、歌剧、舞剧、音乐剧等各种门类，在艺术表现上都注重发挥艺术本体的优势，充分体现演员舞台表演的艺术魅力。不靠舞美的堆砌，也不靠灯光的炫目，而是注重发挥演员舞台表演的表现力，以综合艺术各门类元素的统一去创造舞台艺术的整体性之美。只有如此，舞台艺术才有可能具有艺术形式之美和艺术的感染力，才能体现艺术价值。舞台艺术作为表演艺术，比如戏剧，演员的表演是中心、是主体，其他的艺术元素一旦进入戏剧的整体，它们原来所具有的赖以独立存在的特质就要改变，不是张扬自身，而是根据剧情的需要去服从和烘托演员的表演，不能妨碍演员表演。这些演出都发挥了艺术本体的优势，把演员的表演放在中心位置。像京剧《廉吏于成龙》，尚长荣先生饰演于成龙，唱念做打，非常精彩，把表演要素发挥得淋漓尽致，从剧情出发，非常集中地展示了京剧的形式美。我们在被《廉吏于成龙》深刻的思想内涵触动的同时，也为京剧的形式之美陶醉。再如王红丽创建的小皇后豫剧团，坚持不懈服务基层，努力追求艺术品质，创排的豫剧《铡刀下的红梅》已演出1800多场。这个戏虽然没有参加这次展演，但这周末也要在北京演出，我以前看过两次，是一部非常好的戏。《铡刀下的红梅》题材不新，讲的是大家熟知的刘胡兰的故事，但剧本创作很有新意。刘胡兰作为普通的农村姑娘，在革命斗争中得到锻炼，成为坚强的宁死不屈的革命战士，成长历程写得合情合理，戏结构紧凑，导演处理好，表演上充分发挥豫剧唱、做利落、酣畅淋漓的演唱风格，王红丽的表演准确把握人物内心情感，情动于中而形于外，以戏曲形式表现女英雄刘胡兰，多有表演程式的革新和创造，看了这个戏，感到很震撼，被该剧的感染力深深折服。

上面谈的只有注重发挥艺术本体特别是演员表演的优势，才能真正展现舞台艺术的魅力。这一点实际上体现了目前我们对各门类舞台艺术本体艺术价值的一种自信，只有深刻认识各舞台艺术门类特性、规律、价值，才能做到如此。目前的这种舞台艺术发展趋势是可喜的。但与此不可分割的是舞台艺术创作要能够反映时代精神，塑造新的人物形象。从展演中已演出的剧目来看，无论是现实题材，还是历史题材，其深刻性和真实性都非常突出。尤其是现实题材，时代性非常强，准确表现时代精神，塑造了不少鲜明的站在时代前列的新人形象。

党的十七届六中全会指出，要在艺术上热情讴歌改革开放和社会主义现代化建设伟大实践，生动展示我国人民奋发有为的精神风貌和创造历史的辉煌业绩。这一点非常重要，艺术创作要表现包括历史题材在内的多样性题材，但要特别强调重视反映现实生活。改革开放30多年来，在现代化进程中经济社会生活发生了巨大的变化，深深影响到每一个人。将这一波澜壮阔的变革搬上舞台，是我们艺术工作者应承担的责任。我们的艺术创作，既要引领时代发展，又要提升人的精神境界。一些剧目如话剧《郭明义》、《生命档案》，塑造了站在时代前列的生动感人的人物形象。这些形象有生活中的真实人物原型，但在舞台创新上作了概括、典型化的处理。这些人物形象很真实，他们的精神、思想、感情，对观众的心灵有很大的冲击和洗礼。描写平凡人物的作品也有优秀之作。话剧《搬家》叙述了改革开放30多年来一家人的几次搬家，表现了改革开放给人们生活带来的改变，以及在搬家中人与人之间关系的变化、思想观念的交锋、变换，相互理解的加深，真实反映了改革进程中人们的思想面貌。河北梆子《女人九香》写一个女孩子嫁入婆家，和一家人一起改变村子的面貌，发展现代化生态农业。但美好理想的实现并不顺利，波澜骤起，曲折跌宕，观众在妙趣横生的戏剧情节和人物关系的矛盾纠葛中，认识到农民要摆脱贫困，走上富裕，不仅要有改革开放、学习先进技术的观念，还必须抛弃自身千百年来小农经济下形成的狭隘、猜忌、封闭的小农意识，否则现代化进程路上寸步难行。这样的剧目，以形象的戏剧演绎，表达了深刻的思考，耐人寻味。

2012 年全国优秀剧目展演是文艺工作者当代舞台创作的总结和展示。在党的文艺方针的指引下，广大文艺工作者必将继续深入生活，精心创作，以更好更多的艺术精品奉献人民群众。

【文化部党组成员、副部长董伟《坚持正确创作导向　大力推动艺术创新——在2012年全国优秀剧目展演（音乐舞蹈杂技）艺术创作座谈会上的讲话》】

由文化部主办的“讴歌伟大时代，艺术奉献人民——2012 年全国优秀剧目展演”自 8 月 9 日开幕以来，在社会各界引起了强烈反响。9 月 4 日，我们在北京召开了“2012 年全国优秀剧目展演艺术创作座谈会”。文化部部长蔡武同志在讲话中回顾了十六大以来特别是十七大以来舞台艺术创作取得的成绩和积累的经验，充分肯定了这次展演的重要意义和积极作用，强调要坚持以人民为中心的创作导向，创作生产更好更多的优秀艺术作品。我们一定要深刻理解、认真领会，将蔡武部长的讲话精神贯彻落实到艺术实践中去。今天，我们再次召开座谈会，专门对参加这次展演的音乐舞蹈杂技类剧目进行研讨，目的就是要根据不同艺术门类的特点，总结创作经验，进一步深化对艺术规律的认识，并在理论层面上予以提升，从而促进音乐舞蹈杂技事业的繁荣发展。

下面，我主要讲三个方面的内容：

一、新中国成立以来我国音乐舞蹈杂技艺术创作取得的成就

新中国成立以来，我国音乐、舞蹈和杂技事业与其他艺术门类一样，在探索中前进，在曲折中发展。新中国成立后到 20 世纪 60 年代中期，广大音乐工作者克服种种困难和干扰，以充沛的创作激情，在歌曲、歌剧、管弦乐、室内乐、民族器乐等领域创作了大量脍炙人口的优秀作品，如歌曲《歌唱祖国》、《我们走在大路上》，合唱《祖国颂》，长征组歌《红军不怕远征难》，小提琴协奏曲《梁祝》，交响诗《嘎达梅林》，交响序曲《红旗颂》，交响曲《山林之歌》，管弦乐曲《瑶族舞曲》、《森吉德玛》，歌剧《洪湖赤卫队》、《江姐》、《小二黑结婚》，民族器乐作品《三门峡畅想曲》、《彝族舞曲》等；舞蹈艺术事业也掀开了新的篇章，各级歌舞艺术团体和舞蹈学校纷纷建立，民间舞蹈、中国古典舞、部队舞蹈以及舞剧创作都在这一时期取得了重要突破，一大批优秀作品涌现出来，如民间舞《红绸舞》、《狮子舞》、《荷花舞》，古典舞《春江花月夜》，民族舞剧《宝莲灯》、《小刀会》、《鱼美人》，芭蕾舞剧《红色娘子军》、《白毛女》，歌舞剧《乘风破浪解放海南》等。1964 年，为庆祝新中国成立 15 周年而创作的大型音乐舞蹈史诗《东方红》首演。这部作品以排山倒海的气势和波澜壮阔的场景，形象展现了中国革命的伟大历程，生动描绘了中国人民在中国共产党领导下前赴后继、百折不挠的革命精神和英雄气概，成为中国音乐舞蹈史上的里程碑。

“文革”时期，在“样板戏”一统天下的艰难情况下，身处逆境的艺术工作者们怀着对人民、对生活和艺术的热爱，仍然创作出了钢琴协奏曲《黄河》，琵琶协奏曲《草原英雄小姐妹》，歌曲《我爱五指山，我爱万泉河》、《千年的铁树开了花》，芭蕾舞剧《沂蒙颂》，群舞《战马嘶鸣》、《草原女民兵》等优秀作品。

拨乱反正后，我国进入了一个新的历史发展时期，音乐舞蹈事业全面复苏。特别是改革开放以来，广大艺术工作者坚持“二为”方向、“双百”方针和“三贴近”原则，讴歌时代精神，遵循艺术规律，

在主动学习国外艺术理念、创作技法的同时，坚持从中国传统艺术和民间艺术中汲取营养，以昂扬向上、奋发有为的精神状态投入艺术创作生产，创演了大量反映时代精神、具有民族特色、题材风格多样的优秀作品，如歌曲《祝酒歌》、《我爱你，中国》、《在希望的田野上》，艺术歌曲《涉江采芙蓉》，二胡协奏曲《长城随想》，民族器乐作品《西北组曲》，交响音画《黔岭素描》，交响组曲《太行山印象》，交响曲《江雪》、《木兰诗篇》，钢琴协奏曲《山林》，歌剧《伤逝》、《原野》、《苍原》，舞蹈《踏歌》、《雀之灵》，民族舞剧《丝路花雨》、《奔月》、《文成公主》、《红楼梦》、《阿诗玛》、《大梦敦煌》、《妈勒访天边》，芭蕾舞剧《雷雨》、《大红灯笼高高挂》、《二泉映月》，舞蹈诗《云南映象》、《天边的红云》等，使文艺百花园呈现出姹紫嫣红、万芳竞秀的可喜局面。全国音乐作品评奖、全国舞蹈比赛等重大艺术活动的举办，也有力助推了优秀作品和人才的涌现。

新中国成立以来，我国杂技事业也获得了前所未有的发展，优秀作品层出不穷，技巧难度不断提升，青年人才迅速成长。杂技艺术工作者们创演了《东方天鹅——芭蕾对手顶》、《13 人顶碗》、《俏花旦——空竹》、《软钢丝》、《跳板蹬人》、《单人艺术造型》、《高台转椅》等一大批深受国内外观众好评的优秀节目，在法国巴黎明日国际杂技节、摩纳哥蒙特卡洛国际马戏节等国际顶尖杂技赛事中摘金夺银。进入 21 世纪以来，各地杂技艺术团体还纷纷推出《中华魂》、《天鹅湖》、《天幻》、《依依山水情》等一系列杂技主题晚会和杂技剧，抢占国内外主流演出市场，成为了促进对外文化交流的重要桥梁和纽带。

二、十七大以来，音乐舞蹈杂技事业呈现出蓬勃发展、全面繁荣的良好态势

党的十七届六中全会提出，要坚持中国特色社会主义文化发展道路，努力建设社会主义文化强国，标志着我国文化发展进入了新的历史时期。近年来，党和政府高度重视文化建设和艺术创作，经费投入不断加大，创作环境宽松和谐，艺术工作者的创造热情和创造活力竞相迸发，音乐、舞蹈和杂技事业也因此呈现出蓬勃发展、全面繁荣的良好态势。

一是优秀作品不断涌现，创新意识不断增强。广大艺术工作者深入实际、深入生活、潜心创作、辛勤耕耘，创作出一大批思想性、艺术性、观赏性相统一，人民喜闻乐见的优秀艺术作品。这些作品立足服务人民群众，热情讴歌时代精神，生动反映改革开放和社会主义现代化建设的伟大实践，在思想内涵和艺术质量上都达到了较高的水平，如歌剧《霸王别姬》、《红河谷》，芭蕾舞剧《牡丹亭》、《风雪夜归人》，舞剧《铁道游击队》、《月上贺兰》，歌舞《水墨中华·风》、《四季情韵》，交响曲《圣火2008》、《虎门 1839》，民族音乐会《艰难·辉煌》、《美丽新疆》、《西藏春天》，杂技主题晚会《时空之旅》、《生命·阳光》，杂技剧《一品一三绝》、《你好，阿凡提》、《西游记》、《花木兰》等。此外，还重排演出了歌剧《白毛女》、《原野》等一批经典剧目，引进演出了芭蕾舞剧《卡门》、《天鹅湖》、《罗密欧与朱丽叶》、《奥涅金》、《小美人鱼》，歌剧《汤豪塞》等一批国外经典剧目。在尊重传统、尊重艺术规律的基础上，广大艺术工作者坚持古为今用、洋为中用，推动艺术与科技的融合，力求在题材、叙事手法、结构布局、人物塑造、舞美灯光等方面推陈出新。各艺术院团坚持面向市场、面向观众，积极创新体制机制和艺术生产方式，大胆采用剧目制、制作人制、公司制等新型生产模式，精心打造演出季、歌剧季、音乐季等品牌，实现了社会效益和经济效益的双丰收。

二是重大艺术活动充分发挥导向性、示范性作用。为庆祝新中国成立 60 周年、中国共产党成立 90 周年创排的大型音乐舞蹈史诗《复兴之路》和文艺晚会《我们的旗帜》，以深刻的思想内涵和强烈的艺术感染力，展现了我们党和国家辉煌的发展历程和在各个历史时期取得的伟大成就，已经成为新中国文艺发展史上的华彩篇章。首届中国歌剧节强调参演剧目的民族精神、时代意义与国际视野，汇集了来自全国各地的 16 台歌剧和 3000 余名歌剧艺术工作者，5 万余名观众观看了演出；首届中国西部交响乐周、中国交响乐之春、吴桥杂技节、武汉杂技节、上海国际魔术节暨国际魔术大赛、中国民族音乐巡礼百场系列音乐会、中国音乐剧发展国际论坛等，在让人民群众共享艺术发展成果的同时，也有力推动了音乐舞蹈杂技艺术的普及推广和艺术水平的提升；全国声乐比赛、全国舞蹈比赛、全国音乐作品评奖、全国

杂技比赛等重大赛事活动的知名度和影响力不断扩大，专家评审权威公正，活动组织规范有序，已经成为发现、推介优秀作品和人才的重要平台。

三是坚持“两手抓”，为艺术创作生产营造宽松和谐的环境。我们坚持运用辩证思维，一手坚持弘扬主旋律，一手提倡多样化；一手抓精品艺术创作，一手抓面向基层演出；一手抓创新剧目创作，一手抓保留剧目演出；一手抓国有艺术院团改革，一手抓民营艺术院团发展，促进艺术事业的全面繁荣发展。中直院团重点剧（节）目资助专项资金设立10余年来，已经扶持了64台重点剧目；国家舞台艺术精品工程推出了85台精品剧目，200多台优秀剧目得到资助；首届优秀保留剧目大奖评选活动授予18部首演至今一直活跃在舞台上、深受广大观众欢迎、代表当代舞台艺术创作水平的作品“优秀保留剧目大奖”称号，并组织开展了全国巡演活动。文化部制定下发了《关于扶持发展歌剧、交响乐、芭蕾舞、民族音乐的阶段性意见》和《中国杂技艺术振兴规划（2011—2015）》，并从2010年开始与财政部联合实施“中国民族音乐发展和扶持工程”，对民族音乐作品的收集整理、创作、理论研究、演出、出版及对外文化传播与交流等进行扶持，同时还举办了西部作曲、舞蹈、杂技人才培训班。设立于2006年的荣毅仁基金会杂技艺术奖每年用1000万元左右，对在国际国内重要赛场上获奖的杂技艺术家进行奖励，迄今为止已经颁发4届。

四是坚持“走出去”，不断提升中华优秀文化的影响力。近年来，我们在把国外优秀艺术作品和人才“请进来”的同时，也加大了“走出去”的步伐。一批优秀剧（节）目和演员不仅在国外主流艺术节上大受欢迎，而且在国际顶尖赛事中频频获奖，为祖国争得了荣誉。比如，广州军区战士杂技团的杂技芭蕾《天鹅湖》获2008年度英国曼彻斯特戏剧奖“最佳国际剧目”；中央芭蕾舞团的何晓宇和曹舒慈分获第六届赫尔辛基国际芭蕾比赛成年组组委会特别大奖和美国国家芭蕾比赛女子成年组金奖；辽宁芭蕾舞团的王韵获第七届赫尔辛基国际芭蕾比赛大奖和“柴可夫斯基音乐表现大奖”；上海杂技团有限公司的《腾跃——大跳板》和《男子艺术造型》双双获得2012年第三十六届蒙特卡洛国际马戏节比赛“金小丑”奖。与此同时，各艺术院团还积极拓展“走出去”的渠道和方式，抢占国际主流演出市场，如中央歌剧院的歌剧《图兰朵》近年来先后赴叙利亚、埃及和意大利演出，受到国外观众的广泛好评；重庆杂技团的杂技剧《花木兰》已在美国、英国、法国、澳大利亚等国演出1000余场，今年6月又赴美国商演半年，获得了经济效益和社会效益的双丰收。

三、认真总结展演成果，推动音乐舞蹈杂技艺术的创新和发展

2012年全国优秀剧目展演是我国近年来舞台艺术创作成果的一次集中展示。120台参演剧目中，音乐舞蹈杂技类剧目占了44台，包括歌剧7台、芭蕾舞剧3台、舞剧6台、歌舞7台、舞蹈诗5台、音乐剧1台、交响音乐会7台、民族音乐会4台、合唱音乐会3台、杂技童话剧1台。这些参演剧目题材广泛、形式多样，其中，既有原创剧目《运河谣》、《徽班》，经典保留剧目《红色娘子军》、《白毛女》，也有国外引进剧目《小美人鱼》、《蝴蝶夫人》；既有革命历史题材剧目《永不消逝的电波》、《延安记忆》、《铁道游击队》，也有现实题材剧目《温暖》；既有世界风情歌舞晚会《五洲风情》，也有我国少数民族歌舞晚会《魅力西藏》、《鄂尔多斯婚礼》，等等。不同体制的艺术院团齐头并进，在展演舞台上争奇斗艳；迪里拜尔、山翀、黄豆豆、朱妍、张剑等老中青艺术家汇聚一堂，让展演活动倍添亮色。

关于参演剧目，在座的各位专家学者和院团代表将进行深入的研讨，在此不再赘述。就艺术创作的几个问题，我再谈一点自己的看法和体会。

1. 关于艺术创新

艺术的生命在于创新，不创新艺术就不能发展。相对于戏曲艺术来说，音乐、舞蹈、杂技因为没有太多的“程式”，创新和发展的空间比较大，阻力也比较小。关键是要解放思想、转变观念，认识到创新既是艺术的本质特征，也是时代发展的必然要求，并在创新过程中把握两个基本原则：一是要尊重传统，在继承的基础上创新。尊重传统，并不意味着因循守旧、墨守成规，而是要通过学习和理解前辈艺术家智慧和心血的结晶，融会贯通，取其精华，为我所用。背弃传统，创新就会成为无源之水、无本之

木；尊重传统，创新才能有的放矢、事半功倍。二是要遵循艺术规律，不能偏离艺术本体。如今，推陈出新已经成为许多艺术家的自觉追求，这当然是一件好事。但在这个过程中，也不可避免地出现了一些“似是而非”的作品。有的剑走偏锋，在题材内容的选择上“语不惊人死不休”；有的忽视艺术本体，虽然投资巨大，舞台搞得美轮美奂，却往往是形式大于内容，故事结构和人物形象粗浅苍白，缺乏思想性和艺术性；有的喜欢“跨界”和“拼盘”，一心想把多种艺术元素杂糅到一起，结果是“捡了芝麻，丢了西瓜”。我们鼓励创新，宽容失败，但也反对盲目创新，为创新而创新。创新，是艺术发展到一定阶段的必然选择，而不能出于功利目的强行“揠苗助长”。

2. 关于现实题材创作

在现实题材创作方面，音乐舞蹈艺术是有优良传统的。改革开放30多年来，我国发生了翻天覆地的变化，迫切需要一大批反映时代精神、关注现实生活的优秀文艺作品，来感染人的心灵、塑造人的品格、提升人的精神境界。这是艺术工作者的使命，也是我们义不容辞的责任。一方面，我们要鼓励艺术工作者深入实际、深入生活。“脚下沾有多少泥土，心中就沉淀多少真情”。人民群众不仅是文化的享有者，更是文化的创造者，是一切文化创造的源泉。只有坚持以人民为中心的创作导向，从人民群众的伟大实践中去汲取养分和创作灵感，才能在舞台上真实地反映生活，进而通过艺术的形式，揭示生活的本质，引起观众情感的共鸣，给人以思想上的启迪和艺术上的美感。另一方面，我们也要充分研究音乐舞蹈艺术的审美特征和表现手法，思考并解决现实题材创作中遇到的一系列难题，真正做到古为今用、洋为中用。此外，要进一步加大对现实题材作品的扶持力度，营造宽松和谐的创作环境，鼓励艺术工作者积极探索、勇于实践，努力创作生产更多体现社会主义核心价值观的优秀作品。

3. 关于科学的艺术生产机制

之所以专门提出这个问题，是因为音乐舞蹈领域的不少艺术品种都是集音乐、文学、舞蹈、表演等于一体的综合性艺术，都具有制作流程复杂、成本高、生产周期长、演职人员多等特点，其中一些“舶来艺术”还面临着创作人才匮乏、观众基础薄弱、演出市场不够成熟等一系列问题。因此，必须结合演出市场的需求和艺术院团的实际情况来开展艺术创作生产。首先应当明确院团定位。国家艺术院团要充分发挥导向性、代表性、示范性作用。各级各类艺术院团也要发挥自身优势，扬长避短，努力满足广大人民群众多样化的艺术需求。要建立健全艺术创作生产决策机制、演出市场论证机制、演职人员选拔机制以及资金投入、营销运行、监督评估等机制，充分发挥艺术委员会、专家和院团管理者的作用，科学论证、民主决策，避免剧目创作生产的片面性和随意性。同时，建立科学的艺术评价体系，把人民群众“欢迎不欢迎、喜欢不喜欢”作为重要的评价标准，引导和鼓励艺术院团和艺术家更好地坚持“三贴近”，面向市场，服务群众。

以上是我个人的一些看法，供大家参考。衷心感谢在座各位专家学者、院团代表长期以来对音乐舞蹈杂技事业的支持和贡献，希望大家畅所欲言，以真知灼见推动音乐舞蹈杂技艺术的创新和发展。

【2012年全国优秀剧目展演艺术创作座谈会】

2012年9月4日，文化部召开“2012年全国优秀剧目展演艺术创作座谈会”。文化部党组书记、部长蔡武出席座谈会并讲话，文化部党组成员、副部长王文章作会议总结。出席座谈会的专家、学者有中国文联原副主席、评论家仲呈祥，中国剧协主席、表演艺术家尚长荣，中国戏曲现代戏研究会常务副会长、评论家王安奎，中国剧协分党组书记季国平，中国舞协分党组书记冯双白，上海市人民政府参事、评论家毛时安，国家话剧院院长周志强，中国音乐学院教授、作曲家金湘，总政歌剧团团长黄定山，陕西省戏曲研究院院长、《西京故事》编剧陈彦，河南艺术研究院院长、话剧《红旗渠》导演李利宏，辽宁人民艺术剧院演员、话剧《郭明义》郭明义饰演者李跃民，河南小皇后豫剧团团长王红丽。

【国家艺术院团学习贯彻党的十八大精神暨2012年国家艺术院团优秀剧目展演表彰会】

2012年12月4日，文化部在北京召开“国家艺术院团学习贯彻党的十八大精神暨2012年国家艺术院团优秀剧目展演表彰会”。文化部党组书记、部长蔡武，文化部党组成员、副部长董伟出席大会，并为获奖单位和个人颁奖。蔡武在会上强调，国家艺术院团是全国艺术院团的“排头兵”和“领头雁”，要切实发挥导向性、代表性、示范性作用。

经专家评委认真评审，儿童剧《特殊作业》、话剧《理查三世》、京剧《韩玉娘》、芭蕾舞剧《小美人鱼》、歌剧《山林之梦》、大型交响合唱音诗《神话中国》、民族音乐会《泱泱国风》、民族音乐诗剧《牛郎织女》、中国当代交响乐作品荟萃9个剧目获得“优秀剧目奖”，童话音乐剧《马兰花》、京剧《大破铜网阵》、话剧《欲望花园》等10个剧目获得“优秀演出奖”。此外还评出了10个“剧目奖”、6个“演出奖”以及92个单项奖。国家京剧院张春华、寇春华，中国东方演艺集团有限公司莫德格玛，中国交响乐团邵恩4位艺术家获得了“特别荣誉奖”。

会议由董伟主持。中国儿童艺术剧院院长周予援、国家话剧院导演王晓鹰、国家京剧院表演艺术家张春华、中央民族乐团琵琶演奏家吴玉霞、中央芭蕾舞团演员张镇新先后在会上代表获奖院团、创作人员、老艺术家、优秀演员和青年演员发言。

【观点】2012年国家艺术院团优秀剧目展演研讨会发言摘要

用优秀剧目营造文化鉴赏氛围

◎仲呈祥（中国文联原副主席，中国传媒大学研究生院博士生导师）

对本次展演，我有两个关键词：一个是国家，代表国家水平。这是国家的艺术宝塔塔尖上的作品，代表着一个民族的文明水平，也代表着一个民族的艺术水准。另一个关键词是优秀。这些优秀剧目对于我们国家形象和文化氛围的营造，起到了重要作用，它营造了一种引领而不是单一去迎合的文化鉴赏氛围。说白了，就是既要培养顶尖的艺术家，也要培养顶尖的鉴赏群体。这其实也是一种文化自觉和文化自信。

我想就国家京剧院的作品谈点观感。我认为国家京剧院抓了4个戏参加展演，布局很好，指导思想很明确，也很有代表性。《清风亭》就是自信中国优秀传统中孝文化的魅力。第二个戏是《太真外传》，我认为是精益求精的，对梅派的代表作品在唱腔上进行了非常出色的加工提炼。这个戏在剧本的整理上还存在问题，它原来很长，把它压成两个多小时之后，有些方面，如人物的情感逻辑、行为逻辑、文学性还不到位。不是很理想，还需要进一步加工。第三个戏《韩玉娘》，是老领导李瑞环同志根据梅派剧目《生死恨》整理改编的，为我们整理传统剧目提供了一个样板。首先，从原来4个多小时压到两个小时，去除了冗长的东西。其次，强化了价值取向，即按照生死价值取向丰富、深化、强化。而不像现在有些作品是逆势方向，即反方向地解构、颠覆、拆卸，如电影《赵氏孤儿》。我们不能在前辈人的经验基础上继续前进，反倒做了一些对不起祖宗的事，反方向的拆卸、解构是极其危险的。还有一个就是梳理了韩玉娘性格逻辑和情感逻辑中不太合理的东西，而且还注入了今天的当代感。《大破铜网阵》是久违了的老戏，再不演就失传了。那天演出最感人的是张春华，比戏还精彩。他讲自己对艺术的投入，讲他对青年一代武生演员的厚望，并说这个戏就是他的命。讲得太好了。我觉得这也是一种创新，为演出营造了良好的欣赏氛围，把大家情绪调动起来了，知道怎么来欣赏武戏。所以我觉得国家京剧院的布局很好，但很遗憾没有上一个表现当代生活的戏。

展示国家文化形象

◎林毓熙（国家京剧院原副院长，艺术评论家）

已连续举办3届的国家艺术院团优秀剧目展演，以其号召力和影响力凸显其强盛的生命力，卓有成效地展示了国家文化形象。

展示国家文化形象的文化自觉。国家京剧院作为京剧艺术的排头兵，拥有深厚的文化传统、文化资源和文化智慧，在“重振剧院雄风”的目标鼓舞下，广泛调动老中青三代艺术家的积极因素，坚持“阵容齐整、艺术严谨、风格清新”的剧院风格，在新创作剧目《清风亭》和《韩玉娘》、复排剧目《太真外传》和《大破铜网阵》中，都展现出剧院雄厚的艺术实力和严谨大气的艺术风范。在国家话剧院的4台剧目中，无论是新创作剧目《大家都有病》和《活着》，还是外国经典剧目《理查三世》和《欲望花园》的选择，都感受到剧院在坚持现实主义美学原则的基础上，对其他戏剧流派兼容并蓄，充分展现其雄厚艺术实力，并引领戏剧实验和剧目探索的思路。作为肩负着继承发展国家儿童戏剧事业重任的中国儿童艺术剧院，定位准确，目标清晰，为儿童戏剧事业凝聚起几代有志于儿童事业发展的艺术家。在这次参展的优秀经典剧目《马兰花》，新创作剧目《西游记（二）》、《特殊作业》和《憨憨猫和皮皮鼠》中，我能看到始终安贫乐道坚守儿艺舞台的老演员，也为新一代儿童剧演员脱颖而出和出色表演感到高兴。

展现民族文化传统的文化自信。在这次展演活动中，在诸多具有中国特色、中国风格和中国气派的优秀剧目中，展现出对民族文化传统的文化自信。国家话剧院王晓鹰执导的《理查三世》，在诠释莎士比亚剧作时，用我们民族独有的舞台语汇来演绎西方人熟悉的故事。导演在简洁的舞台上，为表演留出宽广空间，营造中国传统美学的空灵与意境。中国元素的运用，很好地诠释了民族舞台语汇的包容性。

做引领当代戏剧创作的排头兵

◎季国平（中国剧协分党组书记，驻会副主席）

作为国家艺术创作的排头兵，国家院团为我国舞台艺术的繁荣发展作出了重要贡献，把握机遇，深化改革，新人辈出，好戏连台。今年九大院团展演的35部优秀作品，集中展示了国家艺术团队的迷人风采。

在充分看到我国当代戏剧成就的同时，我也密切关注当下戏剧创作存在着“政绩化”的弊端和“西化”的干扰。我们的创作应该是国际的眼光，但借鉴并不是“西化”。就戏曲创新发展而言，更不能被“西化”，也不能“话剧化”。在中国戏剧走向未来的进程中，彰显个性、创新发展，回归百姓、走向世界，自觉自信、勇于担当，就显得十分重要。因此，我在观看国家院团剧目时，更关注他们创作的走向。下面举两个我今年看过的剧目的例子，一是国家京剧院的京剧《韩玉娘》，一是国家话剧院的话剧《理查三世》，我认为其导向性、代表性和示范性是积极健康的。

整理改编传统戏是当代戏曲传承发展的重要方面。京剧《韩玉娘》贵在从当代审美和京剧本体出发，不只是提炼和压缩，将原来的14场戏减成6场，让剧情更为紧凑合理，而且推陈出新，在主题、立意、人物形象的塑造上得到了较大的提升，成为既继承原剧精华又脱胎换骨的一出新戏。

话剧《理查三世》是对莎翁经典的一次精彩的中式表达，当代性、本土化、晓鹰式是该剧最鲜明的特征。该剧运用了大量中国元素，宣纸为背景的舞台，身穿汉服的人物，特别是传统戏曲的表演形式，诗化的表达风格，是王晓鹰式的。向传统戏曲借鉴，是近年来王晓鹰导演的重要思想，如他前两年创作的话剧《霸王歌行》。

一定要有布局和制高点

◎冯双白（中国舞协分党组书记，驻会副主席）

国家院团要在表演舞台艺术上树立好的、为广大群众喜欢的国家形象，我觉得应该有整体的布局上的想法。有的院团相当有布局，比如说国家话剧院推出的几个作品，像《活着》、《理查三世》、《大家都有病》、《欲望花园》。《理查三世》是经典的莎翁剧作，《活着》是国话提出的新现实主义作品，《大家都有病》走魔幻戏剧的路子，《欲望花园》走黑色幽默的路子，各有各的特点。整体上我觉得显示出一种布局，这样一个布局的观念跟地方院团是不一样的。再比如说中央歌剧院有非常经典的《蝴蝶夫人》，有革命历史题材的《辛亥风云》，还有带魔幻色彩的《山林之梦》。这种布局也很好。中央芭蕾舞团的《红色娘子军》是传统的、经典的，外国代表性剧目有《小美人鱼》，此外还有创意工作坊。我觉得国家院团要塑造舞台艺术的国家形象，要在实践的过程当中坚持艺术理想，一定要有布局的概念，如果是随意的就没有意义。我觉得至少在舞蹈和舞剧里面从布局的角度出发还有很大的空间，比如说重大题材。

跟布局相关的我觉得就叫作制高点。题材的制高点是跟布局相关的，是非常重要的，既有革命历史题材，又有重大历史题材，还有重大现实题材。我觉得作为国家艺术形象，在题材的选择上应该有制高点的想法。

理想的制高点是艺术的规律和艺术的精神，即要亮出自己的旗帜，亮出自己的艺术主张。这样的理想才能一呼百应，引领风尚，才能引领观众。艺术主张要鲜明，而且要渐渐地形成流派。

树立人民至上的创作理念

◎周传家（北京联合大学教授，昆曲古今研究会会长）

2012 年全国优秀剧目展演呈现出新的气象，带来新的启示，主要体现在以下方面：

一、坚持多样和谐并存共荣的艺术生产原则，不拘一格遴选、催生、加工优秀剧目，探索一种切实可行的艺术生产及管理模式。参演剧目题材、样式、风格、流派丰富多样，既有驰誉四方的拳头产品、成熟精品，也有散发着清新气息、潜力无限的新作；既有中的，也有西的；既有主旋律重大题材，也有凡人小事、男女风情。

二、树立人民至上的创作理念，为“时”而著，为“事”而作，尽量避免和克服“大制作”、“烧钱”等舞台手段过度化的倾向。用比较朴素的、老百姓喜闻乐见的形式，表现民之所思、所爱、所恶，与老百姓沟通、共鸣，形成一种比较好的艺术生产氛围。如国家京剧院认真落实非物质文化遗产“活态保护”条例，注意处理挖掘继承与改革创新的关系，汇聚剧院 4 代演员，既有年近九旬的张春华老艺术家，也有 20 多岁的年轻演员，同心合力，推出《清风亭》、《太真外传》、《韩玉娘》、《大破铜网阵》4 部剧目参加展演。其中根据同名梆子传统剧目改编的《清风亭》，在原有故事基础上，运用有别于传统京剧的剧本结构和叙述方式，通过简洁洗练的舞美、灯光等辅助手段，使其更符合京剧本体和当今观众的审美情趣，张扬了“感恩”的思想。《太真外传》以姜凤山先生整理的演出本为基础，强化唐玄宗与杨贵妃的主线，使舞台呈现更注重“情”与“美”。由《生死恨》改编的《韩玉娘》不仅保留“织房入梦”、“夫妻永别”等抒情场面，再现经典唱段“耳边厢”，还丰富了韩玉娘“行路”的情节。《大破铜网阵》作为大轴剧目，为观众呈现经典的武侠大戏和更为细腻的情节。

搞清艺术定位

◎欧建平（中国艺术研究院舞蹈研究所所长，研究员）

这次舞剧和歌舞晚会有 8 台节目，舞剧有 3 台，一台是中国歌剧舞剧院的《嫦娥奔月》，另外两台是中央芭蕾舞团的《红色娘子军》和《小美人鱼》。3 台节目各有千秋，让我们看到了未来。尤其通过《小美人鱼》的引进，不但让我们看到国际高端的作品，还带来舞剧创作的一个新看法：舞剧原来可以这样演。此外，中芭这次有一台音乐会参加，相比较而言，他们的状态是最好的。

还有就是中国歌剧舞剧院，这次表现也相当出色，因为有了回归自己艺术定位的舞剧《嫦娥奔月》。虽然说是神话，但是把中国传统的真善美提炼到极致，而且又家喻户晓。当然，剧本和编舞上还有问题，如果艺术上再提高一下，经济上再给一些支持，这个舞剧肯定是有潜力的。希望歌剧舞剧院能创作出代表我们最近 30 年或者最近 10 年的艺术力作，如果他们做好的话，我们才有可能看到从 20 世纪 50 年代的《宝莲灯》，之后的《红楼梦》、《文成公主》等更多代表国家水平的歌剧舞剧形象。

两台歌舞晚会，我们有点困惑。我们知道，舞剧投资大，在资金不足的情况下，搞儿台晚会也无可厚非。但是我们觉得在风格定位上，在自己的艺术定位上，跟东方歌舞团严重撞车。艺术定位不清楚的话，歌剧舞剧院就没有自己存在的价值，当然，这不是歌剧舞剧院自己能解决的事。

东方歌舞团过去在舞蹈圈有传说，靓男美女多，轻歌曼舞的风格。这次，两台《天际之爱》和《水墨中华》，感觉有点偏洋、偏大。我觉得应该坚持原有的民歌、民乐、民舞、民俗这样的传统。

世界眼光和超前意识

◎廖向红（中央戏剧学院副院长，教授）

国家院团要坚持自己的艺术理想，共同塑造国家舞台艺术形象，要出人才、出作品、出效益，还要有导向性、代表性和示范性。我觉得这是给院团的定位，也是一个要求。国家舞台艺术形象的塑造，实际上是由每个院团的形象共同来打造的，每个院团都有自己的定位，你自己的形象塑造出来，才能共同塑造中国的舞台艺术形象。我也想提出超前意识，就是有了世界眼光，对现状和对敏感的创作课题，以及观众审美需求的变化，还一定要有最及时的把握和了解。这就是我讲的在世界眼光上要有超前意识。

国家院团肯定要追求高的艺术，培养全民的审美情趣和审美趣味。怎么样才能够有高品位或者高格调？我觉得国家院团是塔尖上的艺术院团，越是在塔尖上，根基越要深。它的两个根基一个是生活根基，一个是艺术根基。只有根基深了以后，才能在塔尖上站住。

另外一个叫作脚踏实地。有时候我们一个是求大，一个是太急。我们创作的心态不能静下来，有浮躁的那种感觉，因为我们代表最高水准，所以一定是布景、制作等都是大的、豪华的，实际上一些小制作也能够出好的作品。比如我与中国儿艺合作的《特殊作业》，只有 9 个演员，也就是一个基本布景，换一些大小道具而已。我觉得中国儿艺领导在这次创作中是非常明确的，就是不求大，也不着急，有一个平常心态，尽全力去做，但是有一个要求，就是要便于巡回演出，要尽可能多地上演。这是一个明确的要求。

还有一点是要精心打磨。我们在选材的时候一定要慎重，一旦选定了一个题材，认为是有创作前景的，有可能打造成佳作或者精品的时候，不要轻易地放掉，而要不断地去修改、去完善，去潜心研究、精心打磨。

国家院团的使命、职责和定位

◎宋官林（国家京剧院院长）

每年一度的国家艺术院团展演是一个中心，两个基本点，三位一体，展演是中心，推介会和研讨会是两个基本点。今天的研讨会解决我们院团长下一步该怎么干。我梳理一下，主要有四方面的收获：第一，牢记国家艺术院团的使命。我们要站在国家的立场上树立艺术形象，展示艺术形象。第二，明确国家艺术院团的职责。有了国家院团剧目展演，经费拨付比过去顺畅，现在的文化舞台斑斓而多姿。第三，找准国家艺术院团的定位，找准艺术定位。第四，要扎实前行，尊重艺术规律，处理好继承与创新的关系，处理好题材、体裁的关系，处理好继承与发扬的关系。

我们实实在在感谢文化部艺术司，这三年来创立了每年一度的国家院团剧目展演，对于展示国家院团艺术风采等产生了重要的战略影响，主要体现在：

第一，推动了国家院团的艺术建设。通过这样一个活动，使我们院团长在工作中找到了抓手，找到了切入点，也找到了契机，把这个展演作为我们阶段性和年度的工作目标，逐步形成了尊重艺术规律、市场规律的行之有效的例行机制。我们剧院每年展演4台，有新排、复排和创排的不同剧目，收获是确实做到了出人、出戏、出效益、出思考、出思路。上自90岁的老艺术家，下至90后的年轻人都凝聚起来了。每年演出市场洽谈会的签约通过演出剧目不断丰富，2009年800多万元，现在已经突破了2000万元。在处理继承关系上，我们善于继承，勇于借鉴。在复排传统剧目中，我们提出了主题突出，节奏紧凑，特色鲜明。

第二，提升了国家院团发挥示范性、代表性、导向性地位的作用和水准。参加国家艺术院团的展演尊重了艺术规律，强化了塑造艺术本体，注重剧目与市场的嫁接。

展示京剧艺术的“美善之至”

◎秦华生（梅兰芳纪念馆馆长，研究员）

这次我主要看了国家京剧院的4台参演剧目。我感觉无论是以传承为主的还是改编的，都是思想性、艺术性、观赏性三者有机结合，亮点突出，充分展示了国家京剧院的导向性、代表性和示范性的作用，值得总结和表彰。

一、弘扬了中华民族的文化精神和价值观念。倡导了既有人类共识，又有中国特色的忠孝节义，展示了梅兰芳大师提出的作为“国剧”的京剧艺术的“美善之至”。

二、传承了一批历史上有影响的流派名剧，培养了一批优秀的青年人才。

三、在改编、移植和传承的过程中，有一些成功的经验值得总结。例如改编梅兰芳大师的剧目《生死恨》，去掉了前九场和很多枝蔓，突出了重点人物和情节，保留了原剧的文化精神，适合当今观众的审美心理，进行了创造性的传承。移植剧目也是这样，如把豫剧《清风亭》移植为京剧也有一些艺术创造。

最近，我看了豫剧《红高粱》，认为其根据莫言小说改编得很不错。我们的戏曲现代戏创作已经有了成功的经验，8个“样板戏”基本上是移植的或改编的，只要改编得好照样是好戏。

国家院团赶上了好时机

◎顾夏阳（中央民族乐团原团长，国家一级作曲）

我看国家艺术院团9个院团长都来了，我说一点自己的体会，因为我也当过院团长。院团长的担子很重，管理有难度，非常辛劳。但这又是一个非常好的时机，国家给院团拨款多了，过去咱们的钱哪有超过1000万元的？都只有二三百万元。国家艺术院团优秀剧目展演已经办了3届，文化部领导是真正在抓，获奖也有经费跟上，同时通过展演对院团的人才进行了培养，我觉得这个时机太好了。

这次展演我在歌剧、民乐组中的体会就是乐队的变化，咱们有两个交响乐团：一个是歌剧舞剧院的变化，第二是芭蕾舞团的变化。中央歌剧院有一个歌剧作品《山林之梦》，剧本稍差一点，但是我觉得音乐比《马可波罗》写得好，配器、表现手段各方面都不错。《图兰朵》是音乐诗剧，不是单纯的音乐会，挺好的。尤其是观看《图兰朵》的演出，我发现了一个指挥人才朱曼，她虽然年轻但很优秀，能驾驭这么大的乐队和这么大的合唱团，了不起！

中国歌剧舞剧院的《神话中国》是大部头的诗剧。歌剧舞剧院在所有院团中是品种最多的团，既有歌剧舞剧，又有交响乐、民乐。去年我看了他们的歌舞，今年演出的是音乐会。我认为，中国歌剧舞剧院在歌剧上面还是要下一点功夫。但是歌剧剧本创作确实不容易，中国歌剧舞剧院创作成本要比中央歌剧院成本大，因为中央歌剧院可以引进一些外来的，所以他们创作歌剧有难度。

东方演艺集团的两台音乐会，一台是《民乐也时尚》，另一台是《爱的旋律》，我觉得要从艺术上调整。从国家院团的标准来讲，你的时尚只能表现在乐器上，而不能丢掉乐器去跳舞。另外，在合唱方面也还需要提高。

提高一个民族的艺术鉴赏力

◎雷　蕾（中国东方演艺集团有限公司国家一级作曲）

我觉得这次的展演确实对提高艺术鉴赏力起到了引导和示范的作用，我们的九大院团都拿出了非常高质量的作品。因为我的实践就是创作，所以我想从创作这方面谈一些思考和感受。我原来搞影视音乐创作，我觉得影视尤其是电视，就是一个普及性的东西，观众的层次和走进剧场观看舞台艺术的观众层次是不一样的。自从我到了东方团，走上了舞台艺术创作这条路，我觉得我们的创作不需要去迎合观众。我相信真正能够自己花钱买票走进剧院的观众，都是有非常高的艺术鉴赏力的、有追求的观众。所以，我们只管拿出艺术水平最高的作品，肯定会得到观众的认可。在这几年的创作实践中我有了这种感受。

这次展演作品中，席强团长的《牛郎织女》使我感受很深，我觉得民乐能够做出这样的作品，确实是绞尽脑汁创新，想了很多点子。我觉得应该是一个能够保留下来的作品，如果舞美、演奏等方面继续加工，有可能做成一个精品。

艺术创作最难的就是创新，就是我们怎么取材。舞台艺术创作和影视不一样。影视是考虑要短平快，但是舞台艺术创作者——我们这些幕后的创作人员都要甘于寂寞、甘于清贫。这使我对我们的同行充满敬意。

这次咱们展演了这么多新节目，我们每个创作者都本着精益求精的态度在搞艺术，肯定能走向世界。我们有这么高水平的艺术院团，是不是可以考虑做一个世界精品，我们可不可以跨界，可不可以混搭，可不可以强强联合形成合力，做出一个中华民族的、顶级的艺术作品来？我们就是要拓宽路子，真正把一个最好的作品推向世界。我想这个应该能真正体现我们中华民族的文化软实力。我期待着这一天，我也愿意为这一切作出自己的贡献。

中央民族乐团有开拓精神

◎刘文金（中国歌剧舞剧院艺术指导，中国音协艺术委员会副主任）

我首先谈中国歌剧舞剧院是有原因的，因为在那儿任过职，看他们团的演出也稍微多一点。我建议院长在全面抓歌剧舞剧院的时候，不要太把精力放在歌舞上。因为我听说歌剧舞剧院去年和今年创收非常可观，基本上是靠歌舞晚会创收的。搞歌剧舞剧创作只有投入，不舍得投入根本就干不成歌剧舞剧。一方面靠文化部投入，一方面咱们自己也要想办法投入歌剧和舞剧，就是别太偏向歌舞了。

中央民族乐团的展演我连续看了 3 台节目。我觉得你们真是有想法，很了不起，非常注意国家艺术院团的导向性、代表性和示范性的“三性”职责，推出了一系列富有思想性、艺术性、时代性的作品，非常有开拓精神。尤其《泱泱国风》是很了不起的作品，《牛郎织女》也具有开拓精神。我建议席强团长真应该表彰奖励。比方说像《泱泱国风》的指挥何建国，非常不容易的，指挥五花八门，各种风格的都有。还有在声乐与乐队小合唱中担任领唱的裴长佳，这个孩子是咱们合唱队的，也参加独唱，她的唱法既有传统的，也有民族的，还有美声的东西，是几者结合起来的，所以路子比较宽。另外在琵琶与乐队中的赵聪，在很多音乐会上都担任相当重要的角色，表现得淋漓尽致，我觉得应该特别表彰。

在歌声里体现出中国的文化

◎姜嘉锵（中央民族乐团国家一级演员）

这次展演的节目我觉得都从不同角度有进步。我向中央民族乐团的《泱泱国风》表示祝贺！我非常喜欢。中国的文化讲究空灵，讲究写意，那台节目中恰恰表现出写意和空灵，尤其“空山望月”太好了！什么叫继承？什么叫创新？什么叫时尚？时尚不是敲敲架子鼓就叫时尚。

我从事歌唱艺术50多年，总想在歌声里体现出中国的文化。恕我直言，自从李叔同把欧洲的文化介绍到中国后，话剧、音乐、美术等，只有音乐一直比较滞后。自从油画被介绍到中国来，画家们已用油画的技法反映中国的文化、中国的历史。以北京人艺为代表的话剧作品，都有民族特色。但在音乐方面还是“欧洲中心论”，是以欧洲的视角、欧洲的审美标准来判断、来审视中国的东西，我期待在不久的将来会出现新的面貌。艺术上就得有自己的东西，不能跟着外国人跑。我觉得中央歌剧院的《图兰朵》很好。欧洲的声乐是讲多音节和重音，它讲究穿透力和震撼力。中国的汉字是单音节，讲究声调，讲究韵味。如果我们的民族歌剧在作曲家的努力下能创作出这样的作品，我们将来能征服世界。中国的歌剧演员不但声音好，而且我们的语音也好，后鼻音、前鼻音都唱得很漂亮，很有穿透力。我想，我们能让中国歌剧真正走向世界，不是因为《图兰朵》得奖，而是唱中国的歌剧得奖。所以我希望作曲家、作词家们多动动脑筋。

我们也应该学习欧洲的唱法，用这种发声来弥补、充实、丰富我们的声音表现力。我希望我们各个团体包括院校加强这方面的培养。我们有那么好的条件，语言把握能力也强，特别敏锐，这些都要很好地传承。像我们搞声乐的，要学习民歌，学习戏曲，学习曲艺，学习民间艺术家在他的艺术生涯过程中对音乐、对曲种的文化体现，学他的语言造型能力。中国的语言多丰富啊！所以我还是建议部里开一个声乐研讨会，不客气地说，中国的声乐艺术还是停留在技术阶段，没有到文化的阶段，我们要把它升华到文化表现层面，达到余音绕梁、回味无穷的境界。

国家舞台艺术精品工程

【国家舞台艺术精品工程授牌仪式】

2012年1月6日，国家舞台艺术精品工程授牌仪式在北京举行。文化部党组书记、部长蔡武，党组副书记、副部长赵少华，党组成员、副部长励小捷，党组成员、中纪委驻文化部纪检组组长李洪峰，党组成员、副部长王文章，党组成员、部长助理兼人事司司长高树勋出席仪式，并为2009—2010年度国家舞台艺术精品工程重点资助剧目及2010—2011年度国家舞台艺术精品工程资助剧目授牌。

王文章在主持仪式时指出，由文化部、财政部共同实施的国家舞台艺术精品工程自2002年启动至今，推出了一大批优秀剧目，培养了一大批优秀艺术人才，对于繁荣艺术创作、丰富广大人民群众的精神文化生活发挥了积极作用。举行国家舞台艺术精品工程授牌仪式，是为了表彰艺术院团和文艺工作者取得的优异成绩，鼓励他们再接再厉，精益求精，把更加优秀的精神食粮贡献给广大人民群众，并为当代艺术创作的文化积累作出贡献。他希望国家舞台艺术精品工程推出更多深受人民喜爱，思想性、艺术性、观赏性有机统一的精品力作，不断满足人民群众的精神文化需求，为社会主义文化大发展大繁荣作出新的更大的贡献。

豫剧《常香玉》、滑稽戏《顾家姆妈》、壮剧《天上恋曲》等15部作品被评为2009—2010年度国家舞台艺术精品工程重点资助剧目。昆曲《红楼梦》、京剧《香莲案》、魔幻舞台剧《黄粱梦》等38部作品入选2010—2011年度资助剧目，舞剧《花儿》等4部作品滚动入选2010—2011年度资助剧目。

国家舞台艺术精品工程自启动以来推出了85台精品剧目，100多台优秀剧目得到资助。文化部艺术司负责人表示，评奖不是目的，演出才是关键。各地文化主管部门和艺术院团应本着精益求精的精神，切实提高艺术质量，在修改过程中处理好继承和创新的关系、形式与内容的关系、社会效益与经济效益的关系，同时，积极开拓演出市场，不断提高精品剧目的影响力。

【2009—2010年度国家舞台艺术精品工程重点资助剧目名单】

河南省豫剧一团　**豫剧《常香玉》**
苏州市滑稽戏剧团　**现代滑稽戏《顾家姆妈》**
广西壮族自治区壮剧团　**壮剧《天上恋曲》**
总政话剧团　**话剧《生命档案》**
总政歌舞团　**舞剧《铁道游击队》**
湖南省湘剧院　**湘剧《李贞回乡》**
吉林省京剧院　**京剧《牛子厚》**
福建京剧院　**京剧《北风紧》**
河北省京剧院　**京剧《响九霄》**
辽宁人民艺术剧院　**话剧《黑石岭的日子》**
青海省戏剧艺术剧院、浙江京剧团　**儿童京剧《藏羚羊》**
甘肃省陇剧院　**陇剧《苦乐村官》**

国家话剧院　话剧《这是最后的斗争》
山西戏剧职业学院　说唱剧《解放》

【2010—2011 年度国家舞台艺术精品工程资助剧目名单】

北方昆曲剧院　昆曲《红楼梦》（上下本）
天津京剧院　京剧《香莲案》
邯郸市平调落子剧团　魔幻舞台剧《黄粱梦》
山西梅花文化传播有限公司　晋剧《大红灯笼》
呼伦贝尔民族歌舞剧院话剧团　话剧《拓跋鲜卑》
辽宁人民艺术剧院　话剧《郭明义》
黑龙江省评剧院　评剧《半江清澈半江红》
上海昆剧团　昆曲《邯郸梦》
江苏省苏州昆剧院　昆曲《牡丹亭》（青春版）
浙江话剧团有限公司　话剧《谁主沉浮》
安徽省歌舞剧院有限责任公司　舞剧《徽班》
福建省实验闽剧院　闽剧《王莲莲拜香》
江西省赣南采茶歌舞剧院　采茶歌舞剧《八子参军》
山东省聊城市豫剧院　豫剧《大明贤后》
河南省越调剧团　越调《老子》
湖北省京剧院　京剧《建安轶事》
长沙市湘剧院　湘剧《古画雄魂》
佛山粤剧传习所（佛山粤剧院）　粤剧《小凤仙》
三亚太阳鸟文化产业有限公司　音乐剧《火凤凰》
广西壮族自治区桂剧团　桂剧《七步吟》
重庆杂技艺术团　杂技剧《花木兰》
四川歌舞演艺有限责任公司　舞剧《红军花》
贵州省话剧团　话剧《天地文通》
云南省话剧院　话剧《搬家》
西藏自治区话剧团　话剧《解放，解放！》
陕西省戏曲研究院　秦腔现代戏《西京故事》
甘肃省定西市秦剧团　现代秦剧《百合花开》
青海省藏剧团、黄南州民族歌舞剧团　歌舞《热贡神韵》
宁夏演艺集团秦腔剧院　秦腔《庄妃与多尔衮》
新疆艺术剧院话剧团　话剧《大巴扎》
新疆生产建设兵团歌舞剧团　歌舞剧《可爱的一朵玫瑰花》
国家话剧院、北京儿童艺术剧院股份有限公司　话剧《四世同堂》
中国歌剧舞剧院　歌剧《红河谷》
中央芭蕾舞团　芭蕾舞剧《牡丹亭》
总政话剧团　话剧《毛泽东在西柏坡的畅想》
广州军区政治部战士文工团　舞剧《三家巷》
北京刘秀荣评剧团　评剧《宋庆龄与新中国》

宁夏回族自治区歌舞团　**舞剧《花儿》**
重庆三峡歌舞剧团　**方言话剧《三峡人家》**
湖北艺术职业学院　**舞蹈诗《家住长江边》**
西安秦腔剧院有限责任公司易俗社演出分公司　**秦腔《柳河湾的新娘》**

第二届优秀保留剧目大奖

【文化部第二届优秀保留剧目大奖获奖作品表彰会】

2012年11月20日，文化部第二届优秀保留剧目大奖获奖作品表彰会在北京召开，京剧《杨门女将》、昆曲《十五贯》、黄梅戏《天仙配》等20部深受观众喜爱、久演不衰的作品荣获大奖并受到文化部表彰。文化部党组书记、部长蔡武为获奖单位颁奖并发表重要讲话。文化部党组成员、副部长董伟主持表彰会。

蔡武代表文化部向获奖的艺术院团表示热烈祝贺，向参与获奖作品创作演出的艺术家表示崇高的敬意。国家京剧院院长宋官林、著名剧作家阎肃等代表获奖单位和主创人员发言。出席会议的还有各省区市文化厅（局）、新疆生产建设兵团文化广播电视局分管艺术工作的负责人，以及获奖作品院团代表、中直院团代表、演出院线代表和文化部艺术司有关同志。

当天下午，文化部召开第二届优秀保留剧目大奖获奖作品全国巡演工作会议，就获奖剧目全国巡演进行了安排部署。

【第二届优秀保留剧目大奖名单】

京剧《杨门女将》　国家京剧院
京剧《华子良》　天津京剧院
京剧《徐九经升官记》　湖北省京剧院
昆曲《十五贯》　浙江昆剧团
黄梅戏《天仙配》安徽省黄梅戏剧院有限责任公司
吕剧《姊妹易嫁》　山东省吕剧院
豫剧《朝阳沟》　河南省豫剧三团
豫剧《铡刀下的红梅》　河南小皇后豫剧团
越剧《红楼梦》　上海越剧院
越剧《柳毅传书》　南京市越剧团
河北梆子《宝莲灯》　河北省河北梆子剧院
梨园戏《董生与李氏》　福建省梨园戏实验剧团
吉剧《桃李梅》　吉林省吉剧院
彩调剧《刘三姐》　广西壮族自治区彩调剧团
蒲剧《山村母亲》　运城市蒲剧青年实验演出团
儿童剧《青春跑道》　苏州市滑稽剧团
儿童剧《宝贝儿》　济南市儿童艺术剧院
芭蕾舞剧《红色娘子军》　中央芭蕾舞团
歌剧《洪湖赤卫队》　湖北省歌舞剧院
歌剧《江姐》　空政文工团

【文化部党组书记、部长蔡武《优秀作品奉献人民 保留剧目铸就丰碑——在第二届优秀保留剧目大奖获奖作品表彰会上的讲话》】

同志们：

中国共产党第十八次全国代表大会刚刚胜利闭幕，胡锦涛同志代表第十七届中央委员会作了题为《坚定不移沿着中国特色社会主义道路前进，为全面建成小康社会而奋斗》的报告，通篇贯穿马克思主义立场、观点、方法，是新的历史条件下夺取中国特色社会主义新胜利的政治纲领，是全面建成小康社会的行动指南。报告从经济、政治、文化、社会和生态文明建设“五位一体”的战略布局出发，强调要扎实推进社会主义文化强国建设，走中国特色社会主义文化发展道路，坚持“二为”方向、“双百”方针和“三贴近”原则，增强全民族文化创造活力。今天，我们召开第二届优秀保留剧目大奖获奖作品表彰会，就是要认真学习贯彻党的十八大精神，推动社会主义精神文明和物质文明全面发展，建设面向现代化、面向世界、面向未来的，民族的、科学的、大众的社会主义文化。按照十八大提出的新要求，在艺术创作上，要加强社会主义核心价值体系建设，坚持以人民为中心的创作导向，提高文化产品质量，为人民提供更好更多精神食粮。

评选优秀保留剧目，是在文化体制改革中，既遵循社会主义精神文明和艺术发展的客观规律，又努力适应社会主义市场经济规律的要求，繁荣和发展舞台艺术的重要创新举措。继2009年举办首届优秀保留剧目大奖评选之后，今年我们又举办第二届评选。经过评委会认真评选，又一批经受过观众、时间和市场检验的优秀作品脱颖而出获此殊荣。在此，我代表部党组向获得第二届优秀保留剧目大奖的艺术院团表示热烈的祝贺！向参与获奖作品创作演出的艺术家表示诚挚的敬意！刚才几位同志的发言，从不同角度畅谈了对优秀保留剧目大奖的目的、意义和影响的深刻认识和体会，听了很受启发。下面，我讲几点意见，供同志们参考。

一、坚持以人民为中心的创作导向，努力打造久演不衰的优秀保留剧目

正确创作方向是艺术创作生产的根本问题，一切进步的艺术创作生产都源于人民、为了人民、属于人民。源于人民的伟大劳动与创造，源于人民为争取和建设美好生活的伟大革命、建设与改革的实践。党的十六大特别是十七大以来，我们始终坚持为人民服务、为社会主义服务的“二为”方向，百花齐放、百家争鸣的“双百”方针，坚持贴近实际、贴近生活、贴近群众的“三贴近”原则，坚持以人民为中心的创作导向，艺术创作生产取得了显著的成绩。做到以人民为中心的创作导向，具体来讲，我们坚持树立了五个导向：坚持树立建设社会主义核心价值体系的导向；坚持树立继承弘扬优秀文化传统，勇于改革创新的导向；坚持树立深入生活、反映现实，表现民族精神和时代精神的导向；坚持树立面向群众、面向基层的导向；坚持树立国际视野、学习借鉴的导向。这些导向建立在我们对中国特色社会主义文化发展道路的高度的文化自觉，对中华优秀文化的强烈自信和建设社会主义文化强国的坚定的文化自强信念之上。

为了切实加强对艺术创作生产的引导，体现上述几个导向，发挥优秀艺术作品的导向作用，增加我们这个时代的文化积累，满足广大人民群众日益增长的精神文化需求，文化部于2009年举行了首届优秀保留剧目大奖评选，2010年组织了入选优秀保留剧目的全国巡演活动，在全国引起了强烈反响，受到社会各界的好评。

优秀保留剧目大奖评奖及巡演活动，是文艺评价机制的一次重大改进，也是促进我国舞台艺术繁荣发展的重要举措。这一评奖着眼于繁荣舞台演出，着眼于优秀剧目的传承和继承，着眼于在演出实践中接受时间和观众的检验，使我们的舞台艺术发展更加符合艺术自身的规律，有利于艺术事业在当今时代的繁荣与发展。

一是有利于树立正确的文艺创作导向，发挥文艺作品引领风尚、教育人民、服务社会、推动发展的作用。当今时代是一个文化思潮多元、多样、多变的时代。在这样一个新的时代背景和环境中，要在包

容多样中确立主导，在尊重差异中加以整合，确立社会主义先进文化的主导地位和发展方向，是我们面临的重大课题。而引导的主体就是我们的优秀作品，就是那些经受过历史和观众检验的，思想性、艺术性、观赏性相统一，人民群众喜闻乐见的精品力作，以及坚持面向观众、面向市场、面向基层、不断演出的艺术院团。我们的优秀保留剧目以及创作演出这些剧目的院团就具备上述的条件，应该承担起引导的重任和义务。二是有利于鼓励艺术院团面向基层、面向观众、面向市场。人民是艺术的主人，人民群众的生活实践是我们创作的源泉，人民群众是艺术欣赏的主体。十七届六中全会通过的《决定》指出，要以满足人民精神文化需求为出发点和落脚点，艺术创作一方面要满足人民群众日益增长的、多样化的精神文化需求，另一方面要引导和教育人民群众，提高全民族的综合素质和审美水平。我们评选优秀保留剧目大奖并举办巡演活动，就是要鼓励艺术院团真正沉下去，贴近实际、贴近生活、贴近群众，让广大人民群众欣赏到艺术精品，艺术工作者自己也从现实生活和改革发展的实践中吸收丰富的养料和创新发展的动力。三是有利于促进舞台艺术的传承与发展。艺术不能是无源之水、无本之木，只有继承优秀传统文化，艺术才能获得不尽的生命源泉。另一方面，艺术的生命力在于创新。只有在继承的基础上创新，舞台艺术才能真正得到发展。优秀保留剧目不仅有利于剧种的传承，而且有利于艺术人才的培养。四是有利于增加中华民族当代文化积累。每个辉煌的时代都会留下灿烂的文化遗产，世代延绵，就构成了一个民族生生不息的灵魂和共有精神家园。我们处在一个伟大的时代、一个奋发有为的时代，一个前所未有的大变革时代、一个能创造辉煌的时代。生于斯、长于斯的文艺工作者要有历史责任感和使命感，讴歌这个伟大的时代，创作生产更多无愧于历史、无愧于时代、无愧于人民的优秀作品，传之后世，在中华民族文化积累中留下我们这个时代的印记。

二、认真组织评选和巡演，优秀保留剧目大奖产生积极影响

为了搞好评选工作，我们认真遴选各领域的专家，包括评论、编剧、导演、表演、舞美等方面的专家，组建一个高水平、有权威的评委会；制定了严格科学的评选程序，实行严格的回避制度，并请纪检监察部门全程监督，评选完成后，在《中国文化报》上进行了公示。程序严密，力求做到公平、公开、公正。

首届评奖后，中央领导给予了高度肯定。经过研究，我们决定继续搞第二届，并把这项工作常态化。在第二届评选中，修订和完善了评选办法。一是扩大了参评作品范围，把参评剧目创作时间由改革开放以来前推至新中国成立以来。二是对演出场次提出了更高的要求，规定 1949 年以后首演的剧目应达到 1000 场以上。所有剧目在改革开放以后的演出场次应达到 400 场以上，近 3 年的演出场次必须达到 60 场以上。有些方面也反映，对未达标的个别优秀作品，能不能降低点要求，允许其破格参评？为了维护评审的严肃性，我们决定维持原有标准。没有参评优秀保留剧目大奖不表示它不是好作品。优秀保留剧目大奖是个常规奖项，以后还要评，可以继续努力。我在这里提个要求，今年没有参加评选的作品，如果场次不够，就要多演出、常演出，符合标准，就可以参加评选；如果作品艺术质量有所欠缺，要请专家指导，继续打磨提高，并保持演出，接受观众检验，参加下次评选。

本届评选，共评出优秀保留剧目 20 部。其中戏曲 15 部、儿童剧 2 部、歌剧 2 部、舞剧 1 部。获奖作品题材广泛、艺术品种多样，既有 20 世纪五六十年代创作演出的作品，也有改革开放以来新创作的优秀作品，体现了艺术创作的良好发展势头。入选作品既有国有院团的，也有民营院团的；既有保留事业体制国有院团的，也有转企改制院团的；既有中直院团的，也有省市级院团的，还包括军队院团的，充分体现出我们对各种体制院团一视同仁，评奖的公平和公正。获奖作品既包括传统戏、新编历史剧，又包括现代戏，充分体现了“双百”方针和“三并举”的要求。相当一部分作品在剧种建设史上具有里程碑意义，被拍成电影并被其他艺术品种、艺术院团移植排演，具有广泛的社会影响。这些作品艺术内涵深刻，剧目与院团、剧目与人才相互促进，久演不衰，不但满足了人民群众日益增长的审美需求，而且生动地诠释了在社会主义市场经济条件下，优秀剧目既能产生社会效益，也能产生经济效益，实现了社会效益和经济效益的统一。通过评选优秀保留剧目大奖，推动了各地的艺术创作和演出，比如浙江

省开展了本省的优秀保留剧目评选，河南、内蒙古等省区积极组织当地优秀剧目进行全省区巡演。还有一些省区市积极推动剧场院线巡演。经过我们多年的努力，逐步完善了评奖机制，发挥了评奖的导向作用。创作不仅仅是为了获奖，而是为了创作精品，打磨成优秀保留剧目，更好地服务观众。经过实践检验，我想我们实现了设立优秀保留剧目大奖的初衷！

首届评选之后，我们组织了全国巡演活动。2010 年，18 部获奖作品在全国 31 个省区市和港澳台地区的 100 多个城市开展巡演，演出总场次 419 场，演出收入 1300 多万元，观众 40 多万人次，所到之处，经常是一票难求、座无虚席甚至爆满，其规模之大、范围之广是自新中国成立以来前所未有的。新闻媒体持续、高频度报道巡演活动，社会反响强烈。据统计，各类媒体共发稿 262 篇，《人民日报》、新华社、《光明日报》、中央电视台、《中国文化报》、《中国艺术报》等国内主流媒体，北京、上海等地方主流媒体，人民网、新华网、新浪网等主流门户网站都对巡演进行了报道。

明年上半年，我们还将举办第二届优秀保留剧目大奖获奖作品全国巡演活动。这次巡演仍以政府搭台、市场运作、让人民共享艺术发展的优秀成果为宗旨，计划用 3 个月左右的时间，在全国开展巡演，对完成一定的剧场演出场次和下基层演出的院团，文化部予以奖励。要积极调动艺术院团、演出公司、剧场、院线以及地方政府等多方面的积极性。刚才，河南省、深圳市的同志都谈了以往承接优秀剧目展演的体会，明年我们将在全国各地开展巡演和集中展演。尤其需要指出的是，各院团要加强走市场的能力。目前，全国承担改革任务的 2103 家国有文艺院团，已经按照“五个一批”的改革路径，完成既定改革任务，其中，转企改制院团占已完成改革任务院团总量的 61%，占国有院团总数的 87%，杂技、话剧、歌舞类院团基本实现全行业转企改制。在市场经济条件下，政府配置资源的能力是有限的，市场配置资源的能力非常大。各级政府对转制院团的支持不变，但作为市场主体不能依赖政府，要继续在市场中拼搏，通过巡演，进一步扩大优秀保留剧目的影响，实现社会效益和经济效益双丰收。

三、充分发挥优秀保留剧目的示范作用，推动艺术创作持续繁荣发展

优秀保留剧目是新中国成立以来舞台艺术的珍贵财富，经受住了时间、观众和市场的检验，在新中国舞台艺术史上留下了色彩斑斓的一页，是文艺工作者同心同德、锐意进取、努力拼搏的心血结晶。一部又一部保留剧目是文艺工作者用汗水铸就的丰碑，是一面面旗帜，是一个个标杆。有没有保留剧目、有多少保留剧目是衡量一个院团实力和水准的重要指标。我们要充分发挥优秀保留剧目的示范作用，大家要向获奖剧目和院团学习，共同打造更多的优秀保留剧目。

我们要学习优秀保留剧目的创作经验。首先，从艺术决策机制上看，要进行科学的市场论证，要把能不能“立得住、传得开、留得下”当作一项重要指标。此次获奖的很多作品演出高达数千场，显示出旺盛的生命力。今年在国家舞台艺术精品工程的申报中，我们提出了“申报作品要具有长期演出能力”，就是想进一步避免急功近利心态和短视行为，引导艺术创作健康发展。我们知道，内容决定形式，形式要与内容相统一，在市场经济条件下，在作品创作之初就要面向市场，精打细算，搞好成本核算，比如要注意舞美道具过多带来的演出成本高等问题。其次，要把继承与创新结合起来。“不善于继承，没有创新的基础，不善于创新，缺乏继承的活力”。获奖的优秀保留剧目中，“一出戏救活一个剧种”的昆曲《十五贯》给我们带来了很多有益的启示。我们很多艺术门类都有很好的传统，包括艺术本体上的，也包括艺术创作上，做不好继承就做不好创新，大家要把这个理念贯彻到实际工作中去。

我们要学习优秀保留剧目的演出机制。创作与演出是艺术工作的两个方面，优秀作品是艺术服务人民的基础，演出是艺术作品价值的体现，是艺术院团的生命力所在。从另一个角度来看，也可以说演员是观众培养出来的。这次获奖的很多剧目可谓是家喻户晓、脍炙人口，影响了几代人。全国各艺术院团要向优秀保留剧目大奖获奖院团学习，建立保留剧目轮换上演制度，最大程度地发挥优秀作品的品牌效应，有效利用艺术人才、剧场等资源优势，取得最大的社会效益和经济效益。

我们要学习优秀保留剧目的人才培养经验。人才是创作、演出、管理的第一资源。我们看到一些优秀保留剧目从 20 世纪 50 年代就开始演出，比如歌剧《江姐》至今已培养出了第五代“江姐”。另外，

编剧、导演、音乐、舞美等各方面的人才，都是舞台艺术发展不可或缺的力量。近年来，在党和政府的重视下，涌现出很多优秀的艺术人才。但是应该看到，与艺术事业发展的需要相比，还需要下更大的力气，培养和造就更多的领军人物。我们要努力营造有利于人才脱颖而出的环境和机制，要尊重劳动、尊重知识、尊重人才、尊重创造；要具有海纳百川的胸襟和伯乐相马的眼力，善于发现人才，大胆使用人才。在使用中培养和锻炼人才；要建立人才激励机制，用良好的环境吸引人才，用艺术事业留住人才，用真挚的感情团结人才，用科学制度和健全的法规管理人才，逐步形成各艺术门类艺术人才结构合理、人才辈出、青年人才茁壮成长的良好局面。

目前，我国国有院团有2000余家，民营院团已超过1万家。每年新创剧目数以千计，能够成为院团保留剧目并经常演出的不在少数，但距离优秀保留剧目还存在或多或少的差距。各院团要重新审视和挖掘自身潜力，多听取观众和专家的意见，加工、修改现有保留剧目，并在经常性的演出中提升艺术质量，把普通的一般性的保留剧目提高转化为优秀保留剧目。已获得优秀保留剧目大奖的院团要再接再厉，再创佳绩。

同志们，我们要认真学习贯彻党的十八大精神，紧密团结在以习近平同志为总书记的党中央周围，牢记文艺工作者的宗旨和使命，努力创作更好更多的优秀保留剧目，为满足广大人民群众的精神文化需求，建设社会主义文化强国做出应有的贡献。

【观点】传承传统、创造艺术的正能量——有感于第二届全国优秀保留剧目大奖评选

◎吴新斌

文化部继2009年首次开展了全国优秀保留剧目大奖的评选、巡演工作之后，又于2012年9月开展了第二届全国优秀保留剧目大奖的评选。

此次优秀保留剧目大奖的评选，全国申报参评剧目中，最终共有114部作品进入终评。涵盖戏曲、话剧、歌剧、舞剧、儿童剧、舞剧、歌舞剧、音乐剧、舞蹈诗、歌舞晚会、乐舞、音乐会、民族歌会、山水实景剧、杂技剧、木偶戏、评弹等艺术形式和种类。其中戏曲居多，有75部，大致有整理改编传统剧目、新编古代戏和现代戏三种类型。参评剧目必须符合以下条件之一：新中国成立以后首演且演出场次超过1000场；1978年12月31日以后首演且演出场次超过400场；新中国成立以后首演，演出场次不足超过1000场、但自1978年以来演出达到400场以上，并且从2008年到2011年5月演出场次必须达到60场以上。

日前，文化部对第二届全国优秀保留剧目大奖的评选结果进行公示。入选的20台剧目中，戏曲占了15部，儿童剧2部，歌剧2部，舞剧1部。这些剧目思想内容健康向上，积极反映社会主义核心价值体系，整体上具有独特的艺术表现力、感染力和较强的艺术生命力，为广大观众喜闻乐见，做到思想性、艺术性、观赏性相结合，具有较大的社会影响。有的剧目具浓郁的地域特色和鲜明的剧种特点，对于本剧种、本地区发展具有较大的促进作用。

启示一：全国优秀保留剧目大奖的评选、巡演给剧目创作以导向作用，其功效和收获是多方面的，其中最重要的是观念的收获。

文化部开展的全国优秀保留剧目大奖评选和巡演活动，对于表彰和奖励一批经受历史和人民群众检验的优秀作品，鼓励全国艺术院团建立科学的艺术生产机制，促进舞台艺术繁荣发展发挥了积极作用，受到社会各界的广泛好评。不少专家学者认为，在新的艺术语境之中，此举对我国舞台艺术引向更加科学的层面正当其时。

戏剧是一门特别需要长期积累、积淀的艺术，它往往在积累中渐进，传承中开新致。一个剧目的成

熟、成功不可能一蹴而就，从孕育、诞生、成品到精品，是一个艰难的、漫长的打磨过程。有些戏诞生之初光鲜耀人，但经过一段时间，即被淡忘。相反，有的戏却长久地被记忆，被不断搬演，被不断加工、改编、翻新，焕发出经典的特有光彩。

诚如文化部部长蔡武所说："优秀保留剧目的久演不衰充分证明了艺术决策的必要性和重要性；"、"艺术事业不是一蹴而就的，而是需要长期、艰苦的努力和积累。"文化部设置"优秀保留剧目奖"，是文化部对评奖制度的一种改革，是对戏剧艺术规律的再认识，具有正确的导向、引领作用。

对此，有不少专家纷纷撰文呼应，表达类似看法：专家、观众一时叫好未必是真的好，经得起时间检验的才是真的精品艺术。能"立得住，传得开，留得住"的保留剧目、经典戏剧一定是经过历史、时间、观众考验的，归根到底，它是一种艺术上、文化上的积累。

接连两届的评选，全国绝大多数剧团在观念上有了极大的转变，许多剧团把能否保留作为选择剧目的重要标准。此举也刺激了剧团进一步重视对传统剧目的挖掘、整理、抢救、保护，尽量避免传统剧目失传。

启示二：入选的剧目，既有老祖宗的经典，也有近年来的精品。体现了重视历史、文化的积累，又重视当代创造的原则。

总体上这里面的剧目有两种情况：

一是创作演出于20世纪五六十年代至今仍然常演不衰的剧目，像京剧《杨门女将》、昆曲《十五贯》、黄梅戏《天仙配》、豫剧《朝阳沟》、吕剧《姊妹易嫁》、越剧《红楼梦》、《柳毅传书》、河北梆子《宝莲灯》、吉剧《桃李梅》、彩调剧《刘三姐》、歌剧《江姐》、芭蕾舞剧《红色娘子军》等。

二是改革开放以直至近些年涌现的优秀剧目乃至精品意义上的剧目，像京剧《华子良》、《徐九经升官记》，歌剧《洪湖赤卫队》，梨园戏《董生与李氏》，豫剧《铡刀下的红梅》，蒲剧《山村母亲》，儿童剧《青春跑道》、《宝贝儿》。虽然有的还是近年来新创作的剧目，但它们之所以成为一时之选，在于作品本身的品质之佳以及所产生的社会影响之大，尤其能相对"立得住、传得开、留得下"。

许多优秀保留剧目被各省市、各院团移植已是不争的事实。有不少戏已成为经典的代名词。比如《十五贯》、《杨门女将》、《红楼梦》，等等。这些剧目艺术上近乎完美，从文本到舞台呈现几乎无可挑剔，戏中不少精彩的部分已成为经典的折子，成为规范而又鲜活生动的教材，如《十五贯》"访鼠"、《红楼梦》"黛玉哭灵"、《杨门女将》"探谷"，等等。它们凝聚着一代代表演艺术家的心血和创造，是历代表演艺术家高浓度智慧的结晶，俨然像书法中"名帖"一样可供后人临摹学习、借鉴。

有的戏，如《姊妹易嫁》，其情节并不复杂，戏做得却极不简单，表演精致化、细致化，节奏、浓淡、冷热对比十分考究，"一人一事"，"一线到底"，起承转合，疏放有致，与表演艺术结合在一起，不仅为表演留足空间，而且戏曲的"活儿"大部分依靠演员表演来完成，颇具戏曲美学意义上的单纯简约之美而又不乏博大深沉之内蕴。这类优秀保留剧目对当下戏曲具有十分重要的参考价值。

《董生与李氏》、《华子良》、《铡刀下的红梅》、《徐九经升官记》、《洪湖赤卫队》、《山村母亲》、《青春跑道》、《宝贝儿》等剧目，是新时期以来、甚至前些年才涌现出的，这些好戏大多已是精品工程剧目，艺术性、思想性、观赏性俱佳，又能不断演出，流传甚广，属于已产生影响且能不断产生影响的精品剧目。像《华子良》勇于从传统中化出、创造新程式；《董生与李氏》返本开新，追求戏曲文学与戏曲表演的"双美"境界；《徐九经升官记》在戏剧性强的演出中实现对传统的创造性发展，因戏诞生推出了一个新的美学形态的"丑"，等等，这无疑也是对新时期舞台艺术的积极贡献和有效积累，同样具有保留的价值，也已经成为新的、盛演不衰的保留剧目。新时期涌现的保留剧目，折射出艺术家们无愧于时代的卓越艺术创造精神。

启示三：保留剧目又是一个发展的概念，积累往往跟妥善传承与适当再创造连在一起。

此次保留剧目评选结果表明着另一意义，保留剧目是一个发展的概念，它的产生流传有严格苛刻的要求——对于当下的剧目创作而言，多少需要考虑能否被传承、被留得下；而对于历史上留下的剧目，要考虑和正视现在的传承状况。

戏剧等舞台艺术，必须通过舞台实践才能得到不断提高和发展。保留剧目这一概念，本身是一个严肃的命题。它要经过时间的筛选和观众的考验，所以必然带有历史的公认性。同时，保留剧目作为一个发展的概念，在历史发展的时空中，其舞台艺术形象经过反复的演出锤炼，最终凭借其艺术的成熟性和历史时段的标志性，成为经典之作，成为保留剧目，成为具有引领性质的艺术标杆，成为社会共同的精神财富。

像京剧《杨门女将》、昆曲《十五贯》、吕剧《姊妹易嫁》、越剧《红楼梦》、黄梅戏《天仙配》、彩调剧《刘三姐》等保留剧目，演出经过一代一代演员的不间断传承、积累和一流的艺术创造，已经成为享誉全国乃至世界的瑰宝。

其一流的艺术水平不仅在于无可挑剔的技艺，无比考究的唱腔，细腻、精致的做工表演，更在于剧目思想意蕴之精深丰富。

有的戏，过去有影响，到现在也有影响，但由于剧团没有很好地对之进行妥善传承，其表演技艺和舞台风貌每况愈下、今非昔比。这里面原因是多方面的，其中也有观念问题，也有现实困境，比如，某些剧团行当萎缩，人才流失，比如演员表演技艺在退化（传统戏曲往往通过技艺表现人物，而不是为人物而人物。）所以，传承事业难以为继，保留剧目自然风光不再。

保留剧目是历史的或某个时期、阶段或时段的积淀，它是生气勃勃的，充满生命力的。它在舞台上闪亮，在舞台上长远地存活，在舞台上随时光流传。其精湛、精彩绝伦的演绎，能一次次重现经典的光辉，让人重温美好而难忘的文化和记忆。有的戏，保留传统又具适应当代观众审美的新意创造，赋予契合今人的情感认同和价值判断，常演常新，既大量保留传统的菁华，又有很多创造性的、高难度的表现，动态地绵延了传统、经典和美丽，因此被业界称为“永远的某某某”，成为对保留剧目丰厚积淀的最好注解。

启示四：戏剧艺术属于积累型、渐进型的艺术，保留剧目蕴藏着巨大的艺术魅力，要让新创剧目因“保留”而成为艺术发展的“正能量”。

近年来我国舞台艺术总体走向比较突出的态势之一，创作往整体精良化、精致化和“可保留”倾斜、发展，这是积累意识的觉醒。这样的符合舞台艺术本质规律的经验积累，相信无疑会有助于推动为戏剧的科学发展，可持续发展。

回溯历史和文化的发展历程，中国戏曲在积累、渐进中一路逶迤而来。对待戏曲艺术的传承创新，除了高超的艺术智慧和综合的艺术修养，还要有执着、坚守的文化态度、严肃的文脉传承和与时俱进的文明眼光，还要有一颗对待传统和经典的敬畏之心，以及摒弃急功近利而趋向心平气和的一种感觉，同时还要拥抱生活，拥抱时代，贴近百姓。中国剧协分党组书记、驻会副主席季国平指出：我们的戏剧创作要尊重传统和百姓的审美情趣，千万不要割断传统戏曲的审美追求和普通百姓的审美观，包括传统的价值观和道德观。

提倡重视保留剧目，并非“薄”新创剧目。新时期以来，我们的剧院团和艺术家创作了相当剧目，正是有了一定的数量，才有质量的保证，确实涌现了不少好戏，为戏剧艺术拓展了新路、空间，体现了卓越的艺术创造精神，成为戏剧乃至文化意义上的有效积累。戏剧理论家安葵说得好：“只有不断地创作出新的优秀剧目才可能使保留剧目不断增加。”关键问题就是，我们在选择题材、打造剧目的时候，要多一些能否保留的考虑。

一出戏有时能救活一个剧种或一个剧团，像昆曲《十五贯》已是不争的历史事实。今天的一出可保留的精品、经典好戏，至少可以激活其所在剧团。像《董生与李氏》所在的福建省梨园戏剧团、《徐九经升官记》所在的湖北省京剧院等，它们的成功经验颇有启示：要想生存、发展，如果长期没有自己代表性的、有影响、可保留的新剧目，地位就会动摇。

戏剧精品战略的终极目的，是为了让优秀剧目日后成为剧院的保留剧目，以适应广大观众对于高水平剧目的恒久需求。诚如文化部副部长董伟所言：“其价值的实现，只有在面向广大观众的不断演出中才能体现出自身的艺术价值。”

保留剧目的评选是一种倡导。倡导剧目创作以科学发展眼光作长远的考虑和长期的有效积累，在传承基础上创造、革新、拓展，尊重舞台艺术规律和民族文化个性，弘扬和彰显民族精神，以寻求历时性、恒久性元素的充裕，继而为文化大厦添砖加瓦。保留剧目传承传统，创造当代，沟通未来。

哲人说过：“存在就是合理的。”而“能保留”的存在、“历久的”存在更是合理当中的合理。戏剧一定意义上属于积累型、渐进型的艺术。文化部优秀保留剧目的评比巡演作为颇具远见卓识的一项“文化行动”，具有引导社会、教育人民、推动发展的功效，具有“文化繁荣与文化共享的重大意义”（仲呈祥语）。因为，我们这个时代需要积累中渐进，渐进中积累的艺术精品、经典，这样的作品必将进而为中华民族当代文化、人类文明的厚实积累添砖加瓦。相信“优秀保留剧目大奖”进一步实施，能使这些作品在全国最大限度地发挥文化品牌效应，受到广大观众欢迎，显示出保留剧目所蕴藏的巨大的艺术魅力——这是当代中国乃至全人类舞台艺术、文化发展中可开掘、可创造、可共享的“正能量”所在。

摘自《中国戏剧》2012 年第 12 期

纪事

【2012 年全国宣传部长会议】

2012 年 1 月 4 日，2012 年全国宣传部长会议在北京举行，中共中央政治局常委李长春出席会议并讲话。他强调，宣传思想文化战线要按照高举旗帜、围绕大局、服务人民、改革创新的总要求，坚持中国特色社会主义文化发展道路，坚持贴近实际、贴近生活、贴近群众，紧紧围绕党和国家工作大局，紧紧围绕学习宣传贯彻党的十七届六中全会精神和中央经济工作会议精神，紧紧围绕迎接宣传贯彻党的十八大，着力为稳增长、控物价、调结构、惠民生、抓改革、促和谐，实现稳中求进营造良好的氛围，着力推进社会主义核心价值体系建设，着力巩固壮大积极健康向上的主流思想舆论，着力深入推进文化改革发展，为迎接党的十八大胜利召开，为推动科学发展、促进社会和谐，为夺取全面建设小康社会新胜利、开创中国特色社会主义新局面提供强大思想保证、精神动力、舆论支持和文化条件。

李长春指出，党的十六大以来，宣传思想文化战线全面贯彻党的十六大、十七大精神，全面贯彻中央关于宣传思想文化工作的重大部署，以高度的政治责任感和强烈的进取精神扎实推进各项工作，为党和国家事业作出了重要贡献，实现了宣传思想文化工作的新跨越，走出了一条中国特色社会主义文化发展道路。

李长春指出，当前，国际形势正在发生深刻变化，国内改革发展稳定任务艰巨繁重，宣传思想文化工作既面临严峻挑战，也面临极好机遇。必须进一步增强责任感紧迫感，紧紧抓住和切实用好机遇，全面认识和积极应对挑战，更加扎实有效地推进各项工作。要全面贯彻党的十七大和十七届三中、四中、五中、六中全会精神，以邓小平理论和“三个代表”重要思想为指导，深入贯彻落实科学发展观，奋力开创宣传思想文化工作新局面，为党的十八大胜利召开营造良好氛围。要深入推进理论武装工作，不断巩固马克思主义在意识形态领域的指导地位；全面宣传贯彻落实科学发展这个主题和加快转变经济发展方式这条主线的新举措新进展，为经济社会发展提供强大精神动力和有力舆论支持；以深入开展学雷锋活动为抓手，扎实推进思想道德建设和精神文明创建，不断深化社会主义核心价值体系宣传教育；进一步深化文化体制改革，为推动社会主义文化大发展大繁荣提供强大动力；切实加强互联网的建设、运用和管理，不断发展健康向上的网络文化；努力提升对外宣传和文化交流水平，更好营造于我有利的国际舆论和文化环境；加大各级干部和人才队伍建设力度，为建设社会主义文化强国提供可靠保障。

李长春强调，党的十七届六中全会对加快文化改革发展、建设社会主义文化强国提出了明确要求，各级党委和政府要深入学习贯彻党的十七届六中全会精神，以高度的文化自觉和文化自信，切实负起领导责任和政治责任，不断提高推进宣传思想文化工作的科学化水平，积极推进文化管理体制机制的改进创新，把党的十七届六中全会精神落到实处，推动社会主义文化大发展大繁荣。

中共中央政治局委员、中央书记处书记、中宣部部长刘云山主持会议。中共中央政治局委员、国务委员刘延东，全国政协副主席、中国社会科学院院长陈奎元出席会议。

【2012 年全国文化厅局长会议】

2012 年 1 月 4 日，2012 年全国文化厅局长会议在北京开幕。文化部党组书记、部长蔡武出席会议并讲话。文化部党组副书记、副部长赵少华主持会议。文化部党组成员、副部长励小捷，党组成员、中纪委驻文化部纪检组组长李洪峰，党组成员、副部长杨志今、王文章，党组成员、国家文物局局长单霁翔，党组成员、部长助理兼人事司司长高树勋出席会议。

蔡武说，在全国宣传部长会议上，中共中央政治局常委李长春同志发表了重要讲话，全面系统地总结了党的十六大以来宣传思想文化工作取得的成就和积累的经验，深刻分析了当前我国经济社会和文化发展面临的新形势、新机遇和新挑战，对 2012 年重点工作作出了周密的安排和部署，充分体现了对党的十七届六中全会精神的全面领会与贯彻落实，具有很强的政治性、思想性、指导性和针对性。

蔡武指出，刚刚过去的2011年，是“十二五”时期开局之年，又逢中国共产党成立90周年，特别是党的十七届六中全会专门就文化改革发展作出研究与部署，进一步明确了新的历史时期文化建设走什么样的发展道路和实现什么样的宏伟目标，标志着我国文化建设进入了一个繁荣发展的黄金时期。一年来，面对错综复杂的国际形势和国内改革发展稳定的繁重任务，面对人民群众对文化发展的热切期待，文化系统在党中央国务院的坚强领导下，深入学习贯彻党的十七大、十七届六中全会和胡锦涛总书记“七一”重要讲话精神，认真落实党中央国务院关于文化改革发展的重大部署，坚持围绕大局，服务中心，团结奋进，克难攻坚，精神面貌昂扬向上，开创了文化改革发展的崭新局面。

蔡武说，今天的成绩是长期积累、不断实践的结果。党的十七大以来，文化发展进入了历史上最好的时期。从文化发展的环境来看，各级党委政府对文化建设的重视程度前所未有，全社会的热切关注前所未有，老百姓的热情期盼前所未有。从文化工作本身来看，在科学发展观的指引下，我们形成了新的文化发展理念，初步找到了一条中国特色社会主义文化发展道路，文化发展的方针更加明确、更加宽松，文化体制改革取得了突破性进展，文化投入大幅度增加，文化基础设施建设成果显著，公共文化服务体系网络基本建成，文化产业方兴未艾、逐步成为新的经济增长点，文化市场日益规范、空前繁荣，文艺创作演出百花齐放，基层文化活动红红火火，文物保护不断创新、扎实推进，非物质文化遗产保护体系逐步形成，文化人才队伍精神面貌发生深刻变化，更加团结进取、昂扬向上、奋发有为。十七大以来的工作实践让我们深刻体会到，要做好文化工作，就必须坚持围绕中心、服务大局，坚持深化改革、扩大开放，坚持解放思想、开拓创新，坚持发展第一、繁荣为先，坚持以人为本、执政为民，坚持统筹协调、科学发展，坚持面向基层、重心下移，坚持团结鼓劲、奋发有为。

蔡武指出，十七届六中全会通过的《决定》，鲜明回答了我国文化改革发展走什么路、朝着什么样的目标迈进这个带有方向性、战略性的重大问题，为我们指出了文化建设的奋斗目标，指明了前进的方向，是我们党领导文化建设的经验总结，是新的文化发展理念的集中体现，是当前和今后一个时期指导我国文化改革发展的纲领性文件。

同时，紧密结合文化工作实际，深刻把握《决定》关于“二为”方向和“双百”方针的内涵、公益性文化事业发展的目标任务、优秀传统文化保护的着力点、市场在文化资源配置中的作用、文化交流的“走出去”与“引进来”、文化财政投入政策、党对文化建设的领导等文化改革发展重大问题的创新与阐发。

蔡武强调，2012年是实施“十二五”规划承上启下的重要一年，也是深入贯彻党的十七届六中全会精神、推动文化建设非常重要的一年。做好2012年文化工作，为十八大召开营造良好文化氛围，夯实文化建设基础，具有重大的现实意义。文化系统要全面贯彻党的十七大和十七届六中全会精神，坚持中国特色社会主义文化发展道路，把社会主义核心价值体系建设融入贯穿到文化建设各个方面和全过程中，创作生产更好更多的适应人民需要的文化产品，进一步完善覆盖全社会的公共文化服务体系，提高系统提供公共文化服务的能力和水平，大力推动重点文化产业的振兴，在资源整合、做大做强上下功夫，切实形成充满活力、富有效率的文化管理体制和文化产品生产经营机制，进一步完善以民族文化为主体、吸收外来有益文化、推动中华文化走向世界的文化开放格局，大力加强文化人才建设，努力建设一支高素质文化人才队伍。

蔡武对今年的重点工作进行了部署，强调要着力推动文化艺术创作繁荣发展，着力发展公益性文化事业，着力推动文化产业做大做强，着力促进文化市场繁荣，着力深化文化体制改革，着力加强文物保护和非物质文化遗产保护，着力推动中华文化走向世界，着力壮大文化人才队伍。他要求文化系统坚持先进文化前进方向，把社会主义核心价值体系建设贯穿于文化建设的方方面面，统筹协调、转变职能、转变作风。突出把握好今年工作稳中求进的总基调，充分利用好六中全会这个难得的历史机遇，乘势而上，抓住重点和关键环节，在改革发展上取得新的突破。同时，保持文化各领域发展态势的平稳，平衡好任务与项目的关系，确保工作连续有序，不大起大落，为保持国家和社会的稳定，迎接十八大召开营造良好环境。

其间举行了“春雨工程”——全国文化志愿者边疆行表彰会、全国文化系统国有文艺院团体制改革工作座谈会、国家舞台艺术精品工程授牌仪式等。

【《视听表演北京条约》】

2012年6月26日，《视听表演北京条约》在京缔结。这是新中国成立以来首次以中国城市命名的国际条约，将与《新加坡条约》、“马德里体系”、“伯尔尼联盟”等世界知识产权体系齐名。

《北京条约》是关于表演者权利保护的国际条约，该条约赋予了电影等作品的表演者，依法享有许可或禁止他人使用其在表演作品时的形象、动作、声音等一系列表演活动的权利。该条约填补了视听表演领域在全面版权保护国际条约上的空白，将永远载入世界知识产权史册。

中国新闻出版总署署长、国家版权局局长柳斌杰形象地概括了此次条约的突破：“解决了知识产权中‘看’的问题，并且做出了详细规定。此前有关‘听’的条约已经制定。”这意味着在保护表演者声音表演权利之外，《北京条约》填补了表演者音像表演方面权利保护的空白，让音像表演者获得了知识产权。

【庆祝香港回归祖国十五周年大型文艺晚会】

2012年6月30日，由香港特区政府主办的庆祝香港回归祖国十五周年大型文艺晚会举行。国家主席胡锦涛现场观看晚会。

晚会时长约100分钟，由《传承·中国心》、《跃动·繁华港》、《名扬·全世界》、《融会·创新路》、《共建·好明天》5个单元组成。参演者包括众多来自香港和内地的艺人，以及中国杂技团、香港中乐团等艺术团体。

【第四届全国少数民族文艺会演】

2012年7月6日，历时一个月的第四届全国少数民族文艺会演在北京京西宾馆落幕。中共中央政治局常委、全国政协主席贾庆林出席闭幕式暨颁奖晚会，并为获奖集体和个人代表颁奖。

本届文艺会演评奖结果同时揭晓，《魅力西藏》等21台剧目荣获剧目金奖，《草原记忆》等9台剧目荣获创作金奖，《你好，阿凡提》等11台剧目荣获表演金奖，诺敏等荣获最佳编剧奖，何燕敏等荣获最佳导演奖，权吉浩等荣获最佳音乐奖，刘科栋等荣获最佳舞美奖，《打溜子》等荣获最佳节目奖，艾尔肯·阿不都热依木等荣获最佳演员奖，和金花等荣获最佳新人奖，北京市等36个代表团荣获优秀组织奖，中央民族歌舞团荣获特别贡献奖，北京演艺集团和北京市民族文化文流中心荣获筹办工作突出贡献奖。

全国31个省、自治区、直辖市和新疆生产建设兵团、解放军，以及中国香港、澳门、台湾等36个代表团，56个民族6700余名演职人员参加了本届文艺会演，参演剧目41台，共演出94场，均创历届之最。近12万各界人士到剧场观看了演出，剧场平均上座率达到98%，1亿多电视观众收看了开幕式晚会直播。广大网民还积极参与41台剧目的网上评选活动，投票人次达9400多万。

颁奖仪式结束后，举行了第四届全国少数民族文艺会演闭幕式晚会《我们共同的家》。歌舞《我们是一家》、少数民族经典歌曲联唱、回族花儿《梧桐令》、土家族民间乐器打溜子《雄鸡争艳》、朝鲜族舞蹈《泉》、蒙古族呼麦马头琴独奏《塔温特斯》、黎族舞蹈《织月亮》、柯尔克孜族器乐舞蹈《库姆孜》、藏族男声组唱《康定情歌》、壮族舞蹈《歌飘山水间》等节目参演。

回良玉、刘云山、刘延东、路甬祥、司马义·铁力瓦尔地、杜青林、孙家正一同出席闭幕式暨颁奖晚会，为获奖集体和个人代表颁奖，并观看了演出。

[第四届全国少数民族文艺会演获奖名单（部分）]

一、剧目金奖

（一）音舞类剧目

1. 西藏自治区代表团　歌舞诗《魅力西藏》
2. 内蒙古自治区代表团　歌舞诗剧《呼伦贝尔大雪原》
3. 上海市代表团　民族管弦音乐会《锦绣中华》
4. 吉林省代表团　歌舞《放歌长白山》
5. 解放军代表团　综艺晚会《情暖边关》
6. 云南省代表团　原生态民族音乐集《云岭天籁》
7. 湖南省代表团　歌舞《五彩湘韵》
8. 贵州省代表团　舞剧《天蝉地傩》
9. 新疆维吾尔自治区代表团　歌舞晚会《大美新疆》
10. 青海省代表团　风情歌舞集《热贡神韵》
11. 海南省代表团　舞蹈诗《黎族故事》
12. 广东省代表团　音舞诗画《瑶山随想》
13. 宁夏回族自治区代表团　舞剧《月上贺兰》
14. 江苏省代表团　舞剧《格桑花·茉莉花》

（二）戏剧类剧目

1. 山西省代表团　晋剧《傅山进京》
2. 广西壮族自治区代表团　音乐剧《桂花雨》
3. 江西省代表团　畲族山歌戏《七彩畲乡》
4. 重庆市代表团　歌剧《钓鱼城》
5. 青海省代表团、浙江省代表团　儿童京剧《藏羚羊》
6. 北京市代表团　北京曲剧《正红旗下》
7. 西藏自治区代表团　藏戏《金色家园》

二、创作金奖

1. 北京市代表团　电影交响音乐会《辉煌与梦想》
2. 河北省代表团　评剧《香妃与乾隆》
3. 内蒙古自治区代表团　舞剧《草原记忆》
4. 辽宁省代表团　舞剧《珍珠湖畔》
5. 福建省代表团　歌舞剧《海歌山魂凤凰情》
6. 山东省代表团　吕剧《杨广和》
7. 河南省代表团　豫剧《丹水情深》
8. 陕西省代表团　乐舞诗《大唐赋》
9. 甘肃省代表团　歌舞《民族之舟 大爱之曲》

三、表演金奖

1. 天津市代表团　京剧交响音乐会《郑和下西洋》
2. 黑龙江省代表团　风情音画《达斡尔人》

3. 浙江省代表团　舞蹈诗《千年山哈》
4. 安徽省代表团　黄梅戏《榴花不开盼哥回》
5. 湖北省代表团　歌舞诗剧《嗯嘎·女儿会》
6. 四川省代表团　歌舞诗《天府吉祥》
7. 贵州省代表团　田野民间歌舞集《原色》
8. 宁夏回族自治区代表团　舞剧《花儿》
9. 新疆维吾尔自治区代表团　音乐杂技剧《你好，阿凡提》
10. 新疆生产建设兵团代表团　歌舞剧《可爱的一朵玫瑰花》
11. 香港、澳门、台湾代表团　专场晚会《天地山水情》

【2012 国家艺术院团演出推广交易会】

2012 年 9 月 12 日，2012 国家艺术院团演出推广交易会在京举行。文化部艺术司、各国家艺术院团、部分地方文化厅局、全国各地主要剧院、国内外各类演出经纪公司、主要文化产业研究机构等参加了本次活动。9 大国家艺术院团对其优秀舞台艺术作品进行展示和推介。在随后的签约仪式中，仅中国东方演艺集团有限公司就与 94 家单位签约演出 194 场，签约金额达 4100 万。而中国国家话剧院也与 7 家单位签约演出 327 场，签约金额 1393 万。

中国国家京剧院、中国国家话剧院、中国歌剧舞剧院等 9 个文化部直属的国家艺术院团分别与相关单位签约各类演出 800 场，签约金额达到 1.42 亿元，创历次交易会新高。作为 2012 年国家艺术院团优秀剧目展演的重要组成部分，这也是自 2010 年该交易会举办以来规模最大、规格最高、参加人数最多的一届。

【2012 中国广州国际演艺交易会】

2012 年 10 月 9 日，由文化部、广东省人民政府主办，广州市人民政府、广东省文化厅承办的 2012 中国广州国际演艺交易会在广州白云国际会议中心开幕。

本届演交会以“培育演出市场，推动文化消费”为主题，展览面积超过 10000 平方米，设有境外展区、国内展区、广东特色展区、演艺设备及服务展区等体现不同参展群体特色的展区，共计 200 多个展位。演交会期间举办国际大剧院经理峰会、国际制作人广州峰会、观摩演出、推荐节目演出、第三届优秀经纪人颁奖仪式等系列活动，吸引了来自 20 多个国家和地区的 300 多家演艺机构、演出团体、节目创作单位、剧院、经纪公司参与，包括 30 多家境外演艺机构和 200 多家国内演艺机构，展览交易的艺术产品门类包括歌剧、舞剧、音乐剧、话剧、杂技等。

演交会现场采用现代声光科技、3D 投影技术、液晶墙等手段，将各参展院团经典节目进行重现。其中，中国交响乐团在美国 8 个城市巡演交响幻想曲《霸王别姬》和演奏李姆斯基·科萨科夫的交响组曲《天方夜谭》等作品；南非伊克哈雅多元艺术中心表演一组具非洲风情的舞蹈。为呼应“幸福广州”的号召，本届演交会特别印制了 2 万张门票免费发放给市民，以实现艺术惠民。

本届演交会开幕式上举行了演艺项目签约仪式，达成了多个演艺合作项目。演交会期间组织了多场投融资洽谈会、多项商贸对接活动，使参展商与意向客户和专业观众有效沟通与交流，促进交易和贸易的实现，从而真正实现广州演交会的产业化突破，使其成为集中展示国内外优秀演艺节目，提供演出项目、技术和资本有效对接的良好平台。

广州国际演艺交易会的前身是 2010 年 5 月依托第九届中国艺术节发展而来的中国（广州）优秀舞台艺术演出交易会，以搭建优秀舞台艺术交易平台、推动中华优秀文化走出国门为宗旨，在国内开创了汇聚舞台节目供给方和需求方进行面对面选择和洽谈的先河，也是目前我国演艺行业举办的级别最高、规模较大的行业年度盛会。

【第 14 届上海国际艺术节】

2012 年 10 月 18 日，由文化部主办、上海市人民政府承办的第 14 届中国上海国际艺术节开幕。

本届艺术节秉承国际性和原创性的传统，参演剧（节）目 46 台，其中境内 23 台、境外 23 台。艺术节采取了中外演艺机构联合呈现开闭幕式的形式，这在艺术节历史上还是首次。艺术节上演一批国内优秀原创剧目，如杨丽萍领衔的原创舞剧《孔雀》、张继钢创排的舞剧《千手观音》和上海芭蕾舞团排演的原创芭蕾舞剧《简·爱》等。

中国上海国际艺术节论坛以“文化多样与跨文化合作”为主线，包括一场主旨论坛与 3 场分论坛。同时艺术节还举办多场展览：2012“写意中国”中国国家画院国画、版画邀请展、上海油画家邀请展、第 16 届上海艺术博览会、第 14 届中国工艺美术大师精品博览会等。

艺术节演出交易会增加了国内原创新作节目的展示，参会机构数预计超过 200 家，同时邀请到更多的国际买家到会，交易会还集中推出 20 多台国内原创剧节目做重点推介。

艺术节还首度推出以扶持青年艺术家为宗旨的“扶持青年艺术人才计划”，组成了由谭盾、林兆华、黄豆豆等国内著名艺术家组成的艺委会，对全国音乐、戏剧和舞蹈领域内的青年艺术家的作品进行选拔并面对面地进行辅导，帮助他们完善构思。该计划已经得到海内外业界关注，法国阿维依戏剧节、英国爱丁堡艺术节、美国林肯艺术中心、奥地利萨尔斯堡艺术节、澳大利亚墨尔本艺术节等多家机构都已表现出浓厚兴趣和合作意向。

【第八届中国文联文艺评论奖颁奖典礼暨第六届当代文艺论坛】

2012 年 10 月 30 日，由中国文联主办，中国文联理论研究室、云南省文联承办的第八届中国文联文艺评论奖颁奖典礼暨第六届当代文艺论坛在云南昆明举办。

《书理思辨》、《中国少数民族电影史》获得著作类特等奖，《舞蹈美学》等 6 部著作获得著作类一等奖，《文学现象与文学史风景》等 9 部著作获得著作类二等奖；《经典〈雷雨〉：从话剧到苏州评弹——纪念曹禺百年诞辰》获得文章类特等奖，《书法——在象、数、理的对应中寻求适度之美》等 22 篇获得文章类一等奖，《女性文学批评的几个关键问题思考——从“对话与参与”的角度谈起》等 47 篇获得文章类二等奖；中国剧协等 6 家全国文艺家协会和北京等 8 个省区市文联及解放军总政治部共 15 家单位获得组织工作奖。

中国文联文艺评论奖设立于 2000 年，是在中宣部指导下，由中国文联主办的全国性文艺评论最高奖，涵盖文学、戏剧、电影、音乐、美术、书法、曲艺、舞蹈、民间文艺、摄影、杂技、电视共 12 个艺术门类。该奖每两年评选一次。

在 30 日举行的第六届当代文艺论坛上，仲呈祥、王朝柱、于平、董耀鹏、向云驹、言恭达、白烨、田青、刘锡诚、饶曙光、李春喜、张德祥、朱栋霖、肖云儒、陈小波等来自各个文艺门类的文艺理论评论家，以“文化自觉与当代文艺发展趋势”为主题作了研讨。

【第四届海峡两岸暨港澳地区艺术论坛】

2012 年 11 月 20 日至 21 日，由中国文联、香港艺术发展局主办，中国文联港澳台办公室、中国文联理论研究室承办的第四届海峡两岸暨港澳地区艺术论坛在中国香港举行。

开幕式后，孙家正专程到饶宗颐学术馆看望了中国文联荣誉委员、国学家饶宗颐。

本届论坛的主题是“文化交融与艺术发展”。为期两天的交流研讨设置了大会演讲、分组讨论、“共话香港”圆桌交流和艺术讲堂等环节。论坛开幕当天，海峡两岸暨港澳地区的专家学者丹增、陈永华、郭孟雍、苏树辉、邱欢智、胡抗美进行了主题演讲。在分组讨论环节，专家学者围绕多元文化语境下的艺术传播与教育、青年艺术培养、艺术教育与当代文明素养、中华文化的共通性和地域性等议题，进行了广泛而深入的讨论。作为本届论坛特别策划的一个内容，11 月 21 日，“共话香港”圆桌交流环节在张子扬的主持下，内地和香港地区的专家饶曙光、潘鲁生、毛俊辉、郑新文和在场听众，以“千里共婵娟——香港与内地艺术交流回顾与展望”为主题进行切磋交流。本届论坛还设置艺术讲堂环节，由内地的两位专家李前宽和李春青分别到香港地区两所大学进行讲座和交流互动。

海峡两岸暨港澳地区艺术论坛于 2009 年创办，旨在通过为海峡两岸暨港澳地区的艺术家、理论家、评论家们搭建学术交流的平台，扩大和加强海峡两岸暨港澳地区文化交流，积极探索中华文艺在新时期、新形势下的发展规律和策略，弘扬中华文化，增强中华文化在世界文化发展格局中的竞争力和影响力。首届论坛于 2009 年初在海口举办，第二届论坛于 2010 年底在台湾举办，第三届论坛于 2011 年在澳门举办。

【2012 年全国艺术创作工作会议】

2012 年 12 月 21 日至 22 日，2012 年全国艺术创作工作会议在广东省珠海市召开。会议指出，要认真学习贯彻党的十八大精神，坚持走中国特色社会主义文化发展道路，坚持“二为”方向、“双百”方针和“三贴近”原则，坚持以人民为中心的创作导向，按照加强社会主义核心价值体系建设、全面提高公民道德素质、丰富人民精神文化生活、增强文化整体实力和竞争力的要求，创作生产更多无愧于历史、无愧于时代、无愧于人民的优秀作品，发挥文艺作品引领风尚、教育人民、服务社会、推动发展的作用，推动艺术事业大发展大繁荣。

文化部党组书记、部长蔡武出席会议并讲话，文化部党组成员、副部长董伟主持会议。

蔡武对正确处理继承与创新的关系、雅与俗、现实题材作品创作等问题进行了深入论述。他指出，2013 年是全面深入贯彻落实党的十八大精神的开局之年，是实施“十二五”规划承前启后的关键一年，是为全面建成小康社会奠定坚实基础的重要一年，要扎实做好明年工作，加强统筹协调，整合各种资源，形成工作合力，按照年度工作计划，整体推进，突出重点和亮点，着力推动艺术创作繁荣发展。

【国家大剧院五周年院庆】

2012 年 12 月 22 日，国家大剧院五周年院庆系列活动开始。

其中五台大戏包括瓦格纳经典歌剧《罗恩格林》、吴祖光经典戏剧《风雪夜归人》、大剧院原创民族歌剧《运河谣》及两场“世界歌剧经典音乐会”。

12 月 24 日、25 日，作为国家大剧院的经典演出品牌之一，一年一度的“世界歌剧经典音乐会”，汇集了戴玉强、孙秀苇、张立萍、袁晨野、么红等 20 位歌唱家的《魔笛》、《蝴蝶夫人》、《图兰朵》、《伊戈尔王》、《阿依达》等一系列经典歌剧中的咏叹。钢琴家郎朗在 12 月 27 日音乐会上半场为观众演奏肖邦的全部四首叙事曲，下半场他与国家大剧院管弦乐团，奏响《贝多芬第五钢琴协奏曲》。

从上午 9 点到下午 5 点，39 场演出、20 项艺术活动在 1 天里集中展示，来自中央和北京的超过十五家艺术院团的 500 多位艺术家在剧院各处与观众零距离接触。

四大剧场上、下午各安排两场演出，演出院团包括中国国家交响乐团、中国歌剧舞剧院、中国广播电影乐团、中央民族乐团、中国武警文工团、国家京剧院、北京京剧院、北方昆曲剧院、国家大剧院音乐厅管弦乐团、国家大剧院合唱团等十多家艺术院团。

花瓣厅的三场“丹青舞台——演艺名人的翰墨之缘”跨界书画笔会，姜昆、蓝天野、濮存昕、郁钧剑等艺术家跨界展示“琴棋书画”才艺，他们除现场联袂为大剧院创作主题绘画外，还与观众就大剧院艺术生产和中国传统艺术——书法、绘画等话题进行交流；西餐厅里，赵汝蘅、陈佐湟、吕嘉、魏春荣、李宏图、陈萨等艺术家与大剧院特邀的100位观众共享“艺术家午餐”、畅谈艺术；在大剧院艺术资料中心，李光羲、叶佩英等艺术家与大剧院会员一起，同台表演歌剧咏叹调、钢琴四手联弹、戏曲联唱、话剧片段。

开放日当天，剧院策划了“艺术改变生活——国家大剧院院长面对面”系列活动。

四场艺术展览：“艺·境——国家大剧院院藏品展”展出大剧院征集到的百余件（套）藏品，涉及绘画、书法、雕塑作品，以及舞台美术模型、服装、艺术家签字的手模、指挥棒、海报、照片等；“回眸经典——国家大剧院原创与制作剧目展”、“精彩在这里绽放——国家大剧院艺术成果展”则通过丰富的图片、翔实的数据、生动的视频，全方位地展示国家大剧院五年来的发展情况；而艺术沙龙展厅的“聆听的历史——国家大剧院古典音乐频道上线一周年特展”现场，举行“大剧院·古典”安卓客户端首发仪式。

大事记

1 月 4 日，2012 年全国宣传部长会议在北京举行。

1 月 4 日，2012 年全国文化厅局长会议在北京开幕。

1 月 6 日，文化部在京召开全国文化系统国有文艺院团体制改革工作座谈会。

1 月 6 日，国家舞台艺术精品工程授牌仪式在北京举行。

5 月 8 日，“纪念毛泽东同志《在延安文艺座谈会上的讲话》发表 70 周年系列活动”在延安启动。

5 月 17 日，为纪念毛泽东同志《在延安文艺座谈会上的讲话》发表 70 周年，中国文联在京举办座谈会。

5 月 28 日，中国艺术研究院主办的纪念《在延安文艺座谈会上的讲话》发表 70 周年研讨会在北京召开。

6 月 26 日，《视听表演北京条约》在京缔结。

6 月 30 日，庆祝香港回归祖国十五周年大型文艺晚会举行。

7 月 6 日，第四届全国少数民族文艺会演在北京落下帷幕。

9 月 4 日，文化部召开 2012 年全国优秀剧目展演艺术创作座谈会。

9 月 12 日，2012 年国家艺术院团演出推广交易会在京举行。

10 月 9 日，2012 中国广州国际演艺交易会在广州开幕。

10 月 18 日，第 14 届中国上海国际艺术节开幕。

10 月 30 日，文化部召开全国国有文艺院团体制改革经验总结交流视频会议。

10 月 30 日，第八届中国文联文艺评论奖颁奖典礼暨第六届当代文艺论坛在云南昆明举办。

11 月 20 日，文化部第二届优秀保留剧目大奖获奖作品表彰会在北京召开。

11 月 20 日至 21 日，第四届海峡两岸暨港澳地区艺术论坛在香港举行。

12 月 4 日，文化部在北京召开国家艺术院团学习贯彻党的十八大精神暨 2012 年国家艺术院团优秀剧目展演表彰会。

12 月 21 日至 22 日，2012 年全国艺术创作工作会议在广东省珠海市召开。

12 月 22 日，国家大剧院五周年院庆系列活动开始。

分卷主编：孙晓霞

中国艺术年鉴

2012年卷

艺术学卷

年度述评

2011 年—2012 年艺术学研究综述

◎李心峰　孙晓霞

一、引言

中国艺术研究院《中国艺术年鉴》编辑部编《中国艺术年鉴》2011 年卷已于 2013 年 5 月出版。在编撰《中国艺术年鉴》2012 年卷时，许多专家纷纷建议，作为一部“简明立体地呈现年度艺术发展整体状况与全局轮廓，提供一个体例清晰、叙述简洁、文体平实、查阅便利的艺术信息、资料文集”，应该增设“艺术学卷”，提供有关艺术学研究与学科建设、学科发展的内容。因此，《中国艺术年鉴》自 2012 年卷开始，设立“艺术学卷”。

《中国艺术年鉴》2012 年卷中的《艺术学卷》所收录资料的范围，拟涵盖 2011 年和 2012 年两个年度。这主要是出于如下两点考虑：首先，是为了弥补 2011 年卷由于各种主客观原因未及设立“艺术学卷”的缺憾；其次，也是更为主要的原因，2011 年是中国现当代艺术学学科建设与学科发展历史上十分重要的一年。该年年初，艺术学在其学科发展的历程中实现了一次带有根本意义的历史性跨越，从以往从属于“文学门类”的一级学科，升格为“艺术学门类学科”。可以说，2011 年，是新时期我国艺术学发展过程中应该浓墨重彩、大书特书的一年，而 2012 年，艺术学的研究很大程度上是上一年度艺术学思考与探讨的延续。因此，我们在编撰《中国艺术年鉴》（2012）卷中的“艺术学卷”时，在取材范围上与本年度其他各分卷相比做了变通，即突破“2012 年卷”这一年度时间的限定，以 2011 年和 2012 年两个年度为对象，以使我们对艺术学自 2011 年年初实现升门目标以来的艺术学研究和学科建设、学科发展情况有一个概要而系统的把握。

二、“升门前”的中国当代艺术学回顾

艺术作为人类掌握世界的重要方式之一，是人类精神生产的重要形式，是人类一种基本的文化形态。尤其是在人类现代文化体系中，艺术的地位和作用愈益变得重要。人们愈益清晰地认识到，以人类的艺术活动的系统整体作为一个专有的对象领域而建立艺术学，是不容回避、必须提上人文社会科学研究议事日程的伟大事业。然而，尽管有关艺术的理论思考、学术研究自人类艺术发生并产生了某种程度的艺术自觉意识以来即已存在和延续，但是，真正意义上的艺术学作为一门独立的学科被提出来，在整个世界范围内，其历史也并不长，19 世纪末才由德国学者康拉德·费德勒最初提出应将有关艺术研究的学科从美学中独立出来，经过玛克斯·狄索瓦（又译德索）等人倡导“一般艺术学”运动、提出兼顾“一般艺术学”与“特殊艺术学”的学科体系架构，艺术学才从近代以来附着于美学的、旧的学科格局中脱颖而出。①

在我国，作为一门学科的艺术学，是在 20 世纪 20 年代初从西方引进的。19 世纪末、20 世纪初，“西风东渐”，中国的思想文化开始由古典形态向现代形态转型，现代的艺术概念、艺术观念和艺术体系，也逐步由西方引入我国，形成了与我国古典艺术观念、艺术体系、艺术思想迥然有别的现代艺术理论形态。这为作为一门学科的“艺术学”引进我国学术领域，奠定了基础。从这时开始到艺术学升格为门类学科，中国艺术学的发展、演变，可以分为两个大的历史时期来叙述。

从 20 世纪 20 年代初到新中国成立，是艺术学被引进到我国学术领域并在一定范围内取得一定研究成果的时期。这可以视为中国 20 世纪艺术学发展的第一个阶段。

---

① 参阅李心峰：《国外艺术学：前史、诞生与发展》，《浙江社会科学》1999 年第 4 期。

1922 年，商务印书馆出版了俞寄凡译的日本黑田鹏信的《艺术学纲要》，让国人了解到世界上尚有一个被称为“艺术学”的学科。而由中国学者正式发表的文章著述中最早使用“艺术学”并对这一学科名称的产生、它与美学的关系等有所阐述的文献，比较早的是滕固的《艺术学上所见的文化之起源》①、《艺术与科学》② 等论文。此后，宗白华 1926—1928 年间曾留下《艺术学》的讲稿③；张泽厚 1933 年出版了《艺术学大纲》④；马采在 20 世纪 40 年代初曾写出一组六篇“艺术学散论”的论文⑤，等等。总体来说，在 20 世纪上半叶，中国现代艺术理论已经形成，艺术学也被介绍到我国的学林艺苑，并已出现了最初一批宝贵的研究成果。但是，当时的艺术学并没有得到学术机构和体制、机制上的保障，没有形成体系，也没有相应的物质基础和发展空间，它的生长与发展受到很大的局限。

从新中国成立到 21 世纪第一个十年，是我国艺术学发展的第二个阶段。这一阶段，又可分为新时期之前和新时期这两个历史时期。

新中国成立后，在全国成立了一批专业艺术院校和综合艺术院校，如中央美院、中央音乐学院，后来陆续成立了中央戏剧学院、中国音乐学院、北京舞蹈学院、北京电影学院、中央工艺美院等，号称“八大艺术院校”。各省、市、自治区也成立了一批专业艺术院校和综合艺术院校。文化部系统相继成立了中国戏曲研究院、民族美术研究所、中国音乐研究所等专业艺术研究机构。这些专业艺术院校、综合艺术院校与艺术科研机构的成立，为新中国的艺术教育与艺术科研提供了起码的硬件条件。对此，我们应给予充分的认识和高度的评价。

毋庸讳言，新中国成立后的前 17 年，我国的艺术科学研究还完全没有走上正轨，更谈不上作为一门独立学科得到应有的发展。这主要表现在当时完全缺乏艺术学的学科自觉。有关艺术的基础理论研究，或者被置于笼统含混的所谓“文艺理论”、“文艺学”中，或者被包括在“美学”之中，而没有自己的一席之地。“一般艺术学”意义上的学术探讨更是无从谈起，甚至连“艺术学”这一学科名称也很少被提及。这一时期出版的唯一一部《艺术概论》高校教材，还是一部译著，著者为前苏联学者涅陀希文。⑥ 就是说，这一时期，我们连一部由我国学者自己编著的《艺术概论》高校教材都没有。“文化大革命”十年，更是让艺术学科的研究遭受重创，几乎处于停滞状态。这样的局面要想得到根本的改观，只能在粉碎“四人帮”、结束十年“文化大革命”之后才有可能实现。

1978 年党的十一届三中全会，开启了新中国历史上一个高歌猛进、迅速发展的“新时期”，也为我国的艺术科学事业的发展注入强劲动力，开辟了无限广阔的天地。在新时期 30 多年里，我国的艺术学得到了迅速的发展，实现了学科发展历史上的“三级跳”。

第一级跳，发生在 20 世纪 80 年代。1980 年，经国务院批准，在文化部正式成立“中国艺术研究院”。此前文化部下属的文学艺术研究机构“文学艺术研究院”这一临时性的名称被“中国艺术研究院”这一正式名称所更新取代。中国艺术研究院作为我国艺术科学唯一的国家级科研机构，拥有十多个研究所、室，几乎包括了我国所有重要的艺术门类。其中，也包括马克思主义文艺理论研究所、文化研究所这样一些综合研究一般文化、艺术理论的研究所。中国艺术研究院研究生部早在 1978 年即已成立，后改称中国艺术研究院研究生院。中国艺术研究院也是我国改革开放以来恢复高考制度后最先招收艺术学学科硕士研究生、博士研究生的科研机构，是国务院第一批公布的艺术学博士、硕士授予单位，是国家教育部最早批准的可以开展艺术学学科在职人员申请硕士学位工作的单位之一。像中国艺术研究院这

---

① 滕固:《艺术学上所见的文化之起源》，《学艺杂志》第四卷第十号，1923 年 4 月 1 日出版。见沈宁编:《滕固艺术文集》，上海人民美术出版社 2003 年版。

② 滕固:《艺术与科学》，《创造周报》第 40 号，1924 年 2 月 30 日。见沈宁编:《滕固艺术文集》，上海人民美术出版社 2003 年版。

③ 见《宗白华全集》第一卷，安徽教育出版社 1994 年版。

④ 张泽厚:《艺术学大纲》，上海光华书局 1933 年版。

⑤ 马采:《艺术学与艺术史文集》，中山大学出版社 1997 年版。

⑥ 涅陀希文:《艺术概论》，杨成寅译，朝花美术出版社 1958 年版。

样的国家级艺术科研机构的正式成立，在某种程度上为艺术科学的建设与发展提供了体制、机构上的有力保障。

我国于1983年建立国家社会科学基金制度，开始系统化、规范化的全国哲学社会科学的规划、课题评审、资助、管理等工作。早在国家社会科学基金制度开始建立的1983年，全国哲学社会科学规划领导小组在制定国家“六五”时期科研规划时，便作出了将艺术学科作为“单列学科”的决定。文化部根据这一决定，经部务会议决定，会同其他一些国家机构，成立了“全国艺术学科规划领导小组”，同时设立全国艺术学科规划领导小组办公室，交由中国艺术研究院代管（后划转文化部科技司）。1987年9月，文化部又向全国文化系统发文，将“全国艺术学科规划领导小组”更名为“全国艺术科学规划领导小组”。在这里，将“艺术学科”修正为“艺术科学”，虽只是后面一个词语的文字次序的颠倒，却颇有深意，凝聚了艺术科学领域众多专家的集体智慧。应该说，全国哲学社会科学这一极富权威性的规划、评审、资助、管理体系将“艺术学科”（后定名为“艺术科学”）作为“单列学科”，实际上是从我国艺术科研的现实实际出发，明确地意识到艺术学科（艺术科学）已不能够继续沿袭以往的做法让其附属于文学学科，而是具有其学科的独立性和广阔发展空间，从而让其自立门户。此举虽从未大张旗鼓地加以张扬和宣传，但对新时期我国艺术科学的发展却具有十分重要的意义，它为艺术学在此后作为一门独立学科的学科自觉和学科发展，提供了发芽生根的土壤和宏观学科构架上的重要依据。

20世纪80年代末，艺术理论界也正式提出了“大力开展艺术学研究、尽快确立艺术学的学科地位”① 的呼吁，标志着艺术研究界对于艺术学作为一门独立的学科，应从以往的美学与文艺学（文学学）研究框架中独立出来构建艺术学自身的学科体系的自省意识和学科自觉。这种艺术学学科独立的呼吁，是当时整个艺术学界日益觉醒、日渐明晰的学科自觉意识在理论上的反应，也满足了当时艺术学界努力为艺术科学争取独立的学科地位、开展艺术学的学科建设、推动艺术学的学科发展的迫切时代需求，引起学术界广泛共鸣。

总而言之，20世纪80年代我国在艺术学科的科研机构、全国哲学社会科学规划体系中的艺术科学单列学科的设置，以及艺术学的学科自觉这一观念上的跨跃，可视为新时期我国艺术学学科建设与学科发展过程中的第一级跳。以此为基础，我国的艺术学研究与学科建设明显提速。

20世纪90年代，我国的艺术学学科发展实现了第二级跳，上了一个新的台阶。

首先，在90年代，艺术基础理论或一般艺术学、艺术的综合性理论研究取得相当丰硕的成果，发表了不少艺术基础理论和一般艺术学研究论文，出版了一批艺术学研究著作，如《元艺术学》、《艺术文化学》、《艺术掌握论》、《艺术类型学》、《现代艺术学导论》、《中国艺术学》，等等。其次，全国艺术科学规划领导小组及其办公室虽然早在1983年即已成立，但由于科研条件、科研队伍、科研资金、资助规模等均相当有限，从1983年到1991年，被立项为国家艺术科学规划的课题屈指可数，而且在仅有的几个项目中，全部是传统优势艺术门类学科的史论研究课题，如《中国戏曲通论》（张庚、郭汉城）、《中国戏曲通史》（张庚、郭汉城）、《中国美术史》（王朝闻）、《中国话剧史》（葛一虹）、《戏曲艺术长河》（颜长珂、李愚）、《中国音乐文物大系》（一期工程）（黄翔鹏、王子初）等。这些课题的设立对于美术、音乐、戏剧戏曲这些个别艺术学科，其意义与学术价值、学术分量、学术地位毋庸置疑，而且事实证明，由于这些课题的设立，成就了新时期艺术科学研究中一批难以超越的经典之作与学术范本。但是，我们也可以看到，在这仅有的几个课题中，没有一个艺术基础理论或一般艺术学的研究课题。不过，到了1992年，全国艺术科学规划与评审、立项工作有了实质性的改观，开始走上正轨，本年度艺术科学课题评审和立项的课题不仅数量明显增多，课题涉及的范围显著扩大，课题类型也变得多样，而且出现了像《中国艺术学》、《艺术文化学》、《艺术掌握论》、《艺术类型学》等一般艺术学或艺术学综合研究的课题。在1994—2000年获得全国艺术科学规划立项的课题中，还有不少艺术基础理

① 参阅李心峰:《艺术学的构想》,《文艺研究》1988年第1期。

论、一般艺术学或艺术综合性研究课题。尤其是1997年，全国艺术科学重大课题《中华艺术通史》这一规模宏大、综合性强的艺术科学课题获得立项，成为20世纪90年代我国艺术科学课题评审中一个具有标志性意义的项目。第三，在20世纪90年代，艺术学发展成为一级学科，并形成了自己的学科体系。早在1990年发布的国务院学位委员会、国家教委《授予博士、硕士学位和培养研究生的学科、专业目录》中，艺术学（学科代码0503）已被确立为文学（05）这一大的学科门类下的一级学科（0503），只是在这个艺术学一级学科下面所设的专业（相当于二级学科）达16种，此外还有工业造型艺术、乐器修造艺术两个专业也排列在艺术学之下。很显然，这样一个学科结构的设置虽隐含着按艺术类别划分专业目录的原则，但具体专业的设置相当杂乱，层次划分及逻辑联系不够清晰，没有形成一个简明有序合理的学科体系。到1997年，国务院学位委员会、国家教委发布了修订后的《授予博士、硕士学位和培养研究生的学科、专业目录》，进一步明确了艺术学（0504）作为一级学科的地位（仍归之于文学［05］这一大的学科门类之下），而这一版的学科目录在艺术学的学科设置上有一个具有实质意义的重大变化，即开始形成了一个比较系统的艺术学二级学科体系：

艺术学（0504）
艺术学（050401）
音乐学（050402）
美术学（050403）
设计艺术学（050404）
戏剧戏曲学（050405）
电影学（050406）
广播电视艺术学（050407）
舞蹈学（050408）

这一艺术学一级学科之下共有八个艺术学二级学科。在这个二级学科体系中，第一次出现了与其他各门艺术学科相并列的作为二级学科的“艺术学（050401）”。这个作为二级学科的“艺术学”（050401）在学科名称上与在它上面一个层次上的一级学科的“艺术学”（0504）的学科名称出现了重复。尽管如此，作为二级学科的艺术学（050401）的设立，具有极其重要的学科建设意义。一方面，体现了艺术科学内部对于艺术的基础理论研究、一般的、整体的、综合性的研究的高度重视，这个领域恰恰是具有众多新的生长点、无限广阔的空间而在过去受到严重忽视的地带；另一方面，由于这一学科的设立，实际上构建起了一般艺术学与特殊艺术学互补共存的学科体系。这也使得20世纪初在世界上最早倡导“一般艺术学”的德国艺术学家狄索瓦关于一般艺术学与特殊艺术学的学科架构，真正在我国的大学学科体制上得以实现。这一学科体系的确立，对于形成有中国特色的艺术学学科体系与学科体制，也具有重要意义，甚至有可能在今后对世界上其他国家艺术学科体系与学科体制建设起到一定的引领与示范作用。第四，东南大学作为我国一所著名的综合大学，于1994年6月率先成立了我国综合大学中的第一个艺术学系，张道一任系主任。艺术学系成立后，获得了二级学科艺术学的博士学位授予权，开始艺术学博士研究生的培养。1995年，东南大学艺术学系创办《艺术学研究》丛刊，由张道一主编。出版两期后，刊名改为《美学与艺术学研究》，由汝信、张道一主编，1996年出版第一集。此后，我国著名的高等学府北京大学、清华大学等综合大学也相继成立艺术学院之类的艺术教育与艺术科研机构，为二级学科的艺术学的学科发展与学科建设注入了充沛的活力。由东南大学起始的综合大学成立艺术学院、系，这在我国艺术学学科建设、学科发展中也具有十分重要的意义。它不仅宣告了艺术学科被封闭在少数一些艺术院校、艺术研究院所、仅只是少数艺术院校、艺术研究院所的专利的时代的结束，为艺术学科的发展开辟了辽阔的发展空间，更为艺术学能够在更为宏阔的学术背景下与其他人文社会科学乃至自然科学、理学、工学等学科实现有效有益的良性互动、深层对话、广泛交流、竞争发展创造了条件，非常有利于艺术学充实和加强人文内涵，提升学科的科学水平。

进入21世纪，我国的艺术学学科得到新的发展机遇，进入一个新的发展期，可说实现了第三级跳。首先，在2002年，中国艺术研究院成为国务院学位委员会批准的我国第一个艺术学一级学科单位，拥有艺术学全部8个二级学科的博士学位授予权和9个专业的硕士学位授予权，在艺术学全部8个二级学科进行博士、硕士研究生的培养工作。此后，南京艺术学院、中国传媒大学、北京师范大学和北京大学、清华大学陆续被确定为艺术学一级学科单位，拥有艺术学博士学位授予权。这些艺术学一级学科单位、艺术学博士点、硕士点的规模化建设，为艺术学科培养高层次人才、满足社会对艺术学人才的需求、推动艺术学科的可持续发展提供了有力保障。其次，21世纪以来，全国性的艺术学学科建设研讨会、艺术学学术研讨会频繁举办。如由上海大学、东南大学、山东艺术学院、山西大学等高校举办的全国艺术学学术研讨会举办6届，取得了丰硕成果。南京艺术学院、北京大学艺术学院、鲁迅美术学院等高校也举办过有关艺术学学科建设的研讨会，对艺术学的学科建设与学科发展中的许多重要问题作了有益的探讨。这些高水平的全国性学术研讨会的举办，有力促进了艺术学的学科定位意识，推动了艺术学的学科发展。再次，21世纪以来，有关艺术学研究的丛刊、论丛纷纷推出。如上海大学与东南大学主办《艺术学》丛刊，南京艺术学院艺术学研究所主办《艺术学研究》，东南大学艺术学院主办《艺术学界》等等。此外，还有一些艺术学丛书陆续问世。第四，于1997年立项的全国艺术科学规划重大课题、李希凡总主编十四卷本《中华艺术通史》出版。这部集中了中国艺术研究院及部分高校、艺术院校、科研机构数十位专家学者、耗时十年以上的大型艺术科学集体攻关课题终于告竣。这是一部真正按照“通史”的写法，对整个中华艺术的发生、发展历程进行全面总结概括的综合的艺术史巨著。正如总主编李希凡在《中华艺术通史·总序》中所说：“《中华艺术通史》的编撰，是论述自远古以来随着社会生活与政治经济文化发展，中华艺术生成演变的全过程，它是一部囊括中国传统主要艺术门类的综合的大型艺术通史。”①《中华艺术通史》是新世纪问世的艺术科学的最重要的成果，也是一项标志性的成果，将新时期以来我国艺术科学研究提高到一个新的水平。除这一重大科研成果之外，21世纪以来在艺术科学研究领域，还出版了许多有价值的学术成果。这些成果与20世纪90年代相比，不仅数量上有显著的增多，在探索的深度广度、视野的扩大、视角的创新等等方面，也均有所推进。第五，国家社会科学基金艺术学项目的评审、立项工作，在21世纪以来的“十五”、“十一五”期间，更是获得了显著的发展。“十五”期间，全国艺术科学规划领导小组办公室共评审立项292项课题，比“九五”期间的104项增长180.77%；“十五”课题的平均资助力度比“九五”期间也有了成倍增长。“十五”期间最后一次艺术学项目评审时，全国申报的艺术学项目课题的数量首次超过1000项。②而到了2008年，全国申报的艺术学项目课题的数量则超过了1500项，正式立项的各类国家社会科学基金艺术学项目则上升到90多项。且参加申报和获得立项的单位中，来自全国普通高校、综合大学所占的比例越来越高，使艺术学项目的评审更具有全国性、广泛性。除国家社会科学基金艺术学项目的课题评审外，在教育部的重大招标课题中，也相继出现了艺术学的招标项目，等等，标志着艺术学项目的评审立项渠道的多元化。

总之，艺术学在新时期30多年时间里，出色地实现了三级跳，其发展和扩张的速度很快，所取得的成绩有目共睹。但是，自1997年国务院学位委员会、国家教委修订《授予博士、硕士学位和培养研究生的学科、专业目录》形成由8个二级学科构成的艺术学一级学科体系以来，尤其是进入21世纪以后，艺术学界同人愈益深切地认识到一个制约我国艺术学进一步发展的根本瓶颈；我国的艺术学学科建设与学科发展，处于一个新的历史节点。这一根本瓶颈与历史节点，指的是在上述学科、专业目录中，

① 《中华艺术通史·原始卷》，北京师范大学出版社2006年版，第1页。
② 参阅《全国艺术科学研究“十一五”（2006—2010）规划》。

艺术学依旧从属于文学这一大的学科门类，仅只是与中国语言文学、外国语言文学、新闻传播学相并列的文学门类中的四个一级学科之一，仍未能从文学门类中独立出来从而成为一个真正意义上的独立的学科门类。为了让艺术学科真正获得作为一个独立学科门类的学科地位，开拓其应有的发展空间，打破上述根本瓶颈，突破这一历史节点，实现艺术学由一级学科升格为门类学科，便成为艺术学研究界那一段时间最迫切的愿景，在当时的艺术学研究中备受关注。①

据有关资料看，早在2002年年初，国务院学位委员会艺术学科评议组在京成员便就《授予博士、硕士学位和培养研究生的学科、专业目录》中的“艺术学”由一级学科提升为门类学科问题进行学术研讨，并在此基础上形成了《关于将“艺术学”由一级学科提升为门类的论证意见》，提交给国务院学位委员会学位办公室。② 国务院学位委员会艺术学科评议组在京成员的这次学术研讨及他们提交给国务院学位办的书面论证意见，拉开了推动艺术学向门类学科升格的马拉松长跑的序幕。在此之后，关于艺术学学科升格的话题，几乎在每一次全国艺术学学术研讨会上都会成为中心议题或中心议题之一。艺术学界围绕这一话题，也发表了一些探索性文章。其中，周星教授《艺术学从一级学科调整为门类的设置方案分析》③、彭吉象教授《关于艺术学学科体系的几点思考》④ 等都是分析缜密、言之有据并产生很大反响的重要论文。2009年，有关艺术学向门类学科升格的话题，得到了更为集中而深入的讨论。讨论这一话题的范围也从艺术学界向外扩展，甚至在当年的两会上出现了相关的提案，有关部门也就此作了调研，等等。总之，就整个社会而言，把艺术学由当时的一级学科升格为门类的呼声越来越响亮，推动艺术学向门类学科升格的力度在日益加大，距离实现艺术学向学科门类升格的目标仅有一步之遥。

三、艺术学升为门类：春风一拂绿千山

2011年，这是一个值得载入我国当代艺术学学科发展史册的年份。2月中旬，国务院学位委员会通过了最新版的《学位授予和人才培养学科目录》调整方案，将艺术学科从“一级学科”提升为“门类学科”。“艺术学升门”，成为艺术学学科发展过程中具有标志性和里程碑意义的重大事件，对于文化艺术科学的建设与发展乃至对于当代文化艺术的大发展、大繁荣具有重要意义。“忽如一夜春风来，千树万树梨花开。”艺术学界同人欢呼雀跃、反响热烈、热点频现。2011、2012两年中，艺术学界围绕艺术学升门的意义、艺术学研究的历程、现状、存在的问题与对策、艺术学升门后的未来走向与发展趋势等重要问题展开热烈讨论，召开多次全国性学术研讨会，发表了众多重要学术成果。

在这两年中，艺术学领域举办了一系列比较重要的全国性学术研讨会和座谈会，如2011年4月23日至24日浙江省教育厅和中国美术学院共同主办“全国高等艺术院校艺术学学科发展规划学术研讨会”、2011年5月北京大学艺术学院主办“2011综合性大学艺术学科发展论坛”、2011年6月9日至10日杭州师范大学、东南大学、上海大学、艺术百家杂志社和文化艺术研究杂志社联合主办“艺术学科发展新向度暨对策研究国际论坛”、2011年6月17日至18日，由南京艺术学院研究院主办、全国艺术学学会学术支持“首届全国艺术学青年学者论坛”、2011年10月14日文化部主办“艺术学学科建设座谈会”、2011年11月19日至20日全国艺术学学会和广西艺术学院主办第七届全国艺术学年会暨“地域文化与艺术”全国学术研讨会、2011年11月27日东南大学艺术学院和《艺术百家》编辑部发起的“全国艺术学研究生教育暨庆贺张道一教授八十华诞学术研讨会”、2012年10月20日至22日东南大学、河南大学、上海大学、《艺术百家》杂志社等单位联合主办第八届全国艺术学年会暨“艺术的演进”学术研讨会等，有关艺术学“升门”的意义及升门后如何进一步推进艺术学的学科建设与学科发展问题，

---

① 关于艺术学在20世纪中国的发生、发展尤其是新时期以来艺术学所出现的“三级跳”式的发展过程，请参阅李心峰《20世纪中国的艺术学研究》、《艺术学“三级跳”与新节点》，见《艺术学论集》，北京时代华文书局2014年版。

② 南京艺术学院艺术学研究所、《艺术学研究》编辑部:《艺术学学科建设相关文献选编》，第26－27页。

③ 周星:《艺术学从一级学科调整为门类的设置方案分析》，《学位与研究生教育》2008年第6期。

④ 彭吉象:《关于艺术学学科体系的几点思考》，《艺术评论》2008第6期。

均是其讨论最为集中的核心议题。

这其中，规格最高、影响最大的是2011年10月14日文化部在北京召开的“艺术学学科建设”座谈会。文化部党组书记、部长蔡武出席会议并讲话，时任文化部党组成员、副部长，中国艺术研究院院长王文章研究员主持座谈会，仲呈祥、刘梦溪、田青、王次炤、潘公凯等艺术研究和艺术教育领域的知名专家参加研讨。蔡武在讲话中指出：艺术学升格为学科门类，使艺术教育渠道更加广阔，有利于艺术教育朝着体系化、规范化和国际化大踏步前进，有利于改善人才结构、改变人才培养模式以及合理设置文化大发展大繁荣所急需的前沿专业；学科外延拓展带来学术空间的扩容，艺术研究对象更加丰富，学科边际性、交叉性和前沿性更加凸显；学科意识增强带来艺术创作、艺术生产和艺术管理的积极联动效应，艺术基础理论更加坚实，艺术批评更加活跃，理论与实践在新形势下的良性互动必将极大地解放艺术生产力。面对艺术学升格为学科门类带来的机遇与挑战，从事艺术教育和艺术研究的专家学者，尤其是各级文化行政部门的管理工作者，要以“科学发展观”为引领，以“文化大发展大繁荣”为动力，以实现中华民族伟大复兴为己任，知难而上，攻坚克难，取得艺术学学科升格后人才培养、学科建设和艺术创作的全面丰收。要充分提高认识，从落实“科学发展观”和转变文化发展方式的高度来看待学科升格；要切实制定措施，把艺术学升格为学科门类的总体安排分解为切实有效的各项具体工作抓手；要尊重艺术规律，求真务实，统筹兼顾，务必努力做到高层次专门人才与职业艺术人才培养的双向发展，中国传统艺术智慧与西方艺术知识背景互为补充，艺术理论成果与艺术实践成果相得益彰，专家学者的热情与广大艺术工作者的积极性共同发力，务必要努力做到理论联系实际，达到艺术理论建设与解决现实问题的高度统一。座谈会上，与会专家学者围绕“艺术学成为学科门类，如何继续深化艺术研究和教学研究，完整建构艺术学学科体系，以适应文化、艺术人才培养的需要”、“艺术学成为学科门类，如何加强艺术研究、艺术教育、艺术创作和艺术服务的机制建设及学术建设，为促进社会主义文化大发展大繁荣提供更好的服务”等议题展开了深入的座谈。座谈会从战略高度审视艺术学升格为学科门类所带来的发展机遇，谋划新形势下推动艺术繁荣的宏观思路，努力开创艺术教育、艺术创作、艺术理论研究和中外艺术交流新局面。

有关艺术学升门的重要意义以及它所带来的前所未有的机遇与挑战，也是这两年学者们深入思考、热烈讨论的话题，艺术学领域一些有重要影响的学者纷纷撰文参加讨论，如仲呈祥《艺术学获批成为独立学科门类随想》、《2011：升为学科门类后的艺术学》；于平《独立学科门类的艺术学学域扩张与学理建构》、王一川《艺术学有“门”的九大效应》、李心峰《艺术学升格为门类学科的思考》、曹意强《艺术门类的独立与学科规划的问题》、彭吉象《构建中国艺术学理论学科体系》、周星《中国艺术学建立门类的价值意义分析》，等等，分别从不同的角度各抒己见，提出了种种很有启发性的看法，引起人们的关注。的确，有关艺术学“升门”的意义，可以从多层面、多角度去认识。首先，艺术学升格为“门类学科”，标志着我国的艺术学真正确立了独立的学科地位。艺术作为现代文化体系中的一个重要组成部分，在当代社会、文化结构中扮演着重要角色，发挥着不可替代的独特作用。由各种艺术样式构成的现代艺术世界，自身建构起一个自足的现代艺术体系，有其自身的结构与基本艺术种类的构成。将艺术这样一个现代文化体系中自成体系的分支系统或叫子系统作为一个完整独立的研究对象，建构一门独立的人文学科即艺术学科，其必要性不言自明。可是，由于以往传统学科结构的惯性及其他历史的、观念上的局限，艺术学一直未能获得其应有的独立学科地位。现在，艺术学实现了升格为门类学科的目标，真正解决了艺术学独立学科地位问题，完全改变了过去将“艺术学”研究从属于“文学”这种违背常理、“头足倒置”的做法，给艺术学以更为科学、合理的定位。其次，艺术学的门类升格，使我国的整个学科体系尤其是人文社会学科的学科结构与门类构成也随之发生了改变。我国此前在高校中实行的“学位授予和人才培养学科目录”所体现的、由十二个学科门类构成的学科体系和学科结构，随着艺术学门类升格目标的实现，而改变为由十三个学科门类构成的学科体系和学科结构。在包括自然科学和人文社会科学在内的全部十三个学科门类中，艺术学成为其中之一，这一变化不可谓之不大，不可谓之不深刻。艺术学作为新的门类学科，与其他十二个门类学科相并列，必将促进艺术学科与其他自然科学、人文科学、社会科学门类之间的相互沟通、交流。这种沟通与交流在为艺术学自身的内涵与构成带来深层次变化的同时，也会对整个科学研究产生一定的、有时可能是相当深刻的影响，从而带来整个科学结构与面貌的某种变化。第三，艺术学研究在我国学科体系中的重新定位，必然在我国人文、社会生活领域，对于艺术学的研究对象即各个门类的艺术以及艺术的整体以新的认识、新的评价、新的定位，改变传统的“艺乃小道”、艺术仅只是“形下之器”等轻视艺术的观念与行为，对于艺术的人文的、社会的、精神的、审美的价值给予更充分的认识与评价，等等。当然，大家也清醒地认识到，艺术学虽然获得了真正意义上的学科独立，但是，相对而言，艺术学的学科基础还比较薄弱，从事艺术学研究与教学人员的数量还很有限，人员的素质也有待提高，需要从文学、历史、哲学等其他学科中吸收更多的养分，来充实、扩展、提升这一新兴的学科门类。艺术学升格为门类学科，为艺术学的学科建设和学科发展搭建起更高的学科平台，提供了更强大的动力和更广阔的空间。不过，在艺术学面临着前所未有的发展机遇的时候，我们切忌头脑发热、盲目扩张，而应走一条内涵发展的道路，使艺术学沿着健康轨道扎扎实实地迈步向前。

四、夯实学科根基、打造学术精品的“中国艺术学大系”

艺术学升为门类学科后，艺术学界普遍关心的是如何克服艺术学学科基础比较薄弱这一软肋，让这一新兴的门类学科强身健骨，健康成长。站在艺术学向前发展的这一新的历史起点，如何夯实学科基础，拿出一批能够经得起时间检验的堪称经典力作的学术精品便成为当务之急。由中国艺术研究院组织编撰，生活·读书·新知三联书店出版社于 2011 年陆续推出的《中国艺术学大系》大型系列丛书，就是艺术学升格为门类学科后扎实推进艺术学学科建设、努力夯实学科基础、全力推出艺术学研究精品力作的一项计划宏伟的学术工程。

《中国艺术学大系》作为中国艺术研究院组织编撰的艺术学系列丛书，最初由著名美学家、艺术史论家、雕塑家、原中国艺术研究院副院长王朝闻先生提出，时任文化部副部长、中国艺术研究院院长、中国非物质文化遗产保护中心主任王文章先生总主编。《中国艺术学大系》系列丛书以新的学术理念和方法重新叙述中国传统艺术及其当代新的演变形态，并阐发和概括新的艺术形态和艺术现象，包括已经民族化的外来的艺术门类，如电影、电视、摄影，等等。

王文章先生为《中国艺术学大系》撰写的总序《中国艺术学的当代建构》先后发表于《读书》、《文艺研究》、《中国文化报》、《艺术百家》等报刊并为《新华文摘》全文转载。该篇总序不仅叙述了《中国艺术学大系》的缘起、编撰宗旨、学术追求、内容构成等，同时也是近年来中国有关艺术学学科建构、学科建设方面最受瞩目的重要学术研究论文。在该文中，作者梳理了艺术学学科的情况，进而对中国的艺术学学科形成及发展进行了总结。尤其值得关注的是，作者提出了一个由“艺术原理、艺术史、艺术批评”与“艺术经营”四大部分所构成的艺术学学科框架，突破了“史、论、现状”的传统艺术研究框架结构，构建起中国艺术学学术体系。作者这里所说的“艺术经营”，指的是区别于在研究指向上主要是艺术的“内部研究”（包括艺术原理、艺术史、艺术批评）的“外部研究”：“如艺术的时代背景、时代环境、发展的外因，特别是它与构成其发展有不可分割的重要作用的艺术经济、艺术管理、艺术市场等非本体因素的关系，都应该是在今天的艺术学研究中不可或缺的内容。”作者对当代艺术学的整体构成概括如下：“除了艺术学体系中艺术原理、艺术史和艺术批评三个组成部分之外，另一个重要组成部分应是‘艺术经营’的内容。这四个组成部分，共同构成从知识体系着眼的现代意义上的艺术学学科体系的基本内涵。”

该文特别强调了今日艺术学研究的本土化立场以及应以中国艺术作为主要研究对象。作者指出：“首先要明确我们建立的是中国的艺术学，它已不完全等同于西方学者提出这一概念时的内涵。建构和发展艺术学‘本土化’的学科体系，核心是‘中国艺术’的。它包含了两个主要内容，一是‘民族性’，二是‘当代性’。建构中国的艺术学，要在对中国艺术本体及其呈现形态（不同样式、种类、体裁及风格）内部规律的揭示中，表达独特的中华民族文化艺术特性，同时，要注意概括社会发展进程中呈现的艺术的时代特征。”

《中国艺术学大系》计划陆续推出40余种艺术学著作，这些著作既有一般艺术原理方面的研究成果，更多的是有关中国各主要艺术门类的史、论研究成果。2011、2012年，该大系共出版6种专著：

王朝闻先生集一生之大成的《审美基础》（生活·读书·新知三联书店，2011年9月出版。该书分上、下卷，上卷为《审美谈》，下卷为《审美心态》）、王朝闻《雕塑美学》（生活·读书·新知三联书店，2012年2月出版）、宋建林、陈飞龙主编《中国马克思主义艺术理论发展史》（生活·读书·新知三联书店，2011年11月出版）、陈申、徐希景著《中国摄影艺术史》（生活·读书·新知三联书店，2011年10月出版）、林茨、王瑞著《摄影艺术论》（生活·读书·新知三联书店，2011年11月出版）、李万康著《艺术市场学》（生活·读书·新知三联书店，2012年10月出版）等。

《中国艺术学大系》试图在把握中国传统艺术法则、审美原则，汲取和融合西方艺术学的精华，总结当今时代新的艺术形态特征的基础上，努力以适用于中国艺术自身特点的各种研究方法，从不同层面、不同视角，对中国艺术包括它的各种主要门类进行系统的、学理性的学科探讨，努力建构富有民族性和时代性的中国艺术学体系，为升门后的中国艺术学夯实学科基础作出贡献。

五、围绕“艺术学理论”一级学科建设的思考

在2011年艺术学整体升格为门类学科后，原来作为二级学科的“艺术学”（实为“一般艺术学”）顺势升格为一级学科并改称“艺术学理论”，由此，它也成为“艺术学门类”下全部五个一级学科中的一个，与其余由个别艺术类别的艺术学科“合并同类项”所得的四个一级学科相并列。这可以说既是此次艺术学科升级、调整的一大亮点，同时也成为了人们热烈争论、讨论的焦点话题之一。

王一川《艺术学门下需要艺术学理论吗?》、王廷信《艺术学理论的使命与地位》、邢莉《艺术学理论一级学科的解读》、季欣《艺术学理论——学科体系的初步构建》、贾涛《从诗意栖息到艺术生活——艺术学理论一级学科发展取向》、凌继尧《艺术学理论的二级学科的设置》等论文，具体而深入地探讨了艺术学理论一级学科设置的必要性、重要性、合理性，以及如何设置其二级学科的体系的问题。艺术学理论现在属于艺术学学科下的一级学科，但艺术学理论应该包括什么呢？王一川在《艺术学门下需要艺术学理论吗?》① 中指出，除以艺术样式表达某种艺术学理念的艺术作品，一些作品本身就是艺术体制下新的艺术观念的表达物的先锋艺术品等特殊情况外，艺术不等于学术，艺术学才是学术，艺术学理论独立的依据是为了弥补把艺术学术化的渠道之不足。在回顾艺术学学科升级的历程时，东南大学王廷信教授指出，艺术学理论的学科范围主要体现在艺术史、艺术理论、艺术批评和艺术跨学科研究诸领域当中，理论界应力求在不同艺术门类当中寻找制约艺术现象的批评规律②。关于艺术学理论的研究对象，邢莉则在《艺术学理论一级学科的解读》一文中更深入地分析了艺术学的中国理论基点，提出，作为中国特定时期的产物，艺术学理论要明确和强调其中国属性，艺术学理论的研究对象应该是中国，尤其是传统古代的艺术理论③。这一主张站位在中国艺术学发展的立场，突出学科的中国特色有其独到的理论意义，但是其观点又过分强调艺术学研究的问题必须是中国的，尤其是中国传统的，过分注重中国传统、古代经典艺术理论，忽略了在现代社会条件下的许多种艺术活动有可能是与中国传统联系并不是很密切的，如果以开放的心态来看待，艺术学理论是要研究所有艺术的共性规律的话，那就绝不能将其问题域局限在中国，特别是中国古代这一部分。金雅《关于艺术学理论学科属性和价值维度的思考》④，讨论学科的意义，指出艺术学理论既具有阐释解决艺术规律和艺术技能问题的科学职责，也具有阐释建构艺术价值和生命意义的人文职责。

---

① 王一川:《艺术学门下需要艺术学理论吗?》,《文艺争鸣》2012年第3期。

② 王廷信、岳晓英:《艺术学的升级及其意义——王廷信教授访谈录》,《艺术学界》2011年12期。

③ 邢莉:《艺术学理论一级学科的解读》,《东南大学学报（哲学社会科学版）》2012年第2期。

④ 金雅:《关于艺术学理论学科属性和价值维度的思考》,《艺术百家》2011年第6期。

六、有关艺术基础理论问题的深入思考

整体看来，由于学科升级所具有的里程碑的意义以及由升级所带来的学科结构的调整等深刻的变动，艺术学界将学科升级、学科建设置于聚集点给予集中的关切和探讨，成为这两年艺术学研究的重头戏亦在情理之中。不过，在学科业已升级、学科发展处于“进行时”的状态下，学科建设这一主题虽热度未减，但艺术学研究终究还是要回归艺术本体进行艺术基础理论的思考。关于艺术的基础理论研究才是支撑艺术学理论学科发展的核心内容。两年中，有关艺术基础理论的研究尽管没有集中到某一、两个主题，但各方面却有对艺术理论及现实社会艺术发展的种种意识、忧虑及期待。王晓岗《论艺术生产三重价值的制衡原则》① 中分析了艺术的社会价值、审美价值及商品价值，并重点对融入我们日常生活的大众文化的三重价值失衡状态进行了批判。这篇文章反对精英化的文化艺术观，希望理论界多关注日常的却又隐含着社会价值判断的大众文化。田川流则在《论俗文化的当代意义》② 中，分析了俗文化与雅文化的关系，指出俗文化和雅文化相对应而存在的文化形态，在长期的文化发展中既相互对立和依存，又并行不悖，特别是俗文化的特有表现方式与内容，使其在长期的文化实践与积淀中形成了鲜明的艺术特点与审美趣味，并提出要正确对待和引导俗文化的发展。郁火星的《西方艺术研究中的马克思主义方法》③ 则重点对马克思主义方法在西方 20 世纪艺术研究领域的状况进行了梳理。姜耕玉《中国古代原创性理论的发掘——〈艺术辩证法——中国智慧形式〉（修订本）序言》④ 提出，中国古老的阴阳艺术辩证法原理具有普遍性，但在具体作品里，在独特的艺术创造过程中，其形式又有独特的表现及底蕴。在对中国古代艺术辩证法的研究中，应从追本溯源中揭示其本性和特质，彰显其独具理论生命的中国元素。

关于艺术基础理论的研究还有几本重要的著作需要推介。其中上海三联书店出版发行的陈旭光《艺术问题》就是一部艺术学基础理论著作，该书从艺术的概念、历史、本源、创造、探索、批评和艺术难题等方面系统论述艺术。朱志荣的《中国艺术哲学》由华东师范大学出版社 2012 年 6 月出版，这是一部艺术哲学理论著作，共分为五个部分：绪论、主体、本体、特质、神采、流变，着重对中国古代的艺术理论进行系统梳理、概括和总结，其中体现了作者对中国古代艺术思想的哲学思考和当代意识，阐述了中国艺术思想中的独特的范畴、诗性的思维方式和强烈的生命意识等。该书不仅有助于深化中国艺术史、艺术理论史和艺术批评史的研究，推进当代的艺术创作欣赏和批评，而且可以为世界艺术提供宝贵的理论资源。张晶《艺术美学论》2012 年 5 月由中国文联出版社出版。该书分上中下三部分。上编思辨形态的艺术美学，中编中国古代的艺术美学，下编当代艺术美学。书中彰显了艺术之美，解答了艺术的审美规律，探索了文学与艺术的审美共通性，阐释了艺术美学的建构之维。从思辨形态的艺术美学、中国古代艺术美学和当代艺术美学三个角度、诸多论域，建构了具有各种艺术形态通识共性的美学理论。张冰《丹托的艺术终结观研究》⑤ 对丹托的艺术终结从叙事的终结方面做了探讨，还从其他方面进行了分析：即哲学化、历史意义的终结、发展与进步可能性的耗尽。针对丹托自己在不同的时期对这几个方面进行的不同程度的深化拓展及变化进行了深入剖析。在丁国旗所著的《论艺术——承诺与守望》⑥ 一书中，作者讨论了艺术是走向没落还是重生？经历了漫长曲折的艺术史道路，自身仍扑朔迷离的当代艺术会将人类的艺术引向何方？从意识形态到艺术观念，从大众影视艺术到“反艺术”的当代艺术，从网络文学到消费时代的艺术，书中以理论探索的维度指向对现实艺术生产活动本身的分析与批判。思考艺术与社会、艺术与人的存在，以及艺术自身的问题，这正是艺术理论的任务之一。

---

① 王晓岗:《论艺术生产三重价值的制衡原则》，《文艺理论与批评》2012 年第 3 期。

② 田川流:《论俗文化的当代意义》，《艺术百家》2012 年第 3 期。

③ 郁火星:《西方艺术研究中的马克思主义方法》，《东南大学学报》2012 年第 3 期。

④ 姜耕玉:《中国古代原创性理论的发掘——〈艺术辩证法——中国智慧形式〉（修订本）序言》，《贵州大学学报（艺术版）》2012 年第 1 期。

⑤ 张冰:《丹托的艺术终结观研究》，中国社会科学出版社 2012 年版。

⑥ 丁国旗:《论艺术——承诺与守望》，中国社会科学出版社 2012 年版。

七、艺术批评、艺术产业、艺术管理等其他问题的探讨

艺术批评史方面，两年来几种艺术批评史研究方法的提出显得尤其特别。2011 年 9 月凌继尧教授主编的《中国艺术批评史》由上海人民出版社出版，这是我国第一部艺术批评史。阐述了我国先秦汉代、魏晋南北朝、唐宋、元明清和近代艺术批评思想发展的历史。该书不是各种门类的艺术批评思想（如绘画批评、音乐批评、舞蹈批评、书法批评、戏剧批评、设计批评等）的发展史的集合，而是从各种门类艺术批评、诸子百家著述和两汉儒生注经中，抽取、提炼出适用于整个艺术批评的命题、概念、观点和思想加以系统的阐述，在研究方法上，坚持对原典尽量作出符合它的原初含义的阐释，力求平心持论，而不深文周纳①。有学者提出，艺术考古学作为与艺术史学科最相关联的新交叉学科，其强调空间位置与情境分析的方法也适用于艺术史研究，其研究方法应当引入到艺术史中。② 另外也有通过阐述在 1979 年以来的中国新艺术史写作特征，发现当下的研究中，本体论阐释或者形式分析仍然是美术史写作的主流，人们很难对不同艺术现象和材料进行符合艺术史意义的安排，因此如何看待新时期艺术的基本语境以及涉及语境文明背景成为重要课题。文章讨论了晚清以来的艺术发展与语境的关系，强调了历史学家高度重视语境的必要性。这将对如何书写今天的世界艺术史产生重大影响③。夏燕靖在《钩沉与还原：中国现当代艺术学史的多视域整合》④ 中以史学研究中通常采用的钩沉与还原的多重叙史路径，对中国现当代艺术学史的发展脉络进行挖掘与整理，力求揭示中国现当代艺术学史包含在文学理论、文艺学、美学、文化史学，以及各门类艺术史论之中特有的呈现方式，以此勾画出中国现当代艺术学史的整体面貌，进而把握中国现当代艺术学史在其发展进程中具有的内在规律的贯通性，以建构起中国现当代艺术学史的书写与史学研究的基本框架。艺术批评史研究的论文主要有刘道广《中国先秦宗法思想对“乐”艺术批评的历史影响》等⑤。

有学者指出我国当代艺术批评的发展远远落后于艺术创作，当代艺术所面临的“西式化”、“过度学术化”、“市场化”、“网络草根化”四个突出倾向更是当前我国艺术批评所面临的困境。⑥ 王列生的《艺术物化与艺术批评“被物化”》⑦ 则讨论了在文化产业背景下的艺术受资本掣肘后的物化浪潮，而且这种物化充斥在艺术生产关系中，其中财富艺术批评以绝对性优势压倒本体艺术批评，艺术批评的全面被物化已成为无可争议的事实。形而上艺术本体精神存在与形而下艺术载体物质存在究竟如何成为我们面对的艺术对象整体？人格化独立批评主体与反人格化资本权力话语二者谁更具艺术批评的合法性？我们能不能以新的方式思考并重建艺术家园以及其中的意义？面对这些问题，重要的是要建构起合理有效的艺术价值秩序，包括对当代艺术批评的功能修复。但是，在回答了前两个问题之后，作者也同样无奈地指出，在存在论的逻辑下，面对无边无际的资本的包围，自己的立场和学理判断很难达到非常清晰的程度，但仍对在困境中坚守人格化独立批评主体身份和尊严的艺术批评家致以敬意。王一川教授转变研究视角，通过探讨艺术公赏力，就学术界的艺术批评如何在新形势下重新找到自己的位置提出新的观点。⑧ 王教授从艺术学理论本体研究出发，以开放的学术态度，关注现实社会中的艺术公赏力概念内部的艺术可赏质，认为艺术可赏质是当艺术品遭遇公共领域信任危机时凸显出来的新问题，呈现一般公共事务特点，呼吁需要在以往艺术品层次论、品级论等基础上引入艺术体制、艺术分众和社会生活情境要素，从客体要素与主体要素的交融中综合分析艺术可赏质⑨。值得提出的一点是，在《通向公民社会的

---

① 凌继尧:《中国艺术批评史的研究对象和方法》,《江西社会科学》2011 年第 11 期。
② 顾平:《艺术史研究中的艺术考古学方法》,《文艺研究》2011 年第 11 期。
③ 吕澎:《“溪山清远”的当代含义——关于中国当代艺术史书写的语境问题》,《文艺研究》2011 年第 12 期。
④ 夏燕靖:《钩沉与还原：中国现当代艺术学史的多视域整合》,《艺术百家》2012 年第 1 期。
⑤ 刘道广:《中国先秦宗法思想对“乐”艺术批评的历史影响》,《艺术百家》2012 年第 5 期。
⑥ 刘涵:《当代艺术批评现状的反思》,《文艺理论与批评》2012 年第 4 期。
⑦ 王列生:《艺术物化与艺术批评“被物化”》,《艺术评论》2012 年第 4 期。
⑧ 王一川:《通向公民社会的艺术批评》,《艺术评论》2012 年第 3 期。
⑨ 王一川:《论艺术可赏质》,《当代文坛》2012 年第 2 期。

艺术批评》一文中，王一川清晰地阐释了艺术批评的三个转变，并指出三次转变虽然是依次历时地发生的，但一旦发生就不会因失势而轻易地全然退出，而是以不同方式存活下来，共同叠加交错、相互缠绕为现有的批评多元形态。每种形态都有自我的社会存在价值与意义。同时，对艺术家、艺术作品、艺术创作等要素构成的生产环节进行探索，也是艺术批评理论本体研究的重要内容。例如彭锋《当代艺术中的回归》① 中指出，当代艺术前卫或者先锋的姿态，体现在不断挑战艺术自身的边界，但不断挑战艺术边界的结果，不可避免地会让艺术受到伤害。伤害艺术的后果，就是艺术逐渐淡出人们的视野，不再能发挥它应有的社会作用，因此在保持当代艺术概念的开放性的同时，理论界出现了向美术、学术、技术回归的倾向。朱青生、王思泓《艺术组的存在与价值》② 从艺术生产的视角，重点讨论了艺术活动中"组"对艺术家个人的作用、对艺术活动的影响以及对艺术史的推进。李倍雷、张祖华《建构当代艺术的批评制度》认为，当代艺术需要建立一个批评的制度，在关注艺术理论家和艺术批评家的同时，还应涉及受众群体，中国的艺术活动在承担其培养大众认知艺术能力的同时，将构建起一个公共领域的批评制度。李明军、熊元义在《文艺批评与文艺争鸣》中指出，真正的文艺争鸣不但能够活跃文艺批评思维，增强文艺批评的活力，而且能够促使文艺批评在充分的比较中更好地发现真理。但是，中国当代文艺批评界这种文艺争鸣愈来愈稀少。即使偶尔出现，也是在没有是非判断中草草收场。这是很不利于中国当代文艺批评发展的。

新兴的应用性艺术理论学科得到较为迅速的推进，例如艺术经济学、艺术管理学等方面的著述多从文化产业、公共文化服务体系等角度对国家文化事业发展现状等进行研究，一些政策研究者对此较有发言权，也形成了很多有效的理论。但就学科而言，艺术管理的基础理论研究偏冷寂，没能形成大的格局。虽然艺术管理这个专业涉及的学科门类非常多，如音乐、舞蹈、戏剧、视觉艺术，等等，在学科建设、人才培养方面的差异不言而喻，但是，从理论的角度看，不同门类的艺术活动方式有其共通性，也应该有共同的艺术管理基础理论。事实上，整个艺术学界偏重于实践操作，缺乏基础理论研究已经成为这个学科的软肋。当然，也有一些比较富有理论意义的专著和论述出现，有关艺术产业与艺术管理等问题的探讨取得一定成果。出版物方面，如谢大京的《艺术管理（新版）》③ 以艺术管理的宏观制度构架研究为主，介绍了发达国家的艺术管理模式，我国文化体制的形成与演变历程，并对国家不断推动的文化体制改革情况进行了梳理，同时书中深入到艺术管理的具体运行过程，介绍了演艺团体的领导者、演艺团体和剧场产业运作、舞台管理、旅游演出、音乐剧运营、观众拓展、演艺业投融资、艺术基金会、少数民族地区文化艺术活动产业化运作等。论文方面，主要有顾欣《中国文化产业发展核心是体制改革》，贾磊磊《流行文化是增强文化软实力的重要力量》，田川流《艺术管理的当代使命与基本原则》④ 等。田川流从宏观角度对当代艺术管理体系提出了结构性要求，希望要创造良好的机制与环境，发展艺术产业，发展公益性与公共性艺术，保护和科学利用艺术资源与艺术遗产等。王廷信则在《艺术进入创意产业的基本态度与路径》一文中通过论述创造性是艺术与创意产业的共通特征，二者也因这种共性相互结合，提出艺术一方面需要摆脱传统的无利害观念，需要以讲求功用性的态度与市场需求结合；另一方面也需要通过不同的方式商品化，唯有这样，艺术才能进入创意产业。⑤ 艺术发展到今日，作为一个专业领域，艺术创作、艺术管理和艺术批评已共同形成一个现实的艺术生产圈，艺术管理是连通艺术的实践与理论的关键要素，关于它的基础理论中国艺术学界的研究中还未获得普遍的关注，仍属较为滞后、比较尴尬的位置，在今后的理论研究中需要付诸更多精力。

---

① 彭锋:《当代艺术中的回归》,《美术观察》2012 年第 11 期。

② 朱青生、王思泓:《艺术组的存在与价值》,《东方艺术》2012 年第 3 期。

③ 谢大京:《艺术管理（新版）》，法律出版社 2012 年版。

④ 田川流:《艺术管理的当代使命与基本原则》,《汕头大学学报（哲学社会科学版）》2012 年第 1 期。

⑤ 王廷信:《艺术进入创意产业的基本态度和路径》,《河南社会科学》2011 年第 11 期。

八、有关艺术教育

在这两年有关艺术教育的论述中，叶朗《引领全社会重视艺术教育》① 一文引人注目，文中认为艺术教育有两点需要强调。第一，要在各种场合进一步宣传艺术教育的重要意义。要通过人文教育、艺术教育不断提高广大学生的品位和格调，引导学生去追求一种更有意义和更有价值的人生，引导学生不断地提升自己的人生境界。第二，要更加重视校园文化环境的建设和整个社会文化环境的建设。我们的大中小学要尽可能地营造浓厚的文化氛围和艺术氛围，大学还要营造浓厚的学术氛围。我们要创造条件使大学生更多地接触艺术经典、文化经典，用文化经典、艺术经典引导青少年去寻求人生的意义，去追求更高的境界。彭吉象《艺术教育：辉煌二十年》细致梳理了过去20年中我国的专业艺术教育与广义艺术教育的发展历程及其取得的辉煌成就。此外，凌继尧《“集体审丑”语境中的艺术教育》②，曹意强《艺术教育与创新型人才培养》③，尹文《当代应试教育背景下的艺术素质教育》④ 等也从不同角度对艺术教育提出了新的理念，引发人们从多层面、多角度去认识艺术的教育功能。李丕宇《论艺术学门类的内涵与学科、专业目录设置》⑤ 侧重从艺术的特殊性及艺术学门类的独立性和综合性、艺术学专业教育的学科性质，讨论艺术学门下学科专业目录的设置逻辑和教育理念问题，并结合新颁行的《学位授予和人才培养学科目录2011年》，思考其存在的问题和可能引发的学科建设、专业设置和教育发展中的种种问题。2012年10月在河南大学主办的第八届全国艺术学年会上，仲呈祥提醒我们，高等艺术院校是中华民族艺术思维的先锋阵地，艺术院校要能敞开思想探讨艺术的独特功能、把握艺术的独特规律、承担艺术的社会担当，面对各大院校竞相申报各种艺术学学科的硕士、博士学位点现象，他指出虽然艺术学学科发展面临着极好机遇，但是学科建设中一定要注意防止冒进，要尊重学科规律，要尊重文化艺术发展的规律。既要有学理的思考又要联系当前的社会实际，积极面对我们当前社会中的现实问题，保障艺术学学科建设健康、顺利发展。

近年来，作为艺术学中的新兴交叉学科，艺术人类学的异军突起引人注目，2011、2012两年中，艺术人类学研究成果斐然。有关这两年中艺术人类学的研究情况，请参阅王永健《2011、2012年中国艺术人类学研究综述》。

李心峰　中国艺术研究院研究员、博士生导师
孙晓霞　中国艺术研究院助理研究员

---

① 叶朗：《引领全社会重视艺术教育》，《美育学刊》2012年第3期。
② 凌继尧：《“集体审丑”语境中的艺术教育》，《艺术教育》2011年10期。
③ 曹意强：《艺术教育与创新型人才培养》，《艺术教育》2011年第4期。
④ 尹文：《当代应试教育背景下的艺术素质教育》，《艺术百家》2012年第6期。
⑤ 李丕宇：《论艺术学门类的内涵与学科、专业目录设置》，《山东艺术学院学报》2011年第6期。

2011年—2012年中国艺术人类学研究综述

◎王永健

2011－2012年，中国艺术人类学研究在多个领域取得了明显进展，主要表现在以下几个方面：

第一，国内艺术人类学相关研究和西方艺术人类学译介著作相继涌现。一方面，有利于国内学界了解国外艺术人类学的现状和发展趋势；另一方面，促进了中国艺术人类学学科本土的深化发展。

第二，中国艺术人类学学会发展迅猛，每年主办的“中国艺术人类学年会”成为学术交流与对话的一个平台，有力地促进了中国艺术人类学学术研究的发展。

第三，艺术人类学理论和个案研究的讨论成为本时期的一个热点问题。

一、西方艺术人类学译介和国内艺术人类学相关研究著作相继涌现

（一）国内艺术人类学相关研究著作的出版

作为一门新兴学科，国内有关艺术人类学的论著并不多见。这段时期，国内艺术人类学相关研究的著作主要以论文集和田野个案研究为主。

周星教授编选了《中国艺术人类学基础读本》① 一书。该书共收录论文43篇，分成三编，第一编为“学术史、学科建构与研究方法”，第二编为“专题性研究与论述”，第三编为“田野调查与个案分析”。这些论文大部分写于2006年之后，作者多为近年来活跃于艺术人类学领域的研究人员。在该书的“导言”部分，周星对中国艺术人类学的研究情况、艺术人类学和非物质文化遗产之间的关系进行了分析，并就每篇文章的主要内容进行了摘要式的概述，对这些论文的研究路径、关注问题、思考取向等做了简略评述。可以说，该书代表了中国艺术人类学的最新研究成果和最高研究水平，可以作为了解中国艺术人类学研究现状基础读物和艺术人类学教学的基础教材。

2005年，由云南大学何明主持的教育部人文社会科学基金立项课题“中国艺术人类学研究理论方法探论及其学科化建设”，经过几年的研究，其研究成果在本段时期有一部分以艺术人类学丛书的方式陆续出版，主要有何明主编的《走向市场的民族艺术》②、《仪式中的艺术》③、洪颖主编的《田野中的艺术》④ 三本论文集。之所以要出版一套这样的丛书，编者有其明显的学科建构意识，推进以艺术建构经验研究为主旨的艺术人类学探索，如何明在丛书出版说明中所言：“本丛书拟打通致力于社会文化研究的人类学和致力于艺术及审美研究的美学、文艺学和艺术学等学科壁垒，将人类学方法运用于艺术研究，建构迈向经验研究的艺术人类学，展开一系列在生活世界中解读艺术的学术实践，以求从艺术切入呈现中国社会文化的状态并对艺术的相关学术命题做出更为有力有效的应答”。

中国艺术人类学学会编《非物质文化遗产与艺术人类学》（上下册）⑤，是2010年中国艺术人类学国际学术研讨会后出版的论文集。按照研讨的主题，分为非物质文化遗产保护的理论研究、非物质文化遗产保护方式和传承模式的探讨、艺术人类学的理论研究、艺术人类学的田野与个案研究四个部分共计71篇论文。

---

① 周星主编:《中国艺术人类学基础读本》，学苑出版社2011年版。

② 何明主编:《走向市场的民族艺术》，社会科学文献出版社2011年版。

③ 何明主编:《仪式中的艺术》，社会科学文献出版社2011年版。

④ 洪颖主编:《田野中的艺术》，社会科学文献出版社2012年版。

⑤ 中国艺术人类学学会编:《非物质文化遗产与艺术人类学》（上下册），学苑出版社2012年版。

洛秦主编的《音乐人类学的理论与方法导论》[①]，是一部具体艺术门类学科的学术研究性教程，由国内音乐人类学研究领域的前沿学者共同编写完成。在此书中，作者力图完整呈现国内外学界最新及前沿的学术动态及其主要学术研究成果，尽可能全面地反映学科的发展历程、典型的学科理论与方法以及重要论域与新兴视角等各个方面，作者立足于本国音乐文化语境，以国际学术视野来阐释音乐人类学的特征及其价值。可以说是中国学者对音乐人类学的认识、研究和思考，承载着音乐人类学在“中国实践”基础上积累而成的“中国经验”。

此外，刘统霞的《被表述的民俗艺术：对商河鼓子秧歌的历史人类学考察》[②]、曲艳玲、王伟合著的《云南纸马的艺术人类学解读》[③]、崔鸿飞的《灯神乐舞：秀山花灯人类学研究》[④] 等著作，以人类学的方法对不同艺术门类的民间艺术进行了研究，为学界呈现了艺术人类学研究的田野个案文本。

（二）西方艺术人类学译介

西方艺术人类学译介可以分为两个层面，即西方艺术人类学著述翻译和中国学者对西方艺术人类学研究的引介。当代中国艺术人类学研究正处于起步阶段，西方艺术人类学著述的译介可以为国内学者与国外学界的交流与对话创设语境，为从事艺术人类学的学者、学生们提供了参考书籍和理论工具，也可以为本土化的中国艺术人类学学科建设和理论建构打下了良好的基础。

《苏亚人为什么歌唱?》[⑤] 是一本关于南美土著社区歌唱的书，同时也是研究音乐和音乐在社会化过程中角色的书。西格尔在本书中提供了一种新的书写角度。他把这称之为“音乐人类学”（Musical anthropology）。即音乐涉及多个文化和社会生活范畴，是社会和观念关系的特别结构和阐释，从文化和社会中的音乐来研究社会，这种认识与传统人类学中只将艺术当成文化的附属部分来研究有了很大的区别。作者展现了音乐是如何构建社会和文化行为的问题，认为歌唱是“社会生产与再生产”的本质部分。它解决了一些表面上很简单的问题，这些问题主要是关于一个小小的巴西印第安社区内的音乐事件，比如说为什么一个特殊的团体的成员那么重视歌曲；为什么歌曲的表演有特定的结构、音色和风格；为什么社区的特定成员以一些特殊的方式为特定的观众演唱那些特别的东西。答案暗含在人们关于声音和歌曲的理念里，同时也在歌唱与其他口头形式和社会过程的关系中。

阿尔弗雷德·吉尔著，尹庆红翻译的《定义问题：艺术人类学的需要》，主要讨论了如何定义艺术人类学的问题。作者认为，过去的艺术人类学理论主要对殖民地和后殖民地艺术品以及“原始艺术”的研究，其研究方法就是将西方的艺术理论运用于非西方社会的艺术研究。这种理论相信每一种文化都有其特有的美学体系，艺术人类学的任务就是阐释该文化中的美学特征。这种研究在本质上是强化和延伸了西方艺术公众的审美感知，并不能构成真正的艺术人类学。人类学是一门社会科学而不是人文科学，其特定的主题是社会关系，这意味着艺术人类学的重点是艺术生产、流通和接受的社会语境。艺术品的定义既不是由艺术制度来认定，也不是具有符号的、审美的、用于表达意义的物品，而是一套行为体系，意在改变世界。在艺术人类学理论内，以“行为”为中心来研究艺术物品在协调社会能动性中的社会关系。艺术人类学也不同于艺术社会学，艺术社会学主要是对西方社会的艺术制度的研究，艺术人类学更关心艺术品周围的关系网络。人类学把人的行为放在一个具体的社会情境中，来解释人的行为意义。艺术人类学理论的目标是解释艺术品在这种关系情景中的生产和流通。[⑥]

威尔弗雷德·范·丹姆著，关祎翻译的《“艺术知识”：非物质文化遗产和艺术人类学》一文，作者认为，艺术人类学的基本任务是记录全世界不同文化中的“艺术知识”。当不同人类群体的各种非物

---

① 洛秦主编：《音乐人类学的理论与方法导论》，上海音乐学院出版社 2011 年版。
② 刘统霞：《被表述的民俗艺术：对商河鼓子秧歌的历史人类学考察》，知识产权出版社 2011 年版。
③ 曲艳玲、王伟：《云南纸马的艺术人类学解读》，云南大学出版社 2011 年版。
④ 崔鸿飞：《灯神乐舞：秀山花灯人类学研究》，中央民族大学出版社 2012 年版。
⑤ 安东尼·西格尔：《苏亚人为什么歌唱：亚马孙河流域印第安人音乐的人类学研究》，赵雪萍、陈铭道译，上海音乐学院出版社 2012 年版。
⑥ 阿尔弗雷德·吉尔：《定义问题：艺术人类学的需要》，尹庆红译，《马克思主义美学研究》2011 年第 1 期。

质文化遗产被记录下来，并被放入各自文化语境中之后，下一步就是要对民族志数据进行比较，由此建立模型，并最终解释人们不同艺术观的相异与相似之处。①

威尔弗雷德·范·丹姆著，李修建翻译的《风格、文化价值和挪用：西方艺术人类学历史中的三种范式》，文章选取西赤道非洲的芳族雕像作为个案研究，探讨了西方过去半个世纪以来的艺术人类学的三种范式。第一种范式是风格分析，将雕像本体以及形态特征作为研究对象。这种定量分析方法旨在区分雕像风格以及亚风格，其目的是对于芳族的艺术生产作出地理定位。这样的类型学方法被认为带有殖民根源，服务于监管与控制的目的。第二种范式是定性分析，关注的是意义而非形式。在本土研究基础之上，人类学家将芳族雕像看作是芳族社会文化价值系统的体现。这种方法是建立在田野调查基础之上的，突出文化的独特价值与思维方式，这种方法被认为是古典文化人类学范式，承袭了博厄斯在美国所开创的学派，这种研究传统起源于十九世纪的德国。第三种范式是后殖民方法。这种范式考察了自十九世纪以来雕像进入欧洲以来西方艺术家、收藏家以及博物馆对于芳族雕像的态度。这种方式关注对这些物品的挪用，包括将它们重新标识为“艺术品”，以及它们在国际艺术市场上的商品化。②

方李莉的《后现代主义背景下的西方艺术人类学述论》一文，分别从后代主义思潮下的艺术人类学发展、艺术人类学理论、艺术民族志观点，概要描述20世纪70年代以来，西方艺术人类学的发展脉络、学者们普遍关注的理论命题、艺术人类学方法论的创新实践，以及对当前中国艺术人类学研究的启示。③ 李修建的《雷蒙德·弗思的艺术人类学研究》④ 一文，介绍了弗思的艺术人类学研究，从“如何定义艺术”、“艺术人类学的研究方法”、“艺术人类学史的划分”、“社会变迁下的艺术研究”四个方面系统阐述了弗思的艺术人类学思想和观点。

罗易扉的《资本的渗透——克里斯托弗·斯坦纳与〈流通中的非洲艺术〉》一文，介绍了美国艺术人类学家克里斯托弗·斯坦纳的著作《流通中的非洲艺术》，这是一部关于非洲艺术的杰作。展现了流通中的非洲艺术中出现的种种社会现象，详细描述了资本通过艺术物品流通渗透的过程，并提出了原真性的问题。其隐形的文本中透出西方对于非洲的文化想象与殖民记忆，同时，亦体现了非洲本土人民在全球化时代身份认同的丢失。文章再现了在流通中的非洲艺术物品的“脱境”过程，从原住民的“物”而成为西方“艺术”的流通之旅，凸显了“知识介质”在流通之中的力量。⑤

刘正爱的《“抢注”中的中国艺术人类学——兼及日本的艺术人类学研究》，在中国，美学、文艺学、人类学、民俗学等领域的学者纷纷打出艺术人类学的招牌，关于何谓艺术人类学、如何看待艺术等问题，学者们各持己见。相对于强调艺术本质论及艺术发生学的美学、文艺学专家而言，人类学家和民俗学家则强调注重艺术的情境，强调艺术要以人为本，要注重整体观以及文化理念等。日本学者提出的“艺术周边”理念，消解了艺术的本质性，有利于将人类学的艺术研究带到一个更加开放的世界，有启发意义。对于跨学科的艺术人类学而言，重要的不仅是不同学科间的相互交流，而且还需要在长期的学术积累中把握对方的问题意识。⑥

二、中国艺术人类学学会及相关学术活动

2006年成立的中国艺术人类学学会，作为一个学术社团组织，每年举办艺术人类学年会，欢迎来自各个学科的学者参会，也会邀请在国际学界享有盛名的艺术人类学学者共聚一堂，不仅讨论中国的社

---

① 威尔弗雷德·范·丹姆：《“艺术知识”：非物质文化遗产和艺术人类学》，关祎译，《内蒙古大学艺术学院学报》2012年第3期。

② 威尔弗雷德·范·丹姆：《风格、文化价值和挪用：西方艺术人类学历史中的三种范式》，李修建译，《江南大学学报（人文社会科学版）》2012年第3期。

③ 方李莉：《后现代主义背景下的西方艺术人类学述论》，《江南大学学报（人文社会科学版）》2011年第4期。

④ 李修建：《雷蒙德·弗思的艺术人类学研究》，《思想战线》2011年第1期。

⑤ 罗易扉：《资本的渗透——克里斯托弗·斯坦纳与〈流通中的非洲艺术〉》，《江南大学学报（人文社会科学版）》2011年第4期。

⑥ 刘正爱：《“抢注”中的中国艺术人类学——兼及日本的艺术人类学研究》，《思想战线》2011年第4期。

会问题，也关注国际社会所共同面临的问题，是一个双向互动与交流的学会。中国艺术人类学学会成立之后，积极开展学术活动，会员由成立之初的100多人发展到现在的500多人，有效地聚拢了国内艺术人类学的研究力量，推动了艺术人类学学术研究的发展。2011年至2012年，中国艺术人类学学会与地方院校合作共举办了两次国际学术研讨会，产生了较为强烈的学术影响。

2011年11月11日至15日，中国艺术人类学学会和玉溪师范学院主办，玉溪师范学院艺术学院承办的“2011中国艺术人类学学术研讨会”在玉溪师范学院召开。该年会以“艺术活态传承与文化共享”为主题，来自国内外的120余名艺术人类学专家、学者参加了年会。探讨的议题分为艺术人类学理论研究、非遗理论与个案研究、造型艺术研究、表演艺术与民俗研究四个版块。会议上，国内外学者立足田野，以丰富的调查资料为基础，对丰富多样的民族艺术、民间艺术进行展示、梳理和反思，对国内外非物质文化遗产保护过程中获得的经验与得失进行总结与交流，比如艺术与文化的再生产，艺术与文化场域的建构，艺术表演与政治权利的伸张，艺术与社会结构的关系，还有艺术与文化生态多样性的构成，艺术与非物质文化遗产保护，艺术与旅游业及文化产业的发展等问题。而对这些问题的理解及研究，唯有运用人类学的艺术民族志的描述，以及艺术人类学的研究视角，才能得以深入的探讨和得以较完整的认识。因为这是一个跨学科以及跨文化的研究领域，多样化的研究视角，多样化的理论和观点，多样化的研究方法等，都可以在这里得到展现、交锋及交融。这也就是为什么艺术人类学在今天开始被越来越多不同领域学者所关注的根本原因。①

2012年7月20日至23日，由中国艺术人类学学会、内蒙古大学艺术学院共同主办的“2012年中国艺术人类学年会暨学术研讨会”在呼和浩特开幕。来自国内外150余位艺术人类学领域的专家、学者参加了此次会议。会议的主要议题有：“中国少数民族地区民族民间非物质文化遗产的传承与保护”、“艺术人类学在中国少数民族‘非遗’保护中的理论与实践”、“艺术人类学田野调查个案研究（音乐、舞蹈、美术、民俗等）”、“艺术人类学研究与建设文化强国战略”。会议共收到参会论文130余篇，按研究主题分为“艺术人类学理论研究”、“非物质文化遗产理论与个案研究”、“造型艺术研究”、“表演艺术研究”、“民俗艺术研究”五个部分。

三、艺术人类学理论和个案研究

这段时期，关于艺术人类学的学科建设与理论研究方面的探讨较为突出，有一些学术刊物开辟专栏讨论艺术人类学相关学术问题，成为此时期学术研究的一个亮点；有关非物质文化遗产和个案研究中，涌现出了多种不同视角的艺术人类学研究，它们合力推动着中国艺术人类学研究不断向前进步。

（一）学术刊物的专栏探讨

2011年，云南大学主办的《思想战线》杂志推出“艺术人类学探论”专栏，刊发艺术人类学领域的理论或基于田野考察的艺术研究文章，以冀推进这一新的、引起学界普遍关注的学术研究领域的建设与发展。主要有王建民的《论艺术人类学研究的学科定位》、何明的《迈向艺术建构经验的艺术人类学》、海力波的《艺术人类学视野下的审美认知研究》、李修建的《雷蒙德·弗思的艺术人类学研究》等几篇文章。

王建民的《论艺术人类学研究的学科定位》一文，作者通过对艺术人类学学科的认知、学科基本定义、中国艺术人类学的学科构成等方面的深入探讨，来认识和分析艺术人类学研究的学科定位及艺术人类学研究的学科化所具有的重要意义。在艺术人类学学科发展中，应当秉承人类学立场的艺术人类学研究，明确学科定位，不断深化理论思考。与此同时又需要有更大的包容性，既基于学科的纯洁性，发展建立在学科认同基础上的理论追求，又能够面对实际问题开展更为广泛的跨学科交流，谋求跨学科的统一性。② 何明的《迈向艺术建构经验的艺术人类学》认为，人类学对艺术研究的重视程度逐渐提高、

① 中国艺术人类学学会编:《艺术活态传承与文化共享》论文集，学苑出版社2013年版。
② 王建民:《论艺术人类学研究的学科定位》，《思想战线》2011年第1期。

参与者增多；同时，“多文化之文化”视角和“多点民族志”方法，与艺术理论和美学特别是从中派生出的“文化研究”形成了更明显的整体性把握人类建构艺术经验的“合流”态势。迈向艺术建构经验的艺术人类学，必须参与观察处于自然状态中的生活世界如何建构艺术与艺术如何表述生活世界，整体性分析艺术与日常生活、实用与非实用、审美因素与非审美因素等之间的关联。从实践出发的关系分析是艺术建构经验研究的关键工具。迈向艺术经验的艺术人类学的研究主要有两个维度：社会文化的艺术建构经验和艺术的社会文化建构经验。从这两个维度切入，会呈现包括艺术边界、艺术圈子、艺术生产、艺术变迁、艺术交流等在内的一系列重要研究论题。海力波在《艺术人类学视野下的审美认知研究》一文中指出，当前的艺术人类学研究在侧重发掘“艺术的社会性”的同时，却相对忽略了对艺术这一审美本体的言说，导致未能对艺术创作与审美批评中存在的问题做出直接有力的回应。在具体的研究路径上，艺术人类学可以将对不同文化中审美认知体系的发掘与建构、尤其以对不同审美认知体系的跨文化比较研究作为重点，从而为深化艺术人类学研究提供新的思路与视野，凸显出艺术人类学的学科特色与价值。①

《江南大学学报（人文社会科学版）》从2011年第3期开始，开辟“艺术人类学与非物质文化遗产”专栏，刊发此领域前沿理论与田野实践的文章。主要有方李莉的《技艺传承与社会发展——艺术人类学视角》、《后现代主义背景下的西方艺术人类学述论》、威尔弗雷德·范·丹姆，李修建译《风格、文化价值和挪用：西方艺术人类学历史中的三种范式》、纳日碧力戈《艺术人类学与生命艺术》、周星《汉服之“美”的建构实践与再生产》、罗易扉《资本的渗透——克里斯托弗·斯坦纳与〈流通中的非洲艺术〉》等几篇文章。

方李莉的《技艺传承与社会发展——艺术人类学视角》一文，是作者对2008年中国艺术人类学国际学术研讨会所写的一篇学术总结。用人类学以及艺术学多角度的观点和方法探讨技艺的传承与社会发展的关系，以及探讨艺术人类学与社会发展的互动构成了本篇论文的主要内容。《后现代主义背景下的西方艺术人类学述论》一文，主要从后代主义思潮下的艺术人类学发展、艺术人类学理论、艺术民族志观点，概要描述20世纪70年代以来，西方艺术人类学的发展脉络、学者们普遍关注的理论命题、艺术人类学方法论的创新实践，以及对当前中国艺术人类学研究的启示。纳日碧力戈的《艺术人类学与生命艺术》一文认为，艺术人类学从人类学角度研究艺术，重视本土观点，强调主体性、互主性，突出形气神圆融，彰显物觉和神韵的统一，追求生命艺术的境界。

（二）艺术人类学理论探讨

以人类学的方法切入艺术研究，多在共时性层面对艺术进行观照，具体表现为采用田野调查的方法对某一艺术事项进行详细的考察和深度剖析。而人类学的研究方法也可以被用作艺术史的研究，这是因为时间也会造成异文化的产生。随着时代和全球化的发展，本文化与异文化的概念发生了改变，时间造成了文化上的隔阂及陌生，时间的差距和时代的维度使我们的祖辈们完全生活在与我们不同的经验世界里。相对于我们现代人来讲，古人的世界，古人的文化，也是我们的“他者”和“异文化”，这不是由于空间的距离尺度造成的，而是由时间的距离尺度造成的。② 方李莉的《中国陶瓷艺术审美观念的形成与发展——艺术人类学视野下的新艺术史观》③，旨在以艺术人类学的视野重写中国陶瓷史，通过写史来认识中国文化，认识中国社会，并在此基础上，提出一系列值得当今时代探讨的有关中国文化与历史的新价值观的问题。写史不仅是为了过去，也是为了现在与将来。所以，写的虽然是中国陶瓷史的问题，但所涉及的内容却是所有中国艺术史或中国文化史都值得关注与探讨的问题。

人类学语境中的田野，通常主要是指对民族民间艺术的调查与研究，而伴随着中国城市化进程的加

---

① 海力波：《艺术人类学视野下的审美认知研究》，《思想战线》2011年第5期。

② 方李莉：新浪博客 http：//blog. sina. com. cn/s/blog_ 49b486f00102e4fo. html，2012年7月25日。

③ 方李莉：《中国陶瓷艺术审美观念的形成与发展——艺术人类学视野下的新艺术史观》，《民族艺术研究》2012年第6期。

速，田野不再仅仅局限于乡村中的民间艺术，而是扩展到了城市中的现代艺术，城市艺术田野成为中国艺术人类学研究进程中一个新的视界。就中国艺术人类学研究而言，城市艺术田野并没有现成的经验可寻，需要在长期的田野和理论研究中不断总结。洛秦在《“近我经验”与“近我反思”——音乐人类学的城市田野工作的方法和意义》这篇长文中，通过对音乐人类学“田野”概念的变迁，城市音乐文化的特征，“城市音乐田野”的对象、类型与范畴，城市音乐“田野工作”的方法论，“近我经验”与“近我反思”——音乐人类学的城市田野工作的意义五个方面的论述，阐述了音乐人类学城市田野工作的基本研究范式与意义。他认为“城市音乐田野”的目的与乡村的“田野”区别在于，后者为的是理解“他者”，即分析它（音乐）对于“他者”（文化）的意义，而前者大多为的是认识“我者”，认知“小我”与“大我”的关系，以及对象对于主体的意义，即它（音乐）对于“我者”（个体或群体）的意义。①

在艺术人类学的研究方法和研究路径方面，董龙昌在《走向作为审美文化批评的艺术人类学研究》② 中认为，艺术人类学是一门介于美学、艺术学和人类学之间的交叉学科，它内在地具有审美和文化两大属性。在新的文化语境中艺术人类学应该走向审美文化批评的研究范式，这一研究范式采取一种“间性”的思维方式，将对艺术的考评放在审美与文化之间，在它们的双向交流互动中把握艺术。在研究方法上，强调田野工作基础上的文化诗学方法。努力发挥其介入现实、介入生活的文化功能是艺术人类学研究的目的所在。袁东升的《艺术人类学研究路径探析》③，在对艺术概念界定的基础上，对既往的研究进行梳理并归纳艺术人类学的三条研究路径④，并指出当前艺术人类学研究在走向田野实践的同时，也开启了艺术研究的民族志实践与民族志书写的时代。黄鹤的《艺术人类学视域下的行为艺术》⑤，从规训与身体、功能与隐喻等角度切入，对行为艺术特殊的社会文化心理进行较为全面的阐释。传统分析方法对行为艺术阐释的局限，凸显了艺术人类学这一交叉学科的优势。作为一种有效的分析方法，艺术人类学开拓了行为艺术研究的传统思路，并最终实现了与行为艺术的交互诉求。

（三）非物质文化遗产与个案研究

非物质文化遗产的保护与研究是中国艺术人类学关注的热点问题之一，2003 年，国家启动了大规模的非物质遗产保护工程，在中国非物质文化遗产保护名录中，大都以艺术进行分类，有超过80%的项目为艺术类非物质文化遗产，活态的保护与传承是其主要特点。艺术人类学为艺术类非物质文化遗产的研究与保护提供了理论与方法论支撑。在保护过程中，如果我们将这部分艺术类非物质文化遗产项目从它生存的文化土壤中剥离出来，作为一种相对独立的艺术形式进行保护和研究，那我们所保护的只能是一个失却文化意义的艺术躯壳，与整体性保护的主旨背道而驰。艺术人类学关注艺术在具体文化和社会语境中的生存、发展及其变迁，它以田野调查作为学科方法论的基础，不仅关注艺术的形式，而且注重艺术形式背后的意义世界、价值观念以及文化模式的探究，这恰恰是非物质文化遗产研究与保护所需要的。很自然，许多学者借助艺术人类学的理论与方法切入非物质文化遗产保护研究，在历届中国艺术人类学年会上，非物质文化遗产保护研究成为一个十分活跃的版块，涌现出了大量鲜活的田野个案，对艺术人类学理论与方法论的运用也慢慢成为学者们的学术自觉。在 2011、2012 年年会中非物质文化遗产

---

① 洛秦:《“近我经验”与“近我反思”——音乐人类学的城市田野工作的方法和意义》,《音乐艺术（上海音乐学院学报）》2011 年第 1 期。

② 董龙昌:《走向作为审美文化批评的艺术人类学研究》,《青海民族研究》2012 年第 4 期。

③ 袁东升:《艺术人类学研究路径探析》,《黑龙江民族丛刊》2011 年第 3 期。

④ 三条路径即运用人类学的实证方法，通过考古学对史前艺术的发现和民族学对原始艺术的考察，试图勾勒出艺术的原始形态，进而探寻人类创造艺术的原始动机、心理状态，最终达到揭示艺术本质及规律的目的、功能分析、文化解释。

⑤ 黄鹤:《艺术人类学视域下的行为艺术》,《民族艺术研究》2011 年第 3 期。

研究与保护都是热点讨论的版块之一。①

在个案研究方面，许多学者通过长期而深入的田野调查，呈现了细致的艺术田野民族志文本。他们的研究并非是田野艺术现象的描述或资料堆积，而是走到艺术现象背后，去发现其背后的文化意义，揭示民间艺术在现代社会所发生的一些变迁。

周星在《从政治宣传画到旅游商品——户县农民画：一种艺术“传统”的创造与再生产》一文中，通过对户县农民画的缘起和发展历程、“运动”与文化馆的培训体制、农民画内含着深刻的悖论、农民画在新时期的重新定义、再评价和转型、农民画的现代性及旅游商品化和新的悖论五个层面的论述，深入探讨了户县农民画作为当地一种艺术传统是如何被创造出来，又是如何通过重新的描述、定义和再评价而获得新的价值、意义及“身份”，亦即农民画作为一种地方的艺术传统（民间美术）得以再生产的实践性过程。② 在《汉服之“美”的建构实践与再生产》一文中，提出了这样一个问题：“美究竟是自然的客观存在，还是在特定的传统文化脉络之下、意识形态式的政治话语体系之中、行业协会机制及艺术品市场的商业化运作的具体场景之内被人为地建构出来的?”带着这个问题，作者对全国多个兴起汉服恢复运动的城市进行了深入的田野调查，透过汉服运动，作者进入了其背后意义世界的解析，即汉服作为一种艺术实践，当然不会止步于实用性的功用，而是有着独特的审美追求。为了重振汉服之“美”，“同袍”们各显其能，发明了许多实践的路径，甚至不惜通过“冲突”来凸显汉服之“美”，这里所谓的“冲突”，部分地表现为“汉服运动”中多少存在着的“唯汉服独尊”的倾向。③ 作者的结论是，这些热衷于复兴汉服社会活动中的都市年轻人，他们通过汉服运动这种实践性行为，对美进行了重新建构。

王永健、于宙在《非物质文化遗产在民间——艺术人类学视野下的常山战鼓》④ 一文中，通过对流传于正定乡村民间鼓乐艺术的田野调查，从艺术人类学的视角，对常山战鼓的基本概况与文化生态、历史变迁与现代性语境下的重构，以及非物质文化遗产保护背景下的艺术传承进行了深入探讨。尤其值得注意的是，通过研究，作者发现在集群性民间艺术的传承中，随着城市化的发展和打工潮的勃兴，留守于村落的女性群体在民间艺术的传承中发挥了重要作用。

徐英的《蒙古四胡制作的田野考察——以制作材料、工艺及装饰纹样为主要考察内容》⑤，通过对存在于蒙古地区的乐器厂和四胡制作艺人的考察发现，不论是政府办的民族乐器厂，还是私人开设的制琴作坊，都存在一个受众面的问题。在当代社会，作为蒙古族代表性的弓弦乐器之一的四胡，其审美价值、收藏价值，已经超过了其作为乐器的实用价值，四胡的功能发生了由实用到审美的变迁。

谷鹏飞、赵琴的《中国当代服饰审美风尚与主体身份认同关系的嬗变》，作者通过研究发现，现代社会的差异政治与混杂文化剪断了前现代社会以“观念—政治—文化—身体—身份”为线索的对位式身份认同逻辑，而衍变出更为复杂的身份认同模式：从新中国成立至今，教化实用主义的服饰审美风尚、个性化的服饰审美风尚、世俗化的服饰审美风尚、多样化的服饰审美风尚渐次成为主流的审美风尚，并先后承担了规训的理性主体身份认同、启蒙的理性主体身份认同、感性化的主体身份认同与多元化的主体身份认同功能。古代服饰审美文化所承担的直接身份认同/区隔功能，遂在现代性条件下演变为多元认同主体的合力建构与秘密争夺。⑥

---

① 详细论文目录与内容可参见中国艺术人类学学会编辑的会议论文集:《艺术活态传承与文化共享》（上下册）和《非物质文化遗产传承与艺术人类学研究》，学苑出版社 2013 年版。

② 周星:《从政治宣传画到旅游商品——户县农民画：一种艺术“传统”的创造与再生产》，《民俗研究》2011 年第 4 期。

③ 周星:《汉服之“美”的建构实践与再生产》，《江南大学学报（人文社会科学版）》2012 年第 2 期。

④ 王永健、于宙:《非物质文化遗产在民间——艺术人类学视野下的常山战鼓》，《内蒙古大学艺术学院学报》2012 年第 3 期。

⑤ 中国艺术人类学学会编:《艺术活态传承与文化共享》（上），学苑出版社 2013 年版。

⑥ 谷鹏飞、赵琴:《中国当代服饰审美风尚与主体身份认同关系的嬗变》，《社会科学战线》2012 年第 6 期。

纵览这段时期中国艺术人类学研究，取得了一系列理论与田野实践的科研成果，成绩喜人。但是不可否认的是中国艺术人类学研究还处于学科建设初期，在学科建设与人才培养、田野工作的深化、学术译介、本土化的理论构建等方面略显薄弱，学科建设仍然任重而道远。

王永健　中国艺术研究院研究生院艺术人类学研究所

专题

艺术学学科升级

【文化部党组书记、部长蔡武《谋划学科建设蓝图 求索艺术发展大计——在艺术学学科建设座谈会上的讲话》】

在举国上下深入学习胡锦涛总书记“七一”重要讲话之际，在党的十七届六中全会召开前夕，我们召开这样一次高规格的艺术学科建设会议，从战略高度审视艺术学升格为学科门类所带来的发展机遇，谋划新形势下促进艺术繁荣的宏观思路，努力开创艺术教育、艺术创作、艺术理论研究和中外艺术交流新局面，是“推动文化大发展大繁荣，掀起社会主义文化建设新高潮”的重要举措。我们请艺术教育、艺术研究的专家学者们一起来座谈艺术学学科建设问题，是希望同志们在科学发展观的引领下，以高度责任感和求真务实的精神，开拓视野，深化认识，谋划学科建设蓝图，求索艺术发展大计。

进入21世纪以来，特别是党的十六大以来，党中央审时度势，以高度的文化自觉和文化自信，大力推进经济建设、政治建设、文化建设和社会建设“四位一体”协调发展，大力推进和深化文化体制改革，大力推进公共文化服务体系建设以满足人民群众日益增长的文化需要，大力推进文化产业以增强我国文化软实力，文化建设速度明显加快，综合文化国力大幅度提高。正是在这样的形势下，国务院学位委员会面对艺术教育和科研领域的现实，经过长期酝酿、深入调研和反复论证，特别是充分吸纳政协委员提案和广大专家不懈努力的智慧成果，于2011年3月24日正式将艺术学从文学中独立出来升格为学科门类，使得学科设置更加有利于满足“文化大发展大繁荣”对艺术专门人才尤其是大批高层次人才的需求，为艺术的繁荣发展提供了雄厚的人才保障，为艺术学科的全面深化奠定了更加坚实的学术体制。

在社会主义文化建设与发展格局中，文化部门不仅承担着繁重的艺术生产、艺术管理和艺术科研任务，而且也承担着繁重的艺术社会教育、艺术职业教育和高层次艺术人才的培养任务；不仅是艺术教育的承担者，而且也是艺术教育的最大受益领域；不仅会带来某些协调管理环节的直接变化，而且会带来艺术生产力更大解放的深刻社会影响。从事艺术教育和艺术研究的专家学者，以及各级文化行政部门的管理工作者，一定要充分认识艺术学升格为学科门类的意义和价值，转变发展观念，抓住发展机遇，拓展人才培养渠道，努力把我们的工作做得更加扎实有效，更加符合艺术发展的本质要求、人民群众的迫切愿望和民族复兴的根本利益。马克思主义艺术学认为，艺术是认识世界的一种特有方式，它是人类认识世界和改造世界的重要途径。今天，人们的生活方式、审美观念和艺术诉求发生着剧烈变化，但是人类与艺术的基本关系没有变，艺术存在的基本规律没有变，广大艺术家旺盛的创造热情及对艺术的高度审美追求没有变，人民群众对艺术生活需求的不断增长的总体态势没有变。艺术生活越来越丰富，艺术领域越来越广阔，艺术人才越来越紧缺，所有这一切，都对艺术教育和艺术研究提出了更高而且更紧迫的要求。

对于艺术学升格为学科门类，我们必须把握机遇，乘势而上。其一，学科规制升格使艺术教育渠道更加广阔，学科设置更加合理，学位授权更加自主，这些不仅促进艺术专业人才尤其是高层次人才的培养与供给，而且也将促进艺术教育朝着体系化、规范化和国际化大踏步前进，有利于改善人才结构、改变人才培养模式以及合理设置文化大发展大繁荣所急需的前沿专业。其二，学科外延拓展带来学术空间的扩容，艺术知识谱系更加完善，艺术研究对象更加丰富，学科边际性、交叉性和前沿性更加凸显。其三，学科意识增强带来艺术创作、艺术生产和艺术管理的积极联动效应，艺术基础理论更加坚实，艺术批评更加活跃，理论与实践在新形势下的良性互动必将极大地解放艺术生产力。

当然，机遇同时也就是挑战：一是扩容后原有的学科关系将发生深刻的变化，如何准确地把握这些变化，为广大艺术工作者提供规范、严谨和清晰的知识路线图，不仅极为重要而且非常复杂。二是人才培养渠道和学科框架拓宽以后，必须有待广大艺术工作者长期的辛勤耕耘，必须有待一大批经得起时间检验的拔尖人才和精品力作脱颖而出，必须有待社会的普遍认可和国内外艺术界的认同。三是艺术学学科门类独立以后，更要求我们系统总结基本规律，加强艺术理论建设，敏锐捕捉前沿领域深刻变化，迅速夯实学科基础，切实推进艺术学科建设跃上一个新台阶。在此，我谈几点希望，供同志们参考。

一要充分提高认识，从落实科学发展观和转变文化发展方式的高度来看待学科升格。

我们必须清醒地认识到，随着中国特色社会主义的高歌猛进以及全面小康社会建设的全面提速，人民群众不断增长的文化需求更加高涨，满足文化需求所必备专门人才更加多样，艺术建设和文化发展过程中人才结构性矛盾日渐突出。与此同时，随着艺术与科技的高度融合，艺术形态甚至艺术业态出现了许多令人耳目一新的变化，动漫艺术、网络艺术以及数字艺术等社会影响日益显著，由此带来我们对艺术的认识、对艺术规律的把握和对艺术学科的设计等，必须与时俱进。正是从这个意义上说，我们不能小看艺术学学科升格，其中有很多大文章要做，有很多增长点需要认真梳理。在学科升格问题上想深想透，才能站得高看得远，才能有新思维、新视野、新观念，才能谋划出学科建设蓝图和思索好艺术发展大计，才能在理论上高度自觉实践中高度自信。

二要切实采取措施，把艺术学升格为学科门类的总体安排分解为各项具体有效的工作抓手。

在中国特色社会主义文化建设整体布局中，艺术事业占有极为重要的地位，而发展艺术事业又是一项长期、艰巨和复杂的文化工程，涉及的问题多，社会影响面广，对其中产生的任何一种变化，都应统筹兼顾，精心谋划，系统考虑，全面安排。艺术学升格为学科门类后，艺术教育、艺术科研和艺术管理部门的同志们，要闻声而动，着力谋划艺术学学科的长远发展大计，细致制定一级学科、二级学科甚至三级学科的学科目录，提炼一批有利于夯实艺术基础理论、有利于回答和解决艺术发展和文化建设中遇到的现实矛盾、有利于推动文化繁荣和艺术人才成长的重大课题；要调整结构，增加投入，制定出操作性强的学科发展和人才培养的激励政策与配套措施，务必努力做到高层次专门人才与职业艺术人才培养的双向发展，务必努力做到艺术理论成果与艺术实践成果的相得益彰，务必努力做到专家学者的热情与广大艺术工作者的积极性共同发力，最重要的是务必努力做到理论联系实际，达到艺术理论建设与解决现实问题的高度统一，使升格后的艺术学有非常明显的变化和令人瞩目的成果，使艺术教育、艺术科研和艺术管理出现预期的新变化。

三要尊重规律，潜心研究，以求真务实的精神认真夯实艺术学学科建设的基础。

学科建设是一项长期的工作，需要专家学者以及方方面面的力量付出长期艰辛的努力，不能靠搞运动的方式来推进。新中国成立以来，特别是改革开放以来，我们的艺术学学科建设取得了很大的成绩，为今后的发展打下了比较好的基础。艺术学升格为学科门类，对它的进一步体系化、科学化、规范化又提出了更高的现实要求，原有的学科基础可能难以适应学科升格的需要，加强艺术学学科建设的紧迫性进一步凸显出来。在艺术学升格为学科门类的大好机遇面前，广大艺术科研、艺术教育和艺术管理工作者一定要有坐“冷板凳”的准备，要以求真务实的精神、科学严谨的态度，潜心研究问题，深入把握规律，进一步夯实艺术学学科建设的基础，扎实有效地推进艺术学学科建设。

四要立足前沿，兼收并蓄，把握学科交叉融合的趋势，以开放的态度推动艺术学学科建设。

随着科学技术的迅猛发展，随着人们对自然规律、社会发展规律认识的不断深化，当前的学科发展日益呈现出交叉、融合的趋势。实践证明，在学科交叉发展的背景下，往往是边缘学科发展的速度最快，生命力最强。艺术学本身就是一个多学科交叉发展的学科，现在，在五个一级学科下又要研究设置二级学科。在学科交叉发展的新形势下，每一个艺术专业学科建设都不能简单地停留在既往的认识上，必须随着经济、政治、社会、文化的发展，随着前沿科学技术的发展，随着人文科学、自然科学的发展而发展。我们要深刻认识和把握艺术学的发展规律，从交叉学科发展的角度，既梳理和总结国外国内艺术学学科自身建设的成功经验，又广泛借鉴和吸收其他学科在建设中的有益经验，可以有流派之分，不能有门户之见，要以开放的态度对待艺术学学科建设，这样可以使艺术学学科发展得更快更好，也更可持续。

我相信，只要我们认清机遇，正视挑战，群策群力，奋发有为，就一定能实现艺术学学科建设的稳步迈进，就一定不会辜负时代的召唤、人民的重托和民族的期待，就一定能迎来艺术学科欣欣向荣、艺术人才奔涌而出、艺术研究硕果累累的美好明天！

原载《艺术百家》2011 年第 6 期

【观点】 艺术学升格为门类背景下的文化自觉和文化自信

◎仲呈祥

今年的全国艺术院校院（校）长高峰论坛有了一个新的、特殊的背景，这就是：国务院学位委员会正式批准艺术学升格为门类。首先应该感谢文化部、教育部对艺术教育的领导和指导，同时也不能忽略我们全国艺术院校院（校）长高峰论坛的功绩。我们的论坛，一届又一届地呼吁艺术学升格为门类，一届又一届地论证这个问题，终于获得了上下各界的一致认同。

艺术学升格为门类，彰显了中华民族的文化自觉、文化自信。众所周知，十七届六中全会绘制了建设社会主义文化强国的宏伟蓝图。

胡锦涛总书记在纪念党的 90 周年诞辰会上的讲话中指出：社会主义先进文化是马克思主义政党思想精神上的旗帜。面对当今文化越来越成为综合国力竞争重要因素的新形势，我们必须以高度的文化自觉和文化自信，着眼于提高民族素质和塑造高尚人格。我们要以此为着眼点，以提高全民族的美学修养和鉴赏素质，营造良好的文化环境和氛围为出发点。艺术学升格为门类之后，党和政府为我们搭建了施展才华的广阔平台，为我们中华民族艺术地审美地把握艺术提供了新的时代条件，这是艺术教育的幸事，也是全民族的幸事。

我认为，所谓从文化自觉到艺术自觉，主要有三方面内容——

第一，要自觉认识艺术和艺术教育在坚守全民族精神家园中的独特地位和重要功能。

孙家正同志再三讲，文化如水，滋润万物，悄然无声。艺术亦如水，是流淌在民族肌体里的无处不在的一种文化软实力。文化和艺术都要靠长期积累，水到渠成。艺术究竟具有什么独特功能？它与人类政治的、经济的、历史的、宗教的、哲学的方式把握世界相提并论，成为一种独立的、不可或缺的把握世界的方式。

一个脱离了艺术教育正确轨道的民族，乃是一个不健全的民族；一个善于发挥艺术教育的作用，并且彰显艺术的自觉功能的民族，是一个有希望的民族。我们应该站在新的时代高点上，特别是在人类进入 21 世纪之后，重新认识艺术的功能和作用。钱学森是站在当代人类科学思维与艺术思维交汇峰巅上思考人类面临的新课题的大师。他力倡学科技的人也必须学点艺术。这不仅在于艺术可以开启人类右脑的形象思维和想象能力，更在于可以培养每一个人的善良的人性和美好的感情，这是十分重要的。在今天构建和谐社会的时代潮流下，如果我们的国民缺失了善良的人性和美好的情感，那将是不堪设想的。所以，每一个艺术教育工作者应该深感使命光荣、责任重大，作为人类灵魂的工程师，应该担当起时代赋予的使命，把艺术学科建设好。

第二，要自觉认识和把握艺术教育和艺术学科建设的客观规律。任何违背规律的做法，都是毁文化、毁艺术的。高等院校，是民族思维的先锋阵地；高等艺术院校，是民族艺术思维的先锋阵地。高等艺术院校的艺术学科建设要科学揭示艺术各门类的独特规律，要对形形色色背离艺术独特规律的盲目做法发出科学的批判的声音，这是极其重要的。艺术学学科建设的重要任务，就是要把艺术学科下支的 5

个艺术学科几个门类学科规律真实、深刻、完整地总结出来，然后变成广大艺术工作者的一种理论导向和创作指南。

恕我直言，时下打着创新的招牌违背艺术规律的现象时有所见。比如对待改变了自己民族命运的重要历史题材的艺术创作，是否严格遵从艺术规律？就很值得反思。一个敬畏自己民族重要历史的民族，才是有希望的民族，解构、颠覆、戏说重要历史的民族，是可悲的民族。我们应以一种敬畏的心态，带领自己的人民小心翼翼地走进历史，认认真真地感悟历史，老老实实地从创造历史的历史人物的艺术形象里获取历史营养，此乃正道。而万勿反过来借历史人物的英灵包装明星，通过炒作，赚取票房，堕入鲁迅先生当年所反对的“名人的遭殃，不在生前，而在死后，一瞑之后，注家蜂起，借死尸以卖钱”的泥潭。

第三，要自觉承担艺术工作者的历史使命和社会担当。作为高等艺术院校，面对纷繁复杂的艺术创作、鉴赏现状，不能没有科学指引。我们应在艺术学学科建设中，理论联系实际，发出与时俱进的马克思主义的文艺批评的科学声音，这是艺术学学科建设的题中之义。要倡导艺术家永葆“独立之精神，自由之思想”，要以马克思主义与时俱进的历史观、科学观和忠于人民的艺术家的良知和艺术操守，步步为营，扎扎实实地推进艺术学学科建设。

其次，在艺术自信上，我也体会到——

第一，我们要坚持对与时俱进的马克思主义指导的充分自信。我们从事的是中国特色的社会主义的伟大事业，十七届六中全会指出：“要坚持马克思主义指导地位，坚定中国特色社会主义共同理想，弘扬以爱国主义为核心的民族精神和以改革创新为核心的时代精神，树立和践行社会主义荣辱观。”社会主义核心价值观如何用简练的语言表述出来？这对我们艺术学科也是很关键的，社会主义的核心价值当然提倡民主、和谐、公平、幸福，离开马克思主义的基本原理、基本理论的指导，对中国特色艺术学学科建设是没有出路的。

第二，要对中国优秀的传统文化、传统艺术永恒的魅力充满自信，有的人不仅不自信，反而自卑，千方百计地拾人牙慧，鹦鹉学舌。我们艺术高校的老师应充满自信感和自豪感，我们从事的是人类灵魂精神世界重要建设的一项工作。对我们先辈流传下来的经过历史和人民检验的经典作品和经典艺术形象，万勿采用颠覆、戏说、解构的手段。所有的经典作品，我们都可以改编创新，但要有原则，必须是按照经过历史、人民检验的，由作品所体现出来的有生命力的价值取向和人类道德准则，顺势方向丰富、深化发展，反对那种反方向、逆势方向的解构、颠覆和拆卸。如果那样做，中华民族就失去了自立于世界先进民族之林的文化艺术之根。须知，民族的文化艺术大厦，是靠一部部经过历史和人民检验筛选的经典作品为支柱而矗立起来的。解构、颠覆、拆卸下这些支柱，大厦就会坍塌。这是对历史和人民的犯罪。所以，我们艺术学科建设应旗帜鲜明地表明我们的艺术主张和美学理想。

第三，应坚持对中国共产党领导下创造的革命文化充满自信。从中国共产党诞生以来所领导人民创造的井冈山精神、延安精神、红岩精神，一直到新中国成立以来的雷锋精神、抗震救灾精神等，都要充满自信。这是我们的人民在中国共产党领导下创造的红色文化。中国特色社会主义的艺术学学科建设，不能也不应去颠覆、解构这种红色文化。

第四，我们要具有开放的视野，对别的国家、民族的优秀文化成果为我所用，要充满自信，不能闭关锁国。而应该坚持费孝通先生的主张，“各美其美，美人之美，美美与共，天下大同”。美美与共的过程，就是将我们民族优秀的东西，与他民族的优秀文化艺术营养在改革开放的伟大实践中交融、整合、创新，从而创造出既富民族精神，又富时代精神的社会主义先进文化。艺术学学科建设，应该成为社会主义先进文化的组成部分，必须在坚守中华民族文化价值取向和仁义道德的底线的基础上来建构。

艺术教育和艺术学学科建设说到底，就是为现实社会营造一种看不见摸不着的，但是令每一国民身处其中，都能够深切地感受到心灵滋润、灵魂提升、精神提高的文化环境和艺术氛围。环境塑人，氛围养人。所以，我要反复强调文化化人，艺术养心，重在引领，贵在自觉。只有靠文化把人的素质提高，靠艺术把人的心境养高，高素质高境界的人才能保障社会经济的全面、协调、可持续发展，这就是科学发展观的要求。如果以牺牲人的素质为代价，急功近利地让文化“化钱”，让艺术止于养眼甚至花眼乱心，那么低素质、低境界的人就会把即便搞上去的经济也吃光、花光、消费光的！社会就会堕入精神生产和文化消费的二律背反即恶性循环，那是非常危险的事情。

我要恳切地呼吁，所有高等院校，团结起来，优势互补，共建中国特色的艺术学学科。我们有三支大军。一支是我们的单科专业院校，如中央音乐学院、中国美术学院、北京电影学院，他们对某一艺术门类本体和规律的研究最为深入，他们是中国特色艺术学学科的奠基者。第二支是以云南艺术学院、南京艺术学院、山东艺术学院、吉林艺术学院等为代表的综合性的艺术院校，他们有他们的优势。他们的优势就在于打通了艺术门类下的美术、音乐、舞蹈、戏剧、电影、设计等一级学科，他们配备齐全。优长于从艺术各个学科的相同处寻找普遍的规律。第三支，如北京师范大学、北京大学等综合性大学也有他们的优势，他们依托于相对广阔的人文科学和自然科学背景，他们擅长从哲学思维的层面，提出高屋建瓴的贯通于各个艺术门类的艺术学的一些普遍的规律。这三支大军，应该各扬优势，互补生辉，这是中国特色的社会主义高等艺术教育的特色，大家都做了很多遵从规律的扎实工作，比如，东南大学就不断出版《艺术学》的不定期刊物，又如上海大学出版关于艺术学建设方面的丛书，同时我们还有很多学校都在做这些工作，如福建师范大学的《中国古典音乐文献集成》，这是件了不起的事。中国需要这种为了民族的艺术学术建设踏踏实实，做艰苦浩繁的、享受孤独的工作的人。他们把所有的古典的文献全部集成起来。这一群学者潜心治学，享受孤独，相比现在流行的所谓“学术明星”，我更崇敬这些学者。曹意强教授编的《美术》学刊，长期以来就在这方面进行学术积累；傅谨教授在中国戏曲学院，以一人之力团结了多少同人，对中国的戏曲、中国的京剧事业作出了很多水到渠成的贡献。这种工作，才是真正的艺术理论，这样的学者才是真正的“艺术之星”。

我们从事文化建设，包括艺术建设各界的同人，应该懂得，文化建设的规律在常态，而不在非常态。所谓在常态，就是要靠艰苦细致的日积月累的工作。正因为如此，我来到了云南。这次文化部委托我参加评审国务院出台的特需人才培养的博士项目，云南省委提出了“两强一堡”——文化强省，旅游强省，桥头堡。云南是面对东南亚的桥头堡。从这些特殊需求出发，他们研究少数民族艺术的传承与创新。《“两强一堡”与少数民族艺术的传承与创新》就是一个课题项目，就是一种特需人才，这不仅对云南有益，对整个国家的文明发展、民族的团结都有意义。

此次全国艺术院校院（校）长高峰论坛的工作非常细致，安排得井井有条，使我们在这样一个美丽的环境当中顺利召开此次论坛。让我们敞开我们的思维，为中国特色的艺术教育、艺术学科建设出谋献策。所以，我们更应该团结，愿国务院学位委员会艺术学科组团结，进而愿三方面的艺术院校团结，发挥各自的优势。尤其我们要尊重在艺术学科的建设中长期作出的重要贡献的一些院校。没有几代人的共同努力，艺术学升门类是不能实现的。这也表明了党中央、国务院在新的时代条件下，对于艺术的一种高度自觉和高度自信。也给我们提出了新的更高的要求。

所以，大家都围绕着提升民族精神素质和塑造高尚人格这个着眼点，把我们的艺术学学科建设既培养高端人才又能让民众都获得善良的人性、美好的情感，使中华民族富于想象、富于创新的思维传统在21世纪得到更大的发扬。

原载《艺术教育》2011年第12期

仲呈祥　中国传媒大学艺术研究院研究员

【观点】艺术门类的独立与学科规划问题

◎曹意强

在过去的几篇文章中，我重点阐述了艺术门类设置的意义，而这些内容基于我所撰写的关于艺术提升门类的总体报告以及所执笔的各一级学科的论证报告。经过两代人的不断努力，2011 年的春节期间，国务院学位委员会一致通过决议，把艺术学从原错误归属的文学门类中独立出来，将原来的一个一级学科分化为四个一级学科，公布如下：“音乐与舞蹈学”、“戏剧与影视学”、“美术与设计学”、“艺术学理论”。后来，国务院学位办又将“美术与设计学”分设，并表明“设计学”可授予艺术与工学两类学位。由此，“艺术学”总共有了五个一级学科。艺术终于成为我国的第 13 个学科门类，取得了独立的学科地位，和大家一样，我为此而感到高兴。

艺术门类的设置为本学科的发展带来了机遇，但在庆幸门类独立之余，我更感到一种新的压力，也担心着某种新的混乱的出现。一方面，所公布的门类中一级学科的设置本身依然存在着问题，如我在最初的论证报告中强调的，按照国际学科惯例，作为学科的艺术（Art）包括文学、美术、音乐、戏剧、舞蹈、影视等，而依照我国的实际做法，文学独成门类，建筑学归属工学。艺术是由多种类型组合的复杂学科，其种类的个性大于共性，因此，即使依照我国的学科分类特色，艺术门类中最合理的一级学科也应尊重各类别的性质独立设置。今天的设置方式，依然是一种妥协的产物，如将音乐与舞蹈、戏剧与影视勉强地放在一起，而美术与设计却各立门户，在整个门类体系中出现了不平衡的状态。我在过去的一篇文章①中曾预料，任何不尊重学科自身性质的一级学科设置方案，都会给艺术学科的发展带来后遗症，如同以前将之错误地隶属文学门类一样，依旧会阻碍艺术教育正常、健康地发展。所以，我认为艺术门类的独立是件好事，但并不等于我们现存的学科问题的真正化解。因此，在本文中，我想结合艺术门类提升背景中的问题，谈点我们自身建设方面的意见。

我们即刻面临的严肃而复杂的工作是：要尽快制定符合艺术各类别特性的学科规范，推出一套合理而有效的评估体系。例如，在过去的评价制度中，艺术创作不计入学术成果，而现在应将之视为与文字化学术成果具有平等价值的成果，那么我们如何确定其评判标准？还有，当艺术学成为门类之后，原已批准为一级学科博士授予权的单位是否可以自动升门类，即有权自设门类之中所有的一级学科博士点呢？涉及学科目录的另一重要问题是如何设置艺术学科自身的学位？这些问题都没有明确的规定，需要我们认真研究加以解决。我们召开的国务院艺术学科评议组会议，重点探讨两个问题：第一，如何规范目前拥有的一级学科院校的学科对应问题。在国务院学位委员会作出艺术设置门类决议之前，我们已经向上面提交了门类独立后原有的一级学科授予点与新的一级学科对应的方案，我预料国务院学位办即将部署这方面的调整工作。② 第二个问题是要制定二级学科的目录。这些问题是需要我们所有的艺术院校共同来商议解决的。

其实，学科的统一管理，也是我国的特殊国情。世界教育史显示，学科本身无级别之分，而就办学而言，大学本身应该是学科设置的权威机构，大学应该按照各自的师资和其他条件自主设置学科目录，不应对之有统一的规定和条件限制。世界上所有的名校都不是因统一格式的学科布置而成为名校，它们必定依据自身历史与现实的资源而有所为有所不为，经过历史与社会长期的评判与检验才脱颖而出的，其办学特色也全赖于此。我国非常强调办学特色，但如果大学在人才培养模式与学科设置上没有自主性，非要遵从统一的制度，特色从何而来？国家已经意识到这个悖论，记得温家宝总理论述过大学的自主性问题，也提出与之相关的在大学“去行政化”问题，同时教育部也注意到“分类管理”的必要性。

---

① 曹意强：《艺术门类的设置与我国创新思维的培养》，《艺术教育》2010 年第 3 期。
② 笔者修改此稿时这项工作已开始，而此文发表前全国艺术学科一级学科对应调整工作已完成。

这种思路符合教育的规律，早在我国现代大学体系创立之初，著名教育家就强调学术自由，陈寅恪等学者所倡导的“独立之思想，自由之精神”并非是提倡无政府主义思想，而是针对培养创造性人才的教育而言，大学必须具有这样的精神，营造这样的自由创造的学术氛围。世界名校的特征与共性都源于此，其历史证明，大学的自主性是其历史使命感与社会责任性的根本保障。名校不是依靠统一标准评估出来的，而是从社会对其成就的长期认可中产生的。我国的现实也已证明，统一的管理与量化评估并不能提高大学的学术与社会责任心，相反，为了达标，刻意凑数，甚至弄虚作假，造成学术腐败的现象。大家知道，这些现象非常普遍，但如不根本改变我国教育的办学理念与管理制度，即使是明智的校长，对此也无可奈何，因为学校是按规定的量化标准评估的，而不是按真正的质量加以评判的；一个学校有多少个一级学科博士授予点，有多少个国家和省部级科研项目，有多少个博导，多少个教授，仿佛比实际的教学和研究成果的质量，比真正具有教学和研究思路与能力的人物更重要。牛津大学在20世纪90年代初，每个学科至多一名有教授职称的导师，有些学科连一个教授职称都没有。剑桥大学也是如此。以艺术史教授为例，牛津大学有艺术史系，仅设一名教授席位，当时就是我的导师哈斯克尔（Francis Haskell）先生，而剑桥大学的艺术史学科在形制上大于牛津，不是称Department of the History of Art，而是称Faculty of the History of Art，前者相当于我国的系，后者类似我国的学部。但在剑桥艺术史学部却未设教授职位。按照我们以教授人数为指标的评估体系，大到这两所世界学术的殿堂，小到其艺术史系，都不符合我们的量化标准。我觉得，学校需要有健全的管理系统，就此而言，无法去其行政化，相反，要加强有利于教学发展的管理工作，但学科与学术必须去“行政化”、去“等级化”。一旦去掉这“两化”，许多存在于我国艺术教育中的普遍问题，便会自然消解。

学科的等级化是造成与上述挑战密切相关的两个悖论的重要原因。在此，在艺术门类提升论证的工作中，我深切体会到如下悖论：这十几年中，艺术教育可谓大繁荣，几乎所有的大学都办艺术专业，而这种繁荣背后却深含着对艺术的轻视，特别是对艺术的智性价值的忽视。艺术仿佛是无论有否足够的合适资源人人都可轻易办起来的学科。当然，艺术生的收费高是其中的主要驱动力。艺术教育繁荣的标志应是教育质量的提高，而我们所处的现实情况却相反：大繁荣引起大混乱的局面。究其原因，归根结底是对艺术学科的规律与知识意义的误解。艺术长期附庸于文学门类这样错误的学科归属，典型地说明了这一点。

艺术本应是一个门类，这是人类教育长期发展的自然结果。人文学科在西方就叫The Arts，即艺术。人类的学科分为两种，即自然学科和人文学科。The Arts就是人文学科的总称。18世纪以来，The Arts是一个现代的艺术体系，这个体系的主要内容是文学、美术、音乐、舞蹈、戏剧，后来还包括了新媒体和影视等。因此，这个体系本来就非常完整。我国的情况是个怪例。几年前，在中央音乐学院的一次调研会上，我曾对人大调研组说，把艺术归在文学门类之下，这是一个在几秒钟之内就可纠正的简单错误。这样简单的问题迟迟得不到解决，就在于人们对艺术的知识价值的误解，认为艺术不是文化，没有学术价值。在艺术长期受制于文学，甚至受制于理工科的评价体系的情况下，我深切感到，无论如何强调艺术本身的重要性，都难以说服主宰学科的人们。我们必须改变策略，转换思路，让他们理解艺术的学术意义：在起草论证报告时，我试图从艺术与思想、艺术与科学、艺术与历史的角度阐释我所一直强调的艺术的智性力量，启发人们反思这样一个问题：如果没有艺术，人类在其他创造性领域将会有所作为？为阐明此点，让主宰我国艺术学科的文理科专家明了艺术与科学的内在关系，我对数十位诺贝尔奖获得者的科学发现过程进行了研究，其中除了个别几位声称“艺术与我无关”之外，几乎所有的获奖者都提到，他们不仅亲自实践艺术，而且更重要的是，他们都承认艺术教会了他们如何去发现前人所未见，思维前人所未思，创造前人所未创之事。总而言之，艺术的经验是他们解决科学问题的创造性过程中的有机成分。正因为如此，我国杰出的科学家钱学森，在跟温家宝总理的谈话中一针见血地指出，我国大学之所以没有培养出具有创新能力的人才是因为把文理科截然分开，忽视艺术教育。他所讲的文科主要就是指艺术，这一观点跟王国维、鲁迅在20世纪反复强调的“美术”在人生教育中的必要性相一致。因此，答案很清楚：离开艺术，人类就会失去创造性范式。因为，艺术不仅是审美的产品，而且它通过给我们人类提供审美感受来磨砺我们的敏感性，刷新我们对世界和人自身的看法，从而塑造我们的创造性能力与思维方式。

我国面临的最大问题是缺乏创造性。中国人本来非常有智慧，在19世纪以前，可以说在各个领域，如政治、思想、制造等领域，论创造性，中国都处于世界领先地位，为世界提供了榜样。但为何在100多年里却出现了相反的情况，我们仿佛关闭了创造灵感之门，凡事都要看西方、学西方，尽管口头上总喊着要坚持民族特色，要注重创新。原因就出在教育上，出在文理分割，艺术与科学分离的教育体制上，出在轻艺重文、轻文重理的思想观念上。这种状况导致了我们思维方式的偏颇，甚至极端化，对于任何事物都采取非左即右、非白即黑的定式，有时处于盲目跟风、走极端的状态之中，有时处于拨乱反正、矫枉过正的无效过程之中。例如，看到美国迪斯尼动画和日本动画所产生的经济效益，我们就大搞动漫基地；听到“创意产业”的概念，我们就大建创意园区，以为可以把文化立刻变成金钱，如同大炒“非物质文化”一样，在完全没有弄清这类概念的真实含义的情况下盲目上马。约在2001年初，我应联合国科教文组织之邀，曾参与论证两种形态的世界文化遗产：一种是可触摸的有形遗产，即tangible heritage，另一种是不可触摸的无形遗产，即intangible heritage。例如，杭州的小馄饨。这种馄饨与其他地方的馄饨不一样，一碗小馄饨中，加些许海苔丝，点缀一点小葱花，很有地方特色，是杭州这个地方特有的有形物产，而杭州人做馄饨、吃馄饨的方式，以及它给我们留下的特殊味觉，属于无形的遗产，这些不可触摸的方式与杭州人对馄饨的观念必须作为文化遗产的有机部分与其物质部分一起加以保护。换言之，在保护文化遗产时，既要保护物质的部分，也要保护非物质的无形部分，要防止在保护文化遗产的过程中破坏其中无形但有生命的部分。例如，把一个具有传统风俗的地点变成旅游区，或把其中的某些东西与之分离送到博物馆里去，这就可能导致在开发与保护遗产的同时破坏遗产，即损坏了遗产中不可复原的氛围与精神，而我们在“非物质文化”旗号下所应保护的就是某个文化遗产在其“原境”之中的生命力。唯有将无形的、不可触摸的文化习俗、观念等活的东西与有形的、可触摸的物体一起保存，文化遗产才得以真正保护，才保有其过去、现在与未来的价值。

如果说今天人们对艺术似乎格外地重视起来了，其中一个动机与目前“流行”的“创意文化产业”有直接关系，因为艺术被看成这种产业的主体。对这种势态，我早已深表忧虑。如此理解的文化产业，不仅会严重冲击我国高等艺术教育，而且无以使我们把持文化的精神价值，而文化的精神滑坡将彻底泯灭我们的创造意识与能力，其结果恰恰违背了Creative industry（创意产业）的本旨。

这里不再论述creative industry和cultural industry这两个相关概念的含义，仅想指出，英国在20世纪80年代提出的这两个概念的最重要意义是，提醒我们在当今信息与新技术高度发达的时代，创造性思想将主导未来各个领域的发展，而经济与科技中出现的问题，其本身无力应对，必须依靠文化来解决。文化的提高是创造性思想繁荣的土壤。正因为如此，艺术学科的设置必须坚持其内在逻辑的完整性，不能被文化艺术经济化的潮流所左右。在人类整体文化体系中，艺术体系本已独立完整。可我们却非要把这个体系搞得支离破碎，在艺术门类独立之前，不仅将文学凌驾于其他所有艺术类目之上，而且将建筑归于工学。在艺术成为门类时，又强行将美术与设计分开，意图是要把设计偏于工学。脱离美术的设计何以成其为设计呢？众所周知，从广义上说，设计涉及所有的思想和制造领域，但针对艺术而言的设计，它必须是技术性、功能性与审美性的高度结合，而在这三者中美学功能必须主宰技术性与功能性。我国的建筑和产品设计所存在的问题恰恰是忽视美学功能所致。将设计设置于美术之外，其后果可想而知，但意图甚为明显：设计有经济利益可图。

以上是我对学科门类独立后所出现的情况的第一个忧虑。我的第二个忧虑是我们如何在新的门类框架中确立学科规范、解决新老问题。我认为，学科门类的独立本身并不能自动消除以前所存在的一切问题，更不会自动阻止新问题的出现。艺术成为门类改变了我们学科的阵容。艺术由原来的一个一级学科扩展为五个一级学科，从理论上说，我们在资源分配等方面有了很大的优势，例如可申请更多的经费、更多的人员编制、更多的教授与博士生导师名额等，但艺术学科中的师资力量如何才能承担起超负荷的学科重担，这是当务之急的问题。有些学校已经出现为了申报一级学科而拼凑教授队伍的不良状况。全国大学低水平重复建制艺术学院，盲目扩招艺术学生，早已是众所皆知的问题，如果把握不好，艺术门类的确立反而会加剧这种违背学科标准的倾向。因此，在门类独立之时，最重要的是建立行之有效的学科规范与评估体系。一个学科之所以成为一个学科，它必须具备明确的学科目标与体系、理论与方法论，以及相应的评估指标。要建立这些体系，必须要明了艺术学科的范围性质。

艺术学科与其他学科的不同之处在于它不是一个单一的范围，而是“三套马车”的组合。这三匹组成一辆马车之马，应有各自的特性和各自的评估标准。左边的马指艺术创作。创作以前不算研究成果，现在理应承认其学术价值，不但如此，而且要提高到主体地位。然而，不能继续用文科甚至理工科的评估指标来衡量它了，我们如何确定符合其自身价值的标准呢？三套车右侧的马是艺术史论。其任务是研究人类艺术的发展史、艺术理论和批评。它与其他人文学科如哲学、历史等构成了人文研究的整体。艺术史论研究完全可以借助人文学科的研究方法，其中大部分研究者实际上来自于其他学科如文学、历史、社会学、心理学等领域。反过来，艺术史论研究可以为历史、思想史等人文学科作出学术和方法论贡献。史论研究者可以忽略艺术本身的问题而去把艺术当作某种历史材料加以探究，比如通过研究艺术趣味的变化透析社会经济、政治、文化等状况。我国艺术史论加强人文研究的价值，完全可以运用一般人文学科的评估标准。处在这两翼当中的马是艺术本体问题研究，即探究艺术创作机制，研发艺术新媒介等。从事这翼的研究者必须具备创作经验，才能发现艺术内在的问题，才能提出解决问题的创新方式，以绘画为例，假如没有亲身的实践经验，我们只能对绘画的表象如色彩、构图、人物刻画等一般性问题进行描述，而无法发现绘画材料及其运用法则，因为绘画是建立在可靠的知识和对材料训练有素的实践基础之上的，同时，绘画研究不仅要理解往昔的技术体系，而且更重要的是，要从中获取新的启示，从而创造性地进行创作，发现新手段和新方法。艺术学科建设的终极目标是要促进艺术创作的发展，这方面的研究至关重要，构成了艺术学科的核心课题。

相应于艺术学科的三套并驾齐驱的马车，我们还必须建立三种类型的学位。过去艺术院校毕业生不管学美术还是音乐表演，其文凭拿的都是文学学士、文学硕士，文凭性质与所学专业不符，影响了就业等未来发展。艺术门类的设置就应改变这种怪象。我个人设想建立三种类型的学位：一是创作类，二是史论研究类，三是研创类。第一类称艺术学士、艺术硕士，第二类称艺术史学士、硕士、博士，第三类称艺术专业博士。

在第一类即创作表演专业中，最高学位可以是我们近年创立的艺术硕士。艺术硕士（MFA）在国际上早已是创作表演领域内的终极学位。其侧重创作教学，旨在培养学生的技术与创作的创新能力，我国近几年的试点教学在此方面已硕果累累，得到了教育部和社会的认可。艺术硕士的毕业答辩以专场展览或演出为主，辅以数千字对自身创作问题的理论阐述，一改以往只以论文为主的答辩方式，忽略学生的创作能力。在这方面，我们教育指导委员会有明确的培养目标与评价标准。在艺硕的教学上，也要确立相应的培养手段与评估体系。教师要善于把创作体验、创作技巧，媒介研发转化为可以传授的知识，因此，对从事创作教学的老师而言，其重点也在创作及其研究，在考评时不一定要看论文的发表篇数，而主要看其创作成果，课程安排与备课笔记也应考虑在成果之列。

第三类我国称之为“实践类博士”，曾由清华大学美术学院首先招生，中国美术学院与中央美术学院接踵其后，但这种称谓本身即说明培养目标不甚明确。牛津大学拉斯金学院在前年设立了一个博士学位，专门研究 creative technique，也就是创造性技术。因为艺术要发展，过去的技术需要研究，未来的、可能的技术也需要研究。所以，我建议将原先的实践类博士转化为艺术博士，从事对于艺术机制的创造性研究。这样一来，对艺术博士而言，则需要两方面的要求。一方面，在艺术本体上要有创造性发明；另一方面要写出论文，如同陈述科学发现的科学报告。而对于史论而言，要完全按照人文学科的要求，提高其学术标准。

这是我个人提出的目标，这三翼必须齐头并进。同时还有一个重要的问题，以前的评估体系颠倒了，所以引导我们中国艺术的主体力量却成了边缘力量。例如，北京电影学院是我国该领域唯一一座专业的学府，在专业实力上，没有任何学校可与之比拟，但其电影学科博士点的获得远远晚于北京师范大学。尽管以往的评估体系不利于专业院校，但在我国高等艺术教育中实际在发挥主导作用的还是历史较悠久、专业性强的艺术院校。教育部已经意识到专业院校受不合理的评估体系影响而被边缘化的问题。最近，教育部组建了两个调研组，对全国30多所院校进行实地调研。调研的目的是摸清我国艺术教育瓶颈问题，为我国今年底将召开的首次全国高等艺术教育工作会议提供材料。本组在调研的基础上建议教育部应对不同的艺术教育进行分类管理，分类确定学术和教学目标，分类建立评估标准。目前我国的艺术院校大致分四种类型：第一类是专业的艺术院校，包括专门学院与综合性学院；第二类是师范大学，师范是高等教育的起源，而艺术学科是师范的主干之一，在20世纪初，我国的师范专科一般设置三大学科——教育学，音乐与美术；第三类是综合性大学，现在几乎所有的大学，包括专业性大学如农业大学等都办起了艺术专业，这是我国的特色；第四类是高职。从积极的角度说，所有的大学都办艺术专业，说明艺术教育的繁荣。然而，出于什么动机，是值得研究的问题。更需要我们思考的是艺术教育的目的究竟是什么？究竟以培养什么样的艺术人才为旨归？不同类型的学校的自身资源能培养什么样的艺术学科人才？艺术精英人才与普及性人才的培养关系是什么？如何确立符合学科发展的创作与研究的评价体系？如何建立符合艺术的学位制度？在艺术门类独立伊始，如何纠正以往的偏颇而制定出合理的学科发展规划，确定各一级学科的评审标准？诸如此类的重要问题都需要我们认真考虑，制订出可行、有效的方案。

艺术是一个复杂的综合学科，也是一个无法用其他学科标准来衡量的创造性领域。在以往多年的学科建设工作中，尤其是在艺术硕士学位的论证和建设，在艺术提升门类的整个论证过程中，我深切地体会到，一方面，艺术的创造特殊性使一般学术与科学界难以理解其知识或学术价值，另一方面，也因艺术界的个性化倾向，使得我们对许多问题不能达成比较统一的认识。学科有其自身的性质，问题需从内部解决。光是抱怨和呼吁无济于事，只要我们能拿出具体的方案，就会被相关部门采纳。这次艺术升门类的申请，我们核心工作组做了极为细致而具体的工作，撰写了多种论证材料，准备了多套方案，反复讨论、修改，最终得到了国务院学位委员会的一致通过。

现在，艺术成为门类，这既是艺术学科发展的机遇，又是挑战，而我们应对挑战的当务之急就是制定出合理的发展规划、评估标准和学位体系，机遇的大小即取决于我们在这些方面的结果。

原载《艺术教育》2011年第12期

曹意强　中国美术学院艺术人文学院院长

【观点】 艺术学升格为门类学科的思考

◎李心峰

今年春天，我国文化艺术界好事连连，喜事不断。其中之一，是我国第一部非物质文化遗产法2月25日获得通过。与此同时，还有一件同样经过学界多年努力，终在各方人士千呼万唤中，国务院学位委员会于2月中旬通过了最新版的《学位授予和人才培养学科目录》调整方案，将艺术学科从20世纪90年代形成的“一级学科”提升为“门类学科”。这对于文化艺术科学的建设与发展乃至对于当代文化艺术的大发展大繁荣，都具有重要意义。

首先，艺术学升格为“门类学科”，标志着我国的艺术学真正确立了独立的学科地位。艺术作为现代文化体系中的一个重要组成部分，在当代社会、文化结构中扮演着重要角色，发挥着不可替代的独特作用。由各种艺术样式构成的现代艺术世界，自身建构起一个自足的现代艺术体系，有其自身的结构与基本艺术种类的构成。将艺术这样一个现代文化体系中自成体系的分支系统或叫子系统作为一个完整独立的研究对象，建构一门独立的人文学科即艺术学科，其必要性本是不言自明的。可是，由于以往传统学科结构的惯性及其他历史的、观念上的局限，艺术学一直未能获得其应有的独立学科地位。新时期以来，人们为艺术学的独立学科地位付出了持续不懈的努力，终在20世纪90年代国务院学位委员会通过的高校人才培养和学位授予学科目录中，将艺术学确立为一级学科，并形成了由8个二级学科所构成的学科群与学科体系。从历史发展的角度看，这在当时已是艺术学在新时期走上学科独立道路中至为关键的一步，居功至伟。但它仍然留下一个在以后不得不解决的关键问题：这就是此时的艺术学一级学科，仍然栖身在更高一级的“文学”这一“门类学科”之中，与中国文学、外国文学、新闻传播学相并列，成为文学门类学科中的四大一级学科之一。就是说，从整个学科结构关系上看，艺术学仍从属于“文学”门类而未成为一个独立的学科门类，艺术学的所有学位，仍然只能被授予文学学位。现在，艺术学实现了升格为门类学科的目标，真正解决了艺术学独立学科地位问题，完全改变了过去将“艺术学”研究从属于“文学”这种违背常理、头足倒置的做法，给艺术学以更为科学、合理的定位。

其次，艺术学的门类升格，使我国的整个学科体系尤其是人文社会学科的学科结构与门类构成也随之发生了改变。我国此前在高校中实行的《学位授予和人才培养学科目录》所体现的、由12个学科门类构成的学科体系和学科结构，随着艺术学门类升格目标的实现，而改变为由13个学科门类构成的学科体系和学科结构。在包括自然科学和人文社会科学在内的全部13个学科门类中，艺术学成为其中之一，这一变化不可谓之不大，不可谓之不深刻。艺术学作为新的门类学科，与其他12个门类学科相并列，必将促进艺术学科与其他自然科学、人文科学、社会科学门类之间的相互沟通、交流。这种沟通与交流在为艺术学自身的内涵与构成带来深层次变化的同时，也会对整个科学研究产生一定的、有时可能是相当深刻的影响，从而带来整个科学结构与面貌的某种变化。

此外，艺术学研究在我国学科体系中的重新定位，必然在我国人文、社会生活领域，对于艺术学的研究对象即各个门类的艺术以及艺术的整体以新的认识、新的评价、新的定位，改变传统的“艺乃小道”、艺术仅只是“形下之器”等轻视艺术的观念与行为，对于艺术的人文的、社会的、精神的、审美的价值给予更充分的认识与评价。

当然，我们也应清醒地认识到，艺术学虽然获得了真正意义上的学科独立，但是，相对而言，艺术学的学科基础还比较薄弱，从事艺术学研究与教学人员的数量还很有限，人员的素质也有待提高，需要我们从文学、历史、哲学等其他学科中吸收更多的养分，来充实、扩展、提升这一新兴的学科门类。艺术学升格为门类学科，为艺术学的学科建设和学科发展搭建起更高的学科平台，提供了更强大的动力和更广阔的空间。不过，在艺术学面临着前所未有的发展机遇的时候，我们切忌头脑发热、盲目扩张，而应走一条内涵发展的道路，使艺术学沿着健康轨道扎扎实实地迈步向前。

原载《中国文化报》2011年5月4日

李心峰　中国艺术研究院研究员、博士生导师

【观点】艺术学有“门”的九大连锁效应

◎王一川

艺术学有“门”了！

据说，经今年2月13日国务院学位委员会会议审议，艺术学已经获准正式升格为独立学科门类。尽管最终获得正式批准以及相应的学科设置等具体配套实施方案的出台，还需等待一定时间，但艺术学升“门”毕竟已成定局。艺术学有“门”了！对奋斗多年的艺术学界来说，这无疑是好消息，值得庆贺，其合理性和益处似乎怎么论证都不为过。实际上，在合力升“门”的这几年间，艺术学界关于有

“门”后的好处已经说得很多了。但成功升“门”后静下来想想，有“门”后对艺术学科是否全都是喜是福呢？不妨未雨绸缪，想得多一点，特别是对由此引发的连锁效应，正面的或负面的，有利的或不利的，都想得多一点。当然，这里只是个人遐想而已。不当之处，敬请海涵；有当之处，当属碰巧。

一、艺术学有“门”的效应

艺术学升“门”或有“门”，肯定会对艺术学科的发展产生积极效应。那么，这种效应的实质何在？我想它不可能构成所谓“蝴蝶效应”，即在一个动力系统中，初始条件下微小的变化能带动整个系统的长期巨大的连锁反应，就好比一只亚马逊河蝴蝶偶尔扇动几下翅膀，可以在两周后引起美国得克萨斯州的一场龙卷风一样。艺术学升“门”后不可能产生如此神奇的社会影响力。同时，艺术学有“门”也不可能产生类似“凡勃伦效应”的后果，即一些产品定价越高就越能受消费者青睐，就好像说艺术学有“门”后就立时提高身价，可迅即在社会上摇身一变，而突然间成为学界霸主似的。

准确地说，艺术学有“门”后的效应，应当只是一种定型效应，就是重新调整和确定它在学术界和教育界的固定形象及其范型。艺术学的原有固定形象在于，它只是文学门类下面的一个一级学科。相应的社会后果是，艺术的学术地位和社会地位都低于文学，都只是文学下面的一个附属。如今艺术学升“门”了，那么新的定型效应出现了：艺术或艺术学在学术体制的建制上可以同文学一样有“门”了，从而可以在建制上平起平坐论道了。这种定型效应也可称社会刻版印象，指的就是，人们在艺术学升“门”后每每遇见具体的艺术学现象时，就可能会自觉或不自觉地、意识或无意识地根据艺术学作为独立学科门类的特定特征，去结合自己头脑中的固定学科门类定型，对这些具体艺术学现象进行归类和评价，好比见到一个身体健壮、穿着工作服的人，就很自然地认为他必定是一个工人一样。

进一步说，艺术学有“门”效应主要体现为一种体制效应，即是艺术体制变化引发的连锁效应或连锁反应。艺术学无论过去作为一级学科存在，还是现在作为独立门类存在，都不过是我国社会的学术体制构成的一部分或一个环节。从一级学科变成学科门类，归根到底只是学术体制的一次定型意义上的调整而已，不能把它无限地放大，大到自以为是，在学界找不到北了，以为自身突然之间真的获得了神力。

不过，这次学术体制调整会引发相应的连锁反应或连锁效应，导致艺术体制随之产生一系列显著变化，是应当可以肯定的。这里的所谓连锁反应是指，此种反应一旦发生，会引发相关事物发生相应的一系列变化，像锁链似的一环扣一环。我认为，艺术学有“门”后的定型效应，就必然地表现为一种学术体制上的连锁反应，波浪似的推动一系列反应依次展开，在艺术学科领域产生一波又一波震荡。认真梳理艺术学有“门”后在学术体制上引发的这些连锁效应，有助于我们保持一种清醒而务实的理智态度。

二、艺术学有”门”的连锁效应

艺术学升“门”后，自身内部可以设立若干一级学科。到底哪几个一级学科呢？据传，本来有五科之说：艺术学理论（含艺术史、艺术理论和艺术批评）、美术与艺术设计学、音乐与舞蹈学、戏剧与戏曲学、广播影视艺术学。这个方案本可以兼顾我国艺术学科现有体制状况和各艺术门类自身特点，但又被认为一级学科数量过多而可能予以舍弃。据说比较确切的方案是四科之说：艺术学理论（含艺术史、艺术理论和艺术批评）、美术与艺术设计学、音乐与舞蹈学、戏剧与影视学。此说的变化在于把戏剧学与影视学合并到一个一级学科中了，是否合适还需要检验。无论如何，假如四科之说已成为目前的既成现实，那么，它必然会引发一连串连锁效应。

为了描述方便，不妨把艺术学有“门”引发的连锁效应分为四个层面：艺术学科体制层面、艺术活动层面、社会媒体层面和艺术价值层面。首先，艺术学科体制层面，特别是高校艺术学科，会发生艺术学升“门”后一系列连锁效应中的最初始和基本的效应，从博士学科点到硕士学科点再到本科专业点，都会出现系列连锁震荡。其次，这一效应会进而波及艺术活动层面，在艺术家的艺术创作、艺术产业或文化产业的艺术生产、公众的艺术消费及鉴赏等艺术活动系列领域引起连锁效应。再次，这些效应还会迅速流传到社会上，引发社会各种媒体（报纸、电视、互联网、移动网络等）的更复杂的反响和评价。最后，这些反响和评价会最终渗透到人们的日常生活的价值领域，影响到人们的艺术观念、艺术标准、艺术思维等更加微妙而又深刻的艺术价值领域。下面，不妨从我个人的初步思考角度，大体按照上述四个层面即学科体制、艺术活动、社会媒体和艺术价值的顺序，就艺术学有“门”而可能引发的连锁效应，予以猜测性描述。简要地看，可以推想到如下九个连锁效应：

连锁效应之一：

艺术学科的学位与研究生培养体制急需调适。学位与研究生培养体制，涉及高校和其他培养机构的学位名称、学科名称、学科层次划分等，反映了学位人才培养的专业规格、培养模式、培养方向和培养目标等基本设计，是设置和调整学科、授予学位、安排招生、保障质量、指导就业等的重要依托。调适，就是调整现有艺术学科的学位与研究生培养体制以便适应艺术学升“门”后的新要求。首先，一级学科组合体本身需要合理化。国务院学位委员会原有的艺术学一级学科目录内，本来含有八个二级学科，即艺术学、音乐学、美术学、设计艺术学、戏剧戏曲学、舞蹈学、电影学和广播电视艺术学，它们在这次分别升级为一级学科组合体后，这些新的一级学科组合体内部关系应当如何理顺？例如，把音乐学与舞蹈学、美术学与设计艺术学，分别放到同一个一级学科组合体里，这种划分是前所未有的。它们各自之间究竟是何关系？两者凭什么被组合到一个一级学科组合体中？理据何在？难道仅仅凭借音乐学与舞蹈学都属于表演艺术、美术学与设计艺术学都属于视觉艺术？更何况，戏剧学与电影学和广播电视艺术学三者之间可以说是三门学科被组合到同一个一级学科中，它们三者之间的关系何在？它们被如此组合难道就是因为都属于综合艺术？尽管这些是凭现行学术行政手段设置的，但一旦设置起来，就需要运用足够的学术依据或学理逻辑去理顺，去加以合理化和合法化，以利于研究生人才培养模式的实施。其次，新的一级学科组合体下面，还应当顺理成章地设置新的二级学科。那么，它们应当如何设置？各学科之间的关系如何梳理？例如，音乐学与舞蹈学之间在一所特定的高校内是平行的吗？在新的一级学科艺术学理论内部，是设置艺术史、艺术理论、艺术批评这三个通常的二级学科就够了吗，还是可以增补新的如艺术教育研究、艺术文化研究及艺术跨门类研究等？再次，原有的部分设有研究生院的高校本来可以自主设置和审批学科目录以外的新学科或交叉学科，那么，现在又该如何办呢？是让这些原来自主设置二级学科借机合法化地成为二级学科，还是保留自主设置学科的灵活机制？新兴的数字艺术学以及属于传统艺术门类的书法学正是如此，它们是否可以顺理成章地升级成为二级学科呢？想必应是一种必然诉求了。最后，二级学科下面如何设置三级学科或学科方向？例如，二级学科艺术理论内部，还可以设置艺术学原理、艺术美学、艺术经济学、艺术素养学等。

连锁效应之二：

本科生专业培养体制需要变通。当学位与研究生培养体制层面发生上述变化了，那么，相应地，位居它下游的本科专业也势必需要变通。教育部去年已完成第四次本科专业目录修订。新版目录设置12个学科门类，分别是哲学、经济学、法学、教育学、文学、历史学、理学、工学、农学、医学、管理学，以及暂定增加的艺术学门类。正是由于位于上游的学位与研究生学科目录中艺术学已经成为门类，那么，本科专业设置中的“暂定增加的”艺术学门类就必然地转为现实的艺术学门类了。本科专业艺术学门类的设置，使得学表演、音乐、舞蹈、美术、电影等艺术专业的本科毕业生不再被归于“文学学士”，而是成为首次设立的“艺术学士”了。这个变化使得艺术专业学子首次“名正言顺”了。那么，在本科艺术学门类下面，又该如何调整和设置本科专业及本科专业方向呢？第四版本科专业目录设置的精神之一，是淡化专业。那么具体该如何淡化？例如，以往专业目录中电影学与电视艺术学是分开设置专业的，这次能否在继续分开的同时，也可以根据各校需要和特色而实现适当的整合呢？一些学校已在广播电视编导专业下设的影视编导方向、或在公共管理专业下设的艺术产业及管理等专业方向以及自主设立的数字媒体艺术等专业，是否都可以升级为专业目录内的新专业或新的门类交叉专业呢？这样的具体专业调整诚然需要时间和摸索，但毕竟应是艺术学升门新形势下艺术学本科专业设置改革的一个新方向和必然成果。

连锁效应之三：

高等学校艺术教育体制需要整体重组。我国现有艺术高等教育体制下，艺术学科专业分大约五类高校展开：全科艺术院校（南京艺术学院、山东艺术学院、广西艺术学院、云南艺术学院、鲁迅艺术学院、新疆艺术学院、解放军艺术学院等）、专业艺术院校（中央音乐学院、中央美术学院、中国美术学院、中央戏剧学院、中国音乐学院、中国戏曲学院、北京电影学院、北京舞蹈学院等）、师范院校艺术学科（如东北师范大学艺术学科）、综合大学艺术学科（如北京大学艺术学科、中国人民大学艺术学科等）、理工科大学艺术学科（如北京航空航天大学艺术学科）。艺术学升“门”后，这五类高校如何调整艺术学科？其他四类艺术学科院校暂且不说，单说专业艺术院校就会发生特别的调整和震荡：它们在原有的单一学科专业体制下面，会加强一级学科组合体内部两大或三大学科专业的协调发展。例如，在音乐与舞蹈学一级学科组合体中，中央音乐学院、中国音乐学院及北京舞蹈学院都会分别加强各自急需的伙伴学科专业的建设；在戏剧与影视学一级学科组合体中，中央戏剧学院、中国戏曲学院、北京电影学院、中国传媒大学等也会分别加强各自缺乏或弱势的伙伴学科专业的建设，以便使得一级学科组合体变得名副其实。但这样一来，这些专业院校原有的单一学科专业优势、特色或特长，是否会因为兼顾学科均衡发展而受到削弱呢？让中央音乐学院去加快建设它本不擅长的舞蹈学科专业、以及反过来让北京舞蹈学院建设它本不专攻的音乐学科，符合现有高校发展节奏吗？

而在其他四类艺术学科院校中，学科专业的重组、调适以及相应的问题也势必出现。例如，有的艺术学院下面已有的若干独立建设的艺术学科及系所机构，如二级学科艺术学、电影学、广播电视艺术学、音乐学、舞蹈学、美术学、设计艺术学、数字艺术学、书法学等，也许就会进行重组。重组就会带来学科、教师或学者、院系所等的身份与归属等新问题，而人的归属问题应当是其中特别敏感而又重要的。就特定的艺术院系来说，在下列新的一级学科组合体即艺术学理论、音乐与舞蹈学、美术与设计艺术学、戏剧与影视学中，它应该面向哪个方向去建设和发展，以求学科资源与发展效果的最大程度的优化？例如，北京大学艺术学院在此次升“门”之前就未雨绸缪，确定了主要发展艺术学理论和美学的学科发展战略，那么，升“门”后应该如何实施学科、专业、系所以及教师等的相关调整？这无疑是当前急迫的问题。还有的问题会发生在已经独立升门的艺术学与原来同属于文学门类下面的其他一级学科（中国语言文学、外国语言文学、新闻传播学）之间。它们假设本来由于同属一个文学门类而理所当然地同归一个学院或系，那么，是否需要随着艺术学升门而分开来独立建设呢？也就是是否需要与文学门类下面一级学科实现办学体制上的真正分离呢？这些相关的体制变化由于涉及人员、用房、经费、管理等体制和机制层面的深层调整，因此会变得更加基本而又敏感，牵涉的问题也会更加复杂。

连锁效应之四：

国家各级艺术教育体制会有微调。随着艺术学升“门”以及相应的一些艺术学科专业合并或重组，全国高等学校、中等学校、义务教育学校、幼儿教育学校等的艺术学科、艺术课程以及相应的艺术教师配备及艺术教学设备配置等，都应会有所调整。

连锁效应之五：

涉及艺术的社会体制层面也会有变通。文化部与国家广播电影电视总局各自管理的艺术门类，中国文联下设的艺术团体，国家民政部主管的民间艺术社团以及群众艺术馆、文化馆、博物馆、图书馆等，凡是涉及艺术学科专业的社会组织，也势必受到这样那样的影响或波动。

连锁效应之六：

艺术创作、艺术生产和艺术鉴赏等艺术活动会发生变化。艺术家的艺术创作、文化产业的艺术生产和销售、公众的艺术消费和鉴赏等，也可能会发生某些微妙而有重要的变化，尽管它们一开始还不够显著。就艺术创作来说，在新的一级学科组合体中接受艺术教育的毕业生，是否会因为培养过程中的学科兼顾而变得学科兼擅呢？

连锁效应之七：

社会上有关高校艺术学科专业的评估机制会发生变化。各种专业评估机构对高校艺术学科专业的评估，会因为艺术学升“门”及相关学科专业调整而出现新的变动。一个显而易见的效应在于，原来基于旧的学科专业目录的高校学科专业“排名”顺序，必然会被打破，代之以新的排名顺序。这样的显著变化诚然可能会稍晚几年才能出现，但毕竟是必然的和后果严重的。例如，有的艺术院校、院系、学科、专业原来排名靠前，在新目录下就可能急速下降，当然相反的情况也会出现。如今排名也成了一种学术资源及文化资本，事关学术声誉和生命，因而会受到高校和社会各界的高度关注和追逐。

连锁效应之八：

社会媒体舆论会发生变化。与上述效应紧密关联，社会各种媒体对于高等艺术学科专业的舆论宣传和评价也会出现调整。

连锁效应之九：

艺术价值理念的变化。艺术学科专业的调整会影响到社会上人们对于艺术在社会生活中的价值的认识和评价。艺术与语言、神话、宗教、哲学、科技等文化形态相比，其社会地位和影响力有可能获得一定的提升。同时，按古代惯例或习俗及其在今天的影响力，艺术曾经被视为低于文学，相应地，艺术从业人员、艺人或艺术家的社会地位也低于文学从业人员、文人或文学家。如今，两者之间的社会地位势必因艺术学升“门”而产生变化，越来越趋于平等甚至出现反超现象。也就是说，艺术家或艺人的社会地位会获得上升和认可，其社会影响力有可能已经、正在或将要超越于文人之上（当然也会有不同看法）。

有关艺术学有“门”后的连锁效应，上面只是初步的简要列举。由于时间和能力有限，可能有遗漏或错置。但需要指出的是，它们实际上是相互联系和密切交叉的。而特别对高等艺术学科、专业及校院系所等机构来说，必然会是牵一发而动全身的，需要通盘应对和调整。

三、艺术学有“门”后的疑难

艺术学有“门”，引发的看来是一片赞誉之声，这种赞誉当然并不过分。但是，另一方面，同样重要的是，与此同时要冷静地看到艺术学科在其发展历史上原来就遗留、因此又即将面临的一些问题乃至难题。豪华的艺术学之“门”的树立，并不能掩盖它内部存在的问题。对此予以忽视，我们就可能会犯“幼稚病”。

就某些艺术学科来说，当原有的学科随之升格后，其本来就饱受学界诟病和社会质疑的学术成熟度、学科独立能力等疑难，是否立时就获得保障或弥补了呢？抑或会相反变得更加严重？与一些西方国家如美国的艺术学科学位与研究生教育历来注重培养艺术研究人才而非艺术创作人才不同，我国高等艺术学科多年来就有注重艺术技能培养还是注重艺术研究之间的分歧和争论。单科艺术院校和全科艺术院校注重艺术技能培养，而综合大学艺术学科注重艺术研究能力培养，这是办学历史造成的特色和偏向。但随着21世纪以来艺术学科的快速发展，两种特色和偏向之间的交叉、交融以及相应的分歧，也就随之出现和加剧。例如几年前被某知名高校引进担任博导的某位知名画家，就与该校研究生院在博士生招生是重创作还是重研究等问题上出现严重分歧，导致公开分手。这一公开分歧与分手事件，曾引发较大程度的学界波动和热烈的社会舆论关注。今后的艺术学科，究竟是承认注重艺术创作技能与注重艺术研究能力两种办学模式的平行和协调发展，还是干脆继续听任偏重其中一种？由于积重难返，平行和协调发展谈何容易！而如继续走各自偏重路线，就还会引发来自传统文科和社会各界的强烈质疑。即便是坚持注重艺术创作技能的培养偏向，那么，这些院校的研究生要不要像偏重艺术研究能力培养的艺术院校那样写学位论文？相应地，承担研究生培养任务的导师本人，要不要考核科研课题、学术论文和著作等艺术研究能力？如果要，是像传统文科那样还是另行制定指标体系去考核？如果不要，导师们的学术“含金量”又如何得到保障、其又如何承担培养研究生的重任？这类问题，可能正是艺术学有“门”后面临的一系列相互关联的尖锐问题。

更深层次问题还在于，就师范大学、综合大学、理工科大学的艺术学科来说，艺术学科在高校内部的评价体制、资源配置及地位原来是低于传统文科如文学、哲学、历史学的，更低于理科和工科，如此升“门”后能迅速促进其地位的提升吗？抑或是引发与传统文科及理工科相比而出现的更大程度的学术空白、幼稚及更严重的质疑呢？

还有一个早已存在的学理逻辑难题：在社会生活中本来也属于艺术范畴的文学，在原来的学科目录中被归属于文学门类下面，其艺术特性得不到应有的艺术学科反映和保障。不过好在还处同一文学屋檐下，彼此相安无事，而且还可能相互补充。但如今，艺术学破文学之门而独立门户后，似乎不同门类不与为伍了，艺术学与文学之间难道就要由此分道扬镳、越分越远？如此，文学的艺术性与艺术的文学性就可能长期处在分离的痛苦中。还有建筑学，它原本同时具备工学和艺术学性质，但历史上被归属于工学门类下面，其艺术学特性就处在被悬置或放逐的境地，迫使一些艺术院校在艺术学科内部增设建筑学作为弥补。由此看，建筑学分属工学门类和艺术学门类的格局在短时间内是难以改变的了，只能靠在工学和艺术学内部分设跨学科门类的建筑艺术学以为一种补救措施。

疑难不止这些，但这些是避免不了的。再加上前面所述新的一级学科组合体内部各学科之间的磨合和协调，以及二级学科、三级学科的重组和调整等，都涉及方方面面的难题。总之，面对艺术学升“门”，赞誉之后更要冷静，应在同时正视其正反效应的基础上，根据各高校艺术学科自身的不同情况予以调适。在这方面，各高校艺术学科更需要得到各级教育主管部门和学校层面的理解和支持及社会媒体的同情。

原载《文艺争鸣》2011年第5期

王一川　北京大学艺术学院院长、教授

【观点】 文化视野中的艺术学门类建构思考

◎周　星

在经济迅猛发展的今天，文化不由自主地被裹挟入经济盘算的快车道似乎心安理得，人们计算文化指标也不可避免地用收益数据来证明，这里隐含了正常的不合理和合理中的不正常，因为，文化艺术另有精神层面的判定标准，是不是具有精神层面的价值才是艺术的最终判断指标。应当承认，艺术文化建筑在经济发展的基础上理所应当，因为从根本上而言艺术文化生存发展需要经济支撑推动。但更为根本的是艺术文化依存于超越物质利益之上自由畅快的跃进，艺术创造力和文化精神品格绝不取决于经济的赐予。所以，量化的增长需要辨析，而内涵的深浅更要澄清。就艺术学科而言，快速膨胀已经是事实，学科疾驰入快车道也不可阻挡，在2010年一次全国范围的一级学科调整中，原有文学门类下的整个“艺术学一级学科”从原本不过20多所学校，猛然增加了包括艺术学一级博士点和硕士点在内的130多所学校。紧接着，按照2011年新门类建立后相应对应调整的原则，这些刚刚获批不到3月还没有静下心来的学科，又一次迅速跃入高歌猛进的旋涡中：2011年申报新的学科门类下的5个一级学科的学校猛增，一下子就有600个学科申请报点，其中除了设计学170余个申报点外，报一级学科硕士点356个，一级学科博士点71个。按照基本对应标准，大部将得到批准，于是短短时间内，艺术学一级学科硕士点将猛增十倍以上，艺术学科的数量发展春天似乎到来。

但我们需要进行艺术文化视野的得失思考。

在中国文化的建构中，艺术文化始终是核心所在，古代文人的文化标志除了科举就是书籍书写所代表的文化高下，而大众的有文化与否不是琴棋书画就是吟诗作对，能不能赏鉴词曲，会不会沉溺戏曲唱段都是一种判别的标志，孔子的成就包括有关对于六艺的注解和听了韶乐叹赏若干时光、李煜皇帝的误国也因为过于沉溺歌舞升平，等等。艺术文化是文化含量的重要组成部分的认知延续不衰，一直达到当今创意文化的认可层面——因为创意文化的要害是艺术的观念形态的创造性认定。国家在2010年第一次将创意文化作为国民经济的主要支柱之一几乎就是高峰之态的认识了。

在艺术认知的另外一端，也显然是充满了无关社会经济利益获取的文化推进的热情。艺术学科的增长是和以往所谓关涉无用、休闲之类认识相反的精神认知高涨相关的。这就是如同巴尔扎克所论述的："帝王统治的人民不过一朝一代而已；艺术家的影响却能绵延整整几个世纪。"艺术不是短期的效益增长而是世道人心的濡染，所以，在文化的历史观中，艺术不亚于物质财富的意义和艺术创造对于精神的影响作用巨大而深远。

一、文化视野的认知

艺术学门类建立标志着艺术学科发展进入文化建构的新阶段。我们谈论问题的背景已经今非昔比，艺术具有了独立的门类，可以按照艺术文化标准和发展独特性来建设，其认知的视野就不同以往。首先，艺术文化的蕴积其实不在于外在的变化，艺术的积累是渐进性的，大起大落未必是福音，也难免不会混乱，自然，艺术学门类建立绝对是大得——因为在国家文化层面认可和社会文化的认知上，艺术地位猛然上扬有利于站到进一步发展的新平台。但同时，艺术的精神性文化价值却还没有得到同步理解，数量的外在功利需要还影响着艺术文化内涵的发挥。于是，艺术是不是具有独立价值就应当在文化层面来认知。

在人类历史上，艺术的审美精神和价值一直是备受尊崇的，诚如鲁迅先生所言："文艺是国民精神所发的火光，同时也是引导国民精神的前途的灯火。"何等崇高的艺术价值认定！但在很长一段时间中，以学术评价为标准的肯定却一直将艺术学作为边缘而漠视。艺术其实是独立而个性的精神创造对象，但艺术研究和艺术学术的被看轻，和艺术学没有独立门类、以及集中到艺术门类的被忽视的问题上却是事实。奈何如此？个中的历史文化和时代局限造就了缺憾的现状。艺术学一直屈居于文学门类中而缺乏昂首挺胸的气度。艺术与文学原本具有亲密关系自不待言，艺术和文学不仅是兄弟关系，按照艺术学家的认知，艺术在某种程度上包容了文学，至少应当说，艺术伴随着人类精神创造就得以出现，从发声而有歌唱、狩猎而有岩画，欢悦就有载歌载舞的肢体舞动开始，艺术已经成为与人类文化创造相互依存的对象。艺术精神是文化精神的重要标志，艺术兴旺也是文化兴旺的标志。

可惜，在艺术学被长期淹没在文学门类的不恰当时期，艺术的明显被忽视伤害了艺术学科的正常发展，只是到了最近这一局面才彻底改变。艺术一直是文学门类中的一个分支，无耐安分守己几十年后终于得以分门别类而独立成人，这无疑是和艺术自身的发展壮大、中国艺术文化的地位得到高度重视，和社会对于艺术精神价值的更多认可息息相关。艺术学门类建立是艺术学科2011年最为值得关注的大事，因为这一举措牵一发而动全身，从此开始的艺术将以独立身份开始自身的强身健体和布兵排阵的一系列工作。强调这一事件的背景，也不能不将视野放大到社会历史背景中来巡视——随着国力不断增强，重视艺术文化建设成为衡量国家平衡发展的重要因素。由此，中国艺术文化建设在21世纪的第二个十年迎来新的契机有其应运而生的经济文化必然背景。2011年初，国务院学位委员会会议上，通过将艺术学科从原隶属的文学门类中的一级学科，升格为独立的"艺术门类"——下设五个一级学科：1301艺术学理论、1302音乐舞蹈艺术学、1303戏剧影视艺术学、1304美术学、1305设计艺术学。从2011年起，占据全国招生人数超过5%的艺术学生，将迎来全新的"艺术学学士"，自2012年开始，研究生将按照"艺术学硕士"、"艺术学博士"等艺术门类学位招生。2012年艺术学门类下的艺术各类型学生将按照艺术的课程培养计划实施教育。按照惯例，编号为第13门类的艺术学成为最新的发展学科门类。在2011年5月开始的一级学科大调整中，艺术学科成为最大动态规模的调整门类，也向学术、教育界证明艺术学的重要地位。

放置在文化背景下看待艺术门类建立，不仅是翻身或者归位这样简单的问题，而是承认艺术精神是人类创造精神、艺术文化是人类生存的重要组成部分这一要义。"人类，只有人类，能创造自己想要的环境，即今日所谓的文化。"这当然意味着人类具有文化建设的独有品性，也因为文化才是人类独有存在的精神意义。艺术与人类精神创造的普泛性价值还包含了艺术的个性创造的独一性意义的认同。如果说，在生存意义上，人类是趋同的群体追求，而艺术的意义则是求异的个性追求，那么强调艺术不是经济盘算，也不是群体创作的趋同自有其道理。

从文化建设上看，艺术学成为学科门类自然是一个利好的消息。回顾历史，艺术学门类的建立是致力于艺术学研究的几代人坚持努力的结果。从20世纪90年代开始，伴随着艺术发展的局面，艺术学成为门类的呼声逐渐强烈，但升格为门类却历经曲折。笔者从21世纪初开始担任第五届国务院学位委员会艺术学科评议组成员时，已经深感此前学科组为了“升门”所做的坚持不懈的努力，尤其是艺术学老专家们为此递交的多个申请文件，充满了情真意切的和理性交织的动人理由。其实，人们已经意识到艺术学具有独立而丰富的学科门类建构意义，但囿于时事和认识的局限，艺术学分门别类的独立倡导并没有获得合理实现。延宕到2008年，笔者再次担任第六届国务院艺术学科评议组成员，感受到“升门”的呼声渐渐高升，更大规模的专家开始紧锣密鼓参与新的论证，艺术门类呼之欲出。2010年是艺术学门类紧锣密鼓筹备的一年，包括成立专门队伍不断修订论证等持续的争取，新的转机出现。在艺术同人尤其是于润洋教授等为代表的一批老艺术家们的坚持不懈的努力下，艺术门类终于成就正果。我们自然不能忘记几代艺术学人所奔走呼吁的精神，也要感谢为此而竭诚奋斗的艺术同人。但需要看清，在老一辈有见识的先生内心，艺术学门类建立其实是文化价值肯定的需要，在艺术文化的天平上，艺术学科没有分量显然不能理喻。和人类相伴相守的艺术不能独立成人是文化见识不全面的体现。

正因为建立在文化视野中的坚定，才使得艺术门类升格具有了内在的驱动力，也才能获得社会的认可。没有坚韧和自信，艺术门类不可能获得独立的身份，而没有文化建设的后续眼光，艺术成为门类后也难以承担文化担当的发展责任。所以，艺术成为门类后应该进入更为复杂的多方面文化建设工作轨道！这就是强化艺术文化对于艺术学科升格的根本意义所在。

二、艺术门类独立性的文化阐释

就文化背景而言，艺术的悠远性毋庸置疑。艺术是伴随人类精神发展史而存在的重要对象，更是人类情感抒发历史的主要呈现。由此可以说，艺术学是公认的独立对象的研究学科，但作为研究人类艺术思维和艺术表现形态规律的学科，从来就存在却并非被格外重视，在阶级纷争和艺术形态至上的年代，艺术几乎成为修身养性和小资娱乐的代名词，不登大雅之堂的意识也表现在艺术学不太为学术所认可，小儿科和技能技巧的认知几成普遍认识。但这一谬误不断遭到文化层面质疑。艺术学在社会的认可度是随着社会生活质量提高日渐具有影响，却在众多学科中没有得到专业人士预期的高度认可，不断涌现的对于艺术学地位的议论就情有可原了。随着艺术在渐趋小康发展走向中日益兴旺，人们对艺术学科社会地位的不相配愈发不满，但人们抱怨的只是被轻视的不满、被划归门类的错误、被另类要求的误解，等等，所以，才有合理性的学科门类定位的渴望，升门类的要求日渐高涨其实是艺术文化发展的需要，也是艺术成为创意文化核心的必然要求。

艺术学科定位毫无疑问主要在独立门类要求的名分和学科性质内容的界定等内外兼顾方面。所以，在门类归位和自身做好独立门户成家立业之间，需要强调的自然是文化内涵的建设，对于艺术门类而言，文化意义上的艺术观念确认才是更为重要的工作。名分真正确立其实不只是理论上成立与否，倒是需要观念的进步和自身完善的支持，甚至需要在自立门户时让自身理论基业得到夯实，文化形象得到尊重，并且实现文化理论上的合理性，艺术必须在自身独立的精神文化支柱上论证强化。

不能不从文化角度回顾艺术学门类划分确立的意义。

从艺术学一级学科到艺术门类的跨越，不仅是观念形态和等阶意义上的转变，其实还有文化构成的考量。基于被压抑的历史，确立独立身份的艺术学科如何解决身份就遇到独立地位争取的有效性与分门别类的实际需要之间的取舍，而这里文化度量其实在支配和影响着区别。回顾艺术门类如何建构一级学科过程，当时曾经有过几种思考，但简单的等级制一度占据上风，根源于良好的独立性意识却依赖于门户偏见的意识的确影响着独立进程。艺术与文学的差异性有时几乎是试图扯裂必要联系和水乳交融关系的敌意行为。但艺术在和文学的交织中其实牵扯着丝丝缕缕的关系，不仅在电影诞生之前六大艺术中诗歌这一文学形式公认归属于文学，就是艺术的戏剧形态、歌曲的词曲形态、书画的跋赋和题诗等都难以割舍文学，因为艺术是人超越物质存在的精神追求，艺术的含义是创造的精神形态，艺术就是人的内在情感精神焕发而出的理想之光，它更带有人文价值的内涵。从人类精神历史的发展来看，艺术始终起着积极促进的健康作用，而祖宗们理解的“《书》曰：‘诗言志’‘歌咏言’”，与“手舞足蹈”等相提并论，既是艺术与人的情感精神世界密切关系的形象注脚，也是文学和艺术密切包容的证明。艺术与文学共同构成艺术文化的有机组成部分。艺术学科独立是指学科特征得到专门性的认可，更为细致地进行艺术教育，毕竟艺术是人类试图超越物质存在的一种精神创造，其借助各种艺术形态的创造和文学的借助文字想象性表现不同。但在文化根脉上艺术与文学都有千丝万缕的勾连是必然的。

于是，艺术从文学门类的一个一级学科独立出来如何设定自身的组成部分就是一个如何思考划分的实际问题。笔者曾在2005年授命调研许多艺术专家意见后发文，为学科升门类做了调研后的分析，当综合提出了几种方案广泛征求意见时，遇到的既有学科特性辨析基础上的认识，也有狭隘的门户之见的坚持，艺术文化的把握融化在各种意见中，显示了学科升门起步阶段的几种认识。综合而论，笔者较早提出了几种学科划分意见为后来的升门进行参考：第一种是3级概要划分，包括：A艺术史论（包括艺术理论、艺术史和艺术评判等），B表演理论（包括音乐、舞蹈、戏剧戏曲等种类），C视觉艺术（美术、设计、媒体、影视、摄影等图像视觉艺术）等三个一级学科。这是大归类的划分，依据是国外的艺术既有认知，也是从文化层面进行归纳的一种认识，综合性文化联系是基本出发点。

第二种是4级大类划分，包括：A艺术学史论一级学科（艺术学理论，艺术史，艺术教育等），B视觉艺术一级学科（美术学，设计艺术学等），C舞台表演艺术一级学科（音乐学，戏剧学，戏曲学，舞蹈学），D视听艺术审美学科（电影学，广电学，媒体艺术学等）等。这一类划分在文化区分上兼顾类型和综合要素的因素，更为现代性。

第三种是5级归类划分：A艺术理论，B音乐舞蹈，C戏剧戏曲，D美术设计，E电影电视等5个艺术学一级学科。这一类划分基本上把握了传统艺术文化构成和现代艺术种类约定俗成的认知，也兼顾了理论综合和文化相近性。

第四种是原有艺术各二级学科升格微调：A艺术学理论，B音乐学，C美术学，D设计艺术学，E戏剧戏曲学，F电影学，G广电学，H舞蹈学等8个一级学科。这是兼容既得利益的学科构成也更为细致区分差异性的简单异性划类。

在当时，独立门户是共同趋向，但如何自立门户却意见不一，从文化层面思考都潜在而非显在，文化认识的统一异议颇多。具体而论，上述前两个划分是基于从自立门户的艰难和考虑综合性宽口径结合需要而设想的。尽管艺术学科中的组成部分差异性很大，但考虑到原本“文学门类”也只有包括艺术学在内的4个一级学科（0501中国语言文学；0502外国语言文学；0503新闻传播学；0504艺术学），而当时的“历史学门类”之下只有一个一级学科，等等，考虑这些因素，争取独立是当务之急，减少阻力也是必要之举。而尽可能宽口径归类又是文化趋向，就有了上述考虑。第三种5级划分相对比较合理，在独立建制和学科归类合理性上相比更好，也是私心里期望度最高的祈求。第四种平行上移的学科划分得到艺术学内部最大认可，却在艺术之外难免碰到才想另立门户就无限扩张之嫌的阻力。文化认识的激烈碰撞形成巨大差别。无论如何，上述认识几乎是最早谋划的学科分类，随后，若干次全国专家研讨陆续也有不同的分类，但多是在此基础上的组合和变化。

及至2010年初的世事迁变，艺术门类精神提到急迫的议事日程上。按照国务院学位办意见，独立的艺术门类最好在3个左右一级学科设置的建构，由此一度形成去除艺术理论单独占据一级学科而简要设置的意见，但很快招致艺术理论家的激烈反对。这是一次艺术见地的差别的最后交锋。艺术学理论的存在与否，是文化上认知学科理论基础要否的差别，既然只能缩小战线牺牲许多专业艺术家都不太感冒的艺术学理论也就顺理成章；而深感艺术学理论基础崩塌的专家誓不相让，也是捍卫艺术文化构成基础的良好愿望。2010年中旬密集的研讨和意见碰撞后，相互谅解的方案开始得到尊重，国务院艺术学科评议组基本依循第三方案调整，确定按照4个一级学科设置：艺术学理论、音乐舞蹈学、戏剧影视艺术学、美术设计艺术学等，这一实际上兼顾了学科门类差别，又没有丢弃基础理论支撑的认识获得多层面的理解，终于获得批准通过。实践证明最初的兼顾思考划分是有利于学科门类独立建制的，而其内在支撑其实是文化层面的逻辑认识，自然，顺利通过艺术门类后的建设将逐步实现学科建制的合理性也需要同步。后来，学位办按照国务院学位委员会研讨的意见，将通过后的艺术门类中美术学和设计艺术学分立，形成现今的5个艺术学科的定稿，艺术门类及其下属一级学科尘埃落定。艺术文化的格局也有了综合兼顾基础与兼容学科的统一性。

三、艺术门类建立后的文化得失分析

无论如何，2011年对于艺术文化发展都是极其重要的年份，2月艺术学门类尘埃落定；3月国务院颁布一级学科调整，在老的艺术学一级学科中，产生120多个新的一级艺术学硕士学科点和十余个一级艺术学博士点；接着在5月艺术学门类层面的5个一级学科对应申报结束，6月底艺术学科评议组审议评判完成，新门类的一级学科大幅度增加。尘埃落定，我们才可以回过头来思考得失。首先必须承认，强调艺术门类确立对于艺术学科发展意义重大无可置疑，引起艺术教育界的不断研究也是必要之举。但如此构造的一级学科的现有格局却未必会被全部认同，主要原因在于艺术门类之间的差异性较大，比如音乐和舞蹈有显然的差别，影视和戏剧在表现形态上也差异大于归同，为了学科独立的大归类而聚合的格局基本合理，但一旦有了差异的划分就难免凸显一些矛盾。比如当美术和设计分立为不同的一级学科时，相应的音乐与舞蹈的差别、戏剧戏曲与影视广播的分立要求立刻显现。而归类的学科建设麻烦不小显而易见。还有如何考量艺术学理论一级学科与其他4个一级学科中的理论研究构成，诸如音乐理论、美术理论之间的归属也意见不一，有的学者主张每一个一级学科都自有相关的学科史论应属自然，而有的则认为既然已经有艺术学理论一级学科就应该将理论研究归并到其中去。

认知的道理各执一词，但前已述及，站在艺术文化角度看，一个学科门类没有自身的学理性学科无论何种理由都难以站住脚。在几经反复的新的“艺术学理论”一级学科确立中，艺术学门类也经历了学科理论基础的认识转变过程，原有的艺术学理论学科存在的意义多少被专业化的学科专家所漠视或轻视，一般传统观念抱持者以为：既然有音乐学理论、美术学理论、戏剧学理论，等等，就没有必要再设立一个形而上的艺术学理论，认知的核心是没有虚置的脱离具体艺术对象的艺术学理论；此外还有一些人对于艺术学理论基本遵循于文艺学理论的模式而不以为然；学科理论家将自身的学科理论的紧紧结合具体学科的理论阐释作为标准，对于能够兼顾音乐、美术、戏剧、影视的差异性学科的艺术学理论心生疑虑，以为不能有如此这般的学理。但坚持者认为每一个学科都具有总结凝聚了普遍性规律的哲学意义上的学理，对于艺术学而言，都是人类审美精神形态的创造对象，应该具有普泛性的根本规律，对于精神产品创造而言，其指导性理论和规律是绝对具有且需要的，没有超越于具体学科创造的学理性思维，也就难以提升学科的哲学性。这一争论本质上显示了艺术作为精神产品和个性创造如何看待的根本性问题，虽然在艺术门类设立中艺术学理论终于得到了一级学科的地位，但在学科门类对应中，显然如何看待又成为迫切需要应对的问题。按照条例，没有能力成为其他四个一级学科的学校，有可能汇聚力量集中到艺术学理论学科来实现双重目的：人数和条件的有效聚集获准一级学科，将来期望在这个新的艺术学理论（编号1301）一级学科中再重走旧的“艺术学”（原编号050401）路子，在其中按照自由设定二级学科的原则让所有艺术学科都设定学科点。

显然，问题集中到新的“艺术学理论”一级学科如何准入、如何框定自身的学科范畴问题。我们以为对待需要慎重，艺术理论应该能够归拢从事艺术的多门类研究者，前人所谓的“不通一艺莫谈艺”就是佐证，马克思所谓“如果你想得到艺术的享受，你本身就必须是一个有艺术修养的人”也指明了这一含义。但也不能随意将艺术技能和实践操作者汇聚于此学科，艺术学理论无论是艺术美学的形而上研究，还是运用理论进行艺术批评的研究，乃至于结合学科史论的研究都可以在审美理论层面进入，但只是从事具体学科技能技法操作和研究者还是需要归并到其他一级学科中，简言之，更为学理性的艺术研究才是艺术学理论一级学科的生存之地。

总之，站在文化逻辑层面看待艺术学理论和只是站在具体对象性学科层面看待的确不一样。但我们主张完整的学科门类必须有学理逻辑的艺术学理论支撑。接下来的国务院艺术学科评议组审定工作中，这应该成为最为重要的审查工作。

在文化认知上，学科认知问题还不少。艺术门类确立后，牵扯一般学科建设都按照一级学科来评价、来设定共同课程、来决定学科规划，我们已经开始的一级学科学科规范和二级学科建设计划都难免牵扯这一问题，由于先天的设定难免具有拉郎配的因素，按照学科规律评判就需要智慧。前述 2010 年申报一级学科授权点、2011 年成批通过成为艺术学一级学科授权点，立刻遭遇到如何和门类衔接的问题：是简单成为全门类授权点，还是瓜分到相近一级学科，还是重新认定其归属那些艺术门类下的一级学科？在 6 月按照国务院学位办发布的学科门类建立后艺术 5 个一级学科和原先学科对应调整的政策，基础准入门槛高低引起议论，其要求博士点一级学科应具有 4 ~ 6 个特色鲜明、相对稳定的学科方向，对国家经济建设、社会发展和科学技术进步具有较大作用。同时规定确立一级学科博士点的最低要求是学科教授有 8 人，而所统计人员应为人事关系隶属本单位的在编人员。有博士学位人员数 10 人。学科五年内实际获得并计入本单位财务账目的科研经费合计 300 万，五年内实际获得并计入本单位财务账目的来源于国家及国务院各部门、国家自然科学基金、国家社会科学基金、国防、地方政府等的纵向科研项目经费合计 100 万。同时要求一级学科五年内获省部级以上科研奖励 2 个，五年内授予博士学位 5 人或硕士学位 10 人，等等。这样的条件理论上规范了新的一级学科的起点条件，也限制了一些不足条件的学科入门难度。但显然，问题在于刚刚在 2010 年确定 2011 年颁布的原 120 多个艺术学一级学科硕士点和近 20 个一级学科艺术学博士点，与此前老的一级学科博士硕士点，都混杂在一起又要遭遇认证和对应归属，无论上不上还是上多少都有棘手的难题，似乎都应该对应升格却遭遇到条件问题如何处置的难题在所难免。在此前原艺术学目录下放宽的一级学科点申报，在别的学科门类发展中比较自然，因为没有门类升格的新跃进，艺术学科在旧章体制下的大膨胀和新规中的一级学科核定显然不是一个层面的问题，却不能不交织而造就学理和逻辑的难题。由于上一轮的学科论证有归于宽泛之嫌，而且是准许在 8 个原二级学科划分范围中的三级学科方向上进行一级学科申报，要由此来进行归并复杂化的新一级学科在学科门类意义上的对应，其揠苗助长的一些渴望就容易催生刚刚建立的艺术门类大膨胀的一级学科局面。事实上，审议中，不少学校有拼凑人员和拉郎配的倾向，而一些学科无论是博士点还是硕士点，刚刚在 2011 年 3 月获得一级学科，立足未稳也没有开始人才培养的实施准备，却一下子全部门类的五个一级学科都申报，趔趄和急促都显而易见。

在文化上，艺术学科点申报显露出急功近利而非扎实建设的走向令人忧虑。但新的门类转瞬间冒出几倍的一级学科，显而易见，其中基础不好、学理意识不足的学科也大幅度跃进，无论对于同行还是外界都不是好现象。艺术文化的基础会不会遭到损伤是人们难免忧虑所在。急功近利的侵袭对于艺术文化建设和艺术学术发展的危害必须及早警惕，学科评估和优胜劣汰的机制必须及早建立，这是艺术作为文化核心长足发展必须抓住的要害。

四、站在文化精神角度看待升门类之后的艺术发展

欢呼艺术门类建立的热情也到了渐次消退而开始扎实建设的时候了。尽管艺术门类建立的意义难以低估，但如何成为有文化精神的艺术学科却不是自然可成的，建设丰满的艺术门类任重道远。按照艺术规律进行学科建设，充实艺术文化品质，更多依赖艺术行家来评判、推进发展艺术学科，促进艺术学理更为扎实的深度建设，都将是我们的任务。

首当其冲的是 2011 年中期实施的学科门类 5 大一级学科进行学科对应调整，这牵扯到的难度和理论实践的合理性的确需要注意，笔者认为兼顾原有一级学科不使之全盘落空，就需要区别对待，而严格新生学科的对应理应成为重要问题。而在审核程序和甄别步骤上，依赖学科评议组的学术判断，与制定有步骤的删选规则，可以最大限度地减少既有膨胀发展的不利因素，也留有为真正需要也有条件的学科上台阶提供机会。具体所为取决于管理机构是不是站在学科门类发展的角度细致操作，而艺术文化标尺

的掌控最为重要。何者可上应有标准，揠苗助长不可原谅，急功近利不能容忍，这一决策宽严度是要害。目前看来，申报拥挤已经是定局，必要的甄别取舍对于学科发展绝对有利。达标的相对性固然要把握，助推一把也是必要举措，但漫无边际地大上快上不阻止，既对学科文化建设不利，对于长远的质量建设也有害。

强调艺术学科升门后的独立成人也就意味着需要更为宽广心胸和视野。艺术是培育人的精神素养的，单就艺术教育功用而论，马克思关于艺术陶冶教化欣赏对象的著名论断值得警醒我们："艺术对象创造出懂得艺术和能够欣赏美的大众"，这就是说明艺术自身需要高远的精神情感认知才能进行艺术教育的实施。艺术学门类将要开始新的建设，必须从观念上重视学科门类是一个理论体系的建立，而不是简单的番号变化，艺术学科性质内容的界定，才是学科为自立门户建设的重要事情。艺术思维、艺术学科独特价值、艺术人性先天性、艺术本质的人文色彩以及艺术对于现代健康、小康社会的意义等才是我们需要强化的东西，我们的独立只是为了建树更为合理的学科体系，和为了艺术文化精神在艺术创造中得以更为完满的实现。在艺术门类体系中不仅要按照艺术规律实现艺术的个性化发展，还要更为强调艺术审美精神的张扬，不能随波逐流地屈就市场和娱乐放纵，而高扬艺术人文精神的高尚性才是艺术发展的核心。需要清楚艺术并非可以脱离宽泛人文学科背景，警惕自我封闭的趋向。包括提升学科形象的人文素养，包括正确处理技巧学科要求和艺术文化要求的关系，包括注重社会艺术文化培养和自身个体工匠技艺的关系。不言自明的是，千万不要简单地成为各自强化实践技巧功能而落到有门类却依然是被贬低的实用学科的层面。艺术学科门类建设其实还任重道远，作为最新的门类学科，学术理论上的严谨和学理建设将是获得成熟地位的根本保证。

在升门后，直接遇到的问题是学科和课程标准的调整。过度增长的学科遭遇到共同的问题：如何适应获批后新的学科建设和方向调整，尤其是综合性的人才培养问题。笔者参加制定新门类本科和研究生学科目录修订都已经基本完成。在教育部专家组从去年开始调研研讨、在 2011 年 3 月确定新的本科专业目录，经过 5 月份的广泛征求意见后确定，7 月开始交予教育部专业艺术学科各教学指导委员会进行具体编制。而 6 月国务院艺术学科评议组确定了研究生博士、硕士一级学科简介征集意见，和二级学科目录确认，即将开始实施。在新门类中的本科专业目录和研究生学科设置中，趋近设置与综合性趋向明显，由此带来和原有学科的调整必不可少，这是一次好的机遇，学校艺术教育的格局也将带来变化。和以往相比，即将实施的普通高等学校本科目录中，"艺术学理论"一些学科只设立艺术史论专业，显然设置本科专业要慎之又慎。"音乐与舞蹈学"一级学科设立包括音乐表演、音乐学、作曲与作曲技术理论、舞蹈表演、舞蹈学、舞蹈编导、艺术与科技专业，显然也凝练化了。"戏剧与影视学"一级学科设立包括表演、戏剧学、电影学、戏剧影视文学、广播电视编导、戏剧影视导演、戏剧影视美术设计、录音艺术、播音与主持艺术、动画、影视摄制、数字电影技术等，戏剧影视的融合既是浓缩需要也是学科相近联系的必然。在"美术学"一级学科中设立了美术学、绘画、雕塑、摄影、中国画与书法等专业。在"设计学"一级学科中设立艺术设计学、艺术设计、会展艺术与技术等三个专业。

在研究生学科目中二级学科采用统计学意义的规定二级学科和自主设置结合的方式，其中规定的二级学科都略多于本科专业，这也是本科注重综合而研究生注意适当区分的思路所致。在研究生"艺术学理论"一级学科中设立 4 个二级学科：艺术理论、艺术史、艺术批评、艺术管理。"音乐与舞蹈学"一级学科设立 9 个规定二级学科，包括音乐学、作曲与作曲技术理论、音乐表演、音乐教育、音乐科技、舞蹈学、舞蹈编导、舞蹈表演、舞蹈教育等。"戏剧与影视学"一级学科设立 11 个二级学科，包括戏剧戏曲学、电影学、广播电视艺术学、戏剧影视导演、戏剧影视表演、戏剧影视编剧、戏剧影视美术设计、戏剧影视摄影、戏剧影视音乐与录音、播音主持艺术、戏剧影视教育等。"美术学"一级学科中设立了美术历史与理论、绘画、中国画与书法、雕塑、实验艺术、美术教育等。在学科设置和本科专业设定调整中，真正利用调整来对于艺术学科方向、队伍和学科优势的重新定位，是有利于学科建设成长。而这一中国艺术学科门类变化带来整体上的跃进，也取决于能不能把握契机做好整体格局的调整。

再次强调，艺术学科升为门类是中国文化建设的大事，给予艺术文化和艺术教育更为开阔的空间，是需要艺术人珍惜学科发展机遇而不是放纵乃至于泛滥学科扩展，这才是艺术文化成熟与否的标志。

原载《艺术百家》2011 年 04 期

周星　北京师范大学艺术与传媒学院教授

【观点】增强文化自觉，推进学科建设——艺术学学科建设座谈会专家发言摘录

◎《光明日报》

今年 2 月中旬，国务院学位委员会修订了学科门类目录，艺术学成为和文学并列的第 13 个学科门类。这是一个重大的进展。多年来，特别是 21 世纪之初，文化艺术界的很多学者一直在呼吁提升艺术学的地位，全国政协委员、人大代表每年都有提案提这个问题。国务院学位委员会在充分调研基础上，今年年初将艺术学升格为学科门类，意义十分重大。国家文化部非常重视这件事情，蔡武部长多次强调它的重大意义。因此，文化部 10 月 14 日召集各位专家来座谈艺术学科建设的问题。会议主持人，文化部党组成员、副部长王文章希望大家在科学发展观的指导下，以务实的学术作风畅抒己见。会议议题包括：（一）艺术学成为学科门类，如何继续深化艺术研究和教学研究，完整建构艺术学学科体系，使之更趋于系统，逐渐形成学科高等教育体系，以适应文化、艺术人才培养的需要；（二）艺术学成为学科门类，如何加强艺术研究、艺术教育、艺术创作和艺术服务的机制建设及学术建设，为促进社会主义文化大发展大繁荣提供更好的服务；（三）艺术学成为学科门类，艺术研究、艺术教育及艺术创作面临的机遇与挑战；（四）艺术教育及艺术学研究与文化艺术自主创新能力的培养和文化创造力的提升；（五）艺术学的研究对象、方法及其下设一级学科的学术发展路径与艺术教育培养目标。

——编者

学科升格要厘清格局并推进转型

仲呈祥（国务院学位委员会艺术学科评议组召集人、教育部艺术教育委员会常委）：艺术学从文学中独立出来，升格为学科门类，这是文化自觉、文化自信在艺术领域的反映，彰显了中华民族在新形势下的艺术自觉和艺术自信。所谓艺术自觉和艺术自信有三个层面的含义：一是我们对艺术在人类把握世界的方式中的独特功能与作用的认识更加自觉了。二是要在认识艺术功能的基础上把握规律、尊重规律。三是落实到具体的艺术教育工作中，就是要具备高度的文化良知，形成高度的社会责任感。

目前，艺术类高校有三支队伍，包括专科艺术院校、综合性的艺术院校以及综合性大学中的艺术学院。这三支队伍各有优势，各有所长，在推动艺术学学科建设的过程中，应该以开放的思维，发挥各自的优势，取长补短，协力同心，共同建设好具有中国特色的艺术学学科。

学科升格彰显艺术自觉和艺术自信

潘公凯（中央美术学院院长）：艺术学升格为学科门类之后，面临的另一个根本问题是中华民族传统艺术体系如何更好地完成现代转型。西方的传统美术体系，在 19 世纪末和 20 世纪初进行了巨大转型，这种转型不仅剧烈、彻底，而且整体性的建构非常严密，非常有分量。在这个方面我们还做得不够，我们没有一个既传统又出新的形态。传统的艺术体系演进到 20 世纪末和 21 世纪初，本身要走向现代化，但它的现代化又要与西方不一样。传统体系的转型，应当是从本体角度去推动的转型，这是特别复杂而深刻的课题，需要我们两三代人去攻关去完成。

迎接学科升格的学术挑战

刘梦溪（中国艺术研究院中国文化研究所所长）：艺术学升格为独立的学科门类，面临的基本学理以及其他方面的挑战还很多。中国艺术学研究方面的一个缺门是艺术史的研究。据我了解的状况，即使在改革开放以后30多年，我们对艺术史的问题还是不甚清楚。西方常常把美术史当作艺术史。但是中国本身艺术史的史料资源相当丰富，光把美术作为中国艺术是不够的。怎么样从艺术精神的层面来研究、发掘、建构中国的艺术史，这是一个非常重要的问题。第二个问题是艺术美学研究缺门。艺术学一级学科下面应该有一个艺术美学二级学科。因为，现在对艺术的研究抽象、概括不够，研究文学的人多，真正研究艺术美学的人还是少。第三个问题是人才的缺门。从事艺术学教学的人多是文学出身，他们写的艺术概论，文学气甚重，对于艺术现象的了解非常不够，而原先对音乐、舞蹈、美术、电影等分学科有研究的人，要把研究上升到艺术史或艺术学的角度，功力又有所欠缺。

中国的艺术与人文是世界一流的，而且是从古至今贯通下来的。这个资源需要整理，研究者也分别做了很多事情，但是应该做的和已经做的之间差距还相当大。在一级学科之下，二级学科的设置至为关键。我认为无论是对于人文艺术学科发展还是大学的基本教学，基础理论是最重要的，教材上的基本原理和资源应该是基本稳定的，否则，我们培养的人才就会无所适从。

建立学术规范，对接社会需求

郭淑兰（中央音乐学院党委书记）：我们对全国艺术教育的现状进行了调研，认为当前的艺术教育和艺术学科的发展主要存在以下问题：一是新设的艺术类专业存在同质化倾向，有的甚至是低水平重复设置；二是新设的艺术类专业缺乏学术规范；三是艺术专业人才的培养与社会需求脱节。

为此，我有三点建议：第一，我们的艺术教育工作者、艺术家应该抓住艺术学升格为门类的机遇，共同努力，把艺术学学科体系建设好。第二，面对艺术学升格的机遇，我们不能盲目地大干快上，要有一个严格的准入标准，为学科建设储备学术力量和人才。要根据教育教学实力，明确自身定位。第三，艺术学科的建设，特别需要跟文化艺术事业发展的需求紧密结合起来。我们希望再深入院团进行调研，与需求直接对接，这与我们的学科建设是紧密联系在一起的。要通过舞台和讲台的紧密结合，通过相关艺术学科之间的相互融合，推动艺术学学科建设。

加强战略规划，增进学科交流

廖向红（中央戏剧学院副院长）：关于加强艺术学学科体系建设，我谈四点思考：一、艺术学科建设应该有战略规划。艺术学包含的五个一级学科及其下设的二级学科各有其鲜明特征，各高校的学科建设状况也各不相同，可能很难统一规划，但是也应该打破学科壁垒，用未来和全局的视角来设定艺术学学科发展的方向和阶段性的目标。二、要尊重艺术的规律，尊重学科建设的规律。各个专业院校、综合院校的专业建设，要发挥各自所长，要有所侧重。三、应该建立学科的重点研究基地。研究基地的建设不要用统一的模式，而应该根据自己的学科特点来设置、打造、构建。四、应该搭建平台，增进各学科之间的互相交流。另外，文化体制改革对学校的教学和学科建设产生了重大影响。应该制定一些措施，加强产业化调研工作，加强院校和艺术创作和生产单位的联系，使得专业院校人才培养的目的性、计划性、针对性更强。

学科建设要规避娱乐化和商业化

田青（中国艺术研究院音乐研究所所长）：在艺术学学科建设当中应该注意规避两个问题：一是艺术被娱乐同化，被娱乐代替。现在，有许多娱乐假借艺术之名。怎么能让艺术守住自己的底线，不被娱乐同化，这是一个问题。二是商业化，这是对艺术教育最大的威胁。学科建设必须要有标准，要有相应的学术能力和人才储备。一所大学能不能开设艺术专业，一定要进行论证。我们要认清形势，绝不能借着学科升格盲目发展。

以学科升格“倒逼”制度跟进

王列生（中国艺术研究院文化政策研究中心主任）：对政府以及学术机构而言，学科升格实际上是一个“倒逼机制”，也就是如何在这一命题下，形成相应的制度跟进，以确保这样一种调整最大限度地实现正向价值效应。

对此，我有三个建议：第一，国家应该建立一个艺术发展委员会或艺术建设委员会，从国家层面，对政府的文化建设提供决策咨询。第二，建议中国艺术研究院设立一个研究委员会，研究以马克思主义艺术理论为核心价值取向，吸收西方艺术成果，同时又充分体现东方艺术背景，代表中国叙事立场的艺术理论体系。第三，建议文化部有关部门设立艺术学建设专项基金，对艺术学二级学科的设立以及艺术教育与艺术生产、艺术创作、艺术交流的衔接等进行引导，加强对艺术学学科建设的宏观调控。

保障艺术学一级学科的健康发展

李心峰（中国艺术研究院图书馆馆长）：艺术学升格为学科门类，一个非常突出的亮点是把艺术学理论和其他艺术门类并列，设立为一级学科，这体现了中国特色，也为艺术学的发展提供了更高、更广阔的平台。升格之后，艺术学理论一级学科怎么建设，包括它的二级学科怎么设置以及要不要设本科专业等很多问题，需要我们冷静思考，好好规划。目前，其他学科的建设都有专门的高校作为保障，而艺术学理论还没有这样的平台。我建议在中国艺术研究院成立一个艺术学理论研究所，为这个学科的健康、可持续发展提供保障。

学科升格呼唤“中国艺术大学”建立

赵塔里木（中国音乐学院院长）：关于艺术学学科建设，我提五点建议：首先，应当建立一个学位保障体系。保障体系要有国家标准，对培养内容、学生能力，等等，作出可操作的描述。第二，要有一个学位质量监控体系。应当按照校内与校外相结合的机制，对学士、硕士、博士三级学位实施质量监控，落实国家标准以及学校按照国家标准制定的专业标准。第三，要从国家层面上对学科建设进行评估。要根据学科特点，按照教师队伍、科学研究能否支撑发展、研究生质量、基本条件、国际化水平等指标，对学科专业进行动态监控，并且形成制度。第四，在专业布点方面要避免同质化竞争，突出区域特色和学校自己的传统。第五，从艺术学的学科机理和学术发展来看，建议成立中国艺术大学，贯通学科和学科之间的联系，满足文化大发展大繁荣对于艺术人才的需求。

拓宽学科视野，夯实学科基础

李续（北京舞蹈学院院长）：在学科建设方面，我有以下两点体会：第一，在开展对外交流的过程中，我们体会到中国优秀的传统文化得到了越来越多的海外人士的认同，甚至被视为解决西方难以解决的问题的钥匙。艺术学提升为学科门类之后，为舞蹈学院的学科建设拓宽了视野，带来了机遇。第二，任何事物的发展都有它的规律。我们在制定学科发展规划、推动学科发展的过程中，一定不要操之过急。要静下心来，多做一些基础工作，夯实学科发展的基础，通过一代甚至是几代人的努力，推动学科建设的长远发展。

探索多部门共建的科学合作机制

巴图（中国戏曲学院副院长）：关于艺术学学科建设，我结合中国戏曲学院的实际，谈四点建议：第一，建议文化部在推进艺术学学科建设的过程中，将学科门类之间的关系作为研究的重点。第二，建议在学科建设过程中，重视学科建设的各类主体之间的关系，逐步形成教育部、主管省市和文化部在学科建设中的科学合作机制。对于中国戏曲学院这样的单科艺术院校，如果教育部、北京市、文化部三家能够实施共建，并且加强业务指导，将对学校的长远发展十分有益。第三，在学科门类内部建设过程中，建议文化部能引领对学科建设文化观念的研究。第四，建议文化部结合升格之后的艺术学学科体系，加强对艺术人才，特别是高端艺术人才培养的指导、规划、设计，推出一些有针对性的，特别是针对新的学科目录的扶持举措。

引导学生追寻艺术精神

田黎明（中国艺术研究院副院长）：中国艺术研究院研究生院目前有 6 个系，涵盖了艺术学 4 个一级学科。艺术学升格为学科门类，对我院的教学管理和服务提出了更高的要求。作为教学机构最重要的是基础教学，基础教学要靠各系和各位专家、导师形成一个有力的群体。在教学机制和教学规范方面，研究生院要更多地下功夫，建立一个完整的系统。从当代艺术教育范畴来看，艺术学最重要的还是引导学生追寻艺术人格、艺术风范、艺术精神，等等，如何把民族文化精神和个体的学生教育结合起来，是我们今后要思考和把握的问题。

加强沟通联络，做好服务工作

于平（文化部文化科技司司长）：文化部文化科技司就其职能而言，除文化科技外，还有艺术教育和艺术学研究的管理。艺术学升格为学科门类后，我们要做好服务，发挥好艺术学研究的学理支撑作用，发挥好艺术教育的人才支撑作用。从作为职业教育的艺术教育来看，艺术学升格为学科门类后，应当一方面更注重职业性的学理建构，另一方面也更加注重学理性的职业品格。从作为人格教育的艺术教育来看，则应一方面更加注重技艺性的人格呈现，另一方面更加注重高尚人格的艺术表达。此外，艺术教育要从教育的“三个面向”出发，要更加注重人文精神中的现代品质；也要更加注重现代风尚中的人文建构。我们要落实蔡武部长对于学科建设“潜心研究、扎实工作、开放发展”的要求，加强对艺术学学科建设相关问题的研究，加强沟通联络，做好服务工作。

原载《光明日报》2011 年 11 月 4 日

《中国艺术学大系》

【概述】

《中国艺术学大系》，是中国艺术研究院组织编撰的艺术学系列丛书，由著名美学家、原中国艺术研究院副院长王朝闻先生提出，文化部副部长、中国艺术研究院院长王文章先生牵头主编。该系列丛书以新的学术理念和方法重新叙述中国传统艺术及其当代新的演变形态，并阐发和概括新的艺术形态和艺术现象，包括已经民族化的外来的艺术门类，如电影、电视、摄影，等等。该大系既不是简单地对艺术门类和整体艺术史古老历史的过程回顾，也不是简单采用西方艺术学理念来解构中国艺术的文化整合，而是在把握中国传统艺术法则、规律、审美原则，汲取和融合西方艺术学本质精髓，总结当今时代新的艺术形态特征的基础上，以适用于中国特色艺术学本质特点的科学的方法论，在中国艺术体系建设的整体框架内，对中国艺术学科在新起点上的系统总结和概括。以下是2011— 2012 年间该系列丛书所出版的专著的介绍。

【文化部党组成员、副部长王文章《中国艺术学的当代建构——〈中国艺术学大系〉总序》】

◎王文章

中国现代意义上的艺术学，经过近三十年的探索，已经基本确立自己的专有研究对象领域，开始勾画出比较清晰的理论框架体系，并且逐渐形成自身知识体系追求和学科建设追求的学术自觉。这样一种发展趋向，对于我们从艺术学学科的角度去对艺术现象作整体性、系统性的把握，从而深入研究作为一种社会历史现象和文化现象客观存在的人类艺术活动，具有前所未有的意义。这种意义首先是推动了研究视野的开拓与方法的创新，同时更重要的是顺应了新的时代艺术实践对理论变革和理论创新的内在要求。新的时代对艺术的研究，要揭示以精神领域的创造活动为主体的人类艺术活动这种社会实践的呈现形态，以及它与人类其他社会实践的联系，阐明其特殊的内部规律与外部规律。无疑，艺术学知识体系的完善，将会使当代艺术理论的研究呈现新的天地；同时，艺术学学科体系的确立，也会为我国当代艺术教育进入更高境界奠定坚实的基础。

一

今天我国现代意义上的艺术学的建构，发轫于广义的艺术学渐进积累的过程。一般认为，德国美术史家、艺术理论家康拉德·费德勒（Konrad Fiedler，1841—1895）首先从理论上对美和艺术作出划分，虽然他没有提出“艺术学”一词，却被人尊为“艺术学之祖”①。德国艺术史家、社会学家格罗塞（Ernst Grosse，1862—1927）较早将“艺术学”一词作为学科名称使用。他在《艺术的起源》（1894）和《艺术学研究》（1900）中以不同于美学研究的对象和方法的研究（如指出原始艺术的功利目的），显示艺术研究与传统哲学美学的分离。德国学者玛克斯·德索（MaxDessoir，1867—1947）于1906年出版的《美学与一般艺术学》和创办的《美学与一般艺术学杂志》，倡导了艺术研究与对美和美的知觉的

① 参见竹内敏雄主编:《美学百科词典》，池学镇译，黑龙江人民出版社1987年版，第68页。

研究的学科区分，主张艺术研究要以"艺术的本质研究"作为根本，但要着眼于艺术的一般事实发生的全部领域，对艺术的各个方面作综合的研究，并强调一般艺术学要作为与美学并列的一门学问来研究。在德索的倡导下，不少学者也指出艺术是一种文化现象，要在广阔的文化史背景中考察艺术的发展。以此为标志，脱胎于美学的艺术学应运而生，它开始成为一门拥有专门名称和专有研究对象领域的独立学科。但是，此后在艺术学研究领域，标志其学科体系整体特征的研究成果并不多，尽管它的方法论被广泛采用，而形成其完整体系的研究却一直处于探索之中。因此，我仍将它称之为广义艺术学。

中国广义的艺术学的酝酿，始于 19 世纪末 20 世纪初西风东渐背景下现代意义上的艺术概念和艺术体系形成的过程。据现有资料，"艺术学"的学科名称，在我国初始出现于 1922 年商务印书馆出版的俞寄凡译、日本黑田鹏信的《艺术学纲要》一书，此后中国一些学者相继在文章著述中使用"艺术学"这一学科称谓。如宗白华从德国留学回国，即曾以"艺术学"为题在大学讲课，并留下讲稿①。此后，张泽厚于 1933 年由光华书局出版了《艺术学大纲》，陈中凡 1943 年 9 月在《大学月刊》发表《艺术科学的起源、发展及其派别》的论文，阐述作为学科的艺术学和艺术科学。尽管他们对艺术学研究的方法论等提出了一些有价值的意见，但主要是以国外艺术学的基本话语体系作演绎，没有对中国艺术学本身的体系建构、研究对象领域提出多少创见。其间应当提到的是蔡仪 1942 年出版的《新艺术论》，他以现实主义艺术理论体系的建构，显示了我国艺术学基础理论研究的一个重要成果。可以说，从 20 世纪 20 年代起的三十多年内，从广义的艺术学角度讲，有不少学者从这一学科的视角对艺术这一人类独特的社会实践活动进行研究并取得了些许成果。

今天，当我们以国际的视野来看艺术学研究的当代进展时，不能不注意到一个问题，那就是诞生一百多年的作为一个独立学科的艺术学的研究，与艺术自身多样化形态的迅猛发展相比，无论是从具有创新性的艺术学研究成果、代表性的理论大师还是从推动这一学科递进发展的理论等方面来看，都相对逊色得多，尚没有形成具有整体性的比较完整的研究体系。近一百多年来，在艺术的学术领域与艺术学相伴而起有时甚至是并用的一个词是"艺术科学"。黑格尔 1817—1829 年在德国海德尔堡大学讲演"美学"，第一讲就提出"艺术的科学在今日比往日更加需要，往日单是艺术本身就完全可以使人满足，今日艺术却邀请我们对它进行思考，目的不再把它展现出来，而在用科学的方式去认识它究竟是什么"②。格罗塞在他的《艺术的起源》中，详细阐述了"艺术科学的目的"与"艺术科学的方法"，并将其命题定义为"艺术史和艺术哲学合起来，就成为现在的所谓艺术科学"③。从 19 世纪的德语国家建立起的"艺术科学"（Kunstwissenschaft），旨在将艺术研究变成对客观事物的本质及其规律作出反映的像自然科学那样有规律可循的系统科学。"艺术科学"这一概念，也被引入了中国的艺术研究领域，像前面谈到的陈中凡《艺术科学的起源、发展及其派别》即指出："艺术科学（science of art），或简称艺术学，是对于艺术作科学的研究。"几十年来，"艺术科学"一词一直被我国的一些学者在艺术研究领域中使用。但是在世界范围内，从第二次世界大战以后，尤其是 20 世纪 60 年代以来，作为构成"艺术科学"的最重要的分支"艺术史"基本上取代了"艺术科学"的内容，各大学研究艺术的系科大都名为"艺术史系"（Department of Art History）。同时，由于艺术史首先在德国，其后在西方一些国家逐步学科化，许多学者不断创造性地扩展艺术史的研究视野和探索跨学科的研究方法，西方艺术史研究带来的一系列重要成果的影响，基本上冲淡了"艺术科学"一词。与此相联系，也使得艺术学作为一门独立学科的整体认知显得无足轻重。在我国，由于艺术学及其体系本来就是从西方引进，诸多探索也还没有与中国传统的具有独特审美理想和评价标准的艺术理论交融和对接。由于尚不具本土生命力且自身理论基础薄弱，到 20 世纪 40 年代末，我国艺术学作为独立学科的自身知识体系的建构陷入沉寂。及至新中国成

① 《宗白华全集》第一卷共收录两篇《艺术学》讲稿。一为《艺术学》（见 495—541 页）；二为《艺术学（讲稿）》（见 542—582 页）。两篇不尽相同，详见《宗白华全集》第一卷，安徽教育出版社 1994 年版。

② 黑格尔:《美学》第一卷，朱光潜译，商务印书馆 1979 年版，第 15 页。

③ 格罗塞:《艺术的起源》，蔡慕晖译，商务印书馆 1984 年版，第 1 页。

立，虽然以一批重要的艺术理论家、美学家为代表的学者，在艺术理论研究、艺术评论和美学研究领域收获了不少优异的成果，但由于政治上“左”的影响，特别是“文化大革命”中“文艺为政治服务”的极端化，反映艺术规律和体现科学方法的整体性的艺术学研究根本无从谈起。中国进入改革开放新时期后的80年代以来，不少学者才开始致力于中国艺术学的研究并呼吁确立艺术学的学科地位。

二

新时期以来中国艺术学学科地位的确立，首先从教育体制中的学科体系设置架构的变化上反映出来。1990年和1997年，国务院学位委员会、国家教委颁布和修订重新颁布《授予博士、硕士学位和培养研究生的学科、专业目录》，两次颁布的“目录”中，都将“艺术学”作为一级学科隶属于“文学”这一大的学科门类之下。对于这一归属，国务院学位委员会艺术学科评议组的成员和艺术学界的专家学者，从21世纪之初就比较集中地提出意见，要求将艺术学科从文学隶属下独立出来列为单独的学科门类，文化艺术界的不少政协委员也提出了相同的观点。2011年2月13日，国务院学位委员会接受这一意见，正式决定将艺术学从文学门类中独立出来成为具有独立学科门类的艺术学科。

此前的2004年，国务院学位委员会批准中国艺术研究院为我国第一个隶属于“文学”这一大的学科门类之下的“艺术学一级学科”单位，使得中国艺术研究院拥有艺术学全部8个二级学科的博士学位授予权，并全面开始包括二级学科的艺术学在内的8个二级学科的博士研究生培养。此后，北京大学、清华大学、中国传媒大学、北京师范大学和南京艺术学院陆续被确定为艺术学一级学科单位，拥有艺术学博士学位授予权。中国艺术研究院在1978年经国家批准获得戏曲、音乐、美术三个专业的硕士学位授予权，1981年又获得三个专业的博士学位授予权，并分别在当时开始正式招收戏曲、音乐、美术三个专业的硕士、博士研究生。之后，中央音乐学院、中央美术学院等专业艺术院校也开始招收本专业的硕士、博士研究生。1994年6月，东南大学成立了我国综合性大学中第一个艺术学系，并获得二级学科艺术学的博士学位授予权，之后开始艺术学博士研究生的培养。此后，从北京大学、浙江大学、武汉大学、河北大学等开始，各大学艺术学系（院）如雨后春笋般发展起来。从艺术教育体制开始的对艺术学学科体系的逐步确立，以及我国艺术教育的快速发展，进一步推动了对艺术学知识体系的学理探讨。在这样的背景下，新时期艺术学学术研究受到空前重视并取得明显进展，它从1990年之后涌现的艺术学学术研究的一批成果和艺术学自身理论框架体系探索（元艺术学研究）的成果上体现了出来。而且重要的是，这些研究大都是建立在现代意义上的艺术学自觉基础上的研究，已同以往广义艺术学的研究有了根本性的区分。

在看到新时期以来我国艺术学学科地位确立和学术研究取得重要进展的同时，也必须看到，艺术学学术框架体系的建构尚待展开，体现其知识体系建设的成果还不多。在《授予博士、硕士学位和培养研究生的学科、专业目录》（1997）中，在艺术学下的8个二级学科分别为艺术学、音乐学、美术学、设计艺术学、戏剧戏曲学、电影学、广播电视艺术学、舞蹈学。这样的架构，应是从我国艺术教育机构设置实际情况出发的一种艺术学科体系的设计，而并非是从艺术学学术研究出发的知识体系的建构。在目前，对艺术学自身学术框架体系建构的研究中，学者们已经注意到这一点，开始努力从艺术学本体知识体系的要求去讨论学科体系的建构问题。

中华文明源远流长，艺术门类众多，异彩纷呈。同时，艺术发展的过程中，也积累了丰富的艺术理论成果。在艺术创作论、作品赏评及艺术发展演变等方面都有庞杂的艺术思想和艺术理论的积累，其中不乏精辟、深刻的理论见解。宗白华先生指出：“中国各门传统艺术（诗文、绘画、戏剧、音乐、书法、建筑）不但都有自己独特的体系，而且各门传统艺术之间，往往互相影响，在审美观方面，往往可以找到许多相同之处或相通之处。”① 在这样艺术品种和艺术形态万千差别而又有着内在普遍规律的中国传统艺术的基础上，进行中国艺术学学科体系的科学建构，自然是一件复杂的事情。关于艺术学学科

① 宗白华:《美学与意境》，人民出版社1987年版，第378页。

体系的建构，不少著名学者都有独特的见解。从知识体系着眼的艺术学学科体系的建构，以艺术形态、艺术功能及艺术本体与外部世界的关系等不同角度切入，显然会有不同方向的设计。一般认为，以艺术理论研究的历史路径为基础作扩展性的设计，兼及现行教育体制下的艺术学学科体系实际需要，艺术学的研究可以分为艺术原理、艺术史和艺术批评三个部分。艺术原理主要是研究艺术活动的一般规律和基本理论及其各门类的本质、特征、形态、功能，即对艺术本体的研究和阐释。《中国艺术学大系》以“论”称谓的各分卷，即指艺术原理，它不等同于包括对艺术本体研究和艺术同其他意识形态（如宗教）和经济等关系研究的狭义的艺术理论。所以以“论”称谓，是基于艺术原理虽然相对稳定，但在当代情境下，它发展变化的动态性已成为突出的特征。因之，期望艺术原理各分卷以更具开放性、动态性和当代性的揭示，更贴近艺术原理的本质。艺术史是历史地、具体地对艺术及其各门类的发生发展的演变过程及规律的考察、叙述和阐释；艺术批评是对一定社会历史时期的艺术作品、艺术家和艺术现象包括艺术流派、艺术思潮的分析和评价。这三个组成部分作为艺术学中各自独立的分支学科，又可细分为不同艺术门类的具体范畴。这样的构成，基本上可以把我们面对的艺术世界概括为一个有内在统一性的既显示各艺术门类个性特征，又可把握其共同规律的作为艺术学研究对象的系统整体。

但是，从艺术与人类其他社会实践的联系来看，这样一个系统整体尚缺少与外部的统一性。它在研究指向上，主要是“内部研究”。其“外部研究”，如艺术的时代背景、时代环境、发展的外因，特别是它与构成其发展有不可分隔重要作用的艺术经济、艺术管理、艺术市场等非本体因素的关系，都应该是在今天的艺术学研究中不可或缺的内容。艺术是一个具有活态流变性的范畴，从历时性与共时性因素来看，尤其如此。因此，除了艺术学体系中艺术原理、艺术史和艺术批评三个组成部分之外，另一个重要组成部分应是“艺术经营”的内容。这四个组成部分，共同构成从知识体系着眼的现代意义上的艺术学学科体系的基本内涵。

同时，我们还要看到，以多元化为主要特征的艺术的形态演变，及由此带来的其本体特质的某些变化，使得艺术本体与其外部产生更多向度的联系，即它与人类其他社会实践的联系出现更多交叉。艺术形态及其本体特质的变化，必然带来理论研究的创新性提示。我们或许可以从中找出它们的同一性，而将其归入艺术基本原理或艺术史、艺术批评的范畴，从而与明确属于“艺术经营”范畴的内容一起，构成上述艺术学学科知识体系。理论的科学概括，必须以社会实践和客观事实为依据，艺术学的研究尽可能以令人信服的概括去说明艺术现象，并以规律性的揭示指导新的社会实践，但不必为了建立所谓完整的框架体系而作硬性的归纳。因此，一些学者从艺术形态、艺术功能以及艺术本体与外部世界的关系等不同角度切入而提出的艺术学学科体系的不同设计，只要言之成理，就有一定的合理性。我认为，除了以艺术原理、艺术史、艺术批评与艺术经营构成艺术学学科框架体系之外，基于传统的思路，从对艺术本体的研究与它同相关领域关系研究比较清晰地区分的角度考虑，从学理上，我们也可以将艺术学的研究分为艺术原理、艺术外延理论、艺术史、艺术批评四个部分。另外，作为完整系统的艺术学学科建构，特别是在初始的建构阶段，把对于艺术学自身的观念、方法、体系的研究与阐释的内容，也纳入艺术学体系或许更有必要，这一部分可称作元艺术学。元艺术学作为艺术学领域的“科学学”研究，是对于艺术学自身的认识和阐释，是艺术学中距离艺术实践最远的部分，它包括了诸如艺术研究方法论、艺术史学史、艺术批评史等。

《中国艺术学大系》的分卷，是立足于从艺术原理、艺术史、艺术批评和艺术经营四个组成部分的学理规范，并以此构成整个艺术学学科体系的整体研究成果。同时，本大系也可以看作是从艺术原理、艺术外延理论、艺术史、艺术批评、元艺术学着眼构成的艺术学整体内涵。本大系各分卷的撰写，对于在艺术学学科体系框架下相对独立而又相互联系的各分支学科之间的边界，力求作出比较清晰的区分，如艺术原理的阐发，不能与艺术史等的阐述重叠，但对于可视作艺术外延理论的下一层次分支，不作严格的归类，可视作艺术经营的内容，也可视作其他分支下的内容。这样的考虑，不影响本大系的写作和艺术学学科体系框架的整体构成。正像艺术实践不会停滞一样，艺术学各分支学科内涵的科学归纳也是开放性的，可待不断的研究逐步明晰、逐步完善。

三

中国民族艺术以独特的创造法则和审美取向在世界艺术之林独树一帜。艺术创造的多样性和精粹性，艺术认知的深刻性和审美思想闪耀的光辉，都可与世界上任何国家、民族媲美。但不能否认的是，以现代学术眼光来看，我们缺乏对自己艺术具有严密逻辑论证和系统理论体系建构的系统性、体系性的研究和把握，从历史的纵向上来看尤其是如此。比方讲以梅兰芳大师为代表的中国戏曲艺术表演体系的研究，至今没有显示出重要的成果，这些都不能不说是很大的遗憾。当代中国艺术的研究，要改变传统的非学理性的感性体悟式研究方式，不能再停留在无须确定学科边界的“广谱研究”。艺术学学科体系的建构无疑为我们改变这一艺术研究的状况提供了一种可能性。

艺术学在中国作为独立学科虽然已经确立，但仍处在学科建设的初始探索发展阶段。首先要明确我们建立的是中国的艺术学，它已不完全等同于西方学者提出这一概念时的内涵。建构和发展艺术学“本土化”的学科体系，核心是“中国艺术”的。它包含了两个主要内容，一是“民族性”，二是“当代性”。建构中国的艺术学，要在对中国艺术本体及其呈现形态（不同样式、种类、体裁及风格）内部规律的揭示中，表达独特的中华民族文化艺术特性，同时，要注意概括社会发展进程中呈现的艺术的时代特征。在艺术的分析中，要尽可能运用传统艺术概念和语言方式，运用中国人喜闻乐见的艺术形态去阐释艺术现象及论证艺术观念。另一方面，今天艺术的多元化形态及构成，已远远扩展了多少年来我们固守的艺术认识论的价值标准。这些也都需要我们在艺术学体系建构中表达民族性的同时，又要以理论创新的眼光为中国艺术学体系赋予鲜明的当代性。这种当代性既蕴含着对外来优秀艺术理论成果的吸纳，也体现着对新的艺术实践进行理论概括的时代要求，同时，在我们的理论叙述中，也要真实地表达社会主义核心价值观对当代的艺术发展已经和正在产生的重要影响。

建构中国艺术学知识体系，要观照它与哲学、美学等知识体系的内在联系，同时要以具有国际学术视野的坐标来审视中国艺术学体系的建构，比如不因改变多少年来持有偏见的“西方艺术中心论”而偏移为“东方艺术中心论”。有了正确的坐标，才会有“美美与共”的学术眼光。在这样的基础上，我们首先需要面对的是中国传统艺术理论资源的转化与发展。如果不能做到在这样一个深厚的“中国特色”的基础上对中国学术传统的继承与发扬，我们就很难建立起“中国的艺术学”。同时也必须认识到，今天努力建构具有中国特色的艺术学学科体系，开掘其蕴含的人文历史价值，弘扬中华民族优秀文化，既有着历史的必然性，也是中华民族文化复兴和在新的时代文化崛起的必然要求。在中国艺术学学科体系框架下梳理中国传统艺术理论资源，首先要正确认识和评价整体的中国艺术理论这样一个博大精深的独特的知识范畴。它集中地体现了中华民族的审美观念和审美理想，其中折射出中国哲学思想、文化精神、中华民族气质、生活方式乃至风俗习惯；它体现了中国历代艺术家相近的艺术理念和创作方式，诠释了灿烂的中华艺术的民族品格和共同的艺术特征。它是中国文化中最瑰丽、最生动、最活跃又最普遍的一部分。

早在先秦时代，中国古代先贤就开始了对艺术的思考并有所论述。或许由于夏商周三代提倡“礼乐”而乐舞兴盛的缘故，先秦诸子几乎都阐发过自己的音乐思想。荀子写出了《乐论》这样专门论述音乐的著作，《吕氏春秋》专设《大乐》、《侈音》、《适音》、《古乐》、《音律》、《音初》、《制乐》等论述音乐的篇目。它们可谓最早的中国艺术理论著述。当时的诸子百家各持其说，对于各门类艺术提出不相同的看法，不过，其中影响较大的观点则是以儒家学说为代表的强调艺术风化道德的理论。例如“乐以安德”、“致乐以致心”的音乐理论，“善恶之状，兴废之戒焉”的绘画理论等。中国艺术理论在这一时期尚处于滥觞和发展阶段。汉末魏晋南北朝时期，在多元文化兴起的背景下，人们的思想空前活跃。这一时期，又产生了《非草书》、《笔论》、《笔阵图》、《书论》等一批论书专著；产生了《画山水序》、《魏晋胜流画赞》、《古画品录》等画论、画史以及绘画品评的专门著述；产生了《声无哀乐论》等一批重要的音乐论著。几个主要艺术门类都出现了专门的史论著述，并提出一些命题，为某些门类艺术创作及批评确立了一些基本的法度和原则。如果说，在此以前的中国艺术理论尚有重善轻美的倾向，还较多关注于艺术同政教及日用的外在联系的话，而在这一时期则转向了对艺术自身的性质和特征的重视，艺术理论研究指向了艺术本体。这些著述也大体上确立了中国艺术理论偏重于感悟，善用类比，史、论与品评互融，重视技艺表现，不追求严整的理论体系等思维方式和表述方式。可以说，这一时期中国艺术理论达到了某种意义上的成熟和自觉。

在此基础上，中国的艺术经过盛唐时代的全面发展，尤其对多民族艺术的广泛吸收，有些艺术门类已经达到成熟的水平。中国艺术在与文学的交融发展中渐入佳境。以唐诗、宋词、元曲，宋元以来的文人画，元明清杂剧，清代地方戏曲等为标志的文学艺术蔚然大观。中国艺术在与文学交融的发展环境中，逐渐形成了自己独特的审美原则与评判标准。对中国传统艺术特质、理想与精神的阐发、概括和总结，一直是中国美学和艺术理论研究的核心问题。近代以来，王国维的"境界"说，宗白华的"错采镂金"与"芙蓉出水"说等，都可看作是一种艺术本体论的描述。中国传统艺术兼容并包，但具有整体的艺术精神。中国艺术理论的知识范畴是一个如阔大的海洋一样的宝库，它代表了中国古代艺术理论的最高成就，丰富地阐释了中国艺术的特征、价值和标准。

20 世纪以来，中国艺术理论的发展进入新的阶段。20 世纪是中国社会性质发生根本变化的百年，也是中国艺术形态演变最剧烈的百年，从而艺术史论研究也发生了重大的转变。随着艺术形态的转型，随着西学东渐，近代以来的艺术史论研究逐渐从概念向体系靠近，从拓展范围到专门划分，从史到论再到批评，无论是思维方式还是表述方式，都发生了重大变化。如前所述，自 20 世纪初开始，便出现了参照西方艺术研究知识体系的不同于以往古典研究形态的艺术学著作和艺术史论著述。它们以白话文代替文言文，重逻辑，重理性，并以史、论和批评的不同形式，取代了原来三者一体的模式。新中国成立后，马克思主义唯物史观和辩证方法给艺术研究者提供了科学的观点和方法，20 世纪 50 年代中期到 60 年代初期，艺术理论研究一度有了长足发展。但是，由于"左"的思潮的影响，艺术史论研究和艺术批评长期受到困扰，不能正常进行。进入改革开放新时期以后，艺术研究出现了蓬勃发展的局面。改革开放为学术的发展开创了良好条件，艺术创作的繁荣和多元化格局提供了研究的现实基础。艺术批评的活跃，在更新艺术观念促进创作健康发展及活跃艺术思想方面都发挥了积极的作用。这一时期艺术理论研究在广泛的艺术领域里展开，各种艺术史、论及批评的著作一部部相继问世。

中国艺术理论从先秦诸子开端，逐步形成了它的一些基本原则和著述的基本形态，从唐代以后一千多年的时间里，不断深化和完备。20 世纪以来，中国艺术研究开始从传统的古典形态向现代形态转型。这一转型没有完成，但方兴未艾。

从以上的简要分析可以看出，我国极为丰富的传统艺术理论资源，为建构中国当代艺术学奠定了全面而坚实的历史基础。当然不可能把它照搬入当代艺术学体系，而要以创建性的消化、吸收与转换，探索传统经验型研究与西方体系型研究的有机融合，并进而形成创新的理论研究的观念视角、方式与途径。实际上，我们只要作一些深入的分析，也可以清楚地看到，近五十多年来，特别是改革开放三十多年来，我国艺术研究的一大批著作及有影响的论文，已经比较明显地疏离传统的古典艺术理论研究方式，试图以理性分析的方法解析艺术本体及艺术现象，甚至不少学者将外来的新的综合性研究方法作为自己艺术研究的方法论基础。但是，照搬和演绎都不会形成学术创见。中国艺术学的建设应该从中国艺术实际出发，在中国与西方两类学术传统的基础上，探索创造新的知识体系和研究方法，而且还需要我们一方面加强学科基础建设，一方面不断拓展边缘学科，实现整个学科体系的开放与活跃，并在这种开放性、活跃性中实现艺术学科建设的跨跃式发展。

四

丰富多彩、生动活泼的艺术实践是艺术学兴起和发展的源头活水和现实依据。从 20 世纪初以来，随着中国社会性质的转变，中国艺术也开始了从古代形态向现代形态的转型。20 世纪 50 年代至 60 年代前期，出现了一大批优秀的现实主义艺术作品，成为新中国红色艺术的经典。近三十多年以来，中国艺术有了越来越良好的创作环境，从艺术观念到艺术表现形式，出现不断突破和开拓的趋势，百花齐放，百家争鸣，艺术形态呈现多元化的发展局面。现代艺术为越来越多的人所接受。高雅艺术、民族民间艺术繁荣发展，大众通俗艺术也更加普及。从某种意义上说，艺术同生活更加接近与融合。近十多年来，数字艺术快速发展。在网络化、信息化时代，大众参与艺术的方式丰富多样。虽然人们对公共艺术的定义和范围仍存争议，但公共艺术的广泛参与性已是不争的的事实。近六十年来特别是改革开放新时期以来，我国艺术创造的重大成就，以及近二三十年来我国艺术形态、艺术个性、艺术境界令人耳目一新的变化和与之相关联的艺术观念变革和审美趋向的演变，都为艺术理论研究创新提供了现实的依据。同时，近五六十年来随着大量文物出土，特别是像秦始皇兵马俑、曾侯乙编钟、三星堆等重要文物与大遗址的发现，不断充实、丰富了中国艺术史原有的内容，修正甚至颠覆了其中某些成说定论。考古学的成果，将把艺术学特别是艺术史的研究提升到一个新的发展阶段。此外，全球化的信息时代，可以使我们借助现代科技手段，迅速获得国际视野内艺术学研究包括文字、图片、声音和影像在内的最前沿信息。借他山之石，可以使我们在参考、借鉴外来研究成果和方法的基础上进行自己的创新研究。在这样的情况下，建构当代中国艺术学，编撰一部体现今天中国艺术学研究整体面貌的书系，已是艺术学学科发展的必然。

正是因为当代艺术现象、艺术观念已经和正在发生着的重大变化以及新的史料包括地下文物的发现，许多学者形成了以上这样一种共识。2001 年初，著名美学家、原中国艺术研究院副院长王朝闻先生向我提出，在这样一个新的时期，希望由我来牵头主编中国艺术学大系，集中国艺术研究院内外学者的共同努力，以新的学术观念和方法论，拿出实实在在的创新研究的成果，为建构中国艺术学学术体系奠定基础。我深知这一学术工程理论探索的难度和复杂性，我尊重先生，但不能从命，提出希望由他主持，开始这一实际上是由新的时代提出的学术任务。但先生坚不同意，坚持由我担任主编，并决意推动开始此一工作。他亲自邀了欧阳中石先生等若干位著名学者包括中青年专家来讨论策划编撰问题。到了 2003 年，先生又郑重提出要由我主编完成此事，并说这是一种责任。他还吟诵白居易的诗："千里始足下，高山起微尘，吾道亦如此，行之贵日新。"意在要我们以渐进的积累，去努力建构当代学术大厦。我请先生把诗句写下来，他写下诗句并题"应文章同志嘱画符，借唐人见识表我对既有趣又艰苦之艺术研究之期待。"他还说自己要抓紧修改及重写《审美谈》、《审美心态》两书纳入大系之中。《中国艺术学大系》的编撰筹备工作从 2001 年 10 月启动，2005 年至 2006 年开始确定各卷作者。令人惋惜的是，王朝闻先生于 2004 年 11 月 11 日逝世，他在去世的当月仍在修改着列入"大系"的《审美基础》。他的书桌上没有合上的是这本书的修改稿。先生最后一次住院期间，我去看他，仍然与我讨论大系的编撰问题。先生念兹在兹，令人感动。我真切体会到前辈学者对后来者承担学术使命的深切期望，再没有理由不承担起这一责任。写作大系总序，忆及此情此景，心中难过，但也更坚定倾力用心完成大系的信念。此间，欧阳中石先生除承担中国书法史、论的撰写，也一直关心大系的编撰，多次给予指导性意见。中国艺术研究院内外的学者非常热心地参与这一学术工程，以严谨的学风和继承、创新的学术态度完成着各自承担的编撰任务。像青年学者张谦，为人朴实，学识、才气俱佳，他以坚韧的毅力抱病写作，真是与生命赛跑，去世前为自己最后的专著画上句号。

五

《中国艺术学大系》试图以新的学术理念和方法重新叙述中国传统艺术及其当代新的演变形态，并阐发和概括新的艺术形态和艺术现象，包括已经民族化的外来的艺术门类，如电影、电视、摄影，等等。大系既不是对艺术门类和整体艺术古老历史的过程回顾，也不是简单采用西方艺术学理念来解构中国艺术的文化整合，而是在深入研究、准确把握中国传统艺术法则、规律、审美原则，汲取、融合西方艺术学精髓，总结当今时代新的艺术形态特征的基础上，以适用于中国特色艺术学本质特点的科学的方法论，在中国艺术学体系建设的整体框架内，对中国艺术学科在新起点上的系统总结与概括。

把握和运用科学的方法论，是中国艺术学研究的基础。在艺术学的研究中，方法论的探索与它的本体研究一样，也属于核心问题之一。马克思曾经说过："不仅探讨的结果应当是合乎真理的，而且引向结果的途径也应当是合乎真理的。真理探讨本身应当是合乎真理的，合乎真理的探讨就是扩展了的真理。这种真理的各个分散环节最终都相互结合在一起。"① 正确把握本质规律的学术自觉表现在正确的方法论上。艺术本身和艺术学研究的变化，产生了这一领域新的形态并出现了新的观念及概念。这就需要在运用人文科学等传统的艺术学研究方法的同时，融合吸收那些能够有助于更好地掌握艺术活动的现实过程，有助于理论分析和艺术解释的技术性方法，以丰富和扩展艺术学研究的理论工具。

文化学者陈寅恪先生在《王静安先生遗书序》中，曾总结王国维学术研究的方法特点："一曰取地下之实物与纸上之异文互相释证，凡属于考古学及上古史之作，如《殷卜辞中所见先公先王考》及《鬼方昆夷猃狁考》等是也。二曰取异族之故书与吾国之旧籍互相补正，凡属于辽金元史事及边疆地理之作，如《萌古考》及《元朝秘史之主因亦儿坚考》等是也。三曰取外来之观念与固有之材料互相参证，凡属于文艺批评及小说戏曲之作，如《红楼梦评论》及《宋元戏曲考》、《唐宋大曲考》等是也。"② 这一总结，实际上以王国维著述作案例，概括了 20 世纪以来各个学科的学术中坚人物共同具有的治学方法和特点。今天的艺术研究方法当然已是更加丰富，特别是在精密科学的方法引进及跨学科与更多元视野的研究方法普遍采用之后，今天我们的研究，已与前人只能凭借古籍文献和有限的传世遗存进行研究的局限不可同日而语。我们今天来看，前人这种研究方法的单薄明显可见，但前人这种基本的治学方法的精神和原则，特别是它体现的学术严谨性依然不过时。艺术学学术体系的研究，更有其相应的方法论要求，可是前人这种治学方法的精神和原则，仍然可以学习。另一方面，我们还应看到，在艺术学术研究中，就像前后时序中的艺术，不能以"落后"、"先进"区分一样"新"、"旧"艺术理论之间，也不存在绝对的界限。"新"对"旧"的梳理过程，是一个学术对话过程，在这种对话中完成的整合，特别是在此整合基础上对现实艺术活动的观照，往往是具有原创性研究成果的孕育过程。当今中国艺术学研究领域中，有意识自觉地如此治学并且具备这种知识结构能够如此治学的学者越来越多。只有具备了当代学术理念，秉承严谨治学精神在梳理传统艺术理论资源、考察艺术史新的考古发现及审视当代艺术现象和深入研究艺术本体时，才有可能从中阐发出独特的学术见解与具有深度的学术观点。

近代以来，中国向西方学习，一些人包括不少著名学者以中国艺术去对应和攀比西方艺术，用西方的价值、范式、标准衡量中国艺术，甚至根本否定像戏曲、中国画等中国主体传统艺术，由此很大程度上影响了对中国艺术的价值判断，也影响到它的传承发展。新中国成立特别是改革开放以来综合国力迅速提升，今天中国人开始以国际性的眼光重新审视世界，也重新认识自我。在自觉学习国外优秀文化的同时，当代学人以一种文化自信和文化自觉，开始以个人的认知去创新性地表达民族和国家的文化意识，已经逐步地脱开了那种以中国实例解释西方理念的路径，觉得西方有个什么中国就非要也有个什么才是先进的学术观念已经被抛弃。这种学术研究理念的解放，预示着当代中国在世界平台上建构自身艺术评判标准和艺术价值体系的开始。今天的艺术理论研究越来越反对宏大叙述，试图以一种理论解释全部艺术世界各种复杂现象的努力，被无数个例外击碎了。学界已经认识到世界上存在各种文化现实性以及不同解说的可能性。在这样的时代背景下还有没有整体性地总结中国艺术特征的必要？我们并不要求作者的宏大叙述，只要在基本理念上总结本学科的基本规律，全面反映所属领域的最新研究成果，并在某些方面提出独特见解，让大家在母题叙述中找到共感，就是我们的理想。从某种意义上说，接受与叙述、阐发新理念的过程，就是展示民族文化自省的过程，也是唤起民族文化自信和勇于创新以达民族文化自强的过程，同时，也是通过与外来文化理念交融、在一系列概念叙述中展现文化自我创新的过程。著名学者费孝通先生曾经说过："各美其美，美人之美，美美与共，天下大同。"③ 在继承自身传统和学习外来文化的基础上，立足当下，总结阐发中华民族艺术的独特理论体系，为中外艺术的对话、交流与

---

① 马克思：《评普鲁士最近的书报检查令》，《马克思恩格斯全集》第 1 卷，人民出版社 1956 年版，第 8 页。
② 陈寅恪：《王静安先生遗书序》，《金明馆丛稿二编》，生活·读书·新知三联书店 2001 年版，第 247 页。
③ 费孝通：《东方文明和二十一世纪和平》，《费孝通文集》第十四卷，群言出版社 1999 年版，第 6 页。

融合，为保持世界文化的多样性，努力作出我们探索性的努力。这就是我和所有参与大系编撰同人的共同信念。

我们希望《中国艺术学大系》能够聚起一片新的绿丛。

2011 年 4 月 26 日写毕，5 月 29 日改定。

原载《读书》2011 年第 6 期

【书目介绍】

《审美基础（上下卷）》

王朝闻著，生活·读书·新知三联书店，2011 年 9 月出版。该书分上、下卷，上卷为《审美谈》，下卷为《审美心态》。此前，它们曾分别以单行本面世，前者于 1984 年由人民出版社出版，后者于 1989 年由中国青年出版社出版。2001 年至 2004 年，王朝闻先生将上述二著合二为一，作系统校勘、修改和修订，名之为《审美基础》，成为作者集一生之大成。该书上下两卷论述的是审美主体和审美客体之间的对立统一。上卷从艺术为什么是审美意识的物质化和集中表现入手，论述了作为审美对象的艺术创作与作为审美感受的艺术欣赏之间的关系，这实际上体现为一种审美心态。下卷论证审美活动中的各种审美心态，作者结合自身体验，生动地论证了艺术的美与丑、典型与典型环境、再现与表现、共鸣与同情、虚与实等创作与欣赏的特征及其相互关系。尽管是学术著作，但与作者个性相同，在引用作品案例的分析时，语言生动、诙谐。

《雕塑美学》

王朝闻著，生活·读书·新知三联书店，2012 年 2 月出版。该书是一部论雕塑美的专著，从酝酿到动笔，历时 6 年，东北师范大学出版社 1992 年 7 月出版，同年 10 月第二次印刷，累计印数为 4500 册。1993 年获得吉林省优秀图书奖。1996 年作者对书稿作了较大的修改，2003 年春到 2004 年春再次作了更大的修改。该书结合中外雕塑名作，从审美关系角度立论，对于雕塑艺术的审美特性，从内容到形式作了较全面的论证。就雕塑美这一特点的探索来说，即怎样创造美的雕塑和如何欣赏雕塑的美，在理论上具有一定的开拓性。文中对于雕塑艺术的耐看与乏味，传神与入神，意象与意蕴，运动与矛盾，空间的虚与实，时间的真与幻，形式美（包括基本形式）与形式，风格与人格诸种问题，都作了较为深入的论证。论据翔实，观点新鲜而深入，不乏独创的见地。特别是著者所强调的雕塑的耐看作用，实际上是论证雕塑（和其他艺术）的永久价值，也就是著者晚年所强调的有与无、虚与实、单纯与丰富的对立统一的美学观点，所以说该著作实际上是著者几十年来雕塑创作经验和雕塑艺术理论探索的概括。

《中国马克思主义艺术理论发展史》

宋建林、陈飞龙编著，生活·读书·新知三联书店，2011 年 11 月出版。该书运用马克思主义唯物史观的立场、观点和方法，系统地研究和梳理了近百年来中国马克思主义艺术理论的发展历程。该书从整体出发，把“艺术理论”看作是包括文学理论、戏剧理论、美术理论、音乐理论、电影理论、舞蹈理论等在内的理论整体，对马克思主义艺术理论中国化的进程作全面、系统、综合的考察。既重视党的几代领袖人物的艺术思想研究，也深入发掘周扬、冯雪峰、胡风、郭沫若、蔡仪等中国马克思主义艺术理论家的思想，同时侧重考察在美术、戏剧、电影、音乐、舞蹈等艺术门类中马克思主义艺术理论中国化的发展、演变历程，并对王朝闻、张庚、陈荒煤、李凌、吴晓邦等有代表性的艺术理论家的学术观点加以论述。

《中国摄影艺术史》

陈申、徐希景著，生活·读书·新知三联书店，2011 年 10 月出版。该书是我国第一部关于摄影艺术史的专著。该书以历史唯物主义史学观，把摄影置于特定时期的社会历史语境、文化生态系统中梳理、研究摄影艺术从 1844 年传入至 1989 年间近一个半世纪的发展历程，揭示社会转型、思想解放和历史发展进程中摄影本体的发展，摄影语言、摄影观念、摄影思潮的变化演进。围绕摄影事件、摄影家、摄影团体、摄影媒介等进行阐述，以翔实的历史资料为基础、文字约 60 万字，图片约 500 幅。可谓图文并茂。

《摄影艺术论》

林茨、王瑞著，生活·读书·新知三联书店，2011 年 11 月出版。该书的写作目和主要内容并不涉及各种摄影技术和诸如“风光摄影”、“时装摄影”、“人像摄影”等的分类，而是将摄影置于美学所专注的对象之列。从摄影原理、摄影表现、摄影批评、摄影家、摄影与中国等方面，探讨摄影作为一种艺术形式，它的发生发展、审美属性、与其他艺术门类（如绘画、电影等）的关系和在中国的演变历史等，阐明摄影的艺术属性及其特点。该书资料翔实，收集了大量摄影家和摄影作品，图文并茂。该书作者林茨，原名张谦，曾任《中国摄影家》杂志副主编。该书 54 万字，是作者在病重期间与独立摄影师王瑞合著完成，填补了国内摄影理论研究的空白。

《艺术市场学》

李万康著，生活·读书·新知三联书店，2012 年 10 月出版。艺术市场是一个错综复杂的系统，不可与普通商品市场等量齐观。为解释这一系统，该书以“典范”为理论假设确立分析程序，从艺术品价格与投资、艺术品购买与消费、艺术市场与供给、艺术品经营、市场与经营管理等方面，探讨艺术市场的特殊结构和运行规律。此外，还注意到政治体制、文化传统和经济伦理等因素对艺术市场的影响，通过系统分析的方法，使艺术市场的架构逻辑和运行规律得到初步的阐释。

研究成果

艺术学学科建设

【艺术学理论的二级学科的设置】

◎凌继尧

国务院学位委员会办公室于2011年4月发出的通知指出，根据国务院学位委员会第二十八次会议的有关决议，为贯彻落实《国家中长期教育改革和发展规划纲要（2010—2020年）》，配合《学位授予和人才培养学科目录（2011年）》的实施，决定委托学科评议组编写《一级学科简介》和《博士、硕士学位基本要求》（以下简称《学位基本要求》）。《一级学科简介》和《学位基本要求》按一级学科编写，适用于学术型和学术应用型人才培养。它们既相互关联，又各有侧重，在编写过程中要统筹考虑。《一级学科简介》是对一级学科的科学界定和客观描述，主要针对学科本身。它是教育管理部门进行学科管理，学位授予单位开展学科建设、人才培养的基本依据。《学位基本要求》是根据各学科特点，确定各学科博士、硕士两级学位授予的基本要求，主要针对学位授予者。它是教育主管部门开展质量检查和评估的重要依据，是学位授予单位制定各学科人才培养方案和学位授予标准的参考依据。

与此同时，国务院学位办也要求编写二级学科简介，内容分四部分：学科概况，理论基础，研究范围，相关学科。关于编写二级学科的设想，我们在中国美术学院、北京大学、杭州师范大学先后主办的针对艺术学升格为门类后的艺术学学科建设研讨会上作过交流，根据大家的意见，我们作了一些修订。现在整理出来，并略作说明，以期进一步听取意见。

一级学科艺术学理论的二级学科的设置，我们遵循两个原则。第一个原则是传统的原则。第二个原则是现实的原则。法国学者埃德加·莫兰（EdgarMorin）曾指出："每一个学科都有一部自己的发展史，从诞生、组建到发展或衰亡。"某个学科在历史发展过程中经过长期的学术积淀形成了一些相互联系而又区别明显的学科领域，这些领域的划分得到大多数学者的认可，甚至是国际公认的。它们有固定的名称，有基本的研究对象、范畴、命题、概念、术语和问题域，也有比较丰富的研究成果。一般认为，艺术的研究包括史、论、评三个领域。这和文学的研究相类似。美国学者韦勒克和沃伦在《文学理论》第四章中主张对文学研究的三个领域，即文学理论、文学批评和文学史加以区别。根据这个原则，艺术学理论首先可以设置三个二级学科：艺术理论，艺术史，艺术批评。

一、艺术理论

艺术理论依据门类艺术理论如音乐理论、舞蹈理论、戏剧理论、影视理论、美术理论、设计理论等的研究成果，对艺术作综合的、整体的研究。它研究艺术的普遍问题，把艺术的历史研究（起源、发展等）和逻辑研究（本质、功能、创作、欣赏等）结合起来，艺术理论和门类艺术理论的关系是一般和特殊的关系，门类艺术理论研究某一种门类艺术的特殊问题，而艺术理论的研究对象是艺术一般，或者艺术普遍。所谓艺术一般，主要有两层意思：第一层意思是研究艺术的一般原理；第二层意思是跨门类的艺术研究。

艺术理论、门类艺术理论、美学都研究艺术，如果说艺术理论和门类艺术理论的区别主要在研究对象上，那么，艺术理论和美学在研究艺术时的区别主要在研究方法上。艺术理论对艺术的研究比较具体实证，美学对艺术的研究比较抽象思辨。从哲学的、形而上学的原则来研究艺术是典型的美学方法，它特别明显地体现在黑格尔的《美学》中。黑格尔的《美学》不仅研究一般艺术理论，而且研究各种门类的艺术理论。然而，黑格尔的《美学》是典型的美学著作，因为黑格尔的艺术概念是从他的哲学体系中推导和演绎出来的。而从艺术的真凭实感中产生对艺术的科学认识，是艺术理论的研究方法，莱辛的《拉奥孔》是具体分析艺术作品以阐述对艺术的科学认识的范例。在17 世纪末和18 世纪初，诗画的关系问题被提到艺术理论的前沿位置。莱辛的结论是从对艺术作品的经验分析中产生的，而不是从哲学概念推演出来的。

艺术理论的主要研究方向包括艺术原理，艺术美学，艺术教育，民俗艺术学以及一组跨学科的学科群，如艺术心理学，艺术社会学，艺术人类学，艺术文化学，艺术符号学等。艺术理论的相关学科有美学，音乐理论，舞蹈理论，戏剧理论，影视理论，美术理论，设计理论。

二、艺术史

艺术史依据门类艺术史如音乐史、舞蹈史、戏剧史、影视史、美术史、设计史等的研究成果，研究整体的、宏观的艺术发生和发展的历史。它不是各个历史时期中各种门类艺术史的集合。

如果我们把艺术说成艺术世界的话，那么，世界史的研究方法值得艺术史研究借鉴。有的世界史研究者指出，世界史当然要囊括全世界各地区、国家的历史，这就使世界史成为一个庞大的集合体。但是，写世界史时没有必要，也不可能把全世界各民族、各国家的历史都写进去，而只能选择主要的、有世界性影响的事件、人物、国家和民族。世界史通过对复杂的世界历史进程的研究，特别是通过对影响人类历史进程的若干重大问题的深入研究，再现人类生动的丰富多彩的历史图景，揭示人类历史前进的不可逆转的进步趋势，并在此基础上概括人类历史发展的一般规律和特殊规律。同样，不能把艺术世界中纷繁多姿、形形色色的艺术现象都纳入到艺术史中。

撰写艺术史时，首先要确立体系性构想，不同的体系性构想决定不同的艺术史的撰写方法。这和撰写世界史一样。过去写世界史时，一般把历史分为三大块：经济、政治、文化，而实际上往往把重点放在政治事件上，经济和文化仅作为基础和上层建筑一笔带过。而美国学者华勒斯坦和英国学者安德森从新的体系性构想出发研究世界史。华勒斯坦以“资本主义世界体系”的形成与扩张为系统，将世界分为不断变化的核心、半边缘、边缘、外部竞争场，来分析500 年来重大历史事件的缘由。安德森以欧洲及亚洲奴隶制、封建制、资本主义各种生产形态与相应的政治体制过渡的系谱诸因素，来解释不同国家各自的经济政治进程。这些都成为具有广泛影响的见解。

任何一部科学的艺术史都有理论和体系，它像世界史一样，需要回答四个问题：1. 叙述的单位是什么，是某种艺术门类、艺术流派、艺术风格，还是艺术家和艺术作品。2. 艺术是怎样发展的，是中心与边缘式的，还是先进与后进式的。3. 这种发展的动力是什么。4. 各种艺术门类的共性与特性是什么。

艺术史的主要研究方向包括中国艺术史，西方艺术史，断代艺术史，艺术史学史，艺术史学理论等。它的相关学科有音乐史，舞蹈史，戏剧史，影视史，美术史，设计史。

三、艺术批评

艺术批评作为一门学科形成于18 世纪的欧洲。当时，文字印刷和新闻业得到比较广泛的发展，这是艺术批评产生的物质基础。艺术批评是对个别的、现实存在的艺术作品及其作者的评价，是一种“判断的”批评。它侧重于现在时，而不是过去时，是对批评家同时代的艺术作品的批评；偏重于评价，旨在确定艺术作品的艺术价值；具有强烈的论辩的、情感的色彩。

艺术批评和艺术理论有密切联系，但是又有明显区别。区别主要有四点：1. 艺术批评所注意的直接对象是个别的、现实存在的艺术作品，艺术理论所研究的直接对象是艺术的一般规律和原则。2. 艺术批评的对象主要是批评家同时代的艺术作品，艺术理论的对象主要是过去的艺术作品，是艺术遗产。3. 艺术批评偏重于评价，艺术理论偏重于认识。4. 艺术批评往往具有主观的、论战的色彩，艺术理论则是冷静的、客观的研究。

我国的艺术批评研究还很薄弱。例如，从横向看，与中国文学批评史的研究相比，中国艺术批评史的研究大大落后了。在20 世纪20 年代，我国就出版了《中国文学批评史》（陈中凡，1927），稍后于1934 年郭绍虞出版了同名著作。在20 世纪30—40 年代，中国文学批评史的作者队伍包括一批中西学养兼备的学者朱自清、方宗岳、罗根泽、朱东润、黎锦颐等。除了单卷本的《中国文学批评史》外，我国还出版了多卷本的《中国文学批评史》，如王运熙、顾易生主编的七卷本《中国文学批评通史》。

然而，从上述观点看，我国所有的中国文学批评史著作实际上都不是真正意义上的文学批评史著作，它们把文学理论和文学批评混为一谈，成为文学理论和文学批评的混合史。例如，这些文学批评史著作认为，我国最早的文学批评思想资料是周代写定的。《诗经》是周诗，其中不少东西周之际的诗篇中表述了作者的创作意旨和对诗歌作用的认识。我们认为，这里说的仍然是文学理论。

美国学者韦勒克、沃伦在《文学理论》中主张“对文学理论、文学批评和文学史三者加以区别”，并称：“似乎最好还是将‘文学理论’看成是对文学的原理、文学的范畴和判断标准等类问题的研究”，而文学批评则是对“具体的文学艺术作品的研究”。与这种观点不同，王运熙、顾易生主编的七卷本《中国文学批评通史》认为，所谓“文学批评”，“包括文学观念、理论、具体的文学批评、鉴赏以及其他有关文学理论批评的思想资料。其所以统称为‘文学批评’，是根据约定俗成以求简括”。

把文学理论和文学批评混为一谈的现象，不仅存在于中国，而且存在于西方。虽然韦勒克已经把文学理论和文学批评明确地区分开来，然而他在《近代文学批评史》第一卷“前言”中写道：“‘批评’这一术语我将广泛地用来解释以下几个方面：它指的不仅是对个别作品和作者的评价，‘判断的’批评，实用批评，文学趣味的征象，而且主要是指迄今为止有关文学的原理和理论，文学的本质、创作、功能、影响，文学与人类其他活动的关系，文学的种类、手段、技巧，文学的起源和历史这些方面的思想。”也许是源自文学理论和文学批评不易区分的困境，我国有的学者干脆把自己的中国文学批评史著作命名为《中国文学理论批评史》。有趣的是，这种情况也出现在西方。美国2001年初版、2010年修订再版的《诺顿理论与批评选集》（The Norton Anthology of Theory and Criticism），是迄今为止最为完整、权威、专业的西方文艺理论典籍。该书汇集了从高尔吉亚、柏拉图至当代世界两千五百年来最杰出的150位文艺理论家的精要篇章。这部文选的命名表明该文选把文学理论和文学批评不作区分地混同在一起。

鉴于已经形成的现状和读者接受的思维定式，我们认可中国文学批评史的研究成果，并可以把中国文学批评史研究对象的这种约定俗成援为中国艺术批评史研究的范例。遵循这种范例，我主编的《中国艺术批评史》（近期内由上海人民出版社出版）把艺术批评史看作艺术批评和艺术理论的历史。此外，在研究对象上，我们坚持两条原则：

第一，中国艺术批评史是中国艺术批评思想的发展史，绝不是各种门类的艺术批评思想（如音乐批评、舞蹈批评、戏剧批评、绘画批评、书法批评、设计批评等）的发展史的集合。

例如，魏晋南北朝时期有阮籍、嵇康的音乐批评，顾恺之、宗炳、谢赫的绘画批评，王羲之、王僧虔、萧衍、庾肩吾的书法批评。魏晋南北朝艺术批评思想不是上述门类艺术批评思想的集合，而是从上述音乐批评、绘画批评和书法批评中抽取、提炼出适用于整个艺术批评的命题、概念、观点和思想加以系统的阐述。

第二，严格地以我国的学科分类为依据，选择所研究的资料。

根据我国的学科分类，艺术学学科包括音乐学、舞蹈学、戏剧学、影视学、美术学、设计学，而不包括文学理论、建筑理论和园林理论，后三者分别是中国语言文学、建筑学、风景园林学等一级学科研究的对象。影视学还没有出现在中国艺术批评史的时限中。所以，中国艺术批评思想只从音乐批评、舞蹈批评、戏剧批评、美术批评、设计批评中提炼，而不包括文学批评、建筑批评和园林批评。例如，魏晋南北朝时期庾肩吾的《书品》和钟嵘的《诗品》、谢赫的《画品》齐名，作为对文学艺术不同样式的品评之作鼎足而立。但是，中国艺术批评史只研究《书品》和《画品》，而不研究《诗品》。另外，中国古代大量的艺术批评论述还散见于诸子百家的著述、两汉儒生的注经中。

艺术批评理论也有很大的发展空间。我国现有的艺术概论教材，绝大多数都把艺术活动看作一个系统，它包括三个子系统或环节：艺术创作，艺术作品，艺术欣赏。但是这三个环节对于艺术活动来说还是不完整的，因为它们不能形成艺术欣赏和艺术创作之间的反馈联系。艺术批评既能影响欣赏者的审美趣味，又能形成欣赏者和艺术家之间的反馈联系，从而使艺术活动成为一个完整的、闭合的圆圈。艺术批评是在艺术活动内部形成的，而艺术理论是从外部进入艺术活动的。虽然它们两者之间有紧密的联系，有时甚至交织成一个难以分割的整体，但是它们具有不同的地位，应该按照它们独特的性质、结构和功能加以研究。

艺术批评的主要研究方向包括中国艺术批评史，西方艺术批评史，艺术批评原理，艺术思想史，艺术文献学等。它的相关学科有文学批评，音乐批评，舞蹈批评，戏剧批评，影视批评，美术批评，设计批评。

艺术学理论的二级学科设置的第二个原则是现实的原则，拟设置的二级学科要满足三个基本条件：1. 适应现实的迫切需要，能够为国家和区域的社会发展和经济发展服务，并且确有很多理论问题值得研究。2. 在现有的本科生和研究生教育中已经存在，并且取得一定的成绩，我们应该给予它合法的地位，从而促进它更好地发展。3. 这个学科涉及多种艺术门类，而不仅仅涉及某一种艺术门类。根据这个原则，我们设置了第四个二级学科。

四、艺术管理和艺术创意

艺术管理是通过计划、组织、控制、激励和领导等环节来协调艺术活动的人力、物力和财力资源，以期更好地达成组织目标的过程。艺术创意是在艺术活动和其他活动中创造新颖的艺术意象和意蕴的行为。艺术管理和艺术创意既有联系，又有区别，它们相互交融和补充。

艺术创意是从文化产业、文化创意产业和创意经济等概念中提炼出来的。近年来文化产业（又称文化创意产业）在我国得到迅速的发展，它是多学科研究的对象。就我国的情况而言，研究文化创意产业的学科有经济学，管理学，传播学，文学，哲学，历史学等。根据我国颁布的文化产业振兴规划，文化产业中主要是艺术产业。而按照英国“创意产业之父”约翰·霍金斯的观点，艺术创意是核心的创意行为。所以，艺术学理论应该责无旁贷地参与到文化创意产业的研究中来，从学科性质来说，它比传播学、文学、哲学、历史学更有资格从事这项研究。

除了文化产业、文化创意产业外，“创意经济”是西方“当前炙手可热的”概念，“它将经济视作一个整体，在更为宽广的背景下试图鉴别产业中的创意元素”。文化产业是创意产业，其他经济活动如机械行业不是创意产业，然而其中也有创意因素。从重视文化创意产业的经济成果，到把创意嵌入整体经济，这是认识上的重大转变，也为创意的应用开启了巨大的空间。艺术创意的研究领域主要有两个：1. 文化产业中的艺术创意；2. 创意经济，即企业中的艺术创意。前一个领域是促进艺术创意的经济，后一个领域是经济的艺术创意，这两个领域彼此关联。

艺术学理论应该参与到文化产业、创意经济的研究中来，但是，我们又要清醒地看到，艺术学理论并不能单独胜任这些研究，它仅仅能够研究文化产业和创意经济中的艺术创意部分。文化产业还包括新闻、出版等，创意经济包括专利、科技创新等，这些显然超出了艺术学理论研究的范围。

艺术管理和艺术创意的主要研究方向包括艺术管理，艺术市场，艺术策划，艺术创意，文化产业，创意经济等。它的相关学科有艺术理论，文化学，管理学，创造学。

艺术管理和艺术创意的名称和艺术理论、艺术史、艺术批评一样，都以“艺术”开头。艺术管理和艺术创意中的“管理”和“创意”都是动名词。

按照传统原则设置的二级学科使艺术学理论的研究更加专业化、精细化，维系了艺术学理论的学科壁垒。而按照现实原则设置的二级学科则表明了艺术学理论对外的某种张力，对新知识作出的反应，它使艺术学理论得到适度的扩容。根据传统和现实相结合的原则，艺术学理论可以设置四个二级学科：艺术理论，艺术史，艺术批评，艺术创意和艺术管理。

原载《艺术百家》2011 年 04 期

凌继尧　东南大学艺术学院教授

【艺术学理论的使命与地位】

◎王廷信

2011年3月，国务院学位委员会、教育部公布的《关于印发〈学位授予和人才培养学科目录（2011年）〉的通知》（学位〔2011〕11号），该通知已正式把艺术学列为一个独立的门类，学科代码为13，下设5个一级学科：艺术学理论、音乐与舞蹈学、戏剧与影视学、美术学、设计学（可授艺术学、工学学位）。艺术学理论在原文学门类下的艺术学一级学科中与艺术学二级学科相对应，本次学科目录调整中直升为一级学科，代码为1301。

艺术学升级为门类之事自2002年起就由时任国务院学位委员会学科评议组召集人的中央音乐学院前院长于润洋先生所倡导。但因艺术学学科传统地位的不高以及人们对艺术学学科理解的不足，故直到2011年才得以实现。这是一个艰难的过程，也是艺术学科不断与其他学科进行碰撞的过程。在艺术学科与其他学科的碰撞过程中，艺术学科内部的碰撞也时而发生。其中艺术学理论应否存在就是一个关键的问题。

就艺术学理论这个学科而言，在学科顶层设计的分歧让从事艺术学理论的学者忧心忡忡。因此，一部分学者就在关键时刻思考艺术学理论的价值。在此过程中，于润洋先生、张道一先生、叶朗先生、仲呈祥先生、凌继尧先生、彭吉象先生、李心峰先生、陈池瑜先生、黄惇先生等学者起到了关键作用。由于工作原因，本人亲历过部分关于艺术学理论的论证过程，并受中央音乐学院丁凡教授委托，在艺术学升级为门类的过程中为艺术学理论学科设置撰写了说明，故在本文中想就艺术学理论的使命与地位提出自己的点滴看法。

一、艺术学理论的使命

笔者在研习艺术学理论的过程中曾撰写多篇文章，都涉及艺术学理论的使命问题。这次是在新的语境中讨论同样的问题，也想谈一点新的感受。

新的语境体现在学科变化当中。自2010年年初起，艺术学学科升级为门类问题进入关键时段。这个时段可以说是艺术学理论“生存还是毁灭”的时段。面对艺术学理论当否设置，学者们的可爱体现在无论是反对，还是赞同，大家都自觉而审慎地考量艺术学理论学科的作为问题，那就是艺术学理论可以做什么？有没有其他学科可以替代艺术学理论？

有学者认为，西方没有这个学科，学科要与国际接轨，就不必设立这个学科；有学者则认为，西方没有并不意味着中国不能设立。况且这个学科起自德国，并在俄罗斯、日本、中国都产生了较大影响。有学者认为，每一个艺术门类都有自己的历史与理论，没有必要设一个凌驾于各艺术门类史论之上的“空洞”的学科；有学者则认为，恰恰是艺术门类之间的壁垒、艺术各学科之间的壁垒影响了我们对于艺术问题判断的准确性，艺术学理论可以为打破这种壁垒发挥不可替代的作用。有学者认为，艺术学理论缺乏明确的研究对象，在人才培养中，无法找到恰当的选题做学位论文；有学者则认为，艺术学理论的研究对象很实在，人才培养中学位论文的选题当或不当，主要在于人们对于学科的理解足与不足，与学科自身没有关系。这三大问题是人们针对艺术学理论学科的主要争议。

但无论如何，艺术学理论作为一个一级学科在艺术学学科门类中出现了。它的出现意味着从国家的立场对于原先仅仅作为一个二级学科的艺术学的学科地位的肯定。

那么，艺术学理论到底可以做什么事情呢？笔者受仲呈祥先生和凌继尧先生委托，在为艺术学理论一级学科撰写学科简介之时，吸收前辈和同行学者的观点表述如下：

艺术学理论旨在打通各门艺术之间的壁垒，通过各门类艺术之间的关联，构建涵盖各门艺术的普遍规律的宏观理论体系。……本学科的研究对象为各类艺术现象，旨在从各类艺术现象中探寻艺术的普遍规律。艺术现象是指发生在历史或当下、发生于不同艺术门类中的各类艺术事象。本学科力图在不同艺术门类当中寻找制约艺术现象的普遍规律。

这种表述已表明了艺术学理论的基本使命，也是近二十多年来我国从事艺术学理论学者的共识。

那么，为何要打通各门艺术之间的壁垒呢？我们国家长期以来形成的以门类为行业的体制制约了不同艺术门类之间的往来与沟通。譬如，中国文联下设的各个艺术协会，基本上是按门类组成的。书法家协会、美术家协会、音乐家协会、舞蹈家协会、戏剧家协会、电影家协会、民间文艺家协会等，各个协会各有组织，各自活动，各成体系。因此，我们经常发现书法家不理会画家，音乐家不了解舞蹈家，戏剧家对电影家很陌生，如此等等，都影响了艺术之间的相互吸收、相互借鉴，从而造成了我国的艺术形式墨守成规、驻足不前的僵化局面。而在中国古代，书画一理，乐舞融合，一位书法家可能集诗、书、画各种技能于一身。一位戏剧家可能借助诗、书、画来丰富自己的戏剧语言。正是这种情形，激发出一代又一代精湛的艺术。在发达国家，艺术门类之间的界限正在逐渐被打破，新的艺术语言不断产生，丰富多彩的艺术风格、艺术流派层出不穷，艺术创作呈现出一种难得的活力。如果说在一个信息相对封闭、媒介较为单一的社会，艺术门类之间的互不往来还可维持的话，那么在当今信息发达、媒介不断涌现、跨界意识十分明显的全球化社会当中，艺术仍然各自为政，那就不利于新的艺术形式的产生。而就我们的传统学科而言，音乐专业毕业的学生可能是一个画盲，美术专业毕业的学生可能是一个乐盲，戏剧专业毕业的学生对于电影可能一无所知，电影专业毕业的学生对于戏剧知之甚少。如此情况，就导致从宏观上了解不同艺术门类的人才的匮乏。这种情形严重影响到我们对自己国家或民族的艺术的总体特征的表述与呈现，也严重妨碍到新的艺术语言的产生。因此，打通各门艺术之间的壁垒是必要的。

那么，如何打通各门艺术之间的壁垒呢？有人说，一位理论家或艺术家一辈子精通一门艺术已然困难，遑论精通所有的艺术门类。这种看法对艺术学理论是一种误读。学科之间各有分工，各显所为。从理论上而言，精通不同的艺术门类是可能的，但从事实上而言，要求每位理论家或艺术家精通所有的艺术门类是不可能的。艺术学理论需要追究的是艺术的最基本的规律。换句话说，艺术学理论需要在各门艺术之间寻找艺术之所以为艺术的根本规律。因此，艺术学理论需要借助门类艺术学的成果，并在此基础上寻找规律性的认知。而不需要把所有的艺术门类从头到尾都统统研究一遍，然后得出一个死的结论。因此，艺术学理论总是从大处着眼，梳理出艺术的普遍规律。而对于门类艺术学而言，要着眼于该学科的精微之处，该门类历史发展的关键之处、每一位具有代表性的艺术家、每一部具有代表性的艺术作品，都需要入其微而细致研究。因此，相对艺术学理论而言，门类艺术学则从小处着眼，梳理出该门类艺术的独特规律。相对而言，艺术学理论“为大不为小”。也就是说，艺术学理论须从大处着眼，要借助门类艺术学的基本成果（而不是代替门类艺术学），通过不同艺术门类之间的比较，以发现适于不同艺术门类的普遍规律，并在此基础上构建出自己的理论体系。在业已出现的艺术学理论著作当中，亚里士多德的《诗学》、莱辛的《拉奥孔》、苏珊·朗格的《艺术问题》、卡冈的《艺术形态学》、科林伍德的《艺术原理》等都是从大处着眼，在宏观层面阐述艺术规律的杰作。而门类艺术学“为小不为大”，从该门类的每一个细微的材料和环节出发，以发现本门类艺术的独特规律。

我们说艺术学理论的研究对象为各类艺术现象。那么什么是艺术现象呢？笔者认为：“艺术现象是指发生在历史或当下、发生于不同艺术门类中的各类艺术事象”。艺术现象形形色色，以具体的形式呈现在各个时代。譬如意大利的文艺复兴就是一种现象，这种现象不止于一个艺术门类，而体现在文学、绘画、建筑、音乐、戏剧等多个领域，并以意大利为中心向整个欧洲扩展，从而形成了影响16世纪西方艺术观念和创作的文艺运动。这种现象就是艺术学理论应当关注的对象。假若只局限于一个艺术门类，就难以看清文艺复兴在整个艺术中的地位和影响。又譬如，自20世纪中后期以来的第三次技术革命所导致的艺术创作手段和艺术观念的变化也是一种值得关注的艺术现象。在新技术的支配下，艺术创作手段的变化催生了新的艺术形式的诞生，艺术观念的变化导致经典艺术的被颠覆。这些都是艺术学理论应当密切关注的问题。如果说文艺复兴和技术支配下的艺术的变化都属于具有全面影响的艺术现象的话，那么，在不同国家、不同民族、不同地区或不同领域所发生的艺术现象也是值得关注的。譬如，中国20世纪60年代中期到70年代中期由于“文化大革命”影响而涌现的、反映在各个艺术门类中的“红色艺术”；中国20世纪70年代末到80年代初出现的由“伤痕文学”引发的“伤痕电影”、“伤痕绘画”；中国20世纪80年代中期因对传统文化的反思和对西方艺术创作手法的吸收而导致的“新潮艺术”等均属于富有局部影响的艺术现象。因此，艺术现象既可从全局来寻找，又可从局部来发现。这些现象都绝非只了解一个艺术门类的专家所能把握得了的。

艺术现象是在各种因素的支配下发生的。但艺术现象的构成及其发生、发展均很复杂。寻找支配艺术现象发生的根本原因，探索艺术现象发生、发展的基本规律，对我们从宏观上更加准确地理解艺术规律均有帮助，也是艺术学理论的基本使命。

二、艺术学理论的地位

艺术学理论作为艺术学门类下的一个一级学科，对于其地位的考量需要从如下两方面入手：第一，从与艺术学门类下其他4个一级学科的比较中考量；第二，从该学科在国家意识形态建设中的作用来考量。

学科是对特定的研究对象而言的钥匙。针对特定的研究对象，就需要特定的学科去研究。而就艺术学学科门类来说，5个一级学科的设置因数量的限制而使部分门类被归并为一个一级学科，实属无奈。但经过多轮的讨论，目前这个结果也是在妥协当中寻找到的最理想的结果。其中，音乐与舞蹈、戏剧与影视均因研究对象接近或关联性较强而被分别归为一类。其他3个一级学科的研究对象较为单纯，故直升为一级学科。

艺术学理论的研究对象就是发生在各个艺术门类中的各类艺术现象。这种现象的出现往往不止于一个艺术门类，因而也是带有普遍性的艺术现象。这种普遍性的艺术现象作为艺术学理论的研究对象使其自身区别于单个艺术门类的研究对象。研究对象的独立决定着学科的基本地位。因此，不能简单地把艺术学理论说成是“空洞”的学科，也没有任何理由可以说明艺术学其他4个一级学科可以替代艺术学理论。

艺术学理论虽然在研究对象上统摄各个艺术门类，但也不能说该学科的地位高于其他一级学科。因为就学术研究而言，没有高低贵贱之分。何况艺术学理论对于其他4个一级学科具有较强的依赖性。笔者在艺术学理论学科简介中将本学科与其他4个一级学科之间的关系表述如下：

本学科与音乐与舞蹈学、戏剧与影视学、美术学、设计学密切相关。

音乐与舞蹈学、戏剧与影视学、美术学、设计学分别是对各相近艺术形态的研究。本学科与音乐与舞蹈学、戏剧与影视学、美术学、设计学的关系为普遍与特殊的关系。相比较而言，本学科着眼于宏观层面，音乐与舞蹈学、戏剧与影视学、美术学、设计学着眼于微观层面。本学科从音乐与舞蹈学、戏剧与影视学、美术学、设计学中获得经验与实证基础，音乐与舞蹈学、戏剧与影视学、美术学、设计学从本学科获得原理与方法论等方面的理论支撑。本学科关注不同艺术门类之间的相互关联，音乐与舞蹈学、戏剧与影视学、美术学、设计学则专注于各自门类内部的基本历史、理论与批评。

本学科与美学、音乐舞蹈艺术学、戏剧影视艺术学、美术学、设计学等学科既各自独立，又互相关联、互为补充。

这种表述较为清楚地体现了艺术学理论的基本地位，那就是“着眼于宏观层面”，为其他学科提供“原理与方法论等方面的理论支撑”。在研究过程中，艺术学理论与其他4个一级学科“既各自独立，又互相关联、互为补充”。因此，艺术学理论与其他4个一级学科的地位是平等的，这种平等关系是在“互相关联、互为补充”的情形中体现出来的。有的学者质疑，艺术学理论的成果能否从原理和方法方面为其他4个一级学科提供理论支撑呢？笔者认为，这种质疑也是不必要的。如果我们回顾一下亚里士多德的《诗学》对我们认识每个艺术门类特点的理论支撑就不难发现这一点。亚里士多德在《诗学》中最核心的理论就是模仿学说，而以模仿为基准，指出不同的模仿媒介手段导致了不同艺术门类的出现，为我们理解不同艺术门类各自的特点提供了一个重要参照。而前苏联艺术理论家卡冈在他的《艺术形态学》一书中提出的从原始艺术的混合性到艺术的现代系统的形成脉络、艺术史过程的整合力对我们理解不同门类的艺术史及其特点也深有启发。

从艺术学理论在国家意识形态建设中的作用而言，艺术学理论可以从总体上与其他意识形态进行对话。譬如，艺术与政治、哲学、宗教等方面的对话，如果缺乏对艺术总体特征的认识，就很难使艺术与这些形态进行对话。而这些对话在国家建设或对外交流中经常起到举足轻重的作用。国家意识形态乃是经国之大略。中国儒家提倡的礼乐治国，究其实就是要在理性与感性的有机融合中创造一种和谐的秩序。《礼记·乐记》云："礼节民心，乐和民声。"、"礼"强调的是秩序、法则，如果不用"礼"把人与人之间的差异区别开来，那么社会就不会有良好的秩序；"乐"强调的是人的情感的快乐，如果不用"乐"使人处于一种和谐的状态，那么社会就会发生动荡。"礼"、"乐"相得益彰，社会才能兴旺发达。后来，《礼记》中有关音乐的主张被扩大到其他艺术门类当中，从而形成儒家针对艺术的基本态度。由此我们不难看出儒家在经国策略上对于艺术与礼制对话的重视。

而就一个国家关于艺术政策的制定来说，也需要艺术理论家从总体上认知艺术的社会地位，从而为国家政策的制定提供咨询。张道一先生在《应该建立"艺术学"》一文曾说："艺术理论的任务是研究艺术的原理，探讨艺术的规律，说明艺术的特点，解释艺术现象。国家可以据此制定法规，艺术家可以借此提高认识，得到启发。"国家对于艺术的政策标志着国家对于艺术的基本态度。1942 年 5 月，毛泽东《在延安文艺座谈会上的讲话》中提到衡量文艺的两个标准：政治标准和艺术标准，并把政治标准放在首位。这种观点在中华人民共和国成立之后，长期被当作国家制定文艺政策的依据。在这种观点支配下，艺术在新中国成立之后的近 30 年间都被纳入政治的范畴，从而直接影响了体现在各个艺术门类中的"红色经典"艺术的产生。我们暂且不论这些经典的是与非，单从艺术理论转化为国家政策之后对于艺术的影响，就不难看出理论的力量。而毛泽东《在延安文艺座谈会上的讲话》无疑可以被纳入艺术学理论学科的成果，因为这篇讲话所涉及的范围不局限于任何一个艺术门类。我们由此也可看出艺术学理论作为一个一级学科的重要地位。

总之，艺术学理论无论是在艺术学门类所辖的一级学科中，还是在国家意识形态建设中的地位都是难以否定的。

三、结语

艺术学理论由一个二级学科升级为一级学科，是该学科历史上一个难得的机遇。在这种机遇中，艺术学理论可全面迎接质疑、检讨自身，以寻求更大的发展。艺术学理论不仅面临着其他学科的质疑，也应从自身进行检讨。笔者曾经说过，由于各种原因，艺术学理论仍然处在年轻状态，与艺术学其他一级学科相比，不成熟之处依然很多。但一个学科的成长必须要面临来自外部的质疑和内部的检讨。外部的质疑更多表现在上文提到的艺术学理论可以做什么？国外为何没有该学科的独立设置？艺术学理论如何寻找自己的研究对象？自身的检讨也应围绕学科自身的宗旨、方法和效力来思考。无视宗旨就等于自毁学科；缺乏恰当的方法，就会把自身的研究与艺术学其他学科混同起来；而缺乏研究效力，则无以证明学科存在的必要性。如果艺术学理论在成长的过程中能够很好地回答这些问题，有效地践行自己的宗旨，那么就可以在面对质疑和自身检讨中推进学科的发展。

原载《艺术百家》2011 年 04 期

王廷信　东南大学艺术学院教授

【第七届全国艺术学年会特邀专家主旨演讲（摘录）】

◎周　雯

王一川（北京大学教授）：20 世纪 50 年代中期曾有一个美学大讨论，当时主要有三家观点，吕荧先生主张美是主观的，蔡仪先生主张美是客观的，朱光潜先生主张美是主客观统一的。三方争论不休之时，一位无名青年发表了一篇文章《美是客观的，还是社会是客观的》。这一新观点，引起极大关注，这位青年便是后来的美学家李泽厚先生。他是一位不折不扣的理论创新人才，在论战中脱颖而出奠定了他日后在美学界的地位。2005 年底，著名导演陈凯歌拍摄的《无极》正在大江南北上映。一位叫胡戈的武汉青年在观看此片后，制作了一个名为《一个馒头引发的血案》的视频。视频被他的朋友投放到网络上，结果引来极高的网络关注。胡戈的作品有一定的创新意义，但是他后来却没有成为一个引导者，没有源源不断的创新作品。决定该结果的因素很多，其中重要的一点就是创新人才的素养。

当前，在社会主义文化强国建设的快车已经启动，造就高素质的文化人才并抓紧培养善于开拓文化领域的拔尖创新人才等已经成为高等教育新的目标旗帜下，我国高等艺术教育的人才培养应当怎样做？尽管高等艺术教育中存在诸多类型，比如专门艺术院校、全科艺术院校、师范类艺术教育学科和综合大学艺术学科等，但在创新人才培养的基本要求，应该存在共通性或一致性。所有的创新人才的共通性具体体现在五个方面：一是有好奇心，有探究未知的心态、直觉和专注精神；二是有跨学科素养，不仅懂得自己的专业，还需要有跳出自身框架思考问题的内涵；三是有想象力，高等教育不仅要培养专业艺术，还需要培养想象力；四是有协作与务实精神，具备善于与他人协作、善于见到作品的素养；五是有坚忍不拔的毅力，克服艰难险阻的精神。对于创新素养的重要性，香港城市大学原校长张信刚教授提出："创新人才可以培养但不能铸造。与其刻意找出培养创新人才的模式，不如致力于建设创新文化。每个民族都难以否认和难以摆脱自己的文化传统，但是任何社会也都能够在固有的文化传统之中，在有限的范围之内，塑造自己的未来，就像每个人都能在一定的范围内，选择和创造自己的未来一样。任何一个文化传统都有可能或正面地影响到创新文化的建设，想要建设创新文化的社会，不可没有这种自觉性。"

在对这启迪性观点理解以后，进一步追问的是，在建设创新文化的过程中，高等教育界自己应该做什么？建设创新文化是全社会的共同事业，高等教育界应有所作为，其中心使命是探寻培养创新人才之道。创新人才培养的关键，从高等教育的角度看，在于个体的创新素养的养成。其观点的依据是，创新归根结底在于自身的内在条件及素养。创新理论的创始人奥地利经济学家熊彼特从一开始就认识到个体的内在精神、意识状况的优先性。按照他的观点，"所谓创新就是要把一种生产要素、生产条件的新的组合引入生产体系创造出新产品"。他认为创新有五个要点：第一，一种新产品的特质；第二，一种新的生产方法；第三，开辟新市场；第四，控制新供应来源；第五，实现一种工业的新的组织。延伸到创新中即是将已知的生产要素组合成新要素、新产品的意向、精神。由此把握创新人才的内涵，以及艺术创新人才的培养重心：与其培养创新技能，不如培养创新素养。技能是简单工匠能够解决的，而素养则面向更高境界和更长远的发展目标。

创新人才的培养需要聚焦于创新素养的养成，这种创新涉及三个层面：一是专业技能的濡染，二是宽厚学识的激活，三是想象力的引导。高等教育至少要做到这三方面的工作。中国文化传统历来注重专业技能的濡染，"濡染"的本意是感染、沾染，与"耳濡目染"同义。濡染是跨越了低级或初级的知识积累和技能掌握的更高级的艺术人格素养。不管是道家、佛家还是禅宗都强调以宽厚的学养，通过跨学科的知识来培养创新人才。在创新人才培养的素养上，特别重要的是想象力的培养。在大学学习期间，一个人的想象力有多宽有多高，能够决定他在未来发展的高度。结合以上几点可知，艺术创新人才高等教育素养的养成，是大有可为的。

彭吉象（北京大学教授）：自今年年初艺术学升格成为门类以后，下设的第一个一级学科就是艺术学理论。如何构建一级学科的艺术学理论，特别是如何构建具有中国特色的艺术学理论的学科体系，成为研究艺术学的一个重要课题。新的一级学科艺术学理论既不同于传统的美学也不同于传统的文艺学。艺术学理论与这两个学科既有密切联系，又有所区别。第一，传统的美学不仅研究艺术美，还包括自然美、社会美、科技美，等等，基于这一点，美学与艺术学理论有交叉，但分属不同学科，并且艺术学是从美学中孵化出来的。第二，传统的文艺学主要的教学单位在中文系，传统的文学理论研究重点是文学，而且是运用文学理论研究其他的艺术学，例如电视、电影，等等。一级学科的艺术学理论应该建立在音乐史论、美术史论、戏剧史论、影视史论、舞蹈史论的基础上，特别强调应是宏观的、整体的、系统的、综合的研究。因此艺术学理论也可称之为普通艺术学或一般艺术学。

艺术学理论的学科体系可参照文学的划分方法，划分为艺术理论、艺术史和艺术批评三个部分。这三个部分都需要着重研究各门艺术的理论共性，艺术理论是研究涵盖各个艺术种类的理论；艺术史要研究涵盖各个艺术种类的艺术通史，这个通史不是把各个朝代的艺术史融合起来，而是打破门类，提炼出涵盖所有艺术门类共通性的历史事实或历史规律；而艺术批评应该将研究深入各门艺术的批评原则，这些原则既适合音乐，也适用于舞蹈、影视。另外艺术学理论还应适应时代的需要，不断产生新的交叉学科或分支学科，包括艺术人类学、艺术文化学、艺术社会学、艺术心理学、艺术考古学、艺术符号学、艺术实用学、艺术教育、艺术管理、艺术营销学、艺术传播学、比较艺术，尤其是包括对文化创意产业或创意媒体的研究，等等。与此同时，我国的艺术学理论还有一个重要任务，构建具有中国特色艺术学理论的学科体系，即构建中国艺术学理论的学科体系。不同国家、不同民族、不同历史和不同文化的艺术学，都有各自不同的特点。西方艺术学理论和中国艺术学理论的区别在于，西方强调分科，中国强调中和，强调整体。中国的各门传统艺术不但有自己独特的体系，而且互相影响甚至互相包含，因此各门艺术在美感、审美观方面往往能找到相通之处。就中国艺术学来讲，要从宏观和整体出发，研究各门艺术的相同之处或相通之处，即涵盖各门艺术的具有普遍性的客观规律。又因中国艺术本身是一个巨大的体系，因此中国艺术学在学科体系建设上有以下四点值得考虑。

第一，在中国五千年的文化史中，艺术始终占据重要地位。中国艺术是中国文化史的重要组成部分，中国艺术通史应该包括各个历史时期著名艺术家及其经典艺术作品。而又因中国艺术史上，各门艺术均取得独特辉煌的成就，也应该采用断代史的方法加以研究，如唐代艺术史。第二，中国艺术门类众多，除了绘画、雕塑、音乐、舞蹈等，中国还有如戏曲、书法等极具民族特色的艺术门类。与此同时，中国艺术在漫长的历史进程中，形成了独有的民族风韵和民族特色，比如中国的国画和西方的油画就具有较大差异。因此，需要设置一门学科——比较艺术学。第三，中国艺术体系繁杂，每一个门类都有不同的内容，如绘画就有文人艺术、宫廷艺术、民间艺术、宗教艺术。第四，中国艺术成就辉煌，因此中国艺术学理论学科构建是一项巨大的系统工程。中国传统艺术在艺术创作、艺术鉴赏等各方向都具有自己的特色。比如艺术创作，中国传统艺术在创作规律、创作过程、创作方法、创作心理甚至对艺术家道德认识方面都有独到的理论，西方理论难以涵盖中国的艺术创作现象。目前，学术界一般认为对中国传统艺术影响最大的是儒家美学、道家美学和禅宗美学，体现了中国传统艺术的精神。研究中国艺术学主要是从各个不同的方面去寻找贯穿于不同门类、不同时代的中国艺术的精神。总而言之，加强对中国艺术学的研究不但是完善艺术学学科体系建设，培养艺术学人才方面的迫切需要，也是当前我们国家各个门类艺术实践发展的迫切需要。特别是在十七届六中全会以后，文化大发展大繁荣，中国艺术要走向海外。能否创作出走向世界的中国艺术，归根结底在于艺术家能否在创作中做到既完成时代的需求，又能汲取中国传统文化的精华，使自己的作品体现出浓郁的民族风格，使自己的作品真正具有时代，同时又具有中国艺术的精神。中国艺术学理论学科体系建设，不但具有重大的理论价值，还具有紧迫的现实意义。

黄惇（南京艺术学院教授）：艺术学学科发展已经走过了十几个年头，但是仍有许多不成熟的地方。今天，虽然我们从多层面展开教学，但没有成熟的课程，也没有公认的教材，没有经典的文本。尤其是硕士、博士论文的撰写，到现在为止，我们能不能够确认有明确的研究方向和对此突出的问题，它涉及选题、开题、撰写和答辩多个教学管理环节。关系到培养怎么样的合格的硕博生，以及由这些学生延伸出去而对未来产生影响的，对艺术学的发展产生影响的关键问题环节。对此，我所（即南京艺术学院艺术研究所，编者注）的教师参加此次研讨会的论文主要围绕这样的问题展开，即：论文是如何看待艺术学学科的界定问题，界定范围是艺术史的研究方法、艺术史学史的研究方法等问题；艺术学硕博生论文的研究跨越范围定位等问题；艺术学研究究竟是如美学那样由上而下，还是秉持艺术学出现的初衷，由下而上的问题；还有艺术理论、艺术史、艺术批评以及艺术管理的研究各有分工、有所侧重的问题。值得充分关注的是艺术学研究与门类艺术学的关系，因为没有一种艺术学的研究能绕过门类艺术学，如果有这样的研究那一定是空洞无物。关于这些讨论便能越来越感受到艺术学研究的紧迫性和严肃性。

今年6月，南京艺术学院举办了全国艺术学首届青年学者论坛。学者们从研究内容、研究方法、研究视角等多个角度，展示各个学校的教学和科研成果。在论坛上，本人提出了艺术学学科应从不自觉走向自觉。目前关于艺术学的研究成果当中，有许多是不自觉的研究。在如今艺术学理论升格成为一级学科的重要时机，我们应努力从不自觉的研究走向自觉，努力通过冷静严肃的学术态度融入其中，进而形成教材、研究术语等研究成果。

周星（北京师范大学教授）：在11月18日北京大学的一个艺术门类探讨会上，诸多专家围绕“华语电影”发表看法时，几乎都有一个身份认同的趋向，就是无一例外地把是否在好莱坞放映、是否获得发行商青睐、是否在世界电影节中被看中等作为华语电影的评判标准。它的合理性是世界级的衡量指标，但其中却存在极不合理性，华语电影的受众认可和本土的看待，被放置到最为卑微的位置。实际上，地域特色、自身身份、本土认知才是民族艺术和本土文化应坚持的第一要素。相关的比较应该是在这个基础上更高的发展要求，而不是一种取舍的标准。在以好莱坞的看待作为第一标准的时候，本土艺术的发展失去了自身的生存空间。中国电影发展过程中，曾有一个口号是：让好莱坞全盘进来，而使它们薄弱的中国电影置于死地而后生。由此引出，该如何对待地域文化和民族艺术的价值的问题。首先，在全球化的背景下，地域特色自身的坚守空间和价值才是生存的要素。本土性和本土特色才是存在的第一要素，没有了自身，便只能受到各个潮流的不断冲击，被其左右。中国电影作为世界的一个特色存在，在今年的国际电影节上却因为没有文化特性而被漠视。中国电影与好莱坞的商业电影趋同，打入海外市场获取微少收益，但中国本土大市场的坚守已成问题，本土受众对中国电影的趋同于娱乐产生厌烦。其实更重要的是扎实的传统内容沉淀，不被骚动不安的外力左右。延伸至中国的艺术文化也存在同样问题，坚守自身才是艺术文化的生存之道，以自己的特点生存，而不是以他人的标准作为生存标准。如今发达和多元化引发的矛盾日渐突出，一个具有民族志气和文化传统的大国理应抗拒以外界的标准作为自身发展的动力，更应该在全球化的抗衡中对外以确切的独特的艺术文化面貌展示，对内协调多民族文化发展。

其次，地域文化的生存难以形成优势。日前西部电影研讨会提到，旧西部电影是因其独特性才被认可，我们可在其中看到一个中国民族的内涵。以此类推，艺术也是如此，保持地域性就是坚持被纳入大主流和保持独有个性之间的关系。在全球化背景下，地域文化的优势更需要坚持，但困难显而易见。解决的关键是能否将特色优势坚持下来，无论是对何种地域优势的认知，都应集合以精神表现、区域风情、情感独特性和价值构成的综合情感。地域性、本土性的主旨是独特的文化坚守，浓郁的情感表现、社会批评精神和民族风情，等等，对地域而言都是一种创造性精神的独特存在，并且是越坚守越能发扬光大，甚至能突破都市娱乐的一统化表现。简言之，地域文化的艺术应该承载着文化精神的内涵、人们人文情怀的寄托、独特的民族风情以及独特的个性和价值。最后是地域文化成长要素。地域性只能依靠特色来坚持，只能突出优势来发扬光大，只能在保存传统下更加精工细作地创造，只能依赖自身多样化的表现来丰富自身的水准，这样我们才能说它构成了风土文化中一个个独特的存在，不论是门类艺术还是地域文化，民族精神都应得到更多体现。

曹意强（中国美术学院教授）：地域文化的研究离不开整体学科的框架，这正是我们国家艺术学这一门类要设置艺术学理论的一级学科，因为要提供一个整体框架。而此次会议的框架即是其中一部分，同时也成为艺术门类当中的一个重要理论框架。此次国家颁布的五个一级学科中，四个注重创作本身，一个注重理论研究。这个理论研究即是通过艺术学理论把对艺术的整体研究纳入到整个人文学科研究当中，成为人文学科研究的一个重要组成部分。过去艺术不能成为门类，是国家将艺术排除在人文学科之外，而如今这个偏见已被扭转。但是艺术学的问题依然存在，仍需要解决，即是要解决创作与学术研究之间的关系，艺术学理论将在其中起到重要作用。

艺术学在德语国家叫作艺术科学，艺术科学是19世纪的产物。19世纪时期德语国家面临着如今20世纪中国艺术学面临的发展状况。19世纪时期的德语国家虽然有黑格尔等人的哲学体系，但是艺术的研究因其不能像自然科学一般得出规则、得出原理，未能被纳入人文科学研究领域。此时一大批艺术研究者包括文化史学家提出建立艺术学学科，他们提到艺术研究与自然科学研究是一样的，也是可以摸索出的规律和原则，因此就在德国出现了一个专门学科——Kunstwissenschaft。后来该学科建设的观念进入英语国家，英语国家没有合适的字句反映，则翻译成艺术的科学或对艺术的科学研究。当时的一批艺术史学者赋予了艺术研究一种科学体系、一种独立的方法论，将艺术从边缘研究纳入人文科学研究的中心地位。19世纪以来，艺术科学被理解为对现在过去艺术的各种研究，这种研究除了狭义上的学院技术专业之外，还包括建筑和绘画的史前和古代的人类学、东方学、古典考古学和民俗学，这就说明了艺术学跳出了原本学院的专业研究，与其他的重要学科进行了交叉。与此相应，艺术科学与艺术文献的划分也比较随意，但是艺术科学所追求的要远远超出寻求客观的判断的做法，它是要提出可以检验的假说或非定论。19世纪时期有不同的学者对艺术科学提出了不同的方法。黑格尔把艺术作为体现人类精神发展的一个重要标志，则将艺术纳入到哲学领域。具体的艺术研究也是有不同的方法，有德国学者运用历史资料考证与文献研究相结合的方法研究艺术。科尔曼是将艺术作品研究与艺术家生平研究相结合作为艺术研究的方法。史学家德索提出："艺术应该独立，追求自然科学的精确性。"后来艺术研究发展到中国，滕固先生强调艺术学理论应关注客观性的东西。艺术学理论研究至今，应该关注研究对象，关注整个人文学科的发展、交叉学科的发展，加强理论研究并关注世界发展动态。

蓝凡（上海大学教授）：根据今年艺术学年会的主题"地域文化与艺术"，从艺术学理论方面提出两个问题：一是地域艺术风格学是否有成立的可能性，二是门类艺术流派是否有成立的可能性。一个艺术样式有地域性的流派的成立有相当大的难度，如海派艺术是一种风格特征，是有上海这个地区的区域性的。但现在一般提起海派艺术，主要指绘画或戏曲，却没有相关的"海派"舞蹈。因此，地域性的艺术流派而不是各门艺术的风格流派的成立是有可能的，但是在有的艺术样式中是不可能形成的。假设扩大到整个艺种的成立，比如现在的新海派艺种，它不是一个门类的艺种，它是艺术的一个种类。如今我们研究艺术学理论，是否有可能成立艺术风格学，假如成立，其成立依据又是什么？旧海派艺术的形成，是在西方艺术入侵中国的时期，在上海这个城市，西方艺术样式与中国传统艺术样式同时并存。西方的话剧与中国的戏曲的海派代表有周信芳，而西方油画与中国国画的海派画家代表有任伯年。众多的艺术风格融合成一个代表上海地区当时文化艺术的艺术风格，这种融合有其存在和发展的空间。这种地域性的艺术风格流派在今天是否还能形成？借此问题抛砖引玉，讨论艺术学理论研究的新方向。

原载《艺术探索》2012年02期

周雯　北京师范大学艺术与传媒学院副教授

艺术基础理论研究

【艺术为何物？——20世纪的艺术本体论研究】

◎彭 锋

艺术究竟是一种怎样的东西？是物质性的存在还是精神性的存在？不同的艺术作品是同一种东西吗？诸如此类的问题，是20世纪后半期兴起的艺术本体论讨论的问题。多元本体论者主张，不同的艺术作品是不同的东西，美学的任务就是通过区分艺术作品的本体论地位深化我们对艺术作品的理解。一元本体论者主张，所有艺术作品都是同一个东西，但不是一般人所认为的普通事物，而是专家识别出来的特殊东西，美学的任务就是发现一般人不易识别的艺术作品的本体论地位，从而深化我们对艺术作品的理解。

艺术本体论（ontology of art）或艺术作品本体论（ontology of art works），是20世纪美学开辟的一个独特领域。表面上看来，它与艺术定义相似，实际上它们属于两个完全不同的领域。艺术定义讨论什么是艺术或者某物是否为艺术。艺术本体论是在业已知道某物是艺术的情况下，去探讨它是一类怎样的事物。艺术定义的问题是："什么是艺术？"艺术本体论的问题是："艺术是什么？"它包括艺术作品是真实的还是虚构的，是物质的还是精神的，是物理的还是心理的，是普遍的还是个别的，诸如此类的问题。尽管美学家们在这些问题上并未形成一致的看法，但是，毫无疑问，关于这些问题的思考，深化了我们对艺术的认识。

一

尽管艺术本体论在科林伍德、茵伽登和杜夫海纳的美学著作中已经有所提及，但直到分析美学才真正成了一个独立的分支学科。古德曼和沃尔海姆的工作起了开创性的作用。1968年，古德曼的《艺术语言》和沃尔海姆的《艺术及其对象》出版。他们发现，诸如绘画、音乐之类的艺术作品是完全不同种类的事物，具有不同的本体论地位。随后，沃尔特斯托夫对不同艺术作品的本体论地位做了更加细致的分析，明确指出"艺术作品的本体论地位并不完全一样"。不同的艺术作品具有不同的本体论地位，成为一种主流的看法。我们将这种看法称为多元本体论。

在《艺术语言》中，古德曼讨论到艺术作品的"真本性"（authenticity）。他发现一些艺术形式如绘画有真本性问题，因此有原作与赝品之间的区别；另一些艺术形式如音乐则没有真本性问题，因此不可能出现赝品。古德曼观察到："作为一种乐谱，海顿的手稿并不比今天早上印制出来的印刷副本更为真实，而昨天晚上的演奏也正如首次演奏一样真实。乐谱的副本可能在精确性上有所不同，但所有精确的副本，即使是海顿手稿的赝品，都同样是乐谱的真实例子。演奏可能在准确和质量上以及甚至在一种更神秘的'真本性'上有所不同；但所有准确的演出都同样是作品的真实例子。相反，即使是一幅伦勃朗绘画的最精确的复制品，也都只是那幅作品的模仿或赝品，而不是那幅作品的新例子。"

为了更加清楚地说明这种差异，古德曼引进了两个新术语：亲笔的（autographic）和代笔的（allographic）。所谓亲笔艺术，就是原作与赝品之间存在差异的艺术；所谓代笔艺术，就是没有这种差异的艺术。绘画是典型的亲笔艺术，音乐是典型的代笔艺术。古德曼检查了一些流行的看法，发现它们无法彻底解释亲笔艺术与代笔艺术的区别。首先，有人认为，音乐之所以是代笔艺术，是因为音乐需要演奏家的二度创作，是二级艺术，绘画则是画家直接完成的，是一级艺术。这只能说明部分问题。比如，文学是作家完成的一级艺术，但文学是代笔艺术，不存在文学的赝品问题。另外，蚀刻版画是二级艺术，但却是亲笔艺术。蚀刻版画家制作出一块模板，从这块模板上印出来的所有图案都是原作，尽管它们之间可以存在些微不同。但是，对其中任何一张图案的复制都是赝品，不管复制得多么精确。其次，有人认为亲笔艺术只能以单个作品的形式存在，代笔艺术则可以批量生产。乐谱和文学作品可以有许多拷贝，因此是代笔艺术；绘画只能有一件原作，因此是亲笔艺术。但也存在明显的反例：蚀刻版画是亲笔艺术，却可以有多件原作。某种类型的建筑可能只有一幢，但建筑是代笔艺术，因为根据设计图可以做出完全一样的建筑。在古德曼看来，区别亲笔艺术与代笔艺术的关键在于它们使用不同的艺术语言。前者使用非记谱语言，后者使用记谱语言。非记谱语言是模糊语言或者模拟语言；记谱语言是精确语言或数字语言："记谱系统所要求的特性是不含糊性以及句法和语义的不相交性和区分性。"

古德曼对亲笔艺术与代笔艺术的区分，对于后来的艺术本体论研究产生了重要影响。几乎所有分析美学家在讨论艺术作品本体论的时候都沿用了它，尽管他们并没有像古德曼那样从符号学的角度来解释这种区分。

沃尔海姆《艺术及其对象》也涉及艺术本体论。他承认，那些关于艺术作品本体论地位的讨论有些枯燥和学究气，甚至不太像美学，但他还是将美学问题确立为追问艺术在根本上是一种怎样的事物，而不是去研究什么是艺术。他明确说："提问什么是艺术与提问不同种类的艺术作品或者不同艺术所共有的东西是什么（不管是任何东西）之间存在重要的区别。"

沃尔海姆先批判了一些流行观点。第一个观点是一种常识，即将艺术作品视为物理对象。他称之为"物理—对象假定"。在他看来，这种假定是有问题的。如果说雕塑、绘画等艺术作品是时空中存在的物理对象，小说、音乐显然不是这种物理对象。尽管它们也有物理形态，比如小说可以还原为由纸和字构成的书，音乐可以还原为各种乐谱，但是这种物理存在形式只是其载体，不是它们的本质构成。书和乐谱的毁坏，对小说和音乐的存在毫无损伤。

第二个观点是以克罗齐和科林伍德为代表的直觉或表现理论，沃尔海姆称之为"观念理论"（ideal theory）。根据这种理论，真正的艺术作品存在于艺术家头脑中，无须外化为外在对象。这种理论与作为常识的物理—对象假定完全相反。沃尔海姆认为，与物理—对象假定存在缺陷一样，观念理论的片面性也显而易见：如果艺术作品只是艺术家头脑中灵光一闪的想法，读者或者观众就很难通达这种想法。艺术家有可能改变甚至忘记自己的想法，但真正的艺术作品并不会因此而改变或消亡。除此之外，观念理论将艺术媒介、技巧等因素完全排除在外，这也不符合艺术实践的实际情形。

第三个观点是当时流行的、简化了的现象学观点，沃尔海姆称之为"呈现理论"或者"在场理论"。与观念理论关注艺术家创作时内在心理过程不同，呈现理论更侧重于读者的欣赏经验，尤其是鉴赏家或批评家的欣赏经验。根据此理论，艺术作品的艺术特征，只是那些能够被我们直接感知或者当下直接被给予的特征。对于呈现理论，沃尔海姆主要从两个方面展开批评。首先，艺术作品除了直接给予或被我们直接感知的特征之外，还有间接由我们思考或推论的意义。这二者之间的区别并不清楚，或者说它们是交织在一起的，并没有明确的边界。其次，即使这二者之间存在明确的区分，也不能将艺术特征只归结为那些直接被感知的特征，否则艺术的范围或功能将被极大地缩减。更重要的是，20 世纪后半期的艺术哲学更加侧重艺术作品中那些不能被直接感知的特征，用曼德鲍姆的术语来说，侧重艺术作品的"非外显"（non exhibited）特征。比如在丹托那里，艺术作品至关重要的特征是"艺术界"或者"理论氛围"（atmosphere of theory），它们是无法直接感知的。它们不是艺术作品直接呈现的东西，而是其指向或者"关于"（about）的东西。换句话说，它们不是我们直接看见的，而是我们思考的内容。

沃尔海姆的目的不是为所有艺术作品寻找共同的本体论地位，而是揭示它们在本体论地位问题上的复杂性，因此尽管批判了上述流行观点，但并没有彻底放弃它们，而是认为它们在某些方面或针对某些作品是有意义的。他区分了两种艺术：以绘画为代表的单体艺术，和以音乐为代表的表演艺术。他认为它们具有不同的本体论地位，只能用不同的理论来解释。

就绘画这种单体艺术来说，它既不是物理对象（如颜料），也不是观念对象（如画家心里的想法或者想要再现的对象)，而是二者之间的东西。正是在这种意义上，沃尔海姆反对“看作”(seeing - as)的看画方式，而主张“看见”(seeing - in)的看画方式。沃尔海姆将“看作”的看画方式称作“再现的看”(representational seeing)，即将绘画看作某物的再现。比如，我们看见一幅拿破仑的肖像画，会将这幅画看作拿破仑。之所以能够将它看作拿破仑，是因为它们之间相似。但是，它们果真相似吗？如果相似，它们之间的关系就应该是对称的。比如，如果A与B相似，就既可以说A像B，也可以说B像A。但是，在绘画再现中，情况并非如此。我们说那幅画像拿破仑，或者说那幅画再现拿破仑，却很少说或者不能说拿破仑像那幅画，或者拿破仑再现那幅画。在这里，沃尔海姆得出了与古德曼一样的洞见。与其说拿破仑的肖像画像拿破仑，不如说它更像另一幅肖像画。由此，将拿破仑的肖像画仅仅“看作”拿破仑是不够的。“看作”的看画方式，就是将x看作y。这里的x指代绘画媒介，y指代所画对象。沃尔海姆认为，这不是恰当的看画方式。恰当的看画方式是“看见”，即在x中看见y。因此，恰当的看画方式，并不忽视绘画媒介及绘画的物理特性，但它也不是只关注绘画媒介，还得从中看出所画对象。如果将x视为物理对象，将y视为心理对象，那么绘画就既不是x，也不是y，而是在x之中显现的y，我们可以称之为z。沃尔海姆对“看见”的看画方式的分析，对于我们理解绘画具有重要的启示。

沃尔海姆承认，诸如音乐之类的表演艺术与绘画非常不同，他用皮尔士符号学的一对术语来分析这种艺术的本性。皮尔士区分了类型(type)和殊型(token)，前者指一个符号在重复书写或朗读中保持不变的那个方面，后者指对这个符号的每一次书写或朗读。比如两次重复书写“人是万物之灵”，它们所指向的那个同一的东西就是类型，而每次书写都是不同的殊型。用沃尔海姆的例子来说，《尤利西斯》是类型，我手里的这本《尤利西斯》是殊型。沃尔海姆认为，音乐与音乐表演之间的区别，与类型与殊型之间的区别类似。

类型与殊型的关系比较特殊，既不同于类别(class)与成员(member)的关系，也不同于普遍(universal)与实例(instance)的关系。沃尔海姆根据紧密性的等级来区分这三种关系：类别与成员的关系最外在，普遍与实例的关系相对要内在和紧密得多，而类型与殊型的关系最内在和最紧密，“因为不仅像普遍体现在它所有实例中那样，类型也体现在它所有殊型中，而且我们在思考和谈论类型的时候，通常好像它本身就是一种殊型，尽管是一种特别重要或者卓越的殊型”。他将音乐与演奏视为类型与殊型的看法，在艺术本体论领域产生了广泛影响。

70年代以后，艺术本体论成为热门话题。1975年，沃尔特斯托夫发表了一篇宣言性的文章《通向艺术作品本体论》，将核心问题归结为：“交响乐、戏剧、版画、雕塑、诗歌、绘画究竟是一种怎样的实体？就其本体论地位来说，艺术作品在根本上全都一样吗？”

沃尔特斯托夫首先对不同的艺术作品做了现象学的描述。一种是可以演出的艺术，简称表演—作品(performance - work)。这类艺术一般可以有许多不同的表演，表演与表演—作品在本体论地位上并不相同。表演是发生在某时某地的事情或事件，但表演—作品并不是这种事件。这种本体论区别，在非表演艺术中也可以见到。在版画中，一张版画比如《顺从死亡》的第十张版画与该版画比如卢奥的《顺从死亡》之间存在不同。在铸模雕塑中，一个雕塑铸件比如《思想者》与该雕塑比如罗丹的《思想者》之间存在不同。在建筑中，一幢建筑比如技建房一号(Tech - Bilt House No. 1)与该种建筑比如技建房一号之间存在不同。一张印制版画、一件铸模雕塑、一幢建筑实例都是时空中的物理客体，他将这种可以有诸多印制版画、铸模雕塑和建筑实例的艺术，称之为客体—作品(object - work)，将它们的印制版画、铸模雕塑和建筑实例称之为客体—作品的客体(object of object - work)，简称客体。这同表演—作品与表演之间的区分类似。一张作为客体的印制版画可能被销毁，但这并不意味着作为客体—作品的那张版画被销毁了。即使所有作为客体的印制版画都被销毁了，甚至连最初的模板也被销毁，那张作为客体—作品的版画仍然存在。这里作为客体—作品的版画和作为表演—作品的音乐的本体论地位耐人寻味。这是沃尔特斯托夫的艺术本体论着重回答的问题。

文学作品的情况有些不同。文学作品既可以被写下，也可以被读出。写下的文学作品有副本，读出的文学作品有读说。副本是一种物理客体，读说是一种事件。就前者来说，文学作品是一种客体—作品，就后者来说，文学作品是一种表演—作品。在表面上看来，戏剧与文学一样，具有两种本体论地位，但实际上戏剧只是表演—作品。在戏剧表演中的确涉及语言行为，但还包括角色表演在内的许多其他行为。读出台词还不是表演。剧本的副本不是戏剧的副本，只是戏剧表演的指示或说明。音乐的情况更为复杂。乐谱的副本与音乐的关系，不同于文学的副本与文学的关系。语词既可被写下也可以被读出，声音只可被读出而不能被写下。乐谱中的记号不是声音的例子，而是发出该声音的指令。文学是由语词构成的，音乐不是由乐谱记号构成的，而是由声音构成。电影也有双重本体论地位。一部电影作品可以有许多副本，任何一个副本都是一个物理客体。一部电影作品也可以被许多次放映，每次放映都是一个事件。因此，电影像文学一样，既可以被视为客体—作品，也可以被视为表演—作品。不过，它们之间也有些不同。电影的每次放映都必须借助某个副本来进行，但是文学作品的诵读不必借助某个副本，也可以借助记忆来背诵。对绘画来说，无论客体与客体—作品的区别，还是表演与表演—作品之间的区别，似乎都不适用。它只是一种物理客体，其中不存在两种不同的本体论地位之间的区分。沃尔特斯托夫无意为所有艺术作品寻找共同的本体论地位，只是对表演—作品和客体—作品的本体论地位感兴趣。但是，并不是所有的艺术作品都存在这种区分。除了绘画之外，即席音乐演奏也不存在这种区分。它既不是表演，也不是表演—作品，只是某个事件。

沃尔特斯托夫首先设想，将表演—作品和客体—作品视为它们的例子的集合（set）。比如，假如罗丹的《思想者》有一百件翻制作品，那么罗丹的《思想者》就是这一百件作品的集合；假如贝多芬的《命运》交响曲被演奏了一万次，那么贝多芬的《命运》交响曲就是这一万次演奏的集合。显然这种看法是不能成立的，因为集合本身并不是作品。集合与例子的关系，类似于沃尔海姆所说的类别与成员的关系，只是一种松散或外在的关系。沃尔特斯托夫经过系统分析后认为，表演—作品或者客体—作品是种类，其例子是这种作品的表演或者客体："一件表演—作品是某个种类的表演，一件客体—作品是某个种类的客体。"

现在的问题是：表演—作品究竟是何种种类的表演？或者客体—作品究竟是何种种类的客体？它们跟这些作品的表演和客体究竟是何关系？沃尔特斯托夫认为，表演—作品或者客体—作品是一种标准种类（norm - kind），就像自然种类一样，允许有完好的例子和畸形的例子。比如，就马这个种类来说，可以有完好的马和畸形的马。就音乐这个种类来说，可以有正确的演奏和不正确的演奏。因此，艺术类型不是集合（set），集合不允许有不同的成员，不能容纳畸形的例子；但是，艺术类型可以有或多或少的殊型。正是在这种意义上，沃尔特斯托夫认为，艺术类型是种类（kind），因为种类可以有或多或少的例子。比如，一位音乐家创作一部音乐作品，就是选取一组规则来规范音乐演奏，因此创作音乐作品就等于选取了一种标准种类。

无论是将艺术作品视为类型还是种类，都是强调艺术作品是一种普遍性的实体。尽管沃尔海姆和沃尔特斯托夫都强调类型和种类是一种与个体密切相关的普遍性，但这种构想仍然引起了不少质疑。首先，从艺术界的局部来看，即便是应用于像音乐和铸模雕塑之类的艺术，将艺术作品视为类型或种类的想法也会碰到不少困难。尽管类型与殊型或种类与例子之间关系紧密，但是殊型或例子所具有的某些特征，类型或种类并不具备。比如，作为殊型或例子的音乐演奏是在时间中进行的事件，但作为类型或种类的音乐却不具备这种特征，它类似于柏拉图意义上的理念，而理念本身是不在时间之中的。无时间性的理念只能被发现，而不能被创造，但我们却知道某个音乐作品是何时何地由何人创造出来的。因此，将音乐和铸模雕塑等艺术作品视为像理念一样抽象的类型或种类，与我们的直觉和常识有冲突。其次，从艺术界的全体来看，如果音乐、版画、铸模雕塑是抽象的理念，而绘画又是具体的物体，那么我们就得承认不同艺术作品的本体论地位不同。但这并不容易接受，因为一般人会认为，既然都是艺术作品，就应该具有同样的本体论地位。事实上，的确有不少分析美学家力图证明这一点。

二

既然同为艺术作品，本体论地位就应该相同。我们将这种主张称为一元本体论。有人认为，类型与殊型的区分可以适用于所有艺术作品，换句话说，所有艺术作品都像音乐那样是抽象的理念。我们将这种一元论称为共相一元论。也有人认为，所有艺术作品都没有类型与殊型的区分，都像绘画那样是具体的物体。我们将这种一元论称为殊相一元论。先讨论殊相一元论。多元本体论承认以绘画为代表的单体艺术与以音乐为代表的多体艺术之间存在区别，强调单体艺术是具体的殊相（particular），多体艺术是抽象的共相（universal），二者的差别不应抹杀。殊相一元论反对多体艺术是抽象理念之类的共相的主张，认为所有艺术都是具体的殊相。马戈利斯和戴维斯就持这种观点。

在马戈利斯看来，音乐不可能是抽象的类型或种类。首先，任何艺术作品都具有某些物理的和知觉的特性。我们能够听见音乐，感到某段音乐很甜美，如果音乐是类型或者种类之类的共相，我们就无法听见它。其次，我们经常说某人创造了某个音乐作品，如果音乐作品是类型或者种类的话，它就无法被创造。再次，如果某个音乐作品的所有乐谱都毁坏了，也没有人记得它的旋律和节奏，那么这个音乐作品就失传了。但是，类型或种类是不能被毁坏的，因而是不会失传的。音乐作品可以失传，证明音乐作品不是共相。

如果音乐作品不是共相，那么它是什么呢？马戈利斯称之为"在文化中诞生的实体"（culturally emergent entity），或者"类型的殊型"（tokens－of－a－type）。我们在将绘画视为单体艺术的时候，常常将它等同于画布和颜色等物理对象。但是，绘画不仅是画布和颜色，还有它的文化意义。绘画是由画布和颜色实现的（embodied）文化事物。在这种意义上，绘画就像人一样。人是由身体实现的，一方面人不等于身体，人还有思想，另一方面人又离不开身体。从物理对象的角度来说，艺术是殊相；从精神意义的角度来说，艺术是共相；从二者结合的角度来说，艺术是文化事物，是一种特殊的殊相。马戈利斯说："一件艺术作品是一个殊相，它不能是一个共相，因为它是被创造出来的，而且可以被毁坏，它还具有物理特性和感知特性。但是，它是一种特殊的殊相，与物体（physical body）不同，因为它可以例示另外的殊相，而且它可以由另外的殊相所体现。这就表明，只有文化中发生的事物或者文化中诞生的实体，才具有这些特性。……总之，所有艺术作品都是一种类型的殊型；没有单纯的殊型或者类型。"

这种构想对我们的启发有两个方面。首先，就音乐之类的多体艺术来说，马戈利斯改变了将音乐视为理念的一般看法。他不认为音乐家只是发现了一种类似于柏拉图的理念一样的类型或种类，因为这种意义上的类型或种类是超时间性的永恒实体，是"永恒的，无始无终，不生不灭，不增不减的"。作为永恒实体的音乐，是事先就存在的，音乐家只是发现它们而不是创造它们。马戈利斯认为，对音乐的这种看法显然违背了我们对音乐的常识。莫扎特创造了他的音乐，而不是发现他的音乐，也不是将某种人类听不见的抽象音乐具体化为人类听得见的具体音乐。莫扎特的音乐明显打上了他所处的时代的烙印，明显带有其个人气质。没有莫扎特，就不可能有他的音乐，离开莫扎特去设想一种莫扎特音乐是不可思议的。马戈利斯的这种看法，比较接近音乐史的实际。其次，就绘画之类的单体艺术来说，马戈利斯改变了将绘画视为物体的一般看法。马戈利斯认为，尽管绘画是由色彩和画布体现的，但它不可以还原为色彩和画布之类的物理存在，绘画还有它的精神内容和文化含义，欣赏一幅绘画，不只是欣赏画布和颜色的质量，更重要的是要欣赏画面的内容，了解艺术家的意图，想象作品所处的时代和环境，要跨越时空跟作品和作家进行对话和交流。这些文化内涵是自然物体所不具备的。

总之，马戈利斯将艺术作品设想为文化殊相或文化个体的想法，能够增进我们对艺术作品的理解。当然，这种想法也并不是没有问题的。首先，对于习惯于精神与物质、共相与殊相、主体与客体之类的标准本体论区分的人们来说，任何介于二者之间的构想都是不可设想的。马戈利斯的文化实体或者"类型的殊型"，既不完全是精神的，也不是完全是物质的，似乎是介于二者之间的实体。如果真是这样的话，马戈利斯就应该进一步证明这种实体存在的必要性，换句话说，就应该先修正人们习惯的那种标准的本体论区分。其次，马戈利斯的构想并没有打消这种疑问：为什么同为艺术作品，音乐作品可以有许多不同的演奏，版画可以有许多不同的印刷，雕塑可以有许多不同的翻制，而绘画则必须是独一无二的，其复制品被视为赝品？文化实体的构想无法解释为什么艺术作品之间会存在多体艺术与单体艺术之间的区别。

在对一元本体论的辩护上，戴维斯比马戈利斯更加激进。在他看来，艺术作品既不是挂在墙上的绘画，也不是作曲家指示的声音结构，不是文学家写出的语言结构，而是艺术家创作这些作品的实际行为，就像戴维斯的著作名称表示的那样——“艺术即表演”。他明确说：“根据表演理论，艺术作品，不管是什么形式的艺术，都是一种……表演。”比如，欣赏毕加索的《格尔尼卡》，不是欣赏墙上的画，而是以之为线索去欣赏毕加索创作它的行为。墙上挂的《格尔尼卡》不是艺术作品，真正的艺术作品是毕加索创作它的行为。同样，欣赏贝多芬的《命运》交响曲，不是欣赏贝多芬在乐谱中指示的声音结构，而是去欣赏贝多芬创作它的行为。乐谱中指示的《命运》交响曲不是艺术作品，真正的艺术作品是贝多芬创作它的行为。由此，所有艺术作品都是指艺术家的创作行为，而不是作为创作行为结果的绘画或音乐。由于所有创作行为都是在特定时空中进行的，都是不可复制的，因此所有艺术都是单体艺术。尽管将艺术作品视为表演可以消解绘画与音乐的本体论差异，但明显违背我们的直觉，而且它引起的问题远比所解决的多。通过艺术创作结果去重构或欣赏艺术创作行为，在许多情况中是无法实现的。

三

马戈利斯将艺术作品视为文化实体的构想，戴维斯将艺术视为表演的构想，在总体上是力图将音乐之类的多体艺术视为像绘画一样的单体艺术，但马戈利斯并没有成功消除多体艺术与单体艺术的区别，而戴维斯的主张也存在诸多缺陷。能否换一种思路，将艺术视为多体艺术？如果单体艺术也可以有多个副本，就可以说所有艺术都是多体艺术，从而就消除了单体艺术与多体艺术之间的区别，建立起一种统一的艺术本体论。斯特劳森就持这种看法。在斯特劳森看来，绘画和雕塑也是类型，而不是物体或物理对象。它们之所以被当作物体或物理对象，原因只是在于“复制技术的实际缺乏，我们不能将复制品等同于艺术作品。如果有了这种复制技术，绘画原作的意义就只是像诗歌手稿所具有的意义那样。不同的人在同一时间的不同地方可以看到完全一样的绘画，就像不同的人在同一地方的不同时间可以听到完全一样的四重奏一样”。但是，情况似乎比斯特劳森设想的要复杂得多。

以音乐为例，音乐与演奏之间的区分并不依赖声音复制技术的发明。在现代录音技术发明之前，已经存在音乐与演奏之间的区别，现代录音技术只是生产演奏的副本，造成现场演奏与演奏副本之间的区别。即使像斯特劳森所设想的那样，将来会出现一种精确的绘画和雕塑复制技术，就像现代录音技术一样，它也不能将绘画转变为像音乐一样的多体艺术，因为原作与其精确副本之间的关系，只是现场演奏与录音之间的关系，而不是音乐与演奏之间的关系。

也许有人会认为，绘画原作与其精确副本之间的关系，与其说跟音乐的情况类似，不如说更像蚀刻版画的情形。原版与印制版画之间的关系，就像绘画原作与其精确副本之间的关系。但是，这种类比会碰到另外的困难。首先，版画这种艺术形式，是与版画的印制技术同时发展起来的，离开版画印制技术，就没有版画。但是，在精确复制技术之前，就已经有绘画或雕塑，绘画或雕塑并不依赖精确复制技术。其次，印制版画之所以是艺术，并不是因为它跟模板一模一样，也不因为每张印制版画都一模一样，版画对所谓精确性的要求并不苛刻。再次，与音乐的情形类似，精确复制技术只是生产印制版画的副本，只是消除印制版画与其副本之间的区分，而没有消除模板与印制版画之间的区分。

当然，我们还可以将绘画与其精确副本之间的关系，与文学作品手稿与其副本（无论是抄本还是印刷品）之间的关系进行类比。的确，文学作品的印刷副本建立在印刷术的基础上，但是在没有印刷术的情况下，文学作品也可以有副本如手抄本；而且副本（无论是印刷的还是手抄的）并不要求跟原始手稿一模一样，副本与副本之间也无须一模一样。绘画与其精确副本之间的关系，与文学作品手稿与其副本之间的关系也很不相同。文学作品原始手稿及其副本的物理属性和感知属性，对该作品的审美价值不会造成太大的影响，但是绘画和雕塑的物理属性和感知属性，对于该作品的审美价值却是至关重要的。对文学作品的原始手稿及其副本的物理属性和感知属性的适当改变，并不会影响该作品的审美价值；但是，对绘画和雕塑的物理属性和感知属性的任何改变，对于该作品的审美价值都有可能产生致命的破坏。

因此，绘画和雕塑之类的单体艺术之所以不能有多个副本，原因不在于我们没有发达的复制技术，而在于这种艺术在根本上是无法复制的。之所以是无法复制的，原因在于像古德曼所说的那样，它们的语言是有密度的，不能由分析穷尽，因此不能发展为精确的记谱语言。

卡利从另一个角度证明绘画也是多体艺术：同一种绘画行为可以有诸多不同的执行，换句话说，我们看到的绘画作品实际上只是某种绘画行为的副本。如果用类型和殊型这两个概念来区分，根据卡利的主张，并非绘画原作是类型，对原作的精确复制是殊型，而是某种绘画行为是类型，对于这种行为的不同执行是殊型。对于卡利来说，艺术作品既不是艺术家生产出来的一件物理作品，也不是演奏家所做出的一次演出，还不是画家绘画或演奏家演出所遵循的某种抽象结构，而是艺术家达到那种结构的行为和方式。总之，艺术作品是艺术家通过某种探索路径（heuristic path）对某种结构的发现。同一种结构，如果用两种不同的探索路径去发现，就是两个不同的作品；结构本身不是作品，作品是艺术家发现结构的行为，不同的作品可以具有同样的结构。我们对艺术作品的欣赏，不是欣赏作品的结构，而是欣赏艺术家发现作品的方式，欣赏艺术家实现目标的成就。用卡利的话来说，“欣赏艺术作品就是欣赏某种成就（achievement）”。运用同样的结构，艺术家可以达到不同的成就，从而形成不同的作品。卡利指出：“不同的作品可以具有同样的结构。如果是这样的话，将作品区别开来的就是作曲家或者作者达到这种结构的不同环境。”为了说明这里的问题，他采用了列文森的一个例子：“勃拉姆斯 1852 年的钢琴奏鸣曲作品 2 号是他早期的作品，明显受到李斯特的影响，这是任何一个感觉良好的听众都能够辨认出来的。但是，贝多芬写的一件在声音结构上与之完全一样的作品，却不可能具有受到李斯特影响这种特性。贝多芬的作品所具有的梦幻性质却是勃拉姆斯的作品所没有的。”由此可见，如果只看最后的结果，而不考虑产生这种结果的行为，就无法将勃拉姆斯与贝多芬区别开来，无法形成对他们的作品的正确欣赏。由此，卡利将艺术作品称为行为—类型（action－type）。他说：“艺术作品是艺术家为发现作品结构而采取的一种行—为类型。”因此艺术家既不创作艺术作品，也不发现艺术作品，而是通过某种探索行为揭示作品的结构。艺术家对作品结构的探索和诱发，不仅受到艺术家思想的影响，而且受到艺术史语境的影响。根据一般的类型—殊型理论，音乐作品是类型，对作品的演奏是殊型；版画模板是类型，印刷出来的版画是殊型，绘画原作是类型，忠实的复制（就像斯特劳森主张的那样）是殊型，如此等等。但是，按照卡利这种特殊的类型—殊型理论，由于作品的类型是行为，因此作品的殊型也应该是行为。在这种意义上，卡利的主张与杜威和克罗齐比较接近。克罗齐在谈到杜威的美学时曾经说：“没有艺术性的‘东西’（thing），只有艺术性的行事（doing）、艺术性的生产（producing）。”根据卡利，艺术作品的类型是一种行为模型，殊型是对行为模型的表演或者执行，所有艺术都是如此。绘画也可以有类型和殊型。这种区别不是斯特劳森所设想的原作与精确复制品之间的区别，而是理想的行为类型与这种行为类型的具体实施即行为—殊型（action－token）之间的区别。

卡利的这种主张，与戴维斯在许多方面基本一致。他们的不同在于：戴维斯强调艺术作品是某种特殊的创作行为，这种创作行为只是一次性的，不可以被复制。换句话说，戴维斯希望将所有艺术作品都视为不可重复的事件，都是行为—殊型。对于绘画之类的单体艺术来说，这种主张遇到的挑战并不太大。最大的挑战来自像音乐之类的多体艺术。只有将所有音乐都视为不可重复的即兴音乐，戴维斯的理论才能成立，但事实并非如此。卡利强调艺术作品是某种理想的创作行为，即行为—类型，这种创作行为可以被不同地执行，就像乐曲可以被不同地演奏一样。与戴维斯不同，卡利的这种主张遇到的挑战主要来自绘画之类的单体艺术。在艺术史上，我们很难发现不同的具体绘画行为只是对同一种理想的绘画行为的执行。

有关艺术作品的本体论地位问题的争论还在持续，也许问题的症结在于标准的本体论区分本身就有问题。根据标准的本体论区分，实体一般被分为两类：一类是“独立于心灵之外的”物理对象，一类是“存在于心灵之中的”想象对象。这不能很好地解释艺术的实体，在这种二分的本体论视野中没有艺术的位置。艺术似乎处于这两种对象之间，在材料上是由物理对象构成的，但又包含了意图、情感等居于内心之中的现象。正如托马森指出的那样，艺术作品的本体论地位问题，迫使我们“返回到基础的形而上学问题，重新思考形而上学中那个标准的二分，并发展出更广阔的和改良过的本体论范畴系统”。我们要扩大本体论范畴的系统，以便接纳那些存在于二分范畴之间的实体。由此可见，艺术作品本体论研究可以触及根本的形而上学问题，这个根本问题的解决不仅有助于理解艺术作品，而且有助于理解其他的文化事物。

原载《文艺研究》2011 年 03 期

彭锋　北京大学艺术学院教授

艺术管理与艺术教育

【引领全社会重视艺术教育】

◎叶　朗

本文从一般的层面来谈一谈艺术教育，其主要内容在教育部的艺术教育委员会第五届委员会议上讲过。我谈两点。第一，我们要在各种场合进一步宣传艺术教育的重要意义。因为无论从教育界来说，还是从整个社会来说，轻视人文教育和艺术教育依然是一个相当普遍的倾向，所以我们还有必要在各种场合进一步地宣传艺术教育的重要意义。我在这儿想提到已故的大科学家钱学森先生。钱学森先生去世以后，大家都写文章纪念他，很多文章讨论一个问题叫“钱学森之问”，就是钱学森提出的我们现在为什么不能出一流人才的问题。我认为，实际上钱学森自己已经回答了这个问题，至少从一个角度回答了这个问题。当时有记者采访他，钱学森说，他现在岁数大了（90 多岁），小的问题不考虑了，就考虑大问题。什么叫大问题呢？就是培养杰出人才的问题，就是办世界一流大学的问题。那么怎么培养杰出人才？怎么办世界一流大学呢？他提出一条，根据历史的经验，也根据他本人的经验。他说，我们的大学教育（当然也不限于大学教育，中小学教育也一样）要实行科学与艺术相结合。他没有说别的，就说这么一条。怎么培养一流人才？怎么办世界一流大学？他只说了一条，就是实行科学和艺术相结合。我感到钱学森这个思想非常重要，可是我感到遗憾的是，纪念钱学森的文章好像还没有谈到这个问题。钱学森这个话不是随便说的，我感到我们应该高度重视，特别是教育界的同志应该高度重视。其实不仅是钱老，季羡林先生晚年也一再强调人文与科学相结合的重要性。所以，我们应该通过各种渠道，运用各种形式进一步地宣传和阐明美育、艺术教育的重要意义。我们要宣传美育和艺术教育对培养创新型人才，对建设创新型国家的重要意义。钱学森先生就一再强调艺术对激发创新思维的重要性。我们要宣传和阐明美育和艺术教育对于建设和谐社会的重要意义。美育和艺术教育的特点是通过维护每个人的精神的平衡和和谐来维护人际关系的和谐。荀子说过，乐的作用是使人血气平和，从而达到家庭、社会的和谐与安定。席勒也说过，只有美才能赋予人合群的性格，只有审美趣味才能把和谐带入社会，因为它可以在个体身上建立起和谐。这些先哲的话在今天特别值得我们重视。现在在大学生和中学生中，有不同程度心理障碍和心理疾病的人数在增多，学生中自杀的人数也有所增多。为了缓解这种状况，除了加强德育、体育之外，还应该加强美育和艺术教育。美育和艺术教育能影响一个人的情感、趣味、气质、胸襟，能影响人的无意识的层面，这恰恰是德育和智育所难以达到的。

当前，我们尤其要宣传和阐明，在各级学校和全社会加强美育和艺术教育，全面实施素质教育，是我们学习实践科学发展观的重要内容。中共十七大报告在论述全面建设小康社会的目标时，有一个重要的提法，就是要使我们国家成为具有更高文明素质和精神追求的国家。把精神追求作为全面建设小康社会的一个目标、一个标志，这有极为深远的意义。一个国家、一个社会不能只有物质的追求而没有精神的追求。一个人如果没有精神追求，大家会说这个人很庸俗。从理论上说，这种人就是失去了意义感，他的人生没有意义。他可能很有钱，但他的精神空虚。一个社会没有精神追求，那整个社会必然会陷入庸俗化。一个国家物质生产上去了，物质生活富裕了，如果没有高远的精神追求，那么物质生产和社会发展最终会受到限制，这个国家就不可能有远大的前途。天长日久，那就会出现人心的危机，那是十分危险的。胡锦涛同志在纪念党的十一届三中全会召开 30 周年大会上的讲话中，说过一句话：“物质贫乏不是社会主义，精神空虚也不是社会主义。”这是警句，也是警钟。

现在我们社会的某些方面确实有一种倾向，就是物质的、技术的、功利的追求在社会生活中占据了压倒一切的统治地位，而精神的生活和追求被忽视、被冷淡、被挤压、被驱赶。我们社会中之所以会出现一些负面的东西，和这种倾向是有关系的。中共十七大报告把具有更高文明素质和精神追求作为全面建设小康社会的一个目标和标志提出来，我认为是科学发展观的重要体现，对各方面的工作都有重大指导意义，尤其对教育、文化、艺术领域的工作有重大指导意义。我们的教育事业应该体现十七大的精神，要把具有更高的精神追求作为教育的重要目标。从实现这个目标的过程来看，我们对中央提出的全面实施素质教育的方针可以有更深刻的理解。素质教育是德、智、体、美全面的教育，它不仅包括科学教育，而且包括了人文教育和艺术教育。因为经济建设和现代化建设，不单纯是一个科学技术问题，也不单纯是一个物质问题，它包含有文化的、精神的、价值的层面，这就需要人文教育。只有人文教育才能提供价值导向和人生意义。经济发展和科技发展都代替不了人文教育。缺乏人文教育，就会出现价值评价颠倒、价值观念混乱、精神空虚、信仰失落等现象，就会出现精神危机，社会的安定和发展就会受到严重的威胁。所以我们在加强科学教育的同时，还要加强包括艺术教育在内的人文教育。要通过人文教育、艺术教育不断提高广大学生的品位和格调，引导学生去追求一种更有意义和更有价值的人生，引导学生不断地提升自己的人生境界。

第二，我们要更加重视校园文化环境的建设和整个社会文化环境的建设。现在这方面的问题非常多，也非常突出。我一直认为，我们的大中小学要尽可能地营造浓厚的文化氛围和艺术氛围，大学还要营造浓厚的学术氛围。我们要创造条件使大学生更多地接触艺术经典、文化经典，用文化经典、艺术经典引导青少年去寻求人生的意义，去追求更高的境界。流行艺术不可能起这种作用。当然，我们不反对流行艺术，流行艺术也有很好的。但是流行艺术不能代替艺术经典。另外，要防止那些精神狂乱、格调恶俗的艺术进校园展览和演出。有一些格调很低的东西，如果它们不违反法律，当然可以在社会上的某些场合，如酒吧、歌厅演出，但我们不能让它们进校园演出。有人问："为什么?"理由很简单，就是我们的学校是教育下一代的场所，我们必须把我们的下一代引上精神健康发展的道路。当然我们也不赞成让这些东西在国家大剧院演出，因为国家大剧院应该引领艺术界和整个社会的趣味、格调和精神追求。有人说，艺术没有好坏之分，趣味没有高低之分，只要有个性就是好的，只要能使观众哈哈大笑就是好的，甚至说越低俗就越是贴近群众。这些说法都极不妥当。我们教育界和理论界应该对这些错误的说法加以批驳，避免它们给我们的实际工作带来危害。在重视校园文化建设的同时，我们还要加强对社会文化环境的治理和建设，清除不利于青少年精神健康的因素，特别要注意扫除各个文化领域的垃圾和文化毒品。影视、美术、音乐、网络游戏、平面媒体、广告以及互联网的人文内涵、格调和趣味是构成社会文化环境的重要因素，它们对青少年的影响非常大。现在垄断电影院线的所谓大片，包括从美国引进的和国内生产的某些大片，对于广大青少年影响很大，渗透在这些大片中的趣味、格调、价值观以至于政治倾向对于广大青少年影响很大，也许可以说已经超过了我们校内课堂教学对青少年的影响，非常值得我们研究。作为一名教师，我希望我们的电影、电视和音乐、美术作品以及广告文化、网络文化、手机文化，等等，能着重向年轻一代展示中国文化和中国历史中的健康的东西、正面的东西、美的东西，要传播健康的格调和趣味。我们这几年和白先勇先生合作，把白先勇先生领头做的昆曲——青春版的《牡丹亭》和新版的《玉簪记》引进到北大校园演出。北大的大学生看了以后觉得美得不得了。他们几次到北大演出，在北大学生中掀起了一阵又一阵的昆曲热。学生在网上说，现在北大只有两种人，一种是看过《牡丹亭》的，一种是没有看过《牡丹亭》的。有的学生看了以后说，想不到昆曲这么美，美得让人窒息，恨不得死在戏里面不出来了。为什么要美?美的东西使人感到人生是美好的，人生如此美好，所以，它会使人产生一种感恩的心理，产生一种崇高的责任感，使人感到要对这个世界、对人生做一点什么，要做点贡献，要奉献。美的东西能引导人去追求一种美好的东西，提升他们的精神境界。所以对青少年的教育来说，美的东西非常重要。我不赞成现在有些人投入大把的钱专门搞些丑的东西。我不是说中国文化和中国历史中没有不健康的东西、负面的东西、丑恶的东西，当然有，但是，中国文化从总体上来说，是健康的、美的。中华民族是有着强大生命力、创造力、凝聚力的民族。中华民族在历史上产生了许多为后人确立精神高度和人生高度的坐标的仁人志士，产生了许多顶天立地的大丈夫。我不赞成有的人把中国历史上和现实中一些阴暗的、畸形的、丑恶的、血腥的东西，比如扭曲的性格、病态的心理、家族内部的背叛、乱伦和残杀等加以放大或者夸大，过度地渲染，或者把中国人一概都描绘成愚蠢的、丑陋的、发呆的模样，显示中国人是没有头脑、没有灵魂的傻瓜。这样的作品怎么可能增加青少年的民族认同感和中华文化的根基意识呢？怎么可能激励年轻一代为中华民族的伟大复兴而努力奋斗呢？这样的作品可能在价值内核上迎合了西方某些人对中国文化的误解和曲解，但从根本上说不可能获得国际社会对中国文化的认同和向往，不可能增强中国文化在世界上的吸引力。我也不赞成有的人把中国历史上的伟大人物和伟大经典胡乱地解构，使之荒谬化。在西方后现代文化中，解构就是颠倒，就是混淆视听。对我们来说，这种胡乱解构就是对伟大人物和伟大经典的任意糟蹋。但是那些伟大人物和伟大经典不是属于哪个个人，而是属于整个中华民族的，他们关系到民族生存的气脉，我们不能听任某个个人对之任意地糟蹋。

总之，需要我们关注的问题很多。我们希望大家都来关注、研究这方面的问题，并且在实践上努力繁荣校园文化，加强社会文化环境的建设。因为，校园文化环境和社会文化环境对我们青少年的影响，尤其是对我们青少年心灵的影响着实很大。

原载《美育学刊》2012 年 05 期
叶朗　北京大学艺术学院教授

【艺术教育与创新型人才培养】

◎曹意强

教育是立国之本，是民族未来政治、经济、文化发展的根本保障。华茂集团是 20 世纪 80 年代之后迅速崛起的一家优秀民营企业，在获得了商业成功的同时，华茂集团总裁徐万茂先生即把目光投向了文化教育事业：创办了国际学校，培养优秀人才；建立了美术博物馆，提高人们的精神境界，激发在各个领域里的创造意识。近年来，华茂集团又在宁波首建民族教育博物馆，致力于收集、保藏我国近代杰出教育家的文献与实物，重现他们的业绩，为研究我国教育史提供学术资源。该馆的一个重要特色是将以艺术教育为轴心，以生动的艺术方式呈现我国现代教育的面貌，为实践钱学森等教育家强调的艺术与科学有机融合的教育理念而作出贡献。

众所周知，在创新人才的培养上，我国的教育存在着一些问题。我认为，导致这些问题的主要原因是把人文与科学教育相分离，其中的一个重要失误就是没有把艺术教育融入人生整体教育，使之成为一个有机的组成部分。

在这种情形下，徐万茂先生创建以艺术为核心的教育博物馆，意义非凡。这个举措也正好与我国艺术教育界刚发生的一件大事相呼应：不久前，国务院学位委员会通过了把艺术单列为一个学科门类的决议，从此，艺术脱离了归属文学门类中一个一级学科的古怪现象，走上了符合其学科特色的发展之路。这个正在建设的教育博物馆，由此也具有了从艺术出发，推动我国教育事业前进的内在逻辑性。这个逻辑性就在于我今天想阐述的艺术教育与创新型人才培养的动力关系。

在校园里，人们一直在强调素质教育的重要性，艺术被视为它的主要内容。但在现实中，艺术这类素质教育渐渐演变成了一种附加的、可有可无的教育。在文、理科人为分离的教育体制中，没有艺术教育的真正位置，充其量是高考加分的科目。许多报考艺术类的考生，并非出于对艺术的真诚爱好，而是作为上大学的权宜之计。这种状态与国际上的惯例极为不同。

在欧美发达国家，艺术教育是终身教育的有机组成部分，它甚至渗透在国家政治中心的建构里。例如，美国首都华盛顿特区，除了政府各部大楼外，主要就是博物馆等文化设施，国立美术馆就与国会大厦相毗邻。国立美术馆不仅保藏与展示世界美术杰作，而且免费向公众开放，参观该馆的中小学生络绎不绝，简直是学校课堂的生动延伸。该馆还是世界学术中心之一，世界上许多重要学者都在那里做过系列学术报告，20世纪最伟大的思想家之一以赛亚·伯林曾在那里讲演，其《浪漫主义的根源》一书就是在他去世不久后，按照讲演录音出版的。这里，我想给大家讲一个极端的例子，以说明在那里艺术是如何深入人心的。我曾在美国国立美术馆做过两年半的研究员，期间应邀作讲座。记得那天下午做报告的时候，我注意到后排的几个听众似乎眼熟，他们西装革履地端坐在那里听讲。后来我发现，这几个人原来是露宿附近街头的乞丐，我每天去上班时能看见他们，所以眼熟。据说，他们经常去听国立美术馆教育部组织的周六艺术讲座。这个例子说明了美国艺术教育的普遍性，它甚至渗透到了乞丐的心灵当中去了。

艺术塑造着我们的思想，改变着我们对世界的看法。艺术的重要功能无疑是为我们提供审美愉悦，而仅仅认识到这点是不够的。我认为，艺术的更重要的意义在于：在给我们审美愉悦或美学享受的过程中，塑造着我们的思想，改变着我们对世界的看法，从而增强我们改造世界的创新能力。这就是我在这十几年中不遗余力地强调的“艺术的智性力量”。人类在各个领域的创造性发现，如科学发现，主要取决于人们对世界的新的视角，所谓的“创造性”即是在别人看不到联系的地方你能发现联系，或者说，能够把似乎互相冲突的事物联系在一起并将之转化为全新的东西。艺术即能训练、提供这种创造力。意大利文艺复兴时期是人类历史上最伟大的时代，而这个时代传递给后人的创造性主体是艺术，更确切地说，是美术。视觉艺术上的伟大革新直接导致了现代科学革命。科学史上的每一个学科都可追溯到一位画家的创造：莱奥纳尔多·达芬奇，他的贡献足以说明我的上述观点。

科学家的发现与艺术家的创造相仿，主要依靠想象力，依靠把观念转化为现实的能力。诚如爱因斯坦所说，科学的发现更多地依靠艺术的思维而非逻辑推理。如果你仅假定逻辑A只能走向B，那么你的终点只能是B，而如果你从A起步想象无限，也就是从艺术的思维方式出发，你便有可能走向无限，走向新的发现。《时间简史》的作者霍金曾来中国讲座，有听众问他会不会得诺贝尔奖，霍金的回答是永远不能，因为他的科学假说无法得到实验的实证。霍金的回答所包含的真正意思是：他的科学发现与艺术一样，无法以逻辑加以验证。几年前我在牛津大学听英国皇家天文学家马丁·里斯有关宇宙生命科学的讲座，其间他不断放映版画家埃舍尔的作品，以说明宇宙的生成、扩展与爆炸，这些问题无法实证，所以这位举世闻名的天文学家只能借助美术作品来阐明自己的科学假说，仿佛这些绘画作品本身就是一种科学的陈述。

以上例子充分说明，科学家和艺术家的思维方式没有什么区别。但是，在我国当前的教育体制下，硬把文理科截然分开，把艺术教育当作一个点缀，叫作素质教育。这种区分基于对人类思维状态的误解，以为人类的大脑分左右功能，一边管逻辑思维，一边是形象思维，前者是理性思维，后者是非理性想象。事实上人的思维永远是两者合一的，也就是说，艺术和科学的思维是不可分割的，科学发现与艺术创造一样，并不纯粹依赖逻辑性，这点在举爱因斯坦和霍金的例子时，已经说明了。

科学犹如梦想，如果科学只是理性的产物，那么就没有科学。从牛顿到爱因斯坦，再到霍金，他们都认识到任何现存的科学定理永远是一个个假说，需要加以否证，才能得到科学的进步，犹如艺术家的敏锐感受力和创造性勇气是科学发现的机制。而且，艺术本身就是创造性思维机制，所以许多诺贝尔奖获得者都重视艺术特别是视觉艺术的思维，诺贝尔奖得主、医药学家布莱克说自己集中思考时，其“思维全然是图画化的”，诺贝尔化学奖得主彼得·德拜甚至说：“我只能用图画来思考。”与之相应，爱因斯坦曾对其物理学合作者说：“没有科学家是以公式思考的。”他说在自己的科学思考中图像起着主导作用。视觉思维是重要的艺术思维，可见它也是许多领域的共同方法与工具。著名天文物理学家玛格丽特·杰勒告诉我们：“除非我有了视觉图像，我才能解决某个问题。这就是我解决问题的方式。”

如果说科学改变了世界，科学的进步给我们的生活带来了巨大的便利，那么艺术为各项领域提供了重要的思维工具，以及将观念转化为实体的启示，例如，造型艺术所发明的透视学彻底改变了人类的时空观念，刺激了现代科学革命的兴起。

科学探究客观世界，人文学科包括艺术探究人本身及其由客观世界而引发的思想与情感。人文学科的合适研究对象是人。艺术属于人文学科，而人文学科是人类文化的精华所在。在人类历史上，“人文主义”是一个最重要的观念，此观念所激发的创造是人类最伟大的成就：个人自由、平等、普遍的人权、普世的幸福与舒适。面临西方文化的危机，著名学者约翰·卡罗尔重新审视了人文主义历史，他把艺术家荷尔拜因、委拉斯克斯、莎士比亚、维美尔、普桑与伊拉斯谟斯、路德、笛卡尔、康德、马克思、尼采、弗罗伊德等相提并论，视其为“西方文化的英雄”和“人文主义”传统中的伟大使者。有书中指出，在17世纪中期，是委拉斯克斯、伦勃朗和普桑这批画家“最接近新思潮趋向的心脏部位”。在摧毁一切既存价值，或对一切价值进行重新评价的思潮中，“其现代奠基之父是委拉斯克斯，而其最富洞见力的先知是尼采。”

艺术创造思想，引领思潮。正因为认识到艺术与思想具有如此密切的互动关系，所以自18世纪以来，对艺术的智性方面的研究演变为哲学中的一个重要分支：美学。伟大的美学思想首先源于对艺术的深切感悟。西方哲学之父柏拉图和亚里士多德也是美学的奠基者，前者掌握了出色的绘画技巧，其对绘画的理解渗透在哲学的阐释之中，例如，他借助绘画阐明其复杂而根本的哲学理念即一切事物所源出的永恒原形问题。亚里士多德对于诗歌和戏剧艺术的切身体验使他一劳永逸地确立了这两门艺术的原则。众所周知，黑格尔的哲学晦涩难懂，但读一读其美学著作，不难发现在同样晦涩的文字之间偶尔间杂着无比生动的描述，而这种生机透露出作者对艺术的微妙理解。文献没有记载康德是否亲手尝试艺术创作，但正是在他生活的年代里，德语国家把艺术放在了教化的中心地位。在20世纪初，这种教化思想成为我国新文化运动的重要内容，蔡元培就从德国思潮中接过了“以美育代宗教”的启蒙口号。在那个德语环境里，精通艺术是任何有教养之士的基本素质，这也体现在康德的美学著作中。不独哲学家，其他人文学者如史学家的学术创造同样有赖于艺术。仅以文化史的两位开创者为例：布克哈特那部举世闻名的《意大利文艺复兴时期的文化》的主要观念源于其在意大利考察艺术的成果——《艺术指南》，而赫伊津哈那本同样闻名于世的《中世纪之秋》仿佛是一幅生态毕现的绘画长卷。这两位历史学界的哲人都擅长素描，他们仿佛是用文字描绘心目中的视觉形象，或者说，是他们的视觉造型能力赋予了其笔下的历史事件和人物以真实性。

艺术与思想、历史和科学发现都有密切的关系，这种关系不是被动的关系，艺术对其他创造性领域具有主动的智性力量。一个轻视艺术的民族，就不可能有创新的智慧。如果说我国在经济发展中的一个主要问题是缺乏创新能力，那么就必须切实地加强艺术教育。在我国的研究和教育领域里，存在着人为地把艺术与科学截然分开，过高地估价科学的力量，忽视艺术的智性力量的情况。

人类最富创造力的时代早已证明，这两者不可偏废其一。简而言之，自然学科是人类用以征服自然的学科，其新的发现持续推进，改变了世界，改善了我们的生活。人文学科旨在提供智慧，而这种智慧是科学发现与进步不可或缺的。作为人文学科的组成部分的艺术，不止是纯粹的审美消遣物，它通过给我们提供审美享受的方式，不仅提高我们的精神境界、净化我们的灵魂，而且在这个过程中改变了人类观察世界、发现世界、塑造世界的能力。意大利文艺复兴时期在视觉艺术上的革新，催发了现代科学革命，即是艺术改变世界的一个典型例证。在这里，不是科学产生艺术，而是艺术产生科学。

艺术通过审美愉悦而提供智慧，也探究自然世界本身。关于这点，我国古人阐述得非常清楚。如“夫画者……穷神变，测幽微”。艺术起初是人类设想用以控制自然的一种智性工具，例如，在中国古代，绘画被设想为假托发于自然，非人工所创的驾驭与规范自然与人文的手段，所谓“古先圣王受命应箓，则有龟字效灵，龙图呈宝……书画同体而未分，象制肇创而犹略，无以传其意，故有书，无以见其形，故有画。天地圣人之意也”。自然和人文世界可借助“图理”、“图识”和“图形”加以理解，以使“造化不能藏其秘”。明人杨慎在《山海经注》序中更明确地说，图像不仅描绘山水草木禽兽之奇，而且“说其形，著其生，别其性，分其类”。这种图像化地把握世界的古老方式迄今仍为科学家所用，而且成为21世纪的主流的思维与实践方式。

科学重在发现，发明即是创新。艺术同样讲发现与创新。艺术史告诉我们，正是往昔艺术家的发现的乐趣在演绎着动人的创造历史。当艺术达到某个新的创造境界时，其平衡点无法保持很久，需要新的刺激创作的创造性需求。这点与科学发现相同。而艺术上的发现在很大程度上塑造着我们对世界的看法。大英博物馆有位前任馆长曾告诉我，他和夫人在20世纪80年代首次访华时，感到中国的山水画是世界上最写实的作品，因为他们看到的长江、黄河的景色简直就是山水画中的样子。在这里，与其说是画如江山，不如说江山如画，他们是带着中国传统山水画的墨镜在看自然，是其所见过的中国山水画赋予了他们独特的视觉与敏感性，借此在山山水水中发现西方风景画难以引导其发现的意境。西方风景画在15世纪的诞生，也大大地改变了西方人的自然观。

但艺术探究自然，其目的还是对人的研究。这些自然的描绘者通常把自己与对象处于同一性，即将个人的情感投射到自然之中去理解自身与自然。著名神经学家兼画家雅克·曼德尔勃罗伊与对象你中有我、我中有你的感受，揭示了艺术与科学的相同体验：“当我在户外写生时，我要么把自己与树木的简单而纯粹的形状相认同，要么与灌木丛的交错的形状相认同。”其作品是对表现对象同一的遥远的记忆。这种在艺术与科学上的“本体感受思维”，在美学上称为“移情”，所谓“物以情观”者也。艺术家在自然中所见之情乃是其自身移入之情，由此扩展了我们对世界的创造性认识。

在以往的三百多年里，科学得到了前所未有的进步，其改变世界的惊人力量，尤其是人类借助这种力量而获得的物质财富及由此而带来的生活优越性，遮蔽了文化艺术的智性威力，仿佛使后者成为前者的点缀品。然而，科学、经济、物质生产发展到今天的程度，一个历史的轮回似乎正在出现，早在20世纪初，欧洲的有识之士就意识到科技的负面作用，呼吁重新重视文化艺术。如今时髦的“创意文化产业”可说是对这个倡议的当代呼应，因为它直接关系到一个国家的创新能力。我国政府意识到这个问题，明确提出文化是国力竞争的“软实力”，而艺术是这个“软实力”中的核心部分。事实上，当今世界竞争的实力主要体现在文化，我国的经济得到了史无前例的突飞猛进，目前所面临的最大问题已不是经济问题，而是文化的问题，我们所谓“自主创新能力”的缺乏首先出在文化问题之上。在经济建设方面，我国在短短的十几年中就超越了许多发达国家，如今我们在经济上的奢侈程度令其他国家望尘莫及，哪个国家能把奥运会和世博会办得如此豪华、壮观？不仅办得前无古人，而且恐怕是后无来者了。这显示了强大的经济力量。然而，这种经济力量并不能购买来“自主创新能力”。上海的世博会让国人不出国门就能看世界，同时，就创新设计而言，世博的一个重要意义还在于让国人不出家门就能看出我们与别人的差距。与欧洲和其他国家的许多场馆相比，虽然我们花了更多的人力与财力，但正如世博主要设计者之一汪大伟教授指出的，我们缺乏对设计观念进行创造性“演绎”的能力，而这种能力只能发源于文化和艺术的智性力量。

一个国家的设计水平是其创新能力的直接反映。我们在寻求培养创新能力的过程中，忽视了两个极为重要的方面，它们都与艺术教育相关。首先，我们没有真正把艺术当作人生教育中的一个有机组成部分，虽然将之称为“素质教育”的组成部分，但还是一种可有可无的花絮，有多少家长逼孩子学画画、弹钢琴是真正出于培养其兴趣而非为中考或高考加分的考虑？发达国家的经验，也包括我国古代强盛时代的经验说明，只有把艺术视为与哲学、数学、物理一样重要的学科与人生实践时，才能具备无穷的创新能力。我们应该把艺术种植到每个孩子的成长过程中，使之融化进他们的血液，唯有这样，才能培养他们未来的创新理想与手段。

艺术关乎想象力和视觉思维的培养，而想象力和视觉思维关乎创新能力培养。爱因斯坦的学校阿劳州立中学，该校创建者佩斯特拉齐规定必须将培养学生的视觉思维能力放在教育的首位，它必须优先于其他一切教育形式。他确信，语词和数字必须坚实地建立在这个优先铸造的“视觉基础”之上。爱因斯坦这样的科学家的伟大成就表明，视觉思维能力的高低与科学的成败之间存在逻辑的联系。

钱学森在对温家宝总理谈话时，也敏锐地提到了这一点，他指出，我国的大学尚未建立起培养创新人才的机制，其原因就是没有重视艺术与科学的有机结合。当年，前苏联宇航员首登月球，美国进行调查发现，苏联人之所以有此创举，主要原因不在科技，而在其非常重视艺术教育。15 世纪发端的欧洲文艺复兴开创了现代世界，是人类历史上最富有创造性的时代，而其留给未来的创造性成果的精华就是艺术，特别是美术，莱奥纳尔多·达芬奇、米开朗基罗、拉斐尔、提香、丢勒等人的作品不仅是那场复兴的伟大见证，而且是人类创造智慧的结晶，它们在长期的历史发展中也塑造了欧洲的精神。在中国历史上，唐宋时代的强盛堪与西方文艺复兴时期相媲美，它流传给我们的遗产中的瑰宝是绘画与诗歌，而也正是这个伟大的遗产塑造了我们中华民族独特的品格。没有遗存的文化创造，没有遗存的艺术创造，民族精神只不过是一个狭隘而无内容的空壳而已，诚如鲁迅所言："虽武功文教与时间同其灰灭，而赖有美术为之保存。"

中外历史上的伟大时代表明：艺术激发创造力，其智性力量和技术手段启发并保障了其他领域的创造性实践。对艺术在教育中的作用问题的认识，直接关系到中华民族的伟大复兴所必需的自主创新能力培养的大问题。由此可见，华茂集团首建民族教育博物馆及其凸显艺术的方案，具有深远的意义。

（注：本文系作者在"教育博物馆与创新意识——浙江民族教育博物馆新闻发布会暨学术研讨会"上的讲话。）

原载《艺术教育》2011 年 04 期

曹意强　中国美术学院人文学院教授

【艺术教育　辉煌廿年】

◎彭吉象

在举国上下迎接党的十八大胜利召开之时，作为一名艺术教育战线的老兵，回顾 20 年来艺术教育的历程，特别是党的十六大以来艺术教育的迅速发展，真可谓是思绪万千、心潮澎湃！回首过去的 20 年，是我国改革开放深入发展的 20 年，是我国经济建设蓬勃发展的 20 年，同样也是新中国艺术教育飞速发展的 20 年。

正是在过去的 20 年里，我国专业艺术教育从原来仅有的几十所专业艺术院校，扩展到包括专业艺术院校、师范院校、综合大学，乃至理工医农大学等上千所高校。尤其是我国面向全体大中小学生的广义的普及型艺术教育，更是在全国各地从无到有、从小到大地普及开来，特别是 20 世纪 90 年代，我国正式将教育方针明确规定为"培养德、智、体、美全面发展的社会主义建设者和接班人"，经过许多美育和艺术教育工作者 10 多年的辛勤努力，"美育"第一次被正式列入教育方针，成为全面推行素质教育的重要组成部分，极大地推动了我国艺术教育的蓬勃发展。另一方面，也是经过许多艺术教育工作者 10 余年的呼吁和争取，2011 年国务院学位委员会与教育部同意将"艺术学"升格为学科门类，对于专业艺术教育的发展更是具有战略性的重要意义。

应当指出，"艺术教育"这一概念其实有着两种不同的含义和内容：一方面，"艺术教育"从狭义上讲是专业艺术教育，就是为了培养艺术家或专业艺术人才所进行的各种艺术理论与艺术实践教育。各种专业艺术院校主要就是从事这种专业艺术教育，例如戏剧学院培养编剧、导演和演员，音乐学院培养作曲家、歌唱家与器乐演奏家，美术学院培养画家、雕塑家、艺术设计专家等。另一方面，"艺术教育"从广义上讲是普及型的艺术教育，如前所述，我国教育方针已经明确规定是要培养德、智、体、美全面发展的人才，而美育的核心就是艺术教育，特别是当前我国教育战线大力推进素质教育，而全国大、中、小学素质教育的重要组成部分就是美育和艺术教育。这种广义的艺术教育理论认为，尽管世界上存在着多种多样的职业，但作为现代社会的人，不管从事何种职业，都不可能不涉及艺术，或者读小说、看电影、听音乐、看戏剧，或者画画、跳舞，总是要涉及艺术。尤其是现代人注重提高自己的文化修养，而文化修养的重要组成部分就是艺术修养，所以这种广义的艺术教育在当代社会中显得更加必要和紧迫。

应当承认在过去的20年里，专业的艺术教育与广义的艺术教育在我们国家都取得了长足的发展，创造了耀眼的辉煌。在回首过去20年艺术教育发展历程时，我们有必要分别对它们进行梳理与回顾。

一、广义艺术教育飞速发展

新中国成立以来，20世纪五六十年代随着我国社会主义建设事业的迅速发展，教育事业也取得了快速发展。但是，文化大革命十年浩劫使我国教育面临全面瘫痪。十一届三中全会后，在国家百废待兴之时，邓小平高瞻远瞩强调抓好教育。经过10多年的艰苦努力，艺术教育在各级各类学校开始缓慢地成长起来，尽管艺术教育在起步阶段困难重重，但是它毕竟预示着光明的未来，犹如初春树上萌发的嫩芽，预示着艺术教育的春天即将来临。

以北京大学艺术教育为例，虽然北京大学在历史上曾有过悠久的艺术教育传统，早在20世纪20年代时任北京大学校长的蔡元培先生就大力提倡美育，呼吁“以美育代宗教”，希望人们将艺术当作自己心灵的家园，强调美育和艺术教育是陶冶人的情感，使人达到一种崭新精神境界的最好途径，并且亲自在北大创建了中国现代音乐教育最早的机构“音乐传习所”和中国现代美术教育最早的机构“画法研究会”，同时最早将电影引入大学课堂。但是在他之后，北京大学长期未能发展艺术教育，直到改革开放之后的1986年，北京大学才成立了一个直属学校的公共艺术教研室（艺术中心），由美学教研室主任杨辛担任公共艺术教研室主任。由于杨辛当时已是70多岁的老教授，因此他推荐我回到北京大学担任了公共艺术教研室主任。我于1982年成为“文化大革命”后第一批北大美学专业研究生，后来在总政文化部艺术局工作，分管电影电视和全军10个话剧团的艺术业务工作。

记得我于1990年回到北京大学担任公共艺术教研室主任时，当时北大的艺术教育处于“三无”状态，即“无正规编制，无校拨经费，无固定场地”，可谓简陋至极。公共艺术教研室当时仅有十来位教师，只有一间单身教工宿舍作为办公室。正是在如此艰苦的条件下，大家齐心协力，不仅为全校大学生们开设了数十门公共艺术课程，而且逐步创建了北京大学学生艺术总团，下辖合唱团、舞蹈团、民乐团、交响乐团4个分团，每年面向全国招收艺术特长生，使4个艺术团队伍不断壮大，水平不断提高，培养出了一批人才，例如现在活跃在中央电视台的主持人李思思当年就是我们学生舞蹈团的成员，主持人撒贝宁当年是我们学生合唱团的成员，煤矿文工团主持人金铭当年就是我们学生艺术团的主持人，等等。尤其值得一提的是1991年我们向学校写了一份报告，建议所有北大学生在校期间必须至少选修一门艺术课程，拿到两个艺术类学分，才能发给北大毕业证。我们报告的理由很简单，就是因为我们认为北京大学应当培养出有文化的知识分子，而文化修养很重要的组成部分就是艺术修养。北京大学校长办公会讨论通过了我们的报告，从那时起至今20多年时间，北京大学一直执行这个规定。而且这个规定后来被北京市数十所高校采用，以后更是扩大到全国上千所高校。

特别是教育部办公厅2006年下发了《全国普通高等学校公共艺术课程指导方案》，文件中明确指出，“为全面贯彻教育方针，落实《学校艺术教育工作规程》，推动普通高等学校公共艺术教育课程设置和教学工作步入规范化、制度化的轨道，促进普通高等学校公共艺术教育工作健康开展”，特下发这份课程指导方案，向全国各级各类普通高校重点推荐艺术导论、音乐鉴赏、美术鉴赏、影视鉴赏、戏剧鉴赏、舞蹈鉴赏、书法鉴赏、戏曲鉴赏8门课程，作为高校艺术限选课程。文件明确规定：“教育部直属高校、‘211工程’学校，以及省属重点学校应开足开齐上述课程，其他学校应该努力创造条件，尽快予以开设。”与此同时，教育部办公厅文件还明确规定，为了保证艺术类选修课程的开设和教学质量，普通高等学校应设立专门的公共艺术课程管理部门和教学机构，加强公共艺术教育师资队伍建设。“各校担任公共艺术课程的教师人数，应占在校学生总数的0.15%～0.2%，其中专职教师人数应占艺术教师总数的60%”。

抚今追昔，20年变化巨大，公共艺术教育从20年前的“三无”状态，发展到今天在全国各地普通高校遍地开花，公共艺术教育已经成为素质教育的重要组成部分，活跃在全国各级各类高校的学生艺术团也为活跃校园文化生活作出了极大的贡献。

二、专业艺术教育成果辉煌

艺术教育的历史源远流长，早在我国先秦时期和西方古希腊时期，先哲们就已经注意到艺术教育问题的重要性。先秦时期孔子就提出了“兴于《诗》，立于礼，成于乐”的思想，奠定了中国古代教育“礼乐相济”的理论基础，使中国古代的艺术教育延续了2000多年历史。然而，中国现代意义上的专业艺术教育却开始得比较晚，直到西方文化传入中国，才带来了西方具有学科门类的专业艺术教育。20世纪20年代，时任民国教育总长兼北京大学校长的蔡元培先生，将北大“音乐传习所”的萧友梅教授派到上海，创建了上海音乐专科学校，开始了中国现代意义上的专业音乐教育历程。新中国成立后，专业艺术教育得到了长足发展，但是由于当时教育一边倒地学习苏联，致使学科分割的现象日益严重，许多综合大学原有的艺术教育机构都被撤销或合并，全国仅仅剩下了31所文化部直属艺术院校。这种状况终于得到了改变，改革开放以后，特别是过去20年来，我国逐渐形成了以传统专业艺术院校如中央音乐学院、综合艺术院校如南京艺术学院、师范院校艺术学院如北师大艺术与传媒学院、普通高校艺术院系如清华大学美术学院等四足鼎立的我国高等专业艺术教育的崭新局面。就拿我在北京大学的亲身经历来说，也是在1986年成立公共艺术教研室的基础上，1997年成立了艺术学系，2006年又成立了北京大学艺术学院，既培养本科生、硕士、博士和博士后等专业艺术人才，同时又面向全校学生承担公共艺术教育任务，在20年时间里，成功实现了三级跳，恢复与弘扬了蔡元培校长倡导的北京大学美育与艺术教育传统。

值得注意的是，相比文、史、哲等传统人文学科来讲，艺术学毕竟是一门十分年轻的新兴学科。尽管中外历史上各门艺术都取得了辉煌的成果，但是直到19世纪末艺术学作为一门学科才正式在德国出现。在我国学科界定时，一直没有将艺术作为一个门类，而是仅仅将艺术学作为一级学科放在“文学”门类之下，与中国文学、外国文学、传播学并列，这种现象延续了半个多世纪，严重阻碍了专业艺术教育的发展，远远不能适应新形势下艺术教育的现状，急待改变。这种现实状况，使得许多专家、教授呼吁将艺术学升格成为一个门类，其中特别是艺术学科评议组的两届召集人张道一先生、于润洋先生、仲呈祥先生和曹意强教授等付出了极大的努力。当然，还有许多专家教授通过各种不同的方式进行呼吁和建议将艺术学尽快升格为一个学科门类，例如我本人的一份报告就在2008年被中国文联作为一份机密文件上报给中央相关领导和部门。总而言之，在大家多年的共同努力下，国务院学位委员会终于在2011年2月将艺术学升格为一个学科门类，下辖艺术学理论、音乐与舞蹈学、戏剧与影视学、美术学、设计学5个一级学科。艺术学升格为门类，可以说对于专业艺术教育具有里程碑式的重大意义，它不但是时代发展的必然，也是学科建设的需要，尤其是适应了我国文化大发展大繁荣的要求。党的十七大明确提出要提高国家文化软实力，尤其是党的十七届六中全会专题讨论文化大发展大繁荣问题，这在中国共产党历史上也是第一次。从一定意义上讲，随着物质生活水平的不断提高，人们对于精神文化生活提出了越来越高的要求。完全可以讲，文化的繁荣反映出社会的进步，文化的发展标志着人的全面发展。还有一点特别需要指出的是，从全球来看，近年来文化创意产业正在成为世界发达国家新的经济增长点。从这个意义上讲，艺术学升格为门类，培养更多优秀的专业艺术人才，既是我国精神文明建设的需要，也是我国物质文明建设的需要；既是促进我国文化大发展大繁荣的需要，也是促进我国经济发展向创新型产业发展的需要。

过去的20年时间里，我国专业艺术教育发展迅速，成果辉煌。随着国家对艺术教育投入的不断增加，专业艺术院校的规模不断扩大，设施不断改善，办学环境与办学条件不断优化，已经培养出和正在培养着一批又一批优秀的专业艺术人才。

三、艺术教育任重道远

如前所述，在过去的20年时间里，我国艺术教育取得了前所未有的迅速发展，无论是狭义的专业型艺术教育，还是广义的普及型艺术教育都取得了史无前例的成就。但是，在大好形势面前，我们也必须保持清醒的头脑，艺术教育还面临着许多新情况和新问题，需要我们在未来的10年中加以解决。

从专业艺术教育来看，艺术学提升为独立的学科门类，为我们开拓了更加广阔的发展空间。但是，作为一个新的学科门类，如何完成自身的学科建设，包括如何完成5个一级学科的自身建设，都是摆在我们面前艰巨而繁重的任务。特别需要指出的是，经过20年的发展，专业艺术院校从原来的数十所发展到目前全国开设艺术专业的高校多达1600余所，在校艺术类本专科学生从原来的一万多人猛增到现在的近百万人，规模过大，不可避免地导致质量下降，尤其是少数艺术院校以多招生源作为创收途径，更是产生了推波助澜的恶劣影响，如个别美术学院招收艺术设计类学生时仅报名费就收了近2000万元，个别理工大学的二级独立影视学院每年居然招收几千名本专科学生，等等，这些现象必须引起我们高度重视和警惕。与此同时，众多专业艺术院校如何通过分类管理和分级管理，各司其职，各尽所能，将面向少数学生的精英艺术教育和面向多数学生的普通艺术教育区别发展，在培养大批艺术专业人才的同时，也要努力培养出少数优秀的艺术尖子，也就是需要为各个艺术门类培养出未来的优秀艺术家或领军人物，等等。这些重大问题毫无疑问都需要我们去认真思考，不断探索，争取寻找到切实可行的解决途径与解决办法。

从普及型艺术教育来看，虽然过去20年大中小学乃至幼儿园都不同程度地加强了艺术教育，除了其积极的影响之外，我们也不能不看到其中负面的因素和消极的影响。例如招收艺术特长生，本来是为了充实学生艺术团，加强素质教育，活跃校园文化生活等积极目的，但是在实际生活中，少数家长与学生却把这条路当成了升学考试，特别是争取进入重点高校的一条捷径。于是，本来是发挥学生自由天性的艺术活动却变成了强迫孩子们课外学习的新负担，本来是作为素质教育的艺术特长却变成了一种新的应试教育。特别是不但许多大学高考时招收艺术特长生，甚至许多中小学在招生时也在招收艺术特长生，如何解决这种“一统就死，一放就乱”的怪现象，也需要我们仔细研究与解决。此外，普及型艺术教育作为面向全体学生的一种素质教育，其最终目标和宗旨是什么？也非常值得加以探讨。一些学校的团委在艺术教育中热衷于各种比赛和演出，热衷于组织各种大型文艺活动，忽视了面向全体学生的艺术教育。因为艺术教育的最终目的不是教学生各种艺术技能或唱歌跳舞，而是要通过艺术教育真正提高人的艺术修养和审美能力，培育和健全人的审美心理结构，培养人们敏锐的感知力、丰富的想象力和无限的创造力，尤其是要陶冶人的情感，培养完美的人格，高扬人文精神，实现人的全面发展。

总而言之，过去的20年我们的艺术教育取得了巨大的进步，不管是专业型艺术教育还是普及型艺术教育都取得了飞速的发展和辉煌的成就，但是，“路漫漫其修远兮，吾将上下而求索”，艺术教育任重道远，需要我们艺术教育工作者继续努力，在未来攀登新的高峰。

原载《艺术教育》2012年11期

彭吉象　北京大学艺术学院教授

中国艺术人类学

【后现代主义背景下的西方艺术人类学述论】

◎方李莉

当代中国艺术人类学的研究和国际艺术人类学的研究有着许多共同的课题，以及共同的关注点。都是建立在共同的人类社会的发展背景下的，如后现代主义思潮的涌现，全球经济一体化的发展趋势等，同时也是建立在当今国际人类学和艺术学的学科定义以及研究角度与研究视野的转向等基础上的。我们认识到，尽管中国的艺术人类学研究有自己的特殊历史和本土化的研究对象，但是我们必须对西方最新的艺术人类学研究动向要有所了解，为此，笔者在这里试图通过介绍后现代主义背景下的西方艺术人类学的最新研究，从而推动中国艺术人类学研究向前发展。

一、后现代主义思潮下的艺术人类学的发展

尽管艺术在人类学所研究的“异文化”中占据着非常重要的位置，但在人类学研究的早期，有关专门讨论艺术的著作并不太多。当人类学家关注由技巧娴熟的手工艺人制作的非功利或并不排除功利目的的东西时，他们倾向于研究它们在制造与支持一个社会的深层概念结构时所起的社会功能与虚构作用。进而，他们的这种研究结果，在研究诸如亲属结构，交换机制或祭祀仪式等文化产品时同样可以得到确证。列维－斯特劳斯亦是如此，他对比了由西北太平洋沿海诸民族制造的面具形式及图像特征，以期辨明其社会条件与社会关系，他的这一研究令人瞩目，不过他也忽视了这些面具作为艺术品的力量或效能。

以往的人类学家之所以忽视艺术品的力量与效能，笔者认为有两个原因，第一个原因也许和黑格尔所说的，艺术与科学的必然性和规律性较远有关系。他说：“科学所研究的是本身必然的东西。美学既然把自然美抛开，我们就不仅显然得不到什么必然的东西，而且离开必然的东西反而越远了。因为自然这个名词马上令人想起必然性和规律性，这就是说，令人想起一种较适宜于科学研究、渴望认识清楚的对象。但是一般地来说，在心灵领域里，尤其是在显现领域里，比起自然界来，显然是由任意性和无规律性统治着，这些特性就根本挖取了一切科学的基础。”而传统以科学研究自居的人类学，也许就是因为这样的原因，在讨论土著艺术的时候就从来没有将艺术美这样的概念加入其中。因而早期的人类学在研究艺术时，更多注重的是它的文化意义，较少考虑到其作为艺术的形式的内在力量，以及其内在的美学意义是什么等问题。第二个原因和18世纪以来欧美学术界对艺术的定义有关。在早期的欧美艺术学家们看来，艺术是种至高无上的精神生产，因此就根本不可能存在着原始人的艺术或艺术的任何一种原始形式。在这方面，谢林的看法是具有代表性的。他说：“艺术是很神圣、很纯洁的，以致艺术不仅完全与真正的野蛮人向艺术所渴求的一切单纯感官享受的东西断绝了关系，与唯有那个使人类精神对经济发明作出最大努力的时代才能向艺术索求的实用有益的东西断绝了关系，而且也与一切属于道德风尚的东西断绝了关系。”在谢林看来，艺术不仅是和原始人绝缘的，而且“美感作品与通常的工艺产品”完全不同。而人类学家们研究的大多是土著的艺术，一方面许多是属于那些高雅艺术眼里的原始艺术或民间艺术，另一方面又大多是与用相关的工艺产品。因为在土著社会或民间社会与宗教仪式无关的艺术基本不存在，而这样的观念也限制了人类学家将他们所考察的土著艺术作为艺术来看待和来研究。

但时至今日，无论是艺术学的研究还是人类学的研究都发生了巨大的变化。艺术学不再将自己封闭在一个狭小的象牙塔中，认为艺术与日常生活无关，与民众的行为及社会的互动无关，只是一些高雅圈

子里的为艺术而艺术的产物；更不会自以为其只是一门研究美的学科，甚至还出现了反美学的倾向。尤其是现代艺术越来越走向哲学，走向社会学，走向人类学，艺术的理念高过艺术的形式及技巧。在这样的背景下，艺术的研究需要人类学的视角及养分，这是一种必然的趋势。

而人类学也不再以科学的研究自诩，斯蒂芬·泰勒甚至认为科学已经死亡。而格尔茨却提出人类学只是“一种创作”，这是后现代主义对人类学的挑战。

20世纪70年代以后，随着后现代主义思潮的兴起，尤其是人类学中仪式表演及文化表演的理论的兴起，从人类学的角度来关注艺术的学者越来越多。许多学者认为，仪式及仪式中运用的各种符号，通常和权力体系的再造联系在一起，因此文化的符号和表演往往被用作社会变革的重要工具。格尔茨所指出的：“把人看成是一种符号化、概念化、寻求意义的动物的观点，在过去的几年内在社会科学与哲学中变得越来越流行。”他提出，人类学家应把人的行为看作是象征行为，不要把社会看成一部结构复杂的机器，而应把它看成是一场解说人生和世界的戏剧。

在格尔茨、维克多·特纳、福柯等学者的影响下，表演理论在后现代人类学的研究中受到了非常多的关注。研究性别问题的人类学家巴特勒就深受福柯影响，他主张性别是通过重复的表演行为从话语中形成的。作一个男人或一个女人是“将一种持续的扮演当作真实的”。生理性别是“将话语和‘文化表演’的效果真实化了”。他认为社会性别是“公共行为”的符号形式，是一种戏剧性的隐喻。它既是历史的，又是个人的。社会性别是一种选择，是一种可以拿起又可以放下的身份。在他看来，社会性别只是表演（performance）而已，是一种特别形态的模仿。它并不是模仿一种真实的生理性别，而是模仿一种理想模式。这一理想模式是自我的设计，并不存在于任何地方。巴特勒在《批判性的酷儿》一文中提出，表演活动是权威讲演的形式，大多数的表演都是声明，也表演某些行为，行使与之相关的权力。

活跃于20世纪80年代以后的英国人类学家荷里与斯达科里克也认为，社会生活是一种意图和表演，通过有意识的目标驱动的行动对世界产生影响，以便维持或概念现状。认知模式（通过运用给定的价值标准）建构人类的世界，根据这些模式采取的行动则持续不断地在建人类的世界。因此，社会的建构必须要包括意图和表演、模式与行动这两个部分，而且理解社会结构就必须研究其和意图中的认知模式之间的关系。认知模式和社会结构形成的一种具有相当强制性的独立于任何个体外的概念图示，这是通过宗教仪式、节日庆典、政治说教等形式灌输给群体成员的，而这些形式又往往是以各种文化符号，如语言符号，肢体符号，绘画符号，音乐符号等来体现的。这正是需要艺术人类学来研究和关注的。

同时，人类学家们认识到，人类学倾向于认为艺术别具他义，他们开始倡导一种现象学的与历史主义的方法，将艺术品视为结构性的，而不只是对社会状况与文化理解的原样复制。霍华德·墨菲对人类学家提出的挑战具有普遍意义，他指出：“在对艺术进行分析时，为了发挥出最大优势，需要关注艺术的物质层面，需要像艺术史家关注艺术的形式一样，引起人类学家的兴趣。”墨菲的文章继续指出，对某个特定文化的形式特征、姻亲关系以及对比工作的严密分析，不仅有助于外部人员看到与感受到作为此文化中的一员会是什么样子，而且可以将这种艺术人类学集合在一起，“引出有关西方艺术种类的问题，揭开它的语境特征。”而艺术人类学家盖尔对先进的官僚政治/工业情形下（例如西欧、中国和日本）艺术的制作和流通的哲学和社会学，以及适合于理解艺术在缺乏被称为“先进”状态的经济条件和艺术制度的社会中的社会角色的艺术人类学之间，进行了较为明晰地区分。同时，还有许多人类学家都认识到，艺术史能够为人类学家提供一种视野，即将艺术品视为观看的物化方式，并且在不同的文化和不同的历史时期呈现出各异的面貌。

如果我们梳理欧美国家出版的一些艺术人类学专著，就会发现，越在早期，这一方面的代表性著作越少。可以看到，最早出版的是格罗塞的《艺术人类学》（1896），然后是博厄斯的《原始艺术》（1927），哥布兰德斯（A. A. Gerbrands）的《作为一种文化元素的艺术：以黑非洲为甚》（1957）；然后是夏洛特主编的《人类学与艺术》（1971）、奥登（Charlotte M. Otten）主编的《人类学与艺术：跨文化美学读本》（Anthropology and Art: Readings in Cross－Cultural Aesthetics）（1971），卡罗尔·F. 乔普林

(Carol F. Jopling)著的《原始社会的艺术和美学：批评文选》(Art and Aesthetics in Primitive Societies：A Critical Anthology)(1971)、卡罗尔·F. 卓普林(Carol F. Jopling)编著的《原始社会的艺术和美学：评论文选》(1973)、理查德·L. 安德森(Richard L. Anderson)的《原始社会中的艺术》(1979)、斯特拉森的(Marilyn Strathern)《礼物的性别：美拉尼西亚的妇女问题与社会问题》(1988)、莎利·普利斯(Sally Price)的《文明地区的原始艺术》(1989)。

而专门论述艺术人类学的专著，大多出版于20世纪90年代以后，如：罗伯特·莱顿(Robert Laydon)的《艺术人类学》(The Anthropology of Art)(1981年第一版，1991年第二版)；伊夫琳·佩恩·哈彻尔(Evelyn Payne Hatcher)的《作为文化的艺术：艺术人类学导论》(Art As Culture：An Introduction to the Anthropology of Art)(1985年第一版，1999年第二版)；杰里米·库特(Jeremy Coote)和安东尼·谢尔顿(Anthony Shelton)主编的《人类学，艺术和美学》(Anthropology，Art and Aesthetics)(1992)；威尔弗雷德·范达姆(Wilfried Van Damme)的《语境中的美：转向一种美学人类学的方法》(Beauty in Context：Towards an Anthropological Approach to Aesthetics)(1996)；阿尔弗雷德·盖尔(Alfred Gell)的《艺术与艺术的能动性——一个人类学的理论》(Art and Agency：An Anthropological Theory)(1998)、由艾立克·希尔什(Eric Hirsch)编辑的盖尔的《人类学艺术：论文与图解》(The Art of Anthropology：Essays and Diagrams)(1999)；瓦尔达·布伦德尔(Valda Blundell)著的《变化中的艺术人类学视野：在理论与研究方向中》(Changing Perspectives in Anthropology of Art：Directions in Theory and Research)(2000)、大卫·理查志兹(Richards，D.)著《差异的面纱——文学、人类学及艺术中的文化表现》(difference：Cultural representations in literature，anthropology and art)(2003)、马利特·韦斯特曼(Mariet Wester－man)主编的《艺术人类学》(Anthropologies of Art)(2005)、阿诺德·施奈德(Arnd Schneider)和克里斯托弗·赖特(Christopher Wright)主编的《当代艺术与人类学》(Contemporary Art and Anthropology)(2006)、霍华德·墨菲(Howard Morphy)和摩尔根·珀金斯(Morgan Perkins)主编的《艺术人类学读本》(The Anthropology of Art：A Reader)(2006)、马鲁斯卡·斯瓦色克(Maruska Svasek)的《人类学艺术和文化生产：历史、主题、观点》(Anthropology Art and Cultural Production：Histories，Themes，Perspectives)(2007)、罗宾·奥斯本(Robin Osborne)和杰里米·泰纳(Jeremy Tanner)主编的《艺术的能动性和艺术史》(Art's Agency and Art History)(2007)、克里斯托弗·赖特和阿诺德·施耐德(Christopher Wright，Arnd Schneider)主编的《在艺术和人类学之间：当代民族志实践》(Between Art and Anthropology：Contemporary Ethnographic Practice.)(2010)。在英语国家之外的著作，笔者还查到了由日本学者中岛智所著的《文化中的野性——艺术人类学讲义》(2000年)、中□新一所著的《艺术人类学》(2006年)，等等。

从这些新出版的艺术学人类专著中，我们可以看到20世纪90年代以后，艺术人类学的研究越来越受到不同国家的人类学家或艺术学家关注。包括中国在20世纪90年代也出版了易中天的《艺术人类学》，2000年以后又出版了王建民所写的《艺术人类学新论》。

二、后现代主义时期的艺术人类学理论

由于艺术人类学的学科还比较年轻，虽然在20世纪的70年代以后在不同国家都出版有冠名为艺术人类学的著作，但到目前为止，笔者还没有找到一本对艺术人类学的学科概念、历史沿革与分期、研究视野与方法等进行全面梳理的专著。大多数是以一个人的研究角度来论述这一学科，或者是所编撰的相关读本与论文集。

笔者在这里对以上笔者收集到的一些论著的内容，做一个简单的描述与勾勒，以便对当代国外艺术人类学的研究视野有一个大概的了解。其中，罗伯特·莱顿的《艺术人类学》是唯一被翻译过来的以《艺术人类学》命名的艺术人类学著作。该书主要是侧重小型社会的艺术研究，也就是我们常说的原始艺术或土著艺术的研究。他在书中写道，我们如果想读解原始土著民族的艺术，不是一件简单的事。我们必须熟悉该文化的视觉表现主题及表现惯例，了解这件艺术品发挥功能的方式、场合及人们对它的反

应，我们才能知道它的能指与所指（意指），并且发现不同的艺术风格的表现方式。反过来，一旦我们以这种方式沟通了我们与不同文化传统中的人对艺术的看法，理解了他们关于艺术的观念，我们也就能更进一步地理解他们的全部生活制度、所有的象征符号和世界观。这种观点让我们了解到了艺术与文化之间的关联性。

阿尔弗雷德·盖尔所写的《艺术与艺术的能动性——一个人类学的理论》这本书在欧美的人类学界受到了普遍的关注，他是一位著名的艺术人类学家，也是一位多产的学者。他主要致力于研究社会理论中最为普遍的问题，以及错综复杂的仪式、实践活动以及手工艺品等。他比较有代表性的艺术人类学论文集著作有《魅惑的科技与科技的魅惑》，《沃格尔之网：艺术品陷阱与陷阱艺术品》，以及盖尔对波利尼西亚人文身文化研究的相关著作《象征的外衣》。他认为，艺术人类学理论发展之所以几乎止步不前，是因为学科本身并没有脱离艺术鉴赏这一特性，艺术鉴赏之于艺术，正如同宗教理论之于宗教信仰。他指出，如果艺术人类学转而采用类似于宗教社会学的学科立场，那么它需要采用一种方法论上的庸俗论——类似于社会学中的方法论上的无神论。这要求人类学家们摒弃“艺术迷信”（如文化中产阶级知识分子通常所描述的那样）。这并不是在鼓吹去神秘化的社会学分析能够揭示出艺术在维持阶级文化、使统治阶级意识形态合法化过程中的作用。盖尔指出，这种研究方法没有将艺术品本身与其特异性和效能相结合。更具体地来说，他对艺术世界领域中的论题不太感兴趣，他认为艺术人类学应该关注普遍艺术的相关论题。他还认为，艺术人类学是一种动力理论（能动性理论），抑或是一种通过象征调和动力（通过象征调和能动性）的理论，将其简单的理解为一种能够激发推理、回应与理解的物质实体。象征是指原型、艺术家与受众（recipients）之间多种多样的关系。原型是指象征符号所指代或表征的物质，例如，被描绘成肖像的人物，然而事物也可以通过一种非模仿性、非视觉性的方式被表现出来。受众是指受象征符号感染的对象，抑或（某些情况下）是借由象征符号感染其自身的对象（可将受众的这种自我陶醉——而非陶醉于艺术家——的机制看作是国家地产局受托于土地所有者）。艺术家是指直接造成了象征符号的存在与特性的客体，但正如我们之前提到的那样，艺术家也可以是其他动力（而非西方常识性理念与艺术世界理论的具有自在性与创造性的动力）的载体。一方面艺术家的动力远远不是自足的；另一方面象征不仅仅是一种“产品”或行动的终端，而是动力（能动性）的一种分散性扩展。

霍德华·墨菲（Howard Morphy）和摩尔根·帕金斯（Morgan Perkins）合编的《艺术人类学读本》。作者霍德华·墨菲是当今西方社会最有影响力的艺术人类学家之一，通过这本《艺术人类学读本》我们可以看得出他是按时间，按主题经过了精心挑选而完成的，在读本里收集了30位欧美人类学家们有关艺术方面的论著，里面除博厄斯的《原始艺术》和列维·斯特劳斯的《亚洲和美洲艺术的剖分表现法》分别是20世纪50年代和60年代写成的外，其余的大都写于70年代之后，最多的是80年代、90年代之后。论文集共分六个部分，每一个部分都有作者写的导言，在这些导言里作者阐述了自己对艺术人类学的看法及理论观点，所以这本书虽然和其他基本艺术人类学的著作一样是一本论文集，但却是一本非常重要的艺术人类学著作。

该书的大概内容是：第一部分，“构架学科”，一共六篇论文，基本上是对传统原始艺术的研究，其中包括了博厄斯的《原始艺术》和列维·斯特劳斯的《亚洲和美洲艺术的剖分表现法》。写作时间相对较早。第二部分，“原始主义与艺术/手工制品”，一共有七篇论文，主要讨论的20世纪艺术中的原始主义，关注了原始艺术与20世纪初的现代艺术的互动以及艺术与手工艺品的关系等问题。第三部分：“美学与文化的交叉”，一共有四篇论文，讨论的是美学和艺术批评与文化以及人类学之间的关系等问题；代表性的论文有罗伯特·法利斯·汤姆逊的《约鲁巴艺术批评》；霍华德·墨菲写的《从沉寂到辉煌：雍古人的精神力量美学》。第四部分：“形式、风格与意义”，主要是以艺术的风格、形式所形成的图像及意义来探讨人类的社会行为及其所构成的社会模式。这一部分代表性论文有：南希·D·芒恩写的《视觉类型：图像体系的一种研究方法》，亚伯拉汗·罗斯曼和保拉·G·鲁贝尔合写的《夸扣特尔艺术和仪式的结构模式》，迈克尔·O·汉隆所写的《现代性和意义的“图像化”：历史视野中的新几内亚高地盾牌设计》。第五部分："销售文化"，这一部分是笔者最感兴趣的部分，因为笔者通过田野考察，发现在中国，许多传统文化和少数民族文化正在退出人们的生活空间，不再成为人们的生活指南，但却开始变成了一种可以销售的文化，但这种可以销售的文化必须有一个前提，那就是要将其转变为一种艺术，成为艺术品以后就能成为商品，就有了市场的价值。而在这些论文里，笔者看到的是在中国农村和少数民族地区发生的事情，在世界其他国家也在发生。而且笔者看到的是这些地区的文化变成一种艺术以后，艺术人类学研究的资源更加丰富了，而且也更加有了用武之地。如：纳尔逊 H·H·格拉伯恩所写的《人种和旅游艺术：第四世界的文化表达》，中国人最熟悉的是第三世界的文化，但这里提出了一个第四文化，这就是一些比第三世界发展中的文化更边缘化的文化，也就是土著文化或少数民族文化，目前这一类的文化已经成为了一种旅游资源，一种被乔饰和艺术化了的文化。鲁斯 B·菲利普斯写的《纪念品艺术的收集和展示：可信度和"严格的商业广告"》以及克里斯托夫 B·斯坦纳所写的《贸易的艺术：非洲艺术市场中的价值创造和可信度》，都向我们展示了土著文化的被商品化和艺术化的内容。第六部分，一共有五篇，笔者关注到三篇比较有意思的。如尼古拉斯·托马斯所写的《当代艺术家，二次反思：当代毛利艺术的存在与对立》，佛瑞德·迈尔斯所写的《表现文化：关于原始亚克力绘画的谈话成果》以及戈登·班尼特所写的《美学与图像：一种艺术家的方法》。研究土著艺术往往研究的都是土著艺术的本身，即使关注从事这一工作的人也是将它们作为手艺人来研究的，很少把它们作为艺术家来研究。在探讨手艺人和艺术家的区别时，一般认为手艺人总是按照传统按部就班地工作，很少人个人的创造性。因为他们制作的艺术品往往是本民族或本地区大家都认可的公共的文化符号，不能加入太多的个体化的语言符号。但是在今天那些土著文化已经开始从人们的日常生活退出，他们昔日的手工艺品的实用性已经被工业产品所取代，人们今天仍然需要它，不是因为实用，而是因为其中的特有艺术性和美的形式，去掉了实用性和宗教性的土著艺术，获得了比以前更多的自由。而从事这一工作的手艺人们，他们不再甘愿只是手艺人，而是要争取艺术家的地位。笔者在美国和加拿大考察时发现在一些博物馆里，不仅有土著艺术家们制作的传统手工艺，还有他们所创作的现代绘画。现代雕塑和现代陶艺。因此，把那些传统的手艺人当作现代的艺术家来研究，这已经成为了艺术人类学研究的新课题。

出版于 2005 年的由美国人类学家马瑞特·沃斯特曼主编的《艺术人类学》，是一次人类学研讨会的论文集，收集了 13 篇论文。虽然只是一次会议的论文集，但是讨论的问题非常深入。其论文集按主题分成三个部分，第一部分："交织与分歧"，一共有五篇论文，主要是讨论跨文化研究的内容，比较有代表性的有：苏珊娜·普雷斯顿·布利尔（Suzanne Preston Blier）的《超越空间：视觉文化的多元混合方法》，汉斯·贝尔廷（Hans Belting）写的《走向一种图像人类学》。第二部分："地方实践，跨文化理论"，一共有五篇论文，主要是以地方性的艺术研究说明跨文化的问题。其中代表性的论文有：乔纳森·海（Jonathan Hay）的《中国画的功能：关于一种统一的田野理论》、斯蒂文·布尔热（Steve Bourget）的《它是艺术·莫希文化（秘鲁北海岸古安第斯人的社会）中图像的多元功能》、霍华德·墨菲（Howard Morphy）的《观看澳大利亚本土艺术》。第三部分题为"作为人类学的艺术"，一共有三篇论文，每一篇讨论的问题都非常地有意思，第一篇是安娜·格里姆肖（Anna Grimshaw）的《重划范围：艺术和人类学的可视化》，可视性是艺术的特点，而人类学的可视性需要艺术的互动才有可能，所以这是一个非常有趣的话题。第二篇是谢利·埃林顿（Shelly Errington）的《当代历史：后部落艺术》，作者在这里讨论的不是部落艺术，而是后部落艺术，在这样的时代本真的部落艺术已经消失，后部落艺术不再是部落文化的本身，而是商品化侵蚀的结果。这是当代部落文化的普遍现象，也是值得和需要讨论的现象。第三篇是鲁斯·B. 菲利普（RuthB. Phillips）的《学科差异的价值：在 21 世纪初的艺术史与人类学上的体现》，在这里作者探讨了艺术史与人类学的互动关系，这恐怕是艺术人类学中常常要探讨的一个问题。

通过以上两本书的简单介绍，我们看到的是土著艺术的变迁过程，里面不仅有关于简单社会原住民传统艺术的描述，还主要讨论了在现代社会中这些艺术的转型与重组，在讨论了原始艺术和当代艺术互动的同时，还讨论了在市场经济的现代社会中，其是如何被从文化的一部分向商品的一部分的转化过程；同时还讨论了手艺人如何向艺术家转化的这样一个有趣的部分。由此看来，艺术人类学的未来有很重要的发展契机，因为在越来越走向旅游文化的乡村生活及土著生活中，艺术品的制作与销售越来越成为其中的重要内容。

除以上两本艺术人类学的论文集外，笔者还找到了另外两本论文集，一本是牛津大学出版社于1992年出版的，由杰莱米·库特和安东尼·谢尔顿主编的《人类学、艺术与美学》，一共收入有十篇论文，分成四个部分，第一部分“艺术人类学”，第二部分“对象与阐释”，第三部分“传统与革新”，第四部分“美学人类学”。论文的总体质量感觉不如前两本好，丰富程度也不如前两本。但有几篇是由著名的人类学家所写，如第一部分的两篇文章，一篇是雷蒙德·弗思所写的《艺术和人类学》，他是英国著名的人类学家，是功能学派的代表人之一，他的好几本专著都被翻译成中文，曾是费孝通先生的老师，中国的许多学者都很熟悉他。一篇是盖尔写的《魅力的技术和技术的魅力》，盖尔也是美国著名的研究艺术人类学的学者，他的著作《艺术与艺术的动力——基于人类学的理论》，在美国的人类学和艺术界非常有影响力。罗伯特·莱顿的《澳大利亚土著的传统和当代艺术：两个案例的研究》，莱顿也是一位大家都非常熟悉的人类学家，因为他的专著《艺术人类学》在十几年前曾被翻译成中文，相信许多研究艺术人类学的学者都看过这本书。他的这篇论文比较有意思的是，他用两个个案在讨论澳大利亚土著的传统。这也说明，在现代，土著的艺术不再是一种封闭的艺术，一方面他们要接受外来的商业文化，以及现当代艺术思潮的影响，同时他们也在作为一种资源在滋养当代艺术。

还有一本出版于1971年，由美国人类学家夏洛特M·奥登主编的《艺术与人类学》，这是笔者找到的目前以艺术和人类学署名的最早的艺术人类学著作，全书共收入论文25篇，也是一本规模比较大的论文集。该书分五个部分：第一部分“背景”，第二部分“理论和方法”，第三部分“原始艺术家”，第四部分“文化适应”，第五部分“艺术领域”。由于该书出版得较早，内容比较传统，大多数探讨土著艺术，描述性的论文比较多，只有约翰L．费希尔写的《作为文化认知图的艺术风格》和罗伊·西贝尔所写的《艺术及其社会功能变迁》这两篇文章看上去比较注重理论的探讨。看得出来艺术人类学真正走向成熟还是在20世纪的90年代以后。

1999年出版的，由人类学家伊夫林·佩恩（Evelyn Payne）著的《作为文化的艺术：艺术人类学导论》这一本书。该书从比较研究与语境研究切入，运用大量的田野资料，从时间、空间、技术手段、心理视角、社会功能、审美、全球化语境等视角对人类学的艺术研究进行了较为全面的探究与分析。还有2000年出版的瓦尔达·布伦德尔（Valda Blundell）所著的《变化中的艺术人类学视野：在理论与研究方向中》，其主要内容是有关人类学家研究方法，文化美学形式的写作方式的等方面的反思。其中心论点是，人类学关于艺术的研究可借鉴近来在符号学以及文化研究的跨学科领域的视角。认为，通过艺术可以了解社会领域的结构，经验以及其重构方式等。

除英文版的艺术人类学外，笔者还找到了两本日文版的艺术人类学专著。一本是中岛智所著的《文化中的野性——艺术人类学讲义》，主要是以其在不同国家和民族的艺术田野考察为例所写成的教学讲义；一本是中□新一所著的《艺术人类学》，他是从神话学、考古学入手，对艺术人类学进行了一些阐述。这两本书都是根据自己的知识结构来理解艺术人类学的，不是对艺术人类学整个学科的总体研究和论述。

三、后现代主义时期的艺术民族志观点

以上梳理的都是近年来笔者所收集到的有关艺术人类学的英文版和日文版的艺术人类学著作。从这些出版的著作中，我们看到艺术人类学的研究在不同的国家受到了不同的重视。除了这些冠有艺术人类学书名的书之外，有关音乐、表演艺术以及造型艺术等专业方面的艺术人类学专著及民族志与论文也越来越多，许多学者在自己所做的艺术民族志中，提出了许多新的理论与观点，在这里笔者也将加以简单的论述。

如斯蒂芬·菲尔德在其论文中探讨巴布亚新几内亚的卡卢里人的声音、感官地理、叙事、美学和交流等问题。他试图证明他在音乐中观察到的美学原则被积极用来组织社会关系。安东尼·西格尔在他的《苏亚人为什么会唱歌》的研究中，展现了音乐是如何构建社会和文化行为的问题，认为歌唱是"社会生产与再生产"的本质部分。其将"文化中的音乐"这一措辞加以颠倒，以便把重点放在音乐上，表明音乐不仅应当作为一个领域，而且应作为一种环境，从中来理解整个社会。这种认识与传统人类学中只将艺术当成文化的附属部分来研究有了很大的区别。其让我们认识到，艺术不仅为文化服务，同时也是构建文化的一种场域或环境，由此消除了音乐研究和社会研究之间的分歧。在许多的社会中，表演和歌唱显然是政治和社会知识的一个有力装备。另外，史蒂芬·卡顿在讨论中提出，表演精彩节目就是参与社会行为，而参与社会行为就是致力于个人价值政治学——可转换成为更高层次的权力语言。约翰拉斯·费边在其《权利与表演》（Power and Performance）一书提出了表演民族志的概念，他认为，许多实际的（而不是理论的）文化知识可以通过表演得以阐述清楚。他还认为，表演似乎更注意描述人们的思想，起文化价值的途径和民族志研究者创造该文化的知识的方法。那么，表演民族自己符合文化知识的本质，也符合文化知识的知识本质。

这是在有关音乐艺术和表演艺术方面的民族志研究。而在造型艺术方面，尤其是在手工艺术方面，80年代以后，也有不少新的民族志提出了一些有关艺术人类学的新观点，如斯多特提·吉安卡洛在其考察巴布亚新几内亚的基塔瓦社会的学徒生活的民族志中指出，在那里，从事专业化生产的人们在学徒时期可能会培养出敏锐的美感，这种美学敏锐无论与实际功能还是象征功能都毫无关系，比如，从事仪式用品木雕的年轻人会去学一种普通人难以理解但又没有明显宗教功能意义的形式语言。这个案例不仅让我们看到了个体在民族艺术中的某种自主性，还看到了无论是其所生存的文化空间是否需要，形式美都会是人的一种本能追求。另外，在旅游经济和全球一体化的今天，许多土著艺术的日益商品化、市场化的现象也开始受到关注。如迈克尔在其田野中看到的，当克里特妇女不再为儿子、兄弟编织猎包好让他们呈送给父系亲属时，她们其实是让自己的儿子和兄弟脱离了当地的社会环境，以便让自己专心为旅游业编织普通的"希腊包"。但是，包上的图案却越来越简单粗糙，因为游客唯一要求就是它们要有"希腊特色"，要有可辨认的标志。也就是说，旅游文化在改变许多土著民族的生活方式及生产方式的同时，也在改变他们的艺术与审美。而在黛博拉和佛瑞德的研究中，当巴布新几内亚的乾伯里仪式用品被定位为旅游消费品时，他们便丧失了独特的意义，蜕变成批量生产的模型。这些考察所涉及的变化都发生在这些艺术品的用途方面。这种研究把涂尔干式的社会结构式的原则转换成对美学实践的关注，将费边等学者对表演艺术的重视推向了对更具静态性的艺术形式的重视。同时还关注到在新的文化背景下土著民族传统的文化符号及艺术是如何被改编成新的民间工艺品，而被市场接受，而由此文化背后的意义被抽离，成为没有任何意义仅具有形式的抽象符号的。

另外，关注艺术与政治之间的关系，也成为当代艺术人类学的一个重要话题，肯尼斯·乔治认为，我们不能用自己的政治话语去随意理解艺术家的绘画动机。他认为，如何理解一个艺术家的创作动机，没有什么能够代替民族志的研究。因为它是在生产场地、展出场地和评论场所与艺术家打交道。他以自己对印度尼西亚艺术家皮洛斯一幅画的考察证实了这一点。有一位西方艺术批评家曾认为，皮洛斯在导致苏哈托上台的一系列事件之后创作的一幅作品，表现了作者的悲观情绪或者是作者的不同政见。但皮洛斯本人并不同意这位批评家的观点，他坚持说，那幅画是纯粹的山水画，他不反对别人从里面看到一群受苦受难的人，但他更愿意与这类从政治角度进行诠释的做法保持距离。由此可以看到艺术批评家的仅从作品画面出发的意见，常常不能代替和解释艺术家本人的意愿。而且不能用全球化的政治压迫意识去抹去地方差别的痕迹。

在梳理的过程中，我们还看到西方人类学家通过对现代媒体的关注，促进艺术人类学的研究，他们研究现代媒体是如何在结构非西方的本土文化，以及在结构的过程中许多本土的艺术又是如何在其中起作用的，等等。包括由媒体传播的文化遗产，一方面其客观地记录了本土的传统文化，另一方面其又使得这些文化开始变成商品，在这样的过程中不仅难以维持当地的文化形式，而且还把文化中隐含的私密意义转化成了公共的表演，远远超出了共享交际活动的范围。包括旅游业的发展，也在通过艺术的表演重塑当地文化。格林伍德在讨论一个把斯克城镇旅游业的直接商业需求导致这一过程时指出，它应当重新促使人们思考文化的相对论这一问题。以往文化的相对论是建立在环境论基础上的，现在的文化相对论可能要建立在商业化和传媒的基础上，这两股力量正在重新塑造人类学研究的各种社会，也在塑造人类学自身。而在这种塑造的过程中许多传统的文化正在沦为一种表演，一种对真实的模拟。

在这样的研究中，鲍德里亚的一些论述值得关注，他认为，艺术的目标就是安排幻觉的力量来反对现实，它始终在尝试诱惑事物的现实。然而在现代社会中艺术不再被包含在幻觉和诱惑而是包含在模拟当中，在这样的过程中艺术失去了它的独特品质，尤其是它那否定和反对现实的能力。鲍德里亚提出的，我们生活在“模拟的时代”。模拟的存在是导致现实与想象、真与假之间界限消失的一个主要因素。真品和赝品之间的区分正在变得越来越难，每一个当代的事件都是现实和想象的混合物。对鲍德里亚来说，我们是生活在一个“巨大的模拟物当中——不是某个非现实，而是一个模拟物。这是一种比现实还要更现实、比美都还要更美、比真者还要更真的模拟。”鲍德里亚认为，塔萨德这个原始的印第安部落。至少就其现存的样式而言，就是一种模拟，因为这个部落一直被“冻结、冷藏、封存和保护不至于死亡”，在某个时期它可能是一个“真实”的原始部落，但是今天存在的只不过是对这个部落曾经所是的那种状况的模拟。既然是模拟，以往所有的象征符号也就不再代表什么，而以往作为象征符号的重要表达系统的艺术，也不再代表什么，而只是一种超现实主义的形式。也就是说在后现代社会中，商业化和传媒不仅在重塑我们的社会文化，重塑人类学自身，也在重塑我们所关注的艺术。

从以上梳理中我们看到的是，真正为了审美目的而创造的原始艺术是为数极少的，而且往往是外来影响的一种结果。爱斯基摩人的艺术就是如此：白种人的来到，使爱斯基摩人突然涌现出一些非常美丽的雕刻品，并创始了版画艺术。这种所谓的“美丽”不但不是爱斯基摩人原来创作艺术的动机，实际上是白人根据自己的趣味对爱斯基摩人艺术家提出某种要求的结果，这种所谓“美丽”也就相当于行家们所说的“走味”。我们也必须放弃认为原始艺术处于变化发展或衰落的领域之外的看法，原始艺术像世界上任何一种艺术一样，它决不是静止不变的，而从世界性的角度来看，今天的原始艺术实际上已处于文明艺术的包围之中，这样在它固有的变化之外又增加一种促使其变化的外来因素。如果一种原始艺术变化到“美”复文明艺术一样，那么也就意味着原始艺术真正的死亡，或者说，它的躯壳尚存，而灵魂则已死亡。其实这种现象不仅在爱斯基摩人地区如此，在印第安人地区如此，在中国的少数民族地区和农村地区以及传统的手工艺城市里也是如此。

四、结语

通过以上的梳理，我们看到的是，虽然西方的人类学研究比中国早了一个多世纪，但在艺术人类学得到充分关注的时间点上，几乎与中国有着某种重合之处。这也说明在全球一体化的今天，不同国家的学科发展以及学术的关注点会愈来愈集中，这是因为在相同的社会大背景下，我们将会有许多共同要面临的问题。比如艺术与文化的再生产，艺术与文化场域的建构，艺术表演与政治权利的伸张，艺术与社会结构的关系，还有艺术与文化生态多样性的构成，艺术与非物质文化遗产保护，艺术与旅游业及文化产业的发展等问题，受到了全世界的共同关注。而对这些问题的理解及研究，唯有运用人类学的艺术民族志的描述，以及艺术人类学的研究视角，才可以得以深入地探讨和得以较完整的认识。因为这是一个跨学科以及跨文化的研究领域，多样化的研究视角，多样化的理论和观点，多样化的研究方法等，都可以在这里得到展现、交锋及交融。这也就是为什么艺术人类学在今天开始被越来越多不同领域学者所关注的根本原因。

尤其是在拥有众多的地域文化和少数民族文化的中国，艺术人类学研究的资源非常丰富，同时也非常需要用这种方法和视角来研究日益变化和消失的各种传统文化及少数民族文化，以及通过研究他们的艺术来认识其文化的经验世界及社会构成方式，最重要的还是要关注到当代民间文化及少数民族文化的再生产方式和在各种权利博弈下的文化重构方式等。这是有关中国“文化自觉”和重新认识自己文化的重要组成部分。而在这些研究的过程中，我们需要了解及借鉴当今西方及其他国家的艺术人类学研究的视野与方法，还有其主要的理论与观点，以对中国的艺术人类学的研究产生对话及推动的作用。

原载《江南大学学报（人文社会科学版）》2011 年 08 期

方李莉　中国艺术研究院研究员

【艺术人类学与生命艺术】

◎纳日碧力戈

古人强调形气神的互转共生，“形”为“物觉”、“物感”、“气”为信息传通、能量转换，“神”为大道升华。视觉、听觉、嗅觉、味觉、触觉，这些都属于“物觉”和“物感”，它们转化为信息，由感觉勾连精神，是能量转化过程。这个过程是“百川归海”、“美美与共”。亚里士多德认为，“口语是内心经验的符号，文字是口语的符号”；虽然各民族没有共同的文字，也没有相同的口语，但语言毕竟是内心经验的符号，而全人类的内心经验是相同的。奥古斯丁与亚里士多德相同，认为词与物的关系是任意性的，即约定俗成；思与物的关系则是普遍和自然的。就是说语言差异是日常生活现象，属于自然存在，同时，差异并不妨碍人类跨族、跨语言、跨文化交流，不妨碍他们共鸣于大道。贝特森认为大自然存在一个万向关联的“元模式”。他指出，如果把生命界中某成员的某身体部分和其他部分相比较，会取得第一级关联；然后，在螃蟹和龙虾、人与马之间比较，找出部分与部分之间对应的相同关系，这是第二级关联；最后，把螃蟹和龙虾之间的比较和人与马之间的比较相比较（即比较的比较），得出第三级关联。这样，我们就建造了一个如何思考的梯子：即关联性模式，或模式的模式。贝特森的元模式就是“元关系”，即关系的关系：世间万象，无论如何繁纷复杂，最终会统一到某种“元模式”或者“元关系”上来，即万物玄同的“大道”。繁纷和大同就是形异和神同：例如，人类心理一致但语言和文化不一致；人同此情而境遇不同。艺术人类学比其他分支学科更关注生存艺术，它会在承认差异的前提下寻找“大同”，也会把差异和“大同”分别置于不同层面，以“大同”统辖差异，以差异衬托“大同”。放眼中国经验，人们往往把差异和大同的不同层次混淆起来，从而把差异和大同对立起来，进而企图用“大同”取代差异，认为只有同化才有和谐，只有同化才能久安。然而艺术人类学会告诉他们，同化并不会产生和谐，建立在差异之上的“美美与共”才是和谐的根据。时间和空间的特质是发展和变化，而器用的特质也恰恰是由时空的发展变化所规定的，器用本身会因时空脉络的发展变化而发展变化。但是，在器用之上，在万向关联的层面上，存在“神同”，即“普适性”，它类似于“普遍语法”，让我们说出丰富多彩的言语，造出变化多端的句子，同时却能让我们理解、交流和沟通，并且在此基础之上欣赏和学习这些差异之美，亦即生命艺术的生命之美。

艺术人类学的研究取向，应当着眼于器用与神用、形异与神同的境界，在技艺传承与创新、保护与发展中求同存异，而艺术人类学关注的非物质文化遗产保护，也要基于“异”与“同”的辩证关系和层级关系。2008 年 11 月中国艺术人类学学会主办了第三次学术研讨会，也是本学会的第一次国际性会议，主题是“技艺传承与社会发展”，体现了器用与神用的结合。民间技艺及其背后的价值体系对应于器用与神用。技艺传承属于器用，社会发展涉及神用。现代技术的发展，新商机的出现，会给民间 115
技艺及其产品带来新技术和新材料，促成“形变”，促使器用发生变通；同时，原有价值体系并不会因此而退出“历史舞台”，而积极应对，把自己投射和附着到新的形变和器用之上。在 2006 年 12 月举行的“中国艺术人类学成立大会”上，王建民教授给艺术人类学下了定义说，“艺术人类学是志同道合的人作的一项研究”，“这项研究是人类学本位的艺术人类学”，“是用人类学的理论和方法分析艺术家、艺术现象、艺术活动以及艺术作品等”。这样的定位把人的主体性、人的创作活动、人的艺术作品以及由此综合形成的现象，都纳入艺术人类学的研究范围，既照顾到普世之道和人的主体性，也照顾到具体的艺术操演过程和本土对象的特殊性，比较符合当代人类学的走向，也呼应了本文“形气神”三通的主旨。自2006年中国艺术人类学学会成立，“非物质文化遗产”已经成为学会的主题，而“非物质文化遗产”的定位在各文化区域之间存在不同情况。以韩国为例，传统手工艺在现代工业的冲击下转向艺术领域，但却遇到如何定位与评价的尴尬，而韩国传统瓮器正在被淘汰，新材质的容器逐步进入日常生活。与此对照，在江西景德镇，曾经被抛弃的传统手工艺得到重新发掘，并列入非物质文化遗产——“传统与现代不再对立，保护与发展也可以达到一致”。恩施州三岔傩戏在经历种种风波之后，以国家认可的艺术表演和以国际认可的非物质文化遗产双重定位，成功地实现了“现代转换”。身体技法与身体仪式是器用是艺术人类学研究的另一个重要主题。“京舞体”三结合的样板戏、身体技术的社会性别、萨满技艺、少数民族文化、乡土社会民俗，等等，无不体现器用和神用之间的辩证关系，技术固然与生活基本需求有关，但“还有一部分技艺与劳作”、“更多指向人的情感、心理、心灵亦即精神或曰灵魂的需要”。

艺术人类学教育我们，要避免机械和庸俗的语言文化和风俗习惯的同化论。回顾中国近现代史，单向度的现代化和市场化，把传统看成敌人，把差异看成障碍，似乎与传统决裂、与“优秀文化”同化，才能救国和“保种”，才能走向未来。然而，经验和教训时刻在提醒我们，单向度的现代化和市场化并不能独立地给我们带来幸福，也不能让社会在不拉大贫富差距的前提下“共同富裕”。“礼崩乐坏”比过去更加严重。艺术人类学研究和揭示“形体”和“神韵”的互通之道，不把“传统”和“现代”对立起来，也不把差异和同化对立起来，而是把它们归入不同层面，在不同层面之间达成对立统一。王羲之的书法优美异常，但用不着把所有汉字都用王体书写；王体、颜体、柳体，等等，既互有差别，各成一派，也互通灵气。市场经济有时会偏好某种语言和某种文化，但用不着让其他语言和文化都同化于这个“得宠的”语言和文化，语言和文化的翻译会让人们选择第三条道路，而避免你死我活的二元对立。同化不会给人类带来生命艺术，而生命艺术只能存在于不同层面的差异之中。从艺术人类学立场出发，我们能够建构不同的层面的语言文化立体格局，让社会、民族和民众自主地选择保持或者放弃自己的语言文化，在多元共生、复调历史中，在更高层面上寻找共识，融入大道。中国人比较赞赏“性情中人”。“性情中人”是那些“诗学”之人，他们并不装腔作势，拒绝让自己沦为逻各斯的奴隶，在器用层面上彰显“物美”，公孙大娘舞剑，张旭醉酒，美美与共，神道相通。

艺术人类学有一个特点，那就是它与生命之美直面对话，用我们最熟悉的肢体和感官表达自我，表达生活，表达心理，表达价值。因此艺术人类学也是关于生命艺术的学问。马聂提（Manetti）在《古典象符理论》（Theories of the Sign in Classcial Antiquity）一书中指出，希腊属于以口语为基础的文化，其书写系统较才晚发展起来；米索不达米亚的书写系统发展较早，其内部结构使得文字相对独立于口语。米索不达米亚书写系统与占卜文化水乳交融，自成体系，不同于以口语为基础的希腊文化。同样，中国古代的文字系统，也和占卜文化密不可分，突出者如甲骨文和占卜记事的关系。古代象形－表意文字系统除汉字以外，都没有系统性地传承下来。汉字系统是中国传统文化至关重要，其表形、表意的功能富有特点，它不仅和占卜、信仰、宗教联系，使视觉和听觉在比例上“势均力敌”，还和政治、经济、法律、艺术等联系。在古代，汉字的形状、笔画数和阴阳、风水互通，诗书画既表现人格，也隐喻人体；汉字书法和政治升迁挂钩，汉字禁忌也要体现皇朝统治，等等。不过，随着时代变迁，尤其是到了数字化时代，汉字更加独立于现实生活，言说和书写脱节，说是说，写是写，中间有差距。“符号下乡”，不再让文字与生活割裂，这已经成为当代中国所面临的诸多问题之一。艺术人类学为这样的“修复”提供了有效视角和手段：民间手工艺、民间歌舞、民间说唱、民间仪式以及其他种种民间文化样式，在艺术人类学的视野下得以修复、保持和发展，它们让在城市里死亡的文字在民间复活，让身体艺术中体现的生命艺术重新回归文字，让文字和口语互补共生，让它们和生活水乳交融，在丰富多彩中体现生命之美，在物觉中突出神韵。艺术人类学的核心是生命艺术。艺术人类学以其直面人生、关注情感、触动心灵的独特性，告诉人们如何欣赏差异，“美美与共”，并在此基础上超越差异，追寻大道，天下归心。艺术人类学是形气神平衡的学问，是物觉和神韵统一的学问。

原载《江南大学学报（人文社会科学版）》2012年05期

纳日碧力戈　复旦大学特聘教授

【论艺术人类学研究的学科定位】

◎王建民

谈到一个学科，首先就会遇到学科定位问题，近些年在国内学术界日见繁盛并受到越来越多学者关注的艺术人类学也是如此。艺术人类学究竟是一个什么样的学科？艺术人类学家在关注什么？艺术人类学在学科体系的归属怎样？解决这些问题才能够在这个学科蓬勃发展的初期明确发展方向和目标，更好地推进学科的发展。本文谨就相关学者的论述进行分析，进而提出一些个人的见解，以在讨论艺术人类学时有一个明确的学术出发点。

一

大凡从事学术研究，人们就需要建立对学科的认同，很多学者都会通过定义所研究的学科来解决定位问题。要定义艺术人类学这样一个学科，就必须从艺术和人类学两个方面来思考。

百余年前，德国著名民族学家格罗塞就指出：“艺术科学的问题就是描述并解释被包含在艺术这个概念中的许多现象。这个问题有个人的和社会的两种形式。在前一形式中，我们要从事一件作品或一个艺术家的一生作品的研究，要指明一个艺术家和他的一件作品之间所存在的正常关系，并且说明艺术创作实系一个艺术个性在一定条件之下经营的正常产物。大多数人对于个人的表现，往往比之对于社会的表现更感到有兴趣，何况是个性极占重要的艺术。所以我们一向对于艺术问题的研究大多是取的个人的形式，虽则也许从头就知道不见得会有什么成绩。其实，这个问题中，只有近百年来的极少数的几件是可以用个人的形式来求解决的。在别的许多情境中，就任你怎样艰苦的努力和怎样锐敏的探索，也不过徒然消磨了时光，终于找不全个人艺术史的基本材料。……在中美人民的大批建筑和雕像中，或波利尼西亚人（Polynesian）的关于英雄神佛的歌谣中，或在布须曼（Bushman）人的洞穴壁画中，我们要找到个别的艺术家是千难万难的；我们只能寻到不能分辨个别面目的一大群人。在这一切情形中——而它们正是大多数——艺术科学的这个课题，只能在它的第二形态或说社会形态中去求解决。因为我们既然不能从艺术家个人性格去说明艺术品个体的性格，我们只能将同时代或同地域的艺术品的大集体和整个的民族或整个的时代联合一起来看。艺术科学课题的第一个形式是心理学的，第二个形式却是社会学的。”

在这种叙述中，我们不难看到古典进化论的痕迹。当现代学科兴起，艺术和其他许多在以往似乎是整体的东西一样，从文化的整体中更鲜明地切割开来，成为一个单独的门类，也开始引起研究者的注意。当研究者的眼光扩大到世界范围时，那些和欧洲文明不同的艺术吸引了研究者的眼光。由于艺术在这些族群中与文化的其他部分更密切的联系在一起，人们对艺术的评价与欧洲不同，加之研究的理论和方法的限制，在旅行式的实地考察中，没有进入当地社会内部的艺术评价体系，就很难用在欧洲艺术研究中已经采用的方法，即以欧洲艺术家作品为出发点，分析艺术家和艺术作品、艺术家创作和社会条件之间联系的方法。于是，寻求一种关注群体性的研究路径和切入点就成为必然，熟悉非西方社会的人类学家也由此开拓出一个新的研究领域，并借此对艺术研究产生了程度不同的影响。

因此，在原始族群作为人类学主要研究对象的情形下，艺术人类学是研究非西方的和小规模社会的艺术的学科。艺术人类学重点考察以往被称为“原始艺术”的遍及世界各地的小规模社会中的艺术，一方面试图从中发现艺术表现的一般原则，另一方面关注的是体现这些原则的各种各样的风格。这就是将对非西方的，特别是那些“原始艺术”作为研究对象来进行人类学的研究，从个案归纳出欧美文明艺术研究所关心的共同问题。于是，我们就可以更充分地理解有些学者为什么会把艺术人类学定位为“一门立足于人类学的立场和方法，从艺术的角度研究人的学科”了。

然而，在易中天《艺术人类学》一书的图书介绍中说：“本书也主要地是一部美学和文艺学著作，而非严格意义上的文化人类学著作。作者的意图，仅仅只是希望将文化人类学的方法引进美学领域，并不奢望在人类学方面有所建树，尽管书中对图腾制度、生殖崇拜、巫术礼仪和原始宗教等问题，也提出了自己的一些见解。”基于这样的目的，易中天认为，艺术人类学分为广义和狭义两种。广义的艺术人类学是通过对人的问题的研究来探讨艺术的科学。狭义的艺术人类学则是运用文化人类学的方法和成果来研究艺术的本质和规律，尤其是着重研究艺术的发生机制和原始形态的科学。

这种意见将艺术人类学基本等同于艺术发生学，事实上并没有掌握艺术人类学的全面内容，而只是强调了这一学科的部分任务。这样的任务界定，也具有太强的古典进化学派的特点，视野受到限制，没有从更广泛的、包括了更多学派立场的人类学学科理论与方法出发，使得艺术人类学的研究领域局限在艺术发生学之中。批评者指出，这种模式的艺术人类学研究企图跨越数千年而寻找出艺术感悟和艺术表达发展的清晰线索，显然是没有什么意义的。人们可以在不同时期的艺术当中，而不仅仅是原始艺术发展时期找到很多艺术表现的开端和顶点。

在学术探讨中，学科定义模糊的情形也许是不可避免的，也不必去谋求其一致性。不过，反思这些学科定义及其背后的理念，给我们提供了可以重新定位的思考空间。上述多数定义具有这样一些特征：在研究对象选取上，按照带有殖民主义色彩的人类学和建立在科学理性基础上的现代艺术观，将艺术区分为原始和现代两极的理念，将眼光放在非西方的、小规模社会之中；在研究侧重点上，相信同一文化群体必然具有同样的或相似的人格与理念，关注群体的艺术创造；在研究目的上，认定艺术科学研究的终极目的是说明规律和原则的，着眼于美学的、艺术的规律与原则。那么，用当代人类学理论来审视，这些选择的理论基点是否可以站稳脚跟呢？

固然，我们很难完全推翻这些取向的定义，也不能说这些选择就是一种错误。但是，在当今全球化的时代，至少可以指出定义及其相关思考的不完备。首先，艺术是不是按照原始和现代两分的？原始和现代之间、西方和非西方之间是一种截然的断裂吗？其次，当我们相信艺术背后的集体意识或理念的同时，是否恰恰忽略或者掩盖了艺术创造者个体的创造性、情感表达和表述的多样性？第三，研究者所总结和概括的美学的、艺术创造的规律和原则，是否能够说明和阐释长时段过程和多变的场景中呈现出的纷繁的复杂性？在推演规律和原则的时候是否在用学者们想象的理论模板选取材料？如果我们不是站在完全否认规律和原则的立场上来讨论这些问题，就有可能在未来的研究中，凭借丰富而细致的田野工作材料，对这些问题展开更深入的讨论。

二

进一步地，我们有必要在定义的基础上，去分析有关艺术人类学研究的主要任务的讨论。在国际学术界来看，许多学者都将艺术人类学的任务建立在对原始艺术的考察之上。郑元者在枚举了国际学术界对艺术人类学研究的相关成果之后，指出“艺术人类学的基本含义就是主要以研究无文字社会（原始社会、前文明社会）的艺术为己任”。郑元者并援引了 1986 年版《麦克米伦人类学词典》“艺术人类学”词条对艺术人类学学科基本含义所作的解释，来明确艺术人类学研究的对象：“人类学家们把注意力集中在无文字社会的艺术的研究上，并且也研究那些属于民间文化或者属于某种有文字的优势文化里面的少数民族的艺术传统。”

在确定了这样的研究对象之后，就不得不去追究研究目的所在。在易中天的视野中，由于他将人类学看作是人类原始状态这一重大科学发现的产物，就决定了艺术人类学以艺术的发生机制和原始形态为主要研究对象。不研究人类的历史，就无法真正揭示艺术的秘密；而要研究人类历史，就不能不大量地借助于人类学关于史前原始文化和现代原始文化的材料与文献。也就是说，在艺术人类学看来，人类学、人种学和考古学研究发现的艺术的原始形态，较之旧美学研究的对象——现代文明社会的艺术，也许更能揭示艺术的奥秘。因为作为艺术胚胎的化石和活化石，它们不但凝聚着远古人类精神活动的信息，而且隐藏着艺术生命的核糖核酸和遗传密码。因此，他们主张，实现艺术本质的人类学还原，是艺术人类学最根本的任务。所谓艺术本质的人类学还原，即通过对艺术原始形态的描述和对艺术发生机制的考察，揭示出艺术之最原初因而有可能是最内在和最本质的规定性。

然而，直至今日，中国人类学界对原始艺术的认识似乎还存在着一些误区。有人认为，原始艺术比起现代艺术要更低级、更初步、更简单、更古朴，是现代艺术的初级阶段。正是基于这样一种认识，易中天提出，艺术人类学的任务在于通过考古学对史前原始艺术的发现和民族学对现代原始艺术的考察，在掌握尽可能多的历史事实的前提下，设法勾勒和描绘出艺术在其发生时期的原始形态，然后通过这些现象的描述，进而努力探寻和推测人类在其诞生之初，之所以要创造出艺术这种精神生活方式和精神生产产品的原始动机、心理状态和文化背景，从而最终地揭示艺术的本质，即实现艺术本质的人类学还原。

20 世纪初，当人类学家凭借更为深入的田野工作重新思考有关社会文化发展阶段论之时，开始建立了一个新的理念，这就是文化相对论。文化相对论作为人类学家自那以后一直长期坚持的基本理念，在当代艺术人类学研究中也依然是重要的基本观点之一。依据文化相对论，艺术人类学家意识到将艺术按照一个假定的发展阶梯进行排列是荒谬的和不可能的，他们强调原始艺术具有它自己的一套逻辑，尝试通过原始艺术的研究去探求与现代艺术相同的一些艺术建构的逻辑。不过，这种具有文化相对立场的研究，尽管已经极大地减弱或克制了文化中心主义倾向，却还是把研究者放在了与当地人相对的立场上，还是通过与现代艺术不同的小规模社会艺术去说明现代艺术不易被观察和分析的逻辑。

随着研究的深化，象征人类学和阐释人类学主张，通过对小规模社会艺术的研究，以他们自己的观点来阐释他们的艺术，探求他们的艺术观。郑元者教授认为，如果我们的艺术人类学研究仅限于艺术，满足于哪怕是全方位的人类艺术知识体系，甚或为艺术而艺术，无意与多文化或多民族背景下的艺术所投射的历史人生的真理互通讯息，无缘直面多维的艺术人生和人生艺术中的真理，那么，我们对艺术的感知、理解和诠释显然是不充分的、不完全的。所以他主张：“艺术人类学既是一门不断处于生成之中的学科，同时又是一种超乎学科格局的精神现象学。它的基本含义所承载的科学诉求，并不只是知识性的诉求，更是一种精神期待上的诉求，因而不满足于一般意义上的人类学与艺术的交叉。……艺术人类学通过自己所面对的各种鲜活的人类艺术活动图景和事实来留存艺术真理和人生真理的形迹。”或者说，将艺术人类学学科的一个根本追求定位成“重新追问艺术真理的学术知识生产运动”，这样一门立足于人类学的立场和方法、从艺术的角度研究人的学科是一种新式的艺术人类学，它不仅仅是关于“原始艺术”的，不仅仅是关于“艺术”的，也不仅仅是关于“艺术”的感性学或某种新的知识论，而且还是一种人类学立场上的艺术真理论。

但是，也许这种思考的基点依然是恪守艺术或者美学研究的立场，局限在艺术学或美学学科范畴，最后追求的目标也是为艺术或美学服务的。在艺术人类学研究中，为艺术的研究固然应该是一个努力方面，却也应该将研究直接提升到人类学家试图由自己对艺术的研究去理解人类文化的多样性的目标之上。

为了开展研究必须从分类开始，不分类则不可能认识世界。但是仅仅重视分类就可能会忘记了事物之间的联系，忽略了分析被分类后的不同部分彼此之间的关系，将人为的分类视为必然，加以固定，使之本质化。“艺术”作为一种现代学术研究的分类，将表意系统从整体文化中剥离出来，有利于分析的精细化。这种分类的另一个副作用恰恰导致了许多人，特别是某些不同艺术门类的研究学者和从业者，将自己所研究和关注的“艺术”，甚至包含于其中的某个门类，视为一个独立的客观存在，与文化的其他部分切割开来。也许正是基于这种谬误，在艺术研究和教学中可能会过度强调作品和技术、技巧，而忽视了艺术与社会文化其他部分的关联，忽视了艺术的精神内涵、文化意义和社会作用。坚持文化整体论和文化整合观念是人类学立场的艺术人类学家的重要学术立场之一，他们研究艺术人类学最终目的在于理解和阐释文化，而不仅仅是艺术。

此外，正如在许多表述中所显示的那样，许多人也许会认为，人类学者与以往的艺术研究相比的独特之处，在于人类学将艺术视为一种集体性的表述和表现，强调对隐匿在艺术背后的集体意识的探求，而传统的艺术研究更关注艺术作品之中体现的创作者的个性。笔者认为，应该重新去认识曾经被人类学家标榜的集体性取向，并反思以往对艺术家的能动性的漠视，应当在新的思考的基础上，有意识地去消解人类学创造出的这种对立。以当代人类学的观点来看，当人类学将探讨集体性作为己任的时候，在以往强调结构的社会决定或者文化决定的人类学理论指导下，往往会将艺术实践中十分丰富的创作者个人体验和不同场景之中的个人能动性忽视或者省略掉，最终可能难以全面而动态地描述艺术现象，更难以进而准确地描述和阐释人们的文化理念。人类学家所表述的群体性格往往是从田野工作中接触的诸多个体归纳出来的。个体的差异如此之大，研究者概括加工出的群体性格是否就是所研究的那个群体具备的，已经受到挑战和质疑。也许与这种思考有关，许多当代艺术人类学个案研究已经将研究的关注点放在艺术家身上，也就有了一些关于被当地民众认可的小规模社会、非西方社会、乡村社会自身的艺术家的专题研究。艺术创造，无论是“现代艺术”，还是被类型化为其相对面的“小规模社会的艺术”，是各种类型的艺术家不断地、一次次地创作成果，在特定的场景中添加了艺术家个人的理解进行再表述和表演。

按照哈赛尔伯格（HertaHaselberger）的意见，艺术的人类学研究，包括以下4个方面的任务：1. 特定艺术对象的微观系统的研究。这种研究应当描述艺术对象的发生与结构，建立对作品的空间与时间的分类，并分析他们在整个文化体系中的地位；2. 艺术家传记。这种传记应当包括艺术家一生中所有主要时间编年上的说明，也应该追溯其艺术风格的发展，解释其创造力的特征，说明其作品的影响；3. 整个文化结构中的艺术研究。探讨什么东西能够被确定为艺术作品，艺术和艺术家的作用和影响是什么，艺术、经济、社会组织和精神生活怎样相互联系；4. 艺术史。即使艺术考察者的工作涉及民族文化，他最终也要转入时间和空间问题。他为艺术对象确定至少是相对的年代，确定他们特定的发生地点，追溯有关的综合体，描述其原因和动态的内在联系，进而筛选出开创性的有历史意义的艺术家和艺术作品，并试图辨别一些阶段和贯穿在实践中的特殊趋势。

这种分析不仅没有刻意强调艺术人类学应当研究小规模社会的艺术，而且还提醒我们在艺术研究中既注意艺术的创造者，也将艺术镶嵌在整个文化结构之中；既要做历时性的过程分析，也应当强调个案的重要性。然而，应当指出，这种主张所持有的艺术史研究取向似乎较为明显，与人类学家的兴趣点是略有差异的。

20世纪80年代中期以来，反思和批评的艺术人类学宣称，他们的研究与先前的艺术人类学不同，也与其他学科的研究不同。在艺术实践中，人类学关于“文化”和“差异”的概念与博物馆、收藏家及市场等的实践严重地纠缠在一起。他们承认人类学本身被作为研究对象的艺术世界所影响，人类学的“文化”和“差异”概念受到博物馆、收藏家及市场活动的很大影响。跨文化研究艺术和美学的传统艺术人类学一直是在西方艺术世界的范畴和实践中发展的，基本上只是西方艺术制度的补充，在为西方前卫派艺术家提供刺激的过程中发挥着重要作用。在当代文化生活中，艺术已开始占据与人类学长期相关的位置，正在成为追踪、表述和展现当代生活中不同影响的主要手段之一，正在成为重要的文化产品，带来话语的转换，使得行动和思想更有意义。人类学一直在文化知识生产中扮演着重要的角色，现在应当注意到除了“美学”认识之外，艺术也是与民族主义、商业拓展、性别政治有复杂联系的某种类型的权势。艺术在族群政治、族群意象和族群表现中的作用也已经被许多学者所注意，并进行了场景性的田野民族志研究。

新的艺术人类学已经把注意力从小型社会转移到当代人类社会，观察和解释无所不在的艺术表现，运用人类学的理论和方法，分析作为现代人类社会重要组成部分之一的各种艺术表现。当代一些新的艺术人类学研究正在试图展现人类学与艺术、人类学与艺术主题、人类学与艺术体系之间不同的关系。反思人类学家所追求的是，对造成人类学关注于西方艺术实践本身的现状是什么的思考，他们的兴趣点关注于当代某些重要现象，并且不断地通过田野工作进行诘问：在国际范围内，艺术界对于有价值的“艺术作品”的“占有”行为的迷恋，“艺术作品”是如何成为“艺术作品”的，在“艺术作品”的认定和判断过程中，是通过怎样的赋权过程（empowering）使得权势（power）得以建立，权势怎样被人们接受及如何发挥作用；人类学家们已经研究了第三、第四世界社会“艺术”的“同化”现象，处在后殖民时代的这些社会中的某些已经得到较高评价的许多行为或者创造品，在被定义为“艺术”之后，又迅速地、程度大小不同地受到西方中心的艺术的“同化”；而另外一些原本似乎一钱不值的东西开始有了“价值”，受到外来者的追捧，变成了该社会新的、具有文化表征作用的“艺术”。非西方的艺术，在中国也许被称为“原生态的”艺术，已经登上了西方高傲的文化领地，或者繁华都市的舞台，而且其中不少似乎还成为了延续时间或长或短的时髦；在反思的艺术研究中，对以往艺术研究的基本立足点展开了批判性的论辩，究竟什么是“艺术”、“艺术”的评价过程中多种力量的扭结和纠缠，等等，甚至引发了概念的重新定义。

三

我们再将视点转向现今中国的艺术人类学。近年来，艺术人类学在中国蓬勃发展，不同专业的学者，特别是文艺美学和艺术研究的许多学者对艺术人类学开始有了更大的兴趣。2006 年 12 月 23 日至 24 日，中国艺术人类学学会成立大会暨学术研讨会在北京中国艺术研究院举行。中国艺术研究院院长、中国艺术人类学学会名誉会长王文章强调，艺术人类学着眼于艺术行为背后的文化，尊重文化的差异性，中国艺术人类学学会的建立，应该能够为中国非物质文化遗产保护工作的展开和建设中华民族“多元一体”的和谐社会作出自己的贡献。会长方李莉认为，跨学科的综合性研究已经成为人文社会学科发展的趋势。学术界越来越重视文化多样性，重视艺术与文化的关联性，等等，这都使得艺术学和人类学走到了一条可以相互交融、相互启发的道路。许多与会者相信，中国艺术人类学学会的正式成立将有助于拓宽传统艺术学研究的视野，这不仅是艺术学科自身发展的要求，更是这个文化变迁剧烈的时代提出的要求。

在中国，艺术人类学正成为人类学与美学、文艺学、艺术研究共同关注的学科增长点。但从中国艺术人类学学会已经召开的三次会议提交的论文来看，也应当注意到，在艺术人类学领域内部，还存在着多种互有差异的取向，以同样名义从事研究的学者却有着迥异的研究旨趣。

有些美学和文艺学背景的学者希望从人类学的跨文化资料即民族志中获取特别是与“原始民族”和非西方小规模社会有关的民俗艺术资料，来论证西方主流文艺学、美学中的某些论题，艺术的起源、美的本质这两个问题尤其受到这些学者的青睐。这种取向的艺术人类学显然成了丰富多彩的族群文化艺术研究的资料库。

人类学学科立场的艺术研究则本着人类学学科的立场，从“艺术的社会性”着手，要求艺术人类学研究各种艺术形式是如何以自己的方式来表达和塑造社会的道德观、价值观、审美观，探讨在艺术形式背后蕴含着什么样的文化逻辑和理念，以及文化逻辑在场景中得以表征或者转化于实践之中的过程。与有着美学和文艺学背景的学者所从事的艺术人类学研究对比，从当代人类学学科立场出发的艺术人类学主张以布迪厄的“实践”概念出发，具体考察民间社会中艺术与仪式及生计方式、婚姻形态、家庭类型、社会组织、宗教信仰、法律制度等其他文化领域之间的内在联系，即特定族群的民众如何通过对艺术的实践操作，在仪式、习俗、法律中来表达基本价值观念。这些主张与格尔兹“作为文化体系的艺术”观点相通，以此来着手进行他们自己的艺术人类学研究，在研究中也可以使其研究更具有人类学学科规范性。人类学家的这种努力固然扩大了艺术的范畴，甚至可能使传统研究有眼界大开的感觉。但是，也或多或少会让艺术研究圈内的学者和更广大的阅读者感到困惑：艺术本身的位置何在，人类学的艺术人类学研究是否靠艺术的谱？当着意去发现了文化价值、社会集体表象之类的东西时，对艺术影像性、体现（embodiment）、听觉感受等方面却缺乏深入的分析和讨论，总有隔靴搔痒之感。

如何就艺术本身说出一些以往的艺术研究中忽略甚至说不出、道不明的东西，依然是涉猎艺术领域的人类学家应当面对的挑战。遗憾的是至今也未能形成更多可供学界广泛借鉴的研究实践。笔者主张，艺术人类学研究应当从艺术入手，通过艺术形式分析、类型分析、结构分析、工艺过程和场景描述本身，进一步说明艺术背后的文化理念，说明这些艺术形式之为什么的问题，也有可能回答艺术研究者所关心的问题，如形式、情感、激情、想象之类。而这也恰恰是以人类学定位的艺术人类学下一步必须要努力通过人类学田野民族志个案研究解决的难题。

美学和文艺学背景的学者所研究的是艺术本身，而人类学的艺术研究大多以艺术为透镜，希望从中看到艺术之外的更广阔的社会文化内容。当然，跨界于多学科之间者也大有人在，只不过是更靠哪一边而已。针对国内学术发展的实际状况，从更好地发展学术研究的意愿出发，我们也许更应该将目前存在的艺术人类学看成三个层次的学术构成。

第一个层次，是以个案为基础的具体的艺术人类学案例分析与阐释，强调个案描述的细致和讨论的深入，可以称为艺术田野民族志（Art Ethnography）或研究艺术的田野民族志。当然，也可以根据不同研究者的兴趣，将自己的研究称为音乐田野民族志（Music Ethnography）、舞蹈田野民族志（Dance Ethnography）或者民间美术田野民族志（Folk Art Ethnography）等。这个层次的研究虽然也有各自不同的理论支撑，但田野民族志成功之作有可能借助更多的细节、更场景化的说明，为学科建构和更大范围的交流提供扎实的基础和广泛的前景。

第二个层次，是以不同学科定位出发的艺术人类学研究。人类学家主张的是关于艺术的人类学（Anthropology of Art），也就是通过艺术或者将艺术作为研究的切入点进行人类学的探讨。艺术研究学者强调借由人类学方法探讨所研究艺术门类的深入解释。文艺美学家可以或吸收人类学理论做出跨文化的美学思考，或通过人类学方法探讨跨文化艺术研究个案中的审美。在这个层面上，反映出学者们较大的差异性，这种差异性更多地基于各自的学科认同。艺术人类学可以被视为艺术学研究的一个分支，也可以说是人类学的分支学科，因为其研究的对象和内容在学科传统划分上被认为是艺术学的，但研究的理论、方法和视角却是人类学的。因此，也有人将艺术人类学视为一个交叉学科。方李莉主张，艺术人类学可以说是艺术学研究的一个分支，也可以说是人类学研究的一个分支，因为其研究的对象和内容是艺术学的，但研究的方法和视角却是人类学的。这种意见对于调解学科之间的冲突颇有帮助，但学科归属的模糊可能会导致学术研究失去方向感，特别是理论的立足点和突破方向。

第三个层次，可以把它看成是许多来自不同学科的研究者共同关心的研究领域的艺术人类学（Art Anthropologies）。方李莉认为，艺术人类学是一个跨学科的学术研究视野，是一种从人类学和艺术学的立场去认识世界的方法。作为人类学家和艺术学家来说，最重要的不是使这一方法成为一门学科，而是如何调整自己认识人、认识人所创造的文化、人所创造的社会、人所创造的人工世界等的角度与方式。方李莉主张人类学是没有学科的，并进而提出，作为一个学者的责任应当是：不仅是以全球性的眼光来平等看待人类不同历史时期、不同民族地区、不同社会阶层中的各种艺术。同时，也把艺术作为一个与社会各部分相互联系的整体来看待。也就是说，把艺术放在一个社会的网络空间中来认识，放在一个完整的、具体的生活情景中来理解，走出以往为艺术而艺术的象牙塔。

在这样的研究领域中，学科的纯洁性似乎已经不再被人们关注，而将注意力放在了跨学科的统一性方面。不过应当引起警戒的是，对学科的纯洁性与跨学科的统一性两者之间的关系必须进行很好的处理，才能够既有建立在学科基础上的理论追求，又有面对实际问题的跨学科交流。面对一个个实际的研究课题，在这样多元化的研究领域中，许多对相似研究感兴趣的学者共同协商和对话，似乎也就具有了更多的共通性和共同性。也许不必过分在意其他学者的立场，不必求全责备，不需要强迫其他人接受你个人的观点，每个学者都有自己特定的学术背景。在不同背景的学者对话中，彼此获得新的启发，不断加强和深化研究者个人的学术探索，从而共同促进这一学术领域的研究。

原载《思想战线》2011 年 01 期

王建民　中央民族大学教授

著作选介

【王一川主编《艺术学原理》】

王一川主编，2011 年 7 月北京师范大学出版社出版。该书是面向艺术学升格为独立学科门类后的学科发展实际，以新思路和新体例撰写的艺术学原理著作。该书立意在中国艺术学理论领域作出创新，主要从当代立场、新传统范畴、体制化思路和中西交融视野出发，对艺术与艺术学、艺术观念、艺术体制、艺术品、艺术门类、艺术与文化、艺术发展、艺术创作、艺术鉴赏、艺术批评作了新的阐述。特别是在中国古典“感兴”范畴及其现代形态“兴辞”的当代阐发、艺术体制思路的贯彻及当代艺术实例的分析等方面，提出了新问题和新见解。该书构思新颖，体例上有新开拓，实例丰富，论述浅显易懂，适合中等以上文化程度读者阅读，可用作高校艺术学、汉语言文学、哲学、历史学等专业课程教材，也可用作其他学科专业的通识课程教材，还可供其他艺术学理论及美学爱好者阅读。

【王一川主编《当代中国艺术学研究》】

王一川主编，2012 年 12 月中国社会科学出版社出版。该书论述了中华人民共和国成立至今六十多年间中国艺术学科发展状况，重点描述改革开放时代中国艺术学科的发展状况。以艺术学升门前通行的 8 个二级学科为基础，加上 3 个相关二级学科，系统论述了艺术学、美术学、设计艺术学、电影学、广播电视艺术学、戏剧戏曲学、舞蹈学、数字艺术学、书法学、建筑艺术学共 11 个二级学科的发展状况，勾勒出了这些二级艺术学科各自的发展概况、学术成果、学科发展、艺术创作、艺术教育、焦点问题等主要方面，以便使读者了解新中国成立六十多年来中国艺术学的基本发展脉络，感受当代中国艺术学的独特风貌。

【凌继尧主编《中国艺术批评史》】

凌继尧主编，2011 年 9 月上海人民出版社出版。该书是我国第一部艺术批评史。阐述了我国先秦汉代、魏晋南北朝、唐宋、元明清和近代艺术批评思想发展的历史。该书不是各种门类的艺术批评思想（如绘画批评、音乐批评、舞蹈批评、书法批评、戏剧批评、设计批评等）的发展史的集合，而是从各种门类艺术批评、诸子百家著述和两汉儒生注经中，抽取、提炼出适用于整个艺术批评的命题、概念、观点和思想加以系统的阐述。在写作上追慕冯友兰和朱光潜先生的写作风格，力求做到“有深度的通俗”。

【陈旭光著《艺术问题》】

陈旭光著，2012 年 7 月上海三联书店出版。书中论述了艺术学的概念、历史等基础性问题，以及艺术的功能、价值、人文意义等，并对艺术学理论的发展提出新的问题。从世界与存在的角度探讨艺术与客观世界的关系，生活是如何进入艺术表现，客观真实是如何转变成艺术真实等问题；从艺术家的角度探讨艺术家作为创造主体的种种特点，艺术创造的规律，情感、想象与审美心理的特点；从作品的角度研究艺术作品的形式和结构的构成规律和层次特征；从读者或观众接受的角度探讨艺术品进入接受的条件，欣赏者进行艺术接受的规律等。

【朱志荣著《中国艺术哲学》】

朱志荣著，2012年6月华东师范大学出版社出版。该书共分为五个部分：绪论、主体、本体、特质、神采、流变。作者在借鉴西方系统理论作为参照坐标的基础上，对中国古代的艺术理论所作的一种梳理、概括和总结，其中体现了作者对中国古代艺术思想的哲学思考和当代意识。中国艺术思想中的独特的范畴、诗性的思维方式和强烈的生命意识等，是值得继承和发扬的。该书不仅有助于深化中国艺术史、艺术理论史和艺术批评史的研究，推进当代的艺术创作欣赏和批评，而且可以为世界艺术提供宝贵的理论资源。

【张晶著《艺术美学论》】

张晶著，2012年5月中国文联出版社出版。该书分上中下三部分。上编思辨形态的艺术美学，中编中国古代的艺术美学，下编当代艺术美学。书中彰显了艺术之美，解答了艺术的审美规律，探索了文学与艺术的审美共通性，阐释了艺术美学的建构之维。作者以严谨的思辨，充沛的文气，优美的笔致，从思辨形态的艺术美学、中国古代艺术美学和当代艺术美学三个角度、诸多论域，建构了具有各种艺术形态通识共性的美学理论。

【高建平著《中国艺术的表现性动作——从书法到绘画（英汉对照）》】

高建平著、张冰译，2012年7月时代出版传媒股份有限公司、安徽教育出版社出版。“从书法到绘画”，是作者研究的一个整体对象，作者运用现代理论，从新的角度和新的概念，对中国传统艺术做了别开生面的研究，认为书法和绘画共同的核心的美学特质就是“表现性动作”。作者详细探讨了绘画的“动作”：表演、表现和力量，势、韵律和时间，得出中国传统绘画的艺术本质，一是“穿透世界的表象”，二是“通过动作展示自我”。此书是对中国画论中所包含的美学观念进行整理，建构一套观念体系，并以此与当代美学对话。

【陈星主编《丰子恺艺术与艺术教育研究》】

陈星主编，2012年10月中国社会科学出版社出版。该书收录论文28篇，文章主要集中在两方面，即艺术和艺术教育。前者涉及绘画（主要是漫画）、音乐、书法以及美学理论等。后者相应地涉及绘画、书法、音乐以及古诗词等领域的研究。书中文章高度肯定了丰子恺独特的美学思想，对其漫画给予了深入分析和高度评价，辩证地定位了丰子恺的艺术思想价值，尤其突出评价其在艺术教育（特别是音乐教育）方面的贡献。

【夏燕靖著《中国现当代艺术学史》（上卷）】

夏燕靖著，2011年12月南京大学出版社出版。该书力求对中国现当代艺术学史的基本面貌作一个比较清晰的梳理，同时针对叙述历史过程中所涉及的史学脉络、史料采用、史学观点和研究方式等问题进行必要的探究。

【黄惇、夏燕靖主编《中国艺术理论文献读本（古代卷）》】

黄惇、夏燕靖主编，2012 年 12 月北京大学出版社出版。该书所选篇目为中国古典艺术理论发展史上具有代表性或有较大影响的原初文本，入选的原则是择取其实质性的理论观点及其精辟的阐释，力求完整体现中国古典艺术理论的精髓。该书共分五篇：诗文篇、乐论篇、曲论篇、画论篇、书印论篇和工艺论篇。代表篇目有:《毛诗序》、陆机《文赋》、刘勰《文心雕龙·神思》、钟嵘《诗品·序》、严羽《沧浪诗话·诗辩》、嵇康《声无哀乐论》（节选）、周德清《中原音韵自序》、宗炳《画山水序》、张彦远《历代名画记》（节选）、杨衒之《洛阳伽蓝记》、宋应星《天工开物》等计 72 篇。该书可作为艺术学专业研究生教材。

【姜耕玉著《艺术辩证法：中国智慧形式》】

姜耕玉著，2012 年 3 月高等教育出版社出版。此前，该书曾由高等教育出版社于 2006 年 1 月出版。该书作者凭借深厚的艺术理论素养和多年的创作经验，从深入考察中国文化背景、哲学渊源及中西方不同的思维方式中，进行对古代艺术辩证法资源的开发的现代阐释，发掘其特点和优势，彰显其原创的中国元素，建构了关于经验方法的艺术辩证法的理论体系。其分析涉及美术、音乐、舞蹈、书法、文学、戏剧、园林、建筑等各门艺术实践，凸显艺术之精要、之妙谛。该书不仅可作为艺术学专业研究生基础课教材、文科类专业高年级本科生的公共选修课教材，还可以作为艺术研究者、艺术创作者与广大艺术爱好者的参考读物。

【万庆华著《艺术欣赏——体系与理论架构》】

万庆华著，2012 年 4 月山东美术出版社出版。该书是关于艺术欣赏理论的著作，分别论述了艺术欣赏对象、艺术欣赏本质、艺术欣赏条件、欣赏心理机制、欣赏心理定式以及艺术欣赏价值，全面解析了艺术欣赏的各个侧面。

【郭继生主编《中国艺术之特质》】

郭继生主编，2012 年 4 月黄山书社出版。该书是台湾地区“文化中国”丛书中的一本，最早于 1982 年 10 月由台湾联经出版公司出版，丛书共 12 册，共计 400 万字，10 个主题，以“中国文化新论”之名讨论了文明的起源、思想、文学、科技、制度、经济、学术、社会、艺术、宗教礼俗等方面，涉及中国历史与文化的各个层面，组合成一幅较为完整而丰富的中国文化图像。该书是关于中国传统视觉艺术的论文集，从美学思想到青铜器、玉器、陶瓷、雕塑、书法、绘画、文人生活工艺品、建筑等都有讨论，时间跨度由古代而至近代（清朝），作者共 11 位，均是在中国艺术史或文物史领域长期从事研究工作的专家学者。该书提供了各种具体艺术形态的系统知识和看法，具有艺术分类历史的框架，为了解台湾地区学者认识中国古代艺术状况提供了参考。

【朱立元编《艺术美学辞典》】

朱立元编，2012 年 8 月上海辞书出版社出版。该辞典收入艺术美学的有关名词术语约 1500 条，包括总类、艺术美学原理、艺术美学门类、思潮风格流派、外国艺术美学史、中国艺术美学史等大类，分为美、审美、美感、特征及属性、形式及手法、风格与流派等小类，以及文学、绘画、雕塑、音乐、舞蹈、建筑、园林、戏剧、戏曲、曲艺、电影、摄影、书法、篆刻等艺术门类。特点：（一）集中于名词术语，不收人物、著作、刊物、团体组织、事件会议等；（二）释文中，学术上已有定论的，按定论介绍，尚无定论的，则以一说为主，诸说并存；（三）释文中外国（日本、朝鲜、越南等国除外）重要艺术美学人物的外文名，有“外国美学人名中外文对照表”可参阅；（四）正文前设有分类词目表，书末设有词目笔画索引和词目外文索引。

论文选目

【学科升级与学科建设】

1. 陈飞龙、李新风、宋建林、孙伟科、刘永明：《中国“十一五”期间艺术基础理论研究》，《文艺理论与批评》2011 年 01 期

2. 张法：《艺术学：复杂演进和术语纠缠》，《文艺研究》2011 年 03 期

3. 刘悦笛：《当代中国艺术：建构“新的中国性”——从“去中国性”到“再中国性”之后》，《艺术百家》2011 年 03 期

4. 仲呈祥：《中国当前艺术学学科发展的若干问题》，《艺术百家》2011 年 04 期

5. 凌继尧：《艺术学理论的二级学科的设置》，《艺术百家》2011 年 04 期

6. 陈池瑜：《理论创新：艺术学理论学科的根本任务》，《艺术百家》2011 年 04 期

7. 周星：《文化视野中的艺术学门类建构思考》，《艺术百家》2011 年 04 期

8. 于平：《艺术学：独立学科门类的学域扩张与学理建构》，《艺术百家》2011 年 04 期

9. 王廷信：《艺术学理论的使命与地位》，《艺术百家》2011 年 04 期

10. 楚小庆：《当代中国文化建设背景下艺术学理论学科发展的若干问题》，《艺术百家》2011 年 04 期

11. 李心峰：《艺术学升格为门类学科的思考》，《中国文化报》2011 年 5 月 4 日

12. 李荣有、汪洁：《抓住机遇，乘势而上，牢牢把握学科发展主动权——艺术学学科发展新向度暨对策研究高端国际论坛综述》，《艺术百家》2011 年 05 期

13. 蔡武：《谋划学科建设蓝图求索艺术发展大计——在艺术学学科建设座谈会上的讲话》，《艺术百家》2011 年 06 期

14. 王文章：《中国艺术学的当代建构》，《文艺研究》2011 年 06 期

15. 彭吉象：《构建中国艺术学理论学科体系》，《艺术百家》2011 年 06 期

16. 贾涛：《从诗意栖息到艺术生活——艺术学理论一级学科发展取向》，《艺术百家》2011 年 06 期

17. 王立新、李平原：《2011 综合性大学艺术学科发展论坛会议综述》，《现代传播（中国传媒大学学报）》2011 年 08 期

18. 《文化部召开艺术学学科建设专家座谈会发言摘录》，《光明日报》2011 年 11 月 4 日

19. 夏洛特·克隆克：《艺术史与交叉学科性》，常宁生译，《艺术学研究（第 5 卷）》2011 年

20. 曹意强：《艺术学科的之套车》，《新美术》2011 年 12 期

21. 仲呈祥：《当前中国艺术学学科建设发展中的几个问题》，《艺术百家》2012 年 01 期

22. 赵剑英、刘悦笛：《重启美学艺术学译介新格局——“美学艺术学译文丛书”总序》，《艺术百家》2012 年 01 期

23. 潘源、任慧：《建构国家荣誉制度的历史创举——首届中华艺文奖颁奖典礼隆重举行》，《文艺研究》2012 年 01 期

24. 文化部文化科技司：《抓住机遇，乘势而上，进一步提高艺术科研水平》，《艺术百家》2012 年 02 期

25. 邢莉：《艺术学理论一级学科的解读》，《东南大学学报（哲学社会科学版）》2012 年 02 期

26. 王一川:《艺术学门下需要艺术学理论吗?》,《文艺争鸣》2012 年 03 期
27. 郁火星:《西方艺术研究中的马克思主义方法》,《东南大学学报》2012 年 03 期
28. 梁玖:《艺术学独立为门类之后的四个核心问题》,《艺术百家》2012 年 06 期
29. 仲呈祥:《艺术的自觉、自信、自强与艺术学学科的发展》,《艺术学研究(第 6 卷)》2012 年
30. 李心峰:《谈艺术学门类学科升级》,《艺术学研究(第 6 卷)》2012 年
31. 周星:《中国艺术学建立门类的价值意义分析》,《艺术学研究(第 6 卷)》2012 年
32. 徐子方:《当代中国艺术学学科错位及在中国大陆地区的出路 —— 兼论艺术学升格为学科门类的问题》,《艺术学研究(第 6 卷)》2012 年
33. 王廷信:《关于艺术学升级为门类的缘起、争议和一致意见的达成》,《艺术学研究(第 6 卷)》2012 年
34. 黄惇:《从不自觉走向自觉的艺术学理论研究—— 关于艺术学理论学科研究对象及研究方法的几点思考》,《艺术学研究(第 6 卷)》2012 年
35. 邢莉:《对艺术学理论学科定义的反思》,《艺术学研究(第 6 卷)》2012 年
36. 陈孟昕:《关于艺术学升格为学科门类后的思考》,《艺术学研究(第 6 卷)》2012 年
37. 黄永健:《升格与建设——艺术学升格之后学科建设思考》,《艺术学研究(第 6 卷)》2012 年
38. 王谦:《门类艺术学研究与艺术学理论研究的重叠与区分—— 有关艺术学学科划分的几点思考》,《艺术学研究(第 6 卷)》2012 年
39. 祝帅:《"艺术学"的原点与取向——艺术学理论体系建设的学科背景与学术资源》,《艺术学研究(第 6 卷)》2012 年
40. 居其宏:《综合舞台艺术学与艺术学学科目录修订》,《艺术学研究(第 6 卷)》2012 年

【艺术基础理论研究】

1. 贺盈:《米利波・希尔特美学观与网络媒体审美化》,《文艺研究》2011 年 01 期
2. 钟雅琴:《"美学与文化生态建设"国际论坛综述》,《文艺研究》2011 年 01 期
3. 龙迪勇:《图像叙事中的主题——并置叙事》,《艺术百家》2011 年 01 期
4. 李世涛:《历史嬗变中的中国审美现代性——兼及中国审美现代性的特征》,《艺术百家》2011 年 01 期
5. 长北:《中和圆融——中华传统艺术与文化传统之关系研究事》,《艺术百家》2011 年 01 期
6. [美] 弗雷德里克・透纳:《艺术往哪里去》,帅慧芳译,《艺术百家》2011 年 01 期
7. 李荣有:《艺术与生活三题》,《艺术百家》2011 年 01 期
8. 邢文:《道与史前艺术——作为宇宙论的中国艺术溯源》,《民族艺术》2011 年 01 期
9. 《全国报刊民族民间文化艺术研究论文索引》,《民族艺术》2011 年 01 期
10. 张永清:《问题与思考:英伽登文论研究三十年》,《文艺研究》2011 年 02 期
11. 李宏:《论瓦萨里的一个艺术理论概念》,《文艺研究》2011 年 02 期
12. 董学文:《有一种批评方法不能遗忘——读〈陈涌文论选〉》,《文艺理论与批评》2011 年 02 期
13. 杨娟:《陈涌文艺思想暨社会主义文艺理论建设学术研讨会综述》,《文艺理论与批评》2011 年 02 期
14. 邓树强、熊元义:《理论的贫困与批评的浮躁》,《文艺理论与批评》2011 年 02 期
15. 当代文艺批评现状研究课题组:《当前文艺批评现状的分析研究》,《文艺理论与批评》2011 年 02 期
16. 陶思炎:《民俗艺术研究的历史回顾》,《民族艺术》2011 年 02 期

17. 张伟:《国家创新体系与艺术理论创新》,《艺术百家》2011 年 02 期

18. 姜耕玉:《艺术的直观感悟的经验思维》,《艺术百家》2011 年 02 期

19. [美] 查理斯·W. 哈豪森:《两种艺术史:博物馆与大学》,陈浩译,《艺术百家》2011 年 02 期

20. 长北:《传神写意——中华传统艺术与文化传统之关系研究》,《艺术百家》2011 年 02 期

21. 刘道广:《论"艺术史"与"美术史"内容的差异》,《艺术百家》2011 年 02 期

22. 彭锋:《艺术为何物?——20 世纪的艺术本体论研究》,《文艺研究》2011 年 03 期

23. 蒋永青:《中国当代艺术的逻辑起点——新时期以来"语言写实主义"的实践轮廓》,《文艺研究》2011 年 03 期

24. 王杰、徐方赋:《美学·社会·政治——托尼·本尼特访谈录》,《文艺研究》2011 年 03 期

25. 汤凌云:《"胸有成竹"与"胸无成竹"》,《文艺研究》2011 年 03 期

26. 熊金星:《文艺的理想与现实的发展》,《文艺理论与批评》2011 年 03 期

27. [美] 阿瑟·丹托:《艺术过去的形态:东方与西方的比较》,帅慧芳译,《艺术百家》2011 年 03 期

28. [美] 柯提斯·卡特:《中国当代艺术:来自城市化和全球化的挑战》,帅慧芳译,《艺术百家》2011 年 03 期

29. [美] 玛丽·魏斯曼:《当代中国艺术中的性别化"身体"》,帅慧芳译,《艺术百家》2011 年 03 期

30. 陈望衡:《艺术能够拯救地球——美国当代艺术家帕特丽夏·约翰松的环境工程》,《艺术百家》2011 年 03 期

31. 张伟:《人类创造的不同文化形式——艺术与科学的文化共生性与互动性》,《艺术百家》2011 年 03 期

32. 韩波:《关于民俗艺术作品的界定及影响作品生成的主要思维》,《艺术百家》2011 年 03 期

33. [英] 大卫·莫利:《媒介理论、文化消费与技术变化》,张道建译,《文艺研究》2011 年 04 期

34. 夏中义:《〈文心雕龙〉创作论体例深层分析——兼及王元化 20 世纪 60 年代文艺观暨精神境况》,《文艺研究》2011 年 04 期

35. 王杰、许娇娜:《从伊格尔顿研究到新自由主义批判——大卫·奥尔德森访谈录》,《文艺理论与批评》2011 年 04 期

36. 段吉方:《马克思主义美学在英国:一种独特的文化传统的起源与发展》,《文艺理论与批评》2011 年 04 期

37. 韩德信:《马克思实践哲学:当代文学理论发展的理论基础》,《文艺理论与批评》2011 年 04 期

38. 杨娟:《当代文艺批评的现状与前沿问题》,《文艺理论与批评》2011 年 04 期

39. 田阡:《非物质文化遗产保护视野下的民间艺术及其传承》,《民族艺术》2011 年 04 期

40. 肖伟胜:《视觉文化的衍生与艺术史转向》,《文艺研究》2011 年 05 期

41. 王元骧:《李泽厚美学的思想基础还是历史唯物主义吗?——兼与刘再复商榷》,《文艺研究》2011 年 05 期

42. 李公明:《论台湾现代艺术论战中的徐复观》,《文艺研究》2011 年 05 期

43. 吴雪莲:《中国当代公共艺术的两难境地——以〈深圳人的一天〉为例》,《文艺研究》2011 年 05 期

44. 张梦阳:《鲁迅文艺理论批评的现实启悟》,《文艺理论与批评》2011 年 05 期

45. 刘峰杰:《"文学再政治化"的理论探索与建构——读曾永成〈文艺政治学引论〉》,《文艺理论与批评》2011 年 05 期

46. 王本朝:《以美育代宗教与中国现代美学的身份认同》,《艺术百家》2011 年 05 期
47. 长北:《大象之美——中华传统艺术与文化传统之关系研究》,《艺术百家》2011 年 05 期
48. 陶东风:《"文艺与记忆"研究范式及其批评实践——以三个关键词为核心的考察》,《文艺研究》2011 年 06 期
49. 曾繁仁:《生态存在论美学视野中的自然之美》,《文艺研究》2011 年 06 期
50. 秦勇:《"本质"、"体系"与"实践"的意义重现——陆贵山教授〈文艺理论与文艺批评〉的学术价值》,《文艺理论与批评》2011 年 06 期
51. 韩永进:《社会主义文化理论的新发展——论中国特色社会主义文化理论》,《艺术百家》2011 年 06 期
52. 王一川:《当代艺术创新人才及其创新素养》,《艺术百家》2011 年 06 期
53. 金雅:《关于艺术学理论学科属性和价值纬度的思考》,《艺术百家》2011 年 06 期
54. 周计武:《语境的错位——米勒的"文学终结论"在中国》,《艺术百家》2011 年 06 期
55. 盛宁:《走出"文化研究"的困境》,《文艺研究》2011 年 07 期
56. 胡继华:《媒介与解构双重视野下的〈尤利西斯〉》,《文艺研究》2011 年 07 期
57. 高名潞:《没有线条的历史——对中国当代艺术史叙事的思考》,《文艺研究》2011 年 07 期
58. 杨戈斌:《"抽象表现主义"与美国艺术的崛起》,《文艺研究》2011 年 07 期
59. 石了英:《道家美学精神与现代诗艺的融合——叶维廉教授访谈录》,《文艺研究》2011 年 08 期
60. 张兴成:《"重写书法史"与艺术经典的泛化问题》,《文艺研究》2011 年 08 期
61. 吴增定:《〈艺术作品的本源〉与海德格尔的现象学革命》,《文艺研究》2011 年 09 期
62. 朱青生:《艺术史在中国——论中国的艺术观念》,《文艺研究》2011 年 10 期
63. 刘国鹏:《中西"自然观"的差异及其对艺术的影响》,《艺术评论》2011 年第 10 期
64. 周宪:《美学的危机或复兴?》,《文艺研究》2011 年 11 期
65. 刘悦笛:《近代中国艺术观源流考辨——兼论"日本桥"的历史中介功能》,《文艺研究》2011 年 11 期
66. 李冰:《中国首先要解决当代艺术的标准问题——旅美艺术家丁绍光先生访谈录》,《文艺研究》2011 年 11 期
67. 刘铭:《论温克尔曼的古代艺术史观》,《文艺研究》2011 年 11 期
68. 王燕飞:《"主义"内外:有女性自画像的艺术家群像》,《文艺研究》2011 年 11 期
69. 顾平:《艺术史研究中的艺术考古学方法》,《文艺研究》2011 年 11 期
70. 凌继尧:《中国艺术批评史的研究对象和方法》,《江西社会科学》2011 年 11 期
71. 张晶:《艺术媒介论》,《文艺研究》2011 年 12 期
72. 吕澎:《"溪山清远"的当代含义——关于中国当代艺术史书写的语境问题》,《文艺研究》2011 年 12 期
73. 向以鲜:《清远有多远?——关于"溪山清远"的历史语境考辨》,《文艺研究》2011 年 12 期
74. 李明军、熊元义:《文艺批评与文艺争鸣》,《艺术评论》2011 年 12 期
75. 邵宏:《古代西方的"艺术"概念》,《艺术学研究》2011 年
76. 何琦:《朝圣与中世纪艺术的传播——圣雅各朝圣路与罗马式国际艺术风的形成和扩散》,《艺术学研究(第 5 卷)》2011 年
77. 李衍柱:《西方思维方式与文艺学研究方法综论》,《艺术学研究(第 5 卷)》2011 年
78. 洪颖:《19 世纪中后期以来国外艺术人类学研究述评》,《艺术学研究(第 5 卷)》2011 年
79. [英] 保罗・洪堡:《反艺术与艺术概念》,邢莉译,《艺术学研究(第 5 卷)》2011 年
80. [英] 保罗・伍德:《现代主义与先锋的理念》,常宁生译,《艺术学研究(第 5 卷)》2011 年

81. ［英］大卫·霍普金斯:《杜尚的现成品与反美学本质的表现形式》，邢莉译，《艺术学研究（第5卷)》2011年

82. ［英］卡罗林·瓦尔德:《阿尔贝蒂与现代艺术理论的形成》，邢莉译，《艺术学研究（第5卷)》2011年

83. ［美］斯威特拉娜·阿尔珀斯:《视觉文化与荷兰艺术的关系》，张康译，《艺术学研究（第5卷)》2011年

84. ［美］迈克尔·利加:《重构抽象表现主义——性别与主体性》，丁亚雷译，《艺术学研究（第5卷)》2011年

85. ［英］苏珊娜·斯特恩一吉莱:《新柏拉图主义美学》，邢莉译，《艺术学研究（第5卷)》2011年

86. ［法］伊夫·米肖:《艺术乌托邦的终结》，尹宵译，《艺术学研究（第5卷)》2011年

87. 宋建林:《艺术传播功能的复合系统》，《艺术学研究（第5卷)》2011年

88. 孙晓霞:《当代艺术语境特征解析》，《艺术学研究（第5卷)》2011年

89. 崇秀全:《美在秩序·适宜·上帝——奥古斯丁和谐美学的三个向度》，《艺术学研究（第5卷)》2011年

90. 孙晓霞:《民众艺术与城市文化——兼论民众艺术的生产语境结构特征》，《艺术学（第5卷第3辑)》2011年

91. 赵炎秋:《异质与互渗：艺术视野下的文字与图像关系研究》，《文艺研究》2012年01期

92. 甘霞明:《图像时代的当代艺术》，《文艺研究》2012年01期

93. 崔柯:《文本与主体革命——克里斯特娃的文本理论》，《文艺理论与批评》2012年01期

94. 姜耕玉:《中国古代原创性理论的发掘——〈艺术辩证法——中国智慧形式〉（修订本）序言》，《贵州大学学报（艺术版)》2012年01期

95. 夏燕靖:《钩沉与还原：中国现当代艺术学史的多视域整合》，《艺术百家》2012年01期

96. 简圣宇、梁冬华:《第七届全国艺术学学会年会暨“地域文化与艺术”学术研讨会综述》，《艺术百家》2012年01期

97. 赵剑英、刘悦笛:《重启美学艺术学译介新格局——“美学艺术学译文丛书”总序》，《艺术百家》2012年01期

98. 李小贝:《对一个思想者的重新发现——〈马尔库塞美学思想研究〉读后》，《文艺理论与批评》2012年02期

99. 陈旭光:《艺术学作为人文学科的人文意义和人文价值》，《艺术百家》2012年02期。

100. 姜君臣:《西方“新艺术运动”的东方化启示》，《艺术百家》2012年02期

101. 段明:《基础性与应用性研究并重推动重庆艺术科研工作又好又快发展》，《艺术百家》2012年02期

102. 王一川:《论艺术可赏质——艺术公赏力系列研究之三》，《当代文坛》2012年02期

103. 荒林:《日常生活价值重构——女性主义经验批评的中国诗学定位》，《文艺研究》2012年03期

104. 于文秀:《露丝·伊利格瑞的阴性女性理论》，《文艺研究》2012年03期

105. 冯巍:《论文学批评的职责——在组约学派文化批评视野下的审视》，《文艺理论与批评》2012年03期

106. 王一川:《通向公民社会的艺术批评》，《艺术评论》2012年03期

107. 黄鸣奋:《艺术身体观三大范式比较》，《艺术百家》2012年03期

108. 朱青生、王思泓:《艺术组的存在与价值》，《东方艺术》2012年03期

109. 陈望衡、张健:《大地艺术对美国“荒野精神”的反思》,《艺术百家》2012 年 03 期

110. 朱志荣:《中国艺术的体势观》,《艺术百家》2012 年 03 期

111. 张楠木:《宗白华〈美学散步〉之“双维美学”》,《民族艺术》2012 年 03 期

112. 董晓丽:《理性地栖居:艺术中的抽象维度》,《民族艺术》2012 年 03 期

113. 陶东风:《核心价值体系与大众文化的有机融合》,《文艺研究》2012 年 04 期

114. 彭彤:《隐痛:中国当代艺术的蔑视经验——基于霍耐特承认理论的社会病理学分析》,《文艺研究》2012 年 04 期

115. 陈建军:《为什么替代?替代什么?为了谁?——西方当代艺术展览的替代空间》,《文艺研究》2012 年 04 期

116. 董学文:《海德格尔和马克思反形而上学的区别——评一种所谓“暗合论”的美学观》,《文艺理论与批评》2012 年 04 期

117. 刘涵:《当代艺术批评现状的反思》,《文艺理论与批评》2012 年 04 期

118. 廖明君、练春海:《视觉形象材料与早期中国的文化艺术——练春海博士访谈录》,《民族艺术》2012 年 04 期

119. 耿波、张士闪:《艺术民俗批评的整体性建构及其批评转向》,《民族艺术》2012 年 04 期

120. 张法:《“文艺”一词的产生、流衍和意义》,《文艺研究》2012 年 05 期

121. 马大康、孙鹏程:《跨越自律性与功利性之间的鸿沟——论萨特的文学艺术虚构观》,《文艺研究》2012 年 05 期

122. 江德兴、楼健:《论美是社会的最高价值》,《艺术百家》2012 年 05 期

123. 曾永成、艾莲:《关于形象思维和马克思主义认识论的几个问题——论思维与抽象、形象、想象和直觉的关系》,《艺术百家》2012 年 05 期

124. 刘悦笛:《艺术品如何存在与何以分类——分析美学的“艺术本体论”研究之一》,《艺术百家》2012 年 05 期

125. 成中英、朱志荣:《本体美学的研究方法》,《艺术百家》2012 年 05 期

126. 陶东风、和磊:《当代中国文艺学研究(1949—2009)》,《文艺研究》2012 年 06 期

127. 刘悦笛、李修建:《当代中国美学研究(1949—2009)》,《文艺研究》2012 年 06 期

128. 吴东弓:《文化性格与艺术主题的流变》,《文艺研究》2012 年 06 期

129. 关莉丽:《中国化马克思主义文艺理论研究的开创与继承——陆梅林学术思想研讨会会议纪要》,《文艺理论与批评》2012 年 06 期

130. 微尘:《大众视野通俗精神——从〈美的哲学〉与〈中国美学史话〉谈起》,《文艺理论与批评》2012 年 06 期

131. 王为群:《当前生态文艺学研究的得与失》,《文艺理论与批评》2012 年 06 期

132. 肖琼、龙昕:《超越后现代:走向社会主义实践伦理学》,《文艺理论与批评》2012 年 06 期

133. 宋安妮:《从“接受美学”透视文学翻译中的“文化误读”现象》,《文艺理论与批评》2012 年 06 期

134. 阎国忠:《艺术的悖论——积淀在艺术概念里的人类智慧》,《艺术百家》2012 年 06 期

135. [英] 阿克塞尔·霍耐特:《日常生活审美化》,尹岩松译,《艺术百家》2012 年 06 期

136. 楚小庆:《艺术学理论的核心作用是引领当代中国文化发展方向》,《艺术百家》2012 年 06 期

137. 顾明栋:《从元气到文气:作为艺术创造总体性理论的文气论》,《艺术百家》2012 年 06 期

138. 金雅:《为什么重提“人生艺术化”》,《艺术百家》2012 年 06 期

139. 周计武:《审美文化中作为感性形式的怪诞》,《艺术百家》2012 年 06 期

140. 刘承华:《文化对艺术的影响机制——兼及艺术的文化学阐释路径》,《艺术百家》2012 年

06 期

141. 徐津:《中国艺术生态与艺术区发展研究》,《艺术百家》2012 年 06 期

142. 韩中健:《现代美育观的当下意义》,《艺术百家》2012 年 06 期

143. 宋伟:《现代本体论视域中的艺术本体论问题》,《文艺研究》2012 年 07 期

144. 曹晖:《论西方艺术的视觉形式与主体性》,《文艺研究》2012 年 07 期

145. 王志亮:《前卫理论的修正与推进——本雅明·布赫洛新前卫理论的出发点及其目的》,《文艺研究》2012 年 08 期

146. 杜卫、冯学勤:《以美正心:中国现代审美功利主义与儒家心性文化传统》,《文艺研究》2012 年 09 期

147. 黄应全:《让·鲍德里亚的"挥霍美学"》,《文艺研究》2012 年 09 期

148. 张江:《当代西方文论:问题和局限》,《文艺研究》2012 年 10 期

149. 周宪:《当代视觉文化与公民的视觉建构》,《文艺研究》2012 年 10 期

150. 王晓平:《"以中国形象为方法"的方法论问题——评周宁跨文化研究系列论著》,《文艺研究》2012 年 10 期

151. 朱国华:《阿多诺的大众文化观与中国语境》,《文艺研究》2012 年 11 期

152. 阎嘉:《艺术的边界、高雅艺术与艺术的功用——评约翰·凯里〈艺术有什么用?〉》,《文艺研究》2012 年 11 期

153. 陈杰:《有意义的观看》,《文艺研究》2012 年 11 期

154. 彭锋:《当代艺术中的回归》,《美术观察》2012 年 11 期

155. 周青:《艺术阐释的刻度》,《艺术评论》2012 年 12 期

156. 钟远波:《"误读"——中国当代艺术的一种策略》,《文艺研究》2012 年 12 期

157. 张小兵:《影响拉布楞寺院景观艺术审美情感的文化因素》,《文艺研究》2012 年 12 期

158. 孙绍谊、郑涵:《数字新媒体时代的社会、文化与艺术转型》,《文艺研究》2012 年 12 期

159. 袁恩培、徐顺智:《论艺术学与艺术发生学学科建构——以格罗赛〈艺术的起源〉为研究对象》,《艺术百家》2012 年 S2 期

160. 蒋晖:《研究的视角转变——试论当下社会语境中的女性主义艺术理论》,《艺术百家》2012 年 02 期

161. 张丹:《超越现代主义:"波普"所引发的艺术语言的转向》,《艺术百家》2012 年 02 期

162. 沙韦男:《论悲剧精神之美学》,《艺术百家》2012 年 02 期

163. 何亦邨:《"本土丑"与"西洋丑"的隔空对话——论中西方"丑的艺术"的契合之处》,《艺术百家》2012 年 S2 期

164. 刘道广:《中国艺术学研究"特色"论》,《艺术学研究(第 6 卷)》2012 年

165. 夏燕靖:《以艺术学元理论与本理论研究为要义》,《艺术学研究(第 6 卷)》2012 年

166. 薛龙春:《对艺术史研究方法的认识》,《艺术学研究(第 6 卷)》2012 年

167. 翁再红:《试论艺术学理论学科的研究生毕业论文写作模式》,《艺术学研究(第 6 卷)》2012 年

168. 孙晓霞:《艺术生产的三种形态分析》,《艺术学研究(第 6 卷)》2012 年

169. 周计武:《现代艺术神话的生产与消解》,《艺术学研究(第 6 卷)》2012 年

170. 钱竞:《蔡仪和新美学》,《艺术学研究(第 6 卷)》2012 年

【艺术管理与艺术教育】

艺术管理类：

1. 《全国艺术科学“十一五”研究状况及“十二五”发展趋势调研报告（三）》，《艺术百家》2011 年 01 期
2. 刘明亮：《对北京 798 艺术区当下发展困境的分析》，《文艺理论与批评》2011 年 01 期
3. 白艳霞：《〈经济审美化研究〉在当代中国美学研究中的价值与意义》，《艺术百家》2011 年 02 期
4. 赵晓红、汪博：《艺术让城市更美好——第六届全国艺术学学术研讨会综述义》，《艺术百家》2011 年 02 期
5. 田军亭、小石：《国家社会科学基金艺术学规划项目》，《艺术百家》2011 年 02 期
6. 田军亭、小石、晓理：《国家社会科学基金艺术学规划项目》，《艺术百家》2011 年 03 期
7. 长北：《当代中国艺术学学科建设中的学者素养与人才培养问题》，《艺术百家》2011 年 03 期
8. 《2011 年度“国家文化科技提升计划”立项项目》，《艺术百家》2011 年 04 期
9. 王滨：《当代文化产业发展背景下的产业链、产业集群文化与招商引资》，《艺术百家》2011 年 05 期
10. 叶烨、刘学：《宋代士大夫艺术品消费能力考查》，《艺术评论》2011 年 07 期
11. 于长江：《聚艺特区——关于深圳艺术群体与艺术社区的讨论》，《艺术评论》2011 年 04 期
12. 管斌：《以“课”育德：艺术院校学生实施艺德教育的主体路径》，《艺术百家》2011 年 06 期
13. 李蔚：《面向“十二五”全国艺术科研管理工作以创新促发展》，《艺术百家》2011 年 06 期
14. 王廷信：《艺术进入创意产业的基本态度和路径》，《河南社会科学》2011 年 11 期
15. 吴兴明：《重建生产的美学——论解分化及文化产业研究的思想维度》，《文艺研究》2011 年 11 期
16. 李倍雷：《文化产业与中国当代艺术市场的思考》，《艺术学（第 5 卷第 3 辑）》2011 年
17. 倪进：《中国艺术品市场金融化探讨》，《艺术学（第 5 卷第 3 辑）》2011 年
18. 李敏、陈文平：《授权与监督：论原创主体与中介机构关系的几个问题——艺术市场管理研究》，《艺术学（第 5 卷第 3 辑）》2011 年
19. 易旭明、倪琳：《当代艺术的国际贸易与文化传播》，《艺术学（第 5 卷第 3 辑）》2011 年
20. 金丹元、文斌：《关于当下中国艺术法规滞后性的思考》，《艺术学（第 5 卷第 3 辑）》2011 年
21. 黄永健：《文化创意产业中的艺术原创》，《艺术学（第 5 卷第 3 辑）》2011 年
22. 郭必恒、韩冠杰：《中国艺术作为产业的对外推广策略研究——以电影产业为例》，《艺术学（第 5 卷第 3 辑）》2011 年
23. 刘桂荣：《数字艺术创意产业与民间艺术的发展》，《艺术学（第 5 卷第 3 辑）》2011 年
24. 高迎刚：《欧美国家艺术管理人才培养模式探析》，《艺术学（第 5 卷第 3 辑）》2011 年
25. 赵刘：《技术复制与艺术产业》，《艺术学（第 5 卷第 3 辑）》2011 年
26. 景怀宇：《北京艺术区的品牌建设刍议》，《艺术评论》2012 年 01 期
27. 张伟：《艺术跨界与艺术观念的变迁》，《艺术评论》2012 年 01 期
28. 田川流：《艺术管理的当代使命与基本原则》，《汕头大学学报（哲学社会科学版）》2012 年 01 期
29. 顾欣：《中国文化产业发展核心是体制改革》，《艺术评论》2012 年 02 期
30. 贾磊磊：《流行文化是增强文化软实力的重要力量》，《艺术评论》2012 年 06 期

艺术教育类：

1. 牛根富：《艺术教育共建工作的回顾与展望》，《艺术百家》2011 年 02 期
2. 芦珊：《对艺术教育职业化要求的思考》，《艺术百家》2011 年 02 期

3. 刘振:《架设艺术与科学的桥梁——探究普通高校复合型人才培养的新模式》,《艺术百家》2011年04期

4. 李珉:《高校艺术教育与创新精神培养》,《艺术百家》2011年04期

5. 王静:《通俗艺术引入大学公共艺术教育研究的价值刍议》,《艺术评论》2011年05期

6. 王本朝:《以美育代宗教与中国现代美学的身份认同》,《艺术百家》2011年05期

7. 林叶薇:《艺术教师培训的"顺向"模式研究》,《艺术百家》2011年05期

8. 管斌:《以"课"育德:艺术院校学生实施艺德教育的主体路径》,《艺术百家》2011年06期

9. 李宝杰:《先器识而后文艺——〈先觉者的足迹〉读后》,《文艺理论与批评》2011年06期

10. 何辉、孔凡智:《建构主义教学观与创新能力培养——以商业摄影课程为例》,《文艺研究》2011年06期

11. 周旭:《20世纪美国公共艺术教育中的杜威思想》,《文艺研究》2011年06期

12. 陈火青:《转动提升人格的艺术之轮——论夏夫兹博里的艺术美育思想》,《艺术百家》2011年1期

13. 王长恩:《论艺术教育在教育均衡发展中的积极作用》,《艺术百家》2011年1期

14. 李沛健:《呼唤理性回归的艺术教育》,《艺术百家》2011年1期

15. 王艳:《高等院校艺术教育中立体构成教学实践对教学方法的探索》,《艺术百家》2011年2期

16. 沈军军:《打造复合型实用人才走特色发展之路——简析连云港市艺术学校的艺术教育发展战略》,《艺术百家》2011年2期

17. 王晓明:《也论林风眠艺术教育思想》,《艺术百家》2011年2期

18. 穆峰:《少儿社会艺术教育存在问题与对策的思考》,《艺术百家》2011年2期

19. 凌继尧:《"集体审丑"语境中的艺术教育》,《艺术教育》2011年10期

20. 《国内高校和艺术研究院所艺术学学科研究生论文选题辑录(四)》,《艺术学研究》2011年

21. 《全国高等院校和艺术研究院所艺术学学科点介绍(四)》,《艺术学研究》2011年

22. 《上海大学艺术学学科点介绍》,《艺术学研究》2011年

23. 《国内高校和艺术研究院所艺术学学科研究生论文选题辑录(四)》,《艺术学研究》2011年

24. 《全国高等院校和艺术研究院所艺术学学科点介绍(四)》,《艺术学研究》2011年

25. [英]布赖恩·艾利森、杰罗姆·奥斯曼:《艺术教育理论的局限》,桂俊荣译,《艺术学研究》2011年

26. 彭吉象:《数字技术与影视教育》,《艺术学(第5卷第3辑)》2011年

27. 施荣华:《当代大陆艺术教育与审美教育理论研究现状——兼论艺术精神与城市文明的互动》,《艺术学(第5卷第3辑)》2011年11月

28. 刘健:《论艺术的审美功能对和谐人格形成的意义》,《艺术学(第5卷第3辑)》2011年

29. 尹文:《论艺术如何使城乡人民生活更美好》,《艺术学(第5卷第3辑)》2011年

30. 王元骧:《拯救人性:审美教育的当代意义》,《文艺研究》2012年3期

31. 杜亚雄:《重视艺术教育,恢复乐教传统》,《艺术百家》2012年03期

32. 张鸿声、王晓云:《当代中国大众文化背景下的艺术审美教育》,《艺术百家》2012年03期

33. 葛婕:《从需要理论透视公共艺术教育的研究现状》,《艺术百家》2012年03期

34. 叶朗:《引领全社会重视艺术教育》,《美育学刊》2012年第3期

35. 韩德民:《中国观念的吸收与美学教科书叙述形态的演化——高校美学原理教材建设的历史回顾》,《文艺研究》2012年04期

36. 于平:《实践优先的艺术职业教育——从两部舞剧看一所高职的育才追求》,《艺术百家》2012年05期

37. 孙惠柱:《当代中国高校艺术教学的方法与前景》,《艺术百家》2012 年 05 期
38. 钱初熹:《学校美术教育在当今社会和未来社会中的力量》,《艺术百家》2012 年 06 期
39. 杨易禾:《当代中国艺术人才教育考微》,《艺术百家》2012 年 06 期
40. 尹文:《当代应试教育背景下的艺术素质教育》,《艺术百家》2012 年 06 期
41. 文群艺:《用唯物主义观论艺术与美及作用》,《艺术百家》2012 年 S1 期
42. 喻方:《多元文化背景下的普通高校公共音乐课程教学改革与实践》,《艺术百家》2012 年 S1 期
43. 陈勇军、刘涛:《论艺术院校实践教学的特殊性》,《艺术百家》2012 年 S1 期
44. 朱静华:《高职艺术院校校团合作长效机制的研究与探索》,《艺术百家》2012 年 S1 期
45. 阚波:《艺术类院校教学秘书的工作探索》,《艺术百家》2012 年 S1 期
46. 王长恩:《为推动文化大发展大繁荣培养更多高素质艺术类专业人才》,《艺术百家》2012 年 S2 期
47. 陆竞文:《当前高校艺术与非艺术专业学生个性特征和生活满意度的对比研究》,《艺术百家》2012 年 S2 期
48. 李立新:《艺术学学科发展:一个全新的课题——南京艺术学院艺术学优势学科建设的思路》,《艺术学研究》2012 年
49. 张健:《十年磨剑,锋指前沿——南京艺术学院学科建设的十年回顾与总结》,《艺术学研究》2012 年

纪事

会议

【全国高等艺术院校艺术学学科发展规划学术研讨会】

2011年4月23至24日，由浙江省教育厅和中国美术学院共同主办的“全国高等艺术院校艺术学学科发展规划学术研讨会”在中国美术学院召开，来自国务院学位委员会艺术学科评议组、国内三十多所艺术院校的专家学者和浙江省教育工委与教育厅的相关领导共百余人参加了此次会议。

此次会议是艺术学升格为学科门类以来，艺术学界召开的首次艺术学学科发展规划学术研讨会。会议以“艺术学学科的发展规划”为探讨主题，探讨艺术学成为门类后给学科发展带来的机遇和挑战。具体分解为：“艺术学学科发展的历史和现状”、“艺术学科的学术特色和价值”、“艺术学的研究框架和教育体系”、“艺术学的估评和指标体系”四个议题。

中国传媒大学艺术研究院院长仲呈祥教授在发言中说，文学是一种以语言为载体的阅读思维形式，艺术是以形象思维为特征，或视觉思维，或听觉思维，或视听思维。文学和艺术分属于两种不同的思维，因此必须结束艺术学学生毕业拿文学学位的历史。中国美术学院许江教授认为，我们应重塑艺术的智性，艺术教育要远离僵化的思想，或者说防止精神和思想上的呆滞与陈腐。艺术学升格为学科门类，以及相应一级、二级学科的设置，是时代发展对艺术学科的要求，也是艺术学科自身发展的必然结果。中国美术学院教授、艺术学科评议组召集人曹意强提出了艺术究竟是不是学术的问题，他对此作了肯定的回答。他认为：艺术学应该成为具有自身学术评价体系的学科门类。艺术学科的升级不是一个纯粹关乎学科本身命运的问题，而是直接关系到中华民族的伟大复兴所必须的自主创新能力培养的大问题。此外，本次会议还就进一步加强国内各艺术院校的团结协作、共谋长远发展以及建立艺术学门类下的艺术学理论、音乐、舞蹈、戏剧、影视、美术、设计等各个领域对话和协作机制做了计划。国务院学位委员会艺术学科评议组成员也借此机会单独召开会议，商议艺术学二级学科的设置问题，以及原来的学位点、重点学科设置与独立为艺术门类之后的调整问题。

【2011 综合性大学艺术学科发展论坛】

2011年5月，北京大学艺术学院主办“2011综合性大学艺术学科发展论坛”在北京大学博雅国际会议中心召开。来自北京大学、清华大学、中国人民大学、北京师范大学、中国传媒大学、中国艺术研究院、南开大学、厦门大学、同济大学、华东师范大学、山东大学、上海大学、苏州大学等国内近二十所高校和研究机构艺术学科负责人和相关专家学者参加了研讨会。此次论坛围绕三个主题进行，一是艺术学门类下综合大学艺术学科发展的新趋势；二是艺术学门类下综合大学艺术学理论一级学科的建设思路；三是有关综合性艺术学科发展的倡议。

【艺术学学科发展新向度暨对策研究国际论坛】

2011年6月9日至10日，由杭州师范大学、东南大学、上海大学、艺术百家杂志社和文化艺术研究杂志社联合主办，杭州师范大学浙江省高校人文社科重点研究基地（艺术教育）艺术理论研究所、杭州师范大学艺术学研究中心承办，杭州师范大学音乐学院协办的“艺术学科发展新向度暨对策研究国际论坛”在杭州师范大学召开，会议收到论文40多篇，来自国内外艺术学领域的70余位专家学者参加了此次论坛。论坛围绕“艺术学理论研究”、“艺术史与艺术教育前沿问题研究”两个研讨主题进行了分组讨论。仲呈祥在专题演讲中，从关于艺术学营造的软实力、艺术学理论学科面临的任务、艺术学理论学科的合法地位、艺术学理论的学科队伍、艺术学理论学科建设等5个方面分析了艺术学升格为单独门类的重要意义。

【2011年度国家社科基金艺术学项目评审会】

7月12—14日，由文化部文化科技司暨全国艺术科学规划领导小组办公室主办、重庆市文化广播电视局承办、重庆市文化艺术研究院协办的2011年度国家社科基金艺术学项目评审会在重庆举行。文化部党组成员、副部长、全国艺术科学规划领导小组副组长兼秘书长王文章出席开幕式并发表讲话。他指出，2011年是“十二五”开局之年。“十一五”时期，艺术科学研究及管理取得显著成绩，在认识世界、传承文明、创新理论、资政育人、服务社会方面发挥了重要作用。“十二五”时期，艺术科学研究面临着世界范围内思想文化交流交锋日益深化、国内社会思想观念多元多样多变更加明显、互联网等新兴媒体迅猛发展的新情况，面临着抓住和用好我国发展的重要战略机遇期，推动社会主义文化大发展大繁荣、提升国家文化软实力、推进文化创新等战略任务的新要求。中国特色社会主义文化建设实践迫切需要艺术科学深入研究、回答新的历史时期我国文化艺术建设实践中一系列战略性、前沿性、综合性的重大问题。要做好“十二五”时期艺术科学建设工作，必须坚持正确导向，服务党和国家发展大局。要突出研究重点，推进学科体系建设和文化建设。“十二五”时期，艺术科学规划研究要努力推出一批立足于中国特色社会主义艺术学学科理论体系建设的标志性成果，推出一批立足于新的历史时期我国文化艺术建设重大现实问题研究的标志性成果；通过规划研究项目的实施，培养、推出一批艺术学及各分支学科领域有重要建树与影响的中青年优秀科研人才，进一步提高艺术科学研究的整体水平。国家社科基金艺术学项目是繁荣发展艺术科学、促进文化建设的重要载体和有力抓手，体现着国家在文化艺术领域的科研要求与水准。要认真总结成功经验，适应新的任务要求，不断提高国家社科基金艺术学项目评审立项等管理工作水平，要通过项目的评审立项发挥好国家社科基金艺术学项目的导向性、示范性作用。

王文章强调，2011年度的艺术学项目评审工作要按照本年度课题指南所提示的主要研究领域、方向及重点，尽可能把国家有限的资源集中高效地用于那些在我国文化建设和艺术学学科体系建设上急需的和重大、重要的研究方向及课题。要通过国家社科基金艺术学项目的评审立项，大力推进我国文化建设重大理论与实践问题研究，在深入研究阐释中国特色社会主义文化艺术理论体系上取得重大成果，在系统总结改革开放30年、新中国成立60年、中国共产党成立90年我国文化艺术建设与发展的历史经验上取得重大成果，在深入研究阐释社会主义核心价值体系上取得重大成果，在深入研究文化艺术领域改革开放和现代化建设重大现实问题上取得重大成果；要通过国家社科基金艺术学项目的评审立项，大力推进中国特色社会主义艺术学学科理论体系建设，积极构建具有鲜明的中国特色与时代特征的思维表达方式、深刻揭示与系统阐述艺术规律的艺术学学科理论体系；要通过评审立项这一环节严格把关，在正确把握政治导向的前提下，要坚持质量第一、宁缺毋滥的评审标准，立项课题要力求体现国家水准，具有权威性和公信力；要通过优质项目的评审立项及研究，发现并推出一批艺术学各分支学科领域有重要建树与影响的优秀成果与优秀人才，将规划选题、评审立项与学科建设、队伍建设、人才培养及文化艺术科研结构调整、合理布局结合起来。

2011年度国家社科基金艺术学项目申报工作得到全国艺术研究工作者积极响应。在申报期限内，评审办公室共收到全国31个省、自治区、直辖市申报的课题2502项，比上年增长37.4%，申报量创下历史新高。本年度国家社科基金艺术学项目的评审立项，进一步提高了对青年项目的资助额度，体现了对优秀青年科研人才的扶持与培养。

【首届全国艺术学青年学者论坛】

2011 年 6 月 17 至 18 日，由南京艺术学院研究院主办、全国艺术学学会给予学术支持的“首届全国艺术学青年学者论坛”在南京艺术学院举行。此次论坛云集了近年来全国艺术学基础理论及各个分支学科研究领域的青年学者，来自中国艺术研究院、北京大学、清华大学、南京大学、东南大学、中国传媒大学、上海大学、南京师范大学、中央音乐学院、中央美术学院、上海音乐学院、北京电影学院、中央戏剧学院和主办方南京艺术学院等十余所高校和研究院所的数十位青年学者进行了主题演讲。

会议演讲主题，涉及艺术学升格为学科门类后，对其学科性质、学科发展趋势及学科研究领域拓展等问题的探讨。入选论文均围绕艺术学这一中心议题展开，或是从各自研究的领域来阐释艺术学的一般原理与本质特征，或是在艺术学视野下进行综合性、跨学科的专题讨论；既有关注学术前沿的应用性探讨，亦有基础性的理论研究。论坛就“艺术学理论建构”、“艺术学理论内涵与外延划分”、“艺术学跨学科研究的挑战性”、“艺术美学的古典意蕴与当代发展”、“艺术人类学的学科理念确立”、“艺术史学的研究方法与路径”、“现代观念下的戏剧主题变迁”、“中国先锋戏剧的生存状况”、“意识形态与中国电影叙事”、“传统书画评品与书画鉴藏”、“传统设计与现代设计的精神转换”、“艺术史视野下的音乐审美意义”、“古典奏鸣曲中的哲学精神”等十多个专题展开讨论。

【艺术学学科建设座谈会】

2011 年 10 月 14 日，由文化部主办的艺术学学科建设座谈会在京举行。文化部部长蔡武出席会议并讲话。文化部副部长王文章主持会议。

会上，于平、仲呈祥、潘公凯、刘梦溪、郭淑兰、廖向红、田青、王列生、李心峰、赵塔里木、李续、巴图、田黎明等艺术院校相关负责人和专家学者分别发言，就艺术学成为学科门类后，如何继续深化艺术研究和教学研究，完整构建艺术学学科体系，以适应文化艺术人才培养的需要；如何加强艺术研究、艺术教育、艺术创作和艺术服务的机制建设，为促进社会主义文化大发展、大繁荣提供更好的服务等议题展开了深入研讨。

与会专家学者表示，艺术学升格为学科门类，标志着我国的艺术学真正确立了独立的学科地位，不过也应清醒地认识到，艺术学虽获得真正意义上的学科独立，但学科基础还比较薄弱，从事艺术学研究与教学的人员数量还很有限，人员的素质也有待提高，需要我们从文学、历史、哲学等其他学科中吸收更多的养分，来充实、扩展、提升这一新兴的学科门类。大家认为，艺术学升格为学科门类，为艺术学的学科建设和学科发展搭建了更高的学科平台，提供了更强大的动力和更广阔的空间，不过，在艺术学面临着前所未有的发展机遇的时候，切忌头脑发热、盲目扩张，而应走一条内涵发展的道路，使艺术学沿着健康轨道扎扎实实地迈步向前。

【2011 中国艺术人类学国际学术研讨会】

2011 年 11 月 11 日至 14 日，由中国艺术人类学学会、玉溪师范学院共同主办，玉溪师范学院艺术学院承办的 2011 中国艺术人类学国际学术研讨会在云南玉溪师范学院召开。来自国内外的 120 余名艺术人类学专家、学者参与了本次会议。该次会议以“艺术活态传承与文化共享”为主题，探讨的议题包括“艺术人类学理论与方法”、“艺术人类学个案研究”、“艺术人类学与非物质文化遗产传承与保护”、“艺术人类学与民族文化教育”等。会议共收到论文 120 余篇，按照研究主题分为四个部分，分别是艺术人类学的理论与方法、非物质文化遗产理论与个案、造型艺术研究、表演艺术与民俗研究。

会议期间举行了中国非物质文化遗产保护工作站授牌仪式。中国艺术人类学学会方李莉会长代表学会授予玉溪师范学院湄公河次区域民族民间文化传习馆“中国艺术人类学学会非物质文化遗产保护工作站”牌匾，向张汉东教授颁发工作站站长聘书。

【第七届全国艺术学年会暨“地域文化与艺术”学术研讨会】

2011 年 11 月 19 至 20 日，由全国艺术学学会和广西艺术学院主办，广西艺术学院人文学院、东南大学艺术学院、上海大学影视艺术技术学院、《艺术百家》编辑部承办，《民族艺术》编辑部、《艺术探索》编辑部协办的第七届全国艺术学年会暨“地域文化与艺术”全国学术研讨会在广西艺术学院召开。这是艺术学升格为门类后的第一次全国艺术学年会，中国传媒大学仲呈祥、东南大学凌继尧、中国美术学院曹意强、北京师范大学周星、南京艺术学院黄惇、北京大学王一川、北京大学彭吉象、上海大学蓝凡、东南大学王廷信、山东艺术学院田川流等来自全国 50 多个院校、研究院（所）近 150 位艺术学领域的专家学者参加了年会。与会者从艺术学、各种门类艺术如音乐、美术、影视等多角度展开讨论，为推进艺术学学科建设提出了诸多宝贵意见。

【全国艺术学研究生教育暨庆贺张道一教授八十华诞学术研讨会】

2011 年 11 月 27 日，由东南大学艺术学院和《艺术百家》编辑部发起的“全国艺术学研究生教育暨庆贺张道一教授八十华诞学术研讨会”在南京中山大厦举行，来自全国 50 多家兄弟单位的 100 多位艺术学界的专家学者参加会议。

开幕式上，东南大学党委书记胡凌云教授首先致辞。国务院艺术学学科评议组召集人中国传媒大学艺术学院院长仲呈祥教授、南京艺术学院党委书记米如群教授、毕业生代表北京师范大学艺术与传媒学院梁玖教授、《艺术百家》编辑部主任楚小庆等发表了致辞。张道一先生简要回顾了自己的成长历程，回忆了导师陈之佛、庞薰琹先生的教诲，鼓励后学事业在前，以仁为重，放眼大我，在民族振兴的大业中携手并进。张先生期望借艺术学一级学科上升为艺术门类的机遇，推动艺术学更快的发展和进一步的繁荣。

本次研讨会围绕艺术学科研究生教育现状、提升艺术学科研究生培养质量的途径和措施、艺术学科研究生学位论文选题、艺术学科研究生就业前景及张道一教授艺术教育思想等五个方面的内容展开深入的研讨。

【全国艺术研究院所建设工作会议暨 2012 年度国家社科基金艺术学项目管理工作培训会议】

2012 年 2 月 17 日至 19 日，为深入学习贯彻党中央十七届六中全会精神，深化改革，不断进取，紧抓文化大发展、大繁荣的历史机遇，促使文化科技工作乘势而上，进一步提高全国艺术科研水平，由文化部文化科技司主办的全国艺术研究院所建设工作会议暨 2012 年度国家社科基金艺术学项目管理工作培训会议在郑州隆重举行。会上，文化部文化科技司司长于平同志宣读了文化部党组成员、副部长王文章同志的书面讲话。

会上文化部文化科技司介绍了 2011 年度全国文化艺术科研管理工作情况，并就做好 2012 年度国家社科基金艺术学项目的申报工作进行了具体辅导，提出了详细的工作部署和要求。来自全国各省、自治区、直辖市文化厅局和文化部直属单位分管艺术科研的负责人，全国各主要艺术研究院所相关负责人 80

余人参加了会议，并围绕加强艺术研究院所建设、做好2012年度文化艺术科研工作进行了热烈讨论。会上，文化部文化科技司安排中国艺术研究院、山东省文化厅、四川省文化厅（四川省文化艺术研究院）、重庆市文化艺术研究院、安徽省文化艺术研究院、河南省文化厅等六个文化科研单位作了交流发言，各相关负责人分别做了有关本省（区、市）艺术研究院所建设及艺术科学规划管理工作的情况汇报。

【2012中国艺术人类学年会暨学术研讨会】

2012年7月20日至23日，由中国艺术人类学学会、内蒙古大学艺术学院共同主办的2012年中国艺术人类学年会暨学术研讨会在呼和浩特开幕。来自国内和国外150余位艺术人类学领域的专家、学者参加了此次会议。会议的主要议题有："中国少数民族地区民族民间非物质文化遗产的传承与保护"、"艺术人类学在中国少数民族'非遗'保护中的理论与实践"、"艺术人类学田野调查个案研究（音乐、舞蹈、美术、民俗等）"、"艺术人类学研究与建设文化强国战略"。会议共收到参会论文130余篇，按研究主题分为"艺术人类学理论研究"、"非物质文化遗产理论与个案研究"、"造型艺术研究"、"表演艺术研究"、"民俗艺术研究"五个部分。

【2012年度国家社科基金艺术学项目评审会】

2012年7月11—14日，由文化部文化科技司暨全国艺术科学规划领导小组办公室主办、山东省文化厅承办的2012年度国家社科基金艺术学项目评审会在威海举行。

2012年度国家社科基金艺术学项目申报工作得到全国艺术研究工作者积极响应。在申报期限内，共收到全国31个省、自治区、直辖市申报的课题2624项，申报量呈迅猛递增之势。为适应新的任务要求，不断提高立项质量，发挥好国家社科基金艺术学项目的导向性、示范性作用，文化部文化科技司暨全国艺术科学规划领导小组办公室贯彻落实党和国家对繁荣发展哲学社会科学做出的一系列重大部署，认真学习全国哲学社会科学规划办公室今年4月召开的"2012年度国家社科基金项目评审工作会议"精神，不断规范评审工作，进一步保证艺术学项目评审的公平、公正。

在评审会正式召开之前，采取了匿名通信初评的方式，使评审程序更为完备。经过严格遴选，97名来自全国各地的文化艺术研究专家担任了初评评委。匿名通信初评每个项目由3～5名评委审阅论证活页，评委针对该课题的选题、论证、研究基础三项内容进行"背靠背"打分，最后根据项目得分排名情况，按照一定比例划定初评入围名单。经过统计，共确定544项初评入围项目，初评入围比例为申报课题总量的20.7%。

2012年8月中旬，2012年度国家社科基金艺术学项目立项名单由全国哲学社会科学规划办公室公布共123个项目上榜，包括8项国家重点项目、59项国家一般项目、40项国家青年项目和16项国家西部项目。

【第九届全国高校艺术与艺术素质教育学术研讨会】

2012年8月6—8日，由东南大学艺术学院、南京大学艺术教育中心和长春工业大学艺术设计学院共同举办的"第九届全国高校艺术与艺术素质教育学术研讨会"在吉林省长春市召开。此次会议旨在进一步推动高等艺术教育改革、提高人才培养质量、增进院校间的合作。会议期间，来自全国30多家高校和艺术研究机构的专家和教师，就"艺术学"学科升级后，如何推动艺术专业建设与艺术素质教育教学改革展开了交流和研讨。其中，中央戏剧学院教授谭霈生和丁涛分别作了题为《艺术学建设的若干思考》、《戏剧教育现状及对策》的报告，南京大学艺术教育中心主任康尔作了题为《创建有学科支撑的艺术教育中心的思考与实践》的报告。与会专家和教师还分成音乐舞蹈、影视戏剧、美术设计等组别分别进行了交流和讨论。

【第八届全国艺术学年会暨“艺术的演进”学术研讨会】

2012年10月20日至22日，第八届全国艺术学年会暨“艺术的演进”学术研讨会在河南大学召开。来自文化部及清华大学、中国戏曲学院、东南大学、南京艺术学院、上海大学、上海音乐学院、中国传媒大学等60多所高校和研究所的180余位代表与会。年会由河南大学、东南大学、上海大学、《艺术百家》杂志社、教育部名栏工程“艺术学研究”学术委员会、浙江理工大学等单位联合主办。与会代表分别就“艺术学科的演进与建设”、“中华艺术的传承与传播”、“艺术研究及其当代转换”、“宋代艺术及其传承传播”四个主题发言。

自艺术学升格为“学科门类”后，如何自觉建构艺术学理论体系成为亟待解决的一项课题。全国艺术学学会会长、东南大学艺术学院教授凌继尧表示，艺术理论要在世界上产生广泛影响，就必须构建民族化的艺术理论体系。此外，马克思主义艺术理论正面临着中国化的建设问题。全国艺术学学会副会长、南京艺术学院教授黄惇呼吁，当前的艺术学理论研究应尽快走向“自觉”。他认为，作为一个学科，艺术学理论研究不能没有自己明确的研究对象与相应的研究方法，总体而言，艺术学理论的研究对象可以是艺术一般，也可以是艺术特殊，但其研究指向必须是对一般规律的揭示。针对艺术学升格带来的学科建设问题，山东艺术学院科研处处长李丕宇认为，艺术学门类的学科、专业建设依然面临着学科体系的建构和专业人才培养目标的定位等基础性问题。深圳大学艺术设计学院教授黄永健表示，目前的5个一级学科架构组合是在参照文学等其他学科门类的建制基础上制定的，它基本上对应着当代中国艺术活动的主流层面和主要内容，但随着艺术新门类不断兴起，进一步完善现有学科框架，全面提高高等艺术教育水平，是确立艺术学门类学科地位的必由之路。

【会议综述】

2011年中国艺术人类学国际学术研讨会综述，可参见：

中国艺术人类学学会编:《艺术活态传承与文化共享》，学苑出版社2013年9月版，导言部分由方李莉、安丽哲撰写。

简圣宇，梁东华:《第七届全国艺术学学会年会暨“地域文化与艺术”学术研讨会综述》，《艺术百家》2012年第1期。

李修建:《中国艺术人类学研究的拓展与深入——2012年中国艺术人类学学术研讨会综述》，《南京艺术学院学报（美术与设计版）》2012年第6期。

季欣:《“艺术学理论”学科体系的初步构建——第八届全国艺术学年会暨“艺术的演进”学术研讨会》，《东南大学学报（哲学社会科学版）》2012年第6期。

【2012年度国家社科基金艺术学项目评审工作座谈会】

2012年5月10日，文化部在北京召开2012年度国家社科基金艺术学项目评审工作座谈会。来自中国艺术研究院、文化部民族民间文艺发展中心等艺术科研机构，中央音乐学院、中国音乐学院、中央戏剧学院、北京电影学院等艺术院校的知名专家学者畅谈了学习刘云山同志《在2012年度国家社科基金项目评审工作会议上的讲话》的体会，并结合各自研究领域，就进一步做好国家社科基金艺术学项目评审工作、深入推动艺术科学繁荣发展提出了建议。文化部党组成员、副部长王文章出席会议并讲话。

2012 年 4 月 25 日，中共中央政治局委员、中央书记处书记、中宣部部长刘云山发表重要讲话，总结了党的十六大以来我国哲学社会科学工作所取得的重要成就，分析了 21 世纪第二个十年我国改革发展的基本形势，从进一步增强繁荣发展哲学社会科学的责任感使命感，不断深化对哲学社会科学工作的规律性认识，紧紧围绕经济社会发展中的重大理论和现实问题、突出哲学社会科学研究重点，建设一支植根实践、服务人民的哲学社会科学人才队伍四个方面，就推动哲学社会科学进一步繁荣发展、更好地服务党和国家事业发展全局提出了要求。《讲话》不仅在哲学社会科学界而且在社会上产生热烈反响。

王文章指出，刘云山同志的讲话对国家社科基金项目评审和今后的学术理论研究都具有十分重要的指导意义。改革开放以来，特别是党的十六大以来，在中央和有关部门的高度重视下，经过广大艺术科研工作者的努力，艺术学科的发展有了长足进展，不仅取得了一批优秀成果，培养了一批优秀人才，而且艺术学由一级学科升格为学科门类，学科地位得到了提升，呈现出积极向上的发展态势。当前，我国的现代化建设进入了一个新的历史阶段，政治、经济、文化、社会的发展进入了一个新时代。在这样的背景下，我们不仅要认真总结过去几十年来艺术理论建设、人才队伍建设以及相关的管理制度建设等方面所取得的经验，而且要加强研究，进一步明确下一步的研究重点，为制定规划提供依据；要抓紧构建具有中国特色的艺术学科话语体系，努力确立中国特色的艺术评价标准。要立足中国艺术发展历史和当代艺术创作现实，加大对中国自身的艺术体系的研究力度，通过确立中国特色的艺术评价标准体系，不断提升我国艺术学研究的国际影响力；要加强对当代文化建设的研究。当前，对策性研究在艺术学研究项目中所占的比重越来越大，对推动社会主义文化大发展大繁荣起到了很大的作用，不过从总体上看，具有宏观长远指导意义的成果还不是很多，需要进一步加强这一领域的研究。

与会专家学者认为，艺术学是哲学社会科学的重要组成部分，刘云山同志的讲话对艺术学科的建设与发展具有重要指导意义。《讲话》指出，要认真学习领会和贯彻落实党的十七届六中全会精神，紧紧围绕经济社会发展中的重大理论和现实问题，突出研究重点。在艺术科研领域，建构中国特色社会主义文艺理论体系和传承体系，应该成为未来研究的重要指向性任务。

大事记

2011 年 3 月，国务院学位委员会、教育部公布新修订后的《学位授予和人才培养学科目录（2011年》，新增艺术学为第 13 个学科门类，下设五个一级学科，即艺术学理论（1301）、音乐与舞蹈学（1302）、戏剧与影视学（1303）、美术学（1304）、设计学（1305），其中“设计学”由于跨学科边缘交叉缘故，可授艺术学、工学学位。

2011 年 4 月，全国高等艺术院校艺术学科发展规划学术研讨会在中国美术学院召开。

2011 年 5 月，2011 综合性大学艺术学科发展论坛在北京大学召开。

2011 年 5 月，艺术学学科发展新向度暨对策研究高端国际论坛在杭州师范大学召开。

2011 年 6 月，首届全国艺术学青年学者论坛在南京艺术学院召开。

2011 年 10 月，艺术学学科建设座谈会在文化部召开。

2011 年 11 月，第七届全国艺术学年会暨地域文化与艺术学术研讨会在南宁召开。

2012 年 7 月，2012 年度国家社科基金艺术学项目评审会在威海举行。

2012 年 8 月，第九届全国高校艺术与艺术素质教育学术研讨会在吉林省长春召开。

2012 年 10 月，第八届全国艺术学年会暨“艺术的演进”学术研讨会在河南大学召开。

分卷主编：杜 蕾 柯 凡

中国艺术年鉴

2012年卷

戏曲卷

年度述评

2012 年戏曲发展回顾

◎王安奎

2012 年是近年戏剧演出活动最为繁多的一年。为纪念毛泽东《在延安文艺座谈会上的讲话》发表 70 周年和迎接党的十八大胜利召开，文化部先后选调了近 150 台戏剧到北京演出，其中戏曲 50 余台。年底，文化部又选调了 18 台戏参加在北京举办的“全国地方戏精粹展演”。本年，文化部在北京举办了国家艺术院团展演。国家民委、文化部、北京市人民政府在北京联合举办了第四届全国少数民族文艺会演，有 14 台少数民族戏剧参加演出。同年，文化部以及中国戏剧家协会与各省、市、自治区分别联合举办了第五届中国昆剧艺术节、第八届中国评剧艺术节、第六届黄梅戏艺术节、第七届秦腔艺术节等活动，北京、山东、河北、湖北、福建、广西等省、市、自治区都举行了戏剧节或艺术节，广州市举办了第五届羊城国际艺术节。参加演出的有受到观众欢迎的优秀保留剧目，也有新创作的富有特色的剧目。这些剧目在总体上展现出戏曲艺术平稳发展、积极积累的态势，为戏曲艺术取得新的突破奠定了坚实的基础。

对戏曲艺术的特点和优势更加自信

改革开发以来，戏曲艺术不断受到流行性艺术和外来艺术的冲击，从业人员有很强的危机感。为了克服危机，争取新的观众，一些创作者曾努力吸收姊妹艺术的观念和方法，运用新的科技手段，搞大制作，增加歌舞，以增强视觉、听觉的“冲击力”。这些做法并非全无用处，但是带来的负面效应则是戏曲特点的削弱，舞台面貌的趋同，因而受到观众的批评。艺术工作者不断总结探索中的经验教训，从 2012 年戏曲舞台的总体来看，大家对戏曲自身的特点和优势有了更多的自信，在创作中更重视回归戏曲的本体。

这一点首先表现在昆剧和京剧的改编和创作上。昆曲有丰厚的遗产，经过新的阐释它们会放出新的光彩。因此各昆曲院团积极挖掘和改编了一些传统剧目，彰显和弘扬昆曲固有的价值。如浙江永嘉昆剧团改编的《金印记》，写苏秦“六国封相”前后遭际的故事，明代吕天成的《曲品》把《金印记》列为“旧传奇”中的“神品”，但多年来已很少演出。永嘉昆剧团的改编除了表现原本中透露的世态炎凉之外，更增强了主人公对人世沧桑的感悟和刻苦奋进的精神，结尾写苏秦不计前嫌，提高了人物形象，也使观众受到新的启迪。昆曲传统名剧《铁冠图》曾被看成“禁戏”，上海昆剧团据以改编的《景阳钟变》突出了对崇祯皇帝的性格和心理的刻画，他本想有所作为，但封建王朝的种种弊端已积重难返，所以崇祯除性格上的弱点外，客观上也已无力回天。剧作通过人物命运展现了王朝兴替的历史。作者努力寻求改编传统戏和新编历史剧的结合，在保留传统戏精彩关目和表演的同时，又体现对历史的新的思考。曹雪芹的祖父曹寅曾写传奇《续琵琶》，《红楼梦》中提到此剧，刘廷玑《在园杂志》做过描述，但并未传世。北方昆曲剧院与北京曹雪芹学会的研究结合，挖掘演出了此剧的节选本，作品通过对蔡文姬的命运和曹操、董祀等人的性格的描写，表现出有卓见的史识和史观。北方昆曲剧院以尽量古朴的面貌搬上舞台，显示出此剧具有很高的学术意义和艺术价值。这些改编演出在思想上有新的开掘和突破，而在演出上则努力发挥昆曲自身的特点，如昆曲《邯郸梦》中，卢生临刑前有一道道“程序”，《白罗衫》“看状”一折中，衙役们有一套打开官衙大门的程式动作，这些表演在从前都可能被看成是“繁琐”而予以删减，而在昆剧节上的演出却给人以穿越时空、身临其境的感觉，使昆曲的文化内涵得到较好的体现。

在前几年及 2011 年中国京剧节上获得好评的剧目如《廉吏于成龙》、《北风紧》、《建安轶事》、《将军道》、《牛子厚》、《香莲案》、《无旨钦差》、《汉苏武》等都因发挥了京剧的优势而受到观众的青睐，在舞台上保留了下来；本年，国家京剧院又着力改编演出了《韩玉娘》、《太真外传》、《人破铜网阵》《清风亭》等优秀传统戏，体现出淳厚的京剧韵味。

梅兰芳先生当年提出的京剧改革应该“移步不换形”的观点近年引起人们的热议，有专家认为这一观点应是京剧美学的核心。但怎样“移步”，怎样才是“不换形”，需要在实践中探索。《香莲案》等作品可以看成是对这一理论探索的有益实践。《香莲案》对传统戏《铡美案》的故事和人物都有所改变，并用程派青衣来演秦香莲，这都是“移步”，但又不离京剧特点——“不换形”，因此受到京剧观众的欢迎。

舞台艺术在注重本体的前提下进一步追求精致

前几年“大制作”和“趋同化”现象使人们对戏曲导演的作用发生了质疑，而从2012年的舞台演出看，戏曲导演发挥了正能量。本年在浙江和北京先后召开了导演杨小青和张曼君的作品研讨会，这两位导演的作品具有一定的代表性意义。杨小青是一位有思想、有美学理想的艺术家，她导演的作品有准确的美学定位，并且具有鲜明的民族的特点。杨小青的功力还表现在她能导演多种风格的戏。《九斤姑娘》能够充分展现越剧民间的、纯朴的美；《红色浪漫》洋溢着革命浪漫主义的精神；而《生活秀》则充满斑斓的现代色彩。《红丝错》、《流花溪》以情节取胜，导演处理得张弛有致，趣味盎然；京剧《将军道》则展现出宏大的历史画面，“帝王心威临四海，将军道纵横八极”，人物内心激烈，外表却淡定，这在表演上难度是很大的，通过导演的掌控，舞台呈现出紧张壮烈的气氛，使观众体味出剧作的意蕴。桂剧《七步吟》写曹丕、曹植兄弟之间争夺江山和美人的较量，着力表现曹氏兄弟及甄氏二人感情的纠结。导演在鲜明的舞台节奏中使三人的感情得到强化和细化，从而使这一历史剧具有很强的观赏性

张曼君则善于吸收、溶化与地方剧种邻近的各种地域文化、民间文化的因素，从而丰富了地方剧种的艺术表现力，使它们在传统的根基上又展现出新的面貌，增强了它们的艺术魅力。如《十二月等郎》吸取了湖北荆门一带的民歌、音调、舞蹈和乐器；《妹娃要过河》吸取了湖北土家族的对歌、哭嫁歌茅古斯以及抢亲、推崖等古旧的民俗；《八子参军》吸取了十月怀胎歌、江西的舞蹈、乐器演奏“云安吹”等；《花儿声声》则把在西北流行的“花儿”与故事情节紧密结合，使花儿与秦腔两种艺术相叠加，彰显出更大的魅力。这些东西是这些剧种原来没有或不常使用的，用进去以后，观众觉得既新鲜而又不陌生。

由于张曼君导演对这些地域文化、民间艺术和戏曲艺术的内蕴有深刻的理解，所以吸取新东西不只是新鲜好看，而是起到更大的作用，其一，使作品的内涵更丰富。如《八子参军》属于革命历史题材革命传统、苏区精神是其基本主题。由于历史的原因，现在的年轻人对过去的革命历史已有些生疏，因此表现这类题材难度很大。有的创作者采取削弱甚至消解革命主题的办法，这无疑是不正确的。张曼君在导演中强化、张扬革命的主题，苏区传统的主题，同时用母爱、兄弟之爱、情爱等人性、人情的东西来丰富革命的主题。贯穿全剧的十月怀胎歌和首尾出现的孕妇舞都很好地表现了这种情感。它使观众感到，母爱这种永恒的情感与革命的情感是一致的，母爱增强了革命情感的力量，革命情感使母爱具有时代的色彩。而鲜明的地域特点又使这种情感的表现更为鲜活，更具感人的力量。

再如湘剧《古画雄魂》前几年初演时尚未引起人们很大关注，这次到北京演出无论是唱腔、表演还是舞台整体面貌都更加精致，曹汝龙以“丑生”行当扮演水天熊，把人物的内心情感刻画得十分细致，罗志勇以正生行当扮演的关隘雄与水天熊相映生辉。二人月下咏文竹、接联语等场景都营造了有韵味的意境，因此这次演出使人们对作品中“小人物”所表现出的民族精神有了更深刻的理解。

出现了一批有潜力的作品

戏曲创作需要较长的周期，需要经过反复加工，艺术上才能趋向完美。本年内新创作的一些剧目有的艺术上还不是很完整，但在生活内容方面或艺术思考上有值得重视之处。如吉剧《鹿乡姊妹》写一个养鹿的专业村在经营理念上的矛盾冲突。这种冲突让人们重新思考传统观念的价值及其复杂性；作品

也写出了民主化进程中的“成长的烦恼”。作品承继了吉剧母体二人转生活气息浓厚、喜剧性强的特点，演出受到观众欢迎。柳琴戏《沂蒙情》通过一家婆媳三人的命运表现了老区人民为革命所做出的奉献和他们崇高的精神。作者王新生深入沂蒙老区采访，几次感动的落泪。他是带着对老区人民的深厚感情来写这个戏的。一个女人对未见过面的丈夫却一往情深，这与她在农村的生活环境和传统观念有关，更重要的是因为她把对革命的感情与对丈夫的感情、对婆婆的感情结合在一起了，所以纯朴而又真实。演员刘莉莉等也充分发挥了柳琴戏艺术的特点。京剧《青藤狂士》写明代文人徐渭的悲剧人生。狂傲之士徐渭做过一些违心之事，这引起他精神上的痛苦，又带来意外之灾。他表面上的桀骜不逊掩盖着内心的胆怯，自视甚高却又难有作为；但他对落难的朋友真诚依旧，对自己的过错也不想隐瞒，又显出他的磊落胸怀。作品写了古代社会文人的坚守与无奈，对今人也富有启示的意义。本年内有特点的新作品还有很多，如畲族山歌戏《七彩畲乡》有斑斓的地域和民族色彩，粤剧《小凤仙》以缠绵悱恻的粤剧风格演绎一段传奇性的近代革命故事。

期待在艺术上有新的突破

艺术上的突破只有在充分积累的基础上才可能出现；而有了一定的积累之后，人们就期待有新的突破。所谓新的突破包括思想上的、艺术上的和创作观念等方面，要由新的作品来体现。如京剧《曹操与杨修》写出了一种新的人物关系，曹操与杨修如同“两个刺猬的拥抱”，这是对常见的宫廷斗争、人性险恶描写的一种突破；京剧《骆驼祥子》运用程式性思维创造出洋车舞、醉酒舞等新的京剧表演动作，从而更好地刻画了人物的性格和感情，是对传统京剧表演方法的突破；湘剧《山鬼》以奇幻的想象写历史人物屈原的处境和行为，蕴含着文人的自省和自嘲，这又是对一般以真实史料为依据的创作方法的突破，等等。

明代的戏剧家王骥德说过：“剧戏之道，出之贵实，而用之贵虚。”出之贵实——创作者应有坚实的生活积累和真情实感；用之贵虚——创作时必须天马行空，驰骋想象。20 世纪 80、90 年代曾出现过“探索热”，虽然探索性作品保留下来的不多，但探索精神能够点燃起创作的灵感。邻近年末，看到中国戏曲学院导演系师生根据同名话剧改编演出的《秀才与刽子手》，该剧用京剧、黄梅戏、豫剧、粤剧等多种唱腔演出，使观众在带有滑稽、怪诞因素的表演中体会到一种讽喻意味，它使我们又想起当年的探索性戏剧来，那种大胆打破固有思维模式、“敢吃螃蟹”的精神还应继续发扬。

积极开拓演出途径，争取更多观众

戏曲是剧场艺术，必须通过演出才能实现它的艺术价值，发挥社会效益和经济效益。必须通过优秀剧目在舞台上经常演出和长期保留才能使戏曲艺术得到有效传承。本年度文化主管部门和各戏曲院团在扩大演出市场方面继续做出积极的努力，并积累了新的经验。

首先是以优秀的、经典的剧目赢得观众。文化部举办了第二届全国优秀保留剧目的评奖，并组织这些剧目在全国进行巡演。这就极大地扩大了这些剧目的影响，也使各地区的观众更多地了解了戏曲的文化内涵和艺术魅力。一些地方的文化主管部门和经营者也认识到精品剧目和明星的价值，用精品剧目和明星来推动演出市场。如绍兴演出公司组织了明星版《梁山伯与祝英台》的全国巡演，产生了积极的影响。这次演出所以取得成功，首先是剧目选得好。新中国建立后，越剧艺术得到新的发展，几十年来，积累了一批优秀剧目。《梁山伯与祝英台》与《祥林嫂》、《红楼梦》、《西厢记》被称为越剧的“四大经典”。在这“四大经典”中，《梁山伯与祝英台》又更有特点。“梁祝”传说被称为中国四大民间传说之一，它有深厚的民间文学的基础；后来这个故事被搬上越剧舞台。这样，就起到了“民间文学”和“传统戏剧”两种非物质文化遗产互相叠加的作用。在 20 世纪 50 年代，越剧《梁山伯与祝英台》又经文人的加工提高，因此这部作品是民间文化与文人文化融合的结晶，是戏曲改革的优秀成果之一。这次参演的演员绝大部分是获得梅花奖的明星，而且各个流派的演员都有，整台演出花团锦簇，使观众得到极大的艺术享受。现在是观众追求“明星”的时代，“明星版”《梁山伯与祝英台》的演出显示出，越剧不缺少明星，而且比起影视、歌舞的明星毫不逊色。因此，它的演出彰显了越剧艺术的魅力，在新的文化环境下，起到了吸引和扩大越剧观众的作用。

第二，把评奖、评比、展演、节庆演出与推出新人新作结合起来，与扩大演出市场结合起来。如本年度所举行的全国地方戏精粹展演、中央电视台第七届全国青年京剧演员电视大赛，昆剧、评剧、黄梅戏、越剧、粤剧、秦腔等艺术节以及各省、市、自治区的艺术节，国家京剧院优秀青年演员展演和北方昆曲剧院中青年演员传统折子戏专场演出周等活动都具有这样的特点。这些演出把推出新作与推出新人结合起来，吸引了更多观众，扩大了戏曲的影响。文化部在举办国家艺术院团展演的同时，还组织了"演出交易推介会"，帮助优秀剧目为更多的"买家"所赏识。此外，一些国家院团和地方戏曲院团还积极组织到海外和国外的演出，努力扩大境外演出市场，如昆曲、京剧、川剧、越剧等分别到韩国、土耳其、新加坡和欧美等许多国家参加艺术节或进行商业演出。这不仅起到促进文化交流的作用，而且有助于改善戏曲的生存环境。

第三，做好积极的实事求是的宣传工作。文化主管部门和各院团对演出的宣传工作都很重视，各报刊等主流媒体也很配合，宣传力度较大。但此项工作仍有很大改进空间。主要是要提高评论的质量和公信力，进一步取信于民，充分发挥宣传的正能量。

理论研究期待进一步凝聚力量

本年度戏曲理论研讨活动举办很多，其中有全国性的专题研讨，如《戏曲的改革与发展——纪念毛泽东同志〈在延安文艺座谈会上的讲话〉发表70周年学术研讨会》、国际戏剧评论家协会第三届亚洲论坛等，也有各地区、各剧种举办的许多研讨会。中国戏曲学会等学术团体为一些优秀剧目召开了学术研讨会，中国戏曲现代戏研究会围绕现代戏生存与发展现状进行了调研活动。各地为已故著名艺术家如粤剧表演艺术家白荣驹、昆曲表演艺术家俞振飞等举办了回顾研讨活动。中国戏曲现代戏研究会、中国评剧院和北京京剧院等单位分别为评剧老艺术家花月仙、京剧老艺术家赵艳侠等召开了研讨会。河南省文化厅、中国艺术研究院分别为李树建、汪荃珍、王红丽等当代豫剧名家举办了表演艺术研讨会。这些研讨活动涉及到对戏曲现状的分析研究，历史经验及传统特点，涉及戏曲文学、导演、音乐、表演、舞台美术等各个领域，涉及到理论自身的建设与发展。参加研讨活动的有老中青理论工作者，发表了许多有见地的论文。本年中国戏剧家协会还举办了戏剧理论评论评奖。基础理论建设得到更大重视，中国艺术研究院主持的《中国昆曲艺术大典》、《中国京剧艺术大典》正在编纂中。但从总的方面看，戏曲理论研究力量有待进一步凝聚与加强。现在各省、市、自治区的艺术研究院所，特别是戏曲研究力量在萎缩，理论研究对创作的影响力还没有充分发挥。张庚先生当年谈中国戏曲学会的工作时，强调要做到"三通"，即与搞创作实践的同志相通，与高等院校的师生相通，与海外研究戏曲的学者相通。只有这样，戏曲研究的队伍才能更好地发展壮大，充分发挥推动戏曲事业发展的作用。我们应该把基础研究与应用研究进一步结合起来，把古代戏曲及理论研究与当代实际更好地结合起来，使戏曲理论批评成为戏曲艺术事业发展中重要的一翼。

党的十八大胜利召开进一步激发国人实现中华民族伟大复兴的梦想，戏曲艺术是民族优秀传统文化的重要载体，与广大人民群众有密切的联系，我们期待戏曲艺术在推动历史奇迹的产生和焕发民族精神方面发挥更大的作用。

王安奎　中国艺术研究院戏曲研究所研究员

注目古今　论辩中西
——2012 年度中国戏曲理论的研究特色

◎李志远

新中国成立后，学者在戏曲理论方面的探讨与研究，就一直没有停止，无论是对中国古代戏曲理论批评文献的解读与搜集整理，还是对中国古代戏曲批评家理论认识的阐释与系统化，都一直在继续。但是经过理论界对中国理论失语现象的反思后，学界认识到构建具有中国特色的理论体系重要性与紧迫性，纷纷为如何、怎么建构中国自己的理论体系建言献策。面对中国戏曲的晚熟与中国戏曲理论研究的支离破碎现实，致力于中国戏曲理论研究的学人，尝试着从古今中外的各个方面、各种视角建造具有中国特色的完善的中国戏曲理论体系。已经过去的 2012 年，也是建造此理论体系的时间坐标上的重要一环。回顾 2012 年的中国戏曲理论研究，发现其具有注目古今、论辩中西的特点。

对古代戏曲理论的深入挖掘

王安葵先生在《建设中国特色的戏剧理论批评》（《文艺报》2012 年 5 月 14 日第 4 版）一文中谈了他对于如何建设更有中国特色的戏剧理论的理解，认为可以从三个方面进行，而首要的条件就是：“更多地发掘、阐释和激活中国古典戏剧理论资源。古典戏剧理论具有民族特点，比较切合中国戏曲创作的实际；但是它的理论形态和表述方式是古代的，要应用于现代，就必须做阐释和激活的工作。”安葵先生的见解是深得戏曲学人认同的，这一点从 2012 年度涌现出的众多关于古代戏曲理论研究的成果可以看出。这些成果，既有从宏观视角对古代戏曲理论进行系统化、条理化阐释的，也有从微观视角对古代戏曲批评家或批评专著进行细致剖析的，还有专门对戏曲理论进行文献学研究的。

就古代戏曲理论进行宏观研究的，有关于元代戏曲理论的，如俞为民的《论元代曲论重北剧轻南戏的倾向——兼谈元代戏曲理论的自娱化倾向》（《戏曲艺术》2012 年第 3 期），通过研究，认为“元代的戏曲论著皆把北曲杂剧与散曲作为研究对象，虽也有论及南戏的，但都只是偶尔提及”，这是因为“元代曲论重北剧、轻南戏的倾向与曲论家们研究戏曲的自娱化倾向有关。”有关于明代戏曲理论批评的，如徐振贵的《论明代戏曲批评与理学之关系》（《厦门广播电视大学学报》2012 年第 1 期），通过把明代戏曲理论批评的特点与明代盛行的理学特色进行对比后发现，明清戏曲理论批评所表现出来的“重情”、“求真”主要特点，与明代的理学核心观有着明显的相通之处，这是因为“明代戏曲批评者与理学者的交往甚多，有的本身就是理学家或理学者，有的曾是理学者的门生弟子”。另如万曙的《明清戏曲理论的建构》（《文艺研究》2012 年第 8 期），认为明清时期建构起来的理论话语系统：“一是对戏曲诗性认知的‘意境’论；二是对戏曲叙事性认知的‘传奇’说；三是试图以‘婉丽’、‘雄爽’等概念甄别戏曲审美风格；四是对戏曲‘登场’舞台艺术特性的把握；五是以‘结构’为核心的对戏曲创作技法的总结。”并且“这些理论话语既是对古典戏曲艺术特质的认知，也具有系统性，内涵丰富，对当代戏曲理论的建设和发展有着重要的借鉴价值。”

吴瑞霞的《中国古代戏曲理论与批评》（中国社会科学出版社 2012 年版）一书，是对中国古代戏曲理论进行通盘研究的专著。作者对于中国古代戏曲理论与批评的研究，“力求在文化维度与理论视野上有一种新的突破”（第 7 页），“使本书的理论研究既具有学术的当代性，又符合古代戏曲理论及批评的原意”（第 31 页）。于是，此书就设置了戏曲音乐结构论、戏曲剧情结构论、戏曲代言体创作论、戏曲接受论、戏曲品格论和戏曲理论的生成与诸艺术理论的关系六个部分。这些内容章节的设置，涉及到中国古代戏曲理论与批评所含范围的戏曲结构、戏曲创作、戏曲传播、戏曲美学及戏曲理论与批评产生的文艺学环境等。但也许正如其所言："本书拟对这一戏曲艺术的研究与批评进行系统的理论梳理与阐释。"（第30页）即其重心还是落实于"梳理与阐释"上，因而导致对中国古代戏曲理论与批评的综合、归纳、演绎等研究方面相对较弱，没有探寻或尝试搭建中国古代戏曲理论与批评的理论体系框架。

对中国古代戏曲理论进行个案研究，主要表现在两个方面：对戏曲理论批评家和戏曲理论批评专论进行的研究。

对古代戏曲理论批评家进行的研究具有非常明显的特征：那就是集中性，即主要集中在那么几位戏曲理论批评家，如李渔、孟称舜、凌濛初三位，在2012年度的专门研究古代戏曲理论批评家的文章占有相当分量，关于李渔研究的有邓新华《论李渔戏曲接受理论的独特性》（《江汉论坛》2012年第1期）、陈文兵《论李渔戏曲理论的舞台表演性》（《宁波教育学院学报》2012年第1期）、郭守运《李渔曲论"主脑"范畴意蕴探微》（《湖北民族学院学报（哲学社会科学版）》2012年第2期）、杨扬《从李渔"解明曲意"观点谈声乐演唱》（《大众文艺》2012年第23期）等，关于孟称舜研究的有袁晓蕾《与时俱进一儒生，匡时救世留美名——论孟称舜戏剧思想》（《大众文艺》2012年第2期）、金艳霞《以情释理：孟称舜戏曲传情论新探》（《学术探索》2012年第3期）、《孟称舜戏曲风格观念析论》（《兰州大学学报（社会科学版）》2012年第3期）、储著炎《论孟称舜剧作思想的变迁》（《太原理工大学学报（社会科学版）》2012年第4期）、《论孟称舜"词足达情"的戏曲审美观》（《洛阳师范学院学报》2012年第12期）等，关于凌濛初研究的有梁琨《浅析凌濛初的"本色论"》（《新乡学院学报（社会科学版）》2012年第6期）、陈光《凌濛初戏曲审美理论和艺术主张探析》（《北方文学》2012年第6期）等。这种现象的出现，既是因为古代戏曲理论批评者本身数量较少，也是因为这些人在古代戏曲理论批评上占有相当分量，为古代戏曲理论批评做出较大贡献。不过，这些研究成果表现出一个相同的特点：阐释叙述性观点较多而缺乏创见、缺乏新颖性的理论见解。这也为以后对古代戏曲理论批评家进行研究提出警醒：尽量避免陈陈相因的叙述而缺少创见性观点的提出。

范春义《焦循戏剧学研究》（凤凰出版社2012年版）一书是研究焦循戏曲学的专著，此书具有两个鲜明的特色：一是具有明确的问题意识和方法意识；二是思辨色彩浓郁。此书的内容设置，可以说就是依据所解决问题的详略大小而形成的，这一点书中曾言及称："本书章节设计和行文上则由解决问题不同而略有不同。"（第10页）书中关于《点鬼簿》、《录鬼簿》为一书的论证、《剧说》作者为焦循的证明、《琵琶记》开场词为高明所作的辨析等，都充分体现出作者明确的问题意识。对于研究方法的重视，书中曾有这样一段话："在研究方法层面，学界尚缺乏必要的探讨与反思。现在学界通常是采用'六经注我'的方式，亦即按照学科建立起来的范畴和问题，到焦循的戏剧学著作中去寻找证据，作为确立自己论点的支撑；或是主观设定一个论题，强古人以就已。这一方法存在明显缺陷。"（第7页）另如对学界形成《点鬼簿》、《录鬼簿》之辨的成因总结出"对于绝大多数研究者而言，一般对直接研究对象的文献问题很注意，但在引用文献的问题上往往重视不够。"（第75页），这无不显然出作者特别重视研究方法的正确使用。而此书对学术一直倍加推崇的依赖出土文献的"三重证据法"，亦通过《琵琶记》开场词作者权属的学界论争事实，提出自己的看法："可以说出土文献已经成为传统辨伪学成果的试金石。但是毋庸讳言，过重地突出出土文献价值的倾向已经存在。其实，出土文献作为曾经被时间淘汰的东西，本身具有很大的局限性。在运用出土文献进行研究之前，首先应该对其加以研究。而研究的坐标就是传世文献，传世文献奠定的知识体系成为衡量出土文献价值的基本坐标。如果坐标尚不准确而去孤立研究出土文献，就很可能会出现一叶障目的现象。"（第233页）于此不仅看出作者的方法意识，也体现出作者的思辨色彩。当然，此书除了所体现出的这两个特点在古代戏曲理论批评中具有相当的方法论意义外，其关于焦循的"谬悠"说、"一代有一代之所胜"说等的论证，也有一定的创见，为焦循和古代戏曲理论批评提供了一定的学术积淀。

古代戏曲理论的流传显然是通过具体文献完成的，虽然学界多是认为古代没有所谓的戏曲理论，但另一方面却又在研究中不断解读古代戏曲理论批评著作。应该说认为古代没有戏曲理论者，多是以现代的理论视角来审视古代戏曲理论专著，而不懈解析古代戏曲理论者则是对古代戏曲理论著作抱以“了解之同情”。在2012年度，通过解读古代戏曲理论著作而问世的成果亦为数不少，如俞为民《王世贞〈艺苑卮言〉中的曲论》（《艺术百家》2012年第4期）即是，此文认为《艺苑卮言》中的四十一条有着戏曲的论述，分别从诗体文学、音乐的流变、地域文化以及作家对戏曲形成的影响等四个方面对戏曲的起源作了探讨，另外还提出戏曲语言要典雅俊丽而不要雕章琢句的总体要求。张毓州《吕天成〈曲品〉成书原因初探》（《甘肃理论学刊》第4期）则是试图解读出《曲品》为何而成的背后原因，显然为更确切了解《曲品》这部戏曲理论著作提供了更好的背景因素。张剑屏《浅析吴仪一的曲论观——以〈长生殿〉的评点为例》（《广州广播电视大学学报》第4期）看似为戏曲理论批评家研究成果，其实质却是戏曲理论著作研究，它是通过分析戏曲理论批评的重要形态之一——戏曲评点来探讨戏曲理论批评见解，在此文中把解析对象局限在《长生殿》的评点文字，通过分析认为这些评点文字体现出的戏曲理论见解是：“侧重于言情主旨、针线缜密、关目巧妙、戏曲意境及演员表演等方面的评论，他恰如其分的评析已经深入到戏剧艺术的本质，丰富了古典戏剧的评点理论。”当然，如陈多、叶长海的《曲律注释》（上海古籍出版社2012年版），虽然是以文献学的方法进行的古代戏曲理论著作《曲律》的注释，但通过这种逐字逐句的注解，更利于对其所蕴涵的戏曲理论进行切实、细致、详尽的理解与阐释，进而挖掘出其内蕴的戏曲理论体系观。

当代戏曲理论的争论与构建

研究古代戏曲理论的最终落脚点是为了当代戏曲理论体系的建设，那如何建设、建设怎样的当代理论体系显然就是当代学人所应关注的学术问题。在2012年度关于当代戏曲理论问题研究的成果，表现出这样的特点：对著名戏曲理论家张庚先生的多方位探讨，对具体戏曲理论概念、问题的论争，对建设当代理论体系方法与途径的探索，尝试建立戏曲理论体系的框架。

张庚先生在当代戏曲理论建设上的贡献是有目共睹的，其主持编写的《中国大百科全书·戏曲卷》、《中国戏曲志》、《中国戏曲通论》及其著作《张庚文录》（七卷本），引领了新中国戏曲理论研究的方向。对张庚先生的理论见解及其提出的戏曲理论概念进行认真解读，无疑是重要的。在2012年度，就有何玉人《张庚戏剧理论及其对21世纪戏剧艺术发展的期待与思考》（《艺术百家》2012年第1期）、季国平《张庚当代戏剧学人的学术导师》（《中国戏剧》2012年第1期）、沈达人《张庚先生论戏曲形态》（《戏曲艺术》2012年第2期）、汪人元《张庚与中国戏曲表演体系研究——纪念张庚先生诞辰百年》（《艺术百家》2012年第1期）等研究文章，分别从不同角度对张庚的学术成就进行解读。何玉人通过研究认为“对戏曲现代戏和戏曲的现代化问题，做了积极的理论探索和总结，这是张庚先生在新时期对中国戏曲理论的最大贡献之一”，汪人元认为“张庚先生以表演功法为核心展开对戏曲表演体系研究的学术思考，他在功法、程式、综合性、戏曲的训练方法和创作方法这四个方面发表了异于学界旧识与惯识、极其珍贵的学术意见及相关成果，是对中国戏曲表演体系研究及中国戏曲理论建设的重要贡献”。对张庚先生提出的戏曲理论概念“剧诗说”近年来学界颇有质疑之声，而张莉通过《浅析张庚“剧诗说”的形成与特色》（《艺术教育》2012年第1期）一文的研究，认为“张庚的剧诗说并非是对西方剧诗说的移植与改造，而是借用了西方的‘剧诗’概念，展示了以‘剧诗’为核心的新的戏曲艺术本体观。”通过这种对戏曲理论概念的争辩，即可以令学界有更为清晰、科学的概念认识，也可以改变中国戏曲理论体系建设中不重视概念内涵与外延的界定和对概念词语混乱使用的研究状况。

学界能出现纯学术的论争是难得的，如刘方政《当代第一次戏曲论争的意义》（《中国现代文学研究丛刊》2012年第4期）研究认为，“1951年围绕神话剧和历史剧创作发生了建国后第一次戏曲论争”，“它暴露了学术争鸣中带有根本性的倾向问题，即集中优势兵力围攻式的论争模式、学术与政治相参杂的人身攻击式的论争策略和以组织名义判定是非的结束论争的手段。”显然这是一场受政治干预的学术论争。在2012年度，出现了虽微弱却有着良好苗头的戏曲理论问题的争辩。2011年陈世雄先生在《程式化，还是生活化？——18世纪末到19世纪中期中国戏曲与西方戏剧的不同走向》（《福建艺术》2011 年第 2 期，《戏曲艺术》2011 年第 5 期）一文中发表了对“戏曲程式”的看法，王安葵先生对戏曲程式这一重要的戏曲理论概念的理解，与陈世雄先生的观点不尽一致，于是就撰写《论戏曲程式——兼向陈世雄先生请教》（《福建艺术》2012 年第 1 期）与陈世雄先生商榷，认为“戏曲既然是用程式进行表演创作，那么说戏曲表演是程式化的本来没有错；但是由于人们常常把程式化看成是模式化、刻板化，把程式化当成一个贬义词，在这个意义上，戏曲表演也反对‘程式化’”，我们即不能“不应贬低和否定戏曲表演中的程式”，也“不能把戏曲表演的程式性特点与斯坦尼所反对的‘程式化’等同起来”。陈世雄先生随后撰写了《再论戏曲的程式化思维——回应〈论戏曲程式〉一文并请教》（《福建艺术》2012 年第 2 期）一文，就戏曲程式问题与安葵先生再商榷，在认可安葵先生的戏曲程式观的同时，认为安葵先生对自己所阐述的戏曲程式观有误读之处，同时提出：“在写意的布景中，程式化的表演才是有效的”，“戏曲的程式化思维必须贯穿剧目创作的所有领域和全部过程”。可以说通过两文的商榷，对于戏曲程式这一基本的戏曲概念，达到了理解上的基本一致。同时，王安葵先生在《短笺代复》（《福建艺术》2012 年第3 期）一文中，向学界提出了对戏曲理论等基本问题进行百家争鸣的号召，其言：“‘百家争鸣’，这对活跃学术讨论是有好处的。但我与陈教授只能算‘两家’，而且戏曲表演问题，程式问题也不是我们‘两家’的事。所以我希望贵刊能继续组织有关讨论，不是要分出谁是谁非，而是把对此问题的研究推向深入。”如果学界较多地对戏曲理论研究中的基本概念进行论辩，而不是自说自话，相信不仅对“活跃学术讨论是有好处的”，而且会大大加快构建有中国特色的戏曲理论体系的进程。

对当代戏曲理论体系的建设，可谓是近些年来学界一直努力的方向，如早前徐振贵就曾撰写《建立中国话语的戏曲理论体系》（《文艺报》2006 年 1 月 21 日）一文，认为建立中国话语的戏曲理论体系应该有新的理念、新的思路、新的高度，为如何建立中国话语的戏曲理论体系进行了思想方法上的探索。在 2012 年度，王安葵先生发表了《建设中国特色的戏剧理论批评》一文，文中称：“中国的戏剧理论建设经过了古典戏剧理论和现代戏剧理论两个阶段，现在已进入中国特色的戏剧理论建设的新阶段。”并就建设中国特色的戏曲理论批评，提出了学界应加以努力的方向：“第一，更多地发掘、阐释和激活中国古典戏剧理论资源。古典戏剧理论具有民族特点，比较切合中国戏曲创作的实际；但是它的理论形态和表述方式是古代的，要应用于现代，就必须做阐释和激活的工作。”、“第二，继续吸收借鉴外国的戏剧理论，并进一步使之中国化。”、“第三，要创造和总结中国自己的实践经验。”于此可以看出，安葵先生所述的努力方向，是涵盖了古今中外的戏曲实践与理论探讨。也就是说，要建立具有中国特色的戏曲理论，是不能闭门造车式地进行的，而是要学习借鉴、融会各种理论资源与有效信息，最后建设出具有自己特色而又拥有科学结构的理论体系。应该说，这是富有启发意义的探讨。但在 2012 年度，这样的探讨成果显得有些不足。

当然，无论从学理上如何探讨、建议构建当代中国自己的戏曲理论体系及戏曲理论批评研究，最终都要落实于戏曲理论研究的实践：即尝试构建出当代的戏曲理论体系。在这方面卓有成效的代表作是欧阳中石、欧阳启名父女二人合著的《中国戏曲表演体系研究》（文化艺术出版社 2012 年版）。父女二人各有专长，对于戏曲艺术各有不同的着眼点，如此书《前言》中讲到：“戏曲的专业工作者，往往很容易沉浸在具体的细节上，对细节问题着眼的多；有些理论工作者，进入戏曲中来，则往往从抽象的理论着眼者多。……我们父女研究‘戏曲表演体系’这个题目，便有以上的问题。中石容易说起京剧具体细节掌故的时候多，启名容易从昆曲国内外很现代的抽象理论角度着眼。这的确要互相迁就一些才好。”正是二人的互相迁就，并以京剧为具体的分析事例，最终形成了首部构建出中国戏曲表演体系框架的专著。此书主体为七大部分：“中国戏曲构建中的主要内容”、“中国戏曲艺术的特征之一‘虚拟’”、“中国戏曲艺术的特征之二‘撇儿’”、“中国戏曲艺术成就的标志——‘程式化’”、“中国戏曲艺术的凝聚力”、“中国戏曲艺术的‘融通’”、“中国戏曲艺术的‘流派’”；其中在“中国戏曲构建中的主要内容”部分着力论述了“戏曲人员的组合”、“剧情”、“舞台”、“形象”、“动作”、“‘曲’的演出”、“表演”、

“戏曲文化”、“观众”九方面的内容。于此章节的设置来看，此书所建构起来的中国戏曲表演体系应该是包含了上述的各方面内容。经过大量事例分析与理性论述后，作者称：“如果简要地概括中国戏曲艺术的表演体系，可以说：中国戏曲，是集‘唱念做打’于一体的一门综合性艺术；她是把一切都取其典型的艺术；她采取了‘虚拟’化、‘程式’化的手法；她是一种以‘精萃见神’的艺术；她是把一切力量都凝聚为一个整体的艺术；她是把从古至今的各种表演艺术都‘融通’成一体的表演艺术；她是将各种流派汇总为一体，随着时代而不断发展着的一种艺术。”在此，简化重审了中国戏曲表演体系建构中所应涵盖的范围与内容，这个体系既要涉及戏曲表演中的各个要素，同时还要涵盖戏曲表演的手法、美学、流派及与此密切相关的观众学等内容。无论以京剧为实例所建立起来的戏曲表演体系是否完善、科学，是否能够兼容其他地方戏甚或傩戏等的表演特点，都可以说关于中国戏曲表演这个体系的主体是成立的，关键的下一步就是如何能够使这个体系更加健全。因为不可否认的，此书在对“‘曲’的演出”部分的分析较重，与其他部分的分析略显不甚协调。尽管“‘曲’的演出”在戏曲表演中相当重要，但作为一个整体来讲，其他的组成部分对于戏曲表演这个体系来说，亦是不能简略的。在2012年度有了这个戏曲表演体系的尝试构建，应该说是一个非常好的势头，希望随着时间的推移，学界能够逐渐构建出中国自己的健全的戏曲理论体系。

对西方戏剧理论的论辩

把中国戏曲理论与西方戏剧理论进行比较一直是学界比较热衷的课题，不过现在已经从对西方戏剧理论的热恋与痴迷发展到理性、思辨地看待，开始着眼于反思西方戏剧理论对中国戏曲实践及戏曲理论的正反两方面影响，开始尝试如何借鉴、学习西方戏剧理论为建设中国戏曲理论服务。这一点，在2012年度出现了一些值得关注的成果。

邹元江《布莱希特在中国戏曲演艺界和理论界的接受情况》（《戏剧》2012年第4期）一文，认为虽然中国戏曲界一直都在讲布莱希特的戏剧理论，特别是他的“间离效果”论，但其实都一直是误读，“从布莱希特最初被中国人知晓到现在的八十余年间，在相当长的时间内布莱希特所关注的戏曲艺术的‘间离效果’理论并没有对中国戏曲演艺界和理论界产生大的影响”，“戏曲理论界只有极少数的学者意识到布莱希特‘间离效果’理论对揭示戏曲艺术美学特征的意义（这其中也包含着误读和诸多陈见），这与布莱希特肯定戏曲艺术的初衷是相去甚远的。”这种对西方戏剧概念在中国的接受考查，可以警示学界在进行戏曲实践或戏曲理论研究时，都需要认真考查一些理论概念的根本内涵，在真正认识、理解后再对其取舍，以免如聋子聊天，各说各话。同样是关注布莱希特的戏剧理论，杨扬的《论布莱希特戏剧理论与中国戏剧的相互作用》（《唐山师范学院学报》2012年第6期），则着眼于布莱希特戏剧理论与中国戏剧的相互关系，认为中国的戏剧促使布莱希特提出了“间离效果”这一著名的戏剧理论，而这一理论来到中国后，“对中国戏剧尤其是20世纪80年代中国戏剧的理论与实践都产生过重要影响，给中国戏剧的发展输入了新的能量”。显然，杨扬的这一认识与邹元江先生的认识是不相同的，这为学界进一步考察布莱希特的“间离效果”理论对中国戏曲的影响提供了空间。不过，对于中国戏剧对布莱希特提出“间离效果”论的作用，学界似乎均持相同的观点：是中国戏曲让布莱希特形成了“间离效果”论。那么，他为什么看过中国戏曲后能形成如此有影响力的理论呢？他是从哪些方面受到中国戏曲的影响而形成“间离效果”这一观点的呢？徐颖果、王菲《中国戏曲对布莱希特戏剧理论的影响》（《文学界（理论版）》2012年第3期）一文研究后认为，中国戏剧对布莱希特“间离效果”的影响，具体体现在观众与角色的关系、戏剧结构和舞台美术等方面。那么，接下来学界是否也能从中国戏曲本身各方面为研究切入视角，归纳出中国戏曲的形而上的理论呢？还是继续等着外国人观看一两次中国戏曲后为学界奉献出新颖的戏剧理论？这个还要拭目以待。

无论是单纯对西方戏剧理论的研究，还是探讨中西戏剧理论的交互关系及中国戏剧界对西方戏剧理论的误读，其根本目的都应是落脚于为构建中国自己的戏曲理论服务，创造、提升出能够用于指导中国戏曲实践和发展的理论。那么，在构建中国自己的戏曲理论时，我们应该采取什么样的态度来对待西方戏剧理论呢？对此，王安葵先生在《如何对待西方戏剧理论》（《艺术百家》2012 年第 1 期）一文中，提出了自己明确的观点："在建设中国现代的戏曲理论体系的过程中，需要加强戏曲理论的主体性，并逐步建立起完整的中国戏曲理论体系，但不能采取破除和摆脱外国戏剧理论的态度，"、"不能采取摆脱西方戏剧理论从头另来的做法，这是因为西方的戏剧理论为中国理论界所接受已有很长时间了，有些理论已经在很大程度上中国化了，所以我们现在只能是一边努力实现中国古典戏曲理论的现代转换，一边继续吸收和改造西方的戏剧理论，使二者更好地融合。运用这样一些理论资源来总结提升当代戏曲创作的实践经验。这样才能逐步建立起中国现代的戏曲理论体系。"可以看出，此文的主体思想与其《建设中国特色的戏剧理论批评》一文是相通的，于此可知，安葵先生对如何构建中国自己的戏曲理论这一问题是特别关注并进行了多方位思考。应该说，安葵先生在此所言对待西方戏剧理论的态度，是学界必须予以重视和遵守的。否则，只会把构建中国自己的戏曲理论实践引入闭门造车的境地。

结语

2012 年度的戏曲理论研究，延续着以往的研究特点：较多地关注古代戏曲理论的探讨与解析，同时着眼于当代的戏曲理论探讨和对西方戏剧理论的解读。但同时也拥有了与之前不同之处：首先可以看出王安葵先生作为著名的戏曲理论学者，在今年发表了较多富有启发意义的研究文章，贯通中外，激活古代，为构建中国自己的戏曲理论体系进行了多方位思考，并提出了切实的研究路径。其次是《焦循戏剧学研究》一书，虽然此书没有构建出焦循的戏剧学体系，但就其所具有的问题意识、方法论意识及对学界聚讼已久的学术公案的探讨，无疑提醒学界需注意到研究中所采取的一些基本的方法问题、文献问题及学术问题的真假命题。再次是《中国戏曲表演体系研究》一书，其尝试构建的中国戏曲表演体系，开学界之先河。也许其所构建之体系还有很多未完善之处，但终难遮蔽其开创之功。

李志远　中国艺术研究院戏曲研究所副研究员

创新与固守传统

——2012 年京剧发展情况综述

◎于建刚

2012 年，京剧被列入世界非物质文化遗产名录的第三个年头，对于“京剧人”而言，如何更好的将京剧艺术继承与发展下去，依然是一个正在回答和将来仍需继续回答下去的问题。纵观 2012 年的京剧界，发生了很多大事，比如说第七届全国青年京剧演员电视大赛，第五届中国京剧优秀青年研究生班毕业和年尾的 2013 年新年京剧晚会等；各京剧院团也推出了各类京剧演出活动，创作了一批京剧剧目，丰富着京剧舞台；京剧研究界也发表了一批京剧研究成果，推动着“京剧学”研究的发展。2012 年，又有几位京剧界的前辈去世，带走了他们身上的京剧绝艺，他们对于京剧艺术的热爱和执著的追求精神，却感召着后辈们继承他们的遗志。如果我们为 2012 年的京剧发展选择两个关键词的话，那就是“创新”与“传承”。它们代表着推动京剧艺术发展的两股力量，“创新”使京剧艺术不落后于时代，“传承”使京剧艺术不忘记根本。

京剧活动

2012 年，全国范围内开展的京剧活动，如果用一句话概括，那就是京剧界在通过各种方式来培养后继人才，扩大京剧艺术影响力，培养京剧艺术观众，不遗余力地推动京剧艺术在新时期的发展。

在这些事件中，可排在第一位的当属堪称“京剧界的奥运会”的第七届全国青年京剧演员电视大赛。这个由中央电视台推出的全国性京剧赛事自 1987 年开始举办，在 25 年间，将这场赛事打造成了一个弘扬民族艺术、振兴京剧事业、发掘和推出京剧人才、引领和推动京剧事业繁荣发展的重要品牌。当今京剧舞台上的中坚力量如于魁智、孟广禄、李胜素、张建国等都是“青京赛”的获奖选手。今年的“青京赛”共有 490 名参加者，经过 17 场比赛，最后决出 32 个金奖，65 个银奖和 70 个铜奖。在这些参赛选手中，有一批“80”后和“90”后的京剧新秀，他们的出现，代表着京剧艺术在后继人才培养方面的成就。而“青京赛”这个平台的搭建，就为这些京剧新秀们的成长与成熟创造了良好的条件。而且，我们看到，这届“青京赛”全国有超 3 亿的观众收看，这对于京剧艺术的普及也起到了重要的作用。通过这场赛事，我们得出的结论是，当京剧艺术遇上电视媒体，就如插上翅膀，其传播影响与传播效果大大优于传统的剧场演出。从这个角度来讲，我们非但不能排斥各类媒体的出现，而是要考虑如何有效地利用这些媒体为京剧艺术的当下传播服务。

我们还应看到，近年来，全国各大京剧院团都在为培养京剧观众、培养京剧艺术后继人才而努力着，并且取得了一定的成果。在这些举措中，我们择其要者加以评述。

国家京剧院在举办的众多京剧活动中，有一项活动为“高雅艺术进校园”，即送京剧艺术到全国各地的高校中，向大学生观众普及京剧。迄今为止，他们已经先后到青海、贵州、宁夏、甘肃、湖南等 10 个省区市的高校开展了 40 余场演出，吸引了数万大学生观众观看。他们送去的京剧剧目，均为《红娘》、《秋江》、《八大锤》等京剧经典折子戏，让大学生观众得以领略京剧艺术的独特魅力。通过这样的演出，大学生观众中可能会出现一批对京剧艺术感兴趣的人群，成为京剧艺术的潜在观众群体，甚至这些观众群体还可能会带动他们周围的人群，进而扩大京剧艺术的观众影响力。这种送京剧到大学生群体中的做法，各个京剧院团都有开展，从上个世纪 90 年代的上海京剧院《曹操与杨修》在大学生群体中产生轰动到本世纪“白牡丹”在北大百年讲堂唱响，都可以看到大学生对以京剧为代表的中国传统艺术所具有的浓厚兴趣与热情。大学生群体，既可以成为京剧艺术的欣赏者，还可能成为京剧艺术的传播者，抓住这个群体，对于京剧艺术的观众培养应该说有着重要意义。

北京京剧院则通过“唱响之旅”扩大着京剧艺术的影响。这项活动自2011年7月开始启动，已经先后在北京、上海、天津、重庆、武汉、沈阳、石家庄、成都、贵阳、台北、香港，以及日本的东京、大阪、名古屋，土耳其伊斯坦布尔、安卡拉，奥地利维也纳，匈牙利布达佩斯，捷克布拉格，德国慕尼黑，意大利西西里、威尼斯、罗马等国内外的42座城市举办了56场演出、50场讲座和50个展览，吸引了十余万观众。“唱响之旅”给予我们的启示不仅仅在于演出到目前为止还是京剧传播，包括海外传播主要途径；还在于京剧演出需要与其他形式配合，比如讲座、展览展示，才能让观众们对京剧产生全方位的了解与认识，达到事半功倍的传播效果；更在于京剧的传播活动的成效如何，一是在于要有主动传播的意识，二是要有精细的策划与准备，三是要对传播对象有细致的分析与研究，四是要有精心准备的传播内容，五是要有全方位传播的手段。而北京京剧院之所以能通过“唱响之旅”产生如此大的传播效果，当与上述提及的五个要素的具备有一定的关系。

天津京剧院通过举办“炫彩青春”优秀青年演员展演活动着力于青年京剧人才的培养与历练。这场活动从2月底至3月初在天津连演了7场共35出传统折子戏，参演的演员年龄最大的34岁，最小的19岁，老生、青衣、花脸、老旦行当一应俱全，流派纷呈。参演的剧目既有《洪羊洞》、《昭君出塞》、《三堂会审》这样的经典戏，也有《洗浮山》、《潇湘夜雨》、《骆马湖》等不常见于舞台的戏。而且，青年演员在参演过程中，得到了梅葆玖、叶少兰、张学津、迟小秋、李维康、孙毓敏、王梦云等名家的悉心指导，使他们不仅接受了广大观众的检验，更为重要的是得到了表演艺术上的提升。这种举措，对于培养年轻演员，传承京剧艺术有着重要的意义。对于戏曲院团而言，处于舞台生命成熟期的成名成家的演员是院团的核心，在演出时具有很大的票房号召力，但处于舞台生命上升期的青年演员则是院团的“潜力股”，他们是院团生命力的延续，也是未来为院团再创辉煌的根基。同时，青年演员在舞台上所呈现出来的青春亮丽的色彩，也势必成为吸引年轻观众的重要因素。

上海京剧院在举办的众多京剧演出活动中，以王珮瑜为主角的“戏里戏外·瑜音绕梁”京剧坤生2012全国巡演活动脱颖而出，在整个京剧界产生了重要影响。这次演出活动自3月15日上海首站演出以来，先后赴北京、武汉、成都、深圳、苏州等地，演出12场，观众人数近万，得到广泛认可，尤其是以传统的意蕴，新颖的形式、年轻的阵容（演出队伍平均年龄不到30岁）得到了更多青年观众的喜爱。而且，这次演出活动是一次完整的京剧推广活动，它从前期策划、整体包装到宣传营销，都是在院团、企业、媒体的共同参与下完成的，在演出之外，这场活动还出现了个人专辑、明信片、书签、T恤等演出衍生品，将京剧的影响扩展到了演出之外。在演出内容上，既有古朴隽永的《赵氏孤儿》，也有别出心裁的“京剧清音会”，将王珮瑜的个人魅力与京剧剧种魅力都发挥到了极致，真正达到了“播洒京剧艺术的种子，培养新一代京剧观众”的目的。这场活动，与其说是系列演出，不如说是独具匠心的京剧推广活动。它所产生的效果，已经超越了剧场，它让每个进入剧场观看演出的观众得窥京剧艺术传统中的“静雅之美”，京剧艺术表演的细腻、唱腔的婉转、音乐的悠扬都在这静雅的氛围中得以放大。

上述或大或小的京剧活动，当然不足以概括2012年京剧舞台上所发生的一切，通过这些活动，可以让大家感受到的是，京剧人正在为京剧艺术的传承与发展进行着或固守传统、或勇于创新的努力。京剧人对京剧艺术的执著与热爱，是京剧艺术在当下及未来发展的不竭动力。

京剧剧目

2012年的京剧舞台因为出现了各类题材的剧目而变得丰富。在这些剧目中，既有新创的《重瞳项羽》（济南市京剧院）、《无旨钦差》（天津青年京剧团）、《建安轶事》（湖北京剧院）、《飞虎将军》（浙江京剧团）、《连升三级》（北京京剧院）、《花蕊》（江苏省演艺集团）、《萧关道》（宁夏演艺集团京剧院）、《将军道》（沈阳京剧院）、《生活秀》（武汉市京剧院）、《云之上》（北京京剧院）等；也有重新改编的《韩玉娘》（国家京剧院）、《香莲案》（天津京剧院）、《霸王别姬》（上海京剧院）、《丝路花雨》（甘肃省京剧团根据同名舞剧改编）；还有类似《白雪公主》（北京戏曲艺术职业学院）、《藏羚羊》（青海省戏剧艺术剧院与浙江京剧团联合创作）的旨在吸引儿童观众的儿童京剧；更有一批“跨文化戏剧”，如上海京剧院的《小吏之死》、《王子复仇记》、《情殇钟楼》（分别改编自《小公务员之死》、《哈姆雷特》和《巴黎圣母院》），上海戏剧学院的京剧《朱丽小姐》（改编自斯特林堡的同名话剧），中德艺术家联合创作演出的京剧歌剧“混搭”的《界碑亭》，台北新剧团李宝春主演的京剧《弄臣》和中国戏曲学院与美国马里兰大学联合创作的《仲夏夜之梦》等。此外，由评书名家连丽如与京剧名家陈少云、朱强等合演的“听书看戏品三国”之《赤壁》因评书与京剧的巧妙同台也产生了很好的观众反响。

通过对2012年京剧创作剧目的观察，我们可以得出以下结论：

第一，京剧的繁荣取决于创作的丰富。只有不断地推出新剧目，不断地进行艺术创作，打磨更多的京剧艺术精品，京剧舞台才能变得生机勃勃，因为京剧舞台不断地在出新，才能使得更多的观众被这些“新”所吸引，才能使更多的观众走进剧场来感受不同于“大探二”、“失空斩”、“群借华”等京剧艺术经典所带来的京剧魅力。这样，才能使京剧艺术本身呈现出时代的特点，满足当下观众的欣赏要求。可以这样说，当下的京剧艺术如果仅仅停留在对传统的固守上，则会显得有些保守，当然，如果过分强调创新，也会使京剧失去根基。最难得的是植根于传统之上的创新。只有这样的京剧剧目，才有可能被观众记住，才有可能被打磨成精品。

第二，京剧除了要保持住固有观众群之外，更重要的是要开拓新的观众群。而开拓观众群的重要手段是充分发挥京剧艺术的包融能力、适应能力与创新能力，使京剧舞台呈现新的面貌。这里面既包括内容上的新，将更多的故事用京剧来呈现，将过去的京剧剧目用当下的视角来做重新的阐释，将西方的经典用京剧方式来做重新的演绎；还包括形式上的新，因为内容的新而创造更多的京剧表现手段，将京剧艺术与其他如评书等传统艺术结合，用近乎于恢复京剧早期状态的方式唤起人们对京剧历史的追忆等。这样，京剧艺术呈现在观众面前的姿态就不是一种或者有限的几种，而是根据观众需要而摇曳多姿。京剧在人们心目中的状态一旦摆脱了古旧的印象，它吸引观众的固有能力才会被重新唤醒。

第三，“跨文化京剧”的概念虽然不一定得到了大多数人的认同，但这种跨文化的创作方法倒值得尝试。将西方经典搬到京剧舞台上的做法，可以说自20世纪初期的“时装戏”时期就开始了，再到20世纪的八九十年代又由于《奥赛罗》、《歧王梦》、《李尔王》等的问世而使人们对京剧艺术表现题材开始了重新的探索，近年来又出现了《中国公主杜兰朵》、《欲望城国》等将西方经典故事完全“中国化”进行演绎的剧目。上文中提到的上海京剧院推出的三个剧目都是将西方经典故事的发生背景置于中国，将剧中人物变为中国人物，将故事的演绎的方式进行了更为中国化的处理，这种做法，就比单纯的用京剧唱念来表现一个原本的西方故事要显得成熟得多，在适应中国观众欣赏习惯的同时，也能让国外观众在观看一个他们熟悉的戏剧的同时，领略京剧艺术表现手段的丰富。“跨文化京剧”不失是一种京剧艺术对外传播的一种方式。

此外，自京剧艺术问世以来，都被观众视为一种“角儿的艺术”。而对于京剧文学而言，很长时间里并没有引起更多人的重视。时至今日，京剧的“角儿”依然重要，依然是京剧票房的重要保证，但京剧的文学，也应当引起更多人的注意。当下看惯了各类电影大片的观众，他们对于编剧“讲故事”的能力有了更多的期待，也有了更为专业的评判，面对这样一个群体，京剧的编剧们如果不注重“讲故事”能力的提高，如果不注意京剧文学性的提升，创作出来的剧目，即使动用了名演员、名导演，那对观众的吸引力也会打个折扣。

京剧教育

对于京剧教育事业来说，2012年的大事，莫过于第五届中国京剧优秀青年演员研究生班的毕业。这届“青研班”学员，共有40位，分别来自全国9个省市，涵盖了京剧11个行当，梅、程、张、荀、余、杨、谭、奚、李、裘等11个流派。同前四届“青研班”学员相比，这批学员大部分是1980年以后出生的优秀青年演员，是京剧界的后起之秀。这些学生经过三年的学习，不仅在艺术上得到了更大的提升，更为重要的是经过系统的中国文化史、中国戏曲史、中国京剧史、戏曲舞台美术、戏曲导演概论、戏曲表演专论、中国美学、角色创造、哲学、英语等理论课的学习，他们的理论功底与文化修养也得到了加强。这些修养，为他们将来成为有学有术的京剧表演者奠定了良好的基础。

中国京剧青年演员研究生班自1999年开始举办，迄今已成功办了五届，培养了179名优秀演员，涉及京剧、昆曲、评剧、河北梆子、川剧、豫剧、湖北汉剧、广东汉剧、越剧、黄梅戏、晋剧、雁剧、秦腔、粤剧、赣剧等15个剧种，覆盖了除台湾地区以外的28个省市地区。这种培养模式可称是京剧高层次人才培养的创举。它成功的开创了“一个工程”、“两个导师”、“三项并举”的培养思路：“一个工程”即遵循因人而异、因材施教的教育规律，为每位学员制定不同的培养计划；“两个导师”，即为每位学员配备专业课和理论课两位导师，旨在追求学员专业素养与理论素养的全面提升；“三项并举”，即在教学过程中，课堂教学与舞台实践并举、专业技能训练与理论研究并举、艺术上的传统继承与创新并举。事实证明，这样的培养思路对于培养高层次京剧表演人才是有效的。

中国戏曲教育一直沿续的都是师徒相传的个体教学方式，到了科班时期，出现了集体培养的形式，但具体到教学方法上，依然没有摆脱师徒传授、口传心授的模式。直至20世纪50年代以来，新的戏曲教育机构出现，传统的以民间为主的戏曲教育模式被取代，对戏曲人才培养要求也与以往有了区别。如果说原来的戏曲教育，主要是培养能台上唱戏的演员的，以剧目的传授为主要内容，那么，新时期的戏曲教育却是在培养演员戏曲艺术传承能力的同时，也注重对教育对象文化素养、理论修养和道德品质的培养；从教学内容上，除了开设与戏曲艺术相关的基功、剧目等课程以外，还会开设文学、历史、政治、英语等课程。这是对传统戏曲教育从内容到形式上的一种突破与进步。从20世纪50年代以来，中专艺校成为了戏曲艺术人才培养的主要基地，到20世纪80年代以来，随着中国戏曲学院的成立，戏曲人才培养进入本科时代。虽然同一时期也开始出现戏曲类研究生，但这类研究生多为理论研究人才。直至1996年第一届中国京剧优秀青年演员研究生班开办，京剧表演人才培养才开始真正进入研究生时代。“青研班”的开创，不仅开始了京剧高端人才的培养，而且它所开创的培养模式也具有一定的可仿效性。我们不仅仅可以用这种人才培养模式来培养京剧（戏曲）表演高端人才，其他实践类戏曲人才的培养（如导演、舞美、音乐等）都可以应用此模式。这是“青研班”模式对戏曲教育做出的最大贡献。

京剧研究

2012年，根据在当当、卓越等购书网上的搜索结果看，共出版各类京剧图书57种，其中大部分为研究性著作。2012年共出版戏曲类著作132种，京剧类图书占了43%。这些图书当中，有相当一部分是学术性著作，如《李瑞环谈京剧》（李瑞环，三联书店）、《精忠庙带戏档考略》（杨连启，中国戏剧出版社）、《京剧与上海都市社会》（徐剑雄，三联书店上海分店）、《粉墨江湖：卞家班暨杭嘉湖水路京班纪略》（陆明、卞韵良等，学林出版社）、《探究京剧之美》（何熙文，大连理工大学出版社）、《心比天高——中国戏曲演绎西方经典》（孙惠柱，文化艺术出版社）等。还有一部分是回忆性和评述性著作，如《袁世海——大师的智慧》（蒋晔，河北人民出版社）、《梅兰芳艺术谭》（徐城北，中国人民大学出版社）、《粉墨春秋：盖叫天口述历史》（何慢、龚义江、盖叫天，中国戏剧出版社）、《翁偶虹看戏60年》（翁偶虹、张景山，学苑出版社）等。在这类评述性著作中，我们发现，还出现了一批评述当下京剧演员的著作，如山西教育出版社出版的“折桂令丛书”，包括了于魁智、张火丁、王佩瑜、李胜素和孟广禄等演员，说明我们对于京剧演员的研究已经由关注过去开始关注当下了，可以说，对当下优秀京剧演员的研究与关注更有意义与价值。第三类是京剧普及类著作，主要包括《中华文化丛书：京剧的魅力》（马铁汉，百花洲文艺出版社）、《京剧二百名段》（邵爱生，武汉出版社）、《中国京剧百部经典：英译系列1—10》（孙萍，中国人民大学出版社）等。可以说，孙萍编著的这套英译系列剧本（第一批推出10部，随后还会推出其他剧目，共100部），对于京剧艺术的对外传播会产生一定的推动作用。这套丛书所选择的剧目，除《霸王别姬》外，还有《贵妃醉酒》、《打渔杀家》、《拾玉镯》、《盗御马》、《秋江》等中国京剧经典剧目，然后再由专人将剧目翻译成英文。在介绍的内容上，主要包括京剧的剧目欣赏导读、文学剧本、曲谱（含五线谱和简谱）、穿戴谱等，还附以剧照和图样，应该说内容很详实。当然，把这批剧目介绍给外国观众，难度最大的是翻译。如何把京剧及其背后的文化用英文翻译给国外人看，而且还能让他们看明白，这既是一件艰难的“跨文化”行为，也是一件将英语语言与京剧艺术语言有机结合的行为。只有把这两项工作都做好了，京剧才能完成“跨文化传播”。这既是一个长期工程，也是一个需要不断地用一个个“跨文化传播”成果来推进的工程，是一项在摸索中不断总结，在总结中不断开拓的工程。换句话说，我们如何让国外观众认识我们的京剧，除了舞台演出之外，还需要借助很多别的舞台之外的渠道去了解它。除了上文提到的展览、讲座外，对于京剧从文学角度的了解，也是很重要的。这样，可以把京剧文学与国外观众所熟知的戏剧文学置于一个层次，让国外观众改变对京剧仅限于杂技与舞蹈的理解。

2012 年发表的京剧学术文章的数量也是很可观的。在“知网”搜索栏中输入“京剧 2012”关键词，得到了搜索结果有 3011 条，也就是说，在 2012 年度，关于京剧的文章共有 3011 篇，其中既有硕士博士论文，也有发表在各类期刊、报纸上的研究文章，内容涉及京剧艺术的方方面面。而如果将关键词换为“戏曲 2012”，则得到了 7265 条结果。也就是说，在 2012 年度发表的各类有关戏曲的文章中，关于京剧的就占了 41.4%。从这个对比中，我们也可以得出，研究者对于京剧研究的关注度是高于其他戏曲类型的。那么，当下人们对于京剧研究的方向都集中在哪里了呢？我们可以关注一下举办了四届的京剧学国际学术研讨会的主题，从中可见一斑。

2005 年举办的第一届京剧学国际学术研究讨会的主题为京剧的历史、现状和未来。首先，通过此次会议确立了京剧学这一学科称谓，在此基础上，与会人员共同探讨了京剧的本体及艺术规律、京剧的历史研究和京剧的现实发展问题等。2007 年举办的第二届京剧学国际学术研讨会的主题为京剧与传统文化，从中又衍生出了京剧的理论研究、京剧的历史研究、京剧的创作规律研究和京剧的现状研究等议题。2009 年举办的第三届京剧学国际学术研讨会的主题为京剧与现代社会，探讨了京剧的传承与发展问题，京剧的传播问题，京剧的理论，京剧的剧目、表演和音乐等问题，基本都围绕着京剧在现代社会的传承发展问题展开。2011 年举办的第四届京剧学国际学术研讨会的主题为京剧表演理论体系建构，探讨的是京剧表演理论体系的理论与实践问题，并从中衍生出京剧的传承与发展问题，京剧的教育与传播问题，京剧的行当与流派问题等。将于 2013 年举办的第五届京剧学国际学术研讨会的主题为梅兰芳与京剧的传播，探讨的是京剧在当今社会的境内传播与跨文化传播问题。

通过对京剧学国际学术研讨会的关注，我们可以注意到当下人们对于京剧艺术的研究，主要集中在了以下几个方面：一是京剧本体研究，包括京剧与其他剧种的差异和联系、京剧艺术规律、京剧艺术特质等；二是京剧历史研究，包括对京剧发展规律研究，历史人物研究、历史现象研究等；三是京剧舞台研究，包括表演研究、音乐研究、舞台研究、导演研究、京剧行话、戏谚与术语研究以及京剧舞台理论构建问题等；四是京剧文学研究，包括创作规律研究、剧本研究、作家研究等；五是京剧的传承与发展研究，或者说是京剧与当代社会研究，主要探讨的是京剧艺术在当代社会如何传承，如何适应当下社会和观众的需要和它未来的发展之路等；六是京剧的市场研究，这主要包括过去和现在两部分，前者主要研究京剧艺术在过去的市场竞争意识、市场行为与市场竞争能力研究，后者主要研究京剧如何开拓市场，赢取更多观众的问题，包括京剧院团如何进行管理体制改革问题等；七是京剧与其他学科的交叉研究，比如京剧习俗研究、京剧传播研究、京剧与社会学研究、京剧与人类学研究等；八是京剧的跨文化传播研究，包括京剧对外传播的历史研究、京剧对外传播者研究、京剧对外传播内容研究、京剧对外传播策略研究、京剧对外传播对象研究、京剧对外传播途径研究等；九是京剧教育研究，主要是京剧教育历史研究，京剧教育者研究，京剧科班、剧校等教育机构研究，京剧教育方法研究与模式研究等。以上对京剧研究方向的列举，可能不足以概括京剧研究的全部，但至少传达了一种京剧研究的趋势，那就是越来越注重京剧在当下社会的传承与发展问题，注重京剧艺术的境内传播与海外传播问题，注重京剧艺术传统问题和注重京剧艺术人才培养问题。

余论

2012 年的京剧界，还有一些令人遗憾的事情发生，那就是又有一批京剧艺术名家去世，将他们的京剧绝学带走了，给京剧后学们留下了莫大的遗憾。1 月 7 日张金梁去世，6 月 2 日艾世菊去世，6 月 27 日，刘曾复去世，11 月 26 日汪正华去世，12 月 21 日张学津去世，12 月 22 日姜凤山去世。面对这些位老艺术家的离世，我们除了感慨、悲伤与痛心外，更应意识到京剧艺术传统保护与传承的迫切性。京剧艺术的传统就存在于这些京剧艺术家的身上，将他们的表演技艺、表演心得与艺术感悟留下来，就等于保留了京剧艺术传统。而这些京剧传统的存在比我们想象的要脆弱得多，如果我们不加珍惜，如果我们不积极采取措施去记录、去留存，经过一段时间，我们将无传统可继承。试想，一个没有传统的艺术，它的存在还能有什么意义？

进入“非遗”时代的京剧艺术，它的发展之路更加引人关注。如果说同样是人类非物质文化遗产的昆曲的未来发展是保护与传承的话，那么京剧就应该在保护与传承的基础上加上一些创新，用创新来体现京剧艺术的时代适应性和继续发展的能力。但是，正是由于京剧艺术是在很好的继承传统基础之上的创新，是万变不离其宗的创新，是移步而不换形的创新，那么，任何脱离了京剧传统的创新，都是会被时代淘汰的。正是因为这样的意识，人们才会惊诧于“比基尼”京剧的存在，才会因真马上台的《霸王别姬》而引起争辩和思考。京剧并不会如人们所担心的那样走向博物馆，而是会以一种传统与现代完美结合的姿态面对当下的人和未来的人。

于建刚　中国戏曲学院国际文化交流系主任、副教授

循序渐进　不拘一格
——2012 年昆剧发展述评

◎柯　凡

2012 年的昆剧界并没有出现飞跃式的发展和陡转式的剧变，而是基本延续了近年的发展态势，总体上在政府主导、文化艺术界积极作为、民间曲友普遍参与的格局下保持循序渐进的步伐，在剧目创作、舞台演出、理论研究等方面巩固和延续了已取得的成果，体现出国家昆剧保护机制的长效性和昆剧传承发展应有的有序性。同时，2012 年的昆剧界在看似平实如以往的状态下，又因第五届中国昆剧艺术节的举办，一批优秀作品的创作、复排，以及相关重要理论研讨等而显得不拘一格、鲜活生动，也由此凸显出本年昆剧在其发展历程中的价值与意义——国家对昆剧的保护与扶持固然重要，而昆剧人自觉承担起传承和发展昆剧的重任，积极践行昆剧理想，这种坚持与主动，更为可贵。

昆剧活动

2012 年重大的昆剧活动依然是在政府力量主导下进行；同时，作为昆剧舞台艺术传承主体的各大昆剧院团也积极拓展昆剧受众面，与高等院校合作举办昆剧演出、讲座等活动，注重在年轻人中推广昆剧。不拘一格的展示昆剧成果、普及传统文化、培养昆剧观众、营造昆剧氛围，是这些昆剧活动举办的初衷，也真实反映出当前昆剧界对于改善昆剧生态的重视。

2012 年昆剧界最引人瞩目的活动当属第五届中国昆剧艺术节的举办。2012 年 6 月 29 日至 7 月 7 日，由文化部和江苏省人民政府共同主办的第五届中国昆剧艺术节在江苏苏州举行。全国 7 个昆剧院团以及山东柳子剧团、浙江婺剧团、中国戏曲学院、上海戏曲学院、中国昆曲博物馆、台湾昆剧团、香港进念二十面体等文化艺术团体参加昆剧节，上演了 25 台昆剧剧目。这些剧目以近年来挖掘、整理、改编的传统剧目为主，包括江苏省苏州昆剧院的《玉簪记》和《满床笏》、江苏省演艺集团昆剧院的《白罗衫》、湖南省昆剧团的《白兔记》和《荆钗记》、浙江永嘉昆剧团的《金印记》、上海昆剧团的《烂柯山》、北方昆曲剧院的《续琵琶》等，体现出传统剧目深厚的文化蕴涵和历久弥新的艺术魅力。另一批洋溢着创新精神的剧目，以传统折子戏为基础扩增新的出目、场景，或者从古典文化中挖掘新的意蕴和形式，在主题、结构、情节、人物形象等方面焕然一新，形成不弃传统、不离现代的新剧目，例如上海昆剧团的《景阳钟变》、北方昆曲剧院的《红楼梦》、浙江昆剧团的《临川梦影》和《乔小青》、江苏演艺集团昆剧院的《红楼梦》（折子戏版）等，可谓别开生面。艺术节期间还举行“名家传戏——当代昆曲名家收徒传艺工程”启动仪式、第六届中国昆曲国际学术研讨会、虎丘曲会、《中国昆曲年鉴 2012》发行仪式等多项主题活动。参与系列活动及演出的演职员、曲友等几乎达到 3000 人。在众多主题活动中，值得一提的还有恢复于 2000 年的“虎丘曲会”。虎丘位于江苏省苏州市，虎丘曲会曾是中国历史上规模宏大的民间自发的昆曲集会，由于历史原因，中断多年。自 2000 年到 2012 年，一年一度的虎丘曲会吸引了海内外众多曲社、曲友参加，成为连接昆剧和世界的纽带。2012 年，全国 60 多家昆剧曲社中有 30 多家派代表参与虎丘曲会，还有台湾、香港及海外曲友赴会，曲友人数亦多于往年，曲会中不乏大学生上台表演，可见昆剧的爱好者已经越来越广泛，昆剧在年轻人中的传播不绝如缕。

中国昆剧艺术节自 2000 年开始举办，每三年举办一届，是昆剧界一项盛大的官方活动。它既是对过去的总结、对当下的展示，也是指引未来的风向标。2012 年的中国昆剧艺术节比往届规格更高、规模更大，无论在主题活动质量、参与广泛度，还是在影响力上都有增强和提升。本届昆剧节上一系列主题活动的举办，很大程度上体现出国家对昆剧剧目创作、舞台艺术、理论建设、人才培养等方面全方位的、长远的规划和扶持。昆剧节上展演的剧目代表了近年昆剧创作和舞台艺术发展的最新成果，反映了昆剧界乃至文化界、政治界的审美观念和价值评判；第六届中国昆曲国际学术研讨会的议题反映了当前昆剧理论研究的热点和重点；“名家传戏——当代昆曲名家收徒传艺工程”的启动、虎丘曲会的举办、演出低票价的设置等举动体现出国家在昆剧人才培养、昆剧生态培育等方面的关注。所以，我们通过本届中国昆剧艺术节可以判断，在一定时期内，昆剧的首要任务还是“保护”和“传承”，昆剧将在这样的观念影响下循序渐进，逐渐实现传承与创新的良性互动。

除了中国昆剧艺术节外，由文化部、教育部、财政部主办的“高雅艺术进校园”活动也如长流细水，默默滋养着昆剧生存土壤，推动了昆剧的传播。“高雅艺术进校园”活动自 2005 年开始在全国范围内广泛开展，得到全国各大院校的普遍赞誉。国家七大昆剧院团以此为契机，将昆剧经典剧目和优秀剧目带到青年学子中去，并借助讲座、示范等方式深化青年人对昆剧的认识，激发他们对传统文化的兴趣。2012 年的“高雅艺术进校园”活动以“走近大师，感受经典，陶冶情操，提高修养”为主题，一如既往得到上海昆剧团、北方昆曲剧院、江苏省演艺集团昆剧院、苏州昆剧院等昆剧院团的积极响应。上海昆剧团于 2012 年 11 月 27 日至 12 月 9 日，携国家舞台艺术精品工程剧目《班昭》、优秀传统剧目《白蛇传》，以及上海昆剧团经典保留剧目《牡丹亭》赴武汉大学、武汉音乐学院、湖北师范学院、华中师范大学、华中农业大学、广州中山大学、华南理工大学等 7 所大学，演出 9 场。巡演期间，上海昆剧团的优秀青年演员谷好好、黎安、沈昳丽分别在多所大学举行昆剧普及推广讲座。对于这 7 所高校的师生，这些演出和讲座均可免费参加。通过昆剧院团在校园展演、宣传昆剧，昆剧拥有了一批青年“粉丝”、“昆虫”，他们当中不仅有昆剧表演、演唱艺术的爱好者，而且有昆剧文学、历史、理论的研究者。正是这些青年人，让我们看到了昆剧的希望。

昆剧自诞生之日起，就与文人结下不解之缘。昆剧作为“雅文化”的代表，天然地容易得到文化界、学术界的支持。从 2009 年开始，北京大学校长周其凤、北京大学艺术学院院长叶朗和台湾作家白先勇等共同发起“北京大学昆曲传承计划”，计划用 5 年时间，在北京大学开设昆曲公选课，举办包括演出、展览、讲座在内的昆曲文化周活动，从而保护和振兴昆剧文化，培育昆剧传承新生血液。2010 年 4 月，“苏州大学白先勇昆曲传承计划”正式启动，该计划面向全校大学生开放，每年举办一定数量的昆剧演出和讲座，兼顾昆剧生、旦、净、末、丑等各个行当的表演与介绍，力图较为全面的展示昆剧艺术，提高青年学子的传统文化修养。2012 年，这样的传承计划在有条不紊的进行，蔡正仁、汪世瑜、梁谷音、张继青、侯少奎等昆剧表演艺术家，王安祈、郑培凯、华玮、吴新雷等学者，白先勇、许培鸿等知名昆剧人都参与到这类传承计划中来，拉近了青年人与古老昆剧的距离，为青年人成为昆剧的支持者、传播者甚至从业者提供了可能。

从 2012 年主要的昆剧活动可以看出，国家为昆剧的生存与发展提供了良好的制度保障，以专业昆剧院团为代表的演艺人员和以知识分子为主体的业余昆剧爱好者共同筑起了昆剧发展的天空。昆剧的全面振兴不单是挖掘整理几个演出剧目，不单是授予老一辈表演艺术家以各种荣誉称号，而是有赖于全社会的共同努力。昆剧的文化属性和目前的社会环境固然决定了它不可能在短期内成为全民的、大众的生活必需品。然而，不遗余力的培养人们对传统文化的认同感，使更大范围的人群尤其是青年人逐渐深化对传统文化的感情，是改善昆剧生存环境、培养昆剧潜在传承人的长远之计。2012 年的昆剧人正循着这样的道路，一步一个脚印，踏实前行。

剧目创作

21 世纪以来，随着昆曲被列入“人类口头和非物质遗产代表作”，人们对于昆曲及其所代表的传统文化有了新的认识。由于受到世界范围的认可，昆曲被浓墨重彩地冠以“高雅艺术之典范”的称号，它所代表的民族传统文化也不再被认为是落伍与守旧的符号，甚至，由于社会各界对昆曲的精心包装和大力推广，昆曲已成为“经典”与“时尚”的代名词。经过十余年的实践与摸索，昆剧工作者正逐渐从最初的兴奋、浮躁、茫然中沉静下来，对昆剧传统的价值和昆剧艺术的规律进行反思，力图还昆剧以本真。2012 年的昆剧剧目以“回归传统”、“整新如旧”为创作原则，以古典文化为创作源泉，以历史文献为辅助手段，体现出昆剧创作者对于传统文化的敬畏和追捧。同时，昆剧依然是一些新锐艺术理念的载体，昆剧创作的多元格局愈发清晰。

以创作方式来划分，昆剧剧目可以分为传统戏、整理改编戏和新编戏。2012 年昆剧剧目创作以整理改编戏和新编戏最为特色鲜明。就常规形式的剧目创作来说，上海昆剧团在本年创演的《景阳钟变》是一大亮点，北方昆曲剧院复排的《红楼梦》、《续琵琶》以及江苏省演艺集团昆剧院的《红楼梦》（折子戏版）等也是本年影响较大的剧目。这些剧目在传统戏基础上进行了大量新的创造，较之《牡丹亭》、《玉簪记》、《西厢记》这类经典的整理改编戏而言，其创新力度更加显著。以《续琵琶》为例，它本是由中国清初作家曹寅创作的昆剧剧目，仅在家班演出，而没有公演纪录，今天的我们已经无法知晓该剧的舞台风貌，只能见到它的文学剧本——北京图书馆保存的抄录于康熙年间的三十五出残钞本。经北京曹雪芹学会、中国戏曲学院、北方昆曲剧院等机构的挖掘、整理，新排的《续琵琶》由五折戏构成，即《探狱》、《被掠》、《感梦》、《制拍》和《台宴》，讲述了蔡文姬历尽艰辛续修汉史的故事。可见这个戏是以传统昆剧为基础，但是极大发挥了当代昆剧工作者的创造力而产生的，它的“整理改编”是在查阅大量历史资料和文献之后的“新创”，因此可以说是一种“整旧如新”的工作，具有抢救传统文化、复原昆剧演出面貌的意义。类似剧目还有浙江永嘉昆剧团排演的《金印记》。再如《景阳钟变》，它的创作是在几个有限的传统折子戏基础上，对原有情节、结构进行扩充，因为保留了传统昆剧的文学体制和音乐体制，同时赋予了剧目崭新的主旨和表现形式，故而也给人以“整旧如新”之感。《景阳钟变》以传统昆剧《铁冠图》中的《别母》、《断箭》、《撞钟》、《分宫》等经典折子为基础，但是挖掘了完全不同于传统昆剧的意蕴，反映了明代末期那样一个积重难返的时代里，崇祯帝宵衣旰食却无力回天的一个事实，令人对历史、对历史人物有了一种新的认识和解读。张庚先生曾说：“现代人不仅要认清自己的时代，也要用现代的眼光去认清历史。”① 《景阳钟变》并不是关于崇祯帝的“翻案剧”，而是用“现代的眼光”去看历史，力图以客观、全面、历史的眼光去审视巨大的时代洪流中的个人与群体，从而刻画出人类亘古未变的人性。

如果说上述常规形式的昆剧剧目创作集中体现了戏曲文学的意义，那么 2012 年新编戏中的实验昆剧则着意于保留昆剧的表演形式，以此作为“实验”之根基。实验昆剧通常是以传统昆剧艺术为基础，并将其他艺术形式大量融进作品中，为了强化作品的形式感，有时会故意削弱作品的故事性或文学性，借以表达创作者的艺术理念。因其在表现方式上迥异于传统昆剧，带有浓烈探索意味和实验性质，故而被称为“实验昆剧”。实验昆剧大多以小剧场戏剧的形态来呈现，是昆剧与其他艺术跨界合作的产物，也是昆曲成为非遗代表作后迅速“流行”、“时尚”起来的一种反映。这类作品敢于开风气之先，给古老的昆剧披上了“先锋”的外衣，使更多年轻人关注到昆剧元素和昆剧文化，对于培养具有独立思想、自由精神的昆剧人具有重要意义。知名昆剧演员石小梅、张军、柯军、李鸿良、孔爱萍等都曾参演过实验昆剧。2012 年较有影响的实验昆剧是江苏省演艺集团昆剧院演出的《319・回首紫禁城》。该剧讲述了明朝最后一个帝王崇祯皇帝自尽前一夜的故事，演员身上除了厚底靴外，均着现代人的日常服装，他们不勒头，不戴盔帽，不挂髯口，素面朝天进行表演，会让不明就里的人认为这是一场排练。能让人判断出这是昆剧的，就是他们的唱腔、念白及表演程式，从这个角度来看，该剧追求的是昆剧表演艺术的精神和本质，因为它抛开了脸谱、水袖这些演员表演以外的“附属物”，使昆剧的表演变得干净、纯粹。

总体而言，2012 年昆剧剧目创作具有三个特点：第一，历史题材异军突起，改变了爱情题材占据主导的局面。历史剧凭借深厚的历史情怀和隽永的现代意识，打破了人们对昆剧只有才子佳人戏的偏见，显示出昆剧沉雄苍莽的一面。它们拥有宏阔的时代背景，塑造了比较庞杂的人物群像，艺术地展现

---

① 张庚：《戏曲美学论》，上海书画出版社，2004 年版，第 117 页。

了历史人物的情感和人生体验，极大地引起现代观众的共鸣。尤其是像《续琵琶》这样的剧目，几乎全用北曲，兼有南北合套，充分体现历史剧慷慨激昂、壮美豪放的审美风格。历史剧的意义不仅仅在于能够通过古代人物的生活和历史风貌而给现代人以现实的启示，更在于它能将昆剧的艺术特点和现代的人文精神巧妙结合，使昆剧随着时代不断发展。因此，2012 年一批优秀历史戏的创作和上演，是当代昆剧实现动态传承和发展的重要一环。

第二，实验昆剧别具一格，常规形式的剧目创作仍是主流。2012 年的实验昆剧具有极强的形式感，用简练的人物、简洁的舞台传达出丰富的意味。和实验话剧不同，实验昆剧起步较晚，声势不显，尚未形成体系或派别，无论在昆剧创作还是整个戏剧创作的大河中，它还只是很小的一朵浪花。而常规形式的昆剧创作，因为有深厚的历史传统做积淀，更符合观众欣赏习惯，所以牢牢占据着剧坛主导地位。我们还注意到，近年包括 2012 年受到好评与关注的昆剧剧目并非都是当年新创的剧目，不少整理改编戏和新编戏消除了以往为获奖而创排、获奖后束之高阁的弊病，从创排到公演、到获奖、再到获奖以后，一直在进行修改和打磨，从而具备了成为经典作品的潜质，逐渐在观众中树立口碑，譬如上海昆剧团的《班昭》、北方昆曲剧院的《红楼梦》、江苏省苏州昆剧院的《玉簪记》等。

第三，昆剧创作原则中的所谓“回归传统”实则是“传统”与“非传统”的融合。“传统”体现在，剧目承载着传统文化的内涵和植根于民族文化土壤的历史情怀，并基本遵循着昆剧文学、音乐体制和表演规范。“非传统”体现在，剧目用强烈的现代意识去反思历史，而不是用陈旧单一、非此即彼的评判方式对历史人物进行道德考量；同时，昆剧工作者跳出传统戏曲表现方式的条条框框，注重新的戏曲美学的创建，在导演方式和舞美设计等方面大胆创新。可以说，“回归传统”一定程度上是以传统为“卖点”的新昆剧创作模式，拓宽了包括昆剧在内的传统文艺的生存、发展空间。这种对昆剧内容和形式的整体创造，常常令人耳目一新、豁然开朗，也难免存在问题——或是新的表现方式显得突兀，或是过多的舞台语汇遮蔽了昆剧本质。然而，昆剧从来就不是僵化静止的艺术，正是昆剧历史上的每一次革新造就了它的蜕变与发展，因此，应以理性的思考、包容的态度对待当今昆剧剧目创作的新内容、新形式、新方法。将昆剧视作博物馆艺术而因循守旧，或者认为昆剧是时尚艺术的绝佳代言人而简单粗暴地改革，都是不可取的。

舞台演出

当代昆剧舞台艺术主要由国家七大昆剧院团来展示。2012 年，国家昆剧院团通过复排、创演大戏，同时坚持传承、演出折子戏，维持了昆剧事业的既有格局和渐进式的发展形势。通过分析本年昆剧舞台演出情况，我们也可以管窥近年来昆剧发展中的特点和问题。

从主创人员来看，在戏曲舞台上，话剧导演执导戏曲由来已久，音乐、美术、灯光等各路人马加盟戏曲亦不鲜见，昆剧舞台也未能“免俗”。田沁鑫、陈薪伊等著名话剧导演以及电影导演关锦鹏都曾执导昆剧，知名服装设计师叶锦添、郭培等也曾为昆剧设计戏服。2012 年的昆剧舞台，一方面实现了戏曲业内精英的强强联手，一方面依然从许多“异质”艺术中获取灵感。各昆剧院团中的资深表演艺术家担任艺术指导，中生代优秀演员担任主演，无疑有助于提升整个戏的演出质量，这也是昆剧演出获得成功的根本。此外，编剧张烈、周长赋，导演涂玲慧、徐春兰、谢平安、曹其敬、林兆华等人基本都在其他戏曲剧种或者歌剧、话剧领域做出过有目共睹的成绩，在 2012 年的昆剧舞台上，他们也是重要的创作人员，对演出风格、剧场效果等起到强烈的主导作用。跨界合作一方面给昆剧舞台带来崭新气象，另一方面也不免因迥异于传统而引来质疑。2012 年 6 月在上海东方艺术中心上演的 2012 版昆剧《牡丹亭》由两岸艺术家共同打造而成。该剧由台湾国光剧团的李小平担任导演，上海京剧院国家一级演员史依弘饰杜丽娘，上海张军昆曲艺术中心总监张军饰柳梦梅，台湾兰庭昆剧团演员朱安丽一人饰演春香和石道姑两个角色。制作人、编剧、舞美、灯光及音乐设计均来自台湾。有观众如此描述：“舞台上，除了亚力克材质的全透明桌椅、花瓶与灯台，还有白描了牡丹的数十个透明条幅上下浮动，舞台正上方则有一个半透明的巨大圆环。导演李小平介绍，巨大的圆环代表了杜丽娘头上封建礼教的巨大枷锁，当圆环上下摆动倾斜时，说明她正经历强烈的思想斗争。不过，演员服装可谓‘浓墨重彩’。《游园》、《惊梦》二折时，男女主角身着‘血牙色’服装，以表示‘道不明的暧昧’；《寻梦》一折中，杜丽娘身着明艳的翠绿色；《幽媾》一折中，柳梦梅身着明黄，杜丽娘则穿着鲜艳的橘红；《写真》一折中，杜丽娘穿着较深的粉红色……艳丽的服装与全透明的舞台空间形成强烈对比，与传统《牡丹亭》大相径庭的审美设计，观众对此褒贬不一。”① 传统戏曲舞台多为一桌二椅，剧情空间的转换和角色情绪的表现主要依靠演员的表演和观众的想象；戏曲穿戴有“宁穿破，不穿错”的行话，演员服饰从颜色到样式都有固定含义和严格规范。随着昆剧与其他领域文化的合作，部分昆剧舞台已经不再拘泥于这些传统，而是倾向于追求感官体验、满足现代审美心理。这类革新，既有和风细雨不伤根本式的，也有大刀阔斧颠覆传统式的，其效果，有的得到众人喝彩，有的招来嘘声一片，更多的则是引人自省与反思。其实，昆剧作为一项内涵深厚、意味丰富的传统文化是完全可以也应该与现实生活建立密切联系的，“创新”二字并非与昆剧绝缘。如果一个剧种没有新鲜血液的加入，完全与时代脱节，最终的结局恐怕真的只有“骄傲而静穆地死去”②。我们一直在讲，尊重、传承昆剧传统是当前的首要任务，创新不能脱离传统。这是对的，但并不意味着我们当前的一切工作就只能停留在演传统戏的状态，而是说我们一方面必须抢救、保护、传承传统戏，另一方面可以改编、创作新的剧目，两项工作同步进行，实现传统戏和新编戏“两条腿走路”，只是在二者孰轻孰重的问题上，传统戏无疑是工作重点。面对昆剧高度规范化的文学、音乐、表演体系，昆剧人很难将“创新”的力度把握得恰到好处，所谓过犹不及的弊病难免会出现在昆剧传承与发展的进程中，可是，只要昆剧的创新是艺术层面的独立创作，而不是政策的牺牲品、不是哗众取宠的噱头，那么对于昆剧的严肃而探索性的创新就不应被全盘否定。任何作品都将经受历史与时代的考验，大浪淘沙过后，经典的、有价值的、有意义的作品一定会留下来，而那些或大或小的沙砾会成为过往的教训，警示着我们继续前行。

从演员构成来看，2012 年出现的一批重要剧目都以昆剧院团中优秀的青年演员为主，老一辈表演艺术家担任艺术指导。青年演员的功力在不断接受锤炼，他们对艺术的感知和对技巧的掌握获得了观众的肯定。这说明昆剧表演人才正处于更替期，昆剧新人正在发挥承上启下的作用，昆剧这项古老的艺术散发着青春魅力，它的未来是充满希望的。

从演出行当来看，2012 年的昆剧演出尤其是大戏的演出仍以生、旦为主角，净、末、丑等行当为配角，反映出昆剧表演艺术仍然存在行当比例失衡的问题。《景阳钟变》、《白罗衫》、《红楼梦》、《玉簪记》、《临川梦影》、《班昭》等剧目的主角不是生，就是旦，或者生、旦同挑大梁。诚然，昆剧演出行当难以均衡发展的状况在近代就已经存在，因历史原因而造成的文化缺失和传统断裂很难依赖当今一时一地的力量去改变，但是，昆剧各个行当都有自己的一套表演程式和特点，行当完备与否直接决定了能否保存住昆剧完整的表演体系，更重要的是，当今昆剧界的净、末、丑等行当并未完全消亡，还有老一辈表演艺术家在发光散热，例如侯少奎、张世铮、计镇华、张铭荣、刘异龙等，所以，抢救、保护甚至发扬光大这些行当的剧目和表演是完全有可能的。昆剧人应该赶紧重视各行当表演艺术的均衡发展，让各个行当的演员都有做主角的机会，让各个行当的表演艺术都放射出璀璨的光芒。

从折子戏的演出情况来看，各大昆剧院团始终保证折子戏能持续上演，并且大力为青年人创造机会，展示其风姿，这是抢救、保护、继承昆剧传统的必要举动，也是昆剧事业有序推进的基础。2012 年北方昆曲剧院、上海昆剧团等推出的折子戏专场演出获得较好反响：

北方昆曲剧院于 2012 年 12 月 16 日至 21 日，在北京长安大戏院首次举办了“中青年演员传统折子戏专场演出周”，每晚演出 4 出折子戏，连续 6 天上演 24 出经典折子戏，包括《盗库银》、《百花记·赠剑》、《寿荣华·夜巡》、《铁冠图·刺虎》、《长生殿·小宴》等。参加演出的包括董红钢、马宝旺、

---

① 李峥：《史依弘张军版〈牡丹亭〉“无处不新”引热议》，《解放日报》，2012 年 6 月 4 日。

② 李洁非：《死与美——对古典戏曲命运的理性认识》，《上海戏剧》，1993 年第 1 期，第 20 页。

邵峥、史红梅等 11 位优秀中年演员，以及邵天帅、张贝勒等 18 位青年新秀。

上海昆剧团于 2012 年 11 月推出“五子登科——上昆优秀青年演员专场演出”。“五子登科”演出项目，自 2009 年推出以来，至今已举办五轮，共上演 85 台昆剧折子戏，除掉重复剧目，一共有约 70 台折子戏得以传承。该项目以传承昆剧为主旨，以培养优秀青年演员为主要目的，每一季演出都推出五位青年演员进行折子戏专场演出。上海昆剧团“昆三班”、“昆四班”的谷好好、黎安、吴双、沈昳丽、张军、袁国良、余彬、翁佳慧、贾□、汤泼泼、胡维露、刘立争、罗晨雪等十三位优秀青年演员先后通过这个演出项目登台亮相，让观众们见证了他们崭露头角、逐渐成长。2012 年的“五子登科”，除了传统折子戏，还有诸如《夜思》这样的新创小戏，体现了青年演员对昆剧的努力传承与大胆探索。

昆剧折子戏是从全本戏的演出过程中分离出来的，是昆剧艺人在长期的舞台实践中不断加工锤炼而形成的，包涵着丰富且相当规范的表演程式，是我们继承昆剧艺术传统的重要范本。长期以来，各种评奖和奖励机制只是将新创大戏纳入其中，却并未对折子戏给予更多关注。同时，较之全本戏，折子戏缺乏完整的剧情，多以高度集中的唱、念、做、打等表演程式为特色，更依赖戏曲内行人士的欣赏，因此折子戏的保存与演出容易被人轻视。据《上海昆曲志》统计，传字辈演员上演过的剧目有 540 折，由传字辈演员直接培养出来的上海市戏曲学校昆一班、昆二班学员，演出过的传统折子戏为 247 折，昆三班学生演出的传统折子戏是 128 折。昆三班学生目前正是上海昆剧团的中坚力量，上海昆剧团则是当今昆剧界综合实力非常强劲的剧团，其传统剧目尚处于急遽消失的境地，可见当今昆剧界传统凋敝之甚。对于这样的情况，昆剧院团对于长期以来就是舞台精品的折子，应当作传承重点；对于艺术性一般，舞台演出较少的折子戏，仍应学习、传承下来，尤其是对于那些年已老迈的演员所掌握的折子戏，更应抢救性的学习、传承；最关键的是，折子戏的传承不能光停留在理论上，而要靠长期舞台实践来实现。2012 年昆剧院团在折子戏传承方面所作出的努力和坚持，无论对于昆剧剧目建设、舞台艺术还是人才培养，都是十分有益的。

理论研究

当代昆剧理论研究一方面附丽于戏曲史、文学史的研究，另一方面在 1956 年人民日报发表社论《从“一出戏救活了一个剧种”谈起》之后走上独立自觉的道路。20 世纪 50、60 年代是昆剧研究的积累期，一批昆剧老艺人的谈艺录、回忆录成为当代昆剧口述史学研究的最早成果；20 世纪 80、90 年代，学术界提出“昆剧学”的概念，昆剧研究逐渐立体化、体系化；21 世纪以来，昆剧理论与实践的结合愈加紧密，昆剧研究愈加关注当下。考察 2012 年的重要理论研讨会、专著出版、论文发表等情况，我们会发现本年昆剧理论研究延续了近十余年来对于昆剧当下生存状态的关注，昆剧的传承与发展问题依然是人们讨论的重点。同时，昆剧文献、史料的搜集整理一直没有停歇。而在研究方法上，田野考察、口述史学等方法正发挥着重要作用。

2012 年重要的理论研讨会当属第六届中国昆曲国际理论研讨会。会议约有 65 位专家学者参加，分别来自中国北京、上海、台湾、香港和日本、美国等国家，他们的论点可以反映海内外昆剧界的普遍声音和最新研究成果。会上设立了昆剧的传承与发展、昆剧人才培养、昆剧海外传播等议题，可见当前昆剧界的热点与焦点。原北方昆曲剧院的国家一级导演丛兆桓、武汉大学教授邹元江、台湾中央大学教授洪惟助、香港城市大学教授郑培凯等专家、学者对于昆剧在剧目、舞台、人才等方面的现状有一定担忧，并从各自角度出发，对昆剧传承与发展问题提出了针对性的建议。可以说，关于昆剧的传承和发展问题的研讨将会一直伴随着昆剧而存在，在昆剧的不同生存状态和发展阶段，与此相关的理论重点、热点也会随之发生转移与变化。

2012 年出版的昆剧专著大致有这样几类：一是昆剧文献、史料的搜集整理，例如唐葆祥等编《俞振飞书信选》、爱新觉罗·溥侗著《红豆馆拍正词曲遗存》、张充和编《张充和手钞昆曲谱》、张允和著《昆曲日记》（修订版）等；二是名家评传，例如谢柏梁、钮君怡著《雅部正音　官生魁首：蔡正仁传》、张泓著《大武旦：王芝泉》等；三是昆剧相关史论著作，例如杨连启著《清末宫廷承应戏》、郭英德著《明清传奇史》、郑雷著《昆曲》、胡忌和刘致中著《昆剧发展史》、徐宏图编著《浙江昆剧史》等；四是工具书，例如朱栋霖主编《中国昆曲年鉴2012》。

从这些专著可以看出，昆剧文献资料的搜集整理占绝大多数，反映了昆剧具有深厚的历史传统和丰富的文化积累，理论工作者完全可以在这个富矿中挖掘出有价值、有意义的理论宝藏。另外，名家评传和工具书用口述史、编年史的方式记录、研究当代昆剧的发展状态，实则是突破以往以考据学作为研究昆剧历史的主要方法，综合运用了田野考察、口述史学研究方法对当代昆剧予以观照，因而一定程度上具有更新戏剧史观和方法论的意义。研究昆剧，不仅是为了厘清其历史脉络，而且是为了总结其中的经验和教训，为当今昆剧的生存发展提供思路。自20世纪80年代昆剧被视为独立的研究对象以来，昆剧研究一直存在“厚古薄今”的现象，鲜有研究成果系统地论述昆剧在近、现、当代的生存状况和发展面貌。随着目前人们对当代昆剧人物、历史的关注以及近现代昆剧史料的发掘利用，昆剧的全面研究应当会取得重要进展。

2012年发表的昆剧类文章数量可观，中国知网中以“昆剧”或“昆曲”为关键词的文章约500种，占当年戏曲类文章的1/3。人们一方面对昆剧的现状予以热切关注，另一方面继续在古典戏曲中探索昆剧理论。

对昆剧现状的关注主要体现在两点：一是对当下昆剧改编、新编剧目进行评论，例如施旭升《呈现中国文化的美丽精神——评昆曲〈红楼梦〉的经典化实践》、朱维英《昆曲〈红楼梦〉唱腔音乐创作漫谈》、王评章《继承传统戏的新收获——谈昆曲〈景阳钟变〉》、叶骅《一次传承中的谨慎尝新：新编历史昆剧〈景阳钟变〉》等，对本年影响较大的剧目进行优劣评判并由此阐发对昆剧传承和创新问题的看法。二是结合整个戏曲发展的现状，指出戏曲在人才培养、继承传统、舞台大制作等方面的得失，对包括昆剧在内的戏曲发展提出建议，对于当代昆剧理论的构建和昆剧的生存发展有所裨益。例如朱恒夫《当代中国城市化背景下的戏曲传承与发展方略》、张炼红《戏曲何为》、胡薇《当代戏曲创新应以继承为根基》等，其中许多戏曲理论观点虽然并非专门针对昆剧而阐发，但是对于昆剧的发展却有切实指导意义。

对古典戏曲中的昆剧进行研究，成果多集中于戏曲史方向研究，例如戴云《碧蕖馆旧藏名伶手录重订昆曲曲谱身段谱述》、艾立中《〈纳书楹曲谱〉的戏曲批评观》、郭英德《吴伟业〈秣陵春〉传奇作期新考》、王军明《〈宝剑记〉在明代的传播》、《国家图书馆藏〈听春新咏·昆部〉及其史料价值》等，多集中于作家、作品的考证和重新解读，其中不乏新材料的发现。古典戏曲理论方面的成果则有万曙《明清戏曲理论的建构》、陈建平《整一·中和·意境——明清戏曲创作结构论的美学追求摭谈》等，对古典戏曲（主要是昆剧）的叙事性、舞台特性和创作技法予以了深入探索。

此外，2012年硕士学位论文中有不少以昆曲作为研究对象，例如娄晶汝《中国近现代昆曲曲社研究》、王静《〈浣纱记〉在昆曲舞台上的搬演研究》、李峰《昆曲与〈申报〉研究》等、刘彦伶《晚清至民国时期清唱场域研究》等，研究内容涉及昆剧的舞台演出、曲社活动、报业传媒等，研究时限多集中在“近现代”这一长期未被重视而近年渐入视野的时间段中，其中多数论文出自苏州大学，反映出地域文化与昆剧的密切联系。而近年正在进行的一些课题例如《昆曲艺术大典》、《昆曲口述史》、《昆曲舞台文献整理丛刊》等，也说明昆曲的理论研究已经突破了昆曲文学的界限，延伸到昆曲音乐、舞美、表演等领域，使昆曲作为综合性舞台艺术和动态文化传承的特征更加鲜明。

21世纪的昆剧理论研究已经进入第二个十年，2012年的成果中不乏真知灼见。然而，我们也要清醒的认识到，尽管昆剧理论研究越来越注重对现实的反思，但是昆剧理论对于艺术实践的指导作用并未完全凸显，其学理性也有待增强。对于个别作品和具体现象的描述、评论固然重要，但透过现象找到本质，提炼昆剧艺术、文化之规律将更有益于我们反思历史、正视现实、把握未来。

结语

2012年，在保护非物质文化遗产、弘扬中国优秀传统文化的背景下，政府、演艺人员、知识分子继续发挥着各自的主体性，承担着传承和发展昆剧的重任。昆剧的发展一方面体现出国家力量的强烈主导性，另一方面也反映了昆剧人在政治功用、商业功利和艺术自觉、学术独立等关系中的努力均衡。不为狭隘的政治利益服务，不受浮华的商业诱惑误导，追求文化的独立精神，尊重艺术的多样性，促进学术的理论性与可行性，这是昆剧人应该追求也正在践行的理想。因此，2012 年的昆剧既是在既定格局、既定道路上循序渐进，又在纷纭的思想和多元的文化影响下显露出不拘一格的特性。

柯　凡　中国艺术研究院《中国艺术年鉴》编辑部

繁花似锦的地方戏演出
——2012 年中国戏曲地方戏演出综述

◎何玉人

海天怅寥廓，扬帆正当时。2012 年，我国人民以昂扬向上的精神状态，以真抓实干的积极行动，意气风发地书写着各项事业发展的崭新篇章。文化体制改改革步伐加快，文化事业大发展、大繁荣，广大文艺工作者以辛勤的汗水和精湛的技艺，创作和演出了丰富多彩的优秀文艺作品。为进一步贯彻落实党的十七届六中全会精神，迎接中国共产党第十八次全国代表大会的召开，全面展示近年来舞台艺术创作的丰硕成果和广大文艺工作者昂扬向上、奋发进取的精神风貌，不断推动舞台艺术的繁荣发展，各地先后举办了多种形式的戏剧会演和展演，展现近年来戏曲艺术取得的最新成就。

一

北京的戏曲舞台一片繁荣景象。2012 年 8 月初至 10 月底，文化部在北京举办了“讴歌伟大时代，艺术奉献人民——2012 年全国优秀剧目展演”。这次展演历时三个月，展演剧目来自全国各地共 119 台，分别在国家大剧院、梅兰芳大剧院、长安大戏院、天桥剧场等 19 个演出场所演出 240 余场。在全部演出中，戏曲剧目 50 部，演出 100 场，占全部展演的三分之二多。参演的地方戏剧种有柳琴戏、河北梆子、桂剧、豫剧、花灯剧、花鼓戏、越剧、淮剧、莱芜梆子、闽剧、扬剧、秦腔、吉剧、川剧、二人台、琼剧、川剧、评剧、黄梅戏、粤剧、漫瀚剧、采茶戏、湘剧、婺剧、吕剧、晋剧、滇剧、上党梆子等 30 多个，是地方戏曲一次重要的展示机会。这次展演的戏曲剧目类型，既有根据传统剧目改编的剧目，也以历史题材为内容的新编历史剧，还有以现实生活为描写对象的现代戏，题材广泛，剧种特色鲜明，舞台演出精湛，全面展示了近年来舞台艺术创作的新成果、新面貌，反映了戏曲艺术发展的新高度、新气象。在社会上引起了广泛关注，受到广大观众的赞誉。

坚守传统和追寻当代意蕴并重的改编剧目

2012 年全国地方戏展演中有很多剧目都是根据传统剧目改编而来的，各剧院团和主创人员在对传统经典剧目整理改编时，努力做到既尊重原作又赋予原作新的审美内涵和表现方式，既保留传统剧目中精彩的故事内容，又对结构内容做了调整，既保留了许多观众耳熟能详的唱段，又注重在刻画人物上下功夫。

这次全国地方戏展演，各个地方戏剧种竞相亮相在北京的舞台上，显示了地方戏剧种强大的生命力和蓬勃的艺术活力，也体现出地方剧团一定的实力和水平。浙江绍兴小百花艺术传习中心演出的越剧《狸猫换太子》，这是一个许多剧种都曾经演出过的题材，该剧的故事情节与原作比较变动不大，但是，表现这样沉重历史题材的作品对越剧来说是一种挑战。尽管如此，我们还是从演出中看到了该剧所具有的人性光辉和强烈的现实意义，看到了越剧在表演历史剧方面的新开拓。浙江婺剧艺术研究院演出的《穆桂英》，观众对这个故事并不陌生，该剧塑造的穆桂英青春靓丽，性格率真活泼，在表演上突出文武并重，用文武结合塑造人物、刻画心理，运用高难度的技巧，突破传统表演程式化的束缚，追求唯美的意境，使观众看到了一个全新的人物形象。河南省豫剧二团演出的《苏武牧羊》的故事同样是一个被许多艺术形式演绎过的老题材，该剧对原题材进行了全新的创造，内容虽然仍然是描写汉武帝时期中郎将苏武奉旨出使匈奴被扣留、流放北海 19 年的故事，但该剧还将爱国主义和民族气节的魂魄与戏曲艺术的表现手法结合起来，将传统形式与现代艺术元素融为一体，使剧作具有当代审美意蕴。福州市艺术学校演出的闽剧《红裙记》是一出根据民间故事改编的、在福州等地传唱了百年，涌现出多种改编本、演出本的历史故事剧，属于典型的积累传承型的剧目。它感人的剧情，精彩的表演，浓郁的闽都风情和积极向上的人生态度深深的打动了观众。这些“推陈出新”成功改编的剧目说明，整理改编传统戏大有可为。主创人员对戏曲本体、对剧种传统的尊重和回归，激活了传统，使传统融入了时代精神，对当代观众审美的把握，承担了传承传统的价值，并为传统剧目注入了当代人文精神，不仅赋予传统剧目以新生，而且对于当代戏曲新剧目创作也有着重要的启迪意义。

展现戏曲创作新水平新成就的新编历史剧

从以历史人物和题材新创作的剧目演出中，观众感受到许多作品自觉地继承戏曲艺术的传统表现手法，按照戏曲艺术的规律，在传统与现代交汇的结点上展现剧作的艺术魅力，并以厚重的思想内容和精湛的艺术形式，展示了新时期以来新编历史剧创作的最高水平和取得的成就。

四川省川剧院演出的《易胆大》是30年前编导的一出新编川剧经典，在历经磨砺后演出更加精彩，引来叫好声一片。该剧通过一个川剧艺人的特殊经历，讲述了封建体制没落时期，四川边远小镇上的众生故事。全剧弥漫着浓郁的巴蜀乡土风情，演出将昆、高、胡、弹、灯多种声腔艺术，清唱、帮腔、伴唱等川剧传统一一展现，充分展现了川剧独特的艺术魅力。

如果说上面的作品经历了长时间的演出和打磨而显示了自身的艺术魅力，那么，近期创作的新编历史剧同样显示了独有的思想意蕴和审美个性。广西桂剧团演出的《七步吟》被观众一致看好。曹氏三父子的故事是家喻户晓的历史题材。《七步吟》的创作颠覆了原作的内容，将父亲曹操放在幕后处理，重点描写曹植、曹丕和甄宓三人之间的爱情纠葛和情感冲突，对“七步成诗”的千古奇闻的重新演绎，展现人情、恋情、亲情、家国情，具有深厚的历史感和现实意义。云南曲靖市珠江源演艺中心演出的滇剧《大唐公主》中的题材源于云南本地历史，有较强的地域性和浓郁的民族特色，故事发生在安史之乱的动荡时期，昏庸的唐僖宗将安化公主作为“奖品”赐予斗鸡获胜者，从此安化公主与相恋的人天各一方，走上了坎坷的婚姻之路。名誉夫君杜骧在抵御南诏入侵中捐躯。为与南诏国和亲，安华公主不得不应下南诏小王隆舜的求婚，并劝阻相恋的男人高骈罢兵支持其和亲南诏，谁料安华公主到南诏时才知道隆舜又另娶了昆仑公主。为了国家安华公主愿以偏妃的身份以求大唐和南诏永久的安宁。此举感动了隆舜，隆舜主动把安化还给了高骈，最终有情人终成眷属，成就了一段唐诏和睦的千古佳话。该剧揭示了国之不宁，安有个人幸福和安宁的深刻主题。湖南省湘剧院演出的《谭嗣同》是发生在清末的真实历史故事，谭嗣同为寻找富国强民之路，不断探索变法之道。戊戌变法失败后，谭嗣同拒绝逃生，以“中国以变法流血者，请自我谭嗣同始”的英雄气概赴死，来唤醒民众。该剧用崭新的视角和湘剧表演艺术相结合，通过声情并茂的唱腔，展示了一个敢为人先、百折不回的人物形象。

在这次展演中还有一类剧目属于新创作的历史故事剧，这类作品数量虽然不多，但是它继承了中国古典戏曲历史故事剧的传统，同样具有感人的艺术效果和独特的艺术魅力。它们是戏曲艺术家对生活独特的理解和积累，是戏曲艺术表现手法的继承和发挥。天津评剧院演出的《寄印传奇》描写清末，由于官吏贪赃枉法致使子虚县盗匪猖獗、百业凋敝。新任县令侯文甫抬棺上任，以表剿匪兴业决心。子虚县冷记当铺老板——年轻貌美的寡妇冷月芳巧妙设计，试探新县令是廉还是贪。通过几个回合的较量，冷月芳发现有幸遇上了清官，并对其萌动芳心，在侯文甫遭遇祸患时，她变卖了全部家产。后来冷月芳却发现，侯文甫编造谎言，利用她的信任和感情骗取财产，正直善良的冷月芳如五雷轰顶。最后侯文甫猝然身死，躺进了自己带来的那口棺材。剧作演绎的反腐倡廉的凛然正气带给观众无限的思考。

紧扣时代脉搏关注现实生活的现代戏

戏曲现代戏为中国戏曲的可持续发展带来了新的活力，为中国戏曲寻求新的发展道路探明了方向。20世纪初，随着中国从封建社会向殖民地半殖民地社会的转型，现代戏在时代的潮流中因运而生并随着历史的变迁持续发展。新时期以来，社会生活的急剧变化，改革开放伟大事业的深入推进，新人新事不断涌现，为现代戏的创作提供了丰富的题材来源。特别是近年来现代戏的优秀作品不断涌现，它们既继承了传统戏曲艺术的表现原则和艺术精髓，又有许多新的创造和开拓，使中国戏曲呈现出鲜明的当代性，在戏曲舞台上发挥着越来越重要的作用。在这次展演的戏曲剧目中，有一半以上的作品是现代戏，其中包括革命历史题材作品，以现实生活为题材的作品，以近代生活内容为题材的作品和描写真人真事的作品。

中国改革开放的序幕最早是从农村拉开的，土地承包制和经济模式的改变，带给农村翻天覆地的变化，在这场伟大的变革中生活在广袤土地上的广大农民在生活方式、生存方式等方面都发生了很大变化。剧作家们敏锐地捕捉着鲜活的人和事，描写他们在这场伟大变革中的生存状态、喜怒哀乐和思想情感。河北省河北梆子剧院演出的《日头日头照着我》，描写某县文化馆的聘用干部任文秀万万没有想到让她去那个不太平的太平村当包村干部。她关心群众疾苦，跑着路，搭着钱，受着冤枉，挨着上级的批评，尽管很委屈，但她依然坚持了下来。为了解决盖了新房还留着旧房的“空心村”问题，她从号称“母老虎”的大姑姐下手做工作，终于解决了难题，让大片的土地还耕。以任文秀为代表的、用热血和真心默默工作在基层的工作者正是改革开放大潮中可歌可泣的人物。石家庄市河北梆子剧团演出的《女人九香》讲述在改革开放的新时期，聪慧、泼辣的姑娘九香嫁入李家，挑战因循守旧的思想，大胆承包土地，走市场化经营富裕起来，并带领全村人致富的故事，反映新时期人们追求幸福生活的过程与生存状态，塑造了鲜活的农村新人，展现了燕赵儿女的时代情怀。江苏省演艺集团扬剧团《丹凤湖畔》中故事发生在在苏北丹凤湖的小村里，村主任秦二河被投资商利诱而落入陷阱，同父异母的哥哥、前任支书秦长河为保护耕地再度出山竞选主任，秦长河的妻子、二河昔日的恋人尤莱花陷入两难境地，最终她被丈夫为丹凤湖的长远利益而舍弃一切的人格魅力所感动，在生命的尽头投下了关键一票。该剧以浓郁的生活气息，鲜活的人物形象，展示了当代农村真实的生活场景。是一部反映新农村建设和基层民主推进的作品，被誉为“接地气、说人话、演生活，反映百姓需求的好戏”。宁夏演艺集团秦腔剧院有限公司演出的《花儿声声》选取宁夏六盘山地区干旱缺水，围绕“人与土地、人与自然”的问题，描写移民搬迁中，以女主人公杏花的奶奶搬与不搬为主线，生动表现了这位曾在六盘山下赛歌台上夺魁的花儿王杏花，多年的劳碌和情感上的悲欢离合，反映了小山村的可喜变迁以及这一地区回汉群众生活变迁中可歌可泣的故事。吉林省戏曲剧院吉剧团演出的《鹿乡姐妹》讲述长白山下，风光秀美、素有“皇家鹿苑”之称的醒台村里，美丽能干的关家姐妹带领乡亲们养鹿致富，却遭遇鹿茸造假事件，并由此引出了一系列问题和矛盾，最终，通过传统道德的回归，激发了乡亲们自省意识的故事。剧作戏剧矛盾冲突跌宕起伏，地域风格浓郁，唱腔优美，展现了东北地域文化独特的风貌。呼和浩特市民间歌舞剧团演出的二人台《花落花开》中的故事发生在北方一个偏远的小山村中，主人公高月清身患绝症的丈夫长命为了骗取赔偿金，以生命为代价，主动制造了一场车祸，“肇事者”那顺倾家荡产做出赔偿后丢掉了原本完整的家庭。月清在政府的帮助下办起了制作布老虎的小工厂，那顺也在小工厂中帮工，“偿还所欠的债”。两年后，月清意外发现了长命的遗书，才知道当年事情的真相。该剧表现出中国当代农民善良、勤劳、坚强、敢爱敢恨的优良品质。同时从一个侧面展现出社会主义新农村建设中农村的新变化和人的精神新面貌。天津评剧院三团演出的《非常妈妈》取材于现实生活，剧中描写一个来自农村的小保姆为养育一对龙凤胎弃婴含辛茹苦、历经艰难与挫折，牺牲自己青春与爱情的感人故事。该剧采用时空跨越的戏剧结构，用一条主线贯串故事片断，从20世纪60年代起一直到改革开放，分别展现出不同年代人们的生活状态和人物命运，展现了人间大爱，颂扬了人性之美。陕西省戏曲研究院演出的秦腔《西京故事》讲述发生在西京城的一个大杂院中的故事，乡村干部、前民办教师罗天福率领一家四口来到西京城，为支持考入了名牌大学的一双儿女打饼为生，在城市生活中他们遇到始料未及的艰难，一次次感受到生活不易的同时也得到人们的关爱。体现出在追求梦想、实现理想的过程中和中国城市化进程中，农民弟兄们自强不息、勇敢的面对生活的坚强民族性格。剧中用一首主题曲贯穿全剧，秦腔高亢激越的唱腔赋予剧作很大的张力。北京京评戏曲剧团演出的评剧《什刹海》中的故事发生在改革开放后北京的一个四合院内，围绕一方具有传奇色彩的古砚台和一座老四合院的归属问题展开。剧中通过关汉卿的后人关佳旭反对儿子关睿和儿媳想把祖上流下的一方古砚台卖掉，在四合院内开歌舞厅等曲折过程，表现了人物在亲情和社会责任感之间的不同态度，以及两代人文化观、经济观与价值观的碰撞。该剧念白均采用地道的京白，具有浓郁的老北京特点。唱腔设计在场次之间用评剧加京韵大鼓的旋律进行衔接。较好的弘扬了“爱国、创新、包容、厚德”的北京精神。值得一提的是这是在文化体制改革中组建的一个民营集团，他们不断地在艺术的思想性、观赏性、市场化等方面进行探索，取得了很大的成绩。内蒙古包头市漫瀚艺术剧院演出的《草原阿妈》以蒙古族教师乌兰收留并抚养弃婴的感人故事为题材。剧中蒙古族教师乌兰也同样是被阿爸阿妈收养的草原孤儿，对弃婴有一种特殊的情怀，不幸的是乌兰收养的弃婴患有先天性心脏病，乌兰为养女卖血治病。最终，乌兰一家把弃婴抚养成人。全剧充满了人性最本源的真诚与善良，是一部讴歌草原各族人民建设和谐社会的精彩作品。漫瀚剧的演唱和道白是以普通话为基础的，唱腔中融入了内蒙古民歌的成分，有浓郁的草原民歌特点。是一部充满了人性真诚与善良的颂歌。湖北省演艺集团有限公司演出的黄梅戏《妹娃要过河》是一出土家族风情戏，故事讲述鄂西土家龙船寨主的女儿阿朵，被迫许婚本寨权贵家未成年人田阿宝。婚期将近，阿朵偶遇客家水手阿龙，二人一见倾心。因母亲有言“死也不嫁客家男”，阿朵按照母亲的意思用的高傲、娇蛮、戏弄和羞辱都无法拒绝阿龙的爱情攻势，真情打动了阿朵，成就了两人的千古真爱。剧作以黄梅戏和土家歌舞相结合的方式，用黄梅戏的婉转悠扬，土家歌舞的婀娜奔放，展现了汉族青年阿龙与土家姑娘阿朵的爱情故事。云南省玉溪市花灯剧院演出的《古湄歌》是对沧桑生命的礼赞。主人翁古湄经历了新婚之夜被抛下；后又被混迹江湖的土匪大金龙掠走；与土改工作组长周解放的感情被拆散等坎坷的生命历程。作品以20世纪中后期的历史为背景，将一个黑暗的旧社会结束了，人们走进新社会，却又面临着太多的生活煎熬和精神磨难的戏剧般的生活场景展现在舞台上，塑造了一个命运多舛、身体柔弱而性格坚强的妇女形象，她是那个时期千千万万个中国人命运的写照。演员深情的演唱和优美的表演技巧，使花灯剧的特点得到了充分的展现。莱芜市莱芜梆子剧团演出的《儿行千里》这部戏的剧情并不复杂。高官郑耀忠携妻女回山村老家为80岁老母祝寿。寿宴上送礼者蜂拥而至，精美的礼品引起了母亲的警惕与忧虑。利欲熏心的儿子一步步沉沦，最终锒铛入狱。善良的老母亲因四处筹钱以还赃款，探狱时又劝儿子主动坦白，终将儿子从生死线上拉回。剧作用大量的唱展示人物心理活动，在演唱中抒情，在抒情中叙事，以此推进戏剧情节发展。天津河北梆子剧院演出的《晚雪》讲述一个名叫晚雪的女人在寻找被拐卖的女儿过程中所经历的酸甜苦辣。该剧鞭挞了丑恶行为，颂扬了人间真情，剧作没有止步于一般社会问题的暴露，而是展示了社会良知和正义力量的深厚根基，是一出大胆深入生活、勇敢直面现实、弘扬社会正气的作品。从展演的剧目数量来看，现代戏占了很大的比重，其中，有反映现实生活的作品，也有独具艺术审美特性的革命历史题材作品。

主题生动感人，艺术魅力独具的革命历史题材作品

革命历史题材戏曲创作在中国近代史上有着重要的历史地位，不仅有感人的戏剧情节和故事内容，同时也有很多优秀的作品，从辛亥革命前后至今，它和戏曲现代戏一路走来，为戏曲现代戏走向成熟进行了多方面的探索和实践。让我们用戏曲艺术的形式记住历史，记住革命成功来之不易。由山东省临沂市柳琴剧团柳琴戏《沂蒙情》描写父亲牺牲了，痛失亲人的母亲送小儿子上了前线，待嫁的山杏闻讯赶来，只望见一群远去的背影，山杏与公鸡拜了堂，决心还穿这身嫁衣等满堂回来做他的新娘。大哥牺牲了，嫂子秋月忍痛欲瞒婆母，而饱经沧桑的婆母却强忍心头剧痛，为儿媳讲述该如何面对人生变故。赵连长负伤闯进家中，婆媳仨人竭尽所能救护亲人，可家中断粮，情急中三人不约而同地想到了那只寄托着山杏全部思念的公鸡。赵连长伤愈正待归队，忽遇鬼子搜山。为掩护亲人，山杏抢先引开敌人，见鬼子逼近，秋月持手榴弹赶来，爆炸声中与鬼子同归于尽。新的战斗要开始了，山杏赶往娘家筹措，不想，满堂带着队伍进村，婆母忙喊石头追回山杏。当山杏一路狂奔几近到家时，却见军号声中部队远去。战斗打响了，山杏在炮火中恰遇赵连长，欣然得知：等胜利了，满堂立马回家。终于，盼来了胜利，山杏急切地跑回家，穿好嫁衣静候丈夫。然而，见到的却是沾满血迹的遗物，山杏的红盖头飘落在地……该剧以三位平凡女性的献身精神，写出她们身后的红嫂群体所代表的沂蒙豪情，该剧真实再现了

当年老区人民对解放事业和新中国成立所做出的重要贡献，是一部大气、凄美、悲壮的民族解放的诗史。在表现手法上，该剧也进行了多方面的探索，比如，演员的唱腔在保留传统柳琴戏“拉魂腔”原汁原味的基础上，融入民乐风格，同时突出舞美效果，是现代柳琴戏达到了当代人的审美效果。湖南省汨罗市花鼓戏剧团演出的《平民领袖》是根据抗战时期毛主席在延安时的真实故事创作而成的，讲述抗战时期，延安农民曾经骂过毛泽东，却没有被追究的故事，通过毛泽东帮群众推磨、帮锤、赶驴等一系列富有生活气息的戏剧情节，生动地展现出人民领袖的博大胸怀、人格魅力和与广大人民群众血脉相连、心心相印的鱼水之情，讴歌了党的光辉历史和联系人民群众的优良传统。剧作将花鼓戏标准的长沙话与毛泽东的湘潭方言巧妙结合，使花鼓戏幽默风趣的传统得到弘扬。赣南采茶歌舞剧院演出的采茶戏《八子参军》，这是一出根据瑞金下肖区七堡乡农民杨荣显一家八兄弟争当红军、全部壮烈牺牲的素材改编而成的作品。在第五次反围剿的紧急情况下，八兄弟响应苏维埃的号召，争先当红军，扛回一块“扩红模范”的匾。杨母虽同意儿子当兵，但是老人想八个儿子兵一半、民一半，至少留一个儿子看家。结果是八个儿子全都当红军上了前线，战斗中七个儿子牺牲。剧作根据儿子们不同的性格，表现出他们面临死亡时不同的所思所想，利用不同的独白、对白；不同的歌声、不同的舞蹈，展演出生死时刻，相同的母子之爱。整个剧作生活气息浓郁，时代特征鲜明，歌舞并重，突出了采茶戏的艺术特征，用通俗的艺术形式表现了家国情怀的重大主题。山东省吕剧院演出的《苦菜花》也是一部极为感人的革命历史题材作品。原剧是为著名吕剧表演艺术家郎咸芬量身打造的，这次展演母亲一角由弟子胡静华接替。剧中通过日寇侵华战争中，胶东地区一母亲和子女的曲折命运，传递出坚韧不拔的民族精神。跌宕起伏的戏剧冲突，英勇顽强的人物性格，深深地震撼了全场观众，是一部歌颂抗日战争时期山东革命根据地军民艰苦斗争的经典之作。该剧在同名小说的基础上改编而成，将几十万字的叙述性文字，改编成为用艺术手法浓缩，截取重点章节，突出主要人物的一部大戏，成为戏曲现代戏的一部力作。革命历史题材剧目还有福建省实验闽剧院演出的闽剧《别妻书》，该剧根据黄花岗七十二烈士之一的林觉民遗留下来的“与妻书”创作而成。描写林觉民参加广州黄花岗起义前，回到福州家中与身怀身孕的妻子陈意映以及年仅六岁的儿子依新团聚，后又离家奔赴广州参加起义，直到最后慷慨就义的过程。这出戏没有大起大落的戏剧冲突，情节也很温和，无法在舞台上运用戏曲表演的程式和动作，剧中人物的心里波澜只能用一些细小的动作来刻画，是典型的、难于把握的“心戏”。正是这些难于把握而演员们又恰如其分把握的表演，使这部作品于缠绵的情感中体现出烈士的伟大精神和壮烈情怀。

时代赋予现代戏表现真人真事的历史使命

取材于真人真事的戏曲作品在近年来的戏曲舞台上经常出现，伟大的时代，沸腾的生活，必然产生英雄伟业和模范人物。这些人和事本身就具有典型性，戏曲现代戏将这些人物搬上舞台，使之成为艺术作品，是当代艺术家义不容辞的责任。由于真人真事离现实生活很近，人们十分熟悉，所以真人真事题材的戏曲创作必须解决好生活真实与艺术真实的关系问题，要把生活中的感人故事巧妙地转化为艺术，用艺术的魅力打动观众，这样才能使作品达到审美的境界，获得创作的成功。这次展演中的几部真人真事作品，没有停留在一般性的表现事件上，而是注重对于人物内心世界的开掘、性格的塑造和感情的描写，艺术上的不断探索和大胆出新，使这些作品都成为了现代戏中的优秀之作。

河南省豫剧三团演出的《兰考往事——焦裕禄》是一部以焦裕禄的事迹为题材的真人真事的作品，戏剧从 1962 年兰考遭灾，焦裕禄含泪向逃荒的乡亲鞠躬道歉；到为“右倾分子”宋铁成平反，带领群众治理“三害”；从为救群众冒着政治风险购买议价粮；到在病床上痛斥自己培养的干部韩大刚虚报粮食产量，造成群众外流逃荒，展现了焦裕禄在特定历史环境下“求实、为民”的伟大精神，使人们从熟悉的英雄人物身上，感受到了一种新的审美震撼，看到了与当今时代精神共通共鸣的亮点。一幕幕感人至深的表演，赢得了现场观众雷鸣般的掌声和动情的眼泪。山西高平市人民剧团演出的上党梆子《西沟女儿》撷取了申纪兰在不同历史时期的几段真实故事，歌颂了申纪兰“不要级别、不转户口、不配专车、不领工资”，保持劳动人民本色的高尚人格和理想追求，生动地讲述了申纪兰对党、对群众、对家乡的深厚感情和坚持改革不断创新的时代精神。剧作充分运用了戏曲化的手段，在演唱和表演中再现了申纪兰坚定不移的革命信念，经久不变的劳动本色。盐城市淮剧团演出的《半车老师》描写田家湾小学的老教师田半车为了资助母校改善教学环境，号召他的学生们捐助。身为鸿运公司总经理的焦浩运要捐赠电脑室，田老师喜出望外，连忙到县城赊欠五十台电脑。可焦浩运的捐赠款却迟迟没有到位，供货商封了学校大门。为了不影响学生开学，田半车上城讨要捐款，却处于讨捐“失败”，进退两难的尴尬境地。通过半车老师进城讨要捐款的辛酸遭遇，提醒人们高度关注、警醒传统道德滑落和社会诚信缺失的重大社会问题。四川省宜宾市川剧院演出的《槐花几时开》，该剧取材于宜宾市筠连县春风村新农村建设中的真实故事，该村在村支书王家元的带领下，面对恶劣的自然条件，发扬“科学实干，顽强苦干，创新巧干，共同致富”的“春风精神”，在贫瘠的石头上走出一条共同致富的康庄大道。剧作在真实故事的基础上做了大胆的艺术创造，将故事发生的地点设定为川南某县飞来镇石头村，通过民主试点直选村主任，周兴元既不是候选人又不在现场，却“飞票”当选，并得到党和政府的承认与支持等情节描写，使他感受到了民主的力量和信任的温暖，下决心带领乡亲脱贫致富。随着修路、种树的初见成效，他成为了一名共产党员。后来，他当选为村党支部书记，继续坚定不移地带领村民走可持续发展之路。该剧既有矛盾冲突、真实感人的情感，又有浓郁的喜剧色彩，并将宜宾的民歌曲调融入川剧音乐之中，其唱腔优美动听，韵味悠长。

人文情怀和历史意蕴的生动体现

近代以来社会生活的变化和各个领域优秀人物的涌现，为戏曲艺术提供了丰富多彩的生活场景和人物形象，许多作品既有浓郁的传统文化、传统观念，又有近代中国历史变化过程中新的思想、新的生活，体现了戏曲艺术记录时代风云、展现时代特征的审美特征。表现近代生活的作品很多，这次展演反映近代历史生活的题材显示了独特的人文情怀和艺术魅力。佛山粤剧传习所演出的《小凤仙》中蔡锷将军与小凤仙的故事在百年中国历史上是家喻户晓的，在以往的作品中小凤仙只是蔡锷将军的陪衬，而该剧则突出了“不信红颜多薄命，自古侠女出风尘”的重点，主题鲜明、线索集中，以小凤仙、袁克定和蔡锷三人之间独特的人物关系，通过演员唱做俱佳的表演，细腻传神地表现了人物的内心世界，塑造了一个“共和女侠”的艺术形象。该剧坚守戏曲传统，创造戏曲现代戏新的演出程式，充分展现戏曲重表现而非再现的写意风格，从而彰显了粤剧的艺术魅力。海口市琼剧团演出的《百年苍翠》是新编近代琼剧，讲述一百年前爱国华人历尽艰辛，将橡胶树种从国外带回海南种植，以实现实业报国愿望、积极投身社会变革的故事。全剧展示了当时海南人民的日常生活、社会现实和政治矛盾等，艺术地再现了海外华人和海南人民为实现中华之崛起而付出的艰苦努力。二度创作上，在保持朴实凝重艺术风格的同时，充分调动舞美效果强化舞台表现力，音乐上采用管弦乐与海南地方唱腔相配合，是一部乡土气息浓郁的琼剧作品。山西梅花文化传播有限公司演出的晋剧《大红灯笼》，以近代社会封建大家庭中死气沉沉的大宅院中发生在妻妾之间尔虞我诈的故事为背景，将封建家庭的生活浓缩在戏曲舞台上。通过史佳花、胡嫦娥、苗洁、武凌云四位“梅花奖”演员的倾情表演和舞台艺术的灿烂烘托，使得这台演出获得了成功的视觉效果。长沙湘剧院保护继承中心演出的《古画雄魂》讲述抗日战争时期湘中某城市修补古画的“裱画圣手”水天熊与鉴别古画的“鉴画圣眼”关隘雄为保护国宝，尽释前嫌，联合起来智斗日寇，最后以身殉国的故事。着重表现了在国难当头的时候，生活在底层的小人物的爱国情怀和民族气概。该剧根据不同的人物采用特定的语言表达方式，唱腔不是湘剧惯用的高腔，而是近于口语似的旋律、说唱性强，符合人物市井风味的弹腔，从而增强了剧种的特色。安徽省黄梅戏剧院有限责任公司演出的《雷雨》是根据曹禺先生的同名小说改编的，同时也是一个人们耳熟能详的故事，选择这样的题材作为戏曲舞台演出是要有很大的艺术勇气和魄力的。在小说、电影、话剧、电视等艺术形式都曾有演出的情况下，运用黄梅戏剧中演出的戏曲作品具备了独特的艺术效果，给观众留下了美好的记忆。重庆市三峡川剧团演出的《鸣凤》取材并改编自文学大师巴金的长篇小说《家》。描写民国时期的高公馆内，年轻漂亮的女仆鸣凤与与追求平等自由的三少爷觉慧相爱。可是身份低下的鸣凤却在高老太爷寿诞时，被当作礼物送给前来贺寿的老财主冯乐山作妾。鸣凤夜半敲窗，满怀期盼向觉慧求救。但不知情的觉慧忽略了鸣凤的求救，鸣凤在无奈的情况下投湖自尽。剧作生动表现了生活在封建社会底层人物的悲苦命运和追求自由幸福时的挣扎与无奈。以上是2012年8月初至10月底，历时三个月的全国优秀剧目展演中的地方戏演出。

二

地方戏演出好戏连台

2012的戏曲舞台演出用繁花似锦形容丝毫不为过份，在文化部举办的“讴歌伟大时代，艺术奉献人民——2012年全国优秀剧目展演”的同时，由国家民委、文化部、广电总局、北京市人民政府主办，北京市民委、文化局和广电局等单位承办的“第四届全国少数民族文艺会演”在北京举办。

少数民族戏剧是中国戏剧不可分割的一部分，有独特的审美特征和民族风情，近年来发展很快，并且受到关注。本次会演旨在繁荣发展民族文化、推动民族团结进步。会演于2012年6月7日至7月6日在北京举行，该会演是国家法定的大型公益性文化活动，每五年举办一次。今年举行的第四届全国少数民族文艺会演共有41台剧目参加，92场演出。41台剧目是从全国31个省、区、市以及新疆生产建设兵团，解放军、驻港、澳联络办和台湾原住民发展协会报送的55台剧（节）目中遴选出来的。戏曲类剧目有北京市代表团演出的北京曲剧《正红旗下》，河北省代表团演出的评剧《香妃与乾隆》，江西省代表团演出的畲族山歌戏《七彩畲乡》，山西省代表团演出的晋剧《傅山进京》，安徽省代表团演出的黄梅戏《榴花不开盼哥回》，山东省代表团演出的吕剧《杨广和》，西藏自治区代表团演出的新编现实题材藏戏《金色家园》，河南省代表团演出的豫剧《丹水情深》等共10台，其中包括藏戏、畲族山歌戏、曲剧、评剧、晋剧、豫剧、吕剧、黄梅戏等戏曲剧种。其余为音乐、舞蹈、杂技类剧目。这次文艺会演的作品都经过了精心打造，剧目艺术水平普遍提高，有许多创新的少数民族艺术表现手段，出现了一批新的文艺人才，体现了民族地区戏剧艺术发展的新成就。演出剧目题材丰富、形式多样，有历史题材，也有现实题材；有歌颂少数民族杰出历史人物的作品，也有歌颂当代少数民族先进典型的现代戏作品，民族风格浓郁、地域特色鲜明，生活气息浓烈，体现了我国少数民族戏剧的独特性和当前的发展水平。

2012年的北京戏剧舞台，繁花似锦，精彩纷呈，好戏连台，除全国性的展演、会演和国家艺术院团的演出之外，由北京市委宣传部、北京市文化局共同主办的“颂扬北京精神 讴歌伟大时代——2012年北京市优秀剧目展演”于9月10日至11月7日在北京举行，来自中央直属院团及部队驻京院团、市属及改制院团、社会机构院团和市、区合作的36台优秀剧目在首都各大剧场的舞台上演。其中戏曲剧院（团）演出的剧目有中国评剧院演出的《银杏庄》、《评剧皇后》，北京市曲剧团演出的《“乡”约青春》、《歌唱》，北京市西城区百花深处艺术团小百花越剧团演出的《黄道婆》，北京京评戏曲剧团演出的评剧《什刹海》，北京市河北梆子剧团演出的河北梆子《前门前》，北京凌空评剧团演出的评剧《恩怨亲家》等13台剧目，涉及到地方戏剧种有评剧、曲剧、河北梆子、越剧等。在所有演出剧目中，除历史题材的作品《黄道婆》，其它均为以现实生活为题材的现代戏，占演出剧目的绝大多数，尽管有些作品无论在内容还是在艺术形式上都有待加工提高，也还是显示出戏曲现代戏强劲的生命力和美好的发展前景。这次展演值得关注的还有北京市四家民营戏曲表演团体创作的作品参加了展演，并且得到观众的喜爱和喝彩。体现出文化体制改革给演出市场带来的活力。为了贯彻落实党的十七届六中全会精神，迎接党的十八大召开，北京市委宣传部和北京市文化局还于2012年11月3日到12月2日举办了“北京金秋优秀剧目汇报演出”。参加汇报演出的剧目主题鲜明、题材广泛、手法新颖，充分体现了“当代的、北京的、原创的”创作指导思想，突出反映了近年来北京经济社会发展中的大事。在参加汇报演出的15部作品中，演出涵盖了话剧、舞剧、京剧、昆曲、评剧、河北梆子、北京曲剧、儿童剧等诸多剧种，其中戏曲剧目8部，占演出的一半多。演出既有部队驻京院团、市属及转企院团创作的大型作品，也有民营文艺机构以及市区两级合作创排的精心之作。此次汇报演出的剧目大多是从“2012年北京市优秀剧目展演”中挑选出来的。

2012 年 8 月 18 日至 9 月 10 日，河南省委宣传部、省文化厅主办了“向党的十八大献礼——河南省优秀剧（节）目北京展演月”活动。本次展演活动共推出河南省直和部分省辖市 9 个专业艺术院团的 8 台剧目和 1 台音乐会在北京集体亮相，共演出 17 场，其中戏曲 12 场，分别是由河南省豫剧院二团演出的《苏武牧羊》，河南省豫剧院三团演出的《兰考往事——焦裕禄》；济源市戏剧艺术发展中心演出的豫剧《王屋山的女人》；三门峡市豫剧团演出的《红高粱》；周口市戏剧艺术研究院演出的豫剧《山城母亲》；郑州市豫剧院演出的《斗笠县令》；河南小皇后豫剧团演出的《铡刀下的红梅》。这些剧目中有的已经演出多年，成为新时期优秀的保留剧目，有的是新创作演出的剧目，都具有很高的艺术水平和打动人心的主题思想，集中展示了近年来河南省舞台艺术发展的最新成果，助推了中原经济区建设、提升了中原文化品牌的影响力。

2012 年在繁花似锦的北京戏曲舞台上，还有来自于由中共山西省委宣传部、山西省文化厅主办的“向党的十八大献礼——山西省新创优秀剧目进京展演”的 12 台优秀剧目。展演从 8 月 16 日至 10 月 31 日在北京举行，演出 24 场，历时两个月，陆续在海淀剧院、天桥剧场、中国剧院、中山音乐堂、北大百年讲堂、中国评剧大剧院、解放军歌剧院、长安大戏院演出。戏曲剧目有吕梁市晋剧院演出的《刘胡兰》，运城市盐湖区蒲剧演出的《祝你幸福》，吕梁市青年晋剧院演出的《杏花酒翁》，临汾市蒲剧院演出的《酸枣岭》，山西梅花艺术有限公司演出的《大红灯笼》，高平市人民剧团演出的上党梆子《西沟女儿》。晋剧《大红灯笼》、《杏花酒翁》和蒲剧《祝你幸福》以前曾在北京的舞台上演出过，此番再度与北京观众见面，艺术上更臻于完美。全面展示山西省近年来舞台艺术创作的成果和广大文艺工作者昂扬向上、奋发进取、积极推动戏曲艺术发展繁荣的精神风貌，

2012 年在北京举行的还有“全国地方戏精粹展演”。这次展演是党的十八大召开之后文化部举办的一次全国性艺术活动，参加展演的 17 个剧种的 18 台优秀地方戏剧目，其中有粤剧、豫剧、越剧、黄梅戏、评剧、秦腔、川剧、晋剧、河北梆子、吕剧、沪剧、梨园戏、锡剧、吉剧、陇剧、眉户戏、滑稽戏等地方戏曲剧种。演出剧目，既有就演不衰的保留剧目，也有整理改编或新创作的剧目，还有在全国具有较大影响的精品剧目。演出团体，既有国有艺术院团，也有民营艺术院团，既有省直院团，也有基层院团。展演还汇集了众多著名戏曲表演艺术家，可谓名剧荟萃、名家云集，将充分展现地方戏曲独特的艺术魅力。由于本次展演是从 2012 年 12 月 19 日至 2013 年 1 月 30 日举办，其大部分剧目是跨年演出，这里暂不赘述。

三

各地的展演显示了戏曲艺术的强劲势头和丰硕成果

2012 年全国各地先后举办了各种类型的戏剧会演和展演，集中展示了近年来各地在剧目创作、舞台演出、人才培养等方面的新成果。在各种类型艺术形式纷呈的演出剧目中，戏曲剧目创作和演出的数量多，质量上乘，显示了强劲的势头和丰硕的成果。以“评剧故里，魅力唐山”为主题的“‘启新 1889 杯’第八届中国评剧艺术节暨‘邮储银行杯’第七届中国评剧票友大赛”于 2012 年 8 月 31 日至 9 月 10 日在评剧的发源地唐山举办。这次评剧艺术节由文化部艺术司、省文化厅、唐山市政府共同主办。有北京、天津、河北、内蒙古、黑龙江、吉林、辽宁等 7 个省（直辖市、自治区）的 17 个评剧院团参加，18 台剧目，34 场演出。参演剧目有唐山演艺集团演出的《从春唱到秋》、天津市评剧白派剧团演出的《珍珠衫》等新编传统剧目；有由滦南成兆才评剧团演出的《爱心小院》、迁安市艺术团演出的《山沟里的明星》、丰润区评剧团演出的儿童剧《小英雄雨来》；衡水市评剧团演出的《林秀贞》、秦皇岛市小海燕评剧团演出的《家住长城头》、黑龙江评剧院演出的《风雪夜归人》和中国评剧院演出的《林觉民》等表现现实生活的现代戏。艺术节期间，著名评剧演员曾昭娟、孙路阳、王平、王冠丽、王向阳、张俊玲等评剧艺术家参加了演出，精湛的表演如同一场场艺术盛宴。最终，天津市评剧白派剧团的《珍珠衫》获得特别荣誉奖；天津评剧院的《赵锦棠》、唐山评剧团的《从春唱到秋》、中国评剧院的《林觉民》等八部作品获得优秀剧目奖；天津崔连润文化艺术交流工作室的《雷雨》、内蒙古赤峰市宁城县

乌兰牧骑评剧团的《诺恩吉雅》等八部作品获得优秀演出奖；黑龙江省评剧院的《乾坤带》、北京宇扬评剧苑的《王少安赶船》获得参演纪念奖；演员曾昭娟、张俊玲、等十三人获得优秀表演奖；王云珠、孟莎等15人获得表演奖。“邮储银行杯”第七届中国评剧票友大赛“十大名票”被北京、天津、辽宁、吉林、河北、唐山的十位票友获得。这些活动既显示了评剧艺术近年来的取得的新成果，也显示出评剧艺术良好的群众基础和广大观众对评剧喜爱和参与的热情。

由湖北省政府主办、省文化厅承办、文化部艺术司支持的“第一届湖北艺术节”9月29日至10月25日在武汉举行。湖北省艺术节是省内最高水平、最高级别、最大规模的综合性艺术盛会，2012年首次举办，以后每三年举办一次。在艺术节举办的各项活动中，有20台优秀剧目参加评奖演出。艺术节期间，还邀请省内、兄弟省份、国家院团剧目和海外剧目参加艺术节祝贺演出。艺术节演出的地方戏曲剧目有：天门市花鼓戏保护传承中心演出的荆州花鼓戏《茶缘》，湖北省黄梅戏演艺集团有限责任公司的《李时珍》，十堰市郧阳艺术团的郧阳二棚子《我的汉水家园》，武汉汉剧院的《宇宙锋》，湖北省地方戏曲艺术剧院的黄梅戏《妹娃要过河》，湖北省豫剧团的《乡村调解员》，武汉楚剧院有限责任公司的《回乡过年》，咸丰县南剧艺术传承保护中心南剧《女儿寨》，湖北省地方戏曲艺术剧院有限责任公司楚剧《辛亥人家》，黄冈市武穴文曲戏研究院的《草鞋老太爷》，湖北省花鼓戏艺术研究院荆州花鼓戏《茶缘》，福星科技集团楚剧团的《冬日荷花》等。演出剧目题材丰富，本土特色鲜明，既有获国家级艺术奖项的作品，也有新创作的作品，集中展示了近年来湖北文化事业发展的成果。艺术节坚持“文艺为人民服务、为社会主义服务”的宗旨，以“艺术的盛会、人民的节日”为主题，使观众体味了荆楚风华，文明湖北、幸福湖北的深刻内涵。

秦声、秦韵，秦腔艺术的盛会。第六届中国秦腔艺术节于2012年11月6日至13日，在兰州举办。来自陕西、新疆、青海、宁夏和东道主甘肃的11台风格各异的秦腔剧目先后上演。在为期8天的艺术节上，青海省西宁市秦剧团演出的《邓训》，宁夏演艺集团秦剧院的《花儿声声》，甘肃省定西市秦剧团的《梦回陇西堂》，甘肃秦剧院有限责任公司的《敦煌恋》，陕西省渭南市秦剧团的《关中往事》，甘肃省兰州戏曲剧院的《黎秀芳》，陕西省戏曲研究院的《西京故事》，新疆乌鲁木齐市秦剧团的《亭中悲歌》，甘肃省甘谷县冀兴秦剧团的《姜维》，甘肃省西和县乞巧文化演艺中心的《七月七》，甘肃省西和县乞巧文化演艺中心的《魏孝文帝》等剧目和观众见面。这届秦腔艺术节由中国戏剧家协会、甘肃省文化厅和甘肃演艺集团有限责任公司主办，旨在展示近年来秦腔艺术创作的成就，继承和发展秦腔艺术，培养和扶持优秀人才，丰富群众精神文化生活。

广西壮族自治区文化厅以壮乡的风格、时代的特征、开放包容的精神。于2012年10月22日至12月27日在南宁等地举办了“第八届广西剧展”，剧展期间演出72个小戏小品，20台大型剧目，51个专业文艺院团参加，4000多名演职人员倾情献艺，10多万观众观看了演出。这次展演规模之大、持续时间之长、社会影响之广为历届之最，集中展示了近年来广西舞台艺术的成果。72个小戏小品中有26台小戏，20台大戏中有12台戏曲剧目，显示出戏曲艺术重要的地位和群众基础。展演剧目有广西戏剧院桂剧团演出的《七步吟》，河池市罗城仫佬族自治县艺术团演出的仫佬剧的《玉笛情缘》，南宁市民族文化艺术研究院演出的粤剧的《海棠亭》，桂林市永福县文体局演出的彩调剧《凤山竹》，广西戏剧院壮剧团演出的《赶山》，北海市非物质文化遗产保护中心演出的神话粤剧《合浦珠还》，柳州市艺术剧院演出的彩调剧《红瑶梦》，桂林市戏剧创作研究院演出的桂剧《何香凝》，桂林市戏剧创作研究院演出的彩调剧《一品油茶七品官》，桂林市戏剧创作研究院演出的彩调剧《凉水井》，广西戏剧院彩调剧团演出的《山歌牵出月亮来》等。演出剧目的剧种包括彩调剧、仫佬剧、粤剧、壮剧、邕剧、海歌戏、鹩剧、哐戏、采茶戏、山歌剧等。有现实题材、历史题材、民族题材、工业题材、少儿题材、农村题材。无论是历史题材还是现实题材的剧目，都注入了当代的思想意蕴和新颖的表演手法。贴近现实、贴近生活、贴近民生的剧目引起观众的强烈共鸣。这次剧展不仅仅是作品数量的增加，更有了质的飞跃。广大戏剧工作者坚持以人民为中心，以文化惠民、利民、乐民为目的创作方向，倾力为广大观众提供优秀的舞台艺术作品。成绩的取得源自于广西高度重视青年艺术人才的培养、使用和凝聚。目前，由老中青相结合的优秀艺术人才结构正在形成，戏剧创作出现了新的面貌。

“第五届福建省艺术节暨全省第25届戏剧会演”于2012年12月8日至12月27日在福建龙岩举行。在59台演出中，戏曲剧目27台（其中两台木偶戏），占很大的比重。它们是泉州市木偶剧团演出的《赵氏孤儿》，武平县汉剧团演出的《定光佛缘》，厦门歌仔戏研习中心演出的《蝴蝶之恋》、《荷塘蛙声》，安溪县高甲戏剧团演出的《缘中缘》，闽侯县闽剧艺术传承发展中心演出的《林祥谦》，仙游县莆仙戏鲤声艺术传承保护中心演出的《荆钗记》，泰宁县梅林戏艺术传承保护中心演出的《花蕊夫人》，漳浦县芗剧团演出的《黄道周》，福鼎市越剧团演出的《贺双卿》，厦门金莲升高甲戏剧团演出的《淇水寒》，漳州市芗剧团演出的《秦淮惊梦》，福州闽剧院演出的《林则徐复出》，泉州市高甲戏剧团演出的《王昭君》，龙岩汉剧团演出的《史碑鉴》，晋江市掌中木偶剧团演出的《金星花·小萝卜头》，晋江高甲戏剧团演出的《闽南人·家》，省梨园戏实验剧团演出的《丁兰刻木》、《雪花公主》，福建莆仙戏剧院演出的《江梅妃》，长乐市闽剧团演出的《苏秦还乡》，福清市闽剧团演出的《百蝶香柴扇》，寿宁县北路戏剧团演出的《少年张高谦》，省实验闽剧院演出的《北进图》，平潭市闽剧团演出的《铁枪缨》和省芳华越剧团演出的《柳永》等。其中包括汉剧、歌仔戏、高甲戏、闽剧、莆仙戏、梅林戏、芗剧、越剧、梨园戏、北路戏、木偶戏等多个剧种。历史题材的作品24台，现代戏2台。参加会演的12台剧目获得第五届福建艺术节暨福建省第二十五届戏剧会演优秀剧目一等奖。福建是一个戏剧大省，作为省级会演，有如此多的剧目参加演出，显示了福建戏曲深厚的传统和强劲的发展势头。新时期以来，福建有较强的创作力量，剧作家和他们的作品在全国有很大影响。这次会演的剧目大多是近年来的新成果，显示了福建戏曲创作新的发展水平。

“喜迎十八大、相约十艺节——2012年全省优秀舞台剧目展演”由十艺节山东省筹委会、中共山东省委宣传部、山东省文化厅主办，于9月26日至10月23日在济南举行。这次展演来自全省30个专业艺术院团和艺术院校，33台优秀剧目是从山东迎接“十艺节”（2013年10月在山东举办第十届中国艺术节）新创作的众多剧节目中遴选出来的。在戏曲、话剧、儿童剧、舞剧、歌舞诗、音乐剧、杂技剧等多种艺术形式中，戏曲剧目20台，全部61场演出中戏曲剧目37场，占演出的三分之二。参加演出的地方戏曲剧目有乳山市吕剧团的《乳娘》，枣庄市艺术剧院的柳琴戏《六字碑》，临沂市柳琴剧团《沂蒙情》，山东省柳子剧团的《鱼篮记》，济宁市山东梆子剧院的《圣水河的月亮》，泰安山东梆子剧团的《两狼山上》，莱芜市莱芜梆子剧团的《儿行千里》、《长勺之战》，菏泽市戏剧院枣梆剧团的《枣树情》，淄博市五音戏剧院的《云翠仙》，菏泽市戏剧院山东梆子剧团的《古城女人》，烟台市吕剧院的《烟台山作证》，潍坊市吕剧院的《李二嫂的新故事》，日照市艺术剧院的《勿忘在莒》，山东省吕剧院的《过年》，聊城市山东梆子剧院的《萧城太后》。其中有吕剧、柳琴戏、柳子戏、山东梆子、莱芜梆子、枣梆、五音戏等山东地方剧种。剧目题材丰富、形式多样、时代精神鲜明，有弘扬时代精神、反映社会深刻变化的现实题材作品；也有艺术视觉独特、思想立意深刻、人物性格鲜明的革命历史题材；还有注重历史价值与现实审美紧密结合，在舞台表现及表演形式方面亦有大胆创新的新编历史剧；更有取材于传统题材并进行了新的拓展和突破的传统戏。展演期间观众达5万多人，为泉城人民带来了绚丽多姿的艺术享受。

近年来，民营剧团在市场经济的大潮中搏击风浪，显示了群众文化的巨大力量。2012年浙江省文化厅专门为民营文艺表演团体举办了展演，从11月26日起，来自浙江省11个市、12个团的500余名民营文艺表演团体演职员，汇聚杭州，演出的戏曲剧目有《梁山伯与祝英台》、《何文秀》、《花木兰》、《新狸猫换太子》、《杨乃武与小白菜》、《火烧子都》、《德清嫂》等，有越剧、婺剧、京剧、皮影戏等剧种。浙江省对民营文艺表演团体发展十分重视，不断完善政策措施。此次展演，必将使得民营剧团以强劲的发展势头和蓬勃生机，在市场中稳步前行。此外，由云南省委宣传部、省文化厅、省文联举办的“东骏药业2012年云南省花灯艺术周”于10月15在花灯之乡大理弥渡开幕，在为期五天的时间里，有来自全省11支代表队创作的23个花灯小戏和其它花灯节目，青年花灯演员演唱的花灯知名唱段，为广大为花灯爱好者带来多场视听盛宴。

上面提到的展演或会演，都是以剧目为主的演出活动，除此之外，全国各地还举办了不同类型的地方戏演员大奖赛演出，如广东省第七届戏剧演艺大赛，第十一届福建省水仙花戏剧奖等等，这些大赛或戏剧奖都是为了培养和选拔优秀的戏曲人才而设立的，这些活动的举办在当前戏曲艺术的发展中有着重要的意义，一方面它是梨园新秀集中展示了自己的技艺，呈现了亮丽的青春。同时也使地方戏的发展积蓄了强有力的后备军，为中国戏曲艺术事业的发展繁荣做出了重要贡献。

何玉人　中国艺术研究院戏曲研究所研究员

调研报告

关于推动全国戏曲剧种传承发展的调研报告

◎周汉萍、王华宇、陈曦

为了贯彻落实中央领导和部领导对戏曲传承与保护的重要批示精神，做好传统戏曲艺术传承、保护工作，2012 年 4 月— 2013 年 4 月，文化部艺术司会同中国艺术研究院，在全国范围内开展戏曲剧种（以下简称“剧种”）调查工作。此次调查采取抽样实地调研和问卷普查调研相结合的方法，全国各省、自治区、直辖市文化厅（局），均调查了本地剧种现状，并撰写了调研报告。现将有关情况报告如下。

一、全国戏曲剧种基本情况及简要分析

1982 年出版的《中国大百科全书 · 戏曲曲艺卷》将戏曲剧种描述为：根据各地方言语音、音乐曲调的异同以及流布地区的不同而形成的各种中国戏曲艺术品种的统称。剧种的形成与方言、作品、人才等艺术因素，与行政力量都有直接的关系。表演、声腔发展到什么程度才能成为剧种？有多大差异才能区分不同剧种？判断剧种存亡的标准是必须有能演出整场大戏的国有或民营院团，还是只要有民间班社不定期演出即可？这些问题学术界尚无定论。加上近年来非物质遗产保护工作的宣传发动，各地政府对地方性文化越来越重视，戏曲志书中没有记载的、与已有剧种、曲艺、歌舞等难以区分的艺术形态，纷纷以剧种的姿态出现在公众视野。《中国大百科全书 · 戏曲曲艺卷》中统计，全国剧种为 317 个。1983 年开始编纂、1999 年出版的《中国戏曲志》收集了各地、各民族剧种 374 种（原说法 394 种有误）。2007 年，也就是距离编撰戏曲志 25 年之后，文化部民族民间文艺发展中心牵头开展全国戏曲剧种调研，各省、自治区、直辖市艺术研究院（所）积极配合开展了较为详细的专题调研，历时四年多仍未结项。

本次调研，为了与非物质遗产工作相衔接，只要有民间班社演出，即认可该剧种。同时，为了保持稳定，基本上以《中国戏曲志》和 2007 年各省市区的调查为参照，全国现存剧种大约 286 种。

（一）各省市剧种数量有增有减，以减少为主。

此次调查共 31 个省、市、自治区、直辖市，19 个减少，6 个增加，6 个持平。上海、山西剧种数量减少最明显。上海，原来有京剧、昆曲、绍剧、锡剧、扬剧、甬剧、越剧、滑稽戏、淮剧、粤剧、评剧、南方歌剧、沪剧、上海山歌剧 15 种，现只有京剧、昆曲、越剧、沪剧、淮剧、扬剧、滑稽戏 7 种。河北省原有 39 个剧种，现只有 24 个。

剧种增加的主要原因是，近年来非物质文化保护遗产工作开展以后，保护和弘扬民族文化的意识逐步深入，地方政府认识到戏曲艺术对于保护传统文化的重要性，将其作为地方文化名片予以保护，一些曾经沉寂的剧种得以恢复。国家现已公布了三批国家级非物质遗产名录，210 种剧种入选国家级名录，282 种入选省级名录。比如，浙江的桐乡花鼓戏在 1999 年恢复，湖北的堂戏、柳子戏、灯戏、文曲戏在 2007 年恢复。例如泗县姚剧，1966 年之后后继乏人，1982 年即无统计。本次调查，安徽省表示正在抢救恢复之中。

剧种减少的原因是多方面的。主要有着三个因素：第一，方言的减少。戏曲剧种的形成与方言有极大关系。近年来，由于普通话的推广普及，交通的便捷，人们生活交流圈的扩大，方言差异逐渐缩小，客观上弱化了戏曲的土壤。第二，电影、电视的兴起与互联网娱乐方式的多元化，使戏曲艺术受到了前所未有的冲击。第三，原有的分类较为细碎，近年来，逐渐归并、统一，并在政府部门和学术界得到认可。例如昆曲，在《中国戏曲志》中，分为北方昆曲、昆剧、湘昆、温州昆剧、金华昆剧、宁波昆剧 6 种。文化部实施了《昆曲艺术抢救、保护与扶持工程》之后，举办了剧目展演、演员比赛、进校园演出等活动，现有 7 个团都参与其中，因此，本次调研，将昆曲认定为 1 个剧种。

戏曲剧种从诞生起，就与方言、地域有着天然的联系。声腔、表演之间既有区别又有包容和相同之处。应当说，随着社会的发展进步，剧种之间的交流、融合、趋同是不可避免的，特别是当这一剧种缺乏代表性人物和显著特征之后。1958 年前后，我国创建了 64 个剧种，学术界称之为新兴剧种。随着时代变迁和社会变化，这些历史短、积累剧目少的剧种明显衰退。1989 年学术界就新兴剧种开会时有 47 个剧种代表参会，2010 年，再次开会时只有 15 个剧种代表参会，表明能正常演出的剧种只剩陇剧、吉剧等十来个剧种。

（二）从流布区域看，剧种流布的范围严重萎缩。

戏曲剧种数量众多，但除了豫剧、秦腔、川剧、黄梅戏、越剧等大剧种外，多数剧种流布区域狭窄，如本县，还有的仅仅在某一村寨流传。传统意义上的大剧种也在萎缩之中。川剧，以前流传于云、贵、川、藏多个省区，现在除四川、重庆外，贵州遵义有 1 个川剧团，云南、西藏都已经没有川剧演出。

流布区域减少比较突出的剧种有河北梆子、评剧、大平调、二夹弦、柳子戏、两夹弦和大弦戏。河北梆子 1982 年在河北、北京、天津、山东、河南都有院团表演。现在，河南、山东都没有演出。

（三）从院团数量看，院团数量有所减少。

本次调研，将艺术院团分为国有院团、民营院团和民间班社三类来统计。国有院团中包括事业体制院团和转制为企业的院团。民营院团是指进行工商或民政部门注册的演出团体。民间班社是指未进行注册登记、不定期开展演出活动的团体。

上世纪八九十年代，是我国艺术院团数量和活跃度的鼎盛时期。从那时起，艺术院团尤其是县级院团不断减少。吉林省在八十年代初戏曲艺术表演团体近 90 家，2012 年，国有戏曲院团 30 个。五大剧种中，除了豫剧尚有约 150 家国有院团、100 多家民营院团之外，其他的秦腔、川剧、越剧国有院团数量大幅度减少。八十年代四川的川剧团超过 250 家，成都市的每个区都有 1 家。现在，四川省只有 20 家国有院团。黑龙江曾是评剧北部地区发展的中心，最多时有 62 个评剧团。这次改革前，有 21 个国有评剧院团。现保留黑龙江省评剧院为事业单位，其余转企或划转进入文化馆。八十年代初期，浙江省国有越剧团体为 60 多家，现在只有 19 家。另有民营越剧院团 300 多家。

本次调研，只有 1 家表演团体（含国有、民营及民间班社）的剧种 74 种。还有的剧种甚至没有独立建制（挂靠其他院团，但排演了完整剧目）。

个别剧种国有团体极少，而民营院团活跃。在这些地区的民营院团，既肩负着丰富群众生活的重任，又担起了剧种保护的职责。福建省共有 27 个剧种，本土剧种 19 个，莆仙戏、芗剧、高甲戏、闽剧等都是流布区域狭小、国有院团数量有限的剧种。莆仙戏只有莆仙戏剧院有限公司和仙游县鲤声剧团 2 个国有院团。但是，另有一大批民营院团。2010 年登记在册的民营院团有 129 个，季节性艺术团体不包括在内，年演出场次达 6.6 万场。高甲戏现有 5 个国有院团和 153 个民营院团。

二、调研带给我们的启示与思考

本次调研，文化部调研组实地考察了河南、吉林、四川、上海等地艺术院团和艺术院校，观摩了多场剧目演出，召开了多次关于艺术院团艺术生产现状、艺术教育与艺术人才培养的座谈会，收到了 31 个省、市、自治区及部分地市级文化主管部门撰写的调研报告，以及各省现存剧种剧团表、低于 10 个院团的剧种剧团详表等数千份表格。

经过认真的甄别、梳理，我们感到，原有流布广、影响大的大剧种艺术创作活力强，在国内外的舞台演出和社会上的影响力不断扩大。这些剧种有的参加过全国地方戏（南北片）展演、有的得到国家舞台艺术精品工程资助，例如京剧、评剧、豫剧、越剧、黄梅戏，以及昆曲、吕剧、蒲剧、川剧、吉剧、秦腔、曲剧、晋剧、粤剧等 30 多个剧种。梨园戏、陇剧、吉剧、滑稽戏、莆仙戏、龙江剧等一些小剧种生命力顽强，推出了优秀作品。发展势头良好。此外，大部分剧种传承发展形势堪忧，较少进入公众视野。剧院设施设备陈旧、剧目创作乏力、人才青黄不接、演出市场低迷。虽然广大戏曲工作者兢兢业业、苦心坚守，但仍然无力打破戏曲发展的现状：有观众需求、但市场低迷、演出收入低，有剧目演出、但紧密结合现代生活的新创排剧目少，造成戏曲工作者社会地位低，行业吸引力差，艺校生源严重不足，艺术人才队伍后继乏人。

全国的剧种多达286种，为什么有的剧种会比较突出，有的却逐渐式微呢？我们认为，发展稳定的剧种原因有以下几点：

一是具有较强的艺术力量和技术力量。剧种积累的剧目比较多，特别是近年来排演剧目在全国有一定的影响；有若干特色鲜明、享有知名度和具有代表性的艺术家。一个院团的发展还与院团长这一当家人的能力紧密相关。从调研中走访的院团可以看出，如果拥有具有开拓精神、筹资、营销能力强的院团长，这家院团就有可能生机勃勃。

二是受到各级政府比较多的关注和扶持。文化部实施“国家重点京剧院团保护和扶持规划”和“国家昆曲艺术抢救、保护和扶持工程”，扶持全国重点京剧院团和昆曲院团整理、恢复和创作上演了传统名剧和新编剧目，扶持京昆艺术人才培养和进校园演出，取得了明显成效。

三是得到专门的艺术活动或综合性重大活动的扶持。如前所述，在国家舞台艺术精品工程中得到资助的戏曲剧种接近40种。优秀保留剧目大奖评选和巡演、每三年一次的全国地方戏（南北片）展演等项目的实施，也带动地方政府的积极性。山东、浙江等地纷纷实施本地的同类项目，推动了剧种保护和发展。文化部将传统戏曲作为非物质文化遗产保护的重要内容，各地也积极进行申报和保护扶持，中央专项资金共为国家级非物质遗产保护158个（419个子项）戏曲项目的365个保护单位补助2.87亿元。列入保护单位的院团得到了数十万元的资金补贴，对于恢复排演传统戏，培养青年人才，改善该剧种的舞台演出面貌，起到了一定程度的促进作用。

文化部单独或与省级政府联合举办多种单项艺术活动，比如中国京剧节、中国昆曲艺术节、中国豫剧节、中国评剧节、中国黄梅戏艺术节等，这些专业性的艺术活动促进了各戏曲剧种的剧目创作、人才培养、相互交流。

四是实施惠民演出，激活戏曲演出能力。河南、陕西等省已实施舞台艺术惠民演出，制定统一标准，按照场次补贴演出院团。河南省这一措施刚刚实行一年，即显现出四两拨千斤的作用，有力地激发了基层戏曲院团的积极性，演出逐步活跃起来。比如，河南省南阳市内乡县宛梆剧团场均演出收入仅2000元（未扣除演员的吃、住、行等成本），而河南省省、市、县三级财政按照4:4:2的比例，每场补贴3000元，这极大地激发了该团的积极性，使宛梆这一剧种发展形势逐步好转。

五是形式多样的宣传有效扩大社会影响。例如昆曲艺术。在国家工程的带动下，各级政府高度重视，新闻媒体给予了大量的报道。再加上“义工”白先勇先生的精心策划和艰苦努力，在海内外进剧场、上高校，不断开展各种形式的宣讲、评介，昆曲已经为全社会尤其是年轻大学生所接受，变身为一门时尚艺术。剧场观众由白发为主转变为以青年观众为主。同样，河南电视台《梨园春》栏目开播近二十年来，举办了名家献艺、戏迷擂台赛、赴各地现场演出等各类戏曲（以豫剧为主）活动，并通过卫星向全国播出。可以说，豫剧的兴盛与电视的广泛传播不可分割。

六是戏曲艺术的发展需要多方面努力，形成一个良好的生态环境。以河南省和汉调二黄为例。位于我国中部的河南省现有39个剧种，近年来推出了多部在全国具有影响的优秀作品。总结该省的经验，大致可归纳为：领导重视，设立了创作、演出补贴等9个专项资金；举办各种形式的人才培训班，有效提高了主创人员艺术水平；院团数量多、优秀人才多；企业界有识人士积极支持、社会赞助较多；数以百计的戏曲茶楼、电视擂台赛培养的戏迷多。以上种种共同形成了河南戏曲文化的沃土。

再如，具有悠久历史的汉调二黄。据陕西省报告，近年来，安康地区政府先后投入210万元用于该院的硬件、软件建设，使该院的艺术生产和演出都实现了正常化，《赵成卖身》、《大破天门阵》等剧目先后参加了陕西省艺术节。2006年，由汉剧表演艺术家龚尚武、赵枝敬演唱的传统汉调二黄《南北会》选段参加“陕西戏曲展演周”演出，由中央电视台直播。随后，安康教育电视台、安康人民广播电台开播了汉调之声专栏，举办了汉调二黄邀请赛。这些措施，使汉剧重新占领了安康文化主阵地。

在总结上述经验的同时，我们也试图分析大部分剧种仍然处于劣势的原因。原因是多方面的。除了前文所述的娱乐方式的冲击、方言区域的减少等等，还有以下几点：

一是对戏曲剧种的重要性认识不清。现实生活多种多样，观众的需求也是多层次、多样化的，这就决定了艺术需要多种风格、流派的共存，相互学习、观摩、切磋、交融、竞争，相互促进。表演艺术现场演出的局限性决定了艺术院团应当有一定的数量，在数量的基础上自然而然地提高质量。在九十年代的文华奖评奖、中国艺术节等重大活动中，有相当数量的基层院团参与。而今院团数量、从业人员的锐减，导致艺术创作能力衰退，剧种特色淡化，基层院团参与全国性艺术活动的比重明显降低。

二是戏曲艺术逐步退守农村市场。在电视、电影、互联网等多种娱乐方式的冲击下，戏曲艺术节节败退。根据文化部《中国文化文物统计年鉴》，2011 年全国艺术院团演出共 154. 72 万场，其中，农村演出 100. 67 万场，占 65. 07 %。其中，戏曲 2417 个院团（不含滑稽戏剧团）演出 81. 65 万场，农村 71. 54 万场，占 87. 62 %。国内观众 37217. 61 万人次，其中农村观众为 29427. 44 万人次，占 79. 07%。诚然，戏曲源自民间，像小草一样具有顽强的生命力，理所应当为广大的农村观众奉献艺术作品。但是，我国处于城镇化快速发展时期。农村人口数量锐减，人口结构在年龄上居于低龄和高龄两个极端，中青年人口大量进入城市，城市已经成为现代生活的中心。相应地，戏曲也必须与时俱进，走向都市，吸引城市观众。

三是艺术从业人员尤其是基层院团收入过低，不能吸引人才。山东、湖北、陕西等多个省的报告反映，在农村演出的单场演出收入为 2000 – 3000 元。个别省份申报为 1000 – 2000 元。2006 年艺术司曾对基层院团做过调研，这一数字与当时持平。在实际走访中了解到，吉林省某省级院团青年演员月收入不过数百元，在省会城市连房租都不够。他们表示，之所以留在艺术院团，是因为学了这么多年，热爱这一艺术。由于演员收入远远不如打工收入高，有艺术天赋的青年转行从事其他行业的很多，造成很多剧团演员流失，无法排演行当齐全的大戏。从职业角度说，这一行业已经不具备吸引力，直接导致艺术院校招生的艰难。而艺术院校的教育体制和艺术院团用人之间的隔离又使艺术人才培养难以供需互通、教学相长。戏曲行业越不景气，就业越难，艺术生源就越少；学戏的人越少，人才就越少，艺术院团就越感觉无人可用，形成恶性循环。同样国字头艺术院校，北京电影学院表演系招生报名与录取的比例大约为 200:1，中国戏剧学院为 50:1，中国戏曲学院还不到 3:1。中等艺术院校在校生规模不断扩大，但戏曲专业招生艰难，不得不使出跨省抢夺、公务员强制性推荐等招术。

四是剧团基础设施陈旧，设备老化。文化部、财政部实施的“流动舞台车”工程，为中西部地区基层院团提供了 1406 台舞台车，在一定程度上解决了下乡演出搭台难的问题，但是，没有固定的排练、演出场馆，严重影响了剧团的日常排练和演出。近年来，由于城市改造、商业开发，很多院团的剧场又遭流失。此外，剧团对音响、灯光、乐器等设备要求较高，长年流动演出消耗较大，却得不到及时添置和更新，演出质量大打折扣。

三、关于剧种保护发展的建议

戏曲是中华民族文化宝库的瑰宝，是我们民族的文化基因和遗传密码。保护、传承、发展好戏曲，对于弘扬社会主义核心价值体系、传承中华民族传统文化、维护文化生态平衡具有重要的意义。从中央政府层面来看，推动剧种发展既要有长远的规划和顶层设计，也要找到推动剧种发展的突破口。一个剧种的繁荣发展是多种因素共同推动的结果，包括资金投入、剧目储备、现有人才、观众数量、院团开拓演出市场的能力等。为此，我们提出以下八项建议：

第一，制定剧种认证制度和统计制度，摸清家底。建议在中国艺术研究院设立剧种登记中心（可与戏曲研究所两块牌子、一套人马），每一剧种经该中心审查认可后，报文化部艺术司批准，向全社会公布。定期开展剧种剧团统计，及时掌握剧种发展的动态。

第二，建议制订政策性文件扶持戏曲剧种发展。目前，各级政府对艺术创作生产演出的支持力度不断加大。在资金上，中央财政设立了国家艺术基金，大部分省、区、市也设立了本地区创作、人才、演出的专项扶持资金。拟以此为契机，调研出台全国性政策文件，对艺术创作和演出所必须的资金、排练场、剧场等外部条件提出明确的要求。文化部设立扶持地方戏曲发展的专门项目，扩大扶持剧种的数量和艺术院团的数量。

第三，启动实施基层院团扶持计划。当前，超过半数剧种的演出主体是县级国有院团。他们生活在基层，是艺术事业的基础。演出是艺术院团的生命线，是艺术院团的核心环节。从演出环节进行补贴，增加演职员工资收入，提高从业人员的自豪感和荣誉感，逐步扩大演出地域，增强戏曲行业的吸引力。基于此，我们建议参照河南、陕西等地作法，中央财政投入适当的资金，省、市、县三级财政按比例投入配套资金，增加对基层院团的经费投入，整体上优化戏曲艺术的生态环境。

第四，丰富基层院团演出剧目，活态传承、发展创新。上世纪五十年代曾有昆曲《十五贯》一出戏救活一个剧种的佳话。现在也是如此。《典妻》一剧使甬剧这一浙江省宁波市独有的小剧种绝处逢生。经过这次文化体制改革，除 23 个剧种有保留事业体制的院团外，更多的剧种院团成为非物质遗产保护传承中心。但是，为了做好非物质遗产的活态传承，避免戏曲剧种成为博物馆艺术，丰富群众的精神文化生活，兼顾戏曲院团多在基层，自身缺乏创作能力这一现状，建议继续坚持传统戏、新编历史剧、现代戏三并举原则，有计划地抢救、恢复、整理改编传统戏，条件成熟后，移植排演优秀现代戏，促使老剧种焕发生机与活力。文化部以及各省、市应适时举办基层院团移植剧目交流演出。

第五，定期举办稀有剧目展演活动。为了让更多的观众了解这些稀有剧种，建议各省定期举办稀有剧种汇演活动，向观众展示剧种的经典剧目、艺术名家、新秀，促进这些剧种的创作和演出，扩大这些剧种的知名度。

第六，尽快调研艺术人才问题。当前，随着老艺术家年龄的不断增高和相继退休，戏曲艺术人才荒更加明显。人才匮乏已经严重制约了整个艺术事业的发展。改变这种不利局面刻不容缓。应尽快对艺术教育体制进行研究，打通教育与使用之间的渠道。研究艺术人才培养的特殊规律，形成普通艺术人才培养、优秀人才选拔、尖子人才再造、领军人才推出一条链。建议教育部以及文化部艺术司、科技司共同对艺术人才现状以及培养机制进行调研，提出专门的调研报告。

适时培训基层院团的院团长。建议借鉴基层文化馆站人员的培训做法，对基层院团长进行轮训。

第七，加大戏曲艺术的宣传力度。由中宣部协调，在党报党刊上加大普及戏曲知识、推介演出剧目，热情讴歌扎根舞台、德艺双馨的艺术家。协调电视等媒体，将戏曲艺术的演出信息播放作为公益广告收费。在全社会营造一个重视民族艺术、共同支持戏曲艺术的良好环境。

戏曲艺术的独特性在于与观众的互动。要从娃娃抓起，走进中小学、走进高等院校，培育大批的戏迷、剧社、曲社。艺术院团本身也要增强宣传意识，充分利用著名艺术家的知名度，积极在报纸、广播、电视、网络、微博等媒体开展形式多样的宣传。

第八，高度重视和引导民营院团。作为剧种保护中一支重要力量，民营院团数量庞大，绝大多数处于规模小、水平低、制作粗劣的初级阶段，只有极个别院团的艺术追求精神与艺术水平可以与国有院团相提并论。文化部和地方文化主管部门应予重视，加强引导和提高。

作为民族艺术的瑰宝，戏曲剧种随着社会生活的变迁而发展变化。戏曲剧种不是说越多越好。对于差异小、流布区狭小的剧种，整合、归并，也许更有利于做大做强。通过此次调研，我们认识到，艺术发展既需要剧场、资金等外部条件，也需要优秀剧目、领军人才和鲜明的艺术特色。当前，经过体制改革，作为事业单位的戏曲院团数量极少，更多的是企业性质院团及保护传承中心。体制多样，在艺术定位上存在着一定差异。戏曲艺术正处于一个非常严峻的关头，急需各级政府关注并采取有力措施予以保护。

周汉萍、王华宇、陈曦　文化部艺术司艺术研究处

关于戏曲现代戏近年发展状况的调研报告

◎周汉萍、姚欣、王安奎、孔培培

进入新世纪以来，尤其是近五年来，随着党和政府对文化的重视程度不断提升，戏曲现代戏的创作和演出进入了空前活跃的时期。由于现代戏能够迅速反映当前社会生活，具有与人民同心、与时代同步的特征，因而得到领导重视和群众欢迎。

在此期间，戏曲现代戏的编演得到发展，取得了重要成就，同时也存在一些值得研究和亟待解决的问题。业界期盼主管部门加强引导、加大扶持力度，推动其更好发展。

此调研报告所涉及的剧目，含近五年首演剧目和近十余年首演后继续加工并至今不断演出的剧目；调研所涉及的情况以近五年为主。

一、戏曲现代戏近五年发展成就

戏曲现代戏近年来所取得的进展与成就，主要体现在以下几个方面：

（一）戏曲现代戏活跃的创作演出，成为当前戏曲舞台演出的生力军，为促进戏曲发展和社会文化繁荣做出了重要贡献。

我们党和政府的戏曲剧目政策是整理改编传统戏、新编历史剧和创作现代戏“三并举”，但三者之中，现代戏的创作难度更大。由于各地党政主管部门加大了对戏曲现代戏创作的重视，现代戏创作数量不断攀升，在历次重大的国家级展演和评奖中，都占有很高比重。例如：

1. 据《中国文化报》2013 年 1 月 29 日公布的“历届国家舞台艺术精品工程精品剧目名单”统计：在前五届入选的 50 台作品中，有戏曲 20 台，其中含现代戏 8 台，现代戏占戏曲类总数的 40%；在后四届入选的 50 台作品中，有戏曲 31 台，其中含现代戏 15 台（历史剧 11 台、整理改编传统戏 5 台），现代戏占戏曲类总数的比例上升至 48%，上升了 8 个百分点。这体现了近五年现代戏发展的好势头。

2. 2009 年“庆祝中华人民国和国成立 60 周年献礼演出”，共有戏曲作品 44 台，其中含现代戏 20 台，现代戏占戏曲类比例为 44.5%。

3. 在“讴歌伟大时代 艺术奉献人民——2012 年全国优秀剧目展演”中，有戏曲作品 43 台，其中含现代戏 25 台，现代戏占戏曲类比例为 58%。

以上这些数据充分反映出近五年现代戏发展的良好局面，可以说现代戏已经成为当前高端戏曲舞台最为活跃的演出力量，体现了戏曲艺术的生机与活力。

（二）戏曲现代戏优秀剧目不断涌现，既为弘扬社会主义核心价值观发挥着重要作用，也在艺术创新发展和文化积累上做出了贡献。

近五年来，在戏曲舞台上，现代戏异彩纷呈，争奇斗艳，涌现了一批优秀剧目（包括近五年来首演剧目和 2000 年前后首演并至今仍在不断修改打磨继续演出的剧目）。如陕西省戏曲研究院“现代戏三部曲”——《迟开的玫瑰》、《大树西迁》、《西京故事》，堪称近年来戏曲现代戏的优秀代表。《西京故事》以尊敬的态度和情感描写进城的农民，深刻表现了他们面对新的矛盾和困难的坚韧精神和人格尊严。《迟开的玫瑰》中的乔雪梅，为了承担起家庭的重任，把自己的前途、事业和幸福一次次让给了弟妹、养妹。感人至深的情节和无私奉献的精神，在青年学生观众中引发了对价值观、人生观、世界观的讨论。苏州滑稽戏《顾家姆妈》讲述了一个保姆收养弃儿的故事，表现了市场经济条件下深沉宽广的母爱，呼唤人们要关心“没奶吃的孩子”，高扬了传统的民族美德。为数不少的这类作品都以普通大众为创作对象，充分体现了现代戏以人民为中心的创作导向。

重庆市川剧院不断加工演出的《金子》，用川剧这种形式，在曹禺先生的名著《原野》的基础上，创造性地以新的立意，新的视角，新的开掘，新的手法和形式，为古老剧种编演现代戏、表现现代生活进行了成功的探索。

豫剧《铡刀下的红梅》、甬剧《宁波大哥》，前者表现革命先烈刘胡兰的信仰和精神，后者表现当代英模人物乐于助人和知恩必报的品德。这两部戏都是真人真事题材的现代戏，但它们在尊重艺术规律、遵循典型化原则，较好地解决生活真实与艺术真实相统一的问题上，为当前真人真事、“英模题材”戏做出了表率。

此外，豫剧《香魂女》、《村官李天成》、《兰考往事》，湖北花鼓戏《十二月等郎》，楚剧《大别山人》，评剧《我那呼兰河》，京剧《牛子厚》，湘剧《老表铁事》、《李贞还乡》，蒲剧《山村母亲》，淮剧《半车老师》等等，都是近年来出现的现代戏中的代表剧目。这些作品，不断探索戏曲现代戏舞台表现的新手段和新方法，无论在文学性、艺术性、表导演的水平上都取得了较高的艺术成就，代表着现代戏的当代艺术水准，是近年来现代戏获得了长足发展最为显著的体现。

（三）现代戏的迅速发展对戏曲艺术的继承与创新产生了积极的作用。

1. 就戏曲艺术本体而言，中国的戏曲在艺术形式上具有高度程式化的特征。由于程式性高，在表现鲜活的当代生活方面存在很多的局限。形式的成熟乃至固化，就会在相当程度上束缚艺术的发展。现代戏所表现的内容，即现实生活，是多姿多彩的，而这样的内容必然促使艺术形式在继承传统的基础上不断寻求突破和创新，从而延伸戏曲艺术的表现力。新的形式也更容易为年轻观众所接受和喜爱，有助于为戏曲艺术拓展更大的生存空间，增强戏曲艺术的生命力。

2. 就争取党和政府对戏曲的扶持而言，由于现代戏能够较迅速地反映当代生活和地域特色，体现时代精神，因此各级宣传文化主管部门对现代戏的经费扶持都很重视，这对当下戏曲院团的生存和发展起到了推动作用。有了主管部门、主管领导的重视与支持，诸如陕西省戏曲研究院、河南省豫剧三团等许多戏曲院团获得了较好的生存与发展条件，形成了主管部门与剧团双向促进的良性发展局面。

3. 现代戏的创作演出，对培养、推出优秀戏曲人才方面起到了积极的作用。如上世纪50年代，凭借吕剧现代戏《李二嫂改嫁》而红遍大江南北的郎咸芬，以及当年演出现代戏的许多名角，都成为著名艺术家。进入新千年以来，一批优秀的戏曲表演者，如沈铁梅、李梅、李东桥、王红丽、汪荃珍、王惠、贾文龙、茅善玉、冯玉萍、任跟心、景雪变等，都因在现代戏中的出色表现而使自己的表演艺术达到了更高的境界。

4. 近年来，戏曲现代戏领域的学术活动和理论研究十分活跃。在文化部的指导和推动下，中国戏曲现代戏研究会协同中国剧协、中国艺术研究院及其他有关学会，不断开展有关戏曲现代戏的各类学术活动和剧目研讨会，并编辑多部论文集和现代戏优秀剧本选，为推动戏曲艺术的理论研究和实践总结发挥了积极作用。

二、戏曲现代戏发展存在的问题

戏曲现代戏经过近年的迅速发展，在取得成绩的同时，也逐步暴露出一些值得重视的、亟待解决的问题。这些问题是：

（一）戏曲现代戏创作演出存在着较大的发展不平衡现象。

总体而言，现代戏创作演出呈现了很活跃的局面，但发展并不平衡。现代戏活跃的省份多在黄河中下游以北和长江中下游及东北等地区。如江苏省2011年举办的第6届戏剧节，共演出13台戏曲，其中有现代戏8台。河南省去年晋京办的演出月，多数是现代戏。2012年唐山市承办的第8届中国评剧节，在15台参评剧目中有10台是现代戏，而其中7台是当代题材。湖北省办的黄梅戏艺术节、楚剧艺术节，现代戏均占了一半比例。

另一方面，戏曲大省福建，去年底举办的省第25届戏剧会演共演出了30台戏，其中只有5台现代戏；而在5台现代戏中，反映当代生活的戏只有1台。又如广西，去年底举办的剧展中有20台戏曲参演，其中现代戏只有4台。

除了地区间在数量上的不平衡外，在创作观念和剧目质量上也存在不平衡，有不少戏曲活跃的省份，至今没有现代戏进入“精品工程”行列。

此外，省、市重点院团编演现代戏较多，而大量市县级基层剧团不仅无力编演现代戏，而且在日常演出中连移植搬演现代戏的也不多。这也是现代戏发展不平衡的一种现象。

（二）现代戏创作题材相对狭窄，作品表现当代生活的广度和开掘的深度都不够。

综观当前现代戏的创作题材，不少作品还停留在一般的农村题材和浅层次的正面歌颂好人好事的层面。而城市题材，包括农村人口城市化的社会转型等诸多领域题材的作品相对薄弱。对于当前现实生活中诸如反腐倡廉、解决收入差距大、实现教育、医疗和社会保险等社会公平的一系列社会热点、焦点问题，却在现代戏中表现较少。另一方面，我们不少编导和主管部门，在创作和指导创作时有很多顾忌，思想不够辩证、不够解放，不敢触及我国社会转型期的诸多矛盾，因而对不少戏的主题开掘不深，对人物的精神情感世界浅尝辄止（包括一些已经获奖的作品）。事实上，许多成功的作品反复证明：如果要把能够充分体现主流人生价值、体现时代精神的正面人物、先进人物真正塑造出来，恰恰需要把他们置于尖锐复杂的矛盾冲突中，置于艰难困苦的环境中。

（三）当前现代戏中，表现真人真事的题材较多，其中许多作品对艺术规律和艺术质量重视不够。

近几年来不少地方的剧团都重视表现本地的真人真事题材，编演了不少“英模戏”、“名人戏”、“行业戏”，以便用这样的创作争取上级的经费支持或发红头文件组织观众完成演出场次、增加收入。对这类作品，地方领导都很重视，支持力度都很大，而且往往还要求搞成精品。这类作品，一方面对剧团的生存和对观众的教化起了一定的作用，但另一方面，不少作品的创作对戏曲艺术的规律重视不够。由于受真人真事局限，创作者不敢进行合理的艺术虚构，不敢进行典型化处理，不能解决生活真实与艺术真实的统一问题，以至于对生活的矛盾揭示不深，难于塑造鲜活的典型人物，缺乏艺术感染力。而对这类作品的评论或评奖，又常常要考虑剧团和领导的苦衷，多以正面肯定为主。因此又会产生领导提倡这类题材的误解和误导。

（四）现代戏创作中，编剧、导演、创腔作曲人才严重匮乏，制约了现代戏的发展。

据我们不完全统计，在入选“精品工程”的24台现代戏中，至少有12台戏的编剧已经年过六旬，属退休人员，其中已有数人离世。导演、音乐等主创人员的年龄也偏大，且不少是非本团本省市的特邀人员。主创人员严重匮乏的局面实在令人堪忧！

剧团和戏曲事业，它不仅需要演员，还需要主演之外的编导音美等主创人员共同支撑。以原中国京剧院为例，“文革”前其艺术室设24个岗位，有专职编剧12人，导演4人，创腔编曲3人，舞美设计4人。在10余年间，编创了《杨门女将》、《红灯记》等一批经典剧目和优秀剧目。自上世纪90年代中期以来，先后出现了“养艺术不养人”和“不求所有，但求所用”等提法，主创人员市场化的改革思路逐步流行。很多专家对这种做法提出异议。中国京剧院的艺术室和专职主创岗位被撤消了。与此同时，全国各地自省至县的各级重点院团，也先后不养“闲人”，纷纷撤销编导音等专职主创岗位，到各地高价买剧本，请知名导演、作曲，以致数年前在济南举行的京剧节上，出现了同一个导演导了11台戏、同一个作曲为13台戏创腔编曲的“奇观”。

作为民族艺术的戏曲，它的专业化很强，它的创作并非像作家、画家那样属于个体劳动。它的编导音等主创人员的成长，是离不开剧团和舞台这块土壤的。（即使戏曲编导人才市场化，但如果所有剧院团都不培养这类稀缺的人才，那未来的局面将是有钱也买不到。）时至今日，主创人员市场化这个问题，值得反思总结。

（五）戏曲舞台大制作与剧种同质化现象严重。

为了适应当代观众的审美需求，现代戏曲不应排斥而应该利用声光电等现代科技手段来丰富表现力。但由于受舞台晚会和音乐剧等舞台艺术的影响，高成本大制作之风，也在戏曲现代戏的二度创作中劲吹。目前大制作“评奖受欢迎、市场演不动”的不良现象，严重背离了戏曲舞台写意性的美学原则，不仅造成了人财物的大量浪费，而且很难适应中小城镇和乡村的演出。

更为严重的是，由于导演人才的匮乏，由于剧团对少数名导演的渴求和争取获奖的期待，特别是少数名导演执导的不同剧种的戏太多而又只重形式，进而对声光电、大制作的过分追求，使得一些戏曲剧目看不出多少剧种的特点了。

三、对发展戏曲现代戏的几点建议与期盼

（一）继续强调深入生活，学习社会，大力推动当代题材现代戏的发展。

生活，是艺术的唯一源泉。我国经过30多年的改革开放，已经进入了改革的“深水区”和攻坚期，社会面临更深刻的转型。而我们的现代戏又便于表现当代生活，体现时代精神。因此，应继续强调现代戏从业人员，特别是编导等主创人员融入生活、深入生活，向社会学习，增强社会责任感和使命感，努力创作更多体现社会主义核心价值观的优秀作品，服务社会，从而也使自身得到发展。在这方面，中国作协有重点扶持作家定点深入生活的办法可以供文化主管部门参考。

（二）尊重艺术规律，给剧作者以尽可能多的自由创作空间。

在社会深刻转型和努力实现“中国梦”的今天，不少创作者和创作的主管者存在浮躁和急功近利的心态，许多真人真事的行业戏、英模戏，都在不同程度上存在不尊重艺术规律的问题。而较之于艺术主创人员，某些主管领导不尊重艺术规律的现象更甚。我们提倡主管领导大力支持，给予原则指导，引导编导自觉贯彻党的方针政策；同时要给主创人员尽可能多的自由创作空间，少做具体干预，更不能让编剧“带着镣铐跳舞”（河南姚金城谈创作《村官李天成》感受时如是说）。

（三）尊重剧种特点，积极引导在继承传统的基础上发展现代戏。

我国有上百个戏曲剧种仍在正常创作演出。有些相对年轻的剧种唱腔念白灵活，表演程式性相对弱，擅长表现现代生活，如评剧、豫剧、花鼓戏、花灯戏、采茶戏和滩簧声腔的戏等。这些剧种容易产生好的现代戏作品，应该积极推动这类剧种在坚持本剧种特色的基础上继续努力多编演现代戏。另一类如京剧、秦腔、川剧等古老剧种，已经历了多半个世纪编演现代戏的探索历程，积累了相当多编演现代戏的宝贵经验，应该在继承发扬传统、慎重选择题材的条件下，坚持“三并举”的剧目建设方针，努力在艺术创作中探索，继续适当编演现代戏。而对于昆曲、梨园戏等更为古老的剧种，在探索编演现代戏方面，则需要更慎重。

（四）重视戏曲人才（包括后备人才）队伍建设。

鉴于当前戏曲队伍中编导音乐等主创人员严重匮乏的状况，希望党政顶层艺术主管部门对戏曲编导人才市场化的做法进行反思总结，及时采取措施重建专职队伍，即：

1. 在县、地、省至中央各级国有重点戏曲院团和各级艺术创作研究单位中，设置编导音等主创人员的专职岗位，选拔优秀人才和有潜力、有培养前途的人员入岗。

2. 对现有中青年编导人员进行理论与实际相结合的培训。

3. 增加专职主创人员的工资福利待遇。

古话说，十年树木，百年树人。我们现在的戏曲活跃局面，在相当大程度上是靠计划经济时代和转型前期培养的主创人员在支撑。我们的各级党政艺术主管领导，不仅要完成本届艺术繁荣的任务，而且也要有为下届、下下届主管领导完成艺术繁荣任务而提供人才支撑的长远眼光，其实这也是本届不易让人看见的政绩。

（五）坚持正确的作品评价标准，弘扬讲真话的评论精神。

20世纪末，在戏曲不景气的情况下，各类评奖举措促进了剧院团编演优秀剧目的积极性，提高了文化尊严，对戏曲繁荣起到了推动作用。但是任何事物都有两面性。在对待作品评价和评奖问题上，院团往往出于生存的需要和利益的驱使，希望评论界和社会舆论多说好话少说不足甚至不说不足。这不仅扭曲了作品的评价标准，而且还逐渐消解着艺术批评的独立品格。

戏剧评论具有引领戏剧发展的积极作用。当前，希望宣传文化主管顶层采取措施，杜绝说套话、一味恭维式的戏剧评论，鼓励敢于讲真话、敢于指出问题的戏剧评论。

建议文化部设立戏剧评论专项基金，奖励优秀的评论作品和评论家。

（六）加大对现代戏的扶持力度，定期举办现代戏展演。

从 20 世纪 50 年代和 80、90 年代的历史经验看，全国性的现代戏调演汇演对繁荣现代戏的创作演出产生了很重要的促进作用。因此，建议文化部定期（每三年一次）举办或委托现代戏研究会等社团承办戏曲现代戏展演评比活动。这将对现代戏的创作演出起到重要的推动作用。

周汉萍、姚欣、王安奎、孔培培　文化部艺术司艺术研究处

专题

2012 年全国地方戏精粹展演

【概况】

2012 年 12 月 19 日至 2013 年 1 月 30 日，由文化部举办的 2012 年全国地方戏精粹展演在北京举行。17 个剧种的 18 台地方戏剧目进行 35 场演出。此次展演包括粤剧、豫剧、越剧、黄梅戏、评剧、秦腔、川剧、晋剧、河北梆子、吕剧、沪剧、梨园戏、锡剧、吉剧、陇剧、眉户戏、滑稽戏等地方戏曲剧种。既有传统保留剧目，也有新创或整理改编、在全国具有较大影响的精品剧目。演出剧团既有国有艺术院团，也有民营艺术院团。此次展演汇集茅威涛、韩再芬、李树建、沈铁梅、顾芗、刘玉玲、王红丽、曾静萍、曾昭娟、李梅、茅善玉、柳萍等戏曲表演艺术家。

【2012 年全国地方戏精粹展演剧目名单】

1. 河北梆子《王宝钏》（北京市河北梆子剧团）
2. 评剧《赵锦棠》（天津评剧院）
3. 晋剧《打金枝》（山西梅花文化传播有限公司）
4. 吉剧《桃李梅》（吉林省戏曲剧院吉剧院）
5. 沪剧《雷雨》（上海沪剧艺术传习所）
6. 滑稽戏《顾家姆妈》（苏州市滑稽剧团）
7. 锡剧《珍珠塔》（江苏省演艺集团锡剧团）
8. 越剧《梁山伯与祝英台》（浙江小百花越剧团）
9. 黄梅戏《女驸马》（安庆再芬黄梅艺术剧院）
10. 梨园戏《董生与李氏》（福建省梨园戏实验剧团）
11. 吕剧《姊妹易嫁》（山东省吕剧院）
12. 豫剧《程婴救孤》（河南省豫剧二团）
13. 豫剧《铡刀下的红梅》（河南省小皇后豫剧团）
14. 粤剧《伦文叙传奇》（广东粤剧院）
15. 川剧《金子》（重庆市川剧院）
16. 眉户戏《迟开的玫瑰》（陕西省戏曲研究院）
17. 陇剧《枫洛池》（甘肃省陇剧院）
18. 秦腔《庄妃与多尔衮》（宁夏演艺集团秦腔剧院有限公司）

【观点】 寒凝雪炼绽红梅——看豫剧 《铡刀下的红梅》 有感

◎郭汉城

1994 年，也是严寒的冬日，我在人民剧场看了王红丽晋京演出的豫剧《风雨行宫》和《美女涅槃记》，感到非常兴奋，这不仅由于豫剧艺坛又出现了这么年轻、这么优秀的青年演员，演出了这么好的剧目，也由于这位二十出头的小姑娘竟敢带头甩掉铁饭碗、挑梁领班走上自负盈亏的民营之路。

事隔多年的今日，当我在人民剧场看完王红丽演出的《铡刀下的红梅》之后，我激动得彻夜难眠！是重塑刘胡兰艺术形象的新作品使我激动呢，还是王红丽的成功表演和优美声腔使我激动呢，或者是王红丽和她的小皇后豫剧团多年的历练所展示出的无限生机使我激动呢？这三者都有，这三者在我心中又是那么同样的有分量。

在静静的夜里，回想白天我看到的剧团情况简介，回想当晚我看到的精彩演出，我眼前朦朦胧胧地闪幻出王红丽和她的伙伴们深入基层为广大观众演出时热闹繁忙的景象，时而又看到他们自己动手制景、制道具、制服装的焊焊锯锯、缝缝补补的劳动场面，看到了他们通宵达旦、反复排练的严谨态度，看到了全团上下“台上一棵菜，台下一家人”的暖融融的工作和生活氛围。我无法入睡，索性披衣坐起，想着要对她们写些什么……

首先我要祝贺豫剧《铡刀下的红梅》创作演出的成功。这成功出乎我的意料，因为我认为，现在再写革命烈士刘胡兰的戏很难，一是刘胡兰的故事家喻户晓，况且刘胡兰牺牲时才 15 岁，在她短暂的经历中，最闪光的是她面对敌人的临危不惧、壮烈捐躯的场面，而且像赶做军鞋、坚壁清野、掩护伤员这些事件已被诸多艺术表演形式一写再写，一演再演；二是从解放战争到新中国成立初期，直到 20 世纪 80 年代，歌剧、豫剧、晋剧、舞剧乃至电视、电影等都有演出和播映，在观众中产生了一定的影响，要突破这些原有的形式和框框，塑造一个崭新的刘胡兰的艺术形象的确不易。但是，河南小皇后豫剧团却攻破了这一关，《铡刀下的红梅》成功地重塑了少年英雄刘胡兰的艺术形象。这出戏从严酷的刑场斗争开始，把观众紧紧扣在生死决斗的大氛围中，运用闪回的艺术手法，以一枚铜板、一条辫子、一顶军帽、一个发卡 4 个小道具为开掘人物、抒发感情的契机，用“情”做贯穿首尾的纽带，一层层、一缕缕地编织起观众的共鸣。等戏推至刘胡兰临刑前与奶奶在大庙相会时，那如泣如诉的祖孙对唱，那震撼人心的诀别表演，不能不感人肺腑、声声催人泪下了。舞台上的刘胡兰，一反以往那种高大、成熟的英雄模式，她天真活泼，童稚无邪，追求进步，疾恶如仇。观众好像如临其境地伴随着这位少年英雄成长，看着她毫无畏惧地走向铡刀。可以这样说，以前写刘胡兰的戏能让人感到刘胡兰“死的光荣”，王红丽演的刘胡兰不仅让人感到“死的光荣”，更让人感受到了刘胡兰“生的伟大”。

二是我要祝贺河南小皇后豫剧团坚持改革取得的成功。多年的艰苦创业，多年的风雨历程，不仅在社会主义市场经济中成功地探索出一条自负盈亏、自力更生的生存发展新路，铸造了一支勤俭自强、敬业奉献的文化团队，而且在艺术建设上取得了很大成绩，积累了自己的剧目，形成了独特的艺术风貌，锻炼和培养了一批优秀的艺术人才。

摘自《中国文化报》2013 年 1 月 7 日

【观点】 新版 《梁祝》 的样式感

◎刘厚生

浙江小百花越剧团的新版《梁山伯与祝英台》，一经在舞台现身，很快就像一块美石入水，溅起水花，引发涟漪，又如山谷清歌，获得远近不同的回声。中国戏曲出现了一幅江南好风景。

我喜欢新版《梁祝》，赞赏它的许多新处，但也不认为都已新得成熟了。新版《梁祝》最可爱之处是显耀着一种探索突进的新精神，有许多令人眼睛一亮的地方，散发着一种清新的青春气息。

新版是针对传统而言。从传统到新版，是一个历史发展过程。理解新版《梁祝》，我认为要有一个历史视角。

越剧百年来，20 世纪 40 年代的改革是第一次大转折。以《祥林嫂》为代表，实现了越剧历史性的第一次蜕变，不过，这只是越剧走上新的艺术平台的开始，很了不起，却还稚嫩，并不稳固。

幸好很快就建立了新中国，50 年代越剧大发展大提高，陆续出现了《梁山伯与祝英台》、《西厢记》、《情探》等优秀剧目，而以《红楼梦》达到了高潮。这些戏无论是文学上或舞台艺术上都可以说完成了《祥林嫂》开始的历史任务，为越剧构建了一个新的高度的艺术平台。越剧在全国戏曲剧种中形成了与众不同的青春靓丽的特有艺术风格和一定高度的舞台艺术风范。但是，50 年代后期“为政治服务”的“左”风拖住了越剧前进的腿，随之而来的黑暗十年“文革”，越剧大伤元气。粉碎“四人帮”后，越剧用了约十年时间才恢复到正常，80 年代中期开始，渐渐出现了新人新戏。在浙江方面，“小百花”运动取得丰硕成果，《五女拜寿》、《西厢记》、《陆游与唐琬》等陆续辉煌登场，光芒四射。这几部越剧大作一方面使原本落后的浙江越剧突飞猛进，成为上海等地越剧的竞争对手；另一方面又协同沪苏闽等地越剧姐妹构成越剧的联军、战友，共同走向全国。

越剧事业取得新的发展，但是就越剧艺术整体水平而论，大体还是在《祥林嫂》——《红楼梦》这一平台上徘徊。应该说，一个越剧新戏能够登上这样高度的平台，首先就要有新意，有新的美感，有艺术重量，绝非易事。这样的戏今天还是只嫌其少，需要更多。只是，从越剧历史发展，从更广阔的时代背景、客观形势看，这一群高峰当然不能也不可能成为越剧艺术的止境。

在新旧世纪交替之际，越剧的生存环境出现了需要注意的变化。一方面，在文化传播浪潮中，大量外来艺术样式入侵中国，挤压着民族舞台艺术；再一方面，民族戏曲的许多姐妹剧种都在生存，奋发图强，越剧过去的艺术优长，特有风格，现在别的剧种也能掌握了（举一具体例子，过去越剧在服装、化装上突破传统衣箱制、谱式化，一个戏一设计，一个角色一个样，等等，现在谁都会了），而在越剧自身，观众结构也在发展，知识妇女、男性观众、外地观众都在增加，他们的文化审美需求，同老观众（他们当然还是基础）渐有不同，种种方面都在推动越剧要“与时俱进”，要有新的发展，也就是说，在内容上要求文学性更强，思想更深刻，更重要的在形式上需要进一步探索，寻找和创造新的或过去注意不足的意象、手法、形式，用以更美地表现丰富的生活内容。这一点原是艺术发展的基本规律，但对今天的越剧更具有现实意义。放大些说，把这种探索、追求、创造作为越剧在新时期的历史任务，也不为过。

浙江小百花越剧团对于越剧这种形势是有自觉感应的。最近 10 年左右，她们连续拿出几部各有探索新意的新戏，都引起了广泛注意和探讨。但是，有的戏如《寒情》步子迈得大了些，新潮味道多，不容易理解。有的戏如《孔乙己》有意义，有想象，有突破，但可能离越剧剧本较远。最近的如《春琴传》，十分适合越剧，由日本小说改编，题材上有突破，但整体上不算很高（我个人特别不喜欢把这种变态心理的自残者当作剧中英雄）。比较起来，新版《梁祝》显然比这些戏要高出一头。从这个成功的演出中可以引发出多方面的探讨。

首先应该明确的一个问题是，《梁祝》早已有多种改编本，包括几乎可称为定本的优秀之作，而且又已有过称得上经典的舞台演出，今天是不是还有重新改编排演的必要？实际上，近年许多剧种都有新的改编，只是成功者不多。

成功者不多，是因为已有巨人在前，越改越难，但不能因此就认为不必再改和不能再有舞台新样。对《梁祝》已达到的高度挑战，有的是走歪门邪道，比如，联想到同性恋等等，正像不许赵氏孤儿报仇一样，都是当前浮躁风气哗众取宠，不足挂齿。如果认真严肃，深思熟虑，出于新的时代感应，有深切艺术理念和热诚的创造激情，想对梁祝故事作一些新的探索，我以为对以创新为生命的越剧是必要的。可以有不同看法，可以赞赏或摇头，都是新的探索。

新版《梁祝》，在文学台本上有增有删，为求精练，删节较多，可以理解，我赞成在草桥结拜之后增加的书院同窗共读一场。我在初看时没有感到是新加的，似乎原本就有。这是因为加得合理、自然，使得梁山伯与祝英台性格的成长和感情基础的形成有了实感，比老本把三年同窗虚写、一跳而过，要充实得多。而且加进几个同学并组成舞队，更活跃了书院气氛，加得好。

但是，楼台会一场删减较多，似乎削弱了全剧的悲剧力量，尤其是前半场，祝员外强迫女儿嫁给马家，英台屈服，我以为简单了。也许是为了冲淡反封建意识，避免概念化加深人性的发掘。但我觉得英台悲剧的造成，无论是父母之命不可违、三从四德的封建观念，还是嫌贫爱富攀高枝的意识，都是一种强大的反人性的力量，是英台为了个人幸福而拼命抵抗但终于顶不住的邪恶势力。不把这个势力如实表现，父母稍一接触，英台就败下阵来。似乎她的屈服主要不是罪恶力量对于人性的严重戕害，倒是她性格过于懦弱。我以为梁祝的爱情悲剧根本上终是社会悲剧、时代悲剧而不是性格悲剧。

新版《梁祝》的主要成就应该是舞台艺术的新意。中心要点就是导演，演员们共同追求一种越剧传统与时代审美相融合的形式美。几十年来，越剧从话剧和昆剧两个奶娘学来的东西，在形式上重点是两方面：一是在舞台场面、调度、主角与群众配合等方面接近生活，力求美化、好看，二是对主要角色身段和舞队动作的舞蹈化和姿态美。这两点组成越剧对形式美的重视。新版《梁祝》继承了这两个传统，而且更自觉地要发扬这两个传统，使这两个传统更能够同当前新时代的许多新的审美观念、趣味相融合，更加强关注舞台艺术各因素的形式感。

追求形式美，在新版《梁祝》舞台上突出的是扇子和舞队。角色手中的折扇是古典戏曲必不可少之物（套一句新版《梁祝》的词："扇乃戏之灵"），在这个戏里没有具象的蝴蝶，但大量而且充分运用的折扇，其形制，其动态，其组合都不难让观众联想到翩翩飞舞的蝴蝶。剧中把梁祝的同学组成舞队，在生活中合理，在艺术上烘托了书院气氛，更有助于把梁祝之间的感情外化乃至放大。把折扇同舞队及梁祝的双人舞结合，满台游走飞扬，有时活泼、优雅，有时又透着沉重、悲痛，虽然有些地方显得稍多稍过，但整体上大大增强了全剧的形式美感，使得观众不只从情节内容受到感动，更从艺术形式上获得生动难忘的印象。这种形式美具有浓郁的浪漫气质，正如老版《梁祝》的最后化蝶一样。化蝶令人难忘，而新版的扇与舞在某种意义上可以说是化蝶的变体或发展，并且从最后的高潮扩大到全剧的空间。

我认为新版《梁祝》在这上面的成就可以称之为一种突破。也许还有的细节不妥，但终是显示出对过去没有注意或注意不够的方面自觉地有所突破。这一个戏当然不能构成一座新的平台，但可以是转向更高的平台的一步台阶。

行文至此，我忽然读到上海文艺界新版《梁祝》座谈会上陈达明同志发言中用的一个词："完整的样式感"，我觉得比我说的"形式感"更妥帖。形式美强调了形式，"样式感"则概括了全剧整体特有的体裁样式。一个剧种必须有自己的特殊样式，才标志这剧种的成熟。样式感越强越完整，表明剧种形式更高度的成熟。尽管剧种音乐是剧种样式的主要体现，但还是不够，综合艺术终需要有综合的、整体的舞台样式。比如，观众一提起昆剧或京剧，立刻会在头脑中显现一种特殊样式。许多年轻的剧种，其样式感往往不鲜明，还需要探索、寻找、创造。越剧则是在已有的样式基础上追求进一步发展，新版《梁祝》是有力的一步。

还有一个问题就是看待新版《梁祝》在音乐上大量使用小提琴协奏曲《梁祝》的问题。《梁祝》协奏曲旋律优美，深入人心，用到越剧里来，有人忧心会不会令观众想到越剧《梁祝》的美沾了协奏曲的光，由此又觉得协奏曲喧宾夺主，冲淡了越剧本体音乐的吸引力。我不觉得这是一个严重问题。新版《梁祝》采用了协奏曲的乐句旋律贯穿全剧，然而协奏曲原也是从越剧音乐中吸收了若干元素，在艺术风格上并不抵牾。而且戏曲音乐从古乐、民歌甚至歌曲中引用素材资料也是常见之事。许多革命史剧中常常听到《国际歌》或《义勇军进行曲》的曲调，可能正是戏曲音乐不断丰富的源泉之一。不过，在我看戏时，听到熟悉的协奏曲旋律时，确实也有所走神分心，觉得是协奏曲的而不是越剧的顺耳好听。我不知道如何解释这个问题。无论如何，即使如此，我终是愿意对这个戏的音乐洗耳恭听，因为实在好听。

新版《梁祝》确实是一个值得讨论而且已有不同见解的好戏。我希望展开争鸣，并且听取观众的意见，对越剧的发展是大有裨益的事。

摘自《中国文化报》2013年1月7日

第五届中国昆剧艺术节

【概况】

2012 年 6 月 29 日至 7 月 7 日，由文化部和江苏省人民政府共同主办的第五届中国昆剧艺术节暨第五届中国苏州评弹艺术节在江苏苏州举行。参加本届中国昆剧艺术节的不仅有全国 7 个昆剧院团，还有中国戏曲学院、上海戏曲学院、山东柳子剧团、浙江婺剧团、中国昆曲博物馆以及来自台湾、香港地区的昆剧团等艺术团体和学术机构。参演的昆曲剧目都是近年来挖掘传承的优秀传统剧目或新创作的优秀作品。参与系列活动及演出的演职员、戏曲团体、曲友等近 3000 人。艺术节期间还举行“名家传戏——当代昆曲名家收徒传艺工程”启动仪式、第六届中国昆曲国际学术研讨会、虎丘曲会、《中国昆曲年鉴 2012》发行仪式等多项主题活动。

【第五届中国昆剧艺术节获奖名单】

优秀剧目

（按得票多少为序）

《景阳钟变》上海昆剧团

《红楼梦》（上、下本）北方昆曲剧院

《玉簪记》江苏省苏州昆剧院

《金印记》浙江永嘉昆剧团

《临川梦影》浙江昆剧团

《白兔记》湖南省昆剧团

《白罗衫》江苏省演艺集团昆剧院

《烂柯山》上海昆剧团

《满床笏》江苏省苏州昆剧院

《续琵琶》北方昆曲剧院

《红楼梦》折子戏版 江苏省演艺集团昆剧院

《荆钗记》湖南省昆剧团

《乔小青》浙江昆剧团

《拜月亭》上海青年京昆剧团

优秀展演剧目

（按演出先后为序）

《西厢记》台湾昆剧团

《奇双会》台湾昆剧团

《牡丹亭》经典折子戏组台 中国戏曲学院

《昆曲折子戏专场》上海青年京昆剧团

《昆曲折子戏专场》中国昆曲博物馆、苏州市艺术学校

《昆曲折子戏专场》苏州兰芽昆曲艺术剧团

《昆曲折子戏专场》浙江永嘉昆剧团
《富春梦》中国戏曲学院、山东省柳子剧团
《挡马》、《火烧子都》浙江婺剧团
《小宴》义乌婺剧团
《辰州打擂》东阳婺剧团
《紫禁城游记——宫祭》香港进念二十面体
《红豆祭》江苏省苏州苏剧团（筹）、苏州市锡剧团有限公司

优秀表演奖

（按得票多少为序）
黎　安　上海昆剧团《景阳钟变》饰崇祯
王　芳　江苏省苏州昆剧院《满床笏》饰师氏
王振义　永嘉昆剧团《金印记》饰苏秦
邵天帅　北方昆曲剧院《红楼梦》饰林黛玉、薛宝钗
翁佳慧　北方昆曲剧院《红楼梦》饰贾宝玉
施夏明　江苏省演艺集团昆剧院《红楼梦》折子戏版饰贾宝玉
沈丰英　江苏省苏州昆剧院《玉簪记》饰陈妙常
袁国良　上海昆剧团《烂柯山》饰朱买臣
朱冰贞　北方昆曲剧院《红楼梦》饰林黛玉
俞玖林　江苏省苏州昆剧院《玉簪记》饰潘必正
余　彬　上海昆剧团《景阳钟变》饰周皇后
雷　玲　湖南省昆剧团《白兔记》饰李三娘
单　雯　江苏省演艺集团昆剧院《红楼梦》折子戏版饰林黛玉
由腾腾　永嘉昆剧团《金印记》饰周氏
胡　娉　浙江昆剧团《乔小青》饰乔小青

表演奖

（按得票多少为序）
程伟兵　浙江昆剧团《临川梦影》饰汤显祖
蒋　珂　上海青年京昆剧团《拜月亭》饰王瑞兰
王福文　湖南省昆剧团《荆钗记》饰王十朋
季云峰　上海昆剧团《景阳钟变》饰李国贞
钱振荣　江苏省演艺集团昆剧院《白罗衫》饰徐继祖
卫　立　上海青年京昆剧团《拜月亭》饰蒋世隆
鲍　晨　浙江昆剧团《临川梦影》饰卢生
徐思佳　江苏省演艺集团昆剧院《红楼梦》折子戏版饰薛宝钗、王熙凤
陈　莉　上海昆剧团《烂柯山》饰崔氏
唐　珲　湖南省昆剧团《白兔记》饰刘知远
赵文林　江苏省苏州昆剧院《满床笏》饰龚敬
赵于涛　江苏省演艺集团昆剧院《白罗衫》饰徐能
白　云　浙江昆剧团《临川梦影》饰瑶芳公主
翁育贤　江苏省苏州昆剧院《满床笏》饰肖氏

毛文霞　浙江昆剧团《乔小青》饰杨生

优秀作曲奖

（按演出先后为序）

王大元　北方昆曲剧院《红楼梦》

孙建安　江苏省演艺集团昆剧院《红楼梦》折子戏版

周雪华　浙江昆剧团《乔小青》

顾兆琳、李梁　上海昆剧团《景阳钟变》

张世铮、张咏亮、唐邵华　湖南省昆剧团《白兔记》

优秀鼓师奖

（按演出先后为序）

李永升　北方昆曲剧院《红楼梦》

李立特　江苏省演艺集团昆剧院《白罗衫》

王明强　浙江昆剧团《临川梦影》

高　均　上海昆剧团《景阳钟变》

林　峰　上海昆剧团《烂柯山》

优秀笛师奖

（按演出先后为序）

王建平　北方昆曲剧院《红楼梦》

邹建梁　江苏省苏州昆剧院《满床笏》

钱　寅　上海昆剧团《景阳钟变》

黄光利　浙江永嘉昆剧团《金印记》

蒋　锋　湖南省昆剧团《白兔记》

第五届中国昆剧艺术节特别奖

坂东玉三郎

第五届中国昆剧艺术节组织工作奖

苏州市人民政府

【第六届中国昆曲国际学术研讨会】

2012 年 6 月 30 日至 7 月 3 日，第六届中国昆曲国际学术研讨会在江苏苏州举办。来自中国北京、上海、香港、台湾和日本、美国等地区和国家的 65 位学者与会，围绕昆曲传承问题展开研讨。

世界非物质文化遗产北昆艺术传承人之一的丛兆桓认为，“非物质遗产文化这个概念很多人并没有清晰认识，非物质是种精神层面的，没有把昆曲原汁原味地保存、传承下去就搞创新，如把西方歌剧加入到昆曲中，这有可能加速昆曲的灭亡”，昆曲艺术需要的是一种精神，不能当成产业来发展，不然“原汁原味”的昆曲将越来越少。

台湾中央大学的洪惟助表示，政府对昆剧，近几年也愿意花钱，但钱多花在大制作，在舞台、声光、布景等方面，花在对昆剧发展没有多少益处的事情上面；如果能提出一部分，对于像周传瑛那样具有学习精神、教学精神、奉献精神的昆曲演员给予精神上、物质上的鼓励，相信昆剧的前途会绽放光芒。

香港城市大学中国文化中心的教授郑培凯认为，要讲清楚“传承”的内涵究竟是什么，首先要做的，是把现有主要剧目的传承脉络较好、较完整地记录下来。

【“名家传戏——当代昆曲名家收徒传艺工程”启动仪式】

2012 年 6 月 30 日，由国家昆曲艺术抢救、保护和扶持工程办公室主办的“名家传戏——当代昆曲名家收徒传艺工程”启动仪式在江苏苏州会议中心举行。11 位具代表性的昆曲表演艺术家和 22 位青年演员，以拜师收徒的形式，进行昆曲表演艺术精粹的传承。

启动和实施“名家传戏——当代昆曲名家收徒传艺工程”主旨，就是整合全国艺术资源，请全国最好的名家，教出最好的学生，培养一批行当齐全，能承担昆曲传承队伍的后备人才。使全国昆曲院团和新一代青年演员，通过拜师学艺这一形式，逐渐完成人才任务建设的薪火相传，使青年演员能从剧目传承、舞台演艺、表演技法、心得感悟方面得到昆曲名家的真传。

“名家传戏——当代昆曲名家收徒传艺工程”名家、学生名单

（按姓氏笔划为序）

名家：王芝泉，上海昆剧团
学生：白　云，浙江昆剧团
　　　赵文英，上海昆剧团
传授剧目：《扈家庄》、《挡马》
名家：方　洋，上海昆剧团
学生：刘立争，上海昆剧团
　　　孙　晶，江苏省演艺集团昆剧院
传授剧目：《古城会》、《冥判》
名家：计镇华，上海昆剧团
学生：许乃强，北方昆曲剧院
　　　袁国良，上海昆剧团
传授剧目：《开眼上路》、《打子》
名家：刘异龙，上海昆剧团
学生：柳春林，苏州昆剧院
　　　谭　笑，上海昆剧团
传授剧目：《下山》、《芦林》

名家：汪世瑜，浙江昆剧团
学生：俞玖林，苏州昆剧院
曾 杰，浙江昆剧团
传授剧目：《亭会》、《折柳阳关》
名家：张继青，江苏省演艺集团昆剧院
学生：沈丰英，苏州昆剧院
单 雯，江苏省演艺集团昆剧院
传授剧目：《朱买臣休妻》、《絮阁》
名家：张洵澎，上海昆剧团
学生：袁 佳，上海昆剧团
雷 玲，湖南省昆剧团
传授剧目：《亭会》、《题曲》
名家：岳美缇，上海昆剧团
学生：毛文霞，浙江昆剧团
翁佳慧，上海昆剧团
传授剧目：《受吐》、《望乡》
名家：侯少奎，北方昆曲剧院
学生：王 锋，北方昆曲剧院
杨 帆，北方昆曲剧院
传授剧目：《夜奔》、《单刀会》
名家：梁谷音，上海昆剧团
学生：王 静，浙江昆剧团
汤泼泼，上海昆剧团
传授剧目：《藏舟》、《说亲》
名家：蔡正仁，上海昆剧团
学生：周雪峰，苏州昆剧院
胡维露，上海昆剧团
传授剧目：《见娘》、《小宴》

【媒体视点】 昆剧艺术节： 传承发展昆曲不遗余力

◎刘 茜

2012 年 6 月 29 日，由文化部、江苏省人民政府共同主办的第五届中国昆剧艺术节在江苏省苏州市开幕，第五届中国苏州评弹艺术节同期举行。

第五届中国昆剧艺术节为期 10 天。其间，“名家传戏”——当代昆曲名家收徒传艺工程启动仪式、第六届中国昆曲国际学术研讨会、虎丘曲会、第四届中国非物质文化遗产保护·苏州论坛等一系列丰富多彩的活动同时推出。

入选剧目堪称经典

本届昆剧艺术节之所以能够顺利举行，取决于昆曲艺术在剧目建设、人才培养、进校园公益性演出及对外文化交流方面取得的显著成绩。文化部艺术司有关负责人介绍，自 2005 年文化部、财政部共同实施“国家昆曲艺术抢救、保护和扶持工程”以来，7 年共资助排演了包括我国五大古典戏曲名著《西厢记》、《牡丹亭》、《琵琶记》、《长生殿》、《桃花扇》等在内的 52 台剧目；资助 7 个昆曲院团录制了两百出优秀传统折子戏，以进校园等形式开展公益性演出 1131 场，并资助 7 个昆曲院团赴瑞典、美国、英国、俄罗斯、比利时等国进行文化交流；举办了 5 届昆曲主创人员培训班、5 届昆曲表演艺术人才培训班、4 届中国昆曲国际学术研讨会等。

本届昆剧艺术节强调剧目的经典性，入选剧目都是近年来挖掘传承的优秀传统剧目或者是新创作的优秀作品，如江苏演艺集团昆剧院的《红楼梦》（折子戏版）、苏州昆剧院的《玉簪记》、湖南省昆剧团的《荆钗记》、浙江永嘉昆剧团的《金印记》等。

名家传戏育人

“当下全国昆曲院团正处于以老艺术家为核心，以中青年演员为主体，艺术人才队伍建设新老交替的关键时期。”6 月 30 日，在“名家传戏”——当代昆曲名家收徒传艺工程启动仪式上，文化部艺术司司长董伟表示，昆曲作为活态传承的非物质文化遗产，无论传承保护还是创新发展，有赖于一代代新老艺术家的不懈努力。

在“名家传戏”工程启动仪式上，俞玖林、沈丰英、单雯等 22 位优秀青年演员分别拜入汪世瑜、张继青、岳美缇、梁谷音、蔡正仁等 11 位当代昆曲名家门下。“我们虽然都已年过七旬，但有责任把昆曲教好、传承好。”岳美缇表示，有了政府重视，她有决心带出、带好更多的徒弟。

来自苏州昆剧院的优秀青年演员俞玖林表示：“今天的拜师仪式是我们师生间对艺术传承的共同承诺、对传统文化的共同坚守。我们要学习老师们精湛超群的技艺，更要学习他们德艺双馨的品质。”

据董伟介绍，今后将继续实施“名家传戏”工程，加大对青年艺术创作、表演人才的培养，确保昆曲艺术后继有人。接下来，还将定期举办“名家传戏”工程教学成果汇报展演以及优秀青年个人专场系列演出等。

惠民票价不超 50 元

本届昆剧艺术节注重吸引群众广泛参与。除了全国 7 个昆剧院团，还云集了中国戏曲学院、上海青年京昆剧团、山东柳子剧团、浙江婺剧团、中国昆曲博物馆、苏州市昆曲学校等艺术团体和单位。日本表演艺术家坂东玉三郎以及我国香港进念二十面体、台湾昆剧团的艺术家也在昆剧节上一展风采。参与系列活动及演出的演职员、戏曲团体、曲友等近 3000 人。

为体现“昆曲艺术的节日，人民群众的节日”的办节宗旨，本届昆剧艺术节所推出的低价位演出票比例在三成以上，票价不超过 50 元。

摘自《中国文化报》2012 年 7 月 4 日

【媒体视点】昆曲 “繁华” 背后传承堪忧

◎韩业庭

第五届中国昆剧艺术节已在苏州闭幕。10 天里，剧目展演、拜师学艺、学术论坛等各项活动都表明昆曲这个“百戏之祖”越来越受到重视。但不少专家和业内人士却对昆曲“繁华”背后的传承发展充满种种忧虑。

“当下最要紧的是抢救”

“昆曲的存活现状并不容乐观，当下最要紧的工作是抢救。”第五届昆剧艺术节期间，武汉大学哲学系教授、中国戏曲学会汤显祖研究会副会长邹元江如此大声疾呼。

这种呼吁源于对昆曲传承现状的忧虑。

81 岁的中国昆曲研究会名誉会长丛兆桓回忆，1956 年昆剧《十五贯》在北京演出引起轰动，“一出戏救活昆曲剧种”。当时南、北昆老艺人身上存活的传统折子戏约为 700 余出，但保护、挖掘、抢救、继承了 55 年，花费了大量人力、物力，如今国内 7 个专业昆曲院团在职演员总共能演出的传统昆剧折子戏却不过 200 余出。

实际上，传承的难题并不只是当下的问题，近百年来昆曲曾一次次面临着濒临消失的险境，这种境况造成了昆曲传承的“先天不足”。北京国际曲社社长靳飞介绍说，明末清初是昆曲的鼎盛时期，到了清朝中期，乾隆皇帝曾经大力提倡，可是当时满清贵族们汉文化修养比较低，理解不了昆曲的雅致。之后，昆曲发展的命运起起伏伏，到了 1949 年解放前夕，全国上下竟只有“半个”昆曲团。徘徊在濒临消失的边缘，昆曲在传承发展过程中已遗失了很多传统的东西。

“创新不是随意改动”

传统戏曲只有呈现当代的审美价值，才能引起当下观众的共鸣。因此，创新是包括昆曲在内的传统戏曲传承发展的必由之路。

“可关键是，创新一定要以继承为基础，不能在对昆曲没有深入了解的情况下创新。否则，那是用创新掩盖自己的无知。”苏州大学文学院教授周秦说。对此，南京大学教授吴新雷表示认同。他说：“现在经常讲昆曲要‘革命’，但是不能把昆曲的‘命’给‘革’丢了!”

“现在有不少人编排昆曲时，舞台上弄一堆霓虹灯和干冰，结果昆曲不像昆曲反倒像流行歌曲。还有人把昆曲排的不像昆曲，而更像话剧。”邹元江尖锐地指出，与其那样“创新”不如不创新，不然就是糟蹋昆曲艺术。

那么，昆曲该如何创新？南京大学文学院教授、中国古代戏曲学会常务副会长俞为民认为，昆曲的传承和发展，首先是内容上的创新和发展，要创作出具有时代气息、为当代观众喜闻乐见的昆曲剧本；其次是艺术形式上的创新，在不失昆曲艺术特征的前提下，进一步丰富昆曲的表演手段，增强昆曲的艺术魅力，以适应当代观众的欣赏需求。

“作为一门具有 600 年历史的艺术，其精致成熟已经达到一个高度，甚至无法超越，尤其一些经典昆曲剧目如《牡丹亭》，核心内容根本无法改动，创新时最多只能在灯光和服装上做些变化，否则一变整个味道就全变了。”更多业内人士认为，昆曲创新一定要谨慎，对待昆曲，应以保护为重，遵循戏剧发展的自然规律。

“从点滴做起培养观众”

在昆剧节上，看不懂昆曲的观众尤以年轻人为甚。这一情景，揭示了当代昆曲观众群体不断萎缩的事实。

“演员都是需要观众捧场的，没了观众，再好的昆曲也没人看了，艺术氛围就淡了，谁还愿意去演昆曲？”戏曲演员出身、现在中国戏曲学院学习戏曲导演的陈余敏这样说。

“因此，培养观众成为昆曲艺术传承与发展很重要的一个环节。”苏州市曲艺家协会副主席兼秘书长项正伯说。

在苏州，2000 年恢复的“虎丘曲会”正是培养昆曲观众的一个努力。虎丘曲会曾是苏州历史上规模宏大的民间自发的昆曲集会，每年的曲会上，文人雅士、曲词名家、昆曲曲友、百姓群众，都会自发地聚集虎丘，吟咏较艺、竞技演唱。

第五届昆剧艺术节期间，正值虎丘曲会举行，全国 60 多家昆曲曲社有 30 多家派代表参会。“我们没想到的是，本届曲会有很多大学生前来参加且上台表演，这说明我们的昆曲艺术的种子已开始在年轻人中发芽。”项正伯兴奋地说。

除了“虎丘曲会”这种有组织的曲友聚会，在培养观众方面其实还有很多工作可以做。陈余敏就和她的同学组织了一个戏曲社团，平时在学校里经常进行普及戏曲知识的讲座，每个月都要深入北京的社区为普通百姓进行戏曲表演，每年还要到北京其他高校开展“高雅艺术进校园”活动——为在校大学生送去戏曲演出。“培养戏曲观众是个漫长的过程，但一切却都要从这点点滴滴做起。”陈余敏说。

摘自《光明日报》2012 年 7 月 21 日

第八届中国评剧艺术节

【概况】

2012年8月31日至9月10日，由文化部艺术司、河北省文化厅、唐山市人民政府共同举办的第八届中国评剧艺术节在河北省唐山市举行。来自7个省（市、区）的国家级评剧艺术院团参与艺术节。

本届艺术节以“评剧故里、魅力唐山”为主题，分为剧目展评、票友大赛、学术研讨三大项活动。其中剧目展评举办34场演出，来自北京、天津、河北、黑龙江、吉林、辽宁、内蒙古七个省（市、区）的17个评剧院团演出18台剧目，其中参赛剧目16台，祝贺演出剧目2台。这些剧目分别在唐山市燕山影剧院、西山口俱乐部、唐山市丰润区动车城影院、丰南区大剧院四个剧场演出。评剧演员曾昭娟、孙路阳、王平、王冠丽、王向阳、张俊玲等参加演出。

艺术节期间还举办“中国邮政储蓄银行杯”第七届中国评剧票友大赛。决赛阶段比赛于2012年9月5日至10日在唐山市群艺馆举行。通过复赛、决赛评选出十大名票、十佳票友、优秀票友、儿童选手荣誉奖。除比赛外，本届艺术节还举办评剧名家名票与戏迷联欢、京津唐儿童评剧票友展演等活动。

学术研讨会于2012年9月8日在唐山饭店举办。与会者围绕评剧流派传承与发展、新时期评剧艺术的发展与繁荣等专题进行研讨。

〖中国评剧艺术节〗

自2000年以来，文化部艺术司、河北省文化厅、唐山市人民政府连续在河北省唐山市举办了七届中国评剧艺术节和六届中国评剧票友大赛。开始为一年一届，从第四届开始变成每两年举办一届。主要内容包括评选演出优秀剧目，召开评剧艺术研讨会，组织评剧爱好者进行演艺比赛等活动。

【第八届中国评剧艺术节获奖名单】

2012年9月10日，“启新1889杯”第八届中国评剧艺术节、“邮储银行”杯第七届中国评剧票友大赛闭幕式暨颁奖晚会在河北唐山举行。

本届评剧艺术节评选结果和获奖名单：天津评剧院的《赵锦棠》、唐山评剧团的《从春唱到秋》、中国评剧院的《林觉民》、黑龙江省评剧院的《风雪夜归人》、天津评剧院三团的《非常妈妈》、丰润区评剧团的《小英雄雨来》、牡丹江市文化艺术中心评剧团的《好官王彦生》获得优秀剧目奖；天津市评剧白派剧团的《珍珠衫》获得特别荣誉奖；天津崔连润文化艺术交流工作室的《雷雨》、内蒙古赤峰市宁城县乌兰牧骑评剧团的《诺恩吉雅》、迁安市艺术团的《山沟里的明星》、秦皇岛市小海燕评剧团的《家住长城头》、衡水市评剧团的《林秀贞》、辽宁省凌源市评剧团的《新人面桃花》、滦南成兆才评剧团的《爱心小院》、北京凌空评剧团的《恩怨亲家》获得优秀演出奖；黑龙江省评剧院的《乾坤带》、北京宇扬评剧苑的《王少安赶船》获得参演纪念奖；曾昭娟、张俊玲、剧文林、梁荣、王海燕、孙路阳、王冠丽、王丽京、王向阳、王平、张岳云、海兆凤、郭付满获得优秀表演奖；王云珠、孟莎、闫玲遵、孙秀艳、赵立明、马艳红、马泽天、何静、陈维枫、翟进友、邱杰、梁振川、闫洪江、吕海波、马桂玲获得表演奖。

“邮储银行”杯第七届中国评剧票友大赛“十大名票”获奖名单，分别是：北京代表队的姜红，天津代表队的赵尚芳、陈克清，辽宁省代表队的刘志忠，吉林省代表队的吴英齐，河北省代表队的闫红、常春生，唐山代表队的王美方、王艳青、宋晓英。

中国（安庆）第六届黄梅戏艺术节

【概况】

2012 年 11 月 5 日，由文化部和安徽省人民政府联合主办的中国（安庆）第六届黄梅戏艺术节，在安徽省安庆市开幕。本届艺术节以“传承、创新、繁荣、和谐”为主题，历时 13 天。推出的演出季在重唱《天仙配》、《女驸马》、《打猪草》、《闹花灯》等黄梅戏经典曲目的同时，还组织安徽、湖北等地的《徽州往事》、《半个月亮》、《寸草心》等 21 台新创黄梅戏集中展演。

【中国（安庆）第六届黄梅戏艺术节获奖名单】

优秀剧目奖（以得票多少为序）：

1. 风尘女画家	安徽省黄梅戏剧院
2. 榴花不开盼哥回	安庆市潜山县黄梅戏剧团
3. 徽州往事	安庆再芬黄梅艺术剧院
4. 传灯	湖北省黄梅县黄梅戏剧院
5. 牛郎织女	安徽省黄梅戏剧院
6. 李时珍	湖北省黄梅戏剧院
7. 独秀山下的女人	安庆市怀宁县黄梅戏剧团
8. 半个月亮	安庆市黄梅戏艺术剧院
9. 寸草心	安庆市枞阳县黄梅戏剧团
10. 千羽锦	马鞍山市黄梅戏剧团

优秀表演奖（以得票多少为序）：

1. 孙　娟（女）	安徽省黄梅戏剧院
2. 余　顺（男）	安徽省黄梅戏剧院
3. 陈晓玲（女）	安庆市潜山县黄梅戏剧团
4. 吴红军（男）	湖北省黄梅县黄梅戏剧院
5. 刘国平（男）	安庆再芬黄梅艺术剧院
6. 刘丽华（女）	安庆市怀宁县黄梅戏剧团
7. 周　珊（男）	安徽省黄梅戏剧院
8. 王　琴（女）	安庆市黄梅戏艺术剧院
9. 夏圆圆（女）	安庆市黄梅戏艺术剧院
10. 吴美莲（女）	安庆再芬黄梅艺术剧院
11. 马自俊（男）	安庆再芬黄梅艺术剧院
12. 仝　婷（女）	马鞍山市黄梅戏剧团
13. 黄金峰（女）	安庆市枞阳县黄梅戏剧团
14. 徐记柱（男）	湖北省黄梅县黄梅戏剧院

优秀音乐奖（以得票多少为序）：

1. 精　耕
2. 徐代泉
3. 陈儒天
4. 徐志远
5. 牛郎织女作曲团队（时白林等）。

第六届羊城国际粤剧节

【概况】

2012年11月21日至27日，广州市文化广电新闻出版局、广州市文学艺术界联合会、广州市振兴粤剧基金会联合在广东省广州市举办第六届羊城国际粤剧节。本届粤剧节有来自海内外22个国家和地区114个粤剧（社）团、258个剧（节）目参加52场演出，有2000多位海内外嘉宾参加粤剧节的观摩和演出，其中境外来宾近1500人，参加演出800人，包括来自港、澳、台以及美国、英国、法国、瑞士、荷兰、比利时、丹麦、加拿大、新西兰、澳洲、新加坡、马来西亚、泰国、越南、印尼、柬埔寨、缅甸等国家和地区的粤剧（社）团，其中缅甸、印尼、柬埔寨等国家的粤剧社团是首次报名参加粤剧节。另外还有27场粤剧进社区、进校园的群众文化活动以及在陈家祠举办的“广州抢救非物质文化遗产——粤剧成果展”、“粤剧名伶剪影剪纸作品展”和“工艺与戏曲”3个专题展览。

本届粤剧节主要活动有14大项，数十个小项，包括开、闭幕式晚会，粤剧研讨会，海内外粤剧社团大联展，优秀粤剧剧目展演，粤剧进校园进社区群众文化活动等。新增和创新项目有：广州粤剧博物馆奠基仪式，纪念广州市振兴粤剧基金会成立20周年系列活动，欧凯明艺术专场演出，粤剧抢救保护成果展、工艺与戏曲展、粤剧名伶剪纸展，穗港澳“粤剧日”活动以及粤剧电影旅游美食周等。此外，本届粤剧节积极响应广州市委、市政府“文化惠民”号召，实行低票价和赠票演出。

羊城国际粤剧节是广东省广州市举办的大型国际性文化艺术活动之一，自1990年举办首届、1996年举办第二届以后，每四年举办一次。本届粤剧节是继粤剧成功申遗之后，首次举办的粤剧节。

【第六届羊城国际粤剧节学术研讨会】

2012年11月23日，第六届羊城国际粤剧节学术研讨会在广州召开。来自北京、广东、广西、香港、澳门、美国、新加坡等地的40多位专家学者出席研讨会。本届粤剧节组委会学术部收到专家学者提交的论文28篇。

与会专家围绕入选“申遗”后粤剧所面临的机遇和挑战进行研讨。粤剧表演艺术家红线女以粤剧传承人以及广东粤剧工作者联谊会会长的身份宣读《粤剧传承与发展倡议书》，倡议号召粤剧业界、各级政府、社会各界关注粤剧的承传与发展，敦促政府兑现2009年向联合国教科文组织申报粤剧为非物质文化遗产时的多个承诺。中国艺术研究院研究员毛小雨、王馗，华南师范大学教授李静，日本大阪大学客座教授蔡曙鹏，广东省剧协主席倪惠英，广东省艺术研究所所长梅晓，香港中文大学戏曲资料中心副主任戴淑茵等粤剧研究者围绕粤剧的地域特性、海外传播、传承与发展、粤剧推广等议题发言。

【优秀粤剧剧目展演】

2012年11月21日至26日，由广州文学艺术创作研究院、广州粤艺发展中心、广州粤剧院有限公司承办的优秀粤剧剧目展演在广州少年宫蓓蕾剧院、广州军区礼堂、广州黄花岗剧院等地举行。组委会收到来自广东、广西、香港等地以及加拿大、新加坡等国选送的剧目，经研究推选出由广东、广西、深圳等省市和香港的8个剧团的11个剧目，包括广州粤剧院的《碉楼》，广西市演艺公司的《西江龙母》，南宁市粤剧团的《海棠亭》、《目连救母》，北海粤剧团的《珠还合浦》，深圳粤剧团的《风雪夜归人》，香港金朝阳剧团的《倩女幽魂》等，另外还有一场“欧凯明艺术人生专场”演出。

【广州抢救非物质文化遗产——粤剧成果暨工艺与戏曲展】

2012年11月22日，由广州市文化广电新闻出版局、广州市文学艺术界联合会、广州市振兴粤剧基金会联合主办的“广州抢救非物质文化遗产·粤剧成果展暨工艺与戏曲展”在广东民间工艺博物馆举行剪彩仪式。本次展览是第六届羊城国际粤剧节的首个专题展览，以弘扬广府文化，展示粤剧悠悠百载历程为宗旨，展出猪公牙、广东跷、民国二十七年古曲本、木人桩、戏曲工艺品等多件富于代表性，较能体现粤剧艺术风貌的实物、过百幅反映粤剧发展历程的图片，及一批近年粤剧相关出版、理论研讨成果，并设有粤剧脸谱现场绘画示范、古曲试听、视频新生等互动项目。

【海内外粤剧社团大联展】

2012年11月23日至26日，“海内外粤剧社团大联展”活动在广州举行。11月23日下午，首场演出在广东省广州市教育路南方剧院举行，香港华声粤剧艺术中心，加拿大多伦多华声粤剧艺术中心，澳大利亚艳仪曲社和广州市粤剧团参与演出，主要演唱《摘缨会》、《拾衩会》、《半生缘》等经典粤剧唱段。

海内外粤剧社团大联展是第六届羊城国际粤剧节的一项惠民项目，主要在在南方剧院、平安剧院、江南大戏院、彩虹曲苑和文化公园中心台进行39场粤曲展演、折子戏展演。

【观点】 第六届羊城国际粤剧节： 羊城归来话粤剧

◎毛小雨

日前，笔者赴广州参加第六届羊城国际粤剧节。这个粤剧节自1990年举办以来，已经成为海内外粤剧人的盛会。而这一届是粤剧于2009年9月列入联合国教科文组织的世界非物质文化遗产名录之后的第一次。因此，活动更有一种别样的意义。

粤剧是主要分布于中国广东、广西、香港和澳门的传统戏曲剧种之一，因使用粤方言演出，故名。它和中国的其他地方剧种大不一样之处就是“腿”特别长，不局限于方言流行地区。这是因为粤语族群因沿边靠海，华侨众多，足迹遍布世界各地，在东南亚、美洲、欧洲和大洋洲等地都有粤剧演出。有讲粤语的华人的地方就有粤剧。当远离故土的游子思乡心切，粤剧往往成了排遣乡愁的最好载体。而当来自南粤的新移民离群索居时，唐人华埠的粤剧锣鼓往往又成了寻找乡邻的标识，强烈的地域色彩，不变的粤韵粤情，是世界各地的粤语族群的依归的鲜明符码。

每4年一届的羊城国际粤剧节是粤剧创作、生存状态、普及程度的一次检阅，从粤剧节上的演出基本可以反映出当今粤剧的样貌。据组委会的数据显示，第六届羊城国际粤剧节的规模空前盛大，引人瞩目。共有来自海内外22个国家和地区114个粤剧（社）团、258个剧（节）目参加52场演出，另外还有27场覆盖全市的粤剧进社区、进校园的群众文化活动以及3个专题展览。有2000多位海内外嘉宾赴穗参加粤剧节的观摩和演出，其中境外来宾近1500人，参加演出800人，包括来自港澳台地区以及美国、英国、法国、瑞士、荷兰、比利时等国家的粤剧（社）团，其中缅甸、印尼、柬埔寨等国家的粤剧社团是首次报名参加粤剧节。

因此，当其他剧种的从业者为生存还是毁灭纠结的时候，粤剧虽然也会面临这样或那样的问题，但终究不存在如别的地方剧种那样大的存活压力。加上粤港澳三地迄今仍是中国经济最发达与活跃的地区之一，粤剧在政府支持、社会捐助、群众基础等方面均有优势。

剧团在创作方面也肯下力气，新作不断。此次，组委会特别选了11台演出作为优秀粤剧剧目进行展演，虽然说不够全面，但也基本上能够反映当前粤剧创作的基本状况。这些剧目分别是:《孙中山与宋庆龄》、《西江龙母》、《海棠亭》、《风雪夜归人》、《目连救母》、《金殿驭龙》、《碉楼》、《珠还合浦》、《花蕊夫人》、《岭南一粟——一个粤剧演员的艺术人生》、《狄青怒斩黄天化》。演出团体分别有广州粤剧院、广东省粤剧院，深圳、吴川粤剧团，来自广西南宁、梧州及北海的粤剧团也带着自己编创的剧目参加了演出。

广州粤剧院在当今粤剧舞台的位置举足轻重，粤剧节开幕和压轴的闭幕演出，均由该院担纲。开幕大戏《孙中山与宋庆龄》是2011年为纪念辛亥革命100周年，广州粤剧院推出的一台新创剧目。该戏用倒叙的手法，描绘了革命先行者孙中山和宋庆龄之间的爱情故事。孙中山是宋庆龄父亲的好友，而且孙中山与宋庆龄相爱的同时，家里还有结发之妻。这些涉及道德伦理、风俗民情的问题如果在作品中处理不好，将会影响伟人形象。但是编剧并没有回避这些情节，而是让孙中山的原配出场表示为了革命大业，成全孙宋之间的爱情，格调高致，生动地反映他们之间“精诚无间同忧乐，笃爱有缘共死生”（孙中山书赠宋庆龄语）的光辉一生，这在戏曲创作中还是首次。《碉楼》是今年广州粤剧院创作的新戏。该剧以世界遗产广东开平碉楼群为故事背景，讲述了发生在清末民初、广东著名侨乡开平的一段凄美的华侨爱情故事。作品以男主角镇海、女主角秋月的爱情纠葛为主线，穿插土匪单眼英向华侨司徒家族寻仇，以此艺术地再现海外华工的悲惨际遇。广州粤剧院希望将世界遗产碉楼和世界非物质文化遗产这两张岭南文化的名片结合起来，作为一个吸引观众的卖点，通过该剧来演绎华侨文化、海洋文化以及建筑文化。

在粤剧节上，广西粤剧的集体亮相，也让观众对粤剧另一大流行区域的剧团有了一个清晰的印象。广西粤剧传统悠久，粤剧在讲粤语（广州白话）之前，其实讲的就是桂林官话，长期以来，广西保留了不少粤剧的传统技艺。近30年来，由于广西经济落后于珠三角，广西粤剧游离于珠三角的粤剧文化之外，就连粤剧申遗，也将广西排除在外。可是，广西粤剧也有自己的特点。如南宁粤剧团的《目连救母》是非常耐看的一出戏，它使我们认识到传统的力量是强大的，是有观众缘的。从郑之珍的《新编目连救母劝善戏文》到粤剧《目连救母》，传承绵延不绝。传统技艺也可以通过这样的戏得以展现——那些消失了很久的长长水袖、踮起脚的“三寸金莲”、诉冤时的“甩头”、打斗时的“铲椅”和“跳凳”等都一一重现在观众面前。如《过奈何桥》那场戏，女花旦手挥两米长的水袖，足踮三寸金莲，还不时甩头，可谓同时集三样绝活在身，表演难度极大。

通过对粤剧节剧目的大致浏览，我们看到，近些年来，广州粤剧整体水平有了大幅提升，随着剧目的积累，制作水平和视野已属上乘。但是，毋庸讳言，这些成绩的取得和大量外请的编导的努力分不开。可是外援能救急而不能救穷。目前，外请编导在粤剧创作中已呈泛滥成灾之势，本土编导变成弱势群体，《碉楼》创作就是想藉此重张本土编剧大旗，但独木难以成林，想扭转这种颓势非常困难。而外请的编导不少因一两部作品的成功被误认为是包治百病的万应灵药。通过这次展演的剧目可以看出，有些编导艺术底蕴薄弱、艺术手段贫乏、艺术眼光低劣，有些剧本在思想的开掘上毫无深度可言，更不用说有穿越时空的永恒价值了。

因此说，保持粤剧遍布世界的广泛性，发扬粤剧的传统与技艺，鼓励扶植本土创作，是粤剧节给戏剧从业者带来的思索与启示。

摘自《中国文化报》2012年12月25日

中央电视台第七届全国青年京剧演员电视大赛

【概况】

2012 年 7 月 3 日，“中央电视台第七届全国青年京剧演员电视大赛”正式开赛，CCTV－11 戏曲频道连续 22 场赛事直播。本次大赛共有来自中直、部队和全国 27 个省市自治区（含台湾）的 490 名选手报名参赛，其中青衣 118 名，花旦 46 名，武旦 26 名，老生 60 名，小生 33 名，花脸 66 名，老旦 34 名，丑 47 名。

【中央电视台第七届全国青年京剧演员电视大赛获奖名单】

金奖名单

老生组

1. 李　博　国家京剧院
2. 陈圣杰　上海京剧院
3. 蓝　天　上海京剧院
4. 郭　毅　上海京剧院
5. 穆　宇　北京京剧院
6. 赵　华　天津京剧院
7. 杨双赫　河南省京剧院

武生组

1. 唐　恺　湖北省京剧院
2. 王玺龙　上海京剧院
3. 孙　亮　国家京剧院
4. 李　哲　福建京剧院

小生组

1. 焦鹏飞　天津京剧院
2. 王　铭　湖北省京剧院

花脸组

1. 王　越　山西演艺集团京剧院
2. 刘嘉欣　天津京剧院
3. 裘继戎　北京京剧院

丑行组

1. 郝　杰　上海京剧院
2. 曹阳阳　北京京剧院
3. 邵海龙　天津京剧院

老旦组

1. 张　兰　国家京剧院
2. 吴雪靖　山东省京剧院

青衣组

1. 窦晓璇　北京京剧院
2. 郭　伟　北京京剧院
3. 高红梅　上海京剧院
4. 万晓慧　湖北省京剧院
5. 王奕戈　北京京剧院
6. 单　莹　天津市青年京剧团
7. 王　盼　北京京剧院
8. 查思娜　上海京剧院
9. 张　婷　江苏省演艺集团京剧院

花旦组

1. 罗戎征　浙江京剧团
2. 张　云　北京京剧院
3. 李　静　云南京剧院

武旦组

1. 潘月娇　国家京剧院
2. 王晓丽　北京京剧院

银奖名单

老生组

1. 王志钢　天津京剧院
2. 张　凯　北京京剧院
3. 鲁　肃　上海京剧院
4. 万　琳　天津京剧院
5. 杨　洋　黑龙江省京剧院
6. 张　桐　天津市青年京剧团
7. 崔伟杰　滨州市京剧团
8. 于　辉　上海京剧院
9. 佟克旺　吉林省京剧院
10. 王帅军　天津京剧院
11. 孙卫安　山东省京剧院

武生组

1. 魏学雷　北京京剧院
2. 陈　麟　上海京剧院
3. 王好强　国家京剧院
4. 李艾春　天津市青年京剧团
5. 王俊鹏　天津京剧院
6. 司　鸣　天津京剧院
7. 孙　逊　北京军区政治部战友京剧团
8. 杨　程　大连京剧院
9. 宋柏珑　山东省京剧院

小生组

1. 杨　楠　上海京剧院

2. 李　春　上海京剧院
3. 郝仕鹏　国家京剧院
4. 岳　峰　大连京剧院

花脸组

1. 胡　滨　国家京剧院
2. 高明博　上海京剧院
3. 于　帅　北京京剧院
4. 李　扬　北京京剧院
5. 刘治强　吉林省京剧院
6. 刘　欢　北京军区政治部战友京剧团

丑行组

1. 窦　骞　天津京剧院
2. 刘　宸　中国戏曲学院附中
3. 王鹏飞　天津京剧院
4. 李　鹤　天津市青年京剧团
5. 王　珏　国家京剧院
6. 金　星　国家京剧院

老旦组

1. 陈　琛　山东省京剧院
2. 侯　宇　北京京剧院
3. 陈晓霞　湖北省京剧院
4. 何　婷　上海京剧院
5. 张召君　福建京剧院
6. 曹建红　河南省京剧院

武旦组

1. 李　丹　沈阳京剧院
2. 白　杨　沈阳师范大学辽宁实验京剧团
3. 吕　琳　上海京剧院
4. 宋云飞　国家京剧院
5. 张　欢　黑龙江省京剧院

花旦组

1. 王岳凌　北京京剧院
2. 杨　扬　上海京剧院
3. 宋奕萱　国家京剧院
4. 朱　虹　北京京剧院
5. 索明芳　北京京剧院

青衣组

1. 田　慧　上海京剧院
2. 付　佳　国家京剧院
3. 张蕊麟　天津市青年京剧团
4. 郭　霄　国家京剧院
5. 赵　欢　上海京剧院

6. 郭凡嘉　国家京剧院
7. 郑　潇　北京京剧院
8. 蔡筱滢　上海京剧院
9. 李珊珊　天津京剧院
10. 张蕾蕾　吉林省京剧院
11. 潘　欣　湖北省京剧院
12. 冯祺鹏　山西省京剧院
13. 张　倩　山东艺术学院

铜奖名单

【姓氏笔画排序】

于　泳、方开柳、牛　腾、王　凯、王　浩、王　晴、王　燕、田云祥、白梦飞、白　雯、任喜亮、刘丹丹、刘　宁、刘鹏飞、吕耀瑶、孙　振、安丽娜、巩发艺、巩丽娟、纪瑶瑶、衣　麟、闫福强、吴佳磊、吴亮亮、吴　琼、吴越泽、宋　蕊、张　旭、张佳莹、张其婷、张浩洋、张基磊、张超、时增帅、李小培、李为忠、李　卢、李　丽、李侑轩、李俊博、杨　洋、杨　磊、苏　旭、辛苑、陈丹娜、单　娜、杲　翔、范　玉、范闪闪、郎　争、郑　钰、金施睿、侯玫玫、姜振宇、祝婕、赵　洋、赵　倩、殷婵娟、聂　媛、顾旭峰、高　茜、梅　艳、黄　佳、黄雨晴、焦丽君、程萌、蒋兰兰、谢　涵、谭小羽、谭晓令

【观点】让电视大赛功能最大化——全国青年京剧演员电视大赛断想

◎刘连群

全国青年京剧演员电视大赛（简称“青京赛”）是中央电视台举办的京剧演员赛事，从 1987 年开始兴办，曾冠以青年、中青年和“梅兰芳金奖”等名称，自 2005 年（五届）最后定位于青年，统称青京赛，每 4 年一次，到今年已然七届，前后达 25 个春秋。25 年来，一批又一批京剧新人在大赛中崭露头角，登台较量，亮相于荧屏，当今活跃在京剧舞台上的绝大多数中青年知名演员，几乎都在这一赛场展示过风采，此次历届获奖者展演，前几届选手已是五旬上下甚至年及花甲的名家，而近届的“赛友”最年轻的不到 20 岁，应属两代同台，由此可说，青京赛伴随了两代京剧人的成长历程。

一项传统艺术的电视大赛，延续兴办 25 年，而且凝聚力和影响不减，在艺术多元竞争激烈、娱乐取向瞬息万变的今天，实属不易，也绝非偶然。其原因或许可用两句话大致概括：应需而生，顺势而进。

应需而生是指上个世纪 80 年代中期，在十年浩劫中遭受重创的京剧艺术，历经了恢复传统戏演出的短暂复苏，内伤发作，演员队伍青黄不接，演出水平下滑，观众数量缩减，随之传出“危机”之声，其中演员问题首当其冲。而当时的青年京剧演员，由于市场不景气，勤学苦练却得不到多少演出实践和展示的机会。就在此时，国家电视媒体介入了，京剧历史上从未有过的电视比赛的形式出现了，现在还能清楚记得当时带给人们的新鲜和兴奋感，不仅青年演员趋之若鹜，而且适逢电视机刚在国内开始普及，一时形成了千家万户男女老少对着荧屏看大戏的景象，才显冷落的京剧似乎又“热”了起来。

不过，电视大赛作为戏曲艺术与电视联姻的新生产物，初期在圈内也引起了一些质疑和争议，却并没有妨碍大赛红红火火地继续办下来。因为面临挑战的京剧不能也很难拒绝当代最具传播力的电视，剧种需要窗口，演员需要平台，观众需要在荧屏欣赏到比赛形式中的京剧，电视媒体也需要属于民族优秀文化的节目资源，几个方面共同的需要，构成了电视大赛得以持续的原动力。

当然，像任何事物一样，有需要，还要能够不断适应和满足需要，才会长期葆有生命力。新时期特

别是 1990 年纪念徽班进京 200 周年以来，国家倡导弘扬民族文化、振兴京剧艺术，加大了对京剧的扶植和支持力度，青京赛随之颇有不可不办、只能办好之势，于是顺势而进，在赛制、内容和方法上不断进行新的探索。如限时带来的影响，除了适当延长比赛时间，把剧目的节选和编排，技巧运用的合理性也纳入了考评内容。为了较为全面地检验选手实力，增加了从复赛进入决赛必须更换剧目的规定。第七届青京赛，又打破历届只在决赛阶段直播的惯例，从复赛到决赛前后近 40 场比赛全部进行现场直播，不仅使观众尽早同步观看比赛，而且让更多的特别是来自内地和边远地区，因学习条件较差而实力偏弱难以进入决赛的选手，也得到了在央视舞台直播中亮相的机会，对于选手是鼓励，对所在院团也是一种支持。在决赛阶段的打分环节，还增加了评委现场点评，面对面地肯定选手的优长，提出不足和改进方向，既是对选手的及时点拨，又普及了京剧知识。

青京赛走过了 25 年，许多东西值得认真回顾和总结，以有助于今后的进一步规范和科学化。人们对它的看法也在逐渐成熟起来，大赛就是一次比赛，对人才培养阶段性成果的展示，在青年演员艺术攀升途中的一次激励和助推，决定和影响人才成长、提高的因素是多方面的，长期的，无论是获得金奖、银奖还是铜奖，都不可能一奖定终身，过后还是要回到舞台上去真正取得观众的承认。对于比赛过程和结果，需要给予分外重视和关注的倒应是京剧界及相关部门，因为每届大赛实际上都是当时青年京剧人才态势的反映，包括成效、希望和问题，如连续几届都很突出的地区分布和行当、流派传承的不均衡，较为出色的人才大都集中在京、津、沪，某些行当、流派后继乏人，非常杰出的尖子人才还不多，而此次历届获奖者展演，固然花团锦簇，却也有不少行家认为，对于前辈大师、艺术家的高水平传承，仍然是尚需努力实现的目标。这些如能作为参照，引起业界的认真研究和思考，或许才是电视大赛功能的最大化，充分发挥出对京剧艺术传承和健康发展的促进作用。

摘自《中国文化报》2012 年 12 月 12 日

【观点】 旁观“青京赛”

◎张伟品

“CCTV 第七届全国青年京剧演员电视大赛”（以下简称“青京赛”）于国庆节前夕落幕。自 1987 年以来，“青京赛”作为一个系列赛事，已持续举办了七届，历时 25 年。

25 年来，大批京剧演员以“青京赛”为起点，通过电视传媒获取了更大的知名度和展示空间。当前活跃在舞台上的著名京剧演员，大多和“青京赛”有过亲密接触。本届“青京赛”的评委席上，便可以看到不少历届获奖者的身影。这也从一个侧面说明这一赛事对行业的影响。

另外，四分之一世纪的时光，相对于整个京剧史——从官修《中国京剧史》认定的京剧形成时间 1840 年算来，已占到七分之一。即使从徽班进京算起，也要占到十分之一强。而电视传媒的影响力又远非京剧形成以来所有传播方式可以望其项背，所以，无论就持续时间还是影响空间来看，说“青京赛”成就了当下京剧大概不能算毫无根据。

然而，事情总有其另一面。正因“青京赛”影响巨大，其暴露出的京剧内部存在的一些问题便更不容忽视。而比赛本身如：赛事性质、评判标准、趣味取向上以及自身定位上，“青京赛”都有着进一步反思的空间。

首先是赛事性质。在四分之一世纪的时间里，“青京赛”的性质多少有些摇摆不定。这一点，从其历年名称的演变，即可了然。1987 年首届“青京赛”，正式名称为“全国青年京剧演员电视大选赛”，顾名思义，不难看出其选拔赛的性质。自第二届起，名称改为“全国中青年京剧演员电视大赛”，正式成为针对固定群体的行业赛事。由于中年演员的参加，更由于第三届“青京赛”将当年举办的“梅兰芳金奖大赛”纳入自身系列，使得这一赛事实际成为业内最高规格的职业比赛。进入 2001 年，自第四届开始，赛事名称才最终确定为“全国青年京剧演员电视大赛”，明确了参赛者范围为职业新进人员和预备职业选手。而2008年第六届“青京赛”以后，于2010年11月，央视又推出“首届全国戏曲院校京剧学生电视大赛”（简称“学京赛”），将参赛群体进一步细分，剥离了作为准职业选手参加“青京赛”的戏曲院校学生。由此，今年举办的第七届“青京赛”便是一场严格意义上的青年职业选手间的比赛。而其比赛层次，与前期“梅兰芳金奖大赛”等在规格上的区别也显而易见。

赛事性质决定了指导思想。就“青年京剧演员”而言，在比赛中是重“规范”还是重“风格”？具体说来，就是在基础扎实、规范严谨而个人风格不明显或不成熟的选手与个人风格相对鲜明、成熟，但基础较弱、规范略差的选手间如何取舍？实际比赛时，在一些组别的评选中多倾向于后者，且并非个别。如此，其结果就颇值得玩味。因为在这一取舍间，其实隐含着对京剧舞台表演观念的理解。

就职业青年演员而言，规范是必备的基石，而风格的建立、完善则可假以时日。这一点有别于对老艺术家和一般中年演员的要求。这样的道理，本来应该成为业内共识。然而不知从何时开始，在“演人物不演行当”等似是而非的观念影响下，对青年演员的评价语境，也从老一辈的规矩、大方、有准谱，变成强调自身特色、有个性和特性。本质上使得演员养成途径由循序渐进而趋于急功近利，多少是一种揠苗助长的行径。

其次，在具体的评判标准上，“青京赛”作为艺术比赛，具有主观性无可厚非。然而，既是比赛，自必有其可比性。否则毋宁说是一场展演。虽然主持人和评委在多个场合均再三强调“结果不是唯一的，更重要的在于参与”。参赛选手也每每表态，说“能够站在这里就已经很满足”云云。但对于奖项和名次，相信并没有人会真正无动于衷。人们期待的公平公正，必然建立在统一、固定的标准和相应的规则之上。不能因个人或团体意志而有所差异。甚至在京剧中视为天经地义的流派，在这里也应退避三舍。

因此，标准的制定，便不可简单随意，而必须制定在最基础的层面。以便能最大限度地涵盖所有流派、风格乃至特色。这就需要对京剧本身有一个清晰的认知。在从“青京赛”分离出去的首届“学京赛”上，一位评委批评参赛选手拿枪的动作“很不规范”，这种批评不仅针对学生，更在一定程度上指向指导教师。然而，这位选手的指导教师却是名门之后，京剧国家非物质文化传承人。具有丰富的教学和实践经验。评委对其“规范”的批评，实际源于个人所处的不同地域和流派。另外，如老生组参赛剧目有武生戏《独木关》、小生戏《平贵别窑》等。虽然前辈艺术家曾经有过这样的演出记录，但那是属于跨行，不能因此改变这个戏这个脚色本身的行当属性。在这种流派与行当基本规范的冲突面前，就需要明确标准，通过规则来加以调整。

本届比赛中，评委点评也往往会提到流派特征。但在具体解释时，流派特征与行当要求之间、行当要素与京剧基础规范之间的异同，则多含糊不清。细论之下，多少会给青年演员及一般观众带来观念上的混乱。像这样的情况，虽在京剧中长期存在而近于麻木，但就一个正规的、具有影响力的比赛而言，其基本规则制定，尚有进一步讨论的必要。

艺术大赛标准的建立，除了技术规范上的统一以外，在艺术观念、艺术修养、审美趣味等形而上的层面，也应有一定的基本认知。艺术不同于技术，不可能具有严格的客观标准，所以不能借助机器而离开人的评判。其评价过程必然是主观的。但这种主观性，应该建立在同一的认知水平之上。在历届大赛中，评委的评语应该是观众注意的亮点，然而，往往也是评委的某些评论，暴露出的基本修养的缺失，令人莫名惊诧。比如往届比赛中，有演员当场表演时失手掉器械。评委不仅仍给予高分，还加以解释，说该选手平时水平很好，此处为偶然失手云云。且不论该选手本人的水平，即这位评委对比赛本身所持的这种态度，完全违背现代社会中竞赛的基本精神而浑然不觉，实在匪夷所思。

第三，我们欣喜地看到，本届“青京赛”在参赛剧目上，较以往各届大赛有了不小的改变。《碰碑》、《南阳关》、《战太平》、《红逼宫》、《绝龙岭》、《翠屏山》等一批目前舞台相对少见的京剧骨子老戏成为参赛剧目，对京剧而言，有着回归本原的价值意义。同时对京剧丰富的传统剧目资源也加以了展示。这是本届比赛的一个亮点。

然而，我们仍应看到，有些组别的参赛剧目仍有一定的局限性而显单调。小生、老旦组参赛人数较少，剧目重复率也相应较高。从一定程度上显示了相应行当在教学、演出中的一些问题。青年演员与学生的区别，并不在于个人风格的形成和成熟，而在于剧目的拓展。张庚认为，戏曲院校高等教育与中等专业学校在教学目标上的区别在于，“大学生有自行创造角色的能力”。实际上，戏曲人才培养的规律告诉我们，要获得“自行创造角色”的能力，庞大的传统剧目量是一个必须具备的条件。所以，“青京赛”应该显示出对传统剧目的“量”的要求。

另外关于行当划分，青衣组参赛剧目中有不少为刀马旦的戏，如《杨门女将》、《双阳公主》、《战洪州》等，虽然因为没有设刀马旦组，但青衣的行当属性还是应该突出，否则同组比赛就显得不伦不类。其他组也有类似问题。如前面提到的老生组唱武生戏《独木关》、小生戏《平贵别窑》等。

此外，有些选手选择的参赛剧目，是具有强烈个人色彩的“私房戏”。比如青衣组的参赛剧目《二堂舍子》。选手并未选择作为经典骨子老戏的通行版本，而是选择了经当代演员改编的个人演出本。我们尊重选手个人的趣味和取向以及他们个人的流派意识。但是，作为一个全国性的公开比赛，以这种争论未定的个性化作品参赛并获高分，且在比赛中又未加特别说明，显然不妥。由于央视的传播能量，在基本常识上的错漏会严重误导一般观众，从而带来评价体系上的冲突，造成混乱。

最后，作为央视主办的京剧大赛，有一个基本问题需要加以厘清。即，此一大赛，究竟属于央视的一个节目，还是一项国家相关机构主办的文化事业。从其举办的规模、参与者的属性等来看，其专业属性显然。从主办方来看，“青京赛”系列总的趋势是逐步减少政府部门、行业协会等的参与，而由央视独家举办。就央视本身的性质而言，“青京赛”应该是大众媒介所做的一档娱乐节目。如此，在娱乐传播和文化专业之间，存在不可兼容的标的和路径，是再正常不过的事情。然而，正是这种不可兼容性，导致大赛在大众娱乐诉求和专业导向之间的某些尴尬。在谋求两者统一兼顾的道路上，“青京赛”尚待更进一步。

总之，“青京赛”在形成了巨大的社会影响，成就了当代京剧的同时，对大赛中表现出的京剧内部从认知到实践的一系列问题，以及大赛本身，均面临着反思。当局称迷，旁观见审。此种反思在本质上亟需理论的支撑，而非经验的重复。

摘自《上海戏剧》2012 年 12 期

作品

京剧

【谭派京剧 《鼎盛春秋》】

2012 年 1 月 2 日，北京京剧院青年团复排的谭派京剧《鼎盛春秋》在北京长安大戏院首演。

传统的谭派《鼎盛春秋》是谭门第四代传人谭富英在 20 世纪 40 年代所演出的代表剧目之一。与一般戏曲观众所熟悉的杨派《文昭关》不同，谭派讲述伍子胥的故事是从他逃出昭关之后的《浣纱记》开始，一直演到《打五将》结束。全剧在新中国成立后鲜见于舞台。

此次复排本着“修旧如旧”原则，从创作理念、素材选择、表现手法和艺术形式运用等方面，对传统谭派《鼎盛春秋》进行整理、加工，从山西梆子等剧种中吸纳部分情节，对伍子胥的人物形象进行重塑，历经 15 稿修改而成。由谭门第六代传人谭孝曾任导演，阎桂祥任指导教师，谭派传人谭正岩和裘派传人裘继戎联袂主演。

该剧讲述春秋时期，楚平王无德，相国伍奢直言进谏，楚平王一怒将其囚禁。奸臣费无极逼迫伍奢修书，欲将伍奢镇守樊城的二子伍尚、伍员诓来一并问斩。伍员心疑不去，伍尚一人前往，进京后与父亲同时遇害。平王派大将武城黑捉拿伍员。伍员杀出重围，逃出樊城，中途遇故友楚大夫申包胥班师。申放掉伍。伍员逃到昭关，楚将米南适镇守昭关，画图缉拿伍员，伍员躲在隐士东皋公家里，一连七天，又急又愁，须发全白，终于在东皋公帮助下逃出昭关。伍员途遇大江，得渔人相助渡江，渡江后饥饿乏食，得浣纱女赠食。伍员逃至吴国，与孝义双全的专诸结拜为生死兄弟。伍员吹箫乞讨，遇吴王之子姬光，被收为宾客，并献计助姬光复位。

【张派京剧 《西厢记》】

2012 年 1 月 13 日，由国家京剧院新排的张派名剧《西厢记》在北京梅兰芳大剧院首演。此次新排的《西厢记》，由张君秋的弟子蔡英莲根据张君秋 1979 年演出本进行恢复整理，在保留《寺警》、《琴心》、《赖简》、《拷红》等折子的经典场景基础上，增添张生落第被逐、莺莺与母反目、莺莺与张生并骑等情节，以“有情人终成眷属”的结局收尾。该剧由王润菁饰崔莺莺，唐禾香、李晨饰红娘。

【京剧 《谢瑶环》】

2012 年 3 月 17 日，由战友京剧团演出的京剧《谢瑶环》在北京长安大戏院上演。京剧《谢瑶环》是田汉以陕西碗碗腔《女巡按》为蓝本创作的京剧剧目，于 1962 年由杜近芳、叶盛兰领衔主演，并成为京剧新编历史戏中的保留剧目。此次演出由战友文工团团长刘斌担任艺术总监，杜近芳担任艺术顾问，叶少兰担任复排导演并饰演袁行健，杜近芳的亲传弟子丁晓君领衔主演，张派青衣张萍、李昕、张薇等担纲主演。

该剧讲述唐代江南女子谢瑶环入宫后得武则天赏识，奉命巡按江南，因斩杀、惩戒犯罪的豪门贵族，而与武则天的侄子武三思、近臣来俊臣结怨，受陷害死于酷刑。武则天命人查明真相，诛来俊臣，贬武三思，追赠瑶环定国侯，礼葬吴江东岸。

【新编京剧 《香莲案》】

2012 年 5 月 18 日，天津京剧院创排的新编京剧《香莲案》在北京长安大戏院上演，这是该剧自 2011 年 3 月创排并在天津、武汉、上海等地演出 60 余场后，首次与北京观众见面。该剧由刘连群任编剧，李世济任艺术顾问，白云明执导，续正泰任唱腔设计，李凤阁任音乐设计，天津京剧院青年演员吕洋、凌珂、王嘉庆分别饰演秦香莲、陈世美、包拯。该剧围绕秦香莲和陈世美夫妻关系的裂变，对秦香莲的故事做出新的诠释。新剧增加陈世美中榜后给家人写信、招赘以及微服夜访秦香莲的情节，突出秦香莲坚忍、自尊的女性形象。

【儿童京剧 《白雪公主》】

2012 年 7 月 9 日，作为北京戏曲艺术职业学院建院 60 周年系列纪念演出之一，由该校排演的儿童京剧《白雪公主》在北京首演。该剧取材于德国著名的格林童话，在台湾儿童京剧《丛林七矮人》的基础上创排，全剧弱化原来童话故事中爱情和复仇的主题，提炼出白雪公主与七个小矮人之间为了朋友相互牺牲的主线。剧中演员平均年龄不到 15 岁。

【现代京剧 《牛子厚》】

2012 年 8 月 11 日、12 日，吉林省戏曲剧院京剧团创排的现代京剧《牛子厚》在北京长安大戏院上演。该剧是吉林省戏曲剧院京剧团为京剧麒派传人裴咏杰量身打造的剧目，由张世昆编剧，宋强导演，裴咏杰饰牛子厚，王萍饰李闻莺。该剧讲述牛子厚创办京剧科班“喜连成”所经历的艰难曲折的过程，通过个人命运映照了那个时代中华民族对传统文化的精神追求。

【京剧 《廉吏于成龙》】

2012 年 8 月 14 日，上海京剧院创排的京剧《廉吏于成龙》在北京长安大戏院上演。该剧由尚长荣饰于成龙，蓝天饰康亲王。该剧取材于王永泰的小说《清官于成龙》，讲述清代康熙年间，新任福建按察使于成龙到任后，不顾自身安危，用种种计谋，向驻节福建、权倾朝野的康亲王坦诚进言，与勒春、喀林等官僚周旋斗法，拯妇孺老弱于水火，救受害无辜于囹圄，使一方百姓得以安居乐业的故事。

该剧于 2002 年创排，几经修改，演出百余场，先后获中国京剧艺术节金奖、中国戏剧节优秀剧目奖、国家舞台艺术精品工程十大精品剧目、“五个一工程”优秀作品奖、“文华大奖”、中国戏曲学会奖等。

【京剧新编历史剧 《建安轶事》】

2012 年 8 月 29 日至 30 日，湖北省京剧院携原创新编历史剧《建安轶事》在北京中国儿童艺术剧院剧场演出。该剧由罗怀臻编剧、曹其敬导演、朱绍玉作曲。该剧讲述东汉建安年间，曹操以重金赎回流落在南匈奴的蔡文姬，寄望她完成其父蔡邕未竟的事业——续写《后汉记》，并安排她与董祀成婚。蔡文姬最初与董祀只以姐弟相称，后来二人逐渐相知相守，潜心投入《后汉记》的编著。

【京剧 《清风亭》】

2012年8月30、31日，国家京剧院创排的京剧《清风亭》在北京梅兰芳大剧院上演。该剧由李学忠导演，张晓亚编剧，陈建忠、汪珅任唱腔设计，汪珅、谢光荣任音乐设计，陈勇任舞美设计，朱丹任灯光设计，蒋连起任服装设计，黄炳强、毕杨、李红梅、徐孟轲、张兵等参与演出。传统剧目《清风亭》又名《天雷报》，讲述弃儿张继保被张元秀夫妇抚养成人，高中状元后忘恩负义，全然不认已沦为乞丐的养父母，因此遭受天谴、被暴雷殛亡的故事。

【京剧 《萧关道》】

2012年9月3日，宁夏演艺集团京剧院创排的新编古装京剧《萧关道》在宁夏人民会堂首演。该剧由郑怀兴编剧，欧阳明执导，刘京领衔主演。该剧根据固原博物馆藏品鎏金银壶的故事创作，讲述北周时期，波斯商人阿提夫带着自己的得意之作——鎏金银壶来到中土，不幸染疾病逝，中土正处动乱之际，宝壶被官军抢走，隋代初年，阿提夫的儿子阿塔来到中土，在萧关寻父、寻壶的故事。

【京剧 《北风紧》】

2012年9月5日、6日，福建京剧院创排的京剧《北风紧》在北京梅兰芳大剧院上演。该剧由刘作玉、谢平安导演，田磊主演。该剧讲述南宋年间，科举落第文人施宜生偶遇金国大将军之女标艳，得到金国朝庭重用，并与标艳结合。其时，金国欲向宋朝发兵，佯派施宜生为议和正使，迷惑宋朝，暗遣古离罕刺探军情。施宜生陷入两难境地，最终向宋朝报警，导致金兵惨败，金主盛怒之下判施宜生斩刑。

该剧在全国演出300多场，观众30多万人次，曾获第五届中国京剧艺术一等奖，中宣部第十一届精神文明建设“五个一工程奖”、第九届中国艺术节“文华大奖特别奖”。

【京剧 《无字碑》】

2012年9月13日，湖南省京剧保护传承中心制作演出的京剧《无字碑》在湖南长沙铁路工人文化宫首演。该剧由刘醒明编剧，张杰担任总导演，谢慧担任舞美设计，徐米弟、张璇、顾旭峰、纪瑶瑶等主演。该剧讲述唐朝女皇帝武则天晚年为选择继承大统者而纠结，她的子女、大臣们为皇权展开激烈的斗争，武则天临终前终于大悟，撕掉歌功颂德的《纪圣功德篇》，留下一座无字碑，将功过留给后人评说。

【京剧 《将军道》】

2012年9月21日、22日，沈阳演艺集团、沈阳京剧院创排的京剧《将军道》在北京中国评剧大剧院上演。该剧由杨小青任总导演，常东、陈阳等主演。该剧讲述公元前224年，秦王嬴政不纳老将王翦之言，伐楚大败。为图江山一统，嬴政恳请已卸甲归田的王翦出山掌兵。在王翦出征之际，嬴政又担心其萌生异心，遂迎娶王翦之女以为挟制。面对战事成败、君王疑虑、亲人安危，王翦以智慧、勇气与忠诚，成就了慷慨壮烈的将军之道。

【京剧 《太真外传》】

2012 年 9 月 25 日，国家京剧院《太真外传》作为“2012 全国优秀剧目展演”作品在梅兰芳大剧院上演。该剧由姜凤山改编，于魁智、李胜素主演。

《太真外传》是梅兰芳早年编演的大型歌舞剧，曾于 20 世纪 20 年代上演，因在唱腔、舞蹈、扮相、服饰、音乐等方面的改革创新而引起轰动。此次新排本是在梅兰芳的琴师姜凤山的整理本基础上精简而成，并悉数保留梅兰芳的经典唱段“听宫娥”、“脱罢了”、“无限忧愁无限恨”、“挽翠袖”、“忽听得”等。新排本共十场戏，集中讲述杨玉环与唐明皇的帝妃之恋，表达“在天愿做比翼鸟，在地愿为连理枝”的爱情理想，同时讽谕唐明皇的任用奸佞与朝纲废弛。

【京剧 《韩玉娘》】

2012 年 9 月 27 日晚，国家京剧院新排京剧《韩玉娘》在北京梅兰芳大剧院上演。该剧由李瑞环十易其稿最终完成，由董圆圆领衔主演。

该剧以梅派京剧《生死恨》为原型，讲述一介民女韩玉娘与曲折坎坷、苦难命运的搏斗的故事。

【京剧 《大破铜网阵》】

2012 年 9 月 30 日，国家大剧院创排的京剧《大破铜网阵》在北京梅兰芳大剧院上演。该剧由国家京剧院王璐、靳智棋、刘大可、石岩、王浩、王立波等 30 余位青年演员参演，张春华、高牧坤、常贵祥、叶钧、刘海生 5 位艺术家传艺执排。该剧讲述北宋仁宗时期，襄阳王蓄意谋反，私建冲霄楼，并将反叛盟单藏匿于此。颜查散奉旨巡按襄阳，锦毛鼠白玉堂因颜查散的金印丢失，为扭转巡按失印的被动局面，只身前往冲霄楼，夜闯铜网阵，却误触机关、身陷铜网，被乱箭射死。襄阳王遂将金印抛入逆水寒潭。白玉堂之盟兄翻江鼠蒋平，与三位兄长赶至襄阳。面对寒冷刺骨、鹅毛沉底的逆水寒潭，蒋平潜入潭底寻回金印，并设计捉获邓车，最后会同智化、欧阳春、丁氏双侠等人擒获襄阳王，大破铜网阵、火焚冲霄楼。

【京剧 《无旨钦差》】

2012 年 10 月 17 日、18 日，天津市青年京剧团创排的新编历史京剧《无旨钦差》在北京梅兰芳大剧院上演。该剧由梁波编剧，石晓亮饰安德海，孟广禄饰丁葆祯，谭艳饰慈禧。该剧讲述清朝同治年间丁宝祯智斩安德海的故事。太监安德海得到慈禧太后的宠嬖，打着“钦差”的旗号，乘坐太平龙舟到江南为小皇帝置办婚礼用品，一路上声势显赫，极尽僭越敛财之能事，途经山东时，二品巡抚丁宝祯遵照太监没有圣旨不能出京的祖训，将他羁押，并密旨进京。慈禧面对东宫的深究、诸大臣的弹劾，只好将安德海处死。

【京剧 《老北京传奇》】

2012 年 10 月 25 日，北京市京昆文化艺术团创排的大型神话新编历史剧《老北京传奇》在北京天桥剧场上演。该剧由郭宝昌担任总导演，刘金泉、侯连英、赵元侠、王晶、张永生等联袂演出。该剧讲述明永乐年间北京城建都的故事，在刘伯温领旨迁都的历史典故中，融入华仙献身铸钟、八臂哪吒镇孽龙、鲁班解难造双屋檐等传说，并引入抖空竹、推水车、单弦联唱等多媒体技术。

【京剧 《飞虎将军》】

2012年12月13日，浙江京剧团新编历史京剧《飞虎将军》在杭州剧院首演。该剧由翁国生担任导演和艺术总监，周长赋担任编剧，边文彤、胡耀辉担任舞美设计和灯光设计，蓝玲担任人物造型设计，邱小波、刘建宽、周雪华、叶云青联手担任音乐设计和唱腔设计，翁国生和金敏共同领衔主演，杨派老生赵东海、荀派花旦罗戎征和黄金、程派青衣毛懋、花脸毛毅、文丑陈瑞云联袂出演。

《飞虎将军》取材于历史悲剧人物“十三太保”李存孝的传奇经历。放羊娃安敬思在飞虎峪中放羊为生，因打虎救主，被晋王李克用赏识，封为“十三太保”，赐名李存孝。他屡立战功，又被封为“飞虎大将军”，并娶李克用之女为妻。后因触犯晋国军规和国法，最终身陷牢狱被五马分尸。

昆剧

【昆剧 《续琵琶》】

2012 年 3 月 11 日，由北京曹雪芹学会、中国戏曲学院、北方昆曲剧院联合制作的昆剧《续琵琶》在北京长安大戏院上演。该剧由涂玲慧、魏春荣、王振义主演。

该剧素材采自《后汉书》、《三国志》、《资治通鉴》、《三国演义》等书籍，整理搬演剧目五出，即《探狱》、《被掠》、《感梦》、《制拍》、《台宴》。剧叙蔡邕被诬为董卓同党，为王允所杀。临终前，蔡邕将自己的小女蔡文姬托付给学生董祀，希望蔡文姬完成自己的遗志，续修汉史。汉末战火连绵，蔡文姬被掠到匈奴，忍辱生活，写下《悲愤诗》和《胡笳十八拍》。后曹操雄起，起用董祀，协助大将曹彰带兵前往胡地，终使文姬归汉、汉史续修。

【昆剧现代戏 《爱无疆》】

2012 年 5 月 30 日至 31 日，由北方昆曲剧院创排的现代戏《爱无疆》在北京梅兰芳大剧院上演。该剧由方彤彤导演，王焱编剧，杨帆饰高凌云，张竹梅饰高母，马靖饰高小云，侯雪龙饰陶天鑫。

该剧以“母慈子孝”为主题，根据发生在北京的真实故事改编而成，讲述一个年轻人割肝救母的故事。剧中人高凌云与妹妹高小云在寡母的抚育下长大成人。高凌云被保送到东京大学攻读博士学位。高母在丈夫生前好友董医生的帮助下，对儿子隐瞒肝病，高凌云放心赴日。高母积劳成疾，病至肝硬化晚期，急需换肝治疗。高凌云闻讯，不顾恩师劝阻，回国献肝救母。

【昆剧 《牡丹亭》】

2012 年 6 月 2 日至 4 日，2012 版昆剧《牡丹亭》在上海东方艺术中心上演。该剧由台湾导演李小平执导，史依弘饰杜丽娘，张军饰柳梦梅，台湾演员朱安丽一人饰演春香和石道姑两个角色。

2012 版昆剧《牡丹亭》在剧本上基本遵循昆曲原有格局，只在细节上有些许改动。全剧只有 3 位主要演员，原先演出中的十二花神在剧中也简化成两个，但导演为这两个花神的出场设计了特别的舞蹈。与以往白先勇的青春版《牡丹亭》、上海昆剧团的全本《牡丹亭》等众多版本不同，2012 版《牡丹亭》还运用全透明材质的桌椅、巨型圆环的舞美、全新设计的服装头饰。

【昆剧 《金印记》】

2012 年 6 月 9 日，浙江永嘉昆剧团排演的昆剧《金印记》在浙江温州乐清剧院首演。该剧由张烈改编，徐春兰执导，林天文担任音乐与唱腔设计，北方昆曲剧院小生演员王振义饰苏秦，永嘉昆剧团旦角演员由腾腾饰周氏，永嘉昆剧团青年演员张胜建、冯诚彦、刘汉光、金海雷、孙永会等参演。

《金印记》原为明代传奇，最早由南戏搬演，取材于战国时期苏秦的故事。评剧、川剧、闽剧都曾演过该剧，《金印记》中的《投井》、《不第》两折则是昆剧的经典折子戏。此次排演的昆剧《金印记》讲述苏秦受尽屈辱、甚至绝望到要去投井自杀，最终，他经过生死洗礼，刺股苦读，挂上六国相印。全剧共分七场：勤读、庆寿、不第、投井、刺股、荣归、拜井。该剧生、旦、净、末、丑、外、贴七个行当俱全，保留了典型的南戏演出样式。

【昆剧新编历史戏 《景阳钟变》】

2012年6月15日，上海昆剧团创排的昆曲新编历史剧《景阳钟变》在上海逸夫舞台上演。该剧由周长赋编剧，谢平安执导，蔡正仁和张静娴担任艺术指导，黎安饰崇祯，余彬饰周皇后，袁国良饰王承恩，吴双饰周奎，季云峰饰李国贞。

该剧改编自明清传奇《铁冠图》，讲述明朝末年，李自成兵陷山西，直逼明都燕京。明朝文武百官百般畏战，崇祯帝不得已痛下《罪已诏》，命令妻女自尽，自己则独上煤山自缢。

【昆剧 《红楼梦》】

2012年6月30日、7月1日，由北方昆曲剧院排演的昆剧《红楼梦》上本、下本陆续在江苏苏州文化艺术中心上演。该剧由王旭烽编剧，曹其敬任总导演，徐春兰任导演，王大元任唱腔设计，董为杰作曲，刘杏林担任舞美设计，邢辛灯光设计，彭丁煌任服装设计、王桂蓉任容妆造型，蔡正仁任艺术指导，上海指挥家王永吉与北方昆曲剧院青年指挥梁音分任上下本乐队指挥。上海昆剧团青年女小生翁佳慧饰和江苏省演艺集团昆剧院青年小生施夏明饰演贾宝玉，北方昆曲剧院青年演员朱冰贞、邵天帅饰演林黛玉。昆剧《红楼梦》以宝黛爱情为主线，以王熙凤、贾政等人物的命运为辅线，全景式地展示大观园的荣辱与兴衰。该剧于2011年4月在北京国家大剧院首演，获得第十二届中国戏剧节优秀剧目奖、优秀导演奖、优秀表演奖、优秀舞美设计奖。2012年初被选文化部评为“国家舞台艺术精品工程资助剧目”。

【实验昆剧 《319回首紫禁城》】

2012年7月28日，由江苏省演艺集团昆剧院第四代青年演员杨阳等演出的实验昆剧《319回首紫禁城》在南京江南剧院上演。香港实验艺术团体“进念二十面体”的联合艺术总监荣念曾，香港音乐人许敖山，日本编舞家松岛诚以及来自德国的艺术总监兼设计师 Tobias Gremmler，是这部实验昆剧的授课人和演出指导者。本剧讲述的是甲申年三月十九日明朝末代君王崇祯帝朱由检生前最后时段的故事。

【昆剧新编历史戏 《班昭》】

2012年8月17日，上海昆剧团的昆剧《班昭》在北京长安大戏院上演。编剧罗怀臻，张静娴饰班昭，蔡正仁饰马续，谷好好、吴双、廖斌等参与演出。该剧讲述班固为续写《汉书》寻找继承人，将十四岁的妹妹班昭许配给她的二师兄曹寿。但曹寿新婚不久便不耐书斋寂寞，怀揣美赋，游走宫廷。兄长临终，班昭毅然继承父兄遗志，续写《汉书》，长年依靠温良敦厚的大师兄马续。然曹寿不归，马续也不便久居班家。风雨之夜，班昭以一杯清茶送走了马续，曹寿却意外归来。最后，在经历了丈夫殉葬、书稿被焚等一系列磨难后，班昭和大师兄马续再度重逢，在他的支持和感召下，终于完成史学巨著。

昆剧《班昭》是上海昆剧团2001年排演的新编历史剧目，演出逾百场，足迹遍布内地及港澳台地区，观众达7万多人次，曾获第十四届中国曹禺戏剧奖剧本奖榜首、文化部第十届文华新剧目奖、中国昆剧艺术节优秀剧目奖、第九届中宣部精神文明建设“五个一工程”优秀作品奖、中国戏曲学会奖等多个奖项，并入选2004—2005年度国家舞台艺术精品工程十大精品剧目。

豫剧

【豫剧现代戏 《中原警事》 】

2012 年 4 月 10 日，由河南省许昌市公安局和许昌万里豫剧院联合推出的大型豫剧现代戏《中原警事》在河南许都大剧院首演。该剧由齐飞编剧，李利宏导演，常俊丽、艾立、王海生等主演。《中原警事》分 6 场，以河南省许昌市公安战线涌现出的英雄模范为原型，讲述广大公安民警在保障公平正义、维护社会稳定、促进经济发展等基层工作中的故事。

【豫剧 《轩辕大帝》】

2012 年 6 月 13 日，由河南省新郑市豫剧团制作完成的大型原创豫剧《轩辕大帝》在河南新郑首演。该剧由姚金城编剧，张平执导，任三印饰轩辕黄帝，王可畏饰炎帝。该剧以中华人文始祖轩辕黄帝与元妃嫘祖的传奇爱情故事为线索，讲述黄帝、炎帝、屠豹三大部落兴衰聚散的故事。

【豫剧 《苏武牧羊》】

2012 年 8 月 21 日、22 日，河南省豫剧二团创排的大型原创豫剧《苏武牧羊》在北京国家大剧院戏剧场上演。该剧由李树建、杨红霞、田敏、丁建英、盛红林主演。该剧讲述汉武帝年间，中郎将苏武奉旨出使匈奴，被扣留，因拒不投降，被匈奴单于流放到北海牧羊。苏武家破人亡、妻离子散，昏死于暴风雪中，为匈奴女子阿云所救。二人结为夫妻，并生一子。十九年后，匈奴与汉朝议和，苏武不得不离开阿云归汉。

【现代豫剧 《兰考往事——焦裕禄》】

2012 年 8 月 26 日，由河南省豫剧三团创排的大型豫剧现代戏《兰考往事——焦裕禄》在北京长安大戏院上演。该剧由姚金城、何中兴编剧，张平执导，贾文龙、盛红林、陈秀兰等主演。该剧讲述半个世纪前兰考县委书记焦裕禄的先进事迹，展现焦裕禄“求实、为民”的公仆情怀。

【现代豫剧 《王屋山的女人》】

2012 年 8 月 28 日至 29 日，河南省济源市豫剧团排演的现代豫剧《王屋山的女人》在北京长安大戏院上演。该剧由陈涌泉编剧，张平导演，左奇伟作曲，刘雯卉、李国智等主演。该剧讲述王屋山村民青山带领家乡人在外承揽建筑工程，年底结算时，工程款被会计马玉堂卷走。青山闻讯，突发心脏病身亡。青山爹吞下乡亲们的欠条，青山媳妇彩云却挺身而出，历尽艰难为丈夫还清债务。

【豫剧《红高粱》】

2012年8月31日，作为“向党的十八大献礼——河南省优秀剧（节）目北京展演月”的重点剧目，由河南省三门峡市豫剧团排演的现代豫剧《红高粱》在北京长安大戏院上演。该剧由史茹、李永利、余鸿谦等联袂出演。该剧根据作家莫言的《红高粱家族》系列小说改编，讲述主人公九儿被卖给患有麻风病的单扁郎，饱受欺凌，后被十八刀所救，两人相互爱慕，过上幸福的生活。这时抗日战争开始，九儿和十八刀不愿意受日本人奴役，带领乡亲们奋起反抗，最终牺牲。

【豫剧《香魂女》】

2012年10月30日，由河南省豫剧三团排演的豫剧现代戏《香魂女》在河南郑州上演。该剧由汪荃珍、杨红霞主演，姚金城任编剧，李利宏执导，朱超伦、耿玉卿、李仲党、汤其河、安之语、赵国安等作曲，苗培如担任舞美设计。该剧通过两代女性不幸的爱情婚姻故事，探讨在大的历史背景下的个体生命存在，引发人们对现实、对社会、对人生的思考。该剧于2000年首演，获得第六届中国艺术节大奖，并入选2004—2005年度国家舞台艺术精品工程“十大精品剧目”。

评剧

【评剧现代戏 《什刹海》】

2012年6月14日，由北京戏曲艺术职业学院演出的大型现代评剧《什刹海》在北京戏曲艺术职业学院排演场首演。该剧由马惠民领衔演出，剧中六个主要角色均由北京戏曲艺术职业学院地方戏曲系师生担纲。

该剧讲述以关汉卿后人关佳旭为代表的北京人在“情感和社会责任感”之间的艰难抉择。全剧念白均采用旧京白，场次之间以评剧加京韵大鼓的旋律衔接。

【新编评剧 《赵景棠》】

2012年8月13日，由天津评剧院创排的评剧《赵锦棠》在天津滨湖剧场上演。该剧由梁波整理改编，谷奎林、黄妙峰导演，曾昭娟领衔主演，剧文林、夏霞、郑春林、李丽华主演。该剧根据花派代表剧目《朱痕记》整理改编，除原剧中的“磨房”、“粥棚”两场戏给予保留外，对其他场次进行删减，乃至重写。剧叙唐代，西凉造反，朱春登替身染重病的叔父出征。婶母宋氏的内侄宋成趁机为宋氏谋划独霸家产、逼迫赵锦棠与其成婚。遭到严辞拒绝后，宋成又蛊惑宋氏逼赵锦棠磨房磨面，并将其婆媳赶至山中牧羊。风雪中，羊群失散，婆媳二人只得流落他乡，乞讨谋生。十二年后，朱春登封侯归家。赵锦棠搀扶婆母流落至此，最终夫妻相认，阖家团圆。

【新编评剧 《寄印传奇》】

2012年10月7日，天津评剧院创排的评剧《寄印传奇》在北京中国评剧大剧院上演。该剧由郑怀兴编剧，曾昭娟饰冷月芳，剧文林饰侯文甫。该剧讲述清朝末年的子虚县由于官吏贪赃枉法，盗匪猖獗、百业凋敝。新任县令侯文甫抬棺上任，以表剿匪兴业之决心。子虚县冷记当铺老板——年轻貌美的寡妇冷月芳巧妙设计，试探新县令是廉还是贪。通过几个回合的较量，冷月芳庆幸自己遇上一个清官，逐渐对侯文甫萌动芳心，甚至在侯文甫遭遇祸患时不惜变卖全部家产保其官位。然而，随后冷月芳发现，侯文甫是有意编造谎言，利用她的信任和感情骗取财产。最后，侯文甫猝然身死，躺进了自己带来的那口棺材。

《寄印传奇》于2008年首演，曾获第六届中国评剧艺术节优秀剧目奖、中宣部第十一届精神文明建设“五个一工程”奖、第十三届文华大奖等奖项，并获国家舞台艺术精品工程“十大精品剧目”称号。

【评剧 《非常妈妈》】

2012年10月12日，天津评剧院三团创排的评剧《非常妈妈》在北京中国评剧大剧院上演。该剧由王秋明导演，王海燕饰彩霞，马泽天饰王大炮。该剧取材自现实生活，讲述华侨顾雪飞在医院门前拾到一对遭人遗弃的龙凤胎婴儿，为照顾这对孩子，又收留一个讨饭女彩霞来家中做保姆。顾雪飞在动荡时期无奈只身离去，彩霞为抚养孩子终身未嫁，后来孩子双双长大，引发出一段感人肺腑的故事。

【评剧《祥子与虎妞》】

2012年12月18日至19日，由中国评剧院复排的评剧《祥子与虎妞》在北京中国评剧大剧院演出。该剧由钟文农编剧，李学忠导演，宋丽领衔主演，于海泉、郑岚、邹海群、王丽京等主演。该剧根据老舍名著《骆驼祥子》改编，以评剧的表现方式展现旧中国的北京城里一群穷苦的人力车夫艰辛凄凉的生活。

该剧于2000年首演，在2002年首届中国评剧艺术节中获“优秀剧目奖”和“优秀编剧奖”。

越剧

【越剧 《狸猫换太子》】

2012年8月22日和23日，由浙江省绍兴县小百花越剧艺术传习中心新编的越剧《狸猫换太子》在北京梅兰芳大剧院上演。该剧由吴凤花饰陈琳，吴素英饰寇珠，陈飞饰李妃，董鉴鸿饰刘妃。该剧讲述宋真宗时，李妃产子，刘妃为争宠而与内监郭槐密谋，用剥皮狸猫换出新生的太子，命人将太子抛入御河。总监陈琳将太子救下，送至八贤王府养大。李妃被刘妃诬陷产妖，被贬入冷宫。后来太子继位，将刘妃等人一网打尽，昭雪沉冤。

【越剧 《德清嫂》】

2012年9月18日，由杭州越剧院创演的大型越剧现代戏《德清嫂》在北京国家大剧院上演。此次演出的"明星"版由谢群英、陈晓红、徐铭联袂主演，而德清县剧团的演员们还排演了一个舞台较为简单的"草根"版，常年在乡村演出。该剧以德清县道德模范蒋引娣、封丽娟等人为故事原型，讲述农家大嫂德清嫂抚养一对孤儿的故事。二十年前，德清嫂为了救别人的孩子而丢失了自己的女儿，但她强忍悲痛，收养了父母双亡的天宝、燕子兄妹俩，含辛茹苦将他们养大。天宝结婚，媳妇名叫玉娇，进门不久，就闹分家。玉娇自幼就留下病根的尿毒症发作，必须换肾。危急关头，德清嫂毅然为媳妇捐肾，婆媳俩竟配型成功，玉娇获救，原来玉娇正是德清嫂失散的亲女。

【越剧 《新巡按斩父》】

2012年10月30日，由上海肖雅文化艺术有限公司与舟山市小百花越剧团合作推出的越剧《新巡按斩父》在北京中国儿童艺术剧院上演。该剧由越剧尹派小生萧雅主演，浙江省舟山市小百花越剧团演员参演。该剧讲述某年南京遭受灾荒，朝廷下拨的救灾钱粮被府尹周吉私吞，百姓民不聊生，告状无门。清官巡按徐青奉旨巡察灾情，月云庵尼姑李月素状告徐青的父亲18年前杀死了自己的丈夫，徐青陷入情与法的痛苦抉择，最终铲除奸恶。

黄梅戏

【黄梅音乐剧 《贵妇还乡》】

2012年7月12日，由“黄梅戏皇后”吴琼打造的黄梅音乐剧《贵妇还乡》在北京保利剧院首演。该剧由王新纪编剧，吴琼、黄新德领衔主演。该剧根据迪伦马特的名剧《老妇还乡》改编而成，讲述女财主克莱尔回到家乡居伦，宣布要给破败不堪的居伦捐赠巨款，条件是必须处死她的初恋情人伊尔，由此揭开一段尘封的往事。该剧一改黄梅戏的传统创作手法，从编剧到音乐、从导演到编舞、从舞美到服装，全部使用音乐剧的手法实现，剧中既有《夫妻双双把家还》、《红灯记》等黄梅名段，也有《哈利路亚》、《欢乐颂》等西方经典，还有《最炫民族风》、《忐忑》等流行歌曲。

【黄梅戏 《半个月亮》】

2012年9月28日，由安徽省安庆市黄梅戏艺术剧院创排的新编大型历史黄梅戏《半个月亮》在合肥安徽大剧院首演。该剧由王琴、黄新德领衔主演，余青峰编剧，王晓鹰、陈涛导演，徐志远作曲。该剧根据安徽黟县民歌《十送郎》创意而生，讲述日本侵略者渡边闻知莲花唱得一首“让人心碎的送郎歌”，希望莲花为他唱这支歌以慰藉心灵，遭到莲花拒绝。全剧就围绕着“唱”和“不唱”戏剧性地展开。剧中，莲花虽然三次张口，三度歌唱，却始终没有唱出渡边所需要的声音而到渡边不再需要这种声音慰藉心灵的时候，莲花却执意要唱，以情歌为武器，给侵略者精神上的致命打击。

【黄梅戏 《妹娃要过河》】

2012年10月3日、4日，湖北省演艺集团有限公司创排的黄梅戏《妹娃要过河》在北京天桥剧场上演。该剧由天津歌舞剧院副院长张曼君执导，杨俊担纲主角。该剧溶入民歌《龙船调》的主旋律，将黄梅戏与土家风情文化融合在一起。剧叙鄂西土家龙船寨主的女儿阿朵，为本寨利益许婚权贵。在婚期将近之日，阿朵与客家水手阿龙一见倾心，两人不惜以结束生命为代价唱响真爱无敌的千古歌谣。剧中包含土家女儿哭嫁、土家族传统歌舞茅古斯、砍邪歌等极具土家族民族特色的仪式和歌舞。

【黄梅戏 《徽州往事》】

2012年10月16日，由安庆再芬黄梅艺术剧院创演的黄梅戏《徽州往事》在安徽省安庆市黄梅戏艺术中心上演。该剧由王延松执导，谢熹编剧，时白林作曲，韩再芬领衔主演。《徽州往事》历经6年打造，以徽州故事为题材，讲述清朝后期匪患四起的徽州古村落里，一位美丽聪慧的女人舒香如何同悲苦崎岖的命运作抗争，如何在爱情、婚姻和人伦礼教的漩涡中挣扎的故事。

【黄梅戏 《雷雨》】

2012年10月26日、27日，安徽省黄梅戏剧院有限责任公司创排的黄梅戏《雷雨》在北京长安大戏院上演。该剧由王向明执导，隆学义编剧，时白林作曲，江松阳担任音乐指挥，蒋建国饰周萍，黄新德饰周朴园，吴亚玲饰繁漪，何云饰四凤，胡玉洁饰侍萍，周珊饰周冲，徐世银饰鲁贵。该剧根据曹禺的话剧《雷雨》改编，将剧中人物周萍塑造为男主角，主创人员打破四幕话剧的原有格局，将全剧分为六场，分别定题为：雷雨兆、雷雨前、雷雨近、雷雨至、雷雨中、雷雨急，场景基本集中于周家。原著中，四凤与周冲均为触电而亡，具有偶然性。改编之后，四凤跳河自杀，周冲误落井中，凸显四凤在双重打击之下的万念俱灰、心如死水。

黄梅戏《雷雨》于2005年首演，曾入选2009年“国家艺术精品工程”十大精品剧目。

【黄梅戏 《寸草心》】

2012年11月7日，由安徽省枞阳县黄梅戏演艺中心创排的黄梅戏《寸草心》在安徽省合肥市上演。该剧由潘西平执导，刘云程编剧，陈儒天作曲，王履玮任舞美设计，黄金峰、胡营、谢海堃、张靖等主演。该剧讲述南洋归国女华侨刘佩瑶原计划去武汉投军抗日，路过家乡浮山镇时不得已留下来教书育人，后在打入日军内部的丈夫的帮助和掩护下，围绕同化与反同化，坚持与日本侵略者作斗争，直到牺牲。

粤剧

【新编粤剧 《碉楼》】

2012 年 8 月 28 日，由广州粤剧院有限公司、广州粤剧团创作演出的粤剧《碉楼》，在广东省广州黄花岗剧院首演。该剧由欧凯明任艺术总监，梁郁南编剧，谢平安执导，黄健任唱腔设计，周正平任灯光设计，王玲任服装设计，黎骏声饰司徒镇海，陈韵红饰秋月。剧叙清末民初，秋月与恋人司徒镇海被迫分离。秋月空守碉楼三年，被其舅父贾雨亭出卖给民国剿匪团长马如虎做“六姨太”。后司徒家族的仇人单眼英劫秋月上山，杀掉马如虎，吓疯贾雨亭，并限司徒镇海半年内找到仇人司徒永堂。镇海远走金山，最终带回司徒永堂的骨灰。单眼英悲愤交加，原来她竟是司徒永堂之女司徒镇云，因听信谎言而对父亲心怀仇恨。真相大白之后，秋月与镇海结合。

【粤剧 《孙中山与宋庆龄》】

2012 年 9 月 27 日，由广州粤剧院有限公司、广州红豆粤剧团创作排演的《孙中山与宋庆龄》在广西北海市人民剧场上演。该剧由红线女任艺术指导，卫中编剧，龙杰锋导演，赵国良任舞美设计，胡华庆任灯光设计，王玲任服装设计，欧凯明饰孙中山，崔玉梅饰宋庆龄。该剧以广州民主革命为背景，讲述孙中山和宋庆龄之间的爱情故事。1913 年，宋庆龄第一次在日本横滨会见孙中山，两人志趣相投，互相吸引。后孙中山回国发动“二次革命”，失败后去往日本东京，与宋庆龄走进婚姻。孙中山为实现统一中国的理想，决定北伐，因此被撤销官职的陈炯明趁机叛变，炮轰广州总统府，宋庆龄为掩护孙中山撤离而不幸流产。孙中山一生为革命劳碌，患上肝癌，临终前他嘱咐“革命尚未成功，同志仍需努力”，并将自己的所有财物留给宋庆龄。

【粤剧 《小凤仙》】

2012 年 10 月 3 日、4 日，由广东佛山粤剧院排演的粤剧《小凤仙》作为“2012 年全国优秀剧目展演”作品在北京演出。该剧由尹洪波、梁郁南编剧，龙俊杰导演，卜灿荣、黄仲武等担任唱腔设计、击乐设计，李淑勤饰小凤仙，陆志鹏饰蔡锷，卫国饰袁克定。该剧讲述民国初年京城名妓小凤仙掩护蔡锷脱离袁世凯羁绊，潜回云南开展护国运动的故事。袁克定为父亲袁世凯复辟帝制需要，把小凤仙的父亲当作革命党抓进监狱，以此胁迫小凤仙勾引辛亥革命元勋蔡锷，以便羁縻蔡锷留京。蔡锷为摆脱袁世凯的监视，也将计就计与小凤仙纠缠。两人从相识、相认到相知、相爱。最后小凤仙成功掩护蔡锷潜回云南。

【粤剧 《蔡文姬》】

2012 年 12 月 19 日，由广东粤剧院二团创演的新编大型古装粤剧《蔡文姬》在广东顺德演艺中心首演。该剧由麦玉清、姚志强、林家宝领衔主演，吴惟庆编剧，王晓鹰任总导演，蓝天作曲，黄壮谋担任唱腔设计。该剧在郭沫若的话剧《蔡文姬》基础上改编，以蔡文姬归汉修书的情感历程和克服别夫弃子的内心痛苦为主线，对饱尝战乱别离之苦却深明民族大义的才女形象进行塑造。

晋剧

【新编晋剧 《刘胡兰》】

2012 年 1 月 12 日，由山西省吕梁市晋剧院有限公司创排的新编现代晋剧《刘胡兰》在太原首演。该剧由曲润海、戴英禄、邹忆青编剧，裴福林导演。全剧由改名上学、儿童团成长、抗战磨练、月下缝军鞋、智拿伪村长、勇斗阎匪军、凛然就义等小片段连缀而成。与展现刘胡兰英雄事迹的其他舞台作品不同的是，该剧在讲述刘胡兰在敌人淫威面前临危不惧、从容就义的同时，用较大篇幅展现刘胡兰是如何从一名普通的乡村姑娘“胡兰子”成长为机智勇敢的儿童团员，最终在革命斗争的洗礼中成长为一名共产党员的过程。

【晋剧新编历史戏 《清明》】

2012 年 7 月 3 日，由山西省阳泉市晋剧院创作排演的大型新编历史剧《清明》在山西省演艺中心首演。该剧由王伟编剧，武学文导演，张红红领衔主演。该剧以春秋时期为背景，以娘子关“妒女祠碑”的历史记载为创作素材，讲述春秋时期，晋文公复国之时，介子推挂冠归隐，晋文公为逼其出山，错令焚山。事后，为饰自过颁旨百日寒食。介子推之妹介子鹃力劝君王撤令，并誓言自焚，晋文公反思自省，终颁旨撤令，赢得万民拥戴。

【晋剧 《大红灯笼》】

2012 年 10 月 15 日至 16 日，山西梅花文化传播有限公司策划出品的新编晋剧《大红灯笼》在北京中国评剧大剧院上演。该剧由史佳花领衔主演，胡嫦娥、苗洁、武凌云联袂主演。该剧根据苏童的小说《妻妾成群》改编。剧叙女大学生颂莲嫁入一个封建大家庭，从单纯、善良的少女变为封建社会家庭中争宠的有心机的女子，其精神的苦闷、人格的扭曲使她有意无意的害死同她争宠的女子，最后终于发疯。

该剧为纪念辛亥革命 100 周年而创作，曾获得第二届中国戏剧文华奖剧目奖、优秀表演奖等十一项全国大奖。

曲剧

【曲剧 《曹操与杨修》】

2012 年 2 月 4 日，由河南省郑州市曲剧团创排的曲剧《曹操与杨修》在河南郑州市艺术宫上演。该剧由王学峰执导，田冠军饰曹操，刘俊钦饰杨修，张兰珍饰曹操夫人。该剧移植自上海京剧院同名京剧，讲述赤壁之战后，汉相曹操力图东山再起，他广罗人才，求贤若渴。一代名士杨修投效曹操，两人一见如故。曹营缺粮。杨修立状半年备齐，并荐好友孔闻岱为助手。当粮草备齐，曹操得知劳苦功高者是孔闻岱时，悔恨交加，原来曹误听小人谗言已将孔杀死。为使杨修及众官信服，曹谎称自己患有“梦幻杀人之疾”而误杀孔闻岱。杨修心存疑惑，特设计促曹夫人在曹操熟睡时进见。曹明知是计，为使众人信服，仍诈惊将妻杀死。曹操与杨修，对军机大事意见屡屡向左，但智谋又多以杨修为高，引起曹操嫉妒。后与蜀国交战中，杨修为挽救败局，力谏不果，于是自作主张，终惹怒曹操，遭到处斩。

【曲剧儿童剧 《老鼠嫁女》】

2012 年 6 月 1 日，由河南省曲剧团创排的曲剧儿童剧《老鼠嫁女》在河南省艺术中心首演。该剧由李杰导演，并在剧中饰演“大风”；赵红梅担纲作曲和唱腔设计；刘艳丽、杨帅、方素珍等主演。该剧由新加坡戏剧家蔡曙鹏编著，以拟人化手法夸张地表现老鼠嫁女活泼诙谐、热闹欢乐的场面。自 2003 年首演以来，受到新加坡青少年的热烈欢迎，每年在数十所学校演出。之后，又曾以黄梅戏、潮剧、扬剧、粤剧形式，在印尼、马来西亚、德国的儿童戏剧节上演出 500 场以上。

【曲剧《“乡” 约青春》】

2012 年 9 月 16 日，由北京市延庆县委宣传部与北京曲剧艺术中心联合推出的曲剧《“乡”约青春》在北京延庆首演。该剧由廖向红导演，王新纪任编剧，戴颐生作曲，刘科栋任舞美设计，刘建中任灯光设计，胡万峰任服装设计，郭曾蕊、张弛任主演，延庆县的大学生村官李欣、张天宇参演。该剧是北京市首部以大学生村官为题材的曲剧，描写以刘炜为代表的大学生村官在情感和工作遇挫的情况下，在大学生村官办主任白守成等前辈们的支持和帮助下不懈努力，在乡村田野里锻炼成长的故事。

汉剧

【全本汉剧《宇宙锋》】

2012 年 2 月 23 日，由湖北武汉汉剧院创排的大型传统汉剧改编剧目《宇宙锋》在武汉剧院首演，这是该剧首次以全本形式亮相汉剧舞台。该剧由石玉昆执导，郑怀兴编剧，武汉汉剧院王荔、邵从新、贾振南、姚长生等参演。

传统汉剧《宇宙锋》是武汉汉剧院院长陈伯华的代表作，主要由《赵高修本》、《金殿装疯》两折戏整理而成。此次武汉汉剧院在继承传统的基础上重新编排，增加“指鹿为马”、“匡赵联姻”、“盗剑嫁祸”等情节，塑造赵艳容屈从父命嫁入匡门，到识破父亲阴谋、勇敢冲出牢笼的心路历程。剧叙秦朝太师赵高妄图钳制众口，独揽大权，在朝中制造一场指鹿为马的闹剧，遭到丞相匡洪的反对。匡洪因得先帝特赐宝剑“宇宙锋”而拥有先斩后奏的大权。赵高为消除异己，拉拢匡洪，采纳亲信康建业之计，请旨联姻，把女儿赵艳蓉嫁入匡门。不料匡洪依然不肯与赵高同流合污。赵高设计盗取“宇宙锋”宝剑，制造冤狱，陷害匡洪一家，并欲将赵艳蓉献入后宫，以获秦二世之宠，并得到御赐宝剑“宇宙锋”。赵艳容逐步得知父亲的阴谋后觉醒，毅然以装疯来反抗父亲与秦二世，最终冲出牢笼，踏上寻夫之路。

湘剧

【湘剧弹腔 《古画雄魂》】

2012年10月14日，长沙湘剧院保护传承中心创排的湘剧弹腔《古画雄魂》在北京中国儿童剧场上演。该剧由陈义平编剧，黄国强导演，曹汝龙主演。该剧讲述湘中某城，具有修补古画“圣手”之称的水天熊画了一幅赝品，被誉为“鉴画圣眼”的关隘雄识破这幅画，并将水天熊剁去一指，两人因此结怨成仇。十年之后，适值抗战后期，侵华日军又弄到当年那幅古画并欺世惑众，以中华亲日名义，晋献天皇，实行文化掠夺。日军大佐伊藤利用水、关之间的矛盾，先将古画交由水天雄修补装裱，再由关隘雄鉴定真伪，然后送往日本。在民族利益遭到严重威胁之际，水关二人捐前嫌，弃私怨，为保护国宝安全转移，以身殉国。

该剧于2005年首演，演出200多场，观众10万余人，曾获第十届全国精神文明建设“五个一工程”奖，第九届中国艺术节上“文华优秀剧目奖”，并入选国家舞台艺术精品。

【湘剧高腔 《谭嗣同》】

2012年10月16日，由湖南省湘剧院创作演出的湘剧高腔《谭嗣同》在北京中国儿童剧场上演。该剧由钱珏根据湘籍剧作家盛和煜的小说《崩霆琴》改编而成，由谢平安执导，王阳娟、邵展凡、庞焕骊等中青年演员担纲演出。该剧共分十场，讲述维新变法英雄谭嗣同奉诏进京、义无反顾地投身变革，后慷慨赴死的悲壮故事。湘剧《谭嗣同》创作于2010年，曾获2012年湖南“五个一工程”奖及湖南省第四届艺术节金奖。

川剧

【川剧 《槐花几时开》】

2012 年 6 月 6 日，由四川省宜宾市川剧院创排的川剧《槐花几时开》在北京解放军歌剧院上演。该剧由谭愫编剧，王文训作曲，乔晋导演，孙勇波、王玉梅、孙普协主演。

该剧以四川宜宾市筠连县腾达镇春风村基层干部、村民创业的人物和事迹为主要创作素材，讲述农村基层党组织和党员、干部组织带领农民群众创业的故事。剧中融入传统川剧“滚灯”、“耍帽翅”、“变脸”、“吐火”、“矮子身法”、“倒硬人”、“高下”等技艺，还吸收了四川民间流行的口语、俗语、俚语、双关语、歇后语、行话、俏皮话及传统戏词、现代歌词、网络段子等。

【川剧 《易胆大》】

2012 年 9 月 23 日、24 日，四川省川剧院创排的川剧《易胆大》在北京长安大戏院上演。该剧由魏明伦编剧，查明哲导演，陈智林主演。该剧讲述清朝末期，龙头镇里的三合戏班当家小生九龄童因重病在身，无法再登台。恶霸麻五爷看上九龄童的妻子花想容，设计迫使九龄童横死台上。九龄童的师兄易胆大决心报仇，他得知麻五爷和另一豪绅骆爷的争斗，先后设计除去麻五爷和骆爷，保住三合戏班安全离开。就在大家功成身退时，花想容却选择自杀身亡。

【川剧 《鸣凤》】

2012 年 10 月 30 日、31 日，重庆市三峡川剧团创排的川剧《鸣凤》在北京梅兰芳大剧院上演。该剧由隆学义编剧，查明哲任总导演，任廷芳任导演，谭继琼任主演。该剧根据巴金的小说《家》改编，讲述民国时期的高公馆内，女仆鸣凤与三少爷觉慧两情相悦，却被高老太爷当作礼物送给老财主作妾，最后投湖自尽的故事。该剧融入四川清音、小调等音乐元素，并用方言和歇后语来表现重庆童谣。

【现代川剧 《文建明》】

2012 年 11 月 19 日，由四川省南充市川剧团和川北灯戏团联合创排的大型现代川剧《文建明》在四川锦城艺术宫上演。该剧由熊源伟导演，胡瑜斌饰文建明，吴欣兰饰钟玉珍。

该剧以四川省南充市营山县城南镇党委书记文建明为原型，通过“初闯捞鱼村”、“解困城南镇”、“再访捞鱼村”、“醉酒释真情”、“病阻奠基礼”、“人生天地间”6 场戏，向观众再现文建明重情重义的川北汉子形象，展现基层共产党员为人民服务的务实作风。

全剧以川剧和川北灯戏两种国家级非物质文化遗产为主要表现形式，加入翻山铰子、踩高跷、云童舞、板凳龙等极具南充特色的文化艺术形式，还将具有川北民俗特色的剪纸运用到舞美布景和演员服装上。

秦腔

【秦腔 《梦回陇西堂》】

2012年8月11日，由定西市百花演艺有限公司、陇西县文化广播影视局合作创排的新编秦腔《梦回陇西堂》在北京中国评剧大剧院首演。该剧由冀福记编剧，安凤英导演，边肖、李小雄等主演。该剧以李氏宗祠“陇西堂”为背景，以唐明皇年间的重大历史事件为主线，通过对唐明皇、杨贵妃、李白等历史人物的演绎，揭示“尊道贵德”者必定家兴国昌，离经叛道者必受惩罚的历史规律。

【秦腔 《花儿声声》】

2012年9月15日、16日，宁夏演艺集团秦腔剧院有限公司创排的秦腔《花儿声声》在北京长安大戏院上演。该剧由张曼君导演，刘家声编剧，徐志远作曲，柳萍主演，张小琴、李小雄、侯艳参演。该剧根据宁夏六盘山地区干旱缺水，实施吊庄搬迁的生活素材为基础，以马连沟女花儿王“杏花”，几十年劳碌奔波和感情上的悲欢离合故事为主线，描述这一地区广大回汉人民群众生活变迁的全过程。

【秦腔 《西京故事》】

2012年9月27日、28日，陕西省戏曲研究院创排的秦腔现代戏《西京故事》作为“2012全国优秀剧目展演”作品在北京长安大戏院上演。该剧由陈彦编剧，查明哲导演，李东桥饰罗天福，王战备饰罗甲成，卫小莉饰罗甲秀。该剧讲述老农民罗天福因一双儿女先后考上重点大学，携妻举家进城，靠家传手艺“千层饼”供养儿女读大学。女儿罗甲秀传承父志，勤工俭学；儿子罗甲成却在浮华虚荣前背弃父志，弃学出走。房东西门锁家境富裕，却过着“有了钱也过不好”的日子。一场大火烧掉了西门锁的房子，也使西门家重新认识了老罗的为人。最后，众人和睦相处，共同追求着“西京梦”。

秦腔《西京故事》于2011年首演，公演200多场。曾获第十二届中国戏剧节“优秀剧目奖”、中国现代戏突出贡献奖，并入选2010－2011国家舞台艺术精品工程。

河北梆子

【河北梆子 《日头日头照着我》】

2012年8月15日、16日，河北省河北梆子剧院创排的河北梆子《日头日头照着我》作为“2012全国优秀剧目展演”作品在北京梅兰芳大戏院上演。该剧由孙德民、王景恒根据河北作家唐慧琴的同名小说改编，由熊源伟执导，许荷英领衔主演，于泽霓、李德全作曲，邱瑞德、王云菊、刘玉芳、孙娜、齐海丽、柴洪生、刘海军等参演。该剧讲述乡文化站站长任文秀去太平村做包村干部，为群众排忧解难、调解干群矛盾的故事。

【河北梆子 《女人九香》】

2012年8月21日、22日，河北省石家庄市河北梆子剧团创排的河北梆子《女人九香》作为“2012全国优秀剧目展演”作品在北京中国评剧大剧院上演。该剧由孙德民编剧，李利宏执导，刘莉沙、雷保春主演。该剧讲述精明、漂亮的九香，主动到贫困户老李家相亲，与二壮情投意合成了亲。来到李家后，九香和二壮一起，用科学知识引领全村人发家致富。公公李德旺因看不惯女人当家，提出分家。邻居小寡妇彩月积怨成怒。九香因与初恋情人王翔合作蔬菜长廊，引来王家媳妇二莲的妒忌仇视。二壮因此吃醋，喝下农药，坚决出走。这一连串的遭遇使爽朗的九香迷茫了，心中浸满无限辛酸。

该剧曾获第十三届文华奖“文华优秀剧目奖”、第十一届中国戏剧节“优秀剧目奖”、中宣部第十一届精神文明奖“五个一工程”奖等重要奖项。

【河北梆子 《晚雪》】

2012年8月25日、26日，天津河北梆子剧院创排的河北梆子《晚雪》在北京中国评剧大剧院上演。该剧由孙德民、王景恒编剧，张曼君执导，刘志欣饰晚雪，王少华饰立春。该剧讲述女主人公晚雪与其丈夫立春收养的孤儿燕子被两个人贩子拐走，人贩子利用晚雪、立春的善良骗走了他们仅有的盘缠，还把晚雪骗卖给深山区的光棍大成为妻。大成得知晚雪的遭遇，毅然放走晚雪。

山东梆子

【山东梆子新编历史剧 《两狼山上》】

2012年10月11日、12日，由山东省泰安市山东梆子剧团创排的山东梆子新编历史剧《两狼山上》在山东剧院上演。该剧由陈涌泉编剧，陈贻道导演，高鼎铸、潘思廷作曲，于少非、张宪春、燕杰任舞美设计，杨圣军、宋其美、武兰香、陈扬、李继业主演。该剧讲述北宋雍熙三年，宋朝三路大军征辽。杨业作为西路军副帅奉命出征，其作战方案遭到监军王侁等人的怀疑和污蔑而被迫出战。杨业临行与主帅潘美约定，在陈家谷口设伏救援，然而当杨业与辽军转战至此，潘美和王侁早率军离去，杨业和百余将士遂被辽军围困在两狼山上，身陷绝境，面对萧太后的劝降，他宁死不降，以死殉国。

【山东梆子 《萧城太后》】

2012年10月19日，山东省聊城市山东梆子剧院创排的山东梆子新编历史剧《萧城太后》在山东聊城市首演。该剧由刘桂成编剧，陈贻道执导，高鼎铸作曲，边文彤任舞美设计，金长烈任灯光设计，蓝玲任服装设计，章兰饰演契丹太后萧燕燕。该剧以在萧城发生的一次历史事件“澶渊之盟”为故事主线，讲述辽国太后萧燕燕从懵懂少女成长为巾帼英才的故事。

【莱芜梆子 《儿行千里》】

2012年9月1日、2日，由山东省莱芜市莱芜梆子剧团创排的莱芜梆子《儿行千里》在北京中国评剧大剧院上演。该剧由张丽华编剧，张克学、张丽华导演，毕力军、张丽华作曲，寇斌、王田力任舞美设计，李桂英、李长生、李伟、吴希梅、刘刚主演。该剧是一部以反腐倡廉为题材的廉政教育剧目，共有惊梦、惊魂、惊恐、惊泪4场戏，以母爱亲情大爱无疆为主线，描写官员郑耀忠的80岁老母如何质疑、警戒儿子不廉洁行为，到儿子东窗事发，面临判处死刑，又为挽救儿子生命，跪求乡亲借钱还赃款，最后感化儿子迷失心灵的过程。

《儿行千里》于2008年首演，先后到全国40多个城市演出140多场，获得全国第十二届精神文明建设“五个一工程”奖。

上党梆子

【上党梆子 《西沟女儿》】

2012 年 10 月 30 日、31 日，山西高平市人民剧团创排的上党梆子《西沟女儿》在北京长安大戏院上演。该剧由张宝祥编剧，王青执导，陈素琴领衔主演。该剧是一部根据全国劳模申纪兰人物原型及其史实创作的现代戏。剧中撷取申纪兰不同历史时期的真实故事，讲述申纪兰对党、对群众、对家乡的浓厚感情和坚持改革不断创新的故事。

闽剧

【新版闽剧 《红裙记》】

2012 年 9 月 9 日至 10 日，由福州市艺术学校整理创排的闽剧《红裙记》在北京中国评剧大剧院上演。该剧由王仁杰改编、徐春兰导演、陈乃春和林梦萍主演。闽剧《红裙记》取材于清代福州王达官卖饼的民间故事，是闽剧传统戏中的经典剧目。新版《红裙记》共有借裙、投水、教子、会子、饯别、追夫 6 场戏。剧中书生王成龙嗜赌成性，将妻子柳氏的一条红裙当做赌资输尽后投身闽江，被人救起带回长安，入赘许家。柳氏以为丈夫已死，守节抚孤 13 年。王成龙奉命到福州经商时与柳氏重逢，双方经过痛苦抉择，最终未能团圆。

该剧于 2009 年改编创作完成，成为一些剧团的常演剧目，曾获第十二届中国戏剧节“优秀剧目奖”。

【新版闽剧现代戏 《别妻书》】

2012 年 10 月 14 日、15 日，福建省实验闽剧院创排的闽剧《别妻书》在北京长安大戏院上演。该剧由林瑞武编剧，卢浩执导，陈新国作曲，陈洪翔饰演林觉民，陈言芳饰陈芳佩。该剧根据参加黄花岗起义的七十二烈士之一林觉民遗留下来的“与妻书”创作而成，描写林觉民参加广州黄花岗起义策划之后，回到福州家中与身怀五个月身孕的妻子陈意映以及年仅六岁的儿子依新团聚，后又离家奔赴广州参加起义的过程。

1999 年，福州闽剧院邀请湖南戏剧导演黄天博将《别妻书》搬上榕城舞台。2009 年，福建省文化厅拨款重排该剧。新版闽剧《别妻书》于 2009 年首演，曾获第十一届中国戏剧节“优秀剧目奖”、“优秀演员奖”，第四届中国戏剧奖・曹禺剧本奖等奖项。

琼剧

【新编近代琼剧 《百年苍翠》】

2012 年 9 月 29 日、30 日，海南省海口市琼剧团创排的琼剧《百年苍翠》在北京中国评剧大剧院上演。该剧由咏之、任永新编剧，梅晓执导，陈素珍领衔主演，吴淑坤、吴叙勇、符绩红、阮丹青主演。该剧共八场，讲述 100 年前爱国华人海玉石历尽艰辛，将橡胶树种从国外带回海南种植，以实现实业报国愿望的故事。

滇剧

【滇剧《大唐公主》】

2012年10月24日、25日，云南省曲靖市珠江源演艺中心创排的新编大型历史题材滇剧《大唐公主》在北京梅兰芳大剧院上演。该剧由罗远书编剧，黄金良任唱腔设计，周勇、苏力、王珣任舞美设计，李长明、解睿任灯光设计，朱惠芬、台光磊、刘坚主演。该剧讲述安史之乱时期，安化公主被昏庸的唐僖宗作为“奖品”赐予斗鸡胜者，走上坎坷的婚姻之路。为求得大唐和南诏和睦相处，安化劝阻恋人高骈罢兵，并愿以偏妃身份嫁给南诏小王隆舜，隆舜感动，放弃这场政治联姻，把安化还给高骈。

婺剧

【青春版婺剧 《穆桂英》】

2012年10月12日、13日，浙江婺剧艺术研究院创排的青春版婺剧《穆桂英》在北京海淀剧院上演。该剧由姜朝皋编剧，童薇薇执导，杨霞云饰穆桂英。该剧以传统婺剧《穆桂英》为基础，在保留故事原型的情况下删繁就简、重新创编。故事围绕破天门阵这一事件和穆桂英、杨宗保两主人公之间的感情线索展开，通过阵前邂逅、寨上招亲、公媳交锋、辕门斩子、帅帐风波、大破天门6场戏，突出表现穆桂英的爱国主义精神。该剧全部起用“80后”、“90后”年轻演员。

绍剧

【绍剧《孙悟空三打白骨精》】

2012年7月28日至29日，浙江绍剧团创排的绍剧《孙悟空三打白骨精》在北京国家大剧院上演。该剧由刘建杨、姚百青、马超英、施洁净、沈宏亮、薛永良、徐峰、章金刚联袂出演。

绍剧《孙悟空三打白骨精》讲述的是唐僧师徒四人去西天取经途中，孙悟空除灭白骨精的故事。最初是七龄童于20世纪40年代自编、自导、自演的幕表戏，取材于《西游记》中《妖魔三戏唐三藏，八戒智激美猴王》等章节。经多次改编、演出，自20世纪60年代开始，该剧每年演出几十场，从农村草台到城市剧场，久演不衰。2011年11月12日，复排的青春版绍剧《孙悟空三打白骨精》在浙江绍剧艺术中心首演。本次演出在青春版基础上，对舞美、灯光、服装进行重新设计。

扬剧

【现代扬剧 《丹凤湖畔》】

2012 年 9 月 13 日至 14 日，江苏省演艺集团扬剧团演出的现代扬剧《丹凤湖畔》在北京中国评剧大剧院上演。该剧由陈明编剧，李利宏导演，缪勇、徐秀芳、侯长荣主演。该剧讲述苏北里下河地区一个叫做丹凤湖的小村里，村主任秦二河被投资商高老包利诱而误入歧途、落入陷阱不能自拔，他的哥哥、前任支书秦长河，为保护耕地再度出山竞选主任，和弟弟展开激烈的竞争。秦长河的妻子，二河昔日的恋人尤菜花，在这场竞争中，陷入两难境地。最终，她在生命的尽头，投下对丈夫的关键一票。该剧于 2008 年首演，2010 年进行二度创新，2012 年再次进行创新。

淮剧

【淮剧 《半车老师》】

2012年8月29日，由江苏省盐城市淮剧团创排的淮剧《半车老师》作为“2012全国优秀剧目展演”作品在北京中国评剧大剧院上演。该剧由陈明、袁福荣编剧，蒋宏贵执导，梁锦忠主演，程红、王雷、徐建东等出演。该剧讲述一个关于“诚信”的故事：田家湾小学的校友会上，老教师田半车号召他的学生们资助母校改善教学环境，众学生纷纷解囊捐助。他的得意门生、鸿运公司总经理焦浩运要捐赠电教室，田半车喜出望外，连忙到县城赊欠五十台电脑。可焦浩运的捐赠款却迟迟没有到位，供货商讨债无果，封了学校大门。为了不影响秋季开学，田半车受众乡亲委托，上城讨要捐款。进城后，他遭遇讨捐“失败”，进退两难，最终以其博大的胸怀感动众学生。

桂剧

【桂剧新编历史戏 《七步吟》】

2012 年 6 月 28 日，广西桂剧团复排的桂剧《七步吟》在广西南宁剧场公演。该剧由吕育忠编剧，杨小青担任总导演，高红梅、傅希如、吴双领衔主演。该剧讲述三国时期曹丕、曹植、甄女之间围绕王权、亲情、爱情展开的一段历史故事。面对王权，曹丕、曹植兄弟间产生激烈的矛盾；面对爱情，兄弟俩又因为先后相遇于洛水的佳人而迸发出难解的冲突。面对权力与爱情，曹丕终于起了杀弟之心。生死存亡之际，曹植在七步之间吟出“本是同根生，相煎何太急”的诗句。

柳琴戏

【柳琴戏 《沂蒙情》】

2012年8月13日、14日，山东省临沂市柳琴剧团创排的柳琴戏《沂蒙情》作为“2012年全国优秀剧目展演”作品在北京中国评剧院大剧院上演。该剧由王新生编剧，梅晓执导，高鼎铸作曲，陈庆文任舞美设计，刘莉莉、吕素芳、刘桂红、孙启忠、梁福生等主演。该剧以抗日战争时期为背景，以沂蒙六姐妹、沂蒙母亲等众多沂蒙红嫂的真实故事为素材，讲述沂蒙山下一家人两代红嫂舍小家顾大家、拥军支前的故事。

吕剧

【吕剧 《苦菜花》】

2012 年 10 月 10 日、11 日，山东省吕剧院创排的大型吕剧现代戏《苦菜花》在北京长安大戏院上演。该剧由胡静华、李萍、高静、董家岭、文宗哲、吕淑娥等领衔主演。该剧根据冯德英同名小说改编而成，讲述抗日战争时期山东革命根据地军民为党和人民的利益艰苦斗争的故事。该剧创作于 1996 年，曾获文化部第八届文华大奖、文华剧作奖、文华音乐创作奖，并在第六届中国艺术节上获得金奖。

吉剧

【现代吉剧 《鹿乡姐妹》】

2012 年 9 月 19 日至 20 日，由张福先、石磊、李文国和孙喜军创作，吉林省戏曲剧院吉剧团创排的大型现代吉剧《鹿乡姐妹》在北京长安大戏院上演。该剧讲述长白山脚下素有“皇家鹿苑”之称的醒台村里，关家姐妹带领乡亲们养鹿致富，却遭遇鹿茸造假事件，并由此引出了一系列问题和矛盾，最终，通过“站醒台”的传统习俗，激发了乡亲们民族自省意识的故事。

花鼓戏

【现代花鼓戏 《平民领袖》】

2012年8月27日至28日，由湖南省汨罗市花鼓戏剧团编演的现代花鼓戏《平民领袖》在北京海淀剧院上演。该剧由甘征文编剧、贺希娟任导演和舞蹈设计，夏明庚饰毛泽东。该剧取材于编剧、剧作家甘征文三十多年前在陕北采访期间偶然得知的一个真实故事。以抗日战争时期陕甘宁边区军民开展大生产运动为背景，通过毛泽东同志为群众推磨、帮锤、赶驴等一系列富有生活气息的剧情设计，展现人民领袖的人格魅力。

新城戏

【满族新城戏 《洪皓》】

2012 年 2 月 8 日，吉林省松原市满族艺术剧院的大型满族新城戏《洪皓》在北京国家大剧院上演。该剧由王福义编剧，孙丽清、王东昌导演，杨欣新、李靖、李景阳作曲，陈喜强饰洪皓，王冰冰、王冬梅饰金哥。该剧以南宋使臣洪皓身陷金国为主线展开。南宋建炎三年，洪皓奉命出使金国，却被金国扣留在冷山十五载。他面对金国的威逼利诱，矢志不移，在当地传播汉文化，得到女真百姓爱戴，并感动了金将龙虎大王的遗孀金哥。在金哥和百姓的协助下，洪皓得以南归。

新城戏是 20 世纪 50 年代末期 60 年代初叶，以流传于吉林省扶余一带的满族曲艺八角鼓为基础，不断吸收满族民歌发展而成。因扶余镇曾是清朝新城府治所，故而定名新城戏。《洪皓》于 2008 年 12 月 9 日首演，至 2012 年演出百余场。该剧于 2009 年获中宣部第十一届精神文明建设产品“五个一工程”奖，同年获中国少数民族戏剧学会“金孔雀”奖综合大奖及优秀编剧、优秀导演等 6 个单项奖；2010 年在第二届中国少数民族戏剧会演中获金奖头名。

文曲戏

【古装文曲戏 《草鞋老太爷》】

2012 年 10 月 23 日，由湖北省武穴文曲戏研究院排演的古装文曲戏《草鞋老太爷》在武汉京韵大舞台上演。剧叙田老汉卖草鞋供儿读书，儿子做了知县，并娶知府千金为妻，但老汉仍以卖草鞋为生。儿子疏忽判下一起冤案，儿媳怕影响官声，想遮盖过去。他劝儿、杖儿，后来通过装死，终使儿子在悲痛中为民平冤。

文曲戏又名“调儿戏”，在明代流传下来的俗曲和民歌小调基础上逐步形成，流行于鄂、皖、赣三省的毗邻数县。它声腔明快流畅，富乡土气息和地方色彩，被列入湖北省非物质文化遗产名录。

纪事

展演·评奖

【国家京剧院优秀青年演员展演暨第五届中国京剧优秀青年演员研究生、首届中国京剧流派班学员汇报演出】

2012年3月12日至31日，由国家京剧院和梅兰芳大剧院主办的“年轻的朋友来相会”——国家京剧院优秀青年演员展演暨第五届中国京剧优秀青年演员研究生、首届中国京剧流派班学员汇报演出活动在北京梅兰芳大剧院举办。展演共有17场演出，包括《龙凤呈祥》、《通天犀》、《卓文君》、《四郎探母》等传统剧目，《红灯记》、《平原作战》等现代剧目以及大型演唱会《年轻的朋友来相会》等。周婧、郭瑶瑶、王璐、马力、刘大可等11位第五届中国京剧优秀青年演员研究生和魏积军、吕慧敏、唐禾香、李博等10位中国京剧流派传承班学员担纲主演。京剧表演艺术家张春华、刘长瑜、李维康、王晶华、李光、耿其昌等亲临排练现场，为青年演员说戏、指导。

展演期间，国家京剧院还与中国人权发展基金会“和基金”合作，从中选取5场演出，作为“年轻的朋友来相会——青年感知国粹”京剧专场，免费邀请青年观众观看。

【2012年上海市民营文艺表演团体展演】

2012年4月16日至27日，由上海市委宣传部、上海市文广局共同主办的2012年上海市民营文艺表演团体展演活动在上海举行。活动期间，上海肖雅文化艺术有限公司、现代人剧社、张军昆曲艺术中心、东方小交响乐团等10个上海优秀民营院团代表为沪上观众演出越剧《何文秀传奇》，多媒体音乐京剧《涅槃之夜》，原创大型沪剧《黎明前的歌声》、《雷雨后》，昆剧《贩马记》等剧目。10台节目的平均出票率和上座率超过8成。上海京剧院、上海昆剧团、上海越剧院、上海戏剧学院附属戏曲学校等国有演出机构以各种方式积极支持参演院团的演出。昆剧表演艺术家张洵澎、沪剧表演艺术家马莉莉等老一辈艺术家积极参与剧目创作和演出。

【2012年湖北省京剧院北京巡演】

2012年4月18日至24日，湖北省京剧院携新编历史剧《建安轶事》和传统剧目《白帝城》、《大保国·探皇陵·二进宫》，在中央党校、梅兰芳大剧院、北京大学举办“2012年湖北省京剧院北京巡演”活动。新编历史剧《建安轶事》由编剧罗怀臻、导演曹其敬、作曲家朱绍玉等创作完成，张派青衣万晓惠饰演蔡文姬，叶派小生王铭饰演董祀。奚派名剧《白帝城》由王小蝉主演，《大保国·探皇陵·二进宫》由王小蝉、江峰、万晓慧主演。

【海峡两岸昆曲交流展演】

2012年4月26日至29日，“相约郴州”——海峡两岸昆曲交流展演活动在湖南省郴州市举办。来自台湾的台北昆剧团和北京、上海、江苏、浙江、湖南等地8家昆剧院团的昆曲艺术家参与此次展演。本次展演活动主要包括林邑讲坛、昆剧展演、专家研讨会、台湾艺术家郴州之旅等主题活动。其中昆剧展演包括《红楼梦》、《白兔记》2台大戏和2台昆曲折子戏专场。专家研讨会则围绕如何进一步挖掘湘昆传统艺术资源，湘昆的艺术价值、文化价值和社会价值，湘昆与高等院校的合作，昆曲与现代生活的关联等方面进行探讨。本次展演活动还采取免费赠票的形式，设立免费票务咨询和服务热线，全国各地昆曲爱好者及郴州市民免费享受到海峡两岸昆曲艺术家的演出。

【中国昆曲非遗11周年暨北方昆曲剧院建院55周年】

2012年5月19日至25日，由北方昆曲剧院和北京市京剧昆曲振兴协会联合举办，首都师范大学并中国戏曲学院中国戏曲研究中心、西城区宣南文化研究会、北京东岳书院、上海昆剧团、北京国际曲社、北京昆曲研习社、北京陶然昆曲学社、湖广会馆、新苏商昆曲传承促进基金、北京爱慕文化发展有限公司、北京梦花庭园文化传媒有限公司等多家单位共同协办的“中国昆曲非遗11周年暨北方昆曲剧院建院55周年纪念”活动在北京举行。

5月19日开幕式后，北方昆曲剧院的青年演员在湖广会馆汇报演出《钟馗嫁妹》、《孽海记·思凡》、《宝剑记·夜奔》等昆曲折子戏；20日下午，北京昆曲研习社在湖广会馆举办专场演出；21日，北方昆曲剧院的表演艺术家侯少奎和上海昆剧团的表演艺术家计镇华、梁谷音在湖广会馆举行收徒仪式，之后，梁谷音进行题为《昆曲之美》的讲座；21、22日，侯少奎、计镇华、梁谷音在东岳书院的中国昆曲大讲堂举办昆曲专题讲座；23、24日计镇华、梁谷音等在梅兰芳大剧院演出昆曲传统剧目《烂柯山》和《琵琶记》；25日上午，昆曲艺术论坛在北京爱慕大厦举办，下午，计镇华、梁谷音昆曲表演艺术研讨会在首都师范大学举办。

【上海五大戏曲院团进京演出】

2012年7月7日至12日，上海五大戏曲院团集结9位梅花奖得主在京进行7场演出。本次进京展演是上海自1994年以来规模最大、阵容最强的一次展演活动，上海京剧院、上海沪剧院、上海越剧院、上海评弹团、上海滑稽剧团五大院团演出沪剧《董梅卿》、越剧《梁山伯与祝英台》、京剧《成败萧何》等剧目。陈少云、史依弘、王佩瑜、钱惠丽、单仰萍等参与演出。

【全国京剧优秀青年演员折子戏展演】

2012年8月22日至29日，由文化部、山东省人民政府、第十届中国艺术节山东省筹委会主办的全国京剧优秀青年演员折子戏展演在山东聊城、德州举行。来自全国24个京剧院团及5所艺术院校的62名演员参加展演，在聊城市水城明珠大剧场、德州市华宇学院剧场先后进行11场共60出京剧折子戏演出，“京剧走进群众”系列惠民活动、2012全国重点京剧院工作会议在此期间举行。本次展演是文化部与山东省确定的“十艺节”专业艺术单项评比展演系列活动之一。

[2012全国重点京剧院工作会议]

2012年8月23日，2012全国重点京剧院团工作会议在山东省聊城市召开，来自全国11个国家重点京剧院的20名负责人参与会议。会议交流总结2011年以来《国家重点京剧院团保护和扶持规划》（二期）实施取得的经验和成果，并对进一步促进国家重点京剧院团的创作生产、人才培养、演出经营和院团建设进行安排部署。全国重点京剧院团保护和扶持计划办公室还通报2012年国家重点京剧院团保护和扶持规划实施进度，并讨论编撰《京剧口述史》（暂名）和举办国家重点京剧院团优秀剧目展演等事宜。

【第九届中国滨州·博兴小戏艺术节】

2012 年 9 月 20 日，第九届中国滨州·博兴小戏艺术节在山东博兴开幕。本届小戏节共有全国各地 30 多个艺术团体 35 台剧目参展参评，其中有山东的吕剧、渔鼓戏、俚曲戏，山西和内蒙古的二人台，江苏的淮剧、淮海戏、通剧，黑龙江的评剧，河南的豫剧，云南的花灯剧等。这些剧目大多数来自基层中小型剧团和演出单位，90% 为新编现代题材作品，另有少量新编古装剧。

小戏艺术节是 2005 年中宣部命名的十大奖项评选活动之一，其奖项——“中国戏剧奖·小戏奖”被确定为与“梅花奖”有同等影响力的全国性文化艺术奖项，是我国规模最大、规格最高的小戏展演评比活动，被评为“中国最佳非物质文化遗产节庆活动”称号。从 2003 年起，博兴县开始承办全国小戏艺术节。其宗旨是丰富农村和基层群众文化生活，鼓励“贴近现实、贴近生活、贴近群众”的小戏精品创作，为中小型演出单位、中小型剧种、中小型剧目搭建展示平台。博兴县已举办八届小戏艺术节，共有来自全国 20 多个省（市）、100 多个濒危地方剧种、200 多个农村民间剧团参加演出评比，搭建了农村小型戏剧长期聚集活动的平台。小戏艺术节举办以来，每年有 50 个左右的新编小型戏曲剧目到博兴县参加演出，组织参赛剧团送戏下乡演出 5000 余场（次）。

【第二届中国（抚州）汤显祖艺术节】

2012 年 9 月 22 日，由中国戏剧家协会、抚州市人民政府、江西省文化厅、江西省文联联合举办的第二届中国（抚州）汤显祖艺术节在江西抚州开幕。本届艺术节为期 7 天，包括艺术大展演、汤显祖学术论坛、艺术品博览会、民间民俗艺术展演、“汤翁故里寻梦之旅”系列活动、文化旅游项目推介、闽粤赣十三市旅游局长联席会 7 项大型活动。杭州越剧传习院的大型越剧《一缕麻》、上海昆剧团的昆曲《牡丹亭》、山西太原市实验晋剧团有限责任公司的晋剧《傅山进京》和上海越剧院的越剧《家》陆续在宜黄戏大剧院、汤显祖大剧院上演。

【第六届秦腔艺术节】

2012 年 11 月 6 日至 13 日，由中国戏剧家协会、甘肃省文化厅、甘肃演艺集团有限责任公司联合主办的第六届西北五省区秦腔艺术节在甘肃省兰州市举行。第六届秦腔艺术节有来自陕西、新疆、青海、宁夏以及甘肃的专业院团的 10 台剧目在甘肃大剧院、金城大剧院、人民剧院上演。经评审，宁夏演艺集团秦腔剧院的《花儿声声》、陕西省戏曲研究院的《西京故事》、甘肃秦腔艺术剧院有限责任公司的《敦煌恋》、陕西渭南市秦剧团的《关中往事》、兰州演艺集团的《黎秀芳》、甘肃陇南西和县乞巧文化演艺中心的《七月七》、甘肃定西市百花演艺有限公司的《梦回陇西堂》7 台剧目获第六届秦腔艺术节优秀剧目奖；乌鲁木齐市秦剧团的《亭中悲歌》和甘谷县冀兴秦剧团的《姜维》获剧目奖。李东桥、柳萍、边肖、李小雄、张小琴五位“梅花奖”获得者被授予特别表演奖。本届艺术节还评选出优秀表演、优秀编剧、优秀导演、优秀音乐等单项奖。

【2012 中国昆曲名家年度雅集暨厅堂版《牡丹亭》600 场纪念活动】

2012 年 11 月 16 日至 18 日，由普罗艺术主办的 2012 中国昆曲名家年度雅集暨厅堂版《牡丹亭》600 场纪念系列活动在北京举行。侯少奎、计镇华、梁谷音、石小梅、王芳、汪世瑜、岳美缇、张继青、张静娴、张洵澎 10 位昆曲表演艺术家首次同台，于 11 月 16 日、17 日晚分别在皇家粮仓和北京大学百周年纪念讲堂演出《夜奔》、《活捉》、《寄子》、《痴梦》、《弹词》等折子戏。11 月 18 日，由林兆华导演和昆曲名家汪世瑜联袂执导的皇家粮仓厅堂版昆曲《牡丹亭》在北大百周年纪念讲堂上演。

凭借“600年皇家粮仓＋600年昆曲”的文化理念，皇家粮仓厅堂版昆曲《牡丹亭》自2007年5月18日首演，到2012年已创造600场的昆曲驻演纪录。

【甲子四折：裴艳玲从艺六十周年戏曲专场】

2012年11月16日、17日，“2012林兆华戏剧邀请展——甲子四折：裴艳玲从艺六十周年戏曲专场”在北京首都剧场举办。该专场包括昆曲《浣纱记·寄子》，京剧《翠屏山》、《平贵别窑》和《武松醉打蒋门神》四部作品，其中《浣纱记·寄子》、《平贵别窑》是她首次排演的新戏。

裴艳玲，原名裴信，国家一级演员，京剧武生表演艺术家。1947年出生于河北，5岁登台，9岁挑梁，1960年进入河北梆子剧院，拜李少春、侯永奎、郭景春为师。其代表剧目有《宝莲灯》、《哪吒》、《八大锤》、《夜奔》、《武松》、《翠屏山》、《南北合》、《闹天宫》、《火烧连营》、《钟馗》等，曾三度获中国戏剧“梅花大奖”。

【上海的声音——纪念越剧改革70周年】

2012年11月27日，由中国剧协、上海市文化广播影视管理局、上海市文学艺术联合会主办，上海文汇新民联合报业集团、上海广播电视台、上海戏曲艺术中心协办的“上海的声音——纪念越剧改革70周年”系列活动启动。此次活动历时近五个月，包括一系列演出、相关研讨座谈活动，综合展示越剧改革70年的成果和现状。

“上海的声音——纪念越剧改革70周年”系列活动的展演部分有“传承篇”、“发展篇”、“合作篇”组成。“经典永恒，魅力无限”传承篇集中展示越剧改革初期诞生的一大批流传至今的剧目，包括《红楼梦》、《梁祝》、《西厢记》及《祥林嫂》四大经典剧目，由钱惠丽、单仰萍、章瑞虹、陈颖、章海灵、张永梅、吴群等越剧流派创始人嫡传弟子演出。

12月13日至14日，作为“发展篇”的“纪念越剧改革70周年越剧中生代演员新创剧目展演”在上海逸夫舞台举行。演出包括钱惠丽、方亚芬的《韩非子》，单仰萍、吴凤花的《虞美人·悲歌》，章瑞虹、张永梅、华怡青、章海灵、金红等的《梅龙镇·团圆》，方亚芬的《玉卿嫂》片段，王志萍的《蝴蝶梦》片段和陈颖的《断指记·断指》等片段。

浙江小百花越剧院、绍兴小百花艺术中心、杭州越剧院、宁波小百花越剧有限公司、南京越剧团、温州越剧团和萧雅艺术工作室的越剧名角也参与演出活动。

在历时五个月的展演期间，还举行主题为“坚守·突围”的越剧改革70周年座谈会，江浙沪戏曲理论家齐聚一堂，对徐进、吴琛、顾振遐、苏石风等前辈为越剧发展作出贡献的幕后工作者的艺术风格进行研讨，从编剧、导演、音乐、舞美四个方面总结越剧的剧种特色及发展方向。座谈会总结展示了越剧改革的特色、成果，探讨伴随越剧改革而确立的“编导制”等各项制度对于越剧风格形成、传统戏曲近代化的影响。探讨总结越剧改革为何产生于上海，上海的城市文化、上世纪三四十年代上海五方杂处的城市现状对于推进越剧改革及越剧改革主要内容的形成所产生的影响。

【第九届河北省戏剧节优秀剧目展演】

2012年11月27日至12月11日，由河北省委宣传部、河北省文化厅主办的第九届河北省戏剧节优秀剧目展演在河北省石家庄市举行。展演剧目包括河北梆子《日头日头照着我》、《新编陈三两》、《白毛女》、《花木兰》，京剧《西太后》，杂技《印象花木兰》，口梆子《少年董存瑞》，评剧《从春唱到秋》、《小英雄雨来》，《优秀小戏专场》等，陆续在河北大戏院、河北省话剧院儿童剧场、河北省京剧院裴艳玲大戏院及河北省杂技团天缘剧场四个剧场进行演出。

展演期间，主办方还组织研讨会，邀请省内外专家对河北戏剧及舞台艺术创作的现状进行分析、研究，为河北舞台艺术创作进入全国第一方阵提出指导性意见。举办舞台技术成果展，邀请有关舞台设备生产厂家展示、介绍近年来舞台技术的最新成果，让河北相关人员充分了解舞台科技的新进展，增强与舞台设备厂家的联系与合作。同时，印制《第九届河北省戏剧节画册》，并编辑出版《第九届河北省戏剧节评论资料集》。

［第九届河北省戏剧节优秀剧目创作研讨会］

2012 年 12 月 2 日，第九届河北省戏剧节优秀剧目创作研讨会在河北省文化厅召开，与会专家从活跃繁荣河北戏剧创作、寻找河北戏剧的未来发展方向、总结戏剧艺术发展规律，继承传统和改革创新等几个方进行探讨。

【第二十五届福建省戏剧会演】

2012 年 12 月 8 日至 27 日，由福建省政府主办的第二十五届福建省戏剧会演在福建举行。参加戏剧会演的 30 台剧目，涵盖话剧、京剧、越剧、闽剧、梨园戏、莆仙戏、高甲戏、芗剧（歌仔戏）、闽西汉剧、木偶戏、梅林戏、北路戏等多个剧种，既有新编历史剧和改编的传统戏，也有现代戏、儿童剧，既有反映历史的题材，也有贴近百姓生活的现实题材。此次会演，歌仔戏《荷塘蛙声》、越剧《柳永》等 14 台剧目获戏剧会演剧目奖一等奖，梨园戏《丁兰刻木》、梅林戏《花蕊夫人》等 6 个剧目获戏剧会演剧本奖一等奖，木偶戏《赵氏孤儿》、话剧《要离与庆忌》等 6 个剧目获戏剧会演导演奖一等奖，木偶戏《赵氏孤儿》、汉剧《定光佛缘》等 6 个剧目获音乐设计奖一等奖，歌仔戏《荷塘蛙声》、闽剧《苏秦还乡》等 6 个剧目获舞美设计奖一等奖，木偶戏《赵氏孤儿》的主演沈苏革和吴伟宏、京剧《清风亭》的主演张美超和张召君等 30 人获表演奖一等奖。

【北方昆曲剧院中青年演员传统折子戏专场演出周】

2012 年 12 月 16 日至 21 日，北方昆曲剧院在北京长安大戏院首次举办“中青年演员传统折子戏专场演出周”，每晚演出 4 出折子戏，连续 6 天上演 24 出北方昆曲剧院近年来新传承整理的经典老戏，包括《盗库银》、《白花记・赠剑》、《寿荣华・夜巡》、《铁冠图・刺虎》、《长生殿・小宴》等。参加演出的除了董红钢、马宝旺、邵峥、史红梅等 11 位中年艺术家外，还有邵天帅、张贝勒等 18 位青年新秀。

【首届山东地方戏新创作小戏展演】

2012 年 4 月 23 日至 26 日，由山东省委宣传部、山东省文化厅、山东省文联和山东省剧协共同举办的“首届山东地方戏新创作小戏展演”在山东省济南市举行。本次展演共有 17 个剧种的 43 场演出，包括吕剧、柳子戏、山东梆子、莱芜梆子、茂腔、五音戏、柳琴戏等较大的地方戏剧种。此外，□腔、周姑戏、四音戏、聊斋俚曲戏、北词两夹弦，都是山东实施地方戏振兴工程以来恢复、衍生出的新的剧种。山东省 60 多个市、县的专业和业余艺术院团及文化馆、群众艺术馆的近千人参加展演，绝大多数是年轻演员。本次展演的小戏作品涉及到三农和新农村建设、社会道德、弘扬孝文化等多方面。展演期间，主办方同时举办了青年演员戏剧评论培训班，邀请国内知名专家、学者为学员们授课 20 余天。

【第四届中国戏剧奖・理论评论奖】

2012 年 9 月 18 日，第四届中国戏剧奖・理论评论奖（原第七届中国曹禺戏剧奖・评论奖）颁奖仪式在北京举行。全国 43 个单位选送的 165 篇文章参与此次评奖。单跃进的《京剧何以长荣——尚长荣艺术创作力探微》等 9 篇文章获奖。

中国戏剧奖・理论评论奖是中国戏剧奖的六个子奖项之一，由中国文学艺术界联合会和中国戏剧家协会联合主办。中国戏剧家协会举办戏剧理论评论奖开始于 1997 年，从最初的“中国曹禺戏剧文学奖・评论奖”、“中国曹禺戏剧奖・评论奖”，到 2005 年全国文艺奖项调整，成为中国戏剧奖的一个重要子项。

［第四届中国戏剧奖・理论评论奖获奖名单］

序号	篇目名称	作者	推荐单位
1	京剧何以长荣—尚长荣艺术创造力探微	单跃进	《中国戏剧》杂志社
2	先锋与商业的对接和悖反	穆海亮	《艺术广角》编辑部
3	论戏曲剧种的变异——从歌仔戏说起	陈世雄	中央戏剧学院学报
4	张庚戏曲表演中心论初探	王艺睿	中国艺术研究院戏曲研究所
5	面对历史与艺术的当代意识—评新编历史京剧《成败萧何》	汪人元	《艺术百家》杂志社
6	勇者魏明伦	廖全京	四川省戏剧家协会
7	关于文化发展和文艺创作的四个问题与思考	毛时安	上海市戏剧家协会
8	莎士比亚：永恒的还是历史的？	沈林	中国艺术研究院
9	阡陌文化定位的得与失—关于庐剧历史问题的思考	王长安	安徽省戏剧家协会

【弘扬京昆艺术特殊贡献奖】

2012 年 9 月 25 日，北京京剧昆曲振兴协会会同国家京剧院、北京京剧院、北方昆曲剧院等有关团体在北京为 40 名在弘扬京昆事业中做出特殊贡献的专家学者颁奖。理论研究者、京昆剧作者、曲作者张永和、吴江、朱绍玉、续正泰、刘连群、翁思再、安志强、陆翱、刘纪宏、崔伟、许锦文、刘嵩昆、和宝堂、靳飞、田有亮、欧阳启名，电视广播媒体工作者莫暄、阎德威、卢子明、胡芝风、陈牧、赓续华、薛若琳、王瑞年、刘连伦、封杰、吴大棠、史艳芳、孙觉非，戏曲教育工作者张晓晨、赵景勃、张关正、王如昆、张毓文、黄鸣、班世超、李德山获此奖项。热衷于京昆事业的社会活动家李春平、冯永久也获此奖项。同时，老艺术家沈福存、班世超获得终身成就奖。

【第二十六届田汉戏剧奖】

2012 年 11 月 17 日至 20 日，由中国田汉研究会、田汉基金会、田汉戏剧奖组委会主办，上海戏剧学院《戏剧艺术》编辑部承办的第二十六届田汉戏剧奖评奖活动在上海举行。来自全国 14 家戏剧艺术期刊社的主编和戏剧创作、理论工作者 30 余人出席评奖活动。经过评选，按剧本、论文两类分别评出一、二、三等奖若干名，共有 22 部剧本、31 篇论文获奖。其中，刘桂成的《萧城太后》、张锡荣的《晚霞的婚事》、王仁杰的《柳永》等 8 个剧本，王云的《〈清风亭〉中雷殛之文化阐释》、张震的《余韵凝辉照无垠——京剧〈孟小冬〉》等 8 篇论文获得一等奖。

田汉戏剧奖自1987年创立以来，已连续举办26届，成为在全国具有广泛专业声誉的重要奖项。

【中国戏曲学会奖】

2012年11月21日、12月6日，由北方昆曲剧院创演的昆曲《红楼梦》和浙江省绍兴县小百花越剧艺术传习中心创演的越剧《狸猫换太子》陆续获得中国戏曲学会奖。中国戏曲学会成立于1987年，是一个全国性高层次的戏曲学术团体。“中国戏曲学会奖”是中国戏曲学会为鼓励优秀戏曲剧目而设置的奖项，是中国戏曲界公认的专业性和学术性奖项，已为京剧《曹操与杨修》、越剧《西厢记》等27个剧目颁发该奖。

会议

【戏曲教育与人才培养座谈会】

2012 年 3 月 27 日，文化部在京召开戏曲教育与人才培养座谈会。文化部、教育部有关司局负责人及来自艺术院团、艺术院校的专家学者与会，分析当前戏曲教育的基本形势，并就振兴戏曲艺术、做好戏曲人才培养工作提出意见和建议。

会上，文化部文化科技司司长于平介绍举办此次座谈会的背景。2011 年 12 月，全国政协京昆室举办戏曲艺术传承与发展北京论坛，来自内地和港澳台地区的戏曲专家、学者和表演艺术家就传承与发展中国戏曲艺术提出意见和建议。2012 年两会期间，部分全国人大代表、全国政协委员就培养戏曲人才、振兴戏曲艺术提交议案和提案。文化部高度重视戏曲艺术的传承与保护工作，举办此次座谈会正是为了听取艺术院团和艺术院校的专家意见，推动戏曲人才培养，传承和发展戏曲艺术。

国家京剧院院长宋官林，全国人大代表、山西艺术职业学院院长李力，中国戏曲学院院长助理、附中校长徐超，安徽艺术职业学院院长张云等专家先后发言。与会专家建议，有关主管部门要制定具体措施，从娃娃抓起，大力普及戏曲艺术；要实施对中等戏曲教育的免收学费政策，改由国家财政足额负担；实施入学直通车制度，对戏曲专业中专学生升入大学给予特殊政策支持；设立国家专项资金，资助有突出贡献的戏曲教育工作者和教学成绩突出的单位；文化主管部门要加强对戏曲院校的指导，进一步解决好人才培养和人才需求的衔接问题。

【豫剧名家李树建表演艺术研讨会】

2012 年 5 月 6 日，“河南省艺术名家推介工程”豫剧名家李树建表演艺术研讨会在京举行。文化部副部长王文章出席研讨会并发言。

李树建是国务院特殊津贴享受者、豫剧表演艺术家。他主演的《程婴救孤》、《清风亭上》、《苏武牧羊》“忠孝节”三部曲，先后获文华大奖、国家舞台艺术精品工程十大精品剧目、中宣部“五个一工程”优秀作品等荣誉。

【岭南地方戏曲传承与创新研讨会】

2012 年 5 月 12 日，由中国戏剧家协会、广东省政协办公厅、广东省文联共同主办的“岭南地方戏曲传承与创新研讨会”在广州举办。来自北京、上海、香港等地以及广东省戏曲界专家、学者近 40 人与会，探讨在党中央提出文化大发展大繁荣的新形势下，如何更好的使具有悠久历史和独特品格的岭南戏曲艺术发扬光大。本次研讨会的主要内容包括岭南地方戏曲传承与创新的现状、问题，文艺团体在岭南地方戏曲传承和创新中的定位，粤港澳联合成功“申遗”后三地政府及社会各界如何携手振兴和繁荣粤剧。

研讨会分别由季国平和杨懂主持。广东省政协主席黄龙云、副主席唐国忠、秘书长杨懂，中国戏剧家协会主席尚长荣、副主席季国平、罗怀臻，粤剧表演艺术家红线女、罗家宝等出席研讨会。

【豫剧名家汪荃珍表演艺术研讨会】

2012年5月13日，由河南省文化厅主办的“河南省艺术名家推介工程”豫剧名家汪荃珍表演艺术研讨会在河南开封举行。来自全国文艺界、戏曲界的30余位专家学者和河南省豫剧三团领导班子成员及老艺术家代表参加研讨会，对汪荃珍的表演艺术以及她主演的现代豫剧《刘青霞》进行研讨。

汪荃珍是豫剧大师常香玉的弟子，国家一级演员，中国戏剧梅花奖获得者，现任中国戏剧家协会理事、河南省剧协副主席、河南省豫剧三团团长兼党总支副书记。汪荃珍从艺近30年，在戏曲舞台上塑造一系列妇女形象，代表作有《穆桂英下乡》、《花木兰》、《香魂女》、《村官李天成》、《风雨故园》等。

【戏曲的改革与发展——纪念毛泽东同志《在延安文艺座谈会上的讲话》发表70周年学术研讨会】

2012年5月19日至20日，由中国戏曲学会、中国戏曲学院、中国艺术研究院戏曲研究所联合主办的“戏曲的改革与发展——纪念毛泽东同志《在延安文艺座谈会上的讲话》发表70周年学术研讨会”在北京举行。我国戏曲学家郭汉城、戏曲理论家刘厚生，以及来自全国各地的戏曲界专家学者40余人参加研讨会。与会者围绕“戏曲的改革与发展”的主题，就如何正确认识《讲话》精神，如何正确贯彻“百花齐放，推陈出新”，如何体现社会主义核心价值观等问题展开研讨。

【2012福建杂剧、南戏学术研讨会】

2012年6月8日至10日，由福建省文化厅主办、福建省艺术研究院承办的“2012福建杂剧、南戏学术研讨会”在福建省福州市召开。来自中国艺术研究院、台湾清华大学、台湾戏曲学院、韩国汉阳大学、厦门大学、山西师范大学、福建师范大学、温州大学、泉州师范学院及江西、四川、浙江等地的高校与科研机构的70余位专家参与会议。研讨会共收到24篇论文，与会专家学者以福建杂剧、南戏为主题，分两天四场对福建杂剧及其演出形态、新发现的演剧现象、南戏史研究、南戏剧目文本研究、南戏传承与保护、梨园戏的美学特征和演出特征等议题进行研讨。会议期间安排四场传统剧目展演，包括三场福建省梨园戏实验剧团的传统折子戏和一场福建省大田县朱坂村、永安市槐南村农民子弟共同演出的杂剧。

【“戏曲电影：在戏剧、电影和政治的交界处”国际学术研讨会】

2012年6月14日至16日，由中国戏曲学院、芝加哥大学联合主办，中国戏曲学院研究所、芝加哥大学北京中心共同承办的“戏曲电影：在戏剧、电影和政治的交界处”国际学术研讨会在北京召开。来自中国大陆、港台以及美国、英国、新加坡、新西兰等国家的30多位专家学者参加研讨会，芝加哥大学教授蔡九迪、叶纹、董新宇，中国戏曲学院教授赵景勃、傅谨，中国艺术研究院研究员高小健，新加坡国立大学教授容世诚分别主持各场讨论。

在6月14日下午的开幕式上，芝加哥大学代表蔡九迪致辞介绍会议基本情况。伦敦大学ChrisBerry（裴开瑞）做大会主题发言，对文革样板戏电影中红色的特殊含义进行分析阐述。6月15日上午的圆桌会议，分别邀请京剧表演艺术家杨春霞、导演肖朗、中国电影资料馆副馆长饶曙光、导演杨建东，就戏曲电影的历史与发展脉络及现状做专题讲演。在余下的时间里，专家学者们分别就“戏曲电影的理论思考”、“音乐，戏曲，电影”、“戏曲电影与政治气候”、“舞台的再媒体化”、“戏中戏、影中戏”以及“东南亚华语戏曲电影”等专题展开研讨，从理论、实践、历史、现状等方面探讨戏曲电影的文化价值、美学特征。

【杨小青导演艺术研讨会暨展演活动】

2012 年 9 月 6 日至 16 日，由文化部艺术司、中国剧协和浙江省文化厅、浙江省剧协主办的“杨小青导演艺术研讨会暨展演活动”在浙江杭州举行。开幕式上，浙江小百花越剧团演出杨小青的代表作越剧《陆游与唐琬》。

本次活动包括杨小青导演艺术研讨暨《粉墨丹青——杨小青导演艺术》文集首发和杨小青戏剧作品展演。9 月 15 日，旨在系统、全面总结与研讨杨小青导演美学思想的“寻诗不觉入化境——杨小青导演艺术研讨会”在浙江艺术职业学院举行。文化部艺术司、中国剧协、浙江省文化厅、浙江省剧协等主办单位领导，中国艺术研究院、中国戏曲学院、上海越剧院、上海戏曲学院以及浙江小百花越剧团等艺术院团、文化科研单位的 200 余名专家学者参加研讨会。会上还举行《粉墨丹青——杨小青导演艺术》文集出版首发式。文集收录 40 余篇国内外戏剧专家学者撰写的杨小青导演艺术研究文章，并有演出剧照和名家题词。9 月 6 日至 16 日，杨小青戏剧作品展演以及本次活动的闭幕晚陆续在杭州剧院和绍兴大剧院上演。展演剧目遴选 7 部最能反映杨小青艺术风格的作品，演员包括越剧、京剧、昆剧各界表演艺术家。

杨小青，女，1943 年出生，国家一级导演。曾就读于中国戏曲学院导演系。现任绍兴小百花艺术中心艺术总监，杭州剧院艺术制作有限公司（杨小青工作室）艺术总监。代表作有《西厢记》、《陆游与唐琬》、《家》、《春香传》、《流花溪》、《班昭》、《简爱》、明星版《梁祝》、《红色浪漫》等，她执导的九十余部戏剧作品，涉及众多戏曲剧种，多次荣获国家级重大文艺奖项。

【王红丽表演艺术学术研讨会】

2012 年 9 月 11 日，中国艺术研究院戏曲研究所主办的王红丽表演艺术学术研讨会在北京举行，文化部副部长、中国艺术研究院院长王文章出席会议并讲话。河南省文化厅厅长杨丽萍，中国剧协分党组书记季国平，戏曲理论家和艺术评论家郭汉城、刘厚生、仲呈祥、毛时安、龚和德等近 40 位专家学者与会研讨。

国家一级演员、中国戏曲梅花奖“二度梅”获得者王红丽，于 1993 年创办河南小皇后豫剧团，近 20 年里在全国巡回演出 7000 多场，观众达 3000 多万人次，被中宣部、文化部授予“全国服务农民服务基层文化工作特别贡献奖”。她从艺三十多年，在继承传统剧目演出的同时，注重新剧目的创演，带领剧团排演并主演《风雨行宫》、《美女涅盘记》等剧，其中《铡刀下的红梅》曾获中宣部第九届“五个一工程”奖。

【京剧名家赵葆秀“继承、创新、教学”展演活动艺术人生座谈会】

2012 年 9 月 13 日，“德艺双馨·璀璨人生”京剧名家赵葆秀“继承、创新、教学”展演活动艺术人生座谈会在京举行。9 月 10 日至 12 日，京剧老旦表演艺术家赵葆秀携弟子在梅兰芳大剧院分别演出《八珍汤》、《金龟记》、《风雨同仁堂》三台代表剧目。

赵葆秀，北京京剧院主演，国家一级演员，工老旦，生于 1948 年，祖籍北京，满族。1959 年入北京戏曲学校，师从孙甫亭、孙振泉等，1968 年进入北京京剧院，1981 年拜李金泉、何盛清为师。常演剧目有《李逵探母》、《遇皇后·打龙袍》、《赤桑镇》、《徐母骂曹》、《岳母刺字》、《太君辞朝》、《钓金龟》、《八珍汤》、《金龟记》等。

【国际戏剧评论家协会（IATC）第三届亚洲戏剧论坛】

2012年9月21日至23日，由国际戏剧家评论协会（IATC）中国分会和中国戏曲学院联合主办、中国戏曲学院戏文系承办的“国际戏剧评论家协会（IATC）第三届亚洲戏剧论坛”在中国戏曲学院举行。本次论坛以“传统戏剧的继承与创新”为主题，共收到国内外论文63篇，来自海内外的55名专家学者参加论坛并发言。

9月22日，论坛开幕式在中国戏曲学院小剧场举行。文化部戏剧处处长吕育忠、国际戏剧家评论协会会长Yun－Cheol Kim、国际戏剧家评论协会日本分会负责人濑户宏、国际戏剧家评论协会阿塞拜疆分会负责人Maryam Alizadeh、国际戏剧家评论协会泰国分会代表Nuttaputch Wrongreanthong、国际戏剧家评论协会台湾分会负责人李立亨和世界文化论坛亚太地区联盟董事局主席荣念曾等先后发表讲话，印度代表和阿塞拜疆代表提交了书面发言与论文。中国戏曲学院戏文系主任谢柏梁主持开幕式。

在当天的研讨会上，龚应恬、王安奎、濑户宏（日本）、野田学（日本）、王绍军、曹林、龚和德、刘彦君、周传家、刘祯、荣念曾（香港）、张尧、邹元江、颜全毅、邹德旺等专家，重点针对“传统戏剧的继承与创新”这一议题进行交流和互动。

9月23日上午，前中央戏剧学院院长徐晓钟、国家京剧院副院长尹晓东、中国戏曲学院音乐系主任谢振强、台湾戏剧专家李立亨，以及胡薇、Maryam Alizadeh（阿塞拜疆）、田志平、王永恩、Nuttaputch Wrongreanthong（泰国）、荣念曾、钟鸣、刘小梅、陈建平和吴新苗等专家学者围绕论坛主题发表演讲。

1956年成立于巴黎的国际戏剧评论家协会（The International Association of Theatre Critic简称IATC）是一个非盈利性的全球化非政府组织。该组织是联合国教科文组织框架下的独立性的国际性机构。

【著名评剧表演艺术家花月仙先生九十寿辰艺术回顾座谈会】

2012年10月14日，由中国戏曲现代戏研究会、中国评剧院共同主办的“著名评剧表演艺术家花月仙先生九十寿辰艺术回顾座谈会”在京举行。中国戏曲现代戏研究会名誉会长潘震宙以及何孝充、姚欣、王蕴明、孙松林、张玮、王亚勋、花砚茹、谷文月等近40位文艺界、戏曲界的领导、专家和艺术家参加座谈活动。与会者认为，花月仙的演唱圆润洒脱、舒展大方，塑造人物深刻、丰满、生动、细腻，艺术风格自成一派。她不仅在艺术上成果丰厚，而且在培养青年方面不遗余力。刘淑萍、戴月琴、朱怀旭、张淑桂以及恒红等著名演员都曾问艺于她。花月仙不仅是一名艺术家，也是一名杰出的戏曲教育家。

花月仙，1922年出生，原名张筠青，幼年在天津拜师赵月楼、碧莲花学评剧，长年与碧莲花、喜彩莲搭班演戏，20世纪40年代初已成名。新中国成立后，她加入北京评剧团，1958年随团并入中国评剧院，专长评剧青衣、老旦、彩旦，代表剧目有《珍珠衫》、《杨八姐游春》、《夺印》、《向阳商店》、《高山下的花环》、《野马》等。她的唱腔和表演艺术，被评剧界称为“花派”。

【中国戏曲现代戏研究会2012年年会】

2012年10月30日至11月1日，“中国戏曲现代戏研究会2012年年会——豫剧现代戏成就与发展研讨会暨河南省豫剧三团成立六十周年庆祝会”在河南郑州举行。会议由中国戏曲现代戏研究会、河南省文化厅、河南中华豫剧文化促进会主办，河南省艺术研究院、河南省豫剧三团承办，河南省戏剧家协会协办，来自中国戏曲现代戏研究会的领导、专家，湖北、江苏、河北等省兄弟豫剧院团代表等 80 余人与会，并以“豫剧现代戏成就与发展”为中心议题展开研讨，对豫剧现代戏发展历程予以回顾和总结。此次中国戏曲现代戏研究会年会同时也是河南省豫剧三团建团六十周年系列庆祝活动之一。10 月 30 日晚，中国戏曲现代戏研究会的潘震宙、姚欣、王安葵为河南省豫剧三团的《香魂女》、《村官李天成》和河南省豫剧一团的《常香玉》颁发“中国戏曲现代戏突出贡献奖”。

【2012 中国剧种研究论坛】

2012 年 10 月 31 日至 11 月 1 日，由中国戏曲学院主办的 2012 中国剧种研究论坛在北京举行。来自全国各地的戏曲表演艺术家、戏曲理论研究学者、文化厅局和戏曲院团领导等与会，共同探讨各剧种人才培养和剧种发展面临的问题。

论坛分两组进行。各地方剧种的专家学者围绕“剧种表演形态”、“剧种声腔特征”、“剧种生存现状”、“剧种与地域文化”、“非遗剧种保护与传承”、“剧种人才培养模式”等议题进行了讨论。京剧表演艺术家、京剧理论研究专家和相关院团领导就“高层次京剧人才的遴选机制”、“新时期京剧表演与京剧器乐人才培养的规格和目标”、“京剧表演和京剧器乐配合模式的创新”、“京剧人才实践与创造能力培养”、“京剧教学法的继承与创新”、“京剧教师的培养机制”、“京剧舞台技术人才的发掘与培养”、“京剧编创人才的培养”等议题进行研讨。

【中原戏剧文化国际学术研讨会】

2012 年 11 月 2 日至 4 日，由中国艺术研究院戏曲研究所、河南省文化厅、河南省文化艺术界联合会、开封市人民政府、河南大学等联合主办的“中原戏剧文化国际学术研讨会”在河南省开封市召开。来自河南省内外和台湾、香港地区及日本的百余名戏曲专家学者在近三天会议期间陆续进行 6 个场次的专题研讨。

与会专家学者以中原戏剧文化为中心，围绕以豫剧为主导的地方戏研究和传统戏剧形态及其理论构建两大主要版块，就宋金杂剧的传播、蜕变与中华戏曲形态的成熟，非物质文化遗产背景下稀有剧种的保护与传承，樊粹庭豫剧改革的观念、理论与编导实践，祥符调的戏剧文化渊源与豫剧的现代文化进程，豫剧与其他河南地方剧种传承发展研究，海峡两岸豫剧编创演出活动的交流和研讨，戏剧理论、戏剧史相关问题研究等热点问题进行交流研讨。

【2012 戏曲中专艺术学校校长论坛】

2012 年 11 月 29 日至 12 月 1 日，由中国戏曲学院主办的 2012 戏曲中专艺术学校校长论坛在北京召开。来自全国各地开办中专京剧专业的院校领导和专家出席此次论坛。

论坛中，专家们围绕中专京剧人才培养的机制创新、中专京剧人才的遴选机制、中专京剧人才培养的规格和目标、中专与大学京剧人才培养的衔接机制、中专京剧课程的设置与完善、中专京剧教师的培养机制创新等议题展开讨论，共同探讨中专京剧人才培养面临的机遇和挑战问题。

【越剧教育与传承发展研讨会】

2012 年 11 月 30 日，由浙江省文化艺术研究院与嵊州越剧艺术学校联合举办的“越剧教育与传承发展研讨会”在嵊州越剧艺术学校举行。文化部文化科技司教育处处长刘玉普、中国艺术研究院戏曲研究所所长刘祯、中国戏曲学会秘书长万素、著名昆剧表演艺术家汪世瑜等20余位领导、专家参加研讨会。与会者就科学化培养越剧人才，新时期戏曲教育的改革与发展等问题进行交流与探讨。

【北京曲剧剧种命名60周年纪念会】

2012年12月18日，北京曲剧艺术中心在首都图书馆举办“北京曲剧剧种命名60周年纪念会”，同时启动包括演出、展览在内的一系列纪念活动。

顺利完成转企改制工作的北京曲剧艺术中心，不仅在纪念会上发布北京曲剧的徽标和北京曲剧剧种命名60周年的徽标，同时北京曲剧官方网站也正式开通。作为此次纪念系列活动之一，《北京曲剧60年主题展览》当日在首都图书馆开幕。展品中既有老剧本、老节目单、老曲谱，还有对曹宝禄、魏喜奎、顾荣甫、尹福来、关学曾、孙砚琴、吴长宝、宋志诚等北京曲剧创始艺术家以及北京曲剧剧种的详细介绍。现场还有《杨乃武与小白菜》、《啼笑姻缘》、《烟壶》等十几部剧目的音频、视频。

同时，《骆驼祥子》、《烟壶》、《少年天子》、《正红旗下》、《锅儿挑》等二十多部曲剧大戏陆续演出至蛇年春节。

【京剧艺术大师赵艳侠舞台生活八十年座谈会】

2012年12月25日，“京剧艺术大师赵燕侠舞台生活八十年座谈会”在京举行。此次座谈会由北京京剧院、北京市戏曲艺术发展基金会主办。文化部、全国多家京剧院团相关领导，赵葆秀、李世济、孙毓敏、叶少兰、谭孝曾、刘长瑜等京剧名家、戏曲理论家与会发言。

赵燕侠是当今京剧舞台上唯一独创一派（赵派）的女性艺术大师。也是梅、程、荀、尚、马、谭、张、裘、赵这九大流派创始人中，目前唯一在世的。她1928年出生于天津，6岁在北京中和戏院以《十三妹》、《大英杰烈》和《翠屏山》三出戏获得“挑帘红”（登台初期就受到观众欢迎），15岁拜师荀慧生，。随后，她独挑“燕鸣社”戏班，在继承荀派艺术的基础上“出荀入赵”，逐渐形成自己的艺术风格，被周恩来和陈毅称为“赵派”。1960年“雁鸣社”并入北京京剧团，与马连良、谭富英、张君秋、裘盛戎并称为“五大团长”和“五大头牌”。赵燕侠在京剧青衣、花旦、武旦、刀马旦和泼辣旦多个行当均有扎实的基础。她拜师后曾演出《钗头凤》、《红娘》、《勘玉钏》等大量荀派剧目。挑班后则排演《陈妙常》、《盘夫索夫》、《孟姜女》、《春香传》、《白毛女》、《赵盼儿》、《救风尘》、《陶芙奴》、《红梅阁》、《桃花扇》、《叶含嫣》、《双蝴蝶》、《孔雀东南飞》等新戏，奠定“赵派”艺术风格。对《得意缘》、《梅玉配》、《潇湘夜雨》、《白蛇传》等剧目进行改编、重排。

交流

【浙江小百花越剧团与朝鲜血海歌剧团在北京分别上演《梁祝》】

2011年12月30日至2012年1月4日，作为“中朝《梁祝》共同传颂浪漫爱情”活动内容之一，浙江小百花越剧团的新版《梁祝》和朝鲜血海歌剧团的《梁祝》分别在北京长安大戏院和国家大剧院歌剧场上演。中华人民共和国外交部部长杨洁篪携夫人于2011年12月31日晚观看新版越剧《梁祝》并给予高度评价，他在上台会见演员时表示，希望新版《梁祝》有更多的机会走向世界，让更多的人享受中国文化的魅力。作家格非、陈祖芬，剧作家何冀平，翻译家叶廷芳，评论家解玺璋等京城文化艺术界人士也观看演出。

由中国对外文化集团、浙江省文化厅主办，中国国际文化传播中心、中国对外文化集团中演院线、长安大戏院承办的“中朝《梁祝》共同传颂浪漫爱情”活动共包括三项内容：双方分别上演新版越剧《梁祝》和歌剧《梁祝》，互相观摩演出，举办主创团队座谈会。在这样的构架图下，2011年12月30日晚，朝鲜血海歌剧团159名演职员在长安大戏院首先观看浙江小百花越剧团的新版《梁祝》。演出结束后，朝鲜血海歌剧团的6位主要演员上台向茅威涛、章益清等主要演员献花；血海歌剧团团长、导演、指挥上台与浙江小百花越剧团新版《梁祝》的导演郭小男等主创见面，“小百花”向朝鲜艺术家赠送包括碟片、书、扇子在内的礼品。2012年1月1日晚，新版越剧《梁祝》剧组主要成员在国家大剧院歌剧场观看朝鲜歌剧《梁祝》，演出结束后，小提琴协奏曲《梁祝》的作曲何占豪，导演郭小男、团长兼主演茅威涛以及演员章益清、董柯娣、洪瑛等上台向朝鲜演员献花。

【浙江昆剧团赴法国演出】

2012年4月28日，受联合国教科文总部和巴黎中国文化中心联合邀请，为纪念昆曲成功申遗11周年，浙江省昆剧团在巴黎联合国教科文总部主会场演出《狮子楼》、《游园惊梦》、《前亲》、《吕布试马》四出昆剧折子戏，林为林、张志红、朱斌、田漾等担任主演。这是在入选非文化物质遗产11年后，中国昆曲首次受邀走进教科文总部进行汇报演出。

【川剧《绣襦记》亮相韩国釜山】

2012年5月1日至7日，应韩国釜山国际艺术节组委会邀请，由四川省川剧院、四川省川剧艺术研究院共同打造的青春版传统川剧《绣襦记》赴韩国参加“你好，亚洲!”釜山国际艺术节演出。作为本届国际艺术节开幕大戏，川剧《绣襦记》5月4日在韩国釜山文化馆首演。之后，又在本届艺术节上演出两场，数千名观众观看演出。

川剧《绣襦记》讲述宦门弟子郑元和与名妓李亚仙一见钟情、倾心相爱的爱情故事。本次重排青春版由川剧导演任庭方执导，全国戏剧梅花奖得主刘谊和优秀青年演员周宏领衔主演，四川省川剧院优秀青年演员李艳冬、刘燕、夏昌荣、倪宏、阳旭、谭媛元、杨佳丽等参演。

【中国京剧亮相土耳其】

2012年5月7日，来自北京京剧院的30多位演员在土耳其最大城市伊斯坦布尔表演《霸王别姬》、《三岔口》、《坐官》和《贵妃醉酒》等节目，这是中国京剧首次亮相伊斯坦布尔。此次京剧演出是2012年土耳其“中国文化年”活动的一部分。为了让土耳其观众看懂中国京剧，北京京剧院专门把唱词翻译成土耳其文，显示在舞台右侧。此次以“丝路之源，魅力中国”为主题的“中国文化年”活动包括70多个交流项目，是中土建交以来中国在土耳其举办的规模最大、层次最高、项目最多的国家层面大型文化交流和公共外交活动。

【重庆川剧院《灰阑记》参加德国国际艺术节】

2012年5月19日至25日，重庆川剧院携中德合作作品《灰阑记》赴德国威斯巴登参加五月国际艺术节。5月22日，《灰阑记》在威斯巴登黑森州立剧院首演。该剧改编自德国戏剧家布莱希特的话剧《高加索灰阑记》，原作者是元代作家李潜夫，故事讲述妻妾争夺一个孩子，包拯命人将孩子放在篮中，称谁能将其拽到自己这边，谁就是孩子的母亲。亲娘不忍用力放了手，包拯便将孩子还给了她。20世纪40年代，布莱希特据此改编创作《高加索灰阑记》。

川剧《灰阑记》是一部借鉴布莱希特话剧版《高加索灰阑记》改编而成的荒诞实验川剧，最初创作的是广场版。2008年“德中同行”活动中，广场版川剧《灰阑记》在重庆首演，2010年又登上上海世博会的舞台。作为东西文化交流的一次探索和尝试，中德艺术家对原作进行中国化、戏曲化的改编。此次演出的《灰阑记》是在广场版基础上创作的长达两小时的剧场版，以一种全新的形式对原有故事进行演绎，让布莱希特经典作品以崭新面貌呈现在德国观众的面前。

【北京戏曲艺术职业学院京剧《水浒》欧洲巡演】

2012年6月12日，北京戏曲艺术职业学院大型京剧《水浒》赴欧洲巡演17场后返京。《水浒》是北京戏曲艺术职业学院与法国导演索梅尔以“把课堂教学搬到舞台”为核心理念共同创作的剧目，在舞台美术、舞台调度、表演方法上进行大胆尝试。剧目以小说《水浒传》为素材，以水浒众人物为线索，其中既有《活捉》、《野猪林》、《狮子楼》等传统老戏，也有《雷横观剧》这种全新创作的节目，戏间穿插着圆场、踢腿、喊嗓子等戏曲教学课堂训练场面，融入书法、武术、民俗等中国元素。

【贵州黔剧亮相墨尔本中国戏剧节】

2012年6月24日，2012年澳大利亚墨尔本中国戏剧节在墨尔本市政厅拉开帷幕，贵州省黔剧院演出团应邀参加墨尔本中国戏剧节的演出活动。整台节目历时4个小时，墨尔本市政府官员及各界人士1000余人观看演出。演出剧目以“文戏”为主，包括黔剧的传统经典剧目《搬窑》、《秦娘美》和《团圆之后》等。本届墨尔本中国戏剧节由墨尔本好魅力戏剧协会和墨尔本大学孔子学院承办，得到中国驻墨尔本总领事馆和贵州省文化厅的支持。

【大型新编历史京剧《赤壁》欧洲巡演】

2012年6月29日至7月10日，由国家大剧院与北京京剧院联合制作的大型新编历史剧《赤壁》赴欧洲，在奥地利维也纳、匈牙利布达佩斯、捷克布拉格进行巡回演出。《赤壁》在4年内已上演11轮近60场、观众10余万人次。此次欧洲巡演是《赤壁》首次赴海外展演。

【“文化中国·名家讲坛——走进京剧” 赴美国、加拿大巡讲】

2012年8月13日，“文化中国·名家讲坛——走进京剧：感受东方艺术之美”媒体见面会暨国务院侨办宣传司与国家京剧院签署合作备忘仪式在京举行。本次合作主题是“走进京剧：感受东方艺术之美”。巡讲向侨胞及海外观众全面介绍中国京剧的起源与发展、艺术特色与成就，展现国粹艺术的独特魅力及其在中华文化中的重要地位。京剧名家张建国、陈淑芳、吕昆山、唐禾香和李金平等还配合讲座进行穿插带妆表演。巡讲分别于8月17日、8月19日赴美国旧金山、纽约，8月24日、8月26日赴加拿大多伦多、温哥华四地开展。

“文化中国”系列活动是国务院侨办为促进中外文化交流而打造的品牌活动，包括“四海同春”、“名家讲坛”、“才艺大赛”、“文化之旅”等。“文化中国·名家讲坛”于2007年创办。

【越剧《红楼梦》在新加坡上演】

2012年9月25日至10月1日，杭州越剧院《红楼梦》、《新狮吼记》在新加坡滨海艺术中心上演。80人的演出组在新加坡完成了“艺满中秋”中华传统文化中秋庆典演出。演出期间，杭州越剧院不仅为狮城的观众献演经典剧目《红楼梦》、《新狮吼记》，谢群英、陈晓红、陈雪萍和郑国凤等主要演员还与新加坡戏剧工作坊的戏剧爱好者以及戏迷们进行文化交流，提高他们对华文与传统中华文化的认知与兴趣。

【京剧《锁麟囊》在韩国首尔上演】

2012年9月26日至27日，为庆祝中韩建交20周年，由国家京剧院演出的程派名剧《锁麟囊》在韩国首尔国立剧场上演。这是全本《锁麟囊》第一次在国外演出，也是国家京剧院第一次携一出文戏以商演的形式“走出去”。

【园林版昆曲《牡丹亭》在美国纽约大都会上演】

2012年11月30日，园林版昆曲《牡丹亭》在纽约大都会博物馆中的中国园林阿斯特庭院首演。园林版昆曲《牡丹亭》由大都会博物馆和美中文化协会共同制作。当天的演出还通过博物馆的官方网站对全球直播，演出录像被博物馆永久收藏。演出持续到12月2日，累计6场。

园林版昆曲《牡丹亭》以实景呈现了中国明代戏剧家汤显祖同名作品中描绘的爱情故事，讲述杜丽娘与柳梦梅之间历经生死离别又还魂重逢的传奇故事。谭盾选取原作中《惊梦》、《离魂》、《幽媾》和《回生》4折曲目，将原本20多小时的昆曲作品改编成70分钟版本呈现。整场演出遵循明代风格的同时，又加入了许多谭盾新创作的配乐以及中国舞蹈家黄豆豆编排的舞蹈。

人物纪念

【京剧表演艺术家张金梁逝世】

2012 年 1 月 7 日，京剧丑角表演艺术家张金梁在山东济南病逝，享年 92 岁。

张金梁，男，1920 年生于北京一个京剧世家，其父为张春彦。1930 年，张金梁进入中华高级戏曲专科学校，成为“金”字科学生，初习大花脸，后改小花脸，工文武丑，先师从郭春山，后拜马富禄，1938 年毕业后，即进入王金璐、李玉茹组建的“校友剧团”，常与“四大名旦”配戏，在《霸王别姬》、《金山寺》、《西施》、《花木兰》、《锁麟囊》等剧中扮演角色，与小生储金鹏、老生郭和涌、老旦李金泉一同被称为“四小金刚”，并成为程砚秋主演《锁麟囊》一剧中第一个饰演“梅香”之人。1946 年，他到上海，加入周信芳的班子，后加入平津京剧团，陆续在菲律宾、新加坡、印度尼西亚、越南、香港等地演出。1948 年，他加入武汉市民众乐园大京班。新中国成立后，张金梁加入中南京剧团，演出了《闯王进京》、《逼上梁山》、《白毛女》、《兄妹开荒》等剧目。1953 年，他调入山东省京剧团，退休后，潜心于京剧脸谱艺术。

【京剧表演艺术家李金泉逝世】

2012 年 1 月 21 日，京剧表演艺术家、老旦新李派创始人李金泉在北京病逝，享年 92 岁。

李金泉，男，1920 年生于北京，本名李景泉。13 岁考入中华戏曲专科学校，为金字科学生，初学老生，后改老旦。从艺期间先后受教于文亮臣、徐寿祺、孙甫亭、刘俊峰、时青山等。1940 年毕业后，先后与与李少春、袁世海、叶盛章、金少山、奚啸伯、荀慧生、张君秋等合作演出，1942 年拜李多奎为师。1951 年，李金泉进入中国京剧院（现为国家京剧院）。在 20 世纪 50 年代至 80 年代的舞台实践中，他融龚派、李派的优长，并结合自身的条件和对京剧艺术的理解和追求，逐步创立老旦新李派。常演剧目有《岳母刺字》、《罢宴》、《穆桂英挂帅》、《宋景诗》、《李逵探母》、《六月雪》、《响马传》等。

【越剧表演艺术家张桂凤逝世】

2012 年 3 月 4 日，越剧表演艺术家、老生演员张桂凤在上海病逝，享年 89 岁。

张桂凤，女，1922 年出生，浙江萧山人。1936 年入浙江嵊县招龙桥科班学艺，工老生，代表作《打金枝》等。1942 年 10 月进上海大来剧场，是袁雪芬倡导的越剧改革的第一批参加者之一，1945 年在上海加入袁雪芬、范瑞娟领衔的雪声剧团，1947 年加盟范瑞娟、傅全香领衔的“东山越艺社”。新中国成立后，历任华东戏曲研究院实验越剧团、上海越剧院演员。常演剧目有《梁山伯与祝英台》、《打金枝》等。2008 年 2 月，被文化部命名为“国家级非物质文化遗产项目越剧代表性传承人”。

【京剧老生演员甄建华逝世】

2012 年 3 月 5 日，京剧老生演员甄建华在北京病逝，年仅 49 岁。

甄建华，男，国家一级演员，1963 年出生，1973 年考入中国戏曲学院，工老生，师从王世续、李世林、李甫春、赵景勃、陆兴才、刘勉宗等。1982 年进入国家京剧院。饰演过《杨门女将》中的采药老人、《三打祝家庄》中的钟篱老人、《春草闯堂》中的李仲钦、《珠帘寨》中的程敬思，《江姐》中的沈养斋，《兵圣孙武》中的伍子胥等角色。1995 年，在京剧《北国红菇娘》中扮演男主人公抗联参谋周维仁，1996 获年文化部颁发的“全国京剧现代戏会演”个人表演奖。

【京剧表演艺术家艾世菊逝世】

2012 年 6 月 2 日，京剧丑角表演艺术家艾世菊在上海病逝，享年 96 岁。

艾世菊，男，国家一级演员，原名艾云章，曾用名艾世环。他 1916 年出生于北京，12 岁时，进入富连成科班世字科习艺，工文丑、武丑，文得郭春山、萧长华亲传，武得叶盛章教授。1937 年出科，在留校演出的一年中，他拜师于马富禄，并向名丑王长林之子王福山请益深造。1938 年后在上海、天津、北京等地演出，与毛世来、李世芳、李少春、周信芳、盖叫天、宋德珠、于连泉、荀慧生、程砚秋等合作演出。新中国成立后，艾世菊定居上海，于 1952 年加入上海京剧院，先后随团排演《杨家将》、《阮氏兄弟》、《平原作战》、《猎虎记》、《江汉渔歌》、《智取威虎山》等新戏。艾世菊文武兼长，能戏颇多，擅演《时迁偷鸡》的时迁、《打瓜园》的陶洪、《审头刺汤》的汤勤、《群英会》的蒋干等。

【京剧史论家刘曾复逝世】

2012 年 6 月 27 日，京剧史论家刘曾复在北京病逝，享年 98 岁。

刘曾复，男，1914 年出生于北京，1937 年毕业于清华大学，历任北京医科大学和首都医学院生理学教授。他自幼爱好京剧，与众多京剧名家过从甚密，于 1938 年拜师王荣山，并向王凤卿、贯大元等请教，能演《空城计》、《洪羊洞》、《战太平》、《定军山》等剧目，对杨小楼、王凤卿、余叔岩、孟小冬、杨宝森的表演艺术均有深入研究，同时研究京剧脸谱，曾向钱金福、钱宝森、侯喜瑞、王福山等请益。他的著作有《京剧脸谱艺概》、《说余叔岩》（与翁偶虹等合著）、《京剧说苑》等。

【京剧老生演员汪正华逝世】

2012 年 11 月 26 日，京剧老生演员汪正华在上海病逝，享年 84 岁。

汪正华，男，1928 年出生，1938 年入上海戏曲学校正字班，习老生。1945 年出科后，随顾正秋剧团在上海、青岛、天津等地演出。1950 年，他在香港拜马连良为师。之后，他配演了《珠帘寨》中程敬思、《四郎探母》中杨六郎、《搜孤救孤》中公孙杵臼等角色，得杨宝森赞许，开始悉心钻研杨派艺术。1957 年，汪正华调入上海京剧院，1966 年调入青岛京剧团，1979 年再次调回上海京剧院。汪正华常演《失空斩》、《伍子胥》、《碰碑》等杨派名剧，又出演过新编古装剧《满江红》、《梅妃》、《宋江题诗》等，创造了一些带有杨派特色的新唱段。20 世纪 90 年代起，汪正华加入杨派的音配像工程，在《杨家将》、《失空斩》、《伍子胥》中配像。

【京剧表演艺术家张学津逝世】

2012 年 12 月 21 日，京剧表演艺术家、马派老生传人张学津在北京病逝，享年 71 岁。

张学津，男，国家一级演员，1941 年出生，是京剧大师张君秋之子，京剧大师马连良高徒。他自幼受家庭熏陶，7 岁开始学戏，曾拜陈喜光为师，习娃娃生。1949 年，他考入北京艺培学校（即北京市戏曲学校），师从王少楼、陈少武学老生，宗余派。1959 年毕业，进入荀慧生京剧团。1962 年拜马连良为师，演出马派剧目《借东风》、《赵氏孤儿》、《清官册》、《甘露寺》等，《箭杆河边》是其成名作。1980年后，他又陆续排演现代戏《刑场上的婚礼》、新编近代史剧《谭嗣同》等，《画龙点睛》一剧为其赢得极高声誉。张学津曾获第二届全国戏剧梅花奖。

【京胡演奏家姜凤山逝世】

2012年12月22日，京胡演奏家、梅兰芳的琴师姜凤山在北京病逝，享年90岁。

姜凤山，男，1923年出生于北京，与梅兰芳合作12年，是梅兰芳生前最后一任京剧琴师。梅兰芳逝世后，姜凤山仍然留在北京京剧院梅兰芳京剧团，为梅派剧目的整理传承倾注了毕生心血，为培养梅派胡琴传人、梅派弟子作出贡献。

【京剧表演艺术家朱云鹏逝世】

2012年12月23日，京剧老生演员、杨宝森弟子朱云鹏在北京病逝，享年85岁。

朱云鹏，男，江苏扬州人，生于上海。1940年随姐夫黄宝岩练功，由刘长林、姚渔村启蒙教授老生、红生戏，1944年搭班于上海天蟾舞台。后得朱家夔教授余派艺术。1946年到北京，经程砚秋先生举荐到尚小云先生的荣春社搭班学艺，并对尚小云行了进班的弟子礼，与尚长麟、张云溪等同台演出。1948年师从宋继亭等学习余派老生，同年秋拜在杨宝森门下。1949年，在上海、山东、天津等地与黄桂秋、李玉茹、李蔷华等合作演出。常演一些文武老生及红生戏，并兼学京剧导演。1958年调入贵州省京剧团任主演兼编导。1960年调入贵州省黔剧团任编导。1981年调入浙江京剧团，编导近代历史题材京剧《孙中山》。他文武兼长，擅长剧目有《古城会》、《赵氏孤儿》、《伍子胥》等。

【纪念俞振飞先生诞辰110周年座谈会暨京昆专场演出】

2012年7月6日至8日，由上海戏剧学院、上海市文联主办，上海戏剧学院戏曲学院、上海戏剧学院附属戏曲学校承办的“京昆合璧·儒雅风流——纪念俞振飞先生诞辰110周年座谈会暨京昆专场演出”系列活动在上海举行。

活动期间，上海古籍出版社出版的《俞粟庐书信选》、《俞振飞书信选》正式首发。来自全国各地的学者、专家及俞门弟子共50余人出席俞振飞艺术研讨会，梅葆玖、程永江在会上发言，回顾俞振飞的艺术和品德。主办方举办两场演出以示纪念：一场是上海市戏曲学校第一代昆曲传人、“武旦皇后”王芝泉的教学成果展演，另一场是俞门嫡传弟子蔡正仁、岳美缇等人的京昆专场演出。

俞振飞（192—1993），名远威，字涤盦，号箴非，京剧、昆曲表演艺术家。原籍江苏松江（今属上海市），生于苏州，6岁随父亲俞粟庐习曲，14岁起随沈锡卿、沈月泉等昆曲名家学艺，20世纪30年代正式“下海”为专业演员，工小生。曾任上海市戏曲学校校长、上海昆剧团团长、上海京剧院院长。

【纪念白驹荣先生诞辰120周年座谈会】

2012年12月10日，“纪念白驹荣先生诞辰120周年座谈会”在广州红线女艺术中心召开，粤剧表演艺术家红线女和小木兰等多位粤剧名家以及白驹荣的两位女儿白雪梅、白雪红参加座谈会，缅怀白驹荣，并就粤剧传承问题进行讨论。与会者认为若不能学习继承，白派艺术可能失传，应让更多年轻粤剧工作者重温经典。为表尊敬与悼念之情，粤剧名家红线女在12月9日纪念白驹荣先生诞辰120周年演出晚会上，以 87 岁高龄登台，纪念这位粤剧宗师。

白驹荣（1892 年—1974），广东顺德人，19 岁入班学艺唱小生，21 岁转为正印小生，因“平喉”唱腔而成名，发展了“白派”唱腔。20 世纪 20 年代初以“小生王”扬名海内外，是最早以方言取代官话，最早将小生假嗓改为真嗓的改革者之一。他发展传统板腔，以独特表演风格被列为粤剧五大流派之一。代表剧目有《梁天来》、《宝莲灯》、《选女婿》、《琵琶上路》 等。他历任广州粤剧工作团团长、中国戏剧家协会广东分会首届主席、广东粤剧学校首任校长。1946 年，白驹荣双目失明，被迫离开舞台。之后重登舞台，被称为中国戏剧界的保尔·柯察金。

出版

【《雅部正音　官生魁首：　蔡正仁传》】

2012 年 5 月，谢柏梁、钮君怡著《雅部正音　官生魁首：蔡正仁传》由上海古籍出版社出版。

该书为“中国京昆艺术家评传丛书”之一，共六章，记录昆剧表演艺术家蔡正仁的从艺经历，表演经验，参与创建上海昆剧团及其担任上海昆剧团团长期间推出重要剧目的过程及成就等。戏剧理论家刘厚生为本书作序，书后附有《蔡正仁大事年表》、《蔡正仁学生谱系》、《蔡正仁研究资料索引》。

谢柏梁，中国戏曲学院教授、博士生导师，曾任上海戏剧学院戏剧史论教研室主任、教授，加拿大多伦多大学客座教授（1993）。主要著作有《中国悲剧史纲》、《世界古典悲剧史》、《世界近代悲剧史》、《中国分类戏曲》、《中国当代戏曲文学史》等。

【《中国戏曲文化概论》】

2012 年 6 月，郑传寅著《中国戏曲文化概论》（修订版）由北京大学出版社出版。

该书以“戏曲文化的特殊道路”、“古典戏的审美形态”、“戏曲文化的精神物质”等三篇八章的结构，研讨古典戏曲研究领域中的一系列重要问题。作者以比较方法贯串始终，通过与西方戏剧文化的比较，多层次、多侧面的探索了中国古典戏曲的规律和特点。

郑传寅，武汉大学教授、博士生导师，曾任武汉大学中文系、艺术学系主任和武汉大学文学院院长。主要著作有《传统文化与古典戏曲》、《中国戏曲文化概论》、《古代戏曲与东方文化》、《欧洲戏剧史》等。

【《中国昆曲年鉴 2012》】

2012 年 7 月 1 日，由苏州大学教授朱栋霖主编、苏州大学出版社出版的《中国昆曲年鉴 2012》在江苏苏州举行首发仪式。作为国内首部昆曲年鉴，《中国昆曲年鉴》是关于中国昆曲的资料性、综合性年刊，逐年记载中国昆曲的保护传承发展的状况，以学术性、文献性、资料性、纪实性为宗旨，为人们了解中国昆曲年度状况提供全方位信息。《中国昆曲年鉴 2012》记载 2011 年度中国昆曲的保护传承工作和基本情况，全国七个专业昆剧院团和台湾、香港的昆曲活动，记录年度昆曲进展，聚焦年度昆曲热点，展示年度昆曲成就。

【《西安秦腔剧本精编》】

2012 年 7 月 17 日，《西安秦腔剧本精编》系列丛书在陕西西安首发。该丛书由西安市政协文史委员会和西安曲江新区管委会编纂，历经三年多时间完成。该丛书每套 6 函、68 册，共计 2800 余万字，囊括 679 个剧目，纵跨百年、横揽西安四大秦腔社团的舞台演出本，是我国至今范围最广、力度最大的剧本搜集整理保护工程。

【《俞振飞书信选》】

2012 年 7 月，唐葆祥等编《俞振飞书信选》由上海古籍出版社出版。

《俞振飞书信选》分上下册，主要收录“文革”后期至 20 世纪 90 年代初，俞振飞写给亲友、学生、同事、朋友的信件，话题涉及京昆艺术、社会现状及日常生活，共计 140 余封。每封信均由书信手稿、排印、注释组成。

【《红豆馆拍正词曲遗存》】

2012 年 8 月，为纪念著名京朝派昆曲大师红豆馆主爱新觉罗·溥侗诞辰 135 周年，商务印书馆与北京戏曲艺术职业学院（北京市艺术研究所）联合，将该院珍藏的红豆馆主部分词曲原稿影印出版，名为《红豆馆拍正词曲遗存》。

爱新觉罗·溥侗（1871—1952），字后斋（一作厚斋），号西园，别号红豆馆主，是清室宗亲，自幼在清廷上书房研读经史，学做诗文，钻研琴、棋、书、画，收藏金石、碑帖，精于治印，酷爱剧艺。对于昆、京艺术，生、旦、净、末、丑兼工，且皆为名家所授，并对戏剧音乐如笛，二胡、弦子、琵琶等无所不通，有“票界大王”之称。

《红豆拍正词曲遗存》中的大量曲谱均为红豆馆主亲自抄录。该套丛书 1 函 5 册，封面是蓝底素缎线装本设计，内文全部彩印红豆馆主本人亲笔正楷，含印章 21 方，印刷精美。收录有舞台演出全剧曲谱 26 种，带身段标注曲谱 2 出，残本曲谱 6 种，单支曲牌 3 种；桌台清唱全折曲谱 22 种、带工尺字残本 1 种，单支曲牌 3 种；诗词散曲 13 种、残本宫调 6 种；除昆曲外，还特别包含一般词谱中不常见到的“京十番”曲牌 2 种。

【《中国传统戏曲传承保护研究》】

2012 年 12 月，由中国艺术研究院研究员刘文峰撰写的《中国传统戏曲传承保护研究》由学苑出版社出版。本书是刘文峰戏曲研究论文的选集，约 75 万字。主要包括戏曲特征研究、戏曲剧场研究、戏曲民俗研究、戏曲传承保护研究、戏曲与商人研究、戏曲方志学研究、古典戏曲研究等。收入的论文除少数出于个人兴趣的研究文章以外，大部分是结合集体课题和非物质文化遗产保护工作需要而撰写的论文。

【《张充和手钞工尺谱》】

2012 年 12 月，《张充和手钞昆曲谱》由上海辞书出版社出版。

张充和，生于 1913 年，苏州教育家张武龄的四女。美籍曲家、书法家。幼习书法与文学，1934 年入北京大学中文系，抗战时期在四川从事古典音乐和昆曲曲谱的研究，拜沈尹默为师，深入研习书法。1948 年与美籍德裔汉学家傅汉思结婚，之后迁居美国。先后于哈佛大学、耶鲁大学等二十多所大学教授昆曲、书法等。

《张充和手钞昆曲谱》是至今所出版过的最全的张充和手抄曲谱。珍藏本绢面带函套，扉页贴有张充和亲笔签名、钤印的字纸，全书以宣纸精印，经折装，一函十折，以宣纸印刷张充和用小楷精心缮写的昆曲工尺谱，是作者书法艺术、昆曲艺术两大成就的结合，共收录《学堂》、《游园》、《惊梦》、《拾画》、《叫画》、《硬拷》、《折柳》、《阳关》、《惊变》、《闻铃》、《哭像》、《弹词》、《活捉》、《寄子》、《纳姻》、《思凡》、《芦林》、《咏花》、《金瓶梅中所唱曲》等曲谱，书中附赠《张充和昆曲选萃》、《张充和笛韵选萃》唱片两张，以及书签两枚。

机构

【江苏省戏曲现代戏研究会成立】

2012 年 9 月 4 日，江苏省戏曲现代戏研究会在江苏南京成立，这是目前全国第一家省级戏曲现代戏研究的专业学术团体。江苏省戏曲现代戏研究会由江苏省文化厅主管，着眼于戏曲现代戏剧目建设和创作队伍建设，结合江苏全省戏曲现代戏艺术实践，扶持戏曲现代戏的创作和演出，总结戏曲现代戏创作经验，探索戏曲现代戏创作的艺术规律，促进江苏戏曲现代戏创作表演的发展。

研究著述选目

专著类

戏曲史			
书名	作者	出版社	出版时间
清乾隆御览四色抄本戏曲两种	上海图书馆　编	上海古籍出版社	2012 年 7 月
粤剧	王馗　著	浙江人民出版社	2012 年 11 月
古典戏曲脚色新考	元鹏飞　著	人民出版社	2012 年 5 月
古典南戏研究·乡村宗族市场之中的剧本变异	田仲一成　著，吴真 校	中国社会科学出版社	2012 年 11 月
中国昆曲年鉴 2012	朱栋霖　主编	苏州大学出版社	2012 年 6 月
海上兰苑	刘庆、朱锦华　主编	上海远东出版社	2012 年 11 月
京剧说苑	刘曾复　著	学苑出版社	2012 年 4 月
川剧	杜建华、王定欧　著	文化艺术出版社	2012 年 10 月
马连良艺事年谱（1901—1951）	李世强　编著	中国戏剧出版社	2012 年 1 月
清末宫廷承应戏	杨连启　著	中国戏剧出版社	2012 年 2 月
精忠庙带戏档考略	杨连启　著	中国戏剧出版社	2012 年 11 月
粉墨春秋：盖叫天口述历史	盖叫天　口述，何慢、龚义江　整理	中国戏剧出版社	2012 年 2 月
神鬼人：戏曲形象探源	汪晓云　著	中国社会科学出版社	2012 年 2 月
昆曲日记（修订版）（上下册）	张允和　著，欧阳启名　编	中央编译出版社	2012 年 8 月
张充和手钞昆曲谱	张充和、陈安娜　编	上海辞书出版社	2012 年 12 月
大武旦：王芝泉	张泓　著	上海人民出版社	2012 年 3 月
昆曲	郑雷　著	文化艺术出版社	2012 年 6 月
民国京昆史料丛书（第十二辑）	学苑出版社　编	学苑出版社	2012 年 7 月
昆剧发展史	胡忌、刘致中　著	中华书局	2012 年 8 月
菊苑留痕：首都图书馆藏北京各京剧院团老戏单	倪晓建　著	学苑出版社	2012 年 7 月
我的操琴生活：徐兰沅口述历史	徐兰沅　口述，唐吉记录整理	中国戏剧出版社	2012 年 1 月
浙江昆剧史	徐宏图　著	中国社会科学出版社	2012 年 4 月
红豆馆拍正词曲遗存	爱新觉罗·溥侗　著	商务印书馆	2012 年 8 月

戏曲史			
书名	作者	出版社	出版时间
明清传奇史	郭英德　著	人民文学出版社	2012 年 4 月
民国初期上海戏曲研究	唐雪莹　著	北京大学出版社	2012 年 7 月
俞振飞书信选	唐葆祥等　编	上海古籍出版社	2012 年 7 月
中国戏曲史	麻文琦、谢雍君、宋波　著	文化艺术出版社	2012 年 6 月
中国戏曲	傅鸿础　编著	北京大学出版社	2012 年 7 月
雅部正音　官生魁首：蔡正仁传	谢柏梁、钮君怡　著	上海古籍出版社	2012 年 5 月
中国戏曲声腔源流史	廖奔　著	人民文学出版社	2012 年 11 月

戏曲理论			
书名	作者	出版社	出版时间
中国传统戏曲传承保护研究	刘文峰　著	学苑出版社	2012 年 12 月
中国古代戏曲理论与批评	吴瑞霞　著	中国社会科学出版社	2012 年 5 月
宋元戏曲本体论	陈建森　著	人民出版社	2012 年 9 月
绍兴戏曲文化概论	陈娅玲　著	浙江大学出版社	2012 年 6 月
焦循戏剧学研究	范春义　著	凤凰出版社	2012 年 12 月
中国戏曲表演体系研究	欧阳启名、欧阳中石　著	文化艺术出版社	2012 年 10 月
民间文化与“十七年”戏曲改编	周涛　著	广西师范大学出版社	2012 年 3 月
中国戏曲文化概论	郑传寅　著	北京大学出版社	2012 年 6 月
曲学与中国戏剧学论稿	徐子方　著	东南大学出版社	2012 年 11 月
京剧与上海都市社会（1867——1949）	徐剑雄　著	上海三联书店	2012 年 8 月
被改造的民间戏曲——以 20 世纪山西秧歌小戏为中心的社会史考察	韩晓莉　著	北京大学出版社	2012 年 5 月
冯梦龙戏曲改编理论研究	魏城璧　著	南京大学出版社	2012 年 3 月
中国戏曲翻译初探	魏城璧、李忠庆　著	南京大学出版社	2012 年 7 月

戏曲评论及其他			
书名	作者	出版社	出版时间
李瑞环谈京剧艺术	李瑞环　著	生活・读书・新知三联书店	2012 年 6 月
看戏一得——吴小如戏曲随笔	吴小如　著	北京大学出版社	2012 年 9 月
城北说戏一：京剧这玩意儿	徐城北　著	中国社会科学出版社	2012 年 5 月
城北说戏二：京剧夜明珠	徐城北　著	中国社会科学出版社	2012 年 5 月
方圆集	黄天骥　著	广东人民出版社	2012 年 8 月

文章类

戏曲史			
文章名称	作者	期刊名称	发表时间
明代禁戏与戏曲的文本流移和传播禁忌	丁淑梅	戏曲艺术	2012 年 02 期
《宝剑记》在明代的传播	王军明	山西大学学报（哲学社会科学版）	2012 年 01 期
明清戏曲家剧目摭补	王　昊	戏曲艺术	2012 年 01 期
戏曲丑脚的生成及意义	元鹏飞	戏剧艺术	2012 年 03 期
明清戏曲散出选本中的《牡丹亭》	尹丽丽	东南大学学报（哲学社会科学版）	2012 年 01 期
虞集与《十花仙》杂剧	邓绍基	文学遗产	2012 年 03 期
《纳书楹曲谱》的戏曲批评观	艾立中	中国社会科学报	2012－11－21
洪炳文的戏曲创作与近代戏曲的创变	左鹏军	广东社会科学	2012 年 02 期
戏曲评点与晚明士人精神	朱万曙	复旦学报（社会科学版）	2012 年 03 期
恬退与遐想——从明清戏曲的“渔樵耕牧”书写看文士心态	李　玫	中国社会科学报	2012－02－24
论明清福建家族文化视阈下戏曲的生存与发展	杨丽霞	戏剧（中央戏剧学院学报）	2012 年 03 期
论皮簧戏与清王朝的最后时光	杨连启	戏曲艺术	2012 年 01 期
戏曲艺术中的妇女叙事	何玉人	中国文化报	2012－03－15
国家图书馆藏《听春新咏·昆部》及其史料价值	谷曙光	文献	2012 年 02 期
中原文化与民族戏曲的形成和发展	张大新	文艺研究	2012 年 08 期
新中国“戏改”与地方戏生态——以越剧为个案	张艳梅	文学评论	2012 年 03 期
从官养到民养：腔种间的博弈——乐籍制度解体后戏曲的区域、地方性选择	项　阳	艺术百家	2012 年 01 期
明清咏剧诗歌对于戏曲接受史研究的特殊价值	赵山林	文学遗产	2012 年 05 期
京剧《四郎探母》与《雁门关》之关系辨	郝成文	戏曲艺术	2012 年 01 期
台湾京剧的创新历程	秦　聪	戏剧文学	2012 年 01 期
《海烈妇传奇》作者、本事与序跋辑考	郭英德	文献	2012 年 01 期
吴伟业《秣陵春》传奇作期新考	郭英德	清华大学学报（哲学社会科学版）	2012 年 06 期
从《西厢记》的变迁看戏曲叙事艺术的演进	黄贤忠	戏剧文学	2012 年 10 期
清中叶文人曲家散佚剧作情节本事丛考	黄胜江	文艺评论	2012 年 06 期
论“花雅同本”现象的复杂形态——从《钵中莲》传奇的年代归属说起	黄振林	戏剧（中央戏剧学院学报）	2012 年 01 期
楚国文化背景下的湖北京剧	谢柏梁	戏曲艺术	2012 年 03 期
中国戏曲典籍中活态文献的传承——兼谈补园家族的曲谱手抄本	谢柏梁	艺术百家	2012 年 04 期
傅惜华戏曲文献提要述略	谢雍君	文献	2012 年 02 期

戏曲史			
文章名称	作者	期刊名称	发表时间
碧蕖馆旧藏名伶手录重订昆曲曲谱身段谱述	戴　云	戏曲艺术	2012 年 04 期
日本所藏内府钞本《如是观》四种剧本之研究	磯部祐子	文学遗产	2012 年 04 期

戏曲理论			
文章名称	作者	期刊名称	发表时间
明清戏曲理论的建构	万　曙	文艺研究	2012 年 08 期
从前现代性到后现代性——“公共观演场域”中的闽南戏曲	王　伟	戏剧文学	2012 年 03 期
跨界的想象：当下梨园戏研究范式述评（2000—2010）	王　伟	福建论坛（人文社会科学版）	2012 年 03 期
粤剧的生态环境与艺术遗产	王　馗	戏曲艺术	2012 年 04 期
陌生感与多样性：中国戏曲艺术的保全	王　馗	中国社会科学报	2012 –12 –05
如何对待西方戏剧理论	王安葵	艺术百家	2012 年 01 期
戏曲作家应有的素养——在戏曲文学研究生班的讲稿	王安葵	戏剧文学	2012 年 12 期
从《申报》看梅兰芳及其表演艺术	王省民	戏曲艺术	2012 年 01 期
当代戏曲：呼唤文学性的回归	王露霞	戏剧文学	2012 年 01 期
当“事迹”遭遇戏曲——试谈“先进”、“典型”人物题材戏曲创作中的几个问题	石小军	当代戏剧	2012 年 05 期
现代戏曲：中国戏曲的当代文体	吕效平	中国社会科学报	2012 –07 –18
追求内心体验与写意性的表演技艺完美结合的境界——论李紫贵的导演艺术	朱恒夫	戏曲艺术	2012 年 04 期
当代中国城市化背景下的戏曲传承与发展方略	朱恒夫	艺术百家	2012 年 06 期
扬剧《百岁挂帅》研究	刘　祯	艺术百家	2012 年 04 期
略论中国戏曲雅俗审美思潮之变迁	刘　祯	东南大学学报（哲学社会科学版）	2012 年 06 期
传统戏剧在非物质文化遗产中的传统戏剧地位及传承保护	刘文峰	艺术评论	2012 年 07 期
地方戏忧思录	刘厚生	中国戏剧	2012 年 07 期
1919、1928 对日公演中的“京昆之辩”与戏曲“传统”的认知嬗变	江　棘	戏曲艺术	2012 年 01 期
齐如山《戏中之建筑物》整理与研究	孙红侠	戏曲艺术	2012 年 01 期
关于当前戏曲教育和人才培养问题的若干建议	杜长胜	中国文化报	2012 –07 –03
新时期戏曲美学体系的建构初探	吴　民	戏剧文学	2012 年 12 期
刍议潮剧编剧艺术的传承与创新	吴国钦	中国戏剧	2012 年 07 期
张庚戏剧理论及其对 21 世纪戏剧艺术发展的期待与思考	何玉人	艺术百家	2012 年 01 期
对梅兰芳民国初年排演“时装新戏”的历史反思	邹元江	戏剧（中央戏剧学院学报）	2012 年 02 期
张庚与中国戏曲表演体系研究——纪念张庚先生诞辰百年	汪人元	艺术百家	2012 年 01 期

戏曲史			
文章名称	作者	期刊名称	发表时间
“趋同化”是戏曲发展的必然过程——对“趋同化”现象及本质的思考	沈　勇	戏剧文学	2012 年 01 期
张庚先生论戏曲形态	沈达人	戏曲艺术	2012 年 02 期
“锦上添花”的守旧——浅谈戏曲守旧及其相关的舞台美术问题	迟雪峰	戏曲艺术	2012 年 02 期
关于戏曲文化遗产保护与民族文化传承发展的几点思考	张大新	中州学刊	2012 年 01 期
新中国“戏改”与名角的消亡	张艳梅	文艺研究	2012 年 04 期
论“十七年”戏曲改革的新文人模式	陈　军	文学评论	2012 年 05 期
论戏曲演员与角色的距离	陈　恬	民族艺术	2012 年 03 期
戏曲“精致化”也应兼顾“民俗性”	陈　琛	中国文化报	2012 -10 -31
整一·中和·意境——明清戏曲创作结构论的美学追求摭谈	陈建平	戏曲艺术	2012 年 03 期
近百年来宋元戏曲本体与生成的反思	陈建森、莫嘉丽	文艺理论研究	2012 年 02 期
论宋元戏曲的演述时空	陈建森	学术研究	2012 年 05 期
案上新书近百卷观堂惭愧感红多——任半塘和他的曲学研究	苗怀明	扬州大学学报（人文社会科学版）	2012 年 02 期
当代戏曲创新应以继承为根基	胡　薇	中国文化报	2012 -10 -30
胡祇遹的戏曲理论	俞为民	艺术百家	2012 年 01 期
论元代曲论重北剧轻南戏的倾向——兼谈元代戏曲理论的自娱化倾向	俞为民	戏曲艺术	2012 年 03 期
言情：中国戏曲表演理论的奠基石	顾聆森	中国戏剧	2012 年 04 期
明杂剧曲体论	徐子方	文艺研究	2012 年 08 期
昆曲《十五贯》补论	徐宏图	文艺研究	2012 年 04 期

戏曲评论			
文章名称	作者	期刊名称	发表时间
继承的妙手　革新的闯将——魏明伦戏曲创作论	王一峰	艺术百家	2012 年 04 期
“为老百姓演最好的戏”——在王红丽表演艺术学术研讨会上的发言	王文章	艺术评论	2012 年 12 期
歌仔戏《蝴蝶之恋》：传统戏曲与现实人生的交织	王安葵	人民日报	2012 -04 -10
戏曲创作的“有效积累”	王安葵	人民日报	2012 -09 -21
全球化背景下戏曲的自我认识与定位	王评章	中国艺术报	2012 -02 -10
戏曲演出艺术的继承与发展	王晓鹰	中国艺术报	2012 -03 -26
戏曲创新：要不要太“炫”乎？	王新荣	中国艺术报	2012 -03 -19
别出机杼　更著新意——再看新编历史京剧《建安轶事》	王蕴明	艺术评论	2012 年 05 期
一方面消失，一方面同化，传统戏曲危矣！	田　青	中国艺术报	2012 -03 -14

戏曲史			
文章名称	作者	期刊名称	发表时间
人物体验：戏曲演技的精髓所在——张继青表演艺术研究心得之一	田志平	戏曲艺术	2012 年 01 期
西方剧场更关注中国戏曲在当代的发展	田蔓莎	中国艺术报	2012－11－30
福建地方戏曲的“民间化”意义	白勇华	人民日报	2012－01－27
戏曲表演技艺的“三级跳”——我对川剧旦角人物塑造的理解	冯　燕	四川戏剧	2012 年 06 期
回归戏曲本体 保持剧种个性	刘闽生	文艺报	2012－08－22
程联群在京剧《金锁记》中个性张扬	安志强	中国戏剧	2012 年 03 期
普通人的审美与经典标准——杭州越剧院几部作品的启示	孙惠柱	戏剧（中央戏剧学院学报）	2012 年 02 期
回归戏曲的本体	李六乙	中国戏剧	2012 年 03 期
戏曲现代戏表现形式的积极探索	杨云峰	中国戏剧	2012 年 04 期
戏曲发展重在人才	吴兴人	文艺报	2012－12－05
闽剧《红裙记》彰显剧诗神韵	吴新斌	中国戏剧	2012 年 09 期
戏曲艺术中的妇女叙事	何玉人	中国文化报	2012－03－15
戏曲现代戏创作的勇敢实践者——剧作家马健翎的戏曲现代戏创作	何燕漪	戏剧文学	2012 年 12 期
《贵妃还乡》的价值判断	宋存学	戏剧文学	2012 年 01 期
旁观“青京赛”	张伟品	上海戏剧	2012 年 11 期
戏曲何为	张炼红	文汇报	2012－08－27
“雅部衰落，花部兴起”：中国戏曲的必经之路	张晓兰	中国社会科学报	2012－07－18
请给戏曲创新多一些包容	陆　尚	中国艺术报	2012－06－27
民族戏曲的生命步态	陈　彦	文汇报	2012－02－27
试论《董生与李氏》的创作成就	陈云升	当代戏剧	2012 年 01 期
重塑戏曲的文学品格	陈建华	人民日报	2012－07－24
千年四入杨妃梦邀月举杯戏春秋——曾永义新编昆剧《杨妃梦》观后	陈建森	四川戏剧	2012 年 04 期
戏曲要死学而用活	尚长荣	中国文化报	2012－01－17
方言与戏曲	季国平	中国文化报	2012－01－17
沈斌的戏曲情结与导演之路	段丽娜	上海戏剧	2012 年 07 期
评剧《花为媒》的文本与表演艺术传承	钱建华	戏剧文学	2012 年 03 期
非遗保护不要冷落地方戏曲	龚和德	光明日报	2012－01－21
“西京三部曲”——戏曲现代戏的里程碑	康式昭	中国戏剧	2012 年 04 期
新文学与表演艺术传统的结合	傅　谨	中国戏剧	2012 年 04 期
越剧与黄梅戏能否重获生机	傅　谨	人民日报	2012－04－24
京剧《香莲案》：戏曲经典改编的范例	傅　谨	文艺报	2012－10－29
小剧场戏曲：实验的活力与危机	谢柏梁	文艺报	2012－08－27
“程式化”的新尝试　新编京剧《唐琬》	蔡东民	上海戏剧	2012 年 07 期
重庆版《金锁记》烛照戏曲本体	黎继德	中国戏剧	2012 年 03 期

大事记

1月2日，谭派京剧《鼎盛春秋》在北京长安大戏院首演。

1月7日，张金梁在山东济南病逝。

1月12日，晋剧《刘胡兰》在太原首演。

1月13日，京剧《西厢记》在北京梅兰芳大剧院首演。

1月21日，李金泉在北京病逝。

2月4日，曲剧《曹操与杨修》在河南郑州市艺术宫上演。

2月8日，满族新城戏《洪皓》在北京国家大剧院上演。

2月23日，汉剧《宇宙锋》在武汉剧院首演。

3月11日，昆剧《续琵琶》在北京长安大戏院上演。

3月12日至31日，“年轻的朋友来相会”——国家京剧院优秀青年演员展演暨第五届中国京剧优秀青年演员研究生、首届中国京剧流派班学员汇报演出活动在北京举办。

3月17日，京剧《谢瑶环》在北京长安大戏院上演。

3月27日，文化部在京召开戏曲教育与人才培养座谈会。

4月10日，豫剧现代戏《中原警事》在河南许都大剧院首演。

4月16日至27日，2012年上海市民营文艺表演团体展演活动在上海举行。

4月18日至24日，“2012年湖北省京剧院北京巡演”活动在京举行。

4月23日至26日，“首届山东地方戏新创作小戏展演”在山东省济南市举行。

4月26日至29日，“相约郴州”——海峡两岸昆曲交流展演活动在湖南省郴州市举办。

4月28日，浙江昆剧团在法国巴黎联合国教科文总部演出。

5月1日至7日，青春版传统川剧《绣襦记》赴韩国参加“你好，亚洲！”釜山国际艺术节。

5月6日，“河南省艺术名家推介工程”豫剧名家李树建表演艺术研讨会在京举行。

5月7日，北京京剧院在土耳其伊斯坦布尔演出。

5月12日，“岭南地方戏曲传承与创新研讨会”在广州举办。

5月13日，“河南省艺术名家推介工程”豫剧名家汪荃珍表演艺术研讨会在河南开封举行。

5月18日，新编京剧《香莲案》在北京长安大戏院上演。

5月19日至20日，“戏曲的改革与发展——纪念毛泽东同志《在延安文艺座谈会上的讲话》发表70周年学术研讨会”在北京举行。

5月19日至25日，重庆川剧院携中德合作作品《灰阑记》赴德国威斯巴登参加五月国际艺术节。

5月19日至25日，“中国昆曲非遗11周年暨北方昆曲剧院建院55周年纪念”活动在北京举行。

5月30日至31日，昆剧现代戏《爱无疆》在北京梅兰芳大剧院上演。

5月，谢柏梁、钮君怡著《雅部正音　官生魁首：蔡正仁传》由上海古籍出版社出版。

6月1日，曲剧儿童剧《老鼠嫁女》在河南省艺术中心首演。

6月2日，艾世菊在上海病逝。

6月2日至4日，2012版昆剧《牡丹亭》在上海东方艺术中心上演。

6月6日，川剧《槐花几时开》在北京解放军歌剧院上演。

6月8日至10日，“2012福建杂剧、南戏学术研讨会”在福建省福州市召开。

6月9日，昆剧《金印记》在浙江温州乐清剧院首演。

6 月 13 日，豫剧《轩辕大帝》在河南新郑首演。

6 月 14 日，现代评剧《什刹海》在北京戏曲艺术职业学院排演场首演。

6 月 14 日至 16 日，“戏曲电影：在戏剧、电影和政治的交界处”国际学术研讨会在北京召开。

6 月 15 日，昆剧《景阳钟变》在上海逸夫舞台上演。

6 月 24 日，贵州省黔剧院应邀参加德国墨尔本中国戏剧节。

6 月 27 日，刘曾复在北京病逝。

6 月 28 日，桂剧《七步吟》在广西南宁剧场公演。

6 月 29 日至 7 月 7 日，第五届中国昆剧艺术节在江苏苏州举行。

6 月 29 日至 7 月 10 日，大型新编历史剧《赤壁》赴欧洲巡演。

6 月 30 日、7 月 1 日，昆剧《红楼梦》上本、下本陆续在江苏苏州文化艺术中心上演。

6 月，北京戏曲艺术职业学院携大型京剧《水浒》赴欧洲巡演。

6 月，郑传寅著《中国戏曲文化概论》（修订版）由北京大学出版社出版。

7 月 1 日，朱栋霖主编的《中国昆曲年鉴 2012》在江苏苏州举行首发仪式。

7 月 3 日，“中央电视台第七届全国青年京剧演员电视大赛”正式开赛。

7 月 3 日，晋剧新编历史剧《清明》在山西省演艺中心首演。

7 月 6 日至 8 日，“京昆合璧·儒雅风流——纪念俞振飞先生诞辰 110 周年座谈会暨京昆专场演出”系列活动在上海举行。

7 月 7 日至 12 日，上海五大戏曲院团集结 9 位梅花奖得主在京进行 7 场演出。

7 月 9 日，儿童京剧《白雪公主》在北京首演。

7 月 12 日，黄梅音乐剧《贵妇还乡》在北京保利剧院首演。

7 月 17 日，《西安秦腔剧本精编》系列丛书在陕西西安首发。

7 月 28 日，实验昆剧《319 回首紫禁城》在南京江南剧院上演。

7 月 28 日至 29 日，绍剧《孙悟空三打白骨精》在北京国家大剧院上演。

7 月，唐葆祥等编《俞振飞书信选》由上海古籍出版社出版。

8 月 11 日、12 日，现代京剧《牛子厚》在北京长安大戏院上演。

8 月 11 日，新编秦腔《梦回陇西堂》在北京中国评剧大剧院首演。

8 月 13 日，评剧《赵锦棠》在天津滨湖剧场上演。

8 月 13 日、14 日，柳琴戏《沂蒙情》在北京中国评剧院大剧院上演。

8 月 14 日，京剧《廉吏于成龙》在北京长安大戏院上演。

8 月 15 日、16 日，河北梆子《日头日头照着我》在北京梅兰芳大戏院上演。

8 月 17 日，昆剧《班昭》在北京长安大戏院上演。

8 月 17 至 26 日，“文化中国·名家讲坛——走进京剧：感受东方艺术之美”巡讲活动在美国、加拿大开展。

8 月 21 日、22 日，豫剧《苏武牧羊》在北京国家大剧院戏剧场上演。

8 月 21 日、22 日，河北梆子《女人九香》在北京中国评剧大剧院上演。

8 月 22 日至 29 日，全国京剧优秀青年演员折子戏展演在山东聊城、德州举行。

8 月 22 日和 23 日，越剧《狸猫换太子》在北京梅兰芳大剧院上演。

8 月 23 日，2012 全国重点京剧院团工作会议在山东省聊城市召开。

8 月 25 日、26 日，河北梆子《晚雪》在北京中国评剧大剧院上演。

8 月 26 日，豫剧现代戏《兰考往事——焦裕禄》在北京长安大戏院上演。

8 月 27 日至 28 日，现代花鼓戏《平民领袖》在北京海淀剧院上演。

8 月 28 日，粤剧《碉楼》在广东省广州黄花岗剧院首演。

8月28日至29日，现代豫剧《王屋山的女人》在北京长安大戏院上演。

8月29日，淮剧《半车老师》在北京中国评剧大剧院上演。

8月29日至30日，新编历史剧《建安轶事》在北京中国儿童艺术剧院剧场上演。

8月30、31日，京剧《清风亭》在北京梅兰芳大剧院上演。

8月31日，现代豫剧《红高粱》在北京长安大戏院上演。

8月31日至9月10日，第八届中国评剧艺术节在河北省唐山市举行。

8月，爱新觉罗·溥侗的《红豆馆拍正词曲遗存》由商务印书馆出版。

9月1日、2日，莱芜梆子《儿行千里》在北京中国评剧大剧院上演。

9月3日，京剧《萧关道》在宁夏人民会堂首演。

9月4日，江苏省戏曲现代戏研究会在江苏南京成立。

9月5日、6日，京剧《北风紧》在北京梅兰芳大剧院上演。

9月6日至16日，“杨小青导演艺术研讨会暨展演活动”在浙江杭州举行。

9月9日至10日，闽剧《红裙记》在北京中国评剧大剧院上演。

9月11日，王红丽表演艺术学术研讨会在北京举行。

9月13日，“德艺双馨·璀璨人生”京剧名家赵葆秀“继承、创新、教学”展演活动艺术人生座谈会在京举行。

9月13日，京剧《无字碑》在湖南长沙铁路工人文化宫首演。

9月13日至14日，现代扬剧《丹凤湖畔》在北京中国评剧大剧院上演。

9月15日、16日，秦腔《花儿声声》在北京长安大戏院上演。

9月16日，曲剧《“乡”约青春》在北京延庆首演。

9月18日，第四届中国戏剧奖·理论评论奖（原第七届中国曹禺戏剧奖·评论奖）颁奖仪式在北京举行。

9月18日，越剧现代戏《德清嫂》在北京国家大剧院上演。

9月19日至20日，现代吉剧《鹿乡姐妹》在北京长安大戏院上演。

9月20日，第九届中国滨州·博兴小戏艺术节在山东博兴开幕。

9月21日、22日，京剧《将军道》在北京中国评剧大剧院上演。

9月21日至23日，“国际戏剧评论家协会（IATC）第三届亚洲戏剧论坛”在中国戏曲学院举行。

9月22日，第二届中国（抚州）汤显祖艺术节在江西抚州开幕。

9月23日、24日，川剧《易胆大》在北京长安大戏院上演。

9月25日，“弘扬京昆艺术特殊贡献奖”在京颁奖。

9月25日，京剧《太真外传》在梅兰芳大剧院上演。

9月25日至10月1日，由杭州越剧院演出的《红楼梦》、《新狮吼记》在新加坡滨海艺术中心上演。

9月26日至27日，由国家京剧院演出的《锁麟囊》在韩国首尔国立剧场上演。

9月27日，京剧《韩玉娘》在北京梅兰芳大剧院上演。

9月27日，粤剧《孙中山与宋庆龄》在广西北海市人民剧场上演。

9月27日、28日，秦腔现代戏《西京故事》在北京长安大戏院上演。

9月28日，新编大型历史黄梅戏《半个月亮》在合肥安徽大剧院首演。

9月29日、30日，琼剧《百年苍翠》在北京中国评剧大剧院上演。

9月30日，京剧《大破铜网阵》在北京梅兰芳大剧院上演。

10月3日、4日，黄梅戏《妹娃要过河》在北京天桥剧场上演。

10月3日、4日，粤剧《小凤仙》在北京上演。

10月7日，评剧《寄印传奇》在北京中国评剧大剧院上演。

10月10日、11日，吕剧现代戏《苦菜花》在北京长安大戏院上演。

10月11日、12日，山东梆子新编历史剧《两狼山上》在山东剧院上演。

10月12日，评剧《非常妈妈》在北京中国评剧大剧院上演。

10月12日、13日，青春版婺剧《穆桂英》在北京海淀剧院上演。

10月14日，“著名评剧表演艺术家花月仙先生九十寿辰艺术回顾座谈会”在京举行。

10月14日，湘剧弹腔《古画雄魂》在北京中国儿童剧场上演。

10月14日、15日，闽剧《别妻书》在北京长安大戏院上演。

10月15日至16日，新编晋剧《大红灯笼》在北京中国评剧大剧院上演。

10月16日，黄梅戏《徽州往事》在安徽省安庆市黄梅戏艺术中心上演。

10月16日，湘剧高腔《谭嗣同》在北京中国儿童剧场上演。

10月17日、18日，新编历史京剧《无旨钦差》在北京梅兰芳大剧院上演。

10月19日，山东梆子新编历史剧《萧城太后》在山东聊城市首演。

10月23日，古装文曲戏《草鞋老太爷》在武汉京韵大舞台上演。

10月24日、25日，滇剧《大唐公主》在北京梅兰芳大剧院上演。

10月25日，大型神话新编历史剧《老北京传奇》在北京天桥剧场上演。

10月26日、27日，黄梅戏《雷雨》在北京长安大戏院上演。

10月30日，豫剧现代戏《香魂女》在河南郑州上演。

10月30日，越剧《新巡按斩父》在北京中国儿童艺术剧院上演。

10月30日、31日，上党梆子《西沟女儿》在北京长安大戏院上演。

10月30日至11月1日，“中国戏曲现代戏研究会2012年年会——豫剧现代戏成就与发展研讨会暨河南省豫剧三团成立六十周年庆祝会”在河南郑州举行。

10月30日、31日，川剧《鸣凤》在北京梅兰芳大剧院上演。

11月2日至4日，“中原戏剧文化国际学术研讨会”在河南省开封市召开。

11月5日，中国（安庆）第六届黄梅戏艺术节在安徽省安庆市开幕。

11月6日至13日，第六届西北五省区秦腔艺术节在甘肃省兰州市举行。

11月7日，黄梅戏《寸草心》在安徽省合肥市上演。

11月16日至18日，2012中国昆曲名家年度雅集暨厅堂版《牡丹亭》600场纪念系列活动在北京举行。

11月16日、17日，“2012林兆华戏剧邀请展——甲子四折：裴艳玲从艺六十周年戏曲专场”在北京首都剧场举办。

11月17日至20日，第二十六届田汉戏剧奖评奖活动在上海举行。

11月19日，现代川剧《文建明》在四川锦城艺术宫上演。

11月21日至27日，第六届羊城国际粤剧节在广东省广州市举办。

11月26日，京剧老生演员汪正华在上海病逝，享年84岁。

11月27日，“上海的声音——纪念越剧改革70周年”系列活动启动。

11月27日至12月11日，第九届河北省戏剧节优秀剧目展演在河北省石家庄市举行。

11月29日至12月1日，2012戏曲中专艺术学校校长论坛在北京召开。

11月30日，“越剧教育与传承发展研讨会”在浙江嵊州越剧艺术学校举行。

11月30日，园林版昆曲《牡丹亭》在纽约大都会博物馆上演。

11月、12月，昆曲《红楼梦》、越剧《狸猫换太子》陆续获得中国戏曲学会奖。

12月8日至27日，由福建省政府主办的第二十五届福建省戏剧会演在福建举行。

12 月 10 日，“纪念白驹荣先生诞辰 120 周年座谈会”在广州红线女艺术中心召开。

12 月 13 日，新编历史京剧《飞虎将军》在杭州剧院首演。

12 月 16 日至 21 日，北方昆曲剧院在北京长安大戏院首次举办“中青年演员传统折子戏专场演出周”。

12 月 18 日，“北京曲剧剧种命名 60 周年纪念会”在北京举行。

12 月 18 日至 19 日，评剧《祥子与虎妞》在北京中国评剧大剧院演出。

12 月 19 日，粤剧《蔡文姬》在广东顺德演艺中心首演。

12 月 19 日至 2013 年 1 月 30 日，2012 年全国地方戏精粹展演在北京举行。

12 月 21 日，京剧老生演员张学津在北京病逝，享年 71 岁。

12 月 22 日，京胡演奏家姜凤山在北京病逝，享年 90 岁。

12 月 23 日，京剧老生演员朱云鹏在北京病逝，享年 85 岁。

12 月 25 日，“京剧艺术大师赵燕侠舞台生活八十年座谈会”在京举行。

12 月，张充和的《张充和手钞昆曲谱》由上海辞书出版社出版。

12 月，刘文峰撰《中国传统戏曲传承保护研究》由学苑出版社出版。

分卷主编：王　晶

中国艺术年鉴

2012年卷

话剧卷

年度述评

在创作中思考文艺与时代和人民的联系
——2012 年度中国戏剧艺术发展报告

◎中国戏剧家协会

一、发展概况

随着文化体制改革的深入，2012 年戏剧的观念、生态正悄然发生变化，文化氛围和创作条件更加优化，演出市场和鼓励政策更加完备，戏剧理论建设得到空前重视；特别是党和政府对文化高度重视，对戏剧的扶植、投入力度加大，戏剧艺术家艺术智慧和创作热情被极大地激发出来，中国的戏剧舞台呈现出繁荣、丰富、积极、活跃的艺术态势。

今年是毛泽东《在延安文艺座谈会上的讲话》发表七十周年，戏剧界深入学习《讲话》精神，努力思考在当代艺术创作中，如何更好地贯彻落实文艺与时代和人民的联系。2012 年后半年，为迎接党的十八大胜利召开，全国各地组织了丰富多彩的戏剧调演、汇演，全国戏剧舞台演出万紫千红，一片繁荣。

1. 戏剧创作成果丰硕

今年现代戏创作的最大特色是，越来越多的作品努力避免从概念出发，更多地从老百姓角度写戏，采取以小见大的方法塑造人物，站到了一定的人性高度与美学深度。秦腔《花儿声声》，唱出了西海固人的心声。豫剧《王屋山的女人》体现了当代中国普通老百姓身上的勇气、毅力、诚信等可贵品质。此外，较好的作品还有花鼓戏《山竹》、沪剧《挑山女人》、上党落子《申纪兰》、豫剧《刘青霞》、《天职》等。

新编历史剧创作演出亮点鲜明，又有了新的突破。如桂剧《七步吟》的人物塑造，曹丕在霸气阴险中有了宽容和亲情，曹植在才华忠厚中有些恃才傲物，甄宓在美丽多情中多了几分忧虑和刚烈，显现出许多新意。而以厚重、丰富、深刻见长的昆曲《景阳钟变》则是其中的佼佼者。还有一些新编历史剧亦可圈可点，向剧种本体回归是它们最大的共同点。

话剧创作在一如既往地注重发挥其特有的深刻性、时代感、感染力的同时，加强了对生活、生命的“思考”与“追问”。《甲子园》直击当下现实，折射出不同年龄层的心灵隐秘，呼唤温暖的人性回归；它坚持严肃的戏剧走向，是年度现实主义话剧中的力作。《红旗渠》塑造了以杨贵为首的一批人物，弘扬了“红旗渠”精神。《大哥》、《立春》、《共和国掌柜》、《古田会议》、《拓跋鲜卑》、《卤煮》、《雾蒙山》、《理查三世》、《我们的荆轲》也是这一领域的力作。

其他门类的创作亦精彩纷呈，佳作迭出。如获中宣部“五个一工程”奖的歌剧《钓鱼城》、音乐剧《猫》中文版、民族舞剧《绣娘》、木偶皮影剧《马可·波罗与大熊猫》等。值得关注的还有舞剧《碧海丝路》、《周璇》、歌剧《运河谣》等。

2. 戏剧人才培养成果喜人

采取有效和灵活的方式，从基础和薄弱领域抓起，成为 2012 年人才培养的一大亮点。今年 9 月，中国剧协与上海戏剧学院联合举办了全国中青年导演高级研修班，大大提高了各地中青年导演人才的思想水平与艺术修养。全国青年剧作家研修班与全国青年导演研修班编导交流联谊会于 10 月底举行。各种演员读书班如第二届梅花奖演员读书班和福建省知名演员读书班等的举办，有针对性地为演员夯实了理论基础和素养积累。此外，第 14 届中国上海国际艺术节首推的“扶持青年艺术家计划”，不仅标志着人才培养得到高度重视，还标志着人才培养方式不仅正走向多样化更走向国际化。

3. 演出市场日渐活跃，戏剧社会影响力不断加大

2012 年中国演出市场有了质的提升。值得一提的是民营剧团已成为市场有力竞争者。而今年有更多的老百姓进剧场看戏，还要归因于文化部出台的“文化惠民工程”。相应地，各地宣传文化主管部门都出台了鼓励戏剧院团增加演出和下基层惠民服务的奖励性补贴措施，一些大型演出场所也把惠民作为回报社会的举措。戏剧演艺事业不仅满足了国内观众的需求，也越来越得到国际的青睐，在各种国内和国际艺术节交易会上，戏剧都成为了参与主体。在第 14 届上海国际艺术节演出交易会上，许多国内戏剧创作成果成为本届艺术节的亮点。

4. 中国戏剧走向世界，凸显文化自觉与自信

2012 年中国戏剧走出去的一个显著标志，是我国当代原创或由中国艺术家演绎的世界戏剧名著成为令国外观众赞叹不已的话题。例如话剧《理查三世》参演“环球对环球——莎士比亚 2012 国际戏剧节”，在伦敦奥运会上一展风采；舞剧《周璇》全球巡演起航等等。

在走出去的同时，2012 年在我国举办的世界戏剧文化活动、交流与演出也非常丰富。中国国家话剧院第五届“国际戏剧季”和“华彩欧罗巴”等以我国戏剧人为发起主体的具有世界影响的活动成功举办。“2012 亚洲欧洲戏剧人论坛”在北京召开，会上成立了亚戏联基金会，以资助各国最能代表亚洲水平的戏剧。

5. 理论评论工作得到重视并确实加强

2012 年是中国戏剧理论建设和成果都非常显著的一年。9 月，第四届中国戏剧奖・理论评论奖在北京颁奖。在理论、评论成果上，2012 年也出现许多具有现实性和代表性的真知灼见。有理论家建议，既要强调保护剧种的个性，又要认识到剧种变异的不可避免。不要为了维护剧种的个性而划定创作题材的范围，而应该通过剧种的革新来提高它的艺术表现力。当一个剧种产生某种变体，不要为了维护剧种的纯正性而加以歧视，而应该承认新剧种的诞生。在戏剧二度艺术研究方面，以“关注现实，解剖人性”为主题的中国戏剧（戏曲）导表演艺术体系论坛，重申了导演的思想性，强调了对人性的关怀。这些带给人许多启示。

6. 戏剧教育基础工程的作用得到充分认识

全国校园戏剧活动非常活跃。10 月，第 3 届中国校园戏剧节在上海举办。高雅艺术进校园，业已形成一种普及戏剧文化的有效常态机制。国家大剧院将百余场活动带到大中小学、企业、社区，让更多群众分享歌剧艺术的魅力；福建在小学开设莆仙戏唱腔课；浙江举办中小学生艺术节“校园剧”作品加工会；林兆华将与南开大学合作开办戏剧研修班；北京、苏州、香港、台湾高校共同推进“昆曲传承计划”；中国歌剧界迎来首批研究生。

中国下一代教育基金会、中国儿童艺术剧院与北京快乐人国际文化有限公司达成了 10 年战略合作关系，共同实施“关爱留守儿童，儿童戏剧走进乡村学校”百县千校工程，推动儿童戏剧艺术教育的发展与普及。

二、现象与思潮

“反思”与“重建”两个关键词，成为 2012 年戏剧现象与思潮围绕的热点与议论的重点。刘厚生撰文表达了对地方戏困境的忧思，认为目前地方戏在剧种生存、人才队伍、艺术生产、艺术竞争力、整体素质等方面都有日益衰微的趋势。更有学者对当下“泛娱乐化”语境下出现的：全国各地各种赛事如火如荼，但戏剧的活力、创造力却差强人意；大城市、名剧团红火，大部分基层剧团却不景气；戏剧市场竞争力和社会购买力总体低下；戏剧向一般文化消费品转型，缺乏经典，过度娱乐，导致戏剧精神的缺失；当下戏剧创作存在创作动机浮躁、内容浮夸、形式浮华、思想浮浅，中国戏剧的价值亟待重建等问题和现象进行了积极探讨。

而一些重点院团藉其重大纪念活动，使其重要意义重新回溯到戏剧人的视野，再次站到戏剧思潮的中央。30 年前《绝对信号》点燃了中国小剧场及实验剧场运动；今年林兆华戏剧工作室举办了“当代

剧场30年”讨论会，再次审视《绝对信号》的意义，期待在中国话剧当下过度商业化的氛围中，为纯粹的戏剧创作以及戏剧的创新、探索争取更多的发言权与空间。今年人艺建院60周年院庆成为整个话剧界的大事，60年来，北京人艺秉承艺术源于生活、艺术为人民服务的宗旨，创建了独具特色的“北京人艺演剧学派”，以及她不断进取、拒绝重复的艺术追求，引发了文艺界的广泛关注与热议。西安易俗社百年庆典系列活动与传统经典剧目低票价惠民活动颇吸引眼球，其继承发扬文化人参与戏曲艺术的优良传统，认为“剧本是一剧之本是一社之本是整个戏剧事业之本”的观念在今天仍然有着重要的意义。

相比前几年，今年的“青春版”热度有所褪减，观众的热情也不如原先那么高涨；“明星版”的名牌意识则仍然大行其道，如茅威涛封箱版越剧《西厢记》、北京人艺话剧《窝头会馆》等；“混搭”风不仅依然流行，而且呈愈来愈强劲之势，这方面也出现了大量的研究文章。

新创剧目的生命力被格外重视，并取得显著效果。一些新创（包括整理改编）剧目从创作首演至今达数百、上千场，已成为可资研究与借鉴的现象与标本。河南省豫剧二团创作演出的《程婴救孤》十年来演出800场，并几乎囊括所有国家舞台艺术大奖，成为了当代戏剧界备受关注的“文化现象”。先锋话剧《恋爱的犀牛》则迎来“1000场纪念版演出”。厅堂版《牡丹亭》五年来在皇家粮仓驻演场次达600场，而今年600场纪念活动的演出门票也在低票价、全零售的情况下全部售出，为传统戏曲的生存方式提供有益参考。

值得注意的是，今年在戏剧院校、剧团及剧院间不约而同出现了“联盟”的新气象。中国国际演出剧院联盟是国内首个由多家国内国际剧院及演出机构共同发起倡议组建的专业性演出合作体。71家剧院成员，将整合剧团、经纪公司与学术界等的相关资源，发挥各方优势，围绕艺术创作与整合交易，逐步完善演出产业链，争取社会效益、经济效益最大化。中央戏剧学院今年牵头发起成立的“中国戏剧文化管理协同创新中心”，是旨在针对文化传承创新的突出问题，联合国内行业协会和具有代表性的戏剧院团、演艺集团、剧场，以及戏剧文化研究机构等单位成立的非营利合作组织。中央歌剧院与广东明大智业投资有限公司携手共建的“数字化舞美科技应用产业基地”，可以有效改善国内长期存在的舞美布景创意、制作、表演艺术与高新技术结合不够的问题。北京人艺今年也在建舞美创作基地，在怀柔建成两个各1000平方米的摄影棚，希冀在舞台和影视之间搭建起一道桥梁能够相互借力。“国家京剧院·山东省鲁东京剧文化促进会基地”则是国家京剧院在国内建立的首个基层联络基地。

三、创新与突破

1.“新”剧目

2012年，在戏剧创作的海洋里，昆曲《景阳钟变》与儿童剧《想飞的孩子》以其鲜明的创新与突破获得了一致的赞誉。《景阳钟变》改编自传统剧目《铁冠图》，在有分寸地保留了崇祯及其遭遇的悲剧感的同时，充分保留并强调原作者所表现的亡国之痛的集体情感，同时把崇祯形象沿着原作者的情感进行符合历史的深化或者说复原，使同情内含了深刻的客观的反思与批判，而又不破坏这种同情的力量所赋予艺术形式的内在和全部的魅力，开创了戏曲整理改编传统戏的一条新路。

儿童剧《想飞的孩子》是目前全国儿童剧中最好的作品之一，在儿童剧的创作观念和创作模式上有一定突破，其意义已远超作品本身。另外，剧中成人角色的儿童化表演也是一个创新点。尤为值得一提的是，该剧突破了儿童剧单线的戏剧结构，采用双线交叉、相互推进的结构，强化了戏剧冲突，升华了戏剧意义。

在形式的探索上，由中国文联和中国剧协联合出品拍摄的京剧艺术影片《响九霄》，努力展示和突出京剧大家裴艳玲的精彩表演，并首次用数字艺术手段，创造了用中国传统水墨画作为影片景物，把戏曲与国画的写意共性融合在一起，探索出戏曲艺术片的新路。

在对外演出上，沈铁梅跨界主演了美国版歌剧《凤仪亭》，这是世界上首部尝试不用歌剧演员而只用戏曲演员的歌剧。《凤仪亭》是近年来中国文化走出去比较成功的案例之一。

2. “新”概念

相较于小剧场，“微剧场”更注重实验性。过去的两年，1933 老场坊与上海话剧艺术中心合作，诞生了上海话艺文化传播有限公司，其微剧场更青睐于有开拓性的新兴创意小剧场话剧，“文化左岸”推出欧美新浪潮当代戏剧演出季。

“高清歌剧”在遍布世界 46 个国家和地区之后终于登陆我国。“大都会”版的歌剧《魔笛》首次出现在上海大剧院的大屏幕上，歌剧在上海从此进入了“数字高清”时代。歌剧因传播方式的改变而焕发了新生。

“应用戏剧”也在我国获得推广。“国话儿童俱乐部”首度举办公益项目“暑期儿童戏剧教育体验馆”，“儿童戏剧教育”这一概念加强了戏剧的应用功能。关于“应用戏剧”的运用和推广在欧洲国家早已开展，在我国香港、台湾等地区也纳入了戏剧推广的常规课程应用中。近些年，内地也逐步有序地在北京、上海等教育相对先进开放的城市试点推广。

3. 剧团、剧目运营“新”理念

音乐剧《妈妈咪呀》（中文版）继续巡演，并以“按周卖”的演出模式签下百场订单，打破国内项目按场演卖的老规矩。该剧从一线城市大规模巡演，打造知名度，到试水巡演二三线城市，打造美誉度，最后为该剧选择一座城市长期驻演，实现项目由运动战向根据地作战，实施市场化运作；并与所在城市发生关系，植入当地文化生态，带动配套衍生产品和周边产业包括旅游业的蓬勃发展，这“三步走”扭转了中国演艺产业市场运作观念。

小剧场市场的火爆引来了不少投资机构的关注，今年 3 月北京戏逍堂获得融资，继而中国文化产业投资基金与开心麻花等 5 家文化企业签署投资协议，资本俨然已有进入话剧产业的趋势。在多路资本的参与带动下，小剧场话剧繁荣发展，企盼着在资本洗礼中升级，但要警惕的是类型化创作模式，防范创作变为生产，剧目沦为项目。

此外，音乐剧《我，堂吉诃德》秉持低票价、长档期的生意经，音乐剧《文成公主》注重营销，充分发挥网络微博等新媒体作用，并开发产业链，如在布达拉宫对面进行实景演出等。这些新的尝试不仅引发广泛关注，也促动了不少学者的深思与跟踪研究。

四、问题与思考

在戏剧艺术取得很大成绩的同时，也面临着许多亟待解决的问题。集中体现为：

1. 地方戏曲生存窘迫，亟待社会关注扶持。问题集中表现在：剧种剧团大量衰减；剧团体制混乱；优秀剧目（包括优秀传统剧目）和优秀演出渐少，吸引不了观众，不仅剧团减少，而且在城市站不住脚，退守农村；编导力量薄弱，优秀剧作家流失严重；接班人才匮乏；艺术思想薄弱；艺术竞争力萎缩；地方戏工作者文化素养平均水平不高；至今没有地方戏的完整政策等。

这些问题不仅各自存在，而且互为因果，应充分认识问题的存在，根据各个剧种的实际情况，寻求改善与发展之路。最关键的是应有一个完整的戏曲政策的扶持。自 1951 年中央人民政务院发布《关于戏曲改革工作的指示》后，至今没有第二个全国性、长时期的戏曲政策。在国家高度重视文化建设的今天，如何振兴戏曲，需要政府、剧团、社会、传媒各方面的通力合作。

2. 戏曲艺术传承创新认识和创作上的某些误区亟待克服。近年来，戏曲艺术的传承创新积累了一定经验，但也存在一些认识上的误区，最为突出的仍然是自我迷失和脱离观众。以为戏曲落后于时代，落后于西方话剧、音乐剧，不尊重戏曲，用话剧等简单甚至是粗暴地改造戏曲，盲目“创新”，去程式化和行当化，丢失了戏曲的本体；盲目追求“精品”，从编导、音、舞甚至表演，请来各路“神仙”，因不熟悉剧种，消解了戏曲及其剧种的特殊性和多样性。如此“创新”的结果，注定是“千人一面”、“似曾相识”，必然严重背离了戏曲的草根性和民间性，结果是观众不买账。

戏剧理论家季国平呼吁：当代戏曲的传承创新，“返本开新、回归大众”是关键。“返本”，就是回到戏曲之本体、戏曲之美学精神；“开新”，就是把握戏曲美学精神，从戏曲本体中走出一条当代创新之路。戏曲形成于民间，呈现的对象是人民大众，戏曲的美学精神是以人民群众的审美情趣为核心的，戏曲只有回归人民大众的沃土，才能真正继承和发展中国戏曲的美学精神，才能创作出为人民群众喜闻乐见的传世之作，也才能实现“返本开新”。

3. 营销意识淡薄，营销手段单一，亟待转变观念，提升本领。随着新媒体时代的到来，戏剧艺术从创作到营销的各个环节都受到了前所未有的冲击。当下，如何在新媒体环境中实现营销的创新，已经成了戏剧艺术一个不可回避的问题。在传统传播方式而外，各艺术院团还应积极挖掘微博、微信等新媒体在营销传播等方面的巨大功能为己所用，如此既节约成本，又可最大范围最为快速地推广剧目。

五、趋势与建议

专家、学者们“把脉”当下戏剧发展趋势，提出了许多建设性意见。

1. 小剧场戏剧在商业化过程中的发展趋势及对策

今年在小剧场运动三十周年之际，小剧场戏剧迎来了前所未有的发展和商机。但商业文化的入侵却让小剧场话剧在不同程度上被消费主义所解构，陷入一种泛娱乐化的尴尬境地。其作品良莠不齐、演出成本昂贵、拓展市场难度大、编剧大量流失、技术水平有待提高，已然成为其发展中面临的诸多难题。

小剧场话剧从一开始就肩负着艺术与票房的双重压力，如何寻求与市场的契合点，已经成为小剧场戏剧工作者的重要使命。艺术创作中，应努力恢复小剧场戏剧探索与实验的本性，严把剧本质量关，保证艺术质量外，同时借鉴孟京辉“千场犀牛”的启示，在把握住当下引起人们共鸣的主旋律的同时，不断吸纳新的能量，不断表达对时代的看法，保持作品的新鲜度，延长其艺术寿命。

小剧场戏剧应充分认识到小剧场相对于影视剧的优势所在（即它的变化与互动性），鼓励以非营利为目的的创作。各级文化部门也应积极引导营造良好环境，鼓励更多年轻人加入戏剧创作的团队，让他们从商业体制或院团体制中解脱出来，不要因为过度重视营利目的而限制了才华的释放。

市场运营上，可加入明星、增加宣传力度和迎合观众口味等方面的元素；尝试“第三职业戏剧联盟”策略，让非职业的演员利用业余时间排演戏剧，既降低运营成本，又能让热爱戏剧的人们亲身体验戏剧，普及戏剧文化；还可以良好艺术质量和口碑吸引投资界注意力，推动小剧场戏剧发展。

2. 民营院团的生存状况及出路

2012 年全国各地民营院团发展迅速，数量已经突破 8000 家，成为了市场有力竞争者。上海市为推进民营剧团建设，出台了政策引领、创作资金扶持、品牌打造、平台支撑、市场培育、环境营造六大举措鼓励民营文艺表演团体良性发展，更是在全国具有示范意义。山西嫦娥文化艺术有限公司在发展之初就打破常规，走起了集剧目生产创作、戏剧文化研讨、戏曲人才培训于一体的道路，其管理模式近于外企。北京雷子乐笑工厂 5 年来一直在做“原创减压百姓喜剧”，为企业定制话剧，尝试话剧网络团购。更值得一提的是近年来安徽省文化厅持续实施“四个一”和“3311”计划，大力扶持民营艺术院团发展，目前，安徽省注册登记的民营艺术院团 1448 家，从业人员超过 3 万人，年演出 30 余万场（次），总收入超过 4.5 亿元，院团数量、演出场次和收入均占全省文艺表演团体的 90% 以上。

由于民营剧团的艺术质量和实力都得到增强，2012 年其演出报酬也较大幅度提高，山西、河南、浙江、福建、广东五省民营剧团的戏金与国有剧团的距离缩小，有的甚至持平。

民营院团仍然面临着创作经费少，生存空间狭小，招收演员困难，成员流动性大，管理体制、机制还不够健全，依靠个人魅力支撑等问题。需要民营剧团自身从各方面拓展渠道，也需要政府在场地、税收、宣传、经费等方面给予一定的制度保障。此外，民营剧团在创作中需注意创意要与商业模式相结合。

3. 儿童剧发展的趋势与建议

儿童戏剧院团遭遇创作压力，亲子剧场基本上每个月换一个剧目，不换则无法支撑。对此，院团之间可实行剧目置换以缓解压力。并针对国有院团具备作品、人才和场地优势，民营院团营销较强等现状，加强民营院团和国有院团间的合作，以实现优势互补。而就具体的艺术创作而言，在内容与表现形式上，应与现代社会相结合，了解孩子们的思想，用他们喜闻乐见的方式，依照适合当代儿童的审美来创作。

面临市场激烈竞争，能否突破儿童文化产业链拓展困境，已经成为儿童戏剧院团取胜市场的关键。中国儿童艺术剧院、北京儿童艺术剧院、中国木偶剧院等国内儿童艺术剧院正在努力尝试拓展儿童文化产业链，但进程一直缓慢。

专家指出，儿童戏剧院团应积极整合资源、发挥自身优势，与动漫制作、图书发行等业外结构合作，利用他们丰富的儿童动画故事蓝本、品牌动漫形象等优势资源，通过剧目独家代理、共同制作、卡通形象品牌授权等合作方式强强联手，从而带来双赢局面。儿童戏剧院团应努力创作自己的卡通形象品牌或者形成全国性品牌，拓展儿童文化产业链；并加大与少儿电视台、图书出版单位、视频网站等媒体的合作力度，通过图书出版、网络视频等形式进一步扩大品牌影响力。

报告主持人：季国平

报告负责人：季国平

首席专家：王评章

撰稿：方李珍　邱剑颖　蔡福军

2012 年度话剧创作

◎刘彦君

2012 年对话剧来说是一个大年。且不说由文化部官方组织的，为迎接十八大而进京展演的近 100 台剧目，就是各个省市，也都推出了相关的戏剧展演活动。为纪念小剧场戏剧 30 周年，北京市文化局主办了“首届北京优秀小剧场剧目展演”，为推动群众文化的进一步活跃，上海市文广局主办了“上海之春”新人新作展演活动、第十四届上海国际艺术节演出交易会。还有那些例行的戏剧节赛，如第三届中国校园戏剧节，第五届国际戏剧季，第二届中国儿童戏剧节，第十一届华东六省一市戏剧小品大赛……这些活动推出的作品总量递增，质量也有所提高。作为一个个体的评论者，本人无法参加所有的活动，也无法对所有作品进行一一详尽的评述，只能结合相关题材和部分作品，来试图把握这一年度戏剧创作的总体趋势。

一、复排、改编国外经典作品

国家话剧院中文版话剧《理查三世》参加“环球莎士比亚戏剧节”引起轰动，其最大的特点是吸收了诸多民族艺术的精髓，从而呈现出鲜明的民族特色。剧中的表演语汇融会了戏曲的龙套、民族打击乐、书法和绘画等，受到海外观众的追捧。

《哗变》的复排也受到好评。扣人心弦的故事，个性鲜明的人物，惟妙惟肖的表演……它的魅力，并不来自凄美的两性爱情，也不来自角色们大幅度的戏剧行动或形体动作，甚至，那些可以让人眼花缭乱的多媒体技术和具有高科技水平的舞台装置也派不上什么用场。正如这出戏的创作者指出的，这部话剧首先姓“话”，是卸去了所有的延伸与包装，由纯粹的“话”支撑起来的剧作。故事、人物和表演全都是通过对话等台词说出来的。其魅力，来自反璞归真的话剧本体——语言。也许，这是它在舞台表现形式日趋多样化的今天，反而给人们以新鲜感的重要原因吧。

曾经风靡很多年的《推销员之死》也在今年搬上了人艺舞台。赚更多一点的钱，开更好一点的车，住更大一点的房子，让孩子的日子比自己过得更成功一点。如果剧作主人公的名字不叫威利，如果有关他的事情不是发生在美国，也许，我们会把他当成身边一个普通的朋友、邻居，每天乘坐同一趟公交车或地铁上下班，中午聚在公司、单位的食堂，或者路边的小餐馆里吃工作餐……这部曾经被《纽约时报》誉为“20 世纪话剧里程碑”的作品，又一次打动了 21 世纪的中国观众，为他那具体而些微的生活目标，为他那至死不变的追求与渴望。

二、儿童剧演出

2012 年的儿童剧创作中，北京儿艺《想飞的孩子》是有突破的。它写的是一个梦想成真的故事，一个想飞的孩子，怎么样把这样一个精神层面的、心理层面的、情感层面的东西一步步转化成现实的过程。从纸糊的，到鸡毛贴的，最后到造飞机。这与我们经常看到的儿童剧创作模式，那些如何按照现实社会的规范、现实格局中的正确位置来调整、修理儿童的不合规范的想象、愿望，包括你的调皮捣蛋做法的模式有了很大的不同。梦想无疑是一种积极的，建设性的力量，我们社会的发展和进步，往往都是以梦想为基础的。如果人类没有想飞的梦想，怎么会有飞机和火箭的产生？如果人没有想跑的愿望，怎么会有火车和轮船。我们人类的每一种发明，历史的每一次推进都是以梦想为基础的。而想飞的愿望是每个孩子心中都有的。

这出戏的演出还为我们带来了一种新的理念：儿童剧并不仅仅是为儿童而创作、演出的，也是要为所有的具有童心童趣的成人而创作的。这出戏的结尾写全村人都为了救强子而砸锅卖铁一块造飞机，但飞机还没有造好，强子自己醒了。那么，造飞机活动还要不要继续下去呢，我们看到这些大人内心的秘密："如果不继续做的话，那么这些准备好的绳子怎么办，铁器怎么办，图纸怎么办……"结论是我们还是要做下去——借口后面是成人内心潜藏的童心童趣。在戏剧的发生学上，对于戏剧本质理解上有一种说法，认为戏剧是从游戏中起源的，强调只有游戏中的人才是真正意义上的人，才是天性能够得到释放的人，才是天性健全的人。这出戏的演出，恰恰体现了这样的理念。

江苏省金坛市华罗庚剧团演出的话剧《留守小孩》在2012年荣获"五个一工程奖"。这部作品通过一位名叫"石头"的农村留守小孩的精神成长经历，寻找和确认着人与人之间爱的可能性。父母离异，父亲外出打工多年的惨痛生活经历使他内心坚硬得犹如一块石头——不讲道理，做错了事情不肯认错，融不进集体中去，被别的孩子讨厌、惧怕，像躲瘟神一样躲避。快过年了，外出打工的父母都要回家了，但石头的父亲却因工伤又一次地不能回来。为了使他免受伤害，班主任艾老师没有回自己家，而是留在村里创建了一个"留守之家"，并和"帅哥"、"算盘"、"秀才"等留守孩子们一道，编造了一个又一个的"美丽谎言"。在一连串的"假戏"演出中，石头感受到了来自同学和老师的真爱，心开始变得柔软。孩子们在这种假戏真做的过程中，也学会了感恩，学会了付出，学会了爱父母、爱老师、爱他人。而观众也在他们的引领下，穿越冷漠，穿越绝望，到达了一个更为温暖而充满希望的所在。

三部《西游记》舞台剧的演出成为"第二届中国儿童戏剧节"的亮点。作为中国儿童剧院长演不衰的知名品牌，借着这一古典名著所具有的家喻户晓的知名度和坚实的文学基础，改编作品激发了小观众在观看原著和影视版惯性影响下形成的兴趣，有效地调动了观众对于这一品牌认知的心理元素，获得了小观众们普遍的认可和喜爱，同时也使舞台剧的创作具有一个较高的起点。从揣摩儿童心理的角度出发，创作者们对于时尚、高科技、其他艺术语汇，以及滑稽、夸张等喜剧因素，都进行了有效的借鉴与整合，使每一集都充满着新颖而独到的创意。精彩的故事脚本、神奇的舞台场景、震撼的视觉感受、打动人心的角色刻画，使看过前两部的观众充满了期待，也吸引着观众从头至尾的关注，带来了无数笑声。

三、新创现代剧目

在众多进行当下叙事的舞台作品中，真正能够触碰时代的深层肌理，推出新人形象，突破既成创作模式的还不多见。今年适逢北京人艺建院60周年，正好一个甲子。剧院适时推出了《甲子园》这个带有纪念性的剧目。作品借一座百年老宅所承载的诸多秘密和悲欢离合，思考代际的冲突，折射社会的变迁，呼唤温暖的人性和心理认同。《活着》是孟京辉2012年度的"新经典"。这部根据小说改编的剧目以回望的姿态致敬经典，更新历史，带领当代人寻找那份久违了的勇气和乡土情怀。

承德话剧团新近推出的《雾蒙山》，给人以震撼和感动，为创作主体对于农民精神内涵的深层揭示，为剧作中与众不同的村支书形象塑造，也为它对人与人之间那种温暖与感动的全力追求。故事围绕雾蒙山新任村党支部书记张春山"替父还债"的事件展开，但这个事件并不是作者着力的重心，而是人的情感写照的前提和条件。因为，这个债务不是物质和钱财方面的，而是感情之债。正是围绕这种"债务"的敷陈与偿还，使作品穿越了生活形态的表层面貌，突破了以往农村生活表现的狭隘和局限，拓展了作品的广度和深度。创作者把自己对生活的感受，集中在了人们的情绪上，具体来说，是集中在一种可以称之为"仇恨"的情绪上，这使张松的还债行为遇到了困难，也使作品内容溢出了这个山村，而得以在更大的社会格局中定位并显示意义。

正是在这种情境中，春山形象带着作者对农村文化的崭新思考脱颖而出。这一形象之新，新在他的清醒。他对历史与现实的体察，他对自我价值的确认，是在一种自觉状态下实现的，是在自身痛苦的成长经历中逐渐明确的。其宽容与温厚的性格内涵中明显包含着时代前进的要求和改造国民性格的热望。而这种温暖，正是创作者为观众打开的那条寻求心理认同的途径。

河南省话剧院在2012年演出了大型现代剧《红旗渠》，不仅让我们在不期然中感受到了扑面而来的来自那段历史、人生和激情的火热气息，而且帮我们找回来了我们曾经拥有的，对我们来说极其重要的精神传统——两种精神传统。不仅如此，创作者还通过前清秀才杨起梦这个人物的设计，给本剧带来了更为厚重的历史氛围和更为久远的精神流脉。

还原于舞台上的，是一段修渠的现代史，更是一段有情有热的生命史。创作者没有人为地拔高人物的动机，没有过多地展示他们当时的“革命积极性”和“思想觉悟”，而是从他们与十年九旱、水贵如油的生存环境的抗争入手，从他们单纯的生存渴望入手，去展示这群中原人的气质与性格的。他们直率、热情、执著、豁达，为着改善自身的生存环境。这样的心理出发点，这样的河南人形象，为我们描画出了中原文明的质朴与博大，拉近了我们与他们之间的距离，使我们不得不与他们产生共鸣。

云南省话剧团在2012年热演的作品是《搬家》。它讲述了一个叫张登霞的中年妇女在丈夫平反后，于1978年、1984年、1997年以及2008年四次搬家的酸甜苦辣。通过这个家庭居住条件的逐步改善，创作者覆盖了改革开放30年的当代史，折射出了30多年来中国社会巨大的发展、变化与进步：老镇变成了新城，街道变成了社区，无产者变成了有产者…… 该剧显著的艺术特点，在于它不是新闻报道式地罗列搬家的次数和住房的大小，而是以搬家为契机，开掘出每一个历史时段发展的核心要素。从第一幕中大姐和弟媳的利益之争，到第二幕母女、岳婿之间的门第之争，再讲到第三幕姐妹——私人企业家和被收购的国企工人之间的阶层之争，再到第四幕的亲情回归、第五幕的全家福，小小的“搬家”真正成为了浏览这段历史的一个窗口。

《信仰》是湖北省长江人民艺术剧院根据空军某指挥所“老战士报告团”原团长张绪的传奇人生经历而创作的。编导借用了电影蒙太奇的表现技巧，使主人公回忆中的战争年代对信仰的追求，与现代和平时期对信仰的坚守片段在舞台上自由穿梭，并以此为背景，选取并呈现了张绪与家人、老战友、老部下、大学生、小老乡之间的对话、交锋等生活矛盾，尤其是在张绪给工人、大学生们作演讲时与听众之间有关价值观的冲突，不给亲生儿子小五走后门找工作等生活化的冲突等，让年轻人对张绪信仰的质疑和人们对当今社会主流价值观的思索，以及张绪等老一代革命战士对这些问题的解答不断随着剧情展开，从而生动形象地再现了张绪激情澎湃的情感世界、崇高的人格魅力和坚定的政治信仰，给人们留下了仰视和崇敬的空间。

四、新创历史剧目

2012年的历史剧创作，我看的不是很多，广州军区文工团推出的《支部建在连上》这部话剧作品的艺术处理有许多值得赞美之处。毛泽东主席在开场和结尾时吟诵诗句的磅礴气势，由升降机推拉而被开拓延展的舞台空间，双层LED屏幕所营造的逼真而生动的演出场景，都取得了不同寻常的视听效果。而最令人称道的，则是文本创作中对于视角的开掘与人物塑造。

牢牢把握制度建设的当代视角，是这部重大革命历史题材剧作的一大特点。构建历史题材与当下之间的联系，诠释历史事件在整个历史发展中内在和独特的意义，是每一位历史剧作者所必须攀缘的高峰。而此剧主创的高明之处，在于他将我们这个时代对于制度建设的普遍需求和热烈期盼，内化为艺术想象与艺术虚构的创造性思维，从而使创作者具有现代高度的史识和史观得以在剧中一以流贯，使这段历史成为“依然活着的历史”，使观众在看这部作品时产生有关现实的联想和体认。

在处理这个重大革命历史题材作品时，主创没有以几个画面对历史过程简单地一带而过，而是采取虚实结合的手段，虚构了几个关键性人物，穿插于这部真人真事真姓名占了几近三分之二篇幅的故事，融历史判断于直觉的形象体验中，更集中、更鲜明、更深刻地表达这段历史的重要性，并强化其艺术效果和审美张力。其中，对于刘安才与彭三泰这两个人物形象的设计与塑造，尤见功力。两个人物的身份、命运以及转变与成长，浓缩了主创头脑中的历史存在与历史必然。

呼伦贝尔话剧团在我国众多的文艺院团中，应算不上那种重量级的，但他们新近创作的一台大型民族历史话剧《拓跋鲜卑》，却让人有“大手笔”之叹。这部作品深度挖掘了呼伦贝尔独有的拓跋鲜卑民族历史、文化、地域资源，生动形象地再现了鲜卑民族从狩猎森林迁徙草原的艰难历程，充分展示了鲜卑民族不屈不挠、追求幸福、勇于进取、开拓创新的民族精神。无论是在题材把握、人物刻画，还是在舞台空间的营构上，都显示了主创人员与众不同的追求和见解。

《拓跋鲜卑》属于回望历史的剧目。在对历史的回望中，我们不仅看到了鲜卑民族从大兴安岭森林南迁至呼伦贝尔大草原的艰难历程，而且感受到了主创人员融入这个过程梳理和描画中的历史思考与文化选择。

在情节进展中凸显人物的成长与变化，也是这出剧目取得成功的重要叙事策略。某种意义上甚至应该说，是黑桦、耳猞和推寅这几个年轻人的曲折命运支撑起了这个故事的骨骼与灵魂。

重庆话剧团于2012年演出了新创剧目《幸存者》。这个剧目采用崭新的叙事方法，推出了新的英雄人物，使整个作品显得焕然一新。

“妹妹，我亲爱的唯一的知己呀……”这个充满着“小资”情调，动不动就当众吟诵酸溜溜情诗的文人有可能是一个钢铁硬汉吗？入狱前还谈着恋爱，入狱后却冒出个怀孕妻子来的说谎者还值得信任吗？在自首书签过名的软骨头还能算革命烈士吗……这些事让人无论如何都无法把他与“英雄”的称号连在一起，如果我们没有随着他的未婚妻坚持了30年最终弄清真相的话。

为超越以往红色题材叙事的模式化途径，这出戏设计了一个叫何芬的女性，并由此确立了一个爱情的切入视角。这种视点设置作为戏剧线性叙事的主要结构性元素，不仅使作品得以在1949年前后的不同历史时期和历史场景中自由转换，而且为作品涂染上了一层粉红色的情感色彩，巧妙地将政治领域的英雄精神和爱情领域的情感体验结合在剧情中，从而扩大了红色英雄题材与普通观众之间的对话界面。这种叙事策略，这种通过情感认同的力量来引发观众的认同，通过对情感的理解来唤起人们对历史进行理解的叙事策略，强化了作品的情绪感召力和吸引力。

叙事手段上，本剧融入爱情元素的同时，也借鉴了悬疑剧的规则。不能不说这是一个充满智慧的选择。悬念设计使剧情的进展形态显得摇曳生姿。戏剧开场，主创就采取了不断设问的方式，适时推出了几个大小不同的悬念：为什么烈士名单中没有穆之光的名字？穆之光在自首书上的签名是怎么回事？穆之光已经有了怀孕的妻子这件事是否属实？那个几度上场，偷偷将穆之光的红围巾放在何芬跟前，让她看到的蒙面人又是谁？一系列悬念的设置，建构了叙事兴奋点和心理冲击力，“吊”足了观众的胃口，引发了他们的注意力和观赏兴趣。这种谋篇布局，不仅改变了这类红色题材容易平铺直叙的叙述方式，而且使何芬的人生经历与精神追求，也在这一波三折的求索过程中得到生动的展现。

刘彦君　中国艺术研究院话剧研究所所长

2012年话剧舞台创作现状述评

◎刘　平

2012年，是话剧舞台演出比较红火的一年。国营话剧院团演出多，民营话剧社团也纷纷登台亮相，还有各种戏剧节的举办，中国剧协举办的“第三届中国校园戏剧节”，演出11台剧目；北京剧协举办“第十一届金刺猬大学生戏剧节”，演出14个剧目；蓬蒿剧场主办“第三届北京南锣鼓巷戏剧节”，演出20个剧目；“2012北京青年国际戏剧节”演出中外话剧58台；北京人艺实验剧场举办“优秀小剧场剧目展演”，演出小剧场话剧5台；文化部举办“讴歌伟大时代，艺术奉献人民——2012年全国优秀剧目展演”，演出119台，其中话剧20台；北京市举办“首届北京优秀小剧场剧目展演”，演出20台剧目；北京人艺建院60周年的优秀剧目展演和精品剧目邀请展演演出5台话剧，中国儿艺主办的“第二届中国儿童戏剧节”，演出中外剧目27台；中国国家话剧院举办“华彩欧罗巴——‘国话之秋’演出季”，演出中外话剧8台，上海话剧艺术中心举办“上海国际当代戏剧演出季”，演出18台中外话剧，“欧美当代戏剧典藏演出季”，演出外国话剧5台，等等。真可谓好戏连台，美不胜收，其创作特点也非常突出。

国营院团：彰显主流戏剧创作实力

2012年，是国营话剧院团创作演出最丰富的一年，多个院团都拿出了叫得响的剧目，如北京人艺的《甲子园》、上海话剧艺术中心的《大哥》、河北省承德话剧团的《雾蒙山》、大庆话剧团的《大湿地》、福建人艺的《古田会议》、甘肃省话剧院的《天下第一桥》等。这些话剧内容上抓住社会、人生的敏感话题，艺术上塑造出性格鲜明的人物形象，而且舞台制作精致、细腻。

《甲子园》（编剧何冀平，导演任鸣）描写一所养老院里几代人的人生，有老一代黄仿吾、金震山、姚半仙、彦梅仪、金奶奶在人格方面的道德坚守；中年一代如陈爱林、金鑫、王儿子、姚儿子等在精神方面的失落与寻找；年轻一代李大卫、聂小玲等在人格、道德方面的缺失与精神方面的空虚。每一代人的思想与精神无不打上时代的烙印。作者通过这些人物反观社会历史，观照当下社会发展的现状，表达一种爱憎分明的态度，使剧作显示出深刻的内蕴。《大哥》（编剧洪靖慧，导演王筱□）在描写牛家四个孩子分、和、聚、散的过程中展示了一家人的血脉亲情。当这种亲情遭遇到社会价值观念的变化与利益的冲击出现危机时，是大哥的苦心与道德情操，维系住这个家的亲情。剧中感情细腻，故事动人，大哥的形象给人留下了深刻印象。《雾蒙山》（编剧孙德民，导演胡宗琪）在描写“父债子还”的故事中，折射出“真诚”的力量。张春山父亲在以阶级斗争为纲的年代担任村支部书记，伤害了很多人。改革开放后，新任村支部书记张春山一方面替父亲向乡亲们道歉、赔罪，另一方面千方百计带领村民致富，以自己的真诚换得村民们的理解与信任。《大湿地》（编剧杨利民，导演邢友江）写湿地保护与经济发展的矛盾，保护自然环境中的鸟类与偷猎者的矛盾。该剧看后引发观众对很多现实问题的思考。《情商伤不起》（编剧、导演王宝社，中国武警文工团）是一部喜剧，写一群报考武警部队“紧急救援专业”的“90后”女孩，在幽默、智慧的心理辅导老师的带领下，想尽一切办法，让何豆豆——一个智商很高、缺乏情商的女孩情绪正常化。编导运用错位、误会和嫉妒等手法造成戏剧悬念，引发一连串的矛盾冲突，产生了强烈的喜剧效果。

历史题材的话剧创作也取得了可喜成就，《古田会议》（编剧李宝群，导演吴晓江）把一段非常复杂的历史以艺术的形式展现在舞台上，语言鲜活，人物个性突出，使观众看到了中国革命过程中年轻一代领导人——毛泽东、朱德、周恩来、李立三、陈毅的崭新的艺术形象，也看到了中国革命是如何在艰难曲折、重重矛盾与复杂的思想斗争中逐步取得成功、走向胜利的。王晖扮演的青年毛泽东形象是众多毛泽东形象中的“这一个”。广州军区战士话剧团的《共产党宣言》（编剧唐栋、蒲逊，导演傅勇凡）以生动的人物形象和感人的故事诠释了一个深奥的理论问题。《天下第一桥》（编剧李维平、王元平，导演胡宗琪）塑造出了一个情感和性格都十分复杂的历史人物——清朝官员兰州洋务总局总办彭英甲。他维护清政府的利益，顶住来自各方反对修桥的压力，修建黄河铁桥；学生龙生卷走修桥银子二万两支援革命党，他却没有处置；为补修桥库银而为人办理捐官；甚至明知犯法仍然挪用朝廷库银。女儿为抢险而亡，老母的“责备”，他一概置之度外，只为实现实业救国的“梦”。“走了彭英甲，留下一座桥！”其铮铮铁骨，气贯长虹，彰显出一种民族正气与坚忍不拔的骨气！朱衡扮演的彭英甲鲜明而动人，在铁桥竣工庆典上，彭英甲身穿白衫，手戴镣铐，信步走上黄河铁桥，那一刻，人们的情感被震撼了！

值得提到的是两个边远地区话剧团的作品——西藏自治区话剧团的《解放，解放》和云南省话剧团的《搬家》。前者在描写历史故事时突出了汉藏人民的真诚友谊与友好情感；后者以几次搬家为载体，凸显了改革开放后人们的生活变化与精神面貌的变化。此外在创作演出方面取得喜人成绩的还有中国国家话剧院的《理查三世》和《笑面人》、河南省话剧院的《红旗渠》、天津人艺的《相士无非子》、国家大剧院的《风雪夜归人》等。

民营社团：创作演出显出活力

近年来，民营话剧社团的创作、演出显示出旺盛的活力，以成为话剧创作中一支重要力量。2012年民营话剧创作一个突出变化是，有相当多的民营社团已不满足于舞台搞笑或打爱情擦边球的创作套路，而是力求通过对现实的关注，写出自己对社会人生的观察与思考。值得关注的剧目有《心灵厨房》、《妄谈与疯话》、《猫城记》、《海淀之北》、《歌声从哪里来》、《活出全新的自己》、《频率》、《招租启示》、《世界第一个情人节》等。

《心灵厨房》（编剧费明，导演王晓凡，蓬蒿剧场出品）写一间生产电视剧剧本的“厨房”，主厨是著名作家远方，为他当“枪手”的是青春靓丽的女编剧周然然。剧情随着教与学展开，其矛盾有价值观的也有情感的，甚至直抵灵魂本身。结尾尤为出人意料，本来是颐指气使的“主厨”，后来竟心甘情愿地请求给女编剧当“枪手”，其灵魂的嬗变令观众“震惊”，同时也让观众看到了一个真实的灵魂和可信的人物。郭笑（饰远方）、江佳奇（饰周然然）的表演非常精彩。《妄谈与疯话》（编剧何念，导演李伯男，李伯男戏剧工作室出品）通过三个故事写出三种情感危机，揭开青年男女的爱情疤痕。“每个人心里都有一根电线杆”，不知触动了多少人的内心痛处，促使他们“回望”自己成长历程，检视自己内心所受到的伤痛以及给别人造成的痛苦，使他们逐渐地成熟起来，学会善待他人，平复自己。《猫城记》（原著老舍，明戏坊创作）的改编者以尊重老舍原著精神为原则，通过简约而富有想象力的舞台呈现方式，诠释该剧在当下的现实意义，即在自觉的反思中唤醒人们对民族、对社会、对人类生存未来的忧患。舞台演出利用面具、人偶等形式，增加了演出的幽默色彩。《海淀之北》（编剧孟冰、李雷，导演王丁一）讲述20世纪90年代初两代中关村人对于理想和信念的执著，展现了中关村在改革开放中的发展与种种变化。《歌声从哪里来?》（编剧童道明，导演张子一，蓬蒿剧场出品）写某研究所青年知识分子樊进利用职称评委的同情心，以卑鄙的手段“抢”到了晋升高研的名额，外界的批评、妻子的指责使他良心上感到极大不安。经过激烈的思想斗争，他主动放弃了高研名额，使精神回归了自我。《活出全新的自己》（编剧董天翼，导演黄凯，盟邦戏剧出品）通过30岁出头的白领对“幸福生活”的寻找过程，看到了种种不同的人的生活现状，消除了种种幻想和悲观厌世的情绪，最终他明白了，真正的“幸福生活”是要“活出全新的自己”。《频率》（编剧、导演李宗熹）是一部由广播人讲述自己从事广播工作的亲情故事，揭示他们的生活状态、情感变化以及在浮躁和竞争的环境中广播事业的艰难和每个广播人的无奈与苦闷、彷徨。只因他们心中爱的火光没有熄灭，才重新找到自己的人生路标。《招租启示》（编剧王剑男，导演黄凯，梦剧场出品）写北漂人生活的故事。剧作运用阴错阳差的误会手法，一方面描写北漂们的生活困境及思想苦闷的情怀；另一方面也表现了他们在情感碰撞中的真诚与互相关爱。《世界第一个情人节》（编导王鹏博）描写古罗马帝国的青年牧师瓦伦丁，为反对国王征服欧洲的穷兵黩武法令，他不断地为相爱的情侣主持婚礼，让更多的男青年不去战场。因此得罪国王被关进监狱。监狱长女儿伊达是个双目失明的美丽姑娘，被瓦伦丁的行为所感动，决心嫁给他。浪漫的故事，严肃的演出，尽管服装比较简单，但没有影响演出效果。

值得关注的作品还有《新娘》（孟京辉戏剧工作室）、《李雷和韩梅梅》（世纪华鹏出品）、《莎翁的情书》（繁星戏剧村出品）、《飞来横财》（东方桥文化传播公司出品）等。当然，也存在着个别民营话剧社团因为创作力量贫乏，剧本创作胡乱编造情节，演出品格不高，甚至为搞笑而搞笑的现象。

校园戏剧：在成长中磨炼翅膀

校园戏剧，一直在蓬勃地开展着，尤其是近年来政府部门对校园戏剧的支持，使青年学子们在舞台上尽情地挥洒青春的激情，把生命的活力赋予话剧创作之中。2012 年值得关注的儿部作品有：

《祖国的孩子》（编剧孙祖平，上海戏剧学院表演系演出）描写内蒙古的父母们在 20 世纪 60 年代国家处于极端困难时期，不顾自己的生活困难，认养、抚育了来自祖国南方的 3000 多名孩子的事迹，彰显了一种神圣的、超越地域、超越民族、超越血缘的大爱。《西望乐山》（编剧彭万荣，导演江兆旻，武汉大学艺术学系演出）通过武汉大学西迁乐山的历史描写，再现了武大师生在抗战时期艰难岁月中不屈不挠的奋斗精神，歌颂一代知识人在艰苦环境中坚持教书育人的道德操守，以及为国为民的宽阔胸怀。

除专业戏剧院校外，非戏剧专业院校也有骄人的成绩。《青春地平线》（编剧胡全新，北方工业大学艺术团话剧队演出）反映“90 后”大学生们的生活、情感与人生追求。初看，他们是那样地懒散，喝酒、打牌，既小心眼又大大咧咧，但在关键时刻，他们却体现出团结、互助、关爱的精神。人们透过展现在舞台上的那股青春之潮，看到了一种真实的力量和希望的曙光。《六羡歌》（编剧王旭烽，导演王旭烽、潘城，浙江农林大学梵风剧社演出）通过描写唐代茶圣陆羽与女诗人李治的情感纠葛，展现的是古代茶文化的精神，以此映照当代社会的现实，通过对不同的价值观、人生观的展示，启发人们的生命选择，给观众以深深的启示与思考。多媒体的运用，优美音乐的烘托，既体现出古代人们生活的情状，也使得舞台演出更加完整、顺畅，在简陋中创造出含蓄的意境和诗意的情景。

儿童剧：创作出现新气象

2012 年儿童剧创作又是大丰收，新剧目一个接着一个，如中国儿童艺术剧院的《绝对小孩》、《特殊作业》、《伊索寓言》，河北省话剧院儿童剧团的《“下次开船”港》，济南儿童艺术剧院的《我的麦哲伦海峡》等。这些作品创作方面的一个突出特点，就是创作观念出现了可喜的变化，改变了以前那种以成人的观念向孩子“灌输”道理，或者站在高台上“教训”孩子、“指责”孩子的观念，而是“蹲下来”跟孩子“对话”，让孩子成为舞台的真正主角。

《绝对小孩》（编剧杨硕，导演钟浩）是一出让大人、孩子都思考的戏。在爸爸妈妈与孩子的“对抗”中，大人们常常强迫孩子进入自己设计的“轨道”，甚至不惜扼杀孩子天真、活泼、好动的天性。孩子们认为，不管他们怎样努力，总不能使大人满意。于是他们便想“逃离”父母的管束，去过自己“梦想”的生活。可是，一遇到实际问题麻烦就来了。想吃糖果，没有；肚子饿了，没有吃的东西。这时他们才感觉到，“看来，有时候大人的存在，还是很有必要的”。他们都“有点儿想家”了。如果说，孩子们已经在现实中反思，那么家长们就不该反思吗？《“下次开船”港》（编剧黄平安、导演周文宏）写孩子在认识现实过程中去学会判断。小学生唐小西外号“玩儿不够”，成绩不好也不着急。一天他受不住洋铁人、灰老鼠和瓷娃娃三个坏孩子的诱惑去了“下次开船”港，才感到了“没有时间”的可怕。他开始醒悟，怀念“时间”了。他真诚地呼唤“时间小人儿”回来，改正了不珍惜时间、不爱学习的毛病。《特殊作业》（编剧犹学忠，导演廖向红）通过老师布置的一个“特殊作业”——“给爸爸妈妈洗一次脚”，“推开”了家庭的“情感窗户”，架起了父母与孩子交流的桥梁，让孩子在实践中去体会亲情。由此打破了父子、母女间的情感“隔膜”与“对抗”，增进了沟通，找回了骨肉亲情。《我的麦哲伦海峡》（编剧孟冰、刘小舟、李赛，导演王小□、李大海）中的中学生吕小远不爱学习，却偏爱航海，做梦都想去麦哲伦海峡。书包里总忘不了带上《航海杂志》，学习成绩总是上不去，与父亲发生矛盾冲突。是退休的老船长的一席话点醒了吕小远，他说："不好好学习，别说船长，水手都当不好。"这话触动了吕小远，他开始转变了。

值得思考的创作现象

红火的2012年话剧舞台，带给人们思考的东西也很多。

一是关于剧本创作。2012年话剧创作演出取得的成绩是有目共睹的，但也不是没有问题。主要缺乏好剧本，而好剧本的问题主要是缺乏鲜活的生活。其次是缺乏娱乐性（这跟为搞笑而搞笑是不同的），剧本写得干巴巴，没有吸引观众的趣味性。

二是关于舞台演出。从创作质量方面说，国营院团出品的话剧作品比较精致、讲究，但个别作品也存在着大制作之嫌。民营社团的戏因资金不足，制作比较简陋。那么，一台话剧作品的舞台呈现应该如何做才比较合适？在这方面，外国剧团的演出可以提供一种借鉴。比如德国威斯巴登国家剧院演出的《沃依采克》、西班牙默剧《安德鲁和多莉尼》、巴黎北方剧院演出的《情人的衣服》、英国空动剧团演出的《消失的地平线》、以色列露丝・康内尔剧团演出的《在海边》等。这些戏的演出都非常简洁，舞台上除极少、极简单的道具外没有多余的东西，完全靠演员的表演和剧作所表现出来的深刻内涵吸引观众。北京人艺演出的《喜剧的忧伤》（导演徐昂），舞台上只有"一桌二椅"，但观众却获得了极大的艺术欣赏满足，靠什么？是演员的精湛的表演和剧本的深刻内容。从这一点说，北京人艺演出的《我们的荆轲》（导演任鸣）、《安提戈涅》（导演李六乙）、中国国家话剧院演出的《活着》（导演孟京辉）都是值得称道的作品。

三是关于话剧市场。2012年话剧市场中出现了一个令人振奋的现象：北京人艺的抢票事件。10月9日上午，北京人艺开售10月26日至11月15日演出话剧《喜剧的忧伤》的票，想不到的是，开票仅两个小时，12场（另有6场为包场）演出约一万张零售票就全部售罄，票房收入500多万元，这还不包括此前已经预定的6场企业包场的收入。买到票的观众很高兴，还有很多没有买到票的观众则有些"失望"……像这样受到观众欢迎的戏不只是《喜剧的忧伤》，还有北京人艺建院60年期间创作演出的新戏《甲子园》，还有经常演出的《茶馆》、《雷雨》、《窝头会馆》等剧目。

这种现象值得我们思考的问题是：话剧靠什么赢得观众？以北京人艺为首的国营话剧院团走的打造精品的路子，也有走明星加盟的商演路子如天津人艺演出的《风华正茂》，而民营剧团则是以鲜活生动的生活趣味赢得观众，其中也有一些靠"俗气"的"搞笑"赚取观众笑声的现象。其间有一个不容忽视的问题，话剧创作者与观众的沟通，以及对观众欣赏需要的了解？如何以高尚的作品去满足观众的欣赏需要？在这方面，汉派喜剧《海底捞月》的创作值得关注。

《海底捞月》是武汉说唱团、武汉晚报、武汉剧院联袂打造的"方言贺岁喜剧"，内容贴近武汉百姓的生活，故事是发生在百姓身边的事——从武汉人民热烈欢迎解放军解放武汉，到洪水无情党有情，到文化大革命，到全面建设小康社会，都是老百姓熟悉的故事。剧中用老百姓喜爱的生动的武汉方言，塑造出老百姓喜爱的几个小人物——岔巴子、嘎巴子、栽麦子（倒霉蛋）等，他们一上场就有喜剧效果，加之武汉说唱团演员独特的语言艺术表达，观众立刻被吸引了。武汉剧院一千多人的剧场座无虚席，笑声、掌声不断。更重要的是，观众在大笑之时会被剧情所触动，引发对生活的认识，对人生的反思。该剧已演出几十场，吸引了很多没有进过剧场的观众走进了剧场，而且是自己掏钱买票（以前靠送票）看戏。该剧的创作，对戏剧如何走市场无疑具有借鉴意义。

刘　平　中国社会科学院文学研究所研究员

2012 年话剧舞台梳掠

◎刘立滨

这一年的话剧舞台，给人留下这样的感受：浓浓的情感、深邃的思想和极具张力的戏剧使人震撼，从而在心灵中得到美的享受和满足。正可谓：话剧舞台精品荟萃，活跃火爆呈现多元格局。

全国优秀剧目展演

为贯彻落实党的十七届六中全会精神，迎接党的十八大召开，全面展示近年来舞台艺术创作的丰硕成果和舞台艺术创作的发展繁荣，文化部于 2012 年 8 月至 10 月在北京举办了“讴歌伟大时代，艺术奉献人民——2012 年全国优秀剧目展演”。这次全国优秀剧目展演为广大观众奉献了 119 台剧目。参演剧目艺术门类齐全，题材广泛，主题内涵深刻，讴歌改革开放，反映重大历史事件、社会改革进程和观众关心的现实生活，描写普通群众的情感，利用先进的舞台科技手段，创新舞台表现形式，使参演剧目富有很强的艺术感染力和表现力，展示了近年来舞台艺术创作所取得的丰硕成果，社会反响强烈。其中，《郭明义》、《父亲》、《生命档案》、《小平您好》、《红旗渠》、《信仰》、《河街茶馆》、《毛泽东在西柏坡的畅想》、《向上走向下走》、《搬家》、《活着》、《理查三世》、《马兰花》、《西游记》等 25 台话剧（儿童剧）优秀剧目参加了展演，给观众留下了深刻印象。

北京人艺庆祝建院 60 周年的纪念演出与精品剧目邀请展演

1952 年 6 月 12 日，一个具有独特表演风格的国家级话剧院——北京人民艺术剧院（以下简称“人艺”）成立，戏剧大师曹禺担任剧院首任院长，老舍的名剧《龙须沟》上演，成为北京人艺奠基之作。2012 年是北京人艺建院 60 周年。为了回顾走过的辉煌历程和展示取得的艺术成果，北京人艺建院 60 周年纪念演出设了四个板块：

第一板块“辉煌起点”。演出的第一个戏是《龙须沟》。这是人艺建院后的第一个大戏，奠定了人艺独特的演剧风格，意义非凡，称之为人艺辉煌的起点。之后演出的是蓝天野、朱旭两位老艺术家加盟的四代同堂的《家》，及两部上世纪 90 年代的优秀作品《鸟人》和《天下第一楼》。

第二板块“永恒经典”。演出“郭老曹”的戏剧作品。即曹禺的《日出》、《北京人》、《雷雨》，郭沫若的《蔡文姬》和老舍的《茶馆》。这些剧目都是人艺的保留剧目，代表了北京人艺风格和中国话剧最高水准。

第三板块“他山之玉”。复排演出美国著名导演查尔顿·赫斯顿导演的《哗变》（任鸣担任导演）；美国著名戏剧家导演阿瑟米勒执导，英若诚、朱琳主演的《推销员之死》（李六乙担任导演）；日本著名导演浅利庆太导演的《哈姆雷特》（徐昂担任导演）。

第四板块“走向经典”。演出《我们的荆轲》、《喜剧的忧伤》、《窝头会馆》和《全家福》。

北京人艺建院 60 周年纪念演出，《鸟人》的上演拉开了北京人艺建院 60 周年纪念演出的序幕，京味儿十足的《全家福》以团圆喜庆的结局为人艺全年的院庆活动画上了圆满的句号。在这期间的 9 月中旬，由何冀平编剧，蓝天野、郑榕、朱琳、朱旭等老艺术家与刚从戏剧学院毕业的几个大学生组成“五世同堂”演员阵容共同完成的一部以原创话剧《甲子园》为北京人艺建院 60 周年甲子纪念，献上了一份重重的厚礼！此外，陈道明、何冰联袂出演的《喜剧的忧伤》十分火爆，依然是一票难求。有人评价，以拥有郭沫若、老舍、曹禺、焦菊隐、欧阳山尊等奠基人而自豪的北京人艺，以其辉煌的 60 周年“京味话剧”守住现实主义之魂，成为 2012 年话剧舞台上最美的“文化景观”，显示出中国话剧繁荣景象。

北京人艺60周年纪念活动还包括两个部分。一是赴外地演出：2012年2月《李白》赴台湾演出；7月《知己》、《原野》、《窝头会馆》、《关系》、《我爱桃花》5个优秀剧目赴上海演出；11月《窝头会馆》赴天津演出。二是精品剧目邀请展演：中国国家话剧院演出《理查三世》，王晓鹰导演；辽宁人民艺术剧院演出《郭明义》，宋国锋、张玉春导演；上海话剧艺术中心演出《钢的琴》，周小倩导演；山西省话剧院演出《立秋》，查明哲导演；天津人民艺术剧院演出《风华绝代》，田沁鑫导演。并邀请了来自"契诃夫国际戏剧节"的《暴风雨》在首都剧场演出，该剧由英国著名导演迪克兰·唐纳伦执导，剧中人物由伊戈尔（俄罗斯人民艺术家）、米哈伊尔（俄罗斯功勋演员）、安娜、安德雷、伊恩、亚历山大、谢尔盖、瓦基姆等扮演。

国家话剧院推出经典好戏连台

2012年，国家话剧院以"铸造国之戏端，传导民之心话"树立全新剧院形象。全年新创作多部风格各异的优秀作品。现实主义题材话剧《红岩魂》、《活着》；历史题材剧目《杜甫》、《西厢记外传》；改编自世界名著《理查三世》、《罗密欧与朱丽叶》；先锋实验剧目《蚂蚁，没问题》。国话创作呈现全面开花的良好态势，并以"国话之春"、"国话之秋"和"消夏戏剧广场"三大固定演出季为主线，创排《大宅门》、《孙飞虎抢亲记》、《笑面人》、《093号潜艇调查报告》等一系列新剧目，复排剧目《西厢记外传》、《红玫瑰与白玫瑰》、《这是最后的斗争》、《四世同堂》、《红玫瑰与白玫瑰》、《欲望花园》、《大家都有病》、《夜店之天生绝配》、《哥本哈根》、《都市囧人》、《信》等在全国上演。这一年中《西厢记外传》、《四世同堂》、《理查三世》、《远离阿贡当市——打造蓝色》、《两只狗的生活意见》和《罗密欧与朱丽叶》等剧目先后赴我国台湾、香港、澳门地区以及英国、法国、韩国等国家演出，创造了多项演出纪录。由王晓鹰执导的《理查三世》剧组赴伦敦参加了名为"Globe to Globe"的"环球莎士比亚戏剧节"，这是中国演员在英国主流剧场的首次演出。

2012年国家话剧院第五届"国际戏剧季"在京举行，于10月17日—11月28日期间，法国的《如影随形》、《远离阿贡当市——打造蓝色》及《暮之花》、俄罗斯的《图兰朵》、以色列的《敌人、一个爱情故事》、德国的《沃伊采克》、丹麦的《水手之谜》与国家话剧院的《理查三世》、《笑面人》，向观众展现欧洲当代的戏剧艺术。10月19日，国家话剧院"第五届'国际戏剧'——华彩欧罗巴"的重要活动之一的2012"亚洲欧洲戏剧人论坛"在京召开。论坛以"交流、合作、互助、共赢"为主旨，由国际剧协主席、亚洲戏剧人联盟常务理事兼洲际交流委员会召集人拉门度先生主持，来自中国、日本、韩国、孟加拉、菲律宾、越南、文莱、哈萨克斯坦以及我国台湾、香港等地的亚戏联理事与法国、丹麦、德国、俄罗斯乃至以色列的优秀欧洲戏剧艺术家们共同深入探讨与交流，进一步深化中国戏剧团体与亚洲乃至欧洲各国剧院之间的良好合作关系。2012年，国家话剧院还上演了保留剧目：《霸王歌行》、《哥本哈根》、《恋爱的犀牛》、《一个无政府主义者的意外死亡》、《空中花园谋杀案》、《两只狗的生活意见》、《希特勒的肚子》、《初恋》、《红玫瑰与白玫瑰》、《夜店之天生绝配》等。这些剧目显现出特有的艺术魅力，赢得了观众的喜爱。

上海话剧艺术中心多彩舞台

由上海话剧艺术中心组织承办，"2012上海国际当代戏剧节"于11月5日至12月9日在沪举行。这一活动的主题是"多元创意"，来自西班牙、澳大利亚、加拿大、德国、美国、英国、瑞士、斯洛文尼亚等国家剧院和我国北京、福建、广州、台北、香港等地的戏剧院团共同参加了本次活动。在为期一个多月的活动中，共有18个参演剧目，囊括了话剧、音乐话剧、现代舞、讽刺剧、肢体剧、儿童木偶剧、单人剧等多种戏剧表演形式，展现了世界当代戏剧的魅力和中华戏剧生机与创新的态势。

演出的剧目有：英国利兹大学话剧《太阳不是我们的》、西班牙塞拉诺先生剧团出演的多媒体剧《大灾变》、瑞士COMPAGNIE 7273舞团带来的现代芭蕾《尼罗河》、澳大利亚鹰巢剧团带来的单人剧《查尔斯·狄更斯表演的圣诞颂歌》、美国堪萨斯大学戏剧学院改编并演出《都是我的儿子》、西班牙木偶剧《白姑娘》、中国国家话剧院根据张爱玲小说改编的话剧《红玫瑰与白玫瑰》、福建省梨园戏实验剧团呈现的传统梨园戏《大闷》、台北沙丁庞客剧团儿童木偶剧《格列佛游记》。

2012 年，上海话剧艺术中心还上演多部话剧:《资本·论》、《大婚临头》、《混小子狂欢节》、《这个男人来自地球》、《钱多多备嫁记》、《鹿鼎记》、《守岁》、《希特勒的肚子》、《雾都孤儿》、《柏阿姨的一天》、《中央公园西路》、《浪漫满屋》、《12 个人》（根据好莱坞经典电影《12 怒汉》改编）。此外，中心还在长沙戏剧谷上演推理小说女王——阿加莎·克里斯蒂经典悬疑话剧系列:《无人生还》、《意外来客》、《命案回首》、《死亡陷阱》、《侦查》。

都市时尚——小剧场话剧

1982 年 9 月 19 日，林兆华的《绝对信号》在北京人艺上演，开辟一个演剧模式——小剧场话剧。2012 年恰好是中国当代小剧场话剧诞生 30 周年。30 年后的这一天，在北京人艺实验剧场，由林兆华导演、濮存昕和何冰演出了契诃夫的《天鹅之死》和《论烟草有害》两个独幕剧。同年 8 月，由廖一梅编剧、孟京辉执导的话剧《恋爱的犀牛》在保利剧院完成了千场演出。30 年来，小剧场话剧得到快速发展，紧贴时代生活的题材、时尚与流行的语言和丰富的表演形式，吸引广大的都市青年，并引领都市文化白领阶层的文化消费方向。而现今，风格多样的小剧场戏剧，已成为当代中国戏剧发展的一种潮流，受到了业内同仁和观众的高度关注。到小剧场看戏也被认为是一种都市时尚。有人做过统计，在北京至少有 300 个剧团活跃在各个剧场，小剧场总量已突破 30 个。在上海，小剧场话剧的“铁杆粉丝”逾 10 万人。现在活跃在台上的是“80 后”演员，台下是“80 后”、“90 后”观众，这已经成为小剧场话剧中常见的景象。观众的年轻化正是小剧场话剧的“活力之源”。2012 年京沪舞台上最“火”的小剧场话剧《驴得水》就是“80 后”创作演出。演出中的幽默讽刺使观众开怀大笑，而剧中对现实和人性的揭示也让人感到心悸。

2012 年期间，在北京人艺实验剧场、国话先锋剧场、朝阳 9 剧场、蜂巢剧场、繁星戏剧村、枫蓝国际小剧场、北京文联小剧场、北京舞蹈学院小剧场、大观园戏楼等小剧场上演《未完待续》、《隐婚男女》、《在变老之前远去》、《如果，我不是我》等 20 台优秀小剧场剧目，展示近 5 年来小剧场戏剧的优秀成果。展演的 20 台剧目有：国家话剧院创作的《霸王歌行》；北京人民艺术剧院创作的《第一次的亲密接触》；孟京辉、黄盈、李伯男等优秀导演工作室的创作团队作品《杨三姐与陈小二》、《有一种毒药》、《隐婚男女》、《未完待续》、《空中花园谋杀案》、《高朋满座》、《在变老之前远去》、《锣鼓巷的故事》、《李小红》、《如果，我不是我》、《我的祖宗十八代》、《觉》、《安妮日记》、《飞来横财》、《达人未爱狂想曲》、《幸福像草儿一样》等。

2012 年上半年，北京市举办的首届优秀小剧场剧目展，为观众提供了非常优秀的剧目，促进了国有院团与民营剧团间的交流，推动小剧场繁荣发展。展演集中了国有院团、民间社团的 21 个剧目在北京 10 个小剧场内演出 42 场。在展演的 21 台剧目中，民营院团和机构出品的剧目有 17 台，占总数的五分之四。

林兆华戏剧邀请展

2012 年 11 月 16 日—12 月 9 日林兆华戏剧邀请展在首都剧场、中国国家博物馆剧院举行。邀请展共上演了《甲子四折·裴艳玲从艺六十周年戏曲专场》、《建筑大师》、《安提戈涅》、《海淀之北》、《情人的衣服》5 台戏。

上演的国内剧目：

著名表演艺术家裴艳玲在演出的两场《甲子四折》中，分别表演了两出经典老戏《武松醉打蒋门神》、《翠屏山》以及新排的《浣纱记·寄子》、《平贵别窑》，她的高超演技赢得业内专家和观众的高度赞扬；李六乙导演的《安提戈涅》放弃了对这个经典文本的再次解读，演出忠于原著。舞美简约处理，视觉冲击强烈。歌队运用巧妙，演出营造出仪式的美感；保留剧目《建筑大师》连续第三年上演，受到观众强烈欢迎；《海淀之北》是一部主旋律大戏，讲述两代中关村人执著追梦的故事，得到不少观众的肯定。

上演的国外剧目：

12 月 6 日至 9 日，在中国国家博物馆剧院上演了英国戏剧大师彼得·布鲁克的《情人的衣服》。该剧是该邀请展唯一的一部国外戏，受到观众极大关注。该剧故事情节简单而引人入胜：丈夫回家时发现妻子正与一个陌生男子同床，情人仓皇而逃，将西服忘在身后，丈夫开始无情的复仇。该剧舞台空间处理灵活而轻巧，三副衣架、一张桌子和十几把不同色彩的椅子，可跟随情境而变换位置。导演彼得·布鲁克利用叙述性手法，让演员时而是剧中人，时而又是说书人，为演出营造了一种独特的观赏氛围，给观众留下深刻的印象。

戏剧节和颁奖活动

2012 年 3 月至 5 月，“苏州话剧艺术节”隆重举行，在为期一个多月的时间里，5 个剧目演出 9 场。这些剧目有林兆华导演易卜生的《建筑大师》、香港导演林奕华的第 50 部新作《贾宝玉》、英国 TNT 剧院演出的经典剧目《大卫·科波菲尔》、青年戏剧导演黄盈执导的先锋话剧《未完待续》、孟京辉的荒诞喜剧《希特勒的肚子》。

2012 金刺猬大学生戏剧节共收到来自全国 21 个省市自治区的 103 所大学院校的 121 个剧社报名，报名剧目共计 149 部。本届戏剧节报名剧目形式多元，内容深刻，专业性强。在剧本内容方面，增加了对生活现象的独立思考与认知，并将这种认知扩展到历史、社会等许多问题上，使作品有了独特的演绎。参演的 14 个剧目均获得优秀剧目奖。

2012 年 5 月 18 日至 23 日，第七届亚洲戏剧教育研究国际论坛暨第二届亚洲戏剧院校大学生戏剧节在中央戏剧学院举行。来自中国中央戏剧学院、日本大学、韩国中央大学、韩国西京大学、中国戏曲学院、中国上海戏剧学院、越南河内戏剧电影大学、美国新墨西哥大学、哥伦比亚卡利瓦耶大学等国内外 37 所艺术院校的专家学者以“世界戏剧与戏剧的民族化”为主题展开深入的探讨与交流。本届大学生戏剧节有 9 个国家的 11 台演出。演出剧目分别是：中国中央戏剧学院《契诃夫趣剧》、韩国青云大学《海鸥》、美国新墨西哥大学艺术学院《暮光港口》、蒙古国立艺术文化大学《海鸥》、新加坡南洋艺术学院《契诃夫短篇》、印度国立戏剧学院《萨姆帕达——思想传承》、韩国西京大学《万尼亚舅舅》、越南河内戏剧电影大学《求婚》、韩国中央大学《万尼亚舅舅》、日本桐朋学园艺术短期大学《后台》、哥伦比亚卡利瓦耶大学《情人牧歌》。

2012 年 9 月，北京国际青年戏剧节。这届戏剧节分为 8 个单元：新作首演单元、再度关注单元、国际荟萃单元、阿维尼翁单元、致敬大师——斯特林堡作品单元、港台佳作单元、实验戏曲单元、创新单元。在 28 天的戏剧节里，来自 13 个国家的 63 部风格各异的剧目，在北京 12 个剧场和艺术空间演出。英国、德国、意大利、西班牙、瑞典、瑞士、奥地利、丹麦、荷兰、波兰、韩国 11 个国家的 12 部作品在本届戏剧节展演。演出剧目:《爱情之歌》、《看不见的双人舞》、《狗是猛兽》、《萨瓦纳湾》、《暮之花》、《影舞》、《斯特林堡的世界》、《这个孩子》等；国内及香港台湾地区 41 部剧目在本届戏剧节上演:《春眠》、《鲤鱼门的雾》、《黑白过》、《百年孤寂》、《π》、《悍·爱》、《蜕·植》、《苹果》、《终身成就奖》、《慢的艺术》、《红色的天》、《合伙人》、《蝴蝶，飞吧!》、《梦行者》、《蝉—云雨三人风》、《活着就好》、《前科》、《一次》、《城中城，城外城》、《朱丽小姐》、《不二门》、《一出梦的戏剧》等。

本届戏剧节还安排了剧本朗读和戏剧论坛的内容。在剧本朗读，如：斯特林堡的 4 部优秀剧作《父亲》、《鬼魂奏鸣曲》、《奥洛夫老师》、《死亡之舞》和 12 部国内优秀青年编剧的原创剧本；戏剧论坛有 4 个论题：“精神永远胜利——斯特林堡作品研讨会”、“太平洋的风——北京台北两岸戏剧文化交流”、“戏剧大爆炸——青年戏剧发展的现状与方向”、“个性与创新——如何运作表演艺术的国际盛会”。

2012 年 11 月 24 日，由中央戏剧学院、中国话剧艺术研究会表演艺术委员会联合主办的全国话剧优秀剧目片断展演暨第二届“学院奖（戏剧表演）”颁奖典礼，在中央戏剧学院举行，评出本届学院最佳主角奖和最佳配角奖。“学院奖（戏剧表演）”是由中央戏剧学院设立的一项极具艺术性与学术性的戏剧艺术奖项，旨在大力推动戏剧舞台艺术创作，展现近年来话剧创作的优秀成果，推出艺术精品和优秀表演人才，激励广大话剧表演艺术工作者创作出更高艺术品质的作品。本届“学院奖（戏剧表演）”评奖期间，有9台来自全国院团的优秀剧目进行片断展演：北京人艺《我们的荆轲》、大连话剧院《卖花女》、国家话剧院《深度灼伤》、辽宁人艺《郭明义》、天津人艺《灵魂的石头》、上海话剧艺术中心《大哥》、河北承德话剧团《雾蒙山》、武汉人艺《裂变·1911》、江苏演艺集团《危机逼近》。本届学院奖的评审团由中央戏剧学院表、导演系的老师和三名国际著名表导演专家（保加利亚国立戏剧影视艺术学院戏剧表导演系主任斯尼基娜·坦科夫斯卡教授、俄罗斯圣彼得堡国立戏剧艺术学院马伊教授和瑞典戏剧影视导演协会主席马福力教授）组成，以使学院奖的评选更加公正、严格，并使学术水准与国际同步。

2012年12月1日，全国戏剧文化奖话剧金狮奖颁奖盛典在武汉举行。本届全国戏剧文化奖话剧金狮奖共颁出剧目奖、小剧场剧目奖、儿童剧奖、表演奖、导演奖、舞台美术奖、编剧奖、评论奖、经营管理奖、荣誉奖10个奖项，来自全国话剧界160余位获奖者喜捧金狮奖杯。

国外引进剧目多元好看

2012年到中国演出的外国剧目明显增多，这些经过精心选择的外国剧目，促进了我们同国外同行之间的交流，开阔了我们的戏剧观念。引进的剧目有：契诃夫国际艺术节《暴风雨》、彼得·布鲁克的《情人的衣服》、音乐剧英文版的《巴黎圣母院》、以色列作品《安魂曲》、以色列的肢体戏剧《在海边》、西班牙库伦卡剧团的经典默剧《安德鲁与多莉尼》、英国国家剧院的《弗兰肯斯坦的灵与肉》、英国爱丁堡新潮戏剧展上脱颖而出的佳作《屋中怪兽》、《消失的地平线》、《桌子》、英国《上街的动物和孩子们》、英国TNT剧院的《李尔王》、英国普罗派拉莎士比亚剧团的《亨利五世》和《冬天的故事》等。还有国家话剧院举办的“华彩欧罗巴”戏剧演出季上来自德国、法国、俄罗斯、丹麦、以色列等国家的剧目:《暮之花》、《水手之谜》、《沃伊采克》、《敌人，一个爱情故事》、《如影随形》等。这些风格迥异而极具艺术魅力的演出，给我们带来了新奇的艺术感受和审美启迪。

2012年话剧舞台，可谓是精品荟萃，活跃火爆与多元格局，亮点、热点不断，真叫个“火”。但是，在我们为话剧舞台“火”而兴奋之余，还应静下心来仔细思考这样一些意见：“舞台创作质量是否得到了显著提升？话剧的美学观念、表现手段、导演方式是否真的丰富多彩且日益成熟自信？话剧是否由此揭掉小众的标签，走进大众的视野？当拨开市场迷雾，理性回归创作本身，我们不禁发现，这一年话剧市场的整体崛起与艺术创作之间存在一种错位，市场的活跃似乎不是创作繁荣带来的，观众审美选择也没有为戏剧探索注入太多动力，这恰恰暴露出现阶段话剧在制作方式、审美趣味上的某些问题和倾向。”、“面对市场的狂潮，不少年轻创作者也心思浮动，开始聚焦于拉投资、炒口碑、玩概念。踏踏实实做作品的，反而并不多见。”我想这些意见是中肯的，有益于我们今后在话剧舞台上的创作。

刘立滨　中央戏剧学院党委书记

2012：北京话剧演出的新态势

◎宋宝珍 陶 璐

神龙渐隐，灵蛇欲现。站在岁末的节点，回首2012年北京的话剧演出，可谓形式多样，内容丰富。既有传统、经典剧目的复排重演，也有新创剧目的精彩登场，而热门剧目的轮番巡演，以及各种戏剧节的举办，也为观众提供了更多的观演机会与审美体验，更为话剧事业的发展开阔了眼界，创造了交流与展现的机缘。此外，越来越多的国外优秀剧目在京演出，也为本年首都文化景观增添了多姿的风采。

一、魅力：保留剧与经典剧

2012年话剧演出的主要特点之一，是传统剧目、保留剧目的恢复上演渐成常态，显现了较高人气和票房佳绩。在西方正规的戏剧团体里，一般保留剧目的上演也会占到每年演出总量的三分之一到二分之一，继承是创新的前提，创新离不开文化积淀，就此而言，保留剧目的轮番上演不仅可以打破原创剧本缺乏的魔咒，而且可以满足有怀旧情绪的观众的戏剧反刍与审美回味。

2012年3月29日，由李六乙执导，丁志诚、卢芳等主演的《推销员之死》登上首都剧场，此剧作为北京人艺的保留剧目，在1983年曾由原作者阿瑟·米勒亲自导演，英若诚、朱琳主演，成为享誉海内外的剧目，此次复排，导演摒弃了写实布景，舞台被两面可旋转的斜墙切割成幽暗空旷的环境，红与白的椅子与镂空椅背，在灯光的作用下变换出玄虚的造型，乐池里的白色球体或许是梦幻的外显，而换场时的摇滚音乐则让人在郁闷中释放兴许的波澜。该剧以表现主义的戏剧意象，展现了主人公威利·洛曼小人物的悲情和破碎的美国梦。

6月12日，是北京人民艺术剧院建院60周年纪念日，为纪念历史形成，展示戏剧成果，特意在人民大会堂举行了院庆座谈会，并于6月11日至6月13日召开了“北京人民艺术剧院建院60周年学术研讨会”，围绕“北京人民艺术剧院——历史·当代·未来”这一主题，对自身的发展历程、艺术风格等话题展开了多方面的探讨与交流。

在纪念演出季中，北京人艺推出了《雷雨》、《日出》、《北京人》、《龙须沟》、《茶馆》、《蔡文姬》、《窝头会馆》等，显现着对自身艺术传统和美学风格的注重，而一批中青年演员在保留剧目中接替前辈，挑起大梁，也从一个侧面显示出北京人艺生生不息的艺术实力。

1988年上演并引发轰动的男人群戏《哗变》，于本年8月10日再次登上了首都剧场，此次复排，由任鸣执导，由冯远征、吴刚、王刚、高冬平、丁志诚出演，该剧为观众们展现了这部美国剧潜藏于人物对话背后惊人的戏剧张力。由徐昂接力浅利庆太导演的《哈姆雷特》由王斑、史兰芽、龚丽君等主演，于8月25日与观众见面。

9月15日，北京人艺迎来了它本年度戏剧演出的高潮——原创大戏《甲子园》上演。此剧由何冀平编剧，老艺术家蓝天野、郑榕、朱旭、朱琳、吕中、徐秀林等出演，因而被媒体称为“豪华”阵容。剧中的爱林（王姬扮演）是一位人到中年的沧桑女子，早年因为怨恨父亲、厌倦家庭，远走国外。父亲晚年抱定一种赎罪与还债的心理，把甲子园变成了老人院，收留那些无依无靠的老人，直到生命消失。父亲去世，爱林准备卖掉这座老楼，拿上钱远走高飞，直到真正的楼主黄仿吾（蓝天野扮演）讲出了甲子园的秘密，拿出了房契，爱林才意识到，父亲念念不忘的可能是还历史的旧账，还良心的赊欠。爱林黯然，独自离开。剧作采用现实主义与表现主义相融合的手法，把人物形象生动地刻画出来，将剧作潜藏的内涵娓娓道来。其中舞台上的那棵参天大树，不仅与老屋浑然一体，而其枝繁叶茂的外形更象征着一代又一代人对责任的承担，对爱的传递。当剧终树叶落满地时，小女孩的上场不仅象征着纯真人性的复归，也寓意生命的循环往复，那句“把爱还给应该爱的人”充满了对未来美好的寄望。

9月19日，是北京人艺小剧场戏剧的开端之作《绝对信号》首演30年的纪念日，遥想当年，在剧院一楼排练室，这个戏的演出成为新时期小剧场戏剧崛起的信号。时光荏苒，当年的先锋锐气如今换成了韧性的坚持。30年后的这一天，在北京人艺实验剧场，由林兆华导演，濮存昕和何冰分别演出了契诃夫的独幕剧《天鹅之死》和《论烟草有害》，其中《天鹅之死》还是第一次在中国上演，濮存昕将一个年华老去，深夜在剧场酗酒的小丑演员表现得笑中含泪；而《论烟草有害》则是戏剧学院台词课训练的范本，何冰将一个被生活打磨得庸俗不堪的市侩人物表现得卑琐滑稽。

近些年来，北京人艺在复排经典的基础上，也推出了一系列原创戏剧，它们被评价为“不是经典，就是走在通往经典的路上”。下半年，北京人艺又推出了多部保留剧目。其中《我们的荆轲》由2012年诺贝尔文学奖的获得者莫言编剧，在创作意识上穿越古今，以全新的视角，解构传统中的英雄迷梦，也解构人自身将他人当成祭品的私欲野心。正如台词所言：“每一个人心中都有一个荆轲。”剧中的荆轲虽然一心想做侠士，但无奈剑术不精，业绩不显。燕太子丹的谋士田光早已窥破荆轲的心机，他以自杀的方式，逼荆轲觐见太子丹，以成就刺秦之举。太子丹一心刺秦，为了笼络人心，将荆轲和他的朋友置于广厦豪宅，赠与香车美食，还把美人燕姬送来，甚至割下臂肉以疗荆轲之疾。荆轲在刺秦之前有忧郁，有彷徨，甚至内心焦虑，最终刺死燕姬，拜别易水，未能杀死秦王，反被秦宫卫士乱剑刺死。荆轲最终完成了侠士义举，在刀光血影中定格成一首难以为继却酣畅淋漓的人性之诗。莫言笔下的历史人物，犹如一个不断成长着的文化活体，一面接受着新的现代思想的诠释，一面剔除掉岁月的尘垢与精神的垃圾。

本年10月26至11月15日，北京人艺演出的《喜剧的忧伤》在开票后三个小时，即将18场演出票销售一空，明星话剧不仅创造着巨大的社会影响力，其火爆场面也带来不可忽视的经济利益。岁末，由罗锦麟导演的希腊当代剧作家卡巴奈利斯的《晚餐》在人艺实验剧场上演，由李六艺导演的古希腊悲剧《安提戈涅》在北大百年讲堂上演。

二、新鲜：戏剧交流与展演

2012年话剧演出的第二个特点是，戏剧文化交流频繁，外来剧目经过邀请方的精心选择，不仅创造了靓丽的都市艺术风景线，也在一定程度上扩展了本土戏剧的艺术观念。

3月，作为北京人艺戏剧精品邀请展的剧目，来自“契诃夫国际戏剧节”的《暴风雨》在首都剧场精彩呈现。《暴风雨》被称为莎翁“诗的遗嘱”，由英国重量级导演迪克兰·唐纳伦执导，由俄国戏剧艺术家倾情演绎，曾三度获英国戏剧的最重要奖项——奥利佛奖的肯定。法国《费加洛报》就曾评价道：“这是莎士比亚最好的改编。”此剧讲述了一个带有魔幻色彩和传奇意味的爱情故事，剧中的精灵们一改以往可爱娇小的形象，而由一袭黑衣的男演员扮演，演员们每人手持乐器，乐声响起，魔法即开始实施。

《暴风雨》的舞台处理简约生动，意趣天成：一面半弧形的白色木墙安放在舞台后方，三扇大门既可用作演员上下场门径，也可像镜头一样切换不同的时空。当老公爵巧施魔法时，其身后的门打开，出现的是海面上人们与暴风雨搏击的场面。当精灵们向公爵报告王子坠海时，一扇门被打开，倒吊的王子表现出溺水濒死情景。而当老公爵回忆时，门里面走出来的人则立即在平台上演绎了一段密谋篡位的情景，形象而又生动，而大门关闭时，投射在上面的沼泽地外景，则营造了人们跋涉求生的境况。

4月至6月，在国家大剧院举办的国际戏剧精品展演中，来自英国的三个作品令人耳目一新，其中《上街的动物和孩子们》将动漫与真人表演结合，以黑色幽默针砭时弊，为人们演绎了一个惊悚而又美丽的童话故事；来自英国普罗派拉莎士比亚剧团的《亨利五世》和《冬天的故事》，以英国戏剧古老的“全男班”传统，从假面剧、动画和电影中汲取营养，用现代的表现手法演绎莎士比亚剧作的魅力。

10月17日—11月28日，中国国家话剧院今年举办的“华彩欧罗巴”戏剧演出季，邀请了来自德国、法国、俄罗斯、丹麦、以色列等国家的戏剧，如《暮之花》、《水手之谜》、《沃伊采克》、《敌人，一个爱情故事》、《如影随形》等，还有中外合作演出的《远离阿贡当/打造蓝色》、《笑面人》、《图兰朵》等，以及国家话剧院自身以欧洲剧本打造的精品，如《理查三世》等，这些别开生面的演出，展示了丰富多彩的魅力。

其中来自法国多雷纳方剧院的小剧场话剧《如影随形》，以五个独立简短的故事，通过十组情境展现，表达了生活中似真似幻的爱、恨、情、仇，让人们看到了人与人之间的隔膜，看到热情下面的冷漠，看到征服与占有中人性的贪婪，也看到爱的力量，"背负"的主题通过演员的肢体行为传达出来，中间演出、前后观看的舞台，让观众不仅见证着场上发生的一切，也在不知不觉中成为他人眼中的戏剧内容。

法国爱维吉尔舞团是一个由中老年女性组成的舞剧团体，此次来华演出的《暮之花》，本名《墓之花》，因为在法国，人们习惯把老人斑称为"墓之花"，意味着生命老去，暮气已至。在中国演出，考虑到人们对于死亡的禁忌，改名《暮之花》，其实"暮"与"墓"实有异曲同工之处。上场的6位女演员，实际年龄在52至67岁之间，她们身穿墨绿和棕褐色服装，一个叙述者以话语描述着躯体渐衰的感觉，在她的叙述中，女人们用肢体语言将内心体验加以外化表现，她们抗拒皮肤的褶皱、乳房的下垂、筋骨的僵化、躯干的倾颓，正像叙述者所言说的那样，她们不愿意将身体变成一锅稀粥，再被某种力量吞噬。她们在探讨"老去"这一生命现象，对于男人和女人所具有的不同意义。《暮之花》的导演否认这是一部女性戏剧，她说她们要探索的是生命奥秘。如果说"老"是无法回避的自然规律，那么这个戏则是通过老的过程的描述、表现，传达着生命内在自我的感悟与诗意。

以色列盖谢尔剧院演出的《敌人，一个爱情故事》，改编自1978年获得诺贝尔文学奖的艾萨克·辛格的小说，原小说发表于1966年。此剧表现了一个经历了纳粹集中营的中年男人赫尔曼，战前生活优越，战时与妻子离散，靠着家中女仆亚德维嘉的搭救，才勉强活了下来。赫尔曼经历过长期的精神折磨和死亡威胁，因此噩梦连连，无所适从。战后，他与亚德维嘉来到美国，两人虽然生活在一起，可是亚德维嘉是个大字不识的波兰底层女子，在精神层面上无法与丈夫平等对话。赫尔曼在精神与情感的空虚之中，找到了浪漫多情的女子玛莎，在两个女人之间游移不定。玛莎与母亲生活在一起，在集中营里，她母亲本来已经丧失了活着的勇气，但是当她看到女儿被送进了自己的集中营时，为了女儿坚持活了下来，她身体很差，离不开女儿，但在战后的生活中，她们彼此怨怼，不停争执。亚德维嘉怀上了赫尔曼的孩子，而玛莎以死相逼要赫尔曼与她在一起，一则寻人启事又引来了赫尔曼的前妻，亚德维嘉在曾经的女主人面前羞赧无助，只有埋怨痛哭。一个男人和三个女人之间演绎着苦恼而无奈的悲戚故事。赫尔曼知道风情万种的玛莎是个滥情女子，但仍然割舍不下这个情人，而当他们私奔外地时，却被告知老无所依的玛莎妈妈已经自杀，玛莎恶狠狠地咒骂母亲是在报复自己，然而生命支柱却就此崩塌，她绝望地选择了自杀。赫尔曼回到自己家中，她的前妻正在照顾着即将临盆的亚德维嘉。

这个戏以简约的舞台设计，显现了时空转化的灵活和空寥忧郁的气韵，导演以几块黑色幕板的推拉分合，对舞台时空进行了巧妙分割，且造成电影镜头般的远近景效果，细腻的情感交流场面则以面对观众的大屏幕的影像直播显示出来，而生活中的典型道具比如浴缸、电话亭、酒瓶等则非常真实。在戏剧所表现的沉郁而不失黑色幽默的情境之中，表现出二战之后经历磨难的犹太人精神世界的崩塌、理性认知的残破，以及他们无法面对自我、无法面对爱情的痛苦与尴尬。尤其应当称道的是演员的表演，他们很少有煽情的过火的动作与表情，比如赫尔曼，常常是麻木的冷漠地像游魂一样走动，而这样不动声色的表演，我们姑且称之为"零度表演"，却将经历过异常残酷的人生演绎出了深潜的丰富内容，令观众为之"移情"而不是仅仅是"同情"。

2012年的林兆华戏剧邀请展，邀请到了戏剧大师彼得·布鲁克为巴黎北方剧院导演的《情人的衣服》，这个戏在京津沪三地进行了巡演。此剧脱胎于南非黑人作家康·塔巴的短篇小说，情节并不复杂：菲勒蒙发现妻子玛蒂尔达与情人躺在床上，就躲进衣柜，叫着妻子的名字，情人穿着内衣跑了，把一套西服留在了菲勒蒙家里。从此，这套衣服便像一个魔影与他们的生活纠缠在一起，菲勒蒙称它为"我们的客人”，要妻子给它喂饭、与它跳舞，带着它散步，妻子虽然感觉尴尬但也觉出了几分游戏的滑稽，她甚至留恋地抚摸衣服想象情人的爱抚。一天菲勒蒙遍邀朋友在家中聚会，让妻子唱歌给大家听，正当众人开心之时，他突然让妻子请出“客人”，把情人的衣服挂在了妻子手上。妻子花容顿失，绝望之中默默地死去。这是本剧的一层内容，在另一层面的展示中，我们看到种族隔离、军事独裁政权对有色人种的迫害，其中最触目惊心的就是丈夫的朋友所谈及的那个被割去手指的黑人吉他手的故事。剧作对于后者内容的穿插叙述，为前面的故事提供了社会背景，而丈夫的行为和妻子的自杀也从另一方面成为了社会政治层面的压迫在私人关系中的投射和隐喻，表现出在畸形的社会环境影响下，个人在思想行为上所发生的变异以及暴力在普通人生活中的渗透。彼得·布鲁克在舞台上放置了十二把彩色椅子，另有三把黑色椅子供现场演奏人员使用，此外还有五只大小高低不同的类似单杠的金属架，这位以提倡“空的空间”而闻名于世的人，以极简的舞台形式演绎了人性的复杂肌理。

2012 年，国际戏剧交流演出呈现增多趋势，蓬蒿剧场在南锣鼓巷戏剧节上演出的以色列的肢体戏剧《在海边》以及在东宫影剧院演出的爱丁堡前沿剧展剧目、西班牙的默剧《安德鲁与多莉尼》，也给观众带来了新奇的艺术感受和审美启迪。

三、多元：风景这边独好

戏剧演出季、节庆的增多，已经是近年来都市特有的戏剧现象。2012 年，各种戏剧节、展演活动依旧层出不穷，热闹非凡。

中国国家话剧院也是一个具有众多保留剧目的剧院，在此年度的春、秋季演出季中，王晓鹰导演的作品《霸王歌行》、《哥本哈根》在国话先锋剧场、国话小剧场上演，孟京辉的系列作品如《恋爱的犀牛》、《一个无政府主义者的意外死亡》、《空中花园谋杀案》、《两只狗的生活意见》、《希特勒的肚子》、《初恋》等在蜂巢剧场、国话先锋剧场和保利剧院轮回演出，田沁鑫的系列作品《红玫瑰与白玫瑰》、《夜店之天生绝配》等也在国话先锋剧场和北大百年讲堂相继亮相。这些剧目，不仅因演员越来越默契而增强了艺术表现力，而且显现出保留剧目越来越醇厚的味道。

2 月，国家大剧院开展 2012 春节话剧演出季，上演《欲望花园》、《王府井》、《新娘，快跑》、《向上走向下走》、《都市囧人》、《花事如期》、《阳台》等作品，并举行全国巡演。

4 月至 6 月，国家大剧院举办国际戏剧精品展演，演出《上街的动物和孩子们》、《亨利五世》、《冬天的故事》和《安魂曲》。而在“名家名作，经典呈现”的演出环节中，北京人民艺术剧院的《李白》，上海话剧艺术中心的《12 个人》，林兆华戏剧作品《说客》等相继登台。

4 月 16 日至 5 月 30 日，由北京市文化局主办的“首届北京优秀小剧场剧目展演”在京城亮相，共有 21 个剧目在北京 10 个小剧场内演出 42 场，上座率达九成以上。展演剧目包括《第一次的亲密接触》、《隐婚男女》、《在变老之前远去》、《如果，我不是我》、《锣鼓巷的故事》、《我的祖宗十八代》、《李小红》等。

5 月 14 日，第三届北京·南锣鼓巷戏剧节正式拉开帷幕。戏剧节围绕“感受原创戏剧，品味文化东城”这一主题，以原创剧目和小剧场演出为特色，以“看戏剧，来东城”为口号，在南锣鼓巷及周边的 11 家剧场推出剧目 47 部剧目近 170 场的演出。在这为期一个半月的演出中，上演了《寻找剧作家》、《歌声从哪里来》、《男左女右》、《我这一辈子》、《歌唱吧！中国》、《无形的桥》、《4：48 精神崩溃》、《我是海鸥》、《百年孤独》、《介 2012》、《爱战胜一切》、《在海边》、《终身成就奖》、《晚安吧，妈妈》等。

5 月至 8 月，国家大剧院举办第五届北京儿童戏剧季，参演剧目有中国儿童艺术剧院推出的三部儿童剧《三只小猪·变变变》、《小吉普·变变变》和《皮皮·长袜子》，中国木偶艺术剧院制作的大型史诗舞台剧《少年孔子》。此剧由中国木偶剧院花费三年时间精心打造，结构新颖而寓意深刻，其多姿多彩的舞蹈，高科技的舞台效果，使全剧充满诗情画意。

8 月 4 日至 8 月 18 日，由北京戏剧家协会、朝阳区文化馆主办的“2012 第 11 届大学生戏剧节”如期开幕。此次大戏节在征集报名期间，共收到了来自全国21个省市自治区的103所大学院校的121个剧社报名，报名剧目共计149部。在经过专家评委组研讨后，甄选了14个剧目进行展演，包括有中国戏曲学院的《秋瑾》，中央民族大学的《小丑与孤儿》，北京联合大学的《妞妞》，浙江大学的《太阳城》等，最终北方工业大学的《青春地平线》摘得了此次大戏节的“金刺猬奖”。

8月24日至9月30日，由文化部主办的“2012年国家艺术院团优秀剧目展演”，演出了中国国家话剧院、中国歌剧舞剧院、中央歌剧院、国家京剧院、中国儿童艺术剧院等国家级专业表演团体的歌剧、话剧、戏曲、舞剧、芭蕾等共计35部。这是近年来创作剧目的大规模亮相，也是当代中国艺术实力的表征。其中话剧演出有中国国家话剧院的《理查三世》、《大家都有病》、《欲望花园》、《活着》，中国儿童艺术剧院的《憨憨猫皮皮鼠》、《马兰花》、《特殊作业》。

9月3日，由北京市文联和共青团北京市委员会共同主办，北京戏剧家协会和北京青年戏剧工作者协会承办的2012北京国际青年戏剧节在国家大剧院小剧场隆重开幕。在28天的时间里，来自13个国家的60多部风格各异的精彩好戏在北京12个剧场和艺术空间轮番进行135场演出。其中包括有18部国外剧目、5部港台剧目以及40多部内地剧目，这是青戏节举办5年以来，规模最大、数量最多的一次。其中中国青年编导的作品有《城中城，城外城》、《禅—云雨三人风》、《爸，我们回家……》、《寻》、《梦行者》、《影喻》、《怪物》、《一次》、《合伙人》、《石头·剪子·布》、《蚕师》、《π》等。

10月9日至14日，国家大剧院举行“六大话剧院团精品展演”。演出北京人民艺术剧院的《李白》、国家大剧院明星话剧《红玫瑰与白玫瑰》、辽宁人艺的精品剧目《郭明义》、《父亲》和上海话剧艺术中心的两部感人作品——展现领导人陈云感人事迹的原创话剧《共和国掌柜》与著名演员郝平主演的温情大戏《大哥》。

从11月1日至12月20日，万通地产与北京木马剧场联合主办了第四届风马牛戏剧节。此次戏剧节以“多媒体”为主题，在北京、天津、杭州展开了为期2个月，共35场的精彩演出。其中包括有《两个底层人的夜生活》、《感官旅程》、《上发条的梦露》、《迷雾》、《明年这个时候》等7部剧目。

11月16日，“2012年第三届林兆华戏剧邀请展”如期开幕。此次邀请展共有5部剧目上演，除了彼得布鲁克的《情人的衣服》外，还有戏曲大师裴艳玲从艺60周年的专场演出，此次，她携河北省京剧院带来了《浣纱记·寄子》、《翠屏山》、《平贵别窑》、《武松醉打蒋门神》四出折子戏。

众多的戏剧节，背后是政府资金支持或文化公司的投入，台前是跃跃欲试的戏剧人频繁推出的作品，尽管这些演出在剧目选择、艺术质量上参差不齐，有的甚至不尽如人意，但是毋庸置疑的是，它们从不同层面满足了观众的欣赏需求，丰富了现代都市的戏剧文化生态。

四、原创：在传统与现代之间

2012年话剧演出的另一个特点是，国营剧团与民营剧团并置，通俗戏剧与实验戏剧共生，传统思维与现代意识交汇，这已经构成戏剧的文化版图。

王晓鹰导演的《理查三世》3月14日首演于国话新剧场，4月受奥组委特邀，代表中国参加来自世界37个国家和地区的37台莎士比亚戏剧展演，至英国环球剧院演出，得到国际友人的赞誉和肯定。我们之所以称它是一台新演出，当然不是着眼于它的文本，实际上作为莎剧，《理查三世》在演出史上不乏成功范例。但是这确是一台全新的舞台意象创造。剧中张东雨饰演的“理查三世”一改以往丑陋、瘸腿的形象，其俊朗的外表，极具爆发力的形体动作，在渐渐浸满鲜血的宣纸布景前展现了一个“野心难平”的“理查三世”。英国《卫报》对此大加赞赏：“这是一场明快、毫不拖沓的演出，理查三世第一次具有了古怪的说服力！”而英国环球剧院院长尼尔·康斯特博也在看到首演后表示，此版《理查三世》是此次莎士比亚戏剧节中最好的一部。王晓鹰在戏剧里加入了京剧程式化表演、打击乐伴奏、蒙古族呼麦、宣纸背景、英文方块字书法等中式元素，演员的服装由汉服演化而来，舞台的布景中组合了三星堆图腾，此剧在莎士比亚的国度里演出，却显示了超越古今、联通中外的艺术气度和美学新质。特别值得注意的是，这个戏显现了中国话剧民族化的新方法与新趋势。

6 月，在木马剧场上演的一部小剧场话剧《驴得水》惹来媒体注目。剧作改编于一个真实故事，讲述了一个贫困缺水的小山村里，学校为了缓解资金困难，将一头为学校运水的驴列入教师名册，名曰“驴得水”，领取一份工资。此后，上峰派特委来校检查，深感不安的校方为了掩饰真相，上演了一场啼笑皆非的闹剧。此剧以辛辣的讽刺令观众笑声不断，而它所表现的现实的黑暗和人性的贪鄙，也让人们在笑声中唏嘘反思。

7 月 13 日，由田沁鑫导演、刘晓庆主演、天津人民艺术剧院倾力演出的传奇话剧《风华绝代》在天津大礼堂首演。此剧是一个旧题材的重新演绎，早在 1935 年，夏衍就曾以八国联军入侵北京的历史素材，创作过话剧《赛金花》，以一个妓女在风雨飘摇的时代的所谓作为，讽刺清朝官吏的无所作为和昏庸无耻。《风华绝对》挖掘了这一题材的传奇性，电影明星刘晓庆扮演的赛金花，以自身的票房影响力，使演出在多地巡演中获得了预期的商业效益。

9 月，来自三拓旗剧团、由赵淼导演的形体戏剧《水生》在国家大剧院小剧场上演。此前的 7 月，它曾亮相于法国第66 届阿维尼翁戏剧节，并受到了法国南部主流媒体《La Provence》（普罗旺斯报）戏剧评论版块的四颗星最高评级。剧作根据《聊斋志异·王六郎》改编而来，讲述的是水鬼轮回转世的故事。剧中的水鬼在老渔翁的感化下，不忍通过加害他人获得重生，因此触犯规条，惹怒魔鬼，受到了魔鬼施加的残酷惩罚。此剧的特色在于表现方式上借鉴了中国古老的戏剧形式——“傩”，演出中，所有演员面戴傩戏面具，用丰富的古典戏剧肢体语言，在铿锵有力的鼓点声中，叙述着一个看似阴森实则蕴含真情的故事，简约、古朴，独具中国风味。导演赵淼表示，创作此剧就是希望将中国古老文化与现代形体戏剧结合，以便继续探索和传承下去。

9 月4 日至9 日，由孟京辉执导的改编自余华同名小说的话剧《活着》在国家大剧院首演。小说于 1992 年问世后，1994 年曾被张艺谋拍成电影，并获得第 47 届戛纳电影节评委会大奖。此次话剧演出，导演在忠实原著的基础上作出大胆的尝试，舞台两侧的巨大镜子，虽在视觉上造成了延伸感，但实则形成封闭的空间，使艺术呈现有了更多的象征意味。而那被数条平行深沟割裂开来的舞台，既是战争情节中的战壕，也象征着一条蜿蜒曲折的生命长河，人们在这之中跌宕起伏。剧中两位主演黄渤和袁泉的精彩演出让话剧版《活着》增色不少。此剧在北京首演之后，又在杭州、广州、深圳等地展开了巡演。

作为国家大剧院五周年院庆大戏，12 月 15 日，由任鸣导演，冯远征、余少群、程莉莎、刘桦等人主演的话剧《风雪夜归人》在国家大剧院拉开帷幕。此剧是著名戏剧家吴祖光先生创作于上世纪 40 年代的名剧，讲述了京剧名伶魏莲生与官僚姨太太玉春之间的凄美爱情故事。剧作通过对两人悲剧命运的描写，表达了社会底层小人物的觉醒与他们对命运的叩问，抒写出一曲关于人性复苏与生命尊严的不朽挽歌。在呈现上，导演任鸣延续了他“诗意现实主义”的风格，将剧作中的情、景、意巧妙地融合在一起，既深沉大气，又不乏诗意唯美的艺术质感。尤其在结尾处，唯美的画面饱含着丰富的内蕴与情感，让剧作的诗意在此得到升华：当贫病交加的老年魏莲生倒在空旷的雪地上时，漫天飞雪中出现了那一袭红衣的青年魏莲生，他轻拈一把折扇，踏歌起舞在悠扬的音乐声中……

近年来，戏剧演出场地不足的问题已经越来越明显，因此，一些民营机构开始独立经营剧场，继繁星戏剧村、蓬蒿剧场、枫蓝剧场之后，木马剧场逐渐积累着人气和艺术的凝聚力，成为年轻的戏剧人施展艺术才华的场地。以此为阵地，青年导演王翀掀起“戏剧新浪潮”，尝试集拍视频与叙事、再现剧场的有机统一，大胆探索镜像理论在舞台艺术中的表现空间与美学潜质，他导演的 4 部戏剧《雷雨 2.0》、《椅子 2.0》、《海上花 2.0》以及《一镜一生易卜生》颇有探索意味，在中国和日、韩等国演出 129 场。

港台戏剧近年来在北京的演出也逐渐增多，3 月，台湾表演工作坊演出了由宋少卿、谢娜主演的话剧《十三角关系》，4 月底 5 月初，香港导演林奕华改编、何韵诗反串表演的舞台剧《贾宝玉》于北展剧场上演。5 月，香港导演邓树荣的话剧《泰特斯 2.0》演出于国话先锋剧场，用说书的形式，肢体的力量展现了一出别样的莎士比亚戏剧。剧中 7 名演员着清一色的黑衣黑裤，在空的舞台和简洁的灯光中，利用 7 张椅子的变换造型和声音、肢体、呼吸、面部表情、空间位移等表演方法演绎了一部令人惊悚的悲剧。年末邓树荣的另一形体喜剧《教室也疯狂》也在京亮相，其爆笑的剧情，夸张的表演，高难度的形体动作令剧场笑声不断。

5 月，由国家话剧院、台湾“两厅院”和台北艺术大学联袂制作的《西厢记外传》在国家大剧院隆重上演。此剧原名《孙飞虎抢亲》，是台湾戏剧家姚一苇 1965 年创作并发表的剧本，剧作对经典故事《西厢记》进行了大胆的解构，才子佳人的情节被彻底颠覆，原著中一个没有出场的人物——孙飞虎变成了主角，“抢亲”与“易装”成为戏剧中心情节，也显现出“假作真时真亦假，无为有处有还无”的隐喻。尽管家庭落败，但是崔双纹依然具有相府千金的小姐身份，因此先是被赶考的书生张君锐爱上，后又秉承老母旨意嫁给郑将军，再后于迎亲途中被强盗孙飞虎抢亲。崔双纹为了转嫁危机，竟与丫鬟阿红换了衣装，一时间，谁是主人谁是婢，果然扑朔迷离。强盗孙飞虎向冒充小姐的丫鬟大献殷勤。而换了书生衣装的孙飞虎，撩拨了崔小姐的芳心，戴上强盗衣冠的张君锐，反倒做了强盗的替死鬼。姚一苇以他犀利的笔锋，剖析了善变的人性，并且对崔双纹式的自傲、自私与传统偏见进行了辛辣的讽刺。如果说，衣装是人的符号，那么身份则是社会的符号，人的符号化生存，人被符号架空的荒谬，在这里表现得十分充分。

6 月，台湾纸风车剧团也加盟此次戏剧季，带来一连 5 场创意丰富、形式新颖的《纸风车幻想曲》。该剧为纸风车剧团的经典保留剧目，曾经巡演将近 400 场，在台湾超过百万人次欣赏，并在纽约、香港、澳门与北京巡回演出。8 月，来自台湾果陀剧场，由杨世彭导演、金士杰主演的《最后十四堂星期二的课》让人印象颇深。此剧通过一位身患疾症、渐失知觉的教授与其早年的学生的 14 次谈话，展现了积极向生、坦然赴死的勇气和毅力。

2012 年，话剧走向繁荣可谓曙光初现，这不仅表现为国有戏剧院团体制改革已基本完成，也表现为中外戏剧荟萃、主流先锋杂糅、大小剧场共赢，更表现为仅北京一地全年的小剧场演出就达到了 4000 多场，基于此，我们有理由相信，2013 年，话剧必有令人满意的新答卷。

宋宝珍　中国艺术研究院话剧研究所研究员、副所长

陶璐　中国艺术研究院硕士

上海2012年话剧（音乐剧）演出述评

◎张佳蕾

2012年是中国小剧场戏剧30年，在全国的戏剧创作者都纷纷向这个历史性时刻献礼的同时，上海戏剧人更用一台台题材多样、创作新颖的艺术作品来纪念这个特殊的年份。北京人艺60周年访沪演出、戏剧大师彼得·布鲁克的作品首次来沪演出、“爱丁堡前沿剧展”在沪率先开票……这样的戏剧界盛典更让上海2012年的舞台上好戏连台，惊喜不断。2012年上海的话剧演出在2011年188台（包括外省市及外国话剧团体来沪演出剧目，以及新兴音乐话剧，不含儿童剧和非商业演出）的基础上首次突破200台，达到227部，是近年来的又一次快速增长。与此同时，上海的非盈利戏剧的舞台也得到更多人的关注，各类演出已经逐渐形成规模。

一、2012年上海话剧（音乐剧）演出结构

上海话剧艺术中心、上海戏剧学院、国内民营剧团、各省市剧团及外国剧团在沪演出的这五个部分，大致结构了上海2012年话剧（音乐剧）的演出。

（一）上海话剧艺术中心

上海话剧艺术中心2012年全年排演剧目35台，其中新创剧目17台，复排剧目18台。他们努力打造主流经典戏剧品牌，有意识地组织弘扬时代精神、力求反映社会主流意识形态、主流价值观念和主流行为道德规范的戏剧作品。在“2012喜迎十八大——中国当代原创作品演出季”中，他们以优秀的原创作品来迎接十八大的召开。该演出季推出六台原创剧目，包括《吁命》、《钢的琴》、《柏阿姨的一天》三台新创作的作品以及《共和国掌柜》、《大哥》和《资本·论》三台复排剧目。出于对现代都市题材的关注，中心在上半年排演了话剧《守岁》、《好人无儿》、《原告证人》、《钱多多待嫁记》、《新龙门客栈》和《步步惊心》，复演了《鹿鼎记》、《天堂打左灯向右拐》、《意外来客》、《无人生还》和《空幻之屋》等剧目，有针对性地开拓了演出市场。2012年下半年的欧美当代戏剧典藏演出季，是继2011年之后的又一次举办，其中《生死一课》、《雾都孤儿》、《男人来自地球》、《12个人》和《死亡陷阱》等多部当代欧美经典作品的演出，在向上海的观众介绍当代世界前沿的优秀作品的同时，又提高了观众的艺术审美和欣赏水平。横跨全年的创新实验国际合作戏剧演出季，新版肢体剧《人模狗样》，参加了2012年爱丁堡国际艺术节，《驯悍记》赴芬兰进行演出，英国跨界剧团合作的《东寻记之二》以及和丹麦剧团合作的多媒体剧《创世纪》，不仅让观众了解了当今世界各种戏剧流派，同时也丰富了上海戏剧工作者的视野，提高了艺术创作的独特性和创新性。

以上海话剧艺术中心作为共益的平台来组织、展示的四个演出季分别是第七届上海国际当代戏剧季、第七届上海市大学生话剧节、2012先行青年创意戏剧节以及2012风行上海白领话剧社团短剧展演。它们分别针对国外戏剧艺术家、在校大学生、社区戏剧爱好者及民营剧团，有效地进行戏剧品牌建设，同时在巩固老观众的前提下培养年轻的观众群体。

（二）上海戏剧学院

2012年上戏制作的剧目在保持学院派传统的基础上，在部分教学剧目的选择和剧目演出的制作过程中有了新的举措。表导演本科班毕业、实习剧目中，除了《吝啬鬼》（2009表演实习剧目）、《仲夏夜之梦》（2010导演实习剧目）是经典剧目之外，《我在天堂等你》（2009表演实习剧目）、《宝岛一村》（2009表演毕业剧目）都为新近创作的剧目，而《草原的孩子》更是学院为2008蒙古班量身定做的。导演系2009级本科班的毕业剧目《狗日的鬼子》选择了作家尤凤伟的小说《生存》，由学生进行

一度改编后再进行二度的排演和整合，这在上戏毕业剧目的创作中是首次尝试。另外，2009戏曲音乐剧班毕业剧目选择百老汇经典音乐剧《理发师陶德》，它的制作开始采用国外音乐剧的商业市场操作模式，买断了此次演出的版权，提前对外售票，期待以市场化眼光来检验学生们的成绩。同时邀请百老汇知名编剧、舞蹈家、作曲家亲力打造，结合上戏特色，力求在再现原味的经典的同时有海派创新的诠释。

熊源伟戏剧工作室承办了第二届浦东文化艺术节——“剧海观潮”海派话剧演出季的所有活动，这也是上戏首次以专家工作室的形式与外界的合作。该活动包括了专题讲座、剧目演出、工作坊几大部分，演出了音乐诗剧《鉴真东渡》，经典喜剧《一仆二主》，悲喜剧《歌声从哪里来》，西方当代戏剧《448精神崩溃》，寓言体戏剧《横木上的即兴表演》以及古典文学新编《花木兰》。在为期两个月的时间里，演出剧目题材丰富样式多样，总共上演19场，获得广泛的社会好评。另外，继续教育学院演出的小仲马的经典之作《茶花女》（2011表演专升本），品特的名剧《月光》都用其独特的方式对观众全新地演绎着经典名著。

（三）国内民营剧团

2012年的上海演出市场中，民营剧团的演出占了不小的比例，外地的民营剧团看好上海这个巨大演出市场的潜在实力，在前几年演出的经验基础上带上新的剧目或者将票房和演出反响好的老剧目进行再次复演，满载而归。上海的民营剧社也勇于竞争不甘落后，充分利用自身具备的资源优势，把各剧社的品牌逐步进行定位。北京的哲腾文化用话剧《驴得水》向中国小剧场30年献礼，同时也给上海话剧界带来了一定的冲击。这群从中央戏剧学院毕业不久的创作者，在艺术创作中突破传统，借这样一个荒诞幽默的喜剧故事，隐喻了社会教育现象和问题，引发社会反思。由于这台戏的独特视角和可观赏性，使其场场爆满，因而一年内两次进沪演出。而“开心麻花”的《乌龙山伯爵》也借着春晚的知名度年内几次来沪巡演，投观众所好的搞笑的喜剧样式和风趣幽默的语言，为都市的人们带来绝对的放松体验。

上海的首家民营剧社“现代人”剧社，以年内上演35部剧目的记录，继续保持着上海民营剧社的首把交椅。同时剧社今年在阿加莎推理名剧《捕鼠器》上演60年之际，把中文版此剧带到伦敦演出，这不仅是沪上民营剧团首次被邀出国演出，而且是伦敦首次上演外语版的此剧目。锦辉传播是近两年上海话剧演出市场的新面孔，2012年他们有计划地推出了系列话剧作品。包括金星和关栋天的跨界演出《尴尬》、《暧昧》，百老汇悬疑剧《蜜月惊心》和《目击者》，怀旧青春话剧《曾经》三部曲及由小说、电视等改编的多部话剧作品。

（四）各省市剧团

时隔24年后北京人艺再次大规模地带着5部新作亮相沪上舞台。除去《原野》是经典剧目之外，《知己》、《窝头会馆》、《关系》都是近年来的原创新作，而《我爱桃花》是一部原创实验作品。这次北京人艺60周年的纪念演出阵容庞大，不仅有濮存昕、宋丹丹、何冰、徐帆等名演员齐上阵，而且制作精湛，演出质量上乘，19场演出一票难求。

中国国家话剧院带来了《四世同堂》、《杜甫》、《红玫瑰与白玫瑰》、《理查三世》等剧作，其中王晓鹰导演的莎翁名剧《理查三世》代表中国参加“环球莎士比亚戏剧节”获得极高的殊荣，把中国传统和西方经典做了艺术化的完美结合。

赖声川的台湾“表演工作坊”不仅带来了反映眷村生活的《宝岛一村》，还带来了丁乃筝编创导演、由张爱玲的小说《爱》改编的爱情喜剧《这是真的》，用戏剧加舞蹈的演绎方式唤起人们对最初爱的心动。

（五）国外剧团

英国现代戏剧大师彼得·布鲁克亲力打造的作品《情人的衣服》亮相上海，其短小精致，让中国的戏剧人和观众第一次有幸亲身感受这位大师作品的艺术魅力，并从中去体悟大师的《空的空间》著作中的不少艺术理念。

法国音乐剧《罗密欧与朱丽叶》，被外界评为唯一与《巴黎圣母院》齐名的制作规模最大的音乐剧，这次的沪上演出采用了2007年版的全新阵容，演出22场，不仅场场爆满而且到最后都临时加座卖票，这可谓是上海话剧（音乐剧）演出史的一个奇迹。

被誉为英伦最好的莎士比亚剧团的普罗派拉莎士比亚剧团给6月的上海带来一道别样的风景。他们保留英国戏剧"全男班"的表演，所有角色都由男性演员饰演，用现代手法向中国观众传达莎翁的剧作的诗意。这一季剧团的演出给上海的观众带来《亨利五世》和《冬天的故事》，他们新颖的排演方式、演员自由娴熟的表演以及观演关系的深化，都留给上海观众深刻的印象。

二、2012年上海话剧（音乐剧）代表性剧目演出分析

上海2012年的话剧（音乐剧）演出从剧目文本基础区分分为经典剧目、原创剧目、改编剧目。以下就在此三类剧目中挑选出七部在题材、演出样式等方面具有代表性和显著特点的剧目，其中既有国家剧团也有民营剧团，既有商业演出也有非盈利演出，既有上海制作也有国内其他剧团、国外剧团制作。现结合它们的舞台呈现和现实意义进行具体演出分析评述，以便读者更形象地了解2012上海的戏剧演出。

（一）《吁命》

演出单位：上海话剧艺术中心

导演：陈薪伊

演出时间：2012年10月11—21日

演出地点：上海话剧艺术中心艺术剧院

剧目类型：原创剧目

一部主旋律的励志大作，导演用极其艺术化的处理将其排得好看且不传统。全剧以我国"肝胆外科之父"吴孟超医生为原型，以吴教授决定亲自给21岁的女大学生甜甜实施难度很大的血管瘤手术为故事的主线，其中穿插了吴教授的出生、求职、求婚、文革受困、获得国际声誉、创建中国东方肝胆研究所等一生重要的阶段，向观众讲述了这样一位如今已经90高龄但依旧活跃在我国医学第一线，身体力行地恪守医学誓言的专家，创造出生命奇迹的真实故事。

舞蹈语汇的完美应用和处理是这部戏在创作中最大的一个特色。导演选用了著名年轻舞蹈家黄豆豆饰演年轻时的吴孟超，豆豆不仅用其质朴的表演，演活了主人公年少时面对逆境的乐观与坚强，同时用完美形体的表现力，丰富了话剧原有的表现手段，带给了观众无限的思考和想象。例如在对主人公三岁第一次学会直立行走的处理——从挣扎着匍匐爬行到试着蹒跚学步再到喜悦的奔跑甚至跳跃，伴随着命运交响曲的节奏变化，将这段艰难又重要的人生过程形象地展现在观众面前，让人不禁泪下。舞蹈语汇的自然应用将直观的现实生活转化为令人赏心悦目的舞台意象。例如在吴医生为甜甜实施手术时，舞台的一边是相对静态的手术过程的呈现，舞台的另一边是扮演甜甜的演员和扮演年轻时吴医生的演员一起翩翩起舞。创作者通过这样的处理似乎是在向观众传达着几个信息：虽然吴医生年事已高，但是依然能像年轻时那样从事这样高难度大体力的手术，绝对值得钦佩，同时寓意着吴医生用自己的生命在拯救着这个朝气蓬勃的生命，也暗示甜甜手术的过程，正在逐步脱离生命的危险，奔向健康幸福的未来。

一个外科医生都拥有一双漂亮灵活的手，导演将这个职业特征在舞台上进行艺术的放大。年轻时立志要做外科医生的主人公有一段和自己的手影游戏——灯光打到雪白的墙上，演员看到自己手的投影，欣赏着灵活的双手，为自己能拥有它而感到骄傲自豪。当主人公作为肝胆外科主任时，为了吸引一位优秀的护士能加入团队，主人公同众人一起舞动双手的那段游戏感很强的舞蹈，当吴医生动完一个10小时的手术后，他们用颤抖着的双手和几近透支的身体微弱但仍旧有力地说出手术的成功的讯息。不重复的处理重复地强调着双手对于外科医生的重要意义。

舞台美术的设计三面合围的白墙，前高后低，简洁明了，在部分场次中，导演利用舞台上方即时放

下的不同角度的悬吊的镜子，突破传统地让观众可以看到很多演员背身的表演，同时让人联想到医学本该拥有的纯净和透明。利用狭长的天幕，制造出如电影般的流动画面的镜头感，例如“文化大革命”最后送别段落的处理，很是新颖。还有那三次从舞台上方吊下的玫瑰花的处理，简单却充满新意。第一次是青年时的吴孟超对妻子求婚，第二次是术后的甜甜接受男友的求婚，紧接着的第三次是甜甜的婚礼举行时两排玫瑰花从空中旋转着落下，正好整齐地排在舞台的前方。导演通过这样唯美的艺术处理向我们传达着吴医生内心深处希望甜甜和每一个病人都能够拥有属于自己的幸福生活。

希腊的科斯岛上那棵巨大的梧桐树下的誓言，听起来美丽神圣，但要一生谨守是如此不易。导演特意用宣誓的形式几次在叙事中让观众听到这份神圣的誓言具体内容，以此强调青年时的吴医生与妻子跟随恩师用“希波克拉底誓言”宣誓，从此穿上了白大褂。戏的结尾处老年时的主人公带领台上所有的医务工作者一起宣誓，像在接受一场灵魂的洗礼。帷幕缓缓落下，这才发现帷幕上的那些英文词句正是这段宣言。在当今这个物质利益居上的社会中，人们呼唤这种职业良知的回归，呼唤着能多一些像吴孟超医生那样一生秉承职业操守的人。正像本剧的编剧喻荣军所表达的那样：“一个知识分子，以一己之躯扛起了一片天地，他以一个生命的个体体验去换取无数生命的重生，在别人生命绽放的同时，书写着自己生命的价值。他的生命历程是一段历史，而这段历史又是印刻在无数人的生命里，从而散发出奇异的光彩。”

（二）《钢的琴》

演出单位：上海话剧艺术中心

导演：周小倩

演出时间：2012 年 6 月 1—10 日
2012 年 11 月 6—7 日

演出地点：艺海剧院，上海大剧院

剧目类型：改编剧目

这是一个关于小人物的故事，讲述了我国东北老钢厂改制后的一个下岗工人，为了帮女儿圆一个音乐梦想，为了向离异的前妻证明自己有能力给女儿一个好生活，想方设法借钱买琴，一次次失败之后，最后大胆地选择亲手制造一台钢琴的想法，并且最终在所有朋友的帮助下艰难地完成了这个创举。一个在正常生活中无法实现的荒诞的举动挑动起了周边人的梦想和内心悸动，场上所有人被感染了，废旧的钢厂老旧的烟囱重新恢复了昔日的热闹和喧哗，一群钢一样的热血男儿为了帮助一个女孩实现艺术梦想，为了帮助一个父亲实现心中的梦想而一起不懈地努力。

大幕打开，舞台上展现出的昏暗灯光下一个被时代所遗忘的工业城市，幕布上绘着那破败的钢厂厂房、被岁月锈蚀的高低错落的铁梯，还有那一段段曾经繁忙现在被遗忘的货车铁轨。一队由下岗工人迫于生计组成的业余合唱团在葬礼、婚礼间讨着生活。这是中国变迁下的中小城市里那些不得不面对生活压力的下岗工人的一个缩影，让人熟悉让人苦笑让人悲悯。然而，以陈桂林为代表的这些似乎正被社会遗忘的小人物，并没有怨天尤人，而是在微笑中乐观地面对着生活给予他们的选择，用爱紧紧抓住希望。

《钢的琴》是一部男人的戏，充满了男性的阳刚之气，活力激情，同时又不失浪漫温柔。周小倩导演突破了女性视角的局限，很好地把握了这部戏的力度和形象感。“郭晓冬为人真挚朴实，适合表演这个人物。在人物塑造中，我要求他较之电影中的演员，多些朴实正气，少些江湖气。其余演员都是上海话剧艺术中心的骨干演员，但要求在演员的形体上和气质上表现出生活粗粝继而参差不齐的本质。在排练中注意要求演员首先要从剧本中找人物的思想脉络线和动作线，在反复的排练中逐步完善，取得较好的效果。”

《钢的琴》奏响了父女父子之间的亲情，朋友之间的友情，恋人之间的爱情，还有那离婚后的夫妻之间的恩情。当戏的结尾处，漫天飞舞的雪花中一台钢的琴从天而降时，舞台上所有的人都幸福地舞着琴键，就如弹奏着人间的浓浓真情。这样的舞台处理直接但令人激动不已。

（三）《狗日的鬼子》

演出单位：上海戏剧学院

导演：李建平、万黎明

演出时间：2012 年 12 月 24—30 日

演出地点：上戏端钧剧场

剧目类型：改编剧目

这是一台戏剧学院“2009 级”导演系的学生毕业创作剧目，非商业演出，根据尤凤伟的小说《生存》改编，讲述了 1944 年中国北方山区的一个偏僻的村子里，某天晚上有人把两个俘虏押送到一个村民的家中，其中一个是日本兵，一个是翻译官。他们原定 15 天来取人的，却再无音讯。两个俘虏在村子里一关就是几个月，为了让他们能活着，善良的村民开始时省下自己仅有的口粮给俘虏。然而随着时间的延长，全村都没了粮食，孩子们陆续地饿死，全村陷入缺粮的困境。最后日本兵为了保全自己的性命，提供了一个粮仓的地址，全村人都齐上路去拿粮食，然而却换来全村的灭亡。在这之前姜文曾经根据原著改编过电影《鬼子来了》，剧本改动较大，而这次 2009 导演班的排演基本是在原著基础上稍做改编。

传统的戏剧院校的毕业剧目都会选择经典剧目或者成熟剧目，这次《狗日的鬼子》突破了多年来的一个惯例，对其教学单元进行新的尝试。指导教师认为学生们毕业后很少有机会触碰经典剧目，他们绝大多数时间要根据时代和社会的要求，从无到有从剧本到舞台去进行创作。选择《生存》这部小说让学生们根据舞台演出的要求进行改编和分场导演创作，最后再由指导教师进行统一的糅捏整合。创作过程不仅很好地锻炼学生的原创能力，而且让学生更准确地去了解、掌握未曾经历过的这样的生活，对生活才能具备深刻的理解和解释。

全剧在舞台呈现上拓展了假定性舞台，为了扩大演区，导演选择取消了舞台的侧幕和沿幕，特意暴露灯具，不用色光。让观众在观看演出时随时意识到这只是一个戏，并非真实。在舞台服化造型上，全剧没有去追求传统意义上的舞台美感，而是选择粗布的棉袄，肥大的棉裤，不合身的装束，甚至要求特意在手臂、膀子、头发上“化妆”，制造几个月不清洗的感觉，目的是要把最真实的原生态的东西用最强烈的方式表现，营造出舞台的“丑美”。

剧中的群众场面很多，然而处理得不刻意。导演在排戏中同以往很多导演不同，没有给演员太多的人物框架，而是给演员创造及不停继续创造的空间。于是在每场演出的舞台群戏中，不难发现演员在站位、调度都有所不同，但却很自然。全剧的两组演员在表演上也有着很大的不同。例如饰演赵五的两组男主角，一位在表演上演得比较朴实憨厚，另一位则在角色的表演处理上有一定的精明。再比如饰演两组演日本鬼子和翻译官的演员，他们在表演时的人物性格、交流方式，甚至小部分台词的处理都有所差别，但呈现的舞台效果都令人满意。

全剧中还有一个新颖的导演处理，即是让日本人小山没有像姜文的电影《鬼子来了》中一样说日语，而是选择了让其说中文。导演遵照了中国老百姓之前看外国译制片的逻辑，在中国译制片中外国人说中文这种表达方式已经和中国观众形成一种观演的默契，也就是说外国人在银幕上可以说中国话，而在戏剧舞台上亦是如此。于是小山和翻译官交流时用的是日语，和村民交流时用的是翻译官教的中文，观众凭借自己的观剧经验立即就分辨清楚。例如：小山让翻译官教他最恶毒的中文去谩骂村民，而翻译官为了保全自己教他的中文却是“你是俺娘，你是俺爹，我是你儿子。”、“大哥大嫂新年好!”当小山带着恶狠狠的语气用这样的语言和村民交流时，村民大惑不解，而观众却已经笑声一片，观众已经认可了这样一种假定性的存在。

（四）《1988 这个世界我想和你谈谈》

联合出品：锦辉传播/创宇文化

导演：邵泽辉

改编：聂本杰

演出时间：2012 年 5 月 10—20 日

演出地点：上海话剧艺术中心

剧目类型：改编剧目

这部戏改编自韩寒的同名小说，读过小说的人很难想象将它放在舞台上会如何去呈现，因为在韩寒的小说中很少有戏剧冲突和故事，推动情节发展的绝大多数是片断、细节和内心的情感，要从这样一部意识流小说里面提携出一个故事形象，继而要寻找到观众可以懂得并接受的舞台表现是相当有难度的。选择邵泽辉来执导这部改编剧目的排演可谓一个明智的选择，北大剧社的出身加上中戏研究生的背景让其不传统，在以车为中心的流动的舞台空间中，以男主角路子野驾车带娜娜在公路上行进的三天内发生的故事和彼此的回忆为主线，将舞台处理得随意自由。与舞台的外部呈现相比，他更追求作品思想性的表达，注重对社会的反思及批判。“现代大多数的创作者丢失了社会责任感，文学也大多风花雪月，缺乏力量感，缺乏一种推动你、鼓舞你的力量。”

流沙和种子串联起现实和回忆，作为内心某种声音幻影的黑衣人用一种空幻的语调叙述着人物的内心。这种寓言式的舞台呈现乍一看有些突兀和不协调，但是却透露着创作者的戏剧梦想，让人们看到了若干年前实验性戏剧和校园戏剧的影子，而在这点上觉得邵泽辉深邃的思想里仍旧保留着一份稚嫩可爱的追求。用男主角路子野的视角进行故事的主体叙述，用布氏戏剧叙述体戏剧的方式进行时空的自由转换。

监狱、超市、操场、拉面摊、宾馆、教室、医院……灯光、音乐的简单切换处理，让观众跟随剧中人生活和感受沉醉于故事中。同时，现实生活和回忆、梦幻的交替出现也时刻提醒着观众去思想，不要深陷其中。导演努力在变化并丰富着叙述方式，从而提高了舞台的可看性。例如：娜娜在拉面摊叙述自己对未来孩子的期望的独白时，用四个女演员一起述说表演；路子野回忆自己寻找儿时初恋对象时，女演员们用具有代表性的外部动作和语言习惯扮演童年大家记忆中的女生；路子野和娜娜彼此在一起回忆自己的爱情经历，相同的舞台空间，不同的记忆空间的交叉和转换。

这是一部对比强烈的戏，展现了社会边缘化人物的生活故事，体现了当下的社会问题，然而在随性调侃的语言之后带来的却是沉重的思考和反省，在压抑无奈的现实背后却是光鲜明媚的幸福儿时回忆。舞台上灰暗的冷色调和明快的暖色调的间歇变化，让这个关于死亡和逝去的故事变得不那么沉重和无力。观剧过程中，观众会对剧中质朴的儿时游戏和童真的话语，熟悉的年少时经历过的场景，会对妓女内心拥有着一个普通女人对于生活对于自己下一代的美好期望和梦想报以微笑。也会为娜娜接过路子野的三千元后对这个真心帮助自己的陌生的善良人回报一吻，以及其在怀孕时录下唱给腹中孩子的摇篮曲而感动。更会对孟孟与路子野多年后的相逢时那段对世界不公平的控诉，以及剧尾那段路子野把娜娜骨灰撒向空中的表演而沉思。相信每个看过的观众都可以在这部作品中或多或少寻找到自己的表达，找到属于自己的那份梦想和追忆。

（五）《理查三世》

演出单位：中国国家话剧院

导演：王晓鹰

演出时间：2012 年 11 月 2—4 日

演出地点：艺海剧院

剧目类型：经典剧目

《理查三世》是莎士比亚的经典剧目中较少排演的一台剧目，在“环球莎士比亚戏剧节”中有幸被中国国家话剧院抽中，由王晓鹰导演进行全新的诠释。此戏作为 2012 年上海国际艺术节的压轴大戏亮相上海，让沪上的观众一睹莎剧经典的中国式表达。汉服，中国传统傩戏中的面具，用中国传统的书法习惯书写英文的单词，戏曲唱腔和身段，戏曲锣鼓点的贯穿使用，三星堆文化融入到舞台美术的设计……让这部莎翁经典之作在中国的土壤上得到了一种新生。

王晓鹰导演保留了该剧原有故事，将英国玫瑰战争的背景换化为中国古代，将故事从原有的历史时代地域中提升出来，讲述了一个人与自身滋长的野心进行搏击，并最终被野心摧毁的故事。在这出戏中，理查的外在残疾被肢体健全所替代，然而他的内心残疾与扭曲被放大加强。“‘一匹马！一匹马！用我的王国换一匹马！’是《理查三世》中最具标志性的台词，它既出自理查三世心中至死不羁的狂野，也出自他对保存生命的绝望，甚至表达出一种对身外之物占有欲望的终极否定。”导演在处理理查这一人物形象时，有意要求演员在众人面前仪表堂堂、谈吐大方，但是在一个人独处和人物内心世界的展现的处理时，演员又扭曲形体、变化语言，充分展现出其内心的阴暗。野心、权力、欲望，让理查人前人后判若两人，在当今的社会环境里何尝没有这样人的存在呢？

戏曲元素在戏中的运用不仅使得整出戏在规定情境的交代简洁明了，而且让全剧的叙事行云流水般流畅。人物的上下场与场景之间的转换借用了戏曲中的“出将”、“入相”；用黑纱盖头代表人物的死亡；线条抽象的桌椅在演员的表演中假定为牢狱、卧榻……最特别的处理是理查和安夫人的对手戏中，导演将话剧的语言和京剧的念白结合起来，一边是道貌岸然的理查字正腔圆地蛊惑引诱，一边是美丽柔弱的安夫人纯正戏曲青衣身段下的抗拒。煞是新颖的外部技巧处理，精彩地暗示着这两个人本质的差异，也预示着将来两人的貌合神离。

当然，除去中国传统的元素之外，导演仍在戏中有很多西方戏剧的处理方式。例如一人饰演多角，歌队的间离表达，以及红色这一视觉元素的运用。红色的手套，从刽子手杀完人后的手中被传递到理查三世的手上，寓意着沾满了血债的双手。背景板的宣纸上用中英文写满了本剧的核心内容：战争、噩梦、占有、谎言、诅咒、毁灭……当一个人被杀死时，就会有一道红色的血印，随着故事的发展，血印越来越多，直到最后完全被红色充斥……婉约和直观，写意和写实，《理查三世》可谓晓鹰导演将西方经典戏剧搬上中国舞台的又一部中西合璧的力作。

（六）《情人的衣服》

出品：巴黎北方剧院

导演：彼得·布鲁克

改编：玛丽·海伦娜·伊斯坦尼

音乐：弗兰克·克瓦兹克

演出时间：2012 年 12 月 20 日—21 日

演出地点：上戏剧院

剧目类型：改编剧目

这是一台由现代戏剧大师彼得·布鲁克导演的音乐剧，根据 20 世纪 50 年代南非黑人作家康·塔巴的同名小说改编。讲述了一个生活在社会底层的年轻黑人男子菲勒蒙回家意外发现妻子与陌生男子偷情，他忍住愤怒藏到衣橱吓走了情人。然而情人在仓皇逃跑间没有来得及带走那套西装，于是菲勒蒙找到了一种别样的惩罚妻子的方式，他告诉妻子这件衣服将陪伴他们一起生活，从早到晚……生活在继续，从不适应到适应，当情人的衣服已经成了他们生活的一个部分时，自然地似乎要被遗忘了，然而菲勒蒙选择了妻子在朋友面前最瞩目靓丽的时刻拿出了情人的衣服……菲勒蒙在朋友的劝说后最终选择了“原谅和忘记”，但是面对的却是逝去妻子美丽的躯体……

创作者将具有时代性的优美的爵士乐作为伴奏，三人的小乐队将吉他、手风琴、电子琴等多样乐器轮流交替现场演奏，并由女主角将剧中部分场景的台词歌唱演绎。音乐与戏融为一体，时而在戏中，时而戏外，有时主观，有时客观。与其他音乐剧相比较，没有华丽的唱词和夺目的舞蹈，可谓一部迷你的音乐剧。一个普通的题材，有着类型化的开始和结局，然而独特的故事发展和叙述，让这部戏颇具魅力。假定性的应用在叙述中贯穿始终。红蓝绿黄四种色彩鲜艳极具线条感的 12 张椅子，5 个大小不一的衣架，移动、组合，通过演员的表演证实为门、车厢、衣柜、厕所等不同的场所、空间和道具。演员（包括乐队）总共7人，除去男女主角之外，其他人都要一人饰演多角，导演通过演员手中小道具，帽子、配饰的变化，让演员自由地进行角色间的转换。最精彩莫过于导演对于剧中的“丈夫让妻子每天面对情人的衣服，让衣服陪伴他们一起生活”这一情节的假定性的舞台处理，从起初丈夫和妻子就寝时都将衣架的挂钩扭转方向，代表不想让那“人”看到，到两人一起上街散步时特意带上衣服同行，再到妻子独自一人与衣服聊天遐想并与其共舞……观众在微笑中与剧中人物一起适应了情人的衣服在这样一个家庭中的存在。

导演很好地运用了戏剧的叙述性，然而并不刻意和死板，人物可以用第一、第二、第三人称的讲述，自由地在剧中进行角色转换。对于一般戏剧中会重点处理的场面和情节没有特别的描述和解释，而把重点和注意力放在了演员在接受事实之后的反应的表演上。例如最后妻子的死亡和丈夫发现妻子死亡的情节处理上，导演把观众的注意力引向那个要去面对事实的丈夫的表演，从而让观众去思考导致这样的结局的问题究竟在哪里。在这里很好地看到彼得·布鲁克所一直试图摆脱的僵化的戏剧的追求。“对演员来说，最困难的任务是既要真诚又要间离——真诚是演员所需要的一切，这是一向对演员灌输的思想……演员只有通过间离才能看到自己老一套的东西……”

《情人的衣服》这个诞生了13年的剧目将一个发生在南非索菲亚镇“真实之家”的贫民窟里故事，带到世界各地，折射出每一个普通家庭的矛盾和问题，探讨着人与人之间的爱与恨的话题。彼得·布鲁克这位将近九旬的现代戏剧大师仍将用他的戏剧创作不懈地探求着他的艺术梦想。

（七）《罗密欧与朱丽叶》

出品：法国

词曲作者：特拉尔·普莱斯居尔维科 Gerard Presgurvic

演出时间：2012年12月22日—1月6日

演出地点：上海文化广场

演出类型：经典剧目

《罗密欧和朱丽叶》作为一部探讨真爱的传世之作，几百年来经久不衰，法语版音乐剧《罗密欧与朱丽叶》更是将法国人对于爱情的浪漫和执著透过优美的旋律、动听的歌曲和感染力的舞蹈，将莎翁笔下的爱情故事主人公重新复活。主题曲“Aimer 爱吧”！和“LesRoisDu Monde 世界之王”都是法国家喻户晓的歌曲，脍炙人口。

这部音乐剧与其他音乐剧相比可以说在舞蹈元素上运用得相当充分，比起之前在舞蹈上做得很精彩的音乐剧《巴黎圣母院》还要有其特色。首先，创作者在全剧中增加了“死神”的角色，而这个角色即是一名女舞者。她在剧中的表演相当重要，除去在一些情节中有一些简单的情绪性的气息表达之外，都是外部形体的表演。

她的表演时而随着演员的歌唱在音乐节奏中舞蹈似乎感同身受，时而像个旁观者在舞台一角自由间离休息。罗密欧在戏开始不久那段对于自己放纵生活厌恶的独唱时，“死神”从罗密欧的身后伸出了惨白的双手，这让观众一下子在这样的视听冲击下明白了创作者安排这个角色的意图。之后的提伯尔特杀死墨古修，罗密欧又一气之下杀死了提伯尔特，“死神”跳起了死亡之舞。罗密欧被放逐时“死神”紧紧跟随；劳伦斯神父派来的送信者的信又被她阻挠、摧毁；让朱丽叶“复活”的是她，指引朱丽叶拿刀自刎的依旧是她……可以看到“死神”、“命运之神”是创作者非常重要的一个演出构想。其次，这部戏的男女舞蹈演员基本功相当扎实，不仅有很好的古典舞基础，而且有相当程度的现代舞功底，甚至通晓武术和散打、特技。戏中经常会在出现电子乐的现代感十足的舞曲之后紧接着是一段纯正的古典舞曲，舞者们自然地转换，诠释得当。

再者，创作者巧妙地增加了一些舞蹈元素帮助叙事，增强了全剧的可看性。例如，上半场中有段母亲劝朱丽叶要听从父亲之命嫁为人妻的戏，舞台左区的两位歌唱演员在二楼表演并演唱，同时，舞台的中区有两名相同人物的舞者也在无声地舞蹈，开始时两组演员的动作是完全一致的，楼上楼下的同步表演像一面镜子的反射，煞是好看。突然间，舞者的动作开始放大，舒展，夸张，像一道泼墨的写意书法挥洒开去。虽然笔者认为从全剧整体来看舞蹈的运用有点多而显繁琐，但其对全剧视听语汇的可看性上的增强仍是功不可没。

熟悉的故事节省了观众对于叙事的理解，将观演的注意力集中在了对音乐旋律、歌曲、舞蹈、舞台处理等创作者的视听呈现上面。但与此同时，因为对于故事情节的熟知也考验了创作者对故事独特的表达。在罗密欧和朱丽叶在舞会邂逅的戏中，导演用喧闹热烈的群舞场面带出了男女主角，没有把两人的互生情愫定格在相见第一眼的瞬间，而是定格在交换舞伴后彼此的寻找之后。舞会音乐戛然而止，众人瞬间定格，抒情的乐曲伴随着爱人的心曲娓娓道来，在两位爱人的眼中他人都已经不存在，唯有彼此才最为真实最为珍贵。一吻定情之后，罗密欧与朱丽叶在舞台正中静止，如同带领着舞台上下的每对有情人。紧接着是深爱着朱丽叶的提伯尔特的大段独唱，他一边演唱一边奋力地拆散舞台上的一对对情侣，被他触碰过的爱人们如同易碎的玩偶脆弱不堪，然而面对罗密欧和朱丽叶，任凭他怎么用力拆散他们仍旧是紧紧唇齿相依。舞台上一个 8 分钟定格的长吻，让在场观众震惊并折服，被创作者如此直观强烈的舞台处理所打动，真爱至上。舞台色彩语汇的大胆运用是此剧的又一特点。从全剧的开场就用红色和蓝色明确两个世代仇恨的家族的对立。罗密欧到朱丽叶家与其约会时纯洁柔美的白色。两人殉情时铺天的红色绸缎丝幕骤然地掉落。声光色的协和统一，丰富了全剧的视听感染力。

三、2012 年上海话剧（音乐剧）演出特点

（一）话剧普及性的趋向日渐明显

1. 大众参与受众面的广泛

（1）上海市大学生话剧节

谈及广泛的大众参与，首先提到上海市大学生话剧节。2012 年上海迎来了第八届大学生话剧艺术节，自 2004 年上海市大话节成立以来就秉承“弘扬话剧文化，鼓励原创剧目，建设合作平台，扩大交流互动”的宗旨和理念，鼓励上海高校青年学生在话剧舞台上演绎“城市·艺术”的核心理念。首届的大话节只有初赛、复赛、决赛单一比赛过程。2005—2007 年逐年增加的论坛、工作坊、祝贺演出，丰富了大话节的内容。

2008—2011 年又增加了开闭幕式、“剧开心”夏令营等内容。2012 年，短剧比赛单元的增加更进一步扩大了参与度。2012 年暑假期间，“大话节”主委会将各高校剧社骨干集中在一起，一改过去的分散模式，组织大家在编剧、导演、表演、舞台技术等方面进行专门的学习，并由上海话剧艺术中心的年轻导演负责指导名剧《伊库斯》的排练演出实践。比赛期间，主办方会分派专业编剧、导演和演员进入各参演高校进行创作指导，帮助各高校剧社进行创作的提升。比赛之后的获奖剧目，在上海话剧艺术中心与上海市团市委的组织下，在各高校间进行巡演。“大话节”经历了八年的磨合与成长，它的赛程更严密、筹备更充分，形成了一定的规模和影响力，发展成为一个以比赛为主体，多种延伸性活动的大型主题活动，得到了戏剧、教育等社会各界的关注和支持。“大话节”还拥有大学生自发的半官方组织的剧盟，由最初的 20 几所高校剧社发展到如今的 40 余所高校剧社参与，并定期举行例会。

这不仅是探讨创作和比赛事宜，更是畅谈校园戏剧理想和追求。值得注意的是历届“大话节”中的部分“大话人”都相继报考了戏剧学院的研究生，陆续成为专业的戏剧人，其他人也固定成为了戏剧的忠实观众。

（2）非盈利戏剧

非盈利戏剧近年来逐渐引起了社会各界的关注，各类基金会、各级政府、企业机关甚至个人都开始投入一定的经费，邀请国内外戏剧专家学者直接或间接的参与，或者为民间的戏剧爱好者提供必要的场地、资源，吸引更多的人能参与戏剧的创作过程，感受到戏剧带给大家的乐趣与思考。

2012 年举行了第一届上海戏剧教育国际论坛，来自英、德、加、新、菲等多国及我国台湾、香港

地区的戏剧教育专家和学者与国内的同行一起通过主题讨论、案例分享、示范性工作坊的形式进行交流实践。上海话剧中心的戏剧教育部与上海宜川中学、市西中学、储能中学、洋泾中学东校等学校开展了共建，参与学校话剧社的戏剧作品创作，同时在洋泾东校还将戏剧作为了校本课程。2012 年继续每年的“课本剧进校园”的活动，完成了《贤人的礼物》、《一碗阳春面》、《表哥驾到》、《周处》四部短剧的排练和演出，反响热烈。

上海戏剧学院自 2005 年成立艺术教育本科专业以来，培养了一批戏剧教育专业的年轻人，已经毕业的两届学生和目前仍在校就读的三届学生，逐渐在非盈利戏剧的第一线崭露头角，学以致用地将戏剧教育这一目前还较少人涉及的“希望工程”进行身心的实践。他们与灰姑娘俱乐部（上海市静安区关爱女童工作协会）合作，以志愿者的身份每周日固定为 5—12 岁的单亲、贫困、疾病的孩子们上戏剧课，用戏剧游戏的方式与其进行互动交流。2012 年在和平留言咖啡厅上演了 8 场公益童话剧《兔子》，以童话的方式讲述了成人对于儿童的软暴力，用通俗易懂的表现形式对老师、家长、孩子们探讨着我国现有教育中存在的问题。

12 月，在北京世纪慈善基金会薪火基金的资助下，10 名青海玉树地区的藏族学生（5—12 岁）来上海参加了为期一个月的戏剧教育课程，并最后于上海外国语大学逸夫会堂演出了肢体童话剧《白面具与彩面具》，虽然与孩子们语言不通，但是通过戏剧的游戏和表演让所有人都得到了理解和表达。现在就读于上海戏剧学院艺术教育专业三年级的薛敏同学参与以上几个非盈利戏剧项目的全部过程，他在实践后感言“戏剧就像食物一样，是我们生活中的必需品。它为我们营造了一个自由的空间，在这个空间里我们可以肆意地表达，痛快地抒发，冷静地思考。我喜欢童话。

因为童话可以帮助孩子们得到尊严。在童话的外衣下，孩子们可以自由地表达自己的观点，可以把自己的想法分享给所有的人。在童话创作过程中，孩子们既是演员，又是导演和编剧。他们的表达得到了充分的尊重。”

2012 年上海社区的非盈利戏剧中值得一提的是由虹口区区委宣传部、虹口区文化局主办，由虹口区文化馆承办创作的原创情景剧《告别最后的棚户人家》。这部戏以虹口区虹镇老街真实的人物、事件为创作原型，反映了虹口区作为上海最大的改旧基地在房屋动迁的过程中起初面对的由于利益问题家庭失和、旧改一度举步维艰，之后在调解员的大力努力下，最后被亲情、友情所感化，告别棚户阳光动迁搬进居的故事。全剧选择专业演员和业余演员同台演出，既有较强的艺术感染力又保留了真实的亲切感，深入而生动。著名滑稽演员、专业艺术院校刚毕业的高材生、长期活跃在业余舞台的演员和各街道的文艺爱好者的演员构成，让这出非盈利戏剧的演出吸引了更多的社区观众。

近年出现的巡演走向，在 2012 年逐渐形成了一种巡演的趋势，这似乎代表了话剧的普及性倾向，也代表了上海乃至国内的话剧（音乐剧）演出已经逐步和世界发达国家接轨。对于制作演出方来说，一个地区制作的戏能面向更多的观众得到更全面的反馈，不仅促进各地各区域间戏剧的交流，而且加强了竞争的力度。对于观众来说，可以在自己所在的城市看到更多其他国家、地区、城市的话剧（音乐剧）作品，多样的选择打破了视角的局限，提升了个人审美及艺术鉴赏力。巡演让戏剧作品良莠分明，进行优胜劣汰的自然选择。

（二）创作者在创作中寻找新的突破

多年来上海的戏剧人一直在努力寻找各种各样的演出形式，寻找各种各样的观众，把更多的观众带进剧场，用好看的戏留住观众，让他们从此爱上剧场、爱上演出、爱上戏剧。然而，戏剧作为艺术创作来说，也是创作者个性的直接体现，创作者把自己的所思所想通过演员的表演用故事的形式向观众传达。

（1）可看性的追求。

曾经在过去一段时间里很多戏一味地追求曲高和寡，晦涩地让观众难以看懂。或者过度追求所谓的笑声和掌声，低俗且粗制滥造。然而就 2012 年的上海话剧（音乐剧）演出剧目来看不难发现，以上特点的戏变得屈指可数，绝大多数的剧目都在努力用更好地方式向观众讲述着故事，体现着创作者对于可看性的追求。在《1988 这个世界我想和你谈谈》里，导演邵泽辉选择了一种独特的舞台样式感来淡化韩寒原小说本来的意识流的情节。例如，把男主人公童年回忆段落选择其和两位活泼可爱的小演员演对手戏，还有把娜娜在拉面摊的那段独白用 4 位女演员同时表演的形式，以及用观众熟悉的广播操和眼保健操的音乐配合演员敷衍的不整齐的动作的表演，都是在增强观众对于戏的观赏兴趣。又例如在法国音乐剧《罗密欧与朱丽叶》中舞蹈部分的着重处理，不仅更好地帮助叙事而且也提升了舞台的画面感。还有不同段落中独特唯美的灯光语汇，渲染了舞台气氛的同时提升了可看性。

（2）给予演员更多的创作的自由度。

导演在指导演员表演时充分发挥演员的主观能动性，给演员更多的创作空间，在导演对于戏的总体把握下让观众看到了更多的可能性。例如在上戏 2009 级导演本科班的毕业大戏《狗日的鬼子》排演中，指导教师没有界定太多的人物框架，而是让学生在角色的基本定位下进行较为自由的人物创造，由此带给整出戏更多自然的处理，减少了很多刻意的排练感。又例如在英国普罗派拉莎士比亚剧团演出的《亨利五世》和《冬天的故事》两台剧目中，一悲一喜，风格反差极大。然而剧团的同一个演员在不同的戏中创造截然不同的人物形象，导演最大限度地让演员发挥他的独创性，让观众有意想不到的惊喜，更让两台戏都充满了活力。

（3）舞台假定性手段的充分运用。

“一切戏剧艺术的最重要的本质是它的假定性本质。”2012 年沪上的话剧（音乐剧）舞台上对于舞台假定性运用越来越多也越用越好。以戏剧大师彼得·布鲁克《情人的衣服》为例，简单的桌、椅、衣架通过演员的表演在观众的联想中就变成了多个物件和空间。还有那件情人留下的衣服在夫妻间的表演，以及妻子抱着衣服做的游戏和那段舞蹈，让人久久不能忘怀。普罗派拉剧团全男班的表演本身就已经是舞台假定性的例证。王晓鹰导演的《理查三世》中，充分利用中国戏曲的假定性语汇，用黑纱盖头来代表人物的死亡又用线条抽象的桌椅在演员的表演中假定为牢狱、卧榻等的处理让人印象深刻。更多的导演善于自然地运用假定性的艺术手段，增加了戏的艺术性的同时也培养了观众的审美意识。

（三）戏剧交流日益加强和扩大

上海作为一个与世界接轨的国际性大都市，它的文化发展和经济、政治发展一样决定其整体形象和前沿地位。海派文化的开放性、多元化的特点同样也在近年来的上海话剧（音乐剧）的交流上得以体现。

2012 年的上海话剧（音乐剧）的交流活动频繁。例如第十四届上海国际艺术节的戏剧类演出活动和上海话剧艺术中心主办的第七届上海国际当代戏剧节（ACT）。今年的“ACT”的主题是“多元创意”，在为期一个多月的时间里邀请了国际和国内的 10 多个国家和地区的 18 台剧目参演，包括了话剧、音乐剧、单人剧等多种戏剧表现方式。近年来，港澳台戏剧家们会在相对固定的时间里来沪进行戏剧创作，他们会以戏剧演出、戏剧工作坊、讲座等多样的形式与上海的戏剧人和观众进行戏剧交流和对话。例如，2012 年，赖声川不仅带他的“表演工作坊”来沪上进行了两台戏的演出，而且还参与上戏“海外名师项目”，带领戏剧文学专业的学生编剧及导演了根据南京长江大桥上的生命守望者陈思事迹而创作的汇报演出《大桥上的对话与独白》。2012 年 10 月首届“爱丁堡前沿剧展”在上海大剧院举行，剧展作为英国文化协会举办的英国艺术节 UKNOW 的重要单元，不仅汇集了两年来爱丁堡艺穗节的最新精华剧目，而且还同时进行戏剧节海报展、戏剧研讨会、戏剧工作坊、戏剧作品放映单元、创意市集等众多板块的活动，为上海的戏剧人和观众创造了前所未有的交流体验。本届剧展所有亮相的剧目都体现了“小，是美好的；简单，是美好的”这一主题。其中，来自西班牙库伦卡剧团的偶剧《安德鲁与和多莉尼》在 2011 年曾作为上海话剧艺术中心国际当代戏剧节的剧目来上海短暂演出获得赞誉，这次再次满足了观众的期待。英国“动作英雄”组合的《看着我倒下》用另类的风格表演，探讨着关于勇气的话题。香港邓树荣戏剧工作室的《教室也疯狂》则通过演员难度极高的精湛的形体技巧及贯穿的好笑故事情节，呈现了一台创意感十足的罕见的形体喜剧。主办方对于没有来演出的其他代表性剧目还组织了戏剧放映单元的观摩，例如英国著名的壁虎剧团新作《迷失》等都以高清舞台版进行交流。值得一提的是，作为剧展制作人的袁鸿还请来了汤唯和金士杰等国际知名的艺术家来参加"公益茶会"帮助宣传，并发放了3000张50元的公益票，让这次的交流活动得到更多普通人的关注。

"一方面要让中国观众同步看到国外戏剧节最新的戏剧作品，另一方面也要让大家感受到在票价上也与国际接轨，同样也用5镑、10镑的价格，不出国门，就能看到来自世界各地的好戏。"这次"爱丁堡前沿剧展"体现了国内的戏剧人正积极地在将国外的戏剧作品进行国内的同步引进，促进了中国与欧洲戏剧大国的交流，无形中带动着国内戏剧的发展。

上海戏剧学院于2012年1月与美国布朗大学、纽约大学、普林斯顿大学、耶鲁大学共同举办了为期两周的"2012冬季学院"。"冬季学院"在国外学校常有的"Summer School"以及"Winter School"的概念上进行延伸，发展成国际五大高校集中联合上课的形式，在国内的戏剧交流中也属罕见。此次65名学员中，外国学员分别来自哈佛、麻省理工、普林斯顿、耶鲁、纽约大学等名校，中国学员来自北大、复旦、中戏、国戏、北舞等高校。"冬季学院"以学员为中心，各国教授以讲座、讨论、实践工作坊、排练创作的方式为其提供内容丰富、新颖的课程，教学方式多元，包括戏剧创作过程、跨文化表演、社区文化等，课程之外还会安排调查实践、戏剧观摩。

这样的戏剧交流方式，不仅让我国的戏剧教育专家、大学生更了解了国外一流大学的戏剧教育体系和模式，而且让国外的戏剧人更了解我国戏剧专业院校的教育现状，是一种值得推荐的新型模式。

四、结语

回顾2012年上海剧坛，话剧艺术从体制到表现方式，各方面力量的发展由自发意识向自觉意识转变，正积极地形成了一种突破的格局。比如大学生戏剧节的规模化严密化，大众对非公益戏剧的日渐关注，观众参与形式的多样，戏剧交流的深度化与广度化。其中突破最明显的是创作者在创作中寻找新的突破和日益形成的巡演趋势。纵观上海2012年的舞台不难发现一个好的艺术现象正在发生，话剧（音乐剧）的创作者们正在试图打破创作瓶颈，努力寻找崭新的艺术表现方式。无论是周小倩导演在《钢的琴》结尾处特意处理的舞台上从天而降的那架巨大的钢琴，还是陈薪伊导演在《吁命》舞台上选择的那一面面时降时收的镜子；无论是李建平导演在《狗日的鬼子》中那段遵循中国老百姓看译制片的逻辑让日本兵说中文的处理，还是王晓鹰导演在《理查三世》中处理的那段话剧演员和京剧演员交错在一起的交流，都带着戏剧创作者对戏剧作品的不断探索和追求。

巡演的商业目的是毋庸置疑的。在当今国内话剧市场不是很景气的情形下，巡演是一种话剧制作出品方主动出击寻找观众、寻找市场的有效行为。对于国家剧团来说，巡演是社会效益和商业效益的双赢。对于民营剧团来说，通过各地多场次的巡演能够最大限度地收回制作成本，并且还可以赢得一定的商业利润，以保证之后其他剧目的制作及剧团的正常运营。

然而在这样的突破中仍旧存在着一定的问题，例如，目前上海话剧（音乐剧）的制作数量在上升的同时，票房和上座率仍旧不成正比。从2008年的71部到2012年的227部，几乎涨了200%，但观众的人数依然只涨了20%多。2012年65%的新排剧目演出场次在10场以内。又比如，如何有效地解决每年从专业院校毕业的数百名戏剧表演专业的毕业生的就业问题？目前，国家院团接收的戏剧表演类毕业生以个位和十位数计算，解决毕业生就业的责任无形间就落到了民营剧社的肩上，这对于双方究竟是利是弊？这些问题，恐怕是未来上海戏剧发展的当务之急。

张佳蕾　上海戏剧学院

2012 年度话剧综述

◎王　晶

随着国内演艺市场的不断成熟与发展，2012 年中国的话剧舞台呈现出多元化、民俗化、分众化发展的局面，并接续 2011 年的良好势头，尤其是在几大剧院联盟有了良好磨合的情况下，实现了效益与探索的双收益。2012 年的话剧演出，主要呈现以下五个方面的特点：

一、主流话剧仍是主导，一些新生代的演员、导演及剧作家开始参与或担纲创作和演出，使得格式严谨、题旨宏大的主流话剧出现诸多清新表现。票房收入虽较往年有了很大提升，但自主创新能力近些年一直是低迷的休耕期状态，值得从业者认真对待。

二、商业话剧市场化运作更加深入。针对市场的需求，为特定的观众群或者特定的事件创排作品，引入名人或国外优秀团队，主要为了获得丰厚的票房利润，这使得商业话剧市场呈现出后来者居上的态势。

三、实验（小剧场）话剧独辟蹊径，成本低、反应快、演出灵活、剧目数量增加得很快。但是低俗化、实验性、系统化不足仍是其存在的重要问题，虽然有个别优秀剧目做支撑，但仍难以获得大范围的突破，多数尚处在探索阶段，市场模式还未形成，无法取得实质性的进展。面对那些市场承受力较弱，速生速灭的作品，我们只能慨叹，这也许就是它的命该如此，但正因为这种类型的存在，让人们对话剧多了几分期待与好奇。

四、儿童剧虽在门类上归于话剧，但实际上自成一体，和话剧是两个行当。儿童剧需求日隆，市场已经在慢慢好转，但是相对于国外儿童剧还是很多不足，需要进行深入的思考与改进。目前的儿童剧创作主旨比较单一，缺少童心色彩，正在进行着由教育性向娱乐性的转变过程。

五、校园话剧日趋活跃，是校园文化重要的组成部分。如果说专业院团出精品，出人才，那么校园话剧除了带给我们文化的享受意外，还是一个重要的培养观众的地方，成为中国未来话剧市场的中坚力量。但是基本功不足依然是校园话剧所呈现出的根本问题。

尽管以上五种的话剧发展仍存在着诸多不足，但成绩却是有目共睹的，尤其是在票房收入方面，实现了较大幅度的增长，为话剧的后续改进与发展提供了经济支撑的硬条件，对稳定和推动从业人员群体的提升与扩大有重大作用。各种形式的话剧演出增加了话剧的黏性，提高了观众的观赏体验与感受，同时丰富了话剧市场，让观众对于剧场有了更多的期待与希冀。更值得注意的是，不同的话剧种类同其他艺术类型之间出现了相互交叉、彼此挪用的现象。某些剧目让人很难区分其究竟属于哪个种类。这种“另类”现象虽不多见，但是也是一个需要反思的重要问题。

下面笔者从创作团队、创作区域、演出构成等方面，进行分析和解剖。

一、主流话剧唱主角，引领市场发展

主流话剧作为主流价值观的宣传者和引导者，一直在中国的话剧市场上占有着重要的地位，处于领跑者的地位。尤其是围绕一些普遍性的社会问题和事件（如反腐、房价、就业、民生等问题）推出的话剧，如《都市囧人》、《活着》等，在一段时间内非常活跃，支撑着话剧的繁荣。在主流话剧当中财政扶持也有相当重要的作用。

从全国范围来看，主流话剧的创作仍以国有院团为主，尤其以原有的几大区域性话剧团队唱主角，并呈现南北鼎立之势，北方以国家话剧院、国家大剧院、北京人艺为主导，南方则以上海话剧艺术中心、江苏省演艺集团、广州话剧艺术中心为主导，各自围绕所在地的文化背景和区域传承，沿着两种不同的方向聚拢各自的观众群。

1. 国家话剧院作为北方最主要的话剧团体，2012 年以“铸造国之戏端，传导民之心话”为己任，秉承“推崇社会理想、体现核心价值、反映现实生活”的理念，以国话之春、消夏戏剧广场和国话之秋三个演出季为主导，获得演出市场的巨大成功。它一方面把中国文化推向国外，为国内话剧走向国际市场做出了很好的表率，为中国话剧在国际市场上赢得了良好的口碑，一方面又关注国内观众，创作和排演了一批有影响力的精彩剧目，满足了国内市场的舞台需求，代表着国内话剧的主流和水平。

“国话之春”演出季期间，国家话剧院推出的《理查三世》、《笑面人》、《孙飞虎抢亲记》三部剧反响良好。其前两部剧根据西方经典话剧改编而成，在其中加入了中国特有的“阴阳辩证”思想，将译制剧推向了一个高潮，得到观众的认可。而后一部戏则是在传统剧目《西厢记》基础上进行创作性改编而成的，其中吸取和融入了很多中国传统戏曲的文化元素，有着浓厚的本土文化韵味，是本土剧中难得的精品。该剧不仅在国内市场获得不俗票房，而且远赴伦敦、台北等地主流剧场演出，让国际观众对中国话剧有了更进一步的了解和认识，推动着中国话剧的“走出去”进程，为提升整个产业的国际化水准和积累了经验。

“消夏戏剧广场”演出季作为国家话剧院推出的公益性演出活动，继续坚持 30 元的低票价惠民，以稳定和扩大观众群体，做大话剧市场。在演出季期间推出的《四世同堂》、《这是最后的斗争》、《都市囧人》、《哥本哈根》四部精品话剧，以贴近群众，反映社会热点，体现普通百姓的生活吸引了普通大众的观赏，为稳定和做大基础市场提供了助力。而同期举办的四场公益讲座，更是让普通的观众对于话剧和话剧艺术有了深入的了解，普及了话剧艺术。尤其值得一提的是，在改活动季期间，成立的“国话儿童俱乐部”，着眼儿童话剧市场，为培养未来话剧从业者和观众提供了力量。

继前两个演出季之后，国家话剧院推出的第四届“国话之秋”掀起了新一场话剧观赏热，活动期间连续上演了《活着》、《红岩魂》、《杜甫》、《罗密欧与朱丽叶》等 24 台剧目，丰富了国内话剧舞台。而来自俄罗斯的《图兰朵》、法国的《如影随形》和《打造蓝色》、《暮之花》、以色列的《敌人，一个爱情故事》、丹麦的《水手沉迷》和德国的《沃伊采克》等外国经典之作则为国内观众观赏国外优秀作品提供了方便，加强了国内话剧从业者与国外优秀从业人员的交流，促进了中西方话剧的碰撞与对话。

2. 2012 年，恰逢北京人民艺术剧院成立 60 周年，所以，这一年的北京人艺以纪念为主题，推出了 20 台 232 场偏重“京味儿”的话剧演出，年度票房再创纪录，达到 5302 万元。这些作品以主流话剧为重，先后有《龙须沟》、《家》、《鸟人》、《天下第一楼》、《日出》、《北京人》、《蔡文姬》、《雷雨》、《窝头会馆》等上演，这些经典剧目广受观众喜爱，社会反响强烈。

除了经典剧目外，2012 年，人艺还推出了年度原创大戏《甲子园》，该演出汇聚了人艺老中青五代演员，主要讲述一个老人院的故事，重拾尊老敬老的主题，在表达“孝”的同时，传达了对当下社会人性、人情的思考和关怀，引人深思，是 2012 年难得的原创大戏，极大的锤炼了演创团队。除了原创上面的成就，地区间的演出交流和合作，也成为北京人艺 2012 年可圈可点之处。它不仅组织了历史剧《李白》赴台演出，以加强大陆与台湾的话剧交流与合作，促进两岸融合，还在上海交流演出了《知己》、《原野》、《窝头会馆》、《关系》、《我爱桃花》等剧目，在天津上演了《窝头会馆》等，为国内话剧业界之间的交流与往来做出了贡献，为中国话剧市场的整体繁荣提供了助力，促进了整个话剧产业的升级与转型。

3. 国家大剧院自建成以来，积极发挥国家主流文化艺术殿堂的作用，承担起了音乐、歌剧、戏剧、话剧等多种艺术最高展演的责任。2012 年集中在“六大话剧院团精品展演”期间，为国内的观众推出了一系列富有文化特色的经典剧目，同时常态化上演国家大剧院原创的《王府井》、《简・爱》及《风雪夜归人》等剧目，丰富着首都的文化生活。但是其不菲的票价却让演出与大多数普通观众无缘，无形中隔离了艺术生存的空间，不利于话剧长远的发展。

4. 南方话剧创作日渐红火，以上海话剧艺术中心、江苏省演艺集团、广州话剧艺术中心为代表的各大院团，立足本地文化，推出了一批优秀的剧作。其中上海话剧艺术中心以传播“海派”艺术为主，

2012年先后推出了《共和国掌柜》、《大哥》、《资本·论》和《钢的琴》四部话剧，并在全国巡演，保持了较好的票房和口碑。作为海派文化的传承者和中西方文化交融的桥头堡，在中国话剧艺术本地化创作和外来引进融合上，做出了积极的贡献，并培养了一大批优秀的话剧创作演出人才。不过，与北方的北京人艺相比，上海话剧艺术中心在带动区域演艺市场，做热长三角话剧方面，仍有很长的路需要走，为此，我们抱有很大的期待和愿景。

5. 除了这些主流的剧团之外，一些民营的创作团队，也在主流话剧的创作和演出中做出了积极的贡献，涌现了一批观察生活、表达人生感悟的现实主义作品，如蓬蒿剧场的《心灵厨房》、《歌声从哪里来?》、李伯男戏剧工作室的《妄谈与疯话》、明戏坊改编自老舍作品的《猫城记》、王丁一的《海淀之北》、盟邦戏剧的《活出全新的自己》、李宗熹的《频率》、梦剧场的《招租启示》、王鹏博的《世界第一个情人节》、孟京辉戏剧工作室的《新娘》、世纪华鹏的《李雷和韩梅梅》、繁星戏剧村的《莎翁的情书》、东方桥文化传播公司的《飞来横财》等，均受到业内的好评。

然而整体的繁荣，依然无法掩盖2012年主流话剧原创的乏力，改编剧、引进剧占据着票房的巨大多数，且一些地方甚至出现了主流话剧衰退的局面，这不得不引起我们的警醒和思考，改编与引进固然有市场，但是没有原创的支撑，那只能是无源之水无本之木，对于话剧的长远发展来说是个问题。当然这个问题的解决，也并非一时一地之力可以改变，需要我们整个从业者的努力与拼搏。

二、商业话剧为补充，弥补主流话剧市场之不足，并在话剧与影视剧融合交流及中西方话剧合作发展做出重要贡献，推动着话剧市场的整体提升

商业话剧尽管起步很晚，但是在2012年的票房中却也占了很大的份额。它作为中国话剧市场中主流话剧之外的重要支撑，已成为很多从业者获得经济收益的最大途径。然而值得注意的是，商业话剧的运作模式还不是十分清晰，处于探索实验阶段。演出的风格也呈现南北分化之势，北方以诙谐幽默的原创剧为主，南方则更多的改编一些惊悚悬疑剧，这多少与市场的需求相应对。不过总体上的创作仍有些“不玩深沉玩娱乐”的态势，难以承担起引领话剧行业转型升级的大任，对市场的扩大影响有限。

1. 作为中国商业话剧发展的桥头堡，上海的商业话剧一直颇受瞩目。在以上海艺术中心为带领的商业话剧创作圈里，对于商业话剧的探索一直在进行着，除了从国外一些优秀的剧目中吸取经验，改编了《撒旦女王》、《无人生还》、《命案回首》、《死亡陷阱》、《这个男人来自地球》、《雾都孤儿》、《生死一刻》、《12个人》、《意外来客》等剧目外，还将目光投向了时下热播的一些武侠剧、电影、电视剧等，通过改编，推出了同名话剧《鹿鼎记》、《杜拉拉升职记》、《步步惊心》、《武林外传》、《老男孩》等，吸引了一大批年轻观众的观赏和收看，扩大了观众群体，为做大市场份额做了有效的尝试和努力。

与大量的改编剧相比，原创剧则显得有些寥落，《老街》作为上海话剧艺术中心推出的为数不多的一部原创剧，在众多的改编剧中显得有些孤零零的，不过好在其票房表现不错，对于话剧从业者来说是个很大的安慰。

作为以商业剧为主的“2012上海国际当代戏剧节”，邀请了来自国内及世界各地的剧团演出，为处于探索中的中国商业剧提供了一个集中的展示和交流平台，期间推出的英国利兹大学的《太阳不是我们的》、西班牙塞拉诺先生剧团的多媒体剧《大灾变》、澳大利亚鹰巢剧团的单人剧《查尔斯·狄更斯表演的圣诞颂歌》、美国堪萨斯大学戏剧学院的《都是我的儿子》、斯洛文尼亚的肢体剧《美狄亚的尖叫》、西班牙的木偶剧《白姑娘》、台湾表演工作坊的《宝岛一村》、相声瓦舍的《东厂仅一位》、香港导演高志森的《蝴蝶是自由的》、台湾果陀剧社的《最后14堂星期二的课》等，为国内从业者提升商业剧编出水平提供了很好的借鉴。尤其是这些剧目在表现形式、舞美设计、道具设计等方面的卓越成就，成为从业者最好的学些范本，为未来商业剧的发展与探索提供了助力。

2. 与南方的改编居多相比，以北京为中心的北方商业剧市场则以原创的诙谐幽默剧见长。这期间既有国营剧团的不懈努力，也有民营剧团的锐意探索。他们通过在表演中不断加入现代化、时尚化元素，如话剧包装借鉴其他产品的经验，增加“广告植入”、“明星植入”等，获得了良好的市场反响，

其中比较代表性的有《我们的荆轲》中“航空style”动作的加入，《喜剧的忧伤》中陈道明的加入，《日出》中陈好、孙茜的加入等，此外，演出中大范围的广告投放也成为北方商业剧的一个表征，他为商业剧的市场化运作做了很好的尝试。

不过这种尝试某种意义上并不利于话剧的长远发展，尤其是明星的引入，容易让话剧走入明星效应的泥潭，无法静心在基本功的锤炼上，而是更多地利用明星的粉丝群扩大票房，一旦明星效应消失，繁华的市场也将不再，不利于话剧的长远发展。所以，好的商业剧，还应更多地立足于内功的修炼上，通过提高主创团队的素养，苦练基本功，挖掘普通生活，来提升商业剧的票房。

综合盘点2012年的商业剧市场，票房无疑成为最大的看点，然而除了票房之外，留下来的又将是什么，值得每一位从业者深思。下面，为大家列举了2012年各地推出的部分商业剧剧目，以供大家参考和借鉴：

天津话剧团：传奇话剧《风华绝代》、《男人如衣服》、《DJ也疯狂》、《造爱谎言》、《电台有鬼》等。

江苏省演艺集团：与韩国合作，推出的时尚音乐戏剧《美发名家》在年轻人中间引起良好的反响。

浙江话剧团：2012年举办第二个“新春演出季”，推出《轻度深爱》、《替身情人》、《暧昧不起》三部原创话剧，同时演出2011年的《幸福.com》、《画皮》、《只爱你一天》、《心灵游戏》4部原创剧和《嫁给经济适用男》、《偏偏遇见你》、《钱多多备嫁记2》、《轻度深爱》、《替身情人》、《暧昧不起》、《只爱你一天》等都市情感剧。

广州话剧团：推出惊悚悬疑系列如《恶老板》、《谎言背后》、《死亡传染》等，连续上演改编的英国话剧《威尼斯商人》、《为什么不留下来吃早餐》等，都市情感剧《一千零一夜》、《哥只是个传说》、《真情勿扰》、《剩女郎》等。

三、实验（小剧场）话剧锐意创新，在商业话剧、主流话剧之外，开辟分众话剧市场，为不同观众群的形成与新话剧趋势的发展做出了重要贡献

实验（小剧场）话剧在开辟分众话剧市场方面成绩显著，它不仅对商业话剧、主流话剧在未来表现形式、舞台造型、舞美设计方面做了有效的尝试，也在商业化运营、分众市场开拓、新型话剧实验方面做了大胆的探索，并取得了一定的进展。随着观众需求的日渐个性化和差异化，实验（小剧场）话剧发挥了成本低、表演形式灵活、演出场所限制小等优势，极大满足了这部分人的需求和市场，填补了主流话剧、商业话剧之外的市场空缺，稳定和扩大着话剧的市场份额。至2012年底，仅北京一地就有约30余家小剧场话剧制作单位，票房收入也令人欣慰。

作为实验（小剧场）话剧的主要创作之地，北京有着先天的发展优势，这里有着早期国营剧团演创人员的探索为积淀，活跃着一批优秀的创作团队，其中更不乏国营大团的参与和助推。2012年北京人艺推出的原创小剧场话剧《老爸开门》，就是其中的一个佼佼者。该剧继续深挖当下主题，讨论当今社会的“精神疾病”，富有积极的社会意义。国家话剧院虽然没有推出原创佳作，但是展演的往年佳作如王晓鹰的《霸王歌行》、《哥本哈根》、孟京辉的《恋爱的犀牛》、《一个无政府主义者的意外死亡》、《空中花园谋杀案》、《两只狗的生活意见》、《希特勒的肚子》、《初恋》等、田沁鑫的《红玫瑰与白玫瑰》、《夜店之天生绝配》等，则在促进实验（小剧场）话剧发展方面，起到了重要的助推作用，期待着能带出一批优秀的原创剧作。

与国营院团的谨慎相比，民营剧团在原创方面显得比较积极。其中木马剧场提出“戏曲新浪潮”主张，先后推出了《雷雨2.0》、《椅子2.0》、《海上花2.0》以及《一镜一生易卜生》四部实验剧，并在中国、日本、韩国先后演出129场，获得了良好的社会声誉。而另一部颇具现实意义的实验话剧《驴得水》，则引发了人们对现实和人性的思索与批判，达到令观众“唏嘘后反思”的艺术效果，是值得注意的作品。在融入传统戏剧元素方面，三拓旗剧团创排的形体剧《水生》，融古老的“傩戏”于舞台表演当中，实现了中国古老文化与现代形体戏剧的结合，并获得了不俗的票房。

2012年北京实验话剧的繁荣，与北京市政府对小剧场话剧的支持分不开。2012年，在市政府的支持下，先后举办了“首届北京优秀小剧场剧目展演”和“第三届北京·南锣鼓巷戏剧节”等活动，为实验话剧提供了一个向社会展示的绝佳舞台。通过这两个活动，《第一次的亲密接触》、《隐婚男女》、《在变老之前远去》、《如果，我不是我》、《锣鼓巷的故事》、《未完待续》、《我的祖宗十八代》、《女婿驾到》、《李小红》、《寻找剧作家》、《歌声从哪里来》、《男左女右》、《我这一辈子》、《歌唱吧！中国》、《无形的桥》、《4：48精神崩溃》、《我是海鸥》、《百年孤独》、《介2012》、《爱战胜一切》、《杨三姐与陈小二》、《有一种毒药》、《在海边》、《终身成就奖》、《晚安吧，妈妈》、《空中花园谋杀案》、《高朋满座》、《锣鼓巷的故事》、《安妮日记》、《达人未爱狂想曲》、《幸福像草儿一样》等一批实验话剧与观众见面，为话剧市场的拓展提供了助力。

然而小剧场的话剧演出在全国并没有形成太大的影响力，就连上海这样的话剧重镇，2012年也是表现乏力，没有发现令人耳目一新的作品。济南的小剧场虽然活跃，但是原创不足，上演的多是来自北京、上海的剧目，鲜有本地剧目上演。

总的来说，实验话剧的区域性还过于鲜明，尽管其有极强的表现力和亲和力，反映着普通人的内心情怀，但是受众有限，在当下还没有一个很好的发展模式，值得我们认真的思考。

四、儿童剧市场延续经典，实现票房收入突破。但新剧突出乏力，本土剧更是少之又少，缺了发展之后劲，需要格外重视

儿童剧以城市为中心，表现出旺盛的市场需求和潜力。然而与之相对应的是整个儿童剧创作市场的乏力和不足，尤其是泛娱乐化时代，一些不易儿童观赏的话剧打着儿童剧的名号充斥演出市场，颇受家长的诟病，无疑影响着儿童剧市场的正常发展。

就目前的国内儿童剧市场来看，主要的演出团队仍以北京、上海为主，比较著名的为“中国儿童艺术剧院”、“中国木偶剧院”、“丑小鸭亲子动漫剧场”、“中国福利会儿童艺术剧院上海马兰花剧场”等，与其他的话剧院团相比，显得有些寥落。

1. 中国儿童艺术剧院作为国内儿童艺术演艺事业的领跑单位，2012年创作演出活跃，先后推出了神话舞台连续剧《西游记》、大型童话杂技剧《憨憨猫皮皮鼠》、大型经典童话剧《十二个月》、世界经典童话剧三部曲之《伊索寓言》、《小王子》和《青蛙王子》等剧目，其原创的舞台剧《十二生肖》远赴美国演出，获得巨大成功。此外儿艺还举办了世界经典童话年、第二届中国儿童戏剧节等活动，以丰富首都的儿童剧舞台。但是，与国内蓬勃的儿童剧市场需求相比，其原创显得十分淡薄，无法满足市场的需求，且改编也过多地依赖于国外剧目，对于国内文化的发掘有待加强，这一切作为国内儿童剧的领头羊，中国儿童艺术剧院责无旁贷。

2. 2012年是中国木偶剧院深化体制改革后锐意发展的重要一年。全年其常态演出达2526场，其中最受欢迎的代表性剧目有《猴王花果山》、《猴王闯东海》系列大型奇幻剧，动漫卡通剧《喜羊羊与灰太狼》，经典杖头木偶戏和木偶童话剧《小熊请客》、《乐乐的宝贝》、《老虎上当》等。在原创方面，继2011年推出大型神话舞台剧《精卫传奇》后，中国木偶剧院2012年推出了大型史诗舞台剧《少年孔子》，该剧形式新颖，内涵丰富，内容积极向上，在艺术、教育和票房方面均取得了良好效益。

此外，2012年木偶剧院还建成了北京动物园“动物城堡”大剧院和室内大型儿童主题乐园“木偶城堡”，驻场演出《动物总动员》和木偶戏，活跃着首都的儿童剧市场。

3. 丑小鸭卡通艺术团是近几年比较活跃的儿童剧专业剧团，常年演出《丑小鸭》、《白雪公主》、《猫和老鼠》、《卡通音乐会》、《Q版小红帽》、《木偶奇遇记》、《阿里巴巴与四十大盗》、《灰姑娘》、《美人鱼》、《爱丽丝梦游仙境》、《狼和七只小羊》、《海的女儿》、《绿野仙踪》等十几部卡通剧，2012年推出的《龟兔赛跑总动员》，面部“表情生动”，深得儿童喜爱，是首都儿童剧场中民营的领跑者。

4. 中国福利会儿童艺术剧院上海马兰花剧场作为上海儿童剧的重要演出场所，2012年主要上演有动游戏剧《宝莲灯》、《爱玩游戏的小白狗》、《魔幻乐园》、《小白兔》、美国儿童剧《丑公主》、《小可

可漂流记》、《爱尖叫的小么么》、《爱吃糖果的大老虎》、《爱绿色的给力兔》、《金色美人鱼》、《三个小鼠和一锅汤》、《小魔盒》童话梦第一季、《快乐的汉斯》、《国王的耳朵》、人偶剧《大鲁鲁和小可可》之《我家也有外星人》等，表现不是很好，与其庞大的市场需求相比，显得有些孤寂。

除了以上提到的几个大的院团外，2012 年济南儿童艺术剧院的《大鼻子叔叔的奇遇》，江苏省演艺集团的《九色鹿》、河北省话剧院儿童剧团的《“下次开船”港》，济南儿童艺术剧院的《我的麦哲伦海峡》等也在儿童剧市场上有所斩获和表现。对比往年的儿童剧，2012 年舞台上演出的儿童剧一改往日枯燥的说教和灌输，而是更多的站在孩子的角度和孩子一起观察问题、分析问题、解决问题，孩子成为舞台的主角，更趋于真正的“儿童剧”，为未来儿童剧的发展引领了方向！

五、校园话剧一改象牙塔似的演出，打开市场发展新局面。不仅培养了话剧发展的后备人才，同时也培养了观众市场，为话剧的未来发展提供了养料

校园话剧作为中国话剧最早萌芽的地方，多年来一直处于稳定的发展当中。但是近年来，随着影视作品的走热，一大批优秀的演创人员走上了影视发展的路子，话剧的基本功锻炼不足，导致舞台上的表演乏力，难以出现优秀的作品，令人担忧。这与国外注重后备力量发展，锤炼演创团队的风气相向，对于话剧的长远发展不利，值得引起我们警醒。

作为校园话剧的两大发展地，北京、上海的作用不容忽视，以“中戏”为代表的北京校园话剧创作团队和以“上戏”为代表的上海话剧创作团队，是我们研究和探讨 2012 校园话剧不得不提的主力。

1. 2012 年 8 月北京举行“第 11 届大学生戏剧节”，期间有 14 个剧目在北京上演，其中北方工业大学的《青春地平线》脱颖而出摘得“金刺猬奖”，其他优秀剧目有中国戏曲学院的《秋瑾》、中央民族大学的《小丑与孤儿》、北京联合大学的《妞妞》、浙江大学的《太阳城》等，它们成为中国新生代话剧的佼佼者，为中国话剧未来的发展集聚着力量和人气。

而 2012 年 9 月在国家大剧院开幕的“2012 北京国际青年戏剧节”，则吸引了来自 13 个国家的 60 多部作品展品，其中不乏中国青年编导的优秀作品，如《城中城，城外城》、《禅一云雨三人风》、《爸，我们回家……》、《寻》、《梦行者》、《影喻》、《怪物》、《一次》、《合伙人》、《石头·剪子·布》、《蚕师》、《π》等，为中外优秀青年话剧演创人员交流提供了良好的平台。

2. 与北京在校园话剧方面呈南北之势遥相呼应的是 2012 年 10 月由上海话剧艺术中心举办的“第三届中国校园戏剧节”。活动期间共上演了 23 台剧目，其中比较优秀的作品有上海戏剧学院的《国家的孩子》、中央戏剧学院的音乐剧《为你疯狂》、武汉大学的《西望乐山》、湖南艺术职业学院的《永不凋谢的姊妹花》广西艺术学院歌剧《大秦灵渠》、上海交通大学的《钱学森》、浙江大学上网《太阳城》、厦门大学的《日租房》、吉林动画学院的《2012 我们等待戈多》等。这些作品想象力丰富，传达了学生们对社会问题的思索和对艺术的执著追求，同时也反映了未来话剧从业者的艺术追求和喜好。

总的来说，校园话剧的生命力仍然很强，由于青年编导的创作活力旺盛，易于吸收新的表现元素，使其作品充满朝气，是中国话剧发展中不可小觑的力量。

综观 2012 年中国话剧的市场演出情况，话剧作品演出活动愈加频繁而多元化，但不论是新创作，还是改编之作，都已从早期对西方戏剧的模仿逐渐回归民族化，其表现不仅有中国文化符号（如汉服）在舞台上的加入，更有中国式思想（如阴阳观念、和谐思想等）在剧本中的体现。在地域分布上，北京和上海仍是国内两大中心，对其他地方保持强烈的辐射力，话剧作品从文本创作、演出表现、舞美设计、包装宣传整体上开始探索商业之路，上海则以探索商业模式为主，而北京在探索商业模式的同时偏重人文创作，这对话剧的发展有机遇也有挑战，未来几年我们会看到一大批有着更高艺术价值的商业作品不断上演。

王晶　中国艺术研究院《中国艺术年鉴》编辑部

专题

北京人艺 60 年

【北京人民艺术剧院举行建院 60 周年座谈会】

2012 年 6 月 12 日，北京人民艺术剧院建院 60 周年座谈会于在北京人民大会堂举行。中共中央政治局常委李长春、中共中央政治局委员、北京市委书记刘淇、中共中央政治局委员、书记处书记、中宣部部长刘云山、中共中央政治局委员、国务委员刘延东发来贺信。

北京人民艺术剧院成立于 1952 年 6 月 12 日，是具有独特表演风格的国家级话剧院，戏剧大师曹禺是剧院的首任院长。当年北京人艺的建院“四巨头”曹禺、焦菊隐、欧阳山尊和赵起扬，共同为北京人艺制定了发展蓝图。

60 年来，北京人艺秉承“戏比天大”的艺术宗旨，历经几代戏剧人的艺术实践，已然超越了建院时的目标，努力实现现实主义与民族化、体验与体现、再现审美与表现审美上的结合，形成了鲜明的艺术风格，创建了独具特色的“北京人艺演剧学派”。

60 年来，北京人艺排演了《茶馆》、《雷雨》、《龙须沟》、《骆驼祥子》、《狗儿爷涅槃》、《天下第一楼》、《李白》、《窝头会馆》、《我们的荆轲》、《我爱桃花》、《有一种毒药》、《屠夫》、《关系》等 300 多部中外剧目，演出场次数以万计，培养了许多优秀艺术家和戏剧工作者，在中国话剧史上留下了辉煌的印记，为繁荣我国文艺舞台，丰富广大人民群众精神生活，发展中国话剧艺术作出了卓越贡献。

【北京人艺建院 60 周年精品剧目邀请展演】

为庆贺北京人艺建院 60 周年，从 2012 年 7 月份开始进行精品剧目邀请展演。参与展演的有中国国家话剧院、辽宁人民艺术剧院、上海话剧艺术中心、山西省话剧院、天津人民艺术剧院这五大剧院，还有导演田沁鑫以及演员郭晓冬和刘晓庆。全年有 20 部作品上演，其中就包含了邀请展当中的 5 部作品：中国国家话剧院的《理查三世》、辽宁人民艺术剧院的《郭明义》、上海话剧艺术中心的《钢的琴》、山西省话剧院的《立秋》和天津人民艺术剧院的《风华绝代》。

【北京人民艺术剧院成立 60 周年上海演出】

2012 年，恰逢北京人民艺术剧院成立 60 周年，北京人艺携《窝头会馆》、《原野》、《我爱桃花》、《知己》、《关系》5 部“看家戏”，于 7 月 8 日至 8 月 5 日登陆上海。此次北京人艺可谓倾巢出动，剧目每出精心挑选，演员个个堪称“戏骨”，“大师、大作、大戏、大演员”正是进入花甲之年的北京人民艺术剧院的写照。

北京人民艺术剧院之前曾二度来沪。1960 年，北京人艺带来了《蔡文姬》、《伊索》、《同志，你走错了路》，1988 年，带来《茶馆》、《天下第一楼》、《狗儿爷涅槃》、《推销员之死》、《哗变》。此次时隔 24 年第三度来沪。

【北京人艺建院 60 周年学术研讨会】

2012 年 6 月 11 日，“北京人民艺术剧院建院 60 周年学术研讨会”在北京举行。

研讨会开幕式上，郑榕、苏民、蓝天野、林兆华、顾威、任鸣、濮存昕、杨立新等人艺艺术家，来自中国内地、港澳台地区，以及俄罗斯、日本、新加坡等国家的海内外戏剧专家、学者百余人汇聚一堂，以学术的方式庆祝北京人艺 60 周年生日。

研讨会历时 3 天，以“北京人艺——历史·当代·未来”为主题，就历史历程、艺术风格、表导演艺术、舞台艺术以及未来愿景等各个方面探讨北京人艺的历史和发展。

【观点】 走近辉煌——记北京人民艺术剧院成立 60 周年

◎张 帆

今年是享誉中外的北京人民艺术剧院成立 60 周年。北京人艺是一座没有“国”字头的国家级艺术殿堂，李默然将其称为“中国话剧的领头羊”。北京人艺之所以能享有这样的美誉是与几代“人艺人”的努力拼搏分不开的，是与几代人艺“铁杆儿观众”的支持分不开的，是与周恩来总理等老一辈革命家及历届北京市委领导的亲切关怀分不开的。这些绝非官话，都有实实在在的实例为佐证，且听我慢慢道来……

一、“市宝”的诞生与成长

新中国成立前，国家没有专业话剧院，更谈不上有专供话剧演出的剧场。1952 年 6 月 12 日，在周恩来总理和彭真老市长的具体指导下，正式成立了北京人民艺术剧院，院长曹禺是周总理钦定的，而且是终身的。北京人艺刚建院时，条件相当艰苦，甭说固定的演出场所，就连像样儿的排练场也没有。那阵儿人艺排戏是在灯市东口的一座日本人留下来的两层旧楼里，窗户临街，排起戏来常常要受到“铛铛车”（有轨电车）的干扰，排着戏，只要“铛铛车”一响，导演就得叫“停”，否则导演就听不清演员的台词了。您能想象得到吗，人艺起家的四个小戏《夫妻之间》、《赵小兰》、《喜事》和《麦收之前》是在今天的大华电影院演出的。没有副台，化妆间就是锅炉房，条件难以想象。后来的演出地点是北京剧场，以前叫“真光”电影院，条件稍好些。现在叫中国儿童剧场。而北京人艺坐堂演出的那个堂——首都剧场，是 1956 年才建成的。建之前，那儿是一片破旧不堪的小平房。如今首都剧场已被载入“世界建筑史”，是世界知名的剧场之一。说起北京人艺的历史，似乎有个约定俗成的讲法，那便是一定要从“四巨头设计发展蓝图”的佳话谈起，我自然也不能破例。

所谓“四巨头设计发展蓝图”就是指在建院初期，剧院的四位奠基人——院长曹禺、副院长焦菊隐、欧阳山尊以及秘书长赵起扬坐在一起所进行的为期一周的畅谈。他们所谈的大题目就是“如何办好北京人艺”。他们谈到了中国话剧发展史；谈到了中国话剧和外国话剧的现状；谈到了各种表演体系；谈到了中国戏曲；谈到了剧院人员的构成和人才的潜力……海阔天空，只要与剧院发展有关的话题无所不谈。最后，他们明确了北京人艺的办院方针，那就是“要把北京人艺办成像莫斯科艺术剧院那样具有世界一流水平，而又有民族特点和自己风格的话剧院”。应该说这个起点是相当高的。

为了实现这个伟大的奋斗目标，剧院开张之初干的第一件大事就是全院人员倾巢出动，兵分四路深入工厂、农村体验生活，感受时代气息。在和工农群众同吃同住同劳动的过程中，大家不但“滚了一身泥巴”，而且还交了许多知心朋友，同时排出了一组带着泥土芳香的小戏，这组小戏，就是开篇时提到的在大华电影院上演的那四出起家戏。这组小戏连续演出 55 场，场场爆满，轰动京华。从此，深入生活就成了北京人艺法定的“传家宝”。接下来就是焦菊隐先生复排老舍的《龙须沟》（为何称“复排”？因为焦先生曾为“老人艺”排过此剧）。老舍先生的这个本子人物性格突出，语言生动，京味甚浓。焦先生在排这个戏的时候，要求全体演职人员统统到北京南城的龙须沟去实地体验生活，要求每个演员都要记深入生活笔记，写角色“自传”。他告诉演员“要想创造人物形象，必须先有心象”，要在检验角色内心感情的同时，注意观察人物的外在特点。他要求演员在舞台上创造出活生生的人。此外，焦先生对群众场面和舞美各部门的要求也非常严格，一丝不苟，要有“一棵菜”精神，演出必须有整体感。

《龙须沟》的演出获得了很大的成功，有口皆碑。然而比《龙》剧的成功更为重要的是该剧的排练为北京人艺打下了坚实的现实主义基础。后来《龙》剧的经验发展成这样三句话：“深厚的生活基础，深刻的内心体验，鲜明的人物形象。”这三句看似普通的话，在北京人艺人心中是有分量的，直到今天，它还是大家的追求。

沿着“四巨头”的思路，1954 年，蓝天野等一批年轻人被派到中央戏剧学院接受来自斯坦尼斯拉夫斯基故乡的苏联专家的训练和培养，系统地学习“斯坦尼体系”的真谛。与此同时，剧院又把苏联专家库里涅夫请进剧院讲学，并担任《布雷乔夫》一剧的艺术指导。这一举措，在统一创作方法上，起到了极其重要的作用。当然，在创作方法上不光有斯坦尼，还有布莱希特，还有梅兰芳。作为一个致力于创世界水平、创中国特色、创自己独特风格的剧院，还必须多方面地吸收我们民族自己的艺术精华。因此许多戏曲界、曲艺界的名流，像荀慧生、赵荣琛、裘盛戎、良小楼、侯宝林、魏喜奎等都先后来剧院讲课，传授姊妹艺术的表现手段。同时，剧院还鼓励大家学习歌舞拳剑、琴棋书画，实现多才多艺，一专多能。今天享誉剧坛的于是之的书法，梅阡、蓝天野和郑榕的国画，朱旭的胡琴，朱琳、杨薇和狄辛的戏曲演唱等都是他们早年勤学苦练而成的。边学习、边实践、边统一、边创新，这是剧院早期的成功之路。

继焦先生的《龙须沟》之后，“四大导”中的另外三大导演，也陆续推出了各自的好作品，如欧阳山尊的《仙笛》和《日出》，梅阡的《骆驼祥子》，以及夏淳的《雷雨》和《风雪夜归人》。

1956 年，首都剧场建成了，欧阳山尊导演的《日出》第一个被搬上了北京人艺自己的舞台，从此剧院的历史又掀开了新的一页。

焦先生导演的《虎符》可称得上是北京人艺历史上的第二个里程碑。因为《虎符》的排演是焦先生把我国民族戏曲的表现手法及其精神有意识地运用到话剧中的尝试，也是焦先生在探索话剧民族化上的一个新起点。在对《虎符》的处理上，他首先突破了话剧传统的镜框式舞台，突破了舞台时空的局限，第一次采用黑丝绒幕为整个舞台的背景，舞台上也只有几件极有代表性的道具。这样的探索在今天看来可能算不得什么，但在当时，要打破已经有了 40 多年历史的传统话剧写实的舞台，那是需要勇气和胆量的。他还把戏曲的锣鼓经、京剧的“道白”及“水袖”运用到排练中，为此，他要求演员花大力气学习研究传统戏曲，要一招一式、一字一句地虚心向戏曲老师学习。

他说：“我们要有中国的导演学派、表演学派，使话剧更完美地表现我们民族的感情，这是我们不可推卸的历史责任。”经过半年多的探索、排练，《虎符》于 1957 年春节前夕在首都剧场首演，并获得了相当大的成功！

这以后，到新中国建国十周年的前夕，焦先生陆续导演了《茶馆》、《智取威虎山》、《关汉卿》、《蔡文姬》和《三块钱国币》。其中《茶》剧和《蔡》剧成了北京人艺的传世佳作。

与此同时，欧阳山尊导演了《带枪的人》，梅阡导演了《女店员》，夏淳导演了《名优之死》和《悭吝人》。这几位导演所推出的力作虽然风格特点不同，但他们遵循的创作方法是一致的，他们所追求的目标是一致的，因此他们的作品带给观众的韵味是共同的，是殊途同归的，是北京人艺的。

随着一批佳作的诞生，许多有才华的演员也随之名噪京城，他们当中有刁光覃、田冲、叶子、朱琳、于是之、方德、胡宗温、赵韫如、童超、苏民、郑榕、蓝天野、董行佶等，也还包括早在上个世纪 30 年代就出了大名的舒绣文。

有郭沫若、老舍、曹禺和田汉这几位文学巨匠的不朽剧作，有焦菊隐这样锐意创新的艺术大家，有若干台代表着民族话剧希望的好戏，又有一大批崭露头角的优秀演员，北京人艺长大了，北京人艺成熟了，北京人艺的风格初步形成了。

1959 年 10 月，当举国欢庆新中国成立十周年的时候，北京人艺一举推出了《蔡文姬》、《骆驼祥子》、《雷雨》、《日出》、《带枪的人》、《烈火红心》、《悭吝人》和《伊索》等八台大戏献礼，这在当时京城的舞台上是独此一家、别无分号的。遗憾的是，鉴于当时的政治形势，《茶馆》没敢献礼。

十年大庆刚过，节日礼花的硝烟尚未散尽，我们的国家便遭遇到不可抗拒的天灾与人祸，陷入了三年困难时期。这三年之中，北京人艺的同志们和全国人民一样，没有消沉，没有退却，而是迎着困难，艰苦奋斗，继续在探索创新的路上勇往直前。他们先后排了《枯木逢春》、《三姐妹》、《同志，你走错了路!》、《胆剑篇》、《武则天》、《智者千虑，必有一失》和《红色宣传员》等近二十台大戏。其中，《同》剧、《武》剧和《智》剧最受观众欢迎。

北京人艺走红了！这在当时的北京可是不简单哪！北京是全国话剧院团最集中的地方，除北京人艺外，还有中国青年艺术剧院、中国儿童艺术剧院和中央实验话剧院。部队系统有总政话剧团、北京军区战友话剧团、空政话剧团、海政话剧团。产业方面有全国总工会话剧团、煤矿话剧团和铁路话剧团。就力量而言，哪个团也有可圈可点的明星和优秀作品，尤其是中国青年艺术剧院和中央实验话剧院（今天两院已合并为中国国家话剧院），几乎与北京人艺成三足鼎立之势。在这种群雄争冠的局面中，北京人艺独辟蹊径，率先自成一家是相当不容易的。那么，北京人艺是否能得到全国话剧观众的认可呢？尤其是上海观众。因为文艺界自上个世纪三十年代起，就有“上海码头不好闯”的说法。言外之意，上海的观众最挑剔、最难“伺候”。为了打破这一神话，也为了证实一下自己的实力，1961 年冬北京人艺带着《蔡文姬》、《伊索》、《同志，你走错了路!》、《胆剑篇》、《名优之死》等五台大戏南下直奔上海滩，一炮打响，连续演出一个月，轰动整个华东！北京人艺的演出被称赞为“中国话剧的典范”，其演出是带有“示范性”的。从上个世纪 50 年代末到 60 年代初，是北京人艺历史上的第一次辉煌。这说明一个中国的、有自己艺术特色的艺术殿堂在北京诞生了，她就是北京人民艺术剧院。后来，北京人艺被老舍夫人胡□青亲切地称为北京市的“市宝”。

雏鹰长出了坚硬的翅膀，她要高高地飞翔，可是“极左”的旋风却愈刮愈狂。上海之行以后，北京人艺几乎拿不出什么好作品来，值得一提的好戏，也只有《李国瑞》、《矿山兄弟》等两三个戏，而且还遭到了不同程度的批判。到 1966 年“文革”开始后，北京人艺和全国其他的话剧团体一样，没有声音了，“四人帮”宣布了她们的“死亡”。

二、北京人艺的第二次辉煌

1976 年 10 月，春雷一声，北京人艺被封闭了十年的大门打开了！艺术家们被禁锢了十年的创作欲望和报国心愿，犹如火山爆发，喷薄而出。北京人艺又重新发出了自己的声音。

“四人帮”垮台后，剧院在移植了《万水千山》、《针锋相对》等戏之后，发现了青年作家苏叔阳的处女作《丹心谱》。于是立即组织力量加工修改，并很快将其搬上舞台。《丹》剧以其巨大的现实主义魅力和深厚浓重的真情，震撼了首都观众。苏叔阳也因此而蜚声剧坛，成为名作家。不久，将迈入古稀之年的老院长曹禺，老当益壮，也在很短的时间内撰就了他在“文革”前未能完成的交响曲——《王昭君》。这两部戏的演出，给禁锢了十年之久的北京话剧舞台吹来了一股清新的风。北京人艺的传统和风格在这两个戏里得到重现。它们的上演，不但唤醒了北京人艺的老观众，也引来了许多新观众。北京人艺的领导者们此时意识到，全面恢复北京人艺传统和风格的时机到了，培养一代新人的时机成熟了。于是剧院乘着改革开放的东风，以老中青三代结合的阵容，接连整理重排了《蔡文姬》、《女店员》、《茶馆》、《三块钱国币》、《名优之死》、《雷雨》、《伊索》、《骆驼祥子》、《悭吝人》等保留剧目。这中间还有苏叔阳的第二部剧作《左邻右舍》。上述剧目的演出不仅使人艺恢复了青春，而且锻炼了中青年演员。老艺术家百尺竿头更进一步，中青年演员“开了窍”、“入了槽”。广大观众看了这些重排的保留剧目之后，为之耳目一新，深有重睹芳华且又胜似当年之感。今天，翻回来再看当年这个决策，应该说是十分英明的，它为北京人艺后来的再度辉煌奠定了良好的基础。

1980 年，焦先生的代表作《茶馆》出国了！它开创了中国话剧走出国门的历史，它以极强的艺术魅力征服了欧洲的观众，它在西欧的15个城市演出25场，场场轰动。西方的评论家们惊叹这是“东方舞台的奇迹”、“世界艺术的精品”。焦先生虽然在“文革”中被“四人帮”迫害致死，但他所追求的创造具有中国民族风格、民族气派的中国话剧的目标实现了。

从此，北京人艺的国际、地区交往日益频繁：1980年8月，《王昭君》赴香港演出；1981年3月，英国著名导演托比·罗伯森来北京人艺执导莎翁名剧《请君入瓮》；1983年3月，美国著名导演阿瑟·米勒来北京人艺执导他自己的名剧《推销员之死》；1986年，《茶馆》出访香港、加拿大和新加坡，《推销员之死》也随之出访新加坡；1988年10月，美国著名导演艺术家查尔斯·赫斯顿来北京人艺执导当代名剧《哗变》；1990年11月，《天下第一楼》出访了日本；1991年，原苏联莫斯科艺术剧院总导演奥列格·叶弗列莫夫来北京人艺执导契诃夫名剧《海鸥》。同年11月《天下第一楼》出访香港；截止到1992年建院40周年，北京人艺的四台大戏，先后九次出访，足迹所到，反响强烈，盛况空前。

除上述交流外，这期间剧院自己的导演也排了许多外国戏。如夏淳导演的《女人的一生》和《洋麻将》，田冲导演的《屠夫》，蓝天野导演的《贵妇还乡》，方德导演的《公正舆论》和《流浪艺人》，英若诚、林兆华导演的《上帝的宠儿》，林兆华导演的《二次大战中的帅克》和《纵火犯》，任鸣导演的《回归》。

无论是出访演出还是国内演出，它的基础还是创作上的大丰收。从80年代初到90年代初，北京人艺先后创作演出了近50台戏，几乎年年有优秀的新剧目推出。这其中除前面我们已经提到的几部外，还有《绝对信号》、《红白喜事》、《小井胡同》、《狗儿爷涅槃》、《李白》等。其中《绝对信号》、《红白喜事》、《小井胡同》、《狗儿爷涅槃》反应尤佳。

在这辉煌的十年中，应当特别提及的是北京人艺1988年11月的第二次上海之行。80年代中后期，通俗文艺和流行歌曲几乎占领了整个文艺市场，包括话剧在内的许多严肃艺术都受到很大的冲击，跌入了低谷，而此时的北京人艺却仍风采不减。上海《文汇报》和上海对外文化交流协会似乎悟出了其中的奥妙，他们为在推动话剧走出低谷上贡献一点力量，千方百计地邀请北京人艺第二次访沪。努力成功了，北京人艺又是带着五台大戏:《茶馆》、《天下第一楼》、《狗儿爷涅槃》、《哗变》和《推销员之死》来到了阔别27年的大上海作汇报演出。18天里，演出21场，场场爆满，4万张戏票在演出团到达之前即预售一空，上海各报竞相报道多年不见的“五台好戏，万人空巷”的盛况。由于北京人艺的到来，上海掀起了一股不小的“话剧热”。时隔27年，上海的观众又看到了一个全新的北京人艺、一个生机勃勃的北京人艺。当时任上海市委书记的江泽民同志，不但看了全部的演出，还亲自主持召开座谈会，与南北戏剧家们共商繁荣话剧的问题。

北京人艺的这次上海之行不仅轰动上海，而且声扬全国，为此她受到了文化部和北京市委的嘉奖。在此形势下，北京人艺迎来了她不惑之年的生日。为庆贺这个辉煌的节日，《光明日报》在头版的显赫位置刊登了中共中央办公厅调研室写的题为《构筑国家级艺术殿堂的成功之路》一文，文章以无可争辩的论述，向全国亿万读者宣告：北京人艺——一个国家级的剧院已构筑在中国的大地上。北京人艺这个“市宝”经过改革开放新时代的洗礼，已成为“国宝”。

为庆贺这个辉煌的节日，北京人艺隆重推出了《舞台上的真故事》、《李白》、《红白喜事》、《雷雨》、《推销员之死》、《狗儿爷涅槃》、《天下第一楼》和《茶馆》等八台大戏以示纪念。十年辉煌，十年艰辛。这期间北京人艺领导者们的一切努力都集中在编、导、演、舞美这支撑剧院的四大支柱上。

剧本剧本，一剧之本。功夫首先要下在剧本上。要有好剧本，先有好作家。剧院创作的大门是一直敞开着的。早年，剧院只有梁秉堃、蓝荫海和王志安三位作家，1983年以后，几位年富力强又具有相当实力的作家先后踏进了北京人艺的大门，他们是：刘锦云、何冀平、李龙云、郭启宏、高行健和王梓夫。剧院在抓剧本的同时，还注意到对新一代导演的培养。

林兆华就是他们当中的杰出代表。林兆华在艺术上是个不知疲倦的探索者，也是剧院探索剧目的开拓者。他导演的《绝对信号》和他跟刁光覃共同导演的《狗儿爷涅槃》，把民族戏曲的某些观念与当代戏剧的一些表现方法巧妙地、成功地结合起来，其艺术成就给人以耳目一新之感，令观众和同行们赞不绝口。他们是北京人艺新现实主义戏剧的开拓者。林兆华在导演上对剧院的贡献、对继承和发展北京人艺导演学派、对繁荣人艺的舞台所起的作用是不可低估的，院内外一致称道。

在演员队伍的补充与培养上，剧院也作了许多艰苦的工作。在老一代艺术家逐步退出舞台后，一些久经磨炼的中青年艺术家已经崛起，起到承上启下的作用。首推林连昆，然后还有任宝贤、吕中、韩善续、修宗迪、顾威等人，他们都已被广大观众所熟悉和肯定。

改革开放后，剧院先后开办过三届学员班，并与中央戏剧学院合办了表演系 1987 班。如今在这些不同时期毕业的同学中，不少人已显露才华，获得了观众的赞许，逐渐挑起了大梁，成了“大腕儿”。像梁冠华、杨立新、冯远征、宋丹丹、陈小艺、徐帆、何冰、吴刚、岳秀清等，此外还从外单位及其他艺术院校吸收了部分尖子演员，濮存昕便是其中的佼佼者。

为了保持和发扬北京人艺所特有的和谐的舞台整体感，剧院始终把舞台美术工作放在十分重要的位置。在老一代舞台美术家们的指导下，北京人艺新一代舞美人才已经成长壮大起来，他们当中的不少人已成为北京人艺舞台上新的“幕后英雄”。

出好戏，出人才，出理论，这是北京人艺第二次辉煌时期的三大标志，也是三大成果。自改革开放以来，剧院自己编辑出版的专著以及有关方面编辑出版的反映人艺理论研究成果的专著及艺术家丛书、个人剧作选等有 40 余部，这在国内戏剧界是名列前茅的。

三、艰难的再创辉煌之路

回想 1988 年，北京人艺第二次上海之行时，曾有人预言：这是“落日的余晖”、是“最后的晚餐”，甚至有更难听的话——“这是垂死的挣扎”。到了 1992 年，北京人艺 40 周年庆典过后，随着最后一场《茶馆》的落幕，又有人发出了哀叹：“北京人艺完了!”、“北京人艺再也不会辉煌了。”人们不会忘记，当扮演王掌柜的于是之谢幕时，一位青年观众那带着满腔凄凉的呼喊：“于是之老师，再见啦!”那呼喊的背后像是伴着阵阵回旋的哀声：“北京人艺，永别啦!”回想当时的情景，真是一言难尽。尽管党中央和北京市委给了北京人艺很大的支持，但广大观众总觉得北京人艺有散架之势：德高望重的于是之卸任了，老艺术家们都捧着“元老杯”离退了，观众的欣赏趣味更加多元化，文化市场的竞争也更加激烈，剧院的状况也有些捉襟见肘……总之，新任党委书记兼第一副院长刘锦云遇到了前所未有的困惑，用他的话说，叫做“从未有过的支持，从未有过的高要求，从未有过的困难”。

怎么办？作家出身的刘锦云提出了四个字的口号——以勤补拙。他希望全院上下都要树立“抢救意识”，“要以重建和抢救的精神继承和发展北京人艺”。进而，他又提出了明确的奋斗目标：“建一个好班子，抓几个本子，奔几套房子，抓几把票子，趟一条改革的路子。”（媒体将此戏称为“五子登科”）一句话，就是要再出好戏，再创辉煌。头一条就是本子问题，在北京人艺的历史上，曾捧红过不少院外的青年作家，远的不讲，单是改革开放之初就有陈立德、苏叔阳、水运宪、孟冰、李杰等。正当剧院困难的时候，《北京晚报》记者过士行的《鸟人》终于呱呱坠地了。《鸟人》一落生，便被导演林兆华看中。院领导经过一番商讨之后，很快决定投入排练，而且出人意料地一炮打响，轰动京城！全院上下，不胜欢喜。沉默许久的北京人艺又活跃起来。

不久，被誉为“胡同作家”的蓝荫海又推出了歌颂北京市危房改造的剧本《旮旯胡同》。刘锦云一下就抓住了这个弘扬主旋律的剧本，并请顾威参与创作并执导该剧。素有“拼命三郎”之称的顾威，以最快的节奏，成功地将此剧搬上了舞台。该剧的上演，很快受到了市领导和党中央的重视。后来该剧荣获了中宣部颁发的“五个一工程”奖和文化部颁发的文华大奖。

《鸟人》和《旮旯胡同》的成功，向世人显示北京人艺并未因老一辈艺术家们的自然离退而大伤“元气”。崛起的中青年一代，在新班子的领导下，不仅保住了这座圣殿，而且还为她增添了新的光辉。但是，他们并没因此而得意，他们深知一两个戏的成功只是再创辉煌的开始，更艰难的路还在后面。广大观众们在呼唤好戏，呼唤精品。

1994年，曾为剧院写出《狗儿爷涅槃》、《女儿行》和《背碑人》农村三部曲的刘锦云，一反过去的创作风格，以诗一样的语言推出了新戏《阮玲玉》。《阮》剧的题材并不新，以此为题的影视作品也有过，但刘锦云笔下的阮玲玉是以作家新的视角，写出一个作家自己心目中的阮玲玉。该剧后来获得了“五个一工程”奖和“文华奖”。

北京人艺的舞台又呈现出一派活跃的景象，巡回和出访演出的任务，也接踵而来。1993年5月，《天下第一楼》赴台演出，这也是新中国成立以后大陆话剧首次赴台演出（笔者也随同前往）。1993年11月，《天下第一楼》出访韩国；1994年6月《天下第一楼》和《狗儿爷涅槃》出访新加坡；1995年2月，《阮玲玉》出访香港；1995年4月《鸟人》出访台湾；此外《鸟人》和《阮玲玉》还先后赴南京、广州、上海和南昌做巡回演出。与此同时，剧院的深化改革也在加紧动作，刘锦云上任时所提出的奋斗目标初见成效。

总之，开局形势不错。此时，剧院又抓到了一个好本子，那就是老作家中杰英先生的《北京大爷》。该剧由新提拔的年轻副院长任鸣同志独立执导，领衔主演是广大观众热爱和熟悉的著名表演艺术家林连昆和韩善续。

任鸣导演继承和发扬了北京人艺的风格，采用现实主义的导演手法，着力在刻画人物上下工夫，同时又注意到生活气息和现代京味儿的渲染。因此，该剧一亮相，立刻产生轰动效应，场场爆满，久演不衰，一连气儿演下来就是81场。

在两年多的时间里，北京人艺连续推出了八台大戏，而且其中有一半成了轮换上演的保留剧目，这在改革开放以来北京人艺的历史中是少见的。

北京人艺老观众都还记得，在首都剧场四楼上，人艺有个小宴会厅，后来改作小剧场。在这个小剧场里，曾上演过《绝对信号》和《洋麻将》等名剧。后来由于经济上的困难，这个地方出租给了外单位。然而，北京人艺对小剧场艺术的追求并未因此而放弃。1995年，经过多方面的努力，北京人艺建起了一座属于自己的真正意义上的小剧场，并且于同年11月上演了任鸣执导的美国戏《情痴》。

小剧场戏剧，在戏迷的眼中早已不是什么新鲜事，近几年，不少话剧院团都曾上演过不少小剧场戏，与观众久违了的北京人艺的小剧场戏能否成功？当时的把握不是很大。不料，《情痴》一见观众，观众顿时对它投以痴情，尤其备受青年观众的青睐。观众评论说：看北京人艺小剧场的戏，带给人们的依然是高雅的享受。

《情痴》上演之际，正是北京人艺为庆祝新中国成立43周年轮换上演《鸟人》、《狗儿爷涅槃》、《北京大爷》、《天下第一楼》这四出戏的时候，于是出现了人艺首都剧场和人艺小剧场同时演出、同时火爆的喜人景象，这又是北京人艺历史上少见的一幕。

再创辉煌的追求初达目的，这是新一辈人艺人的骄傲，也是所有关心北京人艺人的骄傲。正在住院的曹禺院长听后欣慰地笑了，笑得开心而动情，他为自己开创的事业又在不断前进而兴奋。在话剧乃至所有严肃艺术不景气的情况下，北京人艺“风景这边独好”。这现象的确引人深思，新闻界和评论界的朋友们喜欢把这称之为“北京人艺现象”。

1997年，为纪念剧院成立45周年和庆贺香港回归，剧院推出了青年女作家郑天玮的处女作《古玩》。该剧一经推出，意外打响，颇受好评，并应邀到香港、上海、南京等地演出。

1998年3月21日，中共中央总书记、国家主席江泽民兴致勃勃地来到首都剧场观看了由老中青四代演员演出的话剧《雷雨》。演出后江主席上台接见演员时，还特意表扬了演员台词功力好，不使用“小麦克”。

1999年初，根据市里有关部门的检查验证，使用了33年的首都剧场已不符合防火要求，必须大修。由于首都剧场是世界知名建筑，大修必须遵循“修旧如旧”的原则进行。经过九个月的紧张施工，在庆祝中华人民共和国建国50周年的前夕，首都剧场重新开业，由“大导”林兆华执导的新版《茶馆》与广大观众见面。新版《茶馆》在布景上做了大胆的改动，引来一些争议，但就整个演出而言，还是传统的、是现实主义的，票房收入也很可观。和《古玩》一样，该剧也很快应邀到南京、上海、南昌、成都等地演出，不仅场场满座儿，黑市票炒到900元一张！

当历史即将跨入新世纪的时候，剧院作了两件大事：一是纪念老院长曹禺诞辰90周年，二是隆重纪念剧院成立50周年。为纪念曹禺这位20世纪中国杰出的戏剧家、戏剧诗人诞辰90周年，剧院复排了《雷雨》、重排了《日出》、新排了《原野》（2000年实验演出本）。这三部戏的轮换演出在社会上引起了强烈的反响，其中对实验演出版的《原野》反应尤为突出。因为该剧和原著的距离甚大，演出形式也让一般观众难以接受，为此剧院遭到了比较多的批评，剧院的名声也为此付出了一定的代价。

为了挽回名誉上的损失，为了纪念剧院成立50周年，同时也为了以实际行动向观众展示北京人艺今后所坚持的艺术道路，剧院先后以新的阵容安排了《蔡文姬》、《天下第一楼》和《狗儿爷涅槃》复排演出，同时还排演了小剧场话剧《第一次的亲密接触》、《足球俱乐部》等。

北京人艺的五十年也因此画上了一个还算理想的句号。

四、新纪元的坚守更是不易

50周年院庆过后，对北京人艺来说，的确是一个新的开始。别的且不说，人员结构就又发生了新变化。1992年40周年院庆之后一大批老艺术家告别舞台，2002年之后，“文革”前受过科班培养的大学生（包括1958年剧院首届演员培训班的老同志）也退出了舞台。新陈代谢之后，剧院成了真正意义上的中青年人的天下，再创辉煌的历史重任必将落在他们的肩上。

尽管观众在2011年看到了四世同堂的《家》，那不过是权宜之计。人艺舞台的未来定是年轻人的，这是不可逆转的客观存在。从大的外部环境讲，正赶上我国国民经济飞速发展的时期，机遇、挑战、诱惑、困难并存。各种文艺思潮十分活跃，尤其是影视对舞台演员的争夺也更加激烈，拍一集电视剧的报酬是舞台演员每场出场费的二三十倍乃至几十倍，上百倍！不夸张地说，全国所有话剧院团（自然也包括北京人艺）的凝聚力都受到了极大的冲击，这种冲击甚至也辐射到戏曲院团（比如武打演员到影视里当替身）。舞台剧本创作也同样受到了影响，许多剧作家（包括小说作家）大都改行从事影视剧创作了。道理很简单：容易写，来钱快，稿酬多，致富也自然快。剧本荒、演员荒已成为许多院团的大问题，国家级的院团也无法逃脱！

值得庆幸的是，在老艺术家们的多年熏陶下，北京人艺的绝大多数中青年“明星”们头脑还是清醒的，他们知道舞台才是提高演技的地方。吴刚的话最具代表性，他说：“放弃话剧，天天在外面接拍影视？这对我应该不太可能。我是吃话剧这碗饭的，骨子里离不开舞台。做演员，赚外快的机会很多。谁都知道拍影视最赚钱，演话剧最清苦，还很难混个脸熟。若真为钱出名，也太对不起这个行当了。”北京人艺正是因为有了像吴刚这样的一大批热爱舞台、不计名利的“明星”，所以直到今天也没垮，北京人艺依然是广大观众心目中的艺术圣殿。

这十年，北京人艺除去坚持上演《茶馆》、《雷雨》、《日出》、《原野》（陈薪伊版）、《蔡文姬》、《骆驼祥子》、《龙须沟》、《天下第一楼》、《李白》、《鸟人》、《哗变》、《哈姆雷特》等经典剧目外，还推出了《万家灯火》、《知己》、《窝头会馆》等优秀剧目。更可喜的是一批80后的演员已开始崭露头角，挑起了大梁。

今年（2012年）6月12日是北京人民艺术剧院成立60周年的日子。为庆祝这个盛大的节日，剧院推出了16台优秀剧目逐一在全年进行展演，而且还要赴上海、天津进行巡演。这16台剧目中有多一半儿是北京人艺久演不衰的精品，如《茶馆》、《雷雨》、《蔡文姬》、《天下第一楼》、《日出》、《哗变》、《哈姆雷特》（浅利庆太版）等。

纵观北京人艺60年来在重要时刻上演的一系列剧目，我们大致可以将其分为三类：郭（沫若）、老（舍）、曹（禺）经典剧目；中外经典剧目；当代中国著名作家的经典剧目。这就意味着北京人艺是以上演经典剧目为主的剧院，即“经典剧院”。而且这些剧目（无论中外）有着一个共同的特点：现实主义的、民族化的、有着完美整体感的。这就是当年“四巨头”所追求的要把北京人艺办成一个有着自己独特的艺术风格的、中国北京的莫斯科艺术剧院式的剧院。北京人艺之所以能成为一个“经典剧院”是和几代人艺人的坚守分不开的，更是与历届主要领导人的坚守分不开的。尤其是后者，倘若一把手不坚守了、领导集体不坚守了，我看一个剧院的特色就很难保住了。

北京人艺在坚守“经典剧院”办院方针上并不是一帆风顺的，在院内外是有不同看法的，有时矛盾还很尖锐。但值得庆幸的是在风雨中的北京人艺基本上没有动摇，路至今基本上还没有走偏。请注意，我用了“基本上”三个字，只有我们人艺人懂得这“基本上”的坚守是多么的不容易。

最近，我们又听到了这样的公开批评：说我们坚持走“经典剧院”的道路，实际上就是吃老本儿、吃家底儿。莫斯科艺术剧院至今也有100多年的历史了，契诃夫等名家的许多作品今天还在演，这样的走“经典剧院”路线的剧院举世敬重。所以，吃老本儿、吃家底儿怎样了呢？“家底儿”培养了北京人艺几代演员。“家底儿”虽“老”，但仍有众多观众追捧，甚至全家老小几代人都是人艺迷！“家底儿”的票房相当不错，近两年的每年的票房收入都在3000万以上！这在全国不是首屈一指也是屈指可数的。“家底儿”是北京人艺的魂，永远不能丢，要代代相传，还要常演常新，与时俱进。与时俱进不等于随波逐流，经典就得当经典去传承，不能走偏，不能丢魂。要全面继承，谨慎创新，北京人艺才不会走味儿。

坚守着人艺风格，坚守着人艺传统。坚守不意味着排斥，北京人艺从来没反对过多样化。60年来，北京人艺新上演的300多台剧目中，可称为经典的大约也就50部左右，随时可安排上演的在30部左右。它们之所以成为剧院的支柱剧目、主流剧目，那是因为戏的质量上乘，久演不衰。《茶馆》已上演600余场，且永远一票难求。高质量的艺术作品自然会给观众留下深刻的印象。其实熟悉北京人艺的观众和专家都清楚，北京人艺60年来什么样的戏都尝试过：荒诞的、先锋的、应景的、活报的、抽象的、写实的、人偶同台的等等，无奇不有。甚至还有“从马桶里拿出可乐喝”的《原野》。这些戏只是没有留住，一晃而过罢了。因此说我们保守，实在是有点儿冤枉。要坚守一个剧院的风格、特色，该有多难！

最后让我用话剧《我们的荆轲》中的一句台词结束这篇为纪念人艺建院60周年而作的文字——咱们历史上见。

张帆　北京人民艺术剧院艺术委员会成员

【观点】温故可以知新——为北京人艺建院60周年而作

◎邹　红

今年是北京人民艺术剧院建院60周年。

1953年，也即北京人艺建院的第二年，正值前苏联著名戏剧家聂米洛维奇-丹钦科逝世10周年，时任北京人艺第一副院长的焦菊隐特意撰文以表纪念之情。在这篇题名为《向社会主义现实主义剧场艺术前进》的文章中，焦菊隐特别提到了1897年10月莫斯科艺术剧院成立之前，丹钦科与斯坦尼斯拉夫斯基在6月间的一场长达十八个小时的谈话，正是这场谈话促成了莫斯科艺术剧院的诞生。焦菊隐写道：这次谈话是具有历史意义的。这不只是一个新剧场的开始，而且是一个新的剧场艺术的开始。莫斯科艺术剧院的诞生，给俄罗斯的剧场史开了一个新纪元，给全世界争取进步的戏剧文化事业，提供了一个先进的典范。

我们知道，在北京人艺建院之初，剧院的四位主要领导——曹禺、焦菊隐、欧阳山尊、赵起扬，也有过一次围绕如何建院的长达一周的畅谈。而这次畅谈所形成的一个主要共识，就是以莫斯科艺术剧院为学习对象，建设中国自己的话剧艺术殿堂。我们从焦菊隐写于1953年的这篇文章中，可以窥见北京人艺创建者们的建院设想。在焦菊隐看来，莫斯科艺术剧院所以是“一个先进的典范”，就因为它不仅仅是一个戏剧演出的场所，而是一种“新的剧场艺术”。具体说来，它主要包括了三个方面的内容：第一，剧院必须有不同于此前形式主义或公式化演出的新的导、表演理论，亦即以丹钦科“内心体证律”

和斯坦尼斯拉夫斯基“体验”说为核心的导表演理论；第二，要将当代最出色的剧作家团结在剧场周围，排演他们的作品并使之成为剧院的保留节目；第三，剧院要有自己的演艺学校，要以新的教育制度和课程培养年轻一代表演艺术家。在文章结尾，焦菊隐特别指出：丹钦科的《文艺·戏剧·生活》一书，“在我们剧院的组织者、导演、演员和舞台美术工作人员中间，起了巨大的教育作用。我们各地的剧院，基本上都是从聂米洛维奇－丹钦科所建立起来的先进的卓越的范例上学得的，就连机构的名称，也多以采用艺术剧院四个字为光荣”。

而在焦菊隐写作此文六十年后，我们放眼全国，当初遍地开花的艺术剧院现在仍能生存的又还剩几所？真正能像莫斯科艺术剧院那样在表演体系、保留剧目和培养人才等方面都有所建树的可谓寥寥无几。说北京人艺一花独秀或许并非溢美，事实正是如此，若从以上三个方面来衡量，我们可以清楚地看到北京人艺完全实现了当初的建院设想，成为中国当代最成功也最具影响力的话剧艺术团体。

首先，早在北京人艺成为专门的话剧院团之前，焦菊隐就有意识地开始了新的导、表演理论的探索。在总结《龙须沟》导演实践的基础上，焦菊隐写出了《我怎样导演〈龙须沟〉》和《导演的艺术创造》两篇重要论文，从理论上对其导演经验作了梳理和概括。焦菊隐认为，导演所做的二度创造工作是微妙而复杂的：导演必须对剧本作深入的研究，必须深入到剧本所描绘的现实生活中去，通过导演自己的生活体验来获得与剧作家一致的认识，从而更好地把握剧本的思想主题。导演对于剧本的增删修改，并不仅仅是使之符合舞台演出的需要，而且还要起到深化主题、突出人物性格的作用。焦菊隐同时还指出，二度创造不能只是导演个人的事，他必须调动演员的积极性，使他们也参与到对剧本的研究和修改工作中去。在领会剧本意蕴，把握角色性格特征等方面，导演不能只满足于做演员的镜子，按某种既定的意图去要求演员，而应该是与演员互为镜子，交流印证，共同深化认识。为了帮助演员更快、更准确地进入角色，焦菊隐创造性地发展了斯坦尼斯拉夫斯基的排练方法，在斯氏“内心视象”概念的基础上提出了“心象说”。“心象说”的提出，揭开了长期以来蒙在斯坦尼斯拉夫斯基表演体系上的神秘面纱，使演员对如何“体验”有了明晰而切实的认识，也从技术层面解决了话剧表演一大难题。

50年代中期以后，焦菊隐开始了对话剧民族化的探索。从1957年到1963年，焦菊隐陆续写作了《关于话剧汲取戏曲表演手法问题》、《略论话剧的民族形式和民族风格》、《谈话剧接受民族戏曲传统的几个问题》、《〈武则天〉导演杂记》、《豹头·熊腰·凤尾》、《真假、虚实及其他》、《守格·破格·创格》等论文和讲稿，从理论上对这一时期的探索进行了总结。经过对斯氏体系的全面了解，特别是重新认识中国戏曲的美学精神之后，焦菊隐的戏剧观念发生了很大的变化，他意识到假定性是戏剧艺术得以存在的根本，肯定了观众在戏剧活动中的重要作用，不再以在舞台上呈现“一片生活”作为最高追求，从而形成了以体验为本，表现为用为特征的新戏剧观，并融进了鲜明的民族色彩。正是在这样一个理论基础上，焦菊隐创立了导、表演理论的中国学派，从而奠定了北京人艺的演出风格。在1992年7月举办的北京人艺演剧学派国际学术研讨会上，来自海内外的四十多位专家一致肯定，北京人艺已经形成了自己独特的风格和演剧学派。虽然专家们对北京人艺演剧学派特色的概括还有不同看法，但可以肯定的是，北京人艺演剧学派最突出的特点，在于成功地融合了话剧与中国古典戏曲两种表演艺术，使中国话剧之现实主义传统得以发展创新，从而将中国话剧表演艺术发展到一个新的阶段。

其次，北京人艺将中国当代最著名的剧作家曹禺、郭沫若、老舍、田汉的代表作成功地转化为舞台精品，使之成为久演不衰的保留节目。焦菊隐曾经这样评价丹钦科和莫斯科艺术剧院：“只有丹钦科，小说家、剧作家、批评家，才能使三个巨人在舞台上出现：契诃夫、高尔基和托尔斯泰。不是他第一个认识契诃夫的内在深度，这一位连自己都不自信是伟大剧作家的医生，便会永远埋没在尘土里，其他从生活的各角落上聚拢来、对戏剧作不同贡献许多人物，就更不必论了。”

这很容易令人想到老舍剧作与焦菊隐和北京人艺的特殊关系。的确如此，在某种意义上说，没有焦菊隐和北京人艺话剧工作者们的共同努力，老舍作为剧作家的才能及老舍剧作的特殊魅力或许永远不会被人们所认识，正是因为《龙须沟》在舞台上的成功，才有了后来的不朽之作《茶馆》。同样，像曹禺的《雷雨》，郭沫若的《蔡文姬》，田汉的《关汉卿》，也都是在北京人艺的舞台上得到了近乎完美的演绎，成为其他话剧团体模仿学习的典范。

事实上，除上述外，像曹禺的代表作《日出》、《原野》、《北京人》、《家》及《王昭君》，郭沫若的《武则天》、《虎符》，老舍的《骆驼祥子》等，也都是北京人艺舞台上的保留节目。在北京人艺六十年来上演的二百多部剧作中，能够成为保留节目，跻身精品之列的不下五十部。其中既有出自本土剧作家之手的原创作品，也有翻译、改编自异域的外国剧作。前者如《名优之死》、《三块钱国币》、《丹心谱》、《红白喜事》、《小井胡同》、《狗儿爷涅槃》、《天下第一楼》、《李白》、《鸟人》、《阮玲玉》、《白鹿原》、《知己》、《窝头会馆》、《我们的荆轲》等；后者如《伊索》、《智者千虑必有一失》、《带枪的人》、《悭吝人》、《屠夫》、《贵妇还乡》、《推销员之死》、《洋麻将》、《哗变》、《哈姆雷特》、《油漆未干》、《喜剧的忧伤》等，都属不可多得的话剧舞台精品。此外，在小剧场话剧的创作与演出方面，北京人艺也有不俗的表现。自1982年11月北京人艺首次上演的小剧场话剧《绝对信号》以来，还陆续上演了《傍晚发生的小事》、《足球俱乐部》、《第一次亲密接触》、《我爱桃花》、《无常·女吊》、《等待戈多》、《朱丽小姐》、《有一种毒药》、《榆树下的欲望》、《大酒店套房》、《爱情的印象》等，对小剧场演出的表现形式做了有益的探索，受到了观众和评论界的赞誉。

从以上罗列的优秀剧目中我们还可看出，作为一个业已形成自己演出特色的剧院，北京人艺始终保持和发扬自己的传统并有所发展。

这主要表现为：1. 延续以《龙须沟》为代表的关注现实、反映现实的传统，创作演出了《丹心谱》、《小井胡同》、《狗爷儿涅槃》、《北京大爷》等一批优秀剧作，反映时代的精神，取得了良好的社会效果；2. 延续以《茶馆》为代表的表现北京风土人情、历史变迁的京味话剧传统，创作演出了《天下第一楼》、《鸟人》、《窝头会馆》等一批优秀剧作，使京味话剧得到更多观众的认同；3. 延续以《蔡文姬》为代表的历史剧传统，创作并演出了《李白》、《赵氏孤儿》、《知己》、《我们的荆轲》等优秀剧作，尤其是《李白》，不仅是北京人艺的保留剧目，也是当代历史剧创作的重要收获。而且不止于此，北京人艺在继承、弘扬传统的同时，还积极探索话剧在风格和表现形式上的多样性。其中《绝对信号》的演出被公认是中国大陆实验戏剧或探索戏剧的开山之作，也是继20世纪20年代爱美剧运动首倡小剧场演出之后的新一轮小剧场演出。在80年代初那样一个社会环境中，《绝对信号》能够上演并不是一件容易的事，当有人对《绝对信号》的演出提出质疑时，时任北京人艺院长的曹禺特意给剧组写信表明自己的态度，肯定"《绝对信号》剧组的优异成绩是北京人艺艺术传统的继续发展"，并特别强调："北京人艺从不故步自封，不原地踏步……北京人艺绝不能仅成为保留剧目的博物馆。"这充分说明，北京人艺并不满足于已取得的成绩，它不只是中国传统现实主义话剧传统的发扬光大者，也是新时期以来中国话剧变革的先行者。

第三，北京人艺在创立自己的演剧学派，不断推出一部部舞台精品的过程中，还培养了自己的演艺人才，壮大了剧院的演员队伍。北京人艺建院之初，演员来自全国各地，水平也参差不齐，大多没有受过系统的训练。用焦菊隐的话说："演员还太年轻（平均都是二十多岁的青年），演戏的基本训练的基础远还不够，还很缺少作为一个好演员的条件之一：技术的基础。"

为此焦菊隐从执导《龙须沟》时就注重对演员的培训，通过深入体验生活、撰写角色小传，以及召开圆桌会议等形式，帮助演员正确把握角色性格，提高表演水平。《龙须沟》的成功，与焦菊隐对演员的培训有着直接的关联，著名演员于是之就从排练中获益不少，不仅帮助他在舞台上成功地塑造了程疯子形象，而且为其日后的发展奠定了重要的基础。此外，从1958年开始，北京人艺在院内陆续开办了六届演员表演训练班和一届舞台美术班，为剧院和社会培养了大批新人，北京人艺的不少著名演员如任宝贤、修宗迪、韩善续、冯远征、杨立新、吴刚、丁志诚等都出自上述表演训练班。特别值得一提的是1987年北京人艺与中央戏剧学院联合开办表演"八七"班，更是培养出了像梁冠华、宋丹丹、徐帆、何冰、陈小艺、龚丽君、王姬、郑天玮、胡军、王斑、江珊等一大批活跃在当今话剧和影视舞台上优秀演员。正是有了这些新人的接替，北京人艺很好地完成了新老交接的过渡，薪尽火传，长盛不衰。

作为一个专业的话剧院团，若能在以上三条中占据一条，已是足以骄人的资本，更何况三条都具备呢！但实际上，这三条又是相辅相成，相互依存的：没有正确的、行之有效的演剧理论和方法，难以创作出舞台精品和形成自己独特的风格，也难以培养出新一代的表演艺术家；而没有能够运用新方法，实践新理论的演员，也不可能彻底改变先前话剧界存在的种种陋习，不可能创立一种全新的剧场艺术。这是当初莫斯科艺术剧院成功的经验，而北京人艺之所以能在中国当代话剧舞台上占有一个特殊的位置，同样是因为这三者并重，且达到了其他剧团难以企及的境界。

按照中国古人的说法，六十年为一甲子，是一个历史时段的结束，同时也意味着另一个历史时段的开始。在过去的六十年里，北京人艺从蹒跚学步的幼童成长为“神态质朴，文采风流的壮年”（曹禺语），从一个包括话剧队、歌剧队、舞蹈队和乐队等在内的综合性文艺团体发展成为享誉海内外的专业话剧院团，可以毫无愧色地置身于世界一流剧院之列；而在接下来的新的历史时段里，北京人艺又会以怎样的态势来面对时代的挑战与机遇呢？我们现在虽难以作出准确的预测，但鉴往可以识来，温故可以知新，相信有六十年成长经验、教训的北京人艺定能审时度势，居高望远，与时俱进，继往开来，在导、表演理论、保留剧目和培养新人三个方面都有新的建树，延续往昔的辉煌并实现自我超越。

邹红　北京师范大学文学院教授

来源：《戏剧文学》2012 年 07 期

【观点】 北京人艺　六十年风华依旧

◎刘玉琴　徐　馨　任姗姗

很少有哪一家剧院，像北京人艺这样惹人关注：周恩来、邓小平等党和国家领导人曾助推其发展；曹禺、老舍、郭沫若等文学泰斗为其创作剧本，一批话剧及影视名家从这里走出……每逢院庆，如今天的建院 60 周年纪念，演出与纪念活动都声势浩大——展示这家剧院傲人的家底，见证众人的关爱与期待。

北京人艺何以具有这般的影响力和吸引力？其成功的经验与待解的难题，对其他艺术院团有何启示？

夜幕降临，北京王府井大街 22 号的首都剧场醒来。剧院外高大的国槐树影婆娑，空气中弥漫着浓浓的槐花香；剧院内刚刚合拢的木质大门和大厅上方华美的藻井，似乎讲述着这座艺术殿堂半个多世纪的传奇。

立足人民，成就人民的艺术剧院

85 岁高龄的表演艺术家蓝天野对 60 年前的 6 月 12 日，铭记在心。1952 年 6 月 12 日，初夏的晚霞尚未褪去绯红，北京市东城区史家胡同 56 号（今 20 号）紫罗飘香。时任北京市副市长的吴晗代表北京市政府郑重宣布了北京人民艺术剧院成立：剧作家曹禺任院长，戏剧家焦菊隐和欧阳山尊任副院长，赵起扬为秘书长。欧阳予倩、张庚、老舍、李伯钊、廖沫沙……一批大家见证了人艺的诞生。“这真是一个激动人心的好消息！”蓝天野回忆道。当时新中国成立不久，党的文艺政策要求文艺团体走向专业化，由曹禺、焦菊隐、欧阳山尊、赵起扬，人称“四巨头”领衔的北京人艺从此有了“主心骨”，明确了为人民创作的艺术方向。

为人民创作，这是这家以“人民”命名的剧院最初的自我定位，也是她半个多世纪实践的方向与艺术传统之一。剧院成立“第一件事”，就是来了个半年的“下厂下乡”。“这半年里，大家不仅真正地深入到生活里，还交了许多朋友，提炼创作了《夫妻之间》、《喜事》，又另选了两部小戏，在北京大华电影院连演 55 场，很受欢迎。”蓝天野说。四年后，北京人艺有了自己的剧场——在周恩来总理关怀下，由著名建筑师林乐义设计的首都剧场，为日后剧院的发展奠定了重要基础。

从建院那一年的四部小戏，到后来的《龙须沟》、《雷雨》、《茶馆》、《天下第一楼》、《窝头会馆》，60年来，在北京人艺上演的众多剧目中，现实主义作品占据了相当大的比重。而由焦菊隐开创的“话剧民族化”的探索方向，则是北京人艺另一重要的艺术传统，这是北京人艺区别于其他以现实主义风格为主体的剧院的标识，如《蔡文姬》、《狗儿爷涅槃》。正是在多种艺术风格的影响下，人艺创作出诸多经典。

为人民创作，还体现在对观众的尊重。首任院长曹禺在《群众是我们心中的圣人》一文中曾写道我们“尊重群众，尊重人艺之友的呼声，因为你们在我们心中才是圣人，真正的圣人。”把观众视为师友，为戏剧艺术源源不断地培养观众，是北京人艺聚拢几代“戏迷”的关键。跨入又一轮甲子的人艺，即将开辟专门的剧场，为开展群众戏剧创造条件，届时，这家剧院与广大观众之间的纽带将更加坚固。

出人出戏，缔造艺术的辉煌

北京人艺为何一直葆有魅力？曹禺曾说：“在我看来，最重要的是艺术家对艺术的痴迷热爱，对戏剧艺术锲而不舍、精益求精的治艺精神”；蓝天野说：“如果说北京人艺有什么经验的话，那就是深厚的生活基础，深刻的内心体验，鲜明的人物形象，再加上创作人员对于提升自身文化修养的不断追求”。

而对广大观众来说，北京人艺的魅力就在于：这儿的戏有品质保障，值得期待。这样的口碑，离不开多年来北京人艺对戏剧文学的重视。重视剧本、尊重编剧、广泛团结创作人才是人艺传统。这里，曾一度有“小作协”的美誉，用老导演苏民的话说，“那全是曹禺亲自去拜访的结果。”《李白》的创作者郭启宏就是由曹禺调进北京人艺的。近年来，剧院广纳贤士，刘恒、徐坤、万方等影视作家、小说家陆续拿出戏剧剧本；去年，刘恒、莫言、邹静之等十位作家被聘为北京人艺名誉编剧。与此同时，人艺严把剧本质量关，宁缺毋滥，当年连老舍的剧本都曾被“枪毙”过。

在北京人艺，一部新剧与观众见面之前需过好几道“关”，最重要的便是“艺委会”。据郭启宏介绍，“艺委会”鼎盛时期有30多人，蓝天野、朱旭、郑榕、林兆华、顾威、宋丹丹等都是成员。“一个戏如果质量不过关，就算已排练很久，也会被‘拿下’。”一个优秀剧本要成为舞台上的经典，不知要经过主创者和观众们多少次打磨。《茶馆》一开场经典的“八张桌子”是焦菊隐的精心安排，剧本流畅清晰的结构也得益于老舍与焦菊隐的共同修改；《李白》从写作到首演，修改数遍，在近年的复演中也常常边排边改。

最终让文学人物鲜活地“立”于舞台的，是演员的表演。从舒绣文、刁光覃、田冲、于是之、朱琳、董行佶、林连昆、朱旭、郑榕、蓝天野，到濮存昕、何冰、梁冠华、宋丹丹、徐帆，几代优秀演员所塑造的王掌柜、程疯子、虎妞、狗儿爷等形象，深入人心。人艺的演员为何光华灿然？那是源于对艺术的痴迷与热爱，正如人艺排练场上悬挂的四个大字：戏比天大。

“没有小角色，只有小演员”是人艺精神的另一重境界。许多艺术家花费大量时间和精力体验生活，常为一个角色写满一本的“创作日记”。在于是之看来：“我们所创造的形象必须是一个文学的形象，美术的形象，可以入诗，可以入画的形象。一个玩世不恭的演员，连一个玩世不恭的角色都演不好”。黄宗洛所塑造的人物，多是没台词的龙套或只有几句话的小角色。为演好《龙须沟》里一个卖酸梨的角色，他寒冬腊月跟着卖梨的老人做了半个月买卖，而到了演出时，这个角色猫在窝棚旮旯，一声不吭一动不动，背对台口，连灯光也打不到。

这些名家之所以从演员成长为艺术家，还离不开自身的文化艺术修养。于是之、郑榕、蓝天野、朱旭、苏民、濮存昕，无不是诗书画才艺兼备，无不是多年浸润在中国传统文化之中，还有许多年轻演员也在不断加强自我学习——不为别的，就为心中的艺术梦想。如北京人艺副院长任鸣所说，北京人艺是“圣洁的舞台，让人敬畏的殿堂”，许多影视明星如濮存昕、宋丹丹，只要剧院召唤，就会回到这个舞台——在他们心中，与影视相比，戏剧的力量更纯粹；和其他剧场相比，首都剧场的舞台更有魅力。

在人艺舞台上演了48年戏的林连昆，曾为他热爱的观众写下这样的诗句：

我如果高高在上地要“改造”你，你就会远离我，匆匆地走去。

我如果用虚假来欺骗你、迎合你，你就会再也不上我的当。

谁要把你当作“艺盲”或“阿斗”，你就把谁看作浅薄……

也许，这首诗就能诠释北京人艺演员为何能自我成全，自我尊重。那是缘于他们始终如一的艺术信仰和追求。

探索前行，导演成为看家之宝

“人们常说北京人艺是曹禺、老舍、郭沫若的剧院，其实这也是一个导演起着重要作用的剧院。”北京人艺之所以是中国当代戏剧的骄傲，不仅因为这里的经典剧目和艺术家，还因为这里的导演——是他们诠释剧本，引导演员，调动声音舞美，最终让剧本文学蜕变成立体的舞台作品；是他们个人的艺术风格，影响甚至决定着剧院的艺术特质与方向。

迄今为止，北京人艺只有一人获得“总导演”的殊荣，那就是焦菊隐。在人们的回忆中，焦菊隐是那个高大，不苟言笑，喜欢在冬天穿着黑色大衣的人，那个严禁任何人随意进出排练场的人，那个毫不留情批评大演员的人，那个在黑暗的岁月中独居阴冷小屋，最终带着不甘离去的人……北京人艺乃至中国戏剧之所以感谢他，则因为他提出并实践的探索话剧的中国学派——惟其如此，来自欧洲的“话剧”才能在中国落地生根；惟其如此，中国话剧才更有资本在世界剧坛独树一帜。

由焦菊隐提出话剧中国学派的主张是一种必然。他学贯中西，曾任京剧科班中华戏曲学校校长，后获得巴黎大学博士学位，翻译苏联戏剧家丹钦科的专著以及契诃夫的作品；上世纪50年代政府提出西方艺术民族化，则成为他倡导话剧民族化的催化剂。在苏民看来，焦菊隐导演学派的起点是扎根于民族生活土壤的《龙须沟》；使用戏曲程式与锣鼓点的《虎符》，是话剧民族化的突破，但流于形式；《蔡文姬》则是焦菊隐对戏曲美学，乃至传统文化精神的化用，这一点同样体现在《茶馆》中。遗憾的是，因为时代与疾病的摧残，焦先生渐入佳境的艺术探索不得不戛然停止。

与焦菊隐几乎同时代的，北京人艺还有三位重要导演：欧阳山尊、夏淳、梅阡；其后，有田冲、刁光覃、方琯德，苏民、蓝天野，以及顾威、任鸣等几代人接棒。《骆驼祥子》、《雷雨》、《天下第一楼》……这一导演群体偏重写实的生活气息浓厚的现实主义风格，强调讲述本土故事，为后人留下许多保留剧目。同时，其表现手法各有特色，如欧阳山尊有较强革新意识，苏民注重融汇传统文化精神等。在人艺导演李六乙看来，老一辈导演深厚的人文素养、对艺术的真诚，以及对作品现实意义的强调，同样有待后辈继承。

艺术个性鲜明、争议不断的林兆华和李六乙，则是北京人艺另一个重要的导演群体。正是被人艺现实主义土壤滋养的他们，用数十年的实践开拓着焦菊隐倡导的戏剧本土化之路，并将成果带回戏剧故乡欧洲的戏剧殿堂。较早肯定这一点的，是于是之：北京人艺建院40周年，他着重提到两个导演的三个戏，焦菊隐的《龙须沟》、《虎符》，林兆华的《绝对信号》。

1982年，林兆华导演的《绝对信号》成为第一部中国小剧场话剧，从这部戏开始，林兆华更加有意识地借鉴传统戏曲和说唱艺术的美学精神与表演精华，这一点在《狗儿爷涅槃》达到第一次高峰：模糊了场次和时空，流畅地表现出主人公数十个内心片段，一气呵成。在《哈姆雷特》、《建筑大师》等数十部作品中，受传统表演艺术启发，林兆华逐渐将探索重心放在表演上。焦菊隐初步提出的对戏曲美学精神的化用、对自然表演的追求、对扮演意识及戏剧假定性的强调，在林兆华的舞台实践中得到了发展。同时，林兆华有自己的建树，如创造表演多重结构、探索演员在多重角色与表演状态中的切换等。李六乙不仅迷恋中国戏曲，而且有较深厚的理论根基。在探索戏剧中国学派的路上，他明确提出做“纯粹戏剧”，“戏剧就是处理时间和空间，把不可见的时间空间化、形象化，把空间变成一个过程、时间化”。他导演的《北京人》、《推销员之死》就是大胆的实践。

“这两位导演对不同艺术风格的探索，是对北京人艺的丰富。”戏剧理论家刘厚生认为，两人对人艺的另一大贡献正在于此。这一点在林兆华作品中尤其明显，《野人》空灵，《红白喜事》写实，《赵氏孤儿》则用许多反常规的调度和冷静的表演赋予全剧凛然之气。正是这些不断探索的导演，让人艺的作品丰富起来并保持上乘品格。

瞩目未来，尚需负重前行

回望，为了更好地出发。不过，和许多院团一样，人艺的未来并非坦途。人才与观众的流失就是两大难题。上世纪90年代以来，文化得到宝贵的发展机遇，但随着市场经济的发展，许多演员被影视文化吸引，戏剧观众也被分流，上游缺好剧本、好演员，下游缺观众，这也是许多院团的困境。

面对"剧本荒"，人艺现任院长张和平感触很深，"处在转型期的人容易浮躁，文学创作水平也下降了——作者对生活的深入显然不够，文学中思想的力量也很薄弱。"对这一点，李六乙开出的"药方"是：物欲少一点，责任心多一点；虚假少一点，自我表达的真诚多一点。不过，文学质量的提升非一日之功，何况好剧本的出现可遇不可求。

原创剧本差强人意，人艺其实还有一条路可走，即排演世界经典名剧。早在上世纪50年代，欧阳山尊就将契诃夫的《三姐妹》搬上舞台，后又有《洋麻将》、《悭吝人》，不过这个传统在北京人艺中断已久。排演名剧，是国有剧院应承担的传播经典的责任，又有助于训练创作团队、培养高品位的观众。不过，这要承担一定的票房风险。谁来买单呢？这涉及到在市场经济条件下，文艺团体的定位与发展——又一个转型期的时代命题。

和其他艺术院团不同，有些挑战为人艺独有。最突出的，就是对自我风格的认同，这关乎人艺对传统的认识与未来的方向。撰写此稿，笔者采访了许多人艺艺术家和戏剧理论工作者，写实？京味？欧洲戏剧的本土化？人们各持己见。或许回到人艺艺术道路的起点，焦先生开拓的话剧的中国学派之路，最贴近这家剧院的艺术基因。

不管艺术风格的认同几时达成共识，在张和平看来，创新与包容应是北京人艺应有的精神，"作为国家剧院，人艺首先坚持主流的现实主义艺术观，同时上演其他风格的剧目。如何做到真正意义上创作的百花齐放、百家争鸣，是大课题、大考验。"饶有意味的是，在今年下半年的中国小剧场话剧30周年纪念中，张和平对北京人艺的演出做了这样的设计：大剧场上演由老艺术家蓝天野、郑榕领衔的院庆新戏；小剧场上演一部新创的由林兆华导演的小剧场话剧，对传统的尊重，对现实的关切，对创新和包容的提倡，正在其中。

就在采访张和平时，剧院党委书记马欣推门说道："演出录像的3D效果出来了，要不要看一看？"戴上特制眼镜，李六乙导演的《北京人》在屏幕上立体了起来，为观众增添几分剧场感，也让演员的表演得到更生动的留存。在不远的未来，北京人艺东扩工程即将开始，其硬件环境将在世界同行中首屈一指。这家有传统、有经典、有对艺术的敬畏之心，又有政府大力支持的艺术剧院，承载着傲人的家底和天时地利人和的机遇，真诚期望北京人艺迎难而上，不断擦亮自己的金字招牌。

摘自《人民日报》2012年6月7日

【媒体视点】守住本来　吸纳外来　着眼未来——北京人艺建院六十周年学术研讨会侧记

◎高艳鸽

2012年6月11日，由北京市委宣传部主办、北京人艺承办的北京人民艺术剧院建院60周年学术研讨会在京举办。正如北京人艺院长张和平所说，重视艺术总结和学术建设是北京人艺多年来形成的传统，本次研讨会以"北京人民艺术剧院——历史·当代·未来"为主题，50位参会代表就北京人艺的发展历程、艺术风格等话题讲述往事、发表看法。

面对北京人艺走过的60年，中国作协党组成员、副主席、戏剧评论家廖奔回顾了中国话剧走过的百年历程，“这期间中国话剧逐渐走向民族化、艺术化和正规化”。最初，中国话剧经历了日益摆脱认知误差、逐渐成熟化和艺术化的过程，曹禺的出现让这个过程定型，随后它又经历了日益民族化和普及化的过程，“民族战争和解放战争让话剧这一艺术形式在民众中生根，然而战乱时期的动荡环境也始终制约着话剧艺术品质和品位的提升”。

新中国成立后诞生的北京人艺，在廖奔看来是在和平稳定的局面下全面进行话剧艺术民族化探索的最大成果，“和话剧创作在初创时期和战争时期的仓促不同，北京人艺能够从容不迫地进行艺术探索”。60年前建院之初，北京人艺的4位创始人经过42小时的深入讨论，确定了办院方针：把北京人艺建设成为一个“莫斯科艺术剧院式的有自己独特风格的、有自己的理论体系和实际方法的中国自己的话剧院”。

在剧院建设和艺术质量上的高端化、正规化、精致化，成为北京人艺追求的目标。廖奔认为，这些决定了其演出的整体感，而导演焦菊隐和曹禺、老舍等戏剧大师的作品使北京人艺能够保持高规格并形成了自己鲜明的演剧风格。廖奔将其总结为京味儿现实主义，“京味儿是它的呈现方式，其内核是现实主义的表达方法”，这种风格在演出老舍戏剧的过程中形成并经由后来者如何冀平等剧作家的追随而发扬光大。

建院之后，经过近30年的奋斗，话剧《茶馆》走出了国门，又经过了10年，北京人艺获得了“国家级艺术殿堂”的称号。对此，北京人艺原艺术处处长张帆很感慨：“北京人艺成了没有‘国’字头的国家级艺术殿堂，真是来之不易。”历史总让人感怀，中国剧协名誉主席李默然形容北京人艺走过的60个年头“既平坦也偶尔遇到过坎坷，但为中国话剧走出了一条光辉之路”。

“作为话剧界的长者，我不希望全国的话剧院团都成为北京人艺，这不可能，也没有必要，但是北京人艺在制院方略、建设话剧阵地上的许多举措值得中国话剧人研究总结、认真学习。”李默然认为，北京人艺在建设一支高素质的队伍上树立了典范，无论是第一创作的剧作还是二度创作的导表演艺术、舞台美术等，均涌现出了一大批令中国话剧界骄傲的人才，保证了剧院的创作演出始终有着旺盛的青春活力和感人的艺术魅力。在李默然看来，北京人艺的可贵还在于，它是一个艺术理想清晰、艺术追求明确、艺术创作态度严谨的剧院，正因如此，它能够从来不受任何杂音的干扰，恪守自己的艺术理想和追求，“所以，北京人艺才会出现哪怕是在舞台上跑一辈子龙套的演员也会被人民誉为表演艺术家的现象”。北京人艺在艺术实践中辩证地把握传承和创新的做法也为李默然称赞，“在创作演出中既不忘中华民族的优良传统也会随着时代的前进不断进步、紧跟时代，从而做到了守住本来的、吸纳外来的、着眼未来的”。

60年间北京人艺的风格得以形成和延续，在廖奔看来，是因为一方面北京人艺具有强大的创作机能，能够不断推出新剧目，使其演出风格不断复制和延伸、获得更大的影响力；另一方面，是长期实行剧目保留制度，让一些成功剧目常演常新，“演出这些剧目是继承传统最有效的方法，也为剧院的艺术积累和风格延续提供了坚实的基础。”

1983年，北京人艺赴日本访问演出，在东京等四个城市演出了《茶馆》。那是日本翻译家饭塚容第一次观看中国的话剧，这部话剧让他和中国话剧特别是北京人艺结下了不解之缘，从此走上了研究中国现当代话剧的道路。几十年来，饭塚容观看了北京人艺的多部话剧作品，以一个海外学者的身份和眼光感知着这个剧院在不同年代的风貌。1992年，饭塚容在中国艺术研究院话剧研究所进修，适逢北京人艺40周年纪念演出，他再次观看了《茶馆》，并看到了更多的北京人艺剧目：英若诚和朱琳主演的《推销员之死》、濮存昕主演的《雷雨》等。“对于日本研究者来说，能够一下子看到这么多一流演员和代表性剧目，机会非常难得。”饭塚容说。也正是这些剧目让他彻底迷上了中国话剧，从此成为北京人艺的固定观众。2002年的50周年纪念演出，除了《天下第一楼》、《狗儿爷涅槃》、《茶馆》等复排的经典剧目，饭塚容还看到了小剧场新作:《无常女吊》、《第一次亲密接触》等，他的感受是“经典剧目风采依旧，同时新人新作层出不穷”。时光来到2012年，饭塚容对过去10年间的多部剧目印象深刻，《哗变》、《白鹿原》、《我这一辈子》、《关系》等。如今作为海外学者代表在研讨会上发言，饭塚容不禁感叹："北京人艺不仅是我作为一个戏剧研究人员的研究对象，而且也成了我生活的一部分。"

1980 年，北京人艺首次走出国门带着《茶馆》去德国演出，将中国的话剧展示给世界观众。之所以能够成行，离不开一位外国友人的帮助和推动，他就是西德学者乌韦·克劳特。1974 年，乌韦来到北京，作为外国专家在一家出版社工作，认识了翻译家英若诚，随后也认识了他的好朋友于是之。1976 年，乌韦第一次观看北京人艺的《茶馆》，"看后彻底爱上了它"，"看了好多遍"。他于是有了一个想法，将《茶馆》介绍给欧洲的观众，当即他给德国曼海姆民族剧院写信。但是很多人觉得这件事不可能，包括曹禺都觉得这是做梦。"欧洲人怎么能懂中国的话剧?"连乌韦自己都没想到，民族剧院很快回信，决定邀请《茶馆》去演出。1980 年 9 月起，《茶馆》奔赴德国的多个城市和法国、瑞士等地演出。国外观众能否接受，一开始谁心里都没底。但事实证明，外国观众认可了这部戏。乌韦回忆："以前外国观众觉得中国是一个遥远的神秘国度，但是通过这部戏他们发现，中国人和所有国家的人一样，会遇到好事和坏事，大家都有痛苦，有爱情，突然就觉得这个国家并不是那么遥远。"当时有文章这么写："我们离中国只有 30 米远。"30 米，就是观众席到舞台的距离。乌韦还记得，当时一家德国剧院的领导看了《茶馆》后很激动，跑到后台对演员们说，"在你们的戏里没有配角、每个人都是主角，你们的戏很国际化，达到了世界水平，可以去全世界演出。"

摘自《中国艺术报》2012 年 6 月 13 日

儿童剧创作演出

【《文化部办公厅关于印发〈第七届全国儿童剧优秀剧目展演获奖名单的通知〉》】

各省、自治区、直辖市文化厅（局），新疆生产建设兵团文化广播电视局，中国儿童艺术剧院：

由文化部主办，文化部艺术司、宁波市人民政府承办的第七届全国儿童剧优秀剧目展演于2012年5月31日至6月15日在浙江省宁波市举行。这是党的十七届六中全会召开之后、党的十八大召开之前举办的一次全国性重要文化艺术活动。本次展演共有26台优秀儿童剧参加，集中展示了近3年来全国儿童戏剧创作的优秀成果和人才培养的最新成就。

经评委会认真评选，第七届全国儿童剧优秀剧目展演共评出“优秀剧目奖”11名（其中《麻达历险记》与《马可·波罗与大熊猫》并列）、“优秀演出奖”15名，“编剧奖”5名、“导演奖”6名、“优秀表演奖”10名、“表演奖”19名，“组织工作奖”4名。现将获奖名单印发给你们，请以适当方式对获奖的演出单位和个人予以表彰，以激励全国儿童戏剧工作者为进一步推动儿童戏剧艺术事业的繁荣发展做出更大的贡献。

特此通知。

二〇一二年六月二十八日

第七届全国儿童剧优秀剧目展演获奖名单

优秀剧目奖

《特殊作业》	中国儿童艺术剧院
《水晶之心》	辽宁儿童艺术剧院
《小英雄雨来》	河北省唐山市丰润区评剧团
《水姑娘》	吉林市话剧团
《神奇的田螺壳》	宁波演艺集团
《留守小孩》	江苏省金坛市华罗庚艺术团
《我的麦哲伦海峡》	济南市儿童艺术剧院
《琪琪的红舞鞋》	浙江话剧团有限公司
《成长的快乐》	中国福利会儿童艺术剧院
《麻达历险记》	福建人民艺术剧院
《马可·波罗与大熊猫》	成都艺术剧院木偶皮影剧团

优秀演出奖

《金凤凰》	浙江省平阳县木偶剧团
《刘胡兰》	山西省吕梁市晋剧院有限公司
《七夕的传说》	天津市儿童艺术剧院
《金鱼与渔夫》	斗斗创艺（北京）国际文化有限公司
《拇指姑娘》	安徽省话剧院有限责任公司
《童谣·我们的 1949》	昆明银杏剧社
《谁是朋友》	广东省话剧院有限公司
《太阳神鸟》	陕西省民间艺术剧院有限公司
《九尾玄狐》	中国戏曲学院附属中等戏曲学校
《天鹅琴》	兰州市儿童艺术剧团
《金星花——小萝卜头》	福建省晋江市掌中木偶剧团
《TEXT·课本总动员》	四川人民艺术剧院
《“哥德堡号”与魔法圣杯》	北京缤纷无限儿童艺术剧团
《孙悟空三打白骨精》	山西省孝义市木偶剧团
《阳光少年》	乌鲁木齐市艺术剧院

编剧奖

《小英雄雨来》	孙德民、刘作民、王景衡
《水姑娘》	陆吉平、孙喜军
《成长的快乐》	汪　浩
《刘胡兰》	曲润海、戴英禄、邹忆青
《金凤凰》	沈经伟、赵　阳

导演奖

《特殊作业》	廖向红
《水晶之心》	宋国锋、刘若云
《神奇的田螺壳》	翁国生

《七夕的传说》	马　路
《琪琪的红舞鞋》	钟　浩
《拇指姑娘》	许曼地

优秀表演奖

《特殊作业》	“陈母”饰演者　薛　白
《刘胡兰》	“刘胡兰”饰演者　李莉芳
《水晶之心》	“马奶奶”饰演者　李冬梅
《小英雄雨来》	“雨来”饰演者　张岳云
《九尾玄狐》	“九尾玄狐”饰演者　张　琦
《琪琪的红舞鞋》	“琪琪”饰演者　涂嫒嫒
《谁是朋友》	“梦梦”饰演者　刘红韵
《金星花——小萝卜头》	“江姐”饰演者　蔡美娜
《神奇的田螺壳》	“谢小妹”饰演者　徐薇薇
《TEXT · 课本总动员》	“小蚂蚁”饰演者　鲁文婷

表演奖

《童谣 · 我们的 1949》	“春花”饰演者　阮　佳
《童谣 · 我们的 1949》	“小莉”饰演者　缪立极
《我的麦哲伦海峡》	“吕小远”饰演者　刘　岳
《麻达历险记》	“黄狗”饰演者　周　琳
《金鱼与渔夫》	“渔婆”饰演者　刘思秀
《七夕的传说》	“喜鹊婆婆”饰演者　丑菁琇
《留守小孩》	“石头”饰演者　丁小熊
《成长的快乐》	“虎王”饰演者　倪　晔
《金星花——小萝卜头》	“小萝卜头”饰演者　林静如
《“哥德堡号”与魔法圣杯》	“大龙”饰演者　宋建霖
《天鹅琴》	“柯尔达”饰演者　刘　娟
《天鹅琴》	“黑鹰怪”饰演者　马晓红
《太阳神鸟》	“豆豆”饰演者　闫　娟
《水姑娘》	“水姑娘”饰演者　王　闯
《金凤凰》	“丽丽”饰演者　毛秀英
《阳光少年》	“九西坤”饰演者　肖　玲
《孙悟空三打白骨精》	“白骨精”饰演者　赵桂芬
《TEXT · 课本总动员》	“陶小乐”饰演者　李　龙
《马可 · 波罗与大熊猫》	“小生”饰演者　夏　欢

组织工作奖

宁波市文化广电新闻出版局
鄞州区人民政府
镇海区人民政府
北仑区人民政府

【第 2 届中国儿童戏剧节】

2012 年 7 月 13 日，由中国儿童艺术剧院主办的第 2 届中国儿童戏剧节在中国儿童剧场开幕。第 2 届中国儿童戏剧节历时 43 天，涵盖 27 部国内外优秀剧目，演出 163 场。

在开幕式现场中国儿童剧场的舞台上呈现一个长 13 米宽 7.5 米的巨型 LED 大屏，引领在场的嘉宾和观众见证回忆首届中国儿童戏剧节的美好时光。随后第 2 届中国儿童戏剧节组委会主席、中国儿童艺术剧院院长、中国儿童戏剧研究会会长周予援致开幕词。

此次展演剧目品种多样，风格各异，题材广泛，内容丰富，表现手法体现了传统与创新的结合，不仅有国内优秀儿童剧，还有来自日本、加拿大、捷克、阿根廷等国际及港台优秀剧目，以北京为中心，在苏州、大连、广州、深圳、佛山、宁波、湖州、萧山等地进行全国巡演，同时组织优秀儿童剧深入社区、公园、农村等进行基层巡演。戏剧节期间，还开展儿童戏剧研讨、交流和体验等艺术性与参与性同时兼顾的活动，来自多个国家的儿童戏剧人齐聚北京，共同探讨儿童戏剧事业的现状和发展前景。

【全国儿童剧创作学术研讨会】

2012 年 6 月 14 日，第 7 届全国儿童剧优秀剧目展演系列活动之一——全国儿童剧创作学术研讨会在宁波举行。来自全国知名儿童剧院团、儿童剧创作、表演、评论、推广等方面的数十位专家出席了研讨会

【媒体视点】 儿童剧： 想说爱你不容易

◎徐　健

2012 年 8 月 26 日，由中国儿艺主办的第 2 届中国儿童戏剧节在北京落下帷幕。自 7 月 13 日以来，在 43 天时间里，此届戏剧节集中展示了 36 台优秀剧目，演出 184 场，共有 12 万人次观众走进剧场，同时还开展了公益演出、儿童戏剧夏令营、儿童戏剧工作坊、儿童戏剧主题公园、演员见面会等 13 项丰富多彩的儿童戏剧交流活动。而就在两个多月之前，由文化部主办的第 7 届全国儿童剧优秀剧目展演在宁波举行，26 台少儿剧目参加演出。这么短时间内，一南一北两大儿童剧展演活动、两场高规格的儿童剧创作研讨会，一时间让儿童剧成为戏剧界和媒体关注的焦点。而除去国外演出剧目，50 余台的剧目数量，也让我们看到了当前国有院团、民营院团儿童剧创作的生存现状和整体水平。

从 1982 年首次由文化部举办全国儿童剧观摩演出展演以来，30 年过去了，时代发生了巨大变化，儿童剧也出现了新内容、新面貌。但在儿童剧编剧陈传敏看来，“变化并不大，30 年之前我们在给孩子们讲海的女儿、白雪公主，30 年之后我们还在讲，不是说这个故事不好，但是这个故事我们应该怎么讲，是用 30 年前的方式还是 30 年后的方式”。为什么会出现这样的感受？儿童剧离孩子们的距离是近了，还是远了？还有哪些声音值得倾听？日前，在中国儿艺举办的儿童剧创作研讨会上，来自全国儿童剧院团的领军人物就新环境下儿童剧面临的机遇和挑战各抒己见。他们的声音一定程度上反映了当前儿童剧创作的问题，其中，怎样让儿童剧更贴近当代孩子们的心灵世界，让儿童剧不再是幼稚、弱智的代名词，成为大家关注的焦点。

剧场不是游乐园，游戏背后要有内容

儿童教育家孙云晓认为，一个孩子在童年时期至少要看 10 部儿童剧。可见，儿童剧在儿童的成长过程中发挥着极其重要的作用。中国目前拥有 3.8 亿儿童，从理论上来讲，儿童剧的市场好像是无限广

阔的，但实际上由于社会经济发展的不平衡，真正有意愿又有经济能力通过走进剧场的方式观看儿童剧的观众是非常有限的。那么，让这有限的儿童观众利用好剧场空间，完成一次奇妙的戏剧之旅就显得尤为重要。然而，在一些业内人士看来，我们的儿童剧创作由于受到市场的影响正出现一些值得注意的倾向。表现之一，用剧场互动游戏、人偶代替舞台表演。

武汉人艺副院长冷佳华指出，现在来看儿童剧的多是学龄前儿童，为了调动现场气氛，很多戏演着演着就让孩子们上台加入互动。无论好不好看，反正孩子们乐了，家长们也高兴。曾经有一个民营剧团上演了一出根据热播动画片改编的舞台剧，场场爆满，戏的内容大概只讲了 20 分钟，剩下将近 40 分钟全部做游戏。难道儿童剧就应该这么发展吗？武汉人艺有一台音乐戏剧《金鱼与渔夫》，演出后观众反响不错，但是演出商却让我们改成人偶，这样就能放录音而且谁都可以演。她认为，偶型剧作为一种样式孩子们爱看，舞台也可以尝试，但是这种形式过多会极大地扼杀演员表演带来的丰富性、鲜活性。于是，现在儿童剧创作越来越难。面对市场与创作之间的博弈，她认为，儿童剧不能变成游乐场，还是应该在形式之外，多注重内容、情感的传递，让孩子们既能切身感受现场表演的魅力，又能从中找到自己情感的共鸣点和对周围世界的独特发现。

儿童剧一味“低龄化”、“童话化”有碍长远发展

浙江话剧团有限公司的吴燕琳说，她的孩子 12 岁了，孩子所看过的很多书，目前我们舞台上都没出现过，比如《查理的巧克力工厂》。当她要排《小红帽》时，孩子说“太幼稚了”，根本不愿意看。对此，很多从业者都有同感。冷佳华认为，现在基本都是名著改编，如安徒生、格林、普希金的童话都被搬上了舞台，永远都是青蛙王子、灰姑娘、白雪公主，故事还是那个故事，形式则更趋同。“我做一个剧出来，孩子不屑一顾，说你太幼稚了，那还是客气，甚至可能会说你的东西弱智。”冷佳华感叹道。“低龄化”、“童话化”成为当前儿童剧创作另一个值得关注的倾向。在信息爆炸、媒介手段多元的今天，孩子们能够接触的信息多了、视野更开阔了，网络、动漫、电子游戏等已成为孩子们认识世界、学习娱乐的主要工具。但我们的儿童剧创作却在一个狭窄的空间内、在有限的题材资源中困守，过于保守，这显然脱离现实，无助于儿童剧的长远发展。对此，戏剧评论家程式如希望创作者要走进生活、走进儿童的内心世界寻找素材。“不管是编剧、导演、舞台美术设计，还是演员，首要的任务就是了解当代的儿童，也要熟悉我们古代的、近代的、世界各国的儿童；不光要排好戏，还要了解世界各国的儿童文学、儿童戏剧的情况，到儿童文学中寻找素材。”她建议儿童剧创作者多走进幼儿园、小学、中学，甚至也走进大学，了解当代儿童，了解他们需要什么、有什么困惑、有什么难题，因为他们才是我们的观众。而对于现在童话儿童剧过多的现象，她认为，这类题材可以经常演出，但是现实题材更能引起孩子们的共鸣。中国儿艺的《特殊作业》之所以能打动儿童观众，就是因为贴近时代。现实中有很多新鲜的题材，创作者要善于带着童心去发现生活、感悟生活。

获奖需求与市场需求之间的矛盾难以协调

我们到底需要什么样的剧本？与儿童剧打了 30 多年交道的陈传敏就剧本问题道出了自己的困惑。他认为，现在儿童剧创作存在着一个比较明显的矛盾，就是获奖需求与市场需求的矛盾。

“相关主管部门需要我们搞一些非常深刻的、能够揭示当今社会重大问题的儿童剧作品，但是这些作品很难真正进入市场，那么，如果要完全按照市场需求创作呢，这样的作品通常又获不了大奖。”陈传敏认为，儿童剧市场中有很多的规律值得总结，这需要我们潜下心来，多在如何提升创作上下工夫，寻找市场与创作的平衡点，让家长们真心愿意为孩子们花钱走进剧场。

此外，一些儿童剧为了吸引儿童观众眼球、满足获奖需求，舞台演出中过多运用大制作、声光电等外在技术手段的倾向也引起了业内人士的关注。炫目的舞台形式虽然能吸引孩子们的目光，给他们带来无比快乐的视听感受，但是很容易走向另一个极端，即片面以为大制作就能让更多孩子走进剧场。同时，一些过度依赖大量舞台装置搭建起来的布景很难到搬外地巡回演出，造成舞台资源的浪费。与之相比，一些参加本届中国儿童戏剧节的国外儿童剧，像捷克第一黑光剧团的《光之魅影》、日本道化剧团

的视觉舞台剧《身体・变变变》等，在舞台创造和演出理念上都给我们带来了新的思考。如后者利用光的效果，仅仅用白色的毛巾、浴巾、手套等就变出了天鹅、门，甚至天上飞的“超人”，充满了神奇的想象力。与会者表示，儿童剧的形式要创新，但仅此不够，打开创作者的艺术思维，找到舞台与儿童对话的艺术语汇，把舞台还给儿童，这才是最重要的。

成人思准不能代替孩子的想象世界

由于儿童剧的作者都是成人，创作中很容易出现成人思维代替儿童思维的现象，这也成为当下儿童剧创作远离儿童观众的一个原因。戏剧评论家李庆成认为，成人剧作家愿意写儿童剧，这是好事，但是有一个问题，写成人剧与写儿童剧并不能画等号。创作者必须要尊重儿童，要有童心，不能把自己的成人理念硬塞给儿童。这里所谓的“童心”，从表层看，是让孩子愿意看，能够感兴趣，从深层看，就是要感染他，要让他感动。孩子们看戏有时候会流眼泪，那就是感动他了。这两个层面缺一不可。陈传敏认为，并不是任何一个人都能做儿童剧编剧。无论是给孩子们讲安徒生的故事、格林的故事，还是讲他们身边发生的故事，编剧都必须建立在比孩子更高一级的智商基础上，只有这样才能够创作出获得孩子认可的作品。

程式如说，10 前年，我们有些同志在一起议论的就是搞笑风在污染儿童剧，还有一种倾向，什么剧都在台上抹鼻涕，我打你一下、你推我一下，这都是在用成人的眼光来误解孩子们的想象世界。儿童剧不是教育剧、道德剧，广东省话剧院朱芳认为，通过戏剧手段帮助少年儿童辨别什么才是真善美比一般性的教育要亲切。我们到学校里演出，学校会觉得我们比他们做思想教育课的效果好很多，这就说明儿童剧能受欢迎最终还是取决于戏剧的品质。

摘自《文艺报》2012 年 9 月 10 日

【观点】 文学改编儿童剧走向大市场——评《“下次开船”港》兼议儿童剧发展

◎周思明

检视国内文艺演出市场，能为孩子们喜闻乐见的儿童题材作品似乎并不多，而符合小观众观赏需求的现实题材作品更是少见。许多剧目为了迎合市场需求，将惊悚、奇幻、变形、夸张、搞笑、无厘头的元素融入作品，以期赚取大把钞票。随着游戏、动画片等快餐文化的崛起，许多孩子不再接触舞台艺术，相当一部分孩子并不了解儿童剧。权威资料表明：仅在五六年前，中国的儿童剧市场几乎是空白。某剧团一年中有 98% 的演出为包场，2% 是商业运作，卖散票；现在完全倒过来，98% 的演出为商业运作，2% 是包场。此外，全国儿童剧院团普遍存在编剧队伍较弱的问题，特别是被推向市场后，儿童剧更是陷入剧本荒。目前全国专门从事儿童剧剧本创作的不到 20 人，创作一部儿童剧的收入最多只是影视剧收入的十几分之一。有关单位也曾面向社会征集剧本，但有亮点的作品凤毛麟角。

因此，由河北省话剧院儿童剧团创排的儿童剧《“下次开船”港》便显得很有意义，这是该话剧院第一次将严文井的经典之作搬上舞台，趣味盎然的剧情、积极向上的主题、精湛考究的艺术，磁石般地吸引了广大家长和小朋友的注意力，使他们争相拥入剧场。

《“下次开船”港》是我国儿童文学作家严文井的一部童话作品，讲述了主人公唐小西老是“玩儿不够”，总把功课留到“下次”再做，结果气跑了时间小人，又在灰老鼠的教唆下进入“下一次开船港”。故事通过富有神奇色彩的幻想故事，告诉小读者：懒惰就是时间的停滞、生命的浪费。而据同名小说改编的儿童剧则以音乐剧的形式亮相。演出伊始，热闹的歌舞一下子就将观众带入了故事情节中，小朋友们跟着唐小西一起贪玩，一起唱一起跳，当洋铁人、白瓷人、灰老鼠三个坏蛋逃到台下时，孩子们义愤填膺，生气地追打，为唐小西加油助威，和台上的人物积极互动交流。演出不但互动性强，且音乐舞蹈大开大合，歌唱、形体表演都有突破，舞蹈动作夸张、节奏紧凑，把观众带进了真正的童话世界。

如今的艺术创作，往往绕不开“市场”这道坎儿。什么剧看的人多，剧院就会多排什么剧。

因此，当前的儿童剧整体上呈现价值多元乃至价值混乱的趋势，许多剧目只要票房，不管质量好坏及对孩子的影响。在当代社会，儿童剧不仅仅是一门启蒙艺术，更是一种人文情怀，有可能影响一个人一生的价值观、世界观、人生观的形成，在他（她）的心灵塑造过程中发挥着不可替代的作用，仅仅依靠市场自发调节的“脚踩西瓜皮”式创作，显然是不够的，甚至是有害的。而儿童剧《“下次开船”港》演出的良好效果亦可证明，优秀的、积极的、健康的儿童剧，的确既能吸引家长和孩子们前来观看，也能强力拉动票房。

《“下次开船”港》的演出由于紧贴孩子的心理特征、现实生活，由此收获了出人意料的审美效果。首演当日，演出即将开始，望着尚未坐满的剧场以及进场后还在嬉笑打闹的孩子，主创者们尚有些担心。然而当大幕拉开，霓虹灯映衬下的小船闪烁，代表时间的钟声敲响，剧场内顿时安静下来。“下次做，下次学，下次开始不着急……”热闹的歌舞一下子就把观众带入了“下次开船”港的场景中。小主人公唐小西贪玩调皮，对“时间小人”抵触的模样让在场小观众觉得非常亲切。随着情节发展，台上台下的小朋友们情绪渐渐高涨，他们跟着唐小西一起唱，一起跳，一起算算术，一起识破洋铁人的阴谋，一起救助可怜的布娃娃。当大幕落下，孩子们争先恐后跑上台来，跟心目中的小英雄合影留念。在河北省某剧场，特地从北京赶来观剧的家长们纷纷在演出日志上留言：“我们是从北京郊县专程过来看戏的，看得真开心，希望这个戏能够到我们县去演，让更多农村小朋友也能享受这样的精神大餐。”总政幼儿园4岁的封硕跑到后台，一定要看看是什么样的叔叔阿姨演出了这么好看的戏。严文井的女儿严欣久也兴奋地表示：“这么多年过去了，这个充满诗意的故事没有被人们遗忘。孩子们的反应证明河北省话剧院的二度创作是成功的。”主创黄平安激动地说：“小朋友的喜爱是对我们的最大认可。这部戏的确是下了苦工夫的。”

从创作主体上看，河北省话剧院演职人员倾力投入，艺术上精益求精。该剧的主创阵容不容小觑。编剧黄平安从2007年拿到这部童话的改编权算起，用了整整4年时间数易其稿。导演周文宏导演过多部话剧，2010年执导大型音乐歌舞儿童剧《太阳鸟》好评如潮。该剧演员全部来自北京的专业演员，唐小西由中央戏剧学院应届毕业生黎源扮演，他阳光少年的形象让整部剧光彩熠熠。

该剧公演以来，越来越多的小朋友走进剧场与唐小西共同体验时间的奥秘。可以预言，在今后两三年里，只要主创人员多听取观众和专家意见，反复研究打磨，这部原创儿童剧必将成为全国小朋友喜爱的精品，也将为经典文学改编儿童剧并走向大市场提供积极成功的宝贵经验。

儿童剧《“下次开船”港》的成功经验昭示我们，儿童剧首先是对人性美好的表达，追求真、善、美等基本人生哲理的审美传达。而至善至美的东西，在人心灵深处的纯净、积极、善良，是当代人克服浮躁心理最需要的品质。这种戏剧永远不会过时，且永远是儿童剧的主流。其次，与现代少年儿童息息相关的现实问题，也是儿童剧创作需要表现的重要现象资源。现在很多儿童剧只是涉及问题，却未能提出实际的解决办法，多是老师说教式的讲解，台上演员即恍然大悟、痛改前非。

现在的少年儿童都有独立的思考能力，有自己的准则，很难轻易说服，更遑论接受。因此，要有实际的解决办法，要对症下药，以艺术的方式引导他们解决问题。这就需要有关创作团体和主创人员投入更大的努力，创作出更多、更好、更有说服力和艺术水准的好剧目来。

另外，从全国层面上观察，为少年儿童服务的剧团不足30个，而全国的少年儿童有3.8亿。儿童剧市场潜能巨大，如何从社会效益、经济效益两结合的思路出发，有效开发这一潜在的巨大市场，满足广大少年儿童观众不断增长的精神文化需求，其根本在于能否创作出优秀的儿童剧目。儿童剧创作者应积极维护、引导、开发市场，自觉强化儿童剧创作者共同的责任感和使命感。

此外，由于我们现在所面临的中国儿童剧市场，是一个成长而非成熟的市场，儿童剧并非纯粹以赢利为目的，所以国家政策的扶持也是不可或缺的题中之意。

摘自《文艺报》2012 年 2 月 6 日

【媒体视点】 中国儿童剧的光荣与梦想

2012 年 8 月 26 日，历时 43 天的第 2 届中国儿童戏剧节华彩落幕，36 台优秀剧目轮番上演，辐射全国 184 场演出场场爆满，12 万人次观众意犹未尽。其间，戏剧节同步开展了学术交流研讨会、专家讲座、公益演出、儿童戏剧夏令营、儿童戏剧工作坊、儿童戏剧主题公园、演员见面会等 13 项丰富多彩的儿童戏剧交流活动，为孩子们送去快乐暑假，为中外儿童戏剧团体和戏剧工作者搭建了展示和交流平台，也为党的十八大献上了一份厚礼。同时，作为戏剧节的重要成果，中国儿童戏剧节组委会联合中国儿童戏剧研究会，就儿童戏剧的创作发展和儿童戏剧人的使命共同发出了倡议书，在这里，我们看到了中国儿童戏剧人的思考、责任与担当。

“我们的孩子就是我们的上帝”

第二届中国儿童戏剧节研讨会现场，中国儿童艺术剧院艺术创作部主任陈传敏的一席话，道破了儿童剧发展的关键，说出了儿童戏剧人的心声。的确，为了上帝——我们的孩子，戏剧人在思考，戏剧节在引导戏剧人思考。

8 月 26 日，作为第 2 届中国儿童戏剧节系列活动的重要组成部分，第 2 届中国儿童戏剧节研讨会在京召开，中国儿童戏剧研究会理事、来自全国各地的儿童戏剧院团负责人，以及儿童戏剧专家群英聚首，把脉中国儿童戏剧事业的发展。其中，如何提升儿童戏剧作品的思想品质和艺术品质成为研讨会的焦点。

一味考虑市场就会禁锢自己的手脚“我曾经看过一个私人的剧团，可能是买了一个动画片的舞台版权，演了 3 场，场场爆满，甚至又加演了多场，戏的内容却只有 20 分钟左右，剩下将近 40 分钟全部是做游戏。儿童剧就应该这样去发展吗？但是它有市场。很讽刺的是，他们那个剧场就在我们的楼下，而楼上是我们开拓的一个 200 多个座位的亲子剧场，我们的演出无论是内容还是艺术样式都高出他们很多倍，而且是特别棒的一级演员表演，但我们的剧场里只坐了 30 多个孩子，当时我就想哭，我没有办法。”

谈及儿童剧的艺术品质问题，武汉人民艺术剧院副院长冷佳华激动地说。完全以市场为导向会让儿童剧遭遇什么，成了市场经济背后巨大的隐忧。以过于依赖互动性和肆无忌惮的偶型剧为例，冷佳华直言了自己的困惑与担忧。因为互动环节孩子喜欢，家长高兴，迎合这种需求，许多儿童剧创作陷入一种模式，即演着演着就开始互动，无论好不好看，反正孩子们乐了。“静下心来想一想，孩子看戏只是玩了，高兴了，但孩子究竟得到了什么？”而对于偶型剧，冷佳华则认为它一定程度上是对儿童戏剧的极大扼杀。“因为一旦录音一放什么人都可以演，儿童剧演员表演的感染力等来自儿童剧真正的舞台魅力与孩子渐行渐远。”在她看来，过于考虑市场禁锢了创作的思路，捆住了创作的手脚，这是儿童剧面临的最大难题。

陈传敏则指出，获奖需求与市场需求的矛盾是目前儿童戏剧创作中一个非常尖锐的矛盾。一些现实主义题材能够揭示当今社会重大问题的作品，创作者心里很清楚，它没有市场，家长也不太愿意给自己的孩子买票看这样的戏，不可能指望它卖票，这样的作品的创作往往就是满足获奖的需求，但不搞这样的作品就通常获不了大奖。

跟上时代发展，不要被孩子们嘲笑为“弱智”，“今天互联网时代的孩子，和我们当初玩弹球的孩子是完全不一样的。30 年前我们给孩子们讲《海的女儿》、《白雪公主》，30 年之后我们还在讲，不是说这些故事不好，而是我们应该怎么讲给今天的孩子，是 30 年前的方式还是 30 年后的方式？”陈传敏直言，儿童戏剧界整体保守与外面的世界日新月异的发展是一个关键矛盾。上世纪 80 年代初的儿童剧可能让人耳目一新，但30年后，这样的儿童剧已经远远不能满足今天孩子的审美需求，然而在他看来如今很多儿童剧的作品与30年前相比，却没有多大的变化。

“智商”似乎成了关乎儿童剧创作的一个关键词，在研讨会上，许多儿童剧创作者都透露，他们的创作常常被自己的孩子嘲笑“弱智”。

正如中国青少年研究中心副主任孙云晓在戏剧节期间的讲座中谈到的，以玩电脑与手机为例，如今的父母，在孩子面前常常成为“菜鸟”，孩子玩得远比大人地道。“这种现象已经出现了至少15年，这种变化在中国历史上或者在人类历史上没有出现过，孩子突然变得比大人复杂了，知道的事情普遍多一些，掌握的技能比大人强。你觉得自己特别懂儿童，可能儿童却觉得你特别弱智。”

基于这样的现实，陈传敏直言不讳：“不是任何一个人就可以做儿童剧编剧的，无论是你给他们讲安徒生还是格林，你都必须建立在我比孩子更高一点的智商去给孩子讲这个故事。”

在为了儿童剧创作曾经在一个小学里生活了一年零两个月的著名儿童戏剧表演艺术家、评论家程式如看来，现在儿童戏剧的舞台上最缺的是反映当代生活中的少年儿童成长的戏。而创作的根本是要想办法了解今天的孩子。“儿童戏剧的同行们，无论你是导演、编剧、演员，甚至是领导，能不能走到这个世纪的少年儿童中间去，哪怕参加少先队宣誓，哪怕只是参加几次他们的活动，生活是第一位的，生活会给我们很多很多的启示。”

剧本荒，归根结底是剧本盲

辽宁人民艺术剧院党委书记、副院长佟春光表示，尽管戏剧节展演呈现出了各种题材和形式的儿童剧，但是目前儿童剧创作仍是各个院团存在的瓶颈，剧本创作的匮乏是其中的大问题。剧本是一剧之本，是剧目这棵参天大树的根。

在中国儿童艺术剧院原副院长、著名儿童戏剧评论家李庆成眼中却并非如此。他将1982年称为“儿童戏剧年”，而将30年后的今年称作儿童戏剧的“丰收年”。“前几年我们总是说剧本荒，其实归根结底是剧本盲。为什么出现这个问题，我想是好剧本放在你面前你看不出好来，是你不去找。”他还表示，当下越来越多的成人剧作家愿意写儿童剧，这是好事，但有一个问题，不是能写成人剧就能写儿童剧，就算是大作家，也未必能写好儿童剧，必须尊重儿童，不能硬塞给儿童。

西安儿童艺术剧院有限责任公司业务科长、编剧宣亦斌对当下儿童剧创作题材的单一和匮乏不无担忧，“前段时间我看了两个舞台剧，都是在母子问题上做文章，拿这个做煽情点，难道除了母子就没有别的了吗？没有父子和小朋友之间的情感可以表现吗？另外就是互动，多少年前就在互动，难道除了这个就没有别的了吗？”

程式如则指出，一个剧院最关键的是要出剧目，剧目不在于新，而在于好。“你说梅兰芳他们一辈子演了多少出戏？最出名的也就五六出。”程式如坦言，当下儿童戏剧的发展和成绩让她激动，但最让她揪心的是缺乏关注现实生活的创作。“我们不一定都要宏大叙事，因为很多孩子还不一定看得懂岳飞，但是他看得懂这是一只好兔子还是一只坏狼，所以我们可选择的题材非常多，我们的自由度比很多著名的话剧院、歌剧院要宽广，但是我们演什么，怎么演？一根针在舞台上怎么表现都要严格注意，因为舞台上那根针有时候会在现实中扎伤孩子。”

作者为此采访了中国儿童艺术剧院院长周予援。

记者：中国儿童戏剧节已经成功举办两届了，相比首届，本届戏剧节最大的突破是什么？

周予援：首届儿童戏剧节我们只是邀请了一些国内国外的剧目进行展演，还有一定的局限，但第二届我们在剧目的选择上更加多元化了。如这次专门为儿童打造一台以杂技为表现形式，通过戏剧的叙事方式来演绎的杂技童话剧，尝试了一种新的理念。

记者：看来剧目是您在戏剧节中更着意的。

周予援：是的，举办戏剧节要强调剧目。剧目展演展示了我们国内儿童剧的舞台样式、题材选择等方面的发展现状和创作理念。所以这次涵盖了国内外的优秀剧目，包括原创的、保留的和新创的剧目。

并且恰逢第七届全国儿童剧优秀剧目展演，我们也从中选取了几个优秀剧目进行展演。戏剧节还邀请了全国各地31家儿童剧团的领军人物齐聚北京，切磋交流。

记者：我了解到，从首届到第二届，汇集了来自世界四大洲六个国家和地区剧目的戏剧节应该已经具备一定的国际视野了，但您坚持叫“中国儿童戏剧节”，是有独特的匠心在里面的。

周予援：对，“中国儿童戏剧节”，虽然不叫“国际”，但它一定是国际化的，具有包容性的，要让国内与国际的戏剧有充分交流和结合，这种意义很大。我们希望打造一个属于中国乃至世界的儿童戏剧品牌，那就是“中国儿童戏剧节”，以后也会一直叫这个名字。

记者：除了许多国外的剧目参与展演，戏剧节还如何实现您所强调的国际性？

周予援：展演活动期间，我们还接待了日本、韩国、美国、加拿大、澳大利亚、新西兰、菲律宾、越南、墨西哥等地的艺术家们组成的观摩团，并召开了中外儿童戏剧专家的研讨会，搭建平台，让更多的国际儿童戏剧同行能更深入了解中国儿童戏剧的发展现状，搭建了这个平台，一切的可能就都会发生。

记者：这应该也是作为国家院团的风范与责任吧？

周予援：的确，我觉得没有哪个省市院团能做到，就得国家级的中国儿童艺术剧院来搭建这样一个平台，能够带动一下全国的儿童剧的发展，比如我们今年把济南亲子剧节纳入到我们戏剧节中，就是希望让全国的儿童院团都走在一起。通过研讨会、理事会多次研讨，我们首先确定了明年“六一”期间，每个院团和中国儿童戏剧研究会共同举办“点亮童心”这样的公益演出活动，真正让我们贫困山区的孩子、低保家庭、特困群体的孩子们有机会走进剧场观看我们的演出，让他们同样享受文化权益，也得到了全国31家院团的响应，这是很有意义的。

记者：是的，我知道这也是这次理事会中达成的共识，是这次倡议书中的重要内容。为什么您会带头发起这个倡议，实现中国儿童戏剧史上首次以行业的名义集体发声？

周予援：倡议书是戏剧节组委会联合中国儿童戏剧研究会发起的，这是儿童戏剧行业首次面向全国儿童艺术院团和儿童戏剧工作者发起倡议。1982年成立的中国儿童戏剧研究会是由全国31家儿童剧院团联合组合的一个会员单位，也是ASSITEJ（国际儿童及青少年戏剧联盟）中国中心。我们觉得中国儿童艺术剧院作为中国儿童戏剧节联合主办单位之一，作为国家院团，应该有这样的担当和责任，担负起引领中国儿童戏剧发展的重任。做中国儿童戏剧的“领头羊”，我们责无旁贷！

从98%的包场演出到98%的市场运作——中国儿艺的经营之路

采访周予援的过程有些艰难。戏剧节研讨会、儿童剧展演现场、闭幕式……在戏剧节接近尾声的活动中，即便记者常常执著“尾随”其后，甚至不顾礼节地几次“见缝插针”地上前“搭讪”，还是差点难以遂愿。显然，在这个特殊的时间里，这位中国儿童艺术剧院院长在乎的不是自我宣传，而是怎么促成全国20多家儿童戏剧院团的交流，如何向儿童戏剧界专家讨教，怎样与国际儿童剧表演艺术家互动。这让记者想起了他在很多场合频频提及的，也是他所领导的中国儿艺的经营宗旨——“一切为了孩子”。

儿童戏剧作为唯一一个以受众命名的艺术种类，本身明确的指向也许正时时提醒着儿童戏剧人的责任与使命。

从周予援那里记者了解到，我国现有儿童3.8亿之多，但是如今成规模的儿童剧创作团体只有20多家。而对于儿童剧创作，周予援曾感叹：“包括电影和电视，面向儿童的创作几乎快到零了，我所了解的儿童剧的专业编剧全国不到10人，更多的都是业余爱好者在写。但是真正能够在舞台上成活的很少很少。”

如此庞大的少年儿童观众群体与专业儿童戏剧院团数量严重失衡的比例，以及儿童题材的创作如此边缘化的地位，令人担忧。更严峻的挑战是，在当下文化体制改革中，全国仅有的这31家院团面临转企改制，接受市场浪潮的洗礼。

压在中国儿童戏剧人肩上的担子的分量不言而喻。

举办中国儿童戏剧节，为儿童戏剧人交流切磋搭建平台，为中国儿童戏剧发展发起倡议……如果说这些都责无旁贷是中国儿艺这只全国儿童戏剧院团“领头羊”的担当，那么作为全国唯一保留事业编制的文化部直属的国家儿童剧院，他们同样面临着巨大的生存困境，只不过他们早就成了探索市场的先行者。

比如，面对全国义务教育阶段学校推行“一费制”几乎斩断了包场的经费来源，致使无数院团为校园市场低迷叫苦不迭的境况，中国儿艺却“三招致胜”。除了传统的包场之外，他们采取了院校合作共建的双赢模式，帮助学校建艺术团，建实践基地，同时会选取《变变变》系列等操作简单的儿童戏剧送戏进校园。

正是为适应市场的变化，早在三年前，中国儿艺便从98%的包场、2%的市场运作改变成98%的市场运作、2%的包场，成效显著。剧院建立了从剧目策划、论证、立项、测算到制作、排练，再到宣传、推广、营销、演出一条龙的剧目生产营销机制，将制作营销一体化，规范艺术生产流程，提高艺术质量，降低运行成本，开拓演出市场，最大限度地实现了剧目资源、剧场资源、外地演出网络资源、媒体资源的整合，形成了合力。

每年创排4至6部新剧，实行优秀剧目轮换上演制，让中国儿童剧场的主阵地形成知名品牌。积极与全国性演出院线合作，拓展京外儿童演出市场，探索优秀剧目版权合作的新路子。始终坚持亲民票价的同时，实施“经典儿童剧走进西部”、“文化下乡”、“为老区儿童、农村留守儿童、贫困儿童服务”等公益文化服务项目，让社会效益与市场效益并进。为可持续发展，培养年轻的主创团队，组建自己的营销团队……

也许，需要更多的院团跟上这领跑的步伐，中国儿童戏剧才能蓬勃发展。

摘自《中国艺术报》2012年8月21日

作品

话剧

【话剧 《世界第一个情人节》】

2012年2月12日，话剧《世界第一个情人节》在北京9剧场公演。

出品单位：北京一九九八国际青年艺术剧团

编剧、导演：王鹏博

出品人：都子

制作人：王迪思

剧情介绍：这是一个流芳千古的圣洁的爱情悲剧，故事发生在两千多年前的古罗马。

罗马的克劳多斯国王为了踏平欧洲征服世界，穷兵黩武，把成千上万名未婚男人送上战场。瓦伦丁是一位青年牧师，他不断地为相爱的情侣们主持婚礼，以此来反对罗马帝国的侵略战争，因为《罗马法典》上有已婚男子免服兵役的条款。克劳多斯国王下令逮捕了瓦伦丁，并把瓦伦丁投入监狱。罗马市长比基多尔软硬兼施，企图让瓦伦丁写下悔罪书，彻底放弃婚礼主持，然后再到罗马广场向公众宣布这份忏悔。

监狱长马里莫尔的女儿伊达是个双目失明的美丽姑娘，她和父亲一同审问瓦伦丁。在几次接触中，伊达发现瓦伦丁是个热爱生活的男人，不仅热衷于情侣们的婚礼主持，还喜欢在家中花园、进而在监狱草坪上种下了一株株红玫瑰，伊达虽然看不到玫瑰的绚丽，却闻到了玫瑰醉人的芬芳，她爱上了瓦伦丁。马里莫尔监狱长也同情着瓦伦丁的不幸遭遇，并对瓦伦丁的坚贞不屈深感钦佩。懂得医术的瓦伦丁得知伊达不是先天性失明，而是因为失去母亲悲伤过度所致。便开始为伊达治疗眼疾。

比基多尔市长对瓦伦丁下了最后通牒：不当众悔罪，就处以火刑。瓦伦丁视死如归，临刑前的夜晚，伊达义无反顾的要嫁给瓦伦丁为妻，即使只做一天新娘，也终生无怨无悔。在牢房，瓦伦丁主持了此生最后一次婚礼！伊达告慰心爱的丈夫：生了女儿就让她去种玫瑰，生了儿子还让他为相爱的人去主持婚礼！2月14日，瓦伦丁在罗马广场上，在熊熊烈火中，壮烈牺牲！伊达的眼睛复明了，但她却永远也看不见了瓦伦丁，他在她心中、在全世界相爱人的心中，获得了永生……2月14日，情人节，一个伟大的节日在世界上诞生了！

【话剧 《蚂蚁没问题》】

2012年3月15日，话剧《蚂蚁没问题》在国话先锋剧场公演。

出 品 人：周志强

制 作 人：李家讴

编　　剧：杭　程

导演主演：陈明昊

剧情介绍本剧中，三只性格迥异的蚂蚁在舞台上为观众讲了一个既残酷又荒诞的成人黑色童话。在蚁洞里，一支原本兢兢业业辛勤劳动的工蚁小分队因为其中一只“特殊成员”的一点意外而没法完成当天的任务，情急之下想了爆破的办法打开洞口，却没想到惹了更大的麻烦。工蚁委屈地抱怨：“这是一个拼爹的年代，我却不知道我爹是谁。”这是一个关于成长和自我觉醒的故事。

【话剧 《大湿地》】

2012 年 4 月 10 日，话剧《大湿地》在黑龙江省大庆市公演。

出品：大庆市文广新局

编剧：杨利民

剧情介绍：大型多媒体话剧《大湿地》以大庆湿地为背景，通过普通百姓与非法盗猎者之间的斗争，展现了湿地的壮美以及这里正直善良的质朴民风，从而达到宣传大庆美景，呼吁生态和谐的目的。《大湿地》围绕着对纯净的湿地的盗猎与反盗猎，保护与开发的疑问和思考，展开当下的人们对地球、对生态、对我们居住的环境的文明态度和反省意识，唤起当下的我们对天空和大地、对其他生命的尊重、对永恒和无限的向往和悲悯；让我们深深懂得土地的痛苦和渴望，欣赏万物生灵的悲壮和美丽。

【话剧 《雾蒙山》】

2012 年 4 月 23 日，话剧《雾蒙山》在承德公演。剧本获得第二十届曹禺戏剧文学奖。

出品单位：河北省承德话剧团

编剧：孙德民

主演：敖小毅 郝丽萍 张卫旗 杨晓光

剧情介绍：话剧《雾蒙山》根据真人真事改编，讲述了一个发生在燕山深处的小山村—— 雾蒙山村里的故事。雾蒙山村村党支部书记张松当了一辈子村干部，为了让雾蒙山村的老百姓过上好日子耗尽了心血，却与村民韩东、赵大有等结下了“仇怨”。改革开放后，张松在外地工作的儿子张春山回到雾蒙山，并当上了村党支部书记。他不计家族恩怨，用一片真心解开韩东、赵大有等村民的心结，带领全村老百姓走上了共同致富的道路。

【话剧 《贾宝玉》】

2012 年 4 月 29 日，话剧《贾宝玉》在北京展览馆剧场公演。

导演：林奕华

编剧：黄咏诗

主演：何韵诗、赖盈萤、路嘉欣、韦罗莎、潘奕如、许乃涵、叶丽嘉、邓九云、周姮吟

出品公司：东亚娱乐

剧情介绍：话剧《贾宝玉》的剧情从原著《红楼梦》的最后一章结束后展开。告别红尘的宝玉，魂魄一片空白，回到了太虚幻境，对于大观园，对于十二金钗，什么也记不得了。他想寻回记忆，请求再次下凡，重新化身贾宝玉，又回到大观园中，一切悲喜从头开始。

黛玉随着爱情再次到来，宝钗面对命运依然无奈；风流灵巧的晴雯，最后还是被赶走病死，机关算尽的凤姐，依旧使出掉包计；而贾家一世的繁荣，终究还是难逃颓败四散。

【话剧 《歌声从哪里来》】

2012 年 5 月 21 日，话剧《歌声从哪里来》在北京蓬蒿剧场公演。

编剧：童道明

导演：张子一

剧情介绍：本剧通过由评职称而引发的一场风波，展示戏剧主人公的灵魂挣扎与良心拷问，也反映

了在名利与权位的诱惑下，在缺乏道德制衡的无序竞争中，人的精神失衡。尖锐的矛盾冲突在剧情的展开中逐渐化解。因为最终人心中的善战胜了恶，而且认识到“人人都可能有过错，人人都值得宽容”。从而最终使每个剧中人物都在精神上有了某种升华。剧作者倾力塑造了一个聪慧、善良、精致的知识女性。这个人物形象也成了这个戏的一个亮点。贯穿全剧的主题歌唱道：“我们歌唱，因为我们有想说的话，我们有要流的泪，我们有隐隐的痛，我们有深深的爱。”这支歌传达了此剧充满人文关怀的悲喜交融的情调。

【话剧 《西厢记外传》】

2012年5月22日，话剧《西厢记外传》在国家大剧院公演。

编　　剧：姚一苇

导　　演：吴晓江

制 作 人：刘铁钢　詹惠登

舞美设计：刘杏林

灯光设计：简立人

主　　演：吴　樾、林玲、石　展、谢俊慧（台）

剧情介绍：本是双纹（崔英英）、君锐（张生）好姻缘，却因门第被迫下嫁郑恒。不料半路杀出个孙飞虎掠去了小姐、丫鬟（阿红），也带走了混迹在贺喜人群中的张君锐。情急之下，双纹、阿红赶紧换了衣服；可知道这孙飞虎也换上了秀才装。故事在谁是小姐、谁是丫鬟、谁是大盗、谁是秀才之间呈现出来。

【话剧 《笑面人》】

2012年5月23日，话剧《笑面人》在北京国话剧场公演。

出品人：周志强

监 制：严凤琦

制作人：周莉

原 著：维克多·雨果

演员：赵煊 蒋林珊 何瑜 王颢桦 王国强 刘端端 李冰 杨旭 邹一正 孙文 黄婧

演出单位：中国国家话剧院

剧情介绍：《笑面人》故事中，主人公格温普兰是一个爵士的后代，却成为宫廷阴谋的牺牲品，被迫毁容，成为了可怕又可笑的笑面人，在被好心的流浪艺人收养后，开始了流浪卖艺的生活。他和一同卖艺盲女蒂一个丑，一个残，却萌生了最纯、最甜美的爱情。

【话剧 《猫城记》】

2012年6月1日，话剧《猫城记》在北京先锋剧场公演。

文学顾问：舒乙

艺术顾问：斯琴高娃

剧本改编：方旭

导演：明戏坊集体创作

剧情介绍：《猫城记》讲述了一架飞往火星的飞机在碰撞到火星的一刹那机毁人亡，只剩下“我”

幸存下来，却被一群长着猫脸的外星人带到了他们的猫城，开始了艰难的外星生活。猫人也有历史，拥有两万多年的文明，在古代，他们也与外国打过仗，而且打胜过，可是在最近五百年中，自相残杀的结果叫他们完全把打外国人的观念忘掉，而一致的对内，导致文明的退化。而“我”亲眼目睹了一场猫人与矮子兵的战争，以猫城全城覆没而结束了这座私欲日益膨胀的外星文明古城。

【话剧 《招租启示》】

2012 年 6 月 16 日，话剧《招租启示》在北京朝阳 9 剧场 TNT 小剧场公演。

编剧：王剑男

导演：黄凯

主演：张懿曼、刘璐、杨冬麒、钱入富

剧情介绍：话剧《招租启示》讲述了：讲述了一个关于几个截然不同的青年人在北京这个国际化大城市里挣扎拼搏、欢笑哭泣的故事。理想与现实总会出现一组矛盾，每个人都在面对着，但并不是每个人都在这种矛盾中能够做出抉择。爱情除了甜蜜、青涩、浪漫的之外，更多的还涉及了梦想与现实的抉择，走或留的抉择。

剧中讲述三个怀揣不同梦想的北漂青年因为一纸招租启示而生活在同一个屋檐下，两男一女关系暧昧，又有家乡的父母火上浇油，闹着笑话，流着眼泪，北漂一族对梦想与奋斗的全新思考打动了现场每一个人。

【话剧 《天下第一桥》】

2012 年 6 月 26 日，话剧《天下第一桥》，在甘肃大剧院公演。

出品：甘肃省话剧院有限公司

策划：庞波

编剧：李维平、王元平

主演：朱衡、刘跃军、郑子荣、王明刚、刘宁饰、王海峰、韩永康、柳西平、王晶、袁俊海、谢杨一伟、张斌、张亮、刘涛

剧情介绍：公元 1906 年，黄河洪水滔滔，冲垮了有五百年历史的兰州镇远浮桥。洋务总局总办彭英甲拟请德国泰来洋行承建，在黄河上造一座铁桥，以保南北通途，安定西北，百姓平安，一劳永逸。陕甘总督升允上奏清廷，得到批准。于是，在那个国运衰败、列强横行、革命暴动风起云涌、封建王朝行将灭亡的时代，一场历时三年的建桥工程，在贫困落后的西北兰州迈开了艰难而伟大的步履。

彭英甲是位实业救国的清朝官员，为完成铁桥的修建，他舍命进取，顶住来自各方的巨大压力，在师生、父女、母子、官民之情的重重矛盾中，艰难抉择，痛苦取舍，以超常的手段，越规的行为，虽身陷囹圄，却义无反顾，最终实现了他修建铁桥的梦想，成就了一番造福于民、功垂千秋的伟业。

【话剧 《理查三世》】

2012 年 7 月 13 日，话剧《理查三世》在北京首都剧场公演。

出 品 人：周志强

制 作 人：李家讴

原　　著：莎士比亚

导　　演：王晓鹰

主　　演：张东雨 吴晓东 陈强 佘南南

舞美设计：刘科栋

灯光设计：刘建中

演出单位：中国国家话剧院

剧情介绍："中国版"《理查三世》不同于大家所熟悉的西方莎剧版本，带有浓浓的中国传统文化元素：舞台背景由水墨渲染的宣纸组合而成，头戴古朴面具、身穿汉代服饰的人物穿梭其中，念白及身段带有中国戏曲的影子，配乐采取了中国民族打击乐，舞台设计中甚至加入了三星堆文化符号，一切都营造出既神秘又现代、中西混杂的独特气质。而剧中的核心人物——理查三世的形象，变为了一个肢体健全的健康人，他将挺直了脊梁站在舞台上，用自身的魅力来征服安夫人。

【话剧 《妄谈与疯话》】

2012 年 7 月 17 日，话剧《妄谈与疯话》在北京人艺实验剧场公演。

制 作 人：田旭

编　　剧：何念

导　　演：李伯男

舞美设计：沈力

灯光设计：孙溥

演　　员：甘萍、王璇、张丹妮、郭峰、李劲峰、孙哲、于洋

剧情介绍：《妄谈与疯话》根据作家六六最新同名文学作品改编，讲述了一对因意想不到的偏差错过的有情人，一段割舍不掉的婚姻，一个近在眼前却握不住的人，究竟哪一个才是生命中逃不开的那首歌。四个各具代表性的短片作品，一部当代都市人生的悲喜剧，谈感情，不掩讥诮；论哲理，不奉虚言；评实事，不唯主流，那些对人类情感、生存与生命价值的深刻思考，串成了这台感人至深的生活组曲，带你寻找那个曾经的自己。

【话剧 《搬家》】

2012 年 8 月 14 日，话剧《搬家》在北京解放军歌剧院公演。

出品：云南省话剧院有限责任公司

编剧：杨耀红

剧情介绍：《搬家》讲述了上世纪 70 年代末，一个叫张登霞的中年妇女好不容易盼到丈夫平反，欢天喜地带着一家大小五口人从乡下搬回城里，挤进了弟弟一家三口住着的，只有十几平方米祖上留下的老屋里。因为住房的拥挤，弟媳白眼口出恶言；因为住房的拥挤，侄子和女儿拳脚相向；因为住房的拥挤，一家人亲情不再矛盾发展至白热化，张登霞一家含泪搬家。虽然全剧都在叙述张登霞一家一次次地搬家，但所折射出的绝不仅仅是居住条件的转换，而是前所未有的千千万万中国人摆脱贫困的速度，他们从城外搬到了城里，从寄居别人屋檐下，到把小房子换成了大房子……乔迁所带来的有喜，有忧，甜酸苦辣，五味俱全。

【话剧 《活出全新的自己》】

2012 年 8 月 26 日，话剧《活出全新的自己》在北京大隐剧院公演。

小说原著：张德芬

导演：黄凯

编剧：董天翼

剧情简介：一个虚无的空间里突然闯进来一个男子，这个人叫任琼。这个标准的倒霉蛋闯进这里时，这里一个人也没有，只有一张桌子，桌子上放着几张纸牌和看似一封信的东西，任琼好奇看了信，才知道这信上是自己一直以来对生活的负面情绪，这里的纸牌他可以翻动，可是翻开之后就会变成另外的一种身份，他想要的身份，不过有条件，就是如果最后翻开的牌若是还不满意，那么就没有法子反悔了，任琼不相信，可是他转念思索起这个地方和自己的境遇，他念叨着不让公司解雇他的话，这是他此时最低的标准了，掐开了第一张牌，清洁工，还没等他反驳，就开始了这次清洁工的经历。

【话剧 《活着》】

2012 年 9 月 4 日话剧《活着》在国家大剧院公演。

原著：余华

导演 ：孟京辉

编剧：张先

编剧：许绿伦

舞美设计：张武

领衔主演 ：黄 渤、袁 泉

联合出品：中共杭州市委宣传部、中国国家话剧院、杭州市文学艺术界联合会、杭州蜂巢戏剧文化有限公司

剧情介绍：地主少爷福贵嗜赌成性，赌光家业一贫如洗，被国民党部队抓了壮丁，后又被解放军俘虏，回到家乡才知道母亲已去世；妻子家珍含辛茹苦带大一双儿女，但女儿不幸成了聋哑人，儿子虽然机灵活泼，然而真正的悲剧才开始。生命里难得的温情被一次次的死亡撕碎，只剩下老了的福贵伴随着一头老牛在阳光下回忆。

【话剧 《解放， 解放》】

2012 年 9 月 5 日，话剧《解放，解放》在国家话剧院公演。

出品：西藏话剧团

编剧、导演：杨昕巍

舞台设计：刘晓春

灯光设计：孔庆尧

音响设计：郝爽

主要演员：洛桑念扎

剧情介绍:《解放，解放》讲述了红军解放西藏农奴的部队“2 野”，在照顾伤员追赶大部队的过程中，一直有新的掉队红军加入。青年演员洛桑念扎饰演的牛倌儿“黄大个儿”就是其中一位。“黄大个儿”管理着部队中负责运送物料的牦牛，行军途中一头牦牛走散了，为了寻找这头牦牛掉队的“黄大个儿”来到了这支部队，随着部队解放了许多西藏的农奴。后因受伤严重出现幻觉，慷慨激昂的表演引起了全场的高潮，最终因不想浪费部队珍贵的药物治疗自己，而举枪自杀。戏剧矛盾设置到位，在人与人、人与自然，以及不同性格的人物之间的冲突、协调、包容中折射了人性的光芒。

【话剧 《甲子园》】

2012年9月15日，话剧《甲子园》在首都剧场公演。

主创人员艺术总监：张和平、蓝天野

编剧：何冀平

导演：任鸣、唐烨

作曲：王立平

设计：吴穹、孟彬、鄢霓、徐莉、郑晨

主要演员：王姬、蓝天野、郑榕、朱旭、朱琳、吕中、徐秀林、邹健、雷佳、

张万昆、张志忠、孙茜、龚丽君、高倩、何靖、孟秀、兰法庆、黄薇、闫巍、李珀、张华、蓝盈莹、杨懿、金汉、周帅、王羽铮、张嘉译

剧情介绍：《甲子园》讲述的是一位离家出走闯荡海外多年的“大龄海归剩女”陈爱林，因父亲突然离世而回到已经变成慈善养老院的故居甲子园，面对着形形色色的暮年老人，内心情感复杂的她，在为香港地产商打工的小男友撺掇下想要卖掉老宅，因此引发了一系列激烈的冲突；从中也折射出养老、住房等各种社会问题和种种不同的价值观之间的矛盾。

【话剧 《古田会议》】

2012年9月29日，话剧《古田会议》在福建大剧院公演。

出品：福建省人民艺术剧院

编剧：李宝群

导演：吴晓江

主演：王辉

剧情介绍：话剧《古田会议》故事发生在1929年的福建上杭县古田镇，真实地再现了毛泽东、周恩来、朱德、陈毅等老一辈无产阶级革命家在当时纷繁复杂的历史条件下探索中国革命道路和人民军队建设的艰难曲折历程。

【话剧 《大哥》】

2012年10月12日，话剧《大哥》在国家大剧院公演。

制作出品：上海话剧艺术中心

艺术总监：吕凉

制作人：吴嘉

编剧：洪靖惠

导演：王筱頔

主演：郝平、宋忆宁

剧情介绍：《大哥》讲述的是上海最普通平凡的一个家庭在1973－2009年这48年间的转变，既有情感上的变化，也有物质上的变化，更体现了改革开放三十年给普通老百姓所带来的翻天覆地的变化。这个戏除了在情节上做到扣人心弦外，还将在细节上还原那些年代的味道。身兼文华、白玉兰双料大奖的郝平独挑大梁，扮演“大哥”牛培华一角，贯穿全剧。

【话剧 《海淀之北》】

2012 年 11 月 15 日，话剧《海淀之北》在首都剧场公演。

编剧：孟冰 李雷

艺术总监：林兆华

导演：王丁一

舞美设计：刘科栋

主演：蔡英男、刘洋、李林

出品：北京林兆华戏剧文化有限公司

剧情介绍：20 世纪 90 年代，刚刚毕业的王立冬，放弃了优厚的出国深造机会甚至面临与女友分手，立志要在踏足的中关村里做出真正“中国制造”的软件。然而现实总是残酷而凛冽，女友离开，梦想郁郁不得志，唯有合租的室友在一旁鼓励。机缘巧合，刚经历了一场牢狱之灾的中国第一代软件工程师陈家兴闯入王立冬的生活，在他的帮助之下，王立冬编写出了令人惊叹的汉化程序，轰动当时计算机界。却不巧这个“恩师”正是深爱的女友长年“误解”的父亲，而此时一直在一旁支持的室友也劝王立冬见好就收，离开中关村……一边是梦想的坚持，一边是现实的抉择，多年之后，只有一栋在当年危楼上重建的房间，飘晃的白布帘，记录着 20 年前这场日夜奋斗的点点滴滴，和物是人非的感慨万千。

【话剧 《相士无非子》】

2012 年 12 月 30 日，话剧《相士无非子》在天津光华剧院公演。

编剧：林希

导演：王延松

舞美：王卫中

演出单位：天津人艺

剧情介绍：民国初年，一个乱世。相士无非子以算命起家，名震八方，享誉整个天津卫。他为窃国大盗袁世凯算命，为来来往往的各方军阀算命，为高买陈三算命，以精准赢得了他们的信任，并在各方势力中周旋。置身底层，身沉下僚，无非子心忧天下。他和同样身沉下僚的陈三爱国护宝，让军阀和混混以及恶势力人物纷纷殒命，演绎出了一出爱国护宝的传奇故事。

儿童剧

【儿童剧 《伊索寓言》】

2012 年 1 月 1 日，儿童剧《伊索寓言》在中国儿艺假日经典小剧场公演。

出品人、艺术总监：周予援

编　　剧：杜薇

导　　演：钟浩

舞美设计：冯磊

作　　曲：刘君利

灯光设计：张伟

造型设计：文戈

剧情简介：儿童剧《伊索寓言》把《农夫和蛇》、《龟兔赛跑》、《乌鸦喝水》、《狐狸和葡萄》等书最著名的小故事巧妙地穿了起来，创造出来一个完整的故事——小男孩和农夫爸爸幸福地生活在森林里，可是农夫被蛇不幸咬死了，小男孩只有一个人独自面对黑夜、饥饿，还有凶恶的狼。在经历了《牧童和狼》、《石头汤》、《农夫和樵夫》、《狐狸和乌鸦》这些故事，小男孩获得了诚实、智慧、勇气，可是仍旧找不到爸爸留给自己的宝贝。在爸爸留下的葡萄树下，小男孩用双手给葡萄树翻土，葡萄树因此挂满了蜜一样的葡萄，他终于找到了爸爸留给自己最珍贵的宝贝——勤劳的双手。

【儿童剧《“下次开船”港》】

2012 年 1 月 28 日，儿童剧《“下次开船”港》在北京天桥剧场公演。

出　　品：河北省话剧院儿童剧团

原　　著：严文井

编　　剧：黄平安

剧情介绍:《“下次开船”港》讲述的是外号叫“玩儿不够”的小学生唐小西和朋友们被灰老鼠与白瓷人骗到“下次开船”港所发生的一系列故事。在坏蛋洋铁人的教唆下，唐小西气跑了时间小人，于是，噩运开始了：没有钟点，没有早晚，没有日子，没有风，海水凝固了，船都“下次”才开；不仅如此，布娃娃被关起来当了佣人，老面人被割掉了影子，坏蛋们还要杀木头人，一时间危机四伏。

【儿童剧 《特殊作业》】

2012 年 2 月 11 日，儿童剧《特殊作业》在中国儿童剧场公演。

编　　剧：犹学忠

导　　演：廖向红

舞美设计：申　奥

灯光设计：方琨皓

作　　曲：程　进

人物造型：李 峰

音 响：李 朋

剧情简介：一天，某中学教师给初一年级的学生布置了一项“特殊作业”，并要求学生们与爸爸妈妈共同完成；第二天还要召开学生和家长参加的“主题班会”，共同分享完成“特殊作业”的感受。随着“特殊作业”的完成，增进了孩子与家长的情感交流与心灵沟通，使他们从中感受到了亲情的温暖与宝贵，感悟到了人类真爱的博大与永恒，懂得了“特殊作业”所蕴含的深意和价值。

【儿童剧 《豆豆魔法历险记》】

2012 年 6 月 30 日，儿童剧《豆豆魔法历险记》在天津剧院首演。

出 品：天津人民艺术剧院、天津市儿童艺术剧团

编 剧：付晓博

导 演：张凯、陶岩

剧情简介：全剧由快乐的村子、神秘的瓶子、老巫婆、淘气鬼、一个简单愿望为线索而展开的一段不同寻常的冒险故事，剧情诙谐感动、欢乐，让孩子充满惊喜。本剧以音乐剧的形式，讲述一个关于“魔法”和“爱”的剧场版《哈利波特》。该剧将舞台立体化打造，并运用滑梯等道具加强剧目的童话色彩。炫彩的灯光，演员出色的歌舞表演，动人的故事情节，整个剧场如梦如幻，让人分不清现实还是梦境，又仿佛步入星空，或者是置身于一个魔法的世界。全剧使小朋友们理解到爱的伟大，并能从身边感悟到爱，学会如何去爱自己的朋友。

【儿童剧 《小金子历险记》】

2012 年 12 月 29 日，儿童剧《小金子历险记》在沈阳市中华剧场公演。

出 品：辽宁人艺

导 演：孙祎飞

艺术指导：崔妍、贾莉娜、车奔

内容简介：《小金子历险记》讲述的是，在金地童子军的一周年晚会上，7 岁的小金子也将宣誓成为童子军的一员，就在这时，魔王伺机而出，捉走了孩子们，并计划让 2012 世界末日变成现实。童子军里，小金子和好朋友圆圆幸运逃脱，他们坚强勇敢、不怕困难，踏上了拯救世界的奇幻历险之路。

纪事

【2012 苏州话剧艺术节】

2012 年 3 月 23 日至 5 月 1 日，由苏州文化艺术中心策划的“2012 苏州话剧艺术节”开幕。共有 5 台剧目、9 场演出在苏州艺术中心登场。

本次艺术节带来的 5 部剧目各有精彩之处。3 月 23 日至 24 日，由中国话剧导演林兆华创作排演，濮存昕、陶虹联袂主演的易卜生经典名剧《建筑大师》为话剧艺术节揭开大幕，让观众领略经典的力量。青年戏剧导演黄盈执导的爆笑先锋话剧《未完待续》以“假如生命只剩下 24 个小时，你将带走什么东西”为主线，用笑声直逼人们的灵魂深处。非常林奕华则带着他的音乐舞台剧《贾宝玉》，把话题聚焦于运用现代元素解读经典名著的颠覆上，何韵诗扮演的贾宝玉身穿现代西装以及十二金钗短裙亮相，意在抛弃现代观众与古典名著之间的代沟。改编自英国大文豪狄更斯的作品《大卫・科波菲尔》延续了 TNT 剧院的一贯艺术风格，观众既可亲身体验来自英国著名 TNT 剧院对文学经典的纯正演绎，也可作为英语学习的鲜活教程。此外，孟京辉荒诞喜剧《希特勒的肚子》，通过芭蕾、杂耍、拳击、现代舞、相声、说唱等舞台表演形式将嬉笑怒骂、寓庄于谐的功夫发挥到极致。

【第 7 届亚洲戏剧教育研究国际论坛暨第 2 届亚洲戏剧院校大学生戏剧节】

2012 年 5 月 22 日，第 7 届亚洲戏剧教育研究国际论坛暨第 2 届亚洲戏剧院校大学生戏剧节闭幕式在中央戏剧学院实验剧场举行。

闭幕式通过影像回顾了论坛暨戏剧节的美好瞬间。本届国际论坛围绕“世界戏剧与戏剧的民族化”的主题，对全球化与各民族戏剧传统问题进行了充分的交流，对如何更好地使本土戏剧参与戏剧全球化、让世界戏剧更加丰富、多元等进行了深入的探讨，有力地推动了戏剧文化交流，取得可喜的收获。戏剧节共有 11 所院校的 11 台剧目进行了展演，所呈现的舞台作品充满了独特的艺术想象和各民族独有的戏剧语汇与文化，体现了各院校师生对戏剧形式和戏剧思想所进行的积极探索。

由中国中央戏剧学院表导演专业 11 名教授组成的评奖委员会，经过认真观演和评议，每台演出评选出了 1 名最佳表演奖和 1 名优秀表演奖。各个国家和地区戏剧院校的艺术学子们相互切磋，共同进步。经过戏剧艺术的精心打造和百般锤炼之后，他们未来将成为戏剧艺术领域的精英人才，在世界戏剧舞台上绽放光彩，为世界戏剧艺术的发展带来新的希望。

戏剧节评奖委员会代表、中国中央戏剧学院副院长廖向红宣布了荣获第 2 届亚洲戏剧院校大学生戏剧节优秀表演奖和最佳表演奖的学生名单。韩国中央大学公演影像学部学部长朴东祐、韩国青云大学广播艺术学院院长李松、韩国西京大学艺术学院院长林庚植为荣获优秀表演奖的学生颁奖。联合国教科文组织国际剧协戏剧教育中心主席科尼鲁・杜米丘、亚洲戏剧教育研究中心理事长、中国中央戏剧学院院长徐翔、日本桐朋学园艺术短期大学校长越光照文、格鲁吉亚国立绍塔・鲁斯塔维利戏剧电影大学校长格奥尔吉・马尔格维拉什维利、韩国中央大学副校长李娟和为荣获最佳表演奖的学生颁奖。

【2012 金刺猬大学生戏剧节】

2012 年 8 月 4 日至 8 月 18 日，由北京戏剧家协会、北京市朝阳区文化馆主办，北京 9 剧场、北京贸联嘉盛国际会展有限公司承办的“2012 金刺猬大学生戏剧节”在“9 剧场”开幕，期间共有 14 个剧目 26 场演出。

本届大戏节自 2012 年 1 月 1 日至 5 月 31 日在全国范围内征集报名，共收到了来自全国 21 个省市自治区（4 个直辖市、2 个自治区、15 个省）的 103 所大学院校的 121 个剧社报名，报名剧目共计 149 部。6 月 1 日至 6 月 30 日，戏剧节组委会组织了戏剧专家对剧目进行评审，由北京戏剧家协会驻会副主席、秘书长杨乾武、国家话剧院一级导演林荫宇、中央戏剧学院戏文系主任、教授张先、中国艺术研究院话剧研究所副所长、研究员宋宝珍等 10 位专家组成评委组，通过观看报送剧本、视频和反复研讨，对所有报送剧目做了细致严格的甄选。为加强与全国大学生戏剧爱好者的互动，本届大戏节还增加了网络投票评选环节。组委会将所有报名剧目资料发布到大戏节官网，邀请网友参与评选，并对网络投票前五名的剧目，直接给予到京参赛的“通行证”。这种剧目选择方式的创新，吸引了来自全国各地成千上万名网友的关注，大戏节官网点击率突破七百多万次。通过层层选拔，最终有 14 部优秀剧目获得了本届大戏节的展演资格。这些剧目形式多样，既有传统类型的话剧，也有融入戏曲元素的新话剧，还有极具青年人特色的动漫剧；剧目取材广泛，既有历史题材，也有当下生活，反映出当代大学生关注现实生活，积极思考与努力创造的精神面貌。

【2012 北京国际青年戏剧节】

2012 年 9 月 3 日至 30 日，由北京市文联、共青团北京市委员会主办，北京戏剧家协会和北京青年戏剧工作者协会共同承办的 2012 北京国际青年戏剧节展开演出。艺术总监孟京辉导演介绍，根据创作团队、风格形式、演出类别，艺术节共划分为 8 个单元：新作首演单元、再度关注单元、国际荟萃单元、阿维尼翁单元、致敬大师——斯特林堡作品单元、港台佳作单元、实验戏曲单元、创新单元。28 天的时间里共有来自 13 个国家的 63 部风格各异的精彩好戏，在北京 12 个剧场和艺术空间轮番进行 135 场精彩的演出。

在本次戏剧节上，形式丰富、表达独特的 16 部新作品，以及邵泽辉导演的《在变老之前远去》、郭雨导演的《不二门》、史晶歆编导的舞蹈作品《活着就好》和来自上海的刘阳导演的《课堂》等四部已经接受过普通观众和专家评委“检阅”的作秀作品，都成为了本届戏剧节的最大看点。

与此同时，来自英国、德国、意大利、西班牙、韩国等 11 个国家的艺术家，也将用风格各异的舞台作品带给我们不一样的惊喜与感动。其中，意大利和奥地利两国的作品是第一次来到北京国际青年戏剧节的舞台上。

此外，今年青戏节的最大变化和看点是，安排了一个全新的内容——创新单元，由 3 个子单元组成，以策展人的方式选取作品、安排演出。这个单元是以往任何一届青戏节中都没有出现过的版块，它将给更多的青年创作群体提供了一个更加灵活和更加宽容的展示平台。

本次戏剧节还一如既往地安排了剧本朗读和戏剧论坛两个单元。在剧本朗读单元中，致敬大师——斯特林堡的 4 部优秀剧作《父亲》、《鬼魂奏鸣曲》、《奥洛夫老师》、《死亡之舞》和 12 部国内优秀青年编剧的原创剧本等 16 个精彩的剧本将和观众们一同分享。

今年的戏剧论坛共分为“精神永远胜利——斯特林堡作品研讨会”、“太平洋的风——北京台北两岸戏剧文化交流”、“戏剧大爆炸——青年戏剧发展的现状与方向”、“个性与创新——如何运作表演艺术的国际盛会”4 个论题。

【2012 第 4 届先行青年创意戏剧节】

2012 年 9 月 10 日至 9 月 23 日，由上海话剧艺术中心主办的 2012 第四届先行青年创意戏剧节在上海话剧艺术中心 D6 空间举办，来自北京及上海两地的 6 个剧团将献上 14 场演出。本次先行青年创意戏剧节主题为“让我们看这个世界更清楚一些”，旨在鼓励人们面对快速纷乱的世界时拒绝盲从、独立思考、拥有自己的想法和观点。本届青创节通过“捐书换票”的方式向公众募集课外书籍捐给山区小学，而另外部分演出售票所得款项都将用于图书的运费以及演出接待成本。

2012 第 4 届先行青年创意戏剧节延续前几届的公益理念，采取图书兑换与售票相结合的方式，以三本图书换一张演出门票的形式向公众募集适合九年制义务教育年龄段的孩子阅读的课外书籍，而售票所得款项都将用于图书的运费以及演出接待成本。

在青创节开始前的一个月，上海话剧艺术中心在微博开展了青创节志愿者招募及捐书号召，获得网友的热烈反响。随着转帖量的攀升，多名爱心人士积极报名加入志愿者的队伍，大量网友表示即便兑完门票，也会前来捐书支持。活动正式开始的头两日已经收到近百人次热心观众送来的近千册书籍。本次青创节书籍全部捐献给安徽省六安市金寨县两河中心小学 7 个班级的 184 位学生。

【第 20 届曹禺戏剧文学奖】

2012 年 9 月 19 日，由中国文联、中国剧协主办，湖北省文联、潜江市人民政府、剧本杂志社承办的第 20 届曹禺戏剧文学奖（第 4 届中国戏剧奖 · 曹禺剧本奖）颁奖活动在湖北省潜江市举行。本届曹禺戏剧文学奖共收到全国各地报送的戏曲、话剧、儿童剧、歌剧、音乐剧、秧歌剧、歌舞剧剧本 66 部。经过评选，共有 20 部作品入围。最终，话剧《生命档案》（孟冰、王宏、肖力）、《红旗渠》（杨林）、《雾蒙山》（孙德民）、秧歌剧《米脂婆姨绥德汉》（阿莹）、豫剧《朱安女士》（陈涌泉）、京剧《将军道》（吕育忠、罗周）、闽剧《与妻书》（林瑞武）、晋剧《大红灯笼》（贾璐）等 8 部剧作获得本届曹禺戏剧文学奖。

曹禺戏剧文学奖创办于 1980 年，曾名全国优秀剧本奖、曹禺戏剧文学奖、中国曹禺戏剧奖等，2005 年改名为中国戏剧奖 · 曹禺剧本奖，两年一届，是我国戏剧剧本创作的最高奖，在戏剧界具有崇高的声誉和广泛的影响。30 多年来，曹禺戏剧文学奖评选了 400 余部优秀剧作，推出了数百名优秀作家，为我国戏剧创作的繁荣发展作出了重要贡献。

【2012 第 9 届上海市大学生话剧节】

2012 年 10 月 16 日至 10 月 28 日，由共青团上海市委员会、上海市文联、上海市学生联合会、上海市戏剧家协会共同主办，上海话剧艺术中心承办的“2012 第九届上海市大学生话剧节”决赛，在上海话剧艺术中心 · 戏剧沙龙举办。来自上海市 14 所高校 15 个剧社的 12 部话剧、4 部短剧作品入围了本次决赛。

话剧组方面，来自上海师范大学楼兰剧社的原创剧目《证人》从 12 部入围决赛的作品中脱颖而出，以综合评分第一的好成绩摘得桂冠，主演兼导演祖永宸荣获“最佳男主角奖”；短剧组冠军为来自华东师范大学镜双语话剧社的肢体戏剧《生》。

荣获“最佳编剧奖”的是上海中医药大学卿园剧社的原创专业类推理剧《伊卡洛斯》，该剧对当今的医疗体制进行了深刻的反思，评委李容老师（著名编剧）表示“这样的作品令现有的演出审查制度和体制内的剧本创作感到汗颜”；“最佳导演奖”由上海理工大学江畔剧社的《伤试》获得，该剧以“泄露大学英语四级考试答案”为切入点，直面社会的残酷并提出呐喊，是一部“具有大学生良知的作品”，导演在结尾部分的巧妙处理让这部剧获得了评委们的一致青睐。

闭幕式当晚，共青团上海市委员会学校部部长、上海市学生联合会秘书长陈立俊、上海话剧艺术中心副总经理、国家一级演员田水、上海市戏剧家协会副秘书长姜学贞、上海话剧艺术中心党委副书记、演员俱乐部总监张惠庆出席了闭幕仪式并为获奖剧目和剧社颁奖。

上海市大学生话剧节由共青团上海市委、上海市文联、上海市学生联合会、上海市戏剧家协会联合主办，至今已是第九届。今年的“大话节”除常规的话剧组比赛之外还新增了短剧组，共收到上海12所高校22个剧社作品28份，经过初赛组委会的评判，最终甄选出12部话剧、4部短剧作品入围决赛。经过为期11天的决赛演出，最终评出了一、二、三等奖及各单项荣誉奖。

【第5届 “国际戏剧季” ——华彩欧罗巴】

2012年10月18日至11月28日，中国国家话剧院举办第5届“国际戏剧季”——华彩欧罗巴。本届“国际戏剧季”有来自俄罗斯、以色列、德国、法国、丹麦的7部戏剧作品与2部中国戏剧。

第5届“国际戏剧季”——华彩欧罗巴历时1个月，共上演9部剧目，共计18场，观剧人数近11000。本届“国际戏剧季”平均上座率达75%。在戏剧季的学术性和艺术性建设中，本届戏剧季均做出了积极探索和尝试。这些剧目汇集了演员精湛的演技、巧妙的舞美设计、关照心灵与人性的思想主题以及导演们别具匠心的安排设计。每部剧都凭借鲜明的特色和吸引观众眼球的亮点受到京城戏剧迷的持续关注。

“亚洲欧洲戏剧人联盟”是第五届“国际戏剧季”——华彩欧罗巴的重要活动之一，论坛由国际剧协主席、亚洲戏剧人联盟常务理事兼洲际交流委员会召集人拉门度先生和亚洲戏剧人联盟理事长、中国国家话剧院院长周志强主持，并以“交流、合作、互助、共赢”为主旨，云集了来自中国、日本、韩国、孟加拉、菲律宾、越南、文莱、哈萨克斯坦以及中国台湾地区、中国香港地区等地的亚戏联理事，与来自法国、丹麦、德国、俄罗斯乃至以色列的优秀欧洲戏剧艺术家们共同深入探讨与交流，并且建立起共同合作的项目，进一步深化中国与亚洲乃至欧洲各国剧院之间的良好合作关系，实现世界戏剧资源的共享。

【2012 “亚洲欧洲戏剧人论坛”】

2012年10月19日，由中国国家话剧院主办的“第五届国际戏剧季——华彩欧罗巴”作为2012“亚洲欧洲戏剧人论坛”其中一项重要学术活动，在京落幕。

本次论坛以“交流、互助、合作、共赢”为主旨，邀请到国际剧协主席、亚洲戏剧人联盟常务理事拉门度·玛朱姆达先生，以及来自中国大陆、中国香港及台湾地区以及日本、韩国、孟加拉、菲律宾、越南等国家的亚戏联理事，与来自法国、丹麦、德国、俄罗斯乃至以色列的优秀欧洲戏剧艺术家们共同深入探讨与交流。

国际剧协主席拉门度先生认为所谓保持民族的文化，保持民族的根，应把各国的文化因素保存在艺术之中，把文化植根于剧场之中，任何文化形式都可深化互相了解，希望通过这样的方式来提高各国剧院的水平、特点和创造力。同时拉门度先生提议，着手翻译经典的亚洲剧目，加深各国戏剧人之间的交流，让西方国家更多地了解亚洲戏剧。

亚洲戏剧人联盟理事长、中国国家话剧院院长周志强表示，戏剧最大的魅力在于通过艺术家的创造，使文化更加显现出各民族的特点和吸引力。希望各国戏剧工作者充分利用媒体，营造良好的舆论环境，让更多的人在良好舆论的鼓励下，走进剧场，观看到精彩的艺术表演。

此外，来自法国多雷纳方剧院的编剧克蒂妮女士、日本的伊藤巴子女士、菱沼彬晁先生、菲律宾的克里斯·米拉多先生以及香港毛俊辉先生分别对话剧市场运营、戏剧创意产业以及东西方艺术融合等热点问题进行了深入探讨。

本次亚欧间的深度论坛，进一步深化了中国与亚洲乃至欧洲各国剧院之间的良好合作关系，实现了思想碰撞，产生了丰富的创意，实现了世界戏剧资源的共享，建立起共同合作的项目，从而促进亚洲与欧洲戏剧人间的交流与融汇，切实有效地达成了互助合作意向，为今后深入合作奠定了基础。

【2012 上海国际当代戏剧节】

2012 年 11 月 5 日至 12 月 9 日，由上海话剧艺术中心组织承办的“2012 上海国际当代戏剧节”在上海话剧艺术中心呈献。三个剧场共上演了 18 台来自世界各地的当代最前沿的戏剧作品。上海国际当代戏剧节的主题定为“多元创意”，上海话剧艺术中心邀请来自西班牙、澳大利亚、加拿大、德国、美国、英国、瑞士、斯洛文尼亚，以及中国上海、北京、福建、广州、台北地区、香港地区等十多个国家和地区的戏剧团体共同参与。

戏剧节，囊括了话剧、音乐话剧、现代舞、讽刺剧、肢体剧、儿童木偶剧、单人剧等多种戏剧表演形式，呈现出多元、开放的姿态，展现了中国当代戏剧生机和创新的态势，也体现了亚洲乃至世界当代戏剧的魅力。

作为此次戏剧节的开幕大戏，英国利兹大学的话剧《太阳不是我们的》于 11 月 6 日呈现在观众面前。该剧由戏剧大师曹禺经典作品《家》、《原野》、《雷雨》、《日出》发展而成。英国当代青年全新诠释，集中交叉呈现一群女人的爱、恨、情欲、乱伦、希望、沮丧、挣扎。《太阳不是我们的》是一台跨文化戏剧作品。经过一群年轻英国演员的创造，中国戏剧大师的语言与现代风格的表演、肢体动作、舞蹈结合在一起。他们从自身的角度，发挥自己的情感，折射了中国的人、他们饱受折磨的生活和那个磨灭人性的社会。此外，来自台北的沙丁庞客剧团将乔纳森·斯威夫特经典著作《格列佛游记》搬上舞台。儿童木偶剧《格列佛游记》运用写意的舞台，还原原著奇幻场景。光影的组合，带你穿越大小人国。戏偶的配合，展现呈现多样风貌。

【2012 林兆华戏剧邀请展】

2012 年 11 月 16 日至 12 月 9 日，2012 林兆华戏剧邀请展在京举行。林兆华此次邀请到了两位戏剧界响当当的大师：一位是三度梅花奖获得者、精通京剧、昆曲、梆子的裴艳玲，一位是英国 20 世纪最具探索性的戏剧家彼得－布鲁克。

自从 2010 年首届“林兆华戏剧邀请展”举办以来，林兆华戏剧艺术中心以民间机构之力独立邀请国内外优秀剧目，为中国的戏剧舞台不断搬来新的标杆性作品。本届邀请展已经到了第三个年头。今年的活动，由林兆华戏剧艺术中心、北京人民艺术剧院演出中心共同主办，由李六乙戏剧工作室、北京驱动文化传媒有限公司、南开大学戏剧研修班协办。在 11 月 16 日至 12 月 9 日期间，林兆华戏剧邀请展为观众带来 5 部精彩的国内外戏剧作品。

每年林兆华戏剧邀请展都会邀请一些重磅的国际优秀剧目来华，此次邀请展也不例外。今年的“重头戏”是彼得－布鲁克执导的《情人的衣服》。彼得－布鲁克那本《空的空间》是戏剧学院每一位学生入学后首要阅读的必读书。他曾是英国皇家莎士比亚剧院的驻场导演，后赴法国巴黎创立国际戏剧研究中心进行戏剧实验。他的《摩诃婆罗多》以比《圣经》长 9 倍的印度史诗为蓝本，在露天剧场中演出 9 小时，创下历史之最。此次展演中，《情人的衣服》是一个关于妇人、丈夫和衣服的三角爱情故事，起段充满幽默讽刺，结局却残虐冷酷。《情人的衣服》既是喜剧，也是幻想与生活片段的结合。此次耄耋之年的彼得－布鲁克带着他以巴黎北方剧团为基地创立的国际戏剧研究中心首次来华演出。届时举办一系列围绕他进行的戏剧对谈及交流活动。

此次邀请展还有林兆华执导、濮存昕主演的易卜生名剧《建筑大师》；李六乙执导的古希腊悲剧《安提戈涅》；孟冰编剧《海淀之北》等大戏。

【2012 全国戏剧文化奖话剧金狮奖颁奖典礼】

2012 年 12 月 1 日，2012 全国戏剧文化奖话剧金狮奖颁奖盛典在武汉举行，共颁出剧目奖、小剧场剧目奖、儿童剧奖、表演奖、导演奖、舞台美术奖、编剧奖、评论奖、经营管理奖、荣誉奖 10 个奖项，来自全国话剧界 160 余位获奖者喜捧金狮奖杯。文化部党组成员、副部长董伟，湖北省委常委、宣传部部长尹汉宁出席颁奖盛典并致辞。

董伟在致辞时说，话剧金狮奖颁奖活动是我国话剧界的一大盛事，衷心希望广大话剧艺术工作者始终坚持以人民为中心的创作导向，深入生活、深入基层、深入群众，努力创作出更多更好的思想性、艺术性、观赏性相统一，体现中国风格、中国精神、中国气派的优秀话剧作品。尹汉宁表示，湖北省文学艺术界要以这次话剧金狮奖颁奖盛典举办为契机，向全国的艺术家学习并寻求支持，要按照湖北省委、省政府的要求，实现湖北由文化大省向文化强省跨越。

中国话剧金狮奖创立于 1989 年，是颁给长期以来从事话剧艺术工作并作出显著成绩的优秀话剧工作者的最高奖项。本届金狮奖由中国话剧艺术研究会组织评选，是该奖设立 23 年来首次走出北京组织评奖。在获奖名单中，话剧《我们的荆轲》、《信仰》、《四世同堂》等 19 剧目获得优秀剧目奖，蓝天野等 5 位艺术家获得金狮荣誉奖，莫言等 14 人获得金狮编剧奖，郭达等 56 名演员获得金狮表演奖。

【2012 年逝世的话剧艺术家】

2012 年，众多我们喜爱的老一代表演艺术家纷纷离我们而去。他们每一位身上都有非常宝贵的东西，他们把全部的热情和才智都献给了一生所珍爱的表演艺术，他们创造的银幕形象和舞台形象，可以排成长长的队列，至今令人难忘。而最核心的精神，就是他们对艺术的痴迷热爱、乐于奉献、锲而不舍、精益求精，是在人生道路上的无私无畏、至性至情、大气大度。

柏寒，著名话剧、影视演员，2 月 19 日逝世，享年 57 岁。

王冰，著名话剧表演艺术家，5 月 19 日逝世，享年 82 岁。

黄宗洛，著名话剧表演艺术家，6 月 30 日逝世，享年 86 岁。

吕恩，中国话剧界泰斗、著名话剧表演艺术家，8 月 15 日逝世，享年 91 岁。

叶子，著名话剧表演艺术家，北京人艺奠基人之一，8 月 26 日逝世，享年 101 岁。

默然，著名话剧、电影表演艺术家，11 月 8 日逝世，享年 85 岁。

2012 年话剧理论研究文章著述选目

田丹：《汉语感谢言语行为的应答语分析——以曹禺先生的话剧为例》，《时代文学》2012 年第 1 期

杨占富：《论上海城市文化对田汉 20 世纪 20 年代话剧探索的影响》，《太原师范学院学报（社会科学版）》2012 年第 1 期

余文倩：《新旧之变：民国时期成都话剧的兴起与市民的娱乐生活》，《西南科技大学学报（哲学社会科学版）》2012 年第 1 期

胡德才:《论沈虹光的话剧创作》,《 戏剧艺术》2012 年第 1 期

王佳磊《云南当代话剧大事记》,《云南艺术学院学报》2012 年第 2 期

龚元:《中国现代话剧史上的“清华传统”》,《戏剧艺术》2012 年第 3 期

沈后庆:《论 1920 - 1930 年代浪漫主义话剧的审美特质——融入唯美主义与“精神分析学”》,《皖西学院学报》2012 年第 3 期

沈后庆:《从“看导演”的论争看中国现代话剧导演群的生成》,《云南艺术学院学报》2012 年第 3 期

吴戈:《云南当代话剧发展的过去、现在与将来》,《云南艺术学院学报》2012 年第 4 期

浅草:《关于爱,关于自由 话剧《十三角关系》》,《上海戏剧》2012 年第 05 期

王丽华、崔明伟:《舞台艺术与现实生活——谈苏联话剧《自选题》的魅力与成功》,《 戏剧丛刊》2012 年第 05 期

张健钟:《小剧场话剧的先锋品格和世俗倾向》,《新世纪剧坛》,2012 年第 05 期

宋宝珍:《幽暗人性的黑色梦魇——评万方的话剧〈报警者〉》,《戏剧文学》2012 年第 05 期

木叶:《调侃背后的沉重 话剧〈1988,我想和这个世界谈谈〉》,《上海戏剧》2012 年第 06 期

刘彦君:《心灵的救赎——看话剧〈雾蒙山〉》,《戏剧文学》2012 年第 08 期

余林《一部诉说着农民心语的话剧》,《戏剧文学》2012 年第 08 期

邹静之:《关于〈我爱桃花〉的话剧笔记》,《上海戏剧》2012 年第 09 期

陈曦:《给话剧一条生存之路》,《中国新时代》2012 年第 09 期

石俊:《苛求珍品点“窝头”评话剧〈窝头会馆〉》,《上海戏剧》2012 年第 09 期

龚元:《这个世界会好吗?——评以色列卡梅尔剧团话剧〈安魂曲〉》,《艺术评论》2012 年第 09 期

李艳葳:《东北地区话剧源起新考》,《中国现代文学研究丛刊》2012 年第 09 期

杨鲜灵:《小剧场话剧的得与失》,《大众文艺》2012 年第 10 期

王万尧:《结构·象征·空间——论曹禺话剧的电影化改编》,《现代传播》2012 年第 11 期

马健:《动作:话剧表演的艺术支撑》,《戏剧之家(上半月)》2012 年第 11 期

林克欢:《话剧的八十年代》,《中国戏剧》2012 年第 11 期

高鸽:《上海小剧场话剧与城市文化研究 看剧场中的江南文化》,《上海戏剧》2012 年第 12 期

何中兴:《“话剧导演”李利宏与“现代戏曲”创作》,《东方艺术》2012 年第 24 期

大事记

1 月 1 日，儿童剧《伊索寓言》在中国儿艺假日经典小剧场首演。

1 月 28 日，儿童剧《“下次开船”港》在北京天桥剧场首演。

2 月 11 日，儿童剧《特殊作业》在中国儿童剧场首演。

2 月 12 日，话剧《世界第一个情人节》在北京 9 剧场首演。

3 月 15 日，话剧《蚂蚁没问题》在国话先锋剧场首演。

3 月 23 日至 5 月 1 日，由苏州文化艺术中心策划的“2012 苏州话剧艺术节”开幕。

4 月 10 日，话剧《大湿地》在黑龙江大庆市首演 。

4 月 23 日，话剧《雾蒙山》在承德首演。

4 月 29 日，话剧《贾宝玉》在北京展览馆剧场上演。

5 月 21 日，话剧《歌声从哪里来》在蓬蒿剧场上演。

5 月 22 日，话剧《西厢记外传》在国家大剧院上演。

5 月 22 日，第 7 届亚洲戏剧教育研究国际论坛暨第 2 届亚洲戏剧院校大学生戏剧节闭幕式在中央戏剧学院实验剧场举行。

5 月 23 日，话剧《笑面人》在国话剧场首演。

6 月 1 日，话剧《猫城记》在先锋剧场演出。

6 月 16 日，话剧《招租启示》在朝阳 9 剧场 TNT 小剧场首演。

6 月 26 日，话剧《天下第一桥》在甘肃大剧院首演。

7 月 13 日，话剧《理查三世》在北京首都剧场上演。

7 月 13 日至 8 月 26 日，第 2 届中国儿童戏剧节在中国儿童剧场举办。

2 7 月 17 日，话剧《妄谈与疯话》在北京人艺实验剧场首演。

8 月 4 日至 8 月 18 日，“2012 金刺猬大学生戏剧节”在“9 剧场”展开序幕。

8 月 14 日，话剧《搬家》在北京解放军歌剧院上演。

8 月 26 日，话剧《活出全新的自己》在北京大隐剧院首演。

9 月 3 日至 30 日，2012 北京国际青年戏剧节展开演出。

9 月 4 日话剧《活着》在国家大剧院首演。

9 月 5 日，话剧《解放，解放》在国家话剧院演出。

9 月 10 日至 9 月 23 日，第四届先行青年创意戏剧节在上海话剧艺术中心 D6 空间举办。

9 月 15 日，话剧《甲子园》在首都剧场首演。

9 月 29 日，话剧《古田会议》在福建大剧院首演。

10 月 12 日，话剧《大哥》在国家大剧院上演。

10 月 16 日至 10 月 28 日，“2012 第九届上海市大学生话剧节”决赛在上海话剧艺术中心 · 戏剧沙龙举办。

10 月 18 日至 11 月 28 日，国家话剧院举办第 5 届“国际戏剧季”——华彩欧罗巴。

10 月 19 日，2012“亚洲欧洲戏剧人论坛”在京落幕。

11 月 5 日至 12 月 9 日，“2012 上海国际当代戏剧节”在上海话剧艺术中心开幕。

11 月 15 日，话剧《海淀之北》在首都剧场首演。

11 月 16 日至 12 月 9 日，2012 林兆华戏剧邀请展在京举行。

12 月 30 日，话剧《相士无非子》在天津光华剧院首演。

分卷主编：马 岩 陈 乾

中国艺术年鉴

2012年卷

音乐卷

年度述评

多元融合　回归自我
——2012 年中国音乐发展年度述评

◎张　萌

顺应当今社会日新月异的高速发展，特别是国家关于文化大发展大繁荣战略的提出以及文化体制改革进程的不断深化，2012 年的中国音乐事业在创作、表演、教育、交流和社会音乐生活等各个领域均稳步向前推进，总体呈现出多姿多彩、繁荣发展的态势。但是，综览 2012 中国音乐事业百花齐放、异彩纷呈的可喜局面，我们依然能从中梳理出融合与回归这两个鲜明的主题。这显示出当代中国音乐家经历了多年与世界文化潮流的碰撞、洗礼和对本民族传统文化重新审视之后，正逐渐形成一种更为成熟、理智的文化心态，使得音乐作为记录时代变迁、反映民众心声、提升国民素养以及与世界各国进行对等文化对话重要手段的独特价值进一步彰显。

2012 年，中国民族音乐舞台上有很多令人难忘的精彩时刻。如中央民族乐团推出的《泱泱国风》、《牛郎·织女》、《西藏春天》、《这山唱那山》等多场主题音乐会，通过艺术表现手法的创新，尝试民族音乐与时俱进的新路，展现了中华民族在民族团结、繁荣发展中的人文风貌和精神追求。迎来建团 60 周年华诞的上海民族乐团也推出了《东西南北风》、《浩乐华章》、《乐和四海》等大型主题音乐会，不仅展示了近年来该团创演的新作，更通过独特的创编和演绎，用民族器乐绘制多彩绚烂的世界音乐地图，挖掘了民族音乐全新的艺术表现力。

如果说上述主题音乐会的推出代表了“融合”的走向，那么 2012 年“民族室内乐”发展则契合了“回归”的主题。我国民族器乐素有室内乐传统，且从其灵活的组合形态、独特的音色和线性乐队思维上看，中国民族器乐在室内乐方面更具传统与现代接通的潜质。虽然，与民族器乐“协奏曲”和“交响曲”等大型体裁相比，“民族室内乐”在音响复杂性、交响性等方面略显逊色，但随着“女子十二乐坊”、“弹拨乐团”、“卿梅静月”等一批组合在海内外的兴起，人们对民族器乐的理解和认识更加深化。由上海音乐学院民乐系策划的“丝竹更相和——古琴重奏音乐会”，以古筝、琵琶、二胡、中阮和曲笛组成的“华乐女子五重奏”，在北京演出的“古典印象”民族器乐专场音乐会等音乐会的推出，正是秉承这种传统，开发这一潜质，借助当代作曲家的笔触将中国古典文化“淡泊宁静，心无尘翳”之精神与西方室内乐艺术的精髓有机地融合为一体，营造出别具一格的审美风范。在这些音乐会上，新一代的民族音乐家们不再满足于只对传统经典曲目的诠释，而是纷纷委约形式新颖、题材多样的新作品，从而为这种古老而又年轻的艺术形式带来了前所未有的个性化色彩，注入了鲜明的现代气息。

2012 中国民乐界一个不容忽视的重量级事件，就是 6 月由中国民族管弦乐学会与新绎文化发展有限公司共同主办的首届“新绎杯”经典民族管弦乐作品评奖的举行。这一评奖的独特意义在于，其一，《维吾尔音诗》（刘湲曲）、音诗《岁寒三友——松·竹·梅》（顾冠仁曲）、《西北组曲》（谭盾曲）、《达勃河随想曲》（何训田曲）、《抒情变奏曲》（刘长远曲）、幻想曲《秦·兵马俑》（彭修文曲）、《长城随想》（刘文金曲）、《鞑鞨组曲》（刘锡津曲）、《古槐寻根》（赵季平曲）、音画《塔克拉玛干掠影》（金湘曲）、《后土》（唐建平曲）、《滇西土风三首》（郭文景曲）等 12 部获奖作品均为 1979 年至 2009 年间创作的具有社会影响力且传播广泛、兼具专业性与可听性的中国民族管弦乐合奏作品。这种独特的评奖标准，不仅在民乐领域，在整个音乐界都具有借鉴和启示意义。其二，在颁奖期间举办的首届“华乐论坛”专门以作曲家自述和理论家分析相结合的形式，从各自不同的视角对每部作品进行了剖析，更藉此对于 30 年来中国民族管弦乐发展的得失进行了客观、深入的总结与反思，因而堪称当代中国民族器乐发展史上一次里程碑式的事件。

此外，“2012 CCTV 民族器乐电视大赛”的举办对于普及民族器乐知识、推出民族器乐新人新作、促进民族音乐的繁荣和发展都起到了推动作用，无论在业界还是广大民乐爱好者中间都产生了良好的反响。

中国交响乐事业近年来取得的成就可谓举世瞩目。得益于国家文化体制改革的推进、各级政府在政策与资金上的大力扶植，全国各地院团的建设逐步走上轨道，创作表演活动更加繁荣多元，演出市场运作也日益与国际市场接轨。截至2012年，我国已有交响乐团57家（含港澳地区）。在省一级行政区域中，除海南省外均成立了职业乐团。不少乐团都成功举行了演出季，不仅邀请国际级的指挥家、音乐家来华交流合作，更有越来越多的机会走出国门，在世界舞台上展现自己的风采。2012年，先后有中国交响乐团、浙江交响乐团、天津交响乐团、北京交响乐团、青岛交响乐团、杭州爱乐乐团、上海交响乐团、深圳交响乐团等赴国外进行巡演。不难发现，近年来新崛起的地方乐团在其中占了相当大的比例。中国乐团的优秀表现已经引起了国际演出市场的重视，催生了相关巡演代理产业，有多家境外经纪公司在国内设立办事处或派驻代理人。

有关融合与回归的命题，在作曲家们的创作中表现得更为具体和生动。2012年10月在上海公演并广受好评的朱世瑞民族室内乐作品《水想II》（二胡与筝）的命题源自中国古代圣贤对水的哲思，其带有随机性的结构既蕴含水“因势而流，随物赋形”之深意，也与西方现代音乐中的“开放曲式”有着内在联系。贾国平的民族室内乐《清风静响》（为琵琶、古筝、板胡和笙而作）是另一部有代表性的作品。该曲在2011年“北京现代室内乐团”成立音乐会上首演后，2012年又在俄罗斯、波兰和德国演出15场，广受好评。其标题来自郑板桥《墨竹图》的题诗，音乐也以个性化的语言来表达“自然”这一中国传统艺术的核心命题。乐曲的四个部分都采用了自由和弹性的节奏速度布局，不但流淌着中国人特有的审美趣味和情态，也达到了中国传统音乐与西方现代音乐技术以及现代审美取向的深度融合。如果说，自20世纪末的改革开放使不少作曲家几乎是随着西方现代音乐风潮“跑步”进入新时代的话，那么随着步入中年，他们已经能够面对世界现代文化艺术的风潮迭起而“处世不惊”，理智地汲取外来音乐文化中对自己有用的东西，重新建立起对自己民族文化的自信心。正如作曲家郭文景所说：“我现在已不再考虑诸如中国、西方、传统、现代这样的概念，只要适合我的需要我就用，不管它是属于中国还是西方，是现代还是传统。挣脱了概念的束缚，我进入了一个更自由的状态。”

总之，各种音乐节、乐团音乐季以及各级政府主办的大型文化活动都为新作品的创演提供了良好的契机。特别是在北京、上海等文化中心，新作品的演出已经成为文化生活中的常态。2012年在国内舞台上演的新作品体裁题材丰富多样，音乐风格不断出新，技术手法兼容并包，显示出当代中国作曲家在创作思维上正不断走向成熟。与此同时，如何走出学院艺术的“象牙塔”，创作出更多的雅俗共赏、为更多听众接受的交响乐作品，使这一艺术形式服务于全民文化艺术素养的提高，依然是作曲家、理论家和相关文化部门需要长期研究的课题。

相比2011年中国原创歌剧、音乐剧创作的“井喷”之势，2012的歌剧创作在数量上虽有所回落，但是整体依然呈现出繁荣发展的局面。据不完全统计，当年首演的原创歌剧有《守望天山》、《永不消逝的电波》、《运河谣》、《山林之梦》、《文成公主》、《苏武》、《辛亥风云》等，原创音乐剧有《告诉海》、《钢的琴》、《杜拉拉升职记》、《三毛流浪记》等。2012年初，在东莞举办的“首届音乐剧节”上，共有10部中外音乐剧参演。作为近三年来国家艺术院团规模最大、历时最长的一次集中亮相，由文化部主办的“2012年国家艺术院团优秀剧目展演”于8月24日至9月30日在京举办，参演的35场剧目中歌剧、音乐剧共9部，其中5部为首演。此外，作为歌剧事业繁荣发展的另一个重要标志，越来越多的欧洲传统经典歌剧也被打上了“中国制造”的标签，如4至6月期间举办的国家大剧院歌剧节上，推出的《漂泊的荷兰人》、《假面舞会》、《托斯卡》、《汤豪瑟》、《艺术家生涯》等多部剧目以及第十四届上海国际艺术节上演的开幕大戏《波希米亚人》，都因集合了世界多国优秀艺术家的制作团队悉心打造出的精良品质而备受关注。客观而言，新创首演的剧目都不乏艺术构思的闪光之处，但同时也都存在较大的提升空间。

2012 年中国社会音乐生活中，以浙江卫视的大型歌唱选秀类节目“中国好声音”为代表的众多选秀类节目的热播无疑成为最具标志性的事件。除了由此带来的巨大商业收益以及成功为大众媒体制造了众多热点话题，其积极意义还在于，“好声音”概念的提出将观众的注意力成功拉回到音乐本身。临近年末，央视又凭借自身强大的影响力，将包括“中国好声音”在内的最具人气的 13 家电视台的选秀节目整合在自己的平台上，推出了“直通春晚——我要上春晚特别节目”，将 2012 年的选秀节目热潮一直延续到龙年的除夕之夜。与各种渠道涌现出的大量拥有“好声音”的声乐演唱人才形成鲜明对照的是，能够为听众喜爱并传唱的原创歌曲的极度匮乏。为此，各级文化主管部门做了大量工作，如中宣部第十二届“五个一工程”中入选歌曲的公布，中国音协分别与中央电视台、广东东莞等共同主办的“全国少年儿童歌曲创作大赛”、“打工歌曲”等征歌活动以及第四届“全国未来词曲作家、演唱家成才之路研习班”等活动的举办，都有力地推动了词曲创作的健康发展，使得从专业、业余歌曲创作到对于词曲作者、演唱者的培养进入了一个良性发展的阶段。但从实际情况看，新创歌曲数量虽众，真正具有一定传唱度的却寥寥无几，短时期内这种“新人唯唱旧时曲”的局面仍难以打破。此外，以草根作者为主的网络歌曲正在互联网、手机等新型媒体上被不断热炒，这些网络歌曲多是根据已有的歌曲谱填而成，它们往往对国内外的重大政治、经济以及民生事件传达某种民意诉求，甚至会借此进行讥讽、调侃，比如反映春运火车票难买的《伤不起》，关于校车的《校车在哪里》等。这是对歌曲在满足人们多方面欣赏、娱乐需求的一种全新拓展，值得关注。

2012 年，流行乐坛上另一个值得重视的现象是音乐节的“遍地开花”。据不完全统计，在夏季前后共有几十个音乐节分别在全国各地举行。这些音乐节在多年实践中初步实现了与夏季休闲旅游活动的结合，较好地实现了和当地政府管理部门的双赢合作，并取得了较好的社会效益和经济效益。与此同时，在业内人士呼吁“让音乐回到现场”的影响和操作下，2012 年全国各地的小剧场流行音乐演出方兴未艾。这些小型演出采取低成本运营模式，大多以推出歌手及乐队原创作品为主，逐步形成一股比较稳定的新生力量，其中不少歌手和乐队通过这种演出积累了人气，并由此迈向更大的舞台。这种趋势和做法值得肯定。

专业音乐教育领域，各大教育机构除了继续培养具有国际一流水准的高精尖人才，并在世界级的音乐大赛上屡获佳绩。同时，开始以更深层次的合作、更为主动的态势参与到国际间的文化交流活动中。例如，4 月中央音乐学院主办的“2012 北京梅纽因国际青少年小提琴比赛”，便是这一全球最重要和最有影响的青少年国际小提琴比赛第一次在欧洲以外的地区举行。比赛吸引了 28 个国家的 230 多名选手参赛，其数量和质量都创赛事的纪录。此外，6 月由上海音乐学院主办的国际传统音乐学会（ICTM）理事会暨“当代社会中的传统音乐”国际研讨会、10 月由国际传统音乐学会音乐图像学分会和中国音乐学院联合主办的第十一届音乐图像学国际研讨会等高端学术研讨活动的举办也都显示出了这种发展的态势。

由中国音乐学院主办，以复兴民族音乐文化为宗旨的北京传统音乐节，自 2009 年创办以来，便一直着意打造一个集学术性、观赏性、艺术性、教育性于一体，以研讨和传承中国及世界传统音乐文化为内容的国际交流平台。在这里，“传统”已经突破了民族、地域界限，以宽广胸怀容纳“地球村落”中各种优秀、独特的音乐文化。在 2012 年第四届传统音乐节开幕式上，主办方更以“大河颂”为题，为我们描绘了一幅汇集孕育了世界七大古文明的河流文化之多彩画卷，展现了人类文化历史传统的渊远流长以及多元文化共同对未来的展望。而已走过十年历程的中央音乐学院北京现代音乐节，则展现出一种理念上的“回归”——在这里，“现代音乐”不再是狭义的音乐技术层面的概念，而是以一种开放的视野，包容了我们当下生活的这个时空中多姿多彩的音乐存在。在音乐节期间的多场原创音乐会上，来自世界各地的作曲家们在展现出娴熟的现代作曲技法的同时，还透过音符展开不同文化之间的对话，更展现出当代音乐家对于现实生活深切的人文关怀。

在国民教育领域，以《国家中长期教育改革和发展规划纲要（2010—2020）》精神为指导的《义务教育音乐课程标准（2011 年版）》、《义务教育艺术课程标准（2011 年版）》于 2012 年起开始在全国范围内实施。两个课标的修订，都充分吸收了近年来国外音乐教育的优秀成果，对十年来试点过程中的教学经验做了深入梳理，在思想、内容和指导上都有了较大的改进。如“音乐课标（2011 版）”将“音乐审美”准确定义为“体验感悟沟通交流以及对不同音乐文化语境和人文内涵的认知。”对于课程性质“人文性、审美性、实践性”的界定也较之以前更加明晰。本版课标最大的亮点在于对民族音乐文化和演唱技能特别是合唱能力的强化，标志着几代音乐教育工作者梦寐以求的以中华文化为母语的音乐教育体系的初步建立。

由教育部、文化部、财政部联合主办的“高雅艺术进校园活动”自 2006 年启动以来，已经成为营造富有人文内涵的校园文化、引领青年学子提升精神境界、普及中外优秀文化艺术的重要平台。音乐在这项文化工程中一直扮演着重要角色。2012 年，国家级艺术院团、院校和优秀地方艺术院团、院校共赴全国各地高校演出 289 场，其中音乐类有 132 场，占 46%；赴中西部高校讲学的全国普通高校艺术教育艺术专家讲学团的 72 名专家中，音乐类有 35 位，占 49%；在参加全国普通高校和中学普及高雅艺术活动的 80 支各类院团中音乐类 72 支，占 90%。

近年来，随着国家整体经济水平的提升，人民对于物质文化生活需求的加大以及各级政府对于文化事业的重视，我国的合唱事业在专业合唱团发展有所萎缩的情况下，依然呈现一派繁荣景象，各种层次的合唱节、合唱赛事如雨后春笋般在全国各地展开，艺术水准稳步提升。7 月在北京举办的第十一届中国国际合唱节有来自 39 个国家的 166 支合唱团参加，11 月在广州举办的 2012 广州星海国际合唱锦标赛也吸引了来自 43 个国家的 164 支团队同场献艺，堪称当年的一南一北两大合唱盛事。特别是，中国国际合唱节期间召开的国际合唱联盟世界合唱峰会上，还通过了旨在加强国际交流、推动中国与世界合唱事业繁荣发展的《北京宣言》。2012 年，我国合唱事业整体发展上地域发展不平衡的格局亦有了较大程度的改善，沈阳举行的“在前进的道路上”首届东北三省合唱节、宁夏石嘴山举行的第二届“黄河大合唱”合唱邀请赛、四川南充举办的第三届中国嘉陵江合唱艺术节等赛事有力地带动了东北、西部地区合唱水平的提高。出国参赛和进行文化交流也成为一种潮流。如 7 月在美国辛辛那提举办的第七届世界合唱比赛上，中国有多达 71 支团队前往参赛，不仅在数量上仅次于美国，而且在锦标赛 22 个组别的比赛中，共获得 5 个冠军（金奖第一名），与东道主美国、合唱强国南非并列第一。

作为全球互联网用户和移动通信用户规模最大的国家，网络音乐庞大的用户群体、无限的潜能正深刻地改变着包括音乐生产、传播、消费在内的整个生态。根据文化部发布《2012 中国网络音乐市场年度报告》显示，截至 2012 年底，我国网络音乐企业已达 575 家，同比增长 27.2%，整体市场规模达到 45.4 亿元。其中，在线音乐市场规模的增长最为突出，市场规模达 18.2 亿元，同比增长 379%；无线音乐市场规模达到 27.2 亿元，同比增长 13.3%。在线音乐市场和无线音乐市场的用户规模也分别达到 4.3 亿和 7.5 亿，整体发展态势良好。同时《报告》也指出，2012 年的网络音乐市场，盗版侵权问题根治困难、企业融资渠道狭窄、盈利模式难以突破、产业内有效分配协调机制有待完善、付费定价支付系统亟待优化。《报告》认为，未来网络音乐行业中应继续加强监管、建立资产评估体系、优化盈利模式、形成合理定价机制。

不可回避的是，在稳步推进、繁荣发展的主流下，2012 年中国音乐艺术发展依然不可避免地存在一些亟需引起业界警醒和反思的问题，如音乐著作权益的保护的问题。随着全社会对于盗版侵权行为打击力度、宣传力度的不断加大，有关音乐著作权保护的概念已经越来越深入人心，但我国音乐著作权益的整体保护现状依然不容乐观，特别是随着近年来网络音乐的快速发展，使原本严峻的形势变得更为复杂。3 月起由中国国家版权局草拟的《中华人民共和国著作权法》（修订草案）一经公布，其中涉及音乐著作权人著作权、控制权及议价权等内容的相关条款立刻在音乐界引发了一片反对之声。有关的讨论持续了数月，并演化为一场备受媒体和公众关注的社会热点事件。最终以在7月发布的修订草案第二稿中，删除了备受争议的相关条款而告一段落。从中可以看出，上端是国家立法进程的相对滞后，下端是数以亿计的网民多年来养成的免费消费习惯，都让中国音乐人的维权之路显得艰难而漫长。

再如，创作领域的浮躁浮华之风问题。其具体表现为：在实际创作过程中，一些作曲家往往让助手或枪手捉刀代笔，弄虚作假，或是为临时加班赶工，在艺术上粗制滥造；在宣传过程中，利用媒体对作品做过度宣传，导致“大师”、“精品”乃至“经典”之类夸饰溢美之词频繁见诸各种媒体，误导观众。特别是在当代舞台艺术创演中，将大投资、大制作、大场面奉为不二法门，投资规模动辄数百万、上千万乃至数千万元，却不肯在艺术本体上花苦功夫和真功夫，导致大量作品形式浮华、内容浮泛、思想肤浅，非但造成人力、财力的极大浪费，更因此败坏了文艺界的健康肌体，在客观上为少数人从中渔利的温床。

此外，假唱、假奏和学术造假的问题仍相当严重。为此我们呼吁，相关文化主管部门应加强立法管理和执法力度，舆论界加强批评监督，音乐界更应加强自身职业道德建设和行业自律，制订防范措施和惩治细则。惟有各方同心协力，共同织成一道防护网，让种种假唱、假奏和学术造假行为无以遁其形，方有望还音乐艺术和音乐学术一片纯净的天空。

回顾2012年的中国音乐艺术发展，在中共中央十七届六中全会提出的文化大发展大繁荣的精神指引下，在国家文化体制改革进程不断深化的洗礼下，在与世界文化潮流日益融合与碰撞的时代背景下，各项事业均有序向前推进：交响乐、民族器乐、歌剧、歌曲等主流艺术门类从创作到表演都呈现市场繁荣、风格多元的可喜局面；专业音乐教育在培养大量高精尖人才的同时，与国际间的合作交流进一步加深；国民音乐教育改革经过十年探索和尝试，在思想、内容和指导上都有了较大的改进，以中华文化为母语的国民音乐教育体系初步建立；以合唱艺术为代表的群众音乐文化事业从参与的广度到整体水平上都有较大提升，反映出全民音乐素养的稳步提高；伴随着网络技术的飞速发展，各种网络应用的融合进一步加强，包括音乐生产、传播、消费在内的整个生态都在经历着深刻的变革。总之，2012的中国音乐以自己独特的声音文本，记录了这个平凡而独特的历史年轮上的时代变迁和人们的所悲所喜、所思所感。

（本文根据《2012中国艺术发展报告音乐分报告》改写）

张萌　《人民音乐》杂志

我国原创歌剧和音乐剧的 2012

◎居其宏

如果说，中国原创歌剧、音乐剧的 2011 是“井喷”之年的话，那么，形成“井喷”的外因大致可归结为“赶集”情结——在这一年中，我国歌剧、音乐剧有两个重大集市，且都集中在 11 月：其一是由国家文化部、福建省政府在福州联合举办的“首届中国歌剧节”，其二是广东省政府主办的第十一届“广东省艺术节”。前者是我国歌剧界的重大节日，全国各地歌剧院团为躬逢其盛，报送众多原创剧目参演；后者虽是综合性的艺术展演，但也有不少当地专业院团以及某些地县少年宫创制的音乐剧（其中包括儿童音乐剧）参演。

上述两节过后，获奖者欢天喜地回家庆功，落选者找到差距重整旗鼓。因此，继“井喷”之后接踵而来的 2012，对大多数参演两节的院团来说，已进入一个总结调整期；而其他未参演两节的院团，则根据自身创演部署，在这一年推出了若干原创歌剧和音乐剧。

一、本年度的歌剧创作评述

首演于本年度的歌剧，就笔者的视野所及，共有《运河谣》、《山林之梦》和《守望天山》这三部；它们的一度创作，既各具特色，存在的问题也各不相同。

1. 歌剧《运河谣》

歌剧《运河谣》，黄维若、董妮编剧，印青作曲，廖向红导演，国家大剧院 2012 年 6 月首演于北京。

剧本写明朝万历年间，江湖卖艺女子水红莲（雷佳扮演）为逃避逼婚、反贪书生秦啸声（王宏伟扮演）为躲避官府追捕，二人邂逅且彼此爱慕。秦啸声冒名顶替水手李小管，留在船上。但船主张水鹞（孙砾扮演）觊觎水红莲美貌，欲强娶为妻。红莲坚决不从。后李小管之盲妻关砚砚（王莉扮演）携幼子寻夫，秦生与水红莲怜其悲苦，在红莲鼓励下，秦生乃被迫与之相认。张水鹞为得到红莲而在瓜州坝加害秦生，因红莲和关砚砚挺身相救得免。其实关砚砚早知秦生并非李小管。三人内心均非常纠结。后张水鹞一计不成又生一计，扬言到官府告发秦啸声。为此，红莲以不告发为条件假意答应嫁给张水鹞，但张却引官兵前来逮捕秦啸声。千钧一发之际，水红莲说服秦生与关砚砚携幼子逃走，自己则与船俱焚。秦啸声痛不欲生，经关砚砚说服后，方弃殉情之念，为揭发贪官污吏，与关砚砚母子同赴京城。

剧本情节曲折，人物关系也比较复杂，这是一个重要优点。惟对关砚砚的描写及全剧最后结局尚有一些可议之处。关砚砚乃极普通一女子，并无多少识见，她之接受秦啸声假托李小管的初衷，并非出于为秦生打掩护的自觉，而是从自身、特别是幼子利益出发，找一个生活靠山而已。后来经历了一系列事变，她对红莲和秦啸声的爱情多了几份理解和敬重，乃托孤给二人后，宁可牺牲自己也要成就二人爱情和反贪事业（当然需要重新设置情节）。目前这个结局处理，对关砚砚形象有损（显得此人骨子里很自私），也令观众难以接受。

剧诗创作比较平实，也较口语化，是个优点；但却少了几分文采和诗意。作者明确追求的剧诗的文学性，似乎体现得不太好。

另外，第四场，4 个主要人物都有一段很长大的咏叹调，来抒发各人心中的纠结，从戏剧来说有其必要性和合理性，但从音乐的结构布局说，整场连续抒情和大篇幅咏叹，因缺乏必要的节奏和色块对比而显得过分冗长、沉闷，反而削弱了音乐描写的感染力。

印青的音乐，旋律非常流畅好听，有较强的民族特色；秦啸声一首咏叹调，约略有板腔体结构的影子，但未用上下句手法。大剧院称此剧为民族歌剧，大概源出于此。

代表运河水的女声合唱很有特色，对全剧主题有一个总的概括。瓜州坝的混声合唱有戏剧性效果，第六场来到北京通州的合唱，也有强烈的京腔京韵，地域特色鲜明。惟拉纤的男声合唱不够雄浑苍劲。

运河女声合唱在全剧反复出现了 7—8 次，且前半部分都是原样再现，毫无变化，久而久之便觉得啰嗦重复。重唱运用较多，但绝大多数均是同步性的，异步性的重唱仅有一首水红莲、秦啸声、关砚砚各怀心事构成的三重唱“我是一叶浮萍”，效果较好。

2. 歌剧《山林之梦》

歌剧《山林之梦》，王敦编剧，王世光作曲，中央歌剧院 2012 年 8 月 29 首演于北京保利剧院。

全剧其实只有两个十五六岁的主要人物。女主人公雪儿是个双目失明的孤儿，男主人公滑稽鬼是个林中小鬼。剧中还有一个穿插角色山林女妖、三个小孩和一组象征大鸟的女声小合唱，女妖在剧中出场两次，但未介入剧情，大鸟小合唱时而介绍剧情，时而抒发情感。

剧情说，滑稽鬼因不耐寂寞而挟持雪儿，雪儿因不愿与鬼为伍而坚决要求回村。滑稽鬼体恤雪儿，乃送她下山，但也因其善良而令雪儿留下。在共同生活的日子里，滑稽鬼对雪儿的不幸遭遇产生深切同情，乃不顾女妖警告和个人安危，冒险去深山采撷龙胆草，治好了雪儿的眼疾，但滑稽鬼却因此身受重伤，不幸死去。

我在 10 多年前就看过剧本，名曰《滑稽鬼》，认为问题多多。此次再看，觉得剧本的问题依然如故。整个剧目的基本构思是童话，但情节设置既无童话的空灵和浪漫，也缺乏想象力和诗意。三个小孩和女妖召之即来、挥之即去，导致人物关系过分松散随意，未能将他们有效组织到情节发展和戏剧冲突中来；剧诗写作很具象、很实在，很多地方根本不押韵（按说做到这一点实乃举手之劳，但剧作者却似乎有意不这样做），造成虚实两张皮。滑稽鬼的性格、做派和戏剧动作并无一点滑稽意味，剧作者以“滑稽鬼” 名之，不知何意。

此剧最有价值的部分是王世光的音乐创作。其整体结构和音乐戏剧性展开方式有些近乎威尔第后期的通连体结构，基本模糊了咏叹调、宣叙调的边界和歌剧分曲的概念，而以连绵不断的咏叙性旋律代之，许多音乐主题和歌唱性旋律常常出现在乐队中；声乐与器乐、乐队与配器立体化构思、立体化写作，令全剧音乐浑然一体、一气呵成，很见功力。声部进进出出非常自由，场景之间的衔接和推进流畅自然，无明显空隙和停顿，其性质与瓦格纳的“无终旋律”略似。据实言之，如此严整、缜密的音乐戏剧性构思及其发展推进的有机性，在我国此前的正歌剧创作中未曾有过，因此无疑是一大进步。

第三幕有一处滑稽鬼独唱、雪儿以花腔应和，听觉效果甚佳。象征大鸟的女声合唱写得颇具歌唱性且出现了两次。

可惜，由于剧本中存在种种问题，不能不令王世光在音乐创作上的诸多新探索、新特色和新成就被严重稀释，从而大大降低了此剧的综合美高度。这也再一次提醒作曲家，对剧本艺术质量的严格考量和审慎选择是多么重要，否则，必将为此付出惨重代价。

3. 歌剧《守望天山》

歌剧《守望天山》，赵大鸣编剧，孟卫东作曲，武警文工团 2012 年 8 月 31 日首演于北京国家大剧院。

剧本根据武警交通二总队的前身——解放军基建工程兵部队十二支队在修建新疆天山公路时的真实人物和事件创编。主人公原型陈俊贵的所属部队在修筑天山独库公路时遭遇大雪封山，官兵被围困在雪山上断绝了补给和通讯联系。上级派出陈俊贵等四名战士到四十公里外送信求援。由于天气恶劣、道路艰险，他们在冰天雪地里爬行了三天三夜。极度严寒威胁着他们的生命，带去的二十个馒头也即将吃完。生死时刻，班长将最后一个馒头给了陈俊贵，他因此活下来，而班长和副班长最后却因为冻饿牺牲。严重冻伤的他和另外一个战友被当地哈萨克牧民救起。他复员回家后，虽经历了一段平静的普通人生活，但是在心灵深处却始终不能忘怀他的班长和牺牲的战友。尤其是班长给他的那生死攸关的最后一个馒头，让他时时觉得他的生命是班长所给予的。朴素而又深沉的感情与良知，终于凝聚成巨大的精神力量。他放弃了稳定的工作和安宁的生活，带领妻子和刚出生几个月的儿子重返天山，为班长和牺牲的战友守墓。其间，原基建工程兵部队已正式转为武警交通部队，陈俊贵所在的部队转为武警交通二总队，并且继续承担着天山公路的修建和拓展。他与妻子24年在天山守望，为继承烈士的遗志，铭记前辈的英雄业绩，他还把自己的儿子送到了曾服役的老部队、现在的武警交通二总队六支队，继续修筑天山公路。新一代武警官兵继承先辈的光荣传统，为祖国的西疆建设、为巩固钢铁边防继续创造着新的丰功伟业！

并不是所有的故事和人物都可以入戏的。《守望天山》这个素材，如果写成报告文学可能很感人，但若搞成歌剧，如无大智慧和大才情，必败无疑。

新时期以来的歌剧创作，以北京版《八女投江》为最差，未曾想，这部《守望天山》的整体艺术质量之差，竟然远远超乎业内同行的想象。

用歌剧艺术形式表现革命题材，对歌剧艺术家而言，非但是一项光荣的政治使命，更是一个艰巨而神圣的艺术创造课题；非但需要饱满的政治热情，更需要高超的艺术才华、创造灵感和歌剧家的艺术自觉。在过去历史上曾经产生过的大量配合政治任务、粗制滥造的歌剧作品，已在歌剧史上留下极为惨痛的教训，新世纪的歌剧艺术家，特别是军队艺术家，决不能重蹈其覆辙，用同样的思维、同样的质量来敷衍塞责，将革命题材歌剧变成廉价的政治宣传品，因为，这样做的结果必然是，不仅亵渎了英雄模范人物，也亵渎了歌剧艺术。

看来剧作者不懂戏剧为何物，更不懂歌剧是用音乐展开的戏剧；他写的这个剧本，无情节可看、无冲突可言，人物无性格，形象极为干瘪，没有任何真情实感，没有任何戏剧意味；剧诗也是空洞无物，标语口号满天飞，毫无文学性、音乐性和戏剧性可言。

孟卫东原本是个有才华的作曲家，此前曾为歌剧《红河谷》作曲，虽不十分出色，仍不失为合格的歌剧音乐；但他为《守望天山》所写的音乐，通篇充斥大量毫无特色、大轰大嗡的抒情性男声合唱，用同音反复和二度模进手法写成的宣叙调，洋腔洋调、生硬别扭；少数所谓“咏叹调”，由于脱离了具体的戏剧情境，没有深入到人物内心深处，人物的咏叹无戏剧由头、无真情实感，同样也无起码的戏剧性可言。

该剧舞美和导演也乏善可陈，倒是几个主要演员演唱、表演都还不错。

二、本年度的音乐剧创演评述

严格说来，真正在2012年首演的音乐剧，就笔者视野所及，仅有《咏蝶》和《杜拉拉升职记》这两部；而《爱上邓丽君》、《王牌游戏》、《三毛流浪记》这三部音乐剧的首演时间都在2011年，但当时的影响仅限于东莞和广东境内；它们真正为全国一定范围内的同行和观众所知，却是2012年这些剧目到一些城市举行商演之后的事。因此，我们将这些剧目也纳入到2012年来加以评述。

1.《爱上邓丽君》

音乐剧《爱上邓丽君》，编剧王蕙玲（中国台湾），作词梁芒，作曲捞仔、金培达（中国香港），音乐总监达日勒·沃特斯（美国），导演、编舞卓依·马可里尼（美国），灯光设计阿伦·罗尔蒂（加拿大），艺术总监李盾、周汉标，制作人李盾，东莞塘厦东方松雷音乐剧剧团2011年首演于东莞。

已故台湾著名流行歌星邓丽君和她演唱的流行歌曲，在中国乃至整个华人世界有无数的拥趸和极为广阔的市场。编织一个好故事，将邓丽君和她的歌串联起来，勾起人们对她和她演唱的那些老歌的怀旧情结和美好回忆，应该说是一个非常出色的“后台音乐剧”创意。

成败的关键在于：

其一，如何将邓丽君和她的歌有机地编织进某一个故事里，而不是就像李盾自己在节目单上所反对的“简单串联”；

其二，剧作家能否运用舞台语汇将这个故事讲得生动曲折，有趣味、有看头；

其三，作曲家能否处理好邓丽君的老歌与本剧新创歌曲之间风格连接和协调问题。

剧本作者是中国台湾的专业剧作家王蕙玲。她为全剧设计了一个邓丽君死后，其灵魂下得凡尘，帮助失意的音乐青年周梦君走出心理阴影、重树生活信心，与恋人咪咪共建美好未来的情节框架。

从舞台呈现看，这个故事本身并不精彩，甚至也说不上好看；加之在情节展开过程中出现了很多缺环，例如有一段是单纯的邓丽君演唱场面，她一连为观众演唱了4首老歌，完全脱离了剧情，变成单纯的邓丽君歌曲模仿秀了。这不仅违背了李盾创意的初衷，也是音乐剧创作之大忌。

再看周梦君这个人物。作为当代的年轻人，其心理过分灰暗，甚至有些畸形，无甚可爱之处。他对邓丽君、对咪咪所做的爱的表白，既乏足够的戏剧动作依据，又无坚实的心理基础支撑，因此显得很随意，不真诚。

作曲家捞仔和金培达为此剧编配、创作的音乐，其主体部分由邓丽君传世的《小城故事》、《明月几时有》、《海韵》、《千言万语》、《甜蜜蜜》等30首经典老歌连缀而成并加以时尚化编配，其中《甜蜜蜜》的爵士化处理较有效果；为适应剧情发展和人物抒情的需要，两位作曲家也创作了一些新的单曲和歌舞音乐，但其中多数质量一般，与内地同行相比，其创作与编配水平并不占优。惟其中的主题歌《没有爱到不了的地方》，从歌词到旋律均写得很到位，应该说，这是近年来在我国原创音乐剧中出现的最优美动听的单曲；该曲由独唱逐渐发展到重唱和合唱，效果确实不错。

几个主要演员，唱功都不错，邓丽君的模仿秀也还比较到位，但周梦君的扮演者，台词实在太差，表演也一般。

该剧继续沿袭李盾的“国际化”路线，其主创团队包括台湾地区剧作家王惠玲、香港地区作曲家金培达，以及曾获托尼奖提名的美国导演卓依·马可尼里、百老汇音乐剧总监达日勒·沃特斯和加拿大太阳马戏团首席灯光师阿伦·罗尔帝等“国际顶尖团队”。

该剧导演卓依·马可尼里说：“这是一部以国际市场为目标的中国原创音乐剧，我和创作团队采用了最先进的舞美手段，也融入了很多百老汇成熟的歌舞元素，以一种更时尚娱乐化的风格向全世界观众展现《爱上邓丽君》。”剧中也确有多个令人震撼的场面，如由6999支红玫瑰组成的“玫瑰花幕”、“灵魂炼狱”中的旋转平台、驶上舞台的画舫以及男主人公周梦君住所的崩塌，等等，均竭尽豪华壮观梦幻之能事，充满视觉冲击力。故该剧投资规模达3000万元之巨。

音乐剧《爱上邓丽君》2010年在香港举行“全球首演”；2011年7月，获韩国大邱国际音乐剧节DIMF大奖，剧中邓丽君的扮演者王静获“DIMF最佳女主演”奖；2011年11月，参加第11届广东省艺术节演出并获一等奖。

2. 音乐剧《王牌游戏》

音乐剧《王牌游戏》，编剧张科民，导演托尼·思迪马克（美国），音乐总监路易斯·圣·路易斯（美国），编舞帕特·博尔持（美国），魔术指导海尔·库伯（荷兰），广东东莞塘厦音乐剧创作生产基地制作，松雷音乐剧剧团2011年11月首演于东莞。

该剧通过一位年轻魔术师台上台下的奇幻经历，以此反映中国当代的社会生活，是我国第一部魔术音乐剧。

剧情从唐朝武则天的宫廷开始。魔术师发明了扑克牌。但武后认为魔术师和他的魔法为妖术，遂下令将魔术师斩首。在押赴刑场途中，魔术师突施魔术，时空陡然转换到当代北京的王氏剧院舞台上，魔术师正上演一幕“断头台”的幻觉魔术。而魔术师的生活则被四个Q所缠绕——黑桃Q是剧场院线老总王夫人，象征权力；红桃Q是魔术师的情人、王夫人之女王凯莉，象征爱情；梅花Q是魔术师的经纪人吴得爱先生，象征名望；方块Q是魔术师的财务顾问凌雅小姐，象征财富。这四个不同花色的Q，影响乃至左右着魔术师在剧中的情感和行动，并陪同魔术师一起踏上曲折、纠结的自我发现之旅。当然，他最终在领悟到什么是魔术精髓的同时，也找到了自己的真爱归宿。

实际上，剧本所构造的人物关系，特别是魔术师与4个Q的关系，由于线头多，彼此之间的纽结比较松散，且为了给魔术表演留出足够空间和时间，加之魔术表演项目与具体的戏剧情境勾连得不紧，导致剧情发展的有机性和流动性常常被打断。至于作品开头唐代豪华场景以及众多的登场人物，则更是完全游离于全剧主要情节之外的赘疣，其作用也仅止于为“断头”魔术表演提供一个勉强可以说得过去的理由而已，余则别无一用——如此笨拙的“穿越”手法，枉花大钱，反受其累。

该剧音乐总监路易斯和乐器编导琳恩均为富有经验的美国音乐剧专家。他们为《王牌游戏》创作和编配的音乐，在交响乐队中加进一些我国传统民族乐器，以求从乐器音色方面彰显全剧音乐的中国元素和民族风格；此外，作曲家还使用钢片琴以及电颤琴、音树、树铃等现代电子乐器，以期营造出魔术音乐剧所特有的魔幻色彩。

整体看来，此剧的音乐呈现出国际流行的时尚风格，乐队以弦乐为主，规模不大，但表现力比较丰富，尤其对魔幻色彩的渲染有独到之处。创作和制作有较高的专业水平，可惜缺乏委婉动人、过耳成诵的歌唱性曲目。除了在乐队中使用一些中国传统乐器之外，该剧的音乐语言、音调和整体风格与中国韵味、中国元素并无明显可感的联系。

总之，音乐剧《王牌游戏》集魔术、音乐、舞蹈、戏剧等诸多元素于一体，是我国音乐剧界将魔术作为剧目主要表现元素的首次尝试，因而值得鼓励；其整体创制水平，在21世纪我国原创剧目的诸多作品中，大致可列为中等；如此业绩，与其高达1800多万元的总投资规模、与剧组高调宣传的“国际化创制团队”所应具备的起码水平和规格、与广大观众和音乐剧同行所抱的高期待值相比，则有不小落差。

3. 音乐剧《三毛流浪记》

音乐剧《三毛流浪记》，编剧作词关山，作曲三宝，东莞市委宣传部、东莞文化广播新闻出版局、北京保利剧院管理有限公司联合制作，东莞保利演艺团2011年11月首演于东莞。

音乐剧《三毛流浪记》的故事，系根据我国著名漫画家张乐平的同名漫画改编，也是剧作家关山与作曲家三宝继《金沙》、《蝶》之后联袂创作的第三部音乐剧。

与《金沙》、《蝶》之故弄玄虚、不会讲故事、让观众一头雾水相比，剧作家关山在《三毛流浪记》中的表现大有进步。

剧本以饥饿的三毛渴望烧饼、寻找烧饼、梦想烧饼最终仍未得到烧饼作为贯穿动作统摄全剧，围绕它展开情节，铺陈故事，很集中，也很有创意。特别是为了在下午4点钟得到一块烧饼而自愿进入牢房、但开饭时间一到却正逢囚犯们绝食这个情节的设置，令人叫绝。

关于“妈妈”一场的设计，取得了接近于感人的舞台效果，可惜剧作者和作曲者都没有在这个动情点上花大工夫，因而略差几分火候。

此剧的剧诗在绝大多数情况下均采用超长句式，基本没有长短和节奏的变化，且大量运用排比句式，显得较为单调呆板；大概是为了从人物出发，剧诗多为口水词，缺乏诗味。

但剧中也有很精彩的句子，如终场合唱中的“在冰天雪地里的一点温暖，就足够让我们化成火焰”。

剧本中也有一些针对当下现实的暗示和隐喻，例如“强拆”、精神病记者及其“天窗”之说，这就看各人的理解和悟性了。

与关山的进步相比，三宝在此剧中的音乐创作明显退步了。

三宝以往的音乐创作，以抒情性、歌唱性、旋律好听见长，即便是《蝶》和《金沙》也有很优美的唱段。但在此剧中，三宝基本采用类似歌剧中宣叙调的写法，追求百老汇的时尚节奏；除了唱段《全世界》和《温暖》尚有些许旋律温暖和润泽、《烧饼歌》和《擦鞋歌》有些喜剧意味之外，剧中大多数独唱单曲均不讲究旋律之美、深切动人、好听好记，而且在很多地方根本不顾中国语言的声韵规律，显得极为拗口和别扭。

当然也有比较精彩的段落，牢房一场，将囚犯们的合唱与三毛、小癞子、小姑娘的重唱交织在一起，很有效果。终场合唱，在整体上也写得比较流畅。

乐队编制较小，大约在10人左右，演出时打击乐和吉他置于舞台后方右侧平台，管弦乐和合成器置于舞台后方左侧平台。由于是现场演奏，听觉效果很好。

此剧总时长约2小时30分钟（不包括幕间休息15分钟），太长。剧中有很多重复和拖沓之处，完全可以精简到2小时之内。

演员们都是比较努力和投入的，表演不错，但多数歌唱能力较差。2011年11月，该剧参加“第十一届广东省艺术节”演出，一举夺得优秀剧目一等奖及优秀导演、音乐创作、编剧、表演、舞美设计等9个奖项。

作为“三毛之父”张乐平逝世20周年的重要纪念活动之一，音乐剧《三毛流浪记》应邀回到三毛的“故里”上海，于2012年5月25日、26日，在东方艺术中心上演其首演以来的第99和第100场。

4. 音乐剧《咏蝶》

音乐剧《咏蝶》，编剧张名河，作曲孟庆云，导演王延松，空政文工团2012年6月首演于北京。该剧假托梁祝故事，写清末民初浙江一越剧戏班中，青年男女演员衣蝶和衣伯善演《梁祝》且真诚相爱，但衣蝶被当地土匪疤爷抢劫，后又设置一个衣伯祖传珍稀蝴蝶簪的细节，写衣伯不肯交出此物而被匪首李梓元处以宫刑，衣伯、衣蝶双双不堪其辱而饮鸩自尽，最终双双化蝶。

张名河是我国著名词作家，剧中一些唱词写得很漂亮，很见功力，可惜不谙戏剧，不谙剧本创作“减头绪、立主脑、密针线”之道，情节线头过多，戏剧冲突主线不明确，人物关系臃肿、松散，戏中戏的结合笨拙勉强，一般人物（如班主、汝香、疤爷以及那个类似太监的家伙）在剧中召之即来挥之即去，且在这些人物唱段安排上用力过猛，占了很多篇幅，反而减弱了对衣蝶、衣伯爱情及其悲剧命运的表现。两人从相识、相知到相爱的过程，未能得到有力和充满浪漫诗意的表现，那么，他们的共患难、同生死，就缺乏足够的情感积累和内聚力的强大支撑。

特别是衣伯受宫刑后拿司马迁说事，为其自杀、为衣蝶殉情制造根据、寻找反衬，更不应该。司马迁在受汉武帝宫刑之后仍坚持存活在人间，是有其续写、完成《史记》的伟大使命在，非为惜命以求苟活也。剧作者如此写，实乃不懂历史，任意涂鸦。

再说，古人尚有“两情若是久长时，又岂在朝朝暮暮”之句，衣伯、衣蝶二人的爱情如果真是既无床笫之欢便无继续生存下去的价值和必要，那么，他们的爱情观，在“灵”与“肉”之间惟“肉”而无“灵”，因此显得相当猥琐。

剧中一些人物的性格和戏剧行动毫无逻辑可讲。如匪首李梓元看到衣伯的蝴蝶簪，不但释放了衣伯，且主动将蝴蝶簪送还，又在疤爷欲强暴衣蝶时现身相救；此时的他，俨然是一个江湖仗义之人。但到后来，却因衣伯不肯交出蝴蝶簪而将衣伯宫刑，此时的他，则成了一个不折不扣的屠夫。两者间的逻辑关系如何？此外，这个蝴蝶簪到底是怎样一个物件，竟有如此神通，竟然如此重要？汝香这个人物为何出现，又为何消失？她既是佛家弟子，缘何仍对尘缘念念不忘且欲言又止？剧作者专门交待这一笔意欲何为？如此等等，都属于无厘头的处理，经不住推敲。

如此剧本，创演单位若在作曲前开一个剧本论证会，将上述问题逐一解决之后再进入作曲程序，情况自当好得多。音乐剧制作人见识品位、组织手段之高下，由此足见。

孟庆云的音乐，其旋律一如既往地抒情好听，对小提琴协奏曲《梁祝》的爱情主题化得也很好，可惜过分被剧本牵着鼻子走，不少唱段游离于剧情和戏剧冲突之外，即便音乐写得再好，也是非人物的和非戏剧性的，难有大作为。此外，人物独唱时小提琴副旋律穿插手法用得太多，反显单调。

此剧的舞美也乏善可陈。服装设计（尤其是衣蝶和衣伯的服装设计）观念陈旧，色彩暗淡，缺乏现代美感。唯“化蝶”一场，用鼓风机从转台下方空隙中将衣蝶、衣伯二人的衣衫冉冉吹起，伴以五彩花瓣漫天飞舞，有飘然若仙之感，效果不错。

5. 音乐剧《杜拉拉升职记》

音乐剧《杜拉拉升职记》，艺术总监、制作人么多多，剧本改编赵丹，作词韩冰，作曲何琪、张江、张恒，音乐统筹兼作曲赵丹，导演黄凯，北京多多愉快文化传播有限公司等单位联合创制，2012年8月首演于北京。

该剧系从同名电视连续剧中选取某些情节改编，围绕杜拉拉、玫瑰和王伟三人在外企复杂的工作和情感关系展开戏剧冲突，歌颂了职场争斗中的正直进取和真情真爱。

该剧的音乐创作，追求通俗性和时尚化，在抒情达意方面有一定的表现力，单其单曲系由多人完成，因此整体风格不够统一，也缺乏动人的歌唱性段落。

三、对本年度歌剧、音乐剧创作的思考

缺乏高水平的文学剧本，历来是制约我国当代歌剧、音乐剧创作质量向更高境界攀登的一个瓶颈。坊间广泛流传的一首顺口溜“舞美最猖狂，导演更嚣张，演员都是‘腕’，剧本当自强”，便是剧本创作尴尬处境的一个真实写照。歌剧《守望天山》、《山林之梦》，音乐剧《咏蝶》、《王牌游戏》、《爱上邓丽君》等剧的音乐创作实力不可谓不强，但恰恰是剧本创作中存在的许多硬伤，极大地矮化了作品的戏剧品格，进而削弱了全剧一度创作乃至整体创演的艺术感染力。相比之下，黄维若的《运河谣》、关山的《三毛流浪记》则在剧本文学的戏剧性和音乐性以及两者的有机结合方面有较高的造诣，特别是《三毛流浪记》，比之作者此前的《金沙》和《蝶》，文学剧本在戏剧性品格上有较大提高，令人欣喜。

由歌剧、音乐剧文学剧本创作引申而来的另一个严重问题，是创制单位在剧目决策、立项过程中的专业化和科学性问题。特别是一些剧目的创制费用动辄有数百万乃至上千万元之巨。因此，创制单位的决策者在剧目立项之前，在主创班底组成之前，在创制过程的每一个重要环节上，加强决策的专业性、科学性、可行性，举行项目论证会、剧本朗读会，邀请业内专家和部分观众代表参会，充分听取他们的意见，加强对歌剧艺术规律及其高度综合性特点的研究和把握，努力使自己变成歌剧内行，力避决策失误、主创班子所托非人、创制过程疏于管理等弊端。唯有如此，我国当代歌剧音乐剧的剧本创作和整体创制水平方有望出现一个质的飞跃。

居其宏　南京艺术学院教授

2012 中国原创交响乐概览

◎叶小纲 陈 乾

2012 年，在国家大力推动社会主义文化大发展、大繁荣的背景下，中国交响乐延续了 2011 年的发展势头，在国外乐团纷纷访华献艺、国家文化体制改革进程的推动下，中国原创交响乐的创作与演出，呈现出较之此前更加绚丽和多彩的棱面。2012 年国内舞台首演的新创作品体裁题材丰富多样，创作技法多元融合。在创演风格多样出新，展演市场繁荣活跃的大环境下，中国原创交响乐以其特有的方式记录下这个平凡而独特的 2012。

一、赛事、评奖与会议

2012 年，为推动音乐创演和理论发展，音乐专业领域举办了一系列评奖与学科年会。与中国交响乐相关的有："第十六届全国音乐作品（交响乐）评奖"、"首届李德伦全国指挥比赛"、"第六届中国交响乐峰会"。本年度还有叶小纲、韩兰魁两位作曲家获得了国际、国内重要综合评奖领域的作曲专项奖。

2012 年音乐专业领域的重要赛事之一，是由中华人民共和国文化部主办的"全国音乐作品评奖"。该赛事至 2012 年已举办 32 年，自 2003 年起，评奖调整为交响音乐、民族器乐、室内乐合唱 3 个比赛项目每年轮流举办一项。2012 年举办的第十六届全国音乐作品评奖为交响乐项目的赛事，本届评奖中国交响乐团承办，收到参赛作品 94 首（均为 2001 年 1 月以后创作），其中大型作品 28 首，中型作品 19 首，小型作品 47 首。经过评审，获奖作品总计 34 部（首），其中大型作品 11 首，中型作品 9 首，小型作品 14 首。①《虎门 1839》（陈怡、周龙）、《乐之吟》——长短组合Ⅲ（权吉浩）、《欢歌起舞》（扎西次旺）三部作品分获大、中、小型作品一等奖。获奖作品的题材可以大致概括为历史事件、民族团结、传统文化、自然风光和风土民情五个方面。创作上以西方技法融入民族音乐元素为多。获奖作品大部分出自国家级音乐院团的专职作曲家和全国各大专业音乐院校师生之手，生活在海外的中国作曲家和留学生、供职于地方音协和文化艺术机构的专业人员所创作的优秀作品在本届评奖中也获得了较为集中的反映，创作成果有目共睹。

作为国家级指挥赛事，由中华人民共和国文化部主办，文化部艺术司、青岛市人民政府、山东省文化厅、中国交响乐发展基金会承办的"首届李德伦全国指挥比赛"于 2012 年 6 月 17 日在山东省青岛市举行。国内指挥比赛并不多见，最初多以选拔优秀学生赴海外参加学习或比赛的选拔赛为主。至今，国家级的指挥比赛此前仅 1993 年和 2006 年举办过两次，而比赛的优胜者们也早已成为享誉内外的知名指挥家，如俞隆、李心草等。因此，本次赛事获得较高关注，共有来自中国大陆、港澳台地区以及海外的 68 位中国籍选手报名参赛，平均年龄 26 岁。比赛反映的突出问题有：从事指挥专业的年轻选手整体水平显著提高，但缺乏实践经验，对排练中存在的主要问题辨识不够，对乐队的掌控尚显欠缺。面对国内乐团目前普遍缺乏常任指挥的现状，本届比赛为发现人才、储备人才，以及推动中国交响乐和指挥专业的健康发展注入了活力。

2012 年 4 月 12 日至 14 日，交响乐年会——第六届中国交响乐峰会在杭州举行。峰会由杭州文广集团、中国交响乐基金会主办，杭州爱乐乐团承办，由"团长论坛"、"剧院论坛"、"音乐院校论坛"等板块组成。峰会将"尊重行业规律标准"和"乐团体制问题"纳入研讨重心。在国家院团改革的时代

① 文化办公厅关于公布第十六届全国音乐作品（交响乐）评奖结果的通知，办艺函〔2012〕35 号。

洪流中，各级交响乐团将如何确保自身发展和繁荣的势头、如何找准优势进行资源整合以及如何做好交响乐普及，吸引更多大众群体走进音乐厅等方面作为发展中突显的问题加以商榷。与往届相比，本届年会首次吸纳高等专业院校负责人参会。此举反映出，业界已普遍关注交响乐创演不仅是一个行业，同时它也是专业院校的基础学科之一，二者是辅车相依的关系。中国交响乐的发展与专业院校的培养机制密不可分，提高优秀人才比率，是各级乐团在职业化和市场化之中找到自身平衡的先决条件之一。

本年度重要的综合类评奖中与交响乐有关的奖项有：2012 年 5 月，作曲家叶小纲获得美国 2012 年度第 88 届“古根海姆”奖作曲大奖。“古根海姆”奖由古根海姆基金会颁发，每年为世界各地的杰出学者、艺术工作者等提供奖金以支持其继续在各自领域的发展和探索，奖项涵盖自然科学、人文科学、社会科学和艺术领域。叶小纲凭借其创作的西藏题材大型交响清唱剧《喜马拉雅之光》获得此项殊荣。这部以“藏汉友好”为主题的大型交响清唱剧规模宏大，旋律优美，用独特的音乐语言将古老土地上所蕴涵的生生不息的民族精神展示，为汉藏民族音乐文化的交融做出全新尝试。2012 年 3 月，第八届中国金唱片评奖结果公布，由韩兰魁创作的大型合唱交响曲《绿色的呼唤》（元宏、廖原、飞林作词）获得第八届中国金唱片奖器乐类专辑奖。该作品写于 20 世纪 90 年代初，以特有的西北风韵、质朴的音乐语言和令人振奋的音响张力赢得赞誉，与著名作曲家马思聪的作品专辑一同力拔头筹，问鼎金唱片。

二、创作与演出

2012 年首演的中国交响乐作品，创作风格多元，创作技法各异。因交响乐规模庞大，不少作品由创作至首演常常跨越数年，因此，本文仅收录于 2012 年度首演的部分作品。

交响乐与合唱体裁已经成为国内音乐会最受欢迎的艺术形式之一。在中国合唱即将百年纪念之期，2012 年有三部大型交响合唱作品首演：2012 年 2 月 23 日，交响大合唱《孔子》（史志有作曲，孔祥雨作词）于北京首演；2012 年 5 月 31 日，作为中国歌剧舞剧院 60 周年庆典作品，交响合唱《神话中国》（郑集思作词、甘霖作曲）在北京首演；2012 年 8 月 30 日，合唱交响曲《人文颂》（王宁作曲，艺衡作词）于深圳首演。

以上三部作品分别以中国传统文化为创作题材。《孔子》以《论语》为基石，由包括序曲在内的 12 个乐章组成，用形式生动的音乐语言描写了孔子曲折光辉的一生，表现了其众所周知的“有教无类”、“仁”等人文思想。在创作手法上，作曲家通过研究地区音乐集成，试图获取仅存于历史典籍中令孔子“三月不知肉味”的音乐体验，并通过这种个人体验寻找尽善尽美却早已失传的韶乐曲风，以将其用于创作中。在声乐表现中，以齐鲁地域特有的语言形式表现作品中的几个段落，用音乐讲故事，将听众带入音乐之中。

《神话中国》中选取了七个颇具代表的中国远古神话作为题材，包括盘古创世、女娲补天、夸父追日、精卫填海、大禹治水、愚公移山、嫦娥奔月，每个故事三个乐章，包括序曲共 22 个乐章，各个乐章之间既有关联性又保持了相对的独立性，每个独立故事的音乐结构也可以作为一部完整的声乐协奏曲。整部作品蕴涵神话色彩和东方风格，以音乐的形式诠释民族精神主题。在创作上，交响乐队器乐化分量并没有因为这是一部合唱交响作品而被弱化，作曲家用音乐的同一性和音乐结构的连贯性将七个独立故事关联，同时使用现代的音乐语言和人声来表达远古意境和异域风情，童声声部的添加，也将音乐的想象空间予以拓展。整部作品曲式自由：既有传统变奏曲式、奏鸣曲式、复三部曲式、回旋曲式、回旋奏鸣曲式乃至单三部曲式的特征，又可将其看作是中国式的板腔体结构曲式或“无法则”曲式①，在技法上以“灵气”的结构求“丰盈”的表现力。

作为委约作品，《人文颂》是深圳音乐工程重点项目。整部作品由“仁、义、礼、智、信”五个乐章构成，力图以新的文化观念配以现代交响语汇与表现手法，对儒家文化进行时代性的诠释。技术上，

---

① 甘霖：《音乐创作本土文化自觉立场的深切反思——大型交响合唱音诗〈神话中国〉音乐创作札记》，《人民音乐》2013 年第 10 期。

在声乐演唱中运用了传统“吟诵”，在乐器上运用了锣、板鼓等民族打击乐器，将自然的滴水声音引入乐章，突出了传统文化色彩和古朴的音乐气韵，加强了音乐的表现力。

本年度首演了两部声乐交响曲作品，分别是《临安七部》和《悲欣之歌》。这两部作品是作曲家叶小纲继大型交响史诗《共和之路》（2011 年首演）之后的新作品。《临安七部》于 2012 年 5 月 21 日在国家大剧院首演。作品应杭州市政府委约，是为七首与西湖相关的古诗而创作的大型声乐交响乐作品。这部为女高音、男高音、男中音与交响乐队而创作的作品，以浙江杭嘉湖平原的民歌与民间音乐作为创作素材，兼用江南丝竹与地方戏曲中的节奏点缀其间，采用声乐与西洋管弦乐交织的形式勾绘出人文气息浓厚的吴越文化和江南意境。《悲欣之歌》于 2012 年 8 月 29 日首演，是叶小纲以李叔同 1894 年至 1902 年写下的 7 首诗为词，为男中音与交响乐队而作。作品拥有浓厚的古典风格，旋律形态并非以某个特定地域的典型民族元素作为素材，而是更多的融入了作曲家个人的音乐语言，旋律与歌词韵律结合融洽。在旋律创作上，采用五声音阶的多调性呈现方式，这种创作手法并不单一使用五声音阶式的民族音乐素材，而是采用了多调性创作，从而使音乐层次丰富、张力十足，可听性增强。作曲家将自己的文化积淀和音乐语言外化成特有的创作风格，两部作品延续了其创作中所积累的个人音乐语言。从人文的角度出发构思作品，是叶小纲近年来一系列交响声乐作品的特色之一。

2012 年首演的器乐交响曲有，大型民族交响乐《敦煌音画》、大型交响套曲《长安》、交响音诗《宋词》等。这些作品都取材于中国传统的民俗宗教或历史文化题材，创作体裁多样，创作手法兼容并包。其中，大部分为省级专业院团的委约之作，在国家专业院团改制的大环境下，部分院团敢于迎接挑战，加大创作和演出投入，在作品上下功夫，摸索中探求如何令作品在舞台和观众之间架起一座沟通的桥梁，如何缩短这个桥梁的距离，从而找到经济效益和社会效益的平衡之处。

大型交响套曲《长安》于 2012 年在陕西西安音乐厅首演。作为陕西省重点支持项目，《长安》也被选为 2012 年全国优秀剧目进京展演。《长安》以弘扬民族精神与世界文化接轨为创意，由作曲家赵季平、崔炳元、张坚、平远、杨一博共同完成，作品分为序曲《钟鼎长安》、第一乐章《诗赋长安》、第二乐章《爱恨长安》、第三乐章《丝路长安》和第四乐章《闾阖长安》。作品定位准确，陕西文化特征鲜明、音乐语言简明，在形象的塑造和意境体现上也别出心裁，可听性强，选择若干首古诗做唱词，传递出中国传统文化的独特魅力。

交响音诗《宋词》是继交响组曲《中国大运河》之后，杭州市再次委约旅美作曲家周天创作的作品。《宋词》由《“词”溯》、《望海潮・钱塘自古繁华》、《青玉案・梅子黄时雨》、《念奴娇・大江东去》、《雨霖铃・寒蝉凄切》、《桂枝香・金陵怀古》和《余韵》七个乐章组成。作品题材独具匠心，以兼具文学与音乐特点的宋词这一文学体裁作为创作对象，以宋词中的经典篇章、名人名句作为各乐章的主题，意在用国际性的音乐语言，展现“宋词”这一中国古代文学瑰宝的美感。在目前绝大多数以“本土文化”为创作元素的作品中，作曲家关注到“本”却未一味追求“土”，从而使作品反映出了所处的时代环境，而这种当下性，可被视为一次颇具意义的尝试。

大型民族交响乐《敦煌音画》由赵季平、景建树、张坚、韩兰魁等作曲家受甘肃省文化部门之邀组成创作团队共同创作完成。作品将敦煌这一在中国历史上多种地域文明相互碰撞、交流与融合的区域作为选题，突出了近年来交响乐创作中对重大历史题材和现实题材的青睐。作品由 7 个乐章构成，虽为团队创作模式（除赵季平外，每人负责两个乐章），但各乐章在意境、风格、力度、音色、速度等方面较为协调，能够相互映衬，张弛有度，整体下来整部作品将西域乐风与中原传统乐风融合，独具特色。

2012 年，国内各大知名音乐节推出的首演作品有：谭盾为北京国际音乐节十五周年而作的摇滚无调性序曲《青春》，作品于 2012 年第十五届北京国际音乐节期间首演。第十届北京现代音乐节首演了作曲家叶小纲所作的中国题材声乐交响曲《“临安七部”》、用现代音乐描绘北京文化的《北京色彩》（邹航）和作曲家许舒亚为长笛、单簧管、小提琴和大提琴而作的《题献 III》等。上海音乐学院第五届当代音乐周首演了温德青的新作《听花的声音》和叶国辉为女高音与交响乐团而作的《曲水流觞》等。

本年度首演的交响乐作品具有较为多元的音乐风格，令听者较为直观地感受到多彩而丰富的音乐语言。作曲家面临解决如何拿捏现代音乐语言的“度”：音乐的可听性和作曲家纯粹的自我表现两者之间的平衡问题。近年，不少作品以古诗词、古文学、传统经典剧作和民间故事等为题材，用音乐多角度、全方位地诠释文、史、哲、儒、释、道的文化精髓，在弘扬传统文化、表现民族文化的繁荣生机方面付出了努力，并取得了相当程度的认可。但这种繁荣同时也激励着众多作曲家去寻找与开辟更加独特、让音乐创作拥有更大空间的新题材。

2012 年，随着国家“十二五”时期文化改革发展规划的部署，在深化文化体制改革、推动社会主义文化大发展大繁荣的有利环境下，中国原创交响乐演出市场呈现出持续加温的势头，北京、上海、广州等大型城市延续了国内演出市场领跑者的角色。值得关注的是，至 2012 年，中国已有交响乐团 57 家（含港澳地区），在省一级行政区域中，除尚未成立职业乐团的海南省外，不少乐团已举办过演出季。在各级文化部门的日益重视和引领投资下，在文化生活日趋丰富、交响乐普及日趋完善的今天，2012 年中国原创交响乐在全国一线、二线城市的演出，在场次和质量上较之往年都有不同程度的提高。

本年度展演原创交响乐作品的大型演出活动有，“第三届中国交响乐之春”、“讴歌伟大时代，艺术奉献人民”——2012 年全国优秀剧目展演、“2012 北京现代音乐节”、“‘新上海’第五届上海音乐学院当代音乐周”、中国国家交响乐团的“龙声华韵”系列音乐会和北京交响乐团“百场演出季”等。

第三届中国交响乐之春共集结了全国 11 支交响乐团齐聚北京，不少知名音乐家加盟地方乐团担任独奏、独唱，大量的中国原创作品也相继于国家大剧院首演。大部分地方乐团将具有地方民族特色的作品带到北京。这些作品题材广泛，形式多样，交响乐、协奏曲、民族管弦乐曲等，以多种形式演绎地域风格，如福建歌舞剧院交响乐团演奏的钢琴协奏曲《鼓浪屿狂想曲》，浙江交响乐团演奏的民族器乐曲笛子与乐队合作的《二凡》和管弦乐作品《西湖梦寻》，安徽交响乐团演奏的管弦乐作品《花鼓灯波尔卡》和小提琴协奏曲《太平湖之恋》、河北交响乐团演奏的交响乐作品《燕赵风华》等。

2012 北京现代音乐节的青年作曲家发展计划、青年中国计划中陆续上演了大型交响清唱剧《喜马拉雅之光》（叶小纲）、《蓝蓝天》（陈怡）、《彩色北京》（邹航）、《光之翼》（郑阳）、《圣山上的舞羚》（王斐南）、《天垂境界》（李劭晟）等作品。2012 年“新上海”第五届上海音乐学院当代音乐周中也有《悲欣之歌》（叶小纲）、《听花的声音》（温德青）、《曲水流觞》（叶国辉）、《涅槃》（许舒亚）、《旋律之二》（陈牧声）与朱世瑞的《诗意幻想曲三首》等原创作品上演。中国国家交响乐团的“龙声华韵”系列音乐会上演了安承弼的交响诗《树之脉》、叶小纲的《悲欣之歌》（首演）、周龙的《太鼓与定音鼓协奏曲》、杨立青的大提琴协奏曲《木卡姆印象》和关峡的交响幻想曲《霸王别姬》等经典曲目。

值得肯定的是，由两大专业音乐院校——中央音乐学院和上海音乐学院主办的北京现代音乐节和上海当代音乐周，已经发展成为中国原创交响乐展演的重要节会。两大音乐节会已日趋成熟，对普及交响音乐、促进国内外音乐文化和艺术交流做出了贡献。主办方利用高校优势，成功尝试并开拓了将演出、交流和教育相结合的特色发展模式，这也成为两大“学院式”音乐节的突出特点之一。北京现代音乐节已成为原创交响乐作品的“集会地”，大量原创作品被征集于此，其青年作曲家发展计划和青年中国计划，确实有效地鼓励和扶持了一批中国青年作曲家，并为他们的作品提供演出机会，为中国原创交响乐拓宽听众市场做出了有益的尝试。上海当代音乐周也逐渐由校内活动，伸出触角，加大同世界知名作曲家和乐团的交流，成为格局更大的音乐类节庆活动。

三、小结

通过对 2012 年中国原创交响乐的创作、活动与演出的回顾可以看出，本年度新作品的题材集中体现在传统文化、自然风土、历史文学等方面。主要创作群体集中于北京、上海等专业音乐院校师生和国家级、省级专业乐团的专职作曲家中，部分生活于海外的华裔作曲家们也活跃于国内舞台，作品亮相频率很高。新作品的演出仍然多集中于国家大剧院、各大音乐院校的音乐厅和国内各大专业音乐节的演出舞台。原创交响乐作品集中反映了作曲家对目前交响乐创作的“民族化”与“国际化”关系的理解和处理。首演的几部声乐与交响乐结合的作品从音乐语言、曲式、交响思维、声乐、器乐的应用等方面着手，使诗歌与歌词、歌词与交响融合，用交响乐的思维展现中国题材。在创作技法上，作曲家大多以西方作曲技法为主，加入中国民族音乐元素。而在对于民族音乐元素的运用上，不同的作品对此有着不同的解读：有的以地域民歌或传统戏曲为元素，有的在作品中使用带有地域特色的传统乐器，有的作品将中国元素更多的诠释于旋律的调性、节奏和配器上，使之更容易在国际舞台上呈现出特色鲜明的东方风格。无论如何，对于民族音乐元素的诠释和解读，将存在于中国作曲家永恒的课题之中。而这种民族音乐元素不管被称作中国元素还是中国情结，在中国传统文化的影响下，它们都会被深深地镶嵌在中国原创中。在本年度北京国际音乐节、北京现代音乐节和上海当代音乐周中，部分原创作品所流露出的一种仅仅表示音响结构形态的人文关注和技术投入，大幅显现。对于中国作曲家来说，在东西方音乐文化碰撞、渗透和交融的今天，在使用十二音体系创作的同时，保留中国文化的特点，将传统文化渗透于音乐内部，而不仅依赖形式，这也是一种传承和创造，目的在于拓宽发展之路。在新的国家文化改革发展规划的指引下，中国原创交响乐的发展面临着更大的挑战和更多的空间。在此，我们期待原创交响乐在未来的发展中，捷报频传，佳音绕梁，不绝于耳。

叶小纲　中央音乐学院
陈乾　中国艺术研究院《中国艺术年鉴》编辑部

2012 年度中国民族音乐发展情况概述

◎李宏锋

“中国民族音乐”有着悠久的历史，是在时间长河中不断传承、流变的动态概念。简言之，中华民族在自身音乐文化基础上，吸收、融汇一切外来音乐形式创造出的适应民族生活习惯、语言特点、文化传统和审美需求，具有鲜明民族文化气质的音乐，都可称之为中国民族音乐。

历史上各时期的中国民族音乐，都有其丰富而独特的表现形态。当前的中国民族音乐体裁，既包括几千年音乐发展史积淀下来的各类传统音乐，如民歌、歌舞音乐、说唱音乐、戏曲音乐和民族器乐等，也包括“五四”（尤其20世纪80年代改革开放）以来，中国音乐家学习、运用各类西方音乐技法创作出的丰富多彩的“新音乐”作品，如具有民族风格的交响乐、室内乐、歌剧、音乐剧、歌舞剧等。此外，各类音乐赛事、音乐社团活动、音乐艺术管理情况，以及有关民族音乐创作与演出的评论、对民族音乐的学理性研究等，也是中国民族音乐事业不可或缺的组成部分。

2012 年度中国民族音乐发展总体情况，即可从“音乐创作与演出”、“音乐赛事”、“音乐社团活动”、“音乐艺术管理”、“音乐学术研究”等方面概述。

一、民族音乐创作与演出概况

与2011年相比，本年度各类民族音乐的创作与演出，基本保持了体裁广泛、内容丰富、数量众多的特点。其中，与以党的十八大为代表的政治活动和节日庆典相关的演出异彩纷呈，社会主义文艺工作者继续用自己的努力，为宣传党的文艺路线和方针政策贡献力量。原创民族歌剧和音乐剧持续火爆，无论作品数量还是质量较去年都有大幅提升。民族交响乐、室内乐等创作因其“曲高和寡”的特点，在涌现出若干佳作的同时，整体发展也有待进一步扶植。比之日益升温的歌剧、音乐剧市场，传统音乐的演出和宣传则相对低靡，“古调虽自爱，今人多不弹”（刘长卿《弹琴》）的现状，应引起非物质文化遗产保护相关部门的关注。

1. 与重大活动庆典相关的音乐演出

2012年11月8日至14日，中国共产党第十八次全国代表大会在北京召开。这是我们党在全面建设小康社会的关键时期，在深化改革开放、加快转变经济发展方式的攻坚时期召开的一次十分重要的会议，对于加快推进社会主义现代化、开创中国特色社会主义事业新局面具有重大而深远的意义。“十八大”是我国政治生活中的大事，全国各族人民以各种文艺形式，表达对此次大会的热切期盼和衷心祝贺。

为进一步贯彻落实党的十七届六中全会精神，迎接中国共产党第十八次全国代表大会召开，全面展示近年来舞台艺术创作的丰硕成果，不断推动舞台艺术创作繁荣发展，文化部于2012年8月至10月在北京举办“讴歌伟大时代，艺术奉献人民——2012年全国优秀剧目展演”。① 期间，国家大剧院、长安大戏院、梅兰芳大剧院、天桥剧场等19个演出场馆，为观众奉献了119台剧目，共计240余场演出。此次参演剧目艺术门类齐全，题材广泛，涵盖了戏曲（京昆12台、地方戏38台）、话剧儿童剧（25台）和歌剧、舞剧、歌舞诗、音乐剧（44台）等门类，戏曲包括京剧、昆剧，还有评剧、河北梆子、豫剧、晋剧、越剧、川剧、秦腔、采茶戏等地方戏剧种。参演剧目中有1/3作品以讴歌改革开放、歌颂英模人物、反映百姓生活、反映时代主旋律为主题，成为本次展演的一大亮点，如豫剧《兰考往事——

① 《2012年全国优秀剧目展演即将启幕》，中华人民共和国文化部网站，http：//www. ccnt. gov. cn/xxfbnew2011/xwzx/lmsj/201207/t20120727_ 260291. html，2012年7月27日。

焦裕禄》、秦腔《西京故事》、评剧《非常妈妈》、河北梆子《日头日头照着我》、二人台《花落花开》、上党梆子《西沟女儿》、漫瀚剧《草原阿妈》、川剧《槐花儿时开》、吉剧《鹿乡姐妹》、歌剧《温暖》、音乐剧《告诉海》等。革命历史题材剧目创作立意深刻，人物性格鲜明，舞台呈现力求创新，代表作品如舞剧《铁道游击队》、舞蹈诗《延安记忆》、吕剧《苦菜花》、话剧《毛泽东在西柏坡的畅想》、芭蕾舞《红色娘子军》、歌剧《永不消失的电波》等。

参加此次展演活动的85个艺术院团中，既有代表国家级艺术水平的国家艺术院团和具有浓郁地方特色的省级、市级艺术院团，也有来自基层的县级剧团；既有国营艺术院团，也有民营院团；既有保留事业单位性质、深化内部机制改革的院团，也有转企改制院团。国家艺术院团推出的35台剧目中，新创剧目23台，占国家艺术院团参演剧目的三分之二，充分展示出国家艺术院团的创作活力和勃勃生机，如芭蕾舞剧《小美人鱼》、歌剧《辛亥风云》、儿童剧《西游记》、交响乐《龙声华韵》、歌舞《天边的祝福》、民族管弦乐《西游英雄传》等。这是我国继2009年国庆60周年献礼演出活动之后的又一次重大展演活动，是文化部2012年的工作要点之一，很好地发挥了高雅艺术的导向性、代表性和示范性作用，赢得了强烈的社会反响。

为迎接党的“十八大”胜利召开，国家大剧院倾情打造的“党的旗帜高高飘扬——大型系列音乐会”，于7月12日至7月15日隆重上演。① 音乐会共分四场演出：“唱支山歌给党听”、“赞歌献给伟大的党”、“向着太阳歌唱”、“党啊，亲爱的妈妈”，汇聚了老中青三代著名艺术家和文艺工作者近七百人，集中展现了共产党在领导中国革命和社会主义建设中诞生的近百首经典音乐作品，表达出广大艺术工作者对党的丰功伟业和社会主义道路的热情歌颂和坚定信念。此次演出是大剧院“艺术之家”的集中体现，也是国家大剧院艺术家阵容最强大的系列演出之一。

11月25日晚，由北京市文学艺术界联合会、北京音乐家协会主办的“《神州共举杯》——2012北京新人新作独唱音乐会”在北京天桥剧场举行。② 音乐会以推新人、推新作为宗旨，演唱曲目多是一年来北京市文联、北京音协贯彻落实“走转改”活动，组织词曲作家深入生活创作的新作品，演唱者也多是近年来国内外比赛中获奖的青年演员。整台音乐会是近年来首都音乐家“讴歌时代、歌颂共产党、赞美好生活”新作品的集中反映，表达出对“十八大”胜利召开的祝贺和对祖国母亲的深深祝福。

除首都北京外，全国各地也开展了形式多样的文艺活动迎接党的“十八大”。例如，由广东省委宣传部、广东省文化厅主办，广东民族乐团排演的“粤韵飞扬——广东民族乐团音乐会”，于9月2日在国家大剧院上演。③ 这是一场极具岭南音乐特色的音乐会，既包括广东音乐、潮州锣鼓、客家汉乐等传统音乐形式，也有作曲家根据岭南音乐风格创作的新作品，如二胡与乐队《弦意岭南》、民族管弦乐《花朝月夕》、新潮州锣鼓乐《佛跳墙》、乐队协奏曲《粤风》等，展现出广东省在传统音乐传承和民族风格音乐创作、演奏等方面的新成果。

8月19日至9月30日，由山东省委宣传部、山东省文联主办，山东省剧协、音协、曲协、舞协等单位承办的“第五届山东国际大众艺术节”在济南、淄博等地举办。④ 此次持续近一个半月的活动，以“喜迎十八大、相约十艺节”为主题，包括艺术展览、舞台演出、文化产品博览交易、群众文化活动、艺术高端论坛等5大板块，整合了戏剧、音乐、曲艺、舞蹈、杂技、电影、电视、美术、书法、摄影及民间文艺等资源，共计35项、百余场活动，全面展示出齐鲁艺术的深厚传统和现代气息，为党的“十八大”胜利召开营造了喜庆和谐的氛围。全国各地诸如此类的活动，在“十八大”召开前后不胜枚举，篇幅所限，不一一赘述。

为庆祝中华人民共和国成立63周年，国家大剧院于9月29日举行“赞美祖国”音乐会。中共中央

---

① 《“党的旗帜高高飘扬”大型系列音乐会掠影》，《中国艺术报》2012年8月1日。
② 王春梅：《神州共举杯，高歌中国美》，《中国艺术报》2012年11月28日。
③ 丁薇：《广东民族乐团晋京演出呈现岭南风》，《中国艺术报》2012年8月31日。
④ 鲁文：《山东国际大众艺术节喜迎十八大》，《中国艺术报》2012年8月10日。

政治局常委李长春等领导同志与首都各界群众共同观看，刘淇、刘云山、刘延东、徐才厚、陈至立、马凯、阿不来提·阿不都热西提、张榕明一同观看。① 音乐会演出涵盖合唱、独唱、配乐诗朗诵、女声二重唱等多种表演形式，艺术家们以饱满的激情抒发对伟大祖国的赞美和对党辉煌业绩的颂扬，展现出科学发展观指导下我国音乐事业的巨大成就。

2. 民族音乐剧、歌剧、歌舞剧的创作与演出

本年度民族音乐剧、歌剧和歌舞剧的创作与演出，计十余部之多，与2011年相比有进一步发展。尤其音乐剧领域，无论数量还是质量都呈现出"井喷"式增长，显示出近年来艺术家们在音乐剧市场开拓方面的成果。音乐剧的突出成就和快速发展，也引发人们对其前途更为理性的思考。民族歌剧的发展情况基本与上一年持平，歌舞剧创作则略有减少。

音乐剧的选题丰富多样，既有历史题材的《文成公主》，又有神话传说题材的《牛郎·织女》、《昆仑神话》；既有反映近现代都市发展与变迁的《天桥》、《鸟巢·吸引》，又有讴歌当代建设者为理想拼搏的《告诉海》，反映出艺术家以不同民族题材对音乐剧艺术表现能力的拓展。从创作手法看，这些剧目都能自觉将民族音乐元素融入其中，尝试以多种手段赋予音乐剧这一外来形式更多民族特色。

例如，大型史诗音乐剧《文成公主》，再现了唐代初年文成公主远嫁吐蕃，与松赞干布共同缔造汉藏团结的动人故事。编创者为突出作品浓郁的民族特色，将藏民族原生态音乐、舞蹈、戏剧、民间传说等多种艺术形式融为一体，同时精心打磨盛唐时代的歌舞艺术形式，以高科技手段将这些民族、历史中的音乐元素系统整合，取得了很好的视听效果。为进一步凸显作品的民族风格，主创团队还决定剧中的汉族角色和藏族角色，分别由相应民族的演员饰演。汉、藏演员共同演绎的形式，也为作品的完美呈现增色不少。

中央民族乐团创作的大型民族音乐诗剧《牛郎·织女》（唐建平作曲），在民族风格塑造和现代手法运用方面也作出了大胆尝试。全剧共分十三个部分，以"星缘"、"星恋"、"星恨"、"星愿"为线索组织全篇，以黄梅戏《天仙配》主题音乐为基础素材衍展整部音乐，依托乐团优势采用多种民族乐器搭配，巧妙地将民族器乐元素和戏曲音乐元素融为一体，加之华美的舞台造型多媒体效果，使其成为民族音乐诗剧领域的有益探索。《牛郎·织女》也是继大型民族音乐会《美丽新疆》、《西藏春天》和新编情景民乐剧《西游英雄传》之后，中央民族乐团在今年密集推出的第四台大型创新类民乐节目，反映出该团在深化内部机制转换、调整艺术生产结构方面的重大变化。②

音乐剧《天桥》和《鸟巢·吸引》，是反映京城民俗文化和现代气息的两部力作。由北京歌舞剧院出品、田沁鑫导演的音乐剧《天桥》，以清朝盛世年间天桥的繁华景象为背景，讲述了几位年轻人悲欢离合的爱情故事。该剧音乐融入多种元素，既有京味浓郁的京东大鼓、单弦等传统音乐，又有西方现代音乐尤其流行音乐、摇滚乐、爵士乐等，力求体现出传统与现代交融的京城文化特色。相比之下，《鸟巢·吸引》则充满了十足的现代气息。这部投资过亿的大型魔幻音乐剧，在舞台、灯光、视频、激光特效以及参演艺术家等方面精心打造，调用了当今世界顶级的视频、三维、激光等技术，力图为观众呈现一场"鸟巢版《阿凡达》"式的节目，成为鸟巢探索奥运会主体育场赛后运营的新模式。③

民族歌剧领域的创作与演出，以《山林之梦》、《运河谣》、《钓鱼城》、《守望天山》等为代表。《山林之梦》是一部带有童话色彩的歌剧，颂扬了真、善、美和为爱献身的普世价值。该剧剧本（王敦编剧）完成于1992年，1994年在文化部艺术局召开的歌剧创作研讨会上获得好评。作曲家王世光用近十年时间为该剧谱曲，通过音乐描绘童话场景，刻画人物心理、动作和剧情冲突，力求做到音乐与戏剧完美结合，可谓"十年磨一剑"。虽然作品的音乐风格偏于西方大歌剧模式，但作曲家在旋律写作中注

---

① 《国庆63周年音乐会"赞美祖国"在京举行，李长春出席观看》，新华网2012年9月30日，http：//news. xinhuanet. com/2012－09/30/c_ 123781636. htm。

② 相关报道，参见李珊珊《音乐诗剧〈牛郎·织女〉：民乐为引创新为先》，《中国文化报》2012年8月30日。

③ 《鸟巢·吸引》，《中国艺术报》2012年9月24日。

重汉语声韵特点，注意从歌词朗诵字调中生发曲调，将宣叙与咏叹调融为一体，声乐、器乐交相辉映，是一部抒情性、戏剧性、交响性兼备的成功之作。①《山林之梦》于2012年8月份中央歌剧院建院六十周年之际在北京保利剧院上演。

国家大剧院打造的首部原创民族歌剧《运河谣》，是本年度歌剧作品的又一亮点。该剧以明朝万历年间的京杭大运河为背景，讲述了秦啸生、水红莲、关砚砚等人悲欢离合的动人故事。作曲家印青在创作中努力汲取戏曲、民歌等传统音乐精华，角色唱段均以民族唱法呈现，开创了一种有别于西洋正歌剧的新风格。伴随《运河谣》的首演，“国家大剧院2012世界歌剧院发展论坛”也拉开帷幕，国内9家艺术机构以及德国巴伐利亚国家歌剧院、奥地利维也纳国家歌剧院等来自16个国家的21家知名剧院和艺术组织参会，围绕“当今古典歌剧制作的前景与发展”主题，就“古典歌剧呈现形式的选择”、“古典歌剧的营销、传播与观众培养”和“歌剧交流的趋势与手段”等议题展开探讨，并签署《共同宣言》，有力促进了歌剧事业的发展和世界范围歌剧机构的交流与协作。②

此外，第四届全国少数民族文艺会演中唯一的歌剧作品《钓鱼城》（徐占海、郑冰、王华作曲），以宋末元初蒙古人攻打重庆合川钓鱼城为时代背景，将北方蒙古民族音乐与西南川蜀传统音乐融为一体，并吸收大量戏曲的旋律、节奏、板式等因素，成功表达了“以人为本、以和为天”的主题，以及中华民族历史上大融合、大交流过程中蕴含的人性之美。军旅特色歌剧《守望天山》由武警政治部文工团创作演出，是2012年全军舞台艺术的重点剧目，在音乐的军旅特色塑造和民族风格把握方面，也取得了很好的社会反响。一些经典民族歌剧通过进一步加工、编创，也以崭新面貌展现在观众面前。张继刚执导的新版歌剧《洪湖赤卫队》，针对原版中戏曲音乐痕迹明显、表演过于程式化等现象，对唱段、配器等做了进一步加工，力求最大限度地“用歌剧的音乐来说话”，让舞台效果更为生动，是民族歌剧艺术发展进程中的有益探索。

本年度的两部歌舞剧也值得关注。《海歌山魂凤凰情》是一部以福建回族、高山族、畲族传统音乐为素材的歌舞剧，编创者充分利用福建的少数民族文化资源，通过来自海峡两岸艺术家的共同演出，歌颂了闽台两省隔海不隔缘的民族亲情。采茶歌舞剧《八子参军》是一部以红色经典为题材的歌舞剧，以赣南音乐素材为基础创作而成，是文化部举办的“讴歌伟大时代，艺术奉献人民——2012年全国优秀剧目展演”活动的参演剧目之一，曾获得第十二届精神文明建设“五个一工程”奖。

总体说来，2012年度的民族歌剧创作，在2011年成就的基础上继续前行。如果说新中国成立后五六十年代诞生的一批歌剧，如《洪湖赤卫队》、《红珊瑚》、《江姐》等，代表着继《白毛女》之后我国歌剧事业发展的第二次高潮，那么近年来歌剧艺术的迅猛发展，则是20世纪80年代初以来中国歌剧道路的拓宽发展，是歌剧在民族性、现代性、艺术性等方面的进一步探索。这些优秀作品，无论在民族传统音乐融合与现代作曲技法运用，还是戏剧冲突、舞台音效设计等方面，都有了更为深入的思考。相信在广大艺术家的共同努力下，中国歌剧新的创作高峰是值得期待的。

相对歌剧而言，我国音乐剧的发展可谓突飞猛进。从20世纪80年代中国开始尝试音乐剧创作算起，至今短短三十几年时间，这一舶来品就经历了探索、萌芽、成长的历程。近年来音乐剧创作演出更是风生水起，一定程度上满足了广大观众对高端文化产品的需求。仅以2012年而言，国内就有至少十余部音乐剧与观众见面，除去其中几部从国外引进的原创作品，大多数作品都是我国艺术家的本土创作。音乐剧发展中取得的这些成绩，是应该得到充分肯定的。

至于中国的音乐剧如何走出国门，进入百老汇这样的世界级舞台，应是广大艺术家共同面对和努力的课题。恰如纽约城市广场制作公司总经理唐·弗兰茨所说：“关于如何制作一台能在百老汇上演的演出，我想说的是，想要来到百老汇，你只需要做一件事情，只有一条路可走，那就是你必须让这台演出

① 傅显舟：《〈山林之梦〉优美如梦》，《中国艺术报》2012年9月7日。
② 许青红：《国家大剧院举办第四届世界歌剧论坛，民族歌剧〈运河谣〉首演》，《京华时报》2012年6月23日。

在中国成为超级成功的演出。而关于如何让一台演出在中国超级成功，你只需要做一件事情，那就是你需要让它在你所在的城市成为最成功的演出。”① 面对现实、脚踏实地地打磨优秀的民族原创作品，开拓更为广阔而成熟的国内演出市场，建立起音乐剧整体运作的机制和团队，使中国音乐剧形成产业化发展，惟其如此民族音乐剧的道路才能越走越宽。

3. 交响音乐的创作与演出

本年度的交响音乐领域，也有一批佳作问世。赵季平、崔炳元、张坚、平远、杨一博作曲的交响套曲《长安》，是陕西省委宣传部、省文化厅的重点支持项目，2012 年晋京参加文化部全国优秀剧目展演。作品由序曲和四个乐章组成，分别是：《钟鼎长安》、《诗赋长安》、《爱恨长安》、《丝路长安》、《阊阖长安》。作曲家力求将长安古城的悠久历史和深厚文化，浓缩在不同主题的乐章之中，通过调用以长安为中心的多种音乐素材（包括历史的和现代的），如陕西地方音乐、西北乃至新疆地区传统音乐等，用交响化语言勾勒出一幅幅生动画卷。在这部音乐里，人们不仅可领略到长安古城的雄伟宫殿、荒原大漠的悠扬驼铃，听到韩愈的《早春》、杜牧的《长安秋望》、白居易的《长恨歌》等千古名篇，还能感受到胡人商贾、楼兰少女、异域使者等齐聚长安的八方来客，淋漓尽致地展现出长安古城的风土人情和盛唐时代中华文化的宏伟气魄。

叶小纲创作于 2011 年的《临安七部——为女高音、男高音、男中音与乐队而作》和《共和之路——为清唱剧而作》（修改版）两部作品，本年度在国家大剧院上演。作曲家在《临安七部》中对古诗词内涵的深度挖掘和对浙江地区传统音乐素材的成功运用，在《共和之路》中通过对乐队和人声音色的熟练掌控而营造出的身临其境的画面感，使其在交响乐新作中占据一席之地。作曲家王宁的交响乐新作《人文颂》，由序曲、尾声和“仁、义、礼、智、信”五个乐章组成，力求用现代音乐观念和交响音乐语言，重新诠释儒家经典的核心内涵，反映出作曲家对人文哲理的深邃思考。

中国歌剧舞剧院打造的大型交响合唱音诗《神话中国》，选取《盘古创世》、《女娲补天》、《夸父追日》、《精卫填海》、《大禹治水》、《愚公移山》、《嫦娥奔月》七个最具代表性的神话故事展开叙述，每个故事分为三个乐章，整部作品共计二十二个乐章（含序曲），可说是我国迄今为止规模最大的一部交响合唱音诗作品。《神话中国》以独特的视角、独特的音乐语言，向世人展示出中华民族厚德载物、生生不息的人文精神，是一部极具神话色彩和民族风格的优秀之作。

此外，杭州文联历经三年精心打磨，由旅美青年作曲家周天创作的交响音诗《宋词》，以古都杭州为历史舞台展开叙事，分为《“词”溯》、《望海潮·钱塘自古繁华》、《青玉案·梅子黄时雨》、《念奴娇·大江东去》、《雨霖铃·寒蝉凄切》、《桂枝香·金陵怀古》、《余韵》七个乐章，展现出南唐五代直至两宋各时期杭州城惊心动魄的历史画卷。唐建平作曲的音乐诗画《鄞地九歌》，以浙江宁波鄞州为舞台，通过九个音乐篇章以及舞蹈、诗歌、戏曲、舞美、灯光等多种艺术形式的综合运用，展示出鄞州自秦始皇设县以来两千多年的历史发展和风土人情。这部作品也是中央歌剧院与鄞州区合作，推动地方文化发展的一次尝试，赢得了积极的社会反响。一些民族风格浓郁的室内乐和民族管弦乐作品，也在不同形式的音乐会中得以演出，如谭盾的《人声与 12 只鸟及民族乐团的即兴》、二胡协奏曲《卧虎藏龙》和弦乐音诗《天影》等作品②，厦门青年民族乐团展演的民族管弦乐合奏《翠湖春晓》、《红楼序曲》、《春》、《茉莉花》、《长城随想曲》等③，丰富了交响音乐创作和演出市场。

本年度的交响音乐创作数量基本与去年持平。相比民族歌剧、音乐剧等创作演出的红火场面，交响乐创作演出领域未免冷清。中国爱乐乐团副团长李南坦言：“我现在只要是碰到比较熟的作曲家，第一句就问人家：最近有没有什么好作品，能够让我们演一演？我想全国的交响乐团可能都是这样的状态

① 参见宋佳烜《中国音乐剧如何打入百老汇》，《中国文化报》2012 年 2 月 6 日。
② 景作人：《鸟语花香的乐合之境——听谭盾新作有感》，《中国艺术报》2012 年 6 月 13 日。
③ 高艳鸽：《厦门青年民族乐团专场音乐会举行》，《中国艺术报》2012 年 10 月 12 日。

——急于找作品找曲目。”① 交响音乐创作缺乏好作品，直接缘自作曲家以及走向市场的专业交响乐团对此类体裁的忽视，而这背后的根本问题就是创作、演出专项资金的匮乏。从作曲家角度而言，写作交响音乐几乎毫无经济效益可言（极少量委约作品除外），加上排演交响乐需要巨大的经费投入，这些都使即便有驾驭交响作品才能的作曲家也望而却步。作曲家失去了排练、聆听自己作品的机会，失去了与乐团的磨合、学习，创作能力自然难以进一步提高。如此恶性循环，致使民族交响音乐创作水准和社会影响力长期原地踏步。

作曲家施万春先生对此深有感触，并提出了自己的“破题之解”——恢复交响乐团的“创作组”制度。施先生指出：“近年来，为了繁荣和发展交响乐事业，各地如雨后春笋般地成立了许多交响乐团，全国的交响乐团总数不下百十个，而几乎所有乐团都不设创作组，原来有的也被解散了。要演奏中国作品，乐团只好花巨款去委约，而作曲家要开音乐会也要花巨资去请乐团。其结果是，作曲家有作品得不到演出，而乐团为节约成本只好演奏现成的，不愿委约新作。这种非良性循环已持续多年。我认为泱泱大国，繁荣交响乐事业不能只看交响乐团成立的多少，也不能只看演奏外国作品的水准如何，关键还是要看有没有像样的中国人自己的作品，而要有像样的作品，就要有自己的作曲家！我们应该知道，培养一个交响乐作曲家远不是学校可以单独完成的，乐团应该成为造就作曲家的第二母校……然而现在的作曲专业学生几乎没有这样的条件，没有哪个乐团来收容他们。为此，我曾在交响乐高峰论坛上进行过呼吁，呼吁各乐团恢复创作组制度。”②

那么，各个交响乐团的资金又将如何保障呢？对此，国外演出团体的相关运营模式，或许对我们有所启发。以美国西雅图歌剧院为例，其收入中只有3%来自政府资助。虽然政府对剧院的资助不高，但美国完善的捐赠制度很好地填补了这一空缺，而这正是美国政府的政策导向所决定的。“捐赠制度对美国社会的每一个人和企业都至关重要，因为美国政府是通过税收的方式来鼓励慈善的。倘若美国的个人或企业将收益的部分或全部捐赠给非营利机构，那么它的计税标准就会降低。这意味着，富人和经营良好的企业面临着两个选择：如果不捐赠，那么会被课以重税，实际上不划算；如果捐赠，那么一方面获得行善积德的美声，另一方面获得可以减税的实际好处。这样一来，个体的捐赠就变得普遍，而文化产业也有机会获得急需的资金。”③ 显然，这种制度使教育和文化等非营利机构之间，形成了类似市场竞争的关系，有助于社会资源的合理分配，对我国目前正逐步深化的文化体制改革是有一定借鉴意义的。

值得一提的是，近年来交响音乐的普及得到一些专业团体的重视。北京交响乐团是从事公益演出最多的乐团之一，从1994年至今已举办了二百多场普及交响音乐会，为提高广大青少年的音乐修养做出了贡献。但也应该看到，我国目前的交响乐普及还处在较低水平，正如北交指挥谭利华所感慨的：目前中国的音乐普及还停留在精英阶段，“比如我们的金帆艺术团还是侧重于条件比较好的孩子，还是侧重于拿奖，但是对于贫穷的孩子来说，音乐的作用是非常大的……贫穷的孩子中也有很多有天赋的，像委内瑞拉就培养出了像杜达梅尔这样出色的指挥，但是很遗憾目前中国还没有这样的项目。”④

4. 民族传统音乐演出活动

从传统音乐的五大类划分来看，民歌、器乐、戏曲等重要传统音乐品类，本年度均有相关展演活动举行。民歌方面，8月23日至25日，“第四届中国（宁夏）国际文化艺术旅游博览会”系列活动之一的“第十届中国西部民歌（花儿）歌会”，在宁夏永宁县中华回乡文化园唱响。⑤ 本次歌会由文化部公

---

① 张悦：《交响乐团呼唤“中国好作品”》，《中国艺术报》2012年12月14日。

② 施万春：《现代主义不应成为学院作曲教学的主流——首届“中国之声”作曲比赛引发的思考》，《人民音乐》2013年第5期。

③ 李盛明：《古典艺术的现代营销——访美国西雅图歌剧院院长斯百特·杰金斯》，《光明日报》2012年8月16日。

④ 杨杨：《谭利华谈北交普及交响乐，路再难走也会坚持》，《京华时报》2012年8月23日。

⑤ 解明：《西部民歌（花儿）歌会宁夏唱响》，中国文化传媒网2012年8月29日，http：//www. ccdy. cn/wenhuabao/yb/201208/t20120829_ 373634. htm。

共文化司牵头，西部12个省区市以及新疆生产建设兵团文化厅（局）等共同主办，还特邀全国各省区的回族自治州（县）参加。近二百名歌手相聚一堂，举行了“花儿”专场和西部民歌专场比赛。中国西部民歌花儿歌会1998年创办，十余年来吸引了藏、壮、回、苗、侗、彝、蒙古、土家等二十多个民族的一千多位歌手，为传承和弘扬了“花儿”这一优秀的民族音乐遗产做出了贡献。

在一些国际音乐节中，传统民歌亮相世界舞台，赢得了很好的赞誉。在韩国国际文化艺术交流协会、新加坡皇廷文化交流机构联合举办，中国文学艺术基金会荣誉赞助和友情支持的第五届“彩虹杯·歌韵东方”国际合唱比赛中，贵州省从江县小黄朝霞少儿侗族大歌合唱队以歌曲《蝉之歌》和《侗乡，我美丽的家》，摘得“民歌组金奖”和“卓越风雅艺术表演奖”两项桂冠。① 受文化部委托，由中国对外文化集团公司组派的“东方之声”艺术团，本年8月赴德国参加石荷州国际音乐节，表演了蒙古族呼麦曲、长调、壮族嘹歌、彝族口弦、海菜腔以及土家族、纳西族、羌族、傈僳族民歌和江南民歌等。② 这些国际性音乐交流，为中国传统音乐在世界范围的传播起到了积极作用。

民族传统器乐方面，以北京非物质文化遗产中心与北京文博交流馆举办的“第三届智化寺音乐节”为代表。③ 此次演出中，智化寺京音乐、西安鼓乐、五台山佛乐、开封大相国寺佛乐、泉州南音等有着“中国音乐的活化石”之称的乐种同台奏响，成为智化寺举办音乐节以来参加演出团队最多、乐师最多、演出场次最多的一次。各演出团队不仅为观众呈现了《出鼓》、《万年花》、《喜秋风》、《梅花操》等古乐经典曲目，还展示了各自历史悠久、传承有序的珍贵乐器，让观众对博大精深的传统音乐文化有了更为深入的认识。

传统戏曲的演出活动，以文化部举办的“讴歌伟大时代，艺术奉献人民——2012年全国优秀剧目展演”为代表，涉及京剧、昆剧和评剧、河北梆子、豫剧、晋剧、越剧、川剧、秦腔、采茶戏等多个地方戏剧种。此外，10月份，在天坛神乐署启动的“第四届北京传统音乐节暨第七届北京公园节传统音乐擂台赛”，吸引了来自北京基层的大批文艺爱好者，演出内容包括民间歌舞、原声态民歌、民间器乐、戏曲、曲艺等。北京市连续举办这项“传统音乐走入民间”项目，对传统音乐的传承起到了积极推动作用。④

二、民族音乐赛事概况

本年度最具代表性的民族音乐赛事，首推由文化部和湖北省人民政府主办的第六届中国原生民歌大赛。⑤ 此次比赛于9月3日至9日在湖北十堰市武当山举行，共有188名选手入围复赛和决赛。若从各地举行的初赛算起，参加选手有六百人之多。他们来自我国多各个民族，如汉族、藏族、维吾尔族、哈萨克族、蒙古族、壮族、回族、彝族、瑶族、土家族、朝鲜族、东乡族、苗族、侗族、土族、仫佬族等。经过激烈角逐，潘兴周、余秋阳合唱的贵州苗族民歌，谭学聪、许艺才、黄本红、邓学红、谭焦、胡明盛、李开文7人民歌组合，那顺吉日嘎拉、斯琴毕力格、代小、扎力嘎夫、德力根其其格、查干巴拉、钢宝力道7人蒙古族长调组合，分别摘取了A、B、C三个参赛组金奖。

与该赛事同步，由文化部民族民间文艺发展中心主办的“中国多样性传统音乐文化的现代教育传承学术研讨会”也在武当山召开。来自全国14个高校的30名音乐专家，就传统音乐的保护和传承献计献策。由于2012年青年歌手电视大奖赛停办，第六届中国原生民歌大赛作为一项国家级歌唱赛事备受关注，赛事及相关研讨会对传统民歌遗产的保护和传承有着积极的现实意义。

民族音乐的普及和提高当从娃娃抓起。但现实情况却是，适合青少年欣赏和演奏的民族音乐作品极为匮乏，难以满足现实对优秀作品的需求。针对这一现状，中国民族管弦乐学会和北京市教委艺术委员

---

① 贵文：《少儿侗族大歌用歌声传递和平》，《中国艺术报》2012年8月22日。

② 重楼：《“东方之声”唱响德国石荷州音乐节》，《中国文化报》2012年8月17日。

③ 云菲：《第三届智化寺音乐节举办》，《中国艺术报》2012年9月19日。

④ 张志勇：《第四届北京传统音乐节在北京天坛公园启动》，中国文艺网2012年10月8日，http：//www. cflac. org. cn/ys/xwy/201210/t20121008_ 151265. html。

⑤ 李泽生：《中国原生民歌的炉火与香火——由第六届中国原生民歌大赛透视东方民歌的传承》，《中国艺术报》2012年9月19日。

会共同主办“第三届民族管弦乐（青少年题材）新作品评奖”，评选出18部旋律生动、主题鲜明的原创民乐作品。① 据悉，中国民族管弦乐学会在2010年，就曾与北京市教委、中国广播艺术团联合主办第二届民族管弦乐作品（青少年题材）征集，取得了很好的社会效果。此次征集是上次征集活动的延续，为广大青少年学习民族音乐提供了宝贵的精神食粮。

由国务院侨务办公室、北京市人民政府、中华全国青年联合会共同主办，北京市政府侨办、北京电视台、北京国家游泳中心有限责任公司、北京市演出有限责任公司联合承办的2012年“水立方杯”海外华裔青少年中文歌曲大赛，也为提高青少年音乐修养做出了贡献。② 此次赛事旨在携手海内外侨胞和社会各界，搭建华裔青少年弘扬文化、交流情感的平台。比赛期间，共有美国、加拿大、法国、瑞典、西班牙等17个国家承办海外初赛，45名选手在北京参加复赛、半决赛、决赛，最终评选出金奖一名、银奖二名、铜奖三名，其余选手获得十强奖、优秀奖、入围奖、参赛奖。

器乐演奏类比赛，依然是音乐赛事的重点，包括：由中国民族管弦乐学会主办、上海民族乐器一厂协办、中国民族管弦乐学会古筝专业委员会和北京华夏璇音艺术传播中心承办的“敦煌国乐——2012中国古筝名家音乐会暨‘敦煌杯’全国青少年古筝大赛”，由文化部主办、青岛市人民政府承办的第十届全国青少年小提琴比赛，由国家大剧院、中央音乐学院、北京星海钢琴集团有限公司主办的第十四届“星海杯”全国少年儿童钢琴比赛等。这些以青少年为主体的音乐赛事，在普及音乐教育、选拔优秀人才、弘扬民族音乐文化方面起到了积极作用。

中国爱乐乐团组建12年来，已举行近五百余场音乐会，演奏近两千余部作品，成为一支具有广泛影响力的职业乐团。本年度在广州星海音乐厅揭晓的第八届十大唱片发烧大奖中，中国爱乐乐团百张音乐会现场实况录音及一套汇集了指挥家余隆与乐团演出精华的10张黑胶唱盘，一举获得“最佳系列专辑”、“最佳制作人”、“年度十大唱片”、“唱片工业特别贡献奖”等多个奖项。③ 中国爱乐乐团获此殊荣，是对其多年来立足高雅艺术、弘扬民族音乐的最好褒奖，也是本年度音乐赛事的亮点之一。

三、音乐社团活动及艺术管理概况

本年度音乐社团活动方面，最引人瞩目的首推相关机构组织的音乐家采风和创作基地建设。7月24日至25日，中国音协组织参加第三届“金芦笙”中国民族器乐大赛暨凯里民族文化活动周的音乐家，赴凯里施秉镇远台江剑河采风。7月28日晚，在凯里市行政中心中央大会场又举行了中国音协民族音乐（凯里）创作基地授牌仪式，中国文联副主席、中国音协分党组书记、驻会副主席徐沛东，黔东南州人大常委会主任罗亮权，州委常委、凯里市委书记黄远良，州委常委、州委宣传部部长、州委统战部部长唐官莹等领导出席。④ 当地政府表示，中国音协民族音乐（凯里）创作基地的建立，是黔东南和凯里音乐发展史上的一件大事，也是弘扬苗侗民族音乐艺术的良好契机，必将推动民族音乐文化的大发展、大繁荣。

8月30日至9月1日，由词作家阎肃率领的中国音乐文学学会创作人员二十余人，在河北省张家口市宣化区也开展了为期三天的采风活动。⑤ 采风的同时，音乐家还在当地举办专题讲座，与广大音乐工作者充分交流创作心得。2011年10月，张家口市宣化区成为河北省首家、全国第二家与中国音乐文学学会合作设立的创作基地，为音乐文学爱好者提供了合作、交流、采风的良好平台。以上中央级音乐社团与地方政府互动，开展的音乐采风和创作基地建设等活动，为当下音乐创作注入了新鲜血液，有力推动了音乐资源的整理和开发，增强了当地的音乐文化自觉和自信，对民族音乐文化的传承保护和创新发展，都将起到积极的促进作用。

---

① 忽忽：《18部青少年题材民乐作品获奖》，《中国文化报》2012年11月29日。

② 侯艳：《海外华裔青少年中文歌曲大赛闭幕，菲律宾李安安获金奖》，《京华时报》2012年8月9日。

③ 张悦：《中国爱乐百张唱片获发烧大奖》，《中国艺术报》2012年12月19日。

④ 姜秀波等：《中国音协民族音乐（凯里）创作基地举行授牌仪式》，中国音协网2012年8月10日，http：//www. chnmusic. org/news/20120810075426827329. html。

⑤ 张乐：《中国音乐文学学会赴宣化采风》，《中国文化报》2012年9月6日。

本年，由文化部和哈尔滨市人民政府共同打造的第三十一届中国·哈尔滨之夏音乐会“沿着松花江歌唱”如期举行，全国政协副主席林文漪宣布第三十一届“哈夏”开幕，文化部副部长王文章出席开幕式并讲话。① 本届“哈夏”以“中国的‘哈夏’、世界的舞台、百姓的节日、音乐的盛典”为目标，汇集了国内及美国、法国、西班牙、俄罗斯、芬兰、奥地利等二十多个国家的演出团体，举行了包括声乐比赛、音乐文化论坛、音乐狂欢大巡游、手风琴艺术周、国际获奖音乐家音乐会、群众文化活动等在内的诸多活动，参与人次达逾百万之多。“哈夏”音乐会经过多年发展，已成为一项国家级、国际化的音乐节，在海内外享有盛誉，为中国与世界音乐文化的交流提供了广阔平台。

本年度启动的“国际青年声乐家汉语歌唱计划”也值得关注。这一活动希望通过外国青年音乐家把中国歌剧带上西方主流舞台，藉此推动汉语艺术在西方的传播与发展，并为西方青年歌唱家在中国的歌剧事业提供机会。② 据活动发起者、艺术总监田浩江介绍，共有二十名来自美国、加拿大、英国、意大利、墨西哥、危地马拉六个国家的音乐家入选这一计划。他们将在五周时间内接受汉语语言、咬字、唱腔和中国民族文化等方面的系统培训，学习《白毛女》、《江姐》、《赵氏孤儿》等中国歌剧，使其成为向西方传播中国音乐文化的合格使者。

为纪念近现代音乐史上成就卓著的音乐家，一些音乐团体和单位组织了纪念活动。2012 年是人民音乐家聂耳诞辰一百周年，由云南省委宣传部、玉溪市委市政府主办的“纪念聂耳诞辰 100 周年大型文化系列活动”在玉溪举行。活动包括音乐会、座谈会、大型图片展等，并出版《百年聂耳》纪念文集。音乐会共两场——“唱响中国玉溪演唱会”和“纪念聂耳诞辰 100 周年合唱晚会”。前者由《鲜红旗帜》、《美丽家园》、《和谐乐章》、《祖国万岁》四个篇章组成，以新创作品为主，反映出音乐家在继承聂耳精神、关注现实生活、反映时代风貌方面的新成果；后者则由玉溪市老干部聂耳合唱团等合唱团队演唱了《毕业歌》、《飞花歌》、《卖报歌》等人们耳熟能详的聂耳代表作。

聂耳纪念活动座谈会上，云南省委、玉溪市委领导出席，中国艺术研究院音乐研究所秦序研究员、著名作曲家王西麟、四川音乐学院副院长孙洪斌、西安音乐学院王平教授等学者参加座谈。与会者认为，聂耳作为一名天才的作曲家，不仅开创了群众歌曲的创作传统，在歌曲创作艺术技法方面也达到很高水平，影响了后来的一大批作曲家。“聂耳的歌曲在中华民族生死存亡的关头，成为时代的号角，极大地鼓舞了中华民族的革命斗志。当今的音乐家应当继承聂耳的创作精神，与时代同呼吸，与人民共进步，为实现中华民族伟大复兴做出应有贡献。”③ 主办单位还组织了“纪念聂耳诞辰 100 周年全国图片巡回展”，出版了《百年聂耳》纪念文集，全面展示出聂耳短暂而辉煌的人生和近年来有关聂耳研究的新成果。此外，上海市也举办了纪念聂耳诞辰一百周年系列活动，新修订的《聂耳全集》（增订版）也于本年由文化艺术出版社出版，表达出人们对聂耳这位时代歌者的深切缅怀。

2012 年也是集教育家、科学家、诗人、戏剧家、音乐家和佛学家于一身的顾毓琇先生诞辰 110 周年。由中央音乐学院主办，清华大学、上海交通大学、东南大学协办的“顾毓琇教授诞辰 110 周年纪念活动”在中央音乐学院举行。活动包括顾毓琇生平成就展、纪念大会、塑像揭幕仪式、纪念音乐会等内容，展示出这位学贯中西的学界泰斗在音乐创作与研究方面的突出成就。此外，中央音乐学院还主办了“纪念林石城诞辰 90 周年”研讨会，与会者从不同角度阐述了林石城对传统琵琶艺术和民族音乐教育的杰出贡献。

音乐文化事业管理方面，为规范艺术考级管理，提高艺术考级质量，文化部文化科技司下发《关于在全国开展社会艺术水平考级机构评估试点工作的通知》，于 2012 年 7 月至 12 月开展全国社会艺术水平考级机构试点评估工作。文化部同时下发《社会艺术水平考级评估标准（试行）》，对考级工作中涉

---

① 任姗姗、任望舒：《中国·哈尔滨之夏音乐会开幕，林文漪出席》，《人民日报》2012 年 8 月 7 日。

② 赵琬微：《外国人通过中国歌剧推动汉语艺术》，《中国文化报》2012 年 8 月 14 日。

③ 宁静：《做时代歌者，唱民族心声——“纪念聂耳诞辰 100 周年大型文化系列活动”综述》，《中国艺术报》2012 年 7 月 30 日。

及的教材、考场、备案、办公场所、承办单位、开考专业、简章、考官、证书、收费、培训、展演与展示等，都作出了明确而具体的规范。此举对我国公共音乐艺术普及教育的规范化开展，起到了积极的监督和推动作用。①

本年，中国音像协会组织召开了《著作权法》修订座谈会，国家版权局法规司司长王自强出席，中国音像协会唱片工作委员会、国际唱片业协会、唱片公司、音像出版社等代表参会，表达了对此次《著作权法》修订的意见和建议。业内人士认为，《著作权法》修订过程中能够公开征集意见，是我国民主法治建设的一大进步；草案中加入录音制品的广播权和表演权，也使处于困境的唱片业感到欢欣鼓舞。②《著作权法》修订案的出台，将为我国的音乐文化事业发展保驾护航。

本年度，国有文艺院团的文化体制改革继续深化。截止5月31日，全国文化系统2102家承担改革任务的国有文艺院团，已完成和正在进行转制、撤销和划转的院团达1691家，占全部院团数量的80%，较去年年底提高24%，反映出国有文艺员团在推进改革、深化发展方面的突出成绩。其中江苏、安徽、陕西、山西、河北、重庆、宁夏、贵州、天津、辽宁、云南、甘肃、湖南、江西14个省（区、市），已经基本完成国有文艺院团转企改制任务。③

近年来，随着国家文化体制改革的不断深入，越来越多的国有文艺院团认识到改革的必然趋势，努力抓住"早转型、早主动、早受益"的发展机遇，积极加入到改革行列中来。许多先前经济效益低靡、依靠政府拨款勉强度日的院团，经过在政府扶植下的文化体制改革，实现完美的华丽转身，取得了社会效益和经济效益双丰收。文化体制改革是我国改革开放事业的重要组成部分，其深入贯彻执行，对繁荣民族音乐文化、增强民族文化自主创新能力，满足人民群众日益增长的精神文化需求，将起到积极的推动作用。

四、民族音乐研究概况

本年度的民族音乐研究，在深化中国音乐史学和民族音乐学的基础上，对音乐学其他领域也有进一步关注与拓展，并积极与国外学者开展交流合作，共同推动中国民族音乐发展。相关研究可大致分为：乐律学与音乐形态学、音乐文献学、音乐考古学、近现代音乐史、民族音乐学、音乐教育学、音乐治疗学、音乐科技研究等。

传统音乐形态与乐律学研究，是民族音乐研究的重要组成部分，本年度这一领域不乏佳作。黄翔鹏先生曾于1982年8月，在国家教育部委托山东师范大学在烟台举办的"全国高师中国音乐史暑期讲习班"上授课。时隔三十年，有学者据当时录音整理的《律学与乐学——1982年全国高师中国音乐史暑期讲习班专题》，分三期在《中国音乐学》连载（第1至3期，近6万字），由"律学"和"乐学"两大部分组成。律学部分，涉及中国古代律学的研究目的，以及绝对音高、钟律、度量、管律与弦律、三分损益弦律和五音相生之法、不同律制的来源及微音分差别、十二律体系等内容，对其中尚存争议的问题有简明提示。乐学部分包括传统乐学的研究目的、基本内容及其中未定论的问题等，并以"郑译乐议"为例讲解音乐文献分析方法。值得一提的是，黄先生在本讲稿中首次提出"同均三宫"理论，系统阐述了传统乐学的研究方法，是黄先生治学基本理念的集中展现。讲稿对厘清当今尚存争议的诸多理论问题，对深化和推进传统乐律学研究有积极指导意义。

对既往乐律学研究的反思，也是本年度该领域研究的亮点。戴念祖的《"天体音乐"概念的起源与发展》（《中国音乐学》2012年第4期），将"天体音乐"作为一个文化概念，回顾其历史演变及对科学和音乐发展的影响。作者通过剖析历代学者有关"天体、数与音乐"关系的论说，认为"天体音乐"只是一种具有神秘主义色彩的哲学观念，本身并无实质的科学或音乐精髓所在。全文所论，对于正确认

---

① 参见中华人民共和国文化部网站，http：//www. ccnt. gov. cn/sjzznew2011/whkjs/whkjs_ ztlm/whkjs_ shysspkj/201205/t20120531_ 252681. html，2012年5月31日。

② 白炜：《中国音像协会探讨〈著作权法〉修订》，《中国文化报》2012年8月10日。

③ 参见杨雪梅《歌如海舞似潮——宁夏云南文艺院团改革综述》，《人民日报》2012年8月9日。

识“天体音乐”乃至数理逻辑与音律结构间的关系，有积极参考价值。秦序的《略谈朱载堉“音”、“数”思想的重大启示——陈欣博士学位论文序》（《中国音乐学》2012 年第 2 期），从朱载堉的“音”、“数”思想谈起，指出当前律学理论研究与音乐实践的矛盾关系，并从近代以笛卡尔和帕斯卡为代表的两大哲学流派认知的高度，对未来乐律学发展提出建议，认为其研究既需要科学手段，也需要更灵活、多样、宽泛的其他手段，应该更紧密地结合实践体认，实现理论和实践的更高统一。

中国历史上的“俗乐二十八调”问题，为古今中外诸多学者所关注，研究成果可谓汗牛充栋，但许多问题似仍“剪不断理还乱”。刘勇的《二十八调遐想》（《音乐艺术》2012 年第 3 期）从音乐的“基本理论”和“操作理论”视角对此进行反思，认为“二十八调的性质属操作理论，即演奏时定调调弦之类的做法以及约定的术语。这种操作理论是与当时的音乐、乐器紧密联系在一起的，是当时音乐的产物。既然当时的音乐已经不复存在，这些调也就失去了它们的实际作用”。这种从音乐实践角度解读古代乐律问题的研究模式，对当前乐律学和音乐形态研究有一定启发。秦序、李宏锋的《中国古代乐律实践中的智慧闪光——“阴阳旋宫法”实践与理论初探》（《音乐研究》2012 年第 4 期），对历史上音乐实践中运用两件（或更多）定调不一（多为相差半音）的同种乐器或不同种乐器，以丰富音列或实现不同调高转换（甚至十二律旋宫）的现象进行集中探讨；通过对古代若干吹奏乐器与金石乐器的考察，结合文献记载和至今仍存的传统音乐实践，梳理其发展演变轨迹和对音乐理论的影响，有助于从音乐实践角度深入探讨包括二十八调在内的古代乐律诸问题。

新史料的发现和不断丰富，是推进学术研究的根本动力之一。本年度学界在音乐史料建设方面也有新进展。多年来致力于音乐文献研究的王小盾教授，撰文《域外汉文音乐文献述要》，对中国周边的日本、韩国、越南等地保留的丰富汉文音乐文献进行梳理，并以书目方式对其加以总结。《中国音乐学》自 2012 年第 2 期至第 4 期分三期连载此文，希望为深化音乐史研究提供宝贵资料。

音乐考古学是音乐史学的重要分支学科，2012 年本领域研究的新进展，首推由中国人民大学苏州校区、中国音乐学院、中国艺术研究院音乐研究所、中国音乐史学会联合主办，中国人民大学全球化研究中心、中国人民大学国际学院东亚音乐考古研究所、中国音乐学院联合承办的“第八届国际音乐考古学研讨会暨第四届东亚音乐考古学会年会”。会议于 2012 年 10 月 20 至 25 日在苏州和北京两个会场举行，主要议题包括：中国音乐考古新发现研究、世界各国音乐考古学研究及成果相关报告、音乐考古学的基础理论探讨、中国古乐器复原成果展、中国古乐器专场音乐会、曾侯乙墓及日本奈良正仓院古乐器复制与复原研究等。来自亚洲、欧洲、北美洲、非洲及中东地区的 140 多名学者参加了会议。《音乐研究》2012 年第 5 期为配合此次会议，特开辟专栏刊载与会学者文章，如王子初的《从滥觞到辉煌——音乐考古学在中国》、冯光生的《合谋与互动——谈音乐考古学与考古学的关系》、方建军的《音乐考古学的六个课题》、刘勇的《音乐图像的辨伪问题》、王洪军的《为音乐考古学进言：曾说过的、需接着说的及希望看到的》等。

近现代音乐史研究方面，“文革”音乐受到学者进一步关注。李环、蔡灿煌的《他者眼中的“文革”音乐文化》（《中国音乐学》2012 年第 1 期），较系统地介绍了西方民族音乐学者眼中的“中国文化大革命”和音乐活动，涉及“文革”中的革命歌曲、西洋音乐、地方戏曲、农村音乐、少数民族音乐、音乐与传承、音乐与性别等专题研究，为中国本土学者研究“文革”音乐提供了参考。居其宏的《一本历史地敞开但未被读透的思潮教科书——〈音乐界实用本本主义思潮研究〉》（《中国音乐学》2012 年第 2 期），则针对我国音乐界长期存在的极左“政治话语批评”（即“实用本本主义思潮”），对该课题的核心概念、研究现状、研究思路等作系统阐发，指出全面解读实用本本主义思潮的重要性和必要性。冯长春、冯春玲的《豪情壮志的音乐年代——“大跃进”时期的音乐文化》（《音乐研究》2012 年第 3 期）和《“文革”音乐的“样板”——“革命样板戏”的前因后果及其本质特征》（《中国音乐学》2012 年第 3 期）两篇文章，也集中对“文革”音乐做了探讨。

从音乐历史发展看，“文革音乐的美学取向无疑是 20 世纪六十年代前期音乐舞蹈‘革命化、民族化、群众化’的自然延续，并通过其自身的艺术实践，在音乐艺术形式和手段表现方面，从各个层面和各种体裁领域，都将这‘三化’推向极端……‘文革音乐’的现实存在，不是对‘文革’政治的‘一往情深’，而是新时期中国音乐在失落了崇高和理想之际，对中国音乐的某种‘替补’，而这正是中国音乐新世纪进程中的困惑。”① 从这一视角审视，深入开展“文革”音乐及其相关研究，对反思我党的文艺思想和方针政策，推动我国当前音乐事业健康发展，都具有积极的理论和现实意义。恰如有学者所说：“‘文革’曾为中国音乐界（无论是传统或是现代音乐）带来种种可怕的影响，但如果我们不敢正面面对，刻意回避这段过去，这将是更加可怕的一件事情。”②

民族音乐研究方面，本年度学界继续保持“仪式音乐”的研究热度，同时学者对各地、各民族的民间音乐也有进一步发掘，如《星海音乐学院学报》对岭南音乐的关注、西安音乐学院学报《交响》对陕西及西北地区传统音乐的关注，《音乐探索》对西南地区民族音乐的关注，“首届藏地音乐节高峰论坛”的举办等。《星海音乐学院学报》2012 年第 4 期刊载数篇文章，强调音乐文化与地理生态关系研究。乔建中的《两点思考，一些问题——简议区域音乐研究的优势与不足》，对当前区域音乐研究的基础、前提、优势以及未来深入开展的理论准备等问题，做了学科理论方面的宏观探讨。相关文章还有黄虎《陕西民间音乐的地域特征与生成背景》、李松兰《文化地理学视野中的地方古琴艺术研究——以蜀派古琴为个案》、关意宁《关于音乐文化区域分布地图有效绘制问题的思考——以陕北说书为例》、李砚《地理环境与戏曲的扩散——对菏泽地方戏的音乐地理学探讨》、蓝雪霏《地缘亲缘隔不断，闽粤音乐理还乱——无法割据的闽粤原生态音乐文化景观》等。可以预见，这项早在 20 世纪 80 年代以苗晶、乔建中等学者为代表深入开展的音乐地理与区域音乐文化研究，在今天仍有很大发展空间，是民族音乐学向更深、更广层面拓展的有效途径之一。

音乐教育是民族音乐文化传承、发展的基础和根本保障，但有关“音乐教育”的理论探讨，一直是音乐学研究中较薄弱的环节。本年度，以《中国音乐学》和《音乐研究》等为代表的音乐理论期刊，开辟专栏为音乐教育研究组稿，展现出该领域研究的新成果。相关文章涉及本土音乐教育、专业音乐教育、音乐教育史等内容，如周楷模《中国本土“乐教”哲学与民间“乐教”传承——兼议古代“多元化”教育思想的当代续接》（《中国音乐学》2012 年第 3 期），张应华、谢嘉幸《我国当代少数民族音乐教育操作策略的探讨》（《音乐研究》2012 年第 3 期），罗可曼《基于文化自觉理论视野下的音乐教育》（《音乐研究》2012 年第 3 期），钱建明《问题、概念与抉择——高等专业音乐教育之多维共生观》（《中国音乐学》2012 年第 3 期），周世斌《有关义务教育音乐课程标准研制与实施中若干问题的学术探讨》（《音乐研究》2012 年第 3 期），赵志奇《传媒音乐人才培养模式探究——基于行业案例调查的思考》（《中国音乐学》2012 年第 3 期），褚灏《为育人，更为改良社会——辛亥革命前夕音乐教育先驱者和其他新型知识分子的音乐教育思想》（《中国音乐学》2012 年第 3 期）等。为推动中小学音乐教育发展，中国音乐学院还主办了“中国音乐教师教育学术研讨会”，就音乐教师的培养目标、课程设置、教材教法，以及全球化语境下中国音乐教育改革的必要性，中国音乐教育本土化、多样化发展等问题进行了较深入的探讨。

音乐治疗学是研究音乐对人体机能的作用原理、方式及影响等，探讨如何运用音乐治疗疾病的学科，属于应用音乐心理学范畴。这一学科虽然在我国有着悠久历史，但成为现代科学意义上的一门独立学科，则是 20 世纪 80 年代后的事情。由于该学科具有音乐与科技交叉的边缘性和很强的应用性特征，国内学术界长期以来在这方面关注不多。本年度武汉音乐学院学报《黄钟》在 2012 年第 1 期开设专栏，对音乐治疗展开集中探讨，相关文章有赵翠荣《用音乐同步脱敏再加工技术（MEDR）治疗梦境恐惧的案例研究》，许继宗、李月明《音乐治疗曲目序列组成原则尝试及实验观察》，侯庆琦《音乐疗法对大

---

① 戴嘉枋：《沉重的历史回响——论中国“文革”音乐及其在新时期的影响》，《南京艺术学院学报》（音乐与表演版）2007 年第 3 期。

② 李环、蔡灿煌：《他者眼中的“文革”音乐文化》，《中国音乐学》2012 年第 1 期。

学生人际交往障碍干预治疗的音乐取向问题研究》，陈勇《用天籁 α 脑波背景音乐创设优雅的居家自习环境》等，反映出该学科领域研究的最新进展。

此外，将科技手段引入音乐研究，为音乐学各学科发展提供支持，也日益受到人们关注。方晓阳、邵锜、夏季、王昌燧、潘伟斌、韩庆元的《贾湖骨笛的精确复原研究》（《中国音乐学》2012 年第 2 期），探讨了利用 CT 扫描、三维图像重建、紫外激光固化快速成形等技术复制高精度贾湖骨笛的可能性，为音乐史学界对贾湖骨笛的深入研究提供了技术支持。黄莺、杨健的《计算机可视化音响参数分析方法应用于声乐教学的可行性研究》（《黄钟》2012 年第 1 期），则尝试将现代科技手段引入传统声乐教学，使音乐表演特别是声乐教学向更加科学化和系统化方向发展。

一些理论期刊在介绍国外学者中国音乐研究动态方面也予以关注。本年《中国音乐学》刊发相关论文三篇。法国东亚/西方艺术语言科研中心、法国国家科学研究院的维霍尼克・亚列山大・儒赫诺（Véronique A. Journeau）教授，撰文《协调统一——论中国词曲艺术之一致性》（《中国音乐学》2012 年第 1 期），以中国词曲艺术中文字与音乐的关系为研究对象，探讨了两种表达方式间协调性的产生及其对词文鉴赏的影响，涉及"音素与语境"、"诗词意象模糊性"、"诗词与乐曲形态的一致性"等问题。作者以局外人视野探讨中国词曲艺术特征，可为相关研究提供启发。

英国伦敦大学亚非学院音乐系钟思第教授的《华北民间道士与法事》（《中国音乐学》2012 年第 1 期），介绍了音乐学者对华北民间道教法事的研究成果，并在田野考察的基础上，分析当代历史变迁中道士的经历和各种白事、庙会的法事程序，探讨了传统中对全真/正一、宫观/民间两极分化的看法，强调社会学、当代历史学、音乐分析等多方"深描"的必要。洛杉矶加州大学民族音乐学系李海伦教授的《纵观美国独特的非物质文化遗产艺术节——以史密森尼民俗节为例》（《中国音乐学》2012 年第 2 期），介绍了美国史密森尼民俗节的历史，并以 2007 年民俗节为例，展现了湄公河主题项目、民俗节的主要原则与实施及其对参与者的长期影响。

武汉音乐学院周耘教授和东京艺术大学新堀欢乃（Shimbori Kanno）博士撰写的《比较音乐学历史背景的中日学术交流——以田边尚雄、王光祈等人的活动为线索》（《星海音乐学院学报》2012 年第 1 期）和《现代日本音乐学家的中国音乐研究》（《音乐艺术》2012 年第 1 期），对日本音乐学界接受比较音乐学理论与方法的历史，以及当代日本学界的中国音乐研究现状进行梳理，力求全面展示出东亚比较音乐学的风貌，拓展中日两国未来音乐学术研究与交流的视野。他山之石，可以攻玉。以上期刊对国外学术界研究情况的关注，拓展了国内学者的研究思路，为中外音乐学术交流搭建了良好平台。

综上，本年度的民族音乐发展，无论在演出创作、艺术管理、学术研究等方面，都取得了一定成绩，反映出民族音乐艺术事业的蓬勃发展。当然，我们在看到成绩的同时，对其中的不足也应有清醒认识。例如，音乐演出多与政治活动相关，缺乏对自身演出市场的开拓；相对音乐剧、歌剧等演出市场的火爆，传统音乐活动十分冷清，宣传、保护力度需进一步加强；歌曲创作中市井俚俗成风，公益歌曲、励志歌曲、儿童歌曲等鲜有关注；① 交响乐等严肃音乐体裁创作，国家层面仍未形成有效机制（如创作组制度、捐赠制度）促其发展；音乐学术环境浮躁、学术期刊管理体制混乱，真正有价值的科研成果匮乏等等。"文化的根本功能是提升人的精神境界……作为精神财富的文化象征着智慧和品位，展现人性的光辉和生活的魅力。"② 我们的音乐艺术要在世界乐坛拥有一席之地，必须以本民族音乐文化为立身之本，以具有中华民族气派、提升精神境界、展现人性光辉、具有永恒艺术价值的优秀作品赢得世界尊重，而这一切的背后，则需要一套符合艺术发展规律的制度法规和高效、廉洁的管理体制作为保障，需要创作、表演、研究等各领域音乐家和广大民众的共同努力。

李宏锋　中国艺术研究院音乐研究所

① 云菲：《为青少年创作更多好歌》，《中国艺术报》2012 年 3 月 9 日。

② 全国人大常委会副委员长、中国民主促进会中央主席严隽琪语，参见《主流文化与文化之争》，《人民日报》（海外版）2012 年 5 月 11 日，http://www.wenming.cn/wmzh_pd/sy/201205/t20120511_654167.shtml。

2012 年中国民族音乐学研究述要

◎齐　琨　何兴华

引　言

民族音乐学（*Ethnomusicology*）① 自 20 世纪 80 年代初传入我国以来，已走过了 30 多年的发展历程。在这过程中，学者们积极引进国外学科理念与方法，将这门始自欧美、途经日本传入中国的学科与实际相结合。迈入 21 世纪以后，我国民族音乐学无论从理论方法、论域视角都进入了全面深入发展的阶段。在刚刚过去的 2012 年中，召开了中国传统音乐学会第十七届年会、中国少数民族音乐学会第十三届年会等会议，② 学界老、中、青三代学者对学科的理论方法和各个研究论域视角发表了自己的看法、交换了意见、形成了学科发展的一些共识。从主要音乐类核心期刊所发表的文献来看，这一年的学术成果亦是推陈出新、硕果累累。笔者将 2012 年各大音乐类核心期刊所发表的民族音乐学研究领域的成果分为两类：第一类是对学科的理论与方法进行讨论、思考的文章；第二类是运用学科理论与方法从不同论域或视角进行研究的个案成果。③ 笔者将就这些研究成果进行文献述要，以期获得对 2012 年中国民族音乐学之研究成果的概观，在此基础上，对本年度学科研究成果与趋势进行总体评价。

一

在学科的理论与方法层面，对民族音乐学概念的讨论一直是学界长盛不衰的话题。本年度所发表的三篇涉及此话题的文章对民族音乐学哲学基础、研究对象及其在本土化过程中的认知偏差三个方面进行了详细地讨论：管建华通过对造成西方音乐学与音乐人类学之不同哲学基础的审视，反观中国传统音乐研究，提出我国学界应走出西方音乐科学现代性的控制，运用音乐人类学之语言认识论和本体论的世界观协调传统、现代、后现代的话语体系，从而走向多元音乐文化研究之路。④ 而针对学界近几年来对美国音乐人类学盲目追随之势，杜亚雄进行了反思批评：我国音乐学系学生音乐理论素质下降以及脱离我国实际情况盲目引进外国理论的两点原因造成了很多研究“去音乐化”的现象，由此讨论了目前我国学界内部存在的人类学虚假繁荣的现象，并一再强调民族音乐学是作为对音乐之研究的学科属性；⑤ 宋瑾基于“局内—局外”观、对学科研究对象“音声”进行详细分析解读，并由对四种音声观念的讨论展示了后现代主义“语言学转向”话语体系中的音乐人类学边界问题。⑥ 在学科方法论层面，杨民康

---

① 针对 Ethnomusicology 学科的中文译名，至今还存在“民族音乐学”或“音乐人类学”这两种译法，二者均指音乐学学科中的同一研究分支学科和领域，在本文中除个别课题项目、论文标题中涉及“音乐人类学”这一译名外，均采用“民族音乐学”这一学科译名。

② 2012 年 7 月 12—15 日，“中国传统音乐学会第十七届年会”在西安音乐学院召开。2012 年 7 月 18—25 日，“中国少数民族音乐学会第十三届年会”在新疆师范大学召开。本年度其他会议还有：2012 年 6 月 29 日在上海音乐学院举行的“当代社会中的传统音乐国际研讨会”，以及 2012 年 10 月 30 日，在山东济南举行的“国际音理会亚洲大洋洲地区音乐学会首届学术研讨会暨亚太民族音乐学会第十七届国际学术研讨会、泰山学术论坛”。

③ 本文所选择的主要音乐类核心期刊为：《人民音乐》、《中国音乐学》、《中央音乐学院学报》、《中国音乐·中国音乐学院学报》、《音乐艺术·上海音乐学院学报》、《音乐探索·四川音乐学院学报》、《黄钟·武汉音乐学院学报》、《交响·西安音乐学院学报》、《天籁·天津音乐学院学报》、《乐府新声·沈阳音乐学院学报》、《星海音乐学院学报》。

④ 管建华：《音乐学与音乐人类学的哲学基础之比较——兼及中国传统音乐研究反思》，《中国音乐》2012 年第 2 期。

⑤ 杜亚雄：《民族音乐学是研究音乐的学问》，《中国音乐》2012 年第 1 期。

⑥ 宋瑾：《从“音乐”到“音声”——音乐人类学学科边界的问题》，《音乐艺术》2012 年第 1 期。

《“减幅—增幅”与“模式—变体”——再论中国语境下的音乐文化本位模式分析法（上下）》一文，提出音乐文化本位模式分析法，并从理论层面讨论了该种方法的学术原理、方法论及国内外的研究现状，又引用多个经典案例展现文化本位模式分析法之于音乐形态的具体实践应用；① 而杨殿斛则对方志集成、科学民族志与实验民族志三类中国音乐民族志进行了分类梳理，并对三类志述之价值与前景做了评估。② 另外，杜亚雄对民族音乐学传入我国进行了详细介绍，在澄清民族音乐学传入我国的史实方面值得关注③。

以上所述对民族音乐学之理论与方法各个层面的讨论均立足于“中国语境”这一大前提下展开。我国民族音乐学从最初单方面吸收理解外来理论到如今对外来理论进行反思与重新审视从而参与到学科理论与方法之建构之中，这不仅凸显出近几年学者们对学科之“本土化”的诉求，更是我国民族音乐学自兴起至今不断深入发展而日臻成熟的标志之一。

二

本年度我国民族音乐学研究主要集中在以下几个论域与视角：

1. 民族音乐学之历史研究

民族音乐学的主要研究对象是“活态”的音乐文化，作为不同音乐文化中的口头传统一直被视为学科研究之主体。近几年，因受到历史人类学以及“新史学”思潮的影响，对音乐文化的历史研究受到学界普遍关注。而对于有着较长书写历史传统的中国而言，历史研究本就是本土学术传统的组成部分。因此，中国民族音乐学之历史研究兼具了国际学界理论思潮与本土学术传统两方面的影响，而其归旨便是对学科“本土化”的诉求。这种“本土化”的诉求集中体现在2012年上海高校音乐人类学E-研究院“音乐人类学的历史纬度——中国经验与话语探索”的课题项目上，来自不同音乐学学科分支领域的九位学者就上述议题发表了不同的研究成果：其中管建华通过对17世纪著名思想家帕斯卡尔对人类认识与改造世界的两种逻辑进行了梳理，指出几何逻辑为西方音乐建立了一种主客观相分的方法论基础，而心性逻辑则为东方音乐的创演合一提供了哲学基础。作者一一检视西方几何逻辑对西方音乐的分析、书写造成的种种影响，并希望我们能够突破西方音乐学的经院认识论哲学桎梏，在吸收西方音乐文化思想的同时充分发挥我国音乐文化传统，在新的历史语境下进行中国音乐文化的建构；④ 薛艺兵通过对历史事实、历史文本、史学文本，以及口述历史、集体记忆等概念的关系梳理，讨论了田野工作在民族音乐学历史研究中的重要性；⑤ 杨民康以云南与东南亚跨界族群音乐文化个案，展现四种不同音乐文化文本类型，并阐释不同文本互文过程中带来的历史文化语境与当下社会文化语境中的诸种文化问题；⑥ 洛秦、汤亚汀则将视角聚焦于“音乐上海学”的研究领域；⑦ 台湾学者沈冬则通过解读荷兰汉学家高罗佩的生活及其《琴道》一书，阐述了一个西方学者如何基于中国传统音乐文化生活的体悟来为西方读者呈现中国传统乐器“琴”的文化意蕴。⑧ 另外，西方音乐史学者杨燕迪则将目光投向现代化进程中的音乐家社会身份建构中，并阐释了由社会变迁所导致的音乐家社会身份定位的转型，从一个侧面

---

① 杨民康：《“减幅—增幅”与“模式—变体”——再论中国语境下的音乐文化本位模式分析法（上下）》，《中国音乐学》2012年第3、4期。

② 杨殿斛：《三分鼎足：当代中国音乐民族志概观——近三十年来中国音乐民族志研究考察成果回顾和检视》，《音乐艺术》2012年第2期。

③ 杜亚雄：《民族音乐学传入我国的途径和过程》，《音乐艺术》2012年第2期。

④ 管建华：《东西方音乐的帕斯卡尔式沉思》，《音乐艺术》2012年第1期。

⑤ 薛艺兵：《通过田野走进历史——论中国音乐人类学历史研究的途径与方法》，《音乐艺术》2012年第1期。

⑥ 杨民康：《音乐民族志数学的共时性平台及其“显—隐”历时研究观——以云南与东南亚跨界族群音乐文化书写为实例》，《音乐艺术》2012年第1期。

⑦ 洛秦：《音乐人类学的历史纬度：中国经验与话语探索“音乐上海学”建构的意义、研究架构及其问题思考》、汤亚汀：《〈上海工部局乐队史〉写作三题：“音乐上海学”的阐释、建构与隐喻》，《音乐艺术》2012年第1期。

⑧ 沈冬：《高罗佩〈琴道〉与传统文人想象》，《音乐艺术》2012年第1期。

揭示了现代性进程中的种种复杂矛盾的问题。① 除以上所述视角之外，还有高贺杰对民族音乐学“口述史”研究的反思；② 杨晓对巴蜀琴人的口述史访谈；③ 李环、蔡灿煌从“他者”的视角对“文革”音乐文化进行重新审视等④。

2. 少数民族音乐文化研究

2012 年我国少数民族音乐文化研究成果主要体现在跨界族群音乐文化研究领域与云南少数民族音乐文化研究领域。杨民康将跨界族群音乐文化研究指的是：“聚焦于内陆边界国境线两侧族群音乐文化关系的跨地域比较研究，其外延分别涉及中国汉族传统音乐及世界民族音乐两个外部因素或学术范畴。”⑤ 本年度，对“跨界族群音乐文化”的具体研究个案集中于藏族（藏人 *Tibetan*）音乐文化研究。综述类文献有：杨晓《西方藏人音乐研究举要》；⑥ 吴犇（杨晓编译）《音乐学术，西方与东方：藏人音乐作为个案研究》。⑦ 个案研究有：格桑曲杰《西藏佛教音乐文化跨地域、跨民族的传播与流变》，该文通过对西藏佛教后弘期的复兴与传播，梳理了西藏佛教音乐之跨地域、跨民族传播过程，对传播过程中发生变异的诵经和器乐音乐做了跨地域的详细比较，从称谓、来源及其功用和演奏形式对寺院礼仪音乐的流变进行了具体的说明；⑧ 在吕钰秀《论低音的审美——以藏族同钦声响为例》一文中，作者通过对藏族传统乐器同钦的历史、材质、吹奏音响、乐谱等的全面考察，揭示了同钦低音音响的重要美学意义即：“体现了藏传佛教低音所欲体现的庄重、肃穆与威仪。”⑨ 此外，刘桂腾对黑龙江/阿穆尔河右岸及其左岸不同的流域地区之萨满鼓进行了详细的文献梳理与实物比较，将通古斯萨满鼓分为“泰加林型”与“黑龙江型”两大类，并由此论及跨界族群音乐研究对中国少数民族音乐研究之可行性；⑩ 宁颖以朝鲜族传统说唱音乐“盘索里”表演为对象，通过对中韩两国之“盘索里”表演的历史变迁的比较，呈现出政治边界对于一个民族音乐历史文化深刻的影响。⑪

云南地处西南边疆少数民族众多，一直是学界少数民族音乐文化研究之重镇。2012 年学界对云南少数民族音乐文化的研究以上海高校音乐人类学 E－研究院《音乐人文地理》考察小组的研究项目成果为代表。该小组于 2012 年 2 月对云南省西双版纳傣族自治州境内的基诺、傣、哈尼、布朗等少数民族的音乐文化生活进行了实地考察，并取得了四项研究成果，其分别从文化生态链、文化生态群落及文化生态系统等三个不同层次解读了民族音乐文化融合与民族认同的问题。⑫ 其他云南少数民族音乐研究个案还有：杨曦帆对于云南省大理白族自治州大理市地区白族民间艺人在文化语境中的文化选择与文化传承的研究，并涉及到地方行政政策对白族音乐文化传承的积极作用。⑬ 邓红对流传在云南迪庆、丽江塔

---

① 杨燕迪：《现代性进程中的音乐家社会身份建构：观察与反思》，《音乐艺术》2012 年第 1 期。

② 高贺杰：《口述，史？——基于 Ethnomusicology“口述史”的反思》，《黄钟》2012 年第 2 期。

③ 杨晓、曾成伟：《巴蜀古琴四人谈：曾成伟琴学访谈》、杨晓曾江嘉祐：《巴蜀古琴四人谈之二：江嘉祐琴学访谈》，《音乐探索》2012 年第 3、4 期。

④ 李环、蔡灿煌：《他者眼中的“文革”音乐文化》，《中国音乐学》2012 年第 1 期。

⑤ 杨民康：《跨界组群音乐文化研究的开放性视野——代栏目主持人语》，《中央音乐学院学报》2012 年第 1 期。

⑥ 杨晓：《西方学者藏人音乐研究举要》，《中央音乐学院学报》2012 年第 1 期。

⑦ 吴犇、杨晓编译：《音乐学术，西方与东方：藏人音乐作为个案研究》，《音乐探索》2012 年第 1 期。

⑧ 格桑曲杰：《西藏佛教音乐文化跨地域、跨民族的传播与流变》，《中央音乐学院学报》2012 年第 2 期。

⑨ 吕钰秀：《论低音的审美——以藏族同钦声响为例》，《中央音乐学院学报》2012 年第 1 期。

⑩ 刘桂腾：《黑龙江/阿穆尔河流域的通古斯萨满鼓——以“流域”为视角的跨界族群萨满音乐研究》，《音乐探索》2012 年第 2 期。

⑪ 宁颖：《跨界族群语境中的“盘索里”表演——中国延边与韩国传统说唱音乐表演的历时性比较研究》，《中央音乐学院学报》2012 年第 1 期。

⑫ 黄婉：《在“挪用”中饰变与创造——文化生态视野下的 2012 基诺族“特懋克”节》、胡斌：《绿色沙漠中的歌与舞——谈自然生态与社会生态下的少数民族音乐发展与保护》、吴艳：《通过田野“聆听”三代人的“音乐对话”——云南景洪地区音乐文化生态考察》、张延莉：《让我听懂你的歌声——从“民族认同”看西双版纳是个少数民族音乐生态》，《音乐艺术》2012 年第 3 期。

⑬ 杨曦帆：《文化的生命力——白族民间音乐传承个案研究》，《音乐艺术》2012 年第 4 期。

城地区的藏、纳西、傈僳族共有的“定居型”热巴艺术之内容、传承方式、现状、表演程序与音乐形态进行了具体描述与研究。①

另外，本年度学界对少数民族音乐文化研究的其他个案基本集中在李征、觉嘎等人对少数民族音乐器物的乐器学研究；② 博特乐图、苏金梅、王建等人基于音乐本体的形态学研究个案；③ 吴宁华、汤光华、郭莉等人对仪式音乐研究的成果；④ 宋显彪、孙洪斌等人对少数民族音乐文化之机构运行、传承保护等议题的音乐文化研究等方面。⑤

3. 仪式音乐研究

仪式音乐研究，主要焦点是对本土“信仰体系”进行认知与阐释，其包括了信仰（*belief*）、仪式（*ritual*）、仪式中的音声（*ritual soundscapes*）三个方面的内容⑥，这即是仪式音乐文化研究的“观念”、“过程”、“形态”三方面，如何在这三者之间形成互动有效的观察视角是学者们所追求的目标。本年度仪式音乐文化研究的主要成果有22项，其中：丧葬仪式音乐文化研究有7项；少数民族仪式音乐文化研究有3项；其他汉族地区民间宗教仪式、民俗仪式音乐文化研究共12项。尽管对象各异，但这些研究成果都在不同程度上涉及到了上述仪式音乐研究的三个方面：首先，在仪式音乐形态分析方面，吴宁华通过对广西地区还盘王愿仪式中“啰哩嗹”曲调的音乐形态、音乐功能与作用的比较研究，指出“啰哩嗹”曲调与其演唱与传承者师公班子之间的密切关系；⑦ 而尚建科与赵书峰运用形态分析的方法对存在于仪式中的不同音乐成分与因素进行了分析比较，并由此对仪式的复合观念进行了阐释。⑧ 其次，在仪式音乐过程描述方面，如何呈现一个较为完整的仪式音乐过程成为了学者们聚焦的核心。在许璐对鄂州地区白喜事的研究中，其运用民俗学“双窗口阐释法”，其每一个仪式程序都分为对仪式程序事实进行书写的客观描述以及对基于研究者田野调查中的主观体验之书写的主观描述两个部分，如此参照体现出作者对民族音乐学田野工作中“主位—客位”观念的思考与尝试；⑨ 而在廖松清与杨和平的丧葬仪式研究中，都将仪式程序的呈现分为了文献文本、田野文本、口述文本等多种文本类型，并对各种程序文本进行比较研究，由此涉及到仪式程序之历史变迁。⑩ 最后，在仪式音乐观念研究方面，多数学者都涉及到了仪式音乐的宗教文化内涵与象征意义等相关内容，如牛东梅对我国云南地区洞经音乐文化中的文昌崇拜之文化阐释等。⑪ 特别指出的是，有两篇文献在研究方法上参考了曹本冶为“仪式音声研究”所设立的框架，并在具体书写与思考中凸显出曹氏框架的深刻影响。⑫ 总体上看，大多数研究成果

---

① 邓虹：《云南迪庆塔城热巴艺术考察》，《中央音乐学院学报》2012年第3期。

② 李征：《羌族乐器的现状调查与保护利用——以四川理县桃坪羌寨为例》，《音乐探索》2012年第1期；觉嘎：《藏族传统乐器哔旺考察研究》，《中央音乐学院学报》2012年第3期。

③ 博特乐图：《“潮尔－呼麦”体系的基本模式及其表现形式——兼谈蒙古族呼麦保护》，《中国音乐学》2012年第3期；苏金梅：《南侗民歌分类新探》，《人民音乐》2012年第10期；王建、贾孜拉：《论哈萨克族民歌的旋律形态特征》，《人民音乐》2012年第11期。

④ 吴宁华：《还盘王愿仪式中的“啰哩嗹”》，《中国音乐学》2012年第3期；汤光华、果莉：《三界沟通中的音声表演——以赣南宁都客家出殡仪式为例》，《中国音乐学》2012年第4期。

⑤ 宋显彪、孙洪斌：《试析羌族音乐“立体化”保护与传承模式》，《音乐探索》2012年第4期。

⑥ 曹本冶主编：《仪式音声研究的理论与实践》，上海音乐学院出版社2010年版。

⑦ 吴宁华：《还盘王愿仪式中的“啰哩嗹”》，《中国音乐学》2012年第3期；汤光华、果莉：《三界沟通中的音声表演——以赣南宁都客家出殡仪式为例》，《中国音乐学》2012年第4期。

⑧ 尚建科：《在神圣与凡俗之间——黔北仡佬族“冲傩”仪式音乐与世俗音乐的共生互融关系》，《中国音乐学》，2012年第3期；赵书峰：《古梅山峒区汉族梅山教仪式及其音乐研究——以湖南省隆回县金石桥镇益门村五组“和娘娘”仪式为例》，《黄钟》2012年第3期。

⑨ 许璐：《鄂州牌子锣白喜事活动纪实》，《黄钟》2012年第4期。

⑩ 廖松清：《传承的涟漪——鼓亭锣鼓工尺谱相关问题研究》，《中国音乐学》2012年第2期；杨和平：《田野调查与非遗保护的双重视阈——萧山细十番的田野调查与保护研究》，《音乐探索》2012年第3期。

⑪ 牛东梅：《云南洞经会崇拜对象在思考——以文昌帝君为例》，《黄钟》2012年第4期。

⑫ 王志毅：《浙江文成丧俗道场仪式音乐研究的调查报告——基于珊溪镇的调查个案描述》，《中国音乐》2012年第1期。

都呈现出“仪式背景分析—仪式程序描述—音乐本体（形态）分析—仪式文化背景描述（阐释）”的写作模式，而尽管研究者们都以音乐之形态、过程、观念三个方面建构某种仪式音乐文化，但在最后呈现出的研究成果中仪式音乐的三个方面都或多或少地呈现出彼此分离的情况。

除以上三个主要方面之外，本年度所涉及的主要论域与视角还有：孟凡玉、樊祖荫、李宝杰等人对区域音乐研究方面的理论思考与相关研究个案成果；① 伍国栋、周青青、张振涛等人对汉族传统民间歌曲的理论思考及基于形态分析的个案研究；② 桑海波、郭欣欣等人的乐器学个案研究③以及王伽娜、李群、吴迪等人基于“非物质文化遗产”的视角，对传统民歌、戏曲、乐种的传承与保护进行实地考察研究的成果等方面④。另外，向华、宋涛对土家族绷绷妥之女性特征的研究个案；⑤ 张纯对当代音乐中数字技术的应用及其对消费观念影响的研究个案；⑥ 陈丹曦对鼓浪屿钢琴文化符号的研究个案；⑦ 陈心杰对湖南常德“翦氏”维吾尔族之音乐现状的考察等研究个案⑧分别涉及了性别研究、城市音乐研究、符号学研究以及“离散”音乐研究等相关论域与视角。

三

纵观2012年我国民族音乐学研究的各类成果，主要体现出以下三个特点：

第一，从数量上看，本年度共有110多项个案研究成果，这些研究成果分别涉及我国少数民族音乐、汉族传统音乐、当代城市音乐三类研究对象，而学者们主要选择的仍然是前两类研究对象，但在研究视野上呈现出多元的特点。少数民族音乐研究方面：涉及了跨界族群、离散、音乐文化生态、民俗—宗教仪式、乐器学、音乐传承机制与保护性研究等多个论域与视角；汉族传统音乐的个案研究方面则围绕着当代音乐文化现状以及“非物质文化遗产”视野对传统汉族民歌的再调查与再研究、运用民族音乐学历史研究理论与方法对各传统器乐乐种的历时变迁及共时形态的研究、以传统音乐形态学的方法对音乐本体的分析研究等不同的论域与视角展开。这些不同的研究成果也从一个侧面反映出学者们田野工作能力的提高、田野技术手段的不断更新以及对田野工作认知不断深化的趋势，一些研究在注意到田野作业中“主位—客位”之区别的同时还尝试打破“主位—客位”的二元观，试图以交互主体、体验经历式的书写呈现其田野工作经历，由此进入对研究对象音乐文化之理解与阐释。为求得更全面的认知，一些学者不仅深入“此时此地”的民间音乐文本中，还力图从历史文献、集体记忆、个体记忆的口述历史等不同“彼时彼地”的文本中寻找答案，并通过“共时—历时”之研究理念的结合，在比较不同文本的基础上，形成对研究对象之历史变迁的宏观认知与知识建构。总体上讲，本年度民族音乐学研究

---

① 孟凡玉：《关于区域音乐研究的几点思考》，《中央音乐学院学报》2012年第2期；樊祖荫：《乐种研究在区域音乐研究中的地位与作用》，《音乐艺术》2012年第4期；李宝杰：《陕西民俗音乐文化的区域性比较与分析——以闹秧歌、闹社火为例》，《黄钟》2012年第3期。

② 伍国栋：《原生态民歌保护的“生态群落”观》，《人民音乐》2012年第1期；周青青：《北京通州运河号子中的山东音乐渊源》，《中央音乐学院学报》2012年第1期；张振涛：《走进现代的陕北民歌》，《中国音乐学》2012年第4期，第75－86页。

③ 桑海波：《民族音乐学视角下的板胡器乐文化》，《人民音乐》2012年第5期；郭欣欣、蔡灿煌：《异中求同？同中求异？本土音乐资料的收集、建立与共享——以《香港中文大学音乐系中国乐器收藏目录》计划为例》，《音乐艺术》2012年第1期。

④ 王伽娜：《非物质文化遗产的现代性危机——以高州木偶戏和采茶戏为例》，《人民音乐》2012年第5期；李群：《非物质文化遗产语境下聊斋俚曲的演唱与传承发展》，《中国音乐》2012年第3期；吴迪：《“非遗”视野中的“广东音乐”现状观察》，《中国音乐学》2012年第2期。

⑤ 向华、宋涛：《土家族绷绷妥的女性特征》，《人民音乐》2012年第12期。

⑥ 张纯：《论数字技术对当代音乐生产和音乐消费的影响》，《中国音乐学》2012年第4期。

⑦ 陈丹曦：《鼓浪屿钢琴文化的符号化及其意义辨析》，《中国音乐学》2012年第2期。
陈心杰：《文化遗失与文化重塑：中国境内散居移民族群的音乐现实——以湖南常德“翦氏”维吾尔族为例》，《星海音乐学院学报》2012年第2期。

⑧ 陈心杰：《文化遗失与文化重塑：中国境内散居移民族群的音乐现实——以湖南常德“翦氏”维吾尔族为例》，《星海音乐学院学报》2012年第2期。

呈现出个案成果多、视野广阔、田野工作深入、理论方法多样的特点。

第二，如前文中所述，本年度在学科理论与方法层面的讨论集中在“本土化”的诉求中。可以说，民族音乐学在我国的发展就是其不断“本土化”的过程。如何整合西方民族音乐学理论方法、中国传统音乐研究、中国少数民族音乐研究三个领域，建构“本土化”的民族音乐学是多年以来学者们一直聚焦的核心问题。而从本年度涉及这方面的理论成果看，重点主要放在民族音乐学之历史研究的中国经验这一具体议题上。学科本土化进程并非一朝一夕能够完成，笔者相信，经过学者们如此不断认识与讨论，并在了解西方理论与学科情况的基础上，充分把握我国音乐之历史与现状，深入音乐文化“现场”，切合实际地拓展和建构我们需要的“本土化”之民族音乐学学科。

第三，一个学科的繁荣发展除看其理论深度与研究成果等方面，还有一个重要的指标便是学科队伍的建设。从本年度所呈现的研究情况看，研究者的年轻化是一个重要的标志：中年学者已成为学科理论建设的中流砥柱，青年学者在个案研究方面特别是对新理念、新方法的尝试已崭露头角，而大多还出于学习阶段的、作为当代青年构成之主体的80后也越来越多地参与到学科建设与讨论研究中。学科的“本土化”建设不仅要跟随时代的步伐、吸收国际经验，适时对学科的发展作出评估，更要从学科队伍建设上入手，而学科队伍年轻化的趋势正是一代代民族音乐学者孜孜不倦在我国民族音乐学基础教学领域耕耘的成果。相信在接下来的几年中，中年学者会更加自信地参与到学科理论与方法的国际对话中，而青年学者们则会从深入的田野考察磨练中逐渐成熟，为我国民族音乐学的“本土化”建设提供自己的一份力量。

除上述三个特点之外，就2012年我国民族音乐学研究之总体情况看，还应该注意到以下不足之处：在一些以“音乐研究”为题的个案中，呈现出“去音乐化”的现象，形成了某种“静音操作”的方法论取向，这些都充分说明我们对音乐理论重视不足，却恰与由杨荫浏、黄翔鹏等先辈学者所开创的中国传统音乐研究之学术脉络背道而驰。在具体的写作结构上，为了强调美国学者梅利亚姆著名的“观念—行为—产品”模式的重要性，本年度的大多数研究成果或多或少地形成了音乐本体分析与音乐行为、音乐观念三者之间的疏远、甚至毫不相干的情况。很多个案研究并非带着发现的眼光走进对方的音乐文化世界，而是未进田野就已预设理论模式，企图通过研究对象证明某种理论模式的适用性、合理性与普遍性，这样的个案研究，缺乏了学术研究所需要的独立思考与创新精神，并造成研究对象与理论模式之间各种“削足适履”的现象。由此，笔者认为，在研究中不断吸收西方理论与方法的同时，我们必须时刻保持清醒的头脑，以“为什么要讲？谁在讲？讲的什么？对谁讲？讲的对谁有用？”① 一系列发人深省的问题规避上述学科“本土化”进程中的认知与实践偏差，并结合不同学科领域之中国传统音乐研究理念与方法，才能建立一个较为理想的“中国文化中音乐”的研究领域。

结　语

以“本土化”为诉求的理论方法思考、以跨界族群及文化生态视野构成的中国少数民族音乐文化研究、在扎实田野工作基础上的中国仪式音乐研究与区域音乐研究、汉族传统音乐之形态、乐器、文化观念研究以及运用性别、社会认同、族群、离散等理论视角进行的研究共同构成了2012年中国民族音乐学研究的总体情况，并促成了我国民族音乐学之良好健康的发展态势。笔者相信，通过学者们越来越扎实的田野工作实践经验，在不断深入的学科理论方法的讨论反思过程中，学科“本土化”之建构必将迈入更深广的发展阶段。

齐琨　中国音乐学院

① 曹本冶主编：《仪式音声研究的理论与实践》，上海音乐学院出版社2010年版。

2012 年中国传统音乐研究综述

◎周振亚

纵观2012年的中国传统音乐研究，两个特点凸显。其一是学术研究文章丰硕、多维度；其二是有关学术会议深入、多层次。由此，2012年度中国传统音乐研究的综述将从该年度发表的有关中国传统音乐的研究文献和召开的有关中国传统音乐的学术会议两个部分进行。

一、研究文献综述

（一）资料统计

经过整理，初步统计出发表在各类刊物上涉及中国传统音乐相关文论453篇。为了便于综述，本文的资料统计拟从两个方面进行，一是把所有文献中占篇幅最多的民间音乐本体研究类文章作细分统计；二是根据研究取向进行分类统计。

表一　2012 年中国民间音乐专题研究统计

类别	民歌	器乐	歌舞	曲艺	戏曲	合计
篇数	70	32	20	4	52	177
占比%	15. 4	7. 0	4. 4	0. 8	11. 4	39. 8

由表一可见，2012年度有关中国民间音乐研究专题的文论中，在全部453篇文献中占比39.0%。其中，民歌的研究占比较大，达15.4%，其次是戏曲专题研究占比11.4%，曲艺类专题研究只有0.6%。

表二　2012 年中国传统音乐研究取向分类统计

类别	宗教	文人	教育	评（述）论	民族音乐学	他学科综合研究	合计
篇幅	32	10	13	63	71	150	339
占比%	7. 0	2. 2	2. 8	13. 9	15. 6	33. 1	74. 8

由表二可见，涉及宗教音乐、文人音乐、传统音乐教育、研究方法和综合性研究等内容，因此本文采用“研究取向”进行统计。教育一栏主要统计本年度有关中国传统音乐的教育、教学类论文；评（述）论一栏是本年度主要的会议综述、书评等内容；民族音乐学一栏是统计用民族音乐学的方法研究中国传统音乐的论文；他学科综合研究栏目相对复杂，主要涉及中国传统音乐与政策、文化、美学、区域等议题，以及传统分类中的比较研究等等。因为有些研究同时涉及专题，所以在这个栏目的统计中会有与表一重复的情况。

（二）研究多维度

1. 民间音乐专题研究

民歌研究。《北京通州运河号子中的山东音乐渊源》（周青青，中央音乐学院学报1.83），运用社会学、音乐形态学、文献学等学科研究方法，分析通州号子的特点，得出通州运河号子中有山东音乐渊源的结论。《女性主义视角下栖霞民歌中的女性形象分析》（郑宝华、张红梅，中国音乐1.204），在女性主义视角下对栖霞民歌中的女性形象及其伦理身份进行分析与批评。栖霞民歌中以女性题材为主的歌曲占有很大比例，这些描写女性的民歌，都以女性口吻第一人称叙事的方式进行歌唱，但演唱者却以男性为主，反映出栖霞民歌具有的独特社会学、文化学特性。《赣南客家竹片歌中的文化生态》（黄玉英、袁大位，中国音乐学1.47），指出“竹片歌”是由盲人歌手边击竹片边唱的一种说唱性民间小调，流行于赣南客家人之中。它以丰富多姿的艺术形象和生动活泼的演唱风格，融思想性与娱乐性为一体，使听众在精神上得到享受的同时，思想上也受到很大的启发熏陶。特别是作为一种自发的民歌现象，它能以大自然中各种生物为歌唱对象，独具其珍贵的生态文化内涵，在唤起人们对自身生存环境的热爱与保护意识上，至今仍有着现实意义。

歌舞研究。《陕西民俗音乐文化的区域性比较与分析——以闹秧歌、闹社火为例》（李宝杰，交响3.8）。从区域、地理学角度研究艺术表现，因其区域性历史地理环境及民俗文化等因素影响，三秦的艺术构造、艺术趣味多有不同，即使是同一品种类型，也因其地缘、民俗以及文化传承的影响而发生变异，比如每年迎春活劝中的闹秧歌、闹社火即为典型之一。该文择取称谓、表演形式两方面做比较，可见出民间艺术品种在产生与发展过程中，对所属亚区文化环境以及民俗生态的强烈依附性。

戏曲研究。《论昆曲曲牌在流传中的舛误——以《长生殿惊变》【石榴花】为例》（许莉莉，中央音乐学院学报2.102），指出曲牌舛误现象可能大量存在于现存昆曲曲谱之中。《江西弋阳腔、青阳腔曲牌音乐之比较》（周虹、龚白雪，中国音乐2.62），对比研究同属于高腔系统并且具有相同的外部形式特征的弋阳腔和青阳腔之间存在的不同曲牌结构样式和音调旋法特征。《戏曲数唱简论》（路应昆，中国音乐1.61），指出数唱是中国音乐在处理语言与音乐的关系上的一种独特路数，数唱在戏曲曲牌体中使用不多，在板腔体中地位重要。但是该技术未受到研究界重视。文章通过分析认为，作为戏曲唱腔的一个重要类型，其形态和历史都很需要“重新发现”。《戏曲音乐断句》（洛地，星海音乐学院学报1.5），论述了何为戏曲、何为戏曲音乐、戏曲音乐的分类及其特征等内容。《从“四径”析京剧皮黄腔》（刘正维，星海音乐学院学报1.17），文章从旋律线、调式调性、腔式、结构等方面解析了京剧皮黄腔的音乐特征、男女分腔与表现性能。有戏曲剧种研究如：《徽州目连戏研究——以宗族戏班“马山班”为例》（袁环，中国音乐2.52），文章将中国大陆地区的“目连戏”分为三类，认为徽州乃目连戏流传的核心区域，通过对“马山班”的调查研究，发现宗族观念在传承与保护古老戏曲中起到重要作用；该文同时对其音乐来源进行分类，指出民间音乐和宗教音乐是其音乐的两个来源。

民间器乐研究。《论民间器乐传承中的念谱过程及其意义》（王先艳，中央音乐学院学报3.93），指出不同的文化在各自的历史发展阶段中形成了符合自身特性的音乐书写方式与传承方式，音乐书写与传承相互规定并影响着对方的内涵，共同确保音乐文化在自身的系统内得以传播、延续与发展。在此过程中，乐谱的记录与口头的传承通过唱念的方式结合在一起，成为传统乐器传承中口传心授的主要方式和重要内容。同时，在念谱传承中教与学的过程又是学习者掌握音乐旋律的过程，是工尺谱转换成不同旋律的过程。通过传承的行为去探讨传统音乐本体的形成过程及特征。《中国三弦音色的多样性之研究》（谈龙建，天津音乐学院学报4.103），文章从三弦器形、演奏技术、影响三弦音色的诸因素以及曲种、乐种、音乐作品对于三弦音色的不同诉求等多视角来考察和研究中国三弦音色的多样性，并且把保存、传承、发展三弦音色的多样性特征作为一种文化精神、行为和责任提倡之。

曲艺研究。《“曲”径通幽“艺”犹未尽——曲艺音乐研究反思录》（关意宁，中国音乐3.78），指出中国传统音乐学会建立30年来，取得了丰硕的成绩。作为传统音乐主要门类的曲艺音乐的研究，却稍显单薄。文章归纳了以往曲艺音乐研究的成果，为“概念式的”、“问题式的”、“考察报告式的”三类。作者本人以自身实践为基础提出应该提高曲艺音乐的田野工作量，并制定有效办法，给予曲艺音乐更多关注。

2. 民族音乐学视角下的中国传统音乐研究

《云南个旧市大屯镇洞泾音乐三首套曲分析》（张伯瑜，中央音乐学院学报1.73），专题研究云南个旧市大屯镇洞泾音乐中最具代表性的三首套曲《光明大神咒》、《灵通大神咒》和《二十八宿》，通过对三首乐曲的旋律结构的分析，意在加深人们对中国传统曲牌音乐的认识，特别是中国传统套曲的“曲牌连套”、“多段变奏”和“动机拼合”等不同的结构思维。《黑龙江/阿穆尔河流域的通古斯萨满鼓——

以“流域”为视角的跨界族群萨满音乐研究》（刘桂腾，音乐探索2.49）指出，对于许多聚居于边疆地区的少数民族而言，以族群为单元形成的音乐文化空间往往是跨界的。文章依据前苏联人类学文献与中国萨满音乐田野考察结果，通过对黑龙江/阿穆尔河流域与西伯利亚一带萨满鼓研究成果的梳理，总结出通古斯萨满鼓的两大类型——泰加林型、黑龙江型，进而，探索以“流域”为视角进行跨界族群萨满音乐研究的有效性。

《浙江文成丧俗道场仪式音乐研究的调查报告——基于珊溪镇的调查个案研究》（王志毅，中国音乐1.172）指出，经济和交通都非常发达的地区，其原生的传统文化环境就有分离的危险。浙江文成属东南沿海地区，经济和交通相对比较发达，而其丧俗道场仪式音声又未曾被学术界关注和研究。该文以2009年10月20日赴文成珊溪镇的一次田野调查为例，就该地区的人文地理环境、丧俗道场仪式及其仪式音声作个案描述。希望能引起学术界的关注和同行学者的深入研究。《江西省宁都县石上村割鸡仪式音乐的调查与研究》（肖艳平，中国音乐学2.52）指出，割鸡仪式是江西省宁都县石上村的一种历史悠久的民俗活动，至今仍然活跃于民间，它是添丁户为新生儿举行的仪式。届时，马灯会雇请戏班，新丁外婆赠送乐班，仪式非常隆重。文章重点对该仪式及其音乐进行调查与研究，立足于民族音乐学的研究视角，详细记录个案的仪式过程，通过对仪式音乐及与之相关行为进行剖析，理解音乐在仪式表演中的深层含义。《古梅山峒区汉族梅山教仪式及其音乐研究——以湖南省隆回县金石桥镇益门村五组“和娘娘”仪式为例》（赵书峰，黄钟3.08），概述了古梅山峒区汉族梅山教，即指处于湘中地区的以信奉“三峒梅山”为主，集巫道傩、梅山民歌为一体，具有驱傩、还愿、求子、求财、和神功能的一种汉族民间宗教。其最具代表性的“和娘娘”法事，是以请神、还愿为主，通过傩仪的模仿与扮演，意图达到“和神”的目的。文章选取以湖南省隆回县金石桥镇益门村五组杨南春家的仪式为例，运用仪式音乐研究、音乐形态学理论，对其仪式及音乐本体特征给予相关的解读与分析。《富阳地区丧葬仪式中的吹打乐研究》（廖松清，黄钟3.28）通过对比当地不同时期的丧葬仪式及梅花锣鼓的用乐，了解和记录社会变迁中富阳地区丧葬仪式中吹打乐①变化与不变的因素，结合宗族文化，解答了原本只能用于宗族成员之间的梅花锣鼓，可以被广泛的、且有偿地被用于当今的丧葬仪式中的原因，从而把握局内人观念中的仪式和音乐的观念，体现局内人的社会价值观。

《蒙古族额鲁特部民歌特征的鉴别与解释》（赵塔里木，中国音乐4.13）从与额鲁特民歌共生的文化背景、额鲁特人的音乐观、民歌的分类和流传、民歌的歌词特点、音乐特征以及额鲁特民歌在社会文化体系中的功能五个方面将鲜活的额鲁特民歌展现出来，为蒙古族音乐文化的丰富多样性提供了新的证明。

3. 他学科背景下的中国传统音乐综合研究

本文在统计时把区域音乐、少数民族音乐研究、传统音乐理论、音乐地理学、音乐社会学、传统音乐传承与非遗保护等等内容列入综合性范畴进行考察，是因为许多研究都带有合成特点。

《地理环境与戏曲的扩散——对菏泽地方戏的音乐地理学探讨》（李砚，星海音乐学院学报4.46）以菏泽地方戏为研究对象，以音—地—人为理论基础，从音乐地理学的视角，借用文化地理学的理论方法，就菏泽地方戏曲的扩散与地理环境之间的关系问题进行探讨。《文化地理学视野中的地方古琴艺术研究——以蜀派古琴为个案》（李松兰，星海音乐学院学报4.30）从文化地理学的角度研究地域性古琴流派，挖掘古琴流派风格现象背后的深层历史原因。清代末年，通过跨地域琴文化的流动，中国东部和西部两种琴文化相互作用，体现了文化的整合过程。这一过程催生了清代蜀派古琴。作为这一过程的结果，还伴随着古琴音乐地域风格的显现。通过对蜀派古琴的文化地理学研究，地方古琴艺术的历史与风格分别是作为文化的古琴艺术扩散的过程与结果。

---

① 富阳地区有两种不同类型的吹打乐，以唢呐（梅花）为主的梅花锣鼓和以笛、笙主奏的鼓亭锣鼓，而鼓亭锣鼓是绝不可以用于丧葬嫁娶等仪式的。

《区域音乐文化理论及其发展前景》（王晓平、曹时娟，交响 1. 25）通过区域音乐文化结构、区域音乐研究的学科基础、从区域音乐研究走向区域音乐学三个方面分析，认为，中国音乐历史，大一统是其发展的主流。文化复杂多样，区域音乐有机组合构成了中国音乐的主体。现阶段各种试图从新角度解释中国传统音乐的努力，都不应该过分追求具有宏大叙事风格、表面上的系统化，而是应该尽量通过区域性或个案性音乐事象研究表达出对传统音乐，尤其是民间音乐整体的理解和认识。区域音乐学把特定文化区域视为一个整体，全方位地把握它的总体发展，这既是民族音乐学学科方法论在特定区域内的研究尝试，又可以在田野调查实践中推动整体音乐研究的深入发展。《关于区域音乐研究的几点思考》（孟凡玉，中央音乐学院学报 2. 86）指出“两级变量思考维度”即地域性和跨地域性、传统性和现代性、稳定性与变异性、乡土性和都市性四对范畴，可以成为考察区域音乐的地方属性的重要视角，这对于厘清中国传统音乐的地域性风貌无疑也是具有实践意义的。

《民族音乐舞蹈艺术在文化旅游项目中的价值实现——以张家界〈魅力湘西〉为例》（张淑萍，中国音乐 2. 198）认为，在新时代，文化作为旅游发展的灵魂，决定着旅游业发展的品味和影响力。从旅游文化走向文化旅游，这中间隐含的是旅游生产方式与消费方式的转变。张家界《魅力湘西》，作为国内以民族音乐舞蹈艺术为主打的文化旅游项目，对民族文化资源的深入挖掘，突出展演的视觉美感，有效运用互动体验，以原生态艺术展演为特色形式，注重文化真实与艺术创意的有机结合，加上新媒体技术的运用，在艺术价值、文化价值、经济价值、社会价值的综合实现上获得了空前的成功。《巴渝民歌的语音学初探》（胡晓东，音乐研究 2. 57）是借巴渝民歌的语音学个案研究，反观当前我国传统声乐品种（民歌、戏曲、曲艺等）的形态学研究。文章认为，旧有的研究模式难以深入沟通唱词与音乐之间的密切联系，新的研究范式又尚未建立，使得音乐学界无奈之下只得把唱词语言划归为文学成分而少有问津。但是，作为声乐品种的民歌、戏曲、曲艺等，其唱词语言内部原本就潜藏着巨大的音乐学研究价值，需要引起足够重视。

《论中国传统器乐乐种的内在精神》（张伯瑜，中国音乐 1. 68）通过对以曲牌为中心的“乐曲变异”关系、以乐谱为媒介的“谱—曲”关系、演奏中的“乐—戏”关系、音乐功能上的“人—神”关系四种关系的分析，指出这些关系是广泛存在与中国传统器乐音乐中的内在精神，具有跨地域的性质，属于“中国”的“国性”。《论中国民族音乐的色彩特质》（陈其射，中国音乐 3. 15）指出，在世界三大音体系中，中国民族音乐的色彩特质尤为突出，其带腔的声色、五声性的调式、千色斑斓的器色、多线并进的乐色、绚丽多姿的歌色成了中国民族音乐的魂魄。文章通过对各种中国民族音乐的色彩分析，揭示它们的成因和内涵，以期达到让中国民族音乐之魂发扬光大之目的。《论中国传统民族音乐的基因传承》（陈其射，音乐研究 3. 17）从音高组织形态、音值表现样式、结构原则、乐思表现、乐律思维、色彩特质等几个方面论述了中国传统民族音乐的基因传承，证明了中国传统民族音乐的基因传承无处不在，它在社会变革和历史变迁中从来没有被遗忘，更没有消亡，而是以各种基因传承的潜隐形式活跃在不同时期的不同音乐作品中，凝结成中国音乐新的民族精神。

《西藏佛教音乐文化跨地域、跨民族的传播与流变》（格桑曲杰，中央音乐学院学报 2. 92）是就西藏佛教音乐专题结合人类学、文化学的综合性论述。指出，在西藏佛教后弘期，寺院音乐文化适应西藏佛教的需要，逐渐成熟、完美与体系化，并且成为一种文化强势，伴随着西藏佛教从西藏的藏族文化的中心区域传播到了广大藏区以及异地、异民族、异国广大的区域，经过彼此音乐文化的互相接触、交融，使西藏佛教音乐文化的原型模式发生了不同程度的变异。

《中国传统音乐文化品赏过程与多元主体角色游移》（崔学荣，音乐研究 3. 57）认为中国传统音乐文化品赏过程与多元主体角色游移，它表现在“观”、“品”、“悟”、“融”等四个审美层次基础上而进行的“多元视点的游移、主体心态的游移、主体心意的游移、主体心境的游移”，并相应表现出四次递进，即“音乐审美初次观照、音乐审美情感体验、音乐意义的理性直觉、生命意蕴的融合升华”，由此形成审美境界“四层次”：“物境、情境、意境、妙境”，从而完成对“万物一体”之真、善、美融合统一的妙悟。

4. 中国传统音乐的教育研究

在2012年中国传统音乐研究的文献中，有13篇涉及传统音乐教育问题，这些论述从以下3个层面研究了中国传统音乐的教育问题。

（1）宏观研究。宏观音乐教育问题研究中关注本位音乐，即关注中国传统音乐在当代中国音乐教育中的地位与意义，如《以人为本的多元—本位音乐教育——基于人类学和民族音乐学视角的思考》（沈洽，音乐研究3.1），是作者五十多年从事音乐研究和教学实践的基础上反复思考形成的理念，即要建立从教材到教师到教学方法，从胎教到幼儿园到小学到中学，乃至到大学和成人教育、社会教育在内的一整套教学体系，将原本就多元的、多彩的世界音乐文化，作为民族主体文化之重要组成部分的鲜活的乡乐、本民族音乐和大中华民族音乐，以及因社会伦理需要而历史地形成的以“礼乐精神”为灵魂的礼乐文化作为我们音乐教育的基本内容，以有助于学生建立起自觉而开放的民族本位（主体）意识，彻底摆脱“欧洲音乐（文化）中心”论等各种有害的“文化（民族）中心主义”的影响，切实有效地实现塑造完善“人格精神”的目标。

《中国传统音乐教育课程历史文化重建的思考》（管建华，南京艺术学院学报4.44）以新旧历史观的对照来阐明当今学校音乐教育课程的历史基础是建立在旧的历史观之上的。特别突出的是对东方音乐的口传传统与西方音乐书写现代性传统的历史观的转变，东西方音乐历史应该是平等的，在今天仍然是应该差异并存的。从新的历史观来考量音乐教育的课程就必须考虑音乐教育课程的历史文化重建。作者也引用了后现代课程理论，以“音乐概念重建”，从后现代的视角对中国传统音乐教育课程的建设提出了新的思考。

（2）中观研究。即中国传统音乐在国家高等教育中相关问题及思考。《音乐艺术院校传统音乐教育的现状与思考》（樊祖荫，音乐探索3.9）认为，当前音乐院校对中国传统音乐的教育状况，可以说是重视与衰减并存。各种音乐学术研讨会大多设有传统音乐教育的议题，各院校的研究生教育多设置传统音乐研究方向，不少民族地区院校已展开了少数民族音乐教育，各类传统音乐专著与教材不断涌现。但作为基础教育的本科阶段，其传统音乐教学课时却普遍减少，学生也不予重视。今后似应重点加强本科阶段的传统音乐学习，同时各院校应展开与传统音乐教育相关的学术活动，营造浓郁的传统音乐教育氛围，进一步激发学生对传统音乐的感情与学习兴趣，把传统音乐教育从技能、音乐理论的学习提升到文化的层面。《中国传统音乐在高校存在方式的反思》（管建华，中国音乐1.9）文章指出，音乐、音乐学、音乐教育体系都是具有文化属性的，采用西方现代音乐体制的中国音乐教育是有局限性的，是与多元文化的历史相违背的。文章还从基本乐理“语法的主权身份”、中国传统音乐“语法”的建构、中国传统音乐在高校存在方式的哲学与文化反思等方面进行了反思。

《接受美学视阈下中国传统音乐文化教学优化策略》（崔学荣，黄钟2.136）以接受美学为理论支点，从接受者出发，借鉴接受美学中的“游移视点”、“空白召唤”、“恰当的具体化”、“视界融合”、“期待视野”、“效果历史”等理论，构建中国传统音乐文化教学优化策略，以期待接受者能更好的接受和传承中国传统音乐文化。《中国传统音乐文化及其教育中的主体间性》（崔学荣，中国音乐3.205）以“主体间性”理论为视点，在探讨主体间性与主体性音乐教育区别于联系基础上确立了主体间性音乐教育观，并从多维视角进行了阐释。接着文章继续探讨了中国传统音乐文化及其教育中的主体间性，即从哲学高度讲主体间性思想和主体间性音乐教育观运用到中国传统音乐文化教育实践之中，并有意识地通过音乐教育渗透民族精神和中国传统文化精髓，以期能有效促进中国传统音乐文化及其教育的良性互动发展。

（3）微观研究。《中国传统音乐的研习与备考——〈中国传统音乐习题集〉前言》（蔡际洲，音乐探索2.20）谈及传统音乐学习与考试方法。《熟、背、析、研——〈中国民族音乐〉教学体会》（王耀华，中国音乐3.43）以自身教学体会，提出“熟、背、析、研”四法，指出教学质量的提升过程就是

“熟、背、析、研”不断循环往复、螺旋式上升的过程。《区域文化融入高校音乐学课程初探——以江南大学“江南音乐”课程为例》（王红霞，南京艺术学院学报 4. 124）以江南大学音乐系近几年来在“地方和学校课程”的教学方面的探索为例，提出校地共建的传统音乐教育教学模式，此为高校音乐学增进地方音乐的教学提供了个案。

《论戏曲音乐课堂的“体验教学”》（徐烨，黄钟 4. 125）根据作者多年在高等艺术院校中的戏曲音乐教学实践，提出新时代背景下高等艺术院校戏曲音乐教学，应本着在提高学生学习兴趣前提下，在课堂中运用“体验”的教学理念，让学生更容易“触摸”和“走近”戏曲音乐。

《学科发展的瓶颈——关于中国传统音乐理论学位论文写作中的局限性探讨》（叶松荣，音乐艺术 1. 167）主要针对当下大多中国传统音乐理论学位论文写作中学术讨论意识弱化、原生态客体记录材料不足、主体意识丧失等局限，提出应改变中国传统音乐理论学位论文的研究范式和整体架构上一以贯之、恒定不变的模式，以期追寻突破现今学科研究局限，进一步丰富创新途径。

二、学术会议综述

2012 年度召开的有关中国传统音乐的学术会议，计 4 次，分两类。

（一）国家级协会会议

1. 中国传统音乐学会第十七届年会于 2012 年 7 月 12 日至 16 日在西安音乐学院举行。会议根据不同的研讨主题分为四个分会场进行，共有 10 个单元 39 个场次的发言讨论。本次年会的主议题是：区域音乐研究的理论、方法和实践。涉及到黄河流域音乐文化研究、非物质文化遗产保护与传承、音乐生态学研究、传统音乐与新科技关系研究、跨界族群音乐文化研究、戏曲音乐与戏曲艺术研究、民族音乐创作研究、古琴音乐文化研究、传统音乐研究的新视野等九个相关议题。有关会议综述分别在《人民音乐》以《谋区域音乐研究之路　促多元共处和谐篇章——中国传统音乐学会第十七届年会综述》为题（李宝杰 袁建军 11. 50）和《西安音乐学院学报》以《多元并存　求同存异——中国传统音乐学会第十七届年会综述》（袁建军 3. 91）为题刊载。

2. 中国少数民族音乐学会第 13 届年会于 2012 年 7 月 17 日至 7 月 20 日在新疆乌鲁木齐召开。会议结合大会发言、论文宣读、主题宣讲、自由辩论和民俗音乐实地考察等议程，就“少数民族音乐研究”、“中国跨界民族音乐文化研究”、“高等音乐艺术院校少数民族音乐教学改革研究”三大专题展开了广泛的研讨。本届年会还对学会理事会进行了换届选举。关于本次会议的内容及成果可详参《中国少数民族音乐学会第十三届年会综述》（李建军，人民音乐 11. 56）和《中国少数民族音乐学会第 13 届年会学术总结》（张欢，中国音乐 4. 92）。

（二）传统音乐教育专题研讨会

3. 第二届全国高等院校区域音乐学术研讨会于 2012 年 4 月 13 日至 16 日在扬州大学召开。通过主题发言、分组研讨、板块小结、主题音乐会、自由发言等方式，完成了各项议程，取得了进展和共识：一、对“区域音乐”的界定进行了深入而广泛的研讨。特别是“区域音乐”是居于地理空间之上的历时性诉求还是居于文化空间上的共时性陈述？研究归属之民族音乐学科还是传统音乐学科指称？“区域音乐”是方法视角还是学科分野？代表们就这些问题展开了讨论。二、区域音乐的具体研究有了新的提升和拓展。特别是洛秦和谢嘉幸一南一北分别提出“北京音乐学”和“音乐上海学”的设想，标志着区域音乐研究从自发阶段向自觉阶段迈进。三、区域音乐传承与教育涉及民族音乐资源整合、研究成果转化、传承模式探索以及理论研究与地方文化建设相结合等问题。代表们认为应优化“政府带头、民间推行和学校设课”的传承模式，积极发挥地方学校在区域音乐传承与教育中的重要作用。有关内容详参《第二届全国高等院校区域音乐学术研讨会综述》（杨殿斛，人民音乐 7. 68）。

4. 第二届中国传统音乐教学与教材研讨会于 2012 年 12 月 22 日于北京召开，会议由中国音乐学院音乐学系主办、中国传统音乐协会协办。参加此次会议的代表来自全国九所独立设置音乐学院中国传统音乐专业方向的专家、学者、一线教师以及国外部分音乐院校的教师。会议分为四个单元：论文宣读、教学演示、中国音乐学院传统音乐教学汇报、自由讨论。与会专家分别从中国传统音乐的现状和未来、中国传统音乐理论教学、传统音乐教学的地域性、音乐类非遗内容引入教学、现代环境下中国传统音乐课程教学、有关院校的中国传统音乐教学的回顾与反思、中国传统音乐学科的教学与教材建设等问题进行宣讲和讨论。对中国传统音乐的教学进行了反思，形成了一定的共识。会议中，中国音乐学院音乐学系学生还展示了该院传统音乐教学的成果。在教学演示环节，共有来自三所院校的五位教师分别做了戏曲、民歌、传统乐谱解读的教学演示。演示过程中，五位教师充分展示了各自教授中国传统音乐课程的经验，相互学习，取长补短，起到了很好的交流作用。本次会议得到了各位参会代表的高度评价，认为本次会议为中国传统音乐教学与教材提供了新的学术视野和发展规划，与会期间各音乐院校代表广泛交流经验与观念，共同为中国传统音乐更好的发展贡献自己的力量。

总体而言，2012 年度中国传统音乐研究文献丰富，但是研究视角的选取冷热不均，综合性取向明显。其中对于中国传统音乐的语言学、哲学、美学、教育观的思考值得关注。学术研讨会隆重热烈，议题广泛而深刻，能够有效地促进中国传统音乐的学术进步，对学科建设以及中国传统音乐教育教学体系的构建和发展起到积极作用。

周振亚　中国音乐学院

2012年音乐节寻求差异化表现

◎金 燕

一、2012音乐节概况

经过十余年的发展，2012年的大型户外音乐节已经从最初的凤毛麟角到如今的遍地开花，从最初的另类青年的小圈子聚会变成普通青年们休闲娱乐的生活常态。音乐爱好者不再用东奔西走地看音乐节，不用长途跋涉地去北京朝圣，而追逐时尚生活方式的都市白领们也随之就近加入了音乐节的狂欢队伍。

从四月份开始，就进入了演出旺季，大型音乐节此起彼伏，狼烟四起，热潮一直持续到10月份。2012年老牌的音乐节诸如迷笛、草莓等都照常如期举办，除了延续了十几年的北京迷笛以外，迷笛音乐节又将阵地拓展到了上海和贵州，草莓也紧随其后，相继在上海、镇江举办；音乐节中的后起之秀如张北音乐节、热波音乐节、西湖音乐节、长沙橘州音乐节也在经历了艰难的起步后步入正规，而一些小而精的品牌音乐节如杭盖音乐节、安达音乐节、东派民谣音乐节、花田音乐节等也渐入佳境。值得一提的是西湖音乐节已经成功举办了七次，成为江南地区的标志性音乐节；而长沙橘州音乐节已经成功举办了四届，经过四年时间的培育，已经成为中南地区规格最高、规模最大的户外音乐节；成都热波音乐节连续举办多年，成为西南地区最著名的音乐盛事，且如迷笛草莓一样，羽翼丰满后便不满足于局限在西南地区，也在向外积极拓展合作，包括2012年相继于上海金山城市沙滩举办的星尚热波音乐节，和苏州乐园呐喊音乐节。

新兴的音乐节中，规模和影响较大的有于北京朝阳体育中心举办的首届MMAX大爬梯音乐生活节，在北京渔阳国际滑雪场举办的第二届乐谷音乐季，于成都国际非物质文化遗产博览园举办的大爱音乐节，在山东日照举办的海洋音乐节，在舟山普陀朱家尖举办的2012东海音乐节，桂林漓江高尔夫球场举办的桂林山水音乐节以及上海的白色风尚音乐节。

另外两个规模较大的非户外老牌音乐节也不容忽略，分别是五月在北京举办的北京现代音乐节和九月在京举办的九门爵士音乐节。北京现代音乐节已经成功举办十届，2012年五月邀请演奏了来自世界各国的49部现代音乐曲目，为期一周，集中为严肃音乐的音乐家提供了一个交流的平台，更为喜爱交响乐、室内乐的观众们带来一场现代音乐的盛宴。第七届九门国际爵士音乐节邀请来自各国的顶级爵士高手，除了在往届音乐周上为大家所熟知的金佛爵士小组、刘玥、刘元之邀请了来自日本的本田雅人、挪威的FRØY AAGRE、以色列的The Shem－Tov Levy Ensemble、德国的Swingin' Fireballs等顶级乐队和音乐大师，让国内的观众领略了国内外爵士高手的精彩演奏。

2012年12月8日，第五届free style说唱音乐节在内蒙古呼和浩特的一家LIVE吧里举行，这是以说唱乐为主的音乐节，虽然没有形成全国规模的影响，但也因坚持一贯的风格而赢得了一众忠实的拥趸。类似的小型音乐节还有2月4日在北京举办的2012鲍勃·马利日—北京年度雷鬼音乐节等。在音乐节蜂拥而起的当下，细分市场是必然的趋势，这种小而精的特色音乐节为细分市场做出了特别的注脚。

二、演出阵容的差异化趋势

发端于迷笛音乐节的中国户外音乐节，在很长一段时间内纷纷效仿迷笛音乐节的形式并照搬迷笛推出的摇滚乐队，以至于很多音乐节面临面孔雷同的窘境。除去地点、观众群的整体气质不同外，很难让人有耳目一新的感觉。然而，摇滚老面孔显然不能满足观众对音乐和娱乐的多样化需求。2012年的音乐节，在阵容上的差异化表现是显而易见的。不同音乐节针对不同地域的观众群特质，选择了不同的音乐人阵容。

迷笛音乐节是公认的“最摇滚”的音乐节，所具有的摇滚精神、责任感、精神力是它明显区别于其他音乐节并培养观众忠实度的优势特点。所以，2012 年的迷笛依然偏重先锋性实验性的重型音乐，除了邀请崔健、王勇这样的老牌摇滚巨星来吸引观众外，还给年轻乐队以展示的机会。5 月 1 日，2012 北京迷笛音乐节于顺义奥林匹克水上公园完美落幕。虽然此前历经了场地及阵容的临时更换，但三天五万人次的火爆现场，再次证明了该音乐节品牌的号召力。

草莓音乐节向来以老摇滚和小清新相结合，尽可能满足各类观众的需求，此次请来“老摇滚”张楚、谢天笑和“小清新”卢广仲、曹方、黄义达、魏如萱、王菀之、熊宝贝等。有趣的是，草莓每年都会将一些“话题人物”邀请到草莓舞台以吸引观众，2010 年的曾轶可、2011 年的杨臣刚都得到了很好的眼球效果，2012 年，则将民间相声团体第贰班相声和 MC 石头搬到草莓。

东派民谣音乐节的阵容一如既往地令民谣爱好者振奋，除了小河、山人、张佺、布衣、旅行者、都兰等这样的民谣优秀乐队外，还请来了台湾的纬青 &LAG 乐团、美国的 Randy Abel Stabl、及伊朗的 Polad&David 等国外民谣乐队。而同为民谣音乐节，花田音乐节请来的是高晓松、姜昕、叶蓓、马条、沈庆、老狼等城市民谣的代表人物，吸引的是听卡带成长起来的都市白领一族。

杭盖音乐节汇集了 19 组来自世界各国顶尖世界音乐乐团，联合为观众奉献一场极具观赏性的音乐盛典，这也是北京首个以多国文化背景为核心的世界音乐音乐节。作为国家级非物质文化遗产的刀郎之魂乐团，以及被称为“音乐百科全书”的也门布鲁斯乐团都出现在杭盖音乐节中，为杭盖音乐节的世界音乐主题增加了绝对的力度。

由于有歌华莱恩公司的全球艺人资源，乐谷音乐季的阵容不乏独有的大牌阵容。英伦摇滚开山鼻祖乐队 The Jesus and Mary Chain、英国灵歌天后 Joss Stone、英国当红摇滚新军 White Lies、美国梦幻摇滚年度黑马 School of Seven Bells 四组艺人，内地方面则有许巍、汪峰首次在北京音乐节上同台献唱，这对乐迷的吸引力是巨大的。

流行乐坛大牌歌手频频在音乐节中露面，使音乐节不再小众化。其中尤以白色时尚和大爱为代表。这两个音乐节同样都是以大牌歌手云集为鲜明特征，可堪作为 2012 年度不可错过的音乐节典范。白色时尚音乐节根据上海城市化受众群体的特质，主要以主流人气歌手为主，邀请到了从未参加过内地音乐节的香港乐坛天后郑秀文、台湾人气歌手田馥甄、林宥嘉、杨丞琳，快乐男声选秀出身的人气歌手魏晨、乔任梁等歌手，如此豪华的艺人阵容强烈地吸引了大量喜欢追逐流行文化的都市青年，而张悬、王若琳、王筝、泳儿等在内的广受小资追捧的歌手名单，使得音乐节更能适应该城市。音乐节还力邀韩国顶级唱片公司 SM 旗下的人气偶像团体 SHINEE，SHINEE 的加入，更让音乐节不仅仅局限在华语市场的当下，将韩国的时尚流行音乐风植入到音乐节当中，更促进了白色时尚音乐节，乃至华语音乐的国际化与市场化。大爱音乐节艺人阵容更是囊括内地、港、台老中青三代，将华语乐坛的大牌明星一网打尽。香港谭咏麟带队，陈冠希压轴登台；台湾罗大佑、庾澄庆，齐秦领衔，黄小琥、苏打绿、蔡健雅、林宥嘉、范晓萱、张震岳倾力加盟；内地更是强打摇滚路线，崔健、汪峰、谢天笑、郑钧、唐朝悉数到场，摇滚舞台阵容更是创历史顶峰。

可以看出，南北音乐节的音乐风格差异非常大，北方以硬摇滚为主，民谣为辅，南方则偏重主流流行乐坛的艺人。当然，并不是说南方就没有摇滚乐的市场，比如西湖音乐节就招来被《滚石》杂志称为“21 世纪乐迷必听的经典摇滚”的 Mercury Rev，被欧美乐坛视为吉他速弹疯子的 Sacred Mother Tongue，以及小林信一、Krypteria 这两位当今乐坛最重口味的金属摇滚代表。

不得不承认，不同地域的观众群存在着相去甚远的音乐趣味，从同一个乐队在不同观众群里引起的反应就可以看出不同观众群体的趣味差异。比如蛰伏多年的老牌音乐人王勇在 2012 年带着他的大乐队先后参加了五一的北京迷笛音乐节和 7 月底的张北音乐节，同样的演出内容，但现场效果却截然相反。

在以摇滚爱好者为主要观众群的迷笛，王勇的精彩演出得到的是万众欢呼，而在以草原观光客为主的张北音乐节中，王勇得到的现场反馈是“怎么还不唱啊?”、“下去下去，我们要唐朝”。而针对不同地域观众的欣赏口味，对音乐节精准定位，从而选择不同风格的艺人无疑是明智之举。

三、音乐节主题和形式的多样化

2012 年的大大小小音乐节有上百之多，山头林立此起彼伏，如何吸引眼球、抢夺观众、争取最大限度的票房和口碑，对所有音乐节的主办方来说都是一个重大的课题。为了能在众多音乐节中脱颖而出，2012 年的各大音乐节各显其能，在主题和音乐节形式上努力推出新鲜的创意，因而，不同的主题和形式成为 2012 年音乐节的一大卖点。

迷笛音乐节多年来一直固执地坚守“冠名权不外卖”的主张，拒绝冠名合作，而且每年都推出不同的具有公益性质的主题，比如 2002 年的“向劳动者致敬”、2005 年的“拯救中国河流”、2007 年的“绿色与和平”、2011 年的“爱熊行动”等等，2012 年迷笛音乐节的全年主题为“PM2. 5”，紧密关注时下最严峻的空气污染问题，呼吁大家都来关注大家共同的生存环境和身体健康。

而落户通州的草莓音乐节则以灵活的商业运作为观众提供更丰富更多元的选择。比如它今年推出的舞台就被品牌植入成“伊利优酸乳·爱舞台”、“Q·星球舞台”（注：《Q》杂志）、“Alienware·Guava 电子舞台”（注：高端电脑品牌）等。商业与音乐的有效结合，让观众在体味音乐之余，更多地感受时尚生活带来的魅力。

首届 MMAX 大爬梯音乐生活节的宣传口号是“一起找自己”，除了其它音乐节主打的摇滚乐、流行乐和电子音乐外之外，MMAX 大爬梯还设置交谈爬梯、潮流爬梯、影像爬梯、爱心爬梯等板块。不单单是将真实、劲爆的现场音乐带给观众，更多是为年轻人搭建一个对于音乐、生活、青春和理想的表达和寻找真正自己的平台，旨在倡导积极健康的青年生活方式。

白色时尚音乐节定位于时尚品质，主推潮流与音乐相结合的大型户外音乐嘉年华。将亚洲主流音乐推荐给观众的同时，用音乐诠释时尚的定义，用生活中时尚潮流来丰富音乐的内涵。整个音乐节现场划分为五大主题区域 18 个小区，想要的音乐、风尚、潮流、享受、游乐、美食应有尽有，尽最大可能地满足人们时尚休闲的需求，极好地将音乐和休闲生活融合在了一起，让在欣赏音乐的之余，了解更多生活中的时尚。

由房山区长沟镇政府一手打造而发展起来的花田音乐节，自 2010 年 5 月开办以来已经连续举办过两次，第三届花田音乐节主打国际民谣，以“花田里的民谣力量”为主题，呈现一个以休闲特色民谣为主题的大型户外国际音乐节。“民谣也低碳，花田爱地球”的文案标题，很好地诠释了环保公益的主张与安静抒情的民谣风格相得益彰的音乐节特色。

桂林作为全球旅游的圣地，是著名的背包客聚集地，所以桂林山水音乐节具有得天独厚的旅游资源，在音乐节主场，同时举办国际美食节、创意集市、汽车露营、户外运动等系列活动，集旅游、时尚、国际化、平民化于一身，吸引了来自世界各地的不同的语言、不同的肤色、不同的文化习俗的人们汇聚于此。而山东的日照音乐节则主打海洋主题，张北音乐节打的草原旅游的牌，这些都是吸引都市青年的极好卖点。

四、音乐节时间、地理的分布

2012 年的音乐节可谓四面开花，从张北到桂林，从沿海地区到西南三省，东到沿海地区，西到云贵川，东南西北全部都有覆盖。这对观众来说无疑是一件幸事。当然，可以开辟的战场还有更多，比如民风彪悍、摇滚迷众多的东北三省和大西北。

音乐节在地理上已经开始逐渐分散，但在时间上依然分布不均，5 月份是最炙手可热的演出季，音乐节扎堆儿，之后密度递减，“十一”节长假又是一个小高潮，之后就少见音乐节身影。

“五一”节前的 4 月 21 日，相距不远的苏州呐喊音乐节与上海迷笛音乐节同时开唱，紧张的竞争气氛拉开主流音乐节来临的大幕。仅“五一”节小长假，就有数个音乐节同时开唱，比如老牌的北京迷笛音乐节和草莓音乐节、上海的草莓音乐节、成都的热波音乐节、以及新晋的MMAX大爬梯音乐生活节。而一直有着稳定观众群的东派民谣音乐节，也不惧大型音乐节的冲击，把档期安排在“五一”节小长假。随之而来的五月第一个周末，杭盖音乐节和花田音乐节同时在京举行，乐谷音乐节和西湖音乐节紧随其后，均在5月18至20日这个时间段内举行，专注于室内的北京现代音乐节也举办于这个时间段。这种密度的演出让观众一时间应接不暇，顾此失彼。但七八月的暑期档，演出密度却稀疏很多，大型的只有星尚热波音乐节、日照海洋音乐节、张北草原音乐节和昀嘎迷笛音乐节，9月份只有长沙橘洲音乐节和北京的九门爵士音乐节，“十一”节长假的镇江音乐节和桂林山水音乐节之后，音乐节的演出季就算告一段落。

虽然春秋是最适宜户外娱乐的季节，但一年中的各个时间段中人们都有娱乐需求，不同地域可以根据自己的气候特点做一些反季的音乐节，效果未必会很差。如果将音乐节的地点、时间分散开来，让各地的人们在各种季节都可以满足对音乐节的渴望，既可以避免恶性竞争，又可以促进音乐节市场的良性发育，同时会给乐迷带来更多福音。

比如号称是“2012年最后一个音乐节”的白色时尚音乐节，就与很多音乐节背道而驰，选择下半年甚至更偏向年底举办。这既错开了夏季音乐节的扎堆，又避开年底的各大盛典和跨年音乐会，同时又满足了人们在国庆之后，元旦之前所需求的一个中间情绪释放点。所以在时间选择上，白色时尚算是独辟蹊径略胜一筹。

时间均匀，你方唱罢我登场；四面开花，让更多地域的观众都可以在家门口看音乐节，才是既满足市场又可以获得良性收益的好事。

五、音乐节商业化程度有待提高

音乐节数量激增，丰富了音乐市场和人们的文化娱乐生活，但真正靠音乐节本身盈利的音乐节却只有不到十分之一。可以说，音乐节离真正的市场化距离还很远。大多数音乐节缺少成熟的运作经验，缺少专业的管理团队，因此商业化程度不高。目前很多音乐节依然是靠政府支持，比如成都热波音乐节由成都市对外文化交流协会主办，北京花田音乐节是房山区长沟镇人们政府主办，东海音乐节的主办单位是舟山市普陀区朱家尖管委会，日照海洋音乐节由中共日照市委宣传部主办，橘洲音乐节由长沙市人民政府主办，等等。而像迷笛、草莓、张北这样的独立运作的商业化运作的音乐节还不多。政府支持有利有弊，有地方政府的支持，在宣传、场地等方面都有优势，但是缺点在于，管理官僚、协作不畅、赠票过多以至于票务市场混乱。这样的音乐节虽然方便了观众，但是对于音乐节本身的良性发育并无益处。让音乐节成为音乐节本身，锻炼专业化、商业化的运作团队，让音乐节进入真正的市场发育阶段，才是音乐节良性发展的必由之路。

亏损近6000万之巨的大爱音乐节集中暴露目前音乐节普遍存在的问题。大爱音乐节的全明星阵容堪称壮观，不仅有山羊皮乐队、崔健、郑钧、谢天笑等摇滚红人；还有陈冠希、韩庚、张震岳、范晓萱、苏打绿、罗大佑等流行音乐天王天后，这个全明星阵容固然令人振奋，但初次运作音乐节就如此贪大，无疑是一种冒险。主办方事先没有对音乐产业市场进行充分的调查，缺少对当地人群消费能力冷静客观地分析，太激进地进行资金投入，票务定价又不符合当地人的消费心理，导致资金链断裂而不能回笼。对于品牌生长期的音乐节来说，急于求成拔苗助长不可取。迷笛音乐节运作十几年，现在成为音乐节的标杆，也不是一蹴而就的，准确定位，从小做起，耐心培育市场和固定观众，是音乐节品牌养成的最佳途径。

“票房管理混乱”也是大爱音乐节票房惨败的一个重要原因。在大爱音乐节场外，不仅黄牛泛滥，而且还有安保人员私收几十块钱就放人进场。这导致了每天三万多人入场，但是却只卖出两三千张门票。投资6000万却只收回300万票房的巨额亏损，这在户外音乐节历史上也属首次。这集中暴露出运营能力及音乐节现场管理经验的不足。

虽然由于种种原因，使得现在国内的音乐节绝大多数都在亏钱，但音乐节的开办是一个不可阻挡的趋势。目前国内的音乐节市场看起来热闹但实际上并不太成熟，但是所有人都能看到音乐节巨大的商业潜力。高品质、高投入、高回报的音乐节一定是音乐节未来发展的方向，现在需要的只是踏踏实实地培养团队培育市场，认真学习并积累音乐节运作经验，当然，这需要足够的耐心。

金燕　中国艺术研究院电影电视艺术研究所

2012 回溯
——多元化发展下的中国电影音乐

◎李　强

电影音乐是电影声音的重要组成部分，可称之为电影与音乐两种艺术“联姻”的结晶，电影音乐既可被提炼并成为独立的音乐作品，同时它又是一部电影作品不可分割的组成部分。从电影音乐本体来看，它作为一系列声音结构，具有自成一体的表意能力，并可以被整合成为独立的艺术作品，而对于电影表意系统的整体构架来说，音乐自身却又不具备脱离叙事和画面而独立存在的意义，它自身的意指需要依托影像画面和情节叙事才能得以彰显和明确。所以，在以画面叙事为主导的电影艺术中，音乐常常被认知为画面叙事的辅佐与陪衬。事实上，电影音乐在一部电影作品中具有不可替代的功用，除却它的审美作用之外，亦是一种功能性的存在。电影音乐的功能性主要在：构建影像时空；强调画面中的行为动作；表达角色情感和思想；营造并渲染气氛；建立影片风格；推动并串联叙事；带动影像节奏；烘托意境、激发联想；概括、揭示并深化主旨等。电影音乐的诸多功能是彼此贯穿交织，相互渗透融合的，所以我们很难在具体的电影文本中指出音乐和功能之间的对应关系。

电影音乐不同于电影影像，它在电影文本建构中既有确定性，又有不确定性。其确定性即指它的可阐释性和指向性：当语焉不详、意义模糊的音乐被投入到具体的影像中时，抽象化的听觉体验便立刻呈现出相对明确的情绪性含义甚至思想含义。同时，音乐与叙事一样，都是在时间中构造的运动、驱动、目标导向，而音乐的目标导向所指向的是由调性、节奏等所带来的强大的前进力、推动力和整合力。一部剧作完整的电影作品，其电影影像与音乐必然是围绕着某一主题彼此交织、相互融合并层层推进的。在某些方面，音乐与画面共同构建了一个完整的、明确的意指系统；而它的不确定性体现在不完整性和画面从属性等方面：首先，音乐进入电影后，不复作为单一的审美对象出现，其独立的审美功能的地位有所下降。作为一种电影元素，它自身的意义被部分瓦解并由画面与叙事所重建，以协助构成剧作整体；其二，音乐在电影中的呈现方式常常是片段性的，不完整的。电影原声音乐中的乐曲极少在影片进程中完整展现，大部分依托于剧情的音乐往往只是“只言片语”，即使时间跨度整场的段落音乐常常也会依据画面节奏和情绪需要被分割重组或对节奏、调性作出相应调整。

早在中国电影诞生之初，音乐就成为电影创作中不可缺少的构成元素，经过多年的发展实践，中国电影人不但证明了电影音乐的巨大价值，并且也已形成了各自独特的理解与创见，形成了一套完善的创作体系，培养出了诸多知名电影音乐人。特别是在中国电影市场化逐步深入之后，中国电影音乐创作可谓百花齐放，多姿多彩。而伴随着中国电影的类型化发展趋势，与之相应的电影音乐的类型化特征也逐渐显现，这一特点在刚刚过去的 2012 年中国电影创作中表现得尤为突出。所以，笔者认为以解读类型电影的方式对这些电影音乐作品进行简单的归纳与总结，是比较恰当并具有一定现实意义的。

电影音乐之都市/爱情电影

代表影片：《爱》、《我愿意》、《亲密敌人》、《春娇与志明》、《新天生一对》、《高海拔之恋 2》、《搜索》

都市爱情片作为具有中国特色的新近电影类型，是以都市消费文化为背景，聚焦都市青年人的情感生态，以浪漫唯美的呈现方式将之提纯和升华，通过一系列心理投射机制让观众获得一种真实场域下的虚幻体验。都市爱情片中的电影音乐往往以轻音乐或流行音乐为主线，或者带有清新明快的小资格调，或者是天真烂漫的童谣风格，这类影片偏爱的音色和旋律往往是以钢琴或提琴演奏的大调式音乐，听来婉转动人，沁人心脾。由于影片的节奏一般较为舒缓，所以相较于推进叙事，音乐的功能更偏重于烘托意境。

《爱 love》、《我愿意》和《春娇与志明》中的配乐都以小清新路线很好地贯穿了影片的浪漫主题，《爱 love》以轻柔的女生作为主要音色，配以清爽的木吉他，淡淡地铺陈在大段的场景之中，给人以清凉透爽的畅快感；相比《爱 love》的呢喃之音，《春娇与志明》的音色更为明朗欢快，影片音色由吉他、萨克斯和手风琴演绎的爵士风情使影片始终笼罩在小资情调之中，影片尤其注重由音乐来带动转场，在保持叙事跳跃性的同时，使相邻两场戏之间以同一种旋律进行音画平行和音画对位的交替衔接，达到了很好地艺术效果；《我愿意》和《亲密敌人》都是有关职场爱情的主题，所以它们在配乐上不约而同地偏向了现代流行音乐，以动感的音乐节奏带动影像节奏，《我愿意》以节奏明快的电子音乐铺陈在段落之中，较好地保持了影片情绪节奏的一致性和连贯性；而《亲密敌人》的音乐中则有浓厚金属摇滚味道，由于配乐是由影片男一号同时也是流行音乐人黄立行担纲，所以在形式上十分自由奔放，不拘一格，跟随剧情所讲述的一半是敌人，一半是情人的男女关系，创造了一种带有强烈冲动感的音乐形态；与上述影片不同，《新天生一对》中由恋人、父子、盛夏、海滩等元素所构成的主题音乐有着别具特色的童谣风格。特别是片中梁静茹演绎的插曲《宁夏》以及任贤齐的《对面的女孩看过来》恰如其分地诠释了影片童话般的意境。

《高海拔之恋 2》中的音乐在影片中的地位比较特别，也与一般的都市爱情电影有很大不同，影片讲述了一个对故去爱人难以割舍的凄美爱情故事，配乐不仅仅起到审美与功能性作用，而是成为建构叙事的重要组成。其中，阿秀已故老公的那架没有 DoReMi 的钢琴，以及阿秀的偶像麦克在电影中演奏的经典钢琴曲都是连接影片过去与现在、幻想与现实多个时空交织的重要媒介，也是整部影片配乐的基本线索和主要依据。由罗大佑创作的影片主题曲《DoReMi》更是整部影片画龙点睛之笔。该主题曲也一举夺得了当年金马奖最佳电影主题曲大奖。《高海拔之恋 2》的配乐带有强烈的空间感，与影片所表现的香格里拉浩瀚树海相得益彰，音乐旋律始终在音程不大的范围内不断回转，营造一种哀思萦绕心头却挥之不去的彷徨状态。

在都市快餐文化大行其道的今天，《搜索》这部悲剧电影显得有点不合群，它虽然也可勉强归入都市/爱情题材，但与那些带有精神迷幻剂效应的影片不同，《搜索》把视角对准了网络时代下的社会现实问题，其主题是严肃而认真的，所以音乐家马上用两个不同的维度来定义该片的音乐，一方面用现代时髦的旋律、跳跃的节奏和动感的打击乐来表现当下浮躁的社会环境，另一方面，影片的主题音乐则回归为大编制抒情弦乐，以表达影片的人文关怀面。这种带有些跳跃性的配乐方式一方面彰显了马上又本人不拘一格的创作倾向，同时也很好地契合了影片试图探讨物质社会下人情冷暖的主题精神。

电影音乐之悬疑/惊悚电影

代表影片：《画皮 2》、《二次曝光》、《消失的子弹》、《诡爱》

悬疑/惊悚电影在近些年来逐步进入中国类型电影的主流，电影音乐在这类影片中的地位尤为重要。其功能在于营造悬念与紧张气氛、带动影像节奏，引导画面动作与观众的思维倾向，对于影片叙事常常有着强大的推动力。同时悬疑/惊悚片中的电影音乐常常以表现主观视点为导向，所以音乐的情绪性特征较为明晰，观众也会随着音乐不由自主地投入到影片的特定情境中去。

《画皮 2》作为惊悚片中为数不多的古典巨制，在电影音乐方面精雕细琢，请来日本著名音乐人石田胜范担纲配乐。影片的声音主调笼罩在具有古典特色的提琴旋律中，带有强烈的魔幻浪漫主义色彩，同时也兼具了个人特色。如汤池换皮的桥段，开始阶段的音乐以富有野性色彩的马头琴音色奠定了性感与魅惑、唯美与浪漫的情绪基调，随后换皮时弦乐渐渐入场，旋律在两个半音之间徘徊婉转，诉说着难以言状的哀伤与无奈。最后扬起的钢琴和马头琴音色彼此交织，更让人体味到一种绝望、兴奋与不安相互交织的复杂情感。又如公主与霍心湖中缠绵一场，音乐先以带有中式风格的琵琶乐渐入，随后代之以富有日式五律特色的钢琴与提琴的和弦，再转换为日本太鼓的急促鼓点，几段配乐之间转换流畅，不留痕迹。可以说旋律与节奏的丰富层次与情绪上连贯性之间的矛盾在石田胜范的精心处理之下显得游刃有余，使影片在段落音乐丰富的前提下却又不显冗长，与画面间的配合更是相得益彰，十分出彩。

《二次曝光》、《诡爱》与《消失的子弹》都是在电影音乐方面做足减法的代表案例，音乐只有在叙事节点或高潮段落才以清晰肯定的方式入场。《二次曝光》在剧作结构上分为两部分，前60分钟讲述了一个精神分裂女子幻想中的离奇故事，后30分钟剧情才逐步走向真实世界。由英国著名音乐人哈维打造的电影配乐层次感极强，在长达60分钟的幻象段落中音乐以极度冷静而谨慎的姿态若隐若现地铺陈于叙事当中，影片带有迷幻色彩的电音暗示了人物虚无缥缈的情绪状态。而在之后的“真实”世界中，逐步渐强的电音配合富有节奏感的鼓点，使观众的情绪随着事实抽丝剥茧般地逐步曝光一步步走向高潮。《诡爱》在电影音乐方面秉承了“极简主义”风格，影片配乐严艺之采用一个钢琴音反复充满的方式去填充渐进式场景，反衬其后画面对心理上造成的重击，力图从柔性的特质中激发出音乐的张力。而在丰满之处，影片频繁出现类似摇滚的破音，同各种提琴、玩具琴所发出的弦乐一起喷薄而出，配合影像造成了极富视听冲击力的效果。《消失的子弹》同样以惜乐如金的理念来处理电影声音，在观众被影像和叙事所带来的悬疑感与紧张感压迫得几乎窒息的时候，电影音乐却几乎始终都能做到按兵不动，对于创作者来说，这种处理方式不但是对导演、摄影、演员以及后期剪辑、声效等人员架控能力的考验，更是需要一定的胆量的。而从实际达到的效果来看，这一引而不发的配乐方式在激发起受众专注力的同时，更能获得一种令人不安的焦虑感，可谓以无声胜有声的经典案例。

古装/武侠电影

代表影片：《龙门飞甲》、《四大名捕》、《大魔术师》、《太极》系列、《鸿门宴》、《铜雀台》

古装/武侠电影是极富中国传统特色的电影类型，从剧作上看，这一类型电影中的子类型是极为丰富多样的，以2012年上映的电影来看，其中既有《鸿门宴》、《铜雀台》这种气势恢弘的历史演义，亦有《大魔术师》、《太极》系列这类带有无厘头和奇幻色彩的传奇剧，更有《龙门飞甲》、《四大名捕》这类或传统或新锐的武侠传说。所以这些影片在音乐的风格上也必然各有特色，它们的共同之处，则在于都秉承或部分秉承了中国传统的音乐形态，使电影在音画层面都保持了原汁原味的中国风味。

《龙门飞甲》是一部向经典武侠片《新龙门客栈》致敬的电影，导演徐克为了制作原汁原味的武侠音乐，特意请香港音乐大师胡伟立重新出山为电影配乐，所以我们在影片开场就听到了耳熟能详的《小刀会序曲》。影片在配乐上港式武侠味十足，胡伟立用笛子、琵琶等传统音色上精雕细琢，配合大漠边关的蛮荒画面，江湖气息浓厚。《四大名捕》的音乐也是由来自香港的音乐大师黎允文担纲，除了保持武侠电影的传统风格之外，《四大名捕》在电影配乐方面不拘一格，各类现代、传统元素交相辉映，同时声音对叙事有着强烈的推进力，使影片结构更加紧凑有力。如影片开场，黎允文以大调式的弦乐交响配合大调度移动镜头的同时，巧妙地在其中穿插高音吉他的悠远回响，再辅以低沉的电子鼓点，给人一种虽环绕主调却又不安分的躁动感觉。又如群龙汇聚戏院一场戏，剧情铺垫时，音乐以各种打击乐器相互呼应，辅以不同的音色来交代各色人物，形成了剑拔弩张的对峙氛围，开打后，则以短促有力的弦乐音阶层层逼近，一步步将影片情绪推向高潮。

《鸿门宴》和《铜雀台》是2012年的两部史诗巨制，其电影音乐分别由香港音乐大师黎允文和日本音乐大师梅林茂亲力打造，二者都精准地把握住了两部电影的精神内核，《鸿门宴》中项王与刘备间智慧与实力的残酷博弈以及《铜雀台》中汉献帝与曹操间暗藏杀机的对垒都由恰如其分的音乐刻画得入木三分。《鸿门宴》中的重头戏无疑是鸿门宴弈棋一场，影片先渐入音色凝重的弦乐，而后急促的鼓声由远及近，暗示着一场不可避免的博弈。随着弈棋的深入，各种音响相继叠入，逐渐勾勒出气势磅礴的交响乐曲，胜败将定之时，音乐又转入急促的强劲打击乐，配合令人窒息的画面节奏，声画间彼此交合，层层推进，最终融合为势如破竹的恢弘之势，使人闻之酣畅淋漓。《铜雀台》中，汉献帝在剧中多次唱起《诗经·国风·秦风》中的《蒹葭》可谓全片配乐的点睛之笔，这首带有秦汉之风的曲调哀怨中流露出愤懑，而汉献帝每次唱起《蒹葭》，其意味也都不尽相同。尤其是在影片结尾，此曲在寂静中再度响起之时，我们感受不到以往战争片中的金戈铁马、刀光剑影，却能体味到肝肠寸断的凄凉之美，梅林茂对汉文化的深刻理解可见一斑。

《大魔术师》和《太极》系列的电影音乐则颇有剑走偏锋的味道，《大魔术师》中充满魔幻色彩的情节在贯穿全片的管乐和短笛的衬托下更多了些调侃和滑稽的意味；《太极》系列则将带有强烈游戏感和现代感的音乐代入到武侠电影之中，产生了奇特的化学作用，角色在摇滚气息浓厚的音乐中翻转腾挪，武打好似变成了劲歌炫舞一般。加之画面所呈现的光怪陆离之景象，更打破了观众对影片年代感、现实感的一系列认知，可以说颇具后现代主义色彩，也是将武侠、魔幻与当代音乐相结合的一种有趣尝试。

历史/战争电影

代表影片：《一九四二》、《白鹿原》

2012 年两部同样讲述中国抗战历史的《一九四二》和《白鹿原》都有着厚重的文化背景和严肃的民族命题，电影音乐在体现中国的民族特色的同时也必须具有庄严的历史性与深刻的思想性，有趣的是，两部影片都邀请了中国电影音乐泰斗赵季平担任音乐创作。而赵季平对音乐民族性、历史性的敏锐感觉和深刻理解使这两部配乐作品都具备了丰满的历史质感。

《一九四二》中，赵季平对音乐的使用十分谨慎，影片从 1942 年国民政府元旦贺词开场，一直到表现村霸刺猬带村民闯入范殿元家，打砸抢烧的高潮段落，自始至终都没有任何音乐铺垫，直至范殿元家被洗劫一空，百年祖产付之一炬，镜头对准他落魄的身影时，旋律哀伤的交响曲才渐渐响起；日军轰炸军民的段落中，赵季平也采用了同样的处理手法，影片并未用音乐来烘托手无寸铁的难民被雨点般的炸弹无情夺去生命的惨烈场面，而是以逼真的声效带给观众身临其境的现场感。此刻，爆炸声、哭喊声和惨叫声交织在一起的震撼力量是任何音乐都不可比拟的。直到轰炸结束后，镜头面对着人间炼狱般的惨状，片中才逐渐响起了带有悲情语调的弦乐合奏……纵观《一九四二》这部影片，音乐的功能并不在于建立风格、节奏和氛围，而更多地倾向于抒情与写意，可以理解为是旋律在故事的结果业已发生后的哀婉咏叹：苦难中的历史不可逆转，但却值得我们深深铭记。《白鹿原》与《一九四二》有诸多类似之处，赵季平本着少就是多的原则，几乎不用音乐去打断叙事所竭力追求的“原生态”性，所以在音乐的留白方面，《白鹿原》显得更加极致，《白鹿原》中的电影音乐可分为两个部分——占大量片幅的乡党们自弹自唱的传统秦腔，以及少量铺陈的悠扬弦乐。前者在片中皆为有源音乐，集中呈现在戏台之上，给人一种真切之美。特别是麦客齐唱老腔《将令一声震山川》的一出戏，可谓气动山河，充分展露了乡党们淳朴豪放的气概；分量极少的弦乐段落则与白鹿原的茫茫麦田相互辉映，并总是若隐若现地与观众保持着距离感，两种音乐形态一实一虚、一真一幻，诉说了已然远去却又无比的真实鲜活的白鹿原传说。

电影音乐之动作/喜剧电影

代表影片《泰囧》、《痞子英雄》、《黄金大劫案》

动作/喜剧电影是当下十分受市场欢迎的电影类型，因为这类电影在带给观众视听刺激的同时，又能以欢快的格调使观众获得极大的心理愉悦。2012 年上映的动作/喜剧电影有很多有，而《泰囧》、《痞子英雄》、《黄金大劫案》三部影片不论是在制作水准还是票房成绩上都是其中的佼佼者。对这一电影类型来说，无论倾向于何种风格，电影音乐都是其中极为重要的组成部分，因为动作与喜剧，二者一张一弛，在保持叙事和节奏统一性的前提下，两种特质迥异的电影元素很难由单纯的画面语言捏合在一起，所以必须经由电影音乐进行合理的调节与过渡，所以这类影片的配乐往往是多元化、跳跃化的，这对电影音乐理解和控制影片叙事节奏的能力是一种不小的考验。

英国电音大师哈维在与《二次曝光》合作之后，又立即担当了《泰囧》的配乐工作，由惊悚片迅速转向喜剧片，哈维充分展示了自己多面鬼才的能力。《泰囧》的音乐在朴实中蕴含着热烈与奔放的特质，既突出了影片的时代特色，现代感十足，同时又杂糅了影片拍摄地泰国的异域音乐风情，而作为一部温情色彩浓厚的喜剧片，《泰囧》的音乐很好地把控住了影像和叙事节奏，无论是追车、比武等快节奏段落，或是真情流露的温情段落，音乐总能恰到好处地推进或拖缓节拍，很好地做到了张弛有度。《泰囧》中的不少乐曲都来自经典改编，比如《葛利格山大王的宫殿》、《Every breath you take》等等，不过影片很好地将不同风格、不同地域、不同情感的音乐相互融合，并调试到明亮欢快的主调中去，在多样性与统一性中找到了难得的平衡。

《痞子英雄》和《黄金大劫案》两部动作电影的音乐在功能上十分类似，但由于故事年代和创作风格上截然不同，所以二者在音乐风格和呈现方式上有着明显的差异化。《痞子英雄》有着强烈的都市风格，无论叙事、调度、剪辑和音乐都追求快节奏来带动观众情绪。影片一开始就表现了核爆的壮观场面，随后又开门见山地以警匪追逐戏开场，在电子音乐的强烈烘托下，观众的情绪迅速达到高潮，正常的叙事段落中，音乐以低沉的鼓点和低音吉他营造了隐隐的紧张氛围，而这种氛围不时地被追逐、枪战等火爆场面所打破，继而进入一种癫狂状态。《黄金大劫案》的时代背景是民国时期，所以在配乐上选择了民乐与交响乐相结合的方式。在追逐、枪战段落音乐的运用上，《黄金大劫案》在营造紧张气氛的同时，亦不忘喜剧片调侃之能事，比如在小东北躲避日军轰炸的一场爆破戏中，影片大胆地以《马刀舞曲》做铺垫，快节奏的旋律在制造命悬一线的紧迫感的同时，也调侃了小东北慌不择路的狼狈状态。又如影片最后的高潮段落，音乐先是以交响乐烘托最后一博的悲壮之气，而当小东北驾驶的罐车撞碎金库，王水淹没日军黄金时候，音乐的调性又马上由阴转晴，变为欢快的琵琶曲调，在音乐的引导下，情节悲喜之间转化得不留痕迹，很好地带动了影片情绪的走向。

以上是笔者对2012年中国电影音乐的简要归类和分析，事实上，2012年优秀的电影音乐作品还有很多，但由于篇幅有限，笔者无法一一列举。过去的一年无疑是中国电影的丰收之年，在电影已经成为大众话题的同时，我们也很高兴得看到，中国的电影音乐人也受到了人们越来越多的关注和追捧，同时，更多的音乐英才也正准备以积极的姿态地投入到电影音乐的创作行列中，这在客观上也将促进中国电影音乐向更多元、更深入的方向发展下去。

李强　中国艺术研究院

2012 年中国网络音乐管理的思考

◎马 岩

2012 年是中国网络音乐持续迅猛发展的一年，根据文化部发布《2012 中国网络音乐市场年度报告》（后简称“报告”）显示，2012 年我国网络音乐企业在用户数量平稳增长的基础上逐步增加，总体数量已达 575 家，同比增长 27.2%，整体市场规模达到 45.4 亿元。其中，在线音乐市场规模的增长最为突出，市场规模达 18.2 亿元（以在线音乐服务提供商总收入计，包含在线音乐演出收入），同比增长 37.9%；无线音乐市场规模达到 27.2 亿元（以内容提供商总收入计），同比增长 13.3%。在线音乐市场和无线音乐市场的用户规模也分别达到 4.3 亿和 7.5 亿，整体发展态势良好。尤其在 2012 年，随着智能手机的普及特别是移动互联网的快速发展，中国互联网总人数保持了稳定提升，网络音乐用户规模在此基础上平稳增长。此外，政府监管的不断完善和产业自身的逐渐成熟也为网络音乐开拓出更为广阔的市场创造了机会和条件。

然而，在我国网络市场整体趋好的发展态势下，一些行业问题也亟待解决。《报告》中指出，2012 年的网络音乐市场，盗版侵权问题根治困难、企业融资渠道狭窄、盈利模式难以突破、产业内有效分配协调机制有待完善、付费定价支付系统亟待优化。《报告》认为，未来网络音乐行业中应继续加强监管、建立资产评估体系、优化盈利模式、形成合理定价机制。优先要解决目前仍然面临互联网环境下的版权保护问题和网络音乐商业模式缺乏等国际共同难题，同时行业标准、企业融资、分配机制以及内容创作、收费机制等方面所存在的问题依然制约着我国网络音乐行业的发展，我们要针对这些问题进行有效的应对。

下面将 2012 年网络音乐市场面临的问题及管理对应措施等进行总结如下。

一、2012 年中国网络音乐所面临的主要问题

1. 盗版问题依然存在，数字音乐版权保护任重道远

网络环境下，伴随着数字技术与网络技术的发展引起的作品载体形式、使用方式和传播手段的变化，音乐作品版权保护难度明显加大。

首先，侵权主体范围扩大。网络的虚拟性，使得网络侵权行为主体难以准确地被把握。概括起来大致来自三方面：一是网络内容提供商。现实中，许多侵权网站和主页并没有进行工商注册登记，版权方和相关监管部门无法对之进行追责，求偿权难以实现。二是网络服务商。如搜索引擎网站，其通过信息定位技术，为网络用户提供音乐作品浏览、试听和下载的相关链接，易构成间接侵权。三是私人侵权主体。网络环境下人们浏览、下载、上传和共享他人的音乐作品变得十分便捷，任何具备基本网络操作技术的行为主体都能轻易做到。在此过程中，不计其数的网络用户不可避免地发生了大规模、低成本的私人复制行为，成为传播者和侵权者。

其次，侵权行为难界定。一是侵权行为的标准难以确定。网络新技术的不断发展增加了网络音乐著作权案件的复杂性，包括提供信息存储空间、搜索、链接、点对点等服务的网络经营者的侵权行为呈现多样化，网络音乐作品合理使用与侵权使用之间、有偿使用与无偿使用之间的界限十分模糊。二是侵权行为的证据难以掌握。由于网络数据易于修改的特性，经营者可以通过技术手段对侵权证据进行修改和删除，致使监管部门和版权人对数据的真实性难以考证，甚至无从取证。三是侵权行为的责任难以认定。权利人权益受损往往存在于网络行为一系列环节之中，各个环节侵权主体对于侵权责任的推诿也增加了侵权责任认定难度。

最后，侵权目的是否营利不易分辨。根据我国著作权法第二十二条的规定：网络服务者和网络用户如果是出于个人学习、研究或者欣赏的目的，或为了科学研究、教学和公共文化利益的需要，使用他人已经发表的作品，而非用于商业性牟利，并且指明了版权者姓名、作品名称等，则属于法定许可的合理使用范畴，不构成侵权行为。那么，若网络用户出于好奇、兴趣、欣赏等浏览、上传、下载了如百度网站上的音乐作品，不论用户或网站都是非营利目的，就都不能定性为侵权，这些行为也就很难以被追究责任，客观上增加了音乐作品版权的保护难度。

2. 数字音乐生产企业良莠不齐，数字音乐产业价值链收支失衡

目前，我国的数字音乐生产企业尽管数量众多，但很多企业都存在着资金匮乏、管理懈怠、生产原动力不足的现象，使整个音乐产业不能持续、健康、高速运转。特别是国内数字音乐龙头企业一直没有产生，很多中小型企业尤如一盘散沙，长期处于群龙无首、各自为营的状况。音乐产业链的整合困难重重。更有些企业急功近利，加上产销市场不规范、激励机制缺失、版权保护乏力，其推出的数字音乐产品质量粗劣、格调低下，严重侵害了消费者权益，对数字音乐产业的长远发展造成了不良影响。

从盈利模式来看，我国为数不多的正版音乐下载网站的获利情况不容乐观，仅够维持生存，处于举步维艰的地步。主要有以下两点原因：其一，盗版的暴利掠夺。当猖獗的盗版行为绕过版权、艺术创意等商业运营环节牟取暴利时，正版音乐网站销售量则显著下滑，蒙受了巨额损失。其二，在无线音乐领域，尽管以电信运营商平台为基础的商业模式较为成熟有效，但运营商在市场中拥有绝对的定价权和话语权，其主导地位直接牵制着价值链各方的行为和收益。这种闭环式的结构使得价值链中各方收支产生了明显的失衡，限制了服务提供商和内容提供商在无线音乐市场的发展。面对运营商拥有的绝对主导地位，正规的音乐网站只能处于弱势地位，盈利微薄。

3. 用户免费听歌格局尚未打破

在以“免费资源”为主要特征的今天，尽管我国数字音乐产业的用户群众多，但是受经济条件的限制，消费者大多不愿花费额外的金钱去体验音乐，尤其是多年来培养出来的免费听歌习惯已成定势。其次，用户在上网过程中，出于对网络信息搜寻路径的熟悉，很多用户想听歌的第一反应就是在线免费获取。因此，要使用户们在短时间内告别免费音乐的大餐，转变成付费消费模式的确存在着诸多的困难。根据中国行业研究院报告数据显示：“互联网为中国网民获取音乐内容的主要途径。其中，97.6%的用户经常使用互联网获取音乐内容。而音乐搜索类网站是中国网民在互联网上获取音乐的首要途径。其中，85.8%的中国网民通过搜索引擎在互联网上获取歌曲；48.2%的网民通过专业音乐网站获取音乐；通过门户网站获取音乐的网民比例为27.1%”

与此同时，尽管用户对在线音乐付费行为的意识正在逐步形成，但获取合法在线音乐的手续却极其复杂，如需要注册、买卡、充值付费、下载播放软件等。目前网络音乐“免费服务+广告收入”为主要盈利方式，广告和游戏联运也是其盈利的模式之一，但是这些盈利模式都是依赖于流量变现，周期长且较为被动。目前网络音乐用户付费意识较弱，难有规模化盈利。包月订阅模式首先受限于免费用户成为付费用户的转化率，而更多的增值服务需要强大的社交平台和便捷的支付方式。

目前我国网络音乐市场缺乏良好地营收循环，互联网市场的商业模式一直处于探索过程，连带着网络音乐市场商业模式难以成熟，网络音乐内容和运作模式上存在大量不规范操作，盈利模式的充实和突破还需行业内各主体进一步努力。

中国网络音乐市场的健康发展离不开政府相关部门的管理与引导：

作为网络音乐的主管部门，2012年，文化部继续按照国务院赋予的管理职能，通过多种手段对网络音乐市场进行了管理。市场整体环境有所好转，市场秩序得到了规范。

二、政府职能部门在2012年具体的管理措施和内容

1. 加强对网络音乐违法和违规经营行为的打击

为了营造良好的网络音乐经营环境，文化部加大对网络音乐违法和违规经营行为的打击，部署对百

兆音乐网等72家涉嫌违法违规的网络音乐网站进行查处，关闭了看啥网、931经典歌曲大全网等违规网站30余家。通过对网络音乐违法和违规行为的打击，合法合规的经营行为得到了维护，2012年中国网络音乐市场的经营环境和经营秩序有了较大改善。

2. 对现行网络音乐管理政策进行评估

为全面深入了解和评估现有网络音乐管理和审查政策执行情况，了解现有政策在执行中存在的问题，文化部在2012年进行了网络音乐政策的评估工作，全面深入了解和评估现有网络音乐管理和审查政策执行情况，了解现有政策在执行中存在的问题。政策评估以问卷调查、专家访谈、座谈会等形式，对现有的内容审查和管理制度进行了调研，形成了政策评估报告，为下一步进行网络音乐政策的调整和修改提供了依据。并确定了接下来将进行着手进行的两项重要工作：

（1）改进行业管理手段，修改相关政策法规

文化部将在2012年所做的政策调研的基础上，改进网络音乐内容审查和备案制度，转变政府职能，提高政府管理效率。以强化网络音乐企业自我管理为重点，建立企业自审制度和自我约束机制，完善对企业高层管理人员、内容审核人员的制度化培训工作。

（2）初步建立行业技术监管与服务系统

争取在2013年内完成“网络音乐市场监管服务系统”的系统建设工作，充分运用技术手段，依托技术监管平台，提高对网络音乐企业的经营活动的动态管理和服务效率。继续保持对网络音乐违法经营行为的高压态势，加强对违法侵权行为的惩处力度，维护公平竞争的市场秩序。

3. 推动行业自律和发展

（1）推动网络音乐行业自律和发展

继续推动网络音乐行业发展联盟的工作，促进其建立良好的工作和沟通机制，进而发挥其行业中介组织的职能，有效协调行业发展中遇到的问题，推动网络音乐服务模式、经营模式的创新，开展行业规则和行业标准的制定。促进网络音乐各经营企业自律工作。在主管部门的有效管理和积极引导下，我国网络音乐市场经营环境进一步规范，网络音乐产品日益丰富，与其他行业及产品的融合不断加深，新的服务模式和新的应用加速涌现，结合移动互联网和流媒体潮流应运而生的各种音乐类产品发展迅速，市场规模进一步扩大。

（2）鼓励行业创新和示范工作

为了鼓励企业的创新探索，推动行业整体创新能力的提升，文化部文化市场司评选出了包括中国电信音乐、中国移动音乐、多米音乐、酷狗音乐等10家“网络音乐创新示范单位”，召开网络音乐发展与管理模式创新研讨会，交流网络音乐创新经验。评选工作在网络音乐企业中引起了极大的关注，并得到了会员单位的积极参与，起到了示范作用，将推进网络化条件下音乐产业新的生态产业链的重构与创新。行业环境改善促进网络音乐的流量变现能力提高。在政府的监管下，行业自律以及正版化工作不断推进，促使音乐网站的广告价值继续上升。音乐客户端软件以其获取音乐的便捷性、个性化的设计等吸引了大量用户，用户的聚集使其平台价值被放大，营收模式趋于多元化，特别是为广告投放、网页游戏联合运营等提供了良好的载体。

2012年，“网络音乐行业发展联盟”共接纳网络音乐相关企业40家，其中包括内容方企业16家，渠道方企业20家，电信运营商3家，第三方研究机构1家。联盟会员的组成更加广泛和具有代表性。在文化部的指导下，建立了联盟沟通机制，成立联盟协调委员会，设立由渠道方、版权方共同参加的9人常委会（指导单位及执行办公室列席会议），推动网络音乐产业链在联盟框架内积极开展对话，共同探索行业健康发展模式。并以网络文化标准委员会、联盟执行办公室为依托，启动网络音乐行业标准研究、制定工作。

4. 鼓励行业创新和示范工作

（1）企业收费盈利模式将陆续展开

2012 年 10 月以来，以百度、腾讯、酷我、酷狗、多米、虾米为首的数字音乐从业企业相继推出以正版付费音乐为目标的产品整合和战略布局，希望通过多家企业共同的努力搭建一个良好的中国数字音乐用户付费的行业环境。

（2）开放平台成为新的网络音乐营销渠道

开放平台促进了电商等流量平台的发展，网络音乐作为一项网民重要的应用形式，也成为开放平台的一种选择。可以预见，更多的平台将推行开放平台策略，促进整个网络音乐生态链的建设。

（3）营销模式逐步转型

音乐产品的营销越来越细化，音乐产品对受众的分类越来越丰富，个性化、订制化产品营销模式逐渐流行。网络音乐与其他应用的融合性不断增强，社交、分享等人群粘合性强的应用也成为网络音乐进行传播和营销的渠道之一。

（4）传统音乐服务的萎缩和新型音乐服务的涌现

新的服务模式和新的应用不断涌现，结合移动互联网和流媒体潮流应运而生的各种音乐类产品发展迅速。相比较之下，传统网络音乐服务发展逐渐放慢甚至有些萎缩的迹象。

（5）选秀节目对音乐创作的支持和扶植

网络音乐对传统的音乐人才培养和选拔模式也产生了一定的冲击。音乐网站携手唱片公司进行选秀俨然成为顺应时尚潮流的一个发展趋势，同时也对传统的音乐人才选拔方式提出了挑战。

关于政府对网络音乐管理的宗旨精神，我们可以通过于 2012 年 11 月 1 日由文化部文化市场司主办、广东省文化厅承办、网络音乐行业发展联盟承办的“网络音乐发展与管理模式创新研讨会”上所反馈出来的信息及达成共识来进一步了解。此次会议不仅汇集了各地网络音乐市场管理部门的有关负责人，如中国电信数字音乐、中国移动无线音乐基地、酷狗音乐、百度音乐、QQ 音乐等国内领先的网络音乐企业重要代表也都悉数到场。在这场着重关注“创新”的交流和探讨中，我们看到，一些推动网络音乐行业发展的“正能量”正在悄然而动。

为了给守法经营的网络音乐单位提供一个健康、有序、良性竞争的市场环境，文化部将在政策、培训、运营监管以及技术手段运用等方面对国内的网络音乐市场进行强化和完善，具体包括：一是完善网络音乐管理政策，以简政放权为重点，改进网络音乐内容审查和备案制度，提高政府管理效率，降低企业运营的时间和资金成本。二是以强化企业自我约束机制为重点，建立网络文化经营单位自审自查制度，完善对企业高层管理人员、内容审核人员的制度化培训工作。三是以执法维权为重点，继续保持对网络音乐违法经营行为的高压态势，加强对违法侵权行为的惩处力度，协调建立更加公平合理的利益分配机制，推动音乐产业生产传播的新业态、新生态。四是运用技术手段加强对经营活动的动态管理。

综上所述，中国的网络音乐在摸索中发展，虽有挫折、遭受过瓶颈，从外部到内部，从行政管理到产业规划发展等各个方面都走过许多弯路。当下的网络音乐的产业链上的各个环节大都在守望中寻求突破，纵观网络音乐的发展空间及发展历程，若能立足当下，着眼长远，制定切实可行的发展及管理战略，中国的网络音乐产业必能获得长足并长远的发展。

马岩　中国艺术研究院《中国艺术年鉴》编辑部

2012年中国音乐批评文论概述

◎陈　乾

对于音乐批评（Musical Criticism）的定义，目前并没有形成统一且明确的共识。音乐批评作为实践性的艺术活动，《新格罗夫音乐与音乐家词典》将其分为广义和狭义两方面进行阐述。狭义的音乐批评是指对音乐和音乐生活进行评估的专业性写作；广义的音乐批评是指一种思想意识，是用批评的思想去评估音乐，以规范的描述评估所描述的对象。这种批评的思想可以体现在任何音乐实践活动中，此时的音乐批评是以一种意识形态存在。从音乐批评的实践性上来说，音乐批评也叫音乐评论，其范围广泛，包括对音乐作品的评价、音乐表演的评价、音乐思潮的评价、音乐观念的评价、音乐学术成果的评价等方面。

随着国家加大对音乐文化事业的重视和投入，2012年，作为时代浪潮中的一叶扁舟，中国音乐的发展井然有序、积极活跃。本文主要以音乐批评的实践性出发，从音乐学研究、创作演出、音乐生活三方面梳理本年度各大音乐类核心期刊和相关报纸所发表的、以批评的意识去评论音乐的专业性写作①。

关于音乐学研究

在音乐批评的理论和方法类层面，明言有三篇文章，分别是《当代中国音乐批评理论研究》②、《〈当代中国音乐批评史〉研究导论》③ 和《音乐价值的由来及其本质》④。《当代中国音乐批评理论研究》一文以历史的眼光总结了新中国成立以来音乐批评领域的理论、实践问题，认为“音乐批评学是门建立在自身与兄弟学科基础理论上的‘致用’质素偏多的应用型‘入世之学’，任何不以音乐批评实践为目的的批评理论都是晦涩无生命力的”；《〈当代中国音乐批评史〉研究导论》一文从音乐的创作、表演、研究实践与音乐批评实践互动的历史中梳理和总结了当代中国音乐艺术的历史，并做了相应的专题性研究；《音乐价值的由来及其本质》一文将音乐价值的由来及本质做理论探究，认为“人的‘本质力量’使人类对音乐价值的追求嬗变不已”，从而使得音乐作为一门艺术日久常新。明言对“音乐价值论”的基础性理论所做的探究，其根本是为了更好地指导实践，把握音乐价值的功利与超功利性、绝对与相对性的统一属性，用于“洞悉音乐作品的审美创造和批评鉴赏规律”。任何批评都必须依据于一定的艺术价值观而存在，对音乐价值的由来和本质做深入的探究，是此篇文章对于音乐批评发展的贡献之处。相关的研究还有李诗原对音乐批评的层次性结构所做的归纳⑤，即：“微观的‘语言－结构’批评、中观的‘历史－美学’批评、宏观的‘文化－哲学’批评”。在作者看来，这三个层次既是递进的，又是相对独立的：“将音乐批评分解为三个层次，是音乐批评成为理性主义‘深度阐释’的体现，将三个层次进行整合，则是使音乐批评成为一种人文话语的必然”。

在后现代文化背景下，女性主义发展为更加关注其多元文化身份和性别的多元特征，以揭露由种

---

① 本文期刊类文章主要参照《人民音乐》、《上海音乐学院学报·音乐艺术》、《中央音乐学院学报》、《中国音乐》、《中国音乐学》、《音乐研究》、《歌剧》、《南京艺术学院学报·音乐与表演版》、《天津音乐学院学报·天籁》、《武汉音乐学院学报·黄钟》、《西安音乐学院学报·交响》、《四川音乐学院学报·音乐探索》、《沈阳音乐学院学报·乐府新声》、《星海音乐学院学报》等。

② 明言：《天津音乐学院学报·天籁》2012年第2期。

③ 明言：《四川音乐学院学报·音乐探索》2012年第2期。

④ 明言：《上海音乐学院学报·音乐艺术》2012年第3期。

⑤ 李诗原：《解放军艺术学院学报》2012年第1期。

族、阶级、国家、年龄等造成的差异现象。受此影响，音乐学界也开始关注与性别有关的种种差异。音乐批评作为一种理论话语，以女性解放为中心的西方社会总体意识的变化，推动了学界对反叛、解构、无序等的追求。本年度有两篇涉及女性主义音乐批评的文章：《女性主义音乐批评的贡献与局限》① 和《对‘女权主义音乐批评’方法的解读和反思》②。在以“女性主义”为基础的音乐学研究的带动下，现阶段以女性和性别为主题的论文和著作日益增加，女性主义所提的“社会性别”理论已成为研究者难以回避的方法。这两篇文章中，前者从西方女性主义音乐批评的历史发展脉络入手谈其贡献和局限，后者从“新音乐学”代表人物、女权主义音乐批评家麦格莱瑞的研究成果谈其“音乐学分析”方法和操作程序、研究思路及模式的特殊性。

在对西方著名音乐评论家的批评理论研究方面，《音乐批评的价值——基于对柏辽兹〈幻想交响曲〉的两篇批评文章所引发的思考》③ 一文，旨在对围绕柏辽兹《幻想交响曲》这部作品所引发的比利时音乐批评家斐蒂斯（Franois - Joseph Fétis）和德国作曲家罗伯特·舒曼（Robert Alexander Schumann）的两篇批评文章的探讨为载体，引发对“音乐批评”的价值问题的思考。文章主要以斐蒂斯所列的针对《幻想交响曲》的三个方面的批评，即“对于音乐形式的批判”、“对于音乐语言的批判”和“对于标题音乐的批判”展开。作者通过梳理围绕柏辽兹这一西方音乐史上颇具争议人物的作品的论辩，阐述高质量的音乐批评对听众深入理解音乐作品是至关重要的。对论辩的思考，使作者引发对音乐批评价值的思考，除了“真理越辨越明”的启示之外，批评家对批评对象的选择本身也是一种价值判断的过程，是音乐批评的前提和价值体现。目前，国内学界对萨义德的研究主要集中在后殖民理论领域，对其音乐批评理论及世俗性思想研究颇有遗漏，针对这一现象，《抵抗与认同——萨义德世俗性音乐批评理论研究》④ 一文从萨义德世俗性视角考察其音乐批评理论。文中阐述萨义德的观点，即“世俗性音乐批评的目的就是把音乐文本与批评从其自足的、高高在上的领地拉回到世俗世界中，还原其具体的社会情境与社会关系。对于音乐批评家来说，他们的重要任务之一是阐释音乐的世俗性，呈现它在世界中的存在，它与社会、历史、政治、文化等人类生活各个方面的联系”。文章认为，萨义德拒绝被“主流意识形态控制或同化”的态度肯定了音乐在主体身份认同与重建中的积极意义，但音乐从其本性上来说是一种世俗存在，音乐批评也是世俗的、开放的实践，任何一个把经验转成表达的过程都难以避免这种影响。

音乐学家、音乐批评家居其宏在其《综合舞台艺术史：中国音乐史的缺失与尴尬》⑤ 一文中，将“中国戏曲”、“歌剧”、“音乐剧”和“舞剧”合称为“综合舞台艺术”。作者认为，在中国音乐史学科内延上，“中国戏曲史”、“中国歌剧音乐剧史”、“中国舞剧史”同“中国交响乐史”、“中国合唱史”等，“同属中国音乐史学框架下的中国音乐门类史或中国音乐体裁史”。对“综合舞台艺术”的“发展脉络、演进规律进行研究和描述，历来归于中国音乐史范畴，是音乐门类史项下一个分支，具有鲜明的史学品格”，而且在教学和研究中也早已形成惯例。但这种“惯例”因“现行艺术教育的单科体制”导致研究者对综合舞台艺术理论“视野高度”和“方法论”的缺失，令学科定位尴尬凸显。居其宏站在综合艺术和综合学术的高度之上指出，在以往约定俗成、中外通用的艺术分类和学科分类方法中，将“歌剧、音乐剧史论研究及批评划归音乐学，将戏曲史论研究及批评划归戏剧学，将舞剧史论研究及批评划归舞蹈学”的分类隐藏了深层的弊端和不足，是一直存在的事实。这种弊端就是“戏曲、歌剧、音乐剧和舞剧，是音乐、戏剧、舞蹈、舞台美术及表演艺术高度融合的综合体，因其构成艺术要素的横跨多个艺术门类及其高度综合性特点”，而这些艺术门类不是简单机械的相加，而是高度精妙的融合，

---

① 宋方方：《人民音乐》第 8 期，89 页。
② 纪露：《人民音乐》第 11 期，62 页。
③ 王明华：《星海音乐学院学报》2012 年第 4 期。
④ 张春娟、李庆建：《宁夏大学学报（人文与社会科学版）》2012 年 1 月。
⑤ 居其宏：《上海音乐学院学报·音乐艺术》2012 年第 6 期。

因此以往的学科分类将其肢解性的研究或教学，不及将其作为“综合学术”对待而恰当。文章认为，解决这种问题的最佳路径便是为综合舞台艺术史论研究和批评巧寻他径，即“在一级学科‘艺术学理论’下建立二级学科‘综合舞台艺术学’”，这样一来，“艺术学理论的学科建设中可增添新的理论生长点”。

2012 年度音乐批评的理论、方法类研究既有对西方新型批评理论的关注也有我国音乐学者搭建音乐批评元理论框架的新成果，既有对中国和西方的音乐批评史进行的程度不等的梳理，也有针对音乐批评的性质、对象、目的、功能、类型等做的相应的评介，为音乐批评的学科建设框架描画出一个愈见清晰的轮廓。

有人说，中国现当代音乐史是一部拓荒者的历史。一代代音乐家辛勤耕耘，从教育、创作到表演、研究，从无到有，从有到兴，使中国现当代音乐在中国文化地图上凸显、在世界文化景观中亮现。本年度颇具代表性的中国当代音乐史批评有，冯长春发表的四篇文章：《社会主义现实主义——新中国初期音乐创作的美学原则》①、《豪情壮志的音乐年代——‘大跃进’时期的音乐文化》②、《移植·嬗变·失落——建国十七年苏联音乐美学思想在中国的传播与受容》③ 和《“文革”音乐的“样板”——“革命样板戏”的前因后果及其本质特征》④。文章分别探讨了中华人民共和国建立后的十七年（1949 年—1966 年）至十年文革时期这一特殊历史环境下、四个阶段的音乐文化特征。作者在梳理和总结其中的经验得失与历史意义之时，进行批判地审视与思考，对这一时期深受国家政权和意识形态影响下的音乐美学和大众社会音乐生活做了评价和反思。

传统与现代的关系问题，一直是音乐学专业永恒而执着的讨论话题之一，2012 年由上海音乐学院主办的国际传统音乐学会理事会暨“当代社会中的传统音乐”国际研讨会便在这种语境和发展态势中开幕。《艺术评论》也开设观察专栏“传统音乐与当代社会”，专栏由袁静芳、张伯瑜、项阳三位研究传统音乐的学者，分别以《近 50 年智化寺京音乐的历史变迁》、《谁是听众？——由信仰所维系的云南洞经谈演》和《关于“吹歌”的思考》为题，带来当代社会大环境下的传统音乐变迁、社会的身份认同与定位问题以及对受体制和观念而影响的传统艺术传承和生存状况的思考。

据不完全统计，大众所接触到的音乐 80% 以上都是流行音乐。媒体资讯、互联网的飞速发展令流行音乐如虎添翼，获得无数关注和追捧，流行音乐在大多数人的生活中的普及已经像吃饭穿衣一样平常自然。因此，现实就是，流行音乐在当代中国社会获得了最主流的音乐文化地位。对于流行音乐的评论，经常看到它出现在社会学、文化学或传播学的评论范畴，被大多数音乐学家或音乐评论家过滤。据不完全统计，2012 年度音乐类核心期刊关于流行音乐的评论，有《失重的天平——流行音乐与人文精神的思考》⑤、《‘中国风’流行音乐艺术特征之探索》⑥、《〈北京音乐报〉流行歌曲格调问题论争探究》⑦、《“谁的好声音”？——由〈中国好声音〉看中国流行音乐的审美取向及其他》⑧ 等寥寥数篇，且这些文章多从音乐美学、当代音乐史学等方向归纳和总结流行音乐。在对流行音乐的音乐学研究层面，郭昕以《流行的音乐，不流行的音乐学》（《星海音乐学院学报》2012 年第 2 期）为题，透过对英美学者近几十年来流行音乐研究发展进行梳理和评价，在流行音乐研究逐渐成为凸显的学术热点之时，对流行音乐研究的深度和广度在社会、文化、政治、历史等多元视角的观照下的扩展和推动做了述评。作者反思在流行音乐研究中遇到的问题与困难的原因，来自于“观念上的轻视以及对其术语的陌生”，从而未形成

---

① 冯长春：《音乐研究》2012 年第 6 期。
② 冯长春：《音乐研究》2012 年第 3 期。
③ 冯长春：《星海音乐学院学报》2012 年第 3 期。
④ 冯长春：《中国音乐学》2012 年第 3 期。
⑤ 曹 桦：《人民音乐》2012 年第 1 期。
⑥ 李 梅：《艺术评论》2012 年第 10 期。
⑦ 周晶：《天津音乐学院学报·天籁》2012 年第 4 期。
⑧ 王思琦：《歌唱艺术》2012 年 11 月。

有效的研究方法。因此，对流行音乐研究视角的思考和借鉴，对于我国流行音乐的学术研究有非同以往的含义。

近年来逐渐受到学界关注的摇滚音乐批评，在本年度有曲舒文的一文：《谁的‘摇滚精神’——警惕中国摇滚音乐研究的定式思维》（《南京艺术学院学报·音乐表演版》2012年第3期）。文章指出，学界对“中国摇滚乐”研究的一个普遍问题，即过分热衷于谈论背后的“摇滚精神”，并“将之本质化为反叛和先锋性”等。文章认为所谓摇滚精神的“核心和本质”是“文化建构的，是西方后殖民话语的结果和知识界的情感投射，尤其不应忽视摇滚的音乐本体美学、音乐话语的复杂性、内部的权力关系，以及实际的产业问题”等。值得一提的是，当社会转型的方式发生改变，会对滞后于这种改变的歌曲创作、传播形成排斥性的压力。这正是20世纪末，内地摇滚遭遇大规模舆论讨伐的根本原因。而当摇滚乐手们把注意力转向对“城市”（都市化、工业化的璀璨成果）的嘲讽和颠覆后，摇滚乐迷就随之自然而然的发生了分化。

在学术批评方面，舒铁民针对满新颖《20世纪上半叶中国歌剧的历史特征》（《人民音乐》2011年9月）一文，发表《对〈20世纪上半叶中国歌剧历史特征〉一文的质疑》（《人民音乐》2012年6月）。舒铁民认为满新颖的“歌剧理念是西洋歌剧的”，因此，对满新颖为20世纪上半叶中国新歌剧“号脉”所认定的“某些特征”是我国歌剧发展道路上的“血栓”与“魔障”的说法并不赞同。满新颖认为“采用戏曲音乐的程式、板式结构来填补歌剧音乐发展的空缺，容易引导后世歌剧创作的趋同化、类型化”，而这种程式化模式只能煮出“一镬之味”，“甚至还将招致剽窃之嫌”。针对满新颖提出的自《白毛女》以后，“凡写某地题材，便将当地民歌、说唱、秧歌、戏曲等民间音乐一网打尽，填以剧诗，这种‘粗加工’是对民族音乐创作资源的粗暴占有，是对音乐素材的竭泽而渔”的观点，舒铁民引用《中国歌剧史》中对“戏曲元素”成为我国民族歌剧重要特征之一的原因，即歌剧这一新兴艺术形式要想在当时为广大群众所接受，必然需要结合本土元素进行“实验”，而戏曲元素与新歌剧的成功融合“影响几代歌剧人”是中国歌剧发展的选择。以“西洋歌剧理念衡量中国歌剧”无异于“中国人选美，要以玛丽莲·梦露为楷模，当然会有皮肤欠白，鼻子欠高之类的缺陷。”而改革开放以后大部分以“西洋模式”创造的中国歌剧也并未因此迈上“康庄大道”，舒铁民提醒我国歌剧人注意这种历史反差，应继承和发展已有的优势，创作出“既区别于中国戏曲，又有别于西洋歌剧、符合我炎黄子孙审美价值观”的作品，并接受听众检阅，创造“我国民族学派的歌剧艺术”。

“书评”一直是音乐批评的热点门类，是批评意识最显著的承载者之一。2012年12月，第五届“人音社杯”高校学生音乐书评奖揭晓，共有一等奖、二等奖各14名，共计28篇文章获奖。获奖文章，在对书籍的选择上能够做到题材丰富，涉及音乐美学类、音乐史学类、民族音乐学类、传统音乐类、音乐评论类等。对流行音乐类书籍的关注，是“学院式”评论一直较少涉及的部分，虽然在28篇获奖文章中仅占一篇①，相信会有“星星之火”的燎原之势，为音乐评论对象和范畴的日益丰富，注入年轻而新鲜的活力。

居其宏在其《一本历史地敞开但未被读透的思潮教科书——〈音乐界实用本本主义思潮研究〉绪论》（《中国音乐学》2012年第2期）中，将新中国成立后中国音乐界反复出现的“政治批评话语”②特指为“音乐界实用本本主义思潮”。对其的研究和深层解读，是为对当代文艺批评反思的同时，提醒乐界正视这股思潮所代表的“霸权话语”，正视那个特定时代产生的历史现象，为“以科学历史观和方

---

① 何彬：《评〈中国当代城市流行音乐——音乐与社会文化环境互动研究〉》，广西艺术学院音乐学院2009级本科生，获“第五届高校学生音乐书评”征文一等奖。

② 选自居其宏《当代文艺批评的阿Q性格》，《艺术百家》2008年第1期，第216页：“记得曾有人说过，一个缺乏反思和自省能力的民族是没有出路的……当代文艺批评界如果也缺乏这样的自我反思能力，同样没有出路。有趣的是，我国音乐界某些极左路线的执行者曾以‘贯彻毛主席文艺路线’为借口把自己应负的一份历史责任统统推得一干二净，结果本该汲取的教训未能汲取，原应避免的错误一犯再犯，导致政治话语批评在80－90年代之交的强势回流，成为当代音乐批评史上一个重大的涂抹不掉的历史污点。

法论来清除其毒素，恢复中国音乐家心智结构的健康，使得21世纪中国专业音乐艺术能够在真正多元语境中自由呼吸和独立思想。”乔建中在《学至于行之而止——为〈荆山传统音乐文化研究丛书〉而写》（《人民音乐》2012年第1期）一文中，将我国音乐界对传统音乐的田野考察分为1950年—1960年的“采集取样”考察时代、1980年至21世纪的围绕“中国民族音乐集成”的“集成编撰”和“乐种学研究”时代以及21世纪“人类口头与非物质文化遗产”的“非遗”保护时代三个历史段落。于润洋在《〈贝多芬：音乐与人生〉中译本序言》（《人民音乐》2012年第9期）中提出如何认识和处理作曲家传记和其音乐之间关系问题，即“作品和人生的关系”是否有真正融合和交织的必要和可能，是一个重要问题，也是西方音乐学界的对立和分歧所在。处理好作曲家的传记人生与其音乐作品之间的关系，对于“尽可能接近地理解作品本身，最大限度降低失实和缺失赋予深远的价值含义”有重大意义。

年度人物评论热点有，萧友梅研究、聂耳、马思聪百年诞辰纪念和于润洋学术研讨等。2011年秋，为纪念辛亥革命100周年，萧友梅学术思想论坛暨作品音乐会在广东举办。2012年音乐类核心期刊中关于中国近现代音乐家萧友梅的研究文章有居其宏的两篇文章：《我国新音乐发展战略的设计师和先行者——萧友梅音乐思想与创作教育实践的跨世纪回望》（《音乐探索》2012年第1期）和《学贯中西战略家 披荆斩棘拓荒者——萧友梅与中国专业音乐教育史》（《中国音乐》2012年第1期）；李岩的两篇文章：《以千虑一失——萧友梅音乐教科书的缺憾》（《人民音乐》2012年9月）、《萧友梅“精神国防”与“非常期”（1937—1945）教育政策研究》（《天津音乐学院学报·天籁》2012年第3期）和黄旭东的文章《萧友梅办学的基本特色——以国立音专为例》（《音乐艺术》2012年第2期）。以上分别从音乐教育、音乐创作和音乐思想等方面阐述萧友梅在其所处的那个独特时代，对近代中国专业音乐教育的规划和践行，对“中国音乐往何处去”的思索和谋划。居其宏指出，“萧友梅关于中国新音乐语言技法和风格形态的定位，为此后中国作曲家的创作实践奠定了形态学基础。”① 同时，在以史料和历史人物的言论为据的基础上，李岩对萧友梅20世纪20年代中后期出版的四本“新学制教科书”中存在的问题予以点评。2012年是中国近现代历史上著名的作曲家、小提琴演奏家、音乐教育家和音乐社会活动家马思聪先生百年诞辰，由中央音乐学院发起，中国文联、中国音协和中央音乐学院共同举办了“马思聪百年诞辰”活动。《人民音乐》、《艺术评论》、《中央音乐学院学报》、《天津音乐学院学报·天籁》、《四川音乐学报·音乐探索》、《星海音乐学院学报》等相继发表纪念文章20余篇，从专业音乐教育、音乐创作、音乐理念及其音乐价值等多方面评价马思聪的音乐人生。《雀跃、沉默和‘叛逆’——马思聪在20世纪50至60年代的心路历程》② 和《创造为先——马思聪新音乐核心理念透析》③ 两篇论文都是通过对史料进行充分挖掘的前提下，以严谨的批评态度进行论述和评介，力求客观地还原一个个真实的历史片段，在总结和评论他的历史贡献中展现一个形象立体、思维饱满的新中国音乐家。《艺术评论》刊登的《立言拓荒路 继往开泰来——关于‘马思聪’的研究与研究‘马思聪’之思考》（程兴旺，2012年第7期）一文，在评价和总结学界关于马思聪的研究成果及特点之外，还对中国近、当代音乐史中有关“马思聪研究”的创新和有待挖掘之处做了规整。时逢聂耳诞辰百年，由中国音乐家协会、云南省委宣传部、玉溪市委市政府共同举办了“纪念聂耳诞辰100周年”文化系列活动。《人民音乐》、《中国音乐学》、《西安音乐学院学报·交响》、《歌剧》等相继发表纪念评论文章，以创作思想、电影音乐创作、艺术歌曲创作等方面评论其在近现代音乐史上的价值。值得关注的是，史婕在《中国音乐学》2012年第3期中的《对〈中国大百科全书·音乐舞蹈卷〉“聂耳”条目的商榷》一文中，列举多项史料和研究成果，对《中国大百科全书》1989年和2009年两版《音乐卷》中的“聂耳”条目进行考辨与勘误，以还原其生活、创作及从事革命事业的真实状况。文中对“聂耳”多项条目释文不尽准确或

---

① 居其宏：《我国新音乐发展战略的设计师和先行者——萧友梅音乐思想与创作教育实践的跨世纪回望》，《四川音乐学院学报·音乐探索》2012年第1期。

② 戴嘉枋：《人民音乐》2012年7月。

③ 李岩：《中央音乐学院学报》2012年第4期。

错误地方的指出，对“中国近现代音乐史”和“聂耳”研究增添了更加丰富确凿的史料依据。2012 年中央音乐学院为其前院长、音乐学家于润洋举办了“春雨润物 学海成洋——于润洋八十春秋学术研讨会”。作为同时在音乐史学和音乐美学两个领域做出贡献的音乐学家，于润洋以一己之力影响整整一代学者的思维方式。有 10 篇①文章，从于润洋的学术思想、理论架构、学术旨趣、音乐教育思想等方面评论于润洋的学术成果。对作曲家朱践耳的评论文章②，分别从其钢琴作品的艺术特色及创作经验、交响乐创作技法的民族化思维和音乐创作的历史语境与现实意义三方面评价朱践耳在现代的艺术语境中运用音乐语言，赋予传统民族文化新内涵的创作理念。

关于音乐创演

中国交响乐经历几代人的努力，已经从新中国成立初期的“学西方”变成现在拥有拔新领异的“东方气质”。2012 年 4 月，由文化部艺术司、国家大剧院和中国音乐家协会、中国交响乐发展基金会共同主办的，为期 21 天的交响乐大检阅——第三届“中国交响乐之春”的活动中，共有来自中央及地方的 12 支交响乐团，通过艺术演出、普及讲座等形式，为繁荣北京文艺舞台、推广交响乐创演贡献力量。不少原创新作品亮相舞台，如钢琴协奏曲《鼓浪屿狂想曲》、钱兆熹创作的《西湖梦寻》、管弦乐《花鼓灯波尔卡》和小提琴协奏曲《太平湖之恋》等。题材广泛，形式多样，交响乐、协奏曲、声乐、民族器乐，好作品相继登台。

本年度仅《人民音乐》所刊登的关于器乐和交响乐创作的评论文章就有 20 余篇：《心灵之窗——梁雷钢琴组曲〈我的窗〉评析》（徐文正，2012 年第 1 期）、《达幽之境，何处寻？——评霍霏霏为室内管弦乐队而作的〈达幽〉》（李明月，2012 年第 2 期）、《民族性审美范畴的突破——兼评杨立青交响叙事曲〈乌江恨〉悲剧形象的创造》（李小诺，2012 年第 3 期）、《大漠漫卷西风去 于斑斓处听芳华——储望华交响乐〈丝绸之路〉的创作特色》（孔令伟，2012 年第 4 期）、《方闻华夏之根声 又浮敦煌音画景——大型民族交响乐〈敦煌音画〉创作特色评析》（可畏、再生，2012 年第 8 期）、《论郭文景〈协奏曲〉的创作特色》（安鲁新，2012 年第 9 期）、《浅吟低唱咏西子 故辞新曲赋临安——评叶小纲声乐交响作品〈临安七部〉》（刘小龙，2012 年第 9 期）、《以深沉抒情之美 抒昂扬奋发之情——邹建平〈交响音诗〉评析》（樊祖荫，2012 年第 12 期）、《高雅艺术接地气——谈音乐诗画〈郢地九歌〉的艺术探索》（邓小英，2012 年第 11 期）等。这些文章的评论对象几乎都是近一年来在国家大型展演活动或音乐会中反响不俗的新作品。

这类乐评文章的选登，除了说明作为音乐批评重阵的《人民音乐》一直以来对交响乐和器乐创作类评论文章的重视之外，更体现近年来，在国家政策的鼓励下，在各国家、省级院团的努力下，交响乐和器乐创作呈现稳步发展。在年度国家级大型展演活动将好作品推上舞台的同时，音乐评论人对于音乐创作，特别是交响乐和器乐作品的创作和演出，仍然保持着较高的关注，在这股势头的带动下，音乐评论和音乐演出相互依存的关系终将逐步建立，并且形成良性循环。

2012 年中国大陆的歌剧、音乐剧创作展演热闹红火，被称为“井喷”之年。首演的原创歌剧有

---

① 《人民音乐》：宋瑾“于润洋音乐学术思想的哲学基础”（2012 年 9 月）、李晓东“意蕴的形式与形式的意蕴——我心目中的于润洋先生”（2012 年 9 月）和宋学军：“春雨润物 学海成洋——于润洋 80 春秋学术研讨会在京举行”（2012 年 10 月）；《中央音乐学院学报》2012 年第 3 期：何宽钊“论于润洋学术研究中的历史意识”、柯扬“承先贤之法，启后生之思——论于润洋对卓菲亚·丽萨音乐美学思想的继承与发展”，宋学军“春雨润物 学海成洋——我院隆重举行‘于润洋教授八十春秋学术研讨会’”（2012 年第 4 期）；《音乐研究》：叶松荣“论于润洋西方音乐史学研究中的理论建构”（2012 年第 1 期）、赵仲明“历史研究与美学评价——于润洋学术思想研究”；《天津音乐学院学报》2012 年第 3 期：叶松荣“于润洋专业音乐教育思想的理论阐释——为庆贺恩师于润洋教授诞辰八十华诞而作”、姚亚平“论于润洋学术旨趣的两个维度”。

② 蔡乔中：《朱践耳交响乐创作技法的民族化思维》、《人民音乐》2012 年 10 月；伍维曦：《‘思接千载，视通万里’——朱践耳音乐创作的历史语境与现实意义》，《音乐创作》2012 年第 4 期；孙娟“朱践耳钢琴作品的艺术特色及创作经验音乐研究”，《音乐研究》2012 年第 2 期。

《运河谣》、《山林之梦》、《辛亥风云》、《守望天山》、《永不消逝的电波》、《文成公主》、《苏武》，音乐剧有《告诉海》、《钢的琴》、《三毛流浪记》、《杜拉拉升职记》等。2012年8月至10月，文化部在北京举办“讴歌伟大时代，艺术奉献人民——2012年全国优秀剧目展演”，是我国近年来舞台艺术创作成果的一次集中展示。在119台参演剧目中（包括参加2012年国家艺术院团优秀剧目展演的35台剧目），包括歌剧7台、歌舞7台、音乐剧1台、交响音乐会7台、民族音乐会4台、合唱音乐会3台①。这些参演剧目题材广泛、形式多样，其中，既有原创剧目《运河谣》、《徽班》，经典保留剧目《红色娘子军》、《白毛女》，也有国外引进剧目《小美人鱼》、《蝴蝶夫人》；既有革命历史题材剧目《永不消逝的电波》、《延安记忆》、《铁道游击队》，也有现实题材剧目《温暖》；既有世界风情歌舞晚会《五洲风情》，也有我国少数民族歌舞晚会《魅力西藏》、《鄂尔多斯婚礼》等。国家艺术院团资源雄厚、人才济济，这些题材、内容丰富的大型展演活动催生本年度的音乐创作批评较之往年更加活跃。

歌剧批评类文章主要集中在以推介歌剧、音乐剧的综合性刊物《歌剧》和相关报纸中。乐评人对新创歌剧和首演作品关注度高，如民族歌剧《运河谣》②、国家大剧院版歌剧《假面舞会》③、原创歌剧《山林之梦》④ 和少数民族题材歌剧《钓鱼城》⑤ 等。评论的焦点集中在作品的戏剧性表现是否吸引人，是否将歌剧这一西方舞台表演艺术与国人欣赏习惯做了恰到好处的融合，以及作品中音乐的部分是否得以“承担揭示戏剧内涵、制造戏剧环境、形成音乐形象的要求”⑥。民族歌剧在主题贯穿发展手法之外、采用板腔体这种独特的音乐思维方式来展开戏剧性。它与中国戏曲的音乐戏剧性思维、主流意识形态和广大观众的审美习性呈现出千丝万缕的联系。对于广受褒奖的民族歌剧《运河谣》的创作，编剧黄维若强调“剧本的文字与唱词，应该是诗、歌词、曲词与戏词的结合体，而其中戏词的要求是压倒一切的”⑦。作品的旋律素材是否丰富也是乐评人着力品鉴的点，居其宏在其《歌剧音乐的戏剧性思维及其深度开掘——评大型歌剧〈钓鱼城〉的音乐创作》⑧ 中，运用大量篇幅评介该作品对音乐动机贯穿手法的运用，对作曲家将来源多样的主题音乐进行提炼和融合的技巧给予充分肯定。

歌剧从最初全盘引进国外制作，到本土乐团的音乐会歌剧，再到国内音乐机构的舞台版，每一次前行都令人欣喜。上演瓦格纳的歌剧，是今年国家大剧院歌剧季的重要项目，2012年4月，国家大剧院推出国际合作的《漂泊的荷兰人》，而在6月的闭幕演出中，中央歌剧院独立担纲《汤豪塞》作为整个歌

① 文化部文化部艺术司音乐舞蹈杂技处：《讴歌伟大时代 艺术奉献人民2012年全国优秀剧目展演艺术创作座谈会（音乐舞蹈杂技）发言摘登》，《光明日报》2012年11月2日。

② 傅显舟：《民族歌剧〈运河谣〉评析》，《歌唱艺术》2012年10月；景作人、王小京：《民族歌剧又结一枚红莲——观〈运河谣〉有感》，《歌剧》2012年8月；曹玉萍、王小京：《直抵人心的咏叹——评原创民族歌剧〈运河谣〉》，《歌剧》2013年1月；紫茵、王小京：《一夜咏叹千年悲欢——听歌剧〈运河谣〉首演》，《歌剧》2012年8月；赵怡轩：《戏剧视角下的歌剧〈运河谣〉初探》，《歌唱艺术》2012年8月；周彭灵子、王小京：《浅赏水中莲 聆听运河谣》，《歌剧》2012年8月。

③ 卜之、王小京：《舞台上的大宴席 歌唱家的试金石——〈假面舞会〉观后》，《歌剧》2012年7月；紫茵、王小京：《〈假面舞会〉：光彩照人的中国面孔》，《歌剧》2012年7月；李澄、王小京：《‘养眼’还是‘养心’，这是个问题——国家大剧院版〈假面舞会〉》，《歌剧》2012年7月。

④ 紫茵、费斌：《好梦成戏真情感人——听歌剧新作〈山林之梦〉首轮首演》，《歌剧》2012年10月；景作人：《借鉴 积淀 融合 创新——观原创歌剧〈山林之梦〉有感》，《歌剧》2012年10月；蒋力：《人鬼情——赏歌剧〈山林之梦〉》，《音乐周报》2012年9月5日。

⑤ 居其宏：《歌剧音乐的戏剧性思维及其深度开掘——评大型歌剧〈钓鱼城〉的音乐创作》，《人民音乐》2012年4月；《在戏剧性与音乐性的强烈互动中高歌民本主题——评大型歌剧〈钓鱼城〉》的剧本文学创作》，《戏剧（中央戏剧学院学报）》2012年第2期；紫茵、向玺霖：《荣辱生死一念间——听歌剧〈钓鱼城〉首演》，《歌剧》2012年1月，董德君：《中国歌剧百花园中的又一朵奇葩——观歌剧〈钓鱼城〉有感》；《音乐生活》2013年第1期；老谭：《歌剧〈钓鱼城〉的人文价值》，《歌剧》2012年1月；石惟正：《歌剧〈钓鱼城〉首演观后》，《艺术评论》2012年第1期。

⑥ 傅显舟：《民族歌剧〈运河谣〉评析》，《歌唱艺术》2012年10月。

⑦ 黄维若：《关于歌剧〈运河谣〉剧本的若干思考》，《艺术评论》2012年第7期。

⑧ 居其宏：《人民音乐》2012年4月。

剧季的宏伟收场，在首都音乐界掀起了不小的震动。因此，本年度对本土制作的外国歌剧评论主要围绕瓦格纳的三部作品：《漂泊的荷兰人》、《唐豪瑟》、《罗恩格林》，除《歌剧》外，《艺术评论》、《音乐爱好者》、《上海音乐学院学报·音乐艺术》等刊物也刊登了上述作品的乐评：《心存敬畏的精神救赎——评国家大剧院版歌剧〈漂泊的荷兰人〉》①、《国家大剧院版〈漂泊的荷兰人〉：瓦格纳精髓的展现》②、《为何没有了纵身一跃？——国家大剧院〈漂泊的荷兰人〉观感》③、《从〈唐豪瑟〉透视中国歌剧》④、《中国音乐家的突破——观国家大剧院版歌剧〈罗恩格林〉》⑤、《〈汤豪塞〉：中央歌剧院事业的里程碑》⑥ 等。特别提出的是，由中国艺术研究院主办的具有批评精神的专业性艺术类评论刊物《艺术评论》中，特别策划"关注"版块，刊登了国家大剧院版歌剧《漂泊的荷兰人》的四篇文章，以访谈、乐评和业内艺术家的观感集锦，从不同侧面评价了这部气势恢弘、中外合作的瓦格纳剧目。

2012 年的演出市场，音乐剧门类表现尤为突出。随着中文版音乐剧《妈妈咪呀!》与《猫》在全国范围内巡演，所到之处均受到观众的热烈追捧。国内音乐剧在原创力上活力十足，较往年有很大突破，有史诗《文成公主》、《钢的琴》、《凤凰于飞》等一批作品涌现。粗略统计，本年度国家级主流报纸和音乐类核心期刊对音乐剧的演出和创作评论数量可观，如《〈桂花雨〉：打造民族音乐剧精品》⑦、《成人与孩子、肉体与精神的饥饿》⑧、《评说港"三联歌剧"》⑨、《汉藏乐舞艺术的多彩呈现——观音乐剧〈文成公主〉》⑩、《传统与现代的融合——评音乐剧〈天桥〉的音乐创作》⑪ 等，在此不能一一列举。对于国产音乐剧井喷的讨论，著名音乐人三宝却认为"中国音乐剧还没有起步"⑫。乐评人对中国音乐剧的发展思考成为今年音乐剧批评的关键词之一：《人民日报》2012 年 2 月 28 日刊发王海平的评论《中国音乐剧面临两个问题》，文中认为国产音乐剧想寻求大建树必须解决好内容本土化和形式现代化的问题。反映中国音乐剧现状的评论性文章还有《国内音乐剧短板：人才和运营模式》⑬、《中国音乐剧行走在路上》⑭、《中国音乐剧呼唤原创》⑮ 等。

音乐会评论是音乐评论系列中最具人气的类别之一。本年度"音乐会报道常有，而音乐会评论鲜有"的现象得到改善。仅《人民音乐》就有《历久弥新的芬芳——评"放怀长天"劫夫作品音乐会》（黄宗权，2012 年第 10 期）；《丝竹管弦 古典印象——由〈华乐女子五重奏〉音乐会引发的一些思考》（邢维凯，2012 年第 8 期）等近 30 篇。

不少有关大型音乐节的系列评论文章兼顾时效性和评论性，如《春潮·春华·春韵——记 2012 年第 29 届上海之春国际音乐节上海音乐学院系列音乐会》（伍维曦，《上海音乐学院学报·音乐艺术》2012 年第 2 期）、《一言难尽的当代音乐 聆听当代音乐周有感》（任海杰，《音乐爱好者》2012 年 1 月）和刊登于《文汇报》的《逼近声音潜能极限的"敞开"——评上海当代音乐周闭幕音乐会》（李明月，2012 年 10 月 24 日）等。值得特别指出的是，2012 年第五届上海音乐学院当代音乐周"中国当代音乐

① 于平：《文艺报》2012 年 4 月 20 日。
② 黑妹：《中国文化报》2012 年 4 月 10 日。
③ 刘雪枫、王小京：《歌剧》2012 年 5 月。
④ 张继红：《上海音乐学院学报·音乐艺术》2012 年第 4 期。
⑤ 周皓：《音乐周报》2012 年 12 月 12 日。
⑥ 景作人：《音乐爱好者》2012 年 12 月。
⑦ 翟群：《中国文化报》2012 年 6 月 26 日。
⑧ 金兆钧：《中国艺术报》2012 年 2 月 27 日。
⑨ 周凡夫：《歌剧》2012 年 12 月。
⑩ 傅显舟：《中国艺术报》2012 年 12 月 14 日。
⑪ 夏雄军：《人民音乐》2012 年第 10 期。
⑫ 裴诺：《著名作曲家三宝：中国音乐剧还没有起步》，《中国艺术报》2012 年 2 月 15 日。
⑬ 陈 晨：《东方早报》，2012 年 5 月 20 日。
⑭ 曹玲娟：《人民日报》2012 年 12 月 27 日。
⑮ 周豫：《南方日报》2012 年 12 月 9 日。

作品评论”单元中，所参选的二十余件投稿作品较之于往届，除对作品的评论外，评论者的关注也延伸到音乐生态与演出现场，不再仅局限于乐谱式分析，观察范围扩展明显。而《音乐周报》、《中国文化报》、《中国艺术报》等相关报纸媒体也增加了音乐会评论方面文章的刊登。

但是，对于不管是专业或非专业人士而言，对音乐会的关心程度，并不仅仅满足于“何时何地”的常规性新闻报道，而更希望了解表演细节。所以，音乐会评论其实是音乐会这个“新闻事件”报道中的更重要部分。但目前，仍有少量报纸和杂志对于音乐会的评论仍仅限于新闻式报道，缺少现场乐评所需要的、具有高尚精深的音乐审美鉴赏力和趣味的乐评人笔下的那种看似主观的评价，而这恰恰是音乐会评论最有魅力的地方。

创作和批评如鸟之两翼，音乐创作的繁荣和发展，离不开积极健康的批评环境。尽管音乐批评日渐活跃，但相比于日趋繁荣的创作和演出活动，仍然相形见绌。音乐批评与音乐创作和演出的繁荣、与音乐市场的发展和受众的审美需求仍未相适应。调动发挥乐评人和相关媒体的积极性，增强音乐批评的针对性和有效性，对推动优秀作品的创作和传播，提高受众的音乐鉴赏能力和审美修养，为音乐创作的生产和传播创造良好的社会舆论环境，从而促进整个社会音乐创作的繁荣和发展有积极的现实意义。而音乐批评与音乐创演也恰能因此迈入互为依存、互促发展的良性循环之中。

关于音乐生活

陈丹青在《外国音乐在外国》一书中评价：“我们有音乐，但没有音乐生活”。此话虽有绝对之嫌，但的确反映了音乐生活在中国社会的贫乏。本年度探讨社会音乐生活的文章有《红歌：特定时代的历史记忆》①、《当代城市农民工音乐生活调查与思考》②、《漫议邓丽君现象》③ 等寥寥数篇，分别就当今社会发展进程中所伴随的社会音乐生活现象进行思考和探究。但多以社会学和文化学角度出发，真正以音乐批评视角进行写作的并不多见。对2012年度反映群众音乐生活的热点事件和现象，如对将音乐重新拉回老百姓视线的“中国好声音”等系列音乐节目和数字音乐付费的论辩等事件几乎未有涉及。

杨燕迪将活跃于当前中国音乐生活中的音乐批评家，分为三类④：即“专业的音乐学家”、“从事作曲或表演的专业实践家”和“通过报刊媒体参与音乐评论的‘乐评人’”。本年度关于音乐生活的评论，主要来源于通过报刊媒体进行音乐批评的“乐评人”。非“学院派”的流行音乐乐评人李皖便是其中的活跃者。连续多年在三联《读书》中开设专栏的李皖，在2010年第11期中发表了《六十年三地歌》⑤系列之一：《解放（一九四九——一九五六）》，这个系列持续刊登一年有余，直至2012年第5期发表的系列之十：《民谣，民谣（一九九四——二〇〇九）》⑥。这一系列主要记录了在文化、政治和社会背景下，两岸三地在特定时期所产生的引起大众关注并获得广泛好评的歌曲，这些歌曲体现着所处的时代特点。本系列评论以非专业、热情而富有批评精神的锐利视角，优美而鲜活的写作手法，记述了中国内地、台湾、香港三地六十年（1949年—2009年）的时代歌曲。这些文字触及并揭示了音乐（特别是流行音乐）中的文化意蕴和生命内涵，记录和评价了1949年至2009年的60年间，与中国民众有关的音乐记忆。有些作品，时隔几十年，再去回顾，依然能够为当时的中国社会立下一个注解。这就是流行歌曲的特点之一——用自己的方式记录时代，为时代作证。李皖将他的音乐体验，以细腻清晰的写作方式呈现，将歌曲与其流行的时代和社会生活相关的画面和情愫连接，是他这一系列评论文章的闪光点。除

---

① 周耘：《武汉音乐学院学报·黄钟》2012年第2期。

② 王艳锋：《音乐传播》2012年第1期。

③ 杨立华：《文化学刊》2012年第3期。

④ 杨燕迪：《音乐批评的现代制度发育过程及相关反思》，《音乐研究》2011年3月。

⑤ 60年三地歌系列共10篇：“解放”（1949—1956）、“民歌嘹亮”（1957—1966）、“红太阳”（1966—1976）、“花样年华”（1966—1980）、“解冻之春”（1978—1985）、“西北风、东南风”（1986—1989）、“摇滚的力量”（1989—2009）、“都市忧郁”（1989—1994）、“偶像的力量”（1994—2009）和“民谣、民谣”（1994—2009）。

⑥ 2012年度的《读书》刊登了“六十年三地歌”系列的《偶像的力量（一九九四——二〇〇九）（见第1期）》和《民谣，民谣（一九九四——二〇〇九）上、下》（第4、5期）。

此之外，《人民日报》、《光明日报》、《音乐周报》、《文汇报》等报纸媒体，也偶见刊发反映群众音乐生活的评论文章。

在音乐生活越来越丰富的今天，音乐评论不能仅是局限在学术内的争鸣，而应该更贴近大众的声音。在专业协会“不能忽视对流行音乐的评论”的倡导下，越来越多的音乐学者开始关注音乐生活。2012 年 12 月，中国音乐评论学会第五届年会召开，在年会论文集中出现了几篇反映当下音乐生活的文章：评价音乐事件的《评朗朗美国“白宫演奏事件”》（李岩），谈论音乐现象的《透过春晚音乐现象分析现代音乐评论的衍变与发展》（马卫星、崔可），谈论流行音乐的《对流行音乐评论的评论》（张燚），还有谈论网络音乐的《从草根到偶像——中国网络歌手十年盘点》（冯文双）。这些文章以当下的社会音乐生活为对象，讨论热点音乐事件或现象，在反映群众音乐生活面貌的同时，引导读者透过现象探讨更深层次的本质原因。相比之下，专业学者更容易在从事和音乐生活相关的评论活动时，凭借专业素养和理论架构对社会音乐事件或现象，按照已有的实证知识、经验、事实、法则或认知等方法，进行合乎逻辑的推论性总结，而这些挖掘现象背后更深层的、前瞻性的学术批评，对于实践是有重大意义的。

结 语

2012 年，中国音乐文论延续了以往的关注领域和研究特点，较多地涉及音乐学理论和专业创作、表演领域的批评与解析，同时兼顾当代音乐的探索和对西方音乐批评理论的解读。与此同时，今年也出现了与以往不同之处：有对传统学科布局局限性的思考，并提出了构建和完善艺术学学科理论建设的实践性策略；有对当代中国表演艺术学科成果评价标准与评价体系建构的思考①，并倡导建立适合的艺术专业评价体系。在 21 世纪国家文化大发展大繁荣的背景下，一批拥有专业理论素养和敏锐洞察力的音乐批评家站在学科历史沿革和发展规律的时代高度，进行了细致深入的多方位思考，并提出了切实的研究路径。

音乐评论不等于音乐分析，就像音乐不仅是音符和音响一样。本年度仍有少量歌剧、音乐剧类评论脱离音乐本身，仅谈创作背景或直书剧情的现象也并未消失。部分报纸刊登的乐评类文章多以新闻报道的方式做演出介绍，缺少批评精神。音乐评论不是专业院校象牙塔内的独白，而是社会上各种声音的交响。不少乐评者把注意力更多的集中到了书谱上，而对社会音乐生活的关注尚显不足。“学院派”乐评人和媒体乐评人的关注点虽有互补，但仍略欠均衡。对个别热点门类或事件的关注仍有遗漏，如本年度合唱的活跃与繁荣较往年有显著的提升，国内各大合唱节和赛事竞相开幕，中国合唱团体在国际比赛中亦成绩斐然，但除个别报道性文章之外，少被提及；热点事件类活动，如首届“华乐论坛”暨“新绎杯”经典民族管弦乐作品评奖的评论文章也鲜少见报。一直以来，对音乐唱片和对儿童、青少年群体创作、表演的音乐作品等方面也存在关注不够的问题。

中国音乐评论尚处发展中阶段，任何事物在其发展过程中都难免历经摸索和蹒跚、迂回和缓慢。在历经 20 世纪的思索和探求后，中国音乐评论已告别贫瘠的土壤，在愈发适宜的环境下，我们期待它的茁壮，并为此贡献力量。

陈乾　中国艺术研究院《中国艺术年鉴》编辑部

---

① 明言：《寻找合适的“鞋子”——对当代中国表演艺术学科成果评价标准与评价体系建构的思考》，《南京艺术学院学报·音乐与表演》2012 年第 1 期。

文件・文献

【文化部党组书记、部长蔡武《大力扶持　推陈出新　全面促进中国歌剧艺术繁荣发展》】

歌剧，作为艺术殿堂中一颗璀璨的明珠，融音乐、戏剧、文学、舞蹈、舞台美术等为一体，是衡量一个国家舞台艺术创作、表演总体水平的重要标志。2011 年 11 月，文化部与福建省人民政府成功主办了首届中国歌剧节。这是党的十七届六中全会之后一次重要的国家级艺术活动，这期间不仅进行了歌剧剧目展演和评比，而且举办了论坛、展览、下基层演出、《中国歌剧史》首发以及中国剧院联盟签约等丰富多彩的活动。系列成果引人瞩目，加快发展已成共识。首届亦为新起点，借此契机，对中国歌剧近百年的发展道路进行回顾与思考，对于促进歌剧创作、更好地弘扬以爱国主义为核心的民族精神和以改革创新为核心的时代精神，涌现出更多无愧于历史、无愧于时代、无愧于人民的优秀作品，具有非常重要的意义。

一、历史回顾与主要经验

作为一种“舶来艺术”，中国歌剧在五四新文化运动的直接影响下，于上世纪 20 年代开始萌芽。近百年来，尤其是在新中国成立、建设发展、改革开放的不同时期，党和政府始终高度重视发展歌剧艺术，广大歌剧艺术工作者坚持“二为”方向和“双百”方针，不仅主动学习西方歌剧在音乐创作、声乐训练等方面的深厚经验和科学方法，而且坚持从中国民歌、戏曲等传统艺术中汲取养分，将歌剧这种外来艺术样式与民族传统文化紧密结合，创演了大量反映时代精神、具有民族特色的优秀作品，在满足广大人民群众的精神文化需求方面发挥了不可替代的重要作用，已经成为中华民族文艺百花园中的一朵奇葩。

据统计，我国目前共拥有各类歌剧表演艺术院团（研究院、艺术中心等）38 个，专业人员近 5000 人（不含非专业从事歌剧工作的高等或职业院校师生），已创演近 800 部中国歌剧。以中国歌剧舞剧院创演的《白毛女》、《原野》等剧目为主要代表，中国歌剧还多次走出国门，在世界舞台上展示了自身的独特魅力，一批中国作曲家、歌唱家在重大国际比赛、艺术交流中屡获殊荣，为中国歌剧赢得了应有的地位和尊重。首届中国歌剧节参演剧目中，既有演出多年的《洪湖赤卫队》、《小二黑结婚》、《原野》等中国经典剧目，也有《汤豪塞》、《叶甫盖尼·奥涅金》、《茶花女》等外国经典剧目；既有《红河谷》、《土楼》等近年来新创作的正歌剧，也有《远方的胡杨》等现实题材轻歌剧；既有中央歌剧院、中国歌剧舞剧院等国家艺术院团创排的新剧目，也有艺术院校、歌剧艺术中心、民营文化公司等选送的作品，显示中国歌剧已具备全方位、高水准、多样化加速发展的强劲动力。

回首中国歌剧艺术的发展道路，我们可以总结出以下一些主要经验：

一是在传播影响上，中国歌剧具有广泛的群众性。自诞生之日起，广泛的群众性就成为中国歌剧的鲜明特征。从抗战开始到新中国成立后 17 年，一大批优秀歌剧演遍全国，“众口传唱‘北风吹’，处处皆闻‘洪湖水’，哪个不知‘刘三姐’，谁家不吟‘红梅赞’”的感人情景至今令人难忘。改革开放以来，虽然由于娱乐方式的多元化，歌剧发展一度出现滞缓，但大多数歌剧艺术院团积极转变创作观念，认真探讨艺术规律，注重提升艺术质量，先后创演了《芳草心》、《原野》、《张骞》、《苍原》等一批优秀剧目，终使中国歌剧重获生机，潜移默化而又深刻地改变着人们的欣赏习惯与生活方式。党的十六大尤其是十七大以来，我国经济持续快速发展，综合国力日益增强，为文化发展奠定了坚实的物质基础。我们党始终把文化建设放在重要战略地位，全面贯彻落实科学发展观，文化建设不断取得新的成就。随着文化消费需求持续增长，中国歌剧人在剧目原创、引进、复排、重排等方面也取得了显著成绩，中直院团及各地歌剧团体新创演剧目达 80 余台，其中，《司马迁》、《野火春风斗古城》、《雷雨》、《霸王别姬》、《红河谷》等剧目在社会上产生了较大影响。

中央歌剧院、国家大剧院自 2009 年起开始举办一年一度的国际歌剧演出季（节）。2010 年成立的郑小瑛歌剧艺术中心，在培育歌剧人才和普及歌剧艺术方面做出了不懈努力。首届中国歌剧节汇聚了

3000 余名歌剧艺术工作者，逾 5 万名观众到剧场观看，充分证明了歌剧艺术的独特魅力和良好的群众基础。

二是在艺术风格上，中国歌剧具有独特的创造性。中国歌剧自黎锦晖创作的儿童歌舞剧萌芽，之后“话剧加唱”成为一种较为普遍的歌剧结构形式。20 世纪 30、40 年代，为了全面宣传抗战的需要，中国艺术家创造了许多音乐、戏剧相结合的演出样式。1942 年 5 月 23 日，毛泽东同志《在延安文艺座谈会上的讲话》发表，广大文艺工作者积极响应、勇于实践，《兄妹开荒》、《夫妻识字》等秧歌剧演遍广大解放区。1945 年上演的大型歌剧《白毛女》在音乐上充分汲取中国戏曲曲调及民间音乐成分，创造了一种深受广大人民群众喜爱的“民族新歌剧”。之后，以《王贵与李香香》、《赤叶河》、《刘胡兰》等为代表的优秀剧目如雨后春笋般涌现。正是由于深深扎根于民族文化的沃土之中，中国歌剧在题材选择、人物塑造、音乐创作、舞美设计等方面不断创造、不断进步，从而形成了中国歌剧非常鲜明的民族特色。

三是在发展道路上，中国歌剧具有高度的包容性。新中国成立后，中国歌剧一方面继续坚持走“民族新歌剧”的道路，另一方面开始系统学习西方经典歌剧模式和演唱方法。这种“土洋结合”的方式极大地拓宽了创作题材，《小二黑结婚》、《草原之歌》、《洪湖赤卫队》、《刘三姐》、《红珊瑚》、《江姐》等成为这一时期的经典剧目。改革开放以来，以中央歌剧院为代表的艺术院团，以及中央音乐学院歌剧中心、上海音乐学院周小燕歌剧中心等通过西方经典歌剧的演出和教学，培养了一大批优秀歌剧人才，许多有过在世界著名艺术院团和专业院校演出、学习经历的歌剧人才也带回国外的成熟经验，共同助推中国歌剧的发展。近一二十年创演的歌剧中，民族歌剧、正歌剧、歌舞剧、轻歌剧、喜歌剧等全面发展，重大题材、地域题材、现实题材等均得以体现，剧目内容更加丰富，音乐、表演形式更加多样，同时还出现了一些探索性的剧目，中国歌剧舞台表现得更为多元和开放。

四是在文化内涵上，中国歌剧具有时代的先进性。中国歌剧不仅在历次爱国运动和思想解放运动中扮演过极为重要的角色，而且为缔造新中国、凝聚民族向心力，以及向世界呈现中华民族精神和国家发展成就发挥了积极而独特的作用。《扬子江暴风雨》演出之后，剧中的《前进歌》迅速成为流行歌曲，广泛传播于民间，极大提升了全民族的抗日激情。《江姐》用共产党人的崇高理想和坚贞气节谱写了一曲为民族解放甘洒热血的英雄赞歌，曾创下一年演出 286 场的纪录，剧中的经典唱段如《红梅赞》、《绣红旗》等被人们广为传唱。改革开放以来，中国歌剧以海纳百川的胸怀，更加深入地探究人类灵魂冲突与和谐渴望，反映深刻的中华文化自信和深厚的民族文化底蕴，展示了新时期我国社会发展进步、民族走向复兴的伟大成就。一部中国歌剧发展史，生动而深刻地回答了文艺创作“为谁写、为谁演、谁受益”的问题，体现了广大歌剧艺术工作者为传承和发展中华文化做出的积极贡献。

二、目前需着力解决的主要问题

中国歌剧近百年的发展成就令人鼓舞。但我们也要清醒地看到，歌剧本身具有的制作流程复杂、成本高、周期长、人员多等特点，以及演艺业生存发展的经济基础、体制机制和社会环境的深刻变化，都给中国歌剧事业的发展带来了新的挑战。与我国经济社会又好又快发展的新形势相比，与文化“两大一新”的要求相比，与人民群众不断增长的精神文化需求相比，歌剧事业的发展还存在一些亟待解决的问题：

一是原创能力不足，反映时代精神和现实生活，思想性、艺术性、观赏性俱佳的精品力作还不多。二是艺术生产决策机制不够科学合理，艺术委员会等艺术决策机构的作用没能得到充分发挥，导致剧目生产与市场和观众的需求脱节。三是观众和市场基础比较薄弱，良好的演出市场生态尚未形成，亟需进一步加大歌剧艺术的普及和推广力度。四是投入不足。目前，不少院团都存在创作经费不足、演出收入与成本倒挂、演职人员待遇偏低、离退休人员负担较大等方面的问题，院团忙于为“口粮”奔波，不能专注于艺术生产，剧目艺术质量难以从根本上得到保证。因此，有必要进一步加大对歌剧事业的投入力度，同时完善社会力量资助歌剧事业的相关优惠政策。五是歌剧人才培养难度大。近年来，中央音乐学院歌剧中心、周小燕歌剧中心、郑小瑛歌剧艺术中心、北京大学歌剧研究院等都为我国歌剧人才的培养发挥了积极作用。但是，国内艺术院校和高等院校的艺术院系却基本上没有开设专门的歌剧专业，这在一定程度上制约了优秀歌剧人才的涌现，导致歌剧事业发展的后劲不足。

三、新时期繁荣发展中国歌剧艺术的总体思路

党的十七届六中全会从党和国家事业全局的高度，对深化文化体制改革、推动社会主义文化大发展大繁荣进行了全面部署。站在新的历史起点上，一个新的文化建设高潮已经到来。面对良好机遇和新的挑战，广大歌剧艺术工作者一定要振奋精神、深入实际、潜心创作，为人民奉献更好更多的精神产品，共同开创中国歌剧艺术繁荣发展的崭新局面。

文化行政主管部门要坚持谋全局、定规划、抓落实、求突破，对制约、影响歌剧发展的各个环节、要素进行全面系统分析，分门别类梳理汇总，协调相关单位（部门），区分轻重缓急认真加以解决。要在积极争取各级财政投入的基础上，拓宽其他资金来源渠道，做好政策引导、标准修订、机制调整、剧目论证、媒体宣传、扩大交流等方面的扶持工作。通过调动多方面力量，大力营造良好的外部环境，使院团能够一心一意抓创作、脚踏实地谋发展，促使优秀剧目和拔尖人才脱颖而出。

各歌剧表演团体要遵循“尊重艺术规律、完善运营机制、创作艺术精品、保障群众需求”的总体原则，潜心修炼内功，牢固树立精品意识，狠抓创作，推陈出新，同时，对历年创演的剧目进行分析、总结，充分挖掘其中优秀剧目的成功之处与现实价值，创造条件复排、重排，增加演出、占领市场、扩大影响、提高收入，打牢院团长期稳定发展的基础，并藉此寻找自身的特色和优势所在，以准确的院团定位制定中长期发展规划，不断推出兼具民族精神与时代特色的精品剧目。

（一）始终服务人民大众，坚定中国歌剧发展的出发点。

一切进步的艺术创作生产都源于人民、为了人民、属于人民。人民群众是艺术鉴赏和艺术消费的主体，是艺术作品成功与否的最终评判者。人民群众的实践是艺术发展的不竭源泉，新时期歌剧创作必须坚持和发扬多年来形成的优良传统，牢固树立人民是历史创造者的观点，坚持以人民为中心的创作导向。艺术家首先应立志成为人民艺术家，甘心为人民歌唱，勇于为人民代言，与人民同歌泣、共悲欢，使歌剧创作更好地贴近实际、贴近生活、贴近群众，以优秀的作品吸引人、教育人、鼓舞人。要继续增加歌剧公益性演出场次，将优秀剧目主动“送下去”演出，坚持以观众喜欢不喜欢、满意不满意、接受不接受、认可不认可作为最高和最终标准，确保剧目创作为广大人民群众所喜闻乐见。要增强营销力量，广泛开拓市场，以精品剧目、经典唱段为核心，逐步将剧场、剧目、演员、乐团、指挥等歌剧艺术诸构成要素，打造成为媒体和社会关注的焦点、热点、亮点，培养一大批长期稳定的观众群体，并以持续增加的演出场次实现剧目生产的良性循环，获得源源不断的发展动力。

（二）坚持弘扬民族特色，选准中国歌剧创作的着力点。

各国艺术发展史已经充分证明：富有民族特色的艺术精品，凝聚着一个民族对世界和自身的历史认知和现实感受，积淀着一个民族最深层的精神追求和行为准则，可以让观众获得最独特、最直接、最深刻的审美体验。身处经济全球化、文化多元化的时代，我们要以高度的文化自觉和文化自信，倍加珍惜几代中国歌剧人努力探索而创立的民族歌剧风格，不断深入博大精深的中华传统文化之中汲取养分，解决好继承、融合、创新三者之间的关系，尊重差异、包容多样，支持多种题材、主题、样式、风格相互竞争、相互促进，促使中国歌剧在新时期焕发青春，绽放新的时代光芒，更好地满足人民群众多方面、多层次、多样化的精神文化需求，并以鲜明的中国特色、中国风格、中国气派立足世界歌剧舞台。

（三）以宽广的国际视野，跻身世界歌剧舞台的制高点。

纵观世界歌剧发展史，歌剧是展示民族文明素质的窗口，被视为一个国家从崛起走向强盛的重大文化标志和国家文化软实力的重要组成部分。中国改革开放30多年铸就的经济基础和人才积累，使我国歌剧创作和表演已经能够参与国际最高水平的竞争。对此，我们一定要坚定信心，发展面向现代化、面向世界、面向未来的歌剧艺术。既要有计划地引进世界经典剧目并加以消化、吸收，更要创作具有中国

气派和世界水准的艺术精品，不断加大“走出去”力度，向全世界展示中国歌剧创作的最新艺术成就，扩大中华文化在国际上的影响力、传播力和竞争力。

（四）紧跟时代前进步伐，突破歌剧现实题材创作难点。

我们身处一个大发展、大变革的时代，改革开放和全面建设小康社会的伟大实践使我们的社会结构以及人们的生活节奏、思想观念、道德情操、价值取向等都在发生深刻变化，这一切都为文艺创作提供了取之不尽、用之不竭的源泉。爱国主义是中华民族最深厚的思想传统，最能感召中华儿女团结奋斗；改革创新是当代中国最鲜明的时代特征，最能鼓励中华儿女锐意进取。新时期歌剧创作也要热情讴歌改革开放和社会主义现代化建设的伟大实践，生动展示我国人民奋发有为的精神风貌和创造的辉煌业绩。我们要拥抱伟大时代，投身火热生活，弘扬真善美，贬斥假恶丑，注意在社会生活中汲取素材、提炼主题，提倡题材、形式、手段充分发展，推动观念、内容、风格、流派积极创新，兼收并蓄、博采众长，以充沛的激情、生动的笔触、优美的旋律、感人的形象，增强中国歌剧的时代感和吸引力，创作更多思想性艺术性观赏性相统一、人民喜闻乐见的优秀作品。

（五）以剧目质量为核心，狠抓艺术产品的生产重点。

要牢固树立剧目艺术质量在院团长远建设中的战略与核心地位，充分调动艺术生产多种要素，把坚持社会主义先进文化前进方向、人民群众满意与否作为评价作品艺术质量的最高标准，不断完善符合歌剧艺术发展规律和社会主义市场经济规律的内部管理机制，建立以院团为主体、观众为中心、市场为导向、产学研相结合的艺术生产机制，科学制定艺术生产规划，将前期论证作为剧目创作生产决策的重要先决条件，构建由院团管理者、一线演职员、专家学者、演出经纪机构、社会媒体、普通观众等共同组成的多层次、多元化艺术评价体系。采取座谈研讨、问卷调查、网上投票等多种方式，把自我评估与社会评估结合起来，从而真实掌握艺术生产各个环节的实际情况，确保剧目艺术质量得到稳定提高，努力实现社会效益与经济效益的有机统一。

（六）加大人才建设力度，提升中国歌剧繁荣发展的时代基点。

新时期繁荣发展中国歌剧，体制是条件和保障，人才是基础和关键。要尊重劳动、尊重知识、尊重人才、尊重创造，深化劳动人事、收入分配和社会保障等配套制度改革，逐步建立有利于调动全体人员积极性、主动性、创造性，推动多出精品、多出人才的管理体制和运行机制。制定符合歌剧创作与表演规律的考评制度和合理的薪酬标准，形成能进能出、能上能下的人才激励制度及高精尖艺术人才荣誉制度，激励艺术大师发挥带动作用，在普遍提高艺术水准的基础上，促使优秀人才脱颖而出。注重培养具有市场运营经验的高级管理人才，更好地与国际演艺市场接轨，形成稳定的人才培养长效机制。

来源：《中国文化报》2012 年 5 月 23 日

【《文化部办公厅关于公布第十届全国声乐比赛获奖名单的通知》】

各省、自治区、直辖市文化厅（局），新疆生产建设兵团文化广播电视局，解放军总政宣传部艺术局：

由文化部、哈尔滨市人民政府共同主办的第十届全国声乐比赛已于 2012 年 8 月 6 日至 17 日在哈尔滨举行。现将获奖名单公布如下：

美声组：

一等奖（1 名）

解放军总政治部歌剧团	王传越

二等奖（3 名）

中国音乐学院	宋在宽
中国交响乐团	郎奥博

浙江歌舞剧院	张　哲

三等奖（5名）

上海音乐学院	李　倩
中央音乐学院	刘　威
北京军区政治部战友文工团	王　凯
上海音乐学院	田　园
四川音乐学院	张茂林

优秀奖（11名）

武汉歌舞剧院	董研峰
天津音乐学院	李沛哲
中央音乐学院	赵　艺
意大利帕尔玛音乐学院	王文婷
北京军区政治部战友文工团	苏文博
解放军总政治部歌舞团	刘　旋
广州星海音乐学院	刘倪汝
中国东方演艺集团	李红梅
解放军总政治部歌舞团	刘　琼
四川音乐学院	郭　莹
广州星海音乐学院	蔡枫丹

民族组：

一等奖（1名）

解放军空军政治部文工团	伊泓远

二等奖（3名）

中国铁路文工团	黄训国
解放军总政治部歌剧团	金婷婷
解放军空军政治部文工团	龚　爽

三等奖（6名）

广东歌舞剧院有限公司	李思音
全总文工团	曾　勇
中国歌剧舞剧院	张　全
云南省师范大学艺术学院	高淑琴
解放军空军政治部文工团	陈燕妮
武警福建总队政治部文工团	郑海兵

优秀奖（10名）

解放军空军政治部文工团	张　辛
中国音乐学院	孟　萌

中国音乐学院	易文卉
自由职业	徐晶晶
南京军区政治部前线文工团	李畅畅
中国音乐学院	陈　阳
黑龙江省哈尔滨市群众艺术馆	于秀娟
中国音乐学院	董小涵
解放军总政治部歌剧团	白致瑶
中国音乐学院	付莎莎

流行音乐组：

一等奖（1 名）

南京艺术学院	张丹丹

二等奖（3 名）

南京军区政治部前线文工团	陆　川
空军政治部文工团	周　鹏
杭州歌剧舞剧院	陈　韬

三等奖（5 名）

呼和浩特市民族歌舞团	杨继龙
解放军艺术学院	曾　娇
武汉音乐学院	冯圆圆
南京艺术学院	赵婉辛
南京军区政治部前线文工团	汪艳杰

优秀奖（5 名）

解放军艺术学院	王玮韡
山西太原市歌舞杂技团	李　婕
上海轻音乐团	丁一凡
广西歌舞剧院	汤宇龙
中国音乐学院	关　迟

合唱组：

一等奖（1 名）

解放军合唱团（总政歌舞团）

二等奖（2 名）

武汉音乐学院“东方之声”合唱团

绵阳师范学院“梦之声”合唱团

三等奖（2 名）

广州星海音乐学院教育系合唱团

重庆师范大学合唱团

优秀奖（4 名）
陕西师范大学音乐学院合唱团
西南大学音乐学院合唱团
黑龙江大学艺术学院合唱团
包头市广播电视艺术剧院合唱团

评委会特别奖：

美声组：新疆艺术学院	阿依古丽·吾拉木
民族组：中国广播艺术团	王小莹

指挥奖：

合唱组：总政歌舞团	李玉宁

钢琴伴奏奖：

美声组：中央音乐学院	韦　蔚
东京艺术大学	高薇清
民族组：解放军第二炮兵政治部文工团	邓　尧
中国音乐学院	龚荆忆
合唱组：广州星海音乐学院	钟　怡

优秀组织奖：
哈尔滨市文化和新闻出版局
特此通知。

文化部办公厅
2012 年 8 月 30 日

【《文化部办公厅关于公布第十七届全国音乐作品（合唱、室内乐）评奖结果的通知》】

各省、自治区、直辖市文化厅（局），新疆生产建设兵团文化广播电视局，解放军总政宣传部艺术局：

由文化部主办的全国音乐作品评奖是中国文化艺术政府奖——“文华奖”的重要组成部分，也是音乐创作领域的政府奖项。2012 年 12 月，第十七届全国音乐作品（合唱、室内乐）评奖在北京举行，本次评奖活动共收到全国各地报送的作品 197 首，其中合唱作品 85 首、室内乐作品 112 首。经评委认真评审，共评选出获奖作品 50 首，其中合唱作品 19 首、室内乐作品 31 首。现将获奖名单公布如下：

第十七届全国音乐作品（合唱、室内乐）评奖获奖名单

合唱作品组：（19 首）

一等奖（1 首）
无词歌《引子与托卡塔》
作曲：杨鸿年　中央音乐学院

王天阳（配钢琴伴奏）　中央音乐学院附中

二等奖（2 首）

《小河淌水》

作曲：刘　晔　中央音乐学院

作词：民歌歌词

《学生日记》

词曲：徐坚强　上海音乐学院

三等奖（5 首）

《长江》

作曲：程大兆

作词：赵晓瑜　重庆海源国际实业有限公司

《木兰辞》

作曲：石　夫　中央芭蕾舞团

　　　陈家海　河南大学艺术学院

作词：选自南北朝古诗词《木兰辞》

《醉在云故乡》

作曲：刘晓耕　云南艺术学院音乐学院

　　　刘　晔　中央音乐学院

作词：杨晓萍　昆明市民族歌舞剧院交响乐团

《美丽的白云》

作曲：刘晓耕　云南艺术学院音乐学院

　　　和　中　丽江民族艺术创作研究所

作词：冯文俊　丽江民族艺术创作研究所

《次撮》

词曲：胡晶莹　中央音乐学院

优秀奖（11 首）

《拂晓之光》

作曲：叶国辉　上海音乐学院

作词：任红举　南京军区政治部前线歌舞团

陈昊苏　中国人民对外友好协会

《繁星》

作曲：吕　黄　上海音乐学院

作词：冰　心

《3D 茉莉花》

作曲：温展力　中国音乐学院

作词：民歌歌词

《过程》

作曲：朱　杰　北京师范大学艺术与传媒学院

作词：林　白　武汉文学院

《中国之歌》

作曲：姜万通、董芳　中国音乐学院

作词：姚修刚、汤昭智、董宪瑞　63710 部队政治部文化工作站

《一剪梅》
作曲：权吉浩　中国音乐学院
作词：李清照
《气转乾坤》
作曲：陈明志　上海音乐学院
作词：四季节令
《感恩》
作曲：韩庆翔　　四川音乐学院绵阳艺术学院
作词：能小庆、古兵　四川音乐学院绵阳艺术学院
《站在新起点》
作曲：陈　万　四川音乐学院
作词：孙洪斌　四川音乐学院
《当我们重新站起》
作曲：郭　龙　四川音乐学院
作词：王持久　海政文工团
《三峡随想》
作曲：吕常伟　沈阳音乐学院
作词：马　凯　中华人民共和国国务院

室内乐作品组：（31 首）
一等奖
空缺
二等奖（1 首）
《彝歌》
作曲：宋名筑　四川音乐学院
三等奖（4 首）
《雨打芭蕉——为长笛、单簧管、大提琴与钢琴而作》
作曲：郭和初　华南师范大学音乐学院
《上海印象·1930》
作曲：潘岚馨子　上海音乐学院附中
《我的精神家园》
作曲：周娟　中央音乐学院
《山寨欢歌》
作曲：戴丽霞　广西艺术学院
优秀奖（26 首）
《独白》
作曲：郭　鸣　沈阳音乐学院
《龙舟畅想——为大提琴与双钢琴而作》
作曲：严　冬　星海音乐学院
《第二钢琴奏鸣曲》
作曲：罗麦朔　中国音乐学院
《惊鸟》

作曲：陈　丹　中国人民解放军军乐团
《移动的背景——萨克斯管四重奏》
作曲：杨晓忠　四川音乐学院
《主题与变奏》
作曲：李歌立　中央音乐学院
《尊》
作曲：陈艺雪　中央音乐学院
《记忆碎片 2》
作曲：胡　晓　四川音乐学院
《中国之诗》
作曲：朱世瑞　上海音乐学院
《对一段时光的记忆——为长笛与钢琴而作》
作曲：马　波　华南理工大学
《画彝》
作曲：敖　翔　四川音乐学院
《A. I. R》
作曲：谢文辉　中国音乐学院
《追·乡》
作曲：曾海韵　星海音乐学院
《春暖花开》
作曲：赵恩光　中国音乐学院
《我的家乡日喀则》
作曲：扎西次旺　西藏自治区歌舞团
《雅之声——琴韵》
作曲：权吉浩　中国音乐学院
《声影——为四位竖笛演奏家而作》
作曲：秦　毅　上海音乐学院
《第一弦乐四重奏》
作曲：金　湘　中国音乐学院
《震》
作曲：权吉浩　中国音乐学院
《琴·韵——为一把小提琴而作》
作曲：江　雪　中国音乐学院
《旅人之歌》
作曲：侯　屾　武汉音乐学院
《音乐传奇——为三重奏而作》
作曲：陆　培　上海音乐学院
《脸上的油彩》
作曲：杨新民　四川音乐学院
《三个片段》
作曲：吴基学　沈阳音乐学院
《散调》

作曲：吴基学　沈阳音乐学院

《音诗——黄昏》

作曲：沈　叶　上海音乐学院

特此通知。

文化部办公厅2013年1月6日

专题

中国交响乐发展

【第十六届全国音乐作品（交响乐）评奖颁奖】

2012年2月22日，由文化部主办、中国国家交响乐团承办的第十六届全国音乐作品（交响乐）评奖颁奖仪式暨部分获奖作品音乐会近日在北京国家大剧院举行，共有34首作品获奖。

本届全国音乐作品（交响乐）评奖共有94部作品参评，其中大型作品28首、中型作品19首、小型作品47首。通过专家评委严格评审，最终有34首作品获奖，其中大型作品组11首、中型作品组9首、小型作品组14首。

【文化部办公厅关于公布第十六届全国音乐作品（交响乐）评奖结果的通知】

各省、自治区、直辖市文化厅（局），新疆生产建设兵团文化广播电视局，解放军总政宣传部艺术局：

由文化部主办的第十六届全国音乐作品（交响乐）评奖工作于2011年12月在北京举行。本次评奖共报送作品94首，其中大型作品28首，中型作品19首，小型作品47首。经评委认真评审，共评选出获奖作品34首，其中大型作品11首，中型作品9首，小型作品14首。现将获奖名单公布如下：

第十六届全国音乐作品（交响乐）评奖获奖名单

大型作品组：（11首）

一等奖（1首）

《虎门1839》

作曲：陈　怡、周　龙

美国密苏里大学堪萨斯城音乐舞蹈学院

二等奖（2首）

《长江交响曲》

作曲：王世光　中央歌剧院

《太谷秧歌交响组曲》

作曲：王西麟　北京交响乐团

三等奖（3首）

《山之祭》

作曲：郭文景　中央音乐学院

《小提琴协奏曲》

作曲：王西麟　北京交响乐团

《衲袄青红》

作曲：郭文景　中央音乐学院

优秀奖（5首）

第一交响曲《记忆之中》
作曲：郝维亚　中央音乐学院
《生命交响乐》
作曲：敖昌群　四川音乐学院
《中华史记》第三钢琴协奏曲
作曲：龚天鹏
美国ICM经济公司美国LKMP国家出版社总部
《刘三姐》
作曲：罗新民　中央音乐学院
《中国大运河》
作曲：周　天　杭州市音乐家协会

中型作品组：（9首）

一等奖（1首）
《乐之吟》——长短组合Ⅲ
作曲：权吉浩　中国音乐学院
二等奖（2首）
交响组曲《原野》Op. 101
作曲：金　湘　中国音乐学院
《第五交响曲》
作曲：王西麟　北京交响乐团
三等奖（3首）
《大凉山随想》
作曲：敖昌群　四川音乐学院
《木棉树下》——三乐章交响曲
作曲：任丹丹　天津音乐学院
清唱剧《海峡史诗》第五乐章
作曲：刘　湲　中央音乐学院
优秀奖（3首）
《第一号交响曲》
作曲：叶彦辰
俄罗斯下诺夫哥罗德国立格林卡音乐学院
《八卦图》第一组
作曲：韩　永　个人选送
《藏风》
作曲：王建元　南京艺术学院

小型作品组：（14首）

一等奖（1首）
《欢歌起舞》
作曲：扎西次旺　西藏自治区歌舞团
二等奖（2首）

《海峡之脉》

作曲：吴少雄　福建省艺术研究院

《戏韵》

作曲：权吉浩　中国音乐学院

三等奖（3 首）

《Genesis》

作曲：常　平　中央音乐学院

《弦上秧歌》

作曲：张晓峰　华南理工大学艺术学院

《墨·意》

作曲：江　雪　中国音乐学院

优秀奖（8 首）

《巴言蜀语》

作曲：肖　岗　四川音乐学院

《东方破晓》

作曲：刘　湲　中央音乐学院

《蜀》

作曲：宋名筑　四川音乐学院

《穆桂英挂帅》

作曲：刘　湲　中央音乐学院

《滕王阁》

作曲：梁　军　华南理工大学艺术学院

《千里》

作曲：郑　阳　中央音乐学院

《喜剧的对话》

作曲：王西麟　北京交响乐团

《太行随想》

作曲：周　虹　河南省音乐家协会

特此通知

二〇一二年二月二日

【北京交响乐团 2012 百场演出季】

2012 年 2 月 8 日，北京交响乐团在国家大剧院音乐厅演出 2012 音乐季开幕音乐会，由北交音乐总监和首席指挥谭利华指挥演奏张千一的《云南随想》、王西麟的《西北组曲》以及斯特拉文斯基的《春之祭》，由此北交 2012 百场演出季启幕。

大师系列、华人音乐家系列、交响经典系列和古典音乐普及系列成为北交 2012 百场演出季的四大主题。艾森巴赫、齐蒙·巴托、吉姆·列宾等众多国际指挥大师、演奏家和歌唱家共同加盟。古典音乐普及系列·高雅艺术进校园是北交 2012 百场演出季的重要系列。本演出季在北京大学、清华大学等多所高校演出。音乐会还配有讲座和导赏，演出季中北交作为首都文化使者，出访英国、德国、荷兰、土耳其等国。

【第三届 “中国交响乐之春”】

2012 年 4 月 7 日，由文化部艺术司、国家大剧院和中国音乐家协会、中国交响乐发展基金会共同主办的第三届“中国交响乐之春”拉开帷幕。20 天里，来自北京、天津、浙江、安徽、河北、福建、广东等地的 11 支交响乐团在北京国家大剧院举办系列交响乐普及活动。

【观点】 多元荟萃 深度聆赏

——听中国交响乐团《聆赏经典——中国当代交响乐作品荟萃》音乐会

◎于 洋

由文化部主办的“讴歌伟大时代，艺术奉献人民”—— 2012 年全国优秀剧目展演于 2012 年 8 月在北京拉开帷幕，来自中国国家京剧院、中国国家话剧院、中国歌剧舞剧院、中国东方演艺集团有限公司、中国交响乐团、中国儿童艺术剧院、中央歌剧院、中央芭蕾舞团、中央民族乐团等 9 个文化部直属艺术表演团体将在首都主要剧院演出 71 场，为观众带来全新的艺术体验。

8 月 29 日，展演系列中的一场新作品音乐会《聆听经典——中国当代交响乐作品荟萃》由中国交响乐团在国家大剧院音乐厅如期上演。本场音乐会汇聚了中国当代著名作曲家的最新力作：安承弼的《树之脉》、叶小纲的《悲欣之歌》（世界首演）、周龙的《太鼓与定音鼓协奏曲》、杨立青的《木卡姆印象》以及关峡的《霸王别姬》，呈现了近年来中国现代音乐的创作成果。音乐会拥有强大的演出阵容，在指挥邵恩的带领下中国交响乐团和数位独奏家的表现几近完美。但作为一名专业作曲人，笔者对新作品本身更为关注，这场音乐会引发了本人对音乐本体审美的直观感受和对创作理念的一些思考。安承弼的交响乐《树之脉》（2007）是受法国国家电视台委约而作。他认为，作品名称意为“木、石之脉络，是指存在于材质中既抽象又具象的线条。它在韩语中意指一系列流动物体与光纤的共鸣，也意味着震动、波纹、网状结构和水中波浪相互干扰的状态。”

音乐呈现了作曲家意念中的脉络形态，这种脉络与音乐中的织体形态相映成趣，构成通感呼应。“弦、弓、木管、铜管、气以及它们的合成，再次意味着由材质自身所产生的非物质震动纹理。‘点状’的音乐事件衍射而出，并与多重的线条和波纹制造出一片起伏延绵的‘瓦状’层叠式织体……而音乐自身所展现出的姿态又总是与周遭环境相互抵挡，相互反应，相互流动、交错和介入。”作曲家模糊了音乐本体与其外部物理环境的界限，在不同的时空维度中引领听众感受无以言表的音乐语境。

《树之脉》展现了技术性的表象特征，无论是音高与节奏，还是结构与配器，都留下了作曲家精密设计的痕迹，体现了学院派风格的严谨与细腻。在笔者看来，这部作品最大的特点就在于作曲家对于音乐气息与张力的实时把握，让内心脉动在音乐中延绵起伏，作曲家通过了不同的方式来完成这样的审美理念。首先体现在色彩控制方面。作品色彩浓重，旋律性不强，主要通过音乐色彩触动心灵脉动，显示出极强的抽象主义风格。例如，弦乐泛音的滑奏，不遗余力的渲染灰色而浓重的音乐背景，使音乐在灰暗的色调中呼吸。其次，张力把握。虽然《树之脉》是单管编制的乐队配置，却拥有强力的音响张力。音乐的紧张度经过细致而宏观的安排，其内在张力的激化和缓解成为乐曲前进的动力。音高采用了相互碰撞的尖锐音程作为主要音响来源，偶尔泛起的铜管点状音头，挑起了乐浪起伏的骨架。全曲没有丝毫断点气息贯穿到底，时而厚重浓烈排山倒海，时而微弱纤薄只有一件乐器连接，延绵不断的音乐涌动无休无止、层层推进。第三，统一设计。全曲音乐语言风格统一，听众在一种弥漫着神秘气息的音响氛围中找寻搜索，不知哪里是开始哪里是结束，乐境环绕周身，莫名产生一种“陷落”的感觉。铜管号角似的呻吟贯穿于音乐始终，既是线条也是断点，它是音乐整体中的一根钢筋，顶起作品的脊梁。

木卡姆印象

杨立青的大提琴协奏曲《木卡姆印象》（2012）是一首关于对新疆艺术瑰宝“木卡姆”印象的作

品，表达了作曲家对于木卡姆的个人理解。木卡姆是穆斯林民族的一种音乐形式，它集歌、舞、乐于一体，而作曲家则认为，“木卡姆是一座挖掘不尽的音乐宝藏，这部大提琴协奏曲，试图去‘表现’的，并非木卡姆音乐本身，这远远超出了我能力所及的范围。它不仅仅是木卡姆音乐留给我的点滴印象的连缀，或者说，我臆想中的木卡姆音乐的一个速写般的摹写而已。”杨立青采用了传统音乐立意手段，以“木卡姆”为依托，原样萃取了“木卡姆”的音调素材，这也是让作品产生地域性效果最为有效的手段。“协奏曲的开始与结尾的散板，采用了乌孜哈勒（Ozhal）地区木卡姆的一些音调素材，从乐曲整体的构成来看，也许也能让人感觉到木卡姆音乐结构原则的一些影响……”

《木卡姆印象》给笔者最大的直观感受是其音乐具有强烈的画面感，听众通过音乐似乎可以看到黄沙漫天的西部圣景，一支驼队沿着丝绸之路西行，隐约可见的正是华夏儿女执着的身影。作曲家通过地域性的音阶与和声，配以炫丽的器乐语言来完成了音乐的画面感。全曲具有浪漫主义音乐语言风格，半音化的和声色彩为音乐发展的主要动力，减七和弦成为作品表现主要音高方式；音乐大气浑厚，异域风格的旋律贯穿全曲，甚至隐约听到俄罗斯地区风格；旋律线条明显，主调音乐特征显著，旋律加伴奏的织体形态使听众可以直观地通过旋律线理解音乐。

悲欣之歌

叶小纲的《悲欣之歌》（2012）是为李叔同的三首词而谱曲的，由低男中音和乐队共同演绎。作曲家计划创作三个乐章：第一乐章《日夕登轮》、第二乐章两首《津门清明》、《轮中枕上闻歌口占》以及第三乐章《七月七夕》。本次音乐会世界首演了其中的第一乐章和第三乐章，9 月柏林、10 月上海将演出全版《悲欣之歌》，作品长度约 20 分钟。

作品乐队色彩精致，与男低音融为一体，一起构成了叶小纲配器色彩的特征。人声作为众多音色的一种，表达了人性中的质感之色。配器手法渐入淡出，收放自如，形成了心灵色彩的细微调整。多元化配器令音乐时而混沌迷雾重重，时而宽广深沉四大皆空。多声部的纠结中偶有惊鸿一瞥的主题片影，断续地连成优美的旋律线。叶小纲音乐语言的特点是调性游移：通过调性片影的频繁转换，形成无缝连接。在他的音乐中，听众似乎能够追寻到一丝调性的感觉，但又不知去向何方，这成为其个性化语言的重要特征。但在《悲欣之歌》中，调性色彩的转换不像以前那样明显，而是酝酿了一种“泛调性”的语言特点。所谓“泛调性”、“是蕾蒂于 1958 年创用的词汇，意指 19 世纪后期调性的扩展，例如德彪西、瓦格纳等人发展起来的写作技法。此时已不能说音乐在某一个调中，但是不时出现的、可以辨认的调中心又使它没有变成无调性音乐。此词适用于巴托克、欣德米特、斯特拉文斯基等人的音乐。”

在笔者看来，叶小纲这部作品的语言风格，在听觉上类似于无调性的十二音音乐风格，而音乐中萌动的调性因素又使得音乐的无调性色彩得到综合，形成了作曲家在这部作品中对音乐语言风格的突破，这种风格符合李叔同作品中所要表达的阴郁意境。

美国作曲家卡特追求“在哲学思维的指引下以严密的时空秩序，表现在时间上延绵不断、在空间上有序分布的音乐流体”。他所追寻的“音乐流体”，是指所有的技术、情感、审美、理念一同涌动而出的状态，音乐形态是作曲家内心直觉的物理表达。《悲欣之歌》正体现了一种“音乐之流”的抽象思维：它完全与作曲家内心乐感同步，看似松散的音乐形态，正是作曲家内心乐思的自然流淌，最真实地表达了作曲家意识中的“音乐之流”。

太鼓与定音鼓协奏曲

周龙的《太鼓与定音鼓协奏曲》（2006）构思来源于其室内乐作品《鼓韵》，蕴含了他对传统鼓乐及其古老艺术形式起源的思索，作曲家“试图在这独特的艺术形式上，以有组织的节奏，尽量发挥其内在精神和能量。”作品拥有简明的结构和清晰的线索，正如作曲家所说：“乐曲包括三个部分：引子是由两位独奏者在传统鼓和定音鼓上呼应而出的带以滑奏与泛音的华彩乐段。第一部分则由大鼓衬以低音乐器开始。当单簧管进入时，鼓则退入背景。织体随着节奏的逐渐加快变得更加密集，形成了第一部分的高潮。简洁的单簧管独奏将乐曲衔接到鼓二重奏的华彩乐段。中间部分的灵感来自于背景智化寺庙堂乐。管子的领奏唤起了层出不穷的群奏呼应。与第一部分相似，这个部分且开始于慢拍，而木管乐器则即兴式模仿管子的动机音型。第二次鼓二重奏的华彩乐段，以定音鼓和大鼓的和音竞赛，并加速，将音乐推向热烈的曲终。”

音乐中包含两个重要元素——音高与节奏，相对于音高这样一个“显性”元素，节奏被称为“隐性”元素就更为合适了。如果以非音高乐器打击乐作为被协奏的主体，那么作品的节奏元素将成为作曲家主要开发的领域。为了另辟蹊径，现代音乐以打击乐器作为主奏乐器的作品比比皆是，它们的主要目是为了使表述方式更具个性。我们可以感受到，本曲由于太鼓与定音鼓等打击乐的强势表现，我们似乎对音乐的显性因素“音高”并没留下过多印象。

由“显性”与“隐性”引申开来，我们提出了另外一个问题：在技术层面，一部好的作品是否要将音高、和声、节奏、结构以及配器等所有元素都淋漓尽致地展现出来呢？笔者的回答是否定的。一首作品只要能在它的呈现过程中充分地展现出其中一种要素，那它就是一首好作品，无数成功的现代音乐都可以证明这样的观念：谭盾的《纸乐》、《水乐》以节奏和音色作为表现音乐的主体方式；秦文琛《吹响的经幡》用弓子拉奏古筝弦，音色和节奏成为了颠覆传统的核心要素；霍菲菲的《达幽》则以全部无音高方式来诠释管弦乐作品。关峡的《霸王别姬》（2006）其感情依托来源于我国两千年来民间所传颂的霸王和虞姬的故事。作品采用了三管编制的交响乐队，一个由筝、箫、京胡以及女高音组成的民族器乐组与交响乐队并置。以小型室内乐为独奏组群的乐队配置一直是西方作曲家频繁使用的方式，从巴洛克时期巴赫的《第二勃兰登堡协奏曲》一直到20世纪梅西安的《四重协奏曲》证明了大协奏形式具有长久的生命力。《霸王别姬》采用西方结构配以中国乐器角色，在形式上做到了中西合璧。关峡曾创作了《我爱我家》、《激情燃烧的岁月》等脍炙人口的影视音乐，深谙普通大众欣赏音乐的规律，其音乐总能以传统的作曲方式第一时间深入人心。《霸王别姬》采用典型的单一主题的展开性手法，通过变奏的方式将主题贯穿全曲，听众无时无刻不感觉到主题的存在；段落感清晰，每一个段落代表了一个场景，听众可以清楚地了解作品的叙事性；作曲家娴熟地掌握了乐器的最佳发音状态，充分发挥了每件乐器以及乐器组合的最大震动效果。开始处纯弦乐模仿赋格具有强烈的悲剧色彩，展现了弦乐器深沉博大的表现能力，紧接着粗犷的号角又引领了一段热血澎湃的戏剧性表现段落。同时，音乐与舞台表演给听众带来了清晰的画面感：中原逐鹿的战争场面、虞姬起舞而歌的缠绵画面都浮现在听众的面前；女高音的京韵唱腔以及舞台表演是全曲最为重要的音乐形象，听众似乎能够感到音乐与画面的完美融合。

《霸王别姬》给作曲家提供了一些警示：我们在创作音乐的时候，是否考虑到了乐器本身的性能？是否能让自己的乐思以最为舒展的方式呈现？还是在创作的时候只考虑技术理念的谱面呈现？或者是，对乐谱实际效果知之甚少，甚至是碰运气的想法？让内心听觉与实际效果达到统一，这需要作曲家多年的沉淀与打磨，他们在创作路上需要不断地提醒自己。同时笔者认为，理念、创意以及技术个性固然重要，但当面对不同群体的时候需要有不同的创作方式。因此，作曲家创作前的音乐定位很重要，因为有了明确的定位以后，其创作才有方向，才有属于自己的音乐天地。

《聆赏经典——中国当代交响乐作品荟萃》是一场多元音乐风格作品的荟萃，谛音观声之间，听众直观地感受到了现代音乐的多彩语言。而如何拿捏现代音乐语言的“度”，则成为作曲家所面临最重要的问题。笔者认为，所谓音乐语言的“度”，是一种抽象的概念，指作曲家对其作品音乐语言与听众接受程度之间关系的把握。音乐语言可以完全脱离于听众的理解范围而变成没有呼应的个性音乐，也可以运用听众所能理解的音乐语言，让他们充分理解，从而达到身心愉悦；抑或，处于两种极端语言之间左右游离，或靠左或靠右，就如同，在一条线的两端，分别属于音乐语言的两种极端风格，而这条线的的中点就是两种语言风格的平衡，这一中点位置正是作曲家不断实践所追求的最为完美的音乐语言的“度”。

对于音乐语言“度”的把握，主要在于如何平衡作曲家自身个性语言与听众接受程度之间的关系。作曲家在不断的试探过程中调整自己的创作方向，最终使音乐语言的“度”达到平衡。当然，我们也不否认作曲家纯粹的自我表现，目光只关注自己的审美理念与情感宣泄，而不在意听众的接受程度。但笔者认为，具有生命力的音乐一定是属于普通听众，本场音乐会就体现了这样一个宗旨，作曲家们在音乐中选择了适应市场，并在适应市场的基础之上，指引听众向更高的审美追求上发展，完成培养现代音乐听众群的使命。进入21世纪以来，现代音乐创作在世界的范围内呈现了回归的潮流，真正的现代音乐不是孤帆自赏的阳春白雪，而是能够展现作曲家内心情怀，并能够与听众互动的音乐形态，人们希望通过更容易理解的音乐语言走进现代音乐创作的殿堂。这次展演活动旨在进一步发挥国家艺术院团的导向性、代表性和示范性作用，全面呈现国家艺术院团优秀艺术成果。而《聆赏经典——中国当代交响乐作品荟萃》音乐会作为展演活动中一个子项目，为推动中国交响乐的发展贡献了绵薄之力，它是文化大繁荣大发展时期的重要艺术品牌项目，希望未来会有更多的相关项目推出，为中国现代音乐的发展提供机遇。

原文载《艺术评论》2012年10期

【观点】交响乐团呼唤“中国好作品”

◎张 悦

“我现在只要是碰到比较熟的作曲家，第一句就问人家：最近有没有什么好作品，能够让我们演一演？我想全国的交响乐团可能都是这样的状态——急于找作品找曲目。比如临近年底了，新年音乐会很多，出国演出安排也多，除了西方的经典作品以外，中国作品的选择还是至关重要的，每个团都会从不同角度出发选择曲目，但现在却是很难出新，这也是一直困惑我们的地方。”中国爱乐乐团副团长李南在近日举行的中国音协理事会上提出“选曲难”的问题引发不少业内人士的共鸣，在提出问题的同时，他们也纷纷集思广益、建言献策，希望在十八大胜利召开后，在鼓励创作、鼓励创新的发展态势下，能够发起相关的曲目创作活动，搭建信息沟通的平台，在新的历史条件下涌现更多的“中国好作品”。

以推自己的新创作为荣

不久前举办的两场作品音乐会，令中国文联副主席、中国音协分党组书记、驻会副主席徐沛东十分感动，一场是由中国国家交响乐团演奏的“杜鸣心新作品音乐会”，一场是由中国爱乐乐团演奏的“赵季平、赵麟作品音乐会暨《大秦帝国》交响音乐会”，这两场音乐会是著名作曲家的最新作品的集中展示，都是由中国最顶尖的交响乐团演奏，现场反响十分热烈，能够看出创作者非常好的创作状态。徐沛东谈到，“最近几年中国的交响乐团可谓风生水起，尤其是不少地方交响乐团，在地方政府的资助或扶持下，从乐器更新、硬件建设到人才引进都有很大的提升，不少地方建起了豪华的音乐厅、大剧院，但交响乐现在缺什么？我想最缺的还是创作。我们应该形成这样的一种理念——以推自己的新创作为荣！这需要在观念、思路上改进，像《红旗颂》、《梁祝》这样的经典作品刚出来的时候也并非是很成功的，都是一场一场演奏出来的，所以我们应该不遗余力地去推新作品，尤其是要重视一些青年作曲家的新作品。”

对创作要加大扶持力度

“交响乐团最缺好作品！”广州交响乐团团长余其铿不断强调。“这些年广交到国外出访演出任务很多，一定要带中国有代表性的作品，开头几年还好，但随后几年找作品就颇费脑筋，我们演奏比较多的是陈其钢的作品，有时候没办法就在三个国家或地区演一样的作品。作品缺乏有两个层面，一个是代表中国水平的、在国际上能够得到认可和喜爱的代表性作品；二是在推广和普及交响乐层面，我们还需要一些通俗的、让老百姓能听明白的作品，这两个层面我认为都很重要。西方的交响乐在中国有100多年历史，实际上能够比较好的发展起来也就是改革开放后的这30年，中国老百姓对这门西洋艺术的喜爱和普及程度不像外国。我们应该从培养观众、培养乐迷的角度出发，除了高、精、尖的作品外，还应该推出一些雅俗共赏的交响乐作品。”余其铿认为，近些年在歌曲创作方面国家还是有一些扶持力度的，但在器乐作品尤其是交响作品创作方面还需要加大。同时，余其铿还透露，12 月 22 日将举办一个特别的音乐会，请著名作曲家李海鹰把《走四方》、《我不想说》、《亮剑》、《弯弯的月亮》、《过河》等通俗歌曲写成管弦乐，将民乐改编成管弦乐已经做了相对比较多的尝试，将通俗歌曲的旋律写成管弦乐，而且还要做整场音乐会，在中国还从未有过，广交非常乐意做这样的尝试。

关注新生代力量

在中央音乐学院作曲系主任唐建平看来，“现在交响乐创作大家都站在不同的角度呼吁、推进，也提出问题和希望，其实现在最需要的是整合资源，不要各自为战。”不久前，中央音乐学院与中国国家交响乐团合作了一台作曲音乐会，是国家 211 工程第三期“交响乐精品工程”项目的展示。“唐建平认为“这是开源引流的方法，我们不是社会性的交响乐大赛，是在作曲系内部征集作曲，这些人平时在我们的视野里看不到，创作者都是作曲系的老师，这股创作力量不可小视，我说是‘重重一笔，独领风骚’。我们平时只看到陈其钢、看到谭盾、看到叶小纲、看到郭文景。交响乐创作本身是昂贵的，生产过程也很复杂，一旦排练就需要一个剧场，那么多人付出努力，难度相当之大。”在唐建平看来，有时付出的代价也是‘必须的’，不能功利地去看。“德彪西是法国引以为傲的著名的作曲家，他最知名的作品就是那两部，要再选出 10 部实际上是非常难的。”

“交响乐创作其实不仅是中国的难题，也是世界性的难题。尤其是近 20 年来，放眼世界有哪些作品能够被奉为经典，其实也很难说。”唐建平表示。

“我们经常说到时代性，那么当今的创作主流应该是什么样的？其实很需要理论研究，要推出一些好的东西，警惕一些不好的东西，推进一些有希望的东西，这些都需要理性的思考。”唐建平说，“我认为中国的交响乐方向应该是立体化的，在保持学术性和连接社会的桥梁方面都应该有，既应该有喜闻乐见的，也要有令人肃然起敬的，这对于作曲家来说都是任重而道远的。”

原文载《中国艺术报》2012 年 12 月 14 日

首届 “华乐论坛”

【概况】

2012年6月6日至9日，由文化部艺术司与中国民族管弦乐学会主办的首届“华乐论坛”暨“新绎杯”经典民族管弦乐作品评奖举办。本次活动由“论坛”与“评奖”两部分组成。评选从2月开始，设立在中国民族管弦乐学会的“华乐论坛执行委员会”向全国中直及地方民族乐团、音乐学院、中小学民乐团队发出征集作品的函件，根据多年演出的实践和市场反馈，推选各自心目中的经典作品，并通过业内专业媒体发布征集消息，广泛向业内征集推荐作品。共有40余家单位发来推选曲目，共推荐了100余首作品，最终评选出12部优秀作品。获奖的12部作品，每部作品除颁发奖杯、证书外，另为获奖者颁发奖金10万元并出版10部优秀作品集（总谱及分谱）。“华乐论坛”每年举办一届，旨在通过每年举办不同主题的活动，在海内外大力推动民族管弦乐创作和理论建设，催生优秀人才，引领中国民乐持续健康发展。

【首届 “华乐论坛” 暨 “新绎杯” 经典民族管弦乐作品获奖名单】

特别创作奖

《秦·兵马俑》（彭修文 1984年）

《长城随想》（刘文金 1982年）

经典作品奖

《达勃河随想曲》（何训田 1982年）

《西北组曲》（谭盾 1985年）

《塔克拉玛干掠影》（金湘 1985年）

《鞑鞨组曲》（刘锡津 1987年）

《维吾尔风情》（原名《沙迪尔传奇》 刘湲 1990年）

《滇西土风三首》（郭文景 1993年）

《后土》（唐建平 1997年）

《抒情变奏曲》（刘长远 2003年）

《古槐寻根》（赵季平 2005年）

《岁寒三友——松竹梅》（顾冠仁 2008年）

【观点】 为国乐创作打开另一扇窗

——谭盾和他的《西北组曲》

◎李西安　赵冬梅

出乎人们的意料，中国新潮音乐的发端不是在离西方音乐最近当时也最活跃的交响乐领域，而是在离西方音乐最远而当时又相当沉寂的民族器乐领域。在全国引起巨大争议和振荡效应的标志性事件之一，就是1985年4月22日在中央音乐学院上演的“谭盾中国器乐作品专场音乐会”。这场音乐会以全新的音乐观念、非常规编制、非常规写法和非常规奏法，演出了《竹迹》（笛子）、《南乡子》（古筝与箫）、《双阙》（二胡与扬琴）和《为拉弦乐器作的组曲》等作品，展现了一个与之前大家心目中的民乐全然不同的崭新的音响世界，以及以此为载体的更加广阔的音乐表现的空间。这场音乐会不寻常的意义在于，它突破了第一次中西文化交汇中“西方古典作曲技法民族化”这个长期以来大家唯一遵循的准则，大胆地将古老的中国音乐传统直接与西方现代音乐的观念和技法相互碰撞与对接，并把交汇的着重点从“外来形式的民族化”的交响乐、芭蕾舞等引向古老的中国传统乐器自身这个更深入更本质的层次。还因为音乐会在中国的政治文化中心北京和刚刚打开国门不久人们充满了对改革开放的热情与期待这样一个特定的时间和空间的交汇点上举行，使这次具有探索精神的音乐会变成了一次真正意义上的社会文化事件，并对中国国乐的创作以至整个中国音乐的创作产生了深远的影响。

就在这场音乐会举办的同年，谭盾还接受香港舞蹈团的委约创作舞剧《黄土地》的音乐，从中精选出来的几段乐曲的组合就是现在大家非常熟悉的民族管弦乐《西北组曲》。虽说舞剧是一种更通俗，更大众化的艺术形式，但是作曲家没有放弃自己的艺术观念，改用以往观众更容易接受的写法和风格，而是采用“中国器乐作品专场音乐会”的创作理念，同样坚持将古老的中国音乐传统和西方现代音乐的观念和技法相结合，可想而知，这样做会遇到比那场音乐会更大的挑战。在二十多年后的今天，当我们回过头来看这部在当时虽然没有像音乐会那样引起争议的《西北组曲》时，却发现作曲家在解决作品如何将民族性和现代性相结合的同时，破解作品可听性和通俗性这个难题，让观众感到既熟悉又新鲜，既生动活泼又富有深刻内涵。这点不论在当时还是在今天都是繁荣国乐创作的一个不可回避的重要话题。

如果说那场充满实验性探索的音乐会让谭盾无可争议地成为中国新潮音乐的领军人物，并成为后来推动中国现代音乐走向世界的先行者之一；那么《西北组曲》又是怎样揭示了谭盾音乐风格的另一面？怎样将现代的音乐语言通过大家所熟悉的方式表达出来，真正做到了雅俗共赏呢？

通过对作品的具体分析，给我们留下印象最深的有以下几个方面：

第一，充分重视旋律在音乐表现中的意义，尤其是对中国传统旋律语言的继承、发展和创新。

在《西北组曲》中，作曲家大量应用了具有浓郁西北地方风格的音乐素材，是作品的一个突出亮点。在如何引用、消化和发展这些素材上，大体有这样几种不同的做法。

首先，是直接引用。但值得注意的是，作曲家在直接引用传统旋律时绝非简单地照搬，而是根据表现的需要加以必要的变化和发展。如第一乐章《老天爷下甘雨》第二部分的旋律就直接引用了陕北民歌“信天游”《哥哥走来妹妹照》。作为西北音乐中家喻户晓、最具代表性的民歌，它的出现恰到好处地表现了百姓们对苍天显灵降甘露发自内心的感恩、激动之情。如果说在此前的求雨仪式中，鼓声、人的叫喊声更多突出的是节奏的力量，表现了久旱之后对雨水的强烈渴望和对苍天的苦苦哀求，那么在漫长的期盼之后，由乐队全奏奏出无比宽广、流畅的“信天游”则使人倍感亲切和满足，和前面求雨仪式中的沉闷气氛形成强烈的反差。

“信天游”主题在这一部分较为完整地出现了四次，每次出现均有不同程度的变化。前两次出现时，主题由吹管乐、弹拨乐和拉弦乐器中的高胡、二胡以混合音色演奏。在旋律中两次夸张的延长音上，插入了由唢呐以八度花舌音演奏的由d音到升f音的连续上行小二度构成的不协和的对位声部，仿佛是喜极而泣的呼喊，饱含着难以按奈的激动。第一次主题结束在C宫系统的徵调式，第二次结尾有所延展落C宫系统的商调式。第三次出现时，将原民歌旋律的个别音移高八度或移低八度，由音色柔和、甜美的高胡、二胡和琵琶奏出，别有一番情趣；在反复时叠加了由管子、柳琴、扬琴、三弦、筝演奏的二声部卡农，仿佛百姓们“你一句，我一句”地相互述说着内心的喜悦，调性转为G宫系统的徵调式。接下来《信天游》主题第四次出现时旋律已经渐渐偏离民歌的旋律，二胡独奏与笙、扬琴演奏同一旋律的分支，激动的情绪逐渐安静下来，音乐再次回到C宫系统。由深情的笙独奏断断续续奏出的尾声改为商调式结束，给人以意犹未尽之感。

其次，除了对民歌主题的直接引用，对民歌主题进行较大幅度的加工也是这部作品运用民间音乐素材的重要手法之一。在第一乐章排练号 2 的结尾，有一段由中音唢呐吹奏的旋律格外引人瞩目。在鼓声、人声和管乐吹出的号角声由慢渐快将粗犷、质朴的祭天求雨仪式推向高潮之后，音乐突然一片沉寂，期盼中响起了由中音唢呐独奏吹出的苍凉、凄厉、愁苦的旋律。

这段音乐的旋律突出了连续上行纯四度的跳进和每句句尾“依音式”切分节奏的下行四进。富有浓郁西北地方色彩的旋律音调“徵－宫－商－徵”加上自由的节奏既使人联想到陕北民歌《脚夫调》，但又无法确定就是《脚夫调》。由于对原民歌进行了较大幅度的加工，可以视为作曲家将民歌旋律融化之后的再创作。

另外，如果说对民间音乐素材的引用在第一乐章中表现得较为明显，那么在《西北组曲》的其他三个乐章中，则是作曲家将西北民间音乐素材积淀、融化之后的自然流露和重组。如第四乐章《石板腰鼓》排练号 3 处，由吹管乐器组奏出的富有装饰的旋律使音乐充溢着喜气洋洋的节日气氛。

这段音乐实际上已经很难找到准确的出处，但从旋律应用的“清羽音阶”中则可以明显地表现出西北地区音乐的风格特征。其中两次出现了从徵音到清羽音的下行六度大跳，将西北地区具有代表性的“苦音”音调融化在了新创作的旋律中。有趣的是，原本善于表达愁苦的苦音，在作曲家的笔下却变成了发自内心的喜悦。

和直接引用传统旋律相比，将传统旋律消化、吸收之后的再创造可以使新创作的音乐和传统音乐素材之间的关系由形似发展至神似。虽然听众感受到的更多是创作的成分，但仍能感受到地道的地方特色。这种蕴含在传统音乐中的“遗传密码”经作曲家的提炼、加工后重新获得了新生，缩短了中国现代音乐与听众之间的距离，同时也进一步加强了现代音乐的表现力和感染力。

第二，充分发挥复调在民族管弦乐创作中的作用。

如果说在整部《西北组曲》中旋律占有重要的地位，那么由横向的旋律写法扩展为复杂的纵向乐队写法，并力求获得横向与纵向关系的协调、统一则离不开复调织体的出色运用。由于复调音乐是建立在横向思维的基础上，并且中、西方音乐在复调思维的原则上具有一定的共性，因此，复调音乐的各种技术手段与中国传统音乐的线性思维较易结合，用好了可以避免音乐风格上的生硬感。谭盾在《西北组曲》的创作实践中证明，在民族管弦乐队的多声写作上，充分挖掘复调音乐的表现力是其实现交响性和戏剧性的重要途径。

《西北组曲》的第四乐章《石板腰鼓》是以西北地区最具代表性和震撼力的腰鼓为主要题材，以现代民族管弦乐队的恢宏气势生动再现了粗犷豪放、刚劲激昂、充溢着生命原动力的民间鼓舞形式。音乐不仅展现的是西北黄土高原农民朴素、豪放的性格，憨厚而又倔强的艺术个性，也展现了中华民族的精神风貌。为配合表现如此宏大的场景，这一乐章大量应用了民族管弦乐队的全奏。作曲家在配器上并没有直接采用移植西方交响乐队的做法，而是将民族管弦乐队的乐器按演奏方式分组，使每组乐器在乐队织体中分别担任不同的角色，各自采用“大齐奏”的形式演奏独立的旋律或音型，再以复调的手法将不同的“大齐奏”声部结合在一起，形成了具有丰富层次的民族管弦乐队多声织体。

这一乐章的音乐由引子及 A、B、C 三大部分和尾声组成。在第一部分的排练号 3，作曲家将整个民族管弦乐队的全奏处理为三大部分的大齐奏。其中吹管组的笛子、唢呐、管子演奏的主旋律十二小节一气呵成，笙分为两个八度，以平行四度演奏这一旋律的分支，共同形成乐队织体中的旋律性前景；拉弦组的高胡、二胡、中胡演奏的大幅度滑音和大二度颤音，以三小节为一个周期循环，构成风趣幽默的“口语化”的穿插对比式中景；弹拨乐器组的琵琶、柳琴、扬琴、三弦、古筝、中阮、大阮和革胡、低音革胡以四个八度的齐奏演奏由双纯四度四音列构成的富含大跳进行和闪板节奏的音型，不规律出现的八分音符休止符打破了规整的节奏律动，以六小节为一个周期循环，形成乐队织体中的律动性背景。三个独立的声部在音乐材料上各具特色，结构长短、轻重相互交错的律动周期赋予音乐以极强的张力，有效地推动了音乐的发展。

在《石板腰鼓》第二部分热情豪放的鼓乐之后，旋律再次成为音乐的主体，复调手法在第三部分应用得更为精彩。在这段音乐中，各声部的音色又有了新的组合方式。弹拨乐器组的琵琶、柳琴、扬琴、三弦、古筝和拉弦乐器组的中胡以八度演奏周期循环为 2 小节的充满大跳音程的固定音型，形成乐队织体的中景。弹拨乐器组的中阮、大阮和拉弦乐器组的革胡、低音革胡先各自以空弦音演奏的和弦形成乐队织体的背景，后又转换成由低音演奏的复调对比声部。拉弦乐器组高胡、二胡演奏的旋律和吹管乐器组以平行四、五度构成的二声部旋律两者间构成的对比复调位于乐队织体的前景。两个对比声部由弦乐声部先进入，两个乐句的长度分别为 6 小节和 10 小节；5 拍之后，管乐声部进入，三个乐句的长度分别为 4 小节、4 小节、7 小节。其中，笙这个声部有些特殊，先以平行四、五度和音的音型加入到和声背景中，后又转换到吹管乐器组演奏的前景旋律中。在如此丰富的复调织体中，各声部的进入错落有致，再加上各不相同的呼吸，使音乐的变化此起彼伏，是作曲家以适合民族管弦乐队的织体语言营造出交响性和戏剧性效果的成功尝试。

第三，与西北音乐风格相适应的和声语言。

横向旋律与纵向多声之间的关系是专业音乐创作中至关重要的而且是具有根本性的问题。为实现中国音乐的横向旋律与纵向和声之间的协调、统一，近百年来，中国作曲家和理论家都在潜心探索。谭盾在他的《西北组曲》中也为我们做出了富有个性的回答。

由于双四度框架的三音列、四音列是构成西北地区横向旋律的主要音高素材，因此，以此为基础构成的纯四、五度结构和弦就自然形成了沟通音乐横纵关系的桥梁。笙擅长演奏的纯四、五度和音和弹拨乐器、拉弦乐器的纯四、五度空弦音正好与西北音乐横向旋律中双四度框架的三音列、四音列相吻合，为这部作品提供了天然生成的和声音响，在例 4、例 5 中都可以看到这种用法。此外，作曲家还将上述单纯的纯四、五度结构和弦进一步发展为具有复合和弦性质的纯五度高叠和弦。

如在《石板腰鼓》第三部分复调手法的发展之后，乐队织体分成了两组。一组为由吹管组的笛子、唢呐、管子、笙和拉弦组的高胡、二胡、中胡演奏 C 宫和 G 宫平行四度的旋律，其中笙为吹管组的旋律添加了纯四、五度和音。另一组为弹拨乐器组的全部乐器和拉弦组的革胡、低音革胡演奏的和声，以各乐器的空弦音汇合在一起构成 C 宫五声音阶，而在各乐器较高音区演奏的临时变音合在一起则构成由升 C、升 D、升 F、升 G 组成的 B 宫（或升 F 宫）五声性四音和弦。由纵向 9 个音构成的不协和音响既可以分析为不同宫系统的复合和弦，也可以认为是在 C 音上由 10 个音（省略了 B 音）构成的的纯五度高叠和弦。同时，其上方的 B 宫（或升 F 宫）五声性四音和弦又与处于相同音区的平行四度的旋律构成尖锐的小二度关系，这种和声处理手法获得了极具震撼力的音响效果。其中配器的关键在于充分使用了弹拨乐器和低音弦乐器（也用拨弦）的低音空弦音，既与上方的变音和弦形成尖锐的不协和效果又极容易演奏，说明作曲家对民族乐器很熟悉且用得十分巧妙。

【观点】 一个古老民族的现代表情

——重读何训田《达勃河随想曲》

◎陈志音

民族管弦乐《达勃河随想曲》，何训田 1982 年创作于四川成都，李西林教授指挥四川音乐学院民族乐团首演，荣获 1983 年“全国第三届音乐作品评奖”一等奖。经历风雨春秋，艺术生命青春常葆，神采焕发魅力依旧。可以说，这是一部传播范围、普及程度、演出频率开创并保持纪录的民族管弦乐典范之作。

一、走得太远与跳得太快

我国民乐界前辈朴东生 1987 年在《“中华大乐”畅想》一文中，谈及 20 世纪 80 年代我国民族管弦乐创作成果喜人，“一批勇于开拓的中青年作曲家脱颖而出，民乐创作正朝着多元化的方向发展，不再依从某种陈旧的写作模式，公式化、概念化、千曲一面的创作现象基本上克服了。从题材、体裁的选择视角到写作技法的探索都呈现出日益成熟、不断深化的迹象。”

1982年本科毕业刚刚走上作曲教学岗位的青年何训田，决定要为世界上独一无二的古老民族写一部好作品。他和指挥家李西林，早先同在四川省绵阳地区工作。绵阳北部位于青藏高原向四川盆地过渡的东缘地带，长江支流涪江上游的夺补河流域自然环境相对闭塞，远古氐族直系后裔自称“贝”的白马人世代聚居在摩天岭两侧的平武、九寨沟境内，总人口约1.5万人。解放初期因缺乏民族识别条件，白马人被误定为藏族。白马藏族日常生活常以歌舞相伴，“酒歌”和“圆圈舞”独具特色。

现在回头看，何训田艺术理念有一点非常明确：“第一”与“唯一”，他力图追求“新”的原点与基点。这一点，早期作品初见端倪。从未写过大型民族管弦乐队的何训田，第一部原创新作《达勃河随想曲》，从题材内容到形式架构，已尽占先机开创首例。用最新式的“武器”攻下最古老的“领地”，两极终端的跨度距离，何训田超速穿越一步到位。全国第三届音乐作品评奖过程中，评委意见并不统一。黄虎威教授回忆，中国音协某时任领导明确提出，这个“达勃河”太怪了，绝对不能入选一等奖。该作获奖公演后，“走得太远了”、“跳得太快了”，音乐界争议之声不绝于耳。

30年前的否定转化为30年后的肯定。全曲视奏下来，何训田征求意见，宋名筑直言不讳，你这个东西，太印象派了！高为杰教授对该作赞赏有加，同时指出其带有一点“拉威尔”的味道。20世纪80年代初期，“达勃河”创作观念技法相当超前，何训田却始终认为在其所有作品中，该作步子迈得最为慎重。毫无疑问，“达勃河”彻底摈弃了20世纪80年代以前创作者采用民间音乐的简单方式，改变了传统民乐的成分含量，破除了民乐固有的音响概念。精妙技术深藏不露，精雕细刻出神入化，艺术境界自由开放。

二、演奏高难与效果奇佳

“斑斓，这个词不属于民乐，民乐最不擅长捕捉细节。”何训田如是说。正是从《达勃河随想曲》，人们第一次在民乐作品中发现了“斑斓”，已故前辈音乐家李凌老最先把这个单词赋予“达勃河”。基于世界观层次的深邃认识，当年29岁的何训田以文化的自觉、专业的功力、超凡的才华，再造白马人的心灵家园。从大量生活积累一手资料中，采集原驻民“基因”元素，置入自成一体的系统重新解构，并转化为独特的表述方式，突破传统民乐的写法与作法。在描写民俗风情的同类作品中，绝对非常“另类”。这部作品摆在指挥与乐手面前，如同一座望而生畏难以逾越的高峰。想要表现作曲家在“达勃河”里的构思意图，单凭传统民乐队吹拉弹打的原有经验和技法技能，基本上不可及、不可为、无法胜任。

如今民族器乐演奏艺术突飞猛进日新月异，面对“达勃河”，综合大学乃至普通中学的学生乐队表现也自信有为从容不迫。但在那个历史时期，川音的乐队、歌队乃至国家乐团，看到总谱，第一感觉就一个字：难。可以想像一下《达勃河》首排首演的困惑与窘迫。有人仅仅视奏了一小段或听了一耳朵就断言，这个东西，绝对排不出来，根本不可能上台演出。全曲第二小节横箫主奏，带着装饰音、半拍之内升降还原号密集变化音型，要想吹得清晰均匀，西洋乐队长笛短笛且练一阵；第一乐章连接部第45—60小节梆笛、曲笛双声部演奏八六拍子“活泼的快板”同为“雷区”；第二乐章主部主题精彩展示弦乐声部高难度段落，快速16分音符、持续上下级进切分节奏音型，非常规律动的强音支点、非常规结构的3小节成句，丝丝入扣险象环生，绝对是演奏技能技巧高难超难的严苛挑战。

必须强调，我国民族管弦乐曲第一次引入合唱，将人声作为民乐队特殊声部的器乐化写法、用法，是从何训田的《达勃河》开始。他这部民族管弦乐处女作，立意与起点所及高度令人难以企及。简单到复杂，稀薄到丰厚，粗糙到细致，浅显到深邃；从外倾到内化，从随兴到规范，从张扬到含蓄，从平面到立体，深度开掘民族管弦乐队潜在功能，丰富扩展民族管弦乐队的“表情”，强化艺术的表现力与感染力，从而升华了民乐作品的精神特质与文化内涵。

三、语言新异与形貌奇特

“如果音乐是一种语言，那么发言的是谁?”美国音乐批评界代表者爱德华·T·科恩在其著述《作曲家的人格声音》（何弦译）中开宗明义。所谓音乐家的回忆所创造的语境，“在很大程度上是一个音乐性的语境”的说法。

何训田自幼生活在达勃河下游的涪江水岸，同宗地域文化的“基因”，天然自在血脉流淌。他感觉自己和涪江上游的白马人毫无“语言”障碍，写《达勃河随想曲》“非常自然地进入创作状态。”关于《达》曲最为简洁的文字介绍：“描写达勃河的奇异风光和生活在那里的白马藏族的欢乐情景。”网络上的作品赏析摘录如下：第一乐章是奏鸣曲式。描绘了夏日黄昏的达勃河畔雾霭迷濛，静谧迷人的奇丽风光……第二乐章是一首狂欢的回旋曲。主部是一个粗犷快速的舞曲。第一插部在弹拨乐的伴奏下显得优美轻盈，表现了姑娘们的舞蹈，第二插部又由人声唱出，热情奔放。描绘了节日之夜的达勃人聚集在河边草地，围着熊熊篝火尽情歌舞的场面。最后，主部和两个插部叠置在一起，人声乐声融成一体，情绪热烈欢腾，达到了全曲的高潮，生动地刻画了达勃人豪放、热情、乐观的性格。

解读一部音乐作品，照搬套用固定模具，很可能牵强附会甚至悖逆误会。“一千个人心里有一千个哈姆雷特”，何况最具抽象性的器乐作品。毫无疑问，“达勃河”新潮、新奇、新鲜、新颖，“新”就意味着原生与独创。但，最大手笔并非着墨于实景再现，而是着意于一种民族精神内核的开掘萃取，提炼升华。彻底摈弃“照相机”、“录放机”式的功能描述，其个性鲜明的音乐语言，独具内涵魅力四射。

何训田自认为《达勃河》对“白马人的生活状态、民俗风情”是一种非常直观的描述，“直观就是活生生的灵性。非常重要!”他强调“有一条线贯穿连接起来。”正好同王志明的观点不谋而合：“全曲由多主题联缀而成，合理调节对比与平衡关系构成作品结构的基础。而多主题就是他灵性光辉的闪现。”

四、意境高远与气韵深长

法国作曲家拉威尔说：“一切有生命的音乐，都有一个含蓄的旋律轮廓。”何训田精心谱写的旋律优美隽永，灵活运用的调式和声新颖别致。民族调式“基因变异”的“三全音”强化个性特征，而三全音正是白马藏族民歌标识要素。全曲重要主题，总是或多或少持续保留“三全音”的根系脉象，如，第一乐章、第9小节，横箫第一次Solo主部主题，采用了“最小”的si　re　fa和声音程关系（两个小三度叠置）；再如，第二乐章、第324小节女高音与354小节男高音交替出现的主旋律声部la　do　降me及第404小节混声合唱si　re　fa，同为“最小”和声音程关系，等等，无不在增四减五保留强化“三全音”调性特征，从而实现整体风格内在统一完整而清晰。

听抒情性段落，清新明澈似水、空灵缥缈如诗，情景交融意境高远；听舞蹈性段落，热烈奔放似火、柔曼翩然如画，动静相宜气韵深长。混声合唱从第28小节第一次进入，一派安祥静谧人间仙境般迷人景象；高音管乐“穿云破雾”亮出光彩，“活泼的快板”欢悦跳荡，仿佛百鸟争鸣百花竞艳、波光闪耀水花迸溅；弹拨乐组重复副部主题，好似姑娘们轻盈而灵活的舞步。第一乐章采用拱形结构和对称原则，中心是120小节—160小节，作曲家用b羽调式的“插部”替代“展开部”，既节省篇幅又妙趣横生。经过欢快的再现部与简短的连接部转换情绪，天籁般的女高音Solo，恰似苍茫暮色间最后一道美得令人落泪的瑰丽霞光……

第二乐章从爆发式旋风般的强奏开始，非常规强音落点、非常规3小节分句结构极富特征。第一插部主题1，姑娘们舞姿蹁跹栩栩如生；第一插部主题2，混杂着奇异而美妙的西亚乐风；再度飘然而出的女高音与男高音二部合唱美妙如诗。再次回到主部主题，音乐散发出纯朴的原始古风与野性气息……慢起弱起、渐快渐强的连接部预示高潮将临，尾声如火山爆发式的全奏，多主题材料交织叠置，人声近乎嘶吼呐喊，音乐洪流涌向最高峰巅戛然而止；横箫Solo“三全音”上下行，牵动全曲的一缕乐魂，飘然升空静默片刻之后原速全奏，最后一个强音短促有力。世界归于宁静。一种生命律动的韵味与情趣盎然的诗意，触发听者无限的遐想、无穷的回味，绵延不尽……

【观点】 个人风格与区域风格

◎何训田

《达勃河随想曲》这部作品写于1982年，30年前。当时作品是加了合唱的，用合唱来改变它的结构和音色的方式。后来因许多原因，在很多演出中没有合唱，很可惜，他们自己用乐器代替了合唱部分。所以我后来为了方便演出，音乐上做了一个去掉合唱的改编本。但有时也会给想演合唱的带来些困难。关于作品我就想说这么多。

下面我想谈谈艺术界所有，不光是中国人，包括全球特别关心的一些问题，比如说什么是创新，真正意义上的创新？什么是传统，真正意义上的传统？还有大家提到的继承与发展等问题。这些问题可能是误读最厉害的，影响观念，妨碍文化发展的一些话题。今天我只谈其中的一个观点。每个人的思考不一样，像《达勃河随想曲》昨天听了就感觉自然了，而30年前就是个“怪胎”、“超前”，等等各种说法都有。其实，如果我们能站在一个正常的观念去看它的话，就能够更历史地看问题了。下面我谈的是关于个人风格与区域风格的问题。

一、个人风格

个人风格是主体与客体（指宇宙万物的各种形态，包括物质的和思想状态的）相互作用之后形成的主体的思维和行为。

由于每个主体的本质不同、能量不同、与客体相互作用时的环境和条件不同，其结果就不同。每个主体在各种环境下是不一样的，这个不同就形成了各主体之间相互有别的特征，这个特征就是个人风格。

相互作用的结果有两类：结果之一是个人产生出过去未有的、新的东西，我把它称为“我文本”。结果之二是个人认同了过去已有的、旧的，我把它称为“他文本”。

作品中以我文本元素为主，以他文本元素为次的属于第一类作品（没有好劣，只是归类）。按程度的不同可称为：创新者、开拓者、创始者、觉悟者。从古至今的各国家、各民族、各宗教、各艺术流派的风格开创者的作品属于一类作品。

作品中以他文本元素为主，我文本元素为次的属于第二类作品。按程度不同可称为：发展者、改良者、拿来者、传播者。世界上的绝大部分的作品属于二类作品。如：有些人以“学习”、“借鉴”、“拿来”、“西方人能办到的我们也能办到”（我对这句话非常不满意，它是很多人一种最大的愿望，但也是对自己很没有信念的信念）、“吸收全人类的优秀文化遗产为我所用”等等以他人为主体、自己为装饰的观点是东亚区域的大部分艺术家的艺术观，也是东亚区域的艺术院校的教学宗旨和信条。

每个人的作品都有自己的个人风格，但因为各自的我文本和他文本的比例不同而互不相同。我文本的元素越多，风格越强，识别性越大。传统问题就是一个继承和发展的问题，继承的观念就是有一个依附的文本。其实，所有文本最先形成之前，都有一个文本的语言，这就是天地。世界上不管是藏族的、蒙古族的，牧歌也好，其他山歌也好，任何第一手的东西是源于世界万物，而不是之前有个什么文本，我们自己面对天地，面对他人、前人，对万物感受的文本作为文本，这就是传统。说大一点的话，宇宙真正是一个大传统：天上的星星月亮、地域地貌……就是一个最初、最原始的、最传统的，一直传到今天没有改变的、我们可以直接感受的那种获得的第一手文本。这是为了创新的真正的普及。我要说明的是这两种文本的区别：前面的文本是继承发展之一，而不要把它当作全部和整体，不要忘记每个人自己可以直接感受到的第一文本。这就是为什么阻碍着中国乃至全世界范围对传统与继承发展观念的问题。

二、区域风格

特定的地理和文化范围内（如地貌、国家、民族、宗教、学术流派等）的全部个人风格之总和，各区域之间具有相互有别的特性，这个特性就是区域风格。

对区域风格的界定之前，至少需要以下三项数据作为基本依据：

1. 区域内的个人风格的总数量的数据；

2. 隐性形态（客观存在于宇宙中间的）和显性形态（经常出现在主流艺术展示空间、广播电视、新闻媒体上的）之间的比例的数据（统计通常空缺隐性形态部分）；

3. 设定子时空座标的数据（如：公元2012年的汉民族的音乐风格。公元1987年刚果盆地的音乐风格），它必须有一个时间和空间的界定。

区域内任何一个人或一部分人的个人风格都不能代表区域风格。更不能指定一个人或一部分人的个人风格为区域风格的模式，让群体效法。让群体效法的个人是将群体风格缩减为某个个人的风格，这不能叫区域风格，这只能叫这一个人或这一部分人的风格。

那些具有个人风格、没有模仿因素的作品，其质是不同的，关系是互补的，价值是相等的。正如萝卜与青菜之间的关系，不能说青菜比萝卜更具蔬菜性，也不能强迫萝卜要模仿青菜。好在蔬菜并未看上人类的思维，不然如今的天下可能就只剩下萝卜了。这是它们之间很重要的独立性。

区域内的所有个人风格的作品都是区域风格的参与者，与他本人愿意或不愿意参与无关（他不愿意参与但实际上也是存在于这个区域内的），与人为的增加和减少无关，与失误者的评判无关，今天评论任何一个东西都应非常客观，拔高和贬低都没有用，当一个作品存在的时侯它就在作品中显示出真实的东西，会被历史慢慢鉴定。

根据以上所谈，我总结一下：

1. 一类或二类作品是不同类型的作品。选择作一类或二类作品是艺术家的个人认定，取决于艺术家的艺术观和艺术实施能力。这是个人的选择。

2. 个人风格与区域风格是不同形态的风格。不管是个人风格的作品还是区域风格的作品，只可能通过个人风格的作品来呈现。有个人风格才有区域风格，个人风格是所有风格之母。

很多人总是想要给民族音乐下个定义，有个框框，它是什么样的曲调，什么样的结构……其实它是某个时期某个地域的，时空很重要。我想强调的是，时空是在变的，而人受天地文化的感应是很难变的，不用担心这个问题，只管创新，创新也是在这个时空，这个感应下的结果，不会到天上去。

另外，关于东西方学习的问题，也是我们大家可以思考的问题。我认为，一个东西方结合的东西，它首先是有一个自己的东西，也就是它在一开始就在结合了。比如印度音乐，它自己有一个“纯种”的东西在里面，这个纯种的音乐没有任何西方的因素，非常纯粹、非常地域化的音乐。嫁接的东西另说，嫁接的东西就是“杂种”，当然“杂种”和“纯种”可以同时进行。我们的民族音乐需要有“纯种”。

（本文根据发言录音由黄俊兰整理、补充）

【观点】 当前民乐发展要破解三大难题

◎刘锡津　裘　诺

记者：近年来，中国民族管弦乐的整体生存状态如何？

刘锡津：与有着几百年历史的西方交响乐队相比，成建制的中国民族管弦乐只有不到百年的历史，正处于“转型期”。民族音乐已经从刘天华那个时代的单打独斗发展到了上百人乐团的大规模亮相，但这绝对不是终结。我们期望通过创作者的智慧、演奏家的发展和乐器改革家的努力，使中国民族管弦乐既是中国的又是世界的。如何组织更多音乐家通过民族音乐提升国家的软实力，让中国民族管弦乐在世界音乐之林拥有更强的影响力，中国民族管弦乐学会应当担负重要的使命和职责。

目前，总体来说国家对于民族管弦乐还是十分重视的，优秀演奏者的数量和学习民族音乐的孩子也比以往任何一个时期都要多，但专业乐团的建设却不尽如人意。目前内地发展较好的民族乐团只有中央民族乐团、中国广播民族乐团、中国歌剧舞剧院民族乐团、上海民族乐团、广东歌舞剧院民族乐团、江苏省演艺集团民族乐团、湖北编钟国乐团等少数院团，有些地区的民族乐团被安排在了交响乐团之中，有的甚至被“保护”入了当地群众艺术馆。与只有在茅台镇生产的茅台酒才最有味道一样，因为生长在民族文化深厚的土地上，内地的民族管弦乐团与港澳台以及新加坡等地的民族乐团相比更有“正宗”的感觉，但内地的民族乐团却在很大程度上没有能够得到与交响乐团同样的重视。我十分期望内地乐团学习海外乐团好的经验，使管理更加正规、更加科学。

记者：制约中国民族管弦乐健康发展的突出问题是什么？

刘锡津：创作是民族管弦乐最致命的问题。民族管弦乐的创作存在两个极端：一个极端是像老艺人一样、以演奏者的思维进行创作，手法比较简单、陈旧；另一个极端是打着所谓“前卫”的招牌怎么难听怎么写。目前这两个极端正在逐步往中心靠拢汇集，演奏员作曲家重视作曲技术的学习与运用，专业作曲家在努力学习传统音乐遗产吸取营养，但还需要一些时间。衷心地希望喜欢先锋前卫的创作者们能够从优秀传统音乐语言中找到根基；另外一部分创作者不要像剪贴师一样生吞活剥地运用民族音乐素材，要学会消化地继承。

人才培养也是制约中国民族管弦乐发展的一大瓶颈。我们目前的民族管弦乐人才，尤其是作曲、指挥人才数量不算少，但出类拔萃的、塔尖上的人才却十分短缺。问题的关键在大文化底蕴的培养上。作为中国最早在钢琴演奏方面赢得国际声誉的钢琴家之一的傅聪，其钢琴演奏风格的形成与其父亲傅雷让他充分学习中国古代诗词、了解中国传统文化有着密切的关系。中国诗词对傅聪钢琴演奏艺术的影响十分显著，他将中国诗词的格律、意境、文化观念运用于钢琴演奏之中，成为了以中国传统文化精神对西方音乐进行人文阐释的践行者。但年轻一代的中国民族管弦乐从业者对我国古典传统和民间传统的音乐文化了解不多、理解不深——一些演奏专业的学生有的甚至连自己演奏的曲目是从哪里来的、怎么回事都弄不清楚，这样的学生只能算个匠人；一些作曲专业的学生也对如何有效地把握好继承、借鉴、创新的关系理解不够。所谓琴棋书画不分家，我们应该提高学生在我国古典和民间优秀文化传统方面的素养，在实践中不断进步，争取民乐创作更加繁荣昌盛的大好局面。

乐器的改良也是民族管弦乐不能回避的、对总体音响有很大影响的问题。目前民族管弦乐队中有三个声部的乐器亟待改良——唢呐声音尖扁的问题一直没有得到很好地解决；弦乐的中低音乐器还以西方交响乐队的大提琴、贝司打底，乐队并不是完整地在使用中国民族乐器，近些年来香港中乐团力推革胡的应用，解决了台上都是中国民族乐器问题，但革胡在音色、音质、音量方面还是与大提琴和贝司有着较大差距；还有弹拨乐中，柳琴解决了声部的高音问题，但声音还不够圆润甚至有些干扁。乐器改革对作曲家的创造思维及演奏家表演艺术都有很大的助推力，乐器就像作曲家和演奏家手中的枪，有了好枪，作曲家就可以创作出更多脍炙人口的作品，演奏家就可以把乐曲发挥到极至。作曲、演奏、制作三位一体，是一种联手相互协同作战的关系，所以我很希望从事乐器改革、制作的朋友，能努力为民族管弦乐的发展，提供更多的“优良武器”。

记者：有舆论称，与西方交响乐相比，中国民族管弦乐的理论建设相对滞后，中国民族管弦乐学会将就此做哪些工作？

刘锡津：民族管弦乐的理论建设的确不够系统、不够规范。现在学习音乐学的学生虽然多了，但民族音乐学仍是冷门。中国民族管弦乐学会日后将把理论建设和推动创作作为自己的第一要务。要想一些办法，借助召开研讨会、创建理论论坛等方式在思想上解决创作、演奏和推广的实际问题。比如，我们可以在创作比赛后组织研讨会，庖丁解牛般地认真分析一下获奖作品为什么会得奖，从传统与现代结合的角度对民族管弦乐的创作进行前瞻性的分析。再如，我们可以召集乐团的创作者、指挥家、演奏者、乐评人、观众等各个领域的人士，分析民族管弦乐作品演出的概率，看看什么样的作品经常上演，乐团和演奏家为什么会选择演出这些作品，观众到底喜欢这些作品的哪些方面，争取寻找到中国民族管弦乐创作的前进方向。

记者：怎样看待中国民族音乐厚重的传统？如何继承和发扬传统音乐文化？

刘锡津：中国民族管弦乐发展，跳不出“古为今用、洋为中用”这句话。中国民族音乐有着数千年的历史，这些厚重的历史遗产给了我们太多可用的素材，聪明的创作者应该把古代优秀的作品继承过来、消化下去并为当代创作所用。另一方面，我们应该借鉴、学习西方音乐的优势，融会贯通。民乐界的朋友都希望，民乐在国际舞台上不只是原生态、被人们猎奇的东西，而是有较好的发展前景的、能够与传统交响乐 PK 的音乐形式，既有交响乐丰富的表现力和好的音响又有民族特色，做到“你有的我也有，你没有的我也有”，争取更多的受众。要有参照物、有比较地看到民族管弦乐的地位，努力使中国民族管弦乐拥有更强的影响力，使她真正立足于世界音乐之林。

我们欣慰地看到了中国民族管弦乐的希望。民族管弦乐的社会基础非常雄厚，除在校学生外，目前学习民乐的群众非常多，在街头、公园等地随处都可以看到，他们不仅认真演奏而且也具备一定水准。在民族音乐这样火热的形势下，中国民族管弦乐学会将继续挑起继承传统与努力创新两大重担，整理传统民族民间音乐、探索民族音乐的表演形式、丰富民族音乐的曲目，锲而不舍地向世界传播中国音乐。

摘自《中国文艺网》2012 年 10 月 11 日

国家大剧院歌剧节·2012

【概况】

2012年4月3日至6月28日，“国家大剧院歌剧节·2012”在北京举行。本届歌剧节除了继续保持前三届的大体量和高水准外，还力图在剧目类型和风格特色上有所突破。在新创排的剧目中，开幕大戏《漂泊的荷兰人》是大剧院推出的第一部瓦格纳歌剧，乌戈·德·安纳执导的威尔第歌剧《假面舞会》和以京杭运河上人物命运为故事背景的原创民族歌剧《运河谣》。本届歌剧节自制歌剧中惟一的复排剧目、普契尼歌剧《托斯卡》于第三度上演。指挥吕嘉为这4部歌剧执棒。同时，国家大剧院再次采取本院制作和外邀剧目相结合的方式，除上述自制剧目之外，福建省歌舞剧院原创歌剧《土楼》、中国歌剧舞剧院原创歌剧《红河谷》、中央歌剧院版瓦格纳歌剧《汤豪塞》、韩国国立歌剧院版普契尼歌剧《艺术家生涯》等外邀剧目也将与观众见面。

歌剧节期间，国家大剧院还推出一系列歌剧艺术交流与推广普及活动。其中包括：由国家大剧院主办的第四届世界著名歌剧院高峰会议暨歌剧论坛于2012年6月20日至23日在大剧院举行；“歌剧节主题观摩”活动；周末音乐会和经典艺术讲堂活动；国家大剧院2012歌剧节剧目展、2012世界歌剧节巡礼、国家大剧院原创与制作剧目展等展览。

【国家大剧院2012歌剧节参演项目简介】

国家大剧院自制歌剧《漂泊的荷兰人》

上演时间：2012年4月3日—8日

剧情介绍：

大海上漂泊着一艘红帆黑桅的阴森可怖的船，船长荷兰人由于受到魔鬼的诅咒，穷其一生都要在海上流浪，每隔七年才能上岸一次，只有遇到一位真心爱他并肯为他牺牲的女人，他的流浪生涯才可能终止。

又一个七年的轮回开始了，荷兰人在挪威海岸靠岸。挪威船长达兰德美丽善良的女儿珊塔从小就听说荷兰人的传说，一直对他充满同情并产生了爱意，她坚信可以给予荷兰人不朽的爱情从而使他获得救赎。但是，还有一个名叫艾瑞克的青年也钟情于珊塔，碰巧有一天当他对着珊塔倾诉自己的爱情时，被荷兰人听见，忧伤而绝望的荷兰人想到自己这次必又将遭人抛弃，于是决然而去。珊塔急忙追赶，她挣脱了众人，跑到海边的悬崖，纵身跳入海中。荷兰人的船沉了下去，海水涌起了高浪……

出品：国家大剧院

作曲：理查德·瓦格纳

脚本：理查德·瓦格纳，根据海因里希·海涅《史纳贝勒渥普斯基先生的回忆》改编

指挥：吕嘉

导演：强卡洛·德·莫纳科

舞美设计：威廉姆·奥兰迪

服装设计：海苏斯·路易兹

多媒体设计：塞尔乔·梅塔里

灯光设计：韦尼乔·凯利

主演：
托马斯·卡则里、章亚伦饰荷兰人（船长）
简·亨德里克·鲁特林、龚冬健饰达兰德（挪威船长）
伊娃·约翰森、孙秀苇饰珊塔
菲利普·韦伯、莫华伦饰艾瑞克（年轻猎人）
梁宁、海伦娜·祖巴诺维奇饰玛丽
王传越、金郑建饰挪威舵手
合唱：国家大剧院合唱团
乐队：国家大剧院管弦乐团

福建省歌舞剧院原创歌剧《土楼》

上演时间：2012年4月12日—13日
剧目介绍：
歌剧《土楼》塑造了一个客家阿妈——云花的形象，从她身上体现出客家人的纯朴、善良、坚忍和顽强，主题歌“青青葛藤”就是客家人精神的写照。作品大量运用了闽西客家山歌，并借鉴西洋歌剧的形式，使作品既有正歌剧的品质，又有地方特色。作品以母爱无私的爱为主题。
剧情介绍：
民国初年，阿山、阿水随师傅先去广东、后下南洋谋生，杳无音讯，他们的妻子云花、琼花带着年幼的儿子石柱、石头，随师母阿婆和最小的徒弟阿勇相依为命生活在土楼，而琼花又早年病逝，把石头托付给了云花。七年后，土楼春分祭祖，人们祈望亲人平安。出没深山的土匪觊觎土楼的富足，不断骚扰滋事。这一日土匪绑架了石柱、石头，限日交出高额赎金，土楼人纷纷相助，但只凑足放一人的钱，究竟先放谁，这个残忍的决择摆在了孩子们的母亲——云花面前。这个善良的客家阿妈，毅然决定先赎回石头。阿勇率三青年深入虎穴救出石柱，却中了土匪埋伏，石柱中弹而亡。阿勇恨自己没保护好石柱，对云花万分歉疚。一年后，阿水回到土楼，阿婆、云花方知师傅和阿山早在下南洋时遇风暴葬身大海。阿水想带走石头，阿勇为保护云花不再受伤害，奋力阻拦。阿水得知云花舍亲子救养子，感动不已，又决定让石头留下。孩子的走与留，这个抉择又一次摆在云花面前，土楼里又一次出现感人肺腑的场景，让人唏嘘不已。
主创人员：
剧本修改：莫凡
作曲：莫凡
编剧：吴苏宁
导演：陈薪伊
指挥：郑小瑛
舞美设计：张庆山
灯光设计：宋史强/张啸
服装设计：一丁
多媒体设计：周爽、麦克（英国）
主演：
王庆爽饰云花
孙砾饰阿勇
刘珊饰阿婆
张建鲁饰林老伯

莫华伦饰阿水

制作单位：福建省歌舞剧院

乐队：福建省歌舞剧院交响乐团

国家大剧院制作歌剧《托斯卡》

上演时间：2012 年 4 月 19 日—22 日

剧目介绍：

国家大剧院版《托斯卡》邀请歌剧导演强卡洛·德·莫纳科执导。该剧以悲情的音乐及舞台布景的机械魔变，充分宣泄人物内心情感，展现场景的宏大，该剧由华裔指挥家吕嘉，男高音阿奎利斯·曼查多、伦佐·祖利安，男中音阿尔贝托·马斯特罗马里诺及中国歌唱家孙秀苇等组成。

剧情介绍：

这是一个关于爱情、政治、仇恨与阴谋的故事。画家卡瓦拉多西因掩护政治犯被捕，为使恋人能够获救，歌剧明星托斯卡委身于警察局长斯卡皮亚。警察局长答应托斯卡进行一次假处决，托斯卡在拿到离境通行证后，趁其不备，将他刺死。黎明，卡瓦拉多西被带往刑场，谁料处决的枪支里放进了真正的子弹。卡瓦拉多西应声倒地，托斯卡绝望至极，纵身跳下高墙，一代红伶玉殒香消。

主创人员：

作曲：贾科莫·普契尼

剧本：朱塞佩·贾科萨

脚本：路易吉·伊利卡，改编自法国剧作家维克多利亚·萨尔杜悲剧《托斯卡》

导演：强卡洛·德·莫纳科

舞美设计：威廉姆·奥兰迪

灯光设计：韦尼乔·凯利

服装、化装设计：海苏斯·路易兹

主演：

孙秀苇、塞莉娅·克斯堤亚饰托斯卡

阿奎利斯·曼查多、伦佐·祖利安饰卡瓦拉多西

阿尔贝托·马斯特罗马里诺、章亚伦饰斯卡皮亚

黄荣海饰教堂执事

陈佩鑫饰安杰洛蒂/狱卒

中国歌剧舞剧院原创歌剧《红河谷》

上演时间：2012 年 5 月 4 日—6 日

剧目介绍：

中国歌剧舞剧院大型原创歌剧《红河谷》改编自冯小宁执导的同名电影，以 20 世纪初的西藏为背景，演绎了汉藏儿女生死相依的爱情故事和并肩抗战的英雄传奇。由中国歌剧舞剧院与歌唱家殷秀梅、电影导演冯小宁联合创意，孟卫东担任作曲，陈蔚担任总导演，姜金一担任指挥，刘科栋担任舞美设计，殷秀梅、魏松、于爽、金郑健、陈小朵等歌唱家担任主要角色，中国歌剧舞剧院歌剧团、舞剧团、交响乐团近二百名演员联合演出。

剧情介绍：

这是一部发生在一个世纪之前，青藏高原上的一出可歌可泣的史诗。以琼斯为代表的英国人，在经历了工业革命和科技飞速发展之后带领探险队来到了这一片被称为世界上最后一片处女地的青藏高原。在这里他们历经艰险，几乎丧命。幸而得到淳朴好客的藏族人的帮助才得以化险为夷。

在西藏逗留期间，琼斯寄住在康巴汉子格桑的家里，两个不同文明孕育的男人在这片土地上相互了解，并成为好友。琼斯更是对美丽的藏族小姐丹珠产生了情愫。

英国人离开之后，高原回复了平静。但这种平静没有多久即被打破。英国人又一次回到了这片土地，而这一次他们带来的是军队和大炮。在英帝国的殖民政策下，昔日的好友只能拔刀相向。为此琼斯陷入了无限的痛苦之中，然而仅凭他无力改变两个文明竟然要用战火来相互碰撞的事实。

面对侵略，生活在这片土地上的淳朴的人民同仇敌忾，各个民族的人民融合在了一起跟侵略者浴血奋战，最后以惨烈的代价保护了这片土地。坚船利炮没有征服这片土地，自傲的英国人面对失败，最终拜倒在雪山之下，只得对他们永远无法征服的东方低下了头。

主创人员：

出品人：林文增

策划：殷秀梅、冯小宁、李小祥

总监制：董天恒、郎新建、魏银久

藏学顾问：降边嘉措（国际著名藏学专家）

原著：冯小宁

总导演：陈蔚

编剧：陈蔚、钱晓天

作曲：孟卫东

音乐总监/指挥：姜金一

监制/舞台监督：孙鸣笛

舞美设计：刘科栋

造型设计：方绪玲

灯光设计：邢辛

多媒体设计：胡天骥、何龙

服装设计：彭丁煌

道具设计：勾德秋、孙保卫

乐队首席：张航

技术总监：张庆山、王辛刚

主演：

殷秀梅/陈小朵/张新华饰丹珠

魏松/金郑建饰格桑

主办：中华人民共和国文化部

演出单位：中国歌剧舞剧院歌剧团、交响乐团、舞剧团、舞台美术工作部

韩国国立剧院制作歌剧《艺术家生涯》

上演时间：2012年5月11日—5月13日

剧目介绍：

《艺术家生涯》，亦称《波西米亚人》、《绣花女》，是意大利歌剧大师普契尼的经典四幕歌剧。这部作品创作历时近三年。这部作品由阿图罗·托斯卡尼尼指挥，首演于意大利都灵的皇家歌剧院。

剧情简介：

在巴黎的拉丁区的一间破旧不堪的阁楼中，居住着诗人鲁道夫、画家马切洛、音乐家萧纳尔和哲学家科林。虽然贫困时常来威胁他们，但是他们却始终充满了自信和愉快，他们互相帮助、体贴、关心，他们是非常要好的朋友。

圣诞前夜，鲁道夫在阁楼上赶写文章，体弱的绣花女工咪咪前来借火。告别时，咪咪发现丢失了房门钥匙。穿堂风吹灭了她和鲁道夫的烛火……鲁道夫找到了钥匙，却又把它藏了起来……二人互诉心曲，他们相爱了，爱得很深。鲁道夫经常带着咪咪出入他们这帮穷苦朋友聚会的酒馆中，他们生活得很开心，可是，咪咪患着在当时来讲十分可怕的肺结核。为了给咪咪治病，朋友们到处奔波，为她买药。可是，咪咪的病一天天严重，最后，当朋友们带着他们为咪咪找来的药品和食物时，咪咪已经病死在鲁道夫的怀中。

出品：韩国国立歌剧院

作曲：贾科莫·普契尼

脚本：朱塞佩·贾科萨，路易吉·伊利卡，改编自法国作家亨利·米尔热的小说《波希米亚人的生涯》

指挥：郑明勋

导演：马尔科·甘迪尼

舞美设计：罗伊克·提耶诺特

服装设计：安娜·比亚焦蒂

灯光设计：尼古拉斯·马里

合唱：韩国国家合唱团

国家大剧院制作歌剧《假面舞会》

上演时间：2012 年 5 月 24 日—27 日

剧目介绍：

歌剧《假面舞会》故事取自 18 世纪瑞典古斯塔夫三世遭暗杀事件，全剧通过虚构的奇特故事，表现了阿米莉亚在追求婚外浪漫爱情和维护丈夫尊严时的矛盾心理，展示了 18 世纪意大利上流社会的生活实景。《假面舞会》、《命运之力》和《唐·卡罗》，被推崇为威尔第中期的三大杰作。

剧情简介：

古斯塔夫三世准备开一场舞会，他邀请好友雷纳托的妻子阿米莉亚参加，因为他也深爱着她。他的僮仆奥斯卡警告有人想谋害他的生命时，古斯塔夫三世并不在意，他甚至嘲笑女巫乌丽卡的预言。

乌丽卡先在她的小屋秘密接见阿米莉亚，她要的是能够遗忘古斯塔夫三世的秘方。然后，乌丽卡又告诉乔装前来声算命的古斯塔夫三世他会死在一位朋友之手。

阿米莉亚在午夜时分单独来到断头台找寻遗忘之草，古斯塔夫三世则尾随而至，两人互相宣告彼此的爱意。此时，雷纳托赶来通知古斯塔夫三世提防刺客，并答应代替他领着蒙脸的阿米莉亚抵达安全之地。然而，刺客逼着阿米莉亚暴露身份。雷纳托在羞怒交加的情况下，决定和刺客合作报仇。他在总督的舞会上刺杀古斯塔夫三世，但古斯塔夫三世早有悔意，准备让雷纳托夫妇一起返回英国。可是大错仍然铸成，古斯塔夫三世临死向雷纳托保证阿米莉亚的清白，并宽恕了所有人。

作曲：朱塞佩·威尔第

脚本：安东尼奥·索马，由安东尼奥·索马在 1833 年根据斯克里布的《古斯塔夫三世》（或称《假面舞会》）所撰脚本改编，斯克里布的脚本来源于关于国王古斯塔夫三世被暗杀的真实历史故事。

指挥：吕嘉

导演/舞美设计/服装设计：乌戈·德·阿纳

灯光设计：韦尼乔·凯利

编舞：蕾达·洛约蒂切

助理导演：艾莲娜·萨科纳琪

舞美设计制作助理：莱拉·菲艾塔

舞美设计技术助理：保拉·莫洛
服装设计助理：克里斯蒂娜·阿切蒂
主演：
戴玉强饰古斯塔夫三世
和慧/卡琳·芭芭扎妮安饰阿米莉亚
拉多·阿塔内里/廖昌永饰雷纳托
张秋林/拜尔纳黛特·维德曼饰乌丽卡
葛拉蒂斯·若希/李晶晶饰奥斯卡
梅杰饰克里斯蒂亚诺
陈佩鑫饰和恩
关致京饰瑞宾

国家大剧院原创歌剧《运河谣》

上演时间：2012 年 6 月 21 日—24 日
剧目介绍：
原创歌剧《运河谣》是国家大剧院推出的首部原创民族歌剧，该剧以民族唱法为载体，以京杭运河为故事背景，通过描述剧中人物在运河上起伏的命运际遇，展现了运河见证的离合悲欢、善恶生死、义薄云天！该剧由廖向红导演，黄维若、董妮联合编剧，国家大剧院管弦乐团首席指挥吕嘉执棒。
剧情介绍：
明朝万历年间，苏州城的书生秦啸生因上书揭发知府贪污漕粮，被恶势力通缉。其在逃亡的过程中结识了唱曲卖艺的水红莲。适逢水红莲因不肯做有钱人的小老婆，也被抓捕。落难的两个人来到一个叫张水鹞的运河船主的船上一路北上避难，秦啸生冒名水手李小管在船上做了水手，与水红莲在患难中产生了真爱。
船行至苏州码头时，盲女关砚砚误将秦啸生认作了抛弃了自己与孩子的水手李小管。秦啸生碍于被通缉的身份不能说明真相，从而陷入两难。一直对水红莲怀有色心的张水鹞刻意收留了关砚砚母子，以此作为秦啸生与水红莲之间爱情的阻力。张水鹞在偶然间发现了秦啸生的真实身份，带着官府的衙役到船上抓捕秦啸生。水红莲为救秦啸生与关砚砚，毅然点着了张水鹞的船，以自己葬身火海的方式，惩戒了黑心船主张水鹞，拯救了秦啸生与关砚砚及孩子的生命。
出品：国家大剧院
编剧：黄维若　董妮
作曲：印青
导演：廖向红
指挥：吕嘉
舞美设计：刘杏林
服装设计：李锐丁
合唱：国家大剧院合唱团
乐队：国家大剧院管弦乐团

中央歌剧院歌剧《汤豪塞》

上演时间：2012 年 6 月 27 日—28 日
演出团体：中国中央歌剧院
导演：王湖泉

主演演员：理查德·伯克利·斯蒂尔、王威等

剧目介绍：

瓦格纳的3幕歌剧《汤豪塞》创作于1842年—1845年，完整标题为《汤豪塞以及瓦尔特堡的歌咏比赛》，由瓦格纳本人根据古代传说撰写脚本。此剧1845年10月19日在德累斯顿宫廷剧院首演。《汤豪塞》摆脱了意大利歌剧的影响，不再使用意大利歌剧的编码形式，而且各部分均使用了瓦格纳所说的“过渡的手法”。这部歌剧是典型瓦格纳风格的代表作。

剧情介绍：

游吟歌手汤豪塞与图林根的庄园主赫尔曼的侄女伊丽莎白相爱，但经不住爱与美之神维纳斯的诱惑，离开图林根瓦尔特堡在爱神的山庄住了一年。后因感到厌倦，又回到人间，伊丽莎白喜出望外。汤豪塞参加歌手比赛，赫尔曼规定必须唱爱的赞歌。汤豪塞竟在歌中称颂他自己与维纳斯的私情，因此触犯了神规。赫尔曼令汤豪塞随朝觐者去罗马求教皇赦免。教皇声称，如果他赦免汤豪塞除非拐杖发芽。汤豪塞走后，伊丽莎白因相思而成病，竟死去。汤豪塞回庄园途中，遇伊丽莎白的棺木，痛苦至极，他叫喊着“神圣的伊丽莎白啊，为我而乞求吧”，倒在伊丽莎白身旁死去。这时朝觐者拿着教堂送给汤豪塞的拐杖出现，拐杖上长出了枝叶，说明汤豪塞的罪得到了赦免。

来源：凤凰网2012年3月16日

【2012国家大剧院“世界歌剧院发展论坛”综述】

◎凌 娣 王小京

2012年6月21日、22日，国家大剧院成功策划举办了第四届“世界歌剧院发展论坛”，该论坛已成为每年歌剧节中的一件盛事，为促进歌剧繁荣的世界歌剧同行提供了一个重要的交流平台。连续4年坚持举办这个论坛是因为在大量的歌剧经营与制作实践中，大家已经认识到国际著名歌剧院之间的交流与合作，是推动歌剧技术在新的时代条件下繁荣发展的重要动力。国家大剧院期望通过搭建这一平台不断保持歌剧界对提高歌剧制作艺术水准的关注，不断探索发展歌剧的核心要素及发展规律，不断研究如何培养和扩大歌剧艺术的观众基础。

与歌剧论坛并行的是国家大剧院高速发展的歌剧制作实践。2008年国家大剧院与普契尼基金会联手制作了第一部歌剧《图兰朵》，从此开启了这个剧院歌剧制作的历程，至今国家大剧院已制作了19部歌剧。2012年6月，大剧院还成功举办了第二十届多明戈世界声乐大赛。刚刚起步4年的国家大剧院就已承担制作了这么多高质量的歌剧，这种短时内迅速领跑国内歌剧制作，积极参与国际合作的领先优势不得不让国内各家歌剧院赞叹。

陈平院长在论坛开幕式上总结归纳大剧院成功运作的几方面原因：1. 国家大剧院歌剧制作得益于中国政府出资建设这个现代化的世界一流的剧院，为中国歌剧表演艺术提供了一个面向世界、面向未来、面向大众的机会。2. 运营之初，大剧院便锁定目标，将歌剧这种历史悠久历久的艺术形式，选定为剧目生产上的制高点和突破口。国家大剧院作为国家级的表演艺术中心，如果想成为世界剧院的重要成员，就必须把歌剧作为重要的战略发展方向参与世界对话。3. 为制作出歌剧精品，大剧院培养了一支从剧目制作、主创、主演，到舞美、合唱、乐团等全面发展的制作队伍，快速扎实地建立了较为健全的歌剧生产制作体系，其中剧院的管弦乐队和合唱团，以及一批实力超群的年轻艺术家，为高品质歌剧的制作打牢了基础。4. 在歌剧发展战略上没有走弯路，早在起步阶段就实施了“三步走”的战略，即第一步是引进剧目，第二步是联合制作，第三步是大剧院开始独立制作出品。在此过程中还积极运用替代战略，从引进剧目到联合制作，不论与谁合作，国家大剧院都要参与其中一部分制作，从舞美制作到中国演员的配置，坚持培养、锻炼中国自己的制作和演出力量。5. 根据大剧院的发展形式，结合中国

观众的审美需求，在歌剧制作的艺术风格上，明确选择了现实主义的风格定位。6. 有清晰而坚定的目标，那就是建设世界一流的剧院，并且在世界歌剧事业的发展进程中发挥作用。7. 大剧院在大量制作剧目的同时，把观众培养与歌剧营销放到了同等重要的位置。8. 重视本土原创歌剧的创作与制作。国家大剧院已经制作了4部中国歌剧，对中国题材美声唱法与中国题材本土唱法两种形式都进行了尝试，希望通过中国艺术家的努力，使歌剧这种表演艺术之花，在中国结出别样的果实。

今年论坛请到了世界各地的21家剧院的代表，以及国内的中央歌剧院、中国歌剧舞剧院、总政歌剧团、上海大剧院、福建省歌剧院、安徽省歌舞剧院等6家院团的领导代表。今年歌剧论坛以圆桌会议的形式展开，分别于6月21日和22日，围绕“古典歌剧呈现形式的选择”、“古典歌剧的营销、传播与观众培养”、“歌剧交流的趋势与手段”这三方面主题展开讨论。

古典歌剧呈现形式的选择

西方歌剧已有近400年的发展历史，当年的歌剧剧目到今天已成了经典，但400年前或说100年前，那时的观众审美需求与今天的观众已大相径庭。面对今天的观众，我们是把几百年前的舞台呈现方式搬过来，还是根据现代技术，重新制作？通过何种手段来向观众呈现古典歌剧，吸引他们走进剧场？这对于当今的各家剧院来说都是必须面对的课题。

匈牙利布达佩斯艺术宫殿院长沙巴·珂尔认为：应当将歌剧作为一种新时代下的交流方式，通过它去和全欧洲乃至全世界的观众做交流。要达到这个目的，就必须开展国际间的联合制作，与不同国家的合作者们相互学习，了解彼此的传统文化，提高歌剧普世化的文化价值。利用互联网等大众媒体去做古典歌剧的推广。

美国芝加哥歌剧院运营总监尼古拉斯·马丁介绍说：芝加哥歌剧院在保留古典剧目的传统样式基础上，也正在尝试将一些老剧目运用实验性的手法重新打造，比如说用之前没有启用过的演出阵容，以百老汇的表演形式来呈现，在不冒犯老观众的前提下，尽量去满足现代人的胃口。

维也纳国家歌剧院特别项目主管莱纳·齐斯戴勒谈到：维也纳国家歌剧院正在为新建设的排演舞台做一系列的改革措施，为的是在提高排练专业度的同时，能吸引更多年轻人来这里接受专业训练，或是在这里接触到歌剧，这算是一种新的剧目呈现方式。维也纳国家的改革目的就是要让这家歌剧院比维也纳爱乐乐团更有名。

德国巴伐利亚国家歌剧院场景指导莱纳·卡里切克介绍说：歌剧艺术在慕尼黑不是老旧的艺术，而是前卫的当代艺术。在这个演出季中，我们便选择制作了20世纪雅纳切克的经典剧目《狡猾的小狐狸》。20世纪歌剧无论从音乐语汇上讲，还是戏剧故事上说，它们都更贴近反映当代人们的思维意识。在德国的歌剧院中，我们经常去打破观众的期望值，一方面这些作品是经典的作品，同时我们也会让这种经典的作品具有现代性，同时在将它从原来的躯壳中剥离出来，以现代的手法来表达，就可以看作是现代艺术而不是传统的古典作品了。

匈牙利布达佩斯艺术宫殿院长沙巴·珂尔与上海大剧院艺术总监钱世锦则都认为：古典歌剧呈现形式的选择，不能取决于观众想要什么，实际上大众是要被灌输的，被告知制作方的想法，被告知制作方想要推出的歌剧究竟是什么。钱世锦还认为：不能认为观众不会自己来看戏，首先得要主动用各种办法去告诉他那是怎么一回事，因为大多数人都是一张白纸。只要制作够好，总会有观众来看，我们要充分相信观众的选择，不要以为他不会看、听不懂，不能用我们自己的想法去代替观众们的想法。

古典歌剧的营销、传播与观众培养

世界上第一座歌剧院自17世纪诞生以来，至今一直面临的一个问题就是经营问题。如何吸引更多的观众为歌剧买单，怎样做到最有效的宣传？对于生活在今天的人们来说，选择观看演出的艺术门类本身就多，观看的手段方法也各式各样，人们早已脱离了单一地到剧院购票看演出的这一体验形式。在这样的情况下，为什么还要选择到歌剧院看歌剧？如何在新形势下做好古典歌剧的营销、传播与观众培养，这是一个非常具有挑战性的论题。

英国威尔士国家歌剧院院长彼得·拜凌汉姆介绍说：我们曾做过调研报告，观众可分成6个群体，包括忠实的探索者、超额预订爱好者、自动观看者、有动力的中立者、年轻的实验者和最受欢迎剧目观看者。通过分析得知，我们最该争取的是那些中立者，还有就是要刺激忠实探索者。对受众做分析是很有必要的，这样在宣传的时候才能有的放矢。而在定价方面，为了鼓励观众的参与，我们尽量保持较低的票价门槛，针对那些第一次来歌剧院的观众而言，他们会优先选择看音乐剧和芭蕾舞剧，价格对于这些人来说也是很重要的，因此就要在价格制定时尽量接近他们习惯接受的价格。

美国华盛顿歌剧院艺术总监克丽丝缇娜·莎波曼则认为：价格不是最主要的因素，更关键的是我们如何才能够提高观众的吸引力，这样观众会主动被吸引过来。传统观众仍然希望有会员手册，阅读纸质广告，或以朋友间的推荐、电视广告等手段获取演出信息。此外像脸书（Facebook）、推特（Twitter）等新的网络社交媒体平台以及电子邮件等也是有效的宣传途径。虽然我们已经做了许多尝试，但在营销方面我们仍然没有找到最行之有效的方法，社交媒体是否能够达到既定的效果，现在还无法确定。但不管怎样，我们努力的关键则在于一定要与观众进行对话，不能让观众觉得我们遥不可及。这种对话尽管耗时但非常有用，唯让独如此才能真正了解观众的反映。

中国人民解放军总政治部歌剧团团长黄定山认为：在中国，先不说外国歌剧，就本土原创歌剧来说，也面临着歌剧的传播营销与观众培养。总政歌剧团实质是一个公益性的演出团体，但我们同样面临占据市场份额的需求。2011年，在提出转变营销策略的改革措施下，通过项目策划、市场论证、演员的竞聘、成本测算、阶层推广、市场营销、融资合作等一系列运作模式的调整，最终我们也制定并举办了首届总政歌剧团中国歌剧演出季。在演出季期间，我们上演了5部原创歌剧作品。对于中国观众的培养，不但要向他们介绍西洋古典歌剧，让他们了解歌剧这一艺术表演形式，此外还要发展我们本国原创的民族歌剧，将两者结合在一起，才能取得繁荣发展。

捷克布拉格国家歌剧院的艺术总监洛克·拉普介绍说：捷克国家剧院在捷克文化中有着特殊的历史位置，我们的艺术营销策略，则是围绕歌剧院悠久的历史性建筑以及浓厚的人文气息来展开。坐落在沃尔塔瓦河畔的建筑和表演艺术舞台是吸引大量本地观众以及外地游客的重要资源，人们可以在这里体验多元的艺术表演。国家剧院的目标就是要使艺术多元化呈现，这样才能吸引到更多更广泛的观众。

上海大剧院于2011至2012演出季从美国大都会歌剧院成功引进了4部高清歌剧。大都会“高清歌剧转播系列”自2006年诞生以来，现在已在全球54个国家设立了这个项目，售票高达300多万张票，这使得全球的公众得以共享演出盛况。许多通过影院观看歌剧的观众已经成为了歌剧院的购票者，从这点来看，高清歌剧的转播对普及歌剧、吸引更多的年轻人进剧院是十分有效的，是很好的传播歌剧艺术的手段。

美国大都会歌剧院副总经理朴伊莲提到：除了向世界各国提供高清转播的播放权外，我们可以看到现在纽约的一些学校，他们的学校领导也在组织大家购买我们“高清歌剧制作版本”在学校里播放，许多个州的30多所学校都在这样做。

上海大剧院艺术总监钱世锦通过引进大都会高清项目，总结了如下两点启示：

（一）高清项目能起到积极普及歌剧艺术的作用。在这个竞争激烈的表演市场，观众不断地被音乐剧、流行音乐及其他音乐给分流了。古典艺术必须与时俱进，我们一定要了解观众的需求才行。大都会歌剧院大量采用外形漂亮又具备功底的明星演员，先进的电影设想艺术完美呈现歌剧，很大程度上吸引了年轻的观众，拓展了歌剧市场。

（二）我们想借鉴高清歌剧转播来丰富中国的歌剧演出市场。歌剧艺术是西方国家的文化产物，在中国并没有深厚的历史积累和广大的群众基础，在很多城市受到各种条件的限制，大部分的剧院很少上演歌剧，因此市民可能完全没有机会在剧场里看到现场的歌剧表演。

钱世锦还表示说：大都会“高清系列转播”在上海大剧院进行一年的运作以后，已经逐渐开始受到上海观众的欢迎和认可。在2011至2012演出季结束前，我们又与大都会商量额外增加了两部观众喜爱的作品：《阿依达》和《蝴蝶夫人》。《蝴蝶夫人》是本次高清转播项目的最后一场，是中国女高音和慧、张立萍参演的版本。而明年，上海大剧院15周年庆典演出中，还要推出大都会2011至2012演出季的《尼伯龙根的指环》，以逐渐追赶上大都会的演出进度，努力将最新最好的制作带给上海观众。

三、歌剧交流的趋势与手段

随着全球一体化的趋势呈现，当今讲求的是区域间的合作，文化更离不开交流与合作，歌剧应采取怎样的手段去相互交流，目前的国际趋势又如何？这一环节围绕公共关系、交流合作来展开。

拉脱维亚国家歌剧院院长安德里斯·扎格尔斯介绍说：我们是拉脱维亚唯一的歌剧院，由于国家人口少、资源少，因此我们必须要与其他艺术院团建立长期的合作策略，这样才能够让我们的剧目常换常新。作为波罗的海的三国，我们与立陶宛、爱沙尼亚合作紧密，同时也与北欧国家进行合作组织巡演。巡演不但能增加大家互相的理解，由此还能探索新的市场。在两次与香港合作演出中，与传统的剧院、传统的京剧以及中国当代芭蕾舞团的合作中，我们也积累了与中方的合作经营和文化交流，期待以后能常来这边交流。

新加坡抒情歌剧院院长涂荣章认为：关于艺术交流的情况，亚欧将会有很多交流项目。我认为交流合作可以体现在联合制作方面，它的一大好处是能够共同承担运作风险，对于一些新制作的剧目来说，歌剧制作，导演、音乐家、歌唱家、总监等人马可以聚集在一起。同一套剧目所使用的服装、道具、布景也可在两国间的演出使用时缩减制作成本。

日本新国立剧院国际交流合作部部长小川幹雄表示：2012年是中日邦交正常化40周年纪念，是非常值得庆祝的一年。我们于8月3日和5日在北京演出的《阿依达》，便体现了国家与国家之间的一种文化交流。这个项目早在两年前就已启动，也希望在未来我们能有更多与国家大歌剧合作的机会，同时也希望能与世界上其他各国来合作开发推动我们的戏剧交流。

国家大剧院歌剧顾问朱塞佩·库恰较为诚恳地道出了个人观点。他说：作为艺术总监，我们都忌妒别人，也不喜欢跟他人合作，只觉得唯有自己脑袋里产生的想法才是最惊人的，我们也想要成为能创作出独一无二的艺术的人，不愿与人交流，认为别人都不对。作为艺术总监，我们拥有强大的力量，因为我们能决定和掌控艺术的走向，但往往一意孤行会造成严重的后果，我们需要的应该是更多的交流，应该共同集结我们的智慧，想想如何解决问题，也许更多的信息交流会起到一定积极的作用。

按照每年的惯例，在会议的最后，世界各国歌剧院领导人一同签署了象征着美好祝愿的共同宣言。两天的圆桌会议，与会者们始终围绕世界歌剧的发展，以及时代变迁带来的新问题进行研讨，尽管各自观点不同，可能还有争论，但这都是正常的，毕竟他们来自世界各地、拥有不同的社会背景、文化背景。每个国家的政治、经济、文化都有差异，国家地区间观众们对歌剧艺术的接受程度也各有不同，答案没有定论，都在各自心中。不过相信通过这次东西方之间的对话，各国与各国间的思想交流，在思想观念的碰撞之后，定会激发我们对于世界歌剧发展做出进一步深入的思考。歌剧艺术是世界人类的艺术瑰宝，只有大家共同努力，才能将它持续地、繁荣地发展下去。

原文载《歌剧》2012年第8期

【观点】《漂泊的荷兰人》的创造性阐释

——评国家大剧院首次瓦格纳歌剧制作

◎王纪宴

2012年4月3日，国家大剧院歌剧院内济济一堂，备受瞩目的国家大剧院制作瓦格纳歌剧《漂泊的荷兰人》，作为“国家大剧院歌剧节·2012”的开幕之作，在雄浑激荡的序曲中拉开了帷幕。虽然国家大剧院自开业以来即以气势恢弘的大制作著称，以至于常来此聆赏演出的人们似乎已经习惯于这种宏大，但这次《漂泊的荷兰人》仍以一种特别的气氛、一层特殊的光环而给人以异乎寻常的期待。瓦格纳的壮丽、深奥，连同其厚重、冗长，即使对于音乐生活更发达的欧美国家许多观众而言，也并非总是能够轻松接受和泰然习惯的。在这方面，《漂泊的荷兰人》虽然还不像瓦格纳后期巨作《尼伯龙根的指环》四联剧那样令人生畏，但毕竟也是体现出瓦格纳诸多典型特征的第一部杰作。首先是剧本的严谨性，正如瓦格纳自己所说的，在《漂泊的荷兰人》的创作中，瓦格纳才真正开始了他的"诗人生涯"，而彻底告别了他作为"脚本制作者"的角色①。作为国家大剧院的首次瓦格纳歌剧制作，导演及相关方面对于这一点有着充分认识和尊重，演出开始前观众被明确告知：在整个演出中将没有中场休息。这也不啻为对观众的考验，毕竟，《漂泊的荷兰人》序曲加三幕，时间为2小时2分钟，这还没有计算幕间换景和谢幕的时间。对于大多数中国观众，这是在各类演出中极少遇到的情形。然而，一旦演出开始，《漂泊的荷兰人》的阴郁奇诡的故事在瓦格纳雄辩挥洒的音乐语汇中从容陈述，人们惊奇地发现，观众席的气氛是国家大剧院经历过的所有演出中最好的，凝神屏息的专注和投入造就了一种集体的近乎神圣的氛围，在这种氛围中，不仅观众的感觉异常敏锐，而且感悟艺术深层内涵的心智也处于最积极活跃状态；而台上的艺术家以及乐池里的乐队和指挥，也极大地得益于这种氛围。这是为高水准的艺术创造所需要的最珍贵的因素。而成就这种氛围的，首先来自演出本身的精湛和强大的感染力。

强卡洛·德·莫纳科，这位活跃于维也纳国家歌剧院、米兰斯卡拉歌剧院、纽约大都会歌剧院等世界顶级歌剧院的歌剧导演，已经以国际大剧院版《托斯卡》给观众留下深刻印象，而此次《漂泊的荷兰人》，他证明了在阐释瓦格纳歌剧方面的权威。或许很多人坚持认为，最优秀的瓦格纳歌剧导演来自德奥甚至限于拜罗伊特，但莫纳科这位意大利人以他对《漂泊的荷兰人》的执导，令人叹服于他和他率领下的真正国际化的演出制作团体所达到的高超水准。其实抛开国籍和文化差异，莫纳科与瓦格纳歌剧的渊源可谓十分深厚。迄今为止他在德国执导歌剧已达38年，他认为自己对瓦格纳的了解并不逊色于对威尔第和普契尼的理解。他也曾在拜罗伊特工作并担任瓦格纳的嫡孙维兰德·瓦格纳的助理。在莫纳科去年于国家大剧院执导的深得好评的《托斯卡》中，如果说第一幕和第二幕中倾斜的安德里亚教堂和法尔内塞宫已经在视觉上深深打动每位观者，而当第二幕结束时庞大的宫殿在众人的注视下沉入舞台深处，而高达11米的天使巨像从浓重的夜色中如冰山般向观众席缓缓推进，直到全部呈现在人们眼前，那一刻的视觉震撼到达极致。而在《漂泊的荷兰人》第一幕中，莫纳科再次出色地运用了超大型道具对视觉的冲击力。首先是通过多个投影仪以逼真的三维立体效果营造的大海的浩瀚景观以及舞台上丝绸的纷飞营造的海水流动的质感，加之雷电交加、暴雨如注的视听音效，令人恍若置身于《阿凡达》这样的大片之中，风中的挪威船长达兰德的巨型帆船在随波涛剧烈摇摆，甚至让人担心它会不会被狂风巨浪打翻。水手们手抓缆绳在忙碌，有的还爬上高高的桅杆。待海面的的风浪渐趋平静，一只更加高大的船从舞台深处出现，以一种可怕的稳健朝观众席驶来，感觉一如《托斯卡》中的天使像。这就是荷兰人大名鼎鼎的"幽灵船"——它高达14米！这是强卡洛·德·莫纳科的典型手笔——借自电影大片的画面效果。莫纳科曾对媒体表示："歌剧是我的最爱，我也同样热爱电影。在当今文化环境下，歌剧没有电影那么流行，我怕有一天，这个美妙的艺术门类会由于曲高和寡而最终走向消亡，所以我试图将这两种我熟悉并喜欢的艺术结合起来，并将它们的魅力扩展到极致。"② 这种做法并非标新立异之举。对歌剧制作的水准和真实感高度重视的卡拉扬当初在萨尔茨堡音乐节上于指挥之外亲任歌剧导演，目的之一便是能顺利实现他对歌剧舞台效果的追求以及对先进的电影技术的借用。他邀请好莱坞电影效果专家参加歌剧制作，在他执导和指挥的《莱茵的黄金》开头，三位莱茵少女畅游于莱茵河水中的景象，是此前的歌剧演出中不曾出现过的。坚持不与时俱进的传统捍卫者固然不能接受这种做法，但卡拉扬的歌剧制作观念不仅得到了全世界歌剧界的认可和发扬，而且在今日的大师级导演如强卡洛·德·莫纳科

① Carl Dahlhaus, "Wagner, Richard", in The New Grove Dictionary of Music and Musicians, edited by Stanley Sadie, London: MacmillanPublishersLtd., 1980, vol. 20, p. 127.

② 许青红：《强卡洛要制造华美梦境》，《京华时报》2012年3月26日。

手中，达到了更具真实感和震撼力的效果。

其实这种借助包括电影、3D 在内的最新技术达到歌剧舞台真实化的思路一直贯穿于国家大剧院的歌剧制作。国家大剧院此前上演的《卡门》也属于这一思路的卓越体现。在《卡门》担任导演的是以其“真实主义”风格享誉各国，与泽法莱利式铺陈华丽对抗的弗兰切斯卡·赞贝罗女士。赞贝罗的“真实主义”不仅来自逼真的舞台景观，也来自台上演员的逼真表演，这后一方面是那些不熟悉歌剧而由于种种原因担任歌剧导演的戏剧或电影电视导演们力所不逮的。歌剧拥有自己独特的表演体系，却不享有表演浅陋、缺乏戏剧说服力的特权。但不幸的是，歌剧曾经甚至直到如今仍被视为表演浅陋的同义词。早在 18 世纪，席勒就在他与友人克尔纳的通信中表示他不愿意去歌剧院，因为他不能容忍“加诸于自然和文学艺术上的火刑——一部大型歌剧”。歌剧之所以会被误解为“抱拳而歌”的“化妆音乐会”，歌剧导演们自然负有不可推卸之责。多年前前来中国演出的威尼斯凤凰歌剧院院长维亚内罗曾指出，在当今这个影视发达的时代，如果歌剧仍然没有变化就会难以存活，这也是赞贝罗和莫纳科这些伟大的导演们深深知晓的。所以，在赞贝罗执导下的国家大剧院舞台上，《卡门》的剧情以一种极富质感的生活原生态进行，充满戏剧张力、说服力和感染力。最典型的是作为全剧高潮的第四幕后半部分卡门与堂·何塞的对手戏，绝望、暴怒的堂·何塞一次又一次将卡门推倒在地，其粗野狂暴令人担心卡门的饰演者会不会受伤。表演的真实性和冲击力正是来自于此，只有这样的表演才能将我们深深卷入剧情，为剧中人物的命运而感慨万分，唏嘘不已！为了这种——仍照尼采所言——“如同命运、如同宿命一样的爱情……其本质是两性间殊死的仇恨！”而莫纳科的《托斯卡》和《漂泊的荷兰人》，不仅有逼真震撼的视觉效果，也同样强调剧中人物的戏剧表演，使之严谨而令人信服。尽管，在瓦格纳的歌剧中，表演的生动和真实是一个更难达到的境界，因为在大段的咏叹调中，如第一幕荷兰人站在高高的船头演唱的咏叹调“期限已到，又一次度过七年时光”以及第二幕中珊塔的“你可曾在海面上见过那艘船”，贴近现实生活节奏的表演极难加入，歌唱家难以避免给人留下“抱拳而歌”的印象。莫纳科在这样的地方并未刻意增加表演成分，但通过环境的渲染变幻以及周围人的适度表演，仍然使得这些长度可观的咏叹调能够吸引听者的注意力。可以说，像莫纳科和赞贝罗这样的国际顶级歌剧导演带给中国观众的远不限于舞美的恢弘和震撼，而是真正与维也纳、伦敦和纽约这些顶级歌剧院一脉相承、居于同样高度的整体制作理念和水准。这是殊为可贵的。

而在追求舞台真实感和震撼力以及表演的说服力的同时，音乐演唱和演奏的水准毕竟是决定歌剧制作成败的最关键因素，这方面，《漂泊的荷兰人》正如国家大剧院此前制作的歌剧一样，同样达到了国际一流水准。首先，担纲主角的歌唱家表现十分出色，不仅是每个角色的 A 角，B 角同样赢得了观众的认可甚至盛赞。作为荷兰人 A 角的男中音歌唱家托马斯·卡则里曾在世界各大歌剧院演出过瓦格纳歌剧中的多个角色，他的低沉、阴郁嗓音极适合表现荷兰人这一角色的个性与内心世界，他的控制自如的瓦格纳声乐线条将激情的爆发与音乐的完美结合得十分理想。另一位荷兰人——我国歌唱家章亚伦对于荷兰人复杂多面人性的体悟与表现也令人印象深刻。

丹麦女高音歌唱家伊娃·约翰森曾经在世界许多歌剧院饰演过 70 多次珊塔，是当今最有经验的珊塔表演者之一。她曾表示自己与珊塔这一角色有特殊的共鸣，因为《漂泊的荷兰人》的故事发生地挪威与她的家乡隔海相望，因而在剧中，她就感觉像在自己家乡一样，她比很多歌唱家更能体会那种北欧式的孤独感，也更能感受珊塔的疯狂。她对珊塔这种疯狂感的体会给珊塔这个完全生活在自己精神和幻想世界里的女性形象注入了更多神经质的、同时也更加丰富的成分，同时为全剧的结局铺垫了更可信的感情逻辑。她在“你可曾在海面上见过那艘船”中对重音的特别强调正是这种理解下的独特处理，她没有减弱珊塔这一角色中某种固有的、不那么可爱的成分。中国珊塔孙秀苇演唱瓦格纳歌剧角色是首次，但表现颇佳，她将爱情至上的献身精神和拯救荷兰人的情怀表现得细腻而到位。

剧中年轻猎人艾利克的 A 角饰演者是曾在大都会歌剧院登台的瓦格纳男高音菲利普·韦伯，虽然他因感冒而在首演当晚表现欠佳，但他的瓦格纳男高音的音色魅力还是能够穿过宽阔的舞台被感受到。评论中有对此抱怨者自然可以理解，但如果对声乐艺术家的此种特殊情况不能予以理解和同情，未必是对待演出的可取心态。作为艾利克 B 角的莫华伦曾在德国生活工作多年，但饰演《漂泊的荷兰人》中的这一角色也属首次，他突出了这一角色中更加朴素和冲动的一面。

导演莫纳科对结尾的处理出乎观众预料并颇引起一些争议。在女主角珊塔对着远去的荷兰人唱出最后一句"我至死将对你忠贞不渝"后，她并没有如剧情通常进展的那样纵身跳入海中之后与荷兰人相拥浮出海面并冉冉上升，而是快步登上了荷兰人的大船，一同站立船头，以此结束全剧。有的人会感觉到这样处理会减弱此剧的悲剧力量。但这绝不是中国式的大团圆结局的翻版，而是以新的、富于独创性的方式终结瓦格纳笔下的这一救赎悲剧。荷兰人的"幽灵船"已经成为一种符号，作为孤独与漂泊意蕴的载体。伟大的艺术作品永远具有"穿越"性——穿越时空的神奇能力，而命运多舛、行为乖张的荷兰人身上其实有每个人的影子。如德国音乐学家保罗·贝克所言："无论古今，人类的经历都具有一种相同的特征，只是由于文化差异，具体的表现形式存在着一定差别。"① 莫纳科对《漂泊的荷兰人》结尾的独特处理有其基于人性的说服力，而艺术杰作同样具有对之进行不同阐释的容纳性。对包括瓦格纳歌剧在内的歌剧经典进行新的阐释已成为全世界观众乐于接受的做法，相比之下，我们的一些拘泥传统的观者评家尤其是习惯于借助微博而放任自己话语霸权的人，显示出接受新阐释的难度。而富有新意和创造性的阐释不仅能够激发和更新人们对于经典作品的体悟和认识，甚至能引领人接近作品更本真的内涵。就国家大剧院制作的《漂泊的荷兰人》而言亦是如此。人们对于传统结尾方式所蕴含的所谓悲剧力量的期待未必是作品的单一指向。20 世纪最富有见地的音乐学家之一保罗·亨利·朗在他的巨著《西方文明中的音乐》中曾指出："为爱情而死不是悲剧——不论森塔（国家大剧院版《漂泊的荷兰人》译为"珊塔"——引者按）、布伦希尔德还是伊索尔德的情死都不是悲剧，因为它意味着最后屈服于和最后满足于至高的欲望；死，个人的瓦解，在这里与感官迷醉而达到的狂喜之情相一致……瓦格纳是一个满腔热血的戏剧家，但他不是'悲剧家'。"②

吕嘉指挥下的国家大剧院管弦乐团在《漂泊的荷兰人》中的表现值得称道。如果说在序曲中，管弦乐掀起的海上的狂风巨浪还不够震撼，那么随着剧情的进展，瓦格纳式的激烈、雄辩、丰满、厚重、壮丽感逐渐增强，到第三幕时，让人简直觉得是在听一个颇为成熟的瓦格纳歌剧乐团在演奏了。尽管，就乐队音色的厚重尤其是瓦格纳音乐语汇所特有的阴郁特征而言还有一定欠缺。除了演出瓦格纳作品分经验之外，乐队规模也是非常重要的。国家大剧院乐团还未达到演出瓦格纳歌剧的理想人数。合唱团的演唱和表演也达到我国瓦格纳演出的新境界，尤其是在第二幕纺织女工的大段合唱以及第三幕情绪激烈、充满戏剧性张力的水手合唱中，合唱织体的统一、表情的丰富和高潮的爆发力，均令人称道。

原文载《艺术评论》2012 年第 5 期

【观点】瓦格纳歌剧的"中国制造"，还不够成熟
——观歌剧《漂泊的荷兰人》

◎周靖波

上演由中国人自主制作的瓦格纳歌剧，这是中国歌剧界多年来追求的梦想。此番"国家大剧院歌剧节·2012"以《漂泊的荷兰人》开幕，或许有两重含义，一是宣告中国演艺界自主制作瓦格纳歌剧以

---

① 保罗·贝克：《音乐的故事》，马立、张雪燕译，江苏人民出版社 1997 年版，第 159 页。

② 保罗·亨利·朗：《西方文明中的音乐》，顾连理、张洪岛、杨燕迪、汤亚汀译，杨燕迪校，贵州出版集团、贵州人民出版社 2009 年版，第 779 页。

此为开端，二是因为该剧是瓦格纳作为“真正诗人”的第一部作品，其后的《唐豪塞》、《特里斯坦与伊索尔德》乃至《尼伯龙根的指环》四联剧都在这部作品中现出了端倪，因此，《漂泊的荷兰人》的上演，也就预示着在中国的舞台上还将继续出现自主制作的瓦格纳歌剧（事实上也是如此，本届歌剧节的闭幕剧目就是《罗恩格林》）。

为了体现国家大剧院的一贯风格，此次《漂泊的荷兰人》的制作团队也是国际性的，基本上是去年国家大剧院版《托斯卡》的那个团队。导演是在西方歌剧界享有盛名的强卡洛，他曾与柏林、米兰、纽约、威尼斯、特拉维夫、巴黎、罗马、维也纳、苏黎世等城市的歌剧院都有过合作，他在大都会歌剧院执导的所有剧目都被拍成了电影，更为他进一步赢得了更加广泛的国际声誉。舞美、服装、灯光等部门的设计师也都来自意大利和西班牙，有着丰富的歌剧制作经验。女高音伊娃·约翰森是丹麦人，她1982年登上歌剧舞台，以演唱瓦格纳和施特劳斯的作品著称，在拜罗伊特戏剧节等处演出过瓦格纳的几乎所有作品。最近的一次重要演出是2011年在维也纳国家歌剧院的《尼伯龙根的指环》中饰演女主角布伦希尔德。扮演幽灵船船长荷兰人的托马斯·卡泽里和扮演挪威船主达兰德的亨德里克·鲁特林也都是德国瓦格纳歌剧舞台上的一线演员。

《漂泊的荷兰人》的情节并不复杂：达兰德在即将还家时被狂风吹离了海岸，遇见了漂泊的荷兰人。荷兰人被宣判永远在海上漂泊，直至末日审判。但每隔7年，他就可以上岸找寻一次女人的爱，若能获得爱情，便可得到赦免。为了让达兰德收留他一夜，荷兰人愿意拿出整箱的钻石珠宝。在岸上的家里，达兰德的女儿珊塔唱起“漂泊的荷兰人”的民谣，并当众宣告：“上帝会把我指示给你！通过我你会得到赦免！”她拒绝了青年猎人艾里克的追求，将自己交给了与父亲一道走进家门的神秘的陌生人。虽然荷兰人警告，如果嫁给他，将要作出牺牲，珊塔仍然愿意把自己当作他安全的锚地。艾里克希望用往日的回忆把珊塔从荷兰人那里拉回来，但珊塔跃身跳入大海，实践了她对荷兰人至死忠贞不渝的诺言。瓦格纳深信，只有得到“理想女性”的爱情和奉献，男人的罪孽才能够解脱。他把这个观念与耶稣基督的牺牲加以融合，构成了他关于爱与死的极端观点：爱的行动就是交出生命。《漂泊的荷兰人》的主题在瓦格纳后来的作品中得到了多次的重复与强调，有着强大的意志力的珊塔也是他的作品中这一类人物长廊中的第一个。

为了延续国家大剧院制作的一贯风格，此次演出对舞台布景给予了特殊的重视，努力将歌剧激荡人心的艺术力量与舞台表面的视觉冲击融为一体。制作团队充分利用高科技手段，在舞台上营造出比电影镜头更加细腻而真实的质感，用导演自己的话说，“要让观众坐在剧场中品尝到海水灌进口中那咸咸的味道。”而那艘长13.6米、高12.6米、宽近9米的巨船给观众带来的心理反应，更让3D电影望尘莫及。及至第二幕，又把达兰德的家设计成了一叶扁舟，既揭示主题，又与前后两幕相衔接。第三幕的船与第一幕又不相同，高大的船头直面观众，对剧情的楔入程度更深。

4月3日的首演令人印象深刻。如果说亨德里克·鲁特林饰演的达兰德还有些慢热的话，那么，托马斯·卡泽里的出现，就把演出带入了纯正的瓦格纳世界。伊娃·约翰森的演唱，使剧场气氛出现了一个小高潮，这除了演员的良好表现外，观众对歌声中反复出现的爱情“主导动机”的识辨和喜爱，也是一个重要原因。遗憾的是，扮演艾里克的男高音飞利浦·韦伯似乎不能胜任瓦格纳的角色，不仅演唱中毫无瓦格纳声线，而且在第三幕还明显地出现了事故，大大地拖累了整个的演出。

作为国家大剧院的班底，合唱队的表现是加分的因素，尤其是第一幕和第三幕的男声合唱，无论是音质还是表现力，给人的感觉都不错。如果在艺术处理上再多一些变化，这支合唱队就显得更加成熟了。管弦乐队在序曲中表现不佳。尤其是序曲的开头部分，给人的感觉是在拉谱子，而不是在表现音乐。好在随着剧情的发展，乐队也逐渐找到了自信，使得瓦格纳的“整体艺术作品”的思想得到了表现。年轻的国家大剧院乐队和合唱队这两个班底在与外国艺术家的合作中要达到水乳交融，看来还有待时日。

从现场观众的表现看，中国人对瓦格纳歌剧充满着热情，但是如何正确地欣赏瓦格纳，却还需要一个过程。在第二幕结束时，被男高音和女高音的对唱和重唱深深打动的观众们几乎有一半都送出了热烈的掌声和欢呼声，有的还是从经过专业美声训练的嗓子里喊出的“Bravo!”他们恐怕不知道，观看瓦格纳的歌剧是不应该在演出结束前鼓掌、呼喊的，因为瓦格纳的歌剧追求的是诗和乐的整体，而不是片段的、炫技的感官愉悦，意大利歌剧的程式在这里并不适合。

原文载《中国艺术报》2012 年 4 月 11 日

网络音乐市场

【《2012 中国网络音乐市场年度报告》（摘要）】

2012 年，随着智能手机的普及特别是移动互联网的快速发展，中国互联网总人数保持了稳定提升，网络音乐用户规模在此基础上平稳增长。此外，政府监管的不断完善和产业自身的逐渐成熟也为网络音乐开拓出更为广阔的市场创造了机会和条件。

一、中国网络音乐市场平稳发展

2012 年，中国网络音乐行业在主管部门的有效管理和积极引导下，在全行业的积极探索和全球网络音乐市场规模不断攀升的拉动作用下，中国网络音乐市场经营秩序进一步规范，网络音乐产品日益丰富，与其他行业及产品的融合不断加深，新的服务模式和新的应用加速涌现，结合移动互联网和流媒体潮流应运而生的各种音乐类产品发展迅速。

经营主体方面：2012 年作为网络音乐市场经营主体的网络音乐企业数量继续保持平稳增长。截至 2012 年底，获得网络音乐相关业务经营资质的企业有 575 家，比 2011 年增长 27.2%。越来越多的企业为网络音乐市场的繁荣发展做出着努力和探索。

在线音乐方面：在免费音乐仍然占主流的前提下，在线音乐演出、在线音乐服务下载收费等模式成为在线音乐市场规模增长的新亮点。2012 年在线音乐市场规模达到 18.2 亿元（在线音乐服务提供商收入，包含在线音乐演出收入），比 2011 年的 3.8 亿元增长 379%，在线音乐演出的收入大大拉升了本年度的在线音乐市场规模。

在线音乐用户规模和使用率均出现上升，分别为 4.36 亿和 77.3%，用户年增长率为 13.0%。在线音乐用户呈现出男女比例差距缩小、年龄层次逐渐丰富、付费率低、无收入和低收入用户比例较高、获取音乐产品途径多样等特点。

在线音乐商业模式方面，创新性应用带来了在线音乐商业模式的改变，在线音乐演出是 2012 年促进在线音乐收入增加的主力。行业环境改善促进网络音乐流量变现的能力提高，在政府的监管、行业自律以及正版化工作的不断推进下，音乐网站的广告价值继续上升。

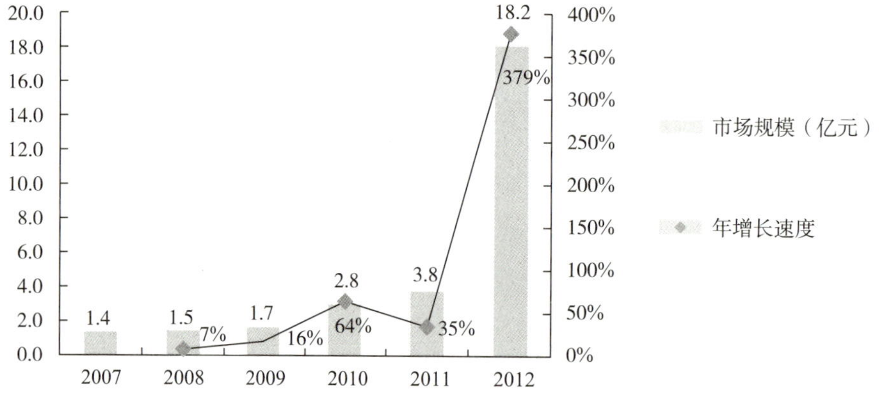

2007—2012 年中国在线音乐市场规模发展状况

无线音乐方面：2012 年，随着智能手机销量的持续增加、移动终端的日益普及和移动网络带宽的不断改善，各类移动应用商店的使用率也不断提升，移动互联网用户群体出现持续增长。在其带动下，无线音乐市场规模稳步增长。2012 年，我国无线音乐市场规模达到 27.2 亿元（内容提供商总收入计），比 2011 年的 24 亿元增长 13.3%。

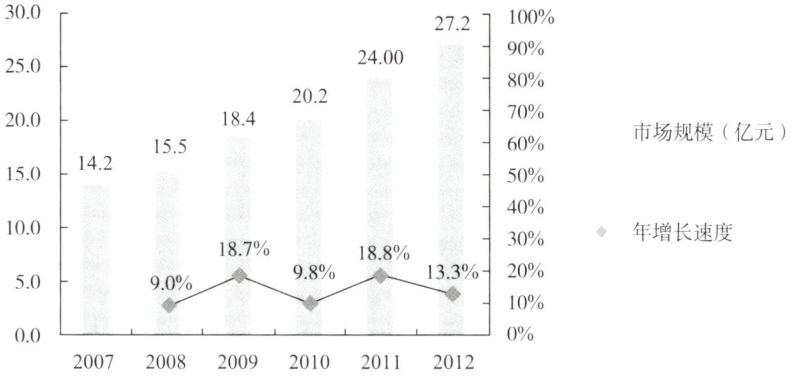

2007—2012 年中国无线音乐市场规模发展状况

无线音乐用户方面，智能手机功能的日益强大和价格持续走低，大幅降低了移动智能终端的使用门槛，移动上网应用出现创新热潮，迅速增长的手机网民规模推动了无线音乐用户的增长。2012 年底中国无线音乐市场用户数规模接近 7.5 亿，在移动用户中渗透率为 66.9%，排在即时通讯、手机搜索之后。

2012 年我国无线音乐整体市场的发展势头良好，商业模式方面，随着运营商不断向其上游及下游的渗透、CP 与 SP 的相互融合、终端制造商不断地扩张其市场空间以及无线音乐用户需求的不断增多，整个无线音乐的产业格局正在不断的碰撞中摸索寻求最优模式，进而带动创新应用不断增加，行业渗透逐步加强。

二、网络音乐市场存在的问题

在我国网络音乐市场整体发展态势良好的趋势下，网络音乐市场也伴随着一些亟待解决的问题。除了仍然面临着互联网环境下的版权保护问题和网络音乐商业模式缺乏等国际共同的难题外，行业标准的缺失、企业融资困难、分配机制不合理、原创内容缺乏、听歌收费落实困难等问题依然制约着网络音乐行业的发展。

盈利模式难以突破：我国网络音乐市场缺乏良好地营收循环，目前主要以“免费服务 + 广告收入”为盈利方式，依赖于流量变现，周期长且被动。各企业在盈利模式方面虽然不断进行着探索和创新，但大多止步于微创新，难以取得大的突破和进展。加上网络音乐用户付费意识较弱、网络音乐内容和运作模式上存在不规范操作等，无法形成良好地营收循环和成熟的商业模式。

产业内缺乏有效分配协调机制：目前，版权方和渠道方之间缺乏互信，缺少透明、规范的收费统计和结算平台，产业内缺乏有效分配协调机制，使得具体的利益分配难以公平合理地实现，版权方和渠道方更多是通过高额的版费授权进行合作。从而影响音乐内容创作和传播。分配机制方面的问题成为阻碍音乐产业发展的症结之一。

音乐企业融资困难：网络音乐缺乏成熟的商业模式、企业收益水平得不到保障、规模化盈利还存在困难等是融资困难的关键原因，部分 PE 和 VC 对利益回收周期较长且运行仍不稳定的网络音乐板块兴趣较小。网络音乐市场资产评估体系尚未建立、可质押价值难以明晰、相关风险控制体系缺失等因素都影响着相关资金进入和扶持音乐企业。

音乐付费定价和支付系统有待优化：目前我国网络音乐行业正在推动音乐付费模式的建立，但定价机制和支付系统尚未建立健全，收费分成也存在难题。如何平衡市场中众多主体之间的利益，避免恶性竞争是当前付费模式建立的难题之一。定价过程中大公司垄断市场，小公司丧失定价权会引起市场中的矛盾和纠纷，支付过程繁琐复杂会影响用户使用和消费的积极性。

三、2012 年网络音乐市场管理工作

中国网络音乐市场的健康发展离不开政府相关部门的管理与引导。作为网络音乐的主管部门，2012年，文化部继续按照国务院赋予的相关职能，通过多种手段对网络音乐市场进行了管理。市场整体环境有所好转，市场秩序得到了规范。

1. 加强对网络音乐违法和违规经营行为的打击

为了营造良好的网络音乐经营环境，文化部加大对网络音乐违法和违规经营行为的打击，部署对百兆音乐网等 72 家涉嫌违法违规的网络音乐网站进行查处，关闭了看啥网、931 经典歌曲大全网等违规网站 30 余家。通过对网络音乐违法和违规行为的打击，合法合规的经营行为得到了维护，2012 年中国网络音乐市场的经营环境和经营秩序有了较大的改善。

2. 对现行网络音乐管理政策进行评估

为全面了解和评估现有网络音乐管理和审查政策执行情况，了解现有政策在执行中存在的问题，文化部对网络音乐管理政策开展全面评估工作，并形成了政策评估报告，为下一步进行网络音乐政策的调整和修改提供了依据。

3. 推动行业自律和发展

2012 年，文化部指导网络音乐行业发展联盟工作，推动网络音乐产业链在联盟框架内积极开展对话，共同探索行业健康发展模式。并以网络文化标准委员会、联盟执行办公室为依托，启动网络音乐行业标准研究、制定工作。

4. 鼓励行业创新和示范工作

为了鼓励企业的创新探索，推动行业整体创新能力的提升，文化部文化市场司评选出了包括中国电信音乐、中国移动音乐、多米音乐、酷狗音乐等 10 家“网络音乐创新示范单位”，召开网络音乐发展与管理模式创新研讨会，交流网络音乐创新经验，推进网络化条件下音乐产业新的生态产业链的重构与创新。

四、2013 年网络音乐市场发展趋势

展望 2013 年中国网络音乐市场发展，主要呈现出如下趋势：

网络音乐促进各行业应用与音乐的融合进一步加强。网络音乐把传统音乐行业融入了 IT 行业，各式各样的新型音乐服务纷纷涌现，大大扩展了音乐产业的盈利空间。随着网络音乐的飞速发展，从唱片公司、电信部门、网络服务商乃至零售业霸主等各行业巨头都表现出对网络音乐的浓厚兴趣。

企业收费盈利模式将陆续展开。2012 年 10 月以来，以百度、腾讯、酷我、酷狗、多米、虾米为首的数字音乐从业企业相继推出以正版付费音乐为目标的产品整合和战略布局，希望通过多家企业共同的努力搭建一个良好的中国数字音乐用户付费的行业环境。

开放平台成为新的网络音乐营销渠道。开放平台促进了电商等流量平台的发展，网络音乐作为一项网民重要的应用形式，也成为开放平台的一种选择。可以预见，更多的平台将推行开放平台策略，促进整个网络音乐生态链的建设。

营销模式逐步转型。音乐产品的营销越来越细化，音乐产品对受众的分类越来越丰富，个性化、订制化产品营销模式逐渐流行。网络音乐与其他应用的融合性不断增强，社交、分享等人群粘合性强的应用也成为网络音乐进行传播和营销的渠道之一。

传统音乐服务的萎缩和新型音乐服务的涌现。新的服务模式和新的应用不断涌现，结合移动互联网和流媒体潮流应运而生的各种音乐类产品发展迅速。相比较之下，传统网络音乐服务发展逐渐放慢甚至有些萎缩的迹象。

选秀节目对音乐创作的支持和扶植。网络音乐对传统的音乐人才培养和选拔模式也产生了一定的冲击。音乐网站携手唱片公司进行选秀俨然成为顺应时尚潮流的一个发展趋势，同时也对传统的音乐人才选拔方式提出了挑战。

【网络音乐行业发展联盟 2012 年度第一次工作会议】

2012 年 3 月 30 日，网络音乐行业发展联盟 2012 年度第一次工作会议在京举行。百度、腾讯、酷狗、海蝶、索尼、华纳、中国移动等音乐产业链中各方代表共 40 余家企业与会，联盟指导单位——文化部文化市场司庹祖海副司长出席会议并讲话。

网络音乐行业发展联盟成立于 2011 年 6 月 8 日，是首个集网络音乐运营商、网络音乐内容提供商的行业协调组织，在联盟成立会议上，20 余家发起单位联合发布了“网络音乐行业发展宣言”，并共同签署了“网络音乐行业发展联盟公约”，承诺将共同遵照“遵纪守法、推行正版、坚持原创、有序经营”的基本方针，为建立网络音乐行业健康发展机制，规范网络音乐行业经营行为，依法保障网络音乐行业健康发展而共同努力。公约还就音乐产品内容合法制作、促进优秀民族原创音乐的生产，规范行业竞争制度、创新商业模式、以及行业内部纠纷处理等进行了约定。网络音乐行业发展联盟的建立为协调各方面利益主体建立有效的对话沟通机制，搭建了行业长期的沟通平台，为网络音乐行业健康、有序、快速发展奠定了基础。

本次会议讨论通过了 2012 年联盟工作计划、联盟运作机制及联盟会议制度，并投选百度、腾讯、酷我、巨鲸、鸟人艺术、海蝶音乐、中唱总公司等公司负责人代表共九人为联盟协调常务委员会委员。渠道方代表酷我 CEO 雷鸣、版权方代表周亚平分别就行业的焦点问题提出议案。除了每会必提的打击盗版、肃清行业的侵权行为、共同探索合作共赢的商业模式之外，周亚平代表内容企业提出了希望电信运营商扩大音乐收入分配范围的议案，渠道方也就版权方定价依据及提价幅度和商业模式等表达诉求与主张。参会企业承诺将在联盟框架内积极开展对话，协商共赢，共同探索行业健康发展模式。

庹祖海副司长指出，目前整个网络音乐市场的规模还很小，市场没有充分的培育起来，秩序也比较乱，在这种情况下，网络音乐产业链各方要立足实际，有责任、有义务共同携手把市场培育起来。他希望内容方和渠道方通过联盟这个平台，在充分表达诉求的基础上，加强沟通和协商，联合把音乐行业这个饼做大。同时，文化部门会继续加大力度打击侵权盗版行为，维护网络音乐企业和消费者合法权益，建设健康、有序、良性竞争的市场环境。

【网络音乐发展与管理模式创新研讨会】

2012 年 11 月 1 日，由文化部文化市场司主办，广东省文化厅、网络音乐行业发展联盟承办的网络音乐发展与管理模式创新研讨会在广州召开。会议分别就网络音乐市场在商业模式、传播机制、技术开发、管理模式等方面的创新经验和看法进行了交流和探讨。会上公布了由文化部文化市场司授牌的 10 家“网络音乐创新示范单位”中国电信数字音乐、中国移动无线音乐基地、腾讯 QQ 音乐、百度音乐、虾米网、酷狗音乐等 10 家国内优秀的网络音乐企业。

【2012 年中国网络音乐行业大事记】

1 月

12 日，中国音乐著作权协会与中国广播电视协会电视版权委员会成员单位音乐付酬集体签约仪式在京举行。继 2010 年中央电视台与音著协签署付酬协议，迈出我国广播组织音乐付酬工作第一步后，本次集体签约将成为此项工作向全国辐射开来的又一重要事件。

3 月

6 日，内地独立歌手曹方推出的新 EP《浅彩虹》的 APP 版本，乐迷通过智能手机，花 30 元可在

App Store 购买到这张 APP 唱片。

12 日，以新生代音乐厂牌之姿高调入市的布拉琪唱片延续 2011 年的能量与活力，将支持原创音乐的“创作人计划”正式启动。

31 日，国家版权局在其网站上发布了《中华人民共和国著作权法》（修改草案），引起社会广泛讨论。

4 月

11 日，中国音像协会唱片工作委员会和中国音乐家协会流行音乐学会，针对《中华人民共和国著作权法》（修改草案）涉及音乐行业的部分条款召开记者通气会，公布音乐行业发展数据和现状，联合发表修改意见，将最终修改意见汇总递交给修法机构。

12 日，多米音乐与湖南卫视王牌栏目《天声一队》达成合作，如果用户错过了电视节目，在多米音乐手机客户端上依然能听到湖南卫视《天声一队》的相关歌曲，更加突出了移动新媒体传播的快、准、精。

26 日，文化部再次部署各地文化行政部门和文化市场综合执法机构，对百兆音乐网等 72 家涉嫌违法违规的网络音乐网站、汉唐动漫网等 67 家涉嫌违法违规的网络动漫网站、趣游（北京）科技有限公司等 46 家涉嫌违法推广和宣传的网络游戏运营单位予以立案查处。这也是文化部连续第 16 次部署对涉嫌违法违规互联网文化活动进行清理整治。

5 月

5 日，由 QQ 音乐和索尼音乐携手打造的“爱・原创音乐大赛”正式启动。QQ 音乐拥有数以亿计的听众基础，网络平台又更易分享和传播，直接降低新秀们的起步门槛。

8 日，中国互联网巨头腾讯与美国无线音乐系统制造商 Sonos 签署了一份合同，让中国最具创新的在线音乐服务——QQ 音乐通过 Sonos 进入中国的每个家庭，推出基于 SONOS 平台的 QQ 音乐服务。

12 日，以“音乐无价版权有价”为主旨的我爱歌原创音乐平台在北京举行了盛大的上线启动仪式，旨在以多互联网、无线互联网、电视等多渠道、跨平台的数字互动内容集成及运营，为用户提供一个基于音乐、娱乐的互动平台。

20 日，唱吧 APP 正式在中国 APP Store 发布，在发布 3 天后，这款应用上升到了免费应用榜单的前十名，第四天则已经上升到了第一，截至目前，唱吧仍在 TOP200 排行榜之中。

21 日，萨顶顶将即将发行的第三张新唱片放弃在实体店销售，只在“顶顶音乐艺术俱乐部 www. sadingding. net”官方网站独家正版发行销售，对音乐营销模式进行了大胆尝试。

6 月

18 日，恒大音乐在北京举办了盛大的启动仪式，宋柯任董事总经理，高晓松出任董事音乐总监，恒大正式进军音乐产业。

27 日，雅虎与 Spotify 达成内容分销与促销协议。根据协议，雅虎会将 Spotify 的音乐服务整合到自己的媒体网络中，并在 2012 年晚期，在雅虎的网络中推出一个新的网站。另外，雅虎还为 Spotify 开发一个应用程序，主要针对原创娱乐内容。

7 月

8 日，雅虎和 Spotify 联合在雅虎推出了在线音乐服务。

27 日，中国文化传媒集团召开新闻发布会，文化部文化市场司、艺术司以及主办方、承办方领导共同启动“乐动城市—2012 中国城市之歌赏评”活动并宣布官方网站正式开通。门户网站和音乐专题网站加盟作为联合承办单位，制作活动专题、征集歌曲，并提供网民在线投票，利用门户和搜索等领域的网络流量资源优势，对活动进行了全程推广和宣传。

8 月

16 日，以互联网方式营销、互联网方式变现为商业模型的数字音乐公司乐华娱乐宣布完成新一轮近亿元融资，韩庚、黄征、胡彦斌等明星成为股东。

16 日，百度音乐与小米手机合作的新款小米手机 M2 发布。

17 日，豆瓣宣布其月度覆盖独立用户数（Unique Visitors）已超过 1 亿，日均 PV 为 1.6 亿，较去年同期增长近一倍。

30 日，环球音乐首度就曲婉婷音乐版权维权一事召开记者会，希望通过此次风波让所有有意加入音乐圈的新人们树立正确的版权意识。《中国好声音》节目在环球音乐提出讨论版权使用问题后，给了正面的回答，承诺支付版权费用，并向环球音乐公司和曲婉婷表示歉意和合作的想法。

9 月

4 日，太合麦田启动了“音‘跃’独立日”活动，联合小柯剧场、豆瓣网和乐视网，为独立唱作人（即创作歌手）提供一个包括小型演出、线上线下音乐发行以及宣传推广的综合平台，其中的新鲜唱作人巡礼系列 Live Show 是国内首个专门为独立唱作人推出的高端演出平台。

18 日，A8 电媒音乐公布，再次认购多米音乐股份，旗下公司茂御同意以总代价约 600 万美元（约 4680 万港元），认购多米音乐 1385.4 万股或占扩大后股本约 11.15%，所需资金将以内部资源支付。

18 日，A8 音乐发布消息称已与北京市朝阳区政府签约，进驻“CBD－定福庄国际传媒文化走廊”。“国家音乐产业基地 A8 数字音乐园”项目，已被列为北京市朝阳区十二大重点项目之一。

10 月

15 日，YY 语音的母公司——欢聚时代公司向美国证券交易委员会（SEC）提交招股书。作为 YY 语音的一个重要组成项 YY 音乐表现亮眼，在整个公司整体盈利占比中占 28.6%，仅次于在线游戏位居第二，2012 年 1 月—9 月 YY 音乐的收入达到 1.8 亿元，2011 整年为 5285 万元，可以视为 YY 语音这个特色互联网创新项目的核心盈利点。

20 日，谷歌正式关闭了在中国的音乐搜索服务，结束与中国最大正版音乐网站之一的巨鲸音乐网的本土合作。

22 日，百度把首页的“MP3”标签改成了“音乐”，正式宣布将旗下 MP3、百度 ting、百度随心听、千千静听等音乐产品整合到新的“百度音乐”平台，与环球、华纳、索尼、滚石、百代、中国音乐著作权协会等多家音乐内容版权方签署版权合作协议，强化云端音乐服务。

11 月

1 日，由文化部文化市场司主办、广东省文化厅承办、网络音乐行业发展联盟协办的网络音乐发展与管理模式创新研讨会在广州召开。为了鼓励企业的创新探索，推动行业整体创新能力的提升，文化部文化市场司评选出 10 家“网络音乐创新示范单位”予以授牌，中国电信数字音乐、中国移动无线音乐基地等入选。

19 日，京东商城正式上线数字音乐社区，为广大用户提供正版数字音乐购买服务。京东数字音乐服务的最大亮点是与时俱进地实现了云端存储音乐副本、歌单信息可供随时下载。京东数字音乐销售价格传统 CD 唱片的 1/3 至 1/10。

28 日，360 音乐搜索正式上线，聚合了酷我、一听和虾米网等第三方音乐网站的资源。

29 日，QQ 音乐在北京举行发布会，启动了“Qplay”音乐计划。QQ 音乐通过和唱片公司、多媒体终端厂商进行合作，既提供数字音乐，又提供跨平台和设备的 QQ 音乐服务。QQ 音乐已经与 10 家以上的终端厂商达成“QPlay”战略合作，其中包括音响类厂商 SONOS、DENON、Marantz、B&O、罗技、飞利浦等，汽车类厂商福特、通用，以及电视类厂商 TCL。

12 月

5 日，酷我音乐在北京奥林匹克公园内的奥展国际召开了“新音乐时代”酷我音乐 2013 年度产品发布会。

【观点】 网络音乐： 独行还是驯化

◎怡　梦

自 21 世纪初《东北人都是活雷锋》、《老鼠爱大米》、《大学生自习曲》、《回来我的爱》问世至今，走过近十年历程的网络歌曲面临重新自认。唱片工业式微，数字化制作、网络传播已不再专属于网络音乐。自由下载时代来临，传统流程制作发行的流行音乐不得不把网络作为传播主战场，其审美取向必定会向网络受众倾斜；传统流行音乐的介入也令网络音乐不得不向制作专业化、风格多元化自我修正。如南合文斗、可米小子等非网络音乐制作团队的作品，一定程度上具有旋律简洁上口、歌词通俗直白的网络化倾向；而以仙侠音乐、古风音乐为代表的网络音乐新风又不乏词句文雅、配器民族化的古典色调。又如许嵩、东来东往等音乐人的作品，颇具网络的时尚与非网络的自觉审美诉求之双重属性。时至今日，“网络”与“非网络”不得不重新定义，因为曾经以制作与传播方式人为划定的界限两侧都在被溢出，真正属于网络的部分则呈现越来越鲜明的特立独行，“网络音乐”这一指称未来将不再是音乐类型的区分，它或许从来只是一种语体风格的描述。

2009 年百度魔兽世界贴吧，网友大规模参与了呼唤莫须有玩家“贾君鹏”回家吃饭的活动，触发网络歌曲《贾君鹏你妈喊你回家吃饭》的生成，作品以法国音乐剧《巴黎圣母院》的咏叹调《大教堂时代》填入荒唐词句，史诗般描述了玩家沉迷游戏的窘境。2010 年底一首语速极快的芬兰波尔卡被填成年度热词串烧《甩词歌》，“给力”、“杯具”、“富二代”、“天上人间”等均荣列词中。非网络制作的歌曲如徐誉滕的《李雷和韩梅梅》、筷子兄弟以网络微电影主题歌形式发布的《老男孩》，唤起了“70 后”、“80 后”的青春记忆和怀旧情绪，而“70 后”、“80 后”恰恰又是网络人群的主体，故而作品在网络上以 MV 形式广为人知。方大同、萧敬腾、常石磊等新生代音乐人拥有大量翻唱作品，在《甜蜜蜜》、《红豆》、《在那遥远的地方》等耳熟能详的旋律中加入全新的声音形象和技术元素，一定程度上刺激了网络翻唱人群的二次创作热情。《爱情买卖》被封为“神曲”，非为审美体验及艺术水准，乃因其广阔的戏谑空间，这首歌已成为词牌名式的存在，被不同职业的网友填入各种“买卖体”歌词，蔚为大观。

至此“网络音乐”之旨似已呼之欲出，数字化制作的音乐未必“网络”，甚至极有可能因其平庸的风格游离于网络人群兴趣之外而为“网络音乐”所拒斥，而专为网络人群、网络事件所作的音乐从来是“网络音乐”的核心，如为高考学子励志加油的《残酷高考纲领》，戏谑 360 与腾讯之战的《3Q 之伤》，以网络群体热捧的文学影视作品为主题的音乐，如许嵩的《幻城》、东来东往的《海角七号》、《山楂树之恋》。“串烧”作为一种反馈式的再创作在网络上成为传统流行音乐的镜像，如连缀 15 首周杰伦歌曲、网友重新编曲录制的《YES 周杰伦》，中国传媒大学独创的、一句摘自一首老歌、旋律相贯歌词相通的《换大米进行曲》。翻唱是极具自主性与再创作意识的传播，一首作品无论来自网络还是传统制作，只要它被网友广泛地翻唱、填词，便足以纳入“网络音乐”的范畴。

其实过于明晰的归类并无多大意义，因为这是一场网络与市场的双向驯化，为征服对方，先要学习对方的言说方式，熟悉对方可以接受的话语，再以对方能够理解的方式传达自我，但结果很可能是在不知不觉中自我驯化而成为对方。网络音乐会不会被市场完全驯化？驯化之于网络音乐是福是祸？其实，可以被驯化的并不是“网络音乐”，而是创作者，他们在自我选择与淘汰并部分放弃创作自主性而走向市场后，作品将作为“非网络”音乐而生存，而真正的“网络音乐”永远不会驯化，它将作为记录与呈现网络空间这一虚拟历史的载体，与网络群体同在并与时同新。

原文载《中国艺术报》2012 年 3 月 28 日

【观点】 中国网络音乐发展探析

◎杨春林

网络音乐是音乐产品通过互联网、移动通信网等各种有线和无线方式传播的，其主要特点是形成了数字化的音乐产品制作、传播和消费模式。主要由两个部分组成：一是通过电信互联网提供在电脑终端下载或者播放的互联网在线音乐；二是无线网络运营商通过无线增值服务提供在手机终端播放的无线音乐，又被称为移动音乐。网络音乐的到来让我们的视听发生了彻底的变化，它突出的特点和优势革新了传统的音乐传播方式和储存方式，并给大众带来了崭新的视听世界，也悄悄地改变着我们的音乐欣赏方式。

一、中国网络音乐发展现状

（一）中国网络音乐的发展概况

音乐是人们最重要的娱乐内容之一，随着这一娱乐内容渐渐走上网络，使用过在线音乐的用户也越来越多。根据中国互联网络信息中心 2009 年 1 月公布的《第 23 次中国互联网络发展状况统计报告》，截至 2008 年 12 月 31 日，中国网民规模达到 2.98 亿人，普及率达到 22.6%，超过全球平均水平；网民规模较 2007 年增长 8800 万人，年增长率为 41.9%，其中手机上网网民规模达到 11760 万人，较 2007 年增长了 133%。报告显示，网络音乐仍然是中国网民的第一大应用服务，虽然使用网民比例从 2007 年的 86.6% 下降至 2008 年的 83.7%，但用户数量仍然增长了 6700 万人，其中重点群体中的普及率为中小学生 86.9%、大学生 94.0%、办公室职员 83.4%、农村外出务工人员 78.2%。网络音乐的高普及率源自于其大众化的内容以及使用的便捷性，用户进入门槛较低，而随着网络音乐市场发展的规范以及新技术对市场的促进（例如：3G，全称为 3rd Generation，即第三代数字通信），也促使其成为推动互联网普及的主要推动力之一。

（二）网络音乐的技术革新

网络音乐的快速发展，得益于其传播技术的不断革新，其技术的革新体现在以下三个方面：

1. P2P 技术

P2P 技术即 Peer - to - Peer，中译为“对等互联”或“点对点”技术，是一种不需要经过中继设备就能直接交换数据或服务的技术。P2P 技术通过在系统之间的直接交换实现计算机资源和服务的共享，改变了互联网目前的以大网站为中心的状态，使得网络上的沟通变得更容易、更直接。网络是音乐的渠道革命，网络发行彻底省去 CD 唱片的硬件、渠道、库存、运送等成本，而 P2P 比 WEB1.0 模式网络的成本还要更低。消费者支付的更多是渠道（宽带）的成本，更贴近于音乐的创作成本。P2P 技术的发展令网站运营成本降低，各种定位细分音乐市场的个人中小网站将仅靠广告就可以得到发展。

2. WEB2.0

WEB2.0 是相对 Web1.0（2003 年以前的互联网模式）的新的一类互联网应用的统称，是一次从核心内容到外部应用的革命。由 Web1.0 单纯通过网络浏览器浏览 html 网页模式向内容更丰富、联系性更强、工具性更强的 Web2.0 互联网模式的发展已经成为互联网新的发展趋势。WEB2.0 时代的网络音乐传播无论从音乐的制作环节、传播模式、传播形式及传播效果上都与以往的网络传播甚至传统媒体的传播都有很大不同，其传播越来越具有针对性，受众可以摆脱被动接受信息的无奈，成为对传播活动各个环节都起着重要作用的一方。

3. TD—SCDMA

TD—SCDMA，英文全称为 Time Division-Synchronous Code Division Multiple Access，即时分的同步码分多址技术，是向 3G 升级的第三代移动通信技术，也是中国第一个拥有自主知识产权的国际标准。3G 网络解决了高速数据业务方面支撑能力，带宽的扩展使得移动通讯网络可以承载包括流媒体和视频互动等更加丰富的业务类型，推进了网络音乐的发展。

（三）网络音乐文化

网络音乐本身是一种新兴的文化，是信息化了的音乐形式。网络音乐是一种以国际互联网为承载媒体的，制作简单、成本低廉的，信息化的、大众娱乐化的音乐文化。并非所有网络上的音乐都是网络音乐，网络音乐的特征之一就是源于网络并依靠网络发展。网络音乐属于音乐文化，它既有音乐的通性，也有自己的特点。网络音乐开始在互联网上出现大约是 20 世纪 90 年代中后期国际互联网开始流行的时候，目前，网络音乐文化得到了长足的发展，主要体现在两个方面：

1. 创作理念的革新

网络音乐的最初始状态，是人们在电子邮件中附带上背景音乐或者说网页配乐，到后来出现很多原创的音乐作品通过互联网进行传播，如 2001 年的《东北人都是活雷锋》、2003 年的《大学生自习室》、2004 年的《老鼠爱大米》、《丁香花》、《七里香》、《江南》，以及后来的《两只蝴蝶》、《猪之歌》，等等，在创作理念上体现了大众音乐文化形态在数字化时代的新发展。

2. 审美观念的革新

音乐审美观念的变化体现出人们对音乐创作成果、音乐语言的新的追求、新的适应和新的感觉。这种新的音乐语言，是在新的数字时代里，为适应多种多样的社会音乐需求而出现的音乐语言。一方面是大众追求"好听"、"动听"、"激情洋溢"等一类旋律，既有奇异性、但又带高度的规范性、规律性和合理性的音乐语言形态；另一方面是追求标新立异、寻找破尘、张扬个性、细腻和粗犷并存。

二、中国网络音乐发展的问题及对策

（一）网络音乐著作权保护

由于技术上的优势和高效便利的特点，目前全球网络上的以 MP3 文件格式传播音乐作品的网站和无线网络运营商以百万数量而计，而且许多网络服务提供商铺天盖地般地建立 P2P 软件系统，越来越多的人通过它们在网络上欣赏、传播音乐作品。从这种程度来讲，网络和无线网络促进了各类音乐的普及发展，给音乐的广泛传播带来了深远的影响。但这一盛世也造成了音乐作品的著作权正在被许多盗版者猖狂肆虐地践踏和侵犯。保护网络音乐著作权，并不在于消极地赋予著作权人获取利益的权利，而是通过建立创作有偿收益机制，促使更多的人参与到创作之中，从而更加丰富社会的精神和文化产品的需要，以创造双赢之局面。为此，保护著作相关权利人的利益成为网络音乐发展的重大问题。

1. 完善法律保护，追究责任

当前情况下，要完善法律，强调从法律角度加强对音乐著作权和所有权的保护。国家要加强对网络音乐的监督力度，加大对各种投诉案件的重视，从个案中发现其性，并迅速制定相关的制度融入现行的法律之中。如：2000 年 3 月 17 日公布的《关于音像制品网上经营活动有关问题的通知》，规定音像制品网上经营活动实行许可证制度；禁止未经音像市场行政管理部门备案、批准，擅自从事音像制品网上经营活动。但这些规定缺乏具体可行的措施，也不明确由哪个部门来监督市场和实施，具体部门又负有怎么样的责任，一系列问题都期待法律制度更加健全、操作可行。

2. 加强技术保障

加强对科学技术的研究和创新，以技术作为保护音乐创新专利的根本措施。技术措施可以分为两类：一类是控制访问的技术措施；另一类是控制作品使用的技术措施。目前权利人采用的技术保护措施主要包括反复制设备、控制进入受保护作品的技术保护措施、追踪系统、标准系统、电子版权管理系统以及电子水印、数字签名，等等。这些技术措施的功能主要是保护权利人对作品享有的合法权利，防止他人的侵权行为。但从目前的作用来看，收效甚微。需要进一步从技术方面加强 MP3 音频的授权播放功能，反复制功能和专利保护功能的研究。这或许增加了发行、出版成本，但是从另一个方面来讲也确实增加了 MP3 非法网络传播的难度，更重要的是体现了人们鼓励创作、对科学技术孜孜不倦的追求。

3. 建立收费机制

协调各种利益主体之间的关系，进一步整顿和规范网络市场，正确处理监管部门、网络运营商、音像出版发行商、网站、个人之间的关系。可以建立合理完善的授权及付费制度，并通过某种形式赋予其合法性。MP3 网络运营商可采用使用补偿金或者买断授权的方式，通过权威的授权平台和公证平台，以合理的价格向音乐原著者购买版权，最大限度的扩大影响力和支持度。MP3 网络运营商可以网络中采取多种形式，丰富下载内容，规划发展模式，先期下载免费争取会员，扩大影响，后期可推出精品音乐下载、会员量身制定等多种收费模式，满足个性化和高级会员的需求，以保持运营商的继续发展和运作。这里需要强收费的唯一标准：收费的价格能为广大的人民群众所接受。

（二）网络音乐质量

网络音乐的质量应该包括以下三个内容：网络音乐的音响质量、网络音乐的动画质量、网络原创歌曲的品质。对网络音乐质量问题的探讨，实际上涉及到了网络音乐质量评判标准。网络音乐的音响和动画质量应归属于技术问题，评价的标准是比较客观的。动画的精美程度，还反映出网络音乐的不足。为此，需要不断加大技术研发，不断提高网络音乐的音响质量，同时加大和动漫产业的交流与合作，不断提高网络音乐动画精美度。网络音乐的品质与原创作者的背景和知识层次、水平，以及受众的文化教育、音乐教育的程度及其人生经历、审美趣味的不同而存在差异，不可否认网络音乐中存在很黄、很暴力等内容，但网络音乐文化并不仅仅是一种快餐文化或者纯娱乐文化，它的开放性和宽容性本该有其底线，因而作为网络运营商及其网络监管部门有责任也有义务在尊重公众较自由选择网络音乐文化的前提下，给予受众健康、积极的舆论导向，为公众尤其是青少年营造绿色的网络环境。当务之急是尽快施行配套的法制法规，达到既清理芜杂，又能激励好的网络音乐创作。

三、结束语

随着信息技术的迅猛发展，网络音乐必将越来越深入到大众的生活当中，变成我们生活中不可或缺的重要组成部分。中国网络音乐需要合理有效地利用信息网络资源，发挥网络传播的优势，鼓励扶持民族原创、健康向上的网络音乐产品的创作和传播，拓展民族网络文化的发展空间；规范网络音乐市场秩序，保护知识产权，完善监管体系，增强网络音乐企业竞争能力，努力打造一批具有中国风格和国际影响的民族原创网络音乐品牌，能进一步构建和谐的网络音乐文化，使其早日走入良性的营销模式，逐渐形成规模效应，并达到推动社会主义文化的发展、繁荣和弘扬中华文化的目的。

原文载《大众文艺》2012 年第 5 期

音乐评论

【中国音乐评论学会第五届年会】

2012年12月4日至5日，由中国音乐评论学会与福建师范大学音乐学院共同举办的中国音乐评论学会第五届年会在福建武夷山召开。与会人员有：王次炤、金湘、杨燕迪、戴嘉枋、韩锺恩、叶松荣和明言等，还有《中央音乐学院学报》、《人民音乐》、《音乐研究》等专业期刊的资深编辑、学者：张弦、于庆新、陈荃有、高拂晓等。本届年会以“音乐评论的学风与文风”为主题展开研讨，并对第四届中国音乐评论“学会奖”和第五届“人音社杯”高校学生音乐书评奖的评审情况进行通报。中国音乐评论“学会奖”和“人音社杯”书评奖与中国音乐评论学会同根并蒂产生，是中国音乐评论学会工作中重要的组成部分。

由中国音乐家协会音乐评论学会和《音乐研究》杂志联合主办的第四届音乐评论“学会奖”和第五届“人音社杯”高校学生音乐书评征文活动，自2011年9月份开始，历经征文、初评、匿名复评三个阶段，于2012年12月4日至5日在中国音乐评论学会第五届年会期间评选结束。本届“人音社杯”书评奖共有28篇获奖文章，分别为本科组一、二等奖各7名。“学会奖”共15篇文章获奖，其中一等奖3名、二等奖4名、三等奖4名。

【第四届中国音乐评论“学会奖”评选要求】

为了繁荣音乐生活、促进音乐艺术事业健康发展，中国音乐评论学会于2012年召开中国音乐评论学会第五届年会期间，举办第四届中国音乐评论“学会奖”评选活动。

征稿范围：2009年至2012年4月1日期间在各类媒体发表（或撰写）的有关于音乐创作、表演、研究、教育、社会音乐生活等领域的各类评论，均可参加评奖（凡各高校音乐专业在读学生的书评作品，请参与“人音社杯”高校学生音乐书评比赛）。每位参评人提交文稿的数量不多于2篇。

参评范围：中国大陆、香港、澳门、台湾地区以及海外华人中的专业或业余音乐评论从业者（除音乐评论学会聘请的评委会专家之外）均可以参加本次评选活动。

评奖结果：组委会聘请海内外专家，组成评审委员会。根据参评论文的数量和质量评出一等奖、二等奖、三等奖、优秀奖若干。在中国音乐评论网上公示一个月后，在《人民音乐》、《音乐研究》刊登获奖名单。

【第四届中国音乐评论“学会奖”获奖名单】

一等奖（3篇）：

施咏《读王耀华〈中国传统音乐结构学〉》，南京艺术学院；

郑刚《师人长技济时之需——评〈调性和声及二十世纪音乐概述〉》，山东师范大学音乐学院；

王晓平《滋兰树蕙，润物无声——读〈江南丝竹：乐种文化与乐种形态的综合研究〉》，陕西教育学院音乐系；

二等奖（4篇）：

何静《经典歌剧当代演绎——国家大剧院小剧场版〈贾尼·斯基基〉观后》，陕西安康学院艺术系；

郑刚《点燃渴望照亮世界——品读唐建平交响协奏曲〈圣火2008〉》，山东师范大学音乐学院；

胡晓东《“同均三宫”学术争鸣与反思——兼论音乐伦理学关怀的必要性》，西南大学音乐学院、中央音乐学院2010级博士生；

和云峰《再论“原生态”音乐》，中央音乐学院音乐学系；

三等奖（4篇）：

张燚《被观看的音乐——流行歌曲的视觉文化认知》，河南理工大学音乐学院；

杨民康《论原生态民歌展示活动的意义和作用——兼谈云南少数民族音乐的几种文化保护与传承模式》，中央音乐学院音乐学系；

杨民康《中国音乐批评需要批判性文化反思精神》，中央音乐学院音乐学系；

董晓明《小提琴家的钢琴浪漫情怀——马思聪〈第一钢琴奏鸣曲〉的音乐学分析》，中央音乐学院2011级博士生；

【第五届“人音社杯”高校学生音乐书评奖评选要求】

为活跃音乐理论生活，提高青年大学生的理论及文化素养，增强青年学生发现问题、分析问题，进而解决问题的能力，同时在音乐界营造勤于读书、关注当前理论创作的良好学习氛围，特举办此次征文。

活动由中国音乐评论学会和《音乐研究》编辑部主办，人民音乐出版社协助。

一、参加对象及书评范围

全国各类高等院校的在校研究生（包括博士生、硕士生）、大学生（包括本科生、专科生）均可参加。

书评范围包括，2009——2011年国内外各出版机构公开出版发行的音乐理论著作；做出较大修订、增订的音乐理论著作；新创作的音乐作品集；音乐理论翻译图书。（以上均以版权页记录为准）

重印、汇编、摘编类图书，明确标定为教材的图书和2009年之前出版的图书不在此次征文评论之列。

二、参加办法及要求

1. 根据个人专业及兴趣，对所选图书在阅读学习的基础上，客观、公正地撰写书评。本届活动特别欢迎站在学科发展角度和学术立场上的批评性稿件。

2. 来稿均请在稿件右上角注明“书评征文”字样，同时将电子版以附件方式传送；可以只使用电子邮件投稿，应以收到编辑部确认的回复函为准。

3. 每人参评文章最多为2篇，且必须均为未正式发表的新作。参评文章须符合基本的标注规范。同时为方便匿名评审，作者姓名、单位及一切联络方式均统一放置文尾，文中不得夹带个人信息。

4. 大学生组的来稿以3000字左右为宜，最长不超过5000字；研究生组以5000字左右为宜，最长不超过8000字。

5. 欢迎指导教师书写每篇不超过500字的评语，随征文同时寄（传）来。

三、评审办法及获奖名额

分初评、复评和公示三个阶段。初评由《音乐研究》编辑部承担；复评由中国音乐评论学会组成评委会，采用匿名的办法评出获奖文章；公示阶段将所有入选文章上传《中国音乐评论网》接受社会监督，如发现剽窃、抄袭等不端行为，将取消获奖资格，并通报参评者就学单位。

评审将按大学生组和研究生组分别进行，共评选出“优秀书评奖”（最高奖）15篇；根据参赛者比例，另外评出“书评荣誉奖”若干篇。

四、评奖结果：

“优秀书评奖”获得者将颁发获奖证书；书评稿件在《音乐研究》选登；“书评荣誉奖”获得者颁发荣誉证书。所有获奖文章的电子版都将在中国音乐评论网全文使用。对评价客观的指导教师评语将在刊用文章时一并使用。获奖者、获奖者指导教师及就学单位名单统一在《音乐研究》杂志和中国音乐评论网、人民音乐出版社网公布。

【"人音社杯"第五届高校学生音乐书评征文获奖名单】

一等奖：（14 篇）

卢瑞《百川汇流咏新声——评〈中国与西方：一种新音乐的诞生〉》，南京艺术学院音乐学院 2010 级本科生，指导教师：冯效刚；

何彬《评〈中国当代城市流行音乐——音乐与社会文化环境互动研究〉》，广西艺术学院音乐学院 2009 级本科生，指导教师：杨柳成；

张晨捷《以史为鉴，雅俗共赏——读刘再生〈中国近代音乐史简述〉》，浙江师范大学音乐学院 2009 级本科生，指导教师：韩启超；

谢杨路佳《"聆听"百年争鸣的回响——评彼得·基维〈纯音乐：音乐体验的哲学思考〉》，南京艺术学院音乐学院 2010 级本科生，指导教师：冯效刚；

刘燕青《"看"上海人讲那过去的事情——读〈海上回音叙事〉有感于我国城市音乐研究的发展现状》，星海音乐学院音乐学系 2008 级本科生，指导教师：罗小平；

夏润禾《理论剖析与人文诠释的交融——评梅西安著〈节奏、色彩和鸟类学的论著：德彪西的音乐〉》，南京艺术学院音乐学院 2011 级本科生，指导教师：班丽霞；

林慧思《"故事"与学术的完美融合——评〈音乐中的文化与文化中的音乐〉》，广西艺术学院音乐学院 2008 级本科生，指导教师：吴霜；

栗建伟《瑕不掩瑜的他山之石——评许兆昌〈先秦乐文化考论〉》，华中师范大学历史文化学院 2009 级博士研究生，指导教师：李方元；

吕路路《歌师与歌唱——读臧艺兵〈民歌与安魂——武当山民间歌师与社会、历史的互动〉》，南京艺术学院音乐学院 2010 级硕士研究生，指导教师：杨曦帆；

方祎《见微知著，一叶知秋——评陈万鼐先生〈《清史稿·乐志》研究〉兼谈学术规范》，安徽大学艺术学院 2012 级硕士研究生，指导教师：黄敏学；

宁颖《"仪式音声研究"中国本土化进程鉴证实录——曹本冶主编〈仪式音声研究的理论与实践〉评介》，中央音乐学院音乐学系 2010 级博士研究生，指导教师：杨民康；

曾庆彧《多维角度看传统，论证结合释曲牌——读〈中国曲牌考〉》，四川音乐学院音乐学系 2010 级硕士研究生，指导教师：包德述；

田彬华《文以载道：一位"他者"音乐体验的人文阐释——〈音乐的极境——萨义德音乐评论集〉书评》，上海音乐学院 2012 级博士研究生，指导教师：杨燕迪；

邱健《能指与所指的粘合与断裂——评〈纯音乐：音乐体验的哲学思考〉》，云南大学艺术与设计学院硕士研究生，指导教师：李森；

二等奖：（14 篇）

张旻昊《有音乐，才有人生——评列维斯·洛克伍德的〈贝多芬：音乐与人生〉》，星海音乐学院音乐学系 2009 级本科生，指导教师：黄虹；

潘临锋《丝弦曼妙沁心田竹音缭绕五千年——评〈江南丝竹——乐种文化与乐种形态的综合研究〉一书》，四川音乐学院音乐学系 2009 级本科生，指导教师：甘绍成；

张绎如《统合·包容·重释——研读〈中国古代乐律学概论〉之心得》，中央音乐学院音乐学系 2009 级本科生，指导教师：陈荃有；

杨灿《考论精审新见迭出——评〈先秦乐文化考论〉》，广西艺术学院音乐学院 2009 级本科生，指导教师：潘林紫；

赵婉婷《评〈江南丝竹：乐种文化与乐种形态的综合研究〉》，中央音乐学院音乐学系 2010 级本科生，指导教师：陈荃有；

郭震《箫笛越千年一卷觅新知——读林克仁著〈中国箫笛史〉》有感》，河北师范大学音乐学院 2010 级本科生，指导教师：胡小满；

苏坤《朝花夕拾标新取异——评〈汉魏乐府新考〉》，四川音乐学院音乐学系 2009 级本科生，指导教师：朱江书；

林洁《模式的解释力与局限性——评杨晓〈侗族大歌〉》，南京艺术学院音乐学院 2010 级硕士研究生，指导教师：杨曦帆；

熊小玉《解构与重构，原型与变形——评析姚恒璐〈作曲的基础训练〉》，中央音乐学院作曲系博士研究生，指导教师：姚恒璐；

方祎《兼收并蓄，和而不同——评田可文先生〈中国音乐史与名作赏析〉兼谈重写音乐史》，安徽大学艺术学院 2012 级硕士研究生，指导教师：黄敏学；

邱爽《妙语如珠谈学问，健笔如刀绘坐标——读〈中国传统音乐结构学〉》，四川音乐学院音乐学系 2011 级硕士研究生，指导教师：包德述

汪璆《音声背后的“诉说”——评〈田野的回声——音乐人类学笔记〉（修订版）》，南京艺术学院音乐学院 2011 级硕士研究生，指导教师：杨曦帆；

李晓瑭《读燕歌赵曲，品民俗之味——评〈文化视野中的晚清燕赵小曲〉一书有感》，河北师范大学音乐学院 2010 级硕士研究生，指导教师：胡小满；

周立洁《〈吹破平静：晋北鼓乐的传统与变迁〉》书评》，广西艺术学院民族艺术研究所 2010 级硕士研究生，指导教师：卢克刚。

【2012 上海音乐学院当代音乐周·第二届中国当代音乐评论比赛】

为推动中国当代音乐评论的发展，2012 年第五届上海音乐学院当代音乐周携手《人民音乐》以及上海音乐学院音乐学系共同举办第二届中国当代音乐评论比赛。本届比赛评委会主任由上海音乐学院副院长杨燕迪出任，委员包括于庆新、宋瑾、温德青、韩锺恩。评审分为两个阶段。第一阶段由五位评委将参赛稿件优选出五篇，第二阶段于 2012 年 10 月 15 日（上海音乐学院第五届音乐周期间）举办现场答辩式评比：入选者用 7 分钟陈述乐评内容，评委予以点评及提问。后由评委和现场观众共同投票决出一、二、三等奖各一名。

【2012 上海音乐学院当代音乐周第二届中国当代音乐评论比赛获奖名单、作品】

一等奖：李鹏程《红豆生南国——评赵曦〈“南国”为钢琴、铜管、弦乐与打击乐而作的小协奏曲〉》；

二等奖：黄宗权《玲珑应识使君歌——评谢鹏民族室内乐〈玲珑〉》；

三等奖：伍维曦《历史现在未来——评‘辛亥交响——纪念辛亥革命 100 周年’音乐会》

【观点】谁的"摇滚精神"
——警惕中国摇滚音乐研究的定式思维

◎曲舒文

摇滚作为一种从西方舶来的音乐和文化类型，在中国完成了一系列本土化的过程。从音乐风格上来看，中国摇滚音乐用不到30年的时间迅速模仿和消化了西方整整60年内大部分的摇滚音乐品种。如果按照一种通俗、线性的描述历史的习惯来讲，这个消化过程是先从20世纪80年代末崔健式的西北风粗糙混搭摇滚三大件（鼓、贝斯和吉他）喊出了《一无所有》开始，到20世纪90年代中期"怀旧爱国"的唐朝乐队模仿西方金属音乐的造型（长发、皮夹克），再到20世纪90年代末期北漂的乐队散落北京城角落、淡出主流媒体走向音乐的自省和创新（全国各地涌现一大批朋克和噪音实验乐队），直到2003年SARS后至今的小众发展，不断细分、裂变成一些"与国外的同类群体形成全球化的小圈子"① 后朋克、另类、民谣、后摇等。当然，我们还可以顺着这条线索，追溯每个时期背后的代表音乐人和他们的音乐创新，不过这种有条不紊的梳理，其实错过了摇滚在中国的特殊性。

在中国，"滚"的特殊性在于"摇滚意识形态话语"（discourse of rock ideology）的特殊性。在欧美音乐世界，摇滚的音乐和文化这两个方面，是被同等关注和经营的：音乐上，"摇滚"在西方20世纪60年代后期收编为一种主流的音乐类型之后，自20世纪70年代起，之后的30年迅速裂变、与其他音乐融合成其他音乐风格（后摇、后朋、另类民谣和电子、实验等）。有关摇滚音乐风格的手册和乐队音乐创作分析的论文，并不亚于摇滚文化的讨论；而在意识形态层面，起源于20世纪60年代经典摇滚时期的摇滚信条，即"反叛、先锋、真实和个人性"② 的摇滚精神一直是（学界）争论的焦点。"摇滚精神"持续地被解构和挑战，它的部分残余成为各乐队合理自己音乐"品味"的权宜之计。换句话说，"摇滚精神"的神话在西方逐渐被打破。

相比之下，在中国，"摇滚"作为音乐的本体没有被重视和传承。大部分乐评文字、学术研究和乐迷网络文章并不十分关心某支乐队的音乐作品使用了哪种乐器演奏和编曲方式如何，或者乐队成员的更替。相反，人们更热衷于谈论一种音乐背后形而上的"摇滚精神"。易蓉在《游戏与威胁：对中国摇滚乐的双重误读》中也有相似的观察："其实摇滚乐通过许多名目不同的符号系统来与听众交流，而音乐只是其中之一，它甚至主要就不是一种音乐形式。一个有力的证据就是摇滚乐评论根本就未能提出有关它的甚至是最基本的音乐学话语。它更多地被赋予文化意义而非音乐意义。"③ 易蓉这里的观察不错，但她的论述没有说清楚一点：这是中西摇滚音乐的普遍问题还是中国独有的问题。笔者看来应该是后者，因为网上西方学界和音乐界出版的、有关摇滚的音乐性研究和欣赏的书籍数不胜数。因此，对于"摇滚精神"的苦心经营，其实是学界、乐评界思考中国摇滚的一个惯常思维。评论文字动辄提及摇滚的内核和精神，并将这种精神"本质化"为反叛性，这方面反思的声音极其欠缺。④ 国内和西方研究中国摇滚的学术文章，绝大多数是不加质疑地将摇滚和"反叛的"精神牵连在一起，有文章还从历史学的角度追述西方20世纪50和60年代的摇滚音乐和反文化研究，以期给这个精神一个源头和合法性。

---

① 李皖：《热情是怎么冷却的：中国摇滚30年》，《南方周末》，http：//ent. qq. com/a/20081211/000324. htm，2012年5月17日.

② David Stokes："Popping the Myth of Chinese Rcok" in Refreshing Pop Music in Asia，Simon Frith and Howard Horne 把摇滚精神的源头追溯到了60年代的英国艺术学校创作思潮。西方学界基本上对"摇滚意识形态"的理解趋同，不过后来这种神话式的摇滚精神建构，被 Lawrence Grossberg，Simon Frith，Auslander，和 Gracyk 等学者从不同角度提出质疑，认为是一种本质化解读。Auslander 指出摇滚精神其实是话语建构的结果。类似的对于"摇滚精神"和"摇滚意识形态"的批评和反思在中国学界严重缺乏。很多研究仍旧是本质化地维系着摇滚的神话论述。

③ 易蓉：《游戏与威胁：对中国摇滚乐的双重误解》，《青年研究》2007年第1期.

④ 国内这方面的代表文章见屠金梅：《论当代中国摇滚乐反叛性的缺失》，中国艺术研究院硕士论文，2008。

笔者的问题是，20世纪60年代西方反文化运动中的一次音乐浪潮难道就是西方摇滚的全部么？为什么西方必须成为中国摇滚音乐发展的参照呢？摇滚音乐所谓的核心，“摇滚精神”，到底是如何在中国的摇滚论述中被生产出来的？是谁生产的？这种“摇滚精神”是否带来一些讨论中国摇滚音乐的盲点呢？以上都是本文想要厘清的问题。笔者非常认同Phillip Auslander基于西方摇滚精神的观察，即所谓的摇滚音乐的“本质”是文化和意识形态建构的结果。① 福柯提醒我们，所有的话语都是权力产生的，无论是主流抑或反抗的。因此，笔者以为学界应尽快揭破“摇滚精神”的神话式生产（罗兰·巴特语），因为摇滚的“先锋性”和“精神内核”已经变成了一种思维的习惯性常态，变成了自己原本要挑战的另一种权威。本文尝试用福柯的“知识/权力”理论，解构当下学界对中国摇滚精神的神话，是如何被想象和生产的。

一、摇滚是一个美妙的盒子

摇滚乐在中国风格众多，界限模糊。在一种风格尚未成型之前，迅速与下一类型接轨混搭、拼贴成一种后现代风格。这是为什么区分国内乐队的音乐风格如此困难，诉说一种“精神”反而变得相对容易的原因。有时音乐人竟然不小心会拥有一种领袖气质，比如崔健被看成是“教父”，左小诅咒自诩“摇滚师”，还有乐评文字里反复被提及的“摇滚英雄们”。因此，摇滚话语在中国的特殊性，就在于建构它的意识形态。正如笔者前文提到的，在中国摇滚的讨论语境中，摇滚音乐的本体并不是重点，而是一个包裹的各种情感投资的美妙盒子。至此，人们从未单纯地谈过音乐，或者期待摇滚音乐能顺便启蒙什么别的东西。在地下摇滚圈混了十几年的乐评人颜峻曾说：“中国的年轻人还没有搞懂什么是摇滚乐，还没有学会进入疯狂分类的误区，我们就开始用精神而不是形式来判断摇滚乐，这是一个美妙的时机。”② 名乐评人李皖翻看中国摇滚音乐的历史，发现里面是“空的”，“摇滚时代没留下实质性的思想成果，它只解放和启蒙了一种情绪和姿势。”③ 那么，如果说“中国摇滚”作为音乐启蒙的意义极其微弱，与之密切相关的“摇滚精神”到底是怎样一种“情绪和姿势”？是谁的情绪？又是怎样的姿势呢？这种“情绪和姿势”是多种复杂的情感投资（investment），它被不同的群体，在不同的时间、地点持续强化着，使得中国摇滚有了一种复杂的表情，和音乐无关，它是不同的“情感投资”和“话语构型”相互交换、协商的最大公约数。不过虽然构筑“中国摇滚”的“情绪”和“话语”呈现出差异，其内部不断呈现出多声部、异质的、碎片化的倾向，然而这些话语之间相互抵消、辅佐之后呈现出以下几个明显特点，不能视而不见。鉴于摇滚乐迷情感投资的复杂性，本文主要想讨论中西方学界、音乐人两个群体是如何想象摇滚的。笔者不会给出一个所谓“中国摇滚”总体性的概念（因为在乐迷、音乐产业，乐评界和音乐人内部找到一个所谓“中国摇滚的定义”的共识几乎是一个不可能的任务），而是想指出这些热闹杂乱的“声响”之间相互重叠、彼此联系的部分。简单来讲，不同的话语对策和情感投资之间的联系表现在以下两个方向：西方和中国知识界的趋同的情感投资，中国乐手内部异质性的情感投资。

二、谁的“摇滚精神”？

首先，摇滚精神是西方社会和中国知识界的情感投资，基本延续了西方经典的摇滚论述/神话。“摇滚”音乐从西方辗转以盗版或者打口CD的介质旅行到中国，经过中国本土音乐家的再创作，又再次进入西方社会视野。西方对“中国摇滚”的投资有两个特点：一是复制摇滚的西方论述（western discourse）；二是带有东方主义的凝视。现有对中国摇滚的研究，很多是未作过多批判的，延续了西方“摇滚神话”的话语，将中国摇滚看成是一种抵抗官方意识形态的“真实”声音，是一种民主、自由和正义的声音。中国摇滚的政治反抗的音乐态度一直是西方研究的热点问题，“叛逆”和参与社会议题讨

---

① Philip Auslander，“Seeing is Believing：Live Performance and the Discourse of Authenticity in Rock Culture”，P. 5.

② 颜峻：《取消摇滚神话》. http：//blog. tianya. cn/blogger/post_ read. asp? BlogID = 7151&PostID = 8334985，2012 - 05 - 19.

③ 张铁志：《时代的噪音》，广西师范大学出版社2010年版。

论的“政治觉悟”很多时候是被本质化地阅读着。①

然而，这套“事实”和所谓的“本质”是学术界基于一种意识形态的误读和对中国摇滚音乐历史选择性阅读的结果。在他们的研究中，中国的摇滚记忆和主导叙事是由崔健等英雄式的人物及重大的历史事件构成的；被建构成一种男性中心的叛逆文化，以政治批判和时事思考为主。荷兰学者 Jeroen de Kloet 早在 1997 年就提醒这种将摇滚变成“神话”的危险，但显然没有被人重视。“中国摇滚的政治性和社会性，笔者认为中国摇滚的政治性影响已经被许多西方评论家过分夸大了，这种夸大主要是由几种基于意识形态出发的错误论断而造成的。追溯中国摇滚发展过程中的那些年月，摇滚在中国，既是一种潜在的反政治力量，却也与政治潜相呼应，互为依附。”② David Stokes 在《跳出中国摇滚的神话》一文中精彩地分析了西方学界在“中国摇滚”的研究中复制西方论述的现象。他认为对“中国摇滚”政治抵抗的阅读，其实是西方世界早已破灭的摇滚理想/神话的投射。如此，“中国摇滚”的意义被掏空。它无非是发达的西方音乐工业发展过程中的早期记忆，是对后者音乐历史青春期的追忆，这其实也合理化了西方摇滚论述的权威性。Stokes 还指出了一个西方社会在理解中国问题时的“潜规则”（unwritten law)，即“中国值得被研究的部分是那些拥有古老（antiquity）韵味或者是其文化具有颠覆政权（current regime）意义的部分。”③ 乐评人张晓舟说得好，在西方（媒体）眼里，中国似乎没有艺术，只有政治。④“中国摇滚”作为西方音乐社会情感投射的“他者”，既是一种吸引（其未尽的摇滚理想)，也是一种威胁（侧面影射中国的政治环境）。不过，这种情感的投射实质上是再次落入“东方主义”的凝视之中，即合理化一个中国政府“政治霸权”和始终处于反抗的民间艺术的想象。颜峻认为“中国摇滚乐”这个概念的提出（在西方社会被提出)，本身就说明了中国摇滚乐的落后。“因为现在已经很少人这样总体地说音乐，人们更多地使用金属、朋克、独立、实验、地下、迷幻甚至是电子音乐。”⑤ 这种“落后”不单是指中国流行音乐的发展不够先进，其实也是间接地合理化了西方摇滚的霸权论述和“中国政治环境”落后的想象。David Stokes 戏谑地说西方社会总是用自己能够理解的方式理解中国，这些研究始终是把摇滚放在一种压抑的中国政治语境下来看待的。然而在这样一个复杂的后现代拼贴的摇滚语境中，这种带着“颜色”（红色政治）论述的方式本身预设了讨论的结果不会比这个前提更多。所以，也不是特别有趣。最近新出的一本由加拿大作者 Jonathan Campbell 所写的新书《红色摇滚：中国摇滚漫长、奇特的长征》(2011）基本上仍是延续了这套论述。“中国摇滚”需要从西方意识形态的捆绑中跳出来，更多的成为一种“音乐的”自在形式，生发属于自己的意义。

有趣的是，在中国知识界和乐评人的文字里，基本延续了西方摇滚话语的论述，即摇滚被本质化地认为具有一种社会抗议和反叛姿态。⑥ 崔健的音乐在 20 世纪 80 年代末的政治热情和表现，在很大程度上也给了早期中国摇滚一个政治性的胎记。学者们几乎是统一地将摇滚源头追溯到美国 20 世纪 50 年代的黑人奴隶在种植园的反抗歌曲，以及 20 世纪 60 年代美国的反文化运动、嬉皮士、花儿童，抗议歌手 Peter Seeger 和 U2 乐队主唱波诺 Bono、列侬 & 大野洋子反战艺术的抗议运动中。在他们看来，摇滚和其他流行音乐最大的不同，就是它是抗议地推动着社会变革。中国“摇滚话语”顺着这样一个思路被复

---

① 参见 Richard Kraus, The Party and the Arty，类似的研究请参见 Andrew Jones' Like Knife (1992）. Barmé, Geremie R. ‘s In the Red：On Contemporary Chinese Culture (1999）. Capdeville－Zeng, Catherine's Rock and rites in Peking：The tradition and modernity of rock music in Chinese society (2001）. Hao Huang's “Voices from Chinese Rock, Past and Present Tense：Social Commentary and Construction of Identity in Yaogun Yinyue, from Tiananmen to the Present” (2003）. Jonathan Campbell, Red Rock：The Long Strange March of Chinese Rock and Roll, 2011.

② 参见 Kloet 的“第三只眼看中国摇滚”，http：//www. gtp. cn/htm/dianjita/2639. html, 2012－7－2.

③ Stokes. David：“Popping the Myth of Chinese Rock”, Refashioning Pop Music in Asia.

④ 张铁志：《时代的噪音》，广西师范大学出版社 2010 年版。

⑤ 颜峻：《取消摇滚神话》，http：//blog. tianya. cn/blogger/post_ read. asp? BlogID＝7151&PostID＝8334985, 2012－05－19.

⑥ 详见 Martin Stokes：“F... karaoke, We want rock and roll”。直到最近才开始对此有一些反思的声音，比如张晓舟呼吁不应将摇滚作为政治服务的工具。

制（西方学界已经开始批评这个神话），在乐评人的文字中反复强化，学界对这种神话式摇滚迷思的反思尤其缺乏。他们简化地认为Bob Dylan写过抗议歌曲，就将他标签为“抗议歌手”①；这个思维方式的另一个变体就是，摇滚音乐在20世纪60年代产生了不少政治抗议的话题，因此西方摇滚就是“政治反叛”的。这是对摇滚暴力的“政治简化”阅读。在摇滚所写的所有话题里，抗议和反叛占据了摇滚话语的霸权地位，也因此使“摇滚”享有了道德上的高度，把抒写个人情感为主的流行歌曲看作“他者”，靡靡之音，缺乏深度。其实，类似西方社会的情形，“摇滚精神”无非也是中国知识分子“未尽理想”的投射，尤其是对于出生在20世纪60年代—70年代的乐评人来说，“他们青年时代的理想和激情都和60年代压抑的政治环境有关，”② 乐评人张铁志是这个信条的笃信者。在《摇滚乐可能改变世界吗?》以及《时代的噪音》中，张铁志重点介绍了几位欧美被舆论冠以“社会抗议”歌手头衔的几位音乐人，如Bono、Bob Dylan等。作者在乐手生平和歌词分析方面给读者补充了史料信息。然而，张铁志在写到Dylan和Lenon面对“抗议”身份时的困惑和自嘲时，匆匆收尾。张铁志没能展现乐手们作为一个主体在音乐生涯中的矛盾心路历程，尤其是乐手自身对摇滚“政治性”的反思。音乐和音乐人成了政治事件的注脚，张铁志处理摇滚的这种“工具理性”其实再次强化了“摇滚”的神话。从这一点来说，“摇滚”、“先锋文学”、“绘画”和“独立电影”没有太大差别，是乐评人和知识分子理想中的一个美妙“盒子”。

如果说西方社会的情感投注呈现出很大程度上的相似性，那么对于音乐人来说，摇滚音乐被投资和想象的方式却要复杂地多。他们对于“摇滚”的想象是散乱的、碎片式的。在地下摇滚圈呆了十二年的独立音乐人小河（何国峰）说，“有的人做音乐是在做人，有的人做音乐是在做科学家，有的人做音乐是为了革命，有的人做音乐是在做诗人；有的人做音乐是在做暴徒，有的人做音乐是在做小偷；有的人做音乐是为了卖身，我做音乐是为了我们一起幸福。”③ 小河的话贴切地概括了1999年之后中国的摇滚音乐场景所包裹的各种情绪和隐含的话语对策。进入新千年之后，叛逆和犬儒、商业和投机、地上和地下、实验和传统、真诚和戏谑的声音同时混杂在一起，相互借用对方的词汇，看似对立、实则亲密，音乐场景热闹非凡。“在商业这条道路上，摇滚人先后有许巍、汪峰、臧天朔、谢天笑等人的成功，他们把摇滚变成了可复制的励志歌。如许巍的“绝望”、“忧伤”、“青春”、“梦想”，汪峰的“飞”，臧天朔的“朋友”。④ 当摇滚元老们（英雄们）在各大音乐节上不厌其烦地重复自己时，另类、先锋的音乐小分队正在人挤人的小酒吧鼓动着噪音，看似各不相干，但台下或许就站着一批共同的听众；当左小诅咒2008年在音乐节的舞台上播出力挺艾未未的照片之后，使得演出被禁，在他被粉丝同情的同时，却遭到其他乐队抱怨其太自私、坏了他们难得的演出机会；当崔健的一个记者访问要排上几个月的时候，和他同时出道，才华横溢的女音乐人张浅潜多年蜗居在冰冷的地下室没能做出第二张专辑；信仰垮掉派精神的PK14乐队，同时也是青年消费品牌converse、vans赞助的海外巡演的常客；朋克乐队Subs女主唱抗猫在国外巡演的宣传时，反抗“中国”标签，而另一支内蒙古乐队杭盖在国外的每场演出都穿着他们的民族服装。因此，乐手对摇滚音乐情感投资的方向存在很大不同，很难在他们中间找出一个统一的取径或者规律。比如Carsick Cars前任鼓手乐手李青和笔者说过，她认为摇滚和政治没什么关系，也不反叛，它无非是“一种音响”而已。⑤ 崔健那一辈的摇滚理想和政治态度不能代表摇滚音乐人内部异

---

① 事实上，Dylan的民歌抗议生涯只是音乐生命中的一个插曲，这和另一位民歌歌手Joan Baez不同（详见张铁志的《时代的噪音》，第89页）。在有关Dylan的两部记录片Don't Look Back，No Direction Home：Bob Dylan中都有反映出Dylan对自己的音乐过分的政治解读和被利用的愤怒嘲讽。

② 张新颖：《中国当代文化反叛的流变：从北岛到崔健到王朔》，《文艺争鸣》1995年第3期。

③ 见http：//www.hudong.com/wiki/小河，登录于2012年5月20日。

④ 吴虹飞：《喧嚣与沉默压抑中的中国摇滚》，《南方人物周刊》，http：//www.infzm.com/content/30045，2012－05－20.

⑤ 笔者和李青在2011年8月的采访。

质的情感投资。“幸福大街”女主唱吴虹飞在采访中也提过，她要做的摇滚音乐，内核是温暖柔软的。① 这里作者并不是在建构另一个所谓摇滚精神的范本，而是想指明具有时事批判性的音乐诉求只是摇滚音乐里的一种情感投资而已，不应被过分放大和神话。因为，我们急需要从一种更复杂的视角，看到在这些不同的投资和话语之间，政治的、商业的、美学的、民族的、性别的界限的不稳定性，看到彼此的滑动，断裂和联合同时在发生。

三、跳出“摇滚神话”：在地的思考

综上，笔者简要概括了中国的摇滚被想象两个大方向，乐手们的迥异情感投资和知识界对于中国摇滚的表述存在着显著差异，并指出了其中存在的问题，希望研究能够避免对中国摇滚文化的简化解读。

第一，通过对乐手们的情感诉求的分析。笔者认为需要一种新鲜的、更复杂的思考中国摇滚音乐的视角，不忽视摇滚音乐性的本体，也能更包容地理解摇滚音乐人内部不同的情感投资和诉求。比如，批判社会时事的乐手，理应和在音乐美学上探索的乐手享有同等的关注和尊重；抒写个人情绪的城市“小清新”民谣不应被戏谑为摇滚的阴柔他者；与官方政府和媒体合作的摇滚音乐节，被“收编”的摇滚商业演出不应被简化为“伪摇滚”，可给予更宽松的讨论空间。因为所谓的“独立”和“真诚”的声音，同样都是存在于被主流/官方允许的范围内的。

第二，情感投资和话语之间相互碰撞和协商的结果，也带动了权力关系的流动。没有理由说，在后现代看似民主、多声部的差异之下，在不同的情感投资背后我们就一劳永逸地平等了。相反，权力关系，也因此在这些不同的情感投资和话语中加倍叠加，更加复杂。一方面，需要非常谨慎地对待摇滚所谓的“批判性”，当这个批判的指向和表意僵化之后，很有可能转化成暴力（指向“他者”），把自己的标准变成权威，丧失自我批判。中国摇滚的话语论述有这个倾向，即过分浪漫化和高尚化摇滚的道德姿态，缺乏自我批判的声音。它的体系会自我防御过滤掉不和谐的声音，因为它们挑战摇滚道德上的“合理性”和“先锋”姿态。当窦唯说出“摇滚’‘误国’，94 年红磡无需纪念”② 的时候，很多人都说他疯了。台湾乐评人张铁志不是说《摇滚可以改变世界么》？不过，很少有人会设想这个改变也许不是更好，而是更糟。

当摇滚乐的煽动性被戴上“批判社会”的道德高帽时，有时并非启发了民智，而是浪费了一堆无用的青春激情。摇滚乐迷的素质和年龄参差不齐，最小的有初中生，年龄大的也不过 30 到 40 岁（中国听摇滚的人和其他国家相比非常年轻，毕竟摇滚在中国的发展也不到 30 年时间。邻邦日本则在二战后就开始发展摇滚音乐产业）。中国乐迷对摇滚音乐的情感投资尚未出现相关系统社会学的研究，不排除其中有非常投入和理性的乐迷。但是根据笔者参加音乐节和看演出的经历来看，现场很多时候观众是在等待和制造一种狂欢和发泄情绪的机会。这并不是说一堆人刻意制造混乱、闹事起哄；而是说在一种集体的行为中，情绪性总是比理性更容易传播。“中国人本身骨子里就有瞎起哄的因素，听摇滚乐也是瞎起哄，没有那种文化底蕴！”③ 2011 在山东日照参加迷笛音乐节时，崔健演绎自己的《新长征路上的摇滚》。表演过程中他让广场上的观众蹲下，听他的口号集体站起来的时候，笔者却感到了一种恐惧，人们的情绪总是很容易被煽动，然后再被浪费掉。从这个意义上说，摇滚和英国工人阶级的亚文化风格一

---

① 吴虹飞：《音乐中的秘密是爱》，《MOGO 风神榜人物》采访，http：//v. youku. com/v_ show/id_ XMjU4Mzk3MDg0. html.

② 1994 年台湾制作人张培仁带领国内的“魔岩三杰”（许巍、张楚和窦唯）和唐朝乐队，在香港红磡体育馆举行了盛况空前的摇滚演出。10 年后何勇邀请窦唯和张楚同台演唱，想纪念红磡摇滚，张楚推辞了，窦唯的回答是“摇滚误国，94 红磡无需纪念”。窦唯后来解释，当时的演出效果是商业计算的结果，并且台湾方面承诺的发展计划都没有兑现。而且自己也不喜欢摇滚的煽动性，“摇滚”的煽动性容易被人利用，多年前的那一场商业炒作是个阴谋。至于 1994 年那个激动人心的夜晚，对他而言没有任何纪念意义。

③ 《粗暴的夜晚》记录了 2009 内蒙古草原音乐节观众怒砸舞台的事件。本来是官方演出安排出现了差错，主办方出来道歉和解释活动操办问题的原委。可是观众的情绪被煽动起来，演变成了警民冲突，演出中断，最终受害的还是乐手和歌迷的利益。

样，在现实的社会层面其实什么也不能改变。或许，也没有义务要改变这个世界？另一方面，我们要抗议的不仅仅是“社会的腐败和道德的沦丧，还有语言的腐败和美的流失”，① 还有一直不被重视的摇滚内部的性/别问题，以及音乐体系内部的权力压迫关系。“各个亚文化群体并非生活在平滑的仿真世界，而是在一个等级化的全球经济体中，其中不同的社会群体在竞争稀缺的经济、文化和政治资源。因此，权力问题仍旧重要。阶级、性别和民族一方面是合理化身份构成的要素，另一方面它们也将决定我们能否进入全球流通的科技、物品、想法、风格和时尚的重要因素。”②

第三，“摇滚精神”的维系在当下显得不合时宜。对中国摇滚意识形态化由来已久的“西方摇滚论述”的解读方式显得不合时宜。中国摇滚是不同群体的情感投资，不能浪漫化“摇滚话语”所公认具有的“批判性”和“先锋性”，它并非学术界所认为的是一个本质的属性，而是话语建构的结果，服务于意识形态理想中的结果，是一个情感投射——比如“东方主义”，西方摇滚论述霸权和知识分子的政治理想。另外，除了思考一些“真”和“伪”的意识形态的问题，我们或许可以再思考一些具体的产业问题。当音乐产业的版权保护尚未建立，当摇滚音乐的消费平台还在摸索，中国摇滚还面对着西方“东方主义”的凝视和强势音乐工业的市场瓜分时，当地域摇滚演出市场发展不均（各地摇滚演出场地还只停留在一两间，需要北上京城寻找演出机会）的时候，音乐产业问题或许也可以成为思考中国摇滚的下一个热点和难题。③

摘自《南京艺术学院学报·音乐与表演》2012 年第 3 期

【观点】民谣，民谣（一九九四——二〇〇九）
——“六十年三地歌”之十

◎李　皖

15、16 世纪，弹着琉特琴边走边唱的东方游吟诗人经常出现在欧洲大陆上，从 16 世纪的风俗画，更早时期的人像雕刻，依稀尚能追忆出远古的时风光影。这些大地上的游吟者，游走在村落间，歌唱在人群里，身分更接近于说书艺人。他们不专事于写诗，节律性的长短句只是方便吟唱的必须。他们也不专事于记叙历史，说历史、传信息、谈论时事变故，是说书人混饭的本钱。民谣艺人们着眼于生活，以叙事为主体，把唱歌当说话，包容了生活的全部内容。

吉他弹唱的野风，一行 400 年。18、19 世纪，当苏格兰诗人彭斯开始搜集这些原野大地上的花朵，发现游吟者不只是游吟者，还是民间诗人、酒徒、信息传播者、讽喻现实的小丑、助兴人、诗诵家、史诗杂匠；由于传布广远，全凭口耳相传，有时同一首歌流传的版本多达一百多种。

无论欧美还是港台，城市流行音乐诞生之初，都有一个用天真之气酿就的“民谣时代”。台湾的民谣时代是 1975—1981 年，怀抱吉他自弹自唱的学生和在餐厅逐唱的平民一时蔚然，史称“校园民歌时代”。

1994 年，大陆也出现了一个“校园民歌时代”。大地唱片公司制作人黄小茂，搜集并出版了北京高校 1983—1993 年的学生歌作，打出旗号“校园民谣”，大陆校园民谣的创作和出版一时风行起来。

高晓松和老狼几乎在一夜中成名。由高晓松创作、老狼演唱的《同桌的你》、《睡在我上铺的兄弟》，不仅传遍了校园，更成为时代的流行曲：

“明天你是否会想起，昨天你写的日记？明天你是否还惦记，曾经最爱哭的你？老师们都已想不起，

---

① 张铁志：《时代的噪音》，广西师范大学出版社 2010 年版。

② 参见 Muggleton. D.：The Post－subcultures Reader，Berg，P. 19.

③ 张武宜：《当摇滚遇上文化创意产业》，《艺术评论》2011 年第 1 期；屠金梅：《中国摇滚乐的商业出路》，《艺术评论》2008 年第 8 期；金燕：《大型露天摇滚音乐节可以盈利吗》，《艺术评论》2008 年第 4 期。

猜不出问题的你。我也是偶然翻相片，才想起同桌的你。”

一段十分幼稚的少年情怀，付出的却是最纯的真情。但这种最真情的东西，会被后来的生命多么轻慢地对待。“谁看了我给你写的信，谁将它丢在风里？”后来的成长就是这样无情地将真情渡过的少年送进了深深的历史。

大陆校园民谣中最好的一些歌，产生于一只脚踏进成人世界对青春的回头一望。在那里，轻快的眼泪变成了沉重的眼泪。轻快的眼泪是少年的眼泪，少年不识愁滋味，却有那么多无由的感伤；当他能够最深地体会青春的珍贵和美好时，他的脚步已经踏进了成人社会，世界突然开始加速度了。青春依然那么真真切切，却已一去不回。

郁冬是这个群体中另一个代表人物，1995年，他写下了《露天电影院》。依然是回忆，回忆童年，回忆过去，但这个回忆里，竟有这么多的感伤。

此时，中国社会正在加速地现代化。郁冬所怀念的“看电影的时候看得见星星”的时代，一去不返。

其实更早时，大陆的流行音乐刚刚起步的时候，流行歌曲里已经夹杂着民谣的歌声，时称“城市民谣”。1992年，李春波唱了当年知青的怀旧心情，沉浮在刚刚汹涌起来的城市化的潮流中，他想起当初曾给予自己真诚抚慰的乡下姑娘《小芳》，好像她还站在当年的小河旁。李春波还用《一封家书》的完整形式，从“亲爱的爸爸妈妈”，一直唱到结尾的“此致，敬礼”，真好像一封信一样，但它是优美地、动听地、娓娓而谈地唱出来的，因此轰动一时。

李春波的东北老乡艾敬，此时也献出一首《我的1997》。这个正在跟香港人谈朋友的沈阳妹子，展望着5年后香港回归的那一天，充满了憧憬。“1997快些到吧，八百伴究竟是什么样？1997快些到吧，我就可以去HongKong。1997快些到吧，让我站在红磡体育馆。1997快些到吧，和他去看午夜场。”看看，这就是朴实的民谣——想到香港回归，这个23岁的姑娘满脑子想的都是细小、诱人的生活美事。王朔听到这首歌后表扬说：“从头到尾笑嘻嘻，弄得你没治没治的。”而艾敬自己说：“我的感情是真实的。国家有国家的高度，个人也有个人的心声。”

离开四川到广州闯荡的王磊，1994年出版了《出门人》。浪子的孤独和边缘人的凄冷此时没多少人能体会，从木吉他中高高拔起的川剧高腔也显得过于突兀，让流行听众一时不知道该如何消受欣赏。这个热血喷涌的赤子，大陆第一个具有个人生命质感的民谣歌手，就这么处在命名和识别的尴尬中。

与校园民谣、城市民谣相对，还有一个民谣派别，这个派别在大众中知名度较小，影响力却不小。这就是张广天和黄金刚鼓吹的“中国现代民歌运动”。

张广天年龄不大，20世纪60年代中期出生的人，却熟读毛选五卷。他把流行音乐不叫“流行音乐”，而叫“民间音乐”。从毛泽东思想那里，张广天汲取得了激进的民间立场，他这么看待整个音乐史：“我深信，人民的音乐史不是大师和精彩的作品的无序联结，而是无数劳动者和他们的儿女们在阳光下、山坡上、街巷里、广场上欢乐永恒的合唱。”、“音乐的发展总是这样，民间音乐到了一定程度，就有人把它整理归纳一番，找寻出其中的一些规律，模式化理念化，以之指导创作，这就成了学院音乐；而学院音乐到了一定程度就僵死了、封闭了，然后又求助于民间音乐。音乐的发展其实质是民间音乐和学院音乐互相依存、互相作用的交替的历史。今天，就是一个学院音乐裹足不前，民间音乐妙舞清歌的时代。中国如此，世界亦然。”

张广天说的民间音乐，就是民谣。他写了很多精彩的民谣，不仅旋律优美，诗意盎然，还充满了思想性、政治性、战斗性。他的战友，严格意义上说是他的弟子，黄金刚，受他的鼓舞，写了《一个工人的观点》，他还据海子的诗意谱成歌曲，于是，这样的诗——“姐姐，今夜我在德令哈，人群拥挤着我，想起你的长发。”、“妈妈，你听我说，我发现世上只有两个人，好人和坏人，天堂和地狱，我分不清他们。”——都变成了歌曲。

黄金刚是中国青年政治学院的学生，和高晓松一起活跃在同一时空的高校民谣界。而两人的命运全然不同。当时，学院里有一位青年教师自己筹钱拍了个 DV 作品《毕业了》，请黄金刚配乐，黄金刚就写了《再见》，很煽情地在歌中作别："我会想念你们，像你们一样奔波，我会丧心病狂、艰难度日、一错再错。然后我也远走低飞，没有人会认识我！亲爱的人，再见再见！"出完唱片《吟唱生涯》，又在孟京辉的小剧场合作了一把后，这个愤激青年彻底沉寂，消失在茫茫人海。

张广天、黄金刚的民谣在 1995 年前后的民谣热中几乎无人理睬。2000 年，音乐家张广天变成了戏剧导演张广天，接连在北京的小剧场推出舞台剧《切·格瓦拉》、《圣人孔子》，名噪一时。此时正值知识界新左派与自由主义针锋相对、不断论战的时期，张广天的舞台剧以鲜明的工农兵美学、阶级斗争立场，成为知识界、思想界的风标。

在遍地是商业文化的场景中，《切·格瓦拉》和《圣人孔子》用高、大、全的无产阶级文艺的典型塑造手法，力图把南美游击战士格瓦拉和"至圣先师"孔子塑造成两个烛照黑暗世界的精神偶像，他们一个代表世界人民的英雄，一个代表中国文化的英雄，在商业化的大潮中，这情景显得非常诡异。

《切·格瓦拉》的主题歌这样唱：

"是谁指给我闪亮的星斗？心灵战胜了虚荣的繁华。在寻找家园的十字路口，我们看见你的身影：切·格瓦拉。

坚定我的心让红旗飘扬，接过你的枪奔赴战场。唱起我的歌就有了力量，走在你的路上我们找到新的方向。"

当张广天 1996 年猛力鼓噪人民音乐时，一个叫杨一的 27 岁青年就在北京美术馆门口对着"人民"卖唱。他并不是个讨要饭的，而是个高考屡遭失败的广东青年。卖唱中发生的最离奇的一件事是，杨一从学唱民谣巨匠鲍勃·迪伦的一些歌，居然学得了民间知识分子的民歌理念，他不把卖唱只当作谋生本事，而同时当作一种民间诉求、一种下层民众的民意表达。街头卖唱这种形式，在他看来正是将下层民众的声音，再返还、传递给下层民众的过程。

不几年，杨一原本属于广东青年的小嫩嗓，居然变得和鲍勃·迪伦一样嘶哑浑厚。在西至天山南北、东到烟雨江南、北抵黄土高原、南达巴山蜀水的街头卖唱途中，他从民间艺人那儿学歌，以底层生活经历写歌。他唱烤白薯的，唱打零工的，唱《画扇面》、《掐蒜薹》、《卖菜》，他说"我永远在街头歌唱，为人民歌唱"。后来的剧情却不是"永远在街头歌唱"，杨一成了大师，皈依了佛教。与他之前生活的联系是，像当歌手时无门无派无圈子，这个杨大师也不隶属任何寺院，他僧衣僧鞋一身行头，崇尚跑单帮。

"校园民谣"非常短命，热闹了一年多便风光不再。学生们把他们童年少年的记忆唱成挽歌，把校园生活唱成集体的纪念，这场潮流事关青春，拥抱纯洁，慨叹生命的变节、年华的流逝和世事变化的感伤，余绪流荡 15 年及今，又催生一代代新的传人。

1998 年，一首叫《白桦林》的歌曲突然风行，年长的人从它浓浓的俄罗斯韵味，猜测这是一首苏联老歌，实不知它的创作者才二十多岁，是北京校园里长大的。他叫朴树，沉默寡言，异常敏感，读童话故事《小王子》都会读得泪水汹涌。

"校园民谣"的余绪中，若识别其坚韧的核，总会见到成人世界里逆流而上的孩子，抱守着单纯和天真，诉说永远不愿长大的愿望。朴树是最好的代表，他唱生命里曾经相识的女孩子，这样感叹：

她们都老了吧？她们在哪里呀？我们就这样，各自奔天涯。

朴树所在的制作公司，叫做"麦田"。宋柯和高晓松成立了这个公司，并从美国作家塞林格小说《麦田里的守望者》取了这个名字。在接近小说末尾，塞林格讲了这么一个情节，主人公谈到了长大后的理想，说他只想当个麦田里的守望者。"我老是在想象，有那么一群小孩子在一大块麦田里做游戏。几千几万个小孩子，附近没有一个人——没有一个大人，我是说——除了我。我呢，就站在那混账的悬崖边。我的职务是在那儿守望，要是有哪个孩子往悬崖边奔来，我就把他捉住——我是说孩子们都在狂奔，也不知道自己是在往哪儿跑，我得从什么地方出来，把他们捉住。我整天就干这样的事。"

当时宋柯、高晓松想干的，也差不多是这样的事。有一天，一位其貌不扬、身材矮小的广西青年来“麦田”毛遂自荐，递过一份小样和歌词，高晓松看了两眼，楞了：这歌词不是诗，而是散文，而且从头到尾都是对话，作者标明是卡夫卡。

高晓松抬起头疑虑地问：“这逗号、句号、冒号、问号都能谱曲？”青年答：“你听听吧！”

高晓松听了小样，震撼。这作曲手法堪称天才，半念半唱，结尾处嘶哑的高音突然爆发，就像是生命大爆炸，中国歌坛还没有谁有这样的爆发力。歌手叫尹吾，歌曲叫《出门》。

尹吾 2000 年出版了首张专辑，专辑中他为好几首中国当代诗歌谱了曲。在中国民谣中，诗与歌很少这么亲近过。

虽然尹吾在小圈子里声誉极高，他的民谣却没有多少人听。出完首张专辑，他就从北京消失了，据说，回了广西老家。

在尹吾混迹于京城的时候，一个叫胡吗个的鄂西青年也进了北京城。他先用随身听，然后用四轨机，录了一盘带子叫《人人都有个小板凳，我的不带入二十一世纪》。胡吗个是大学毕业生，学师范，但因为故乡在大山里，城市生活在他眼里展现着看不懂的稀奇古怪。他弹着不合规范的吉他，用带鄂西口音的、说不好的普通话，把这些怪相都唱了出来：

你知道我的办公桌是价值两万的吗？/你知道洗手间离我直线距离仅有三米远吗？/你知道我对面的石英钟每天慢二十秒吗？/你知道 你知道/我这些忧伤实在难以启齿

显然，尹吾和胡吗个，让校园民谣变成了别的东西。他们虽然出身于校园民谣的热潮，或与校园民谣制作品牌有关系，但从本质上讲，这是全新的事物，甚至之于整个流行音乐场景，都代表着如异物、如暗器、如病毒般的新事物。此后在 2000 年代，校园民谣家族既出产了跟它一脉相承的同类，如筠子、“水木年华”、“夜班巴士”、曹卉娟、小果、“拇指姑娘”，歌唱着校园情怀、青春正传、成长日记，有一种年轻、青涩、纯真的美；也出产了跟它貌合神离的异种，如叶蓓、王凡瑞、莫艳琳；或它的边缘物种李健、王娟、朱七。不管有多么不同，这类音乐共有一种特别清洁的美，如其中的极致代表李健，独自发展出了一种美声，像空中的瓷器一般晶莹、透亮、纤尘不染。

在 1981 年“校园民歌”结束后，纯净民谣好像在台湾城市流行音乐的淹没中消失了。整个 20 世纪 90 年代，似乎只有“百合二重唱”、“南方二重唱”、“锦绣二重唱”还在继续着校园民歌的纯美歌唱。三个女声组合优美和谐的和声，简直是台湾歌坛上一道恒久相续的美景。1992 年—1995 年，“南方二重唱”曾连续四年入围金曲奖“最佳演唱组”提名。

虽然很少能听到纯粹民谣的声音，民谣却并没有在台湾歌坛上消失，而是潜伏在众多城市流行音乐的下面。

整个 20 世纪 80、90 年代，民谣以隐形的方式，被包裹在一些个人风格鲜明的流行音乐作品中。它的两条脊骨——叙事性，言之有物——是流行工业无法变成口水的部分，当然也难以让它变得家喻户晓、让大众喜闻乐见，通常，它是有品位的、含着秘密爱好的严肃乐迷心中的至宝。以时间为序，罗大佑、李恕权、李寿全、齐秦、郑进一、马兆骏、钮大可、黄舒骏、陈升、林隆璇、史俊鹏、黄品源、郭子、刚泽斌、李骥、张四十三，这些词曲唱编全能的创作大家，都是隐形的民谣唱作人，代表着校园民歌向博大精深方向的演化，虽然他们已不具备纯正民谣的样式。

也有个别例外。李宗盛的个人作品从所有方面都保持了民谣的样式，他打造了两张民谣经典（《生命中的精灵》、《李宗盛作品集》），由此树立了他独有的口白式旋律和唱腔风格。早逝的少年蔡蓝钦，在校园民歌时间之外作了一张校园民歌作品，反映求学生活中永恒的主题和莘莘学子普遍的心声。刘铮有比别人都嘶哑的破嗓，在简朴的民谣形式反衬下，这破嗓显示了比别的破嗓更具摧毁性的感染力；从内容上看，他的三张专辑也符合民谣的基本范畴——个人心声的朴素表达。陈明章的意义要到下一个世纪才会完全展现，他走得太深也走得太远，论及民间性、民谣精神、经典意义，甚至李宗盛跟他相比完全不算什么。在 20 世纪 90 年代，用中国民间乐器、地方戏腔、台语方言，陈明章潜移默化了吉他导引的西式民谣，唱出的却是风骨凛凛的“台湾歌谣”，这简直就是一个意外！城市流行风正刮遍世界，陈明章却在背街小巷弹琵琶，眼前是熙熙攘攘真实生活的一切：戏仔、渔夫、农民、酒徒、生意人、公务员……

几位女创作艺人，王新莲、郑华娟、张小雯的个人作品，可视为校园民歌之风的余绪。在民谣早已不成队形的时风吹荡之中，曾淑勤获得的几乎是大众性的成功，其歌曲外形也差不多是大众性的，但她温暖的音色、乡村味道的口音，竟让那一股民谣风味扑面而至，凝聚成形。这里插一段发生在21世纪的后话——曾经的校园民歌人物王城，通过在大陆的游历，四分之一个世纪后，把一种非同寻常的大气风范，接在了校园民歌的余脉上。

隐形的民谣还有一种形式，凡此时叫作“二重唱”的组合，都像是贴上了民谣的接头暗号。“凡人二重唱”、“优客李林”是这个时期台湾城市民谣的代表，多样化的曲风模糊了类型，清新质朴的歌声、吉他二重唱的形式、民谣的风骨却是分明。啤酒、香烟、单程车票、城市漫游是他们笔下的故事，城市里令人愁绪万端的清冷爱情是说不完的话题。在这里，少年的忧伤沾上了城市的烟尘，变得与当年的菁菁校园时代貌合神离，却有一缕离魂贯穿其间。

1997年，一首叫《对面的女孩看过来》的民谣作品被唱得街知巷闻。这首歌非常逗趣，将男生女生之间的打情骂俏唱得健康洋溢，年轻人的开朗大方就像阳光一样敞亮，又像调皮男生一样俏皮幽默，搞笑乖巧。歌曲出自阿牛，这个本名叫“陈庆祥”的开心果是马来西亚民谣歌手。之后，台湾推出了他的《陈庆祥个人第一张创作专辑》，单纯的民谣形式重新出现在大众流行场景中，这是很多年里已经绝迹的现象。

熊天平，弹吉他的嗓音清亮的男生，也在同一年一下子红起来。这位歌手的声音、音调像是受到了齐秦的谪传，但是比齐秦柔弱。他的歌先由齐秦唱红，然后他再唱，依然很红，其中最有名的两首歌是《火柴天堂》和《夜夜夜夜》。《火柴天堂》把安徒生《卖火柴的小女孩》的情节唱成了一首歌，《夜夜夜夜》具有同等的凄清格调。这个声音像玻璃的男孩，似拥有一颗玻璃一般脆弱的心。

此后，民谣的场景似乎复苏，并渐至活跃。一波波热潮局限在小众听众的视野，只是缺少有心人把一块块拼图联系起来。实际上，从20世纪90年代后期开始，三地流行音乐的内核就在普遍地转换着，迥异于前一个时期的折衷流行风、同一个时期的外来西洋风，民谣正成为此时受用愈加广泛的音乐的内在范式。

1999年之后，女歌手蔡健雅活跃了很长时间。这位创作型歌手非常高产，几乎每年都有新专辑推出。尤值称道的是第一张，听似漫不经心，却真切无比，歌曲投射出完整的生活画面，有具体人物，生活的琐碎，你几乎闻得到歌曲里三两人物身上发出的微微香水味。天真的清哼，低碎的鼓、口琴，闲散的钢琴触法，都对应着真实的都市生活场景，让歌曲变得很个人化。

蔡健雅是新加坡人，听起来她跟胡吗个一点都不一样，其实却是同一种东西，都是一种“在地”民谣，唱出的是歌手当下的生活，有种对望浮生的微笑，质地亲切又有见地，令人想起早期民歌创作的初衷。

各地年轻人都有他们的“在地”作品，不再可能被流行歌曲或电子音乐一笔盖过。东京、伦敦、北京，有很多这样的小酒吧，有人诵诗，有人演奏，有人唱歌，凭着几分酒兴，在昏黄气氛里，谁都看来模糊亲切，暂时不用张牙舞爪，以钢琴与吉他映照出小人物的浮生面相，充满亲和感与生命的小韧度。

在十多年渐渐汇成一条大河的新民谣场景中，台湾的方言民歌或称“新母语歌谣”，特别具有全新的质感。

台湾流行音乐的源头就是方言民歌。日据时期，以本地民歌戏曲、日本演歌调汇合当时流行于世界的美国爵士布鲁斯，形成了台湾流行音乐的基本风貌。国民党统治台湾后，方言流行歌曲逐渐式微，政治的大一统力量，使国语文化暗含有政治正确的意义。

整个20世纪70年代，闽南语歌曲被挤到社会的边缘地带，是遗老、乡民怀旧的老古董，是酒廊、下等风尘场所的暧昧气氛。20世纪80年代，这种以苦命的怨女离妇、沦落风尘的女子、异乡搏命的漂泊男儿、混社会的江湖浪子等为抒情对象的苦情小调、郁闷酒歌，被洪荣宏、江蕙等延续着。

1990年，这宛若一潭死水的闽南语歌坛突然动荡，林强以一辑曲风新锐的新台语歌《向前走》投入其中。之后的20年，“新宝岛康乐队”、黄品源、齐秦、罗大佑、伍佰、Baboo、刘劭希、“拷秋勤”、“农村武装青年”、“黑手那卡西”相继举事，共同举起了台语客语歌曲这面旗帜。这一派方言弄潮儿的方向，是将乡土传统和土地精神纳入摇滚、电音等时代音乐的激荡之中；与之相表里，歌词内容也着力反映激烈的现实矛盾、城乡冲突、时代意绪。一些歌曲里，历史与现实中的黑暗岁月展开乱世的悲歌、坎坷的泪史、苍茫的民俗画卷；一些歌曲里，下层的市井少年像是生活在地下，暗无天日，没有希望。

陈扬、潘越云、陈小霞、许景淳、陈淑桦、蔡振南、詹宏达、叶树茵、潘丽丽、萧福德、施文彬、陈永淘、谢宇威、罗思容形成新台客歌曲的另一翼，他们的新台语客语歌曲，没有革命意气，相反持折衷与调和作派，注入诗性、雅音乐文学正宗、知识界趣味，一张张专辑如同台客语的新经典，其新旧平衡、雅俗平衡、登峰造极，闪耀着经典性、人文性、精英主义的光亮。

第三条道路是陈明章、“金门王与李炳辉”、“交工”、林生祥开拓的，连同着陈芬兰、凤飞飞对台语歌原典的发掘，他们共同开出了新民族主义的通天大道。这是传统的纵深和突进，不是用外来力量演化，而是以民族自身的精华，再造新的民族气度。他们的专辑重回土地，重回乡土文化，重回中下阶层的俚俗江湖，重回歌曲制造的手工业，创造出一批精气神俱在、深具民族韵味的客语和闽南语杰作。

这股方言潮流激荡深远，在21世纪又荡开原住民民歌的盛景。在这一盛景中，许多部落产生了他们的部族歌手，半个世纪前甚至远在历史深处的古老歌曲有的又复活过来，歌坛一时充满了听不懂的各种古老语言。胡德夫（父卑南族、母排湾族），郭英男、查劳·巴西瓦里（以上阿美族），陈建年、纪晓君、昊恩、家家、陈永龙、“南王姐妹花”（以上卑南族），巴奈（父阿美族、母卑南族），王宏恩（布农族），“AM乐团”（多部落组合），云力思、依拜维吉（以上泰雅族），“邹女”（邹族），林广财（排湾族），“好客”（客家）……1999年之后，原住民歌手呈一时之盛，给台湾歌坛带来一批极致异嗓，他们唱的不都是本民族母语，但却都有迥然于国语文化的卓异风采。随着这批原住民歌手的出现，大地之声、自然之声、市井之声重返群居性生活现场，在那种歌声里，人就生活在、歌唱在大自然中，生活在、歌唱在平常巷陌、寻常百姓之家。

摘自《读书》2012年第4期

【观点】 对中国当代流行音乐评论的评论

◎张　燚

现代文艺批评的先驱马修·阿诺德认为，批评让作品的意义得到深化，形成有利于创造才华发展的文化①。大文学家王尔德则宣称“批评是创作的创作”②，批评不仅是联接艺术品和新创作之间的思想通道，本身也是重要的作品。“作者已死”——20世纪法国理论家罗兰·巴特的论断更是对艺术家的当头棒喝。而批评通过一次次的质询展开探索，正可以达到精神与意识的提升；批评还是敞开着的，并不宣称自己对真理的独占，从而丰富了作品的可能性……在主流话语中，批评从来都是重要的。正是如此，才尤使人大惑不解：中国当前的流行音乐批评何以如此单薄？

一、既是音乐研究的盲点，也是重要的学术增长点

中国流行音乐自出生就带有“原罪”。它受美国流行音乐影响，于20世纪二三十年代诞生于上海租

① 阿诺德：《论今日批评的作用》，汪培基：《英国作家论文学》，三联书店1985年版。
② 王尔德：《批评家也是艺术家》，汪培基：《英国作家论文学》，三联书店1985年版。

界，是“帝国主义文化入侵”和“丧权辱国”的象征；20 世纪 30 年代，它被聂耳评为“香艳肉欲”①；1949 年后，这样的“靡靡之音”无助于甚至“有害于”大好革命形势，遭遇灭顶之灾；1979 年，港台流行歌曲随“改革开放”进入中国大陆，很长时间却是通过非正常渠道传播，之后流行音乐为了发展被迫更名为“通俗音乐”；1990 年，流行音乐再次成为指责对象：“容易引起社会问题”，甚至本身就是“社会问题”② ……

随着社会主义市场经济制度的奠定，被革命禁欲主义驱逐的流行音乐有了生存空间，并成为最具有群众号召力的音乐形式。但是，“大众化”成为流行音乐新的罪名，喜欢流行音乐在精英眼中成为欣赏水平差、没有独立审美能力的行为。然而，倘以偏概全，怕哪种艺术形式都有严重问题。古典音乐也可以说成弥漫着机器化统治和“主人对奴隶的控制”③，而有的民歌对性爱的描写更露骨，比如明代冯梦龙采集的《小和尚》、清代华广生编述的《红绫被》以及现在还被误为“民歌精粹”的《一根紫竹直苗苗》等。

在大文化圈，大众文艺批评早已是最为活跃的研究形式。音乐学界虽然参照大文科建立了“音乐批评学”的理论框架，但是落到地上的实践不容乐观。具体到流行音乐，有学术含量的批评更是稀缺。很多人认为流行音乐结构短小、音乐简单，无甚可说，不过如果以西方古典音乐为标准，民族民间音乐的技术性恐怕也高不到哪里去。很多人觉得流行音乐就是爱情歌曲，不过拂去大众传媒中的流行音乐泡沫，你一定可以发现一片新天地：那里有民众的呼吸与心声。

流行音乐批评是一块硬骨头：流行音乐曾有很长一段时间被划入另册，其表演、研究、评论成为雷区；流行音乐历史短，传播范围广，融合现象普遍，从纯音乐的角度进行批评确实难以深刻。但是流行音乐批评更是一块肥骨头：它的作品足够多，可供批评的对象永远不会匮乏；它的形式和内容足够丰富，在音乐本体批评之外，还可以进行社会批评和美学批评；它的影响足够大，进行创作与接受心理批评、传记批评也会很有意义；它和人们形形色色的现实生活结合紧密，对它的批评不仅容易带来社会效益，而且方便产生真情实感，提升自己的生命感悟能力……

二、专业流行音乐批评的数量和质量都需提高

与欧美的专业流行音乐批评蓬勃发展不同，我们没有以流行音乐评论为主业的专家，“学院派”的成果少而零散。虽然学界原来有居其宏写过几篇宏观评论流行音乐的文章，近年也出现了像王思琦这样以流行音乐为研究对象的学者，但整体而言对流行音乐评论的关注并不多，在活跃的社会生活面前显得保守。这主要有两方面的表现。

（一）不重视流行音乐批评

在中国的音乐学术谱系中，音乐批评学的出现较晚，直到现在还通常被认为是雕虫小技。音乐学家重视的音乐批评也主要是“学院派批评”，讲究宏大的篇幅和专精的见解，以大部头的专著或长篇专论的形式来分析品评某部音乐作品——但通常只有用专业音乐技法写成的作品才配享此殊荣。学院派也有对某个音乐家或某种音乐的长篇论述，但是也仅限于古典音乐和民族民间音乐范畴。流行音乐既不能“传承优秀民族文化”，又难以“提升国民审美能力”，虽然喜爱者众多，却入不了专家法眼。现在我国音乐院系整体来说并不重视流行音乐，更不会重视对它的学术评论。

另外，“喜爱者众多”也成为流行音乐被忽视的原因：曲高和寡，研究热门音乐显得没素养；流行音乐一时间灭不了，没必要现在去研究。笔者身边还有很多朋友认为流行音乐就是“流行的音乐”，就是电视中一再播放的泡沫音乐，而不是一种具有新的文化属性和音乐形态的艺术形式，这样的认识也让他们不愿把精力投入到流行音乐批评中去。

（二）原有音乐理论素养并非完全适用于流行音乐批评

---

① 参见：黑天使（聂耳）：《中国歌舞短论》，《人民音乐》1955 年 9 月。

② 陈志昂：《流行音乐再批判》，《人民音乐》1990 年第 5 期。

③ ［法］贾克·阿达利：《噪音：音乐的政治经济学》，上海人民出版社 2000 年版。

就像西方经典乐理并不能完全适用于中国传统音乐一样，我们原来接受的音乐学术训练也并不能完全适用于流行音乐。我国高校开展流行音乐教育很晚，并且主要是仿照原有的经典音乐教育模式来进行，远不能说已建立行之有效的流行音乐教育体系。我们的音乐教育中，音乐理论、和声、配器的关注对象是西方古典音乐，音乐美学的音响基础也是古典音乐，音乐表演方面西方古典音乐则与民族音乐平分秋色。在这些音乐中，和声、曲式、演奏技术非常重要（学院派的“民族音乐”借鉴西方古典音乐后已经专业化），成为基本研究对象。在讲究即兴和“感觉”的流行音乐中，这些理论却难有多少用武之地。

在古典音乐中，节奏多是均分律动。但流行音乐绝不等于“卡拉 OK”，很多节奏都非常复杂，“shuffle”（曳步）、自由切分比比皆是，抢拍和延迟形成特殊魅力，不同乐器和声部还形成节奏对位……而这些，恰恰为经典音乐教育所忽视。即便是节拍，流行音乐也会有异样的表现，比如 12/8 拍，12 拍的组合并不一定是“6 + 6”，而可能是“5 + 7”。流行音乐复杂多变的节拍节奏还带来身体的反常律动，而对身体的忽视又在我国音乐教育中具有普遍性。演唱方面，美声唱法注重高音低音能力、共鸣的技术性以及音色的统一性，民族唱法虽然多样，但在同一种类内部依然讲究标准化。但流行歌曲注重个性，注重音色的多样性、语气以及咬字运腔的私人化；并且它还讲究现场，每一次表演都产生出不同的“文本”，让以分析“文本”见长的专业音乐学家无从下手。

流行音乐很多时候还不能仅从音乐上来认识，而要具备社会学、传播学、阐释学、后现代艺术观等方面的素养，而这些也不是现有音乐教育的强项。1993 年，中国音乐美学学会召开“作为社会文化现象的流行音乐”主题研讨会，发言稿整理后在《中央音乐学院学报》1993 年第 3 期刊登 8 篇，在《人民音乐》1993 年第 9 期刊登 1 篇，流行音乐研究一时盛况无双。这些文章篇幅不大，但对流行音乐的包容态度和认识深度，在今天都具有重要的指导意义。可惜，流行音乐研究毕竟不是靠其他学科的一时关注就能建设起来，直到 20 年后，学院派的流行音乐研究与批评并无显著发展。

三、“业余”流行音乐批评有诸多成果，也存在致命缺陷

但这并不等于流行音乐批评在中国的影响力就低于西方古典音乐批评和中国传统音乐批评，只是很多流行音乐评论的写作者都是“业余”身份。音乐学界最具有影响力的流行音乐研究、评论者首推金兆钧，他虽然担任《人民音乐》常务副主编，却是中文出身。金兆钧发表有《崔健与摇滚音乐》等乐评文章上百篇，出版有音乐评论专著《光天化日下的流行——亲历中国流行音乐》（2002）等。其他重要的流行音乐乐评人，则不仅没有一个是音乐专业，而且和音乐学界交往极少。

（一）“业余”流行音乐批评的“双子星座”

在“业余”流行音乐批评界，有两个人非常活跃和突出。

李皖，1989 年毕业于复旦大学新闻系，自 1994 年起在《读书》、《南方周末》等报刊开设流行音乐批评专栏。他结集出版的乐评著作有《回到歌唱》（1996）、《倾听就是歌唱》（2001）、《五年顺流而下》（2007）、《六十年三地歌》（2013）等，共 14 本（其中 1 本合著），可谓流行音乐批评领域最勤奋的作者。不过这些都是业余写作，李皖作为一家综合报的管理层，事务繁多。但是他把大量时间花在流行音乐身上，听过中外流行音乐唱片几千张，对各种类型的流行音乐和乐手了如指掌。

颜峻，1995 年毕业于西北师范大学中文系，曾供职于《兰州晚报》，现为自由撰稿人。颜峻 1996 年开始在《音乐生活报》上开设专栏，并有大量流行音乐批评在《通俗歌曲》、《读书》、《书城》等期刊上发表。他结集出版的乐评著作有《铁血摇滚》（1999）、《地地下：新音乐潜行记》（2002）、《灰飞烟灭：一个人的摇滚乐观察》（2006）等 7 本。颜峻还算得上是一个诗人，出版有《不可能》等 3 本诗集，其乐评带有后现代诗歌的凛冽美感和酷硬激情，是中国流行音乐批评中最富于才情和汪洋恣肆的文字。

（二）“业余”流行音乐批评遍地开花

参与到流行音乐批评中的人还有很多。

郝舫，中国人民大学哲学学士，发表有很多流行音乐批评文章，并制作了多个流行音乐电视栏目。他酷爱摇滚乐，出版的著作有《将你的灵魂接在我的线路上：大众文化中的流行音乐》（1993）、《灿烂涅槃——科特·柯本的一生》（1996）、《比零还少——探访欧美先锋音乐的异端禁地》（2001）、《伤花怒放：摇滚的被缚与抗争》（2003）等。

王小峰，毕业于中国政法大学经济学专业，《三联生活周刊》主笔，以乐评人身份著称。1992年曾在《音像世界》连载《对话摇滚乐》，并担任过《音乐生活报》编辑。出版有《欧美流行音乐指南》（1999）、《不是我点的火》（2003）、《答案从未在风中飘》（2010）等乐评文集。

袁越，毕业于复旦大学生物系，1992年留学美国获生物学硕士学位，2005年回国定居受雇于华纳唱片公司，现在是《三联生活周刊》的记者。乐评见于《音像世界》、《我爱摇滚乐》等杂志，出版有大部头的《来自民间的叛逆：美国民歌传奇》（2003），以及《HIP－HOP：20世纪最后的草根艺术》（2008）等。

其他较为著名的大陆流行音乐批评人还有沉睡（著有《摇滚时代》）、"重返61公路"（著有《遥远的乡愁——台湾现代民歌三十年》）等等。哲学家周国平和崔健的访谈录《自由风格》是不可多得的摇滚乐批评佳作，中文出身的著名音乐人陈小奇和文学家陈志红的"草堂对话"《中国流行音乐与公民文化》影响也很大。

来自台湾的张铁志在大陆亦建立起较高声望，《声音与愤怒：摇滚乐能改变世界吗》（2008）、《时代的噪音》（2010）成为畅销书。马世芳则凭广西师范大学出版社引进的《地下乡愁蓝调》（2007）为大陆读者所熟悉。

中国大陆翻译引进的流行音乐批评性书籍也很多，比如《上车走人——与黑旗摇滚在路上》、《活埋蓝调里》、《摇滚成金》、《像一块滚石》、《美国音乐札记》、《这就是爵士》等等。

虽然"业余"流行音乐批评数量多、角度广、思想新，其劣势也显而易见：缺少对音乐本体的分析与解读，缺少学术的系统性——这些作者都是广义的"文化人"，甚至算不得"学者"。"业余"流行音乐批评确实"秀"（show）出了自己的姿态，但距离"优秀"，还有很长一段路要走。这进步，需要专业流行音乐研究和批评来提供支持。长时间以来中国流行音乐模仿盛行、跟风严重，音乐形态的自身逻辑发展很慢，形式美感裹足不前，尚处在"跟着感觉走"的不自觉状态。产生这种情况的原因，就在于专业学者不重视流行音乐及其批评，流行音乐的发展缺少专业流行音乐评论的介入。

四、流行音乐批评具有批判精神，但某些"批判"有失偏颇

在流行音乐评论中绝不是一味赞美，而是包含多种不同意见。这里既表现出难得的批判精神，也暴露出诸多问题。

（一）可贵的批判精神

康德之后，一切都必须经受批判（criticism），能够对当前的流行音乐进行"质询"（inquire）从而获得有别于"常识"的认识，这当然是好事；能够深入发现流行音乐的不足，也正是促使流行音乐健康发展的重要力量。

流行音乐批评具有鲜明的批判精神，比如专业评论中居其宏的更高要求："通俗歌曲从总体上抛弃了兽性文化歇斯底里的癫狂和残暴，摘去了神性文化讲经说法众赞圣咏的假面，把审美目光投向亿万普通小人物的日常生活和身边琐事……通俗歌曲的全部人文价值就在于真实人性的复归。但九年来（1979年以来）的实践证明，人性复归之后若不及时提出人性升华任务，过久地满足于或停留于复归阶段不思进取，势必产生返祖现象，导致人性的异化。"① 1993年的"作为社会文化现象的流行音乐"研讨会更从音乐与社会、历史与现实、概念与实践、价值与不足等多个方面关注流行音乐，其开放的学术观念、敏锐的学术视角、批判的学术态度，为流行音乐的研究与批评做出了表率。

---

① 居其宏：《真实人性的复归——通俗歌曲之人文价值与当前的不足》，《音乐爱好者》1988年第4期。

批判精神还更多的表现在“业余”批评之中。李皖面对张浅潜的《罐头》时追问：“一个在现代社会的一体化、规范化、模板化的教育体系中成长的人，将会愈益面临不会恣肆生长、不会精神探险、失去心智另途的危险，尤其是当他面对人生或社会的严肃问题时，他会不会发现是体系在说话，而他自己从不作一声？自然界的千姿百态，为什么在人这里变成了印板般的几个类型？为什么文化变成了模式而不能随时迸发出不同人的令人讶异的异态？在艺术创造中，能不能不分析问题而只是展示肉体和内心的反应？为什么生命不说话，而逻辑滔滔不绝？那人性的焦灼、痛苦与欢乐在哪儿？”① 这里一层接一层的问题可能比颇费周折证明出来的大道理更给人以启迪。当然，批判不是批驳，也不只是质询，更包括了独立、深入的判断，比如颜峻以下言论虽然是对“地下音乐”的辩护，也正显现出不人云亦云的批判意识：“如果社会真的还有一点空间留给怀疑物质主义的人，留给爱好不同声音、奢谈自由的人，留给固执地坚持自己想法的人，那么他们产生不同的美学，并选择不同的表达方式就很正常了……‘他们为什么不做一点小小的让步，打扮得通俗一点，把旋律做得好听一点，多上上电视，让更多的人了解呢？’那么他们为什么要做这一点小事，为了更小的目的？”②

在流行音乐批评中，这样能够抓住关键、善于质疑辨析、讲究逻辑推理、富于机智风采的文字比比皆是，显露出自觉的批判性思维和可贵的批判精神。

（二）有失偏颇的批评

在流行音乐批评中负面评价占有较高比重，不像西方古典音乐或中国传统音乐评论多是挖掘作品价值。然而遗憾的是，这样的批评通常并不深刻、并不具有批判性思维的特征。这主要有四个方面的表现。

1. 以点代面。笔者的很多朋友就认为电视上和街头传播的流行音乐就代表了流行音乐，流行音乐就是卿卿我我、哼哼唧唧，没有研究的价值。但流行音乐并不是“流行的音乐”，接受度也不能等于艺术高度，就像我们不会认为流传广泛的《献给爱丽丝》代表了古典钢琴的水准一样——哪怕他的作者是伟大的贝多芬。“曲高和寡”在所有音乐形式中都是一个普遍现象，能够代表流行音乐技术、思想、精神的作品通常并不很流行，很多流行音乐恰恰因为自己的独立精神而遭到大众传媒“守门人”（the Gatekeeper）的驱逐。比如侯德健1984年在大陆出版的《未来的主人翁》，其音乐性和人文性在当时都出类拔萃，然而无论在当时还是现在，知道这首歌的人并不多，只因为在流行音乐批评中出现才没有被完全遗忘。

2. 评判绝对。很多人对流行音乐的评价延续了历史的惯性，认为流行音乐是靡靡之音，技术简单、表演轻佻、内容不健康。陈志昂就把流行音乐分为“庸俗的”和“反动的”两种③，全盘否定流行音乐。其实持这种看法的人不在少数，只是不像陈志昂这样能上升到理论高度。还有很多音乐学家提倡文化价值相对主义，反对西方文化霸权，但这种文化价值观并不显现为不同音乐形式之间的相对主义，而是不同国家、民族的音乐之间的相对主义，在内部依然贬斥流行音乐。民族音乐学的价值观基础即是文化相对主义，但在一次学术研讨会上，笔者在发言中提到很多流行歌曲具有“民歌”的“民间”（folk）文化属性时，被一位著名民族音乐学家评为“荒谬”，其认为流行歌曲不外乎风花雪月，根本无法与作为“劳动人民心声”的民歌相提并论。

3. 不够深入。还有人把音乐的态度和表面形式视为评判作品价值的标准，如此一来很多流行音乐就有了“七宗罪”：不乐观；格调不高；格局不大；受商业影响太大；虚假宣传太多；描写对象不具有正面性；形式不具有美感。且不说这些问题在其他音乐形式中也存在，另外有些被视为不足的地方，却恰恰可能是流行音乐价值所在。比如郑智化描写妓女的《堕落天使》，既包含了对弱者不堪经历的同情，也促使人们重新思考社会与人性的复杂；何勇在《垃圾场》中使用的噪音、电声啸叫，正符合作

---

① 李皖：《深渊，或深渊下的火焰》，李皖：《五年顺流而下》，南京大学出版社2007年版。

② 颜峻：《你好，我是混地下的》，颜峻：《燃烧的噪音》，江苏人民出版社2004年版。

③ 陈志昂：《论通俗音乐》，《黄钟》1989年第4期。

品的反抗气质和焦虑情绪，是后现代美学的重要表现；陈志昂眼中“反动”的崔健的《一无所有》，在文学界却被奉为“当代首席摇滚诗人”的文学名作，进入著名学者陈思和主编的《中国当代文学史教程》和谢冕主编的《中国百年文学经典文库》……

所以，前面的“七宗罪”即便客观存在，也不至于罪无可赦，甚至可能具有独特意义：（1）不乐观——钱钟书早在1980年就有名篇《诗可以怨》传世，司马迁更有评价《诗经》的名言“大抵贤圣发愤之所为作也”，都论及到“负面情绪”的积极价值。（2）格调不高——鲁迅早有讽喻：在道学家眼中，《红楼梦》也是格调低下之作①；另外，因为一些“高雅”的概念具有排他性和强制力，也使得很多人选择“逃避崇高”。（3）格局不大——很多流行音乐正是以个人叙事完成了对一统江湖的宏大叙事的反拨，彰显了独立精神和自由思想。（4）受商业影响太大——中国传统音乐中的小调和戏曲受商业影响也很大，西方独立音乐家的诞生则是因为音乐商品的出现。（5）虚假宣传太多——这当然需要通过音乐批评来揭示，不过别忘了“庙堂音乐”中的虚假宣传可能更多。（6）描写对象不具有正面性——“三突出”文艺理论早被实践证明不仅不具有艺术性，而且压制了艺术的发展。（7）形式不具有美感——美感本就包含了“丑”，波德莱尔1857年的《恶之花》已经对现代文艺产生了全面的影响，很多研究已经认识到“丑”的魅力和深刻性。

4. 狐假虎威。如果说“以点代面”是专业视野使然，“评判绝对”是由于习惯性思维，“不够深入”也只因为审美定势，那么“狐假虎威”则有仗势欺人之嫌。比如20世纪80年代初《乡恋》、《小螺号》等作品被批，创作者和演唱者哪有反驳之胆。1990年，面对陈志昂、赵沨上升到“社会主义制度”② 高度的批判，金兆钧等只能选择言不及义或闭口不言。即便在21世纪，文化部印发《关于加强和改进网络音乐内容审查工作的通知》（2009）、《2010年中国网络音乐市场年度报告》指出“一些歌曲宣传的价值观和道德观歪曲，严重影响了广大青少年的身心健康”③ 之后，网络歌曲一时间人人喊打，也少有学者能去与之“争鸣”。“狐假虎威”的音乐批评不是凭认识、见识影响到人们的审美，不是促成社会批判精神和公民意识的形成，而是因为一己之私、一时之快，借助甚至鼓动非学术力量、运用非学术术语，对不合自己利益或认识的音乐形式进行围剿。这样的“批评”已经逾越了批评的底线，对文化生态造成严重的伤害，并导致音乐文化中真正具有独立精神、自由意识、人性提升成分的高雅因素失去生存空间。

总之，面对作为现代美学、后现代美学重要表现形式的流行音乐，还以古典音乐美学和革命音乐美学来要求；面对反映多元、复杂现代社会的流行音乐，还以一元、简单的先天正确话语来评价，这样做效果并不会好，后果却值得担忧。

五、展望：必须远大的前程

1986年的全国歌曲创作研讨会就提出，“加强音乐理论研究，特别是加强对通俗歌曲理论的研究，是音乐理论家和词曲作家的一个新课题”④，但直到今天，流行音乐研究困顿依旧，流行音乐批评作为“旁门左道”更得不到学界重视。据笔者统计，2000年—2011年，七大音乐类核心期刊流行音乐论文占比重最多的《人民音乐》不过是3%，《音乐艺术》、《音乐研究》、《黄钟》略高于1%，其余皆在1%以下；《中央音乐学院学报》2011年只刊发了三篇流行音乐文章，并且其中有一篇是书评、还有一篇更侧重于传统音乐。这些流行音乐论文多以史学、教育学、传播学以及社会学研究为名，少数评论文章则以书评为主，比如《音乐研究》2011年间共发表与流行音乐相关的论文12篇，其中书评5篇，乐评0篇。

---

① 鲁迅：《绛洞花主》小引，《鲁迅全集（8）·集外集拾遗补编》，人民文学出版社1998年版。
② 赵沨：《我的一些意见》，《人民音乐》1990年第6期。
③ 谌强：《网络音乐亟待管理和创新》，《光明日报》，2011年3月21日。
④ 虞文琴，耿大全：《与时代同步，树一代歌风——全国歌曲创作研讨会综述》，《音乐生活》1986年第10期，转引自王思琦：《中国当代城市流行音乐——音乐与社会文化环境互动研究》，上海教育出版社2009年版。

但是，流行音乐批评的存在和发展具有必要性。学界重视中国传统音乐，为音乐历史长河留影，自当感激；涉猎西方古典音乐，心存高远，也当佩服。忽略当前影响最为广泛的音乐形式，不在风起云涌的音乐生活面前发言，则无论从哪方面都说不过去。

首先，流行音乐批评的发展是学术发展的需要。

健康的学术应有两翼，不能一直厚古薄今，悬置现实。流行音乐是当前社会音乐生活中最为活跃的部分，对流行音乐批评的忽视，反映了学术触角的迟钝，学术研究的滞后，甚至学术环境的不健康。长此以往，实践层面就会愈发轻视理论研究，整个音乐学术的根基都遭到质疑。

其次，流行音乐批评的发展是音乐发展的需要。

音乐实践的发展离不开批评的参与，离不开理论的指导。大陆流行音乐热闹红火但几乎是原地踏步、要靠外来流行音乐促进的现实，正反映出流行音乐批评的缺位。进入现代社会以来，没有任何一种艺术脱离理论而仅靠“跟着感觉走”就能有良好发展。缺少批评、阐释的音乐形式在瞬息万变的大众传媒时代，无论本身多么优秀，都可能被即刻淹没在冗余信息的海洋中。

再次，流行音乐批评的发展是文化发展的需要。

杨燕迪借用德国哲学家哈贝马斯的“公共领域”概念，认为音乐批评是现代性文化体制的重要组成①。音乐批评成为常态性存在是进入现代社会才有的事情，只有在这里，人们才能摆脱国家权力和宗教的控制，对音乐问题自由发表意见，文化体制才能提供“公共领域”，保障言论自由和出版自由。流行音乐批评是音乐批评的重要组成，它的缺失必然和“公共领域”的缺失、现代性文化体制的缺失联系在一起。

流行音乐批评的建设，不是正当其时，而是严重滞后。流行音乐批评的发展，离不开流行音乐研究的发展，但研究流行音乐被视为“不务正业”、成果得不到学界认可的局面并没有改变②。可堪慰藉的是，自2001年出现第一篇流行音乐研究的硕士学位论文以来，经过2002年的回落，2003年之后逐年上升，2007年之后则稳定在30篇以上，2011年56篇，2012年63篇。年轻力量的写作虽然就学术水平而言并不杰出，也并非都是评论性文章，但无疑为流行音乐批评的多样和深入打下了重要基础。2012年底中国音乐评论学会第五届年会上，王次炤会长也大力呼吁：我们要充分关注社会音乐生活，不能忽略流行音乐与网络音乐的存在。

流行音乐批评虽前程远大，却绝非一帆风顺。中国的音乐研究尚要呼吁进入现代③，流行音乐批评更需进入现代。进入现代还不仅是指以现代音乐、当代音乐生活为研究对象，而是以现代的学术观念进入流行音乐批评。这就需要保证学术“乃天下之公器”，绝不能成为利益的工具，绝不能图解政策或按公司需要发言，而要坚持独立、自由、中立的品格。

对于流行音乐批评来说，音乐分析除需掌握经典音乐技术理论之外，还要认识到流行音乐节奏、音色、语气、文学、即兴等方面的重要性。另外，“业余”流行音乐批评在技术上总隔了一层，专业流行音乐批评在文化上总隔了一层，专业流行音乐批评需要加强与大文科理论界以及“业余”流行音乐批评的对话意识，提高对话能力，取长补短。现在的经典音乐美学观并不完全符合流行音乐的实际，对流行音乐的批评需要和文化学、社会学、接受美学甚至语言学、政治学等联系起来，并把批评作为一个生命对另一个生命的理解与对话。在这种意义上，流行音乐批评不仅可以是很有见地的学术，而且能够成就我们生命的成长，并成为个体对必死宿命的救赎。

本文系2012年中国音乐评论学会第五届年会提交论文

摘自《南京艺术学院学报·音乐与表演》2013年第3期

---

① 杨燕迪：《音乐学新论——音乐学的学科领域与研究规范》，高等教育出版社2011年版。

② 王思琦：《中国当代城市流行音乐——音乐与社会文化环境互动研究》，上海教育出版社，2009年版。

③ 张燚：《以“现代”的名义跨入当代——“改革开放与中国当代音乐学”高层论坛之当代音乐研究感言》，《中央音乐学院学报》2009年第1期。

作品

歌剧

【歌剧 《祝福》】

2012 年 2 月 15 日，以鲁迅同名小说为基础、根据越剧电影《祥林嫂》改编的歌剧《祝福》在国家大剧院上演。

该剧为浙江省第一部原创歌剧，2011 年 9 月 25 日鲁迅诞辰 130 周年纪念日曾在浙江省人民大会堂首演。该剧主创人员：词作家王晓岭担任作词及编剧；作曲家王祖皆、张卓娅夫妇共同作曲；上海歌剧院一级指挥林友声执棒；国家一级导演王延松执导；女高音歌唱家金永玲、北京军区政治部战友文工团国家一级演员于乃久分别饰演祥林嫂和贺老六。

【歌剧 《假面舞会》】

2012 年 5 月 24 日，国家大剧院版威尔第歌剧《假面舞会》在国家大剧院上演。该剧由乌戈·德·安纳担当导演、舞美设计、服装设计，亚美尼亚女高音卡琳·芭芭扎妮安、匈牙利女低音维德曼及戴玉强、廖昌永、张秋林等演唱。

【歌剧 《钓鱼城》】

2012 年 5 月 30 日至 31 日，由冯柏铭编剧、徐占海作曲、王晓鹰导演的歌剧《钓鱼城》原版在重庆大剧院演出两场。歌剧《钓鱼城》还作为全国唯一一部入选歌剧作品，赴北京参加全国第四届少数民族会演，于 2012 年 6 月 26 日至 27 日在北京保利剧院演出。

【民族歌剧 《运河谣》】

2012 年 6 月 21 日至 24 日，歌剧《运河谣》在北京上演。该剧，是国家大剧院制作的首部以民族唱法为载体的原创民族歌剧由雷佳、王宏伟、王莉、孙砾主演，吕嘉指挥。

【中日合作版歌剧 《阿依达》】

2012 年 8 月 3 日至 5 日，为庆祝中日邦交正常化 40 周年，中国国家大剧院与日本新国立剧场共同创作的音乐会版威尔第歌剧《阿依达》在北京上演。

中日合作版《阿依达》以音乐会歌剧的形式上演。音乐会版《阿依达》虽然在场景上进行了删减，但整体剧情更为紧凑。主要演员有：旅欧女高音歌唱家和慧、旅美华裔歌唱家田浩江、袁晨野、日本的水口聪、清水华澄、妻屋秀和等。

【歌剧 《山林之梦》】

2012年8月27日至28日，由中央歌剧院制作的原创歌剧《山林之梦》在保利剧院演出，该剧由王世光作曲、王敦编剧，王湖全导演，刘连庆任舞美设计，俞峰指挥，李爽、李晶晶等主演。

音乐剧

【音乐剧 《告诉海》】

2012 年 1 月 3 日，由宁波歌舞剧院创作的、反映建设杭州湾跨海大桥的音乐剧《告诉海》在宁波首演。该剧以宁波至上海的跨海大桥建设为题材，以年轻的大桥建设工程技术员与女友的爱情为主线，展现了大桥建设者为理想拼搏的故事。总导演邢时苗，编剧王俭为，作曲、音乐制作董乐弦，舞美设计戴延年，灯光设计周正平，男女主角分别由李金哲和喻越越饰演。

【音乐剧 《昆仑神话》】

2012 年 3 月 16 日至 18 日，首部以“昆仑文明”为主题的音乐剧作品《昆仑神话》，在北京保利剧院上演。该剧以“剧中剧”的形式将昆仑山的神话传说与现实世界结合，讲述了一个发生在昆仑山的神话幻境与现实世界中的传奇爱情故事。这部音乐剧投资 2000 万元，由 80 后导演周申执导。《昆仑神话》讲述的是神话传奇故事，体现的则是大爱主题。

【新版音乐剧 《凭什么我爱你》】

2012 年 6 月 6 日至 24 日，由小柯任编剧、导演和音乐创作的音乐剧《凭什么我爱你》在小柯剧场上演。该剧由小柯于 2007 年创作并全国巡回演出，包含了小柯创作的《想把我唱给你听》、《我的爱情在哪里》等 21 首歌曲。此次上演，在原版的基础上做了很大的改动，并沿用了话剧《因为爱情》的制作班底。该剧以娱乐圈、音乐圈为背景，讲述了一个女孩面对爱情、面对欺骗时的内心纠葛和现实选择。

【音乐诗剧 《牛郎·织女》】

2012 年 8 月 28 日，中央民族乐团创作的大型民族音乐诗剧《牛郎·织女》首演。

《牛郎·织女》由中央民族乐团团长席强创意策划，邀请作曲家唐建平作曲，作家韩静霆、陈心杰为剧目撰稿、填词，高广健担纲舞美总设计。整场演出以“星缘”、“星恋”、“星恨”、“星愿”为线索，分 13 个部分。该剧作为我国首部原创民族音乐诗剧，在音乐创作和表现手法上进行了创新，尝试多种民族乐器搭配运用，并结合剧情进行多媒体舞台设计。

【音乐剧 《天桥》】

2012 年 9 月 26 日至 10 月 5 日，由北京歌舞剧院出品、田沁鑫导演的音乐剧《天桥》，在北京国安剧场演出。

音乐剧《天桥》讲述了发生在天桥的一座娱乐城里几位年轻人悲欢离合的曲折爱情故事：有着舞台剧梦想的“燕舞台”老板林鹏飞，想通过自己和妻子金环的创新，让“燕舞台”在天桥成为业界翘楚，但最终以失败告终。苦闷中，他企图通过对另外一个女人银环的爱摆脱苦闷，靠吸食鸦片虚度人生，这又给金环造成了痛苦和绝望。常逛天桥的报馆记者少爷袁培文，默默爱上了金环。于是，一场场爱恨情仇的纠葛在几个年轻人之间展开……

音乐剧《天桥》的音乐融入了多种元素，既有流行音乐，也有摇滚与爵士的节奏穿插其中，特别是京东大鼓、单弦等曲艺旋律与现代音乐的融合，散发出一股浓浓的京味儿。

【史诗音乐剧 《文成公主》】

2012 年 10 月 11 日，大型史诗音乐剧《文成公主》剧场版，在北京国家大剧院首演。该剧由著名歌唱家谭晶饰演文成公主、梅帅元担任总导演。该剧主要讲述文成公主作为一个年轻柔弱的女孩，肩负着历史重托，用了 3 年时间从长安走到吐蕃，不仅完成了地理意义上的跋涉，更完成了一段信仰的征程，达到了精神的升华和思想的涅槃，完成了一个伟大的命题，即“天下没有远方，人间都是故乡”，也有着建设人类共同精神家园的意义。

音乐会

【音乐会 《乐器也疯狂》】

2012年2月10日至11日，由北京交响乐团、中国传媒大学动画学院等单位主办的三维全息动漫交响音乐会“露露与猪猪”《乐器也疯狂》，在国家大剧院歌剧厅上演。创作者希望借助动漫与交响乐的优势互补来普及交响乐。

音乐会从18集音乐动画片《露露与猪猪》演化而来，讲述两位主人公为了解救被女巫施了魔法的音乐小城，勇敢面对困难，最终打败女巫，还欢乐于人间的故事。音乐会曲目包括柴可夫斯基《第五交响乐》第二乐章，斯特拉文斯基《火鸟·魔王之舞》，贝多芬《欢乐颂》，中国作曲家张朝《欢乐的序曲》，莫扎特《春天》等。

【那片阳光——平安俊作品音乐会】

2012年5月5日，由中国音乐家协会主办，辽宁省文学艺术界联合会、鞍山市人民政府协办，辽宁大德实业集团有限公司承办的“那片阳光——平安俊作品音乐会”在北京保利剧院举行。音乐会上，中国国家交响乐团、中国国家交响乐团合唱团、中央人民广播电台少年合唱团和戴玉强、吕继宏、张建一、黄越峰等歌唱家以及美籍华裔小提琴家曲畅演出了由平安俊创作的《我爱熔炉我爱钢》、《五月千山梨花开》、《走向辉煌》、《大德行天下》、交响组曲《新年组曲》、小提琴协奏曲《那片阳光》等作品，指挥家陈燮阳为音乐会执棒。

【音乐会组曲 《东海之歌》】

2012年5月12日，由浙江省文联、舟山市委宣传部联合举办的大型原创音乐会组曲《东海之歌》在舟山首演。《东海之歌》作品分《鲲鹏展翅》、《我心中的海港》、《月映千步沙》、《海涂童话》、《开渔节》、《造大船的人》、《远航》、《东方春晓》和《东海情怀》等9个段落。

【民族音乐会 《西藏春天》】

2012年5月29日，中央民族乐团与西藏歌舞团合演的大型民族音乐会《西藏春天》在国家大剧院首演。

民族音乐会《西藏春天》由北京、西藏两地作曲家、指挥家、演奏家、歌唱家同台演出，音乐会演出了歌曲《唱支山歌给党听》、《天路》、《香巴拉并不遥远》；牛角琴与乐队合奏的《喜马拉雅欢歌》、藏族器乐重奏《达瓦勋努》、弹拨乐合奏的《欢乐的节日》、民族管弦乐《雅鲁藏布江》等。

【民族管弦音乐会 《锦绣中华》】

2012年7月3日至7月4日，由王甫建执棒上海民族乐团演出的大型民族管弦音乐会《锦绣中华》

在北京音乐厅演出两场。音乐会上演奏了民族管弦乐《尼西的青稞架》、《阿里郎》、《阿佤山》、《库姆塔格》、大提琴与乐队《牧歌》、竹笛与乐队《飞歌》、二胡与乐队《太阳祭》、打击乐与乐队《龙跃东方》8首作品。由张千一、唐建平、郭文景、刘长远等作曲家以藏族、朝鲜族、蒙古族、维吾尔族、佤族、基诺族、苗族和汉族的特色音乐素材创作而成。

【音乐会 《民乐也时尚》】

2012年8月24日至25日，中国东方演艺集团在北京北展剧场上演了音乐会——《民乐也时尚》。音乐会巧妙地将电声乐队和民族乐器融合，把民乐与流行乐的完美结合。音乐会浓缩经典曲目精华，包括《茉莉花》、《拔根芦柴花》、《杨柳青》，古曲《春江花月夜》、《二泉映月》等。

【杜鸣心交响新作品音乐会】

2012年11月20日，杜鸣心交响新作品音乐会在北京音乐厅举行，由张艺指挥国家交响乐团演奏。

音乐会上演出了《天地之滇》交响组曲，分《古城漫步》、《火之魂》、《香格里拉》、《水的狂欢》、《天地之滇》五个乐章；钢琴与弦乐队《布达拉宫之梦》；管弦乐小品《秋思》；舞剧《凤凰涅槃》的音乐会改编版；《红色娘子军》选曲新编，《快乐的女战士》与两版《万泉河水》。

【大型风情歌舞晚会 《五洲风情】

2012年11月27日，作为2012年文化部优秀剧目展演的演出剧目之一，中国歌剧舞剧院创作的大型风情歌舞晚会《五洲风情》在北京保利剧院上演。整部歌舞晚会中不仅穿插了《东方红》、《山丹丹开花红艳艳》等经典歌曲，还创作了《水之灵》、《天边的女人》、《摩登时代》等不同风格的舞蹈。

在这台晚会中，中国歌剧舞剧院运用了多种的舞台设备。不仅有全彩激光器，用于打造变化莫测的魔幻场景；还根据节目内容对灯光设计进行探索。《五洲风情》的编导们利用多重幕布的设置打破二维单一的空间感，创造出景深空间。《五洲风情》利用现代化的舞美技术打造视听冲击，展示了多地域、多民族的文化风貌。

【交响大合唱 《孔子》】

2012年2月23日，大型交响大合唱《孔子》在北京音乐厅首演。该作品由作曲家、指挥家史志有作曲，孔子第75世后裔、词作家孔祥雨作词。交响大合唱《孔子》，由包括序曲在内的12个乐章组成。

【声乐交响曲 《临安七部》】

2012年5月21日，声乐交响曲《临安七部》于国家大剧院首演。作品由作曲家叶小纲应杭州市政府委约完成，原名为《七阕西湖》，是以中国古代白居易、陆游、王昌龄等著名诗人吟诵杭州以及西湖的诗篇为词，为女高音、男高音、男中音与交响乐队而作的大型声乐交响乐作品。这部作品中旋律的素材全部来源于浙江杭嘉湖平原的民歌与民间音乐。

【交响合唱 《神话中国》】

2012年6月12日，作为中国歌剧舞剧院成立60周年庆典作品，大型交响合唱《神话中国》在北京世纪剧院首演，中国歌剧舞剧院歌剧团、交响乐团近百名演员联合演出。

《神话中国》选取了《盘古创世》、《女娲补天》、《夸父追日》、《精卫填海》、《嫦娥奔月》等7个最有代表性的远古神话展开叙述和抒情，每个故事3个乐章，共22个乐章（含序曲），它们相互之间既有一定关联性又具有相对独立性，每个独立故事的音乐结构又是一部完整的声乐协奏曲《神话中国》用现代的音乐语言和人声来表达远古意境和异域风情，在添加童声声部的同时，更加拓展了音乐的想象空间。

【声乐交响曲 《悲欣之歌》】

2012年8月29日，声乐交响曲《悲欣之歌》由中国交响乐团在2012全国优秀剧目展演中首演，指挥邵恩，男中音沈洋。作品由作曲家叶小纲以李叔同（弘一大师）1894年至1902年写下的7首诗为词，为男中音与交响乐队谱写了《悲欣之歌》。《悲欣之歌》之一《日夕登轮》、之三《七月七夕》在国家大剧院音乐厅世界首演。交响声乐套曲《悲欣之歌》共分四首，《日夕登轮》是第一首；《津门清明》与《轮中枕上闻歌口占》合为第二首；《重游小阑亭口占》、《和宋贞题城南草堂图原韵》与《断句》合为第三首；《七月七夕》为第四首。

【合唱交响曲 《人文颂》】

2012年8月30日，作曲家王宁的第五部交响乐新作《人文颂》在深圳首演。这部大型合唱交响曲是深圳市音乐工程重点项目，由深圳市委宣传部组织实施，委约著名作曲家、中国音乐学院教授王宁作曲，艺衡作词。指挥家张国勇执棒、深圳交响乐团演奏、深圳交响乐团合唱团和深圳高级中学童声合唱团担任合唱。

该作品分“仁、义、礼、智、信”五个乐章，缀以序曲、尾声，力图以新的文化观念及现代交响性音乐语汇与表现手法，对儒家文化进行诠释。第一乐章《仁》，音乐在不同音区以丰富的和声、配器营造出多变的色彩且加以不断发展变化；第二乐章《义》则是着重体现了意境，大提琴独奏塑造了一个仁人志士的形象，与邪恶斗争，不畏艰险；第三乐章《礼》是全篇旋律最优美的部分，音乐在这一阶段开始营造了祥和、古朴、典雅的氛围；第四乐章《智》颇有现代实验音乐的色彩，运用了久已失传的古老的“吟诵”唱法，同时运用了一些特殊乐器和奏法，构成神秘气氛；第五乐章《信—尾声》由铜管和打击乐开始的音乐。复调模仿的声部依次进入，直至发展为和声音响并回归主导动机，引出交响曲的主题歌《文明谣》。

【音乐诗画 《鄞地九歌》】

2012年9月16日，由中央歌剧院和浙江省宁波市鄞州区的星光艺术团联合在北京北展剧场首演了新创大型音乐诗画《鄞地九歌》。

大型音乐诗画《鄞地九歌》是中央歌剧院和宁波市鄞州区人民政府共同创造的大型音乐诗画舞台剧，也是文化部主办的“大地情深”——国家公共文化示范区创建城市群众文化进京展演中，鄞州区群众文化进京展演活动的全新剧目。该剧目是为鄞州量身定做的，以鄞州的历史、故事为元素，综合运用音乐、舞蹈、诗歌、戏曲、歌唱等多种艺术形式，通过秦置县、唐治水、宋兴学、千年梁祝、热血家国、宁波商帮、贝母花开、农民创世纪、蝶变新鄞州9个篇章，立体地展示了鄞州的历史和当代风貌。

【民族交响乐 《敦煌音画》】

2012年2月29日，大型民族交响乐《敦煌音画》由景建树执棒甘肃省歌舞剧院民族乐团以及部分西安音乐学院师生组成的102人大型民族管弦乐团，在甘肃大剧院试验演出。

大型民族交响乐《敦煌音画》分为《莫高风铃——场景》、《西凉乐舞——莫高220窟》、《月牙泉的故事——场景》、《将军出行——莫高156窟》、《集市——榆林25窟》、《飞天——莫高320窟》、《敦煌赋——致守护者》7个乐章。

【交响套曲 《长安》】

2012年6月16日，由陕西爱乐乐团创作的大型交响套曲《长安》在西安音乐厅首演，并于9月6日在国家大剧院演出。

大型交响套曲《长安》作为陕西省委宣传部、省文化厅重点扶持项目，陕西演艺集团2012年主推精品剧目，于2006年由陕西爱乐乐团着手策划创作。作品由中国音协主席、作曲家赵季平担任音乐总监及首席作曲，陕西爱乐乐团团长、作曲家崔炳元担任执行总监及作曲。

该交响套曲分为序《钟鼎长安》、第一乐章《诗赋长安》、第二乐章《爱恨长安》、第三乐章《丝路长安》和第四乐章《闾阖长安》5个部分。

【交响音诗 《宋词》】

2012年9月25日，交响音诗《宋词》在杭州举行首发式。交响音诗《宋词》是继交响组曲《中国大运河》之后，杭州文联历经3年完成创作与出版发行。该作品由《“词”溯》、《望海潮·钱塘自古繁华》、《青玉案·梅子黄时雨》、《念奴娇·大江东去》、《雨霖铃·寒蝉凄切》、《桂枝香·金陵怀古》和《余韵》等7个乐章组成，全曲用交响化音乐的语言叙说和赞颂了南唐、五代、胡夷、里巷、古乐交融之破茧化羽；渲染南北宋时期歌舞升平之繁盛及隐忧；演绎了山河阻隔、睹景思乡、季节变迁、似甜却苦、乍喜还悲的淡淡春悲；展现了抒怀言志、忧愤忠勇、报国立功豪情壮怀的画卷。

【交响乐 《北京色彩》】

2012年5月19日，由邹航创作的交响乐作品《北京色彩》于北京现代音乐节开幕式音乐会中首演，作品由吕嘉指挥国家大剧院管弦乐团演出。《北京色彩》是北京现代音乐节10周年的委约作品。在整个音乐纵向与横向的主题还有和声的构造上，仅使用三个音作出了不同的变化，音乐中京剧素材的使用，凸显了明显的地域性和时代感，将北京现代音乐节的“北京”与“现代”两个关键词融合在作品中。

【吕远60年作品音乐会】

2012年1月2日，吕远60年作品音乐会《中华颂》在人民大会堂举行。音乐会上于淑珍、耿莲凤、杨洪基、牟炫甫、王宏伟、柳石明、德德玛、吴碧霞、李琼等歌唱家演唱了《克拉玛依之歌》、

《走上这高高的兴安岭》、《泉水叮咚响》、《有一个美丽的传说》、《我们的生活充满阳光》等30首名曲。

【殷承宗钢琴音乐会巡演】

2012年2月3日至6月17日，钢琴家殷承宗在烟台大剧院、东莞玉兰大剧院、重庆大剧院、武汉琴台大剧院、河南艺术中心、合肥大剧院等地举办了11场殷承宗钢琴音乐会。此次巡演，演奏了莫扎特《a小调回旋曲》、《d小调幻想曲》、《A大调奏鸣曲》以及李斯特的经典曲目之一《b小调奏鸣曲》。

【李谷一从艺50年演唱会】

2012年3月11日，由中国文联、中国音协、文化部艺术司共同主办，东方演艺集团承办的“李谷一从艺50年演唱会”在国家会议中心举行。

本次演唱会李谷一演唱了《乡恋》、《我和我的祖国》等影视歌曲，并演绎专门为此次演唱会创作的新歌。演唱会还安排她的学生们以“串串烧”的形式，将李谷一从艺多年所演唱的经典歌曲进行集中展现。

纪事

节会演出

【第二届亚洲流行音乐节】

2012 年 3 月 23 日，第二届亚洲流行音乐节在香港上演。音乐节分为两部分：一部分由来自海峡两岸、日本、韩国、新加坡、马来西亚等地的当红歌手联袂参与表演；另一部分则由七地选出的乐坛新星参赛，角逐“亚洲超级新星”殊荣，体验“亚洲音乐一体化”的大会主题。

“亚洲超级新星”角逐方面，经评委和现场观众投票以及两轮紧张的经典歌曲演绎，来自韩国的 Ali 最终捧得“亚洲超级新星”大奖。此外，Ali 还获得“最佳歌曲演绎大奖”。来自台湾地区的倪安东夺得“最具人气大奖”和“最佳舞台演绎大奖”。

【第八届中国金唱片奖】

2012 年 3 月 28 日，第八届中国金唱片奖评选结果在北京揭晓。中国金唱片奖是由中宣部批准的音像（唱片）业唯一奖项，自 1989 年创设以来，已表彰 700 多名艺术家及其作品。本届金唱片奖还对传统介质的奖项设置进行调整，将奖项由此前的 79 个浓缩为 59 个（其中 4 项空缺）。

本届大奖中韩中杰获得评委会指挥特别奖；毛阿敏获金唱片奖；数字出版首次纳入评奖范围，并设置了 10 个数字音乐奖项，《因为爱情》、《忐忑》、《双人舞》、《大声唱》、《天地记》、《爱情的枪》获得数字音乐金曲奖，王菲、周杰伦获得数字音乐演员奖，郁可唯、陈丽媛获得数字音乐新人奖。继第七届中国金唱片奖获奖者空缺之后，世界音乐奖在本届评奖中继续君位空悬。

【上海民族乐团 “盛世华章” 演出季】

2012 年 5 月 11 日，上海民族乐团 2012—2013 演出季在上海大剧院启动。开幕音乐会《浩乐风华》是一台以创新思路传承历史文化，以深层情感演绎人文精神的大型民族交响音乐会，王甫建指挥，音乐会汇集了民族音乐作曲家的新创作品。其中，郭文景的民族管弦乐《御风万里》、唐建平的马头琴、大提琴与乐队《成吉思汗随想曲》、刘长远的琵琶与乐队《戏弹》均为上海首演。该音乐会也是“上海之春”国际音乐节的参演项目。

【第十届 “北京现代音乐节” 】

2012 年 5 月 19 日，由中华人民共和国教育部、文化部支持，中央音乐学院主办的第十届“北京现代音乐节”在国家大剧院开幕。音乐节由 2012 年 5 月持续至 11 月，包括精品音乐会、青年作曲家发展计划、青年中国计划、中国美育论坛、西藏项目、歌剧《自在魂》、融合媒体实验剧场《镜像》、送校歌计划、音乐文献保护 9 大板块。音乐节期间共举行 3 场交响音乐会和 8 场室内乐音乐会，演奏来自中国、美国、德国、荷兰、泰国等知名作曲家的作品。同时，活动向全球公开征集原创作品 49 部，优秀作品在北京现代音乐节“青年作曲家发展计划”专场音乐会中上演。“青年中国”板块委托青年作曲家进行创作，包括《彩色北京》（邹航）、《光之翼》（郑阳）、《圣山上的舞羚》（王斐南）、《天垂境界》

（李劭晟）等新作均在音乐节期间上演。

本届音乐节还推出了由叶小纲、刘索拉创作的，以“藏汉友好”为主题的大型交响清唱剧《喜马拉雅之光》以及《蓝蓝天》、《圣山上的舞羚》、《天垂境界》等西藏现代音乐作品。作品将中国少数民族音乐元素与欧洲古典英雄主义风格交织融合，力图从人性角度展现藏汉历史久远的文化牵系和民族友谊。

【2012 上海之春国际音乐节】

2012 年 5 月 24 日，2012 上海之春国际音乐节管乐艺术节在上海举行。本届管乐艺术节举办了管乐嘉年华、“中华杯”中国第五届非职业优秀（行进）管乐团队展演、中国人民解放军军乐团专场音乐会以及闭幕式暨中外优秀行进管乐团队表演等系列活动。

来自我国 12 个省区市及欧、美、亚洲的近 60 支中外管乐团队、3500 余名乐手参加了此次管乐艺术节。中国人民解放军军乐团、韩国汉阳大学交响乐团及来自北京、上海、浙江、河北、广东的 5 支优秀团队在南京路世纪广场行进演奏。

作为上海之春国际音乐节唯一的“节中节”，管乐艺术节从 2008 年起，已在杨浦连续举办了 4 届，吸引了来自美国、韩国、西班牙、日本、马来西亚等近 10 个国家的 22 支外国团队以及来自中国十几个省区市和香港、澳门地区的 142 家优秀团队，共计 164 支乐团、12571 名乐手，直接观看各项演出活动的市民群众近 28 万人次。

【第五届海峡两岸合唱节】

2012 年 6 月 15 日至 18 日，由中国音协和福州市人民政府主办的“第五届海峡两岸合唱节”在福州举行。本届海峡两岸合唱节以“和谐之声”为主题，以两岸民间交流为基础，旨在展现时代特征、海峡特色、闽都文化。共有 14 支比赛队伍、10 支展演队伍（成人组）及 4 支少儿展演交流队伍参加此次合唱节，总参赛人数逾 1500 人。合唱节举办了“放飞激情”、“田园和声”、“结缘坊巷”等专业比赛和系列联谊交流活动，海峡两岸合唱团队走进福州小区、农村、三坊七巷、闽台特色庙会等，通过“结对子”、“拉歌”等形式增进两岸同胞沟通交流。

合唱节期间，台湾新北市少数民族儿童合唱团、台湾屏东丰田小学合唱团与福州小茉莉合唱团、厦门市松柏小学深海蓝少儿合唱团共同举办以“希望之声”为主题的两岸少儿合唱团联谊交流演出。

【理想之歌——傅庚辰作品音乐会】

2012 年 7 月 1 日，为纪念毛泽东同志《在延安文艺座谈会上的讲话》发表 70 周年和庆祝建党 91 周年，由贵州省委宣传部、省文化厅、省文联等举办的“理想之歌——傅庚辰作品音乐会”在贵阳举行。

音乐会由青年指挥家简柏坚执棒，演出了作曲家傅庚辰不同时期的代表作品。音乐会演出了大型声乐套曲《毛泽东之歌》、歌曲《大江歌罢掉头东》、《庆祝中国人民解放军建军三十五周年》、《梅岭三章》等。

【第二届 “中国·西北音乐节”】

2012 年 7 月 18 日，第二届“中国·西北音乐节”在青海举办。本届音乐节主要包括西海音乐会和青海互助油菜花音乐节，以西北民族民间音乐艺术为主要内容，汇聚了青海、陕西、甘肃、宁夏、新疆近年来的优秀音乐作品。

【第三十一届中国·哈尔滨之夏音乐会——“沿着松花江歌唱”】

2012年8月6日至8月15日，第三十一届中国·哈尔滨之夏音乐会——“沿着松花江歌唱”开幕式大型文艺演出在哈尔滨国际会展中心体育馆举行。全国政协副主席林文漪出席并宣布开幕。中国残联党组书记、理事长王新宪，文化部党组成员、副部长王文章等出席开幕式。

本届“哈夏”音乐会汇集美国、法国、西班牙、俄罗斯、芬兰、奥地利等20多个国家的演出团体及中国顶级演出团体；在此期间举办的全国声乐比赛首次实现美声、民族、流行音乐、合唱4个项目同时集中举办；开设了以“文化的力量”为主题的“哈夏”文化论坛；开幕式文艺晚会50多家欧洲主流媒体转播；音乐会期间还举行国际音乐狂欢大巡游、国际手风琴艺术周、国际获奖音乐家音乐会3项活动。

【国际手风琴艺术周】

2012年8月10日，由文化部、哈尔滨市政府、黑龙江省教育厅联合主办的第三十一届中国·哈尔滨之夏音乐会“国际手风琴艺术周”活动闭幕。这是本届“哈夏”音乐会中唯一的国际性音乐比赛活动。

在艺术周期间举办的国际手风琴比赛中，由联合国教科文组织国际音乐理事会国际手风琴联盟全权大使哈里·琼斯及国内外的50余名著名手风琴教育家、演奏家组成的大赛评委团，对来自我国上海、深圳、厦门等地和俄罗斯的参赛选手进行选拔与指导，共有80多名选手从243名参赛选手中获得嘉奖。

艺术周期间还举办了HONER流行手风琴之夜音乐会、祖宾斯基巴杨手风琴讲座、希什金巴杨手风琴音乐会及讲座等系列活动。俄罗斯著名手风琴演奏家亚历山大·斯卡里亚廖夫为观众献上《失落的小丑》等3个曲目，乌克兰籍意大利作曲家、手风琴演奏家弗拉基米尔·祖宾斯基等登台讲学献艺。

【国家大剧院2012国际打击乐节】

2012年9月27日至10月5日，国家大剧院2012国际打击乐节开幕。此次打击乐节上演了以“鼓乐号角”、“时代之舞”、“明日之星”、“从东方敲到西方”命名的4场主题打击乐音乐会。音乐节除了邀请李飚、伊芙琳·格莱妮等多位打击乐演奏家献艺，柏林爱乐打击乐重奏组、纽伦堡交响乐团和莱比锡管乐团等团体也前来参演。

本届打击乐节的“配套”活动包括：9月10日至10月6日，“宣隘满铿锵——打击乐巡礼展览”，展示世界五大洲不同国家、不同材质的标志性打击乐器和“乒乓嘭——创意打击乐赏听会”、打击乐专题讲座。

【第四届“神州唱响”全国高校声乐展演】

2012年10月6日，由中国音乐家协会高校音乐联盟、大连市委宣传部、大连金州新区管委会主办，中国音乐家协会创作委员会、中国音乐家协会表演委员会、中国音乐家协会官方网协办，大连金州新区教育文化体育局、大连大学、大连广播电视台共同承办的第四届“神州唱响”——全国高校声乐展演在大连大学拉开帷幕。本届“神州唱响”展演活动于2012年10月6日至10月11日在大连金州新区举行，来自全国200多个音乐院系、400余名师生报名参赛。评委由中国著名声乐教育家、各高校音乐学院院长及著名音乐制作人共同担当。

【第十五届北京国际音乐节】

2012年10月9日至11月2日，第十五届北京国际音乐节在北京举行，为期25天，上演了25场精彩演出，其中囊括了歌剧、交响乐、室内乐、以独奏、独唱、合唱等多种演出形式，并推出儿童公益专场、大师班、普及讲座、名家对话等活动。

本届音乐节以“音乐由你”为主题。音乐节突破以往专注古典音乐的风格界限，首次大面积地尝试将多元音乐元素注入演出节目内容中。从以往的古典主义、浪漫主义、20世纪现代主义、当代音乐、世界音乐、民族原创音乐，扩展到更广泛的音乐领域。本届北京国际音乐节，最大限度地走出传统的音乐会演出场所，12场常规演出及多数教育项目都安排在北京三里屯VILLAGE橙色大厅举行，通过户外大屏幕进行直播，为人们提供实时音乐体验的机会。

【“新上海” 第五届当代音乐周】

2012年10月14日至19日，由上海音乐学院主办的“新上海”第五届当代音乐周于上海音乐厅开幕。本届音乐周以“时代的声音、灵魂的回响”为主题，共举行了12场音乐会、5场讲座、一场乐评比赛。在架构上，本届音乐周延续了此前的传统，兼顾经典作品、新生代创作、演出、美学讲座、评论和跨界作品。活动聚集了10个国家和地区的25位中外作曲家，以及来自6个国家和地区的约116位表演者，共演出了45部音乐作品，其中16首为世界首演，38首为中国首演。担任本届音乐周驻节作曲家分别是：前苏联先锋派音乐代表人物之一的古拜杜丽娜、中国当代音乐代表人物之一的叶小纲和以呼麦、摇滚与爵士而闻名的Sainkho Namtchylak。

【2012首届中国扬琴艺术节】

2012年10月30日，由中国民族管弦乐学会扬琴专业委员会、浙江省民族管弦乐学会等主办，杭州艺术学校等承办的“2012首届中国扬琴艺术节”，在杭州艺术学校举行。

本次中国扬琴艺术节内容包含“2012中国扬琴高峰论坛”、“2012杭州中国扬琴邀请赛”、“第七届中国扬琴教学研讨会”和“扬琴厂家产品展示”四大块内容。来自各音乐院校扬琴专业的师生及青少年扬琴爱好者共500多人报名参赛。中国民族管弦乐学会扬琴专业委员会的300余个会员单位均派代表出席，整个艺术节期间参会人数达到上千人。

【首届（2012）北京胡琴艺术节】

2012年11月19日至22日，由中央音乐学院主办、中央音乐学院民乐系承办的北京胡琴艺术节，是以全面推动我国传统弓弦乐器——胡琴的音乐文化发展为目标的现代综合性艺术节。艺术节是集胡琴演奏、教学、音乐创作和胡琴文化研究为一体的立体式平台。

首届（2012）北京胡琴艺术节，定位于从学术角度联结传统与未来、民间与现代。本届艺术节演出中不仅展现当代数位顶尖级演奏家的风采，同时还推出了一批近年来在国内民族乐坛的新秀。本届北京胡琴艺术节有5场音乐会、1场展演、3场研讨会和4场讲座。

【第二届中国宜昌长江钢琴节】

2012 年 11 月 21 日，由中国音协、中共湖北省委宣传部、宜昌市人民政府主办的第二届中国宜昌长江钢琴音乐节在宜昌闭幕。

郑雨笑（A 组）、王春懿（B 组）、范骐萱（C 组）、肖晰美、符芳印（D 组）、张敏仪（E 组）获第三届全国少儿钢琴优秀选手展演金奖。曹鹏、孙娜获第二届中国音协高校联盟全国钢琴展演 A 组、B 组金奖。但昭义、陈曼春等 29 名教师获得少儿组优秀教师奖。北京音协、深圳钢琴学会等 14 支代表队获得优秀组织奖。盛原等 15 名指导教师获得高校组优秀指导教师奖。中央音乐学院、中国音乐学院等 20 所音乐学院获得高校组组织奖。在颁奖音乐会上，还现场揭晓了两个特别大奖，张敏仪、曹鹏分别获得了少儿组和高校组的特别大奖。

【“我的音乐厅——外国经典音乐欣赏” 项目首发式暨作品音乐会】

2012 年 11 月 28 日，由文化部主办的“我的音乐厅——外国经典音乐欣赏”项目首发式暨作品音乐会在北京国家大剧院音乐厅举行。文化部部长蔡武出席并致辞，国务院副秘书长江小涓、教育部副部长郝平和国家大剧院院长陈平出席。

该项目面向广大青少年学生，通过政府组织、专家推荐、院团实施、社会参与等形式集中介绍外国经典音乐，为青少年提供更多更好的文化产品和文化服务。项目由蔡武担任策划，董伟、郝平和陈平担任总执行，中央音乐学院院长王次炤、中央歌剧院院长俞峰担任艺术指导。该项目成立专家小组，通过论证和研讨，项目确定了 14 个大类共 675 首推荐曲目。

【京胡百年——《琴源·情缘》赵建华京胡演奏音乐会】

2012 年 12 月 7 日，由国家京剧院主办的“京胡百年——《琴源·情缘》赵建华京胡演奏音乐会”在北京国家大剧院上演。

本场音乐会分为六部分：第一部分由武胜和赵建华编配的《琴源》是一组传统京胡曲牌的联奏，除《小开门》、《八板》等曲牌外，选用了两个不常见曲牌《沉醉东风》和《雁儿落》。第二部分的《信马行》，是由已故作曲家张延培为京胡而创作的一首独奏曲，该作品在内地演出属首次。第三部分是赵建华分别为京剧程派名家李海燕和优秀青年杨派老生杨少彭伴奏的《文昭关》、《空城计·斩马谡》、《锁麟囊》选段。第四部分的《情缘》、《大唐贵妃》组曲是作曲家杨乃林为京胡量身定制的一套京胡组曲。第五部分的《琴颂》是一首专门为此次音乐会新创作的京歌。最后一部分是由作曲家关峡、尹晓东取材于传统京剧《霸王别姬》创作的《江山美人》。

比赛

【第一届李德伦全国指挥比赛】

2012年6月17日，由文化部主办，文化部艺术司、青岛市人民政府、山东省文化厅、中国交响乐发展基金会承办的第一届李德伦全国指挥比赛，在山东青岛开幕。

12名参赛选手，分别来自上海音乐学院、中央音乐学院、韩国辅仁大学、美国耶鲁大学音乐学院等。本次比赛包括初赛、复赛和决赛3个部分，并最终评出一、二、三等奖各一名，同时评出优秀指挥奖3名。本次比赛聘请作曲家吴祖强和指挥家黄飞立担任艺术顾问，俄罗斯指挥大师根纳季·罗日杰斯特文斯基担任评委会主席，指挥家郑小瑛、张国勇、俞峰、谭利华、李心草、梁大南担任评委。

【第三届“金芦笙”中国民族器乐大赛暨民族文化活动周】

2012年7月23日，第三届“金芦笙”中国民族器乐大赛暨民族文化活动周于在贵州省黔东南苗族侗族自治州凯里市开幕。此次报名参赛的选手人达546名。在前两届的基础上，本届比赛进一步扩大了类别，规范了组别，细分了乐器。与往届不同，今年举办的第三届“金芦笙”中国民族器乐大赛举办期间，同步举办凯里民族文化活动周，在为期7天的活动中，安排了“黔东南少数民族歌舞荟萃展演”、“民族器乐进社区文艺演出”、“民族器乐教学互动”等27个场次的活动。

【第十届全国声乐比赛】

2012年8月14日，由文化部与黑龙江省哈尔滨市人民政府共同主办的第十届全国声乐比赛在哈尔滨市举行颁奖仪式。

解放军总政治部歌剧团的王传越获得美声组一等奖，解放军空军政治部文工团的伊泓远获得民族组一等奖，南京艺术学院的张丹丹获得流行组一等奖。个人报名选手累计达853人，超过以往各届。最终参加现场比赛的有265名个人选手和9支合唱队伍。

【第二届“黄河大合唱”合唱邀请赛】

2012年10月18日，第二届“黄河大合唱”合唱邀请赛在宁夏回族自治区石嘴山市文化艺术中心开幕。

本次大赛由第四届中国（宁夏）国际文化艺术旅游博览会组委会主办，文化部艺术司、宁夏回族自治区文化厅、石嘴山市人民政府承办，中国合唱协会协办。来自15个省区市24支代表队的千余名演员参加了本届合唱邀请赛。比赛设一、二、三等奖及优秀表演奖、指挥奖、作品奖。

【TMSK刘天华奖中国民乐室内乐作品比赛】

2012年11月27日，由文新报业集团、中国音协创作委员会、琉璃工房联合主办的“TMSK刘天华奖中国民乐室内乐作品比赛”第五届获奖名单揭晓。赛事举办10年来一直空缺的一等奖由上海音乐学院的朱世瑞摘得，二等奖由中央音乐学院的饶鹏程和天夫获得，三等奖获得者为中央音乐学院的马懋玄、天夫和中国音乐学院的黄凯然。

“TMSK刘天华奖中国民乐室内乐作品比赛”已成功举办5届，是目前国内唯一一个以民乐室内乐小作品评选为主的赛事，10年来收获了近500首新作品。

会议

【第十一届中国国际合唱节暨国际合唱联盟世界合唱峰会】

2012 年 7 月 15 日至 21 日，由文化部外联局、中国对外文化集团公司、北京市教育委员会、国际合唱联盟主办，中国文化国际旅行社、中国对外演出公司、中国合唱协会承办的“第十一届中国国际合唱节暨国际合唱联盟世界合唱峰会”在北京举行。本届国际合唱节报名团体 166 支，境外团体 32 支，评委、团员来自五大洲 39 个国家和地区；国内团体 134 支，来自 23 个省、市、自治区。活动共评出 24 个金奖、31 个银奖、48 个铜奖，以及优秀表演奖、和平友谊奖等多个奖项。

国际合唱联盟与中国国际合唱节于 2010 年签署了战略合作协议，共同主办第十一届中国国际合唱节，世界合唱高峰论坛同期在北京举行，这也是国际合唱联盟首次在亚洲国家举办世界合唱峰会。

【2012 年全国乐器学研讨会】

2012 年 11 月 17 日至 18 日，由中国音乐学院主办、中国音乐学院音乐科技系承办的 2012 年全国乐器学研讨会，在中国音乐学院音乐科技系实验中心举行。

南京艺术学院教授陈建华，中国艺术研究院音乐研究所研究员张振涛，中央音乐学院教授陈自明、张伯瑜，中国音乐学院教授韩宝强、刘勇、付晓东，浙江艺术学院教授饶文心，沈阳音乐学院教授赵广运等来自全国 15 所高校的 20 余位专家进行了 10 余场学术报告，内容涉及乐器学专业学科建设、乐器分类学研究、乐器生态、乐器文化、乐器工艺学、乐器声学、乐器史学、电子乐器等方面。

乐器学是目前国内外涉及面广泛的新兴学科。目前国内只有中国音乐学院音乐科技系设有乐器学本科学历教育，南京艺术学院音乐学院设立了乐器学研究生学历教育，但毕业生数量较少，无法满足全国众多音乐学院和乐器生产公司对乐器理论、设计和研发人才的需求。

人物纪念

缅怀

【农民作曲家史掌元逝世】

2012 年 2 月 13 日，著名农民作曲家、山西省音乐家协会副主席、名誉主席史掌元因病在山西逝世，享年 92 岁。

史掌元，1921 年出生在山西省昔阳县界都乡里安阳沟村。20 世纪 50 年代初，他开始从事业余音乐创作，一生创作歌曲 2000 余首。其中，《唱得幸福落满坡》获全国业余歌曲创作一等奖，《请到我们山庄来》获全国歌曲创作一等奖，《我为总理扎花圈》曾作为毛主席纪念堂落成典礼两首演奏歌曲之一，《清粼粼渠水哗啦啦地流》获得山西省“五个一工程”优秀作品奖。

【指挥家唐江逝世】

2012 年 3 月 4 日，长征组歌首任指挥、原战友歌舞团团长唐江因病在京逝世，终年 84 岁。唐江 1928 年出生在山西原平，1938 年参加八路军，1945 年加入中国共产党。在抗日战争、解放战争及抗美援朝的战斗中数次荣立战功，1951 年曾代表中国人民志愿军参加第三届世界青年联欢节。回国后经过在中央音乐学院 7 年的学习，指挥了若干大型作品，且于 1964 年担任音乐舞蹈史诗《东方红》执行指挥之一，并于 1965 年担任《长征组歌——红军不怕远征难》的首任指挥。

【歌唱家郎毓秀逝世】

2012 年 7 月 7 日，中国著名花腔女高音歌唱家、声乐教育家、首届中国音乐“金钟奖”终身荣誉勋章获得者、四川音乐学院教授郎毓秀在成都去世，享年 94 岁。

郎毓秀祖籍浙江杭州，1918 年 11 月 4 日出生于上海，1946 年赴美国进修声乐，于 1948 年回国。代表作有：《大军进行曲》、《杯酒高歌》、《在那遥远的地方》等。

纪念

【音乐剧《国之歌》纪念聂耳诞辰100周年】

2012年2月15日是伟大的人民音乐家聂耳诞辰100周年，由聂耳国际文化促进会发起、北京水木青山文化投资管理有限公司投资排演的原创音乐剧《国之歌》正式启动，7月在北京首演。

该音乐剧以聂耳的艺术成长历程为主线，以聂耳一生创作的40余首音乐作品为底蕴，精选其中广为流传的经典作品重新打造，通过讲述《义勇军进行曲》诞生的故事，弘扬聂耳的爱国主义精神，增强中华民族凝聚力，推进爱国主义教育。

原创音乐剧《国之歌》由聂耳的侄女、云南聂耳音乐基金会名誉理事长聂丽华任总顾问，聂耳国际文化促进会执行会长、青年作曲家青山专门为此剧倾情创作了歌曲《万岁中国》。音乐剧邀请国内外艺术家、歌手、影视明星与交响乐团参演。

【马思聪百年诞辰纪念活动】

2012年5月12日，由中国文联、中国音协、中央音乐学院联合举办的马思聪百年诞辰纪念活动在北京举行。纪念活动包括马思聪百年诞辰纪念大会、学术研讨会及作品音乐会三部分。

马思聪百年诞辰研讨会上，汪毓和、戴嘉枋、卞祖善、金湘、蒲芳、汤琼、程兴旺、董立强、黄旭东、王勇、李岩等专家学者就“关于马思聪全集的编印和今后”、“马思聪的大提琴协奏曲研究”、“马思聪的室内乐研究”、“马思聪的钢琴作品研究”等议题进行了讨论。

【纪念聂耳诞辰100周年大型文化系列活动】

2012年7月17日，由云南省委宣传部、玉溪市委市政府主办的“纪念聂耳诞辰100周年大型文化系列活动”在玉溪聂耳文化广场开幕。活动期间举办的座谈会上，专家学者围绕弘扬聂耳以爱国主义为核心的民族精神和以改革创新为核心的时代精神，进一步铸造聂耳音乐文化品牌，促进聂耳音乐艺术传承与发展等话题进行了研讨。这台晚会共分《鲜红旗帜》、《美丽家园》、《和谐乐章》、《祖国万岁》四个乐章，青年歌手吕薇、宗庸卓玛等和玉溪市滇剧院、玉溪市青少年宫聂耳少儿艺术团等当地艺术团队，演唱了《迎风飘扬的旗》、《大路歌》、《国家》、《抚仙湖恋歌》等。

【“永远的王洛宾”诞辰百年纪念音乐会】

2012年11月8日，由中国文化传媒集团、中国东方演艺集团主办，西北师范大学、中传财富（青海）投资有限公司协办的“永远的王洛宾”——诞辰百年纪念音乐会在北京人民大会堂举行。

该场音乐会精选18首王洛宾创作和改编的歌曲，邀请王宏伟、郭蓉、西尔艾利等音乐家及歌手，与中国东方演艺集团的乐队、合唱团共同演绎一场以“弘扬西部优秀音乐，唱响民族和谐乐章”为主题的音乐会。

【纪念林石城先生诞辰90周年学术研讨会】

2012年11月22日，纪念林石城先生诞辰90周年学术研讨会在中央音乐学院举办。研讨会分主旨演讲、学术研讨两部分，中央音乐学院院长王次炤，中央音乐学院教授、博士生导师袁静芳，台湾文化评论人林谷芳，音乐学家乔建中等专家出席了研讨会。

林石城1922年生于上海市南汇县（今浦东），是中央音乐学院教授，浦东派琵琶大师，新中国民族音乐教育的奠基人，杰出的民族音乐教育家、理论家、琵琶演奏家，中国音乐家协会琵琶研究会会长。林石城幼习器乐，广泛涉猎二胡、三弦、琵琶、扬琴、京胡、笛子、洞箫、笙等。1942年拜“浦东派”大家沈浩初为师，专攻琵琶。1956年中央音乐学院民族器乐系成立，即受聘北上担任琵琶教师。在半个多世纪教学生涯中，他整理曲目，规范技艺，创立民族音乐的现代教学体系，在中央音乐学院及海内外多个音乐学院从事琵琶专业教学，他编著的教材与曲谱有《琵琶教材》（1958）、《琵琶曲谱》（1959）、《江南丝竹名曲合奏总谱》（1998）等20余种。其著作十余部、撰写琵琶艺术演奏论文百余篇。

【顾毓琇教授诞辰110周年纪念活动】

2012年12月21日，由中央音乐学院主办，清华大学、上海交通大学、东南大学协办的“顾毓琇教授诞辰110周年纪念活动”在中央音乐学院举行。活动包括顾毓琇生平成就展、纪念大会、塑像揭幕仪式、纪念音乐会。纪念音乐会曲目是在顾毓琇原作基础上的创新成果，其中的声乐作品是以顾毓琇的诗歌为词重新创作的；器乐作品则根据顾毓琇所修订的古谱做了全新编配。

顾毓琇是中央音乐学院的前身——国立音乐院的创始人和首任院长、中国古乐谱的研究权威、中国黄钟标准音的制定者，曾兼任国立交响乐团团长和礼乐馆馆长。顾毓琇教授作词作曲的音乐作品曾多次在海外公演。他早年参加五四新文化运动，是中国现代话剧的发起人之一、上海戏剧学院前身——上海戏剧专科学校的主要创始人；他一生创作诗词歌赋近8000首，获得过世界诗人大会授予的“国际桂冠诗人”称号。

机构

【中亚音乐文化研究中心学术委员会成立】

2012年2月3日，新疆师范大学中亚音乐文化研究中心学术委员会成立暨第一次工作会议召开。会议由原新疆维吾尔自治区文联党组书记刘宾主持。文化部民族民间文艺发展中心主任李松，中国音乐学院院长赵塔里木，中国音乐学院、中央音乐学院、中国艺术研究院、上海音乐学院、中国传媒大学和新疆师范大学的多位教授参加了会议。

2010年7月19日，中亚音乐文化研究中心由文化部民族民间文艺发展中心与新疆师范大学联合成立。中心下设3个研究方向：中亚跨界民族乐舞文化研究、中亚木卡姆音乐文化现象研究、中亚音乐教育比较研究。

【《音乐传播》创刊】

2012年4月16日，由教育部主管，中国传媒大学主办，中国传媒大学艺术研究院承办的音乐类学术期刊《音乐传播》创刊仪式暨学术研讨会在北京举办。作为一本在国内外公开发行的中文季刊，《音乐传播》的办刊宗旨为刊载音乐传播及相关学科教学科研成果，探索音乐传播的基本规律、特点和方法，提供音乐传播领域学术交流平台，促进我国音乐传播和音乐教育事业发展。丁以绣、陈迎宪、袁军、仲呈祥、于润洋、金兆钧等相关领导及专家出席了活动。

【深圳大学金钟音乐学院揭牌】

2012年5月17日，由中国音协、深圳大学、深圳广电集团合作建立的专门培养流行音乐人才的深圳大学金钟音乐学院成立。中国文联副主席、中国音协分党组书记徐沛东，文化部艺术司司长董伟，中共深圳市委常委、宣传部部长王京生，中国音协副秘书长韩新安等为金钟音乐学院揭牌。

该学院借助音乐大奖“金钟奖”的品牌效应，建成后由深圳大学负责定向招生、基础教学和日常培养，计划2013年招收第一批本科学生；中国音协负责进一步充实、增强专业师资，开设“名家课程”；深圳广电集团负责提供特殊实践教学场地、设备及推广运营。学院的专业设置将涵盖声乐表演、乐器演奏、词曲创作、音乐制作、艺人经纪、知识产权保护等整个流行音乐的创作产业体系。

【国家音乐产业基地A8音乐大厦建成】

2012年6月7日，国家音乐产业基地A8音乐大厦建成封顶仪式在深圳举行。作为一座力求打造集音乐数字化、创作、发行及互联网技术研发于一体的综合性大厦，A8音乐大厦设有多个实验室、试听间等专业的音乐出版所需设施。

数字音乐产业园是由国家音乐产业基地A8音乐集团于2010年投资3亿元建设的，该项目位于深圳市南山区高新技术园南区，总用地面积4745.49平方米，总建筑面积为52318.13平方米。

【中央歌剧院建院六十周年】

2012年8月29日至30日，由著名作曲家王世光历经10年酝酿和创作而成的原创歌剧《山林之梦》在北京保利剧院上演，由此拉开了中央歌剧院建院六十周年系列演出的序幕。主题系列演出还包括两次出访：2012年9月3日在土耳其阿斯班多斯歌剧芭蕾舞艺术节上演出歌剧《蝴蝶夫人》，2012年9月30日、10月1日在罗马上演意大利作曲家普契尼的著名歌剧《图兰朵》。

此外，中央歌剧院还于2012年9月16日在北京北展剧场推出一部新创大型音乐诗画《鄞地九歌》。这部大型音乐诗画是由鄞州的九个故事串联，并综合运用了音乐、舞蹈、诗歌、戏曲、歌剧等多种艺术形式，展示出鄞州的悠久历史和风土人情。该剧由中央歌剧院国家一级编剧胡绍祥和院长俞峰编剧，中央音乐学院唐建平作曲，中央歌剧院国家一级导演王湖泉执导，中央歌剧院院长、指挥俞峰执棒。

大事记

1月2日，吕远60年作品音乐会《中华颂》在人民大会堂举行。

1月3日，由宁波歌舞剧院创作的、反映建设杭州湾跨海大桥的音乐剧《告诉海》在宁波首演。

1月9日，由文化部、商务部指导，中国外商投资企业协会、中国开发区协会等单位主办的《永远记住他们——中国近现代著名词曲作家作品音乐会》在北京国家大剧院举行。

2月3日，新疆师范大学中亚音乐文化研究中心学术委员会成立暨第一次工作会议召开。

2月3日至6月17日，钢琴家殷承宗在烟台大剧院、东莞玉兰大剧院、重庆大剧院、武汉琴台大剧院、河南艺术中心、合肥大剧院等地举办11场殷承宗钢琴音乐会。

2月10日至11日，由北京交响乐团、中国传媒大学动画学院等单位主办的三维全息动漫交响音乐会“露露与猪猪”《乐器也疯狂》，在国家大剧院歌剧厅上演。

2月11日、14日，由ICON、重型音乐及迷笛演出公司将联合主办“超级现场”系列演出，瑞典文艺金属乐团“月光之城”和美国新金属乐队“上帝羔羊”受邀至北京和上海演出。

2月13日，著名农民作曲家、山西省音乐家协会副主席、名誉主席史掌元因病在山西逝世，享年92岁。

2月15日，人民音乐家聂耳诞辰100周年，由聂耳国际文化促进会发起、北京水木青山文化投资管理有限公司投资排演的原创音乐剧《国之歌》正式启动。

2月15日，以鲁迅同名小说为基础、根据越剧电影《祥林嫂》改编的歌剧《祝福》在国家大剧院上演。

2月23日，大型交响大合唱《孔子》在北京音乐厅首演。

2月29日，由景建树执棒、甘肃省歌舞剧院民族乐团以及部分西安音乐学院师生组成的102人大型民族管弦乐团演奏的大型民族交响乐《敦煌音画》，在甘肃大剧院试验演出。

3月16日至18日，首部以“昆仑文明”为主题的音乐剧作品《昆仑神话》，在北京保利剧院举办。

3月23日，第二届亚洲流行音乐节在香港上演。

3月28日，第八届中国金唱片奖评选结果在北京揭晓。

4月16日，由教育部主管，中国传媒大学主办，中国传媒大学艺术研究院承办的音乐类学术期刊《音乐传播》创刊仪式暨学术研讨会在北京举办。

5月5日，由中国音乐家协会主办，辽宁省文学艺术界联合会、鞍山市人民政府协办，辽宁大德实业集团有限公司承办的“那片阳光——平安俊作品音乐会”在北京保利剧院举行。

5月17日，由中国音协、深圳大学、深圳广电集团合作建立的专门培养流行音乐人才的深圳大学金钟音乐学院成立。

5月11日，上海民族乐团2012—2013演出季在上海大剧院启动。

5月12日，由中国文联、中国音协、中央音乐学院联合举办的马思聪百年诞辰纪念活动在北京举行。

5月12日，由浙江省文联、舟山市委宣传部联合举办的大型原创音乐会组曲《东海之歌》在舟山首演。

5月24日，2012上海之春国际音乐节管乐艺术节在上海举行。

5月24日，国家大剧院版威尔第歌剧《假面舞会》在国家大剧院上演。

5月29日，中央民族乐团与西藏歌舞团合演的大型民族音乐会《西藏春天》在国家大剧院首演。

5月30日至31日，由冯柏铭编剧、徐占海作曲、王晓鹰导演的歌剧《钓鱼城》原版在重庆大剧院演出。

6月6日至24日，由小柯任编剧、导演和音乐创作的音乐剧《凭什么我爱你》在小柯剧场上演。

6月7日，国家音乐产业基地A8音乐大厦建成封顶仪式在深圳举行。

6月12日，作为中国歌剧舞剧院成立60周年庆典作品，大型交响合唱《神话中国》在北京世纪剧院首演，中国歌剧舞剧院歌剧团、交响乐团近百名演员联合演出。

6月15日至18日，由中国音协和福州市人民政府主办的第五届海峡两岸合唱节在福州举行。

6月16日，由陕西爱乐乐团创作的大型交响套曲《长安》在西安音乐厅首演，并于9月6日在国家大剧院演出。

6月17日，由文化部主办，文化部艺术司、青岛市人民政府、山东省文化厅、中国交响乐发展基金会承办的第一届李德伦全国指挥比赛，在山东青岛开幕。

6月21日至24日，国家大剧院制作的首部以民族唱法为载体的原创民族歌剧，歌剧《运河谣》在北京上演。

7月1日，为纪念毛泽东同志《在延安文艺座谈会上的讲话》发表70周年和庆祝建党91周年，由贵州省委宣传部、省文化厅、省文联等举办的“理想之歌——傅庚辰作品音乐会”在贵阳举行。

7月3日至7月4日，由王甫建执棒上海民族乐团演出的大型民族管弦音乐会《锦绣中华》在北京音乐厅演出。

7月7日，中国著名花腔女高音歌唱家、声乐教育家、首届中国音乐“金钟奖”终身荣誉勋章获得者、四川音乐学院教授郎毓秀在成都去世，享年94岁。

7月15日至21日，由文化部外联局、中国对外文化集团公司、北京市教育委员会、国际合唱联盟主办，中国文化国际旅行社、中国对外演出公司、中国合唱协会承办的“第十一届中国国际合唱节暨国际合唱联盟世界合唱峰会”在北京举行。

7月17日，由云南省委宣传部、玉溪市委市政府主办的“纪念聂耳诞辰100周年大型文化系列活动”在玉溪聂耳文化广场开幕。

7月18日，第二届“中国·西北音乐节”在青海举办。

7月23日，第三届“金芦笙”中国民族器乐大赛暨民族文化活动周在贵州省黔东南苗族侗族自治州凯里市开幕。

8月3日至5日，为庆祝中日邦交正常化40周年，中国国家大剧院与日本新国立剧场共同创作的音乐会版威尔第歌剧《阿依达》在北京上演。

8月10日，由文化部、哈尔滨市政府、黑龙江省教育厅联合主办的第三十一届中国·哈尔滨之夏音乐会“国际手风琴艺术周”活动闭幕。

8月14日，与第三十一届中国·哈尔滨之夏音乐会同期举行、由文化部与黑龙江省哈尔滨市人民政府共同主办的第十届全国声乐比赛结束了美声、民族、流行3组为期8天的比赛，在哈尔滨市举行了颁奖仪式。

8月18日，首届藏地音乐节在拉萨举行。

8月24日至25日，中国东方演艺集团在北展剧场上演了音乐会——《民乐也时尚》。

8月28日，中央民族乐团创作的大型民族音乐诗剧《牛郎·织女》首演。

8月29日至30日，由作曲家王世光创作的原创歌剧《山林之梦》在北京保利剧院上演，并由此拉开了中央歌剧院建院60周年系列演出的序幕。

8月30日，作曲家王宁的第五部交响乐新作《人文颂》在深圳首演。

9月16日，中央歌剧院和浙江省宁波市鄞州区的星光艺术团，于中央歌剧院院长兼艺术总监俞峰的指挥下，在北京北展剧场首演了新创大型音乐诗画《鄞地九歌》。

9 月 25 日，交响音诗《宋词》在杭州举行首发式。

9 月 26 日至 10 月 5 日，音乐剧《天桥》在北京国安剧场演出。

9 月 27 日至 10 月 5 日，国家大剧院 2012 国际打击乐节开幕。

10 月 6 日，第四届“神州唱响”——全国高校声乐展演在大连大学开幕。

10 月 9 日至 11 月 2 日，第十五届北京国际音乐节在北京举行。

10 月 9 日，“2012 长江草莓音乐节”在江苏镇江闭幕。

10 月 11 日，大型史诗音乐剧《文成公主》剧场版，在北京国家大剧院首演。

10 月 18 日，第二届“黄河大合唱”合唱邀请赛在宁夏回族自治区石嘴山市文化艺术中心开幕。

10 月 30 日，“2012 首届中国扬琴艺术节”，在杭州艺术学校举行。

11 月 8 日，“永远的王洛宾”——诞辰百年纪念音乐会在北京人民大会堂举行。

11 月 17 日至 18 日，2012 年全国乐器学研讨会，在中国音乐学院音乐科技系实验中心举行。

11 月 19 日至 22 日，北京胡琴艺术节在北京举行。

11 月 20 日，杜鸣心交响新作品音乐会在北京音乐厅举行，由张艺指挥，国家交响乐团演奏。

11 月 21 日，第二届中国宜昌长江钢琴音乐节在宜昌闭幕。

11 月 22 日，纪念林石城先生诞辰 90 周年学术研讨会在中央音乐学院举办。

11 月 27 日，作为 2012 年文化部优秀剧目展演的演出剧目之一，中国歌剧舞剧院创作的大型风情歌舞晚会《五洲风情》在北京保利剧院上演。

11 月 27 日，“TMSK 刘天华奖中国民乐室内乐作品比赛”第五届获奖名单揭晓。

11 月 28 日，“我的音乐厅——外国经典音乐欣赏”项目首发式暨作品音乐会在北京国家大剧院音乐厅举行。

12 月 7 日，“京胡百年——《琴源·情缘》赵建华京胡演奏音乐会”在北京国家大剧院上演。

12 月 21 日，“顾毓琇教授诞辰 110 周年纪念活动”在中央音乐学院举行。

分卷主编：杜　蕾

中国艺术年鉴

2012年卷

舞蹈卷

年度述评

2012 年舞蹈创作辨析

◎张 萍

2013 成为一个不可逆转的时间节点，在以玛雅人的名义制造一场世界末日虚惊之后，依然要再度回归到对人类发展的思考轨道上，对既往反思与对未来期许的通变模式中去。应该说自进入 21 世纪以来，舞蹈在经历了频繁而复杂的文化震荡、冲突、交融与变异的过程之后，在创作上确实爆发出惊人的能量，并因由数量规模的巨大被冠以“纷繁与旺盛”。但更为理性、客观地去洞察这一现象的背后又是喜忧各半。一方面，广大舞蹈人确实呈现出更加开放、自信、进取的心态，舞蹈人作为中国文艺工作者的一分子在认真贯彻落实党的十八大和全国九次文代会精神后，进一步树立起高度的文化自觉和文化自信；另一方面，在积极应对全球政治、经济和文化领域的新形势、新挑战的过程中，出现了着意于向传统文化深层回归的理性思考与自觉实践。2012 年，应该说舞蹈艺术在创作、表演、传播、评奖评论、国际交流、学术研究、教育普及、传承与保护等方面取得了一定的成绩。但同时深入艺术形态的内部去剖析舞蹈艺术发展中的症结，两个缺乏也是令人深感遗憾的，一是舞蹈艺术观念上缺乏更为成熟的审美价值判断，二是舞蹈创作整体上缺乏更为独特、系统、多样的流派积淀，而后两点作为艺术发展的核心真质是必须引起舞蹈人高度重视的。

在对一门艺术形式年度总结式的梳理过程中，重中之重是对艺术创作的一个回顾、厘清与反思。将 2012 年的末日情绪与冲动剩余联系在一起或许牵强，但这一年各种类型的舞蹈创作确实是形态各异、数量繁多。客观地讲舞蹈创作环境同电影、美术、音乐等艺术门类无法比拟，舞蹈艺术产业发展刚刚起步，尚未形成一个良好的市场与著作权双重并轨的回报机制，因而其目前呈现出来的丰盛的创作形态其表象的背后，是因为在市场机制缺乏的状态下，投资方向混杂、投资意志不清、投资渠道分散等因素严重制约着舞蹈艺术创作的独立性，一直以来舞蹈凭借打混合拳的方法进行艺术发展与传播也是权宜之策。可喜的是在 2012 年丰盛的产出中我们看到了更多的由艺术本真出发而进行创作的投资渠道与结果，尤其是一些以艺术事业项目资金、政府或民间基金投入的各种展演、交流与创作使得创作形态更加丰富多样，创作空间也更加自如宽广。从 2012 年舞蹈作品的创作投资、功能作为类型划分包含以下几类：首先是通过舞蹈界的“荷花奖”与“桃李杯”等全国范围内的舞蹈赛事，蓬勃而出几百部舞蹈小作品，这其中还不包括区域性的舞蹈赛事，此外还有以教学交流为主旨的第四届北京国际舞蹈院校芭蕾舞邀请赛暨国际舞蹈院校舞蹈展演等赛事；其次是以地方文化投资项目为主的各种大中型舞蹈作品创作高潮迭起，近年来艺术创作越来越受社会文化和科学技术等综合因素的影响，显示出新颖、多样、交融、综合的发展特征，这一点在舞蹈大型作品中体现的更为充分。2012 年该类大型舞剧包括《徽班》、《英雄格萨尔》、《齐风韶韵》等二十余部新作品；第三是以交流展演为主的各类舞蹈节、会演等，如第三届中国秧歌节、2012 首届北京舞蹈双周、国家大剧院“中国舞蹈十二天”、第三届跨艺《舞动无界・光和水》、第四届全国少数民族会演，等等；第四是各种带有民营性质的个人舞蹈剧团、工作室、舞蹈小剧场或现代舞团等极具实验性的舞蹈创作，如旅美现代舞家侯莹的《介 2012》、北京当代芭蕾舞团新作《野草》、北京 9 当代舞团的新作《蛾》等；第五是深入市场的投资类剧目，其中包括私人、改制院团与非改制院团等不同身份的投资类型，如杨丽萍的新作舞剧《孔雀》、中央芭蕾舞团的新版《小美人鱼》、中国歌剧舞剧院的《嫦娥奔月》，此外还有浙江歌舞剧院转企改制后的新创《生命・舞迹》；最后还包括由基金会、纪念性周年晚会等公益舞蹈创作类型，如列入中国文联艺术基金会项目的舞蹈诗《延安记忆》、中国古典舞作品晚会《大美不言・国舞集萃》、以及由陈维亚执导的情景音舞诗画《天安门》。

2012年作品呈现出的一些创作上的总体特点，既凸显出一些可喜的苗头同时也暴露出一定的问题。总结梳理的过程必然要求我们对各种现象一分为二地进行辨析。其一，强烈地回归本土，强化民族性与现代性融合的自觉意识。可圈可点的是“现代舞”的实践越来越背离之前那种简单的模仿技法或参与到欧美流派的打造中去，着手进行着“本土化”的探索。应该说2012为中国现代舞创作带来一个群体性的突发效应，“越是民族的，越是世界的”已真正地深入人心。在现代舞双周展上呈现出的不少作品都能看到编导用尽心机，努力挖掘本舞种和本民族所特有的舞蹈语汇，将其科学地派生出所需的独特语汇，抛弃了以往将民族语汇符号化、概念化与流行的现代编舞技法元素进行简单贴合拼凑的做法。同时也通过题材选择力透中国文化价值观，如2012年费波的芭蕾舞剧《牡丹亭》、如王媛媛的《金瓶梅》、高艳津子的《24节气·花间十二声》、北京师范大学创作的《海子》等。现代舞编导努力在世界文化共生互动的语境中，通过求索“民族性”而获得现代性，用自己独特的声音完成对这个本应多样化的舞蹈世界的建构。另一个方面民族舞蹈文化也通过对全球化语境进行充分的反思，开始重新变换视角。越来越多的民族舞蹈创作者意识到，草率、盲目地以西化的手段修改诸多根脉广博的地域舞蹈文化图象是一件费力不讨好的事儿，这一行为与加快融入国际视野的方向背道而驰。更多的编导在强化“原生态”这一热门词汇和保护“非物质文化遗产”等概念基础上，转而重新认识传统文化的价值，并到传统的文化根源中去汲取营养。继《云南映象》（2003）以后，2012年杨丽萍继续对民族舞蹈进行大胆挖掘与创新，《孔雀》成为其创作上一个突出的标志，其创作思路趋向更深的层面，体现了中国人的民族个性、民族的审美意识和民族精神状态。另一部丁伟的舞蹈专场《云中漫步》则站在少数民族舞蹈文化的底座上以更为大胆的创新手法进行个人化的阐释。尤其是在第四届全国少数民族文艺会演中，23台舞蹈剧目更加具化了当下中国各地域民族民间舞蹈创作的图景，在文化政策、当下本色审美需求、以杨丽萍为主导的行为楷模，以及舆论导向等各种因素的簇拥下，深入挖掘当地文化资源复描民族歌舞的历史风貌形成新一轮“鱼群效应”，青海的《热贡神韵》、西藏的《魅力西藏》、贵州的《原色》、云南的《云岭天籁》、湖南的《五彩湘韵》、海南的《黎族故事》，等等，诸多作品以其斑斓的色彩标识出不同地域的舞蹈坐标。这种向传统文化回归的趋向，其规模和反思的深度都远远超过以往。但同时也暴露出一些问题，在没有充分认识到传统文化核心价值的前提下，对传统文化一股脑儿的膜拜，容易导致简单复制生态原貌的偏颇行为，编导完全专注在只见树木不见森林的表面功夫上，缺乏真正的文化全视角，缺乏到传统的文化根源中去汲取营养，对形式简单生硬地模仿、移植而不见真正的艺术创造力。

其二，美学观念的转变带来了对深化作品主题、拓展表现内容、创作个性化的追逐，但现实意义仍显匮乏。舞蹈创作中更加倾向于发掘作品的文化内涵，编导们有意让舞蹈形式承载丰富的文化内涵，创造出崭新的舞蹈形象，舞剧的人物形象更加立体深厚，有意识地融入对复杂的人性、对生命本质的追问，以及渴求自我表达的内在冲动等更为本体的价值内涵。舞蹈创作有意识地同严肃艺术看齐，成为对生命本质的一种特殊的人体表达形式。尤其是在一些现代舞作品和舞剧作品中，睿智且勇于探索的编导另辟舞蹈题材的新领域，把视角投向人类的心灵深处。大胆创造别具一格的艺术形象成为一种艺术共识，对于语言、技巧等形式手段能更多地围绕丰满形象、深化主题等方向进行探索与突破。例如作品《徽班》、《海子》、《野草》、《邹容》等能将时代艺术思潮的进步或演变，体现在艺术作品的形式上，创作主体的强烈意志贯穿在形式之中成为第一选择。同时，一部分作品的生产模式也因编导与演员界线的消弥，而打破因循守旧的常规，更多的青年编导或演员开始自编自演，通过作品实现更具深度的创作体验，尤其是各种民营舞蹈团、舞蹈小剧场、学院派舞蹈编导的创作越来越青睐于这样的模式。但同时庞大的创作产量也更充分显露出当下舞蹈创作内容与题材缺乏现实意义的严重程度。无论是小作品还是当代舞剧创作都较少涉及现实题材，透过作品形式来看其内容层面，呈现出一种整体的倾向——相当多的作品在题材选择上仍然徘徊在古代的神话传说、历史人物，或与古代文化渊源颇深的民族风俗风情中，鲜见近代题材，而涉及当代人物与事件的作品，尤其是通过作品能集中反映当下社会生活与人类情感的实质的创作可谓凤毛麟角，舞蹈脱离现实生活的状况仍然远远没有改善。

其三，大型舞剧面临机遇与挑战。数字化、网络化技术对大中型舞剧创作产生了深刻的影响。3D影片、移动摄影、“科学艺术”、多媒体舞台等新兴艺术业态的出现与普及，既改变着传统的艺术理念和创作方法，更为艺术的跨界与融合提供了广阔空间。随着现代剧场技术的发展和文化投入的增强，2012年的舞剧创作形式手段更为多元，例如在“民间记忆影像计划”中推出的作品《听三奶奶讲过去的故事》，就是运用身体、影像与采访相结合的方式，向观众讲述那个尚留有温度的历史。同时大型舞蹈作品通过对舞台的运用开始与各艺术门类之间进行跨艺合作与共同创新，也为舞蹈剧场的表达探索全新的道路。但同时2012年依然陷入到中国舞剧面临的“困境”当中，其比较突出的表现为如下几个层面：1. 艺术生命的“速朽”；2. “戏剧性”与“舞蹈美”的双重匮贫；3. 舞剧作品的功能性异化；4. 产销模式严重脱节；舞剧以更大的内涵容量与更多样的手段为更深广地传达思想、情感以及对世界的发现提供了更广阔的天地。编导驾驭作品的内容、结构与手段的能力与要求极需同步提升。

其四，由大型舞剧创作引发对创作主体的反思。题材、思想与语言的平庸成为当代舞蹈、舞剧创作平庸的原因。它亦是艺术个性缺乏与人物塑造平淡的深层根源。透过2012年度各种类型化的舞蹈创作呈现，也反映出当代舞蹈编导一方面存在主体意识不强、缺乏问题意识，丧失了否定、批判和超越的能力，简言之思维线性与平面化，缺少丰富性与开放性。另一方面不太下功夫选择或锤炼舞蹈动作的语言，只是传统教育体制下复制的类型化身体的产物，不自觉地顺着惯性复制一个又一个类型化的身体。亟待舞蹈编导提升自己的文化高度与思想深度。此外，现有分工模式也强化了这种意志的贫弱。以实景演出、大型电视晚会或综艺晚会等大型舞蹈创作模式为例，总导演近“结构思路”远“编舞”，而缺少独立个性与主体性的“编导”成了单纯接收指令的操盘手。总导演出“构思”，编导们“出动作”正在成为当代中国大型舞蹈创作的一种模式——甚至被作为一种“成功的模式”盛行。这类生产过程的结果，大部分往往只能实现舞蹈作为艺术产品的某一类型的简单功能，因而缺乏真正的创造力与活力。

最后，由2012年有关舞蹈市场消费类型的创作谈谈舞蹈艺术市场与审美导向的问题。舞蹈艺术在面临市场经济发展的过程中，出现的种种非艺术品质的问题。在艺术市场中的特殊需求使舞蹈艺术变成了舞蹈生产的方式，这种模式、这种生产方式直接带来了两大后果：一是舞蹈的类型生产化、交易的资本化、展示和评论的营销化。二是舞蹈创作模式化、艺术水准的平均化、舞蹈艺术精神的虚无化、舞蹈艺术形象的累同化。这些显而易见的消费问题直接导致了舞蹈消费的现状。在所谓的“适应市场需求”的宗旨中，演变成迎合买家、迎合资本意志。舞蹈的身体在作品生产和观众期待的博弈中被商品化，呈现出诸多媚俗化、肤浅化、展示化的舞蹈身体呈现样式，而消费时代的催化下，舞蹈创造和表演呈现出一个潜力无限的以消费为主导的身体意识，舞蹈审美之于理想的身体视觉标准背后隐藏的是人们对身体消费的欲望和引诱。“卖家”、“买家”媚俗的口味，偏离了舞蹈艺术的审美本质和传情达意的核心目标。舞蹈身体的异化特征折射出大多数舞蹈的创作主体和接受主体的审美偏好，亦折射出在其背后隐含的人的身体消费欲望及其影响下的舞蹈身体表达困境。

消费时代的舞蹈创作可谓良莠不齐，这种媚俗倾向是新时期社会文化环境对舞蹈创作产生的负效应，其原因是多方面的。就创作者而言，由于市场经济的客观环境形势所迫，促使一些创作者不得已顺应环境而改变舞蹈艺术的纯粹本性；就欣赏者而言，大众欣赏者的审美趣味以一种看不见的隐蔽的力量，成为舞蹈市场上的经济杠杆。无论是以市场、资本意志为先导，还是以其他的非经济杠杆调节机制的创作类型，在当下都普遍存在着生产结果不具备真正的艺术品格，既不能实现对人进行精神反观能力的审美功能。这也才是在2012年进行艺术创作反思所必须正视的问题，也是舞蹈创作在未来之路上进行方向与步伐调整的根本立场选择。

张萍　《舞蹈》副主编

2012 年中外舞蹈北京述评

◎欧建平

2012 年，中国首都——北京的舞蹈依然是热闹非凡的，不同舞种的赛事和舞蹈节交相辉映，不同主题的论坛和研讨会接二连三，其中既有“第四届北京国际舞蹈院校芭蕾邀请赛暨展演”、“2012 首届北京舞蹈双周”、国家大剧院的“首届舞蹈节”，又有“第三届中美文化论坛”、“三十而立继往开来——中国舞蹈研究生教育三十周年纪念暨研讨会”，而在前一类的实践类活动中，都包括了学术研讨，说明了实践家们对理论研究与规律探讨的普遍重视；而在剧场的演出中，则有民间、古典、芭蕾、现当代、国标、音乐剧、综艺秀等各种类型与风格的中外表演。

舞蹈活动

“第四届国际舞蹈院校芭蕾舞邀请赛暨展演”

6 月 12 日至 22 日，北京舞蹈学院主办了两年一度的《第四届国际舞蹈院校芭蕾舞邀请赛暨展演》，11 位国际评委、15 位国际观赛嘉宾、8 位执教大师班的国际知名教授和 8 位国际研讨会嘉宾如数到场，16 名国际舞蹈明星参加演出了五台舞蹈剧目和晚会，而来自中国、韩国、日本、越南、菲律宾、以色列、新西兰、英国、法国、德国、奥地利、比利时、荷兰、芬兰、波兰、俄罗斯、乌克兰、白俄罗斯、意大利、葡萄牙、阿根廷、古巴、巴西、美国、加拿大的 75 名海内外参赛选手，按照年龄分为甲、乙、丙三组，通过三轮比赛选拔，最终决出一等奖 6 名、二等奖 5 名、三等奖 5 名、“华夏奖” 1 名、“评委特别奖” 2 名、“现代舞编导奖” 3 名、“现代舞表演奖” 3 名，7 个奖项的获奖人数共有 25 人。

在 20 日全天举办的研讨会上，本届邀请赛执行委员、北京舞蹈学院副院长邓佑玲教授首先致开幕辞，她希望可为不同文化背景、不同教育理念和不同实践经验的芭蕾教育专家提供一个交流的平台，让各具特色的芭蕾教育理念得以共享，以求共同推动芭蕾教育事业的发展。随后的发言及其要点是：

美国巴兰钦信托基金会的乔珊娜·西提姆丝总结了巴兰钦创建美国芭蕾学派的经验与成就，并对北舞附中成功复排的巴兰钦名作《小夜曲》表示由衷的赞赏；纽约州立大学珀切斯学院的卡尔·沃克教授从服装对舞蹈的推动着眼，将芭蕾的发展史娓娓道来。辛辛那提大学音乐学院的蒋齐教授本是中央歌舞团的男主演，他在美国孜孜以求近 30 载的历练无疑对内地年轻舞者走出国门提供了重要的参考。

芬兰国际芭蕾舞比赛主席多丽丝·莱恩不仅介绍了芬兰芭蕾界及国家芭蕾舞团的现状，而且还比较和分析了芬兰芭蕾教育界与北京舞蹈学院的不同办学模式，并对中国芭蕾取得的优异成绩给予了肯定。波兰马斯特芭蕾舞学院艺术总监斯拉沃米尔·伍兹尼亚克先生对芭蕾的私立学校与公立学校间的不同进行了比对分析，故为年轻舞者们的深造提供了实用的借鉴。菲律宾马尼拉舞蹈学校副校长奥西阿斯·巴罗索以舞蹈作品为例，对菲律宾本土飞芭蕾特点及风格做了解读。

北京舞蹈学院附中的于晶副校长介绍了附中的发展历程和取得的丰硕成果，并重点讲到学校开设课程的全面性——除传统芭蕾课程外，还开设了普拉提、历史生活舞、现代舞、中国古典舞基训等，同时重视文化课的学习，注重全面提升学生的素养。北舞芭蕾舞系的副主任邹之瑞把目光聚焦在了中国芭蕾教育的起步与发展上，指出了中国芭蕾目前面临的问题，并提出要继续以古典芭蕾为根基，加强现代芭蕾、芭蕾编创、性格舞等方面的比较与研究。辽宁芭蕾舞团的曲滋娇团长以该团附属舞校的经验为例，就人才的培养模式发表了自己的见解：要全力付出，挖掘优秀演员；要通过“请进来”和“走出去”等多种方式，学习和引进国际的先进理念与技术，不断拓宽自己的视野。中央芭蕾舞团的冯英团长从舞团的发展谈起，介绍了中芭在放眼国际的同时，亦积极进行中国芭蕾民族化的探索，努力为构筑中国芭蕾学派而努力。欧建平在发言中，讨论了这样四个问题：（1）中国的芭蕾新秀们为什么能够在所有的国际大赛上夺得金奖，甚至大奖，但却成不了驰骋国际的大腕明星？他的答案是：问题出在教育上，比如“重技轻艺”的惯性持续至今，尤其是对外语，以及以此为基础的西方文化，缺少真正的重视，更缺少创新且优质的课程与足够的课时！（2）条件、能力、技术、形象俱佳、能够成为尖子演员的专业芭蕾学生，需不需要上大学？他的简单答案是：不需要！看看西方，就能明白这一点！所有的顶级芭蕾明星毕业时，都没有大学文凭或学位！但这就对中专的文化课提出了更高的要求，因为芭蕾的“技术”不仅源自它的“艺术”，而且还是为“艺术”服务的！（3）芭蕾教学的课程结构中，术科和学科的比例，究竟怎样才算合适？他举了两所名校为例，法国巴黎歌剧院舞蹈百校和俄罗斯瓦冈诺娃芭蕾舞学院两家名校由于都是以培养尖子舞者为己任的，所以，术科的课程与课时远远多于学科是理所当然的，但学科课程的丰富性也是相当可观的，尤其是两家名校都提供了各姊妹艺术和舞蹈自身的历史，甚至还要学习两门外语，以便将学生培养成文化根基广泛、艺术修养全面的表演家。（4）在日常的芭蕾训练中，如何充分地借鉴体育界的科研成果，极大地提高训练效率，有效地减少受伤概率，由此腾出时间来读书、思考、成长、创造？以西班牙芭蕾表演家、英国国家芭蕾舞团新任艺术总监塔玛拉·罗霍为例：她在20来岁时，虽已进入了世界级芭蕾表演家的行列，但在技术上却无过人之处；而30岁之后，虽然体力下降，但却能在一个点上，远远超标（32圈）地完成了54个“挥鞭转”，原因全在于此！

研讨会上的气氛十分热烈，现场提问亦相当精彩。中国舞蹈家协会名誉主席白淑湘、国家大剧院舞蹈艺术总监赵汝蘅、本次大赛评委与法国巴黎歌剧院资深教授吉尔伯特·梅耶还先后同发言人进行了交流并发表了各自的见解。

北京、广东、中国香港三地舞团主办“2012首届北京舞蹈双周”

7月15日至28日，由北京雷动天下现代舞团、广东现代舞团和中国香港城市当代舞团联合主办的“2012首届北京舞蹈双周”在京举行，深受全国各地专业舞蹈工作者、舞蹈院校师生及喜欢新事物的普通观众的欢迎。

第一周是在为期6天的“舞蹈营”，13位经验宏富、循循善诱的教师来自美国、加拿大、荷兰、韩国、中国内地与中国港、台，风格多样、实用性超强的课程中，不仅有通行于国际、各种占主流地位的“现代舞技术”、“后现代舞技术”和“当代舞技术”，尤其是融格莱姆古典现代舞和古典芭蕾于一体、至今在内地尚属难得一见的“堪宁汉技术”，而且还有将太极、瑜伽等东方身体文化与美国“接触即兴”巧妙结合的技术、借“倒地”动势科学发力的技术、备受年轻人追捧的爵士舞和街舞技术，甚至还有帮助学生挖掘自身潜能、灵活运用各种技术和最新时尚的课程。可以预想，这些凝聚了东西方现当代舞及身体文化观念、意识、方法和技术的课程，将使每个用心体会的学生受益终生。

为时2晚、分4场放映的20部作品互不雷同，《“跳格”国际舞蹈影像展》在声光电的瞬息万变中，把现代舞与高科技的互动与互补展示得淋漓尽致——其中的“香港舞蹈影像十五年”回顾并荟萃了香港回归前后的13部舞蹈影像作品，尤其是自“跳格”2004年启动以来的新创作，其中既有一些表现国际舞蹈影像新概念的作品，也有不少聚焦香港舞者乃至普罗大众生活的作品，因而让我们不由自主地置身于香港这个“国际创意产业的旗舰港”。

《舞蹈影像非常导：黎宇文》出自这位虽然出身于影视，却因爱上演艺学院舞蹈女生而成为“香港第一代舞蹈影像导演”的帅哥之手，而先后找他拍片的舞蹈编导伍宇烈、王荣禄、周书毅、庞智筠，则都是香港现代舞第三、四代人中的精英人物，因此，这个由5部短片组成的系列作品陆续完成于2003年至2010年，并透过各式各样的镜头语言，让我们管中窥豹到香港舞蹈的林林总总。

《与皮娜有约》出品于2005年，曾在北京播映，以色列女导演李·雅诺并来到现场，与我们分享其3年的采访与拍片经验；有趣的是，此番再看该片，我们非但没有烦闷之感，反倒再次亲近了皮娜·鲍希这位斗胆颠覆“舞蹈只能美丽动人”概念的舞蹈剧场大师，并且重温了她那难得的平和与天真。

2012年刚刚上映并获奖的《阿克拉姆之树》，可谓本届展映作品中最亮看点：英国政府与阿拉伯富商的巨额投资无疑为这部50多分钟的巨作提供了重要的物质前提，阿布达比这个中东新城中鳞次栉比的摩天大厦与周边一望无际的大漠孤烟让我们亲睹了现代都市文明的傲然崛起与大自然的截然对立，以及人在它面前的微不足道与坚毅无比，而阿克拉姆·汗的个人传奇与出众才华，则通过他本人的娓娓道来，以及他凝聚在身边的各路英才的细节描述而栩栩如生，更为我们理解了这位英国当代舞新贵在《伦敦奥运会开幕式》上压大轴的表演，提供了不可多得的前奏。

第二周的舞蹈节目更加多元，信息交流更加频密。每天的日程均由四个板块所组成：上午，首先是由中国艺术研究院舞蹈研究所合办、欧建平和卿青轮流主持、曹诚渊汉英口译的《舞蹈研讨会》，为整个《首届北京舞蹈双周》带来了浓郁的学术性！六天的选题经过精心策划后极其多样，从《世界高校的舞蹈教育》、《跨文化合作的交流》、《舞蹈跨领域合作的趋势》，到《亚洲青年舞者的生存策略与创作态势》、《国际现代舞的发展趋势》、《艺术节的平台角色对年轻舞者的意义》，而来自荷兰、丹麦、挪威、美国、以色列、新加坡、马来西亚、澳大利亚、中国内地及中国港、台的舞蹈教育家、编导家、舞团总监、演奏家、作曲家、策展人及艺术节总监们则现身说法，用切身的经验和教训，不仅为中国的新生代舞者们独自创业和走向世界提供了诸多可操作性的建议，而且还吸引了不少外国舞者和策展人到场分享。

随后的演出更是颇有讲究，分别根据舞者或舞团的历史长短、规模大小、成熟度和水平的高低，组成了《青年舞展》、《另类平台》和《焦点舞团》这三大板块。其中的《青年舞展》是为初出茅庐但尚显稚嫩的青年舞者提供的展示机会，因此，挑选节目时基本上秉持的是“零门槛”政策；《另类平台》是为初具规模且已经上路的个体或小型团体提供的平台，而属于《焦点舞团》板块、大规模的现当代舞则一连七晚在解放军歌剧院演出，代表了本届《北京舞蹈双周》的国际水准。

22日晚是作为开幕式的“中英之夜”，《如歌》由东道主——北京雷动天下现代舞团同英国爱丁堡的克雷斯顿舞蹈团联袂创作并演出，编导家分别是英方的珍妮丝·格雷斯顿与中方的李捍忠和马波夫妇。第一段《远去的歌》是首多声部的协奏曲，舞蹈因为一连串新鲜的构图与调度，尤其是8位舞者在左后至右前的对角线上，分成三竖排的直线运动，创造出罕见的空间深度感。第二段《变之歌》使用是钢琴协奏曲，三对男女在抑扬顿挫的触键方式中，按照卡农的结构此起彼伏，而动作的质感则让人联想起卡通片来。第三段《挽歌》由12位舞者表演，给人印象最强烈的当是后天幕上火车飞驰而过、象征快节奏生活的视频，以及舞者们张开嘴巴，拼命呼吸，然后一字排开，向着视频并肩前行的动作。

在23日晚的“西班牙之夜”，西恩富尔戈舞蹈团演出了《1618：受莱奥纳多·达芬奇启发的舞蹈》，编导家是西班牙当代舞坛的代表之一。舞台天幕与地面上不时显现的各种线条与三角形，以及舞者们在后半场持棍击打的动作，均透过年轻舞者的肢体，放射出巨大的张力，并无言地告诉我们，这是一台非叙事、纯动作的作品！据编导在演出后与观众的对话中说，达芬奇是在1618年发表的“黄金切割率”，而他则想借助于这种来自数学的灵感，探索人体及其能量在舞台空间中的各种可能性。

24日晚是“香港之夜”，城市当代舞蹈团作为这个国际大都市“创意文化的旗舰”团体，建团33年来培养了大批舞蹈创作与表演人才，《别有洞天》就是其中第三代编导黄狄文的作品——通过复杂多变的空间调度和几近疯狂的奔跑、跳跃、痉挛、跌倒、扭打、施暴、喊叫、傻笑，入木三分地表现出编导对人际关系突变的体验与思考。有趣的创作方法是，他在排练中，会戴上眼镜，以便去发现哪些空间需要补充能量，由此也说明，这也是一台释放青春能量、发表青春誓言的作品。

25日晚的“新加坡之夜”，由旅欧华裔舞蹈家郭瑞文创建的“舞人”舞团表演，主题为《从消逝出发》。作品的主旨是要警示我们保持各自文化根基的重要性，并在听觉和视觉上，给我们带来了久违的惊喜：缠绵悱恻的海南民歌与矗立在舞台上的片片白帆，将我们带到了那个蓝天当头、碧水环绕的宝岛，同时也交代出团长兼编导郭瑞文祖籍潮州的文化情结。舞蹈中，叙事性与抒情性的动作足以平分秋色，而华族舞者和印尼舞者用各自方言回忆家史的手法，则将我们置身于新加坡这个多元文化的语境之中。

26日晚是“广州之夜”，广东现代舞团演出的《身体与灵魂的三段对话》，以“个人对身体与灵魂间关系的思考”为主题，荟萃了建团20年来三位资深舞者的创想：首先是邢亮的《觉》，以多视点、多块面、高低错落、彼此呼应等方式的调度，豆绿、紫红、湛蓝、淡紫、浅灰等色调的切换，突如其来的音量加大、漫无目标的四处奔跑，以及南辕北辙的男女关系，表现出他对人生意义的反思，以及寂静独处的需求；随后是刘琦取材于北岛诗歌编导的《回声》，由于音乐的层次分明、声部清晰且颇具深度，舞蹈中的各种倒立、女子在“人墙”上的翻身与攀爬均给人新鲜的刺激，而旋转、跳横叉、托举的通达流畅则与他人作品形成强烈的反差；最后是马守则的《生生不息》，宋代学者周敦颐《太极图说》中“二气交感，化生万物，万物生生而变化无穷”的理念，通过成群舞者们的团身与海浪般的涌动，得到栩栩如生的表现，而我们则由此想象到了生命的周而复始与兴衰枯荣。

27日晚上的“美国之夜”，给我们带来了“哈哈镜”般夸张变形的轻松，同时亦不乏现代舞的思考特征。由欧博琳舞蹈团呈现的《长风破浪》同由三个作品组成：《不倒翁》由联席艺术总监K. T. 尼尔逊编导，通过大量的动作细节，表现了五位男人最勇猛亦最脆弱的两面性；《水中呼吸》和《长风破浪非溺水（优雅指南）》均由舞团的创始艺术总监、美学博士布兰德·魏编导，前者是段女子五人舞，通过身处水底时的窒息感，折射性别偏见就像呼吸一样无处不在，并不知不觉地影响着我们的言谈举止；后者则让全体女性按照自己的喜好与时尚，将全体男性打扮成乖巧的芭比娃娃，令观众们捧腹之余，更流露出浓郁的女权主义色彩。

28日晚上的“以色列之夜”，是为整个《北京舞蹈双周》压大轴的演出，表演团体则是驰名国际的基布兹当代舞蹈团。该团作为以色列政府派遣的文化大使，曾于1992年中以建交之初率先来华巡演，现任团长拉米·贝尔颇具想象力的编舞和舞者们强悍而灵动的动作，历来深受各国评论界和普罗大众的热评。《哪怕》这部作品的主题依然讨论的是人际关系的变化莫测，而令人眼前一亮的诸多瞬间中，首先是那位女舞者漂亮有形的腿脚和干净利索的动作，一开场便占领了整个舞台，并用收放自如的爆发力和控制力，将全体观众的注意力紧紧抓住！

《2012首届北京国际舞蹈双周》虽由民间机构主办，却用多元的视角、少量的资金，为我们了解外部世界、激活自身创意，打开了一扇大大的窗，而来自各国舞者们的青春誓言，则将在我们每个观众的身心内，久久地激荡……

国家大剧院的《首届舞蹈节》

国家大剧院开幕不到五周年，已俨然成为国际舞坛上一个响亮而耀眼的顶级殿堂！2010年10月24日至11月24日举办的《首届舞蹈节》上，13台演出中居然有7台国际一流的外国演出，而6台中国的演出也大多是国内一流、国际知名的！如此高的起点无疑为下届舞蹈节提出了巨大的挑战，却让幸运的北京观众开始享受到曾是纽约、巴黎、伦敦这几个“世界舞蹈之都”的市民们独享的特权，让我们能够“不出北京门，看遍天下舞”！

为整个舞蹈节打头炮的演出，当然体现出国家大剧院力推中国品牌的良苦用心，而用杨丽萍、高成明主创，杨丽萍主演的“舞剧”《孔雀》打头炮，则可谓众望所归！原定四场、追加一场、场场爆满的盛况使人看到了这位顶级且当红名家演出市场的潜力之巨大，加上她以此收官消息的火上浇油，由此创造出空前甚至可能也是绝后的舞蹈票房——104%！其中包括了站票的经济价值！出人意外的是，尽管这位代表中国当代舞蹈最高成就的大人物1986年曾用那支短小的傣族独舞《雀之灵》，极大地冲击了垄断中国舞界40余载、西方芭蕾以足蹈为主的审美惯性；尽管她2003年曾用那部“原生态歌舞集”《云南映象》，极大地推动了“原生态艺术”在全国上下的热议与热潮；尽管她2012年更用那段依然短小的傣族男女双人舞《雀之恋》，再次引起了亿万央视春晚观众的惊羡不已与自发讨论，但她此番初试“舞剧”这种外来样式时的探索与冒险，以及赞许与批评并存的现象，却显示出中国舞蹈界的日渐成熟……不过，杨丽萍的真正上帝是观众，他们毫无犹豫，甚至争先恐后地拿出自己的血汗钱，力挺了她——北京首演后一个月多来，她在全国各地的票房捷报频传，用最公道、最实在的方式，为她的舞蹈表演生涯画上了一个圆满的句号。

整个舞蹈节上，这种靠名家效应拉动票房的演出比比皆是！最受观众追捧，特别是最让专业观众尖叫的外国演出，当然是法国芭蕾巨星希薇·纪莲一人担纲的两台当代芭蕾晚会——《六千英里之外》和《玛格丽特与阿芒》了！“当今舞坛身价最高、全球知名特立独行‘不小姐’”的广告词，纪莲令人窒息的软开度和感人至深的表现力，以及她身后空前强大的编导集团——捷克大师伊日·基里安、美国大师威廉·福赛斯、瑞典大师马茨·埃克和英国大师弗雷德里克·阿希顿，都是成功诱使各类观众掏钱买票、先睹为快的原因。

在名家云集的外国编导家中，最出风头者当然是旅德美国大师约翰·诺伊梅尔了！德国斯图加特芭蕾舞团精彩演绎的大型芭蕾舞剧《茶花女》，是他34年前为该团量身打造的经典之作，其中的“戏中戏”结构和“舞中舞”编排，特别是多达六段的双人舞，让我们看到了这种素有“钻石美酒”之誉的舞蹈样式在动作难度与感情表达上的最新成就；而他2012年多次来京，亲自为中央芭蕾舞团复排上演的大型芭蕾舞剧《小美人鱼》，则为我们带来了焕然一新的叙事方法和美轮美奂的审美享受，并成了为整个舞蹈节压大轴的重量级演出。

《三个女人与四个编舞——穿越大陆》这台晚会荟萃了旅美上海芭蕾明星谭元元、旅美台湾地区现代舞名家许芳宜，以及纽约市芭蕾舞团的主演阿什莉·鲍德这三位当今国际舞坛最优秀的女性表演家，她们各具风采、令人亢奋的极致之美在国家大剧院戏剧场的同一个舞台上争奇斗艳，让我们看到了亚洲和美洲这两个大陆上各不相同的人种，以及由此带来的不同体形、气质、文化与舞蹈；而她们身后的四位男性编导家——英国人克里斯托夫·威尔顿与罗素·马里芬、美国人亚当·亨德里克森与旅美华人爱德华·梁（汉语名为梁殷实）的量身打造或经典改编，则让我们亲睹了四位男性编导家在用身心打造舞蹈佳作时的同场竞技与难分输赢。

好舞连连的外国晚会中，令人心动过速的有两台：英国兰登舞蹈团的《本质》迅速地抢占了我们的视听与呼吸，让我们在演出结束时，与舞者同步感受到了濒临崩溃的快感；而意大利阿岱舞蹈团的《春之祭》则是舞蹈节上的所有演出中，最具震撼力的一台：舞者们虽然种族不同、身材各异，但在精准的动作质感与野性的张力喷发上，让我们的视觉、听觉与动觉过足了瘾！两台演出的强刺激，让我们重温，并且牢牢地记住了韦恩·麦克格雷戈和毛罗·比贡泽蒂这两位欧洲编导大师的名字！

在中国舞蹈的海外板块中，驰名国际舞坛之巅的两代名家分别是台湾地区现代舞大师林怀民和旅美华裔现代舞蹈家沈伟。无独有偶的是，2004年，这两位中国舞蹈家在同一届“蒙特卡洛国际舞蹈论坛”上，分别获得“尼金斯基编导家奖”与“尼金斯基编导新人奖”的盛誉！

作为国内外舞界唯一的“文人舞者”，林先生在连年率云门舞集来内地演出并倍受称道之后，此番则带来了他的青年舞团——云门舞集2，及其荟萃式的晚会《云门新声》，而他在开演前导赏中温柔道出的“为全民跳舞”的理念则可谓振聋发聩，真实阐释出13年前创办云门2团的初衷，并非只是给云门培养和储备后备力量，还有为了让舞蹈进入那些偏远的城镇与村庄！

沈伟此次率团回国，是他赴美18年来的头一回。这位广东实验现代舞团的首批舞者之所以能在竞争激烈的美国出人头地，并获得“麦克亚瑟天才奖”的殊荣，实属“天时地利人和”的硕果。诸多原因中，其艺术世家、生性过敏、戏曲出身、绘画背景、贵人相助、持之以恒等因素均不可或缺，而中国近年来在世界经济危机中的傲然崛起与在国际舞台上的日趋重要，也是绝不能忽略的。晚会上，他的《春之祭》和《天梯》让我们不仅看到了西方的超现实主义画风和极简主义影响，而且清晰地看到了“以腰为轴、以圆为率”的中国戏曲动律与“密不通风、疏能走马”的中国绘画原理水乳交融，而正是这些中国艺术的精华为他在国际舞蹈界的独占鳌头，提供了强悍的中国艺术基因和跨界的东方美学特性。

中国舞蹈的国内板块中，还有三台不得不加以品评！由才华横溢的军旅编导家赵明担任总导演的《霸王别姬》可谓难得一见的上乘之作，其提纲挈领的编剧、悲壮凄美的作曲、叱咤风云的编舞、国际路线的服装、简约大气的布景与灯光，均使它在批量生产的中国舞剧中独树一帜，而北京军区战友文工团刚柔相济的表演，则让我们看到了部队舞蹈的多样性。

《神色》是舞蹈表演家沈培艺策划并主演的晚会，濮存昕、刘岩、武巍峰、柴明明、邵俊婷等多位中青年名演员的出场，《胭脂扣》、《爱莲说》、《风吟》、《玉骨》等大量名作的垫底，以及沈培艺与濮存昕联袂创作与表演的舞蹈诗《梦里落花》，均是其中的亮点，并当然地成了“培艺艺术基金”开张后的第一桩业绩。

第三台晚会是由中国“舞蹈家摇篮”——北京舞蹈学院附中的莘莘学子们演出的《未来之星》，12岁至18岁的翩跹少年们成群结队，在西方芭蕾、中国古典舞和中国民间舞这三大舞种中此起彼伏、各显身手，严谨的课堂教学、模拟的实习演出与国际的获奖节目交相辉映、令人目眩，让我们真切地看到了中国舞蹈未来“大发展、大繁荣”与真正“走出去”的可能性。

“第三届中美文化论坛”

9月6日，中国文化部和美国国家人文基金会在北京的国家大剧院，以《文化的语境、地域、历史》为主题，联合主办了“第三届中美文化论坛”，江东、欧建平这两位中国艺术研究院舞蹈研究所的学人分别发表了论文：

江东的发言主题是《从郭明达到沈伟：中美舞蹈交流的逆向输出》，研究对象分别是1940年代末赴美亲炙现代舞的郭明达和1990年代中期赴美深造现代舞的沈伟，但由于两人相隔半个世纪，所处时代及中国在国际经济、政治舞台上的地位等多方面的显著不同，他们对中国现代舞以及在国际舞台上的影响与贡献均有所不同。

欧建平提出的《中外舞蹈交流中亟待解决的四个问题》分别是：（1）中外舞蹈的进出口至今依然存在着严重的逆差；（2）中国政府、企业、个人等多级资助的体制与相关政策至今尚未颁布；（3）尽管外来的现当代舞已使包括民间、古典、芭蕾、现当代、国标和音乐剧这六大舞种在内的整个中国舞蹈受益匪浅，但至今依然没有制定像20世纪50年代从前苏联引进芭蕾那样长期引进“洋教头”的计划，由此导致了中国舞蹈依然在自我陶醉、自说自话，既无法融入世界，也无法为世人所敬仰；（4）把中国建设成“芭蕾强国”的宏伟蓝图至今依然只是我们的梦想。

“三十而立　继往开来——中国舞蹈研究生教育三十周年纪念暨研讨会”

12月14日，由中国艺术研究院主办、属下的舞蹈研究所承办、中国舞蹈家协会和北京舞蹈学院协办的《三十而立继往开来——中国舞蹈研究生教育三十周年纪念暨研讨会》在北京举行。150余位来自全国各地舞蹈院校、研究生教育的负责人和师生们欢聚一堂，共商中国舞蹈研究生教育未来的发展大计。

作为中国舞蹈研究生教育的领军机构，中国艺术研究院属下的舞蹈研究所紧紧抓住整个国家经济、政治、文化、教育大发展、大繁荣的大好时机，倍加珍惜研究院10年来工资10倍长、人气逐年旺的最佳契机，切实贯彻本院“科研、教育、创作三足鼎立”的发展方向，精心策划并隆重举办了这次意义重大、全国范围的研讨会。

瞻前顾后，今天的中国舞蹈界，从科研到管理，从教育到表演，从创作到制作，各个领域的学科带头人和中青年骨干中，正在有越来越多的硕士、博士和博士后，因为在中国艺术研究院研究生院舞蹈学系的深造，成为继往开来的支柱性人物，不仅改变了他们个人的命运，推动了舞蹈事业的发展，而且提高了舞蹈在学术界和全社会的地位，甚至让中国的舞蹈研究人才与研究成果，登上了国际舞蹈界，乃至国际学术界的巅峰。

大会第一场发言的主题是《中国舞蹈研究生教育的奠基之路》，主持人冯双白以第一批研究生和第二任系主任的身份，深情回忆了三十年前从恭王府起步的经历，介绍了当时已相当丰富的课程，并播放了由舞研所研究员刘青弋和刘春精心拍摄和编辑的老照片和口述史的视频，让与会者见到了这些30年来为舞蹈研究生教育大发展作出重大贡献者们的音容笑貌；第二场发言的主题是《中国舞蹈研究生教育的发展之路》，由北京舞蹈学院负责研究生工作的副院长王伟主持；第三场大会的发言最具挑战性，主题是《中国舞蹈研究生教育的优化之路》，主持人是中央民族大学舞蹈学院副院长朴永光，整个研讨会由舞蹈研究所副所长江东研究员做了言简意赅的总结。全体与会者对这次研讨会给予了高度的评价，并希望以此为契机，今后能在各大院校中，轮番举办专题性的年会，以便及时解决自身问题，不断优化管理机制，并协助政府有关部门，建立更加严格的评估标准，从而有效地推动中国舞蹈研究生教育在理论与实践各领域中的全面发展，以更加丰硕的业绩，不辱祖国和时代赋予的光荣使命。

演出活动

（一）新作首演

约翰·诺伊梅尔为中央芭蕾舞团复排的舞剧《小美人鱼》

9 月 24 日，中央芭蕾舞团在度过了两个多月的炼狱般日子后，终于将美籍德国编导大师约翰·诺伊梅尔的经典舞剧《小美人鱼》搬上了舞台。首演的完美无缺让诺大师放心地回国去了，而中芭留下的则不仅是一部芭蕾舞剧的崭新经典，而且还有他一丝不苟的敬业精神！

在创作思路与方法上，诺大师的《小美人鱼》同他以往的芭蕾舞剧大同小异——它取材于丹麦作家安徒生 1836 年发表的童话故事《海的女儿》，但在保留了主要人物和基本情节的同时，照例加上了自己的视角和阐释，不失时机地体现出他作为当代编导家的存在价值和意义，身不由己地流露出“部部作品皆自传”这条创作规律。

作为标题主人公，小美人鱼不仅美丽动人，而且天真无邪，曾情窦未开地生活在“宁静而简单的”海底世界，只因拯救了落水的英俊王子而堕入人间爱河，并因得不到王子的爱情心碎而死！诺大师的大手笔比比皆是，但都是通过发现那些感情交流中超级细密的小资情调，放大那些日常生活中精微之至的小细节来显现的，由此表现出来的人物“关系”虽错综复杂、层层递进，有时甚至含蓄和隐秘，却也清新易懂，令人回味，因而使得“剧本”和“舞本”（用合情合理的动作细节叙事）这两者能够紧紧地贴在一起。尤其是在编剧和编舞中，诺大师不仅巧妙地融入了安徒生个人在感情上鲜为人知的挫折与失落，为他创造了“诗人”这个颇为符合芭蕾诗意品质的身份，而且使这个高居榜首的角色，同时以多愁善感且才华横溢的诗人、言听计从地按剧本行事的编导、小美人鱼的全权制造者、同命相连者和频繁托举者等多重身份，贯穿于全剧的首尾。

在王子与小美人鱼的“关系”中，诺大师将王子用右手下刮诗人的鼻子、上顶诗人的下巴这两个逗趣的动作延续到了王子对小美人鱼的“关系”中，从而准确交代了王子对小美人鱼并无暧昧之心，而是把她当作可爱的小女孩了。当然，全剧中，最令观众痛心疾首，甚至热泪洗面的情节线索，莫过于小美人鱼因蜕变成人类而失声后，既不能向王子倾诉自己的炽热之情，也无法向他说明为了爱他所付出的痛苦代价，更不能向他申明自己才是他的救命恩人，而是眼睁睁地看着自己的真爱同那个号称公主的女人结为百年之好的惨景！诺大师的了不起就在于，他为此刻的小美人鱼，设计了这样一组惊天地、泣鬼神的生活动作：在万般无奈，甚至万念俱灰的情形下，她初而用头部连续撞击王子的身体，继而痛不欲生地用脸颊感受王子的体温！还有一组动作发生在王子与公主的婚礼上，也令人肝肠寸断：身心同步濒临崩溃的小美人鱼为了唤起王子的记忆，不得已地换上水手装，登上甲板，同五位水手一道，在王子面前，精疲力竭，甚至东倒西歪地跳起波浪步，然后将那只代表海底世界的大海螺送到他的耳边让他聆听，可惜他尽管听到了小美人鱼的主旋律，也想不起当时的救命恩人究竟是谁，甚至把大海螺随意送给公主，然后同她亲密拥抱！小美人鱼本能地冲了过去，却因说不出话来，无法阻挡人家的亲热，只能又给王子跳起了那组不像样的波浪步；紧接着，她看到了王子与公主全情接吻，则只能当即晕倒在诗人的怀抱中！

在王子与公主的“关系”中，诺大师沿用了童话原作中，王子误将公主当作救命恩人，因而爱上了她，并娶她为妻的线索，同时，为了不把公主塑造成一个可恶的第三者，他显然是有意识地让她在面对王子的激情与求婚时，自然地流露出某种名门闺秀特有的羞怯与矜持，不仅初而不辞而别，而且还让王子一连四次用“手心手背”的儿时游戏向她求婚；再者，诺大师还别出心裁地设计了王子能在小美人鱼赠予他的大海螺中听到美妙的主题音乐，但公主却什么也听不到；当公主将大海螺随意转送给他人时，后者更是觉得莫名其妙等小细节。比较而言，王子与公主的多个舞段因为属于传统芭蕾舞剧中的爱情双人舞，因此，马晓东与张剑可以跳得酣畅淋漓，让喜欢看跳舞的观众得到了极大的满足。

在海妖与小美人鱼的“关系”中，诺大师也沿用了童话的原作：她本是小美人鱼的娘家人，因此，一举一动自然都是出于对她的理解与保护，其中包括为她支招，教她如何通过痛苦变身，成为可能与王子厮守终身的女“人”；又如何教她通过杀死王子，用他的鲜血使自己还原为鱼形这个将全剧推向高潮的惊悚片情节！只是为了凸显这个海底精灵的霸气，他改用了胸肌发达的男舞者来表演。而正是这种改变，使得中芭的男舞者们自惭形秽，并且无能为力——他们普遍没有足够强健的肌肉，因而难以表现出足够强悍的霸气，尽管他们的表演是全情投入的。

比较而言，在整个舞台上占有的时间最长、空间最大者，当然是那 1 + 5 条简约到极致的荧光曲线了——当它们随着音乐的起伏、戏剧的跌宕而变化时，我们禁不住随之心潮澎湃，感叹诺大师在进入成熟期后，“以减法为主”的简约风格，并由此进入自己的浮想联翩之中……有意思的是，那条独处于前区的曲线最初是湛蓝色的，其功能是代表海平线，以便通过变化，为海洋与陆地的“关系”定位——当它低于舞台后区的海滩时，反衬出故事发生在陆地；当它高于海滩时，则表明此刻在海底！另外五条线，则像五线谱上的五条线一样，随着音乐和戏剧的不断发展而变幻无常……令人叫绝的是，我们在观看第二场时才发现，当风平浪静时，有一条客轮的模型自右向左地在后区的五条曲线上缓缓驶过，上面还冒着白烟；而当海妖登场，掀起滔天巨浪时，则有两艘翻船从中区驶过；而在接近尾声时，又有一艘客轮在缓缓驶过，无声地告诉我们，一切都恢复了正常。

同济大学芭蕾舞专业 2012 届本科生的毕业晚会

“同济”与“芭蕾”，这两者间，原本是毫无关系的，但自 2007 年同济百年校庆时，该校电影学院芭蕾专业仅用两年时间推出了那台《红、白、蓝芭蕾精品晚会》以来，这个全国普通高校中唯一的芭蕾专业又以每年一部大型经典舞剧的频率，推出了《吉赛尔》和《天鹅湖》，不仅让全校师生大饱眼福，而且让全国舞界刮目相看，更显示出唯上海这个国际大都市才可能有的、海纳百川的胸怀，唯同济大学这所国际级名校才可能有的、全人教育的理念！

2011 年岁末，这个以留英 10 年回国的青年舞蹈家陈婷、刘世宁为挂牌师资的芭蕾专业，又为其 2012 届毕业生排练和制作了一台“三合一”结构的《芭蕾足迹：浪漫、古典、现代精品晚会》，令目击者惊羡不已……

为整台晚会打头炮的节目，是素有“现代芭蕾处女作”美誉的交响芭蕾《仙女们》。1909 年，它由佳吉列夫俄罗斯芭蕾舞团首演于巴黎的沙特莱剧院，标题虽与 1832 年在巴黎首演的浪漫芭蕾舞剧处女作《仙女》只有一字之差，却开创了“芭蕾从此不必讲故事”之先河。

为整台晚会压大轴的爵士芭蕾《华丽的切分》是让现场观众最有喜感的！英国现代芭蕾编导大师麦克米伦的厉害就在于，他能将古典芭蕾“开、绷、直、立”的肢体美学和千篇一律、对称平衡的节奏型，同爵士舞从胯到肩的 S 形扭摆和“拉格泰姆”的切分节奏型这两种在以往水火不相容的律动，游刃有余地融成了一体，进而表现出 20 世纪 70 年代欧美年轻人过剩的精力和伦敦当时的多元审美，场所是光怪陆离、带有着装管乐队的伦敦舞厅，而舞者们的服装则具有明显的狂欢节色彩与样式。

（二）精品重演

罗兰·佩蒂为中央芭蕾舞团复排的《阿莱城的姑娘》

法国现代芭蕾编导大师罗兰·佩蒂曾在 2005 年、2006 年两次亲临中芭，复排了他的多部经典作品，而中芭 2012 年 2 月 18 日、19 日在国家大剧院的《新春演出季》上，表演了他的《阿莱城的姑娘》和《卡门》时，并在节目单上向他表示了深深的敬意！

佩蒂在这部作品中的独出心裁就在于，阿莱城的姑娘这个“标题主人公”虽然从未登台亮相，却通过新郎对新娘形同陌路的对比和反衬，以及他双臂无限的前伸、望眼欲穿的期盼，清晰易懂地存活在了观众的理解之中！而新郎最后向着死亡的那一跳，则将一位优秀男主演的爆发力与表现力完美地融合在了一起，因此总在让观众大吃一惊之后，才爆发出热烈的掌声和欢呼声。

为这对双人舞做陪衬的男女群舞也颇有特色。男女舞者们无论是分别列队起舞，还是联袂围圈而舞，都让我们清晰地看到了欧洲民间舞的影子，而他们手脚的此起彼伏和有机变化，则让我们准确地想象出钢琴黑白键的动态。

与《卡门》中火辣辣的激情不同，这部舞剧的基调比较抒情，没有夸张的戏剧性。因此，中芭的舞者们跳起来比较到位。

约翰·诺伊梅尔与斯图加特芭蕾舞团的《茶花女》

在芭蕾舞台上，迄今以《茶花女》为题材的舞剧至少已有12个之多，其中唯有美籍德国芭蕾大师约翰·诺伊梅尔编剧，1978年为德国斯图加特芭蕾舞团量身打造的这个序幕加三幕版本的生命力日渐兴旺，随后由他率领的汉堡芭蕾舞团，以及芭蕾艺术的摇篮——巴黎歌剧院芭蕾舞团复排上演，受到不同国家观众的追捧。这些芭蕾舞剧的版本无一例外地沿用了小说、话剧和歌剧的故事情节，近半数的版本使用了威尔第的歌剧音乐，其他版本则分别选用了肖邦、圣－桑、李斯特、舒伯特等音乐名家的纯音乐作品，而无一版本量身定做过音乐。

2012年，德国斯图加特芭蕾舞团在国家大剧院演出了这部经典芭蕾舞剧《茶花女》。为了再现当年巴黎上流社会的灯红酒绿和纸醉金迷，盛大的舞会场面先后出现在全剧开始的第一幕和收尾的第三幕，而在后者中，快速的华尔兹高潮迭起，来宾们争奇斗艳的高超舞技让我们叹为观止，并向我们介绍了这些绅士淑女们消磨时光的最佳方式。

在这部属于当代风格的舞剧中，玛格丽特与阿尔芒不仅以现场观看和在幻觉中互动的方式，与百余年前悲剧名著芭蕾舞剧《曼侬与德格里厄》中的男女主人公建立了一目了然的警示关系，而且还多次安排玛格丽特、阿尔芒分别或一道穿插于前者之间，或沉思，或共舞的段落，由此构成了玛格丽特与两位男主人公阿尔芒和德格里厄，她与曼侬和德格里厄，以及阿尔芒与曼侬和德格里厄这三段“剪不断理还乱”的三人舞，这种“戏中戏”和“舞中舞”的结构可谓别出心裁，不仅一目了然地表现出玛格丽特和阿尔芒均不愿重蹈前人之旧辙的决心，而且还清晰易懂地折射出他们无法逃脱同样命运的必然，更创造出历史与现实、现实与幻觉之间交织重叠的朦胧意象，让各国观众回味无穷。

作为全剧的“钻石与美酒”，《茶花女》中的六段双人舞均给我们留下了特别深刻的印象——阿尔芒与玛格丽特在后者卧室里跳的那段双人舞可谓情真意切与五体投地；阿尔芒在玛格丽特别墅中跳的那段双人舞可谓情投意合与如胶似漆；玛格丽特与阿尔芒父亲跳的那段双人舞可谓被逼无奈与舍己救人；玛格丽特在答应阿尔芒父亲请求后与阿尔芒跳的那段双人舞可谓欲言又止与痛不欲生；阿尔芒在误解了玛格丽特后故意当着她的面与另一个交际花调情的双人舞可谓报复心切与故意伤害；而玛格丽特请求阿尔芒停止伤害她的双人舞则可谓悲情万千与濒于崩溃……

希薇·纪莲在国家大剧院的两台演出

希薇·纪莲来了！这位风靡世界30载的超级芭蕾巨星1988年曾首次来京，在人民大会堂参加“拯救威尼斯、修复长城”主题的义演晚会中，仅凭《古典大双人舞》和《多少悬在半空中》的双人舞，就让数千位首都观众永远地记住了她。1999年，她又随英国皇家芭蕾舞团来华，靠着精品晚会上的《古典大双人舞》和整出的芭蕾舞剧《罗米欧与朱丽叶》，给中国观众带来了前所未有的高峰体验。在国际芭坛上，她用高抬旁腿至“六点钟”，并在单足尖上独自控制10秒钟的绝技，赢得了“天下第一腿”的美誉；在欧美舞蹈圈，她以直言不讳的坦诚和特立独行的勇气，获得了“不小姐”的雅号；而在凭实力论价码的国际市场上，她则成为出场费最高的舞蹈家。

概括地说，希薇·纪莲11月12、13日接连在国家大剧院歌剧院大舞台上的这两场演出，至少创造了四个空前或许还绝后的奇迹：第一个奇迹是，她仅用了两段双人舞和由她独自压大轴的那段独舞，便把全场的2700多位观众紧紧抓住，并让许多人把手掌拍红了，把嗓子喊哑了；第二个奇迹是，她在这三个彼此间并无明显联系的“小节目”之间，居然颇为自信地给了观众两次幕间休息，结果却真的无人舍得半途离去，而全场观众都眼巴巴地等着她的再次登场；第三个奇迹是，在她这台晚会中，既没有我们期待的故事，也没有我们热衷的绝技，但大家都大气不喘、全神贯注，津津有味地欣赏着她在双人舞《排列组合》中令人目不暇接的举手与投足，仿佛在感受她在“数学”编导大师福赛斯“把大腿当胳膊挥”的原则中，那精确而疯狂的刺激；接着又目不转睛地聚焦于她在独舞《再会》中意味深长的舒展与抽搐，竭力去解读她在“戏剧”编导大师埃克“每个动作都有内涵”的信条中，那夸张且变形的意象；第四个奇迹应该说最为戏剧，更令人不可思议——中国观众在这位“世界之最”的芭蕾巨星面前，不仅成功地接受了她的挑战，而且还改变了自己以往过于陈旧的审美观。

此后的16、17日晚，北京观众在国家大剧院的同一个大舞台上，又亲睹了她主演的《玛格丽特与阿尔芒》，即由英国大师弗雷德里克·阿希顿编导的独幕芭蕾舞剧《茶花女》，进而明白了英国皇家芭蕾舞团为何要不惜血本，请她来主演并拍摄这部现代芭蕾舞剧的经典了。

欧建平　中国艺术研究院舞蹈研究所所长

2012 中国舞蹈现状思索

◎刘晓真

这些年，中国舞蹈界从未沉寂过，创作、比赛、展演、交流、教育、研讨等活动让舞蹈事业看上去一片繁荣。2012 年，依然如故。只是，在这片繁荣下，仍然有很多思考未果并亟待解决的问题。舞蹈创作的艺术水准是比赛能够衡量和提高的吗？在将近百年学习西方与自我创建的舞蹈路途上，我们究竟掌握了什么样的本领？持续不断的学习过程中，我们是否真得解放了思想，找到了自己的路径？我们的舞蹈教育究竟是为了什么而教育？我们究竟用专业的身体干什么？……

创作：敢问路在何方？

当代中国职业舞蹈的创作不外乎两大类型，一类是面向资源丰富、根基深厚的民族民间舞蹈，对其进行舞台的加工和改造。尽管近二十年中，旅游展演作为最大的外因，促使这类舞蹈创作的趣味、走向发生很大变化，但自 20 世纪 40 年代延安文艺座谈会讲话指出文艺方向之后，这类舞蹈在 50 年代学习前苏联经验中确立基本发展模式之后，就从未在创作上真正偏离轨道。只是在新的时代环境下，一手为意识形态，一手为市场成为民族民间舞蹈创作的双重任务。另一类创作根植于学院舞蹈的资源和审美，在芭蕾舞、古典舞（20 世纪 50 年代由学校汲古开创的舞蹈类型）、现代舞（20 世纪 80 年代由学校取经欧美确立的舞蹈类型）、民间舞（20 世纪 50 年代由学校整理类型化后服务于教学和表演的舞蹈类型，与第一大类有交集，也并行不悖）的基础上，杂糅并陈，在新旧更迭的创作观念中摸索前进。

2012 年 6 月 7 日到 7 月 5 日在北京举行的第四届全国少数民族文艺会演为我们提供了观察第一类创作的良好样本，41 台文艺节目中，舞蹈类的创作就有 23 台，可以很大限度地反映当下各地区民族民间舞蹈的创作风貌。上一个十年中，在《云南映象》的无形号召下，有丰厚民族民间歌舞本土优势的歌舞团和嗅觉机敏的编导们，纷纷回过头来挖掘文化资源。当然，还有一个大的时代语境，就是政府对非物质文化遗产保护的大力推行，舆论造势和政府资金投入的力度亦是新一轮民族民间舞蹈热度高涨的动因。就是在这样一个复归民间文化的背景中，应运而生了一大批笔者称之为“云南映象”腔调的作品，比如此次会演中的湖南的歌舞《五彩湘韵》、青海的风情歌舞集《热贡神韵》、贵州的田野民间歌舞集《原色》、云南的综合歌舞《云岭天籁》、海南的歌舞音画《黎族故事》……然而，《云南映象》就是一个顶峰了吗？答案显然是否定的。这个作品归根结底有着艺术家个人的投影，带着特定的情感色彩和艺术审美，其水准的高低并不能代表民族民间舞蹈创作的方向和追求的高度。恰恰在这个时候，大型歌舞诗《魅力西藏》缓慢悠长却沉着有力地走到了前台。这台歌舞少有矫饰，舞美不做花样百出态，灯光不做大放异彩状，服饰不搞露、透、瘦的献媚样，一切都归于朴实，即便色彩绚丽，也是西藏各族百姓生活中本身就特有的质感。就舞蹈而言，编导也有意削弱舞台表现的痕迹，让很多舞台编导的技法隐藏起来，不至于让空间调度和冲突关系的过度使用夺了歌舞本身的风采。编导认为原生态舞蹈不应该是把那些农民的歌舞搬上舞台，而是从体态、性格、生活方式等方面去琢磨体会。这种返璞归真的境界、回到本源去寻求艺术生命力的境界、不做表演的境界，已经走在了当下舞蹈创作的最前沿。当大多数编导一手伸向主旋律创作以求拿奖、一手投入旅游市场以求生存享乐的时候，《魅力西藏》提供了难能可贵的精神力量。

第二类创作往往在比赛中可以看到集中展示。2012 年舞蹈界大的赛事只有中国舞蹈“荷花奖”的现代舞和当代舞比赛，而另一个引人注目的现象是，黑龙江、辽宁、吉林、贵州、内蒙古、云南、山西等地方电视台纷纷举办舞蹈比赛。姑且不论当下电视媒体通过效仿近年流行音乐比赛的方式，是否获得了同样的收视率。仅就舞蹈界自身状况而言，比赛作为生产舞蹈作品的动因已经成为制造顽疾的根源了。前些年，以舞种为核心的赛制引发了关于舞种划分的争论，至今仍存分歧。这种划分表面看去遵从了中国舞蹈发展的现状，因事而宜并及时调整。而实际上，舞种划分结合比赛，为狭隘艺术观提供了温床，使人们仅仅能接触到在这一机制下的审美生产与消费。退一步说，即便不划分舞种，比赛本身就如同激素，催产了竞技状态下当代中国舞蹈创作的精神气质，奖项作为风向标并未在创作眼界和观念上给创作者以长远立足点，而是潜在地限制了创作的自由，全国舞蹈比赛、中国舞蹈荷花奖、CCTV 电视舞蹈大赛、桃李杯，以及时下接踵而至、争相效仿的各地方电视台舞蹈比赛，无一不是如此。而大赛背后的操手们——舞蹈界的专家们，在制造一种精英阶梯的同时，更多的精力也被用于奖项的平衡分配，作品呈送单位甚至包括创作者自己也都积极参与着奖项的追逐与争抢。对于大多数创作者而言，有什么样的土壤就会产生什么样的头脑，中国舞蹈的创作思维、审美锐度和生命力也就是在这个过程中走向贫乏庸钝。

相比之下，挣扎于市场环境的现代舞创作在思想意识上倒能显示出些许活力和独立精神。今年学院现代舞出身的编导们纷纷拿出力作，王媛媛的《金瓶梅》、高艳津子的《二十四节气》、北京师范大学舞蹈系集体创作的《海子》。而更值得关注的是，2012 年 12 月在非文化中心的南宁有一场广西首届现代舞蹈嘉年华，针对这一区域的现代舞创作做了十年回顾与扫描，编导黄磊指出主办的两个舞团“谷舞社”和“点典走廊”有着明确的社团理念：“试图在城市与乡土、理想与世俗、强权与弱势的纠葛中，拷问出别样的情感经验。”作品《灰色地带》的题材和主题思想就源自当下的社会现实，编导黄纯军说：“从三聚氰胺毒奶粉事件起，挑战我们道德底线的事就不断地发生，尤其是近两年，这样的事越来越多，这个社会到底怎么了？其实大家也都在想这个问题，只是我把它用舞蹈的形式呈现出来而已，我觉得艺术本来就应该承担起这样的社会责任。”其可贵处就在于，他们在为生存而以舞蹈为饭碗的同时，还自力更生出强有力的精神方向，这多少能够反衬出当下中国舞蹈界“梦里不知身是客”的自我迷恋和陶醉。和这些青年才俊比起来，文慧、吴文光生活舞蹈工作室起灶更早，更像是默默前行的先锋探路者，今年在“民间记忆影像计划”推出作品《听三奶奶讲过去的故事》，用身体、影像与采访相结合的方式，为我们拉出被遗忘的历史。就像直面乱象丛生的现实一样，能有勇气和意识检视反省走过的历史，正是当下中国舞蹈创作所缺的精神自觉。

交流：内外与自我

尽管在中国没有成为世界第二大经济体之前，中国舞蹈界与西方舞蹈界的交流在三十年的改革开放中就已有了长足发展，但很显然，经济实力的增长牵动着多方因素，使中国能够更多、更深入地与世界交流，舞蹈界亦然。无论是中西方之间的对话，还是中国东西部之间的交流，每一个舞蹈主体都在流动中学习感受世界和重新定位自我，尤其对于有文化复兴雄心的国人来说。而如何在自说自话和鹦鹉学舌之间把握交流的精髓，能够在“传达我所有”和“学习我所无”的时候不卑不亢，恐怕仍然与我们是否真得解放了思想息息相关。2012 年仅是国门之内成规模的国际舞蹈交流活动就有几项值得一提，立此存照。

2012 年 6 月，立足国际交流视野、促进芭蕾教育共进的“第四届国际芭蕾舞邀请赛”由北京舞蹈学院主办，本届比赛除了竞争激烈的赛事以外还有系列展演，其中包括中国古典舞作品晚会《大美不言·国舞集萃》、芭蕾舞剧《牡丹亭》、国际现代舞展演、美国当代芭蕾表演。至 11 月，另一个项目“跨艺·舞动无界”由北京舞蹈学院启动，来自北京、台北和欧洲的 10 位编导根据主题进行了不同视角和不同风格的独立创作，并进行世界首演。项目的焦点在于所有参与者在一个跨界和跨文化的语境中，感受到了不同文化与不同方式的碰撞与融合，也在于各国学者全程跟踪创作过程和观察创作环境，并通过偶发性的具体个案探讨共性的实践研究与比较研究。在 10 月 20 日至 25 日，首届“国际舞蹈创意研讨会”在由北京师范大学舞蹈系举行，来自世界各地的 300 位专家学者、艺术家参与会议。这次会议以“创意”为主题，秉承“培育创意型人才”的会议宗旨，进一步探讨“舞蹈创作中的个性与共性”、

“创意舞蹈的教学与学习”等议题。研讨会还邀请到来自美国、英国、澳大利亚、荷兰等国家的国际舞蹈大师授课。

2012 年 7 月 22 日至 28 日首届“北京舞蹈双周”展演周，雷动天下现代舞团将和英国珍妮丝舞团联袂带来开幕演出《如歌》、西班牙西恩富而戈舞蹈团的《1618 达芬奇》、香港城市当代舞蹈团的《别有洞天》、新加坡舞人的《从消逝出发》、广东现代舞团的《身体与灵魂的三段对话》、美国欧博琳舞蹈团的《长风破浪》、以色列克伊布兹当代舞团的《哪怕》等多场现代舞蹈演出。

自 2012 年 10 月 24 日至 11 月 24 日，在整整一个月的时间里，14 台剧目 30 场次演出亮相在“国家大剧院舞蹈节”：杨丽萍舞剧《孔雀》；英国韦恩・麦克格雷戈尔—兰登舞蹈团舞蹈《本质》；台湾云门舞集 2 精品荟萃；北京军区政治部战友文工团舞剧《霸王别姬》；德国斯图加特芭蕾舞团舞剧《茶花女》；英国伦敦赛德勒斯・威尔斯剧院和希薇・纪莲的舞蹈《六千里之外》；培艺艺术基金・云聚系列之古典舞《神色》；北京舞蹈学院附中专场演出《未来之星》；芭蕾巨星希薇・纪莲主演的《玛格丽特与阿芒》；意大利阿岱舞蹈团《春之祭》；沈伟舞蹈团《春之祭・天梯》；国家大剧院、英国伦敦赛德勒斯・威尔斯剧院和北京晓星芭蕾艺术发展基金会联合制作的《穿越——三个女人的舞蹈》；中国国家芭蕾舞团携手世界著名芭蕾编导大师诺伊・梅尔的芭蕾舞剧《小美人鱼》。

和北京作为近几百年中国文化中心的优势比起来，青海有其特有的联结远古的千年文化土壤，基于自由和浪漫的想象，8 月在西宁举行了“青海原生态舞蹈和现代舞节”，在古代与现代之间通过舞蹈做了一次穿越。姑且不说这种结合在学理逻辑上是否成立，仅仅通过青海当地原生舞蹈和舞台创作的现状，便可以了解现代社会发展在不同区域中所体现出的文化差序。

教育：在精英和民众之间

中国的舞蹈教育是精英化的术科教育，脑体倒挂的格局从一开始就被决定了，这里面不仅仅存在通才教育不足的缺陷，更有一层问题是，应该如何处理这种精英化教育与民众之间的关系。

2012 年 12 月 14 日，“中国舞蹈研究生教育三十周年纪念暨研讨会”在京举行。三十年来，中国最早设立舞蹈硕士和博士学位的教学机构——中国艺术研究院研究生院与舞蹈研究所携手为中国舞蹈界培养了数百位理论人才，近些年一些专业舞蹈院校也纷纷设立研究生教育。尽管如此，这仍然无法改变中国舞蹈庞大的术科教育基础和身体技术至上的主流观念，在比赛机制下所形成的专业舞蹈圈子里，理论研究者并没有真正的话语权并实现话语的有效性。这与其归咎于理论和实践的脱节，使理论研究者处于边缘地位，倒不如说长期形成的术科主导思想以压倒性的优势掩盖了实践者与理论者之间的认识差异。而恰恰是这种差异和距离才有可能够构成一种批判的声音和前瞻性的指向，这一点却未成为共识。无论如何，中国舞蹈本科到研究生教育之间的跨越仍然是精英层面上的，它们究竟能给普通民众带去什么惠泽，恐怕是更为深远的课题，这其中的理念也绝不仅仅是送舞下乡、下基层这一简单行为所能实现的。倒是当下的一些非专业创作经验可以激发这方面的思考。

2012 年 7 月中旬第六届华北五省区市舞蹈大赛在北京举行，这次比赛业余与专业共竞、幼儿与老者同台、传统与现代齐欢，一小一老两个作品令人印象深刻，小的是《“鼠”你快乐》，老的是《芭蕾奶奶的春天》。《“鼠”你快乐》的舞蹈语言就是孩子高兴时“扭一扭”的基本形态，虽然简单，但触碰到了一个很本质的问题：我们应该如何去对待孩子的身体？当下有许多舞蹈对于孩子身体的训练已经非常成人化，甚至在作品里也要以展现身体的技术为目的，来达到所谓的艺术高度，但恰恰是这样一个过程丧失了舞蹈的真义。舞蹈不仅要美育，同时能让孩子通过肢体行为提高观察力、感受力、模仿力、记忆力、想象力，锻炼反应能力和动作协调能力，加强团结协作意识。而舞蹈作品如何在没有思想和技术负担的情况下，既能达到舞蹈的正向功能，又能在快乐明亮的基调情绪里让孩子在舞台上表达和享受，才是儿童舞蹈创作的关键。就此而言，《“鼠”你快乐》是个非常成功的作品。《芭蕾奶奶的春天》里，一群平均年龄 60 多岁的老太太表演了芭蕾，值得称道的是，作品并不是让这些老太太去炫脚尖技术，而是用她们被专业训练了的身体去表达退休之后的第二春。她们虽然一把年纪，却在作品里表现了生命的明亮和饱满，当下许多二三十岁的年轻人都未必能够体现出这种活力。所以，我们在专业的实践当中，往往以把自然身体训练成专业身体为目的去比赛拿奖，而忘记了舞蹈原初的目的和功能。所以，我们究竟要怎样的专业化舞蹈？究竟要用专业的身体干什么？把自然身体训练成专业身体，仅仅是手段，最终还是要用专业的身体去表达心中的美与爱。

我们对待舞蹈身体的态度实际上能反映出根深蒂固的等级观念，长期以来，在专业和业余的分水岭下，专业舞蹈圈的高度自旋转已经让它在高精尖的维度里转不出来了，非专业舞蹈似乎永远都要在这个旋风外仰视专业舞蹈。2012 年下半年，杨丽萍《孔雀》在各地巡演中获得了口碑和票房上的巨大成功，而这并不能算是专业舞蹈的成功。当下，我们用培养芭蕾“天鹅”的标准来要求每一个打算进入舞蹈大门的孩子，甚至著名的民间舞蹈教育专家都会在电视媒体上大肆宣扬“三长一小”（长脖子、长胳膊、长腿、小脑袋）的身体审美标准，而杨丽萍的身体比例并不能达标。这个未受过严格专业训练的舞人当年步入国家级院团时备受排挤和轻视，而今却取得了任何一个科班出身的专业舞蹈演员都没有的成就，这不是因为她妥协，而恰恰是在她凭着天性所感知的舞蹈中始终坚持自我的结果。

面对当下中国舞蹈教育在精英和民众之间的失衡局面，一种天然的反抗或者自我的启蒙以前所未有的形式出现了。自 2011 年以来，以广场舞为代表的全民性舞蹈热潮在社会的广度上持续升温，2012 年江苏卫视甚至专辟广场舞栏目《最炫民族风》让民众的身体发声，人们对于健康、快乐、美丽的渴求最终通过身体的方式表达出来。我想，这份朴素的表达才是人与社会和谐发展的基础，舞蹈作为人类身体律动的真义也是在这个时候回到了原点。

刘晓真　中国艺术研究院舞蹈研究所副研究员

2012 中国舞蹈发展概述

◎杜 蕾

2012 年，“文化自觉”这个出现在其他艺术门类的高频词，终于可以在舞蹈艺术领域中套用了。这种“自觉”，在舞蹈艺术发展的各个层面都有所回应，从国家舞蹈院团的体制改革到民间舞蹈社团的自主运营，从舞蹈本体创作的探讨到舞蹈形式诟病的反思，各个方面的发展都有着自发意识向自觉意识的转变，一种突破格局的力量暗自酝酿。这一年，无论是创作群体，还是表演群体，这种新格局、新趋向的轮廓逐渐明晰，尽管占据主体地位的舞蹈作品仍然存在着制作多于创作的现状，我们还是能够看到随着市场化程度的不断提高，其艺术性与观赏性在不断进步。在繁华与冷落交集的一年里，从身负重任的政府协会到具有导向责任的国家院团，从自负盈亏的社团组织到率性表达的个体青年，从诸多方面，我们真切地感受到了舞蹈人的努力与思索。作为梳理，本文从“舞蹈活动”、“舞蹈创作”、“舞蹈研究”三个方面进行概述。

年度舞蹈活动

以北京和上海为代表，年度有主题、有规划、有组织的综合系列演出活动，以艺术节、演出周带动的演出在运作上和形式上的国际化趋势更加明显。

在北京，其两个“首届”活动比较有代表性：“2012 首届国家大剧院舞蹈节”和“首届北京舞蹈双周”。作为国家顶级的综合艺术展示平台，舞蹈始终是国家大剧院舞台上重要的艺术门类。从开幕至今，国家大剧院在国外优秀节目的引进、国内市场的营销推广以及观演群体的培养等诸多方面都起到了示范作用。经过 5 年的积累和对观众的逐步培养，国家大剧院精心策划了首届舞蹈节，在借鉴国际艺术节组织模式的基础上，邀请了国内外著名编导创作的不同流派和风格的舞蹈作品，以及国内外知名度很高的舞蹈艺术家进行一次集中的展示。此次舞蹈节大牌编舞有约翰·诺伊梅尔、威廉·弗赛斯、依利·基里安、马兹·艾克、赵明，顶级明星有希薇·纪莲、杨丽萍、谭元元，著名舞团有斯图加特、兰登、中央芭蕾舞团、云门舞集，而所演作品也风格多样。

如果说“首届国家大剧院舞蹈节”如同国家大剧院本身，代表着国家级的眼光与实力，是高端领域中的重要综合平台与推手。那么，同样的 2012 年，另一派民营性质的“2012 首届北京舞蹈双周”与大剧院舞蹈节遥相呼应，在创作个体素质的提升、青年舞者的表达与交流方面发挥着重要的民间平台的作用。“北京舞蹈双周”是雷动天下现代舞团在 2008 年开始建设的“北京现代舞周”的基础上，发展形成的国际性舞蹈活动。首届“北京舞蹈双周”国际演出活动由北京雷动天下现代舞团艺术总监曹诚渊先生牵头策划，国家大剧院、中国人民解放军艺术学院和中国艺术研究院舞蹈研究所协办，北京雷动天下现代舞团、广东现代舞团和中国香港城市当代舞蹈团具体实施，是目前国内专注于现代舞发展规模最大的国际舞蹈盛事。此次“北京舞蹈双周”内容涉及创作、表演、教学、理论研究以及舞蹈影像等多个方面，内容涉及创作、表演、教学、理论研究以及舞蹈影像等多个方面。

在上海在，位于浦东丁香路上的东方艺术中心作为国际文化艺术交流展示的平台，异军突起，努力地把优秀现代舞作品介绍给中国观众。2012 年第四季度，东方艺术中心推出了“中英对话舞·当代”，来自中英两国的 6 支顶尖当代舞团：英国兰伯特舞蹈团、威尔士国家舞蹈团、动感多媒体舞蹈团、兰登舞蹈团与金星舞蹈团和北京当代舞蹈团齐聚上海。除了英国兰伯特舞蹈团的《摩登牧神的现代午后》及威尔士国家舞蹈团的《大不列颠之梦》两部 2012 伦敦奥运会委约作品外，金星、王媛媛也都各自带着她们的得意之作，应邀加入这场以“舞·当代”为题的肢体对话。当现代舞票房普遍惨淡的时候，

"东艺"邀请了一系列高品质现代舞的演出，如英国阿库·汉姆舞团由阿库·汉姆和朱丽娅·比诺什主演的《我之深处》，美国帕森斯舞团的《爱的记忆》、以及英国兰伯特舞蹈团，其中最震撼的作品"捕影"由著名编舞家帕森斯于1981年创作首演，三十年后才第一次首秀中国。还有来自台湾的云门舞集在继《行草》、《流浪者之歌》后，带着《九歌》落户"东艺"，创造了一票难求的票房佳绩。

2012年，在上海还有一个事件，那就是舞蹈类演出在阔别十年之后重新回归"上海之春"的舞台，在为期21天的音乐节中共推出包括芭蕾、当代舞、舞剧、舞蹈诗等形式各异的8台演出。包括由曾获托尼奖提名的百老汇导演琳·泰勒·柯柏特对剧作进行修改的新版舞剧《周璇》、由近年来国内外知名编导为上海芭蕾舞团度身创排的现代芭蕾作品《舞之魅》、融汇了中西文化与艺术思考的当代舞《觉》，集结了上海戏剧学院舞蹈学院、上海戏剧学院虚拟实验室等一线青年创作力量潜心创作的多媒体舞剧《极境》等。同时，在业界反响日益壮大的华东六省一市专业舞蹈比赛今年也纳入了"上海之春"的节目中，为观众呈献颁奖晚会暨舞蹈精品展演。不难看出，上海作为时尚前沿的大都市，无论在多元艺术的市场挖掘还是观演群体的培养方面都具有着海派的激情与努力。

除此之外，"广西现代舞嘉年华"和"2012第九届广东现代舞周"成为北京和上海之外，现代舞领域的年度重要活动。广西南宁的"广西现代舞嘉年华"活动邀请了国内外艺术家，与本地舞者一起，带来大剧场、小剧场、环境表演、影像展映、工作坊座谈等不同形式的演出和交流；在广州举办的第九届广东现代舞周中外节目并重，境外的节目比往届更加国际化，有来自欧、亚、美洲9个不同国家以及港台地区最新、最精、最奇的节目，而内地的节目则凸显中国艺术的创意实力，特别是新生代风格各异的舞作，足以与国际艺术家展开平等对话。2012第九届广东现代舞周的节目除了多而广之外，还加设了深而精的专题系列活动。这一届届现代舞周最大的突破，在于让参展的国际演出经理人认识到了北、上、广之外的中国现代舞。

以政府为主导的展演、艺术节等系列活动

2012年，这一类活动形式多样影响广泛，突显了政府的导向和力量文化部在北京举办了"2012全国优秀剧目展演"，两个月的时间里，有来自国家艺术院团、部队以及全国各地的119台优秀剧目在国家大剧院等剧场演出。在二十余台舞蹈类节目展演中，舞剧比例几乎占据了一半；北京举行了第四届全国少数民族文艺会演，41台文艺节目中，舞蹈类的创作有23台，可以很大限度地反映当下各地区民族民间舞蹈的创作风貌。山东省胶州市举行第三届中国秧歌节，主题为"龙腾盛世舞秧歌"，主要由开幕式文艺演出、全国优秀秧歌展演、全国中老年健身秧歌展演、踩街表演、全国民间工艺博览、中国秧歌艺术继承发展高峰论坛等组成，活动方还创建了中国秧歌传习研究所，为保护、传承、发展中国的秧歌艺术提供一个可持续发展的平台；青海西宁举办了"2012中国·青海西宁国际原生态舞蹈暨现代舞艺术节"，主题是"探秘舞蹈之源·传承舞蹈文脉"。在国际原生态舞蹈暨现代舞节目展演，近20支国内外原生态舞蹈团队同台献艺。在艺术节的国际学术论坛活动中，国内外舞蹈界专家、著名学者在论坛上形成《原生态舞蹈文化遗产保护（西宁）共识》；宁夏举办了"2012中国·宁夏第三届回族舞蹈展演"，在为期4天的时间里，北京、山东、新疆等6个省区市选送的26个节目进行了集中展示。

年度的评奖活动热闹纷繁，在市场机制未能完全发挥作用时，比赛评奖机制依然是最有效的激励方式

作为华北地区规模最大、影响最广的舞蹈赛事，"第六届华北五省区市舞蹈大赛"已经有12年的历史了，可以说把中国当代舞蹈发展的缩影，把我们关注的各个领域、各个层次舞蹈的发展面貌整体地呈现出来。在这次比赛中，集中地引发了大家对于专业与非专业、儿童舞蹈美育与群众舞蹈建设、舞蹈发展趋势如何接地气并与民众密切结合等问题的思考与讨论。2012年主要的舞蹈比赛评奖活动还有北京舞蹈学院主办的第四届北京国际舞蹈院校芭蕾舞邀请赛，大赛邀请了9个国家的11位国际知名芭蕾舞专家组成评委会。来自23个国家和地区的75名选手分别通过三轮比赛的选拔；河南省郑州市举行了的第八届中国舞蹈"荷花奖"当代舞、现代舞评奖决赛，共有来自全国各地的32支参赛团队角逐本届作品、编导、表演各大奖项。其中当代舞 32 个，现代舞 15 个。在全部参加决赛的 47 个作品中，来自部队文艺团体的 16 个节目，占全部节目的 34%，居全部参赛节目的三分之一；安徽举办了文华艺术院校奖第十届“桃李杯”舞蹈比赛，在赛事组织形式上，本届比赛取消了各舞蹈类别的 A、B 分组和男女分组，体现出舞蹈类本科名校与高职、中专类院校“站在同一起跑线上”的新理念，从而展现更高的专业水准和奖项含金量，赛事也因此更为紧张、激烈、精彩。“2012・华东六省一市专业舞蹈比赛”在今年共有选自华东地区各省的 70 个作品进入决赛，其中现实题材约占 41%，民族题材约占 37%，其他题材约占 21%。可以看出现实题材与民族题材继续稳居上升趋势，而年轻编导的全面进入，也出现了一些老题材的新样式。比赛期间，组委会同时举办了“2012 华东舞蹈论坛”。本届论坛打破以往“歌舞升平”的基调，邀请了部分编导及演员参与。

年度舞蹈创作

2012 年，大制作高投入的大型舞剧与之前两年相比，不管出于主动还是被动，这种自娱自乐、好大喜功的舞剧生产模式似乎开始驻足反省，大制作的舞剧在数量上有些回落。与此相应，小成本，突出个性表达的现代舞作品开始日趋活跃，尤其是剧场舞蹈，在培养观众、积蓄创作力量以及均衡舞蹈市场的格局方面，开始成为不可忽视的力量。

大型舞剧作品在创作和推广方面的国际化趋势凸显

2012 年，从一南一北两个重要的芭蕾舞团推出的舞剧作品可以看出，与国际接轨、邀约国际著名编导参与创作可以说是今年芭蕾舞剧创作的一个热点。在这一年，作为塔尖上的国家院团，中央芭蕾舞团继续致力推进国际间的创意与交流，坚持把“请进来”与“走出去”相结合，通过引进世界不同流派、不同风格的芭蕾舞蹈作品，不断提升中央芭蕾舞团的艺术水平。几经努力，中央芭蕾舞团引进了国际著名编导约翰・诺伊梅尔根据安徒生童话《海的女儿》改编的芭蕾舞剧《小美人鱼》，该剧是近 3 年来中芭引进的首部顶级芭蕾大师的巨著，舞美设计也是原版引进，整部芭蕾舞剧耗资千万之多，是中央芭蕾舞团近年来少有的大手笔。约翰・诺伊梅尔在芭蕾舞剧《小美人鱼》的创作中却呈现了一种全新的视角。他用“诗人”的形象贯穿全剧，选取“第一人称”的手法铺陈直叙。“诗人”描绘了小美人鱼爱上王子却属于一厢情愿的无奈，又用为爱情献身的灵魂激荡去祝福心爱的人。该剧在音乐创作上会使用电音琴来创造出一种想象中“美人鱼”的声音；表现“美人鱼”鱼身形态的服装灵感则来源于日本传统戏剧能剧；在舞蹈方面，需要演员同时具备高超的表演能力、丰富的现代舞技术和扎实的古典芭蕾基础，这对任何一个演员来说都是一项极大的挑战。约翰・诺伊梅尔也认为《小美人鱼》是一出十分适合中国的芭蕾舞剧，也是一出十分复杂、难度很高的舞剧；在上海，另一部根据名著改编的芭蕾舞剧在制作上也采用了国际化的模式，这就是上海芭蕾舞团改编排练的芭蕾舞剧《简・爱》。这部舞剧邀请到德国编导帕特里克・德・巴拉、法国的舞美服装设计热罗姆・卡普兰进行合作，是一部结合了英国的文学原著、上海芭蕾舞团的改编创意、德国的编导、中国舞蹈家的演绎、法国的舞美服装设计和英德音乐家制作的国际化作品。编导帕特里克・德・巴拉对舞剧《简・爱》的编排，无论从故事情节，还是服装、布景和音乐上，均体现了浓浓的英格兰风情。上海芭蕾舞团团长辛丽丽表示：“帕特里克的编舞完全打破了上海芭蕾舞团一贯以来古典芭蕾的风格，他的舞蹈追求速度和力量，几乎看不到太多古典的影子，囊括了甚至包括街舞在内的丰富的现代舞蹈的类型。”值得一提的是，舞剧《简・爱》打破了对于原著情节的照搬，编导以一个跳脱的视角，增加了疯女人贝莎的戏分，使得这个在原著小说中若隐若现的角色在舞剧中得到了强调，在增加戏剧冲突的同时也提升了舞剧的可舞性与观赏性。

2012 年，作为毛泽东同志《在延安文艺座谈会上的讲话》发表 70 周年纪念，北京雷动天下现代舞团与中国儿童艺术剧院联合制作演出了舞剧《延安保育院》，该剧由于李捍忠这样一位现代舞编导的参与，而成为这一年印象深刻的红色作品。《延安保育院》与其他主旋律革命历史题材的作品不同，可以说是主创人员的审美意识和创新能力决定了作品的走向和品位。创作者对于红色题材所运用的全新表现手法和独特视角，以及立体化的舞台营造：旋转的舞台、变化的灯光、布景的多变、震撼的音响效果等形成一股的艺术合力，真实地触及并打动了观众，一起回忆这段红色历史。所以这部作品无论从商业的眼光还是政治的角度来讲，都可圈可点，引人注目。

这一年，公众视野中的舞蹈明星依然非杨丽萍莫属。在2012的“七夕”晚上，由舞蹈家杨丽萍担任总编导并领衔主演的大型舞剧《孔雀》，在云南省昆明市开启全球巡演大幕。这部以“百鸟之王”——孔雀为美好象征的大型舞剧，是杨丽萍30多年“孔雀舞”舞蹈艺术生涯的淬炼与汇集。如果说《云南映象》和《云南的响声》是杨丽萍上一个创作阶段着力于民族文化挖掘和传承，那么《孔雀》则在此基础上对自然、地域和民族的艺术表现有了全新的突破，使鲜明的云南民族文化元素有了国际化的表达，有人将此剧称为中国版的《天鹅湖》。为更好地呈现艺术效果，《孔雀》力邀奥斯卡“最佳美术设计”奖得主、著名视觉艺术家叶锦添操刀舞美、服装设计，全剧杨丽萍以粉、蓝、灰、白四套“孔雀服”，展示春、夏、秋、冬四个篇章，以独特的表现力诠释东方美学。不仅如此，《孔雀》还吸引了舞蹈编导高成明，音乐人三宝等加入，形成实力强大的创作团队。

舞蹈小作品的创作与呈现依然以比赛为主。国家级的全国舞蹈比赛仍旧是舞蹈小作品创作的动力与传播的途径

从2012年的赛事中，可以看到以往赛事中老生常谈的问题依然存在，比如创作手法雷同单一的问题、形式大于内容刻意炫技的问题、学院派作品泛滥问题，等等，但是我们也能够看到，越来越多的新一代年轻编导开始在赛事的平台上崭露头角，对于传统题材的表现有着不同的想法，对于肢体的表现力上也有一些创意。而学院派在对形体基调的定位，素材的发展与延伸也有令人耳目一新的表现。在这一年出现了很多印象深刻、值得称赞的作品，如：第十届桃李杯比赛中充满人性关怀的作品《羚羊的外套》（东北师范大学舞蹈系）。第八届中国舞蹈“荷花奖”当代舞评选中的《决胜千里》（南京军区政治部前线文工团）、《新军靴》（解放军艺术学院）、《我们在黄河岸边》（郑州歌舞剧院）、《八女投江》（海军政治部文工团）等。另外，第六届华北五省区市舞蹈大赛在接地气这个层面打破了专业和非专业的界限，像获得一致好评的儿童舞蹈《“鼠”你快乐》（北京代表团）和老年舞蹈《芭蕾舞奶奶的春天》（天津代表队）等作品，把本次大赛的一个看点由遥不可及地高精尖引向了更广大的民间力量，也再一次强调了群众舞蹈的在当今舞蹈发展中的基础作用。而赛后引发的关于舞蹈教育低龄化和舞蹈非专业化的探讨也成为舞蹈教育反思与发展的一个良好倪端。比赛是一个很重要的事业激励的方式，也是一个强有力的推动舞蹈事业发展的手段，但是如何利用好这个机制与平台，值得我们进一步思索。

在现代舞的创作方面，艺术跨界现象比较普遍，剧场舞蹈风生水起

身体语言有着任何语言都无可比拟的特殊性。在艺术发展的原初之时，身体，是我们最深切情感与最崇高精神的直接表达。2012年，在经过2011年现代舞发展的集体预热后，现代舞包括舞蹈剧场在整个舞蹈发展格局中的比例逐渐增长。除了国家大剧院、北上广个现代舞团的有计划有组织的努力，个体现代舞者也在力所能及地进行着多方面的探索。现代舞的出现与发展是一个不可逆转的社会现象。当社会迈入多元的现代社会，年轻人自然会有他们自己的想法，会找寻创作的灵感、独立的空间与自我的特殊表达方式。这些团队的出现，一方面反映了中国现代文化发展的布局，从一个侧面也反映着中国整个社会的发展面貌。这一年，现代舞领域除了异军突起的陶冶，娜尔斯，还有广东的罗跃斌，上海祖和勇，广西南宁的鼓舞社，这些年轻的现代艺术家不只是重复过去的传统，而是在用心地表达自己独特的声音。

2012年的现代舞作品，除了从身体沟通精神的努力和身体自身可能性的努力这两个方向的努力比较明显外，“跨界”成为现代舞的一大视点。在北京蜂巢剧场，孟京辉戏剧工作室首次推出舞蹈戏剧《怪谈》。该剧由孟京辉监制，当代舞蹈艺术家赵梁执导，《恋爱的犀牛》原班人马参加演出。赵梁介绍，作品将舞蹈架构在对人性的描摹和社会的思考上，试图用舞蹈的形式探究在物质社会中人类应如何沉淀内心，与自己的灵魂对话。在《怪谈》里，他构建了一个剧场空间，演员调动一切手段活出了他们自己的世界，每个角色都拥有一段别样的故事，他们用诗意及夸张的肢体表现出生、老、病、死、爱别离、怨憎恨、求不得等人一生所要遭遇的各种苦难；在上海东方艺术中心，金星联合奥地利液体空间创作的作品《中国式交流》。和往常观众们正襟危坐在剧院舞台下不同的是，现代舞《中国式交流》把观众拉到了台上，由8位舞者为观众带来一场打破常规的现代舞体验，并让他们成为舞蹈参演的一部分。该作品将舞者们放置在一个不断进行和变换的情境中。舞者通过肢体表现诠释着各类社会角色，展示着不同的生活形态，通过人们交谈中出现的矛盾和冲突，反映了不同社会群体间存在的差异，也挑战了存在于设计、艺术、潮流和生活方式中的俗定观念和看法；在"2012 北京国际青年戏剧节"上，史晶歆推出了当代舞蹈剧场作品《活着就好》、《霞谱帛瓦：觉、白、梵》。《活着就好》讲述的是一座城市，上海的历史和变迁，岁月流逝下，普通百姓的平常生活，成长到衰老的生命历程。主线回忆一段关系，奶奶与孙女的情感故事，分离与亲近间，沉默与对话中，了解彼此和世界，看见人性的美丽与坚守，感受内心的温暖和柔软，学会爱与希望。《霞谱帛瓦：觉、白、梵》三部曲（2009—2011）灵感源自印度诗人泰戈尔的诗歌《吉檀迦利》，讲述一个人的三个生命阶段，觉、白、梵，隐喻生命从分离到完整。一名舞者，虔诚地用身体的舞动去愉悦自己，寻找神性，在一次次的开始与结束间，体味生命的真诚；在国家大剧院，颜荷以艺术总监、策划、舞者的角色用《水语》完成的首个个人舞蹈剧场演出。全剧分为"源"、"爱"、"欲"、"异"、"灭"、"回"六个章节，以"水"为主题，通过舞蹈与其他艺术结合，探索舞蹈的多元性。《水语》六个舞中颜荷编了"爱"和"灭"两段。剩下四段分别由桑吉加、邢亮、訾伟和王涛创作。装置艺术家吴达新在舞台上方设计了悬挂的冰块，舞蹈过程中冰块开始滴水。舞台的地板是透明的塑料垫，灯光照射下像极了水的层层波纹，营造出"人在水中舞蹈"的视觉景象；"北京9当代舞团"推出的新作《蛾》在北京9剧场旗下的TNT剧场上演，这是舞蹈家赵玺的一部充满思辨的自问自答的独语式舞蹈作品。该剧运用"舞蹈剧场"的方式，集舞蹈、戏剧、诗歌诵读等多种形式于一体，表达主创者的思想。

在身体自身可能性的拓展方面，陶身体剧场的作品在屡受国际关注之后，也开始受到了国内人士的关注与赞扬。陶身体剧场对于身体的表达与肢体的再审视，成为现代舞视线中的一个亮点。2012 年受邀参加美国纽约林肯中心夏季艺术节的新作《4》进一步发展了陶身体剧场《Weight x 3》和《2》中对动作技术、身体质感以及舞台关系的思考，延续了极简主义风格。

现代舞部分梳理的最后，还有一点不能不提，那就是现代舞和芭蕾舞时下越走越近，不知道是芭蕾舞进入了新的时代，还是现代舞无所不在。与当代芭蕾在当代舞台上异常活跃相应的是，北京当代芭蕾舞团在中国也是备受瞩目。2012，舞团的灵魂人物王媛媛又推出了新舞作《野草》。整台演出改编自鲁迅先生散文集《野草》，分为"死火"、"影的告别"和"极地之舞"三个乐章。在去年旧作《金瓶梅》的议论还未消停之际，又推出了一部根据名著改编的作品，也展示了这个年轻舞团的活力。

作为全球化时代的必然，中国现代舞在国际上呈现蓬勃发展的势头。在国内方面，以现代舞为主题的交流展演也更多地呈现出国际化态势。如前文提到的北京舞蹈双周、东方艺术中心推出了"中英对话舞·当代"等。2012 年的首届国家大剧院舞蹈节还邀请了"沈伟舞蹈艺术"加盟，这位中国现代舞的先行者此行带来了作品《春之祭》和《天梯》，这是他在美国成立舞团"沈伟舞蹈艺术"12 年之后首次回国演出，让观众感受到了这位深度沟通东西方美学的艺术家的独特魅力。

现代舞作为个体意识的思考与强调，也在一个层面上反映着一个社会，一个国家、一个文化体系里自由的声音。在这一年，我们看到，现代舞与舞蹈剧场的观演群体，对于现代舞感受力的培养依旧任重道远，"看得懂"与"看不懂"的争论依然存在现状依然是我们的艺术市场大部分是被大的艺术项目占据，大团体被作为是文化的代表得到更多的关注与扶持，而更多代表自己的年轻人，在发展的道路上依然举步维艰，高额的场租费、尚未形成的社会赞助风气、不够完善的政府扶持体系，等等，都制约着现代舞的进一步发展。在信息发达的现代社会，有很多人受到了很多的诱惑而经常忘记了跳舞的初衷，在争相娱他人的群体中迷失了本我的自娱。但是，依然有那么一小群人，用他们青春的执着默默地坚守。

年度舞蹈研究

2012 年重要的学术研讨会

如果我们把很多舞蹈现状中存在的问题都追究到教育，尤其是舞蹈教育中似乎有些不近人情，但是很多问题追根溯源无法不往回找，俗话说，十年树木百年树人，在一个所有目光都聚集在身体之上的行业中，如果我们能拿出关注身体的一半甚至一小半的注意力，用于心灵精进的努力，把眼光放置于更多创造力量的积蓄、变化，一定会在肯定与否定交替的努力中孕育。

在上一年，也就是 2011 年，国务院学位委员会审议通过了将艺术学科独立为“艺术学门类”的决议。艺术学科告别原属“文学门类”的历史，成为由艺术学理论、音乐与舞蹈学、戏剧与影视学、美术学、设计学 5 个一级学科组成的第 13 个学科门类。2012 年，作为这一事件的起点，“艺术学升门”对于中国舞蹈高等教育学科建设意义重大。在这一年里，几个重要的研讨会都不约而同地聚焦在舞蹈教育上。在舞蹈的学位教育方面，由中国艺术研究院主办，中国艺术研究院舞蹈研究所承办，中国舞蹈家协会和北京舞蹈学院协办的“三十而立　继往开来——中国舞蹈研究生教育 30 周年纪念暨研讨会”在北京举行。与会者回顾了中国舞蹈研究生教育 30 年的发展历程，并就我国舞蹈研究生教育的理念、现状以及亟待解决的现实问题等进行了交流与讨论；在素质教育方面，“中国教育学会舞蹈教育专业委员会第二次会员代表大会”在京召开。经中国教育学会批准，中国教育学会舞蹈教育专业委员会在北京国家教育行政学院召开了第二次会员代表大会。会议在“舞委会”新一届理事会换届选举工作的基础上，深入分析了新形势下“舞委会”在推进学校素质教育、促进学生全面发展中所承担的使命、责任与任务。在国际间的学术交流方面，由北京师范大学艺术与传媒学院舞蹈系主办的首届“国际创意舞蹈研讨会”在北京师范大学召开。此次研讨会以“创意”为主题，秉承“培育创意型人才”的会议宗旨，深度探讨“舞蹈创作中的个性与共性”、“创意舞蹈的教学与学习”、“专业舞蹈与素质舞蹈的学习脉络”、“新时代的舞蹈艺术表现形式”等议题。

2012 年出版的舞蹈理论著作

除去舞蹈本体的教材与本体创作的研究，在舞蹈学研究领域主要有以下几类：一是舞蹈学的学科研究。如资华筠先生的《舞蹈生态学》（文化艺术出版社）该著作将属于自然科学的生态学的核心概念和某些方法，运用于对民族舞蹈文化发展规律的探索，同时汲取语言学、心理学、文化学等学科的理念，探索舞蹈学科的方法论，创建基础理论，以期对民族舞蹈生存发展中的诸多现象进行描写和解释。吕艺生的《舞蹈学研究》（上海音乐出版社），该著作涵括了舞蹈学的方法论研究、哲学与美学方法、艺术社会学方法、表现主义美学方法、心理学方法、符号学方法、本体论方法、解释学方法、接收美学方法、系统论方法等。还有《舞蹈批评学研究》（上海音乐出版社）等；二是文献史料的收集与整理。如王克芬的《中国舞蹈发展史》（武汉大学出版社）和《万舞翼翼：中国舞蹈图史》（中华书局）、繁体字版《中国舞蹈通史》（上海音乐出版社）、《中国舞蹈史》（文化艺术出版社）、《敦煌舞蹈教程：伎乐天舞蹈形象呈现》（世界图书出版公司）。三是人类学范畴下的舞蹈研究。如《舞祭：广西民间祭祀舞蹈文化田野考察与研究》（广西师范大学出版社），作者以几年来对广西壮族、瑶族、毛南族、仫佬族、京族田野考察所掌握大量翔实的第一手资料为基础，运用文化人类学、民族学、舞蹈生态学、舞蹈心理学的视角和方法，对广西特有少数民族舞蹈文化的产生、变异、功能、发展和传承的整体面貌进行梳理与研究。《走向剧场的乡土身影：从一个秧歌看当代中国民间舞蹈》（上海音乐出版社）究竟是去拓展，探索或者巩固，充实学科边界，还是在采访和文献资料里进行文化的重新判断，是贯穿作者写作始终的问题。在这种问题意识下，既从一个秧歌的视野展现了中国民间舞蹈的当代史，也在文化价值的追溯中反映了时代风貌；四是对舞蹈领域中近年来出现的新问题、新趋势的调查与研究。如：《舞蹈艺术价值论：中国当代舞蹈价值分析》（上海音乐出版社）该著作将传统舞蹈史学研究和新兴艺术价值研究相结合，史论结合地对中国舞蹈艺术价值，特别是当代舞蹈的价值从审美价值、社会价值和经济价值三个层面进行了分析论证。还有张朝霞的《新媒体舞蹈概论》和《中国舞蹈创意产业调研报告》（知识产权出版社）以及译著《舞蹈管理：现状及发展趋势》。

2012 年舞蹈类国家社会科学基金艺术学立项项目

2012 年国家社会科学基金艺术学立项项目有北京舞蹈学院的“中国民族民间舞口述史研究”（国家一般）；赣南师范学院的“赣南采茶舞蹈的风格特征研究”（国家一般）；河北大学的“环首都区域民族民间舞蹈资源分布与旅游开发”（国家一般）；许昌学院的“河南民间舞蹈史”（国家一般）；漳州师范学院的“闽台民间舞蹈的源流与嬗变”（国家一般）；新疆艺术剧院的“中国维吾尔族舞蹈发展史”（国家西部）；云南省民族艺术研究院的“云南 15 个特有民族舞蹈生态研究”（国家西部）。

结 语

2012 年，我们一直期待的中国舞蹈“多元化”发展初现端倪，向更为理性和具有规划意识的进程发展。从首届国家大剧院舞蹈节、首届北京舞蹈双周、全国优秀剧目展演、上海之春等活动来看，在市场格局上，专业院团、艺术中心、民营剧场并存互补。在观众的培养与参与度上，具有品牌优势的国家大剧院、东方艺术中心等机构起到了主导作用。在创作方面，主要还是政府出资大制作，比赛推动小作品，民间资本的成功运营虽有成功个案，距离普遍化仍需要市场的历练与培养。2012 繁华落尽，有没有一段舞打动了你的心，有没有一个作品点燃了人性的光芒？有没有真挚的诚意，不再自大的孤芳自语，让舞者与观者之间心有灵犀？闻一多说，舞是生命情调最直接、最实质、最强烈、最尖锐、最单纯而又最充足的表现！梳理的过程中，我不止一次地在想，不是观众的要求太高，而是我们太希望中国舞蹈走好！实际上，在“好看”的层面上，应当说中国舞蹈已经很努力地“尽美”了。至于在“人文精神”和“生命情调”上的“尽善”仍旧其修远兮！

杜蕾　中国艺术研究院《中国艺术年鉴》编辑部

专题

2012 首届国家大剧院舞蹈节

【概况】

2012 年 10 月 24 日，国家大剧院主办的首届舞蹈节拉开帷幕。本届舞蹈节为期 32 天，于 10 月 24 日至 11 月 24 日期间举办，以“经典·创新”为主题，13 台 30 场来自世界各地的精彩演出，并设立了丰富的专业活动与普及活动。此前，国家大剧院于 9 月 5 日为本届舞蹈节举办了一场启动仪式，国家大剧院舞蹈艺术总监赵汝蘅，表演艺术家濮存昕，美籍现代舞编导、教育家王晓蓝共同解读了这届丰富而高水准的艺术节。同时在发布会上还宣布了本次舞蹈节的三位形象大使：谭元元、濮存昕与王启敏。

大剧院厚积薄发 打造高品质舞蹈节

“舞蹈节”是国际艺术界一种非常普遍的演出组织形式，美国、法国、日本、俄罗斯等国家都有其国际知名的舞蹈艺术节。每每这些舞蹈节举办，世界各地的名团明星纷纷登台，全球舞迷集体关注，甚至有大批铁杆粉丝会打着“飞的”前往观看。

在开幕至今走过的近五年历程中，舞蹈始终是国家大剧院重要的艺术门类之一。数十个国家、不同流派的一流舞团纷纷登台演出，令首都观众大饱眼福的同时，也开阔了中国舞蹈行业的国际视野。经过五年的积累和对观众的逐步培养，国家大剧院精心策划了首届舞蹈节，在借鉴国际艺术节组织模式的基础上，邀请了国内外不同流派和风格的著名编导创作的舞蹈作品，以及国内外知名度很高的舞蹈艺术家进行一次集中的展示。

本届舞蹈节中上演的作品既有“老经典”又有“新力作”。舞蹈总监赵汝蘅强调：“此次大剧院舞蹈节的剧目是在经过精心梳理之后，用心策划的结果，绝不仅仅是同一时间段内节目的堆砌。我们的每一个节目都有不同的看点，就是想让观众们能够通过舞蹈节看到更多更新的作品。”

在芭蕾舞方面，本届舞蹈节上演了一系列新古典主义风格的作品，这些作品打破了芭蕾原有的程式化模式，用更加动情的方式诠释了复杂而深刻的故事。这其中包含了两部汉堡芭蕾舞团艺术总监、编舞大师约翰·诺伊梅尔的作品：《茶花女》和《小美人鱼》，分别由德国斯图加特芭蕾舞团和中国国家芭蕾舞团演绎，用无声的舞蹈演绎复杂的人物与内心。更为难得的是已经几十年未在中国上演的根据屠格涅夫名作《乡村一月》改编的同名芭蕾将由国际超级舞星希薇·纪莲与东京芭蕾舞团联袂奉献。

在现代舞方面，包括了《哈利·波特与火焰杯》的动作编导韦恩·麦克格雷戈尔的《本质》；意大利阿岱舞蹈团新锐编导毛罗·比贡泽蒂创作的《春之祭》；希薇·纪莲与三位当今顶级编舞大师威廉·弗赛斯、依利·基里安、马兹·艾克合作的最新作品《六千英里之外》。特别值得一提的是，国家大剧院通过首届舞蹈艺术节和在世界上享有盛誉的舞蹈剧场：英国伦敦赛德勒斯·威尔斯剧院以及北京晓星芭蕾艺术发展基金会进行首次联合制作，特别设计了一台舞蹈作品《三个女人与四个编导》，由中国芭蕾明星谭元元、来自台湾地区的许芳宜和纽约城市芭蕾舞团的阿什莉·鲍德三位女性舞蹈家共同演绎。

在本届舞蹈节中国家大剧院还着力吸纳了一系列活跃在国内外的中国编舞家的作品，以显示中国舞蹈日趋强大的影响力。这其中包括了一代舞神杨丽萍的最新力作《孔雀》；由林怀民创建的云门舞集 2 的首次大陆之行《云门新声》；北京奥运会开幕式《画卷》篇编导沈伟带领其舞团首次来到中国内地演出；北京战友文工团著名编导赵明创作的大型舞剧《霸王别姬》。同时还有培艺艺术基金和北京舞蹈学院附中的两台公益性演出参与其中。

艺术论坛、教育活动 同步配合丰富立体

对于一个艺术节而言，舞台上异彩纷呈的演出固然吸引眼球，然而台下丰富多彩的活动也同样是一

道亮丽的风景。在舞蹈节期间，国家大剧院将举办专业论坛、艺术家面对面、大师课、教育讲座、公益演出等一系列相关活动，既能够促进专业领域的深入探讨、互通有无，又让舞蹈走近大众，吸引更多的普通人来认识舞蹈、喜爱舞蹈、关注舞蹈。为了让舞蹈更加亲近寻常百姓，国家大剧院特别邀请杨丽萍、希薇·纪莲、阿岱舞蹈团、云门舞集、中国国家芭蕾舞团等国内外知名艺术家、舞团走进博物馆，走进中小学校，参与到公益性舞蹈普及活动中来。

【剧目】

2012 国家大剧院舞蹈节开幕演出：大型舞剧《孔雀》

2012 国家大剧院舞蹈节：英国韦恩·麦克格雷戈尔－兰登舞蹈团舞蹈《本质》

2012 国家大剧院舞蹈节：云门新声－云门舞集 2 精品荟萃

2012 国家大剧院舞蹈节：战友文工团舞剧《霸王别姬》

2012 国家大剧院舞蹈节：德国斯图加特芭蕾舞团《茶花女》

2012 国家大剧院舞蹈节：英国伦敦赛德勒斯·威尔斯剧院/希薇·纪莲出品希薇·纪莲舞蹈《六千英里之外》

2012 国家大剧院舞蹈节：培艺艺术基金·云聚系列之古典舞——《神色》

2012 国家大剧院舞蹈节未来之星——北京舞蹈学院附中专场演出

2012 国家大剧院舞蹈节：东京芭蕾舞团与国家芭蕾明星《乡村一月·练习曲》

2012 国家大剧院舞蹈节：意大利阿岱舞蹈团《春之祭》

2012 国家大剧院舞蹈节：沈伟舞蹈作品

2012 国家大剧院舞蹈节特别奉献：谭元元与世界舞蹈明星《三个女人与四个编舞－穿越大陆》

2012 国家大剧院舞蹈节闭幕演出：中国国家芭蕾舞团《小美人鱼》

【媒体视点】 舞蹈在商业风险中的高雅姿态
——记国家大剧院首届舞蹈节

◎郑荣健

N 之一：舞蹈节平均上座率达 79%

一个月过去，国家大剧院首届舞蹈节正式落幕。期间，有“天下第一腿“之誉的世界著名舞蹈家希薇·纪莲表达过这样一句话：“在舞台上，我们感觉时间过得非常慢。”对观众而言，这句话似乎有点残酷，13 台 30 场的演出结束了，可许多人意犹未尽，特别是遗憾错过了某些演出。据国家大剧院透露，此次舞蹈节的演出平均上座率高达 79%，其中，杨丽萍的《孔雀》上座率更是达到了 104%。这一成绩，堪称收官完美。

细数起来，此次舞蹈节亮点多多。大牌编舞有约翰·诺伊梅尔、威廉·弗赛斯、依利·基里安、马兹·艾克、赵明，顶级明星有希薇·纪莲、杨丽萍、谭元元，著名舞团有斯图加特、兰登、中央芭蕾舞团、云门舞集，而所演作品也风格多样，既有古典之美，又有现代的思想深度，同时也不乏新创作品和新生代舞者的阵容。在国内舞蹈演出市场相对清淡的环境下，这似乎展示了一种多维叙事的可能：“明星制”、“名作制”或者“名团制”是否足以给此类舞蹈节以支撑？其经验是否适合于舞蹈演出的推广或普及？

N 之二：舞蹈节不是一个筐

“我们有的艺术节，常常会把它办成一个筐，什么都往里扔。我想说，这次舞蹈节不是一个筐，从一开始，我们就按着既定的设想去邀请舞蹈家和作品。”中国舞协主席、国家大剧院舞蹈艺术总监赵汝蘅说。对此次舞蹈节的多元特点，显然赵汝蘅也意识到其容易让人误解。

赵汝蘅解释，舞蹈是一门综合了各种艺术门类的艺术，有着宽泛的含义。芭蕾绝不是只有立脚尖，也绝不是仅限与像《睡美人》、《胡桃夹子》、《天鹅湖》这些十八九世纪的保留剧目，它已经由此走出了很远，走出了很多新路，比如现代的、新古典主义的。她说："我觉得，作为国家表演艺术中心，国家大剧院有义务去引领。所谓引领，就是别让观众停留在欣赏《天鹅湖》、《睡美人》这样的作品，而是要让他们了解世界舞蹈最新的发展。通过什么呢？通过接触不同种类、风格的剧目。"

事实上，在国家大剧院相继举办的北京国际芭蕾舞暨编舞大赛、"中国舞蹈明星名作荟萃"、"舞蹈十二天"中，赵汝蘅都在强调要拓展中国舞蹈的视野，如芭蕾舞大赛时特意引入编舞环节、此次舞蹈节纳入古典与现代甚至安排了《茶花女》的两个版本演出。"是舞蹈节告诉观众，舞蹈可以有这么多丰富的形态，舞蹈原来是这个状态。"著名编导赵明说。

"经过多年的发展，我们的观众也已有足够的欣赏水平。在这种情况下，引入这些舞蹈，有的是我绝对推荐欣赏的，有的推荐是为了让大家共同来认识的，有的可能我也并不了解怎么回事，但我希望能从观众的反应中获得回馈。目的只有一个，就是让大家了解，舞蹈的含义是很宽泛的，也是跨越国界的。"赵汝蘅坦言，这得益于她在中芭时的一系列尝试，从《胡桃夹子》、《大红灯笼高高挂》到《牡丹亭》，然后打开了眼界。

N 之三：明星，榜样的力量

在本次舞蹈节中，希薇·纪莲无疑是最耀眼的明星。"天下第一腿"、"不小姐"等称谓，让她吸引了足够的眼球。但在赵汝蘅的眼里，她还是一个认真、勇于承担责任的人。为了邀请到希薇·纪莲，赵汝蘅几度去东京，数经周折。希薇·纪莲带来的两个作品更是没让人失望，《六千英里之外》和《玛格丽特与阿尔芒》一个现代一个古典，很好地诠释了她在古典与现代之间游走的从容与自信。赵汝蘅表示，邀请她来，就是要给国内的舞蹈演员提供一种榜样，让大家看看她的认真、执着和不断探索的创新精神。

"我个人非常想不断地满足自己的好奇心，尝试不同的风格和表演方式。"某种意义上，希薇·纪莲的话也表达了赵汝蘅对此次舞蹈节的期待。本次舞蹈节可以说是明星荟萃、大腕云集，他们的个性或风格各有不同，恰恰成了舞蹈节"个性"的有力支撑。杨丽萍的淡泊与忘我，谭元元的精确与流畅，而编导中约翰·伊诺梅尔的细腻，威廉·弗赛斯的深刻，赵明的现代民族风，不仅诠释了一种多元的可能，更让"明星的榜样"成为另一种视野。

"我很清楚，中国人就一定要搞中国芭蕾，同时又要借鉴外国的优点，继承就一定要学习，创新就一定是真的创新，因此我也真诚地希望能让国内的舞蹈编导、演员和观众看到更多的好作品，也能从这些优秀舞蹈家、舞蹈编导中获得启发。"赵汝蘅说。

N 之四：经典名作 VS 新生代力量

在整个舞蹈节中，约翰·伊诺梅尔版《茶花女》与希薇·纪莲版《玛格丽特与阿尔芒》，意大利阿岱舞蹈团版与沈伟版《春之祭》的 PK 一度让许多观众津津乐道。古典之美与更快的节奏感、更具东方气质的绘画感，似乎跨越了芭蕾的几个世纪，也让本次舞蹈节"经典·创新"的主题愈发鲜明。即便古典，也焕发出新古典主义的光彩。

大家熟悉的云门舞集用《云门新声》为其新生代力量壮行。布拉瑞扬、伍国柱、郑宗龙、黄翊四位编舞家分别带来了各自的处女作《出游》、《坦塔罗斯》、《墙》、《流鱼》以及黄翊另一作品《下回见》。用云门舞集掌门人林怀民的话说，"他们是玩电脑、吃麦当劳长大的"。他们带来的作品，也充满了全新的概念。黄翊的《流鱼》呈现了一种群体舞者流动的状态，而其表意居然是犹如物理定义的速度和动力。

与之呼应的是曾担任电影《哈利·波特与火焰杯》动作指导的兰登舞蹈团编导韦恩·麦克格雷戈

尔。已是第四次来京演出的韦恩带来了现代舞《本质》。这个电玩时代的光头男人，把舞蹈放进了一个动漫、投影和三维设计的空间里，与威廉·弗赛斯的“数学玩法”叫板，让不少观众亢奋不已，更让中国艺术研究院舞蹈研究所所长欧建平赞叹“如同让人经历了一段无法喘息的旅程”。

N之五：大剧院首次“试水”舞蹈自制

11月21日，国家大剧院演绎了一台真正的舞蹈版“三个女人一台戏”。这个叫作《穿越——三个女人的舞蹈》的作品，汇集了谭元元、许芳宜、阿什莉·鲍德三位当红舞蹈家，以8个新作品和小作品的集萃式表演赚足了观众的掌声。演员数度鞠躬谢幕，大幕才缓缓合上。有的人可能并不知道，这还是国家大剧院首次“试水”舞蹈自制。

据国家大剧院演出部部长李志祥介绍，《穿越——三个女人的舞蹈》是国家大剧院与晓星芭蕾艺术发展基金共同为本次舞蹈节制作的作品。他坦言，这种“集萃式”的演出，学术性相对较强，与观众期待的大制作或大剧目相比，其演出风险是非常大的；但从探索的角度讲，这未尝不是为以后积累了宝贵的经验。而业内专家则认为，三位主演的号召力和作品本身的优秀，是此次演出成功的关键原因。

对舞蹈节所能产生的商业可能，赵汝蘅表示，舞蹈节的形式在国外非常普遍，也为各大舞团发现、发掘人才提供了很好的平台，但目前来说，国家大剧院舞蹈节还处在初期阶段，更重要的是为大家提供一个交流与共享的平台。她说：“也许它会产生一定的商业机会，我也乐见如此，但更重要的是，希望它能更好地发挥文化交流的功能，为国内舞蹈打开视野，至于商业机会，我想到了一定程度之后一切都会水到渠成。”

来源：《中国艺术报》2012年12月5日

【观点】冷热之间的舞蹈口味
——国家大剧院首届舞蹈节

◎刘晓真

10月24日至11月24日，在整整一个月的时间里，14台剧目30场次的演出在国家大剧院舞蹈节会集亮相，众多水准一流的舞星、名团、好戏在相对集中的时间里的齐聚一堂，显示了这次舞蹈节非凡的艺术眼光、组织能力和资金实力。也正是这样一场盛宴，不同作品票房的冷热差异探出了当下中国观众对于舞蹈的口味。

他山之石何所为

尽管这次舞蹈节会聚了那么多的世界级明星和舞团，却没有一个能像杨丽萍的舞剧《孔雀》那样，演出票提前告罄，甚至一个下午场的加场演出票在两小时内就被观众抢光。与之形成鲜明对比的是，世界芭蕾舞界的超级明星希薇·纪莲带来的作品《六千里之外》所遭受的冷遇。两者之间，杨丽萍显然具有本土优势。

而希薇·纪莲呢？她作为巴黎歌剧院芭蕾舞团努里耶夫时代的代表人物，19岁便成为首席，二十几年前达到的技术、艺术水准让今天巴黎歌剧院的很多后生难以望其项背，其对古典芭蕾和现代舞蹈双管齐下的驾驭能力，使一流演员也难以企及。这次，她与威廉·弗赛斯、马兹·艾克和依利·基里安这三位国际舞坛一流的编导，将一台天才碰撞的作品首次带进中国，尽管媒体做了大规模的宣传，却收获寥寥。

希薇·纪莲如此深厚的功力，为何没能吸引更多观众的关注呢？显然是由于舞蹈的审美观念造成的。倘若此次希薇·纪莲所演的不是小作品，而是《天鹅湖》之类中规中矩的古典作品，票房肯定要好很多，然而，作为一个年近半百的一流演员，早在其《六千里之外》的追求就超越了舞蹈形式感，而在意动作的质感和特定的心理状态，这恰恰是一般观众轻视的东西。因此，杨丽萍《孔雀》的成功乃是形式美感的观念仍然占据主流的结果。

进言之，对于创新的口味追求并没有在中国观众中形成习惯。中国观众对于杨丽萍一招鲜的满足感有深层的艺术教育和社会环境的原因：我们对于美的评判标准还未真正达到多元化的程度。舞蹈教育中古典审美是无可厚非的，关键是在此基础上如何通过多元的审美教育来拓展思维。希薇·纪莲在年轻时并没有满足于老牌权威剧院所给予的功成名就，而去英国寻求自身舞蹈的多元创作，最终成就了我们现在所看到的古典—现代通吃的希薇·纪莲。一位具有影响力的演员一定会带动观众去对不同风格的舞蹈作品进行选择。西方相对成熟的演出市场培育了观众成熟多元的口味，也使希薇·纪莲这样的演员得到了相应的回馈。

另一方面，对于国际舞星或编导的引进不必简单跟风，而应在学习过程中发现我们的不足。除了对观众审美的影响外，我们舞蹈原创的真正主体——编导和演员也将在这个过程中成长成熟。此次中央芭蕾舞团邀请德国著名编导约翰·诺伊梅尔排练他的现代芭蕾舞剧《小美人鱼》，剧中安徒生一角作为穿针引线来推动情节的演进，他没有太多肢体上的炫技，而把重点放在了人物的心理表现上，这对演惯了古典芭蕾的演员来说是极大的挑战。克服对于技术的依赖而真正体现内心情绪，可以大大拓展演员的戏路和表现力，亦可使观众得到更深层的审美需求。

总之，成熟的审美观念、审美选择和多元的创作是息息相关、彼此互动的。

观众我最大

《穿越——三个女人的舞蹈》两场演出的大卖是大家始料未及的。

演出中的“三个女人”分别选择了美国旧金山芭蕾舞团的中国首席演员谭元元，现代舞大师玛莎·葛兰姆的亚洲弟子、台湾地区舞者许芳宜，以及美国纽约城市芭蕾舞团首席演员阿什莉·鲍德。这台名为“穿越”的演出，意在将各舞种、各地域和各种风格之间进行一次巧妙地跨界、一次完美的融合。正如赛德勒斯·威尔斯剧院艺术总监阿利斯泰尔·斯波尔丁所说：“这场演出为我们揭示了一个趋势，那就是古典芭蕾和现代舞之间古而有之的鸿沟正在渐渐消弭，同时两个舞种之间相互借鉴学习的尝试也越来越多。这次演出中，我们正是要将古典气质与现代气息完美调和，碰撞出艺术的火花。”

这台演出受欢迎的一个重要原因，正在于这个艺术总监所揭示的趋势。古典芭蕾和现代舞之间渐消鸿沟的结果是什么？其实早在20世纪30年代就已经有了答案。以编导乔治·巴兰钦为代表的新古典主义创作，不固守于古典芭蕾创作中的程式化要求，一方面是对演员肢体表现的开发，另一方面则是对舞蹈编排的改革。这就使得新古典主义芭蕾既保留了古典芭蕾的优雅风范，又克服了它的呆板乏味，而走向更加精致和具有意味的形式变化。

《穿越——三个女人的舞蹈》就是发挥了每个演员的身体特质，并在8个独立的小作品中，将精致和变化表现得淋漓尽致。特质上的统一，没有使芭蕾和现代舞有太大的裂痕，在谭元元和许芳宜共同演绎的作品《2乘2》中，没有任何动作上的差异，同一时间同一空间，让人领略了两种训练体系下不同身体所体现出的不同意味。虽然这个作品更多地需要上身的表现力，使许芳宜这个受过玛莎·葛兰姆脊柱收缩放松训练的舞者占有很大的优势，但谭元元由芭蕾所训练出的纤细身体亦有别样的风味。唯有如此的演出，才能看出舞蹈的可能性和超越感，这不仅是创作者有所追求才可达到的，也源于舞蹈自身的魅力和潜力。

这台小品集锦的演出，没有一个作品和戏剧内容打交道，都在动作的世界里自足地游荡，突出了演员身体在流动中的质感，强调举手投足间的韵律和情味，该作品的票房佳绩也再次验证了观众对于形式感的接受和偏好。

英国伦敦赛德勒斯·威尔斯剧院的艺术总监还谈到，其剧院在选择舞蹈演员、编导和剧目的时候会根据市场的要求而定，通过具体的手段让观众选择想看的演员和剧目。但对于中国的观众而言，当还不知道有什么可选的时候就要去做选择，难免会导致畸形的结果，因而这一举措对我们来说为时过早。从另一个角度来看，观众也是市场培养出来的，如果没有前期多元化的舞蹈作品呈现在观众面前，观众也就很难形成自觉的审美意识，而去做独立的选择。

归去来兮

沈伟的名气是在舞蹈界。他作为1987年广东舞蹈学校现代舞班的学员，成为中国第一批从事现代舞创作和表演的人，之后以《不眠夜》中所显露的才华为舞界所关注。1995年赴美学习，在短短的几年后，沈伟成为美国现代舞蹈界的翘楚，各种奖项和舞蹈节的委约使现在的他如日中天。他自赴美后，唯一一次回国的创作是2008年奥运会开幕式中的“画卷”篇。此次沈伟舞蹈团是第一次“到”中国演出。

之所以说“到”中国演出，而不是“回”中国演出，就在于沈伟的创作理念是在美国的创作环境中生发成长的，并且舞团成员的构成也非常国际化。

沈伟创作理念的国际化在于他对《春之祭》的舞台阐释。1913年，《春之祭》作为斯特拉文斯基作曲和尼金斯基编舞的惊天之作，开启了现代音乐舞蹈的纪元。《春之祭》是所有编舞家到达一定阶段的时候都想去试试的作品，因此，当代国际舞坛的大编导都以它来显示身手，但大多数作品局限于原作中的戏剧性，沈伟则不然。他说：“我的版本没有故事情节，但我更深入地挖掘了音乐，对音乐的肌理结构的认识，融合了我不同的舞蹈语汇。这是一个抽象的、音乐性的、运动感的《春之祭》。”不强调情感，不强调内容，追求身体的可能性，很显然这不是当下中国观众的审美口味。

沈伟的另一个作品是《天梯》。在这部作品中，一个巨大的楼梯占满整个舞台的后景区域，前台区域仿佛是纯白的博物馆大厅，舞者身着灰白曳地长裙，如同一尊尊庄严的雕像挺拔静立，或缓慢地移动游走，整个作品的调度没有特定的规律，却如诗如歌，直到演员最后隐没在“天梯”尽头……沈伟说：“《天梯》这部作品的灵感源自比利时超现实主义画家保罗·德尔沃的画作。在许多层面上，我觉得德尔沃的艺术感受与我那一段时间的艺术探索拥有共鸣。”而这部作品也被《纽约时报》评价为“超现实艺术启发的意象流”。演出结束后，有观众在微博上将《天梯》的剧照同地下通道里楼梯的图片做了一个比照，同是形式感强烈的梯子上，一个是艺术家们的舞姿，一个是几个流浪儿的无所依托。面对这样的“超现实”和现实的强烈对比，不禁让人心生感慨：这是艺术家的不接地气和水土不服。如此来看，说沈伟“到”中国演出，而不是“回”中国演出，是再贴切不过的。但是，不能因为艺术家的“超现实”仅仅是他的心理感受而否定了《天梯》的作品价值，其作为艺术的纯粹性和另类美感是不容小视的。

沈伟在国际舞坛的炙手可热和在中国舞蹈市场的遇冷似乎并不能归咎于国内观众对他的不了解，更多地还是在于创作者和观众之间是否真正达成了艺术审美的交流。这些在国外功成名就的艺术家都有其特定的创作环境和追求，更准确地说，他们要适应和满足他们的生存环境。因此，即便是用中国的艺术元素搞创作，出来的情味、质地难免不能满足中国观众的审美习惯。

当然，我们不能苛责艺术家要面面俱到，因为他们最大限度的自由表达才会带来审美多元的局面，进而培养和满足观众的审美口味，建立一套成熟健全的创作和观赏机制。

来源：《文艺报》2012年12月3日

2012 首届北京舞蹈双周

【概况】

2012 年 7 月 15 至 29 日，首届“北京舞蹈双周”国际演出活动在北京拉开帷幕。该项目由北京雷动天下现代舞团艺术总监曹诚渊先生牵头策划，国家大剧院、中国人民解放军艺术学院和中国艺术研究院舞蹈研究所协办，北京雷动天下现代舞团、广东现代舞团和中国香港城市当代舞蹈团具体实施。

此次“北京舞蹈双周”内容涉及创作、表演、教学、理论研究以及舞蹈影像等多个方面，由 6 个内容板块组成，分两周进行。7 月 15 日至 21 日为教学周，14 位来自世界各地的优秀教师将进行为期一周系统授课的“舞蹈营”；4 场网罗世界各地最新舞蹈录像，以供欣赏的“跳格舞蹈影像”。7 月 22 日至 28 日为展演周，有 7 场“焦点观摩”，6 场“另类平台”，6 场“青年舞展”，6 场“舞蹈论坛”。

“北京舞蹈双周”是国内知名现代舞活动，也是在雷动天下现代舞团在 2008 年开始建设的项目“北京现代舞周”的基础上，发展形成的国际性舞蹈活动。

2012 年“北京舞蹈双周——青年舞展”节目名单：

节目 1（7 月 23 日）

1.《根》北京 哈尼莎
2.《自选题》广东广州 胡清清
3.《某人·某事》陕西西安 梅耀轩
4.《异域》香港 曾景辉
5.《是名实验：白天版》北京 汪圆清
6.《一帘幽梦》江苏南京 呼日乐、刘言、邢冠兵
7.《外面的世界》广西南宁 何钰飞、黎正印
8.《爱·无端旋转》北京 李怡纯子、杨朕
9.《仅此而已》湖南常德 徐安

节目 2（7 月 24 日）

1.《草芥》北京 巩中辉
2.《小树之恋》广东广州 卢晓峰、黄小霞、刘东方
3.《原点》重庆 谢勇超
4.《往事并不如烟》北京 朱苏、谢一曼
5.《求》山东济南 刘忠
6.《诱饵》上海 孙思邈、王超宇
7.《2012·往事纪念日》湖南 长沙曹威
8.《本能患者》北京 韩博
9.《平淡的疯狂》江苏南京 呼日乐、邢冠兵

节目 3（7 月 25 日）

1.《以蜕为净》重庆 谢昆
2.《空》江苏南京 高扬
3.《滴答滴》广东湛江 朱培科

4.《如影随行》山东济南 刘忠
5.《选择》北京 李萌
6.《如真·如假》香港地区邱加希
7.《黑扇》云南桂梵 恒艺
8.《裂》北京 赵玺
9.《载@方舟》湖南娄底 肖承业、高洁

节目4（7月26日）

1.《好久不见》湖南常德 吴波、徐安
2.《者》北京 郑媛媛
3.《结》香港地区蓝嘉颖
4.《膜》湖南长沙 刘丽芝
5.《无处安放》江西南昌 徐水亮
6.《她的快乐》北京 黄粤醒、盛镥婷
7.《致K先生》广东佛山 叶思羽
8.《思远》北京 邢春明
9.《一声叹息》江苏南京 舒晓黎、侯芳莹、翟智鑫

节目5（7月27日）

1.《暗涌》湖南长沙 张然、骆维、原又华、王子琼
2.《迷失》北京 曲佳博、钱琨
3.《那些年·有些事》湖南娄底 肖承业
4.《城市·落叶》广东湛江 帅勇
5.《采色》湖北武汉 游笛、郑欣、高婷
6.《爱到权力争夺时》天津 王迪、李东远
7.《最好的、尚未来临》香港地区颜坚辉
8.《金瓶殁》江苏南京 林晴、翟妮娜、冯蓉
9.《灰色地带》广西南宁 黄纯军

节目6（7月28日）

1.《困兽斗》广东广州 魏天明
2.《笼》北京 杨朕
3.《冷暖之间》香港地区黄美玉
4.《说好的幸福》上海 夏利、孙思邈
5.《独木桥》北京 姚弦
6.《腕》湖南长沙 张然
7.《霸王别……》江苏南京 侯诗萦、宋昊泽、陈嘉琪
8.《不是说好要一起奋斗吗?》北京 王佳馨、卢池源
9.《是名实验：夜晚版》陕西西安　汪圆清、刘益峰

【媒体视点】中国现代舞：“繁盛”背后有隐忧

◎廖　阳

14天、来自14个国家和地区的现代舞团、77出剧目，这些数据构成了7月15日至28日首次在北

京举办的“北京舞蹈双周”。对于舞蹈这样小众的艺术形式来说，它既是规模空前的盛宴，又是各国舞蹈家聚首交流的难得机会。

从1987年广东现代舞实验班开办，到2005年私人公司被容许独立经营艺术团体后，舞团如“雨后春笋”般出现，现代舞在中国似乎迎来了发展的一波高峰。“双周”期间，《东方早报》记者就此采访了“北京舞蹈双周”总策划人、中国现代舞领军人物曹诚渊和北京雷动天下现代舞团艺术总监李捍忠，试图深入中国现代舞现状的内在肌理，解读中国现代舞蓬勃生长背后的得失与隐忧。

对中国现代舞的发展，“北京舞蹈双周”总策划人曹诚渊颇为乐观，他对2011年在国内演出过的中国现代舞团做过统计——去年有30个在全国各地演出过的现代舞团体，他用“雨后春笋”一词来形容这一年国内现代舞的发展。

这些舞团中，拥有10到15名固定舞者和相对稳定的行政、技术、服装、舞台人员，每年能在国内外维持一定场次和水平演出的专业舞蹈团有5个，分别为香港城市当代舞团、广东现代舞团、北京现代舞团、上海金星舞蹈团、北京雷动天下现代舞团（在此之外的北京当代芭蕾舞团，很大程度上也糅合了现代舞技术的运用，可算半个现代舞团）。

国内的现代舞团现在主要分为三类，一是依附于国家文化机构的舞团（如北京现代舞团），二是正规注册独立经营的商业舞团（如北京雷动天下现代舞团），三是非营利舞团和个体独立舞者（如上海不乱扭独立制作）。

“中国现代舞发展是先香港地区，再广州，然后是北京，现在的情况是整个国内二、三线的城市开始出来，很多年轻人自发创作东西，很多大专院校、师范大学的舞蹈系也开始强调现代舞教学。”曹诚渊说。从这次汇聚在雷动天下剧场和解放军歌剧院的众多参演和观演人群，我们似乎能感觉到现代舞在北京的火爆和繁盛。那么，中国现代舞已发展到最好的状态了吗?

成名剧目少

虽然近几年来，国内几个专业现代舞团已成为国际艺术节上的常客，也受到欢迎，但“作为邀请剧目，我们不是有特别多的剧目拿得出手”。北京雷动天下现代舞团执行艺术总监李捍忠说，自己编创的最受欢迎且在国外受邀最多的剧目是《满江红》，“从十几年前一直演到现在”，这种情况和金星舞蹈团的保留剧目《海上探戈》相类似。保留剧目通常要有足够的思想深度、艺术价值，同时又要能得到市场的广泛认可，但从目前看来，这在国内都是凤毛麟角。

知名剧目的稀少，影响了现代舞在国内市场上的号召力，也进一步导致观众对现代舞认知程度偏低。“即使在演出市场最为繁荣的北京，现代舞也是极其小众的。”陶身体剧场艺术总监陶冶此前在接受媒体采访时说。反之，简单易懂、唯美浪漫的芭蕾在市场上更受欢迎，这在全国都一样。

难出舞蹈明星

对国内众多学习舞蹈艺术的舞者来说，能在这一行成“名”成“家”的非常少，现代舞演员不像古典音乐界的一些名家，背后有经纪人、经纪公司和资本市场来支撑运作。如今，引领着国内现代舞走向的，还是20世纪90年代那批从广东舞蹈学校和现代舞团出来的金星、李捍忠、邢亮等人。

“现代舞和商业运作不一样，首先现代舞这个‘明星’的概念就不太存在。比如芭蕾舞就需要明星，要气质，要有众星拱月的感觉衬托王子和公主。但现代舞是完全不同的，在国外看演出，我们可能会说这个演员好，但包括他自己和整个舞团在内，都不会让他有一种明星的感觉。”李捍忠“用现代舞是一种更真实、朴实的艺术”来解释这种现象，“金星是个例外，而且她也是借助舞蹈之外的电视平台获得了更多关注”。李捍忠说。

另外，李捍忠认为，国内各种商业演出的繁盛对现代舞的创作也造成了一定冲击，“有些编导做出点成绩、有点经验就会被很多商业活动拉去做商演。”商业社会的浮躁和媒体娱乐化的导向，都牵扯着艺术创作者去着急追逐利益，而不能放松下来安心创作。

资金赞助不稳定

“每次我们在国内演出都亏钱，因观众不买票，我们已经在这儿十六年了，总是得靠国外的表演才生存得下去。”北京现代舞团艺术总监高艳津子曾表示，参加国际演出，是国内现代舞团生存的重要支柱，他们也会利用从中获得的收入，支撑自己在国内的表演和创作。所以，他们在国外演出的时间基本上比国内多。

曹诚渊将国内现代舞团在国外正规演出的方式归为五种：国际艺术节或舞蹈节邀请；政府部门、文化部门安排国际文化交流；国际文化机构邀请合作；国内外舞团、编导合作编创剧目以及最具经济、规模效益的商业性世界巡演。这是国内五个专业现代舞团，以及有能力的独立舞团所能采取的国外参演方式。但对大部分连生存都略显困难的独立舞团和个体舞者来说，他们能在国外演出的机会少之又少。

由于国内现代舞的资本运作十分有限，舞团若单靠门票收入，根本无法稳定生存基础，他们的资金筹措还必须仰仗于政府资助、国际资金赞助、企业赞助和教学收入。但通常，这些资金来源也以不稳定居多。虽然曹诚渊称雷动天下舞团每年都可向北京市创意产业基金申请50%左右的补助，广东现代舞团也会由广东政府支持60%的运营费（此前举办过八届的“广东现代舞周”也曾因资金短缺面临停办危险），但政府补助的范围并不包括未注册的独立舞团，所以，对类似于没有演出证的上海不乱扭等舞团来说，演出之后的观众捐赠，是他们能在公开场合获取的唯一合法收入。

资金流入稀少，也导致剧场短缺。不说二、三线城市，光说在上海，租不起昂贵剧场，又无法到国外巡演的独立舞团，只能选择地势偏僻的实验剧场如下河迷仓或公益性机构如外滩美术馆、民生现代美术馆等地演出。

“我们的舞者非常僵化”

“从纯身体的技巧和素质看，国内的现代舞舞者是非常强的，因为他们的训练一般是从10岁就开始，从小就训练芭蕾、民族舞、民间舞，身体基础相当好。通常，他们的身体素质要好过国外的舞者，尤其是现代舞舞者。”在接受记者采访时，李捍忠就国内现代舞舞者的素质，做出了这样的评价，“但从理解能力，包括对舞蹈、对编导意图、对音乐等各方面的理解来看，中国的舞者相比国外舞者就差太远太远，因为外国舞者从小就在综合学校上课，上普通大学，综合素质很高，我们的舞者则非常僵化。”

“中国的舞者习惯听命令。”从2009年就开始和中国本土舞团合作，且在舞蹈双周开幕式上编排《如歌》的英国编导珍妮丝·格雷斯顿说。“他们学东西很快，肢体柔软，动作轻快，舞蹈技巧也非常赞。”珍妮丝说，但容易存在的问题是“一些中国编导习惯于直接告诉舞者怎么做动作，怎么摆姿势，中国舞者在听从命令时，没有多少个人发挥的空间。英国的舞者就比较独立，有自己的想法，也善于做创造性决定”。曹诚渊认为，这和国内传统舞蹈教学“老师怎样教，学生就怎样跳”的方法不无关联。

在珍妮丝看来，与她合作过《如歌》的李捍忠，与舞者合作的方式是尽量沟通，这种经营模式更像西方的现代舞团，开放、自由，舞者和编导的地位相对平等，也有更多自主权。“在欧洲，我们习惯给舞者一个想法、一个概念，然后再搜集他们对这个想法的反馈来编舞。但我不能把雷动天下作为中国舞团的唯一代表，毕竟他们是走在最前面、最前卫的那批人。”

来源：《东方早报》2012年8月17日

【观点】“2012 北京舞蹈双周”提出的现实问题

◎卿 青

由北京雷动天下现代舞团、广东现代舞团、中国香港城市当代舞蹈团联合主办的“2012北京舞蹈双周”于7月16日至28日在北京举行。虽然时间只有短短两周，大师教学、不同风格、规模和程度的展演、舞蹈影像、讲座和研讨会等几乎当下跟舞蹈有关的各种元素都囊括在舞蹈周内；而国际性、专业性、实验性、开放性以及严肃的反思性更将这个平台纳入一个实践探索和理论思考并行的轨道，提升至一个向舞蹈发问，向与舞蹈相关的各种艺术及社会问题探寻的高度，这使得舞蹈双周具有了极大的现实性和前瞻性。对所有参与者而言，收获不是时间能衡量的，无论是艺术观念、舞蹈视野、创作和技术能力等等，每个人都会在此经历震荡、启迪、反省和进步；对中国的舞蹈环境而言，这里产生的影响也如同撒播的种子，会在参与的学生和教师身上生根发芽，促使他们未来会以更多样的创作给中国舞蹈增添风景。

本文不打算对舞蹈双周的具体教学和演出项目进行概述，而愿意将舞蹈双周及其研讨会所碰触和提出的各类与舞蹈现实有关的问题提出来，将国内外同行探讨的观点分享给舞界同人，借此思考我们究竟在哪里，要往哪里去，我们目前的问题是什么，我们可以做出什么样的改变？

问题一："舞蹈"与"现代舞"的当下阐翻

"北京舞蹈双周"的前身是"北京现代舞周"，有心的人会问：为什么今年的活动去掉了"现代"二字？曹诚渊先生在研讨会最后一天的讨论上主动给出了改名的原因。曹先生认为，舞蹈都是当下的活动，现代舞本身是当下的一个行为，即使芭蕾也是当下的芭蕾，都是当下审美的结果，现代舞本身也不是一个舞种，而是开放的当代的舞蹈。

这是一个学术问题，一个观念问题，也是一个认识问题。曹诚渊先生给出的解释和他直接将"现代"二字去掉，将"现代舞周"变成"舞蹈周"的行为，实际上是通过这个行为在为现代舞正名。这让人联想到克罗齐的一个著名观点"一切历史都是当代史"，给了一切历史的著述一个当代的视角，曹先生所认识到的和所做的也是同样的道理。那么这个命名能给当下中国的舞蹈现状带来什么触动呢？

首先，可以借此反省我们一直以来对现代舞理解的偏狭。尽管在不少学者的著述里，现代舞都是一个开放的概念，每一个真正的现代舞者都意识到现代舞最重要的特质是反思，是个体对这个世界的解读和认识。这种观念之下，创造成为核心，而创造会超越风格、模式和体系，是舞蹈多样性的基础。然而现代舞进入中国以来，我们始终将其作为一种风格语汇或者舞种看待，更有人还提出"中国现代舞"，"中国现代舞"这种有趣的概念。这恰恰使我们忽略了现代舞对于艺术本性的追问和回归，艺术是什么？是风格语汇？还是人的思考和表达？如果想清楚了这个问题，我们可以意识到现代舞就是当下人的舞蹈。

其次，我们可以反省现代舞与中国古典舞和民间舞的关系，是仅根据动作特征将其并列为不同的舞种呢？还是这三者之间不是并列？曹先生讲道，在国外的教学体系里，只有芭蕾和现代舞两种，因为芭蕾是一个严密的有自身美学体系的传统。我们因此可以试问：我们的古典舞、民间舞虽然有着相对独特的审美，但它自身是严密的体系吗？从田间到课堂有多少加工、美化和创造是众所周知的事情，如果我们视艺术为创造和表达，回归其本来面目的话，现代舞的方法论位置就会凸显，我们迄今挖掘和建设的中国古典舞、民间舞则成为舞蹈的素材或创作来源，现代舞则成为对这些来源进行思考和创造的工具，现代舞应该是每位专业学生必须学习和掌握的东西，不是少数只愿意学习编导学生的专利。而所有古典舞和民间舞的学生也不该只是风格传承的工具，他们更应该是对古典舞和民间舞进行当代思考和解读的当代艺术家。

问题二：国际舞蹈的趋势

这是舞蹈双周研讨会讨论的话题之一，参与这一话题演讲的两位国外嘉宾分别是以色列著名现代舞团克伊布兹的艺术总监拉米·贝尔和美国X舞团的艺术总监同时也是美国得克萨斯州大学戏剧舞蹈系副教授查尔斯·安德森。

有意思的是，设定的话题遭到这两位艺术家一致的质疑。拉米直言不讳地说自己从不关注所谓的国际现代舞趋势。作为艺术家，他只倾听自己内心的声音，听自己内心对当下世界的思考和认识。他认为目前的高科技和各种新技术手段只会带来对个人表达和艺术手段的拓展和促进，但每一个人都是独一的，只有用自己内心的声音创造的作品才能真正地与观众对话，与自己对话，并改变这个世界。他同时强调，观看作品不是为了理解作品或者编导本人的意图，作品只是一个渠道或媒介来帮助观者与自己的经验对话。另一位嘉宾，具有学术背景的查尔斯在认同拉米所说的注重个体表达的同时，对个体背后，建构个体的文化环境进行了强调。他认为，个体不是抽象的，每个个体都被自身的经历、环境和文化所建构，否则大家都穿体恤牛仔裤看着也都一样。只有在意识到每个人背后的文化之源，个体才会得以具体呈现，才有了具体内容。尤其在一个全球化的大环境之下，文化交融的本身更需要这种关注和有意识的挖掘，但这种文化背景不能成为一种包袱。拉米坦言，他感觉中国舞者的文化包袱比较重，借此我们是否可以反思：许多年来我们对舞蹈民族性的强调是否导致了这个现象？我们对民族性的强调是否过分地注意了表面的动作形式和语言符号而忽略了中国文化更加内在和深入的东西？也许林怀民先生的创作能够给予我们相关的参照和启示。

当然，这并不是说探讨国际现代舞的趋势没有意义，只是对于艺术家而言，个人的表达是艺术原创性的所在，这两位嘉宾所强调的其实更切中当下国内的舞蹈创作问题，当下国内舞蹈创作题材的雷同、对舞蹈炫技的崇尚、艺术表现手法的简陋、煽情的重场面的铺张，不都是体现着我们思想的浅薄、艺术想象的贫乏、个体立场的缺席吗？跟风，被潮流牵着鼻子走，只能让自己消失，让自己的艺术贬值，这是探讨这个话题的正面的意义。

如果说我们非要探讨国际现代舞趋势的话，那必须在这样一个前提下才能探讨：就是艺术家一定要有个人对当下世界和各种问题的自我的判断、理解和表达。

问题三：艺术教育的目标

研讨会有一个话题是世界高校的舞蹈教育。三位嘉宾分别是来自荷兰方提斯舞蹈学院的马克·文龙、澳洲昆士兰科技大学来的苏珊以及美国加州洛杉矶分校的余承婕。他们介绍了各自所在高校的舞蹈教育情况和个人的观点。马克介绍了方提斯舞蹈学院四年的课程设计，强调了他们培养的毕业生都是多面手，身体上掌握了很多技术，能适应不同编舞对演员的要求，同时都有教育和编舞的才能。这一方面与欧洲整个的经济和他们未来复杂的工作情况相关，另一方面也是当下舞蹈发展的需求。来自澳洲的苏珊提到了澳洲从小学到大学完整一体的舞蹈教育体系，并特别强调了澳洲的大学教育培养的是有思考能力的艺术家。他们在大学层面不仅仅只是让学生们掌握各种舞蹈技术，更重要的是要他们懂艺术史，具有思考和分析问题的能力，而且澳洲的学校还有自己特别的课程更新机制。来自洛杉矶分校的余承婕首先谈到自己多年当演员的经历与大学教育的关系，谈到90年代美国专业舞团在各大学演出，开办工作坊对学校教育的巨大影响和促进，如何给学校教育带来不同的声音和多种动作的可能性。她认为职业艺术家也在大学教育中承担着教育的功能，这有赖于大学的观念和艺术环境。同时，她也谈到自己所在的“世界文化中心”如何由舞蹈系改名为世界文化中心，原因在于90年代美国大学都在对社会进行反思，加州6成以上的人口来自亚洲、西班牙和其他国家，动作身体语言具有多样性，因此这个改名或者定位是舞蹈视野的一种扩大，是动作可能性的增加，也是对多元文化的尊重。学生的课程结构和教育也在创作研究、理论思考以及社会发展三个方向上都有涉及。

这三个人的介绍让我们感慨：西方的舞蹈教育在整个社会格局中是受到重视的，有自己的独特位置和功能；西方的大学舞蹈教育更注重的是艺术家对社会和艺术的思考和判断，而非技艺的掌握，这不仅有利于舞者作为人在社会上的生存，更有利于实现艺术自身独特的价值和促进与社会的良性互动。那么我们的教育是否也可以借此反省呢？我们是否可以重新布局，打破技艺为重的架构而将创造和思考给予学生，让他们成为独立的人和艺术家呢？

问题四：青年舞者的生存策略

这也是舞蹈双周研讨会的话题，这个问题涉及了舞蹈的生态以及与社会的关系。

好的舞蹈生态首先取决于政府、学校和团体之间的良性架构。来自中国香港演艺学院表演艺术教育中心的陈颂瑛女士介绍了香港在这方面的架构关系。她从政府相关机构的设立，到对三大舞团的资金扶持，舞蹈教育方面香港演艺学院的建立，还有政府机构以及大团对小型舞团以及独立舞者在资金、排练场地以及宣传等各个方面的支持，让人感受到香港舞蹈各机构之间、机构与个人之间的良性运转，感受到整个态势的多元并举。艺术家可以自由地创作，政府机构是积极的后盾，对文化的重视和艺术的尊重态度让人羡慕并肃然起敬。来自马来西亚共享空间舞团的艺术总监马金泉先生则从艺术家的角度跟听众真诚分享了如何接受自己所处的环境并如何学习与环境博弈，如何确立自己的艺术标志，赢得观众的认可以及如何整合自己的资源让自己的艺术在自己的环境里生存。他本人与叶忠文先生创建的共享空间从零开始到如今的发展情形，让在座的听众感佩。前者提供了一个体系或机制的示范，后者提供了一个独立艺术家生存和创作的参考，对参加活动的人而言都是非常大的支持和鼓励。

这两个发言角度不同，但依然能够提醒我们可以在舞蹈机制以及环境中做很多事情。尤其是随着我国各地舞蹈院系的纷纷设立，舞者生存的压力和困境必然不小，如何从政策层面，教育层面来考虑解决这些问题，如何增强舞者的生存能力，其实都是不小的迫切的社会问题。这有赖于有识之士的努力和行动。

面对盲目的扩招，也许我们应该像欧建平老师那样问一句：我们准备好了吗？而面对舞者们未来的生存压力，我们的相关政府部门和学校是否更应该问一句：我们在政策、环境和资源方面都准备好了吗？我们应该赶紧做些什么来预防某些现象和困境的出现？

问题五：艺术节平台对青年舞者的意义

这是北京舞蹈双周研讨会所探讨的最后一个话题。艺术节节目总监陈月娥介绍了北京舞蹈双周的架构及其背后的理念。从当下国内的舞蹈环境看，北京舞蹈双周这样的艺术节至少在以下方面对青年舞者甚至中国的舞蹈环境产生了深远的影响。首先，北京舞蹈双周第一周的舞蹈营，邀请了来自美洲、欧洲和亚洲的 13 位导师，带给学生们当下最新的现代舞训练技术和观念，是鲜活并与国际接轨的最新课程，这种集中密集信息量大的授课，能使学生具备一定的国际视野，有效弥补学校教育所缺乏的活力，也能够非常实用地打通课程与创作的关系，学到实用的艺术手段，增强身体运动的可能性，显示着艺术节对学校教育功能的极大补充和推动。其次，青年舞展不设立门槛，不比赛，体现了一种非常开放和尊重艺术创作的态度。青年舞展这次展示了 60 多个来自全国各地年轻编舞的原创作品，无论好坏，不做判断，创作了演出了就是一次锻炼和实践，参赛者们彼此观摩，思考就是最好的学习方式，这种只展示、不比赛的态度和做法，也避免了参加者任何功利的意图，只专注创作，而且能刺激每个人自由的表达。从这个意义上说，也是对艺术创作本身的一种极好的促进。

再次，另类平台以及在解放军歌剧院上演的 7 台国内外舞团的大型节目，无论从专业角度还是从实验性上讲，风格兼容并包，同时又有专业水准，体现了艺术节非常开放和包容的艺术观念。

最后，也是最为可贵的一点是艺术节对年轻舞者和团队的各种不遗余力的支持。有的参加者能够连续几年来参加展演，在这里学习和成长。其中好的作品还会被推荐到国内外艺术节上演出。这几年作品质量和表演水平飞速提高的来自广西的谷舞点点舞蹈团就是其中最典型的例子，从一个自我摸索的业余舞团到如今颇有专业水准的演出团体，整个过程都得到了艺术节的持久的支持，这体现了艺术节本身的气度，眼光以及推动青年成长的诚意。

北京舞蹈双周及其研讨会还涉及了当下舞蹈实践所碰触的其他问题，比如跨文化合作、跨领域合作，等等，限于篇幅，本文不在此一一展开，但这些问题涉及的相互尊重的态度，彼此之间的激发和各自空间的保留，既是文化问题也是艺术问题，都非常值得探讨。

北京舞蹈双周以国际的视野，勤勉的态度，丰富扎实的项目本身已经充分显示了自己作为一个有着明确定位的艺术节存在的意义和重要性。而它所实践和提出的非常具有现实性的各种问题更值得舞蹈同仁思考，一个良性的舞蹈环境需要众多有识之士和类似北京舞蹈双周这样的艺术平台和机构来参与和行动，共同努力。

来源：《北京舞蹈学院学报》2012 年第 3 期

第八届中国舞蹈“荷花奖”当代舞、现代舞比赛

【综述】

◎茅　慧

2012 年 11 月 24 日，第八届中国舞蹈“荷花奖”当代舞、现代舞比赛在郑州举行。开幕式在河南省人民会堂举行，中国文联党组成员、副主席杨承志，河南省委常委、郑州市委书记吴天君，河南省委常委、宣传部部长赵素萍，河南省副省长张广智和中国文联荣誉委员、中国舞协名誉主席白淑湘，中国舞协分党组书记、驻会副主席冯双白，中国文联国内联络部主任罗成琰，以及林立、刘敏、黄豆豆、罗斌、李甲芹、马懿、李庚香、杨丽萍、吴长忠、丁世显、苗树群、周长松、王薇、吴忠华等有关方面领导出席开幕式。杨承志宣布开幕。赵素萍、冯双白和郑州市委副书记、市长马懿分别在开幕式上致辞。

中国舞蹈家协会主持的中国舞蹈“荷花奖”，是经中央批准的全国舞蹈专业评奖活动，于 1998 年立项的中国舞蹈权威性的专家奖，被誉为中国舞蹈艺术的最高荣誉。在这个平台上，曾先后推出过《云南映象》、《走・跑・跳》、《踏歌》、《阿惹妞》等艺术生命常青的经典舞蹈作品。“荷花奖”舞蹈评奖自 2005 年起，细分为“民族民间舞蹈”、“现当代舞蹈”、“校园舞蹈”、“古典舞”等子项目并分时分地举行。

11 月 24 日至 28 日在河南省郑州市举行的第八届中国舞蹈“荷花奖”当代舞、现代舞评奖决赛，共有来自全国各地的 32 支参赛团队角逐本届作品、编导、表演各大奖项。其中当代舞 32 个，现代舞 15 个。在全部参加决赛的 47 个作品中，来自部队文艺团体的 16 个节目，占全部节目的 34 %，居全部参赛节目的 1/3。来自高校的节目 14 个，占 29 %。这是占比最大的两类入围类别。河南省入围的节目有 7 个，占 14 %。

当代舞——依然是军姿、军威、军人的主战场

以总政文工团、空政文工团、海政文工团、前线文工团、解放军艺术学院为排头兵的部队文艺团体，以强大的人才优势和创作实力推出了令人耳目一新、撼动心魄的作品。在本届评奖中南京军区前线文工团的群舞《决胜千里》是最夺人眼球的一个舞蹈。42 个身着现代化信息作战部队军服的男女官兵按方阵整齐地排坐在 7 层台阶上，全部的舞蹈动作都在这个局促的空间完成。舞蹈以变换队形和造型的方式，将这个狭小的空间营造成我军各个现代化作战兵种的装备。它时而是劈波斩浪的军舰，时而是呼啸长空的歼击机，有时似跃壕破障的装甲车，有时像深海游曳的潜艇；伴随着激光镭射灯光营造的奇幻意境和势不可当的音乐音效，的确令观众热血沸腾，豪气满胸。这个舞蹈作品的主编导陈惠芬，多年前以一系列自编自演的独舞作品蜚声舞界，她的《采蘑菇》、《小小水兵》走的是可爱的“小清新”路线。近年她的思考和艺术追求日渐凝重深沉，她为上海歌舞团创作的舞蹈诗《天边的红云》将视线投向革命战争年代那艰苦岁月里的人和事，并获得全国精神文明“五个一工程”奖。如今她望向当下的我国军队的信息化现代化作战图景，用一个几分钟的舞蹈高度浓缩了这幅图景的丰富内涵。解放军艺术学院创作的男子群舞《新军靴》则完全将视线转向军人生活的一个细节，将一群年轻的骑兵战士领到了新军靴的喜悦、欢乐、激动的心情充分表现了出来，这个作品最让人折服的是它巧妙地运用了维吾尔族舞蹈的语汇，将维吾尔族男性舞蹈的潇洒、帅气、激情糅入到作品的编排中，塑造出当代军人活力四射、青春扑面的风采。抗日战争时期东北抗联冷云等 8 位女官兵与敌人浴血奋战英勇献身的事迹，早已是舞蹈作品的常用选材。此次海政文工团参评的女子群舞《八女投江》，主要以舞蹈为 8 位女战士奋勇抗敌的无畏和心路历程的情愫进行双重塑像，人性的真实鲜活和战争的残酷无情是这个作品昭示人心的精

华。郑州歌舞剧院参评的群舞《我们在黄河岸边》一反常见的对此类题材的直白表现手法，以诗化的情愫为内在线索，以浪漫清新的构图和队形，以及群舞与三人舞交织的编排结构，描摹出一个人们心中风轻柳绿的黄河彼岸。

现代舞——着重在自我表现、个体视角

现代舞自20世纪初在西方国家产生，已发展一百年。它是一群先知先觉的舞蹈家以其观念的引领，而发起对传统西方舞蹈——芭蕾舞语言及表述的背叛，并逐步形成了各自独特的语言和言说方式。现代舞作为舶来品规模性地在中国落地是在20世纪末改革开放之后才逐步完成的。"荷花奖"平台面对现代舞的评奖旨在鼓励具有积极意义的批判性和反思性的舞蹈作品，而山林中劲风催长的舞蹈馨香也会给舞坛吹来一阵阵清新之气。本次评奖中一批富有现代审美趣味的作品引人注目，凸显了探索性、先锋性，强烈地表现出舞者对生命和生活耐人寻味的解读。济南军区政治部前卫文工团的双人舞《一个关于渴望的梦》，选取了新颖的俯视角度，在舞台上制造了一个箱式空间，这个空间有时是双人床，有时是驾驶座，一对男女在其间如困兽般彼此眷恋和折磨。这个作品让人联想到生活的琐碎、困惑和无奈。深圳市舞蹈家协会和深圳大学的男子独舞《生》很抽象，半裸的肢体不带有任何既有文化符号，无须对其做任何具象解读，他就只是一个活灵活现的生命体，在舞蹈中寻找着自己的生命律动的走向，他的四肢在空间画出各样的曲线，他身体的每块肌肉都反射着内心的波动；他的身体在力图跃向空中的同时又渴望亲近大地。在本届参评的创作队伍中还出现了不少新鲜血液，如先锋的年轻团队、自筹资金的自由编导、综合性高等院校的莘莘学子等，体现了现代舞的群体正在逐步扩大，这证明现代舞的创作观念和方法正在日益被更为广大的青年一代所接受和认同，年轻人更愿意以不拘一格的表演形式和独辟蹊径的呈现方式表达自己对生存、生活、生命的感喟、感悟。如河南电视台参评三人舞《蜗居》，就生动地表现出当代都市蜗居一族艰难和挣扎的生存现状，其中以定格镜头语言的方式，呈现蜗居里众生相的一个个画面，以及在三人舞编排中呈现的纠结、逼仄的空间，让人印象深刻。

当代舞的中国国情与现代舞的人在旅途

评奖举办期间，2012中国舞蹈"荷花奖"当代舞、现代舞发展论坛于27日举行。论坛以主旨发言和自由讨论的方式，交流、探讨了当代舞、现代舞在我国当今发展的态势、趋势和问题，来自全国各地的参赛人员、观摩人员和当代业内代表近100人参加了会议。会议邀请到当今活跃在舞台创作实践中的重量级舞蹈艺术家开讲。著名现代舞家高成明，著名舞蹈理论家欧建平、刘春，著名现代舞家高艳津子，河南舞协名誉主席陈锦生分别做了主旨发言。无论是在论坛上公开讨论，还是评奖间隙的交流，许多评委们都指出当前舞蹈创作，包括当代舞、现代舞的创作上，仍然存在创作手法单一与学院派作品泛滥的现象，还是有一些作品形式大于内容，炫技等外在形式的眼花缭乱干扰或冲淡了对作品内涵的挖掘、理解、传达。对现代舞的当前状态，高成明认为依然存在"拿来"之后"食而未化"的问题，舞蹈艺术应捕捉、表现意象，或是对美充满遐想，或是对恶进行斥责，又或是对现实提出问题；作为舞者应守护自身的本土血液，外来的技法或观念只是有助于自身的血液循环，要坚信"角落"的力量是永恒的，当下的中国现代舞创作还在路上。由于在本届评奖中出现了或古典舞语汇突出，或民间舞语言显著的当代舞参评作品，使得"当代舞"语言内涵、特征的界定成为一个亟待求证的问题，"当代舞"在语言上的"不设限"是否会引向此一舞种仅以思想内容来标识的未来？

来源：《中国艺术报》2012年12月12日

【评奖结果】

第八届中国舞蹈“荷花奖”现代舞评奖结果

金奖：

空缺

银奖：

作品银奖：济南军区政治部前卫文工团《一个关于渴望的梦》

作品银奖：河南师范大学音乐舞蹈学院《syne（同步……）》

作品银奖：深圳市舞蹈家协会、深圳大学《生》

编导银奖：杭州师范大学音乐学院《止醉人生》

表演银奖：中央民族大学舞蹈学院《我的兄弟》

表演银奖：解放军艺术学院《水中行》

铜奖：

作品铜奖：河南电视台艺术团《蜗居》

表演铜奖：浙江省歌舞剧院有限公司《起舞》

第八届中国舞蹈“荷花奖”当代舞评奖结果

金奖：

作品金奖：南京军区政治部前线文工团《决胜千里》

作品金奖：解放军艺术学院《新军靴》

作品金奖：郑州歌舞剧院《我们在黄河岸边》

作品金奖：海军政治部文工团《八女投江》

银奖：

作品银奖：河南歌舞演艺集团《红灯照》

作品银奖：东北师范大学音乐学院舞蹈系《进城2——返乡》

编导银奖：南京军区政治部前线文工团《一条红领巾》

编导银奖：空军政治部文工团《到战火中去》

编导银奖：深圳市舞蹈家协会、深圳市龙华新区、龙华办事处文化体育中心《竹蜻蜓》

表演银奖：广州军区政治部战士文工团《水墨孤鹤》

表演银奖：中国人民解放军总政治部歌舞团《鹤之语》

表演银奖：华强文化科技集团方特艺术团《在马戏团的日子》

铜奖：

作品铜奖：河南电视台艺术团《我的母亲，我的河》

作品铜奖：海军政治部文工团《海的追寻》

作品铜奖：内蒙古民族歌舞剧院《蒙古妈妈》

编导铜奖：郑州歌舞剧院《今生欠你的拥抱》

表演铜奖：空军政治部文工团《少年时》

表演铜奖：解放军艺术学院《海上升明月》

表演铜奖：中国人民解放军总政治部歌舞团《对抗》

组委会特别奖：

北京心灵呼唤残疾人艺术团《我的未来不是梦》

最佳组织奖：

郑州市文广新局

第八届中国舞蹈“荷花奖”理论评论奖

一等奖：

空缺

二等奖：

谁来振动一下舞蹈？作者：张萍

“云门”何处是原乡 作者：刘晓真

三等奖：

破解《藏迷》之谜——从“杨丽萍效应”中解读“原生态悖论” 作者：慕羽

管窥当代中国舞蹈文化之繁盛与尴尬　作者：石裕祖

聆听《女书》黎海宁舞蹈作品观后　作者：卿青

优秀组织奖：

河南省文联、河南省舞蹈家协会、总政宣传部艺术局、内蒙自治区舞蹈家协会、四川省舞蹈家协会、广东省舞蹈家协会、浙江省舞蹈家协会、吉林省舞蹈家协会、甘肃省舞蹈家协会、北京舞蹈家协会、广西省舞蹈家协会、湖北省舞蹈家协会

【媒体视点】 好演员不该被作品拖累

——第八届中国舞蹈荷花奖当代舞、现代舞评奖观察

◎刘　淼

2012 年 11 月 28 日，由中国文联、河南省委宣传部主办，中国舞协、河南省文联、郑州市人民政府承办的第八届中国舞蹈荷花奖当代舞、现代舞评奖在河南郑州圆满闭幕。

在 5 天的比赛中，来自全国的 279 个当代舞、现代舞作品，经过层层筛选，最终评出各个奖项。现代舞各项金奖空缺，济南军区政治部前卫文工团的双人舞《一个关于渴望的梦》等 3 个作品获作品银奖，杭州师范大学音乐学院的独舞《止醉人生》获编导银奖，中央民族大学舞蹈学院的双人舞《我的兄弟》等 2 个作品获表演银奖。当代舞中，编导金奖和表演金奖空缺，南京军区政治部前线文工团的群舞《决胜千里》等 4 个作品获作品金奖，南京军区政治部前线文工团的双人舞《一条红领巾》等 3 个作品获编导银奖，广州军区政治部战士文工团的独舞《水墨孤鹤》等 3 个作品获表演银奖。北京心灵呼唤残疾人艺术团的群舞《我的未来不是梦》获组委会特别奖。

“这届比赛在艺术上取得了两方面的突破，一是反映现实生活、直面普通人内心情感的作品数量明显增加，如《进城 2——返乡》、《一条红领巾》等，都充满着人性的力量；另一方面，参赛作品在舞蹈形式和艺术空间的处理上有所创新，如《决胜千里》、《新军靴》等，获得了评委的一致赞誉。”中国舞协分党组书记、驻会副主席冯双白这样评价此次评奖活动。

当代舞：演员水准高于作品水准

此次评奖中，共有 226 个当代舞作品报名参赛，经初评评委集中观摩录像投票选拔，最终有 36 个当代舞作品入围半决赛。

这些入围作品中，的确不乏让人惊艳之作。舞蹈《决胜千里》在有限的空间内以几十个军人的舞蹈表现了数字化战争的场景，虽然没有真枪实弹的拼杀，观众却能真实体验战争的激烈与残酷；舞蹈

《一条红领巾》把两个山里娃将唯一的上学机会互相谦让的兄弟情表现得感人至深；舞蹈《新军靴》以巧妙的编排，把骑兵战士穿上新军靴后的得意、自豪和帅气演绎得生动有趣……

通过列举这些优秀作品，问题也随之浮现——好作品大多来自部队院校和团体。“部队系统的舞蹈让我惊叹，真的越来越好。”广东省舞协副主席高成铭对部队系统的创作环境羡慕不已，“他们可以心无旁骛地全力以赴。地方院团大都在为了生存而奔波，注意力和落脚点很难落在创作上，有才情的编导都在转向主题晚会。”同时，高成铭也指出了部队系统创作的问题，“高质量、高水平的作品让部队系统的创作正在成为套路，我希望能看到更加多样化的作品。”

中国舞蹈家协会副主席陈维亚也同样提到了舞蹈作品同质化的问题。“当代舞的比赛中，有几个让人眼前一亮的作品，但是很多作品还是有似曾相识的感觉，这也反映出我们的编导缺乏发散性思维、缺乏反映生活的独特视角等问题。不要机械地理解反映现实生活，要拓宽自己的视野，当今社会人们的生活、情感如此丰富，这都是我们应该关注和深入挖掘的。”

在当代舞的评奖过程中，艺术与市场的取舍也引发了评委之间的争论。在表现马戏团中各种动物生存状态的当代舞《在马戏团的日子里》参加决赛时，两位评委分别打出了最高分 97 分和最低分 90 分，对于这样的分差，两位评委在现场说明时针锋相对。打低分的评委认为，这个节目虽然具有很好的市场效应，但就舞蹈艺术本体来说，模仿和哑剧更胜于舞蹈，主演小猩猩的动作甚至更像杂技，整个作品在艺术上并没有什么新意。而打高分的评委则认为，演员的表演真实可信，并且与观众能够产生互动，观众非常喜欢，这说明舞蹈面向观众和面向市场的成功，这样的创新应该得到鼓励。而观众不仅理解这样的争论，更乐于看到这样的争论。观众李小姐说：“艺术本来就是仁者见仁智者见智的。评委的争论也是比赛公正性的体现。”

虽然专家们对参赛的当代舞作品仍有遗憾，对于参赛的舞者却是赞赏有加。冯双白认为，演员的水准明显高于创作水准，他也为一些优秀的演员受到不成熟作品的拖累没有拿到好名次而遗憾不已。陈维亚说，本届当代舞演员的综合素质已经达到了世界顶尖水平，如果将他们放在国际市场，也一定很抢手，但我们的当代舞创作仍是短板。

现代舞：技法并不是救命稻草

入围现代舞比赛的作品共有 15 个，但记者并没有在入围名单中看到北京现代舞团、雷动天下现代舞团、广州现代舞团等国内知名现代舞团的名字，这也成为本次评奖的一大遗憾。中国艺术研究院舞蹈研究所副研究员、舞蹈编导刘春说：“本届评奖的现代舞不是全国最好水准，因为重要的现代舞团没有作品和选手参赛。”

“现代舞的创作比上届有了一些创新，比如舞蹈《一个关于渴望的梦》，编导创造性地将装置艺术与舞蹈结合，很新颖也很好看。但是就演员的肢体呈现而言，现代舞比赛中好演员的数量不多。”冯双白说。

国家一级编导、中国东方演艺集团总经理助理刘江也为现代舞演员的素质担忧，“现在的舞蹈培训有一种误区，认为条件不好、跳不了芭蕾的就可以学现代舞，因为现代舞的门槛低，这绝对是错误的观点。”

高成铭对现代舞的创作提出了更尖锐的看法，“现在有些编导认为，现代的理念和技法可以掩盖精神上的苍白，然而技法并不是救命稻草。以国外先进的舞蹈理念和技法指导舞蹈创作无可厚非，但要认清楚这是把双刃剑。国外的理念和技法可以借鉴，但更重要的是消化，使之真正融入自己的血脉中，创作出既有好技法又有好情感的具有中国民族特色的舞蹈作品。”

不鼓励院团外借主演参赛

“在评奖过程中，有人反映有些队伍聘请了非本团的演员作为领舞，甚至让外请的演员参加即兴表演。这个问题我们非常重视，并提请评委会和组委会进行了讨论。”冯双白说，关于这个问题的讨论异常激烈。

最终，评委会和组委会裁定，由于历届荷花奖评奖中都没有关于外借演员参赛的规定，所以并不认定这些团队有违规行为。

“在国内各类舞蹈比赛中，外请演员参赛的情况相当普遍，小型的剧目是这样，大型的剧目更是明显。往往是一个剧目外请演员担任主演演了两三场，演员一走剧目就束之高阁，这样的情况非常令人痛心，但也是不得不面对的现实问题。”冯双白说，评委会和组委会考虑在今后的比赛中、在恰当的时候，规定不允许外借演员担任主要演员和参加即兴表演环节，但何时才是“恰当的时候”，还需要进一步讨论。“如果出台这样的规定，就会涉及资格审查等诸多问题，组委会一定会在深入研究的基础上抓紧时间。”

中国舞蹈家协会副主席赵汝蘅说，虽然演员和编导的交流是世界趋势，但是培养本地演员才是发展的根本，为了保证创作的剧目能成为团里的保留剧目，为了投入的经费不浪费，今后应该特别提倡各地培养自己的尖子人才队伍。

来源：《中国文化报》2012 年 12 月 4 日

【观点】 亮点是创作， 短板也是在创作

◎乔燕冰

偌大的舞台上，却只有中央一个黑匣子是舞者用肢体诉说的全部空间。爱恋、缠绵、激情、狂野、惶恐、纠结、麻木、倦怠……现实与梦境交错，想象与真实并置，有装置艺术中物质媒介带来的文化指向，也有蒙太奇手法贯穿其中而流淌出来的幻境想象……这就是第八届荷花奖评奖现代舞作品银奖、济南军区政治部前卫文工团的双人舞《一个关于渴望的梦》。

气吞山河、摧枯拉朽，陆海空天电五维空间中展开的现代战争，在一个四四方方的格子方阵中被演绎到极致，秩序与错落交替，理性与感性互通，有现代科技实现的魔幻，也有黑光剧手法的玄妙……这就是第八届荷花奖评奖当代舞作品金奖、南京军区政治部前线文工团的群舞《决胜千里》。

……

——这些是观众获得的或真实而又荒诞、或从有限中感知无限的全新观舞体验。

“中国现当代舞的路走得越来越狭窄的原因也许应该找到了，那就是自娱自乐、自以为是”；

“在这次比赛中就出现了这样的问题：食而不化”；

“能不能表现我们这个时代战士在角落里的某些事情？”

“舞蹈要有底线，舞蹈艺术今天允许说话，明天就能唱歌，长此以往，舞将不舞！”

“舞蹈已经到了一个非常重要的时刻了。否则还真不如满街的老大妈跳舞！”

……

——这些是赛场外行家们道出的质疑和焦虑。

为期 4 天的第八届中国舞蹈“荷花奖”当代舞、现代舞评奖尘埃落定，各大奖项花落各家。有中西合流，有跨界尝试，参赛作品表演突破不断、创作亮点纷呈。其间，舞者因执着艺术而紧张甚至亢奋，观众因得飨盛宴而激动甚至窃喜，而赛场内外，以及以评奖为契机举办的第八届中国舞蹈“荷花奖”当代舞现代舞发展论坛中，专家评委们流露出的却是对中国舞蹈事业发展的那份冷静的关怀和理性的反思。

《进城 2——返乡》获当代舞作品银奖

争论：“看不懂的就是现代舞，看得懂的就是当代舞”？

舞姿或曼妙绰约，或刚毅冷峻，表达或抽象另类，或朴素现实，本次舞蹈评奖在现当代舞两种类别中展开角逐。伴随作品的呈现、选手的演绎，究竟何为现代舞，何为当代舞却成了一个焦点性争议。在

两种类别的比赛中质疑类别本身的合理性，这似乎匪夷所思，但业界了然，这种争议不过是舞蹈界长期悬置的一个论题的再现和延展。

“看不懂的就是现代舞，看得懂的就是当代舞。”这句曾经来自于一个观众的直白解答，如今成了舞蹈人挂在嘴边的带着几分认同的经典调侃。事实果真如此吗？

“这种看法不无对现代舞的不公正。”这是广东舞协副主席高成明旗帜鲜明的观点。

北京现代舞团艺术总监高艳津子则认为，现代舞像一条正在流动的河流，是一种鲜活的存在。“怎么可以去定论一条河流呢，它还在发生，是无法定论的。”她认为当代舞和现代舞都是一个时间的概念，而不是一个简单的舞种形态，它们来自于一条河流，之所以常常解释不好现当代舞，因为这条河流有时分流，有时交汇，由此产生二者的同与不同。

许多专家介绍国际上并没有这样舞种的细分。中国艺术研究院舞蹈研究所副研究员刘春指出，当代舞特点在于其包容性，现代舞更多具有与现代性一致的反叛性，但随着时间推移，现代舞不再强调对抗性，而是在寻找一种平衡。因此应回到当代时间的概念，并从全球化当代艺术视角去考虑。

中国舞协副主席、著名舞蹈编导陈维亚表示，现当代舞概念不同，不可混淆，在西方现代舞是就技术而言的一个专门的舞种，并非意指表现现代题材。当代舞是指题材范围，表现当今世界发生的事。他直言：“再讨论什么是当代舞，什么是现代舞在今天已经毫无意义了。舞蹈已经到了一个非常重要的时刻了。否则舞蹈融入群众，还真不如满街的老大妈跳舞！”

从整个业内的判断出发，中国舞协分党组书记、驻会副主席冯双白则认为现当代舞是可以做区分的。当代舞是站在人类文明、时代进步潮头，弘扬主旋律、核心价值观的，现代舞更多探索人类内心世界的感受与困惑。保持这两种舞种就是希望既弘扬主旋律又坚持多样化，允许艺术家做广泛的艺术探索。“问题出在中国许多舞者找不到前进的道路。如今创作氛围前所未有的自由、宽松，可是你们有本事去探索前卫的东西吗？对于当下人与社会的很多问题，你们去碰触过吗？”

警示：食而不化，技法成了救命稻草？

《新军靴》、《水中行》、《一条红领巾》、《海的追寻》等，本届比赛的许多作品为舞蹈界吹来了阵阵清新之风，但问题同样并不鲜见。高成明指出，很多作品完全是因为一两个技法而设计，概念是强词夺理，硬拉上来的。“中国现当代舞之路走得越来越狭窄的原因也许应该找到了，那就是自娱自乐、自以为是！其实我们的创作人精神上是苍白的，我们不明白我们到底为什么创作，所以技法成了救命稻草。”

“食而不化”，高成明一针见血地指出比赛中透露出的舞蹈界的问题。“重要的是你身上的血液不能放弃，外来的东西是帮助你的血液循环的。我不觉得用学来的东西把自己身上传统的痕迹替换掉是一种捷径，我反而觉得那是一条邪路！”

“现当代舞的观念和技法只是一只袜子，你要去寻找你的那双鞋！”高成明借用林肯“你要一双鞋子，给你一双袜子”的典故发出如是感叹。

对于强调技法，以及对炫技的诟病，中国艺术研究院舞蹈研究所所长欧建平却有着自己的视角。他认为，炫技与抒情、立意、造型共同构成舞蹈必须具备的四种品质。技术本身没有罪。对于专业舞蹈，特别是形式感超强的古典芭蕾和其他的古典舞而言，技术就是艺术，技术就是文化，技术中沉淀着特定文明古而有之的行为方式与审美取向。但最好的技术一定是与艺术的完美结合，这也正是《天鹅湖》之所以经久不衰的原因所在。技术和艺术之间是递进关系，没有必然的矛盾。

参赛作品对肢体之外的语言援用，是中国人民武装警察部队政治部文工团国家一级导演谢克所焦虑的。“舞蹈艺术也应该有底线，舞蹈在舞台上开始说话了，这是让人堪忧的事。艺术讲究纯粹，舞蹈艺术今天允许说话，明天就能唱歌，长此以往，舞将不舞！”谢克表示，其他语言并非不可以用，但要适当和适度。现代舞《蜗居》中，将声音语言作为具体音乐就是可以的，而一旦参与主题解释就不应被允许。

期待："有多少空间、角落和角度需要人去探索?"

本次评奖中，虽可见地方院团逐步崛起，但参赛作品从数量到质量依旧延续了部队院团独占鳌头的状况，这让高成明"四味杂陈"。惊叹部队院团的创作水平的同时，他认为当下各院团疲于奔命，无法像部队院团在无生存之忧的情况下潜心创作的现实令人堪忧。为了生存，许多院团及创作者的注意力已经转向急功近利的创作上了，以致创作没有深层思考，离艺术渐行渐远。对部队院团目前存在的创作呈现雷同现象，高成明也提出了建议，并为这些作品正在形成一种套路感到担忧。他发问："能不能发现你身边非常有趣的、生动的东西，能不能表现我们这个时代战士们角落里的某些事情？"

在本次比赛评选中几度"眼前一亮"的陈维亚也坦言，有相当一部分作品让他"似曾相识"。比赛透视出了我国舞蹈演员在国际上都值得骄傲的综合素质，但短板还是创作。他表示，虽然可喜地看到《蜗居》《进城2——返乡》《人在都市》等一些关注社会现实的参赛作品，可是专业人士"一旦开门面对生活，常常会茫然失措"。

中国舞协分党组副书记、秘书长罗斌则认为，现代舞走向当代舞正如同其对应的现代性向后现代性的过渡一样，但这些所谓的"性"在中国并没有真正意义上发生。中国的进步与西方不同，"这是否意味着这种不同中包含了很多可能性，对于舞蹈艺术或舞蹈教育来说，这些可能性似乎还没有被发觉。有多少空间、角落和角度需要人去探索，可是我们做了吗？做自己，在舞蹈界任重而道远。"

"今天主流的创作者是'70后'、'80后'乃至'90后'，这些人不缺乏知识教育和学位头衔，重要的是在拥有这些资源的基础上，真正把理性精神灌注到舞蹈的方方面面，从而实现中国舞蹈未来的真正高端境地，这才是中国舞蹈荷花奖，也是中国舞蹈界应该秉持的东西。"罗斌说。

来源：《中国艺术报》2012年12月10日

三十而立　继往开来
——中国舞蹈研究生教育30周年纪念暨研讨会

【综述】

◎张素琴

2012年12月14日，为纪念中国舞蹈研究生教育30周年，由中国艺术研究院主办，中国艺术研究院舞蹈研究所承办，中国舞蹈家协会和北京舞蹈学院协办的“三十而立　继往开来——中国舞蹈研究生教育30周年纪念暨研讨会”在北京举行。来自全国各地的专家学者以及在京舞蹈院校的师生150余人参加了此次大会。与会者回顾了中国舞蹈研究生教育30年的发展历程，并就我国舞蹈研究生教育的理念、现状以及亟待解决的现实问题等进行了热烈的交流与讨论。

奠基之路——对中国舞蹈研究生教育30年的回顾

1982年，在吴晓邦等先驱的努力下，中国艺术研究院舞蹈研究所研究生部成立了。从招收的第一届硕士研究生——冯双白、欧建平、高历霆、谢长、宋今为开始，30年来，舞蹈研究所在人才培养、学术研究方面取得了丰硕的成果。至2012年，中国艺术研究院舞蹈研究所为内地和香港地区的舞蹈教育、研究、创作及管理机构培养了134位舞蹈硕士、博士、博士后等高端人才（硕士76名、同等学力30名、博士27名、博士后1名），接收和培养6位访问学者，并以一年制“脱产研究生课程班”和两年制“集中研究生课程班”等方式，为340余名舞蹈工作者进行了专业教育与培训。他们在全国的舞蹈教育、研究、管理、创作领域肩负重任，为舞蹈文化事业的发展作出了巨大的贡献。

会议围绕“中国舞蹈研究生教育的奠基之路”展开，在中国舞协分党组书记冯双白主持下，全体与会者起立向已故的舞蹈高等教育开拓者吴晓邦、董锡玖、孙景琛三位先驱致敬，随后观摩了该院舞蹈研究生教育奠基时期的导师们口述史短片。接着，文化部文化科技司副司长王丰从我国的研究生教育现状、文化政策、艺术学学科建设等方面分析了艺术类研究生的招生及培养状况，指出在我国近十二年来博士生招生规模零增长的整体情况下，艺术类研究生的招生增长、尤其是中国艺术研究院的招生增长幅度为全国第一，充分体现了我国教育政策对艺术高等教育的支持。但他也提出，当前艺术类招生的持续升温，需要我们在人才的培养上加大力度，改进培养方式和目标。在2015年之前，艺术类的培养目标：一要提高质量，改善培养模式和评价机制；二要满足要求，即服务于社会，根据社会需要设置专业方向，尤其是未来三年，学术型研究生和专业学位研究生的比例将调整为1∶1。通过以上举措，使艺术教育成为建设文化强国、发展文化产业的有力保障，这也为舞蹈学的高层次人才培养提出了更高的要求。

舞蹈研究所的第二任所长、博士生导师资华筠研究员在提交的发言中指出研究生教育应以获取“创造性思维成果”为追求目标，她从自己的舞蹈艺术实践与理论研究经历、舞蹈人才培养和管理实践经验出发，提出舞蹈研究生教育、博士后高等人才培养的必要性，并指明这是一个长期艰苦探索的过程，强调研究生教育应该秉持“创造性思维成果”的培养宗旨。资华筠研究员还指出，研究生教育过程中要摆正学问与学位的本末关系；注重学风与人品的铸炼；导师要与学生相互学习共同成长。唯有做好这些，坚持培养宗旨，接受长期的实践与检验，才能逐步把握舞蹈学科内在的规律性。

舞研所现任所长欧建平作了《感恩与期待：中国舞蹈研究生教育30年》的主题发言，对过去30年舞蹈研究所的整个教学历程、课程结构、培养方式、培养成果进行了详细的总结与回顾；对未来30年中国舞蹈研究生教育的规模、在世界舞蹈研究生教育中的位置，以及中国舞蹈走出国门的发展进行了展望。王克芬、隆荫培、刘峻骧三位前辈学者回顾了自己的教学生涯以及在舞蹈史学研究、舞蹈理论研究方面的治学过程，强调舞蹈的治学既要遵循舞蹈学科的特点，又要广采博收，借鉴其他学科的成果和优长。北京舞蹈学院副院长明文军畅谈艺术研究院“和风习习”的学术之风，备家各派和而不同的学术氛围为自己提供了良好的读书环境，也感恩于导师资华筠研究员“严”字当头对自己学术上的哺育。舞蹈研究所第四任所长罗斌研究员视在此接受的包容、自由的“散点式”教育过程是构建自己基本学术思维的起点，同时提出对于中国舞蹈诸多“空白点”的研究，尚需诸位学子的厚积与努力。中国艺术研究院科研处处长马盛德研究员将读研看作自己从事理论研究的教育起点，在此受到的教育帮助自己梳理了舞蹈思维，从而能更深刻、更清晰地认识民族舞蹈，在学术研究中终生受益。最后，主持人冯双白对此议题进行总结，他深情地回顾了30年舞蹈研究生教育发展之路的经验和成绩，同时也提出了自己的思考和期望。

发展之路——各院校舞蹈研究生教育的特色与交流

作为全国性的舞蹈研究生教育理念介绍与交流，本环节围绕各院校研究生教育而展开的横向探索与对话非常有意义。会议由北京舞蹈学院副院长王伟教授主持，来自全国12所院校的舞蹈学科负责人和代表就各自的舞蹈研究生教育理念进行了陈述，主要体现在研究生教育历史、研究方向设置、导师队伍建设、培养方式、培养成果等方面。

北京舞蹈学院赵铁春教授从中国研究生教育的大背景出发，介绍了北舞自1999年以来的研究生培养情况，对研究生教育规模、导师队伍、招生方向、课程与学分设置、就业情况进行了详细的梳理总结。毫无疑问，作为中国唯一所专门的舞蹈院校，北舞的硕士研究生教育无论从培养类型、培养方向、招生数量来看，都有着一定的优势。在未来的建设中，围绕如何肩负理论与实践相结合的复合型高级舞蹈人才的培养任务，该院提出了完善学科建设、进一步加强分类培养改革试点、发挥研究生的表率作用、立足国际视野等培养思路和设想。中央民族大学朴永光教授针对该校硕博研究生培养情况，重点围绕“培养什么样的人才”、“如何培养人才”、“如何考核人才质量”等问题进行了培养方案和目标探讨，并对当前培养过程中课程设置不够合理、实践环节不够重视、导致知识结构有待提高、学生素质整体下滑等方面的问题加以反思，这些思考引起了与会学者的强烈共鸣。

北京师范大学肖向荣副教授主要介绍了该校独特的硕博研究生培养方式：“寄养”、“放养”与“圈养”。研究生第一年为“寄养”充分利用北京的舞蹈高等教育平台，将学生“寄养”在中国艺术研究院、中央民族大学等进行学习；第二年为“放养”，为学生提供在国外学习的机会；第三年为“圈养”，在国内进行科研项目的合作研究以及毕业论文的写作。另外，在知识结构上，要求“吃百家饭、行万里路”，注重实践与理论的结合，备学科知识的交融，社会实践与学院学习的结合，跨年级跨专业的“跨界”合作。首都师范大学史红教授介绍了该校在创造活跃的学术氛围、建构多样化的互动机制、重视个性化发展、突出合作型人格魅力四方面的培养理念，以及在“艺术实践探索平台”方面取得的成果。作为师范类院校，在舞蹈教育一般规律与特殊规律研究的探索方面，该校提出“研究生培养与高校舞蹈师资培养的拓展与对接”、“舞蹈教育研究中心”等研究生培养项目的设想，力求实现研究生教育的立体化、多元化培养模式。

上海戏剧学院的高雅介绍了该校在MA和MFA两类研究生培养方面的经验，更侧重于舞蹈理论研究方法论的思考和术科研究的提升。上海师范大学郑慧慧教授介绍了该校“国民舞蹈教育”的研究生培养理念，以及围绕此培养方向取得的系列硕士论文研究成果。南京艺术学院张素琴副教授介绍了该院的研究生培养方案和硬件建设，并重点阐述了该院以江苏民间舞、昆舞、舞剧创作为特色的地域性培养方案。云南艺术学院和沈阳师范大学分别介绍了各自在云南少数民族舞蹈艺术研究方面的特色和满族舞蹈史论与实践方面研究的优势。福建师范大学、山东艺术学院、河南大学等学院的代表也分别从培养理念、导师队伍和培养特色等方面进行了交流。

经过一天紧张热烈的讨论，会议圆满结束。欧建平所长主持了闭幕式，舞蹈研究所副所长江东研究员在大会总结时说，希望中国舞蹈研究生教育“三十而立”的纪念会成为新的开端，只有所有的舞蹈人都来关注舞蹈，关注舞蹈研究生教育，才能以更加从容理性的态度，迎接下一个 30 年——中国舞蹈研究生教育的花甲之年。

来源：《舞蹈》2013 年 2 月

【观点】

优而化之 方能继往开来——三十而立 继往开来
——中国舞蹈研究生教育三十周年纪念暨研讨会“优化之路”

◎曾翔羽

中国舞蹈研究生教育三十周年纪念暨研讨会，经过“奠基之路”的历史回顾、“发展之路”的成果总结，勾勒出中国舞蹈研究生教育三十而立的历程，最后一个环节——继往开来的“优化之路”则是主办方举办此次研讨会的核心价值所在。梳理、反思当下面临的问题，才能从善如流，拥有更加美好的前景。当今中国 700 多个舞蹈院系群雄角逐，如火如荼的繁荣态势着实印证了舞蹈教育的人丁兴旺，而高校的研究生教育又成了提升其办学层次的重要砝码，可“又快又好”的理想是否唾手可得？“保质保量”的理念能否贯彻始终？这不由得引入殚精毕思。

2011 年，国务院学位委员会审议通过了将艺术学科独立为“艺术学门类”的决议。艺术学科告别原属“文学门类”的历史，成为由艺术学理论、音乐与舞蹈学、戏剧与影视学、美术学、设计学 5 个一级学科组成的第 13 个学科门类。中国艺术研究院舞蹈研究所研究员刘青弋认为，站在历史的交汇点上，“艺术学升门”对于中国舞蹈高等教育学科建设而言，既是机遇又是挑战，更浮现出了许多问题。

首先，“艺术学升门”概念不清，致使学科体系混乱。艺术学本与中国语言文学、外国语言文学、新闻传播学并列为文学门类的一级学科，归类的原则为它们都是人类的语言符号系统，在人类生活中起到传达、交流、记录、传播的功能。但长期在文学门类下的艺术学遗忘了自己的学科属性，离开了寄以生存的人类语言符号学的雄厚基础。其中的一级学科艺术学理论，又与下属的音乐与舞蹈学、美术学等平起平坐，母概念和子概念层级混乱。音乐与舞蹈学学科概念更是含混，前者与后者关系为何？是两个学科形成的一级学科，还是两个一级学科？其学科成熟度又能否与同是一级学科的哲学、法学、民俗学、历史学等媲美？

其次，由于上述概念不清致使舞蹈学科建设和人才培养受到影响。长期单一的专科艺术院校制约了艺术教育领域的发展，而 21 世纪以来文化发展又日益讲求“厚基础、宽口径”的趋势。一直以来，本着学科建设需要加强基础的原则，学科授予权须由两个以上的二级学科支撑，这就使得学位授予权的申报出现了不合理的现象。比如目前的师范院校凭借综合实力获得培养博士的资格，而北京舞蹈学院因没有多学科的支撑，却没有资格申报博士点。如若只靠相关学科而不看本科背景，为何中国艺术学科学术建设最强的中国艺术研究院在 1982 年就获得舞蹈硕博士资格授予权，但却在硕士研究生教育积累 15 年之后才正式开始博士研究生教育，且在二十几位具有高级职称的研究员中，只有四位获得博导资格。其次，高等舞蹈教育将学科与专业捆绑，偏离人才培养的目标和目的。例如北京舞蹈学院的专业系部设置，清晰地表明了其本科教学和人才培养是以表演艺术专业为重点，但用培养本科人才的机构机制来培养研究生是不合适的，学科和术科界线不明，导致了学术硕士研究能力不强，艺术硕士艺术水平不如本科。随着舞蹈研究生教育新一轮的“大跃进”，使得本科教育质量整体下滑的趋势进一步向着硕博研究生教育蔓延。

北京舞蹈学院许锐副教授一直担任教务处的工作，他也认同在本科教育向研究生教育过渡的衔接链上确实存在着问题。因为除中国艺术研究院外，其他院校几乎都是“中专—本科—研究生”逐步上升的办学层次，由于准备不足和未设置合理的研究生培养方案，如今研究生教育“井喷式”的发展趋势，不仅暴露了研究生教育本身的问题，同时也暴露了本科教育薄弱的问题。中国舞蹈的高等教育是一个整体，研究生教育作为中专教育和本科教育更高层面的延续，必须整体加以关注，本科的教育理念应随着时代更新，为研究生教育打好基础。

中国艺术研究院舞蹈研究所王宁宁研究员在分析目前舞蹈研究生的思维特点时说，舞蹈研究生在学习研究方面大多注重感性思维、情感诉说和形象表达，但缺乏逻辑理性的思维训练，不善于用客观性思维来看待事物；文史知识基础薄弱，知识面窄，很少涉及文史哲方面的书籍，使得他们在学习研究中认识能力、领悟能力等容易处于被动状态；不擅长写文章，尤其表现在论文写作上比较吃力。对于所谓的方法论存在着过多期待，仿佛“方法”就是一剂灵丹妙药，正是这种片面认识，导致了许多研究生在论文中会罗列数种研究方法，而实际上一种方法也没有用好。她结合自己撰写《中国古代乐舞史》的体会，强调舞蹈历史研究需要冲破分科思想的限制，还原诗乐舞一体的真实形态，从历史、艺术史、乐舞史三个层面来把握舞蹈，其中既有文学史料的甄别与阐发，也有对文物形象的解读和运用，更有对人物作品、思维观念、行为活动的详细叙述。

时下文化时空高度压缩，网络、媒体和科技的发达给人以太多的刺激，学生在学术追求、老师在人才培养上也显露出了功利性的浮躁心态，因此提高舞蹈研究生的培养质量迫在眉睫。吕艺生教授从自己的实际经验出发提出了三点意见：

一、加强学术内涵。这方面要向台湾省的同行学习。台湾省的舞蹈研究生教育起步比我们晚，但现在各高校的舞蹈系主任基本都是留学归来的博士，在学术研究的时代性方面已赶超我们。

二、重视理论创新。我们常提“研究生教育”，而忽略了“研究生培养”的本意，一谈教育就是教育者与受教育者，学生须谨记老师的观点以便顺利通过考试，这样的教育观念不利于学生“独立之精神，自由之思想”的拓展，同时也是在变相地培养“抄袭”。我们必须尊重知识产权，扼杀剽窃之风。

三、提高导师学识，因为导师与学生密切相关。什么叫学术？学而有术，不学无术。

目前舞蹈学科发展迅猛，硕士点遍地开花，博士点也紧随其后，但我们有相当一部分学生读研是为了缓解就业压力，而不是出于热爱，学习过程中也缺乏问题意识，习惯于接受答案，遇到问题往往直接上网查找，对于“坐冷板凳”的信念已抛之脑后，所以，茅慧研究员呼吁大家重树对“真学问”的诉求。她说“拼学位”和“拼学问”存在着本质区别，如若你是一个“拼学问”的人，那么首先要理解何为“真学问”，“真学问”与“真人格”是并行不悖的，所谓知行合一、言行合一，好学问不可能脱离好人格，好人格能促成好学问的建立和完善。

中国艺术研究院素有“前海学派”之称，注重实践、关注现状是其学术上的一大优良传统。而目前在舞蹈教育上，“学”与“术”割裂的现象虽有改善，但重“术”轻“学”、重“器”轻“道”的思维定式并未根本改变。刘建教授通过论证舞蹈学术型硕士（MA）和艺术硕士（MFA）的关系，来阐述“学”与“术”融合的重要性。他借用亚里士多德的观点，把整个人类学术知识比喻成树根、树干和树枝。其中学术型硕士的学习研究应从树根开始，呈下宽上窄的向度，树根分为自然学科和人文与社会学科，而舞蹈的媒介是身体，所以人类学的研究有属于人文与社会学科的文化人类学，也有属于自然学科的体制人类学，构成一个盘根错节的交叉状态，根底才会深厚；树干的营养由树根提供，学术范畴开始往里收缩，在自然科学和人文与社会科学的合一下，人类学就成为最新前沿的身体人类学；“树枝”进一步吸收“树干”的营养，同时再往里收缩学术范畴，人类学就主要是研究舞蹈身体人类学。而艺术硕士的学习向度正好相反，由窄到宽，是由树根、树干、树枝结出的花朵向下的研究，并逐渐拓宽学术视野。在这两种由宽到窄、由窄到宽的对流中，舞蹈世界才能成熟。

高等教育的终极目标是为国家现代化建设培养出高质量的专门人才，三十而立的舞蹈研究生教育在曲折探索中不断成长，走向成熟。各位专家学者针砭时弊的意见涉及学科建设、专业调整、人才培养、教育思想等各个方面，提出和反思问题并非否定三十年以来的丰硕成果，而是对“艺术自觉、艺术自信、艺术自强”的强烈呼唤，也是中国艺术研究院舞蹈研究所举办此次研讨会的根本目的。直面现状，优而化之，方能继往开来。

来源：《舞蹈》2013 年 2 月

作品

【舞剧 《蒙古传说》】

2012年4月5日，大型音画舞剧《蒙古·传说》在北京保利剧院首演。该剧以内蒙古大草原为地域背景，讲述了一个蒙古族男人的成长历程。该剧总导演藏族舞蹈家桑吉加，同时也是现代舞舞者，他将传统蒙古族舞蹈化繁为简，与现代舞相结合，呈现出新颖的舞蹈语汇。此外全剧也将蒙古族原始部落生活状态呈现在舞台上。

【舞剧 《绣娘》】

2012年4月25日，无锡市演艺集团歌舞剧院的原创民族舞剧《绣娘》在无锡大剧院首演。该剧的故事发生在清末民初，是一部表现江南绣女钟情绣艺、艺高情深的悲情故事，通过苏绣大师绣娘与画家明轩之间情投意合的情感经历，塑造了一位反对封建礼教、追求女性解放的近代中国新女性形象。该剧由赵明导演、邹航作曲，获得了第七届江苏省音乐舞蹈节优秀剧目奖。

【舞剧 《延安保育院》】

2012年6月1日至3日，曾于建党90周年之际在延安公演的大型红色历史歌舞剧《延安保育院》来到北京天桥剧场，举行晋京演出。该剧总导演李捍忠是北京雷动天下现代舞团的艺术总监，他将多年现代舞的编创经验应用在红色歌舞剧的创作中，为这部作品带来一股现代风。

【舞剧 《嫦娥奔月》】

2012年8月24日，由中国歌剧舞剧院排演的大型古典神话舞剧《嫦娥奔月》在北京保利剧院上演。该剧着重发掘、弘扬古今相通的审美情趣，在原有的传说基础上，用舞剧的手法做出新的诠释和阐发，以满足当今人们日益增长的文化需求。《嫦娥奔月》补充和丰满了传说中原有的情节，使人物更加动人，故事情节更加浪漫，画面更富奇幻色彩。

【舞剧 《齐风韶韵》】

2012年9月21日，舞剧《齐风韶韵》在山东剧院演出。本剧以春秋时期的齐国为时代背景，以一对恩爱夫妻及儿子聚散离合的生活为主线，透过主人公的视角展现当时社会和生活的面貌，演绎出家园、战争、和平的主题。本剧通过《序幕》、《第一幕·无田甫田》、《第二幕·卫国安邦》、《第三幕·情归故里》、《第四幕·齐都风情》、《第五幕·稷下学宫》、《第六幕·守望家园》、《第七幕·铸剑为犁》和《尾声·闻韶－凤凰来仪》九个篇章展现出齐国经济、军事、文化、教育繁荣强盛的历史画卷，同时表达了齐地先民渴望和谐、期盼和平的“尽善尽美”的思想。

【舞剧 《孔雀》】

2012年10月18日，舞蹈家杨丽萍的大型舞剧《孔雀》在天津大礼堂上演。舞剧《孔雀》的故事围绕生命和爱这两个永恒的主题展开，共分春、夏、秋、冬四幕，用舞台形式演绎人类共同的情怀，向观众传递着艺术家个人成长过程中对艺术和生命的思考和感悟。剧中的“孔雀”，是鸟，也是人，是有情世界的芸芸众生。此剧汇集杨丽萍四十多年舞蹈艺术的精粹，是一代舞神传奇艺术生涯的提炼汇总，同时也传达着她观察世界的角度和对生命意义的认知。剧中的每个角色代表了人性里不同的层面——光明和觉知，奉献和牺牲，恐惧和贪执，这些都是人类生命里的共性。

【舞剧《霸王别姬》（新版）】

2012年11月2日至4日，新版舞剧《霸王别姬》在国家大剧院歌剧院上演。这部作品在2004年上演八年后，编导赵明对这部作品进行“革命性”地修改，将他的这部代表作进行了全新编排，重排大部分舞段，重新设计服装、舞美。该剧以脍炙人口的《十面埋伏》、《江山美人》、《破釜沉舟》、《鸿门宴》、《楚河汉界》、《四面楚歌》、《霸王别姬》、《乌江自刎》形成有机串联，以项羽和刘邦的人物形象形成强烈戏剧冲突，以虞姬和项羽的爱情故事形成感人至深的动情点，运用舞蹈的逻辑思维诠释戏剧，运用肢体语言演绎中国古典文化。

【芭蕾舞剧《小美人鱼》】

2012年9月24日，中央芭蕾舞团的芭蕾舞剧《小美人鱼》在天桥剧场首演。该剧由中央芭蕾舞团邀请德国汉堡芭蕾舞团艺术总监约翰·诺伊梅尔排演，是编舞大师诺伊梅尔2005年应丹麦芭蕾舞团之请为安徒生诞辰200周年而作。2007年汉堡芭蕾舞团曾演出该剧，此次中芭的演出也是该剧在亚洲范围内的首度亮相。剧中，诗人安徒生一滴泪幻化出小美人鱼的爱情悲剧，舞美、服装简洁灵动尽显东方元素。首场演出，朱妍出演小美人鱼，罗伊德-里根斯出演诗人、马晓东出演王子、张剑出演公主、余波出演海妖等。

【芭蕾舞剧《简·爱》】

2012年11月18日，上海大剧院联合上海芭蕾舞团联合制作的现代芭蕾《简·爱》，在上海大剧院舞剧以英国女作家夏洛蒂·勃朗特的长篇小说《简·爱》为创作蓝本，邀请优秀编导帕特里克·德·巴纳编剧喻荣军以及舞美设计热罗姆·卡普兰等共同打造。作品运用简法、考究，富有创意的舞美设计和唯美，现代的芭蕾语汇刻画了简、罗切斯特和贝莎三人不同的人物性格，强化了三人之间的爱恨交错的情感关系。

【音舞诗画《天安门》】

2012年5月16日，首部全景反映北京城市风貌的情景音舞诗画《天安门》在京首演。《天安门》以“天安门”这一北京独有的城市精神地标为历史和文化索引，综合运用音乐、舞蹈、诗歌、戏曲、杂技、音乐剧等艺术形式，展现出北京的独特魅力。整场演出以《记忆的时空》拉开序幕，分为《五星红旗升起的地方》、《腾飞新北京》、《北京欢迎你》和《爱在北京》四个篇章共10余小节，最终以《放歌天安门》收尾。

【音舞诗剧《汉风华章》】

2012年9月26日，大型音舞诗剧《汉风华章》在徐州上演。该剧由江苏省委宣传部、省文化厅、徐州市委、市政府联合出品。全剧由五部分组成，分别为：序《彭城怀古》、第一篇章《楚汉风云》、第二篇章《文华盛世》、第三篇章《天地祥和》和尾声《歌声飞扬》。

【歌舞剧《曼苏尔》】

2012年8月1日，由吴忠市回族艺术团打造、以民间传说故事改编的大型回族歌舞剧《曼苏尔》在宁夏回族自治区宁夏人民会堂上演。

曼苏尔是宁夏吴忠民间传说中的一个传奇人物。传说曼苏尔是个勤劳善良的回族小伙儿，他从阴险狠毒的蛤蟆精手中救出化身为天鹅的西王母的三公主彩霞，两人情投意合结为夫妻，并且为了保护家园，团结黄河两岸各族人民最终打败了蛤蟆精。歌舞剧《曼苏尔》采用回乡“花儿”、吴忠民间小调等音乐元素，通过《救鹅》、《找鹅》、《娶鹅》、《抢鹅》、《破石》5个部分，以民族、民俗舞蹈贯通，且歌且舞，融戏曲、舞剧、歌剧于一体。

【第三届芭蕾创意工作坊】

2012年9月30日，由中央芭蕾舞团青年艺术家们创排的第三届芭蕾创意工作坊作品展演在北京天桥剧场上演。为更好地展示青年艺术家的才华，中央芭蕾舞团将2012年创意工作坊作品中的精华进行提炼，这台作品侧重于对中国古典文学的芭蕾艺术探索，分别由阐述中国古代“太极”哲思的《极》、根据苏轼怀妻之作《江城子·记梦》编创的《记梦·思》、讲述蔡文姬、王昭君凄美故事的《胡笳十八拍》、《忆昭君》、反思“论语热”和后世对孔子解读的《孔子2012》等作品组成。

【“中国舞蹈十二天”系列】

2012年7月5日，国家大剧院召开新闻发布会宣布在国家大剧院小剧场特别策划了名为“中国舞蹈十二天”的系列演出，1个多月的暑期档时间内集中展示6台12场风格各异的中国舞蹈，形成集群化的整体效应，作为对中国舞蹈的一次多样化展示。中国舞蹈十二天演出剧目：贵州雷山县苗族原生态歌舞《我在雷山等你来》、丁伟舞蹈作品《云中漫步》、高艳津子舞蹈作品《觉》、肖向荣舞蹈作品《海子》、万玛尖措舞蹈作品《香巴拉》、《亚彬和他的朋友们三年展》。

【王媛媛《野草》】

2012年9月1日，北京当代芭蕾舞团王媛媛2012新舞作《野草》在苏州文化艺术中心上演。整台演出改编自鲁迅先生散文集《野草》，分为“死火”、“影的告别”和“极地之舞”三个乐章。

【金星《中国式交流》】

2012年9月26日至27日，金星联合奥地利液体空间创作的作品《中国式交流》在东方艺术中心演出。和往常观众们正襟危坐在剧院舞台下不同的是，现代舞《中国式交流》把观众拉到了台上，由8位舞者为观众带来一场打破常规的现代舞体验，并让他们成为舞蹈参演的一部分。该作品将舞者们放置在一个不断进行和变换的情境中。舞者通过肢体表现诠释着各类社会角色，展示着不同的生活形态，通过人们交谈中出现的矛盾和冲突，反映了不同社会群体间存在的差异，也挑战了存在于设计、艺术、潮流和生活方式中的俗定观念和看法。

【孟京辉戏剧工作室 《怪谈》】

2012 年 7 月 24 日，孟京辉戏剧工作室的首部舞蹈戏剧《怪谈》在北京蜂巢剧场首演。该剧由孟京辉监制，当代舞蹈艺术家赵梁执导，《恋爱的犀牛》原班人马参加演出。赵梁介绍，作品将舞蹈架构在对人性的描摹和社会的思考上，试图用舞蹈的形式探究在物质社会中人类应如何沉淀内心，与自己的灵魂对话。在《怪谈》的剧场空间里，演员调动一切手段活出了他们自己的世界，每个角色都拥有一段别样的故事，他们用诗意及夸张的肢体表现出生、老、病、死、爱别离、怨憎恨、求不得等人一生所要遭遇的各种苦难。

【史晶歆 《活着就好》、《霞谐帛瓦》】

2012 年 9 月 18 日，史晶歆当代舞蹈剧场作品《活着就好》、《霞谐帛瓦：觉、白、梵》在“2012 北京国际青年戏剧节”上演。作品《活着就好》首演于 2011 年新加坡艺穗节，背景讲述的是一座城市，上海的历史和变迁，岁月流逝下，普通百姓的平常生活，成长到衰老的生命历程。作品《霞谐帛瓦：觉、白、梵》三部曲（2009—2011）是上海之春国际音乐节展演剧目，创始于美国戴维斯基金会—“和平计划—走进西藏”的项目，灵感源自印度诗人泰戈尔的诗歌《吉檀迦利》，讲述一个人的三个生命阶段，觉、白、梵，隐喻生命从分离到完整。

【侯莹 《介 2012》】

2012 年 6 月 19 日至 21 日，现代舞编舞、舞者侯莹的最新作品《介 2012》在方家胡同 46 号院尚剧场演出。该作品受第三届南锣鼓巷戏剧节委约而作，是侯莹第一次在北京发表新作品，同时这也是本届戏剧节上唯一的舞蹈作品。侯莹希望借这部作品，来表达她“对我们自身身体的认知”，从而“去感受和理解生命是什么，人是什么”，并希望观众可以打开心扉，感受现代舞的魅力。

【颜荷 《水语》】

2012 年 6 月 23 日，颜荷以艺术总监、策划、舞者的角色用《水语》完成国家大剧院的首个个人舞蹈剧场演出。全剧分为“源”、“爱”、“欲”、“异”、“灭”、“回”六个章节，以“水”为主题，通过舞蹈与其他艺术结合，探索舞蹈的多元性。该作品六个舞中，颜荷编了“爱”和“灭”两段。剩下四段分别由桑吉加、邢亮、訾伟和王涛创作。装置艺术家吴达新在舞台上方设计了悬挂的冰块，舞蹈过程中冰块开始滴水。舞台的地板是透明的塑料垫，灯光照射下像极了水的层层波纹，营造出“人在水中舞蹈”的视觉奇观。

【陶身体剧场 《4》】

2012 年 7 月，陶身体剧场新作《4》受邀参加美国纽约林肯中心夏季艺术节，该作品进一步发展了《Weight x 3》、《2》中对动作技术、身体质感以及舞台关系的思考，延续了极简主义风格。编舞：陶冶，作曲：小河，舞者：段妮等。四位舞者凭着每个人之间的气场始终保持着一个稳固的四边形，同时重复进行着大幅度舞动。

【北京9当代舞团 《蛾》】

2012年12月14日，“北京9当代舞团”推出的新作《蛾》在北京9剧场旗下的TNT剧场上演，这是舞蹈家赵玺的一部充满思辨的自问自答的独语式舞蹈作品。该剧运用“舞蹈剧场”的方式，集舞蹈、戏剧、诗歌诵读等多种形式于一体，表达主创者的思想。

【2012全国优秀剧目展演·舞蹈剧目】

剧目名称/演出单位
舞剧《嫦娥奔月》中国歌剧舞剧院
舞剧《铁道游击队》/总政歌舞团
舞剧《粉墨春秋》/山西艺术职业学院华晋舞剧团
舞剧《徽班》/安徽省歌舞剧院
舞剧《碧海丝路》/广西北海市歌舞剧院有限责任公司
舞剧《月上贺兰》/银川艺术剧院
舞剧《温暖》/湖南省歌舞剧院有限责任公司
舞剧《挂红灯》陕西省志丹县歌舞演艺有限公司
芭蕾舞剧《小美人鱼》/中央芭蕾舞团
芭蕾舞剧《红色娘子军》/中央芭蕾舞团
芭蕾舞　第三届《芭蕾创意工坊》精选/中央芭蕾舞团
舞蹈诗《风从青海来》/青海省演艺集团有限责任公司
舞蹈诗《延安记忆》/武警部队政治部文工团
舞蹈诗《鄂尔多斯婚礼》/鄂尔多斯歌舞剧院
舞蹈诗《天边的红云》/上海歌舞团、上海东方青春舞蹈团
歌舞诗《魅力西藏》/西藏自治区歌舞团
歌舞《水水水》/西双版纳傣族自治州民族文化工作团
歌舞《有一个美丽的地方》/昆明市民族歌舞剧院有限公司
歌舞《阿嘎加依》/新疆阿勒泰地区歌舞团
歌舞《天边的祝福》/中国歌剧舞剧院
歌舞《五洲风情》/中国歌剧舞剧院
歌舞《水墨中华》/中国东方演艺集团有限公司
歌舞《天际之爱》/中国东方演艺集团有限公司

纪事

展演·艺术节

【2012 北京现代舞双周】

2012 年 7 月 15 日至 28 日，由中国三大现代舞团（北京雷动天下现代舞团、广东现代舞团、香港城市当代舞蹈团）共同主办，中国艺术研究院舞蹈研究所协办的 2012 年“北京舞蹈双周”在北京举行。“北京舞蹈双周”是国内目前规模最大、水平最高、影响力最广、参与人数最多的现代舞活动，也是在雷动天下于 2008 年开始建设的原有项目“北京现代舞周”的基础上，发展壮大成形的国际性舞蹈盛事。“北京舞蹈双周”包括 6 个内容板块：舞蹈营、跳格舞蹈影像、舞蹈论坛、青年舞展、另类平台及焦点观摩，内容涉及创作、表演、教学、理论研究以及舞蹈影像等方面。

【永久的记忆——羌族民俗舞蹈展】

2012 年 5 月 18 日，为纪念 5. 18 世界博物馆日暨汶川大地震 4 周年，由北京舞蹈学院中国舞蹈博物馆主办的《永久的记忆—羌族民俗舞蹈展》在北京舞蹈学院主楼大厅揭幕。此次活动内容包括了羌族民俗舞蹈展揭幕式、羌族舞蹈书籍签售式、羌族民俗及相关学术讲座等。

【第三届中国秧歌节】

2012 年 5 月 23 日至 27 日，第三届中国秧歌节将在山东省胶州市举行。本届秧歌节由中国文学艺术界联合会、中共山东省委宣传部、青岛市人民政府主办，中国舞蹈家协会、山东省文学艺术界联合会、中共青岛市委宣传部、胶州市人民政府承办，中国民间文艺家协会等协办。

第三届中国秧歌节主题为“龙腾盛世舞秧歌”，主要由开幕式文艺演出、全国优秀秧歌展演、全国中老年健身秧歌展演、踩街表演、全国民间工艺博览、中国秧歌艺术继承发展高峰论坛等组成，另外还开展了评选“魅力家园·中国秧歌之乡”等系列活动。

本届秧歌节在力求秧歌风格纯正的基础上突出观赏性、创新性、娱乐性和多样性，同时注重参展秧歌队伍的覆盖面和南北风格的均衡。山东田间地头的三大秧歌、云南女子花腰彝舞龙、河南开封秧歌队、北京舞蹈学院花鼓灯队、北京体育大学舞狮队都将亮相秧歌节。值得一提的是，开幕式演出上，来自全国各地的 12 支优秀的秧歌队表演了进入国家级非物质文化遗产名录的传统作品，并以打擂的形式进行比拼。

此外，活动方还创建了中国秧歌传习研究所，为保护、传承、发展中国的秧歌艺术提供一个可持续发展的平台。活动期间，胶州市还增设了全国民间艺术节工艺博览会，在首个 4A 级景区“少海·中国秧歌城”内，举办国家非物质文化遗产制作展，邀请天津泥人张传人、北京内画壶艺术家、苏州刺绣艺术家、景德镇公孙窑传承人等 20 多位中国民间艺术家现场表演技艺。

中国秧歌节是中国舞蹈家协会在 2008 年推出的全国性民间歌舞展演，作为一项常设活动，每两年举办一次，已在山东胶州成功举办过两届。

【2012 中国·青海西宁原生态舞蹈暨现代舞艺术节】

2012 年 8 月 15 日至 17 日，由中共青海省委宣传部、西宁市人民政府、中国舞蹈家协会主办的“2012 中国·青海西宁国际原生态舞蹈暨现代舞艺术节”在西宁举办，主题是“探秘舞蹈之源·传承舞蹈文脉”。在国际原生态舞蹈暨现代舞节目展演，近 20 支国内外原生态舞蹈团队同台技艺。在国际学术论坛活动中，国内外舞蹈界专家、著名学者在论坛上形成《原生态舞蹈文化遗产保护（西宁）共识》。

【2012 海峡两岸青少年舞蹈交流与展演】

2012 年 9 月 12 日至 21 日，由中国舞蹈家协会和中国台湾中华舞蹈学会共同主办，中国文联作为支持单位的“2012 海峡两岸青少年舞蹈交流与展演”在台湾新北市举行。

本次交流展演依旧延续“海峡两岸·共舞未来”的主题，依旧强调“一对一”、“舞对舞”、“心对心”的深度交流，并继普通中学舞蹈普及教育领域交流之后，将交流触角首次延伸至专业院校舞蹈教育领域，特意选取了两岸在开展专业舞蹈教育方面均有着代表性和知名度的院校，以北京师范大学传媒学院舞蹈系和台湾艺术大学表演艺术学院舞蹈学系作为定点单位。

【第三届全国回族舞蹈展演】

2012 年 10 月 11 日，由中国舞蹈家协会、自治区党委宣传部、宁夏文联主办，宁夏舞蹈家协会承办的“2012 中国·宁夏第三届回族舞蹈展演”在宁夏人民会堂拉开帷幕。在为期 4 天的时间里，北京、山东、新疆等 6 个省区市选送的 26 个节目进行了展演。

宁夏于 2007 年和 2010 年成功举办了两届“中国·宁夏回族舞蹈展演”活动。

【2012 第九届广东现代舞周】

2012 年 11 月 22 日至 28 日，“2012 第九届广东现代舞周”在广州举办。本届现代舞周中外节目并重，境外的节目比往届更加国际化，有来自欧、亚、美洲 9 个不同国家以及港台地区最新、最精、最奇的节目；内地的节目则凸显中国艺术的创意实力，特别是新生代风格各异的舞作，足以与国际艺术家展开平等对话。2012 第九届广东现代舞周的节目除了多而广之外，亦加设了深而精的专题系列活动。

【广西首届现代舞蹈嘉年华】

2012 年 12 月 8 日，由广西南宁谷舞点典舞蹈中心主办的“广西现代舞嘉年华”拉开帷幕，本次活动邀请国内外艺术家，与本地舞者一起，带来大剧场、小剧场、环境表演、影像展映、工作坊座谈等不同形式的演出和交流。从 12 月 8 日开幕演出《一舞十年》开始，为期一周的现代舞嘉年华各系列活动的参与嘉宾有来自香港、台湾地区的舞蹈团体和独立舞蹈家，及来自丹麦、智利、澳大利亚的外国艺术家。

比赛·评奖

【第十二届中宣部精神文明建设“五个一工程”歌舞剧类】

《红军花》（舞剧）	（四川省委宣传部）
《铁道游击队》（舞剧）	（解放军总政治部）
《鹤鸣湖》（舞蹈诗）	（黑龙江省委宣传部）
《秀娘》（舞剧）	（江苏省委宣传部）
《水月洛神》（舞剧）	（河南省委宣传部）
《延安记忆》（舞蹈诗）	（武警总部政治部、中国文联）
《徽班》（舞剧）	（安徽省委宣传部）
《天边的红云》（舞剧）	（上海市委宣传部）
《花儿》（舞剧）	（宁夏回族自治区党委宣传部）

【中国舞蹈“荷花奖”·第二届中国舞蹈艺术“终身成就奖”】

2012 年 3 月 14 日，第二届中国舞蹈艺术“终身成就奖”颁奖典礼在北京国家大剧院举行。冯国佩、李正一、李承祥、斯琴塔日哈、舒巧、孙加保、资华筠、赵青 8 位德高望重的舞蹈艺术家获颁“终身成就奖”。中国舞蹈家协会主席赵汝蘅介绍说，本届“终身成就奖”评选工作于 2011 年 11 月启动，候选人从 75 岁以上、从事舞蹈事业 50 年以上、对新中国舞蹈事业的发展具有奠基作用和开拓性贡献的舞蹈家中产生。

中国舞蹈艺术“终身成就奖”是经中国文联批准，在中国舞蹈荷花奖子项中增设的奖项。本次颁奖是继 2009 年中国舞蹈荷花奖第一届中国舞蹈艺术“终身成就奖”成功举行后的第二次颁奖。

【第四届北京国际舞蹈院校芭蕾舞邀请赛】

2012 年 6 月 12 日，第四届北京国际舞蹈院校芭蕾舞邀请赛暨国际舞蹈院校舞蹈展演在北京保利剧院拉开帷幕。北京国际舞蹈院校芭蕾舞邀请赛是经文化部批准，在北京市委、市政府大力支持下，由北京舞蹈学院主办的一项国际性舞蹈赛事。大赛邀请来自俄罗斯、美国、法国、奥地利、中国等 9 个国家的 11 位国际知名芭蕾舞专家组成评委会。

6 月 12 日至 6 月 22 日，来自 23 国家和地区的 75 名选手依照年龄分为甲、乙、丙三组，分别通过三轮比赛的选拔，共决出一等奖 6 名，二等奖 5 名，三等奖 5 名，“华夏奖” 1 名，“评委特别奖” 2 名，“现代舞编导奖” 3 名，“现代舞表演奖” 3 名，七个奖项共 25 人获奖。获奖名单如下：

一等奖：

甲组男：格罗尼克·坎斯坦辛（白俄罗斯国立编导学院）
甲组女：空缺
乙组男：何泰昱（辽宁芭蕾舞团附属中等舞蹈学校）
乙组女：汪庆欣（辽宁芭蕾舞团附属中等舞蹈学校）
　　　　邱芸庭（北京舞蹈学院附属中等舞蹈学校）
丙组男：王占峰（辽宁芭蕾舞团附属中等舞蹈学校）
丙组女：关富匀（辽宁芭蕾舞团附属中等舞蹈学校）

二等奖：

甲组男：宫川新大（日本坪田芭蕾舞学校）
甲组女：孙雅莉（北京舞蹈学院）
乙组男：史越（辽宁芭蕾舞团附属中等舞蹈学校）
乙组女：空缺
丙组男：龚熙淳（辽宁芭蕾舞团附属中等舞蹈学校）
丙组女：吉塞丽·贝萨（马斯特芭蕾学院）

三等奖：

甲组男：空缺
甲组女：贝肯妮·希思克（美国西部芭蕾舞团）
乙组男：寺田智羽（日本田中艺术中心）
乙组女：汉娜·贝缇思（美国新世代芭蕾舞学校）
丙组男：雅克布·菲福利克（维也纳国立歌剧院芭蕾舞蹈学校）
丙组女：李帅（北京舞蹈学院附属中等舞蹈学校）

华夏奖：

方龄蒂（北京舞蹈学院附属中等舞蹈学校）

评委特别奖：

丹尼尔·罗伯特·席尔瓦（巴西沃提斯芭蕾舞学校）
娜塔莎·梅尔（维也纳国立歌剧院芭蕾舞蹈学校）

现代舞编导奖：

张蒂莎（中国）
崔爱敏（中国）
罗鹏川（中国）

现代舞表演奖：

武思聪（北京舞蹈学院附属中等舞蹈学校）
张超艺（辽宁芭蕾舞团附属中等舞蹈学校）
巩尊元（北京舞蹈学院附属中等舞蹈学校）

【第六届华北五省区市舞蹈大赛】

2012年7月8日，由北京市文联、北京舞蹈家协会承办的第六届华北五省区市舞蹈大赛在北京清华大学“新清华学堂”举行开幕式。在开幕式上，北京歌剧舞剧院、北京舞蹈学院、海政文工团、二炮文工团、中央民族大学等多家单位上演了他们的优秀舞蹈作品。作为华北地区规模最大、影响最广的舞蹈赛事，这项活动已经有12年的历史。从7月9日至14日，来自华北五省区市的360个参赛作品、5000余名舞蹈选手齐聚北京各显身手，进行决赛比拼。

经过6天22场紧张激烈的比赛，北京代表团的群舞《库玛拉随想》、独舞《捞月亮》及来自天津、河北、山西、内蒙古等省区市代表团的10余个舞蹈作品荣获本届大赛专业青年组表演创作一等奖。来自天津代表团的《一起成长》、《小小牧羊人》，河北代表团的《夏日清荷》、《劳动最光荣》内蒙古代表团的《雕花的马鞍》，北京代表团的《“鼠”你快乐》等11个节目获得幼儿组、少儿组及少年组表演创作一等奖。《芭蕾舞奶奶的春天》等19个舞蹈作品分获中老年组及业余青年组、少年专业组创作表演一等奖。天津的王鸿昀、北京的高镀等十位舞蹈工作者获得园丁奖，太原市盲童学校、北京朝阳区残疾人联合会等获得特别奖。其中，由北京朝阳区文联、朝阳区舞蹈家协会选送的《京之韵》获得中老年组创作表演一等奖的作品。

本届大赛参赛作品涵盖了各类艺术机构，各种舞蹈类型，各个年龄层次。其中既有年仅4岁的小选手，也有白发苍苍的长者。第六届华北五省区市舞蹈大赛不仅是一场场舞蹈艺术盛宴，同时也是一次华北五省区市舞蹈教育、舞蹈表演、舞蹈创作最新成果的交流和展示。

【2012·华东六省一市专业舞蹈比赛】

2012年5月13日，“2012·华东六省一市专业舞蹈比赛”颁奖晚会暨精品展演在上海大剧院上演。经过复赛江苏省共有11个节目入围决赛，在5月10、11、12日的激烈角逐中，群舞组的《聆墨》、《水的女儿》获得创作、表演二等奖；《风之子》、《桃花雨》获创作、表演三等奖；单项组的《亲爱的，你还好吗》获得创作二等奖；《那时候很美》获创作三等奖；其中《亲爱的，你还好吗》、《春望词》获表演三等奖。

两年一度的“华东六省一市专业舞蹈比赛”是由华东六省一市舞蹈家协会联合组办，面向上海、江苏、安徽、山东、浙江、江西、福建的舞蹈专业院团及专业院校一个交流、展示的平台。并且从本届开始“华东六省一市专业舞蹈比赛”已被列入在中国乃至国际上享有盛誉的“上海之春”。

【文华艺术院校奖第十届 “桃李杯” 舞蹈比赛】

2012年8月18日，由文化部主办，安徽省文化厅、合肥市人民政府、安徽艺术职业学院共同承办的第十届全国“桃李杯”舞蹈比赛在安徽大剧院开幕。

本届比赛以“舞动江淮，桃李天下”为主题，以检阅我国舞蹈教学成果、总结舞蹈教学及创作经验、提高舞蹈教学素质和表演水平、繁荣舞蹈剧目创作、发现选拔优秀舞蹈人才为宗旨，大赛评委均为国内舞蹈界权威专家。经过数月选拔，来自29个省区市和我国港、澳、台地区，以及美国、新加坡等国的102所院校参赛队、340多个节目入围了本次大赛，参赛选手达1800余人。在赛事组织形式上，本届比赛取消了各舞蹈类别的A、B分组和男女分组，体现出舞蹈类本科名校与高职、中专类院校“站在同一起跑线上”的新理念，从而展现更高的专业水准和奖项含金量，赛事也因此更为紧张、激烈、精彩。

经过7天紧张激烈的角逐，第十届桃李杯舞蹈比赛在8月26日闭幕 ，本届大赛吸引来自海内外的102支代表队、1822名选手参加，他们分别在古典舞、民族民间舞、芭蕾舞、群舞等组别一展风采。大赛力推原创佳作，选拔艺术人才，其中 82 名选手分获独舞一、二、三等奖，45 个群舞分获群舞组一、二、三等奖，49 个剧目获得原创教学剧目奖。

【第三届内蒙古电视舞蹈大赛】

2012 年 9 月 7 日至 12 日，第三届中国蒙古舞蹈大赛暨第三届内蒙古电视舞蹈大赛在鄂尔多斯市举行。中国蒙古舞蹈大赛自 2004 年创立以来，已经成为内蒙古重要的文艺品牌活动，已经成功举办的前两届大赛推出了一批蒙古舞蹈艺术精品和优秀的舞蹈家，其中多个作品获全国舞蹈专业奖，极大地促进了中国蒙古舞蹈艺术的发展和繁荣。

本次大赛由自治区文联、文化厅、广电局、鄂尔多斯市政府主办，中共鄂尔多斯市东胜区委、区政府，鄂尔多斯市文化局，内蒙古舞蹈家协会和内蒙古电视台承办，共吸引了来自北京、新疆、云南、山西、甘肃等省市自治区和我区 12 个盟市以及蒙古、俄罗斯等国的 37 个艺术团体共 148 个作品参赛，参赛总人数达到 2000 余人，是历届大赛参赛人数最多、规模最大的一次。从大赛内容看，更涵盖了蒙古舞、鄂伦春、鄂温克等民族舞原创、民族民间舞蹈和现代舞、当代舞、古典舞及各民族民间舞蹈各个舞种，在参赛作品和演员人数上均创下了新的纪录。经过初评、复评，目前有 41 个节目进入决赛，决赛分为蒙古舞组、蒙古民间舞组、其他舞组三个组别，决赛分五场进行。

同时举办的还有蒙古舞蹈艺术学术研讨会，来自各国、各地的艺术家和评论家们通过比赛和艺术对话，进行国际性的学术交流，共谋蒙古舞蹈艺术的发展。

【东北电视舞蹈大赛】

2012 年 9 月 16 日至 19 日，由中国舞蹈家协会、吉林省文学艺术界联合会、辽宁省文学艺术界联合会、黑龙江省文学艺术界联合会、吉林省文化厅主办，吉林电视台、吉林省舞蹈家协会、辽宁省舞蹈家协会、黑龙江省舞蹈家协会承办的东北地区电视舞蹈大赛决赛在长春市东方大剧院举行。

9 月 20 日，东北地区电视舞蹈大赛颁奖晚会在长春市东方大剧院举行。经过 4 个多月的激烈角逐，东北地区电视舞蹈大赛落下帷幕。此次大赛共分为专业院校、群文成人、少儿、专业院团等 4 个组别，分别评出金、银、铜奖，《羚羊的外套》等作品获专业院校组金奖，《踏舞石化》等获群文成人组金奖，《太平女儿鼓》等获少儿组金奖，《写意春秋》等获专业院团组金奖。评委会临时决定增设的一个评委会大奖由吉林歌舞剧院集团有限公司创排的《满江红》摘得。

9 月 21 日，东北地区电视舞蹈大赛论坛定于在吉林艺术学院举行。题目为《东北舞蹈创新与发展论坛》。

交流

【现代舞剧 《24 节气·花间十二声》 以色列首演】

2012 年 2 月 18 日，受以色列苏珊答腊舞蹈戏剧中心邀请，由中国文化部委派的北京现代舞团大型舞剧《24 节气·花间十二声》，在以色列首都特拉维夫首演。作为文化部“欢乐春节”大型文化交流活动的演出项目，《 24 节气》在以色列连演 4 场，于 22 日落下帷幕。该舞剧于 18 日在以色列特拉维夫苏珊答腊大剧院进行了首场演出，并连演 4 场，受到了以色列观众的喜爱。

【芭蕾舞剧 《牡丹亭》 澳大利亚首演】

2012 年 3 月 15 日，中央芭蕾舞团在澳大利亚墨尔本艺术中心，成功首演了原创芭蕾舞剧《牡丹亭》。这是由中澳两国政府共同举办的澳大利亚“中国文化年”的重头戏，中芭的演出受到了现场 2000 余名观众的热烈欢迎；同时，也正是在这一天，中芭改版后的官网正式上线，为中芭与观众的交流提供了一个全新的平台。

【壮族舞剧 《逐梦天涯》 美国巡演】

2012 年 6 月 10 日至 24 日，由中国对外文化集团公司运营的大型国际演出品牌“中华风韵”邀请广西南宁市艺术剧院排演的大型壮族舞剧《逐梦天涯》赴美国芝加哥、丹佛、洛杉矶三地巡演 9 场，这是“中华风韵”系列品牌赴美巡演城市最多、规模最大的一次，也是首次美国中西部之行。

大型舞剧《逐梦天涯》根据壮族民间传说故事《妈勒访天边》改编，多次荣获国内舞剧大奖。据中国对外文化集团公司相关负责人介绍，本次巡演整合了各方资源，联合三地主流社会中近 10 家著名的美国本土艺术表演机构、文化艺术研究机构和公关推广平台以及百余家知名媒体，在项目运作、宣传推广、票务销售等多个层面进行了联合运营，为中华文化走出去战略探索全新的运营模式。

【国际青年舞蹈节 2012】

2012 年 7 月 20 日至 26 日，由澳门地区教育暨青年局主办、民政总署及亚洲教育北京论坛协办的“国际青年舞蹈节 2012”在澳门举行。为了让世界各地的青年舞蹈爱好者一展舞蹈所长，展示青年的阳光活力，自 1987 年开始，澳门每两年举行一次国际青年舞蹈节，为本地及来自世界各地的青年舞蹈爱好者提供一个互相建立友谊及进行文化交流的平台，彼此观摩切磋，从而提升艺术水平和欣赏能力，并把世界不同的文化融汇在澳门。

非本地队今年共有十五队，分别来自澳洲、加拿大、韩国、厄瓜多尔、菲律宾、马来西亚、捷克、罗马尼亚、新加坡、泰国、土耳其、中国台湾、贵州省及香港地区等地，各地舞蹈团将展现世界各地的不同文化，呈现出不同舞蹈的特色。而本地的队伍共有十队，分别为嘉诺撒圣心中学舞蹈队、濠江中学舞蹈队、教业中学舞蹈队、高美士中葡中学舞蹈队、澳门坊众学校舞蹈队、培正中学舞蹈队、英姿舞园、心在澳门葡萄牙土风舞蹈协会、澳门流行歌舞协会及蔚青舞蹈团。

国际青年舞蹈节共有三个演出部分，包括巡游表演、两场室内演出以及两场户外演出。

【现代舞剧 《断层》 澳大利亚首演】

2012年10月11日，澳大利亚墨尔本国际艺术节拉开帷幕。开幕当日，四川省乐山市歌舞剧团现代舞剧《断层》在Malthouse剧场进行全球首演，中国驻澳大利亚大使馆公使衔文化参赞柯亚沙前往墨尔本观看了演出。作为澳大利亚"中国文化年"的重点项目之一，《断层》在艺术节期间共演出6场，受到了澳大利亚观众的喜爱和好评。

现代舞剧《断层》以2008年汶川大地震为故事背景，讲述了自然灾害面前，人与人之间的亲情、友情、爱情、同胞之情，不仅表现当代中国人坚强不屈的精神风貌，也向世界展现伟大的抗震救灾精神和灾后重建取得的巨大成就。该剧的创意源自乐山市歌舞剧团编排的小型现代舞《手·重生》。在同样经历过地震灾难的新西兰舞蹈家萨拉·布罗迪和乐山市歌舞剧团的联手打造下，《断层》以饱含情感的表演、东西结合的现代舞形式和充满地域风格的中国民乐伴奏感动了澳大利亚观众。

【陶身体剧场新作 《4》 出访美国】

2012年，陶身体剧场携新作《4》受邀参加美国纽约林肯中心夏季艺术节。该作品中，四位舞者在共同的外在空间与各自独立的内在空间之中回旋游走，创造出有序却无止尽变换流动的视觉画面。

【跨艺·舞动无界——北京舞蹈学院2012演出季】

2012年11月17日，"北京舞蹈学院2012演出季"在院内新落成的剧场拉开帷幕。为落实国家文化大发展大繁荣的文化战略以及学院服务于首都文化发展的服务定位，北京舞蹈学院自2012年起，进行每年一度的舞蹈展演活动，展示学院教育教学成果，以高雅文化引领和谐社会建设。

"北京舞蹈学院2012演出季"共进行七场演出，融合了国内外高水平的舞蹈作品，汇聚了众多优秀的舞蹈演员，展现了近年来北京舞蹈学院落实"坚持高层次的文化追求，坚持高质量的人才培养，坚持高水平的普及教育"工作目标的丰厚成果。

首场演出"跨艺·舞动无界"于11月17日至19日进行，同时作为学院参加海淀区"中关村金秋演出季"的专场演出，获得业内好评。"跨艺·舞动无界"项目始于2009年北京舞蹈学院和英国密德萨斯大学表演艺术创作研究中心合作的一个国际舞蹈创作研究与演出项目，2011年台北艺术大学舞蹈学院加入，逐渐成为一个国际舞蹈合作交流的典范。具有影响力的国内外一线编导、资深舞蹈研究学者和优秀舞者共同构成活动的主体，不仅有编导的精心创造，学者的深刻视角和舞者的倾力诠释，更有自由无界的文化碰撞和交流。

2009年舞动无界的主题是"起舞于动荡世界"，2011年舞动无界的主题是"不确定的等待"，分别在北京和台湾地区进行。2012年舞动无界再次回到北京举行，由学院教务处、对外合作与交流中心和研究生部联合承办。今年的创作主题为"光与水"，通过两种不同文化感的介质，提供了一个更加具有意味和形象的创作指引。来自北京、台北和欧洲的10位编导根据主题进行了不同视角和不同风格的独立创作，北京和台北的舞者合作排练，构成整台世界首演的当代舞蹈作品晚会。学院的编导系、现代舞教育研究中心、舞蹈学系、研究生部、青年舞团等多个部门师生都参与到了项目中。项目独特之处在于设计了一个将舞蹈创作与研究全面整合的国际化平台与流程，具有研究的整体性与实效性。11月18日举办了研究学者、编导、演员共同参加的学术论坛，主题为"实践研究过程中的翻译与诠释"，所有参与者在一个跨界和跨文化的语境中，感受到了不同文化与不同方式的碰撞与融合。

理论研究

会议

【2012 国际创意舞蹈研讨会】

2012 年 10 月 20 日，由北京师范大学艺术与传媒学院舞蹈系主办的首届“国际创意舞蹈研讨会”在北京师范大学拉开帷幕。为期六天的研讨会邀请了来自世界各地的 300 位专家学者、艺术家，举行了开幕式暨顶级大师讲座、各校专家圆桌会议、开幕式舞蹈晚会、论文发表会、专家讲座、校际联展，以及国际舞蹈大师班及公开课等活动。此次研讨会以“创意”为主题，秉承“培育创意型人才”的会议宗旨，深度探讨“舞蹈创作中的个性与共性”、“创意舞蹈的教学与学习”、“专业舞蹈与素质舞蹈的学习脉络”、“新时代的舞蹈艺术表现形式”等议题，借助研讨会的形式，鼓励青年舞蹈家们的创新精神，为中国以及全世界的舞蹈教育，打造一个专业性、国际性、开放性的交流平台。

【2012“跨艺・舞动无界” 中外当代舞蹈创作作品全球首演暨论坛】

2012“跨艺・舞动无界”中外当代舞蹈创作作品全球首演暨论坛在北京举行，主题是“光与水”，意在通过两种不同文化感的介质，为创作者提供一个更加具有意味与形象的主题。来自北京的赵小刚、万素、刘岩、张元春三位编导与台北、欧洲的编导们根据主题进行了不同视角和不同风格的独立创作，北京舞蹈学院青年舞团的舞者、研究生部硕士研究生与台北艺术大学的舞者合作演出，构成了一台世界首演的当代舞蹈作品晚会。11 月 18 日，在以“关于实践、过程和演出的诠释及解释”为主题的国际论坛中，各国学者在全程跟踪创作过程和观察创作环境的基础上，结合具体个案对舞蹈创作中的解释与阐释的问题进行了发言、交流和探讨。

【中国教育学会舞蹈教育专业委员会第二次会员代表大会在京召开】

2012 年 6 月 2 日至 3 日，经中国教育学会批准，中国教育学会舞蹈教育专业委员会（以下简称舞委会）在北京国家教育行政学院召开了第二次会员代表大会。会议在舞委会新一届理事会换届选举工作的基础上，深入分析了新形势下舞委会在推进学校素质教育、促进学生全面发展中所承担的使命、责任与任务。来自全国各地的八十余名会员代表参加会议。中国教育学会秘书长杨念鲁及教育部有关司局的同志出席会议。

【第六届华北五省区市舞蹈大赛暨理论研讨会在京举行】

2012 年 7 月 15 日，第六届华北五省区市舞蹈大赛落幕。历时 8 天的激烈角逐中，幼儿与老者同台、业余与专业共竞、传统与现代齐欢，不仅为观众献上一场场精彩的舞蹈艺术盛宴，也为华北五省区市舞蹈教育、舞蹈表演、舞蹈创作搭建了交流和展示平台，更为人们研究考量当下舞蹈发展提供了珍贵的样本。7 月 16 日，由北京市文联主办，北京舞蹈家协会、北京市文联研究部承办的第六届华北五省区市舞蹈大赛理论研讨会在京举行。王德新、张恬、李毓珊、赵林平、刘颖、王家朋、付汉生、王晨、蔡勤、曼德尔娃等北京市文联、北京舞蹈家协会，天津、河北、山西和内蒙古各省区市舞蹈家协会相关领导，以及江东、茅慧、张朝霞、金浩、林蔚然、党宁、李岩等来自各艺术门类的十几位专家出席研讨会。

出版

【《舞蹈生态学》】

作者：资华筠　王宁

出版社：文化艺术出版社　出版日期：2012 年 9 月 1 日

为了更全面介绍舞蹈生态学,《舞蹈生态学》将“绪论”改为了“总论”。增加了“舞蹈语言的构建与多维舞种的确立”一章，强调了舞蹈外部形式与它所表达的内容的结合。将原有“测查计量与结果的分析方法”一章删除，其中的原理和基本内容合理地安排到各个章节中。表述方法也作了改进。《导论》对舞蹈的分析虽然兼顾了形式和内容两个方面，但当时过多考虑了分析的可操作性，同时过多受到结构主义的影响，对形式的分析较重，对内容的分析不足。舞蹈是一种人文性很强的艺术形式，它的本体描写应本着“内容决定形式”的辩证唯物观点，重视其传情表意的内涵。舞目的认同别异固然要从外部形态入手，但内容绝对不能忽视；生态与舞蹈的相互影响、相互作用的关系，仅从舞蹈外部形态看很难看到本质，只有深入到舞蹈内涵，才能深刻认识。

【《舞蹈学研究》】

作者：吕艺生　毛毳

出版社：上海音乐出版社　出版日期：2012 年 8 月 1 日

《舞蹈学研究》主要内容包括：舞蹈学的方法论研究、哲学与美学方法、艺术社会学方法、表现主义美学方法、心理学方法、符号学方法、本体论方法、解释学方法、接收美学方法、系统论方法等。

【《舞蹈批评学研究》】

编著：吕艺生

出版社：上海音乐出版社　出版日期：2012 年 12 月 1 日

《北京舞蹈学院舞蹈学学科建设丛书：舞蹈批评学研究（套装共 2 册)》是舞蹈批评论文集，内容分为上下两册，共有四编：文艺批评的理论与方法、舞蹈批评的理论与方法研究、舞蹈批评与舞蹈创作研究、舞蹈评论与作品分析。其中，舞蹈批评的理论与方法包括舞蹈本体论批评、舞蹈美学批评和心理学批评等。

【《中国舞蹈发展史》】

作者：王克芬

出版社：武汉大学出版社　出版日期：2012 年 2 月 1 日

《中国舞蹈发展史》由王克芬所著，《中国舞蹈发展史》系统介绍了原始舞蹈产生与发展的轨迹，夏商奴隶制时代舞蹈的发展，两周时期舞蹈的发展和变革，舞蹈艺术取得重大发展的汉代，各族乐舞在纷呈交流中发展的三国两晋南北朝时代，辉煌唐舞，舞蹈艺术发展的转折期——辽、宋、西夏和金代，元、明、清舞蹈艺术的传承与变异。全书图文并茂，史料丰富，是研习中国舞蹈专门史不可多得的宝贵资料。

【《中国舞蹈通史》（繁体字版）】

主编：刘青弋

出版社：上海音乐出版社　出版日期：2012 年 12 月 1 日

《中国舞蹈通史（繁体字版）（套装共 5 册）》是一部舞蹈专门史，以中国历史发展脉络及其政权的改朝换代进行分期，共分八个时期。即先秦时期（由孙景琛撰著）、秦汉时期、魏晋南北朝时期（彭松）、隋唐五代时期（王克芬）、宋辽金西夏元时期（董锡玖）、明清时期（王克芬）；中华民国时期、中华人民共和国时期（刘青弋）。

【《万舞翼翼：中国舞蹈图史》】

作者：王克芬

出版社：中华书局　出版日期：2012 年 1 月 1 日

《万舞翼翼：中国舞蹈图史》配图丰富多彩，很好地实践了老一辈文史研究家倡导并身体力行的二重、多重证据法。据我统计，全书共配图 362 幅，既有各个历史时期的文物、文献图像，也有大量的墓葬或石窟壁画或摹本，又不乏现当代的摄影照片，都弥足珍贵。研究古代舞蹈，既需要在浩如烟海的历史典籍中搜寻爬梳文字记载，也需要到现存丰富的民族民间舞蹈活动中去探访渊源清晰的“活化石”，更需要依据对大量的文物遗存的考察、比较、辨析，来获取生动形象的实物与图像依据。需要强调指出的是，王克芬老师研究舞蹈史，从来都注重通过实地调查、采访以获取亲见亲闻的第一手资料。

【《中国艺术简史丛书：中国舞蹈史》】

作者：王宁宁　江东　杜晓青

出版社：文化艺术出版社　出版日期：2012 年 6 月 1 日

《中国舞蹈史》沿着中国社会发展的历史轨迹，阐述中国舞蹈发展的历史。书中，中国舞蹈史分为三个阶段，即古代舞蹈发展阶段、现代舞蹈发展阶段，以及当代舞蹈发展阶段，每一阶段皆引用具有典型意义的历史资料加以论证，既有中国舞蹈史清晰的纵向发展脉络，又有充分的横向史料展开。

【《敦煌舞蹈教程：伎乐天舞蹈形象呈现》】

作者：史敏

出版社：世界图书出版公司　出版日期：2012 年 7 月 1 日

《敦煌舞蹈教程：伎乐天舞蹈形象呈现》内容简介：敦煌舞作为一种崭新的舞蹈样式，诞生于 1979 年大型民族舞剧《丝路花雨》，它使得敦煌壁画中的舞蹈活灵活现地走向观众，为世界所瞩目。作者通过在教学中的讲解和指导，使更多的青年人了解敦煌舞，喜欢敦煌舞，并热爱敦煌舞，使大家能从各自不同的角度来体验敦煌舞蹈文化，共同挖掘和探索这座人类文明的艺术宝库。

《敦煌舞蹈教程：伎乐天舞蹈形象呈现》这一课程的训练内容是以敦煌壁画中的伎乐形象为依据，教材内容与壁画中的形象有关，组合以综合表现形式呈现，每个组合在队形上都有相应的变化设计，在以风格和技术为目的的身体训练的同时，还包括历史、文化、表演等相关理论方面的内容，适合本科生和研究生的教学。

【《舞祭：广西民间祭祀舞蹈文化田野考察与研究》】

作者：黄小明　胡晶莹

出版社：广西师范大学出版社　出版日期：2012 年 1 月 1 日

《舞祭：广西民间祭祀舞蹈文化田野考察与研究》作者以几年来对广西壮族、瑶族、毛南族、仫佬族、京族田野考察所掌握大量翔实的第一手资料为基础，运用文化人类学、民族学、舞蹈生态学、舞蹈心理学的视角和方法，对广西特有少数民族舞蹈文化的产生、变异、功能、发展和传承的整体面貌进行梳理与研究。

【《走向剧场的乡土身影：从一个秧歌看当代中国民间舞蹈》】

作者：刘晓真

出版社：上海音乐出版社　出版日期：2012 年 3 月 1 日

《走向剧场的乡土身影：从一个秧歌看当代中国民间舞蹈》究竟是去拓展，探索或者巩固，充实学科边界，还是在采访和文献资料里进行文化的重新判断，是贯穿作者写作始终的问题。在这种问题意识下，既从一个秧歌的视野展现了中国民间舞蹈的当代史，也在文化价值的追溯中洞悉时代风云。

【《舞蹈艺术价值论：中国当代舞蹈价值分析》】

作者：仝妍

出版社：上海音乐出版社　出版日期：2012 年 10 月 1 日

《舞蹈艺术价值论：中国当代舞蹈价值分析》将传统舞蹈史学研究和新兴艺术价值研究相结合，史论结合地对中国舞蹈艺术价值，特别是当代舞蹈的价值从审美价值、社会价值和经济价值三个层面进行了分析论证。笔者认为，中国当代舞蹈的价值是以审美价值为核心，与社会价值、经济价值相融合的。从艺术、社会发展角度而言，舞蹈在传统与现代的结合中不断探索，成为人们追求健康向上的审美愉悦和精神活力的重要途径。积极向上、全方位的价值追求，促成中国舞蹈在当代取得了巨大的成就，也只有正确掌握价值活动与舞蹈发展之间的关系，才能更好、更充分地实现舞蹈的价值。

【《新媒体舞蹈概论》】

作者：张朝霞

出版社：知识产权出版社　出版日期：2012 年 6 月 1 日

《新媒体舞蹈概论》是当代艺术管理论丛，从新媒体舞蹈的语境、发展、谱系、创作、技法及管理等方面对新媒体蹈进行了全面的概述。可作为艺术管理专业的教材，也可作为从事新媒体艺术相关人员的读物。

【《中日韩古典舞蹈比较》】

作者：苏娅

出版社：文化艺术出版社　出版日期：2012 年 8 月 1 日

《中日韩古典舞蹈比较》题目看上去似乎过于庞大，于是如何予以逻辑性的限制，怎样给予理论性的概括，是本文写作之先、写作之中与写作之后始终让笔者大伤脑筋的关键。从结构上讲，为了全面彻底地研究中国古典舞，笔者把日本和韩国作为两面镜子，把视角由“从内向外”，改为“从外向内”或者说“自上而下”。通过中、日、韩之自然环境中的舞蹈生态、文化形态中的舞蹈功能、政治体制下的运作机制、意识形态上的深刻影响、伦理思想上的主要倾向、历史条件下的个人旨归这六大切入点，对中、日、韩舞蹈的自然生态、社会形态与文化心态，进行了多方位、多视角、多层次、多交叉的纵向爬梳与横向比对。以“意识形态”这一共通切入点为例，其间对于原始宗教的起点、抽象哲学的属性、艺术美学的特质，均给予了以大量历史文本研读为基础的个案性分析与总括性阐释。在具体行文模式上均贯彻了一段引文，三段论证，又一段小结的写法。

【《当代编舞理论与技法》】

作者：肖苏华

出版社：中央民族大学出版社　出版日期：2012 年 5 月 1 日

《当代编舞理论与技法》是一本理论与实践紧密结合的舞蹈教材，共分三大部分。第一部分包括舞蹈动机及其发展演化，舞句，舞段，主题变奏，卡农，奏鸣曲式等内容。第二部分，主要包括独舞，双人舞，舞剧等内容。第三部分，是对几个重要舞剧的案例分析。

【《中国舞蹈创意产业调研报告》】

作者：张朝霞

出版社：知识产权出版社　出版日期：2012 年 6 月 1 日

《中国舞蹈创意产业调研报告》是一本关于中国舞蹈创意产业的调研报告，全书共分 18 章。内容包括：中国残疾人艺术团调研报告、上海大剧院及其音乐剧运作调研报告、天津市演出场所市场调研报告等。

【《舞蹈调度的形式陈说》】

作者：张素琴　刘建

出版社：首都师范大学出版社　出版日期：2013 年 8 月 1 日

《舞蹈身体语言学》从人类普遍的身体入手，由语占、身体语言切入舞蹈身体语言，最终使普遍的研究焦聚到了中国传统舞蹈身体语言建设的可能性问题。全书的理论构建是希望“能给我们一种理解问题的方法……描述一个系统，意味着分析能看得见的东西……这个系统并不是明显的‘存在’，但却一直影响着所有的人类行为”。此外，因为是初步的理论探索，所以书中穿插了许多琐碎的舞蹈历史和现实的例证及批评，这些“臃肿”的文字除了以非抽象的方式“即物”地佐证理论之外，更在于对舞蹈——特别是中国舞蹈的历史和现实地进行反思，如梁启超先生所言：“历史的目的在将过去的真事实予以新意义或新价值，以供现代人活动之资鉴。”

【《当我们走在异国他乡：中西舞蹈文化的对话》】

编者：王伟　张平

出版社：中国文联出版社　出版日期：2012 年 5 月 1 日

《当我们走在异国他乡：中西舞蹈文化的对话》记录了首批留学师生的感悟，价值在于它是我国第一部舞蹈艺术专业公派留学师生的思想成果，在于它的真情、真事、真悟和真论。我们的生命看似是一个陌生的道路，时时都会面临新的机会和挑战，敢于经历不同的生活，积累经验，不仅仅依靠自我探索、善于交往、善于取他之长、善于走出熟悉的生活。做一个思想的拓荒者，才会为生命赋予不同的光彩。我们需要为自己建立一份终生的职志，不追名逐利，以开放的心境接纳一切，收藏过去，面向未来。

【《16 —19 世纪舞会舞蹈》】

作者：尼古拉·巴甫洛维奇·伊凡诺夫斯基

译者：朱立人　杨越

出版社：上海音乐出版社　出版日期：2012 年 10 月 1 日

《16—19 世纪舞会舞蹈》是作者 H·伊凡诺夫斯基的第一次尝试，不指望详尽无余。它的目的是给教师提供研究这门课程的资料，把由笔者和笔者的同事们制定并被列宁格勒舞蹈学校采用的那些教学法原则记录下来。今后，在深入和扩大研究以及教师之间交流积累的经验的基础上，课程显然会进一步得到丰富。对包括布瑞、帕斯皮耶或者古老萨拉班达在内的一系列舞蹈的描述，由于某些原因，没有收入这本书中。今后这些舞蹈也将会在教程里占有自己的位置的。

【《舞蹈管理：现状及发展趋势》】

编者：Linda Jasper Jeanette Siddall

译者：张朝霞　柳菼

出版社：知识产权出版社　出版日期：2012 年 6 月 1 日

《舞蹈管理：现状及发展趋势》从舞蹈艺术家管理、舞蹈产品管理、参与舞蹈活动管理、舞蹈管理政策等方面对英国舞蹈管理进行了详述。对中国的舞蹈管理学术研究，教学活动及舞蹈管理政策的制定有一定的参考价值。

大事记

2 月 18 日，北京现代舞团舞剧《24 节气·花间十二声》在以色列首都特拉维夫首演。

3 月 14 日，第二届中国舞蹈艺术“终身成就奖”颁奖典礼在北京国家大剧院举行。

3 月 15 日，中央芭蕾舞团在澳大利亚墨尔本成功首演了原创芭蕾舞剧《牡丹亭》。

4 月 5 日，舞剧《蒙古·传说》在北京保利剧院首演。

4 月 25 日，无锡市演艺集团歌舞剧院舞剧《绣娘》在无锡大剧院首演。

5 月 16 日，情景音舞诗画《天安门》在京首演。

5 月 18 日，《永久的记忆——羌族民俗舞蹈展》在北京舞蹈学院主楼揭幕。

5 月 23 日至 27 日，第三届中国秧歌节在山东省胶州市举行。

6 月 1 日至 3 日，舞剧《延安保育院》在北京天桥剧场举行晋京演出。

6 月 2 日至 3 日，中国教育学会舞蹈教育专业委员会在北京国家教育行政学院召开了第二次会员代表大会。

6 月 10 日至 24 日，壮族舞剧《逐梦天涯》赴美国芝加哥、丹佛、洛杉矶三地巡演。

6 月 12 日，第四届北京国际舞蹈院校芭蕾舞邀请赛暨国际舞蹈院校舞蹈展演在北京保利剧院拉开帷幕。

6 月 19 日至 21 日，作品《介 2012》在方家胡同 46 号院尚剧场演出。

7 月 5 日，国家大剧院宣布策划了名为“中国舞蹈十二天”的系列演出。

7 月 8 日至 15 日，第六届华北五省区市舞蹈大赛。

7 月 15 日至 28 日，2012 年“北京舞蹈双周”在北京举行。

7 月 15 日，第六届华北五省区市舞蹈大赛在清华大学落下帷幕。

7 月 20 日至 26 日，“国际青年舞蹈节 2012”在澳门举行。

8 月 1 日，大型回族歌舞剧《曼苏尔》在宁夏回族自治区宁夏人民会堂上演。

8 月 15 日至 17 日，“2012 中国·青海西宁国际原生态舞蹈暨现代舞艺术节”在西宁举办。

8 月 18 日，第十届全国“桃李杯”舞蹈比赛在安徽大剧院开幕。

8 月 24 日，由中国歌剧舞剧院舞剧《嫦娥奔月》在北京保利剧院上演。

9 月 1 日，北京当代芭蕾舞团新舞作《野草》在苏州文化艺术中心上演。

9 月 1 日，“培艺艺术基金”在京举行启动仪式。

9 月 7 日至 12 日，第三届中国蒙古舞蹈大赛在鄂尔多斯市举行。

9 月 12 日至 21 日，“2012 海峡两岸青少年舞蹈交流与展演”在台湾地区新北市举行。

9 月 16 日至 19 日，东北地区电视舞蹈大赛决赛在长春市东方大剧院举行。

9 月 18 日，“2012 北京国际青年戏剧节”上演了史晶歆当代舞蹈剧场作品《活着就好》、《霞谱帛瓦：觉、白、梵》。

9 月 21 日，舞剧《齐风韶韵》在山东剧院演出。

9 月 24 日，芭蕾舞剧《小美人鱼》在天桥剧场首演。

9 月 26 日，大型音舞诗剧《汉风华章》在徐州上演。

9 月 30 日，第三届芭蕾创意工作坊作品展演在北京天桥剧场上演。

10 月 11 日，“2012 中国·宁夏第三届回族舞蹈展演”在宁夏人民会堂拉开帷幕。

10 月 11 日，现代舞剧《断层》在澳大利亚墨尔本进行全球首演。

10 月 18 日，舞蹈家杨丽萍的舞剧《孔雀》在天津大礼堂上演。

10 月 20 日，首届“国际创意舞蹈研讨会”在北京师范大学举行。

10 月 24 日，国家大剧院主办的首届舞蹈节拉开帷幕。

11 月 2 日至 4 日，新版舞剧《霸王别姬》在国家大剧院歌剧院上演。

11 月 17 日，“北京舞蹈学院 2012 演出季”在院内新落成的剧场拉开帷幕。

11 月 18 日，现代芭蕾《简·爱》在上海大剧院进行了世界首演。

11 月 24 日，“荷花奖”当代舞、现代舞的评奖赛事开幕。

12 月 14 日，“北京 9 当代舞团”推出的新作《蛾》在北京 9 剧场上演。

12 月 14 日，《中国舞蹈研究生教育三十周年纪念暨研讨会》在北京召开。

分卷主编：王　晶

中国艺术年鉴

2012年卷

曲艺卷

年度述评

2012年中国曲艺发展报告

报告负责人：中国曲艺家协会分党组书记、驻会副主席、秘书长　董耀鹏
首席专家：中华曲艺学会名誉会长　常祥霖
撰稿：董耀鹏　常祥霖　黄群　蔡源莉　陈爽　陈连升　杨晓雪　张小卫

中国曲艺家协会是中国共产党领导下的全国各地区各民族曲艺家组成的人民团体，是党和政府联系广大曲艺工作者的桥梁和纽带，是繁荣发展社会主义曲艺事业、建设社会主义先进文化和文化强国的重要力量，是中国文学艺术界联合会的团体会员，在全面建成小康社会、实现中华民族伟大复兴的历史进程中担负着重大责任。撰写和发布年度性的中国曲艺发展报告，对一年来曲艺艺术的发展状况、取得成绩、主要特点、存在问题、未来走向等进行记录、梳理、分析和评价，以透视曲艺现象、展示曲艺成果、把握发展规律、彰显主流价值、引领社会风尚，这是中国曲艺家协会履行职能的重要内容、发挥作用的重要方式、扩大影响的重要途径。中国曲艺发展报告是中国艺术发展报告的分报告，应具有行业的专业性、艺术的权威性、社会的导向性。

第一部分　发展概况

曲艺是一门用口语说唱叙事的表演艺术，源于生活，来自民间，面向社会，服务大众，百姓喜闻乐见，具有地域性、实践性、综合性、多样性的特点。回首2012年，曲艺艺术与时代同行、与人民共进，以自身的特色和优势，在传承中坚守，在探索中突破，在创新中前进，在发展中繁荣，呈现出积极活跃、健康向上的生动景象，社会关注度和影响力进一步提升，发挥了“文艺轻骑兵”的独特作用。

曲艺教育培训、理论建设、学术研究扎实推进、亮点闪现。曲艺类的中等专业艺术和大专职业艺术教育继续开展，社会上各种曲艺培训稳中有增，热爱和喜欢曲艺的公众不断增多，苏州评弹学校历经三年努力终被文化部正式授予“评弹社会考级中心”，这是新中国曲艺发展史上具有开创性意义的大事，拉开了曲艺教育规范化科学化的序幕；曲艺理论建设和学术研究稳步发展，中国曲协已成立12个专业艺术委员会，分布在科研机构、高等院校、曲协系统、新闻媒体方面的理论学术人才得到凝聚，召开首届全国曲艺理论学术研讨会，一批理论评论著作和文章获得第八届中国文联文艺评论奖，中国曲协主席、著名相声表演艺术家姜昆捐款100万元，设立中国曲艺理论建设和学术研究专项基金。

曲艺文本创作艰难前行，舞台表演丰富多彩。反映社会生活的现实题材的曲艺作品明显增加，曲艺创作的环境、条件和氛围日趋好转，但既叫好又叫座、思想性艺术性观赏性相统一、深受大众欢迎的精品力作不多，文本创作“短板”、“弱项”没有根本性转变；各种综艺性晚会、电台电视台频道节目、遍布全国小剧场中的曲艺元素、曲艺表演仍然保持着多元的风格和多样的风采，曲艺这种与基层百姓和社会生活息息相通的大众文化、民间文化仍然具有广泛深厚的根基和特殊持久的艺术魅力。

曲艺评奖、比赛、活动的质量和水平有所提高，新意迭出。各类曲艺评奖层出不穷，第7届中国曲艺牡丹奖在继续实施分赛区比赛的基础上，新增加了现场观众评委、音乐家评委，报送作品渠道进一步拓宽，体制外曲艺工作者第一次跻身表演奖和新人奖行列，作为曲艺专业最高奖的社会导向性、行业专业性和艺术权威性不断提高；不同地域、不同层次、不同规模、不同曲种、不同年龄段参与的曲艺大赛此起彼伏、轮番上演，推出了一批优秀曲艺作品和优秀曲艺人才，弘扬了以人民为中心的价值导向，传播了正能量；一大批有主题有特色有影响的重大曲艺活动深入开展，产生了广泛的社会影响，专业艺术委员会、曲艺院团、学校社团、研究单位、曲协系统、社会各界组织开展的曲艺活动与活跃于城乡的群众性曲艺活动交相辉映，滋养和抚慰着人们的心田；曲艺小剧场在全国各地风生水起，文化产业初露端

倪，一批新人在文化市场摔打和舞台磨砺中逐步成长。

曲艺对外民间文化交流与合作的视野开阔、范围扩大、途径拓展。围绕实施国家总体外交战略和提升中国国家文化形象，中国曲协及各团体会员、各地文化部门从推动中华文化走出去的战略高度，以开阔的视野和胸怀，拓宽手段和途径，组派具有国家水准、民族特色的曲艺家代表团到世界各地开展研修、交流、考察、展演，扩大了中华曲艺的国际传播力和影响力；进一步加大对港澳台地区文化交流力度，举办主题活动，进一步深化了中华民族同根、同源、同文、同种的思想意识和情感。

曲协组织进一步壮大，联络协调服务的能力和效果得到提高。吸纳全国公安曲协为中国曲协的团体会员，全年发展国家级个人会员220名，目前国家级会员近5000名；成立曲艺艺术中心，强化发挥其“冷思考”的作用；制定和出台《中国曲艺事业五年发展规划》，引领整个曲艺行业健康发展；各团体会员联络服务曲艺家和曲艺工作者的范围、手段、途径、方式、质量明显改善，曲艺名家风采工程、全国曲艺青年英才培养工程、全国曲艺精品创作工程、全国民族曲艺保护工程有效展开；曲艺舆情信息报送质量和研判水平稳中有升，曲艺新闻宣传跃上新台阶；成功召开中国曲艺家协会第七次全国代表大会，选举产生了年富力强、奋发有为的新一届中国曲协领导机构。

在肯定成绩的同时，应当清醒地看到存在的问题和不足：比如曲艺在艺术学学科建设中的地位有待提升，曲艺精品的创作力量薄弱亟待加强，中国特色曲艺理论体系尚未建立，曲艺高等教育还没有实现零的突破，曲艺后备人才队伍建设比较滞后，曲艺表演中的低俗现象令人担忧等等，这都需要认真研究和探索解决。展望2013年中国曲艺事业的发展，我们充满期许和希冀。

第二部分　思潮与新作

一、关于曲艺思潮

从历史和发展实际看，曲艺有着紧跟时代、“说新唱新”的优良传统，曲艺队伍一直秉承着跟随社会发展、与时代同步、与人民同心的基本理念。在改革开放的新形势下，由于时代转换、社会转型、体制转轨的过渡性和不确定性以及市场经济的影响，我国意识形态领域也面临多样化的挑战，在主旋律高扬的同时，不可避免会出现一些杂音、噪音、不和谐音。但是总的看来，曲艺的各种观念与各种见解的争论，大都发生在曲艺的微观世界，或关于流派，或关于雅俗，或形式与内容，或源流与发展之类，即使间或出现一些因为其他艺术领域影响而涉及曲艺的议论，也因为势单力孤而波澜不兴，难以成势。所以在曲艺领域的文艺思想，基本囿于长期恪守的思维习惯，在面对纷繁复杂的多元社会思潮的时候，有很强的包容性，同时又具有超常的冷静和定力。

2012年的曲艺，是在我国文化建设迈上新台阶、社会主义核心价值体系建设深入开展、文化体制改革全面推进、文化创作生产更加繁荣、人民精神文化生活更加丰富多彩的环境下，在迎接庆祝和学习贯彻党的十八大精神的背景下，继续向前发展的一年。处于主流文化的曲艺人，自觉践行着社会主义核心价值体系，积极探索用社会主义核心价值观引领曲艺发展。中国曲艺家协会带领全国曲艺界开展的种种活动，如“送欢笑到基层”、道德模范故事汇基层巡演，还有配合中心任务组织的众多“义演”、“慰问”等等；电视台、广播电台等组织的重大晚会之中的曲艺节目，也是吸引和凝聚广大曲艺工作者的重要方式和路径，鲜明体现了社会主义核心价值体系精神实质。这是中国曲艺的主体力量和曲艺对社会的基本态度。

其他的诸如处于市井文艺地位的曲艺，包括各式各样的小剧场、书茶馆、文化站、俱乐部等等曲艺活动场所，循环往复的《珍珠塔》、《孟丽君》、《丑末寅初》、《风雨归舟》等传统书目、曲目，间杂着为数不多的现当代题材的书目、曲目，都是这里的观众魂牵梦绕的精神享受。处于农村庙会文化地位的曲艺，包括民俗活动中的庙会，农村赶集中的地摊演出，农村家庭剧团流动演出，婚丧嫁娶中的说唱表演等等，《白蛇传》、《大五义》、《小八义》等等也是这里常年不变的看家底活，还有为当地新人、新事编演的新段子，都让这里的男女老少如痴如醉。市井的曲艺也好，农村庙会的曲艺也罢，虽然有自己的特点和传统，但是它们也没有与世隔绝，在主流文化的带动和引导下，一边按照它们多年形成的审美意向和自身规律行走着，一边也在努力着，尽可能适应今天的时代要求，在说白中也会时不时来几句和时政相关的“外插花”，有借古讽今，也有因势利导。总之，这一部分的曲艺既是对传统文化的守护，也是在现代文明进程中逐渐自觉地进行着改造。

丰富多彩的社会生活，不断开放的文艺政策，给曲艺艺术提供了空前的发展空间，曲艺活动呈现的多样性，也引发了相关曲艺继承与发展、形式与内容等既是由来已久、也是当前曲艺发展有必要进一步辨析的问题。在这些争论中，一类问题是关于舞台演出形式坚持简约还是走向华丽？另外一类问题是关于曲艺艺术本体规范是坚持还是改变？一些人认为，曲艺演出，应当适应不断变化的形势，在演出场面上，以往曲艺演出的那种一把三弦、一个人，未免过于单调冷清，应当在舞台美术装置上，华丽一些，避免过于寒酸；在乐队配置上添加更多的乐器，使之丰富多彩；在演出规模上，可以像歌舞那样，服饰多彩一点，伴舞现代一点。他们认为：“任何艺术都是随着时代的变迁、时代的需要注入新的改革措施加以丰富完善的，否则优胜劣汰，这是自然规律。”另一些人则认为，曲艺应当考虑自身的传统，应当遵循曲艺短小精干的规律，发挥匕首投枪的作用。他们认为，曲艺失去了以语言为基本特色的演出，过分追求和曲艺毫不相干的手段，损害了曲艺本体特色，已经不属于曲艺范畴。有人说，“传统没什么不好，但是过分强调传统，那就是闭关自守，是抵不住现代文明的坚船利炮的。曲艺节目内容陈腔老调，服装还在大红大绿或者灰土布长衫，表演形式还是老规矩……‘土不拉叽’的节目怎么能置身于现代文明？你拿什么去“抢”观众特别是青年观众？”

曲艺历史悠久，曲种繁多，各地情况不一，在发展进程中出现一些争论而并非严格意义上讲的思潮，是新形势下古老艺术的一种觉醒。这些说法和看法，会给曲艺实践活动带来新的生机与活力，不会也不可能阻止曲艺艺术前进的步伐。

二、关于新作

曲艺是一种以观众为轴心的艺术形式，对生存环境有着苛刻、明显的依赖性。无论什么时候，曲艺都离不开观众的欣赏而独立存在，“说书唱戏劝人方”、“台上说书，台下寻书”、观众和演员“会意于无形”等艺诀，从一个方面佐证了这些关系。“国运兴，曲艺兴；国运衰，曲艺衰”就成为曲艺界的一种共识。

政治清明、社会稳定、人民生活和谐是曲艺艺术能够生存的基本条件。只有在这种环境下，曲艺艺术才可以有自由灵活的创作空间，有自由发挥的演出欲望，有自觉继承优良传统和艺术创新的积极性。近年来，曲艺沐浴着国运昌盛的阳光雨露，无论是主流文化的曲艺，还是市井民间的曲艺，或者村落庙会的曲艺都得到前所未有的兴盛，曲艺舞台出现了流派纷呈、新人辈出、书目曲目丰富多彩的局面。

2012 年的曲艺创作，伴随曲艺演出播出，多类型、多题材、多风格的创作格局已经形成。中国曲艺家协会及相关机构，通过组织多项全国性大型演出活动、评奖赛事，发现和推出优秀作品，为优秀作品提供展示的平台。各地曲艺院团和曲艺工作者围绕着重大主题进行创作，突出时代特色、地域特色、民族特色。通过这样的活动推出曲艺新人新作、名家名作，传播曲艺艺术，既有力也有效。

比如，荣获第 7 届中国曲艺牡丹奖的作品就具有“美色不同面，皆佳于目”的特点。周玉峰编述、张戬炜整理的长篇常州评话《常州白泰官》，描写当地落魄子弟如何经历世态人情的故事，生动细腻，就像一幅江南的风情画卷；陈小平创作的西河大鼓《退奖牌》，歌颂了反腐败斗争中的一个感人事迹；焦随东、焦芸创作的大调曲子《留守娃》，写出了当今社会对打工子弟教育问题的关切；杨子春、史琳创作的对口单弦《血宴》，写的是抗联英雄异常悲壮的故事；徐惠新创作的新编短篇苏州弹词《梁祝·梳妆》，在以往故事的意境里，重新赋予新的解读。王立海创作的群口快板《好人的故事》，文华、兰建堂创作的南阳鼓儿哼《朱主任赶猪》等也是发挥了曲艺善于在“家长里短”中寻找生活和人物闪光之处的特点。虽然题材不同、语言不同，但是在艺术的表现上堪称各有其妙。获得文学特别奖的李国文的长篇快板书《神虎将星赵尚志》在获奖之前已经在东北大地通过电视媒体的力量、赵尚志的英名飞进千家万户，融进广大听众的心田。这一部快板书为长篇现当代题材的创作提供了比较成功的范例。目前看来，文字、结构、长篇关子设置等等方面还存在这样那样的不足，但是“荆钗粗服不掩西施之美”，尽管不完美，尽管还粗疏，尽管还带有强烈的土野之气、原生之态，但也远远胜过那些无病呻吟或者表面文辞雅驯的匠气与矫情。

中国曲协组织的“包公杯”反腐倡廉曲艺作品征集活动反映的是反腐倡廉的大题材，是传播廉政文化的良好途径。获得今年第2届“包公杯”一等奖的数来宝《局长的茶杯》是一部值得一提的好作品。它与上届作品《防暑棉鞋》堪称异曲同工、姊妹篇章。两篇作品都是用嬉笑的方式，通过小人物身体力行的具体“小事”展开叙事，人情事理俱在故事进程当中，从而引发人们的思考。作者本人的立场、观点和情感或是通过“乙”的口吻说出来，或者是隐藏事件深处，不留痕迹，让读者或者观众去解悟。作品揭示的是两个机关，在这两个和茶杯有联系的两个相关的人员身上有一个共同的信念：“在机关，只要你思维正常不是弱智，就知道事关领导无小事。只要你脑袋没有被驴踢，就知道应该怎样当下级。”在这种思想主导下，他们认为：“茶杯虽小不可小看，领导的茶杯金不换。就算是局长丢了一个掏耳勺，也必须坚决找回不动摇，就算是局长丢了一根针，在下级的心中重千斤。”通过通俗晓畅的表白，勾画出具体环境里为人处世的特殊原则。在这个环境中，故事的发生发展都是合乎逻辑、理直气壮的。通过一只茶杯的故事，反映了当前一些机关里人所共知并且身体力行的“潜规则”，这些约定俗成的“潜规则”，在悄无声息地颠覆着党政机关优良的传统作风，销蚀着革命人的斗志。作品的锋芒表面看是批判处处逢迎领导、一切唯领导是从的庸俗社会学，在掩卷之后却又具有可以引发人思索的深层寓意。数来宝《局长的茶杯》具有这样的认识价值。

2012年在长篇书目创作方面，有两部作品值得关注。周喜俊在《曲艺》杂志发表的新作故事《当家的男人》是一部发人深省的作品。故事发生的时间段，是我们共同经历的20世纪90年代至当下；故事描绘的环境，是我们熟悉的河北农村；故事里的人物，是我们耳熟能详的同事和朋友。故事情节生动鲜活，人物命运跌宕起伏。联系主人公的几次三番遭遇的误解和不公，纵然是铁石心肠，也须动容掉泪。时涌泉的形象折射出了我们伟大时代的光辉，他直面新农村建设的最前沿问题，为解决这些问题付出了艰辛努力，为当家人的责任与担当，牺牲了诸多的个人利益，全方位展示体现了一个优秀共产党员的责任、良知和道义。

郭刚今年推出的长篇评书《传奇将军》在创作题材方面也有着大胆的尝试。《传奇将军》和作者的另外一部作品《话说马鸿逵》一样，在处理类似题材时有着艺术匠心。这就是假评书以名，借鉴纪实小说、报告文学、新闻报道以及曲艺中的“说新闻”播出样式，语言力求口语化和自然化、通俗化，没有追求评书评话的规范，也没有过多使用评书评话的“赋赞”、“开脸”之类的程式化的手段。一切是以围绕事件的来龙去脉进行，听起来如家长里短，舒服悦耳、亲切自然。与浓厚的新闻性类似，但是它跟报章新闻不同，因为它经过了“形象化”的处理。运用评书的口语和一些评书的笔法，通过典型的细节，还原历史人物的历史真实，类似评书中“墨刻”类型，追求“书”中所有涉及的时间、地点、事件、人物，力求“笔笔有出处”，有史料可查，有据可考，有线索可寻。

第三部分　创新与突破

创新是文化的永恒命题和本质特征。文化传承和创新是一个有机整体。传承是一个动态的过程，文化是通过不断创新和发展来实现传承的。曲艺艺术的发展史也是一部传承创新史。2012年，创新仍然是曲艺界最受瞩目的关键词之一。从引入其他艺术形式，到结合传统进行革新；从纠结于各种概念和主义之争，到从实践中探寻曲艺自身在当代的传承创新之路，曲艺家在期待与质疑中艰难探索、寻求突破，一路筚路蓝缕、行之不易却从未止步。

一、创作题材新拓展，主题立意新开掘

曲艺是一种通俗的、以说唱为主要特征的艺术门类，具有悠久历史传统和广泛群众基础。一直以来，曲艺创作以题材广泛而著称，无论是帝王将相、才子佳人，还是劳动情景、知识趣闻，或是身边琐事、杯水风波，都在曲艺作品中有所体现。但不可否认的是，曲艺门类中绝大部分曲种还是以“轻、

快、灵”见长，作品更多反映小情小景小趣味，简单叙事浅、白、直，这反映了当前曲艺创作缺少宏大叙事和传世精品的现状，某种程度上也决定了其在反映重大题材方面具有相对的局限性。2012 年，曲艺创作在题材的拓展方面进行了许多有益的尝试，不仅致力于已有题材主题立意的新开掘，还致力于新鲜题材的新发现，题材视野更加开阔。

首先是在重大历史题材方面的大胆尝试。比如中篇苏州弹词《陈云的故事——凌云出岫》，根据陈云同志革命生涯中的几个真实事件进行改编创作，尝试以苏州弹词这一说唱艺术形式反映伟人生平和事迹，以“风雨子夜”、“特殊任务”、“银元之战”、“江西日子”四个回目对陈云同志不平凡的革命经历给予生动形象的描述和表现。在《凌云出岫》中，陈云是艺术化的人物，没有以往描写高层人物“神话”、“拔高”的弊端，而是有丰富的“手面”，有生动的“道白”，有优美动听的“唱篇”，尤其是“银元之战”、“江西日子”两个回目，更是展示了陈云同志对人民、对新中国的重要贡献。“江西日子”里边，大胆描述了“文革”时期的一段往事，今天看来依然惊心动魄。这一题材的表现和处理，在曲艺领域堪称绝无仅有，拓展了曲种的表现内容，在用曲艺反映重大历史题材方面也作出了独特探索。

其次是用思想性、文学性深化曲艺艺术内涵，用现实主义精神和浪漫主义情怀观照现实生活。比如在第六届 CCTV 电视相声大赛中，相声《救，不救?》引起了广泛争论。在比赛现场，大赛评委、南开大学教授、曲艺理论家薛宝琨这样评价《救，不救?》:“这个作品有很强的文学意味，让我想起了哈姆雷特那句经典的‘活着还是死亡，这是个问题!’作品贴近生活、小中见大，选取救不救倒在路上的老人这一小镜头，将各色人物的种种迟疑、纠结和无奈、难堪摆在观众面前，对一些社会现象鞭辟入里，通过寻找历史的、社会的、文化的各种原因，把某些人良心上蒙的那层尘垢进行了洗涤和清洁，引人思考。”分析这部作品，不可否认还有诸多不成熟之处，存在提升的空间，但它最终获得最佳作品奖，也反映了这部作品在贴近实际、贴近生活、贴近群众的前提下，努力告别简单叙事，追求新、奇、深方向为曲艺创作提供的经验和启示。

二、形式手段多元化，传播方式载体新拓展

具有悠久历史的中国曲艺需不需要创新发展，这是个不言自明的问题。近年来，曲艺界在此共识的基础上对各曲种的表现方式、方法、手段进行了各种形式的探索和尝试，从音乐快板、摇滚评弹到相声剧、方言笑剧等等，有成功也有质疑。既有对适应现代社会审美的全新演绎方式所带来的积极影响的肯定，也不乏对片面追求创新引发的曲艺戏剧化、歌舞化现象的激烈批评。2012 年，曲艺界关于曲艺方式手段创新的争论依旧不绝于耳，或坚持“原汁原味才是曲艺”，或讥嘲“固守传统是宁骑毛驴不骑摩托”，或标榜创新应“移步不换形”。在这种种纷繁复杂的声音中，曲艺家们各自用舞台实践作出了自己的回答。

比如获得第七届中国曲艺牡丹奖表演奖的四川清音演员任平，她的新作品《中华医药》在传统的清音“哈哈腔”、“舌尖弹音”的基础上借鉴了相声、评书艺术中的贯口“说”功和绕口令，说唱结合，让观众耳目一新，而这一在表演技巧和手段上的“微调”引起的争议较少，得到了业内普遍肯定。

2012 年还有一台演出引起了业内和媒体的关注。9 月 28 日晚，由上海市曲协主办的“香远益清·韵味”周红文化评弹鉴赏会在上海东艺中心演奏厅举行。主办方表示，这场评弹鉴赏会和传统评弹演出最大的不同，是周红以一把琵琶贯穿全场，辅之以台湾学者林谷芳的主持，不佐以附加的音乐或是表演，力求用最不受干扰的最干净的声音来演绎评弹，引发观众对历史、文化及生命的反思。这场从故事、主题到表演程式完全不同于传统书目的“传统书”专场演出引发了广泛的关注，也引起了评弹界和众多评弹爱好者褒贬不一的激烈争论，但吸引更多年轻白领、青年学生静下心来聆听评弹的初衷应该说是达到了。而它所引发的如何顺应时代前进的步伐，开拓曲艺新市场、培养曲艺青年观众的思考也因此超越了一场演出的范畴。

2012 年曲艺舞台上还有两个突出的例子，分别是荣获第七届中国曲艺牡丹奖节目奖的中篇扬州弹词《盛世红伶》和四川扬琴《情怀》。二者在曲种的艺术形式综合、曲本创作、唱腔设计、舞台设计上都较传统曲艺形式有了很大改变。但是前者获得了评委的普遍认可，后者则引起极大争议。中篇扬州弹词《盛世红伶》的表演以扬州弹词为主体，融合了其他两个扬州方言曲种——扬州清曲与扬州评话的优势，以创新性和突破性备受赞誉。《盛世红伶》共分三回演出，分别为《情怨》、《情诉》、《情殇》，全场80分钟，由7名演员轮番登台表演，展现了盐商汪春风与名伶红玲之间的爱情与家族争斗故事。7名演员术业有专攻，作品顺应演员的专长，由扬州评话演员承担最重的说表工作。音乐上请作曲家新创了曲牌，丰富了扬州弹词的音乐，使人物描摹更加形象细腻。虽然用了7名演员来表演，但《盛世红伶》的表演并没有变成分角色表演的戏剧形式，每个演员仍然"跳进跳出"地承担"讲故事"的职责，而演员靓丽的服装，7名演员的阵容，也丰富了舞台的感觉。这一点使得传统说唱演员在大舞台上产生视觉单薄的问题得到了很好的改善。这个作品的创作，以扬州弹词为本，汲取了有血缘关系的扬州评话与扬州清曲的优势。三个曲种在曲艺的艺术表现本质上是统一的，但艺术表现手法上各有所长，扬州评话的说表极有传统与特色，扬州清曲音乐丰富，把这些优势都用在扬州弹词里，不仅没有干扰和削弱弹词的表现，反而集众家之长，极大地凸现出了曲艺的艺术魅力。许多专业人士认为，这是一个既不丢弃传统艺术本体，又能适应现代演出场所的尝试。这样的尝试是成功的、可行的、值得借鉴的，也得到了普通观众的认可。

同样获奖的四川扬琴《情怀》是一个颇具争议的节目。这个作品以四川扬琴命名，表演上有传统扬琴的演员自弹自唱形式，同时也取用了四川清音的站唱打竹节鼓的形式，还加上童声歌唱以及伴舞共同烘托、渲染舞台效果。这个节目的创作在表演、舞台设计、舞台气氛上是很成功的，能够感觉到创作者们的良苦用心与勇敢的开拓精神，在众多曲艺演出中很有"观众缘"。开场的童声唱"菜板上切腊肉，有肥又有瘦，你吃肥我吃瘦，他就啃骨头……"，颇具四川风味。伴舞演员的服装、主要演唱演员的服装、化妆、舞台上的形体组合等等也都能体会到创作者的巧思，显示了传统艺术的时尚感。这样一个舞台感十足的作品却引发了业界两极分化的评价：一方认为作品非常大胆，创新精神值得鼓励；另一方则认为作品偏离了曲艺艺术本体，太过"歌舞化"。争议的焦点集中体现在曲艺作品的本体特征是否强烈与突出。一些专家认为，如果创作者在保持四川扬琴这一曲种的艺术本体方面做得再突出一些，这个作品的主体就会非常光彩。比如，三位主要演唱演员的唱腔上突出"说唱"而不是"歌唱"的感觉，唱词突出"讲故事"而不是"演故事"，演员的表演强调"跳进跳出"的虚拟表演而不是外化的舞蹈表演等等，这个作品在形式上的创意、创新就会更好地衬托主体而不会干扰主体的表达。

三、创新体制转换机制，曲艺团体探索发展新模式

2012年，全国各地文化系统国有文艺院团围绕中央确定的目标任务，按照"转制一批、整合一批、撤销一批、划转一批、保留一批"的改革路径，推进文化体制机制改革。2103家承担改革任务的院团有2100家完成改革任务，占总数的99.86%，其中转企改制占61%。对于全国各国有曲艺院团而言，2012年也是完成体制改革和机制转换的重要一年。目前，全国各省区市、解放军有曲艺专业院团68个，各国有曲艺院团和曲艺队基本上在年内都完成了体制改革，虽然方式途径各不相同，有的是组建企业，如吉林曲艺团、甘肃曲艺团成立有限责任公司；有的成立研究所、非遗传习所，如扬州曲艺研究所、福州评话伬艺传习所、上海评弹艺术传习所等；有的并入其他单位或部门，如地方群众艺术馆、艺术院校等。这一年对于专业曲艺队伍而言，无疑是具有历史意义的重大转折点，各曲艺院团或主动或被动，都不可避免地迎来了面向市场、增强活力，在艺术和市场中寻求生存空间和平衡发展的机遇和挑战。

如何传承优秀的曲艺传统，同时重视中青年观众群体的挖掘，让传统曲艺"叫好又叫座"，实现市场与艺术的双赢，是2012年众多专业院团艺术实践的重要课题之一。这一年，在南北曲艺界具有重要影响的两大团体北京曲艺团和重庆曲艺团都迎来了建团六十周年，北京曲艺团在历经多次更名后重新挂牌，同时吸收相声演员李菁、何云伟等新鲜血液，重庆曲艺团推出了多台曲艺专题演出，传承创新、出人出书成为60年纪念的突出主题。在评弹界，江苏省评弹团推出了一台题为"评弹音画——唐诗宋词忆江南"的演出，以评弹演绎诗词歌赋；上海评弹团与浙江小百花越剧团、韩国首尔剧团合演《春香传》，以不同的方式体现对创新的不同理解。国有曲艺院团用自身实践迈出了创新的坚实步伐，体现出用改革寻找新路、推动曲艺发展的坚定信心。

同时，作为反映曲艺演出市场繁荣与否的“晴雨表”，民营曲艺团体数量、演出均呈井喷式增长，无疑令从业者们对曲艺未来的演出市场前景信心倍增。截止到2012年年底，据不完全统计，全国各类民营曲艺团体超过3000家，从业人员的总数在40000人以上，其中，仅广东一带的民间粤曲工作者达万人。北京、天津、上海、成都、南京、合肥等大城市涌现出来的民营相声团体就有100多家。无论是广东粤曲的“万家灯火万家弦”，北京相声俱乐部、鼓曲俱乐部、“快板沙龙”的风雨无阻，还是西安木椟剧场、济南晨光茶社和明湖居的一票难求，曲艺在观众心中的“火”从未熄灭。曲种形式多样，演出曲目丰富；生产快捷迅速，不断根据观众需要创新；长期面向基层，服务百姓以及机制灵活、分配合理，是民营曲艺团体的共同特征。

随着国家文化体制改革的不断深入、经营性文化产业的快速发展和演出市场的逐步开放，民营曲艺团体从内容到形式、从演出样式到组织方式等都有了很大变化，打破了以往曲艺舞台演出的传统模式，丰富了曲艺演出市场，日益成为广大人民群众文化生活的重要内容。民营曲艺团体在近几年取得如此迅速的发展，与国家宽松的政策环境和各级政府部门的大力扶持是分不开的。2012年5月，《文化部“十二五”时期文化改革发展规划》提出实施“国家艺术作品引导发展工程”，工程的其中一项重要内容即为民营艺术院团建设发展计划。在这种大背景下，中国曲协进一步将民营曲艺团体和体制外曲艺工作者纳入自身的工作视野和服务范畴，在培训、展演、评奖等扶持政策上与国有院团一视同仁。2012年，在曲协举办的第4期全国曲艺精品创作培训班上，来自民营曲艺团体的年轻作者占到了学员总数的三分之一。在第7届中国曲艺牡丹奖评奖中，当前活跃在小剧场舞台上的贾玲获得表演奖，高晓攀、曹云金获得新人奖。此外，北京曲协举办了首届北京相声小剧场发展交流会，天津曲协举办“笑满茶苑——吉林、上海、南京、西安、天津茶馆相声专场”演出，发挥了曲协组织的积极作用。在行业组织、传播渠道等社会力量的高度关注下，在下一轮国家文化大发展的战略机遇期，民营曲艺社团能否迎来新的发展高峰值得期待。

四、曲艺教育培训和理论建设、学术研究有新突破

2012年，曲艺理论建设、教育培训方面取得了一些可喜的突破。3月22日，评弹专业社会艺术水平考级项目正式揭牌，这意味着曲艺艺术社会考级实现了零的突破。事实上，评弹社会考级的意义不仅仅在于使得曲艺艺术和其他艺术门类一样有了属于自己的考级，更重要的是对曲艺艺术人才的积累和培养具有十分深远的意义。因为从整个曲艺传承与发展角度来说，评弹考级是一种培养更多评弹观众的好途径好举措，也为其他曲种的传承与发展提供了一种十分有益的启发。相比曲艺而言，音乐、舞蹈、美术、书法等艺术门类人才培养基础之所以厚实很多，除了曲艺缺乏专门高等艺术院校等因素外，还有一个重要因素就是这些艺术门类很早便有了自己的考级。艺术考级有着广泛的群众基础，是普及文化艺术、提高全民素质的重要手段，更是吸引和培养艺术人才的重要途径。评弹有了社会考级后，既可使评弹学校资源通过考级承办单位向全国输出，也可以通过考级活动发现和选拔有潜力的评弹人才进入评弹学校深造，这对原本很有限的评弹学校教育无疑是一种有力有益的补充。

曲艺评论逐步增强话语权。在第8届中国文联文艺评论奖评选中，朱栋霖的《经典〈雷雨〉：从话剧到苏州评弹》获得唯一的文章类特等奖，吴宗锡的《走进评弹》获得著作类一等奖，另有3篇文章分别获得一、二、三等奖，曲艺评论在起点底、队伍小的薄弱基础上呈现出上升趋势，曲艺理论评论工作者的执著努力可见一斑。

2012年，在曲艺学术研究领域，《相声大词典》的面世备受相声界乃至整个曲艺界关注。《相声大词典》作为百花文艺出版社“中国曲艺文库”的重点项目，被列入“十二五”国家重点图书出版规划项目，成为国家级图书出版工程。历时两年完成的这部《相声大词典》，是国内第一部相声艺术的工具书。它以辞书的形式，对相声一百多年的历史文化进行了归纳、总结、整理、挖掘和抢救，收录词条近

5500 个，总计 130 万字，并配有珍贵照片百余幅，堪称相声艺术的一部百科全书。特别是对老艺人的生平和传统作品进行的挖掘整理，于珍贵资料的保存和流传影响深远，在相声和曲艺研究领域具有突破性的重要意义。

第四部分　问题与思考

2012 年，作为与时代发展即时呼应、与现实生活密切关联、与百姓情感息息相通的艺术形式，曲艺伴随着国家建设的步伐稳步发展，展现出积极进取、生动活泼的姿态。但我们必须看到的是，由于诸多原因，曲艺发展中仍然存在着诸多困难、矛盾和问题，突出反映在以下几个方面：

一、曲艺理论研究和学术建设整体滞后

当前曲艺理论研究工作整体上滞后于曲艺创作表演的实践，还未能跟上当代文学艺术学术研究发展的整体步伐，与其他艺术门类相比也存在一定的差距，这也是制约曲艺事业自身进一步发展和曲艺创作表演水平进一步提升的重要原因之一。首先是曲艺学术研究与表演创作实践相脱节，不仅不能承担起深度传承的作用与使命，对创演领域的新特点、新动向也缺乏及时的关注和有效的引导，新人新作得不到及时评价，重量级的优秀作品得不到深入研究，问题得不到批评和警策。其次在于研究方法和方式的落后，很少将新的科学方法引进曲艺理论研究，不少理论文章只是囿于传统艺诀的合理性阐述，在许多重大曲艺理论问题上还没有取得突破。曲艺研究方式大都是一家一户的小农经济的作业方式。而曲艺理论和学术研究面临的人才少、阵地缺、发表难、稿酬低、不平衡等种种薄弱环节长期没有得到有效解决。总体上看，曲艺理论建设与创作表演发展的总体态势是不适应、不协调、不平衡的，需要进一步加强、改进和推动。

二、曲艺高等教育和学科建设亟待有力推动

到目前为止，作为一门自东汉以来拥有两千年历史、数百个品种的艺术门类，曲艺仍没有被正式纳入高等教育的行列，长期没有独立的学科目录而被涵盖在戏曲影视表演学科之内，从事曲艺人才培养的中专及大专层次的正规专业学校仅有两所，高等教育招生目录中没有曲艺本科，本科教育“寄人篱下”，更遑论硕士、博士教育。20 世纪 80 年代，就有政协委员、专家学者呼吁成立中华曲艺学院或大学，侯宝林先生亦曾万分感慨，现在也有专家呼吁成立曲艺学院。如今，三十年过去了，这一问题仍然未得到应有的重视。目前，国内还没有能够培养本科学历以上曲艺表演创作人才的院校，唯一的两所曲艺类专门学校——苏州评弹学校和北方曲艺学校（已并入天津职业艺术学院）最高学历也仅为大专。曲艺表演创作还停留在师傅徒弟口传心授的传统方式阶段。学科建设的滞后又影响了曲艺表演与研究人员的培养，以至于研究机构、学术阵地都十分缺乏。曲艺界不同领域的有识之士作了很多有益的探索和尝试，如辽宁科技大学艺术学院设立曲艺本科班，以及中戏大专班、北影本科班等，推动曲艺教育和学科建设，但整体上讲曲艺高等教育发展依然任重而道远。

三、曲艺精品创作乏力

2012 年，第七届中国曲艺牡丹奖文学奖的评选留下了名额空缺，这折射出近年来曲艺创作整体乏力的现状。尤其因近年来诸多主客观因素的影响，中长篇书目匮乏，许多老艺术家都深感忧虑。一方面，伴随着曲艺专业团体合并、改制，创作队伍老化、市场萎缩，创作力量转弱。相当数量的曲艺新作是急就章的“命题作文”、“晚会选题”，仍以参评获奖为目的，流于简单化的宣教式表达，缺乏对社会现实的深切关注，无法满足人民群众的艺术欣赏需求，出现“叫好不叫座”、难以传播的尴尬，“今天写，明天演，后天丢”，自然失去了生命力。另一方面，当前曲艺创作中不乏因片面追求经济效益出现的一系列问题。在市场化环境下，有的盲目“创新”，追求对传统的所谓彻底颠覆、解构和表面化的技巧技法，远离了曲艺艺术的本体特征；有的心态浮躁、远离生活，奉行“短、平、快”，闭门造车，缺少沉静的思考和理性的选择，影响了艺术水准的提升；有的片面强调“娱乐功能”，导致“泛娱乐化”倾向严重，艺术品位和格调降低；有的迎合一部分观众的低级趣味，重拾前辈名家剔除的“伦理哏”、“荤口”、“暗臭”等糟粕，更有甚者将旧社会都在后半夜或没有女性观众在场时艺人才肯演出的《十八

摸》，加上几句反腐的内容就号称《新十八摸》，在一些场所演唱，价值取向出现偏差，从而为低级庸俗的作品提供了滋生的土壤。这些问题产生的原因是复杂的，背后涉及经济社会发展深层次方面的问题，但也反映出当前曲艺创作表演无论是数量还是质量，还不能很好地满足人民群众多方面多层次多样化的精神文化需求。

第五部分　趋势与建议

近年来有一种悲观的论调，认为当今的舞台上、荧屏中，曲艺似乎淡出了观众的视野。但事实是在主流文艺舞台和百姓的文化生活中，曲艺仍然占据着十分重要的位置。总体上看，作为社会主义文艺事业的重要组成部分，曲艺艺术在党的一系列正确文艺方针政策和国家重大决策部署的指引下，进入了历史上最好发展时期。放眼曲艺事业发展的未来图景，我们有理由充满信心和勇气。曲艺仍将沿着传承与创新的方向，在探索、扬弃中不断发展。

一、新语境下创作表演新人群体将显露峥嵘

近几年来，随着曲艺界和中国曲协等有关部门对曲艺创作表演人才培养的日益重视，曲艺队伍青黄不接的情况有所改善。如果说之前还只是少数人才崭露头角的话，那么在2012年后，这支以“70后”、“80后”为主体的曲艺新人队伍将以一个群体“横空出世”的态势呈现在大家面前。可以说，当今我国曲艺界，一支风华正茂、具有旺盛创造力的青年创作表演队伍已经形成。值得一提的是，这批让人感到后生可畏的“小字辈”，他们却都已经在实践中久经历练，不少人已经“挑起了大梁”。他们在小剧场中锤炼，在央视舞台锻炼，在曲协举办的各类创作班和曲艺作品征集活动中汲取营养，在中长篇书目的创作表演中提高能力，他们的努力和成长不容小视。这支队伍有别于他们前辈的还在于，他们文化素质较高，大多受过高等教育，在创作和表演实践中更加自觉地强化创新意识，在新语境下能更加大胆地去探索和尝试新的内容、语言和表演方式。新尝试虽然也带来了争议，但无疑赢得了更多年轻观众的认可。

二、民营曲艺社团将进一步进入主流视野

近年来，伴随着文艺团体体制改革不断深化，新兴的民营曲艺团体异军突起、逐步壮大。曲艺事业的繁荣和曲艺产业的发展引来的竞争机制为人才脱颖而出、新作品问世提供了机遇。民营团体经过多年运营打拼，凝聚了人气，锻炼了演员，涌现了一批在娱乐文化时代为观众所喜欢、所认可的新人新作。经过几年的发展后，民营曲艺社团无疑将赢得更高的社会关注度，更多曲艺社团将进入主流媒体视野，在各类电视晚会、节目中频频亮相。民营曲艺社团也将逐步显现出一些突出的特征：即以大众性为主导，以商业化为推手，以创新性为方向，在拓宽观众群体、提升社会关注的同时，逐步实现与传统曲艺价值的融合。

三、曲艺高等教育学科建设有望取得一定突破

2012年10月，教育部正式颁布实施新的《普通高等学校本科专业目录（2012年）》和《普通高等学校本科专业设置管理规定》，将2011年已修订的艺术学门类落实到了新目录、新规定中。自2013年起，普通高等学校的招生计划和招生工作将按新目录执行。这对于长期以来处于空白状态的曲艺高等教育事业来说，无疑是个利好消息。但从本次颁布的新目录来看，学科门类由原来的11个增加到12个，新增了艺术学门类，下设艺术学理论、音乐与舞蹈学、戏剧与影视学、美术学、设计学5个专业，专业类由原来的73个增加到92个，曲艺等门类未能列入其中。设立曲艺本科专业依然面临诸多需要解决的现实问题，一是学科框架建设，曲艺学科目前还仅仅是四级学科，学科升级要解决与上级学科接轨的问题；二是专业框架建设，要整合摸底，充分反映曲艺专业的社会需求，达到教育部要求的各项指标；三是组织载体建设，具体包括师资、教材等等方面。但从有利因素来讲，曲艺有着固定和庞大的受众群体，曲艺学科建设的基础是丰厚的，关键在于研究确定专业的出口和方向。只要大胆探索、群策群力，我们有理由相信，实现高等教育设立曲艺专业前景可期。

四、曲艺传播推介期待“辐射效应”

所谓“生书、熟戏，听不腻的曲艺”，懂曲艺、爱曲艺、捧曲艺的观众是曲艺生存、发展、兴盛的

基石。近年来，曲艺观众和爱好者的大幅减少和逐步老龄化成为制约曲艺发展的重大问题。培养观众特别是年轻观众成为普遍共识，为此有关部门和广大曲艺家们做了许多传播推介的工作。一方面是大力倡导的“曲艺进校园”工程初见成果，曲艺在年轻人中的知晓度在提升，全国各地高等院校曲艺社团如雨后春笋般纷纷成立；传统曲种开始被纳入高校教学内容，如福建省漳州师范学院艺术系和河南南阳师范学院就分别开设了锦歌和大调曲子课程等等；另一方面，面向基层的曲艺演出特别是小剧场演出培养出了新的观众群体，剧场中不再是清一色的白发苍苍，“80后”白领甚至“90后”学生欣赏所谓“潮”曲艺、“先锋”相声已成为另一种时尚。曲艺丰富多彩，其中既有“阳春白雪”也有“下里巴人”，既有柔美婉约也有豪放戏谑。曲艺观众既是曲艺艺术的接受者，也是曲艺艺术的传播者。从总体上看，不同曲种立足自身特点，面向不同的传播对象，扩大了曲种的影响，我们也期待由此带来的曲艺的辐射效应越来越广。

曲艺是中华民族优秀传统文化中的瑰宝和祖国文艺百花园中的奇葩。在当前形势下，进一步推动曲艺创作的大繁荣和曲艺事业的大发展，需要广大曲艺工作者树立高度的文化自觉，深刻认识曲艺在中国特色社会主义文化建设中的地位和作用，正确把握曲艺艺术发展的规律，守正而为，加强曲艺理论评论，坚持正确的价值导向。立足当前曲艺创作表演的实际和突出问题，我们提出以下几点建议：

一、坚守曲艺艺术的本体，坚持在继承基础上的创新

所有的曲艺品种都有固定的形态，都有属于自己的表现手法，这是历代艺人实践的产物，因为它各具独有的特征，所以它能成为一个独立的曲种被传唱流传。作为口头非物质文化遗产，我们要继承的也是每个曲种的风格特征和说唱技巧。继承传统与创新发展的问题在新时期应有更加深层次的探讨与研究，不能流于表面、泛泛而谈。对于大多数观众，尤其是中青年观众而言，中国传统曲艺对他们而言并不是完全意义上的“旧”或“陈旧”的概念。对于他们的成长背景，绝大多数人是没有太多太深入地接触过传统曲艺形式（尤其是带有音乐的曲种）的。对于曲艺的本体特征、一般表现方法等等基本原则问题还处于模糊和含混的状态。因此，曲艺艺术的发展重要的任务与责任就是让观众知道什么是曲艺艺术，曲艺艺术和其他艺术形式在核心与本体上的差异。同一部文学作品如果用戏剧、曲艺、电影、美术等等各种艺术形式表现会有什么样的艺术与审美上的不同。只有这样，我们才能立得住曲艺的根，才能在“根深蒂固”的前提下，充分吸收其他艺术形式滋养、补充自身，充分运用现代的艺术包装手段塑造符合现代观众需求的有内涵、有文化，同时具有一定流行与时尚感的新形象。

二、大力培养曲艺新人特别是创作后备人才

长期以来，曲艺作者的极度匮乏一直是困扰曲艺艺术进一步发展的难题。曲艺创作需要的是既有一定文学修养、有着较高的文字表达能力，同时又熟悉曲种独特艺术规律的复合型人才。曲艺节目的文本首先是为演员提供场上表演的基础，对语言的要求很高，既要通俗易懂又不能过于平直，还要符合“依字行腔”的艺术规律，必须宜于演员的演唱和表演。目前各曲种经常上演的保留曲目，多为历代艺人与文人结合共同创作积累下来的经典节目，文辞优美生动，趣味、韵味盎然，给观众留有深刻的印象。但反观时下舞台上演出的新创作节目，之所以难有佳作，很大程度上是因为缺乏优秀的曲艺文本，可谓“巧妇难为无米之炊”。目前实施的全国曲艺精品创作工程和青年英才培养工程，一定程度上起到了发掘新人，推动曲艺发展的积极作用。要进一步鼓励新人新作，大力培养曲艺创作人才，特别是有意识地从业余作者队伍中发现人才，为曲艺作者队伍尽快补充新鲜血液，为这些爱曲艺、懂曲艺的业余人才提供更多发表曲艺作品的有利条件。另外，在有关培训的教学内容和师资力量方面，应考虑到曲艺创作需要高素质的综合人才的要求，除了讲授曲艺创作的专业知识、技巧外，还应为学员开阔视野，组织观摩其他门类艺术演出，邀请其他专业领域有建树的专家授课，鼓励学员在继承传统的基础上努力创新，丰富曲艺新作品的艺术表现力，争取多创作一些反映时代内容，能够深入人心的优秀曲艺作品。

三、切实加强曲艺理论建设和学术研究

当前，曲艺事业发展的实际迫切要求具有前瞻性的理论和学术研究成果指导、引领曲艺创作表演实践的发展。曲艺理论建设、学术研究和评论工作，不仅是从学理层面归纳、总结艺术规律，为曲艺的延续传承提供深度的理论支撑，还是引导创作表演实践的重要手段，同时也为观众的审美提供健康的导向。从这个意义上说，曲艺学术研究是曲艺创作表演与观众审美欣赏之间的桥梁。应该说，当下老百姓欣赏品位的提升比以往任何时代都要高，但就曲艺创作的现状而言，真正有深刻思想内涵、群众喜闻乐见，思想性、艺术性、知识性、观赏性相统一的优秀作品还是缺乏，众多快餐式、娱乐性、宣教式的作品无法满足人民群众快速增长的艺术欣赏需求，换句话说，就是“受众不干了”。这就迫切需要加强曲艺学术研究工作，充分发挥引导艺术实践与观众审美的重要作用。要加强规划、制订计划、长远设计，推动理论学术研讨交流常态化、机制化，加强曲艺理论人才培养和队伍建设，促进中外说唱艺术的理论和学术交流，加大对曲艺理论学术研究成果转化应用的扶持力度，助推曲艺事业未来的科学发展。

四、加大对曲艺专业团体的扶持力度

曲协是党领导的曲艺界人民团体，是党和政府联系广大曲艺工作者的桥梁和纽带。推动曲艺事业繁荣发展，要发挥曲协组织作为行业协会在举办重大活动、推出优秀作品和新人、打造曲艺品牌、开展对外交流等方面的积极作用，不断创新管理体制、运行机制和组织活动方式，充分发挥自身特点和优势，创造性地加强行业服务、行业管理、行业自律，更好地反映曲艺工作者的呼声，维护曲艺工作者的合法权益。从整体上看，全国专业曲艺团体仍是当前曲艺创演实践、传承发展的主体。文化体制改革后，各地曲艺团体生存发展环境优劣不均、条件不一。如何解决改制后的专业曲艺团（队）的生存发展问题，各部门应实施一定的扶持和资金补贴政策。党的十八大提出要“继续推动公共文化服务设施向社会免费开放。建设优秀传统文化传承体系，弘扬中华优秀传统文化”。据北京社科院统计，北京的公共文化服务设施利用率就并不高。因此，建议各地相关部门可否把群众艺术馆、文化馆（站）、图书馆等文化公共设施免费提供给曲艺团（队）使用，演出费用由政府买单，从而打造出人才、出作品、出效益相统一的文化品牌。

第六部分　活动与交流

2012 年，在党的十八大胜利召开的大背景下，曲艺界丰富多彩、各具特色的活动交相辉映，持续赢得了高度的社会关注。

一、中国曲协第七次全国代表大会召开

作为由全国各地区各民族曲艺家组成的人民团体，中国曲艺家协会五年一次的全国代表大会历来备受曲艺界和社会各界关注。2012 年，中国曲协第七次全国代表大会的召开无疑是这一年全国曲艺界的重大事件。来自全国 31 个省、自治区、直辖市和产（行）业曲协，解放军、中央国家机关以及香港特别行政区、澳门特别行政区的 285 名代表，12 名特邀代表以及 4 名台湾地区、海外嘉宾出席了大会。中共中央政治局委员、中央书记处书记、中宣部部长刘奇葆同志与全体会议代表合影留念，出席大会开幕式并发表重要讲话。会议选举产生了以姜昆为主席的中国曲协第七届主席团，审议通过了《工作报告》、《中国曲艺家协会章程》和《中国曲艺事业五年发展规划》，对于凝聚曲艺队伍、统一思想认识具有重要意义，为今后五年曲艺的发展指明了方向，明确了任务。

二、曲艺面向基层的演出机制已经形成，曲艺家“送欢笑”成为常态

自 2005 年 4 月中国曲协正式开展“送欢笑到基层”义务演出活动以来，在 7 年多的时间里，曲艺界面向基层、服务百姓的演出机制逐步建立并得以不断完善。2012 年，中国曲协成立了文艺志愿服务团，这一品牌活动在活跃和丰富人民群众精神文化生活方面的作用更加突出。全国各曲艺专业团体深入基层年平均演出场次达数百场乃至千场以上。中国曲协及各地曲协组织的“送欢笑到基层”慰问活动，先后深入到全国 14 个市、县演出 16 场，直接受益观众达三十余万人，产生了积极的社会反响。5 月，曲艺界纪念毛泽东《在延安文艺座谈会上的讲话》发表 70 周年研讨会在京举行，会上中国曲协对 7 年来参加“送欢笑到基层”惠民文化活动的先进个人共 98 人进行了表彰。可以说，“送欢笑到基层”活动正是曲艺家对“爱国、为民、崇德、尚艺”的文艺界核心价值观的积极践行，已不仅仅是中国曲协创立的文化惠民品牌，它所产生的辐射效应和广泛影响已经超出了曲艺界乃至文艺界的范畴，它所积累的实践成果和宝贵经验也有待进一步总结和提升。

三、说唱善行义举，传递道德正能量

曲艺作为观众喜闻乐见的艺术形式，千百年来，历代曲艺家在说书唱曲中歌颂真善美、鞭笞假恶丑，对民族文化心理的养成起到了劝诫和激励的作用。2012 年，曲艺的这一优势在道德模范故事汇基层巡演活动中得到了集中体现，同时也充分证明曲艺在弘扬主旋律、唱响正气歌方面是可以而且完全能够大有作为的。在中宣部、中央文明办的安排部署和中国文联的具体指导下，中国曲协举办的 2012 年全国道德模范故事汇基层巡演活动辗转 9 个省（区、市）16 个城市，行程 13000 多公里，共完成 29 场基层巡演，现场直接观众约 10 万人，通过电视、广播、网络直播等途径收看、收听演出的间接受众达 1000 多万人，被《光明日报》评为年度十大道德建设新闻。演出用评书、二人转、快板和曲艺联唱等形式倾情演绎道德模范的故事。与单纯的道德模范宣讲不同，巡演活动在内容与形式、道德主题与艺术表现上的完美结合，用艺术再现生活，以真情打动观众，发挥了意想不到的作用，赢得了良好社会反响。可以说，故事汇巡演活动，开创了宣传道德模范的新形式，开拓了曲艺创作的新内容，也拓展了文化惠民活动的新途径。

四、曲艺评奖展演征集活动蓬勃开展

2012 年，由中国曲协主办的第七届中国曲艺牡丹奖得到了广大曲艺工作者的广泛认可和积极参与，共收到符合参评资格的报送节目 276 个，165 个节目进入分赛区比赛，27 个节目、38 名演员、21 篇作品、32 名新人和报送理论奖的 25 篇（部）曲艺论文论著、报送终身成就奖的 23 位老曲艺家共同进入终评，最终评选出节目奖 5 个、表演奖 12 个、文学奖 7 个、新人奖 8 个、理论奖 5 个、终身成就奖 6 个、特别奖 4 个。本届评奖不仅发掘了一批已经具备很高艺术水准的曲艺新人新作，还吸引了较多体制外演员的积极参与，他们的参与对于活跃曲艺市场、壮大曲艺队伍作用巨大。比赛中还首次引入了观众评审制度，这也成为本届牡丹奖评奖的一次有益尝试。

2012 年，由中国关心下一代工作委员会和中国曲艺家协会主办的第五届全国少儿曲艺大赛备受关注。全国 24 个报送单位推荐的 160 个节目涵盖了 46 个曲种，近 600 多名参赛选手和家长、指导老师在江苏省泰州市充分展示少儿曲艺的魅力，其规模和影响创造了少儿曲艺大赛之最。进入决赛的节目既有大家熟悉的相声、小品、故事、快板，还有具有浓郁地方特色的天津快板、沧州木板大鼓、苏州弹词、鄱阳大鼓、广东粤曲、徐州琴书、上海说唱等曲种。既有反映学生校园生活题材的节目，也有反映孩子和家长之间情感生活的作品，题材广泛、内容丰富。全国少儿曲艺大赛对于提高少年儿童的综合素质，培养曲艺后备人才、推动少儿曲艺创作、加强曲艺队伍建设乃至推动整个曲艺事业的可持续发展都具有重要意义。

这一年，“南开杯”、“包公杯”、中部六省曲艺大赛等多项曲艺作品征集活动成功举办，一次征文上千篇的应征作品在数量上是令人满意的，从一个侧面也反映出当前基层曲艺创作队伍活跃的整体态势。从作者的构成来看，业余曲艺创作爱好者延伸到工人、农民、教师、公务员、媒体记者等各行各业，年龄跨度从 10 几岁至 80 岁不等，创作作品也涵盖了各地区、各民族的数十个不同曲种，题材、内容、形式十分丰富。

五、广开多种渠道，加强对外民间文化交流

曲艺说唱表演的本质特征，决定了它的艺术表现手法主要是口头语言或者说对口头语言的艺术化处理，正因如此，中华曲艺在向不同文化、不同语言背景的国家和地区传播的过程中，平添了一份困难。如何解决好这一矛盾，直接关系到曲艺对外传播的质量和效果。2012 年，曲艺界继续坚持“走出去”与“请进来”相结合的方针，对外民间文化交流逐渐规范化、固定化，交流领域进一步向专业、深层扩展。据统计，中国曲协年内共组织 8 个团组出访了 7 个国家和地区，共计约 85 人次，接待来访约 20 人次及个人来访若干。先后在法国、英国等国举办曲艺讲座，向国外宣传介绍中国曲艺；在法国举办第三届巴黎中国曲艺节，集中展示地方和少数民族曲艺；与国外相关团体机构积极联络、加强合作，通过签订合作意向和协议等与外方建立了长期稳定的合作关系和模式，新加坡华族文化节中国曲艺专场、巴黎中国曲艺节、新西兰“七彩中国、欢歌笑语”演出外事品牌项目的作用更加显现；启动编纂《东北亚说唱艺术散论》项目，组团赴日本进行曲艺研修访问，拓展了对外学术交流的新领域；对台交流方面，在台湾成功举办第二届海峡两岸欢乐汇暨曲艺理论研讨会，进一步增进了两岸曲艺人的交流与合作，深化了海峡两岸同根同源的共识。

六、传承曲艺艺术，展现名家风采

名家大师是曲艺界的瑰宝，研究、总结、推介他们的艺术道路、艺术成就、艺术风格和艺术经验对于曲艺艺术的传承具有重要意义。2012 年，中国曲协面向造诣高深、成就斐然、影响广泛、对曲艺事业作出重大贡献的曲艺名家大师和杰出人才，继续实施全国曲艺名家风采工程，先后编辑出版了《二人转艺术论》、《耿瑛曲艺选》、《吴宗锡评弹文选》。这些曲艺名家走过了人生的坎坷波折，历经了生活的沧桑风雨，用自己的青春和热血为曲艺事业的前行发展无怨无悔地奉献了一生。从某种意义上，为他们著书立说，将他们丰厚的艺术积淀、多彩的人生阅历和深刻的人生感悟通过文字呈现给读者，不单单是知识、情感和智慧的融合，更重要的是毅力、精神和境界的体现。

此外，由中国艺术研究院曲艺研究所主办的第四届“中国曲艺团长高峰论坛”暨“全国曲艺类非物质文化遗产保护成果学术交流展演”，对于探讨如何培养和壮大曲艺队伍，团结并用好曲艺人才具有积极意义。

回顾 2012 年，中国曲艺已经站在了新的历史起点上。但曲艺事业的科学发展是一个战略工程、基础工程，急功近利不行，不思进取也不行。能否把握中国曲艺未来的黄金发展机遇期，取决于曲艺中坚人才队伍的建设，取决于对曲艺事业发展实际状况及主要特征的正确认识，更取决于对未来发展可能遇到的深层次矛盾和问题的前瞻性思考和研判。总之，曲艺艺术的繁荣发展有待全体曲艺工作者的共同坚守和不懈努力。

第七部分　获奖情况

赛事	主办方	具体奖项	获奖作品	获奖者
第 7 届中国曲艺牡丹奖	中国文联、中国曲艺家协会	节目奖	中篇扬州弹词《盛世红伶》、小品《红色珍宝》、四川扬琴《情怀》、小品《御史拜寿》、小品《莎莎，我爱你》	
		表演奖		王少洲（王大海）、李连伟、季静娟、方剑林、杨鲁平、顾竹君、任平、李白燕、刘颖、潘家富、薛维萍、贾俞玲（贾玲）
		文学奖	周玉峰编述、张戬炜整理的长篇常州评话《常州白泰官》，陈小平创作的西河大鼓《退奖牌》，焦随东、焦芸创作的大调曲子《留守娃》，杨子春、史琳创作的对口单弦《血宴》，徐惠新创作的新编短篇苏州弹词《梁祝·梳妆》，王立海创作的群口快板《好人的故事》，文华、兰建堂创作的南阳鼓儿哼《朱主任赶猪》	
		新人奖		李响（29 岁）、李想（28 岁）、曹金（曹云金 26 岁）、王丹丹（31 岁）、陶莺芸（31 岁）、李然（30 岁）、高君岩（高晓攀 27 岁）、逗乐（王磊 28 岁）

续表

赛事	主办方	具体奖项		获奖作品	获奖者
第7届中国曲艺牡丹奖	中国文联、中国曲艺家协会	理论奖		《曲艺音乐写作探要》（作者：于林青）、《宁夏曲艺简史》（作者：张爽）、《经典〈雷雨〉：从话剧到苏州评弹》（作者：朱栋霖）、《曲艺艺术ABC》（作者：孙立生）、《乱里世界、静里春秋——河南坠子艺术流变与传承》（作者：李广宇、张凌怡）	
		终身成就奖（以姓氏笔画为序）		马增蕙（女）、田连元、吴宗锡、单田芳、金声伯、常宝霆	
		特别奖	节目特别奖	小品《村官李仁义》、琵琶弹唱《九天九夜》	
			文学特别奖	范林元创作的中篇苏州弹词《陈云的故事——凌云出岫》、李国文创作的长篇快板书《神虎将星赵尚志》	
第5届全国少儿曲艺大赛	中国关心下一代工作委员会、中国曲艺家协会	少儿组	一等奖	上海说唱《金铃塔》、群口相声《我爱我家》	
			二等奖	小品《爸爸别喝了》、粤曲《荔枝颂》、故事《杜鹃鸟》、南音《好日子》、天津快板《猫和老鼠》	
			三等奖	锣鼓书《爱心伞》、快板《风雨同窗情》、打鼓说唱《唱童年道幸福》、快板《党旗颂》、快板《千锤百炼》、四川金钱板《福娃唱成都》、相声《我要当大人》、群口快板《抗日山》	
		少年组	一等奖	相声《造句子》、三人评书《夺宝之战》、谐剧《采访时刻》	
			二等奖	快板《中原赞》、粤曲《旗开得胜》、评弹《梦回江南》、小热昏《敬老尽孝》、温州鼓词《五官的奥秘》、四川荷叶《学校来了北大生》、湖北渔鼓《赔茶壶》、群口山东快书《各就各位》、清音《农家喜奏交响乐》、相声《想不想长大》、沧州木板大鼓《怒斥敌酋》、徐州琴书《有情有义徐州人》、绍兴莲花落《马路边的一分钱》、单口相声《我和郑板桥是老乡》、音乐快板《石油娃》、小品《评书男孩》、相声《快乐时光》	
			三等奖	对口快板《金丝猴情深深》、板桥道情《我的家乡真漂亮》、相声《谈门儿》、高平鼓书《谷子好》、京韵大鼓《万里春光》、相声《军歌嘹亮》、乐亭大鼓《嫦娥望长空》、小品《眼睛》、音乐快板《听爷爷讲那过去的故事》、相声《张家界》、粤曲《少年心声颂祖国》、快板《胡爷爷跟咱过三十》、乌力格尔《将军穿铠甲》、对口快板《我们是朋友》、鄱阳大鼓《我给妈妈打电话》	

续表

赛事	主办方	具体奖项	获奖作品	获奖者
第5届全国少儿曲艺大赛	中国关心下一代工作委员会、中国曲艺家协会	作品奖	崔琦创作的快板《风雨同窗情》，谈敬德创作的锣鼓书《爱心伞》，费翔宝、吴新伯创作的评弹《梦回江南》，林成忠、胡平创作的温州鼓词《五官的奥秘》，汪艺德创作的对口快板《金丝猴情深深》，王鹏飞、王师师创作的相声《造句子》，刘鹏春创作的单口相声《我和郑板桥是老乡》，王印权创作的快板《胡爷爷跟咱过三十》，珏甫、卢剑、陆紫丹等创作的鄱阳大鼓《我给妈妈打电话》，志萌嘉、汪嘉宝创作的绍兴莲花落《马路边的一分钱》	
		园丁奖		黄永生（上海说唱《金铃塔》指导老师）、梁柏生（粤曲《荔枝颂》指导老师）、周红（评弹《梦回江南》指导老师）、严顺莉（湖北渔鼓《赔茶壶》指导老师）、郭齐鸣（快板《中原赞》指导老师）、戴鹏忠（音乐快板《石油娃》指导老师）、范杨（谐剧《采访时刻》指导老师）、林少雄（粤曲《少年心声颂祖国》指导老师）、王双凤（小品《评书男孩》指导老师）、础古拉（乌力格尔《将军穿铠甲》指导老师）、王建国（沧州木板大鼓《怒斥敌酋》指导老师）、倪明（相声《快乐时光》指导老师）、刘松林（山东快书《各就各位》指导老师）
		优秀组织奖		江苏省曲艺家协会、河北省曲艺家协会、辽宁省曲艺家协会、河南省曲艺家协会、四川省曲艺家协会、山西省曲艺家协会、上海市曲艺家协会、浙江省曲艺家协会、广东省曲艺家协会、北京曲艺家协会、黑龙江省曲艺家协会、湖北省曲艺家协会、安徽省曲艺家协会、天津市曲艺家协会、内蒙古自治区曲艺家协会、山东省曲艺家协会、湖南省曲艺家协会、江西省曲艺家协会、福建省曲艺家协会、云南省曲艺家协会
第2届“包公杯”全国反腐倡廉曲艺作品征集活动	中国曲艺家协会、中共合肥市纪律检查委员会、中共合肥市委宣传部、合肥市文联	一等奖	相声《我丢什么了》（作者孙福金、杜文广）、数来宝《局长的茶杯》（作者王济忱）	
		二等奖	相声《蹭车》（作者黄婷婷、林涛）、山东快书《夜半对话》（作者刘丙福）、安徽大鼓《三次红手印》（作者周于由）、小品《局长回礼》（作者李秀兰）	

续表

赛事	主办方	具体奖项		获奖作品	获奖者
第2届“包公杯”全国反腐倡廉曲艺作品征集活动	中国曲艺家协会、中共合肥市纪律检查委员会、中共合肥市委宣传部、合肥市文联	三等奖		群口相声《如此脱销》（作者全维润）、相声《老鼠的传说》（作者倪明、姚威、文兰）、故事《金明乡出书记》（作者方赛群）、评书《你无权离开》（作者傅昌尧）、绍兴莲花落《送礼》（作者李道一）、三弦书《咱娘》（作者李文武）、小品《拍卖》（作者贾明君）、小品《省城包裹》（作者黄孟林）	
		优秀作品		相声《比处长》（作者李泽绵）、群口相声《钱、权、关系、人》（作者朱士国、景远振）、相声《廉政对联》（作者程继勇）、山东快书《省长下乡记》（作者李海生）、故事《王乡长募捐》（作者唐俊文）、评书《华佗治贪官》（作者于鸿）、快板书《龙江堤》（作者姚连学、姚磊）、数来宝《贪官碑》（作者董吉贵）、评书《落叶归根》（作者黄胜）、常德丝弦《新来的书记》（作者黄士元）、湖北小曲《枕头风》（作者焦随东、牟廉玖）、彝调说唱《书记爬坡》（作者周少金）、象山唱新闻《一张名片》（作者欧行凯）、唱词《王婆骂瓜》（作者镇艳蓉）、京韵大鼓《白玉无瑕》（作者袁冀民）、荒诞小品《吼堂威》（作者严西秀）、小品《说变就变》（作者秦明石）、小品《原则的事儿》（作者李泽绵）、小品《纪检干部的烦恼》（作者耿长海、梁国珍）、小品《魔术》（作者鲍俊国）	
第8届中国文联文艺评论奖	中国文联	著作类	一等奖	《走进评弹》（吴宗锡）	
		文章类	特等奖	《经典〈雷雨〉：从话剧到苏州评弹——纪念曹禺百年诞辰》（朱栋霖）	
			一等奖	《贴近老百姓百姓才爱听——评郭刚与长篇评书〈话说马鸿逵〉》（杨建国）	
			二等奖	《丢失了本体艺术的二人转艺术还能走多远》（金芳）、《批评的勇气和被批评的恶声——说说姜昆近来遭遇的事》（董大汗）	
		组织工作奖			中国曲协
第6届CCTV电视相声大赛	中央电视台	非职业组	金奖	张攀、刘铨淼《忘词》	
			银奖	刘春山、许健《韵调诗》，刘国君、谷宗翰《瘦身传奇》	
			铜奖	马茁、王笑非《90后的我们》，艾莉、潘斌龙、迟永志《左手右手》，赵广群、韩占军《我是达人》	

续表

赛事	主办方	具体奖项		获奖作品	获奖者
第6届CCTV电视相声大赛	中央电视台	非职业组	最佳逗哏奖		张攀
			最佳捧哏奖		刘铨淼
			最佳作品奖	《韵调诗》	
		职业组	金奖	高晓攀、尤宪超《救，不救?》	
			银奖	曹云金、刘云天《我要恋爱》，李菁、张硕、郭天翼、张天雷《谁说我有病》	
			铜奖	甄齐、李然《其实我想走》，弓瑞、李彦生《我爱山西》，逗笑、逗乐《驯猴》	
			最佳逗哏奖		曹云金
			最佳捧哏奖		李菁
			最佳作品奖	《救，不救?》	
		最受观众喜爱奖			曹云金、刘云天
第5届中部六省曲艺大赛	中国曲艺家协会、山西省文联、中共长治市委、市政府	一等奖		鄱阳大鼓《草根英雄》、小品《说变就变》、沁州三弦书《柳树湾的婚事》、潞安大鼓《生命誓言》、长子鼓书《小俩口回娘家》、祁东渔鼓小品《赌妻》、潞安大鼓《哦，砂锅》、相声《我爱山西》、潞安鼓书《好婆婆黄代小》、河南坠子《晴雯撕扇》、小品《监视下的约会》、襄垣鼓书《还钱》、小品《密码》	
		二等奖		祁东渔鼓《薪火相传代代强》、快板书《精武英雄霍元甲》、小品《瞭望台的除夕》、鼓书说唱《请村长》、山东快书《夜半对话》、湖北大鼓《信义兄弟》、小品《白沙果》、相声《羡慕嫉妒恨》、相声《龙年说龙》、衡南渔鼓《菜园风波》、大调曲子《民间验方》、相声《咱村的那些事》、小品《身边的现象》、春锣剧《法中有情》、脱口秀《才艺展示》、湖北大鼓《唱支山歌给党听》、零陵小调《双盘花》、双簧《食品与毒品》、武乡琴书《李改花送子参军》、对口春锣《送郎路上》、相声《局长家的狗》	

续表

赛事	主办方	具体奖项	获奖作品	获奖者
"送欢笑、到基层"惠民文化活动先进个人表彰	中国曲协			于海伦、于紫菲（女）、马小平（回族）、马云路（满族）、王玉、王岩、王敏、王毅（女）、王文水、王汝刚、王鸣禄、王佩元、王建国、王谦祥、牛群、卞红星、艾莉（女）、玉旺图（女，傣族）、石磊、石富宽、田连元、冯巩、巩汉林、师胜杰、朱嘉华（女）、朱韶宇、任军、任焰林、全维润、刘际、刘畅、刘朝（女）、刘兰芳（女，满族）、刘全利、刘全和、刘佳妹（女）、闫磊（女）、闫淑平（女）、那仁套格套（蒙古族）、孙淑梅（女）、杨珀（女）、杨子春、杨其峙、杨鲁平、李蓉（女）、李伟建、李志强、李金斗、李建华、李福康、李增瑞（回族）、佟健（满族）、佟长江、汪文华（女）、宋德全、张晔、张野、张文甫、张志宽、张来权、张荣辉（女）、张保和、张晏生、陆泽浦、阿迪力·米吉提（维吾尔族）、陈峰宁、陈寒柏、武宾、范军、金珠（女）、金巴洛珠（藏族）、周炜、赵炎、赵卫国、种玉杰、姜昆、姚忠贤、姚常德、夏重梁、钱香袁、倪明、徐开麟、高保利、唐志刚、唐杰忠、盛小云（女）、常贵田（满族）、崔艺东、崔喜跃、梁玉嵘（女）、韩冰、韩兰成、董其峰、焦建东、温玉娟（女）、温淑萍（女）、穆凯、鞠萍（女）、戴志诚

2012 年曲艺综述

◎蒋慧明

2012 年的曲艺界，热闹依旧，逐一回顾起来，可圈可点处不少。限于篇幅，仅就笔者个人较为关注的几个方面，做一综述。

一、相声大赛引发热议

在所有的曲艺曲种中，相声，可以说是普及面最宽也是最受老百姓关注的门类。关于相声的争议，一直不绝于耳，尤其随着中央电视台举办的相声大赛的播出，更是引起了社会各界的广泛而集中的关注，一时间热议不断。

由中央电视台主办的 CCTV 全国电视相声大赛，自 2001 年首次举办以来，至 2012 年已经连续举办了六届（前五届分别于 2001 年、2002 年、2006 年、2008 年和 2010 年举办，并于国庆节期间播出决赛实况以及颁奖晚会），不仅成为央视的一项传统电视文艺赛事，也是相声界内外影响范围最广的隆重盛典，在弘扬民族传统艺术、繁荣相声事业和发掘新人新作方面，借助中央电视台这座重要平台，确实发挥了相当大的积极作用。

2012 年 9 月 17 日至 23 日，中央电视台在黄金时间直播了第六届 CCTV 全国电视相声大赛的六场决赛和颁奖晚会。本届大赛在赛制方面基本沿袭了前五届的规定，主要的变化可能就是改由 2012 年春晚总导演哈文及其团队担任本届大赛的导演，另外就是在决赛现场设立了现场点评环节，并邀请了由 20 家全国知名媒体组成的“媒体观察团”和众多老艺术家亲临现场见证，而担任大赛评委的除了常贵田、师胜杰、石富宽、李伯祥、冯巩等相声名家和曲艺理论家薛宝琨外，还有电视导演、收藏专家、著名主持人以及著名小品演员等，用主办方的话说，是“为本届大赛引入更加多元的评判视角，构建更合理的评价体系”。此外，整个大赛的舞美呈现以及多媒体视频的运用，在营造视听效果方面下了不少工夫。

经过六天的角逐，本届大赛的金奖、银奖、铜奖以及最佳逗哏、最佳捧哏、最佳作品等各个奖项分别产生，其中高晓攀、尤宪超的《救，不救?》和张攀、刘铨淼的《忘词》分获职业组与非职业组金奖，曹云金、刘云天获得新设立的由观众投票产生的“最受观众喜爱的相声演员奖”。

历届的相声大赛在播出前后都会引发观众对相声创演的现状、演员的表演等多方面的议题，本届大赛也不例外，尤其是将争议的焦点集中在大赛的开场和颁奖晚会。浏览网络上关于本届大赛的诸多评论，也多对此提出了不少质疑。

相声与电视结缘，久矣。是“成也萧何，败也萧何”，还是相互补充共同发展，各方人士各抒己见，不一而足。而本届大赛，又将这一话题再度提起，引人深思。

王洗在《洪水猛兽，还是灵丹妙药？——电视相声大赛刍议》一文中，言辞犀利地指出：“如果我们承认专业和业余之间存在着某种差别，那么这次大赛可以视为业余的主办方，向专业评委们定制的一场持续七天的电视综艺节目，而与相声关联甚微。电视相声大赛，越来越像是一处供晚会主办者展示其掌控能力及娱乐精神的秀场，参赛选手则越来越像是为主办者提供服务的工作人员。”文章认真梳理了相声与电视之间逾三十年的关系，结合本届大赛，语重心长地指出：“对于相声而言，电视既非洪水猛兽，也不是灵丹妙药。它只不过是相声传播推广的若干途径之一；相声的当务之急，是要找到一条不依附他人、专属于自己的生存发展之路，独立自主，做大做强。”

针对本届相声大赛中部分参赛作品在形式上的“创新”，王晓娟的文章《艺术联姻媒体，互相要有敬畏》辨析了相声这一传统艺术形式与电视等新的媒介载体之间的关系，同时一针见血地指出：“艺术与媒体的联姻是顺应历史的明智之举，但艺术作品在世俗审美引导下随波逐流将给传统文化造成巨大内伤。艺术嫁接于媒体不一定非要取悦大众，而应当在担负起审美认知和人文教化职责的同时去韬晦大众，丢掉艺术担当意识，艺术品不过是追求纯感官刺激和娱乐至死的视觉狂欢盛宴。”

可见，本届相声大赛的举办，一方面进一步扩大了相声在观众中的影响，另一方面也暴露了相声创演队伍自身的缺乏自信和功利色彩。

也是在2012年的9月，另有一场名为“走出去的相声节”同样赢得了众多媒体特别是相声关爱者们的青睐。由天津市红桥区政府、天津曲艺家协会、谦祥益文苑等单位主办的天津市相声节，自2010年始已成功举办了两届，尤其是其中的“原生态相声专场”在业内外人士中引起了不小的轰动。不同于前两届的形式，第三届天津相声节为期15天，除了开幕式和闭幕式在天津举办外，以“天津相声俱乐部”的优秀青年演员为班底，赴济南、上海、南京、郑州、西安、石家庄、北京等地，与当地演员进行联袂演出。多家媒体对这次活动进行了跟踪报道，巡演过程中亦在所到城市刮起了一股相声旋风。借用主办方的话，第三届天津相声节“将提升天津传统曲艺艺术的影响力，实现南北相声艺术的互动交流，提高相声平台的包容性，广泛加强与各地民营相声茶社、相声团体的合作，展示各地相声的鲜明特色与迥异风格，搭建各地相声演员学习交流的平台，提高当今茶馆相声的整体发展水平。”

尽管没有央视等强势媒体的依托，但浏览相关网页，可以看到，天津相声节的连续成功举办，在广大观众尤其是曲艺迷中所引发了强烈反响和一致好评。对于目前为数众多的相声从业者们而言，这也提示我们：无论怎样的创新，首要的前提务必是保持相声艺术的本体特征，尊重相声，亦即尊重自身，唯此，才有相声艺术的自信和相声事业的自强。

二、民间曲艺力量方兴未艾

随着网络的兴起和普及，对曲艺的传播、推广以及欣赏都产生了巨大的推动作用。这其中，民间曲艺力量所起到的积极作用不容小觑。

在一份《2012年中国互联网十大网络戏曲曲艺事件》的报告中，列举了有关曲艺的这样两个事件：

一是由民间曲艺网站“中华相声网”发起的“子弟书工程”。2001年由网名“海客”个人出资创办的“中华相声网”，是一家“致力于相声文献收藏与作品评论，追求理性立场和独立品格”的民间公益网站，在曲艺爱好者中备受推崇。该网站自3月5号开始，到6月10号，共整理子弟书403篇，其中《子弟书丛钞》、《清蒙古车王府藏子弟书》、《红楼梦子弟书》、《子弟书珍本百种》共389篇，锦章图书局石印本《三国子弟书词》7篇，早稻田大学藏《沈阳景致子弟书》6篇，打磨厂学古堂《西厢子弟书词》一篇，为“研究者、爱好者研究、学习提供了便利，功莫大焉”。

二是由青年评书演员张准主讲的动漫创意评书《海贼王》（第一回）自6月底在土豆网上传以来，点击人次逾49万之多，新浪微博上转发过千。《海贼王》是一部连载中的日本少年漫画作品，作者为尾田荣一郎。该作自1997年起在日本漫画杂志《周刊少年Jump》定期连载，另有同名电视动画片、剧场版和电子游戏等周边媒体产品问世，其漫画单行本的发行量在日本本土突破3亿部，是日本图书出版史上发行量最高的作品，并有三十余种海外翻译版本发行。这部《海贼王》在中国大陆亦颇受80后、90后青年人的欢迎，因此，采用传统评书的艺术手法和表现形式，结合年轻人喜爱的动漫故事情节而“混搭”改编的同名评书作品，凭借网络及网络视频平台的便利，一经推出，很快在众多的年轻网友中流传开来。而从另一个角度来看，类似这样的新编评书作品，相较传统评书的创演途径，无疑开拓了另一条新路。此外，六间房网站也开辟有评书播讲的视频专区，主讲的青年评书演员与年轻网民（观众）之间的互动，使得评书这一古老曲种的传播渠道又增添了几分时代色彩，从内容到形式都有一定的新意。

三、曲艺类书籍集中出版

回顾2012年中国曲艺，有一个现象值得关注，即大量曲艺类书籍的集中出版。仅以某图书网站在售的曲艺类书籍而言，据不完全统计，于2012年出版的就有三十余种之多，大致可分为：1. 曲艺名家传记类，如：《一代相声名师王长友》（姚振声著，学苑出版社），《从大清朝走来——记相声大家韩子康》（薛永年著，文化艺术出版社）、《我为评书生》（连丽如著，中华书局）等；2. 曲艺理论类，如：《相声大词典》（薛宝琨 高玉琮主编，百花文艺出版社）、《中国相声史（再版）》，（王决、汪景寿、（日）藤田香著，百花文艺出版社）、《周良与苏州评弹研究论集》（古吴轩出版社）、《曲艺音乐概论》（于会泳著，中央音乐学院出版社）、《相声的有限元》（李宏烨 郑钰著，上海交通大学出版社）、《中国鼓词文学发展史》（李雪梅著，上海人民出版社）等；3. 曲艺作品类，如：单田芳评书话本典藏——《三侠五义》、《说岳后传》、《明末遗恨》、《努尔哈赤》（中国工人出版社）、《扬州弹词——珍珠塔》（张慧侬著，广陵书社）等；4. 曲艺普及读本类，如：《每天一堂非遗课：曲艺杂技卷》（杨素梅主编，中国华侨出版社）、《中国文化知识读本：相声》（梁倩倩著，吉林文史出版社）、《中国文化知识读本：评书》（商琳璘著，吉林文史出版社）、《相声知识指南》（潘秀英著，安徽美术出版社）、《评书知识指南》（潘秀英著，安徽美术出版社）、《中国曲艺经典唱段100首》（连波编著，安徽文艺出版社）、《青少年国学文艺常识丛书・戏曲曲艺》（江乐兴主编，朝华出版社）、《锣鼓书入门》（谈敬德编著，上海社会科学院出版社）等。

此外，还有列为中国曲艺家协会实施的全国曲艺名家风采工程内容之一，由中国文联出版社出版的系列书籍，如《吴宗锡评弹艺文选》、《耿瑛曲艺选》、《二人转艺术论》（王兆一著）、《曲艺音乐写作探要》（于林青著）、《时代先锋——新时期先进典型快板集》（朱光斗著），以及《程永玲：我与四川清音》（大众文艺出版社）、《评弹情缘》（殷德泉编著，苏州古吴轩出版社）、《我的汉语教学与国际推广》（丁广泉著，对外经贸大学出版社）等。

这其中，《相声大词典》的出版最为引人注目，也最值得一提。这是目前国内第一部也是唯一一部关于相声艺术的工具书，是以辞书的形式对相声艺术一百多年的历史文化进行归纳、总结、整理、挖掘、抢救，涉及了有关相声艺术方方面面的一部百科全书，全书130万字，共收录词条5500余个。可以说，这是一部关于相声艺术的资料大全，特别是对现当代尤其当下相声的有关事件、人物、组织、活动的搜集记录，最值得称道。

仅从数量上来看，曲艺类书籍在本年度的集中出版，一方面体现了社会各界对曲艺以及相关艺术知识的需求和关注，令人振奋；另一方面，其中良莠不齐的出版质量，又在一定程度上影响了曲艺传播传承的力度。

以上述的曲艺普及读本为例，随着非遗保护工作在我国的深入开展，尤其是一大批曲艺曲种相继被列入各级非遗名录，关于曲艺的普及读物自然相应被纳入各地的出版计划。但浏览了大部分此类书籍后，却深感粗制滥造可能带来的不良后果，以讹传讹，东拼西凑的内容，不仅不能为青少年提供准确的曲艺知识，更对传统曲艺在当下的传承保护产生不利因素。而编著者本身的概念混淆，出版单位对版权意识的淡漠，无形中令那些苦于无法将严肃的科研成果转化为正式出版物的曲艺专业人士更加心寒。

四、曲艺传承保护工作深入开展

曲艺的传承保护工作一直是推动曲艺艺术可持续发展的重要内容之一。2012年的7月和12月，分别有两项全国性的大型活动，凸显了当下曲艺在传承与保护方面刻不容缓的重要意义。

一是7月26日至28日，在湖南省常德市召开的"湖南非物质文化遗产曲艺类项目传承研讨班"，主办单位是中国艺术研究院曲艺研究所、湖南省文化厅、中共常德市委和常德市人民政府，由湖南省群众艺术馆、湖南省非物质文化遗产保护中心和常德市文化广电新闻出版局共同承办。

以"以传承为核心开展保护，以学术为前导引领传承"为宗旨的这次传承研讨班，与会代表120余人，除相关领导和"非遗"保护单位的负责人外，主要汇聚了湖南省国家级和省级"非遗"曲艺保护项目的代表性传承人，以及来自山西、广东、浙江、福建等省市区从事"非遗"曲艺类项目保护工作的人士。研讨班期间，有"湖南非物质文化遗产曲艺类项目示范汇报展演"和"曲艺类非物质文化遗产专题讲座"，以及以"曲艺传承的实践与问题"、"曲艺保护的管理与服务"为专题的研讨会，还包括同一时间段内举办的"常德市澧水流域第四届鼓王擂台赛"决赛，都令与会者深刻认识到当下曲艺类非遗项目的传承保护的必要性和紧迫性。此外，本次传承研讨班的成功举办以及所产生的后续影响，不仅对湖南本土曲艺的发展有着积极的推动作用，也为全国范围内的曲艺类非遗项目的科学保护与全面传承起到了一定的示范作用。

二是于12月7日至10日，在素有“曲山艺海”之称的山东省济南市召开的第四届“中国曲艺团长高峰论坛”暨“全国曲艺类非物质文化遗产保护成果学术交流展演”。

“中国曲艺团长高峰论坛”是2006年由中国艺术研究院曲艺研究所发起，全国40余个曲艺表演团体、曲艺教学机构、曲艺研究单位和部分地方曲协积极参与的开放式松散型业界交流平台，旨在“拓展曲艺研究学术视野，探讨曲艺创演经营实践，交流曲艺演出经验教训，强化曲艺行业协作意识”。第四届论坛的主题为“曲艺人才：培养与使用”。

而由9位国家级非物质文化遗产代表性传承人和多名省、市级代表性传承人以及曲艺最高奖项牡丹奖获得者参加的“全国曲艺类非物质文化遗产保护成果学术交流展演”，不仅令与会者更加强化了曲艺传承保护的自觉意识，同时也为广大的济南观众奉献了一台规格高、曲目多、曲种多、名家多的高水平的曲艺大餐。

当前，曲艺的传承保护工作虽然取得了一定的成果，但同时也面临着诸多实际困难。中国艺术研究院曲艺研究所一直坚持理论联系实际的学风，秉持学术服务社会的宗旨，2012年该所主办的这两项活动，正是这种理念的具体实践。而活动的成功举办，亦证明了在当下曲艺的传承保护工作中，相应的学术支持与理论总结十分必要。

2012年的重要演出活动还有不少，如第七届中国曲艺牡丹奖的评选、颁奖，北京曲艺团成立六十周。年的系列纪念活动和演出，天津“南开杯”全国相声新作品大赛，上海曲协成立五十周年评弹、滑稽专场演出……等等。就整体而言，曲艺评奖、比赛和演出活动的水平与质量都有所提高，也涌现出了一批新人新作，但同时也暴露出一些明显的问题亟待解决。尤其是在曲艺创演方面，对曲种概念、特征的混淆不清，在表演上过于贪“大”，刻意摈弃了曲艺表演本身“出出进进”、“一人多角”的优势，而有过度歌舞化、戏剧化和杂耍化的倾向。凡此种种，都说明，在当下曲艺的传承发展过程中，亟须正确的曲艺理论的介入和引导，而曲艺创演的主体——作者和演员，则理应加强自身修养，确立对曲艺艺术自身价值的认同感，从而更好地发展曲艺，传承曲艺。

展望2013年，对中国曲艺而言，或许积累已久的沉疴不会轻易消除，但有众多真正热爱、关爱曲艺的人士的共同努力，相信定会有新的突破。

蒋慧明　中国艺术研究院曲艺研究所

专题

第四届中国曲艺团长高峰论坛

【概况】

2012 年 12 月 7 日至 10 日，由中国艺术研究院曲艺研究所、山东省文化厅、中国说唱文艺学会、中国曲艺团长高峰论坛理事会主办，山东省艺术研究所承办，山东省非物质文化遗产保护中心、山东省曲艺家协会、济南市曲艺团协办的第四届“中国曲艺团长高峰论坛”及“全国曲艺类非物质文化遗产保护成果学术交流展演”在山东济南举行。

论坛上，来自全国 40 多个曲艺表演团体、曲艺研究机构、曲艺保护机构和相关曲艺家协会的代表围绕着“曲艺人才：培养与使用”的主题，进行讨论。

期间举行的“全国曲艺类非物质文化遗产保护成果学术交流展演”内容丰富、名家荟萃，汇集了当今曲苑的代表曲种和名家新秀。展演还邀请了国内曲艺专家对参演节目进行评奖，评出金奖 5 名，银奖 15 名。

【观点】 曲艺人才培养亟待突破制度瓶颈

——写在“第四届中国曲艺团长高峰论坛”成功举办之际

◎吴文科

人才资源是第一资源。任何一项事业的繁荣与发展，都离不开大批杰出人才的倾心投入与经营支撑。这里所说的“人才”，并非简单意义上的“人力”，而是具有较高的专业素养并可真正支撑一个行业健康持续发展的“有才之人”和“有用之才”。对于有着 1500 多年信史的中国曲艺来说，各类专业人才的普遍匮乏，已经成为制约其在当今时代持续繁荣和健康发展的主要障碍。比如，曲本创作人才的严重匮乏，使得曲艺节目的内容成色严重不足：语言缺少智慧，形象苍白干瘪，思想含量较低，感人程度不够，欣赏起来不痛不痒，味同嚼蜡；再如，说唱表演人才的严重匮乏，致使曲艺舞台的表演质量严重下滑：口齿欠清，声音乏美，技巧老套，贫嘴油滑；又如，音乐伴奏人才的严重匮乏，导致许多优秀的唱曲名家，由于缺乏琴师弦师的有力托扶，无法展示自身艺术的独特美质，不能实现“绿叶红花两相扶”的审美理想；还如，研究传播人才的严重匮乏，不仅影响曲艺文化的深刻发掘与深度传扬，而且制约曲艺艺术的学术研究和价值彰显。

面对这样的现实境况，一直坚持理论联系实际学风、秉持学术服务社会宗旨的中国艺术研究院曲艺研究所，于 2012 年 12 月 8 日至 9 日和山东省文化厅及山东省艺术研究所联合，在山东省济南市成功举办了主题为“曲艺人才：培养与使用”的第四届中国曲艺团长高峰论坛，以期能为改善曲艺人才的培养与使用凝聚共识、提供助力。

“中国曲艺团长高峰论坛”是由中国艺术研究院曲艺研究所发起组织，全国各地相关曲艺团体和机构主要负责人积极参与的开放式松散型业界交流平台。目的是“强化行业内部协作意识，交流事业经营有益经验，促进学术艺术良性互动，推动曲艺创演健康发展”。2006 年 7 月、2008 年 11 月和 2010 年 6 月分别在苏州、广州和扬州成功举办了前三届，主题分别为“曲艺的传承与我们的责任”、“回望与前瞻：纪念改革开放 30 周年”和“曲艺创演：组织与经营”。这三届论坛的举办，得到了文化部及其艺术司、中国艺术研究院、中国曲艺家协会、各地曲艺团体以及相关部门与领导的大力支持和帮助。首届论坛举办时，文化部艺术司前司长于平、中国艺术研究院副院长王能宪、中国曲艺家协会分党组书记、副主席、著名相声艺术家姜昆等出席开幕仪式并讲话；第二届论坛举办时，中华人民共和国文化部副部长、中国艺术研究院院长王文章发来贺信；中国文联荣誉委员、中国曲艺家协会名誉主席罗扬、文化部社文司司长张旭、中国艺术研究院副院长王能宪等出席开幕式并讲话；第三届论坛举办时，中华人民共和国文化部副部长、中国艺术研究院院长王文章和文化部艺术司分别给论坛发了贺信；中国文联荣誉委员、中国曲艺家协会名誉主席罗扬、中国文联副主席、中国曲艺家协会主席刘兰芳、中国艺术研究院副院长高显莉等出席开幕式并讲话。凡此都使论坛活动越办越好，成果显著。既加强了曲艺界的团结与协作，又推动了曲艺界的合作与交流，还凝聚了曲艺界的思想与共识，更推动了曲艺的繁荣与发展。

正是由于有了各级领导部门及其负责同志的深切理解与大力支持，有全国各地各级曲艺团体的积极响应和踊跃参与，才使论坛的创意有了实质的意义和实际的效果。并且，前三届论坛都在闭幕之际发布了宣言或倡议，对于当下曲艺发展中存在的问题及其解决之道，提出了全体参与者的热切意见与积极建议，以使论坛的成果与共识继续传播和发酵，为全体同行和整个社会所共享，力图为中国曲艺的健康发展与持续繁荣做出积极和有益的贡献。

“第四届中国曲艺团长高峰论坛”的举办，依然受到有关方面及其领导的热切关注，得到了全国同行的广泛响应。中华人民共和国文化部艺术司和中国艺术研究院院长、中国非物质文化遗产保护中心主任王文章分别给论坛发来贺信；中国艺术研究院副院长王能宪、中国曲艺家协会分党组书记、驻会副主席、秘书长董耀鹏和中共山东省委宣传部副部长、山东省文化厅厅长徐向红、山东省文化厅副厅长李宗伟、陈鹏等有关方面领导分别出席论坛活动的相关环节并发表讲话。中国文联荣誉委员、中国曲艺家协会名誉主席罗扬、中国文联副主席、中国曲艺家协会名誉主席刘兰芳、中国说唱文艺学会会长、中国曲艺家协会顾问程永玲、中国艺术研究院曲艺研究所所长、中国曲艺家协会副主席、中国说唱文艺学会副会长兼秘书长、中国曲艺团长高峰论坛理事会主席吴文科、中国说唱文艺学会副会长金丽生、本届论坛秘书长、山东省艺术研究所所长姜慧，以及来自全国各曲艺表演团体、曲艺研究机构、曲艺教育部门、曲艺保护组织、曲艺传播单位和曲艺行业协会的王依韵、黄震良、赵连甲、孙惕、袁小良、姜永春、张巧玲、姜庆玲、周寿泉、胡展、陆建华、陈希伯、杨筱东、夏吉平、钱浩良、薛子亮、吴菊红、叶锦玉、郝永春、付群刚、涂露霞、劭宏梅、杨梅、魏韶峰、陈晓岚、方园园、任平、张克宪、庞德矛、谭华波、俞斌、罗小令、楼亚群、叶英盛、李国强、张岳公、魏应中、傅象波、张海涛、孙立生、慈建国、任哨兵、林凡军、郭学东、王力、韩波、孙永芬、任健、田莉、张亚昕、高苹等六十多名代表参加了论坛。

文化部艺术司的贺信指出：“曲艺是中华传统艺术文化的重要组成部分；曲艺人才的培养直接关系到曲艺的发展与繁荣。在国家实施‘人才强国’战略的时代背景下，将本届论坛的主题确定为‘曲艺人才：培养与使用’，通过关注人才谋划曲艺发展大计，意义尤其重大！希望论坛能以科学发展观为指导，结合曲艺实际，展开积极讨论，为曲艺事业的健康持续发展凝聚智慧，为曲艺人才队伍的不断发展壮大创造良好的环境”。

王文章院长和主任在贺信中首先向全体与会代表及全国的曲艺工作者表示诚挚问候和深切敬意！他指出：“曲艺的繁荣发展不仅需要大批艺术家创作表演众多的精品节目，更需要大批各级各类专业人才的保障与支撑！衷心希望大家以科学发展观为指导，深入探讨，积极交流，为曲艺事业的健康持续发展积聚共识，为曲艺人才的大量涌现制造舆论。”同时指出：“长期以来，各地各类曲艺专业团体和机构，在继承曲艺传统、发展曲艺艺术、繁荣曲艺舞台和满足人民群众的曲艺欣赏需求等方面，做出了重要贡献。中国艺术研究院曲艺研究所作为我国曲艺研究的最高学术机构，成立26年来，为曲艺学的学术研究和学科奠基发挥了重要作用。由该所发起组织的‘中国曲艺团长高峰论坛’，在‘强化行业内部协作意识，交流事业经营有益经验，促进学术艺术良性互动，推动曲艺创演健康发展’的追求中，让学术服务社会，用理论指导实践，推动了学术与艺术的良性互动，非常值得肯定”。他希望这种交流能够继续不断地坚持下去，并且越办越好，真正推动我国曲艺艺术的大发展和大繁荣。

通过两天的研讨和交流，参加“第四届中国曲艺团长高峰论坛”的全体与会代表在为曲艺人才的极度匮乏深感忧虑的同时，交流了各自培养和使用专业人才的实践经验，提出了改善曲艺人才培养机制并关心爱护和托举使用好现有人才的诸多意见与建议。其中最为强烈的意愿，就是呼吁有关方面能够按照科学发展观的思想要求，统筹传统艺术的现代发展，尤其要在人才培养方面，提供曲艺发展由学科建设到高等教育等诸多方面以切实的制度保障。具体说来，就是要在“学科目录”中，将曲艺列入“艺术学”门类学科属下的一级学科；在高等教育领域，开办曲艺学院或专业系科，从而彻底突破曲艺人才培养的制度瓶颈，让传统曲艺的现代发展尽快搭上高速前行的时代列车。为了强化对本次论坛的题旨认识，扩大论坛交流的影响与效果，在论坛闭幕之际，全体与会代表并向全国同行及社会各界发出了一份体现论坛成果并凝聚论坛共识的倡议性宣言。

“第四届中国曲艺团长高峰论坛”举办期间，主办方还联合中国说唱文艺学会举办了两场旨在“促进曲艺专业人才技艺交流，激励现有曲艺人才奋发作为”的“全国曲艺类非物质文化遗产保护成果学术交流展演”。经专家提名推荐和学术评议遴选，来自全国各地包括北京、天津、山西、吉林、江苏、湖北、湖南、四川、重庆、浙江、福建和山东等地的北京评书、梅花大鼓、襄垣鼓书、二人转、苏州弹词、扬州评话、徐州琴书、湖北大鼓、夜话子（丧鼓）、四川清音、四川竹琴、绍兴平湖调、义乌道情（金华道情）、杭州评话、福州艺、山东琴书、山东快书、山东大鼓等 18 个曲种的 20 个节目参加了展演。主办方对应邀参加展演的节目进行了评奖。刘兰芳表演的北京评书、程永玲与任平表演的四川清音、籍薇表演的梅花大鼓、金丽生与郁群表演的苏州弹词和朱丽华、许冠英、李炳杰等表演的山东琴书等 5 个节目获得金奖，另有 15 个节目获得银奖。

可以相信，广大曲艺界人士尤其是参加论坛活动的各地各级曲艺团体的高端管理人士藉本次论坛对“曲艺人才：培养与使用”话题的热切关注和深入讨论，以及通过宣言方式发出的思想共识与集体呐喊，一定会引起有关部门的高度重视，引发相关人士的积极思考；同时，也会影响和启迪所有热爱曲艺、关心曲艺包括从事曲艺工作和愿意投身曲艺事业人士的目光与思路，共同来为中国曲艺人才的大批量涌现和曲艺事业的健康持续发展凝聚智慧、贡献力量。

吴文科　中国艺术研究院曲艺研究所

【媒体视点】 曲山艺海　盛会临门
——第四届“中国曲艺团长高峰论坛”

◎赵　峰

12 月 7 日至 10 日，第四届“中国曲艺团长高峰论坛”暨“全国曲艺类非物质文化遗产保护成果学术交流展演”在山东济南举行。来自全国四十多个曲艺表演团体、曲艺研究机构、曲艺保护机构和相关曲艺家协会的代表参加论坛；著名评书表演艺术家刘兰芳等 9 位国家级非物质文化遗产代表性传承人，多名省、市级代表性传承人以及曲艺最高奖项牡丹奖获得者参加展演。

精彩纷呈，尽展魅力

本届“全国曲艺类非物质文化遗产保护成果学术交流展演”规格高、曲目多、曲种多、名家多。在参演的剧种中既有北京评书、苏州弹词等 15 个来自全国各地的著名曲种，又有山东大鼓、山东琴书、山东快书等山东省特有曲种。在参加演出的演员中，既有刘兰芳、程永玲、金丽生、籍薇、朱丽华、刘士福、魏云彩等曲艺名家和国家级传人，也有闫雯、尹国鹏、牛雪格等近年来活跃于曲艺舞台的明星新秀。曲艺名家的表演炉火纯青，令人回味；曲艺新秀的演出激情十足，功底扎实。

著名评书表演艺术家刘兰芳演出的北京评书《打擂》，声音洪亮，神完气足，干练中透着豪迈。苏州弹词国家级传人金丽生表演的《莺莺操琴》，运腔婉转，说、噱、弹、唱堪称一流。济南市曲艺团闫雯演唱的山东大鼓《大西厢》，曲调高昂，说、唱、道、白兼备，叙事抒情交融，让人充分感受到山东大鼓的艺术魅力。湖南常德非遗保护中心的“鼓王”肖伍表演的说鼓子《传承》，用深情激越的鼓点、婉转流畅的唱腔，敲出了酸甜苦辣、唱出了悲欢离合，那地道的湘音楚韵引来观众阵阵掌声。

主题鲜明，共商大计

本届论坛的主题为“曲艺人才：培养与使用”。论坛上，与会代表围绕主题，畅所欲言，深入探讨如何培养和壮大曲艺队伍，团结并用好曲艺人才，为推动曲艺事业持续健康发展建言献策。

中国文联荣誉委员、中国曲协名誉主席、中国说唱文艺学会名誉会长罗扬说：“曲艺要提高现有队伍的道德素质和业务水平，要培养更多更优秀的后起之秀，要实现文化发展繁荣，如果没有高素质的人才，那一切都是空谈。”

著名山东快书艺术家、曲艺作家赵连甲说：“落实十八大精神，要坚持以人民为主体，曲艺同样不能脱离人民，曲艺是形象思维的艺术，讲究生动活泼，脱离人民、缺乏人们心灵的共通点，就不会有吸引力。”

中国艺术研究院曲艺研究所所长吴文科说：“人才资源是第一资源。任何一个行业，任何一种事业，只要有了大批杰出的人才队伍，才能得以健康地发展和持续地繁荣。对于现有的曲艺人才，更要加以关心和爱护。不仅要在现有条件下合理使用好这些人才，还要在未来的工作实践中大力托举这些人才。”

此次高峰论坛的举办给曲艺文化的保护和曲艺事业的繁荣提供了一个持续强劲的思考交流平台和宣传舆论讲台，让各地的曲艺表演艺术团体通过工作交流和理论探讨，建立横向联合，加强行业协作，共谋发展繁荣。

精心组织，倾力打造

本次活动的承办方山东省艺术研究所，作为山东琴书、山东快书、山东大鼓三个国家级非物质文化遗产的主体保护单位，是全国拥有国家级非遗项目较多的单位之一。多年以来，在山东省文化厅的大力支持下，山东省艺研所以保护传承为基础，充分运用科研平台，非遗工作取得了显著成绩。此次山东省艺研所与各主办单位积极配合，充分发挥本单位优势，积极承办了本次论坛和学术交流展演活动。从与主办方共同确定活动意向、策划主题内容，到具体实施承办活动，短短不到一个月的时间里，无论是所领导还是普通工作人员，都以高度的责任感和使命感全力投入。以精诚团结、无私奉献的精神，用一流的精神状态、一流的工作作风创造了一流的工作效率和一流的工作业绩，为活动的成功举办提供了良好的基础和保障。

本次“中国曲艺团长高峰论坛”暨“全国曲艺类非物质文化遗产保护成果学术交流展演”活动的成功举行，一方面是山东文化艺术界进一步贯彻落实党的十八大精神的实践举措，充分显示了山东的文化担当和对非物质文化遗产保护、传承和研究工作的重视。另一方面，也为山东曲艺界与全国同仁搭建了积极交流的平台，充分展现了山东地域文化的独特魅力，提升了齐鲁文化在全国的影响力。

摘自《中国文化报》2012 年 12 月 28 日

第六届 CCTV 电视相声大赛

【概况】

2012 年 9 月 17 日，由中央电视台主办、中国曲艺家协会协办的“第六届 CCTV 电视相声大赛”决赛在中央电视台综艺频道直播。

CCTV 电视相声大赛（2001 年、2002 年、2006 年、2008 年、2010 年、2012 年）是中央电视台主办的一项传统电视文艺赛事，经过前五届的创新发展，已成为我国相声界两年一度的盛典，是目前国内影响范围最广的相声界聚会。过去五届大赛为相声界发掘了周炜、贾玲、白凯南、陈寒柏、逗笑、逗乐、郭金杰等相声新秀，给相声艺术注入了新鲜的活力，同时也有大批量的富有时代气息的优秀作品问世。本次大赛的主持人为央视李咏、朱军和王冠。

本届大赛的评委有：“小品王”赵本山、冯巩、郭冬临，点评人梁宏达。此外，本次大赛还将视野拓展到教授学者、收藏专家、电视导演等更为广泛的文化领域。

“第六届 CCTV 电视相声大赛”于 2012 年 9 月 23 日落幕。高晓攀、尤宪超凭相声《救，不救?》获得大赛金奖，张攀、刘铨淼凭借相声《忘词》获得非职业组的金奖，曹云金、刘云天夺得首个由观众投票产生的“最受观众喜爱的相声演员”奖。

【观点】 洪水猛兽， 还是灵丹妙药?
——电视相声大赛刍议

◎王　洸

今天所谓“综艺”的概念，在当年闻所未闻，更谈不上明确的定位和发展方向，所以全面奉行“拿来主义”，只要是群众喜闻乐见的形式，并且与电视播出的一般规律不相违背的，统统照单全收。能够直接给人带来欢笑的相声，理所当然被选中，和电视走上了一条共同发展的道路。

对于相声而言，电视既非洪水猛兽，也不是灵丹妙药。它只不过是相声传播推广的若干途径之一；相声的当务之急，是要找到一条不依附他人、专属于自己的生存发展之路，独立自主，做大做强。

众所周知，“青歌赛”的全名是“青年歌手电视大奖赛”。“青京赛”的全名是“青年京剧演员电视大赛”。对于此两种艺术，电视并没有过多参与和插手其间，而是甘心且得体地扮演了传播媒介的角色，兢兢业业，恪尽职责，是以每每都能较为圆满地履行赛事预期的过程，成就应有的结果：为广大观众奉献精品力作，推介新人新秀。“青歌赛”和“青京赛”的评委席中，也从未出现过别种艺术门类、甚至非艺术门类的人士，对其一知半解的专业赛事言不及义地妄加评论。“青歌赛”与“青京赛”的圆满成功，既要感谢从两项赛事创立之初便确立起来的章法，也要感谢历届工作人员对这些章法的认真理解与切实践行。

在刚刚过去的九月里，笔者耐心收看了为期一周的电视相声大赛。作为一名多年喜爱并关注相声的普通观众，心情久久难以平静。这心情，并非应有的欢乐与喜悦，而是莫名的困惑和忧愁。如果我们承认专业和业余之间存在着某种差别，那么这次大赛可以视为业余的主办方，向专业评委们定制的一场持续七天的电视综艺节目，而与相声关联甚微。电视相声大赛，越来越像是一处供晚会主办者展示其掌控能力及娱乐精神的秀场，参赛选手则越来越像是为主办者提供相关服务的工作人员。

仅赛事的名称便很值得商榷，究竟应该是“电视相声大赛”，还是“相声电视大赛”？这决不单纯是排名先后的区别，它体现了赛事主办方对二者关系的认知和厘定标准，说白了，到底赛的是相声，还是电视？

凡是能够给审美主体带来审美愉悦的客观存在物便可称之为艺术。如果我们承认声乐和京剧都是艺术，那么相声同样也是艺术，也有其自身的规律和基本属性。在这个层面上，相声和声乐、京剧，乃至其他任何艺术形式相比，应不分高下，宜等量齐观。

“一个人说的是单口相声，两个人说的是对口相声”，热爱相声的老观众们对这两句开场白一定耳熟能详。可是当大赛的开闭幕式上，全体参赛选手慷慨激昂地集体说唱“吃葡萄不吐葡萄皮”之际，当颁奖典礼上，获得金奖的演员，率领数十人的演出团队载歌载舞地表演不知所谓的“相声诗话”之时……这么多人，并且不是用说的，是哪种相声？除了主办方，还有谁能认同这是一场关于相声的大赛？

同是电视大赛，为什么轮到相声就该尊享如此遭遇呢？要弄清这个问题，还得从相声和电视的渊源说起：

让我们把时间倒回三十年前，相声专业团体遍布全国，创作、演出人才年龄结构合理，正处于改革开放初期的中国，社会生活日新月异，为当时的相声发展创造了前所未有的机遇，提供了取之不尽的新鲜素材，相声艺术家们博观约取，厚积薄发，一批又一批题材内容贴近生活、表现手法幽默精湛、审美情趣积极健康的相声新作佳章层出不穷，成为那一历史时期各种艺术形式中的翘楚，缔造了相声历史上最为辉煌的十年。

摘自《中国艺术报》2012 年 10 月 10 日

【观点】 艺术联姻媒体， 互相要有敬畏

◎王晓娟

第六届 CCTV 相声大赛正在如火如荼地进行，在带给观众无数欢乐的同时，也将对相声的发展繁荣起到推动作用。然而，两位选手在比赛中模仿一段杰克逊舞蹈的表演也引发人们对于“到底什么才是相声”的争论。

CCTV 相声大赛自开办以来始终肩负着多重使命，它既要为相声界发掘、储备优秀人才，也要为年度央视春晚选拔精英和佳作，同时还要让传统相声艺术以电视媒体为依托，通过大众媒体的传播窗口，飞入寻常百姓家。轻松幽默的相声表演不失为枯燥生活的一味清新剂。然而近来，关于电视相声作品内容浅表化、恶俗化和模仿泛滥的批评之声此消彼长，许多表演者为了让作品推陈出新，凭空把相声变异为“模仿秀”、“音乐串烧”或者“口水仗”，传统相声艺术被肆意改造得支离破碎。笔者认为，优秀的相声作品不该是“说学逗唱”的纯粹滑稽表演，也不是嬉笑怒骂的二人逗乐，而是要让诙谐幽默的话语承载一定的社会思想和文化意蕴，让作品在逗笑观众之余，留给观众更多值得咀嚼与品读的深刻余味。

随着纸质艺术和现场表演等传统艺术形式的衰微，电视媒体已经成为当今观众必不可少的生活工具，传统艺术为了实现当代转换与生命延续纷纷放低姿态，主动与电视媒体联姻，于是就有了当今电视荧屏上音乐选秀、曲艺大赛、舞蹈比赛“百家争鸣”的文艺现象。电视这个文艺“青年”与文学、音乐、舞蹈、戏曲等“前辈”比起来，不论是资历还是阅历都显得短浅而不足，但是年轻同时也昭示着力量，新生所以更有朝气。在短短的几十年声光岁月里，电视媒体一路轻歌曼舞，以它直观生动的视听语言优势，在现实或非现实的荧屏世界中创造着影音神话，在技术的日臻成熟中，一路高奏凯歌创下收视奇迹。

相声这一传统艺术借助新的媒介载体得以在当代社会延续传承，我国灿烂而悠久的舞台文化也因此轻松实现了历史性承接。相声艺术的巧妙嫁接不仅将原有的艺术内容进行了生动而直观的试听处理，还大大拓展了传统艺术的受众空间和影响范围，这对于艺术传承与普及大有裨益。然而，这种表层的文艺现象背后其实是商品法则在推波助澜，很少有制作人是怀着对艺术的敬畏之情，真正为传统艺术寻找当代传播途径和时代新型注解，大多数人只是将艺术当做电视节目的装饰品，在市场化的电视圈里暗自淘金。影像狂欢时代，传统艺术的视听觉转向成为一种必然，但是，电视的娱乐泛漫和谄媚收视往往会造成作品人文精神的缺席和思想内涵的丧失，传统艺术在进行媒体嫁接时应当保持一定的艺术操守，不能为赚取金钱和制造噱头失去应有底线，艺术作品应当是超于世俗的高雅之音，切不能为了暂时的利益而贩卖长久信誉。

笔者认为，艺术与媒体的联姻是顺应历史的明智之举，但艺术作品在世俗审美引导下随波逐流将给传统文化造成巨大内伤。艺术嫁接于媒体不一定非要取悦大众，而应当在担负起审美认知和人文教化职责的同时去韬晦大众，丢掉艺术担当意识，艺术品不过是追求纯感官刺激和娱乐至死的视觉狂欢盛宴。

摘自《中国艺术报》2012 年 9 月 24 日

曲艺创新与传承

【观点】 城市化与民族曲艺的命运

◎黄　群

城市化，也有学者称之为城镇化、都市化，是由农业为主的传统乡村社会向以工业和服务业为主的现代城市社会逐渐转变的历史过程，具体包括人口职业的转变、产业结构的转变、土地及地域空间的转变。城市化的程度是衡量一个国家和地区经济、社会、文化、科技水平的重要标志，也是衡量国家和地区社会组织程度和管理水平的重要标志。

当前，中国大陆正在快速推进城市化进程，城市化水平已达47.5%，接近世界平均水平，但与此同时，以民族传统曲艺为代表的民间艺术却正面临生存的危机。在城市化到来之前，曲艺，是在一定的乡土范围内生成并且传衍的，正如大家通常所说的那样，它属于“乡土艺术”，而工业文明推动下的快速城市化，却使得传统曲艺赖以生存的空间和环境发生了巨大的变化。社会发展之快，时代变革之迅猛是人们始料不及的，世界文化、异国思潮冲击着人们的视野，震荡着人们的思维，大众化和商业化成为艺术发展的主要驱动，但是，曲艺还没有像电影、电视、音乐等艺术样式那样完全适应工业化社会的艺术传播方式，其在现代社会驻留和发展的行为态势相对来说节奏缓慢。20 世纪 90 年代中国的社会经济向市场化的转型，使我们看到了一个更加多姿多彩、多元化的社会，传媒高度发达，娱乐极其丰富，使人们的思想观念、生活方式和欣赏习惯发生了根本性的转变，对娱乐方式的需求也大不同前，许多新兴的娱乐项目占据了人们的生活。曲艺过去曾经具有的娱乐功能、教化功能逐渐被边缘化，在许多新兴文化面前，曲艺只能作为人们多种选择中的一种，而且新生事物有很多优越性，在许多新生事物的挤压下，曲艺被冷落的局面不可避免。

城市化和现代化正创造着一种全新的文化，它给人们带来的是更加文明、更加活跃的生活。但在文化演进的序列中，民族的并不意味着就是保守的，传统的并不意味着就是落后的。我们要处理好传统与现代的关系，对现代要顺从、适应，对传统尤其是精华必须传承、坚守。正确认识城市化对民族传统曲艺所带来的影响，并采取必要的措施予以解决，有着重要的意义。

曲艺形式实际上是一种小众艺术，难以离开生养它的那一方水土和百姓，作品的字里行间所传达的内容，需要具备类似知识背景、文化背景、语言背景的观众来更加深刻的体会和理解。

方言：地方曲艺如何打破传播隔阂

借用“一方水土养一方人”这句谚语的表达方式，我们也可以说：“一方水土养育一方艺术”。作为民族传统艺术门类之一的曲艺，大多借助方言乡音进行演绎，恰恰由于各地方言在语音上的差别，才产生了风格各异、丰富多彩的不同曲种。例如，评书评话类曲种就有北京评书、湖北评书、福州评话、扬州评话等；快书快板类曲种也有快板书、山东快书、陕北快板、天津快板等。尤其是鼓曲唱曲类的诸多曲种，语言对音乐更是起着主导作用，唱腔的旋律是以字的四声变化为基础的，也正因为此，用不同方言演唱的曲种也就生发出不同旋律的唱腔，各自都充满着浓郁的地方特色。

方言造就了地方曲艺的特色，但同时，也在某种程度上筑起了一道阻碍地方曲艺对外传播的樊篱。从传播学的角度讲，传播是在一定的社会互动中进行的，人与人之间是通过传递象征符和意义而相互作用和相互影响的过程，而意义交换有个前提，即交换的双方必须要有共通的意义空间，共通的意义空间有两层含义，一是对传播中所使用的语言、文字等符号含义的理解；二是大体一致或接近的生活经验和文化背景。如果没有共通的意义空间，就会造成传播过程的偏差，误解，从而产生传播隔阂，造成人与人之间传播的阻碍。方言传播具有一定的地域性，某种意义上，曲艺形式实际上是一种小众艺术，难以离开生养它的那一方水土和百姓，曲艺作品的字里行间所传达的内容，需要具备类似知识背景、文化背景、语言背景的观众来更加深刻的体会和理解，地方曲艺一旦走出自己所属的方言文化区，就可能难以博得外地观众的喝彩，观众听不懂，看不懂，谈何欣赏？江苏省苏州评弹团为了打破方言隔阂，方便北方观众理解，扩大苏州评弹市场，曾经尝试用普通话进行表演，但这却失去了评弹最重要的语言语音特色，也在社会上引起了不小的争议。另外，从历史演变轨迹来看，曲艺保住小众市场的意识非常强，不愿意通过大众传媒刊登和播送作品或转播演出，甚至不太愿意出版演出文本等。曲艺要对外发展，如何突破语言传播的阻碍，值得我们思考。

传播媒介：何以在四面楚歌中突围

历史上，传统曲艺的演出场所以茶肆酒楼方式为主，直接面对观众，传播效果相对有限。随着广播电台的兴起，曲艺的艺术传播有了巨大的发展。20 世纪后半叶，电视荧屏来势汹汹，借助音画结合的技术传输手段，使得曲艺的传播拥有了更为丰富的信息含量。进入 21 世纪，互联网逐渐崛起、成熟与普及，其超时空、远距离、大容量、快节奏的传播特点和即时性、个体性、随意性的欣赏便利，更给曲艺的传播带来了巨大的机遇。

然而，以电视和互联网为代表的强势媒体的发展，给曲艺的传播也带来了极大的挑战，尤其随着现代科技的飞速发展，新生的艺术形式层出不穷，极大地挤压着民族传统曲艺的生存空间。传统曲艺在现代社会所具有的传承和传播手段面前表现出来的不相适应和排斥意识，更使其在新时代的生存与发展处于尴尬和被动的境地。首先，市场化进程中的媒体受“受众即市场”传播理念的影响深远。以电视为例，在“唯收视率论”的指引下，节目日趋丰富，不断扩版、改版，有些频道每三个月就要对所设栏目依收视率进行调整，收视率较低的就撤改，如此一来，时尚的、潮流化的、新兴的节目被看好，而包括曲艺在内的一些反应稍慢的传统民间艺术逐渐被边缘化甚至到了被淘汰的境地。其次，新媒体的传播速度较之传统媒体成几何级数增长，使得曲艺作品的生命周期和传播时效大大缩短，这就对作品的创作提出了更加严格的要求。第三，一些媒体版权意识的淡薄，相关法律法规的不完善以及曲艺从业者和曲艺作品使用者版权意识的不强，使得曲艺作品版权著作权被侵害现象屡有发生，极大地伤害了曲艺从业者的个人利益和创作积极性。第四，一些曲艺创演者面对新的传播方式，常常表现出浮躁不安和无所适从，在疲于奔命和粗制滥造中，逐渐消解着自己的价值。各类媒体从业人员在开展曲艺传播工作时，也普遍存在着知识结构上对传统艺术的特征不够了解的弊病，因而出现了为适应媒体播出而对曲艺节目从题材结构到表演方式进行“削足适履”的简单对待状况。

出路：原汁性保护，重乡音、乡情

以上这些都是阻碍民族传统曲艺发展的深层原因，这是曲艺发展不可回避的问题，也是与其他传统艺术发展有着共通性的问题。曲艺从业者要正视这些问题，分析这些问题，并且提出解决问题的思路和方法。全球化时代，曲艺艺术如何能走进现代人的精神文化生活，在异彩纷呈的众多艺术形式中重新占有自己的一席之地，站稳自己脚跟呢？

笔者认为，在城市化大潮中，我们要格外重视对曲艺的“乡音、乡情”特性的认知。曲艺要坚持背靠乡土、乡景，面对乡亲、乡里，演出乡音、乡情。曲艺作为中华民族传统文化的重要组成部分，在民族的土壤中扎下了牢固的根基，曲艺以其独有的民族性、大众性、通俗性和经典性，在不断满足人民群众的精神文化需求方面发挥着重要而独特的作用。每个地方的曲种有每个地方的特色，地方曲艺应该立足本土，抓住各种展现机会，努力寻找打造自己的艺术名片。“中国曲艺之乡”命名创建工作经过多年的不懈努力和艰苦探索，在这方面积累了一些成功做法和有益经验。“中国曲艺之乡”的建设目的是让曲艺扎根于群众之中，保存下去，让一方百姓认识到自己是创造说唱艺术的主人，为生我养我的土地孕育出来的伟大艺术引以为豪。广东省目前有 11 个“中国曲艺之乡”，除了专业演唱外，全省以演唱粤曲为主的业余活动空前活跃，“广东粤曲无淡季，万家灯火万家弦”，成为全国曲艺“票房”活动的一个范例；浙江省绍兴县、湖南省祁东县成为“中国曲艺之乡”，因为它们分别拥有的主要地方曲种绍兴莲花落和祁东渔鼓，经过改革创新，蒸蒸日上，赢得了本地广大听众，并为全国各地振兴唱曲艺术提供了有益的经验。

非物质文化遗产是各族人民世代相承、与群众生活密切相关的各种传统文化表现形式和文化空间，非物质文化遗产既是历史发展的见证，又是珍贵的、具有重要价值的文化资源。联合国教科文组织为应对全球经济一体化和社会发展现代化而倡导发起的旨在保护文化多样性的非物质文化遗产保护工作，得到了中国政府的积极响应，这为包括曲艺在内的传统艺术文化的全面保护和科学传承，创造了条件，带来了生机。

保护与发展是当今曲艺事业的主题，保护是为了发展，发展也是为了保护，曲艺的传承保护是关系文化安全的重大问题，“原汁性”的存录是其基础和根本，保护一个曲种就要保持曲种质的规定性，曲艺需要不断回归自然，寻找艺术的真谛。在曲艺作为非物质文化遗产保护的过程中，法律保护、专家保护、传承人保护、博物馆保护、教育保护是其主要形式，但我们也要注意，保护不只是把曲艺放进博物馆，我们要在文化生活中继续发挥曲艺的作用，使得古老的曲目有人演出，使得活跃的曲种有人学习，使得生活需要的新节目有人创作，从而使曲艺的非物质文化遗产保护与经济、社会、文化建设相互结合，相互促进。

摘自《中国艺术报》2012 年 2 月 15 日

【观点】 中国曲艺遗产最为丰富　曲艺申遗应该受到重视

◎吴文科

曲艺是以口头语言“说唱”叙述的表演艺术。世界各国的各个民族，大都拥有自己的曲艺形式。从西方古希腊著名的“荷马史诗”即《伊利亚特》和《奥德赛》的“行吟”唱叙，到东方至今依然魅力非凡的印度史诗《罗摩衍那》之用“罗摩里拉—罗摩衍那传统表演”的深刻传衍；从非洲大陆如埃及的“黑拉里亚史诗吟唱”，到横跨欧亚两洲的土耳其的“麦达赫说书艺术”；再到亚洲如日本漫才、落语、新内、浪曲、净琉璃以及菲律宾“达兰根”史诗唱叙等等的普遍流行，都无可置疑地说明，曲艺是一门世界性的表演艺术。但以我们中国的曲艺遗产最为丰富，品类最为繁多，传统也最为深厚。

中国曲艺不仅具有自身作为表演艺术的“本体”价值，而且有孕育催生其他艺术样式的“母体”价值。从宋元曲艺“诸宫调”对元杂剧形成的重大影响，到元明“说书”对章回体长篇白话小说及其《三国演义》、《水浒传》和《西游记》等名著的直接孕育，再到近世评剧脱胎于莲花落、越剧脱胎于嵊州落地唱书、吉剧脱胎于二人转等等大量事实，无不清楚地表明，曲艺既是戏曲之母，也是文学之母。

中华文化几千年的延续，与口头创作、口述表演、口耳相传的曲艺之承载传扬密切相关。诗歌的吟诵、词曲的唱叙、小说的讲述，与曲艺表演的“说唱”传统一脉相承自不必说；包括号称“中国三大英雄史诗”的藏族《格萨尔》、蒙古族《江格尔》和柯尔克孜族《玛纳斯》的形成与传承，无不与相应的曲艺“说唱”形式即藏族岭仲、蒙古族陶力和柯尔克孜达斯坦等曲艺品种的形成及传扬互为表里。

中国曲艺的重要文化价值，也体现在自身形态的博大精深和遗产资源的丰富多彩上。据“国家社科重大项目暨艺术科研重点项目”《中国曲艺志》的研究统计，我国古今曲艺的品种数量，约在 1000 个左右；至今存活着的，至少也在 500 个以上。这些曲艺品种按其审美特点和表现功能，分为“说书”、“唱曲”和“谐谑”三个大类。其中的“说书”又包括了诸如苏州评话、扬州评话、北京评书和四川评书等“大书”，苏州弹词、陕北道情、湖北渔鼓、山东琴书等“小书”，和山东快书、岭仲、维吾尔达斯坦、快板书等“快书”三个小类；“唱曲”包括了诸如京韵大鼓、梅花大鼓等“鼓曲”，单弦牌子曲、大调曲子等“牌子曲”，和二人转、四川清音等“杂曲”三个小类；“谐谑”包括了相声、上海独脚戏和笑嗑亚热等“相声”，四川谐剧、陕西独脚戏等“谐戏”和数来宝、陕西快板等“快板”三个小类。

可谓品类繁多，体系庞大。中国曲艺不仅在本国文艺乃至文化史上占据着重要地位，而且在人类文化发展史上，具有特殊的魅力与价值。

然而，中国曲艺的这种独特历史价值与重要文化地位，并未在申报“人类非物质文化遗产代表作”的工作中，得到应有的重视和相应的体现。迄今全部四批“人类非物质文化遗产代表作”及“急需保护的濒危项目”中，中国的曲艺项目连一个也没有被正面申报和进入！从而未能在这一国际文化的观照体系中彰显其所具有的特殊价值，这不能不说是一个很大的遗憾！

摘自《光明日报》2012年3月22日

【观点】曲艺创作人才为何如此稀缺

◎杨　迪

创作人才匮乏，一直是让曲艺界人士忧心的问题。今年两会期间，全国政协委员、著名相声演员姜昆又提到要加强对曲艺人才，特别是创作人才的培养。针对这个问题，记者进行了一番调查。

据不完全统计，至今活在中国民间的各族曲艺曲种约有400个。而记者了解的情况是，国内针对曲艺教育的专业院校极少。目前，国内的曲艺专业院校仅有两所：位于天津的原中国北方曲艺学校，以及南方的苏州评弹学校。

院校少、专业少

据了解，中国北方曲艺学校是1986年设立的以培养曲艺演员和作者为目标的综合性曲艺中等专业艺术学校，现已并入天津艺术职业学院，成为一所高职学院。

天津艺术职业学院曲艺系主任石俊平称，艺术职业学院目前已经不设创作专业，原因是学历太低，没有人报名。

天津艺术职业学院院长张海涛对记者说：“头几年还有这种专业，现在已经没有了。曾经设立过曲艺文学创作专业，这个专业需要的技巧性很强，曲艺作者可以专门去学，但是创作这个东西是要自己去领悟的，很难做到专门的培养，曲艺作者可以靠自己的领悟慢慢成长。我们也曾经开设过曲艺表演和创作专业，为了表演人才表演时能具有适应性，针对表演人才开设创作相关课程，但是分量不重。而且我们学校是高职院校，国家在文学性方面对高职院校有一定的限制。虽然有想法，但近几年我们已没有相关课程了。”

苏州评弹学校校办的一位老师也向记者透露，苏州评弹学校主要是培养表演人才的，暂时没有专门培养创作类人才，也没有培养创作人才的计划。评弹艺术的创作类人才一般都是各剧团培养的。

相声是曲艺艺术中广为人知并广受喜爱的一门曲艺形式。为了培养高层次相声创作和表演人才，姜昆、冯巩等曲艺界领军人物曾联合中央戏剧学院、北京电影学院等院校开设了相声班。记者分别联系了这两所知名艺术类院校，据北京电影学院宣传部和中央戏剧学院党委宣传部介绍，学校现在已没有任何曲艺创作相关专业和培训班，中戏2001年开办的成人相声大专班在多年前就结束了。

创作人才培养难度大

创作人才需要很多基础专业知识，要成为能编能写的人才非一朝一夕之事。因为缺乏对曲艺专业的了解，缺乏相关知识，很多有天赋有兴趣的学生因为没有足够的条件、没接受过相关教育，过早地放弃这条路，甚至下不了决心走上这条路。

中国艺术研究院曲艺研究所所长、中国曲艺家协会副主席吴文科听到记者说创作人才少时，不禁苦笑道：“曲艺界何止是创作人才少啊……不过确实创作人才比起表演人才情况更明显，问题更大。”

针对培养创作人才需要的过程、培养过程中出现的困难，吴文科表示，曲艺创作人才尤其是剧本创作和音乐设计人才的培养，其实与其他文艺门类创作人才的培养一样，具有共同的规律，需要专业的培养。只是，曲艺创作人才的培养，需要结合曲艺行业自身的特点，包括熟悉各自曲种的表演形式与审美特点。这就需要系统学习相关的曲艺知识包括历史与理论，进行必要的创作训练和实践。遗憾的是，当今的创作人员，大多是属个人爱好或工作需要转向而来，较少接受全面系统的专业培训，无法熟练掌握厚实的创作基本功。再加上当今艺术文化生态的恶化，较难涌现出大量杰出的创作人才与相应的杰作。

造成难见创作人才的原因是复杂的。吴文科总结出以下几个方面的原因：

一是曲艺创作专门人才的培养和孵化缺乏相应的教育机制——全国仅有的两所曲艺专科学校即中国北方曲艺学校和苏州评弹学校的教育架构，无法满足数百个曲艺品种专业创作人才的培养需要；二是行业伦理紊乱——重表演、轻创作的偏颇观念，以及同工不同酬的行业分配机制，导致曲本创作乏人问津。换言之，在名演员演出一场动辄收入数万元，而写一个曲本稿费极其微薄的情况下，即使有人可以创作，也会迫于生计或心理不平衡而转向去写电视剧本等等。包括演出节目单上和主持人报幕的时候，也很少提及曲本作者的现象，也极大地损害着创作人员的职业尊严与创作积极性，很难吸引人们去从事曲艺创作；三是社会上一些人对于曲艺的无知和成见，束缚了包括曲艺创作人才在内的从业人员积极性。比如，前些年北京电影学院表演系招收和培养相声表演专业的本科生，消息一出，许多媒体和公众，不是对曲艺包括相声演员为何要由电影学院培养存疑；反而质问：说相声也要上大学吗？而在一个十分注重文凭的时代，国家没有开办曲艺本科教育的遗憾，使得没有谁会让自家的孩子去干一个连走向社会的基本通行证也拿不到的行业。

破解人才匮乏尚需政府扶持

随着外来文化的繁荣发展以及各种文化科技的普遍运用，曲艺等中国传统艺术却进入了一个不受重视、无传承之人的尴尬境地。如何能重振传统艺术的“雄风”？多多“吸收”后来人已不是一个新的课题，但这个课题却迟迟未被解决。

吴文科称，在当今社会，要从根本上解决曲艺创作人才匮乏的问题，首先需要国家有关部门尤其是高等教育的管理部门，从顶层设计的改革入手，给曲艺等传统艺术的现代人才培养以平等的途径和出路即相应的政策通道，让曲艺等传统艺术享受平等的人才孵化待遇。否则，在传统的曲艺传承机制包括人才孵化方式已然式微的情况下，要想培养大批优秀的曲艺创作人才，根本是不可能的。

吴文科对现今曲艺界面临的困境很是感慨，他说：“社会上包括文艺界的许多人，实际上是从心里不重视乃至轻视曲艺及其创作的。殊不知，连大作家老舍和王蒙，也都承认相声等曲艺的曲本很不好写，技巧较难掌握，需要特殊的训练和特别的天赋。这说明曲艺及其创作自有着自身的特殊要求与规律，即便时髦如电影学院，也很难培养合格的曲艺人才。因此，谁如果还喜欢曲艺，起码不能再存有类似的偏见。否则，还想要听到满意的相声等等，对不起，那只能是痴心妄想。”

摘自《中国文化报》2012 年 3 月 20 日

作品

【曲艺剧《啊，彩票》】

2012年3月5日，曲艺剧《啊，彩票》在长沙亮相。《啊，彩票》以购买彩票为主线，描述一群长沙市民购买彩票、中奖的日常生活。刻画了一群彩民的人生百态，勾勒出一幅带有浓厚的生活气息的市井画卷。《啊，彩票》剧融合了长沙快板、弹词、大鼓、评书、三句半等十余种各具特色的曲艺形式，将十余种曲艺门类捆绑在一起同时在一台舞台剧中呈现。

【相声剧《我的牛郎，我的牛》】

2012年4月27日，由深圳宝安区实验曲艺团推出的相声剧《我的牛郎，我的牛》在深圳市群众艺术馆的周末剧场上演。

该剧创作于深圳特区成立三十周年之际，由宝安区群众文化馆、宝安实验曲艺团、宝安概念芭蕾舞团联合打造。《我的牛郎，我的牛》以“牛郎织女”这个家喻户晓的神话故事为背景，采用虚实结合的叙述手法，运用大量的网络流行语，通过诙谐、幽默、调侃的方式揭露和讽刺不良社会现象。

深圳宝安实验曲艺团是深圳市乃至广东省唯一一支以北方曲艺形式为主并坚持创作演出的民间艺术团体。

【评书《红顶清风》】

2012年5月11日，评书表演艺术家刘兰芳演出的新编历史评书《红顶清风》在中央人民广播电台“文艺之声”播放。

《红顶清风》全面真实地再现了清代享誉山东乃至全国的一方望族“无棣吴氏”的历史面貌。这个家族自顺治至宣统260年经久不衰，被誉为“进士世家”、“尚书门第”。为了记录和宣传这段珍贵的家族史，山东无棣县委、县政府组织团队编辑出版了《吴式芬家族故事集》，共有40万字、108篇。创作团队在随后的一年多时间中三易其稿，完成了78回、45万字的新编长篇历史评书《红顶清风》。

【听书看戏品国粹专场演出】

2012年5月9至10日，由中国文学艺术界联合会、中国曲艺家协会、中央人民广播电台共同主办，央广都市（北京）文化传媒有限公司承办的“听书看戏品国粹专场演出”在北京梅兰芳大剧院举行。

此次“听书看戏品国粹之赤壁之战”演出分上下两场，第一场内容包括“群英会、蒋干盗书、对火字、草船借箭、打黄盖”，第二场有“横槊赋诗、借东风、壮别、华容道”。评书部分由评书表演艺术家连丽如担纲，京剧部分由梨园名家尚长荣、叶少兰、杨赤、陈少云、朱强、李阳鸣主演。

【北京曲艺团《牡丹争春》演唱会】

2012年6月16日，庆祝北京曲艺团成立六十周年系列展演《牡丹争春》——北京曲艺团牡丹奖获奖者演唱会在广德楼戏园上演。

“中国曲艺牡丹奖”是由中国文联和中国曲艺家协会共同举办的全国性曲艺艺术专业奖项，是曲艺界的最高奖。自2000年起每两年举办一次评奖活动，中国曲艺牡丹奖的设立，对曲艺创作和曲艺表演水平的不断提高，倡导广大曲艺工作者树立精品意识，促进曲艺艺术的全面发展起到积极的推动作用。

本次演出集合单弦、京韵大鼓、梅花大鼓、河南坠子、铁片大鼓等多种表演形式。

【青年曲艺演员专场晚会《鼓舞青春》】

2012 年 7 月 14 日，《鼓舞青春》——青年曲艺演员专场晚会在北京广德楼戏园上演。晚会上，骆派京韵大鼓《伯牙摔琴》、梅花大鼓《二泉映月》等节目，展现了青年曲艺演员的风采。北京歌舞剧院有限责任公司新签约明星演员何云伟、李菁的攒底相声《竹声雅韵》首次在剧场亮相。

纪事

展演·评比

【2012 中国相声红星大汇演】

2012 年 1 月 6 日至 10 日，以崔凯为团长的中国曲协艺术团一行 13 人赴新加坡，参加新加坡直落布兰雅民众俱乐部、拉丁马士民众俱乐部联合举办的“2012 中国相声红星大汇演”活动。

【2012 年中国·宝丰马街书会】

2012 年 2 月 3 日至 4 日，由中国曲协、河南省文联、平顶山市委市政府主办，河南省曲协、平顶山市委宣传部、宝丰县委县政府承办的“2012 年中国·宝丰马街书会”，在被誉为“中国曲艺之乡”和“中国魔术之乡”的河南省宝丰县举办。今年的马街书会共包括马街书会书画联展、马街书会全国曲艺邀请赛、马街书会座谈会、河南省青少年优秀曲艺节目展演、马街书会全国曲艺邀请赛颁奖晚会、马街书会摄影作品征集活动、写书送书下乡活动、廉政文化宣传活动等。

马街书会 1996 年被列为“中国十大民俗”之一，2006 年被国务院公布为第一批国家级非物质文化遗产。今年的马街书会吸引了近 20 万名群众前来观演，来自全国 10 多个省市的 1600 余名艺人参会，说书大棚达 300 多棚，涉及曲种 30 多项。

【马街上巳节曲艺展演】

2012 年 3 月 24 日，来自山东、安徽、湖北等省份和河南省的开封、洛阳、许昌、新乡等地市的 300 多位说书艺人在河南宝丰县马街村展演曲艺节目。马街说书研究会会长张满堂说，第 8 届上巳年会主要活动有祭拜“三皇”圣祖大典、拜师收徒、展演曲艺节目、交流书艺及曲艺理论探讨等。举办上巳年会旨在提升艺人信心、促进马街书会发展、弘扬民族文化。

【《开心不开心》 暨周志华从艺 50 周年曲艺专场演出】

2012 年 4 月 9 日，“《开心不开心》暨周志华从艺 50 周年曲艺专场演出”在浙江杭州剧院上演。作为我国首届非物质文化遗产（杭州小热昏）的代表性传承人、国家一级演员，从艺整整 50 年的周志华为观众献上了一台完美有趣的演出。周志华出生于 1945 年，是土生土长的杭州人，1961 年即加入杭州曲艺团从事曲艺表演。在五十余载的艺术生涯中，周志华的创作、表演成果颇丰，曾创作滑稽戏《爆炸滑稽音乐会》在全国巡演 3000 多场，获中国人口文化奖、杭州市政府文艺奖。他创作的滑稽戏、杭州小热昏、莲花落、小品均获得良好的反响。

【全国鼓曲艺术交流展演】

2012 年 4 月 22 日，中国曲艺家协会北方鼓曲艺术委员会、山东省曲艺家协会、济南市文广新局共同主办，济南市曲艺团、济南明湖居演艺有限公司、济南市曲艺家协会承办的全国鼓曲艺术交流座谈会暨“古曲新韵百姓情——全国鼓曲艺术交流展演”在济南明湖居举办。

【传统相声文化进校园】

2012年4月23日，由西安市曲艺家协会主办，西安珍友社承办的“传统相声文化进校园”活动，在西安建筑科技大学拉开启动帷幕。身穿长衫的相声演员与高校大学生同台表演，展现说学逗唱绝活，让相声这门传统艺术焕发出新的活力。在首场演出现场，登台的不仅有珍友社一批专业相声演员，也出现了不少西安建大学生相声爱好者的身影，演出了快板《武松赶会》，相声《学外语》、《打灯谜》、《说学逗唱》等传统名段。

【全国“道德模范故事汇”基层巡演】

2012年4月25日，由中央文明办、中国文联和中国曲协主办，国务院国资委协办，神华集团有限公司承办，全国“道德模范故事汇”基层巡演启动仪式暨首场演出在北京剧院举行。演出从三届全国道德模范中选取典型人物，创作成故事、说唱、二人转等曲艺节目。

【非遗薪传·浙江省传统曲艺展演】

2012年5月，由浙江省文化厅主办，省非物质文化遗产保护中心、义乌市文广新局承办的“非遗薪传·浙江省传统曲艺展演”在义乌举办。此次展演分3场共18个节目，几乎囊括了浙江省列入国家级非遗保护名录的曲艺项目，如杭州摊簧、四明南词、绍兴平湖调、温州鼓词、唱新闻、金华道情、绍兴莲花落、湖州三跳、宁波走书等。

此次展演活动还进行了评奖，叶英盛、郑关富、王玉英等6人被浙江省文化厅授予“浙江传统曲艺保护传承特别贡献奖”，杭州摊簧《白蛇传·遥望西湖》等一批曲艺节目获特别展演奖。

【第15届“津门曲荟”】

2012年5月29日，由中国文联、中国曲协、中共天津市委宣传部、天津市文联、天津市文广局、今晚报社和天津广播电视台共同主办，天津市曲协、天津市曲艺团、今晚报社文艺部、文艺频道《鱼龙百戏》和天津文艺广播《曲苑大观》等承办的第七届中国曲艺牡丹奖全国曲艺大赛（天津赛区）暨第15届“津门曲荟”在天津开幕。大赛期间，举办了“锵锵鼓韵传世情”骆派京韵大鼓专场暨第15届“津门曲荟”开幕式、纪念阎秋霞先生诞辰85周年京韵大鼓专场演出、纪念张昆吾曲艺作品专场演出、天津市曲艺新秀专场演出和“永远的金嗓鼓王——纪念骆玉笙先生逝世十周年理论研讨会”、“纪念张昆吾先生逝世一周年暨作品研讨会”、“纪念阎秋霞先生诞辰八十五周年艺术研讨会”等多项艺术和学术活动。

【第7届江苏省曲艺节】

2012年6月6日，由江苏省文化厅、常熟市人民政府主办的第7届江苏省曲艺节在“江南第一书码头”常熟拉开帷幕。本届曲艺节为期5天，共有58个作品申报参赛，最终有43个作品100多名演员入选。参加本届曲艺节的曲目除了苏州评话、苏州弹词外，还有徐州琴书、扬州评话、常州评话、苏北大鼓、相声、常州小热昏等，是曲艺门类最全的一次。参赛作品除传统书目外，还有许多新创作书目，所有节目分 8 场演出，最终评选出节目奖、创作奖、表演奖和组织奖四大类奖项。常熟市评弹团有 6 个作品、10 名演员入围本届曲艺节，这些作品都为新创和改编节目。

【第 2 届巴黎中国曲艺节】

2012 年 6 月 16 日至 21 日，以董耀鹏为团长、姜昆为艺术顾问的中国曲协艺术团一行 39 人，参加了由中国曲协、巴黎中国文化中心、法国华商会、法国《欧洲时报》共同主办的第 2 届巴黎中国曲艺节。本届曲艺节由 3 名法国汉学家担任评委，评选出本届曲艺节“卢浮”金奖 1 个、“卢浮”银奖 3 个、“卢浮”铜奖 4 个。期间，艺术团在巴黎中国文化中心进行了“中国曲艺”主题演讲，还在驻法领事部为华侨侨领及其子女、旅法的台胞、藏胞和留学生们献上了一场中国传统艺术盛宴，并就今后 5 年巴黎中国曲艺节的文化交流活动达成了框架协议。

【青春国粹联盟曲艺专场启动仪式】

2012 年 8 月 18 日，“青春国粹联盟曲艺专场”启动仪式暨鼓曲名家演出在北京前门老舍茶馆举行。本次活动由北京文联、北京国粹艺术传承促进会、北京老舍茶馆主办。活动当天，双方领导签署合作协议，拉开了“老舍茶馆曲艺专场演出”的帷幕。“青春国粹联盟”是主办方北京国粹艺术传承促进会旗下的品牌项目，致力于为传统艺术的青年人才搭建平台，传承国粹，进而吸引更多年轻人关注和喜爱民族艺术。

【第 5 届中部六省曲艺大赛】

8 月 16 日开始，来自晋豫皖赣鄂湘六省 150 名演员带来的 17 个曲种、34 个曲艺节目参加大赛。至 18 日，共进行了三场比赛。在本次大赛评选出的 13 个一等奖节目中，长治有 6 个，分别是：由山西省曲协选送的沁州三弦书《柳树湾的婚事》、长治市委宣传部选送的潞安大鼓《生命誓言》、长子鼓书《小两口回娘家》、潞安大鼓《哦，砂锅》、潞安鼓书《好婆婆黄代小》、襄垣鼓书《还钱》。另外，武乡琴书《李改花送子参军》获二等奖。

2012 年 8 月 18 日，第 5 届中国中部六省曲艺大赛（长治）于晚在长治潞州剧院举行颁奖晚会，13 个节目获得大赛一等奖，21 个作品获二等奖。中国广播艺术团国家一级演员戴志诚担任晚会主持。曲艺表演艺术家师胜杰、邹德江、高洪胜及著名歌唱家霍勇等艺术家登台献艺。

【第 7 届中国曲艺牡丹奖】

2012 年 9 月 15 日，第 7 届中国曲艺牡丹奖颁奖晚会在江苏省南京市举行。本届牡丹奖共收到符合参评资格的报送节目 276 个，经初评委员会评选，165 个节目进入分赛区比赛，涉及表演奖参评演员 78 人、文学奖参评作品 50 篇、新人奖参评演员 56 人、节目奖参评曲目 58 个。5 月 14 日至 7 月 1 日，经过杭州、天津、东莞、合肥 4 个分赛区比赛，最终 27 个节目、38 名演员、21 篇作品和 32 名新人获得提名，他们与各地报送理论奖的 25 篇（部）曲艺论文论著、报送终身成就奖的 23 位老曲艺家共同进入终评。

第 7 届中国曲艺牡丹奖评选出节目奖 5 个、表演奖 12 个、文学奖 7 个、新人奖 8 个、理论奖 5 个、终身成就奖 6 个、特别奖 4 个。中篇扬州弹词《盛世红伶》、小品《红色珍宝》、四川扬琴《情怀》、小品《御史拜寿》、小品《莎莎，我爱你》获节目奖；王大海、李连伟、季静娟、方剑林、杨鲁平、顾竹君、任平、李白燕、刘颖、潘家富、薛维萍、贾玲获表演奖；周玉峰编述、张戬炜整理的长篇常州评话《常州白泰官》、陈小平创作的西河大鼓《退奖牌》、焦随东、焦蕴创作的大调曲子《留守娃》、杨子春、史琳创作的对口单弦《血宴》、徐惠新创作的新编短篇苏州弹词《梁祝·梳妆》，王立海创作的群口快板《好人的故事》，文华、兰建堂创作的南阳鼓儿哼《朱主任赶猪》获文学奖；新人奖由李响、李想、曹云金、王丹丹、陶莺芸、李然、高晓攀、逗乐获得；于林青的《曲艺音乐写作探要》、张爽的《宁夏曲艺简史》、朱栋霖的《经典〈雷雨〉：从话剧到苏州评弹》、孙立生的《曲艺艺术 ABC》、李广宇、张凌怡的《乱里世界、静里春秋——河南坠子艺术流变与传承》获理论奖；终身成就奖由马增蕙、田连元、吴宗锡、单田芳、金声伯、常宝霆获得；小品《村官李仁义》、琵琶弹唱《九天九夜》获节目特别奖；范林元创作的中篇苏州弹词《陈云的故事——凌云出岫》、李国文创作的长篇快板书《神虎将星赵尚志》获文学特别奖。

【洛阳市第 5 届河洛大鼓曲艺节】

2012 年 10 月 17 日，洛阳市第五届河洛大鼓曲艺节在嵩县开幕。曲艺节至 23 日晚闭幕，其间每晚都有河洛大鼓艺人专场演出，共 8 场。

【“中华颂·天鹅湖杯”第 4 届全国小戏、小品、曲艺大展——曲艺专场】

2012 年 12 月 1 日，“中华颂·天鹅湖杯”第 4 届全国小戏、小品、曲艺大展——曲艺专场在阜宁文化中心上演。

本次大展由文化部艺术服务中心、中国戏剧家协会艺术发展中心、盐城市文化广电新闻出版局、中共阜宁县委员会、阜宁县人民政府主办，中共阜宁县委宣传部、县文广新局、北京世纪文华文化传媒有限公司承办，盐城二建集团协办。参加本次大展的 31 个精品节目，涉及 17 个省代表队，其中小戏小品类节目 19 个，曲艺类节目 12 个，整个大展共分四场展演。其中小戏小品分三场，时间分别为 11 月 29 日下午、30 日下午和 30 日晚；曲艺展演时间为 12 月 1 日下午。

【第 2 届海峡两岸欢乐汇】

2012 年 12 月 9 日至 15 日，由中国文联、中国曲协、福建省文联共同主办，福建省曲协与台北曲艺团承办，桃园县政府文化局协办的第 2 届海峡两岸欢乐汇暨曲艺理论研讨会在台湾举办。中国曲协主席、中国文学艺术基金会副理事长兼秘书长姜昆，福建省委宣传部副部长、省文明办主任马照南，中国曲协分党组副书记刁惠香带队，率领戴志诚、李伟建、武宾、福建省曲协秘书长陈晓萍以及福建省的曲艺演员和台北曲艺团的演员一道，向宝岛人民奉献了三场精彩的演出。

【山东省传统曲艺传承成果展演暨山东省第 7 届小品曲艺大赛】

2012 年 12 月 22 日，由山东省文化厅、滨州市人民政府主办，滨州市文化广电新闻出版局、滨州市群众艺术馆承办的扶持 1000 位非遗传承人、民间艺人收徒传艺系列活动之一山东省传统曲艺传承成果展演暨第 7 届小品曲艺大赛颁奖晚会在滨州市举行。

山东省第七届小品曲艺大赛历时近3个多月共收到上报作品71件，其中小品20件，曲艺作品51件，大赛参赛作品的质量和表演水平都超过了往届。经大赛评委会评审，评出一等奖7个，二等奖12个，三等奖16个，优秀奖22个，展演奖9个。优秀组织奖14个。由滨州市推荐的东路大鼓《双龙跪臣》获一等奖。

【第4届福建省曲艺节】

2012年12月25至26日，第4届福建省曲艺节闭幕式暨第五届福建艺术节优秀曲艺节目汇报演出在龙岩举行。福建省是全国曲艺品种最为丰富的省份，现存的地方曲艺品种有南音、评话、伬唱、锦歌、南词、答嘴鼓等30多个，加上从全国各地传入的相声、小品、快板书等，形成了丰富多彩且群众喜闻乐见的曲艺艺术方阵。经过评选，小品《两条牛六条腿》等6个节目获得一等奖，少儿锦歌《海底反》等9个节目获得二等奖，竹板歌《山歌情意长》等8个节目获得三等奖，评话《鼠戏猫》等16个节目获得演出奖。同时，评选还产生文学奖、导演奖、表演奖和新人奖等单项奖，南平市、厦门市、龙岩市、漳州市等单位获得优秀组织奖。第5届福建艺术节优秀曲艺节目汇报演出的15个优秀节目，就是在本届全省优秀曲艺节目观摩演出的基础上选调出来的。

人物纪念

【道尔吉仁钦逝世】

2012年2月15日，中国曲协副主席、好来宝和乌力格尔表演艺术家道尔吉仁钦逝世，享年65岁。

道尔吉仁钦表演以演唱好来宝、乌力格尔著名，多次在自治区获奖，8次荣获文化部奖。与人合作了楚嘎拉好来宝、乌力格尔《打虎上山》、《嘎达梅林赞歌》、《腾飞的骏马》等作品，并出版了《楚嘎拉好来宝》一书。1981年乌力格尔《嘎达梅林赞歌》获全国曲艺优秀节目汇演一等奖，1987年好来宝《腾飞的骏马》获首届中国艺术节金杯奖，1990年获全国曲艺“长治杯”鼓曲唱曲大赛表演一等奖，2000年好来宝《冠军之马赞》获中国曲艺牡丹奖表演一等奖。1997年在联合国教科文组织举办的“亚洲蒙古族三大英雄史诗演唱研讨会”上演唱《江格尔》并获内蒙古自治区文化厅“召哈”特别奖。是一位深受内蒙古自治区人民喜爱的曲艺演员。

【曲艺家杨华生逝世】

2012年5月24日，上海滑稽泰斗、国家级非物质文化遗产“独脚戏”传承人、全国曲艺最高奖“牡丹奖”终身成就奖获得者杨华生先生因病逝世，享年95岁。

杨华生（1918—2012）男，原名杨宝康，浙江绍兴人。上海著名滑稽戏泰斗，为女滑稽艺术家绿杨的胞兄。国家一级演员，中国农工民主党党员。上海市第一、二届人大代表，上海市文学艺术界联合会第二届委员，中国戏剧家协会会员，上海戏剧家协会第三届常务理事，中国曲艺家协会会员，上海曲艺家协会第二届理事。师承鲍乐乐。

独脚戏代表作：《滑稽空城计》、《戏曲杂谈》、《小菜场》、《不怕鬼》、《扬州五更相思》、《普通话与方言》、《假内行》、《跑龙套》、《万宝全书》、《借红灯》、《方言与京戏》、《覆水难收》、《好师傅》、《服务生》、《西洋镜》、《电话夫妻》、《笑与生活》、《新婚之夜》等。

【滑稽戏表演艺术家王双庆逝世】

2012年12月29日，滑稽表演艺术家王双庆在上海徐汇区中心医院逝世，享年80岁。

王双庆，生于上海，浙江省宁波余姚市人。1949年拜姚慕双、周柏春为师，1950年加入滑稽剧团。表演儒雅，逗笑“阴噱”，冷面滑稽，在电视连续情景剧《新七十二家房客》中担任公职主演，《三毛流浪记续集》中出演代人写信的王先生，11集中的教书先生，自编自演的独脚戏有《看电影》、《请角色》等。

【纪念骆玉笙研讨会】

2012年5月30日，纪念骆玉笙研讨会在天津市文联举行，中国曲协分党组书记、驻会副主席董耀鹏、天津市文联党组书记、秘书长孙福海、中国曲协顾问、南开大学教授薛宝琨、中国曲协副主席、中国艺术研究院曲艺研究所所长吴文科、中国曲协分党组副书记、秘书长刁惠香、和来自京津两地的专家学者以及骆老的家人、弟子和再传弟子60多人参加研讨会。

骆玉笙在几十年的艺术实践中，以“刘派”为基础，博采众家之长，充分运用和发挥她那甜美的嗓音、宽广的音域，逐渐形成了令观众喜爱的“骆派”京韵大鼓，蜚声曲坛，被誉为“金嗓鼓王”。

《红梅阁》是骆玉笙的代表作，她那哀婉曲折的唱腔，时而深沉，时而激越，动人心弦。除了《红梅阁》外，骆玉笙的代表作还有《剑阁闻铃》、《丑末寅初》、《伯牙摔琴》、《子期听琴》等曲目，几十年来让听众百听不厌。1985年，电视剧《四世同堂》摄制组邀请骆玉笙为其录制片头曲《重整河山待后生》，一经播出，大获成功，从此骆玉笙的名字响彻华夏大地，此时，骆玉笙已经年过古稀。1993年第八届津门曲荟，骆玉笙以80高龄演唱《击鼓骂曹》，高难度的击鼓动作依然完成得堪称完美，成为一段佳话。

会议、出版

【中国曲协第六届主席团第六次会议】

2012 年 2 月 14 日，中国曲协第六届主席团第六次会议在亚奥国际酒店召开。中国曲协主席刘兰芳、中国曲协分党组书记、驻会副主席董耀鹏、中国曲协副主席姜昆、王汝刚、冯巩、吴文科、程永玲、郭刚、黄宏、李时成、籍薇出席会议；中国曲协分党组副书记、秘书长刁惠香、中国曲协分党组成员、副秘书长曲华江及中国曲协各部门负责人列席了会议。会议进行了通报工作会议程安排、听取工作报告讨论稿等共四项议程。董耀鹏向与会主席团成员详尽阐释了工作报告中的 29 项内容，并转达了中国文联党组书记赵实同志对中国曲协工作的批示。赵实在批示中表示，2011 年，中国曲协班子团结广大曲艺工作者进行一系列重要品牌活动，注重曲艺人才培养，实现曲艺“走出去”的战略，重视曲协机关建设，工作进行得卓有成效。希望在新的一年里，中国曲协能够团结广大曲艺家，创新、创先、创优，以新的成绩迎接党的十八大召开，进一步促进曲艺事业大发展、大繁荣。此次主席团会议还审议并通过了任命曲华江同志为中国曲协副秘书长的决议。

【中国曲协纪念《讲话》发表 70 周年】

2012 年 5 月 13 日，中国曲艺家协会在北京举行纪念毛泽东《在延安文艺座谈会上的讲话》发表 70 周年研讨会。

与会领导和曲艺家代表发言表示，曲艺界今天学习和纪念《讲话》，就是要始终坚持以人为本，更加自觉、更加主动地承担起为人民抒写、为人民说唱的历史责任，自觉运用社会主义核心价值观来指导创作和表演，把个人的艺术追求和促进社会进步有机结合起来，把弘扬主旋律和提倡多样化结合起来，积极践行“爱国、为民、崇德、尚艺”的文艺界核心价值观和中国文艺工作者职业道德公约，努力创作更多反映现实生活、表现群众真情实感、深受人民喜爱的优秀曲艺作品。

会上，中国曲协对参加“送欢笑、到基层”惠民文化活动的 98 位先进个人进行了表彰。中国曲协自 2005 年启动“送欢笑、到基层”活动以来，已组织一大批曲艺家和曲艺工作者分赴 25 个省区市进行了 119 场演出，为百余万群众送去了欢笑和温暖。

【纪念侯耀文逝世 5 周年系列演出《笑声中的追忆》新闻发布会】

2012 年 6 月 8 日，纪念侯耀文逝世 5 周年系列演出《笑声中的追忆》新闻发布会在北京大隐剧院举行。主办方中国曲协携北京曲协、天津市曲协、河北省曲协、山西省曲协于 6 月 23 日至 30 日分别在北京、天津、石家庄、太原举办 4 场演出。参加演出的演员均为侯耀文的至亲和弟子以及侯耀华的弟子们。

【第四期全国曲艺精品创作班】

2012年7月12日至16日，中国曲艺家协会与黑龙江省文联、黑龙江省农垦总局宝泉岭管理局共同举办的第四期全国曲艺精品创作班在中国曲艺之乡宝泉岭举办。来自全国各地的50余名作者携作品参加创作班。

【“南开杯”第2届全国（天津）相声新作品大赛作品、表演研讨会】

2012年8月6日至7日，“南开杯”第2届全国（天津）相声新作品大赛作品、表演研讨会在南开区政府举行。王鸣禄、倪钟之、李伯祥、魏文亮、杨志刚、王佩元、侯长喜等多位在全国相声界有影响的专家学者和相声名家与相声作者、相声演员和相声爱好者参加。

【中国曲艺青年论坛】

2012年11月8日，中国曲艺青年论坛在义务举行。论坛围绕“关心青年曲艺人才，托举青年曲艺新人”的主题，大家一致认为，曲艺传承，人才为本。培养大批技艺精湛、德艺双馨的各类曲艺新人，是传承曲艺艺术、繁荣曲艺事业的核心与关键所在。要善于建立选拔和培养机制，构建培训体系，完善相关政策，进一步普及曲艺教育。青年曲艺工作者应加强学习，确定曲艺目标，坚定专业思想，推动传统曲艺的现代化发展。

【中国曲艺家协会第七次全国代表大会】

2012年11月25日至29日，中国曲艺家协会第七次全国代表大会在京召开。来自全国各省、自治区、直辖市和新疆生产建设兵团、解放军、中央国家机关等单位以及港澳地区的近400名曲艺工作者代表齐聚一堂，共商曲艺事业发展大计。

大会审议通过中国曲协第六届理事会工作报告，修改了《中国曲艺家协会章程》，选举产生了由125人组成的中国曲协新一届理事会。会议期间举行的中国曲协第七届理事会第一次会议选举产生了由13人组成的新一届主席团。中国曲协第七届主席团第一次会议审议通过了《中国曲艺事业五年发展规划》。

在11月29日举行的大会闭幕式上，赵实、李屹、李前光向新聘请的中国曲协名誉主席、顾问颁发了荣誉证书和聘书。中国曲协第七届主席姜昆致闭幕词。董耀鹏主持闭幕式。

【全国曲艺理论学术研讨会】

2012年12月20日，“首届全国曲艺理论学术研讨会”在漳平举行。当晚8点，中国文联、中国曲协文艺志愿服务团“送欢乐走进漳平”文艺晚会在漳平体育中心举行。晚会包括歌舞、京韵大鼓、山东快书、相声和梅花大鼓等十二个节目。研讨会期间，中国曲协领导、专家等就曲艺理论进行了分组研讨。

出版与文章选目

【《相声大词典》新书发布会】

2012 年 12 月 23 日，天津出版传媒集团及旗下百花文艺出版社在天津谦祥益文苑召开《相声大词典》新书发布会，并在会后举办了签售活动。《相声大词典》主编薛宝琨、中国曲艺家协会主席姜昆、天津市文联党组书记孙福海、天津市曲艺家协会代主席、著名相声作家王鸣录、著名相声表演艺术家田立禾、尹笑声、李伯祥、魏文华、魏文亮、刘文步、张志宽、戴志诚、高晓攀等参加了发布会。

《相声大词典》作为国内第一部相声艺术的工具书，收录词条将近 5500 个，130 万字，涵盖了相声艺术的源流发展、创作表演、演出方式、艺谚艺诀、行规艺俗、拜师学艺、作品、人物、团体组织、文献资料、活动奖项等方方面面的知识内容，堪称相声艺术的百科全书。词典内容全面、体例严谨，具有突出的学术价值和抢救性的挖掘意义。该词典的出版对相声事业的蓬勃发展起了弘扬和推动作用。

【《耿瑛曲艺选》由中国文联出版社出版】

2012 年 11 月 25 日，“全国曲艺名家风采”之一——《耿瑛曲艺选》由中国文联出版社出版。

耿瑛是辽宁省著名曲艺作家，发表过曲艺作品约五百篇。此书中精选了 36 篇作品，包括鼓曲、二人转、快板、山东快书、相声、评书等。其中东北大鼓《白求恩》、二人转《包公吊孝》、相声《红楼百科》等都流传很广。耿瑛从小就爱好民间文艺，中学时就在报刊上发表小说、诗歌、曲艺作品。1953 年至 1993 年，从事曲艺编辑工作，并发表曲艺作品与评论上千篇。出版十多部著作，包括《曲艺纵横谈》、《东北大鼓漫谈》、《正说东北二人转》等，2010 年获第六届中国曲艺牡丹奖终身成就奖。

【《周良与苏州评弹研究论集》出版】

2012 年 11 月，由中国艺术研究院曲艺研究所和苏州市文学艺术界联合会共同编辑的《周良与苏州评弹研究论集》由古吴轩出版社正式出版发行。

周良先生是国内曲艺界负有盛名的曲艺活动家、曲艺书刊编辑家、苏州评话和苏州弹词研究家，鉴于他在苏州评弹工作的组织领导、苏州评弹艺术的学术研究、苏州评弹研究的书刊编辑和苏州评弹文化的传承发展方面所作的杰出贡献，中国艺术研究院曲艺研究所、中国说唱文艺学会、《中国曲艺志》总编辑部、江苏省文联、江苏省曲协、苏州市文联、苏州市文广新局和苏州市曲协于 2012 年 5 月在苏州联合举办了旨在“回顾总结周良从事曲艺工作实践经验，研究探讨周良评弹研究学术贡献”的“周良与苏州评弹研究学术研讨会”。来自主办各方及中国音乐学院、上海师范大学、苏州大学、江苏省艺术研究院、上海市艺术研究所等高等院校和学术机构包括江浙沪曲艺界的专家学者与艺术家 60 多人出席了研讨会，共收到论文 30 多篇。

为了留存和展示研讨会的学术交流成果，进一步推动苏州评弹研究及对周良学术思想的探讨，主办方将与会人员提交的论文及发言结集为《周良与苏州评弹研究论集》编辑出版，以期继续对苏州评弹乃至整个曲艺学的研究提供助力。

《周良与苏州评弹研究论集》由中国艺术研究院曲艺研究所所长、中国曲艺家协会副主席吴文科主编，苏州大学中文系教授、苏州市文联副主席、苏州市文艺评论家协会主席朱栋霖担任副主编，刘家昌、项正伯、潘讯等参加编辑工作。

【曲艺理论专著出版信息】

王决、汪景寿、（日）藤田香：《中国相声史》再版，百花文艺出版社 2012 年 1 月。

于林青：《曲艺音乐写作探要》中国文联出版社 2012 年 1 月。

王兆一：《二人转艺术论》中国文联出版社 2012 年 11 月。

连阔如：《江湖丛谈注音注释典藏本》中华书局 2012 年 1 月。

吴文科、李蓉主编："四川曲苑文丛"《程永玲：我与四川清音》，大众文艺 2012 年 10 月

【2012 年曲艺理论研究论文存目】

林瑞心：《浅谈侨乡台山曲艺现状及其发展》，《商业文化（下半月）》2012 年第 1 期

张蕴和；冯金蕊：《天津曲艺的当代渗透性研究》，《艺术百家》2012 年第 1 期

李萍：《现代化背景下壮族民间曲艺末伦产业化开发的意义——以广西靖西县为个案》，《百色学院学报》2012 年第 1 期

徐华云：《抓住机遇 创新发展——刘兰芳谈曲艺遗产保护问题》，《戏剧丛刊》2012 年第 1 期

赵峰：《赵连甲：曲艺创新势在必行》，《戏剧丛刊》2012 年第 1 期

李萍：《壮族民间曲艺末伦的传统社会功能》，《广西职业技术学院学报》2012 年第 1 期

赵艳喜：《展曲艺传承硕果 论非遗保护经验——全国首届曲艺类非物质文化遗产保护成果展演暨经验交流会综述》，《戏剧丛刊》2012 年第 1 期

张越：《李伟建的曲艺哲学》，《中关村》2012 年第 2 期

张蕴和；刘晓娟：《从演出市场看天津曲艺的当下影响力》，《艺术评论》2012 年第 2 期

方晓斌；虞亦生：《曲艺的根本出路在于自身的改革》，《观察与思考》2012 年第 3 期

李游：《南腔北调 枣庄非物质文化遗产中的民间曲艺》，《中华民居》2012 年第 3 期

渡茳；一苇：《古城曲艺的流年芳韵》，《中华民居》2012 年第 3 期

姬海冰：《音乐传播视野中的曲艺音乐发展及其传承——从宋元时期中原地区曲艺音乐传播谈起》，《郑州大学学报（哲学社会科学版）》2012 年第 3 期

苏兆龙："《略论凤阳花鼓艺术属性的复杂性》，《滁州学院学报》2012 年第 3 期

关意宁：《"曲"径通幽"艺"犹未尽——曲艺音乐研究反思录》，《中国音乐》2012 年第 3 期

王烜：《解析曲艺式电视新闻——以山东齐鲁频道〈拉呱〉为例》，《解放军艺术学院学报》2012 年第 4 期

戎龚停：《苗湖书会曲艺传承的生态与功能》，《交响（西安音乐学院学报）》2012 年第 4 期

付兴华：《曲艺杂谈》，《戏剧之家（上半月）》2012 年第 4 期

蔡源莉：《曲艺音乐漫谈》，《浙江艺术职业学院学报》2012 年第 4 期

凌郁之：《论宋代曲艺与小说之关系》，《辽东学院学报（社会科学版）》2012 年第 4 期

马奇：《南阳曲艺传承与发展的文化生态环境》，《南都学坛》2012 年第 4 期

张敏：《论大众文化背景下河南曲艺的发展道路》，《河南机电高等专科学校学报》2012 年第 4 期

曲璐：《中国戏曲、曲艺系列专辑录音实践》，《音响技术》2012 年第 4 期

张利群：《论曲艺之乡建设思路与发展途径——基于广西荔浦文场之乡建设案例的思考》，《西华大学学报（哲学社会科学版）》，2012 年第 4 期

刘晴：《打造曲艺品牌节目 提高媒体竞争力》，《艺术科技》2012 年第 5 期

田力：《媒介文化视野下传统曲艺审美空间的消解与话语重构》，《四川戏剧》2012 年第 5 期

李琳：《江苏邳州民间曲艺研究》，《太原城市职业技术学院学报》2012 年第 6 期

刘秀荣：《千古俗韵从头觅，穷源索流成江河——评〈中国鼓词文学发展史〉》，《晋图学刊》2012 年第 6 期

赵峰：《曲山艺海 盛会临门———第四届“中国曲艺团长高峰论坛”暨“全国曲艺类非物质文化遗产保护成果学术交流展演”综述》，《戏剧丛刊》2012 年第 6 期

邢娜：《论民间曲艺的传承与发展——以东北二人转为例》，《群文天地》2012 年第 7 期

石艳梅：《将民间曲艺融入地方高校的文学及文化教学》，《文学教育》（上）2012 年第 11 期

洪涛：《试论曲艺形式及其技巧在语言娱乐类广播节目中的运用》，《新闻传播》2012 年第 12 期

王英：《突破现状，探求曲艺发展的生长点》，《科技与企业》2012 年第 15 期

赵培强：《挖掘保护坠子艺术 繁荣发展曲艺事业——“河南坠子（北路）艺人研讨会”评述》，《东方艺术》2012 年第 24 期

刘红：《浅析潍坊民间曲艺的思想内容和艺术形式》，《人民论坛》2012 年第 26 期

交流

【中国曲协艺术团赴新加坡演出】

2012年1月6日至10日，应新加坡华族文化节总工委会之邀，以崔凯为团长的中国曲协艺术团一行13人赴新加坡，参加新加坡直落布兰雅民众俱乐部、拉丁马士民众俱乐部联合举办的“2012中国相声红星大汇演”活动。

【中国曲协艺术团赴新西兰慰问演出】

2012年2月3日至4日，中国曲协、中国文学艺术基金会、新西兰七彩中国文化传媒集团和新西兰投资贸易促进会共同主办的“庆祝中新建交40周年暨慰问新西兰华人华侨新春文艺晚会”专场演出在新西兰的第一大城市奥克兰举行。

【中国曲协考察团赴日本访问】

2012年4月15日至29日，应日本明治大学的邀请，由姜昆率领的曲艺考察团一行4人赴日本进行访问和交流，主要考察了东京的说唱艺术形式。

【全国鼓曲艺术交流座谈会暨古曲新韵百姓情——全国鼓曲艺术交流展演】

2012年4月22日，中国曲协北方鼓曲艺术委员会、山东省曲协、济南市文广新局共同主办，济南市曲艺团、济南明湖居演艺有限公司、济南市曲协承办的全国鼓曲艺术交流座谈会暨“古曲新韵百姓情——全国鼓曲艺术交流展演”在济南明湖居举办。

【中国曲协艺术团首次赴法属圭亚那交流演出】

2012年6月21日至23日，应法属圭亚那江浙沪华侨联合会的邀请，以姜昆为团长的中国曲协艺术团一行7人首次赴法属圭亚那交流演出。

大事记

1 月 6 日至 10 日，中国曲协艺术团参加“2012 中国相声红星大汇演”活动。

2 月 3 日至 4 日，“庆祝中新建交 40 周年暨慰问新西兰华人华侨新春文艺晚会”专场演出在奥克兰举行。

2 月 3 日至 4 日，2012 年中国 · 宝丰马街书会在河南省宝丰县举办。

2 月 12 日，苏州评弹演员黄海华、吴静慧在维也纳金色大厅演出。

2 月 14 日，中国曲协第六届主席团第六次会议在北京亚奥国际酒店召开。

2 月 15 日，中国曲协副主席、著名好来宝和乌力格尔表演艺术家道尔吉仁钦逝世，享年 65 岁。

3 月 3 日，明博相声沙龙在石家庄梨园剧场举办“为“雷锋”说相声”专场演出。

3 月 5 日，曲艺剧《啊，彩票》在长沙演出。

3 月 13 日，中国曲协向藏族曲艺家土登颁发慰问金仪式在中国曲协会议室举行。

3 月 24 日，“艺蕴华夏春满科大”校园相声小品大赛在大学生活动中心落幕。

3 月 28 日，全国首家区级曲艺协会在南京成立。

3 月 28 日，“南开杯”全国（天津）相声新作品大赛战略框架合作协议签字仪式在天津举行。

4 月 5 日，“优化发展环境 · 促进提速转型”反腐倡廉曲艺大赛。

4 月 9 日，“《开心不开心》暨周志华从艺 50 周年曲艺专场演出”在杭州剧院上演。

4 月 10 日，《曲艺耕耘录》出版座谈会在京举行。

4 月 15 日至 29 日，曲艺考察团赴日本进行访问和交流。

4 月 20 日，“聚焦曲艺，传承发展——名家谈曲艺”专题讲座。

4 月 22 日，全国鼓曲艺术交流座谈会暨“古曲新韵百姓情——全国鼓曲艺术交流展演”在济南明湖居举办。

4 月 23 日，“传统相声文化进校园”活动在西安建筑科技大学启动。

4 月 23 日，“纪念陈鸣志先生暨邓继增先生收徒”相声专场，

4 月 25 日，全国“道德模范故事汇”基层巡演启动仪式暨首场演出在北京剧院举行。

4 月 27 日，相声剧《我的牛郎，我的牛》在深圳市群众艺术馆周末剧场上演。

5 月 11 日，新编历史评书《红顶清风》播放。

5 月 9 至 10 日，“听书看戏品国粹专场演出”在北京梅兰芳大剧院举行。

5 月 13 日，中国曲艺家协会在北京举行纪念毛泽东《在延安文艺座谈会上的讲话》发表 70 周年研讨会。

5 月 24 日，杨华生先生因病逝世。

5 月 29 日，骆派京韵大鼓专场暨第 15 届津门曲荟开幕式在天津中国大戏院举行。

5 月 30 日，纪念骆玉笙研讨会在天津市文联举行。

6 月 6 日，第 7 届江苏省曲艺节在常熟拉开帷幕。

6 月 8 日，纪念侯耀文逝世 5 周年系列演出《笑声中的追忆》新闻发布会在北京大隐剧院举行。

6 月 16 日，《牡丹争春》演唱会在广德楼戏园上演。

6 月 16 日至 21 日，第 2 届巴黎中国曲艺节。

6 月 21 日至 23 日，中国曲协艺术团赴法属圭亚那交流演出。

7 月 12 日至 16 日，第四期全国曲艺精品创作班在宝泉岭举办。

7 月 14 日，《鼓舞青春》专场晚会在北京广德楼戏园上演。

8 月 6 日，“青春国粹　魅力传承——王玥波工作室成立庆典暨名家曲艺大会”新闻发布会。

8 月 6 日至 7 日，“南开杯”第二届全国（天津）相声新作品大赛作品、表演研讨会在天津南开区政府举行。

8 月 18 日，“青春国粹联盟曲艺专场”启动仪式暨鼓曲名家演出在北京前门老舍茶馆举行。

8 月 18 日，第 5 届中国中部六省曲艺大赛（长治）在潞州剧院举行颁奖晚会。

9 月 8 日，闫淑平二人转专场演唱会在吉林省电视台演播大厅举行。

9 月 15 日，第 7 届中国曲艺牡丹奖颁奖晚会在江苏省南京市举行。

9 月 17 日，“第六届 CCTV 电视相声大赛”决赛。

9 月 25 日，四川省遂宁市荣获“中国曲艺之乡”称号

10 月 15 日，第 3 届中国职工艺术节“长庆杯”曲艺小品展演活动在长庆油田落幕。

10 月 17 日，洛阳市第 5 届河洛大鼓曲艺节在嵩县开幕。

10 月 25 日，“同庆重阳佳节、共叙曲艺传承”活动在北京鸿宾楼举行。

11 月 8 日，中国曲艺青年论坛在义乌举行。

11 月 25 日至 29 日，中国曲艺家协会第七次全国代表大会在京召开。

11 月 25 日，“全国曲艺名家风采”之一——《耿瑛曲艺选》由中国文联出版社出版。

12 月 1 日，“中华颂·天鹅湖杯”第四届全国小戏、小品、曲艺大展——曲艺专场在阜宁文化中心上演。

12 月 8 日，长安大戏院纪念孙书筠专长演出。

12 月 9 日至 15 日，第 2 届海峡两岸欢乐汇暨曲艺理论研讨会在台湾举办。

12 月 20 日，“首届全国曲艺理论学术研讨会”在福建漳平举行。

12 月 22 日，山东省传统曲艺传承成果展演暨第七届小品曲艺大赛颁奖晚会在滨州市举行。

12 月 23 日，《相声大词典》新书发布会。

12 月 29 日，滑稽表演艺术家王双庆逝世。

分卷主编：高　伟

中国艺术年鉴

2012年卷

杂技·魔术卷

年度述评

2012 年中国杂技发展综述

◎高　伟

2012 年，我国杂技事业同全国其他艺术形式一样迈入全新发展时期。一年来，我国杂技继续在国际赛场摘金夺银，艺术创新作品迭出，文化惠民活动纷呈，理论研讨不断深入，对外文化交流活动频繁，杂技事业呈现出蓬勃发展的良好局面。

国际赛场摘金夺银，尽显中国精神、中国色彩

改革开放后，国际杂技赛场一直是我国杂技艺术表演和展示的舞台。在这个舞台上，中国杂技独领风骚，尽显中国精神、中国色彩，摘金夺银的镜头不时闪亮在世界各大马戏赛场，中国杂技受到世界各国人民的喜爱和同行的赞誉，中国被誉为是世界杂技的“金牌库”。2012 年，中国杂技的创新节目继续在世界马戏赛场上展现出独特的魅力。年初，上海杂技团的《腾跃——大跳板》和《男子艺术造型》共同荣膺第 36 届蒙特卡洛国际马戏节最高奖“金小丑”奖，这是中国杂技参加这项国际顶级赛事 30 年来，第一次有两个节目同时捧得“金小丑”奖；中国铁路杂技团的《双人手技》获得第 33 届法国巴黎“明日”世界杂技节铜奖；中国杂技团的《蹦拐顶技》获得首届摩纳哥“新一代”国际青少年马戏节杂技类节目首奖“第一银奖”，并获得“摩纳哥马戏之友协会”颁发的特别奖；8 月，在第 11 届古巴国际夏季杂技节上，深圳市宝安区福永杂技艺术团的《头顶倒立》和《单手顶技巧》双双夺得最高奖“金奖”，《二人力量》荣获优秀节目奖；9 月，山东盐城杂技团的《转动软钢丝》获得第 13 届法国瓦兹河谷国际马戏节铜奖；10 月，四川遂宁市杂技团的《比翼——男子双人技巧》和上海市马戏学校的《兄弟——三人倒立技巧》同获第 14 届意大利拉蒂那国际马戏节金奖，这是中国参加该马戏节以来首次囊括全部金奖。11 月，在第 10 届中国武汉国际杂技艺术节上，武汉杂技团的《飞轮炫技》、浙江曲艺杂技总团的《墨荷——蹬伞》同获“黄鹤金奖”；成都军区战旗杂技团《顶——太极》获“芳草金奖”。

创新节目迭出，杂技舞台精彩纷呈

1. 继承、创新，追求“新、奇、难、美”的审美理念

在国际赛场上摘金夺银的我国杂技节目，都是在杂技技巧上有不同程度创新的新作，它们出众的表现获得了世界马戏界的赞誉。其中，上海杂技团有限公司的《腾跃——大跳板》首创了抛接人和大跳板跟头连接的技巧，将抛接人中惊险、飘逸、轻盈、灵动等特点巧妙融入到跳板跟斗中；增加了双翻 360 度四节人、转体 1800 度落地等世界级高难度动作；武汉杂技团的创新节目《飞轮炫技》将原本放在地面的稳定底座改成了架设在 360 度快速转行的摩天轮上，使得两点间的人体翻腾、穿梭、抛接更加困难和惊险，其中“旋转三节人抽梁”、“大旋转蹬人连翻”、“旋转三人抛接 720 度上肩”等独创动作达到世界级水平。高空节目《绸调》，传统做法是在舞台上方置一个吊点，而成都军区战旗杂技团的《绸调——星空之恋》创造性地以一个吊点的主绸为主、12 个吊点相结合的全方位、立体化、多层次大绸调表现手法，以写意手法描摹了“天宫一号”目标飞行器和“神州八号”飞船成功发射和对接的场景，歌颂我国航天事业的飞速发展和巨大成就。

“继承”、“创新”是改革开放以来我国杂技创作的不懈追求。创作者通过继承传统，追赶前沿，吸收借鉴姊妹艺术优长，融会贯通，创造出了中国杂技的新风尚、新气象；凭着这种追求，我国杂技历经 30 年一直处于世界杂戏业的前端，挺立世界杂戏的潮头。

2. 杂技剧目创作在题材、体裁、内容、形式上有所突破和创新

从 20 世纪 90 年代开始，我国杂技在世界娱乐业新兴大鳄太阳马戏团成功经验的影响下，开始了从

技巧创新到开发“主题晚会”和“杂技剧”的探索，中国杂技迎来了“剧”时代。

2012 年，中国杂技继续延续着“剧”的创作热度，并且在体裁、题材、形式、内容等方面都有所突破和创新。

在题材内容上，创作出了童话杂技剧《憨憨猫皮皮鼠》（河北吴桥杂技学校和中国儿童艺术剧院）、神话杂技剧《哪吒》（中国杂技团有限公司）、历史题材杂技剧《霸王别姬》（大连杂技团）、现实题材杂技剧《家乡》（山东德州市杂技团）等新剧。

在体裁、形式上，则有语言杂技剧《京韵百戏开心汇〈北京〉》（中国杂技团有限公司）、魔术舞剧《梦归琴岛》（天创国际演艺制作交流有限公司）、杂技秀《水秀》（第四版，河南濮阳豪艺杂技集团有限公司）、奇幻魔术剧《魔爱》（安徽省杂技团）、大型魔术歌汇《笑满神州歌满天》等创新性代表剧目。

此外，如重庆杂技团的《花木兰》、湖南杂技团的《芙蓉国里》、新疆杂技团的《你好，阿凡提》、甘肃杂技团的《敦煌女神》、河南濮阳豪艺杂技集团有限公司《水秀》等前几年推出的剧目，都在原有基础上进行了艺术上的改版和人员设备上的精简，以打造艺术精品，更好地适应演出市场的需求。

杂技剧创作者在多年的创作实践中，逐渐认识到“杂技＋剧”的创作不等于“杂技剧”，“剧”要有故事、有情节和人物，而这些正是杂技的短板。因此，2012 年的杂技剧创作中，创作者首先加强了戏剧情境的营造和戏剧情节的编排，同时注入戏剧、舞蹈、音乐、魔术、特技、体育等多种表演元素以丰富杂技剧的表现力；杂技技巧与剧情达到了一定程度的融合，成为剧情表现元素。这是 2012 年杂技剧创作的一个新突破。

3.《阳光街头》，大银幕上再现杂技题材影片

2012 年，电影银幕上出现了一部名为《阳光街头》的青春励志故事片，这是广东深圳福永杂技艺术团与深圳大宇文化传媒有限公司合作摄制的杂技题材的作品。影片将杂技与街舞结合，表现了当代艺术青年克服困难、追求艺术梦想的故事。可以说，这是改革开放三十年来首部以杂技为题材的故事片，它的出现表明杂技艺术的传播渠道越来越扩大。

4. 魔术交流活动繁多，提升了国内魔术发展水平

2009 年央视春晚中刘谦表演的魔术在民众中尤其是当代青年和大学生中掀起了学习和表演的热潮，同年，国际魔术联盟第 24 届世界魔术大会在北京成功举办，更在我国掀起了魔术的狂潮。这两个事件带动了我国魔术的普及和发展。

2012 年，我国魔术的发展继续向纵深推进，各种魔术交流活动频频，7 月 22 日，“第五届两岸四地大学生魔术交流大会”在北京举办，9 月 19 日至 22 日，“第三届中国西湖国际魔术交流大会”在杭州举办，10 月 1 日至 7 日，“第五届北京欢乐谷国际魔术节”举办，11 月 2 日至 3 日，“第三届长三角地区‘金手杖奖’魔术大会”在合肥举办，11 月 29 日，“2012 北京国际幽默艺术周”在北京举办，11 月 30 日至 12 月 2 日，“首届中国北京国际魔术大会”在北京昌平举办。此外，还有很多魔术活动、魔术比赛在全国各地纷纷举办。

今年举办的国内、国际一系列魔术交流活动表现出如下特点：第一，规格、层次高。上述魔术交流活动大都有政府部门参与其中，凸显官方色彩，表现出政府部门对文化交流活动的极大热忱以及对文化“走出去”、“请进来”的强力支持。第二，起点高。各次活动都把自身定位在一个比较高的起点，从办会规模、档次、内容、舞台呈现、魔术追求，都在向国际办会的标准看齐，逐渐走向国际化。第三，水平高。参赛选手的水平、评委的档次、表演嘉宾的层次都呈现了当今魔术的较高水准，表明我国魔术活动力图跻身于国际魔术圈的努力。第四，投融资规模大。在文化产业化发展的今天，资本化操作已成为文化发展与办节的趋势。今年的各次魔术活动，都在投融资方面做出了努力并收到了成效。资本的加入为魔术活动档次的提升发挥了关键作用。第五，群众参与度高。在上述魔术活动中，不仅有职业魔术师，更多的是大学生和魔术爱好者参与到其中，各次活动也都注意了开展多项群众性的魔术普及活动。

2012 年一系列魔术活动，尤其是国际魔术交流活动的成功举办，不仅进一步扩大了魔术艺术的传播，也为提升我国魔术水平提供了很好的交流平台，并将对魔术艺术的普及产生更大作用，同时在魔术产业化发展上迈出了新步伐，使魔术艺术具有了持续发展的动力。

文化惠民活动，为基层百姓送去精神食粮

杂技源于沃土，来自民间，开展杂技艺术“送欢乐、下基层”活动是杂技艺术工作者义不容辞的责任。2012 年是毛泽东同志《在延安文艺座谈会上的讲话》发表 70 周年，中国杂协、各地方杂协和杂技院团重温《讲话》精神，牢固树立艺术为人民大众服务的发展宗旨，联合杂技、魔术、音乐、舞蹈、戏剧、曲艺、书法、美术及影视等多门类艺术家，组织了“送欢乐、下基层”、“精品杂技下基层”等多项文化惠民活动。活动产生了很好的社会反响。中国杂协于 5 月 26 日承办了中国文联文艺志愿服务团“送欢乐、下基层”赴中国石油吉林石化公司慰问演出活动，9 月 26 日又赴河南濮阳采风慰问演出，并选派杂技《陶艺》、魔术《楼兰花雨》等节目参加中国文联“送欢乐、下基层”赴重庆涪陵慰问演出；北京市杂协、山西省杂协、河南省杂协、贵州省杂协、四川省杂协等各地杂协以及各地国有杂技院团和民营杂技团体纷纷开展“走转改”活动和文化惠民活动。艺术家们把丰富多彩、喜闻乐见的优秀节目奉献给基层群众，为他们提供更多更好的精神食粮，让人民群众共享文化发展的成果，同时也增进了艺术家同人民的面对面交流，这是艺术家自觉地将社会主义文艺植根人民、服务人民的一种生动体现。

捕捉事业发展的热点、难点问题，理论研讨不断深入

2012 年，中国杂协举办了第 8 届中国杂技金菊奖第七次理论作品奖评奖和中国杂技创意与创作高级研修班暨美式滑稽培训班。

2 月 24 日，第八届中国杂技金菊奖第七次理论作品奖在京揭晓，3 月 21 日举行了颁奖仪式。蓝凡的《作为艺术的杂技的哲学维度》获得金奖；尹力的《理性审视杂技剧中的杂技创作问题》等 3 篇论文获得银奖；聂翠青的《新语境下的杂技本体语言》等 5 篇论文获得铜奖。

本次金菊奖评奖呈现出几个特点：第一，本次评奖收到论文 101 篇，首次突破 100 大关；推荐论文评奖的单位达 29 个，除西藏、台湾等省区因特殊情况外，全国的杂技家协会都有论文参加评奖，为历届最多。这说明，杂技理论研究工作在全国各地都得到了较好的发展。第二，全国多所艺术研究院（所）研究人员及高校教师撰写论文，比如获得金银奖的蓝凡、尹力等同志就是大学教授和艺术研究院（所）的研究者，他们的加入对杂技理论研究无疑是一次提升，使杂技理论真正进入到了理论层面，提高了理论水平。他们的研究成果将会对杂技创作产生重要影响。第三，首次有香港特别行政区提交的论文。过去很少有港澳台地区的理论研究成果与大陆交流，一方面是由于港澳台地区的杂技魔术界的市场化生存的环境，商业气氛浓重，在理论研究上较为薄弱，另一方面我们在这一方面重视不够，同他们在理论方面的交流少。本次评奖，中国杂协加大了对港澳台地区的论文征集力度，所以有了地域上的突破。第四，首次有大学生魔术联盟的作者提交论文。大学生魔术联盟是我国魔术艺术发展的一支生力军，他们以青春的灵性、理论的素养和对魔术的热爱与追求为魔术理论的建设提供了有力支持。第五，本次提交的论文，从内容看，紧随时代发展和文化体制改革进程，更多关注到文化产业发展、演出市场分析、市场经济运营等话题，表现了杂技从业者、研究者捕捉热点、难点问题的能力和敏锐的研究视角。上述特点表明，我国杂技理论研究之风已逐步确立并收到成效。

10 月 11 日至 14 日，“中国杂技创意与创作高级研修班暨美式滑稽培训班”在南京溧水开班。全国各地杂协和杂技团选送的学员 30 余人参加了研修。本次高研班邀请了美国哑剧表演大师 ZAVALA、加拿大舞蹈杂技编导谢依娜等国内外著名杂技编导、专家，以及央视《国际艺苑》制片人雷莹、八一电影制片厂著名导演翟俊杰等国内影视界专家、学者为学员授课。这是中国杂协第一次主办有关杂技创意与创作的研修班，意在加强和提高杂技创意与创作水平。我国杂技艺术近三十年来迅猛发展，创意在杂技创作生产中的地位和作用越来越凸显。但也应看到，随着世界马戏的进步与发展，各国在创意和创作

上都有突飞猛进的进步，尤以加拿大太阳马戏团为最，其晚会创意、节目编创、产业开发等都远远走在了世界马戏业的前列。而我们虽然一直在学习、追赶，力求在创意与创作上有所成就，也确实取得了不小的成绩，但毕竟我们在创意开发、创作观念、创作手段等方面还存在不小的差距，导致我们始终在杂技大国上徘徊，距离杂技强国还有很长的道路要走。中国杂协、江苏省杂协创新理念、拓宽思路，敏锐抓住我国杂技的热点和难点，举办杂技创意与创作高级研修班，虽然这只是第一步，但其对我国杂技未来发展的重要意义不言而喻。

此外，理论研讨活动还有第5届东北三省杂技论坛、陕西省第四届大学生魔术研讨会、第10届中国武汉国际杂技艺术节举办的理论研讨会等。

对外文化交流，多渠道传播中国杂技

2012年，杂技界的国内外交流活动繁多，积极推动了中国杂技的传播和普及，促进了国内外艺术团体和艺术家间的团结合作。

年初，中国杂协组团赴摩纳哥和法国参加国际重大赛事期间，中国杂协主席边发吉、驻会副主席邵学敏与蒙特卡洛国际马戏节主席摩纳哥大公国斯蒂芬妮公主、蒙特卡洛国际马戏节副主席兼艺术总监皮尔斯、法国“明日”世界杂技节组织者阿兰·巴特斯进行了工作会谈。会谈达成一项重要协议，蒙特卡洛国际马戏节和法国“明日”世界杂技节组委会同意，中国杂协从本届开始将在这两大世界顶级赛场永久性设立“长城杯”。在本届蒙特卡洛国际马戏节上，中国杂协将“长城杯”颁给了俄罗斯的《双人空中吊子》；在“明日”世界杂技节上，中国杂协将“长城杯”颁给了乌克兰的《高空秋千》。

“长城杯”的设立，表明中国杂协首次在国际杂技界具有了权威话语权，其影响力在国际杂技界得到了进一步提升。

此后，蒙特卡洛国际马戏节副主席兼艺术总监、世界马戏联合会主席乌斯·皮尔茨先生，国际魔术联盟国际主席埃瑞克·埃斯文先生，摩纳哥大公国驻华大使凯瑟琳·福特里女士相继造访中国文联和中国杂协，就进一步加强中国杂协与国际马戏、魔术组织的合作进行了沟通和探讨。

7月9日至15日，中国杂协副主席戴武琦一行3人参加了在英国黑泽举行的第25届世界魔术大会。多名中国选手参加了本次大会的比赛。

10月26日，第10届中国武汉国际杂技艺术节在武汉举办，共有16个国家和地区的28个节目参赛，节目涵盖空中杂技、地面杂技、魔术、滑稽和兽类等五大类别。

从2012年一系列文化交流活动中，我们可以看到，我国杂技艺术正在向国际化方向迈进，不仅走了出去，而且请了进来，把自身融入到国际马戏的大家庭，为中华文化“走出去”做着努力。

随着我国经济实力在全球范围内的整体提升，如何在国际游戏规则的制定和调整中争取更大话语权成为我国各界人士和媒体热议的话题，中华文化如何在全球范围内提升自身“软实力”，如何使当代中国成为世界上有重大文化影响力的大国的讨论，也正在成为从政府部门到民间共同关注的内容。中国杂技虽然已经迈出了第一步，但是从意识形态到文化占有，从市场份额到经济实力都还处于初级阶段；同时，中国杂技还需要具有包容全球风格、类型、观念理念、艺术形式和表达方式的魄力，以开放的姿态和超越民族、国家的视野开展对外交往与交流，不断增强自身的力量。

通过对2012年杂技事业发展的回顾，我们可以看到一个清晰的特点，在全国文化体制改革的背景下，已经走过几十年市场化生存道路的杂技艺术，通过自主学习、自主创新，在继承传统中不断超越，创新之路越走越宽，产业化之路已经迈开，越来越有朝气，显示出蓬勃的生命力。

高伟 《杂技与魔术》主编

2012 年杂技剧创作的新突破

◎高　伟

我国杂技经过改革开放三十年的创新与发展，取得了骄人的成绩。在国内，杂技是最先走向市场的传统艺术，在市场的锤炼下，不仅走出了一条自主发展之路，成为最受群众欢迎的艺术品种之一，而且获得了持续发展的经济动力，队伍得到不断壮大，创新作品不断涌现，发展出 21 世纪我国杂技艺术的审美品质、风格和样貌；在国际，中国杂技成为世界杂技的品牌和标签，不仅在国际重大赛场上摘金夺银，三十年来争得一百九十余块金牌，奖牌总数达三百六十余块，为我国在国际杂技舞台上争得了更多话语权；而且在世界商业演出市场上，中国杂技人的身影活跃在世界各地，使中国杂技这一传统艺术得到广泛传播，为中华文化“走出去”做出了很大贡献。这一切成绩的取得都与杂技创新紧密相连。

但是，杂技是一门挑战人体极限的艺术形式，在近三十年的发展中，杂技技巧的创新已经走到了瓶颈，因为挑战极限的技巧不是无限的。如何继续创新，这是摆在我国杂技人面前的课题。同时在文化体制改革的大背景下，杂技院团要走向演出市场求生存，要有具备自主知识产权的作品作为生存的根本，唯此才能做大做强，作为院团的管理者和创作者不得不思考解决的办法和创新的途径。20 世纪 90 年代，世界娱乐业新兴大鳄太阳马戏团在世界娱乐市场上与经济上的巨大成功，其新颖的晚会创作模式和剧作样式，让我国杂技创作者看到了希望，于是学习借鉴太阳马戏团的成功经验和他们的创作手法迅速在国内形成风潮，我国杂技界开始了从技巧创新转向开发“主题晚会”和“杂技剧”的探索，这股创作风潮在全国各地不断上演。杂技开始脱离自身而成为标签，出现在以“杂技”冠名的各类晚会和剧目当中。于是人们惊呼：杂技“剧”时代到来了。

但是，近十几年的创作，虽有成功之作如杂技剧《天鹅湖》，但总体而言，杂技剧的创作并没有普遍赢得叫好声和市场的认可，人们普遍质疑：“剧”在哪里？情节、故事、人物等一些戏剧元素，如果没有现场解说，观众很难通过舞台呈现看懂，他们看到的还是技巧叠加，更不要说精神层面的追求和情感的表达。这样的“剧”难以与杂技主题晚会区别开来。

创作者经过十几年的探索之后，开始认识到在杂技剧的创作上我们还在延续着杂技主题晚会的创作思路，“剧”仅有外壳而无实质，于是在 2012 年的新创作中开始了全方位的探索和创新，并在体裁、题材、形式、内容等方面都有了不同程度的突破。在题材内容上，有童话剧，如河北吴桥杂技艺术学校与中国儿童艺术剧院共同创作的表现团结友爱精神的杂技童话剧《憨憨猫皮皮鼠》，河南濮阳市阳光残疾人杂技团的励志杂技童话剧《追寻太阳》；有神话剧，如中国杂技团有限公司的东方神话系列《哪吒》；有历史题材剧，如大连杂技团的《霸王别姬》；有现实题材剧，如在 2012 年央视元宵晚会上演的沈阳军区政治部前进杂技团、河南登封塔沟武术学校、湖南省杂技团、武汉电信艺术团、山东省东阿县杂技团等创作表演的表现家庭团圆的杂技短剧《团圆饭》，山东省德州市杂技团的表现当代农村生活的杂技剧《家乡》等。在体裁和形式上，有中国杂技团有限公司的表现京腔京韵的语言杂技剧《京韵百戏开心汇〈北京〉》，河南濮阳豪艺杂技（集团）有限公司的杂技秀《水秀》（第四版），天创国际演艺制作交流有限公司表现人间情感的大型魔术舞剧《梦归琴岛》，安徽省杂技团首部舞台奇幻魔术剧《魔爱》、黑龙江省杂技团的大型魔术歌汇《笑满神州歌满天》等。各种各样的杂技剧以不同的样貌出现在舞台上。

2012 年，杂技剧创作在“剧”的追求上的新突破主要表现在：在注重杂技本体语言的同时，更加注重与剧情的结合，运用戏剧语言，突出戏剧特征，在戏剧环境中展示杂技的技巧和美学意蕴。杂技剧创作者在多年的创作实践中逐渐认识到“杂技 + 剧”的创作不同于杂技晚会，在“剧”的环境下，杂技本体语言有其自身的局限性，它的造型性以及非线性动作技巧的特点不具备描写性和叙述性，不善于传情达意，不易构成戏剧冲突和效果。因而“技”不能独立于剧情之外，必须与“剧”有机融合，在追求、完善杂技本体语言的同时达到“剧”的要求。于是创作者着力在技巧与戏剧的结合中寻找突破，通过“剧”的演进，在剧情中张扬杂技的特质。童话剧《憨憨猫皮皮鼠》创作所遵从的原则是杂技节目要为剧情内容服务，即根据剧情设计杂技动作与节目，做到杂技的运用既不张扬、也不牵强。如第一幕《对垒》一场戏中，猫与鼠两家族因属地及食品纠纷引发对垒搏弈。编导巧妙地把“爬倒立”、“导链”、“侧手翻”等动作侧重让鼠表现；将“跳跃”、“攀爬”、“翻跟头”等动作侧重让猫表现；把对手顶、双人侧手翻等动作让猫鼠联手来完成。一组组有惊无险、童真童趣的杂技动作技巧，很好地表现了猫和鼠的动作特征，并且它还是戏剧场景的展现，推进着剧情往下发展。在剧中，杂技节目根据剧情需要被截成了技巧“片段”，通过不同的“片段”来表现诸如人物关系、矛盾、情绪、行为等剧情元素。这样一来，杂技技巧反而在剧中有了“生命力”，成为一种全新的推动戏剧剧情向前发展的戏剧行为。

神话剧《哪吒》在创作中，根据剧的需要完成了对原有杂技技术的整合和核心技术的开发。一方面将杂技技巧运用于情节当中，利用杂技语言来塑造人物，展现民俗生活，展示人物性格和情感。另一方面把杂技技巧融入情节，使杂技技巧服务于剧情叙事需要。海底世界中，身怀绝技的“海蚌”、“水母”、“海马”等水生动物们争奇斗艳，展示了空竹、转碟等经典杂技技巧；人间世界中，传统的“顶碗”被演绎成渔翁们打渔归来、开怀畅饮之后以“碗”为乐的热闹场景；“柔术”技巧则被表现为“海妖”施展浑身妖术与哪吒纠缠周旋的情节等等。

原创杂技剧《霸王别姬》以楚汉战争作背景，以西楚霸王项羽和虞姬的爱情为主线，挖掘二人身处的战争现实与爱情理想的冲突，塑造了虞姬、项羽、刘邦等主要人物。该剧用戏剧理念来创作杂技，用杂技来扩大戏剧的张力，创作者在写意的空间中用惊险唯美的杂技扩大表现力，更将音乐、戏剧、武术和京剧的手法融入，增强了作品的浪漫主义色彩。

从效果看，创作者的追求有了一定的回报。同前几年相比，杂技与“剧”不再是各说各话，内容与形式也不再是难以融合的花开两朵各表一枝，技巧不再是可有可无的内容，而是与剧情结合得更加合理，杂技被更好地融入戏剧坏境中，成为场景描写和情节推进的元素存在于剧情当中。这是杂技剧创作的新突破。

值得一提的创新之作还有中国杂技团有限公司的首部语言杂技剧《京韵百戏开心汇〈北京〉》。

杂技这门肢体艺术与其他门类艺术的跨界合作，原已有与戏剧合作的《花木兰》、《粉墨》、《霸王别姬》、《憨憨猫皮皮鼠》等，有与舞剧合作的《胡桃夹子》，有与音乐剧合作的《再见，飞碟》等等。如今《北京》是与相声跨界混搭，通过相声演员李菁、何云伟轻松、诙谐、幽默的相声与精彩的杂技艺术结合，营造出“新、奇、美、乐”的艺术享受，展现了北京的厚重历史、风土人情、多彩文化以及当代精神。

第一幕《先秦燕蓟》中，周口店原始丛林里，杂技演员以猿人的造型表演了地圈技巧，形象展现了“北京人”的生存状态；秦长城脚下，获奖杂技节目《顶碗》的道具变成了石砖，同时辅以杂技“牌楼”技巧，很好地展现出劳工修建长城的境况。第二幕《元清京都》中，李菁化身意大利旅行家马可·波罗来至元大都，在“草帽”、“爬杆”、“转碟”的杂技表演中领略了京城的热闹繁华。第三幕《蹉跎北平》中，飞叉、踢毽、顶坛、水流星、古彩戏法、中幡令人眼花缭乱，民俗北平、京韵百戏在这里得到最佳的诠释。第四幕《盛世北京》中，车技等技巧则展现出当代北京的时尚与速度。相声演员李菁、何云伟在剧中成为穿越历史的人物，相声语言成为剧中历史演进的导引，杂技则成为展示历史场景的内容，杂技与相声这两种传统又现代的艺术融合为杂技剧探索出一条新路。当然，这种跨界混搭是否成功，还有待市场和时间的检验。

2012 年，在杂技剧的各种创作成果中还有一部电影作品，这是在近四十年的空白之后出现的一部杂技题材的大银幕作品。20 世纪 50 至 70 年代，杂技作为新中国的一门艺术形式曾经走上过银幕，如

1955年中央新闻纪录电影制片厂拍摄的反映上海邮电局职工业余时间苦练车技生活的纪录片《骑自行车的人》，1959年北京电影制片厂为庆祝国庆十周年拍摄的表现新中国杂技艺术家飒爽英姿的杂技艺术片《春燕展翅》，1973年香港凤凰影片公司拍摄的杂技艺术片《杂技英豪》记录了广州军区战士杂技团在香港演出的十余个新节目，展示了新中国杂技经过20余年发展的新面貌。然而之后四十年的大银幕上基本再无杂技作品出现。2012年，广东深圳福永杂技艺术团与深圳大宇文化传媒有限公司合作拍摄了青春励志故事片《阳光街头》，影片将杂技与街舞结合，表现了当代艺术青年克服困难、追求艺术梦想的故事。这部影片的拍摄与四十年前杂技题材影片拍摄的意义大不相同。四十年前的拍摄，是对新中国杂技艺术的纪录与褒扬，是对杂技艺术工作者为了祖国荣誉、为追求艺术真谛所进行的自我超越的赞美，而今天这部《阳光街头》，则是杂技艺术团体在全国文化体制改革的大背景下所进行的一次文化发展与文化产业自主创新的主动实践；一次拓宽杂技文化传播渠道，传递先进文化价值观的创作实践；一次使杂技文化产品与杂技文化服务相结合的市场化推广。这部影片不仅丰富了杂技创作的成果，更是对杂技文化与产业发展进行的一次有益的尝试。

杂技剧的创作无疑为杂技创作与创新提供了一条探索的路径。尽管取得了一些成绩，但正如有论者所言："杂技技巧不应沦为杂技'商标'下的动作符号。'剧'中有人有情，杂技剧中的杂技理应有'血'有'肉'。"希望这一善意的提醒对未来杂技剧创作有所借鉴。

高伟 《杂技与魔术》主编

文件・文献

【中国文联党组副书记、副主席李屹《在中国杂协六届三次理事扩大会议上的讲话》】

同志们，朋友们：

在这春意盎然的美好时节，中国杂技家协会在美丽的春城昆明召开六届三次理事扩大会议，总结去年工作，研究部署今年任务。在这里，我代表中国文联党组，向会议的召开表示热烈祝贺，向与会的各位理事和杂技艺术界的同志们表示热烈的欢迎并致以诚挚的问候！

2011 年，在中国文联党组的领导下，中国杂协分党组与主席团通力合作，与全国杂技界携手并肩，高举中国特色社会主义伟大旗帜，坚持社会主义先进文化前进方向，引领广大杂技艺术家和杂技工作者深入学习贯彻党的十七届六中全会精神和全国九次文代会精神，牢牢把握“高举旗帜、围绕大局、服务人民、改革创新”的总要求，坚持用科学发展观统领杂技工作，认真履行联络协调服务职能，开拓进取，奋发有为，为推动社会主义文化大发展大繁荣做出了积极贡献。

在过去一年里，中国杂协紧密围绕党和国家中心工作及中国文联工作全局，立足中国杂技事业发展的实际和杂协的职能，先后成功举办“纪念建党 90 周年・第二届中国杂技艺术节”、“第八届中国杂技金菊奖第五次全国魔术比赛暨中国宝丰第五届魔术文化节”等一系列主题鲜明、有声势、有影响的大型主题文艺活动；精心组织开展赴革命圣地西柏坡、基层部队、贵州、四川等地“送欢乐、下基层”慰问演出，让人民群众共享杂技创作成果；积极参加朝鲜“四月之春”友谊艺术节、第五届莫斯科国际马戏节；成功举办第七届上海国际魔术节，特别是今年初中国杂技在国际赛场上捷报频传，接连荣获蒙特卡洛国际马戏节两个“金小丑”奖、首届摩纳哥“新一代”国际青少年马戏节第一银奖、法国“明日”世界杂技节铜奖，为推动中华文化走向世界作出积极贡献；以《杂技与魔术》、《中国杂协简报》、《杂协通讯》、专刊和网站为宣传阵地，全面及时地反映中国杂协、各团体会员及杂技界的动态信息，促进了新闻出版、权益保护和信息服务等工作的创新发展；以宣传弘扬“德艺双馨”精神为抓手，加强杂技队伍职业道德建设和杂技人才培养，着力提高队伍素质；以建设“温馨和谐之家”为基础，不断加强协会自身建设，努力提高服务杂技界的能力和水平，协会的吸引力和凝聚力进一步增强。回顾过去的一年，中国杂协主席团、分党组率领广大杂技工作者，以高度的政治责任、饱满的工作热情、敏锐的文化自觉，辛勤耕耘、甘于奉献、忘我工作、真抓实干，取得了显著成绩。实践证明，中国杂技家队伍是一支想干事、能干事、干成事的队伍。

2012 年，是深入学习贯彻党的十七届六中全会和九次文代会精神，推动文艺工作向更高目标迈进的一年，具有承前启后、继往开来的重大意义。党的十八大也将在下半年召开。在新的一年里，如何把握全局，突出重点，开拓创新，进一步推进中国杂技艺术的繁荣发展，借此机会，我谈几点认识和希望，与大家共勉。

一要围绕中心，服务大局。杂技界要紧紧围绕党和国家大局，今年特别是要以深入学习贯彻党的十七届六中全会和九次文代会精神，围绕迎接、学习、贯彻党的十八大为主线，来谋划工作、开展活动、推动建设，自觉做到在大局下思考、在大局下行动、全力以赴为大局服务。要牢牢把握社会主义先进文化的前进方向，坚持“二为”方向和“双百”方针，增强宏观意识、大局意识、职能意识和服务意识，开阔视野，“跳出杂技看杂技”，切实从党和国家工作大局中、从推动文化事业的繁荣发展中、从中国文联全盘工作中思考和推动杂技事业的发展。二要继承传统，创新发展。对于杂技艺术来说，继承是根本，创新是灵魂。要借鉴音乐、舞蹈、喜剧等其他姊妹艺术优长，丰富杂技自身、实现新的突破；要积极运用现代先进技术手段，把杂技艺术“高、难、惊、险”传统招牌和声光电等现代科技手段结合起来，不断提高杂技艺术的表现力、观赏性和感染力；要积极借鉴当今世界各国杂技艺术的新成果、新经验，在创作理念、表演样式、创编构思、经营理念、营销策略等方面进行改革创新，更好地满足国内外观众的审美需求，占领市场，赢得观众。三要加强统筹，整合资源。要强化“全国杂技一盘棋”思想，充分发挥杂技界的积极性和创造性，加强顶层设计，整合资源，集思广益，各展所长，找准合作的结合点、共赢点、平衡点，有计划、有重点地引导扶持精品创作，共同打造品牌、提升品牌、发展品牌。要通过精心策划组织评奖办节等，加强业界的交流合作，共同打出杂技界的旗帜，使杂技艺术日益多样化、丰富化，推动杂技艺术向更高层次发展。四要贴近生活，服务大众。杂技艺术是大众的艺术、人民的艺术。广大杂技工作者要始终贴近实际、贴近生活、贴近群众，把人民群众的需求放在第一位，注意把握人民群众审美需求的新特点，创作出更多人民群众喜闻乐见的精品佳作；要把舞台搭建在基层、延伸到普通群众中间，着力深化"走基层、转作风、改文风"和"送欢乐、下基层"文化惠民活动，让人民群众共享杂技创作成果。五要完善机制，提升品牌。评奖办节是检验杂技创新成果、推进杂技事业发展的重要手段和平台，也已成为杂技界公认的品牌。进一步办精办好，增强公信力、美誉度，是杂协、杂协分党组和杂技界共同的责任。在评奖工作中，要建立科学合理的成果评价体系和机制，按照"公开、公正、公平、科学、合理"的原则，进一步规范评奖程序、改进评奖办法、严肃评奖纪律、突出评奖工作的政策性、专业性、纪律性，提高透明度、公信度和权威性，避免和克服不良之风。要通过评奖办节，吸引聚集社会财富，催生作品，推出和培养新人，推动杂技艺术的发展繁荣。六要承担使命，走向世界。杂技是文化的使者。要发挥中国杂技的独特优势，加大中外文化交流的力度，在交流中不断吸收世界文化所提供的新元素、新经验，更好地适应国际市场和国际赛场的新变化，让中国杂技艺术被更多的人认可、接受和喜爱；要逐步从零散节目、单个演员演出向品牌剧目的演出发展，从占有低端演出市场向占领高端、主流演出市场发展，把最具中国特色的杂技艺术推向国际市场，努力弘扬中国优秀文化，在增强中华文化"软实力"和推动中华文化走出去方面积极作为，有所作为。七要多措并举，培养人才。十年树木，百年树人，杂技人才尤其如此。要遵循杂技艺术人才的成长规律，从小抓起，从长计议，努力探索科学选材、科学育人、用退留转的培养模式、政策环境，使杂技界人才队伍充满活力，不断壮大。要分析掌握杂技人才队伍建设的新情况新变化，把体制外的杂技人才纳入人才工作视野，更加广泛地凝聚和服务杂技人才，为杂技艺术的可持续发展提供强有力的人才支撑，特别是要注重防止和扭转青黄不接、后继乏人的被动局面。八要加强学习、提升素质。杂技是一门集技巧、体能、文化于一体的艺术。杂技艺术工作者要在追求精湛"技艺"的同时，注重提升文化修养；在追求艺术之美的同时，注重追求人格之美。要积极宣传和践行"爱国、为民、崇德、尚艺"的文艺界核心价值观，自觉遵守"坚持爱国为民、弘扬先进文化、坚守艺术良知、倡导宽容和谐、模范遵纪守法"的道德公约，努力追求德艺双馨的崇高境界，展现当代文艺工作者的良好形象。

同志们，我们正处在文化发展繁荣的大好时机，坚持中国特色社会主义文化发展道路、建设社会主义文化强国，对我们工作提出了新的更高的要求。让我们进一步解放思想、振奋精神、开拓创新、追求卓越，共同谱写我国杂技事业繁荣发展新篇章，以优异成绩迎接党的十八大胜利召开。

2012 年 3 月 21 日

专题

第 10 届中国武汉光谷国际杂技艺术节

【概况】

2012 年 10 月 26 日至 11 月 1 日，由武汉市人民政府和文化部外联局、文化部艺术司、中国杂技家协会、中国对外文化集团联合举办的第 10 届中国武汉光谷国际杂技艺术节在武汉举办，16 个国家和地区的二百六十余名健儿参与比赛和表演。

本次杂技节参赛节目涵盖高空、地面、魔术、滑稽和驯兽等五大杂技门类，设黄鹤金、银、铜奖，芳草（少年）金、银、铜奖和荣誉奖、优胜奖。武汉杂技团的《飞轮炫技》、朝鲜平壤杂技团的《空中飞人》、俄罗斯国家马戏公司的《高空钢丝》、浙江曲艺杂技总团的《墨荷——蹬伞》4 个节目获黄鹤金奖，成都军区战旗杂技团的《顶——太极》获芳草金奖。

杂技节期间还举行中国杂技发展论坛，开展文化产品推介活动。

两年一届的武汉光谷国际杂技艺术节，自 1992 年以来已成功举办九届，先后有来自五十多个国家和地区的二百三十多个节目、近两千名杂技高手来汉参赛参演。经过多年培育发展，武汉光谷国际杂技艺术节成为世界三大品牌杂技节之一。

【第 10 届中国武汉光谷国际杂技艺术节获奖名单】

一、金奖

（一）黄鹤金奖

武汉杂技团	《飞轮炫技》
朝鲜平壤杂技团	《空中飞人》
俄罗斯国家马戏公司	《高空钢丝》
浙江曲艺杂技总团	《墨荷——蹬伞》

（二）芳草金奖

成都军区战旗杂技团	《顶——太极》

（三）荣誉奖

中国杂技团	《圣斗·地圈》
广州军区战士杂技团	《抖杠》

二、银奖

（一）黄鹤银奖

四川遂宁杂技团	《高椅》
乌克兰	《四人技巧》
俄罗斯国家马戏公司	《对手顶》
台湾戏曲学院	《椅子造型》

（二）芳草银奖

新疆生产建设兵团杂技团	《高车踢碗》
上海马戏学校	《顶碗》

三、铜奖

（一）黄鹤铜奖

瑞典	《双人柔术》
陕西西安野生动物园马戏团	《驯虎》
德国	《对手》
安徽省宿州市旭东马戏团	《驯熊》
俄罗斯尼古林马戏团	《魔术》
蒙古卡德加马戏团	《兜轿子》

（二）芳草铜奖

白俄罗斯	《三人皮条》
乌克兰	《倒立技巧》

四、优秀奖

匈牙利	《魔术——换衣服》
澳大利亚国家马戏院	《双人吊环》
肯尼亚	《小武术》
保加利亚	《小丑》
美国	《气球滑稽》
法国	《走钢丝》
墨西哥	《手技》（少儿）

2012 首届粤港澳台魔术节

【观点】 星光灿烂的南国魔幻天空——2012 首届粤港澳台魔术节综述

◎宁根福　黄介农

由文化部艺术司、广东省文化厅、广东省文学艺术界联合会主办，广东省杂技家协会、广州市杂技艺术剧院有限公司、广东公子一派电子商务公司、广州市珠江灯光科技有限公司承办和协办的首届粤港澳台魔术节，于 2012 年 8 月 10 日至 8 月 12 日在广州友谊剧院举行。

首届粤港澳台魔术节是一次非常具有突破性意义的文化盛事。在广州举办粤港澳台魔术节活动是杂技魔术界几十年来的心愿。岭南魔术以其精巧细腻的特色，历来在全国以至东南亚占有一席之地，一批魔术师以其深厚的功力和独特的技艺在国内外享有盛名。在大型魔术的开拓和创新方面，岭南魔术也曾经引人瞩目。粤港澳台，包括内地的魔术家一直呼吁，希望地处改革开放前沿，经济建设和社会发展很多方面走在全国前列的广州市，能够充分发挥中心城市的辐射力和影响力以及对内地所具有的强大拉动力，在魔术艺术发展中占据主导地位，掌握魔术的话语权，引导魔术的新发展。首届魔术节的成功举办，标志着这个平台终于打造成功，从而实现了各界朋友的心愿。

由于广东省打造文化强省的政策推动，由于相关部门的全力支持，主办单位和承办单位克服了很多困难，把这一赛事办成了既具有比赛的激烈竞争性的高峰对决，又具有通俗观赏性的高雅演绎。整个节事赛事明显地具备了“四高”的特点。这“四高”是：参赛节目水平高、评委组成规格高、获奖节目奖金数额高和参演嘉宾层次高。由于这些高端安排，粤港澳台魔术节由此凸显为一个地域性魔术高端领地。

首先是参赛选手水平高，粤港澳台（包括粤以外的内地选手）三十多名选手带来了自己多年精心打磨的节目参赛。尤其可喜的是参赛演员一半以上是 80 后青年魔术师，其中最年轻的选手年仅 18 岁。这样的参赛演员年龄结构本身就很能体现通过比赛激励新人、鼓励新作、推动发展的宗旨。

赛场上各类品种、各种风格的参赛节目先后亮相。香港选手李泽邦的参赛节目《雪》（获得本届比赛金奖），以没见过雪的南国人们对雪的浪漫想象为心理背景加以展开。雪花、雪球、大雪片在他手里倏来忽去，以空手取物遁物的手法技巧演绎得出神入化。其中无处不在抖落的雪花和雪人娃娃也使人感到兴味盎然，其节目道具简练，表演沉稳从容，给人印象至深。深圳刘蓓的参赛节目《秀色》（获得本届比赛金奖），把常见的牌技表演得别具风味。丝巾变牌、牌变荷花、花瓣变牌、小牌变大牌，层次感和韵味感十足，不仅空手取牌干净利落，展牌造型也十分别致，在载歌载舞中展示得十分潇洒优雅。台湾派出五个人的参赛阵容，其中李昂轩表演的《牌技》节目（获得本届比赛银奖），手中的牌变大变小还连续变了四种颜色，一会儿丝巾变牌，一会儿丝巾变球，在场上获得阵阵掌声。澳门选手杨美莲的参赛节目《闲情》（获得本届比赛银奖），以隽秀的闺密色彩给人温馨的感受，从绣花开始，把丝巾变幻、出花瓶、出茶壶、出果盘、出画轴、出琵琶连成一气，虽是女子节目，倒很有几分大抓大拿的大气象。其中，绣花绷圈因地制宜派作连环的表演运用也很有创意。香港魔术师郑耀邦表演的魔术《飞常情书》（获得本届比赛铜奖）在舞台上展示了一个很有生活情趣的场景。节目从一个要寄出爱心表达信息而没有合适的信封展开，信封的大小变化、无字有字的变化、心形图文来去的变化、心形纸片变纸飞机的变化，都很有生活情趣。深圳魔术师米日孜艾合买提・沙比尔、祖立胡买尔・吾布力表演的《魔力四射》（获得本届比赛铜奖）充满了新疆民族风味，在激情的民族舞蹈氛围中完成多次变衣表演，结合出人箱和变棍、变羽毛、变鸽子的巧妙运用，整个节目表演得热情奔放，活力四射。江苏选手汪怀连的《变鸽子》（获得本届比赛铜奖）不仅出鸽数量多，而且手法干练一气呵成，在舞台上十分抢眼，也很有气势。可以说，所有参赛节目都各具特色，每个选手也都身怀绝技，使比赛呈现出激烈的竞争场面。他们以敏锐的青春触觉捕捉时代的气息，强势推出了一批集观赏性、知识性、娱乐性于一体的精品力作，以繁花似锦、品种多样的作品集中展示了魔术发展的最新成果和水平，为大赛带来了新潮和时尚，展示了魔术新生代的可喜发展前景。

第二，高层次的专家评委阵容凸显了赛场的专业水准和权威性。本届魔术节的十位评委中的三位为港、澳、台三地的魔术协会组织的会长，三位是获得过国内外大奖的资深魔术家，三位是杂技院团的资深领导人，一位是央视《曲苑杂坛》的著名主持人。他们以自身的巨大影响力和对魔术发展的前瞻性认识，对魔术比赛的精彩度和评奖的公正、合理、权威产生了决定性的影响。并且，魔术节晚会主持人由著名艺术家姜昆、刘晓翠担纲，他们的幽默风趣使竞争激烈的赛场洋溢着轻松活泼的气息，由于他们为观众所熟知，也增强了魔术和观众之间的亲和力。在他们的主持引领下，观众经历了一次节目品种齐全、艺术风格各异、表演手法多样的、繁花似锦、精彩纷呈的魔幻奇妙体验。

第三是比赛获奖奖金数额高。比赛获奖节目金奖奖励高达三万元，目前这一数额在国际同类赛事中处在前列。这样的奖励力度，必将使这项赛事产生强大的吸引力和推动力，并使得粤港澳台魔术节产生更大的影响。

第四是参加庆贺演出的参演嘉宾层次高。亚洲唯一获得蒙特卡罗国际魔术比赛“金魔棒奖”的李宁携获奖作品《移形换影——三变》和他领衔主演的《魔幻之旅》在赛场上穿插表演；荣获美国世界魔术大赛总分冠军的翁达智先生也奉献了想象奇特、启人心智、隽永经典的情境魔术；两个祝贺演出的杂技节目均为国际顶级赛场的获奖作品；荣获 2012 年第 36 届蒙特卡罗国际马戏节最高奖”金小丑”奖的上海杂技团蔡勇表演的《男子艺术造型》，以高难的技巧和优雅的表演赢得观众的热烈掌声和高度赞誉。中国杂技团李振宇等参演的节目是荣获法国第 32 届“明日”世界杂技节法兰西共和国总统奖的《揽梦擎天——摇摆高拐》。这个节目以前所未有的创新形式和奇特的道具装置，体现了现代杂技的神奇魅力。这两个节目的安排，非常有效地活跃了赛场气氛，并且为参赛节目转场安排创造了有利条件。

有影响的比赛，其影响不仅应该表现在当下，还应该表现在对未来的长远发展。同样，成功的比赛不仅应该是推出新人新作的盛事，还应该是引导行业发展方向、推动艺术创新的重要机会。这也就意味着，我们也有必要从比赛中看到当前魔术发展的不足。从本届参赛节目来看，同类型节目偏多，着重在表演上下力气的节目偏多。反过来是，在原理的运用上别出心裁，具有原创性的节目少，能够挑战欧美魔术水平的节目少。指出这一点，是期待魔术界为自己制定更高的创新要求，希望每一届比赛都会有新的进步、新的跨越、新的成就。

这届比赛在充分发挥珠三角地区的各项优势，整合多方社会资源，吸引企业广泛参与方面也取得了新的经验。鼎力协办比赛的广州市杂技艺术剧院有限公司、广东公子一派电子商务股份有限公司以及广州市珠江灯光科技有限公司这些单位的领导和职工热心参与公共文化建设，在筹办过程中献计出力、精心准备、周密筹措，对赛事的成功举办做出了十分重要的贡献。

由于首届粤港澳台魔术节所取得的成就和影响，现在，主办方已经表示，要发挥优势，整合资源，广泛吸引企业参与，积极推动魔术活动开展，让这一赛事长期落户广州，成为立足南方、连接港澳台、拉动内地、面向世界的经常性的文化项目，成为广东文化活动的新品牌和地域性魔术高端领地。

摘自《杂技与魔术》2012 年第 5 期

作品

【杂技剧 《霸王别姬》】

2012 年 5 月 29 日至 31 日，大连杂技团打造的原创杂技剧《霸王别姬》在大连文化俱乐部剧场首演。该剧以杂技艺术为主体，结合音乐、舞蹈、戏剧、武术和京剧手法，演绎项羽和虞姬的爱情悲剧。

【杂技童话剧 《憨憨猫皮皮鼠》】

2012 年 8 月 18 日，由中国儿童艺术剧院和吴桥杂技艺术学校联合创作的大型杂技童话剧《憨憨猫皮皮鼠》在中国儿童艺术剧院上演。《憨憨猫皮皮鼠》讲述一个发生在大人和孩子们身边的童话故事：在一个城市的花园里，尽管猫家族与鼠家族经常因地盘和食品发生争斗，但憨憨猫皮皮鼠却始终把对方当成好朋友，这两个不正常的孩子给两个家族带来不少麻烦，也用聪明与才智化解了大人们的矛盾，实现了猫鼠两个家族的和谐友好共处。

【神话杂技剧 《哪吒》】

2012 年 9 月 5 日，由北京演艺集团、中国杂技团有限公司推出的神话杂技剧《哪吒》在北京天桥剧场上演。《哪吒》是中国杂技团“东方神话”系列杂技剧产品的开篇剧目。该剧以《祥龙腾云》为序幕，通过《降生》、《惩恶》、《涅槃》、《闹海》四个章节及尾声《风调雨顺》，再现“哪吒闹海”的经典故事。

【魔术舞剧 《梦归琴岛》】

2012 年 9 月 8 日，天创国际演艺制作交流有限公司创作的魔术舞剧《梦归琴岛》在青岛海泉湾天创大剧院全球首演。全剧分为：序幕《永不褪色的记忆》、第一幕《昔日的繁华》、第二幕《火红的年代》和第三幕《纽约圣诞夜》，讲述琴岛女孩舒琴与美国青年麦克从琴岛海员俱乐部开始，经历浮华的解放前夕、狂热的“文化大革命”年代以及开放的现代社会，从相识、相恋到被拆散，最后团圆的故事。

【语言杂技剧 《京韵百戏开心汇〈北京〉》】

2012 年 10 月 25 日，中国杂技团联手相声演员李菁、何云伟打造的首部语言杂技剧《京韵百戏开心汇〈北京〉》在北京天地剧场上演。《京韵百戏开心汇〈北京〉》以北京 3000 年建城史、850 年建都史为背景，以跨越古今不同时空的两个人物“古捧”和“今逗”作贯穿，通过《先秦燕蓟》、《元清京都》、《蹉跎北平》、《盛世北京》四个篇章，展现北京的厚重历史、风土人情、多彩文化以及当代精神。

纪事

【上海杂技团《腾跃——大跳板》和《男子艺术造型》获第36届蒙特卡洛国际马戏节"金小丑"奖】

2012年1月19日至22日，第36届蒙特卡洛国际马戏节在摩纳哥举行。来自俄罗斯、乌克兰、德国、法国、西班牙、蒙古、摩洛哥、巴西、中国等20个国家的29个杂技和驯兽节目参与比赛。上海杂技团的《腾跃——大跳板》和《男子艺术造型》共同获得第36届蒙特卡洛国际马戏节最高奖"金小丑"奖。这是中国杂技节目参加这项国际顶级赛事30年来，唯一一次两个节目同时捧得"金小丑"奖。《腾跃——大跳板》首创了抛接人和大跳板跟头连接的技巧，将抛接人中惊险、飘逸、轻盈、灵动等特点巧妙融入到跳板跟斗中；增加了双翻360度四节人、转体1800度落地等世界级高难度动作；武汉杂技团的创新节目《飞轮炫技》将原本放在地面的稳定底座改成了架设在360度快速转行的摩天轮上，使两点间的人体翻腾、穿梭、抛接更加困难和惊险，其中"旋转三节人抽梁"、"大旋转蹬人连翻"、"旋转三人抛接720度上肩"等独创动作达到世界级水平。

【第8届中国杂技金菊奖第七次理论作品奖】

2012年2月24日，中国杂技家协会在北京召开第8届中国杂技金菊奖第七次理论作品奖终评工作会议。评委会按照《中国杂技金菊奖章程》和《理论作品奖评奖细则》评选出金奖1名、银奖3名、铜奖5名。

中国杂技家协会于2011年5月底发出第8届中国杂技金菊奖第七次理论作品奖评奖通知，征集到由全国29个省、自治区、直辖市、新疆生产建设兵团杂技家协会等单位推荐的101篇论文。经评奖办公室对论文进行初评，其中59篇论文进入终评。

为鼓励杂技理论队伍的积极性，经中国杂协研究部提出、协会分党组研究决定，对进入终评、但未获得金菊奖的论文颁发中国杂协优秀论文奖。为表彰组织推荐论文的单位，对云南省杂协、河南省杂协等13个单位颁发组织工作奖。中国杂协还于年内对金菊奖获奖论文及部分优秀论文集结成册出版。

[第8届中国杂技金菊奖第七次理论作品奖获奖名单]

金奖（1名）

蓝　凡　《作为艺术的杂技的哲学维度》

银奖（3名）

尹　力　《理性审视杂技剧中的杂技创作问题》

吴　璇　《文化杂技：当代中国杂技的新形象》

木艺璇　《培养杂技人才　拓宽育才渠道》

铜奖（5名）

聂翠青　《新语境下的杂技本体语言》

林宏伟　《试论文艺院团体制改革中的杂技创作》

张建生　《对杂技市场的再思考》

高月娟　《中国杂技中的道家意蕴探析》

付天杨　《论现代高科技手段与杂技艺术的结合》

组织工作奖：（13个）

吉林省杂技家协会　黑龙江省杂技家协会

江西省杂技家协会　河南省杂技家协会

云南省杂技家协会　甘肃省杂技家协会

河北省杂技家协会　浙江省杂技家协会

山东省杂技家协会　　陕西省杂技家协会
北京杂技家协会　　广西壮族自治区杂技家协会
中国高校魔术联盟

【山东省杂技团《蹬人》节目登上奥斯卡舞台】

2012年2月27日，第84届奥斯卡金像奖颁奖典礼在美国好莱坞举行。山东省杂技团在颁奖礼上表演杂技《蹬人》，这不仅是奥斯卡颁奖典礼上首次有杂技表演，也是中国杂技节目首次登上奥斯卡颁奖舞台。《蹬人》于2010年1月获第34届蒙特卡洛国际杂技节“金小丑”奖。该节目特点是把“蹬”与“翻”结合起来，表演项目有地面跟头、脚上跟头和对传跟头，动作技巧难度较高，还特别安排许多空中传递和抛接动作，具有很强观赏性。

【中国濮阳国际杂技文化产业园项目开工】

2012年6月15日，中国濮阳国际杂技产业园区开工奠基仪式在河南省濮阳市举行。该产业园是濮阳市作为省级文化改革发展试验区的重点项目，总占地400余亩，总投资8亿元人民币，一期投资3.5亿元。项目以龙文化和杂技文化为主题，以生态环保为导向，集国际杂技博览、民俗杂技表演、市民休闲娱乐为一体，规划为“一轴五园九馆”。

【中国杂协代表团参加第25届世界魔术大会】

2012年7月9日至15日，中国杂协副主席、国际魔术联盟中国分会主席戴武琦为团长的一行3人参加在英国黑泽举行的第25届世界魔术大会。大会历时7天，设有魔术比赛、嘉宾演出、道具展销、魔术讲座等项活动。来自65个国家的2500名魔术师出席大会，100个舞台魔术和50个近台魔术参加比赛，40多个国家的135家道具商参加展销，举办21场魔术讲座。大会期间，进行了国际魔术联盟换届选举并投票确定了下届主办城市，戴武琦代表中国参加了选举和投票。多米尼克·当特当选2012年至2018年国际主席，海瑞特·本杰明和皮特·丁当选副主席，意大利的瑞米尼市被确定为2015年第26届世界魔术大会举办地。中国大陆、港澳台、海外华人和留学生等魔术界人士共有50多人参加。美籍华人黄安迪获近台微型魔术第一名，中国台湾蔡士弘获近台微型魔术第三名。

【首部杂技电影《热血街头》上映】

2012年7月20日，深圳市福永杂技艺术团与北京影视公司合作打造的首部杂技街舞艺术题材青春励志影片《热血街头》上映。影片首次将“杂技”与“街舞”两种风格迥异的艺术门类相结合，并借此引起大家对中国传统文化生存、成长和发展空间的深入思考。

【福永杂技艺术团在第11届CIRCUBA国际夏季杂技节上获奖】

2012年8月26日，深圳市宝安区福永杂技艺术团《头顶倒立》和《单手顶技巧》在第11届CIRCUBA国际夏季杂技节大赛上双双夺得最高奖“金奖”，《二人力量》获优秀节目奖。

【第三届中国西湖国际魔术交流大会】

2012年9月19日至22日，由中国杂技家协会、浙江省文学艺术界联合会、浙江日报报业集团主办，浙江省杂技家协会、钱江晚报、杭州红星文化大厦·红星剧院承办的“第三届中国西湖国际魔术交流大会”在浙江杭州举行，此次魔术大会共有来自14个国家和地区的300余名魔术师和魔术爱好者参加。大会安排国际魔术比赛、国际魔术讲座、国际魔术嘉宾展演、魔术道具展销等活动。

此次西湖国际魔术交流大会魔术比赛的评委由国际魔术联盟主席多米尼克、中国台湾魔术家协会主席罗飞雄、马来西亚魔环魔术协会主席刘飞龙、中国香港魔术协会主席谭永铨、日本UGM魔术家协会主席山本勇次、澳门魔术协会主席翁达智等10名来自世界各地魔术家协会的负责人以及资深魔术家组成。经过初赛选拔，有27名选手进入决赛，分为舞台魔术和近台魔术两组进行比赛。节目分别有情景魔术、鸽子、球、牌、扇等魔术表现形式。

经过激烈角逐，台湾的李昂轩获得舞台魔术比赛金奖，浙江宁波的董亮获得近台魔术比赛金奖，各有两名选手获得舞台和近台魔术比赛银奖，各有三名选手获得舞台和近台魔术比赛铜奖。

9月21日晚，国际舞台魔术嘉宾展演暨颁奖晚会举行。获得过莫斯科国际魔术节舞台类冠军、来自白俄罗斯的克里斯蒂娜，1991年在FISM世界魔术大会上获得舞台类冠军、来自乌克兰的沃罗宁，在2012年第25届FISM世界魔术大会获得“最具原创舞台奖”、来自韩国的Ted Kim，获得1991年FISM世界魔术大赛综合类冠军的西班牙魔术师胡安·马约拉，来自美国的喜剧明星查理·谢丽夫妇，来自韩国的青年魔术师柳豪镇，来自中国魔术世家的傅琰东等参加展演。

【遂宁市杂技团《比翼——男子双人技巧》和上海市马戏学校《兄弟——三人倒立技巧》获第14届意大利拉蒂那国际马戏节金奖】

2012年10月18日至22日，第14届意大利拉蒂那国际马戏节在意大利中部城市拉蒂那举行。遂宁市杂技团的《比翼——男子双人技巧》和上海市马戏学校的《兄弟——三人倒立技巧》双双夺金，囊括本届国际马戏节金奖。该马戏节是当今意大利举办的规模最大的马戏节，由意大利的朱里奥·蒙蒂克文化协会创办于1999年，迄今已举办14届。

第14届拉蒂那国际马戏节设金奖2名、银奖3名、铜奖5名，共有来自亚洲、非洲、欧洲、美洲的14个国家和地区的27个节目参加奖牌的角逐，节目涵盖了地面杂技、空中杂技、滑稽、驯兽各个马戏门类。评委会由来自匈牙利、瑞士、俄罗斯、中国等11个国家的14位国际马戏界知名人士组成。

【四川省第七届“巴蜀文艺奖”杂技比赛】

2012年10月25日，四川省第七届“巴蜀文艺奖”杂技比赛在四川自贡举行。来自德阳、遂宁、成都、南充、宜宾、自贡和四川职业艺术学院的七支参赛队的一百三十余名演员参加比赛。本次比赛第一次用现场评比的形式评出“巴蜀文艺奖”杂技奖。德阳市杂技团的《男子空中技巧》、《地圈》、《女子车技》，遂宁市杂技团的《中国芭比》、《雪域精灵——柔术》，南充市杂技团的《恋之魂——双人绸吊》，自贡市杂技团演艺有限公司的《双人软功》（排名不分先后）入围第七届“巴蜀文艺奖”。

【吴桥杂技艺术研究会成立】

2012年11月7日，由河北省沧州市吴桥县委县政府具体指导、县文化广播电视新闻出版局组织的吴桥县杂技艺术研究会成立。该会是吴桥县文化广播电视新闻出版局下属全额事业单位，下设艺术研究室、办公室等部门，名誉会长由中国杂技家协会主席边发吉担任，此外设会长一人、副会长若干人、驻会常务副会长一人、会员若干人。该会旨在为全县杂技文化工作者服务和大力发展吴桥杂技文化产业，综合全县杂技演出、杂技教育、杂技旅游、杂技服装道具生产为一体的杂技文化产业链，资源共享、共同面对市场的激烈竞争。

【第 3 届东北三省魔术比赛】

2012 年 11 月 21 日至 22 日，由黑龙江省文联、吉林省文联、辽宁省文联主办，黑龙江省杂协、黑龙江省杂技团承办的第 3 届东北三省魔术比赛在哈尔滨举行。参加本次决赛的三十个节目从初赛的一百二十多个节目中选出。来自三省各地的三十多位魔术师，经过两天的激烈角逐，共评出舞台魔术类金奖 5 名，银奖 5 名，铜奖 5 名、特别奖 1 名；近台魔术类金奖 5 名，银奖 5 名，铜奖 5 名。

东北三省魔术比赛是由东北三省文联共同主办，三省杂技家协会轮流承办的一项大区性赛事，已经举办两届。

【2012 北京国际幽默艺术周】

2012 年 11 月 29 日，由中国文联、北京市政府主办，中国曲艺家协会、中国杂技家协会、北京市文联、北京电视台承办的 2012 北京国际幽默艺术周，在北京电视台 BTV 大剧院举办。

开幕式晚会上，来自法国、俄罗斯、荷兰、瑞士、韩国及中国台湾等地的幽默大师和首都曲艺表演艺术家们进行表演。除“国外幽默艺术专场”外，2012 北京国际幽默艺术周还有“京味相声名家专场”、“中国铁路文工团相声杂技魔术专场”、“中国广播艺术团相声小品名家专场暨闭幕式晚会”等专场演出及十余场小剧场演出，涵盖魔术、滑稽、杂技、曲艺等诸多艺术门类。

【首届中国北京国际魔术大会】

2012 年 11 月 30 日至 12 月 2 日，由文化部、中国文联、北京市人民政府共同主办，文化部艺术司、中国杂技家协会、北京市文化局、北京市文资办、北京市文联、昌平区人民政府承办的首届中国北京国际魔术大会在北京昌平体育馆举办。期间举办开幕式暨国内外顶级魔术大师专场演出、国际魔术邀请赛、高端国际魔术论坛、国际魔术道具展和闭幕式等多项活动，来自世界 22 个国家和地区的约 50 名魔术大师出席大会。最终，阿根廷的亨利·埃文斯赢得近台魔术冠军，俄罗斯的索索与维多利亚组合摘得舞台魔术金牌，成为首届金长城金奖得主。魔术师刘谦和他的团队应邀在闭幕式中进行了专场表演。

【第 5 届东北三省杂技论坛】

2012 年 12 月 13 日，由中国杂技家协会、黑龙江省文联、吉林省文联、辽宁省文联共同主办，吉林省杂技家协会承办的第 5 届东北三省杂技论坛在吉林省举办。来自东北三省各杂技团、校、艺术研究所及全国 10 个省市杂协、杂技团的 60 多位代表参加论坛。本届论坛既是对东北三省杂技艺术现状发展的总结，也是对全国杂技艺术及前沿理念的概括和思索。同时，更加突出杂技艺术理论的地域特征，对市场走向与杂技发展关系的问题尤为关注。研讨会期间，与会者就杂技艺术发展走向、历史脉络及艺术审美规律、新形势下市场化冲击与改革范畴进行了研讨。此次论坛共提交论文 31 篇，由中国杂协理论研究委员会成员等组成的评委对论文进行评比。

【首届甘肃省大学生魔术交流大会】

2011年12月17日，由甘肃省文联主办，甘肃省杂技家协会承办，甘肃省兰色魔术联盟和兰州交通大学协办的“首届甘肃省大学生魔术交流大会”在兰州交通大学礼堂举办。此次大会选出10个魔术节目，其中近景魔术2个，舞台魔术8个。大会还包括演出与讲座活动，给爱好魔术的大学生搭建沟通平台，让他们近距离和甘肃省魔术专家、艺术家交流。

大事记

1月6日，重庆杂技艺术团创作的杂技剧《花木兰》获“2010－2011年度国家舞台艺术精品工程资助剧目”。

1月18至30日，甘肃省杂技团有限责任公司参加第8届泰国“欢乐春节”活动。

1月19日，中国杂协组团参加第36届蒙特卡洛国际马戏节。

1月20日，陕西演艺集团杂技艺术团有限公司一行42人赴台演出《长安百戏》。

1月26日至29日，中国杂协组团参加第33届“明日”世界杂技节。

1月31日至2月6日，广州市杂技艺术剧院《杂技精品晚会》赴新加坡参加第10届“华艺节”。

2月27日，山东省杂技团携《蹬人》赴美参加奥斯卡颁奖典礼。

4月11日，河南省杂协2012年理事扩大会议在辉县市召开。

3月20日至21日，中国杂协第6届理事会第三次扩大会议在云南省昆明市召开。

4月26日，湖北省杂技家协会第三次会员代表大会在武汉召开。

5月17日至18日，上海国际杂技教育高级研修班在上海开班。

5月19日，“浙江省高校魔术联盟”在杭州成立。

5月29日至31日，杂技剧《霸王别姬》在大连文化俱乐部剧场首演。

6月15日，中国濮阳国际杂技产业园开工奠基仪式举行。

7月6日，江苏省灌南魔术学校揭牌。

7月20日，杂技艺术题材青春励志影片《热血街头》上映。

7月21日至22日，“同心结华夏——第5届两岸四地大学生魔术交流大会”在北京大学百年纪念讲堂举行。

8月10日至8月12日，首届粤港澳台魔术节在广州友谊剧院举行。

8月18日，大型杂技童话剧《憨憨猫皮皮鼠》在中国儿童艺术剧院首演。

8月26日，深圳市宝安区福永杂技艺术团《头顶倒立》和《单手顶技巧》获得第十一届CIRCUBA国际夏季杂技节大赛“金奖”，《二人力量》获优秀节目奖。

9月5日至7日，“东方神话之《哪吒》”在北京天桥剧场上演。

9月8日，魔术舞剧《梦归琴岛》全球首演。

9月12日，重庆杂技艺术团杂技剧《花木兰》研讨会在京举行。

9月13日至17日，青年魔术师李彦培的《变脸》和河北杂技团的《单人柔术》参加中国共青团百人代表团赴朝鲜的友好访问。

9月15日至16日，天津杂技团的《顶花坛》、《三人滚杯》赴美参加“2012·今日中国”艺术周演出。

9月18日至27日，郑州天宇演艺有限公司的杂技《男女对手》赴马来西亚参加国际青年交流活动。

9月19日至22日，第三届中国西湖国际魔术交流大会在杭州举行。

9月28日至31日，江苏盐城杂技团《转动软钢丝》节目代表中国参加第13届法国瓦兹河谷国际马戏节。

10月11日至14日，2012中国杂技创意与创作高级研修班暨美式滑稽培训班在南京溧水开班。

10月18日至22日，遂宁市杂技团的《比翼——男子双人技巧》和上海市马戏学校的《兄弟——

三人倒立技巧》获第14届意大利拉蒂那国际马戏节金奖。

10月25日，《京韵百戏开心汇〈北京〉》在天地剧场上演。

10月25日，四川省第七届“巴蜀文艺奖”杂技比赛在四川自贡举行。

10月26日至11月1日，第10届中国武汉光谷国际杂技艺术节在武汉举办。

11月7日，吴桥县杂技艺术研究会成立。

11月21日至22日，第3届东北三省魔术比赛在哈尔滨举行。

11月25日，李宁在湖北卫视上演了从黄鹤楼穿越长江至龟山电视塔的大型实景直播魔术。

11月29日，2012北京国际幽默艺术周在北京电视台BTV大剧院开幕。

11月30日至12月2日，首届中国北京国际魔术大会在北京昌平体育馆举办。

12月13日，第5届东北三省杂技论坛在吉林省举办。

12月17日，“首届甘肃省大学生魔术交流大会”在兰州交通大学礼堂举办。

中国艺术年鉴

2012年卷 + 下

王文章　主编
中国艺术研究院《中国艺术年鉴》编辑部　编

文化藝術出版社
Culture and Art Publishing House

《中国艺术年鉴》
编辑机构人员

主　编

王文章

副主编

王能宪　田黎明

吕品田　贾磊磊

杨　斌　孙伟科

编辑部主任

孙伟科

编辑部副主任

丛玲玲

分卷主编

丛玲玲

王　晶

柯　凡

杜　蕾

马　岩

张啸涛

陈　乾

王　伟

顾骁瑾

孙晓霞（特邀）

高　伟（特邀）

中国艺术年鉴

2012年卷+总目

下册目录

电视艺术卷……999

分卷主编 张啸涛

美术卷……1097

分卷主编　王　伟

工艺美术卷……1275

分卷主编 丛玲玲

分卷主编：张啸涛

中国艺术年鉴

2012年卷

电影卷

年度述评

从重制作向重创作的美学转向
——2012 年中国电影创作综述①

◎尹 鸿 李瑗瑗

过去一年，美国影片引进数量的增加、3D 技术的常规化，使好莱坞变身“好莱虎”，对中国电影市场产生了巨大冲击，原本踌躇满志的国产电影压力陡增，无论在市场上、创作上还是口碑上，已然遭遇“拐点”，全年票房前十中只有《人再囧途之泰囧》（以下简称《泰囧》）、《画皮 2》和《一九四二》三席为国产电影；排行前 20 名中，华语电影也仅有五席；全年国产电影票房份额近八年来首次未能超过进口影片。尽管如此，这一年国产电影在票房失利的背景下，却呈现出一些值得关注的新现象。虽然多数大制作商业电影乏善可陈，但《桃姐》、《万箭穿心》、《边境风云》、《搜索》、《神探亨特张》、《二次曝光》、《寒战》等一批中小制作的影片不仅题材、风格、样态多样，而且在市场上也表现不俗，创造了中国电影多样化的艺术和市场空间；虽然张艺谋、陈凯歌、冯小刚三驾马车这一年或者缺席、或者表现平平、或者市场表现不如预期，但在他们创作转向的同时，一批比“第六代”导演更年轻的新电影人如《泰囧》的导演徐峥，《画皮 2》的导演乌尔善开始挑起国产电影大梁；尽管受到特殊的政治文化环境和商业环境的制约，这一年仍然很难产生出有思想深度、社会深度、人性深度的影片，但《一九四二》的出现，继前几年《集结号》、《让子弹飞》等影片之后，延续着中国电影人关怀生存、拷问现实、探究人性的艺术良知。这一年，对于中国商业电影来说，不能说是一个大年，但却是近年来中国电影最为丰富多彩、生机勃勃的一年，它表明中国电影正在从制作规模的重磅化、商业元素的拼盘化走向电影创作的精致化、文化气质的接地化。2012 年是中国电影从重制作到重创作转换的一年，也是在好莱坞电影制作水平的冲击下国产电影寻求从创作质量上完成突围的一年。其意义，也许需要未来几年的时间来证明。

一、大制作娱乐电影：商业拼盘的穷途末路

从 2002 年的《英雄》开始，大片以其大投资、大导演、大明星、大场面的优势组合一直是近年来中国电影的焦点。然而，大同小异的古装题材、花拳绣腿的武打动作、恩怨情仇的老套故事、三地明星的模板配方、漂浮空洞的视听风格、司空见惯的空间设计，都使这类大制作商业电影的市场空间越来越小、创新空间越来越窄、观众缘分越来越小。从 2011 年的《关云长》、《战国》、《新少林寺》等开始，这类影片共同遭遇口碑、票房的双重滑铁卢，而这一年的《铜雀台》、《太极》（1、2）及至贺岁档的《血滴子》、《大上海》，则再次延续了同类大制作电影的颓势命运，过度依赖血腥动作、拳头枕头、明星大腕、商业炒作，缺乏独特的艺术发现、人物塑造和主题开掘，宣告着以往那种以元素拼贴为核心的急功近利的大片模式，几乎穷途末路。以古装历史大制作《铜雀台》为例，这部宣称耗资 1.3 亿元、以汉末一代枭雄曹操为主要核心人物的鸿篇历史巨制，在中国人耳熟能详的西汉末年天下三分的历史基础上，重构了一个汉室朝野诸多人物因“情色权谋”而杀机四起、暗战重重的故事，导演试图通过重述历史，对曹操、汉献帝、灵雎等历史人物进行重新的定位和解读。虽然有周润发领衔，苏有朋、伊能静、刘亦菲等华语电影界知名的演员担纲主角，导演也力图在人物刻画、视觉效果上给观众强烈的观影刺激，然而，由于缺乏对复杂故事的驾驭能力，演员的熠熠风华也无法掩盖该片本身情节上的断裂与漏

---

① 本文为中国电影家协会理论评论委员会编《2013 年中国电影艺术报告》之一章。

洞。拖沓冗长的节奏、简单生硬的叙事动机、概念化的情节冲突、刻板空洞的人物设置、单薄的电影化叙事手法，使得电影无论故事还是人物都显得支离破碎，而“情色权谋”的价值观，则使影片沦为一些观众所批评的“金玉其外、败絮其中”的大片。影片勉强过亿元的票房不仅与其投资额不匹配，而且更是在豆瓣电影上得到了“5.0”的评分和时光网上“平庸之作，不看也罢”的评价。国产大制作电影的市场吸引力似乎已经透支殆尽。

同样的问题也出现在另一部以中国传统功夫陈氏太极拳为蓝本的电影《太极：从零开始》和《太极：英雄崛起》上。两部电影共同讲述了发生在清朝末年，一个头生异角的怪咖杨露禅如何历经千辛万苦学得不外传的陈氏太极拳，并最终成为一代太极宗师的故事。在《太极：从零开始》中，尽管导演力图通过无处不在的字幕注释、以黑白默戏来交代过场戏以及朋克风、嘻哈风、动漫风的风格混搭等新的电影表现手法来打造一部具有真人角色扮演游戏风格的电影，在动作设计上，也邀请洪金宝来担任武术指导，但电影故事本身的陈旧俗套、情节安排的无厘头、场景设计的山寨、人物设定的平面化和概念化以及匆匆而散的结尾，都无法支持电影本应具有的故事强度、情节发展的复杂性和人物形象的完整性。

形式上的创新不过是“新瓶装旧酒”的花活，无法让观众满意。到了《太极：英雄崛起》，新的人物的加入、新的机器造型的出现，却仍然没有改变这部电影内容的空虚、情节上的跳脱和价值观上的缺位。作为一部讲述中国传统武术太极拳、且故事背景发生在清末列强入侵的历史背景下的电影，无论前者“人与自然之间存在着互动的关系”和“天下有常胜之道曰柔，上善若水，柔可以克刚，避实以击虚，持后而处先”的拳术哲学还是特定历史时空下中西文明、现代与传统、进步与落后的碰撞与冲突，以及武侠片本应具有的侠义精神，都有巨大的创作和价值代入的空间。然而，两部《太极》，除了不断升级的带有科幻元素的“神器”和各种游戏元素的添加，并未给传统武侠片提供更新鲜的叙事模型和价值理念。

随着电影市场化的逐步推进，最大程度地释放了中国电影的娱乐功能。到了新世纪，这种娱乐已经有了泛滥的趋势。在2012年的电影作品中，我们依然可以清晰地看到娱乐元素的失控与堆砌：不管题材、不顾类型，不考虑风格与情节，曹操在《铜雀台》上装傻卖萌，太极宗师及说明他身份的字幕一起在《太极》里扮二充愣。而生硬插入的床戏、激情戏、滥觞的裸戏、吻戏，都显示着对中国观众趣味的某种低估和轻视，也消解着电影原有的单纯与诚意。《铜雀台》和《太极》（1、2）的问题，其实也是近年来一系列商业娱乐片的普遍问题，导演都想用极致的视觉效果来掩盖其在叙事、主题上的漏洞和空洞，影片无论在故事构造、情节安排还是人物设置上都是千疮百孔、生搬硬套，忽视了电影不仅要亮炫、释放、搞笑，更需要一个能引起观众共鸣的延宕缝合的好故事、一组能够唤起观众情感投射的生动完整的人物和一种能够敲打观众内心深处某个脆弱点的情感冲击。

二、中小成本电影：寻求与观众的心有灵犀

与古装大片几乎集体失守相对的是，这一年国产电影市场上，却出现了一批无论创作还是制作、口碑还是票房都颇有诚意、颇受好评的中小成本电影。其中，既有比较纯粹的作者电影如《桃姐》、《飞越老人院》、《神探亨特张》，也有接近商业艺术片或者艺术商业片的《万箭穿心》、《LOVE》（《爱》）、《人山人海》、《边境风云》、《二次曝光》、《目击者》等，这些中小成本影片一方面在保持“艺术”表达的独特性时，没有像以往许多艺术电影那样局限在“作者化”的“自言自语”中孤芳自赏，而是通过生活化的细节讲述、平和的创作态度主动寻求与观众的沟通、扩大与观众的交流界面；另一方面，尽管这些影片在政治语境的影响和商业诉求的诱惑下，难免会不够纯粹和坚定，但它们关注个体命运、揭示人性挣扎、折射社会境遇、表达人文关怀，与观众的人生经验和社会体验寻求最大限度的共鸣。虽然这些影片的制作规模不大，但创作精细、风格各异、美学态度诚恳，充分体现了中国电影从重视制作到重视创作的转化。

许鞍华导演的《桃姐》用艺术自信坚定不移地排斥了所有俗套的人物关系的假设、狗血戏剧性的

营造和煽情的技巧，讲述了在一个大家庭里当了60年女佣的桃姐，在生命的最后日子里与其自幼照顾的少爷Roger之间一段跨越阶级、超越生死的人伦亲情。导演并没有将故事放在真空的环境里去表达一种单纯的主观愿望，恰恰相反，她将故事置于一个真实得不能再真实的现实环境中。这个环境有老人院的人情故事、是是非非、生老病死，有电影首映式上的尔虞我诈、圈钱套路，电影里面的各色人物也都有着不同的人性弱点和盲点。然而，导演却并未对此做太多的评说，只是用平实而自然的镜头展现着生活的似水流年。经过一年多打磨的剧本，使故事中的人物形象和生活状态都生动、细腻、打动人心，而片中对生、死、爱这些人生重要命题的诠释，则充满了温情与智慧、超然与豁达。流畅而平实的电影语言、哀而不伤的平淡叙事以及颇具匠心的场面调度，丰富地再现着许鞍华导演心目中的"simple life"，也深深打动着观众的心。许鞍华用对话、眼神、生活细节白描生活的同时，也举重若轻地表达着自己对生活、生命和人际关系的看法。刘德华作为明星、实力派演员对于普通人的演绎也拿捏得恰到好处，并未与整个影片的风格产生太大的违和感，而叶德娴的出色表演，则将这对主仆情同母子却不是母子的复杂情感发挥得淋漓尽致却真实自然。

电影《万箭穿心》由湖北作家方方的同名小说改编而成，讲述了一个发生在当代长江边上普通女子的命运故事。颜丙燕塑造的女主角李宝莉，本属武汉中下层的市井女孩，没多少文化、刀子嘴豆腐心，嫁给了一个懦弱的知识分子马学武，却因为两人性格的落差和日常生活中对于自我的固守发展到各自画地为牢，婚姻日渐残破，及至丈夫有了外遇。出于性格的惯性，李宝莉选择了报警这一最伤害丈夫的方式，致使丈夫失去了最后的尊严后选择了自杀，从而给李宝莉的生命造成重大打击。之后她选择做"棒棒"（为别人挑东西的苦力）来支撑家庭、补贴家用，却不被公婆和儿子理解，在生活的重压下挣扎着。电影通过全方位的"武汉化"——武汉拍摄、武汉方言，用平实的电影镜头真实地还原了这座处在华中地区交汇处城市的独特气质。导演王竞用手提摄影保持了对人物真实化表演的把握和生活的质感。而演员颜丙燕的表演，则将人物性格与命运的复杂关系呈现得丝丝入扣，将人物命运变化带给观众的反思过程变得自然、尖锐而深刻。原作者方方在看过电影之后也评价说"（电影改编）无可挑剔，可打90分以上"从《一年到头》、《无形杀》、《我是植物人》一路走来的导演王竞，一直都将自己的目光对焦于现实世界中的是是非非。只是相比之前的题材，《万箭穿心》所探讨的问题有了超越故事本身的形而上价值，表现的手法也更为平实。故事在讲述一个女人命运的同时，也让我们每一个人去思考女性在婚姻中应有的位置以及婚姻中男女的相处之道。是什么最终造成李宝莉命运的多舛与痛苦？是她自己还是她周围的人？在这个处处都要彰显男女平等却离婚率越来越高的时代，传统婚姻中的夫唱妇随的处事原则早已被当做不合时宜的陈词滥调，怎样的夫妻之道才是维持婚姻的秘籍？涉及到人物性格，每个人都有自己看不到的性格盲点，李宝莉在这样的盲点中挣扎着、抗争着，却使自己的命运越来越陷入生活的泥淖。那我们呢？电影没有给出这些问题的答案，却带给了我们深深的思索，这或许是《万箭穿心》的价值。它用影像放大、凸显了我们不断重复的日常生活中被忽略的盲区，切中了我们这个时代中人都能感觉到却无法说出的隐痛。

相比前两部影片的沉重，由台湾导演钮承泽导演的《LOVE》（《爱》），无论在形式上还是内容上都显得轻松、活泼了许多。尽管这部为情人节量身定做的大陆与台湾的"合拍片"，多少有些迎合两岸政策和市场的不得已，但影片不仅制作精细、手法娴熟，而且对爱情的阐释也具有一定的生活质感和社会质感。电影一开始，导演就用一个一气呵成的长镜头，交代了故事中年龄、身份、性格各异的几对男女主人公，并通过台湾、北京两地温馨小故事的穿插，将身处这个欲望越来越多、真爱越来越少的时代中不同背景的男男女女的情感状态做了细致入微的描述。钮承泽的镜头虽然带着台湾小清新电影特有的美感和韵味，却充满了真切感人的人间烟火气。特有的电影氛围带给观众特有的心理假定性，台湾校园里的跳化粪池道歉、北京警察的油滑与善良，都在导演的镜头下呈现出一种超越现实的真实感，让人情愿相信，这样的事、这样的人会真实发生、真实存在。整部电影几乎没有什么华丽炫耀的大场面，导演的镜头里，有的只是平常人家或富贵豪门的日常生活状态，却在似乎不经意的对比中显露出金钱对亲情和爱情的疏离：豪门富户家中豪华而宽大的桌子两头客气而程式化的问安远没有市井小民一家人团团围坐七嘴八舌的温馨与亲密；而无论街头背景中闪烁着“love”的霓虹灯，还是小朋友手中的心形抱枕，都一再地重复着电影的主题：在这个亲情、爱情被消费社会中的金钱逻辑日益消解的时代，人们对于爱的渴望。导演更是通过别具匠心的情节安排，打动人心的细节刻画，在欢笑与眼泪中完成了观众的心理缝合。

其他如《人山人海》、《神探亨特张》、《目击者》、《浮城谜事》、《边境风云》等中小成本电影，探讨的话题、表现的手段各不相同，有的走文艺路线，有的则选择了和商业类型片的拼贴组合；在电影风格上，或写实、或悬疑、或冷峻、或批判。但它们都不避讳当下的社会环境中人的真实生活状态和现实困境，关注转型时代底层人们的酸甜苦辣。作品带有显著的时代特点和或浓或淡的人文意味，虽然由于宣传营销水平的影响以及市场供求关系的限制，这些影片的市场反应参差不齐，但相比于大制作的浮华与浅薄，它们的接人气、接地气、接内心的艺术气质，显示了一批中国电影整体创作水平的提高，中国电影的多样化格局正在改变着前一阶段过度商业化、娱乐化的浮躁。

三、类型电影：抚慰恐惧与营造梦想

对于第二次欣赏美式大片《泰坦尼克号》的中国观众而言，2012年仿佛是一个时间的轮回，让这部曾在1997年引发中国万人空巷观影狂潮的电影3D版依然能在播放15年后取得近十亿元的票房。这样的事实，除了表明中国观众的怀旧情绪之外，更诉说着中国电影观众对商业类型电影的渴求。面对好莱坞明显的优势，面对越来越年轻的观众群体和他们对好莱坞类型电影越来越熟稔的观影经验，中国的国产电影的类型化创作面临着严峻挑战。

由于受到投资规模、技术水平、专业能力和题材限制等方面的种种制约，中国商业类型片创作的空间相对狭小，警匪、枪战、灾难、科幻、奇幻等好莱坞常规类型电影，都很难成为中国商业类型片的主体。从冯小刚的贺岁喜剧开始，中国电影人一直在努力寻找中国式本土类型片的创作模式。这一年，中国票房收入前十的国产电影中，《泰囧》、《画皮2》、《十二生肖》、《寒战》、《听风者》、《四大名捕》、《大魔术师》、《消失的子弹》，尽管投资成本有大有小，故事题材也跨越古今，类型更是丰富多元，却几乎都是具有类型特点的商业娱乐片，其中，《泰囧》创造了中国本土市场上有史以来最高的最高票房纪录，打破了《阿凡达》创造的观众人次神话；而《画皮2》、《十二生肖》等，也显示了与好莱坞大制作类型片抗衡的市场能力。尽管中国商业类型片在制作规模、营销规模上还很难与好莱坞电影正面对抗，但是电影观众的本土经验、当下情感仍然为国产电影留下了足够的生机。排解当下的喜怒哀乐、抚慰中国人的创伤恐惧，构筑中国社会的梦想人生，这恰恰是好莱坞电影与中国观众之间的最大隔膜。

《泰囧》在2012年已经不仅是一匹黑马，完全可以说是一个奇迹。一部几千万元投资的影片创造了12亿元票房的纪录。除了冯小刚《一九四二》的铺垫、李安《少年派》的培育、嗷嗷待哺的贺岁心境、影片营销的适度等这些天时地利人和因素之外，一向具有市场潜力的喜剧类型、全民普遍的屌丝逆袭情节、几位演员浑然天成的喜剧气质、异国他乡故事背景带来的自由和潇洒、现代电影的视听节奏共同塑造了这部电影的成功。《泰囧》继续了《人在囧途》的喜剧套路，依然是性格、阶层不同的人，为了迥然相异的目的，在共同的路途中所遭遇的各种故事，在嬉笑玩闹中揭示出平凡却深刻的人生哲理。除了重复《人在囧途》中走错房间、无法充电、“人间自有真情在”这样的喜剧技巧外，《泰囧》的人物更典型、笑点更集中、情节更曲折、场面也更铺张，而徐峥、黄渤、王宝强三位演员的流畅表演，则使这部喜剧影片具有了徐峥式的“悲催”风格。有别于冯小刚嬉笑怒骂的贺岁幽默喜剧道路，《泰囧》成为以公路片为基础、折射当下社会阶层分化语境、表达人与人冲突与沟通的喜剧品牌。

冯氏的贺岁喜剧有其一脉相承的套路，即“后现代性的通俗、幽默化的宣泄、喜剧明星+漂亮女性的固定组合、大社会荒诞背景的小人物调侃、悲剧元素正剧温情对喜剧风格的适量注入、媒介立体推

广、贺岁档期推出等等”。① 相较于冯小刚，徐铮的喜剧更亲民、更贴近现实，尽管这现实有被夸张甚至修饰的成分，但无论是《人在囧途》对春运一票难求、返乡路困难重重的描述，还是《泰囧》对大时代中商务男之间的勾心斗角和为成功而无所不用其极状态的刻画，都在某种层面上道出了当代中国人真实的生活境遇、心理状态和人生困境，其笑点更多的是通过人物的假定性来完成。徐峥的“自作聪明”和霉运不断、王宝强的“二到无穷大”和善良、黄渤的“痞”和“一根筋”凑在一起，产生了爆笑不断的“化学反应”，且在这样的碰撞中，建构而非解构出一套符合当代人心理诉求的人生哲理和心灵鸡汤。如果说，冯氏贺岁电影带给观众的是对葛优式抖机灵与京味儿幽默的欣赏、仰望的快感，徐峥电影则让我们去平视甚至俯视“徐”、“王”、“黄”三人组合的各种“囧”态；在冯氏贺岁电影背后，是对现时代的嘲讽和传统价值的疏离，而徐峥的喜剧，则通过对亲情、爱情、友情的回归，为现代人迷茫、失落的心理状态找一个暂时安歇的居所。尤其是影片中为小人物圆梦的桥段，在阶层日益分化、固化的今天，打中了芸芸众生中不少“屌丝”的心头柔弱，释放了大家的心灵淤积。尽管《泰囧》在商业诉求的驱动下，有些为喜剧而喜剧的堆砌，动作性的强迫笑点替代了会心微笑的智慧，但是，徐峥对于观众诉求的把握、对于电影是“一个有艺术价值的商品，这两点缺一不可”② 的平衡认识，最终成就了《泰囧》的高票房，也为喜剧电影类型增加了新的元素。

除《泰囧》外，另一部假系列之名的影片《画皮2》也成为本年度最受市场欢迎的国产商业类型片。除了档期安排的时机因素之外，题材的选择、演员阵容的搭配、3D的策略、品牌的影响、风格的完整、节奏的控制都保障了该片的制作水准和商业水准，而在打斗类型下表现情感故事，更是为影片赢得了观众、特别是女性观众的共鸣。“画皮”的概念取材于中国传统志怪小说《聊斋志异》中的故事，20世纪80年代以来，电视剧《聊斋志异》的热播，普及了“画皮”的原型以及由此带来的魔幻爱情类型。电影《画皮2》在《画皮》热卖的基础上，对“画皮”的原型进行了现时代的分析和改造，力图将充满奇幻色彩的魔幻类型和当下中国人的现实诉求关联起来。故事以“皮”和“心”的矛盾为主要线索，讲述了一个以“心”换“皮”，最后却发现皮乃“浮云”，唯真爱永恒的故事。狐狸精小唯有举世无双的美貌却没有心，靖公主有一颗世人皆无、能够驱散小唯所惧怕的寒冰地狱的“热心”，却在一次打猎中失去了美貌，从而使其与所爱的将军霍心产生误会。而小唯则用法术使靖公主相信，只要拥有美貌就能换回霍心对她的爱，尽管换皮的代价是以后每天都要吃一颗活人的心；而三人之外，天狼国也觊觎用靖公主的心重新唤醒被小唯取走心的天狼国王子，于是，两国之间，围绕着“取心”、“换皮”，又是一场大战。虽然影片在人物设置、情节安排上为增强所谓的戏剧性和观看性优势显得有些人为和造作，在多次出现的“换心”等场面展示上也过度追求感官刺激，但《画皮2》还是以“三惑五劫”的原型叙事完成了电影应该具有的故事强度和视听强度。周迅、赵薇和陈坤三位演员的出色表演以及3D技术、CG技术的合格运用，也使这部影片达到了较高的创作和制作水平。故事背后所折射出的当代人情感世界的匮乏与真爱永恒的主题，则让现代电影观众在奇幻的聊斋世界中完成了心理缝合。

此外，《消失的子弹》对中国式侦探推理类型的探索、《寒战》对于警匪片的完整演绎、《倭寇的踪迹》对武侠类型新路数的尝试、《二次曝光》对心理悬疑类型的开拓以及《绣花鞋》、《笔仙》对惊悚类型的延续，都成为本年度中国类型片值得重视的经验和教训。类型电影的产生是电影形式、结构、个人想象、社会需要交互作用的综合体及其不断的强调、复制、变奏和演化。比如在《画皮2》中，观众可以看到以往影视作品中出现的各种魔幻爱情类型元素的重置和创新，从而在形成约定俗成的形式和规则中获得可以预期的观影体验和心理释放。在越来越贴近的全球化语境和好莱坞巨舰已经把视听刺激做到极致的类型电影面前，《泰囧》和《画皮2》的商业成功告诉我们，探索基于中国本土的电影类型、

---

① 尹鸿、李德刚：《品牌领导消费：从冯小刚电影个案分析中国电影消费》，《尹鸿自选集：媒介图景·中国影像》，复旦大学出版社2004年版，第265页。

② 徐峥：《票房太好压力巨大 能分多少钱还得看老板》，2012年12月31日，来源：《新京报》，http://news.mtime.com/2012/12/31/1504114.html。

寻找当下中国人的情感认同，或许不失为对付汹汹而来的“好莱虎”的一道良方。

四、导演群体：新格局新趋向

2012 年的中国电影舞台上，第五代、“第六代”、新生代导演各自登场亮相。张艺谋、冯小刚、陈凯歌一统天下的局面似乎正在改变，香港电影导演的商业竞争力逐渐分化，而一批风格各异、禀赋突出的年轻导演则脱颖而出，成为本年度电影格局新趋向。本年度，过去经常见到的张艺谋、陈凯歌、冯小刚的“三国演义”，几乎成了冯小刚的独角戏。历经 19 年积累酝酿和两年多的艰苦拍摄，冯小刚毅然放弃了驾轻就熟的喜剧路线，呈现了与《集结号》、《唐山大地震》有着内在联系的历史灾难片《一九四二》。与《集结号》关注个人命运不同，《一九四二》更加关注中国草民的集体命运；与《唐山大地震》的伦理温情不同，这部影片更加坚定地传达一种历史的悲观和宿命。

这部取材于 1942 年河南大饥荒的电影，改编自刘震云的小说《温故一九四二》，是继《一地鸡毛》、《手机》之后，冯小刚对刘震云小说的第三次改编。小说以丰富详实的历史事实，还原了发生在 1942 年中原大地上的一场灾难。电影《一九四二》则择取其中的典型，将这场由于干旱和随后的蝗灾，更重要的是国民政府的内外交困和救援不力而致使几千万人流离失所、三百万人活活饿死的大灾难中一富一贫两家人的命运，用丰富细腻却又克制的手法描绘了出来。这样的题材选择也自有冯小刚的深意：历史，留下更多可言说和现实联想的微妙空间；灾难，则提供了非日常的生活乃至生命体验，人与人、人与物，人的社会关系和权力地位，在巨大的天灾人祸面前被重新洗牌，生命之轻、人命之贱，令人唏嘘。在中国这片土地上，除了官兵、官匪之外，中国人无论贫富，其实都是一介草民，在历史漩涡中都可能轻而易举地被抛入不能自拔、不能自救的绝望处境。这一描述，似乎是对中国社会各阶层命运的一种新的阐释，不仅具有历史价值也具有现实意义。

这部电影的基调偏冷。冷的色调、冷静的镜头，力图避免将其戏剧化、煽情化。距离感，与历史的距离，与剧中人物的距离，贯穿电影始终。而平行蒙太奇的方法则将灾难中的两种人，以灾民——当权者的对抗角色给予展现，前者，又以大地主一家和瞎鹿一家的命运为主线，描写了灾难对人命运的改变。冯氏还特别喜欢用对比来凸显命运的无常和荒诞；后者，则着重强调政府首领（蒋介石）、省级官员（河南省长）和军方的角力，三纵两横，在平行蒙太奇之下，天灾国难交错成一张历史的大网，面面俱到却重点突出、细节繁多却杂而不乱，多年的电影经验造就了冯氏驾轻就熟的叙事手段。

《一九四二》也延续了冯氏电影一贯的刻画能力。尽管已经相隔了 70 年的时空距离，但电影还是从方言使用、生活细节、环境道具、服装化妆等方面对半个多世纪之前生活在中原大地上的那群老百姓进行了生动的还原。“好死不如赖活着”、“早死早托生”、走到哪儿都不能忘记祖宗和家乡的生命哲学和民间信仰，不仅体现在影片中的人物态度和遭遇中，也流淌和沉淀在我们现代中国人的血管里。当生命遭遇无法承受之重，中国人的逆来顺受和韧性，以及背后的无原则、无超越和生生不息力量的辩证关系，都在电影中得到彰显。

《一九四二》在 2012 年的中国影坛上，无疑是一部不可多得的优秀作品：无论其创作的严谨或是制作的精良；无论是题材选择之惊心动魄、美学态度之庄严肃穆，或是艺术风格之统一完整、视听语言之精雕细刻，都体现出作品远远高出国产电影平均水平之上的艺术品质和社会价值。但这样一部万众期待的作品，却没有达到预期的票房效果。虽然票房数据并不能完全反映出一部影片的价值，但是却反映了这部影片在观众关注度与需求度之间的落差。表现人类灾难的电影不少。抛开作为一种类型存在的灾难片不说，纳粹集中营也是电影中常常表现的人类历史上最黑暗的题材之一。受到全球观众广泛喜爱的同类题材影片《辛德勒的名单》、《美丽人生》、《伪钞制造者》、《生死朗读》等，以及以监狱冤案为题材的《肖申克的救赎》等监狱片，虽然都深刻地表现了罪恶、残酷、人性挣扎和绝望，许多场景甚至触目惊心，让人不忍卒看。但是，这些影片在表现人类所遭遇的巨大灾难的同时，都不约而同地选择了一个搏斗者、救赎者、超越者或者忏悔者的视角，表现他们用勇气、智慧、牺牲、担当、良心去面对苦难，去帮助受难者，正视罪恶，最终完成对罪恶和苦难的超越，如同在一片黑暗的天空中发现了一颗星星的光亮，不掩饰黑暗但却突出了人性的伟大。这种叙事策略，一方面可能是出于商业考量，希望电影不因为过度压抑而失去观众和市场；但另一方面，笔者更愿意认为是出于一种美学考虑，希望电影不让观众在巨大的银幕上重新陷入地狱的阴森，而是在绝望中能够看见人性的星光和救赎的希望。正是因为这些影片中，这种黑暗的越狱者形象的坚毅、独特，甚至有些受难者的崇高，不仅让观众了解和认识到人类历史上这些惨绝人寰的罪恶，而且也或多或少地植入了对未来正义和人类自我救赎的信心和希望。事实上，许多观众之所以对这些影片刻骨铭心，的确不仅在于苦难，更在于这些面对巨大灾难和牺牲时人性所显示出的不屈不挠的挺立。从这一点来说，《一九四二》或过于沉浸在苦难中不能自拔，几乎没有一丝亮色和一点透气口，其影片透露的那种绝望的气息，多少会让观众有些审美上的畏难情绪。

亮色当然不是粉饰历史，更不能伪饰历史，不能人为地为历史加上光环，但是选择从什么视角去表现历史、开掘题材，仍然体现了创作者的一种美学选择、美学态度。正如美国著名作家福克纳在接受诺贝尔文学奖时曾说过一段话："诗人不应该单纯地撰写人的生命的编年史，他的作品应该成为支持人，帮助他巍然挺立并取得胜利的基石和支柱。"① 从这个角度看，《一九四二》给我们一个启示：对于电影来说，仅有苦难是不够的，或者说仅仅讲述苦难是不够的，更重要的是需要表达一种面对苦难的态度。天空越黑暗星光更明耀，黑暗之中的星光反而会成为观众心中一盏长明之灯。

另一位国际级导演陈凯歌，则悄悄地从古装历史题材转向了中小制作的现实题材创作。他以4000万元的成本，拍摄了一部以当下中国城市不同阶层的生存状态为背景、故事主题为"人肉搜索"的现实题材电影《搜索》。虽说现代都市题材对陈凯歌导演来说并非首例，但距上一次他的现实题材作品《和你在一起》却悠忽之间有了十年的距离。

《搜索》的故事，改编自曾入围鲁迅文学奖的网络小说《请你原谅我》，以线上的网络事件和线下不同阶层之间的爱情状态一主一辅的两条线索，串联了一个发生在当下时空中因让座这一偶然事件而引发一连串人物命运的连锁反应的故事：都市白领叶蓝秋在一个得知自己身患淋巴癌晚期的早上，因为疾病的打击而没有在公交车上给一位老人让座，而这一场景恰被实习记者杨佳琪拍下并上传到网上，从而成为群情激奋、人人讨伐的媒介事件。然而，随着新闻媒体对这一事件的深入报道和现实生活的机缘巧合，牵连其中的不同阶层中的几组人物的命运也随之被彻底改变：身处社会上层的上市公司老总沈流舒因此而陷入事业和婚姻的双重危机；其妻莫小渝则借着这一事件看清了其婚姻的本质以及自己在家庭中的位置；媒介新人杨佳琪则在这个过程中迅速了解了职业的潜规则和现代社会竞争的冷酷；而资深记者陈若兮的命运最让人唏嘘，事业从巅峰到谷底急转直下、爱情则从婚期的近在咫尺到爱人的负心分手，自己作为这起网络暴力事件的始作俑者和施害者，最终却成为最大的受害者。所有的这一切，都只发生在叶蓝秋从得知病情到高空坠楼的七天里。《搜索》的可贵之处在于，它直面变动中国现实的一个侧面，探讨了传统中国道德主义在媒介社会和网络时代对人物命运和人际关系的重大影响，同时对媒介生态、职场"宫心计"、房奴问题和家庭冷暴力也各有涉及。

然而，不少观众对于这样一个叙事并不晦涩的影片却多少有些认知和感受上的迷茫，很难清晰地把握影片的表达。影片中，高圆圆饰演的叶蓝秋在得知自己患上不治之症之后在公共汽车上失态这一故事的起点，无论是其过程的铺垫还是环境的烘托，似乎都过于生硬和突兀，从一开始就导致整个故事的基础不够扎实。而在整个叙事中，生死恋的浪漫故事、网络暴力的社会问题、富豪家庭的小三风波、青年男女的蜗居命运全部被纠结在一起，其中既有对资本家在情感上的专横跋扈的讽刺，也有对媒体八卦行为的鞭挞，还有对小人物之间真爱的吟诵，加上对网络暴力的批判以及各种时尚商品广告的植入，尽管内容丰富、人物众多，但所有这些人物关系、情节线索、叙事元素，却又总是若即若离、忽远忽近，似乎并没有成为有机整体。社会问题电影、言情电影、悲剧、喜剧、浪漫剧等各种类型、风格不仅混搭在一起，而且造成各个段落和线索之间的割裂。网络小说的颠覆调侃、言情故事的一往情深、社会批判的

---

① ［美］福克纳：《接受诺贝尔奖金时的演讲》，《美国作家论文学》，刘保端等译，三联书店1984年版，第368页。

义正词严、道德审判的道貌岸然，五味杂陈，难以分辨。也许，《搜索》太想满足观众的所有要求，于是将《失恋 33 天》、《蜗居》、《手机》、《山楂树之恋》等曾经流行过的影视元素做成了一个光怪陆离的大拼盘。

陈凯歌一直是一个风格鲜明的杰出导演，其创作上的优势和劣势都与其鲜明的风格息息相关。他电影的厚重、深邃和力量一直为人们所深刻地感受到。与此同时，他似乎并不擅长从容、潇洒、幽默和浪漫，而总会在具有历史厚重感和生命沧桑感的题材上显示出过人的才华和功力。也许是因为近年来陈凯歌对艺术深度的追求受到比较多的质疑，他的这部《搜索》便突然变成了各种不同类型风格、流行现象、娱乐元素的集大成。影片在迎合市场、迎合观众的同时，似乎也迷失了电影表达的清晰目标和统一风格。

电影作为一种商品，当然需要消费者认同。但是，我们不可能创造出一种能够满足消费者的所有需求的商品，也不可能满足所有消费者的需求。当前，中国电影在走向市场的过程中，无论是大片或是小片，都有一种拼凑娱乐元素的“加法”现象，叠床架屋的重口味成为一种风气，导致作品从类型到风格、从电影叙事到视听修辞的碎片化、拼盘化和混搭化。虽然适当的商业配置和包装对于电影来说是有必要的，但目前中国电影创作的最大弊端，恰恰在于做加法太多，酱油、醋、糖、黄油、辣椒各种调料混在一起。

毕竟能够像《让子弹飞》那样混搭成为一道够劲的麻辣川菜是可遇不可求的想象力的结果。而大多数用加法做成的影片往往都可能是支离破碎、不伦不类。比较一下同样是表现媒介生态中人的命运的彼得·威尔二十多年前的影片《楚门秀》，《搜索》这种靠加法来满足市场需求的做法其局限性恐怕就更加显而易见。所以，对于中国电影创作现状来说，也许应该进入减法阶段了。观众正在逐渐成熟，市场正在逐渐具备鉴别力，减少表达冲动的叠加与商业元素的拼凑，用最合适的叙述手段达成清晰的叙事目标，在今天已经成为观众对电影创作的常规要求。

在第五代仍然勉力转型的同时，一群出生在 20 世纪 60 年代中后期的“第六代”导演和 70 年代出生的新锐导演作品在本年度的高密度亮相，则似乎向我们宣告着新时代到来这种趋势势不可挡。管虎的《杀生》、王小帅的《我 11》、王全安的《白鹿原》、娄烨的《浮城谜事》，以及宁浩的《黄金大劫案》、乌尔善的《画皮 2》、徐峥的《泰囧》、陆川的《王的盛宴》、杨树鹏的《匹夫》、张杨的《飞越老人院》，再加上台湾年轻导演九把刀的《那些年，我们一起追的女孩》和魏德圣的《赛德克·巴莱》，以不同的影像呈现出新生力量的创作状态和勃勃生机。尽管彼此之间路数不同，风格迥异，水平也参差不齐，但他们都用自己的镜头留下了他们对电影的认识和想象，表达着自己对这个时代的思考和看法，用自己的努力和探索为中国电影增加新的内涵和时代气息。以地下作品起家的“第六代”群体的作品仍带有他们以往非主流、非常规，甚至反主流、反常规的叙事方式和较强的个人化风格的烙印，但同时，他们也在努力寻找着个人表达与市场、观众之间的结合点；而出生在 70 年代的两位新锐导演乌尔善和徐峥，虽然执导电影的经验有限，甚至是处女作，但两人之前十多年的广告拍摄和从影经历，都让他们有机会长期与市场与观众“亲密接触”，这让他们的作品少了一些学院派的阳春白雪，多了几分接地气的风格，和对市场、对观众需求的精准把握。不管电影评价或好或坏，票房收入或高或低，这批新导演的崛起，仍然在某种程度上改变了以往第五代一家独大的电影格局，让我们看到了中国电影新生力量的风貌。

这其中，曾以一部《图雅的婚事》获得柏林国际电影节金熊奖的导演王全安拍摄的《白鹿原》，吸引了 2012 年中国电影的太多目光，上映后也备受争议。这部电影改编自同名小说《白鹿原》，是陕北作家陈忠实耗时六年完成的作品，也是其代表作，原作者用近五十万字讲述了陕西关中平原上的“仁义村”白鹿村中两大家族——白姓和鹿姓祖孙三代在风云变幻的历史时空中的命运纠葛与恩怨纷争。这部在 1997 年获得中国长篇小说最高荣誉茅盾文学奖的小说，从出版到获奖都饱受关注和争议，而王全安将其搬上大银幕的做法，则将这种关注和争议延伸到 2012 年。电影的前期策划、拍摄乃至放映的过程中都被置于媒体与公众的聚光灯下。说《白鹿原》是2012年最引人关注的中国电影之一，毫不为过。然而，与这种一边倒的关注相对应的却是，电影上映伊始，评价便呈现两极化的状况。

这种状况既与观众对《白鹿原》小说的熟悉和热爱程度有关，也与2012年的电影上映环境有关，更与导演对宏大主题下历史史诗片的影像表达的能力有关。作为“中国最难拍的电影”，王全安力图呈现小说《白鹿原》中的史诗般厚重的历史气息与跌宕起伏的人物命运，用各种象征符号，如麦子、牌坊、祠堂来呈现几千年来维持乡土中国农耕社会的超稳定社会结构的物质基础和社会秩序，用各路“英豪”轮番登场的“戏台”来表达对党派和政治历史事件中是非之争的超越，与不断穿插的秦腔、皮影戏一起，使影片具有一定的历史沧桑感和民俗地域特色；对白嘉轩、鹿子霖、黑娃、田小娥的塑造，也让原本活在纸面上的人物有了真切、立体的形象；电影对白嘉轩的影像化改造也颇有可取之处，电影放弃了朱先生这个在原作中代表传统知识分子和儒家道统的“圣人”形象，同时放弃了白嘉轩的在原作中的复杂性，将其改造为维持那片土地生存与秩序的核心人物。这样的改动别具匠心，也使得电影有了精气神。然而，受制于电影的时长和表现手段，由小说改编的电影毕竟不可能是小说原作机械复制式的影像化，“改编式电影”更考验导演对文字和影像这两种不同媒介叙事符号之间转换的驾驭能力，如何利用影像的逼真性与表现性的优势既完整地讲述完整而动人的故事、呈现丰富而复杂的人物，又能用电影的各种视听元素调动观众深沉的历史感受与反思的心理机制，是王全安面临的最大难题，也是其受质疑的地方。在最后公映的156分钟的版本中，电影的时间停留在1938年，相较完整版的220分钟，少了一个小时零四分钟的戏份，更少了之后11年的情节发展。为了保持原作所具有的苍凉沉郁的史诗气息，王全安不得不在情节完整性与影像表现性中做出艰难抉择，结果仍无法保留电影本应具备的故事的完整性和节奏的整饬感，除了电影的结局显得较为仓促外，对历史背景的交代也显得浮光掠影。而公映版对小说中个别人物细节的保留，则让人生出“只见树木不见森林”之感，从而造成观众不必要的困惑与质疑，由此而引发对电影的批评。

相较于王全安对重大题材宏大主题的选择，张杨则将自己的镜头对准了当代中国日趋严重的老龄化社会下，一群生活在老人院、生命日薄西山的老人身上。《飞越老人院》继续了张杨在《爱情麻辣烫》、《洗澡》、《无人驾驶》等电影作品中一贯对生活在城市中普通人甚至边缘群体的关注，用质朴而温情的中国式情感，讲述或平淡或浪漫的生活故事。他的电影是低调的，但却会让人在观看之后有深深的感动，他讲述的都是发生在当下的故事，却总是在表达对传统的遥望和回归。

《飞越老人院》通过一众活跃在20世纪五六十年代老艺术家的精湛表演，刻画了一群生活在老人院中身体日渐衰残却依然保持积极、乐观心态的老年人的集体群像。故事的前半部分主要发生在老人院的封闭空间，后半部分则采取了公路片的形式，讲述了一群由于各种原因住进老人院的垂垂老者，尽管处于人生和社会的边缘，却依然不甘寂寞、寻找人生尊严的故事。然而，正如《飞越老人院》这个题目所带给观众的感觉一样，电影虽然涉及到了正在趋于老龄化社会的中国的现实问题，也真切地描绘了老年人人生将尽时的心理状态和情感诉求，但无论人物性格的设置还是情节的安排都较为理想化和简单化，前期老人院生活的现实描写和后期老人们私自驾车一路“飞越”的故事在风格上产生离间感，使得影片的整体风格不够协调统一，在喜剧类型和现实题材悲剧中徘徊，在某些细节的处理上，也缺乏现实逻辑的支持。这些因素，都降低了这部老人题材电影的深度和感染力。

陆川和管虎，2012年分别拍出了具有明显个人风格的电影作品《王的盛宴》和《杀生》，虽然在故事的完成度、风格的整一度、逻辑的严密度以及传达的冲击力上都有可圈可点之处，但过于私人化的表达方式，仍然无法被大多数观众所接受。陆川导演的《王的盛宴》在形式上和内容上都力图克服以往历史故事中的人物和情节发展的刻板形象和旧有逻辑，借用莎士比亚《李尔王》的对白和舞台剧风格、《乱》的造型、《荆轲刺秦王》的气氛以及《罗生门》结构，以西汉高祖刘邦的一生经历为线索，重新讲述了楚汉相争的老故事，对刘邦、项羽、韩信、萧何、吕雉等历史人物也进行了重新的解读，试图用新的方式来表达新的历史观。为此，导演放弃了“萧何月下追韩信”、“十面埋伏”、“四面楚歌”等可以铺陈的固有桥段和古装片动作上的漂亮设计，在对鸿门宴的处理上，也摆脱了司马迁在《史记》中对宴席上激烈冲突和戏剧性的描述，转而以刘邦在生命尽头回忆自己一生的方式展开故事。令人遗憾的是，虽然在人物设定、情节处理和拍摄手法上都有可取之处，但陆川的演绎，却并未给出令人折服的新意，与大师的对话也显得相对笨拙；形式上，大量无情节的内心独白以及用来心理分析的闪回，让整部影片显得拖沓而琐碎；内容上，此片虽然力图给故事注入现代元素，但由于主题过于多元，反而削弱了核心概念，最后留给观众的印象仍然是一个没有摆脱中国宫廷戏惯有的阴暗和暧昧，讲述胜者王败者寇、卑鄙是卑鄙者的通行证、高尚是高尚者的墓志铭的故事。

管虎的《杀生》则虚构了一桩发生在民国时期西南一隅一个封闭的千年古寨长寿镇中的诡异谋杀案。黄渤饰演的牛结实，本是个胆大妄为、自由不羁，因而不被村民所容却“蒸不烂、捶不扁”铜豌豆型的超级泼皮，最后却在全身毫无伤痕的情况下离奇死亡。这引起了任达华饰演的医生的好奇和怀疑，在找寻真相的过程中，现代西医苏有朋“心由境生”的杀人哲学和全村人集体参与的“死亡设计”逐渐浮出，随之浮出的是牛结实敢于对抗旧体制的人文主义启蒙者的形象。具有视觉冲击力的人物造型、神秘东方古堡色彩的取景、“风筝”等象征手法的运用和先锋、犀利的现实批判主题使这部作品带有浓厚的个人烙印和风格化特征。先建构后解构的叙事方法，则让这部影片的风格在前半段恣意汪洋和后半段却悲悯苍凉中游移，也让整部电影在节奏上前紧后松，后续乏力。尽管之前管虎在采访中多次表示自己就是要打造一部“元素混搭的非典型中国类型片”，① 但影片宣传中关于黄渤、余男两位影帝影后“情色戏”的渲染，以及诸多商业类型片明星任达华、苏有朋的加盟，依然显示了管虎调和“文艺+商业”的野心。

对文艺，这部影片是具有未来风格的黑色幽默+魔幻隐喻；对商业，是喜剧+惊悚的类型拼贴，但最终不足两千万元的票房收入和时光网“一般，不妨一看”的口碑，则显示着管虎无论在文艺片还是在商业片的创作上，都还有可探索的空间。

相较于陆川和管虎在文艺与商业之间的纠结，以《疯狂的石头》起家的宁浩则继续着商业喜剧类型片的探索。《黄金大劫案》虽然在草根情怀上和“疯狂”系列一脉相承，但不同的是，该片试图突破宁浩以往仅仅靠机巧情节编织的多线索叙事带来的恶作剧式的“疯狂”快感，而将一些严肃的人生命题——亲情、友情、爱情乃至信仰和救赎的普世价值添加到主流商业类型中去，虽然场面调度和节奏、细节的处理都有值得赞赏之处，但过于线性的故事情节和生硬的逻辑关联以及相对平面化、夸张化的人物塑造，则既消减了历史的沉重，也冲淡了喜剧的智慧。影片在创作上的极致性和统一性相对于宁浩的前两部影片都明显下降。

结语

2012年的中国电影，也许缺少在思想深度、艺术创新、传播效果方面都能高度融合的扛鼎之作。而且除了《泰囧》、《画皮2》之外，大多数进入市场的国产电影在好莱坞冲击下，都显得势单力薄、难以招架。但是，正是在这样的背景下，本年度中国电影格局正在悄然改观。继宁浩、滕华涛、张一白、尚敬等人之后，徐峥、乌尔善、李玉等一批年轻导演正在迅速崛起，高群书、陆川、张杨、管虎等中青年导演正在逐渐成熟，第五代也还在左冲右突。几代电影人的共同努力，不仅使国产电影的题材、风格、形态更加多元，而且一批优秀的国产片在题材开掘、类型把握、叙事控制、视听表达和与观众沟通等方面的能力都在稳步提升。前一阶段过度依赖制作规模和商业营销的局面有所变化，越来越多的电影开始更加具有表达诚意和交流诚意。电影人更加重视电影创作水平、创作质量的提升，推出了一批具有比较优良的艺术品质，同时也具有一定商业价值的影片。尽管缺少标志性的电影大家大作，但创作水平在大面上的普遍提升却为未来中国电影的发展奠定了基础。

当然，在当今全球电影越来越数字化、奇观化、高科技化的大趋势下，电子化时代成长起来的越来

---

① 参见《〈杀生〉类型情节惹争议 导演管虎回应三种质疑》，http：//news. mtime. com/2012/05/01/1487462. html。

越年轻的电影观众对超现实时空的偏好需求愈加明显。世界主流商业电影不可避免地会强化3D大银幕的美学走向，而这对于中国电影创作来说，将是一个难以躲避的转型阵痛。3D正在成为主流制作技术，不仅创造了一种不同于传统二维银幕的三维立体空间，甚至在题材选择、镜头运动、场面调度、合成手段、叙述方式等方面也带来电影美学的重大改变。从2008年3D初次登陆中国银幕以来，短短四年已经成为主流电影产品，国内3D银幕从零块到近万块的突飞猛进以及3D版《泰坦尼克号》的票房神话，都显示了技术创新对于电影市场的特殊魅力。本年度，尽管《画皮2》、《血滴子》、《太极》、《大闹天宫》等国产片都推出了3D版本，但无论是整体的制作水平或是美学匹配，中国的3D电影都还与好莱坞相去甚远。尽管接地气的好故事可以弥补国产电影制作水平的不足，但是正如战争最终不能单纯依靠游击队取得胜利一样，主流电影必须依赖电影制作技术的全面升级才能在正面战场上与好莱坞抗衡。只有制作与创作比翼齐飞、双轮驱动，中国电影才能具备商业美学的核心竞争力。

尹鸿　清华大学新闻与传播学院教授
李瑗瑗　清华大学新闻与传播学院2010级博士生

2012 年中国电影产业综述

◎刘汉文　支菲娜

2012 年，中国电影挑战和机遇并存。年初，中美两国签署《关于用于影院放映之电影的谅解备忘录》（以下简称“中美电影协议”），规定每年新增 14 部进口分账高新技术格式大片，中国电影面临前所未有的压力。这一年，电影界以迎接党的十八大胜利召开为契机，积极贯彻落实“全国影视创作座谈会”精神，推动电影生产、发行、放映持续创新，主要指标均创历史新高，中国电影整体保持健康、稳定、快速发展的良好态势。

一、电影创作生产

2012 年，中国电影创作生产保持活跃势头，电影类型化探索不断深入，日渐成熟，艺术电影拓展更大发展空间，青年导演迅速成长为市场主力。

（一）电影产量稳步增长，高新技术格式电影增量明显

2012 年，中国电影创作生产持续繁荣，全年生产各类电影总量达 893 部，再创历史新高。其中，故事片产量 745 部（含电影频道节目中心出品的数字电影 92 部），① 位居世界前列。（见图 1）

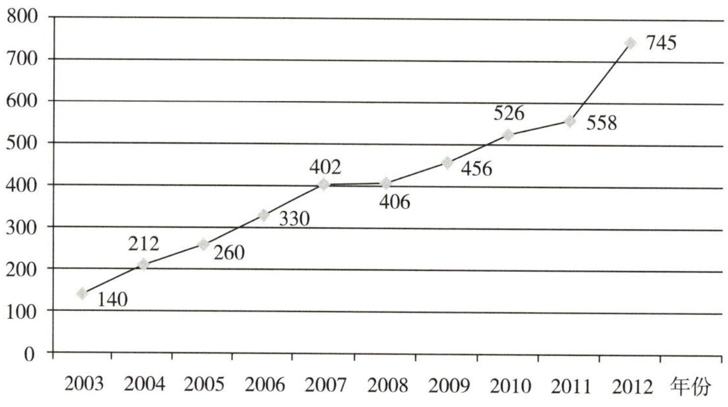

图 1　2003—2012 年国产故事片生产情况（单位：部）

数据来源：国家广电总局电影管理局。

此外，全国生产动画影片 33 部，纪录影片 15 部，科教影片 74 部，特种影片 26 部。（见表 1）

表 1　2007—2012 年中国故事片以外的其他影片生产情况　　单位：部

电影种类/年份	2007	2008	2009	2010	2011	2012
动画电影	6	16	27	16	24	33
纪录电影	9	16	19	16	26	15

① 从 2012 年开始，国家广电总局电影频道节目中心出品的电视电影正式纳入国家广电总局电影管理局故事片创作生产管理体系和统计范畴，电影频道电影审查部门也纳入国家广电总局电影审查委员会。

续表

电影种类/年份	2007	2008	2009	2010	2011	2012
科教电影	34	39	52	54	76	74
特种电影	9	2	4	9	5	26
合计	58	73	102	95	131	148

数据来源：国家广电总局电影管理局。

在进口影片数量增加的背景下，国产大片积极面对技术转型的挑战，制作高新技术格式影片。2012年，国产3D制式影片达到11部，较2011年增加5部。《龙门飞甲》、《黄金大劫案》、《画皮Ⅱ》、《一九四二》、《十二生肖》等影片制作了各种巨幕版，大幅提升观影感受，实现了片方、影院、观众的多赢。

（二）献礼十八大，主流影片①创作成绩突出

2012年，为迎接党的十八大召开，电影界精心筹备了26部题材丰富、风格多样、艺术精致、制作精良的献礼影片，着力提高艺术性，增强亲和力，将主流电影创作推上崭新高度，实现了社会效益与经济效益双丰收。以《忠诚与背叛》为代表的重大革命历史题材影片，恰如其分地融合了现实主义和革命浪漫主义的表现手法，在主流市场取得良好反响。《西藏的天空》通过两位藏族男性的成长反映了西藏和平解放以来50年间社会历史变迁。《雨中的树》、《南平红荔》、《索道医生》、《青春雷锋》等传记电影一反以往同类影片“高大全”式的英模人物塑造手法，人物形象鲜活生动，真挚感人。

（三）商业电影创作题材多元，类型化探索日趋成熟

2012年，国产商业电影在类型多样化道路上积极探索，创作水平不断提高。古装、喜剧、爱情、动作、灾难、惊悚等类型均有多部新片产出，影片类型元素突出。（见表2）《画皮Ⅱ》、《太极1：从零开始》、《太极2：英雄崛起》等古装大片，《人再囧途之泰囧》（以下简称《泰囧》）等喜剧片，《我愿意》、《爱Love》等爱情片商业元素丰富，明星阵容强大，市场定位准确，制作质量上乘。《大魔术师》、《双城计中计》等影片开拓了魔术、骗术与古装等类型的融合，《杀生》以悬疑与荒诞喜剧为叙事手段，《神探亨特张》尝试用纪录风格来完成类型叙事，《百万巨鳄》融惊悚和喜剧为一体，这些有益尝试都得到观众广泛认可。

表2　2012年排名前六的电影类型②

排名	类型	数量（部）	场次（万）	人数（万人）	票房（万元）
1	动作	38	430. 96	11448. 54	405116. 00
2	爱情	53	612. 64	7044. 32	271419. 20
3	科幻	9	194. 62	5260. 13	204753. 00
4	喜剧	53	176. 53	5401. 67	172455. 50
5	动画	33	183. 22	3944. 33	138539. 00
6	奇幻/冒险	6	99. 35	3089. 47	123445. 00
合计		192	1697. 32	36188. 46	1315727. 70
年度占比（%）		60	87. 10	76. 60	77

续集生产模式是好莱坞类型片的成功经验，也是日韩等国本土电影对抗好莱坞冲击的主要方式。

① 主流影片通常指国家政策倡导的，以反映时代主旋律为中心的电影作品。
② 刘嘉：《2012年中国电影市场票房综述》，《影博·影响》2013年第3期，第8页。

2012年,《画皮Ⅱ》、《太极1:从零开始》、《太极2:英雄崛起》、《喜羊羊与灰太狼之开心闯龙年》(《喜羊羊4》)等本土化续集影片均获得较好的票房成绩,说明中国电影产业在积极学习国外经验方面取得了明显成果,逐步形成了自己的内容品牌。

(四)青年导演迅速成长,成为应对进口影片冲击的重要力量

2012年,面对14部进口高格式影片的压力,青年导演主动迎击,逐步成长为国产电影市场的主力。徐峥、乌尔善、冯德伦、钮承泽、李玉、宁浩、陆川、赵林山、梁乐民和陆剑青等青年导演的作品票房均过亿元。其中,乌尔善的《画皮Ⅱ》票房过7亿元,一度创造华语片本土票房新纪录。徐峥的喜剧片处女作《泰囧》与2011年《失恋33天》的成功经验一脉相承,以本土化、接地气、小成本、贴近现实生活等元素赢得市场,在大片云集的贺岁档脱颖而出,观影人次超过《变形金刚3》和《阿凡达》,成为中国电影市场化以来首部票房超过10亿元的国产影片。此外,韩延的爱情片《第一次》票房3620万元,张琦的《Hold住爱》票房4645万元,也是青年导演中小成本作品的成功典范。

青年导演作品的多元化充分展示了中国电影创作的勃勃生机。李玉的《二次曝光》在继续保持女性视角的同时,将美学探索与商业价值相结合。李海蜀的都市轻喜剧《搞定岳父大人》讲述准女婿与未来岳父斗智斗勇的故事,幽默中不失温情。梁乐民和陆剑青导演的《寒战》被称为"香港警匪片回归之作"。徐皓峰的小成本作品《倭寇的踪迹》创新了武侠片的表现手段。此外,潘安子的《双城计中计》、王竞的《万箭穿心》、林黎胜的《百万巨鳄》等,利用市场热度较高的题材、类型和明星元素,巧妙表达艺术探索,显示出青年导演对中国电影文化传承的责任感。

(五)合作制片形式多样,电影生产国际化趋势显现

2012年,合拍电影市场十分活跃。中国电影合作制片公司共受理合拍片申请88部,其中66部通过立项。合拍片类型除既有的警匪片、爱情片、动作片外,在魔幻、灾难、喜剧、动画等类型上也有所突破。《画皮Ⅱ》、《十二生肖》、《一九四二》、《听风者》、《大海啸之鲨口逃生》等8部合拍片票房均过亿元。合作国别在加拿大、意大利、澳大利亚、英国、法国、新西兰、朝鲜、新加坡等国基础之上,还增加了比利时;与俄罗斯、印度、巴西、西班牙、韩国、美国、突尼斯、罗马尼亚、墨西哥等国的合作协议也达成意向。动画片《拯救第365天》更联合12国幕后团队打造。中国的3D转制团队承担了好莱坞大片《2012》的3D转制,引起国际市场关注。

两岸电影合作出现根本性改变。2012年,台湾本土电影《那些年,我们一起追的女孩》、《痞子英雄之全面出击》和《赛德克·巴莱》等在内地上映,取得较好的口碑和票房,对内地电影文化和市场格局产生了积极影响。合拍片《爱Love》是首部票房过亿元的两岸合拍片,《新天生一对》也获得良好的市场反应。2012年12月初,国家广电总局电影管理局发布《关于加强海峡两岸电影合作管理的现行办法》,规定台湾影片进入内地不受进口配额限制,内地与台湾合拍电影可享受多项优惠政策,这将进一步加快两岸电影文化的融合步伐。

二、电影放映与票房

2012年,国内电影票房收入首次超过日本①,成为全球仅次于美国的第二大市场。面对复杂多变的市场形势,国产电影积极应对,通过市场竞争检验并提高自身实力。

(一)电影票房持续大幅增长,新兴市场锋头更劲

2012年,全国电影票房收入达到170.73亿元(约合27亿美元),同比增长30.18%,已连续10年保持平均增幅超过30%,远高于世界电影票房6%的年度增幅。(见图2)中国内地电影票房总量相当于北美市场108亿美元的四分之一,占全球票房347亿美元的7.78%,对世界电影市场的贡献越来越大。

① 数据来源:www.eirin.co.jp,2012年度日本电影票房为1951.90亿日元,约合20.70亿美元。

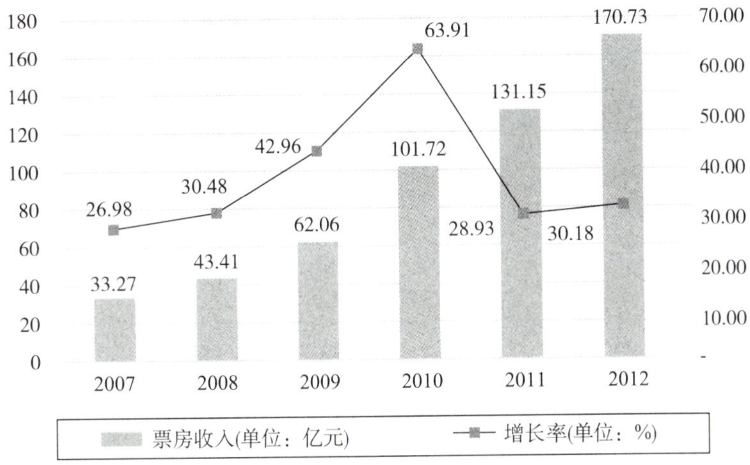

图 2 2007—2012 年全国电影票房及增长率（单位：亿元）

数据来源：国家广电总局电影管理局。

从月度数据来看，2012 年有 11 个月的票房超过 10 亿元。除 7、8 月略低于上年同期外，各月度票房较 2011 年均有明显增长。在贺岁档带动下，票房力量集中在 12 月井喷，达到 26 亿元，成为历年来最高的单月纪录。2012 年暑期档票房产出不如预期的原因，一方面是大多数国产影片类型特点不够突出，另一方面是进口大片如《蝙蝠侠：黑暗骑士崛起》、《超凡蜘蛛侠》等上映时间在 8 月末，未能对票房起到明显拉动作用。（见图 3）

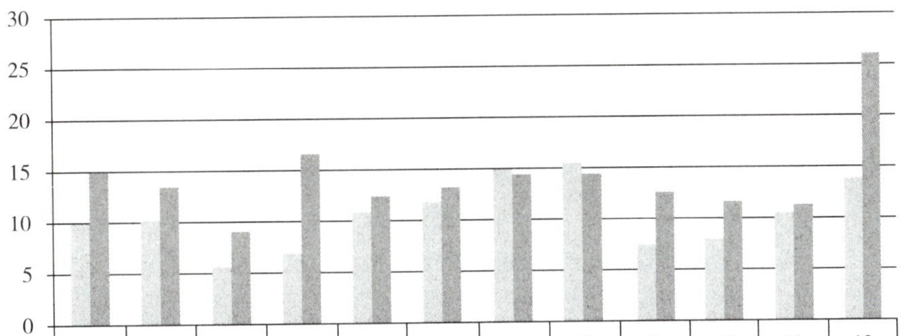

	1	2	3	4	5	6	7	8	9	10	11	12
2011年	9.838	10.09	5.526	6.688	10.81	11.76	14.86	15.36	7.231	7.905	10.47	13.76
2012年	14.89	13.4	8.96	16.58	12.3	13.1	14.26	14.34	12.4	11.47	11.3	26

图 3 2012 年与 2011 年月度票房走势对比（单位：亿元）

数据来源：国家广电总局电影管理局。

全国各地区电影票房均呈快速增长趋势。广东、北京仍位居票房前两名，上海的票房由 2011 年的 11.03 亿元上升到 2012 年的 13.49 亿元，但名次下降了两位，被江苏和浙江两省超越。（见表 3）在京沪粤这三大传统票仓大省，影院建设基本饱和，市场成熟度较高，因此三地票房的增幅均在 30% 以下。由于影院建设的快速推进、新兴市场的开发，观影习惯的逐渐培养，青海、河北、安徽、江西、山西、宁夏、内蒙古、湖南、河南、甘肃、重庆、山东等省（自治区、直辖市）票房增速高于全国增速。

表3　2010—2012 年地区票房前 10 名对比　　单位：万元，%

序号	2012 年			2011 年			2010 年	
	地区	票房收入	同比增长	地区	票房收入	同比增长	地区	票房收入
1	广东	237120	27.11	广东	186544	14.84	广东	162434
2	北京	161160	19.42	北京	134952	12.76	北京	119676
3	江苏	156348	43.43	上海	110339	13.15	上海	97512
4	浙江	137511	35.60	江苏	109007	44.12	江苏	75635
5	上海	134865	22.30	浙江	101413	37.41	浙江	73802
6	四川	87232	29.99	四川	67106	7.85	四川	62224
7	湖北	81265	38.58	湖北	58643	31.29	湖北	44666
8	辽宁	65747	35.66	辽宁	48466	29.54	辽宁	37414
9	山东	57476	33.95	重庆	42908	41.15	重庆	30399
10	重庆	55420	37.18	山东	40418	35.39	山东	29853

数据来源：国家广电总局电影管理局。

（二）观影人次与票房增幅基本同步，高新技术格式影片带动票价小幅上扬

2012 年，城市主流电影院线观影人次达到 4.658 亿，比 2011 年增加 1.11 亿，同比增长 31.29%。观影人次增幅与电影票房增幅（30.18%）基本保持同步。若按照 2012 年全国城镇人口 7.1182 亿人①来看，城镇居民年均观影次数已达到 0.65 次，为电影产业化改革以来最高值。随着国产电影质量的不断提升和电影市场的快速发展，国内观影人次未来仍有巨大增长空间。

随着城市影院建设的推进，中部一些地区观影人次增幅较大，甚至超过 60%。（见表 4）研究表明，在经济较发达地区，城镇居民观影人次已达到或接近世界发达国家同等水平。如广东省东莞市 2012 年人均观影次数为 4.57 次；浙江省绍兴市则为 3.64 次。② 在一些热门影片上映的时间，许多影院“排长队”已是常态。观影习惯的逐步形成，将推动电影产业进一步发展。

表 4　2012 年度票房和观影人次增幅较大的部分地区　单位：亿元，%，万人次

地区	票房			观影人次		
	2012 年	2011 年	同比增幅	2012 年	2011 年	同比增幅
安徽	3.7	2.245	64.81	1175	724	62.29
江西	2.71	1.646	64.64	803	494	62.55
河北	2.84	1.61	76.40	861	523	64.63
河南	5.09	3.4	49.71	1622	1164	39.35
湖南	4.29	2.80	52.89	1331	891	49.38

数据来源：中国电影发行放映协会。

2012 年中国平均电影票价约为 35.70 元，较上年有 1.88% 的小幅上涨，低于同期居民消费价格总水平（CPI）的涨幅。（见表 5）《泰坦尼克号（3D）》、《画皮Ⅱ》、《少年派的奇幻漂流》等高新技术格式影片数量较多、票房号召力较强，带动平均票价上涨。在各类文化消费中，电影依然是比较低廉的娱乐项目。

① 数据来源：国家统计局。
② 博纳星光研究院：《2012 年城市观影上座率指标》，http://blog.sina.com.cn/s/blog_99dca30f0101814p.html。

表5　2007—2012年中国电影平均票价

年份	2007	2008	2009	2010	2011	2012
票房（亿元）	33.27	43.41	62.06	101.72	131.15	170.73
平均票价（元）	24.46	27.55	30.03	34.69	35.04	35.70

数据来源：根据公开数据整理。

（三）放映数量增加，国产影片迎难而上

2012年，电影放映市场总体呈平稳上升态势，影片放映数量增加。全年进入院线放映的中外新片有315部①，其中国产故事片229部，进口片86部，较2011年分别有25.14%、34.38%的增长。全年累计有44部影片票房过亿元，其中国产片21部，进口影片23部。（见表6）

表6　2007—2012年中国内地票房过亿元影片数量　　单位：部

年份	2007	2008	2009	2010	2011	2012
票房过亿元影片总数	7	12	21	27	38	44
票房过亿元国产片	3	7	11	17	21	21

数据来源：中国电影发行放映协会。

进口分账大片配额的提高使国产影片生存空间进一步受到挤占。国产影片票房为82.73亿元，市场份额为48.46%，份额比2011年下降了5.15个百分点。这是国产电影票房在连续9年超过进口片之后，首次跌入50%以下。（见表7）但总的说来，国产影片市场份额超出中美电影协议签订之初的市场预期，成就来之不易，坚定了电影人的自信心。

表7　2007—2012年国产电影和进口电影市场份额情况　　单位：亿元

年份	2007	2008	2009	2010	2011	2012
国产电影票房	18.01	26	35.3	57.34	70.31	82.73
进口电影票房	15.26	17.4	26.7	44.38	60.84	88.00

数据来源：国家广电总局电影管理局。

面对进口大片的压力，国产影片迎难而上。排名前10的国产片票房收入占全国总票房的22.31%。全年票房过亿元国产影片中，6部影片超过2亿元，3部影片超过7亿，1部影片超过10亿元，拉动作用明显。其中，《泰囧》票房达到12.6739亿元，是国内电影市场历年来首部单片破10亿元的华语电影。该片观影人次逾3000万，超过《阿凡达》等进口影片，是近年来中国内地观影人次最高的一部电影。（见表8）

表8　2012年票房收入排名前10名的国产影片　　单位：万人，万元

排名	片名	观影人次	票房收入	上映日期	截至2013年2月底票房
1	人再囧途之泰囧	3068.38	100461	12月12日	126739
2	画皮Ⅱ	1710.43	70451	6月28日	70316
3	十二生肖	1304.14	53533	12月20日	88110

① 数据来源：《中国电影报》，2013年1月6日，第20版。

续表

排名	片名	观影人次	票房收入	上映日期	截至2013年2月底票房
4	一九四二	837.70	37200	11月29日	37217
5	寒战	798.37	25361	11月8日	25361
6	听风者	674.21	23374	8月7日	23224
7	四大名捕	638.70	19217	7月12日	19217
8	大魔术师	506.91	17412	1月12日	17429
9	搜索	537.68	17354	7月6日	17354
10	喜羊羊与灰太狼之开心闯龙年	541.27	16595	1月12日	16788
合计	票房收入占全国总票房的22.31%	9943.58	380957		441755

数据来源：国家广电总局电影管理局。

2012年，进口片的市场表现较往年活跃。除因中美电影协议增加14部高格式进口片外，2012年也恰逢好莱坞“大年”，多部新制巨片集中上映。排名前10的进口片票房收入占全国总票房的29.81%。（见表9）《泰坦尼克号（3D）》以“怀旧”为卖点，票房高达9.4758亿元，远超该片在美国本土和其他市场的产出。进口买断的小成本电影《机械师》全国票房约9000万元，显示出“批片”具有相当大的市场潜力。在中美电影协议中关于进口大片分账比例上调到25%的规定影响下，中国已成为好莱坞电影最主要的海外市场。

表9　2012年票房收入排名前10名的进口影片　　**单位：万元，万人**

排名	片名	票房收入	观影人次	上映日期
1	泰坦尼克号（3D）	94758	2130	4月10日
2	碟中谍4	67471	1921	1月28日
3	少年派的奇幻漂流	57105	1446	11月22日
4	复仇者联盟	56792	1361	5月5日
5	黑衣人3	50415	1244	5月25日
6	冰川时代4	44913	1179	7月27日
7	地心历险记2：神秘岛	38849	925	2月10日
8	蝙蝠侠：黑暗骑士崛起	34012	912	8月27日
9	敢死队2	33406	1025	9月4日
10	超凡蜘蛛侠	31151	766	8月27日
合计	票房收入占全国总票房的29.81%	508872	12909	

数据来源：国家广电总局电影管理局，中国电影发行放映协会。

（四）档期竞争日益激烈，业界积极探索市场协调机制

2012年，国产影片产量持续增长，进口影片数量增加，使业界感到“万块银幕有点挤”，档期无序竞争现象较为突出。2012年，平均每1.15天即有新片上映，每4.6天有1部进口电影上映，市场还多次出现了一天上映7~9部新片的情况。一方面，影片扎堆上映争抢部分档期。如国庆档有《铜雀台》、《太极1》、《危险关系》、《二次曝光》、《环形使者》、《飓风营救2》等6部大片，贺岁档有《少年派的奇幻漂流》、《一九四二》、《王的盛宴》、《十二生肖》、《血滴子》、《大上海》等同时上映，竞争激烈。另一方面，由于部分市场主体尚未掌握档期规律，造成一些“空档”。如第14周仅有1部新片，第36周仅有两部新片，暑期档《画皮Ⅱ》上映后三周无新大片，进口大片《超凡蜘蛛侠》和《蝙蝠侠：黑

暗骑士崛起》挤在同一天。档期的混乱易造成影片“内耗”，使影片难以释放应有能量。

在进口电影压力之下，业界充分认识到，当前中国电影市场亟需建立公开的信息平台，避免同期题材、角色出现撞车现象，让产业各方在有序、健康的竞争环境中和谐发展。2012 年 8 月，中国电影发行放映协会召开理事单位座谈会，探讨建立电影档期协调机制，逐步使影片合理分布于全年的各个档期，充分发挥热门档期的市场效应，争取国产影片的生存空间。2013 年元月，华谊兄弟、光线影业、博纳、乐视、小马奔腾、DMG、大盛国际、福建恒业等公司自发公布档期，为探索档期协调机制迈出了第一步。

三、院线与影院

2012 年，国内银幕建设突破万块大关，电影终端建设不断完善。市场竞争压力加大，促使院线与影院探索个性化经营。

（一）城市院线竞争激烈，市场结构未有明显变化

城市院线竞争日益激烈。在城市主流院线中，万达院线以 24.56 亿元票房、逾 5800 万观影人次居于全国院线排名首位，领先优势突出。万达、上海联和、中影星美、中影南方、广州金逸、广东大地等 6 条院线年度票房超过 10 亿元，且观影人次均超过 3000 万。还有 5 条院线年度票房在 5 ~ 10 亿元（不含 10 亿元）。（见表 10）2012 年共有 25 条院线票房超过亿元，比 2011 年增加 1 条。票房收入前 20 名的院线，其收入总和达到 152.53 亿元，占全国票房总额的 89.33%，余下的 25 条院线只占有 10.67% 的市场。因此，走差异化发展道路、争取市场空间成为院线的生存原则。

表 10　2012 年票房收入过 5 亿元的电影院线公司

排名	院线名称	场次（万场）	总票房（万元）	总人次（万人）	平均票价（元）
1	万达	167.27	245600	5841	42.05
2	上海联和	147.16	165035	4468	36.94
3	中影星美	155.90	162024	4388	36.92
4	深圳中影南方新干线	142.18	132629	3464	38.29
5	广州金逸珠江	112.32	117513	3059	38.42
6	广东大地	187.71	110538	3850	28.71
7	北京新影联	83.85	82596	2207	37.42
8	浙江时代	88.88	71613	1958	36.57
9	四川太平洋	59.68	60315	1648	36.60
10	浙江横店	83.44	56768	1713	33.14
11	中影数字	96.36	52541	1652	31.80

数据来源：中国电影发行放映协会。

大院线巩固既有发展路线。万达院线主打大城市、大体量、高端经营，旗下共有 115 家影院 1000 块银幕，平均每家影院 8.7 块银幕，为十大院线中院均银幕数量之首。随着 5 月《复仇者联盟》的上映，该院线的 7 家“X－Land”高概念巨幕影厅掀起首轮观影热潮。广东大地院线则以中小城市为据点，扩容迅速，目前已有影院 288 家，银幕 1309 块。2012 年该院线实现票房收入 11.05 亿元，同比增长 63.35%，总票房从上年的全国第 7 上升到第 6。放映场次达到 187 万场，排名全国院线第一，观影人次上升为 3800 余万，排名全国院线第四。

地方中小院线扎根本土和中小城市，努力拓展市场空间。江苏幸福蓝海院线 2012 年票房总额为 2.51 亿元，全国排名第 17 位，比上年同期票房增幅高达 96.60%。该院线依托广电系统，立足江苏本省，拓展全国业务，其旗下 24 家影院按形象店、旗舰店、标准店和社区店四类投资标准，在省内快速

拓展，在省外积极落地。浙江横店院线拓展县级城市影院建设，到湖北省黄冈县等地建设影院，获得了快速成长。2012 年票房 5.68 亿元，比上年同期增长 61.77%，全国排名从 2011 年的第 11 位上升至第 10 位；总观影人次 1713 万人，比上年同期增长 56.01%。

艺术影院的探索由“点”深入到“面”。中国电影资料馆艺术影院是艺术电影传统放映重镇，2012 年放映场次明显增加，社会影响持续扩大。北京当代 MOMA 百老汇电影中心从 2009 年开始艺术电影放映活动，现已成为众多艺术电影爱好者的聚集地。2012 年，艺术电影放映从单个影院扩展到院线。上海联和电影院线牵头组建“长三角地区艺术电影联盟”，并以此为基础扩展成“艺术电影放映联盟”（简称 AFA），加盟成员遍及 8 省市 12 家影院。发展艺术院线既是电影市场细分、满足分众需求的有益尝试，也是促进优秀艺术电影良性循环的重要举措，更是提高观众精神文化消费水平、构建并完善中国电影文化的必经之路。

（二）影院数字化建设逐渐普及，全国影院和银幕布局更加均衡

2012 年，全国银幕总数达到 13118 块，全年新增银幕 3832 块，平均日增 10.5 块①。（见表 11）银幕科技含量高，2012 年新增的全部为数字银幕，全国 2K 数字银幕超过 1.2 万块；3D 银幕数 8565 块，约是 2011 年 4751 块的 2 倍。中国已成为银幕总数和数字银幕总数继美国之后的全球第二大国，数字化放映覆盖率高达 99%，位居全球第一，远超北美的 75%、欧洲的 60%、亚太的 44%、拉美的 34%。②

表 11　院线制改革以来中国电影市场院线和银幕增长情况

年份（年）	院线数（条）	银幕数（块）	新增银幕（块）
2003	32	1923	110
2004	33	2396	443
2005	36	2668	272
2006	33	3034	366
2007	34	3527	493
2008	34	4097	570
2009	37	4723	626
2010	38	6256	1533
2011	43	9286	3030
2012	45	13118	3832

数据来源：国家广电总局电影管理局、中国电影发行放映协会。

2012 年，全国各地积极贯彻中宣部和国家广电总局的工作部署，把县级城市影院建设工作纳入重要议事日程。中小城市、中西部地区占全国新增银幕数的 50% 以上。全国县级城市共拥有数字影院近千座，银幕数超过 3000 块，县级城市数字影院普及率达到 35% 以上。宁夏回族自治区政府将地级市和 30 万以上人口的西吉、海原、同心、中宁 4 县的城市数字影院建设列入 2012 年民生计划，每个县验收合格的影院可获自治区财政 70 万元补贴，所有县级影院建设共获补贴资金 1050 万元。这一措施使得宁夏率先实现县级城市数字影院全覆盖。重庆、北京、上海、天津、山东、浙江、河北等省（市）也相继全面完成县级城市数字影院建设。县级城市影院建设的快速推进，大大提升了电影服务的辐射范围，为今后中国电影市场的持续发展创造了条件。

（三）影院格局发生变化，新兴影院发展势头良好

① 数据来源：国家广电总局电影管理局。
② 刘嘉：《梦想从这里开始——中国电影的 2012》，《中国电影报》，2013 年 1 月 6 日。

2012年，影院放映市场持续活跃，排名前十的影院格局发生变化。（见表12）票房在4000万元以上的影院有48家，较2011年增长7家。

表12　2011—2012年票房收入前10名电影院排名情况　　单位：万元

2012年			2011年		
排名	影院名称	票房	排名	影院名称	票房
1	北京耀莱成龙国际影城	8169	1	北京耀莱成龙国际影城	7632
2	深圳嘉禾影城	7786	2	首都华融电影院	7310
3	首都华融电影院	7699	3	深圳嘉禾影城	6871
4	上海万达国际电影城五角场店	7404	4	北京 UME 华星国际影城	6740
5	北京 UME 华星国际影城	6703	5	上海万达国际电影城五角场店	6495
6	北京 UME 国际影城双井店	6384	6	重庆 UME 国际影城（江北）	6398
7	北京万达国际电影城 CBD 店	6369	7	广州飞扬影城正佳店	6091
8	上海永华电影城	6357	8	北京万达国际电影城 CBD 店	6071
9	广州万达影城白云店	6142	9	上海永华电影城	6031
10	广州飞扬影城正佳店	6000	10	上海星美正大影城	5924

数据来源：国家广电总局电影管理局。

无论是在经济发达的东部城市，还是在武汉、成都等一些中西部省会城市，最近几年新建的影院都显示出较大的发展潜力。北京耀莱成龙国际影城2012年12月22日单日票房92.6万元，刷新单影城单日成绩。2012年3月28日开业的重庆金逸影城，是中国首家全IMAX影城。该影城投资4000余万元，总建筑面积达6000平方米，8个豪华影厅分别拥有IMAX 3D、Sony 4K等特色设备。影城开业不到一年，即获得2049.4万元的票房。乌鲁木齐奥斯卡友好国际影城是该市目前唯一一家五星级影城，近几年平均票价仅为28元，吸引了大量观众。

四、电影发行与营销

2012年，电影发行主体协调市场资源，创新营销手段，丰富营销形态，成为连接电影制片与放映、推动电影产业快速发展的核心力量。

（一）国企民企形成合力，大力发行国产电影

2012年，中国电影股份有限公司（以下简称中影股份）、华夏电影发行有限责任公司（以下简称华夏）等国有电影发行公司继续做大做强，新片发行量和市场份额均有所增长。中影股份积极搭建数字网络发行平台、开拓数字二级市场建设，共主导或联合发行298部国产影片①。中影还全力推动《忠诚与背叛》、《走过雪山草地》等献礼影片的发行，组织全国看片会及相关落地活动。华夏积极策划“国产电影占据主流市场动员大会”，高扬发行国产影片的旗帜，共发行影片120部，其中国产影片68部。《搜索》、《铜雀台》、《泰囧》在业内产生了广泛影响。上海东方影视发行公司变更为上海电影股份有限公司影视发行分公司（以下简称“上影发行”）后，重新划分发行区域，探索区域发行总监、发行经理和发行员三级管理模式，推动发行员向发行人转变，全年发行影片18部，其中《大闹天宫》、《喜羊羊与灰太狼之开心闯龙年》、《麦兜之当当伴我心》在动画片票房前四强中占了三席，充分显示了上影发行在动画片发行方面的强大实力。

民营发行公司快速发展壮大，大力发行国产影片。华谊兄弟发行了《一九四二》、《太极》、《十二生肖》等影片。光线影业花4年时间打造的全国120个城市发行落地系统已逐步成熟，据统计使用该系

① 数据来源：中影股份有限公司。

统可为影片增加约30%的票房收入，其作用已在发行《泰囧》时有所体现。光线影业投资发行、代理发行、联合发行共十部电影。此外，星美影业、小马奔腾、盛世新影、美亚华天下、乐视影业等也充分利用自身优势，积极协调市场资源发行国产影片。（见表13）

表13 2011—2012年发行主体市场份额占比

公司 / 年度	中影	华夏	华谊兄弟	光线影业	博纳影业	美亚华天下	乐视影业	安乐影业	星美影业	其他
2011	38.6%	24.3%	2.0%	4.2%	8.1%	1.6%	0.1%	0.2%	1.1%	19.8%
2012	42.0%	25.6%	9.3%	6.3%	3.3%	2.5%	1.5%	1.2%	1.0%	7.5%

数据来源：国家广电总局电影管理局。

（二）推动多平台、数字化发行，电影发行向网络延伸

在云计算、互联网和移动互联网等新技术支持下，电影网络发行逐步规范化。2012年6月，M1905电影网、优酷网、新浪网、土豆网在内的十多家视频网站讨论并通过了由中国电影制片人协会发起的《促进电影网络院线发展的若干意见》，规定影片从院线下片后，片方与各家网络院线协商网络上映日期，进行为期60~90天的互联网付费播放；网络院线在播出时不得插播任何形式的广告，且应具备完善的数字版权保护系统。此举有助于电影的网络版权交易逐渐形成规范，为国产电影拓展新的收入渠道，更好地满足群众对于电影文化消费的需求。

数字化发行成为重要发行方式。2012年，主流市场的卫星传输技术进入实验后期阶段，已有200余家影院安装了卫星接收机，并完成了346部电影共507个版本的传输工作，电影发行卫星传输实验初见成效。

（三）电影宣传营销多样化，新媒体平台日益受重视

随着互联网和移动互联网技术的日新月异，新媒体平台宣传推广取代传统营销模式，成为国产电影营销的主要手段。《喜羊羊与灰太狼之开心闯龙年》在微博上进行喜羊羊、灰太狼、懒羊羊、小灰灰的“人气王”评选吸引了网友投票6万多次，为影片前期宣传打下良好基础。万达院线早在10月份就启动了针对贺岁档的营销策划，凭借院线微博的100万粉丝平台，为贺岁电影搭建与观众互动的平台。《二次曝光》除官方微博外，还并联明星微博扩大影响力。

备受新媒体用户关注的微电影正在取代传统片花广告。《泰囧》发行方结合影片特点，与片方紧密合作，制作《看〈泰囧〉万达观影须知》系列微电影，由徐峥导演，徐峥与王宝强共同演出，一经推出就吸引广泛关注，单个视频在优酷网的点击率突破10万次。《太极》系列的预告片走喜剧路线，相关视频在优酷网、土豆网等主流视频网上点播率极高，最多的一版点击率为8000多万次，达到前期预热效果。片方还在奥运期间推出系列微电影《伦敦魅影》，进一步扩大宣传效果。

此外，一些影片推广还统合多平台的营销。在《雨中的树》等影片的营销过程中，中影股份充分利用乐卡①、手机报等新的营销手段，力求使影片信息全面覆盖各行各业和各年龄段的观众。《二次曝光》营销团队采取立体营销模式，除电影落地活动等常规宣传外，还借助收视率高的电视娱乐节目《中国好声音》为宣传平台，与淘宝网进行合作义卖电影道具。在《太极1：从零开始》上映前4个月，北京国贸地铁站内挂满片中五大功夫高手的角色海报，“太极站”一时引起业内热议。乐视影业打造互联网时代的商业模式——“蝴蝶模式”，蝴蝶的头是“内容制造”，包括电影和围绕电影生产的微视频、微电影、网剧等视频内容；四片翅膀分别代表“互联网线上推广”、“线下城市驻地系统推广”、“互联网线上发行平台”、“地面影院终端发行平台”，集制作方、推广方、平台方为一体，线上、线下互动。

---

① Card+乐卡是免费明信片媒体，以卡片/明信片等形式，陈列在指定影院、餐饮、休闲、文化艺术等场所的展示架上供免费索取，以传递讯息和广告。

五、电影投融资

2012年，中国电影投融资环境不断改善，国有企业、民营企业齐头并进，吸引国外资本进入，市场化程度不断提高。

（一）国有企业、民营企业加快上市步伐

国营电影机构转制为企业后，加快推进上市步伐。2012年11月，中影股份正式向中国证监会报送上市申请整套文件并获国务院批准，这标志着中影股份向上市迈出了重要一步。中影股份已成为国内综合实力最强、产业规模最大、品牌影响力最广、产业链最完整、推动国产电影走向世界的龙头企业。上海电影集团组建上海电影股份有限公司后，于11月12日将申请上市的材料报送中国证监会审核。在两大国有企业的示范作用下，西影、潇影也积极探索与金融资本的融合发展。

电影产业的市场化程度越高，民营企业的活力就越能得到释放。民营电影公司在资本运作、植入广告、版权抵押贷款、基金、风险投资等方面做出了新尝试。除华谊兄弟、华策影视、光线传媒、华录百纳等4家A股上市的民营企业外，长城影视等影视制作公司，万达、广州金逸等院线公司也在筹备上市。

（二）多层次融资模式进一步完善，电影投融资形式日趋多样化

金融行业继续大力支持电影业。2012年6月，为贯彻上海市政府出台的《关于促进上海电影产业繁荣发展的实施意见》精神，上海市文广影视局与中国工商银行、中国建设银行、中国银行、交通银行、上海浦东发展银行、上海银行、南洋商业银行（中国）、天津银行8家银行达成战略合作协议。8大银行在未来5年向上海市影视业提供总额130亿元的综合授信额度，努力将上海打造成为电影投融资中心。西部电影集团与国家开发银行、进出口银行开展战略合作，国家开发银行给予西影集团2000万元的贷款，支持重点影片《钱学森》的拍摄。武汉农村商业银行投资拍摄的重大历史题材影片《忠诚与背叛》获得了市场广泛好评。电影融资的推广拓展，对电影发展影响巨大。

电影版权预售方面也有所突破。2012年6月，《大唐玄机图》以浙江文化产权交易所为融资平台，以电影版权所蕴含的未来预期收益为基础保证，使投资者和制片方作为利益共同体和一致行动人共享影视作品的版权和收益，成为国内首个通过权益共享集合投资方式实现融资创新的电影项目。

除包括直接投资、银行债权融资、广告投入、产业基金、版权预售、政府出资在内的多层次融资体系①之外，演员股份制的融资模式初现端倪。演员股份制即演员将片酬作为资本参股电影的投资新模式。《泰囧》、《匹夫》、《幸福额度》、《厨子、戏子、痞子》等影片均采用演员股份制模式，其中《厨子、戏子、痞子》三位主演均以片酬投资入股。演员股份制在一定程度上缓解了当前电影产业发展过程中部分演员片酬高涨的困境，解决了电影融资难的问题，实现了风险共担。预计演员股份制将成为一种较为常用的电影投融资模式。

国内电影市场的活跃越来越吸引海内外资本关注。第15届上海国际电影节期间，达成的投资意向超过750项，仅国影基金、航美迅雷－壹基金、华谊战略合作、红利基金等几大基金就签订了价值32亿元的合作项目。美国电影融资担保公司、英国渣打银行、澳大利亚电影融资等纷纷抢滩中国市场，使中国电影金融日趋国际化、市场化和专业化。

（三）世界著名电影公司渐次引入，国内龙头企业走向海外

2012年，国内外电影企业通过收购、控股、投资等形式相互渗透、合作多赢。2012年2月，上海东方传媒等3家企业和美国梦工厂动画公司组建了上海东方梦工厂影视技术有限公司，该项目首轮投资3.3亿美元，启动动画技术研发、动画影视制作、版权发行、衍生产品、数码游戏、主题乐园等多个业务领域。2012年8月，卡梅隆－佩斯集团与天津北方电影集团等2家企业在天津滨海新区建立中国总部。美国传媒巨头新闻集团买入博纳影业19.9%的流通股，其旗下20世纪福克斯电影公司与博纳签署

---

① 李佩森：《中国电影产业的融资江湖》，《中国文化报》2012年12月15日，第2版。

了合作意向书。米高梅公司与乐视网达成版权合作协议，将其旗下《律政俏佳人》系列、《终结者》、《冷血悍将》、《机械战警》系列、《洛奇》系列等经典影片的独家网络版权交付乐视网。

有实力的中国电影企业加快境外投资步伐。2012年5月，万达集团收购美国第二大院线AMC，一举成为世界瞩目的院线运营商。11月，小马奔腾公司联手印度媒体巨头“信实媒体”，以3020万美元收购美国著名特效制作公司“数字王国”及其子公司“航母传媒”的核心资产。华谊兄弟投资北美的华狮电影发行公司，可实现中国的电影在美国同时上映。

电影投资与合作的国际化，意味着中国电影已经走上全球化发展之路。

六、电影相关产业

（一）产业园区建设获得重大进展

产业园区建设是电影业聚合资源、完善产业链的重要措施。2012年5月29日，无锡国家数字电影产业园盛大揭牌。无锡数字电影产业园区，以数字电影拍摄为龙头、后期制作为支撑，集电影拍摄、制作、发行、交易等功能于一体，填补了国内数字电影后期制作的空白。目前，该园区已吸引50多个涉及数字影视软件研发、后期制作等领域的国内外知名影视文化项目签约入驻。浙江横店影视产业实验区入区企业累计达到487家，2012年实现营业收入78.11亿元，比上年同期增长146.47%。在此基础上，浙江省大力推动全省20多个各类影视基地创新发展，并获国家广电总局批准在杭州和海宁设立了中国（浙江）影视产业国际合作实验区。总体来看，中国影视产业园区正在朝主体功能和规模化方向发展。

（二）民营电影企业注重上下游建设

民营电影企业努力寻找新的利润增长点。华谊兄弟除制作大量优秀电影外，还积极拓展影院、新媒体和文化旅游等新业务。华谊兄弟与安乐影业、“我们制作”联手打造的电影频道“爆谷台”已于2012年3月在香港开播。华谊兄弟与中国电信达成战略合作，共建“天翼视讯”微电影微剧频道。新媒体业务方面，率先尝试了影视公司多屏合一的渠道规划，成立了新媒体技术公司。文化旅游业务方面，华谊兄弟用参股方式在上海、苏州、深圳和海口四个城市投资文化旅游项目，参与开发了苏州“华谊兄弟电影主题公园”、上海嘉定文化城、深圳坪山电影主题公园和海南“观澜湖华谊冯小刚电影公社”。这些效益增长引擎将使华谊兄弟摆脱过度依赖电影票房的发展局限，分散企业风险，实现规模化和多元化发展。光线传媒进入互动性和原创性强的视频社区行业，于2012年10月投资7500万元，购买以多媒体互动娱乐为主营业务的金华长风信息技术有限公司32%股权。光线传媒的投资行为将占领互联网娱乐的竞争先机，搭建互联网业务的整合平台，拓展节目产品的发行渠道。

（三）电影窗口拓展，市场格局发生转变

快速发展的视频网站成为电影业重要窗口和延伸。优酷网、土豆网、酷6网、搜狐视频、爱奇艺、豆瓣电影、756网、风行网、央视网、迅雷看看、Mtime时光网、乐视网、聚力网、M1905电影网等10多家电影网站，已成为电影在互联网、移动互联网上的重要传播平台。业内人士判断，在视频网站约150亿元的总收入中，通过电影创造的收入约有50亿元，占三分之一。①

七、电影管理

2012年，电影行政部门深化改革，创新管理和政策，有力地推动电影业发展繁荣。

（一）从源头抓电影创作，加大力度提高电影创作质量

2012年2月召开的全国影视创作座谈会提出以科学发展为主题，以提高质量为重点，进一步促进影视创作繁荣发展。为积极落实该座谈会精神，电影行政部门注重电影创作从源头抓起，切实提高电影创作质量。面向高校的第四期“扶持青年优秀电影剧作计划”已经启动，继续每年投入近三百万元作为奖学金。国家广电总局电影管理局和剧本规划策划中心采取多种手段，结合“走转改”组织开展培训活动，全年累计培训超过百人次。国家广电总局确定设立的每年3000万元的优秀影视剧本创作的扶持

---

① 尹鸿，尹一伊：《2012年中国电影产业备忘》，《电影艺术》2013年第2期。

资金已在积极推进和实施中，计划对重点项目、青年人才和精品力作进行有针对性的扶持。

（二）综合利用政策手段，推动电影产业健康发展

2012 年，国家电影行政部门和相关部门综合利用政策手段，在既有促进政策的基础上，出台多项措施推动电影产业健康发展。

一是加强电影市场的规范管理。国家广电总局电影管理局出台《关于规范电影票务管理的指导意见》，对存在“偷、漏、瞒、虚”报票房问题的影院加大处罚力度。国家电影事业发展专项资金管理委员会办公室（以下简称国家电影资金办）实施建设的新“全国电影票务综合信息系统”（以下简称“新平台”），于 2012 年 2 月正式上线运行。新平台保障了影院票务数据的准确、完整、及时、权威，和国家电影专项资金收缴工作的顺利进行。

二是加强电影制作和放映管理。2012 年 9 月，国家广电总局发布《关于切实加强摄制、放映电影活动管理的通知》（广发〔2012〕87 号），要求各省电影主管部门严格电影摄制管理程序，加强电影放映的巡查力度，规范电影交流的申报制度，增进部门之间的信息沟通，强化电影法规的宣传教育。该通知的出台，进一步加强了对违规摄制、放映“地下电影”、“独立电影”活动的查处力度。

三是加强民间投资引导。为贯彻落实《国务院关于鼓励和引导民间投资健康发展的若干意见》（国发〔2010〕13 号）的要求和发改委的工作部署，2012 年 8 月 3 日，国家广电总局出台《广电总局关于鼓励和引导民间资本投资广播影视产业的实施意见》（广发〔2012〕36 号），鼓励和引导民间资本投资广播电视节目制作领域，鼓励和引导民间资本投资电影制片、发行、放映领域，鼓励和引导民间资本投资建设、改造电影院。该政策对进一步发挥民间资本重要作用、促进广播影视产业健康发展具有重要意义。

此外，国家财政部、国家税务总局出台《关于交通运输业和部分现代服务业营业税改征增值税试点应税服务范围等若干税收政策的补充通知》（财税〔2012〕86 号），规定 2013 年 12 月 31 日之前，各级广播电影电视行政主管部门按照各自职能权限批准从事电影制片、发行、放映的电影集团公司（含成员企业）、电影制片厂及其他电影企业，属于试点纳税人的，对其转让电影版权免征增值税。该政策有助于减轻电影企业税负，提高电影制作积极性和制作能力。

（三）电影发展专项资金政策杠杆作用日益显现

2012 年，电影发展专项资金管理部门实现全国 30 个省（除西藏外）每月足额、及时上缴的目标。全年专项资金征缴额超 8.25 亿元，比 2011 年增加 2.05 亿元，同比增长 33%，收缴额的增大直接带动补助资金的增多。这一年，专项资金返还各省 3.05 亿元，新建影院先征后返 1.81 亿元，影院安装数字机补贴 1820 万元，国产新技术格式影片补贴 1400 万元，国产影片放映奖励、影院改造补贴、少数民族语译制等资金 2770 万元。这些资金政策导向明确，有力促进了电影事业产业的发展。

2012 年，电影资金办连续下发文件，多方面支持国产电影的制作和放映。一是从生产环节支持高技术格式影片生产制作。电影资金办下发《关于对国产高新技术格式影片创作生产进行补贴的通知》，对进入市场发行的国产高新技术格式影片，按票房收入情况对制片方进行奖励。这一政策的实施标志着电影资金办恢复针对制片业的奖励，将对国产高新技术格式影片的发展起到助推作用。二是对影院放映国产影片进行补贴。电影资金办下发《关于返还放映国产影片上缴电影专项资金的通知》，对放映国产影片占全年票房收入较高份额的影院，分级返还该影院所缴纳的专项资金。这项政策的实施，有力提升了影院放映国产影片的积极性，优质国产影片进入市场的渠道更加宽广。

刘汉文　国家广电总局发展研究中心电影所
支菲娜　国家广电总局发展研究中心电影所

“终结” 后的电视电影
——2012 电影频道出品电影综述

◎赵小青

2012 年 1 月 1 日，据国家广电总局部署，从管理体制和管理机制上把电影频道节目中心生产的电视电影彻底归为中国电影故事片的管理体系中，从剧本备案、公示到影片的拍摄、完成片的审查、发行，所有的管理程序和行政许可都与影院电影完全一致。电视电影自此被完全纳入中国民族电影范畴。对政府主管部门来说，不再有电视电影这个称谓，中国内地电视电影就此“终结”。之前的“电视电影百合奖”自 2006 年更名“数字电影百合奖”后，再于 2012 年更名为“电影百合奖”；原电视电影学术专辑《电视电影纵览》也同时更名为《电影纵览》；中国电影管理机构在公布国产电影数据时，将之前“全年生产故事影片 xxx 部，电影频道生产供电视播出的数字电影 xxx 部”这一说法改为：“生产故事影片 xxx 部（含电影频道出品的数字电影 xx 部）。”这个“终结”是电影频道电视电影 14 年艺术技术成功实践的结果，是顺应形势发展的必然，是中国电影发展战略调整的需要。

2012 年，“电视电影”成为“电影”后，电影频道节目制作中心“电视电影部”于 2013 年 1 月 28 日经广电总局党组批准，正式更名“电影创作部”。电影作品的产量、制作规模、资本方式、技术研发均发生一定变化。

一、新变化

1. 降低产量提高质量

2012 年电影频道电影总产 92 部，这是自启动当年（1999 年）产量 60 部后，第一次产量不过百（2000 年至 2011 年平均年产 114 部）。电视电影的出现，很大原因与频道节目播出需求有关。随着中国电影产量的增高，并源源不断被电影频道买进，加上每年自己生产的 100 多部，频道已经有了相当数量的积累。而这些海量的作品中，真正有质量，支持频道收视率和美誉度的作品非常有限。从频道本身的创作开始控制平庸作品数量，降低数量提高质量将是频道未来的制片总方针。这既是中国电影在新形势下的需要，也是电影频道自身发展的需要。技术研发也是提高电影质量的重要手段，“电影频道节目中心出品”进入“电影”时代后，依然在技术研发上力争上游。2012 年生产的佳片《国徽》，就是一部完全由中国技术和团队完成的 3D 电影。之前中国出品过数部 3D 电影，但都依靠了国外技术和人员。电视电影的技术实践，证明了中国掌握 3D 技术的能力，为中国电影在先进技术研发运用上增添了民族自信。

2. 合拍片增多

一直以来，电视电影基本为电影频道独家出品，虽然也有八一电影制片厂、北京时代电影有限公司等每年与频道联合出品“共和国名将系列”、“水浒人物英雄谱系列”等，但此类合作在年度占比例很小。2012 年改为电影后，与频道合作出品的公司逐步增多，92 部中有 25 部是与九家以上单位联合出品的。除与八一电影制片厂和北京时代电影有限公司继续打造“名将”和“水浒”外，还有与安徽电影集团合作投资 800 万的《刺夜》、和台湾皇朝影视股份有限公司合作了《三角地》、与北京今典影业有限公司合作了引起社会较大反响的《万箭穿心》、还有与中国文学艺术界联合会、中国戏曲家协会北京东方一处国际文化传媒有限公司联合出品的京剧《兰梅记》，该片是电视电影中第一部不以电影频道为第一出品方的作品。

3. 市场扩大

之前电视电影与观众见面的途径主要是电视台和网络，像 CCTV－6 电影频道以及电影频道节目中心所属“CHC 家庭影院”、“CHC 动作电影”、“CHC 高清电影”三个付费频道和“CMC 北美/欧洲”、“CMC 香港”两个海外频道，零星有作品进入数字影院、流动院线①等，自 2007 年 9 月，M1905 电影频道官方网站创建后，也借此与网民见面。电视电影改为电影后，市场面放开，既可供频道各平台和网站与观众见面，也可进入电影市场与其它电影拼抢地盘。自 2011 年下半年到 2012 年初，已有部分具有影院气质的作品《惊沙》、《百年情书》、《骆驼客》、《万箭穿心》、《刺夜》等等陆续上路，为频道电影征战市场，投石问路。获得了宝贵的经验，《万箭穿心》获得巨大成功。

4. “大片”增多

市场的改变，必导致作品形态的改变。因有意打造院线电影，2012 年开始在制片方针上加大了“大片”制作的比例。有六部作品投资在 500 万以上，其中《红星闪耀》和 3D 电影《国徽》由频道独家投资，《刺夜》、《万箭穿心》、《天津闲人》、《危城之恋》与他方合资。这些作品因资金相对充足，故作品的制作精致度，艺术质量尤其是影像的电影感都相对一般电视电影为高。

这里的“大片”是相对之前的投资规模而言，与真正意义上的商业大电影相去甚远，但它的制作和市场发行有着重要的探路意义，是电影频道以后制作院线商业大片的实验员。

二、年度题材类型概况

2012 年出品的 92 部作品中，从年代上可分为三大类：43 部现当代题材，35 部民国题材，1 部近代题材，13 部古代题材。从比例来看，现当代题材比例又有降低。自 2008 年以后，由于电视市场收视竞争日益激烈，电视电影为打造具有收视竞争力的作品而逐渐加大以古装动作和民国传奇为主的类型片生产，现实题材比例逐年下降，2009 年后再也未达 70%，当年占 64%，2010 年占 54%，2011 年 63%，2012 年仅占 46.7%。

从类型上看，92 部作品中类型片占较大比例，类型程度基本到位。有 17 部历史战争类，12 部古装武打类、4 部民国传奇类，14 部民国动作悬疑探案类，1 部近代枪战类，2 部公安犯罪类，8 部喜剧爱情类。其中“水浒人物英雄谱系列”以及民国传奇和战争传奇中的个别作品给人带来惊喜，如《菜园子张青》、《弹无虚发之死亡之海》、《神勇投弹手》等。但类型打造整体质量低于往年。

2012 年的创作两极化现象较为突出，一批黯然之作只能和电视电影史上的平庸之作为伍，且数量不少。而一批精品杰作也在这年横空出世。从此可见电视电影改为电影后，电影频道电影生产重心的转移。

全年 92 部作品全部数字高清打造，诞生了第一部完全由中国团队打造的 3D 电影。

三、系列片创作

系列片是电视电影的成功实践，硕果累累，故成为年度生产中的重要项目。2012 电视电影改为电影后，系列片创作力度更为加大，全年有“成成烽火”、“弹无虚发”、“父子神探”、“法官老张铁事”、“共和国名将”、“火线追凶 2”和“水浒英雄谱”等 7 个系列在运行，完成作品 29 部，占年度总产的 32%。从质量而言，制作秉承了以往的品质，但创作层面不如往年。令人惊喜的佳作偶有显现，但数量寥寥。根本原因主在剧作基础薄弱。

“水浒英雄谱”系列该年产量最高，有九部作品入库②。与往年同，该系列由电影频道节目中心和北京时代电影有限公司联合出品，并由后者承制。该系列保持了以往制作精良，场面壮观，武戏炫丽，人物塑造栩栩如生等品质，一直有着良好的市场表现。入库的九部作品中，《石将军石勇》、《菜园子张

① 一种流动于城乡村落社区的，采用雷射技术放映电影的放映队，其中有很多作品来自电视电影。应该叫农村数字院线或者数字流动放映平台。

② 《菜园子张青》、《旱地忽律朱贵》、《金大坚与萧让》、《金枪手徐宁》、《霹雳火秦明》、《石将军石勇》、《铁面孔目裴宣》、《小旋风柴进》、《玉麒麟卢俊义》。

青》、《金大坚与萧让》、《玉麒麟卢俊义》，剧作扎实，故事引人入胜。人物命运牵动人心，演员表演准确到位。武戏新颖别致，文戏细腻生动。与往年一样，该系列的演员常能请到两岸三地有一定市场影响力的明星加盟，今年就有攀少皇、马景涛、谭耀文、桑伟淋等登场献艺，效果良好。

但该系列在今年的创作中也有问题较为突出，一是整体质量难以突进，再有是由于长年累月拍摄，该系列聚集了一个较为稳定的创作团体，彼此熟悉，合作起来配合默契。于是就出现了多名演员在不同的剧集里轮换扮演不同人物的现象，若止于跑龙套还好，但问题是一名演员扮演不同的正一号二号或反一号二号角色。当该系列在电视上连续播放时，形成另一种形式的角色穿帮，这在很大程度上对这个系列造成一定损害。

“共和国名将”系列有四部入库①，相对而言，除了《整编岁月》保有品质外，其它都较为勉强甚至令人遗憾，甚至出现史上打分最低的“名将片”。问题主要出在剧作上。剧作还未成熟就急急上马，二度创作中又缺乏必要的艺术加工和提升。而且与“水浒系列”一样，“名将系列”也出现了一位演员在不同的剧集里扮演不同一号人物的情况。

“火线追凶 2”系列，是前一系列成功后的一次对成功的追续，完成五部②。依然由邓衍成指导，风格从前。该系列继续行走多元娱乐元素杂糅的路线：悬疑、探案、打斗、枪战、惊悚、爆炸、绑架还有爱情和搞笑。与前一系列一样，制作不予余力非常精良，请到吕良伟替代钟汉良扮演老虎探长钟朗。其他演员搭配也基本到位，李若斯代替齐芳扮演女法医于胜男，徐亮替代了释小龙扮演智多星。都很称职，尤其是李若斯，把一个乱世中的女知识分子的形象做了很好的演绎，文武双全而从不失镇静端庄。

但“火线追凶 2”和一炮走红的前一系列“火线追凶”比，在剧作和人物塑造上逊了很多筹。故事弱，人物塑造单薄简单，一号演员吕良伟始终不上状态。看来再投入的制作轻车熟路的导演，和明星演员也挽救不了剧作的先天不良。

“成成烽火”系列启动于 2011 年，庆祝建党 90 年献礼片的重头戏，共播出五部，反响不错。但在后续的作品中，越来越远离了该作品的历史故事改编所需遵循的大事不虚，小事不拘的美学原则，成了大事虚，小事拘的一般战争片。风格类型也不统一，人物塑造空虚，故事单薄不完整。原因是多方面的：真实故事不足以撑够十集，编造着写，与真实时空越来越远；演绎的故事在剧作层面又很生涩；由于想在收视率上赢得一些弥补，把一部历史剧拽上了枪战惊险类型，结果一个激情澎湃的中国抗日史上书生投笔从戎的热血故事，演变成一部形式大于内容的一般“类型片”。有业内人士对这个系列的评价很到位：一流的选材，二流的制作，三流的剧本。2012 年完成的两部作品③由原班人马完成，语病。

“父子神探”系列该年完成了五部④，编剧、导演、演员依旧原班人马⑤。该系列自 2007 年启动，截止今日已有 10 部积累。其保持了一贯的海派气质和民国悬疑探案风格。制作精良，类型到位。是电视观众较为喜欢的片种。

“法官老张轶事之无法知晓的真相”是该年唯一一部“法官老张系列”片。导演张馨，编剧依然是赵冬苓。在该系列里，这部作品位列中等。

“弹无虚发”系列该年完成两部⑥。与上述系列是以往题材开掘的延续不同，这是一个新开发的系列，故事发生在民国初年西北大漠，西部游侠动作枪战传奇类，讲述的是一群民间高士，为维护祖国统一、领土完整，共抗外虏的故事。因风光奇异、制作精良、构思出新，给人带来新鲜愉悦的观影体验，

---

① 《王平开辟根据地》、《整编岁月》、《朱程浴血冀鲁豫》、《傅继泽智斗泊头》。

② 《火线追凶 2 之爱本无罪》、《火线追凶 2 之黑色玫瑰》、《火线追凶 2 之死亡杰作》、《火线追凶 2 之同名为仇》、《火线追凶 2 之押解惊魂》。

③ 《成成烽火之生存考验》、《成成烽火之浴血奋战》。

④ 《父子神探之滴血的戒指》、《父子神探之龙抬头》、《父子神探之卧雪图》、《父子神探之燕子窠谜案》、《父子神探之雨夜迷踪》。

⑤ 编剧个别有变，导演、演员还是胡明凯，李子雄、马跃。

⑥ 《弹无虚发之对决黄金谷》、《弹无虚发之死亡之海》。

尤其是《弹无虚发之死亡之海》人物丰满，故事跌宕，主题高尚，沙漠环境在人物塑造和情节转折中得到创造性运用。达到引人入胜，扣人心弦之效果。

系列片某一绝妙构思被充分发掘的产物，有的是一个取之不尽的矿藏，如“名将系列”和“法官老张系列”，有的只是一个穷矿，资源不足，自然泥沙混杂影响质量。系列片的成功与所有叙事艺术一样，人物和故事最重要。一个系列一经播映，可谓一荣俱荣一损俱损，影响的不是一个时段的收视率。故系列片的开发应慎之又慎。万万不可为凑够某位集数而拼凑上马，不可粗制滥造糊弄观众。它的影响远远大于一部单片。

四、年度重要创作

2012 年的重要创作有完全由中国团队打造的 3D 主旋律电影《国徽》，引起社会广泛关注讨论推崇的女性故事《万箭穿心》，重大史实片《远东一九三二（上）阴阳大逆转》、《远东一九三二（下）风云马迭尔》，民国往事片《天津闲人》、《危城之恋》，乡土健康写实片《阿兔姨》、《三角地》，等等。题材多样、风格各异、制作精良。

《国徽》是电影频道独资打造的 3D 主旋律电影。至此，在中国，国歌、国旗、国徽三大题材在电影这里全部做齐。该片由郎云编剧，邢树民执导。片尾字幕有这么一段话高度概括了中华人民共和国国徽的诞生的过程：“国徽，是亿万人民崇敬和熟悉的共和国形象。国徽的设计和完成，是集体智慧的结晶，是人民意志的体现。它凝结着设计者和铸造者的心血，包含着对中国共产党的爱戴，对社会主义的向往，对新中国的一往情深。”同时，这也是本片制作过程的写照。其从编导演摄录美到制作和技术试验，都有上佳表现，无不体现出这个团队对这部作品超乎常规的看重热爱和艺术激情的喷发。这是一部塑造群像的作品，从国家领导人到省部级领导，从建筑界美术界的艺术家到铸造厂方面的领导和工人，有名有姓并在关键时刻发挥推动情节转合作用的人物 20 多人，这里没有主角，每人都是催生国徽挂上天安门的重要一员，每个角色都是这台机器的不同的重要部件，很好地体现了影片要表达的“集体智慧结晶”的主题。需要一提的是出演《国徽》的这群演员，从外部相貌到精神气质像极了那个时代的人，有血有肉栩栩如生。这是演员的演技和化服道的工作人员工作到位的结果。再就是叙事。一般而言，主旋律电影的叙事方式总与观众的欣赏需求背道而驰，但这部红彤彤的主旋律《国徽》则不然，虽然它没有明星大腕和某些娱乐元素，但它有精彩的故事，其观赏性靠巧妙的故事叙述得到实现。“国徽图案全国征稿”、“梁张双方中选”、“高庄改稿”、“铸造厂受命”等等环节，生动曲折引人入胜，许多情节鲜为人知令人饶有兴味。堪称一部“国徽”始末大全和史实揭秘。再就是该片的技术实践。近些年，国产片中已有数部 3D 电影问世，但基本都是借助国外力量完成，这次的《国徽》，却是一部完全由中国团队和技术力量打造的全 3D 作品，效果良好。证明了中国人已具备了制作 3D 电影的能力。这是一部包含爱国情怀之作，对中国人来说，《国徽》从内容到制作，都有着爱国主义教育的价值意义。当然该片也有不足，比如铸造模型的过程细节不尽合理。作为一部新技术试验片，题材足够宏大，但在类型层面，以室内为主要场景的讲述国徽制作过程的故事，限制了 3D 技术的表现力，无法满足观众对 3D 电影期待的视觉体验。

于 8 月 22 日黄金时段播放的《红星闪耀》特为纪念邓小平同志诞辰 108 周年而作。影片由电影频道出品，选取了邓小平革命生涯中一段特殊经历，在中央苏区瑞金领导创办红军总政治部机关报——《红星》报的艰辛历程。影片由中共中央文献研究室摄制，并全程以瑞金村镇为拍摄地，最大程度地保证了内容和环境的真实。该片编剧张强、柳桦，导演宋业明，主演安荣生、刘劲、夏花。

《万箭穿心》改编自方方同名小说，讲的是汉正街一个女人和她的家庭十来年间的故事。该片由电影频道和北京今典影业联合出品。创作团队实力强劲，吴楠编剧，《无形杀》、《我是植物人》的导演王竞执导、演技派明星颜丙燕领衔主演，著名导演谢飞监制。该片入围第 25 届东京国际电影节主竞赛单元。2012 年底院线发行，受到业内外观众广泛关注，好评如潮，入选 Mtime@ 时光网“2012 年华语片十大佳作之一”。这是一部写实主义的都市女性题材电影，旁观冷静中立的视点和从性格角度切入的人物刻画，以及对人物遭际不动声色的描摹，完成了方方通过《万箭穿心》想要进行的生活表达和面对不堪遭际的态度：“面对生活，大家各有各的活法，各有各的思路。当然也就各有各的辛酸，各有各的快乐，各有各的苦痛，各有各的幸福。各有各的温暖，各有各的残酷。”、“纵使万箭穿心，你也要忍住。”观影后，作为原创者，她说她没想到片子无可挑剔。颜丙燕的表演是该片最大的亮点，为影片成功贡献了重要作用，她和角色李宝莉已经双人同体，难分彼此。喜爱她的观众因此把她比喻为中国的倍赏千惠子，导演王竞满意地给她打了九分。

《远东一九三二（上）阴阳大逆转》、《远东一九三二（下）风云马迭尔》，本片根据历史事实改编，讲述了二十世纪三十年代国联调查团赴东北调查“九一八”事变期间，以马占山为代表的抗日志士在调查与反调查的过程中与日伪特务机关进行的殊死较量。剧情惊心动魄、跌宕起伏、扣人心弦，彰显了中华民族的不屈气节和民族精神。为还原历史原貌，马迭尔宾馆的戏份全在现存的马迭尔宾馆完成。该片编剧朱建龙，导演张新武，主演张振华、吴其江、张新武。影片采用了史实风格，大开大合，极具张力、冲击力和历史厚度。场面营造还原了当时时空，人物塑造饱满真实。是一部思想性、艺术性、观赏性达到较好统一的佳作。

《天津闲人》、《危城之恋》是一对姊妹篇，改编自天津作家林希小说《天津闲人》和《醉月婶娘》。《天津闲人》讲述的是日本侵华时期天津两种闲人的故事。一种闲人是无家无业真小人，坑蒙拐骗度日，一种闲人是位高权重的伪君子，道貌岸然欺骗乡里卖国求荣。民族危亡时刻，两种闲人态度不同，境遇各异。特定时代特定地域才会有的特定故事，浸满了乱世的无力与凄惶悲凄。创作者借这两类人物表达了对如此世道的慨叹。《危城之恋》说得是同时代的天津，一大户人家，娴熟雅静知书识礼的嫂子和血气方刚正义爱国的小叔子的爱情故事。这情感，纯净又沉美。有评论者对影片的评价很到位：“他拍出是古典的美，却有生机与灵气，他拍的是小儿女情怀，却有林下之风，浩然之气。”① 两个故事发生在一个时空，但风格略有不同，前者如展演乱世众生相，嬉笑怒骂手法不羁，荒诞而残酷，后者袅袅婷婷，款款倩倩，低吟浅唱，欲言又止，静美而感伤。时空的还原做得很机巧，一幅幅老照片的穿插，把我们带回那发生在天津的乱世红尘。

《刺夜》由电影频道和安徽电影集团联合出品。讲述的是一段清末传奇，巡警学堂会办，带领学生军反抗清廷，发起暴动，之后血洒春秋。该人物事迹有安徽巡警处会办兼巡警学堂监督徐锡麟的影子。作品制作精良，镜头运动和画面效果有强烈的电影感。演员启用了有一定市场影响力的蒲巴甲。编剧：张启音，导演任鹏远、彭际航。遗憾的是，作品内容远逊于形式。

《阿免姨》和《三角地》是跨年度作品，与台湾地区合作，是台湾电影辅导金制度的产物②，对电影频道而言，也是加大电影投资的一种增资途径。两部作品都在台湾地区拍摄，主创基本为台方人员。《阿免姨》导演黄朝亮，编剧陈怡茹、黄淑筠，主演林美秀、陈慕义、纪亚文。影片围绕阿免姨和小山村人们的关系，讲述的是人与人之间真诚相待彼此互助的故事，温暖又励志。另一部同类主题的《三角地》改编自曹文轩同名小说，编剧陈静慧，主演陈东裕、杨诚诚，导演是台湾新电影重要人物陈坤厚，他的作品《桂花巷》为人熟知。这是一个家庭故事。家人团结各尽职责创造幸福生活，是影片要表达的主题，推崇只要勤劳友爱，生活就会美好的生活理念。两部作品都在台湾拍摄，清新的乡村景致，充满爱和希望的人们。大有台湾健康写实主义之风。两部作品的出现，由内而外的清新健康气息，也给2012 年电影频道的电影带来一股清风。

上述作品之外，英模片《有事找王江》、抗争传奇片《神勇投弹手》、民国女性传奇《黑井往事》、公安片《深呼吸》等作品也分别在各自的类型中有所突破，令人耳目一新。由李彦廷导演，李易祥主

① 见豆瓣网《危城》影评，作者苏七七。http：//www. douban. comnote255598467/

② 台湾电影辅导金制度开始于20 世纪90 年代，是政府出钱资助本土片的制度。辅导金额视影片具体情况分500 万或800 万台币。每年有一定指标。辅导金分为一般组、新人组、旗舰组等三组。一般情况是，制作单位得到辅导金后再自想办法融得资金。辅导金的设施，旨在培育电影人才、增加影片数量提升质量。

演的《有事找王江》，由于人物塑造的极度真实、亲和可信，以及故事的张力和动人，使得这部没有任何类型包装的人物写实片在同等类型里取得意想不到的收视率。由海流、裕鋆编剧，高力强导演，答有为、孙荣主演的战争传奇《神勇投弹手》更是创造了收视奇迹。在当年所有国产首播新片中，仅次于《铁血骑兵》位居第二，压过《龙门飞甲》、《叶问2宗师传奇》和《金陵十三钗》。由此可见，在电视市场，简朴制作，故事生动的小片，有时并不逊于名导明星高投资的电影。

结语

电视电影转为电影后，其市场已从电视、网络延伸到院线，制片规模和资本模式也相应发生了变化。"大片"制作，逐步成为电影频道电影生产的重要一环，它们将为以后制作院线商业大片发挥试验品和探路石的作用。但管理者也强调，电影频道有多年制作小成本电影的经验，在叙事、人物塑造、主题表达和艺术把握等方面积累了许多宝贵的经验。这对将来打造思想性、艺术性、观赏性三性统一的院线大片是很好的基础。

虽然电影频道开始了"大片"业务，但其作品首先要满足的是本台的电视播出，所以小成本精制作，以现实题材为主，追求通俗性大众性，走类型化包装的电影作品依然是电影频道电影生产的"主业"，一般投资的作品还将占总产的90%以上。

与整个电影界同，剧本依然是创作中需要狠抓的重点。影片优劣大多根在剧本已被无数事实证明，2012年的许多作品是新的例证。培养人才和留住人才更为重要。盘点2012年制创电影频道电影作品的公司和创作者，可谓是铁打的营盘流水的兵。除八一电影制片厂、长春电影制片厂、山西电影制片厂、北京时代电影有限公司等少量长期合作伙伴，以及高力强、邢树民、王竞、方军亮、高峰、刘信义、郑大圣、吴天戈、邓衍成、胡明凯、潘镜丞、周伟、李延廷等等常坐导演外，新鲜力量的汇入寥若晨星。对一个将要展开崭新电影新业务的电影制作机构，能否拥有一支强大坚实的制作团队和艺术人才，关系到电影频道做强、做大、做稳目标实施的成败。

赵小青　中国艺术研究院电影电视艺术研究所研究员

后融合语境下的新态势
——2012年香港电影综述

◎赵卫防

在两岸三地电影深度融合的当下语境中，内地与香港电影的融合以及香港本土电影的创作也在2012年有了新的展现。香港和内地电影虽有着数十年的互动史，在《内地与香港关于建立更紧密经贸关系的安排》（简称CEPA）的推动下，两地电影互动也曾经历过几次高潮，但由于各种因素一直未能达到真正的互融，“港味不港”、“不服水土”等诟病之词一直伴随着香港电影的“北上”。2010以来，随着《海峡两岸经济合作框架协议》（简称ECFA）的签署以及CEPA的深化，台湾和内地的两岸电影合作由民间转为官方，开启了包括合作制片在内的全方位融合的强劲势头，内地和香港电影的融合也在两岸深度合作的背景下进入了新的良性发展。因此，可以说在2010年之后，华语电影的融合跨越了之前的表层合作而进入了后融合时期。该时期的华语电影，在产业和美学层面得以新的整合，许多集三地美学、产业品格于一体的华语电影以更优的品质出现；同时这种融合对三地各自的电影发展也产生了重大影响，特别是对内地和香港电影具有较大的美学和产业促进。

在“后融合”的语境下，2012年的香港电影在产业层面依然呈现出了弱势格局，这种状况在短期内也许无法改变；在美学层面，2012年的香港电影延续了经典港味并在延续的基础上进行与时俱进的美学创新，以适应后融合时期三地华语观众的审美需求，这成为其主要趋势。

一、基本产业态势

2012年，香港全年公映华语电影80部左右，其中香港和内地合拍片及纯粹港产片约为60部，纯粹内地出品约6部，纯粹台产片及两岸合拍片在14部左右。① 根据香港影业协会综合2012年香港电影市场的整体情况统计，2012年香港影市票房总收入逾15.5亿元港元，较以往有了一定的提高，但华语电影的票房依然维持弱势，其增长主要体现在以好莱坞电影为主的西片票房上。如2012年香港票房前十名的影片中仅有一部华语片《寒战》，其他状况从表1和表2的数据可见一斑。

表1　2012年香港地区上映影片票房前十名统计②

名次	影片名称（国别）	上映日期	累计票房（万港元）
1	复仇者联盟（美）	4月24日	966.4
2	蝙蝠侠：黑暗骑士崛起（美）	7月19日	801.9
3	超凡蜘蛛侠（美）	6月29日	665.2
4	黑衣人3（美）	5月24日	474.2
5	少年派的奇幻漂流（美）	11月22日	455.7
6	寒战（港）	11月8日	428.1

① 见基维百科网站2012年度香港上映影片的列表，http：//zh.wikipedia.org/wiki/%E9%A6%99%E6%B8%AF%E9%9B%BB%E5%BD%B1%E5%88%97%E8%A1%A8_（2012%E5%B9%B4）

② 该表数据由豆瓣网统计换算而成：http：//movie.douban.com/doulist/1903193/？start=0&filter=

续表

名次	影片名称（国别）	上映日期	累计票房（万港元）
7	悲惨世界（美）	12月25日	403.6
8	007：大破天幕杀机（美）	11月1日	396.1
9	冰川时代4（美）	7月12日	382.0
10	霍比特人1：意外之旅（美）	12月13日	374.2

表2　2012年香港地区上映香港影片票房前十名统计①

名次	总名次	影片名称	上映日期	累计票房（万港元）
1	6	寒战（港产）	11月8日	428.1
2	13	低俗喜剧（港产）	8月9日	307.3
3	15	春娇与志明（合拍）	3月29日	280.3
4	16	桃姐（合拍）	3月9日	278.5
5	18	逆战（合拍）	1月21日	222.3
6	23	一路向西（港产）	9月20日	192.7
7	25	2012我爱HK喜上加囍（合拍）	1月20日	191.2
8	27	大追捕（合拍）	3月15日	176.3
9	29	车手（港产）	6月21日	148.8
10	35	2012八星报喜（合拍）	1月20日	121.0

2012年香港影市中好莱坞电影票房与占比都有较大提升的原因，概因当年年初的“中美电影新政”的签署。这一“新政”使得内地比以往多引进了14部以3D、IMAX为主的“加强型”好莱坞大片，在这种态势下，香港影市也收到了美片的强大冲击。当好莱坞大片来袭时，无论是纯粹港产片或是合拍片都采取了“挪挡”的自保办法。如当年10月，在《全面回忆》、《暮光之城4》、《谍影重重4》等15部西片的集体挤压下，一系列影片如《太极》系列片、《天生爱情狂》等开始调整上映档期，就连《寒战》这样的影片也从10月18日推到了11月8日。这种情况也表明，随着中美新政的进一步贯彻，之前香港和内地合拍片在两地电影市场雄霸天下的优势局面可能会面临着新的挑战。

2012年的香港电影中，两地合拍片占据了重要比例，这些合拍片在内地影市都是当之无愧的主力，如2012年内地6部票房过2亿元人民币的影片中，两地合拍片占据4部、纯粹港产片一部，分别是《画皮2》、《十二生肖》、《一九四二》、《听风者》和纯港产的《寒战》。但这些合拍片在香港并不像内地影市那样表现突出，上述4部合拍片甚至未入香港华语电影票房前十名之榜，合拍片的整体表现最多能与纯粹港产片持平。

如果将两地合拍片剥离开来，2012年纯粹的港产片其实只有13部，这13部影片仅有《寒战》、《大追捕》两部大制作，其他全部为中小成本之作，且大部分出自年轻导演。② 可见在中美新政的挤压下，在合拍片的大潮中，完全由香港本土投资、本土制作的空间已经非常有限了。而且在香港电影的分级中，这13部电影中有6部是三级片，这也表明纯粹的港产片已开始部分放弃了内地市场，转投本土及其他海外市场了。另一方面，“邵氏兄弟”也曾与2011年基本放弃了电视业而转行电影，但是并未出现特别明显的效果。由于不再似当年那样有着精良的专业团队、2011年投资电影业也没有大的市场起

① 该表部分数据来自袁梦倩、冯凝：《2012年香港电影产业备忘》，《当代电影》2013年第4期。
② 袁梦倩、冯凝：《2012年香港电影产业备忘》，《当代电影》2013年第4期。

色，再加上邵逸夫已是百岁老人，不可能亲力亲为等原因，“邵氏兄弟”尽管有信心，也有一定行动，但总体上已显得力不从心，更难以力挽狂澜。尽管有这些困难，但香港特区政府对港产电影依然起到了一定的支持作用，香港电影发展局自 2007 年推行的“电影发展基金电影制作融资计划”继续扶植青年导演，2012 年的港产片《悬红》和《高举・爱》均受到此项资助，分别融资 260 万和 270 万港元，① 表明了特区政府为培育本地电影人才、推动中小成本电影创作的一种姿态。

二、回归经典港味

注重纯粹个体关注的港式人文理念、明星制下的类型路线、从题材挖掘到表现形式均达到了一种极致化程度以及重细节、节奏快的优生态的创作链，是经典港味美学的主要表现形态。2010 年香港涌起的“特区新浪潮”以及 2011 年“邵氏”回归电影，使得被华语观众所喜爱的纯正、传统的港味美学在香港电影中强势回归。2012 年的香港电影，在近几年逐渐回归的基础上，有了更进一步的经典港味美学转向。

类型的回归是港味回归的重要方面，这主要表现为对香港经典的动作和喜剧类型的回归。首先是动作类型的回归，其中《太极》系列片颇具代表性。动作是香港经典武侠电影的主体，武打场面占据主导，动作魅力也因此凸现。在《太极》（上）中，这一主体得到了回归。在影片中，对太极的动作想象从一个场景无缝拼接地过渡到下一个场景，屋顶、祠堂都是平常的比武场地；动作与环境相生相应，村民打着太极割麦子。这些略显夸张的场面，实际上昭示着主创对动作这一主体的重视。当然，片中最重要的还是打斗场面的表现，两部《太极》的终极高潮，都落在了“陈家拳”作为一个拳种的个体特点和魅力展现上。上集的结尾高潮，是陈家拳当世宗师陈长兴的杂兵战：一个人单挑一群人，把陈家拳的风格和特点全然使尽。到了第二集，无论前边炮轰陈家沟的爆炸场面多震撼，后边突围战的场面多激烈，影片的结尾高潮，还是扣在了对太极拳种特性的展现上，用一场“八卦掌 VS 太极拳”的高手过招来作压轴高潮。这场对决压轴戏被搬到了厨房里的屏风上，交手双方既要注意屏风的位置又不断的想着如何将对方打下屏风，加上厨房炒菜时的动作衬托、渲染，使得整段戏十分流畅、精彩而有趣，突出了动作的魅力，实现了纯粹的动作类型元素的回归。同为古装动作类型的《四大名捕》，则从类型整合方面回归港味，影片将侠义、奇幻、浪漫、侦探、僵尸等传统的港味类型元素共冶一炉，并在古装片里复活了港式时装片风味。

成龙执导的《十二生肖》，将动作与喜剧两种类型元素进行巧妙的融合，回归了 20 世纪八九十年代经典的成龙电影。其喜剧主要依靠动作中的趣味产生的，片中的动作场面，最精彩的部分莫过于在文物贩子工厂的那几场戏，其打斗风格颇具当年成龙功夫喜剧的风格，成龙通过一些简单的道具（如沙发、三脚架等）和周围的地形环境，利用自己灵活的肢体和机敏的反应设计出一些巧妙的打斗动作，极富喜剧效果。其他兼具动作类型的影片也基本上实现了港味回归。如《寒战》基本模仿《无间道》（2002）的创作路线，从香港电影的路数出发，铺设复杂的人物关系，展开多个叙事走向的可能性，并将各条情节相互交织，细节丰富，节奏较快，港味十足；《车手》延续港式的个人励志精神，表现了打不死的香港热血青年气概，体现出一份好斗好胜的奋战决心；《大追捕》亦没有刻意迎合合拍片的规则，而是努力开拓传统香港类型片的多种可能性。

这种回潮现象在喜剧类型中的体现亦较为突出。2012 年两地合拍或香港本土出品的多部港味喜剧片如《2012 八星报喜》、《2012 喜上加喜》（港名《2012 我爱 HK 喜上加囍》）等，不但故事及空间香港化、表现港式人情风貌和人文理念，还延续了香港喜剧电影笑料密集和闹剧的特色，亦传承了传统香港贺岁片中明星云集的路线。这些影片均集中了多位当红影星，抑或 20 世纪七八十年代的香港明星以及众多的电视演员如 TVB 艺员等，自始至终充满着港人熟悉的面孔以及熟悉的笑声、音乐等元素。此外，影片的节奏较快、噱头较多，同时也努力营造出笑中含泪的感人效果，这些也都是香港传统喜剧的重要特色。

这些喜剧片中还将当红影星的套路全部改变，以获得一种变化的妙趣。如《2012 八星报喜》中功

---

① 袁梦倩、冯凝：《2012 年香港电影产业备忘》，《当代电影》2013 年第 4 期。

夫明星甄子丹变身为追求梦想的音乐发烧友，古天乐也饰演了以前不曾扮演过的建筑工人角色，郑中基则是一个满脑子艺术的艺术痴。这些错位与夸张，也是香港传统喜剧的常见风格。而《我的老公不靠谱》借戏中夫妻的婚姻考验与四角恋情，回应当下中港关系之余，胜在没有单纯把内地女性简化为缺乏思想的欲望对象。该片导演阮世生依然擅长写情，剧本稳当，拍出城市小品的喜剧感，兼具个人情怀。其他如《麦兜·当当伴我心》、《悬红》、《热爱岛》等喜剧片也都延续了香港经典喜剧的特色。

在除动作和喜剧的其他香港电影中，亦呈现出了以港味回潮为主的趋势。其中《桃姐》、《春娇与志明》等影片在合拍片的背景下努力的平衡合拍片与香港电影之间的差异，前者尽管是内地的保利博纳公司投资制作，剧情也有所涉及到内地的生活，但影片充满着浓厚的香港人情味，如香港影评人汤祯兆所言，影片“最深刻的现实趣味，是在漫不经意间道尽了华洋杂处中西文化冲击下的人情变异……反映出香港人一种深层次的精神面貌”①。影片中的港式人文理念表现得尤为充分，导演许鞍华以人文情感著称，她的人文情感一般不直接表现亲情、友情、爱情，很多时是超脱于这些情感之外的、但又同时兼容这些感情的复杂的人文主义，体现了关注独特个体的港式人文理念。《桃姐》中表现的是主仆之间的情感关系，这种情感并非亲情、友情和爱情，但同时又具备亲情、友情的特质，这在选材上就已经具备了特殊性和个体性。影片以此加入了大量的香港元素，打造原汁原味的香港故事。这些都是《桃姐》的特殊所在，这种人文特性表明，人不应有贵贱高低之别，人与人的感情更不应受影响。影片将这种情感如此处理，它便超越了常规的亲情等情感，升华成为了人性中最温暖的部分，特别是在当下贫富差距日益扩大、社会阶层存在对立之势的当下，选择这种特殊的人文情感进行表现和思考更具意义。

而《春娇与志明》的故事虽然主要是发生在内地城市，但自始至终折射出来的也是《志明与春娇》式的港男港女的生活和心态。近年来，以《春娇与志明》为代表的一批情感类型的香港影片，都描写了港男港女在内地他乡新欢诱惑下重返香港伴侣身边的选择。这些影片中，不管港男走多远，也不管港女多么不成熟，他们的心意其实都不会改变，只要港女给予原谅和理解，港男最终定会投入港女的怀抱。这亦是当下内地从政治、经济、文化等多方面对香港产生强烈影响语境下，港式人文理念的另一种投射。其正像香港电影人对内地和香港的关系一样，“内地宽广的市场和大量的金钱永远代替不了其对香港自我身份的眷顾与认同。”②

其他影片如“银河映像”出品的《高海拔之恋 II》，上承《龙凤斗》（2004）的港女缘份，延续《单身男女》（2011）中内地和香港融合的迷失，再注入《再生号》（2009）的心理治疗和生命可能性，挑战高难度高海拔，集奇情、浪漫和励志于一身，体现出了当下港人的心态和诉求。《高举·爱》通过女子举重的冷门题材，看到成功女人背后的男人。而女主角作为新移民以正面形象出现，是港片少有的描述；一家人生活在小岛，带出独特的情味，表现香港风情的另一面。

2012 年的香港电影中，也有一些低成本的其他类型影片如《低俗喜剧》、《喜爱夜蒲 2》、《一路向西》等，这些影片是香港本土的年轻影人们一心一意制作的纯港片，创作者力图以纯粹的港味、市民文化、小男人等元素赢得本土观众的共鸣。其在香港本土市场迸发出较强的生命力，如《低俗喜剧》与《喜爱夜蒲 2》票房胜过同期的好莱坞大片如《勇敢传说》、《谍影重重 4》等，3D 情色片《一路向西》再次掀起观影的热潮，胜过将同期上映的《敢死队 2》与《生化危机 5》。这种看似被华语主流市场边缘化实则具有强韧生命力的影片，也是港味美学回潮下的另一种产物。

三、当下华语流变语境中的创新

三地电影的后融合时期，华语电影的受众发生了较大变化，而香港电影的受众主要集中在两岸三地，因此香港电影也在华语电影流变的大环境中进行了创新。这些创新，主要表现在其并未机械重复以往的港味美学，而是在延续的基础上进行了与时俱进的、符合当下两岸三地华语观众新口味的尝试。

---

① 转引自阿木：《〈一路向西〉再掀观影潮，“香港电影”受观众追捧——从〈一路向西〉说起》，http://blog.ifeng.com/1320506.html。

② 李铁成：《香港电影的新发展：重拾“港味”——以 2012 年为例》，《当代电影》2013 年第 4 期。

2012 年的香港电影，也体现出了这种创新。

其首先体现为类型层面的创新。动作类型为香港电影的经典类型，也是华语电影的重要品牌，但无论是香港电影或是其他华语动作片，叙事缺失越来越被诟病。作为华语动作片中坚的香港动作电影，一直在不断地努力探索新的表现方式。近年来，香港电影中出现诸多将悬疑类型和动作类型相结合的悬疑动作片，这种新的复合类型为动作片增强了叙事智慧，较为有效的解决了动作类型中的叙事困境问题，为华语传统类型电影注入了新的艺术生命力。

2012 年的香港电影特别是合拍片中，动作悬疑片成为了其主体类型片，如《听风者》、《消失的子弹》、《寒战》、《四大名捕》、《血滴子》、《大上海》等都可归入这一类型。现代题材的《寒战》，不同于以往的传统警匪片，成为了 2012 年度具有代表性的动作悬疑片。影片刚刚开场，剧情便快速展开：从市区离奇爆炸案、警员冲锋车离奇失踪到警察与罪犯的斗智斗勇，再到警察内部揪查内鬼，全片的悬疑色彩步步升级，一个谜团刚有眉目，另一个谜团又冒出来。缜密和快节奏的推理过程，使得枪战和打斗等动作元素成为辅助元素，而悬疑成为其主导元素。该片仅在内地便获得了 2.567 亿元人民币的高票房，成为近年来国产影片中悬疑动作类型的重要之作。2012 年度香港电影中还有民国题材的动作悬疑片，如《消失的子弹》。影片亦是遵循悬疑为主、动作或其他类型为主的类型路线，取得了较佳的票房和口碑。该片对剧情的设计表现得十分精心，采用环环相扣的叙事手法，每一处细节都层层铺垫，别具匠心。一方面，随着一场又一场危机的爆发，在案件的侦破过程中，需要将犯罪证据进行适时适度的呈现，加以逻辑串联，从而引领观众的思维；另一方面，电影中很多看似漫不经心的情节，实则却是精心埋下的伏笔，不仅推动了叙事的发展，更向真相步步逼近，最终形成大逆转。片中尽管也设置了诸多的打斗和枪战场面，但真正吸引观众的却是悬疑。在古装题材的悬疑动作类型中，《四大名捕》最具代表性，该片由一个铜模失窃案展开，国库铜模被盗，假币横行导致人心惶惶。六扇门和神侯府两个部门同时展开调查。破案时神侯府总能抢在六扇门前头，这让捕神感觉到极大的挑战，于是在外乱之下捕神又挑起了一场“窝里斗”，以灭掉神侯府为目标。而在内斗不可开交之时，“螳螂捕蝉黄雀在后”，财神爷更大的阴谋正在一步步的逼近。正邪难辨的人物，扑朔迷离的剧情紧扣人心，直到最后一刻才揭开财神爷作案的动机。

此外，脱胎于好莱坞 Chick Flick 类型的“小妞电影”，也是 2012 年香港电影进行类型创新的重要表现。其实，Chick Flick 类型早在 20 世纪 90 年代便在香港强势登场，形成了具有浓郁港味特色的女性情感类型片。香港女星郑秀文、杨千嬅等凭着其时尚、干炼又不乏敏感脆弱及略带神经质的都市女性形象，赢得了大量女性观众的喜爱。香港的这一类型片亦带有非常明显的励志主题，片中的女主角失去了爱情不等于失去一切，她还是要坚强自信的走下去，成功之后，看似失去的爱情会在转弯处等她。香港饰演这类电影女主角的女演员郑秀文甚至把这种精神带到了角色之外，成了一代香港都会女子的代言人。

近年来，随着香港电影“北上”及三地电影的融合，“小妞电影”也开始登陆内地，《非常完美》（2009）、《杜拉拉升职记》（2010）、《失恋 33 天》（2011）等影片便是这一类型的佳作。2012 年，“小妞电影”大量出现于两地合拍片中，出现了《我愿意》、《爱出色》、《我的雷人男友》、《嫁个一百分男人》、《醉后一夜》、《我老公不靠谱》等多部影片，从而成为当年香港电影的重要类型。这些“小妞电影”承袭了原来香港同类型影片中的女性视点、励志言情、都市时尚和幽默搞笑等丰富而又统一的元素，但同时又进行了一定的内地化改造，形成了具有中国特色的喜剧类型以更适合内地观众。其中最主要的一点是“小妞电影”加入了中国女性独有的“剩女”问题，从而更能引起中国女性的关注和思考，甚至真正的“剩女们”会将这类电影作为一种精神依托。如《我愿意》中“剩女”乔娜闪电结婚，就直接说：“女人到了我这个年纪，就不怕男人图我什么了，而是怕我再没什么可给男人图的。”这便是典型的中国式的“剩女担忧”。这类电影也因此而广受女性观众的关注。在这部影片中，还将“剩女”定义为“盛女”——永远绚丽盛开的女人，诠释出了那些并不年轻的单身女性的真正魅力——优秀、成熟、独立、有自己的价值体系。这样的表现对那些处于焦虑之中的“剩女”来说，内心无疑得到了释放和满足。

其次，2012 年香港电影的创新表现为融入了深刻的大中华情怀，以适应三地观众。其一，有些影片加入了高圆圆、杨幂、闫妮、赵又廷等多位内地和台湾当红影星，故事空间也时而转向内地和台湾的城市。有些影片还融入了更多的近期热门话题，如《2012 喜上加喜》围绕着去年台湾出品的热门华语电影《那些年，我们一起追的女孩》及世界末日预言等来营造喜剧元素，片中更有冯淬帆、邵音音扮演一对老夫妻，化名为“那些年”中的男女主角角色名称。这些都体现出了三地华语电影的新整合。

其二，这些影片不再仅限于港式人文理念的展现，而是融入了更为深刻的普世价值。如合拍片《画皮 2》的突破更多地体现在其主题层面，本为妖的九霄美狐小唯“以皮换心”，虽然失去了靓丽的外表，但却拥有了人类的的心脏，以此也就脱离了妖而晋升为人，具有了人类所独有的爱和情感。这种深刻的人文表现使其彻底摆脱了一般的、低层次的古装动作类型，而成为具有深刻人文内涵的影片，再加上规范化的营销，该片获得了观众和市场的广泛认可。

其三，这些影片在形式上也脱离了港味的某些特征，追求更为现代化的表现形式，以形式层面的现代性来赢得更多的华语观众及全球观众。如《太极》系列片虽然也是古装动作类型，但影片融入了较多当下娱乐手段，将动漫风格、电玩式场景和现代科技元素融入其中，使之成为一部巧妙借用游戏电玩元素的另类武侠电影，也显示出了电影在其叙事方式和镜头运用被电玩游戏疯狂借鉴下的一种“逆袭”。这种新意不但极力标榜着时代的鲜明性和创意的求新性，更直接体现了城市年轻人的文化生活元素，对当下的观众主体——年轻的电脑游戏玩家们具有强大的吸引力。

四、忧虑与反思

两岸三地的深度融合，使得华语电影出现了新的美学气象以及新的产业格局，三地电影均有了新的发展，2012 年的香港电影也显现出了这种新发展。但包括香港电影在内的后融合时期的华语电影也出现了诸多问题，其一，香港电影孱弱的产业格局依旧。2012 年香港影市票房总收入逾 15.5 亿元港元，与 2011 年的 13.9 亿比较，上升了 11.75%。尽管其整体票房有一定上升，但本土电影依旧惨淡经营，2012 年香港上映的 60 部香港电影中，纯粹的港产片只有 13 部，数量及票房都不及往年。纯粹的港产片数量本来就少，其中多数影片表现平平，除了《寒战》和几部被认为具有鲜明本土特色的影片，如《一路向西》、《低俗喜剧》外，其他影片均无起色。这也表明香港电影市场虽有较大的扩容，但包括本土电影在内的华语市场却相对萎缩，增加的主要还是西片的市场空间。

其二，纯粹港产片和两地合拍片中的同质化问题虽有一定缓解，但却没有得到根本解决。尽管 2011 年大量香港和内地合拍电影中遭遇了严重的古装动作片同质化问题，但此种状况在 2012 年的两地合拍片中依然存在，当年仍出现为数不少的古装动作类型片。此外，2012 年香港电影或两地合拍电影中中低成本喜剧的同质化仍较为突出。

其三，在三地电影深度融合的语境中，港味虽有相当的延续，但港人对本土文化被边缘化的焦虑，对港味被消融的焦虑与日俱增。香港影人一方面“北上”发展，离不开这一广阔的市场，他们创作的与内地合拍的影片也不得不侧重内地市场；另一方面，他们又特别惧怕三地合拍片中大一统的华语商业大片兴起，进而形成一种泛华语商业电影的统一美学格式来消解香港本土化美学。因此，香港影人在拍摄合拍片时努力寻求更广泛的华语观众所接受的普世美学范式，但在拍摄的纯粹港产电影时却走向了另一个极端，出品一系列努力保证其在地美学血脉的极致性影片。为了对抗被消解和边缘化，这些影片刻意以低俗化来代替本土化，以单一性来抵制多元性。这种本土文化焦虑，不仅体现在在香港影人身上，更是广大香港观众的内心写照。在这种焦虑中，香港观众对自身文化身份的追求亦更为殷切，所以他们对融合语境下的合拍片没有兴趣，这也导致了香港电影市场中合拍片愈来愈低迷。而一旦有某部香港电影被认为具有“香港特色”或“香港情怀”后，香港观众便趋之若骛，将其作为一种稀缺的文化资源而赋予了更多象征意义，《低俗喜剧》等影片在香港大卖便是其直接体现。这种因焦虑而产生的极致的本土情怀，是推动了港产片在危机中突围，抑或是将香港电影推向进一步的低迷？我们将拭目以待。

赵卫防　中国艺术研究院电影电视艺术研究所副所长　研究员

2012年中国电影的国际传播与海外市场竞争策略

◎丁亚平　储双月　董　茜

对于中国电影而言，电影政策意识与市场意识，在近年来渐趋活跃。这成为中国电影不断跃迁发展，并进而实现国际传播、挺进世界电影市场的前提与基础。中国电影的国际传播和它的国际转型紧密联系。合作、变奏及融合，对内、对外如何充分发挥，是一个值得思考的系统问题。在走向国际，传播民族电影背后，是大中华地区影片生产的全球化的市场语境和商业现实。

2012年，在全球电影格局中，全球票房平均增长7%，而中国电影市场上票房规模和观影人次连续10年以30%以上的增长速度，成为全球第二大电影市场、第三大电影生产大国。根据美国电影协会在3月21日发布的最新报告，好莱坞电影在2012年全球电影票房的收入达到347亿美元，创下新的纪录，而这主要归功于新兴海外市场的崛起，以及美国本土电影市场的复苏。在新兴市场中，中国超越日本，已经成为好莱坞海外最大的电影市场。但是，对于2012年的中国电影说来，国内外市场冰火两重天：国内市场发展到170.73亿元，同比增长30.18%，而海外票房与销售收入仅有10.63亿元，同比减少48%。在电影业始终保持着跨越式发展的良好态势的同时，海外市场却在延续2009年以来的颓势而急剧萎缩，中国电影走出去能力十分薄弱，海外市场竞争乏力，越来越多的中国电影在本土市场大获全胜，却不能如预期那样获取海外市场。

能不能走向国际，站稳海外市场，对于努力实现国际传播的中国电影来说，既是挑战，也是其国际化程度的标志。本文分别论述2012年中国电影国际传播的模式，进而探讨中国电影海外市场竞争的策略与路径，并就如何真正实现中国电影的“国际化转型”，提出自己的看法。

一、政府扶持：对外交流、输出和交易

中国电影对外交流活动都是由国家广电总局电影局指导，并由其下辖的中国电影海外推广公司、中国电影集团等国有电影企业直接参与承办的。它们策划、组织、支持、协调在海外举办中国电影节（展），选送优秀影片参加国际电影节，在做好公益性的对外交流的同时，还注重商业性的海外营销。据电影局统计资料显示，2012年电影局在境外40个国家和港澳台地区共举办了118次中国电影展映活动，展映国产影片614部次，比2011年增加4个国家，增加43次展映活动，增加129部次影片；共选送390部次影片参加在32个国家及港澳台地区举办的77个国际电影节，比2011年增加7个国际电影节、95部次影片，其中有55部次影片在21个电影节上获得73个奖项，获得奖项数量比2011年增加9个。一年来电影局共组织译制国产影片47部（英、法、西、阿、俄等10个语种），向48个驻外使领馆提供了526部次影片，用于举办中国电影展映活动。

（一）举办公益性的中国电影海外展映活动，搭建对外交流与合作的平台

国家广电总局电影局充分利用在国外举办的中国文化年、与各国建交重要年份等机会，配合外交部、文化部等部门先后在土耳其、印尼、以色列、白俄罗斯、日本举办中国电影展映活动。目前已与一些国家相关机构建立了长效交流机制，在法国巴黎、美国洛杉矶和纽约、日本东京、加拿大蒙特利尔、香港等城市实现了每年固定举办一次中国电影节（展）的目标，在俄罗斯、新西兰、韩国实现了两年举办一次中国电影节（展）的目标。在巩固重点国家地区已有电影交流平台和渠道的基础上，又在缅甸、匈牙利开辟了新的影展举办地。此外，还在政策、资金方面支持有关电影单位开展对台交流，促进两岸电影的共同繁荣发展。

一是由电影局根据不同国家电影产业发展状况和目标观众群的观影心理需求来选送影片，为文化价

值观的输出营造特定的良性生态环境，创造交流时机，积累传播经验。鉴于巴黎中国电影节是欧洲乃至世界上规模最大的中国电影节，而法国又是世界尤其是欧洲艺术电影的重镇，电影局在第7届巴黎中国电影节特地选送了不同时期、不同题材、不同风格的50部中国电影，还千里迢迢地送去国内观众也极为罕见的中国电影国宝。电影节特设孙瑜和王小帅经典作品回顾影展，向在电影艺术上取得突出成就的新老影人致敬。专题性、珍稀性和艺术性是2012年巴黎中国电影节所选影片的最大特征，让法国人了解中国电影艺术发展历程，有助于两国电影艺术的深度交流与学习。考虑到洛杉矶中美电影节是中美两国影视合作与交流的重要平台，而好莱坞又是全球商业电影的中心地带，电影局选送了近年在中国最有社会影响的主流商业电影、在技术上获得突破的3D电影、类型成熟且具有很强视觉效果的动作片、传达主流意识形态的重大革命历史电影、关注普通人生活且讴歌人性人生的现实主义电影，共100部中国影片参加了展映。兼顾电影的美学、政治、技术和商业之间的关系，是2012年好莱坞中美电影节所选影片的重要标准，与美国同行、华人观众分享中国电影取得的新近成绩，有利于两国电影间平等广泛的交流与对话。

二是由国内半官方性质的职能机构、行业协会联合国外非官方机构（民间组织或企业），以华语电影的模式切入，推进与亚洲电影、欧美电影的携手合作，这一追求共赢的“中国路径”在2012年英国万像国际华语电影节、法国斯特拉斯堡红水晶国际华语电影节、澳大利亚金考拉国际华语电影节中初显规模。万像国际华语电影节由中国电影海外推广公司和英国万像China Image文化有限公司联合主办。本届电影节着重推介新生代电影，不仅对没有大明星、大制作却以高超的艺术手法真诚展现中国当代社会现实的文艺片情有独钟，还对中国西部不为世界熟知的文化传统和民族风情青睐有加。这同时也说明了欧洲艺术电影市场对华语影像的多元化表达，及对反映中国当代社会现实、社会生活的优秀华语电影作品的热切期待。从此意义上说，华语电影的融合与合作需要追求深度与广度、品质与活力，并巧妙处理好民族性与世界性之间的对立统一关系。金考拉国际华语电影节由中国电影海外推广公司与华语电影节协会联合在澳大利亚主办，共有20多部影片参展。与看重艺术水准的前两个华语电影节迥然有别，后者更加注重合拍片及主流商业电影的海外输出与合作。电影制作是艺术与商业的联姻，华语电影、中外合拍片不仅借助娱乐形式给来自于大中华地区、亚洲乃至东西方的大众提供了联结在一起的梦想，还带来了如何应对双边或多边文化价值观冲突的挑战：如何去理解电影作为一种意义表述形式与一种商品形式的双重运作之间的关系。

上述各项中国电影海外展映活动，始终坚持公益性原则，呈现当代中国电影佳作，展示中国电影人的才华与风采，让更多海外观众了解中国文化，感受当代中国的脉搏和当代中国形象。这种长效交流机制不仅连续性地培育了潜在观众，而且也为中国电影的推广、输出、交易源源不断地搭建了桥梁，从而促使中国电影的国际传播力和影响力得到提升。

（二）积极组织中国电影的输出和交易

各式各样的海外电影节（展）搭建了中外电影交流平台，成为中国电影海外推广的有益构成，同时也为增进世界对中国电影和中国文化的了解起到了推介作用。但是，要进一步提高中国电影的海外影响力，主要还是要通过版权交易让中国电影真正进入海外主流电影市场，这就需要进入交易环节，让电影节（展）由展映平台转化为交易平台，直接产生市场效益。

一是中国电影海外推广公司组织全国100余家制片单位先后参加香港、戛纳、美国三大电影市场，设立中国联合展台集中展销国产影片，帮助中国电影出口。中国电影海外推广公司携带100余部影片参加香港国际影视展，《唐卡》达成印度版权的预售意向；《王的盛宴》达成新加坡版权的预售意向。在戛纳国际电影交易市场，中国电影海外推广公司携带60余部影片参展，新加坡公司Cinema World与影片《康定情歌》签订购买合同。在第33届美国电影市场，中国电影海外推广公司携带60余部国产影片参加，派格传媒就《天机·富春山居图》面向30多个国家的发行合作达成意向性协议；香港Encore Inflight Limited已和中国电影海外推广公司以捆绑式购买影片形式签订购买航空版权协议；美国Digital

Media Rights发行公司来为其付费电视频道寻找片源，中国电影海外推广公司已就10部影片和其签署了影片非保底分账影片预购合同；美国EURAMCO PICTURES就《清水的故事》、《少林四小龙》、《走路上学》等儿童影片与中国电影海外推广公司签署了影片买断购片协议。由于片源质量偏低，品质和口碑方面的欠缺，造成了中国电影在上述国际电影市场的真正受欢迎程度远不如推广的声势大。那些达成销售意向的影片，本身在国内市场就缺乏关注度和知名度，属于小众产品，也没有明确的国际市场定位，而那些大明星大制作的大众产品大都依托具有实力的制片企业通过自己的海外渠道发行，中国电影海外推广公司其实面临着巧妇难为无米之炊的困境。

二是主办上海国际电影节和北京国际电影节等重要涉外电影活动，通过积极“请进来”促进走出去。不消说，中国市场是吸引各地片商进行交易与合作的枢纽，但是我们也可以此采取“反向性战略”，努力使之为其所用。中国电影海外推广公司与上海电影节有限公司共同主办了2012年上海国际电影节电影市场，组织国内70余家会员单位参加，并在市场区域内安排80部电影的DVD放映。此次电影交易市场吸引了30多个国家和地区100多家电影机构，销售影片500多部，达成700多个交易意向。项目创投和合拍片洽谈吸引了19个国家和地区的219个项目，其中35个项目均初步达成合作意向。年轻的北京国际电影节已成为亚洲最大的国际电影交易市场，交易额紧追戛纳电影节交易市场。42个国家和地区的160部影片分为六个展映单元在北京20家影院集中展映，放映289场。本届电影洽商与上届相比交易额大幅提高，达到52.73亿元，比上届27.94亿增长88.7%，共吸引了640多家中外电影机构，21个项目成功签约，100多个项目达成合作意向，并首次设置了创投单元，为优秀的新人和新电影项目提供一个展示与募集资金的平台。从上述两大国际电影节交易盛况可以看出两大现象正在发生：一是海外投资人对中国电影市场的兴趣远甚于海外买家对中国电影产品的兴趣；二是分工更为细化，合作领域更为宽泛，优秀的电影新人拍片渠道开始增多，中国电影还需要努力做好以创意产业为载体出口的各项准备工作。

（三）官方及政策机制助推中国电影国际传播力及提升路径

政府的扶持和保护力度、影片的质量是做好对外交流、输出和交易工作的关键。电影局及其下设的中国电影海外推广公司一直以来致力于使中国电影在政治、文化、经济等利益层面上走出去，不仅借助国际电影节和国际电影市场等传播渠道充分拓宽中国电影的能见度和知名度，而且还通过与国外官方或非官方机构（民间组合或企业）合作，有针对性地在目标市场举办电影节（展），并以此为跳板，将公益性的展映活动逐渐转化为商业性的交易活动，从而达到全面带动日常销售的目的。当下，只有政府层面才能最为及时和切实有效地整合中国电影的总体资源，为中国电影通向海外市场搭建一个国家层面的宣传、推广、服务、销售平台，助推中国电影与各国片商建立连接和信任关系，促使中国电影的走出去形成一股合力。

中国电影要想走出去，加强官方国际传播及销售网络的建设，全面及时传达业界动态，并为中小电影公司和制片商进行适当的国际市场培训，继续组织国内制片公司参加各大国际电影节和交易市场，设置展台，帮助推广中国电影，势在必行。中国电影的欧洲电影市场每年与柏林电影节同期举办，是每年“开市”最早的大型电影市场，也是欧洲重要的电影交易平台之一。“在欧洲电影市场的主会场，德国、法国、英国、意大利等国的官方电影推介机构均租设了专门的综合展台，宣传本国最新出品的电影和本国的电影发展现状，同时提供场地，方便本国的电影制作和发行企业与外国合作伙伴洽谈。而中国电影的展台在主会场难觅踪迹。在规模较小的分会场，仅有中国儿童少年电影学会设了一个10平米左右的展位，集中推介15部儿童电影。”① 有国内制片公司负责人谈到，在意大利威尼斯电影节和韩国釜山电影节上，也没有看到中国有像德国、法国那样由官方机构设立的大型集体展台。

---

① 唐志强：《柏林电影节对中国电影海外推广的启示》，新华网（2012年2月20日），http://news.xinhuanet.com/newmedia/2013-02/20/c-124367957.htm.

中国电影海外推广公司组织国内制片公司积极参加国际电影市场，作为传统的传播方式仍然是当前中国电影走出去的重要途径。好莱坞六大公司拥有全球发行的网络和渠道，不会在国际电影节搭台销售自己的影片，但这并不影响他们派出自己的采购在市场搜罗来自世界各地或者美国本地独立制作的优秀作品。美国电影市场的执行总监乔纳森·沃夫说："其实好莱坞六大公司每年制作的电影大约有100部，而全世界每年制作有2000多部电影，其中有1900多部都会通过电影市场来找到发行商。"① 虽然像华谊兄弟、新画面等有实力的电影企业可以通过自己的发行渠道进行推广，但新人和中小型电影公司因为有限的经济实力和技术实力单独走向国际市场推广作品是极为困难的，因此需要政府部门给予足够的扶持。除了高度重视戛纳和美国电影市场以外，还需加大组织中国电影参加柏林国际电影节及欧洲电影市场、威尼斯国际电影节及电影交易市场、韩国釜山电影节及亚洲电影市场的力度，不断为中国电影推至亚洲和欧洲市场寻找市场潜力。

二、产业实践主体拓展：企业经营、制作、宣发的多元化合作

新世纪以来，中国电影走向海外市场主要是依靠以中国电影海外推广公司、中国电影集团等国有电影企业和华谊兄弟、新画面、保利博纳等为代表的民营电影企业进行的海外发行，辅之以戛纳、柏林、威尼斯等三大国际电影节及电影交易市场，以及北京、上海国际电影节和电影交易市场的对外推广。这些方式确实为中国电影走向海外进行了有益的尝试，并取得了较好的成效。中国电影在保证高质量的前提下，具体操作上就是做到如何让国际买家知道影片、了解影片，进而增加交易的可能性。最难的就是如何通过国际传播获得海外买家和观众有效的关注度，主要途径表现为以下三个方面：一是在世界知名的国际电影节参展并获得大奖；二是进行多渠道和多平台的广告投放；三是通过合作、合拍共享海外发行渠道，建立庞大的海外市场分销体系。当然，相对于传统的商业宣传理念，海外市场的推广发行还需要拓展到新媒体环境下的营销、不同媒介跨界合作等方面。

（一）以国际化企业经营、合资制作、植入品牌等形式参与跨国合作、合拍与宣发

随着中外电影合作、交流的加强和深入，电影合作政策不断开放和院线改革的推进，产业实践主体的积极开拓，合拍片在海内外票房市场占有越来越重要的份额，逐渐发展为国际传播的主体和海外电影产业的风向标。合拍片自2004年以来在海外销售总量中一直占有较大比例，并呈现出逐年持续增长趋势。虽然在2012年销往海外的只有近71.2%为合拍片，略有减少，但合拍片所占的绝对性比例优势仍然没有改变。目前，国内越来越多的制片公司试图通过"合作"的方式达到资本"合谋"，"借船出海"，利用国外发行渠道进行影片推广，并从单向资本输出过渡为国际化企业经营、合资制作、植入广告等深度合作模式。

2012年，中国电影海内外市场出现了技术、人才、资金双向流动的趋势。几乎每一部国产商业大片都离不开国际团队在技术、人才等制作方面的加盟，足见多元化跨国合作在中国电影走出去战略中发挥着不可替代的重要作用。一些有实力的民营电影企业纷纷走出国门开疆拓土，与国际领先企业合作，全方位参与国际竞争，转型升级寻求更大发展空间。譬如，博纳影业公司获得传媒大亨默多克旗下新闻集团的战略投资，成为第一家利用海外产业资本的民营电影公司；万达集团通过并购美国第二大院线AMC公司成为全球最大的院线公司；上海东方传媒等三家企业通过与美国梦工厂动画公司合资组建东方梦工厂；天津北方电影集团等两家企业与卡梅隆·佩斯集团联合组建卡梅隆·佩斯集团中国公司；小马奔腾公司与美国数字王国签约合作项目落户北京，并且陆续通过资本、技术、人才的输出，完善产业链，并为形成自己的全球发行网络蓄积力量。这些民营电影企业先引进来后走出去，与欧美影业公司开展了投融资→制作→管理→宣发环节的合作，在此过程中学习到了国外先进的创作理念、运营理念、人才培养理念、营销方式等大量实践性创作经验和产业理念，促使中国整个制作行业愈加注重剧本质量和

---

① 新浪娱乐记者：《美国电影市场开幕　香港欲当大陆市场跳板》。http：//ent. sina. com. cn/m/f/2012－11－02/17103778830. shtml. 2012年11月2日。

操作精细化。在众多实践国际化企业经营模式的民营电影公司中，华谊兄弟传媒股份有限公司在连线海外方面先行一步做出了一些非常有益的尝试，积极建、主动、全方位地参与国际竞争。《十二生肖》先后在俄罗斯、韩国、日本、西亚、中东、欧洲和北美等26个国家和地区上映，发行影院大多为主流院线。它的成功发行，与华谊兄弟多年来苦练“内功”密不可分。作为影视板块的上市公司，华谊兄弟是国内影视行业内为数不多的战略清晰、全产业链布局最早的领头羊，因此既能够在内地电影市场保持领先的占有率，又能同时在海外占据良好的市场前景、获得丰厚收益。

电影作为媒介，可以凭借植入广告、情节、形象的方式为品牌的宣传提供平台，这种双赢的合作模式在经历十年电影产业化发展的中国已不陌生。不过，中国电影整合品牌资源进行海外市场的投融资、营销尚处起步阶段，提供怎样的平台和品牌资源、如何将品牌基因与剧情自然融合、是否影响影片的票房和口碑等问题，都是横亘在内容制作方与品牌营销方面前的难题。尽管如此，在做好内容生产的基础之上，探讨植入品牌策略将有益于电影产业的良性发展，同时也能进一步拓展中国电影的海内外市场空间。2012年3月，运作中国品牌植入《变形金刚3》“一战成名”的代理公司“影工场”，和全球知名公司智威汤逊宣布结成战略伙伴，把运作中国品牌植入好莱坞电影列为一项主要业务。TCL是目前最积极的试水者之一，继去年植入《变形金刚3》后，他们又出现在电影《复仇者联盟》、《钢铁侠3》里；森马曾在《钢铁侠2》里为钢铁侠和黑寡妇提供了赛车服和夜行衣。好莱坞一家老牌的电影植入代理公司THA，也通过2012年上海国际电影节第一次到中国来招徕生意。公司总裁Chris Geromini对记者说，“中国市场各种指标高速增长，现在是把中国品牌引入好莱坞的好时机。”① 然而，在中国本土品牌资源植入好莱坞电影的过程中，实际上充满商业对抗和思维磨合的艰难。中国公司通常依照国内拍摄广告片和植入影视剧的操作经验，提出具体要求，比如品牌Logo出现时间、镜头景别、演员台词。但是，对于好莱坞方面来说，往往要求品牌植入服从于导演和制作团队，切合情节的创作需要。因此，中国品牌想要从真正意义上植入好莱坞仍是一个需要跨越品牌实力、文化分野和制作规则等重重障碍的艰难之旅。

（二）在世界著名的国际电影节寻找有效的关注度，促进海外输出

在2012年法国戛纳国际电影节，华语电影中仅娄烨的《浮城迷事》入围“一种关注”单元，终究还是折戟而归。中法合拍片《浮城谜事》在电影节期间举行了全球首映，它的海外发行权已交给著名的法国电影发行方WILD BUNCH，该公司投入四分之一的制作成本，换取了该片的海外发行权。在2012年德国柏林国际电影节，王全安的《白鹿原》入围主竞赛单元，卢茨因此片获得最佳艺术贡献奖（摄影）。在2012年意大利威尼斯国际电影节，华语电影缺席主竞赛单元，仅有《告诉他们，我乘白鹤去了》、《三姊妹》、《金刚经》入围地平线单元，《太极》还在电影节开幕首日举行了全球首映。

中国电影在各大国际电影节的主竞赛单元接连失利，被迫将重心转向了市场、秀场，市场交易也呈现疲态。国际电影节一向被视为新片推介的最前线，明星在各大国际电影节的开幕式和闭幕式走秀，也是在中外媒体面前亮相的重要机会。从客观上来说，这只是提高了在国内的宣传力度，如果没有高品质的影片，是不能从根本上赢得海外买家的关注。虽然说获奖并不意味着一定就有海外市场，但是没有任何国际性大奖则说明中国电影在国际影响力和竞争力上的集体失语。通过在国际电影节获奖而获取版权销售渠道的，是以贾樟柯、王小帅等为代表的第六代电影人。其实贾樟柯的电影投资并不高，成本都控制在百万元人民币以下，并送往各大国际电影节参赛，由于品质高，靠得奖吸引一批海外片商的关注，接着再以低价倾销的方式出售，每个国家的版权只卖几万到十几万美元，海外买家多就赚得多，所以他并不需要倚重国内市场。然而，这种方式依然只适合高品质、能走获奖路线而又是小成本的影片，对于中大成本影片而言，还是需要立足本土市场来获利，否则不能收回成本。近几年来，即使是在国内市场卖得较好的商业大片在欧美市场的交易也仅限于海外版权买断这一较为初级的方式，而且以这种情况卖

① 陈中小路、杨健：《中国品牌蜂涌“植入”好莱坞》，《南方周末》2012年6月28日。

出去能否得到很好地发行，完全凭靠买方的商业运作能力。对于大部分华语电影来说，通过海外版权获利空间非常有限，最多只有两成，其中主要就是依托亚洲市场，尤其是东南亚。近几年，华谊兄弟等有实力的电影企业越来越重视建立一支成熟的团队，直接在海外市场发行，因为海外获利渠道拓宽，于是现在很少轻易采取版权销售的方式。简单出售版权的方式虽然不是上策，但在中国电影的海外市场尚且属于买方市场的情势之下，只有让国际买家盈利，他们才会回过头来再买后续电影产品，同时这也有利于中国电影在海外市场的成长。

（三）积极拓展“内容＋渠道＋衍生品”的全产业链协同模式，上下贯通，相互依托

利用多媒体平台，跨越不同的传播和放映渠道进行拓展，可有效建立“内容＋渠道＋衍生品”的全产业链协同模式。在好莱坞的企业结构中，“协作经营”策略正大行其道，它被描述为在经营行为和产品之间、在硬件和内容提供之间、在媒体之间、在不同的表达手段之间，建立起了一种创造性的横向合作。这是目前从事多元化经营的跨媒体集团的主导经济逻辑，在未来的发展历程中，新发行技术的出现只会强化这样的商业逻辑。每一次市场的拓展，联合的规模都比以前更大。中国电影走向海外也可以联合新媒体平台，提升传播效果，拓展放映渠道。2012 年，迅雷斥巨资独揽《一九四二》的网络播放版权，并实现全网高清首播，进一步奠定了其“网络高清影院”的行业定位。另外，还可以向搜狐等新媒体企业出售电影的放映权，逐渐积累市场。

在开发网络游戏、玩具等电影衍生品市场方面，国内的衍生品市场与国际接轨还有很长一段路。对美国电影业来说，所有品牌授权方都会在衍生品这块业务上获得占比 70% 以上的高额利润，而票房利润只占 30% 。他们通常在很多大片开拍之前就先考虑衍生产品，甚至为了衍生产品进行投拍。2012 年本土热卖影片《画皮 2》改成同名网络游戏，这是中国十大游戏开发商麒麟游戏开发的全球首款东方新魔幻网络游戏。电影想借助网络游戏的势力，而网络也想借助电影大片的题材魅力和票房效应，签下热门影片的网络游戏改编权，这是寻求共赢的便捷渠道。

在整个全娱乐模式中，电影始终都是从向上下游衍生的主线，做好电影才能上下贯通，互相依托发展。中国电影走出去，必须强调文化的互相融合，必须在充分了解海外市场的基础上，认真比较双边或多边之间的文化差异，在内容生产上做到中西贯通，在推广营销、衍生品开发方面做到与国际接轨。只有不断完善文化资源整合能力和穿透力，才能真正促使中国电影走向海外市场。

三、媒体平台构建：跨界融合中的传播与营销

根据近年来中国电影的海外销售情况来看，国产电影在海外“能见度”较低，进入海外商业院线的中国电影数量十分有限。2012 年度“中国电影文化国际传播研究”调研数据显示，选择电影院观看中国电影的受访者占 36.5% ，2011 年这个比例是 32.2% ，并没有明显的变化。2011 年选择网络的受访者比例是 42.1% ，2012 年达到了 58.0% ，相比之下有大幅度上升。从 2004 年开始，Web2.0 的出现，几乎改变了互联网运行的整个模式。由此也诞生了许多新媒介产品如：推特、博客，RSS，SNS 社区，播客等，这对于网络产业来说，是一个翻天覆地的升级，也给旧的媒体传播模式和营销观点带来了巨大的机遇和挑战。① 目前，除了一些传统的海外电影宣传媒体，如报刊、杂志、电视、广告（海报）之外，作为“第五媒体”的网络成为全新的传播渠道，媒体平台的拓展和壮大也给电影产业的国际营销模式带来了新的思考。

（一）与国际主流媒体的合作

通过参加国际电影节（展）引起海外媒体和投资方关注，对于在海外影响力较小的中国电影来说意义重大。在 2012 年 9 月 6 日—16 日举办的第 37 届多伦多电影节上，《危险关系》、《有种》版权销售顺利，《危险关系》已售出了 9 个国家的版权，其中韩国海外版权卖出了 200 万美元的理想价格。该片 2012 年在多伦多的首映极其隆重，电影节主席贝利亲自主持首映礼，而组委会为该片进行的推广规模

① 张琦：《新媒介环境下的中国电影营销策略研究》，福州：福建师范大学，2011。

位列第三，高出了当时许多好莱坞的大片待遇，章子怡也登上了多伦多媒体娱乐版的头条。继 2011 年 12 月在韩国釜山获得特别贡献奖之后，电影《超越那一天》后又在 2012 年 1 月 22 日举行的 2012 中国 3D 产业经济年会上获得“2012 年度最佳实拍类（非 2D 转 3D）3D 电影”奖，出品人兼制片人白强和中方导演曹雷代表影片接受了这一奖项。虽然国内发行受挫，但该部电影接连在美国好莱坞、法国戛纳、韩国釜山等国际影视节进行了展映，获得了包括美国综艺杂志（Variety）、美国有线电视新闻网（CNN）、英国广播公司（BBC）、纽约时报、好莱坞报道（Hollywood Reporter）等国际主流媒体的好评；而电影《泰囧》在国内市场表现之火热，也引来国外知名电影媒体《好莱坞报道》和《银幕》的关注。

（二）加快广播电视海外传播和频道建设

电影局全面实施“1052 工程”，大力推动中国电影进入非洲主流电视媒体。为落实广电总局“中非影视合作工程”（简称“1052 工程”），2012 年电影局与国际司密切配合，指导、协调、支持电影频道先后与毛里求斯、津巴布韦、肯尼亚、南非、苏丹、马拉维、纳米比亚、尼日利亚、乌干达等 9 个非洲国家的 13 家主流电视媒体签订了电影播出合同，每年提供 10 至 52 部中国电影在主流电视频道黄金时段定期播出。电影目前以免费为主，大部分附带贴片广告。为了实现“非洲进主流、周边扩影响、欧美求实效”的目标，电影频道还与缅国家电视台、波兰国家电视台、美国俏佳人集团 ICN 电视台达成播出协议。目前与圭亚那国家电视台、柬埔寨东南亚电视台就播出中国电影事正在协商中。①

中国电影海外推广公司在海外电视台开辟中国电影频道及中国电影栏目。泰国的中央中文电视台开辟了《中国电影坊》栏目，介绍中国电影，宣传中国电影，播一部中国电影，每周一期；随着中国电影市场的迅速发展，电影频道节目中心多年来始终致力于促进中外文化交流。电影频道节目中心国际部李健主任表示，纽约中国电影节是中美文化交流的一个非常好的平台，可以让不同国家和地区的人们与中国电影和电影人零距离接触交流，共同见证中国电影发展，感受中国电影人的执著与信念、激情与梦想，并向全世界推广中国文化的内涵。②

民营电影公司打造 NOW 爆谷台这一电影频道来拓展海外市场。2012 年 2 月，华谊兄弟、我们制作、安乐影片与及联合香港收费电视服务商 NOW TV 成立合资公司，推出了 NOW 爆谷台。这是由民营电影公司打造的一个电影频道，类似于美国的电影频道 HBO。随着电影市场的快速发展以及影视公司的相继上市，全产业链的发展也成为他们不约而同的目标，拥有版权、制作、发行、院线等在内的完整产业链才能在竞争中有更大的主动权。而海外市场和涉足多渠道也成为了国内影视机构的另一个重点领域，海润 + NOW TV（海润剧集台）、华录百纳 + 日本东京 MX 电视台（华录剧场），以及 NOW 爆谷台等就是在进行尝试，华策影视、光线传媒等影视公司不久也会在海外有类似发展来拓展海外市场。华谊与 NOW TV 合作的 NOW 爆谷台，采用的是“内容制作机构或频道提供商 + 平台发行商”的合作模式，通过将付费频道按单频道零售或多频道捆绑销售模式向用户收费，分单月、半年和全年多种付费方式。拓展收费领域，实际上就是影视企业进行多元化经营，优化业务结构的最终目的，从而构筑更成熟的商业模式。（③）

目前，中央电视台 7 个国际频道已在全球一百七十多个国家和地区落地，众多地方台也通过长城平台落地海外。广播电视传播体系的健全有助于对国产电影进行长久的、持续性的宣传，增强其影响力。

（三）新媒体与四网融合

相对于报刊、电视、广播、海报广告等单向的信息传播，网络传播具有更强大的针对性，口碑效应能够通过网络被迅速扩大，并取得更好的传播效果。如今，对于电影产业而言，网络的巨大影响力已致

---

① 赵丽、汪景然：《“走出去”创佳绩　合作交流结硕果——2012 年中国电影对外交流综述》，《中国电影报》，2013 年 1 月 17 日。

② 董昆：《中国电影出口上演“欧美总动员”》，《北京商报》，2011 年 1 月 24 日。

③ 陈光：《华谊兄弟：首个华语电影频道落地香港》，中证网，http：//www. cs. com. cnsylmjsbd/201202/t20120213_ 3240407. html. 2012 年 2 月 13 日。

使电影传播开始走向了一个全新的概念："四网融合"——院线网络、电视网络、宽带网络和移动网络。从电影院到电视台到互联网到移动互联网，这四个网络的营销配合与方式，对于提高海外消费者的观影次数，观影数量都具有很大影响。网络已经成为中国电影被外国观众观看的主要方式。一方面是因为中国电影在国外进入院线的机会相对较少；另一方面是中国电影有许多免费资源，选择网络观看能够自由控制时间又减少花费。中国在网络建设上已经走在了世界前列，每年在硬件建设上投入巨资，在覆盖率和流量上都处于世界的前列。如何充分利用网络有效传播中国文化，是摆在我们面前的重要课题。四网融合是全媒体视野下电影传播的有效传播手段。

第一，视频网站观影的便捷、快速和内容上的丰富性，极大满足了国内外观众的观影需求，近些年来视频网站已呈显竞争态势。目前，网络视频已从单纯的内容战过渡到品牌战，乐视网、奇艺网、搜狐视频、PPTV 等网站在片源提供、资源共享等方面提供更大力度的支持，而搜狐视频则会继续沿用矩阵式的立体营销模式来对热门影片进行大范围推广与营销。作为全球首家 IPO 的视频网站，乐视网现已打造了视频领域的"平台 + 内容 + 终端 + 应用"完整生态系统。目前，乐视生态系统除了具备中国最全的影视剧库和遍布全国的 CDN 布局外，在终端领域还推出多款智能机顶盒，并定于 2013 年推出超级电视；乐视网将成为业内唯一一家实现 PC、Phone、Pad、TV 四屏合一、全屏幕覆盖的公司。① 米高梅与其合作也让我们看到了乐视网作为国内新媒体市场国际开拓的巨大潜力，这也为其成为国产电影海外传播的窗口和发行渠道提供极为重要基础。中国电影海外推广公司已与最受欢迎的视频点播平台即视频网站 Hulu 达成合作意向，在海推公司提供的 22 部影片中，有 5 部影片被 Hulu 挑中。此外，还跟华纳公司协商每年提供 100 部中国电影等事宜。② 凭借逐步发展的选片与造势能力，网络视频正在加速中国电影海外传播的进程，在完成与美国众多知名影视公司深度合作、全面打通海外版权市场的基础之上，国内视频网站也会积极助推"互联网院线"的迅速成长。

第二，政府职能机构开设的网站和电影人开设的微博发挥了积极作用。近年来，中影集团旗下的中国电影网开通了"电影输出频道"，通过网络向全世界宣传中国电影，为各国片商和各大电影节组委会选片提供了平台，使他们能够及时了解中国电影的动态。同时，国家广电总局和中国国际广播电台还合办"华影在线"外语网站，用多语种的网站设置为全球各个语系的观众提供了另一个新的观影渠道。电影频道目前设有 CHC 家庭影院频道、CHC 动作电影频道和 CHC 高清电影频道三个付费频道以及两个在海外落地的频道，收视率一直名列电视台前茅，收视人口已经高达 10 个亿。其垂直网络媒体——电影网，是中国电影类网站冠军，从 2004 年成立至今已经覆盖全球 150 个国家、3800 多座城市和地区，成为网络观看中国电影的重要平台，也是中国电影走出去的重要窗口。③ 此外，国内行业协会、电影研究机构、电影人都纷纷在新浪、搜狐、网易等网站建立微博，有效提升了企业及个人在业界的知名度，同时拓宽了电影海外推广中公司及影人对外沟通的渠道。如中国电影海外推广公司、华谊兄弟、保利博纳等电影机构都纷纷建立企业微博，宣传新片，播报影人动态。

第三，与国外网络媒体积极寻找合作机会和可能。中国电影海外推广公司与华影在线合作，在其英文网站上推出海推专栏，定期发布海推公司参加海外电影市场的专题。内容包括影片信息、市场动态等，方便参加市场的公司员工为海外片商在线展示介绍影片和拓宽海推公司的对外推广渠道。2012 年，由上影集团联合出品的《一代宗师》由美国安纳普尔那电影公司引入北美市场，上映后获得了《华尔街日报》、美国电影网站 Twitchfilm、Indiewire 和加拿大网站 Nzweek 等国外媒体的关注。政府在进行对外交流、输出和交易活动中，也积极寻求国外网络媒体平台来提升中国电影的国际传播力。2012 年 7 月 25 日，"电影网"与美国家赋公司在京召开发布会，正式启动第三届纽约中国电影节并进行海报揭幕仪

---

① 魏蔚：《网络视频开打品牌战　搜狐与优酷拼海外内容资源》，《北京商报》，2012 年 12 月 5 日。

② 新华报业编辑：《九分钟出击科隆电影节　腾讯视频原创微电影红到海外》，《新华报业网》，http：// news. xhby. net/system/2012/10/12/014873870. shtml. 2012 年 10 月 12 日。

③ 陈旭光：《中国电影大片的海外市场推广及其策略》，《现代传播》，2011 年 03 期。

式，同时共同宣布开展互联网 HD 电影播放机海外推广项目，以进一步加深中美电影文化交流，助推中国电影走出去。

第四，院线网络是新近涌现出来的新媒体平台。2011 年，华狮签约北美主流院线 AMC，将常年向美国和加拿大多伦多、渥太华的 MAC 提供与中国同步上映的华语影片，数量上每年可多至 15 部，使国产电影在北美有了直接的院线。此外，还在与澳大利亚、新西兰、英国等国家进行积极商谈，为今后华语电影的发行和放映、中国文化的传播提供更多可能。另外，中影集团译制中心推动了“中国经典影院项目”在北京启动。这个项目由马来西亚方面提供影院、中方提供版权和拷贝制作，同时吸引当地华裔参与投资宣传，按照票房比例对三方进行分成。这种“3 + 1”模式，即由国内影片版权方、中国电影译制拷贝方和国外院线三方联动并借助海外华裔的力量共同推进中国电影海外传播的模式，有效整合多方资源，使风险共担、利益均摊，并且能优化配置使得各方面扬长避短，发挥优势，是海外传播“院线网络”建立的重要尝试。

第五，电视网络也是进行中国电影海外推广工作的重要渠道。近年来，智能电视的呼声一轮比一轮高。许多互联网公司和家电公司发布了自己的智能电视，但无论是“机顶盒派”还是“内置一体派”都没有成功。包括苹果在内，没有一家公司能够成功抢占客厅。虽然苹果只是玩票性地出了 Apple TV 机顶盒，而没有深入视频行业，但智能电视的革命始终是要来的，这无疑也是电影传播潜在而重要的新媒体平台。

（四）基本特点及走向

网络是观看中国电影的主要途径，中国电影的流传主要通过网络。海外网络的职能不断拓展，已经从单一的新闻信息采集站点转变为具有海外营销、技术支撑、用户服务、新媒体终端建设等多种职能的混合型实体机构。但网络利用的层面和深度有限，而且多数国内网站以引入和播映海外影片为主，实现国产电影海外输出较少，并且多数国产电影为免费观看，并不提供外语版本和配套字幕，并具有国内外网络宽带差异，效果不稳定、虚拟、临时、松散的特征。

广播电视面向世界播出的频道数量增多覆盖扩大，但全球性传播网络数量有限。面向世界播出的广播电视台和新闻频道飞速增加，由 2000 年的 5 家上升到 2010 年的 9 家电视台共 26 个频道和版本。不过，构建覆盖全球的电视网络依然受到法律准入、财力要求、技术条件等多种因素限制。目前，仅有英国广播公司、美国有线电视公司、半岛电视台等少数电视媒体构建起了具有较大国际覆盖面和影响力的海外传播网络。在传统优势地区之外，绝大多数电视台仍然只能通过交换和合作获取国际新闻资源或者实现节目落地。

“病毒营销”一直是好莱坞惯常的一种宣传方式，主要是指媒体通过网络短片、网络活动或是电子邮件信息的方式在全球网络社群发动营销活动，利用口碑传播成为与消费者交流强有力的媒介形式。它通过让用户们主动谈论品牌，进行对电影相关品牌产品的有趣、不可预测的体验，从而直接影响电影票房。曾为美国狮门影业服务的公关经理劳瑞·克里夫说，“病毒营销会有一个相当长的运作周期，起码都会超过一年，因为营销者需要将自己的电影以及品牌像病毒一样慢慢植入到观众的脑海中，所以整个的营销战线拉得比较长。”① 在国内，《王的盛宴》推出的片花 MV，《匹夫》推出的愚人节视频等都取得了一定效果，《画皮 2》也推出电子杂志《好好说画》配合电影宣传，这种病毒式营销方式在中国内地已颇具规模。

此外，与国外主流、知名媒体合作较少，没有充分利用海外华人媒体机构和影评人的作用。就目前而言，合作较多的国外媒体只有如美国综艺杂志（Variety）、美国有线电视新闻网（CNN）、英国广播公司（BBC）、纽约时报、好莱坞报道（Hollywood Reporter），应加强海外媒体、影评人的联系和合作，扩大影片的影响力和宣传力度，为海外销售造势。

---

① 张鲁凝：《光影世界，营销有毒》，《新视觉艺术》，2012 年第 4 期。

丰富完善传播渠道，增建扩建自有媒体终端，建立健全海外营销体系，势在必行。我们必须走出“重生产轻销售”的窠臼。一方面狠抓海外自有电影宣传媒体终端建设，增建扩建传播平台，丰富直接渠道；另一方面狠抓海外营销体系建设，扩充队伍，提高素质，创新手法，打通连接海外受众的间接渠道。只有构建起从新闻采集、产品加工到营销落地的完整产业链条，我国电影媒体才能摆脱“空转”状态，真正影响海外主流媒体、主流机构、主流社会，掌握舆论主动权，充分运用新媒体的独特效用，占领海外终端市场。目前，国产电影海外传播的主要终端仍然集中在影院和网络上，而对于个人手机、IPAD、移动媒体平台等没有进行充分的认知和推广。

媒体海外传播机构和驻外记者、自由撰稿人、签约摄影师、新闻线人等各种形式的非正式员工组成的外围网络正在成为西方媒体最重要的海外新闻采集力量之一，因此，国产电影在走出去的过程中应该重视和加强同海外媒体的合作，注意整合当地媒体的传播网络资源，通过“借船出海”的方式增强海外传播实力。从操作手段来看，媒体建设的本土化程度应大幅提高，同对象国的融合更加全面彻底，多语种建设，在汉语传播的基础上发展“全球化”语言。媒体对于电影的宣传针对性应该更强，在电影产品的媒体宣传实现了区域化、对象化、定制化。① 由于淡化了外来身份，这些媒体在电影海外传播的过程中有效地规避了许多本地法律障碍，以更加隐蔽的方式融入了对象国。

合理调整全球布局，核心站点与外围组织互补，自建宣传渠道与整合媒体资源并重，亦颇为重要。应该加强海外传播网络布局调整，转变形态，强化功能。其次，扩大在欧洲等英语国家的影响力，加大拉美地区的经营力度，把拉丁美洲和东南亚国家纳入战略目标，积极推进“小语种战略”。还要在多个国家积极扩张，不断拓展媒体覆盖的销售市场。可以把基于不同地域、不同语种和不同受众群的传播网络勾连起来，形成大型国际传播网络集群。此外，不妨依托传统强势媒体，如美国综艺杂志（Variety）、美国有线电视新闻网（CNN）、英国广播公司（BBC）、纽约时报、好莱坞报道（Hollywood Reporter）通过合作、交换、并购等方式整合大量区域性传播资源，分别成为各自传播网络集群的核心。最后，还可以加强与美国、法国、加拿大、日本、韩国等输出目标区域中地方强势媒体集团建立紧密的合作关系，通过交换电影生产内容并对接传输信号系统，构建起以国内媒体为核心、覆盖亚太、北美和欧洲的电影传播网络。

总体而言，应尝试报刊、杂志、海报、网络、视频短片、原声 CD、书籍、线上游戏等方式并存互补，从而形成一个媒体平台全方位的配合，达到民间渗透的效果，形成富有创意的宣传手段，从而打通产业链，加强国际媒体间的合作，在一个市场完善、分工细化、消费群体定位明确的国际化传播空间内，最终实现良好的媒体宣传模式。

四、海外传播与市场竞争中存在的问题

（一）观念偏差

我们应当怎样认识中国电影海外传播与市场竞争中出现的问题？正如费孝通先生所指出的：“在中国面向世界，要世界充分认识我们中国人的真实面貌，我们首先要认识自己，才能谈得到让人家认识我们和我们认识人家。”以此衡量与观察，中国电影目前仍侧重说教式、灌输式的宣传方式，这是我们非常不足的地方。这至少会让国产电影在不同背景的其他国家的人们难以信服，给人以媒体深受主流意识形态和国家话语控制之感。在人权至上、极度民主自由化的资本主义国家，一味的说教式、灌输式宣传方式会让海外观众产生厌烦甚至抵制。宣传总是带有一种单向、强制的涵意，因此，电影人首先要摆脱惯性思维，注重海外观众的心理研究。我们还要看到，媒体在国产电影海外宣传的模式上稍显生硬。西方媒体较少抽象地概括电影，而是通过具体的感性影像传播给观众留下直观的印象。中国媒体在进行海外宣传时，应注重采用西方受众喜闻乐见的方式展现电影的内容、类型和特点等等，尽可能缩短跨文化传播中本土电影制作与受众之间的心理距离。

---

① 文建：《西方媒体海外传播网络建设的新趋势》，《中国记者》，2012 年第 4 期。

（二）政府的作用把握失当

目前，中国电影走出去，缺乏统一而富成效的管理体制机制，是显而易见的。中国电影国际传播与海外市场竞争的方法，多为民营电影公司、组织、机构或影人自发，存在随机性、零散性，没有形成体系；散点运作，没有形成协同作战的整体格局。目前，中国电影海外推广公司是国家层面的中国电影通向海外的统一话语平台和输出路径，其在国际电影节的组织、筹划、选片等环节中，以及利用海外机构举办电影节（展），宣传中国电影方面起到了至关性的作用，但作为官方代表出现的海推公司并没有也缺乏将民间力量统一整体规划的作用，而相关部门对于民间中国电影国际传播工作也没有给予充分的重视，中国电影海外发行机制、电影出口财税机制、政府宏观布点机制、海外制发放一体化机制，都还需要进一步建立和完善。中国电影国际传播官方和民间相结合的整体战略和设计都尚待完善。

现在看来，制定明确合理的电影政策以规范中国内地电影环境，使其有章可循，并不断完善合作拍片的沟通渠道和门户，有利于海外市场的拓展。由于近年来中国电影市场的迅速崛起，而且未来一二十年还有极大的增长空间，整个国际电影行业都对此寄予殷切期望，那些依赖中国市场的境外制片企业为了谋求途径让自己的电影进入中国内地，要么在内容生产或制作过程中有针对性地作出调整，以适应这个发展迅猛的中国内地市场，要么希望能够吸引中国内地的投资，打造合拍项目，降低风险的同时又能畅通无阻地将影片推入中国内地市场。在巨大的诱惑面前，由于存在文化差异，各自的电影观念、电影政策制度、制作和发行及金融体系都不同（对同类投资投以狐疑的目光、视它们为战略威胁的情况，一直存在），在合作拍片方面如何以我为主，借船出海，就需要克服重重理解障碍，了解双边或多边合作规则及其沟通渠道。

（三）投融资政策及实施中存在的问题

中国内地电影在基金、金融产品、招商引资等投融资方面的需求越来越大，而这一领域出现的不够规范、渠道单一、比例失衡等问题都需要解决，否则将会严重影响中国电影在海外市场的国际竞争力。此处的问题还在于，无论是中央政府有关部门还是各地政府部门，在进行电影投融资或补贴时，大都倾向于主旋律电影或与本地社会文化相关的项目。这其中固然有优秀作品，但缺少真正具有国际竞争力的项目。而以央视电影频道为主出品的电影由电视台收购，则成为了小成本电影的主要回收渠道，这些影片就连内地的院线都进不了，即便有些影片走进影院，成为大银幕电影，如《惊沙》、《延安电影团》、《万箭穿心》等，陆续进了院线上映，却仍然限于电影市场这个特殊环境与条件，上片期短、票房有限，就也更谈不上海外市场了。也就是说，电视台用于电影的资金对国际竞争力的提升没有必然性联系。其次，其中的投融资比例严重失衡，大资金更多地青睐于具有市场回报的商业大片，植入式广告有一个系统、规范的可操作规程以及可预见的结果，也没有配套的政策、法规。这些都使等各类广告资金也主要集中在这些影片，使得占制片主体地位的中等成本影片在资金上十分尴尬。而其他规模小的资金则关注于地方宣传片或与地方宣传有关的其他中小成本影片，政绩工程放在第一位，国际竞争力不是主要诉求或者根本就不是诉求。第三，中国内地的电影投融资缺失规范性，由于电影创作、营销、市场等各个环节随意性、投机性太强，产业风险太大，因此，银行资金和其他风险投资很少敢于涉足。第四，是中国内地电影的投融资渠道单一，尤其是国际投融资渠道太窄。目前，内地电影的国际投融资渠道仅有合拍片一条途径，其中和香港、台湾的合拍还主要是以内地资金为主；而和美国合拍，则在强势的好莱坞门前往往处于很弱势的地位。国家广电总局规定，中外合作拍摄电影项目里，中外出资比例不得少于1/3，必须有中国演员担任主要角色，必须有在中国取景拍摄的内容。《云图》事实上只能属于“假合拍”。当它在北美市场遇冷之后便打着合拍片的旗号来分享中国市场。对此现象，电影主管部门认为，国内资金注入进口片制作，试图以合拍片身份进入国内市场获得更大利润，这不仅使电影投资“外流”，还挤占了国产电影的市场。① 2012年9月，《敢死队2》、《环形使者》在中国公映，两片均有中方资金介入和中方演员参演，此前主打“合拍”概念，临门一脚“被进口”。中美新政之后，随着美方分账比例增大，使得美国对合拍片的兴趣明显降低。

对此，中国内地电影必须寻找到有效的投融资策略。目前，多数欧洲国家的电影有70%的资金来自政府，如果加上退税等其他优惠，有时政府补贴的比例高达80%。英国的政府补贴较少，但也有50%。因此必须系统研究欧美、日韩等国家的电影投融资政策，制定出合理的、符合中国国情的政府投融资电影或补助政策。针对投融资失衡及缺乏规范性的问题，应当引导投资机构充分评估电影项目，避免盲目性和随意性；加强制片和营销过程的规范性管理，从而引导金融资金更多地投资电影。中外合拍尤其是中美合作得重视法律平等，平衡中美合作中的比例，与此同时还要考量合拍片的中国价值。合拍的初衷是更希望进行股权与渠道上的深度合作。这些都需要合拍方共同建立合法的电影市场，还需要政府在合拍项目的规划、投融资政策、国际贸易政策、人才培养政策方面制定出一整套系统的、配套的、具有可操作性的政策。对于产业实践主体来说，还需要在合拍项目中不断积累经验，即如何获得担保公司为其投资担保风险，如何雇佣全球分账公司代理审计、结算和收取影片全球收益份额，以实现国际化合作严谨、规范的传播和销售模式。近年来，国内风险投资在支持电影发展方面开始活跃起来，出现了一些银行和创意基金分担融资的风险与收益的现象。

（四）难同海外市场无缝对接：营销、内容、受众、技术

近年来，海外推广和销售渠道的拓展的确为中国电影的国际传播做出了多种有益尝试，但从整体上看，中国影片生产及电影企业尚待进一步与国际接轨，由于没有自主的海外发行网络，中国电影基本还处于单打独斗的状态，很难同海外市场无缝对接，这些渠道的运转效力也极大受限。目前来看，主要存在以下几方面问题：

首先，组织面向范围狭窄，国际传播和营销意识不足，重视不够，投入不足。目前中国电影虽然在理论上可以发行全球，但实际上主要海外市场只有美国、欧洲（主要是法国）和亚太地区，在世界其他市场罕有中国电影发行，因此海外传播范围仍较狭小。同时，由于缺乏统一的管理机制，很多中国电影在生产制作阶段并不考虑未来如何销售的问题，造成本应联动的环节脱钩。事实上，真正专业的发行在电影投入制作初期就应介入，根据具体的影片内容、市场环境等因素，有针对性地进行宣传和投放。而与海外资讯的接触不畅，让一些影片以极低的价格被买断全球版权，即使在国际市场上获得票房成功，国内出品方也难以分得一杯羹。民营制片公司和影人在推广影片时，往往选取先参加电影节，再寻找海外发行公司，难以形成规范化合作；海外发行上与国内电影机构、独立制片人、影人联系淡薄，缺乏对于重要合作项目如釜山电影节“项目交易平台”等影响力较大的营销途径的认识。正是由于营销意识薄弱，生产环节中不注意对海外市场信息的把握，使很多中国电影的国际传播陷于低效的局面。在宣传观念上的薄弱也是症结所在。由于资金受限和营销意识薄弱，中国影片摄制完成后，营销推广经费很少，有的甚至连印刷海报的钱都没有。美国片商的1/3甚至1/2经费用于宣传发行，而国内现在通常只有1/20，二者相去甚远。

缺乏扶持资金和专业性人才也是重要原因之一。比如哈萨克斯坦、巴基斯坦、泰国想要在本国设置中国电影频道，免费播放中国电影和相关栏目。广东俏佳人在美国购买了一个电影频道，计划第一年每周播放一部中国电影，以后逐年递增。这些都是非常好的输出平台，但因国家没有足够的专项资金扶持电影的输出事业，片方也不愿意赔钱播放自己的影片，很多好机会就这样白白浪费掉了。电影生产的许多硬件都已接近世界先进水平，但人才、创意等软件水平却完全不匹配；中国电影因为缺乏海外营销推

---

① 在电影《云图》来自六家投资方的1.05亿美元资金中，有1000万美元来自中国的新原野娱乐传媒公司，由此，新原野成为影片制作的第二大股东，并以500万美元获得影片在中国内地的发行权，另外500万美元为参股投资，获得影片9.3%的全球股权。参见李宏宇：《电影走不出去的时候，中国资本走出去了》，《南方周末》2013年2月1日。

广人才而很难实现媒体平台的完善建设。

其次，缺乏真正有国际影响力的影片制作，故事讲得不够好，艺术水平不够高，制作不够精良。今年公布的“2013 新片计划”中，《蜀山》、《双旗镇刀客》、《少林寺》等经典华语片皆位列榜单，引发了国内观众“旧片翻拍到底要回炉多少次”的强烈质疑。当前中国电影在海外市场持续低迷的最根本原因，就是难以提供原生态的，具有中国本土特色的故事，而少数几部制作精良的国产电影也总是“戴着镣铐跳舞”，类型和题材比较单薄，并且呈现出不同程度的文化折扣。从故事题材来看，全球热卖的影片多是基于未来时空或虚拟时空展开，打破了不同国家之间的文化隔阂，中国电影却反其道而行之，反复围着本土或历史题材进行翻拍，势必会影响海外观众的接受度。

再次，对海外受众心理和外国文化缺乏深入了解，导致出现“文化折扣”现象，以致外国观众对中国电影的兴趣不高。不少影片传达的核心价值理念主要囿于国内需要，而在国际普遍性方面存在欠缺，所以难以进一步向国外推广。《搜索》无缘于奥斯卡最佳外语片入围影片即是一例，西方的文化价值观首肯女士优先，而中国则是尊老。从表 1 可以看出，目前中国电影对中国功夫、自然景观、中国建筑等相对直观易懂的文化符号展现得较多，国外观众对于中国电影的对白、故事和演员的认知度较高，而对国外观众也非常感兴趣的汉字、音乐、哲学等富含情感与文化内蕴等内容则明显开发不够，在传播中国文化深层内涵方面还很乏力，这与在调研中外国观众表现出的想进一步了解中国历史与哲学的实际心理期待并不符合。

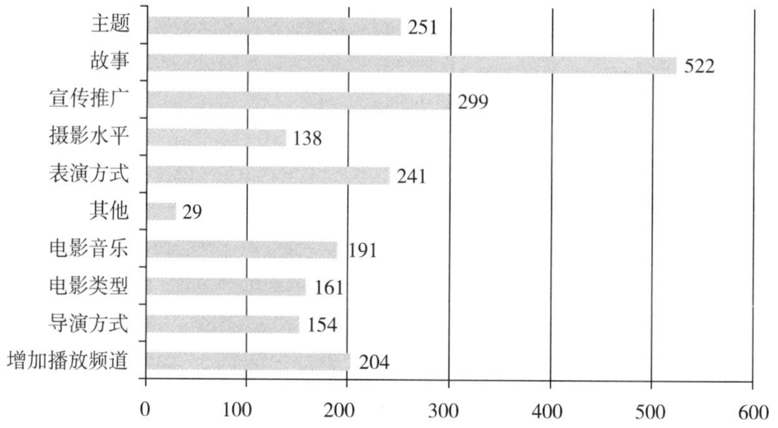

图 1　受访者认为中国电影需要改进的元素比较图（最多选三项）①

再有，电影机构在海外传播上不合技术规范。中国电影海外市场营销还暴露出诸多技术性问题：其一，其自发探索的海外自主商业渠道还很滞后，国际商业运营能力还不强。目前只有海外公司的直接投资并拥有电影海外发行权的合拍片能获得发行优势，很多民间电影机构只能单枪匹马从电影节上寻求发行，成功的机会过于偶然而不具备可复制性。而民间力量对于海外传播和推广模式不成熟运作，和推广的专业化水平低亦是制约中国电影被国际知晓的瓶颈。事实上，在高度全球化的今天，电影已经有了一套全球通行的规则，包括素材、宣传品的制作、营销语汇的表达。所以常常花费大力气把影片销售出去了，而片方却无法提供符合国际使用规格的素材（如国际声带、数字 Beta 带等）。致使原本计划要建立长期的合作关系也被搁浅。如海推公司在与 Hulu 的谈判中，放映素材均未达到 Hulu 的质量要求。为了进一步推进此项目，海推与 CAP 公司经过多次讨论与沟通，最终在中方欠缺相应专业技术和资金支持的情况下，美国 CAP 公司帮助中方在美国制作合格的素材并垫付制作成本费，相应的成本费均从日后分账收入中拨出，从而使该项目顺利进行。其二是语言译制障碍。不少中国影片在海外发行，往往找外

---

① 黄会林、封季尧、萧薇、罗军：《2012 年度“中国电影文化的国际传播研究”调研数据分析报告：上》，《现代传播》，2013 年第 1 期。

国人翻译，但因不懂中国国情而造成失误。其三是版权发行不畅。不少国内影视公司负责人认为，他们制作的国产影片若想在海外放映，需要相对固定、权威的发行单位，但我国目前在这方面仍为空白，尚未与国外发行方无缝对接，只能靠民营企业自行联系，大大降低了电影输出的数量与进度。①

五、市场的意义：如何实现中国电影“国际化转型”

（一）观念革新：工具抑或电影

电影作为媒体形式，同样应该深刻实践以客观事实影响社会舆论的传播规则。但是谈到中国电影的管理、方式、观念，谈到电影审查，谈到国际传播，有时让人感觉深层的问题是一个宣传的观念，或者是一个以意识形态考虑代替电影艺术、本体、电影产品、电影市场本身的认知与把握问题。电影生态环境健康宽松与否，与文化自信、与电影的观念变革直接相关。工具抑或回归到本体、回归到本性的电影，是一个重要问题。许多年来中国大陆的文学艺术都是文宣工具，电影同样如此。正如有学者所说：“如果你生活的环境中充满谎言、谬误、宣传和对真相的操纵，你自己也会成为说谎者。”电影的国际传播与海外市场竞争，更是如此。因此，让我们的电影充满真诚，让世界看到中国电影中的真实的影像，至关重要。《狄仁杰之通天帝国》是走出去比较好的大片，但在总体票房中，美国票房只占0.9%。美国南加州大学东亚电影研究中心教授骆思典认为，这部电影的根本问题是它不反映真实的生活，这是中国电影带给美国观众的巨大障碍。这是有道理的。

此外，我们还需要看到，中国电影自十年前的产业改革充分发挥市场的指导作用，市场快速发展空前成功，但电影界也陷入唯票房论。一切朝票房看齐，物欲横流，甚至连艺术电影都可以“生意眼”视之。艺术、美学、社会公益，统统让位于赚钱。所以电影艺术要回归人文性。中国电影的国际传播，同样不能例外。

显然，当下中国电影需要在虚华的表象背后保持足够的清醒；需要中国电影从业者坚守自己的艺术理想，并与海外制片公司展开“形神兼备”的合作；需要充分发挥我们的天然优势立足于本土，挖掘我们现有的故事资源；同时，还需要极大限度地融合好莱坞遍布全球的发行网络与营销手段，提高自身的市场竞争力，从而实现走出去的全球战略。

（二）建构新型的中国电影及其市场关系，进一步推进中国电影的海外传播与市场竞争

第一，让人感受到我们的传播自信、电影自信，确立自身的传播主体身份，建立官方与非官方相结合、民间性的统一规范化的管理和运营机制。从目前中国电影海外传播现状来看，中国电影目前主要依赖广电总局的海外推广公司作为输出渠道，这一机构因为没有影片的版权和专项资金支持，在海外推广过程中只能起助推作用而并非主体。而由于中国电影产业化还不成熟，在国际电影贸易中又存在“文化折扣”问题，导致我国每年生产的大量中低成本影片在国际市场的潜力非常小，走出去的真正主体——拥有电影版权的制片单位对海外市场的态度也不够积极，缺乏走出去的动力。因此，在政府“电影外交”的官方话语之外，充分发挥企业、民间社团的力量成为了当务之急。而民间性民营制片机构、公司、影人也要充分确认自我的传播主体地位：其一，在制作上，积极与国际资本和先进技术、人员合作，集合多国制片方进入国际市场；其二，在宣传发行环节中，积极参加国际性电影节、影展、论坛活动。利用海外机构，甚至个人对中国电影的兴趣，共同举办电影展、电影交流活动，以此为渠道实现宣传和销售双赢。努力打造电影市场的平台，在海外形成营销网络，积极推荐优秀的本公司影片参赛，提高公司、机构、影人的知名度。其三，造就专业的电影国际贸易公司，实现海外发行销售的专业化运作。并且实现公司针对目标市场和关系机构建立客户档案、构建目标市场的追踪记录，制作各种宣传材料，影片片花或者样片光盘，译制外文字幕拷贝，利用海外主流媒体宣传中国电影。

作为政府部门，要加大资金和政策扶持的力度，建立相应组织管理机构，对民间海外传播进行统一化管理。针对目前我国电影企业规模小、抗风险弱的现状，应建立鼓励支持电影出口的财税机制，加大

---

① 周宁、白瀛：《中国电影走出去难在哪?》，《人民日报》，2011年11月20日。

电影出口的支持力度，让体现中国特色、中国风格、中国气派的优秀影片进入国际主流市场。2010年，博纳影业在美国纳斯达克上市，橙天嘉禾入股好莱坞传奇影业，都为中国电影走出去开辟了“新航线”。电影企业的境外投资审批、购汇等也应开辟绿色通道，实施一定的税收优惠。

第二，民间电影机构及影人要有传播意识，营销手段多样化。事实上，张元、王坪、娄烨和唐晓白等导演的低成本艺术片也是海外传播的重要力量之一。但是有外媒指出，这些中国艺术片过于依赖国外发行商的帮助。“即便不乏精彩内容，这些独立影片仍过于依赖海外发行商帮助其亮相国际舞台。”《好莱坞报道》如此评价目前国产艺术片的遭遇。与王小帅有长期合作关系的法国制作人伊莎贝拉·格拉切特认为，目前中国缺乏专业性发行公司，影市公司倾向于全产业链的布局，将制作、发行和销售以及选择演员的工作集于一身，可能会导致这些导演的作品出现某些缺陷，无法引起国外观众过多兴趣。①

因此，中国电影人要有早期合作意识，不要把影片投了三个国际电影节再找海外发行公司，要准备好英文剧本、英文字幕和有专业素养的推介人士，在电影节之前就找到国外专业的发行公司或销售代理公司帮助操作，避免孤军奋战。在国际商业化运营上，要不断改进和完善中国电影的外推模式，努力提高推广操作的专业化水平，积极探索合理的营销策略和发行渠道。除了关注戛纳、柏林这样的A级国际电影节，还可以参加多伦多电影节、纽约电影节等知名度较低但自由度较高的国际电影节。此外，海外市场的开拓，离不开专业人才的推动。迅速培育出一批懂得国际化操作、拥有海外人脉和关系的人才是中国电影产业急需解决的问题。因此，要积极创造条件，建立完善的体制机制，加强对电影产业各类人才的培养、引进、推出和使用。

中国电影企业要被海外市场接受和认可，尚需要在组织管理、人才培养、资金支持、市场经验等方面加强机制建设，加大创意性内容生产项目，规划具有可行性的推广发行战略，实施全方位的系统性扶持，共同努力，规范投融资环境，为改进和增强中国电影的国际竞争力和市场占有率的路径做引导。

（三）推动类型片创作，建构一个良好循环、良性增长的中国电影生产体系

“中国故事，全球制造”，为我们思考、探究中国电影海外市场竞争策略可行性提供了很好的思路。但归根结蒂，在电影制作水平上，要从故事剧本、艺术表达、类型化和技术水准全方面加强。在技术层面上，则要集结亚太、欧美等地区精英团队和力量，在视觉效果和制作水准上达到国际标准。

中国电影走向海外市场，不仅涉及到在理论与实践层面上探讨内容生产、投融资、推广发行、后电影产品开发等产业环节上的“国际化”运作策略，更重要的是，在此过程中需要推动建设一个良好循环、良性增长的中国电影产业，最终实现电影企业与资本的双赢。进一步说，电影这一载体在海外市场追求传播与盈利，离不开完整的电影产业生态链。无论是情感的输出还是一个国家文化的输出，推动这些输出的是资本的力量，而不简简单单地是产业实践主体和电影研究者的愿望。要用资本的力量来推动文化价值观的输出，让资本附身于电影产品在海外市场上产生政治、文化、经济等方面的力量。

商业大片题材和类型单一，文化底蕴贫瘠，中小成本影片对国际市场定位不明确，缺乏叙事的智慧和张力，这些恰恰是2012年中国电影在海外市场遇阻的症结所在。由法国著名导演吕克·贝松创立的欧罗巴公司艺术总监弗朗索瓦认为，无论是商业大片还是艺术影片，在欧美观众眼中，只要是非英语片，一律被他们视为非主流电影，这就是世界主流电影市场营销语汇中所谓的“外语片”。而任何外语片会被自然而然地归为“艺术院线”的发行范畴，这便对中国影片的国际市场定位构成了严峻的挑战。所以，明确的市场定位及相应的营销策略则是一部影片实现其市场价值的重中之重。

以武侠片、动作片切入，带动类型多元化实践，拓宽片种，积极进行电影类型美学创新，至关重要。用类型区分电影有利于制片人获得资金上的好处：类型电影在某种意义上总是“预先出售”的，因为观众喜欢预期和辨认熟悉的类型特征。早在20世纪30年代，美国贸易部便提醒好莱坞制片人，动

① 靖宇：《中国艺术片亮相釜山影展 被指过分依赖国外发行》，《电影网》http：//www.m1905.com/news/20121010/576484.shtml.2012年10月10日。

作片比起那些“边走边说”，依赖对话讲述故事的影片更有海外市场，特别是那些“非英语”的海外市场。重磅炸弹式影片中激动人心的情节和激烈的动作镜头是最容易也最能跨越国界获取利润的形式：使它“变得更简单、动作更激烈”，被认为是最通俗的国际化配方。① 动作片开拓海外市场的类型优势已在中外影坛达成共识，但中国电影只有树立品牌和个性才会具有国际竞争力。武侠片对海外发行商的巨大吸引力在于它是一种打上中国标签的产品，难以被其他海外竞争者们成功地模仿。这既强化了我们立足本土市场的意识，又提高了产品的海外竞争力。大多数武侠片仍停留在对历史黑暗面的批判和否定维度上，而在文化价值观的重构维度上建树不多或接受起来颇有争议。武侠片走向海外市场一定要打通东西方共通之处，制作富有人文气息的武侠片，展现人性的挑战与挣扎。不过，武侠片也要面临电影类型美学创新问题。类型的一致性需要传统和成规的简要再现，但是也允许既定的期待与新奇之间的相互作用。除了和那些在过去让观众满意的其他电影一样，一部电影还需要某些不同的特征，使它成为“新的”电影。

2012 年的《铜雀台》、《血滴子》，未能处理好历史世界与儒侠世界的矛盾关系，居然采用与《英雄》如出一辙的主题：政治理想压过了对专制体制的反抗。儒侠世界讲究的是真情和义气，需要激起观众强烈的义薄云天的情怀。如果屈服于权力、政治和体制，那就离开了儒侠世界。最高统治者曹操和乾隆的历史世界，需要与现实世界相互映现或对照，让观众在历史的运行中权衡比较时间前后流程中遥相呼应的节点。这就让导演在处理两个世界的叙事逻辑上出现了较大的偏差。两部影片为了突出所谓的中国元素，为了审视历史的黑暗面，都不同程度地强化了机变诡异的帝王权术和血腥杀戮。无论武戏还是文戏都倾斜于此，存在严重的同质化。历史的形貌不必总是如此华丽奢靡而又面目狰狞。应该寻找出口，走出病态、阴冷的压抑社会，去探究中国传统社会的某些价值观念、思维方式和审美情感之于现代社会的意义。因为找到古今之间的连续性，可为我们今天位于何处提供一个急需定位的视角。相对于现代人的浮躁和漂泊之心而言，捕捉古人对生命情绪的细腻感受，反复体会和品味遮蔽在历史深处的古典韵味，能让现代人在历史背后寻找到意义、价值和信念的归宿，从而能够确切地把握生活或把握自己。进一步说，只有在历史情境中抓住中国特色的人文内核及其普世性，才能透过作品的人文内核及其普世性而赢得我们文化的尊严及其叙事感染力。这显然是需要我们下大力气予以调整的。

另外，减少影片的产量，注重提高单部影片的投资，将极少的几部“事件电影”作为获取利润的主要途径。大明星大制作的电影，必须要让世界感到震动。成功的“事件”电影能够持续不断的吸引观众去电影院，“事件”电影有一个短暂但却令人惊异的票房收入高峰期，所以现在统计票房数据都以首映票房、首周票房为重要参考指标。所有潜在的全球观众都已知道《007：大破天幕杀机》将大驾光临本地影院，换成行销语言，就是该商业信息的渗透率已达 100％。现在的行规是，一部商业大片，宣传费按制作费的大约50％来预定。其实，中国电影业分配票房利益的比例跟美国非常相似，用简化的算法，就是制作、发行、放映三方各得影院票房的 1/3。《十二生肖》中展示的中国十二生肖铜兽首于 1860 年在圆明园被英法联军洗劫一空，以及围绕“盗宝”题材映射出几年前就被国际舆论吵得沸沸扬扬的苏富比、佳士得拍卖中国国宝“生肖铜首”事件，是举世瞩目的历史事件和新闻事件，极易引起民族认同感和全球关注度，故而影片在题材上与国际接轨。2013 年 4 月，法国皮诺家族表示，将向中国政府捐赠流失海外的圆明园十二大水法中的青铜鼠首和兔首。影片呼吁社会尊重文物，保护人类文化遗产。这很难不让人在两者间产生联想。加以影片又是没有语言障碍的动作片，凭借国际化的大制作和成龙多年来的国际影响力，该片在全球至少 26 个国家和地区上映，成为近十年来海外最卖座的华语电影。反之，《一九四二》中所展现的 1942 年河南省饥荒，不但不为中国人所熟知，更谈不上让海外观众通晓，题材国际化程度不高，再加上文化价值观上的隔阂，影片在北美市场仅有 30. 88 万美元。

---

① ［澳］理查德·麦特白：《好莱坞电影——美国电影工业发展史》，吴菁、何建平等译，华夏出版社 2011 年版，第 99 页。

（四）通过合拍寻找华语电影与亚洲电影、欧美电影的交汇点和增长点，建立分众、分区域的全方位分销体系

美国作为全球电影的输出巨头，“境外拍片”在20世纪60年代中期进入鼎盛，由好莱坞大公司出品的影片几乎近一半是在海外拍摄。采取这种走出国门的制片方针不仅仅在乎欧洲的异域风情和明星光辉，其目的还在于欧洲廉价的劳动力，以及通过本土制片获取欧洲政府为保护民族电影的基金，而不再延续以前大制片时期的策略，即仅仅把欧洲人才吸引到好莱坞。现如今，合拍片的主要诉求是不同市场之间的合作，而不仅仅是资金的合作。通过市场的合作来分散各个国家、民族、区域的风险，不仅带来了不同市场需求之间的结合，也同时带来了各自特定市场接受的不习水土。因此，需要采取捆绑式合作合拍方式，资金、风险及收益共同承担，跟海外发行人、海外买家捆绑式地进行合作，才能让推广发行真正做到系统、落地。另外，还可以探索一个以品牌策略为基础的合拍方式，寻找在合拍区域有共享基础的品牌作为题材，达到两边或多边市场差异化的弥合。在2012年全球票房排行榜20强中，其中有10部影片是系列片。因为“那些成功的系列电影拥有更多的品牌形象。每一部续集延续了前一部影片的叙述方式和影像风格，这不仅使先前的影片获得新生，也使新影片受益——想像的内容得到了不断雕饰更新。”①

在文化差异问题上，可采取细分市场、循序渐进的策略。首先将文化上同源同质的亚洲市场当做国内市场延伸，将日、韩、东南亚等深受儒家文化浸染的国家作为中国电影走出去的首站。2012年的《画皮2》、《十二生肖》、《危险关系》都选择以“亚洲团队”的组合形式出击，宣扬了亚洲大团结的理念，或曰亚洲式的契约精神，尤其是前两部市场效果甚佳。对于欧美国家为主的异质文化市场，不妨利用好莱坞对中国文化新鲜感、神秘感的兴趣，通过提供剧本素材等商业模式，先输出形象和故事，水到渠成后再输出中国价值观，同样可以起到提升中国文化影响力的作用。

对于中国内地电影来说，确实可以从华语电影、亚洲电影、中欧合拍片和中美合拍片中寻找突破，打造具有国际效应的中国电影品牌和中国价值，并不断摸清海外市场的区域特征和文化障碍，从消费群体定位、区域市场划分等层面做好市场营销的战略规划，亦即从文化相近性出发采取由近及远（大中华地区→亚太地区→欧洲→北美）的发行路线和策略，分阶段、系统性地开拓全球市场。法国电影在海外市场也采取如此发行路线和策略：2012年，法国电影出口最多的地区依次为西欧（5150万人次）、北美（3200万人次）和亚洲（1870万人次）。随着2011年“两岸经济合作架构协议（ECFA）”的通过，两岸电影政策趋于宽松，台湾电影踊跃进入大陆市场并寻找合作机会，而香港则衷心希望成为连接中国内地与亚洲、欧美的重要桥梁和门户。华语电影作为新型电影范畴建立了一个坚实的基础，就是将两岸三地的产业和文化捆绑起来，形成一个文化共同体（生产单位），同心协力地来开发这个市场，一起走向兴盛。华语电影在欧美市场的认识度反馈上，主要还是以海外华人为主，因而华语电影作为一个文化共同体，极大满足了海外华人的观影需求和文化认同感。针对海外华人如何推广发行，不妨借鉴印度模式。印度在选择海外市场方面非常独到和敏锐，像一些居住在海外的印度人在英国、美国都有很大的市场，在澳大利亚、南非也有很大的市场。在印度，有专门的发行公司关注海外的印度人电影市场，而且非常成功。海外印度人把看印度电影当成和本土保持联系的方式。一部电影印度当天上市发行的时候，他们在英国、美国同时就可以看到。印度电影工业的长期发展已经在北美形成了固定的观影人群，票房稳定而有保障。印度因《爱无止境》、《孟买黑帮》、《甜点先生》等多部电影在北美热卖成为了在北美市场出口收入最多的国家。

由中国内地和香港合拍的3D电影《血滴子》、《十二生肖》，都是以动作、明星阵容、全面升级的视觉效果作为卖点在全国同日公映，后者的胜出再次证明了内容为王的定律。由中国、韩国、新加坡合

---

① ［澳］理查德·麦特白：《好莱坞电影——美国电影工业发展史》，吴菁、何建平等译，华夏出版社2011年版，第302页。

拍的《危险关系》明确了影片的全亚洲市场定位，将这个300年前的同名小说变成一个亚洲范围内大家都能入戏的题材，把一部法国作品“中国化”，移植法国橘，但有些水土不服，人与人之间的情感状态有些游离于时间和空间。中法合拍片《浮城迷事》虽然由于法国投资方来承担海外发行，但在中法两地票房都不甚理想。娄烨认为自己坚持不为迎合市场逻辑而改变风格，对作者电影的坚持反而是对市场的争取，“娄烨电影”作为商标在市场运作上就具有价值。由此可知，在合拍过程中需要寻找交汇点和增长点，实现合拍影片的可持续性发展，绝非易事。因此，合拍片需要认真吸收海外电影的成功经验，广泛汲取双边或多边国家、民族、区域较为认同的价值观、道德评判和审美资源，积极营造促进合作的良好环境，推动合拍片更大范围内的流通与销售，在扩大市场份额的同时提升自身的文化大国形象。

丁亚平　中国艺术研究院电影电视艺术研究所所长 研究员
储双月　中国艺术研究院电影电视艺术研究所副研究员
董　茜　青岛大学文学院讲师

2012年中国动画电影创作综述

◎陈念群

2012年是中国动画电影稳步发展的一年，国产动画电影数量增加的同时，票房收入也持续增长。1月至12月上映的国产动画电影多达21部，多部动画系列推出续集，品牌动画持续发力，票房成绩优良。原创动画《神秘世界历险记》及风格独特的麦兜系列作品《麦兜当当伴我心》票房、口碑俱佳，为中国国产动画电影的发展提供了新思路。

由于中国动画电影大多定位于低幼市场，动画题材和类型单一，创意缺乏新意。急功近利之风使不少影片的商业诉求远大于对艺术品质的追求，无厘头的低俗搞笑风依然盛行，面向儿童的故事缺乏童真童趣，缺乏善和美的引导和熏陶。国产动画电影精品依然缺乏，国产动画电影的品牌创新能力有待提高。

一、2012年中国动画电影创作概况

数量增加　票房可观

2012年是国产动画电影在数量上大丰收的一年，共制作完成并获得公映许可的国产动画电影33部。有21部国产动画片上映（见表1），产出票房4亿元左右，约占动画电影市场的30%。全国上映的国产和进口动画电影32部，占全国电影公映数量的10.4%，票房收入占全国城市总票房的7.8%。

表1　2012年国产动画电影上映信息

序号	片名	上映日期	出品公司
1	《大闹天宫3D》	1月11日	上影集团、上海美术电影制片厂
2	《喜羊羊与灰太狼之开心闯龙年》	1月12日	上海炫动传播股份有限公司、广东原创动力文化传播有限公司、北京优扬文化传媒有限公司
3	《我是大熊猫》	4月28日	上海美术电影制片厂、浙江中南卡通公司
4	《今天．明天》	5月11日	重庆享弘数字影视有限公司等
5	《超蛙战士之威武教官》	6月1日	上海河马动画设计股份有限公司等
6	《戚继光英雄传》	6月1日	浙江河姆渡动漫文化发展有限公司等
7	《潜艇总动员2》3D	6月1日	环球数码媒体科技研究（深圳）有限公司等
8	《赛尔号2：雷伊与迈尔》	6月28日	卡通先生影业有限公司、上海淘米网络科技有限公司等
9	《猪猪侠之囧囧危机》3D	6月28日	广东永声文化传播有限公司、上海炫动传播股份有限公司
10	《海鲜陆战队》	6月29日	博纳影业集团有限公司、华狮盛典（北京）传媒文化有限公司、银蚁动画有限公司（马来西亚）
11	《摩尔庄园2：海妖宝藏》3D	7月5日	北京华映星球国际文化发展有限公司、星美影业有限公司、北京卡酷传媒有限公司、上海淘米网络科技有限公司

续表

序号	片名	上映日期	出品公司
12	《麦兜当当伴我心》	7 月 10 日	上海炫动传播股份有限公司、广东新华展望传媒有限公司
13	我爱灰太狼	7 月 26 日	卡通先生影业有限公司、广东原创动力文化传播有限公司等
14	巴特拉尔传说	8 月 8 日	深圳广电集团深广传媒有限公司、北京万业投资有限公司
15	《神秘世界历险记》	8 月 10 日	北京奇欣然影视文化传播有限公司、北京其卡通动画工作室、江苏省广播电视总台（集团）等
16	《拯救第 365 天》	8 月 10 日	ECCG（中国）、艾诺微创新传媒集团等
17	《大兵金宝历险记》	8 月 10 日	环旭文化传媒等
18	《邋遢大王奇遇记》	8 月 17 日	上海电影集团、上海美术电影制片厂等
19	《宝贝女儿好妈妈之吃记忆的大雪球》	9 月 30 日	卡通先生影业有限公司、广东原创动力文化传播有限公司
20	《夺宝幸运星大电影之金箍棒传奇》	12 月 29 日	上海炫动传播股份有限公司、无锡光年动漫文化有限公司
21	《重返大海》	12 月 30 日	南京光荣梦想数码传媒有限公司、江苏省广播电视总台（集团）等

尽管 2012 年每部国产动画电影的平均票房比 2011 年有所下降（2011 年上映国产动画片 15 部，票房接近 3 亿 3 千万元），但国产动画电影在市场份额及票房收益上所占比例比 2011 年有所增长（表 2）①。从 2010 年到 2012 年的三年中，进入中国动画电影市场票房前十名的国产动画分别有 5 部、4 部、4 部（表 3）②。可以看出，国产动画电影与引进的海外动画电影相比，已经具备了较为稳定的竞争力。在 2012 年国产动画电影中，票房前三名的动画影片分别是《喜羊羊与灰太狼之开心闯龙年》16587 万元，《大闹天宫 3D》4949 万元，《麦兜当当伴我心》4750 万元，其他进入前十名的国产动画电影票房也都超过了 1000 万元（表 4）。

表 2　2007—2012 年国产动画电影票房及占比

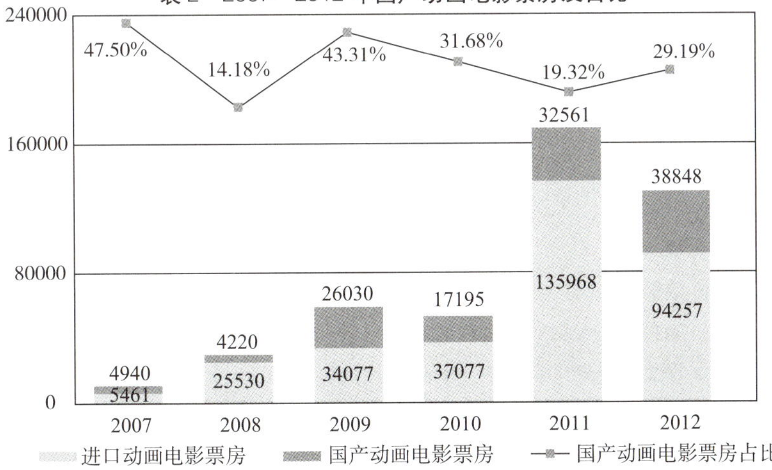

单位：万元

① 根据艺恩资讯和国家广播电视总局数据统计：http：//www. entgroup. cn/views/a/14725. shtml
② 根据《文化月刊．动漫游戏》等多方数据统计：http：//shaoer. cntv. cn/children/C20976/20110105/100128. shtml，http：//www. zcom. com/article/55285/，http：//i. mtime. com/inside/blog/7544982/9/

表 3　2010—2012 年中国市场动画电影票房前十名统计

排名	2012 年影片名称	票房（万元）	2011 年影片名称	票房（万元）	2010 年影片名称	票房（万元）
1	《冰河时代 4》	46000	《功夫熊猫 2》	61711	《喜羊羊与灰太狼之虎虎生威》	12665
2	《马达加斯加 3》	21430	《蓝精灵》	26372	《玩具总动员 3》	11645
3	《喜羊羊与灰太狼之开心闯龙年》	16587	《喜羊羊与灰太狼之兔年顶呱呱》	14895	《怪物史莱克 4》	9320
4	《无敌破坏王》	6631	《里约大冒险》	14215	《驯龙高手》	9124
5	《大闹天宫》3D	4949	《丁丁历险记》	13260	《长江七号爱地球》	1701
6	《快乐的大脚 2》	4760	《赛车总动员 2》	7955	《黑猫警长》	1200
7	《麦兜当当伴我心》	4750	《动物总动员》	6525	《鼠来宝：明星俱乐部》	1020
8	《神奇海盗团》	3950	《熊猫总动员》	4675	《名侦探柯南：漆黑的追踪者》	855
9	《赛尔号 2：雷伊与迈尔斯》	3140	《赛尔号》	4410	《超蛙战士之初露锋芒》	803
10	《守护者联盟》	2822	《洛克王国！圣龙骑士》	3365	《虎王归来》	585

表 4　2012 中国动画电影票房十佳排名榜

排名	影片名称	票房（万元）
1	喜羊羊与灰太狼之开心闯龙年	16587
2	我爱灰太狼	7400
3	大闹天宫 3D	4949
4	麦兜当当伴我心	4750
5	洛克王国！圣龙骑士	3214
6	赛尔号 2	3140
7	摩尔庄园 2	2536
8	神秘世界历险记	2200
9	潜艇总动员 2	1643
10	猪猪侠之囧囧危机	1200

注：此排名选片以 2011 年 10 月至 2012 年 10 月为年度，此数据 2012 年 12 月 4 日在“2012 中国动画年会”上首发，后有微调。

品牌延续与经典回放

动画产业属于边际效益递增的产业，这决定了动画电影与真人电影发展的不同，动画产品需要长时间的品牌积累，才有可能将前期大量的资金和时间投入转化为后期的经济收益。从 2012 年我国动画电影市场上出现诸多续集作品的现象来看，各大动画制片机构已经意识到品牌打造的重要性，意识到长期品牌市场培育的重要性。国内成功案例“喜羊羊”系列，从 2005 年电视动画产品放映到 2009 年第一部动画电影上映，用了 4 年时间来聚积人气，进行品牌积累；2011 年《摩尔庄园》和《赛尔号》的动画电影上映时，都已经拥有了上亿的在线游戏注册用户，时间上的受众积累成为这些影片获得票房的基本保证。

对比全新项目的开发，续集在创作和销售上都有自身的优势。续集能够延续原有作品风格，节省影片生产的时间和成本，并用该系列中的固定形象持续吸引观众的注意，加固观众对品牌的认知和印象。

基于以上原因，开发续集备受投资商青睐。

2012 年中国动画电影市场最为明显的现象之一便是集体进入了续集时代。除“喜羊羊”不出意外地推出了该系列电影的第四部之外，“麦兜”、“赛尔号”、“摩尔庄园”、“超蛙战士”、“潜艇总动员”等也都在紧锣密鼓的筹备之后推出了续作，其中“摩尔庄园”、“超蛙战士”以及“潜艇总动员”系列都以 3D 的形式将影片推向银幕。

《喜羊羊与灰太狼之开心闯龙年》推出全新主角小神龙，每当危机出现的紧张时刻，小神龙便会出现神龙变身，成为拥有金木水火土不同特质的五行龙，传授功夫给小羊们和狼族，帮助他们击退敌人，拯救世界。该片超越喜羊羊大电影 3《喜羊羊之兔年顶呱呱》首日 1700 万票房的成绩，开创了国产动画电影首日票房过 2000 万的新纪录，突破了《喜羊羊与灰太狼之兔年顶呱呱》的 1.42 亿票房纪录。

《我爱灰太狼》采用“动画＋真人”的呈现方式，秉承“搞笑、魔幻、穿越、浪漫”的风格，让灰太狼在现实世界上演“真人对决”。影片更多植入灰太狼与小灰灰的亲情、小灰灰与懒羊羊的友情等合家欢元素，同时将大反派与懒羊羊、小灰灰以“小鬼当家”对抗模式加以充分演绎。影片还影射了诸如环境保护及房地产等现实问题。影片主创一直在真实世界的全新场景与原有卡通场景之间寻找灵活的转变和过渡，使得整部电影的画面更富有视觉冲击力，也丰富了奇幻的色彩表达。

《赛尔号 2：雷伊与迈尔斯》与《摩尔庄园 2 海妖藏宝》均改编自知名网络游戏。继《赛尔号》2011 年创下暑期国产动画电影票房冠军后，2012 年续集《赛尔号 2》继续发力，讲述遥远的星球上的迈尔斯武功高强而被海盗控制去做一些伤天害理的事情，儿子蒙塔在众多朋友的帮助下，经历了九死一生解救了父亲。影片以 3000 余万元的票房为国产动画电影再添系列品牌。《摩尔庄园 2》不再以教化道德为旨归，而是通过一个充满爱和奋斗精神的故事引导观众学会尊重生命、尊重自然。影片借鉴了《驯龙记》、《加勒比海盗 4》、《魔戒 3》等各种名片中的桥段，构建了一个极富想象力的魔幻世界，以更具故事性和视觉冲击力的方式宣告又一个重量级国产动画电影品牌的诞生。

《猪猪侠之囧囧危机》是原创动画《猪猪侠》的首部 3D 电影。故事讲述了猪猪侠和小伙伴们合作，利用环保手段拯救童话星球而最终避免了灾难的发生。影片以时下最受大众关注的低碳环保为故事题材，借助童话、穿越、历险等新奇好玩的元素进行艺术诠释。《潜艇总动员 2》是由国内顶级动漫公司环球数码出品的最新科幻探险动画片，故事讲述了阿力和贝贝这对潜艇小搭档通过学习与帮助，经历了种种训练和磨砺之后，成长为更加富有经验的科研潜艇的故事。

《麦兜当当伴我心》是麦兜系列电影的第五部，片中春田花花幼儿园因不堪沉重的经济压力而被迫组建了“春田花花合唱团”，活在梦中的校长率领着一群初出茅庐的小朋友，开始了一段磕磕绊绊的音乐之旅。与其他来自于想象的故事不同，麦兜是取材于香港的草根文化的，人物贴近生活非常真实可信，片中甚至连香港的地名、店名、人名都是真实的，每一句台词都像自然发自角色而带着生活的温度和质感，毫无编剧斧凿之痕。麦兜形象及性格的建立得益于创作者谢立文、麦家碧夫妇之前在麦兜漫画创作上的积累，麦兜系列电影创造了一种深度本土化、简单、欢乐又直指人心的动画风格。与当前绝大多数国产动画影视作品不同，《麦兜系列》非低幼的成人化取向自成一体，备受成人观众的追捧，堪称国产动画电影的奇葩。

2012 年还有两部经典动画电影重装上映，反响热烈。3D《大闹天宫》在内容上把 1961 年版的故事节奏进行了部分调整，把当年上下两集 110 分钟内容剪接成 88 分钟。造型上延续了原片的京剧脸谱，音乐风格仍以中国传统戏曲作为基调，同时加入了大量西洋乐器，使听觉效果更震撼。新版并不是通常意义上的 3D，即角色造型还是 2D 的，将原先在 2D 画面上的角色和布景做了 3D 的分层效果，增强了视觉的景深。新版也对原版中画面色彩偏暗甚至失真之处全部进行了修复，使画面更美轮美奂。

《邋遢大王奇遇记》将 1985 年原有 135 分钟的 13 集动画连续剧剪辑成 86 分钟进行“经典回放”。经典人物的魅力并不随着时间而消逝，优缺点并存、既叛逆又机智勇敢的“邋遢大王”仍能在现代少年身上引起共鸣。片中形象、个性各不相同的老鼠们让人记忆深刻，片中独特而有想象力的情节使观众兴味盎然。27 年前的“邋遢大王”与大黄狗、小花猫误闯“地下老鼠王国”的故事定格成一代中国小观众的集体回忆。

整合资源　开拓市场

对于动画产品而言，不论是生产还是销售都是集体行为，因此想要树立强大的动画产品品牌，实现最大化盈利，产业链各环节的通力合作是必不可少的，特别是面对目前动画电影市场比较混乱，没有明确盈利模式，一切都在探索之中的现状，最广泛的合作就意味着最低的风险和最大的成功。

2012 年几部影响较大的国产动画影片都体现着合作的优势，其中，《神秘世界历险记》的良好市场反应就是这种广泛合作的典型案例。该片没有电视系列动画或者网络游戏做铺垫，也不是改编自经典动画作品或是民间故事，是一部全新内容的动画影片。这部影片投资 3000 万元，制作费用与宣发费用比例为 1：1，历时近 7 年完成制作，可谓是一部呕心沥血的作品。同诸多想象力严重匮乏的国产山寨动画不同的是，本片有着奇思妙想的创意，而且在细节上精雕细琢，无论是用鲸鱼作为运载动物的交通工具的想法，还是飞禽走兽各有职业的设计，都很有创造性。特别是那段雨果与大熊欢快追逐大闹动物集市的段落，妙趣横生之中彰显出构思的精巧。而且，片中的动物都有着鲜活的立体形象，肢体动作和口头语言都充分传达出情感和叙事信息，这改变了以往动漫作品塑造动物形象时的单一乏味，也平添了让人发笑的故事氛围，大大提高了影片的观赏性和趣味性。该片在北京上映时观众寥寥，但在南京上映时却极为火爆，个中差异只在于两地宣传力度的不同。

作为电视媒体平台的优漫卡通与动画公司其卡通共同投资了这部影片的制作，并在影片上映之前，从广度和深度两方面对该片进行了大力宣传。广度方面，在江苏境内，优漫卡通利用一切可以利用的资源，联动江苏广电下的 14 个电视频道和相关电台频率，高频次的播出电影宣传片，在《非诚勿扰》等具有全国广泛知名度的栏目官方微博中多次转载影片上映信息，并在重点城市的公交广告栏、小区广告栏以及公交、地铁等的移动电视上甚至大型超市内都投放影片相关的宣传片或是广告。深度方面，优漫卡通利用自己的频道作为主要的推广平台，采取密集播出的宣传方式。从 6 月初开始，该频道先后制作了 20 个版本的电影宣传片进行每天的滚动播出；电影上映期间更是每 15 分钟就插播一轮电影宣传片；此外，频道还将《神秘世界历险记》的主人公啦啦植入到江苏地区收视率最高的动画栏目《动画天地》中，让啦啦在电视栏目中介绍电影的角色、剧情等。在这种有广度、有重点的推广模式下，《神秘世界历险记》取得了良好的市场效果，江苏很多影院出现了《听风者》这类大片都给《神秘世界历险记》让路的场面，最多的一家一天排了 21 场《神秘世界历险记》。

随着中国动画电影的发展，电影营销商开始考虑怎么积极地走出去开拓国外市场。除了参加评奖外，“海外卖片”也成为中国动画电影走出去的一大活动主题。《神秘世界历险记》早在 2007 年就以 2D 动画技术制作的样片在网络上曝光，引起了广泛关注，获得东京电影节特别放送大奖。该片为参展柏林、戛纳、上海三大电影节专门设计制作了“儿童版”、“合家欢”版等不同款海报及预告片，备受片商关注与好评，与印尼、中东、俄罗斯、加拿大等 20 多个国家和地区签订了发行合同。

《重返大海》经过近五年的开发和多次国际市场测试，于 2012 年 11 月 17 日在洛杉矶、芝加哥、波士顿、纽约等美国 15 个大城市巡回公映。已与英国、法国、德国、意大利、澳大利亚、新西兰等国家签订了版权购买合同，并成功打入了韩国市场。

二、2012 年中国动画电影存在的问题

目标受众单一

动画产品受众偏向低龄化一直是我国动画产业发展中的突出问题，2012 年的国产动画电影仍是如此。

除了《麦兜当当伴我心》被认为是全国唯一一部拍给成人观众看的动画电影之外，其余的国产动画影片集体将受众锁定为 3 到 6 岁的幼儿观众以及 6 到 12 岁的儿童观众。

这种集体定位自然有它的现实成因：一方面，目前我国动画电影的创意水平和制作技术都不足以将

已有网络观影习惯的青少年和成年观众拉入影院；另一方面，由于幼儿和儿童观众一般需要有成人陪伴观影，借助“小手拉大手”的模式，以“喜羊羊”为代表的低龄化动画影片依靠低成本和“一拖二”的票房收入获得了不错的成绩。

但是，现有的以小孩带动家庭观影的模式显然不是动画电影市场良好发展的最有利模式。有调查显示，美国动画电影的主要消费群体都是成年人，日本动画漫画的消费群平均年龄为32岁，上限更是达到50岁以上。有数据显示，中国电影观众年龄段集中在25－35岁，而我国观看动画电影的观众83%也都是18岁以上的成年人，如此庞大的成人消费群被国产动画电影忽略实在是一种损失，这部分成年观众成为进口动画电影的主要消费者和票房贡献者。

国产动画电影因为缺乏美式动画老少咸宜或者日式动画分众化的理念而定位于低幼儿童，创作思路不开阔，很难在作品质量上有大的突破。中国国产动画电影需师法美日欧，进行理念革命，改变国产动画观众定位低幼的问题，在内容的多元化和成人化方面多下功夫。提高制作水平，解决简单说教、虚假造作、对白无趣等编剧方面的问题；加快产业化步伐，使国产动画类型多样，百花争艳，既有数量又有质量，既叫好又叫座，改变一边是个别动画如“喜羊羊”等票房过亿，另一边却是大量动画电影票房低迷，血本无归的“冰火两重天”现象。

缺乏原创和精品

尽管2012年国产动画电影的数量有了极大的提升，但数量和质量并不成正比，原创作品和精品很少，缺少高质量的大片领跑暑期档。因为急功近利，国产动画电影的投资大多只有好莱坞大片的十分之一、二十分之一甚至更少，精品及大片意识不够，投机、洗钱、从政府套现等诸多病症相伴而生。由于国内和国际发行渠道和经验的不足，缺少打造“巨无霸”电影的信心和魄力，加之制作周期短，因此粗制滥造者比比皆是，大多数国产动画沦为好莱坞动画的“炮灰”。

除了传统的漫画外，现在国产动画电影的形象来源主要有四个：一是引进知名电视动画，比如“喜羊羊”；二是来自网络游戏，比如《洛克王国》；三是引进国外形象，比如《波鲁鲁冰雪大冒险》引自韩国；四是原创动画形象，比如《魁拔》。其中，原创动画电影因为缺乏观众基础，步履维艰①。2012年，票房超过2000万元的原创动画电影只有一部《神秘世界历险记》，其余大部分不到1000万元。

在许多人的眼里，国产动画依然处于“喜洋洋与灰太狼时代”，这是一个以低幼、无厘头的取乐搞笑为主要特征的时代。很多作品缺乏一种向上的、阳光的、让人感动的人性感染力。这种现象以《猪猪侠之囧囧危机》、《大兵金宝历险记》、《喜羊羊与灰太狼之开心闯龙年》、《金箍棒传奇》和《我爱灰太狼》表现得最为突出。在这些动画中，“穿越”和“恶趣”成了一个非常突出的现象②。美国的动画片积极健康向上合乎主流价值观，因此受到全世界的欢迎，而我国国产动画片在追求娱乐和票房的同时缺乏对善和美的引导，儿童动画中的审丑主义大行其道令人担忧。

美国几大动画公司年均制作6部左右影片，大都投资巨大，制作时间长，技术领先，是真正的巨无霸电影。好莱坞动画片想象力天马行空：角色造型夸张有趣，性格魅力十足，故事情节惊险，视觉极具奇观性。而故事核心却是成长、亲情、环保之类的传统经典模式，合家欢风格老少咸宜。国产动画片如“喜羊羊”系列，《洛克王国》和《摩尔庄园》等与好莱坞影片相比，除了内容创意低幼之外，技术方面也稍逊一筹。

由于脱胎于电视动画，《喜羊羊》、《摩尔庄园》、《赛尔号》系列动画电影票房的成功实际上是其之前在电视领域成功的延续。这类“借力”动画电影有以下共同特征：成本低、周期短、采用的基本是动画电影最低限度的技术。从商业角度看这是一种无可厚非的务实态度，并且最大限度地降低了动画电影的投资风险，但动画电影本身的艺术性则很难实现，无论在技术标准、叙事方式、艺术语言，画面造

---

① 蒋肖斌：《2012年国产原创动画电影票房大部分不到1000万》，中国青年报2013年7月23日。

② 杨晓林：《2012年国产动画电影回眸》，http：//i. mtime. com/yangxiaolin/blog/7535414/

型、色彩气氛、声音的处理方面，都远远未能将今天电影技术所能达到的视听潜能发挥出来①。

放映档期太过集中

我国动画电影项目的整体开发计划还处于比较盲目的状态，对于动画电影市场自身的需求量还不够明确，偏多的影片数量在一个时间段扎堆上映，导致了票房的分流。

由于国产动画电影的目标受众是学龄前和上小学的儿童，大多数影片选择在暑期档上映，这样的后果是国产动画影片必须同时接受来自国内外动画电影的双重竞争，这对竞争力不够强的影片是非常不利的。

表 5　2012 年暑期（6 月—8 月）中、美动画电影上映信息

	2012 年暑期中国动画电影上映情况		2012 年暑期美国动画电影上映情况	
月份	日期	电影名称	日期	电影名称
6 月	1 日	《神奇海盗团》	1 日	《超蛙战士之威武教官》3D
	1 日	《猫在巴黎》		
	1 日	《潜艇总动员 2》		
	1 日	《戚继光英雄传》	8 日	《马达加斯加 3》
	8 日	《马达加斯加 3》		
	19 日	《勇敢传说》		
	29 日	《赛尔号 2 雷伊与迈尔斯》	22 日	《勇敢传说》
	29 日	《猪猪侠之囧囧危机》		
	29 日	《海鲜陆战队》		
7 月	5 日	《摩尔庄园 2 海妖宝藏》3D	13 日	《冰河世纪 4》3D
	10 日	《麦兜当当伴我心》		
	12 日	《超决战！贝利亚尔银河帝国》		
	27 日	《冰河世纪 4》3D		
	27 日	《老雷斯的故事》		
8 月	10 日	《拯救第 365 天》3D	17 日	《通灵男孩诺曼》
	10 日	《大兵金宝历险记》3D		
	10 日	《神秘世界历险记》		
	16 日	《小战象 2》		
	17 日	《邋遢大王奇遇记》		

表 5 显示，暑期档中国总共有 19 部动画电影上映，其中国产动画影片 12 部，进口 7 部，占全年动画影片上映量的 60% 以上；而在同样的时间里，在美国上映的动画电影只有 5 部，其中美国本土作品 4 部，进口作品一部，仅占全年上映动画影片的 33% 左右（14、15 部动画电影的产量是近几年美国动画电影市场的稳定状态）。

另外，从表 5 中还可以看到，美国本土的四部动画大片在排片间隔上基本都保持在半个月以上，而我国动画电影常同时上映，上映间隔明显较短。据统计，《马达加斯加 3》收获了 21430 万元的票房，而在其后上映的、票房相对较好的《赛尔号 2》、《猪猪侠之囧囧危机》、《摩尔庄园 2》、《麦兜当当伴我心》四部国产影片票房相加才仅为《马达加斯加 3》的一半。

2012 年中国动画电影已取得了可喜的成就，但亟待解决的问题也不少。在重视影片数量的同时更

① 陈廖宇：《先失身后失语的中国动画》，《北京电影学院学报》2013 年第 1 期。

应该关注作品质量的提升，中国动画电影市场需要真正富于艺术含量和技术含量的国产动画精品的引领。

陈念群　中国传媒大学动画与数字艺术学院讲师

2012 年中国动漫产业综述

◎高小健　周家磊

2012 年是我国“十二五”规划的第二个年头。同样是继中共中央在 2011 年 10 月份召开的十七届六中全会所作出“推动文化大发展大繁荣”的决定之后，新发展新诉求的起始年。对于中国动漫产业，这注定是不平凡的一年。事实上在 2012 年，我国动漫产业正是历经重重考验，欲求突破瓶颈，酝酿转型和升级的关键时刻。在这一年，中国动漫产业清醒的认识到自身作为动画大国而非动画强国的尴尬与困境。也逐步意识到从政策管理到产业运作上所存在的问题。诸多经验和教训正推进着中国原创动漫从之前的由小变大向如今由弱变强的更高要求上转变。纵观回顾 2012 年动漫产业整体态势，我们可以看到中国动漫市场巨大的潜力，也可以看到从整个行业从成长到成熟一步步稳健的烙印。动漫产业这抹朝阳必将重新燃起，并成为我国文化产业发展、成就文化强国的中坚力量。

一、产量与产值

1. 动画电视剧

自 2004 年中国首批 9 个国家动画产业基地诞生以来，动漫产业一直呈现跨越发展态势，中国动画产量在经历了 2006 年到 2010 年间 5 年翻了 10 番的迅猛增长之后，2011 年增速有所放缓，趋于冷静。求量不求质的问题模式得到了初步改善，而在 2012 年度，中国动画片年产量有了更加理性的发展速度，动画电视剧片总量五年来首次下降：出品动画片的企业数也首次出现负增长，由 2011 年的 224 家减少为 215 家，但仍然高于 2010 年的 204 家。这其中新的一个亮点是，动画企业开始更加追求单一作品的质量与市场反响，产能进一步合理化，市场运作也进一步规范化。据相关统计，2012 年我国动画总产量 222938 分钟；共计电视动画片近 395 部，2 万 3 千余集。而回望 2011 年，这一数据则为 435 部 261224 分钟，同比分别减少 40 部和下降 14.66%。国家动画产业基地自主制作完成国产动画片 210 部、123715 分钟，约占全国总产量的 55%。比较有代表性的是北京若森数字科技有限公司制作出品的《侠岚》、苏州天润安鼎动画有限公司出品的《小狐狸发明记》、深圳华强数字动漫有限公司制作出品的《小虫虫有大智慧》和《笨熊笨事》等。这些作品在各大电视台播出后取得了良好的收视率和观众口碑，并随着国内版权保护力度的加大，在网络播映渠道上获得了巨大的商业成功，在新媒体动漫领域取得了一定的突破。这其中，作为融入了大量中国传统文化元素的三维电视动画《侠岚》，自 2012 年 1 月 29 日在中央电视台首播后，已经与 40 多家电视台签约，和全球超过 200 家的媒体展开紧密合作。除了在中央少儿频道取得收视率第一的好成绩外，该片在重庆电视台少儿频道、浙江电视台少儿频道、南京少儿频道、济南少儿频道等全国各大动画播出大省的收视率均位列第一。在网络上，百度每天的《侠岚》关键词搜索平均已超过 200 万次，在视频网站“爱奇艺”的点播量上半年便累积已达 2 亿 3 千万次。2012 年 5 月，在法国戛纳电影节，若森动画凭借该片成功在国际动画片发行市场打开了一番局面。除了北美和欧洲市场之外，若森还将作品推向撒哈拉以南的非洲地区、中东与北非的电视台。据相关统计，《侠岚》国际发行商务拓展的预计收益将达 2000 万美金，成为我国动漫产业“走出去”的杰出案例。

另外，由苏州天润安鼎推出的《小狐狸发明记》是全球首部全角色全毛发制作的大型 3D 科普电视动画系列片。据悉，该片在制作中引入了中国科学院自动化所科学艺术中心独立开发的 CG 技术，大量采用了真实表现感较强的“毛发渲染技术”，使观众可欣赏到鲜艳真实的毛发、水等逼真的效果，每一个场景、动作、表情、毛发的制作精细程度可媲美电影标准。2010 年，该片在法国戛纳电视交易节一经亮相，便吸引了国际上众多发行商的青睐，引起了业内人士对中国动画制作技术的普遍关注。

不光是有成功的市场运作和卓越的技术肯定，捷报频传、载誉而归同样是2012年动画产业的主题之一。2012年7月，由深圳华强数字动漫有限公司制作出品的3D动画片《小虫虫有大智慧》、《笨熊笨事》亮相第45届休斯顿国际电影节，分别获得该电影节最高奖项雷米奖的“白金奖”及“黄金奖”，成为首次获此殊荣的中国动画片。这也是华强动画继2011年摘得法国戛纳电视节儿童评审团大奖之后，再度摘得的重量级国际奖项，可以说，这份名利双收是中国动画取得的实质性的突破。

表1　2012年国家动画产业基地国产电视动画片生产情况

排序	基地	部数	分钟数
1	南方动画节目联合制作中心	29	20471
2	苏州工业园区动漫产业园	31	16945
3	福州动漫产业基地	27	14866
4	深圳市动画制作中心	18	11957
5	无锡国家动画产业基地	14	10346
6	杭州高新技术开发区动画产业园	19	10324
7	天津滨海新区国家影视网络动漫实验园	8	4576
8	张家港（动漫）产业园	9	4540
9	大连高新技术产业园区动画产业园	3	4272
10	厦门软件园影视动画产业区	10	4256
11	北京市文化创意产业集聚区	7	3433
12	常州国家动画产业基地	4	2996
13	南京软件园	5	2704
14	沈阳高新技术产业区动漫产业园	8	2643
15	重庆市南岸区茶园新区动画产业基地	4	2398
16	上海炫动卡通卫视传媒娱乐有限公司	4	2184
17	昆山软件园	3	2030
18	中央电视台中国国际电视总公司	3	1534
19	黑龙江动漫产业（平房）发展基地	2	850
20	江通动画股份有限公司	2	390
21	湖南金鹰卡通基地	1	152
22	上海美术电影制片厂	0	0
23	中国电影集团公司	0	0
24	长影集团有限责任公司	0	0

表2 比较2011年度、2012年度全国国产电视动画制作备案公示的相关数据

月份	2011年			2012年		
	部数	时长（分钟）	题材	部数	时长（分钟）	题材（依次）
1	52	37710	童话、教育	30	21263	教育、童话、历史
2	50	32476	教育、童话	24	22167	教育、童话、现实
3	26	20515	童话、其他	49	29217	童话、其他、现实
4	42	31192	童话、其他	62	45990	童话、教育、历史
5	32	30820	童话、教育	64	52682	童话、教育、现实
6	32	41108	教育、童话	38	42376	教育、童话、历史
7	36	23532	童话、教育	55	55385	童话、教育、历史
8	63	63925	童话、其他	54	44807	童话、教育、历史
9	55	47232	童话、教育	60	48064	童话、其他、教育
10	69	54986	童话、教育	35	21746	童话、教育、历史
11	56	68830	教育、童话	68	52023	童话、教育、历史
12	53	39488	历史、童话	41	35001	童话、其他、教育
总比	566	491814	童话、教育、其他为主	580	470721	童话、教育、历史为主

可以看到，电视动画片备案部数虽有提升，但分钟数有所下降，这表明动画企业开始注重质量，而不再盲目追求产量上的达标。题材方面，童话教育依旧是核心的类型，达到70%；历史题材在2012年有了一定的增长，比例占近10%。另一方面，海外市场日益青睐中国动画。2011年，全国各影视机构共出口动画片146部，出口金额达2800多万美元，2012年有取得了新的突破，业内预计"十二五"末期，中国动漫产业年总产值将达1000亿元人民币。

2. 动画电影

相较之电视动画片的平稳发展，2012年的国产动画电影整体态势有了较大规模的发展，这也使得动漫产业依旧成为发展最快的文化产业之一。2012年全年获得公映许可的动画电影33部，数量有所增加。其中覆盖全国，进入主流院线的影片有《喜羊羊与灰太狼之开心闯龙年》、《大闹天宫3D》、《宝贝女儿好妈妈大电影》、《邋遢大王奇遇记》、《小战象2》、《大兵金宝历险记》、《神秘世界历险记》、《摩尔庄园2海妖宝藏》、《喜羊羊与灰太狼之我爱灰太狼》、《拯救第365天3D》、《麦兜当当伴我心》、《赛尔号2雷伊与迈尔斯》、《猪猪侠之囧囧危机3D》、《我与拉拉》、《今天·明天》、《我是大熊猫》、《兔兔危机》、《洛克王国之圣龙骑士》、《潜艇总动员2》、《神奇的大运河》、《戚继光英雄传》、《超蛙战士之威武教官》、《科学小子》、《夺宝幸运星之金箍棒传奇》、《重返大海》、《郑和魔海劫》、《魁拔之大战元泱界》。其中原定于年内上映的《郑和魔海劫》、《魁拔之大战元泱界》由于档期调整，改至2013年年初全国上映。从数量看，12年度动画影片的增速趋于平缓，但相比2011年很多影片叫好不叫座的现象，2012年的中国动画电影市场则在沉默和质疑声中有了更加实际性的进步。影院公映数量增加，截止11月份于院线放映已达89部。就票房成绩看，《喜羊羊与灰太狼之开心闯龙年》1.63亿元，这个数字在整个国产电影票房排行中都表现不俗；《赛尔号2：雷伊与迈尔斯》4000余万元；《麦兜当当伴我心》7000多万元的票房。寒暑两期动画市场主流动画影片都取得相对理想的商业成绩。行业内针对动画电影的原创自觉、故事讲述方式、目标观众的创作针对性、叙事与形象设计、艺术技术运用、相关发行及营销能力等都有了长足进步。影片发行渠道多元化成熟化，营销宣传系统化多样化、动画企业的资本运作实力与市场运作手段更加科学化国际化等等也都更加成熟。尤为喜人的是在新的2013年1、2月份的寒假档期中，《绿林大冒险》、《巴啦啦小魔仙》、《魁拔2之大战元泱界》、《波鲁鲁冰雪大冒险》、《开心宝贝》、《郑和魔海劫》、《我的狗狗我的爱》、《神兵小将》等10余国产新片已经都处于整装待发的状态。《喜羊羊与灰太狼》与《洛克王国》系列电影的新作也如期加入。可以说国产动画电影已然呈现“群雄并起”之势。也可以判断，未来的中国动画电影市场仍有持续潜力，国产动画前景可观。

表3　截止2012年11月底国产动画电影（2012年度）票房排行（万元）

1.	《喜羊羊与灰太狼之开心闯龙年》	16587
2.	《我爱灰太狼》	7130（注：最后实收7400万）
3.	《大闹天宫3D》	4949
4.	《麦兜当当伴我心》	4750
5.	《洛克王国 圣龙骑士》	3214
6.	《赛尔号2》	3140
7.	《摩尔庄园2》	2528（注：最后实收2536万）
8.	《神秘世界历险记》	2175（注：最后实收2200万）
9.	《潜艇总动员2》	1643
10.	《猪猪侠》	1200

2012年度进入院线的影片中，可以看到动画电影在产业运作上的一些显著特点：一是借势续推脍炙人口的系列作品，比如《喜羊羊与灰太狼之开心闯龙年》、《喜羊羊与灰太狼之我爱灰太狼》、《麦兜当当伴我心》、《魁拔之大战元泱界》，而《麦兜当当伴我心》更是麦兜系列蛰伏3年之久的潜心之作，上映伊始便广受关注。二是原创的新故事新作品显出更加成熟的艺术表现和市场理念，比如《神秘世界历险记》，在没有任何品牌积累的情况下，影片凭借出色的故事和精良的制作水准，上映三天就破了1000万元的票房，神奇的吸金能力被业界誉为神话。《神秘世界历险记》是一个奇幻、冒险动画，讲述小姑娘雨果跟尾随啦啦在一个充满动物和神奇植物的美丽国度里的惊险刺激的冒险经历。从专业角度来说，动画电影《神秘世界历险记》具备一部成功的动画电影的所有基本条件，可爱讨喜的动画角色与一流的美术设计，新奇有趣的故事情节，叙事流畅。节奏把握到位。同时还有具有商业动画的市场特性：传奇化的故事设置，比如梦境的穿越，出色的视听设计和炫目的特效，以及颇为出彩的音乐。故事方面，导演善于设置每一个戏剧冲突点，随着主人公的命运与剧情的推进，要么欢笑要么紧张，每一次小狮子把女孩“雨果”叫成“驴果”都会引来笑声一片。这种我们已经习惯了的好莱坞动画电影中的美式幽默——回归动画“娱乐”本质、跳出“传统”叙事范式的作法在国产动画电影里得到了娴熟的表现，实属难能可贵。结尾的高潮部分也是按照美式商业动画大片的策略进行大胆的视听效果设计，配合好莱坞式三段式剧情设置，使得国产电影同样能够带给观众以“大片”的视听满足感。其市场的成功也是必然的。三是，延续近几年中国动画市场的成熟套路，进行游戏改编，这种动画电影的题材已经是一种格外抢眼的类型，例如2012年的《摩尔庄园2海妖宝藏》、《洛克王国之圣龙骑士》、《赛尔号2雷伊与迈尔斯》，都是根据热门游戏改编而成的系列动画作品，使得这类作品的票房也都相当可观。它们与其游戏产品及图书、玩具等相关衍生产品组成丰富的产品链，巩固和增强其品牌价值的同时提升自身各类产品的销量。以腾讯出品的儿童游戏“洛克王国”为例，《洛克王国之圣龙骑士》虽是其第一部动画作品，但在2012年竞争激烈的暑期档中依然收获近5000万的票房收入。并深入展开其续作的制作。影片讲述了一个原本调皮贪玩、不爱学习的主人公龙星，在洛克王国遭遇灭顶的灾难后，与伙伴们一同寻找传说中可以打败神秘黑暗法师的圣龙骑士，最后拯救王国的故事。作为一部以“热血励志”为核心思路的影片，幻想和战斗的元素在影片中处理的十分精彩。凭借着具有国际化视野的造型设计和出色的日式二维动画制作，加之纯熟的三维视效，《洛克王国之圣灵骑士》给它众多的儿童游戏用户呈现了一部精良的视觉大餐，画风流畅而细腻，场面宏大而震撼也保证了与其游戏作品统一的制作水准。成熟的叙事框架中突出团结协作，不惧困难、惩恶扬善、追逐梦想的励志精神，也是少儿群体所迎合和

需要的主流价值观。这种故事和作品或许新颖不足，但确是动画市场最具竞争力的类型产品之一。由此可以看到，游戏改编类动画是目前我国的动画市场中，商业表现最为成功和稳定的类型与模式之一。而2012年尤为值得一提的第四个特点是，动画片“复刻风”、“翻拍潮”的出现，《大闹天宫3D》、《邋遢大王奇遇记》都是上个世纪的经典动画作品，在2012年又都以全新的面貌呈现于大银幕之上，其中，3D版《大闹天宫》一经上映，就取得了首周5000万票房的极佳成绩，这些翻新作品在画风、色彩等相关美术设计上均有了更为现代、更为入时的突破性元素，在叙事上也更加贴近新一代观众的观影习惯，特别是焕然一新的技术革命所带来的视听效果上的震撼力，使得经典的动画艺术得以重获新生，绽放风采。最后，以“正能量”为核心的主旋律动画片也是2012年主流动画电影市场不可忽视的重要组成部分，《我与拉拉》、《神奇的大运河》、《戚继光英雄传》、《郑和魔海劫》、《今天·明天》等等以体现社会主义核心价值观为主题的动画作品，在青少年观众中引起广泛而强烈的共鸣和影响。以灾难题材影片《今天·明天》为例，它开创性的将细腻的画风与明快的叙事相结合，通过探险。揭秘等具有悬念的情节设置，通过充满想象力的视觉符号，别出心裁的传达其所要表达的防灾文化启蒙意义和内涵。不同于以往的主旋律作品，《今天·明天》在防灾救灾的主题下，保持灾难情节架构的同时力求突破过往传统的英雄主义模式，影片独特以一名小学生为视角，因为想要弥补由于自己贪玩而造成的过失和灾难，不停地追随平安使者的脚步，终于知道了今天、明天的密码，回到了原点。惊险刺激中不失幽默和感动，结局最终更是升华至今天的准备是为了明天生命的延续这一主题上来，“接地气”的创作方式使得其“治愈感”十足，从而也用一种生动的，非灌输式的形式达到科普及教育的目的。这些现实题材、历史题材中所体现的英雄事迹和真挚情感，也将爱国、互助、公益的思想和精神通过动画的形式得以很好的宣传和发扬。在当下影像技术日新月异的时代，动画电影首当其中地成为获益者，新技术手段的广泛和率先运用也为动画电影带来了前所未有的推动，纵观2012年上映的国产动画电影：《大闹天宫3D》、《小战象2》、《拯救第365天3D》、《兔兔危机》、《潜艇总动员2》、《科学小子》、《猪猪侠之囧囧危机3D》，大制作三维动画作品占据了半壁江山，而其中不少更是大打3D噱头。国产动画电影纷纷效法好莱坞，极力为观众打造最为先进的视觉体验。尤为值得一提的经典重现的影片《大闹天宫3D》，它延续了《大闹天宫》主要画面和故事情节，就技术层面而言，它最大的突破就是对原片画面进行了精致修复，改并成宽画幅，出色的进行3D画面的转换。在色彩、特效等多方面以顶尖的国际水准予以加工，将经典的美术艺术经过精良包装之后再一次重现于世。此外，还将原先的100多分钟精剪到了80多分钟，使这部影片的节奏更为紧凑；影片沿用了原版的主题音乐，具有京剧韵味，同时加入了西洋乐器和电子声效，与时俱进地进行了声画一体的全新演绎，使电影更加符合现代人的欣赏习惯。可以说动画的技术革命是不可逆转的趋势，也是中国原创动画电影必经的大潮。

总的来看，票房是衡量一部影片各方面品质的一个最直接的指标。从这些国产动画电影逐渐获得较好的市场回应的结果看，也可以说明国产动画电影的品质的确得到了提升，这主要反映在这样几个方面的进步，一个是电影故事情节和叙事上更多地考虑到了市场的接受，在电影的最初定位方面显得比以往成熟和有针对性；另一个是影片叙事的手法上讲究了三性的统一，因此能够获得较为广泛的口碑；第三是市场运作也相对成熟，逐渐把握住了中国特色的市场规则。第四，影片艺术品质得到很好的保障，在技术运用的同时，艺术表现力得到提升。如《神秘世界历险记》继获得“东京国际放送奖”、“亚洲青年动画评委会大奖”之后，在12月4日举行的中国动漫年会上，还夺得了中国动漫最高奖“美猴奖”，可以说中国动画电影已经具备走向世界的充分条件。把市场做大，把品质做优是中国动画电影需要努力的方向。

2012年进入中国院线的进口动画电影共计12部，它们分别是：《大雄与奇迹之岛》、《快乐的大脚2》、《冰川时代4：大陆漂移》、《老雷斯的故事》、《勇敢传说》、《马达加斯加3》、《穿靴子的猫》、《神奇海盗团》、《海鲜陆战队》、《玩具总动员3》、《无敌破坏王》、《守护者联盟》。其中，好莱坞电影仍占主要比重，但较之2011年《功夫熊猫2》和《蓝精灵》在中国市场上的绝对控制，2012年进口动画电影的整体影响力已有所下降，尤其是在寒暑期档这个动画电影集中登台的关键时段。在进口动画与国产动画的搏杀中，中国动画并未占下风。特别是2012年1月12日在全国各大影院上映的《喜羊羊与灰太狼之开心闯龙年》。首日票房即突破2000万元，创造了国产动画电影首日票房的新纪录。并以1.6亿元的总票房，超过了《冰河世纪4》在中国内地的1.3亿元的总票房。这对国产动画电影来说是个激励。

另一个值得关注的现象是，动画电影合拍片成为近两年国内动画企业频频试水的方向。从华谊兄弟的《老夫子之小水虎传奇》到中影集团的《藏獒多吉》，仅2011年一年中，国内两大电影企业便以合拍片的形式大举进军动画领域，但是在这个年度中，《藏獒多吉》虽然在业内和日本市场取得了不错的口碑，这两部作品却无一在国内市场取得票房上的认可。而2012年中国合拍动画电影的成绩依然不够理想。以中美合拍动画电影《拯救第365天》为例，该片中方投资过亿，聘请荣获5次奥斯卡奖项的国际精英团队带领中、英、美等12国286名动画特效大师打造为噱头，强势登陆国内暑期档院线，中方出品公司希望以3D效果为亮点，利用好莱坞的技术和营销渠道，向全世界讲述中国的故事。影片的故事源于中国的“年”的传说，制作团队希望用好莱坞的表达方式讲述一个具有浓郁中国风格的故事。但差强人意的故事使得观众并不买单，上映数日便不了了之。总体来说，由于国内动画企业经验不足、市场运作能力有限，导致产品形式大于内容，故事层面薄弱，营销不到等诸多传统问题，合拍片的形式暂时并未能在中国动画电影领域取得自己的一席之地。

综上所述，2012年，是中国动漫产业从产量追求向产值追求进行转型的一年，之前一味量的增加的背后存在着很多问题，产品质量低劣，产业产值偏低，以致整个产业的发展显得盲目冒进，身后国人诟病，整个动漫市场也有存在巨大泡沫的隐患。以2011年为例，动漫产量虽然全线飘红，传统主导产品电视动画强劲增长，基础性漫画板块也有所发力，尤其是新兴的手机等新媒体动漫呼声甚高，热钱蜂拥。但产业产值依旧不尽如人意。制作总体水平偏低，粗制滥造现象仍然存在。到了2012年的中国动画产业，各地仍以产量作为对原创动漫进行补贴扶持的首要衡量标准，因而还是催生出了大量品质低劣的动画片，如备受争议的动漫电影《戚继光英雄传》以及电视动画片《高铁侠》等。《戚继光英雄传》宣称投资1200万人民币，但实际的影片效果却与这样的投资大手笔并不符合。潦草的造型、僵硬的动作以及整体偷工减料的制作使得该片被业界喻做“刷新了动漫电影的底线”。电视片《高铁侠》则被直指剽窃，媒体甚至做出详细比照，披露其直接抄袭一部题材接近的日本早期作品。这些以补贴为目的而粗制滥造、抄袭模仿的行为，直接影响了国产动漫的整体发展水平。因此，同样在2012年，动漫产业的整体投资进一步趋于理性，这其中有受经济放缓的大环境影响的临时性因素，也有资本对动漫产业自身调节的审视与观望。不过文化产业发展有其独特的反经济周期性，迪士尼、梦工厂纷纷进入中国的现象表明，我国动漫产业的肌体内部，新因素已经开始萌芽，巨大的市场潜力与竞争力的升级，也必将促使产业自身开始寻求良性循环的发展路径。中国动漫金字塔底座已经初步筑好，当下即要从“求量”向“求精”转变，打造有市场影响力的动漫产品，培育顶级的动画导演，催生有全球竞争力的动漫企业，推动完整动画产业链的形成。这一过程一定是艰难的，既有机遇又有挑战。

二、政策与形势：

政策文件密集出台、扶持工作具体深化是2012年我国动漫产业的一个重要主题，国家相关部委仅在2012年上半年密集出台了《国家“十二五”时期文化改革发展规划纲要》、《文化部“十二五”时期文化产业倍增计划》、《财政部关于重新修订印发〈文化产业发展专项资金管理暂行办法〉的通知》、《“十二五”时期国家动漫产业发展规划》等一系列政策措施，明确提出加快发展包括动漫产业在内的文化产业，确定了“十二五”时期我国动漫产业发展的基本思路和主要目标，从指导思想、发展思路、内容建设、产业结构、动漫企业与品牌培育等方面进行了详细的规划和阐述。同时也为动漫产业的进一步发展提供政策保障和体制机制保障，努力创造有利于动漫产业健康发展的良好环境。

文化部于2月29日正式发布《“十二五”时期文化产业倍增计划》。提出“十二五”期间，文化部门管理的文化产业增加值年平均现价增长速度高于20%，2015年比2010年至少翻一番，实现倍增。文化部特别表示，将制定出台动漫产业“十二五”发展规划，重点扶持原创国产动漫。《倍增计划》具体指出：力争到2015年，动漫业增加值超过300亿元，动漫创意和产品质量有很大提升，着力打造5至10个在国际上具有较强竞争力和影响力的国产动漫品牌和骨干动漫企业。文化部表示还将推动出台动漫产业公共技术服务平台认定管理及进口税收优惠政策。此外，在文化部今后五年要实施的9大文化产业重点工程中，涉及动漫产业的就有两项：国产动漫振兴工程和国家动漫产业公共技术服务平台建设。国产动漫振兴工程强调，加大对原创动漫游戏产品的扶持力度，支持重点动漫企业和动漫产业园区发展，大力发展网络动漫、手机动漫等新媒体动漫。

2012年3月10日，由扶持动漫产业发展部际联席会议办公室主办的“十七大以来中国动漫产业发展成果展”在中国国家博物馆隆重举行。报道指出：这是对十七大以来中国动漫产业发展成果的全方位、立体式展示，以多种形式全面展现动漫产业在各方面取得的丰硕成果。成果展还首次在展览中对文化部提出的“大动漫产业观”进行了全面阐释。“大动漫产业观”是基于传统动漫产业概念提出的一种更为广阔的动漫产业观。十七大以来，动漫创意和技术广泛应用于社会生活各个方面，包括教育、科普、广告、建筑、核电、安全生产、灾害防控、展览展示、国防航天、医药卫生、海洋石油、艺术设计等领域，拓展了动漫产业发展的新空间。大动漫产业观还包括动漫产业与其它产业的加速融合，动漫创意、制作、传播、消费、服务和应用正在形成一个相互合作、相互促进的生态系统，我国动漫产业正全面步入“大动漫时代”。成果展还对“十二五”时期动漫产业的发展进行了展望。到“十二五”期末，我国动漫产业产值将达1000亿元人民币，比“十一五”末至少翻一番，现代动漫产业体系将基本形成。我国动漫产品质量大幅提升，技术创新能力持续增强，精品力作不断涌现，动漫产业的品牌化、市场化、产业化程度显著提高，整体国际竞争实力大幅增强；动漫在青少年思想道德建设中发挥更大的作用，动漫在社会生活各领域得到更加广泛的普及应用。

在动漫产业融资领域，文化部7月出台《鼓励和引导民间资本进入文化领域的实施意见》。实质性的解决了民营动漫企业的人才困境，也为创意型初创动漫公司提供了更为优厚的融资环境。《意见》提出：鼓励民间资本投资文化产业。要建立健全多元化、多层次、多渠道的文化产业投融资体系，鼓励和支持民营文化企业借助资本市场做大做强。支持民营文化企业通过信贷、信托、基金、债券等金融工具融资，支持民营文化企业通过并购重组、上市等方式融资。鼓励和引导民间资本参与的金融机构、中介组织、各类投资基金进入文化产业领域。

不仅如此，新闻出版总署也在出版领域发力，决定持续实施“原动力”中国原创动漫出版扶持计划。进一步加强原创动漫出版产品的创作、策划、出版及宣传推广，助推中国原创动漫创意人才培养和发展。

12月，文化部、国家广电总局、新闻出版署、北京市政府联合主办了第七届中国北京国际文化创意产业博览会。这个博览会的主论坛是中国文化创意产业发展国际论坛，是博览会的主题性活动。而在展览展示、分会场、论坛峰会、推介交易、创意活动等不同版块，创意产业和动漫、影视、创意设计等都是最主要的内容，这对于国家推动动漫创意产业和动漫影视等都发挥着积极和重要的引导推动作用，具有国家层面对这些新兴产业的大力支持的号召和示范意义。

紧跟国家部委的扶持政策，地方各级政府也出台了相应的扶持措施。2011年底，北京市委常委十届十次全会通过了《关于发挥文化中心作用，加快建设中国特色社会主义先进文化之都的意见》，2012年，再次为动漫产业制定了《北京市原创动漫作品扶持办法（试行）》，鼓励北京市原创动漫艺术创新，促进首都动漫产业健康发展，同时举办“动漫北京”首届民族原创动漫形象大赛暨“动漫北京”等活动，号称北京亿元级动漫企业的集体亮相，为原创动漫作品搭建交易推介平台，同时突出民族与原创的主题，意图开拓北京作为中国民族动漫中心地位。江苏省重点推出六大举措助推动漫产业，包括制定省级文化产业园区（基地）的认定和管理办法，对认定的重点动漫园区和基地加大扶持力度；实施大企业带动战略，推动资源与要素向优秀动漫企业适度集中，加快培育一批带动性强、成长性好的骨干企业等。从近年的发展趋势看，国内动画制作企业已基本摆脱为国外企业代工的状态，自主研发、制作、营销能力日益增强，优质资源逐渐得到聚集，并向国家动画产业基地集中，2012 年，23 个国家动画产业基地承担了国产动画年产量的 70%，可见国家政策扶植已经初见成效。

对于动漫产业扶持工作的全面深化和具体部署在改革开放三十年来见所未见，充分显示了国家各级政府对于动漫产业的高度重视和发展决心。新阶段的政策方向有了更加准确的定位，扶持导向有了更加清晰的划分，去盲目化，规避了动漫产业发展和基地发展中，频繁出现的借政策之力而不作为的商业行径，在央行等七部委联合发布的《关于金融支持旅游业加快发展的若干意见》中，即有严查借文化旅游名义、动漫主题概念变相搞房地产的行为。这些政策措施旨在促使动漫产业尽快形成产业规模，实现由传统粗放型向理性科学发展转变，对于动漫产业今后三年的发展有着重要的指导意义，也预示着我国动漫产业在“十二五”期间良好的发展局面。

上述政策的积极回应反映在市场方面，动漫节是一个很好的窗口。一年一度的中国国际动漫节精彩纷呈，在 2012 年更是再创新高。2012 年 4 月 28 日至 5 月 3 日，第八届中国国际动漫节在杭州白马湖动漫广场如期举行。据相关统计此次动漫节吸引了 61 个国家和地区参与，461 家中外企业参展，超过 208 万人次参加了主会场和分会场的各项活动。签约项目 165 个，涉及金额 146 亿元，成为目前国内规模最大、人气最旺、影响最广、成效最好的动漫专业盛会，实现了经济效益和社会效益双丰收。中央政治局委员、国务委员刘延东同志出席第八届动漫节并宣布开幕，并对动漫节的成功举办给予批示肯定。12 月 15 日，中国国际动漫节荣登“2012 年中国文化创意产业最具影响力的十大文化节”榜首。2012 年对于杭州动漫产业来说，其作为中国动漫龙头重镇的地位更加突显。杭州动漫在这一年也更加注重产业化发展之路。全市上下统一思路：不再以动漫企业数量为先，不再以分钟数为主要指标，从量的扩张到质的提升才是产业转型升级的方向，注重投入和产出，讲求成本和效益，既要创造社会效益也要创造经济效益，、据不完全统计，2012 年前三季度，杭州共有《秦时明月之万里长城》等 10 部动画片被国家广电总局评为 2012 年度优秀国产动画片，实现动漫产业营业收入 43.1 亿元、利润总额 23.2 亿元、上缴税金 5.83 亿元，同比分别增长 42%、19%、46%；同时，出口、衍生品和版权三项重要的收入组成均实现快速增长，达到 4 亿元（2011 年为 8315 万元），同比增长近五倍，动漫类产品的出口收入和衍生品收入增长迅速。在动漫作品产量比去年同期有所下降的情况下，作品质量与经济效益进一步得到提升。动漫产业整体循序渐进助推产业转型升级。

活跃的市场产生出巨大的吸引力，国际动漫巨头进军中国市场是 2012 年我国动漫产业的一大事件之一。梦工厂、迪斯尼入驻上海。2009 年 11 月，上海迪士尼获中国核准；2012 年 4 月 10 日，迪士尼、腾讯、中国动漫集团在北京举行动漫创意研发合作签约仪式，宣布三方将共建动漫创意研发合作平台，迪士尼负责人表示，迪士尼将在人才培训、市场调研等方面开展合作，努力推进中国动漫业基础建设；2012 年 4 月 27 日，上海迪士尼乐园主体工程正式动工，并宣布将于 2015 年年底正式开园。

2012 年 2 月，根据中美经贸合作论坛上签署的协议，华人文化产业投资基金（CMC）将联合上海东方传媒集团有限公司（SMG）、上海联和投资有限公司（SAIL）与美国梦工厂动画公司（*DreamWorks Animation SKG*）在中国上海合资组建上海东方梦工厂影视技术有限公司。“东方梦工厂”将以自营及合作的形式，启动动画技术研发、动画影视制作、版权发行、衍生产品、演艺娱乐、数码游戏、主题乐园等多个业务领域。梦工厂动画在上海核心区徐汇滨江地带拿下近 200 亩土地，与世博园区隔江相望，拥有一千五百多米的滨江岸线。梦工场动画的“中国门户”被命名为东方梦工厂，未来规划有两到三个剧场，众多娱乐设施，以“功夫熊猫”为主题的剧场秀也在紧锣密鼓的筹备中。与远离市区的迪士尼大型主题乐园模式不同，梦工场动画定位于城市中心的娱乐聚集区，这种模式还将复制到国内其他城市乃至海外。未来，东方梦工场还将在上海建立技术研发及服务基地、动画工业园区，以及动画产业标准技术平台，带动上下游产业发展，并逐步渗透到家庭娱乐产业的各个层面。

广东奥飞动漫公司也与美国动漫企业“孩之宝”就动漫玩具和相关衍生产品的开发、设计及全球运营展开战略合作。

迪士尼和梦工厂的高调落户势必会给尚未成熟的中国动漫企业带来不小的冲击。国际动漫巨头的到来肯定会加速国内动漫企业洗牌，但是同时也为中国的动漫企业提供了一个近距离观察和学习其如何打造国际动漫精品的机会。这些平台的建立，将为我国动漫产业在创意研发、后产品深度开发及产业链形成、国内外营销战略布局提供更直接的帮助。当经济全球化的发展不断深化，要躲避竞争几乎是不可能的事。只有知难而上，在竞争中壮大自己，实现进一步转型升级，才是中国动漫企业应有的心态。

三、产品与市场

2011 年，国产动画电影票房曾一度整体落败，除了部分影片本身原因外，还与宣传营销环节的工作不力有关，如《兔侠传奇》盲目性的投入大量资金至于户外硬广告，但与目标观众群接触不良以致效果有限。2012 年动画电影在宣发方面则显得更为理性和专业，在宣传中强调了“互动”、“落地”、“针对性”等策略。动画企业在电影上映数月前便开始了深入细致的宣传与营销策划，与之前形成了鲜明对比。然而另一方面，2011 年的“好口碑、烂票房”也使得消费者对于国产动画电影好感普遍上升，这为 2012 年的动画电影奠定了良好的群众基础。无疑也是成就高票房的原因之一。比如 2011 年以制作精诚而著称的《魁拔之十万火急》，成熟的日式技法让它在众多影迷中树立起强大的品牌效用，其在优酷网的点击量，一直保持在全网站前 5 名。这使得优酷网在高价购买其版权的同时主动寻求与青青树动画公司更加长远的合作，共同开发新作《魁拔之大战元泱界》。出品大量相关视频及广告片为其今年的上映造势。与此同时，青青树逐步培育中低年龄儿童市场，每月出版一本面对小学生的《魁拔》系列故事书。针对中青年市场，青青树与拥有 500 万用户的《三国杀》桌游合作，推广《魁拔之大战元泱界》。而《神秘世界历险记》与拥有 4.5 万家门店的晨光文具公司合作，开发动画相关衍生品。中国动画品牌已开始日益增强其自身的国际影响力，在市场运作和产业链开拓等方面有了良好的开端。

就国产动画电影的宣发而言，《洛克王国》是 2012 年不得不提的成功典范，它是腾讯同名游戏的第一部动画作品，也是优扬传媒和炫动传播继“喜羊羊”系列电影之后的又一次重要合作。此次联手腾讯，三个出品方都安排了全平台媒体资源为影片造势，大力展开整合营销。《洛克王国》遵从“电影内容 + 电影营销”的市场化运作理念，在内容端倾力打造，在营销端力求创新，充分利用《洛克王国》项目的特点，发挥互联网与传统电视媒体的各自优势，设计了线上线下互动配合的营销方案：线上让网络社区与电影内容充分互动，线下则以电影“快乐”理念为核心开展了一系列地面活动。共投入将近 3 亿元的媒体资源，从印刷宣传品到户外媒体广告，从电视到网络进行全方位的宣传推广，打造新的国产动画电影品牌。充分借势网络游戏是本片最为出色的优势之一，与以往打造“喜羊羊”电影系列模式不同，优扬传媒此次打造《洛克王国》选择“嫁接”儿童网游，充分利用新媒体的优势；选择在国庆档期上映也是一次新尝试。首先，在影片创作初期即广泛吸取 7 - 14 岁、共计 17 万的游戏用户的反馈意见，让影片内容更“接地气”；其次，在营销和发行层面多方联动，在优扬传媒与炫动传播的组合基础上，联合了网络巨头腾讯的鼎力推广，利用用其全网的资源来宣传这部电影，助力影片的市场表现。优扬传媒与炫动传播最大的资源就是渠道资源和营销资源，双方优势互补，不遗余力，打通“电视 + 互联网 + 户外媒体资源”的营销平台，影片上映后还将利用游戏魔力卡、玩偶等后续产品加大促销力度。腾讯则专门开通《洛克王国》电影的官方微博，通过微博营销向数百万粉丝进行宣传活动。出品方更是别出心裁的提出“清晨开始，白天上映”的放映计划，这一举措抓住了孩子群体的作息习惯，希望把孩子极其家庭锁定在白天观影，规避竞争，提升国庆档电影院白天场次的上座率。

有别于《洛克王国》声势浩大的宣传造势，2012 年更为经典的案例则是暑期档上映的《神秘世界历险记》，它由江苏广电集团、优漫卡通卫视、北京其欣然影视文化传播有限公司、江阴国动文化传媒有限公司共同制作的。

在发行和宣传策略上，《神秘世界历险记》堪称 2012 年动漫产业中经典的商业案例。不难看出，本片的发行策略和宣传造势力度显然是有的放矢的。与其同期上映的另一部系列国产动画电影《我爱灰太狼》相比，《神秘世界历险记》没有任何受众基础，没有大牌明星的配音阵容，也没有当下“时髦”的

3D 噱头，但却要与多部打着 3D 旗号的动画电影同日开画。这是一场四两拨千斤的较量，《神秘世界历险记》没有采取大多数影片那样“全国总覆盖”的粗放式宣发策略，而是选择整合优势平台资源，并把各种资源相对集中的江苏省和北京作为重点区域，重点发力，精耕细作。

作为影片主要投资方的江苏广播电视总台和江苏优漫卡通卫视在江苏境内的影响力不言而喻，该片监制、江苏优漫卡通卫视总监左顺荣所掌舵的优漫卡通在江苏地区白天收视率排名第二，仅次于江苏卫视；频道在全国 23 个省、180 多个城市（其中含 13 个省会城市）落地，覆盖人口过 4 亿人。天时地利人和，基于此，出品方果断把重点定在江苏地区，然后辐射周边省份如浙江、安徽等地。这也是其成功背后的宣发策略中的头一步好棋。在当前的媒体环境下，电影的营销推广仅靠“量”远远不够，如何把目标群体对影片的关注度和认知度转化为影院观众才是关键所在。为此，优漫卡通从 6 月份就开始启动宣传，针对 4－12 岁的目标群体进行多频次、高密度的营销推广。该频道先后制作了 20 多个版本的电影宣传片，在频道全天滚动播出；电影上映期间，频道更是每 15 分钟插播一轮电影宣传片。每天累计播出宣传片 200 次以上。同时，频道还将影片中主人公“啦啦”植入到江苏地区收视率最高的动画栏目《动画天地》中，每天和名主持月亮姐姐一道出镜，把影片看点亮点、上映日期等信息多频次传递给观众。这些宣传手段均有效弥补了原创动画电影没有受众基础的“短板”，使得观众在影片上映前对影片主角“啦啦”形象的认知度已至高点。“地毯式”的发行，力图争取排片场次，是《神秘世界历险记》把江苏市场做深做透的关键所在。

市场运作策略很重要，策略落地更为重要。影片的最终票房是对宣发工作最好的检验。自 2012 年 8 月 10 日上映以来，全国 45 个电影院线公司旗下的 1850 多座影院共为《神秘世界历险记》排映 36250 场，其中江苏省的影院多达 182 座，累计场次达 14174 场。截至 8 月 31 日，在该片的影院票房前 50 强中，有 47 座为江苏当地的影院。在前 100 强中，江苏省内的影院占据 80 席。对一部原创动画电影而言，2200 万元的成绩已是“平地起高楼”，而江苏省独占 64% 的市场份额更凸显了区域市场运作的成功。该片在江苏市场的完胜，也说明把资源集中在一个拳头上打出去的爆发力不容小觑。宣发环节在国产动画电影产业发展中凸显出愈发重要的位置，《神秘世界历险记》的宣发模式可以作为我国动画电影市场运作和动漫产业成长进程中一个值得学习的成功案例。

新品摸索前行，积极上位，强者则奋力夯实地基，以求持续的强盛。相较于曾经叱咤风云的虹猫蓝兔系列的黯然消退，2012 年未有改变的是喜羊羊系列依旧称霸于国内动画影视市场，延续其历史成功，《喜羊羊与灰太狼之开心闯龙年》的保持不败并不仅仅限于电影电视剧领域的口碑和票房、收视率，其最能体现价值的在于把产品进行整体设计，突破了单纯进行影视等媒体的传播视野的局限，将其置于大的动漫产业概念中，在这种大的产业链中进行整体营销，实现了跨媒体传播和后产品的产业延伸。因此它也成为国产动漫产品实现产业化开发、创造巨大商业效益的成功范例：已经播出的动画剧集有五百多集；授权使用的相关产品包括图书、舞台剧、游戏等，玩偶、文具等衍生品更是品种繁多，堪称华人世界内知名度最高的动漫作品。名副其实做到产业化和国际化上的成功，从产业链前端的制作、出版到后来的推广、销售、运营、开发衍生品等，《喜羊羊与灰太狼》完美诠释了动漫行业产业链的增值过程。而每年推出贺岁电影、不断推出新的剧集、开发更多适应时代发展的新产品也让这部作品在可持续发展和实现滚动利润上为业内同行作出了表率。

四、机遇与挑战

纵观 2012 年，中国动漫产业无论从产量、产值等量化指标去分析，还是从动漫市场主体实力培育以及营销发行能力等定性指标去考量，都有着长足的发展。我国的动漫产业已列入国家重点发展规划之中，同时也纳入到了全球化竞争当中。如何进一步提升我国动漫产业整体竞争力已经是我们迫不及待需解决的问题了。在崭新的 2013 年里，中国动漫产业要在以下几个方面寻求突破的发展：一、以动漫产业集群化为基础，着眼动漫企业竞争力，塑造优势品牌与企业，促进动漫企业战略重组。二、着重以财政、金融等经济手段的调节来发展动漫市场经济，发挥市场机制的作用；并建立透明的市场管理及监督机制，塑造市场主体。三、引进并维护市场竞争机制，鼓励创意产业发展，促进动漫产业创新。四、建立市场为导向的多元投资主体的融资体系和动漫产业风险投资管理制度，拓展融资渠道。五、加快推进动漫产业集群区域化发展，构建动漫产业价值链，进一步推动动漫产业链的全面发展。六、加快发展多元化多层次的动漫人才培养工程，从产业链多样化发展的角度建立启动专业型动漫人才培养模式和战略实施计划，打造涵盖创意、制作、经营、管理、研究及培训等复合型的教育平台。七、进一步发展多种形式动漫会展及活动，以地区区域为中心，建立具有国际影响力的动漫宣传与推广平台。此外，应加速建立健全相关法律法规，保护动漫企业和创作者的知识产权等相关利益；同时还要建立健全同市场机制相适应配套的人才管理机构，如技能培训、行业协会、经纪公司等。综上，在新的发展时期，中国动漫产业面临着众多机遇和挑战，中国动漫产业需要迅速建立属于自身的产业竞争力模型，优化产业结构，促进产业升级。

在整体产业的推进之中，动画影视产品又扮演着尤为关键的角色，它们是动漫产业的重要组成部分，纵观美日等动漫强国，其动漫产业主要依托的就是动画电视片和动画电影。可以说动画电影和电视是消费者动漫消费的核心环节，也是动漫市场的主线。整个产业也是以电影电视的产销作为其动漫产业发展的基本策略和重要特征。而在我国，动画影视也已经有近 90 年的创作历史，并诞生了具有世界性影响力的经典作品。“十二五”规划期间是我国发展动漫产业的黄金期，也是动画影视领域着力求发展求突破的关键时刻。影视产品一向具有高投入高风险的自身特征，我国原创动画影视的发展在某种程度上还存在着桌多问题和不足，从创意、制作到发行、营销等各个环节都还需要积累更多成熟的经验。“十二五”规划期间国家对于动漫产业的扶持政策会更加清晰，更加精准。对于动画影视产品的质量与产值也会有更高的要求。在过去的 2012 年中，长三角、珠三角。环渤海等国家重点动漫产业集聚区在一系列整合和发展中，形成了更加优势集中地生产力，也涌现了更多实力卓越、有国际视野的动画企业。因此，2012 年的动画影视产品也较之之前更加出色更具竞争力。可以看到，未来的中国动画市场潜力巨大，充满了机遇，但动画影视产品制作周期长，资金回报周期长的特点也决定了发展动画影视产业注定是一条充满挑战的慢慢长路。所以，中国动画人要有充足的信心和坚定的毅力面对接下来的机遇和挑战，精耕于创作，精益于质量，科学完善制作、发行、营销以及放映体系的各个方面。开拓民族动画新征程，以发展自己的国产动画事业，以成就中国原创动漫产业最强劲的推动力。

高小健　中国艺术研究院电影电视艺术研究所研究员
周家磊　中国艺术研究院研究生院硕士研究生

专题

新媒体与电影研究

媒介融合背景下中国广播影视产业发展的思考①

◎庞井君

当今世界，由数字化、信息化带来的媒介融合以及经济全球化带来的世界传媒竞争的加剧，给广播影视带来前所未有的挑战。在这样的背景下，审视广播影视产业的发展，需要创新思维理念，从战略层面破解广播影视产业发展的瓶颈，寻求中国特色广电产业发展的新路径。

一、中国广播影视产业发展现状分析

（一）当前中国广电产业发展的总体情况

2006 年以来，中国广播影视总收入年均增长 20. 74% ,② 远远超过同期全国 GDP 年均增长 10. 88% 的速度。2011 年，中国广播电影电视总收入（含财政补助收入）达到 2894. 79 亿元③，比 2006 年的 1156. 42 亿元增长了 150. 32% （参见图 1 ）。截至 2012 年 6 月底，中国有线电视用户达 20632 万户；其中数字电视用户 12596 万户，有线电视数字化率从 2004 年的不到 1% 提高到 61. 05% 。

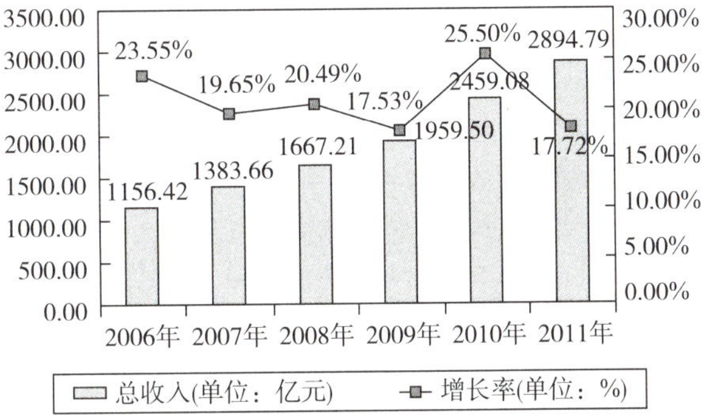

图 1　2006—2011 年全国广播影视总收入及增长走势图

2011 年，中国广播电视总收入（含财政补助收入）达到 2717. 32 亿元，其中创收收入 2371. 18 亿元，较 2006 年分别增长了 147. 23% 和 147. 01% 。广告产业和有线网络产业连续多年保持平稳较快增长。2001 年至 2011 年的十一年间，中国广播电视广告产业年均增长率为 15. 20% （参见图 2）。2011 年，全国广播电视广告收入为 1122. 90 亿元，较 2006 年增长了 112. 93% 。2011 年，电视广告收入为 934. 54 亿元，比 2006 年增长了 106. 15% ；广播广告收入为 123. 32 亿元，比 2006 年增长了 108. 98% ；视听新媒体等其他广告收入为 65. 04 亿元，比 2006 年增长了 333. 33% ，在广告总收入中所占的比重逐年上升。2011 年有线电视网络产业收入为 563. 78 亿元，比 2006 年增长 124. 16% 。

---

① 本文系国家社科基金重点项目“媒介融合背景下中国广播影视发展趋势和政策引导研究” （项目编号：10AXW002）的研究成果。

② 除特别标明外，本文数据来源均为国家广电总局发展研究中心主编的《中国广播电影电视发展报告》（2012）。

③ 除特别注明外，本文所用数据币种均为人民币。

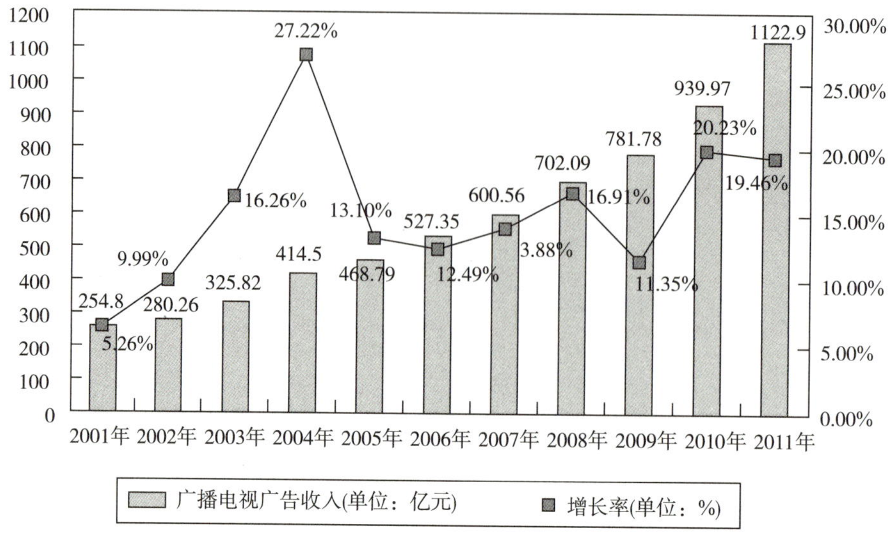

图2　2001—2011 年全国广播电视行业广告增幅走势

2006 年以来，影视内容产业获得较快发展，电视剧年产量连续多年居世界第一位，一大批精品力作极大地满足了广大受众的收视需求。电视动画产量以年均超过 36% 的速度递增，2011 年国产电视动画片达到 435 部、26.12 万分钟，同比增长 12.99% 和 18.46%；而 1993 年至 2003 年中国国产动画总产量只有 4.6 万分钟，平均每年不到 4200 分钟，2011 年中国动画的产量相当于这 11 年总产量的 5.68 倍，是 2006 年动画产量 8.23 万分钟的 3.17 倍（参见图 3）。2011 年共制作生产动画电影 24 部，较 2006 年增长了 84.62%。《孔子》、《喜羊羊与灰太狼》、《秦汉英雄传》、《星游记》等一批具有中国特色的动画片广受好评。

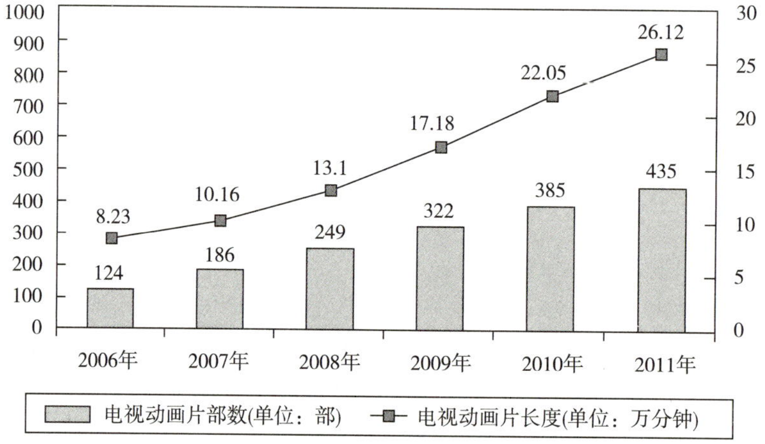

图3　2006—2011 年全国制作完成电视动画片数量及长度

2011 年中国电影故事片达到 558 部，较 2006 年增加了 228 部，增幅为 69.09%。中国电影票房从 2002 年的不到 10 亿元上升到 2011 年的 131.15 亿元，连续 10 年保持年均 30% 以上的高速增长（参见图 4）。2011 年，电影票房超过亿元的院线达到 24 条，其中年票房超过 10 亿元的有 4 条。2006 年以来，中国国产电影海外年均收入为 24.65 亿元。

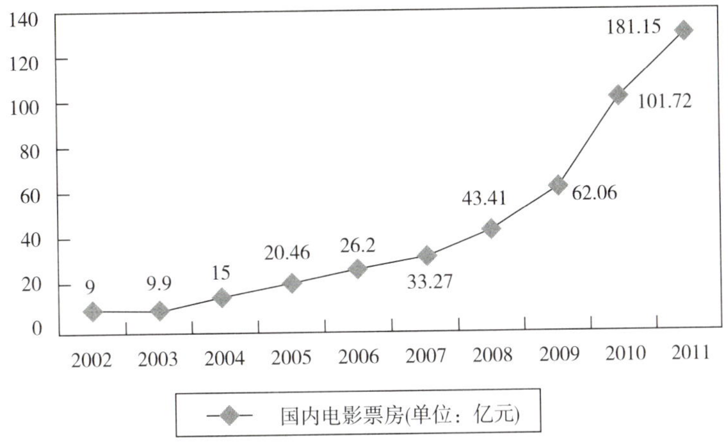

图4　2002—2011 年国内电影票房增长走势图

以上数据表明，近年来广播影视产业获得了快速的发展。然而与快速发展的国民经济和社会需求相比，与广电内部所蕴含的巨大产业潜力相比，特别是与新闻出版、电信业等相关行业以及发达国家广电产业相比，我国广电产业发展还存在不小差距。

（二）广电产业与新闻出版、电信、网络视频等相关行业的比较分析

从新闻出版产业发展来看，2011 年全国新闻出版业全行业总产出超过 1.5 万亿元①，相当于同期广播影视总收入的 5.18 倍（参见图 5）。到 2015 年将实现全行业总产出 2.94 万亿元，年均增长 19.2% 的目标。到 2020 年新闻出版总产值将占当年全国 GDP 的 5% 左右，成为国民经济发展的一个重要支柱性产业。

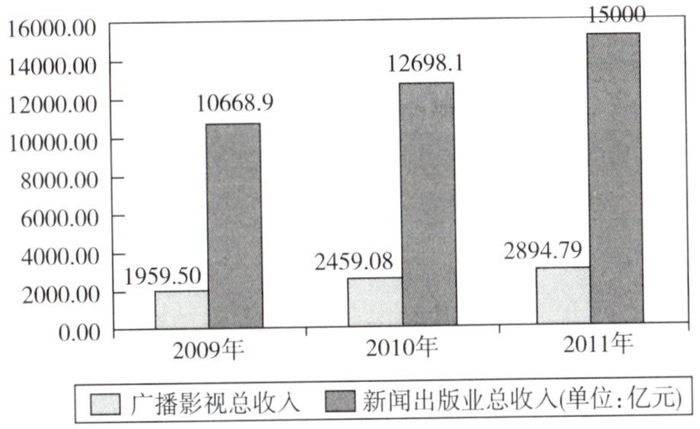

图5　2009—2011 年全国广播影视总收入与新闻出版业总收入对比

从电信业的发展来看，经过十多年市场化改革和发展，电信业的产业化运营能力显著增强。“十一五”以来，电信业务总量由 2006 年的 4954.7 亿元提高到 2011 年的 11725.8 亿元②。2011 年电信业务总量相当于同期广播影视总收入的 4.05 倍（参见图 6）。

---

① 中国新闻网：《中国新闻出版业 2011 总产出超 1.5 万亿》，http://www.chinanews.com/cul/2012/01-05/3581193.shtml。

② 中华人民共和国工业和信息化部编，《2011 中国通信统计年度报告》（电信业务总量按照 2010 年不变单价测算），人民邮电出版社 2012 年版，第 199 页。

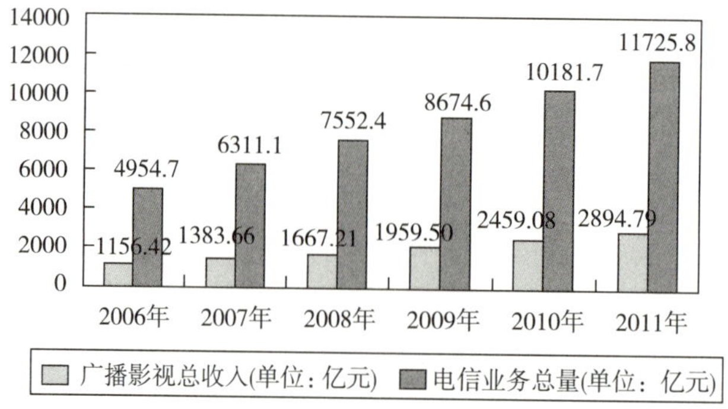

图6 2006—2011年全国广播影视总收入与电信业务总量对比

从广播影视行业内部来看，视听新媒体产业的增速也超过传统广电产业。2011年中国在线视频行业市场规模达62.7亿元，同比增长99.9%。根据易观智库发布的数据，2012年第一季度中国网络视频市场整体收入为21亿元人民币，同比增幅达到218.1%，环比增长24.7%。① 2008~2011年间，中国网络视频广告市场规模已连续四年增幅超过了90%，大大超过同期电视广告收入的增长幅度（见表1）。以乐视网为例，该公司公告数据显示，2012年上半年其广告收入为1.5亿元，比2011年同期增长235%，预计2013年将超过6亿元人民币。

表1 2006—2011年中国电视广告与网络视频广告收入规模及增长情况②

年份	电视收入（亿元）	同比增幅	网络视频收入（亿元）	同比增幅
2006	453.33			
2007	519.21	14.5%	2.1	
2008	609.16	17.3%	4.3	104.9%
2009	675.82	10.9%	8.8	104.6%
2010	796.59	17.9%	17.5	98.3%
2011	934.54	17.3%	33.8	93.6%

经过十年左右的时间，一些互联网企业已迅速做大，而且发展势头十分迅猛。如2011年腾讯总收入达人民币284.961亿元③，从1998年创业发展到今天近300亿的收入，腾讯仅用了13年时间。百度2011年全年营业收入为145.01亿元人民币④。截至2011年年底，共有8家中国互联网公司上市，全球融资14.76亿美元。优酷网累计融资高达53亿元。腾讯网在2012年7月16日的市值是3046.80亿元人民币，百度的市值超过3000亿元人民币。优酷网向美国证券交易委员会（SEC）提交的文件显示，从2007年到2009年，优酷网营业收入从180万元人民币一跃增长到1.5亿元人民币，年复合增长率达829%。而近年来中国广播影视总收入的年增长率仅为20%左右。相比之下，互联网视频行业的成长速度大大高于广播影视业。

（三）与发达国家广电产业的比较分析

中国的广播电视产业发展规模与西方发达国家相比，差距也很明显。2010年我国全年广播电视收

① 易观网：《2012Q1中国网络视频整体市场规模达21亿元》，2012年5月8日。

② 广电广告收入数据来源于国家广电总局发展研究中心编著的《中国广播影视发展报告》；网络视频收入数据来源于DCCI《中国网络视频蓝皮书》。

③ 人民网：《腾讯控股2011年总收入284.961亿增长45.0%》，http://game.people.com.cn/h/2012/0314/c228790-3994914290.html。

④ 新华网：《百度2011年全年营业收入145.01亿》，http://www.baoye.net/News.aspx?ID=322570。

入为190亿英镑①。同期，美国广播电视业收入为1060亿英镑，相当于我国的5.58倍；日本的广播电视收入为320亿英镑，相当于我国的1.68倍，大大超过我国。与德国、英国相比，虽然我国广播电视机构收入是德国同业收入的1.36倍，是英国同业收入的1.58倍，但人均广播电视收入远远低于发达国家水平（参见图7）。

2011年新闻集团资产总额619.80亿美元②，约合人民币3905.30亿元③，接近我国广播电视媒体2011年资产总和的62.35%。2011年新闻集团收入334.05亿美元④，相当于2011年我国广播影视总收入的72.71%。2011年美国迪士尼集团年收入408.93亿美元⑤，相当于2011年我国广播影视总收入的89.01%；时代华纳集团总收入为289.74亿美元⑥，

相当于2011年我国广播影视总收入的63.07%；维亚康姆集团年收入149.14亿美元⑦，相当于2011年中国广播影视总收入的32.46%。

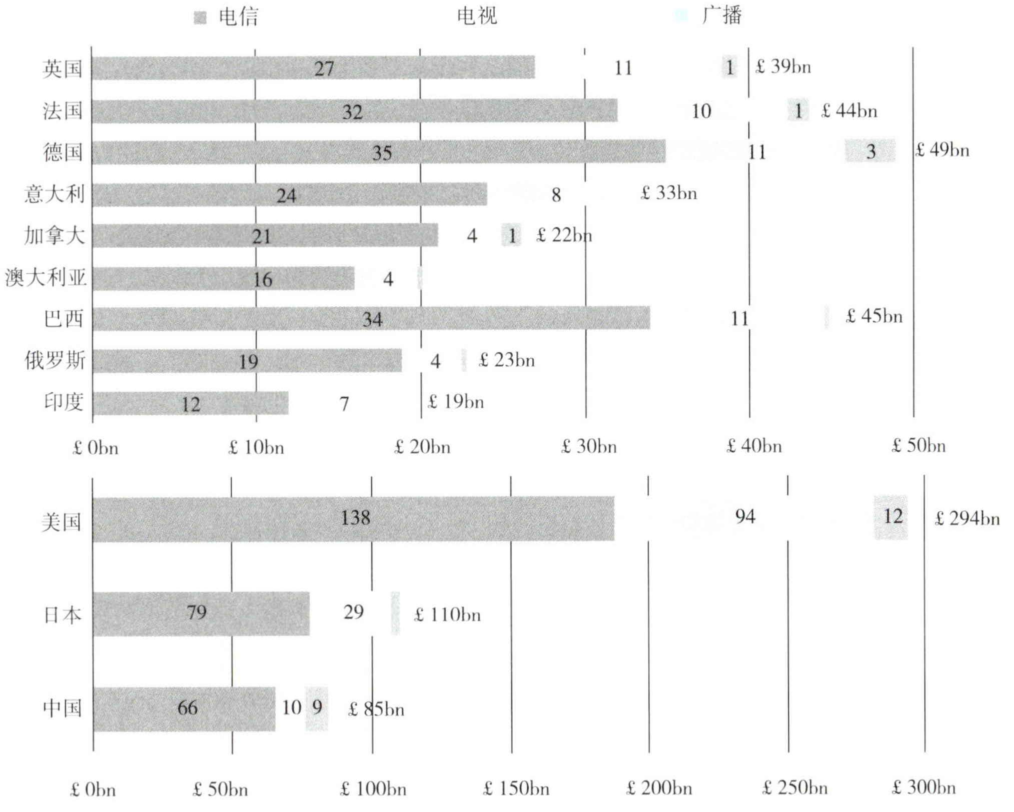

图7 2010年全球部分国家传媒市场收入情况（单位：十亿英镑）⑧

---

① 由于Ofcom统计标准与我国统计指标不同，为便于对比，此处数据以Ofcom2011年国际传媒市场报告的统计标准核算。

② News Corporation：Annual Report 2011，P10，http：//www.newscorp.com/Report2011/，新闻集团以每年6月30日为财年截止日。

③ 以下数据均以中国外汇交易中心公布的2011年12月30日人民币汇率中间价换算，1美元对人民币6.3009元。

④ News Corporation：Annual Report 2011，P10，http：//www.newscorp.com/Report2011/2011AR.pdf.

⑤ The Walt Disney Company：Fiscal Year 2011 Annual Financial Report And Shareholder Letter，P25，http：//cdn.media.ir.thewaltdisneycompany.com/2011/annual/WDC－10kwrap－2011.pdf.

⑥ Time Warner：Annual Report 2011，P115，http：//b2bcdn.timeinc.com/tw/ourcompany/TWX_ AR_ 2011.pdf，迪士尼年报总收入统计截至该财年12月31日。

⑦ Viacom：Fiscal Year 2011 Annual Report on Form 10－K，http：//proxymaterials.viacom.com/（S（gud3odbi5x1joz55zib3iiy4））/Default.aspx，维亚康姆2011年财报收入统计截至2011年9月30日。

⑧ Ofcom：International Communications Market Report 2011，P18，http：//stakeholders.ofcom.org.uk/binaries/research/cmr/cmr11/icmr/1_ － _ context.pdf.

二、大力发展广播影视产业的战略意义

我国广电产业的高速发展让我们充满了信心，发展差距让我们看到了广电内部所蕴含的巨大产业潜力和发展空间。在社会转型、媒介融合和社会主义市场经济日益深入发展的背景下，有必要辩证全面地分析发展广电产业的重要价值与战略意义。

（一）发展广电产业是市场经济条件下占领和巩固传播阵地的重要手段

在社会主义市场经济条件下，传统传播格局下的受众不但自主性、选择性、多样性在增强，而且日益转化为文化产业的消费者、用户和产消者（prosumer）。如果我们不能将他们吸纳为产业的消费终端，那么我们的传播内容就难以抵达，就不会有市场。失去了市场也就失去了传播阵地。

当前我国互联网、手机等新媒体正按着天然的产业组织方式和产业发展模式迅速崛起，并日益重塑现代媒介传播格局。基于互联网的新兴媒体渗透力强，覆盖面广，用户规模日渐壮大，而且用户群的年轻化趋势日益明显。据中国互联网络信息中心（CNNIC）2012 年 7 月发布的数据显示，截至 2012 年 6 月底，中国网民数量达到 5.38 亿，其中手机网民为 3.88 亿。网络视频用户 3.5 亿户，用户使用率提升至 65.1%。① 互联网上约 70% 的流量来自视听节目服务。自 2008 年以来，20～29 岁人群收看网络视频比例最高，三年来稳定在 68% 左右的水平；10～19 岁人群，稳定在 66% 左右；30～39 岁则达到了 61% 左右的水平；10 岁以下的网民收看视频用户的比例也在逐年攀升。② 在这样的背景下，广播影视作为传统媒体，除了大力发展自身的视听新媒体，实现传统媒体和新媒体的融合发展外，必须加大改革力度，重构价值流程和组织架构，大力发展广电产业，提高广播影视传播的市场份额，才能避免被边缘化和弱化，进一步巩固和扩大传播阵地。

（二）发展广电产业，有利于利用市场机制，提升公共服务效率和水平

公共性、公益性、外部性是广播影视的重要特性。在我国，做好公共服务是党和国家赋予广播影视的首要职能。如何将公共服务和产业发展统一起来一直是我们必须面对和破解的重大理论和现实难题。可以肯定的是，公共服务和产业发展在一个科学合理的制度架构下应该是相得益彰、互相融合、互为基础的关系。这一点回顾我国经济体制改革三十多年的历程可以得到启示和答案。

在媒介融合背景下，广大群众对公共服务的需求发生了新的变化：对收听收看体验、传播质量、内容品质等都有新的更高的要求。公共服务领域引入市场竞争机制是提高我国公共服务质量和效率的有效手段。从广播影视行业来看，大力发展广电产业，有助于壮大公共服务的供给能力，有助于将市场机制引入公共服务之中，改善公共服务水平，建立长效服务机制。目前全国广播影视总收入的 10.85% 来自财政收入，支撑广播影视服务系统的绝大部分资金来源于产业发展。我们在公共服务领域引入市场机制，可以充分发挥市场的效率优势，打破由政府一家包办的公共产品供给模式，改变过去由政府机构直接生产并提供公共产品和公共服务的方式，通过适当的制度安排，以各种方式鼓励非政府机构、企业和各种社会力量共同承担，实现公共服务的多元供给。进入新世纪以来，国家在农村电影放映工程上按照“企业经营、市场运作、政府购买、群众受惠”原则提供公共服务，通过引入竞争机制，政府可以调动社会一切可以利用的资源来增强政府的公共服务能力，提高政府效率，降低费用，同时改进公共服务质量。

可以预见，今后随着广电产业的大发展，随着广电体制改革的进一步深入，广播影视公共服务水平会大大提升，我们现在所遇到的主体、财源、体制、机制、标准等难题也会逐步解决。

（三）发展广电产业能够大大提升广播影视对国民经济的贡献率

包括广播影视在内的文化产业，正日益成为 21 世纪的主导产业和影响世界经济走向的决定力量，正影响和改变着世界经济发展的面貌与发展模式。从国家经济文化发展战略上看，发展包括传统广电产

---

① 中国互联网络信息中心：《第 30 次中国互联网络发展状况调查统计报告》，2012 年 7 月。

② 中国互联网络信息中心：《2011 年中国网民网络视频应用研究报告》，2012 年 5 月。

业在内的现代视听产业的意义绝不仅限于壮大一个行业内部的经济实力，它还将成为国民经济新的经济增长点和支柱产业。从国际竞争的角度看，大力发展广电产业，有利于加快转变经济发展方式，能够改变目前我国在国际分工格局中的地位，摆脱在全球价值链低端徘徊的窘境。

国际知识产权联盟的一份研究报告表明，2010 年美国的核心版权产业（影视、音乐和电脑软件等）增加值高达9300 多亿美元，占同期 GDP 的 6.36%；出口额达 1340 亿美元，仅次于化工医药业，遥遥领先于飞机制造业，成为美国第二大出口产业。① 2007—2010 年，美国核心版权产业年均增长率达 1.10%，同期美国 GDP 年均增长率仅为 0.05%。核心版权产业的年均增长率远远大于 GDP 的年均增长率。2010 年核心版权产业就业人数约为 510 万人，占美国就业人数的 3.93%，版权产业就业人数为 1063 万人，占美国就业人数的 8.19%。② 2009 年，英国广播影视相关产业增加值为 127 亿英镑，占创意产业增加值的 34%。③ 2010～2011 财年，仅英国电视节目出口第一大公司 BBC 环球（BBC Worldwide），节目出口总额就达 6.4 亿英镑。④

近年来，中国广播影视产业一直以 20% 左右的速度增长，已经表现出对相关产业一定的拉动作用。如广播影视数字化，加快推进了彩电产业平板化、数字化，促进数字电视一体机、数字机顶盒、家庭网关等数字家庭产品和新型数字家庭消费电子产品发展。2006 年到 2010 年，以数字电视为主的中国视听产业销售收入从 3967 亿元人民币增长到 10039 亿元人民币，工业增加值率从 17.4% 提升到 21%。⑤ 同时，高清电视、立体电视、移动多媒体广播电视的发展，将推动高清设备、立体设备制造业和接收终端生产；卫星数字电视的市场同样也具有广阔的前景和巨大的经济影响力；广播影视衍生产品和后产品开发，涉及到玩具制造、旅游、餐饮服务、房地产开发、印刷出版、服装、物流、娱乐产业等各个产业门类，产业延伸的范围和拉动力极大。

2012 年 3 月，英国牛津经济研究院发布的一份研究报告显示，2010 年中国影视业以不到 2000 亿元人民币的创收收入就拉动了国家 0.5% 的 GDP、0.4% 的就业和 1% 的政府税收。⑥ 以我国当前的人口规模、用户规模、经济水平、创意能力和文化资源等条件看，若产业潜力得以释放，未来广播影视对国民经济的贡献率有望接近发达国家水平。

（四）发展广电产业，能够极大地促进文化繁荣，提升文化竞争力，更好地维护国家文化安全

历史实践表明，大国的崛起必定建立在民族精神振兴和文化繁荣的基础之上。在社会主义市场经济条件下，中国的文化建设和文化繁荣如同经济繁荣一样，必须依托于市场机制。广播影视产业是文化产业的核心组成部分，以广播影视为代表的“视听”文化已经成为文化传播、跨文化交流的重要载体与形式，成为一种文化“通用语言”。

从国家文化安全来看，西方等发达国家利用强大的全球传播媒体，以技术为支撑，以发展产业为载体，向全球倾销其视听文化产品，传播西方的价值观念和意识形态，消解和冲击着各国的民族文化，形成了强大的文化霸权。美国影片发行到 150 多个国家和地区，美国的好莱坞大片充斥世界各地的影院并攫走了大半票房。2012 年 1 月的数据显示，每天上传到 YouTube 网站的视频数量达 40 亿条，每分钟上传 60 小时的视频，每天有 30 亿段视频被全球用户观看。⑦ 当谷歌、Facebook、YouTube、Twitter 等网络

---

① Copyright Industries in the US. Economy：The 2011 Report，by Stephen E. Siwek of Economists Incorporated，prepared for the International Intellectual Property Alliance（IIPA）released on Nov. 2，2011.

② Copyright Industries in the U. S. Economy：The 2011 Report，by Stephen E. Siwek of Economists Incorporated，prepared for the International Intellectual Property Alliance（IIPA）released on Nov. 2，2011.

③ Department for Culture，Media and Sport：Creative Industries Economic Estimates Full Statistical Release，Dec. 8，2011.

④ BBC：“BBC Worldwide Annual Review 2010—2011”，Jul. 12，2011.

⑤ 工业和信息化部：《电子信息制造业“十二五”发展规划》子规划 3《数字电视与数字家庭产业“十二五”规划》，2012 年 2 月。

⑥ Oxford Economics：The Economic Contribution of the Film and Television Industries in China，Mar.，2012.

⑦ 《YouTube 视频日上传量达 40 亿》，http：//it. people. com. cn /h /2012 /0124 /c227888 - 2005740724. html。

新媒体在很多国家成为“Top 10”网站时，它们代表的是美国的国家影响力，其核心价值观凭借“市场经济 + 高科技”弥漫全球。依靠这种在世界市场上的绝对强势地位，美国成功地维护着本国的文化安全。相比之下，中国广播影视业在全球的地位与中国的经济实力和庞大的用户市场极不对称，广播影视产品的吸引力、传播力还明显不足。在媒介融合化、全球化的背景下，视听产业具有能够集聚创新资源、带动性强、渗透性广的特点。只有大力发展广播影视产业，依靠市场力量整合各种资源，充分发挥市场主体在“走出去”中的核心作用，不断提高在国际文化市场中的份额，才能提升中华文化在国际市场的竞争力和传播力，切实维护中国的文化安全。

三、媒介融合背景下广电产业发展需解决的四个问题

（一）培育合格市场主体问题

主体是一切价值体系的核心。社会主义市场经济改革成功的关键在于培育了市场主体。一个产业的规模和实力取决于有多少强大的有竞争力的市场主体。文化产业体制改革的关键环节也是重塑市场主体。在媒介融合背景下，打造合格市场主体是视听产业发展的突破口。

当前广电市场主体培育主要存在两个方面的问题：

一是缺少真正合格的市场主体，大多数是以“事业单位身份”参与市场活动。

由于行政分割和体制封闭，中国传统广电产业主体分散、数量众多，大量的主体不具备合格的市场主体身份。虽然这些运营实体的许多行为已经是市场化行为，已被社会视为“媒体企业”，但其身份仍然是事业单位，主体游离于市场体系之外。事业单位身份使得广播电视媒介在进行资本运作等企业化运营时，缺少独立的自主决策权，不能也无法承担相应的市场风险。市场主体不合格，其内部没有拓展市场的动力，也难以建立做大做强的科学制度体系；其外部则带来了产业价值链的断裂和破损，制约了现代市场体系的建设。市场主体不合格，在国际传播和竞争中，在与国际接轨上存在不少问题。广播影视“走出去”的主角是企业，而非政府。只有企业走出去，中国的文化才能真正“走出去”。

二是市场主体的竞争力不强，缺少具有强大市场竞争力的现代传媒产业集团。

目前事业单位性质的广电运营实体中，收入过百亿的中央电视台、上海广播电视台、湖南广播电视台三家 2011 年总收入分别为 367 亿元、152 亿元、151 亿元，而国际广电传媒巨头新闻集团、时代华纳、维亚康姆、英国广播公司（BBC）2011 年总收入分别达 2105 亿元、1826 亿元、940 亿元和 494 亿元①。在美国，全国共有广播影视企业近 10 万家，其中 80% 以上不到 10 人。但其广播影视产业在充分竞争的环境中培育出了好莱坞六大巨头（环球、哥伦比亚、派拉蒙、华纳兄弟、20 世纪福克斯、迪士尼）、全国五大广播电视网（美国广播公司 ABC、全国广播公司 NBC、哥伦比亚广播公司 CBS、福克斯广播公司 Fox、有线电视网 CNN）以及一批内容集成传输大鳄（有线电视运营商康卡斯特、时代华纳有线，直播卫星运营商 DirecTV 和 Dish Network 等）。这些大集团统领带动了全国的广播影视业，形成核心企业带动，相关企业各寻商机的完善的产业格局。截至 2012 年，全国获得《广播电视节目制作经营许可证》的制作发行企业有 5363 家，但是这些影视制作市场主体大部分规模较小，缺乏一批像好莱坞六大影视公司、新闻集团和 BBC 环球等跨地域、跨媒体、跨国界运营的大型媒体企业集团。这使得我们整个广播影视产业难以做大做强，更难以与跨国传媒集团竞争。

十多年来，广电行业为了解决市场主体问题，先后采取了集团化改革、经营资产剥离、制播分离、事业单位转企改制等一系列重大举措，在一些方面取得了重要突破，但是从总体上看，从根本上解决这一问题仍需要进一步探索。首先，集团化改革并未建立起真正合格的市场主体。我国从 1999 年开始尝试组建广电集团。由于是在行政力量推动而非市场力量推动下的资源整合，所组建的集团大都是事业性

---

① 数据来源：新闻集团、时代华纳、维亚康姆 2011 年年报、BBC2011 - 2012 年财报（以 2011 年 4 月 1 日至 2012 年 3 月 31 日为财年计算）。各国内广电机构提供的 2011 年材料。为了便于比较，文中将各国际广电媒体年报收入数据依照中国外汇交易中心公布的 2011 年 12 月 30 日人民币汇率中间价换算，1 美元对人民币 6.3009 元，1 英镑对人民币元 9.7116。

集团，并且无不是按照行政区划而组建，难以培育出真正意义上的市场主体。其次，转企改制企业需进一步建立起现代企业制度。虽然目前国有电视剧制作单位、电影制片厂等经营性事业单位转企改制基本完成，但还需要进一步完善法人治理结构，建立现代企业制度。最后，广播影视最核心的资源何去何从仍然是培育市场主体中最大的难题。公益性资产和经营性资产、事业部分和企业部分的关系有待进一步厘清。广播电视机构公益性事业和经营性产业分类管理、分开运营的模式，都面临着如何处理企业与事业的关系难题。媒介上市公司往往存在着产业链被割裂的问题，主体业务缺省，上市公司与母体之间存在大量关联交易，经营业绩过分依赖母体。

探索解决上述问题，要解放思想，大胆实践，大胆探索。必须明确培育合格的市场主体是广播影视产业体制改革的核心环节，必须以改革创新的勇气面对和解决这一绕不过去的问题。要深入实践，总结实践中一些新的探索，不断加以提炼和概括，成熟之后在面上推广。要学习和借鉴国外发达国家和国内相关行业的经验和做法，研究探索公共服务和产业运营双轨制的视听媒体发展新模式。

（二）重构视听产业链问题

传统广播影视产业链由“创意—内容生产—集成—发布分销—网络传输—用户”六个环节构成。但我国的传统广电产业链不完善，既短又窄，存在整合能力弱、竞争能力不强等问题；广电规模化、集约化发展受阻；缺少产业链完备的大型广电产业集团。

在当前媒介融合的大背景下，整个传播媒介将越来越集中融合在以互联网为基本传播形态的媒介格局下，形成以互联网为形态、为核心概念的网状传播模式。在媒介融合背景下，传统广播影视产业链将面临两个重要变化：

一是各个环节的参与主体越来越多，主体性质越来越复杂。

从创意环节来看，除传统的影视制作机构外，一些国外原创节目模式输出公司也参与进来。在内容生产环节，传统的视听内容服务主要由电台、电视台、影视制作机构等提供。随着媒介融合的推进，通讯社、报业、民营影视机构、商业网站乃至用户都成为内容的生产者。同时，集成商、网络运营商也通过与传统内容制作商的联盟或者组建自己的制作机构来向内容生产环节拓展。在集成环节，随着视听业务的不断发展和视听新业态的不断涌现，将出现不同业务类型的集成平台。在网络传输环节，除了有线、卫星、地面电视网络外，固定通信网、移动通信网、卫星数字电视网、地面数字电视网、数字广播网等都将参与视听内容的传输。在终端环节，除了传统的收音机、电视机，还有各种手机、移动终端、平板电脑等等。

在用户消费环节，在传统广播式的直播方式基础上，还增加了互动式的点播、回看服务，更有搜索、网络社交、电子商务、线下活动等参与进来。目前，我国事业性质主体的电台、电视台在融合视听产业链中参与了包括创意、内容生产与集成环节，而在网络、终端环节，则主要是由各类企业运营。如何在产业链条中实现事业主体与产业主体的对接与转换，仍然是亟需破解的难题。

二是形成新的融合视听服务运营环节，视听服务运营方式越来越复杂。

在媒介融合背景下，很难再界定一个市场主体具体属于哪个产业领域。对于整个视听服务大产业链来说，因为从未有过的多元参与、新旧融合、多重叠加、价值重构，产业链条变得更宽、更长，并在各环节之间形成交集，构成一个基于最新网络技术发展而不断进行动态调整的价值网。在新型产业链的构建中，将形成融合视听服务运营环节，由视听服务商来提供业务。视听服务商既可能是原来产业链中的单一环节，也可能是多个环节聚合而成。目前已经出现的几种视听服务运营方式有：一是再造业务流程、重构组织结构后的传统广播电台、电视台；二是网络广播电视台等新形态的广播电视播出机构；三是视听网站运营商；四是有线网络运营商与播出机构的联盟体；五是内容集成商与网络运营商的合作体，如IP电视集成播控平台、手机电视集成播控平台与网络运营商的合作体；六是集成商与终端制造商的合作联盟，如互联网电视集成播控平台与电视机厂商的合作、平台型智能融合终端制造商与内容制作商或网络运营商的联盟合作，包括苹果、安卓等智能手机以及iPad为代表的平板电脑和数字电视产业中的双向互动机顶盒、一体机等。这些终端可以把用户的服务需求与系统平台的应用程序供给连接起来，为用户提供定制的视听服务。

未来视听媒体形态将朝着去中心化的、开放的、互动的、体验的方向演进，相关领域各种力量都试图通过不同方式主导融合视听服务。在这种趋势下，广电部门应适应媒介融合对产业发展提出的要求，重构视听产业链。一是鼓励符合条件的广电市场主体进行跨区域、跨行业、跨媒体的融合发展，横向和纵向整合产业链资源，打造具有核心竞争力的大型现代企业集团。二是可考虑加快建设各类集成交互平台，通过开放的平台架构体系、良好的营收分享机制来促使内容和应用服务提供商开发更多、更好的产品，促进融合视听产业生态系统进入良性循环。充分挖掘广电内容资源优势，积极争取在终端系统平台中的地位。三是进一步完善视听产业链，提高视听产业链各环节的增值能力，创新产品形态，加强衍生产品开发，构建多元化盈利模式，促进广电产业与相关产业的融合。

（三）进一步健全市场体系问题

市场体系是实现市场配置资源作用的关键。从总体上看，广播影视产业的市场体系还不成熟不完善。首先，区域分割现象严重。在媒介融合的背景下，视听内容的传播具有明显的跨地区、跨行业、跨网络、跨屏幕、跨平台的特质。我国传统广电的层级式、封闭性的体制机制、井田式的划区经营，与之形成了很大的反差。如，在有线电视网络产业方面，各地有线电视网络在业务上互不连通、分割运营，与网络产业规模化运营的要求差距很大。这种长期的行政条块分割，肢解了统一的市场体系，加剧了地区间市场体系发育的不平衡，迫切需要建立全国统一融合的传输市场。在美国，为了应对奈飞（Netflix）、You－Tube、葫芦（Hulu）等互联网视频业务对传统有线电视业务的强大冲击，2009年康卡斯特、时代华纳有线等视听服务提供商提出了“电视无处不在”（TVEverywhere）计划，只要是有线电视的付费用户，所享受的各类视频内容将不再局限于电视机接收这一种方式，用户凭借用户名和密码，就可以通过互联网或手机等终端来欣赏有线电视公司提供的视频内容。据专家分析，“电视无处不在”每年可为最大的公共内容供应商增加约100亿美元的广告收入，为有线电视、卫星电视和电信分销商增加约17亿美元的收入。① 随着加盟公司的增加，该项计划在哪里有订户，市场就延伸到哪里，可以扩展到全国各地甚至海外，成为全国性或国际性媒体，早已超越了地域、行业、屏幕和平台的限制。因此，在媒介融合背景下，迫切需要完善市场体系。只有构建出统一、开放、竞争、有序的市场体系，才能培育出一批真正有竞争力的视听服务市场主体，才能将这个巨大的产业潜能释放出来。

其次，各类市场发育程度低，市场体系内部各类市场的发育不平衡，运行不规范。相对而言，广播影视产品市场发育迅速，一方面院线制改革突破了行政区域限制，实现了电影产品的全国市场发行，扩大了发行渠道；另一方面广播影视节展和专业的发行公司，促进了广播影视内容产品的交易和流通，但存在着广播影视产品交易价格混乱、竞争无序、诚信缺失等问题，尚缺少专业化的、具有国际影响力的产品流通组织。金融市场是现代市场体系中重要的要素市场之一。广播影视产业要迅速做大做强，需要大量的资金投入，只有通过资本运营整合资源，才能实现产业规模的扩张。目前广播影视多层次资本市场发展相对缓慢，中小企业还存在着融资难问题。

再次，法律规章不完善，市场机构不健全，市场中介组织发育落后。产品市场、金融市场和劳动力市场等法律法规建设尚需进一步完善，还需进一步规范各类市场的运行秩序。视听内容的版权中介机构、资产评估机构等中介组织数量、规模有限，组织程度等都不健全，服务功能和自律作用较弱，这些都影响着市场体系正常、有序的运行。在媒介融合背景下，建立健全视听产业市场体系，需遵循两个规律：一是符合现代媒体发展趋势和规律。在媒介融合的背景下，视听传播的双向性特质日益明显，用户开始利用手中的终端制造信息、生产内容，呈现出“人人媒体、处处传播”的格局。媒体不断朝终端靠拢，适应终端对于内容的需求，适应传播的新特性，更加注重对于用户选择权的尊重，更加重视对用

① 《分析：电视无处不在为美国电视市场年增120亿美元收入》，依马狮广电网，2012年1月25日。

户个性化的满足。媒体发展演变的规律决定了媒体渠道的兼容性和媒体终端的分化程度将会不断提升，未来能够播放多种内容的终端载体将会极大增加。因此，视听服务运营商必须再造业务流程、重构组织结构，适应“海量内容、海量终端”。二是要符合社会主义市场经济规律。广播影视经营性资源作为产业走向市场，必须遵循市场规律，按照市场的方式进行运营。广播影视产业主体和其他产业领域的企业一样，本质上要求突破行政区域的限制，在全国乃至世界市场配置资源，完善产业链，或是通过内部积累，或是通过外部扩张即兼并、联合等方式壮大自身规模。从目前广播影视产业发展情况来看，一是体制内优质内容资源与弱势播出平台实现跨区域深度整合，已经开始尝试。二是通过多种方式与系统外媒介产业资源开展跨体制合作。如中影与腾讯达成微电影合作战略，百视通新媒体股份有限公司与风行网络有限公司的合作，这些跨区域合作、跨媒体融合在一定程度上打破了行政区域及层级限制，突破了媒体之间的界线，进一步拓展了产业发展空间。

（四）建设现代视听监管体系问题

成熟的产业发展需要有成熟的产业监管与之相适应。在媒介融合背景下，要加快现代产业监管体系建设。

1. 融合监管

网络视听传媒已经成为人们获取广播影视节目、音乐、资讯等数字内容的重要渠道，成为传统视听服务的重要延伸，代表着未来视听服务发展的方向和趋势。在当前新技术背景下，新媒体与传统媒体已经相互交融、彼此捆绑。现代产业监管体系的建设应顺应媒介融合的大趋势，强化“视听”概念，在“视听”这一概念下，面对不断创新的业务形态、多样化的传输渠道、丰富多样的终端形式，实现统一监管。应对传统媒体与新媒体、商业视频网站与广电视听新媒体、中央与地方视听服务进行融合统筹监管。俄罗斯媒体监管机构于2011年11月10日开始，向广播、电视和互联网媒体颁发新的“通用”视听媒体许可证，这个新举措对我们很有启示。融合视听服务运营商构成复杂、业务相互渗透，既涉及集成又涉及网络与终端，还涉及国外资本与国外运营商，应着重加强分类监管。

2. 专业监管

广播影视业的技术性和专业性很强，对它的监管不同于一般意义上的行政监管，应突出专业监管的特性。从国外经验来看，对于技术性、专业性很强领域的监管，不是单纯依靠政府管理，而是在市场和政府之间建立独立监管机构。这些监管机构是在政府指导下的对公众负责的专业性、技术性机构，是一个健康的、符合社会各方诉求的机构。我国一些领域的监管也借鉴了国外的相关理念和经验，成立了政府直属的专业监管机构，如证监会、银监会、电监会等。目前我国视听产业监管体系存在职责分立、多头管理、交叉缺位等问题，可考虑借鉴国外相关监管理念和国内其他行业监管经验，不断进行一些新的探索。

3. 技术监管

广播影视是靠技术支撑和推动发展的行业。在当前媒介融合的大背景下，广播影视监管日益复杂，加强技术监管成为必然选择。应进一步完善技术监管标准，构建统一、协调、有效的监管体制，实现对多种渠道、多种终端播出视听内容的统一监管，保证导向正确、播出安全、监管有力，促进产业健康发展，维护国家意识形态安全和文化安全。

4. 法制监管

从媒介融合角度和今后发展大趋势看，制订统一的视听传媒法势在必行。西方一些主要发达国家都先后制定了将传统媒体和视听新媒体一揽子规制的法律。美国有《联邦通信法》，英国有《2003年通信法》。英美的“通信”（communication，也译作“传播”）概念包括了广播电视。中国台湾借鉴英美经验制定了专门的通信传播法，并成立了专门的行业监管机构。日本、韩国也制定了相应的法律，并均已根据媒介融合发展实际进行了多轮修订，同时依照这些法律成立了融合型监管机构。随着近年来视听传媒的逐步泛化和遍在，欧盟及其成员国等又专门制定了相关法规。如，2007年5月欧盟委员会通过了

《视听传媒服务指令》（AVMSD）取代了之前的《电视无国界指令》（TVWF）。英国先后颁布《2009 年视听传媒服务条例》和《2010 年视听传媒服务条例》，作为对《2003 通信法》的修订和补充。现阶段，我国广播影视产业监管的法规尚不健全。需要顺应媒介融合的要求和社会转型的形势，统筹考虑整个视听行业的情况，借鉴发达国家的成功经验，在正在进行的立法工作基础上，调整立法思路，协调各方面的力量，制订一部统一的、融合性的视听传媒法。

5. 社会监管

在媒介融合背景下，社会化监管是视听媒体监管体系的重要一环。顺应现代社会发展和政府改革趋势，在建设视听监管体系中，需要探索和建立由政府、行业自律组织、公众组成的“三位一体”的监管模式。加强行业自律和社会公众监督，健全监督机制，推进社会化监管，切实提高监管效能。近年来，一些地方广电部门在这方面进行了有益的探索，对于研究和思考广电社会化监管不无启发。如广西壮族自治区广电局建立了广播影视视听监管平台，每天自动采集广西电视台所属频道及 14 个地市的主频道的自办新闻、专题节目；从社会聘请的评议委员会成员可以通过互联网直接登陆该监管平台，对节目进行评议。

庞井君　国家广电总局发展研究中心主任　研究员

中国动画理论研究

探索、辉煌、发展、多元
——中国动画理论发展脉络研究

◎谷　淞

动漫产业是文化和科技相结合的创意产业，是世界公认的二十一世纪最有希望的朝阳产业之一，亦是文化产业的重要组成部分和国家文化软实力的重要体现，其产业链涵盖了动画、漫画、游戏、演出、玩具制造、出版、旅游、地产等诸多行业。自新世纪以来，我国日益重视文化产业的发展，党的十六大为我国文化产业的发展指明基本方向。2006 年，国务院发布《关于同意建立扶持动漫产业发展部际联席会议制度的批复》（国函〔2006〕61 号），同意建立由文化部牵头，教育部、科技部、财政部等十部委共同参与的扶持动漫产业发展部际联席会议制度。随后，国家各级政府陆续出台一系列宏观政策和配套措施，引发了国内动漫产业发展热潮，中国动漫产业开始走上了一条高速发展的快车道。

动画作为动漫产业链上重要的一环，在大多数环境下，其不仅是整个动漫产业前沿发起点，同时表现出来的是对现代科学技术发展最为依赖性，更是产业发展链条上的艺术色彩最浓重的组成部分。换句话说，在当今商品经济为主导的消费社会结构下，动画既体现了明显的科技性，又体现出了明显的艺术性，还体现出了明显的商业性，属于一种三位一体的表现形式。我国针对动画理论方面的研究，也依次经历了史前探索期（1926 年—1949 年）、内容为先期（1950 年—1995 年）、技术至上期（1996 年—2006 年）、商业主导期（2007 年—2011 年）、多元化发展期（2012 年至今）这五个主要发展阶段。其中，前三个阶段的理论研究方向基本上属于创作理论，即与动画影视作品的创作密切相关。后两个阶段的理论研究属于相对宏观的理论研究。

动画实践领先于动画理论研究是不争的事实①。但中国动画从 1926 年万氏兄弟的《大闹画室》开始，其的理论的萌芽研究其实也基本是同步开始的。当《从墨水瓶里跳出来》等一批美国动画片陆续在中国上映，使得尚处于半殖民地半封建社会的中国人开始对动画这种舶来的西洋产品着迷。应该说，中国早期的这些动画创作者，其实同时也是动画理论的研究者。他们抱着创造中国人自己的动画片的信念，在创作中实践各自的理论。例如万氏兄弟注重动画的宣传作用，认为“在苦难的中国，我们没有时间开玩笑。要让同胞觉醒起来……”②，因而创作了《铁扇公主》、《国人速醒》、《抗战标语卡通》等符合当时国内形势的“左翼”及抗战美术电影作品；钱家骏注重动画通俗易懂的特性，认为动画可作为基础教育方式，为当时国人迅速普及基础文化知识而用，因而创作了《人与双手》、《耕田》等“识字教学片”；董筱鼎认为动画手段易于表现科学教育或现实拍摄难以完成的画面，因而创作了《咪咪猫》和《小青鸟》等科教美术短片；范敬祥从启发民智，倡导生活的角度，创作了一系列宣传卫生的教育片等等。此外，杨左匋、傅南棣、黄文农、张汇元、秦立凡、李允臣、沈延哲、梅雪俦等很多中国早期动画片创作者和理论家，都在这一时期按照各自对于动画的理解，或从创作角度，或从理论角度进行自己的动画表达。应该说，在这一时期，中国动画理论是随着动画作品的创作探索中取得了一定的发展，但本身尚未形成一套完整的理论体系，因此可以被称为“史前探索期”。

---

① 李涛：《动画文化：动画形象的符号学研究》，《江西社会科学》2007 年第 10 期。
② 闫李：《九旬还念悟空情——访万籁鸣先生》，《中国文化报》1990 年 7 月 8 日。

这段时期的中国动画理论最伟大的建树，是钱家骏于 1946 年 12 月 20 日在苏州美术专科学校出版的校刊《艺浪》上发表题为《关于动画及其学习方法》的论文。这篇论文系统介绍了世界动画的历史、动画原理、制作方法以及实务要点，篇幅较长，图文并茂，是中国最早系统论述动画理论的学术文章。更伟大的是，这篇论文正式确立了“动画”一词做为以往卡通电影在汉语里的正式翻译命名。该论文开篇专门就创造“动画”一词的必要性阐明观点，将“众素周知的电影卡通”更名为“动画”这一“不相识的名称”，虽然可能“既使人感到莫名的麻烦，又会引起一阵名词争执的动荡”，但这个词汇的创造“绝非为了标新立异”，因为“学术文化名词的重要性，相等于人们的姓名一样”，“动画本身也需要其确切得当的名词”。可以说，该论文是中国动画理论界的拓荒之作，为中国动画的早期发展提供了重要的理论指导。其强调“动态与线条的规律”、“用科学产生美”、“美术性”、“民族性”，这对中国传统动画的艺术风格、技术工艺和产业模式产生了深刻的影响①。

新中国成立以后，由于动画所呈现的独特形式十分符合当时文艺为新中国革命和建设事业进行宣传的需要，因此受到特别的重视。随着 1957 年 4 月上海美术电影制片的成立，中国动画行业在美术电影领域依次经历了的十七年时期和新时期的两个发展高峰，不仅创作了一大批如《大闹天宫》、《小蝌蚪找妈妈》、《哪吒闹海》、《三个和尚》等在国内外产生重大影响的美术电影作品，还开创的如剪纸片、折纸片、水墨动画片等中国独创的美术电影表现形式，更使得“中国学派”得到了世界电影史论界的广泛认可和赞誉。而中国动画理论，也随着这些经典的美术电影作品一起，进入了“内容为先期”，并于期间达到了其对于动画艺术理论和美学理论的研究高峰。其中，十七年时期和新时期又呈现了不同的理论研究走向，前者以研究动画的教育宣传作用为主，后者以研究动画的艺术表达为主。这也符合这个时代动画片的创作特征。

十七年时期，在毛泽东关于“百花齐放，百家争鸣”的文艺方针指引下，作为中国有了第一家独立摄制美术片的专业电影制片厂——上海美术电影制片。上海美术电影制片的创作宗旨是“明确以少年儿童为主要服务对象。但在题材和形式上也考虑到成人的欣赏趣味，力求做到‘老少咸宜’”②。在这个总体文艺方针和创作主旨精神的指引下，中国动画理论研究也基本围绕创作实践展开，并主要体现在几个方面：首先对于美术电影的宣传作用方面的研究。这种提倡寓教于乐，把政治教育、道德教育放在首位，既是与中国文化“文以载道”的传统思想密切相关，又是对“左翼电影”理论的顺承，更是对“双百方针”的现实化的外延拓展，这是这个时期中国动画理论最显著的研究方向。众多研究者与动画艺术家一起视“启迪观众、规范社会道德”为己任，义不容辞地承担起宣传社会主义政治路线和弘扬民族传统美德的使命。王树忱发表于 1960 年第 4 期《美术》上的《新中国美术片的成长》一文，就是非常典型的此类理论研究文章。其次是对美术电影题材、表现手法、美术设计等艺术方面的研究。如马国亮于 1956 年发表于《当代电影（第三期）》中的《既要巧，又要妙》，提出美术片创作“巧是技术，妙是艺术”③ 的创作观点。第三是对中国动画历史的梳理。在由程季华主编、李少白、邢祖文编写的于 1959 年出版的《中国电影发展史》中，第一次对中国动画的历史，尤其是美术电影的历史发展做了当时最系统化、理论化的梳理；此外，伍伦在《1958 年的美术片》中提出了“美术片类型”④ 的观点，这是我国理论界第一次将美术电影从技术手段的角度进行分类，提出动画片、剪纸片、木偶片、折纸片等美术片类型。第四是对捷克、苏联等国外动画理论的学习。如 1956 年艺术出版社出版的，由前苏联导演瓦诺（И. Вано）著、杨秀实翻译的《动画电影》，是我国第一本系统讲述动画电影创作技术的著作。

其中，这个时期最重要的一次理论盛会，是于 1960 年 1、2 月份由中国电影工作者联谊会、中国美

① 李镇：《他自画中来——献给远行的钱家骏先生》，《当代电影》2011 年第 11 期。
② 特伟：《富有民族特色的中国美术电影》，《百科知识》1981 年 1 月第一版。
③ 马国亮：《既要巧，又要妙》，《中国电影》1956 年第 3 期。
④ 伍伦：《1958 年的美术片》，《中国电影》1958 年第 6 期。

术家协会、上海美术电影制片厂联合在北京举办的一个名为“美术电影制作展览会”，并在展览期间组织了文艺界部分同志的座谈，后称之为“座谈美术电影”。当时参加座谈的专家几乎囊括了国内最著名的电影、动画创作者和理论家，包括阳翰笙、陈白尘、陈伯吹、严文井、华君武、吴作人、张光宇、叶浅予、郁风、方成、张仃、王琦、万古蟾、陈荒煤、蔡楚生等。座谈具体分析了当时美术电影在制作和创作上的成功经验，同时也针对当时尚存在的一些问题进行了有益的理论探索，其座谈发言内容经整理后发表于1960年2月的《电影艺术》上。

文革后的新时期，中国动画片的创作再次达到高峰，全国各地陆续建立了几十家拍摄基地，涌现出多家新的美术片生产部门，都生产了相当数量的影片，从而改变了上海美术电影制片厂一家独秀局面，展现异彩争荣全面发展的态势。由于的文革结束，对极“左”思潮的彻底清算，中国政治、经济、文化形势的日益兴盛，“政治挂帅”已不再是动画创作的主导思想。因此在理论方面，对于动画的宣传教化作用已基本不在提及，对而主要是从艺术技巧、美学思想等角度进行研究。例如1984年张松林发表的《美术电影艺术规律的探索》，是针对过去几十年中国美术片创作理论的整理和总结，并第一次提出了美术片创作的规律性理论；特伟的《美术电影创作放谈》，阐述的是美术片的文化内涵和艺术再造；唐澄的《水墨动画应该发展》着重研究中国传统水墨书画在美术片创作中的再生和传承；靳夕的《搞些美术片小品》针对当时美术长片的创作兴起，提出美术短片的创作新思路；伍伦的《童话与美术片》注重解决美术片的叙事结构和节奏问题；强小柏的《美术电影继承传统美学之断想》是对美术片创作实践如何表达中国传统美学思想而进行的理论探索；沙子风主编，于1980年出版的《科教电影动画》，以及1981年出版的严定宪编写的《美术电影动画技法》等书，则主要是对动画片制作技术方面进行总结和书写。

在国际动画理论的学习和消化方面，除了过去那些专门翻译的苏联、捷克等社会主义阵营的动画理论以外，针对美国、意大利、日本、英国、法国等国家的动画研究也在此时开始在国内出现。例如中国电影出版社1981年出版的英国动画大师左兰·帕里希克（Zoran Perisic）著、肖立书翻译的《动画摄影台》，应该是中国真正意义上第一部通过介绍“动画摄影台”这种当时比较流行的二维动画制作工具，而对西方动画技术和艺术以及整个动画制作流程进行详解的工具书籍。美国的著名影评人和影史学家连纳德·马丁（Leonard Maltin）于1980年出版的《美国动画史》作为第一部介绍美国动画发展历程的书籍，开始在国内产生影响。美国鲍勃·托马斯（Bob Thomas）著，张春林、杨则瑞翻译，中国经济出版社1991年出版的《娱乐大王迪斯尼》，是国内第一部站在传媒娱乐的角度介绍迪斯尼动画产业的理论书籍。意大利动画史学家贾纳尔伯托·本达兹（Giannalberto Bendazzi）1994年完成的《卡通：一百年以来的动画电影》使国内第一次接触世界动画通史。唐纳德·克拉夫顿（Donald Crafton）1993年出版的《米老鼠之前，1898—1928年的动画电影》则是世界动画理论界对动画文化和动画形象研究的开始，并受到国内理论界的关注。

这个时期中国动画理论最伟大的成就，是“中国学派”的创立并得到了世界的广泛认同。“中国学派”这个的词的中文说法最早见于1985年张松林发表的《寻觅美术电影民族化的足迹》，“达到世界第一流水平，在艺术风格上已形成独树一帜的中国学派”①。但在此之前，无论是胡依红1982年发表的《动画片中的写意性》，还是1984年特伟发表的《美术电影创作研究》等等，都为美术电影“中国学派”奠定了一系列的理论基础。1988年尹岩发表在《当代电影》中的文章《动画电影中的“中国学派”》，找到了“中国学派”的理论源头，“动画电影中的‘中国学派’，实际上就是中国民族化的动画电影。1957年，上海美术电影制片厂厂长特伟提出‘探民族风格之路’的口号，从此开始了‘中国学派’自觉的建设历程”②。尹岩并于1989年发表的《“中国学派”的发展》，夯实了“中国学派”定义

① 张松林：《寻觅美术电影民族化的足迹》，《中国电影年鉴1985》，中国电影出版社。
② 尹岩：《动画电影中的“中国学派”》，《当代电影》1988年第6期。

的内涵和外延。应该说，“中国学派”是对我国动画界从二十世纪五十年代开始的，以上海美术电影制片厂为主要基地创作的一系列具有民族传统文化风格的美术电影的理论总结，也是我国动画实践和理论群体苦心经营的结果，最终使得“中国学派”成为与南斯拉夫的萨格勒布学派齐名的，与迪斯尼动画的美学趣味和文化个性迥然不同的世界级动画学派。动画理论界对于“中国学派”的开创和总结，把中国动画“内容为先”的理论基调推向了高潮。

然而这个中国动画理论的“内容为先期”却随着旧有体制的崩塌戛然而止。上世纪90年代中国电影经历了一次大的改革：一方面开始引进国外的电影大片，另一方面就是销售体制上的改革。另外，随着国内电视时代的到来，美术电影已经呈现逐渐向电视动画过渡的趋势，国外的动画片越来越多地登上国内电视屏幕。此时，传统“美术电影”的概念逐渐被“动画电影”或“动画电视”的概念所取代。然而，体制的变革和市场的变化却因为动画制作技术的革命而被当时的动画理论研究者忽视了。1995年，由美国皮克斯制作，迪斯尼发行的世界上第一部全三维动画片《玩具总动员》席卷全球，使得我国传统的动画制作技艺开始对电脑动画制作技术产生思考。随后，《阿拉丁》和《小美人鱼》等使用无纸动画与手绘动画合成的大制作动画电影先后进入中国，带来了国外更为先进的动画理念和技术手段，不仅迅速侵占了中国市场，还对中国美术片创作产生了很大冲击。

此时在动画理论界，当时研究者过分强调了先进动画技术对动画作品的实现作用，把体制和市场的因素也归结于可以用技术革命进行弥补，因此掀起了一派申讨传统动画理论的高潮，其依据是高科技发展所带来的电脑图像改变了传统动画的范围和定义①，中国动画理论进入了“技术至上期”。

当时理论界形成对于动画的一种普遍性的理解误区，即把动画看作是一种纯粹技术应用型专业。此类著作既有国内刚刚独立出来的部分高校的动画专业教材，如2000年金刚发表的《表演动画中的运动捕捉技术》，就是介绍当时国际刚刚出现的用运动捕捉手段制作动画的手法；2000年曹彩霞发表的《用Direct3D结合3DS MAX实现动画技术》是国内第一篇谈到电脑动画制作具体解决手段的著作；2001年6期李丹发表的《二维动画电脑生产综述》，主要观点是无纸动画技术对二维手绘动画创作方式的改良；张娅等学者2003年发表的《人脸建模和动画技术的发展》，介绍的是当时国际流行的电脑三维建模与动画人物表情规律的互动关系；2004年孙聪发表的《材料即形式——论动画材料与材料动画的形式风格》，讨论的是电脑动画技术对传统动画技术表现力和表现范围上的突破；殷丰泽2005年发表的《不单单是换了画笔——数字图形艺术》，则直接认为动画制作新技术是完全可以取代传统技艺的。同期也有直接翻译过来的国外著作，如英国哈罗德·威特克（Harold Whitaker）、约翰·哈拉斯（John Halas）著、陈士宏译、中国电影出版社2005年出版的《动画的时间掌握》，理查德·威廉姆斯（Richard Williams）著、邓晓娥翻译、中国青年出版社2006年出版的《原动画基础教程——动画人的生存手册》等。此时，也有一部分对于传统动画表现理论的研究，如严定宪、林文肖2001年出版的《动画导演基础与创作》，祝普文主编、中国摄影出版社2003年出版的《世界动画史》，贾否2004年出版的《动画概论》等，但已不再是当时理论界的主流。

很快，依此理论为指导的创作实践开始在国内结出果实。1995年，上海美术电影制片厂开始创作的《宝莲灯》。该片是我国第一部采用与国际接轨方式拍摄的大型美术片，故事取材于中国的民间传说，在画面、人物造型、音乐制作等方面都参考了当时国外最先进的理念，同时大规模运用现代高科技制作手段。2001年，由北京紫禁城三联影视发行有限公司与北京世纪坛数字传媒科技发展有限公司合拍的中国首部全数字音乐动画短片《青娜》，是国内第一次采用数字综合技术与传统技术相结合的技术制作的动画片，描述了女主人公与大风暴搏斗的故事。2000年环球数码开始制作国内首部全三维数码动画电影《魔比斯环》并于2006年发行，该片从技术上填补了中国三维动画电影领域的空白，实现了

① 聂欣如：《“动画”的观念：试析中国动画理论研究的误区》，《改革开放与中国电影30年——纪念改革开放三十周年中国电影论坛文集》，中国电影出版社2008年12月第1版。

民族动画电影的历史性突破。

然而，这些创作实践过程中所遇到的问题和在市场上遇到的冷遇，凸显出其并未达到从技术上寻求突破后起到占领主流市场和引导美学话语权的理论期待，这也开始让理论界反思动画“技术至上”理论的局限性，进而开始关注体制和市场对动画影视的重要作用。中国动画理论逐渐向“商业主导期”进行过渡。也在此时，动画与漫画、游戏等创意产业的融合日益明显，“动画”的概念又得以扩充为“动漫”的大概念。

这种反思首先来自动画技术与艺术关系的讨论。赖明星2009年发表的《浅谈动画技术与艺术结合方式的改变》提出了动画技术与艺术在动画片中所起到的各自作用以及结合方式；李建强发表在2010年第七期《电影文学》杂志上的名为《动画技术与艺术的辩证》重新谈到了动画影视“坚守关于艺术的基本信念，技术主义解决不了所有的艺术问题”的观点。

其次，在体制和市场的作用下，动画产品作为文化商品的存在表现日益明显，动画的商业地位空前提高，因此对其商业性的研究也如雨后春笋般涌现出来。王冀中著、中国传媒大学出版社2006年出版的《动画产业经营与管理》，邓林著、上海交通大学出版社2008年出版的《世界动漫产业发展概论》，宋磊著、中国传媒大学出版社2009年出版的《保护与迷失：中国动画荧屏配额政策研究》，彭玲著、东方出版中心2009年出版的《动画创意产业》，王建陵著、云南大学出版社2011年出版的《当代美国动画产业创新优势及国际竞争力的建构》，赵小波、李思屈著、浙江大学出版社2012年出版的《欧洲动画论：法英德动画产业发展模式研究》等，都是此类代表著作。

此时中国动画理论研究另一项特征是，对动画本体开始从以往出现过的关于本体美学的讨论之后，对动画基础理论研究的兴趣突然升温，这与国家对动漫产业和动漫教育的提倡与资助密切相关。这时期最早出现的有关中国动画基础理论的专著和教材基本都是在国家项目和国家专项教育投资的背景下出现的，动画理论研究此时或多或少表现出受到了政府行为的影响。许多有关动画的研究成果得以公开发表并产生影响，但也存在因忙于创新而忽略了深入的分析研究和对传统历史作细致的梳理考证的情况①。

2012年以后，随着国家愈发重视文化软实力的作用，党和国家已经把提升国家文化软实力作为实现中华民族伟大复兴的新的战略着眼点，文化软实力作为现代社会发展的精神动力、智力支持和思想保证，越来越成为民族凝聚力和创造力的重要源泉，越来越成为综合国力竞争的重要因素。动画影视产品作为世界现代文化产品的重要类型之一，对其理论的研究也开始从“商业主导期”向“多元化发展期”迈进。

这种多元化发展主要体现在五大领域，即动画基础原理、动画技法理论、动画史论、动画美学和动画比较研究②。

动画原理，又可称之为动画概论，它是对动画艺术的特征、功能和画面运动与制作的基本规律等一般性理论的研究论述，其中包括动画作为产业的整个流程、动画周边的开发等。

动画技法理论是动画艺术理论的基础层面，是对动漫画制作与创作实践的系统化概括、整理与论证基础上产生的，它包括漫画制作、动画人物造型、动画脚本、原画、故事板与分镜头、动画剪辑合成、动画软件应用等。

动画史论，是对中外动画发展历史进行的系统整理与研究。它为动画创作和研究者了解动画的来龙去脉、总结借鉴历史经验教训、厘定当代动画的发展走向，提供了一个重要的历史参照。

动画美学，属于更为观念层面的理论反思。它从审美学的高度，研究动画艺术与现实关系、动画与美术、音乐、电影的关系、动画形态与特性、动画语言、动画风格、动画类型、动画结构、动画样式的民族性与国际性等等问题。

---

① 聂欣如：《“动画”的观念：试析中国动画理论研究的误区》，《改革开放与中国电影30年——纪念改革开放三十周年中国电影论坛文集》，中国电影出版社2008年12月第1版。

② 贺万里：《繁盛与沉寂：中国动画呼唤动漫理论》，《艺术·生活》2006年第6期。

动画比较理论，也是动画创作与理论研究很重要的一个部分。它将通过对“中国学派”的动画、日本动画、美国动画、韩国动画、欧洲各国动画以及加拿大动画等之间的比较研究，探讨各国动画的风格流派、艺术表现技术、语言特征、民族特性等，为我国动画业的发展提供参照。

另外，当代动画发展的一个基本趋势就是，由最初的纯粹的产品生产向现代的学术性出品的转移与提升①。从单一的动画作品向一个囊括漫画、游戏、美术、设计、影视、广告、营销、玩具等的一个大产业群迈进，进而成为“动漫产业”这个大文化概念，并逐渐成为许多国家的经济支柱行业之一。因此，动画业的发展已经被提高到了超越狭隘的行业概念的国家战略高度。在这种情况下，动画事业的发展必须越来越多地从学术意义上去考虑，如动画形象的品牌化、动画造型的民族化与国际化、动画出品的文化输入输出及其意识形态影响、动画作品出品的连续性与延伸性、动画消费群体的对象性与分层、动画创作的个性与时尚、网络游戏与动漫的泛滥与国民道德文化建设等等。动漫理论的研究，也开始不仅仅包含艺术、技术、市场、商业等传统意义上的理论研究框架，开始与文化学、人类学、教育学、心理学等其他大学科进行理论结合，向更为多元化、更为综合化、更为结构化的方向发展。

谷淞　中国动漫集团节目制作中心创意总监

① 贺万里：《繁盛与沉寂：中国动画呼唤动漫理论》，《艺术·生活》2006年第6期。

跨文化视野下中国动画研究①

◎王可越

中国动画的创作实践源于跨文化学习。与其他文化内容相比，中国动画更早跨越国界，又在跨文化参照体系中寻求定位。纵观中国动画创作与研究史，无法回避的一条线索便是“跨文化”。百年以来，中国动画研究经历了十分复杂的成长历程，在不同的阶段均体现了“跨文化视野”的理论原动力作用。20世纪90年代之前，动画理论界的讨论集中在“动画民族性”上，在文化独立性框架下思考动画问题；90年代，研究焦点转移到对中外动画的比较，或学习或批判，反思中国动画的创作范式；新世纪以来，研究者对世界动画的书写更加开阔，在全球化的框架下重读中国学派，并试图在交融与混杂的跨文化图景中重新确立动画与文化的关系。

从历史与现实的研究状况来看，“文化”、“比较”、“传统”、“民族”等关键词均为我国动画研究中经久不衰的热点。②“跨文化视野”为中国动画研究建立了一套参照体系，其特征在于将“动画生产与传播”与“文化生产与传播”紧密关联，以民族国家，或文化区域作为动画研究的基本范畴，在国际动画场域中寻求文化定位，建构自我身份，思考独立性和独特性，同时与“他者”形成比较与关联。作为理解中国动画与动画研究的重要线索，“跨文化视野”像是一个若有若无的“幽灵”，少被提及，却始终存在。

远景：朴素动画理论阶段的跨文化反思

在中国动画研究的起步时期，“跨文化视野”主要通过推介短文、创作口述、访谈、评论等形式得以体现。我国最早的动画研究文献《略谈卡通》（1942年）、《动画认识浅说》（1947年）、《一个呼吁》（1947年）等文献均将迪士尼公司的跨文化作品作为参照，转述迪士尼创作观念，强调动画与文化的关联性，提出要像“重视一个国家的文化”一样重视动画。③

20世纪30年代，万氏兄弟为代表的动画作者不再满足于“小人物跳进跳出，毫无意义的逗趣动作以及大量的广告”，将创作重心转向更充分地表现民族精神。1936年，万籁鸣指出：“要使中国动画事业具有无限的生命力，必须在自己民族传统土壤里生根。”该判断成为中国动画民族主义理论的起点。④

20世纪50年代后期，特伟在创作《骄傲的将军》（1956）时，明确提出了“敲喜剧风格之门，探民族形式之路”的口号。⑤ 以此为理论基点，众多动画人不断探索区别于美国、苏联的独立动画理念。特伟的动画思想在众多文献中反复出现，成为具有代表性的批评观念。基于民族性的动画思维迅速普及，中国动画对传统艺术形式的移植与借用成了最普遍的“民族化”方式。20世纪80年代，刚刚成型的动画研究将评论的重点聚焦于此，对名声鹊起的“中国学派”作品中的中国元素进行多角度归纳与论述。主流观点一致认为：中国学派的成功取决于差异化的“民族形式”，“越是民族的，越是世界的”，将中国动画的成功经验一以贯之地总结为“民族化”⑥。

“民族面孔”的建构几乎是几代动画人的最高追求，“民族形式”差异化思维，贯穿了20世纪40年代到80年代的动画创作与理论思考，成为坚不可摧的绝对主流观念。即便如此，20世纪80年代末，

---

① 本文为教育部人文社会科学研究青年基金项目“新媒体语境下的动画跨文化研究”（项目批准号：13YJC760077）研究成果。

② 中国知网关键词检索文献数量：动画+文化59，708条，动画+比较69，565条，动画+民族4，786条，迪士尼20，147条。与文化比较相关的组合均为热门关键词（http：//www. cnki. net/ 访问时间2013/6/28）。

③ 鲍济贵：《中国电影动画通史》，连环画出版社2010年版。

④ 万籁鸣口述，万国魂执笔：《我与孙悟空》，北岳文艺出版社1986年版。

⑤ 特伟：《创造民族的美术电影》，《美术》，1960年，第50－52页。

⑥ 参见松林：《愈有民族性 愈有国际性——美术电影民族风格的形成和发展》，《当代电影》1985年第2期，第99～103页；尹岩：《动画电影中的“中国学派”》，《当代电影》1988年第6期，第71－79页。

动画研究领域仍然出现了对中国动画“民族特征”的反思性理论探索。其中代表性的导演胡依红曾撰文呼吁中国动画回到“世界动画”领域，将迪士尼及南斯拉夫萨格勒布学派作为动画现代性的主要参照系。她提出：中国动画“在突破传统动画意识，开创更多动画路子的同时研究和借鉴一些现代外国动画片将仍需努力”①，胡依红动画理论的核心是“艺术创新”，突出现代艺术观念，而不是长期依赖民族形式的差异性。

20 世纪 80 年代后期，《金猴降妖》等新作品在“民族化”基础上，还加入了“现代化、动画化、电影化”等创作理念②，试图与世界新潮流对接，但在强调“民族形式差异化”的主流观念之下，未被广泛接受。该片在法国昂西动画节上未有斩获，亦被评论者归为受到“西方影片商业化影响”，不够民族化。③

近景：电视媒体时代的跨文化批判

20 世纪 80 年代中后期，中国电视动画市场逐渐走向开放。外国动画的火热局面与中国动画的疲弱状况形成对比。进入 20 世纪 90 年代，来自美国、日本、欧洲电视动画产品的冲击日益明显，中国动画创作陷入“失语”状态。动画批评的活跃性同样明显降低，为数不多的动画研究与评论均围绕跨文化思路进行比照与反思。在此十余年期间，动画研究者的跨文化解读可分为“接受”与“对抗”两种基本立场。④

持“接受”立场的批评者对外国作品积极推介，同时对中国动画的民族形式进行反思。“国产动画片始终处于一种沿袭古人、无米下锅的自我封闭的状态，其落后、没有吸引力、无法与进口动画片相提并论也就不足为怪”。⑤ 主张全面学习并积极接受外国动画的生产范式。1995 年，《狮子王》火爆中国各大城市，成为引人注目的文化现象。借此机会，持“接受”立场的研究者更加积极地研究迪士尼的动画技术、创作观念及跨文化传播能力，纷纷撰文指出中国动画在各方面的弱势，提出改变之方向。⑥提倡务实地导入美国、日本的技术手段、商业理念，引进大工业生产，计算机制作等，旨在呼吁从商业创作领域“尽快赶上世界潮流”。⑦

《狮子王》开启了跨文化比较的研究潮流，到《花木兰》（1998）继续向纵深发展。20 世纪 90 年代末，《花木兰》（1998）与同时期的《小倩》（香港，1997）、《宝莲灯》（中国大陆，1999）等形成比照，三者皆采用中国元素，创作成果截然不同。“这种选择上的相似性反映了动画片乃至大众文化发展过程中的世界化趋势。”20 世纪 90 年代末的热烈讨论揭开全球化动画的研究序幕，研究者日趋意识到“当代动画片艺术的制作不仅深受其本土文化环境的影响，同时更与大众文化的全球化趋势密不可分。”⑧

《花木兰》亦为持“对抗”（oppositional）立场的研究者制造了“迫在眉睫的危机感”。“对抗”意味着对外来作品持批判性立场，研究者解读花木兰“东方主义”的消费化形象，认为这是一种价值改造和文化渗透行为。《花木兰》等作品被一些批评者描述为“文化威胁”：西方话语“反向输出”会改

---

① 胡依红：《两种不同美学意义的动画规范》，《当代电影》1986 年第 4 期，第 6－20 页。

② 金柏松：《美术电影民族化探索的历史回顾》，《电影艺术》1988 年第 4 期，第 39－57 页。

③ 严敏：《中国动画影片哪里去了—法国昂纳西动画片节之思考》，《电影评介》1991 年第 10 期，第 5 页。

④ 英国学者斯图亚特·霍尔（Stuart Hall）曾提出三种受众解读立场：主导一霸权（dominant—hegemonic position）、对抗（oppositional code）协调（negotiated code），见斯图亚特·霍尔：《编码，解码》，王广州译，《文化研究读本》，中国社会科学出版社 2000 年版，第 345－358 页。

⑤ 史松明：《抓住本质特征 立足源头突破——对国产动画片现状的思考》，《视听界》1996 年第 5 期。

⑥ 郗杰英：《“阳春白雪”还是“下里巴人”——动画片〈狮子王〉启示录》，《中国青年科技》1995 年第 5 期；孙永杰：《〈狮子王〉和中国动画业》，《科技潮》1995 年第 9 期。

⑦ 严定宪：《当今美术电影的发展趋势》，《影视技术》1995 年第 3 期，第 8、9、27 页。

⑧ 郦因素：《当代动画片艺术的文化阐释——〈小倩〉、〈花木兰〉和〈宝莲灯〉比较分析》，《电影艺术》2001 年第 3 期，第 87－90 页。

变中国观众的“文化认同”。[①] 而民族主义的批评倾向，延续到新千年，近年来仍有论文将《花木兰》作为主要例证论述后殖民主题。

在此期间，也出现了更加中立的观点，认为《花木兰》打破了“东方主义”，是善意而融合的。围绕此片及相关作品的讨论开启了更加深入的动画研究，命题涉及全球化时代的动画，女性身份的新关照，文化话语与霸权等等。20 年来，关于《花木兰》中现代性与文化认同的讨论仍是热点，不断引发新的研究，相关文献达到 3000 篇以上。[②]

当下：数字媒体时代的开放性探索

近 10 年来，中国动画研究伴随着“动画产业大发展”急剧升温。

首先，动画研究文献的数量迅速增长。动画研究的相关文献数量从 2002 年开始明显增加，到 2011、2012 年均达到了 1 万 1 千篇以上。文献数量的增长显然与高校的专业设置及动画专业研究生的培养有关。

其次，动画研究更加独立和专门化。众多文献探讨动画艺术的本体属性，以划定动画学科“模糊的边界”。在艺术学的大视野中，与文学、戏剧、音乐、舞蹈、美术、建筑、电影等艺术门类的比较中思考动画之独立性，通过多学科交叉研究，孕生动画研究新话题，确立动画学科新身份。

在跨文化视野下，动画研究的场域也更加开阔。研究的对象从美国、日本等少数国家的主流动画品牌拓展至全球艺术与商业作品。从研究背景上，随着数字媒体的迅猛发展，从前稀缺的世界动画影音资源出现在动画研究者的屏幕上。一些“视野之外”的作品，回归到研究者视野之中。出现了一大批针对外国创作人、流派的专门、细致的研究。在如此背景下，“跨文化”作为线索作用更加明显。研究者在回答“动画的艺术特性”等问题时皆以美、日、欧等案例进行比较论证。“中美比较”、“中日比较”成为较常见的动画研究选题，宫崎骏、迪士尼与中国学派，构成了最主要的案例来源。文化对比贯穿始终，从比较的视野中研究者获得了资源与动力。

“重读传统”的潮流日益明确。回顾、研究、总结“中国学派”成为热点，以“民族化”、“中国元素”为关键词的文章与日俱增。有学者反思在动画批评及研究中“中国学派”被“神圣化、理想化”的现象，试图重新为中国学派找到历史定位。[③] 亦有研究对中国动画特征化的美学风格、艺术土壤、文化基因、人文环境等进行了述评。[④] 或梳理八十年代关于动画性的论证，指出中国动画研究与“文化民族主义”的紧密关系等。[⑤]“重读”中国学派，在文化空间日益混杂化的数字时代具有特定的价值。中国动画市场转型期以来积累的文化拓展需求，随着产量的提高而扩大，在全球化中获得确认的呼声也越来越高。在此背景下，“中国学派”在时间上与现有的国际化动画形态形成区隔，空间上又与美、日、欧形成鲜明的分野。中国学派研究聚焦“继承并超越”，成为中国动画研究者寄予厚望的理论出路。

近 10 年，另一研究热点围绕《功夫熊猫 1、2》（2008、2011）展开。相关研究体现了我国动画研究的“文化差异”与“产业时效”两种倾向性。首先，“文化差异性”视角延续了文化全球化的争论。一些学者仍然坚持后殖民主义方法解读跨文化动画生产，将该片解读为文化侵略。一些文章的观点，明确质疑“中国材料的美国制造”的合理性，改造的文化正统性等。与此同时，更多研究者以善意理解该片的意指，并对该片的艺术与技术水平给予高度评价，认为在该片体现了中美文化的平等对话。[⑥]

第二种视角聚焦在十分具体的产业领域。例如，总结梦工厂动画的跨文化策略新趋势，针对动画经

---

① “文化殖民无所不在”在 2000 年前后被媒体与批评界广泛渲染，有作者指出，此现象与 1999 年南斯拉夫大使馆被炸事件有关。参见李高：《20 世纪 90 年代美国动画电影综述（上）》，《吉林艺术学院学报》2001 年第 4 期，第 34－40 页。

② 根据中国知网检索结果 http://www.cnki.net/ 访问时间 2013/6/28。

③ 李三强：《重读中国学派》，《电影艺术》2007 年第 6 期，第 142－148 页。

④ 肖路：《国产动画电影传统美学特征及其文化探源》，上海人民出版社 2008 年版。

⑤ 屈立丰：《“中国动画学派”的名实之辨与当代意义》，《电影艺术》2011 年第 2 期，第 109－113 页。

⑥ 蔡海燕：《走向文化的复调——〈功夫熊猫〉的异质文化交融》、《当代电影》2009 年第 3 期，第 121－123 页。

营、编剧技巧、三维制作、口碑营销、中国元素应用，动画与武术类型等具体问题进行细致的探讨。总体来看，此类研究持有协调性（negotiated）的观点，重点回归到大众消费与文化工业领域。

文化对比的视野仍然十分明显。例如用《功夫熊猫》与国产作品《兔侠传奇》（2011）进行比较。针对一系列国产动画作品出现的模仿状况①，讨论国产“原创作品”的原创性问题。不过，从总体来说，商业动画研究走向了务实之路。例如，对于《魁拔》（2012）等作品的批评中可见实用性的研究观念比以往更加突出，对于该片采取的“混血”范式被更多研究者所理解和接受，被视为一种有效的跨文化策略。2009 年以来，最热门的研究对象“喜羊羊”，研究切入点均为“市场针对性”、“营销”、“档期选择”等。

随着文化交互日益频繁而深入，文化纯粹性的观念仍然存在，但跨文化视野下的多元动画被更多研究者接受，对动画个案的分析也更多浮出水面。商业归于商业，艺术归于为艺术，动画研究者与创作者开始尝试着适应这个混杂化的时代。

突破：探讨新的跨文化研究范式

如今，时空压缩格局下的中国动画研究面临全新挑战。面对传统文化的演变、融合、艺术家的断代、全球化以及欣赏场域变化等等问题，无论动画创作还是动画研究，都不得不面临全球化的场域。中国动画研究正在寻求新的观念路径。

在跨文化视野下，动画批评的困惑来自于文化身份的二元困惑——拥抱“动画国际化”，遵从全球性的动画理论标准？或是抵抗“普世化”，更鲜明地保持民族性视点的独立性？从民族主义时期到商业主义时代，跨文化视野下的“二元论”驱动着动画研究，始终没能达成共识。在媒体形态更迭的今天，文化交互、混合更加频繁，能否超越“非此即彼”的模式，成为探讨中国动画研究创新范式的关键。从影像、传播、价值三个层面上，观念的土壤已发生根本改变。

从动画影像层面来看。全球化日益深化，文化符号不再是“独占性”资源。动画影像的创作来自多文化背景，动画影像遮蔽、重塑了文化元素。跨国合作日益增多，难以界定动画作品的文化归属。

从传播层面来看。数字化使得视听内容迅速流动，动画理论界的角色和视野正在发生变化。如果之前“全球化”、“跨文化”还是一个可选项的话，那么现在已然成为了“必选项”。“跨文化”演化为不可回避的潜台词。当研究者谈论一部动画作品时，其背景必然来自多文化视野下的纵横对比。

从价值层面来看。文化的边界模糊，数字化与全球化进入新的阶段，“本真文化”取决于相对封闭的文化状态，频繁的文化交互导致动画不再可能对应一个理想化的“实在文化体”。

在此背景下，积极的文化全球化观点提出了“创造性破坏”的全新可能性，也为新的跨文化视野提供了参照。美国学者泰勒·考恩（Tylor Cowen）指出：跨文化交流推动了每个“社会内的多样性”，而减弱了“社会间的多样性”。跨文化交互令作品和受众还原为个体，提供了更多的文化选择，导致老的综合文化必须让位新的综合文化。② 由此可知，总体、宏大的文化比较不再占据舞台中央。新的跨文化视野下，告别二元论的宏观叙事，强调个体、个案。动画研究不再从非此即彼的批判性切入，而更要研究多元混合带来的积极因素。

最近十年的中国动画创作已经发生了混合重组的变化，作为陪伴中国动画成长的中国动画研究理应在观念方面实现革新。在多元文化交互的跨文化新视野下，观念更新的中国动画研究将获得更加充沛的活力。

王可越　中国传媒大学动画与数字艺术学院讲师

---

① 国产作品《心灵之窗》（2009）与新海诚的《秒速 5 厘米》对比，《梦回金沙城》（2010）与宫崎骏作品对比等。

② 泰勒·考恩：《创造性破坏——全球化与文化多样性》，王志毅译，上海人民出版社 2007 年版。

中国电影现象研究

当代中国电影视域中的女性

◎张啸涛

男人是完整的，女人只是男人身上的一根肋骨。男人去看，女人被看，这种结构关系在中国电影工业化大发展的如今越发大行其道，今年获得4.83亿元票房，由流行作家郭敬明执导的《小时代》更是将炫富、男权赤裸裸地推向极致。通过塑造女性小鸟依人或者自我牺牲的形象来带给男人自身安全、安慰与安抚，或是女性作为引诱者出现，迎合男人的欲望，中国电影中为之不多的女性自醒已经迅速倒退，这类影片的票房号召力，不争的说明了，当代中国女性真正的社会地位和文化地位。在英国电影《简·爱》中，女主人公用："你以为，我因为穷，低微，矮小，不美，我就没有灵魂没有心吗？你想错了——我的灵魂和你一样，我的心也和你完全一样……我们站在上帝脚跟前是平等的——因为我们是平等的！"这个平静声音有力吹响的女性主义号角，在如今的中国电影这片精神荒原中，空空荡荡飘落去。

今日之中国正经历着一次历史性的巨变，在中国电影迅速商业化的过程中，处于这个历史隘口的中国女性在视觉媒介中的形象却继续延续着中国传统社会一直固守的文化地位，中国的历史进步并没有将女性地位裹携前进。当代中国电影中的女性形象随着时代的演进也不断的经历着独特的嬗变过程，在这个与众不同又相对平庸的过程中，也不时的浮现出深刻的女性自觉的自我认知，炫耀出夺目的色彩。

翻天覆地的1949年到1979年

1949年新中国成立，中国电影中的女性从旧上海出走。表现出两种时代背景下和不同意识形态下的两种面貌。首先，新中国电影中出现了非常独特女性形象，所谓"中华儿女多奇志，不爱红装爱武装"。这些女性是以准男人的面目出现在观众的视域里。在艰苦的社会主义建设时期女人要承担男人的社会责任，那时的妇女在获得分享话语权力的同时，失去了她们的性别身份。从旧中国苦难脱身的中国女性必须以男性的社会责任和话语权力作为唯一的标准，确立崭新形象，又要承担女性的传统角色。正如著名的文化学者戴锦华说言，"新的社会角色使中国妇女免遭'秦香莲'的悲剧，但却未能解脱、甚或加剧了花木兰式的困境：一个分裂的空间，双重的、同样沉重而虚假的性别角色。"①

塑造出令人记忆深刻的翻身获救的新女性形象非常成功的有：1950年水华、王滨导演的《白毛女》；1950年凌子风导演的《中华女儿》；这两部电影中的女性在旧社会中受尽苦难，而且这些苦难的制造者也是男人，在革命的新男性的解放下，融身于革命的大时代，成长为与拯救者同样的革命英雄。而1959年由谢晋导演的《红色娘子军》和1959年崔嵬导演的《青春之歌》中的女性形象，已经在强大的革命理想和信念支持下更加的弱化了女性自身的性别特征，是"革命重担一肩挑"的"铁姑娘"。在文革十年到20世纪70年代末，为数不多的几部电影中的女性与男性一样不能称其为"女人"、"男人"，他们只是意识形态的符号，基本抹煞了性别特征。

在那一时期，女性形象还有一个传统而特定的形象，"母亲"。她代表了劳苦大众，她既保护革命者，又被革命者拯救。1956年凌子风导演的《母亲》，1964年水华导演的《革命家庭》等，塑造的女性形象一直是文艺作品中经典女性的原型，在不同民族、不同文化的各个地区都有这一形象被恒古的颂

---

① 戴锦华：《可见与不可见》，《北大新青年》2003年11月5日。

扬着。另外，在那一时期的电影《祝福》中，通过对“政权、族权、父权、夫权”的审视，高度概括了旧社会妇女命运的悲剧色彩，封建宗法制度和礼教扼杀了她求生的欲望，表现出女性在男权社会的悲剧。

朦胧的80年代，商业化的90年代到如今女性意识的滑落

20世纪80年代的电影创作者已经开始有女性意识的觉醒。特别在那一时期，中国出现了一批优秀的女性导演。1981年张暖忻导演的《沙鸥》，1984年胡玫导演的《女儿楼》用清丽婉约的格调和细腻的女性化叙事赋予她们的电影性别化的特征。作为第四代导演的代表人物张暖忻在她的第二部作品《青春祭》中，女人在历史遭遇与民族文化差异之中觉悟到自己的性别。① 能基本感觉到她们需要的不是女性权力在握，而是一种平等，同等的关注和话语权，还有一部分来自女性自身的意识，这两者是相辅相成的。另外一些女性导演因为自身性别的原因，也在其作品中表现出“女性特色”，如王君正的《山林中头一个女人》、《女人’TAXI’女人》，秦志钰的《银杏树之恋》、《朱丽小姐》、《独身女人》，鲍芝芳的《金色的指甲》，董克娜的《谁是第三者》、《女性世界》等等。

在男性导演的作品里，“母亲”颂扬进一步发展，1979年谢晋的影片《啊，摇篮》，表现出母爱的复苏。此外，谢晋电影《天云山传奇》中的冯晴岚、1979年水华导演的《兰色的花》中的大娘和妞妞、1979年谢晋影片《牧马人》中的李秀芝，还有《芙蓉镇》中的胡玉音，都在通过对自身的放逐帮助或解除男性的困境，一切为了男人，做男人“希望”中的“女人”。还有另一类“被看”的女人，用男人的想象替代现实，去恢复所谓女性的压抑的原始欲望。如第四代导演的代表人物丁荫楠1982年的影片《逆光》、滕文骥导演的《都市里的村庄》和1984年的《海滩》，1981年胡柄榴的电影《乡情》和1983年的《乡音》，1985年吴天明导演的《老井》，1987年颜学恕导演的《野山》，1984年谢飞导演的《湘女萧萧》，黄建中的《良家妇女》1986年的《贞女》等。而第五代在其电影中拒绝女性的同时更是直接将女性放置在男人欲望的视野中，如1987年张艺谋的《红高粱》和1988年周晓文的《疯狂的代价》最有代表性。

商业化促使90年代后的电影走向市场，国内的和国外的。“被看”的“女性想象”可以充分扭曲夸张。张艺谋的《菊豆》、《大红灯笼高高挂》，陈凯歌的《边走边唱》、《霸王别姬》是代表作品。在《大红灯笼高高挂》中，男主角的视觉缺席、成群妻妾间的争风吃醋直接投射到新世纪一个女性导演的作品中，就是宁瀛导演的《无穷动》。而执著的秋菊受到公安局长的指点被拯救了，也因为被拯救而陷入迷茫。

女性导演拍摄的男权电影

在理论界有一个普遍的认识，认为女性电影专指反思女性在现实社会生活中的生存状态的电影，或是关注在男权社会中女性情感与生活境遇的电影。其实，在很多的情况下，女性电影和女性导演拍摄的电影完全是不同的概念和意义。在如今随着女性主义运动的风起云涌，女性意识普遍觉醒的情况下，在中国具有很大影响力一些女性导演却没有产生这种自觉，她们关注的虽然也是女性，反而有意识把创作视角摆在男权附庸的位置，不能不叫人扼腕。

演员徐静蕾自2003年导演电影《我和爸爸》以来，相继2004年导演《一个陌生女人的来信》、2006年导演《梦想照进现实》、2010年导演《杜拉拉升职记》、2011年导演《亲密敌人》这五部电影，每部都是以自己出演的女性为主角，但它们都不属于“女性电影”。这几部电影有个共同的特点：虽然主角都是女人，但这些女人即便再强势也都是被拯救者，她塑造的女性完全符合男权社会对女性的定义——女人是男人的附庸。在电影《我和爸爸》中，女主角试图对传统父权进行挑战，以城里姑娘的身份“奉献”给从农村考出来的小伙子，结果理想的“奉献”受到现实的打击，最终重归父亲的怀抱。《一个陌生女人的来信》改编自茨威格的同名小说，却改变了原作的基本叙事形态和人文精神，将对男

---

① 戴锦华：《可见与不可见》，《北大新青年》2003年11月5日。

权的的反思，一个男人的忏悔毫不犹豫的改为对女人“奉献”的赞美，海报上打出“男人的一夜，女人的一生”的宣传语说明了一切。这种对男权“奉献”的赤裸赞美，对女性自我意识的抛弃实在令人叹息，况且还出自一位女导演之手。电影中的所谓“爱情”，女人的自身处境，更像是一个白日梦。男人甚至忘记了和他有一夜之欢的女人的名字、容貌和身体，但是“爱情”发生了，她没有抱怨、心甘情愿地生下儿子，做了妓女，最后死掉。电影《梦想照进现实》展现在一个封闭的房间，一个男导演以大段的对白给一个不满现状的女演员洗脑，好像在调侃着生活的困惑，有关现实、有关梦想、有关生死。这个带有一切女演员缺点的女演员，在整部影片中，从头至尾被男导演用“理想”教育着、忽悠着。但天亮了，生活照常继续，一切都不会改变，用理想展现着虚无，用现实表达着残酷。《杜拉拉升职记》和《亲密敌人》表现的是：男权社会中女人的小算计，这种算计本质上是《大红灯笼高高挂》中诸位太太算计上位的现代版本，只不过从女人算计女人，靠男人，发展到女人算计男人，还靠男人而已。

2006年，宁瀛导演了电影《无穷动》。宁瀛将片名解释为“女人无穷涌动的、欲望的体现”。此片由宁瀛和洪晃、刘索拉联合编剧，几个年龄、经历相仿的成功女性在平时的聊天中由于对世界共同的认知而创作。在封闭的四合院里四个女人大胆放肆却又不乏真诚地诉说着自己独特的情感经历。现实生活中四位成功的海归女性——洪晃、刘索拉、平燕妮、李勤勤在片中本色出演，与其说是演员，不如说这就是她们个体生活中情感隐私的一次剖析式展示。表面上，影片通过讲述她们的情感故事，表达了一代人真实却又特殊另类的生活状态和对世界的感知，对传统女性的审美进行了一次大胆的颠覆。好像片中“谁动了我的男人”的强势思维方式颠覆了女人是男人附属的传统观念。但影片结尾时，谜底揭开后真相大白，那个和18岁的小女生遭遇车祸而亡的“缺席”的男人，跟她们都有关系。他虽然死了，但还在操控着这些女人情感和生活，她们“动”或者“不动”都是因为他。这部电影对现阶段中国女性的地位只是大胆的调侃，却没有深刻的反思，形式的颠覆，本质的服从和认同。

女性导演拍摄的女性电影

中国女性导演拍摄的女性电影中，有一部里程碑意义的作品，就是1987年黄蜀芹导演的《人鬼情》。影片通过一个扮演男性英雄——“钟馗”的京剧女演员的真实和舞台上的人生，展现现实生活中女性的生存困境和无法逃离。女艺术家秋芸的生活被呈现为一个绝望地试图逃离女性命运与女性悲剧的徒然挣扎，为了活下去她只能“演男的”，这一设置不仅成为现代女性生存困境的指称与象喻，而且更为微妙地揭示经典的男权文化与男性话语。男人对于她都是缺失、逃离，表现出男权社会的女性困境。奇妙的是，她希望在舞台上扮演的男性英雄能够帮助现实中的“她”，她只能通过“扮演”，自己救自己。

在新世纪女性导演的电影创作中，也不乏表现出主题深刻、视点新锐、意识强烈的女性电影，在电影的表现形式和风格上，在引领中国电影的女性意识上，都成为不可忽视的重要部分。她们创作的开始多是以女性或者作者的身份在银幕上表达自己对生活的认识，作品带有明显个人特征和情感印记，随着创作的成熟她们的作品更契入现实。这些女导演非常多元化，不像前辈那样整齐地毕业于电影艺术院校。其中非常具有代表性的李玉本是济南电视台的新闻主播，后来加入央视《东方时空》做纪录片的编导，当感觉到电视表达空间的狭小，她便开始创作电影；马俪文原是舞蹈老师，后进入中央戏剧学院导演系进修学习；作家尹丽川留学法国学习电影。

2002年马俪文导演了电影《世界上最疼我的那个人去了》，表现一对母女之间复杂的情感和相互深刻的理解。影片调动各种声画手段，细致刻画出母女二人的特殊性格，并透过她们的冲突折射出社会问题，以小事触及现实，以细节暗示整体，电影中的某些细节作为环境背景也具有象征意义。影片暴露出人性情感中最脆弱的地方，触及心灵，展现了女人之间深刻的精神联系，表现了一种无法挽留的情怀和爱意。2005年马俪文导演电影《我们俩》，非常细致地表现了生活在一个特定环境中一老一少两个女性的情感变化和生活态度。导演用情感突破了叙事的局限，用优美感性的镜语章法形成自己独特的视觉特征。2008年尹丽川导演了电影《牛郎织女》，讲述的是两个女性在不安定和富于变化的生活中，情感关系由敌对发展到互相依赖的过程，把女性心理表现得淋漓尽致。这三部电影有一个共同特点就是表现了女性之间的复杂情感和相互的深刻理解。

李玉导演的电影锐利如刀，有着清晰的女性意识和强烈的女性自觉，她用纪录片式的制片态度和摄影手法使她的作品呈现出特有的生活质感，没有居高临下的悲天悯人，李玉用平视的角度、毫不遮掩的“真实”镜头展示了一个个表面上波澜不惊却又让人触目惊心的生活真相。

2005 年拍摄的电影《红颜》是李玉的第二部作品，当年的影片《孔雀》、《青红》都是以青春期少女为表现对象的，但李玉说：“导演性别的差异导致了我与他们在对女人的刻画上有本质的区别。比如《孔雀》里张静初为了得到降落伞不惜脱裤子这个情节，我认为那就是一个男导演眼中的女性，但是从一个女人的角度看，那样做是不合理的。在《红颜》中，我更想寻找的是一个女人的精神出路。”“‘红颜’是男人在传统男权社会中对女性的定位，表明了女人的社会地位。与这个词相连的有‘命薄’、‘祸水’、‘知己’这在我这部影片中都有表现，生长在偏远村镇里的女主角 16 岁怀孕体现的是‘命薄’、被情人的老婆当众殴打源于‘祸水’、与孩子的相交则属‘知己’这一切的直接原因是因为这个女人长得漂亮，红颜就是漂亮女人的意思，自古红颜故事多。这是没办法的，但我想说，‘红颜’这个词是男人创造的，‘红颜’不是罪!”在《红颜》中女性独立、坚强、负有责任、敢于承担。男人在直面生活时软弱逃避，不仅不能保护女人反而不断伤害。影片以一个特殊的视角揭示最为隐秘的情感和生存关系，展示人类社会中人与人最重要也是最敏感的情感地带。影片充分调动了对白的叙事意义，视听交替，运用内心化的处理，表达人物不能直接用语言传达的心理信息和感情信息。李玉的作品并不渲染女人的坚强，只是在面对生活时映衬出男人的软弱。

2007 年李玉执导了电影《苹果》，这部电影一以贯之的努力还原当代女性生存环境现状，把镜头对准了处于社会边缘的洗脚女。女主角刘苹果被浴城老板强奸后怀孕，丈夫先是嫌弃厌恶她，后又把她作为筹码替老板借腹生子，最后苹果终于抱起自己的孩子离开了老板的家。她懵懂的自我意识在最后一刻用行动表示出来，她再也不要受男人的摆布，而要尊崇自己的意愿。片中的男性整体出现颓势，他们侵犯女性的身体、漠视女性的情感，不负责任地把女性推向危险的前台。对于影片中表现的女性自觉，李玉坦言“女导演只是我的性别身份，也顺理成章是我的优势”。

2011 年李玉拍摄的《观音山》依然延续了她关注的情感面对情感的碰撞关系，这一次她减弱了纪录片的影像风格，减弱了叙事的戏剧性，用一种诗意的镜头语言反而加强了情感的碰撞的张力，让演员范冰冰凭借此片捧得当年东京国际电影节影后桂冠。2012 年李玉执导电影《二次曝光》，此次她聚焦了一位女性因童年受伤而沉溺的幻觉世界，依然是关乎心灵的影片，却采用了超乎寻常的复杂叙事，并夹杂着惊悚和悬疑的成分。

结语

关于人的性别意识或者是自我的性别认同并不是天生的，它是在长期社会生活和实践中所形成。目前，终止建立在男权社会和文化之上的、纯表示女性的电影及其讲述还不能完全做到。但是随着中国社会的变革和进步，中国电影中的女性形象也日益地丰富饱满，更多的电影中表现出女性意识，用作品呈现出女性思考。“新一代的女性导演更善于将自己置身于一个平等、多元的创作环境，而且让女性身份作为一种标志和优势，更多的将生命体验融入创作之中，表达自身的诉求，呈现多元变化的世界。”①就如同让人印象深刻的李玉的第一部作品《今年夏天》一样，这是一部朴实而又奇妙的女同志电影，用的也都是女同志非职业演员，毋庸置疑，所思所想、所表达的都是女性立场，不迷茫、不自恋，不自卑，青春无敌的霸气。这部电影说出了杜拉斯的一句话“任何一个女人都比男人神秘，比男人聪明、生动、清新，从来也不想做男人。

张啸涛　中国艺术研究院中国艺术年鉴编辑部助理研究员

① 张会军：《影像中的感性情感——女性电影导演研究》，《北京电影学院学报》2012 年 6 期，第 103 页。

文件·文献

【中华人民共和国电影产业促进法（征求意见稿）】

第一章 总 则

第一条 为了促进电影产业繁荣发展，丰富人民群众精神文化生活，提高公民思想道德素质和科学文化素质，制定本法。

第二条 在中华人民共和国境内从事电影的创作、摄制、发行、放映等活动（以下统称电影活动），适用本法。

本法所称电影，是指运用视听技术和艺术手段摄制、以胶片或者数字载体记录，由表达一定内容的连续画面组成的有声或者无声，符合电影院放映技术标准或者流动放映技术标准的用于公映的作品。

通过互联网、电信网、广播电视网等信息网络从事传播电影的活动，适用互联网、电信网、广播电视网等信息网络管理的法律、行政法规。

第三条 从事电影活动，应当坚持为人民服务、为社会主义服务的方向，坚持百花齐放、百家争鸣的方针，坚持将社会效益放在首位，实现社会效益与经济效益相统一。

第四条 国家保障电影创作自由，倡导电影创作人员贴近实际、贴近生活、贴近群众，鼓励创作思想性、艺术性、观赏性相统一的优秀电影。

第五条 与电影有关的知识产权受法律保护。任何组织或者个人不得侵犯与电影有关的知识产权。

县级以上人民政府负责知识产权执法的部门应当采取有力措施，依法惩治侵犯与电影有关的知识产权的行为，有效保护与电影有关的知识产权。

从事电影活动的企业（以下称电影企业）、个体工商户和个人应当增强知识产权保护意识，提高运用、保护和管理知识产权的能力，依法保护知识产权。

国家鼓励电影企业开发电影形象产品等衍生产品。

第六条 国家将电影产业发展纳入国民经济和社会发展规划，制定相关产业政策，引导形成统一开放、竞争有序的电影市场，促进电影市场繁荣。

县级以上地方人民政府应当将本行政区域内的电影产业发展纳入当地国民经济和社会发展规划；省、自治区、直辖市人民政府应当根据当地电影产业发展实际情况制定相关产业政策。

第七条 国家鼓励电影科学技术创新，加强电影核心技术、关键技术、共性技术研究，制定并完善电影技术标准，推进电影高新科学技术成果的应用。

第八条 国家支持发展电影高等教育和职业教育，培养既熟悉电影产业又擅长经营管理的复合型人才，实施青年电影人才扶持计划。

国家逐步建立电影技术、技能人员职业资格制度。

第九条 国家采取措施，对农村地区、边疆地区、贫困地区和少数民族地区开展电影公益服务、发展电影产业予以扶持。

国家加强电影的少数民族语言文字译制工作。

第十条 国务院广播电影电视主管部门负责全国电影产业促进工作；县级以上地方人民政府广播电影电视主管部门负责本行政区域内的电影产业促进工作。

县级以上人民政府其他有关部门在各自职责范围内，负责有关的电影产业促进工作。

第十一条 电影行业社会组织应当依照法律、行政法规制定行业自律规范，开展业务交流，加强职业道德教育，维护其成员的合法权益。

第十二条 国家鼓励开展平等、互利的电影国际合作与交流活动，支持国产电影参加境外电影节（展）。

第十三条 国家建立电影奖励制度，对优秀电影以及为促进电影产业发展作出突出贡献的组织、个人给予奖励。

第二章 电影创作、摄制

第十四条 国家支持下列电影的创作、摄制：

（一）弘扬社会主义核心价值的电影；

（二）有利于未成年人健康成长的电影；

（三）展现艺术创新成果、促进艺术进步的电影。

第十五条 国家鼓励企业从事电影摄制业务。

企业在将其准备摄制的电影剧本或者电影剧本梗概送国务院广播电影电视主管部门审查后，可以摄制电影。

国务院广播电影电视主管部门经审查，未发现含有本法第二十二条第一款内容的，发给企业一次性的《电影摄制许可证（单片）》，并将电影的基本情况予以公布；发现含有本法第二十二条第一款内容的，应当自收到审查申请之日起30日内书面通知企业不得摄制，并说明理由。

第十六条 摄制完成过2部以上依法准予公映的电影的企业，可以向国务院广播电影电视主管部门申请领取《电影摄制许可证》。

取得《电影摄制许可证》的企业在将其准备摄制的电影剧本或者电影剧本梗概送国务院广播电影电视主管部门备案后，可以摄制电影。国务院广播电影电视主管部门对报送备案的电影剧本或者电影剧本梗概进行审查后，未发现含有本法第二十二条第一款内容的，应当将电影的基本情况予以公布；发现含有本法第二十二条第一款内容的，应当自收到备案的电影剧本或者电影剧本梗概之日起30日内书面通知企业。

第十七条 境内外企业符合下列条件的，经国务院广播电影电视主管部门批准，可以在境内合作摄制电影：

（一）境内企业摄制过依法准予公映的电影；

（二）境内外企业近2年内未因违反中华人民共和国法律、行政法规受到行政处罚。

境外企业不得在境内独立从事电影摄制业务；境外其他组织或者个人不得在境内从事电影摄制业务。

第十八条 境内企业对合作摄制的电影享有著作权的，该电影视同国产电影；境内企业对合作摄制的电影不享有著作权的，该电影的底片、样片、拷贝以及数字电影素材、母版、发行版等应当全部运送出境。

境内外企业到海关依法办理有关手续后，其合作摄制电影所需的器材、设备以及其他用品可以暂时进出境。

第十九条 县级以上地方人民政府广播电影电视主管部门应当协调公安、文物保护、风景名胜区管理、城市绿化管理等部门，为企业摄制电影提供便利和帮助。

第二十条 有下列情形之一的，经国务院广播电影电视主管部门批准，电影的洗印加工、后期制作可以在境外完成：

（一）境内不具备相应的洗印加工、后期制作能力，或者境内洗印加工、后期制作无法取得摄制电影的企业要求的质量效果的；

（二）境内外企业合作摄制电影的协议中约定在境外完成电影的洗印加工、后期制作的。

第二十一条 经国务院广播电影电视主管部门批准，企业可以承接境外电影洗印加工、后期制作业务。国务院广播电影电视主管部门发现境外电影含有损害我国国家利益、危害社会稳定、伤害民族感情的内容的，不予批准。

完成洗印加工、后期制作的境外电影的底片、样片、拷贝以及数字电影素材、母版、发行版等应当全部运送出境。

第二十二条 电影不得含有下列内容：

（一）违反宪法确定的基本原则，煽动抗拒或者破坏宪法、法律、行政法规实施；

（二）危害国家统一、主权和领土完整；

（三）泄露国家秘密，危害国家安全，损害国家荣誉和利益；

（四）煽动民族仇恨、民族歧视，侵害民族风俗习惯，歪曲民族历史和民族历史人物，伤害民族感情，破坏民族团结；

（五）宣扬宗教狂热，危害宗教和睦，伤害信教公民宗教感情，破坏信教公民和不信教公民团结；

（六）宣扬邪教、迷信；

（七）扰乱社会秩序，破坏社会稳定；

（八）宣扬淫秽、赌博、吸毒，渲染暴力、恐怖；

（九）教唆犯罪或者传授犯罪方法；

（十）侮辱、诽谤他人或者散布他人隐私，侵害他人合法权益；

（十一）危害社会公德，诋毁民族优秀文化传统；

（十二）侵害未成年人合法权益或者损害未成年人身心健康；

（十三）法律、行政法规禁止的其他内容。

电影技术质量应当符合国家标准。

第二十三条　企业应当将其摄制完成的电影报送所在地省、自治区、直辖市人民政府广播电影电视主管部门进行初步审查。省、自治区、直辖市人民政府广播电影电视主管部门应当自收到审查申请之日起 20 日内，将初步审查意见和申请材料报送国务院广播电影电视主管部门。

国务院广播电影电视主管部门应当自收到申请材料之日起 30 日内作出审查决定。对符合本法规定的，准予公映，发给《电影公映许可证》；对不符合本法规定的，不准予公映，书面通知申请人并说明理由。

第二十四条　企业对国务院广播电影电视主管部门的审查决定不服的，可以自收到书面通知之日起 60 日内，向国务院广播电影电视主管部门提出复审申请。

国务院广播电影电视主管部门应当自收到复审申请之日起 20 日内作出复审决定。经复审，认为符合本法规定的，准予公映，发给《电影公映许可证》；认为不符合本法规定的，不准予公映，书面通知申请人并说明理由。

第二十五条　省、自治区、直辖市人民政府广播电影电视主管部门对电影进行初步审查，国务院广播电影电视主管部门对电影进行审查或者复审，应当组织专家进行评审。专家的评审意见应当作为提出初步审查意见和作出审查决定或者复审决定的重要依据。专家评审的具体办法由国务院广播电影电视主管部门规定。

第二十六条　国务院广播电影电视主管部门应当公布取得《电影公映许可证》的电影。摄制电影的企业应当将《电影公映许可证》标识置于该电影的片头处。

未取得《电影公映许可证》的电影，不得发行、放映、参加电影节（展），不得通过互联网、电信网、广播电视网等信息网络进行传播，不得制作音像制品；但是，法律、行政法规另有规定的，从其规定。

第二十七条　取得《电影公映许可证》的电影，经依照本法有关规定重新审查后，可以变更内容；经向国务院广播电影电视主管部门申请换发《电影公映许可证》后，可以变更片名。

第二十八条　取得《电影公映许可证》的国产电影，可以参加境外电影节（展）。送展企业应当在境外电影节（展）举办前，将相关材料报国务院广播电影电视主管部门和所在地省、自治区、直辖市人民政府广播电影电视主管部门备案。

第二十九条　国家设立的电影艺术档案机构依法收集、收藏、保管并向社会开放电影艺术档案。

摄制电影的企业依照《中华人民共和国档案法》的相关规定，做好电影艺术档案保管工作，并向国家设立的电影艺术档案机构移交电影艺术档案。

第三章 电影发行、放映

第三十条 企业具有与所从事的电影发行业务相适应的注册资金，经国务院广播电影电视主管部门或者所在地省、自治区、直辖市人民政府广播电影电视主管部门批准，可以从事电影发行业务。其中，经国务院广播电影电视主管部门批准的，可以跨省、自治区、直辖市从事电影发行业务。

第三十一条 具有与所从事的电影放映业务相适应的人员、场所和设备，并符合企业法人登记的其他条件的，经所在地县级或者设区的市级人民政府广播电影电视主管部门批准，可以设立电影院。

第三十二条 依照本法规定负责电影发行业务审批、电影院设立审批的广播电影电视主管部门，应当自收到申请之日起30日内，作出批准或者不批准的决定。对符合条件的，予以批准，发给《电影发行经营许可证》或者《电影放映经营许可证》，并将电影发行企业、电影院的基本情况予以公布；对不符合条件的，不予批准，书面通知申请人并说明理由。

取得《电影发行经营许可证》或者《电影放映经营许可证》的申请人，应当持许可证到工商行政管理部门依法办理登记手续。

第三十三条 企业或者个体工商户将其名称或者经营者姓名、联系方式、流动放映设备等情况向经营区域所在地县级或者设区的市级人民政府广播电影电视主管部门备案后，可以从事电影流动放映业务。

第三十四条 县级以上人民政府应当扶持农村电影事业发展，将农村电影公益放映纳入农村公共文化服务体系建设规划。农村电影公益放映应当由政府出资，按照市场运作的方式向企业购买服务，确保群众得到实惠。

县级人民政府应当统筹保障农村地区每个村每个月至少放映一场电影。

从事农村电影公益放映业务的企业和个体工商户，不得以虚报、冒领等手段骗取农村电影公益放映补贴资金。

第三十五条 国务院教育、广播电影电视主管部门应当将影视教育纳入义务教育学校教学计划，保障接受义务教育的学生每学期至少观看两次由其共同推荐的有利于未成年人健康成长的电影，所需经费从义务教育学校公用经费中开支。

地方人民政府可以采取发放电影票、组织专场放映等方式，保障未成年人、城镇低收入居民以及进城务工人员等观看电影的基本文化需求。

国家鼓励电影企业采取票价优惠、建设不同条件的放映厅、设立社区放映点等多种措施，为未成年人、城镇低收入居民以及进城务工人员等观看电影提供便利；电影企业所在地人民政府可以对其发放奖励性补贴。

第三十六条 电影发行企业、电影院以及从事电影流动放映业务的企业和个体工商户，不得发行、放映未取得《电影公映许可证》的电影。

电影院以及从事电影流动放映业务的企业和个体工商户年放映国产电影的时间，不得低于年放映电影时间总和的三分之二。

电影院设施、设备的技术质量应当符合相关的电影放映技术标准。

第三十七条 电影院应当遵守治安、公共场所卫生等法律、行政法规，维护放映场所内的公共秩序和环境卫生，保障观众的安全与健康。

电影院不得偷漏瞒报票房收入；加盟电影院线的电影院，应当安装符合国家标准的计算机售票系统。

第三十八条 电影院不得在向观众明示的电影放映时间之后放映广告。

电影院放映的电影可能引起观众身体或者心理不适的，应当在观众购买电影票时予以提示。

第三十九条 任何人不得携带爆炸性、易燃性、放射性、腐蚀性等危险物品进入电影院，不得非法携带枪支、弹药、管制器具进入电影院；非法携带上述物品的，电影院工作人员应当拒绝其进入电影院。

电影院或者其他公开放映电影的场所的工作人员发现观众在电影放映过程中从事侵犯与电影有关的知识产权的行为的，可以依法予以制止。

第四十条　经国务院广播电影电视主管部门批准，可以在境内举办涉外电影节（展）；经事先向国务院广播电影电视主管部门备案，境外驻华文化机构可以在其住所放映暂时进出境的电影。参展的境外电影和境外驻华文化机构放映的暂时进出境的电影，不得含有损害我国国家利益、危害社会稳定或者伤害民族感情的内容。

在境内举办涉外电影节（展）、境外驻华文化机构放映暂时进出境的电影的具体办法，由国务院广播电影电视主管部门规定。

第四十一条　国家对国产电影翻译制作予以支持，并综合利用外交、文化、教育等对外交流资源开展国产电影的境外推广活动。

国务院广播电影电视主管部门应当加强国产电影的对外宣传介绍工作和国产电影境外推广的组织工作。

第四章　电影产业保障

第四十二条　国家通过设立电影专项资金、基金等促进电影产业发展，并引导相关文化产业专项资金、基金加大对电影产业的投入力度。

国家根据电影企业的特点和实际情况，完善相应的财务会计制度。

利用财政资金对重大题材电影创作、摄制的资助，应当按照公开、公平、公正的原则，通过专家评审，择优选择。

第四十三条　国家实施必要的税收优惠政策，促进电影产业繁荣发展。

从事下列活动，可以按照国家有关规定享受税收优惠：

（一）创作国产电影剧本；

（二）摄制、发行、放映国产电影；

（三）电影企业销售电影拷贝或者转让电影著作权；

（四）高新技术企业生产电影设备和开展相关研究开发活动；

（五）国产电影境外宣传推广活动；

（六）为摄制国产电影而进口国内不能生产的自用电影设备及配套件、备件等；

（七）有关电影产业发展的其他活动。

第四十四条　国家鼓励金融机构对从事电影活动以及改善电影基础设施提供融资服务，依法开展与电影有关的知识产权质押业务，并在信贷等方面支持电影产业发展。政策性金融机构应当在其业务范围内，为国产电影境外推广优先提供金融服务。

国家鼓励保险机构依法开发适应电影产业发展需要的保险品种。

国家鼓励担保机构依法对电影产业提供融资担保，通过再担保、联合担保以及担保与保险相结合等方式分散风险。

对国务院广播电影电视主管部门依照本法规定公布的电影的摄制，按照国家有关规定给予贷款贴息和保费补贴，并合理确定贷款期限和利率。

第四十五条　国家鼓励电影企业通过到境外合作摄制电影等方式进行跨境投资，依法保障电影企业对外贸易、跨境融资和投资等合理用汇需求，简化优化外汇管理业务流程。

第四十六条　国家制定优惠政策，推动和扶持电影院的建设和改造。

县级以上地方人民政府应当依法将电影院建设和改造纳入土地利用总体规划和城乡规划；其中，只有一个意向用地者的，可以依法以协议方式供地。用地者应当专地专用，不得改变用途。

第四十七条　因城乡建设需要，必须拆除电影院或者改变其功能、用途，并且其举办者拟继续举办电影院的，有关地方人民政府应当按照当地土地利用总体规划和城乡规划安排电影院重建用地。

除特殊情况外，根据前款规定重新建设的电影院，不得小于原有建设规模。迁建工作应当实行先建设后拆除或者建设拆除同时进行的原则。迁建所需费用由造成迁建的单位承担。

第四十八条　国家鼓励社会力量以投资、捐赠等方式发展电影产业，并依法给予优惠。

第四十九条　县级以上人民政府广播电影电视主管部门应当建立健全监督制度，履行监督责任，加强对电影活动的日常监督管理，维护电影市场秩序。

第五章　法律责任

第五十条　国务院广播电影电视主管部门和县级以上地方人民政府广播电影电视主管部门或者其他有关部门的工作人员利用职务上的便利收受他人财物或者其他好处，违反本法规定进行审批活动，或者不履行监督责任，或者发现违法行为不予查处的，依法给予处分。

第五十一条　违反本法规定从事电影摄制、发行、放映业务活动的，由县级以上人民政府广播电影电视主管部门按照职责分工予以取缔，没收电影片和违法所得以及从事违法活动的专用工具、设备；违法所得5万元以上的，并处违法所得5倍以上10倍以下的罚款；没有违法所得或者违法所得不足5万元的，可以并处50万元以下的罚款。

第五十二条　有下列情形之一的，由原发证机关吊销、撤销有关许可证、批准文件；县级以上人民政府广播电影电视主管部门按照职责分工没收违法所得；违法所得5万元以上的，并处违法所得5倍以上10倍以下的罚款；没有违法所得或者违法所得不足5万元的，可以并处50万元以下的罚款：

（一）变造、出租、出借、买卖本法规定的许可证、批准文件，或者以其他形式非法转让本法规定的许可证、批准文件的；

（二）以欺骗、贿赂等不正当手段取得本法规定的许可证、批准文件的。

第五十三条　有下列情形之一的，由原发证机关吊销许可证；县级以上人民政府广播电影电视主管部门按照职责分工没收电影片和违法所得；违法所得5万元以上的，并处违法所得10倍以上20倍以下的罚款；没有违法所得或者违法所得不足5万元的，可以并处100万元以下的罚款：

（一）取得《电影公映许可证》的电影未经批准变更内容的；

（二）发行、放映未取得《电影公映许可证》的电影的；

（三）提供未取得《电影公映许可证》的电影参加境外电影节（展）的。

第五十四条　有下列情形之一的，由县级以上人民政府广播电影电视主管部门按照职责分工责令停止违法活动，没收电影片和违法所得；违法所得5万元以上的，并处违法所得3倍以上5倍以下的罚款；没有违法所得或者违法所得不足5万元的，可以并处25万元以下的罚款；情节严重的，责令停业整顿或者由原发证机关吊销许可证：

（一）擅自到境外洗印加工或者后期制作国产电影的；

（二）擅自接受委托洗印加工或者后期制作境外电影的。

第五十五条　电影院在向观众明示的电影放映时间之后放映广告的，由县级以上地方人民政府广播电影电视主管部门按照职责分工责令限期改正，处1万元以上20万元以下的罚款；逾期未改正的，由原发证机关吊销许可证。

第五十六条　擅自在境内举办涉外电影节（展），或者接受含有损害我国国家利益、危害社会稳定或者伤害民族感情的内容的境外电影参加在境内举办的涉外电影节（展）的，由国务院广播电影电视主管部门责令停止违法活动，没收违法参展的电影片和违法所得；违法所得5万元以上的，并处违法所得5倍以上10倍以下的罚款；没有违法所得或者违法所得不足5万元的，可以并处50万元以下的罚款；情节严重的，自受到处罚之日起5年内不得举办涉外电影节（展）。

第五十七条　电影企业因违反本法规定被吊销、撤销许可证的，自吊销、撤销许可证之日起5年内不得再次申请该项许可，其法定代表人或者主要负责人自吊销、撤销许可证之日起5年内不得担任电影企业的法定代表人或者主要负责人。

第五十八条　违反本法规定，构成犯罪的，依法追究刑事责任；造成人身、财产或者其他损害的，依法承担民事责任。

第五十九条　国务院广播电影电视主管部门或者省、自治区、直辖市人民政府广播电影电视主管部门，应当将因违反本法规定受到处罚的组织或者个人的名称或者姓名向社会公布。

第六十条　有下列情形之一的，依照有关法律、行政法规予以处罚：

（一）将未取得《电影公映许可证》的电影制作为音像制品的；

（二）通过互联网、电信网、广播电视网等信息网络传播未取得《电影公映许可证》的电影的；

（三）以虚报、冒领等手段骗取农村电影公益放映补贴资金的；

（四）侵犯与电影有关的知识产权的；

（五）未依法收集、收藏、保管、移交电影艺术档案的；

（六）偷漏瞒报票房收入的。

第六章　附　则

第六十一条　境外投资者在中华人民共和国境内投资经营电影产业的具体办法，以及电影出口、进口管理的具体办法，由国务院广播电影电视主管部门会同国务院有关部门另行规定。

第六十二条　本法自　　年　月　日起施行。

【《关于对国产高新技术格式影片创作生产进行补贴的通知》】

各电影制片单位：

随着数字技术的迅速发展，高新技术格式影片（3D、巨幕等）越来越受观众的喜爱。当前，我国高新技术格式影片的制作正处于起步阶段，为推动我国高新技术格式影片的发展，不断提高国产高新技术格式影片的制作水平，国家电影事业发展专项资金管理委员会（以下简称国家电影专资管委会）经研究决定，对国产高新技术格式影片创作生产予以资金补贴扶持，具体事项通知如下：

一、对进入市场发行放映的国产高新技术格式影片，按影片高新技术格式放映票房收入（以下简称票房收入）分档对影片版权方进行奖励，以补贴高新技术格式影片制作费。票房收入在5000万元（含）－1亿元之间，奖励扶持资金为100万元；票房收入在1亿元（含）－3亿元之间，奖励扶持资金为200万元；票房收入在3亿元（含）－5亿元之间，奖励扶持资金为500万元；票房收入在5亿元（含）以上，奖励扶持资金为1000万元。高新技术格式只有巨幕版本的国产影片，票房收入在2500万元（含）－1亿元之间，奖励扶持资金为100万元，票房收入超过1亿元，按前述标准奖励扶持。

二、3D影片指利用3D摄影机拍摄或后期转制完成的全片均为3D格式的影片。巨幕影片指符合广电总局颁布的《数字电影巨幕影院技术规范和测量办法》（GD/J040－2012）的所有巨幕格式影片。鼓励在境内企业加工制作高新技术格式影片。

三、出品单位全部为境内单位的影片，影片下档后，由影片各出品单位指定一家出品单位向国家电影专资管委会书面申请，申请时请附指定申请单位的相关证明材料（合同、协议等）。国家电影专资管委会办公室对申请材料初审合格后报广电总局电影局审核，经电影局同意后，由国家电影专资管委会办公室拨付奖励资金。各出品单位提供资金分配比例合同的，按比例分别向出品单位拨付奖励资金。没有提供资金分配比例合同的，向申请单位拨付奖励资金。

四、与境外单位合作出品的影片，影片下档后，由境内各出品单位指定一家出品单位向国家电影专资管委会书面申请。其他程序和资金分配比例参照第三条执行。

五、影片票房统计以全国电影票务综合信息系统统计数据为依据，3D与巨幕格式票房合并统计。

六、奖励资金全部由国家电影专资管委会承担，鼓励各省级电影专资管委会对本行政区域的高新技术格式影片出品单位进行奖励补贴。

七、本通知自2012年1月1日起执行。

二〇一二年十一月十九日

【《关于返还放映国产影片上缴电影专项资金的通知》】

国家电影专资省级管委会：

为推动国产影片繁荣发展，根据《国家电影事业发展专项资金管理办法》（财教〔2006〕115号，以下简称“管理办法”）的有关规定，国家电影事业发展专项资金管理委员会（以下简称国家电影专资管委会）决定：在一定时期内依据影院放映国产影片情况，返还电影专项资金。具体通知如下：

一、执行返还时间：自2012年1月1日开始；

二、相关要求

1. 影院使用符合规范的售票软件系统及影片编码向全国电影票务综合信息系统正常报送票房数据；

2. 影院按“管理办法”规定及时足额上缴电影专项资金；

3. 无偷漏、无瞒报影片票房，上报数据准确无误。

三、返还条件，按自然年时间计算，影院放映国产影片票房上缴的电影专项资金：

1. 影院全年国产影片票房达到票房总收入50%（含）以上的，返还100%放映国产片上缴的电影专项资金；

2. 影院全年国产片票房达到票房总收入45%（含）至50%之间的，返还80%放映国产影片上缴的电影专项资金；

3. 影院全年国产片票房不到票房总收入45%的，但与上一年度国产影片票房相比有增长，返还50%放映国产影片上缴的电影专项资金。

四、返还资金来源。按此规定应返还的电影专项资金，2012年由国家电影专资管委会返还。2013年及以后年份由国家电影专资管委会返还60%、省级电影专资管委会返还40%。返还金额按四舍五入原则取整到万元。

五、申请与拨付程序。符合条件的影院向省级电影专资管委会书面申请，省级电影专资管委会审核确认后报国家电影专资管委会（“管理办法”修订后，申请流程按新办法执行），国家电影专资管委会审核后报广电总局、财政部批准；其资金由财政部拨付至省财政厅（局），再由省财政厅（局）拨付至省级电影专资管委会，省级管委会返还给影院。

六、向国家电影专资管委会提交的申请材料包括：1. 影院书面申请；2.《影院放映国产影片上缴电影专项资金申请返还表》（见附表）；3. 省级电影专资管委会审核报告。

七、本通知，不与《关于对新建影院实行先征后返国家电影专项资金的通知》（电专字〔2004〕2号）和《关于“对新建影院实行先征后返政策”的补充通知（电专字〔2012〕2号）》重复执行。

国家电影专资管委会

二〇一二年十一月十九日

作品

电影

【电影 《一九四二》】

电影《一九四二》由导演冯小刚执导，根据刘震云小说改编。1993 年冯小刚看中剧本到付诸拍摄历时 18 年，《一九四二》也是冯小刚使用胶片拍摄的最后一部电影。该片投资 2 亿，于 2011 年 10 月 19 日正式开机，2012 年 11 月 29 日上映。出品人：王中军，制作人：王中磊，监制：陈国富，原著、编剧：刘震云，摄影：吕乐，配乐：赵季平，剪辑：胡晓峰；主演：张国立、陈道明、李雪健、张涵予等；制作公司：华谊兄弟传媒股份有限公司。

影片反映的是一九四二年的一场灾难，中国抗日战争处于战略相持阶段，此时河南大旱，千百万民众离乡背井，外出逃荒。影片尝试从国民政府、国际记者和宗教人士以及普通灾民等四个不同的视角诠释这场灾难。

获奖：

1. 第三届北京国际电影节“天坛奖”最佳影片、最佳视觉效果奖；
2. 第七届罗马电影节青年评审团最佳影片金蝴蝶奖；
3. 第七届罗马电影节附属奖项意大利摄影家协会最佳摄影奖；
4. 中国电影导演协会 2012 年度表彰大会年度电影；
5. 第 32 届香港电影金像奖“最佳两岸华语电影奖”。

【电影 《雨中的树》】

电影《雨中的树》出品人：韩三平、卢君，导演：尹力，编剧：刘恒，摄影：谢平，主演：王志飞、岳红、丁柳元、王成阳、刘佩琦、倪大红、雷恪生、徐海乔、吴军、邹俊百、马精武等，出品：中国电影集团公司、河北华都影视剧制作有限公司。2012 年 9 月 21 日上映。

《雨中的树》是向党的十八大献礼的重点影片，该片主要讲述“全国优秀组织工作干部”李林森身先士卒战洪魔、扶弱济困献爱心、甘于清贫重名节、公正用权不谋私、工作当命抗死神、燃尽生命写忠诚的感人故事。据了解，李林森先进事迹之所以能在党员干部中产生强烈共鸣，是因为事迹朴实感人、令人信服，形象让人亲近、可学可比，精神辉映时代、引发共鸣。

【电影 《桃姐》】

电影《桃姐》制作人：李恩霖、许鞍华、刘德华、宋岱，导演：许鞍华，编剧：陈淑贤、李恩霖，演员：叶德娴、刘德华、秦海璐、秦沛、王馥荔、黄秋生、杜汶泽等，出品：博纳影视娱乐有限公司、映艺娱乐有限公司、银都机构有限公司。2012 年 3 月 5 日国内上映。

影片讲述一位生长于大家庭的少爷与自幼照顾自己长大的家佣桃姐之间所发生的一段触动人心的亲情，引起社会对老龄问题的关注。

获奖：

1. 2011 年第 68 届威尼斯电影节沃尔皮杯最佳女演员（叶德娴）、天主教文化特别荣誉奖、吉亚尼

· 阿斯特雷奖、纳萨雷诺塔代伊奖、平等机会奖；

2. 2012 年第 31 届香港电影金像奖最佳影片、最佳导演（许鞍华）、最佳编剧（陈淑贤）、最佳男主角（刘德华）、最佳女主角（叶德娴）；

3. 2011 年第 48 届 台湾电影金马奖最佳导演奖（许鞍华）、最佳男主角奖（刘德华）、最佳女主角奖（叶德娴）；

4. 2012 年第 6 届亚洲电影大奖最佳女演员（叶德娴）、网络票选最受欢迎男演员（刘德华）；

5. 2012 年第 12 届华语电影传媒大奖最佳女演员（叶德娴）、百家传媒年度致敬电影 。

【电影 《白鹿原》】

电影《白鹿原》是根据陈忠实的同名小说而改编的，由王全安执导，张丰毅、张雨绮、段奕宏等主演。制作人：王乐，原著：陈忠实，导演：王全安，编剧：陈忠实、芦苇，摄影：卢茨，配乐：赵季平，美术设计：霍廷霄；制作公司：北京紫金长天传媒文化有限公司、西安电影制片厂。

该影片筹备 9 年、拍摄 3 年，于 2012 年 2 月 15 日全球首映。影片《白鹿原》以陕西关中平原上素有“仁义村”之称的白鹿村为背景，展现了白姓和鹿姓两大家族祖孙三代的恩怨纷争。

获奖：

2012 年获得第 62 届柏林国际电影节最佳艺术贡献奖（摄影）。

【电影 《我 11》】

电影《我 11》是由王小帅导演，闫妮、乔任梁、于越等主演，制作人：黄斌，编剧：王小帅，摄影：Jonsong Dong，配乐：Marc Perrone，剪辑：Nelly Quettier，福建恒业电影发行有限公司发行。

影片讲述原本无忧无虑的 11 岁小男孩，在亲眼目睹了一起“杀人事件”后不得不背负上心灵的煎熬，加上朦胧中获知了成人世界里的性事，让他身心开始发生了静悄悄的变化，体内疯长的荷尔蒙和外界的压抑环境不时发生着碰撞和爆发的故事。影片 2012 年 5 月 18 日在中国上映。

获奖：

1. 第 6 届亚洲电影大奖最佳女配角提名（闫妮）；

2. 第 8 届中美电影节最佳女演员。

【电影 《浮城谜事》

电影《浮城谜事》由娄烨执导，这部作品成为入围 2012 年第 65 届戛纳国际电影节唯一华语片，被电影节官方正式确定为“一种关注”单元开幕影片，这也是戛纳电影节有史以来，华语电影首次成为该单元的开幕影片。制作人：Kristina Larsen，编剧：梅峰，摄影：曾剑，主演：郝蕾、秦昊、齐溪、瞿颖、朱亚文、祖峰等。

《浮城谜事》以一桩离奇车祸命案为开端，以案情引发出一个情爱秘密事件，从而呈现出一个人性真实的微观世界。

获奖：

1. 第 49 届金马奖最佳新人奖（齐溪）；

2. 2013 年 3 月 3 日获得《青年电影手册》年度十佳影片，年度导演（娄烨），年度最佳女演员（郝蕾），年度新演员（齐溪）四项大奖；

3. 第 7 届亚洲电影大奖最佳电影、最佳新人奖（齐溪）、最佳编剧奖（梅峰）。

【电影 《万箭穿心》】

电影《万箭穿心》根据武汉作家方方的同名小说改编，监制：谢飞，导演：王竞，编剧：吴楠，摄影：刘又年，剪辑：冯文，美术：白昊，演员：颜丙燕，焦刚，陈刚，赵倩，王沫溪，何明兰等；出品公司：北京今典影业。于2012年11月16日全国公映。本片入围第25届东京国际电影节主竞赛单元，北京国际电影节首届"天坛奖"主竞赛单元。

本片讲述颜丙燕所饰演的"女扁担"李宝莉跌宕起伏的一生，道尽了生活的温暖、苦痛与无奈。

获奖：

1. 2013年《青年电影手册》"华语十佳"年度影片和年度最佳女演员（颜丙燕）；
2. 2013年中国电影导演协会"2012年度表彰大典"最佳女主角（颜丙燕）；
3. 2013年获第四届"中国影协杯"优秀电影剧本奖；
4. 2013年第三届北京国际电影节最佳女主角（颜丙燕）；
5. 2013年第13届电影百合奖优秀故事片一等奖、优秀女主角奖（颜丙燕）、优秀编剧（吴楠）；
6. 2013年第20届北京大学生电影节评委会大奖、最佳女主角奖（颜丙燕）；
7. 2013年首届两岸三地"十大华语电影"奖；
8. 2013年第22届上海影评人奖评委会大奖。

【电影 《二次曝光》】

电影《二次曝光》制作人：方励，导演：李玉，编剧：李玉、方励，摄影：陆一帆，配乐：Howie. B，剪辑：李玉、袁则，主演：范冰冰，冯绍峰，霍思燕，出品公司：北京劳雷影业有限公司。2012年9月29日全国公映。

影片讲述了一对青年恋人青梅竹马相依为命，却因种种意外而各自天涯，最终随着两桩疑点重重的杀人案件真相大白而重新走在一起的动人故事。《二次曝光》在14个城市取景。2013年4月第20届北京大学生电影节入围影片。

获奖：

2013年第9届华鼎奖最佳女主角（范冰冰）、最佳电影音乐 。

【电影 《人山人海》】

电影《人山人海》制作人：李旭东，导演：蔡尚君，编剧：顾小白、蔡尚君、顾峥，主演：陈建斌，陶虹，吴秀波等。该电影入选2011年第68届威尼斯国际电影节主竞赛单元惊喜电影，并全球首映。

本片改编自发生在中国西南部贵州山区的一桩真实的社会新闻事件。其故事隐含着犯罪、复仇、社会现状与自我救赎等深刻内容，讲述六弟惨遭抢劫杀害之后，五兄弟追击凶手的故事。2012年8月3日在中国大陆上映。

获奖：

1. 2012年第68届威尼斯国际电影节最佳导演奖银狮奖；
2. 2012年第33届法国南特三大洲国际电影节银热气球大奖。

【电影 《神探亨特张》】

电影《神探亨特张》出品人：赵广忻、徐佳暄、陈向荣、王长田、刘小君，制作人：申莉、熊弈维、王睿、张弛，监制：张伟刚、许克嘉、史崇羌、李晓萍，导演：高群书，编剧：代雁、高群书，摄影：邬迪，剪辑：杨红雨，主演：张立宪，王小山；发行：北京光线影业有限公司。

本片根据真人真事改编。张慧领是海淀分局双榆树派出所一名便衣民警，在七年的时间里抓获1600多名违法犯罪嫌疑人，被誉为“反扒神探”，这次把张惠领的真实事迹搬上大银幕，生动再现一位基层民警的真实生活。

获奖：

1. 2012年第15届上海国际电影节“金爵奖”最佳导演（高群书）；

2. 2012年第49届台湾金马奖最佳剧情片、最佳摄影、最佳剪辑、最佳导演、最佳原著剧本（提名）。

3. 2013年第20届北京大学生电影节评委会大奖

【电影《杀生》】

电影《杀生》出品人：覃宏，制作人：覃宏、杨登魁，原著：陈铁军，编剧、导演：管虎，摄影：宋晓飞，配乐：窦鹏，美术设计：林木，主演：黄渤、任达华、余男、苏有朋；出品公司：星美（北京）影业有限公司。2012年4月28日全国公映。

本片改编自陈铁军的中篇小说《设计死亡》，剧情主打荒诞悬疑与黑色喜剧元素，同时黄渤与余男的情感线在极致疯狂中蕴含深情。影片讲述了一群人如何联手杀死了一个“不合规矩”之人的故事。以“设计死亡”为主线，剧情奇诡，整蛊奇招无数，又有谜一般的谋杀陷阱。

获奖：

1. 2012年第49届台湾电影金马奖最佳女配角奖（梁静）、最佳美术设计（林木）；

2. 2013年第20届北京大学生电影节最佳男演员奖。

【电影《泰囧》】

电影《人再囧途之泰囧》出品人：王长田、李晓萍、于宇昂，制作人：陈祉希、徐林，监制：徐峥、邝文伟、陈志良，导演：徐峥，编剧：徐峥、束焕、丁丁，摄影：宋晓飞，主演：徐峥、王宝强、黄渤、范冰冰、陶虹，出品公司：北京光线影业有限公司、北京影艺通影视文化传媒有限公司等。2012年12月12日 全国公映。

本片徐峥首次自编、自导、自演。讲述“三人行”跨出国门远赴热带风情浓郁的泰国，一路遭遇“敌人”狙击，上演泰国冒险传奇。影片中国内地票房12.6亿人民币，观影人次超过3900万人，成为中国电影市场华语片票房冠军以及观影人次第一名。

获奖：2012年中国电影发展票房推动力奖、推动力人物奖（徐峥）

电影频道出品电影

【电影频道出品电影 《国徽》】

电影频道出品电影《国徽》导演：邢树民，编剧：郎云，主演：一真、刘鉴、宫筱轩、曹蓬 等。出品：电影频道节目制作中心、黑龙江电影制片厂、中共沈阳市委宣传部等。

本片讲述：1949 年 6 月，北京新华广播电台播音员凝重的声音，把中国新政协筹备会向全国征求国旗国徽图案及国歌辞谱启事的消息传遍了神州大地。故事由此展开。建筑家梁思成林徽因、国画大师张仃、雕塑家高庄等人都参与了设计国徽的创作，德高望众的朱总司令也积极投稿，为国徽方案献策，他们仔细推敲和精心打磨着各自的设计方案，周总理在百忙中也亲自到来。

获奖：2013 年第 13 届电影频道电影百合奖优秀影片一等奖第一名、优秀导演奖（邢树民）。

【电影频道出品电影 《穿过忧伤的花季》】

电影频道出品电影《穿过忧伤的花季》导演：金舸，主演：何佳、马云霆、何阳、安杰，出品：电影频道节目制作中心。

本片讲述：故事以贫瘠的山村和普通的乡镇中学为背景，讲述了一群花季少年留守乡村的故事。

获奖：2013 年第 13 届电影频道电影百合奖优秀影片一等奖第三名。

【电影频道出品电影 《天津闲人》】

电影频道出品电影《天津闲人》导演：郑大圣，编剧：吴滨、林希、金宇轩，主演：管新成、张金元、杨淼、李洪臣、郑福。出品：电影频道节目制作中心、百城映像（北京）国际文化传播有限责任公司。

本片讲述：20 世纪三四十年代海河边的一具无名浮尸而起的荒诞故事，苏鸿达本为了骗报馆主笔严而信一顿饭而装作认识死者本人。孰料俞秋娘从苏鸿达处得知这个消息后，居然扮作死者的寡妇跑到河边认尸，也要从中分一杯羹。苏鸿达、严而信、俞秋娘三人纠缠到了这无名浮尸案上，不得不结成了闲人同盟一同行骗。

获奖：2013 年第 13 届电影频道电影百合奖优秀影片一等奖第四名。

【电影频道出品电影 《成成烽火之绝杀》】

电影频道出品电影《成成烽火之绝杀》编剧、导演：郎云，主演：计春华、张铎，出品：电影频道节目制作中心。

本片讲述：1942 年，日寇对我大青山抗日游击根据地发动了前所未有的“大扫荡”。刘振和带领的骑兵部队奉命阻击敌人，掩护大部队撤退。经过艰苦的战斗，刘振和部成功破译了密电码，在他们的策应下，八路军大青山部队里应外合，一举粉碎了日军对我根据地的所谓“蓖梳式清剿”策略。

获奖：2013 年第 13 届电影频道电影百合奖优秀影片一等奖第五名

【电影频道出品电影 《有事找王江》】

电影频道出品电影《有事找王江》导演：李彦廷，主演：李易祥、佟骏，出品：公安部宣传局、黑龙江省公安厅和大连恒光文化传媒有限公司。

本片讲述了驻村民警王江在平凡的岗位上，忠于使命、甘于寂寞、乐于奉献的先进事迹，讴歌了他牢记宗旨、一心为民的公仆情怀以及他扎根基层、爱岗敬业的优良作风和淡泊名利、无私豁达的思想品质。

获奖：2013 年第 13 届电影频道电影百合奖优秀影片二等奖、优秀男演员奖（李易祥）。

动画电影

【动画电影 《少年岳飞传奇》】

动画电影《少年岳飞传奇》出品人：任仲伦、汪小玫、董金虎，监制：汪天云、殷铭清、董金虎、李卓智，导演：蔡明钦，编剧：宫宇、濮树，出品：上影集团上海美术电影制片厂、中国国际动漫节节展办公室、深圳市普腾人文化投资有限公司。

作为一部具有传奇风格的动画作品，本片以历史名将——岳飞为主角，讲述了他如何由一个饱受磨难的孩子，变成一个文武全才、充满英气的少年。本片故事讲述：一只千年鳖精为何想尽办法要他的性命；一条小蛇如何化身一个美丽的少女和岳飞发展出一段懵懂的爱恋；两个肝胆相照、共患难的好兄弟如何和岳飞一起踏上惊奇又令人兴奋的旅途；收服了千年鳖精、巨蟒、恶豹，打败所有高手，枪挑小梁王，岳母刺字，最后成为武状元。

获奖：2012 年第八届中国国际动漫节金猴奖中国动画长片大奖。

【动画电影 《劳拉的星星在中国》】

动画电影《劳拉的星星在中国》导演：皮特·德·莱卡、蒂洛·格拉夫·罗瑟科什，编剧：克劳斯·巴姆格特、皮特·德·莱卡、蒂洛·格拉夫·罗瑟科什，出品：上海炫动传播股份有限公司、北京卡酷传媒有限公司、北京郑致光三维动画设计有限公司、卢特基尔希卡通电影公司、华纳兄弟电影有限公司、德国玛宝影业有限公司。

《劳拉的星星》在欧洲是家喻户晓的卡通形象，系列影片改编自德国著名儿童作家克劳斯·鲍姆加特的同名儿童文学作品。此书曾被翻译成 52 种语言，在全球拥有超过 1000 万读者，是继著名的《小王子》之后，欧洲儿童文学又一经典。2004 年，该系列第一部影片《劳拉的星星》在德国上映，成为“德国历史上最卖座的动画电影”。时隔七年之后，“劳拉” 系列电影第二部《劳拉的星星在中国》首次登陆中国。影片讲述，“劳拉” 和她的魔力星星第一次来到中国，他们体验了老北京的风情，感受了过年的民俗，更邂逅 “年兽” 复活之后一段匪夷所思的玄幻历险。

获奖：2012 年第八届中国国际动漫节金猴奖优胜奖。

【动画电影 《喜羊羊与灰太狼之开心闯龙年》】

动画电影《喜羊羊与灰太狼之开心闯龙年》制作人：黎瑞刚、梁伯韬、钟小秋，导演：简耀宗、黄晓雪、陈辉衍，编剧：王舒、吴潮威，出品：广东原创动力文化传播有限公司、上海炫动传播股份有限公司、北京优扬文化传媒有限公，2012 年 1 月 12 日全国公映。

该片是《喜羊羊与灰太狼》系列电影的第四部，全新主角小龙，在电影中传授功夫给小羊们和狼族，助他们击退敌人，拯救世界。本片总票房：1.66 亿元。

【动画电影 《摩尔庄园2》】

动画电影《摩尔庄园2之海妖宝藏》制作人：曾李青，导演：刘可欣，编剧：刘可欣，美术设计：农力，出品：北京华映星球国际文化发展有限公司、星美（北京）影业有限公司、北京卡酷传媒有限公司、上海淘米网络科技有限公司。

本片是摩尔庄园的第二部动画电影，神秘的海妖宝藏将几个孩子的命运联系在一起，几队人马，海妖的宝藏是他们共同的目标，可是目的却是各有不同。孩子们的梦想，库拉的野心，忠于职守的瑞琪，穿越时空的友情与牺牲，所有的矛盾在海洋深处引爆。

获奖：2012年第八届中国国际动漫节金猴奖最佳动画编剧奖。

纪录片电影

【纪录片电影 《变暖的地球》】

纪录电影《变暖的地球》导演：柯仲华，由中央新影集团北京科学教育电影制片厂、北京华风气象影视信息集团有限责任公司合作完成。作为一部科教片，影片通过大量的科学数据和缜密的分析，讲述了全球变暖的趋势和危害。这是中国首部关于地球变暖的大型科普电影。影片从地球变暖的现象、成因、解决途径等角度，探求了这个全球重大问题。

获奖：

1. 2011 年第二十八届中国电影金鸡奖最佳科教片奖；
2. 2012 年第二届“光影纪年——中国纪录片学院奖”最佳制作奖。

【纪录片电影 《中国有个署立里》】

纪录片电影《中国有个署立里》片长：51 分钟，作者：李亚威，导演：李亚威，出品：中共楚雄州委宣传部、深圳市文学艺术界联合会。

云南楚雄大姚县有一个叫署立里的彝族村落，四面环山，有 97 户人家，家家都会打篮球，一只篮球打到山外，全村人举着火把去找，球找到了，球胆却破了，他们就将猪尿泡缝进篮球中继续打。白天忙生产，晚上球场安上灯光，按着几度电打，电费平摊。署立里因为篮球出了名，外村的姑娘们嫁进了村里。老村长张云成从 18 岁起既当村长又当教练，使署立里成为了一个篮球村。

获奖：2012 年第二十六届中国电视金鹰奖优秀电视纪录片。

纪事

节展·评比

【第十九届北京大学生电影节】

2012年3月25日至4月26日“第十九届北京大学生电影节”举办，本次电影节是经国家广播电影电视总局、国家教育部、北京市政府批准，由北京师范大学、北京市广播电影电视局主办，北京师范大学艺术与传媒学院承办，电影卫星频道节目制作中心、优酷网、百度百科、中国电影资料馆、中国教育电视台、中国电影基金会、中国电影报社、北京广播电视台、北京电视台、北京电影股份有限公司、北京新影联影业有限责任公司、北京电影家协会、北京电视艺术家协会、北京团市委、北京市学生联合会协办的一项大型文化活动。自1993年创办以来，已经成功举办了18届。

第十九届北京大学生电影节于2012年3月25日开幕，2012年4月26日闭幕，历时一个月。期间，除了进行国产电影（含合拍片）评奖之外，还举办入围影片展映与华语电影全国高校巡展、大学生原创影片大赛、首届网络电影评选活动和电视电影评奖、海内外系列影视学术研讨会、日本青春电影展映、大学生影评大赛、大学生主持人大赛等形式多样的评选、展映、研讨和交流活动。在北京奥体中心举行的北京大学生电影节闭幕式暨颁奖盛典，现场揭晓第十九届北京大学生电影节国产影片竞赛单元和电视电影竞赛单元的所有奖项，中央电视台电影频道现场直播开奖、颁奖过程。

本届北京大学生电影节秉承“青春激情、学术品位、文化意识”的宗旨，以“选择”作为主题。一直以来北京大学生电影节以“大学生办、大学生看、大学生拍、大学生评”为鲜明特色。

〖获奖名单〗

最佳影片：《Hello，树先生》

最佳编剧：林爱华《武侠》

最佳导演：顾长卫《最爱》

最佳男演员：李雪健《杨善洲》

最佳女演员：梁 静《星星的孩子》

最佳处女作：《转山》

动画片特别奖：《兔侠传奇》

最佳观赏效果：《龙门飞甲》

艺术探索奖：《倭寇的踪迹》

人文关怀特别奖：《星星的孩子》

最佳电视电影：《骆驼客》

最佳电视电影导演：高峰《骆驼客》

最佳电视电影男演员：苗驰《糖豆八部》

最佳电视电影女演员：夏花《盛糖乐队》

最受欢迎导演：钮承泽《LOVE》、陈可辛《武侠》

最受欢迎男演员：文章《失恋33天》

最受欢迎女演员：闫妮《大魔术师》

评委会大奖：《星空》

组委会大奖：《失恋33天》、《钱学森》

青年导演扶植计划：北大、清华、北师大、传媒大学、北电、中戏、解放军艺术学院、中国艺术研

究院、中国电影艺术研究中心

[第十三届大学生原创影片大赛]

大学生原创影片大赛是北京大学生电影节的重要竞赛单元。它创办于2000年，旨在充分激发广大学子的创造力，集中展现“大学生拍”的魅力，是发掘、培养影视新秀的摇篮。至今，它已经成功举办十二届。大赛面向全国（含港、澳、台地区）高校大学生（含在华留学生）以及海外中国留学生征集参赛作品。

本届大学生原创影片大赛包含七个竞赛单元。除了包括剧情片、动画片、纪录片、实验短片四个常设竞赛单元外，还设有“爱地球”环保影片、“创意红楼梦”短片和优酷网络单元。在剧情片、动画片、实验短片三个竞赛单元分别设立了“丝路数码最佳视觉效果奖”。此外，还设置了大学生电影节创意形象片奖及最佳组织奖两个单项奖。

“爱地球”环保影片单元是电影节首次与国际知名非政府组织WWF（世界自然基金会）合作设立的原创影片竞赛单元。旨在希望通过优秀原创环保影片，唤起更多青年乃至全社会对环保问题的关注，更广泛地普及和强化“爱地球”的理念，推动相关公益事业在中国更好地发展。

4月15日，北京大学生电影节第13届大学生原创影片大赛暨首届网络电影评选活动颁奖典礼举行。北京大学生电影节首届网络电影评选活动邀请十余家视频网站进行优秀网络电影作品选送，最终评出“最佳网络电影奖”、“最佳网络电影创意奖”、“最佳网络电影制作奖”、“最佳网络电影男演员”、“最佳网络电影女演员”、“最受大学生欢迎网络电影奖”六个奖项。由激动网选送的《一个无信仰的贼》获得“最佳网络电影创意奖”；由56网选送的《快递之王》获得“最佳网络电影制作奖”；《再见金华站》（56网选送）男演员张师与《九分钟之硬币》（腾讯视频选送）女演员刘丹分获“最佳网络电影男演员”、“最佳网络电影女演员”两个奖项；优酷网选送的《父亲之父女篇》摘得“最佳网络电影奖”。而备受关注的“最受大学生欢迎网络电影奖”被56网选送的《再见金华站》夺得。

大影节组委会还颁发了第13届大学生原创影片大赛奖项。大学生原创影片大赛由北京师范大学主办，优酷网、世界自然基金会、丝路数码技术有限公司以及红楼梦世界协办。本届大学生原创影片大赛自2012年2月起收到来自全国各大高校的原创影片作品共计1594件。本次颁奖典礼共颁发了剧情片、动画片、纪录片、实验短片、“爱地球”环保影片、优爱酷网络单元6个原创影片竞赛单元共39个奖项。本届北京大学生电影节形象大使宁浩导演还以视频颁奖的形式向上海戏剧学院的陈友康、张江颁出了剧情片单元“最佳导演奖”。歌手张靓颖以WWF（世界自然基金会）明星志愿者身份向北京师范大学获奖选手王雅松颁发了“爱地球最佳影片奖”。本届北京大学生电影节大学生原创影片大赛与WWF合作，特别设置了“爱地球”环保影片单元。通过优秀原创影片的创作与传播，唤起更多青年乃至全社会对环保问题的关注。

【第三届　“中国影协杯”　优秀电影剧本】

2012年4月2日，由中国影协主办，中国影协电影文学创作委员会、北京朗天中盛国际文化传媒有限公司协办的第三届“中国影协杯”优秀电影剧本表彰典礼在北京举行，《飞天》等7部电影剧本获得“优秀电影剧本”荣誉，《我的少女时代》获“特别表彰优秀剧本”荣誉。中国文联党组书记、副主席赵实，国家广电总局副局长张丕民等领导出席表彰典礼并为获选优秀电影剧本颁奖。荣获本届“中国影协杯”优秀电影剧本的作品是从2010年11月至2011年12月全国生产的电影中经初选、终选脱颖而出的

〖获奖名单〗

《飞天》（编剧：柳建伟、刘宏伟、王强、赵峻防、梁水宝）

《岁岁清明》（编剧：程晓玲）

《成成烽火》（编剧：郎云）

《金陵十三钗》（编剧：刘恒、严歌苓）

《幸福的向日葵》（编剧：黄丹、张铂雷、赵玉莹》

《钢的琴》（编剧：张猛）

《信义兄弟》（编剧：邢原平）

授予中国残联主席张海迪编剧的电影文学剧本《我的少女时代》“特别表彰优秀剧本”荣誉

以“关注现实生活，引领社会进步”为主题的第三届“中国影协杯”电影编剧论坛于同日举行，荣获“特别表彰优秀剧本”荣誉的张海迪以及获得本届“优秀电影剧本”的编剧代表柳建伟、张猛、程晓玲、黄丹、郎云、邢原平等先后发言，总结创作经验，交流深入基层生活、反映现实矛盾、表现时代精神的体会。康健民、许柏林、谢力以及中国影协电影文学创作委员会主任张思涛、副主任赵葆华和部分电影界专家学者也出席了论坛。

为了鼓励电影剧本创作，中国影协从2009年开始一年一度举行“中国影协杯”优秀电影剧本推选和表彰活动，高度关注现实生活，重视原创、鼓励创新。

【第二届北京国际电影节】

2012年4月23日至28日，“第二届北京国际电影节”举办。本次电影节由国家广播电影电视总局、北京市人民政府主办，文化部、外交部、教育部、新闻出版总署、海关总署支持，国家广播电影电视总局电影管理局、北京市广播电影电视局承办，中国电影家协会、中国电影导演协会、中国电影制片人协会、中国电影发行放映协会、中国电影集团公司等协办。北京国际电影节具有国际性、专业性、创新性、开放性和高端化、市场化的大型电影主题活动，旨在融汇国内国际电影资源，搭建展示交流交易平台，将成为北京市建设世界城市的重点文化活动，打造东方影视之都的核心活动，是中国继上海国际电影节之后的第二个获得国际电影制片人协会认可（FIAPF）的国际A类电影节。

4月23日，中共中央政治局委员、北京市委书记、北京国际电影节组委会名誉主席刘淇，全国人大常委会副委员长路甬祥，全国政协副主席、中国文联主席孙家正与中外电影界嘉宾、各界朋友一起出席在国家会议中心举行的开幕式。刘淇宣布第二届北京国际电影节开幕，北京市市长、电影节组委会主席郭金龙，广电总局副局长、电影节组委会常务副主席张丕民，国际著名导演詹姆斯·卡梅隆分别致辞。

作为第二届北京国际电影节的核心活动之一，北京展映单元于4月21日拉开帷幕，来自6大洲、54个国家和地区的260部影片在北京20家商业影院陆续展开放映，其中既包括《艺术家》、《纳德和西敏：一次别离》、《抑郁症》等奥斯卡、戛纳、柏林等国际重要电影节的获奖影片，也包括《钱学森》、《失恋33天》、《最爱》等优秀的国产新片。第二届北京国际电影节新增设的“精彩在沃·电影嘉年华”活动于4月22日开始在奥林匹克公园展开，这项活动旨在通过举办内容丰富、形式多样、新颖独特的电影综合娱乐活动，使公众充分参与其中，体验电影科技、消费电影产品、感受电影文化。

本届电影节以北京奥林匹克公园为核心区域，以国家会议中心为主场地，举办开幕式、北京展映、电影魅力·北京论坛、电影洽商、闭幕式（电影音乐会）、电影嘉年华等主题活动，以及电影企业交流、第十九届北京大学生电影节、第八届北京青少年公益电影节、北京民族电影展等相关活动。

开幕式上，著名演员李雪健荣获“2011年度电影杰出贡献者”称号；吴天明、张仁里、谢飞、吴思远、李行五位在发掘和培养电影人才方面作出突出贡献的电影艺术和电影教育工作者，荣获“中国电影人伯乐”称号；《金陵十三钗》、《辛亥革命》、《龙门飞甲》、《兔侠传奇》、《杜拉拉升职记》、《钢的琴》、《功夫梦》、《桃姐》、《玩酷青春》和《喜马拉雅王子》10部2011年度“走出去”工作贡献突出的中国电影获得表彰。

本届北京国际电影节有54个国家及地区的260部优秀影片在北京展映活动中与中外嘉宾和北京观

众见面；200多个国家和地区的640多家企业参加本届电影节电影洽商活动，有21个项目签约，成交总额高达52.73亿元，与去年相比洽商交易额增长88.7%。

4月26日，经过4天的项目创投、项目路演、市场展示交易、签约仪式等环节，第二届北京国际电影节电影洽商项目宣告结束，参与其中的电影机构达到640家，最终签约总额52.73亿元人民币。而在第一届北京国际电影季上，来自世界各地的334家电影机构参与了电影洽商项目，最终的签约总额为27.94亿元人民币。电影洽商是北京国际电影节最大的亮点，它诠释了电影节“融汇国内国际电影资源，搭建展示交流交易平台”的宗旨。在52.73亿元人民币中，24.21亿元是影片类签约的数额，19.5亿元是电影院线、影视基地及特效基地建设类的签约额，9.02亿元是电影项目计划、融资担保与技术类的签约额。

第二届北京国际电影节电影洽商项目取得的飞跃，与主办方专业性的不断加强是密不可分的。本届电影节的电影洽商项目被细分成10大类，构建了从电影创意、电影剧本、技术、设备、融资到电影发行、院线影院建设、影片合拍、法律版权咨询和新媒体应用综合而成的一个全产业链电影市场交易平台，同时展商构成也更加合理，实现了场内即可进行业内互动交易的效果。

“北京国际电影节”由“北京国际电影季”更名举办，“第一届北京国际电影季”于2011年4月23日至28日举办，700多家中外电影机构、2000多位中外嘉宾和北京各界10万人次参与；征集57个国家和地区852部影片，选出230部影片在北京20家影院展映429场；世界各地334家电影机构、860多位业内人士参加电影洽商，签约总额达27.94亿元人民币，创下国内电影节展交易额最高纪录。

[第二届北京国际电影节国际著名电影企业高峰论坛]

4月24日，由中影股份公司承办的第二届北京国际电影节国际著名电影企业高峰论坛在国家会议中心举行。来自世界五大洲13个国家的22位著名电影企业精英汇聚本次论坛，有11位国内外电影企业商管，分别就“提高电影企业核心竞争力的策略”和“全球化背景下电影合作机遇探寻”两个论题做了深入探讨。

【第十二届电影频道数字电影百合奖】

2012年5月7日，“第十二届电影频道电影百合奖”颁奖礼在京举行。国家广电总局电影局副局长张宏森、电影频道节目中心主任阎晓明、八一厂厂长黄宏、陈凯歌、樊少皇、李少红、潘长江等出席。此届共有15部优秀电视电影院入围，颁奖典礼秉承“创新”的理念，颁奖礼上加入了“V电影计划”等环节鼓励个人拍摄微电影。

由电影频道出品的影片《百年情书》成为当晚最大赢家，斩获优秀故事片一等奖、优秀导演、优秀女演员奖和优秀男演员奖四项大奖。刚刚在大学生电影节上完成“大满贯”的老艺术家李雪健，此次凭借《百年情书》再次问鼎百合奖影帝。新生代女星蒋梦婕和夏花平分影后奖项。由电影频道出品的影片《骆驼客》的导演高峰，与《百年情书》导演金舸分享优秀导演大奖。

〖获奖名单〗

优秀影片一等奖

第一名　《旋风司令韩先楚》

第二名　《信义兄弟》

第三名　《骆驼客》

第四名　《百年情书》

第五名　《成成烽火》

优秀影片二等奖

《父亲的草原母亲的河》、《抵抗！抵抗！》、《盛糖乐队》、《糖豆八部》、《双人床条约》

优秀儿童片奖

《足球小子飞毛腿》

优秀编剧奖

《信义兄弟》、《成成烽火》

优秀导演奖

高峰《骆驼客》、金舸《百年情书》

优秀男演员奖

谭凯《旋风司令韩先楚》、李雪健《百年情书》

优秀女演员奖

蒋梦婕《百年情书》、夏花《盛糖乐队》

评委会特别奖《孔庆德生死护送卡尔逊》

【第十五届上海国际电影节】

2012 年 6 月 16 日至 24 日，由国家广播电影电视总局和上海市政府主办，上海电影节组织委员会承办的“第十五届上海国际电影节”举办。6 月 16 日，第十五届上海国际电影节在上海大剧院开幕。电影导演吴贻弓获“华语电影终身成就奖”，美国电影制片人迈克・麦达沃伊获“电影杰出成就奖”，周润发获“华语电影杰出贡献奖”。6 月 24 日，第十五届上海国际电影节在上海大剧院圆满落幕。

本届上海国际电影节以构建国际电影交流合作的平台、扶持新锐推动中国电影产业多元化发展为两大目标，通过权威专业的评奖、国内外业界精英的对话，电影交易市场的洽谈、电影项目市场资本与内容的对接，无论报名影片、市场招展、创投项目，还是出席红地毯、电影论坛的明星与嘉宾，以及前来报道电影节的媒体数量都再次刷新电影节创办以来的纪录。开幕式上，400 多位中外影人盛装踏上红地毯，共有来自 106 个国家和地区 1643 部长片，9926 部短片参赛。电影节期间，上海 28 家影院 34 个厅共展映 303 部中外影片，851 场次，观影达 30 万人次，各种专题影展活动及主创见面会 106 次。

“电影交易市场”共有参展机构及公司 807 家，其中海外比例达到了 50% ，为历届之最。海外展商包括亚洲、欧洲、南北美洲以及第一次参展的非洲；电影交易市场共吸引 100 多个国家和地区的 2617 名注册买家。“电影项目市场”共收到 206 个项目报名，8 个项目入围“中国电影项目创投”、24 个入围“合拍项目”，32 个项目吸引 712 位买家，经过 483 场预约洽谈会议，全部达成合作意向。电影论坛以“发现中国、发现价值”为宗旨，12 场论坛场场爆满。手机电影节继续坚持创新，推出手机短片评选系列活动、女性微电影、爱上海城市宣传片、年度网络微电影评选、新媒体论坛及手机电影节颁奖盛典等活动。经典影片拷贝修复，历时 1 年，《一江春水向东流》、《十字街头》、《八千里路云和月》，在大银幕上重焕光彩，经典再现。

上海国际电影节（Shanghai International Film Festival）创办于 1993 年，是中国国内第一个国际电影节。上海国际电影节是经国务院批准、国际电影制片人协会同意的中国第一个的国际 A 类电影节，由国家广播电影电视总局和上海市政府主办，上海电影节组织委员会承办。上海电影节始办于 1993 年 10 月，每两年一届。电影节宗旨是：增进各国、各地区电影界人士之间的相互了解和友谊，促进世界电影艺术的繁荣。从第 5 届（2001 年）起改为每年举办一届。

本届电影节金爵奖评委会主席：让・雅克・阿诺（法国）；评委：洛珊・班尼蒂玛（伊朗）、张家振（美籍）、海瑟・格拉汉姆（美国）、李冰冰（中国）、贝拉・塔尔（匈牙利）、张杨（中国）。

〖获奖名单〗

金爵奖主竞赛单元

金爵奖最佳影片《熊》导演：克斯罗・马素米（伊朗）

金爵奖最佳导演 高书群《神探亨特张》（中国）
金爵奖最佳编剧 内田贤治《盗钥匙的方法》（日本）
金爵奖最佳男演员 弗拉德斯・巴格多纳斯《指挥家》（俄罗斯）
金爵奖最佳女演员 乌苏拉・普鲁内达《悲伤成梦》（墨西哥）
金爵奖最佳摄影 石栾《萧红》（中国）
金爵奖最佳音乐《蛹》（西班牙）
评委会大奖《从未放弃的爱》（加拿大）

亚洲新人奖单元
亚洲新人奖最佳影片奖《腐蚀》（印度）
亚洲新人奖最佳导演 彭磊《乐队》（内地）
亚洲新人奖 曾翠珊《大蓝湖》（香港）
电影频道传媒大奖
电影频道最佳影片《一八九四・甲午大海战》
电影频道最佳导演 林黎胜《百万巨鳄》
电影频道最佳编剧 Daniel Hsia《纽约客@上海》
电影频道最佳男主角 午马《画圣》
电影频道最佳女主角 方青卓《暴走妈妈》
电影频道最佳男配角 孙海英《一八九四・甲午大海战》
电影频道最佳女配角 江珊《第一次》
电影频道最佳新人导演 韩延《第一次》
电影频道最佳新人男演员 丹尼尔・海尼《纽约客@上海》
电影频道最佳新人女演员 拜海提・牙合甫《骆驼客》
电影频道最佳摄影 金阳《画圣》
电影频道杰出电影贡献奖 麦克・麦德沃（Mike Medavoy）
电影频道华语电影杰出贡献奖 周润发

终身成就奖 吴贻弓

其它奖项
手机电影节最佳影片《一则偶然事件的背后》（导演：米哈伊尔・迈斯泰特斯基）
最佳导演 帕维尔・马斯劳纳《日食》
最佳演员 陈明昊《老男人历险记之“喘不上气”》
最佳编剧奖 魏民《灵魂中转站》
最佳公益短片《极限》（导演：路易莎・佩雷拉）
最佳喜剧片《一只光脚走路的鞋》（导演：卢杰）
最佳悬疑片《天使之翼》（阿苏卡・西尔维）
最佳动画片《海报狂想曲》（导演：袁智超）
最佳纪录片《长湖的渴望》（导演：金华青）
年度最佳网络微电影《特殊服务》（导演：黄渤）

[第十五届上海国际电影节电影频道传媒大奖]
2012年6月23日，第15届上海国际电影节电影频道传媒大奖举行颁奖典礼。今年报名参加电影频

道传媒大奖的影片数量近200部，最终11部入围。电影频道传媒大奖从2004年创办至今，以推动国产新片为目的，将评审权赋予媒体记者，借助媒体记者专业化眼光提出独到的意见，做出公正合理的判断。电影局、电影频道、上海文广集团、上影集团、中国电影制片人协会相关负责人等出席。

【第八届北京青少年公益电影节】

2012年4月22日至8月12日，由北京团市委、北京市广电局等十一家单位主办，北京市青年宫和华夏电影发行公司承办，中国网络电视台等单位协办的“第八届北京青少年公益电影节”举办。北京青少年公益电影节是一项具有广泛影响的大型电影文化活动，自2005年首次举办以来，已经连续成功举办八届。4月22日第八届北京青少年公益电影节在奥林匹克公园核心区开幕，五百多名来自社会各届关心青少年电影的知名人士和青少年参加。北京国际电影节总顾问赵东鸣等领导出席活动。共青团北京市委副书记常宇为来京务工青年、中小学生和社区青年代表送上了300场公益电影，从而拉开了本届电影节各项活动的序幕。

2012年8月12日，第八届北京青少年公益电影节在北京市青年宫闭幕。国家广电总局副局长张丕民、八一厂厂长黄宏以及田华、翟俊杰、孙海英、吕丽萍、冯小宁、张一山、田亮等现身捧场。《亲亲我》男主角小天歌凭借本片获得了本届公益电影节最受欢迎男演员奖，成为中国年龄最小的“影帝”。

本届青少年公益电影节首次举办了青少年题材影片展映和评选活动，共有47部影片报名参赛，开展为期一个多月的影院公益展映。经过网络投票和60名青少年小评委评议，最终从24部入围影片中产生出了首届“蓓蕾奖”的各个奖项。

《你是太阳，我是月亮》、《跑出一片天》、《喜羊羊之开心闯龙年》、《小小代校长》和《民的1911》五部影片斩获本届“最受青少年欢迎的影片奖”；奥运会冠军、影视演员田亮凭借作品《跑出一片天》一举赢得“青少年最喜爱的男演员”，同时获得该奖项的还有《亲亲我》中扮演虫虫的天歌和《追梦的山里娃》中扮演袁建的罗晓熙；著名童星徐娇凭借《星空》摘得“青少年最喜爱的女演员奖”，《藏獒多吉》中的“多吉”、《兔侠传奇》中的“兔二”等成为“青少年最喜爱的银幕形象”。

凭借影片《亲亲我》获得“青少年最喜爱的男演员”的天歌出演该片时只有4岁半，今年他还不到6岁，成为中国年龄最小的获得影帝称号的小演员。

【第五届中国（宁波）农民电影节】

2012年9月14日至15日，由宁波市政府、中国电影发行放映协会主办的“第五届中国（宁波）农民电影节”举行。

9月14日，电影节开幕式暨电影《忠诚与背叛》全国农村首映活动在宁海县举行。全国农村电影院线代表400余人出席开幕式。本届电影节以“电影的盛会、农民的节日”为主题，公益性、互动性、贴近性成为亮点。开幕式上，向革命老区和西部地区捐赠农村数字电影放映场次的公益活动“捐赠10元圆农民观影梦”。15日，中国广播电影交响乐团带来了“在希望的田野上”——电影金曲主题晚会，著名电影艺术家祝希娟、仲星火揭晓了“最受农民欢迎的”各个奖项。《举起手来》、《建党伟业》、《精武风云：陈真》获最受农民欢迎的优秀国产影片奖；《九品村官》、《农家媳妇》获最受农民欢迎农村片奖；《英雄儿女》、《上甘岭》获最受农民欢迎经典电影奖；《农村儿童安全知识》、《农村老年人权利保障》获最受农民欢迎科教影片奖；潘长江、舒淇分获最受农民欢迎男、女演员奖。

电影节期间，中央影视媒体“走转改”基层行、全国农村电影创作座谈会等活动也同时举行。

【“第21届金鸡百花电影节” 暨 “第31届大众电影百花奖”】

2012年9月25日至29日，“第21届金鸡百花电影节”举办暨“第31届大众电影百花奖”颁奖。全国政协副主席、中国文联主席孙家正，浙江省委书记、省人大常委会主任赵洪祝，中国文联党组书记、副主席赵实，与王为一、于蓝、秦怡、谢铁骊、苏叔阳、祝希娟、金迪、李前宽、谢飞、翟俊杰、肖桂云、惠英红、成龙等老中青少四代电影人共同参加了本届电影节。

中国金鸡百花电影节是目前国内历史最久的电影节，有着广泛的群众基础。今年恰逢中国大众电影百花奖创办50周年。半个世纪以来，百花奖表彰了一大批为促进电影艺术创作、提高电影艺术水平、丰富人民群众精神文化生活作出了积极贡献，深受观众喜爱的电影作品和电影工作者。在闭幕式上以“电影人瑞、辉映南北”为主题，展示了101岁的王为一和95岁的严寄洲两位南北电影领军人物导演的经典作品。在“科技之光——动画电影与科技论坛”上，年过古稀的中国电影剪辑学会名誉会长、珠江电影集团公司著名剪辑师杨幸媛，娴熟地用电脑声画影像向与会者展示，由其剪辑的三维数字动画电影《三国演义》片断，令在场的众多专家、学者和动画电影主创人员十分震撼。

民族电影展是第21届中国金鸡百花电影节的一个重要单元，展映了蒙古族、维吾尔族、藏族、彝族、侗族等少数民族的八部经典电影。金鸡国际影展越来越受到世界各国电影机构的关注。经过精心挑选，在为期三天的本届国际影展中，来自韩国、波兰、罗马尼亚、越南、古巴等18个国家的17部影片进行了展映。为了纪念中韩建交20周年，本届电影节还举办了韩国电影展和中韩电影研讨会，四部优秀的韩国电影在韩国影展上与中国观众见面。在金鸡国际影展闭幕式上，还最终颁发了由专家评委和绍兴市民评委共同评选的奖项。其中，俄罗斯电影《同一场战争》、古巴电影《然而》共同获得最受观众喜爱的外国影片奖，韩国电影《断箭》导演郑智泳、新西兰电影《爱情鸟》导演保罗·莫菲获得最受观众喜爱的外国导演奖。

9月29日，第21届大众电影百花奖颁奖典礼及闭幕式举行，最佳影片、最佳导演等9个奖项现场揭晓。

〖第31届大众电影百花奖获奖名单〗

最佳影片　《唐山大地震》
优秀故事片　《辛亥革命》、《失恋33天》
最佳导演　冯小刚（《唐山大地震》）
最佳编剧　苏小卫（《唐山大地震》）
最佳男主角　文章（《失恋33天》）
最佳女主角　白百何（《失恋33天》）
最佳男配角　孙淳（《辛亥革命》）
最佳女配角　宁静（《辛亥革命》）
最佳新人奖　张子枫（《唐山大地震》）
金鸡奖终身成就奖：王为一、严寄洲

[大众电影百花奖恢复最佳编剧奖]

2012年7月3日，中国影协召开新闻发布会，宣布将从第31届大众电影百花奖开始，恢复设立最佳编剧奖。中国影协分党组书记、驻会副主席康健民介绍，大众电影百花奖在建立之初就设有最佳编剧奖，但后来因种种原因被暂时取消。然而随着中国电影产业的快速发展，电影剧本的重要性愈发显现出来。鉴于此，中国影协分党组近年来多次与相关部门沟通协商，在主管部门的大力支持下，大众电影百花奖最佳编剧奖终于得以恢复，而该奖项的评选程序将与大众电影百花奖的其他奖项保持一致。

【广电总局2012夏衍杯评选结果】

2012年9月25日，2012夏衍杯电影剧本征集来稿共计1728部，经过初选、终评，产生了5部“优秀电影剧本”和30部“创意电影剧本”。评选结果在广电总局电影剧本中心举办的2012中秋电影编剧联谊会现场揭晓并发布。

2012夏衍杯电影剧本征集评选结果

一、优秀电影剧本5部（按首字笔画排序）：

1. 《永恒的桥》（编剧：申晓义 开心 李威）
2. 《爸爸的晚餐》（编剧：郑正）
3. 《金钗》（编剧：孟宪明）
4. 《恋城》（编剧：杨玲）
5. 《叠石桥的三个未婚妈妈》（编剧：朱苹 徐一文）

二、创意电影剧本30部（按首字笔画排序）：

1. 《一墙之隔》（编剧：李涛）
2. 《二十一兵工厂》（编剧：张军）
3. 《人人知道我爱你》（编剧：王菡）
4. 《大雪留痕》（编剧：卢苏宁）
5. 《长歌》（编剧：陆洋）
6. 《东西屋南北炕》（编剧：王霆钧）
7. 《如临大婚》（编剧：丁旸明）
8. 《妈妈的明信片》（编剧：贾磊）
9. 《当务之急》（编剧：薛宁 张彰）
10. 《爷俩》（编剧：李锋）
11. 《老马奔驰》（编剧：陈咏）
12. 《我们的故事》（编剧：陈璐莎）
13. 《我阿姨的一家》（编剧：徐茜）
14. 《呼伦贝尔》（编剧：商量）
15. 《定点清除》（编剧：王强）
16. 《青霞》（编剧：黄丹 张铂雷）
17. 《孩子的红发卡》（编剧：邢戈）
18. 《指尖太阳》（编剧：王虹剑 龙振宇）
19. 《树杀》（编剧：孟奇）
20. 《穿越蘑菇云》（编剧：廖建斌）
21. 《给你一颗豹子胆》（编剧：黄亚洲）
22. 《家里的男孩》（编剧：张遂遂）
23. 《真相》（编剧：王瑞）
24. 《陪读》（编剧：董祥）
25. 《高楼下的琴声》（编剧：林洪桐 冯宇华 王轶轲）
26. 《彩铃和闪爷》（编剧：辛勤 阎永东）
27. 《雪山守信》（编剧：邵瑞义）
28. 《温暖的山梁》（编剧：宋慕歌 宋江波）
29. 《新娘》（编剧：杨天东）
30. 《漫长的闪婚》（编剧：高桥）

会议

【2011 中国电影导演协会年度表彰大会】

2012 年 4 月 8 日，“2011 中国电影导演协会年度表彰大会”在京举行，《让子弹飞》独揽 3 项大奖，成为最大赢家。在年度导演的竞争中，《让子弹飞》的导演姜文获得这一最为重头的奖项，而该片也同时摘取了年度影片和年度男演员（葛优）两项大奖。此外，章子怡凭借《最爱》获得年度女演员奖，张猛因《钢的琴》获年度编剧奖，《转山》的导演杜家毅摘得年度青年导演奖，而年度港台导演奖和终身成就奖则分别由杜琪峰和吴贻弓获得。李少红、何平、张建亚、张国立、张扬、贾樟柯等、谢飞、侯孝贤、李前宽、黄建新、冯小刚、田壮壮、陈可辛、巩俐、郭富城、徐静蕾等电影界知名人士悉数参加了本次庆典。

【第六十八届国际电影资料馆联合会北京年会】

2012 年 4 月 22 至 28 日，由中国电影资料馆承办的“第六十八届国际电影资料馆联合会北京年会”举办。开幕式于 4 月 22 日在首都博物馆举行。来自 48 个国家和地区的 70 多家电影档案保存机构的中外代表近 300 人和中外嘉宾参加了开幕式。

国际电影资料馆联合会成立于 1938 年。其宗旨是把电影作为人类文化加以保存传承，传播电影文化，促进国际交流和电影保存技术的发展。中国电影资料馆作为国家电影档案馆于 1980 年加入国资联。本次北京年会是国际电影资料馆联合会 1938 年成立以来第一次在中国主办年会。4 月 28 日，年会在北京举行闭幕式。300 名中外代表和嘉宾出席了闭幕式，国资联主席埃里克·勒鲁瓦与广电总局电影局相关负责同志分别在闭幕式上致辞。

4 月 23 日至 24 日，作为年会主要议程，世界动画电影遗产研讨会在中国电影资料馆举办。来自十余个国家的 22 名电影档案机构的专家，在会上发表了关于世界动画电影遗产研究的学术论文，重点研讨动画电影的收集、保存、修复、利用。为配合研讨会，国资联和中国电影资料馆在北京年会期间举办“珍宝级世界动画电影展映”。在为期 7 天的展映中，向观众呈现包括中国、捷克、波兰、俄罗斯、德国等 16 个国家的 23 家电影资料馆提供的 130 部中外动画影片。本届影展展出的最早的动画片是由美国加州大学洛杉矶分校电影与电视资料馆提供的 1900 年制作的仅有 1 分半钟的《魔画》，而德国联邦档案馆电影资料馆提供的 1926 年的剪纸动画短片《阿基米德王子历险记》还由歌德学院北京分院进行现场配乐。中国有《小蝌蚪找妈妈》、《牧笛》、《三个和尚》、《没头脑和不高兴》、《九色鹿》等馆藏的 10 部中国动画片代表作进行展映，值得关注的是还首次放映中国电影资料馆新近发现的、万氏兄弟制作于 1934 年的早期动画短片《鼠与蛙》。为保证观看效果，这些动画片都做了修护和数字化转换，其中 6 部更是精致修护。这些影片一方面展示了世界动画电影的发展历程与艺术成就，另一方面展现了电影资料馆对经典动画影片的保存与修复技术成果。

作为“国际电影资料馆联合会”重要会员之一、有着 50 余年历史的中国电影资料馆在国家广电总局的大力支持下，对本届年会作了精心的安排和议题设置。中国电影资料馆于 2008 年在法国巴黎举办的国际电影资料馆联合会第 64 届年会上提交了承办 2012 年第 68 届“国资联”年会的申请，并通过大会投票选举获得了承办权，国际电影资料馆联合会的宗旨是把所有从事收集和保存活动影像的机构团结在一起，激励收集和保存电影以及与电影相关的文图资料，帮助没有电影资料馆的国家建立资料馆，鼓励会员之间在宣传电影文化和历史研究方面进行合作。而本届年会有48个国家和地区的210位代表注册，这些代表均为各国电影档案保存机构的权威专家，有29位各国（地区）资料馆的馆长与会。

每届国际电影资料馆联合会年会最重要的内容是研讨会。如2008年法国巴黎年会的主题为“作品的法律保护”；2009年阿根廷布宜诺斯艾利斯年会的主题是“资料馆如何寻找观众”；2010年挪威奥斯陆年会的主题是“数字技术研讨”；2011年南非比勒陀利亚年会的主题是“非洲及世界其他地区本土视听遗产”。而2012年中国北京年会研讨的主题为“世界动画电影”，这是“国际电影资料馆联合会”70多年历史上第一次讨论动画电影这个主题。

【“动画电影：文化、美学与产业”研讨会】

2012年6月28日，中国电影资料馆在北京召开“动画电影：文化、美学与产业”研讨会。与会专家学者围绕动画电影开展了多层面、多角度的研讨，内容涉及数字时代技术发展对动画电影的影响，动画电影民族化与现代化，动画电影本体、电影媒介、电影创作、电影产业，中外动画电影比较，动画电影史研究误区及动画电影人才培养、动画表演教学分析等。

电影资料馆近年来围绕动画电影开展了一系列工作，包括承办“世界动画电影”为主题的第68届国际电影资料馆联合会年会，编写具有填补学术空白意义的工具书《中国影片大典·动画片卷》，全面整理馆藏动画电影档案资料，对早期动画影片进行数字化修复，对中国动画电影人进行“口述历史”采访等。广电总局办公厅、电影资料馆负责人以及来自动画电影创作、教学、研究、产业领域的专家学者30余人参加了研讨会。

【2012中国（北京）电影学术年会】

2012年10月27日至28日，以“电影：文化力和影响力”为主题的2012中国（北京）电影学术年会在京召开。此次年会指导单位为中共北京市委宣传部、国家广电总局电影局，支持单位为北京市广播电影电视局，由中国电影博物馆、北京大学艺术学院联合主办。国家广电总局副局长张丕民，北京市委常委、宣传部部长、副市长鲁炜，以及庞微、刘伟、杨永安等领导出席开幕式并致辞。国家广电总局电影局副局长喇培康在开幕式上发表了主旨演讲。北京大学艺术学院院长王一川担任开幕式议程主席。

本次年会共设4场高峰研讨、三场圆桌研讨、三场学术沙龙，与会的百余位业界和学界专家分别围绕“文化力和影响力”展开全方位学术探讨。中国文联原副主席、著名导演丁荫楠，中国影协主席、著名导演李前宽，八一电影制片厂著名导演翟俊杰等也参与高峰研讨。作为世界上规模最大的电影博物馆，中国电影博物馆在主办前三届学术年会的基础上，今年扩大规模与北京大学艺术学院联合主办本届年会。

业态

【“全国电影票务综合信息系统” 正式启用】

2012年2月9日，全国电影票务综合信息系统（简称新平台）上线使用启动仪式举行。广电总局电影局负责人与各省电影专项资金管委会、院线公司、发行商、软件商及影院等各方代表出席启动仪式，电影资金办“全国电影票务综合信息系统”正式启用。

新平台共规划了信息速递、行业组织管理、影院管理、影片管理、票房数据接收、放映数据接收、监控管理、专资收缴管理、专资使用管理、查询统计、分析预测、GIS综合展示、安全认证、系统管理、SSL应用共15个模块，77项功能。最终目标是建设全国电影票房数据的权威统计平台、资金征管的量化平台、客观公允的监管平台及面向行业的服务平台，满足国家主管部门及有关方面对电影票房、场次、人次等数据的统计查询及监督管理需要，适应国家电影产业长期规划与发展要求。

【重庆电影集团成立】

2012年3月23日，作为重庆市委、市政府推动文化强市的一项重要举措，重庆电影集团公司正式挂牌成立。公司是由重庆广播电视集团（总台）、市国有文化资产经营管理公司、重庆两江新区开发投资集团公司、重庆出版集团公司共同出资组建的大型国有股份制文化企业。重庆市领导黄奇帆、何事忠、谭栖伟，国家广电总局副局长张丕民，以及仲呈祥、王朝柱、陈先义、李硕儒、冯小刚、沈东、胡晓峰等业界知名人士出席庆典仪式。庆典仪式上，重庆电影集团与华谊兄弟公司签订了合作投拍《1942》的协议，包括中影集团、华谊兄弟、海润影视、慈文传媒在内的国家多家一线影视制作机构与重庆电影集团达成战略合作伙伴协议；中国建设银行重庆分行与重庆电影集团签订了10亿元的授信协议。

【《中国都市影像消费生态调查报告》】

2012年4月25日，国内首份《中国都市影像消费生态调查报告》在北京师范大学发布。该报告系第十九届大学生电影节特设“中国都市影像消费生态研究”项目的研究成果，由北京大学生电影节、北京师范大学传播效果实验室联合推出，试图从城市居民消费的层面来了解中国影像生态的现状。

报告首次系统地对我国城市居民通过电影院、电视、移动互联网、PC互联网、社交媒体、DVD/VCD等渠道消费电影视频等状况作了全面描述和比较分析，对我国电影业、网络视频业、移动互联网业和音像业有较高的参考价值。

报告指出，影像消费渠道已呈多元态势——电视虽然仍是最大的消费渠道，但下降趋势很明显。移动互联网、PC互联网、社交媒体等网络媒体的视频影像在城市居民中都拥有一成到四成比例的消费者，已经成为重要的视频影像消费渠道。电视观众的老年化、低学历化、低收入化特征非常明显。越是在低收入群体中，覆盖率越高。而PC互联网、移动互联网、社交网络消费群体结构特征相似：低龄化、高学历化、高收入化，在学生和白领群体中覆盖率高。在PC互联网的消费类别中电影、电视剧所占比重最大，而优酷土豆则占据了PC影像消费的绝对龙头地位。

报告中还提到，电影院正在成为一个精英消费场所。传统媒体的电影院观众规模相对小，但构成特征与移动互联网、社交媒体等新兴渠道相似：低龄化、高学历化、高收入化。而在电影信息获取渠道方面，口碑传播已经影响到电影的消费，人际传播已经成为一条主要信息扩散渠道。

所调查的北京、广州、成都三大城市的消费特点有明显差异：北京是电视消费突出型城市；广州是PC互联网、社交网络消费突出型城市；成都是移动互联网消费突出型城市。报告还比较了北京、广州、成都三个城市居民的社交网络行为：广州居民的社交网络使用比例较高，北京居民在三个城市中比例最低。广州居民上传视频行为比例较高，成都居民在三城市中比例最低。

报告指出，新浪微博是国内最大的微博和社交网络平台，其次是腾讯微博，人人网和开心网居于三四位。

此后，《中国都市影像消费生态调查报告》将每年推出一次。该研究报告采用北京师范大学传播效果实验室的CATI系统（电脑辅助电话调查系统）对北京、广州、成都三城市居民采集数据，执行时间是2012年3月20日至3月25日，获得有效样本849人份。

人物纪念

【追思“第四代”导演胡炳榴】

2012年2月14日电影导演胡炳榴离世。2月21日，由广东省电影家协会、省广电协会电影专业委员会、珠影集团主办的“胡炳榴艺术创作回顾座谈会”在广州召开。会上，广东省电影家协会主席、珠影集团董事长刘红兵表达了对胡炳榴导演的沉痛悼念，他说，胡炳榴是南国电影的旗帜，为中国电影作出了重要贡献，是一个思想深邃、艺德高尚的“大家”。

胡炳榴（1940－2012）湖北黄陂县人，汉族。国家一级导演。2000年被授予全国广播电影电视系统劳动模范称号；在2005年国家隆重纪念中国电影百年系列活动中，被人事部、广播电影电视总局授予“优秀电影艺术家”荣誉称号（全国50名）。曾任中国电影家协会理事，广东省电影家协会副主席等职。从事电影工作45年，以电影《乡情》、《乡音》、《乡民》“乡土电影三部曲”著称影坛，并形成了他的平民导演风格。其作品曾获大众电影百花奖最佳故事片奖、中国电影“金鸡奖”最佳故事片奖、上海国际电影节评委会特别奖、中国电影华表奖优秀故事片奖以及多项导演奖等。

胡炳榴留下的电影艺术精品，为中国电影创新提供了宝贵的经验，其中最难能可贵的一点，就是摒弃门户之见，善于汲取多种生活、艺术营养，各种有用资源都拿来为我所用，将中国大众生活、中国传统文化艺术和现代电影艺术完美结合，可谓三全其美。

【电影表演艺术家冯喆诞辰90周年纪念活动】

2012年3月25日，上海影视文献图书馆、上海电影评论学会、文汇出版社联合举办了电影表演艺术家冯喆诞辰90周年系列纪念活动，包括冯喆先生追思纪念会，《风影掠痕：冯喆的演艺生涯和婚恋悲剧》图书首发式，电影《南征北战》、《铁道游击队》纪念珍藏版精装连环画首发式等。活动邀请了著名表演艺术家秦怡、牛犇、曹雷，著名传记作家刘澍，以及以邬爱华为首的冯喆的表兄妹等人，亲赴上海影视文献图书馆与广大观众见面。

冯喆（1921—1969），原名冯贻喆，原籍广东南海（佛山），生于天津，后考入上海国立音专主修大提琴，曾参加美艺、华艺、同茂等文艺团体，先后演出了《家》、《风雪夜归人》、《上海屋檐下》、《大明英烈传》等40余部话剧。主演过《忆江南》、《恋爱之道》、《结亲》、《冬去春来》、《南征北战》、《铁道游击队》、《羊城暗哨》、《金沙江畔》、《桃花扇》等多部影片。“文革”爆发后，冯喆遭受迫害不幸离世。冯喆的戏路非常宽广，且人物塑造反差极大，既能演文人，又能演武将；既能演现代革命青年，又能演古代多情公子，称之为“性格演员”当之无愧。2005年，纪念中国电影百年时冯喆被评选为“中国电影百年百星”之一。

【电影翻译家、日本电影研究专家、《世界电影》原副主编陈笃忱逝世】

2012年5月12日，著名电影翻译家、日本电影研究专家、《世界电影》原副主编陈笃忱同志与世长辞，享年95岁。中国电影家协会、《世界电影》编辑部对陈笃忱同志的辞世表示沉痛哀悼。

陈笃忱同志作为新中国电影翻译事业的第一批拓荒者，从1952年《电影艺术译丛》（《世界电影》

前身）创办伊始，就以引入国外电影的理论和实践经验为己任，翻译介绍了大量电影理论著述和日本进步影片，为新中国电影的发展提供了宝贵的借鉴。

“文化大革命”终结后，陈笃忱同志以高涨的工作热情迎接我国文艺界春天的到来，投入中国影协外国电影研究部的创办和《电影艺术译丛》的复刊工作，并任主要负责人之一，在思想解放运动和改革开放的大旗下，为引入海外的理论著述和实践经验努力奉献。陈笃忱同志一生发表了大量的译著译文，始终站立于我国日本电影学术性研究的最高点上，为我国的外国电影理论研究工作、外国电影普及工作和对外电影文化交流工作等均做出了十分重要的历史贡献。

陈笃忱同志一直工作到70多岁才正式离开《世界电影》杂志副主编的工作岗位。他工作兢兢业业，坚持“双百”和“两为”方针，保持正确导向和《世界电影》的一贯风格，也保持了这份杂志在电影学界的领先地位。离开工作岗位后，陈笃忱同志仍然心系事业，在中国电影面临全球化的机遇和挑战时，陈笃忱同志寄语《世界电影》，希望电影从业人员为培育中国的观众和市场，争取民族本土电影的繁荣，担负起守护民族文化灵魂的使命。

陈笃忱同志为人谦逊和蔼，儒雅大度，严于律己，宽以待人，提携培养青年学子不遗余力，表现出老一代学者的高尚风范。

【表演艺术家陈强逝世】

2012年6月26日晚间，我国著名电影表演艺术家，喜剧表演艺术家陈佩斯之父陈强在京逝世，享年94岁。陈强从艺数十年，擅长饰演反派人物，他一反“脸谱化”的表演手法，从深入挖掘人物内心入手，以多种手段揭示本质，使人物形象真实自然，他因《红色娘子军》中饰演南霸天获多种殊荣。曾获第29届百花奖终身成就奖。

陈强（1918－2012）原名陈庆三，籍贯河北宁晋徐家河，中国著名电影表演艺术家。幼年时期家境贫寒，随父母逃难到太原，1936年在太原念中学时，课余参加太原青年剧社和新生剧院的进步戏剧演出活动。1937年他随战地总动员会宣传团在晋西北演出。1938年到延安，入鲁迅艺术学院戏剧系学习表演理论和表演技巧，1939年毕业后参加晋察冀边区联大文工团，西北战地服务团等戏剧演出活动。1942年主演喜剧《二大伯》受到欢迎。同年加入中国共产党。1944年任鲁迅艺术学院文工团演员。1945年在大型歌舞剧《白毛女》中饰演恶霸地主黄世仁，因以精湛演技刻画黄世仁凶残丑恶的嘴脸而一举获得成功。1947年任东北电影制片厂演员。后在《留下他打老蒋》、《桥》等影片中饰演角色。1953年任北京电影制片厂演员。1955年入北京电影学校表演专修班学习。1961年在影片《红色娘子军》中饰演地主南霸天，于1962年获第一届电影百花奖最佳男配角奖，1964年获印度尼西亚第三届亚非电影节最佳男演员奖。不仅擅演反派角色，还参加拍摄多部喜剧片。如《三年早知道》、《父与子》、《瞧这一家子》等。

【表演艺术家张瑞芳逝世】

2012年6月28日晚，我国著名表演艺术家张瑞芳因病在上海逝世，享年94岁。

张瑞芳，1918年6月15日出生，我国著名表演艺术家。为新中国电影奉献了一个独一无二的喜剧形象——“李双双”。张瑞芳曾是话剧舞台上闻名遐迩的四大名旦之一，从舞台到银幕，她塑造了一系列鲜活生动的形象。1962年的快嘴“李双双”，让她达到电影演艺事业巅峰。

早在19岁时，张瑞芳就与白杨、舒绣文、秦怡并称为“四大名旦”，活跃在话剧舞台上，光彩夺目。解放后张瑞芳加入上影厂，先后主演了《南征北战》，《李双双》、《家》、《泉水叮咚》、《大河奔流》等众多优秀影片，塑造了一个个丰富饱满的中国女性形象。其中《李双双》荣获1963年第二届《大众电影》“百花奖”最佳女演员奖，张瑞芳也成为中国观众心目中的电影女神。

【表演艺术家黄宗洛逝世】

2012 年 6 月 30 日下午，表演艺术家黄宗洛因重症肺炎在北京同仁医院逝世，享年 86 岁。黄宗洛遗体告别仪式定于 7 月 4 日上午在八宝山举行。

北京人民艺术剧院官方网站 30 日发布消息称，2012 年 6 月 30 日下午 15：10，中国共产党优秀党员、著名表演艺术家、一级演员、北京人艺离休干部、中国戏剧家协会会员，中国电视艺术家协会北京分会理事黄宗洛，因重症肺炎在北京同仁医院逝世，享年 86 岁。

黄宗洛 1926 年生于北京，曾先后就读于燕京大学、晋察冀华北联合大学、解放区华北大学及中央戏剧学院。1948 年 3 月在西柏坡参加革命，加入抗敌演剧二队。1956 年 7 月 1 日入党。

黄宗洛祖籍浙江瑞安，出身于书香世家，父亲是电机工程师，清末留学日本，回来考上了清末最后一科的洋翰林，他的爷爷、太爷爷都是翰林。他们兄妹四人黄宗江、黄宗英、黄宗洛、黄宗汉均与艺术结缘，被文化界并称为“黄氏四杰”。黄宗洛的夫人尚梦初也是北京人艺的优秀演员。

黄宗洛 1952 年进入北京人民艺术剧院，以“三小”起家，即《茶馆》中的松二爷，《智取威虎山》中的黄排长，《三块钱国币》中的巡警这几个小角色，成为舞台上和观众心目中的表演艺术家。除此以外，他还先后扮演了《带枪的人》中的叶费姆，《星火燎原》中地主家的人，《怒涛》中的许政，《风水东风》中的魏老增，《同志，你走错了路》中的陈参谋长，《左邻右舍》中的赵春，《小井胡同》中的毕五等 50 余个舞台角色，都于微细处大放异彩。黄宗洛在《茶馆》中演的这个“松二爷”，都给人留下不可磨灭的印像。他也以擅演小角色而名声大振，被誉为“龙套大师”。

在影视方面，他也多次表现出过人的表演功底，电影《田野又是青纱帐》、《远离战争的年代》、《找乐》，电视剧《擎天柱》、《大宅门》、《笑傲江湖》、《西游记》、《我爱我家》等作品中，更多观众认识并喜爱上了他。

北京人艺流传着一句话，叫做“只有小演员，没有小角色。”这固然是人艺精神的一个体现，但很多人在说到这句话时，第一个想到的往往就是黄宗洛。任何一个哪怕只有几句台词的小角色，到了“龙套大师”的手中，也被挖掘出独特的艺术魅力。就是这些琳琅满目的小角色，使得黄宗洛获得了话剧和影视等诸多奖项，如 1987 年获得人艺元老杯；1997 年因从事话剧事业 50 周年，获中国剧协颁发的金牌奖；1999 年获国务院颁发的终身贡献奖；电视剧《擎天柱》里饰演的卖耗子药的农民企业家丘满屯，曾获第十三届飞天奖最优秀男配角奖；电影《田野又是青纱帐》中饰演的看风水的丁花先生，获得吉林省小百花奖；由他主演的电影《远离战争的年代》获前苏联 1988 年第十届亚非拉国际电影节故事片银奖；他在另一部电影《找乐》中饰演主角韩大爷，则获希腊帖撒罗尼迦国际电影节表演金奖和法国南特三大洲电影节金奖；2007 年，获中国电影表演艺术协会终身成就奖。

在黄宗洛的“龙套”生涯中，在舞台上、荧屏上和银幕上一共塑造了 100 多个类似的栩栩如生的小人物艺术形象，自诩为“百丑图”，其中重要的形象有 72 个，他自称“七十二变”。

“自己高兴，让别人也高兴，这辈子就没白活！”这是老艺术家黄宗洛对自己艺术人生的评价。黄老粉墨一生，给人们带来了无限欢乐。

【表演艺术家李默然逝世】

2012 年 11 月 8 日晚，著名表演艺术家李默然在北京辞世，享年 85 岁。他最为人熟知的角色是《甲午风云》中的爱国将领邓世昌。从 24 岁时的库烈聘，到 33 岁时的邓世昌，从 52 岁时的李健，到 59 岁时的李尔，直到 66 岁时的贾泽，他走过了一条不间断的持续探索的艺术道路，为人民群众留下了一连串闪耀着生命灵光的人物形象。今天李默然简历上有着一连串头衔：话剧院院长、中国话剧研究会会长、戏剧家协会主席、文联名誉主席等等，它们昭示了一个自学成才的典范，而背后的艰辛只有经历的人才能体味。

李默然（Li Moran，1927. 12. 21 – 2012. 11. 08），李默然原名李绍诚，中国话剧表演艺术家、国家一级演员、电影演员、辽宁人民艺术剧院名誉院长。从艺逾60年间，李默然共演出话剧60多部。先后在话剧《第一次打击》、《智取威虎山》、《市委书记》、《报春花》中担任主要角色。此外，还在8部影片中担任过主角。1962年李默然凭借在影片《甲午风云》中成功地创造了爱国将领“邓世昌”的形象，赢得广泛声誉。后又在影片《兵临城下》中饰演东北民主联军姜部长。

李默然从艺60多年中出演话剧60多部，1986年被中国戏剧家协会授予“话剧表演艺术家”称号和“话剧终身荣誉奖”荣誉；2007年获得第十七届白玉兰戏剧艺术奖“终身成就奖”。

一部《甲午风云》让李默然蜚声全国，他把民族英雄邓世昌的风骨鲜明生动地呈现上了银幕并永远地留在了观众的心中，成为中国银幕上别具一格的“硬汉”标本。《甲午风云》的成功带给李默然雪片般飞来的信件的同时也给他带来了当年的电影百花奖，因为文化大革命的原因，当年的奖被取消。从艺逾60年，李默然共演出话剧60多部。先后在话剧《尤利乌斯·伏契克》、《第一次打击》、《智取威虎山》、《市委书记》、《报春花》中担任主要角色。此外，还在8部影片中担任过主角。1962年在影片《甲午风云》中成功地创造了爱国将领“邓世昌”的形象，赢得广泛声誉。后又在影片《兵临城下》中饰演东北民主联军姜部长。“文化大革命”后参加拍摄《检察官》等影片，并曾主演电视剧《乔厂长上任记》。演出影片：1962：《甲午风云》；1964：《兵临城下》；1977：《熊迹》；1978：《走在战争前面》；1983：《检察官》；1984：《花园街五号》。1945 – 1950年李默然登上舞台初期，表演带有很强的自发性和随意性。1951 – 1952年，他经过对斯坦尼斯拉夫斯基表演理论的学习和训练，理论水平显著提高。在《曙光照耀莫斯科》一剧中扮演党委书记库列宾，获东北地区话剧汇演优秀表演奖。1953年以后，他创造了数十个舞台形象，其中较有影响的有1954年在《尤利乌斯·伏契克》中扮演的伏契克，1956年在《日出》中扮演的李石清、在《李闯王》[10]中扮演的李岩，1960年在《第一次打击》中扮演的季米特洛夫，1962年在《第二个春天》中扮演的冯涛，1979年在《报春花》中扮演的李键（该剧参加国庆30周年演出获表演一等奖）等。1990年中央电视台的春节联欢晚会上，李默然担任节目演出裁判，还客串了当中的多个节目，令观众印象深刻。李默然的表演富于激情，演出气度恢宏，凛然有正气，感情真挚而充沛，并善于抓住关键时刻，在一连串的情感爆发中，展示出人物的内心世界。他着力追求的是塑造有感情、有个性的活人。他重视技巧的掌握，重视对人物基调的整体把握和处理，同时选取最能表现人物内心生活的动作细节，使人物个性鲜明。在他的表演中，本色与性格化、生活与夸张等艺术上的辩证对立因素被较好地统一起来。

【动画艺术家钱家骏】

钱家骏（1916—2011）动画艺术家、动画教育家、动画技术专家，他在上世纪30年代开始从事动画工作，其职业生涯几乎覆盖了中国动画的各个历史阶段，就从业的时间跨度来说，在中国动画家当中是相当罕见的。

2012年6月28日，第68届国际电影资料馆联合会（以下简称“国资联”）年会在中国电影资料馆举行，本届“国资联”北京年会研讨会的主题为“世界动画电影”，这也是“国资联”成立70多年历史上第一次讨论动画电影这个主题。中国电影资料馆在主题发言中将“寻找钱家骏”作为一个颇有学术价值的单元隆重介绍给世界各国的嘉宾，受到极大关注。“寻找钱家骏”不仅是中国电影资料馆近年来电影档案工作的一个缩影，对于中国动画史乃至世界动画史都是十分重大的发现，具有深远的意义。钱家骏与学生们，严定宪、戴铁郎、林文肖、徐景达（阿达）、胡进庆。钱家骏上世纪50年代初培养的这五位学生，日后成为了上海美术电影制片厂著名的五大导演。

1941年，几乎由他一人完成的有声片《农家乐》是中国早期动画的代表作，这是用一台破旧的莱卡相机，在日本对重庆进行大轰炸期间摄制的，公映后受到各界赞誉并发行海外。

1955 年，他导演的《乌鸦为什么是黑的》是新中国第一部彩色动画片，也是新中国第一部在国际获奖的动画电影。

1956 年，他完成《骄傲的将军》的人物造型和分镜头剧本，标志着新中国动画造型的成熟和民族化道路的成功。

1981 年，他制作的动画片《九色鹿》风格古朴而高贵，在中国家喻户晓，他第一次将灿烂的东方美术宝库——敦煌壁画的神奇映现于动画片。

回顾他的作品，会发现当初被人们忽略的作品《好朋友》、《一幅僮锦》、《古博士的新发现》等等也各自有钱家骏的独特之处，同时各具时代的典范意义。

大事记

2月9日，全国电影票务综合信息系统（简称新平台）上线使用启动仪式举行。

2月14日，电影导演胡炳榴离世。

3月23日，“重庆电影集团公司”正式挂牌成立。

3月24日，“海峡两岸暨香港地区华语电影高峰论坛”于在琼中县举行。

3月25日，举办了电影表演艺术家冯喆诞辰90周年系列纪念活动。

3月25日至4月26日，“第十九届北京大学生电影节”举办。

4月2日，第三届“中国影协杯”优秀电影剧本表彰典礼在北京举行。

4月8日，“2011中国电影导演协会年度表彰大会”在京举行。

4月23日至28日，“第二届北京国际电影节”举办。

4月24日，由中影股份公司承办的第二届北京国际电影节国际著名电影企业高峰论坛在国家会议中心举行。

4月22至28日，“第六十八届国际电影资料馆联合会北京年会”举办。

4月22日至8月12日，由北京团市委、北京市广电局等十一家单位主办，北京市青年宫和华夏电影发行公司承办，中国网络电视台等单位协办的“第八届北京青少年公益电影节”举办。

4月25日，国内首份《中国都市影像消费生态调查报告》在北京师范大学发布。

5月12日，著名电影翻译家、日本电影研究专家、《世界电影》原副主编陈笃忱同志与世长辞，享年95岁。

5月22日至6月21日，“中国电影资料馆艺术影院民族电影展”举办。

6月16日至24日，“第十五届上海国际电影节”举办。

6月23日，第15届上海国际电影节电影频道传媒大奖举行颁奖典礼。

6月26日，我国著名电影表演艺术家陈强在京逝世，享年94岁。

6月28日，我国著名表演艺术家张瑞芳因病在上海逝世，享年94岁。

6月30日，表演艺术家黄宗洛在北京逝世，享年86岁。

7月3日，中国影协召开新闻发布会，宣布将从第31届大众电影百花奖开始，恢复设立最佳编剧奖。

7月17日，“侯孝贤影展暨研讨会”在电影资料馆举行。

9月14日至15日，“第五届中国（宁波）农民电影节”举行。

9月25日至29日，“第21届金鸡百花电影节”举办暨“第31届大众电影百花奖”颁奖。

9月25日，“2012夏衍杯”评选结果在广电总局电影剧本中心举办的“2012中秋电影编剧联谊会”现场揭晓并发布。

10月27日至28日，“2012中国（北京）电影学术年会”在京召开。

11月8日，著名表演艺术家李默然在北京辞世，享年85岁。

11月11日至17日，“第八届北京国际体育电影周暨米兰国际体育电影展”在北京举办。

11月24日，“2012国际大学生微电影盛典”在京举行。

11月29日，“中国喜剧形态电影创作研讨会”在北京召。

分卷主编：张啸涛

中国艺术年鉴

2012年卷

电视艺术卷

年度述评

2012 年中国纪录片发展综述

◎张同道

如果 2011 年可称作中国纪录片产业元年，那么 2012 年则是中国纪录片品牌元年。2012 年，《故宫100》、《china 瓷》、《超级工程》、《货币》等纪录大片释放出精品的力量，《舌尖上的中国》则是一次品牌的成功建构。继《话说长江》、《望长城》之后，中国纪录片再一次发挥议程设置功能，制造公众话题，将纪录片从小众引向大众，发动了一场持续火热的“舌尖热潮”。2012 年，中国纪录片开始深入进行制作资源整合、播出资源整合，提升现实关注度，规范行业运营模式，拓宽国际传播渠道，将纪录片的影响力渗透到全社会的多个领域，创造出超越以往任何时期的经济价值和文化价值。在《舌尖上的中国》等一系列纪录大片的带动下，2012 年中国纪录片迈出了超乎想象的一大步。

2012 年，中国纪录片媒介生态回暖，纪录大片频频发力，纪实栏目炫彩荧屏，引发纪录片文化美学的变迁。在文化形态上，以中华文明为核心的价值观得以成功传播，大众形态的工业化制作发生空前的社会影响力；在美学形态上，戏剧美学依然占据主流，但纪实美学以新的姿态缓缓回归；在国际化叙事中，中国美学元素释放异彩；技术美学生机勃勃，3D 纪录片展露头角。

一、2012 年中国纪录片基本状况

2012 年，得益于传播平台的拓展，纪录片市场需求呈井喷态势，生产规模大幅上升，出现供不应求的市场局面，年度纪录片投资超过 13 亿元。2012 年中国纪录片节目播出总量超过 59800 小时，其中首播节目量约 17500 小时；获得国家广电总局电影局“公映许可证”的纪录电影总共 15 部。纪录片作品按照其功能特征，依然可以分为三种类型：

1. 宣教型

2012 年，中国纪录片依然发挥着其一贯的宣传教育功能，发挥着意识形态的主导作用。但这一年里，宣教型纪录片正在寻找更准确的表达方式，表现出不同以往的一些特征。

2012 年，一批表现中国国家形象的外宣纪录片应运而生。与以前宏大叙事不同，外宣纪录片开始采用国际视角审视中国，甚至与国际强势媒体合作，传播新颖的中国形象。国务院新闻办公室与新加坡 Beach House 制作公司和美国 3net 电视网联合制作的 3D 纪录片《中华功夫》，由好莱坞影星担任主演，在少林寺拍摄，大量运动镜头、高速摄影突出了功夫场面的视觉冲击力。国务院新闻办公室与美国 Discovery 频道联合拍摄、英国独立电视台（ITV）联合制作的大型纪录片《北京地铁系统》，以 30 多种语言在全球 170 多个国家和地区播出。该纪录片集中展现了北京 31 条线路、560 座车站和 1000 公里线路的世界上最大的地铁交通网络。

2012 年，党的十八大召开，一批献礼片应运而生。由中共中央宣传部、中央电视台等单位联合摄制的 7 集大型文献纪录片《科学发展铸辉煌》全景展示了党的十六大以来党领导全国人民取得的辉煌成就。文献专题片《走向辉煌》反映了从“一大”到“十八大”前夕共产党走过的伟大道路。真实传媒有限公司出品的纪录片《为了人民的福祉》通过那些重要的城市工程建设，展现了一个从工业文明走向生态文明的新上海。纪录片《大鲁艺》生动地再现了延安鲁艺的成立、发展过程，展现了鲁艺在我国文艺发展史上所做出的重要贡献。纪录电影《仰望星空》描绘出钱学森的生命轨迹，表现了老一辈科学家的崇高精神。

同时，地方政府和企业越来越看重纪录片在企业形象塑造和地方文化宣传中的作用，出资拍摄的纪录片数量较去年有所增长。陕西省近年来致力于以纪录片打造文化形象，2012 年再出重拳。金铁木执

导拍摄的大型史诗纪录片《风追司马》以艺术化手法全景展现“史圣”司马迁书写旷世巨作《史记》的历程，蓝冰执导的《西安2020》对未来时的西安做科学推演，探讨城市发展与经济制度、思想文化、科技创造、社会生活。新疆电视台制作了以展现100年前新疆的政治、经济、宗教和新疆人的生存状态为主要内容的纪录片《一百年前的探险日记》。南京市鼓楼区人民政府、江苏省广播电视总台等单位联合摄制了的5集高清历史纪录片《民国屋檐下》。

企业参与纪录片拍摄成为近年来一个突出趋势。这些纪录片并非传统意义上的软广告，而是通过纪录片建构企业的公益文化形象。中信证券股份有限公司投资、与中央电视台联合出品的10集纪录片《货币》对货币和政治、经济、文化以及社会运行秩序之间的关系进行了一次较为全面深入的梳理。由华润雪花啤酒出品的大型纪录片《中国古建筑》真实再现了中国古代建筑的发展历程。

2. 审美型

2012年，审美型作品数量迅速攀升，历史人文类依然是重点，社会现实类也出现转机，制作水准与艺术水准也大为改观。这些作品生动地捕捉了中国发展过程的富有意味的瞬间，用镜头留下了这个时代的丰富表情和人文思考。

纪录片《春晚》以2012年央视春晚为切入点，跟踪拍摄春晚的创作过程，同时穿插30年来春晚的变化成长历程，从中折射时代的变迁和社会的发展。央视综合频道播出的《超级工程》关注中国各领域正在建设的重大工程，为观众创造了独特的视听体验。历史人文片是央视团队的强项。《故宫100》共100集，每集5分钟，讲述故宫100个空间的故事，艺术风格轻巧、新鲜，更适合网络传播。该片获得2012年中国金鹰电视节最佳摄影奖。《China瓷》讲述了中国外销瓷，特别是明清之际与整个世界接触与相互影响的故事。《滔滔小河》记录了一次对新疆小河墓地的发掘考古过程，展示了最古老奇特的中国西域文明，该片获上海电视节白玉兰最佳中国纪录片奖。

中央电视台纪录频道制作的系列纪录片节目《魅力世界》实践“中国视角、世界故事”的理念，逐步形成品牌，为央视纪录频道的国际传播能力提供了丰富的内容支撑。中央电视台纪录频道与韩国广播公司联合制作的3集纪录片《汉江奇迹》展现了韩国文化产业迅速崛起的历程，并对中国文化产业发展提出有益的启示。纪录片《环球同此凉热》聚焦全球范围内深受气候变化影响的典型地区，讲述了因气候而带来的国家社会的变化。

各地卫视与地面频道也在积极播出纪录片，作品题材从现实、经济到历史，美学风格从纪实到戏剧，表现了变革时代的人生百态。北京卫视6月播出了纪录片《成长的秘密之小学时代》，爱奇艺网络视频同步直播，持续关注小主人公进入小学之后的成长历程，引起广泛的社会反响。由台达环境与教育基金会与上海纪实频道联合制作的纪录片《梁从诫》表现了梁从诫先生对环境保护的责任感与使命感。上海纪实频道播出的纪录片《含泪活着》记录了主人公为了家庭和孩子，独自一人在日本艰苦奋斗岁月和心泪历程。

2012年，中国纪录片在国际上相继获得奖项。电影《千锤百炼》获得包括台湾电影金马奖最佳纪录片奖在内的5项国际奖项。纪录片《三姊妹》获得威尼斯电影节上“地平线单元”大奖。此外，《身体的滋味》、《中国有个署立里》、《造云的山》、《浮村》、《花朵》、《孤城》此处有顿号应全文统一等相继获得国际大奖。

3. 工业型

2012年非常重要的现象是，工业型纪录片作品在应该出现的时机横空出世，驱动中国纪录片产业跨越式发展。这便是央视纪录频道出品、陈晓卿导演的7集纪录片《舌尖上的中国》。

工业型纪录片是纪录片产业的支柱。所谓工业型纪录片，就是选题系列化，制作流程模式化，具有可重复性的、结构稳定的纪录片模型。《舌尖上的中国》开启了中国主流纪录片的工业型模式，成为中国纪录片发展史上一块里程碑。2012年5月14日，纪录片《舌尖上的中国》一播出就引爆全社会的美食欲望和亲情回忆，日最高收视率达0.75。精致的画面，快速、跳跃的剪辑，以及充满悬念的叙述方式，将美食与故乡、童年链接，以东方人文气质完成国际表达。“舌尖”，迅速成为一个文化现象，甚至是商业品牌。《舌尖上的中国》在恰当的时间出现并大获成功，证明中国纪录片已经进入品牌建设期。2013年广告招标中，《舌尖上的中国》（第2部）单片获得9000万元的广告，正是品牌价值的市场呈现。事实上，央视纪录频道的品牌建设已经上路。面向现实题材的《活力中国》百集纪录片招标与《传奇中国》历史、文化题材近300集纪录片招标活动说明，工业化纪录片制作模式已经进入运营。

新媒体因为天然的市场属性而更加具有活力。7月，搜狐视频自制的依托电影《搜索》的纪录片《姚望》上线不到一周的时间里，播放次数超过500万，评论高达1500多条。纪录片使得影片《搜索》上映后与现实达到一种有趣的互动。此外，搜狐视频还连续制作了《黄金大劫案》、《将令》、《地狱之旅》等多部关于电影的纪录片。

二、2012年中国纪录片的文化特征

2012年，纪录片中所呈现的文化生态依然是多元共生的景观：主流文化形态扩充内涵，更为丰富；大众文化形态空前成功，占据市场主流；精英文化形态逐渐复苏，展示了文化的力量；而民间文化则是一种草根表达，活跃于社会的多元生态中。

1. 主流文化内涵扩大，实现强势传播

主流文化纪录片占据了政策、平台、资金与资源高地，在2012年扩充内涵，调整策略，实现了更为有效的传播。

主流文化纪录片首先表现在各种重大历史事件的献礼片。2012年适逢中国共产党召开第十八次全国代表大会召开，《科学发展铸辉煌》、《中国之路》、《信仰》、《为了人民的福祉》、《大鲁艺》、《西柏坡来电》等一系列纪录片陆续推出，向大会献礼。文献纪录片是中国特色社会主义的影视节目类型，尤其在重大革命历史纪念日和重大活动中，以大主题、大规模、大制作为特点的大型文献纪录片会成为荧屏的“重头戏”。《科学发展铸辉煌》在中央电视台综合频道播出，重点讲述党的十六大以来，以胡锦涛同志为总书记的党中央带领全国各族人民所取得的辉煌成就。《大鲁艺》采用口述方式讲述鲁艺对于中国艺术的贡献，其片头制作采用木刻的版画效果，具有强烈的时代精神。

其次，主流文化形态体现于各种以形象传播为目的的纪录片作品。如国务院新闻办公室与新加坡Beach House制作公司和美国3net电视网联合制作的3D纪录片《中华功夫》，与美国Discovery频道联合拍摄、英国独立电视台（ITV）联合制作的《北京地铁系统》以及八一电影制片厂等单位制作的《中国维和行动》，陕西卫视制作的《黄帝》、《风追司马》等作品。这些作品题材各异，或者表现传统文化，或者描绘社会现实，都是正面表现中国文化或者成就。所不同的是，《中华功夫》和《北京地铁系统》采用外国人的视角观看中国，更易于国际传播；而《中国维和行动》则利用题材的独特性和奇秘性力图实现传播效果最大化；《黄帝》、《风追司马》则利用现代影像语言传播传统文化。

再次，以主流价值观记录重大社会事件，正面表现中国社会的进步与发展的作品，也属于主流文化形态纪录片。如央视纪录频道的《春晚》以2012年央视春节晚会为现代进行时线索，放射30年来春晚的变化，并在一定程度上揭示了创作春晚的艰辛与艰难，既满足了大众对于春晚的幕后探秘心理，又消除大众对于春晚的误解，并在春晚之后第2天播出，实现了速度与温度并重的有效传播。同样，《超级工程》记录重大工程现场，如海上巨型风机、港珠澳跨海大桥、北京地铁网络、上海中心大厦、穿梭于澳洲与上海之间运输天然气的LNG船，这些工程既有诱人的秘密，又展示了中国人的智慧与成就。《体育的力量》则以北京奥运会之后的中国体育为表现对象，诠释体育带给人们的力量。

2. 大众文化独领风骚

2012年实现了中国大众文化纪录片的狂欢。

大众文化是一种消费文化，一种文化工业，其根本特征是以受众为中心的创作理念与以工业化为特征的制作模式，相对宽阔的价值观与绝对时尚的表达方式将文化变成消费。1944年，霍克海默（Max Horkheimer）在《艺术与“大众文化”》一文中首次提出“文化工业”概念，并将其与“大众文化”联

系在一起。马尔库塞（Herbert Marcuse）1964 年出版的《单向度的人》进一步指出“文化工业”是意识形态与社会物质基础的融合。半个世纪以来，大众传媒以广播、电影、电视、广告等现代科技的产物为载体，无孔不入地挤进公众的内心深处。文化产业链的建构、传媒产业全球扩张、重组建构“大文化产业”链的过程中，纪录片也在加紧市场化，延伸自身产业价值链。由此带来纪录片生产快乐与悬念，视觉文化至上，技术美学与戏剧美学凸显，思想让位于视听快感，美学让位于悬疑套路。

大众文化纪录片在电视栏目中早就独占鳌头，央视的《探索发现》、北京卫视的《档案》、上海纪实频道的《档案》与湖南纪实频道的《丁点真相》等悬疑风格纪录片大行其道，领导收视率高峰，成为各自频道的品牌栏目，在市场上收获甚多。云南卫视的《经典人文地理》、湖南纪实频道的《故事湖南》、内蒙古卫视的《蔚蓝的故乡》、旅游卫视的《行者》等根据自己所属电视台的实力和地缘优势，在内容定位上各有特色，品牌影响力日渐加强，有利于形成各自不同的稳定的受众群，对于扩大纪录片的社会影响力有很好的促进作用。

然而，大众文化纪录片作品却一直并不成功，直到 2012 年《舌尖上的中国》出现。《舌尖上的中国》扣住美食这一人性中最本色、最诱惑的主题，采用大跨度叙事方式，快节奏、陌生化的视听风格，完成了一部活色生香的视听美食。它不仅关注美食，更关心美食背后的人、情感、自然、文化。鉴于大众与城市消费者的基本重合，《舌尖》所展示的美食大多来自古朴自然的山林乡野，唤起受众的童年回忆或者理想期待。影片播出后引发的“口水加泪水”狂潮证明本片作为大众文化的成功之处在于契合了受众的心理期待。

央视纪录片频道的“活力中国”、“传奇中国”等招标活动同样是大众文化形态的作品，工业化制作模式，吃喝玩乐、本能欲望、历史、自然之谜等充满诱惑的主题，如《行走的餐桌》、《极致玩家》、《解码本能》、《淘金梦》、《幕后》等，目标受众为具有消费能力的城市人群——也就是文化研究中的大众。

纪录电影《索马里真相》同样是一部大众文化形态的作品，它以揭秘索马里海盗诱惑具有警匪片渴望的受众，突出惊悚、冒险元素。

大众文化纪录片是纪录片产业的核心内容，创造产业价值的同时，它也深刻地影响着人们的精神面貌与审美心理，构成了当代重要的文化现象。

3. 精英文化守望精神家园

精英文化纪录片突出纪录片的文化价值与思想品质，见证现实，反思历史，警示未来。

从电视栏目看，央视的《人物》、天津卫视的《泊客中国》、吉林卫视的《回家》、上海纪实频道的《大师》等栏目努力追寻文化坐标，在娱乐大潮中守望精神家园。如上海纪实频道出品的《梁从诫》通过塑造梁从诫这位“自然之子”传达了知识分子的担当与胸怀，这在举世汹汹皆为利往的时代，正是一种精神召唤。同样，中国教育电视台等机构出品的《仰望星空》描绘了科学家钱学森的心理路程，传播了知识分子对于国家、民族的使命感。

中华文明是中国人的精神家园，近年来不少作品取材于人文含量丰厚的历史遗址或器物，《故宫》、《圆明园》、《敦煌》、《颐和园》等作品都是成功的作品。2012 年，以中华文明为表现内容的纪录片再次精品叠现，《故宫 100》、《China 瓷》、《黄帝》等作品传播了传统文化的主流价值。《故宫 100》以现代艺术风格，融汇装置艺术、行为艺术、装帧创意等各类艺术表现手段，诠释紫禁城建筑的功能、意象及美学价值。《China 瓷》通过瓷器回溯中国的辉煌文明，并展示了中华文明的审美魅力。《滔滔小河》用影像打捞新疆罗布泊中一段消失的西域文明。而《黄帝》则以中华民族人文始祖轩辕黄帝的故事，讲述了中华文明的血脉源流。

国际化是中国纪录片的发展方向，以中国眼光审视世界成为一种新趋势。从《大国崛起》、《公司的力量》、《华尔街》以来，央视财经频道纪录片团队不断创造风格独特的作品，2012 年的《货币》、《金砖之国》再次展示了深厚的学术功力与卓越的视听表现。《货币》拍摄地点跨越意大利、希腊、英国、法国、德国、南非、美国、日本等国，从人类诞生、货币出现、金融体系的历史发展到货币与人类的关系、货币本质之类的哲学思考，影片从现实起点提升到人类高度，出表现思维的广阔与深厚。《金砖之国》通过对俄罗斯、巴西、印度、南非4国的介绍，开阔了中国观众的视野。同为央视出品的《环球同此凉热》从全球变暖这一现象入手，探讨工业文明以来气候的变化，提出从农业文明、工业文明到今天应该是生态文明。联想到最近一段北京的雾霾天气，此片的现实意义与思想价值超越了简单的赞美诗。从哥本哈根到墨西哥，气候谈判仍然艰难。但人类的明天是否依然阳光灿烂，取决于今天的抉择是否明智。广东电视台的《相约多瑙河》则展现了多瑙河流域的美妙风光和风土人情，更重要的是通过这样的方式展现了多瑙河流域人民和中国人民之间长期的友好往来。

记录现实是纪录片最本质、最重要的工作，产业价值无法替代文化使命。尤其在这样一个多元、剧变的时代，复杂的人生际遇、繁富的社会百态与千差万别的现实情境构成了超越想象的生活戏剧。因为收视率、市场化的压力，近年来现实题材纪录片一直低迷，2012年略有起色，但依然发展艰难，既乏资金投入，又受播出平台的限制。

尽管如此，依然有一些作品坚持关注现实，记录中国当下社会的真实风貌与发展变化。《活力中国》里的中国首席婚礼司仪马智宇、独狼马布里、顺义大棚棚主陈艳红、山西乡村旅游导游老李、北京送花的小丑、网上服装师、调酒师等民间人物以鲜活的姿态展示出来，不少职业是公众并不熟悉的。央视纪录频道的《活力中国》项目在一定程度上改善了现实题材纪录片创作局面。

上海纪实频道推出的《真实25小时》是一档50分钟日播栏目，其栏目口号“理性改变现实”表明他们关注现实、积极推动社会发展的态度。2012年播出大量现实题材纪录片。其中《月亮熊》、《含泪活着》等作品引起较大的社会反响。《月亮熊》是3位业余作者深入的“活熊取胆”黑熊养殖场及农户，假扮夫妻、游客，接近熊场，拍摄到的令人震惊的画面。记录了《含泪活着》是曾经引起广泛关注的《我们的留学生活——在日本的日子》的导演张丽玲拍摄的，主人公丁尚彪为了家庭和孩子，独自一人在日本艰苦奋斗的岁月。同时，上海纪实频道出品的《造云的山》拍摄了新疆罗布泊的石棉场。因为开采过程中漫天粉尘，远看好似“造云机器”，向天空喷吐着“云朵”，遮天蔽日。据说，这一现象已经改变。

纪录电影《千锤百炼》讲述了四川职业拳击手齐漠祥的故事，他退伍后参与拳击训练学校，培养贫困少年刻苦训练，最终夺得奥运奖牌。这是一部真实的励志电影，因为纪实形态而格外有力。

从一个遥远的村庄可以观测到中国的变化。深圳导演李亚威的《中国有个署立里》记录了云南楚雄地区一个彝族村庄的篮球故事，老支书酷爱篮球，把篮球运动带进这个偏僻的村庄。最后，全村年轻人都爱上了篮球，篮球成为乡村生活的重要部分。

《成长的秘密之小学时代》是2009年《成长的秘密》的续篇，先后在北京卫视、央视纪录频道播出。该片跟踪6年，原来幼儿园里的孩子都上了小学，影片中展示了孩子们遭遇奥数班、特长班、考试等所有中国小学生遭遇的问题，以及女孩心理成长中所发生的奇特经历。

《三姊妹》讲述云南洗羊塘一家三姊妹的生活，父母外出打工，留守村里的三姊妹生活贫困，却又自然平静。影片没有戏剧化故事，却充满生活质感。

确实，生活并不总是戏剧。当媒体传播的作品为追求收视率、高票房而捕捉甚至制造戏剧冲突之际，也应该看到平淡生活更是一种社会常态，并且也有记录价值，因为这才是真正的现实。生活是复杂、多面的，纪录片同样应该复杂多样，而不是定于一尊。

自然，更多的纪录片还在民间。DV技术普及、网络传播个人化为纪录片带来空前机遇，大量民间纪录片作者——无论是专业的还是业余的——制作了形态各异、主题多样的作品。从文化价值来看，这些作品同样具有高度的价值，他们以空前的丰富性与个性化诠释了这个时代的复杂与丰富。

三、2012年中国纪录片美学特征

2012年中国纪录片的美学风貌基本上沿袭了近年来的戏剧美学与技术美学，突出影像品质，追求

视听效果。但其中也在悄悄地发生变化，中国古典美学融入现代视听语言，生成一种具有东方意蕴的美学风格。同时，纪实美学逐渐回归，归来的纪实美学带来新的品质：突出纪实质感，浓缩纪实过程。

1. 戏剧美学依然是美学主流

自从新世纪以来，收视率评估机制导致受众眼球的争夺。在与新闻、电视剧、娱乐节目的竞争中，戏剧美学逐步崛起为纪录片主潮。具体体现为创作理念上的冲突意识与叙事上的悬疑风格。为了突出矛盾冲突，采用故事片手法进行情景再现成为常用创作方法。尤其自《故宫》、《圆明园》以来，戏剧美学几乎成为多数历史人文纪录片的普遍特征。

纪录片栏目则早已普遍采用戏剧美学来结构节目，央视的《探索发现》、上海纪实频道的《档案》、北京卫视的《档案》、湖南金鹰纪实频道的《丁点真相》等纪实栏目莫不如此。不同的是，前3者多侧重历史故事，后者关注现实事件，而悬念、冲突、揭秘是悬疑叙事模式必不可少的元素。这种叙事方法源自古代说书艺人和章回小说，但电视以视听语言复活了这一古老技艺，手段更为多样，技术更为精密。事实上，北京卫视《档案》的主持人不正是过去的鼓书艺人吗？它的导演手册里这样描述："栏目每期节目的进行过程是一个揭秘的过程，'悬疑'在整个过程中至关重要。而这类故事的展开模式，完全可以借鉴神秘或悬疑类型电影剧本的成功操作模式：以一个动作的场景来开始故事，在故事的推进中揭晓答案；这种被称作'启发性事件'开始节目的最根本规则就是：动作性'事件'的力量足以带动观众参与，和节目一起有强烈的欲望去寻找'到底发生了什么?'、'为什么?'的答案。当节目制作者和观众分享事件时，悬疑就出现了，观众会更深地投入到故事里。"央视《探索发现》2012年播出的《马岛战争》、《战争警报》、《秘境追踪》等纪录片突出悬疑风格，题材跨越中外。上海纪实频道《档案》开发出成功的节目类型，如"案件类"（《民国遗案》、《神探端木》）；"谍战类"（《谍战揭密》、《秘密特使》）、"战争类"（《击落U2飞机秘闻》、《战场》）、"推理类"（《死亡密码》系列）和"情感类"（《时间的玫瑰》系列），北京卫视《档案》则从民国时期的《1940，刺杀日本天皇特使秘中秘》、《绝密飞行》、《喋血佛堂——刺杀孙传芳》到现代的《黑猫中队覆灭记》、《决战江山》，范围更为宽阔。

纪录片作品中制造戏剧冲突的方式与纪录片栏目大同小异，所不同的是制作更为精良，情景再现更为普遍，有些大片投资接近故事片。尤其是历史、考古题材，情境再现几乎成为普遍方式。央视纪录频道播出、由张晓颖导演的《滔滔小河》从新疆罗布泊瑞典人贝格曼留下的笔记中寻找考古线索，再现了一个封存千年却永久消失的民族。影片既采用了文献、采访、遗址影像，又重点再现了沙漠里消失的小河公主，提升了影片的审美感染力。陕西卫视推出的《陕西故事》，动用演员达五六十人，时间跨度从西周到上世纪50、60年代之间3000多年，涉及至少13到15个朝代，对置景、服装、化妆、道具等都提出了空前的挑战。同样，《玄奘之路》、《风追司马》、《西安2020》也大量采用情境再现方式。在表现历史人物的纪录片中，凤凰卫视和陕西金石人文文化传播公司联合拍摄的《报界宗师张季鸾》、中央电视台与长寿区政府联合拍摄的《巴寡妇清》、南通电视台创作的宗教题材的纪录片《僧伽东行》等，均使用了以实景拍摄、情景再现、专家访谈、资料佐证相结合的手法。

即使现代题材的纪录片，也采用情境再现，比如《环球同此凉热》。它大规模使用虚构人物结构故事。每一集，除了时代背景、气候信息等资料性内容之外，几乎三分之一以上篇幅，都在以虚构的人物反映时代特征。导演祁少华认为在这种客观事件的主观讲述中，每一个虚构者都在叙述真实。

戏剧美学为纪录片赢得市场发挥了巨大作用，但也滋生了故弄玄虚与哗众取宠之风，磨损了纪录片的文化品质。千篇一律的悬疑模式也造成了新的美学平庸，甚至拉低了受众的文化趣味，形成作品与受众的恶性心理循环。

2. 倚重技术美学，突出视听效果

视觉文化是消费社会的典型文化形态。为了制造视听奇观，纪录片制作者千方百计、挖空心思利用新技术、新方法，提升纪录片的视听效果。对于精品大片来说，技术美学是一道必修课。

《故宫100》使用了中央电视台最尖端的技术设备——全世界销售的第一台索尼SRW9000的数字摄影机，拍摄出高清画质的影像。同时，运用微距摄影展示了故宫建筑的繁复与精致，以特殊视角展示了一个陌生的宫殿。

《舌尖上的中国》首次采用高清设备SONY—F3——它可以换单反照相机的镜头，采用微距摄影，拍出大量的高清浅景深镜头，放大细节来表现食物的美味可口，令观众垂涎欲滴，带给观众生活中无法看见的视觉感受，视觉冲击带动情感共鸣。对细节描写的成功运用，是这部纪录片引起极大反响的重要因素之一。

《超级工程》为了表现工程的超级之处，借助CGI和航拍、水下摄影等特殊技术，为观众创造了独特的视听体验。

《中国古建筑》以考古和历史资料发现为依据，挖掘建筑背后的故事，运用专业三维动画还原消失的古建筑，采用高清格式为观众展现中国建筑的细节和魅力。

与技术美学密切相关的是视听风格的变化。视听语言节奏明显加快，视听造型力求新异，造成叙事紧张与视听震撼，受众在视听快感中进入规定情境。

《舌尖上的中国》大跨度的结构方式、密集的故事和信息与快速剪辑构成了叙事的速度感，光影声色，垂涎欲滴。每集50分钟的时长，平均镜头量达到850个。除了3分钟片头片尾，平均每个镜头3－4秒。这与过去动辄10秒、20秒的长镜头节奏提升2到3倍。《故宫100》以装置、设计来结构镜头，创造出陌生化效果，并以快速剪辑、不规则构图消解了故宫沉重的形象，影片轻灵明快，兴味盎然。

技术美学还特别体现于3D纪录片的出现。3D技术是全球电视行业发展的大势所趋。到目前为止，日本有10家、北美有11家、欧洲有34家电视台在进行3D电视节目的播出。根据我国的“十二五”规划，到“十二五”末，中国要开通10个3D频道、100个高清频道。3D纪录片在空间感、距离感上与传统纪录片迥然相异，某种程度上必将带来拍摄方式、制作美学的革新。2012年，上海世博会3D纪录片《世博之光》，在世界3D联盟主办的第3届3D创作艺术奖评选中荣获评委会奖。中、新、美合拍的3D纪录片《中华功夫》在少林寺完成拍摄，在3D制作中率先尝试了运动镜头、高速摄影等技术手段，让精彩激烈的功夫场面更具冲击力，生动呈现中华功夫禅武合一、内外兼修的精神特质。

11月1日，国内首部3D纪录片在武当山开始为期半个月的实地拍摄。此次拍摄的纪录片以“世界文化遗产武当山”为主题，运用当今世界最先进的3D技术设备来拍摄大型系列纪录片《中国世界遗产》的第1集。

但严格来说，3D纪录片目前还仅仅是一种技术，其表现方法、视听效果以及相适应的题材尚需实验。

3. 中国美学元素融入现代视听语言

每个民族都有自己的审美传统，它来源于本民族的文化心理和思维方式。中国纪录片在发展中承接中华民族的独特审美传统，汲取美学元素，融入现代视听语言，创造出具有中国美学特征的作品。纪录片里的中国美学元素并非首创，但2012年的纪录片别有意味。

2012年，《舌尖上的中国》崇尚人与自然和谐的哲学思想，以水墨渲染的方式揭开了序幕，伴随着优美的旋律展示出一幅幅国画式画面。尤其是片头定版画面，看似那么寥寥几笔的点染，山水画般的腊肉海报展现了中国美学韵味。虽然影片节奏急促，但会意处却是舒缓静默，宛如国画的留白。我们不能说这部作品是中国美学风格，不经意间却流露着中国美学的意境。

《China瓷》浸透着中国美学风情，含蓄内敛、虚实相生。尤其展示古老瓷器的段落，堪称视听华彩乐章。作品片名采用印章方式呈现，突出了陶瓷的中国风格。

与此相似，中国电视艺术家协会主办、中视协纪录片学术委员会、北京电视台发起并承办的电视文化活动《文化：中国的故事》汇集的全国各省市区电视台的《长白山》、《西湖》、《你好，新安江》、《文化福建》、《厚重河南》、《绍兴，一座名城的2500年》等34部纪录片，作品大多融入了中国古典美学元素。

4. 归来的纪实美学

纪实美学曾经是纪录片的主流美学风格，但从 2001 年以来逐步被市场挤压到边缘。2012 年，采用纪实美学制作的纪录片依然并不占优势——从数量到影响力，但确实正在回归。突出的标志是央视《活力中国》的百部现实题材作品和上海纪实频道的日播栏目《真实 25 小时》。

3 月 5 日，中央电视台纪录频道播出了首批 14 部“活力中国”社会类现实题材纪录片，如《我是老李》、《野生动物摄影师》、《独狼的新生》等。《时代写真》里也播出了大量收购的现实题材纪录片。这些作品大多采用纪实美学方法制作，展示了中国当下社会百态，尤其是最新的社会变化，不少职业对于公众来说闻所未闻。

上海纪实频道《真实第 25 小时》播出的一些作品更是呈现了纪实美学的典型特征，华人导演张丽玲《我的留学生活——在日本的日子》系列纪录片的收山之作——《含泪活着》，跟踪拍摄长达 10 年。完整记录黑熊养殖产业内幕的纪录片《月亮熊》跟踪长达 4 年。上海纪实频道投资、朱宇导演的纪录片《造云的山》也是纪实美学风格明显的作品。同样《成长的秘密之小学时代》跟踪拍摄 6 年，《中国有个署立里》跟踪了 10 年。

长时间跟踪似乎是一种过时的方法，体力、心力与金钱的考验，生命与生命的沟通与交流，大量素材以及无法预测的结局，常常因为戏剧化场景的缺失而流于琐屑的日程记录。然而，跟踪又是一种最符合纪录片本性的方法，其粗砺、平静的镜头释放着真实的魅力。与那些技术美学相比，这些作品甚至可说是简陋的，却是富有质感力度的。

主张纪实美学的作品多产自民间，它不以观赏和消遣为主要目的，而以反映社会、探讨现实为己任。大众文化在显现出强大生命活力的同时助长了娱乐因素，也因此消解了审美与启蒙的使命。就目前的状况看，纪录片发展不仅需要产业价值，也需要文化价值与美学力量。

张同道　北京师范大学艺术与传媒学院教授　纪录片中心主任

2012年度中国电视娱乐节目综述

◎苗 棣 毕啸南

2012年的中国电视，是受国家广电总局一系列政策文件，尤其是《关于进一步加强电视上星综合频道节目管理的意见》发布后影响深远的一年。宏观层面上，从中央电视台到各省级卫视、地面频道、城市电视台乃至视频网站都开始着手战略调整，中国大陆电视市场尤其是省级卫视格局重组，步入深度调整期。微观层面，电视娱乐节目的类型、内容、数量、质量编排时段、制作模式等都出现较大变动。为应对政策，一方面，直接购买海外版权呈现“井喷”态势，原创节目势弱；另一方面，节目内容“泛娱乐化”，信息类、文化类、职场类、道德类等节目类型均不同程度地与娱乐“联姻”。总体来说，2012年是中国电视娱乐节目的“政策年”，具体表现在以下5个方面。

一、“限娱令”成为2012年中国电视娱乐节目“总指挥”，影响深远

1. 娱乐节目数量减少，质量提升

2011年10月，国家广电总局下发《关于进一步加强电视上星综合频道节目管理的意见》（以下简称《意见》），即业内所说的“限娱令”。《意见》要求“各上星卫视对婚恋交友类、才艺竞秀类、情感故事类、游戏竞技类、综艺娱乐类、访谈脱口秀、真人秀7类节目实行播出总量控制，并要求每天19：30－22：00播出的上述节目类型每周播出量不超过两档”，因此，2012年的娱乐节目数量尤其是黄金时间播出量大幅减少。以湖南卫视、江苏卫视、浙江卫视、东方卫视等为代表的综艺大户纷纷做出积极调整，力保王牌节目进入黄金时段市场争夺，《中国好声音》、《快乐大本营》、《非诚勿扰》、《中国达人秀》、《天天向上》等娱乐节目成为收视生力军。

同时，为加强竞争力，制作方更加注重节目的创意和质量，比如主打“盲选”只求“真实好声音”的浙江卫视《中国好声音》；“国际视野、亚洲平台”的东方卫视《声动亚洲》；弘扬“经典老歌”的山东卫视《歌声传奇》等节目，都实现了市场和口碑的双丰收。

另外，《意见》关于“上星综合频道每天19：30－22：00播出的上述类型节目时长不超过90分钟”的要求，也促使各卫视的综艺节目以更流畅、紧凑的叙事方式铺展，节目更精致，质量更高。实际上，许多国家的综艺娱乐节目时长一般在45－60分钟之间①。

总体来看，“限娱令”在保护知识产权、调整制作观念、探索创新机制等方面都起到了积极的规范作用，娱乐节目的质量与品格整体上得以提升。

2. 收视热点逐渐向22：00后位移，收视群体年轻化

由于《意见》对于卫视19：30－22：00收视黄金时间进行节目数量、时长等限制要求，22：00后“次黄金时间”便成为开发热点。“限娱令”下发后，各地方卫视都进行了新的节目编排，其中综艺节目、电视剧、新闻道德类节目成为拉动次黄金档的主要种类。鉴于22：00后的时段特殊性，收视群体年轻化成为“次黄金时间”的一个重要特征。适应这一特征，各卫视推出一系列新综艺节目抢占市场。一些具有较强娱乐节目制作能力的综艺大户，如湖南卫视、江苏卫视、浙江卫视等，基本都推出了从周一到周六的次黄金时间综艺节目收视带，而以东方卫视、天津卫视等为代表的二线卫视，也都力求以独家节目抢占收视份额。以随机抽取的2012年11月29日节目单为例，湖南卫视22：00播出《百变大咖秀》，23：50播出《女人如歌》；江苏卫视22：00播出《一站到底》，23：33播出《非常了得》；浙江卫视在21：55播出《永远跟党走——2012浙江省红色经典歌曲合唱大赛汇》，23：25推出了精编版的《中国梦想秀》；东方卫视则接连在21：56、23：50播出《中国达人秀》；天津卫视也采取同样策略，

在21：21、23：30以《中国丽人》压阵，连中央电视台综合频道也开启了“全新22：30”精品节目带，推出了《谢天谢地，你来啦》等一系列优质综艺娱乐节目。根据CSM2012年全年数据显示，22：00后次黄金时间卫视收视率总体呈现递增态势，而像《百变大咖秀》、《一站到底》、《谢天谢地，你来啦》等娱乐节目所带来的价值和声势也并不输于黄金档，次黄金档成为新的收视热土。①

3. 以点带面，卫视格局洗牌重组

与之前只靠一档节目定胜负不同，2012年各省级卫视都希望形成“王牌节目带动，综艺格局系统发展”的以点带面的形式突围。其中，一些二线、三线卫视也借机发力，比较典型的如安徽卫视聚拢国内主持界四大花旦朱丹、李静、鲁豫、周群，打造一系列全新节目如《势不可挡》等，反响良好；天津卫视继续“职场范儿”，《非你莫属》、《老板是怎样炼成的》等也带动了天津卫视的整体效益；山东卫视改版力推《歌声传奇》、《天籁之声》；湖北卫视重释“家国”主题；四川卫视拉开“新娱乐季”；贵州卫视“5000万计划”；东南卫视“大海洋战略”等，地方卫视格局重新洗牌，娱乐节目市场步入深度调整期。

二、游戏类和真人秀节目依然是收视主力，音乐选秀节目成为年度热点

游戏类和真人秀节目依然是2012年电视娱乐节目的两大重点节目样式。除以往的古典游戏、明星游戏和闯关类节目仍然活跃荧屏外，2012年的游戏类节目更加注重竞技性和科技性，体力和智力结合成为新趋势。尤其是伴随2012年伦敦奥运会带来的竞技风潮，各电视台纷纷推出相关节目，如《梦立方》、《一座为王》、《全力以赴》、《闯关到12》、《心跳阿根廷》、《疯狂心跳》等，游戏类节目遍地开花。

而各式各样的真人秀节目也成为2012年各电视台的收视主体，包括东方卫视明星舞蹈秀《舞林大会》、美食才艺秀《顶级厨师》、云南卫视军旅真人秀《士兵突击》等，题材丰富，种类繁多，均取得不错成绩。其中，以浙江卫视《中国好声音》为代表的音乐选秀节目一枝独秀，成为2012年年度收视热点。中央电视台名牌选秀节目《星光大道》在2012年续写传奇，依然保持了收视的热度和良好的口碑。东方卫视《声动亚洲》、青海卫视《花儿朵朵》、山东卫视《天籁之声》、云南卫视《完美声音》、辽宁卫视《激情唱响》、广西卫视《一声所爱大地飞歌》、四川卫视《中国藏歌会》、江西卫视《中国红歌会》等10余档音乐选秀类节目占据整个2012年收视市场，而中央电视台《我要上春晚》特别节目《直通春晚》则直接拉上了台湾台视《超级偶像》、香港无线《超级巨声》等，把同类节目几乎一网打尽收入麾下，将此类节目推上高潮。

三、信息节目与娱乐结合，呈现高级娱乐化

娱乐节目数量大幅减少，却催生了信息类节目呈现高级娱乐化趋势。其中，娱乐介入的程度虽然不尽相同，但有效吸收“娱乐因子”已成为该类节目的共识。央视《向幸福出发》主持人李咏化身“委托代理人”，央视《开讲啦》对演艺类嘉宾的吸纳和重视等，都是试图借助娱乐手段锁定观众，事实上也确实起到了很好的效果。包括2011年大热的职场类节目，如天津卫视的《非你莫属》、江苏卫视的《脱颖而出》等也以服务为主旨同时在各个环节加入娱乐化的手段，以丰富其视听效果。在这些节目中，湖南卫视《变形计》是较为典型的样本，这档号称“新生态纪录片”的节目，实际上是典型的身份互换体验式真人秀，但湖南卫视却在有意彰显其“反映社会变革的纪实性”②。该档节目制作精良，有很大的教育意义。包括东方卫视《大爱东方》、湖南卫视《平民英雄》、山东卫视《天下父母》、江苏卫视《花样年华》、重庆卫视《重庆好人》、贵州卫视《好人好事》、河北卫视《真心英雄》等栏目，也都采取了同样策略，结合社会热点和公共议题，并加入适当的娱乐元素。

四、海外模式引进出现“井喷”，本土创新再引热议

海外电视节目引进，在2011年就引起了部分业界人士和专家学者的注意，但大范围的关注和讨论，

---

① 熊远帆、易博文等：《“限娱”背景下，湖南卫视如何升级》，《湖南日报》2012年1月11日。

② 苗棣：《“限娱令”下非娱乐节目会充分娱乐化》，《中国改革》2012年第1期。

还是自2012年才开始，尤其是在浙江卫视《中国好声音》产生广泛影响后。2012年的重点娱乐节目，如《梦想合唱团》、《中国达人秀》、《中国梦想秀》、《百变大咖秀》、《我们约会吧》、《清唱团》、《梦立方》、《谢天谢地，你来啦》等，海外引进版权占绝大部分。一方面，海外模式引进有其显著优势。一般而言，引进的节目都已经在研发国，甚至几个国家取得了良好的市场反馈，将这些成功案例移植国内并进行本土化改造，显然比原创一档新节目所面临的风险要小得多，尤其是自制能力相对弱势的二三线卫视，适应“限娱令”所带来的机遇，直接购买海外版权是最简单又保险的市场抢攻方式。而且，海外版权方大都会提供一份动辄上百页的节目说明书，从创意来源、灯光舞美、环节流程、嘉宾设置等进行全套说明，并派出专业人员进行现场督导，参与节目的改造、制作、执行、宣传、营销等各个环节①。这对于大多缺乏系统训练的国内电视人而言，既扩展了国际视野，又提升了整体制作水准。有业内消息称，东方卫视《声动亚洲》、浙江卫视《中国梦想秀》等节目都可能实现“走出去”，销往海外，这也算是两家卫视长期学习再创造的成果。此外，海外模式引进还催生了一大批以世熙传媒、IPCN等为代表的版权代理公司，也为光线传媒、天择传媒这样的民营电视制作公司提供了更多机会，包括在版权保护、制播分离、文化投资、产业链延伸等方面，海外模式引进都做出了不小贡献。另一方面，也必须看到，引进并非是万能的，能否进行有效本土化改造是关键性因素。中央电视台的大型公益节目《梦想合唱团》第二季登陆CCTV－1黄金时段，成为收视热点。《梦想合唱团》的成功正是在引进原版节目后进行了许多本土化的改造的基础上获得的，如原版节目是实现一个人的梦想，经本土化改造后成为实现帮助他人的愿望，获益的有时甚至不只一个人，而是一个困难群体。同样是引进节目，2012年5月，东方卫视高价位引进版权的竞技节目《梦立方》就出现水土不服的症状。实际上，原版英国节目The Cube曾获2011年英国最佳电视综艺奖，而《梦立方》也基本延续了The Cube的高科技卖点，但是这种理性至上的纯粹技术性节目，显然并不适合国内观众的口味。而且，像《快乐大本营》、《天天向上》这样的原创节目，仍盘踞着娱乐节目排行榜前列，也充分说明了海外模式不一定就比原创好多少，最重要的还是是否适合“中国口味”。

五、网台竞合，娱乐节目新动向

随着互联网迅速发展和受众收视习惯的改变，电视娱乐节目向视频网站“发力”一直是近几年来的大趋势，“限娱令”的颁布使得2012年成为一个重要节点，突出表现在步伐大幅加速、优质节目加强和网台竞合加剧等方面。

从2011年年底开始，各视频网站就推出了一系列大举抢占2012年娱乐版图的行动。土豆网独家购买了《康熙来了》、《大学生了没》、《SS小燕之夜》、《冰冰好料理》、《沈春华LIFE SHOW》等台湾知名综艺节目的大陆播放权；奇艺网拿下英国节目Date My Car版权打造中国版《浪漫满车》；PPTV联合韩国KBS、SBS和IMBC三家电视台推出“韩流时尚平台”；优酷网推出《一起旅行吧》、《IU酷播》等系列新节目；搜狐视频的主打娱乐节目New Face、《大鹏嘚吧嘚》等也进行了改版。同时，各网站还推出了一系列优质的具有广泛影响力的自制节目，如脱口秀《晓说》、《金星撞火星》等，首天播放点击率均破百万。而且在伦敦奥运会期间，几大门户网站动作迅速，创作了相关的奥运栏目，有的还销售给了电视台。这意味着网络综艺节目逐渐迈入娱乐节目市场主流。而各网站也不再满足于单纯从电视台购买节目的模式，更多的是采取和电视台联合制作，甚至是将自制节目返销给电视台的方式，这方面，由搜狐视频和湖南卫视联合出品的《向上吧！少年》、由土豆网自制并成功卖给台湾TVBS的《哈林哈时尚》都开创了网台互动的先河。

为抵消网络对电视节目的受众分流，一些电视台甚至不再允许网络进行同时段播出。随着网台竞合的加剧，娱乐节目势必会产生新的发展动向，即电视和网络、新媒体有效互动的娱乐节目。

六、结语

综上所述，2013年的中国娱乐节目市场会更加规范，类型更多元，歌唱选秀类、励志益智类节目

---

① 杨林：《海淘节目模式，好声音“蒙对了”?》，《新京报》2012年10月19日。

有望引领收视风潮。各上星卫视延续既有综艺路线深化品牌形象，步入系统竞争阶段。如何开发次黄金档和新媒体将成为娱乐节目制作者思考的焦点。

苗　棣　中国传媒大学艺术研究院教授
毕啸南　中国传媒大学戏剧影视学院博士研究生

2012 年中国电视产业发展状况综述

◎李　岚

2012 年，在技术革新、政策规范、受众需求三方力量的推动下，电视产业发展驶上了快车道。2012 年，全国电视人口综合覆盖率进一步增长，全国有线广播电视用户和数字电视用户不断增加，内容创作生产繁荣创新，广告资源价值大幅提升。电视产业收入持续快速增长，预计超过 2500 亿元人民币。

一、电视剧市场风起云涌，播出平台“剧战”愈演愈烈

电视剧市场的亮点之一，是制作市场自由竞争度高，电视剧资源利用效率提升。2012 年度，全国持有《电视剧制作许可证（甲种）》的机构 130 家，全国持有《广播电视节目制作经营许可证》的机构 5363 家，比 2011 年同比增长 14. 64%。空前繁荣的制作市场丰富了电视剧的来源，活跃了电视剧交易市场。2012 年前 3 季度制作完成并获准发行的 358 部电视剧来自 240 余家制作单位，排名前 20 位的制作大户生产完成并获许可的电视剧总量所占份额不足 25%，市场集中度较低，呈现自由竞争状态。2012 年起开始执行的《〈广播电视广告播出管理办法〉的补充规定》，要求各级电视台在播出电视剧时一律不得在每集中间以任何形式插播广告。根据国家广电总局专门发布的通知，2012 年 1 月作为“禁止电视剧插播广告专项监管月”，由各级广播影视行政部门全面专项监管各级电视台的落实情况。CSM 调查数据显示，2012 年上半年，电视剧资源利用效率指数为 32. 22，比 2011 年显著提高，净化荧屏环境价值凸显。

亮点之二是上星频道电视剧红海强势竞争，地面频道收视缩水寻求突围。《关于进一步加强电视上星综合频道节目管理的意见》实施以来，上星频道更加倚重电视剧资源，巩固并发挥其覆盖优势和资源优势，加速集中优质电视剧资源。从 2012 年上半年的统计数据来看，上星频道整体收视优势进一步扩大，电视剧收视份额较前两年同期实现不同程度的增长，中央级频道的收视份额较 2011 年上半年增加了 1. 7 个百分点，省级频道收视份额更是接连增长，已接近 50%，二者合计占据电视剧 63. 5% 的收视份额。相比之下，地面频道实力不敌上星频道，处于资源劣势地位，整体电视剧收视份额较 2011 年同期下跌近 4 个百分点，市场空间缩水严重，竞争乏力。

面对红海竞争，资金实力雄厚的强势上星频道更倾向于主打优质独播剧，实力不占上风的上星频道则更多趋向于选择几家频道联播大剧的播出形式，既能摊薄竞购成本也能借助多家频道同时发起的强大攻势形成收视合力。

地面频道囿于自身资源和实力，无法与上星频道抢夺高品质电视剧资源，在困境中另辟蹊径：一是以自制或定制的形式打造性价比高的经济适用剧，通过更贴近当地生活的剧情、启用地方明星演员等方法，满足地面频道观众的个性化收视需求，开辟全新蓝海，谋求差异化发展，提升频道造血能力和受众黏性。二是与其他地面频道建立灵活的合作机制，充分发挥文化同源性和地缘优势，共同投拍特色电视剧、购买优质电视剧，甚至联合举办招商洽谈会，用规模优势增强平台吸引力。三是以联盟模式深化合作，凭借与互补性较强的上星频道或地面频道结为长期战略合作伙伴，更好地整合资源、共享资源，将联盟做大做强，协力创出品牌知名度。目前，城市联合网络电视台（CUTV）、九合组织、江苏广电与南京广电、辽宁电视台与沈阳电视台等都已进行了大胆的创新探索。

亮点之三是电视剧资源反向输出机制成形，视频网站借台网联动实力增强。2012 年，电视台与视频网站积极合作，进一步推动台网联动。电视台向视频网站输出电视剧资源，以此打破地域限制、拉长播出周期，扩展电视剧的辐射力。凭借联播电视台的优质电视剧资源和网络视频灵活机动的收看形式，

视频网站迅速积累人气，流量的大幅增长强劲拉动了经营业绩的增长，综合实力获得快速提升。视频网站角色开始转变，通过参股、合作等形式，参与到电视剧产业链的上游环节——内容制作中，转型为优质内容资源的生产平台。大量自制电视剧资源开始向传统电视媒体反向输出，电视台的强势地位渐被撼动。土豆网自制电视剧《爱啊哎呀，我愿意》3月登陆深圳卫视和安徽卫视，AGB尼尔森调查显示，该剧在安徽卫视首播收视率为1.26%，周日档收视排名第二。爱奇艺网的自制科幻情景喜剧《奇异家庭》7月抢滩江西影视频道，也引起了热烈反响。伴随ICT技术的快速普及，以网络媒体为代表的新兴媒体迅速发展，丰富了电视剧的传播内容和传播渠道，从产业链的各环节全面拓宽电视剧发展空间。

二、上星频道新闻类节目增强，综艺选秀“好声音”异军突起

2012年，政府主管部门进一步加强宏观调控和播出监管，电视业界创新环境优化，催生了一大批健康向上、内容新颖、形式活泼的电视节目。其中，中央电视台《谢天谢地，你来啦》、《梦想合唱团》，北京广播电视台《好人故事》、《选择》，天津广播电视台《非你莫属》，江苏电视台《一站到底》、《花样年华》，浙江电视台《中国梦想秀》、《中国好声音》等18个栏目作为2012年电视创新创优栏目获得国家广电总局的表彰。2012年，浙江卫视《中国好声音》的异军突起，给各大卫视的歌唱类综艺节目带来了不小的冲击，东方卫视《声动亚洲》、湖南卫视《天声一队》、云南卫视《完美声音》、山东卫视《天籁之声》纷纷在环节设置上不断改进和创新，赢得较高的收视率，使综艺节目形成“好声音”一统天下的格局。

延续往年收视热潮，与人们日常生活息息相关的相亲求职类节目已经拥有固定收视人群，2012年江苏卫视《非诚勿扰》持续创新，力求将栏目打造成开放的展示平台、多元的交流平台、融合的传播平台，举办了多个海外专场，赢得高位收视。湖南卫视《我们约会吧》、东方卫视《百里挑一》同样通过不断创新，在相亲类节目中寻求突围。求职类节目深受年轻人的喜爱，天津卫视《非你莫属》一马当先，在争议中获得提高节目收视率的动力。

2012年，相对电视剧而言价格偏低的综艺节目的竞争扩大到视频网站。目前视频网站的综艺节目来源主要有三种：外购版权、与电视台合作置换和自制。电视台为了扩大节目影响力，采取低价或免费出让节目版权的方式，有些地方台甚至主动联系网站，让自家节目进入主流视频网站。浙江卫视第一季《中国好声音》网络版权共卖出2000多万元，进入12家视频网站。搜狐视频通过和灿星制作签署独家战略合作，将成为第二季《中国好声音》及其衍生节目《中国好声音之对战最强音》的独家网络播出平台，并通过举办网络通道选拔优秀学员直通《中国好声音》。

2012年优酷的重心在于自制节目，综艺节目在优酷所有视频中占了很大比例，并反向输出，高晓松脱口秀《晓说》登陆浙江卫视，潘石屹脱口秀《老友记之Mr. Pan》在上海第一财经频道播出，郭德纲、吴宗宪主持的达人类节目《我是传奇》在10家电视台联播。乐视网则有专门的综艺节目频道，《我爱记歌词》、《非你莫属》、《百里挑一》等均有播放及同步更新。

三、动画产业继续高速发展，“舌尖”折射纪录片产业回暖

近几年来，我国动画产业高速发展，丰富了电视频道的节目源，国产动画企业积极转型，市场意识、品牌意识不断提升，动画片创作水平、艺术质量进一步提高。目前，我国动画企业已超过42000家，2012年，全国制作完成的国产电视动画片预计超过400部、22万分钟。2012年，在国务院以及各地政府出台的国产动漫产业优惠政策扶持下，主要城市动画片生产积极性持续提高，苏州、广州等城市领先国产动画片创作生产。目前，成熟的动画产业集群已在长三角地区、珠三角地区形成，中部地区、华北地区、东北地区动画产业迅速崛起。2012年度，国家动画产业基地自主制作完成国产动画片数量超过全国总产量一半。

2012年，国产纪录片在制作能力、创作质量和电视播出量上飞速提升。其中，《舌尖上的中国》、《超级工程》等纪录片不但受到了广泛关注和高度评价，也取得了良好的市场效益。此外，许多优秀国产纪录片已经走出国门，在东南亚、美国、欧洲等国家和地区落地播出。作为第一个全国播出的国家级

专业纪录片频道，中央电视台纪录频道目前覆盖人口6.5亿，每日相对固定收看人口从开播之初的2700万增加到4200万。开播2年多来，纪录频道陆续推出了《南海Ⅰ号》、《春晚》、《故宫100》、《舌尖上的中国》、《超级工程》等10多部原创纪录片。央视纪录频道的广告招标在2012年达到2亿元，2013年突破了4个亿。央视纪录片在海外的销售量，2012年比2011年增长了180%，销售额突破220万美元。到目前为止，《舌尖上的中国》海外发行收入达35万美元，创造了中国纪录片单集销售的最好成绩。

2012年4月16日，中央电视台在综合频道晚间次黄金时段开播了纪录片栏目《魅力・纪录》，由纪录频道投资制作的《舌尖上的中国》收视率超过了原时段电视剧收视率的30%。从央视平台首播，到网络上迅速的传播，进而传播于社会各类媒体渠道，"舌尖"成为风靡全国的热门话题，甚至大幅推高了节目中所涉及饮食的网购销量。"舌尖"品牌的诞生，对中国纪录片创作表达、市场路径和传播模式的多元探索具有标志性意义。

四、品牌电视资源广告价值凸显，新媒体广告吸引力持续增长

受全球经济发展走低等多种因素影响，2012年中国广告市场增长放缓，电视广告收入平稳增长。预计全年电视广告收入将保持15%以上的增长，电视广告收入有望超过1100亿元。其中中央电视台广告收入增幅超过18%，广告创收近270亿元，约占到总产告收入的1/4份额。由于政策对资源量的控制使得2012年电视广告时长整体缩减，虽然广告空间减少，但广告刊例花费仍然增长，广告主对其传播价值的期望有所提高，更期待出现超越单纯时段广告的媒体价值。受经济环境不景气影响，企业广告投放整体谨慎，由分散向集中、聚焦转移，2012年很多企业将绝大部分广告预算集中投放全国知名的娱乐节目，电视媒体优质资源越来越受追捧，单纯的时段广告吸引力降低。应对市场需求，各级电视媒体纷纷通过整合资源招标形成强大的广告价值内核。2012年11月18日举行的中央电视台广告招标最大的创新是打通了频道资源、栏目资源，整合产品招标。获得158亿多的2013年黄金资源广告招标额是中央电视台整合多频道以及CNTV等多形式媒体资源，广告集团军整合发力的结果。此前，浙江卫视推出以《中国蓝剧场》、《中国好声音》、《中国梦想秀》和《酷我真声音》为主的核心资源共8.8亿元的广告标的物，中标额实现了翻番，达到16.7亿元，成为2012年省级卫视广告招标的最大赢家。安徽卫视首次将《第一剧场》冠名纳入招标资源，冠名标底价累计9120万元，中标额高达3.1亿元，平均溢价率为241%，创造了省级卫视剧场冠名最高纪录。2012年，一些名牌节目拍出的冠名权等资源广告价格打破了此前《非诚勿扰》的高广告收入，更多地彰显名牌栏目的稀缺性和品牌价值。

应该看到，新媒体对电视媒体的分流已经显现。大广告主由于预算和投资效率压力，会将一部分广告预算分流到新媒体，而一些小型企业，迫于预算压力，也会优先选择新媒体。2012年第3季度选择网络平台进行投放的广告主比2011年增长22.9%。一是视频网站广告有着自己的优势，比如广告模式更为灵活等，因此对广告商的吸引力并不会因为传统电视台的招标火热而降低，反而将持续增长。二是视频网站的广告时长不断扩展，加上其仍然相对于电视具有很强的价格优势，将继续吸引企业加大广告投入。三是互联网搜索广告对传统电视广告冲击较大，例如仅百度一家2013年的总收入就预计将达267亿元，占据中国广告市场12%的份额，远超中央电视台广告招标额。

五、三网融合走向纵深，新业态产业成热点，网络运营商加快借力资本市场

2012年是三网融合试点阶段收官之年，经过2年的发展，遍布全国的54个试点覆盖人口超过3亿。目前已有3.72亿网络视频用户，超过1亿人通过手机收看视频，2M以上固定宽带用户超过1.4亿户，新增光纤到户数超过2300万，双向网络改造覆盖用户超过8000万。2012年年底，虽然中国广播电视网络有限公司还未成立，但作为试点标志性工作之一，国家广电总局和工信部互发牌照，从牌照上肯定了三网融合中的双向进入，三网融合逐步向纵深发展。

2012年，电视传输网络产业的新技术、新业态和新服务成为普遍关注的热点。直播卫星"户户通"工程进展顺利，卓有成效。目前，直播卫星"户户通"工程建设总量突破600万户，平均每天新增开通

用户达75269户。IPTV、OTT等电视新业态产业蓬勃发展。具备赢利能力的IPTV用户已经达到2000万户，中国成为全球IPTV用户数最多的国家。国家广电总局颁发了7张互联网电视牌照，目前我国互联网电视覆盖用户约有2000多万。2012年1月1日，中央电视台、北京广播电视台、天津广播电视台、上海广播电视台、江苏电视台、深圳市电视台联合开办的我国首个3D电视频道“中国3D电视试验频道”正式开播。2012伦敦奥运会期间，中国3D电视试验频道对奥运会开闭幕式和88场赛事进行了3D直播，这是中国电视史上首次对奥运会进行3D直播。3D电视频道的开播，对整个3D产业链发展有极大推动作用。

随着三网融合的不断推进，省网整合不断加速，各地有线电视网络公司加快借力资本市场，谋求跨越式发展，上市融资取得新进展，资本运作活跃。2012年6月18日，证监会公布的IPO待上会企业名单显示，国内最大的地方广电网络运营商江苏有线正在加快登陆上证所的步伐。10月19日，华数传媒在深交所挂牌上市，华数传媒借壳*ST嘉瑞画上句号。上市公司公告显示，华数传媒的股东以其所持100%股权价值认购了上市公司的定向增发股份，实现了华数传媒整体注入上市公司。11月28日，武汉塑料通过变更公司名称为“湖北省广播电视信息网络股份有限公司”，公司注册资本由1.77488586亿元变更为3.88761371亿元。湖北广电网络借壳上市圆满完成。

总之，2012年对于电视产业来说，是重要的发展之年。党的“十八大”报告提出，文化产业要成为国民经济支柱产业，要提高文化产业规模化、集约化、专业化水平，对电视产业发展提出了更高要求。媒介融合背景下，电视产业的发展充满变数，也充满机遇。随着传统媒体与新媒体的融合与发展进一步加深，未来将形成大视频市场的竞争格局，电视产业将迎来新的美好时代。

李岚　国家广电总局发展研究中心　研究员

2012年国产电视剧的产业形态与文化解析综述

◎张慧瑜

2012年中国依然是电视剧生产第一大国，据统计，国产电视剧全面完成并获得《国产电视剧发行许可证》的剧目共计506部17703集，其中现实题材剧目共计86部2814集（当代题材共计81部2626集、现代题材共计5部188集），占总比例的58.11%、53.74%；历史题材剧目共计60部2338集（近代题材共计42部1539集、古代题材共计18部799集），占总比例的40.54%、44.65%；重大题材共计2部84集，占总部、集数的1.35%、1.6%①，国产电视剧的交易额首次突破100亿元。

2012年不仅是电视剧市场的稳步发展、类型多样的一年，而且也是电视剧市场面临新困境和挑战的一年。虽然总体产量比2011年有所下降，但产能严重过剩，现有的平台只能播出不到30%的电视剧，大量制作完成的剧目无法进入发行渠道。不仅如此，2012年真正"叫好又叫座"的电视剧凤毛麟角，还有很多类型剧粗制滥造、盲目跟风，引起社会争议。本文主要处理两个问题，一个是当下国产电视剧的产业生态与管理机制；二是以后宫剧、青春剧等热播类型剧为例呈现2012年电视剧的文化特征。

一、产业转型与"限娱令"的市场效应

新世纪以来，电视剧经常成为社会关注和人们热议的焦点话题，这与电视作为中国消费群体最为大众的媒介以及电视剧拥有最广泛的观看群体有关。电视剧是一种特殊的产品，兼具商品和文化属性，一方面电视剧生产是高度商业化、市场化的，另一方面电视剧又关乎主流文化呈现。这就使得电视剧领域既成为资本涌动、资本投资的战场，又是意识形态管理最为密集的对象。

20世纪80年代电视机开始在中国家庭普及，各大电视台也纷纷成立电视剧制作中心，如两家最早的电视剧生产机构分别是北京电视艺术中心（成立于1982年）和中央电视台的中国电视剧制作中心（成立于1983年）。根据规定，从事电视剧生产必须持有《电视剧制作许可证》，在20世纪90年代民营资本进行电视剧拍摄必须选择挂靠国营制作机构的方式完成，直到2003年这种国有影视单位"独享"电视剧生产的格局才被打破。向民营机构发放《电视剧制作许可证》也来自于电视剧市场的变化，2002年全国80%的电视剧投资来自于民营资本。随着文化体制改革以及国家对文化产业的推动，电视剧生产开始走向更加市场化的发展之路。即使原有依附于电视台的电视剧制作中心也从文化事业单位"变身"为具有企业性质的公司。这种向民营资本开放和市场化竞争的生产机制，极大地促进了电视剧行业的发展和繁荣，到2007年中国已经成为电视剧生产的第一大国。

这种市场化运行所带来的问题也很多，电视剧生产往往以利润为导向，也就是以电视剧的收视率为最重要的标准，这就使得电视剧生产经常出现一部剧热播，随后大量同题材电视剧盲目跟进的现象，从而造成同类题材的严重过剩，引起观众的审美疲劳。当然，这种跟风也符合自由市场的"理性"选择，因为那些收视率高的类型已经被市场认可，同类型制作会极大地降低市场风险。比如2002年《激情燃烧的岁月》"意外"热播，同样讲述"泥腿子将军"故事的电视剧《历史的天空》（2004年）、《亮剑》（2005年）、《狼毒花》（2007年）、《我是太阳》（2008年）、《光荣岁月》（2008年）等陆续拍摄。而2009年谍战剧《潜伏》成为热点话题，这种办公室政治式的谍战故事开始不断地被复制再生产，如《黎明之前》（2010年）、《借枪》（2011年）、《悬崖》（2012年）等。

---

①《广电总局关于2012年第四季度暨年度全国国产电视剧发行许可情况的通告》，http://www.sarft.gov.cn/articles/2013/01/23/20130123171219460400.html

不过，片面地追求收视率，也会带来低俗化、娱乐化的现象，因此，除了在生产环节以市场化为主，电视剧主管部门经常会对电视剧生产和发行中出现的问题进行“行政干预”。2004 年 4 月针对“红色经典”的“戏说”所带来的负面效应（通过对原有红色经典文本中添加或者说发掘商业元素如感情戏来颠覆或削弱革命故事，使“红色经典”变成“粉色经典”和“桃色经典”），广电总局发布通知“禁止戏说红色经典”①。而 2011 年 10 月，针对电视节目“过度娱乐化、格调低俗、形态雷同等”的不良倾向，主管部门出台了更加严厉的《广电总局将加强电视上星综合节目管理》（媒体称为“限娱令”），规定从 2012 年 1 月 1 日起，每个电视上星综合频道要减少婚恋交友类、才艺竞秀类、情感故事类等形态雷同、过多过滥的纯娱乐节目，增加新闻类节目和思想道德栏目，以防止过度娱乐化和低俗化倾向，满足广大观众多样化、多层次、高品位的收视需求。

为了应对“限娱令”，很多电视台把原来晚上 8 点黄金时段播出的娱乐节目变成电视剧，这无疑导致 2012 年主旋律电视剧以及现实题材电视剧增多，出现了如《焦裕禄》、《杨善洲》、《粟裕大将》、《刘伯承元帅》等英模题材、《温州一家人》、《金太郎的幸福生活》、《掌门女婿》、《新女婿时代》、《瞧这两家子》、《媳妇的美好宣言》、《儿女情更长》等家庭剧以及《我的法兰西岁月》、《国家命运》、《五星红旗迎风飘扬 2》、《雪浴昆仑》、《先遣连》等红色题材。不过，2012 年电视剧却遭遇质量危机，特别是出现抗战剧传奇化、雷人化的倾向，如吴奇隆在《向着炮火前进》一剧中以超酷的“飞机头”和“黑超皮衣”扮演抗敌英雄以及“手撕鬼子”、“捏鬼子脑袋如捏西瓜”、“抗战英雄射箭都能拐弯”的桥段设计过于夸张和传奇。针对这一现象，2012 年 8 月份，广电总局对电视剧创作提出 6 项要求，“其中包括革命历史题材要敌我分明；不能无限制放大家庭矛盾；古装历史剧不能捏造戏说；商战剧需要注意价值导向；翻拍克隆境外剧不能播出；不提倡网络小说改编，网游不能改拍电视剧。据悉，目前这 6 项创作要求已经开始陆续实施。”②

不管是“限娱令”，还是政策禁令，这种外在的干预就像经济领域的“宏观调控”一样，用“看得见的手”对“看不见的手”进行行政干预，某种程度上有利于电视媒体从收视率/市场的紧箍咒中解脱出来。如果说 20 世纪 80 年代这种带有中国特色的宣传性（政治）与产业化（经济）的双重定位使得官方意识形态陷入自我悖论的状态，那么 20 世纪 90 年代以来电视媒体的双重角色（外在的政治要求与市场化的经济诉求）更多地呈现为一种有中国特色的“和谐”。凭借“体制”优势，电视台在市场经济的大潮中获利丰厚，仅从每年年底央视广告招标会上不断被刷新的成交额就可以看出，这种“垄断”媒体的市场价值，恰如 2012 年最为主旋律的《新闻联播》和《焦点访谈》依然是广告代言费最高的电视栏目。电视传媒早在 20 世纪 90 年代中期就开始尝试市场化运营，如央视“东方时空”栏目的出现主要依靠体制外人员来完成，“整体制播分离、转企改制”的改革正是建立在无论人员编制、还是节目生产都已经充分市场化/公司化的基础上。从这里可以看出，“政治”与“市场”的关系是相互支撑、互为利益的共同体，而“限娱令”、禁播令等行政干预不过是两者之间微妙的分歧，并非实质性的矛盾。这种“行政资源”与“市场机制”的结合正是当下中国文化生产的基本特征。

从 2012 年电视剧的整体现状可以看出存在着以下几个问题：第一，投资过热、产量过剩。目前阶段，电视剧的主要播出渠道还是电视台，其收入的 90% 以上也来自于电视台；第二，生产成品增加、投资风险大。演员在电视剧推广和发行中是最重要的因素之一，所以演员片酬上涨过快，甚至一线演员的片酬已经占到制作资金的 70%；③ 第三，收视低迷、创新不足。有九成电视剧收视率不及 2%，造成这种局面的原因是多方面，其中之一就是类型创新不够，在宫斗戏、穿越剧禁止在上星频道黄金档播出之后，2012 年出现了家庭剧“扎堆”现象，如《当婆婆遇上妈》、《青春期撞上更年期》、《媳妇是怎样炼成的》等婆媳剧、《你是我爱人》、《夫妻那些事》、《小夫妻时代》等夫妻剧，还有《房战》、《家产》、

① 裴艳：《广电总局禁止戏说红色经典〈林海雪原〉等遭点名》，《每日新报》2004 年 4 月 21 日。
② 刘玮：《网络游戏不得改编电视剧》，《新京报》2012 年 8 月 3 日。
③ 沈参：《一线明星片酬大爆发 占一部剧总成本 70%》，《潇湘晨报》2013 年 6 月 14 日。

《老牛家的战争》等"家斗"剧。这些都成为电视剧健康发展的制约因素，下面主要以口碑、收视率最佳的电视剧《后宫·甄嬛传》、青春剧以及引起热议的电视纪录片《舌尖上的中国》为例，来看这些个案成功的文化意义。

二、"后宫"想象与文化隐喻

2012年有一种身份和一部电视剧异常火爆，这种带有自我调侃、嘲讽的命名方式是"屌丝"，电视剧则是正在热映中的《后宫·甄嬛传》（简称《甄嬛传》）。如果说屌丝是一种区别于"高富帅"的"穷矮矬"，那么在屌丝眼里，"甄嬛传"就是女屌丝逆袭白富美的好戏。这部"宫斗文"（指以宫斗为题材的网络小说）比前几年流行的白领职场教科书《杜拉拉升职记》更血雨腥风，比20世纪90年代末期带来文化轰动的《雍正王朝》更惊心动魄。《甄嬛传》改编自80后网络女作家流潋紫的同名小说，这部小说自2006年在某知名文学网站连载后，受到网民热捧，被誉为"后宫小说的巅峰之作"。这部小说创作之时，后宫故事已经开始成为继奇幻文学（如最有名的"九州"系列）、盗墓小说（如《鬼吹灯》系列）之后最有读者群的叙事模式。这些后宫题材的网络文学深受2004年香港电视剧《金枝欲孽》的影响，这部后宫争宠的大戏让包括流潋紫在内的网络女作家找到了一种把白领/女性职场故事放置到后宫空间中来演义的方式，《甄嬛传》在2007年第一次出版时也被指认为是《金枝欲孽》的小说版。如果联系到2010年播出的《宫心计》、《美人心计》等后宫剧，以及2011年播出的《武则天秘史》、《唐宫美人天下》等重新把武则天讲述为武媚娘宫斗/奋斗的故事。可以说，2011年是后宫题材从网络文学的"小圈子"蔓延到大众荧屏的标志之年，"宫斗"已然成为当下人们尤其是年轻人想象历史和言说现实处境的最佳隐喻。

从白领丽人的办公室政治到暗流涌动、杀机四伏的后宫，实现这种空间转换的方式就是"穿越"，或者借用网络文学的术语"架空"。如《宫》、《步步惊心》就直接让现代女子"穿越"到康熙朝九子夺嫡的"现场"，并让阿哥们都爱上这位深谙后宫谋略的佳人。当下与历史可以无间地被"架空"，或者说充满现代意识的小女子无需挣扎、很快就对后宫世界的游戏规则了如指掌，就像一场身临其境、角色扮演的网络游戏。对于这些穿着古装的现代人来说，古代与现代没有本质差别，这种去历史化的想象方式建立在对20世纪中国现当代历史的"穿越"/"架空"之上。在这些成长于20世纪八九十年代的青年人看来，百年中国"风云激荡"的历史仿佛终结于20世纪80年代，历史在从当下"穿越"到古代的过程中被扁平化，从而在这种空洞的历史片中上演格外剧烈的"宫斗"（政治权术）的大戏。

对于甄嬛来说，权力的价值就是一场永无休止的宫廷斗争，保护自己的最好方式就是致竞争者及潜在的竞争者于死地。这种尔虞我诈、勾心斗角的行为背后依然是个人主义逻辑，不管是甄嬛、华妃、安陵容，还是皇后、皇太后，都是为了维护个人及家族的"实际"利益。为了获得皇帝宠幸，每个妃子用尽伎俩、算计和厚黑学，爱情神话、姐妹情谊和善良纯真等作为大众文化"心灵鸡汤"的超越性价值荡然无存。在这里，没有正义与邪恶，只有高明和愚蠢。不管是胜利者，还是失败者，本质上都是一样的人。正如每一位打入冷宫的妃子都有一把辛酸泪，都曾经受尽屈辱，或者说每个人都被甄嬛化，就连皇帝也得经历皇子的"死亡游戏"（弑父或手足相残）。所以说，即便是成功者、胜利者也并不意味着拥有正义或高尚的理由，只不过是比失败者更蛇蝎、更恶毒、更阴险。这与其说是人伦纲常的后宫，不如说是更赤裸裸的丛林法则。

《甄嬛传》看起来是一个杜拉拉式的白领职场故事，只是相比杜拉拉的得与失，甄嬛所经历的却是如履薄冰的生死之战。在皇帝的后宫世界中，实行的却是一种阶层化的管理，妃子分为官人、常在、答应、贵人、嫔妃等不同的级别。在这一点上，看似公正严明的现代科层制度被想象为尊卑有别、纲常有序的封建关系。在甄嬛从"常在"到"皇太后"的晋级之路中，不仅多次被置之死地而后生，而且练就了五毒不侵、心狠手辣的铁石心肠，其"成功"的代价则是从仪态万方的大家闺秀（相信可以遇到"真命天子"和"姐妹情谊"），蜕变为了后宫深闺中的孤家寡人（毒死"真爱"和曾经的姐妹）。对于这种"蜕变"，读者和观众更多的是艳羡和叹服，而不是惋惜和同情。如果说20世纪80年代作为历史的人质和牺牲品的个人笼罩着一种自由与解放的梦幻，那么在“深似海”的后宫中个人所能做出的选择只能是“臣服”和顺从。在甄嬛看来，没有后宫之外的世界，不管是后宫，还是发配到寺庙修行，后宫式的“赢家通吃，输家皆失”的秩序永存，除了再次回到后宫继续“战斗”，别无他途。伴随着新皇帝即位、甄嬛成为皇太后，这与其说是历史的终结，不如说是新一轮后宫大戏的开幕。

不过，甄嬛的逆袭之路呈现出两个有趣的症候。第一，与《新周刊》中苦哈哈的屌丝男不同，当下热播的不仅是宫斗戏，更是后宫戏，也就是说在从宫廷（如电视剧《雍正王朝》、电影《英雄》、《夜宴》、《满城尽带黄金甲》等）到后宫的空间转换中，皇帝、皇子、男性的故事变成了皇后、妃子、女性的故事。这种性别修辞策略从职场宝典《杜拉拉升职记》中已然开始，就是无法讲述男性的成功话语，逆袭的主体变成了一个弱女子。于是，“蛇蝎 + 美女 + 权谋”成为新的权力故事；第二，与甄嬛同时入宫的还有两个好姐妹，分别是世家闺秀眉庄和出身低微的县令之女安陵容，三姐妹在宫中遭遇不同的命运。如果说眉庄率先得到皇帝宠幸并率先被抛弃而出局，那么安陵容则变成为达目的不惜出卖姐妹的坏女人。尽管甄嬛与安陵容毫无二致（都是腹黑女），但却判若两人，甄嬛被陷害时是楚楚动人，而安陵容遭难则是罪有应得。在这个意义上，安陵容想逆袭也不会有好下场。

甄嬛的幸福不仅仅是她有着相对显赫的出身、被选入宫的“姿色”以及讨得皇帝欢心的“机智”，其“得意”之处还在于她被废赶出宫外之后依然可以绝地反击、重获皇帝的宠幸，并玩弄雍正于股掌，最终贵为皇太后。也就是说，不管甄嬛变得多么坏，她仍旧支撑着这个时代小资产阶级、白领或屌丝最大的“梦幻”。不过，谁是游戏者，谁是被游戏者，谁又是这场游戏的幸运儿，是这个生活在丛林法则（或权贵资本主义）时代的人们需要认真思考的问题，因为一旦关掉电视走出家门，下一个上场的恐怕就是我们自己。也许可以换一种思路，值得追问的不是屌丝如何逆袭，而是为何只有“逆袭”、只有在“聚光灯下”才意味着一种幸福和成功，做一个不会创造“奇迹”的普通人就只能意味着一种人生的失败呢？在这个意义上，要紧的不是给年轻人创造更多的机会参与“逆袭”和宫斗，而是重新思考生命的价值、人生的意义这些最为基本和朴素的问题。

三、青春剧的嬗变

如果把《甄嬛传》放置在新世纪以来影视剧的背景中可以看出，从 2001 年至 2005 年热播的“泥腿子将军”的故事（以《激情燃烧的岁月》、《历史的天空》、《亮剑》为代表的新革命历史剧）到 2006 年至 2010 年“无名英雄”的故事（以《暗算》、《潜伏》、《悬崖》为代表的谍战剧），一种不按规矩出牌的草莽英雄变成了拥有信仰、坚守职责的职场白领的故事，而后宫剧则再次由职场故事升级为小心翼翼、步步为营的宫斗故事。尽管都是讲述胜利者的励志/逆袭神话，但是从男人英雄到腹黑女的角色转换中已然呈现了，一种白手起家、个人奋斗、创造“帝国”的成功故事变成了只能在既定规则、既定格局、既定秩序下成为既定的赢家的故事。从这种企业家式的强者到战战兢兢地职场白领的“降落”的现象中也可以看出，20 世纪 90 年代中后期以来中国社会从自由竞争的迷梦走向权力垄断与固化的深刻转型。或者说，从“不抛弃、不放弃”的许三多到甄嬛，一种个人奋斗的职场理念变成了必须放弃真爱、放弃友情的腹黑女。这是一种“世事洞明”，或许也是一种绝望后的悲凉。不过，《甄嬛传》的意义正在于让自由竞争、实现自我价值的职场彻底腹黑化，2012 年上半年热播的青春剧《北京爱情故事》（简称《北爱》）以及年中播出的职场剧《浮沉》就是例证。

《北爱》讲述三个大学同窗毕业后在北京“奋斗”的故事，其主创团队（尤其是主要演员）来自于 2007 年轰动一时的军事励志剧《士兵突击》。如果说在彼时许三多式的“又傻又天真”的农村娃可以在相对公平的升级比赛中一步步成长为兵中之王“特种兵”，那么此时农家子弟石小猛大学毕业之后面对北京这个欲望之都，却“清醒地”知道无论自己如何努力、奋斗都不可能与同窗好友“高富帅”站在同一个起跑线上，甚至连入场的机会都没有，只能和屌丝一样成为打酱油的看客。幸好，富二代程峰喜欢这个穷小子的女朋友（一个来自偏远村寨的纯洁而善良的价值客体），在石小猛把女友按照“公平交易”的原则“出卖”给富家公子之后，他获得了“入场”、参与竞争的“原始资本”。就在穷小子一步步变成唯利是图、一心往上爬的小人之时，“纨绔子弟”则通过爱情波折、父辈企业的失败在“逆袭”中找回成长的感觉。“笑到最后”的富二代不仅“赢者通吃”（收获爱情、兄弟情义并成为家族企业掌门人），而且把凤凰男/屌丝打回原形。不过，重要的是《北爱》中的国际化大都市北京已经变成了与狼共舞的资本战场（剧中的成功人士都是具有狼性精神的资本操盘手），在这个看不见的“资本”角斗场中穷小子石小猛再也找不到奋斗、励志和升职的空间，除非他也变成后宫中甄嬛般的腹黑女。与这种腹黑北京的描述相似，在另一部电视剧《浮沉》中，繁华耀眼的上海外滩也变成了职场菜鸟眼中流淌着黑色液体的尔虞我诈之都。

从2009年引起争议的《蜗居》、2011年的《裸婚时代》，再到2012年的《浮沉》，滕华涛团队像《新周刊》一样，异常敏锐地把握住了小白领们的时代之痛。《浮沉》一开始就是在大雪纷飞之夜，刚刚经历分手的沪漂乔莉一个人茫然地流浪在“夜上海”的街头。作为外来青年，乔莉深知只有成功者才能在这个“势利”的城市中活下去，即使上海男朋友处在“失业”状态，乔莉这个外企总裁助理也会遭遇上海婆婆的白眼。于是，乔莉下决心要做一名销售，靠自己的努力和业绩来赢得未来，她信誓旦旦地对闺蜜瑞贝卡说：“我要做销售，就是我要挣钱，从明天起，大家可以笑我拜金。我要演一个我想演的自己”。可是，菜鸟销售乔莉很快发现自己喜欢的、一见钟情的上司陆帆，一次又一次地利用自己、甚至不惜牺牲自己来实现公司或个人的利益，自己不过是陆帆职场前进的炮灰、棋子和马前卒。而生存在日本企业中的车雅尼也一次又一次地发现上司土井对自己的爱不过是为了实现销售业绩的工具。这让乔莉深深地感受到，所谓的“业绩”都是依靠一系列见不得人的交易组成的，人与人的关系不是信任与真诚，而是利用与被利用、收买与被收买。这恐怕是近些年流行的职场小说（如《输赢》、《圈子圈套》、《浮沉》等）、官场小说（如《侯卫东官场笔记》、《二号首长》等）的“真知卓见”。

这种曾经被作为公平竞争、个人奋斗的白领职场，充满了明争暗斗和肮脏交易。不管职位多高，每一个参与游戏中人，都深谙并默认其间的游戏规则，正如一向高高在上、信心满满的土井在遭遇失败之后只能选择自杀，因为在这个“永不言败”的游戏中只允许少数成功者“幸存”。在这个意义上，不论是以土井为代表的崇尚赤裸裸的狼性竞争的日本企业精神，还是崇尚快乐工作、享受生活的美国企业精神，都没有本质区别。差异仅在于，对于何乘风、陆帆等高管来说，选择离职之后有可能利用积累的“资源”创业成功（从外企、国企的间隙分得一杯羹），而对于乔莉、瑞贝卡等底层白领来说，离职就意味着在冷漠的大都市中流浪街头。显然，这与其说是光鲜夺目的自由奋斗的“人上人”的生活（从20世纪90年代中期到2005年前后，外企白领一直是离开体制、公平竞争的理想人生），不如说更是甄嬛式的“超级黑”的后宫世界。从《杜拉拉升职记》、《士兵突击》的清新、向上和奋斗到《甄嬛传》、《浮沉》的职场“腹黑化”成为近四五年来中国社会转型的最佳隐喻。

近些年最成功的青春励志剧就是赵宝刚执导的“青春三部曲”，即2007年《奋斗》、2009年《我的青春谁做主》和2012年下半年放映的《北京青年》（简称《北青》）。如果说《甄嬛传》、《北爱》呈现了腹黑化后宫/职场中“逆袭”的成功与失败，那么先后播映的《浮沉》和《北京青年》中青年白领们没有宅在家里“装屌丝”，而是开始走出浮华的大都市，看到并体验之前在外企职场中“不可见”的生活和“风景”。相比乔莉不再迷恋于高楼林立的上海外滩而“审时度势”地选择爱上国企厂长（一个邋里邋遢的离婚大叔），《北青》中拥有公务员、医生、海归和富二代身份的兄弟四人要一起离开北京“重走一回青春”。尽管这部剧与之前的《奋斗》、《我的青春谁做主》有着相似的主题：“找回自我”、“我的青春我做主”，但是这种主动逃离稳定的体制内生活的举动本身也具有新的意义。离开体制的大哥何东做过餐厅服务员、海鲜市场管理员、快递工和劳工市场的小包工头等体力劳动者，这些很少在“奋斗”、“创业”的场景中出现的都市打工者以这种方式与曾经衣食无忧的中产阶层“耦合”在一起，或者说，他们实实在在地过了一把“装屌丝”的瘾。如果说这种开着JEEP车到异地搞生存体验的自驾游略显奢侈，那么这些80后的逃离本身说明中产梦的幻灭。

尽管2012年国产电视剧有着诸多新的问题，但也出现新的机遇和挑战。尤其是随着电信网、广播电视网、互联网三大网络的融合，作为消费终端的手机、电视、电脑实现了资源共享，电视剧的传播渠道更加多元化。一方面青年人借助网络重新成为“电视”观众，这也导致青春剧、偶像剧等适合青少年口味的电视剧类型受到市场青睐，成为电视剧生产的重要类型；另一方面视频网站也在生产和制作更符合网络观看习惯的电视剧，网络自制剧已经成为专门在网络上播映的电视剧形态，这些都是值得关注的新现象。

张慧瑜　中国艺术研究院电影电视艺术研究所副研究员

2012 年中国电视研究著作述评

◎胡智锋　王　锟　刘　俊　吴　雁　余　锫　李　艳　兰　瑜　郑智颖　杨晓潸　李一君　杨小玢　孙文玉　张　倩　曾子龙

本述评以 2012 年中国（限内地）出版的 591 本著作（含报告、年鉴、丛书、专著、合著、教材、文集等，见下表）作为依据，对电视研究的相关著作进行了梳理，力图通过对电视研究热点、亮点的归纳、分析，呈现出本年度电视研究领域的总体面貌。

表 1　2012 年中国电视研究著作收集情况简表

类别	数量	涉及内容
报告	20 本	广播电影电视发展、传媒发展与传媒产业发展、媒介素养、纪录片与纪录片产业发展、民生新闻、新媒体等
年鉴	2 本	广播电视综合情况、电视收视综合情况等
丛书	47 种/135 本	新闻传播、影视作品、国际传播与媒体全球化、广播电视发展、媒介理论、影视创作、文化产业、媒体管理等
文集	39 本	影视作品、广播电视发展、影视产业、国际传播、新媒体、新闻传播等
专著合著教材	395 本	电视史论、电视美学、电视批评、影视文化、影视创作、节目策划、电视剧、纪录片、播音主持、新闻传播、新媒体、三网融合、媒介素养、传媒法规、电视产业、传媒经济、电视技术、国际传播等

一、报告·年鉴·丛书·文集

（一）报告

2012 年中国电视研究著作中的报告类图书延续了 2011 年的热潮，内容从文化传媒综合类报告到以纪录片、民生新闻、新媒体、全媒体为代表的专项领域报告均有涉及。这些报告通过对统计数据的价值挖掘与对行业关键问题的审视凸显出综合性、专业性、前瞻性特点，较好地满足了行业对于动态信息的迫切需求。

1. 综合研究报告

综合研究报告侧重于以系统的全局眼光构建起整体文化传媒生态发展的坐标网络，为深入了解电视媒体在当年文化生态中所处的地位、起到的作用及其未来发展趋势提供了全面的参考系数。继 2008 年首次提出“传媒发展指数”概念之后，第 5 部“传媒指数蓝皮书”《中国传媒发展指数报告（2012）》（喻国明主编，人民日报出版社，2012.06）如期发布。报告内容由三个部分组成：“主报告”是关于 2012 年中国传媒业总体状况的分析报告、中国传媒发展指数 CMDI 总报告以及全国 31 个省区分报告；“专题报告”包括了“中国媒体品级指数排行榜（2011）”、“我国宏观经济关系对广告业的影响”等若干不同内容的分项报告；“媒介观察”部分则专注于当下中国传媒业发展的关键词“跨界、整合与改制”，通过对不同媒体类型的产业年度观察以及对产业人物、产业规制、产业事件的梳理，以点带面地勾画出这一年中国媒体产业发展的总体面貌。该报告实现了对传媒发展与文化环境的有效监测，具有指导传媒产业战略和传媒经济运作的双重意义。

已连续出版 9 年的“传媒蓝皮书”《2012 年：中国传媒产业发展报告》（崔保国主编，社会科学文献出版社，2012.04）则将视野重点投放在“传媒转型”与“社会化媒体”上，通过对报纸、图书、期刊、电视、广播等诸多不同媒体类型数据的整理分析对在融合中转型的中国传媒产业进行了全面描述，为政府决策、产业发展、机构运营提供了更为开阔的视野与思路。

由国家广电总局发展研究中心编撰的“广电蓝皮书”《中国广播电影电视发展报告（2012）》（庞井君主编，社会科学文献出版社，2012.01）作为广播影视行业发展的年度权威报告，全面系统地介绍了本年度中国广播影视改革发展的基本情况和重要进展，以全面翔实的数据量化展示了2011年全国广播影视发展的整体情况，为推进广播影视的发展提供了政策导向依据和智力支持。

《2012中国媒介素养研究报告》（彭少健、王天德主编，中国国际广播出版社，2012.05）则以文集收录的形式，就新媒体、跨文化背景下的媒介素养做了多角度、深层次的思考，研究多针对当下突出的热点问题或新时期新环境出现的新问题，具有突出的针对性与时代意义。

2. 专项研究报告

专项研究报告在数量与质量上的提高是文化传媒领域逐步深化的必然结果。对具体领域的聚焦，对多层次立体化数据的考察，对研究对象的深度解读使专项研究报告很好地履行了史料性、实用性的职责。

（1）纪录片报告

本年度发布的两部纪录片报告共同表现出了高品质、专业性、即时性、创新性特点，科学客观地呈现了中国纪录片快速发展的现状与未来趋势。由北京师范大学纪录片中心与中国传媒大学《现代传播》杂志联合发布的《中国纪录片发展研究报告（2012）》（张同道、胡智锋主编，科学出版社，2012.07）将中国纪录片置入全球背景下，根据最新的权威数据进行学理分析，试图探索一种具有中国特色的纪录片发展模式，在立足现状的同时注重前瞻性和创新性，力图以丰富科学的调研成果为纪录片的发展立传，不仅具有宝贵的史料价值，更对纪录片实践具有重要的现实指导意义。

《2012年中国纪录片产业发展报告》（何苏六主编，社会科学文献出版社，2012.12）延展了对国内外纪录片产业关注的广度和深度，对纪录片行业的发展环境、纪录片产业链的建设和完善、新媒体新技术对纪录片产业发展的影响、中国纪录片的文化传播等主题进行了深度挖掘和分析，乐观预期未来两三年“中国纪录片行业将迎来整体上升、多因素复合影响、理性化发展的新阶段”。该报告站在政府立场，用具有国际视野的专业研究态度，为推动中国纪录片产业发展做出了贡献。

（2）新闻传播学报告

民生新闻是新世纪中国电视发展创新的重要成果，十余年来秉持以人为本的理念，坚持三贴近原则，在内容、形式、运行、推广各方面锐意创新，产生了巨大的社会影响和媒介影响。《中国电视民生新闻发展报告（2011）》（胡智锋、禹成明等主编，中国广播电视出版社，2011.12）是中国首部关于民生新闻的专项报告著作，全面系统地剖析了民生新闻的“前世今生”，考察了民生新闻生产主体、内容定位、传播策略、品牌建设，并详细观照了电视民生新闻对于中国电视生存与发展的重要性及其对于推进中国新闻改革的意义。

《中国新闻传播学研究最新报告2012》（童兵主编，复旦大学出版社，2012.10）是第七部关于新闻传播学科科学研究的专项报告著作，展示了过去一年中国（以大陆地区高校为主）新闻传播学科科学研究全貌，包括这一年的研究重点与热点、主要研究领域、重要代表性论文及观点、重要学术会议和公开出版的著作及教材等内容，对学科的建设与完善起到了促进作用。

（3）新媒体发展报告

“新媒体”是多年来业界与学界共同关注的热点领域，如何在虚拟和现实社会的冲突与融合之中构建具有中国特色的新媒体生态，形成中国特色的新媒体发展战略和治理之道，是现实发展给专家学者们提出的具有鲜活时代特征的研究命题。《中国新媒体发展报告No.3（2012）》（尹韵公主编，社会科学文献出版社，2012.07）全面盘点了新媒体的发展现状，通过对网络谣言的自净化、微博传播的中国特色、全球新媒体发展动向、中国网络舆情特征等新媒体热点的解读，由点及面地刻画出新媒体在与现实社会的冲突和融合中曲折成长的道路与趋势。

对地域性的纵深研究是本年度新媒体报告的亮点之一。《上海传媒发展报告：全媒体传播推动城市创新与发展》（强荧、焦雨虹主编，社会科学文献出版社，2012.01）和《2012上海网络视听产业报告》（张炜、陈超编著，上海科学技术文献出版社，2012.09）两部报告均以上海地区作为研究范围。前者以“全媒体传播推动城市创新与发展”为主题，探讨了全媒体传播对推动城市转型、促进城市发展、提升城市实力具有的引擎作用；后者则包括了上海网络视听产业政策的推进状况、网络视听产业的概念及分类、上海网络视听产业及视听细分市场的发展现状与未来趋势等内容，为上海网络视听产业的进一步发展提供了详实的参考数据与深入的理论思考。

（二）年鉴

《中国广播电视年鉴2012》（国家广播电影电视总局、中国广播电视年鉴编委会编纂，赵玉明主编，中国广播电视年鉴社，2011.12）已经连续出版27年，是广播电视领域年鉴类著作的精品品牌，在学界与业界有着非同一般的关注度与影响力，内容包罗万象，几乎涵盖了广播电视实践与理论的所有领域，对广播电视领域的展示详尽而富有代表性。2012年该年鉴继续秉承其一贯的精品理念和与时俱进特性，通过全面的梳理、翔实的数据和深度的分析，全面反映了广播电视领域的现状与问题、前沿理论研究成果及其未来发展趋势。

CSM媒介研究从2003年起每年编写出版一部《中国电视收视年鉴》，至今也已成为被学界和业界广为认可的品牌之作。《中国电视收视年鉴2012》（王兰柱主编，中国传媒大学出版社，2012.10）对2011年中国电视收视市场进行了全景式描述与分析，并对电视剧、综艺节目、新闻、体育、青少儿个主要节目类型的收视状况进行了分析，还关注了2011年中国电视市场上电视剧同期播出模式、达人秀节目、婚恋节目等颇具特色的现象、新媒介环境下全球及中国电视市场发展等热点问题，以及“61号令”（《广播电视广告播出管理办法》）等重大事件。数据的全面详尽与科学的量化分析是该年鉴最大特色。

（三）丛书

本年度新推出的丛书数量较多，不论在国际传播还是在研究国内电视发展现状方面均展示出丰硕研究成果。随着对国家传播软实力的重视，与之相关的电视理论研究著作成为当前一大热点。在学术界引起了较大反响的“第三极文化论丛”继2011年推出《中华文明的现代演进：“第三极文化”论丛（第一辑）》之后，推出了第二辑《从孙中山到乔布斯：中华文明的现代传播——“第三极文化”论丛（2012）》（黄会林主编，北京师范大学出版社，2012.08）。新作纵览从孙中山到乔布斯的百年历史，围绕着“新媒体时代传统媒体的生存方式”、“新媒体时代的媒体道德与责任”、“新媒体时代文化传播的有效性”等问题进行研讨和分析，将具有深厚历史根基和与时俱进品格的“第三极文化”放在历史大视野中进行审视和考量，从生存方式、道德责任、传播效果、文化内容等诸多角度阐发了富有前瞻性的思考；“中国影视艺术‘走出去’战略工程研究书系”同样具有广阔的学术视野。

该书系2012年出版了《全球化时代的影视形象传播》（盖琪著，中国广播电视出版社，2012.03）和《学院派电视剧批评研究》（吴素玲著，中国广播电视出版社，2012.01）两本新作。前者着重探究影视形象“走出去”的历史背景、文化环境、核心意义、现下的优点和劣势等内容，后者则专注于“学院派电视剧批评”这一对象，概括和介绍了它的兴起、方法、品格、优缺点等等，使活跃于高校和研究机构的、兼具社会意义和审美价值的“学院派电视剧批评”具有更明确和牢固的理论身份；由中国传媒大学出版社出版的“传媒研究新视野丛书”推出的《从形象到认同：社会传播与国家认同构建》（龙小农著，中国传媒大学出版社，2012.04）和《发展中国家电视媒体全球化路径研究》（李黎丹著，中国传媒大学出版社，2012.03）两本新作也对这些热点命题做了较为深入的思考与探究。前者以社会传播的视角分析国家形象的建构和国家认同的重构，为国家“四位一体”战略的实施提供了重构国家认同和社会认同的参照依据；后者则以印度、巴西、墨西哥等发展中国家的电视媒体为例证，站在全球化的角度上探究发展中国家电视媒体的运营和拓展，以充分的事实论证了开放媒体不但没有使发展中国家的文化与市场陷落，反而以跨国媒体的传播技术、管理制作经验、资金等为助力凸显自身优势的观点。此外，该丛书在本年度推出的《性别传播的研究与行动：联合国教科文组织“媒介与女性”教席5年发展实录》（刘立群、辛格著，中国传媒大学出版社，2012.07）记录了联合国教科文组织“媒介与女性”教席2005—2010年以来的发展轨迹，内容涉及教席教学科研、业界学界合作、国际交流、教席使命、媒介与女性研究理论建构、媒介与女性议题思考等，内容的独特性使其具有重要的史料价值。

放眼国际的前提是对自身发展的深刻理解。“中国广播电视协会学术研究系列丛书”新推出的《十二五时期广播电视的科学发展》（中国广播电视协会编，中国广播电视出版社，2012.03）、《西部大开发与广播电视》（中国广播电视协会编，中国广播电视出版社，2012.05）等或聚焦于特定时期，或专注于特定区域特定内容，但都旨在从我国广电事业发展现状出发，明确处境、总结问题、探索出路；“21世纪媒介理论丛书”新增的两本新书《媒介融合与叙事修辞》（肖锋著，中国传媒大学出版社，2012.03）和《秩序与语境：中国电视之收视率观察CSM收视研究文集（第二辑）》（郑维东著，中国传媒大学出版社，2012.03）则将理论探究作为出发点，前者结合当代媒介发展的新特点和新趋势，多向度考察了媒介融合下叙事学所发生的具体演变，集中对电视访谈和求职节目、电视商业广告等典型文本进行了深入分析；后者则着力于从收视数据、受众、电视节目、广告、新媒体和未来展望6个方面研究电视收视，力图为电视台、广告公司、内容研发和市场评估等相关机构提供紧跟现实变化曲线的参考和指导；“21世纪影视创作解析丛书”新增的《从文学创作到视听表达：电视连续剧〈借问英雄何处〉导演阐述》（王静著，中国传媒大学出版社，2012.04）、《纪录片创作密码：“金鸡奖”作品〈决战太原〉实录》（郝蕴、罗凌著，中国传媒大学出版社，2012.03）和《谍战剧的黄金创意：电视连续剧〈潜伏〉谍战要素分析与编剧技巧》（黎鸣著，中国传媒大学出版社，2012.03）三本新作则从具体作品出发，对电视文学剧本、电视纪录片创作过程和电视谍战剧创作技巧等不同内容进行研究、展示和总结；“文化产业经营系列丛书”新推的《玩转媒体做创意——广告媒体创意实战解析》（李明合、闫琰著，中国传媒大学出版社，2012.12）充分集合传统广告理论和业界实践，借助中外200多个案例，深入研究了电视、报刊、网络等主流媒体的创意实践，而同系列的《居间政治：中国媒体反腐的社会学考察》（李东晓著，中国传媒大学出版社，2012.05）则别出心裁地以社会学研究视角从文化环境、构建方式、具体操作、传播路径等多个方面对我国贪腐新闻进行了探讨；中国广播电视出版社“媒体管理丛书”新出的《媒体运营管理》（张铖编著，中国广播电视出版社，2012.06）和《媒体品牌管理》（洪丽娟著，中国广播电视出版社，2012.04）都是融合了经济学、管理学、传播学等的跨学科专业著作，前者涵盖了媒体生产全过程，力图将媒体运营管理勾绘成一个脉络清晰、相互配合的良性推进系统，后者则侧重于提出当前媒体品牌管理领域的科学实践模式。

（四）文集

本年度出版的电视研究文集凸显了包容性特点：在功能上，总结性和探索性并立；在方向上，回顾性和前瞻性共存；在内容上，宏观理论研究同具体作品评论结合，共同营造出严谨而不教条、灵活而具有逻辑性的总体研究气象。

1. 个人文集

《读剧札记》（李准著，中国书店，2012.01）是作者多年来阅读不同题材电视、电影剧本的感受和思考，涉及古代神话传说和名著改编剧本、古代历史题材剧本、近现代革命和历史题材剧本、现实题材剧本等等。该文集的特色是将理论直接融入创作实践，以唯物史观质疑并校正了当前电视电影创作中存在的问题。《第三次突破：新世纪广播影视发展纵论》（黄勇著，中国国际广播出版社，2012.09）是作者近几年来论述新世纪广播影视发展问题的专著，涉及广播影视基础理论、发展战略、体制改革、公共服务、产业发展、科技进步、传播格局、新媒体崛起等各个方面，呈现出对当代中国广播影视发展全局中亟待破解的重大问题的思考，是从宏观层面研究重大问题的一部力作。《走近电视剧：王伟国自选集》（王伟国著，中国电影出版社，2012.07）同样是一部融合了学术理论思考与作品实践分析的个人文集选编，作者以深厚的理论功底和丰富的实践经验，对电视剧制作提出了具有高度指导性的意见，并对近几年热播的电视剧进行了评析。

《当代电视的冷与热》（杨洪涛著，中国广播电视出版社，2012.08）与《人情事理说影视：21世纪中国影视文化传播研究》（王昕著，首都经济贸易大学出版社，2012.10）是两位年轻学者对电视文化的探讨。前者大致可分为个人思考与名家对话两部分，研究对象涵盖了综艺节目、电视剧、电视新闻、电视军事类节目等诸多方面，较为全面地审视了当下电视中不同类型、不同题材冷热不均的现象；后者则分为以宏观理论思考为主的“事理说影视传播”和以对具体文本进行审美批评为主的“人情说影视审美”两部分，对影视传播进行了人情、事理两个不同角度的审视。

2. 多人文集

对历史的回顾为我们提供了前行的力量和方向，尤其是新世纪以来，广播电视领域发展迅速，新现象新问题层出不穷，因而对这段历程的思考就更具有非同一般的历史价值与借鉴意义。《中国广播电视改革发展十年回眸（2001年—2010年）》（刘习良主编，中国国际广播出版社，2012.10）是中国广播电视协会重大理论项目成果，广电系统近30位专家学者从不同的研究视角出发，认真梳理了广播电视领域宣传指导思想、节目制作理念、科技进步、产业发展、对外交流合作、人才队伍建设、管理经营等方面的经验教训，为实现广播电视健康有序的可持续发展提供了阶段性参考。《2011年电视电影纵览》（王人殷主编，文化艺术出版社，2012.04）则对2011年的电视电影进行了回顾，从产业、管理、创作等不同角度回顾了这一年电影电视的生存发展历程；《广播电影电视科技发展历程回顾文选（第2集）》（刘洪才、王佩芳主编，中国国际出版社，2012.03）则将研究视野聚焦于技术发展，既站在宏观角度上展现了广电技术发展史上的标志性事件，又站在微观角度上梳理了具体技术发展的状况。

电视行业的发展历程值得思考，而作为电视节目载体的媒介平台的成长同样值得纪念。2012年是央视中文国际频道成立20周年，《我们一起走过：CCTV—4成立20周年纪念（1992—2012）》（杨刚毅主编，人民出版社，2012.10）以文集的形式纪念这段历史，书中不仅收录了电视台工作者回忆中文国际频道成长的文章，还收集了海外观众对频道的认识和感受的作品，全方位地展示了中央电视台中文国际频道的成长历程。《守望文化江山：中国国家文化安全研究》（贾磊磊、黄大同编，中国广播电视出版社，2012.03）、《电视国际传播创新研讨文集》（杨刚毅主编，中国广播电视出版社，2011.12）、《数字未来与媒介社会2011》（吴飞主编，浙江大学出版社，2012.05）与《纪录片内涵、方法与形态——“21世纪中国纪录片发展高峰论坛”研究成果文集》（倪祥保、邵雯艳主编，苏州大学出版社，2012.05）同是学术研讨会的论文集，但关注点各有侧重，或围绕国家文化安全议题展开高屋建瓴的全方位讨论，或以电视实践为出发点研究如何提升中国电视国际传播能力，或针对新媒体的创作与传播展开具有浓厚学理色彩的思考，或探讨当下中国纪录片的发展道路，但都与当下现实紧密结合，为社会发展、学科进步提供了学术营养与智力支持。

二、专著·合著·教材

2012年度电视研究领域专著、合著、教材的出版数量与质量都较为可观，涵盖了电视基础理论、史论研究、电视文化、媒体责任、电视实务、产业经营、频道建设、国际传播等诸多研究领域。

（一）电视基础理论与电视史论研究

本年度的基础理论研究和史论研究一方面侧重于将学科已有的研究成果不断推向深入，另一方面更加注重多视角、多维度的开拓性思考。将电视艺术基础理论不断加以补充与完善是该领域专家学者持续努力的方向。《电视艺术理论》（高鑫著，中国传媒大学出版社，2012.11）主要围绕广播电视艺术的语言系统、思维方式、创作方式、广播电视艺术美学及广播电视艺术哲学等方面进行论述；《影视艺术导论》（胡智锋著，高等教育出版社，2012.11）从科学和人文的维度出发，兼顾历史与现实、理论与实践，以翔实的内容和丰富的案例、独具时代性和前瞻性的独特眼光，着力凸显了在全球化背景下中国影视艺术的特色；《影视艺术概论》（孙宜君、陈家洋著，国防工业出版社，2012.05）从本体、语言、创作、接受、历史5个方面建构了影视艺术理论系统；而《电视艺术学》（欧阳宏生著，北京大学出版社，2011.12）则综合运用各种理论视角观照电视艺术的发展、功能、特征、环境、受众、批评等内容，这4本著作视角不同，但都为构建电视艺术学科体系做出了全面而深入的理论探索。

电视史志研究也取得了长足的发展。《中外广播电视史》（袁军著，高等教育出版社，2012.08）对中外广播电视的产生、发展历程进行了梳理比较，侧重观照广播电视本体的变化，特别是对不同历史发展阶段的电视新闻宣传特点做了系统的总结和提炼，在整体框架和表述风格上凸显出历史感与时代感；《21世纪中国广播电视大趋势》（张君昌、张建赓著，中国广播电视出版社，2012.02）立足21世纪国内外传媒生态的客观现实，综合考察了在体制改革、产业发展、新媒体崛起与三网融合的大背景下，21世纪最初10年中国广播电视波澜壮阔的发展历史，并探讨了广播电视未来发展改革的途径；《观念、体制、话语：1990年代中国电视新闻改革研究的三个视域》（朱天著，中国书籍出版社，2012.10）则以中央电视台的电视新闻改革为主体线索，对20世纪90年代中国电视新闻改革成果形成深刻影响的三个关键领域——观念、体制、话语系统内的各种关系进行了发现、梳理、反思，建立起当下视野中20世纪90年代中国电视新闻改革的坐标系；《中国影视档案（2000—2011年）》（熊江卫著，知识产权出版社，2012.05）以解读关键词的形式，对2000—2011年间的中国影视重要作品与事件进行介绍与评析，历史记录与艺术分析并重，成为了解中国影视现状的“白皮书”。

电视理论研究的繁荣与深入，使对电视理论研究自身的研究逐步登堂入室。《重组话语——新媒体时代的中国电视批评》（杨状振著，上海交通大学出版社，2012.10）第一次从话语变革角度分析中国电视理论研究的现状，将中国电视理论研究置于社会经济结构、政治结构和文化结构交织构成的权力谱系中，解析了中国电视理论研究面临的一系列问题和尴尬，充满了新生态电视学者的锐气和问题意识；同样以电视理论为研究对象的《理解电视：从理论到方法的路径》（周勇著，中国广播电视出版，2012.05）则重在对电视研究理论进行系统梳理和框架建构，对每种理论的研究重点、研究现状、未来趋势、研究工具、应用领域等内容的详细描述与分析，使本书具有了参考指南的性质和价值。

（二）媒体社会责任与电视文化研究

媒体社会责任仍然是本年度研究者关注的对象。《突发公共事件新闻报道与大众传媒社会责任》（童兵主编，复旦大学出版社，2012.03）一书从理性的角度对突发群体性事件和新闻传媒的社会使命、公共突发事件的风险沟通与媒体责任、突发公共事件新闻报道中大众传媒的角色调适等方面进行了系统探究，并采用实证研究的方式对突发公共事件报道传播效果进行了量化分析。这些具有现实意义的理论探讨对突发公共事件新闻报道机制的健全具有积极的建设性意义；《伦理重建与当代中国新闻报道》（罗哲宇著，中国传媒大学出版社，2012.03）从伦理重建的角度切入，以当代中国伦理转型与重建过程为背景，探讨新闻报道是否存在失语、失范的问题，对新闻报道如何在实践中引导伦理的重建展开研究，以转型期社会新闻媒体在伦理重建中的社会责任为落脚点；《形象塑造与社会认同：正面人物宣传报道的社会效果研究》（薛国林等著，暨南大学出版社，2012.03）针对正面人物宣传报道这种具有中国特色的传播现象进行分析，梳理了各个历史阶段正面人物宣传报道的历史经验，并论述了其存在价值、社会效果、创新模式、改进措施、当下问题等，具有一定的实践指导性。社会转型的过程中，媒体与政府的关系也开始发生转变。《媒体执政：媒体多样化背景下政府对新闻舆论的引导》（陈兵著，中国广播电视出版社，2011.12）作为我国第一部系统研究媒体执政理论和实务的专著，着重探讨了在媒体环境发生结构性变局的情况下，政府如何运用媒体资源进行执政，对舆论进行科学、有效、恰当的引导，从而提高政府的威望和执政公信力等问题，并指出政府与媒体的关系是“相互回望的窗口”，即政府运用媒体，而媒体也影响了政府；《媒介素养与政治传播》（骆正林著，中国广播电视出版社，2012.03）一书从政府官员媒介素养的角度看待媒体与政府的关系问题，提出在新的舆论环境下，政府官员必须提高媒介素养，转变管理媒体的作风和方式，才能有效占有舆论阵地，从而加强政府的执政能力建设，合理利用媒体能有效促进社会和谐建设。

电视文化研究同样收获颇丰，不仅数量增多，而且凸显了研究内容的独特性、深入性、时代性。《电视知识分子》（时统宇、吕强著，社会科学文献出版社，2012.07）一书关注了当前颇受社会瞩目的“电视知识分子”现象，摒弃了过去单纯的道德批判视角，转而深度剖析“电视知识分子”现象背后的制度原因，按照规制性、规范性和文化—认知性系统这三项关键的制度要素，对电视知识分子的游戏规则、知识分子与公共领域的关系、知识分子与电视之间的关系这三个论题发表了学术思考；《传媒文化史——一部大众话语表达的变奏曲》（李军著，北京大学出版社，2012.07）关注了媒介变革如何深刻影响人类社会的话语表达方式，生动展示了语言传播、文字传播、印刷传播、大众传播和网络传播的发展轨迹、文化路标和历史意蕴，在多元文化背景下，对大众争取媒介话语权的曲折历程，以及科技发展、媒介演进推动大众话语表达的作用进行了详细考察；《前瞻性批评：消费时代的文学与影像》（王贵禄著，中国社会科学出版社，2012.01）则从宏观视野上梳理了20世纪90年代以来中国文学和影视文化在消费语境中的整体转向，反思当代学者和作家的文化身份，对中国文学与影视文化出现的问题进行深入的反思与批判，并对在商业化大潮中陷入困境的底层群体表现出深切的同情；《无名的镜语》（梁振华著，重庆大学出版社，2012.07）则是结合影视、娱乐、消费等现象对当代大众文化的阐释和评析，着重于影像文本对零年代断裂的文化图景的省察和透析，文风辛辣，观点独特；而《影视文化的性别批评》（李东著，中国戏剧出版社，2012.09）则从“性别批评”切入，为我国影视文化研究开创了新的审美视角。

（三）电视节目类型与电视实务研究

对电视新闻、电视剧、纪录片等节目类型的研究与实务研究更注重电视实践的时代变化，理论与实践的互动性较强。

1. 电视新闻

新世纪以来，在全球网络化的背景下，电视新闻正处于充满各种挑战的转型期，传统新闻定义正在被颠覆，传统新闻价值观念和语态也发生了改变。这对电视新闻理论研究提出了更高要求。不少专家学者从宏观角度对当下电视新闻发展现状进行了理论研究，与时俱进是这些著作的共同特点，在研究内容与研究方法上都有明显的创新。《问题与学理：新闻传播论稿》（董天策著，中国传媒大学出版社，2012.12）中，作者不仅对新闻的定义、新闻的真实性、新闻的客观性这些传统的基础性理论问题进行了具有时代特色的审视与深化，而且对新闻策划、媒介批评等现实理论问题也进行了具有实践指导意义的分析；《电视新闻学》（曾祥敏著，中国传媒大学出版社，2012.10）从电视新闻理念、类型、编排、发展趋势等诸多层次全面分析了电视新闻的创作方法、特点及其节目的运作规律；《广播电视新闻研究》（谭天著，暨南大学出版社，2012.09）一书则从新闻业务和新闻理论两个维度展开讨论，运用广播电视研究的多种视角和方法，如宏观视角和系统方法等，聚焦当下中国广播电视新闻的前沿领域和热点焦点，促进了新闻定义的再思考和新媒体语境下新闻的重构与界定；《融合、转型——电视新闻传播新论》（牛光夏著，复旦大学出版，2012.08）从电视传播的现状入手，着重探讨电视新闻传播在数字化时代的应变之道，从语言形态的整合、传播渠道的整合，以及信源的整合三个方面探讨了融合语境下电视新闻传播的整合策略，并结合当下大量网络传播个案和电视新闻传播的案例进行论证，对媒介融合语境下电视新闻传播的生存环境和转型进行了全面的分析和预测；《电视新闻直播报道：现场的叙事》（崔林著，中国传媒大学出版社，2012.05）立足于电视新闻实践的最前沿，在新闻学和传播学的理论基础上，引入了符号学、叙事学、解释学等新鲜视角，对当代电视新闻最重要的发展趋向——直播进行了细致探究，为电视理论研究提供了新的路径和参照。

各具特色的微观研究与宏观思考互为补充、相映生辉。《2012解析中国新闻传播》（陈力丹著，人民日报出版社，2012.04）集中体现了我国新闻传播学各方面在2011年的研究状况，涉及新闻传播理论研究、马克思主义新闻观研究、新媒体研究、新闻法治与新闻职业道德、新闻采写研究、新闻编辑研究、新闻传播教育研究等诸多相关问题；《数字十年：中央电视台〈新闻联播〉十八大特别报道》（胡占凡主编，中国广播电视出版社，2012.11）则对转变语态后的《新闻联播》进行了观照与梳理，深入浅出地总结了政治、经济、文化、教育、科技、民生等方面在全国31个省市自治区地方发展的十年中国巨变。

2. 电视剧

2012年关于电视剧的研究既有对本质理论的深入，也有对生产实践的探讨，还有对当下社会、文化所做的诸多思考。

《电视剧本体美学研究——连续性的视角》（张国涛著，北京大学出版社，2013.01）作为国内第一部以现象美学作为理论基础、深入研究电视剧本体美学问题的学术著作，以电视剧本体为研究对象，以连续性为切入点，系统阐述了电视剧本体的存在方式、时间形态、媒介发生、叙事源流、艺术特征、体裁格局、文本构建与编播实现等问题，全书强调理论与实践、形态与文本、历史与逻辑的紧密结合，许多学术观点具有创新价值，是近年来电视艺术理论研究领域较为厚重并具有相当深度的全新力作。《电视剧类型》（张智华著，北京师范大学出版社，2012.04）以各类型电视剧为研究对象，结合新材料、新观点以及各类型电视剧发展变化的新特点，对不同类型电视剧的形成原因、创作规律、发展变化和未来趋势进行了深入探讨；《中国历史电视剧叙事艺术》（李鹏飞著，上海文化出版社，2012.08）则以电视受众的接受效果为依据，以叙事学理论为参照，通过探寻广大电视观众的接受心理揭示历史电视剧收视热潮从孕育、形成、鼎盛直至回落的整体演化规律。《新世纪红色影视剧与红色文化的打造及传播》（郭剑敏著，浙江工商大学出版社，2012.09）针对红色影视剧这一特定电视剧题材，一方面对红色影视剧发展演变历程做了总结，另一方面也对中国当代不同时期社会精神的特征进行了分析，指出这些作品显示出类型电视剧的多元化趋势和电视剧产业的日益成熟，也促进了电视剧市场的良性运作；《电视剧照明艺术论》（李兴国等著，中国传媒大学出版社，2013.01）超越技术使用层面，将电视剧照明纳入艺术、美学范畴进行研究，通过分析大量影视剧作品，总结、梳理、提炼电视剧照明创作的基本规律与艺术特征，既体现了美学理论思考，又对实践有着直接的指导作用。《女性·历史·消费——当代电视剧的文化批判》（李庚著，黑龙江大学出版社，2011.12）一书选取了近几年在荧屏上热播的三类电视剧，即家庭伦理题材电视剧、古代历史题材电视剧和青春偶像剧进行深入探索，从文化研究立场综合运用女性主义文化、新历史主义批评和消费文化等学科理论，以交叉视角进行理论阐释和文化批判。

3. 电视纪录片

本年度的纪录片研究成果主要集中在两个方面，一是对于纪录片发展历史与个体历史的追溯与回顾，一是与受到广泛关注的大型纪录片作品与纪录栏目配套出版的图书。

《纪录片解读》（石屹著，复旦大学出版社，2012.06）从纪录片的源头出发，追踪其发展潮流，对中外纪录片发展史上的优秀创作者及其代表作品进行分门别类的梳理，对作品创作背景、创作理念、风格特色与艺术贡献做深入透彻的讲解，在有限的篇幅内勾勒出中外纪录片创作发展的系统脉络；《影像中的20世纪中国——中国纪录片的发展与社会变迁》（唐晨光著，中国电影出版社，2011.12）则以20世纪百年以来的中国社会为背景，力图在总结中国纪录片发展历史的同时，折射出中国近现代社会的变迁，从而为飞速发展的当代影视传媒提供一些历史借鉴；《影像如何记忆——年鉴学派视野下的中国纪录片》（谢勤亮著，社会科学文献出版社，2012.04）则注重理论开拓性，将20世纪最富创见的法国年鉴学派史学思想引入日常影像记录中，并结合中国影像实践探讨了如何将年鉴学派的总体史观以及长时段理论落实在日常影像记录中，开阔了纪录片的学术视野；《真实就是力量 纪录创造价值》（雷卫著，四川大学出版社，2012.04）以渝派经验为起点和底色，从一个独特视角勾勒出中国纪录片发展的流变，而《主体·视点·表达——中国独立纪录片研究》（姜娟著，中国传媒大学出版社，2012.06）则清晰勾勒了中国独立纪录片的发展路径，阐明了中国独立纪录片的独特艺术品格。

通过对个体经历的追溯与回顾，反映纪录片创作的发展演变是本年度著作的亮点之一。《发现 记录 表达》（陈汉元著，中国发展出版社，2012.10）把作者50年的电视创作选编成册，不仅勾勒出这个中国电视纪录片开创者半个世纪的电视生涯，更以这一个人折射出了中国电视50年的发展变迁；《一个人的电视史》（刘川郁、肖饶中著，中国发展出版社，2012.02）同样是通过个人的电视人生记录，反映了中国电视在市场经济时代披荆斩棘、锐意进取的发展历程。《和自己跳舞——对话中国女性纪录片导演》（英未未著，中西书局，2012.08）是一本访谈录，作者选取了当代中国最具代表性的6位女纪录片导演，通过对其作品的介绍、创作追溯以及全方位的访谈，展现出摄像机背后的女性们别具一格的魅力。

纪录片精品佳作的涌现带动了与之相关图书的出版。图文版《舌尖上的中国》（中央电视台纪录频道编，光明日报出版社，2012.06）完美再现"舌尖"全景，带领读者重新领略历史、现实、人情世故中的美食情怀。《〈旗帜〉是这样诞生的》（中央电视台《旗帜》摄制组编著，中国民主法制出版社，2012.01）则试图从典型案例的立体层面，对纪录片《旗帜》的选题立意、主题阐释、创作理念、视听创新、音效组合、宣传营销、团队建设等多个环节进行全方位的梳理与评析。《CCTV 远方的家：边疆行》（CCTV《远方的家》栏目著，上海科学技术文献出版社，2012.06）是该节目的文字记录，以新闻纪实的手法全面展现摄制组行程22800公里途经100多个县市的过程，通过记者的旅行体验，展现出一个发展变化中的真实的中国边疆形象。

4. 播音主持艺术

《播音主持艺术概论》（姚喜双著，高等教育出版社，2012.03）在实践上紧密结合大量生动案例，全面论述播音员主持人的素养、经验以及各类广播电视节目的播音主持创作活动，并且针对互联网高速发展的现状，增加了网络播音主持的相关内容，理论与实践的并重使其具有双重价值；《电视口语传播理论和实践：校台合作人才培养模式启示录》（鲁景超主编，中国传媒大学出版社，2012.02）则以中国传媒大学播音主持艺术学院与云南电视台校台合作《主播新鲜看》这一项目为依托，探讨了校台合作人才培养模式的意义和定位，以及该模式对课程建设、理论建设、教学方法的启示，在培养电视口语传播人才方面具有较高参考价值与可操作性。

（四）电视产业经营与频道建设研究

电视产业化趋势的加强刺激了相关理论研究，中国的电视产业将走向何处？新媒体对电视产业化会产生怎样的影响？面对竞争激烈的产业化浪潮，各电视台与频道如何应对？诸如此类的问题，都成为当前电视理论研究的关注热点。《中国广电产业空间发展研究》（董春著，复旦大学出版社，2012.04）创新性地采用计量经济学、空间统计学、地理信息技术等方法，系统地考察并分析了中国广电产业发展历程、广电产业劳动生产率及产业效率的地区差异、广电产业的空间发展及其影响因素、广电产业发展的综合竞争力，以及中国广电产业发展和区域经济发展的相互关系等问题，为中国广电产业的未来发展战略与政策制定提出了基于详实考察基础上的参考性意见。

新技术新媒体的飞速发展，给电视产业带来了不同的发展道路，探索新背景下的新出路是当前电视产业研究的重要内容。《数字时代的中国电视产业研究》（黄迎新著，厦门大学出版社，2012.06）系统考察了数字时代电视产业制度的变化规律，回溯了电视和电视产业发展历程，从技术发展、运营变化角度详细解析了数字时代电视产业的细节变化；《中国高清电视：内容·技术·市场》（赵子忠著，中国传媒大学出版社，2012.01）一书则从内容、技术与市场的角度描述了中国高清电视产业的发展现状，回答了有关中国高清电视定位、发展现状和困境等一系列问题，并从中国高清电视的政策、定位、内容建设、运营模式等方面思考未来中国高清电视产业的发展战略。《我国三网融合运营模式研究》（胡涛著，上海交通大学出版社，2012.07）从产业价值链的视角探索中国传媒集团新媒体战略化，探索适合中国的三网融合运营模式，利用经济博弈理论对传媒集团新媒体化的运营模式选择进行决策，还研究了传媒集团新媒体化给国家文化安全和信息网络安全带来的风险，并探索风险防范与控制方法；同时对国家三网融合推进过程中文化与信息产业结构规划和调整给出对策建议。《IP，颠覆电视?》（龙奔著，人民出版社，2012.10）作为中国第一本见证国内 IPTV 实战的图书，根据第一手资料对 IPTV 产品、运营和竞争进行了实战分析，讨论了 IPTV 的出现对电视用户收视习惯的改变，具体研究了不同类别电视节目收视新规律，并提出了整体运营解决方案。《视网融合时代的电视节目评估：中国电视网络人气指数体系理论、模型与应用》（张树庭主编，中国广播电视出版社，2012.08）则以 IPE 电视节目网络人气指数评估体系为基础，以 2011 年我国 31 个省级上星频道及深圳卫视、中央电视台 15 个开路频道及其播出的代表性节目类型为研究样本，全面监测其网络相关信息并加以数理统计分析，展现了 2011 年我国电视频道及电视节目的网络人气状况和发展态势，进而为数字化时代电视媒体经营及节目营销传播提供策略性思考。《中国语境下的澳门影视产业》（常江等著，北京大学出版社，2012.09）是国内第一部对澳门影视产业的历史与现状展开系统性研究的著作，作者在媒介社会学的理论框架和“一国两制”的制度环境内，从传媒产业与社会政治、经济、文化系统的交流与互动方式中，探索澳门影视产业的良性发展路径，为澳门影视产业的发展提出了一系列具有实践意义的具体模式。

如何在产业化浪潮中胜出是各个电视实践主体面临的直接问题，也是电视实践给理论研究提出的重要课题。《传媒经济与管理研究前沿》（崔保国等主编，清华大学出版社，2012.05）秉持跨学科的研究视角，力图既从宏观层面上对传媒经济与管理进行整体把控和理论研究，又从微观角度对传媒经济与管理进行专项研究，拓宽了学术思路。《中国电视专业化频道研究》（丁俊杰主编，中国传媒大学出版社，2012.10）则以国家地理频道、探索频道（Discovery Channel）、ESPN 体育台、彭博财经电视、央视财经频道、第一财经、湖南卫视、迪士尼等专业化频道为分析对象，立足中国媒体生存环境，洞察中国媒体市场变化，借鉴中外电视专业化频道成功案例，访谈国内知名电视频道资深负责人，探索具有中国特色的专业化频道发展之路。《电视节目策划学（第二版）》（胡智锋著，复旦大学出版社，2012.07）对 5 大电视节目类型——新闻节目、谈话节目、综艺娱乐节目、电视剧、电视广告——的特征、规律和策划流程做了详细、切实的解释分析，对电视节目主持人的培养、包装与管理做了深入浅出的论述，具有较强的实践指导性，而新增的“电视节目策划与节目创新”部分则阐述了策划的基本规律，学理性更加深刻完善。《频道专业化、品牌化研究：以中央电视台少儿频道为例》（张慧玲著，中国传媒大学出版社，2012.07）以“中央电视台少儿频道”为个案，以品牌栏目为关注点，以精品节目为切入点，从具体的频道定位、理念、改版、构成体系、管理手段、节目设计和编排等方面入手，以小见大，以实践印证频道专业化的理论。

地方电视台在电视产业化道路中面临着巨大的压力与挑战。《中国地市电视台市场化之路》（郑西帆等著，浙江大学出版社，2012.05）以大量的调研数据和相关媒体领导人访谈为主要依据，采取定量分析与定性分析相结合的方式，描述了地方电视台在市场化改革、发展实践中的经验教训，为今后的发展道路提供了历史借鉴。广东作为全国对外开放且唯一拥有境外电视频道公开落地的电视传媒开放试验特区，其舆论氛围、节目与广告市场、产业发展与行业管理等诸多方面都显示出与众不同之处，《电视竞争策略：境外电视落地内地对电视生态环境的影响及对策》（李法宝著，中山大学出版社，2012.06）研究了境外电视频道在广东落地后的收视态势及其对我国内地电视传媒生态环境的影响，既为我国内地电视媒体直面境外电视竞争提供了参考样本，又为政府相关决策提供了事实依据。《电视与城市圈文化建设研究：以武汉城市圈为例》（董中锋主编，华中师范大学出版社，2012.03）则运用文化学理论和社会调查方法，对武汉城市圈的电视文化资源、电视文化环境、电视文化建设、电视文化产业进行了调查和梳理，总结了武汉城市圈电视文化的基本特征和内涵，提出了建构武汉城市圈中电视文化圈的战略构想，同样对其他地区发展电视文化具有借鉴意义。

（五）电视国际传播与国外电视研究

随着中国经济、政治逐步迈入世界强国行列，文化软实力的提升迫在眉睫。影视文化软实力作为文化软实力的重要组成部分，在对外展示中国国家形象方面有着不可替代的作用，因而近年来对中国电视国际传播与对国外电视的研究已逐渐成为热点。

《国际传播研究前沿》（史安斌主编，清华大学出版社，2012.05）以国际传播理论为聚焦，以学术前瞻为指标，从不同的侧面体现了新闻传播与社会发展的核心取向，即“全球”、“全民”和“全媒”；《对外电视与文化传播研究》（李宇著，安徽大学出版社，2012.08）从理论和实践两个层面来研究对外电视和文化传播，通过对对外传播历史、跨文化传播、全球化与对外传播、对外电视与国际形象建构、文化传播与对外电视频道定位、不同类型的电视节目与文化传播等多个领域的探究研究我国国际传播能力建设和文化软实力建设的相关问题；《传播中国——二十年电视外宣亲历》（张长明著，人民出版社，2011.12）中，作者根据自身对外宣传、传播工作的亲身经历，以中央电视台的外宣工作为主线，回顾了新时期20年中国电视对外宣传工作的创新与跨越。

在全球化的大趋势下，电视理论工作者不断拓展学术视野，力图通过对国外电视更加深入的认识与分析，为自身发展提供可以“拿来”的经验教训。《德国广播电视双轨制》（路明著，中国国际广播出版社，2012.06）对德国的电视台节目的构成和内容分析进行了深度的调研，通过对双轨制的时空背景、思想源流、历史基础、法律环境、财政模式、组织机构、内容比较、受众分析等方面的细致研究，揭示其独特性背后深刻的历史、政治、文化、经济的原因，为我国广播电视未来的发展带来不少借鉴和启迪；《冲突妥协与均衡：英国公共广播电视体制的生成探源》（王书藏著，中国社会科学出版社，2011.11）一书以新闻专业主义、社会思潮和历史发展为研究视角，对英国公共广播电视体制的演变史进行剖析，在维护公共广播电视的非商业化理念基础上分析了其在矛盾演进中的历史意义；《美国电视史》（加里·R·埃杰顿著，李银波译，中国人民大学出版社，2012.06）这部刚被翻译介绍到国内的美国经典教材分别从社会历史与文化背景、节目制作、节目内容、艺术审美、文化潮流等角度对美国电视进行探讨，以通俗性与学术性相结合的叙述方式讲述了美国电视产生、发展与演变的历史，逻辑严密、深入浅出的理论论证与大量案例图片的应用使其具备了较强的可操作性与参考性；《透过电视了解城市：电视剧的城市特性》（彼得·比林汉姆著，宋莉华、王田译，上海人民出版社，2012.06）精选了在英国热映的《同志亦凡人》、《情理法的春天》等5部电视剧集，对它们的结构、剧情、人物性格、台词以及具有意识形态代表内容的城市背景做了细致分析，集中反映了英美大城市文化与亚文化在社会生活各领域的表现，让读者通过观察英国电视剧制作者的努力发现英美城市对全球流行文化的巨大影响。

结语

综上所述，2012年的中国电视实践在融合背景之下面临新一轮的深度变革，而电视理论研究不论是在创新节目生产、拓展对外传播渠道、探索竞合模式，还是数字技术革新等方面都与之相呼应。虽然从整体看仍然存在一些问题与不足，如基础理论研究突破性成果尚有欠缺，应用理论研究指导性仍待加强，决策理论研究在一定程度上的缺席等，但目前许多电视理论研究著作中已越来越明显地体现出时代性、思辨性、专业性、跨学科性等特质，而这些正是电视理论研究逐步走向成熟的标志。

胡智锋　“长江学者”特聘教授、中国传媒大学传媒艺术与文化研究中心主任、
《现代传播》主编、中国传媒大学艺术研究院教授
王锟　中国传媒大学艺术研究院2010级博士研究生
刘俊　中国传媒大学艺术研究院2011级博士研究生
吴雁、余锫　中国传媒大学艺术研究院2012级博士研究生
李艳、兰瑜、郑智颖、杨晓漪　中国传媒大学艺术研究院2011级硕士研究生
李一君、杨小玢、孙文玉、张倩、曾子龙　中国传媒大学艺术研究院2012级硕士研究生

专题

国产电视剧类型研究

新世纪以来国产电视剧类型模式与大众文化的精神图景
——以 2012 年前后热播电视剧为例

◎孙佳山

缘起：在历史纵深处回望

电视剧类型模式的不断深入发展、翻新，是后工业社会的产物，是进入到消费主义的大众文化时代之后的必然结果。在今天，电视剧已经是电视台乃至视频网站中收视比重最高的节目类型，电视剧的收视比重更是占据了电视台所有节目类型的三成以上。提及我国的电视剧类型模式发展的起点，一般都可以很自然地追溯到以《渴望》、《编辑部的故事》、《海马歌舞厅》、《过把瘾》、《北京人在纽约》、《公关小姐》、《外来妹》等为代表的 20 世纪 90 年代以来的电视剧作品。的确，在改革开放的宏观环境下，我国的电视剧类型模式发展，同样走上了一条摸着石头过河的发展道路。只不过，若要真正深入探寻我国电视剧类型模式的发展路径，就不能局限于 20 世纪末和 21 世纪初这短暂的 20 余年，更要追溯到漫长的 1980 年代，乃至追溯到新中国建国以来我国电影、电视剧诞生、发展的历史脉络。

今天中国电视剧类型模式的现状，也并不是超然于外物的新现象，而是深嵌在中国电视剧发展的历史脉络之中。可以说，随着中国电视剧行业的持续发展深化，日新月异的电视剧类型模式不断地映像着大众文化的情感谱系，标识出了来自不同年龄段、不同地域的不同消费群体的丰富多彩的情感坐标。也只有从历史纵深处回望，我们才能更为深刻地理解新世纪以来，尤其是近些年，随着观众整体年龄结构的持续更替、更新，以及在互联网等新媒介的强烈冲击下，中国电视剧类型模式形态所发生的深刻的历史变迁。

一、“谍战剧”的前世今生

我国真正意义上的电视连续剧诞生在 20 世纪 80 年代。1981 年播出的 9 集电视连续剧《敌营十八年》是新中国第一部电视连续剧，这对此后我国的电视剧类型模式的发展产生了深远的影响，连同 1984 年的《夜幕下的哈尔滨》，今天谍战剧的街谈巷议并不是偶然现象，因为在中国电视连续剧诞生的伊始，这种题材就占据着极为重要的地位。

谍战类型的源头源自建国后的反特题材，1949 年《无形的战争》、1956 年《国庆十点钟》、1957 年《羊城暗哨》、1958 年《英雄虎胆》、1960 年《冰山上的来客》等影片在那个年代极为深入人心，伴随着那个年代重塑了中国人民精神风貌的人民性话语的建构过程，反特题材的紧张、曲折的艺术特色深得当时广大观众的喜爱，这也为文革之后的一批反特题材电影提供了直接可供参考的艺术范式。由于反特题材往往都是集中在建国前后，以敌对势力对新生政权的破坏、颠覆为主要线索，并以公安机关的胜利为最终结局的单一故事模式，使文革之后的一批类似电影在获得短暂关注后并没有实现艺术上的可持续发展，在后期甚至干脆走上了惊悚片的歧途。所以这就为在电视剧领域，从《敌营十八年》开始，从反特题材转型为谍战题材埋下了历史伏笔，套用导演郑扶林的话说，就是“开创了一种新的娱乐形式，它是第一部采用情节剧模式制作的、最早产生广泛影响的通俗电视剧”。只不过由于在 20 世纪末，80、90 年代的所谓新启蒙、人道主义和国学热等特殊历史语境下，包括谍战剧在内的几乎所有和红色题材相关的影视剧作品都被认为是“主旋律”作品，而在 21 世纪之前，“主旋律”基本上都意味着收视率的惨淡，所以基于以上原因谍战类型在那个年代并没有获得深入发展。反特题材的艺术资源更多被新世纪初的涉案剧所继承，在去除了反特题材的意识形态宣教基调，保留了原有的紧张、悬疑、猎奇的艺术特色，特别是最大程度的吸纳了上世纪末“严打”、“扫黄打非”等社会现实因素之后，涉案剧引发了收视狂潮。但随后也不可避免的直接导致了一大批制作低劣的同类型作品出现，尤其是一部分作品只顾追求商业利益而导致剧情低俗，并且毫无顾忌地展示犯罪场景和刑侦过程，产生了十分恶劣的社会影响。这其实差不多也是新世纪以来，电视剧行业从制播分离到进一步市场化之后，第一次出现了由于收视率等商业因素而导致的类型化的大规模粗制滥造。针对这种现象，广电总局从2004年开始不断加强对涉案题材电视剧的监管、调控力度，才使涉案剧的泛滥得到了控制，新世纪以来的谍战剧浪潮正是在这样的背景环境下开始酝酿。

2002年，“誓言”三部曲的第一部《誓言无声》严格来说并不算是成熟的谍战剧，虽说其中的“谍战”元素已经初露端倪，但依然没能摆脱反特题材的诸多缺点。紧随其后的《梅花档案》、《一双绣花鞋》也没有引起太多的关注，直到2006年的《暗算》才真正产生了全社会的反响，并由《潜伏》开始，谍战类型迅速发展成熟，且形成了稳定的艺术风格。2012年的《悬崖》、《誓言今生》、《与狼共舞》就充分地吸收了近10年来谍战类型在叙事结构、人物塑造等领域已经相对成熟的类型模式。“誓言”三部曲的收官之作《誓言今生》在吸纳了近年来诸多谍战剧类型模式的成功经验的基础之上，在横跨半个多世纪的长河式时空跨度里，将中国近代史以来的不同历史场景放置在家族视野内，通过将国共的根本性政治分歧转喻为兄弟之争的形式展开，最后以“渡尽劫波兄弟在，相逢一笑泯恩仇”结局。在当前全球化的文化格局中，原先的国共双方泾渭分明的类型模式已经无法整合今天华语文化圈的文化身份认同，因此这一类“家族—兄弟”模式自然更容易在大众文化意识形态与官方意识形态之间达成新的文化共识。而《悬崖》、《与狼共舞》则吸纳了《潜伏》、《黎明之前》获得极大成功的叙事框架，套用了美剧每三分钟一个情节小高潮、每五分钟一个剧情大转折的紧凑结构，而打入敌人内部的主人公在人物角色设定上，更像是在进行一场大型的真人闯关网络游戏，同时又在悬疑推理的“闯关”过程中加入了大量的人物心理分析，多条叙事线索高密度的快节奏展开，具有极强的代入感。特别是《悬崖》，贯穿全剧的冷峻、阴郁的整体氛围营造，比2011年的《黎明之前》更进一步，极大的丰富了谍战类型的艺术风格。

从反特题材到今天相对成熟的谍战类型，深刻地印证了30多年来我国电视剧行业的跨越式发展，也充分地映射了这中间审美趣味的时空变迁，更说明今天的电视剧类型模式已经很难作为固定的分类依据，单一类型模式也已不再能简单地对应到某一特定的题材，同一题材完全可以使用不同的类型模式，相同的类型模式也可以因地制宜地使用在不同的题材中。而且更为重要的是，电视剧的类型模式发展开始更贴近青少年群体审美趣味、情感结构、价值标准，这是近些年来一个不能被忽略的重要现象。

二、两个年代的“四大名著”改编

在漫长的20世纪，明清年间的“四大名著”深深地卷入到了近现代中国人的日常生活、精神生活乃至政治生活，甚至成为了“中国文化”的象征与代表。自电影与电视剧诞生以来，我国以“四大名著”为题材的改编作品更是层出不穷。同样是在20世纪80年代，为了回应《大西洋底来的人》、《加里森敢死队》、《霍元甲》等境外和港台较为成熟的电视剧类型模式的冲击，从那个时候开始一直到1990年代初，我国相继翻拍了“四大名著”系列电视剧。《三国演义》、《水浒传》、《红楼梦》、《西游记》，它们共同支撑着近现代以来的中国民间社会的文化心理结构，也标识出了近现代以来的中国民间社会文化心理结构中的四个不同面向。因此，20世纪80年代以来的“四大名著”改编剧也不出意料地造成了万人空巷的收视效应，可以说，“四大名著”改编剧在中国电视剧类型模式的发展过程中，具有里程碑式的重要意义。正是从深嵌在近现代中国民间社会的审美经验和情感经验的“四大名著”入手，中国电视剧类型模式的最初探索开始找到了艺术上自身的平衡感和节奏感，逐步摆脱了《敌营十八年》等作品的粗糙和青涩。

近几年来，再次翻拍“四大名著”已成为了一个十分重要的文化新现象，截至到2012年新版《西游记》的播映，“四大名著”又被重新翻拍了一轮。我们恰恰可以以此为例，去辨析两个不同年代中，这两个轮次翻拍过程的种种巨大差异及其原因。

对《西游记》的影视改编，最早的成功案例来自动画电影《大闹天宫》，孙悟空作为反抗强权压迫、挑战一切权威的美猴王形象，深植在50后、60后的青春记忆中。而1986年版电视剧《西游记》中的孙悟空，则从屡屡挑战秩序极限的挑战者转换成被如来降服，经历了九九八十一难才取得真经的遵从秩序的修行者，这种更接近原著的孙悟空形象确实也更为契合1980年代的整体时代氛围。到了2012年张纪中版的电视剧《西游记》，则加入了大量电脑特技，号称自己是中国版的《指环王》，它也正因此而饱受诟病。剧中孙悟空、唐僧、猪八戒等人物造型完全颠覆了全社会早已耳熟能详、深入人心的传统形象，在互联网上几乎呈现出了一边倒的不满和嘲讽。然而不仅仅是新版《西游记》，为了迎合消费主义年代的青少年群体的审美趣味和情感经验，近年来，以《白蛇传》、《聊斋志异》等为代表的民间传说或古典小说中的降妖师、法师形象，都直接抄袭、剽窃了好莱坞相关的诸如“哈利波特”、“暮光”系列等类型电影中的经典形象。① 由于当下的青少年观众同时也都是网络文化、网络游戏的消费主体，新版《西游记》的对白还采用了大量的网络语言，自以为可以讨好这个极具消费能力的庞大群体。这些愚蠢至极的做法都使传统的西游故事面目全非，而产生这一现象的根源在于，近年来以中国神话题材为代表的影视剧作品，在试图国际化的道路中找不到新的艺术表现范式和空间，于是就只能直接照抄好莱坞的“哈利波特”、“暮光”等一系列魔幻类型影片的形象设计、情节结构，在桥段、对白等环节更是直接套用了当下网络文化、网络文学的现成资源。毫无疑问，这些作茧自缚式的作品自然面临着包括青少年群体在内的上下几代人都不买账的尴尬境地。

不仅如此，还有相对成功的和更直接的例子。2012年，专门针对青少年消费群体的，直接根据网络游戏改编而来的《轩辕剑之天之痕》、《天涯明月刀》被搬上了电视荧幕，受到了青少年群体的热捧。《轩辕剑之天之痕》更是开创了中国电视连续剧发展史的先河——周播剧正式登上了历史舞台，并扎根发展。而2012年号称史上最贵电视剧的《楚汉传奇》，也在首播的同时上线了同名的网络游戏。不难看出，新世纪以来，在互联网等新媒介的强烈冲击下，中国电视剧类型模式的生态发生了剧烈的变迁，受到了复杂的影响。

通过对比以新老《西游记》为代表的两种改编剧的类型模式，我们可以清晰地辨识出两个时代截然不同的技术水准、审美趣味与精神症候。伴随着中国传统社会的现代转型、后现代转型，“四大名著”所构建的古典世界及其价值观，也将由现代的、后现代的技术手段和意识形态，特别是新世纪以来的消费主义价值观所重塑和重写。两个时代的“四大名著”改编剧的特点、文本与图像的差异，以及不同的文艺症候、文艺生产体制的内在转变等问题，深刻地昭示了当下这个时代的精神现象与文艺生产方式的传承和新变，更为我们对今天中国电视剧类型模式的探讨，拓展了时空维度的纵深。

三、从“清宫戏”到“宫斗戏”的时代鸿沟

1991年红遍大江南北的《戏说乾隆》是中国电视剧史上两岸三地合拍剧的典范式作品，在内地和台湾一经播出后，便频繁诞生所向披靡的收视记录，更为重要的是它开创了后来热播的“清宫戏”模式。1995年的《宰相刘罗锅》、1998年的《还珠格格》、2000年的《康熙微服私访记》、2001年的《铁齿铜牙纪晓岚》，以及2002年之后《孝庄秘史》、《皇太子秘史》、《太祖秘史》、《康熙秘史》、《杨贵妃秘史》的“秘史”系列，都受到了收视率的热捧，其中《还珠格格》更是在1998年、1999年、2003年先后发行了三部。无疑，“清宫戏”是中国电视剧发展史中的一个重要的类型模式。

进入2012年以来，电视剧《甄嬛传》在全国范围持续热播，占据了各卫视频道的收视榜首，并在北、上、广、深等一线城市创造了有史以来电视剧收视率的最高纪录。在互联网上，在乐视网同步播出了一周之后，单集累计总点击量即达到近5亿，同样摘取了电视剧网络播映排行榜的冠军。同时，《甄

---

① 张慧瑜：《从〈西游记〉的改编看时代的心理变迁》，《中国艺术报》2013年2月22日。

嬛传》也热播于中国香港、台湾以及韩国、新加坡、马来西亚、日本等地，甚至在多个国家和地区获得当地收视率第一名。一部电视连续剧竟在如此宽广的范围，持续产生了如此剧烈、广泛的影响，这在中国电视剧发展史上是前所未有的第一次。

《甄嬛传》的出现并非偶然，也正是从《还珠格格》的一炮走红开始，《金枝欲孽》、《大清后宫》、《宫心计》、《美人心计》、《宫锁心玉》、《宫锁珠帘》、《步步惊心》等相近题材的电视剧长时间热播，至《甄嬛传》达到了高潮。

电视剧《甄嬛传》改编自“80后”网络女作家流潋紫的同名网络小说，这部网络小说自2006年在被诸多知名网络文学网站连载后，受到了网络文学读者的追捧，被誉为“宫斗小说的巅峰之作”。在“宫斗”小说出现之前，主导大众文化中言情小说、影视剧主题的是上世纪末曾火热流行的琼瑶模式。而在“宫斗剧”中，爱情开始和在琼瑶模式中曾激烈抵制、抗争的权力紧密结合，权力甚至完全扭曲、肢解了爱情。在这个意义上，新世纪以来，以《甄嬛传》为代表的“宫斗剧”彻底颠覆了琼瑶模式。所以，我们大体可以《还珠格格》系列为界限，来界定“清宫戏”是如何完成了向“宫斗戏”的嬗变，而这一大众文化表层的变异，不可避免的与某种社会现实的急剧变迁是息息相关的。因此，怎样理解以《甄嬛传》为代表的“宫斗剧”，就成为回溯中国电视剧类型模式发展过程中的一个重要节点和枢纽。

伴随着《甄嬛传》横扫一切的收视狂潮，在引起了全社会关注的同时，也出现了两种完全不同的评价。我们就以《人民日报》半年之内的两篇关于《甄嬛传》的评论为例，来辨析一下这在今天仍依然火热的文化现象。

在《人民日报》2011年12月30号发表的评论《不妨俗得那样雅》中，此文作者引用了鲁迅论《红楼梦》的名言“单是命意，就因读者的眼光而有种种：经学家看见《易》，道学家看见淫，才子看见缠绵，革命家看见排满，流言家看见宫闱秘事”作为基本态度，认为，“《甄嬛传》塑造了一个个有血有肉的人，从中我们看到了人心的丑陋，也看到了人性的光辉；看到了对腐朽制度的鞭挞，也看到了对侠肠义胆的颂扬”，称这些年来充斥银屏的“辫子戏”都是宣扬皇权崇拜的，而“郑晓龙和他的团队逆势而上，推出了电视剧《甄嬛传》，给后宫戏这一类电视剧创作开掘了文化深度”。所以此文作者肯定了《甄嬛传》精良的制作水准，并引用了《红楼梦》中的“雅得那样俗”，做出了“那么，能不能让我们的文艺作品俗得那样雅呢？”这样的最后结论。①

而《人民日报》2012年5月8号发表的《宫斗剧胡编乱造 煽色腥到极致》，则认为《甄嬛传》把人性恶的一面无限放大，“只有成败没有是非，只有你死我活阴谋陷害争斗，不见引人向善向上的积极力量，更奢谈道德坚守和人文关怀”。该文作者明确指出，“后宫剧”的“胡编乱造”源于网络小说，而“网络文学作品主打虚构，随意性大，行文天马行空，转换到荧屏上，就造成这些古装剧对历史把控的先天不足，‘戏说’成分过多，甚至到离谱的程度”。正是基于这种对网络文学的否定态度，该文痛批“《后宫·甄嬛传》的历史背景由小说中虚构的大周帝国坐实到清朝年间，使得历史真实问题成为质疑的中心。任意设置历史语境，编造子虚乌有的历史情节和人物关系，片面迎合市场的低俗趣味，消费恶、渲染恶，终将在‘娱乐至上’中‘娱乐至死’，而留下一堆糟蹋历史、无益于人心、无益于精神文明建设的文化垃圾”。②

这两篇看似立场完全不同的评论，其实连接了两个完全不同的时代及其审美范式。前者强调了“宫斗戏”对“清宫戏”流弊的克服，而后者则明确地指出了“宫斗戏”类型模式愈演愈烈后的不足之处。如果将二者放置在历史语境下梳理，我们就可以很清楚地缕清从“清宫戏”到“后宫戏”的演化脉络，这其中，以网络文学为代表的网络文化是一个起到通筋活络作用的关键环节。

在当前的大环境下，以网络文学为代表的网络文化的现状虽然参差不齐、三教九流，但也呈现出日

---

① 毛佩琦：《不妨俗得那样雅》，《人民日报》2011年12月30日。
② 王广飞：《宫斗剧胡编乱造　煽色腥到极致》，《人民日报》2012年5月8日。

新月异、生机勃勃的风貌。在个巨大的文化空间场域内，瞬息万变地投射着当下社会的核心文化症候。所以，某种意义上说，关注、捕获互联网上最流行的文艺作品、文艺现象，可以及时地窥探、把握我们这个时代的文化心理的趋势和流向，这也是以网络文学为代表的网络文化，能够在短短的十余年内从相对小众的互联网传播，迅速跨越到以电视为代表的传统主流媒介，并被广泛的大众传播的文化逻辑所在。这些以《甄嬛传》为代表的，广为流行的网络文学作品，不但投射了当下中国人，特别是青年群体的最核心的欲望和焦虑，更对大量尚处于潜意识状态的不可见的欲望起到了赋形、塑形的作用。以《甄嬛传》为代表的“宫斗戏”尽管还有着这样或者那样的问题和弊端，但重要的是，这种类型模式触摸到了这个时代的精神脉搏。能否把握住这奔腾的节奏，不仅仅是电视剧行业的问题，更是留给这个时代的重要文化课题。迄今，这个历史课题还远未解决，但至少，我们可以清晰的标尺出，从“清宫戏”到“宫斗戏”的文艺嬗变。

四、“都市青年情感”类型的井喷之惑

在我国电视剧行业的最初发展过程中，对于都市青年情感题材并没有给予特别的关注，发展为成熟的类型模式，更是非常晚近的事情。20 世纪 80 年代以来的《赤橙黄绿青蓝紫》、《十六岁的花季》、《外来妹》、《公关小姐》、《住别墅的女人》都很难用固定的题材和类型模式来概括。真正的都市青年情感题材始于 2006 年，描写“70 后”婚恋状态的《新结婚时代》最早露出了苗头，2008 年关注“80”后登上人生舞台的《奋斗》将这一类型提升到了社会关注的层面，经过这些“预热”，2009 年的《蜗居》就顺理成章的在社会各界引起了广泛地反响，到了 2011 年的《裸婚时代》，这种都市青年情感题材则已经开始稳定和成熟，发展到今天，这一波都市青年情感题材影的热潮已颇具规模。

需要注意的是，在短短五六年时间里，这么多的影视作品，几乎都集中在了“80 后”的都市青年群体——那些曾经的“温室里的花朵”、“垮掉的一代”，围绕他们短短几年内的周遭生活，竟演绎出了如此多的故事，并且在近年来始终成为银幕关注的焦点，而为了迎合这种社会心理，又有大量雷同影视剧作品蜂拥上马，就连一直不愠不火的婆媳剧也将焦点对准了 80 后的家庭生活，并迅速向这一类型靠拢，这一系列的种种众生相使我们无法再不正视这种文化现象。因此我们就不难理解 2012 年的《北京爱情故事》、《浮沉》、《北京青年》、《金太狼的幸福生活》、《新女婿时代》等都市青年情感题材电视剧在全国的迅速热播，并引起了社会各界广泛的关注和热议。特别是《北京青年》中，“重走青春”这句异常炫目的口号，在都市青年文化群落中得到了一呼百应的好评和追捧。在这个时代里，似乎没有什么比挣脱出平庸、压抑的日常生活，去天南海北的“重走青春”更具诱惑力；也没有什么比背包探险，在梅里雪山举办婚礼更符合这个时代的小资产阶级文化趣味。当然，这一现象的出现也同样延续着复杂的历史脉络。

20 世纪末的《外来妹》、《公关小姐》、《住别墅的女人》，包括新近的《杜拉拉升职记》、《亲密敌人》，关于城市空间，特别是光鲜亮丽的白领小资生活有着明确和肯定的想象和建构过程。如果说上世纪末这种进化论式的文化想象，还伴有新老观念的激烈冲突，那么在新世纪初期则已经变成了不需要讨论的社会共识，某种程度上说《杜拉拉升职记》等可能是这种“共识”的尾声。从《蜗居》开始，尽管还不能说和这种对城市空间的白领想象的“共识”决裂，但至少一种不一样的，有着明显区隔的文化新表述出现了。如果说谍战类型和“四大名著”改编剧还只是审美趣味的选择，那么从“宫斗剧”开始，这种具有明确断裂意味的文化症候就开始逐渐浮出了历史地表，在都市青年情感题材这里则有些图穷匕见的意味。

倒置回 30 年前，1980 年 5 月，《中国青年》杂志刊登了一篇署名潘晓的题为《人生的路啊，怎么越走越窄》的“读者来信”。

“有人说，时代在前进，可我触不到它有力的臂膀；也有人说，世上有一种宽广的、伟大的事业，可我不知道它在哪里。人生的路呵，怎么越走越窄，可我一个人已经很累了呀，仿佛只要松出一口气，就意味着彻底灭亡。”

这段文字即便在今天看来也依然充满了文艺青年的质感，那种无力和彷徨丝毫不让人觉得这中间有

着30年的遥远和疏离，这二者之间的文化逻辑甚至呈现出了某种“循环”的意味。在那之后，青年题材中所有关于城市的乐观想象，包括上世纪末饱受诟病的琼瑶剧苦情戏，无外乎就是告诉世人，无论历经了怎样的挣扎，伴随着主人公们爱情的最终胜利，也意味着他们在城市中安身立命地扎下根。只不过到了宫斗戏和都市青年情感题材，启蒙主义以来的爱情神话不仅不再星光闪耀，甚至不再具有任何优先位置。甄嬛们、海藻们、童佳倩们的抗争，无论成败，都只能遵循现实的逻辑。譬如《北京爱情故事》中的经典台词“我爱你和你没关系”就是最具有代表性的例证。在这个关于爱情的自我表述中，爱情这种情感，它的主体已经和它所曾必须具体对应的客体对象“脱离”了，爱情的主体自我变成了可以自足的个体，主体自我的爱欲情感满足并不再需要一个特定的客体对象——这种巨大的分野甚至在整个20世纪似乎都未曾出现。而在《浮沉》中，承载着女主人公乔莉回不去的“奋斗”式和“蜗居”式的青春的，恰恰是过去并不入白领法眼的三线城市的破败国企。“重走青春”、“重回体制内”、“逃离北上广”，这些出现在剧中的标志性口号，正深刻地揭示着恐怕是自新时期以来，最为深刻的文化断裂。

在我国本土文化语境下，对于城市空间的想象、对于青年生活的想象，往往是一个社会价值观未来走向的重要标尺。能否想象出一个明确的关于城市青年的文化价值图景，浓缩着整个社会文化大环境的方方面面。当年的“温室里的花朵”、“垮掉的一代”，他们今天所面对的，恐怕是“残酷青春”、“梦醒了之后无处可去”之后的，更为“残酷”的人生现实，所以在这个意义上，2012年的“重走青春”更包含着当今人间，五味杂陈的别样色彩。

结语：大浪淘沙的历史淬炼

综上所述，经过改革开放30多年来的不断发展，广播电视系统已经渗透到了全社会的每一个角落，与1980年代的文学出版物和1990年代的报刊媒体以及新世纪以来的电影院线相比，电视剧的覆盖范围更为广阔、宽泛，并在当下文化生产体制中占据着一片相当重要的文化公共空间。中国电视剧承载着中国老百姓在改革开放30多年来的，天翻地覆的历史过程中的文化记忆、情感寄托和现实想象，正是在这种文化格局下，电视剧这种形式和媒介，对时代脉搏的体认和回应也更为迅捷和准确。

随着电信网络、广播电视网络、互联网三大网络的融合，作为消费终端的手机、电视、电脑实现了资源共享，电视剧的传播渠道将更加多元化，我国电视剧的生态结构将受到进一步地强烈冲击，电视剧类型模式的发展也还将进一步多元化。特别是在互联网领域，视频网站在2012年以来开始生产和制作更符合网络媒介观看习惯的电视剧，网络自制剧已经成为专门在互联网和移动网络上播映的电视剧形态，这些值得关注的新现象还将进一步改变中国电视剧的类型模式样态和格局。

“谍战”类型、“四大名著”改编剧、“宫斗”类型、“都市青年情感”类型，它们只是中国电视剧类型模式发展历程中的四个面向，更只是自新中国成立以来发展到今天的复杂文化脉络中的冰山四角，最多只能起到管中窥豹的作用。真正推动今天中国电视剧类型模式发展的历史动力，并不是来自各种意识形态的重重规训，也不是来自今天在资本市场疯狂投机的金融力量，而是各个时代里中国老百姓的精神现象。电视荧屏上的一幕幕，不过是对这些精神现象的影像书写。在这个意义上，我们都知道中国电视剧的类型模式发展已经发生了改头换面的变化，但最终检验它们的标准仍是唯一且固定的，就是能否承载中国老百姓在各个时代的情感经验和审美经验。例如在2012年出现，也很可能只有2012年独有的“抗日神剧”就是鲜活的例子，各种类型的电视剧作品在消费主义的大众文化中，生旦净末丑般地过场表演，不仅仅是人间百态的一部分，更要经受优胜劣汰的历史洗礼。在坐稳了电视剧世界第一大国的今天，我国当下这么多的电视剧作品，都将在这一标准下，全面、彻底、无死角的接受大浪淘沙般的历史考验，这个行业能否承受住历史的淬炼，就不再仅仅是关乎行业发展的内部问题，更是关乎于中国梦在文化艺术领域落地的重要经纬。

孙佳山　中国艺术研究院马克思主义文艺理论研究所　助理研究员

文件·文献

【《文化部、财政部、税务总局、关于公布2012年通过认定的动漫企业和重点动漫企业名单的通知》文产发〔2012〕44号】

各省、自治区、直辖市文化厅（局）、财政厅（局）、国家税务局、地方税务局，各计划单列市文化局、财政局、国家税务局、地方税务局：

根据《动漫企业认定管理办法（试行）》的有关规定，经审核，现将2012年通过认定的动漫企业名单和重点动漫企业名单予以公布。

请根据本通知认真做好"动漫企业证书"的发放工作，按照规定对通过认定的动漫企业进行监督检查和年审，对年审不通过的动漫企业及时撤销资格，督促其自觉遵守国家有关法律、法规和政策，落实国家对动漫企业的税收优惠政策。

特此通知

2012年通过认定的重点动漫企业名单

（16家）

北京市

北京妙音动漫艺术设计有限公司

黑龙江省

黑龙江新洋科技有限公司

上海市

上海炫动传播股份有限公司

上海美术电影制片厂

上海河马动画设计股份有限公司

上海城市动漫出版传媒有限公司

江苏省

常州卡米文化传播有限公司

浙江省

杭州漫奇妙动漫制作有限公司

江西省

江西笛卡传媒有限公司

河南省

河南省漫画时代传媒有限公司

湖北省

海豚传媒股份有限公司

湖北盛泰文化传媒有限公司

广东省

广东原创动力文化传播有限公司

深圳华强数字动漫有限公司

广州艺洲人文化传播有限公司

重庆市

重庆享弘数字影视有限公司

2012年通过认定的动漫企业名单

（110家）

北京市

北京其欣然影视文化传播有限公司

北京中科亚创科技有限责任公司

北京互象动画有限公司

北京洪恩教育科技股份有限公司

北京欧雷新宇动画科技有限公司

恒大动漫产业有限公司

北京梦之城文化有限公司

北京世纪彩蝶动画制作有限公司

北京神舟航天文化创意传媒有限责任公司

北京合力宏通动漫科技有限公司

北京圣壹门影视策划有限公司

中视新科动漫股份有限公司

北京梦空间影视文化传媒有限公司

泰圣思信息系统开发（北京）有限公司

天津市

天津十彩动画科技有限公司

灵然创智（天津）动画科技发展有限公司

卡通先生（天津）影业有限公司

河北省

河北点点传媒有限公司

河北深海文化传播有限公司

山西省

山西高新博澳文化产业股份有限公司

内蒙古自治区

赤峰无界影视传媒有限公司

鄂尔多斯东胜天风动漫影视有限公司

黑龙江省

哈尔滨品格文化传播有限公司

上海市

上海易霖动漫文化传播有限公司

上海简读文化传播有限公司

上海睿宏文化传播有限公司

上海肯米特唐华文化传媒有限公司

上海风炫动画设计制作有限公司

江苏省

苏州天一动画有限公司

苏州飞天动画有限公司

江苏如意通动漫产业有限公司

宿迁市美力动漫制作有限公司

江苏诺亚动漫制作有限公司

徐州百吉堂多媒体有限公司

南京朱雀影视动画有限公司

南京鸿鹰动漫娱乐有限公司

好莱坞（中国）数码艺术研发中心有限公司

常州市哈酷那软件科技有限公司

常州市可汉动漫艺术传媒有限公司

江苏瑞洋动漫制作有限公司

浙江省

杭州丰泽科技有限公司

杭州盛世龙图动画有限公司

浙江甲壳虫动漫产品有限公司

绍兴特立宙电脑动画有限公司

安徽省

合肥泰尚文化科技有限公司

合肥魔力红动漫有限公司

蚌埠水木易卡通文化传播有限公司

安徽九州传迈动漫文化有限公司

黄山冰鸿动漫设计有限公司

马鞍山华彤网络科技有限公司

安徽乐群文化传媒有限公司

芜湖市小蜜蜂动漫有限公司

福建省

福州翰格文化传播有限公司

厦门大拇哥动漫股份有限公司

泉州市功夫动漫设计有限公司

中娱文化股份有限公司

厦门利根思动漫有限公司

厦门翔通信息科技有限公司

福建省子燕动漫科技有限公司

江西省

江西卡卡通通信有限公司

南昌太卡通文化传媒有限公司

萍乡市安源境界三维影视动画有限责任公司

山东省

青岛广电动画有限公司

河南省

河南升环动漫影视有限公司

河南仁众文创信息科技有限公司

郑州嘟豆动漫有限公司

郑州小樱桃杂志社有限责任公司

湖北省

武汉邦维文化发展有限公司

武汉漫迪文化传播有限公司

湖北视纪印象科技有限公司

武汉市润天设计有限公司

武汉天娱动画设计有限公司

湖南省

长沙映山红文化传播有限公司

湖南玄牡影视传媒有限公司

湖南蓝猫全网教育有限公司

长沙市天越文化传播有限公司

长沙空行动画制作有限公司

广东省

深圳市数影影像科技有限公司

深圳市残友动漫文化发展有限公司

深圳市数虎图像科技有限公司

深圳市华漫文化传播有限公司

深圳市绿林风动画有限公司

深圳市亚通桥文化传播有限公司
深圳丝路数码技术有限公司
广州市星原动偶文化活动策划有限公司
广州市梦乐数码设计有限公司
广州市毓秀文化传播有限公司
珠海传奇动画科技有限公司
珠海杨氏网络动画设计有限公司
东莞市创造者文化传播有限公司
梅州市盛唐动漫文化传播有限公司

广西壮族自治区

广西蓝海世纪数码传媒有限公司
广西千年传说动漫影视有限公司
广西卡斯特动漫有限公司

重庆市

重庆帝华广告传媒有限公司

四川省

成都市青藤卷语动漫制作有限公司

贵州省

贵州光耀文化传媒有限公司

云南省

云南旅游信息网络有限公司
云南国联文化创意发展有限公司
云南新锐和达信息产业有限公司
云南大德正智传媒有限公司
昆明微想智森科技有限公司

陕西省

西安曲江乐雅动漫有限公司
西安喜洋洋影视文化传播有限公司

甘肃省

兰州南特数码科技股份有限公司

宁夏回族自治区

银川高新区幻影重工科技有限公司

新疆维吾尔自治区

新疆卡尔罗媒体科技有限公司
新疆河度文化传媒有限公司
新疆华艺文化传播有限公司
新疆漫龙数字技术有限公司

【《“十二五”时期国家动漫产业发展规划》文化部动漫办发〔2012〕1号】

前言

动漫产业是极具生机和活力的新兴文化产业。发展动漫产业对于满足人民群众精神文化需求、传播先进文化、丰富群众生活、促进青少年健康成长、进一步优化产业结构、扩大消费和就业、培育新的经济增长点都具有重要意义。党的十七届五中、六中全会明确提出要推动文化产业成为国民经济支柱性产业，动漫产业作为文化产业的重要组成部分，深受群众喜爱，又广泛服务社会，发展前景十分广阔。

为全面贯彻落实党的十七届六中全会精神，推动动漫产业跨越式发展，根据《中共中央关于深化文化体制改革推动社会主义文化大发展大繁荣若干重大问题的决定》、《中华人民共和国国民经济和社会发展第十二个五年规划纲要》、《国家“十二五”时期文化改革发展规划纲要》、《国务院办公厅转发财政部等部门关于推动我国动漫产业发展若干意见的通知》，立足动漫产业发展实际，结合市场需求，确定“十二五”时期动漫产业发展的基本思路和主要目标：以邓小平理论和“三个代表”重要思想为指导，深入贯彻落实科学发展观，坚持社会主义先进文化前进方向，始终把社会效益放在首位，遵循动漫产业发展规律，加强动漫内容建设和引导；树立“大动漫观、全产业链”的发展思路，优化产业结构、完善产业链条，发挥市场在资源配置中的积极作用，培育一批充满活力、专业性强的动漫企业，打造若干具有中国风格和国际影响的动漫品牌；加强政府政策引导和公共服务，努力形成布局结构合理、产业链条相对完整、整体技术水平先进、市场竞争有序、经济效益显著的动漫产业发展格局，推动动漫在丰富群众生活和未成年人思想道德建设方面发挥更大作用，在社会生活各领域得到更加广泛的普及应用。为实现上述目标，推动我国从动漫大国向动漫强国跨越发展，特编制本规划。

一、基本经验和面临的形势

“十一五”以来，我国动漫产业蓬勃发展，在提高思想认识、创新体制机制、满足消费需求、积极学习借鉴、坚持中国特色等方面取得了许多有益的经验。当前，我国动漫产业发展既面临着有利的形势，又存在诸多的困难和挑战，需要进一步明确思路、合理引导、科学规划，全面提高我国动漫产业发展水平。

（一）基本经验

1. 坚持发展理念与产业实践相适应，不断提高和深化对动漫发展的认识。随着动漫产业发展理念的不断完善，社会各界对动漫的认识更加全面，动漫不仅是艺术、也是重要的文化产业门类已经成为共识。动漫消费的年龄阶层逐步扩大，动漫应用的社会领域更加广泛，“大动漫观、全产业链”的发展思路极大拓展了动漫产业的发展空间。

2. 坚持社会效益与经济效益相统一，以满足人民精神文化需求为出发点和落脚点。动漫产业发展中始终坚持把社会效益放在首位，坚持社会主义先进文化前进方向，努力实现社会效益与经济效益相统一。确保动漫产业发展与社会主义先进文化前进方向保持一致、与人民群众日益增长的精神文化需求相适应。广泛的消费需求为动漫产业拓展了发展空间，我国动漫产品数量、产值规模和盈利水平相比“十一五”之初取得了重大进展。

3. 坚持自主创新与借鉴国际经验相结合，走具有中国特色的动漫发展道路。在积极学习借鉴国际成功经验的基础上，我国动漫界始终坚持以我为主、为我所用，努力挖掘民族优秀文化资源，坚持走中国特色的原创动漫发展道路，立足国际国内两个市场，不断提高中国动漫产业的整体实力和国际竞争力。

4. 坚持技术创新与人才培养相结合，为动漫产业发展提供有力支撑。动漫发展呈现出艺术与技术高度融合的趋势，动漫关键技术研发及应用取得一定突破，有效促进了动漫生产效率和产品质量的提升。动漫人才培养工作稳步推进，一批优秀的创意与经营管理人才和大量专业技术人才为动漫产业发展奠定了坚实基础。

5. 坚持政府推动和市场运作相结合，努力营造动漫产业发展良好环境。扶持动漫产业发展部际联席会议制度最大限度地调动了各方积极性，各成员单位团结协作，制订政策、搭建平台、举办活动。各地方各界高度重视，积极开展工作，社会力量投资动漫产业的热情高涨，动漫产业发展环境得到优化。

（二）面临的形势

当前，我国动漫产业发展势头迅猛，产值从“十五”期末不足100亿元，到2010年达470.84亿元，年均增长率超过30%；原创能力不断增强，产品数量大幅增长，质量不断提高，“十一五”期间，国产电视动画片产量从8万分钟增长到22万分钟；动画电影批准备案数量从12部增长到46部，国产动画电影票房纪录连续破亿；漫画期刊年发行量从4000万册增长到1亿多册，漫画图书年发行量从3000万册增长一倍以上；一批动漫企业和动漫品牌崭露头角，动漫产业链日益完善，动漫“走出去”步伐加快，动漫在社会生活各领域的应用更加广泛，动漫产业的发展面临着极为有利的条件和形势。

同时，我国与世界动漫强国相比，仍然存在很大的差距：对动漫产业发展规律性的认识还有待提高；具有市场竞争力的精品力作不多，缺少具有国际影响力的动漫品牌；产业结构不尽合理，部分企业持续盈利能力不强，产业链尚不完整；侵权盗版现象依然存在；高端创意策划与经营管理人才不足等等，必须要紧抓机遇，奋发有为，努力实现我国动漫产业跨越发展，为推动社会主义文化大发展大繁荣贡献力量。

二、主要任务

“十二五”期间，努力推动我国原创动漫创意、研发、制作能力大幅提升，动漫精品力作不断涌现，技术创新能力持续增强，国际竞争力大大提高，发挥市场机制对动漫文化资源配置的积极作用，着力打造5至10个知名国产动漫品牌和骨干动漫企业，培育出一批具有较强市场意识、国内外知名的动漫艺术家和企业家，动漫产业的影响力、辐射力、带动力持续增强，动漫在社会生活各领域的普及应用更加广泛深入，成为文化产业发展的重要增长点。

（一）引导原创动漫创作生产

坚持正确的创作生产方向，加强内容引导和建设，鼓励原创、打造精品，促进弘扬中华民族优秀文化、内容积极健康、贴近群众的动漫产品的创作、生产和传播。

1. 加强内容引导

坚持社会主义先进文化前进方向，引导广大动漫工作者自觉践行社会主义核心价值体系，继承弘扬民族传统文化、吸收借鉴世界优秀文化，鼓励、扶持动漫工作者和动漫企业创作、生产、传播和推广贴近实际、贴近生活、贴近群众、富有中国文化精神、饱含时代特点的动漫产品。不断提高产品研发和原创能力，着力提升产品内涵、质量、艺术和技术水平，加大对内容创新的支持力度，满足人民群众精神文化生活需求，为青少年健康快乐成长营造良好氛围。

2. 完善评价体系和激励机制

完善动漫产品评价体系和激励机制，做好中国文化艺术政府奖动漫奖的申报评选工作，完善评选标准，建立公开、公平、公正的评选机制，做到群众评价、专家评价和市场检验相统一，奖励内容健康、艺术性强、创新度高、深受群众喜爱的优秀动漫产品，提高权威性和公信度，引导中国动漫产业发展方向。

3. 加大优秀动漫产品扶持推广力度

实施国家动漫精品工程、国产影视动画扶持项目、“原动力”原创动漫出版扶持计划，扶持原创动漫产品的创作生产，在制作、资本、授权宣传等方面为优秀动漫创意和产品搭建产业化推广平台。继续实施原创动漫推广计划，支持和鼓励优秀原创动漫产品的播映、演出、出版、比赛、展览等各项传播、推广活动，通过展会推广、边疆推广、媒体推广、校园推广和海外推广，大力宣传和推广原创动漫精品和优秀人才，提高其影响力和知名度。

专栏一

项目名称	项目内容	责任单位	发展目标
中国文化艺术政府奖动漫奖	通过周期为 3 年的评奖，评选、表彰优秀动漫作品、品牌、形象、人才、机构和技术成果等。	文化部 广电总局 新闻出版总署 教育部 工业和信息化部	作为中国动漫的国家奖、最高奖，引导动漫艺术创作和产业发展方向。
国家动漫精品工程	扶持原创动漫产品的创作生产，选择一批具备产业价值的优秀动漫创意和作品，为其搭建产业化推广平台。	文化部 广电总局 新闻出版总署	成为动漫领域的国家级、常设性项目，推动动漫产品进一步品牌化、市场化和产业化。
国产影视动画扶持项目	评审、奖励年度优秀动画作品、创作人才、制作机构，表彰优秀动画传播机构，宣传推广优秀动画作品	广电总局	引导影视动画内容创作走精品路线，培育优秀动画人才，鼓励创作机构积极投身精品创作，扩大优秀动画作品、人才和企业的社会影响力。
“原动力”原创动漫出版扶持计划	每年扶持一批具有较好市场潜力的优秀原创动漫作品的创作出版	新闻出版总署	集中扶持原创动漫出版机构、产品和作者，引导创作出版动漫的精品力作。

专栏二

项目名称	项目内容	责任单位	发展目标
原创动漫推广计划	通过展会推广、边疆推广、校园推广、媒体推广、海外推广、译制补贴等方式，支持动漫企业积极开拓国际国内市场，努力形成国内外知名的动漫品牌和形象。	文化部 商务部 教育部 广电总局 新闻出版总署	“十二五”期间，支持30—50家企业参加国内、国际知名动漫展会，在西藏、新疆、青海等边疆民族地区举办动漫推广活动，支持动漫产品外语和少数民族语言译制。支持动漫产品进入国际市场。

4. 强化国产动画播映体系

动画播出机构要遵循“优质优价、优质优时、优质优奖”的原则，不断扩大播出国产动画片的规模。各级影视动画播出机构要公开公布动画片播映采购标准和流程，建立完善按质论价的影视动画节目购买制度。要形成国产动画电影放映规模，为国产动画电影推向主流院线和重要影院创造良好条件。

（二）创新盈利模式，完善动漫产业链条

充分发挥市场对动漫文化资源配置的积极作用，提高动漫产业盈利能力。全面把握动漫产业各环节的内在联系，以动漫创意和形象为核心，构建相互支撑、完善的动漫产业链条，形成产业上下游之间的良性互动。

1. 发挥市场机制积极作用，创新盈利模式

营造良好市场环境，鼓励各类所有制主体进行公平竞争，引导动漫企业积极探索创新产业盈利模式，大力发展动漫要素市场、产品市场，鼓励各种要素通过市场进行高效流通，提高动漫企业盈利能力。加强动漫产业与服装、玩具、食品、文具以及其他产业的合作。

2. 发挥漫画创作的基础性作用

高度重视漫画创作在动漫产业链中的基础性作用，加大支持和引导力度，鼓励创作生产更多弘扬社会主义核心价值，具有民族特色的优秀漫画作品。推动优秀漫画与动画、游戏、衍生产品等行业的结合，积极发展动漫形象授权，打造受众欢迎、具有市场基础的漫画形象和产品。

3. 建设完善动漫出版体系

“十二五”时期，实施“原动力”动漫出版扶持计划，以骨干动漫图书、期刊、音像电子出版单位为抓手，重点打造一批社会效益好、经济效益高、为受众喜闻乐见的精品动漫出版物，打通动漫创作、出版、发行等环节、提高动漫出版的规模化、集约化、专业化水平，为动漫产业提供更加畅通的出版渠道。

4. 积极发展影视动画

保持影视动画平稳发展，到“十二五”末，电视动画年产量保持在5000小时左右，动画电影年产量保持在30部左右。鼓励创作生产富有民族特色、体现时代特征、深受群众欢迎的电视动画和动画电影精品，以质量为核心，着力提高影视动画的编剧创意能力。要努力建立中央和地方电视台共同参与，上星频道、地面频道相互协调，专业频道和非专业频道互相补充，传统媒体和新兴媒体积极参与，电视平台与电影院线共同促进的多层次多元化的播映体系，构建稳定有效的播映市场，努力形成互动传播、特色传播、多媒体传播的新型传播方式。对国产动画电影放映实施一定的鼓励措施。

5. 重点培育新媒体动漫

积极推动传统动漫产品通过新媒体传播，鼓励面向移动互联网等新媒体渠道及手机、平板电脑等智能终端的动漫创作和理论研究，推出一批具有较强影响力的新媒体动漫精品，发展壮大新媒体动漫产业。研究制订手机动漫行业标准、推动相应制作工具开发，打通新媒体产业链条，实现动漫内容的跨平台共享，降低内容制作和产品推广成本。

6. 鼓励动漫舞台剧发展

鼓励各类演艺机构与动漫企业的深度合作，积极参与动漫演出的创作、制作和演出，打造更多原创动漫舞台剧精品，塑造动漫演出经典形象。鼓励动漫企业通过品牌授权，参与动漫舞台剧创作、经营，实现动漫形象、品牌的推广与提升。

7. 大力发展应用动漫

贯彻落实“大动漫”产业观，注重动漫的社会推广与技术应用，大力发展应用动漫。继续推进动漫创意、技术在教育科普、医疗卫生、航天、会展、广告、设计、建筑、核电等各领域的广泛应用。促进动漫产业与制造业、服务业等相关产业融合发展，使动漫创意和技术成为相关产业转型升级的助推器。

8. 扩大动漫衍生产品市场规模

促进与动漫形象有关的服装、玩具、食品、文具、电子游戏等衍生产品的生产和经营，延伸动漫产业链，扩大动漫产业的盈利空间和市场规模。大力发展动漫品牌授权业务，推动各环节企业的互动合作。

（三）优化动漫产业布局结构

按照统筹协调和可持续发展原则，加快动漫产业布局结构的战略性调整，形成布局合理、特色突出、集聚效应明显、资源高效利用的协调发展格局。

1. 促进区域动漫产业协调发展

加强统筹规划，突出重点、整合资源，将动漫产业发展与区域优势和特点有机结合，促进资源的合理配置和产业分工合作，支持有条件的地区发展具有鲜明地域、民族特色的动漫产业，避免盲目发展、无序竞争。结合国家各项区域性专项规划，做好动漫产业相关政策在各地的落实工作。

2. 加强动漫产业基地园区、主题公园的建设与管理

统筹规划、突出特色、控制总量、提高水平，重点建设3—5家具有示范引领作用的国家级动漫产业示范基地园区，优化基地园区布局，加强动漫类主题公园的建设和管理。完善动漫产业基地园区推动产业集聚、产品展示、人才培养、企业孵化、技术支撑、版权交易和国际合作等功能。

3. 合理发展动漫会展交易活动

加强对动漫会展节庆比赛论坛等活动的管理，控制和压缩政府参与主办的会展交易活动，科学布局、提升内容、突出特色、讲求实效。发挥动漫会展交易活动的展示、交流、交易的平台作用，打造3—5个亚洲一流、世界知名的动漫产业会展品牌。重点支持中国国际动漫游戏博览会、中国国际动漫节、中国国际漫画节等会展交易活动。

（四）推进动漫技术创新

推动新兴技术在动漫产业中的应用，加快形成以企业为主体、市场为导向、产学研相结合的动漫技术创新体系，加强动漫领域关键技术研发，加强动漫产业公共技术服务平台建设和管理。

1. 加强关键技术的研发推广

加大技术研发支持力度，支持动漫产业关键技术、核心技术和共性技术的研发与产业化推广应用。鼓励企业、高校、科研院所向有关单位提供动漫创作工具和相关服务，支持开展产学研合作，针对产业发展中的关键领域和薄弱环节，研发具有自主知识产权的核心专利和技术标准，全面提升我国动漫技术应用能力和整体技术装备水平。

2. 完善公共技术服务支撑体系

建立动漫技术设备、公共技术服务支撑体系和共享机制，优化提升现有动漫公共技术服务平台的功能，实现资源互联互通和信息共享，提高资源利用效率。建设国家动漫公共素材库和国家动漫产业公共信息平台，完善共享机制，有效降低企业创作成本。

专栏三

项目名称	项目内容	责任单位	发展目标
动漫产业公共技术服务平台	为动漫企业提供制作、设备租赁、研发、培训等技术支撑服务。	扶持动漫产业发展部际联席会议办公室	在全国布局建设 5 –10 个重点动漫产业公共技术服务平台，每年服务企业数量 100 家以上。
动漫领域核心关键技术研发	在动漫建模、动作捕捉、运动处理、后期渲染合成等核心关键制作领域，部署研发一批自主知识产权的关键共性技术，并注重动漫生产与超级计算机、云计算等先进技术的结合，研发我国自主的动漫技术。	扶持动漫产业发展部际联席会议办公室	完成 2 –3 项动漫核心关键技术研发项目，并实现产业化推广应用。
国家动漫公共素材库	建设符合制作标准、时代要求的公共动漫素材库，为国内动漫企业、制作团队提供专业的素材服务。	扶持动漫产业发展部际联席会议办公室	国内规模最大的公共动漫素材库。
国家动漫产业公共信息服务平台	为产业政策信息发布、咨询、统计服务，开展电子政务。	文化部	国内动漫产业最具权威性的信息发布共享平台。

（五）实施骨干企业和重大项目带动战略

实施骨干企业和重大项目带动战略，以产业、项目为纽带，带动中小动漫企业同步发展，提高动漫产业规模化、集约化、专业化水平，促进产业由量的增长到质的提升。

1. 培育壮大市场主体

加大政策扶持力度，培育骨干企业，扶持中小企业，打造一批有影响、有品牌、有竞争力的动漫企业。支持和壮大国有动漫企业，使其在发展产业和繁荣市场方面发挥主导作用。支持各类所有制动漫企业健康发展。通过信贷支持、加强服务等多种形式扶持各类中小动漫企业发展。改善动漫企业经营环境，帮助解决融资等瓶颈问题。

2. 实施重大项目带动战略

积极联合有关部门，加快建设一批具有示范效应、体现政策导向的重大动漫产业项目，提升产业规模和整体素质，加快产业结构调整和优化升级。建设国家动漫产业项目资源库，为各部门各地方提供优质项目资源。推进国家动漫产业综合示范园、中国动漫游戏城、动漫领域核心关键技术研发等重大项目建设。协调有关部门，支持国家重点动漫企业开展重大项目建设。

（六）强化人才支撑

以培养高端创意人才和经营管理人才为重点，实施动漫高端人才培养计划、不断完善动漫人才培养机制，全面提高动漫产业人才队伍的整体素质，为动漫产业发展提供强有力的人才支撑。

1. 构建动漫产业人才培养体系

根据市场需求和产业发展趋势，构建覆盖高等教育、职业教育、继续教育等不同层次的动漫人才培养体系。将动漫人才培养纳入国家文化艺术类人才培养规划，在学科门类、学位设置、教学研究经费上给予积极支持。继续举办国家动漫产业发展高级研修班，着力培养产业发展急需的既懂创意又善经营管理的复合型高端人才。充分发挥高等院校、动漫企业、科研院所、行业协会和培训机构的积极性，积极开展各种层次的社会培训。加快动漫人才培养标准化进程，为符合条件的动漫从业人员评定职称。

2. 提高动漫教育质量

加强漫画、动画、数字媒体艺术专业规范制定和动漫专业标准化教程及教材开发，努力形成具有中国特色、世界水平的动漫类教材体系。推动高等学校利用国内外企业的优势资源，以动漫产业需求为导向，加强与企业合作共建国家大学生校外实践教育基地，积极聘请国内外企业动漫创意、技术和企业经营管理专家授课，多种渠道培养高素质动漫人才。

专栏四

项目名称	项目内容	责任单位	发展目标
国家动漫产业高级研修班	以动漫企业、院校的高端人才为对象，举办市场、管理、编辑、制作、策划、导演、编剧、技术等方向的研修班。	扶持动漫产业发展部际联席会议办公室	“十二五”期间，重点举办8—10期高级研修班，培训高端人才500人次以上。
动漫人才培养标准化工程	研究动漫人才培养规律，制订标准化培训课程体系，开展标准化人才社会培训。	文化部	举办低、中、高级标准化培训课程若干次，培养各类从业人员1万人以上。
动漫高端人才联合实验班计划	在北京师范大学、中国传媒大学和北京电影学院组建跨校联合体，每年选拔一批本科生进入实验班进行联合培养。在人才选拔方式、课程体系、人才培养模式、实践教学环节四个方面进行重点探索。	教育部 文化部	探索建立高校与科研院所、行业企业联合培养动漫类人才的新机制，努力培养一批高素质动漫专门人才。
漫画、动画、数字媒体艺术专业规范调研和制定项目	开展漫画、动画、数字媒体艺术专业规范调研，制定本科专业规范。	教育部	指导高校科学设置动漫类专业，提高专业人才培养质量。
高等学校动漫类教材建设项目	加强动漫类专业教材建设；新编、评选、译制动漫类优秀教材，向全国高等学校动漫类专业推荐使用。	教育部 文化部	推进动漫类教材编写、引进工作，努力构建具有中国特色、世界水平的动漫类教材体系。

（七）推动动漫产业“走出去”

充分利用国内国外两个市场，通过信息共享、政策咨询、宣传推广、境内外参展、表彰鼓励等方式，推动动漫企业、产品和服务走向国际市场，全面提高我国动漫产业国际化水平。

1. 促进动漫产品和服务出口

积极鼓励优秀动漫产品和服务出口，力争出口数量和效益有明显增加，在国际市场的竞争力和市场份额显著提升。积极鼓励动漫企业根据《文化产品和服务出口指导目录》申报国家文化出口重点企业和重点项目。继续完善服务外包人才支持体系，加强对动漫人才培养和培训的支持力度。鼓励我国企业通过承接服务外包业务积累经验、培养人才，提升动漫产业创作水平。建设国家动漫游戏海外市场数据库和信息支撑平台。

2. 支持动漫企业“走出去”

鼓励动漫企业在境外直接投资、并购或合资设立分支机构。通过资本运作，充分利用境外的人才、资源和技术优势，推进我国动漫产业的国际化。积极支持动漫企业参加境外国际动漫展会节庆比赛等活动，协助提升在国内举办的动漫展示交易会的国际化运营能力。充分发挥驻外使领馆文化处（组）、商务处、海外中国文化中心等驻外机构的作用，积极协助动漫企业开拓海外市场。

3. 加强国际动漫产业交流合作

充分利用我国官方对外文化交流主渠道和平台，加强与国外动漫产业发达地区交流合作，鼓励动漫企业同国外有实力的动漫企业和制作机构进行项目合作。积极学习国外先进的制作技术和管理经验。充分挖掘我国丰富的文化资源，通过合作进入国际主流市场。

三、保障措施

进一步完善支持动漫产业发展政策体系，继续发挥扶持动漫产业发展部际联席会议制度推动动漫产业发展的重要作用，加快完善财政、税收、金融等扶持政策，加强知识产权保护，创造有利于动漫产业跨越发展的良好环境。

（一）加大财政投入

继续发挥财政资金的杠杆作用，扩大中央财政扶持动漫产业发展专项资金规模，提高资金使用效率。重点扶持原创动漫产品的创作生产和推广传播、高端人才培养、核心关键技术研发及产业化以及动漫“走出去”，支持重点动漫企业的重大项目建设。

（二）保护知识产权

鼓励动漫作者进行动漫产品、形象的著作权登记和商标注册，加大国产原创动漫形象、品牌和衍生产品的知识产权保护力度。保护优秀民族动漫品牌，规范知识产权交易秩序，强化动漫市场监管，加强对优秀知名动漫产品的保护和数字版权保护，开展动漫市场专项整治行动，严厉查处侵犯动漫知识产权的行为，建立公平竞争的市场秩序，营造良好的市场环境。

（三）完善投融资政策

鼓励引导各类文化产业投资基金、中小企业创业投资基金加大对动漫产业的投资，鼓励有实力的大型企业通过参股、控股或兼并等方式进入动漫产业。引导社会资本以多种形式投资动漫产业，参与各类动漫产品的研发、创作和生产，参与重大项目实施。推动政策性银行对符合条件的动漫企业提供融资支持。将符合条件的动漫企业纳入相关政策性基金资助范围。支持动漫企业上市融资。

（四）实行税收优惠

修订完善《动漫企业认定管理办法（试行）》，做好动漫企业、重点动漫产品和重点动漫企业认定工作。贯彻落实国家对动漫企业的各项税收优惠政策。推动出台动漫产业公共技术服务平台进口设备的税收优惠政策。企业出口动漫产品享受国家统一规定的出口退（免）税政策。境外已缴纳的所得税款可按规定予以抵扣。

（五）加强组织实施

各地、各有关部门要统一思想、提高认识、加强领导、科学谋划，认真组织实施，做好各项政策的落实。扶持动漫产业发展各级联席会议各成员单位要相互支持、加强协调配合，指导和推动动漫产业发展。各级联席会议办公室要提高综合协调能力，与各部门密切协作，承担各项日常工作，确保《规划》提出的各项任务落到实处。鼓励各地根据动漫产业发展的集聚程度成立不同层次的动漫行业协会，推动成立中国动漫行业协会，充分发挥协会的行业协调、自律、培训、标准制定等方面的作用。

【《广电总局关于 2012 年度全国电视动画片制作发行情况的通告》通告〔2013〕3 号】

2013 年 2 月 6 日，国家广电总局下发了《关于 2012 年度全国电视动画片制作发行情况的通告》（通告〔2013〕3 号），2012 年，全国广播影视系统积极贯彻落实党中央关于促进我国文化产业繁荣发展的精神以及国务院《关于推动我国动漫产业发展的若干意见》的要求，坚持科学发展观，坚持正确的创作导向，坚持产业化发展方向，大力实施动画精品工程，我国动画产业逐步由注重产量、规模向注重质量、效益方向转变。

根据总局电视动画片管理的有关规定，现将总局电视动画片审查委员会、各省级电视动画片审查机构及受总局委托的中央电视台电视动画片审查机构 2012 年度审查发行的国产电视动画片情况予以通告。

2012 年度，各电视动画片审查机构认真审查了各地动画片制作机构报送的国产电视动画片。据统计，2012 年全国制作完成的国产电视动画片共 395 部 222938 分钟。全国共有 24 个省份以及中直有关单位生产制作了国产电视动画完成片。其中，全国动画片创作生产数量排在前五位的省份是广东省、江苏省、浙江省、福建省、安徽省（具体生产情况见附件 1）。按国产动画片生产数量，我国原创动画片制作生产十大机构是：东莞水木动画衍生品发展有限公司、福建神画时代数码动画有限公司、深圳华强数字动漫有限公司、宁波水木动画设计有限公司、无锡亿唐动画设计有限公司、浙江中南集团卡通影视有限公司、苏州卡酷影视动画科技有限公司、安徽同人文化传播有限公司、广州奥飞文化传播有限公司、大连卡秀数字科技有限公司（具体生产情况见附件2）。

2012年，各地政府出台的国产动漫产业优惠扶持政策收效显著，一些主要城市动画片生产积极性持续增长。国产动画片创作生产数量位居前列的十大城市分别是：苏州、广州、东莞、福州、杭州、合肥、无锡、深圳、宁波、北京（具体生产情况见附件3）。

目前，长三角地区、珠三角地区和环渤海地区已经形成了成熟的动画产业集群，中部地区、华北地区、东北地区动画产业迅速崛起。2012年，各国家动画产业基地积极贯彻落实总局、地方关于推动我国动画产业发展的举措，大力扶持重点动画企业和动画项目、优化扶持方式、拓展服务形式，积极引领国产动画发展由量的增长向质的提升转变。2012年度，国家动画产业基地自主制作完成国产动画片210部，123715分钟，约占全国总产量的55%。生产数量排在全国前列的国家动画产业基地是：南方动画节目联合制作中心、苏州工业园区动漫产业园、福州动漫产业基地、深圳市动画制作中心、无锡国家动画产业基地（具体生产情况见附件4）。

我国动画产业经过前一阶段的高速发展，丰富了我国各级电视频道的节目源，为我国动画企业探索市场、创立品牌，完成资金、人才、技术和经验的积累提供了坚实的基础。国产动画企业市场意识、品牌意识进一步提升，动画片创作水平、艺术质量不断提高，一些优秀国产动画片受到观众的热烈欢迎。2012年度，总局共向全国电视播出机构推荐播出81部优秀国产动画片。其中，浙江动画制作机构15部，江苏动画制作机构14部，广东动画制作机构10部，福建动画制作机构7部，北京动画制作机构、中央电视台及其所属动画制作机构各6部，河南动画制作机构5部，安徽、上海、辽宁动画制作机构各3部，天津、江西、湖北动画制作机构各2部，黑龙江、湖南、重庆动画制作机构各1部（具体生产情况见附件5）。

各级广播影视行政管理部门要继续做好国产电视动画片的审查发证工作，电视播出机构可按2012年度核发《国产电视动画片发行许可证》目录（附件6）购买、播放优秀国产动画片。

2012年全国各省国产电视动画片生产情况

排序	省别	部数	分钟数
1	广东	57	48542
2	江苏	85	47923
3	浙江	46	26375
4	福建	44	23464
5	安徽	39	18585
6	北京	23	9952
7	河南	14	8995
8	辽宁	12	7227
9	内蒙古	4	4930
10	天津	8	4576
11	上海	11	3824
12	湖北	11	3369
13	山东	8	3006
14	重庆	4	2398
15	江西	6	1641
16	中直制作机构	4	1633
17	吉林	3	1572

续表

排序	省别	部数	分钟数
18	湖南	3	902
19	陕西	4	901
20	黑龙江	2	850
21	河北	2	654
22	宁夏	2	639
23	四川	1	520
24	云南	1	364
25	山西	1	96

2012 年全国原创电视动画片生产企业前十位

排序	生产单位	部数	分钟数
1	东莞水木动画衍生品发展有限公司	5	13740
2	福建神画时代数码动画有限公司	15	10942
3	深圳华强数字动漫有限公司	10	7534
4	宁波水木动画设计有限公司	9	7286
5	无锡亿唐动画设计有限公司	9	7185
6	浙江中南集团卡通影视有限公司	11	6136
7	苏州卡酷影视动画科技有限公司	6	5550
8	安徽同人文化传播有限公司	9	5164
9	广州奥飞文化传播有限公司	7	4860
10	大连卡秀数字科技有限公司	2	3920

2012 年全国原创电视动画片生产十大城市

排序	城市	部数	分钟数
1	苏州	47	24737
2	广州	29	20471
3	东莞	8	15214
4	福州	27	14866
5	杭州	25	13371
6	合肥	29	12845
7	无锡	19	12092
8	深圳	18	11957
9	宁波	17	11652
10	北京	23	9950

2012 年国家动画产业基地国产电视动画片生产情况

排序	基地	部数	分钟数
1	南方动画节目联合制作中心	29	20471
2	苏州工业园区动漫产业园	31	16945
3	福州动漫产业基地	27	14866
4	深圳市动画制作中心	18	11957
5	无锡国家动画产业基地	14	10346
6	杭州高新技术开发区动画产业园	19	10324
7	天津滨海新区国家影视网络动漫实验园	8	4576
8	张家港（动漫）产业园	9	4540
9	大连高新技术产业园区动画产业园	3	4272
10	厦门软件园影视动画产业区	10	4256
11	北京市文化创意产业集聚区	7	3433
12	常州国家动画产业基地	4	2996
13	南京软件园	5	2704
14	沈阳高新技术产业区动漫产业园	8	2643
15	重庆市南岸区茶园新区动画产业基地	4	2398
16	上海炫动卡通卫视传媒娱乐有限公司	4	2184
17	昆山软件园	3	2030
18	中央电视台中国国际电视总公司	3	1534
19	黑龙江动漫产业（平房）发展基地	2	850
20	江通动画股份有限公司	2	390
21	湖南金鹰卡通基地	0	0
22	上海美术电影制片厂	0	0
23	中国电影集团公司	0	0
24	长影集团有限责任公司	0	0

2012 年度全国推荐播出优秀动画片目录

省份	部数	片目
浙江	15	《锋速战警（3D）》、《狩猎季节》、《秦时明月第四部万里长城》、《无敌优优》、《洛宝贝听故事》、《少年师爷之智慧快乐侠》、《中国熊猫》、《故事中国》、《爵士兔之奇幻之旅》、《笨笨》、《嗷嗷龙》、《小精灵，变变变》、《木木村的淘气虫虫》、《杰米熊之甜心集结号》、《梦幻镇（3D）》
江苏	14	《水木娃娃探索宇宙之谜》、《小豆派派来了》、《豆芽农场》、《神奇的大运河》、《星猫漫游记之三金村》、《云彩面包》、《奇境历险气模城》、《如意岛上的小精灵》、《唐宋风韵之唐系列》、《米粒木匠（二）》、《面具战士》、《怪物山》、《企鹅家园》、《百吉学堂——幸福方程式》
广东	10	《欢乐之城》、《鹏鹏环游记》、《功夫龙——小戏班大智慧》、《雷速登之翼飞冲天》、《开心宝贝之开心大冒险》、《宝贝女儿好妈妈之快乐的家庭》、《喜羊羊与灰太狼之开心日记》、《百里熊之美丽的大森林》、《小刺猬蓝豆豆》、《甜心格格》
福建	7	《魔力星星狐》、《抗战奇兵》、《永春白鹤拳之五色羽传奇》、《风云奇队》、《爱画画的嘟噜瓜》、《小瑞与大魔王之快乐擂台》、《多彩人生之和谐社区》

续表

省份	部数	片目
中央电视台	6	《蓝加》、《猫眼小子包达达》、《大耳朵爷爷历险记》、《小弯儿成长日记》、《建木传奇》、《萌萌的晴天》
北京	6	《生日梦精灵》、《侠岚》、《小喇叭之抱抱熊 365 晚安故事》、《天天好孩子》、《七彩乐园（第一部）》、《飞越五千年》
河南	5	《乐乐熊生存大冒险》、《二兔等着瞧》、《开心果的绿色家园之哈哈森林》、《龙归之龙行天下》、《神探包星星（第一部）》
安徽	3	《橡树餐厅》、《楚汉风云》、《十二生肖之龙行天下》
上海	3	《赛尔号》、《逍遥游世界》、《非常小子马鸣加》
辽宁	3	《幸福在身边——当代雷锋郭明义的故事 1》、《淘》、《三字经外传》
天津	2	《快乐梦多多》、《蓝猫典典环游记》
江西	2	《汉字大作战》、《天工开物－开心岛》
湖北	2	《家有浆糊》、《木灵宝贝之重回帆智谷》
湖南	1	《孟姜女》
黑龙江	1	《甜甜圈宝贝之飞行乐园》
重庆	1	《东方少年》

【《关于2012年度少儿精品及国产动画发展专项资金项目评审结果公示的通知》广发〔2013〕30号】

2012年4月9日，国家新闻出版广电总局向各省、自治区、直辖市广播影视局，新疆生产建设兵团广播电视局，中央三台，中国电影集团公司，中国教育电视台，解放军总政艺术局，中直有关单位发出《关于2012年度少儿精品及国产动画发展专项资金项目评审结果公示的通知》（广发〔2013〕30号），通知说，为深入贯彻落实《中共中央、国务院关于进一步加强和改进未成年人思想道德建设的若干意见》（中发〔2004〕8号）、《国务院关于推动我国动漫产业发展若干意见》（国办发〔2006〕32号），鼓励和扶持国产少儿广播电视作品和国产动画原创作品的创作、生产和播映，在国家财政部的大力支持下，广电总局设立全国少儿节目精品及国产动画发展专项资金。经各省级广播影视行政管理部门及总局有关部门初审，广电总局专项资金评审委员会终审，现将2012年度全国少儿节目精品及动画精品评审结果进行公示，公示内容同时可以在广电总局政府网站（网址：http://www.chinasarft.gov.cn）公告区中查询。

请立即向所辖广播电台、电视台、动画制作机构通报公示内容。有关单位或个人均可就公示内容存在的问题，于4月15日前向总局宣传管理司反映。

2012年度少儿精品发展专项资金及国产动画发展专项资金项目评审结果

优秀少儿频道、动画频道

一等奖

中央电视台少儿频道

上海广播电视台炫动卡通频道

江苏电视台优漫卡通频道

二等奖

天津广播电视台少儿频道

上海广播电视台哈哈少儿频道

湖南广播电视台金鹰卡通频道

广东南方电视台少儿频道

广东电视台嘉佳卡通频道

三等奖

北京广播电视台卡酷少儿频道

辽宁广播电视台教育·青少频道

浙江电视台少儿频道

浙江宁波市电视台少儿频道

福建电视台少儿频道

优秀国产动画片

特等奖

空缺

一等奖

猫眼小子包达达	央视动画有限公司
侠岚	北京若森数字科技有限公司
怪物山	江苏苏州舞之数码动画制作有限公司
米粒木匠	江苏徐州百吉堂多媒体有限公司
少年阿凡提	浙江宁波民和影视动画股份有限公司
少年师爷之智慧快乐侠	浙江绍兴特立宙电脑动画有限公司
木灵宝贝之重回帆智谷	湖北武汉博润通数码科技有限公司
甜心格格	广东深圳市方块动漫画文化发展有限公司

二等奖

生日梦精灵	北京恒大动漫产业有限公司
蓝猫典典环游记	天津蓝猫卡通传媒有限公司
赛尔号	上海淘米动画有限公司
神奇的大运河	江苏江阴宏图动画制作有限公司
面具战士	江苏卡龙动画影视传媒股份有限公司

锋速战警 3D 版	浙江中南卡通股份有限公司
狩猎季节	浙江杭州时空影视文化传播有限公司
秦时明月第四部万里长城	浙江杭州玄机科技信息技术有限公司
魔力星星狐	福建厦门青鸟动画有限公司
二等奖	
波波历险记	福建厦门天熹文化传播有限公司
天工开物之开心岛	江西省瀚皇典影视文化传媒公司
开心宝贝之开心大冒险	广东广州明星创意动画有限公司
东方少年之击斗战车	重庆视美动画艺术有限公司
三等奖	
大耳朵爷爷历险记	央视动画有限公司
小喇叭之抱抱熊 365 晚安故事	央广江通（北京）文化传播有限公司
天天好孩子	北京万豪天际文化传播有限公司
幸福在身边——当代雷锋郭明义的故事 1	辽宁大连乾豪数字科技有限公司
淘	辽宁沈阳天鹏动画制作有限公司
甜甜圈宝贝	黑龙江哈尔滨圣文动画有限公司、央视动画有限公司
逍遥游世界	上海皆悦文化影视传媒有限公司
企鹅家园	江苏无锡第五映象空间动画制作有限公司
云彩面包	江苏卡龙动画影视传媒股份有限公司
豆芽农场	江苏苏州欧瑞动漫有限公司
杰米熊之甜心集结号	浙江杭州东方国龙影视动画有限公司
爵士兔之奇幻之旅	浙江缔顺科技有限公司
十二生肖之龙行天下	安徽电影集团有限公司
楚汉风云	安徽宿州中卡通动画制作股份有限公司
逗逗迪迪爱探险	广东咏声文化传播有限公司
抗战奇兵	福建神画时代数码动画有限公司
小小大英雄毛毛王	福建厦门利根思动漫有限公司
汉字大作战	江西笛卡传媒有限公司
乐乐熊生存大冒险	河南郑州享弘动漫影视有限公司
小鼠乒乒	湖北海豚传媒股份有限公司
家有浆糊	湖北武汉银都文化传媒股份有限公司
功夫龙—小戏班大智慧	广东东莞市功夫龙影视传媒有限公司
宝贝女儿好妈妈之快乐的家庭	广东原创动力文化传播有限公司
喜羊羊与灰太狼之开心日记	广东原创动力文化传播有限公司
百利熊之美丽的大森林	广东百视联影业发展有限公司

优秀学院动画短片

一等奖

绿荫岛	北京电影学院动画学院
老房故事	北京电影学院动画学院
抢狮头	中国传媒大学动画与数字艺术学院
我的小世界	中国传媒大学动画与数字艺术学院
再见雨天	中国传媒大学动画与数字艺术学院

二等奖

美国游记	北京电影学院动画学院
怪兽	中国传媒大学动画与数字艺术学院
我姥爷	中国传媒大学动画与数字艺术学院
栈桥的另一边	中国传媒大学动画与数字艺术学院
这不是小蝌蚪找妈妈	中国传媒大学南广学院
等	中国传媒大学南广学院
小米的烦恼	天津工业大学
小鸡想飞	吉林动画学院
梅花三弄	中国美术学院传媒动画学院
谁动了我的包	福建农林大学艺术学院动画系

三等奖

酒婆婆	北京电影学院动画学院
食之鱼鲜	中国传媒大学南广学院
高墙下的小水塘	吉林动画学院
迷途	中国美术学院传媒动画学院
出水莲	湘潭大学艺术学院

优秀动画创作人才

最佳奖

耿少波	央视动画有限公司
高薇华	中国传媒大学
曾伟京	北京电视台动画节目中心
王云飞	北京其欣然影视文化传播有限公司
沈乐平	杭州玄机科技信息技术有限公司
刘富源	深圳华强数字动漫有限公司

优秀奖

刘阔	北京若森数字科技有限公司
郭问	恒大动漫产业有限公司

最佳奖

王章俊	上海淘米动画有限公司
郑智慧	江苏希际数码艺术网络股份有限公司
吴佳	浙江中南卡通股份有限公司
朱军	宁波民和影视动画股份有限公司
张学文	绍兴特立宙电脑动画有限公司
张灏源	杭州东方国龙影视动画有限公司
贺梦凡	杭州宏梦卡通发展有限责任公司
杜晨晓	安徽中卡通动画制作有限公司
黄洁颖	厦门青鸟动画有限公司
单勇	江西笛卡传媒有限公司
卢军	江西省瀚皇典影视文化传媒公司
鲁艺	江通动画股份有限公司
朱晓兵	广州市达力传媒有限公司
古志斌	广东咏声文化传播有限公司

作品

电视剧

【电视剧 《悬崖》】

电视剧《悬崖》40 集，制作人：徐晓鸥，导演：刘进，编剧：全勇先，主演：张嘉译、小宋佳、程煜、咏梅、姬他、李洪涛，发行：新丽传媒、上海尚世影业。

《悬崖》的故事发生在 1938 年的中国东北，由张嘉译、小宋佳、程煜等主演，剧情跌宕起伏，悬念丛生，引人入胜，颇受观众好评。剧中周乙是一名共产党特工，为了方便其潜伏在敌人内部，组织派遣了一名女报务员顾秋妍假扮他的妻子。然而，面对特务科心思缜密的强大对手高彬，两人的真实身份面临着严峻挑战，周乙甚至不得不忍痛看着原配妻子在自己面前被枪决。同时，这对同床异梦的“假夫妻”之间的关系也在悄悄地改变着。顾秋妍身处危急，周乙在敌人的步步紧逼下，最终选择回到哈尔滨解救顾秋妍。然而，等待他的却是另一条不归路。

获奖：

1. 2012 年第 18 届上海电视节白玉兰奖最佳电视剧金奖、最佳编剧奖（全勇先）、最佳女演员奖；
2. 2012 年第九届中国金鹰电视节观众最喜爱电视女演员（小宋佳）；
3. 2012 年华鼎奖电视剧最佳男主角（张嘉译）。

【电视剧 《甄嬛传》】

电视剧《后宫·甄嬛传》76 集，制作人：曹平，监制：张树青，原著：流潋紫，导演：郑晓龙，编剧：流潋紫、王小平，主演：孙俪、陈建斌、蔡少芬、李东学，制作：北京电视艺术中心等。

电视剧《后宫·甄嬛传》改编自流潋紫所著的同名小说。该剧是一部宫廷情感大戏，更注重描写“后宫女人”的真实情感，剧中甄嬛从一个不谙世事的单纯少女成长为一个善于谋权的深宫妇人，凝结了千百年来无数后宫女子的缩影。该剧自播出以来引发收视狂潮，口碑极佳，被称为宫廷剧的终结篇，是一部具有里程碑意义的经典之作。在日本、韩国、美国等国相继播出。

获奖：

1. 2012 年第 18 届上海电视节白玉兰奖最佳导演奖（郑晓龙）；
2. 2012 年华鼎亚洲演艺人满意度调查中国最佳电视剧男演员奖（陈建斌）；
3. 2012 年首届电视剧导演委员工作表彰大典年度最佳电视剧。

【电视剧 《小麦进城》】

电视剧《小麦进城》34 集，导演：姚远，编剧：倪学礼，摄影：陈洪，主演：王茜华、罗刚、王丽云、赵毅、田野，制作：西安曲江影视集团。

《小麦进城》聚焦 20 世纪 70 年代的“凤凰女”，以搞笑的表现手法，讲述了“凤凰女”嫁给“孔雀男”，历经种种坎坷、辛酸、歧视和挑战，打拼出自己的一番天地的励志故事。

获奖：2012 年第 18 届上海电视节白玉兰奖最佳艺术贡献奖。

【电视剧 《浮沉》】

电视剧《浮沉》30集，制作人：曹刚，原著：崔曼莉，导演：滕华涛，编剧：鲍鲸鲸，主演：张嘉译、白百何、王志飞、王耀庆等，出品：SMG尚世影业、北京华美时空文化传播有限公司。

《浮沉》是一部都市职场情感电视剧，该剧改编自崔曼莉的原著小说，讲述赛思中国的前台乔莉借助总裁秘书这块跳板成功转型为销售后，她一面承受着没有销售经验的压力，一面备受办公室政治的困扰。正苦恼间，一个价值7亿的大单与她不期而遇。在这场没有流血却你死我活的搏杀中，她是一颗悲壮的棋子，又是一名无畏的勇士，她既可能一战成名，也可能沦为阵前的炮灰。

获奖：

1. 2012年华鼎奖百强电视剧满意度调查发布盛典最佳编剧（鲍鲸鲸）；
2. 2013年第十九届上海电视节白玉兰奖最佳男演员（张嘉译）。

【电视剧 《金太狼的幸福生活》】

电视剧《金太狼的幸福生活》40集，出品人：陈润生、徐雨、王彪霞，制作人：赵华，监制：刘金利、刘秦宇，导演：余淳，编剧：娟子，主演：李小璐，宋丹丹，王雷，范明，杜源，出品：北京华录百纳影视股份有限公司。

《金太狼的幸福生活》讲述北京某报社记者小米背着母亲与妇产科大夫金亮登记结婚。金亮是当下“夹板男”的一个缩影。不管矛盾再多，金亮始终和爱人小米携手，克服遇到的困难。而两家人变一家人的小两口和两个老人过着貌似平静却又激流暗涌的生活。

获奖：

1. 2013年第十九届上海电视节白玉兰奖最佳电视连续剧银奖；
2. 2013年第十九届上海电视节白玉兰奖电视连续剧最佳女演员（宋丹丹）。

【电视剧 《向东是大海》】

电视剧《向东是大海》36集，出品人：张文，制作人：安建、闫皓、朱定忠，监制：张晓东、徐雨、陈三俊，导演：安建，编剧：马军骧，主演：刘威葳、王志飞、姜武、宋芮宁等，出品：宁波广播影视艺术中心。

《向东是大海》讲述了清末、民国两个时代宁波帮的商战传奇。剧中讲述了清末金融危机爆发，胡雪岩的阜康钱庄倒闭，波及宁波，引发江厦街众多钱庄面临挤兑风潮，后来宁波帮人士打破洋人垄断创办中国第一家华资银行。该剧还讲述了宁波人团结一心，抗击外辱的“四明公所血案”等事件。

获奖：2012年获得第十二届精神文明建设“五个一工程”奖。

【电视剧 《满秋》】

电视剧《满秋》30集，出品人：史联文、车培顺、敦勇，制作人：蓝歌、曹平，监制：郑晓龙、孟庆春、于金伟、杨晨光、杨震，导演：黄力加，编剧：卜可、于小千、李琳，主演：颜丙燕、李坤霖、乔振宇、宋佳伦、牛莉、宋春丽，出品：辽宁电视台等。

《满秋》是根据真人真事改编，历时七年打造的关于亲情与爱的动人故事。讲述了一个被丈夫抛弃的女人白手起家终获成功后又为拯救自己“富二代”的儿子放弃千万家财，回归原点，终于将儿子历练成人，考上北京重点大学的故事。

获奖：2012 年第四届新农村电视艺术节金牛奖最佳电视剧奖、最佳女主角奖（颜丙燕）、最佳男配角奖（侯天来）、最佳女配角奖（牛莉）、最佳导演奖（黄力加）。

【电视剧《古村女人》】

电视剧《古村女人》26 集，制作人：王利群，导演：于博，编剧：张芸，主演：谢兰、马强、刘佩琦、杨劲松，出品：南昌市委宣传部、北京利群影视文化发展有限责任公司等。

本剧讲述了古村女人的生活轨迹和曲折命运，塑造了一批生动活泼的人物形象，反映了改革开放三十年以来江西农村发生的巨大变化。

获奖：2012 年第四届新农村电视艺术节金牛奖最佳作品奖、最佳组织奖、最佳编剧奖（张芸）、最佳女主角奖（谢兰）。

电视纪录片

【电视纪录片 《舌尖上的中国》】

纪录片《舌尖上的中国》7 集，导演：陈晓卿，出品：中央电视台。

《舌尖上的中国》为中国中央电视台播出的美食类纪录片，主要内容为中国各地美食生态。通过中华美食的多个侧面，来展现食物给中国人生活带来的仪式、伦理等方面的文化；见识中国特色食材以及与食物相关、构成中国美食特有气质的一系列元素；了解中华饮食文化的精致和源远流长。本片制作精良，7 集内容制作耗时 13 个月。

获奖：

1. 2012 年由中国电视艺术家协会、日本放送人会、韩国导演制作者联合会举办的“第十二届中日韩三国制作者论坛”获得“制作者大奖”；
2. 2012 年第二届“光影纪年——中国纪录片学院奖”最佳国际传播奖、评委会大奖。

【电视纪录片 《辛亥》】

纪录片《辛亥》10 集，总顾问：郑欣淼、张和平，学术顾问：李文儒、王亚民、马欣、崔宁、汪晖、雷顾、张鸣、黄兴涛、杨念群、王开玺，出品人：王晓东，总监制：赵多佳、朱江，总撰稿：祝勇，撰稿：吴群、张泉，主编：陈悦、王宇王、成强，总制片人：艾冬云，制片人：刘民、姚大禹，总编导：袁子勇、吴群，演员：濮存昕、李洪涛、张志忠等，出品：北京电视台。

适逢辛亥百年纪念，北京电视台与北京人民艺术剧院强强联手，打造百年辛亥史诗。纪录片《辛亥》以上世纪初叶的北京为中心舞台，刻画中国两千年封建帝制走向崩溃的背影和现代民族国家的诞生过程，表现清末民初思想交汇、新旧杂陈、势力纷争、歧路纷繁的复杂历史面貌。

获奖：

1. 2012 年第二十六届中国电视金鹰奖优秀电视纪录片；
2. 2012 年第二届“光影纪年——中国纪录片学院奖”最佳创意奖。

【电视纪录片 《故宫 100——第一辑》】

纪录片《故宫 100——第一辑》100 集，每集 6 分钟，导演：徐欢、王冲霄、金明哲，编剧：朱传荣、雷建军，出品：中央电视台。

本片通过 100 集、每集 6 分钟的短纪录片节目，讲述一百座建筑的命运，呈现故宫的过去、现在，通过一百个空间故事，建构一个故宫的全息建筑影像系统，以既富现代感又多样的方法，演绎紫禁城建筑的功能、意象及美学价值，进而展示中国文化中的普遍意义，面向世界，令观众产生共鸣。

获奖：2012 年第二十六届中国电视金鹰奖优秀电视纪录片、最佳电视纪录片摄像奖。

纪事

节展·评比

【“十七大”以来动漫产业发展成果展】

2012年3月10日至30日“‘十七大’以来动漫产业发展成果展”在北京国家博物馆举办。本次展览由文化部、财政部等组成的扶持动漫产业发展部际联席会议办公室主办，文化部文化产业司、天津市滨海新区人民政府协办。展览分政策与扶持、平台与企业、品牌与产业、技术与未来4个展厅，通过文字、图片、图表、实物、多媒体技术等多种形式，全景式、立体式地展示了党的十七大以来我国动漫产业在艺术创作、技术、企业、人才、走出去、行业应用、政策支持等各领域取得的丰硕成果。其内容涵盖了以中国原创漫画、动画、新媒体动漫、相关衍生产品以及动漫技术、人才、应用等为代表的中国动漫产业的多个方面。此项动漫产业发展成果展已于去年12月在天津成功举办，本次移师北京国博，旨在向首都人民展示中国动漫产业发展成绩，为2012年全国两会献礼。

3月16日下午，中共中央政治局常委李长春来到北京中国国家博物馆，参观正在这里举行的党的十七大以来中国动漫产业发展成果展。中共中央政治局委员、中央书记处书记、中宣部部长刘云山，全国人大常委会副委员长、全国妇联主席陈至立，全国政协副主席、中国文联主席孙家正一同参观。文化部党组书记、部长蔡武，文化部党组成员、副部长、国家文物局局长励小捷，文化部党组成员、中纪委驻部纪检组组长李洪峰，以及扶持动漫产业发展部际联席会议其他成员单位有关负责人陪同参观。

【第二十二届电视文艺“星光奖”】

2012年4月9日，第二十二届中国电视文艺“星光奖”颁奖晚会在武汉琴台大剧院举行。中国广播影视大奖“星光奖”创办于1987年，是由国家广播电影电视总局主办的政府奖项，也是中国非新闻类电视节目最高奖。“星光奖”自设立以来已经举行了21届。

本届评奖有11类共计61部作品获奖，42件作品获得提名荣誉奖。由天津市人大常委会、天津市政协参与制作的《京津沪京剧流派对口交流演唱会》、天津电视台少儿频道牵头制作的《神州同庆——十二省市少儿春节晚会》分别获得“电视戏曲节目大奖”和“少儿电视节目大奖”。天津电视台参与制作的《南方百花盛典——盛世中华2010年春节戏曲晚会》获得“电视戏曲节目提名荣誉奖”。

本届“星光奖”69件获奖作品是近两年中国电视文艺发展繁荣的一次检阅。《首都各界庆祝中华人民共和国成立60周年大会》、《情系玉树　大爱无疆——抗震救灾大型募捐活动》、央视2010年和2011年春节联欢晚会等8件作品获得特别奖；《走向阳光——庆祝西藏百万农奴解放50周年文艺晚会》、第五届CCTV舞蹈大赛少儿舞蹈专场、《歌声飘过60年——献给祖国的歌》等61件作品分别获得“电视综艺节目大奖”、“电视歌舞节目大奖”、“电视音乐节目大奖”等13个单项奖。

4月8日在武汉举行“2012年星光电视节目创新创优论坛”。湖北、上海、浙江和湖南电视台负责同志围绕创新创优电视节目进行了专题交流。全国部分省市自治区广电局和电视台的负责人以及电视工作者300余人参加了论坛。

【第三届中国大学生电视节】

2012年4月9日，由中国视协、中国传媒大学主办的“第三届中国大学生电视节“在京启动。本届中国大学生电视节除了常规影像征集、展示最值得怀念的毕业视频、进行电视栏目创意比赛外，主题竞赛单元联合TCL集团鼓励青年学子深入百姓生活，挖掘最真实的民间故事。大视节还携手腾讯视频选送十支高校学生团队赴英国伦敦创作关于绿色环保与奥运会的影像作品。经过网络初选，终选环节由全国百所重点大学学生会主席共同投票推举年度最受大学生瞩目的电视节目、电视剧和最受大学生喜爱的电视节目主持人、电视剧男女演员等奖项，已经成为大视节秉承“公正、公开、公平”的理念。

本届大视节除中国传媒大学主会场外，还设香港浸会大学、辽宁大学、新疆艺术学院等9个分会场，各分会场于电视节期间还举行诸多作品现场展映和“电视人进高校”系列交流活动。

中国大学生电视节2010年创办，每年一届，以“大学生看、大学生评、大学生创作、大学生参与”为活动特点，也是一个连接电视人和大学生的有效交流平台。

〖获奖名单〗

最受大学生瞩目社会人文类节目	《小崔说事》
最受大学生瞩目综艺及真人秀类节目	《天天向上》（湖南卫视）
最受大学生瞩目革命历史题材电视剧	《永不磨灭的番号》
最受大学生瞩目社会生活题材电视剧	《北京爱情故事》
最受大学生瞩目古装传奇题材电视剧	《甄嬛传》
最受大学生喜爱男主持人	崔永元
最受大学生喜爱女主持人	陈鲁豫
最受大学生喜爱电视体育解说员	韩乔生
最受大学生喜爱电视剧男演员	文章
最受大学生喜爱电视剧女演员	海清
最受大学生喜爱新闻男主播	康辉
最受大学生喜爱新闻女主播	欧阳夏丹

【第八届中国国际动漫节】

2012年4月28日至5月3日，“第八届中国国际动漫节”在杭州举办。4月28日刘延东同志出席开幕式并宣布动漫节开幕。全国人大常委会副委员长路甬祥出席开幕式。浙江省委书记、省人大常委会主任赵洪祝，广电总局副局长李伟致辞。浙江省委常委、杭州市委书记黄坤明主持开幕式。刘延东、路甬祥还出席了4月29日举行的中国国际动漫产业博览会开幕仪式。

本届动漫节于4月28日至5月3日举行，以“动漫我的城市，动漫我的生活”为主题，主会场首次移师杭州高新区（滨江）白马湖生态创意城，举办涵括会展、论坛、赛事、活动四大板块在内共计50多个项目。

本届动漫节产业化、专业化、国际化和大众参与程度均有了进一步提升，61个国家和地区参展、参会、参赛，12大国际动漫节举办机构携手参加动漫峰会，并首次携手上海电影译制厂加盟承办动漫声优大赛。开幕式上还举行了动漫作品“金猴奖”颁奖盛典和文艺晚会。4月30日，第八届中国国际动漫节举行动漫产业项目签约仪式。

5月3日，历时6天的第八届中国国际动漫节圆满落下帷幕，动漫节取得了丰硕成果。第八届中国国际动漫节设立了白马湖主会场和7个分会场，组织实施了会展、论坛、大赛、活动四大板块的50多项内容，共吸引61个国家和地区参与，461家中外企业参展。

[2012“金猴奖”获奖名单]

奖项类别：金猴奖大奖

1. 中国动画长片 《少年岳飞传奇》上海美术电影制片厂
2. 外国动画长片 空缺
3. 中国动画系列连续片 《梦幻镇》 浙江中南卡通股份有限公司
4. 中国动画艺术短片 《卖猪》 深圳风动画文化发展有限公司
5. 外国动画艺术短片 《Zing》 德国巴登符腾堡州电影学院
6. 中国漫画 《长歌行》 夏天岛影视动漫制作有限公司
7. 外国漫画 《UN DIEU MINEUR》 法国 Mosquito 出版社
8. 动画剧本《火凤凰》 蒋平（个人）

奖项类别：评审委员会特别奖

评审委员会特别奖 《兔侠传奇》 北京电影学院动画学院

奖项类别：金猴奖优胜奖

1. 中国动画长片 《劳拉的星星在中国》 北京卡酷传媒有限公司
2. 《大闹天宫 3D》 上海美术电影制片厂
3. 外国动画长片 《追逐繁星的孩子》 翻翻动漫文化艺术有限公司
4. 中国动画系列连续片 《秦时明月之万里长城》 杭州玄机科技信息技术有限公司
5. 《大耳朵图图之小小欢乐魔法师》 上海上影大耳朵图图影视传媒有限公司
6. 《猫眼小子包达达》 央视动画有限公司
7. 中国动画艺术短片 《中国梦幻曲》 浙江工业大学
8. 《爷爷在天上》 北京电影学院动画学院
9. 《土豆侠－龙腾福跃》 福州天之谷网络科技有限公司
10. 外国动画艺术短片 《Little Tombstone》 法国 ESMA 艺术学院
11. 《Luminaris》 阿根廷 JPZtudio 公司
12. 《A Morning Stroll》 英国 AKAStudio 公司
13. 中国漫画 《黑色狂想曲》 东立出版社有限公司
14. JonJon 《有爱》 福建金豹动画设计有限公司
15. 阿狸·永远站 徐瀚
16. 外国漫画 《寻宝记》 Art Square Group 平方集团
17. Lawak Kampus《秀逗高校》 Art Square Group 平方集团
18. 动画剧本 《摩尔庄园 2 之海妖宝藏》 华映星球国际文化发展有限公司
19. 《黑龙江龙王传奇》 龙志军（个人）

奖项类别：金猴奖新人奖

1. 新人动画 《纪念日快乐》 中国传媒学院
2. 《孟姜女》 李诗芸（个人）
3. 《礼物》吉林动画学院
4. 《给我牛奶》浙江传媒学院
5. 《罐头》北京电影学院动画学院
6. 新人漫画《时光屋－人偶之心》王贺（个人）

7. 《童谣》景绍宗（个人）
8. 《老橡树》杨毅弘（个人）
9. 《守门神》黄元钦（个人）
10. 《橘子》袁丽莉（个人）

奖项类别：金猴奖英国大学生动画短片奖

1. 英国大学生动画短片大奖《Slow Derek Royal College of Art
2. 英国大学生动画短片提名奖《Day 83 University of Glamorgan

奖项类别：最佳组织奖

1. 最佳组织奖 杭州翻翻动漫文化艺术有限公司
2. 最佳组织奖 广东原创动力文化传播有限公司（喜洋洋系列）
3. 最佳组织奖 上海水晶石数字技术有限公司
4. 最佳组织奖 山西艺龙影视信息中心（有限公司）
5. 最佳组织奖 浙江工业大学
6. 最佳组织奖 杭州师范大学
7. 最佳组织奖 浙江大学影视与动漫游戏研究中心
8. 最佳组织奖 中国传媒大学南广学院
9. 最佳组织奖 吉林动画学院

[第八届中国国际动漫节产业项目签约仪式]

2012 年 4 月 30 日，第八届中国国际动漫节举行产业项目签约仪式，会上总计签约项目达 24 个，总金额超过 35.63 亿元，美元 500 万元，一批动漫大项目、好项目将相继落户杭州。去年落户余杭区西溪文化创意园区洪园的玉郎动漫又出大手笔，与余杭旅游投资集团现场签约金额达 25.1 亿元，共同开发动漫巨星乐园项目。

第一部由海峡两岸合拍的重大历史题材动画电影《孙中山》，也选择了在中国国际动漫节的平台发布推介合作项目。这部由两岸文创团队携手，耗资数千万元的 3D 动画电影《孙中山》，以百年前的少年革命家们为故事主轴，用 3D 形式，画出击碎千年皇朝的侠义、豪情和友谊。因突破以往历史剧风格，视角清新活泼，引进两岸最新科技成果，在宣布开拍之初就备受海内外瞩目。在签约仪式上，中华中山文化国际传媒股份有限公司（台湾）与和协海峡金融集团签署了总额达 6000 万元的投资协议。

台湾著名漫画家蔡志忠则宣布进军数字出版领域，他与商务印书馆、山西无界文化共同签署合作协议，成立商务印书馆（杭州）动漫有限公司，目标直指国内第二大数字出版平台。此外，腾讯动漫平台携手敖幼祥、蔡志忠、王泽、十九番、姚非拉，签署腾讯原创动漫发行平台之动漫版权项目。项目合作以尊重版权为核心，以实现名家与企业的双赢为目标，为动漫爱好者提供大量优质漫画的在线阅读。

本次项目发布签约洽谈会，吸引了境内外动漫企业 100 余家参加，洽谈项目总数达到 260 余个。项目涵盖动画、漫画、游戏、手机动漫、主题乐园以及衍生产品等领域。在这些项目中，吸引外资成为一大亮点——杭州翻翻动漫文化艺术有限公司与日本 MF 公司签署漫画改编动画电影战略合作协议，签约金额达 8000 万元；广州漫友与中国电信等实力企业代表在现场签署《谜团》跨媒体动漫合作项目，签约金额达 5000 万元。

【第三届中国国际新媒体短片节】

2012 年 5 月 17 日，由国家广电总局和深圳市政府主办的“第三届中国国际新媒体短片节”金鹏奖揭晓：比利时导演萨姆奥玛·凯利法作品《英雄国 1988》获最佳短片奖、第 84 届奥斯卡最佳真人短片提名作品《拉珠》获得最佳剧情短片奖、波兰导演雅克布·斯托西克作品《无法触碰》获最佳纪实短片；最佳导演奖被德国导演桑德拉·内德勒夫凭借《爸爸，再见》一片获得；评委会特别奖授予韩国导演韩在彬的作品《一天》。最佳动画短片则由中国导演陈西峰的《卖猪》夺得。

5 月 17 日晚，第三届中国国际新媒体短片节金鹏奖在深圳举行颁奖盛典，评委会主席王小帅等资深电影人云集颁奖现场，揭晓各项大奖归属。中国国际新媒体短片金鹏奖自创办以来一直秉承专业性和国际性，在鼓励新媒体和新技术发展的同时欢迎来自世界各地的新人新作。本届金鹏奖尽显“国际味”，主竞赛单元共收到来自 63 个国家和地区的 2733 部参赛作品，主竞赛单元共设最佳短片、最佳剧情短片、最佳纪实短片、最佳动画短片和最佳导演五个奖项，最高奖金额高达 30 万元。本届金鹏奖新设了六大网络赛区，共有 25352 部作品参选，其中 144 部作品竞争“最佳网络人气短片”、“最佳拍客”、“最佳手机短片”、“最佳网络短片”四大奖项。

本届金鹏奖在参赛作品数量创下新高的同时，参赛作品的整体水准也较前两届有所提升，作品的类型风格更加多元化，体现出金鹏奖的包容性。中国明星名导的参赛是本届金鹏奖的一大亮点，其中李光洁的导演处女作《幸福速递》、王学兵执导的《坚定的锡兵》、筷子兄弟的《父亲》、黄磊的《老男人历险记》等短片备受瞩目。随着金鹏奖影响力的逐年增加，越来越多的明星作者携作品来到金鹏奖，与草根作者和新人作者同台交流，促进短片的发展。

作为具专业性和影响力的国际短片节之一，金鹏奖一向重视对新媒体和新技术的发展与应用。颁奖盛典之后，陆续举行短片交易市场和项目投融资洽谈会等活动。历届金鹏奖都有很多参赛及获奖作品会在短片节亮相。

5 月 18 日至 20 日，金鹏奖组委会在深圳中影国际影城举行国际短片展映活动。包括《一天》、《生命的钥匙》、《幸福速递》、《拉珠》等终评入围短片在内的几十部优秀作品将与观众见面。《幸福速递》的导演李光洁、韩国短片《一天》的导演 Han Jae－bin、《爸爸，再见》的导演 Sandra Nedeleff、《倒叙的一天》的导演 SVILEN DIMITROV、《火烈鸟的骄傲》的导演 Tomer Eshed 等众多第三届金鹏奖终评入围短片的导演也到场与观众交流。

此外，韩国釜山国际电影节组委会、柏林国际短片电影节组委会、巴西圣保罗国际短片节组委会等国际一流短片组织方，电影节组织方法国电影联盟、德国电影协会等权威电影组织机构也携优秀短片作品参加展映活动。

[第三届中国国际新媒体短片节新媒体高峰论坛举办]

2012 年 5 月 18 日，由广电总局和深圳市政府共同主办、深圳广电集团承办的“第三届中国国际新媒体短片节新媒体高峰论坛”在深圳举行，“新媒体高峰论坛”是“第三届中国国际新媒体短片节”的重要活动之一，中国网络视听节目服务协会是论坛活动的协办单位。论坛于 5 月 18 日下午两点在深圳福田香格里拉大酒店宴会厅举行。论坛围绕“网络视听节目服务的发展”为主题，深入探讨网络视听节目行业的发展态势，对盈利模式进行分析，探讨网络视听节目发展的新理念、新策略和新途径，积极推进网络视听节目产业健康有序发展。论坛邀请网络视听节目产业界精英、创意设计大师、专家学者及政府部门主管领导就网络视听节目内容（短片）生产、传播、商业模式及发展方向等问题进行专题研讨，参会人数 200 人。此次论坛的举办，对于提升中国在网络视听节目领域的影响力具有重要意义。

广电总局副局长田进出席会议并以《把握机遇改革创新推动网络视听节目服务业又好又快发展》为题发表主旨演讲。他指出，近年来，我国网络视听节目服务业呈现出十分强劲的发展态势，节目内容丰富多样，产业规模不断壮大，影响日益增强，在满足人民群众多方面多样化多层次精神文化需求方面发挥了重要作用。党的十七届六中全会从坚持中国特色社会主义文化发展道路、建设社会主义文化强国的高度，鲜明提出了发展健康向上网络文化的重大战略任务。

【第十八届上海电视节】

2012 年 6 月 11 日至 15 日由国家广电总局、上海市政府主办的“第十八届上海电视节”举办。6 月 15 日，“第十八届上海电视节”圆满落幕，“白玉兰”奖颁奖盛典暨电视节闭幕式在上海举行。广电总局党组成员、副局长张丕民，上海市委常委、副市长屠光绍，上海市委常委、宣传部长杨振武等出席闭幕式。

本届电视节四大主体活动分为“白玉兰”奖国际电视节目评选、国际影视节目市场、国际新媒体与广播影视设备市场和“白玉兰”国际电视论坛，还设立了电视剧互联网观众票选、全球国际广告奖大赏、大学生电视节等特别活动。

本届“白玉兰”奖国际电视节目评选，共收到全球 1600 多部作品。共有 56 部中外电视作品入围“白玉兰”奖评选，包括电视连续剧、电视电影、动画片以及电视连续剧互联网观众票选活动在内的所有奖项在闭幕式当晚逐一揭晓。本届国际影视节目市场吸引了 400 多家机构设展。亚洲动画创投汇集了 200 多件作品报名。国际新媒体与广播电视设备市场，则成为全球首发最新电视器材的舞台，吸引 2000 多位中外买家，并有 2 万多人次交流洽谈。“白玉兰”国际电视论坛则以新媒体融合为背景，探讨电视产业最新话题。新推出的“创赢东方节目创投大会”、华语电视剧剧本推介会，体现了上海电视节“以内容为王、以创意为先”的办节理念。

上海电视节创办于 1986 年，最早以“上海国际友好城市电视节”命名，1988 年正式改名为“上海电视节”，是中国最早举办的国际性电视节。上海电视节是集评奖、市场交易与创投、论坛于一体的综合性国际电视节。上海电视节主体活动包括：电视评奖活动——“白玉兰”奖国际电视节目评选、影视节目交易平台——国际影视节目市场、动画项目创投平台——亚洲动画创投会、电视专业领域技术设备国际新媒体与广播影视设备市场、“白玉兰”国际电视论坛、MIDA（国际纪录片评奖活动）、电视剧互联网观众票选、“白玉兰”优秀电视节目展播及大学生电视节等特别活动。

“白玉兰”奖评委名单

电视电影：李少红（评委会主席）、尼古拉斯·迈耶、余淳

电视连续剧：李少红（评委会主席）、陈数、佘诗曼、余淳、张新建

动画片：妮可·基伯、关弘美、李剑平

纪录片：克拉斯·丹尼尔森、范立新、史提芬·塞登伯格

〖“白玉兰”奖获奖名单〗

电视剧类

电视连续剧金奖《悬崖》

电视连续剧银奖《永不磨灭的番号》

最佳男演员　黄海波（《永不磨灭的番号》）

最佳女演员　小宋佳（《悬崖》）

最佳导演　郑晓龙（《甄嬛传》）

最佳编剧　全勇先（《悬崖》）

网络票选最受欢迎女演员　刘诗诗（《步步惊心》）

网络票选最受欢迎男演员　吴奇隆（《步步惊心》）

网络票选最受欢迎导演奖　徐纪周（《永不磨灭的番号》）

网络票选最受欢迎电视剧《水浒传》

海外电视剧金奖《唐顿庄园》

海外电视剧银奖《家政妇三田》、《捧日之月》
最佳艺术贡献奖《小麦进城》

电视电影类

最佳电视电影《家庭录像带》
最佳电视电影编剧奖《争执之屋》
最佳电视电影导演奖《争执之屋》

纪录片类

最佳中国纪录片奖《滔滔小河》
最佳摄影奖《造云的山》
最佳导演《造云的山》
评委会特别大奖《别人的战争》

动画片类

最佳中国短片《龙行天下》中国
评委会特别奖《开心小镇》中国
最佳海外动画短片《挠挠闹闹》德国

【第八届中国国际动漫游戏博览会】

2012 年 7 月 12 日至 16 日，由文化部、上海市人民政府主办，上海市文化广播影视管理局、（上海）国家动漫游戏产业振兴基地、上海东方传媒集团有限公司（SMG）承办的第八届中国国际动漫游戏博览会（CCG EXPO 2012，以下简称“漫博会”）在上海世博展览馆开幕。

文化部党组成员、副部长王文章，上海市委常委、宣传部部长杨振武，文化部文化产业司司长刘玉珠、副司长高政，上海市委宣传部副部长宗明，国家动漫游戏产业振兴基地主任张斌，上海文化广播影视管理局副局长贝兆健，上海广播电视台党委书记王建军，上海广播电视台台长、上海东方传媒集团有限公司总裁裘新等出席开幕式并剪彩。上海动漫行业协会揭牌仪式同时举行，王文章、杨振武为之揭牌。

第八届漫博会以“开放、融合、提升、共赢”为主题，展区总面积达 30000 平方米，分设网络游戏、游艺机、动画、漫画、基地园区、动漫授权、桌面游戏等十大展区，覆盖动漫游戏全产业链。本届展会吸引了上海美术电影制片厂、广东原创动力、杭州玄机、盛大网络、美国迪斯尼、日本万代等国内外一大批动漫游戏龙头企业，以及上海张江、天津、四川、杭州、无锡等国内优秀动漫基地参展。308 家海内外展商中特装展位面积超过 87%，海外展商出展面积超过 40%，国际化、专业化程度进一步提升，平台集聚作用和交易服务功能进一步凸显。

7 月 16 日，为期 5 天的第八届中国国际动漫游戏博览会（CCG EXPO）落下帷幕。本届动漫展的总展期人气创历史新高，参观总人次突破 20 万。据承办方介绍，本次观展群体最大的特色就是以家庭为单位的数量有所增加，占到了总人数的 33% 以上；而青少年观众也比去年有所增加，以 40% 的比重成为了观展的主力军；另外，提倡“全年龄”一起“动”起来的展会还吸引到了不少 35 岁至 40 岁的高年龄层次的参观者。

作为 CCG EXPO 的新尝试，组委会在展馆中央大厅首次设立商洽专区，分设创意孵化和品牌授权两个主题。现场共有 113 家行业制造商莅临与品牌接洽，现场对接次数超过 300 余次。众多极具市场号召力的知名品牌，如大嘴猴、粉红豹、Ben10、芝麻街、罐头精灵、憨豆先生、兔斯基、秦时明月等纷纷到会寻找授权商机。本次参会的制造企业辐射玩具、服装、出版、影音、生活家居、日化洗护、电脑周边产品等各个领域，行业领头羊如美特斯邦威、多美玩具、中国移动通讯、少年儿童出版社、中锐地产等也都齐聚现场对接洽谈。

在5天的展览中，现场零售交易额近4亿元；展会交易总金额超过14亿元。此外，动漫游戏商洽会吸引了创意项目52个，品牌授权商洽会吸引近百家公司参与，两场商洽会意向金额过10亿元。另外，现场高端产品销售情况也超过往年，价格近千元的高端模型在双休日期间就已被抢购一空。

为了进一步凸显行业引领作用和平台搭建功能，CCG EXPO已经成为国家动漫游戏产业主管部门发布最新行业政策、产业动态、相关扶持举措等内容的权威平台。期间发布的《“十二五”时期国家动漫产业发展规划》是业界关注的焦点。据文化部文化产业司司长刘玉珠在发布会上介绍，2011年，我国动漫产业持续发展，产业规模进一步扩大，动漫产业产值达621.72亿元，较2010年增长32.04%；产业结构进一步优化，新媒体动漫产值达35.34亿元，占整个动漫产业规模的8%；动漫产业“走出去”步伐加快，核心动漫产品出口额达7.14亿元，国际竞争力不断提升。此外，《2011年度上海动漫产业年度报告－2011年度上海游戏产业报告》也于漫博会期间发布。

专业论坛一直是CCG EXPO的重头戏，目前已经举办了3届。本届论坛在前3届的基础上，以“全媒体时代与大动漫发展”为主题，围绕当下动漫产业发展趋势，探索动漫衍生业的机遇与挑战。论坛上，国内外著名动漫教育、动漫原创、出版传媒、动漫游戏、网络信息和文化机构的负责人，从不同领域和角度畅谈全媒体时代如何借鉴世界各国动漫产业的发展经验，就如何开辟一条属于中国自己的“大动漫”发展之路各抒己见。在互动环节中，部分动漫领军企业的负责人则对“传统动漫如何把握新媒体时代机遇”和“新媒体如何改变动漫的发展轨迹”两个议题进行了互动交流，深入诠释了动漫在全媒体时代的发展前景。

【2012第四届深圳动漫节】

2012年7月18日至22日，以“文化创造未，动漫丰富人生”为主题的“2012第四届深圳动漫节”在深圳会展中心举办。本届动漫节由国家广播电影电视总局宣传管理司、深圳市文体旅游局、深圳广播电影电视集团主办，承办单位：深圳市文化产业（国际）会展有限公司、深圳国家动漫画产业基地，协办单位：漫友杂志社。本届漫展继续以“动漫、创意、生活”为主题，内容丰富，看点十足。参与此次动漫节有中国本土动漫企业有200多家，其中一线动漫企业占40%。华强文化科技集团、中国央视动画，深圳市方块动漫画文化发展有限公司、广州漫友文化科技发展有限公司等国内知名原创企业皆携作品出席。动漫节建立起强大的品牌效应，已经成为我国动漫产业集中展示的大舞台，丰富了深圳文化产业。

【第九届中国（常州）国际动漫艺术周】

2012年8月16日至22日，由文化部和江苏省人民政府共同主办的第九届中国（常州）国际动漫艺术周举办。本届动漫艺术周期间共有61万人次参与、单日最高参观人数超过7万；项目总成交额突破50亿元，同比增长约30%。两项数据均创历史新高。

据了解，依托主会场中华恐龙园主题公园的特色文化与旅游资源，本届动漫艺术周积聚起巨大人气，“金恐龙”国际动漫狂欢节、“金恐龙奖”颁奖晚会、“金恐龙”杯COSPLAY大赛、国际动漫夏令营、星光花车巡游等17项动漫特色主题活动，让观众度过了一个动漫嘉年华和狂欢节。其中，“金恐龙奖”国际原创动漫作品大奖赛共征集参赛作品2200多部，是上届的2.75倍，海外作品占到36%，涉及30个国家和地区；共有28部作品分获最佳中国短片奖、最佳外国短片奖、优秀动画短片奖等16个奖项。据悉，获奖作品将由动漫艺术周组委会推荐参展国际知名动漫展会。以“金恐龙”命名的COSPLAY大赛吸引了长春、沈阳、北京、杭州等地70余支代表队参赛，表演深受广大COSPLAY喜爱者欢迎。

本届动漫艺术周在前期筹备期间就特别注重国内外动漫品牌的推介和项目交易平台的打造。本届动漫艺术周共吸引了喜羊羊、炮炮兵、恐龙宝贝、变形金刚、海绵宝宝等国内外几十个动漫品牌参展，除国内动漫企业以及各大动漫游戏基地外，还有韩国、日本、加拿大、丹麦等国的共300家企业和机构参展，200个推介项目涉及动漫游戏、文化创意、服务外包等领域。其中，由文化部文化产业司组织的国家动漫精品工程项目对接会，经过前期预洽谈、两天的项目路演和“一对一”现场洽谈，共有漫画项目《红楼梦》、《长歌行》，动画项目《三国演义》、《世博总动员》等18个项目成功签约。本届动漫艺术周项目总成交额突破50亿元，同比增长约30%。

此外，与往届相比，动漫游戏领域科技与文化融合的趋势在本届动漫艺术周上更为凸显，如，集声、光、电特效于一体的动漫展示长廊给人以奇幻美妙之感，游客与动漫明星虚拟互动的电子数码体验馆，真人体感互动游戏等，都让观众感受到，文化与科技融合成为助推动漫产业全面发展的强大引擎。

中国（常州）国际动漫艺术周自2010年升格为由文化部与江苏省人民政府联合主办后，其规模化、品牌化、市场化和专业性、国际性、惠民性等特点日渐突出，逐步发展为在国内外享有显著知名度和影响力的国际动漫展会。

【第四届新农村电视艺术节优秀农村题材电视剧奖】

2012年8月18日由中国视协、中央电视台农业频道主办的“第四届新农村电视艺术节优秀农村题材电视剧奖”在北京农影中心颁发。中国文联荣誉委员胡振民、李牧，中国文联副主席、中国视协主席赵化勇等有关领导出席了颁奖晚会。

此次优秀农村题材电视剧颁奖晚会开启了第四届新农村电视艺术节大幕。之后还将有小康电视工程颁奖晚会、魅力新农村推介、优秀农村题材曲艺小品展演等活动，艺术节的各项内容将于“十一”期间在中央电视台7套黄金时间播出。

“新农村电视艺术节”是经中国文联批准，由中国电视艺术家协会、中国农业电影电视中心（CCTV－7农业节目）联合主办的大型电视艺术节庆活动。创办四年来，“新农村电视艺术节”作为展示优秀对农电视作品、展现各地新农村风貌的重要平台，得到了各级领导与社会各界的一致好评，影响力、权威性与日俱增，已成为目前惟一服务“三农”的国家级大型电视艺术节庆活动。

〔获奖名单〕

最佳男主角

黄海波《我的美丽人生》中饰演　金波

宋小宝《樱桃》中饰演　葛望

沙 溢《闯荡》中饰演　杨树林

最佳女主角

沈春阳《樱桃》中饰演　樱桃

颜丙燕《满秋》中饰演　满秋

谢　兰《古村女人》中饰演　梁红英

最佳男配角

侯天来《满秋》中饰演　隋乡长

待定

王建国《牛铁汉和他的儿女们》中饰演　谷满堂

最佳女配角

李明启《我的美丽人生》中饰演　吴巧保

牛　莉《满秋》中饰演　吴媚

邓家佳《闯荡》中饰演　毛眼眼

最佳导演

黄力加《满秋》

最佳编剧

张　芸《古村女人》

最佳制片人

王振宏《樱桃》

最佳电视剧

《樱桃》

《满秋》

《古村女人》

最佳电视电影

《燃烧的石榴》

《俺爹俺娘》

评委会特别大奖

赵本山　耕耘奖

【第二十一届北京国际广播电影电视设备展会】

2012年8月22日至25日，北京国际广播电影电视设备展览会在北京中国国际展览中心举行，中国国际广播影视博览会是由国家广电总局主办、中央电视台承办的国家级、国际性广播影视盛会，以北京国际广播电影电视设备展览会（BIRTV）、中国国际影视节目展等为主要内容。

北京国际广播电影电视设备展览会是中国国际广播影视博览会的主体活动和发起项目之一。设备展览会始于1987年，每年吸引5万多名国内外专业人士参观。经过多年的发展，已成为国内规模和影响力最大、规格最高的广播影视技术设备行业盛会，成为展示高新技术、交流先进理念的理想平台，为扩大中国广播影视行业与世界先进广播影视技术的交流与合作，促进中国广播影视民族工业的进步，推动中国广播影视事业产业发展发挥了重要作用。

本届展会有中外参展商近500家，展出面积超过5万平方米。包括高清、超高清、3D、三网融合、全媒体、云计算、NGB、CMMB、奥运转播和数字电影在内的最新技术及设备都将得到全面展示。展会期间还举办了BIRTV主题报告会、三网融合中国峰会、广播电视新标准发布和宣贯会、广播电视全媒体与3D制播研讨会、第一届中国OTT TV峰会和BIRTV科技发展论坛，以及中国影视数码剪辑大赛等活动。

本届展会秉承科技人文化，以作品表现技术，邀请《舌尖上的中国》剪辑师讲述幕后的故事。好莱坞电影《谍中谍4》、《诸神之怒》和台湾史诗巨作《赛德克·巴莱》的制作团队等也登场亮相。

为了顺应广电行业技术升级和战略转型的发展趋势，秉承“展览展示与学术交流并重”的方针，BIRTV组委会今年特设立BIRTV科技发展论坛，以进一步推动国内外广电行业间的技术交流与合作。

一是BIRTV主题报告会。主题报告会是广电总局每年发布行业方针政策与发展战略的重要平台。今年主题报告会上，中央三台领导以及广电总局相关部门负责同志围绕推动构建广播影视公共服务体系和现代传播体系等要点，就未来广电行业的发展前景进行解读；与会的业内人士还围绕高清电视发展、3D影视、三网融合、新媒体与新业务等话题发表看法。

二是专题研讨会。以三网融合中国峰会为代表的各类专题研讨会是BIRTV展览会的重要组成部分。会议类型涵盖热点技术交流研讨、高新技术系统装备推介、管理运营理念和业务运营发展模式学习交流等多个方面。会议主题包括三网融合、全媒体、3D制播、视觉效果、OTT等广播影视技术领域，还宣贯广播电视先进视音频编码技术标准。

另外，部分厂家开展系列展示、研讨活动，通过自身技术与业务的展示，促进技术交流，进行产品推介，帮助观众了解最新的技术热点和发展趋势。

BIRTV 科技发展论坛的重点在于对当前先进技术的研讨与交流，而展览会的一大作用就是引领行业技术的发展方向，BIRTV 产品、技术和应用奖应运而生。作为目前国内唯一集中广电行业众多技术专家评选的奖项，BIRTV 产品、技术和应用奖的获奖产品和解决方案反映出当前最热点的技术及发展趋势，不仅是未来广播影视技术发展的风向标，也是行业用户设备采购的重要参考。这 3 个奖项的评选工作已经全部完成，评委会从 106 个参评项目中评出 34 个获奖项目，获奖结果在 8 月 21 日的主题报告会上公布并举行了颁奖仪式。

【第九届 “十佳电视制片” 评选表彰大会】

2012 年 8 月 24 日至 26 日，由中国广播电视协会主办、电视制片委员会承办的第九届“全国十佳电视制片”表彰大会于河北香河隆重举行。现场举行了卫视台与制作机构合作论坛、第四届中国网络影视产业 CEO 联席会、全国首次影视拍摄景地推荐洽谈会、全国影视指定拍摄景地授牌仪式和中国广播电视协会电视制片委员会全体会员大会。

两年一届的“十佳”评选表彰是电视剧制片界的最具权威专业奖项之一，评选具有国家颁发的电视节目制作资质，并在中国境内各主流电视媒体首播的国产电视剧和电视节目，以及具有组织创作，融资、制作、发行资历的主要负责人和执行人，是对他们的最佳成果和最佳表现的嘉奖。

第九届“十佳电视制片“评选表彰活动现场授予了多名十佳电视剧制作精英、两个集体奖、十佳电视剧出品单位、优秀电视剧作品、十佳电视剧出品人、十佳电视剧制片人、十佳电视栏目制片人、电视剧优秀主创、艺德风尚演员等奖项。

【“第九届金鹰电视艺术节” 暨 “第 26 届中国电视金鹰奖”】

2012 年 9 月 7 日至 9 月 9 日“第九届金鹰电视艺术节”举办。9 月 9 日晚，第九届中国金鹰电视艺术节在湖南长沙圆满落幕，“第 26 届中国电视金鹰奖”颁发。

本届金鹰节由中国文联、湖南省人民政府、中国视协主办，长沙市人民政府、湖南省广播电影电视局、湖南广播电视台承办，于 9 月 7 日开幕。全国政协副主席、中国文联主席孙家正出席开幕式并宣布第九届中国金鹰电视艺术节开幕。中国文联党组书记、副主席赵实，湖南省委书记、省人大常委会主任周强，湖南省委副书记、省长徐守盛，湖南省政协主席胡彪，文化部副部长、国家文物局局长励小捷，国家广电总局副局长田进，中国文联党组成员、书记处书记夏潮，中国文联副主席、中国视协主席赵化勇，中国视协分党组书记、驻会副主席张显等有关方面领导出席了金鹰节相关活动。开幕式晚会上，公布金鹰节形象代言人——“金鹰女神”演员刘诗诗。首次举行的“我爱主持人”主持人盛典晚会揭晓了第 26 届中国电视金鹰奖主持人奖项。

金鹰节期间举办的“现代传播与城市文明论坛”，主办方邀请长沙市的保安代表出席论坛旁听，以求更好地服务于城市文明建设。易中天、丁俊杰等专家学者出席了论坛。

值得关注的是，本届金鹰节特别举办了金鹰明星“送欢乐、下基层”慰问演出。演出在长沙县开慧镇杨开慧烈士故居前坪举行，让当地的老百姓热切地感受到金鹰明星“送欢乐、下基层”带来的温暖。

〖第 26 届中国电视金鹰奖获奖名单〗

一、电视剧奖

最佳电视剧（1 部）《中国 1921》；

优秀电视剧（20 部，以首字笔划为序）

《厂花》、《中国地》、《少林寺传奇之大漠英豪》、《风华正茂》、《东方》、《北方汉子》、《古村女人》、《永不磨灭的番号》、《江姐》、《我叫王土地》、《辛亥革命》、《远去的飞鹰》、《抬头见喜》、《奢香夫人》、《悬崖》、《断刺》、《雪豹》、《甄嬛传》、《誓言今生》、《黎明之前》；

二、电视剧创作单项奖

最佳编剧奖：《辛亥革命》编剧王朝柱；

最佳导演奖：《中国地》导演阎建钢；

观众喜爱的电视剧男演员奖：文章、吴秀波、林永健、何晟铭；

观众喜爱的电视剧女演员奖：陈数、马苏、岳红、宋佳；

观众喜爱的港澳台演员奖：钟汉良；

最佳表演艺术男演员奖：吴秀波；

最佳表演艺术女演员奖：宋佳；

最具人气女演员奖：杨幂；

最具人气男演员奖：文章；

最佳摄像奖：《辛亥革命》摄像孙治平、《中国地》摄像钱韬；

最佳美术奖：《奢香夫人》美术杨朝晖；

最佳录音奖：《断刺》录音李昂；

最佳照明奖：《中国 1921》照明曹文；

三、电视文艺节目奖

最佳电视文艺节目（1 部）

《2012 春节联欢晚会》；

优秀电视文艺节目（10 部，以首字笔划为序）

《“民歌韵红歌情——我唱山歌给党听”——庆祝建党 90 周年大型音乐活动》、《“声动清明”大型朗诵会》、《2011 北京电视台春节联欢晚会》、《在烂灿的阳光下——2011 年“六一”晚会》、《阳光路上情满怀——2012 军民迎新春文艺晚会》、《明星童乐会》、《非诚勿扰——美国专场》、《非常完美》、《第八届金鹰艺术节闭幕式暨第 25 届中国电视金鹰奖颁奖晚会》、《激情唱响——才艺秀第一期》；

四、电视文艺创作单项奖

最佳电视节目主持人奖：崔永元、孟非；

优秀电视节目主持人奖：张泉灵、张栗坤、陈伟鸿、海琳、谢娜；

最佳文艺节目导演奖：《中国 2010 年上海世博会开幕式仪式暨文艺演出》导演滕俊杰；

最佳文艺节目摄像奖：《第八届金鹰电视艺术节闭幕式暨第 25 届中国电视金鹰奖颁奖晚会》摄像龙建平、《中国 2010 年上海世博会开幕式仪式暨文艺演出》摄像陈晓林；

最佳文艺节目美术奖：《2012 春节联欢晚会》美术陈岩；

五、电视纪录片奖

最佳电视纪录片（1 部）

《旗帜》；

优秀电视纪录片（10 部，以首字笔划为序）

《人民大会堂》、《中国有个署立里》、《那山那老人》、《走向海洋》、《辛亥》、《哈军工》、《故宫 100——第一辑》、《春晚》、《深呼吸》、《璀璨时空——石家庄历史文化影像志》；

六、电视纪录片创作单项奖

最佳电视纪录片编导奖：《春晚》编导刘文；

最佳电视纪录片摄像奖：《故宫 100——第一辑》摄像刘畅 ；

七、动画片奖

最佳动画片

空缺

优秀动画片（5 部，以首字笔划为序）

《水漫金山》、《成语国探秘》、《呆家家》、《家有浆糊》、《秦皇岛传奇》；

八、电视形象宣传片（含公益广告）奖

最佳电视形象宣传片（1 部）

《CCTV－3“生活就是舞台”》；

优秀电视形象片（4 部，以首字笔划为序）

《地球很美也很脆弱》、《这里是北京》、《爱的表达式》、《新潍坊》。

【2012 第四届中国西部动漫文化节】

2012 年 9 月 29 日至 10 月 4 日，由国家广电总局、重庆市政府共同主办的“2012 第四届中国西部动漫文化节”在重庆国际会议展览中心举办。广电总局党组成员、副局长张丕民，重庆市委常委、宣传部长徐海荣等领导出席。国家广电总局大力推进影视动漫产业快速发展，大力扶持国产动画创作、制作、发行和播出，重庆已经成功举办了三届西部动漫节，规模和影响不断扩大，跻身全国三大品牌动漫节展活动之列。本届动漫节是我国动漫产业发展成果的一次展示和检阅，是国内外动漫企业、动漫园区、动漫人才、动漫院校的交流合作的全新平台，是促进我国动漫业提升质量的一次良好机遇，是推动我国社会主义文化大发展大繁荣的一次盛会，将进一步催生一批国内精品动漫品牌，促进一批产业运营能力强的动漫园区和动漫企业，加速我国从动画大国向动画强国迈进步伐。他希望西部动漫节办出特色、办出规模、办出成果、办出品牌，成为具有国际影响力的动漫交流合作的永久平台，成为具有国际影响力的动漫文化盛会。

2012 第四届中国西部动漫文化节以“发展动漫产业、繁荣动漫文化”为宗旨，以“动感城市、漫优生活”为主题，举办创意竞技大赛、高峰论坛会议、项目合作签约、动漫产品展销、街舞大赛等五大主题 17 项活动，设立 28 个特装展位和 300 个标准展位，展示了中国动漫产业发展的新成就，搭建了动漫产品宣传推介、交易合作、融资发展、人才供需的新平台。

【［Aniwow！2012］第七届中国（北京）国际大学生动画节】

2012 年 10 月 28 日至 10 月 31 日，由中国传媒大学主办的“［Aniwow！2012］第七届中国（北京）国际大学生动画节”举办。本届动画节以“协作·创新”为主题，在 4 天的时间里举办了内容丰富的活动，如“白杨奖”大学生竞赛单元、国际知名动画院校优秀学生作品展、国际动画大师课程等。其中，展映单元包括加拿大谢里丹学院、法国高布兰学院等动画院校的优秀作品，以及来自韩国动画片学会主办的国际漫画动画邀请展。此外，由创新工场团队主持的“创业×创新×创意”沙龙、中国出版集团主持的“倾听中国漫画花开的声音——对话我国老中青知名漫画家”等多场主题活动也为中国动漫产、学、研各界提供了良好的沟通平台。本届动画节共收到了来自全球 32 个国家和地区的 1486 部作品参赛，其中 718 部为国外作品。经过初步评审，有 206 部动画作品入围终审。

2012 年 10 月 31 日晚，［Aniwow！2012］第七届中国（北京）国际大学生动画节闭幕式暨颁奖典礼在中国传媒大学综合楼礼堂隆重举行。国内外百余位动漫界专家学者应邀出席了闭幕式。颁奖典礼共颁发了本届动画节动画类（包括 ASIFA 中国奖）、视觉特效类（包括 SIGGRAPH 优秀学生作品奖）、互动作品类、漫画插画类等四个类别，以及“爱奇艺网络最具人气奖”和“万豪卡通最佳美术风格奖”，总计21个奖项。最受瞩目的“白杨奖”由来自法国Supinfocom学院的作品《alafrancaise》获得。本届动画节还汇聚了一批来自国内动画院校的优秀作品，代表了国内学生动画作品的最高水准。这些作品在与国外顶尖动画院校学生作品的同台竞争中表现出色，夺得多个奖项。其中，中国传媒大学动画与数字艺术学院2008级动画专业段雯锴与马维佳同学的作品《抢狮头》获得了最佳导演奖，2008级动画专业郑雅文同学的作品《再见雨天》获得了最佳编剧奖。

【首届国际动漫博览会（北京2012）】

2012年12月1日至9日，由文化部、北京市政府、中国人民对外友好协会联合主办，北京蟹岛集团、中国图书进出口（集团）总公司等承办的“首届国际动漫博览会（北京2012）”在北京蟹岛国际会展中心举行，以“欢聚北京，享受动漫”为主题，包括中国台湾主题日、动画片主题日、动漫企业主题日、国际动漫主题日、漫画主题日等9个主题日活动，有来自美国、日本、法国、韩国等国的30余家动漫出版社、150余家动漫公司、20余部动漫电影及50部短片、3000种以上动漫衍生产品确定参展，并有20余位国际知名漫画家和动画电影编剧、导演、声优、歌手及动漫项目市场运营专家应邀参加主题讲演和交流活动。本次博览会是文化部和北京市政府倡导并扶持文化产业的重大举措，旨在打造规格高、规模大、内容丰富、动漫迷喜爱的大型国际动漫主题盛会，搭建世界各国动漫企业展示交流、洽谈合作的平台。

【“2012中国百强电视剧满意度调查发布盛典”暨“华鼎奖”】

2012年12月10日，由天下英才传媒主办的“2012中国百强电视剧满意度调查发布盛典”在上海文化广场剧院举行，“华鼎奖”由天下英才传媒组织的“中国演艺名人公众形象满意度调查”在国务院新闻办中国人权发展基金会支持下于2007年在调查的基础上加入了评选颁奖的形式，目的是通过调查和颁奖形式，促进演艺界社会责任建立和艺人质素提高，测评艺人商业价值，对优良作品及优秀演艺工作者所提供的一项公众形象竞赛奖励。

〖获奖名单〗

电视剧满意度调查第一名《悬崖》

最佳男主角　张嘉译《悬崖》

最佳女主角　李小璐《当婆婆遇上妈》

最佳男配角　程煜《悬崖》

最佳女配角　傅艺伟《天涯明月刀》

最佳导演　赵宝刚《北京青年》

最佳编剧　鲍鲸鲸《浮沉》

最佳新锐男演员　王雷《金太狼的幸福生活》

最佳新锐女演员　颖儿《小菊的春天》

最受媒体欢迎男演员　吴奇隆

最受媒体欢迎女演员　刘诗诗

偶像励志类最佳男演员　李晨《北京青年》

偶像励志类最佳女演员　马苏《北京青年》

古装类最佳男演员　吴奇隆《步步惊心》

古装类最佳女演员　钟欣桐《武则天秘史》

都市类最佳男演员　贾乃亮《当婆婆遇上妈》

都市类最佳女演员　江珊《人到四十》

近代革命类最佳男演员　姜武《誓言今生》

近代革命类最佳女演员　唐一菲《正者无敌》

传奇类最佳男演员　胡歌《轩辕剑之天之痕》

传奇类最佳女演员　刘威葳《向东是大海》

当代类最佳男演员　宋小宝《樱桃》

当代类最佳女演员　宋春丽《满秋》

中国电视剧杰出成就奖　李雪健、奚美娟

老百姓最喜爱十佳电视明星　刘晓庆（微博）、张嘉译、孙淳、刘莉莉、李立群、李小璐、许亚军、斯琴高娃、邵美琪、沈春阳

2013 媒体最期待的电视剧《头牌》、《向着胜利前进》、《乡村爱情变奏曲》、《好家伙》、《宝贝》

最佳制作机构　上海唐人电影制作、本山传媒、北京电视艺术中心

【第五届女性题材优秀电视作品评选表彰会议】

2012 年 12 月 20 日，由国务院妇女儿童工作委员会办公室、中国视协、全国妇联宣传部、全国妇联妇女发展部联合主办的“第五届女性题材优秀电视作品评选表彰会议”在京举行。国务院妇女儿童工作委员会副主任、全国妇联党组书记宋秀岩出席会议并为获奖者颁奖。

本次活动共评出 143 部优秀作品。中央电视台《我决定爱你》获得特别奖。上海电视台纪实频道《大师——谢希德》等 23 部作品获得一等奖。新疆塔里木石油电视台《在昆仑山上》等 22 部作品获得二等奖。湖北卫视《走近中国女伞兵》等 46 部作品获得三等奖。

【第二届　“光影纪年——中国纪录片学院奖”】

2012 年 12 月 21 日，由中国传媒大学主办、中国纪录片研究中心承办的第二届“光影纪年——中国纪录片学院奖”颁奖盛典在人民大会堂隆重举行。来自国家广电总局、中央电视台、各省级电视台、多家纪实频道的领导、众多纪录片创作者，以及老一辈纪录片人共同出席了此次学院奖颁奖盛典。本次活动也邀请到了知名高校学者、社会文化人士、资深媒体记者等参加此次活动。

2011 年，第一届“光影纪年——中国纪录片学院奖”对中国纪录片百年历程进行了回顾，并为延安电影团等为中国纪录片发展做出过突出贡献的团体和个人颁奖。2012 年，中国纪录片学院奖在全球征片，使用了中国纪录片研究中心自主研发的“纪录片综合评估体系”对所有入围作品进行科学评测，最终评选出“最佳长纪录片”、“最佳短纪录片”、“最佳微纪录片”、“最佳制作”、“最佳创意”、“最佳新人”、“最佳大学生作品”、“最佳国际传播”、“最佳中国题材”、“最佳外语作品”、“评委会大奖”等 11 项大奖，同时还颁发了特别贡献奖。

本次颁奖典礼设置了“20 年回顾”单元，对 1993 年至今纪录片界的代表作品、重要人物和重点事件进行了梳理，用影像串联起中国纪录片 20 年辉煌历程。在“逝者”单元，与会人员共同缅怀了凤凰卫视编导赵群利、中国传媒大学教授任远、央视“东方时空”创始人陈虻等三位纪录片人，表彰了他们为纪录片行业所做的无私奉献。随着媒介融合不断深化，本次颁奖晚会也根据主办单位日前发布的《中国纪录片蓝皮书》行业预测制作了视频短片，视觉化演示了纪录片的未来趋势。

自今年开始，“中国纪录片学院奖”评选及颁奖盛典将以每年一届的方式举办，中国纪录片研究中心将秉持国家高度、学术品格、国际视野、中国风格的理念，坚持权威、客观、学术、公正的评价标准，对中国纪录片的健康发展与科学传播做出积极的引领性作用。

〖获奖名单〗

1. 最佳创意奖：《辛亥》
2. 最佳制作奖：《变暖的地球》
3. 最佳大学生作品奖：《在路上》
4. 最佳新闻奖：《造云的山》
5. 最佳国际传播奖：《舌尖上的中国》
6. 最佳中国题材奖：《千锤百炼》
7. 最佳短纪录片奖：《窒息》
8. 最佳长纪录片奖：《活着》
9. 最佳外语作品奖：《海啸劫波下的孩子》
10. 最佳微纪录片奖：《插旗》
11. 评委会大奖：《舌尖上的中国》

特别贡献奖获得者：央视纪录频道总监刘文、湖北电视台纪录片独立制片人张以庆、中央电视台综合频道频道副总监任学安、日本 CCTV 大富电视台董事长张丽玲、独立纪录片制作人蒋樾

会 议

【中国广播电视协会2012年工作会议暨学术年会】

2012年2月8日至9日，“中国广播电视协会2012年工作会议暨学术年会”召开。会议对协会2011年的工作作了全面梳理和总结，并对今年的工作进行了部署。会议传达了2012年全国广播影视工作会议的主要精神，宣布了第七届全国广播电视学术著作评选结果，并举办了颁奖仪式。来自国际台学会、电视版权委员会等单位代表，介绍了各自2011年度取得的工作成绩和典型经验。

〖第七届全国广播电视学术著作评选获奖目录〗

特别奖

1.《中国广播电视年鉴》	中国广播电视年鉴编委会编纂	传媒大学学会荐

一等奖

1.《中国视听新媒体发展报告（2011）》	庞井君主编	总局发展研究中心荐
2.《国际传播：探索与构建》	王庚年著	国际电台学会荐
3.《中国电视节目主持人文化影响力研究》	曾志华著	传媒大学学会荐
4.《电视节目评价体系研究》	罗琴、虢亚冰等著	受众研委会（电视）荐
5.《老广播电视人口述历史》	张亚敏、王颖主编	上海市学会荐
6.《电视受众审美研究》	胡智锋　杨乘虎著	传媒大学学会荐
7.《影像中国——当代纪录片理论争鸣与前沿探索》	张君昌、迟航、吴煜、陈嵩主编	黑龙江省协会荐

二等奖

1.《重大突发公共事件中的广播电视舆论引导能力研究》	曾婕、石长顺、黄正谋、郭小平、李利克等著	湖北省协会荐
2.《影像意义阐释的多维空间》	汪振城著	媒介素养研究基地荐
3.《广播经营战略研究》	凌昊莹著	传媒大学学会荐
4.《中国广播电视事业产业协同发展模式研究》	周旻、林小勇、林洪美著	厦门市学会荐
5.《电视传媒运营管理》	于聚义著	陕西省协会荐
6.《问题解构与战略选择：中国广电产业发展研究》	丁俊杰、赵子忠著	传媒大学学会荐
7.《中央人民广播电台简史》	王求主编	中央电台学会荐
8.《中央电视台年鉴》	中央电视台年鉴编辑部编	中央电视台学会荐
9.《媒体资产管理理论与实务》	崔屹平、赵彦华著	中央电视台学会荐
10.《电视文化与对话时代》	张春斌著	福建省协会荐

11.《2009 广播比较研究》	赵华主编	中央电台学会荐

三等奖

1.《镜界——电视剧的视觉传播》	潘可武著	传媒大学学会荐
2.《中国现代性的影像书写》	彭文祥著	传媒大学分会荐
3.《网络新视界——网络视听节目传播研究》	黄为群主编	总局监管中心荐
4.《中国媒介组织绩效评估研究》	林洪美著	福建省协会荐
5.《中国广播产业研究》	余春泉主编	中央电台学会荐
6.《新媒体失范与规制论》	宫承波、刘姝、李文贤著	高校传媒研究基地荐
7.《传媒赢利模式》	孔炯著	贵州省协会荐
8.《解析城市广电》	严克勤著	江苏省协会荐
9.《自我的裂变——叙事心理学视野中的中国纪录片研究》	宋素丽著	传媒大学学会荐
10.《欧洲优秀电视节目模式解析》	刘昶、甘露、黄慰汕著	传媒大学学会荐
11.《陆莹论文集》	陆莹著	北京市学会荐
12.《对台传播引论》	杨胜云著	海峡之声学会荐
13.《中国短片浪潮》	区念中、杨德建、黄慰汕等著	广东省协会荐
14.《做理念媒体》	张志军著	河北省协会荐
15.《视界新语——当代电视媒体热点纵论》	任晓润著	江苏省协会荐
16.《记者型主持人角色论》	张龙著	传媒大学学会荐
17.《读书与思考》	卢宏著	山东省协会荐
18.《锋芒(上下)》	刘一平主编	湖南省协会荐
19.《中国电视批评史》	欧阳宏生、杨状振、曾文莉、闫伟主编	西部研究基地荐
20.《中国广播史学批评建构》	陈尔泰著	黑龙江省协会荐
21.《中外新闻传播教育发展研究》	辛欣、雷跃捷等著	高校传媒研究基地荐
22.《电视文艺与和谐文化》	李暄著	河南省协会荐

【2012 年国家动漫企业认定工作座谈会】

2012 年 11 月 26 日，文化部在北京召开 2012 年国家动漫企业认定工作座谈会。文化部党组成员、副部长王仲伟出席会议，并为获得认定的企业颁发证书。财政部、海关总署和国家税务总局相关司局负责人，以及通过认定的动漫企业代表出席座谈会。会议由文化部文化产业司司长刘玉珠主持。动漫产业是文化产业中强劲发展的一个新兴产业、朝阳产业，发展面临的形势十分有利，正处于重大的发展战略机遇期。他表示，在当前及今后的一段时间内，为推动动漫产业发展，要认真学习贯彻党的十八大精神，充分把握动漫产业发展的重大机遇；要全面总结认定工作成果，进一步做好服务企业、服务产业发展工作；要落实《“十二五”时期国家动漫产业发展规划》，推动我国动漫产业在新时期跨越式发展。动漫企业认定管理办法（试行）》及配套税收优惠政策进一步完善了动漫产业政策体系，认定工作的实施大大减轻了动漫企业税收负担，积极探索了财税政策支持文化产业发展的方式，培育了一批骨干龙头企业，建立了良好的沟通机制。但是，由于从整体来说我国动漫产业发展的时间还不长，产业规模还不大，作为动漫产业发展的主管部门，文化部希望和财政部、国家税务总局、海关总署等有关部门一起，做好服务企业、服务产业发展工作，为动漫产业乃至整个文化产业发展营造良好的政策环境。

座谈会上，公布了2012年通过认定的110家动漫企业、31个重点动漫产品、16家重点动漫企业以及获得进口动漫开发生产用品免税资格的12家动漫企业名单，并给动漫企业代表颁发了证书。据了解，自2008年出台《动漫企业认定管理办法（试行）》以来，通过认定的国家级动漫企业已有四批500家，国家级重点动漫产品66个，国家级重点动漫企业34家，获认定的进口动漫开发生产用品免税资格企业共两批22家，这些企业已成为我国动漫产业的主力军和骨干，其中产值过亿元的有13家。

参会动漫企业代表表示，通过认定对企业而言是一个有力的鼓励，对企业的规范经营和后续发展具有积极推动作用。他们还就认定后所享受到的税收减免额度、对政策优惠的建议、企业在新形势下的发展战略等问题进行了交流发言。据抽样统计，2008年和2009年40多家企业每年税收减免额度为1300万元，而2010年和2011年20家企业每年税收减免额度就超过了2000万元；动漫企业营业收入、利润和纳税额持续增长，分别从2010年的5.21亿元、1.01亿元、4207.33万元增长到2011年的7.67亿元、1.21亿元、5288.7万元；所减免税额在2010年、2011年分别达到1822.89万元和2178万元，其中，营业税减免分别为644.8万元、833.66万元，所得税减免分别为1169万元、1329.7万元。

文化部、财政部、国家税务总局、海关总署将考虑适时修订完善《动漫企业认定管理办法（试行）》，并将积极研究制定和完善动漫企业营业税、增值税、所得税、进口关税、进口环节增值税等税收优惠政策。

【国家动漫品牌建设与保护高端论坛】

2012年11月30日，文化部文化产业司主办的"国家动漫品牌建设与保护高端论坛"在北京蟹岛国际会展中心隆重举行。本次动漫博览会由中华人民共和国文化部文化产业司主办，旨在促进我国动漫产业的进一步融合发展，推动中国动漫产业做大做强，增强动漫品牌的建设与保护意识。文化部已于2012年11月下发《关于2012年国家动漫品牌建设和保护计划申报工作的通知》，正式启动国家动漫品牌建设和保护计划申报工作，本次高端论坛也是对于此次通知的积极响应。文化部文化产业司副司长高政、动漫处处长宋奇慧、中华商标协会副会长袁世寰先生、中国美术出版总社总编辑林阳先生等众多政府领导和业界嘉宾莅临论坛。"国家动漫品牌建设与保护"的目的和意义的，并就中国目前在动漫品牌的建设与保护中遇到的问题进行了深入的分析。同时，动漫名家们就中国动漫面临的实际问题纷纷发表了自己的见解。未来的中国动漫必将培育一批具有品牌化开发价值的民族原创动漫创意，推动建设一批在国内和国际市场具有一定影响力的民族原创动漫品牌，加强对入选动漫创意、动漫品牌的知识产权保护。

本次高端论坛不仅吸引了中国国内的众多动漫专业人士出席，多位海外动漫名家也出席了论坛并积极发言，包括美国知名动画企业——吉姆·汉森公司的总裁兼首席运营官彼得·舒伯先生，法国漫画版权经纪人、漫画市场运营总监、法国漫画艺术学院漫画教授吉维尔先生。共同和与会人员分享了国际动漫品牌建设与保护的实战经验。

国家动漫品牌建设和保护计划申报内容：主要培育和扶持民族原创优秀动漫创意、动漫品牌，并加强对入选动漫创意、动漫品牌的知识产权保护。其中动漫创意是指具备基本动漫形象、角色设定、剧情安排、场景设计的成熟构思，并已形成具有可操作性、产业开发价值、品牌规划的实施方案。动漫品牌是指具有在国内、国际一定知名度的动漫产品（包括漫画、动画、新媒体动漫、动漫演出、动漫衍生产品等）、动漫形象，或由此注册的动漫产业商标，并在我国境内通过版权登记、商标登记等方式合法取得为动漫业界和消费者所熟知的特有标识（名称、名词、符号、设计，或以上几项的组合）。

【2012 中国动画年会】

2012 年 12 月 4 日至 6 日，由中国动画学会、江苏广电局、昆山市政府主办的“2012 中国动画年会”在江苏省昆山市召开。

本届年会的主题是“为创造中国动画品牌给力”，并以“专业交流、战略合作、创投服务”为主旨，邀请了广电总局、文化部、新闻出版总署等部委相关司局负责人，国际知名动画专家，国内高等动画院校、动画公司的负责人、主创者，以及玩具制造、金融投资等行业人士参加。

此次动画年会包括：对话卡通少儿卫视总监，邀请国内外卡通少儿卫视总监探讨动画产业中制播模式存在的问题，为业界打造一个高端交流窗口。创意及投资名家汇聚创投论坛，邀请了国内各大动画企业和合融投资公司负责人，深入解读动画投融资模式等热点问题以及对未来投资趋势的展望。“美猴奖”10 项大奖评选，综合网络投票、会员单位投票和终评委专家评分三方产生大奖。同时还发布了“2012 中国电视动画十佳收视奖”及“2012 中国动画电影十佳票房奖”。

【第十八届中国电视纪录片盛典暨高峰论坛】

2012 年 12 月 14 日至 16 日，由中国电视艺术家协会、中央电视台纪录频道、南方广电传媒集团、中国教育电视台主办，中视协电视纪录片学术委员会、南方电视台、中国教育电视台三频道、中山广播电视台承办的“第十八届中国电视纪录片盛典暨高峰论坛”在北京召开。这是国内纪录片界享誉盛名的大型庆典，也是国内纪录片人每年一度的盛会，此次活动得到了中国文联、国家文化部、国家广电总局的大力支持，同时也得到了中央电视台、广东电视台、南方广播影视传媒集团、北京电视台及全国其他省、市电视台的积极参与，近 300 名来自全国各地电视台、节目制作发行公司和大专院校教研一线的代表参加了这次活动。

第十八届中国优秀电视纪录片评选沿袭着一直以来组委会所提倡和坚持的公平、公开、公正的原则，从专业的学术团体视角，邀请业内专家组成专业的评选团队，自 2012 年 5 月评奖活动启动以来，组委会收到 700 余部作品，专家评委对进入终评的纪录片进行评选，同时评选出相应的单项奖和特别奖。经过推选和反复的论证，在长片、短片、系列片中各评选出 10 部十佳作品、10 部优秀作品、15 部好作品，共计 105 部作品获奖；此外，这次评选增添了新的评选选项：在“走、转、改”纪实作品评选中，年度特别贡献频道授予了中央电视台新闻频道与科教频道；“走、转、改”新闻纪实优秀作品和“走、转、改”新闻纪实好作品各 3 部。在长片、短片、系列片作品的编导、摄像中各推选一名作为最佳编导及最佳摄像；还评选出年度频道、年度栏目、年度人物、年度作品各 1 部及年度收藏作品。

在过去的两年里，自国家广电总局出台关于加快纪录片产业发展的若干意见；到中央电视台以中英文双语面向全球开播纪录频道；再至《舌尖上的中国》、《走向海洋》、《造云的山》等纪录片在海内外热播，中国纪录片已经站在一个新的历史高点，不仅播出平台初具规模，在节目内容上，类型丰富、个性鲜明，涌现了很多有代表性的优秀作品，构成了中国影视独特的视听景观。同时今年的“走、转、改”纪实作品反映时代风貌，回应社会关切。此次活动通过评选优秀的作品，更好地梳理了国内纪录片的发展脉络和潮流风尚，引领纪录片创作趋势和表现手法，利于发现和培养纪录片届优秀的后备人才，亦为全国纪录片的交流和成果共享提供了更为广阔的空间。

从 12 月 14 日下午开始，本届会议的高峰论坛正式举行。在为期一天半的高峰论坛上，与会人员，围绕“本土纪录片的国际化路径”、“中国纪录片创作与传播途径”进行了五个单元的交流与讨论。三十余位纪录片管理者、创作者、学者就全球化视角下纪录片题材的选择、纪录片的国际化叙事方法、纪录片创作的国际化规范、中国纪录片的销售与推广、纪录片人的价值观、纪录片平台与市场、纪录片创作得与失、纪录片制作与包装等具体专业问题各抒己见，做了深入的探讨，令与会的各地代表受益匪浅。

此外，由中国电视艺术家协会主办，北京电视台、中国视协电视纪录片学术委员会承办的《文化：中国的故事》首映礼在12月14日晚上举行。《文化：中国的故事》自2012年6月1日启动以来，得到了全国31家省、市电视台和制作机构的积极响应和共同参与，迅速形成了覆盖全国的纪录片人的联合行动。此次首映礼邀请18届中国电视纪录片盛典暨高峰论坛的所有代表参加，是一次对中国纪录片的文化巡礼，也是对中国电视人联合行动的检阅与回顾。

【首届中国纪录片制作行业年会】

2012年12月13日，由中央电视台纪录频道主办的“首届中国纪录片制作行业年会”在北京落幕。100多家制作机构参加，共同探讨中央电视台纪录频道与制作机构如何深入合作的议题。作为国内最大的纪录片播出平台，央视纪录频道自2011年1月1日开播以来，对行业资源整合、行业标准的确立起到了促进作用。长期以来，国内的纪录片市场欠缺基本的行业标准和规范，导致制作机构在投资制作纪录片时面临骨干团队少、优秀人才少、资金投入低、节目品质低等问题。调查结果显示，考古探索类、自然动物类、科技军事类和社会技术类的纪录片收视需求是最大的，其次才是人文地理类和历史档案类。然而，中国纪录片市场的节目供应情况却与观众需求背道而驰。自2011年开播以来，纪录频道已与300余家社会制作机构建立了合作关系。截至目前，社会制作机构在纪录频道累计播出成品节目215部1500多集，共计50000分钟，占纪录频道开播以来节目首播总量的1/3。在中国纪录片行业，一直存在三条认知：纪录片一不赚钱、二无收视、三没有核心竞争力。然而，通过央视纪录频道与制作机构的广泛合作，所谓铁律正在逐步被打破。数据显示，截至目前，纪录频道节目收视份额排名前50的制作单位里，社会制作机构占66%。每天24小时双语全球播出，每天首播节目长达6小时，纪录频道的吞吐量已经达到了国际一流水平。很多省市电视台正在积极组建纪录片的部门和纪录片工作室，很多流失的人才也重新回归。

业态

【《中国广播电影电视发展报告（2012）》出版】

2012 年 6 月 28 日，广电总局发展研究中心组织编写的《中国广播电影电视发展报告（2012）》（广电蓝皮书）发布会在京举行。

会议发布了 2012 年广电蓝皮书的编写情况和 2011 年中国广播影视发展的新进展、新亮点和未来发展趋势。国家发改委、总局各司局、相关直属单位的有关负责人，广播电台、电视台、网络公司、网络电视台、视频网站、影视基地、媒介研究公司等业界代表以及来自高校的学界专家 30 余人出席了发布会。

2012 年广电蓝皮书是发展研究中心连续出版的第 7 本年度报告，全书由“总报告”、“发展报告”、“专题研究报告”、“个案分析报告”及“附录”五大部分组成，全面系统地记录了 2011 年中国广播影视的发展轨迹，揭示了中国广播影视发展的政策导向和基本规律，为各级广电部门和各类广电运营机构决策提供科学依据和理论支持。

【“动漫高端人才联合培养计划”首届实验班】

2012 年 10 月 10 日，教育部、文化部“动漫高端人才联合培养实验班计划”首届实验班开班仪式举行。教育部、文化部有关负责同志出席开班仪式。

为了加速动漫高端人才的培养，创新动漫人才培养模式，推动动漫产业发展，北京师范大学、中国传媒大学和北京电影学院 3 所高校联手共同组建了专家组织机构，制定了人才培养目标。首届实验班的 21 名大学新生将在“三校一体、四年一贯、校企合作、协同育人”的动漫人才培养机制下，成为“动漫高端人才联合培养实验班”的首届学员。

教育部、文化部有关负责同志对首届实验班开班表示祝贺，并指出，三校要加强领导，协同合作，重点在改革人才选拔方式、改革课程体系、改革人才培养模式、强化实践教学环节等方面大胆探索和实践，为我国高等艺术教育改革发展提供有益的经验。

〖2012 年通过认定的国家重点动漫产品〗

2012 年通过认定的国家重点动漫产品有《德行天下之中华德育故事》、《漫画中国》系列、《棒槌日记》、《寻找自我的世界》、《麋鹿王》、《雪娃》、《喜羊羊与灰太狼之虎虎生威》、《喜羊羊与灰太狼之牛气冲天》、《马兰花》、《勇士》、《海宝来了》、《超蛙战士之初露锋芒》、《西游记》、《乐比悠悠教育系列》、《洛宝贝听故事》、《黑脸大包公》、《笛卡特警队》、《漫画月刊》、《小鼠乒乓》系列、《阿特的奇幻之旅》、《虹猫蓝兔光明剑》、《虹猫蓝兔火凤凰》、《蓝猫西行记》、《呆家家》、《喜羊羊与灰太狼》、《喜羊羊与灰太狼之记忆大盗》、《吉豆世运会》、《猪猪侠》、《小鸡不好惹》、《憨八龟的故事》、《乐乐熊奇游记》。

大事记

2月8日至9日，“中国广播电视协会2012年工作会议暨学术年会”召开。

3月18日，“中国视协市县电视委员会成立大会”暨“三门峡杯”首届全国市县形象电视宣传片推选活动颁奖典礼、首届市县电视台长高峰论坛在京召开。

3月21日至23日，“第二十届中国国际广播电视信息网络展览会”举办。

4月9日，第二十二届中国电视文艺“星光奖”颁奖晚会在武汉琴台大剧院举行。

4月9日，“第三届中国大学生电视节“在京启动。

5月7日，“第十二届电影频道电影百合奖”颁奖礼在京举行。

5月17日，由国家广电总局和深圳市政府主办的“第三届中国国际新媒体短片节”金鹏奖揭晓。

5月18日，由广电总局和深圳市政府共同主办、深圳广电集团承办的“第三届中国国际新媒体短片节新媒体高峰论坛”在深圳举行。

6月28日，广电总局发展研究中心组织编写的《中国广播电影电视发展报告（2012）》（广电蓝皮书）发布会在京举行。

6月11日至15日，由国家广电总局、上海市政府主办的“第十八届上海电视节”举办。

8月18日由中国视协、中央电视台农业频道主办的“第四届新农村电视艺术节优秀农村题材电视剧奖”在北京农影中心颁发。

8月22日至25日，“北京国际广播电影电视设备展览会”在北京中国国际展览中心举行。

8月24日至26日，由中国广播电视协会主办、电视制片委员会承办的第九届“全国十佳电视制片”表彰大会于河北香河隆重举行。

9月1日，“中国电视剧首届编剧讲坛”在南京举行。

9月7日至9月9日，“第九届金鹰电视艺术节”举办。

12月10日，由天下英才传媒主办的“2012中国百强电视剧满意度调查发布盛典”在上海文化广场剧院举行。

12月13日，由中央电视台纪录频道主办的“首届中国纪录片制作行业年会”在北京落幕。

12月14日至16日，“第十八届中国电视纪录片盛典暨高峰论坛”在北京召开。

12月20日，由国务院妇女儿童工作委员会办公室、中国视协、全国妇联宣传部、全国妇联妇女发展部联合主办的“第五届女性题材优秀电视作品评选表彰会议”在京举行。

12月21日，由中国传媒大学主办、中国纪录片研究中心承办的第二届“光影纪年——中国纪录片学院奖”颁奖盛典在人民大会堂隆重举行。

分卷主编：王　伟

中国艺术年鉴

2012年卷

美术卷

年度述评

中国式的当代性
——中国美术 2012 年年度综述

◎尚　辉

“中国式美术”或许可以看作近年高频使用“文化自觉”的一种现实回应。2012 年第 1 期《美术》杂志开辟“笔谈中国美术的自觉与主体精神”专栏，明确地提出对于“什么是中国美术的自觉”、“中国美术的主体精神应当体现在哪些方面”、“在这种文化自觉中如何认识与处理‘他者’的文化”以及“中国美术的自觉如何体现人类艺术发展的方向”等命题的探讨。这或许是对 2012 年度中国美术总体动向的一种预示。

一、民生关怀的主体意识

艺术创作的主体，是任何时代、任何国度都不可回避的艺术核心命题。在当代中国，这种主体既是美术创作者的主体，也是美术接受者的主体，更是美术不盲从“他者”在民族传统、本土文化现实和人类艺术发展方向之间自觉与自主探索艺术发展道路的主体。2012 的年度特征都因纪念毛泽东《在延安文艺座谈会上的讲话》发表 70 周年，而再次明晰了全球化语境下中国美术建设的主体问题。此间发表的诸多纪念性、研究性文论，试图从新的角度历史地梳理《讲话》产生的时代上下文、《讲话》解决的主要文艺命题及对时代的回应、《讲话》在新中国文艺建设中指导地位的确立和不断获得的充实与调整。这些文论的探讨，让已经处于多元化艺术创作生态中的人们逐步明确了这样一种思想认识，即新时期中国美术的繁荣，既是继承弘扬《讲话》精神的结果，也是在全球化语境中丰富和发展《讲话》精神、探索主流美术创作规律并发挥其主导作用的伟大实践。

在全国各地美术界通过多种方式纪念《讲话》发表 70 周年的创作活动中，“纪念《讲话》发表 70 周年全国美展”、“从延安走来——纪念《讲话》发表 70 周年美术作品展”、“同在蓝天下——为农民工塑像中国画主题创作展”和“中国当代著名画家中原行作品展”最引人瞩目。在中国美术馆整个一楼展厅举办的“从延安走来”，通过文献和情景再现，陈列了从《讲话》发表以来、由 500 余幅经典作品演绎的 70 年的中国美术历程。“纪念《讲话》发表 70 周年全国美展”是近些年来倡导全国美术家深入生活、通过采风写生创作出的一批贴近现实与民生的精品荟萃，入选的近 300 件作品充满了鲜活生活感受的纯真与素朴。“为农民工塑像中国画主题创作展”几乎囊括了当代最有代表性的人物画创作风貌，这些艺术风貌用个性多样的笔墨语言直击来到城市务工的农民形象。“中原行”采风创作活动，是今年全国美术界集当代著名画家奔赴一个省进行采风创作的大集结。历时 4 个月的写生创作，既让这些美术家感受了中原璀璨厚重的历史文化，也刷新了他们对现代化进程中的当代中原人文风貌的深刻印象。

对于民生现实的关注，对于素朴审美的追求，或许才是深入生活的精髓。这种审美也无疑会反射到一些主题性展览的创作上。7 月 26 日在中国美术馆揭幕的“庆祝建军 85 周年全国美展暨第 12 届全军美展”展出了从 1.2 万余件送选作品中精选出来的 568 件。和 20 世纪八九十年代那种刻意地消解英雄领袖形象不同，当代军事历史题材美术创作能够较为客观地处理领袖与战士的形象，既不过度拔高也不刻意贬低，而是考证史料、索寻影像，在真实的历史镜像中深入发掘战争中的人性精神。继“灵感高原”、“天山南北”中国美术主题作品展之后，10 月 27 日在中国美术馆推出的“浩瀚草原”，是对新中国北方草原游牧民族题材美术创作最大规模的历史展示与成就集萃。这个经过近两年时间精心策划、悉心梳理的展览，展示了从 20 世纪 30 年代一直延续至今、跨越 70 余年的草原题材美术创作的整体艺术风貌。围绕着草原民族生活而展开的美术创作，既从民族文化的视角清晰地呈现了中国美术的现代性历程，也折射了游牧民族在现代社会演进中的艺术人文流变。对于画家而言，只有直面形象，才能直面生活。“时代风采——2012・中国百家金陵油画展”对于当代现实社会的表现，让我们看到了青年油画家与当代现实社会的切近；他们通过油画所表达的中国当代视觉人文形象，也让我们感受到了寓于作品之中的创作者的真诚，是这种真诚决定了他们作品的真实。

二、绘画性作为一个新的时代命题

在图像与绘画混淆的时代，论证绘画不等同于图像的命题，或许才能坚定人们对于绘画这种艺术创作方式的坚守；也只有探寻绘画性的本源与特征，才能认知这一让人性获得自由发展的艺术门类富有的某种永恒性。在2012举办的一些大型美术专项展览中，“绘画性”俨然成为当下中国美术家高频使用的关键词。“绘画性”既成为从传统绘画中被重新唤醒的一种艺术品质，也成为中国式“当代性”的一个价值观念。

以“最绘画”、“在当代”为主题的“中国青年油画作品展”与“2012中国油画双年展”，是年内油画界较具权威性的专业展。“2012中国油画双年展”通过32位参展艺术家的121件作品，鲜明地揭示了中国油画“在当代”展示的本土关怀、凝练的绘画语言以及提升的精神力量。“中国青年油画作品展”旨在从“绘画性”的角度展示当代中国青年油画的创作水准。该展从来自全国的4000余件作品中遴选出158件参展作品，所谓“最绘画”就是在“读图时代”重新唤起艺术家对直接观照世界的精神体验与对“绘画性”艺术创作的重视。“绘画性”不单纯是绘画的本体，也是文化与历史的积淀。年内最大规模的油画展，是岁末在广东美术馆举办的“鼎新华南——吾土吾民系列油画邀请展”。这是继“承传西北”、“化境长城外”、“人文江南”先后在西安、沈阳和杭州举办之后，对华南地区油画发展脉络与现状考量的展览。华南是西方油画登陆中国最早的口岸，油画舶来中土的历史已近五百年，而且，十八九世纪广州“十三行”盛产的带着浓郁东方色彩的油画居然返销欧洲。这颇有意味的油画传播路径，体现的正是文化不断被“他化”的历史。这个展览对于中国海洋性审美文化特征的梳理，给予中国当代油画的研究以纵深的历史眼光。

油画的绘画性获得了持续性的关注，即使在“中国写实画派2012八周年巨献展”和“2012新写实油画展览”上，都可以看到油画家对于用自己的眼睛与画笔直接感悟对象的探索。中国观众与艺术界对于在欧美已经被宣判“终结”了的写实油画可谓热情不减，9年前创立的“中国写实画派”从最初加盟的10位发展到这届30余位，画派几乎囊括了新时期以来最富有代表性的中国油画家。“写实画派”在艺术语言上提出了让绘画回到“绘画性”本体的概念，并始终追寻“写实绘画是一种表现力”的艺术理想。“2012新写实油画展览”选取的均是近些年涌现的以70后、80后为创作主体的“新写实”画家，他们以陌生化的写实图像为其“新写实”的鲜明特征。这种“陌生化”不是描绘人们鲜见的人物，而是以他们自己——都市俊男靓女为形象塑造主体，在富有意味的戏剧性情境中追求时空穿越的超现实体验。这些作品既有对欧洲经典油画作品的戏仿与挪用，也被赋予图像与绘画的双重审美品质。

对于“绘画性”的追问，也传播到其他门类。11月30日在南宁举办的“第十届全国水彩粉画展”，审视了近三年水彩粉画领域最新的创作动态。前几届因拓展彩性特征而借鉴油画、版画语言的现象开始得到反思，水彩粉画界更多地回归到“水”与“彩”的审美品格与艺术创造性的探索上。中国画本就排斥对于视觉真实的再现性，“绘画性”在中国画领域更多地被对应为“写意性”。从中国画观照对象的角度，西方艺术史因“图像化时代”而产生“绘画终结”的预言，也许永远都是个伪命题。但如何理解“写意性”却成为一种“当代性”的回应。12月28日在浙江美术馆举办的“长卷视界——杭州第二届中国画双年展”，虽然只是以长卷形制作为本届中国画双年展的策展理念，但已经习惯了焦点透视审美经验的我们也从这种长卷形制的创作中，再度领略了中国画不同于图像经验的观看方式。“写意性”并不只限于笔墨语言，更包含穿越时空与意象造型，这是镜头图像永远无法复制的意“观”。

三、艺术的未来与现实

美术在21世纪怎样以及向何处发展，始终是这个世纪的美术家“在场”的一种追问。9月28日在中国美术馆揭幕的“第五届北京国际美术双年展”，以“未来与现实”为主题，试图通过艺术创作探讨人类未来发展与现实社会构成的某种内在联系。在来自84个国家与地区的700余件作品中，我们看到这些艺术家始终从人性关怀的角度发出的对于当代现实社会的观察与思考。他们的艺术创作，既触及了人与自然、科技与人文、战争与和平这些普适性的宏大主题，也广泛涉猎了城市与生态、个体与族群、消费文化与多元文化等后现代社会衍生出的人类新命题；他们的艺术创作，无疑都来自于艺术家的个体审美经验，但这种经验也无不体现了他们成长的文化环境与所处的社会语境对于民族与国家文化身份的承载；他们的艺术创作，虽然呈现的是对于现实社会的思考，但隐藏在这些现实关注背后的则是对于人类未来发展命运的关切与忧虑。

艺术的未来并不虚幻。当由上海世博会城市未来馆改建的国内首家公立当代艺术博物馆——上海当代艺术博物馆10月1日开馆时，一个以“重新发电”为主题的“2012年第九届上海双年展”，也形象地阐发了上海双年展和当代艺术博物馆作为未来艺术策源地与能量发动机的意义。来自27个国家和地区的98位（组）艺术家参加的主题展，通过“溯源”、“复兴”、“造化”和“共和”四个展区探索了未来社会作为社会动员者的艺术、作为历史重访者与重写者的艺术、作为能量变压器与转换者的艺术以及作为社会组织者对话与交往的艺术的广阔空间。而9月28日在广东美术馆开幕的、作为第四届广州三年展收官之作的主题展——“见所未见”，则通过来自24个国家和地区的75组中外艺术家的实践和创作成果，阐释了未见的不代表不存在、存在的也不代表可见这样一个富有禅意的命题。艺术家的创作总是根据自身的文化结构塑造自己的思维观念，并通过创作实践探索艺术未见的本质。

双年展这个国际流行的当代艺术展览理念，在中国获得了更多的“中国式”探索。一个显著标志就是把架上艺术纳入这一机制，赋予绘画以“当代性”的创造活力。前述的中国油画双年展、杭州中国画双年展，都是这种机制的创新扩散。6月3日在昆明举办的“第二届云南国际版画展”，是版画门类的准双年展。作为本展主题的“根性的延展”，不止于对版画作为一种创作媒介与方式的本源寻求，更深刻地是探讨艺术未来的“延展”从哪里生根、从哪种文化母体里成长出带有这种文化染色体的审美果实。9月26日在山西大同和阳美术馆举办的“2012大同国际壁画双年展”，在1.5万平米的展览空间内展陈了300多位来自国内外艺术家的500余幅壁画作品，这是新中国成立以来举办的规模最大的壁画展。也许，在当代国际建筑领域，壁画已被严重边缘化了，甚至于当代建筑艺术的自主意识也严重排斥了壁画与雕塑的存在。而这个展览就是试图激活传统渊源深厚的壁画艺术、重新定义当代公共建筑空间的壁画概念、探讨当代建筑艺术个性的自觉与壁画创新之间的关系。

对于艺术“未来与现实”的探讨，几乎成为这些双年展不断被拷问的话题。在北京双年展国际学术研讨会上，来自瑞士的格拉马奇尼认为，当代中国艺术家非常重视对欧洲艺术传统的研习；而一位来自奥地利的艺术家则指出，欧洲也从中国艺术汲取了不少养分。他们争论的话题，无形之中都集中在对于人类艺术传统的继承与变革、对于不同民族文化的借鉴与融合等艺术发展规律的探讨。人类在21世纪的艺术不论怎样新变和演进，这种未来发展都不会离开如何认知传统与如何进行不同民族文化之间融合的现实。

四、不断吸引公众视线的美术馆文化

10月1日，由上海世博会中国馆历时一年改建而成的中华艺术宫正式开馆，上海美术馆迁入并易名。此条消息借助于“中国馆”的世博效应而持续发酵公众对于美术馆文化的兴趣。这个建筑总面积逾16万平米、展示总面积达6.4万平米的特大型美术博物馆，或许是亚洲展示体量最大的美术馆，甚至于还超出了正在规划之中的中国国家美术馆的设计方案。但带来的追问，则是有多少美术品可以进入公立美术馆的收藏与陈列？美术馆如何持续吸引公众视线？

收藏、研究、推广，一直是中国式美术馆文化建设的瓶颈。年内最有效的美术馆文化建设，是文化部开展的2012年全国美术馆馆藏精品展出季活动。在入围展出季活动的20余家美术馆的展览项目中，“大器‘玩’成——中国美术馆藏民间玩具精品展”、“共同的眼睛：20世纪中国艺术现代化演进图考

——上海美术馆馆藏精品展”、“三百石印富翁——齐白石的金石心迹”、“中央美院美术馆藏国立北平艺专美术精品展”、“山月丹青：纪念关山月诞辰100周年艺术展”、“决澜长歌——庞熏琹艺术回顾展”和“笔墨·世界——亚明欧亚风情写生作品展”脱颖而出，被评为优秀展览项目。

这是国内美术馆行业首次进行的藏品展出项目的评审，其着眼点是如何将美术馆转换成不断吸引公众视线的一种社会审美文化。展出季活动让人们看到了国内美术馆在研究、陈列、推广等方面的真正功底。北京画院美术馆的“三百石印富翁”，第一次以研究的形态、文献与实物互证的方式，完整展示了馆藏的300方齐白石石印。上海美术馆的“共同的眼睛：20世纪中国艺术现代化演进图考”，以“现代化”为主线，从多个层面与维度研究、梳理20世纪中国艺术作品中现代化想象的投射与映照，全新的学术视角赋予许多经典藏品以从未有过的视觉体验。中国美术馆的“大器‘玩’成”，不仅邀请著名民间玩具艺人进行现场制作表演，而且让孩子们进入展厅开展益智玩具游戏、体验传统民间文化的魅力。亚明艺术馆则把合肥滨湖建设一线的建筑工人代表请到“亚明欧亚风情写生作品展”现场，很多曾赴海外务工的建筑工人看到艺术家笔下的欧亚风情倍感亲切。此次展出季活动，表明了国内美术馆建设从单纯的硬件向积淀性软件的转化，标示着以公众关注度作为美术馆文化建设与发展衡量标准的价值转型。

从表现农民工到把农民工请进美术馆，这或许能够揭示“中国式”美术的当代性主体价值。实际上，“中国式”美术是在近代学习西方、被外来艺术的“他化”进程中逐步获得的一种文化自立意识。2012恰逢上海美专百年校庆，刘海粟在百年前《创立上海图画美术院宣言》中，就曾阐述了中国现代美术教育的自主性。当重温“我们要发展东方固有的艺术，研究西方艺术的蕴奥”、“我们相信艺术能够救济现在中国民众的烦苦，能够惊觉一般人的睡梦”时，更深刻地体味到关注社会、救赎心灵的现实主义精神的“中国式”美术所被赋予的“当代性”灵魂。

尚辉　《美术》杂志执行主编

水墨：作为一个中国问题和中国事情
——2012 水墨艺术创作述评

◎魏祥奇

2012 年底，鲁虹策划的“再水墨：2000—2012 中国当代水墨邀请展”① 在湖北美术馆举行，参展艺术家中很大一部分来自 2001 年皮道坚和王璜生在广东美术馆策划的“中国·水墨实验二十年 1980—2001”② 的参展艺术家，因此鲁虹明确指出“再水墨”展是“水墨实验二十年”展的延续，是一次对近十余年水墨艺术发展的“再梳理”与“新呈现”。“再水墨”展览作品分成特邀、水墨新探索、与水墨有关和水墨新锐四个部分，特邀艺术家中不乏方力钧、岳敏君、周春芽、曾梵志、罗中立、尚扬等皆以油画创作称著当代的艺术家，而张大力更是以在公共空间创作近似于涂鸦（行为、装置抑或影像）样式成名的观念艺术家，耐人寻味的是，他们缘何在今天“跨界”参与当代水墨的展览。的确，近年来在当代艺术领域，不少主要创作油画、装置、影像、行为的艺术家都在使用水墨和纸本，进行一些可以被纳入“水墨实验”范畴的探索，包括这次特邀艺术家的作品，多少都与水墨有些关联，或者在材质、或者在一种“泛水墨”的观念（诸如借用或与传统中国画的理论思想有关）、或者仅仅在视觉上有水墨的感觉，甚至仅仅是用水墨勾画的一些创作的手稿。应该说，“再水墨”的策展人鲁虹在竭力放宽界限，邀请所有能够和愿意参展的艺术家进入展览，以期对当代水墨创作的现状进行最完整和细致的梳理，捕捉和呈现“当代水墨”的新发展，尽管有些刻意或者夸张地描述了“当代水墨”的影响面和渗透力。这些特邀艺术家之所以愿意或者积极参与“当代水墨”的展览活动，拿出一些相对而言“似是而非”的作品，也在于一种展览组织的随意性，不否认其中一些艺术家意识到“当代水墨”可能拥有的理论或市场潜力，但参与各种形式、内容和主题的展览，很多当代艺术家乐此不疲。

“再水墨”展基本呈现了 2012 年“当代水墨”创作的现状，参加“水墨实验二十年”展的艺术家大多在列，这些艺术家基本上都延续了 2001 年的创作理路，作品形式和风格并无明显变化，而“与水

---

① “再水墨——2000 - 2012 中国当代水墨邀请展”由湖北美术馆、今日美术馆、99 艺术网共同主办，2012 年 12 月 28 日至 2013 年 3 月 3 日在湖北美术馆举行，2013 年 4 月 2 日至 4 月 17 日在北京今日美术馆举行，展览由深圳美术馆艺术总监鲁虹担任策展人、湖北美术馆副馆长冀少峰为学术主持。参展艺术家共 62 人，其中特邀 7 人：方力钧、张大力、尚扬、罗中立、岳敏君、周春芽、曾梵志；水墨新探索 31 人：水墨新实验有王川、王林旭、刘国松、刘子健、陈建辉、李华生、张羽、沈爱其、邵岩、周韶华、洪耀、梁铨、黄泽雄、魏青吉，水墨新意象有卢辅圣、刘庆和、朱伟、杨世芝、李孝萱、李津、邵戈、沈勤、周湧、周京新、武艺、郑强、南溪、黄一瀚、章燕紫、蒋世国、靳卫红；与水墨有关 15 人：水墨影像有刘旭光、杨国辛、邱志杰、邱黯雄、金江波、袁晓舫、梁蓝波，水墨装置有卢昊、石磊、左正尧、谷文达、徐冰、原弓、彭薇、魏光庆；水墨新锐 9 人：王敏、闫永军、李军、李婷婷、沈沁、杨社伟、杨鹏、崔强、彭震中。

② “中国·水墨实验二十年 1980 - 2001”由广东美术馆主办，2001 年 8 月 31 日至 9 月 23 日在广东美术馆举行，展览由华南师范大学教授皮道坚、广东美术馆馆长王璜生共同策划。参展艺术家共 43 人，其中“中国·水墨实验 1980 - 2001”上篇“新潮涌动”有吴冠中、刘国松、谷文达、李世南、王公懿、杨诘苍、李津、阎秉会、沈勤、王川、邹建平；张力表现有田黎明、李孝萱、刘庆和、朱振庚、海日汗、王彦萍、武艺、刘一原、刘进安、陈铁军；实验走势有石果、刘子健、张羽、魏青吉、王天德、方土、陈心懋；下篇“水墨之光”、“想：追忆、寻觅与梦想”有田黎明、武艺、海日汗、张进、陈铁军、王公懿、李华生、朱振庚、梁铨、朱青生、崔健、晁海、黄国武；“观：心象与都市人文景观”有李孝萱、刘庆和、王彦萍、黄一瀚、周湧、邵戈、胡又笨、郑强；“思：数码时代的神话与寓言”有杨诘苍、王川、石果、刘子健、张羽、阎秉会、方土、魏青吉、王天德、邱志杰、王纯杰。

墨有关”部分增加的影像和装置作品，丰富了艺术表达形式的面貌，策展人鲁虹也没有在理论上提出关于“当代水墨”的新解释，其文章中也只是以“再传统”与“再中国化”两个关键词作为寄语，指出当代水墨艺术家正在“基于当下感受”并进行对“传统的再创造”，结论部分也显得十分苍白，只是谈到“再水墨”展表明当代水墨创作在新世纪已经“蔚为大观”，进而形成了“既不同于西方现当代艺术，又不同于传统艺术的新特点”，而参展艺术家更多是“从自身的文化传统与当下文化背景出发，更加关心的是他们感同身受的文化问题。”① 或者，“再水墨”展正是皮道坚在“水墨实验二十年”展前言中所冀望的，“水墨之光是智慧向心灵的投射，是隐含于幽明之中的微光，它与西方艺术传统中之光照的含义完全两样：一为内敛，通过直觉趋向内省感悟；一为外张，强调分析以实现认知。代表深深根植于我们民族文化土壤之中的精神与人性的现代水墨之光，将为世界当代艺术提供一种新的体验与观看方式，增加一个新的维度，这是我们的希望所在，也是我们努力的方向。”② 那么，“传统”与“中国”作为一个文化同时也是一个政治概念，仍是今天“当代水墨”理论的核心修辞方式。因此，“当代水墨”所参照的艺术史逻辑，完全不是当代中国问题和中国事情，而是朝向一种“尚不自信”的“中西对话”迈进，似乎只有“当代水墨”的观念被西方艺术界普遍接受，才获得了一种真正的成功和自由。这里并不是说“当代水墨”创作不关心中国当代艺术发展的形态，事实上我们看到学界普遍对20世纪90年代以来所形成的“中国当代艺术”批判话语机制和视觉符号感到不满——尤其是资本经济的运作消解了其“学术性”观念的价值，将“中国当代艺术”转变成一个商业帝国的神话——“当代水墨”作为一种极具中国文化意味的艺术语言和审美形式，成为理论和批评界亟需寻找的一种“非西方”的当代艺术模式和结构。应该说，在“水墨实验二十年”展之前，其理论探索主要还是面对水墨语言自身的“现代性”问题，带有一种“图像”化的形式创造冲动；而今天“当代水墨”在理论上似乎更愿意探讨一种文化身份的“觉醒”，是一种“超越”水墨媒介界限、并带有强烈“历史学”意味的“社会学”思想认知。需要注意的是，也是在近两年时间里，“当代水墨”不仅仅是作为一个学术命题被理论家和批评家所重新审视，还在于艺术市场“非学术性”的关注和推动，令“当代水墨”成为一个更为宽泛的概念被滥用。

“当代水墨”作为一个理论概念，在学理上应该延续所谓20世纪80年代的“现代水墨”（在某种程度上而言，经常使用的是“抽象水墨”进行替换）和20世纪90年代的“实验水墨”观念。杭春晓在最近发表的一篇理论研究文章中③，明确指出了20世纪80年代“抽象水墨”无法摆脱的形式主义“宿命”，并且由于中国社会和文化环境的转变，“抽象”所象征的“自由精神”的意义逐渐被消解，“抽象”的不再具有一种观念的批判价值，而沦为一种新的“肤浅”；20世纪90年代“实验水墨”乃是一种更具理论思辩意味的新转换，其语言的修辞方式落实于“观念”而非“形式”。“实验水墨”的概念契合了20世纪60年代以来西方艺术史思想的“观念化”旨归，这是一种不断质疑传统美学思想的“当代艺术”。无论是汉斯·贝尔廷在《艺术史的终结》④ 中提到的“泛文化主义”的新艺术史，亦或是阿瑟·C·丹托在《艺术的终结之后》⑤ 中指出的“当代艺术的哲学本质”，皆认为当代艺术创作和批评都过多依赖于后现代哲学和社会学思想，而摒弃了传统注重形式分析的“风格学”和“图像学”理论。“当代水墨”的“当代性”仍基于一种“哲学化”的理论阐释，是对“实验水墨”艺术家“当代身份”的一种新表述。可以看到，“再水墨”展的参展艺术家多出自于“实验水墨二十年”展之中，甚至一些艺术家的创作从“现代水墨”时期就已经开始。“当代水墨”在理论表述上有着模糊性，甚至

---

① 鲁虹：《从传统中寻求更新的发展——关于“再水墨：2000－2012中国当代水墨邀请展”艺术展》，“再水墨：2000－2012中国当代水墨邀请展”前言。

② 皮道坚：《水墨实验20年：一个由“出位”而重新“到位”的精神文化之旅》，广东美术馆编《中国·水墨实验二十年》，黑龙江美术出版社2001年版。

③ 杭春晓：《隐藏的能指——关于“抽象水墨”、“实验水墨”的另类思考》，《美术研究》2012年第4期。

④ ［德］汉斯·贝尔廷等著，常宁生编译：《艺术史的终结?》，中国人民大学出版社2004年版。

⑤ ［美］阿瑟·C·丹托著，王春辰译：《艺术的终结之后》，江苏人民出版社2007年版。

不是作为一个“概念界定”，而是作为一种“描述方式”，即对当下时间“水墨创作现状”的呈现，而不是作为一种“学术批评”的对象。尽管如此，一些理论家就水墨的发展仍进行了不无裨益的思考，诸如杭春晓在文章中指出：从“抽象水墨”到“实验水墨”，遭遇两次“坍塌”后的“水墨”，又该何去何从？答案显然不在新的概念，而在思考方向的转换：放弃“水墨”作为“媒介”的主体想象，放弃在中西、古今之间重建“水墨”现代性的宏大目标，将注意力放置于具体作品的视觉结构中，讨论具体而微的视觉体验，以及体验背后的艺术方式。① 就是说我们今天重新思考水墨创作的问题与方法时，仍纠缠于20世纪80年代以来的中西、古今等宏大叙事的讨论将无甚意义，也无助于理论和观念的转换。杭春晓认为只有水墨艺术创作者将其情感注入到一种“微观叙事”之中，在摆脱笼统的、带有功利色彩的文化指向之后，回归到一种真实的、情感性的、由个体而生的精神体验，才能切实推进对水墨创作的新认识。杭春晓特别指出2003年栗宪庭策划的“念珠与笔触”展②、高名潞策划的“中国极多主义”展③，就是一种富有洞见的思考线索。我们也注意到，2001年皮道坚策划的“实验水墨二十年”展似乎是对一种宏大理论与叙事方式的总结，是对水墨论题所承载的社会和文化诉求最直观的剖析，是一种外向性的语义结构，即在一种社会学和哲学理论语境中，去思考一种“批判性”的当代价值。似乎参与此次展览的水墨艺术创作者身上，皆带有一种20世纪80年代的理想主义情怀，与20世纪90年代普遍的焦虑与躁动情绪的混合性，这其中有笔墨趣味，视觉形式，也有混沌模糊甚至空泛、随意而造作。事实上，20世纪80年代至90年代，策展人和理论批评一直在使用“当代水墨”、“现代水墨”、“抽象水墨”、“实验水墨”、“表现性水墨”等概念，试图描述和定义这种“新中国画”的形态特质和精神观念，尽管这些理论语言的修辞方式存在差异，但其基本认识和理论逻辑方式是相同的，就是要解构传统中国绘画的笔墨语言和表现形式，尝试抛弃传统的“用笔”经验和品评标准，是一种反叛，但是这种反叛的最终目标仍在于“建构一种新绘画”，与所谓传统的“中国画”共同行进，这或许就是皮道坚在文章中所期待的从“出位”到“到位”的转换。鲁虹文中所说的“再水墨”展的参展艺术家们莫不参照其“感同身受的文化问题”，就是对这种宏观理论结构的新回应，只是这种回应并不完全依赖于一种理论思考，而是更关注自身创作的具体问题而展开——20世纪80年代至90年代对于生命意识、宇宙洪荒等终极而抽象论题的思考告一段落。就像栗宪庭早就指出的那样，一种个人情感经验的“过程性”，是不同于西方古典绘画那种对完美“结果”的注重，而长于对绘画这个艺术活动“过程”的清晰“记录”。从画家第一笔接触绢、纸的刹那间开始，到最后一笔，情感、思绪在这个过程的每一笔中都得到抒发。或痛快淋漓，或迟滞生涩，或时而飘动，或时而板结，无不是画家性灵的反应。④ 在策划“念珠与笔触”展时，栗宪庭将“心迹”解释为一种“艺术行为的方式”，指出艺术家在“繁复的手工过程”中，能够沉寂心灵，是一种修心养性的自我“治愈”。也就是说，水墨创作只是一种方法，是一种平复内心不安状态的手段。在这里，水墨也就无关宏大叙事，其更私密、更个体、更单纯，也更超越；而一旦将“水墨精神”指向人的内心，那么传统的绘画理论便重新“复活”了。高名潞所提出的“极多主义”同样如此，将这一概念总结为五个方面：一、几乎所有的人都反对表现或再现现实，否定艺术家可以赋予作品意义；二、重复的形式可以去掉再幻觉和虚似性；三、意义只存在于过程和变化之中，随个人的体验过程而变化，所以，它们都重过程，并以不同的劳动方式去完成某一体验过程，作品只是不完整的片断；四、意义的展开是无限的，最大的无限则是虚无。虚无是无法用形来表示

---

① 杭春晓：《隐藏的能指——关于“抽象水墨”、“实验水墨”的另类思考》，《美术研究》2012年第4期。

② “念珠与笔触”由北京东京艺术工程发起并举办，栗宪庭为策展人，时间是2003年7月26日至10月10日，参展艺术家有：陈光武、陈墙、杜婕、丁乙、李华生、路青、刘毅、马延泠、潘缨、秦一峰、石晋华、王云、徐宏民、伊灵、游婷祺、野雪、余友涵、钟山、周洋明。

③ “中国极多主义”由中华世纪坛艺术馆、美国纽约州立大学布法罗分校美术馆共同主办，高名潞为策展人，时间是2003年3月14日至30日，在中华世纪坛艺术馆展出，参展艺术家有：丁乙、申凡、朱小禾、朱金石、邢丹文、邬一名、宋涛、李华生、杨振忠、邱志杰、洪浩、徐宏民、顾德新、曹恺、梁月、路青、雷虹。

④ 栗宪庭：《中国水墨画的合理发展》，《美术》1986年第1期。

的，所谓的“大象无形”，但可以以量的得复去暗示无限，和“数”的极多去隐喻永无终结。因此“多”不是实在的、定量的，相反是虚的，是许多个类似的偶然的罗列，尽管是以秩序的、理性的、整齐的面目出现的。这种量与无限的关系既是从中国传统来的，也可能是“文革”的话语影响与发展；五、这必定将“极多主义”引向现代禅——中国的达达和解构主义。所以他们大多追求类似禅的体验和虚无主义。① 其中谈到“意义的展开是无限的，最大的无限是虚无”，而“极多主义”将这种无限引向“现代禅”，在于艺术家大多追求类似“禅的体验”和“虚无主义”，而这种体验来自于一种“不同劳动方式”的“过程”。最终“极多”则用尽量无限长的“时间”去体验“意义”，同时通过看似“无意义”的行为、劳动去“记录”时间本身。② 应该说，栗宪庭与高名潞在“中国水墨实验二十年”展之后，即尝试为水墨创作指明新的方向，就像皮道坚在文章中所提到的，是一种更为“趋向内省感悟”，“现代水墨一如传统水墨之‘澄怀观道’，在于对生命过程的体验与品味。”③ 鲁虹对于“再水墨”的阐释并没有延续皮道坚、栗宪庭和高名潞的方式，更多地是仍在思考和构置“水墨”作为一种“中国文化身份”的“符号”与“西方当代艺术”对话的“格局”。事实上，“再水墨”并没有发现也没有给予水墨理论更多的表述空间，我们也没有看到参展艺术家在这一模糊主题下“集体性诉求”的努力，或者正是在一种“水墨理论自我稀释”的过程中，将水墨探索推向一种“回避”中国当代社会现实的状态，而走向一种对“自我内在世界”更为关注的“另类现代性”。

2012 年 7 月，杭春晓以“非媒介”为题，对水墨问题进行了一种独具思路的理论清理，并且以张羽和梁铨两位艺术家的创作实践作为案例进行解读，相对于“再水墨”的宏大和驳杂，“非媒介”展更能针对性地提出问题。④ 为了能更充分地讨论“水墨媒介”的问题，杭春晓与高名潞、皮道坚、张羽和梁铨都做了颇为深入的对话，普遍认为“水墨作为一种特殊性的质感语言，其内在于一种体悟性的文化体验之中”，他一再强调，“非媒介”在于揭示媒介多重表义的可能性：非局限于媒介的意义，而是超越媒介的文化认知。高名潞在对话中指出，20 世纪 80 年代以来中国思想界不断接受着启蒙主义思潮的影响，甚至完全为其所左右，今天西方思想界诸如霍克海默的《启蒙辩证法》已经在反思启蒙主义的理论，认为启蒙主义是一个“神话”，其确立的人类中心论，包括人类要统治客观世界，包括科学和工具理性，最终其精英主义的思想会被低俗的大众文化所消解。今天我们谈论水墨论题往往被局限于一定的知识维度和思维模式之中，对于启蒙主义理论的反思就是这样一种重新认识，而“如果要走出主体性的神话，就需要调动自身的经验去体会，而非满足于理论上的梳理。”⑤ 皮道坚在对话中也清晰地表达了自己对于水墨的判断：“水墨性、水墨精神和水墨方式的目的也在于解放媒材，水墨媒材应该是一种艺术思维方式，是一种创作方法论。”⑥ 他指出，事实上“现代水墨”抑或是“实验水墨”，在出现时就不得不面对中国绘画的传统、面对西方的现代艺术和当代艺术、面对中国当代艺术发展的现实，其不得不“借用”一些艺术形式和语言，来讨论和解释自身的存在，问题是如何“植入”一种有价值的“水墨精神”？在他看来，这种水墨精神就是中国传统文化中如何看待“人”、如何看待“自然”的一种方式。张羽作为当代水墨创作群体中极具理论思考意识的艺术家，20 世纪 90 年代初就曾参与策划和编

---

① 高名潞：《中国极多主义》，重庆出版社 2003 年版。

② 高名潞：《极多主义：一种现代主义的幻觉》，《另类方法 另类现代：中国当代艺术中的本土文化因素及其现代性转化》，上海书画出版社 2006 年版。

③ 皮道坚：《水墨实验 20 年：一个由“出位”而重新“到位”的精神文化之旅》，广东美术馆编《中国·水墨实验二十年》，黑龙江美术出版社 2001 年版。

④ “非媒介：张羽、梁铨作品展”由台湾大象艺术空间馆主办，杭春晓担任策展人，在北京 798 悦美术馆展出，时间是 2012 年 7 月 19 日至 7 月 27 日。

⑤ 《媒介对物质性存在的超越》，杭春晓与高名潞的对话，地点：高名潞当代艺术研究中心，时间：2012 年 4 月 29 日，暂未出版。

⑥ 《媒介作为开放性语义的视觉表征》，杭春晓与皮道坚的对话，地点：北京奥加饭店，时间：2012 年 5 月 14 日，暂未出版。

辑关于“中国现代水墨画”问题的研究和出版；1993年策划了《二十世纪末中国现代水墨艺术走势》丛书的编辑和出版；1996年策划了由皮道坚主持的“走向21世纪的中国当代水墨艺术研讨会”，成为推动“实验水墨”观念被理论界开始普遍接受。在与杭春晓的对话中，张羽重申了其2008年策划“水墨≠水墨画：李华生、张羽、梁铨作品展”① 的思考：“一、水墨是一种物质属性的媒介；二、水墨对于世界而言是一种文化，这种文化是超越媒介的；三、水墨是被赋予了超越物质属性的精神价值；四、水墨的表达是可以超越平面绘画的。”② 张羽表示，他在1999年便提出要“走出水墨”的思考，这种“新观念就是要跨越媒介，并且在跨越媒介与释放媒介能指的前提下超越媒介。进入媒介背后表达的关联系统，叠加全球性话语中表达方法的认知再生，并突破媒介界限与媒介的表达能指。”③ 对于近年来一直坚持创作的“指印”系列，张羽认为“行为”是第一表达，包括身体的、行为的、修行的，但区别于西方表演的行为艺术，“指印表达在认识的前提下，将人类众生的修行礼仪方式转换为我的艺术修行表达方式。换句话，就是认识决定方法、决定方向、决定观念。”另外一位参展艺术家梁铨并没有张羽如此清晰的理论逻辑，在对话中更强调“直觉”和“感受力”，他创作中试图进入一种“古代的气息”之中，重要的是“体验”一种“精神生活”，这是一种生命的“哲学意识”。他说：“做作品的时候有一个过程，我很享受这个过程：动手的过程。这里撕纸、染织，那里拼贴，又如何摆在一起，这个过程让我觉得很幸福。有人说那么累，你为什么不找几个人帮忙；我就回答说，这样乐趣就没有了，我为什么要这样做?”④ 杭春晓策划“非媒介”展的理论主旨意在回避“文化身份”、“传统与当代”、“现实关怀与语言变革”的宏大叙事模式，然而最终将“水墨媒介”定义为一种“转向观看认知过程中的具体经验”时，事实上是以一种模糊的语言修辞来重新回应以上命题。杭春晓指出，对于水墨创作的“观看”，在视觉上其意义往往并不完整，观看者必须理解整套观看体系背后“隐藏的能指”，才能真正的完成“阅读”的过程。需要特别指出的是：这里所说的“水墨”特性，并非预设逻辑中的特征概括，而是艺术家对于“水墨”媒材的个人化经验，其方法的生效也不是宏大文化逻辑，而是艺术家细腻、真实的体验过程赋予的。也许，其独特化的体验方式，只是“水墨”可能的特性中的局部，它却是自然生发的结果，而非生硬的预设结果。其中差异，正是观看、审视“水墨”立场的改变——消解主体想象，还原媒材属性。⑤ 这种理论推演的问题在于，杭春晓将“当代水墨”的精神属性归为一种超越世俗生活的个体经验，如同高名潞和栗宪庭所强调的“过程性”一样，“当代水墨”无关乎一种社会学意义上的“现实批判”，也无关乎福柯式的“微观权力结构”，其可以游离于“当代文化和社会语境”之外，成为一种描述当代“中国人”心灵“世外桃源”的新图式与新方法。

据不完全统计，2012年以“水墨”为主题或命名的展览活动不少于150项，然其中绝大多数属于传统“中国画”的类型，不属于前文中所讨论的“当代水墨”。关于“中国画”、“水墨画”、“现代水墨”、“抽象水墨”、“实验水墨”、“新水墨”等概念的演变，顾丞峰在一篇文章中梳理了简要的轮廓。⑥“中国画”作为一个带有政治和民族象征的概念在20世纪50年代被使用，80年代后期伴随着文化观念的开放和多元，逐渐为“水墨画”的概念所替代，“水墨”不仅仅是指称表现媒材，亦带有一种“现代性意义”的语义转换。可以看到，“水墨”概念在理论阐释上更具有“活性”和新的“学术色彩”，对

---

① “水墨≠水墨画：李华生、张羽、梁铨作品展”，展览时间：2008年8月2日至9月18日，地点是北京和静园艺术馆，汪民安撰写了展览前言。

② 《媒介作为精神体验的修辞》，杭春晓与张羽的对话，地点：北京环铁张羽工作室，时间：2012年5月4日，暂未出版。

③ 《媒介作为精神体验的修辞》，杭春晓与张羽的对话，地点：北京环铁张羽工作室，时间：2012年5月4日，暂未出版。

④ 《媒介传达细腻的感知和体验》，杭春晓与梁铨的对话，地点：北京新偏锋空间，时间：2012年4月30日，暂未出版。

⑤ 杭春晓：《隐藏的能指——关于“抽象水墨”、“实验水墨”的另类思考》，《美术研究》2012年第4期。

⑥ 顾丞峰：《观念的历史——考察与“水墨”有关的几个概念》，《美术研究》2012年第4期。

于中国艺术家尝试走向国际化的当代艺术语境而言，“水墨”无疑摆脱了一种“狭隘”的国家和地域局限。20世纪90年代初至2005年左右，以“现代”、“抽象”、“实验”定义“水墨”艺术创作颇为常见，并且在此时“当代艺术”作为一个专有名词被广泛使用，学术界相对模糊了“当代性”与“当下”的区别时，“当代”似乎表明了一种“更具创新和先锋意味”的身份，尤其是看起来与20世纪60年代以来西方“观念艺术”主导的“当代艺术”在修辞方式上是相同的，“当代水墨”的称谓也就自然而然被肯定和使用了。皮道坚和高名潞等理论学者都认为“水墨”对接的不应该是西方的“现代艺术”，而是20世纪60年代以来的“当代艺术”，是一种文化身份，也是一种艺术哲学。也就是在20世纪90年代后期，中国当代艺术亦趋于自觉，政治意识形态的消退使社会结构不断重组，艺术家逐渐从一种与政治对抗的姿态中挣脱出来，重新面对当代艺术自身理论和思想的丰富性，以及相关的展览创作主题，甚至是关注当代艺术在经济社会中的角色；再者，当代艺术家对中国传统文化的重新思考，意识到自我文化身份与言说方式必须“对位”。或者说，“水墨”作为一种自我生长的中国本土艺术语言和形式，在多元共生的世界当代艺术格局中，是最能够获得一种民族文化身份的新认同，其对传统绘画精神的当代转换，能够激活和唤起古老的审美传统并将之释放于今天的情感生活和现实命题之中，不应蜷缩在既往程式化的笔墨趣味之中，丧失一种时代的鲜活感。的确，不仅仅是关注水墨创作的理论家在思考中国当代艺术国际化的可能，水墨艺术创作者同样在思考水墨如何介入被西方所定义的“当代艺术语境”，从某种意义上而言，“水墨”作为一个理论问题更具“先验性”。与“当代水墨”概念同时并生的“新水墨”，在顾丞峰看来是所谓“新中国画”概念的变体，作为一种更为笼统的描述方式，其“缺乏对对象性质的定性”，或者仅仅是一种权宜之计，之所以为大多数人容忍和接受，在于“新水墨”的时间划分更显清晰，而且能够回避“笔墨中心”的纠缠，这样在“评判标准上有中西左右逢源的可能”。相较于“当代水墨”对于“传统精神”、“当代性”在“创作观念”上的回应，“新水墨”似乎意在更包容，因为在今天的美术学院和画院创作机构中，越来越多的创作者接受了“水墨”的语言和形式，尽管在“观念”上仍未具备“当代性”价值追求，但“新水墨”的确是一种涌动的“思潮”，甚至被用来统称今天所有的“中国画”创作，都能够被学术界所接纳，“中国画”概念在描述一种整体形态时太过“不够学术”和“不够当代”，甚至是“画”的概念也限制了视觉的形式，即使是美术学院和画院体制中有意识的创作者，也多不同意将自己归入其中。但“中国画”作为一个既定的概念仍被普遍使用，具不完全统计，2012年以“中国画”命名的展览大约有90项，其中绝大多数都是由画廊机构主办的商业展览，基本上没有所谓的“学术主题”和“学术诉求”。其中尤以中国美术馆在2012年初策划和主办的“都市·田园：中国美术馆中国画提名展”最具价值①。

相较于“再水墨”展所试图扮演的“先锋思想者”角色，“都市·田园”展更倾向于内敛和多元性的考量，组织者力图呈现更为开放的创作风格和艺术语言探索，提名艺术家的作品在创作观念上表现出明显差异。当然，“都市·田园”展缺乏“再水墨”展在学术主题上的针对性和延续性，其学术讨论和研究落于宽泛，对中国画创作现状的归纳和整理，目的并不在于指明一个创作观念的新方向。范迪安对展览主题进行了概述：“‘都市·田园’是从近些年中国画创作现象中概括出来的学术主题。在中国社会改革发展的新形势和全球化的文化语境中，中国画家更加自觉地坚持传承与创新，在文化关怀和艺术语言探索上不断拓展视野、感怀现实，体现出学术精进的态势。当‘都市’成为社会发展和生活变迁最突出的视觉标识时，都市的景观、样貌、结构特别是丰富多样的都市人与都市生活也就成为中国画新

---

① “都市·田园：中国美术馆中国画提名展”，展览时间：2012年1月16日至2月27日，参展艺术家有：陈辉、陈孟昕、陈苏平、崔振宽、杜大恺、樊枫、范扬、方骏、方向、富中奇、宫丽、郭全忠、韩敬伟、何加林、纪京宁、纪连彬、孔紫、李爱国、李传真、李青稞、李洋、梁占岩、林容生、刘金贵、刘进安、刘巨德、刘临、刘庆和、卢禹舜、罗寒蕾、罗平安、马援、齐鸣、丘挺、任惠中、桑建国、邵飞、孙志钧、田黎明、王冠军、王晓晖、王颖生、尉晓榕、杨柳、姚鸣京、于文江、袁武、张道兴、张鸿飞、张见、张江舟、张立柱、张培成、张志民、赵俊生、赵奇、赵卫、周京新、朱道平、朱振庚。

的表达对象，‘都市’甚至成为一个新的文化命题，成为一部分画家专攻的内容。就传统中国画表现‘第一自然’的经验而言，都市入画，也意味着新观念、新思路、新感受的入画，在这方新的风景中，展现出画家们对传统中国画经验的修正、丰富和补充。相对于‘都市’，‘田园’是中国画永恒的主题，有着经典如山的积累。传统可资借鉴，但同样需要转换创造。在这个课题面前，有许多画家坚持长年行旅，直面自然，沉浸其中，在与自然的对话中找到表达的笔墨语言，在对自然景物的描绘中寄注人性的关切，从而使田园生机氤氲化醇，于广大处遥接天地气脉，在精微处充满感兴的意趣。实际上，‘都市’与‘田园’是一个相互依存与关联的主题，都是当代人的精神家园，是今日中国画新风新样滋长的土壤。”① 展览策划人马书林以“笔墨构建的精神家园”为题进行了自我表述式的说明：“无论是都市还是田园，他们均已切近现实的情怀，思考当代人的生存境况和精神世界，以个性鲜明的笔墨，表达自己的人文关怀，并试图在笔墨中构建人与自然和谐相处的精神家园。”他还指出，“都市·田园”展注重作品“以都市与田园为表现对象而体现的时代性，强调中国画传统精髓——以形写神的写意精神，注重中国画意象造型的基本审美特质，更注重艺术家的个性风格。”② 毫无疑问，“都市·田园”展在策划上主张提名在中国画创作领域卓有成就者，尤其是以画院画家和美术学院国画专业教授为主体，提名艺术家大多并没有为着特定的主题创作新的作品，而是延续自己一直以来的绘画母题和风格。组织者以“都市”和“田园”作为一种“视觉”或“意象”，将提交的作品一分为二：描述城市景观、农民工、时尚青年男女或城市建筑的绘画大多被归入“都市”的篇章，其中不乏有刘庆和驳杂混沌的写意人物、朱振庚朴拙浓厚的视觉符号、纪京宁感性灵静的女性系列、张培成意趣生动的空间构成、张见幽远神秘的超现实意境绘画，只能说是或多或少有些“都市”的影子；而描述少数民族人物、农民抑或山水，皆被纳入“田园”的篇章，其中像陈苏平内心视像式的勾勒，被置于“田园”之中就显得比较突兀。应该说，“都市·田园”展提名艺术家的创作以人物画和山水画为主要，其中人物画基本上以“写实性”的语言为主，工笔抑或是写意风格，皆注重造型的准确和形式美，学院式的“素描训练”以及“视觉观察”方法，在创作中体现得尤为清晰；而山水画则个人风格化取向差异较大，或工致或随性，但基本参照着传统山水画的图式结构和笔墨体系，丘挺的绘画就体现出对传统笔墨精神的深刻参悟。也可以看到，“都市·田园”展的作品基本上都在追求一种绘画语言和形式的“艺术本体美”，母题和主题似乎并不是一个一直以来不断被思考的问题，创作者在绘画中思考的是一种笔墨表现的灵感和趣味，用策划者的话来说是一种“心灵的韵律”，那么其创作观念也就无关乎对现实社会生活进行“知识分子式”的道德评判，也无关乎对艺术史发展过往与未来的思索。当然，在其中我们不否认存在一种文化理想和超越世俗的“纯粹性”，甚至可以说是用笔墨构建了一个真实存在的“精神家园”，但这也就是一种缺失：无视现实生活的苦难与困境，甚至这些在绘画创作中被赋予了“诗意”，然而我们是否真的能够在其中体验到一种“悲天悯人”的力量感，还是一个值得不断反思和质疑的论题。相较于“当代水墨”回避继续讨论笔墨传统和笔墨趣味的局限，“都市·田园”展的研讨会上，一些创作者还在不断重提这些老生常谈的陈旧命题，未尝不是一种遗憾。

如果说“当代水墨”在视觉形式上倾向一种“观念性”的“感知和体验”，那么“都市·田园”展的作品则是注重对绘画语言形式和结构的“本体思考”，而“概念超越：2012 新工笔文献展”则是强调一种“重新观看”，主张抛开绘画的“书写性”并突出“图绘性”，并最终获得一种新的“视觉经验”。

2012 年 7 月，杭春晓策划的“概念超越：2012 新工笔文献展”在中国美术馆举行。③“新工笔”作

① 范迪安：《前言》，范迪安主编：《都市·田园：中国美术馆中国画提名展》，人民美术出版社 2012 年版。

② 马书林：《都市·田园——笔墨构建的精神家园》，范迪安主编：《都市·田园：中国美术馆中国画提名展》，人民美术出版社 2012 年版。

③ “概念超越：2012 新工笔文献展”，由中国艺术研究院主办、北京凯撒世嘉文化传播有限公司赞助，杭春晓担任策展人，展览地点：中国美术馆，时间：2012 年 7 月 11 日至 20 日，参展艺术家有陈林、崔进、高茜、杭春晖、郝量、姜吉安、金沙、雷苗、彭薇、秦艾、肖旭、徐华翎、杨宇、张见、郑庆余。

为一个学术概念在近两年的时间里，不断为理论批评界、专业媒体和艺术市场所关注和推崇，其观念性的内涵和外延、以及与中国“当代艺术”之间的关联性，尤其是在寻找“实验水墨”之外，自我生长式的对传统艺术精神的激活，提供了一个新的参照样本。当然，在理论上我们还没有清晰界定“新工笔”与“新水墨”的概念，其语言与形式的模糊性，甚至可以说“新水墨”完全可以容纳“新工笔”；然而基于“新水墨”是在“现代水墨”、“抽象水墨”、“表现水墨”、“实验水墨”等概念逻辑上衍生而出的，将“新工笔”归入其中难免会混乱其“自由书写和表现”的特质，相对而言“水墨”多是讲求一种“释放”的行动意味，而“新工笔”则强调一种“内敛”的静谧姿态。“新工笔”的概念最早是由杭春晓2006年在《东方艺术》上发表的一篇文章《灰色的影调——“新工笔”收藏价值浅说》① 中勾勒出来的，其最早是这样描述的：“这些作品在色彩上一改传统中国工笔画用色方式，以西画中间色调关系为原则营造画面，为二十世纪末中国画的发展提供了一种极具启示价值的方向……此类‘新工笔’作品的出现，以上世纪八十年代江宏伟在工笔花鸟画上的探索为起点……江宏伟之后，以这种色彩描述经验为手段的画家很多。其中，徐累是最值得我们关注的画家之一。徐累的画面带给我们一种另类的审美感受，在充满没落陈腐味的灰色影调中，他将古典情境转换为一种现代空间感的叙述方式，马格利特的视觉经验巧妙地消融在符号化的中国传统之中。虽然徐累骨子里透着传统文人的“腐朽”，但他在形式上却是现代性的，甚至还带着一点绅士味道的优雅……另外，张见在年轻辈的画家中无疑是突出的。他很善于将异域的画面感觉转换为中国画的语言，西方文艺复兴的经典造型在他营造的东方情境中显得贴切而洋气，他的色彩轻松、高级，在平面感觉的强调中体现出他对中国传统的理解与解读。此外，雷苗、高茜、陈林、徐华翎、彭薇、崔进等也是这一群体中非常值得我们关注的年轻画家。”最后，杭春晓指出“新工笔”艺术家“都从不同的角度推进了传统工笔画的图像经验，并呈现为不同于传统工笔画的视觉方式。”这篇文章写作之前，也就是在2005年底，南京的大家画廊策划了一个“新锐工笔五人展”的画展，参展艺术家有徐累、崔进、张见、高茜和雷苗。值得注意的是，包括江宏伟，这几位工笔画创作者都来自南京艺术学院，杭春晓也毕业于此。很快，吴东在南京恒当代艺术空间又策划了“首届当代新工笔邀请展”②，由于其缺乏严谨的理论性，并不足以真正推进学界对“新工笔”的关注。次年，杭春晓在北京画院策划了“幻象·本质——工笔画‘当代性’方向”展③，在描述策展理念时表示：“这批工笔画家对传统工笔画进行的转换，从一个新的角度拓展了中国画表达现实精神的能力。相对近三十年来中国画领域中出现的新文人画、都市水墨、实验水墨等话题，这批工笔画以图像营造为中心，进行中国画语言形式与现代语义结合的尝试，在意图和结果上都更加明确。同时，这批源于传统的‘当代工笔画’，和西化的‘当代艺术’有所不同，虽然他们也表达了当代人内心的某种矛盾、冲突，但在画面效果上却将之消融于某种理性主义的安详、宁静中，带有东方化的修辞特点。从这个意义上说，他们不是当下流行的‘当代艺术’，而是一种新的能够表达‘当代’的艺术。相对西化的‘当代艺术’，他们是更能代表中国的‘当代艺术’。”从杭春晓的解释中我们可以提炼“新工笔”的几个关键词，首先是其“拓展了中国画表达现实精神的能力”，是“以图像营造为中心，进行中国画语言形式与

---

① 杭春晓：《灰色的影调——“新工笔”收藏价值浅说》，《东方艺术》2006年第21期。

② “首届当代新工笔邀请展”，吴东担任策展人，学术顾问顾平，展览地点：南京恒当代艺术空间，时间：2007年3月18日至3月24日，参展艺术家有崔进、陈林、雷苗、张见、高茜、秦艾、喻慧、陈子、李金国、姚媛、李水歌、沈宁、邓先仙。其新闻通稿称：本次展览名之为“新工笔”有两层意思，其一，参展的艺术家都是中青年画家，这些画家绘画的表现形式和艺术风格丰富多样，表现技巧独特新颖，既有传统的继承又有自己独特的发展与创新；其二，中国水墨画，工笔至宋，写意至元，已成颠峰，武功套路，虽各有门户，其实似绿叶红花白莲藕，说的是一回事，练的都是笔墨功。本次展览邀请的这几位年轻画家，勾画之间，已入法门，假以时日可期大成，对于水墨画来说似清风拂面，令人耳目一新。

③ “幻象·本质——工笔画‘当代性’方向”由中国艺术研究院、嘉德在线共同主办，杭春晓担任策展人，展览地点：北京画院美术馆，时间：2008年4月16日至22日，参展艺术家有徐累、崔进、姜吉安、陈林、雷苗、张见、高茜、秦艾、徐华翎、杭春晖、郑庆余。

现代语义结合的尝试"，是"更能代表中国的'当代艺术'"形式和语言。值得注意的是，这里杭春晓首先提出"新工笔"具备一种"当代性"问题，而在皮道坚、高名潞等批评家的思考中，"实验水墨"甚至是唯一具备穿透西方观念围墙力量的"中国当代艺术"形式，其理论生长的原点，仍是在传统"文人画"的"写意性"上。杭春晓认为"新工笔"、"图像性"的语言在"观念"表述上同样拥有活泼的生命力，而这种力量并不是来自一种"笔墨中心论"，而是来自一种被赋予了"精神性"的当代图像。以"新工笔"为名，武汉美术馆随即策划了"纤线万象——湖北新工笔画提名展"①，与我们所讨论的"新工笔"没有任何关系，但策展人还是在展览主题中谈及，"新工笔"是"继新文人、新写意之后的又一个当代东方艺术的标杆"，"对此我们并没有去考证是谁首先用了'新工笔'这个概念，但它确实已成为当代绘画的一种方式。"可以看到，杭春晓作为"新工笔"理论和观念的倡导者，试图为"新工笔"铺开一条建构"当代艺术"话语空间的通道，赋予"新工笔"新的"理论修辞方式"和"表达逻辑"。理论思考的逐渐成熟也让杭春晓越来越意识到"新工笔"不应被视为一种"视觉形式和符号"而被后学者拙劣的模仿，在2010年编纂"新工笔文献丛书"② 时，其对"新工笔"的言说也就更为清晰和明确。事实是，20世纪90年代以来尽管有"新文人画"、"实验水墨"、"都市水墨"都在努力尝试对中国画创作语言和形式的突围，然而"它们要么是掉入形式主义陷阱，要么成为都市表象的直接描摹，难能深入，甚至与传统资源毫无关联，并最终成为中西视觉夹缝中的孤儿。"而"新工笔"在面对中西的态度更为轻松、自由，其"既不背负宏观上自身价值证明的责任，也没有他者强势下的简单追随，而是从自我经验出发，选择关联性的视觉资源进行感官上的'编码重建'"，而创作者"对各类视觉经验均采用了开放、包容的姿态，而非简单的肯定或否定。这使他们获得了主动性的创作途径——不再拘泥于某种既定的对待过去的眼光，而是出于需要自由地选择视觉配方，并进而重建新的感官图像。"杭春晓还指出，"新工笔"创作者对视觉信息的消化，"并非形式上的简单挪用，而是对形式及形式背后精神体验的综合理解"，因此也就带有一种"反形式主义"的语义诉求，这种"编码重组"从根本上而言就是一种"源于当下精神体验的主观立场"，那么，"新工笔"也向我们呈现出"传统中国画在当代语境中自我突围"的一种新可能。杭春晓经过理论剖析认为，"新工笔"创作在两条线索上完成了自身与传统的系统性建设：一方面体现为在语言层面上强调传统的精神体验，而非强调简单的技术临摹，另一方面以当下立场为"感官重建"的预设前提，将传统自然主义的观照方式改变为主观观念化的阐释往事，即对物象的描绘不是抒情性的自我缅怀，而是一种认知结果的视觉编造，其图像的内在逻辑具有"反自然主义"特征，并与一直以来追求改变本体认知视角的哲学潮流相吻合。③ 也就是在这段时间里，"新工笔"艺术家成为媒体和赞助人热情追捧的群体，不断有新的展览主题和概念被拓展和延伸，"新工笔"的艺术家也穿行在各种形式的"当代艺术"展览之间，尤其是拍卖市场组织的"当代水墨"专场包容了诸多"新工笔"艺术家的作品，诸如2012年嘉德春拍推出"水墨新世界"专场④、

---

① "纤线万象——湖北新工笔画提名展"，由武汉美术馆和湖北美术学院共同主办，策展人傅勇，展览地点：武汉美术馆，时间：2009年8月23日至30日，参展艺术家有：李传真、方正、熊明飞、郝世民、李奕、程春利、段岩、胡霄、李洋、徐敏、贾佳、韩梅、张苛、唐辉建。

② "新工笔文献丛书"由杭春晓主编，凯撒世嘉文化传播有限公司总裁陈小兵为总策划，安徽美术出版社2010年版，共编辑10卷本：崔进、陈林、高茜、杭春晖、姜吉安、雷苗、秦艾、徐华翎、张见、郑庆余。

③ 杭春晓：《前言》，杭春晓主编："新工笔文献丛书"，安徽美术出版社2010年版。

④ 中国嘉德2012春季拍卖会，预展时间是5月8日至11日，拍卖时间是5月12日至15日，地点均为北京国际饭店会议中心，推出徐累、徐华翎、杭春晖、徐累、秦艾、郝量、曾健勇、谷文达、仇德树、杜大恺、朱伟、李华弌、刘庆和、李津、武艺、赵无极、方力钧、岳敏君、毛焰、王音等艺术家的水墨作品。

匡时秋拍推出“当代书画”专场①、保利秋拍推出“现当代中国艺术——当代水墨夜场”② 等，使“新工笔”很快受到学术和市场的双重肯定，同样，一些质疑的声音也开始出现，诸如说“新工笔”过于注重“染”以至于忽视了“笔性”，包括“新工笔”也存在一种很强的、可被辨识的“图式性”，易于被初学者所摹仿而忽视了传统工笔画的技艺——这种技艺仍是值得学习和借鉴的方式。杭春晓策划“概念超越”展，即是对“新工笔”两年来的创作经验和理论方式进行再思考与再判断：“新工笔”不应当成为一种所谓的“画派”，而应该是一种更为开放、能够不断自我激活的表达方法。

杭春晓在“概念超越”展的理论文章中指出“工笔画”与“写意画”的“传统”是晚近以来才有的“并置”，并且“工笔画”是在一个“流变”的言说方式中被确立的概念，其本来就不应该是一个“封闭”的画种。“工笔画”是可以在不断的自我审视中被激活的，所谓的“概念超越”，就在于“抛离‘固步自封’的文化姿态，实现创作对于‘当下’的介入能力、言说能力。”、“新工笔”艺术家则是以众多新奇的视觉结构不断地消解、重构我们概念中的“工笔画”边界，并带来全新的言说方式：从“自然主义”、“审美主义”等既定逻辑的言说工具，转变为“视觉”与“意图”、“观念”的重新互动。最后，其强调“新工笔”的“当代化”，不同于我们习惯概念中的“当代艺术”，其并非西方艺术史逻辑中的“当代”诉求，而是发生于中国画自我逻辑的“意义”结构——重构文化传统与今日生存体验、文化经验的表述关系。而我们在使用西方当代艺术的理论框架去阐释“新工笔”时往往就会遇到较大的难题，在于其介入方式在语言和观念层面不可剥离的传统因素，尤其是“个体面对问题的逻辑不同，经验方式、结果都会有所差异”，那么以“艺术风格学”的方式去描述“新工笔”将是狭隘的，因为这种文化“激活”功能：以视觉结构的改变，谋求“传统资源”的当代言说方式，并因此显现“传统”正在遭遇的某种“深度裂变”。③ 随后举行的研讨会上，尚辉认为“传统中国画所讲究的文人的心境、文人的审美，一直贯穿于参展艺术家的作品里面”，并且作品具有很强烈的当代性意味，这种“当代性和我们以往所说的当代性不一样，其当代性完全是从中国传统的内部走出来，运用了很多传统的精神要素，从这些要素中生发出来，和当代现实、当代文化、当代图像、当代观念建立一种非常恰当的关系。”何家英作为20世纪80年代以来工笔人物画创作最具代表性的人物之一，他肯定了“新工笔”的成绩，所有的创作者都在思考中国文化的价值，一种“晦暗”的调性隐在于创作者之中，但“这些作品尽管吸收了许多西方的东西，但是骨子里还是中国的，中国人的品味、中国人的审美。”而徐累更是提到中国绘画传统中即有“造型史”的存在，也就是一种写实能力，但因为文人画的写意传统勃兴致使我们忽视了这一传统，作为被观看的“图像”在一种书写的“绘画”传统中被遗忘了，“新工笔”就应该重新检视这些传统的文化资源。而夏可君似乎是在给“新工笔”的艺术风格进行了总结：内在的身体化，雅静平心的修为；虚化的忧淡；冷诱惑的冷感；是一种“余象”。④ 当然，研讨会并没有具体讨论“概念超越”展存在的问题，或者说杭春晓在理论文章中已经指出的那样，个体探索的差异最终会显现出截然不同学术方向，但若真以“观念性”来对应“当代性”的话，姜吉安的作品或者在其中最具有哲学思辨式的超越气质，杭春晖在思考的是一种弗洛伊德式的身体图像，混杂着对政治图像的借喻而生成一种模糊的悖论感，张见、郝量与徐华翎可谓在图像编造中多有心得，其他艺术家则或多或

---

① 北京匡时2012秋季艺术品拍卖会，预展和拍卖地点在北京国际饭店，预展时间是12月2日至4日、拍卖是12月5日至7日，匡时首次推出的“当代书画专场”，推出王子武、范曾、刘大为、田黎明、冯远、刘庆和、江宏伟、徐累、武艺、李津、雷子人、张见、高茜、雷苗、彭薇、郝量、徐华翎等人的水墨作品。

② 北京保利2012秋季拍卖会，预展时间是11月29日至专场前一天，地点是全国农业展览馆，拍卖时间是12月2日至7日，地点是亚洲大酒店，其中“现当代中国艺术——当代水墨夜场”包括谷文达、田黎明、朱伟、刘庆和、武艺、徐累、李津、李华弋、刘丹、邵戈、张见等人的水墨作品。

③ 杭春晓：《概念超越——重新勘定的“工笔画”边界》，天津人民美术出版社2012年版。

④ “概念超越——2012新工笔文献展学术研讨会”发言纪要，2012年7月11日，在北京华侨大厦会议中心举行，杭春晓召集和主持，参加者有尚辉、贾方舟、李一、郑工、吴洪亮、王春辰、吴鸿、王平、杨惠东、夏可君、何家英、徐累，以及参展艺术家。

少还在寻找形式与语言的构成趣味，基本未能脱离一种对技艺与个人情绪的沉迷。或者还可以说，就像张羽的“指印系列”、梁铨的“墨条系列”，一种传统中国文化精神中的空境和悠远在“新工笔”的创作中生成了“当代性”，也就是一种退离“现实精神困境”的超越。或者，就像阿瑟·丹托在《艺术的终结之后》中所提出的艺术正在成为哲学之子，而中国古典思想中的终极命题时刻成为艺术家在创作中必然选择的方向。这里我们不能否认陈林绘画中有更强的传统花鸟画意味，崔进的人物画很难说体现出了一种“当代精神”，因此“新工笔”必然面对一种分化，最终显现出越来越难以弥合的差异。事实上不仅仅是“新工笔”创作者，唐勇力①、田黎明②在2012年举办的个人展览，同样也在思考中国画传统与当代的关系，从某种意义上而言，这些绘画实践都值得我们关注和理解。

当然，对于2012中国水墨问题的思考只能说是停留在纯粹的理论层面上，我们没有也无法从更宏大的艺术史逻辑和文化语境去判断中国的当代艺术更需要怎样的理论和思想资源，一切都处于不断的变化过程之中。我们似乎可以感受到在中国当代艺术领域之中存在着一些“文化群体”的身份认同，但在很多时候这一隔阂又并不存在，彼此之间的交往和互动也在不断发生，至于在创作观念上有怎样的影响，这还不是一个很容易就能说清楚的问题。至少我们可以看到，“当代水墨”与“新工笔”在创作观念的理论表述上都在强调对传统绘画精神的回应，而这种话语修辞在美术学院和画院创作群体中又是一个反反复复被表述的话题，似乎在二者之间形成一种所谓的共识，即注重对于传统文化价值的阐发，不过前者注重“观念激活”而后者注重“形式创新”。就像20世纪90年代初郎绍君、刘骁纯思考“笔墨经验”的当代转换一样，“当代水墨”与“新工笔”都在回避这些理论方式，而是从西方当代艺术的理论逻辑中推演一种传统向当代转换的新可能。或者不应该去用一个概念界定其创作属于“当代水墨”、“新工笔”抑或是其它的东西，好的艺术在“观看”和“体验”中所获得的启发都是相通的。文中没有涉及个体艺术家在创作理路上的新发现，也没有考虑诸如艺术赞助人对于艺术语言和形式风格的影响，没有能准确勾勒一个更为清晰的当代艺术格局，这是一个值得思考的艺术史命题。用“水墨”抑或是“中国画”在思考和面对的仍然还是一个预设存在的“西方当代艺术与文化”，我们非常注意在创作观念上展现一种在传统文脉上生长开来的姿态，然而至少在2012年，仍是一个中国事情和中国问题。相信有一天，“当代水墨”、“新工笔”抑或是相对更传统的学院派绘画能够在“国际化”的当代艺术空间中有更多的文化碰撞，被“西方人”接受和认知。“当代水墨”和“新工笔”等创作观念，的确是源于一种对自身文化传统的再发现，这是一种自发性的突围与努力；无论如何我们都没有办法和可能回到过往的传统，一种“当代性”必然不断生成新的语义结构，传统美学精神是流变与鲜活。“思想”是艺术创作智性的表征，“多元性”的格局必然越来越清晰，也越来越引人深思：所有的观念边界都将被重新勘定，这是一种新的知识维度。

魏祥奇　中国美术馆展览部

① “再创唐风——唐勇力中国画作品展”由中华人民共和国文化部、中国文学艺术联合会、中国民主促进会中央委员会、全国政协书画室、中国美术家协会、中国美术馆、中央美术学院共同主办，展览地点在中国美术馆，时间是2012年6月30日至7月9日。

② “阳光·空气·水——田黎明绘画展”由中国艺术研究院、中国美协、上海美术馆共同主办，展览地点在上海美术馆，时间是2012年11月23日至12月4日。

筑路者速写
——2012 中国雕塑年度综述

◎唐 尧

2012，千禧之后的第一个龙年。属 12 种生肖的孩子都来了，世界末日说了没来。

太阳还在，人依然行走，路在前方延伸，向着远方或家乡。

宗教的路、哲学的路、科学的路、艺术的路。

中国雕塑的版图上，也有血脉一样的路。百年，四代筑路人，他们的作品展是这路上的站、地名和风景。

一、个展

第三代雕塑家，是这一年的核心力量。

一个亲密的合影是湖北美术馆的“雕塑 2012”。策展人孙振华、冀少峰。这个展览的命名与“雕塑 1994”遥相呼应——18 年前，“雕塑 1994”由傅中望、隋建国、张永见、展望、姜杰五位艺术家的五个个展构成，是中国当代雕塑进入学术自觉的重要标志。这次参展的五人中有三人在 2012 年另有新个展推出，分别是“隋建国——隋建国佩斯北京大型个展”、长征空间的“展望：无所遁形”和品画廊的“姜杰、秦玉芬双个展”。

隋建国依然保持着高危的姿态在方法论冷峻的刀刃上行走。他似乎对“视觉是视觉艺术的必要条件”这样自明的公理产生了颠覆性兴趣：把遮住眼睛完成的纯触觉塑造命名并放大；为观众设置黑暗的视点和看不到的变形过程。我们是否可能排除视觉进行塑造或完成拒绝视觉的雕塑作品？这样的天问具有那种大河之源的高度和寒冷。

展望沿着 2011 年的混沌开辟进入大爆炸之后的宇宙。依然包含强大的扩张意识，依然是向时空边缘的极地挺进，这次却一反以往仪式性的张扬（将作品置之珠峰或深海；用机械置换自然历程或用炸药创造“我的宇宙”），只把一束强光投入了寂静中浩瀚的尘埃。悬浮在“有”与“无”的临界上，展望的极限感中有了内省和沉冥，其中的转折意味有点像欧洲哲学来到胡塞尔和他的现象学。

其它三人：傅中望向全国征集旧衣物在美术馆中大规模洗涤晾晒，以一种恢弘的怀旧感完成了他的场域性表达，令人联想到巴塔耶的垃圾美学和西海岸后现代的废品狂欢；张永见是沂蒙之子，从 89 现代艺术大展的观念黑屋到 92 青年邀请展的软橡胶抽象表现，一路往回走，这是怀着乡愁从天涯回家的路。他不喜欢城市和汽车，喜欢石头和酒，把自己做成了后后现代的化石；姜杰是五人中唯一的女性，重负之下的芭蕾足尖或稻草堆中的胚胎与婴儿，她的梦魇高蹈、易碎、诗性、疼痛。

2012 年是中德文化年。10 月，中国美术馆馆长范迪安策展，曾成钢的雕塑个展“穿越”在德国重磅开幕。20 多件均高 3 米—4 米迸发着雄浑生命力量的大型青铜雕塑，带着东方古文明的苍茫刚健，穿越千载。成钢曾笑言自己在中国当代雕塑“踢的是中场”，我以为他推土机式的气质类近拜仁的施魏因斯泰格或皇马的赫迪拉。

李象群素以卓越的泥塑技巧著称。2012 年 9 月由朱青生策展，在中国美术馆举办个展“行人”，其中用六年打造的超大型铜铸紫禁城令人瞠目！在这个沉重的宫殿群旁，历史走进当代视觉：慈禧、毛泽东、索罗斯……这些人物呈现为一种当下的细腻的身体质感和异样的精神性直觉。

自从 2011 年在威尼斯展出“茶香浮云”，蔡志松整个的创作基调从匍匐在大地上的低沉音域，忽然向上升起。2012 年 11 月 23 日他在艺美画廊推出“玫瑰 · 浮云——2012 蔡志松作品展”。展厅中黑色的铅质玫瑰和漂浮在高调空间中的大朵白云，构成了蔡志松艺术语境的无常与超越、禅意与佛性。他还在2012年创下单件雕塑拍卖690万的新纪录，并被法国重要艺术刊物《Art Actuel》列入2012年世界“100名艺术领袖”名单，刊登在该刊封面。

佩斯北京2012年7月展出刘建华的两组新作：《一线之隔》和《优雅与危险，置于你视觉中的体验》。类似蔡志松，刘建华的转身也颇具张力：从衣裳与裸腿之间的社会学向上升入存在本身的澄明与寂定。这是一种“安静美学”，是对这个奔腾咆哮之时代的自觉反动，是一个人拂袖而去留下的背影。

冯博一策划，于凡2012年10月28日在中央美院美术馆推出的个展名为“置上”。置什么于什么之上？或谓：置光滑喷漆于形体块面之上；置当代卡通于学院传统之上；置纤细羸弱于雄强刚健之上（注意，这是一个流行花样美男的时代）；置自己的具象雕塑于整个表现性写实传统之上，从而最终，置空洞之非凡于现实的平凡之上。

陈文令2012年9月8日在品画廊举办“异度风景”个展。脱离了“紧急出口”、“悬案”具象着色的剧场化讽喻，再次进入大型不锈钢的超现实造型。借助章鱼的魔幻或牛的矗立，以及巨大的镜面流体打造出强悍的未来主义末日气质。这与去年时尚的玛雅预言似乎颇为相应，但对陈文令而言，他的末日气息倒是一以贯之的。

余丁策展，陈志光的“前哨荷花”稍晚在厦门美术馆举行。继续延展他贲离的幻彩风格，用坚硬的不锈钢锻造氤氲在文人笔墨中的花卉或习惯于月色的荷塘，其中视觉与文化的张力不言而喻。之前在苏州的个展已有梅兰竹菊的巨幅条屏，这一次是荷花，将整个展厅弥漫在灿烂的光焰和眩晕之中。

焦兴涛在2012年的两个展览都很有趣。先是5月在798白盒子的“常·藏·场”，将他在重庆工作室的物品和伪物品暨雕塑作品混合成一个关于真品与赝品、物品与作品的巨大谜题——作品从哪里开始？他的另一个展览在英国小城巴斯的东亚艺术博物馆举办，窗明几净中那份古典的淡雅与他的当代垃圾适成一种轻微的错乱与揶揄。

李占洋在2012年的新个展“噩梦”出人意料。这个一贯滥俗的家伙，忽然极具戏剧天赋地掉过头来，忧伤地注视一个背着书包的孩子！在麦勒画廊的一束柱光中，这个小姑娘的末日在12月21日之前降临：黑暗的天上只有黑压压的课本和作业。她的形象是一个殉葬的牺牲在被埋之前的仰望——如果她呼唤，究竟有谁，在那毁灭与拯救的天空中聆听？

戴耘继2011年在北京798中国雕塑学会沙龙举办个展“鉴”，作品《午后》在“中国营造”2011年全国环境艺术设计大赛中获得银奖后，2012年9月15日在广州扉艺廊再推“造像——戴耘当代雕塑作品展”。他用砖制作的佛像和奔驰汽车，对于这个全民盖房时代中国人的集体无意识，具有同样亲切的基调和气质。

谭勋的个展名为“个人方式——格物与内省”，是高名璐在天津美院策划的系列展之一。展场中央，雕凿如山、深浅不一的灰色大砖，以非常完形的极少主义气质，沿着地面平铺开来，形上，有辽阔的呼吸。展厅墙面上流露着手感和温度的肌理是谭勋用石膏直接堆塑上去的。那种东方的书写方式，把四壁消融于意象中的风轻、云淡、天远。这是我偏爱的方向！海尽天是岸，山绝我为峰，自笑一声天地惊。

雷虹是中国抽象雕塑最执著的行者之一。多年浪迹于纸本的形上颤动，其数量之丰甚至被高名璐收入极多主义麾下。2012年他在上海的个展“非几何研究”终于回到空间，回到面貌上的“极少”。尽管相当纠结，总算是一种空白的填补或夙愿的了结。

中国雕塑学会沙龙在2012年推出两个个展：吴彤的“浓”和潘松的“朴”。

吴彤的《国韵》、《你浓》曾在第一届和第二届中国雕塑大展上斩获大奖和佳作奖。其作品以中国戏剧人物为原型，涉及从造型语言转换到性别倒错与禁忌等多重范畴。

《朴》系列是潘松继《霓裳》之后开启的一个新方向。其渊源于汉文字史和中国古建榫接结构的空间方式和材质感，自有一种汉唐之际的横强力量和深邃的文化质感。

罗斯的个展“地气”，没有画廊也没有策展人。他是一个广西青年，几年前看中北京东郊一处废弃厂房，以破釜沉舟的决心把全家迁居过去，开始了绝境中的孤独奋斗，终于在2012年为我们呈现出一幕废墟中的生命悲剧。

最后要说最年轻的娄金在798白盒子的个展“树·木”。他对树的“生长”状态有一种特殊的洞悉和幽默感：那些两头生长的树梢、那些莫名其妙的断面……令人怀疑这个朴实的青年没准是个树精，或者至少是被附了体。

二、群展

2012年雕塑界的开篇大展是中国雕塑学会青年推介计划的北京总展“启”。展览占据了今日美术馆2号、3号两个馆。策展人吴洪亮、唐尧。参展作者除了这个计划的50名成员外，还特邀了UNMASK、黎薇、金钕、王雷、孙晓晨等，几乎囊括了所有中国雕塑的青年才俊。

中国雕塑学会青年推介计划启动于2010年秋，至2011年春夏之际，在798学会沙龙连续推出“构”、“质”、“身”、“灵”、“戏”5个系列展，集结了大约50位青年雕塑家的100多件作品。随后开始在上海、福州、广州、武汉、重庆、成都、郑州等全国10个城市的美术馆进行了巡展——这种规模和密度的全国雕塑巡展是空前的。其中占研、宋建树、吴彤、文豪、娄金、王立伟、王从义、陈融、陈政、谭建明、罗幻、施丹等人在过去两年中已经豪取中国雕塑大奖11项、曾竹韶奖学金大奖6项、刘开渠奖大奖3项，成为中国雕塑令人欣然瞩目的新生代。

2012年是中国国家博物馆成立100周年、中国雕塑学会成立20周年，中国雕塑学会的另一项重大展事是主办“国博百年·中国雕塑百年作品展”。展览汇集了自李金发、刘开渠留法归来肇始，大约100年间，中国四代雕塑家的代表作品。其中包括李金发唯一存世的《黄少强像》原作，以及人民英雄纪念碑和《收租院》的珍贵原作。这是一个回顾性的长卷式展览，可以于秋日暖阳之中抚今追昔，披览中国雕塑的百年苍茫。

“雕塑中国——中央美术学院雕塑创作回顾展”是2012年另一个重量级的回顾性群展。策展人殷双喜、刘礼宾。展览在央美雕塑艺术研究所新近整修的展厅举办。共分三个部分，展示了中央美术学院（及其前身“国立北平艺专”）雕塑专业师生的大量经典作品，以及具有文献价值的草稿、照片和文字资料。

104岁的曾竹韶先生在2012年逝世。至此中国现代雕塑的第一代人已经全部离去。但以曾竹韶先生命名的雕塑艺术奖学金，仍在召唤后人。从去年开始，这项展览的评选和颁奖现场迁至大同新城墙中的和阳美术馆。2012年度的获奖名单如下：广州美术学院冯晓峰、中央美术学院王朝勇、清华大学美术学院石富、广州美术学院刘洪楷和天津美术学院王立伟。在目前针对高校雕塑毕业生所设的各项展览和奖项中，曾竹韶奖以其纯正的学术性逐渐构筑了自己的权威品质。

2012年的全国性群展还有《雕塑》杂志社在西安举办的“第18届雕塑论坛暨首届中国当代抽象雕塑展”。这个展览的意义在于其“首届”，它强调了抽象在中国当代雕塑中仍然具有的意义与应该具有的活力。

此外，人文荟萃的成都在2012年举办了两个雕塑展：文轩美术馆的“大荒西经——成渝当代雕塑邀请展”和英盟艺术机构的“形与意——架上雕塑邀请展”。前者是一次四川雕塑力量的整体检视，尤以两地新锐动力令人鼓舞；后者针对雕塑的装置和观念化，试图表达一种坚守其核心概念和语言品质的愿望。

三、公共艺术

2012年底，十大丑陋雕塑的网选将公共艺术·户外雕塑的问题带入公众视野，一时成为网络、纸媒甚至电视台的热点。我个人认为以目前中国公众理解雕塑的水准进行这种简单的评判，其结果有些啼笑皆非。但它确实触及了公共艺术的一个核心范畴——话语权。这是一个博弈论问题：它应该是出资建设方、艺术家、专家和公众四方的沟通和博弈！我认为最好的方式是以专家为轴心，谋求各方在某个均衡点上以各自最大化的建设性达成共识，从而形成多赢的结果。不幸这样的良性博弈在国内公共艺术领域尚难促成。这次网选可以被看做是最弱话语方“公众”对强势话语方的一次发泄性反抗，这种发泄以群众暴力的方式把孩子和脏水一起泼了出去。

较为乐观的案例有深圳火车北站。由孙振华策划，罗小平和邓乐各自完成了一件大型动态作品《雨露》和《天行健》。无论技术难度还是视觉效果，这两件作品都堪称佳作。另如唐尧策划的“宋庄第一届中国艺术品产业博览会艺术・街区户外雕塑展”。它也始于充分的策展人机制。尽管最终由于出资建设方的压缩和协调机制的欠缺，只留下一个平稳的局部，但其无疑是一个好的起点。

2012 年 10 月 27 日开幕的“2012 中国 ・ 芜湖第二届刘开渠奖国际雕塑大展”和 11 月开幕的“2012 中国杭州第四届西湖国际雕塑邀请展”是另一种大型公共艺术模式，即雕塑创作营—雕塑公园模式。这种模式在欧美、澳洲、日本、韩国都有著名案例。国内也有广西愚自乐园、长春和北京国际雕塑园等，比较而言，芜湖和西湖同属上品。

最后，韩国人吴象郁位于青岛即墨灵山的“首尔雕塑园”，大概是第一个外国人在中国建的雕塑园！经过 6 年的努力于 2012 年开放，其间的艰难可想而知。

以上是依我所见 2012 年中国雕塑版图的大致轮廓、新路里程和站点。

借用《万物生》中的一句歌词作为结束：“人们在行走，身上落满山鹰的灰”。

唐尧　《中国雕塑》杂志副主编

2012 年美术考古发现与研究综述

◎莫 阳 王 伟

通常情况下，我们将“美术考古”视作美术史与考古学两学科交汇而形成的场域。而事实上在这个词语的形成过程中，学科间的隔膜与沟通，术语的误读与变通，都曾或多或少地登场亮相。近年来，“美术考古学”一词正在被人们从“学科”的角度，而不只是从实践的角度加以阐述和理解。① 也正因如此，美术史与考古学在材料和方法上的双重碰撞，迸发出更为绚烂的色彩。在这一全新的场域中，无论是新材料的发现，或是新方法的尝试，都为学术研究的发展，增添了更丰富的可能性。

缺少图像和视觉材料的美术史研究难以成立，因而在基于卷轴画书写的传统美术史中，美术的开端大约在魏晋。但随着 20 世纪以来田野考古学的勃兴，更多突破前人想象的古代图像和视觉材料浮出水面，美术史研究的时空也因而被大大拓展了。因此在中国美术史早段研究中，② 学者所面对的材料主要来自考古学的贡献。这近百年来获得、并且仍在不断被揭示出的“地下资源”，刷新着人们对于古代艺术、文化乃至精神层面的了解和认知。然而在填补空缺的同时，新的问题也浮出水面——新材料在补充原有学科框架的同时，也撼动原有框架。这使研究者不得不随时跟进新材料，并做出新调整、进行新试验。可喜的是在 2012 年，美术考古研究也秉承这一线索，不断在实践中寻求发展和突破。在此主要从考古新发现、重要报告的发表、研究与探索以及学术动态四方面，大致总结 2012 年美术考古的发现和研究收获。

一、2012 年美术考古新发现

田野考古的实践为美术考古研究提供基础材料。层出不穷的考古新发现在这一年呈现于人们面前，这些发现极有可能会在不久的将来引起新的学术转向。集中在 2012 年涌现的与美术考古研究相关的发现不胜枚举，在此仅摘取其中最具代表性的进行简要介绍。

2012 年 1 月，中国社科院考古研究所与河北省文物研究所联合组成的邺城考古队，对临漳县邺城遗址东部北吴庄佛教造像埋藏坑进行考古发掘。不仅发现了一座北朝皇家佛寺遗迹，而且抢救发掘了一个佛教造像埋藏坑，出土佛教造像 2895 件（块），是新中国成立以来出土数量最多的佛教造像窖藏。经研究判断，埋藏坑的年代不早于唐。被埋藏的造像大多为汉白玉造像，时代跨越北魏、东魏、北齐和唐代，为中国古代历史上灭佛运动和佛像瘗埋制度等提供了重要线索。这次发现也可说是中国佛教考古最重要的收获之一，具有重大的科学价值、艺术价值和历史价值。同时此次发掘的简报已于同年发表在《考古》杂志。③

2012 年 3 月，济南市考古研究所对章丘市圣井街道办事处东姚庄墓葬进行了抢救性发掘。经过考古发掘，在施工工地范围内共发现墓葬 9 座。其中砖雕壁画墓 M1 有明确纪年，砖雕壁画精美，显得尤具代表性。该墓室平面为圆形，以砖雕的形式表现木结构建筑，并以壁画的形式表现建筑装饰。墓室壁画主要有三组：正对墓门一组为启门图，朱红大门左半开，一妇人探半身，手提一尾鱼；墓室东壁为墓主夫妇对坐图，表现夫妇二人微侧身，坐于卷帘帷帐之下，男主人身后立画有青竹图案的屏风，身前置桌

---

① 郑岩：《论“美术考古学”一词的来源》，《美术研究》2010 年第 1 期。

② 在中国美术史研究中，所谓“早段”通常是指唐和唐以前这一较长的、缺少传世经典作品的时段。

③ 中国社会科学院考古研究所、河北省文物研究所、邺城考古队：《河北临漳县邺城遗址北吴庄佛教造像埋藏坑的发现与发掘》，《考古》2012 年第 4 期。

案，上绘有酒水食物及瓶等物；墓室西侧为侍洗、金鸡、劳作图。三组壁画以仿木柱分割，木柱上砖雕斗栱。墓门内侧左壁有朱书纪年“元贞三年三月三日”。此次发掘收获丰富、意义重大，尤其是明确纪年的出现，对于研究元代砖雕壁画墓具有重要的断代参考。壁画内容丰富、题材广泛、保存较好，对于研究济南地区元代社会生活和艺术发展具有重要的意义。

2012 年 4 月，在原内丘县城服务楼及周边区域建筑拆迁改造过程中，县文物保管所在施工前考古勘探，发现了隋唐时期 6 座邢窑窑炉和丰富的瓷片堆积层，发掘出土瓷器和窑具残片 20 万件（片）以上，完整和可复原的器物超过 2 千件，器物种类有砖、瓦、陶器、素烧器、三彩器、瓷器、铜器、铁器、骨器以及窑具等。邢窑创烧于南北朝晚期，经过隋朝的飞速发展，到唐朝时已达到鼎盛阶段，成为我国早期生产白瓷的中心，距今已有 1500 余年的历史。发掘证明，内丘城关一带，正是邢窑遗址的中心窑场，与史载相吻合。此次发现的 6 座窑炉完整程度绝无仅有，并且相对集中，形成群落，具有重要的历史意义和考古价值。

2012 年 4 月，在西安市北三环外西席村、高庙村北两处挖沙坑内发现了两座古桥，中国社科院考古研究所、陕西省考古研究院先后对此进行考古调查后确认，相距 1700 米的这两座木桥，都是两千多年前的秦汉古桥，是汉长安城向北跨越渭河的大桥。其中一座渭河木桥存的立木最长的有 9 米高，胸径在 30 到 50 厘米，桥桩宽度约为 18.5 米，推测其桥面的宽度可达 20 米，应为迄今发现的当时世界上最高大的木桥。据文献记载，位于汉长安城北侧渭河之上的木桥，是长安城北向、西向交通的第一关键。这在古代都城考古尤其是世界桥梁建筑史和交通史等方面，都具有重要研究价值。

2012 年 4 月起进行发掘的胡杨墩佛寺建筑遗址，位于于田县附近沙漠中部达玛沟地理范围内。该佛殿遗址为目前塔克拉玛干地区迄今发现规模最大的回字形殿堂式佛教建筑。残墙保存最高遗迹为 1.6 米，保存墙壁壁画面积约 16 平方米，出土残损壁画约 4 平方米。于阗（和田古称）自古便被称为西域佛国，也是佛教传入东亚地区的第一站，与敦煌相似，这里是古丝绸之路重要的驿站。于阗佛教文化不仅深远地影响中原、西藏以及东亚各地的佛教，同时也深受中原的影响。胡杨墩佛寺建筑遗址及壁画的发现，对于研究佛教在中国的传播过程及佛教艺术有重要价值。

从 2011 年开始，为了保护辽上京城遗址，内蒙古文物考古研究所和中国社会科学院考古研究所联合组成辽上京城考古工作队，开始对辽上京城遗址进行系统的考古勘测和发掘。2012 年，考古队对辽上京皇城西山坡遗址 3 组较大型建筑基址进行了全面的考古发掘，取得了重大考古发现。根据考古发现的遗迹和遗物，可以确认西山坡是一处辽代始建的佛教寺院遗址。其中六角形佛教建筑结构特殊，柱础雕刻莲花纹、龙凤纹，出土刻画写实、彩绘贴金的泥塑造像，都从一定程度上反映了这座基址的等级和功能。辽上京皇城西山坡佛寺遗址位置重要，规模庞大，是当时辽上京城标志性的建筑之一。此次发掘对于西山坡建筑遗址性质的确认，对于重新认识辽上京皇城遗址的形制布局产生非常重要的影响，同时为辽代考古、历史、佛教和建筑等方面的研究提供了十分重要的实物资料。

二、2012 年简报、报告的整理发表

除了新发现的重要遗迹外，在 2012 年也有为数不少的重要考古简报和报告正式发表。这些田野考古发掘成果的总结和汇报，是美术考古研究的直接材料来源。下面选取其中重要的成果进行综述。

（一）考古简报

《考古》2012 年第 1 期发表的新疆鄯善县吐峪沟东区北侧、西区北侧石窟发掘简报①，是对近年来吐峪沟石窟考古发掘工作的又一次重要总结。为配合丝绸之路申遗和吐峪沟崖体加固工程，中国社会科学院考古研究所边疆民族考古研究室、吐鲁番学研究院和龟兹研究院联合对吐峪沟石窟进行发掘清理。发掘面积总计约 2500 平方米，共发掘清理洞窟 50 余处。除洞窟之外，还清理出许多重要的窟前遗迹，

---

① 中国社会科学院考古研究所边疆民族考古研究室、吐鲁番学研究院、龟兹研究院：《新疆鄯善县吐峪沟西区北侧石窟发掘简报》、《新疆鄯善县吐峪沟东区北侧石窟发掘简报》，《考古》2012 年第 1 期。

包括窟前殿堂、地面、门道、踏步等。新发现壁画面积总计约200平方米。出土了数量可观的多种语言文字的文书残片，还有绢画、木器、石器、陶器等，收获颇丰。此外，还对沟西区北侧进行重点调查，并进行了发掘，基本将该区域遗迹全部揭露出来，证实此处确为一组石窟群建筑。两次发掘共清理出洞窟14处，还发现了一处上山踏步。另外，还发现较大面积的精美壁画、题记，以及数量相当多的纸质文书、建筑木构件等。吐峪沟东区北侧、西区北侧石窟的发掘，为研究吐峪沟石窟、吐鲁番古代社会历、文化艺术提供了一批颇具价值的重要资料。

《文物》2012年第2期发表的《湖南桂阳刘家岭宋代壁画墓发掘简报》① 介绍了2010年7月，湖南省桂阳县城西刘家岭廉租房建设工地发现的一座砖室墓。该墓位于刘家岭北面山坡上，为竖穴土坑券顶砖室墓。推测墓葬属北宋晚期。该墓的主要收获是墓中的壁画和地画，其中尤以墓室壁画精美。主室壁画主要为宗教和神话题材——区别于甬道壁画的世俗题材。其中墓室后端的壁画最为新颖，尤其“飞天仙儿”在墓葬壁画中不多见——飞天衣裾很短，依靠双臂飞翔。地画在壁画墓中也不常见。刘家岭宋墓中地画图案带有很强的装饰性，如花草、卷草纹花边及象征吉祥的方胜图案，有模仿织锦的因素。刘家岭壁画墓的发现为研究宋代墓室壁画提供了新的资料，值得研究者关注。

《文物》2012年第4期发表的《河南南阳景庄东汉画像石墓》② 简报，报告了2000年12月，在南阳市宛城区溧河乡十里铺村景庄发现一座画像石墓。南阳市文物考古研究所对该墓进行了抢救性发掘清理。该墓为砖石混合结构，共发现石料19块，其中有画面的14块，主要用于门楣、门柱、过梁、梁柱等。共雕刻画像20幅，部分画面有朱砂彩绘痕迹。题材包括神仙瑞兽、乐舞百戏、门吏。尽管该墓画像石在雕刻技法上，使用的是横、竖纹衬地的剔地浅浮雕，具有东汉时期的雕刻特点，但从画像石放置的位置来看，该墓存在部分画像石的位置错放和不符合常规的情况。该墓的部分画像石是拆下前代的墓葬材料、二次利用建造的。情况特殊，值得研究者关注。

《考古》2012年第6期发表的《河南南阳市八一路汉代画像石墓》③ 简报，报告了2008年6月到2009年1月南阳市文物考古研究所进行的发掘工作。这次发掘揭露了东周、汉代墓葬50座，其中M49为一座汉代大型画像石墓，其时代大约为王莽时期。M49共用石料25块，主要用于门楣、门柱、门扉以及过梁、门栏等位置，可分辨出的画面有33幅，内容主要有建鼓舞、斗兽、应龙、白虎、执戟、执盾、拥彗、执笏人物以及菱形图案等。部分画面如建鼓舞的鼓上可以看到红彩，说明当时的画像有彩绘。该墓规模较大，所用石料较多，画像石内容丰富，其中执戟、执笏、执金吾等在汉代是身份的象征，该墓墓主身份最低也应是秩俸为一千石以下的县令、县长或相当于该级别的地方官吏。

《考古》2012年第7期发表的《江苏盱眙县大云山汉墓》④ 是近年来对大云山江都王墓发掘成果的总结。大云山汉墓位于江苏盱眙县马坝镇云山村大云山山顶。2009年9月至2011年12月，南京博物院对大云山汉墓区进行全面勘探与抢救性发掘，揭示出一处较完整的西汉江都王陵园，发现主墓3座、陪葬墓11座、车马坑2座、兵器坑2座，出土遗物1万余件（套）。许多遗物为首次发现，收获巨大。其中M1墓主推测为第一代江都王刘非。通过近3年的考古勘探与发掘，已基本明确了大云山西汉江都王陵园的基本结构和平面布局。对陵园内3座主墓的全面揭露，出土了大量漆器、玉器、铜器、金银器等精美文物，尤其是编钟、编磬、玉棺、金缕玉衣等都极为罕见，学术意义重大。大云山江都王陵园的发掘出土材料极为丰富，为进一步研究西汉诸侯王制度提供了重要实物资料。

《文物》2012年第9期发表的《河南登封唐庄宋代壁画墓发掘简报》⑤，报告了2010年11月郑州市文物考古研究院与登封市文物勘探队在河南省登封市唐庄乡进行文物调查时，发现的2座宋代壁画墓。

---

① 湖南省文物考古研究所：《湖南桂阳刘家岭宋代壁画墓发掘简报》，《文物》2012年第2期。
② 南阳市文物考古研究所：《河南南阳景庄东汉画像石墓》，《文物》2012年第4期。
③ 南阳市文物考古研究所：《河南南阳市八一路汉代画像石墓》，《考古》2012年第6期。
④ 南京博物院、盱眙县文广新局：《江苏盱眙县大云山汉墓》，《考古》2012年第7期。
⑤ 郑州市文物考古研究院、登封市文物局：《河南登封唐庄宋代壁画墓发掘简报》，《文物》2012年第9期。

其中M2壁画保存情况较好，M3的壁画基本不存但砖制浮雕较细致。M2为仿木结构砖室墓，墓室内壁画主要内容分为出行、备宴、对饮、起居和启门等；墓顶正中绘一莲花，还以墨笔绘有释道人物形象。从壁画风格看，推测M2的年代为北宋晚期早中段。墓葬结构精美，以砖雕仿木构表现内部居室空间。壁画保存完整，颜色鲜艳，描绘内容和其组合关系为之前所少见，有较高的历史和艺术价值，为研究北宋时期的服饰、家具、丧葬习俗及绘画艺术等提供了珍贵的实物资料。

《文物》2012年第11期发表的《浙江永嘉龙下唐代青瓷窑址发掘简报》①，介绍了2005年12月至2006年1月，浙江省文物考古研究所与温州市文物保护考古所、永嘉县文化馆联合对永嘉县龙下窑址进行的抢救性发掘。窑址位于温州市永嘉县瓯北镇龙下村北的山坡上，发掘面积近100平方米，清理窑炉一处，出土大量的青瓷器残片。根据主要器形和刻划装饰推测，龙下窑址约为唐代晚期。窑址出土了包括壶、碗、盏、罐、盘、盆、粉盒、碟、碾轮、水盂、钵、灯盏、瓶等各类器物。在瓷胎上，龙下窑址器物胎质细腻，胎色灰白，较越窑器物胎色略浅。在釉色上，龙下窑址器物因胎色呈较淡的灰白色，因此釉色亦较越窑釉色更淡。在装饰上，龙下窑址主要有两种手法：其一是在碗、盏、盆、粉盒盖等器物上采用刻划花卉装饰，技法、图案内容、装饰风格均与越窑相似；其二是在壶、罐、水盂等器物上采用条带状或块状褐彩装饰。这次发现对重新认识唐代青瓷的发展有重要意义。

（二）考古报告

2012年7月出版的《汾阳东龙观宋金壁画墓》②，由山西省考古研究所、汾阳市文物旅游局、汾阳市博物馆编著。报告最终定名为《汾阳东龙观宋金壁画墓》，是以主要地点、主要时代、主要特征三者概括而来。实际上，这是一本公路建设考古报告集，道路起自汾阳南关，终于孝义贾家庄，全线长10千米。墓葬时代则涉及到唐、宋、金、元、明、清多个时期，墓葬数量共48座，报告中材料全部发表。本报告的亮点之一是东龙观南区的M2、M3、M5、M6和北区的M1、M48六座分属于两个家族的宋金砖雕壁画墓。《汾阳东龙观宋金壁画墓》的出版，为宋金时期砖雕壁画墓的研究提供了最新的材料。

2012年5月由北京大学出版社出版《梁带村里的墓葬——一份公共考古学报告》③。韩城梁带村两周古墓群以其规模较大、级别较高、布局完整、保存较好著称，其丰富的青铜、玉器、金银器及墓葬遗存发现填补了多项考古空白，具有重要的研究价值。梁带村遗址也因此被评为“2005年全国十大考古新发现”之一。与通常所见的考古报告不同，《梁带村里的墓葬——一份公共考古学报告》以韩城梁带村芮国墓地遗址为中心，从面向公众的角度，全面呈现出当代科学考古工作的内涵。解读了该遗址的发掘简报，深入探讨了考古学视野下的西周历史，全面介绍了出土的青铜器、金器、玉器、乐器等。作者希望在此书中能兼及学术性与公众性、知识信息与阅读趣味，在学术报告与通俗读物之外，建构一种新的叙事体系。本书的出版发行有益于公众对考古工作的正确认识，推动人文学科在文献资料运用与研究方法上的融通。

2012年12月出版的《渤海上京城考古》④将1980年—1985年、1997年—2007年于渤海上京城遗址进行的两次大型田野发掘工作较为完整的展现。对相关考古发掘资料全面、系统、科学、翔实的加以介绍，并对部分研究成果做出阶段性的概括和总结。该遗址考古资料的对比研究显示，渤海国的政治体制及其城市建制等方面基本是以隋唐王朝制度为蓝本，从侧面展示了浓郁的汉唐文化风采。为近年来面向北方民族展开的美术考古研究提供了极为重要的材料。

三、2012年新研究与新成果

2012年是美术考古研究成果丰收的一年，在这一年中，重要论文和专著接连问世——既有针对新

---

① 浙江省文物考古研究所、温州市文物保护考古所、永嘉县文化馆：《浙江永嘉龙下唐代青瓷窑址发掘简报》，《文物》2012年第11期。

② 山西省考古研究所、汾阳市文物旅游局、汾阳市博物馆：《汾阳东龙观宋金壁画墓》，文物出版社2012年版。

③ 陈燮君、王炜林主编：《梁带村里的墓葬——一份公共考古学报告》，北京大学出版社2012年版。

④ 赵虹光：《渤海上京城考古》，科学出版社2012年版。

材料进行的研究和探索，也有将全新视角引入旧有材料的解读，还包括新方法的开拓与试验。这些研究成果都对美术考古起到了积极的推进作用。同时也不应忽视图录的发行以及工具书的整理出版，这类书籍的面世为日后美术考古研究的深入提供了更大的便利。在此择取丰硕成果中较有代表性的，进行综合梳理，以期可展现出这一年来美术考古研究的推进。

（一）学术论文

徐峰在《良渚文化玉琮及相关纹饰的文化隐喻》① 一文中，从良渚文化中典型器物玉琮入手，分析其背后所折射出的文化意涵。通常有关玉琮的研究多集中于其形制、纹饰、源流、年代、功能、工艺等方面，观点多样。而在这篇论文中，作者发现玉琮的形制及其上的神人兽面纹，可能与龟这一动物有所关联。并通过对玉琮和龟的比较，利用考古、古代文献、神话等多方面证据发掘玉琮形制及纹饰所隐含的原型、文化意象和社会功能，由此提出了新的学术观点，引发人们对这一器物的重新思考。

郑建明在《商周原始瓷装饰纹样略论》② 一文中，首先总结了商周原始瓷发展的几个时期，又按时间和区域两大线索，细致对原始瓷装饰纹样的特点和技术进行了梳理和归纳。并着重讨论了江南地区商周原始瓷装饰纹样相关问题，指出原始瓷纹样中所具有的延续性特点和与其他材质器物纹样的关联等。明晰的对近年来商周原始瓷发现与研究进行综合归纳，并为下一步的研究提供了坚实的基础。

在《仙人好楼居：襄阳新出相轮陶楼与中国浮图祠类证》③ 一文中，罗世平由湖北襄阳出土的相轮陶楼切入研究。东汉—三国蔡越墓所出这座相轮陶楼，在建筑形制上为汉式陶楼和印度式相轮塔刹的结合，在装饰母题上同时兼有汉地神仙瑞兽与印度——犍陀罗式有翼天人的图像，明显带有佛教初传时期汉、印文化杂糅的特点。作者在讨论陶楼形制的过程中，分别联系同期北方墓葬中出土的陶楼明器和汉晋之际江南地区的佛饰堆塑重楼魂瓶进行类比分析，证明这两类墓葬明器都与文献记载的“浮图祠”相关联。而浮图祠用作明器进入墓葬，则反映了汉地民间埋葬方式因佛教传入而起的新变化，并在随后长江中游六朝砖墓的建造中留下了印记。

孙宗贤在《凤翔发现的唐代祆教石棺床及构件相关问题浅析》④ 一文中，着重介绍了凤翔新发现的唐代石棺床构件。作者通过分析认为石棺床构建属于一位身份地位显赫的粟特商人墓葬，这是粟特商人留居凤翔的历史见证，表明凤翔在关中西部丝绸之路上作为驿站的重要地位。而石棺床上的线刻火坛图像、瑞兽互斗纹、胡人套马纹等具有明显的波斯及中亚风格，是唐代不可多得的艺术珍品。同时作者认为，这件新发现的唐代石棺床也为探讨该地区粟特人聚落、祆祠、目的、族源以及归属问题，提供了重要线索，应引起相关领域研究者的重视。

郑岩在《论“半启门”》⑤ 中，由一种古代墓葬中常见的图像入手，探讨了一个发人深思的问题。“半启门”是中国古代绘画和雕刻中常见的一个画面，以往习称为“妇人启门”。这样的图像表现从汉代开始出现于墓葬中，至唐辽宋金元时期再度盛行。在文中作者讨论了这种图像的形式特征，以及这种形式与古代墓葬意义之间的关联。作者发现“半启门”既是绘画元件，又可被视作建筑元件，在墓葬中发挥作用的是它的形式本身，而不仅仅是它所具有的图像学内涵。这篇论文从墓葬切入美术史核心问题——形式，不仅在材料层面上勾连起两学科，更是方法上的新尝试，为美术考古研究开创了新的研究模式。

《元青花瓷器早期类型的新发现——从实证角度论元青花瓷器的起源》⑥ 一文中，作者从景德镇红卫影院窑址出土的目前所见最早的元青花瓷器——高圈足碗出发，由器形、纹饰、绘画手法、文字等方

① 徐峰：《良渚文化玉琮及相关纹饰的文化隐喻》，《考古》2012 年第 2 期。
② 郑建明：《商周原始瓷装饰纹样略论》，《文物》2012 年第 11 期。
③ 罗世平：《仙人好楼居：襄阳新出相轮陶楼与中国浮图祠类证》，《故宫博物院院刊》2012 年第 4 期。
④ 孙宗贤：《凤翔发现的唐代祆教石棺床及构件相关问题浅析》，《文博》2012 年第 5 期。
⑤ 郑岩：《论“半启门”》，《故宫博物院院刊》2012 年第 3 期。
⑥ 黄薇、黄清华：《元青花瓷器早期类型的新发现——从实证角度论元青花瓷器的起源》，《文物》2012 年第 11 期。

面对进行分析，证明这些早期元青花瓷器不仅与波斯地区有密切的关系，而且在制作上有波斯陶工的亲自参与。作者认为在至正型元青花瓷器成熟之前，元青花瓷器的确有一个技术引进、吸收和转化的过程，是波斯的原料、技术和设计结合景德镇的胎、釉、烧造工艺诞生了早期元青花瓷器。景德镇红卫影院窑址发现的早期元青花表明元青花起源于伊斯兰釉下蓝彩陶器，并且是由来自波斯地区的陶工通过亲身技术传授和示范下产生的。而这一发现见证了中古时期世界两大制陶中心——中国与伊斯兰世界的陶瓷技术交流。本文针对元青花瓷器的起源问题，提出了一种信实可靠的解释，是元青花研究领域的重大进展。

（二）学术专著

《刘敦愿文集》① 收录刘敦愿先生所著115篇文章，按照论文内容编排为上下两卷。其中上卷为美术考古，收录56篇文章，分为古代艺术与理论、史前陶器艺术、商周青铜艺术与纹样母题、汉代绘画艺术、考古调查与研究五个部分；下卷为历史与文化。刘敦愿兼有历史学家、考古学家和美术史学家三重身份，文集所收录的文章也能体现其集三家于一身的研究思路。作为美术考古研究筚路蓝缕的开拓者，刘敦愿的贡献可从中窥知一二，而今天重新审视先生的研究或许仍能得到新的启发。

《仰观集——古文物的欣赏与鉴别》② 收有作者孙机30余年间所写文章35篇。在此期间作者一直在原中国历史博物馆、今中国国家博物馆工作，故而这些文章主要是研究、介绍该馆文物和在他处见到的与之相关的文物。文章涉及文物种类丰富，包括陶俑、绘画、服饰、玉器、兵器、饮食器、滇文物、辽文物，甚至远至古罗马文物等。虽然主题不同、性质不一，却是一以贯之的研究风格，即以文物与文献相互契合的方式，解读研究对象的起源与演变，以复原失落在历史长河中文物的原本面貌。

《西都：汉长安城美术史迹的发现与研究》③ 是美术史学者林通雁对汉代长安史迹进行的专题性研究著作。本书结合文献记载、考古勘探发掘材料及国内外的学术研究成果，分列都城（包括宫殿、城池和园林）、陵园、画像砖和瓦当、宫苑雕塑、陵墓雕塑、宫廷绘画和墓室壁画、青铜器和玉器等七章，系统梳理、总结和讨论汉长安城美术，并在诸多问题上提出了自己的见解和看法。

由三联书店出版的《古物新知》④ 是尚刚的学术论文集。作者的研究重点在唐代及蒙元时期的工艺美术，文集收入最具其研究心得的论文20篇，多集中在作者用力最深的唐代、蒙元领域，特别是织物、金属和陶瓷三项。在序言中，作者表示热望能以实物为中心，用历史文献解说实物，填充现有实物的空缺，尽力复原古代工艺美术"人"的因素，阐释若干名词的真义。

《从考古学到美术史——郑岩自选集》⑤ 收录了作者郑岩二十多年来在考古学和美术史领域的研究成果。其中包括对古代墓葬的研究和思考、对田野调查的建筑和佛教遗存的记录和讨论、对文物的考证和对理论思考的呈现等几方面。所收论文时间跨度长，因此本身也呈现出学者研究发展的过程性。在本书中，作者试图通过对具体案例的研究呈现对美术考古的思考，同时也反映出近年来美术考古研究领域内问题、视角、方法逐步丰富的倾向，对于推进该领域研究有重要的启发意义。

《克孜尔石窟壁画年代学研究》⑥ 是廖旸在其博士论文的基础上修改完成的学术专著。利用洞窟内现存画面、被揭取的壁画，以及洞窟内清理出的木板画等材料，参考早期的考察记录，将壁画放置在洞窟的建筑空间里来进行考察，试图还原壁画在石窟寺整体中所扮演的角色，结合对龟兹佛学与部派演变的认识，将图像程序与图像功能确立为分期的首要标准。同时对图像结构与装饰母题、壁画风格与绘制技法的发展演变进行关注。在年代方面，围绕一些经多方研究得到普遍认同的样本窟，推断出每期壁画

---

① 刘敦愿：《刘敦愿文集》，科学出版社2012年版。

② 孙机：《仰观集——古文物的欣赏与鉴别》，文物出版社2012年版。

③ 林通雁：《西都：汉长安城美术史迹的发现与研究》，陕西人民美术出版社2012年版。

④ 尚刚：《古物新知》，生活·读书·新知三联书店2012年版。

⑤ 郑岩：《从考古学到美术史——郑岩自选集》，上海人民出版社2012年版。

⑥ 廖旸：《克孜尔石窟壁画年代学研究》，社会科学文献出版社2012年版。

大致的绝对时间。此外，还借助于洞窟组合、打破关系、重绘现象等方面的石窟寺考古成果，关心碳十四年代测定数据，采用壁画榜题的识读成果，重视与龟兹地区的其他石窟以及龟兹周边的佛教文化艺术中心进行对照比较。正是基于这些，作者最终将克孜尔石窟壁画的主要绘制时段分为四个时期。本书是对于克孜尔石窟壁画较为全面和系统的研究专著，对该领域有重要参考价值。

汪小洋《汉墓壁画的宗教信仰与图像表现》① 一书，主要以汉代主流社会的长生信仰为切入点，提出汉壁画墓是中上贵族阶层选择的墓葬形式，而画像石墓是中下贵族阶层与平民阶层选择的墓葬形式这一观点。又指出汉墓壁画中存在天界图像体系，而汉画像石中存在仙界图像体系。其中天界图像得到主流信仰的支持，而仙界图像体系得到了民间信仰的支持。并进一步论证汉代存在着两个西王母——其中主流社会崇拜的是仙化的西王母，而民间崇拜的不仅有仙化的西王母而且还包括神化的西王母。此外本书中作者还探讨了西王母信仰发展的不同时期中信仰特征和艺术表现特征。

程万里的《汉画四神图像》② 以汉代的“四神”图像作为研究对象，梳理了“四神”图像的渊源，分析了“四神”图像在汉代兴盛的原因，并在构建汉画“四神”图像志的基础上，对其图式及构成元素进行剖析与探究，同时对“四神”图像内涵与流变进行了文化释读。

练春海的《汉代车马形像研究：以御礼为中心》③ 在其博士论文的基础上修订而成，主要研究对象为汉代车马的视觉形象遗存，本书考察了“御礼”在汉代社会的重要性与流变，通过文献、实物与图像相结合的研究方法，系统地讨论了汉代马车装饰、使用以及仪仗等方面的礼仪内容。

（三）图录与工具书

由徐光冀主编，徐光冀、汤池、秦大树、郑岩编著的 10 卷本《中国出土壁画全集》④ 收录了自西汉至清代数百座壁画墓中的壁画作品 2500 余幅，系统地展示了我国古代墓室壁画、地宫壁画等出土壁画的发展概貌及艺术成就。本书在体例上按省区编排，第一卷为“河北卷”，第二卷为“山西卷”，第三卷为“内蒙古卷”，第四卷为“山东卷”，第五卷为“河南卷”，第六、七卷为“陕西卷（上、下）”，第八卷为“东北卷”（辽宁、吉林、黑龙江），第九卷为“甘宁新卷”（甘肃、宁夏、新疆），第十卷为“综合卷”（北京、江苏、浙江、福建、江西、湖北、广东、重庆、四川、云南、西藏）。《中国出土壁画全集》是迄今为止最为完整的出土壁画图录汇编，为考古学、美术史等学科的学术研究提供了极大方便。

《云冈石窟辞典》⑤ 选收云冈石窟各类词条 2320 个，计 80 万字，随文插图 575 幅。收词内容：云冈石窟的历史、地理、地质、规模、建筑、佛教、碑铭、艺术、图像、图案、装饰，以及石窟的保护科研、调查记录、考古研究、考察访问、文献记载及其与石窟关联的其他历史状态、考古发现等。辞典按云冈的寺院洞窟、历史、佛教、窟龛形制、佛教造像、佛经故事、装饰图案、音乐舞蹈、石窟附属、石窟关联、碑文铭记、保护管理、考古文论、历史人物、考察访问·词赋 15 大类编排，词条先后按笔画排序。书末附词目笔画索引和汉语拼音索引。此书为研究云冈石窟提供了便利。

四、2012 年学术动态

2012 年 9 月 22 日至 24 日，由山东博物馆、山东石刻艺术博物馆主办，临沂市博物馆协办的“汉代石椁画像与汉文化研究”学术研讨会在山东博物馆隆重召开。30 余位国内外代表作了主题发言。研讨会报道了近年来汉代石椁画像的新发现，针对目前学界对石椁墓内涵的理解还存在一些偏差的现状，对石椁墓的概念做了界定，对汉代石椁墓的分布范围、流行时代、形制特点展开研讨并形成一定共识，同时对石椁画像题材、源流、内涵等进行了广泛而全面的探讨，此外还讨论了汉代墓葬形制、社会礼仪与

---

① 汪小洋：《汉墓壁画的宗教信仰与图像表现》，上海古籍出版社 2012 年版。

② 程万里：《汉画四神图像》，东南大学出版社 2012 版。

③ 练春海：《汉代车马形像研究：以御礼为中心》，广西师范大学出版社 2012 版。

④ 徐光冀主编：《中国出土壁画全集》（10 卷），科学出版社 2012 年版。

⑤ 王恒：《云冈石窟词典》，江苏美术出版社、凤凰出版传媒集团 2012 年版。

葬俗、社会信仰以及汉画艺术等方面的内容。本次会议对促进山东地区乃至全国汉画像石、汉文化的研究都具有积极的促进意义。尤其是对汉画像石起始阶段的石椁墓、石椁画像的研讨，解决了之前石椁墓和石椁画像存在的种种疑问和问题，有益于将汉代石椁墓和石椁画像研究推向深入。

由全国高等院校美术史学年会组委会和中央美术学院人文学院主办的“美术史：拓展与深入——第六届全国高等院校美术史学年会”于2012年11月24至25日在中央美术学院召开。来自全国二十多所高等院校以及研究院所、博物馆和出版社等单位的近百位专家学者及相关专业学生参加了此次年会。在为期两天的会议中，29位学者围绕六个主要论题进行发言，其中第二场讨论的主题是美术与考古，发言包括：中国社会科学院考古研究所杨泓《“墓葬美术”之我见》、文物出版社葛承雍《文物图像与历史艺术》、中国社会科学院世界宗教研究所张总《宗教艺术与传播模式关联试探——以中古三夷教及伊斯兰犹太教为例》、山东石刻艺术博物馆杨爱国《古代艺术品中三鱼争头图探析》、鲁迅美术学院李林《“图像铭记”与祭奠空间——以辽阳壁画墓墓主画像与明器台（室）为中心》及西安美术学院范淑英《“图本”与“样”——兼论唐代美术制作中对古样的利用》。为这一场讨论进行主持和评议工作的是东南大学艺术学院的汪小洋和浙江大学艺术学系的黄厚明。在时代上，这一场的讨论所涉及的是早期中国美术史时段的研究；在材料和方法上，又牵涉美术史和考古学双重的思考。呈现出不同专业背景的学者，以不同的视角和方法，对相关的材料和问题进行分析和解读的局面。①

莫阳　中央美术学院人文学院
王伟　中国艺术研究院《中国艺术年鉴》编辑部

① 莫阳：《美术研究的拓展与深入——第六届全国高等院校美术史年会综述》，《美术》2013年第3期。

2012 年中国古代绘画研究述评

◎黄小峰

2012 年是中国古代绘画研究非常重要的一年。作为中国美术的重要组成部分，古代绘画，或者说传统绘画的研究在这一年呈现出了有趣的新面貌。简言之，有两个最突出的特点：一、所谓的“博物馆的美术史”与“大学的美术史”两种研究群体和研究方法在这一年频繁接触，相互融合、相互补充、相互推动，产生出了许多对于古代绘画研究而言十分有意义的新成果和新方法。二、中国本土的学术传统与海外学术传统进行了大范围的碰撞，并激发出了新的思考。这两大特点，离不开有关中国古代绘画的展览、研讨与出版机制的活跃。本文以下的部分将围绕 2012 年中重要的展览、研讨与出版物，对上述两大特点做一个详细的说明。

一、展览与学术研讨会

2012 年可谓是一个展览之年。多个重要的古代绘画展览在大江南北展开。展览所带来的影响是普通的出版物所无法达到的。面对数百年甚至上千年的古代绘画原作而产生出的对于伟大的中国艺术传统的敬畏和景仰，是任何媒介包括出版物都无法替代的。一个成功的展览并不是短时间内就可完成的，2012 年的几次大型展览均经历了长达数年的策划和准备，这使得 2012 年尤为具有意义。

在 2012 年的 4 月，明代浙派绘画大展在杭州浙江省博物馆开幕。与此同时，在 5 月中旬召开了为期 2 天的“明代浙派绘画国际学术研讨会”。在会议召开之前，由浙江人民美术出版社正式出版了展览图录（《浙派集英：明代浙派绘画珍品特展图录》）和会议论文集（《明代浙派绘画国际学术研讨会论文集》），从而在不经意之间，使得这次展览成为少有的在开幕时能够同时完整推出展览图录和论文集的学术活动，从而保证了学术研究的独立性，使展览图录和论文集不仅仅是展览的附属品。作为中国美术史上的重要概念，“浙派”以明代前期的杭州画家戴进而得名，自然，“浙派”展览在杭州举行实至名归。不过，选择“浙派”作为大型展览的主题，实际上也是对国际中国艺术史学术界一个新动向的呼应，即对于跨国界、跨文化的东亚艺术史的关注。中国、日本、朝鲜，一直是东方美术史的几个不同地域，但随着基础研究的不断深入，这三个不同地域之间的整体关系愈来愈成为学术界所关心的主题。“浙派”正是这样一个跨地域、跨文化的研究对象。早在 2009 年，台北故宫就已举办过《追索浙派》的展览，出版过学术图录，但尚未有专门的国际研讨会。浙江省博物馆主办的这次研讨会一共提交了 31 篇论文。按照侧重的不同，大致可分为作品研究、艺术家个案研究、社会史与文化史研究、日本与浙派、朝鲜与浙派。作品研究是绘画史研究的重点。传统的作品研究主要是鉴定研究，这也一直是浙派研究的重要方面，因为许多浙派绘画都曾被改头换面成宋代绘画。吴敢《与明代“浙派”、“院体”相关的鉴定问题》一文便是对这个现象的学术考察，除了综合已有的学术成果之外，作者还通过自己的研究对一些旧传南宋的绘画提出了新的观点。除此之外，从题材与图像含义的角度去研究作品，也成为一个重要方向，如吕晓《试论吴彬及其晚年的奇幻山水》一文便是如此。艺术家个案研究，主要以发掘新的画家资料为主，比如余辉《林良其人其艺探考：兼探浙江文化与粤文化的交融》、邵彦《蓝瑛的流派归属问题》。研讨会论文中探讨日本与浙派、朝鲜与浙派的相关论文多由日、韩学者撰写，但也可折射出国内学术界的关注。以浙派作为研究主体，实际上还呼应了中国美术史研究中的另一个动向，即突破美术史叙事中的精英主线，转而关注通俗文化与精英文化的相互交融与推动。早在 1992 年，美国学者班宗华（Richard Barnhart）就曾在达拉斯美术馆举办过《大明画家》的展览。使得浙派绘画与明初宫廷绘画逐渐为国际学术界所关注。而浙派绘画中所体现出的世俗趣味也让不少研究者产生了浓厚的兴趣。

本次研讨会中，黄小峰的《〈柳荫群盲图〉与浙派绘画中的暴力景观》一文，关注的是浙派绘画中对斗殴场景的描绘，探讨了绘画与世俗文化之间的互动关系。

2012年11月，在上海和苏州，相继举办了两个大展，并举行了两次国际学术研讨会，成为2012年下半年的盛事。2012年恰值上海博物馆建馆60周年，在数年的筹备下，上博成功举办了“翰墨荟萃：美国博物馆收藏宋元书画珍品展”，并召开了《翰墨荟萃：图像与艺术史国际学术研讨会》。与展览和研讨会同时，推出了《翰墨荟萃：美国收藏中国五代宋元书画珍品》大型展览图录（上海书画出版社）和《翰墨荟萃：细读美国藏中国五代宋元书画珍品》论文集（北京大学出版社）。《翰墨荟萃》论文集并非研讨会论文集，而是一个与展览配合密切的研究文集，向海内外重要学者约稿，专门针对展览的展品撰写论文，相当于展览的导读。大展、印刷精美的图录、研讨会是上海博物馆从10年前（2002年）开始的一个模式。取得了巨大的成功。而展览时同步推出导读性质的研究文集，则始于2010年与北大出版社合作编辑的《千年丹青：细读中日藏唐宋元绘画珍品》。研究文集与学术研讨会形成了一个有趣的互补。国际学术研讨会的参加者中，博物馆专家占据大多数。而研究文集的作者中，大学学者占绝大多数。虽然与分别由博物馆和出版社组织有关，但确实能够反映出一种有趣的趋向：大学的美术史与博物馆的美术史所形成的不同的研究取向，正在被有意识地调和。调和的方式之一，就是大学美术史学者和博物馆专家都开始有意识地进行“图像细读”，并且意识到了鉴藏文化史的重要性。比如，上海博物馆研究员凌利中《从惠崇到赵大年：暨“惠崇小景”及〈江南春图卷〉考》一文，通过对画史中负有盛名的惠崇《江南春图》的详细考察，着重对历代递藏信息的梳理，勾画了一幅广阔的文化史图景，让我们得以了解明清人如何认识惠崇以及所谓的“小景绘画”。北京大学李凇教授的《一个陈容，两个所翁：从书法角度看美国波士顿美术馆藏〈九龙图〉的作者与年代》一文，也是从传为陈容《九龙图》的鉴藏信息中发现问题，进而展开图像和文本的细读。

《翰墨荟萃：图像与艺术史国际学术研讨会》以作品研究为主，由于本次展览中的宋元名迹均是在美术史中至关重要的名作，是构成中国绘画史的主要脉络。因此，研讨会实际上呼应了中国绘画史研究在最近十几年以来的一些大问题。讨论最为热烈的问题，是围绕传为董源《溪岸图》的不同见解。研讨会的第一个板块就是董源及其流派。谈晟广《溪岸图新证》从元代人对董源的理解出发，讨论了《溪岸图》与早期山水画模式的关系。宋元是中国艺术的古典时代。宋元变革是美术史中谈论很多的主题。研讨会实际上也呼应了这个主题。对于元代绘画的研究占据重要的比重。研讨会专辟“赵孟頫研究”板块。此外，对于鉴藏史的研究也占据重要的比重。这是大陆的美术史研究在近十几年来发展迅速的研究领域。从具体作品中讨论历代收藏中的问题，从而对绘画的年代、涵义提出新的见解成为一种主要方式。

紧接着上海博物馆，苏州博物馆也在长期酝酿之后推出了《石田大穰：吴门画派之沈周特展》。这是苏州博物馆“吴门四家”系列展览的第一个，计划每年对“吴门四家”做一个展览。展览的同时举行了国际学术研讨会。研讨会的正式论文集尚未出版，但部分论文在研讨会之后一个月刊登于苏州博物馆的馆刊《苏州文博论丛》第3辑中。苏州博物馆的沈周展览，与浙江省博物馆的浙派展览相映成趣。和重新认识浙派一样，对于吴门画派也需要重新认识。在研讨会提交的论文中，好几篇都从新的角度重新审视了沈周绘画。曾经编纂《沈周年谱》的陈正宏提交了《被大师遮蔽的画家：重读沈周〈石田稿〉稿本札记》一文，通过细读文献，钩沉出了沈周堂弟沈橒的概貌，发现他的画曾被误作沈周之作，从这个角度出发，对长期定为是沈周绘画精品的《赠惟德山水》作了新的解释，认为实际上也应该是沈橒所作，只不过被沈周的盛名所掩盖。黄小峰《真伪之外：沈周〈临戴进谢安东山图〉》对于翁万戈藏沈周《临戴进谢安东山图》作了新的研究。认为这件作品并非沈周之作，而是明代中期的一件市民阶层的通俗绘画，反映出通俗文化与精英文化借助于绘画市场的相互交融。

与大陆地区由博物馆主办的这几次研讨会相似，2012年9月在澳门艺术博物馆，举办了《云林宗脉：安徽博物院藏新安画派作品展》，并举行了“云林宗脉：新安画派国际学术研讨会”，体现出澳门艺博馆对于明末清初艺术史的持续关注，因为这是中国艺术史上一个极其重要的时期。本次研讨会尤其体现出中国绘画史研究近些年来不断加强的一个趋势，即对于地域画史的持续关注。在中国美术史研究益趋走向深入的学术语境之下，着眼于具体时段、具体地域的画史研究，往往能够钩沉出新史料、发现新问题，并因此而推动对于中国美术史的整体认识。从主题上而言，本次研讨会的论文大致有几个侧重，一是对于明末清初新安画家生平史料与艺术思想的深入挖掘，二是对于具体作品的真伪、图像意涵的研究，三是对于文化环境的研究，四是对跨地域的文化互动的研究。这几个方面颇能反映出目前对于地域画史研究的主要方式。

除了由博物馆的展览所带动的学术研讨会，在大学也举办了好几次成功的学术研讨会。于2007年开始举办的“中国高等院校美术史学年会”在2012年11月进行到第六届，回到了创办地中央美术学院美术史系。本次主题是“拓展与深入”，在为期2天的会议中，除了单独设有“中国绘画研究”的板块，在其他板块中也有与中国古代绘画相关的研究发表。“中国绘画研究”板块中，共有6篇论文发表。从研究时段上看，包括2篇唐宋绘画研究，3篇明清绘画研究，1篇近现代绘画的研究。从研究方法上来看，4篇为画家或画作的个案研究，1篇为画论文献研究，1篇为画派泛论。可以说，大致能够反映出目前学界对于绘画史研究的整体结构。杭州的中国美术学院也在11月举行了一个“美术文献与鉴赏”的国际学术研讨会。从文献的角度来观察艺术史，重新梳理书画文献和历史文献，同时也在某种程度上把艺术作品本身作为文献。大部分论文都以对史料和文献的细读出发，进而发现新的问题。比如吴敢《经典或伪作：颜真卿〈颜勤礼碑〉之真伪考辨》，从著录的爬梳与历代流传的考辨入手，质疑颜真卿《颜勤礼碑》的可靠性。毕斐《美术史与古文献之间：读历代名画记所收王维的一首诗》更是通过对画史文献的细读而引出许多重要的美术史问题。

大学的学术研讨会与博物馆的学术研讨会在2012年形成了有趣的互补。2012年10月，《图像的逻辑及其阐释：第三届北京大学美术史博士生国际学术论坛》在北京大学艺术学院举行。与上海博物馆《翰墨荟萃：图像与艺术史》研讨会相似，会议主题都用了“图像”一词。不过作为来自世界各地的中国艺术史领域青年学子，北京大学的会议主题更广泛，包括中国艺术史、西方艺术史和艺术理论。在研讨会的中国艺术史部分，古代绘画、尤其是卷轴绘画的研究比例很少。以往不太受到主流绘画史重视的宗教画、版画则成为关注点。具体方法上也更注重对图像的社会学解释。

北京大学艺术学院还与美国盖蒂基金会合作，在10月份举办了《相遇清代：中国和西方的艺术交流国际学术研讨会》，这次会议所关注的是东西方视觉文化和物质文化的互动和交流。体现出近一些年来一个新的学术倾向，即对于清代宫廷绘画和西洋风绘画的关注。

此外，《南宗正脉：画坛地理学》是上海博物馆2011年12月3日举办的“南宗正脉——上海博物馆藏娄东画派展”相关学术研究的论文汇编。本书由美术史、思想史、地理、民俗等多领域学者的论文组成，对“四王”所处的时代和地区予以观察，撷取标注“17世纪江南”的历史切片，置于文化之“显微镜”下，探寻“娄东画派”的文化价值，多角度地呈现了四王研究的当代视野。

可以看到，作为一个有机的学术圈，大型古代经典绘画的展览、国际学术研讨会、学术性的展览图录，形成了一个完整的结构，在中国绘画的研究中发挥着越来越重要的作用。而对于研讨会尤其是配套出版物的重视，对大陆的中国绘画研究的推动起着重要的作用。借助于展览，海内外的重要公私藏品越来越频繁地与大陆的观者见面，借助于国际学术研讨会与研究文集，海外重要的美术史学者以及他们的研究也越来越多地为大陆学界所了解。反过来，大陆的学者也借助研讨会和论文集与海外学界进行了更好的对话和交流。从这个意义上而言，作为一门世界范围的学科，中国绘画研究的中心，在2012年毫无疑问地属于中国大陆。

二、重要学术期刊论文

虽然杂志众多，但中国大陆专门的美术史期刊相当少。有关中国绘画史的研究主要见于两类刊物，一类是美术院校或美术机构所办的美术类杂志，另一类是博物馆系统的文博类杂志。美术院校的期刊主要有中央美院的《美术研究》、中国美院的《新美术》、鲁迅美院的《美苑》、广州美院的《美术学报》、南京艺术学院的《南艺学报》，等等。文博类期刊主要有《故宫博物院院刊》、《中国国家博物馆馆刊》、《文物》，等等。此外还有一些重要的年刊、集刊，如《故宫学刊》、《上海博物馆集刊》、《艺术史研究》等等。美术院校的期刊中一般都会专门辟有美术史研究专栏，古代绘画和近现代美术研究这些年来主导着这类专栏的版面。而文博系统的期刊以偏重文物考古为主，但偶尔也会有古代绘画研究，而且这个趋势正在得到加强，如《中国国家博物馆馆刊》，自从2011年改版后专门开辟了“艺术史研究”栏目，侧重古代书画的研究。

纵观2012年各种学术期刊中的绘画史研究论文，以明清绘画研究占绝大多数，宋元绘画研究的不多。宋元绘画的研究主要有两方面，一是具体作品的图像细读，二是宋元画家资料的钩沉和爬梳。图像细读，可以余辉《张择端〈清明上河图〉卷新探》（《故宫院刊》2012年第5期）一文为代表。作者对画面中以往较少被注意到的细节进行了解读，用模拟航拍制图方式“俯瞰”画中的城市结构，发现无法对应宋代汴京地图，确定此图所绘并非北宋汴京实景。认为画家在展现清明期间商贸繁华的汴京城时，出乎常情地表现了惊马闯市、船桥险情、官员争道、军力懈怠、城防涣散、消防缺失、商贸侵街、党祸渎文、酒患成灾等街头弊端，呈现出北宋末年沉重的社会危机，暗含着画家对社会的隐忧，表现了北宋末年党争事件的后果。黄小峰《看画治病：传宋人〈观画图〉研究》（《美苑》2012年第4期）也是从对一件团扇的细读出发，讨论了绘画的断代、涵义、功能、观看方式、使用方式。画家资料的钩沉对于研究宋元绘画而言极为关键。之所以宋元绘画的研究很少，一个主要原因也在于资料的匮乏。余辉《南宋画家生活时段及其家族辈分考》（《新美术》2012年第4期）从家族史的角度对南宋绘画史料进行了详细的考察，从而对南宋绘画史提出了新的理解和新的问题。

相比宋元绘画研究，2012年明清绘画史的研究要丰富许多，而且清晰地体现为几个大方面。一是对于明代宫廷绘画与清代宫廷绘画的研究。二是鉴藏史的研究。三是版画史研究。四是文人绘画的社会学研究。

对于明清宫廷绘画的研究，依然是以明代前期宫廷画家以及清代乾隆宫廷为重点。明代宫廷绘画方面，有李若晴《遐迩向风：〈明人画瑞应图〉卷考析》（《美术研究》2012年第1期）、《驺虞入献：明永乐〈驺虞图〉卷考析》（《南艺学报》2012年第3期）、赵晶《明代宫廷画家吕文英生卒年新探》（《美术学报》2012年第2期）、彭飞《边景昭的交游及其相关问题研究》（《美术学报》2012年第6期）、郭丽平《明宫廷画家商喜及其画风再探》（《故宫院刊》2012年第6期）。可以看到，除了爬梳材料，钩沉生平之外，还比较注重宫廷绘画与宫廷外的文人文化之间的关系。清代宫廷绘画方面，清宫西洋画风依然是热点之一。赵琰哲《海西线法的运用与视幻空间的制造：以清宫倦勤斋等几处通景线法画为例》（《中国国家博物馆馆刊》2012年第7期）便是着重讨论了透视和线法画。聂崇正《〈平定准部回部战图〉铜版画原版补识》（《中国国家博物馆馆刊》2012年10期）则是运用新的资料对于清宫的铜版画站图做了新的研究。

对鉴藏史的重视是中国大陆美术史学界的一个特点，一些新的问题得以从细致的鉴藏史梳理中被提出来。张震《董邦达〈四美具合幅图〉的创作、陈设及其意涵》（《故宫院刊》2012年第3期）把清宫绘画的研究和清宫收藏的研究结合起来，展示了乾隆收藏趣味和鉴藏理念如何与宫廷绘画的制作相互作用。封治国《宋版〈唐女郎鱼玄机诗〉递藏史上的一个环节》（《新美术》2012年第2期）尽管关注的不是绘画，但通过细致的鉴藏史梳理，丰富了我们对于古代鉴藏家以及鉴藏趣味的认识。

版画史的研究出现了不少成果。比如董捷《晚明戏曲版画的趣味之变：以屏风为视点的讨论》（《新美术》2012年第5期）、《风格与风尚：凌濛初〈北红拂〉杂剧及明末版画创作中的竞争》（《美苑》2012年第4期）、梅娜芳《从〈程氏墨苑〉的“宝像图”看利玛窦的传教策略》（《新美术》2012年第1期）、沈歆《晚明集古画谱与仿古册页》（《美苑》2012年第2期）、蒋炜《从高石山房刻本〈目连救母〉看万历初期徽州版画和金陵版画的关系》（《南艺学报》2012年第5期）。作为重要的大众媒介，版画史研究尤其能够体现出文人趣味与世俗趣味之间的互动关系，这也正是学者们所着力的方向。

还有一些研究可称之为“文人绘画的社会学研究”，吸收了社会学的方法，讨论明清文人文化中一些以前较少被关注的问题。比如邵彦《明清同性恋题材绘画初探：从两件中央美术学院藏画出发》（《美术研究》2012 年第 4 期）便是对于明清时盛行的“男风”与绘画之间的关系做了讨论。这类研究在国外中国美术史研究中已经有了一些成果，但在国内的美术史界还比较边缘。

三、主要学术出版物

2012 年也有不少中国绘画史研究的专著出版，大多都是在博士论文的基础之上修订增补而成，前后都花费了至少数年时间，能够反映出国内绘画史研究的最新动向。学术专著的研究趋向，与学术期刊论文的研究趋向很相似，总体而言，宋元绘画的研究较少，基本都是明清绘画的研究。因此，我们也可以参考上文对学术期刊的分类，将学术专著的研究趋向分为宫廷绘画的研究、鉴藏史研究、版画史研究、文人绘画的社会学研究。

台湾学者陈葆真的《〈洛神赋图〉与中国古代故事画》结合了结构分析、图像比较，以及相关的文献资料，分别为存世的九幅《洛神赋图》断代，并建构它们之间的风格系谱；同时，也通过对这些《洛神赋图》的研究，探讨了故事画中一些普遍性的议题，包括：叙事技法、构图方式、时间与空间的表现，以及图文转译和互动等问题；并且通过对这些问题的处理，观察汉代以来中国故事画发展的情形。本书可谓是到目前为止，对《洛神赋图》和中国古代故事画的各种问题，最完整、最细致和最具创见的论著。

李若晴《玉堂遗音：明初翰苑绘画的修辞策略》（中国美院出版社）是对于明前期宫廷绘画与宫廷文化研究的重要著作。采用个案研究的形式，对重要的明初宫廷绘画做了讨论。处理的主题包括绘画的政治含义、宫廷文化与文人文化的交融、明代的翰林院与台阁文化，等等。

对于鉴藏史的研究，学者们普遍采用的方式是以鉴藏家为切入点，因此，明代后期的大鉴藏家项元汴成为大家的研究焦点。李万康《编号与价格：项元汴旧藏书画二释》（南京大学出版社）以及沈红梅《项元汴书画典籍收藏研究》（国家图书馆出版社）均是以项元汴为对象。前者着重其收藏编号方式与收藏价格的文化史含义，后者偏重于综论。李万康对项元汴的研究实际上是其《中国古代绘画价格论稿》（人民出版社）的一部分发展而成。从价格的角度来研究鉴藏史，在近些年来也成为了重要的研究方法。

版画史研究方面，张烨《洋风姑苏版研究》（文物出版社）对于清代中期苏州地区盛行的西洋风格版画做了有趣的研究。作者同时也是版画家，因此，通过分析大量的明清苏州洋风版画、复原其制作过程和语境、讨论其特殊形态和功用，最后认为，这些作品应该是以日本为主要销售市场的外销画。

文人绘画的社会学研究侧重的是从社会学和文化史的角度对文人绘画的内涵进行新的解释，郭伟其《停云楷模：关于文徵明与十六世纪吴门风格规范的一种假设》（中国美术学院出版社）、吕晓《明末清初金陵画坛研究》（广西美术出版社）、颜晓军《董其昌杭州诸问题综考》（中国美术学院出版社）尽管研究的问题不同，但其共同点都是用了社会学的方法，努力将文人绘画置于社会文化史的层面来考察。

四、重要的学术译著

对于 2012 年而言，一些国外中国绘画史学者的著作在这年翻译成中文出版，与广大中文读者的见面。在某种程度上形成一个中外学者学术方法的交流与对话。从而对于推动大陆的中国美术史研究起到了很重要的作用。

三联书店从 2009 年开始就陆续把美国美术史家高居翰（James Cahill）的著作引进大陆。2012 年，高居翰的三本重要著作得以以简体中文出版，分别是《画家生涯：传统中国画家的生活与工作》、《诗之旅：中国与日本的诗意绘画》、《不朽的林泉：中国古代园林绘画》（高居翰、黄晓、刘姗姗合著）。

高居翰的研究方法被大陆的美术史界称之为“外部学派”，重视艺术作品的社会学解释。与此同时，曾受到高居翰影响的英国美术史家柯律格（Craig Clunas）的著作也在陆续引入大陆，2012年推出了《雅债：文徵明的社交艺术》的简体字版。高居翰和柯律格的著作虽然都是在多年前已经以英语出版，但中文简体字版的引入，仍然对于大陆中国美术史学者产生了不小的冲击，促使大陆学界认真反思西方美术史方法的有效性和盲点，在一定程度上发起了一场无形的学术争鸣。以柯律格为例，他从社会关系的角度对文徵明的研究引发了数篇大陆学者严肃的书评，从2009年台湾中文繁体版，一直延续到2012年大陆简体字版的出版：郭伟其《伟大的艺术家传记：读柯律格〈雅债〉札记》（最初发表于2010年，2012年收入其专著《停云楷模：关于文徵明与十六世纪吴门风格规范的一种假设》）、凌利中《雅债：文徵明的社交性艺术〉辩》（《美术史与观念史》第11卷，南京师范大学出版社2011年版）、张长虹《文徵明为谁作画?》（《东方早报》2012年）。此外，许多学者都在公开或私下的场合对此书的优缺点进行过讨论。这都在无形中形成了一个良好的中外美术史方法碰撞和交流的平台。

除了高居翰和柯律格的著作，2012年翻译引入的其他海外中国美术史研究重要著作还包括毕嘉珍（Maggie Bickford）《墨梅：一种文人画题材的形成》（陆敏珍译，江苏人民出版社）、徐小虎《被遗忘的真迹：吴镇书画重鉴》（刘智远译，广西师范大学出版社）、曹星原《同舟共济：〈清明上河图〉与北宋社会的冲突妥协》（浙江大学出版社）。毫无疑问，这些著作正在中国大陆的美术史界引发新的思考。

黄小峰　中央美术学院人文学院副教授

2012年中国近现代美术研究述评

◎谢依阳

一、科研课题

2012年中国近现代美术研究最为突出的学术成果，是潘公凯主持的课题“中国美术之路”。新年伊始，在《美术》杂志第1期即开辟“众家点评《中国现代美术之路》”专栏，刊发邵大箴、薛永年、张晓凌、郑工的评论文章，他们较为充分地肯定了作者的研究思路，认为其独创性地将“自觉”作为后发国家和地区的现代性标识，将“四大主义”（传统主义、融合主义、西方主义、大众主义）作为20世纪中国美术现代化的基本脉络，建构带有社会性视角的理论研究框架。

该课题自1999年启动以来，相继召开数十次各种形式的研讨会，其中较大规模的有2006年4月—5月间在香港城市大学中国文化中心召开的会议，主题为“现代性与中国美术的现代转型”。之后，2006年12月在上海美术馆召开会议，主题为“中国美术的现代转型”；2007年1月在宁波美术馆召开会议，主题为“现代性：思想与艺术”；2007年5月，在广东美术馆召开会议，主题为“现代性、现代转型与自觉”；2007年9月，在成都会展中心召开会议，主题为“事件与自觉：现代中国与美术现代性”；2007年12月，在西安召开会议，主题为“理论、创作与叙事：现代性视域中的美术史”。以上会议所提交的论文及现场讨论都收入潘公凯主编的《自觉与中国现代性的探询》（人民出版社2010年版）、《“四大主义”与中国美术的现代转型》（人民出版社2010年版）及《现代性与中国文化自主性》（人民出版社2011年版），其宗旨在于为中国现代美术提供合法性论证，但在研究的过程中，尤其是在各次研讨会上，学者们也充分发表各自不同的意见。课题最终成果为潘公凯主撰的《中国现代美术之路》，受到国家社科基金会后期资助，于2012年10月由北京大学出版社出版。

2012年9月24日—25日，“中国现代美术之路”课题成果发布会暨学术研讨会在中国美术馆举行，相关学者再次聚集北京，再次引发论争，朱青生、甘阳、何怀硕等人之间意见发生冲突，亦反映了在中国美术现代转型问题上因不同的文化立场导致的观念分歧。

在研究课题方面，还有田卫戈主持的《西北近现代美术史》于2012年4月通过国家社科基金艺术学学科项目的评审，获得结项。其成果为田卫戈主编的《西北记忆——西北师大美术专业历史回顾》与《兰州记忆——兰州现代艺术历史回顾》，史晓明专著《新疆当代美术（1998－2008）》及《西北近现代美术史》文稿。而获2012年国家社科基金艺术学课题立项的则有吴慧平的“转型时期中国城市新移民艺术家的地方感与文化认同研究——以岭南画派为例”、滕小松的“20世纪中国现代雕塑的民族化问题研究”、聂危谷的“林风眠学派研究”、郅敏的“20世纪中国现代雕塑的民族化问题研究”、高洁的“澳门当代艺术研究”及李江的“晚清至民国前期西方设计在中国的传播与影响研究（1840－1937）”。

二、学术机构

2012年中国近现代美术研究最为重要的学术事件，是国家近现代美术研究中心及国家当代艺术研究中心成立。经过近一年时间的准备，2012年4月24日，这两个中心同时举办授牌仪式，文化部副部长王文章出席大会并授牌，邵大箴等43位学者分别被聘为两个中心的首批专家。国家近现代美术研究中心设在中国美术馆，中心主任为范迪安；国家当代艺术研究中心设在中国艺术研究院美术研究所，中心主任为吴为山。这两个中心是文化部“国家美术发展工程”的重要组成部分，其依托相关的学术机构，利用其专业资源优势，建立一个开放性的学术研究平台，其任务是组织课题招标、评审和验收以及成果推广，并建立国家美术档案、文献数据中心，促进高水平学术活动及国际交流的开展，进一步发挥理论研究在美术生态中的重要作用。

2012年9月10日至10月7日，“苏立文与20世纪中国”在中国美术馆展出。这是国家近现代美术研究中心推出第一次学术研究展的一方面，其与英国阿什莫林博物馆联合主办，而年届96岁高龄的苏立文（Michael Sullivan）亦亲临现场，9月11日晚在中国美术馆举办讲座。

苏立文出生在加拿大人，后随父母移居英国，1940年以国际红十字会志愿者的身份来中国，后又从事博物馆工作。在中国，他结识了吴环（Khoan）并成为夫妻，而他与黄宾虹、张大千、林风眠、庞熏琴、丁聪等人的交往，更引发了他对中国艺术的兴趣。1946年回国后，先后就读于伦敦大学陶尔德艺术学院和亚非学院及美国的哈佛大学，1952年获博士学位。随之任教于新加坡大学、伦敦大学、斯坦福大学及牛津大学，主要著作有《中国山水画起源》（The Birth of Landscape Painting in China）、《东西方艺术的交汇》（The Meeting of Eastern and Western Art）、《20世纪中国的艺术与艺术家》（Art and Artists of Twentieth Century China）、《艺术中国》（The Arts of China ）等，是西方研究中国现代美术的著名学者。这次展览就是通过其收藏的美术作品以及许多珍贵的文献资料，使“苏立文收藏”与“苏立文研究”相互映衬，传递更多的历史信息。

与“苏立文与20世纪中国”同时在中国美术馆展出还有“中国现代美术之路”，这同样也是国家近现代美术研究中心推出第一次学术研究展的另一方面。该展运用图像资料对1840年—2000年中国美术的历史重新进行阐释，力图呈现“四大主义”在每个历史时段的演变，说明中国美术现代性的历史建构如何在艰难的社会情境中进行，在“植入”中“应对”，在“融合”中“抗衡”，体现出自觉的文化精神。

三、学术会议

2012年与中国近现代美术研究相关的学术会议，主要有“第六届全国高等院校美术史学年会”，于2012年11月24日—25日在中央美术学院举行。会议主题为“深入与拓展”，并分6场主题进行演讲，其第四场为“中国近现代美术史”，主题演讲分别为袁宝林的《刘奎林与“津门画派”》、李维琨的《论海上画派的结社活动》、张长虹的《“发扬国光”行动：从私人收藏到公共美术馆——1933年“巴黎中国美术展览会”研究》、华天雪的《徐悲鸿的1949》、谭天的《中国近现代美术研究现状》。此外，在第一场“理论研究与学术史”，屈健的《“长安画派”研究综述》、刘曦林的《我与20世纪中国画史》及王璜生有关李叔同油画《半裸女像》的重新发现的考证报告，也属于中国近现代美术史研究范围；在第三场“中国绘画研究”，陈瑞林的《“岭南画派在上海”个案研究与中国近现代美术史》，同样也是中国近现代美术史的研究专题；在第五场“跨学科跨文化”，滕宇宁的《祛除政治的遮蔽——从慈禧形象研究看中国女性形象表达中的权威建构与解构》、杭春晓的《能指的隐藏与流变——从一张“雷锋照片”的阅读谈“知识生成”》、周博的《字体与国家——汉文正楷与现代中文字体设计的民族国家意识》，均是中国近现代美术史的专题研究。

由此可见，当下的中国近现代美术史研究相当活跃，不仅着眼于史料的考证及现象的阐释，更在于研究方法上讨论，尤其是青年学者，关注问题本身，不受传统的学科局限，学术视野较为开放。但在会议上，跨学科的研究也引起争议，评议员耿幼壮就认为这终究不是“本质的方法”，艺术史研究还应回到学科应有的对象与材料中去。薛永年在总结时也强调，坚守学科规范，是学科拓展与深入中学者必须细考的问题。

2012年9月16日—17日，第六届中国美术批评家年会在西安美术馆召开。中国美术批评家年会是自由组办的民间学术会议，其宗旨是“致力于中国美术批评的学术建设，促进批评家之间的交流与合作，推出美术批评新人，关注和推进中国当代艺术的发展。”本届年会的轮值主席是皮道坚，学术主持彭德，组委会秘书长贾方舟，组委会成员为顾丞峰、杭春晓、冀少峰、贾方舟、鲁虹、鲁明军、彭德、皮道坚、盛葳。第一天的议题，有“对中国当代艺术批评理论的内在转向及批评话语本土化的反思”、

"当代视觉文化与艺术批评理论转向以及当代思想"、"艺术批评与知识生产"；第二天的议题，有"艺术理想与艺术市场"、"批评家与批评文本的转型"、"当代艺术趋势"。与会人员共计70余名。这届年会最大的特点，就是评选"新世纪十大庸俗形象工程"，评选对象是中国大型建筑物、室内装饰、城市雕塑、环境艺术等具有公共性的形象工程，此举意在鼓励批评家参与现实生活。而在理论上，批评家们也在认真思考目前中国当代艺术批评的困境及所面临的"内在转向"问题，如殷双喜所说的从"社会批评"到"文化批评"，段君提出的"更为真实地谈论艺术"，皮力提示的艺术生成及其话语方式的转向与批评及其理论的转向的同构性，如此等等，都很敏感地提出问题。应该说，中国的批评家开始反思了，但批评毕竟还是一项理论的实践，尤其是批评话语的具体应用不仅仅是认识所能解决的。

四、专著

2012年中国近现代美术研究比较重要的专著有水天中的《20世纪中国美术纪年》（人民出版社2012年版）、李超的《中国近代外籍移民美术史》（上海书画出版社2012年版）。

水天中是中国现代美术史专家，十分注重收集第一手的研究资料，治学严谨。自20世纪90年代，他便开始编撰《20世纪中国美术纪年》，至2002年书稿基本成型，随之陆续查找、核对、补充。该书集史料性与学术性为一体，涉及1900年—2000年间中国美术的重要事件及代表人物的活动情况，以纪年体的方式反映中国美术的格局流变及美术家们的生存状态和艺术实践。尤其是20世纪50年代后这半个世纪，作者就是一位亲历者，但同时又是一位史学家，再退后十几年，他便将这段历史既亲近又客观地反映出来，既保留许多历史细节、唤起许多记忆，又让人们看到历史上下文之间的关系、把握其中的发展脉络。

李超是一位中年学者，早期主要从事中国油画史研究，其专著《上海油画史》、《中国早期油画史》等，在学术界都有一定的影响；而《中国近代外籍移民美术史》是2007年国家社科基金艺术学项目，2011年通过评审结项。该书分上、中、下三篇，上篇"北方宫廷效应"，讨论利玛窦至郎世宁时代在清代宫廷内因传教士所出现的西画创作活动及其产生的影响；中篇"南方口岸路线"，讨论18世纪—19世纪中国南部沿海因外来商业活动所出现的西画创作活动及其产生的影响；下篇"东部都市传播"，讨论19世纪—20世纪前期由上海外籍移民所出现的西画创作活动及其产生的影响。前后三篇分别设定了三种历史情境，即"宗教情境"、"商业情境"与"租界情境"，将注意力集中在清宫内部、南方口岸及东部的上海，使问题更为集中，其历史意义也更为突出。通过分析研究，作者得出结论——中国近代外籍移民美术是构成中国近代西画东渐国际化倾向的重要因素。

另外两部研究专著也值得关注，一是宛少军的《20世纪中国连环画研究》（广西美术出版社2012年版），一是王杰泓的《中国当代观念艺术研究》（中国社会科学出版社2012年版）。

宛少军是一位青年学者，《20世纪中国连环画研究》是他的博士学位论文，2008年通过答辩。在讨论20世纪中国连环画的历史发展时，一方面，作者比较注重讨论连环画与社会大众生活的关系，特别在不同的历史阶段其题材内容的变化、社会政治的影响及创作队伍的状况，甚至出版发行的状况，都直接涉及连环画的兴衰；另一方面，作者也注意到连环画与其他艺术的关系，注意不同的艺术语言在连环画创作领域中的作用，注意连环画的专业教育、艺术批评及有关的历史写作，具有一定的参考价值。

王杰泓也是一位青年学者，主要从事艺术美学、电影批评及当代中国文艺思潮研究。在《中国当代观念艺术研究》中，作者应用西方当代艺术理论，从语言学的角度，对中国当代观念艺术进行文本分析，强调其修辞手法，如"本文：作为修辞的艺术语言"、"互文：交往与效应语境中的修辞变现"、"衍文：修辞言说的历史绵延之维"，均在中西比较的文化语境中描述中国当代观念艺术的"整体修辞"与语言"升华"，或意义的"生效"与"失效"，或"出乎其外"与历史"和合"。全书分三部分，实际上是一系列论文，有个案分析，也有总体的文化考量，体现出作者的思考，具有一定的启发性。

五、论文

学术论文主要可分为期刊论文与学位论文。相对而言，这部分最为庞杂，但将我们的注意力集中一些核心期刊上或一些学位论文，虽然会有所遗漏或判断失误之处，可也能说明一定的问题。现仅将《美术研究》、《新美术》在2012年刊发的中国近现代美术研究论文目录做一统计：

	论文题目	作者	发表刊物及期数
1－1	20世纪中国美术中的“国家形象”——作为方法的二项对立考察	杨力、孔新苗	《美术研究》2012年第1期
1－2	图式革新与趣味转变——以十七年江苏国画家笔下的建设主题为例	万新华	《美术研究》2012年第1期
1－3	郑锦与国立北京美术学校——兼论郑锦对国立北京美术学校学科及课程建设的贡献	傅怡静	《美术研究》2012年第1期
1－4	罗工柳与油研班——钟涵先生访谈	钟涵、陈琦	《美术研究》2012年第2期
1－5	延安学派的木版诗人——力群版画艺术研究	郑英锋	《美术研究》2012年第2期
1－6	李叔同油画《半裸女像》的发现与初考	王璜生、李垚辰	《美术研究》2012年第2期
1－7	论中国近代美术思潮中的民族主义倾向	乔志强	《美术研究》2012年第2期
1－8	学术史视野中的“北大书法研究会”——以蔡元培和沈尹默的书法活动为中心	祝帅	《美术研究》2012年第2期
1－9	南洋美术之父——林学大在马华美术史上的定位	钟瑜	《美术研究》2012年第2期
1－10	台湾当代美术中的文化批判	陈明	《美术研究》2012年第2期
1－11	“道咸画学中兴”说之“笔墨”原意考	李明	《美术研究》2012年第3期
1－12	京都国立博物馆藏民国时期西洋画考	李超	《美术研究》2012年第3期
1－13	符罗飞留学意大利考	陈莺	《美术研究》2012年第3期
1－14	陈之佛《小说月报》封面设计刍议（1927－1928）	彭璐	《美术研究》2012年第3期
1－15	徐州乡贤画家对李可染山水画的影响	高金龙	《美术研究》2012年第3期
1－16	自然的第三种状态——当代文化语境中的自然及其艺术表达	高岭	《美术研究》2012年第3期
1－17	读图时代中国雕塑的审美价值取向	于俊峰	《美术研究》2012年第3期
1－18	当代艺术下的“在现在”立场	任剑	《美术研究》2012年第3期
1－19	当代历史观的艺术呈现	徐涟	《美术研究》2012年第4期
1－20	中国当代水墨画的新定义	詹姆斯·埃尔金斯、毛秋月	《美术研究》2012年第4期
1－21	观念的历史——考察与“水墨”有关的几个概念	顾丞峰	《美术研究》2012年第4期
1－22	隐藏的能指——关于“抽象水墨”、“实验水墨”的另类思考	杭春晓	《美术研究》2012年第4期
1－23	“艺术介入社会”：新敏感与再肯定	王春辰	《美术研究》2012年第4期
1－24	故乡无此好天恩——齐白石三上北京的职业化之路	张涛	《美术研究》2012年第4期
2－1	修辞与诠释——当代公共艺术的叙述维度	陈立勋、董奇	《新美术》2012年第1期
2－2	商业性与艺术性的共同体——当代书籍装帧艺术浅论	朱珺	《新美术》2012年第1期
2－3	守护记忆·辅助研究·传播文化——图书馆与人文精神刍论	严海晏	《新美术》2012年第2期
2－4	线外之象——潘天寿《烟雨蛙声图》索隐	陈正宏	《新美术》2012年第3期

续表

	论文题目	作者	发表刊物及期数
2－5	黄宾虹花鸟画艺术探析	许敦平	《新美术》2012年第3期
2－6	杨柳青戏出年画的构图法则	郑士恒	《新美术》2012年第3期
2－7	论公共艺术的地域文化特征与差异性	金国胜	《新美术》2012年第3期
2－8	当代美术家群体与艺术园区生态环境解析——以798等艺术集聚环境为例	魏运成	《新美术》2012年第3期
2－9	张大千年谱笺证三则	王中秀	《新美术》2012年第4期
2－10	周湘与阿瑟·韦斯利·道美术教育观的异同	应宜文	《新美术》2012年第4期
2－11	思想超凡 循循善诱——吴大羽艺术教育研究	黄文中	《新美术》2012年第6期
2－12	近代中国建筑面对西方技术冲击的文化回应	董雅；潘俊峰	《新美术》2012年第6期
2－13	意象油画的画面构造分析	罗晓敏	《新美术》2012年第6期
2－14	融入实验彩墨的后浙派写意人物画	胡寿荣	《新美术》2012年第6期

注：以上文章不含评论文章、时下性的访谈及教学类论文或创作谈

从南北两个院校的学报来看，其差别较大。《美术研究》的文章选题多偏向传统学科，如中国画、油画或雕塑，美术史研究亦如是，且更偏向中国美术史，故虽为季刊，全年刊发中国近现代美术的论文亦多达24篇；《新美术》则偏向于西方美术史与现代设计或公共艺术等新兴学科，中国美术史的论文较少，故中国近现代美术的论文亦少，全年6期只有14篇。就文章质量而言，较为深入研究的论文不多，重要的有如杨力、孔新苗论文《20世纪中国美术中的“国家形象”》，为2010年立项的国家社会科学基金艺术学课题中的总论部分；又如徐涟的论文《当代历史观的艺术呈现》，陈明的论文《台湾当代美术中的文化批判》，李明的论文《“道咸中兴说”之笔墨“原意”考》，均是在其本人博士学位论文写作的基础上再度深入研究的结果。另外，李超的论文《京都国立博物馆藏民国时期西洋画考》，王中秀的论文《张大千年谱笺证三则》，考证详实，充分显示其研究实力与专长。

学术研究毕竟需要积累，而年度性成果只是在一个时间段面上反映总体的研究状况，如选题的分布或作者群体的状态，当然，也可反映出研究的趋向。从2012年硕士学位论文的选题情况分析，因为攻读实践类硕士学位者的数量迅速增多，有关技法方面的研究或艺术家的个案研究也迅速增加，而且这方面的论文选题大都集中在近现代，甚至是当代，如当代艺术的实验性课程或技法的探讨，偏向理论问题的探讨，近现代乃至当代美术家的个案研究也不少。通过在中国知网与万方数据网的检索（只检索到部分学校学位论文），2012年有关中国近现代美术研究的硕士学位论文有345篇，其中美术史论类研究论文185篇，美术创作研究论文115篇，美术教育类研究论文26篇，艺术市场类研究论文8篇，其他类的研究论文数11篇。而在美术史论类185篇的论文中，个案研究的论文为82篇，占总数44%；区域研究的论文为23篇，占总数12%；女性艺术研究的论文为18篇，占总数约10%；中外美术交流的研究论文12篇，占总数6%；其他类型（包括基础理论）研究的论文为50篇，只占27%。那么，在美术创作类115篇的论文中，有关中国画形式语言、技法样式、风格流派及发展问题的研究论文为40篇，占总数约35%，有关油画形式语言、技法样式、风格流派及发展问题的研究论文36篇，占总数31%；有关水彩画形式语言、技法样式、风格流派及发展问题的研究论文19篇，占总数约16%；其他美术门类的研究论文为20篇，占总数约17%。在中国画的研究论文中，最突出的选题是工笔重彩画，为24篇。在这些学位论文中，选题重复较多，大多流于空泛，能结合创作实际，针对问题并提出独到见解者，较为鲜见。诸如意境问题与图式语言，又如表现性与写意性，如此等等。但有些现象还应引起关注，如中国画研究多倾向于当代现象或现代现象，而油画研究在当代问题上多倾向于本土意识或民族因素，如黄文媛的《新工笔花鸟画的当代性》，杨璐的《水墨在当代艺术语境中的多种可能性》；又如刘佳的《跨越时空的比较——论唐山皮影的图像元素的在现代油画中的运用》，刘相斌的《新时期风景油画本土化

的研究》。有意思的是，2012 年硕士学位论文中有关女性问题的选题比例就不小。如王姝的《中国当代女性装置艺术研究》，李方贤的《民国时期美术作品案中的女性形象研究》，王艳珊的《论“十七年”绘画中的女性形象》，李江涛的《现代性大背景下的中国女性绘画视角分析》，梦月的《对当代女性国画艺术中自怜情结的分析》，卿雅的《中国当代女艺术家作品中的性别视角》，李楠的《永恒的女性——抗战时期中国画作品中的女性形象研究》，如此等等。这些选题与作者的性别身份有一定的关联，同时也反映出近年美术学硕士研究生女性比例增加的趋向。

2012 年有关中国近现代美术研究的博士学位论文检索有 29 篇，其中理论类专题研究论文 10 篇，区域性研究论文 4 篇，个案研究论文 5 篇，艺术市场研究论文 3 篇，中外美术交流论文 2 篇，民国专题研究论文 2 篇。但在理论类专题研究的博士论文中，其研究时段全都在 1949 年之后，如南京艺术学院费文明的《新中国宣传画研究》（冯健亲指导），中央美术学院林笑初的《第三代中国油画家研究》（邵大箴指导），中国艺术研究院王圣华的《新中国的农民与农民画运动》（郑工指导），中国艺术研究院张爱玲的《现代工笔重彩画研究》（林若熹指导），中国艺术研究院王东辉的《中国当代公共艺术的现状、问题与对策》（张晓凌指导），中国美术学院余伟联的《总体艺术与总体绘画》（许江、司徒立、焦小健指导），南京艺术学院马晓翔的《新媒体装置艺术的观念与形式研究》（庄曜指导），西安美术学院赵战的《新媒介视觉语言研究》（郭线庐指导），西南大学李文的《中国现代美术体制与写实美学意识的建构》（王本朝指导），中国艺术研究院荆雷的《中国当代手工艺的核心价值》（何洁指导）。这 10 篇论文的作者，有 6 位是美术实践类的博士生，而实践类博士生的论文选题则比较关注语言技法或相关的理论问题研究。理论类博士生的论文选题，其现实的针对性比较强，能在中国问题上去讨论现代现象或当代现象，涉及其现代的审美取向及思想意识倾向。

谢依阳　中国艺术研究院研究生院

2012 年中国艺术品市场综述

◎马学东

一、市场概况

2012 年我国艺术品市场的整体发展降速，市场交易总额为 1784 亿元，同比 2011 年下滑 15%。2012 年艺术原创作品仍是我国艺术品交易量最大的经营品类。一级市场、二级市场中的原创艺术作品交易额达 954 亿元，其中，艺术品拍卖市场交易额为 442 亿元，画廊、艺术经纪和艺术品博览会的交易额为 460 亿元，艺术品出口额为 34 亿元，艺术品网上交易额为 18 亿元。此外，现当代原创工艺美术品（工艺画、陶瓷、玉器、珠宝首饰、家具、织锦、刺绣、编织、地毯、壁毯、漆器、金属等）的交易额为 650 亿元，艺术授权品、艺术复制品、艺术衍生品的交易额为 180 亿元。

表 1　2012 年中国艺术品市场数据表

序号	市场分类	金额（亿元人民币）
1	艺术品拍卖（原创艺术品）	442. 03
2	画廊、艺术经纪、艺术博览会	460
3	艺术品出口	34
4	艺术品网上交易	18
5	现当代原创工艺美术品	650
6	艺术授权品、艺术复制品、艺术衍生品	180
总计		1784. 03

2012 年我国艺术品市场的经营主体仍然以画廊业、艺术品拍卖业为主。2012 年我国画廊业行业专业化程度提高，政策扶持及地区性行业协会的建立并逐步发挥作用，对行业发展给予有力的支持。2012 年，我国画廊市场规模进一步扩大并保持了一定的活跃度，画廊总数达到 3106 家，市场交易量超过 40000 笔。艺术品博览会市场发展呈现出更为明显的区域特征，综合性艺术品博览会在 2012 年的发展更具有优势。画廊业、艺术品经纪和艺术品博览会交易的活跃，体现了我国艺术品一级市场的健康发展态势。

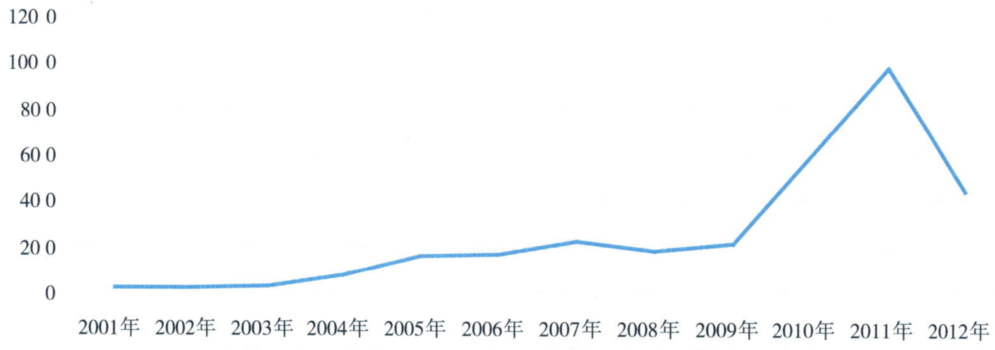

图 1　2000—2012 年中国艺术品拍卖市场成交额（亿元）

我国艺术品拍卖业在2012年市场成交业绩回落的整体环境下，出现区域格局上的调整，向行业资源优化配置和规范化发展的道路持续迈进。2012年国内艺术品拍卖市场中共有300家拍卖企业举行了576场拍卖会，设立专场数量达到2205个，成交总额442亿元，其中绘画、装置、雕塑、素描、摄影、版画等纯美术品拍卖总金额为303亿元，同比2011年下降54%。

2012年我国艺术品市场的经营产品以原创艺术作品为主，尤其中国书画在整体市场成交份额与高端价格成交额上都占据较大比重，当代书画的市场活跃度相比古代书画、近现代书画有明显提高。艺术收藏品受众广、基础好，深受收藏爱好者的喜爱，基本占据了中等价格的市场交易。重量级收藏品在拍卖市场中创出天价，“过云楼”藏书整体拍卖以2.16亿元天价成交，对古籍善本市场发展有不小的推动。艺术复制品、艺术授权品定价较低，主要面向艺术消费人群，全年交易额为180亿元，同比增长20%。

2012年艺术品金融化的发展在我国艺术品市场表现活跃。目前我国艺术品投资基金的融资渠道仍以艺术品信托为主，发行方式开始趋于“私募化”。2012年共有12家信托公司参与发行了34款艺术品信托产品，发行规模达33亿元，募资规模呈现出下降的趋势。2012年，国内的艺术品信托普遍进入投资清算期，共有5家信托公司清算了11款产品。2012年国内文化产权交易所在经历清理整顿之后，通过联席会议验收的16个省市的文化产权交易所进入重新定位和转型发展的新阶段。

2012年我国艺术品购买力整体水平与2011年和2010年相比增速略有放缓。占艺术品购买力总量较大份额的艺术投资的减速是2012年国内艺术品购买力增速放缓的主要原因。而艺术收藏与艺术消费则稳步增长。2012年我国的企业收藏发展速度较快，资金规模继续增长，大约有450亿元，企业收藏成为艺术市场中越来越重要的参与力量。艺术品消费也有突出的增长。2012年我国的企业收藏发展速度较快，资金规模继续增长，大约有450亿元，企业收藏成为艺术市场中越来越重要的参与力量。艺术品消费也有突出的增长，年收入10万元的家庭和个人开始消费艺术品，4万元及4万元以下是当前消费人群主要购买力水平。

目前我国艺术品市场所经营的艺术产品，种类繁多，形式各异，大致可分为艺术原创作品和艺术衍生品两大类。艺术原创作品是指艺术创作者以线条、色彩或者其他方式创作的具有审美意义的造型艺术作品，包括绘画、书法、雕塑、雕刻、摄影、装置等作品。艺术衍生品包括艺术复制品和艺术授权产品两类，它们都是基于艺术授权经营模式的艺术产业化成果。艺术复制品是指经艺术创作者许可并签名限量在200件以内的复制产品，艺术授权产品是指经艺术创作者授权制作生产的各类产品。在2012年我国艺术品市场中，艺术原创作品的经营仍是艺术市场交易的核心部分，艺术复制品、艺术授权产品是经营产品的新类型，也是我国艺术品市场的新增长点。

二、市场行情

2012年艺术原创作品仍是我国艺术品交易量最大的经营品类。一级市场、二级市场中的原创艺术作品交易额900多亿元，以艺术品拍卖市场为例，2012年国内拍卖市场共上拍46.1万件艺术原创作品，成交22.6万件，总成交率为49%，总成交金额为442.03亿元（不含港、澳、台地区拍卖市场成交额）。其中，2012年中国书画作品上拍270175件，成交128493件，成交率为48%，成交金额273.42亿元，占国内艺术品拍卖市场份额的62%；油画和当代艺术品上拍12235件，成交7265件，成交率为59%，成交金额为29.15亿元，所占市场份额为7%。瓷器杂项上拍178851件，成交90235件，成交率为50%，成交金额139.46亿元。

表2　2012年中国艺术品拍卖市场分类市场成交数据

	上拍量（件数）	成交量（件数）	成交金额（亿元）
中国书画	270175	128493	273.42
油画及当代艺术	12235	7265	29.15
瓷器杂项	178851	90235	139.46
总计	461261	225993	442.03

2012 年我国艺术品拍卖市场在近几年持续高速化发展之后出现调整走势。2012 年中国书画、油画和当代艺术的成交额比 2011 年均有大幅下滑。2012 年我国内地艺术品拍卖市场中，中国书画成交额 273. 42 亿元，相比 2011 年下降幅度为 54% ，油画和当代艺术市场成交收缩更为明显，成交额 29. 15 亿元，相比 2011 年下降幅度为 63% ；瓷器杂项成交额 139. 46 亿元，相比 2011 年下降幅度为 54% 。

表 3　2012 年艺术品拍卖市场成交额图表（亿元）

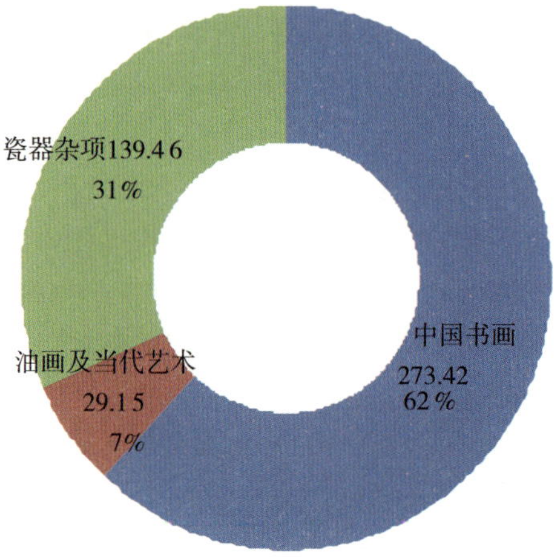

在成交价格方面，2012 年我国艺术品拍卖的拍品均价也有所回落，为 20 万元，同比 2011 年下降 33% 。尤其是在艺术品拍卖市场的高价表现上，2011 年有 31 件拍品的成交价格超过亿元，而 2012 年成交价格超过亿元的只有 4 件。其中，中国书画作品 3 件；瓷器杂项 1 件。

（一）中国书画

从 2012 年细分市场来看，中国书画交易在各项市场数据上依旧保持领先。由于历史的原因书画交易主要集中在我国艺术品拍卖市场中，画廊等一级市场中的交易规模较小。2012 年中国书画的交易有所回落，同时出现了新的变化。

中国书画市场在 2012 年明显降温，市场中出现的名家精品数量大幅减少，高价成交的作品数量也随之减少。尤其在国内艺术品拍卖市场表现得更为显著。2012 年中国书画成交价在亿元以上的拍品有 3 件，相比 2011 年的 12 件减少了 9 件；而成交价在 5000 万元以上的拍品有 18 件，相比 2011 年的 33 件也有 45% 的减少。在中国书画作品拍卖成交价排行前 100 位中，2012 年排行第 100 位的作品成交价为 1782. 5 万元，相比 2011 年的书画作品排行第 100 位的 3220 万元有明显差距。可见，2012 年书画精品数量和成交价水平同比 2011 年均有较大落差。

1. 古代书画

2012 年古代书画上拍 31087 件，成交 13326 件，成交率 43% ，成交额 44. 00 亿元。2012 年古代书画市场份额进一步下滑，份额降低到 16% 。高价与 2011 年相比有明显减少。2012 年有 1 件古代书画作品成交价超过亿元，相比 2011 年的 7 件，减少了 6 件。从作品均价来看，古代书画平均拍卖成交价也出现明显变化。2012 年古代书画拍卖平均每件成交价为 33. 02 万元，同比 2011 年的 49. 12 万元降幅为 33% ，而相比 2010 年的 54. 04 万元则有 39% 的下降。

表 4　2012 年中国艺术品拍卖市场书画市场成交数据

类别	上拍量（件数）	成交量（件数）	成交金额（亿元）
古代书画	31087	13326	44
近现代书画	140118	62431	166. 6
当代书画	82935	46263	55. 75

2. 近现代书画

近现代书画，仍然是2012年书画市场的成交热点，在整体市场成交中占据大部分份额。以艺术品拍卖市场为例，2012年近现代书画上拍156153件，成交68904件，成交率为44%，成交额为173.67亿元，尽管同比2011年的388亿元有55%的滑落，但在中国书画拍卖市场中的份额仍有64%。2012年有2件近现代书画成交价格突破亿元，同比2011年的7件减少了5件。历年近现代书画的领军人物齐白石、张大千在2012年并没有作品以超过亿元高价成交，而李可染市场行情异军突起，2012年春季拍卖中有两件代表作分别在北京保利和中国嘉德以突破亿元的高价成交。其中，李可染作品《万山红遍》以2.93亿元的高价成交，不仅创出李可染个人作品拍卖价格的新高，同时也是2012年度中国书画拍卖的最高价。

3. 当代书画

2012年，当代书画的市场活跃度相比古代书画、近现代书画有明显提高。在一级市场中，当代书画的展览和活动有一定增加，业内外关注度逐步上升，媒体曝光也随之扩大。以艺术品拍卖市场为例，2012年当代书画上拍82935件，成交46263件，成交率56%，成交额为55.75亿元，尽管同比2011年有29%的下滑，但在整体书画拍卖市场中的份额则表现出持续增长的态势，从2010年的9%上升到2011年的13%，2012年其市场份额进一步增长到20%。

表5　2012年中国书画拍卖市场成交额图表

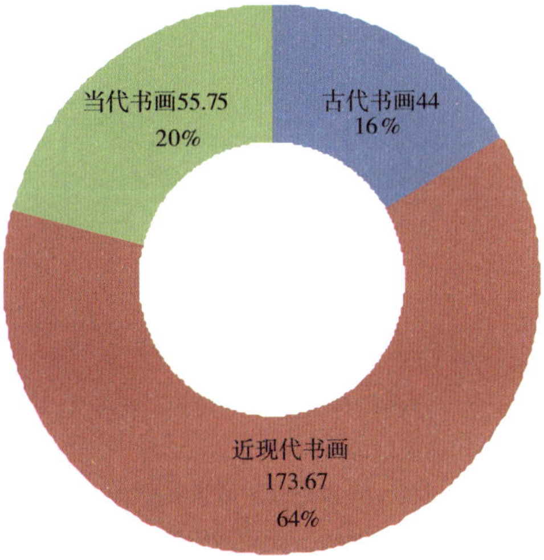

（二）油画及当代艺术

2012年油画及当代艺术的整体市场行情调整更为明显，尤其在国内艺术品拍卖市场中成交额为29.15亿元，相比2011年下降了63%，相比2010年下滑45%。行情表现依旧不温不火。

表6　2012年中国艺术品拍卖市场成交数据

类别	上拍量（件数）	成交量（件数）	成交金额（亿元）
油画及当代艺术（平面）	11473	6747	27.71
影像（数码及多媒体）	66	35	0．032
雕塑、装置（三维艺术）	690	481	1．4

经历过2007年、2008年的市场火热行情之后，油画和当代艺术市场近几年的发展一直趋向理性。根据艺术市场研究中心对部分画廊的调研，目前在画廊市场中艺术家作品价格基本上在几万至几十万元之间。而在拍卖市场上，2012年油画和当代艺术作品拍卖成交均价约为每件40万元，相比2011年的

79 万元下滑了近 50%。这主要是因为市场中精品惜售，高价成交也随之减少。从成交价超过千万元的作品数量来看，2012 年仅有 27 件，相比 2011 年出现半数的减少。

以艺术品拍卖市场为例，2012 年油画及当代艺术品上拍 12235 件，成交 7265 件，成交率为 59%。从在整体艺术品拍卖市场中所占份额来看，油画及当代艺术市场持续下滑，2012 年其所占市场份额为 7%，同比下降 1%。自 2008 年以来，油画及当代艺术市场份额下滑幅度已经逐渐趋缓。

1. 经典油画

2012 年油画及当代艺术市场热点仍以经典油画为主。以艺术品拍卖市场为例。在 2012 年油画和当代艺术拍卖成交价超过千万元的作品中，20 世纪油画和写实油画占到 21 件，这部分作品总成交额高达 5.17 亿元。其中，红色经典作品沈尧伊《革命理想高于天》以 4025 万元的价格成交，引领了 2012 年红色经典油画的市场行情。此外，靳尚谊《孙中山》、郭润文《广州起义》也分别以 2047 万元、1380 万元的高价成交。

表 7　2012 年油画及当代艺术拍卖市场成交额图表

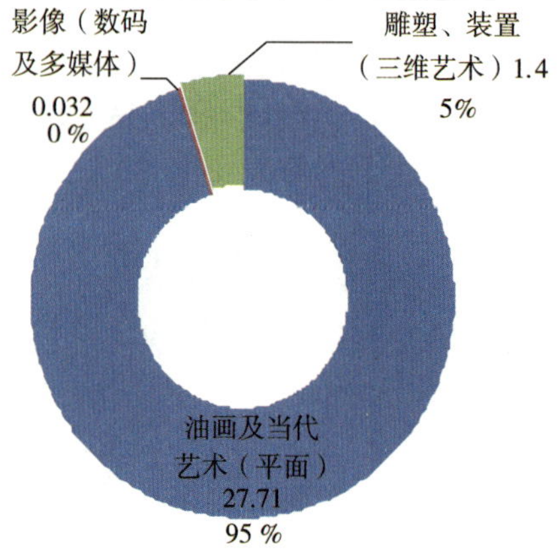

2. 当代艺术

2012 年当代艺术市场经过 2009 年以来的市场调整，整体行情较为平稳。一度行情火热的当代艺术家的作品价格回归理性，一些学术和市场价值得到进一步确认的中青年艺术家开始受到市场的关注，成为市场中新的增长点。例如赵半狄、刘溢、何多苓等艺术家的作品在 2012 年均有成交价超过千万元的表现，说明藏家对于当代艺术家的认识更加深刻，更注重作品本身的价值。

（三）瓷器杂项

瓷器杂项是我国艺术品市场中主要交易品种。由于近年来价格行情表现突出，目前精品交易大多通过拍卖的途径。各地古玩市场虽然交易活跃，但只满足一般收藏爱好者的需求。主要交易的是质量一般、价格较低的品类。

表 8　2012 年中国艺术品拍卖市场瓷器杂项市场成交数据

类别	上拍量（件数）	成交量（件数）	成交金额（万元）
瓷器	18801	8127	283022. 16
玉器	24916	10929	146388. 24
文玩	0	0	0
古籍善本	22705	13099	89351. 94
钱币	28670	17035	32384. 62
邮票	8434	5952	7557. 82
佛像	3466	1625	42398. 19
家具	5285	2582	79110. 56

续表

类别	上拍量	成交量	成交金额
珠宝	10024	3476	315975.84
犀角雕	0	0	0
名酒	0	0	0
其他	56550	27410	398439.11

在2012年我国艺术品拍卖市场中，瓷器杂项作品上拍178851件，成交90235件，成交率为50%，成交金额达到139.46亿元，所占市场份额为32%。与2011年相比各市场量化指标均有一定下滑，整体市场状况回落到2010年的水平。

就市场价格而言，瓷器杂项市场相比中国书画市场、油画及当代艺术市场在高中低端分布上更为均衡。以高价精品比例来看，在2012年国内艺术品拍卖市场成交价前100位中，瓷器杂项作品有33件，与其总体市场所占份额基本匹配。

表9　2012瓷器杂项成交额图表

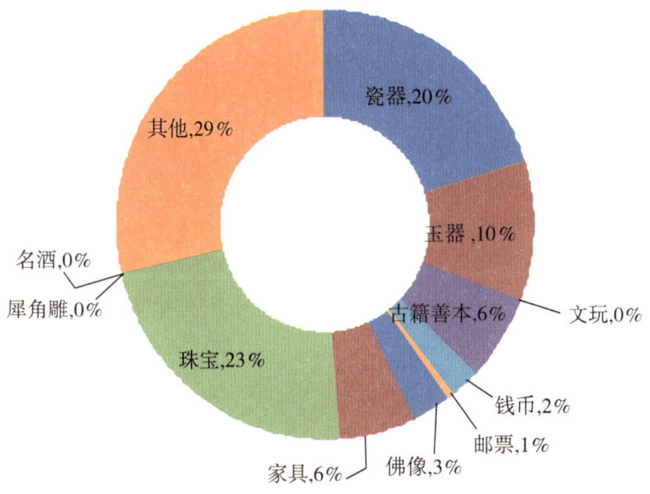

从市场热点来看，2012年瓷器杂项市场热点，仍然集中在瓷器、珠宝、文玩三大类别，这三大类拍品所占瓷器杂项市场份额的54%。玉器、家具、古籍善本等次之。相比2011年，瓷杂市场各项类别出现较大涨跌变化。其中瓷器成交额在整体市场中的份额变化较大，由2011年的32%下降到2012年的20%。此消彼长，2012年份额增加最大的是珠宝名表，由14%上升到24%。以往瓷器份额第一的地位让给了珠宝名表。

古籍善本是2012年瓷器杂项市场交易热点。古籍善本在市场的流通量较其他拍品更为稀缺，能在市场上流通的数量极少。近年来，随着古籍善本知识的普及和收藏市场的发展，越来越多的收藏者参与到古籍的收藏中来，因此古籍善本的市场行情逐年稳步提升。尤其是2012年春拍中出现的由孤本宋版《锦绣万花谷》全80卷领衔的170余种、近500册组成的“过云楼”藏书整体拍卖，配合深度的价值挖掘和有效的文化营销，最终以2.16亿元天价成交。尽管“过云楼”藏书拍卖有特殊性，此类古籍经典出现在市场中的概率较小，但此次“过云楼”藏书所产生的高价效应对古籍善本市场的长期发展有很强的推动作用。

三、国际地位和市场作用

2008年之后，全球艺术品市场的格局就发生了根本性的变化。中国从以前只是全球新兴艺术市场的重要代表之一，通过近5年逐年扩大的交易规模，巨大的成交额、交易体量，一跃成为全球艺术品市场向前发展的决定性力量，与中国经济一样，中国已经成为全球艺术品市场向前发展的重要动力来源。这一点在 2012 年全球艺术品市场的发展中得到了充分的体现。

表 10　世界各国艺术品市场交易额份额（按国家计算）

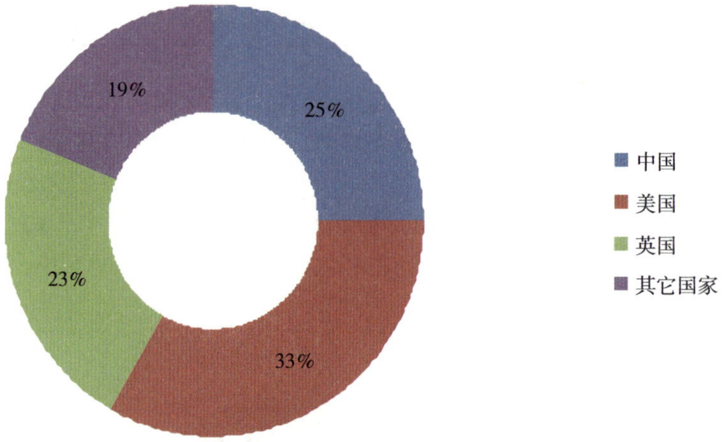

根据欧洲美术基金会的统计数据：2012 年，中国艺术品市场成交额为 106 亿欧元，与 2011 年的 137 亿欧元相比有 23% 的下降。2012 年中国占全球艺术品市场交易额的份额为 25%，而 2011 年中国占全球艺术品市场的份额为 30%，下降 5%。全球艺术品市场的交易额在 2012 年为 430 亿欧元，同比下降 7%，中国艺术品市场发展的减速影响了全球艺术品市场继续保持增长，但这也充分说明中国艺术品市场如今在全球艺术品市场具有举足轻重的地位。我国艺术品市场发展的好坏已经左右着全球艺术品市场的进退。

尽管中国艺术品市场在 2012 年的成交数据不如 2011 年，但依然能以 25% 的市场份额排在全球第二，也充分说明了中国艺术品市场继续保持了在全球艺术品市场中的领先地位。

四、制约因素分析

（一）政策引导

我国艺术品市场的迅速发展离不开国家从政策方面的引导和推进，我国艺术品市场取得的成绩是在国家行政主管部门和海关、工商、税收等有关部门不断调整有关政策的保证下取得的。当然，在发展的过程中，也出现了一些政策与市场目前所处的发展阶段不适应的现象。

例如国内艺术品金融化自 2009 年迅速发展以来，由于缺少政府相关部门的政策引导和约束，使得国内艺术品基金、艺术品信托、文化产权交易所在缺少有效、科学的交易规则下野蛮生长，使很多盲目的参与者、投资者蒙受了不小的经济损失。产生这样的现象与政策缺位有关。面对像艺术品金融化这样的新事物，政策相关部门应该先召开联席会议，广泛听取各方的意见和诉求，要明确制定出符合该类型机构发展特点的准入门槛、经营政策和有效的管理办法，确定主要的管理部门，明确管理的责任。同时要根据事物本身的变化不断地调整政策的有效切入点，这样在有规矩可循的情况下，才能真正保证和促进新事物正常的发展。

此外，对于已经出台的政策保持连贯性也至关重要。以国务院关税税则委员会发布的《2012 年关税实施方案的通知》（税委会〔2011〕27 号）为例，该决定自 2012 年起，将油画、粉画及其他手绘画原件；雕版画、印制画、石印画的原本；各种材料制的雕塑品原件的进口关税税率由 12% 降至 6%（暂行 1 年）。这项方案的实施得到了国内艺术品行业尤其是艺术品经营行业的普遍欢迎，但 6% 的进口关税与其他国家收取的进口零关税相比仍有差距。降税之后会降低艺术品经营的经营成本，以画廊为例，除了进口艺术品 6% 的进口关税，对于全年销售额在 80 万元以下的画廊，按照小规模商业企业还要缴纳

3%的增值税，年销售额超过80万元的画廊要缴纳17%的增值税。此外，画廊还需缴纳画家的个人所得税、企业所得税等，相加在20%以上。而专业性画廊实际作品销售量不稳定，售后资金往往还需与艺术家分成，同时还要负担房租、人员、艺术家推广和展览的经营成本。现行的税收政策加上较高的运营成本压力阻碍了画廊的发展，降低了画廊扩大发展的可能性。另外，目前6%的艺术品进口关税试行政策只实施到2012年年底，进入2013年按照何种标准收取艺术品进口关税，国务院关税税则委员会还未有解释和说明，这样可能会直接影响政策连续执行的效果。

针对艺术品进出口，应该以海关为中心，会同文化、文物、工商、税务及行业协会等部门，开展多方联动的监察体系，完善进出口艺术品备案制度，简化进出境报批手续，适当放宽停留时限等，这才是促进艺术品市场活跃和良好发展的必由之路。

（二）诚信建设

诚信缺失仍然是制约我国艺术品市场发展的最大障碍之一，也是一个老问题。艺术品市场的各个交易主体都存在着不同程度的诚信缺失。以艺术品市场中的买受人为例，买受人在市场中"拍而不付"的现象仍然比较突出。2012年12月6日，中国拍卖行业协会发布了《2011艺术品拍卖市场统计年报》，该报告的统计数据显示，截止到2012年4月15日，2011年度成交价格在1000万元以上的拍品有581件，但完成结算的仅有261件，未完全结算及未结算率高达55%，涉及到84.75亿元的货款。在艺术品拍卖业不断成长的背后，拍卖企业越来越受到买受人拖欠货款或根本性违约的困扰，这严重制约了国内艺术品拍卖行业的健康发展。

此外，国内艺术品拍卖市场中一直存在的假拍、拍假等违规行为得不到有效遏制，交易诚信体系一直没有完全建立。艺术品拍卖市场的参与各方受利益驱动，艺术品拍卖企业数量猛增，盲目追求拍卖的高价格，相互展开成交数字的竞争，假拍、拍假，人为哄抬艺术品价格，催生了艺术市场的泡沫，从而也加大了市场风险。这些都是市场中缺乏信用体系的具体体现。

在看到问题的同时，我们也应该看到市场中各种参与主体正在努力向诚信的方向转变和提高。例如国内的艺术品拍卖企业就加强了行业的自律性。截止到2012年10月31日，全国已经有160家企业签署并承诺了由56家拍卖企业共同倡议的《中国文物艺术品拍卖企业自律公约》。《公约》针对现阶段拍卖市场发展中存在的不规范行为提出明确要求和行为准则，有效地推动了拍卖市场的健康发展。

文化部2004年以来在全国启动了"诚信画廊"的评选，2012年9月26日，文化部在京为北京、上海、江苏、浙江等12个省（区、市）的45家入选第四批诚信画廊的画廊企业举行授牌仪式。截至2012年年底，全国诚信画廊总数达到94家。这些措施都在推动国内艺术品市场诚信体系的建设。

（三）行业规范

就艺术品鉴定评估行业来看，目前国内仍欠缺行业标准和统一监管，国内艺术品的鉴定评估总体上乱象丛生，这给艺术品市场的有序发展带来了一定的掣肘。艺术品并不具备如股票或其他大宗商品般的可替代性，对其真伪、价格的评估一直高度依赖于专家的个人见解。近几年接连被媒体曝光的鉴定问题不断挑战着整个行业的公信力和严肃性，同时也打击了公众参与艺术品收藏的积极性。

目前急需建立鉴定评估行业标准、健全艺术品鉴定的监管体系、推动第三方鉴定评估机构发展、提高行业公信力，这是国内艺术品鉴定评估行业的首要任务和难点所在。专家"掌眼"似乎已成为艺术品鉴定的惯例，一旦主观的个人见解的可靠性和真实性受到质疑，鉴定行为的权威性则必然受到根本性的冲击。而鉴价评估的方法，大多以信息公开度较高的艺术品拍卖市场数据为主要价格采样，因此，数据来源单一、缺乏客观性是艺术品鉴价评估的突出问题。

在这样的环境下，出台鉴定标准是艺术品市场发展的必然趋势。目前文化部已经启动《艺术品市场管理条例》的起草工作，同时艺术品鉴定试点工作已列入2013年文化部的重点工作。该项工作的第一步就是对鉴定人员和鉴定机构实行准入制度，从制度上对从事艺术品鉴定的机构和人员提出资质要求。尽管对于艺术品鉴定评估具体如何操作仍有争议存在，但从文化部层面的关注和启动艺术品鉴定的试点工作，其实已经往前迈出了一大步，这必然会促进艺术品市场长期健康有序的发展。

（四）体制创新

我国艺术品市场的可持续性发展离不开市场监管体制的创新。目前，针对艺术品市场现阶段发展特点的监管机制还不健全，也不完善，此外在监管理念和方式上也存在不足。

为了保持我国艺术品市场良好的发展势头，加强对国内艺术品市场的行业监管势在必行，因为这样有助于维护艺术品收藏者与消费者的合法权益，净化国内艺术品市场的环境，促进我国艺术品市场的良好发展。政府在监管市场上应坚持适度性管理的原则，在行业监管的实施过程中，需要适当地把握好“度”，既不能对市场各主体行为管得过严、过死，造成过犹不及，也不能对市场乱象管得太松、太轻，使中国艺术品市场的环境无法得到有效的改观。

其次要坚持全面性原则：一是要全面考虑中国艺术品市场存在的各种潜在风险，如信用风险、操作风险等，以这些可能的风险来综合确定监管所应覆盖的范围；二是要将加强中国艺术品市场外部监管与提升中国艺术品市场内部风险控制能力相结合，将行政监管、行业自律与市场约束相统一，建立一套全面的中国艺术品市场行业监管体系。

再次要坚持有序与可持续发展原则。有序与可持续发展原则就是要不断地树立促进当代中国艺术品市场的发展理念。不断在新的认识与发展平台上努力推动中国艺术品市场体系的发展，具体来说，要强化中国艺术品市场主体的培育工作；要不断发展与完善中国艺术品市场的运营体系；要努力推动艺术品市场支撑保障体系的建设；还要不断推动艺术品服务体系的建设。

马学东　中央美术学院艺术市场分析研究中心执行总监

文件·文献

【《文化部办公厅关于公布2011年全国画院优秀创作研究扶持计划入选项目名单的通知》】

各省、自治区、直辖市文化厅（局）：

2011年全国画院优秀创作研究扶持计划项目评选工作已经顺利完成。经过专家评审委员会的认真评审，并报文化部审核通过，共有21个项目入选2011年全国画院优秀创作研究扶持计划，其中创作类项目15个，研究类项目6个，对于入选项目文化部予以奖励性扶持。现将入选项目名单予以公布。

特此通知。

附件：2011年全国画院优秀创作研究扶持计划入选项目名单

二〇一二年三月十二日

2011年全国画院优秀创作研究扶持计划入选项目名单

一、创作类项目

序号	项目名称	申报单位	地区
1	彩绘苍原——西北、西南系列写生采风创作活动	中国国家画院	中直
2	中国西部题材雕塑创作研究	中国艺术研究院　中国雕塑院	中直
3	新视线——新津派学术推介展（天津、上海2011）	天津画院	天津
4	三晋风格——年度学术采风、创作美术作品展览	山西画院	山西
5	上海历史文脉美术创作工程中国画创作项目	上海中国画院	上海
6	新杭州——“三江两岸”油画名家精品展	杭州市文学艺术界联合会　杭州画院	浙江
7	安徽省重大历史题材美术创作工程	安徽省书画院	安徽
8	瓷话鄱湖——江西美术家瓷上绘画作品创作	江西画院	江西
9	“情系神农架”大型美术创作项目	湖北省美术院	湖北
10	“具象与表达”：武汉画院系列主题创作暨2011年中国美术馆成果汇报展	武汉画院	湖北
11	水墨·双城——第三届深港水墨交流展	深圳画院	广东
12	夏鲁·旺堆唐卡创作及展览	西藏自治区书画院	西藏
13	含英咀华——甘肃中青年美术家创作作品系列展	甘肃画院	甘肃
14	中国·阿拉伯美术创作、研讨与交流项目	宁夏书画院	宁夏
15	新疆好·新疆美术作品展	新疆画院	新疆

二、研究类项目

序号	项目名称	申报单位	地区
1	齐白石艺术研究	北京画院	北京
2	“大师的时代情怀”陆俨少人物作品展及艺术研讨	上海中国画院	上海
3	梅清与宣城画派研究	安徽省宣城市书画院	安徽
4	水墨漫画研究	安陆市文化馆（安陆市水墨漫画院）	湖北
5	《辛亥革命在重庆》大型历史组画创作研究	重庆画院	重庆
6	用创意产业推动贵州民间工艺美术的传承和发展	贵州画院	贵州

来源：文化部网站2012年3月7日

【《文化部办公厅关于公布2011年全国美术馆发展扶持计划入选项目名单的通知》】

各省、自治区、直辖市文化厅（局）：

2011年全国美术馆发展扶持计划项目评选工作已经顺利完成。经过专家评审委员会的认真评审，并报文化部审核通过，共有48个项目入选2011年全国美术馆发展扶持计划，其中国家重点美术馆优秀展览项目8个，优秀展览项目20个，优秀公共教育与推广项目20个。对于入选项目文化部予以奖励性扶持。现将入选项目名单予以公布。

特此通知。

附件：2011年全国美术馆发展扶持计划入选项目名单

二〇一二年三月十二日

2011年全国美术馆发展扶持计划入选项目名单

一、国家重点美术馆优秀展览项目

序号	项目名称	申报单位	地区
1	光辉历程·时代画卷——庆祝中国共产党成立90周年美术作品展览	中国美术馆	中直
2	海上叙事——百年上海艺术大展	上海美术馆	上海
3	第四届广州三年展启动展	广东美术馆	广东
4	高原·高原——中国西部美术展中国画年度展	陕西省美术博物馆	陕西
5	回顾与展望——湖北系列艺术展	湖北美术馆	湖北
6	关山月艺术陈列展	深圳市关山月美术馆	广东
7	同源异彩——黄宾虹与林散之、李可染艺术展	北京画院美术馆	北京
8	从延安到北京——王式廓百年纪念展	中央美术学院美术馆	院校

二、优秀展览项目

序号	项目名称	申报单位	地区
1	古典与唯美——西蒙基金会收藏雕塑、绘画展	中华世纪坛世界艺术馆	北京
2	韩美林艺术大展	北京韩美林艺术馆	北京
3	八零后艺术档案（一）	北京市通州区宋庄美术馆	北京
4	第二届中国当代版画学术展	北京今日美术馆	北京
5	中韩当代艺术通道计划	北京元典美术馆	北京
6	黑龙江版画经典作品展	黑龙江省美术馆	黑龙江
7	炫——2011上海青年美术大展	刘海粟美术馆	上海
8	中国当代艺术三十年历程·中国影像艺术1988－2011	上海民生现代美术馆	上海
9	探索·探索·再探索——纪念庞薰琹先生诞辰105周年艺术展	常熟美术馆	江苏
10	鲁迅与新兴木刻纪念系列展览	浙江美术馆	浙江
11	突围：宁波当代艺术30年暨第一届宁波当代艺术展	宁波美术馆	浙江
12	传承经典——当代中国画名家学术邀请展	合肥－久留米友好美术馆	安徽
13	“中国版画进万家”青岛首发暨艺术家捐赠作品展	青岛美术馆	山东
14	“画说日照”城市景观美术写生创作展	山东省日照市美术馆	山东
15	“第二届岭南美术节”系列展览	岭南美术馆	广东

续表

序号	项目名称	申报单位	地区
16	靳尚谊与中国油画研究展	莞城美术馆	广东
17	“换位思考”展览	广东时代美术馆	广东
18	小运动：当代艺术中的自我实践	OCT 当代艺术中心	广东
19	第二届重庆青年美术双年展	重庆美术馆（四川美术学院美术馆）	重庆
20	陇山·陇水·陇人——第四届甘肃省专业画院作品展	甘肃美术馆	甘肃

三、优秀公共教育和推广项目

序号	项目名称	申报单位	地区
1	童心·创想——第八届“我在中国美术馆画画儿”系列少儿教育活动	中国美术馆	中直
2	人文之声——何香凝美术馆系列学术讲座	何香凝美术馆	中直
3	“意大利乌菲齐博物馆珍藏展”暨教育部、文化部、财政部 2011 年“高雅艺术进校园”系列公共教育活动	中央美术学院美术馆	院校
4	“新中国美术经典——再现收租院大型雕塑展”公共教育与推广活动	炎黄艺术馆	北京
5	“爱在蓝天下”儿童公共教育项目	北京中间美术馆	北京
6	“国家重大历史题材美术创作工程作品石家庄巡回展”公共教育与推广活动	石家庄市美术馆	河北
7	“与艺术对话——上海美术馆美术教育展”公共教育推广系列活动	上海美术馆	上海
8	牵手美术——美育卡系列活动	上海市徐汇区艺术馆	上海
9	当代艺术进社区——流动美术馆	上海喜玛拉雅美术馆	上海
10	“印象半亩方塘”美术馆少年儿童公共教育活动	福建省美术馆	福建
11	厦门美术馆美术大篷车工程	厦门市美术馆	福建
12	一切为了观众——山东省美术馆创新《光辉的历程》经典美术作品展教育和推广	山东省美术馆	山东
13	2011 年郑州美术馆“走进美术馆”系列少儿美术活动	郑州美术馆	河南
14	中国当代艺术大讲坛	河南省美术馆	河南
15	今日中国画——湖北高校三人组论辩	湖北美术馆	湖北
16	把武汉画在地铁里——武汉中小学生绘画作品征集活动	武汉美术馆	湖北
17	启蒙的艺术——广州市北部山区未成年人艺术帮扶活动	广州艺术博物院	广东
18	“心·路”五彩基金艺术展暨纪录片《时间》展映公共教育与推广活动	深圳美术馆	广东
19	关山月美术馆“四方沙龙”系列学术公益讲座	深圳市关山月美术馆	广东
20	“词场－诗歌计划 2011——中国当代艺术与诗歌第一回展览”公共教育与推广活动	华·美术馆	广东

来源：文化部网站 2012 年 3 月 7 日

【《文化部办公厅关于诚信画廊复核及第四批诚信画廊评选结果的通知》】

各省、自治区、直辖市文化厅（局），新疆生产建设兵团文化广播电视局：

根据《文化部关于加强艺术品市场管理工作的通知》（文市发〔2011〕55 号）要求，文化部开展了诚信画廊复核及第四批诚信画廊评审工作。现将诚信画廊复核及评审有关情况通知如下：

一、诚信画廊复核结果

为促进艺术品市场的发展，树立诚信经营的中国画廊行业形象，2004 年以来，文化部先后开展了 3 批“中国诚信画廊”评选活动，共评选出 64 家优秀企业。经过几年的发展，我国画廊业的情况发生了很大的变化，为维护诚信画廊的社会公信力，文化部决定对已获得“中国诚信画廊”品牌的企业进行复查。通过实地考核、专家审议、网络公示等程序，保留 49 家企业“诚信画廊”品牌（见附件 1），对于因企业经营范围、注册地、法人等重要情况变更或者停止经营，或者因涉及经营纠纷、经营不善，不再符合诚信画廊评选标准的 15 家企业取消“诚信画廊”资格（见附件 2）。

二、第四批诚信画廊评选结果

截至 2012 年 4 月 30 日，文化部共收到 18 个省级文化行政部门推荐的 109 家企业参选第四批诚信画廊的申报材料。文化部组织由行业协会、企业、市场研究专家、策展人、艺术家的代表组成专家组，按照文市发〔2011〕55 号文件规定的标准、条件和评定程序，进行认真审核，评选出 45 家符合条件的企业。文化部文化市场司将入选企业情况在文化部门户网站和中国文化市场网上进行了为期 1 周的公示，未收到对这些参评单位的投诉。经研究，确认此 45 家画廊为第四批诚信画廊（见附件 3）。

三、管理和服务

获得“诚信画廊”品牌的企业要严格职业操守，积极协助政府部门打击艺术品制假贩假活动，联合抵制行业不正当竞争行为，积极参加社会公益性活动，配合文化部门开展艺术推广活动，协力开拓国际市场，真正发挥诚信画廊在行业中的示范和引导作用。

各级文化行政部门要做好本辖区画廊的登记备案工作，推进艺术品市场的诚信建设。省级文化行政部门可以开展画廊行业信用等级评选活动。对于长期坚持诚信经营，信誉好、实力强，并为推广我国民族的、传统的、优秀的艺术作品做出积极贡献的画廊，可以授予省级诚信画廊品牌，予以表彰和奖励。对于参与制假、售假，传播禁止内容的画廊，要联合有关部门进行查处，列入信用“黑名单”。同时，在本次诚信画廊推荐过程中，一些优秀的民营美术馆、书画院等也积极参与评审，民营美术馆和书画院作为非盈利机构以及创作机构，在普及艺术、繁荣艺术创作、建立艺术品市场良好生态环境方面起到积极作用，各级文化部门也要通过政策和资金扶持，加强对民营美术馆和创作机构的服务。

文化部将进一步做好对诚信画廊的服务工作，组织多种形式的国内外推广和宣传活动，加大对画廊行业的扶持力度，努力为画廊扩大国内市场营销和参与国际市场竞争创造良好条件。

特此通知。

附件：1. 复核通过保留诚信画廊品牌的画廊名单

2. 取消诚信画廊资格的画廊名单

3. 第四批诚信画廊名单

文化部办公厅

二〇一二年七月十七日

复核通过保留诚信画廊品牌的画廊名单

北京市：可创铭佳艺苑

所染画廊

世纪翰墨画廊

云峰画苑

北京关公画廊
经典艺术画廊（原经典境界美术馆）
美丽道国际艺术机构（海南迁至北京）
天津市：天津西洋美术馆画廊
汇泰艺术中心画廊
内蒙古自治区：乌海市漠海画廊
黑龙江省：哈尔滨春风名家画廊
上海市：大朴堂画廊
圣菱画廊
煌杰画廊
兰莉画廊
奥赛画廊
上海大剧院画廊
江苏省：鼎成画廊
长风堂画廊
南画廊
南京国际梅花书画院名画廊
苏州胥口书画艺术有限公司画廊
徐州东方画廊、南京爱涛艺术中心画廊
浙江省：杭州恒庐画廊
杭州六和画廊
杭州吴山画廊
杭州游艺斋画廊
杭州山海星云画廊
杭州风雅艺术画廊
一片云画廊
杭州上城区印象画廊（原三尚艺术画廊）
杭州江南书画经营有限公司画廊
诸暨精彩画廊
宁波集雅斋画廊
台州画廊
安徽省：合肥大家画廊
福建省：福州墨园画廊
山东省：沈学仁画廊
潍坊集文斋画廊
广东省：广东中商画廊
江门市蓬莱轩艺术馆画廊
四川省：非马画廊
千高原画廊
雅风画廊
凯空间画廊

宁夏回族自治区：银川林香阁画廊

银川博雅画廊。

取消诚信画廊资格的画廊名单

一、因企业经营范围、注册地、法人等重要情况变更或者停止经营，并未按规定到所在地文化部门备案，取消的“诚信画廊”资格的企业：

北京市：蜜雪儿艺术中心

俄罗斯画廊

四分之三画廊

须弥轩画廊

辽宁省：大连全新画廊

黄来铎画廊

上海市：亦安艺术品公司

嘉雨画廊

海莱画廊

德加画廊

山东省：聚雅斋画廊

江苏省：苏州娑罗画廊

二、因涉及经营纠纷或者经营不善，不再符合诚信画廊选标准，取消“诚信画廊”资格的企业：

北京市：索卡艺术中心

黑龙江省：哈尔滨博古斋画廊

四川省：成都蓝色空间画廊

第四批诚信画廊名单

省（区、市）	编号	画廊名称	工商注册名称	画廊地址	代理艺术家
北京市	1	艺森画廊	北京艺森文化艺术有限公司	北京市西城区北二环中路德胜门箭楼三楼	程亚杰、王维安 、程林新、胡建成、匡剑等
	2	新时代画廊	北京新非凡文化传播有限公司	北京市朝阳区酒仙桥2号798艺术区中二街D09区	管勇、那危、由金、罗甜甜、许向东等
	3	品画廊	北京上品伟业商贸有限公司	北京市朝阳区酒仙桥2号798艺术区	李庸白、方力钧、陈文令、和谐巴洛克、姜杰等
	4	艺·凯旋艺术空间	北京艺凯旋文化传播有限公司	北京市朝阳区酒仙桥路2号798艺术区A05	丁方、贾涤非、黄钢、潘德海、赵刚等
	5	泽中画廊	北京泽中文化发展有限公司	北京西城区白云路6号云起时珍宝花园A1-7	黄冠余、庞舜尧、季春龙等
	6	千年时间画廊	北京千年时间文化艺术有限公司	北京市朝阳区酒仙桥2号798艺术区3818库内	孙晓晨、如一兰、苏紫紫、宿哲、王斐等
	7	偏锋新艺术空间	偏锋新艺术工作室	北京市朝阳区酒仙桥2号798艺术区2号院B-11	曹晖、梁铨、王川、熊宇、范明正、康海涛等
	8	亚洲艺术中心	亚洲艺苑艺术有限公司	北京市朝阳区酒仙桥路2号大山子798艺术区	李真、应天齐、庄口，杨识宏、毛栗子等

续表

省（区、市）	编号	画廊名称	工商注册名称	画廊地址	代理艺术家
北京市	9	对画空间	北京英威瀚文化艺术发展有限公司	北京市朝阳区百子湾路32号二十二院街艺术区6－97	马嫣泠、吕鹏、李继开等
	10	仁艺术中心	北京仁境文化交流中心	北京市朝阳区酒仙桥路4号798艺术区西街100015	申大鹏、杨冬雪、常晓军、忻洛汀等
	11	龙艺榜画廊	北京龙艺榜国际艺术传播有限公司	北京朝阳区酒仙桥路2号798艺术区797东街	段正渠、王克举、黄菁、杨茂源、李鑫等
	12	百雅轩798艺术中心	北京百雅轩艺术发展有限公司	北京朝阳区酒仙桥路2号院798中街百雅轩798艺术中心	张光宇、吴大羽、吴冠中、黄苗子、罗尔纯等
	13	程昕东国际当代艺术空间	北京吉安程氏文化发展有限公司	北京市朝阳区酒仙桥路4号798艺术区	俸正杰、高惠君、杨勋、师建民、黄致阳等
	14	圣歌画廊	诗满思（北京）文化发展有限公司	北京市朝阳区大山子798艺术区A区797路A05号	Carmen Spera、郭峰、李睛、David Barth、张雨晴等
上海市	15	香格纳画廊	上海香格纳文化艺术品有限公司	香格纳画廊主空间和H空间：上海市普陀区莫干山路50好16&18号楼香格纳展库：上海市普陀区武威绿18号8号楼	李山、孙逊、杨福东、余友涵、张鼎、章清、周铁海等
	16	华府艺术空间	上海华府艺术品投资有限公司	上海市普陀区莫干山路50号4号楼217室	黄阿忠、俞晓夫、孙良、王劼音、张培成等
	17	东廊艺术	上海东廊艺术有限公司	海市普陀区莫干山路50号6号楼5层	董明光、关矢、何赛邦、何云昌、胡子等
	18	全摄影画廊	上海光籽摄影有限公司	上海市普陀区莫干山路50号13幢2楼	白光华、蔡鸿硕、陈农、陈晓伟、Christopher Taylor等
	19	沪申画廊	上海沪申画廊有限公司	上海市中山东一路3号外滩三号3楼	林志鹏、刘建华、马大哈、林明弘、吴山专等
	20	外滩18画廊	上海朗隽汇艺术文化有限公司	上海市黄浦区中山东一路18号四层B室	陈文波、姜吉安、蒋志、廖斐、尚一心等
	21	华氏画廊	上海朗艺文化发展有限公司	上海市长宁区淮海西路570号G109室	王向明、李强、马文婷、贺娟、郭锐等
	22	视平线画廊	上海视平线文化发展有限公司	上海市长宁区淮海西路570号G101室	丁立人、夏阳、陈钧德、徐福厚、周长江等
	23	明圆文化艺术中心	明圆文化艺术中心	上海市徐汇区复兴中路1199号5楼	查国钧、周天应、杨金宇、王昱宏等

续表

省（区、市）	编号	画廊名称	工商注册名称	画廊地址	代理艺术家
上海市	24	原曲画廊	上海原曲文化艺术有限公司原曲画廊	上海市闵行区虹许路731号3号楼4层东部	张华清、张自申、徐唯辛、彭小佳（美）、忻东旺等
江苏省	25	无锡市耕林艺术品交易中心有限公司	无锡市耕林艺术品交易中心有限公司	江苏省无锡市北塘区运河公园C14	王建源、吴宇华、王大濛、杨永俭、唐鼎华等
	26	养墨堂画廊	江苏养墨堂艺术有限公司	江苏省南京市建邺区奥体华山路136号	秦修平、王仁华、朱涛、黄三枝等
浙江省	27	神畅画廊	杭州神畅艺术品有限公司	杭州市上城区劳动路111－1号	王乐其、陈守烈、马利欧普利普等
	28	东街6号·艺术空间	杭州东街文化艺术策划有限公司	杭州市江干区艮山东路6号	曹文驰、陈松林、杜高杰、姜庆华、董小明等
	29	越晋轩画廊	杭州市上城区越晋轩画廊	杭州市上城区劳动路嘉禾里40－44号	刘江、吴山明、林海钟等
	30	意象画廊	杭州意象画廊有限公司	杭州市上城区华光路8号三楼	曾宓、张亚冰、魏朴等等
	31	浙江省海宁市硖石一得轩画廊	浙江省海宁市硖石一得轩画廊	海宁市硖石街道西南河街32号	陈有法、吴雷达、吴力达、郭娱親、骊伟平等
	32	杭州8号艺术画廊	杭州市上城区巴号画廊	浙江省杭州市上城区清波街3号	来国强、井士剑、林海钟等
江西省	33	集雅斋	江西中文传媒艺术品有限公司	江西省南昌市中山西路5号	徐夫耕、张桂涛、陈慧荪等
河南省	34	大河画廊	郑州市金水区大河画廊	郑州市金水区农业路64号	丁中一、王绣、王有政、王效池等
湖北省	35	圆宝斋画廊	荆门圆宝斋文化投资有限公司	湖北省荆门市老莱子路110号	冷秋如、董玉冰、卫俊贤、孙延祥、刘岳等
广东省	36	如意画廊	广州市四海承风文化传播有限公司	广州市越秀区广州大道北199号东风公园内	邓瑜、郑琦、贺晓春、韩建宇、汪凌等
	37	中山市小榄镇名家画廊	中山市小榄镇名家画廊	广东省中山市小榄镇文化路83号	方成、卢有光、纪光明、王轫、赵晓苏等
重庆市	38	501艺术空间	重庆在中文化传播有限公司	重庆市九龙坡区黄桷坪街126号	王大同、李方雪、杨晖、闫彦等
	39	重庆市渝中区九鼎画廊	重庆市渝中区九鼎画廊	重庆市渝中区人民路135－175号泰古广场3楼77号	马柯且、刘大春、钟定强、邬华敏、贺德华等

续表

省（区、市）	编号	画廊名称	工商注册名称	画廊地址	代理艺术家
四川省	40	岁月画廊	四川岁月文化艺术有限公司	四川省成都市青羊大道优品街 26 号	许燎原、刘正兴 、张国忠、任光荣、廖新松等
	41	成都蓝顶青年艺术空间	成都蓝顶文化发展有限责任公司	成都市锦江区三圣乡荷塘月色 A 区	丁凯、杨丙亮、赵晓东等
	42	成都空港十号画廊	成都空港拾号文化传播有限公司	四川省成都市武侯区航空路 10 号紫兰商厦 5 楼	罗敏等
	43	诗婢家国画廊	青羊区诗婢家国画廊	四川省成都市青羊区琴台路 7 号 2 楼	马识途、谢季筠、范汝愚、刘道容等
云南省	44	文达画廊	昆明市五华区文达荣工艺品经营部	云南省昆明市五华区青云街 7 号	段玉海、陈流、唐志冈、李平、蒋德芳等
陕西省	45	陕西书画艺术品交易中心画廊	陕西书画艺术品交易中心有限公司	陕西省西安市曲江新区大唐不夜城壹区西安美术馆一层	赵振川、江文湛、陈国勇、姜怡翔、李云集等

来源：文化部网站 2012 年 7 月 27 日

【《文化部办公厅关于公布 2012 年全国美术馆馆藏精品展出季活动目录的通知》】

各省、自治区、直辖市文化厅（局）：

2012 年全国美术馆馆藏精品展出季活动项目评选工作已经顺利完成。经过专家委员会的认真评审，并报文化部审核通过，共有 28 个项目入选《2012 年全国美术馆馆藏精品展出季活动目录》，现将该目录予以公布，并将相关工作通知如下：

一、所报项目纳入《2012 年全国美术馆馆藏精品展出季活动目录》的美术馆应当按照《文化部办公厅关于开展 2012 年全国美术馆馆藏精品展出季活动的通知》（办艺函〔2012〕140 号）要求以及既定的展览计划，认真组织、周密安排，积极开展好公共教育、宣传推广工作，努力提高展览社会效益，确保入选展览项目高质量完成。在展览及相关活动中，需标注“文化部 2012 年全国美术馆馆藏精品展出季”标识。展览结束后，各馆需对项目进行认真总结，并于 2012 年 11 月 20 日前将经本省、自治区、直辖市文化厅（局）审核盖章的总结报告报送至文化部艺术司，中央和国家有关部门所属美术馆、国家重点美术馆可直接报送至文化部艺术司。

二、所推荐项目纳入《2012 年全国美术馆馆藏精品展出季活动目录》的各省、自治区、直辖市文化厅（局）应当采取有力措施，保障活动的顺利实施，指导并支持相关美术馆做好入选项目的宣传推广工作，督促相关美术馆做好展览的组织筹备、展出和总结工作。

三、文化部将对入选项目进行统一的宣传和推广，并对展览成果进行汇集，请各省、自治区、直辖市文化厅（局）及相关美术馆积极做好配合工作。展出季活动期间，文化部艺术司将对部分入选项目情况进行实地考察。文化部将根据入选项目的展览效果和社会反响，以及实地考察和总结情况，评选出优秀展览项目，给予奖励性补贴；并将对在此次活动中组织工作等表现突出的文化厅（局）予以表扬。

四、联系方式：

地 址：北京市朝阳门北大街 10 号

邮 编：100020

联 系 人：文化部艺术司文学美术处 刘冬妍 陈岩

联系电话：010 - 59881764

传 真：010 - 59881765

电子邮箱：whbyss926@ 163. com

特此通知。

附件：2012 年全国美术馆馆藏精品展出季

文化部办公厅

二〇一二年八月一日

2012 年全国美术馆馆藏精品展出季

主办单位：中华人民共和国文化部

承办单位：文化部艺术司、北京市文化局、天津市文化广播影视局、河北省文化厅、黑龙江省文化厅、上海市文化广播影视管理局、江苏省文化厅、浙江省文化厅、安徽省文化厅、福建省文化厅、河南省文化厅、湖北省文化厅、广东省文化厅、重庆市文化广播电视局、云南省文化厅、陕西省文化厅

活动目录：

编号	项目名称	举办单位	展览时间
1	大器“玩”成——中国美术馆藏民间玩具精品展	中国美术馆	5 月 30 日 -9 月 3 日
2	馆藏国立北平艺专美术精品展	中央美术学院美术馆	2012 年 11 月 27 日 - 2013 年 6 月
3	何香凝艺术精品陈列	何香凝美术馆	7 月 29 日 - 10 月 28 日
4	三百石印富翁——齐白石的金石心迹	北京画院美术馆	5 月 15 日 - 10 月 30 日
5	面向现代——馆藏 20 世纪中国画展（1900 - 1950）	天津美术馆	2012 年 5 月 19 日 - 2013 年 4 月 30 日
6	继承传统 · 弘扬经典	河北美术馆	9 月 20 日 - 10 月 20 日
7	黑龙江省美术馆馆藏晁楣、张祯麒、杜鸿年、郝伯义版画经典作品陈列展	黑龙江省美术馆	8 月 3 日 -9 月 2 日
8	共同的眼睛：20 世纪中国艺术“现代化”演进图考——上海美术馆馆藏精品展	上海美术馆	8 月 1 日 -8 月 31 日
9	沧海一粟——刘海粟作品陈列展	刘海粟美术馆	8 月 1 日 - 10 月 31 日
10	纵阅百年——馆藏民国主题作品展	江苏省美术馆	8 月 15 日 -9 月 6 日
11	决澜长歌——庞薰琹艺术回顾展	常熟美术馆	8 月 18 日 -9 月 19 日
12	活泉照神——浙江美术馆馆藏精品展	浙江美术馆	8 月 17 日 -9 月 5 日
13	传承 · 创新——赖少其艺术馆馆藏精品展	合肥市赖少其艺术馆	9 月 18 日 - 10 月 31 日
14	笔墨 · 世界——亚明欧亚风情写生作品展	亚明艺术馆	9 月 28 日 - 10 月 12 日
15	大漆之美——福建省美术馆馆藏漆画精品展	福建省美术馆	9 月 21 日 - 10 月 21 日
16	漆彩华光——厦门市美术馆馆藏漆画精品展	厦门市美术馆	9 月 10 日 - 10 月 9 日
17	重现——河南省美术馆馆藏版画精品展	河南省美术馆	8 月 10 日 -9 月 20 日
18	湖北美术馆工业版画藏品展	湖北美术馆	8 月 18 日 -9 月 23 日
19	湖北省美术院美术馆馆藏精品展	湖北省美术院	9 月 5 日 -9 月 25 日

续表

编号	项目名称	举办单位	展览时间
20	学院的视野·2012 年湖北美术学院美术馆馆藏精品展	湖北美术学院美术馆	9 月 6 日 –9 月 26 日
21	水墨文章——武汉美术馆馆藏作品展（第一回）	武汉美术馆	7 月 31 日 –8 月 31 日
22	大道之行——广东美术馆馆藏美术作品专题展	广东美术馆	8 月 21 日 –9 月 10 日
23	岭南画派世纪经典作品展	广州艺术博物院	9 月 6 日 –11 月 30 日
24	深圳美术馆馆藏作品展出精品季：传统与当代	深圳美术馆	8 月 30 日 –10 月 10 日
25	山月丹青：纪念关山月诞辰 100 周年艺术展	深圳市关山月美术馆	6 月 25 日 –7 月 25 日 10 月 20 日 –11 月 4 日（广东美术馆巡展）11 月 18 日 –11 月 24 日（中国美术馆巡展）
26	《收租院》群雕铸铜作品展	重庆美术馆	9 月 24 日 –10 月 21 日
27	少数民族壁画临摹精品展	云南美术馆	8 月 15 日 –8 月 30 日
28	风骨长安——陕西当代中国画名家作品展	陕西省美术博物馆	8 月 1 日 –9 月 30 日

注："展览时间" 未标明年份的展期，均为 2012 年内日期

来源：文化部网站 2012 年 8 月 20 日

专题

中华文明历史题材美术创作工程

【《关于中华文明历史题材美术创作工程申报工作有关事项的公告》】

为创作具有强烈艺术魅力和鲜明时代特征、深受广大群众喜爱的优秀美术作品，满足人民群众日益增长的文化需求，进行爱国主义和中华文化历史传统教育，培育和弘扬民族精神，建设中华民族共有精神家园，中国文联、财政部、文化部决定联合实施“中华文明历史题材美术创作工程”。现将申报工作有关事项公布如下：

一、指导思想

“中华文明历史题材美术创作工程”（以下简称“美术创作工程”）以推动和繁荣主旋律美术作品创作为目的，坚持文艺“为人民服务、为社会主义服务”的方向和“百花齐放、百家争鸣”的方针，充分发挥美术家的智慧与才能，创作一批主题鲜明、再现中华文明发展历程，具有民族史诗品格、气势恢宏、形式多样、技艺精湛，能够传之久远的优秀作品。

二、作品范围

本工程的作品主要表现自公元前有中华人文活动记载以来至1840年这段漫长的历史发展时期，即中国史前社会、原始社会、奴隶社会、封建社会所发生的重大历史事件、历史史实、涌现的杰出人物和文明成果。美术创作工程选题实施方案提供150个选题和简介。选题和简介旨在为创作者提供创作的历史背景和空间，并非作品的标题、名称。创作者可根据选题所提示的范围，自由选取素材和角度进行创作。作品形式为中国画、油画、版画和雕塑（包括壁画、浮雕）。其中，中国画约占35%左右，油画约占35%左右，版画约占10%左右，雕塑约占20%左右。

三、作品规格

根据题材需要，作品的尺幅分为两种规格供参考：

（一）重点题材

1. 国画、油画横幅不小于4.5米（横长）×3米（高），竖幅不小于3.5米（高）×2米（横长）。

2. 版画不小于1.5米（横长）×1米（高），组画形式尺幅另定。

3. 雕塑不超过2米（长）×2米（宽）×4米（高）。

（二）一般题材

1. 国画、油画横幅不小于3.5米（横长）×2.5米（高），竖幅不小于3米（高）×1.8米（横长）。

2. 版画不小于1米（横长）×0.8米（高），组画形式尺幅另定。

3. 雕塑不小于1.8米（长）×1.8米（宽）×3米（高）。

在申报阶段，已公布的150个选题不做“重点选题”与“一般选题”的区分。具体作品尺寸由作者在许可范围内视创作实际需要确定，超大尺幅须报经组委会和创作指导委员会批准同意。

美术创作工程采取前期资助和作品完成后将经费支付给作者或作者所在单位。美术创作工程作品署名权属于作者个人，作品所有权和使用权归国家所有。

四、申报资格

（一）自愿申报的创作责任人（集体创作组的主要创作人员）必须具有国家二级以上美术专业职称。对于不具备二级美术师职称的申请者，如具备以下条件之一，也可进行申报：

1. 非美术专业职称序列人员，可凭相当于同等职称或专业水准进行申报。

2. 不具备二级职称的人员须具有作品入选国家级美术展览或获得省级以上美术展览奖励的专业水

平，可进行申报。

3. 对于具有独特构思和创新意识的青年美术家，可由当地文联和创作指导委员会推荐，作为特例参与申报。

4. 外籍华人美术家享受同等申报权利。目前在国外居住者，可直接将有关资料报美术创作工程组委会办公室。

（二）创作责任人应具有从事历史画创作的经历，有作品参加国家级美术展览或获得省级以上美术展览奖励。

五、申报内容和程序

（一）提交选题申报方案

凡参加美术创作工程的集体和个人，均必须填写《中华文明历史题材美术创作工程申报表》，该表格在中华文明历史题材美术创作工程官网（http://zhwm.cntv.cn）、中国美协官网（http://www.caanet.org.cn）发布，申请者可直接从网上下载，也可向各地受理申报工作的单位索取。表格内容包括创作责任人详细资料、创作及参展、获奖情况（重点是历史画、人物画创作经历）、参与集体创作人员的基本情况，以及对申报题材的创作构思、实施方案、经费预算等内容。同时，须提交创作人员创作和获奖经历证明以及所有参与创作人员的专业资格证明文本复印件。

以个人名义申报者（含两人及两人以上创作小组）限报一个题材；以美术单位名义申报者，单位统一申报题材数量不得超过 2 个。

申请者提交创作构思草稿规定如下：

1. 中国画和油画作品：作者提供能充分表现创作意图的草稿，过大尺寸草稿不便于邮寄的，可提供草稿照片。草稿原则上边距不小于 60 厘米，照片尺寸原则上不小于 12 寸。

2. 雕塑作品：作者需提供制作成型的草稿照片，照片需多角度、多侧面清晰反映草稿全貌。照片尺寸原则不小于 12 寸。

3. 凡提交美术创作工程组委会办公室的草稿照片背面均需详细标明地区（单位）、作者、作品名称、画种等信息。

（二）由各省、自治区、直辖市文联分别组织本地区申报工作。各省、自治区、直辖市文联可成立由美术专家组成的评审小组对申报作品进行遴选。

（三）各省、自治区、直辖市文联向美术创作工程组委会办公室提交本地区评审小组的评审结果，并须将本地区确定的选题进行排序，将其相关申报资料一并上报。

（四）中央和国家机关有关部门所属美术单位直接向美术创作工程组委会办公室申报。部队美术单位和美术工作者可向总政宣传部艺术局申报，由总政宣传部艺术局统一报送美术创作工程组委会办公室。

六、参选作品的创作要求和注意事项

（一）参选作品的所有内容均属原创。

（二）参选作品和用于创作参选作品的素材均不得有侵犯他人知识产权和其他专有权利行为。

七、申报时间

申报时间为：2012 年 5 月 25 日至 10 月 20 日

联系电话：010—59759205、59759215

地　　址：北京市朝阳区北沙滩 1 号院 32 号楼 B316、318 房间美术创作工程办公室

邮　　编：100083

电子邮箱：zhwm59759215@vip.126.com

中华文明历史题材美术创作工程组织委员会

2012 年 5 月 25 日

【"中华文明历史题材美术创作工程" 创作动员大会】

7月23日至25日，"中华文明历史题材美术创作工程"创作动员大会在四川峨眉山召开。中宣部副部长翟卫华，中国文联党组成员、副主席、书记处书记左中一，中国文联副主席冯远，四川省委常委、宣传部部长吴靖平，四川省人大常委会副主任、省文联主席郭永祥等出席会议。

大会传达了中央领导同志的有关讲话和批示精神以及中国文联、财政部、文化部联合下发的文件精神，通报了"中华文明历史题材美术创作工程"的实施进展情况，并就工程下一步的工作计划、选题申报、宣传推广等各项工作进行了部署。

翟卫华在发言中指出，实施中华文明历史题材美术创作工程，发挥美术的独特优势，展现中华民族悠久的历史、灿烂的文化，对于塑造和提升国家文化形象，帮助人民群众更好地了解我们伟大的祖国、增强民族自豪感和自信心，对于推动社会主义文化大发展大繁荣，都具有十分重要的意义。

会议期间，与会代表还展开小组讨论，为工程的组织实施建言献策，纷纷表示将以最大的热情、充足的干劲投入工作，力争创作出一批无愧于历史、无愧于人民、无愧于时代的精品佳作。

"中华文明历史题材美术创作工程"是新中国成立以来规模最大、由国家资助进行的主题性美术创作活动，是中国美术界的一件大事。工程计划历时5年，用绘画、雕塑等视觉艺术形式来呈现中华民族五千年的历史文明，力争表现一批重大历史事件、塑造一批杰出历史人物、展示中华科技文化成果、描绘历代社会风情。工程的全部作品将由国家主管部门审核、收购，用于中国国家博物馆等国家级艺术单位收藏和陈列。

相关部委领导，各省区市、解放军、建设兵团文联代表和文化厅（局）代表、美协负责人、"创作工程"创作指导委员会成员、美术家代表等近200人参加会议。

【在 "中华文明历史题材美术创作工程" 创作动员大会上的讲话】

◎翟卫华

在中央领导同志的亲切关怀下，由中国文联、财政部、文化部共同组织实施的中华文明历史题材美术创作工程于去年正式启动。这是我国美术界的一件盛事，也是我国文化建设的一件大事。今天，我们在这里召开"中华历史文明题材美术创作工程"创作动员大会，这标志着工程进入了整体推进的关键阶段。

中共中央政治局委员、中央书记处书记、中宣部部长刘云山同志对这项工程十分重视，专门对这次会议作出重要批示，指出："中华文明历史题材美术创作工程是国家级的重大文化工程，有关部门和方面要高度重视、精心组织，动员全国第一流的艺术家创作高质量的作品，使之成为气势磅礴艺术化的中华文明史。"我们要进一步明确"工程"国家级重大文化工程的定位，落实云山同志的要求，广泛动员美术界、文化界和社会各界的力量，把中华文明历史题材美术创作工程扎扎实实推向前进。

一、要艺术地再现中华文明史，把"工程"打造成为中华文明的传播工程

中华文明具有悠久的历史，在五千年漫长岁月中，中华民族上演了一部波澜壮阔的宏大史剧。其中无数重大的历史事件、杰出的历史人物和创造发明，为人类文明的发展进步做出了巨大贡献，也为广大文艺工作者进行艺术创造提供了丰富的创作源泉。实施中华文明历史题材美术创作工程，发挥美术的独特优势展现中华民族悠久的历史、灿烂的文化，对于塑造和提升国家文化形象，帮助人民群众更好地了解我们伟大的祖国、增强民族自豪感和自信心，对于推动社会主义文艺大发展大繁荣，都具有十分重要的意义。这就要求工程坚持唯物史观，遵循党的十七届六中全会精神，准确理解和把握选题，正确表现历史上的重大事件和重要人物，把弘扬伟大的民族精神贯穿到工程的始终，体现到每一幅画作之中。要尊重精神产品创作生产的规律，艺术化地表现中华文明史，在尊重历史真实的前提下，进行合理的艺术想象，对工程选题进行艺术的审视、提炼和加工，力求创作出丰富生动的历史画卷。要通过一件件艺术高超、内涵深刻的优秀作品，描画中华民族生生不息的光辉历程，展示中华儿女顽强不屈的坚贞品格，展现中国人民昂扬进取的精神风貌，在给广大群众带来美的享受的同时，受到鼓舞，受到启迪。

二、要动员全国第一流的美术家积极参与，把“工程”打造成为中国美术的精品工程

精品力作的产生，有赖于艺术家的非凡创造和辛勤劳作。同时，优秀艺术作品创作的过程，又会促进艺术家的成长、成熟。可以说，优秀作品和优秀人才是相辅相成、相互促进的一对因素。中华文明历史题材美术创作工程主题鲜明，规模宏大，业界关注，无论是思想性还是艺术性都有很高的要求，必须举全美术界之力，集中一批一流艺术家共同创作。大家知道，这项工程本身就是由美术家协会和一批美术家发起的，他们为工程建言献策、具体谋划，做了大量工作，他们这种自觉参与重大题材，勇于担当历史责任的精神令人敬佩。现在工程已进入落实选题阶段，相信会有更多有实力的美术家加入到工程的创作活动中。工程组委会要大力宣传、精心组织，不拘一格选人才，充分调动各地文联、美协、画院、美术院校、研究单位等组织的积极性，打通体制内和体制外的界限，最大限度地把全国第一流的美术家动员和组织起来。要注意把优秀的青年美术家吸收到创作团队，在老一辈美术家的传帮带中，传承技艺、传承作风。创作中一定要坚持高标准，确保高质量。从草图到成稿的各个环节都要精心构思、精心打磨，在深入研究历史、把握题材内涵的基础上，在思想性、艺术性、观赏性相统一上下功夫，以锐意进取的精神、勇于创新的气度和精湛高超的技艺，创作生产出具有中国气派、中国风格、中国特色的优秀美术作品，为人民、为历史留下传之久远的文化精品。

三、要高度重视、齐心协力，把“工程”打造成为国家级的重大文化示范工程

通过组织重大文化工程来推动，是文化建设中的一条成功经验。在此之前，有关部门实施的重点文学作品扶持工程、重大革命历史题材美术创作工程，都取得了良好成效。中华文明历史题材美术创作工程的定位是国家级的重大文化工程，是一项系统工程，时间跨度大，涉及范围广，参与人员多，工作要求高，只有各方面高度重视、齐心协力，才能共同完成好这项任务。要精心组织、扎实推进，创造出实施重大文化工程的新经验。各级宣传文化部门要积极支持这项工程，做好协调工作，在有关资源整合、相关政策制定等方面提供有力保障，在组织队伍、采风写生等方面创造良好条件。财政部门作为工程的主办单位之一，为工程的启动实施提供了资金保证，希望继续做好资金支持工作，保障工程各阶段工作顺利推进，同时加强资金使用的监管，最大限度地提高资金使用效率，使每一笔资金的使用经得起审核和检验，使工程成为一个廉洁工程。中国文联和中国美协要充分发挥群众团体的优势，按照既定方案抓紧抓好组织工作，保证按计划完成工程各项任务。要本着公开、透明、择优的原则，按照有关规定做好招标、审核、验收等工作，严格按程序办事。各级新闻媒体要积极宣传工程的重要意义和预期目标，跟踪工程的进展情况，报道画家的创作热情，使工程真正走进社会，走进公众视野，不断扩大工程的社会影响力。通过各方面的团结协作，共同努力把工程打造成国家级的重大文化示范工程。

翟卫华　中共中央宣传部副部长

【在 “中华文明历史题材美术创作工程” 创作动员大会上的讲话】

◎左中一

在中央领导同志的亲切关怀下，在中宣部的指导支持下，中华文明历史题材美术创作工程自去年12月正式启动以来，各项工作进展顺利，已经进入具体实施阶段。我们召开这次会议，主要是通报工程有关情况，对工程的组织实施进行动员、作出安排。在此，受赵实同志委托，我代表中国文联党组，向出席会议的中宣部、财政部、文化部和四川省、乐山市的领导，向为工程的策划实施付出辛勤劳动的广大美术家、史学家和社会各界，表示衷心的感谢和诚挚的敬意！

中华文明历史题材美术创作工程，由中国文联、财政部、文化部共同实施，计划用5年的时间，创作完成150件左右的美术作品，政府出资收藏，在国家博物馆等重要场所展陈。工程旨在通过绘画、雕塑等视觉艺术形式来呈现中华民族辉煌灿烂的五千年历史文明，为中华民族树碑立传。这项工程从策划、设计、论证、立项到组织实施，得到了中央领导的高度重视。不久前，中共中央政治局委员、中央书记处书记、中宣部部长刘云山同志在参观纪念毛泽东同志《在延安文艺座谈会上的讲话》发表70周年全国美术作品展时强调，美术创作工程是新中国成立以来一项重大的文化工程。中国文联、中国美协要利用这个机遇，充分调动全国美术家的积极性，用美术的形式记录和反映五千年中华文明史，使这项工程在中国美术史上留下浓墨重彩的一笔。最近，他又针对这次会议专门作出批示，提出明确要求。中央领导同志的重要指示，充分体现了党和政府对繁荣发展我国美术事业的高度重视和亲切关怀，为我们实施美术创作工程提供了重要遵循。目前，工程已进入创作申报的关键阶段，做好这个阶段的工作对于整个工程至关重要，这里我就落实好中央领导同志指示精神，做好工程各项工作，代表文联党组谈几点意见。

一、高度重视，把组织实施好美术创作工程作为文联和美协一项十分重要的工作

实施中华文明历史题材美术创作工程，是文艺界和美术界贯彻党的十七届六中全会精神和胡锦涛总书记在第九次全国文代会上重要讲话精神的重要举措，是美术界具有史诗性意义的大事。首先，实施美术创作工程对于传承优秀传统文化、弘扬中华文明具有重要的带动示范作用。文化是民族的血脉和灵魂，加强对优秀传统文化思想价值的挖掘和阐发，维护民族文化基本元素，使优秀传统文化成为新时代鼓舞人民前进的精神力量，这是党的十七届六中全会提出的重大战略任务。工程以中华民族五千年文明为结构脉络，遴选中国历史上体现国家统一、民族团结、社会进步、文化创造的重大事件、重要人物、文明成果作为表现内容，生动展示中华文明的历史演进，描绘中华民族五千年波澜壮阔的奋斗史诗和各族人民勤劳勇敢、正直善良、自强不息的民族精神与品格。工程从一开始启动，就十分注重对中华优秀传统文化价值与内涵的挖掘和阐发，由专家组精心选择的150个选题，从史前文明到近代历史，从孔子讲学到王阳明心学，从竹林七贤到唐宋八大家，无一不是中华传统文化的精髓，对于传播中华文明，建设中华民族共有精神家园，增强民族自信心自豪感将起到重要的推动作用。其次，实施创作工程对于引导文艺创新、推出更多具有深邃思想内涵和持久艺术魅力的精品力作具有重要的带动示范作用。加强对文化产品创作生产的引导事关文化建设的方向和根本，而引导文艺创作的有效手段需要导向鲜明、体现主流价值取向的国家重大文化示范工程。实施中华文明历史题材美术创作工程，由国家财政拨出专项资金，着力扶持弘扬社会主义核心价值体系的重大题材作品的创作，可以为艺术家潜心创作、充分发挥想象力和创造性提供更为有利的条件，可以引导社会各方面更加关注和支持有品位、有内涵的艺术作品的创作，可以改变一些地方一些门类对重大题材、主旋律优秀作品创作投入少、扶持不够的状况，这对于弘扬主旋律、引领创作方向的示范意义是不言而喻的。再次，实施创作工程对于繁荣发展美术事业、推出优秀美术人才具有重要的带动示范作用。作为建国以来规模最大的主题性美术创作活动，与以往相比，工程的投入资金更加充裕，社会影响更加广泛。工程的实施和推进，将体现五湖四海，团结凝聚一大批年富力强的美术家参与进来，为他们提供展示才华的平台、脱颖而出的机会。我们可以期待，中华文明历史题材美术创作工程竣工之日，也是一大批美术家成熟、成才之时。总之，中华文明美术创作工程是一项国家级的重大文化工程，事关美术事业长远发展。我们要充分认识美术创作工程的重要意义，把组织实施好这一工程作为文联和美协工作的一件大事，以强烈的责任感、使命感，自觉主动、创造性地做好各项工作。

二、加强领导，进一步明确责任、落实任务

中华文明历史题材美术创作工程社会关注度高，时间跨度大，涉及部门单位多，一定要加强组织领导。中央有关部门对这项工作高度重视，专门成立工程组委会和创作指导委员会。组委会负责整个美术

创作工程的领导和指导工作，组委会下设办公室，负责日常联络、协调工作；创作指导委员会由中国文联、中国美协聘请专家担任，负责创作组织和指导实施工作。衷心希望工程的各相关部门和单位，继续对工程给予高度重视和大力支持。希望组委会以高度的责任心，本着对国家、对人民、对艺术负责的精神，坚持公平公正公开，按照严格的招投标程序在全国范围内选拔美术家参与创作，真正把第一流的艺术家吸引到工程中来，充分发挥不同风格美术家的优势与特长，使工程成为名家工程、大家工程。要强化服务意识，根据不同创作阶段制定具体工作方案，全程跟踪创作进度和创作质量，加强创作过程中的指导，提供多方面服务。作为工程的首要责任方，中国文联相关部门和中国美协要切实负起责任，加强与其他单位和部门的联系和衔接，制定详细具体的工作方案，细化任务分工、完善工作流程，明确岗位责任，尽快形成运转有序的良性工作机制，确保各项工作落到实处。

三、把握导向，努力推出精品力作

美术创作工程是举国家之力组织的一项重大文化工程，工程的重要目的是推动和繁荣弘扬中华文明、体现时代精神、代表国家水准的优秀作品的创作。一方面，需要我们坚持马克思主义唯物史观和文艺观，坚持文艺“为人民服务、为社会主义服务”的正确方向；另一方面，需要我们发扬艺术民主和学术民主，尊重规律、尊重创造，充分调动美术家的智慧与才能。要坚持导向为重、质量第一，树立强烈的精品意识，把体现国家水准、反映国家水平贯穿到工程的各个环节、贯穿到工作的全过程，使创作工程真正成为气势磅礴的艺术化的中华文明史，从而在中国美术发展史上留下浓墨重彩的精美篇章，为中华文化长廊和艺术宝库增添新的锦绣画卷。衷心希望参与工程的广大美术家把握正确文艺方向，坚持历史真实和艺术真实的高度统一，深入挖掘主题内涵，找准创作切入角度，精心构思，用心创作，尽心打磨，通过精巧高妙的艺术创作，把宏伟的艺术构想转化为艺术现实，努力塑造兴国之魂，传承文化精髓，创作一批主题鲜明、气势恢宏、形式多样、技艺精湛，能够传之久远的精品力作。

四、继承借鉴，勇于创新创造

美术创作工程以中华优秀传统文化为主要题材内容，这就要求我们的美术家既要善于继承中华民族赖以生存发展的文化根基，又要立足时代实践、顺应时代潮流不断进行新的文化创造。任何艺术创作，只有具备了民族特色，才能在世界上争取到自己的地位。组织实施工程要坚守民族文化立场，开阔视野，确立国际坐标，把展示我国美术的中国特色、中国风格、中国气派作为重要追求。希望参与工程的美术家继承发扬前人的文化创造精神，吸收借鉴一切有益文化成果，兼收并蓄、博采众长，解放思想、勇于创新，以充沛的激情、生动的笔触、感人的形象，努力实现内容形式、题材风格、样式载体的创新创造，不断开辟美术创作和文艺发展的新境界，使美术创作工程成为引领创作风气之先的创新工程。同时，我们也希望参与工程的美术理论家们做好参谋和咨询工作，为打造精品力作贡献智慧力量。

五、充分发挥优势，形成整体工作合力

中国文联拥有55个团体会员，12个全国文艺家协会，中国美协作为中国文联的团体会员，个人会员已达1万多人，这是实施中华文明历史题材美术创作工程的宝贵财富。中国文联和中国美协将与财政部、文化部密切配合，充分利用社会联系面广、人才荟萃的优势，整合内外资源和力量，积极争取社会各方面支持，形成推进创作工程的整体合力。中国文联与各省、自治区、直辖市文联要认真总结近年来组织重大活动、重大工程的成功经验，通过文联和美协的组织网络体系，精心组织、广泛发动，最大限度地把当代最优秀、最有潜质的美术家凝聚到创作工程中来，发挥群智、攻克难关，把这项功在当代、惠及后人的工程组织实施好，努力为时代、为人民、为后世留下一批彪炳史册的美术力作，为促进社会主义文艺大发展大繁荣做出新的贡献。

左中一　中国文联党组成员、副主席

民营美术馆

【《北京市促进民营美术馆发展的实施办法（试行）》】

第一条　为了充分发挥民营美术馆的公共文化服务功能，提升民营美术馆的文化影响和社会贡献，进一步满足人民群众的精神文化生活需求，繁荣首都文化艺术事业，促进民营美术馆健康发展，结合北京实际，制定本办法。

第二条　本办法所称民营美术馆是指企业事业单位、社会团体和其他社会力量以及公民个人利用非国有资产举办的，具有收藏、保护、展示、交流及公共教育、服务和研究等功能，经相关部门审核批准取得法人资格，不以营利为目的，常年向公众开放的公益性美术馆。

第三条　在本市行政区域内注册的民营美术馆适用本办法。

第四条　民营美术馆应当坚持为人民服务、为社会主义文化服务的方向，发挥社会教育功能，传播有益于社会进步的思想道德、科学技术和文化艺术知识。

第五条　北京市鼓励民营美术馆开展展览展示、艺术教育和推广、社会服务、学术交流等活动，弘扬社会主义核心价值观。由市文化创意产业发展专项资金安排专项，支持民营美术馆发展。

第六条　北京市每年评选民营美术馆十大优秀艺术品推广项目并进行扶持，每个项目给予10万元—20万元的奖励。

申报项目的美术馆应当符合下列条件：

（一）能够体现较高的公共文化服务水平，面向中小学生、残疾人等特殊群体提供优质周到的艺术服务，取得积极社会影响；

（二）民营美术馆馆舍设施建设和相关硬件配套，能够向未成年人、老年人、残疾人等社会特殊群体提供辅助性服务；

（三）面向社会免费开放。

申报项目及内容应当符合下列条件：

（一）内容健康，弘扬人类优秀文化，具有鲜明民族特色和时代感；

（二）符合艺术发展规律，在本行业发展中有示范性、创新性；

（三）符合国家相关法律、法规规定。

第七条　北京市成立民营美术馆扶持项目评审专家委员会，对各民营美术馆申报项目进行评审。

第八条　民营美术馆每年向北京市文化局申报上一年度优秀艺术品推广项目和本年度重点展览项目。

第九条　北京市加大对民营美术馆的宣传力度。

（一）由民营美术馆扶持项目评审专家委员会确定的北京市民营美术馆年度重点展览项目，通过各种渠道向社会集中推介。

（二）每年在重点时段组织民营美术馆开展“走进美术馆、体验美术馆”联动活动，在各民营美术馆集中进行专题艺术教育讲座，加大宣传力度，打造民营美术馆展览和艺术教育品牌。

第十条　鼓励文化志愿者进入民营美术馆开展志愿服务。

第十一条　政府部门委托民营美术馆承办的有关展览，实行专项补贴，给予承办单位适当支持。

第十二条　根据文化部关于全国美术馆发展扶持计划的工作安排，向文化部做好优秀项目的推荐工作。

第十三条　民营美术馆所申报项目获得银行贷款，符合《北京市文化创意产业贷款贴息管理办法

（试行）》（京文创办发〔2008〕5 号）规定的，经评审给予贴息支持；民营美术馆申报项目需要提供担保的，参照《北京市文化创意产业担保资金管理办法（试行）》（京文创办发〔2009〕3 号）执行。

第十四条　在民营美术馆举办的活动，不得有下列情形：

（一）反对宪法确定的基本原则的；

（二）危害国家统一、主权和领土完整的；

（三）危害国家安全或者损害国家荣誉和利益的；

（四）煽动民族仇恨、民族歧视，破坏民族团结，或者侵害民族风俗、习惯的；

（五）宣扬或者传播邪教、迷信的；

（六）扰乱社会秩序，破坏社会稳定的；

（七）宣扬淫秽、赌博、暴力、恐怖或者教唆犯罪的；

（八）侮辱或者诽谤他人，侵害他人合法权益的；

（九）危害社会公德或者民族优秀文化传统的；

（十）有法律、行政法规和国家规定禁止的其他内容的。

第十五条　奖励资金必须专款专用，接受奖励的民营美术馆必须配合北京市文化局及其他有关单位对奖励资金使用情况的监督和检查。

第十六条　获得奖励的民营美术馆如有违法行为，收回当年已发奖励，并移交有关部门依法进行处理。

第十七条　鼓励民营美术馆建立学术委员会，依法加强对活动内容的审核。

第十八条　北京市鼓励美术馆成立行业组织，加强馆际之间的合作与交流，组织学术研究，制定行业标准，加强管理，发挥行业自律功能，维护北京民营美术馆规范、健康、稳定地发展。

第十九条　市各级文化行政部门依法加强对民营美术馆的管理，业务指导和监督，规范民营美术馆健康发展。

第二十条　本办法由北京市文化局负责解释。

第二十一条　本办法发布 30 日后实施。

【观点】民营美术馆的春天在 20 年后

◎李　峰

一般把 1998 年以来先后开张的三家美术馆——成都上河美术馆、沈阳东宇美术馆、天津泰达美术馆——视为民营美术馆在中国的发轫。如今，这三家美术馆中，成都上河美术馆、沈阳东宇美术馆已不复存在，天津泰达美术馆热闹过后迅速萎缩，学术影响力不复当初，民营美术馆初生不久便立刻陷入困境。实际上，如果视野放宽一些，严格意义上的民营美术馆起步还要早——1987 年黄胄发起成立的炎黄艺术馆是中国最早产生较大影响的民营美术馆。炎黄艺术馆于 1991 年正式开张，并举办过一些十分具有学术和社会影响力的展览。这几家美术馆活跃的时候笔者正在中央美院读书。炎黄艺术馆因为离搬到花家地新址的中央美院不远，我们会亲往现场看展，但很快媒体也淡忘了这些美术馆的存在。

是什么让民营美术馆步履维艰、方起步即陷入困顿？人们首先会想到钱。对此我个人并不持赞同态度。不错，“断粮”是个大问题、直接的问题，发起美术馆的企业或个人如果不投钱了，美术馆就没法进行下去，它直接导致了上河的关张、东宇停办、其他美术馆的低落。但是，钱又不是根本问题，社会上还是有很多资金，无论个人，还是机构。问题在于国有机构不敢出钱，民间人士不舍得出钱。国有机构营利再多，是国有资产，花出去的每一分钱都要有讲究，如果跟主营业务相关，哪怕决策失误、浪费了也没关系。非主营业务就不一样了，多一事不如少一事，创新伴随的是风险——极有可能给扣上国有资产流失的帽子。2009 年，已经由民生银行接管运营的炎黄艺术馆举办徐悲鸿艺术大展，引起轰动，很多人很惊讶：一家民营的银行还可以做艺术，而且做得很好。民生银行每年平均捐给炎黄艺术馆 800 万元运营费，这个数字对于一家银行来说不大，对于个人来说很大，基本上是国内私人银行客户的门槛了。更重要的是，它是公益投入，经济上有来无回，是完全没有回报的。

2002 年，北京的房地产商今典集团发起成立今日美术馆。之后，南京四方美术馆、上海证大艺术馆（现改名为喜马拉雅当代艺术中心）、尤伦斯当代艺术中心、民生现代美术馆等逐渐加入当代艺术馆阵营，民营美术馆正在重新踏上征程。但是，相对于迅速发展的经济而言，我们的美术馆还是太少，而民营美术馆还在受歧视。

事实上，民营美术馆在学术上所起到的作用已成为当代艺术最活跃的因素之一。可为什么今天的民营美术馆还会给人虚弱之感？笔者认为有两个原因：一是体制问题，太多疑虑，太少支持。二是文化断层，国家、社会见识和修养不够。如今的现状是国有各级美术馆主要担当宣传部、文化口的宣传任务和项目，不了解现今鲜活艺术的现状，遑论大规模的推广和学术引导。而民营美术馆具有原生生命力，却在一个缺少氛围的制度内被视为异类：企业如果出资做艺术，往往被视为闲差，效益不好了立刻会成为负担；国家会认为你在投资，项庄舞剑，意在牟利；社会上会认为你在瞎折腾……

所以笔者认为，即便民营美术馆所产生的学术和社会影响力已经非常重要，但离春天还远，乐观一点，也还要 20 年。民营美术馆有希望，是因为有些人开始在做事，比如泰康人寿和民生银行。而新一代年轻人无论生存压力多大，也有很多人开始在美术馆当志愿者、义工。在有追求的美术馆工作过的年轻人，一定会改变社会对公益、特别是艺术的看法，并随着他们的成长，掌握的资源越多，将创造更好的环境。

笔者所在的民生现代美术馆于 2010 年 4 月 18 日开张，至今不到两年，是国内第一家有银行背景的美术馆。虽然是民生银行发起成立，但民生美术馆实际上还是一家独立运营的机构，是一家节俭和务实服务的公益性美术馆，正式的身份是民办非企业法人单位。民生银行的背景，一方面满足了这家美术馆的基本运营，另一方面又没有宣传的硬性指标和任务，这就让它的独立性能够有所保证。民生美术馆从 2007 年开始筹备美术馆，到 2010 年正式开张，每年的展览都不多，一般是 4 到 7 个。之前国内外都批评国内的美术馆，展览密、档期短、粗制滥造，大家都知道背后的原因是出租场地赚钱。不出租场地赚钱，为的是严格把控艺术的标准和品质，这才是一家美术馆安身立命之本。其实标准高了，拉赞助也更容易，一样可以把不收场租的钱挣回来。民营美术馆先动起来，也许是一种刺激，文化事业不是哪一个人、哪一家馆的小利益、小名声，而是一个时代的品质反映。民生美术馆尽量保证每个展览的展期维持在两到三个月左右的时间，同时我们可能是国内唯一一个每天晚上开到 9 点的美术馆。毫无疑问，这增加了运营成本和人工，但方便了更多白天要工作、学习的人去参观，这一制度将保持下去。民生现代美术馆目前的场馆在上海市中心的淮海西路，建筑面积 3000 平方米，能够展览的面积 1000 多平方米，实际上还是比较小的。所以目前也在规划较大体量的展览空间。

最后，之所以说民营美术馆要在 20 年后迎来它的春天，除了国家继续平稳发展这个大条件之外，当然还需要税务等方面的技术配合。笔者在此提出四点建议：一是建立信息交流和交换机制，包括展览、讲座、教育活动、研讨会、书籍发布等信息。这样，我们不再是过后才知道这些信息，而是提前获知并安排计划，甚至促成巡回展览、合办展览，既共享了资源，也节省了人力、物力。二是建立客户名单交流机制。各馆或在不同的城市，或在不同的领域各有优势，各有各的客户名单、传播管道、媒体资源。通过邮件、短信等平台，展览影响力可以扩大，一家馆的效应可以成倍增长。三是建立出版和画册图书的交流交换系统。民生美术馆一般互相交换画册和资料两套，一套放资料室，一套放贵宾室，这样会有海内外包括社会上更多的受众看到。独家资源通过画册的交流机制，将产生持久的影响。四是人才储备。除了硬件，美术馆更重要的是人才储备和培养。艺术圈现在最缺的就是既懂专业、又懂管理的中级人才。美术学院毕业的学生要有几年的历练过程，而社会上的管理人才需要建立艺术的基础知识和真正的人文信仰。

【观点】 美术馆的崛起与当代艺术的沉沦

◎杨　卫

乍一看，这个题目似乎有点耸人听闻，但这确实是今天的社会现实。当然，这个现实并不是一个绝对的因果关系，而是由特殊情境所决定，这就像台球在国外原本属于高雅运动，一到中国便被赋予乡土特征，成了村头街巷的地摊风景。近年来，民营美术馆如雨后春笋般在中国各地迅速崛起，也因国情所决定，成了不少地产开发的噱头和资本的融资渠道，以及地方政府的政绩提升工程。对此，我们除了担忧，似乎也别无他法。因为这种事情常常容易这样，只图眼前利益，什么东西都是一窝蜂，既不考虑前因，也不计后果。

本来，艺术的繁荣需要美术馆文化的兴旺，尤其是以实验为旗帜的当代艺术，更需要美术馆从文化价值上来认定，从经济价值上来支持。因为当代艺术的实验本质，注定了它的时代超前意识，故而也往往不受既定的美学范式所约束，更与已有的商业市场相距甚远。而美术馆则是一个公共文化平台，带有文化赞助与文化传播的公益性质，它对当代艺术的支持，既是对人类实验精神的承载，也是对艺术家探索意识的肯定。

事实上，西方现当代艺术的兴起，很大程度上得益于美术馆文化的发达。一个著名的美术馆，其收藏脉络也好，展览线索也罢，往往能够构成一部清晰的艺术发展史。然而，在中国其情形却大相径庭。因为中国的美术馆历史还很短，而过去受计划经济体制的影响，美术馆又长期为官办。这就形成了一个官本位的收藏与展示结构，从而导致中国官方美术馆长期以来的公共性缺失，不仅把艺术实验排除在外，而且也与时代精神脱节。20 世纪 90 年代出现的“墙内开花墙外香”现象，大批中国当代艺术的代表作品流向海外，便证明了过去中国的官办美术馆在观念上的滞后。如今，我们还在为这种滞后的观念付出代价，一些新兴的民营美术馆为了尽快充实自己的藏品，提高知名度，正在花数倍于过去的价钱，回购那些曾经流向海外的作品。这样做的结果，不仅加大了投资成本，而且也把价值判断拱手让给了西方，其教训确实值得我们深思。

其实，民营美术馆在当今中国的现实境遇，也是荆棘载途，很不容易。因为中国当代艺术已经经过了所谓的国际认证，早就脱离了原来的“地下”状态，并反过来受中国经济飞速增长的影响，水涨船高，有了自己的市场。这意味着民营美术馆在中国已经上了一个台阶，不能再像过去那样低成本运作了，而必须拥有雄厚的资金与广阔的社会关系网。所以，虽然在表面上看，现在似乎已经到了民营美术馆发展的春天，但实际上许多小型民营美术馆的运营却是举步维艰，甚至难以为继。与此同时，中国的民间赞助机制尚未成形，公益性的艺术品收藏还没形成免税制度。这就导致许多民营美术馆不得不挂着羊头卖狗肉，或与商业地产相交，或与政绩工程合谋，来实现自己的投资回报。我始终觉得，现在大批民营美术馆在中国的畸形走样，其症结就在这里。

病根不除，痼疾难医。如果社会制度不健全，文化建设就很难展开。这些年因为工作原因笔者接触过大大小小不少美术馆，也见证了许多民营美术馆的兴起与败落，体会最深的一点就是缺乏长远之见。说实话，中国的许多民营美术馆，虽然名义上是美术馆，但实际上充当的是画廊的角色，私下都从事着艺术品的买卖，低价买进高价售出，有利可图便开，无利可图则关。这不仅导致了美术馆的短视现象，更为严重的是影响到当代艺术的创作，使其在文化上失去了归属，最终不得不完全依赖市场。中国当代艺术的全面市场化，其根本原因还在于我们在文化运作上，没有提供一个诸如专业美术馆这样的价值平台和终极收藏机构。

这不禁让笔者想起了过去的书院制度，由富室和学者们自行筹款，于乡野山林间建造学舍，不仅开创了官学以外的另一种教育模式，而且也为文化传统的保留提供了民间基础。其实，说到今天中国的民营美术馆建设，我们也大可不必一定要沿用西方的那套标准，回到我们自己的书院传统也同样能够找到参照，只是要有一种远见，有一种“功在当代，利在千秋”的基本思想作为铺垫。而这一切都需要我们政府的倡导与支持，至少应该清楚美术馆不能产业化。因为对于美术馆这样的公共平台而言，产业化只会断送它的文化前程，将艺术送上价值迷失的不归路。

【观点】民营美术馆的春天：乍暖还寒

◎葛玉君

我国民营美术馆的春天已悄然来临，但就目前存在的诸多问题来看，这无疑是一个“乍暖还寒”的初春季节。在此从三个方面探讨现阶段民营美术馆的发展困境。

首先，缺乏长期的运营机制。以美国为例，拥有巨额财富的资本家一直是美术馆发展的主要支持力量。20世纪五六十年代，美国逐步开始成立基金会来支持艺术项目。1965年，美国国会通过立法，建立“国家艺术基金”（National Endowment for the Arts，NEA）；1967年，多位企业家联合成立了以商业为支持的非营利组织：商业艺术委员会（Business Committe efor the Arts，BCA）……正是这样一种“多元”资金流的注入，使得美术馆在获得维持其生存的资金成本的同时尽可能保持了其自身发展的独立性。反观我国十余年的民营美术馆发展之路，单一的资本支持以及同地产项目结合成为民营美术馆运营的典型模式。这一模式的主要症结在于，一旦企业出了问题，资金难以维系，民营美术馆便只能面临解体的命运。同时，单一资本控制下的民营美术馆在某种程度上成为企业营销的一种手段。因此对于美术馆而言，脱离企业获得独立身份，进而与商业机构建立合作获得赞助与捐赠，并享有国家优惠政策便成为关键。与此相配合，制度建设必须跟进，这是因为“同额免税”等政策是美国企业将资金作为捐赠而不是投资给美术馆事业的直接动因。

其次，明确的定位与专业的团队。关于民营美术馆的定位主要包括两个方面，其一是美术馆职能的定位。我国美术馆事业开始较晚，长期以来美术馆从设计到运营多是围绕“展览”这一单一功能展开的，这在一定程度上误导了美术馆的综合功能；其二是指美术馆自身在大的美术格局中的定位。相对于卢浮宫、奥德赛、蓬皮杜等艺术机构而言，我国目前的美术馆往往定位模糊。明确的学术定位对于一个美术馆来说至关重要，而且这样一个标准不应该体现在市场上，市场对学术造成了巨大的冲击，然而学术对市场却没有制衡的力量是当下美术领域存在的严重问题。无论是研究展示当代艺术的还是弘扬传统文化的民营美术馆，明确的学术定位都是其核心竞争力的体现，美术馆的收藏、展览、教育等工作都是围绕学术展开的。一些美术馆从馆长到专业部门成员，95%都不是专业出身。设计师对美术馆的功能也不清楚，以致新建美术馆的空壳现象也十分明显。这突显出一个问题，相对于雨后春笋般发展的美术馆兴建浪潮，专业人才队伍培养显得尤为滞后。

第三，美术馆文化。早在20世纪20年代，蔡元培便将美术馆、博物馆等作为其社会美育的重要方面，在他那里，美术馆并不仅仅具有展示、收藏、保存的功能，还希望发挥“艺术对人类意识发展具有的教化作用”，使其能够对社会文化发展产生影响，能够提升观众的审美趣味以及培养公众的政治及社会美德。这样的一种认识影响了人们对待美术馆的态度。换言之，美术馆的教育功能，美术馆在其国家、民族、社会中的角色与作用或许才是美术馆的核心与价值所在——这恰恰也是“美术馆文化”的精神体现。诚然，相对于西方美术馆来说，国内美术馆无论从数量、规模还是完善程度上都处于起步阶段，而民营美术馆离真正意义上的美术馆文化建设还相差甚远，但在起步的时候就紧紧抓住“美术馆文化”建设的核心命题，在某种程度上无疑会成为加速我国美术馆事业发展的重要动力。

【观点】如何突破民营美术馆的瓶颈

◎段　君

近年来，中国的民营美术馆虽然如雨后春笋般冒出，但目前也遇上几大瓶颈。首先是如何定位的难题。民营美术馆曾经被视为国营美术馆的有效补充，但最近几年，民营美术馆越来越具有自主的意识，认为自己是具有完整价值体系的独立机构。一般来说，学院、画院、美协的展览，通常由国营美术馆来操办，民营美术馆主要涉足当代艺术领域，但由于商业性画廊主要经营当代艺术品，民营美术馆又不能涉及交易（现在它们也通过设立画廊来进行交易），所以，如果不能在声望上有所建树，则很难形成持久的吸引力。

目前在中国当代艺术界最有声望的民营美术馆是今日美术馆，它已成为国内当代艺术最热门的展场，如果今年才跟今日美术馆谈展览或赞助，只能商议 2014 年的合作。但由于它出租场地，门槛也并不太高，所以尚未达到殿堂级美术馆的级别。不过，今日美术馆也主动投入资金，策划今日文献展、今日艺术奖，设立今日艺术研究院，力图打造自己的品牌。

相比之下，私人收藏家在有藏品的基础上建立的美术馆更有吸引力，如刘益谦、王薇夫妇的龙美术馆，专门用来展出他们的藏品，其地面建筑共三层：一层展示当代艺术品，二层展示红色经典，三层展示古代艺术。他们的收藏比较成系统，王薇的红色经典在国内首屈一指，而刘益谦在古代艺术拍场上也出手阔绰。可见，民营美术馆的定位，藏品能起到决定性的作用，所以民营美术馆可量力而行，有计划、有步骤、有选择、有针对性地收藏作品。

民营美术馆要突破的另一大瓶颈，是如何最大限度获取政策的支持。当前民营美术馆的注册较为困难，有时完全靠出资方或馆长四处打点，不少民营美术馆甚至并未注册，根本原因是民营美术馆与国家税收挂钩。中国现在虽然还没有达到发达国家“同额免税”的地步，但根据现行的《企业所得税法》，企业发生的公益性捐赠支出，在年度利润总额 12% 以内的部分，准予在计算应纳税所得额时扣除。未来几年，国家在文化设施建设方面投入的资金规模庞大，民营美术馆今后应更积极地向国家申请财政支持，政府在财政方面也可适度向民营美术馆倾斜。

如何运营，是民营美术馆亟待突破的最大瓶颈。1991 年开馆的炎黄艺术馆，曾经债台高筑，2007 年与中国民生银行达成托管合作协议，才走出困境，并发展成为中国近现代艺术的主展场。20 世纪 90 年代后期，由民营企业出资的沈阳东宇美术馆、天津泰达当代艺术博物馆、成都上河美术馆，掀起中国民营美术馆建设的第一波热潮。几年后，东宇美术馆的藏品全部转卖给和静园艺术馆，上河美术馆关张，泰达当代艺术博物馆长期歇业，最近才有零星的活动。企业的存亡决定美术馆的生死，是民营美术馆发展初期的通病，一旦企业经营不善，无力再向美术馆注入资金，美术馆的结局只能是倒闭。

民营美术馆的运营无非是两方面，一是争取赞助，二是自主经营。在赞助方面，可参照今日美术馆的成功模式，它最近每年获得的赞助金额不低于三千万人民币。在美术馆的经营方面，则可参照日本的民营美术馆，它们大多位于商务高楼的顶层，比如日本的森美术馆，它在大楼的第 52 层，楼下是各种口味的餐厅和购物中心，美术馆通过展览和藏品把观众吸引到大厦，参观结束以后观众可以就近在楼下餐厅用餐，还可以顺便在商场购物，所以不能只单方面看美术馆作为机构的资金平衡状况，还应该看美术馆能否拉动周边的消费。北京的时代美术馆虽然也位于中央商务区的中环世贸中心顶层，但它还没有形成足够的吸引力。可见，发达国家的成功经验尚未得到有效的借鉴，罗马非一日建成，相信假以时日，国内的民营美术馆终将修成正果。

【观点】 民营美术馆的公益性与产业化问题

◎刘艳萍

伴随民营美术馆的第四波兴建浪潮，我们耳边不断地被各种振奋人心的消息震荡，从民生现代美术馆、龙当代美术馆到“黄河艺汇”，无论从场馆的面积、投资规模、展示方式还是产业的整合方面，目前民营美术馆的兴建可以说达到了臻于顶峰的境界。

民营资本如此投巨资兴建美术馆，民营美术馆是否到了春天？从艺术市场、艺术生态与国家政策看，目前是兴建美术馆的好时期。如 2012 年 6 月 4 日实施的北京市促进民营美术馆发展的实施办法（试行），提出由市文化创意产业发展专项资金安排专项，在北京市每年评选民营美术馆十大优秀艺术品推广项目并进行扶持，每个项目给予 10—20 万元的奖励。虽然这只是星火，但随着民营美术馆的大规模发展，燎原之势也许就在不远的明天。

民营美术馆面临最大的两大难题是资金来源与运营模式。公益性与产业化本来是相互对立的两个概念，公益性最终的目标是为全社会服务，而产业化最终的目标是追逐利润。但对当前的世界美术馆发展趋势来说，两者在解决美术馆资金问题与运营模式上互相补充，很好地促进了美术馆的发展。从欧美博物馆、美术馆的实际运营来看，公益性是获得捐赠的前提。如美国美术馆在长久的发展过程中形成了国家公益文化艺术事业扶助政策，虽然高达 59% 的博物馆都是私立的，但无论公立还是私立美术馆，几乎所有的博物馆，尤其是美术馆都是建立在私人的捐赠基础上的。

与此同时产业化已经形成了欧美美术馆经营方式的第三波浪潮，促成了欧美美术馆的全球扩张与影响力的不断增强。如美国美术馆采用现代企业的经营管理方法，美国古根海姆博物馆以连锁的方式在西班牙毕尔巴鄂、意大利威尼斯、德国柏林和美国拉斯维加斯拥有 4 处分馆。美术馆管理阶层可以说发挥了最大的想象力，想尽各种办法，试图利用美术馆现有的资源创造新的财源，扩大美术馆的势力。中国民营企业家在探索美术馆运营发展，解决自身难题的时候，首先引入了公益性的策略。作为民营美术馆的龙头老大今日美术馆首先在民政局注册成为公益性非营利美术馆，将美术馆推向了社会，美术馆的收藏品注册于民政局，所有权归国家，从而今日美术馆通过多元化赞助与品牌合作的模式，逐渐探索出了美术馆的独立生存模式。更多注册为公益性非营利的民营美术馆还在经济的困境中艰难跋涉，这有待国家对企业捐赠免税政策的制定及对公益性非营利组织的支持。

我们今天在谈美术馆产业化发展的时候，往往很羞涩，而更突出美术馆的公益性。随着民营美术馆的大量出现，产业化潮流是不可避免的，因为资本都是逐利的。国内众多的民营美术馆，实质上是美术馆公司，属于画廊加展览馆的性质，盈利是美术馆的主要目标。那些注册为公益性非营利的民营美术馆，应加强产业化运作，既扩大自身的影响力，也为美术馆的长期发展提供造血机制。通过艺术品商店、饭店、咖啡店、书店或者相关的出版发行机构赚取利润，有效补充美术馆运营的经费。或者如民生银行，从单一的艺术投资基金到投资 1 亿元运营炎黄艺术馆，再到民生当代美术馆上海馆开馆与民生当代美术馆北京馆的兴建，形成以当代艺术品为主线，以企业化运营为主的产业链条，既宣传了民生银行的品牌，又间接为美术馆的运营赢得更多的利润资金。

在当代·2012 中国油画双年展

【展览组织】

组织委员会

顾　问：王文章　詹建俊

主　任：靳尚谊　董　伟　许　江　范迪安

副主任：诸　迪　游庆桥　罗中立　韦尔申

委　员：（以姓氏笔画为序）

马树林　安远远　刘晓东　张祖英　杨飞云　尚　扬

胡　伟　郭润文　梁　江　谢小凡　董栋华　雷　波

艺术委员会

主　任：詹建俊　靳尚谊　许　江　范迪安

副主任：朱乃正　诸　迪　罗中立　韦尔申

委　员：（以姓氏笔画为序）

水天中　王胜利　金山石　刘小东　孙景波　闫振峰　宋惠民　张祖英

陈俊德　邵大箴　杨飞云　杨参军　尚　扬　范迪安　闻立鹏　钟　涵

郭润文　谢东明　雷　波

秘书长：雷　波

副秘书长：张曙光　陈宜明　王　玥

顾问小组：范迪安　许　江　尚　扬

策展人：张　晴

学术主持：朱青生

【参展画家】

喻　红　谢东明　钟　飙　张恩利　李松松　裴咏梅　马　轲　焦小健

王易罡　井士剑　张路江　李大方　陈文骥　刘　野　石　冲　毛　焰

方少华　陈　墙　马树青　申　凡　陆　亮　王风华　朝　戈　苏新平

曹吉冈　王　岩　范　勃　翁云鹏　卜　桦　虞　华　吕山川　张方白

【“在当代·2012 中国油画双年展”、“中国青年油画作品展——最绘画”】

2012 年 6 月 15 日，由文化部艺术司、中国美术馆和中国油画学会联合主办的“在当代·2012 中国油画双年展”和“中国青年油画作品展——最绘画”在中国美术馆开幕。中共中央政策研究室常务副主任何毅亭，财政部党组副书记、副部长王军，文化部党组成员、副部长王文章，以及美术家詹建俊、靳尚谊等出席开幕式。

作为国内首次推出的油画双年展，2012 中国油画双年展以“在当代”为主题，旨在梳理中国油画艺术的发展历史，更新学术话语，重建本土油画艺术的当代精神。展览特邀谢东明、喻红、朝戈、翁云鹏等 32 位艺术家展出各自近作，分“表现的强度”、“语言的纯度”和“思考的深度”3 个部分，呈现了中国当代油画创作的风貌。

以“最绘画”为主题的中国青年油画作品展旨在扶持青年油画家的艺术创作，并呼唤青年在读图时代加强对生活的体验并坚守油画的绘画精神。展览从 4000 件参评作品中评选出 158 件作品参展，其中孙逊、黄庆、田园园等 15 位青年画家获得佳作奖。

【观点】在当代——寓言、艺术、救赎

◎张 晴

作为实践世界生成的一种历史解释与意义表达，对当代特征与内涵的探讨必然被置于人类集体概念的交叉点上。与反映不均等和不稳定的具体现实图景不同，他致力描述的是人们所意识到的主体与世界之间的距离，及由其体现出的偶然性本质。这种特质并非一成不变，而是随时境变迁而不断被重新定义。正如鲍德里亚对当代社会的描述：“原始社会有面具，资产阶级社会有镜子，而我们有影像。”

当代社会已从生产阶段发展到了被异化成景观的形式，“所有活生生的东西都成了再现”①，马克思所言的资本主义物化时代，如今已过渡到视觉表现化篡位为社会本体基础的颠倒世界，过渡到一个社会景观的王国。真实世界沦为影像，影像却升格成看似真实的存在。我们认为通过技术可以随心所欲地支配世界。然而，其实是世界这一边通过技术在向我们强调它的存在。这个主客关系的反转发挥着惊人的、不可轻视的作用。曾将长期让自己处于一种从属状态的景观，作为一种崇高的存在正在向我们靠近，不是从我们这一边，而是从其他场所向我们靠近。它从本来是外表寄生场所的平庸事物的存在核心现身，边愉快地自我繁殖，边从所有方向涌来。虚构的再现让人们不自觉地处于一种被催眠的状态，景观在人们生活中占据了原本“真实”的位置，使符号胜于物体，副本胜于原本，幻想胜于现实。

景观决定着生产，以此形成表象的弥漫。景观含糊对话，消解主体的独立性和批判性，以图像之想象取代了行动，只有观看没有参与。在景观的迷雾之中，人只能单向度地默从，这是一种无形的控制。然而这正是当代社会新的存活方式，景观—观众的关系本质上是其秩序的牢固支座。如果说对当代特征的定义，是综合领域的范畴，景观社会正是当代最大的“奇观”，超越了所有艺术能够制造的震惊，提供了当代表象的丰富与广博，其中面对未来的指向不容置疑。我们能做的只是循着反射的光点，深入到它四处散落的废墟间泰然地冒险旅行，并以此连接起断裂的个体，增加反省的深度。

当代，“奇观”借助技术正在发生，无人能够置身其外。

一、创造力的陷阱

当代人类彻底迎来了托夫勒轰动世界的展望——《第三次浪潮》，媒介与信息迅速成为可以表征这个时代的关键词。在不断“升级”的技术平台上，媒介与信息交互、协作、不断修炼，并施展巨大的“魔法”，开辟了“由娱乐、信息和消费组成的新的符号世界”。手机、电邮、流媒体、网络、3G、Wi-Fi，当代人类几乎被数字化的光芒灼伤了眼。电子流与信息合体，汹涌来袭，开辟出无法测量、彼此连接和渗透的黑洞，将人类席卷其内。其中空间和时间已然颠覆，有关距离的经验永远内爆了，世界一方面唾手可得，一方面似乎无法一览全部。

电脑连着电脑、电脑连着手机、手机连着手机……信息快速连通世界边缘或角落，绕过人类自身的

---

① ［法］德波著，梁虹译：《景观社会评论》，广西师范大学出版社 2007 年版。

种种限制，越来越多地介入了空间结构划分的场景。随时冲浪、随时联络、随时在线，我们变得越来越便利和通达。在打破物质空间和社会场景之间的固有关系后，人们在消失的地域中获得了前所未有的广阔交流空间，地理版图也在媒介层面被重新书写。媒介以“异化”的感受和再现方式，使空间与时间的极限、历史与遥远、“在场”与“不在场”都被呈现和演绎为无限放大、无限逼真的“尽在眼前”和“触手可及”。分不清的“他乡”和“别处”不断加强，生产出“无地方感”的族群，也催生着庞大的“新空间”。

其中人类创造了巨大和完美的数字符码机制，并通过光纤或宽带这一万能的触手，将这一模式无限伸展，纠缠于我们的社会，渗透至一切空间、界面和微小处，成为无法避免的日常。只要我们打开计算机或是进入电子网络，首先遇到的就是电子符码预先设定好的问题，对这个问题的回答方式只能为“是”或“否”。我们必须满足电子媒介的检测，才能获得登录的界面，自身的意见微不足道。我们借助符码的感召，迅速地集结或分散，形成统一界面下的分级、次级团体或联盟，缔结一种隐性的秩序。这种秩序消解了自然界线巩固的国家、民族概念，亦能无痕融解观念的鸿沟。上一秒还忠于一个联盟共同声讨，下一秒就有可能因为心智的转变而完全倒戈。新秩序似乎比自然的秩序更完美，体现着一种完美的塑性，开放、融合、平等且动态、瞬时及时更新。人类被高频重复的“诱导性提问—需要解码的裁决—最后通牒”① 式模式主导，并以此作为踏上第三次浪潮尖端的凭借。于是在不易察觉的符码程序之上，人类过上了全民公决的生活。正如尼葛洛庞帝在《数字化生存》中说：“计算不再只和计算机有关，它决定我们的生存。”

与符码随机机制相吻合的是无参照的、移情的、不确定的、浮动的潜意识随机机制。正如人在网络上的交往，显现出的一种虚拟性。实在交往，但看不到交往的对象，也无法通过语调、表情分辨真假，符码成为唯一的通路。然而符号没有语言、不会发声、无法判断真意。所有交往对象目标的扩大，带来的是交流的无指向、微意义。我们在线，流转于各大论坛和门户网站，看帖回帖，永远都是万人在场，永远都是喧闹的氛围。人们在参照和目的性越来越彻底灭绝的边缘，在指称和相似性丧失的边缘，附和和轻易的从众成为确定参与感的唯一途径。符码模式使我们更容易达成同盟，建立团体，形成对抗，在各处都安居与中和于随意的原则中，享受着快速认同与被认同的冲动和孤立反方的快感。然而在形成秩序的过程中，人类忠实的是充满盲目与激情集结的刺激，与瞬间颠覆自我的新鲜快感，在醉心的虚拟想象中寻找更多的遐想和自我肯定的空间。这种感觉使符码的检测隐身，在从众的洪流中显得格外安全与理所当然。与其说人们在巨大的网络中同时在场，不如说是同时面向符码的自述进行自我催化、臆想。数字化生存的实质在于创造了逼真浮夸的场景，并给了每个人一面镜子，每个人都照着拟像做出自己喜欢的样子。然而，等到黑屏、下线，会更加落寞，仿佛做了一场狂欢的梦。

“符号，符号，符号！从声音、观察、滋味、感受、气味来的符号；从事物、人、自己来的符号。去掉这些符号，我们就会比不穿衣服在街上走路更是赤裸裸的人了。”② 在符码缔造的世界中，媒介让人类与现实彻底失去了参照。它施展“点金术”，掌管“封神榜”，阡陌纵横地编织缔造了当代人无以躲避、无法拒绝的奇观化了的物质世界和精神家园，重新定义“现实域”与“乌托邦”，塑造着人类的当代图腾。他借助声音、图像，将人类引到喧嚣的边缘之壤，使娱乐和文化也改头换面。它们生机勃勃，生产出迷人的幻象，诱使人类放弃对艰深复杂的哲学、传统与历史的思索，统领我们的全部：我们追求妇女杂志或生活方式杂志中鼓吹的理想居家模式、广告或时尚电视剧中宣传的理想生活模式；我们习惯用超级卖场的强大分类整理生活，用麦当劳的套餐编号满足食欲，推崇用好莱坞电影的既定程序格式化情感……在被区分性符号分割的子系统中，每一种生活实践、每一个日常时刻，都被代码分配到确定的时空，以区分各自在同质空间中的异性化特征。于是消费者/被消费者、预先被阅读的阅读者、地

① ［法］让·波德里亚（Jean Baudrillard）著，车槿山译：《象征交换与死亡》，译林出版社 2012 年版。
② ［美］C. M. 莫里斯著，定扬译：《开放的自我》，上海人民出版社 2010 年版。

铁的运输者/被运输者、闲暇的娱乐者/被娱乐者……通通各就其位，演绎着系统的繁荣和有序。在每个子集中，覆盖其上的是隐秘万能的符码系统，它帮助模式深刻着这种分布。每个时空都以类似的系统与模式相关联，连我们的城市也最终变成符号、传媒、代码的多边形——一个巨大的分类禁闭中心。在此之中，完美的符码系统成为唯一的言说者，他创造出的畅通无阻的巨大虚拟空间，破坏了真实世界的范畴和分界，强化着新世界。于是我们被隔离而且无足轻重，所有的人都在认同指导模式的各自疯狂中被排列起来，甚至沉溺其中利用媒介自我深刻：我们在3G中视频通话访亲会友，我们引擎搜索就能游遍半个地球，我们读懂天气不再靠感受而靠数字和图标，我们习惯依靠导航辨别目标而不是眼睛；我们自创偶像，瞬间将它高高地捧起，又随时将其雪藏；我们拥有世界性的模式，用最简短的语言交流，一呼百应，不分昼夜……更快、更新、更智能，数字化的生活永远以它不知疲倦的姿态带给我们惊喜和改变。对于这样的秩序和节奏，我们无法拒绝。因为你起身追赶尚且跟不上它的脚步，停滞不前只能被时代拖甩到更远，全民公决从来就是最后通牒。人们通过符码模式的参与了解和认识世界，并对眼前的虚拟世界进行日积月累的确认，最终使其变为真实。信息和符码联合绚丽的媒介，在人与真实世界中间树立起不为人觉察的屏障，自然在一头落寞，人类在另一头狂欢，符码成了两者的中心。

数学家莱布尼茨坚定人类只有在“0”和“1”的二进制系统中才能看到创世的形象本身，并可借此在虚无的操作中拉出所有的存在。然而当事物被推向极致，站在价值的顶点，双重性就随之显露无遗：人类在通过媒介与符码的结合，创造超能力的秩序世界的同时，也面临深思的匮乏和真实的隔绝，并逐渐成为虚拟的附庸。追求总体的完美就是追求总体的背叛，追求绝对的可靠就是追求无可挽回的衰退。人们正在遭遇的是自我创造力的陷阱。

在信息与媒介铸造的当代，当新兴方式浸入社会生活，改变和重组着文化与社会，任何不加思索的抵抗或顺从都如掩耳盗铃：我们不能拒绝数字化带来的空前便捷，也必须正视信息与媒介泛滥对文化与意识形态的冲击。当代创造力与生俱来的顽疾也非无药可解。事实上，从马尔库塞到德波，无不在以近似偏激的叙述提醒着我们正视眼前景观化的现实。正是这批文化精英的批判性审视，凸显着文化在应对新问题中的巨大力量，在媒介与信息的技术异化过程中树立起主体式的拯救图式，也唤起当代人类对新兴数字生存方式的警惕与辨析。面对信息与媒介的分散性程序模式与景观式谄媚，只有文化批判与审视才能唤醒让位于眼睛的大脑，重塑大众对文化与社会的救赎志向，也只有人类内在的独立理性才能绕开创造力的陷阱。

二、文化精神的遭遇

我们正在遭遇着一个泛化的时代，一切公众话语都日渐以娱乐的方式出现。影像作为这种内容的偏好，发挥着重要的作用，并最终影响了文化。

当影像成为日常时，作为当代主要表征的商品的符号意义被大量生产出来，并升级为对人类的物化手段。商品化的逻辑便也与影像文化、市场经济紧密相连，踏上“殖民化”的路程，迅速侵入人类的意识形态。从新闻到宣传、广告、娱乐表演，影像辛勤地劳作，将世界打磨得细腻精致，并将其隆重推出，使其永久在场：香奈儿号弥漫着尼可·基德曼，华纳唱片装刻着迈克尔·杰克逊，通过万能的影像和媒介，激情四射地向我们颂扬着商品及其代表的美好所指。影像甚至通过碾碎世界的在场与不在场的界限、抹杀自我和世界的边线，亲自勾勒另一个“完美世界”。以至于我们总是拥有洁净繁荣的城市、绚丽夺目的夜景，完美的爱情总是与俊男靓女如影相随，就连现实中肮脏的废弃角落，在镜像的诠释下也散发着朋克的气质……和影像创造的拟真世界相比，真实的世界似乎残破了，虚拟的东西比真实的世界还要真实、美丽。不管你愿不愿意，影像作为消费社会的符号与文本，创造了天衣无缝的虚拟景观，将真实世界遮盖，并以假象与人类频频遭际与对话，一切变得生生不息。正如波德里亚在《完美的罪行》一书中写道：“图像的完美，已经使我们上瘾，离开图像的生活，自我就如同枯萎的花朵失去了鲜艳与光泽，图像在培育瘾君子的同时，也使人们陷入其中不能自拔。”

这种深陷的视觉美丽，带来的娱乐化、唯美化的表层逻辑，拥有令人喜悦的感召力，影响着文化的每一个层面，从最高深精微的哲学思考，到大众媒介最为通俗浅易的生产制作，乃至百姓的生活，无一幸免。我们开始习惯审美化的日常和思维：人们更喜欢阅读画报，而不是艰深的文字；不管是演员还是普通民众，都把更多的注意力转向个人形象的塑造。人们用“辨识”代替“理解”，以“快感”代替“美感”，追求一切可见形式，来满足自己的虚假渴望。在扑朔迷离又逼真得无可挑剔的完美情境中，人类的生活成为由欲望驱使、物质生产加速、图像升级的永不谢幕的盛宴。一切文化符号，不论高雅或是低俗，都被笼罩在形象的范围。它动摇了真实的信念、主体的确定性，将高高在上的“美的艺术”拉回感性的生活之中，艺术的挑战视野也完全消失了。它鼓励享受生活，并以自身的华丽、庸俗和“超现实”将大众锤炼成忠实的守护者。真实或虚伪、控制或主动、自由之境或全景式监狱，狂欢的人群不再审视，平庸带来的浅层喜悦支配着当代社会。批判和争辩注定显得无力，因为就算我们听到过太多对娱乐时代文化的责难和羞辱，即使直接攻击它的批评家，也不可避免地在充斥娱乐幻象的领域中，获得过偶尔的放松和欢愉。这种“快乐”建立在放弃意义追问和现实思考的前提下，它没有理性的光芒，也没有诗意的缠绵，只有抛弃逻辑与秩序的话语。它甚至诚实地告知只是捕捉到人类的生物本质——对快乐的痴迷。这种坦诚使我们心甘情愿地成为娱乐的附庸，毫无怨言，甚至无声无息。

与娱乐化一起对当代文化形成威胁的还有全球化带来的文化多样性的消退。全球化进程使世界文化资源得以共享的同时，也自觉强化着当代西方价值观念的普遍移植，牛仔裤、可口可乐、肥皂剧、好莱坞电影几乎被带到世界的每个角落。不仅娱乐节目已经模式化，“达人秀”拥有了无数个国家版本，就连国际新闻也日益趋同，人类文化体现出深度的均质化。与赤裸的侵占和殖民不同，它依靠媒介攻击和侵占的是生活的“权威”和文化的“光环”，它是去政治化的，而不是武力。因此，他对弱势文化的颠覆是从内而外的、隐性的裂变。文化垄断——不论这种垄断是虚幻的还是真实的，在改变文化广度的样式同时，也不可避免的强化着文化多种存在的现实与意义。因为人们在逐渐泛化的文化语境中，更容易觉察文化多样存在的意义，并不自觉的进行寻求与捍卫。这也正是西方文化的输入获取胜利的同时引发严重的文化冲突与宗教复兴的原因。

在当代语境中，文化精神正遭遇着深度与广度的双重缺失：“大众文化”逐渐超越原有“精英文化”形态，由“边缘”走向“中心”；消费主义带来的单一性与均质性，使文化的地域性备受威胁。与此同时，文化语境的改变打破了权威话语一统天下的文化格局，全球性也并未真正实现文化的融合，各种文化在相互碰撞中寻求着自我身份的认同。这些都使文化面临新的发展转型机遇。如果当代文化已经走到一个转弯处，我们需要的是解体还是复兴？人类呼唤一种多维新秩序的出现，使作为繁荣文化的途径与契机。在这样一个零散化的、平面化的、深度消失的时代，一方面，当代和现实之间的关系已经变得支离破碎，文化必须从当代种种泛滥的不堪忍受的幻象中摆脱出来，在这个新的、不安定的世界中获得某种方向的概念和观念：而另一方面，当代展现出完美的熵的状况，又为文化铺呈出无界限的自由尺度。当人类面临失去自由创造和艺术个性源泉的威胁，文化必定不会顺从就范，仅仅是在消费与娱乐版图的进程中安身立命，或是演化成穷途末路的余渣或是成熟之后无味的果实。从此意义上讲，任何一次嬗变都意味着原有文化形态的多样性出现与多维内在本质的形成，这也正是文化当代性的实质。这种持续的生长与转换使文化作为科学解构“宗教”或“道德”的初衷，作为人自由本质的现实展开，并凭借其多样的地域根植与历史积淀，超越经济强势成为文明的的坚定内核和人类当代精神的确立之本。

三、科技的矛盾之辩

20 世纪以来，现代科技的迅猛发展把人类推向高技术时代的顶峰。空间技术、海洋技术、信息科技、新能源、新材料、生物工程等诸多科技领域都突飞猛进：人类的视野已扩展到 150 亿—200 亿光年的宇宙空间，探求太空生命、移居别处的目标指日可待；赛博空间与“云时代”的来临实现了人类的永久在线；从路易斯·布朗到“多莉”，从“深蓝”到人类基因草图，人类自身已没有秘密可言，此外人类计划在 2020 年根除癌症、2040 年抑制衰老，在移植了肾脏、手甚至心脏、大脑后，人类要尝试移植整个躯干了……科技的发展带来人类社会经济繁荣与物质生活的富足，成为当代社会最为重要的发展推动力。

然而，科技利器在攫取自然的征途上一路凯歌、无往不胜的惯常胜利如有力的助推器，将人类的自私、贪婪推捧至高处，促使我们不止一次地打开了“潘多拉的魔盒”，将世界卷入了一个不确定的、扑朔迷离的濒危隧道：如今，全球变暖、臭氧层受损、荒漠化加剧、海平面上升、生态失衡、物种灭绝等诸多自然生态问题，比以往任何时候都严重；高科技与极权主义联姻将人类推进热兵器时代，创造出足以毁灭地球的核武器和基因武器相互对抗、试探、威胁，使地球上空笼罩着不散的蘑菇云阴影；人类探索太空的野心也同时遭受着霍金的警告和宇宙伦理的拷问；超级网络系统中私人领域也暴露无遗，其上瞬间的毁灭同样轻而易举……科技作为人类社会改变世界、征服世界的重要实践方式，在构建一个精确科学的理想世界同时，又不断地否定着原有世界的确定性，并使之重新变为一种不确定。正如吉登斯所言，当代社会正日益进入一个由科技引发的全球风险时代。

与此同时，掌握尖端技术的人类，正在向自己最核心的地段开掘：人类克隆技术的发展使人自身与社会面临复制性考验，纳米技术的进展使皮下植入追踪系统成为可能，至此安全和隐私问题已到达生物皮肤以下……人类用科技延长着生命，拥抱不老容颜，深入粒子层级进行彻底的重组，致力将自己搞个明白，以此作为与物种本身的对抗。只是在肢解与重组了自身之后，人类又陷入巨大的恐慌，深刻地遭遇康德的发问：“人是什么?” 在“试管婴儿”和“借腹生子”成为日常现实的当代，当我们能够自己决定繁殖、死亡，甚至有望复制无数个自己，社会原有结构的维系尺度就有可能彻底打破：生育和婚姻、血缘不再保持一致，爱情与家庭都会被颠覆。人在科技的推动下不断强化作为个体存在的自身，形成孤立、断裂的系统。脱离社会关系之后，人也无法返回到原有的本质定义，唯一可以确定的是科技成为万能的信仰。

正如哈贝马斯所言：“当对这一原则的信奉使得自然科学成为教条，使它看不见可以影响和构造其运作的微妙价值观体系时，科学自身就变成了意识形态。”科技捧给人类鲜活诱人的“葡萄和橄榄”，使人类甘于臣服，以科学理论和技术规则作为自己活动的基点，掌握、应用、服从它们。技术打开了伦理的新可能，建立起由匿名性产生的快乐的陌生感，牵引着人类在连贯的道路上探寻。这种物质运转的惯性使现代科技正日益背离主体人的本真发展诉求，由原初的“为人”角色变为驾驭、奴役和统治人类与社会的“异己”力量。同时，科技发展的内在逻辑要求不断地允诺进步并不断地确定特定目标。人类跟随其后，被引向物质的方面，用认同技术的单向度、实证性与直接性的方式与科技无限接近，在贪欲的驱使下遗忘了心理、生命和意义，否定了思维、艺术和心灵的“内在”，成为“单一向度的人”。然而，否弃是科技的内在旨趣，这些目标有可能会在下一个阶段被断然地否弃，不作任何停留，人却在愈来愈唯理化的生活形态中深陷：愈挣扎，他的反应就愈加的不合理，愈想摆脱困境，他就愈不明白自己该做什么。当人类在促逼的意义上接受摆置和定造，“异化”成为自身的对立面，就再也碰不到事物和人类自身，只能在控制和预测的层面算计和遭遇事物。人类也只能在颠覆人性和背弃道德理念的同时，招致信念的缺失、人格的分裂和自身的“边缘化”。人们就像寓言中描述的地狱中饥饿的进食者，拥有了到达别处的长度，却失去了靠近自己的回旋余地。

科技发展带来的“外部动乱”和“内部异化”，让人类腹背受敌、深感威胁，而又不能顿悟法门。科技发展的内在逻辑注定只能改善局部表面，却无法处理个体与整体共生共与的问题，其上的系统是断裂的。这种断裂与不流畅让人迷惑，如同乘坐在一艘太空船上，不知它将驶向何方、何时登陆，等待着的是幸福还是灾难，是新奇的天堂还是无地逃生的地狱边缘，无法判断也无法预测。

在科技的定义中，人类选择的是良好初衷——改善人与自然的关系，然而发展到今天，科技发展带来的“外部动乱”和“内部异化”，让人类腹背受敌、深感威胁。人类又一次的用自己的矛戳了自己的盾，站在了两难的边缘。如果我们正在驶向“乌托邦”，现时遭遇的困境是提醒还是蒙骗? 如果未来黯然，当代将去向何方? 因为未来已和我们牢不可分了。科学技术在将人类带入幸福域的同时，也异化出反人类的野心，带来毁灭的阴影；人类文明在缔造幸福完美的明天的同时，也部分消解着人类活动的价值、意义。当代似乎总是展现给我们永远尖锐对峙的两面：先进的、绚丽的正面，致命的、阴暗的背面。两者周期性的相互抵消、重复的循环，并彼此相融。无论我们选择哪个角度切割，得到的必定是全部，不能只拿到美好！

指向未来，我们需要的是更新锐的矛或是更坚固的盾？唯一确定的是，我们终究不能像卓别林在电影《大独裁者》众所预言的那样，让贪婪的欲望腐蚀了自身的灵魂，将科技简单等同于智慧本身，将世界裹挟在层层仇恨之中……当科技活动具有全球的普遍性并处于动态的发展轨道中，我们原有静态的矛盾之辩就无法提供有效的支撑。我们需要人性控制下的科技而不仅仅是机械，需要友善、谦和而不仅仅是足智多谋。只有在社会政治、经济、法律、伦理、文化的诸因子合力下，才能降低科技风险。科技固有理性的锐利，也只有人的道德感性方能重新唤起。

四、在当代的现场与方式

海德格尔认为，只有创造性的追问和那种出自真正沉思力量的思考，才能了解真实的世界。当所有的瞬时性辉煌反复落空，经验无法给予永恒式的圆满，在人类的理性已丧失认知真理的能力只能在对象中发现自己的幻象之后，能承担真理救赎的天使非艺术莫属。尽管当代的图景中，技术、媒介、文化的多方遭遇使艺术从内容到形式都被改变、被利用，甚至被稀释为一种符号、一种娱乐，一度失却反抗力量成为景观社会的一部分。然而正如马尔库塞、阿多诺等所坚守的，人类异化世界救赎的希望、弥赛亚之光仍旧只能通过艺术得以闪现。当面对一种衰败的、破碎的当代图景，人们宁愿相信艺术必定能作为首当其冲的反叛，四处探寻救赎的可能。艺术内在的寓言式属性赋予其忧郁的思辨能力，他“清除对客体世界的最后幻觉，完全用自己的手法，不是在世俗世界上嬉戏地而是在天堂的注视之下严肃地重新发现自身”。这种特质能打碎现存社会的虚假表象，在当代的碎片与废墟中找寻并确认人性中尚未被控制的潜能。充满想象力与可能性的艺术，隐含着人性解放的生机，预示着认知真理、救赎真理之光的徐徐升起。只有艺术才能培育新感性，也只有在艺术中，我们才可以倾听自己心灵的声音，才可以感受到生命的跳动，才可以觉察生命的本真生存。艺术既是一种美学形式又是一种历史结构，在艺术中，表现的强度、语言的纯度和思想的深度与富有价值意义的现实世界得到统一。正如本雅明认为的，在世界的沉沦中，正是艺术寓言的内涵——这一忧郁者凭借忧郁，清除对客观世界的最后幻觉，表现完整的人性，唤来解放的世界。

尼葛洛庞帝有一句著名的格言：“预测未来的最好方法，就是把它创造出来。”“当代艺术”只有一个外在于它自己的意义——“在别处”！这样的当代艺术，必然基于我们对社会系统的集体观察之上。因此，当代不是一种风格、一种潮流，当代性也不仅是这种风格和潮流的属性。当代性是关系到今日全球化、技术化、城市化、信息化社会的时代内涵，是当今时代文化变革和创新的深刻根源，是冒险和焦虑，以及它们所导致的在词语和事物、文化和社会、个体与世界、客观与主观立场之间的破裂。因此，当代艺术不是应该有政治倾向，而是就是关于政治本身的。当代艺术是新的人类自救、精神解放的途径，要培育出新感性和新社会，帮助我们与这个世界建立新的感性关系，去战胜资本和权力强加到我们身上的那种货币——景观式的全球普遍性，而不是给景观增加更多的装饰、标志。因此，当代艺术也必定是“语境化”的，他不是全球化的浮萍，亦不会一直成为喧哗时代泛起的泡沫。他必定是与具体的文化形态相关联，生殖于具体的语境中，是当代的现场书写。

“在当代—2012 中国油画双年展”对接的正是这样的当代“语境”——是对当代中国油画的田野调查与长期研究的呈现。从 20 世纪 90 年代起中国油画在遭遇当代影像、装置、行为等当代艺术样式的挑战，然而与油画边缘化的全球语境不同的是，在中国油画仍然充满活力、占有重要的地位。正是这样不甚相同的行进路径早就与凸显了中国当代艺术的自我特征。此届中国油画双年展也是在全球性的与本土性的双重叠韵式的“在当代”的学术主题框架下，通过“表现的强度、语言的纯度、思想的深度”三个思考与实验切入点展开对当代中国油画与艺术的考察、研究、讨论与协商。对“表现的强度”的探索，是以绘画中特有的挥写强度、迅疾有力的现实捕捉，开启寻常状态中诸多蔽藏；以艺术的个性与巨大张力，完成对当代的追问与心灵的书写；以艺术的强有力感召，在抹去重来中洞见当代的本质与生命的意义。对“语言的纯度”的演绎则意味着对思想的浓缩与表达的凝练这一艺术个性化形成的源头的追溯，以此将对当代艺术的探究放置于悠长的体验中，并与生命痕迹相关联，在不断地自我剥离中求取长久意义的铸造，在简约中体现当代思想的锐意和深刻。最终到达“思考的深度”，使对当代的探寻不应止于试验，而是指向反复的察看，指向真理的去蔽，倡导一种彻底的质问与变革，一种思想的大格局、人生的大追问、社会的大关怀，并由此涉入社会、媒介、机制、大众，实现艺术的不断突进。而艺术的先锋性正是来自这样的深度思考。“在当代·2012 中国油画双年展”正是从这“三度”出发，呈现中国艺术在当代的最真实体现，从对被现行评价与解释体系所遗漏的中国艺术家现实出发，真实的建构中国在当代的艺术图景。而这种“现实语境”的描述，绝非指向内部，而是面向世界、面向当代的艺术批判性的建立，是在“语境化”与“全球化”的破裂中，以自我的方式开创出新的可能性和关于这个世界的全新视野。

这正是我们对“在当代”的理解与构筑：在当代总是从现实的多样构成与博弈出发产生，由现场的书写方式获得自我特质的呈现。每个当代，都从一种历史形态的危机出发，以断裂和连续性的破坏为特征，形成不可抗拒的诱惑，这便是当代性的生存契机！这是一种延续，亦是一种全新的开始。我们必须从磕开每一个场景开始，在每一处、每一地、每一时都重新形成知觉和释义的配方。如同古老的圣言所呼吁的：以肋骨点燃灵魂的火把，以鲜血做燃料，燃烧爱的火焰，去烛照黑暗，以圣灵和火为旧世界施洗！

当代的语言只有一种，那就是“试验”！在否定旧的尖锐矛盾之后，带着令人惊讶的新鲜感，在一种深层次的情感连续中进行新的试验。

当代只有一个结果，那就是“出发”！在对旧形态发动彻底反省的同时，寻找到新的方向与路径。

它既不是神秘的，也不是结构的：它是不可避免的！

2012 年 6 月 8 日写于中国美术馆

【观点】体象三度——写给“首届中国油画双年展”

◎许　江

一

中国油画学会创立于 1995 年，她不仅是中国艺术界开风气之先、开创自主发展新模式的学术团体，也是聚拢中国的油画家、引领中国油画当代发展的核心力量，更是代表民族的艺术精神、致力于将国际化的艺术语言融通、使之成为时代文化振兴标志的重要平台。油画学会以开阔的视野，深刻认识油画在中国持续推广和发展的重大意义，引领了十几年来中国油画艺术的发展；又以热切的学术激情，思考油画的时代命题，构划不同阶段的创作指向，铸造了中国油画始终如一的学术形象和学术使命；还以令人关注的责任精神，担当学会重任，争取社会支持，引领学界正气，营造新型而自主的发展模式。

今天中国油画的发展面对图像化、全球化和大众化的背景，担负着多重重建的使命：在视觉文化的整体视域中，重建绘画的力量；在中西文化交流的视域中，重构中国油画的形象；在大众化、城市化的文化生态研究的视域中，重塑绘画的信心和责任。这多重文化研究视野中的重建使命，它们杂糅而蔓生，超出了我们以往的视觉经验；它们交叠而互动，为当代绘画的发展提供契机和观念性支持；它们纵横交错，构成了油画发展思考的策略性的规划蓝图。

担负这多重重建的使命，既是本土性也是全球性的难题，我们将围绕着油画的当代实践，提出三方面思考与建构：第一，回到绘画本身，重建本土艺术的深度精神；第二，重视绘画之象的建构，重视绘画方法论的建设；第三，深刻体会艺术创作的心性特征，呼唤艺术的诗性精神。为了在当代文化思考和文化实践中建构中国油画的深度精神、方法精神和诗性精神，验证和凝塑中国油画的民族气派和时代风貌，中国油画学会将与中国美术馆一道，在国家文化部艺术司的支持下，举办中国油画双年展。

二

以油画为代表的西方绘画，它的成型在欧洲已有近六百年的历史。其发展轨迹代表了各个时期人类文明的地平线。在经历了20个世纪的一系列锐变之后，西方绘画在特定的语境中始终面对质疑。事实上真正被质疑的是形而上学传统的确定性。世界真像我们所见所画的那样吗？在世界潮头涌动的各类文化新学的思想和批判的激流中，绘画像一只古老的渡筏，既希望超越同一性的逻辑，又频繁上演着延异的游戏。与此同时，后现代思潮树立起一种对于话语研究的批判观念，质问欧洲传统作为关于人类历史、文化或者政治的真实性判断的标准性和唯一性，认为没有什么传统能以权威和确然性自居来代表所有的人文主义，相反，各种不同的传统会因为它们对世界的独特的观照方式而受到尊重。正是在此时，中国的当代油画侧身而入，它讲述的不是某种外来艺术样式的舶来的故事，而是关于一种语言如何活在另一种语境中，并以强烈的生成性和差异性来转换的真实呈现；而是中国本土如何自主地生成着和实现着自己的文化理想。中国油画的当代建构的意义不仅在其自身，更是一方面为全球境域中中国本土艺术的发展提供一种范式，另一方面为全球范围中当代绘画的拯救担当一份坚守。

“在当代”是本届双年展的主题。对于这样一个庞大到无所不包的定位，它给出的更像是一个文化的姿态。这个文化姿态意在表达两层意思。第一层意思是要关注和重建绘画的当代性。当代不是一个时间的观念，也不是现成或已成的文化模式。当代是一个正在进行中的时态，它对正在发生的事件施以某种被唤醒的方式，让不同世代者同此显现，同此在场。这种正在进行中的不同世代的到场，决定了“当代”并非某种一味的“新”，而恰恰呈现为历史的再仿和重新审视。固然，正如电影《末代皇帝》的导演贝托鲁奇所言：“个人是历史的人质。”每个人都被他所亲处的时代绑架。但后现代、后冷战提供了个人心路和生命记忆的独特角度，来有效地改写和想象历史，为每个人找到自由放逐的空间，同时也为不同世代的穿越与在场提供可能。众多批判性的地域主义新建筑正是这方面的范例。因此，这种不同世代的到场不再是一种情态的重逢，而是一种解构式的堵截，用以追查那往昔世代的知识与意义是如何被构建起来的。不同历史的再仿仿佛一场拷问，被用来质疑话语被使用和被传播中的变异。特定的绘画表现试图不说的东西，或许与它所说的一样重要。不同世代的到场只若漂移的游戏，让真正的绘画与图像符号的繁殖之间、具有资源意义的差异性与无边的仿像现象之间变得扑朔难辨。因此绘画的当代性并非某种等着被揭示的深层真理，而是通过话语和它自身的文化建构而逐渐剥离和显露出来的。

“在当代”的文化姿态的另一层意思是要直面当代的文化困境。全球化环境带来国际化、互文化的生存方式，今天的人们已然失去了纯然单一的文化家园。无论我们在谈论一座建筑或某一公共性空间，那庞大的格局已经让我们超越个人身体定位的能力。那巨大的、无远弗届的交流和资本网络紧紧包围着我们，我们深陷其中。仿像无所不在，这种缺乏原创的图像复制，这种似是而非的多样繁华，促使当代主体呈现碎片化的趋势。当我们面对旧图像和日用品的汪洋大海，质疑原创性的观念之时，事实上面对的是主体的碎片化以及绘画感受的浅表化。感受力的式微，渐成当代绘画的真正困境。与现代主义针对主体的死亡所进行的审判和拯救以及新表现的理论与实践不同，诸多后现代思潮影响下的文化潮流关注的是符号、文本、图像与其他文化产物和活动是如何决定主体性的。这种逆向性的审思既缺乏个体主体的激情，也抽离了“技近乎道”的绘画感受、以身“体”之的内核。这正是绘画感受力的时代式微的真正痼因。

“在当代”的文化姿态一边通过话语建构来重建绘画的当代性，另一边针对绘画感受力的时代式微，全力呼唤以身“体”之的生命内核。在今天正在发生的文化变迁中，太多的所指变得似是而非，太多的能指变得扑朔迷离，太多的能指与所指之间出现了延异的现象，这使得话语的建构充满了陷阱。其中最大的陷阱是空泛的多元话语所可能促成的主体的碎片化和感受力的式微，也就是说我们所致力的一方面的努力解构了另一方面的目标。要解决好这个问题，就要以绘画自身来说话，从体象的角度来建构话语，强化感受力。

三

体象，一个颇具中国内涵的语词。“体”，指可见的形体，又指可感的肉身经验。当我们说“体察”之时，代表着本人的介入，本人的置入，本人的植入。只有本身本心的植入，才能有所体察。“体”在英语世界中有诸般不同的解释，但“body”与之最近。由于肉身的植入所带来的体察，这里关系到某种中国特色的解释学。依着这种解释的意念，“体”所描述的是一种生命的同一性，一种由肉体的此时此在的植入而兴发感动、怵惕恻隐的融通之力。通过绘画的直观过程，来调动身体所独具的生命的融通，这是绘画创造与感人的秘密。正如梅洛·庞蒂所言：“当你把身体借给世界，世界得以显现。”

“象”几乎是中国传统解释学的核心。它既不是纯然的观视对象，也不是纯然的主体意识里的东西；既不是现成的，已成的，也不是无踪影的，无迹可寻的。“象”是对象与主体之间的可感可察的中介，这个中介向我们生动地描述了对象与主体之间的解释性和想象性的关系，同时又是“观看”这一整体意涵如此这般地发生着的、可感可见的实况。“象”不是独立于对象与主体之外的第三者，而是包蕴了主体与对象在其中的此时此在的生命形式。

老子《道德经》中说：“惚兮恍兮，其中有物。恍兮惚兮，其中有象。”、“象”如此恍惚，因它不是东西，观而不足，非身在其中“体”之不可。以“象”为中介，以身心交感的“体察”方式来直观地把握和领会生命的整体与底蕴，我们称之为“体象”。绘画的过程就是“体象”的过程。这一过程将主体的血肉之躯与所绘对象化为一体，化成为某种“玄之又玄、妙之又妙”的承载，让天地四方聚拢而来，共当此在，从而映射出彼此的生命。

这是一个借助“身体”来达到的生命的可见的转换。那身体有如一扇窗，画者出入自如，时而向外看，时而向内看。诸如凡高的鞋，向外看是鞋，向内看是农民的世界。我们的身体此刻演化成鞋去体察鞋的艰辛，进而体察农妇或者凡高本人的艰辛，同时这反反复复的绘画，这黄褐色的笔触的编结，又让所有的艰辛者，带着被蓦然激活的艰辛的意象返回到这双鞋上。所有的那些关于这双鞋是否农妇的鞋抑或凡高本人的鞋、是否两只同是左鞋的臆猜已不重要，它已然唤起了我们身体的触感，让我们当下性地体味“鞋”这个“共同履历者”之象。

绘画的当代性建构，实质上正是这种“体象”的结构，这种以身“体”之的生命转换。在今天的绘画实践中，这种“体象”的当代性建构往往以三种维度表现出来。第一种维度是绘画表现的强度。宋代文同擅画竹，因“胸中有渭川千亩，气压十万丈夫”，所以他的一竿骄夭偃竹，表现出横贯历史的强度。苏轼赞之曰：“握笔熟视，见所欲画者，遂振笔直追。”这段历史公案，一方面强调意在笔先，另一方面强调追写的力量。当代绘画，总在抹去重来中洞见生命存在的开蔽，并常常以一种迅疾有力的捕捉来开启寻常状态中诸多蔽藏者。此种开蔽不止于画面，而是追问心灵所见。如此追问，只若火星在手，不得不振其光亮。如此这般，正是表现的强度，挥写的强度。

第二种维度是绘画语言的纯度。绘画语言纷繁，每位画者从写生的基础始，经历缓慢悠长的体验过程，从语言的全方位中提纯自己的语言，并逐渐形成个性化的纯度。绘画的体察与人密切相关联，这种关联带着生命的痕迹，不断地与“不相干者”剥离，求取长久意义的铸造，凝成简约而放怀的风采。在这缓慢的体验过程中，捕捉的不仅是语言，更是语言的情素，语言的意象。古往今来的墨竹者，画的都是竹中的自己。语言的纯度，实质上是人的纯度，意的纯度。

第三种维度是绘画思考的深度。这是一个绘画的实验性的命题。传统技艺的实验性强调技近乎道；当代艺术的实验性重视时代性的变革关怀。真正的实验不止于试验，而是指向反复的察看，指向真理的去蔽。如此的实验提倡思想的大格局，人生的大追问，社会的大关怀。它涉入社会变革、媒介革命、材料拓展、机制批判、大众参与、存在显现等诸多方面，提供了实境实感、反复查考的心灵空间。从这方面说，思考的深度指的就是实验的深度，考察的深度。

表现的强度、语言的纯度、思考的深度，构成了当代绘画“体象”的三个重要维度。而这三个维度又各自指向写的力度、意的纯度、验的深度。写、意、验是与绘画紧密相关的行为。如此三字三度是否构成体象世界的网格，来为当代绘画提供一个明晰的、可供不断查考的轮廓呢？回答这个问题，所有的文字远不如绘画本身所可能展示的那样贴切。因此，让我们以这“体象三度”作为画册和展览的构架，来进入和感怀双年展的绘画世界，进而理解和把握中国油画如何在当代！

2012 年 4 月 20 日于杭州三窗阁

美术理论与文化强国

【为中国美术立言——“美术理论与文化强国” 高端论坛综述】

◎祝 帅

2012 年 3 月 21 至 22 日，由中国美术家协会理论委员会主办的“为中国美术立言”的首届高端论坛——“美术理论与文化强国”研讨会在北京召开。中国文联副主席、中国美术家协会主席刘大为，中国美术家协会分党组书记、常务副主席吴长江，中国美协艺委会办公室主任丁杰，中国美协理论委员会主任薛永年，副主任王仲、刘曦林、吕品田、李一、张晓凌、陈传席、杭间、梁江和来自全国各地的委员及部分青年理论家四十余人汇聚一堂，研讨在文化强国的新形势下美术理论建设的重大问题。开幕式由理论委员会副主任、秘书长李一主持。

开幕式上宣读了中国文联副主席、书记处书记、中国美协副主席冯远的贺信。他代表中国文联对研讨会的召开表示祝贺，希望美术理论工作者要把正确的文艺导向体现在理论研究中，充分发挥理论家的聪明才智，为不断提升美术理论的水平和质量做出贡献。刘大为主席首先讲话。他强调，在全国人民空前重视文化建设之时，美术界获得了空前的历史发展机遇，美术家、理论家肩负着更大的责任。他表示愿意多倾听美术理论家的声音，并对理论界提出了期望。吴长江书记在讲话中对美术理论家出席此次会议表示感谢。他强调，美术理论工作者有重要的社会责任和艺术责任，要创造更多无愧于时代的美术理论成果，适应时代变化，解放思想，转变观念，为美术的进一步全面发展提供动力。薛永年主任代表理论委员会致辞。他要求与会专家从文化厚度和文明高度入手，密切联系实际，研究新情况、新问题，为中国美术立言。尤其要从文化战略高度和宏观的视野，探讨美术发展的重大问题和根本问题，探讨在文化大发展大繁荣的当下，中国当代美术如何进一步发展，如何建设有中国特色美术理论体系。

与会专家立足于学术，专注于学理，围绕“美术理论与文化强国”的主题，从多个方面进行了全面的研讨和深入的交流。

一、文化强国与美术建设

此次会议是在中共十七届六中全会提出“建设社会主义文化强国”目标后召开的美术理论研讨会，很多专家围绕文化强国战略与美术建设展开讨论。薛永年从文化战略的高度反思了当前美术批评存在的问题，一是“失语”，一是“失信”。他说，西方美术标准的照搬，西方美术词语的滥用，就是一种中国文化的失语，他主张，美术批评家应以专业的学术性作依托，以中国文化为血脉，遵照艺术规律，构建中国艺术批评的话语体系，构建中国当代的美术理论，并为此提高文化自觉性。美术理论在文化强国与美术大发展大繁荣过程中扮演着重要的角色。梁江指出，我们谈文化要落到实处，而不能在概念上兜圈，必须走出“文化搭台，经济唱戏”的阶段，让文化回归精神本性。四川师范大学美术学院院长林木指出了当代美术理论研究中存在的众多问题：当代主导的文化是西方文化，美术理论也受到西方思维的影响；国际崇拜过于严重；民族主义被否定；对现代性、当代性的热衷；全球化、普世化观念的泛化，等等。四川大学艺术学院院长黄宗贤谈到消费主义对于文化的影响。他指出，西方许多优秀的生态文化理论并没有被我们接受，相反，西方的消费主义与中国价值取向的缺失不谋而合。必须以审美理想超越功利需求，决不能回避生活审美化与深度人文关怀。

还有一些专家对文化传播策略提出了思考。南京艺术学院副院长刘伟冬讲到文化与科学发展观的意义，指出文化强国必须有文化传播性和世界影响力，才能在文化强国建设中取得主动权。新疆师范大学美术学院院长康书增提出，美术在文化强国战略中，肩负着国家形象的重要责任。在文化强国建设的过程中，美术馆应进一步加强宣传，加大藏品的展示力度。《中国艺术报》社副社长朱虹子提出，传播创新是文化强国战略的重要内涵，我们要充分研究传播与艺术理论构建的关系，认识中国当代艺术传播的问题与语境。湖南第一师范学院美术系主任廖少华也指出，文化强国战略的实施，在中国面临很多困难，美术理论家要注重社会文化普及的意义。

二、美术理论的中国道路

在文化强国建设过程中，美术基础理论体系的建设问题仍然是理论界的中心任务之一。中央美术学院教授王宏建谈到东方马克思主义理论体系建设及其逻辑起点、归结点。他指出，美术史、美术理论和美术批评是密切相关的，目前美术批评和艺术创作关系密切，但批评家一定要有原则，有理论根据，一要和实践结合，二要和美术史上的现象结合，从中总结归纳理论问题。清华大学美术学院副院长张敢认为，我们应该对自身传统和西方艺术进行深入的了解，同时在融合东西方艺术精华的基础之上，才能够完成中国当代美术范畴体系的建构。《中国美术馆》执行副主编徐沛君说，在建设文化强国的过程中，美术理论应该有所作为，理论家要有基本的判断能力，同时，理论体系的建构也要跟上，改进叙述方式，做到深入浅出。在中西对话的视角中思考美术基础理论问题也是此次会议上专家讨论的一个热点。鲁迅美术学院教授杨振国指出，应该重视东方国家在特定历史时期的重要地位，将中国美术纳入世界美术的知识系统，探讨中国与其他各国艺术的共时关系。中国艺术研究院副研究员陆军在理清基本概念的基础上，对今日中国并存的两种文化语境展开了论述和思考，提出应该重视整体文化环境的建设与学术环境的培育，构建更加丰满的学术视野。西南大学教授邱正伦提出，应该通过美术理论的思考重建文化自主性，构建属于中国当代的美术理论评价体系。

三、现代美术的中国模式

现代美术的中国模式是此次会议的一个重要议题，有许多专家围绕中国美术的现代性问题展开理论思考。中国国家画院副院长张晓凌提出中国画现代性的“晚明说”，认为中国画的现代性是一种内生的现代性。早期中国现代性的基本特征在晚明已经完全具备。中国人的现代性意识一点不比西方人晚，董其昌到四王，应该是中国画现代性的重要起点。中国艺术研究院研究员王镛提出可以从传统内部挖掘现代性的元素。中国传统的艺术理论中蕴涵了现代性的萌芽，晚明的独抒性灵、个性解放潮流，到了五四时期达到了高潮。中国传统艺术理论从内部可以发现现代因素。中国美术馆研究馆员徐虹则指出，20世纪的民族主义和现代主义思潮与中国当代艺术有重要的关系。文化强国的动力应该是创新精神，而不是祖先家底。还有学者对现代中国美术发展模式中的一些具体问题展开思考。《美术》执行主编尚辉指出，毛泽东《在延安文艺座谈会上的讲话》最重要的命题，就是“艺术主体是人民大众”。70 年来，这一思想构成中国当代美术的主导思想。他还提到了执政党美术指导思想演变的过程。广东美术馆罗一平和王嘉认为，全球化背景下的中国文化形象，为现代美术的中国模式提出新的课题；展览平台的搭建为中国模式提供了空间；多种创作手段并存为中国模式打开了新的局面。

四、美术理论与实践的互动

围绕美术理论与美术创作的关系，许多专家发表了意见，美术理论必须与美术实践构成互动，是此次会议上许多专家达成的共识。中国美术家协会编审王仲认为，美术理论应该回到美术本身的问题。美术理论必须对美术创作发挥作用，才能对文化强国有所贡献。中国人民大学教授陈传席指出，判断力与艺术创作、艺术史研究密切相关。没有美术创作就没有美术理论，但这并不意味着美术创作一定高于美术理论。美术研究现在最大的问题是制度问题。具体地讲，就是美术研究要考外语，这限制了很多优秀的美术史论人才成长。中国艺术研究院美研所副所长郑工指出，我们要处理西方理论如何面对当下创作的问题，要回到创作实践来研究理论问题。美术理论的任务，就在于对中国美术创作实践的阐释。中国艺术研究院副研究员董立军指出，先进的美术理论应该能够促进和推动实践的发展，美术理论是美术实践的灵魂，对美术实践有精神指导作用。

此外，还有一些专家就美术界、美术理论界的一些其他热点话题展开讨论。人民日报社高级记者邵建武谈了关于艺术品市场和艺术收藏的问题。他认为美协理论委员会以及广大美术理论家应挑起这方面的重担，否则我们国家文化艺术市场真假、好坏的总方向、总格局的决定权和话语权就会落入非专业人员之手。解放军文艺出版社编审许向群对军事题材绘画进行了反思，希望美术理论界更加关注、支持军事题材美术创作的理论研究。

五、民族文化精神与基本元素

作为非物质文化遗产的重要组成部分，民间艺术这几年在美术理论界逐渐成为显学。中国艺术研究院副院长吕品田谈到现代美术观当中民间美术研究的缺失问题。他认为，美术理论研究不能忽略民间美术在文化强国中的作用。事实是，民间美术无疑是最具个性、民族性、中国化的美术形式。西安美术学院教授赵农提出，当前非物质文化遗产保护是建设文化强国的一个重要手段，而对于许多基本理论问题的论证，将有助于对民间文化、民间艺术的思考，开拓新的学术空间。故宫博物院研究馆员余辉也说，艺术的基本要素离不开技艺、民族和审美，艺术就是通过一定的技艺表现出本民族文化的审美理想。中国画这一传统画种的当代命运受到很多与会者的关注。中央美术学院教授罗世平指出，中国画要面对现代、当代问题，针对这个背景，今天有必要重新讨论中国画批评问题，包括古代批评理论语汇体系，批评理论所在的文化环境，百年中国画中西论争等。浙江大学教授黄河清提出，中国画应该自立标准，不要用对西方绘画的批评话语来评价中国绘画。他认为，我们不应该只讲“文化产业”，回避“文化价值”和“文化精神”，首先要有自己的文化价值观。

部分青年学者也对中国画的现状表示关切。北京建筑工程学院教授谭述乐提出中国元素与民族传统是传统绘画的精神，指出中国绘画要求全面的人文素养与艺术才能，是一门高难度高水准的精英艺术，非一般画家所能企及。中国国家画院张桐瑀谈了当代中国山水画创作中的若干问题。他说，山水画创新只不过是艺术创作的过程，而不是目的，终极目标只能是创作出无愧于时代的艺术作品。

因故未能到会的名誉主任邵大箴和委员丁宁、殷双喜和钱海源也提供了论文，发表了深入思考的见解。

小结

中国美术家协会理论委员会副主任刘曦林对会议进行了总结。会议认为，十七届六中全会为我们明确了工作主题和行动方向，在文化强国的大背景之下，美术理论界展开了积极的研讨。此次会议主题得到大家的一致认可，会议过程是一次学者间的高层次思想交流，经过自由讨论，与会者探讨了与主题相关的若干学术课题，向着“为中国美术立言”的目标迈出了积极的步伐。与会专家和而不同地阐述了自己的观点，又都汇集到“文化强国”战略的议题之中。

会议一致认为，文化建设要以中国文化为血脉，紧密依托学术建设，充分尊重艺术规律，构建地道的中国艺术批评话语体系；充分发挥美术理论的引导作用，以提高文化自觉性为己任，构建适合中国文化建设的当代美术理论；充分思考文化事业与文化产业的关系，使文化事业促进文化产业，使文化产业的繁荣发展与文化事业的建设目标同步，进一步培育适合国情的文化产业，建设群众欢迎的文化事业，养成朴素优雅的社会文化氛围，通过切实的作为使文化建设体现国家文化实力，在继承中国文化优良血脉的基础上，引领当代文化艺术的新风气。

此次会议是一个良好的开端，对于“美术理论与文化强国”这一议题，我们还要继续系统深入地探讨。为了适应当前国家与全社会对文化建设的迫切要求，我们要集中精力，深入研究，壮大美术理论队伍，真正做到为中国美术立言。这既是时代向我们提出的挑战，也是美术理论界的本来职责，广大理论工作者应实事求是，积极应对，以务实的态度创造美术理论新成就。

会议在热烈的气氛中闭幕。在闭幕式上，薛永年对中国美协领导的大力支持及全体与会者的热情参与表示感谢。

【观点】把握机遇，开拓进取，推动中国美术繁荣发展

◎诸 迪

前不久召开的中国共产党第十七届中央委员会第六次全体会议审议通过了关于深化文化体制改革、推动社会主义文化大发展大繁荣若干重大问题的《决定》。《决定》在总结经验、科学分析形势的基础上，阐明了中国特色社会主义文化发展道路，确立了建设社会主义文化强国的宏伟目标，提出了新形势下推进文化改革发展的指导思想、重要方针、目标任务、政策举措，是推进我国文化改革发展的纲领性文件，充分体现了我们党在文化上的高度自觉和政治上的远见卓识。

回顾历史可以看到，中国共产党始终坚持把文化作为革命和建设事业最重要的组成部分之一。在党的文艺方针和政策指引下，中国文化艺术发展紧随着社会变革、时代进步的步伐，不断创造新的成就。尤其是新时期以来，社会主义核心价值体系建设取得重大进展，人民群众精神世界日益丰富，国家文化软实力不断增强，中华文化“走出去”步伐明显加快，社会主义文化建设逐步迈向大发展大繁荣的良好局面。应该说，正是在中国共产党领导的民族解放和民族振兴的伟大潮流中，造就了中国文化的繁荣发展和不断进步，造就了我国近现代文化史上的众多杰出人才和优秀作品，为广大人民群众提供了日益丰富的精神食粮。

今天我们的各项文化事业都呈现出前所未有的繁荣局面，一条具有中国特色的社会主义文化发展道路正在形成，文化建设进入了历史上最好的发展时期。但同时也应该看到，我们所面临的问题还很多，我们所处的环境与发展形势还很复杂与严峻。特别是随着经济全球化的深入，各国间文化竞争加剧，人与文化、文化与文化之间的矛盾与冲突也在加深。我们必须在全球化的背景下，正视这种文化上的冲突与矛盾，回应西方强势文化的挑战，立足中华民族优秀传统与社会主义市场经济，以马克思主义中国化的最新成果为指导，以社会主义核心价值观为根本，促进民族传统文化的现代转型与创造，弘扬民族精神。

美术作为文化艺术领域中的重要门类，在繁荣艺术创作、提高民族凝聚力和创新能力、提升国民审美和精神素质等方面发挥着不可替代的重要作用。新时期以来，在弘扬“主旋律”、提倡“多样化”的创作思想指导下，创作环境更加宽松，创作观念得到极大解放，创作方法日益丰富，创作题材更加广阔，创作形式更为多样，艺术的创新和各种探索得到包容，构成了美术创作多样性、多元化的丰富格局，美术创作空前繁荣。同时，美术人才队伍迅速壮大，美术创作、研究、管理及其相关的各个领域的专业人才大量涌现，老中青三代薪火相传，已构成完整的人才梯队。近几年，艺术品市场空前繁荣，画廊、拍卖会、博览会等各种新型业态蓬勃兴起，多种类型的艺术聚集区在各地纷纷涌现，多种渠道的社会资源进入美术领域，为艺术创作注入了新的生机与活力，极大地满足了人民群众多样化的精神需求，促进了美术事业和美术产业的繁荣发展。

可以说，当代中国美术总体上呈现出更加开放与多元的发展趋势，广大美术工作者的文化自觉和文化自信在增强，美术生态更加丰富多样，生动活泼。但另一方面也应该看到，美术的功能、美术创作的观念、美术的评价标准、美术的传播方式等今天都发生了很大变化。中国当代艺术中民族传统文化的缺失，价值观念的混乱，审美取向的迷茫以及创作观念上的盲从躁动的现象也还一定程度的存在，反映出中国当代艺术在文化上还存在一定的被动性。艺术市场由于缺乏规范、缺乏学术制衡而造成的对艺术创作特别是对青年人的不良影响很大。因此，大力传承、弘扬民族优秀文化传统，以更加开放、更加主动、更加学术性的姿态吸收世界文化精华，在认真总结、梳理中国近现代美术发展的经验与教训的基础上，在全球化背景下，在“二为”方向和“双百”方针指导下，倡导艺术工作者追求文化自觉，树立文化自信，追求建构具有时代特征的中国文化主体精神，在新的语境中，构建中国艺术评价体系，使之成为这一时代最具影响力的文化主流追求，是我们推动社会主义美术事业健康发展，促进美术事业繁荣

的重要战略任务。如何在深刻把握艺术规律的基础上，面对新的历史条件和社会需求，提升中国美术的文化价值和国际影响力，提升美术在公共文化建设和服务体系中的作用，是摆在中国美术界面前的重大课题和历史使命。这就需要我们站在历史高度，认真总结经验与教训，以战略性眼光，既要立足于当下，更要着眼于长远的系统性、基础性建设，着力营造在社会主义市场经济和全球化条件下促进艺术创作健康繁荣发展的新机制和良好的发展生态。

在认真学习和深入贯彻六中全会精神的基础上，我们将积极推进“国家美术发展工程”和“国家美术收藏工程”各项工作的实施，一方面大力推动和引导美术创作的繁荣和健康发展，多出精品，多出人才；另一方面将积极促进美术的普及与提高，使优秀的作品惠及人民，为提升全民族的审美素质和精神素质发挥积极的作用。这两项工程都是针对目前我国美术发展的实际情况，立足美术事业的长远发展而规划的基础性工程，也是两项长期的、系统性的美术工程。

《决定》中明确指出：创作生产更多无愧于历史、无愧于时代、无愧于人民的优秀作品，是文化繁荣发展的重要标志。美术事业的繁荣发展，最显著的标志就是大量优秀美术作品涌现，优秀的美术人才辈出。毫无疑问，繁荣美术创作首先要依靠广大的艺术家，要加强对艺术创作的引导，就要求我们尊重艺术规律，尊重艺术劳动，激发他们的创作热情；就要求我们贴近艺术家，关注他们的生存状况与创作状态。随着时代的变化，艺术创作队伍的结构和艺术创作生态都发生了很大变化，体制内的艺术家所占的比例越来越小，而自由职业艺术家逐渐成为了美术创作的主要力量，且每年还在以数万计在增长。这些职业艺术家完全靠市场生存，在创作上不可避免地受到市场的影响和牵制，他们的生存状态某种意义上也决定了他们的创作取向。为此，我们要尽快完善艺术资助体系的建设，既要充分发挥市场的激励机制和在资源配置中的积极作用，也要发挥政府的统筹和协调作用，发挥政府对艺术创作的扶持和引导作用，进一步加大政府对公益性文化事业的投入，在建立国家艺术创作基金的基础上，调整完善相关政策措施，鼓励、引导各种社会力量参与公益文化事业的建设，支持艺术创作和艺术家的培养，建立起政府、社会、市场多元化的艺术资助体系。积极扶持社会行业组织与专业团体，发挥它们联系艺术家的桥梁作用，打破体制上的限制，为艺术家的创作提供机制上的保障，特别是对优秀艺术创作以及优秀青年艺术家进行有效地扶持。在十一五期间成功组织实施了“国家重大历史题材美术创作工程”的基础上，认真总结经验，在十二五期间组织实施“国家重大现实题材美术创作工程”，引导艺术工作者深入基层、关注现实，树立以人民为中心的创作导向，进一步探索国家资助美术创作的机制，探索建立在社会主义市场经济条件下繁荣艺术创作，促进艺术生产的新机制。

同时要加强美术研究及理论建设，建立艺术批评和评价体系，促进高水平学术活动及国际交流的开展，进一步发挥理论研究在引领多样化的美术思潮、树立美术创作价值和审美取向、引导美术创作健康发展的重要作用。一方面大力倡导开展积极、健康的文艺评论，树立积极健康、昂扬向上的舆论导向。另一方面，为了整合资源，改变目前比较分散和个性化的研究状况，加强基础建设，加大对优秀研究成果的推广力度，探索适应市场经济条件下的学术机制建设，文化部分别在中国美术馆和中国艺术研究院美术研究所筹备建立了“国家近现代美术研究中心”和“国家当代艺术研究中心”。这两个研究中心，是面向全国的开放性的学术研究平台，采取首席专家聘任制度，承担国家急需的重大课题的研究、规划工作，以及国家级中长期研究课题的设立、课题招标、评审鉴定和成果推广工作。同时，以两个中心为依托，将建立国家美术档案和文献中心，逐步打造国家美术研究资源共享平台，为不断推出代表国家水平的研究成果创造条件。与此同时，在积极发挥专业媒体作用的同时，利用好大众传媒平台以及现代传媒手段，扩大优秀研究成果的推广力度，树立体现主流价值观的艺术导向和艺术标准，为美术发展树立积极健康的舆论导向。

另一方面，要进一步重视和加强美术馆的建设。美术馆作为艺术类博物馆，不仅承担着美术作品的展示功能，更承担着对于国家近现代以来视觉文化成果的研究梳理、收藏保护、交流推广、公共教育的重要职责，对于国家文化传承与积累以及引导当代美术创作具有重要的战略意义，也是使人民群众共享美术发展成果、实现公共文化服务的重要平台之一。同时，美术馆还承担着制定标准的作用，这个标准是主流价值观的体现，决定了美术馆应该展什么，收藏什么，自然会对当下的艺术创作产生引导。标准的制定不应体现在市场上，市场的问题也不可能只靠市场自身来解决，现在的学术对市场的引导和制衡不够，不仅造成市场的混乱无序，反过来也侵蚀了学术的公正性，造成美术生态的失衡。美术馆不仅是美术文化保护与传承的重要的场所，是美术文化传播的重要渠道，也是美术评价体系的重要组成部分，是美术创作机制和美术生态建设中不可或缺的重要环节。美术馆在今天美术文化发展中的重要作用日益凸显，可以说，我们正在迎来一个美术馆时代。

从 20 世纪 90 年代开始，我国的美术馆建设进入持续增长的阶段，在中央财政的支持下，中国美术馆 2003 年顺利完成了馆舍改造。目前，新的国家美术馆建设即将进入实施阶段，建成后的馆舍面积将达到 13 万平方米。地方政府也积极投入美术馆建设，仅在 20 世纪的前十年，就先后新建成陕西省美术博物馆、湖北美术馆、浙江美术馆、河南省美术馆、江苏省美术馆新馆等十余家建筑面积在 1 万平方米以上的大中型美术馆。但到目前为止全国国有美术馆数量只有 100 余家，且分布极不均衡，还有近 1/3 的省份没有省级美术馆，已经建成的美术馆很多没有固定的收藏经费，甚至有些美术馆基本的业务经费也难以保障。美术馆数量和经费投入的严重不足极大地制约了美术馆专业职能的实现和公共文化服务作用的发挥。这就需要我们进一步推动各级各类美术馆的建设，要把美术馆的建设纳入公共文化服务体系基础设施建设的内容，特别是要鼓励社会力量兴办公益性的美术馆，完善美术馆的总体布局，促进美术资源和美术公共服务的均等化。

在加快美术馆硬件建设的同时，要以实施免费开放为契机，加强美术馆的专业化建设，全面强化美术馆履行专业职能的能力，提升美术馆公共文化服务的水平。2010 年文化部首次开展了国家重点美术馆评估工作，评选出中国美术馆等九个国家重点美术馆，起到了“以评促建”的积极作用，有效推动了美术馆的规范化、专业化、标准化建设。在此基础上，2010 年，文化部在“国家美术发展工程”中列入并实施了“全国美术馆发展扶持计划”，重点对美术馆优秀展览、学术研究成果和公共教育推广项目给予奖励性扶持，其目的在于引导美术馆寻求合理的定位，加强自身的专业化建设，提高履行职能的能力。扶持对象覆盖了全国各级各类美术馆，也包括非营利性的民营美术馆。2011 年进一步加大了扶持力度，特别是加强了对美术馆自主策划的优秀学术性、研究性展览，以及基于自身藏品研究和利用的长期陈列展览的扶持力度。我们计划在“十二五”期间每年评选一次，扶持项目也会围绕美术馆的主要职能，拓宽至美术馆专业人才的培训、展览策划、学术研究、藏品保护与修复、公共教育与推广、国际交流等多个方面。2012 年将启动实施全国美术馆专业人员培训计划，分别举办美术馆馆长培训、美术馆专业人员专题培训班各两期，计划培训 100 余人次。

近期还要加快实施“国家美术收藏工程”，加大国家美术收藏力度，完善美术收藏体系。重点是提高收藏质量和收藏效益，把目前比较分散的各自为政的收藏行为上升为国家战略进行统筹和整合。建立国家收藏专家委员会，在对目前各级各类公益性美术馆的收藏进行普查的基础上，制定国家近现代美术收藏规划，特别是要加强对中国近现代美术代表性作品的抢救性收藏，使之成为国家文化财产而加以保护、研究与展示，以此带动国家美术馆 20 世纪中国美术史的固定陈列，带动对中国近现代美术的系统整理与深入的个案研究，带动国家级近现代美术研究中心及档案库的建立，带动对中国美术现代性的挖掘，倡导主流的价值标准，引导当代艺术创作的健康发展。要积极完善相关政策法规的制定，鼓励艺术家及其家属、社会机构、私人收藏家等向国家捐赠美术作品，进一步丰富国家的公共文化财富积累，保护和发展民族文化成果。同时要加大对藏品的研究与利用，文化部将在明年开展全国美术馆馆藏精品展出季活动，推动美术馆实现藏品的固定陈列和藏品资源共享，让更多的群众能够享受到国家美术收藏的成果，充分发挥美术经典作品在推动创作、贡献社会和服务群众方面的积极作用。同时，以学术价值和文化价值为标准的公益性收藏是艺术品收藏体系中不可或缺的重要组成部分，也是对艺术品市场必要的学术引导。

为人民服务是我们一切工作的根本出发点和立足点，也是美术工作的最终目标。要加大对优秀艺术的普及与推广工作，这不仅是为了满足人民群众不断增长的精神文化需求，为人民群众提供更加丰富的精神文化食粮，更是增强民族文化认同，增强民族凝聚力，建构民族精神所必需。已故著名艺术家张仃先生晚年曾经感慨“美盲比文盲多”。因此，大力推动艺术普及工作，提升全民族审美与精神素质，在今天显得尤为重要。这就要求我们进一步完善公共文化设施建设，强化公共文化服务体系的作用，在继续组织开展“高雅艺术进校园”、“三下乡”等形式多样的巡展活动外，加大对现代传媒及大众传媒手段的利用，通过项目资助等方式鼓励创新和拓展艺术推广普及的方式和渠道，提高主流文化的传播力和影响力，使国家经典美术藏品及当代优秀美术创作能够深入到基层、深入到校园、深入到社区、进入到家庭。

与此同时，还将继续有计划地组织艺术家走进群众，深入生活，服务大众。通过在全社会开展广泛的美术普及和审美教育活动，使我们的美术创作成果真正惠及人民，为提高民族素质和塑造高尚人格发挥积极作用。同时，要按照六中全会的要求，积极创造条件，完善机制，创新模式，统筹各方面资源，调动各方面的积极性，制定和完善中国美术走出去战略，推动中国艺术走向世界，促进文化相互借鉴，增强中华文化在世界上的感召力和影响力，维护文化的多样性，这也将是21世纪中国美术需要承担的历史责任。

结合对六中全会精神的学习和贯彻，我们正在积极筹备召开“全国美术工作会议”，会议将认真学习领会六中全会精神，总结新时期以来中国美术发展的经验与教训，讨论中国美术发展所面临的形势及存在的问题，并着重就落实六中全会要求，促进中国美术大发展大繁荣的策略和措施进行研究和部署，形成未来五到十年的中国美术发展战略。

党的十七届六中全会第一次提出了建设社会主义文化强国的宏伟目标和战略任务，开启了中国特色社会主义文化建设新的历史阶段，努力把握机遇，开拓进取，积极探索社会主义市场经济条件下发展文化艺术事业的规律，建立健全并不断完善适应时代发展要求的艺术资助体系、艺术评价体系以及艺术传播体系。全面提升我们的文化传承能力、文化创新能力和文化传播能力，我们就一定可以在新时期有所建树，这是人民的期待，时代的要求，也是广大艺术工作者的共同心愿。

【观点】 美术理论、 强国战略与文化自觉

◎薛永年

新时期特别是21世纪以来，美术史论批评获得了前所未有的发展空间。美术事业的繁盛，推动了著书立说、开放包容的环境，促进了讨论争论。于是，写史评画，开办论坛，新见迭出，多元并存，异常活跃。但同时也存在问题，最容易被发现的问题，是在美术批评方面。

一、批评的失语与失信

近些年，对于美术批评的诟病主要有二，一是所谓失信，亦即批评文章缺乏公信力。批评文章是给人看的，不是束之高阁的藏品，是要交流认识的，是体现价值观的，必须有公信力。过去以政治代艺术，脱离艺术规律，打棍子，扣帽子，如今已近乎绝迹。而抬轿子，吹喇叭，夸大溢美的捧场，论证恶搞的合理，当下却有着广泛的需求，好像批评不需要学理的支撑，桂冠可以靠市场来打造。与此同时，还有“套话多、好话多、空话多”，批评模式化，亦即某段文字可到处套用，既可用来说这个画，也可用来说那个画。究其原因，有人说，缺实事求是之心，有市场获利之需，其实还有一个原因，那就是缺少接受实践检验的自惕。

之二是所谓失语，亦即对该批评的现象默然无语，失去了批评的标准，或把批评变成了西方话语的简单移植。就批评家个体而言，是面对复杂纷纭的美术现象和美术思潮，失去评判准则，无法衡评月

旦，难于激浊扬清。就批评家总体而论，是对同一问题，众说纷纭，仁智异见，各是其是，太强调阐释的个人化，太注重言说的私人化，自说自话，洋洋洒洒，没有了社会的标准，失去了共同的准则。就批评话语而论，是没有形成本民族的批评话语系统，亦即“中国文化的失语”。中国文化失语的相关体现，是西方学术语的滥用，是以用西方的理论体系来阐释中国当代美术的发展，用外来词语来描述中国的美术现状，甚至国内个别学术刊物与一些学术论文集，不只用中文发表，也用英文发表，不只是用英文发表外国学者的论文，而且用英文发表中国学者的论文。

如众所知，美术批评不是离开美术特性的价值判断，它往往与创造性的鉴赏活动连在一起，理论家的批评不是为自己的理论找例证，而是包括用社会艺术实践来检验自己的理论，美术史家的批评不光是为画家确定历史坐标，而是从联系的事实中抽引有助于前瞻的认识。美术批评的受众，有美术家，也有大众。对于大众，美术批评家像导游。对美术家，美术批评家像诤友，合格的美术批评，既体现社会化的思想价值观念和艺术品评标准，又是批评家个人的发现与创造。美术批评的失语与失信，反映了美术理论建设严重落后于美术实践的开拓，也反映了在全球化语境下与市场大潮中尚未建立起一套适合中国问题和中国经验的可以涵括各家各派的美术话语体系。

二、立交桥与批评标准

新时期以来的思想解放，打破了“文革”中的众口一词，禁锢解除了，思想自由了，美术界也出现了不同声音。持不同看法者，公说公有理，婆说婆有理，甚至争得面红耳赤，后来有人主张，你说你的，我说我的，互不交锋，多种意见，都享有自己的空间，拥有自己的受众。这种不同主张并存而不碰撞消长的局面，被比作立交桥。在美术批评界，围绕一个问题出现不同声音是很正常的，为了避免无谓的争论，避免意气用事，提倡搁置争论，有利于理论思维的深化。然而立交桥的比喻，还可以引申成道路与目标的关系，立交桥的架设是为了疏导交通，层位虽有高下，方向亦小有迂回，但不影响条条道路通北京。美术批评旨在弘扬真善美，批评假恶丑，批评家会因角度不同学养差异各有所见，但大的目标应该是一致的。目标的体现，靠批评标准。“文革”前的标准有两个，一个是政治标准，一个是艺术标准。但是极左思潮成为主流话语之后，政治标准强化了，艺术标准淡化了，甚至把政治思维代替了艺术思维。在艺术作品中，艺术与政治的关系，往往通过道德、审美等中介起作用。但衡量艺术作品不可能没有社会标准，现在，大量的评论讲个人化的标准多，而且偏重于视觉效应，讲社会性的标准少，对心灵效应理解肤浅，没有充分体现担当精神和责任意识。

新时期以来，批评家的共识是尊重艺术规律。要尊重艺术规律，就不能不看到，艺术既有自律性，又离不开外部条件，或者说亦有他律性。美术批评不能没有个性，也不能不体现一定的社会性，不能不承担社会的责任和历史的使命。切实承担责任和使命，就涉及了两个标准，一是价值标准，是简单地照搬西方的或古人的文化价值标准，还是树立既是民族的又是当代中国的文化价值观念。二是艺术标准，是离开艺术规律地放言高论，还是遵照艺术规律，既鼓励探索创新，又实事求是地评价其高下优劣，把标准中的新和好统一起来。任何人都可以批评美术作品，但美术批评家不能没有专业的学术性作依托，不能违背艺术规律。

不管什么时代和什么形态的艺术，只要在可比的条件下进行比较，都有高下优劣之别，有其不以人的意志为转移的客观标准，不是公说公有理，婆说婆有理。艺术当然要讲创新，艺术取向也要多元化，但从艺术质量而言，真正的创新和多元化是对以往没有认识的艺术规律的认知，不是恶搞，不是违反艺术规律，不等于没有艺术的高低精粗。按马克思把握世界方式的理论，艺术是一种方式，是与宗教的方式、实践—精神的方式同等重要的，它们是互相不可取代的。

而且，艺术把握世界的方式，离不开审美，离不开民族的文化，离不开民族思维方式与民族艺术语言的传承与整合，关系到精神家园的守望。现在的美术批评，有的只讲问题意识，不讲艺术质量，只讲中国元素，不讲中国精神，有的认为内容应该是民族的现代的，而艺术语言应该是国际化的。怎样在主流话语中坚持审美地把握世界的方式和中国文化精神而不保守，吸收大众文化和视觉文化的有益因素而避免照搬，是理论批评面临的大问题，是增加文化软实力的必要工作。

三、国际语境与文化自觉

当代的美术批评，必须针对如今的美术实际。如今的美术实际，处于全球化的格局中，国人的开放包容，使国际美术交流日增；市场机制的效益，使西方文化传播愈甚。从20世纪后期在西方渐兴的新形态艺术，比如观念艺术、装置艺术、行为艺术、多媒体艺术，不仅已被国人了解，而且也有了这方面的探索与实验。百年以来，积弱不振的中国，一直从西方寻找真理，并且引进西方艺术。此前，只有传统的绘画，20世纪以来，则油画、版画、水彩画、水粉画纷纷引进，经过几十年的培育，早已落地生根，成为中国的美术品种。新时期以来，中国不仅有自己的传统美术形态，而且也拥有了西方几个世纪陆续出现的美术形态，当然也包括各种融合中西形态的艺术。

从世界范围而言，当今时代，经济科技的高度发展，并没有解决人的精神归宿问题，因此在经济全球化的情势下，文化的多元化成了大势所趋。作为文化的载体，美术也是如此。世界各民族艺术的发展，并没有历史必然的宿命。西方新兴的观念艺术、装置艺术、多媒体艺术，有其必然出现的逻辑，但旧有的架上艺术——包括中国的卷轴画，不仅在中国，而且在其他国家，也有其不可能被取代的价值。非架上的新媒材艺术与架上的传统媒材艺术的并存，正是文化多元化的特点。二者间的张力、互补与渗透，既有利于艺术的发展，也顺应了不同受众的需求。

从国际交流而论，随着西方当代艺术进入中国并被爱好者接受，西方的艺术观念与价值标准也随之而来，但以往的跨文化交流和“洋为中用”，给我们提供了有益的历史经验。比如，在西学东渐的20世纪，中西美术的发展并不同步。20世纪三四十年代，写实主义在西方逐渐成为明日黄花，却在中国的抗日战争之后得到飞速发展。近二三十年，架上艺术虽然开始淡出西方美术家视野，但是在中国却得到了发展。这些经验表明，睁眼看世界，是为了寻找他山之石。走自己民族的艺术之路，还必须以文化自觉为先导。

美术批评，首要条件是全面的美术史修养，系统的美术理论知识，当然还离不开方法论，但更重要的是文化自觉。所谓文化自觉，即文化主体的自省能力与自信意识，一是对民族文化的认识减少盲目性，增加自觉性，意识到文化是民族的血脉，是人民的精神家园，二是对本民族的文化和外来文化及其相互关系有清楚深入的理性认识。在20世纪的美术史上，宗白华的美学、陈师曾的文人画论、黄宾虹的“道咸中兴”说，潘天寿的《域外绘画流入中土考》及其中西拉开距离说，均善于把绘画及其思想的发展放到整个社会历史的进程中去，甚至是在世界范围中去考察思索，探求其渊源流变的轨迹和因果关系，从而在西方文化的冲击下，围绕着中西古今之争为中国画自主的生存发展提出了不规避吸收西方的营养又不被主流话语遮蔽的有历史依据的系统见解，反映出那一代学者的文化自觉意识。

四、构建中国当代的美术理论

目前我们所处的时代，是前所未有的信息时代，中国又处在迅猛的城市化进程中，电子媒体、数字媒体，以图像的形式深刻地改变着文化生态和艺术的感知方式，城市化的迅疾发展，带来了以娱乐性挑战传统艺术功能的大众文化。而当前的美术理论和美术批评虽然在与时俱进，但思想活跃而观念纷杂，因此，没有对当代美术学理的深入探讨，批评就必然不可能学术化。当前有的理论是富于历史使命感和社会责任感的，但研究新情况新问题不够，遇到具体问题还是政治思维。有的理论是伴随着网络化媒体化和城市化从国外引进的西方理论，缺乏分析，缺乏结合中国国情的取舍，就被广泛接受运用了。

广义的美术理论，包括美术史和美术批评，但是长期以来，人们最感兴趣的是批评，其次是理论，再次才是美术史。而且在美术理论批评中，关注本体的批评，甚至文化的批评，都不够发展。长期以来，美术批评在很大程度上往往与政治的批评、社会的批评、市场的分析混在一起。在市场经济和全球化的背景下，还有一个现象值得注意，那就是美术理论界比较优秀的人才，发生了身份的潜变，搞美术理论的，搞美术史的，都搞起了批评，搞批评的又转换成策展人。策展人大多策划现代艺术展览。本来，美术理论就更专门，需要有人安下心来认真研究，但目前研究美术本体的，不仅力量不足，而且还有些心浮气躁。

现在当代的美术理论批评，怎样在主流话语中坚持审美地把握世界的方式和中国文化精神而不保守，吸收大众文化和视觉文化的有益因素而避免照搬，都是理论批评面临的大问题。从建设文化强国宏伟目标的高度看美术史论批评，为了从根本上解决批评的失信与失语问题，必须进一步提高文化的自觉性、文化的自信力，积极提升中国当代美术理论的文化厚度与文明高度，更加主动地把“为中国美术立言”纳入文化强国战略来认识。

为此，需要“着力研究新情况，探索新思路，破解新难题”，深入地研究中国美术的民族文化内涵与种种元素——包括其理论形态，透彻地研究西方当代艺术的种种新形态包括有关理论，积极地思索中外美术文化在互动中的关系，花大力气研究当代中国体制内外的、传统的、引进的、融合的、美术的、设计的、观念的种种美术现象，及其与社会经济文化的关系，在集思广益地建构中国当代的美术理论体系中，以本原文化斟酌舶来文化，以精英文化提升娱乐文化，以和谐文化改造纷乱文化，以竖看历史的文化承传，补充横看世界的文化断裂。用自信的心胸弘扬中华传统文化，用开放的眼光吸收世界先进文化，用批判吸收、开拓创新的意识建设中国现代文化，构建体大思精的讲求核心价值观念的美术理论体系。

【观点】 中国当代美术范畴体系的建构

◎张　敢

中国绘画的历史源远流长，在发展过程中逐渐形成了自己的美学范畴体系。例如，关于绘画的特质和社会功能，从早期的知神奸、明戒鉴，逐渐发展出畅神、益寿、自娱、写心等观点。关于中国画的审美标准则形成了讲究气韵、情趣、意境的特征。在创作中，强调师造化，追求不似之似，重视笔墨的趣味，等等①。但是，在 20 世纪，这个相对完整的范畴体系逐渐受到排斥。究其背景，对中国饱受屈辱的现状痛心疾首的知识分子希望从西方的文化中获取力量，重塑大国的尊严和地位，他们对中国的传统文化产生了怀疑甚至自卑的情绪。以美术界为例，可以说 20 世纪中国的美术教育体系完全是西化的，美术学院的建立改变了中国画以往师傅带徒弟式的传授方式，而采用了西方的教学体系和教学方法。油画的传入更对传统的中国画产生了巨大的冲击，成为在美术学院中与中国画分庭抗礼的画种。相应地，中国美术的范畴体系也逐渐被西方标准的范畴体系所统帅。20 世纪 80 年代，中国美术界在经历了“文革”时期的禁锢后，一下子被汹涌而来的西方艺术和艺术理论所淹没，中国自身的美术范畴体系的声音日渐微弱。

随着中国经济实力的增加，中国艺术在国际艺术市场开始得到广泛关注。但是，对中国艺术的评价仍然是采用西方的标准。例如，2008 年 11 月，在首都师范大学美术学院主办的关于中国当代艺术市场教学的研讨会上，一位来自瑞士的策展人对研讨会所设定的当代艺术市场教学的本土特色的命题提出了质疑，他认为在全球化的背景下谈所谓中国本土特色是没有意义的。在《清华美术》卷七上，刊载了高名潞和英国美术批评家保罗·格莱斯顿（Paul Gladston）关于中国当代美术的“中国性”问题的争论。② 其实，从西方学者的言论中我们不难发现，很多人的观念带有明显的西方中心主义色彩，他们完全是以自己的价值体系来看待非西方艺术的。在他们眼里，当中国人谈美术的中国特征和中国性时，一

---

① 葛路：《中国绘画美学范畴体系》，北京大学出版社 2009 年版。葛路先生主要从上述三个方面对中国传统的绘画美学范畴体系进行了梳理和论述。

② 两篇文章分别是高名潞的《是谁在“打”墙？中国当代艺术的“中国性”问题》和保尔·格莱斯顿的《从“墙”与“入境”：评近来有关中国当代艺术中关于“中国性”的策展思考》，《清华美术》卷七，清华大学出版社 2008 年版。

定有意识形态化和狭隘的民族主义的嫌疑。根据西方学者的观点，当评价西方当代艺术时，他们更强调其观念价值，而讨论中国当代艺术时则将之看作是一种对中国现实的“如实”反映，他们更愿意看到的是中国当代艺术中所具有的某些意识形态因素，显然，他们采取的是双重标准。在这种情形下，要想让人们正确认识当代中国艺术，中国当代美术范畴体系的构建就迫在眉睫。当然，这需要几代理论家和艺术家的共同努力，但青年一代必须肩负起这个使命。在这里需要指出的一点是，这个体系的建立绝不是要让中国的艺术重新回到封闭的过去，而是在博采中西方文化艺术理论之长的基础上的全新建构，绝不是简单地将两者进行混合与杂糅，而是去粗取精的水乳之融。其目的是使中国艺术既让中国人能够理解，同时让世界其他文化的人也能接受。

要想做到这一点，首先要对自身的传统有非常深入的了解。什么是艺术？什么是美？尽管这是两个貌似简单的问题，但最难回答，而我们必须尝试给出答案。在这个过程中，我们必须摆脱西方话语的限制，探索基于中国人审美价值和判断的艺术概念。其实，很多西方学者都对西方现代艺术发展的历程，乃至美术史写作的出发点提出了质疑和反思，美国学者阿瑟·丹托（Arthur Danto）就认为，如果按照当代艺术的发展状况看，传统的艺术史写作中的艺术实际上已经死亡了，现在需要对艺术的概念进行重新思考。这其实也提醒中国理论界不必拘泥于西方学者的话语体系，毕竟中国拥有一套与西方不尽相同的艺术传统。我们必须对艺术的本质进行独立思考，无需重蹈西方理论的覆辙。当然，走出西方话语并不是要与之对抗或进行武断的排斥，我们需要借鉴西方的智慧来丰富自身的知识结构，就像中国人吃西餐，我们吸收了营养但并未因此长出蓝眼睛和高鼻子。但是，目前国内很多理论家和艺术家并未意识到这一点，他们往往习惯于拿西方的标准来衡量中国的艺术，将西方的现状当成中国的未来。其结果是，中国艺术正在逐渐丧失自己的个性，成为西方艺术的翻版。

在对中国艺术进行深入研究的同时，还要全面而深入地理解西方艺术。毕竟，西方艺术取得了非常辉煌的成就，如古希腊、古罗马和文艺复兴时期的艺术就是两座卓越的高峰。在现实中，我们经常会听到一些人大谈中西艺术的差异，认为传统的西方艺术是写实的，中国艺术是写意的，西方艺术注重表现事物的外在形式，而中国艺术才关注人的心灵。这种理解太过简单，也不符合事实。对于西方现代艺术，很多人将其当做衡量艺术是否新潮的标准，以此来对中国当代艺术的发展进行判断。事实上，西方现代艺术进行的完全是一场形式革命，当20世纪的艺术经过野兽主义、立体主义、未来主义、达达主义、超现实主义、抽象表现主义等流派，发展到极少主义时，形式主义的探索已经走到了尽头。美国批评家克莱门特·格林伯格在20世纪40年代就已经认识到，西方抽象艺术的演变，并非其本质使然，它是受命于历史，受命于与某种特别的艺术传统在某个特定时刻而产生的结果。于是，与后工业社会相伴而生的后现代主义兴起，以挪用和拼凑的方法重又回到了历史主义的范畴。西方人以惯常的理性思维方式将艺术中某个方面的探索推向极致，然后重又寻找新的方向，这种探索为我们展现了艺术发展的多种可能性，我们可以做继续深入的探索，更可以完全撇开它们走自己的路。美国学者方闻认为，中国绘画在元明之际从图绘再现到书法性自我表现的转变，与20世纪西方现代绘画的发展有异曲同工之妙。①这也从另一个角度说明中国艺术的发展有自身的规律，它可以和西方的艺术相互借鉴、相互印证，但不必重合。然而，改革开放以来的中国艺术界走的却是一条相反的道路。中国近三十年来的美术发展，很像目前流行的“山寨”文化，模仿和粗制滥造的作品泛滥成为中国当代视觉艺术的一个重要特征。这种现象背后很重要的一个原因就是对西方现代艺术的趋附和误读。对此，中国美术理论界有着不可推卸的责任。在当代中国的美术评论中，充斥着后现代主义、后殖民主义、福柯、德里达、罗兰·巴特等术语和人名，好像不借助它们就无法阐释中国当代艺术。

最后，中国当代美术范畴体系的建构必须是在融合中西方艺术精华的基础之上。刚刚故去的著名画家吴冠中先生生前曾说：“我每作完画，立刻想到两个观众，一个是乡亲，另一个是在巴黎的同行老友，

---

① 方闻：《现代艺术批评与中国绘画史》，《清华美术》卷七，清华大学出版社2008年版。

我竭力要使他们都满意……对作品要求群众点头，专家鼓掌。”① 其实，吴先生就是在东西方艺术中寻找共性，力争创作出一种具有国际性和普遍性的绘画语言。事实上，吴先生在绘画中的追求，也是理论家在学术体系建构中应该力争做到的。中西方艺术虽然外在形式上差异明显，但在精神追求的旨趣上却是相通的。正是这种相通性使融合中西的美术范畴体系的建构成为可能。

这种范畴体系的作用在实践中更多地体现在美术批评上。也就是说，批评家用什么样的价值体系去判断艺术是非常重要的。批评本身就是一种艺术，因此，批评家同样是具有创造力和独立精神的艺术家。19 世纪末的英国文学家奥斯卡·王尔德指出：“批评家与他所评论的艺术作品之间的关系，同艺术家与形式和色彩的视觉世界或者情感和思想的非视觉世界之间的关系相同。批评家甚至不去为了自己艺术的完美而要求最好的原材料，任何东西都可以为他的目的服务。”② 和艺术家需要拥有强烈的个性一样，批评家同样需要个性，只有这样才能解释艺术家的作品；批评家的个性在解释中表现得越有力，这种解释就显得越真实、越令人信服。要成为一位优秀的批评家应该具备哪些素质呢？除了丰富的艺术史知识、良好的艺术判断力和敏锐的时代感之外，批评家还应该具有一种对待艺术的真诚的责任感，其中包括用艺术来对整个社会和民族进行服务的意识。批评家应该坚持自己的学术责任和理想，不能为表面现象所迷惑。例如，在今天中国艺术市场繁荣的表象下，能否看到其中存在的问题并大胆地指出？能否理性地针对这些问题提出自己的分析和见解？艺术发展到今天，已经日益全球化，正如前面讲到的，我们提倡走出西方话语，绝不等于无知地拒绝。中国的艺术只有同外国各民族的艺术发生接触，才能获得被我们称为民族性的独立的生命。批评也是一种创造，只有具有批判能力的民族才能发展。

本文不过是一种期望和呼吁，并非想为中国当代美术范畴体系的建构指点江山。学术研究的视野、途径是多元的，但这种建构却是必不可少的。我真诚地希望中国当代艺术能够以独立的审美价值跻身于世界文化之林，让世界各国人民真正从中国美术中得到艺术享受。这才是我们对世界艺术的真正贡献。

【观点】 什么是我们的文化核心理念？

◎子 仁

建设文化强国，美术理论当然可以尽一份力，但是，尽力得知道为谁。什么是文化强国？或可以理解为文化上的强国，或可以理解为以文化来强国，不管哪一种理解，其前提只有一个：文化必须自立与自强，而这个前提成立的根本也只有一个：确立“文化核心理念”。本文将着重探讨和揭示这个逻辑的终点——中国社会的文化核心理念。

一般地说，文化核心理念是在一个社会、一种文明当中作为文明基础或社会基本准则而不能一日或离的结构性观念。它具有规约其社会和文明之属性的根本性质，因此必须结构完整而基本恒定，并处于文化观念集群的最高层。同时它又作为一个文明社会的价值体系之根基，而不能随意更动，更不能对之进行破坏，否则将直接触及这个社会或文明的存续。一个历史悠久的文明社会可以或疾或缓地改变其形态，但是拥有完整而恒定的文化核心理念，对于这个社会和文明的持续发展而言，总是至关重要的，那意味着文脉顺畅、根性不绝。换言之，任何一个成熟稳固而又充满活力的社会或文明，都不会以损害其文化核心理念及其构成的社会基本价值观为代价，以谋求社会实践的所谓进步，相反，它一定是以坚守和维护其文化核心理念来促进其全社会的一切实践活动。

那么，什么是中国社会的文化核心理念？无他，唯有“五常”为是。讨论这个问题，原本不可以离开历史来进行，因为它形成于历史当中，这本是清楚不过的事。然而已往历史学性质的工作尚不足以

---

① 引自吴冠中先生纪念文集《纪念吴冠中》，2010 年版。
② ［英］王尔德：《作为艺术家的批评家》，载赵澧、徐京安主编：《唯美主义》，中国人民大学出版社 1998 年版。

醒世，就现实局面来看，尤当以史鉴今，立足于当代来深入剖析，方得真明了。切入当代来讨论的角度可以多样，从当代中国文化语境入手做有关剖析，不失为直接而有效的途径。

存在于今日中国社会中的文化语境驳杂纷乱，其杂乱程度可谓古今独步。概而观之，又大体可见并存着两个最基本的文化语境：一个是不断扩张并深度侵蚀中国社会的西方化的文化语境，另一个是被其遮盖而沉默地忍受其侵蚀但又延续不绝的中国传统的文化语境。此二元的对立、矛盾与融合、消长，一直困扰着吾国吾民。

这两种语境的生成贯穿了百年中国史，先由西方的入侵导致国家与民族生存危机的加剧，从此触发本土社会中政治性的社会思潮和权力化的全民运动相互轮番地扭结、挤压并催生而成。从结果来看，西方文明对中国社会已经造成了普遍的文化殖民，使得中国社会在百年来的不同阶段换汤不换药地笼罩在西式文化语境之下。若细究起来，这个语境最初萌芽于学术界，以后才越来越广泛地持续社会化，至今犹然。这也就不难理解，今天在西化语境下培育出来的绝大部分学者所熟悉的理论知识多自海外舶来，从西方古典的到现代的和后现代的，反映到学术目标的设定、理论探讨的思路和批评实践的取向，都体现出在思维方式、阐释措辞、价值追求等方面具有浓重的西化色彩。至于对舶来知识的了解程度如何，化解程度又如何，就像翻译家的水平一样总是有高有低，目前尚难以做全面系统的验证。西式文化语境以及由此造就的学术视野，对中国文化的当代创造和努力推进一直在发生着各种各样的影响，其性质需要我们谨慎地辨析和判断，至于其最终结果，当未来的历史书写做出选择之时一定会看得更加清楚。

即便如此，我们仍然可以从最核心的意义上，将存在于中国的西方化语境及其特征都视为当代中国社会的皮相层。欲认识西化语境的本质，必须了解西方文化的核心理念，而这只有到西方文化规约的西方社会那里寻找。西方社会的文化核心理念，是由现在的中国人耳熟能详的三个概念共同构成的，即“自由、平等、博爱”。此三位一体的观念结构，上可导源于古希腊的理性萌芽，中可合脉于中世纪的基督教精神，下由近五百年来的文艺复兴、宗教改革、启蒙运动和科学爆炸等社会性变革加以保证和传播。这个核心理念也就构成了当代西方社会的核心价值观，共同规定了西方的“社会人格”。试想，谁能要求今天的西方人，以破坏、改变或哪怕轻微地触碰这三位一体的文化核心理念和社会人格为前提，来换取他们在社会生活实践上的任何推进或曰发展？一点可能性都没有！这种不可能，一方面是因为目前的西方文化在世界范围内具有强势，以至于不同的人群或有意或盲从地将其在世界上的扩张称为全球化，而没有任何一种外部力量能对其发生可能性作用；另一方面则更为本质，即西方世界很清楚，其文化核心理念若受到哪怕一丁点的损害，都有可能导致其文明大厦的崩溃。有识于此，西方文明的运行本相自然会呈现得更为清晰：西方社会至今都在坚定而仔细地呵护其结构完整而相对恒定的文化核心理念，以此为前提来展开其所有的社会生活，即当代西方的宗教、法律、政治、经济、军事、科技、学术和艺术，无不在秉承其两千年来只有文明形态之变化而无基本理念之改变的核心价值观的指导下来展开。这就是西方文化的根本。

笔者以为，值得我们向西方学习的东西当然不少，但西方世界主动维护自身文明根基的“文明意识”，才是今天整个中国社会首先应该向他们认真学习的。

反观我们自身，中国的社会环境虽然挪来了西方化的文化语境，却并不存在与之相同的核心理念。试问：我们的同胞有谁能理解和享受西方人所标榜的自由、平等、博爱？中国的社会何时接纳了并流行过自由、平等、博爱？正是在否定回答的基础上，笔者才会对这个西方化语境的现象和特点持上述皮相之说。那么，欲认识和揭示中国社会的文化核心理念，就必须了解和把握当代中国社会同时还存在的另一个语境——中国传统的文化语境，以及由这个语境所维护的文化核心理念。这个语境，曾经是也仍然是普遍地存在于由我们每一个个体所构成的中国社会的群体关系中，其核心理念则深深地植根于中国社会的运行机制当中，只不过，此二位同体的存在和运行是以潜在状态来维持着，以至于我们的同胞和全社会时时处处受其沾溉而不觉，其自身则大利天下而不言。遗憾的是，中国传统的文化语境在一百年来的一次次革命、运动和改革当中被删削得体无完肤，以至于它几乎丧失了任何一种像样的表现形式——

它没有得到国民应给予它的尊严和体面。所幸，百年磨难之后的中国社会开始反思文化传统的价值和意义所在，深刻地重温了“天作孽，犹可违；自作孽，不可逭”的古训至理，在努力学习和吸收外来优秀文明成果的同时，也在慢慢地学习怎样去尊重和再造一个让中华文明在当代得以健康发展的文化生态环境，所有这些也都在培养着全社会积极进取而又逐渐意识到必须坚守恒常道理的当代意识，使得中国文化的复兴理所当然地成为社会化的民族理想和目标诉求，中国传统的文化语境当此之时也才有了一定的希望来争取自己进一步生存的表现形式。

大势固然如此，可是中国传统文化语境的生存状况远非优越，甚至可以说其存在的具体途径随着西式文化语境的不断扩张而日益被遮盖、被侵蚀、被漠视，使得它一直以来主要以最平常的潜藏模式来对中国社会发生着恒久的影响，而西方化的文化语境已如上所述地在中国成为显相模式。不过，恰恰是这种态势，表明了中国传统文化语境的价值所在，它正好说明了，中国社会的文化核心理念是由传统的文化语境来维护着。

在明确揭示传统文化语境所维护的核心理念的基本含义之前，有必要对极富包容性的中国社会现行的各类思想或社会意识做一番概览。大致分三类：首先当然是作为立国纲领基础的政治思想，它是现行体制的观念性支柱；其次则是其他由西方传入的形形色色的学说，包括西方的宗教意识、政治理想和五花八门的文化理论，它们主要存在于城市或受城市化辐射的地区，从社会层面来看它又特别存在于学术界，以及作为某些时尚的观念性支撑；再次是传统形态的民间信仰，主要是佛道两教的思想意识，既见于城乡社会的中下层，也不乏上层人士的个人参与。凡此，要么是政治体制的主脑，要么获得了体制的默许，故而也都或多或少地以显相模式来呈现并流行于中国社会之上。合理的发问是：上述这些思想观念中的哪一种可以作为中国社会的文化核心理念？

为此，笔者曾陆续在不同的人群中随机做过一些相关交谈，结果是大出意外，却也可以说毫不意外。以此有限的经验，笔者拟为读者诸君设计如下两类四个问题，大家不妨以其做一番实验性的社会调查，提问对象可以是所有的中国人，包括“我”自己。首先，以上述思想观念里的任何一种向任何一个中国人（包括普通百姓和各级政府官员）提问：你愿意和一个没有上述三类思想观念或对其中某方面的认识并不完善或不牢固的人做朋友吗？你愿意推举或提拔一个这样的人做领导干部吗？然后，再向任何一个中国人（无论是普通百姓还是各级政府官员）提出另外两个问题：你愿意和一个在仁、义、礼、智、信这五个方面有所缺陷的人做朋友吗？你愿意推举或提拔一个在仁、义、礼、智、信这五个方面有所缺陷的人做领导干部吗？笔者的经验是，无论答问者的个人情况如何（不包括脑瘫者和十恶不赦的贪官），大家对于前一类两个问题的所有回答是千变万化的，在整体上既没有明确的肯定，也没有明确的否定。然而，对于后两个问题的所有回答，不但极其明确，而且只有一个否定式：“不”。

这说明什么？

这说明：对于前一类问题，中国人并不能形成“社会性的共识”，对于后一类问题，我们的同胞不但有着强烈的社会性共识，而且这种共识与中国传统的文化语境密切合一。这说明：当我们的社会被时代漩涡所误导而来到了人人“利”字当头并已然成风的今天，从根本上说，无论是社会上层还是社会下层，潜在地却也是普遍地仍然以“仁、义、礼、智、信”这“五常”作为衡量和评判人的个体与社会关系的基本标准。这说明：在中国社会里，尽管传统文化语境的生存环境极其恶劣，尽管其表现方式极其微弱，但是这“五常”作为中国文化对人性的深刻洞察和高度概括的结论，却极为鲜明，极为有力，也极为隐晦地存在于每一个中国人的血脉之中。这说明：中国社会的文化核心理念不是别的，正是“仁、义、礼、智、信”这五个概念所构成的整体观念！古圣先贤们在遥远的时空彼端将其归纳为“五常”的时候，已经向我们表明了这一点。这说明：尽管我们用一百年的时间来否定它的存在及其价值，尽管我们现在还常常主动地对之视而不见，甚至还自以为是地对之唾弃和辱骂，但这五个结构完善而义理恒定的文化观念却沉默地深植于中国社会中的你、我、他之中，深植于各个阶层和各个领域，并静候着中国文化复兴的到来。这说明：只有仁、义、礼、智、信这五常，才是中国文化两千年以来延续不绝并将不断延续下去的“最根本的社会价值观”，它就是“中国文化规定的社会人格”，它才是“中国社会的文化核心理念”。

至此，有三点基本的理由使我们对中国文化的未来前景不必再抱着根本的疑惑：第一，中国有世界上最多的人口。尽管这也给我们带来了很多问题，但这是中国文化传统不灭不绝的最重要的社会基础；第二，中国社会仍然在使用着汉字。尽管它不断地被利用或遭到各种误解，但它仍然是中国传统文化赖以传承并弘扬光大的最基本的文化符号体系；第三，中国社会的文化核心理念从未断绝地延续着“五常”的文脉和根性。尽管它目前尚处于非显相模式，但是中华民族在向着文化复兴诉求的过程中，不会允许它永远作为地下的潜藏模式来存在，相反一定会不断地以更多的方式和途径来让它逐渐显相，最终将正视其从未丧失的尊严，在中国社会中明确地将其树立起来。有了这三点，中国文化不但不亡，反而会在时代召唤的积极进取、吐故纳新的民族理想的锻造下，不断完善自身而屹立于世界，中华民族也必将重建中国文化，并积极贡献于当代世界。只有到那时，中国的美术理论事业才会真正地步入“正道”，不再受“他者”过多的干扰而按中国文化发展规律的要求去生长。

“二十世纪美术大家” 展

【云烟纵览——周怀民绘画精品回顾展】

2012年2月29日至3月21日，北京画院与无锡博物院联合举办的“云烟纵览——周怀民绘画精品回顾展”在北京画院美术馆举行。此次展览共展出周怀民在新中国时期绘制的中国画作品近80幅，作品题材以山水画为主，创作年代从20世纪五十年代一直延续到20世纪30年代，另外还展出了周怀民部分速写手稿以及生活图片资料，配合展览北京画院编辑出版了《云烟纵览——周怀民绘画精品集》。展览纪念周怀民诞辰一百零五年，全面展示了他的艺术风格流变过程，回顾了他的艺术历程，也通过展览文字、画集研究文章对周怀民的艺术成就以及在20世纪中国美术史上的地位进行了评价与定位。

【画苑千秋人——朱屺瞻艺术回顾展】

2012年3月23日至4月11日，海派画家朱屺瞻回顾展在北京画院举行，本次展览由北京画院、上海中国画院主办，朱屺瞻纪念馆协办，中国嘉德国际拍卖有限公司承办。此次展览共展出80件朱屺瞻的重要作品，涵盖20世纪40年代至晚年的作品，其中，大部分作品来自香港收藏家黄贵权博士收藏，以及朱屺瞻夫人的收藏。

【文心化境——张仃书法艺术展】

2012年4月13日至5月2日，由北京画院、中国美术家协会、清华大学美术学院、张仃艺术研究中心等艺术机构共同推出的“文心化境——张仃书法艺术展”在北京画院美术馆举行，借以纪念张仃逝世两周年。展览分为共展出张仃书法及焦墨山水作品70余幅。展览将张仃晚年创作的书法作品进行梳理、分类、研究，按照书写内容划分为“天人之际”、“古今之变”、“四时行焉”三部分。此外还将张仃早年创作的焦墨山水画对比陈列，从而演绎张仃“文心”幻化出的书境、画境之间的内在关联。

【文治风华——宋文治绘画艺术回顾展】

2012年6月13日至26日，由北京画院联合中国美术家协会、北京美术家协会、江苏省美术家协会等单位共同策划的“文治风华——宋文治绘画艺术回顾展”在北京画院美术馆举办。展览汇聚了宋文治作品70余幅及生平年表等文献资料，全方位呈现了其艺术风貌。

宋文治是20世纪中国山水画艺术发展创新中做出重要贡献的艺术家，他一生创作数量虽不多，但多为美术史上的经典。此次展览以家属收藏为基础，经过精心筛选，以宋文治山水画作品为主体，按照年代划分为“山川巨变”、“湖山新貌”、“江南春潮”、“彩墨华章”四个部分，呈现了宋文治山水画艺术从20世纪50年代至90年代风格转变的脉络过程。其不同时期的重要代表性作品如《山川巨变》、《江南三月春意浓》等在展览中亮相。

【尽写苍生——蒋兆和绘画艺术发现展】

2012年6月28日至7月11日，由全国政协书画室、中国美术家协会、中央美术学院、北京美术家协会、北京画院联合主办，蒋兆和艺术研究会、吴作人国际美术基金会协办，北京画院美术馆承办的“尽写苍生——蒋兆和绘画艺术发现展”在北京画院美术馆举行。

此次共展出蒋兆和的作品70余幅，包括最近新发现的素描、油画、图案等作品，同时展出1941年出版的《蒋兆和画集》和《流民图》画稿以及新梳理的相关文献资料，并且根据20世纪40年代的图像资料将蒋兆和建国前的画室环境在展厅进行复原，配合其贯穿一生的重点肖像画创作与描写对象原型照片之间的对比陈列，清晰地梳理出蒋兆和一生不断变化的艺术道路。

【劲松红岩——钱松喦绘画艺术精品展】

2012年7月20日，由中国美术家协会、北京美术家协会、北京画院和无锡博物院共同主办的20世纪中国美术大家系列之“劲松红岩——钱松喦绘画艺术精品展”在北京画院美术馆开幕。

钱松喦生前将百余幅作品及无锡旧居私宅捐献给家乡，本次展览即是从无锡博物院收藏的捐赠作品中甄选的山水、人物、花鸟作品60余幅，涵盖了钱松喦各个时期的艺术创作，力图在宏观上呈现出画家创作的整体风貌。展览根据钱松喦在不同时期艺术创作的风格和主题，分为“精研古法”、“独辟新境”、“复归于朴”3个板块。

【风神兼彩——石鲁的创作与写生（1959—1964）】

2012年8月8日，由中国美协、中国美术馆、北京美协、北京画院、陕西省文联、陕西省美协、中国对外文化集团联合主办的“风神兼彩——石鲁的创作与写生（1959—1964）”在北京画院美术馆开幕，以纪念这位英年早逝的画家。该展同时也是北京画院主办的“20世纪中国美术大家系列展”之一。

此次展览分为“高原风骨”、“新意新情”、“以神写形”三部分，作品大多是石鲁1959年到1964年间的主题性创作及与之相关的草稿、习作和写生作品，总计约200幅。

【民间·情歌——回眸张光宇艺术】

2012年10月31日，由中国美协、北京画院、清华大学美术学院主办，百雅轩文化艺术机构协办的“民间·情歌——回眸张光宇艺术”展览在北京画院美术馆开幕。

展览重点展出《民间情歌》系列，除了展出仅存的31件原作，还搜集、补齐、复制了另外因历史原因散失、损毁的44件作品。此外，还展出了张光宇的长篇讽刺漫画《西游漫记》的部分作品，为《新诗库》绘制的封面设计稿，20世纪50年代创作的新民歌插画、装饰设计图，20世纪60年代《大闹天宫》的美术设计图和草稿，以及部分动画插图等。

【临风听蝉——李可染的世界系列作品展（牧牛篇）】

2012年12月5日至2013年1月9日，由全国政协书画室、中国美术家协会、中央美术学院、中国国家画院、北京美术家协会、北京画院以及李可染艺术基金会共同主办的“临风听蝉——李可染的世界系列作品展（牧牛篇）”在北京画院美术馆举行。

该展首次以李可染牧牛系列作品为内容的专题展，也是北京画院计划连续5年推出的“李可染的世界系列作品展”的第三个专题展。展览汇聚了李可染自20世纪40年代至80年代之间以牧牛为创作题材的精品力作60余幅，以及相关的速写、文献资料等。同时，在展览中还搭配了美术理论家对于李可染牧牛作品的分析点评。

2012 年全国美术馆馆藏精品展出季

【三百石印富翁——齐白石的金石心迹】

2012 年 5 月 15 日，北京画院藏齐白石作品系列展之九“三百石印富翁——齐白石的金石心迹”在北京画院美术馆开展。此次展出的齐白石三百方石印中除少量是为家人、学生和他人所刻印章外，大部为其自用印。齐白石一生治印无数，“三百石印斋”是齐白石的斋号之一，他也常以“三百石印富翁”为号，北京画院正好收藏了 300 方齐白石的石印，本次展览第一次完整展出这些印章的原石和部分印拓。

【面向现代——馆藏 20 世纪中国画展 （1900—1950）】

2012 年 5 月 19 日至 2013 年 4 月 30 日，天津美术馆展出“面向现代——馆藏 20 世纪中国画展（1900－1950）”。展览分为前言、主题单元及画语录三个部分，其中主题单元由“汲古润今”、“借古开新”、“中西融合”组成，描述了 20 世纪前期出现的水墨绘画在面向现代化时所产生的三种主要的发展趋势及相应形成的风格流派。

【大器 “玩” 成——中国美术馆藏民间玩具精品展】

2012 年 5 月 30 日至 9 月 3 日，由中国美术馆特别策划的“大器‘玩’成——中国美术馆藏民间玩具精品展”在中国美术馆展出，约 370 组 800 多件民间玩具精品亮相五层的全部展厅。此次展览的作品均是从中国美术馆六千余件（套）的藏品中精心遴选而出，这既是中国美术馆首次举办的大型民间玩具专题陈列展，也是中国美术馆多年征集、收藏民间玩具的研究成果的一次集中展示。

【共同的眼睛： 20 世纪中国艺术 “现代化” 演进图考——上海美术馆馆藏精品展】

2012 年 8 月 1 日至 31 日，“共同的眼睛：20 世纪中国艺术“现代化”演进图考——上海美术馆馆藏精品展”在上海美术馆举行。展览以“20 世纪中国艺术‘现代化’演进图考”为主题，分为“记忆的现场”、“思想之进步”、“创造的边界”、“认同之可能”四部分，展出近 200 件艺术作品，涵盖国画、油画、版画、雕塑、影像、三维动画等各种类型。

【风骨长安——陕西当代中国画名家作品展】

2012 年 8 月 1 日至 9 月 30 日，“风骨长安——陕西当代中国画名家作品展”在陕西省美术博物馆举行。展览从陕西省美术博物馆四千余件藏品中遴选出 130 幅能体现本馆收藏特色和代表陕西现当代国画创作面貌的作品进行展出，反映了长安画坛画家所取得的绘画成就和当下陕西画坛国画家们的创作风貌。

【沧海一粟——刘海粟美术精品特展】

2012 年 8 月 1 日至 10 月 31 日，“沧海一粟——刘海粟作品陈列展”在上海刘海粟美术馆举办。

刘海粟美术馆以馆藏刘海粟的美术作品为基础，结合刘海粟的艺术人生图片、馆藏刘海粟文献资料、八集电视专题片《刘海粟》、其夫人夏伊乔作品，以及刘海粟收藏的其他文物和用品等，策划了本次“沧海一粟——刘海粟作品陈列展”。展览共分为五个部分：刘海粟书画作品展、刘海粟文献资料展、刘海粟艺术人生图片展、刘海粟专题片和刘海粟其他物品展示。

【何香凝艺术精品展】

2012 年 8 月 3 日至 19 日，由国务院侨办、文化部、江苏省人民政府联合主办的“何香凝艺术精品展”在江苏省美术馆新馆举行。此次巡展所展示的 50 件何香凝的艺术精品及 31 件历史图片（其中南京展 20 件，广州展 27 件）、文献资料，分别从其艺术创作、工作和生活等多方面，展现了何香凝艺术人生与其经历的中国 20 世纪社会变革的内在关联。展出作品中，除了何香凝早年留学日本期间的经典画作《虎》（1910）、《菊》（1913）、《狮》（1914）、《马》（1914）之外，也特别展出了与南京、广州两地相关的其他经典作品。巡展的 31 件历史图片中，分别增加选取了何香凝与南京、广州两地相关历史渊源的部分老照片。其中与南京历史背景相关的图片 8 张，与广州历史背景相关的图片 11 张。9 月 20 日至 10 月 7 日，何香凝艺术精品展在广州艺术博物院中国历代绘画馆展出。

【黑龙江省美术馆馆藏晁楣、张祯麒、杜鸿年、郝伯义版画经典作品陈列展】

2012 年 8 月 10 日至 9 月 5 日，由黑龙江省文学艺术界联合会、黑龙江省美术馆主办的“画说龙江——黑龙江省美术馆藏晁楣、张祯麒、杜鸿年、郝伯义经典版画作品陈列展”在黑龙江省美术馆展出。

【回望——江苏省美术馆馆藏民国美术作品展】

2012 年 8 月 16 日至 9 月 3 日，由中华人民共和国文化部主办，文化部艺术司、江苏省文化厅协办，江苏省美术馆承办的“回望——江苏省美术馆馆藏民国美术作品展”在江苏省美术馆新馆开展。本次民国美术作品展含油画、版画、水彩画、中国画和书法在内共计 100 件，荟萃了在“五四”前后成长起来的、活跃于民国各类美术运动中的代表人物：如刘海粟、庞薰琹、徐悲鸿、蒋兆和、高剑父、于右任、齐白石、张大千、力群等。此外还展出了一批出自民国时期学者、社会活动家，如章炳麟、梁启超、章士钊、商衍鎏、柳亚子之手的书画作品。

【湖北美术馆工业版画藏品展】

2012 年 8 月 17 日至 9 月 8 日，由文化部主办，文化部艺术司、湖北省文化厅承办的“湖北美术馆工业版画藏品展”在湖北美术馆展出。此次展览是“2012 年全国美术馆馆藏精品展出季”的活动之一，也是在湖北美术馆今年 6 月举办的“工业叙事：首届中国工业版画三年展”的收藏基础上的一种扩充。展览汇集工业版画藏品 120 余幅，包括来自全国各地的工业版画群体约 20 个，最主要的是湖北一冶版画与北大荒版画。

【活泉照神——浙江美术馆馆藏精品展】

2012年8月18日至9月4日，“活泉照神——浙江美术馆馆藏精品展”在浙江美术馆举行。展览以“写生”为切入点，分“生韵河山”、“生命风致”、“生气华茂”、“生活强音”四个板块，遴选浙江美术馆馆藏作品中的山水风光、人物形象、花鸟静物和事件场景等方面的写生题材作品200余件，包括国画、油画、版画、速写等形式。

【决澜长歌——庞薰琹艺术回顾展】

2012年8月18日至10月28日，由文化部主办，文化部艺术司、江苏省文化厅承办，常熟美术馆策划的“决澜长歌———庞薰琹艺术回顾展”在常熟美术馆举行，展出庞薰琹各个时期的作品200件及一些文献资料。

【大道之行——广东美术馆馆藏美术作品专题展】

2012年8月21日至9月10日，“大道之行——广东美术馆馆藏美术作品专题展”在广东美术馆举行。展览从广东美术馆藏品中遴选出包括油画、中国画、版画以及雕塑等共计65件作品，内容涵盖从中华民族从觉醒到奋争，最终独立的历程。

【传统与当代——深圳美术馆馆藏精品展】

2012年8月23日至9月29日，由文化部主办，文化部艺术司、广东省文化厅、深圳市文体旅游局协办，深圳美术馆承办的“传统与当代——深圳美术馆馆藏精品展”在深圳美术馆举行。展览主要分为中国画、水彩画、油画、版画四大部分，从深圳美术馆所藏3000多件作品挑选出73件，包括部分名家作品和当代艺术作品，以展现不同时期、不同风格的艺术作品。

【重现——河南省美术馆馆藏版画精品展】

2012年9月1日至12月1日，河南省美术馆推出了“重现——河南省美术馆馆藏版画精品展”。展览的百余幅版画涵盖作为版画发端的开封木板年画和现代版画的新创作品，包括新兴木刻运动的领导者鲁迅与河南籍版画家刘岘的探索，以及河南省美术馆发掘整理的本土艺术家马基光、沙清泉的作品。

【学院的视野·2012年湖北美术学院美术馆馆藏精品展】

2012年9月6日至26日，“学院的视野·2012年湖北美术学院美术馆馆藏精品展”在湖北美术学院举办。

本次展览汇集了该校自武昌艺专创立以来近90余年办学、收藏的美术精品240余件，包括1985年以前的藏品170件和2000年至今的学生留藏作品70件。

【岭南画派世纪经典展】

2012年9月6日至11月6日，由文化部主办、广州艺术博物院承办的“岭南画派世纪经典展”在广州艺术博物院举行。此次展出的作品包括除“二高一陈”、赵少昂、黎雄才、关山月、杨善深外，还有黎葛民、高剑父胞弟高剑僧、黄少强、方人定、何漆园、叶少秉等20多位“二高一陈”弟子们的作品。题材上包容山水、花鸟、人物，是一次较为全面的岭南画派作品的综合展示。

【大漆之美——福建省美术馆馆藏漆画精品展】

2012年9月9日至13日，“大漆之美——福建省美术馆馆藏漆画精品展”在新疆自治区乌鲁木齐文化馆展出。活动由新疆和福建两省区文化厅共同主办，自治区文化馆和福建省美术馆承办，乌鲁木齐市文化馆协办。展览共展出了40件漆画作品，为福建省美术馆建馆30年以来的藏品。其中包括中国工艺美术师王和举的《老子出关》等19件作品、吴川的《舞》、《草垛》等7件作品、郑益坤的《静物》、《金鱼》等。

【湖北省美术院美术馆馆藏精品展】

2012年9月9日至25日，“湖北省美术院美术馆馆藏精品展”在武昌昙华林展出。本次展览涉及中国画、油画、版画、雕塑、水彩（粉）画、漆画等66幅作品。其中既有刘依闻、程白舟、孙葆昌、钱延康、魏正起、蓝玉田等老一辈艺术家的作品，也有如周韶华、鲁慕迅、吴汉东、汤文选、冯今松、魏扬、陈立言、邵声朗、查世铭等中青年艺术家的作品。

【漆彩华光——厦门市美术馆馆藏漆画精品展】

2012年9月10日至10月9日，“漆彩华光——厦门市美术馆馆藏漆画精品展”在厦门美术馆展出。本次展览展出了厦门美术馆馆藏漆画作品中的150件作品，同时举办了“‘漆人·漆言·漆界’漆画学术研讨会”、“美术大篷车走进翔安”等配套活动。

【传承·创新——合肥市赖少其艺术馆馆藏精品展】

2012年9月18日至10月31日，由文化部主办，文化部艺术司、安徽省文化厅、合肥市政府承办的“传承·创新——合肥市赖少其艺术馆馆藏精品展”在合肥市赖少其艺术馆举行。此次展览展出了赖少其先生的160余幅作品，由“承古开新——山水专题”、“中西融合——花鸟专题”、“笔拙刀朴——书法篆刻专题”、“木痕心迹——版画专题”四个专题及“革命之路、艺术之光——赖少其生平陈列”组成。同时，还举办了“赖少其艺术学术研讨会”暨“馆藏画册”和《昆嵛英雄于得水》首发式等系列活动。

【《收租院》群雕铸铜作品展】

2012年9月24日，“《收租院》群雕铸铜作品展”在黄桷坪四川美术学院美术馆《收租院》群雕陈列厅展出。大型群雕《收租院》是中国现代艺术史上最具影响力的作品之一。由于原作玻璃钢材质作品的保存时间有限，四川美术学院将全套作品重新铸造为青铜材质永久保存。此次展览以全套《收租院》群雕铸铜作品为展示主体，配以群雕在近十年的时间中的文献资料、四川大邑县“大邑刘氏庄园博物馆”内的收租院泥塑群像长卷，以及相应的公共教育活动。

【继承传统·弘扬经典——河北美术馆馆藏精品展】

2012年9月28日至10月17日，“继承传统，弘扬经典——河北美术馆馆藏精品展”在河北美术馆展出。展览由文化部主办，河北省文化厅承办，共展出作品200余幅，是河北画院（河北美术馆）从1978年至2011年间收藏的国画、油画、版画作品中选出的，以专题收藏和历年河北省重大美术活动中收藏的精品以及以河北籍画家创作的精品为主。包括近现代美术史上的李苦禅、黄胄、周思聪、孙其峰等名家作品，还有“走进太行”活动中河北美术家创作的作品。

【云南少数民族壁画临摹精品展】

2012年9月28日至10月17日，“云南少数民族壁画精品临摹展”在云南美术馆展出。展出的90余件馆藏壁画作品，是20世纪80年代初，云南省众多美术工作者深入到西双版纳、德宏、文山、香格里拉、昭通、临沧等少数民族地区寻找并临摹的壁画作品。画家们临摹了上至新石器时代、下至近代，包括傣族、藏族、白族、纳西族、彝族、佤族、普米族等多个少数民族的近百件壁画，其中包括新石器时代沧源佤族岩画，昭通发现的东晋时期《墓主霍使君像》，南诏时期的剑川《菩萨行列图》等。

【笔墨·世界——亚明欧亚风情写生作品展】

2012年9月28日至10月18日，“笔墨·世界——亚明欧亚风情写生作品展”在合肥亚明艺术馆开幕。

本次展览从亚明艺术馆馆藏200幅亚明作品中精选出100幅中国画和20幅速写，集中展示亚明先生欧亚风情写生作品。

【中央美术学院美术馆藏国立北平艺专精品陈列（西画部分）展】

2012年11月27日至2013年4月25日，“中央美术学院美术馆藏国立北平艺专精品陈列（西画部分)》展”在中央美术学院美术馆学术报告厅举行。本次展览由中央美术学院主办，中央美术学院美术馆承办。展览的学术顾问为潘公凯，策划为王璜生，学术主持为曹庆晖。

《中央美术学院美术馆藏国立北平艺专精品陈列（西画部分)》汇集展馆藏西画精品近四十件，及大量的珍贵史料文献。时间跨度近三十年，贯穿了中央美术学院的前身国立北平艺术专科学校自1918年建校到1950年成立中央美术学院的重要时期，包括了许多在国立北平艺专任教过、学习过的重要艺术家的经典作品。

【山月丹青——纪念关山月诞辰100周年艺术展】

2012年11月18日，由文化部和广东省委宣传部联合主办，中国美术家协会、中国美术馆、广东省文化厅、深圳市委宣传部、关山月美术馆等承办的“山月丹青——纪念关山月诞辰100周年艺术展”在北京中国美术馆开幕。

本次展览以关山月的艺术探索历程为主线，分“峥嵘岁月”、“火红年代”、“壮心不老”三个部分，展出其在各时期的代表作品125件，辅以相关的手稿书信、书刊、剪报、相片等文献，通过实物、音乐、图像、新媒体、场景再现等多种展示手段，全面再现了关山月作为中国画大家的艺术心路历程。

纪事

纪念毛泽东同志《在延安文艺座谈会上的讲话》

【生活·艺术——纪念毛泽东同志《在延安文艺座谈会上的讲话》70周年上海美术作品展】

2012年5月17日，“生活·艺术——纪念毛泽东同志《在延安文艺座谈会上的讲话》70周年上海美术作品展”在上海美术馆开幕。展览集结了国内各大美术馆、画院、美协等艺术机构及艺术家个人关于“生活·艺术”主题展览的收藏作品，较为完整地反映70年来各个历史时期艺术创作的主体面貌，以此纪念毛泽东同志在延安文艺座谈会上的讲话发表70周年，并讲述中国现实主义创作的发展道路，推动当前艺术创作更加面向生活、反映生活、弘扬生活。

展览共由三部分组成，分别是“艺术源于生活、高于生活”（1942—1958）、“艺术表现时代生活”（1959—1982）、“生活点亮多元艺术”（1983—2012）。

【纪念毛泽东同志《在延安文艺座谈会上的讲话》发表70周年全国美术作品展】

2012年5月18日，由中国文联、中国美协、中国文学艺术基金会主办的“纪念毛泽东同志《在延安文艺座谈会上的讲话》发表70周年全国美术作品展”在中国人民革命军事博物馆开幕，并举办了研讨会。

本次展览共展出273件作品，包括中国画、油画、版画、雕塑、水彩画、粉画、漆画等多个画种。展品由三部分组成，一部分是向当代美术家特邀的参展作品，一部分是从32省市区美协推荐的1300多件作品中评选出的推荐作品，还有一部分则是中国美协组织画家考察写生而得的写生作品。

【中央美院纪念毛泽东同志《在延安文艺座谈会上的讲话》发表70周年系列展】

2012年5月18日，中央美术学院推出“武器——彦涵革命战争时期艺术作品展”、“生活——苏高礼捐赠作品展”和“传承——中国大同善化寺壁画重光”等系列活动。其中，“生活——苏高礼捐赠作品展”，展出苏高礼捐赠给母校中央美术学院的作品100余幅，作品涵盖苏高礼艺术创作的各个时期。“武器——彦涵革命战争时期艺术作品展”，从历史复原的角度对彦涵革命战争时期艺术作品集中展示，重现抗日战争和解放战争期间，彦涵在延安和前线学习、战斗和创作的时代精神。

【纪念毛泽东同志《在延安文艺座谈会上的讲话》发表70周年重庆市美术作品展】

2012年5月18日，由重庆市文学艺术界联合会、重庆市美术家协会共同主办的“纪念毛泽东同志《在延安文艺座谈会上的讲话》发表70周年重庆市美术作品展”在重庆美术馆开幕。本次展览共收到国画、油画、版画、水彩水粉画、雕塑626件，展出作品520件。

【从延安走来——纪念毛泽东同志《在延安文艺座谈会上的讲话》发表70周年美术作品展】

2012年5月21日，由文化部主办、中国美术馆承办的“从延安走来——纪念毛泽东同志《在延安文艺座谈会上的讲话》发表70周年美术作品展”正式开幕，文化部党组书记、部长蔡武，文化部党组成员、中纪委驻文化部纪检组组长李洪峰，文化部党组成员、副部长王文章，中国延安精神研究会顾问杨波，中国延安精神研究会常务副会长邢世忠，中国文联党组成员左中一，中国文联副主席冯远，中国文联副主席、中国美术家协会主席刘大为等领导以及美术家靳尚谊、王琦、侯一民、邹佩珠、杨筠、伍必端、邓澍、靳之林、詹建俊、朱乃正等出席。此次展览以中国美术馆藏品为主，汇集了500余幅美术作品和200余件文物文献，由序篇“延安时代”和“源于生活”、“人民形象”、“喜闻乐见”、“百花齐放”4个篇章构成。6月29日至7月29日，“从延安走来——纪念毛泽东同志《在延安文艺座谈会上的讲话》发表70周年”美术作品大展巡展在杭州举办。

【同在蓝天下——为农民工塑像中国画主题创作展】

2012年5月22日，由文化部、农业部、河南省人民政府、北京市委宣传部支持，中国艺术研究院、国家博物馆主办的“同在蓝天下——为农民工塑像中国画主题创作展”在国家博物馆开幕。文化部党组书记、部长蔡武，农业部副部长陈晓华，河南省委常委、统战部部长史济春，北京市委常委、宣传部部长、副市长鲁炜，文化部党组成员、中纪委驻文化部纪检组组长李洪峰，文化部党组成员、副部长王文章等出席开幕仪式。

此次展览共展出170余幅中国画作品，反映了我国社会主义现代化建设中的农民工群体形象和精神面貌。当天下午，举办了“同在蓝天下——为农民工塑像中国画主题创作展”专家研讨会，来自全国的近40位美术界专家学者和参与此次展览创作的画家，围绕画展和纪念毛泽东同志《在延安文艺座谈会上的讲话》发表70周年展开深入讨论。

综合展览

【千里之行——中央美术学院2012届毕业生优秀作品展】

2012年6月21日至7月29日，“千里之行——中央美术学院2012届毕业生优秀作品展”在中央美术学院美术馆举办，展出中国画学院、造型学院、设计学院、建筑学院、城市设计学院等专业的127名本科及硕士毕业生获奖作品。第四次“千里之行”项目与往年不同的是，2012年中央美院专门开辟了人文学院优秀毕业论文部分，以期强调人文学科的当代责任。

【情系白桦林——1990年代后留俄美术家联展】

2012年7月11日，由欧美同学会·中国留学人员联谊会主办的“情系白桦林——1990年代后留俄美术家联展”开幕式在中国美术馆举行。此次展览由奚静之担任学术主持，经展览学术委员会审定，在全国范围内邀请参展美术家共计44人，展出作品包括油画、水彩、雕塑等近百件，首次全面地反映了1990年代后留学俄罗斯的中国美术家群体的创作风貌。

【庆祝中国人民解放军建军85周年全国美术作品展暨第12届全军美术作品展】

2012年7月26日，由文化部、解放军总政治部和中国美术家协会联合举办的“庆祝中国人民解放军建军85周年全国美术作品展暨第12届全军美术作品展”在中国美术馆开幕。展览展出军旅艺术作品568件，涵盖了中国画、油画、版画、雕塑、装置、水彩画、宣传画、连环画、实验艺术作品等，从军地美术工作者报送的1.2万余件作品中遴选出，既是5年一届的全军美展，也是一次全国性的军事题材作品美展。

【首届新疆当代艺术双年展】

2012年8月25日，由新疆维吾尔自治区党委宣传部、新疆维吾尔自治区文化厅、乌鲁木齐市政府主办的“中国·新疆首届当代艺术双年展”在乌鲁木齐新疆艺术中心开幕，文化部党组成员、副部长王文章为展览发来贺信。

展览展出了油画、国画、雕塑、装置、影像和摄影等150余件作品，涵盖陈丹青、徐冰、刘小东、罗中立、方力钧、岳敏君、邱志杰等百余位艺术家。除主题展“高度”外，“方力钧艺术文献展”和“刘小东在和田”两个艺术家个展也同时展出。双年展举办期间，陈丹青、方力钧、邱志杰等还将分别进行不同主题的专题讲座。

乌鲁木齐是国内继上海、北京、成都等少数城市后举办双年展的西部城市，本届双年展同时是第二届中国——亚欧博览会“中外文化展示周”的组成部分。

【从现代出发——15 位艺术家的 15 个表达】

2012 年 9 月 5 日，“从现代出发——15 位艺术家的 15 个表达”当代艺术展在中国美术馆开幕，展览展出马路、尹齐、王玉平、王琰、申玲、孙原、刘刚、李炎修、张方白、张永旭、孟禄丁、陈曦、夏俊娜、韩中人、蒋丛忆 15 人的最新作品。

【港澳视觉艺术双年展】

2012 年 9 月 10 日，由文化部港澳台办公室、香港特别行政区民政事务局、澳门特别行政区文化局主办，中国对外文化集团公司承办的“2012 港澳视觉艺术双年展”在北京中华世纪坛世界艺术馆开幕。展览展出了香港艺术家的 17 件套雕塑作品和澳门设计师的 60 件套平面设计作品。此外，活动主办方还在中央美术学院等机构举办了双年展学术讲座等活动。

【2012 · 第五届中国北京国际美术双年展】

2012 年 9 月 28 日至 10 月 22 日，由中国文学艺术界联合会、北京市人民政府和中国美术家协会联合主办的“2012 · 第五届中国北京国际美术双年展”在北京中国美术馆举办，参展国家 84 个，参展作品 700 余件。

第五届北京双年展的主题是“未来与现实”（Future and Reality）。展览期间举行的国际学术研讨会的议题为“艺术的未来与现实”，与会的中外艺术理论家和艺术家围绕这一议题展开了学术交流和探讨。展览还评选出了“最佳作品奖”、“优秀作品奖”和“中国中青年艺术家作品奖”。

除了主题展之外，本届北京双年展设有几个特展，包括“印度当代艺术特展”、“亚美尼亚当代艺术特展”、“弗朗西斯科 · 戈雅版画作品展”和“墨西哥现当代艺术特展”。

【第四届广州三年展主题展】

2012 年 9 月 28 日，第四届广州三年展主题展“见所未见”在广东美术馆拉开序幕。作为第四届广州三年展的收官之作，本次主题展以“见所未见”为主题，由英国伯明翰艺术设计学院教授姜节泓和英国艾康（IKON）美术馆馆长乔纳森 · 沃金斯（Jonathan Watkins）共同策划，于 9 月 28 日至 12 月 16 日分别在广东美术馆、广州大剧院及正佳广场等多处空间举行，为第四届广州三年展画上句号。

展览主题展聚集了 24 个国家和地区的 75 组中外艺术家的实践和创作成果，还有来自西欧和北美的艺术家，如 20 世纪先锋派美国音乐家约翰 · 凯奇（John Milton Cage），2010 年度英国特纳奖获得者苏珊 · 菲利普斯（Susan Philipsz）等。展览涵盖了绘画、雕塑、摄影、动态影像、装置、声音与现场表演等多种艺术媒介形式，围绕“未见之物、未见之事、未见之信、未见之城、未见之变”5 个关键词来展示本次“见所未见”的主题。第四届广州三年展分为“启动展”、“项目展”、“主题展”以及“论坛计划”四大部分。从 2011 年 9 月启动展“元问题——回到美术馆自身”为起点，历经了项目展第一回“去魅中国想象——中国当代艺术作品展”、第二回“第三自然：中国再造”、第三回“维度——三个案例的分析”与第四回“伯明翰广告牌计划”，到主题展“见所未见”。

【重新发电——2012 年第九届上海双年展】

2012 年 10 月 1 日，“重新发电——2012 年第九届上海双年展”在上海当代艺术博物馆开幕。

本次双年展举办场地转移到一个由热电厂的旧址所改建的新的当代艺术馆——上海当代艺术博物馆，包括五大项目：一、主题展；二、城市馆项目；三、中山公园计划；四、上海方舟；五、圆明学园。总策展人为中国美术学院跨媒体艺术学院教授邱志杰，联合策展人为鲍里斯·格罗伊斯（德国）、晏思·霍夫曼（哥斯达黎加）和张颂仁（中国香港）。

【锦绣中华——行进中的新世纪中国美术】

2012 年 10 月 1 日，由中国美术家协会牵头，协同上海中共市委宣传部、上海市文化广播影视管理局共同主办，中华艺术宫承办的“锦绣中华——行进中的新世纪中国美术”在上海中华艺术宫开幕。本展览展出包括 260 余位艺术家创作的 200 余件架上作品，50 余件雕塑作品，包含中国画、油画、版画、水彩（粉）及雕塑等多种美术门类，此展是对新世纪以来中国美术创作状态与成果的一次集结与整体反映。

【写意中国——2012 中国画院国画、版画邀请展】

2012 年 10 月 19 日，由中国上海国际艺术节中心、中国国家画院共同主办的“写意中国——2012 中国国家画院国画、版画邀请展”在上海展览中心举行。本次展览展出了当代国画家作品 160 余幅，版画家作品 80 余幅，参展国画作品中，既有黄永玉、方增先等老艺术家作品，也有刘大为、冯远、王明明、龙瑞、杨晓阳、潘公凯、施大畏、卢禹舜、张江舟等中青年画家作品。此外，木板、铜板作品成为本次展览的一大亮点。

【浩瀚草原——中国美术作品展】

2012 年 10 月 27 日，由中国文学艺术界联合会、中共内蒙古自治区委员会宣传部、中国美术家协会、中国美术馆、中央民族大学共同主办的“浩瀚草原——中国美术作品展”在中国美术馆开幕。

参展作品 400 余幅，并收集了艺术家的画作、创作草图、速写、创作笔记以及视频纪录片，记录和捕捉艺术家创造过程，给观者全面的视觉感受，对在内蒙古美术史上具有重要地位的侯一民、妥木斯、詹建俊、谭权书、尹瘦石、刘大为、胡勃、李爱国、龙力游、朝戈、苏新平等 11 位艺术家进行了个案展示。

【闳约深美——南京艺术学院百年校庆师生美术作品展】

2012 年 11 月 10 日，由中共江苏省委宣传部、江苏省教育厅、江苏省文化厅、江苏省文学艺术界联合会、中国美术馆、江苏省美术馆、上海刘海粟美术馆、南京艺术学院共同主办的“闳约深美——南京艺术学院百年校庆师生美术作品展”在中国美术馆揭幕。

本次展览共分三个大的时段、四个部分展出。共展出了 460 余件南艺师生各个时期的美术作品，包括油画、中国画、版画、插画、漫画、雕塑等多个艺术种类，其中既有在全国美展等多项重量级美术展览中的获奖作品，更有刘海粟、李可染、张大千、吴昌硕、黄宾虹、吕凤子等人的作品。

【江海交融——上海、南京、合肥、武汉美术作品交流展】

2012年12月7日，首届“江海交融——上海、南京、合肥、武汉美术作品交流展”在上海展览中心开幕。本次展览展出4座城市近150位画家的作品。12月9日后，先后在长江流域文化中心城市南京、合肥、武汉举行了巡展。

【2012首届大学生艺术博览会】

2012年12月13日至16日，2012首届大学生艺术博览会在广州市保利世贸中心博览馆举办。

大学生艺术博览会是为中国主要艺术院校应届毕业生举办的大规模年度艺术展。展出了近600名青年艺术家的2000件作品，包括油画、国画、雕塑、版画、影像、综合材料、装置、多媒体、设计等。

【2012第二届造型艺术新人展】

2012年12月16日，由中国文学艺术界联合会、中国美术家协会、中国艺术报社主办的“2012第二届造型艺术新人展”在中国美术馆开幕。

本届展览的主题是“探索·创新——造型艺术在现代社会中的民族性与地域性”，展出新人优秀作品5件、佳作10件、提名作品30件、入围参展作品129件，共计174件。张纯的国画《遇见》、廖星君的国画《清廉禅意》、祝华婧的国画《戈壁》、冯晓峰的雕塑《破晓》、陈拔良和陈拔楷的漆画《翘楚·韵》获得优秀作品奖。

国画

【春蕴京华——京派画家花鸟画精品展】

2012 年 1 月 11 日至 2 月 13，北京画院举办“春蕴京华——京派画家花鸟画精品展”。作为北京画院院藏作品系列展的组成部分，此次展览共集中了 20 余位京派画家的作品近 70 幅，呈现了 20 世纪北京地区花鸟画发展面貌。展出的京派画家包括陈师曾、齐白石、于非闇、金城、陈半丁、王梦白、曹克赟、张其翼，以及由溥雪斋、溥毅斋、溥佐等人组成的“松风画会”成员。

【邓拓捐赠中国古代绘画珍品特展】

2012 年 1 月 16 日，由文化部主办，中国美术馆承办的“邓拓捐赠中国古代绘画珍品特展”在中国美术馆开幕。文化部党组书记、部长蔡武，文化部党组成员、副部长王文章，文化部党组成员、故宫博物院院长单霁翔，北京市委常委、宣传部部长、副市长鲁炜，国家新闻出版总署副署长李东东、中国美术家协会主席刘大为等领导，邓拓家属代表及众多艺术家出席了开幕式。

此次展览是邓拓捐赠作品入藏中国美术馆后的首次全部展出，囊括了上起宋元、下至晚清历代名家的文人画精品，其中包括国内苏轼孤本《潇湘竹石图卷》以及王蒙、沈周、唐寅、仇英、徐渭、朱耷、郑板桥等人的作品。展览还展出了邓拓的部分书法作品。

【都市·田园——中国美术馆中国画提名展】

2012 年 1 月 16 日，“都市·田园——中国美术馆中国画提名展（2012）”在中国美术馆开幕。此次展览共提名 60 位当代中国画家，每位画家提供 3 至 5 件作品，共计展出作品 200 余件。

【水墨文章——当代水墨研究系列展第一回：写意精神】

2012 年 3 月 1 日至 15 日，“水墨文章——当代水墨研究系列展第一回：写意精神”在上海刘海粟美术馆进行巡回展出。

展览共展出王敬恒、周韶华、崔振宽、李宝林、聂干因、贾浩义、朱振庚、李世南、沈爱其、刘一原、王孟奇、吴冠南等 12 位艺术家的 80 余幅作品。题材涉及人物、山水、花鸟，形式上则都趋于写意。

【大家·当代岭南中国画双年展】

2012 年 3 月 13 日，由广东省美术家协会、广东美术馆、广州美术学院、当代岭南艺术中心主办的“大家·当代岭南中国画双年展”在广东美术馆 1—4 号展厅举行。此次展览集中展现包括 16 位当代中国画坛有着广泛影响的国画家——陈金章、杨之光、梁世雄、尚涛、林丰俗、林墉、周彦生、陈振国、陈永锵、庄小尖、陈新华、方楚雄、许钦松、李伟铭、王璜生、李劲堃的艺术创作状态和创作成果。

【水墨纵横——2012 上海新水墨艺术大展】

2012 年 5 月 25 日至 6 月 20 日，朱屺瞻艺术馆和上海多伦现代美术馆联合举办了“水墨纵横——2012 上海新水墨艺术大展”系列活动。学术主题展“回到地域——水墨与美术史”，分别选取朱屺瞻、张桂铭、贾又福、王川、王纯杰、广曜、宋钢、雷虹，以这 8 位艺术家个案的形式展开美术史内部的对话；同期，5 月 25 日至 31 日，在朱屺瞻艺术馆举办“2012 上海新水墨艺术基地特展”，展示刘国松、陈家泠、仇德树这 3 位“上海新水墨艺术基地”的创始人作品及文献，以此来对中国现代水墨的发生、发展进行回顾。

【概念超越——2012 新工笔文献展】

2012 年 7 月 11 日，由中国艺术研究院主办、北京凯撒世嘉文化传播有限公司承办的“概念超越——2012 新工笔文献展”在中国美术馆开幕，对当代中国工笔画创作观念和视觉经验进行文献性梳理。

【人文・北京中国山水画邀请展】

2012 年 8 月 29 日，由北京市文史研究馆、中国美术家协会、中国美术馆主办，全国政协书画室、中国美协河山画会协办的“人文・北京——中国山水画邀请展”在中国美术馆举办。此次画展共展出 110 幅作品，其中包括张大千、李可染、张仃等画家的 9 幅山水画作品。

【“人民・人民” 黄土画派作品展】

2012 年 9 月 29 日至 10 月 7 日，由中国文联、中国美协、中共陕西省委宣传部、陕西省文化厅、陕西省文联、西安美术学院、陕西省美协、黄土画派艺术研究院联合主办，陕西新汇文化传播有限公司承办的“‘人民・人民’黄土画派作品展”在陕西省美术博物馆举行。

画展展出了 90 位黄土画派画家精心创作的 300 余幅作品，刘文西教授从 1983 年开始创作的百米巨幅长卷，现已完成 9 组。长 78 米、高 2.1 米，画中人物达 185 位的《黄土地的主人》也在展览中首次展出，整体反映了黄土画派的艺术特征和精神面貌。

【2012 全国中国工笔画展】

2012 年 10 月 18 日，“2012 全国中国工笔画展”在文化古城河北沧州开幕。此次展览共展出入选作品 290 幅，其中优秀作品 59 幅，参展作品基本反映了我国工笔画创作的当代面貌和取得的成就。11 月 6 日沧州展览结束后，“2012 全国中国工笔画展”在江苏省美术馆（南京市）、辽宁省辽河美术馆、山东莱州等地巡回展出。

【搜尽奇峰——20 世纪中国山水画选展】

2012 年 11 月 1 日，“搜尽奇峰——20 世纪中国山水画选展”在中国美术馆拉开帷幕。

展览以“汲古开今”、“中西融合”、“山河新貌”三个单元构成，共展出馆藏 83 件套山水画作品。在三个单元之下，又以 20 世纪重点地域性画派作为排列的根据，如“海上画派”、“京津画派”、“岭南画派”、“新金陵画派”、“长安画派”。

【吴门画派之沈周特展】

2012 年 11 月 6 日，“吴门画派之沈周特展”在苏州博物馆展出。这是苏州博物馆首次在古代书画领域做个展尝试，也是苏州博物馆首次以“吴门画派”4 位代表人物为主题举办 4 年期系列展览。该展览汇聚海内外 14 家博物馆收藏的 50 件珍品，所选作品大致涵盖了沈周早、中、晚各个时期的风格面貌。

沈周（1427—1509），字启南，号石田，晚号白石翁，江苏长洲相城（今江苏省苏州市）人。沈周擅长山水、花鸟、人物各科，尤以山水画成就最著。

【笔墨春秋——吴昌硕、齐白石、傅抱石绘画作品展】

2012 年 11 月 29 日，由北京市文物局、中国国际贸易促进委员会北京市分会、西城区人民政府共同主办的“笔墨春秋——吴昌硕、齐白石、傅抱石绘画作品展”在北京孔庙和国子监博物馆艺术厅开幕。此次作品展收录了吴昌硕、齐白石、傅抱石三位艺术大师创作的众多作品，仅齐白石早、中、晚三个不同时期的作品 79 幅，其中有《仁者寿》、《观音》、《荷花蜻蜓》、《贝叶草虫》、《竹报平安》等画作。

【“荆浩杯”中国画双年展】

2012 年 12 月 8 日至 10 日，由中国国家画院、河南省委宣传部、河南省文联、济源市委市政府联合主办的“荆浩国际学术论坛暨‘荆浩杯’中国画双年展”在河南省济源市举行。论坛以研究、继承和发扬荆浩山水画艺术为主旨，邀请来自美国、德国、法国、韩国和国内的三十余位学者、专家、教授进行专题研讨。画展共收到参评作品近三千件，最终评选出优秀作品 60 件、入选作品 246 件。“荆浩杯”中国画双年展于 2013 年 1 月 8 日至 11 日在中国国家画院美术馆巡展，之后移至河南省博物院巡展。

【名家珍品集萃——孙照子女捐赠中国古代绘画珍品展】

2012 年 12 月 26 日，“名家珍品集萃——孙照子女捐赠中国古代绘画珍品展”在国家博物馆开幕。

孙照生前系北京市第六中学语文教师。1982 年，其子女孙念台、孙念增以及孙念坤三人，将其家藏的中国古代绘画、书法等文物，先后两次捐赠给国家博物馆。本次展览囊括了元、明、清三代在中国绘画史上具有重要地位的画家的珍贵画作，包括元代黄公望《溪山雨意图》卷、倪瓒《水竹居图》轴，明代沈周、文征明、董其昌以及清代王时敏、王翚等人的作品。

【全国第三届中国画线描艺术展】

2012 年 12 月 27 日，由中国美术家协会、河南省文联主办，河南省美术家协会、河南省华夏美术馆承办的“全国第三届中国画线描艺术展”在河南省美术馆开幕。此次展览得到了全国 3000 余位画家积极参与，评选出了入选作品 185 幅，优秀作品 61 幅。

【长卷视界——第二届杭州·中国画双年展】

2012年12月28日，由中国美协、浙江省文联、浙江省文化厅、中国美术学院主办，浙江省美协、浙江美术馆、浙江画院承办的“长卷视界——第二届杭州·中国画双年展”在浙江美术馆开幕。本届双年展以“长卷视界”为主题，共分为三部分，分别是“游目骋怀”、“笔笔生发”、“丘壑内营”。

第二届杭州·中国画双年展共有30位艺术家参加展出，分别是刘国松、卢坤峰、崔振宽、吴山明、彭先诚、萧海春、刘大为、龙瑞、韩书力、常进、王明明、崔晓东、李学明、马小娟、陈孟昕、李劲堃、喻慧、刘庆和、彭小冲、茹峰、张捷、王颖生、次仁多杰、姚大伍、贾广健、赵跃鹏、方向、花俊、德珍、次仁朗杰。

【2012全国中国画作品展览】

2012年12月28日，由中国美术家协会、上海市文学艺术界联合会、上海市文化广播影视管理局主办，上海市美术家协会承办，上海书画院浦东分院、浦东新区高东镇人民政府协办的“2012全国中国画作品展览”在上海中华艺术宫开展，展出作品251幅。“全国中国画作品展览”是中国美协组织的一年一度的全国性展览，作品涉及人物、花鸟、山水各门类。

油画

【中国写实画派七周年特展】

2012 年 1 月 17 日至 2 月 12 日，“中国写实画派七周年特展”在西安美术馆展出。展览囊括写实画派画家们在 2011 年的新作，共展出艾轩、杨飞云、王沂东等 25 位油画家近 80 幅作品。

【2012 新写实油画展】

2012 年 4 月 14 日，由凤凰出版传媒集团、清华大学美术学院当代艺术研究所等主办，江苏美术出版社、北京绥风艺术馆等承办的“2012 新写实油画展览”在中国美术馆开幕，共展出唐伟民、余含兮等 30 多位年轻艺术家作品百余幅。

【可见之诗——第二届油画写生作品展】

2012 年 4 月 15 日，由中国油画学会主办，北京文化艺术基金会与国子监油画艺术馆协办的“可见之诗——第二届油画写生作品展”在中国美术馆开幕。本次展览展出了艺术委员会从送选的 5000 余件作品中最终挑选出的 208 件优秀作品，其中 5 幅作品获得艺术奖、10 幅作品获得优秀奖。

【“现代之路——云南现当代油画艺术”展】

2012 年 10 月 11 日，由云南省委宣传部、云南省文学艺术界联合会、中国新闻社共同主办的“现代之路——云南现当代油画艺术”展在中国美术馆开幕。展览共展出 47 位云南艺术家的 59 幅代表性油画作品，其中包括廖新学的《夏日海埂》、《翠湖晨曦》，刘自鸣的《德宏集市》、《大理风景》，姚钟华的《搏》、《北京的声音》，毛旭辉的《可以葬身之地・躺下的红色靠背椅》、《坐在夜晚中的家长》，唐志冈的《席梦思》等作品。

【高原・高原——第二届中国西部美术展油画年度展】

2012 年 10 月 28 日，由陕西省美术博物馆主办的“高原・高原——第二届中国西部美术展油画年度展”暨颁奖典礼在陕西省美术博物馆举行。展览以“融会・创新・标高”为主题，共展出油画作品 260 余幅，其中 197 幅作品是从近 700 幅应征作品中评选出来，作品出自西部各省区市的艺术家或曾在西部生活、工作过的艺术家之手。大展还特别邀请了詹建俊、段正渠、丁方、谌北新、郭北平、王胜利等画家的作品参展。

【中国写实画派 2012 年展】

2012 年 11 月 9 日至 16 日，由中国艺术研究院中国油画院、北京市文物局、中国国际贸易促进委员会北京市分会、中国写实画派联合主办，中国油画艺术基金、美丽道国际艺术机构、成都岁月艺术馆、吉林美术出版社协办的“中国写实画派2012年展”在中国油画院美术馆举行。此次展览参展作品八十余幅，参展画家包括：艾轩、杨飞云、王沂东、陈衍宁、徐芒耀、刘孔喜、郭润文、王宏剑、袁正阳、夏星、张利、龙力游、李士进、徐唯辛、郑艺、翁伟、忻东旺、庞茂琨、冷军、殷 雄、石良、李贵君、张义波、朱春林、王少伦共25位。

【时代风采——2012中国百家金陵画展（油画）】

2012年11月16日，由中国美术家协会、江苏省委宣传部、江苏省文化厅、江苏省文联主办的“时代风采——2012中国百家金陵画展（油画）”在江苏省美术馆开幕。中国百家金陵画展迄今已成功举办了7届，本届油画展以“时代风采”为主题，共收到了来自全国的参选作品4190件。最终评出入展作品100件，其中10件作品荣获金奖。中国百家金陵画展单年展出中国画、双年展出油画，从2013年开始将增加版画画种，参展画种由原来的两年一展调整为三年一展。

【“画忆江南” 第二届中国长三角油画名家邀请展】

2012年11月21日，由上海市文学艺术界联合会与上海市美术家协会主办的“画忆江南”第二届中国长三角油画名家邀请展在上海刘海粟美术馆拉开帷幕。本次画展邀请了浙江、江苏、安徽、山东、上海油画家参展，共展出35位艺术家的90件作品。

【首届全国中青年油画展】

2012年12月12日至2013年1月5日，由中国美术家协会、广东省美术家协会、深圳市文学艺术界联合会、深圳市龙岗区人民政府联合主办的“首届全国中青年油画展”在深圳市大芬美术馆开幕。展览共展出108件油画作品。评审委员会委员由中国美术家协会党组书记、常务副主席吴长江，中国美术家协会油画艺术委员会主任朱乃正，中国美术学院教授全山石等14人组成，评选出了包括唐家庆的《秋系列之四》、贾善国的《凝固的历史》、奉光水的《生活小景——小木房系列》、黄德华的油画《越秀南——明爱托儿所》、袁炽彬的油画《团结》等108件参展作品。10幅获奖作品分别是黄德华的《越秀南——明爱托儿所》、陈向兵的《边城》、郭祖昌的《穿蓝格子的姑娘》、檀梓栋的《画室来电》、崔根男的《北方的家》、钱兆峰的《晨曦》、杨国强的《白床－1》、刘丹的《镜像系列之缠绵的诗》、彭斯的《聆听》、王源的《片段》。这10件作品由主办方出资收藏，成为大芬美术馆的馆藏作品。此次展览与深圳首届艺博会暨第三届大芬国际油画节同时开幕。

【鼎新华南——吾土吾民油画邀请展】

2012年12月27日，以阐扬中国油画的“中国性”为出发点而举办“吾土吾民系列油画邀请展”第四站——“鼎新华南”在广东美术馆开幕。本次“鼎新华南”展览由中国美术家协会油画艺委会、广东省美术家协会主办，汇聚华南地域内五省三地（广东、福建、海南、湖南、湖北、香港、澳门、台湾）242位艺术家的266件油画作品。

版画

【第二届云南国际版画展】

2012年6月3日，第二届云南国际版画展在昆明开幕。本届版画展以“根性的延展”为主题，入选182件作品。展览共收到来自全世界48个国家和地区的1138件作品，其中来自中国、美国、泰国、波兰、韩国等国的12件作品分获金、银、铜奖。中国版画家吴婉希、唐满文的作品《洁净三联》和《备忘录之海国图志》获得金奖。

【原点的维度：2012上海国际版画展】

2012年10月30日，由上海市美术家协会、上海市对外文化交流协会、上海美术馆、上海大学美术学院主办，同济大学建筑与城市规划学院、上海印艺术文化传播有限公司协办的“原点的维度：2012上海国际版画展”在上海美术馆开幕。本届展览围绕木刻形式，展出来自西班牙、希腊、乌克兰、奥地利、德国、波兰、英国、加拿大、美国、韩国、孟加拉国、中国的52位作者的122幅作品。

【水·印·象——第十届“姑苏之秋”当代水印版画邀请展暨桃花坞木刻年画文献展】

2012年11月1日，“水·印·象——第十一届‘姑苏之秋’当代水印版画邀请展暨桃花坞木刻年画文献展”在苏州美术馆开幕。此次邀请三十多位中外艺术家，展出近一百幅水印版画作品。期间，还举办了桃花坞木刻年画文献展、朵云轩传统版画技艺展。

展览期间，还同时举行了桃花坞木刻年画文献展、朵云轩传统版画的技艺展。

【第二届北京版画博览交易会】

2012年12月1日，第二届北京版画博览交易会在798艺术区百雅轩艺术中心开幕，博览会汇聚了三个主题的展览，包括中国百位版画名家作品展、实践的理想——中国当代版画文献展、法国卢浮宫馆藏铜版画特展，开幕之后举行了2012北京版画高峰论坛。

博览会特别组织了法国卢浮宫馆藏铜版画特展，展出168件能够完整呈现法国版画400年艺术史的版画作品，涉及皇家雕版直至当代版画，主要包括三部分：第一部分记录了王朝盛大的节庆和皇家建筑平面图与立体图、书房内的绘画与掉线、油画与雕刻装饰等；第二部分是版画家根据卢浮宫收藏的经典绘画作品刻制的版画，以及一些展示法国近代重要历史事件的版画作品；第三部分是1948年以后，卢浮宫铜版馆向现代艺术家订购的当代艺术版画作品。

第五届“实践的力量”版画文献展也成为博览会的一部分，以“实践”的名义，真实地再现当代版画的创作进程，展出作品100多件，包括谭平的黑白木刻《无题》系列、卢治平的《明式书法—仿宋》、杨锋的《玩偶》系列等都是目前版画艺术实践的最好体现。

【画说龙江——黑龙江省美术馆50年馆藏经典版画作品特展】

2012年12月14日，“画说龙江——黑龙江省美术馆50年馆藏经典版画作品特展”在中国美术馆开幕。此次展览展出了190余件版画作品，既有北大荒时期的版画作品，也有知青版画作品和改革开放30年来的作品。

雕塑

【启——中国雕塑学会青年推介计划巡回展（北京站）】

2012 年 1 月 8 日，“启——中国雕塑学会青年推介计划巡回展（北京站）”在北京今日美术馆开幕，此展是中国雕塑学会所推出的一项为期三年的青年推介计划的组成部分。此次展览汇集了五十多位艺术家，近百件作品，用了近一年的时间在全国九个城市巡回展出。

【第二届中国（铜陵）国际铜雕艺术展】

2012 年 2 月 25 日，全国城市雕塑建设指导委员会和铜陵市人民政府在国家会议中心举办了第二届中国（铜陵）国际铜雕艺术展启动仪式新闻发布会。发布会公布了第二届铜雕艺术展的征稿公告，面向国内外从事雕塑艺术创作的专业机构和专业人士（单位、个人或群体），美术院校、雕塑院校教师、学生，雕塑爱好者等征集 35 件铜雕作品，足尺比例放大坐落“国际铜雕艺术园”。

【大荒西经——成渝当代雕塑邀请展】

2012 年 3 月 18 日，由文轩美术馆、四川美术学院主办，雕塑艺术策展人唐尧策展的“大荒西经——成渝当代雕塑邀请展”在文轩美术馆拉开序幕。本次展览邀请了成渝两地雕塑艺术家 60 余位，参展的优秀作品逾 70 件。

【国博百年·中国雕塑百年作品展】

2012 年 7 月 7 日，由中国国家博物馆和中国雕塑学会共同主办的“国博百年·中国雕塑百年作品展”在北京国家博物馆开幕。文化部副部长王文章，中国文学艺术基金会理事长胡振民，中国文联副主席左中一等出席开幕式。展览以“融汇与屹立”为学术主题，汇集了从刘开渠、曾竹韶等中国现代雕塑的开拓者，到钱绍武、潘鹤、王克庆、程允贤等新中国成立后老中青三代雕塑家的雕塑作品 200 余件，展品中既有中国雕塑先驱人物李金发唯一存世的原作《黄少强像》，也有人民英雄纪念碑创作集体的丰富作品，还有《收租院》群雕中 5 件最具代表性的雕塑等珍贵原作。

【第一届中国（佛山）国际城市雕塑创作大展暨研讨会】

2012 年 7 月 28 日至 29 日，第一届中国（佛山）国际城市雕塑创作大展暨研讨会在佛山新城举行，来自中国、美国、法国、俄罗斯、日本、韩国的雕塑家共 200 余人参加。本次大赛收到作品 443 件，进入大展和终评的 230 件，涉及 10 多个国家和国内外 13 所重点美术学院。

【雕塑中国：　中央美术学院雕塑创作回顾展】

2012 年 9 月 1 日，由中央美术学院、北京央美艺术投资有限公司主办，中央美术学院雕塑系、中央美术学院雕塑艺术创作研究所、央美艺术中心共同承办的“雕塑中国：中央美术学院雕塑创作回顾展”在中央美术学院雕塑艺术创作研究所（小营校区）开幕。此次展览由“历史经典”、“传承渐变”、“拓展转型”三个展区及文献展组成，汇集中央美术学院雕塑专业建立以来雕塑家的代表作品 400 余件，同时展出中央美术学院雕塑系及雕塑艺术创作研究所自建立以来珍贵的创作手稿、照片等历史文献资料。同时，展览期间举办了系列学术讲座和研讨会。

【“曾竹韶雕塑艺术奖学金”　2012 年度获奖与入围作品展】

2012 年 9 月 26 日，由中央美术学院、中国雕塑学会、中国美术家协会雕塑艺委会和大同市人民政府共同主办的“曾竹韶雕塑艺术奖学金”2012 年度获奖与入围作品展在山西省大同市开幕。本届“曾竹韶雕塑艺术奖学金”评审共收到来自全国 18 所艺术院校的 116 件毕业作品参展，其中 16 件作品为学生自荐。第五届“曾竹韶雕塑艺术奖学金”评委主席吕品昌先生宣读了“曾竹韶雕塑艺术奖学金”2012 年度获奖与入围作品展获奖作品和学生名单。

［2012 **“曾竹韶雕塑艺术奖学金”获奖名单**］

获曾竹韶奖：

广州美术学院	冯晓峰《破晓》
中央美术学院	王朝勇《悟》系列作品
清华大学美术学院	石　富《中国孩子》
广州美术学院	刘洪楷《声音的形状》
天津美术学院	王立伟《感官世界系列》、《空相》

获提名奖（排名不分先后）：

中央美术学院	韩　毅　《我们》
四川美术学院	娄　金　《生》
中央美术学院	李智敏　《涅槃》
广州美术学院	柯佳敏　《他们不愿离开》
四川美术学院	张超、王一竹《无题系列一二三四》
清华大学美术学院	谭建明　《那个年代》
广州美术学院	彭　程　《人间——春远・夏致・秋荒・冬闲》
广西艺术学院	刘宇航　《黑衣壮的女人》
中央美术学院	刘　涵　《门里门外》
中央美术学院	刘绍栋　《做自己的神》
广州美术学院	李建峰、梁伟林、吴伟文《320 米的憧憬—广州东濠涌公共空间优化设计》
四川音乐美术学院	冉净密　《竹曰》
四川美术学院	张　洁　《如果……》
中国美术学院	金亚楠　《消失》（影像）、《装饰支撑体》（雕塑）
清华大学美术学院	张升化　《建・拆—尚存的记忆》
上海大学美术学院	许李莉　《密度》
四川美术学院	王　欢　《原・宿》
广州美术学院	邵晓明　《痕》

中央美术学院	张爱娜	《茧系列—寂》一二三、《白日梦》
四川美术学院	徐　雄	《状态》

【2012 中国・芜湖第二届刘开渠奖国际雕塑大展暨第二届中国雕塑论坛】

2012 年 10 月 27 日，"2012 中国・芜湖第二届刘开渠奖国际雕塑大展暨第二届中国雕塑论坛"在安徽省芜湖市举办。开幕式揭晓了金、银、铜、特别荣誉、优秀、评委奖等各个奖项，其中金奖被来自清华大学美术学院的谭建明摘得。本次活动继续由中国雕塑学会、中国美术学院与芜湖市人民政府三方联合主办。本次展览共有 43 件作品参加，其中国外作品 8 件，国内作品 35 件。这些作品是经过大展评委会从来自全球 35 个国家和地区的 553 名艺术家逾 2100 件投稿作品方案中遴选而出。

【第十八届中国雕塑论坛暨首届中国当代抽象雕塑展】

2012 年 11 月 16 日至 27 日，由中国工艺美术学会雕塑专业委员会主办，陕西科技大学、《雕塑》杂志社共同承办的"第十八届中国雕塑论坛暨首届中国当代抽象雕塑展"在古城西安拉开帷幕。"第十八届中国雕塑论坛"在陕西科技大学举办，本届论坛主题为"抽象与雕塑"，100 余位来自国内外的雕塑家、理论家就抽象雕塑的沿革、现状及未来发展，中国抽象雕塑教学与科研、创作与实践等方面展开主题演讲和研讨。"首届中国当代抽象雕塑展"展出了 100 余件当代国内外雕塑家创作的抽象雕塑作品。

【雕塑 2012：　三官殿 1 号艺术展】

2012 年 11 月 23 日，由湖北美术馆主办的"雕塑 2012：三官殿 1 号艺术展"在湖北美术馆开幕。展览展出五位当代雕塑家傅中望、隋建国、张永见、展望、姜杰的最新作品。

【2012 中国杭州第四届西湖国际雕塑邀请展】

2012 年 11 月 23 日，由杭州市人民政府、中国美术学院、全国城市雕塑建设指导委员会、中国雕塑学会等主办的"2012 中国杭州第四届西湖国际雕塑邀请展"在杭州市西溪湿地东门广场开幕，展期 30 天。前三届西湖国际雕塑邀请展分别以"山、水、人"、"岁月如歌"和"钱塘时刻"作为主题，而此次展览主题为"水陆相望"，由"守望"、"相望"、"秋望"三方面共同组成。本次邀请展由雕塑展艺委会定向邀请了国内外雕塑家、国际艺术家、优秀青年艺术家等五十余位参展。参展作品包括户外雕塑与景观装置艺术品。其中，国外艺术作品为 11 件，分别来自巴西、德国、美国、法国、克罗地亚等国家，国内作品为 40 件。

水彩水粉

【第十届全国水彩粉画作品展】

2012 年 11 月 30 日，由中国美协与广西壮族自治区委员会宣传部、统战部和广西文联共同主办的“第十届全国水彩粉画作品展”在广西民族博物馆举行。展览展出了 328 件作品，其中 9 件获得了中国美术奖提名，47 件被评为优秀作品。期间，同时展出了“2011 · 中国水彩国际高研班师生作品展”的作品。

插画·壁画·漫画·漆画

【第三届全国插画艺术展】

2012年2月21日至3月4日，“第三届全国插画艺术展”在关山月美术馆举行，国际设计大师U.G.佐藤先生的个人插画海报展作为本届全国插画艺术展的系列展览之一同时展出。自2007年“首届全国插画艺术展”在深圳举办至今，“全国插画艺术展”已经举办了三届。本届展览从国内各地应征的2300余件作品中，评选出四个类别的金、银、铜奖共19件，优秀及入围作品156件。

【第二届架上连环画·插图邀请展】

2012年5月1日，由中国美术家协会主办，中国美协连环画艺委会及插图装帧艺委会、中国出版工作者协会连环画艺委会、中国美术出版总社、连环画出版社、《连环画报》、上海美术家协会、虹桥当代艺术馆、鲁迅美术学院、新疆维吾尔自治区党委宣传部、新疆人民出版总社、盼盼集团惟善轩、春晖房地产开发有限公司承办的“第二届架上连环画·插图邀请展”在中国美术馆开幕。

此次画展共邀请38位艺术家的连环画或插图性质的架上作品，包括邓中和、尤山、冯远、叶雄、孙愚、许勇、刘辉煌、刘大为、李晨、汪观清、汪国新、沈尧定、沈尧伊、杨逸麟、陈玉先、杨宏富、杨世新、杨大禹、陈雅丹、宋永平、范生福、庞邦本、庞先健、赵华胜、胡博综、侯国良、查加伍、施大畏、秦龙、聂崇瑞、夏葆元、徐恒瑜、高云、高荣生、黄永玉、程丛林、曾多源、翟跃飞。中国美术馆首展之后，展览先后在大连鲁迅美术学院校区、上海虹桥当代艺术馆、湘潭齐白石纪念馆、乌鲁木齐亚欧博览中心等地巡展。

【“子恺杯”第九届漫画大展】

2012年8月23日，由中国美术家协会和桐乡市人民政府联合主办的“子恺杯”第九届漫画大展在浙江省桐乡市举行。此次大展展示了中国漫画家创作的最新成果，是对近两年来中国漫画的一次总结。活动期间，还举行了由中国美术家协会漫画艺委员会、桐乡市人民政府主办的“全国漫画艺术及产业化高峰论坛”。

【首届大同国际壁画双年展】

2012年9月26日，由中国美术家协会、中央美术学院、大同市政府联合主办的“首届大同国际壁画双年展”在山西省大同市和阳美术馆开幕。

首届大同国际壁画双年展的主题为“天工”，与大同国际雕塑双年展的主题“开物”相呼应。与以往的壁画展不同的是，此次90%的参展作品均为原作，包括优秀材料壁画的局部复制、大型绘制壁画、实验壁画和壁画家的小型架上作品。包括油画、国画、雕塑、浮雕、素描、水彩、版画、浮雕，以及陶瓷、琉璃镶嵌、木雕、铜雕、石雕、玻璃等多种材料。展览内容从北魏破多罗氏太夫人、梁拨胡墓室壁画，到辽金觉山寺寺观壁画，元代永安寺、明清华严寺、善化寺、云林寺等寺观壁画。此次参展的作品超过五百多件，不仅包括中央美院等十余家全国重点美术高校的教师与学生的优秀创作，还包括大同市华严寺、善化寺的再造壁画、敦煌莫高窟、新疆龟兹石窟和甘肃麦积山石窟的古代优秀壁画复制作品，以及来自包括台湾地区的全国二十多个省市的壁画艺术家选送的作品。本届双年展还邀请了俄罗斯、日本、韩国几十位艺术家的近百幅作品参展。

【2012 第六届中国・嘉兴国际漫画双年展暨首届漫画节】

2012 年 11 月 5 日，由中国美术家协会、嘉兴市人民政府共同主办的“2012 第六届中国・嘉兴国际漫画双年展暨首届漫画节”在浙江省嘉兴市开幕。活动项目共有 12 项，其中中国美术家协会、嘉兴市人民政府共同举办的活动项目 3 项：即 2012 第六届中国・嘉兴国际漫画双年展、“中国漫画创作基地”命名授牌仪式、中国国际漫画・嘉兴论坛；嘉兴市配套举办的活动项目 9 项：1. 嘉兴市与保加利亚加布罗沃市建立“国际漫画友好交流关系”签协议式；2. 嘉兴籍中国漫画名家丰子恺、张乐平、米谷、黄尧等作品展；3. 国际漫画友好交流关系城市作品展；4. 漫画嘉兴——何剑伟漫画作品展；5. 中外漫画家“漫画嘉兴”联谊互动活动；6. 嘉兴籍中国漫画名家故里游；7. 第九届“子恺杯”全国漫画优秀作品展；8. 2012 第二届“三毛杯”全国漫画展；9. 生态嘉兴——嘉兴市中小学生漫画作品展。

在中国漫画近百年历史上，嘉兴有丰子恺、张乐平、米谷、黄尧、丁悚、沈泊尘、沈振黄、王敦庆等一批漫画大师，被称作“中国漫画发源地之一”，成为“漫画大师的摇篮”。本届展览，“中国・嘉兴国际漫画展”更名为“中国・嘉兴国际漫画双年展”，并启动首届漫画节和中国国际漫画・嘉兴论坛。

【第三届全国漆画展】

2012 年 12 月 1 日，“第三届全国漆画展”在南京艺术学院美术馆开幕。展览在全国范围内共征集作品数量达一千余件，为历届之最，最终有 200 件作品入围展览，并产生了 60 件优秀作品。

实验艺术

【首届 CAFAM 未来展】

2012 年 8 月 8 日，由徐冰、亚历山大·孟璐（Alexandra Munroe）总策划，王璜生、冯博一、王春辰、蔡萌共同策展的“首届 CAFAM 未来展”在中央美术学院美术馆开幕。来自全国的 93 位青年艺术家，用近 200 件作品书写了一份“亚现象·中国青年艺术生态报告”。展览结构分为“蔓生长”、“自媒体”、“微抵抗”、“宅空间”、“浅生活”、“未知数”六个现象（单元）。这一展览活动意在对当今青年艺术生态做田野式考察，分析、研究当下及下一个阶段华人艺术的趋势，鼓励青年人的艺术语言探索与新方式的推进 。重点考察新生代艺术家在今天的全球语境、文化格局、生产方式之下的，属于这一代人特有的“艺术方式”。

【中国表现艺术展】

2012 年 12 月 23 日至 12 月 30 日，由上海美术馆和昊美术馆共同主办的“中国表现艺术展”在上海美术馆举行。展览以“中国表现”为主题，邀请与这一主题相关的艺术家和批评家，意在展示和探讨中国当代艺术中的表现性倾向和表现主义的中国面貌。参展艺术家包括罗中立、周春芽、丁方、贾涤非、夏小万、严培明、邓箭今、杨少斌、张洹、张恩利等国内当代艺术家。

个人展览

【木棉·岭南风骨——陈永锵专题作品展】

2012年3月3日，“木棉·岭南风骨——陈永锵专题作品展”在中国美术馆展出。该展由文化部、中国民主促进会中央委员会、中共广东省委宣传部、中国美术家协会、中共广州市委宣传部、中国美术馆联手主办，展出60件以木棉为主题的国画作品，这也是画家在相隔9年后再次在中国美术馆举办的个人画展。

【“隋建国” 大型个展】

2012年3月3日，“隋建国”大型个展在798佩斯北京拉开帷幕。展览囊括了隋建国20多年来的近30件作品，包括就读中央美院研究生时期的作品《无题》、1992年第一次亮相北京的《地罣》，转向具有政治象征寓意的符号视觉形象探索后的《衣钵》，以及他近期的一些实验性研究。

【大者之美——王迦南蔡小丽伉俪画展】

2012年3月13日，由中国人民对外友好协会、中国友好和平发展基金会等主办的“大者之美——王迦南蔡小丽伉俪画展”在中国美术馆开幕。王迦南、蔡小丽20世纪80年代中期时为中央美院教师，后定居国外，进行中国画的艺术研究与创作。

【“气·悟·和——我的强国之梦” 赵成民雕塑展】

2012年4月4日，以“气·悟·和——我的强国之梦”为主题的赵成民大型雕塑作品展在中国美术馆开幕。展览由“气·悟·和”三部分组成，展出了40余件作品。“气”部分由战马雕塑与将军坐骑雕塑构成。“悟”部分则以展现清代最后帝王豪华阅兵场面的一组组群像构成。而“和”部分主要以在中西文化互融理念下完成的一些作品。

【天山魂——哈孜·艾买提美术作品展】

2012年4月7日，由中国美术家协会、中国美术馆、新疆维吾尔自治区文学艺术界联合会共同主办的“天山魂——哈孜·艾买提美术作品展”在中国美术馆拉开帷幕。此次画展为期一周，展出了画家哈孜·艾买提在各个历史时期创作的一百多幅作品。

哈孜·艾买提是维吾尔族画家、艺术教育家。第九届全国人大代表、中国美术家协会顾问、中国国家画院院委、新疆维吾尔自治区文联名誉主席、曾任新疆美术家协会主席、现任名誉主席、新疆维吾尔自治区文史研究馆名誉馆长、曾任新疆艺术学院院长等职。

【吞吐大荒·许钦松山水画展】

2012年4月17日，由中国文化部、中国文学艺术界联合会、全国政协书画室、广东省人民政府、中共广东省委宣传部、中国美术家协会、中国美术馆、中国艺术研究院、中国国家画院共同主办的“吞吐大荒·许钦松山水画展”在中国美术馆开幕。此次展览精选许钦松2000年以来创作的60多件山水作品，其中有十余张丈二以上的巨幅作品，是画家多年来艺术创作的一次阶段性总结和回顾。

【孔柏基油画展】

2012年4月18日至4月29日，“孔柏基油画展”在中国美术馆展出。此次油画展展出孔柏基代表性作品“敦煌印象”系列画作、描绘美国康州小镇自然景色的固态油画以及记录家乡、欧洲各国风光的纸上油画100幅。在展览举办之际，孔柏基向中国美术馆捐赠了各个时期代表作20幅。

孔柏基，1932年2月出生于浙江上虞，曾任上海戏剧学院美术系主任、副教授。作品有《孔柏基固体油画集》、《天安门诗抄画集》等，1986年移居美国。

【笔墨尘缘——冯远中国画作品展】

2012年4月26日，“笔墨尘缘——冯远中国画作品展”在中国美术馆开幕。此次冯远个展由中国文学艺术界联合会、中华人民共和国文化部、全国政协书画室、清华大学、中国美术家协会、中国美术馆联合主办，全面展示了冯远自20世纪八十年代从浙江美术学院（现为中国美术学院）毕业以来三十余年的美术创作历程。

本次展览共展出冯远创作的中国画作品近两百件，分别体现出他在每个创作阶段研究思考、创作实践的成果和风格变异的历程，并以“历史溯怀”、“技道萦怀”、“苍生情怀”、“传统追怀”四个主题加以呈现。“历史溯怀”部分主要展出了冯远的大型主题性创作；“技道萦怀”部分，是他早年教学的习作和一批水墨探索的作品；“苍生情怀”部分，集中了藏族人物、都市人物、民工生存状态等现实生活题材的作品；“传统追怀”部分，则以古典历史人文题材作品为主。此外，展览还展出了冯远的书法作品和早年创作的部分连环图画、插图和写生稿。展览中除了有冯远近期创作的新作如《今生来世》之外，还涵盖了他在各个时期的代表作，如《逐日图》、《我们》、《世纪智者》、《屈赋辞意》、《逍遥游》等。

【“情系故里——刘国松·八十回眸”现代水墨作品展】

2012年4月29日，“情系故里——刘国松·八十回眸”现代水墨作品展亮相山东青州。展览由青州市人民政府主办，以回顾刘国松60年从艺历程为主题，通过其各个时期的代表作66幅，展现了艺术家创作风格的变化和对于中国水墨画的现代探索。刘国松向青州市博物馆捐赠了一幅他创作于20世纪60年代的现代水墨代表作。

刘国松1955年从台湾师范大学美术系毕业后，与几位同学一起成立了台湾艺术史上的画会之一“五月画会”，秉持“向西方艺术学习”的思想，发起了现代艺术运动。几十年来，刘国松不遗余力地在世界各地推广现代水墨画，受邀到世界各地举办个展80余次，其作品被美国大都会博物馆等全球50余家美术馆和博物馆收藏。从台湾到东南亚，从香港到内地，现代水墨逐渐获得美术界的认同与尊重，并逐渐发扬光大。

【神州情韵——谢欣从艺 70 年中国画展】

2012 年 5 月 4 日至 9 日，由北京画院美术馆、湖南省美术家协会、湖南齐白石纪念馆、中共湖南省湘乡市委、湖南省湘乡市人民政府联合主办的“神州情韵——谢欣从艺 70 年中国画展”在北京画院美术馆举行，《壮哉暮年——众家谈谢欣》同时出版。

此次展览以谢欣从艺 70 周年的艺术人生为主线，分为“跟随老师，亲身讨教”、“学古人、学宾虹、学抱石”、“纵横五万里写生”、“晚年变法”等四个阶段，以“长镜头”的视角展示谢欣投身于抗日战争、解放战争和为新中国建设纵情欢歌的从艺之路。

谢欣，1924 年 11 月 14 日出生于湖南省湘乡县。字杞荪，笔名李仲、慎子、老杞。1942 年考入南京美术专科学校，1943 年入中华艺术专科学校，与校长郑明虹、老师齐子如结下忘年交。1944 年任武冈县民教馆艺术主任，11 月在重庆举办了战地“流亡图”个人画展，并半工半读于中国美术学院研修班，受业于徐悲鸿、张安治、高希舜、黄君璧等先生。1949 年任中国人民解放军湘中一支五团宣传队长。解放后历任湖南总工会文化科副科长、湖南工人辅导队队长、省工会干校文艺班主任、省戏曲改革委员会委员。1955 年被诬陷为“胡风在湖南的骨干”，受到隔离调查。后从事基层美术教育工作，“文化革命”后离休。1982 年至 1984 年底偕夫人彭柱之自费在国内旅游写生，期间在湘乡、湘潭、涟源、会同、沈阳举办个展。2009 年“纵横五万里——谢欣山水画学术邀请展”在湖南师范大学美术学院举行，2010 年“我与祖国——谢欣从艺 70 周年中国画成就展”在广州举行。

【诗心化境——宋惠民油画作品展】

2012 年 5 月 8 日，由中国美术家协会、中国美术馆、中国油画学会、鲁迅美术学院主办，鲁迅美术学院美术馆承办的“诗心化境——宋惠民油画作品展”在中国美术馆开幕。

此次展览是宋惠民自 20 世纪 80 年代以来，三十多年中油画创作的一次集中展示与回顾。展出的油画作品包括《曹雪芹》、《苍茫》、《悠悠岁月》、《花之华》及全景画《赤壁之战》、色彩草稿等 60 余件。

【袁运甫水墨画展】

2012 年 5 月 11 日至 5 月 25 日，“袁运甫水墨画展”开幕式暨作品捐赠仪式在故宫博物院神武门展厅举行。在展览开幕式上，袁运甫向故宫博物院捐赠了《长江万里图》、《故宫双柏》、《金碧大荷塘》、《喜马拉雅山》、《朱荷碧盖》5 幅代表作。

袁运甫是我国当代画家、公共艺术家和艺术教育家，在中国画、油画、水粉画、插图艺术、设计艺术等方面均有很高成就。他于 20 世纪 70 年代参与的《长江万里图》稿、毛主席纪念堂公共艺术创作、首都国际机场壁画《巴山蜀水》等创作广为人知。袁运甫通过对西方绘画艺术的研究和实践，创造出深具时代风格和中国色彩的作品。从 20 世纪 60 年代起，他在水墨画、彩墨画的创作中，着重在绘画体裁、创作方法、色与墨的交融等方面对传统水墨艺术进行创新实践，为推进中国水墨艺术的发展作出了贡献。同日，“袁运甫水墨画研讨会”在故宫博物院举行。

【蔡锦个展】

2012 年 6 月 5 日，由天津美术学院主办的“蔡锦个展”在中国美术馆举行。

蔡锦，1965 年出生于安徽，1991 年毕业于中央美术学院油画研修班，1992 年受栗宪庭邀请，蔡锦参加了“后89新艺术展”，并且是参展艺术家中年龄最小且唯一的女性艺术家。1997年蔡锦去了美国，她的作品也开始出现在国际展览舞台上。十年后，蔡锦回到中国，现为天津美术学院教师。主要作品有《美人蕉》系列。

【大写神州——崔如琢艺术展】

2012年6月9日，由文化部、中国文联、国家文物局、中国艺术研究院、国家博物馆联合主办，文化部艺术司、中国美术家协会承办的“大写神州——崔如琢艺术展”在国家博物馆开幕。历时两年，相继在上海、杭州、南京、济南、广州等17站展出之后，崔如琢艺术展回到北京。

此次展览共展出崔如琢书画及指墨作品180余幅。崔如琢所收藏的清初四画僧之一石涛所作的《罗汉百开册页》也同时展出。崔如琢书法承袭北派书法家郑诵先，后随国画大师李苦禅先生学画，20世纪80年代初，他离开中央工艺美术学院前往美国研习西方绘画，曾在纽约杜威大学担任艺术系教授。

【再创唐风——唐勇力中国画作品展】

2012年6月30日，由文化部、中国文联、中国民主促进会中央委员会、全国政协书画室、中国美术家协会、中国美术馆、中央美术学院联合主办的“再创唐风——唐勇力中国画作品展”在中国美术馆开幕。展览分为“艺取敦煌”、“研修探索”、“游观造化”、“人体之美”、“水墨意韵”、“诗中有画”等主题板块，通过敦煌艺术、古代高士、佛道人物、古装仕女等多种形象和主题创作一百五余幅，集中展示了唐勇力在中国画继承、创新、发展方面取得的突出成果。

唐勇力是当代工笔画家，现任全国政协委员、中央美术学院中国画学院院长、国家主题性绘画创作研究中心主任。

【水墨家园——李小可作品展】

2012年7月11日，由中央文史研究馆、中国文学艺术界联合会、中国美术家协会、北京画院、李可染艺术基金会共同主办的“水墨家园——李小可作品展”在中国美术馆开幕。

水墨家园是李小可多年来关注与表现的主题之一，此次展览汇聚了李小可近年来创作的百余幅中国画作品，分为“水墨家园”、“雪域藏迹”、“山水黄山”三大板块。

【历史·美学——江明贤的墨彩河山】

2012年8月28日，台湾画家、美术教育家江明贤的画展“历史·美学——江明贤的墨彩河山”在国家博物馆开幕。此次展览共展出江明贤的墨彩山水作品数十幅，绝大多数是江明贤近年来游历大陆山水名胜的写生作品，其中展出的《新富春山居图》长卷（60厘米×3600厘米）最受瞩目。

【刘国辉画展】

2012年8月31日，由中国美术家协会、中国美术学院、中国美术馆、中国画学会、浙江美术馆联合主办的“刘国辉画展”在中国美术馆开幕。

此次展览展出刘国辉作品75幅（其中一幅由52件组成），创作年代跨度自1980年至今，囊括了其各个时期的代表性作品，最大程度地展示了他数十年来教学、创作以及研究工作的进程和学术思考。

【“八荒通神——新人文·卢禹舜” 画展】

2012年9月9日，“八荒通神——新人文·卢禹舜”画展在中国美术馆开幕。此次展览是对卢禹舜30年来艺术成就的一次系统梳理与回顾，以“静观八荒”、“精神家园”、“天地大美”、“河山锦绣”和“彼岸理想”5个主题系列展出了卢禹舜代表作品一百六十多幅。

【张颂南70油画展】

2012年9月13日，由吴作人国际美术基金会主办的“张颂南70油画展”在中国美术馆开幕。曾是吴作人先生研究生的加拿大华人画家张颂南，在这次70岁归国汇报展中展出了他近年来潜心创作的百余幅作品。

【水穷云起——杜大恺艺术作品展】

2012年9月16日，“水穷云起——杜大恺艺术作品展”在中国美术馆开幕。展览展出了杜大恺最新创作的水墨作品约一百五十幅，并有书法作品和以文献形式展出的杜大恺在不同时期创作的壁画、公共艺术及连环画手稿等，较全面地呈现了杜大恺从艺四十余年的探索历程。

【“行人”—— 李象群大型个展】

2012年9月22日，由中国美术家协会、中国美术馆、清华大学共同主办的雕塑家李象群大型个展“行人”在中国美术馆开幕。本次个展是李象群从艺34年来首次大型个展，展览主要分为三个系列：毛泽东系列肖像、“堆云堆雪”、“大紫禁城”。9月23日，北京大学举办了“李象群系列讲座”，墨西哥艺术史学会主席Peter Krieger教授、佛罗伦萨艺术史研究所所长Gehard Wolf教授，与饶毅、朱青生教授一起，分别进行了学术演讲。

【穿越·曾成钢雕塑展】

2012年10月14日至11月18日，“穿越·曾成钢雕塑展”在德国汉堡伦茨堡卡尔舒特艺术中心举行。展览由中国国家博物馆、清华大学、中国美术家协会、中国雕塑学会和德国北方艺术中心联合主办，是中德文化年系列活动之一。

本次展览标题为“穿越”。表明三层意思：一是本次展览在德国举行，是一次距离的穿越；二是这批作品主题由3部分组成，人物群雕“大觉者”、动物“精灵系列”和植物“莲说与静池”，是天地万物合一的穿越；三是雕塑作品“大觉者”表现古今中外伟大哲人，是思想和智慧超时空的穿越。

【自在之物： 乌托邦、 波普与个人神学——王广义艺术回顾展】

2012年10月14日至11月26日，今日美术馆推出了由张子康任总监、黄专任策划人的大型研究性展览“自在之物：乌托邦、波普与个人神学——王广义艺术回顾展”。

展览结构由回顾展部分和主题展部分构成。回顾部分以“文化乌托邦想象：创造的逻辑”、“从分析到波普：修正与征用”、“唯物主义神学：质料与形式”三大单元展出时间线索跨越从20世纪80年代迄今的王广义近30件代表性作品。其中包括《凝固的北方极地》（1985）、《后古典—马拉之死》（1986）、《黑色理性—炼狱分析》（1987）、《毛泽东1号》（又名：《毛泽东AO》草图）（1988）、《大批判—万宝路》（1992）等油画作品和《VISA NO2》（1994）、《基础教育 NO2》（1996）、《冷战美学》（2008）等大型装置作品，同时还展出了大量未曾公开过的方案草图和影像、图片文献。主题展部分展出了王广义为这次展览创作的大型装置作品《“自在之物”》。

【高原之魂——吴长江作品展】

2012年10月20日至11月6日，由上海市文化广播影视管理局、中央美术学院共同主办，上海美术馆承办的“高原之魂——吴长江作品展”和吴长江艺术研讨会在上海美术馆举办。本次展览既是对吴长江艺术创作的历时性梳理，也是他近年来赴高原写生创作的一次集中展示，展出其版画、素描、水彩作品数十幅。全国20余位美术家和理论家探讨了吴长江的艺术特色、价值与贡献。

【无所遁形——展望个展】

2012年10月26日，“无所遁形——展望个展”在798长征空间拉开帷幕，展览展出了艺术家7件作品，囊括了装置、影像以及雕塑等，其中《小宇宙》系列作品于今年在新加坡、台北和北京三个地方展出，可算是展望近来的力作。

【置上——于凡作品（2000－2012）】

2012年10月28日，由中央美术学院主办，中央美术学院造型艺术学院、中央美术学院美术馆承办，尤伦斯当代艺术中心支持，冯博一策划的“中央美术学院造型艺术年度提名2012于凡”：“置上——于凡作品（2000—2012）”展览在中央美术学院美术馆开幕。展览展出于凡从2000年至今创作的雕塑作品四十余件。

【“个人方式——格物和内省” 谭勋作品展】

2012年10月31日，由天津美术学院，天津美术学院当代艺术研究所主办，天津美术学院美术馆、史论系承办，高名潞策划的“个人方式——格物和内省”谭勋作品展在天津美术学院美术馆举行。

本次展览是以“个人方式——格物和内省”为主题，展出了天津美术学院雕塑系谭勋教授继“李明庄计划系列作品”之后2012年创作的装置、雕塑、影像等不同形式语言的三组大型作品。

【影子——张峰雕塑艺术作品展】

2012年11月17日，由中国美术家协会主办，鲁迅美术学院协办的“影子——张峰雕塑艺术作品展”在中国美术馆拉开帷幕。此次展出的张峰雕塑作品围绕着主题“影子”展开。

【阳光、空气、水——田黎明绘画展】

2012年11月23日至12月4日，由中国艺术研究院、中国美术家协会、上海美术馆联合主办的“阳光、空气、水——田黎明绘画展”在上海美术馆举办。画展是田黎明首次较大规模的个人艺术展。展览分为主题创作、游泳、童年、乡村记忆、都市、高士6个系列，以田黎明近年创作为展览主体。

【“玫瑰·浮云”——蔡志松个展】

2012年11月23日，蔡志松个展“玫瑰·浮云”亮相艺美画廊。展览展出了蔡志松的玫瑰与浮云系列作品，其中浮云系列原作共5件，一件于保利春拍中创下了690万的雕塑作品最高拍卖纪录，另外4件在本次展览中全部与观众见面，是继第54届威尼斯双年展后在国内首次最全面的展示。

【家园——黄格胜国画展】

2012年11月26日，由中国致公党中央委员会、中国美术家协会、中共广西壮族自治区委员会宣传部主办，广西壮族自治区教育厅、文化厅、中国致公党广西区委会、广西艺术学院、广西漓江画派促进会承办的“家园——黄格胜国画展”在中国美术馆开幕。画展展出作品共八十多件，展示了黄格胜在中国画领域近四十年来探索与实践的成果。

【谭平个展：1划】

2012年12月7日，中国美术馆，中央美术学院主办的《谭平个展：1划》在中国美术馆举办，展出了谭平为展览专门创作的一件作品——《+40m》。展览策展人朱青生，通过对谭平在油画、版画领域内的作品梳理，展现这位中国抽象艺术家的创作文脉。

交流

【现实的幻象——2012 米罗版画作品特展】

2012 年 1 月 15 日，“现实的幻象——2012 米罗版画作品特展”在上海美术馆开幕。

胡安·米罗是西班牙画家、雕塑家、陶艺家、版画家，超现实主义的代表人物，他的画以华丽的色彩和简单大胆的图案构成而闻名。本次米罗版画作品展由上海美术馆主办、上海世贸控股集团协办，上海市青年文化艺术联合会支持，展出作品来自上海世贸控股集团的藏品。这将是迄今为止国内规模最大的米罗版画作品展。展出作品多达 170 余幅，时间跨度长达 50 余年，较为完整地展现了米罗在各个时期的作品以及创作风格的变迁。

【2012 毕加索艺术大展】

2012 年 2 月 28 日至 5 月 1 日，由中国文化部、中国人民对外友好协会、四川省文化厅、北京友好传承文化基金会指导主办的“2012 毕加索艺术大展”在成都当代美术馆举办。展览展出 56 幅油画和 50 幅摄影作品，涵盖毕加索各个艺术时期。此次展览除了毕加索的作品外，还另设分馆，展出由张大千家族后人授权的 18 幅以蜀绣形式展现的作品，以契合组委会“东张西毕、百年邂逅”的宣传点。此次大展的毕加索作品均为法国国立毕加索博物馆的公共收藏品。

【托尼·克拉格：雕塑与绘画展】

2012 年 3 月 2 日，由中央美术学院美术馆、英国大使馆文化教育处主办的“托尼·克拉格：雕塑与绘画展”在京开幕，共展出克拉格 15 年来创作的雕塑、素描、水彩、版画等作品 176 件。

托尼·克拉格 1949 年生于英国利物浦，现生活、工作于德国伍珀塔尔，任德国杜塞尔多夫艺术学院院长。克拉格的早期作品受杜尚影响，作品多用当时社会环境中常见的物品和材料制成。20 世纪 80 年代初，克拉格与同辈艺术家通过一系列的雕塑展向公众集中展示了他们在材料和表现力方面的新探索，并由此确立了“英国新雕塑”创作群体的地位。后来克拉格的雕塑多采用传统原料，如木材、石膏、青铜、大理石等。

在克拉格长达 30 多年的艺术生涯中，他先后获得特纳奖、皮蓬布鲁克雕塑奖、日本皇家世界文化奖、大英帝国 CBE 勋章等。2011 年，克拉格的雕塑作品在巴黎卢浮宫展出，他也成为首位在那里举办个展的在世艺术家。

【庆祝金日成主席诞辰 100 周年朝鲜民主主义人民共和国美术展】

2012 年 4 月 13 日，“庆祝金日成主席诞辰 100 周年朝鲜民主主义人民共和国美术展”在北京孔庙和国子监博物馆开幕。中国文化部副部长王文章和朝鲜驻华使馆临时代办朴明浩出席开幕式。此次展览由中华人民共和国文化部和朝鲜民主主义人民共和国文化省共同举办，中国对外文化集团公司承办。展出朝鲜画、油画、刺绣、宣传画等 50 多幅作品，其中不乏朝鲜功勋艺术家洪成光、咸成哲、郑喜镇、郭哲善、黄仁济，人民艺术家金炳熙、郑昌茂、金春田、朴永日等人的作品。

【个园——中日当代艺术交流展】

2012年4月21日至5月21日，“个园——中日当代艺术交流展”在浙江杭州人可艺术中心举行，参展艺术家有中国的管怀宾、高世强、王强、王凯、张浩、郑端祥，及日本的冈部昌生、坂口宽敏、草间弥生、端聪、荒木经惟、所幸则等。

【“伯胡斯拉夫·雷聂克——捷克的现代隐士” 展览】

2012年4月30日，“伯胡斯拉夫·雷聂克——捷克的现代隐士”展览开幕式在中国美术馆举行。

此次展览由捷克共和国驻华大使馆与中国美术馆主办，由兹德涅克·斯科纳画廊出资赞助，展出了捷克诗人兼画家伯胡斯拉夫·雷聂克在20世纪30年代至70年代创作的绘画作品。伯胡斯拉夫·雷聂克是一名现代诗人，也是一位自学成材且具有独创性的天才艺术家，尤其因其游离于艺术与其他学科的边界而闻名遐迩。

【重新生长： 许江艺术展】

2012年5月16日至8月16日，“重新生长：许江艺术展”在德国德雷斯顿国家博物馆开幕。该展览由德累斯顿国家博物馆、中国美术馆、中国美术学院联合举办，是德国2012“中国文化年”的组成部分。展览展出了许江150余件油画、水彩等绘画作品以及两件大型雕塑作品，以“重新生长”为主题。

【黄河——中村贞夫油画展】

2012年5月17日至27日，由中国对外文化交流协会、日本每日新闻社、中村贞夫油画展实行委员会主办，北京启明东方文化交流中心承办的“黄河——中村贞夫油画展”在中国国家博物馆举办，展出日本艺术家中村贞夫以黄河流域的自然和人文景观为题材的巨幅油画作品25幅、写生作品33幅。

【中国当代油画精品展】

2012年5月29日，“中国当代油画精品展”开幕式在韩国首尔中国文化中心举行，60余名中韩艺术界人士出席。

“中国当代油画精品展”是首尔中国文化中心开办以来首次举办的油画展，包括了来自中国人民大学的王克举、首都师范大学的段正渠、天津美术学院的于小冬和中央美术学院的洪凌4位艺术家近期创作的近30幅油画作品。

【从马列维奇到康定斯基——欧洲的构成主义】

2012年7月5日，“从马列维奇到康定斯基——欧洲的构成主义”在中国美术馆开展，这次展出的欧洲构成主义作品主要来自德国私人收藏家，突显了东欧构成主义对现代艺术做出的贡献，尤其是在20

世纪最初几十年所做的重要贡献。

展览展出82幅绘画、雕塑、拼贴画、水彩画和素描作品，以及58份宣言，艺术家撰写的书籍，早期的展览画册和诗集等创作于1909年至1940年之间的作品记录了20世纪先锋艺术的各个侧面。展览汇集了瓦西里·康定斯基、卡西米尔·马列维奇、亚历山大·罗德琴柯、弗拉基米尔·塔特林、拉斯洛·莫霍伊-纳吉、奥托·弗隆德里希及其他经历了先锋运动复杂过程的艺术家的大量作品。

【“佛罗伦萨与文艺复兴：名家名作”展】

2012 年 7 月 6 日，由中国国家博物馆和意大利文化遗产与活动部文物管理与开发司联合举办的“佛罗伦萨与文艺复兴：名家名作”展在国家博物馆开幕。

展览展出了来自佛罗伦萨乌菲齐美术馆、佛罗伦萨圣马可博物馆、佛罗伦萨美术学院美术馆等近 30 家博物馆、美术馆的 67 件艺术珍品，包括蛋彩画、油画、壁画、雕塑、工艺品等多个门类，充分展示文艺复兴时期佛罗伦萨的艺术成就。其中最引人关注的作品包括达·芬奇的木板画《别号“乱发”的女性头像》、拉斐尔的木板画《自画像》、米开朗基罗的大理石雕像《大卫阿波罗》等。

【伦敦 2012·中国艺术展】

2012 年 7 月 30 日，由中国艺术研究院和中国艺术节基金会主办，包括 35 位艺术名家约 160 件精美作品的“伦敦 2012·中国艺术展”在英国皇家艺术学院揭幕。本次中国艺术展为期 7 天，展品由当今在中国画、油画、雕塑领域具影响力的中国艺术家作品组成。

【万里江山——中国美术馆藏 20 世纪中国山水画精品展】

2012 年 8 月 11 日，由中华人民共和国文化部、日本国文化厅、中国美术馆、日本东京国立博物馆共同主办的“万里江山——中国美术馆馆藏 20 世纪山水画精品展”在东京国立博物馆举行。

本次展览的作品是从中国美术馆 20 世纪馆藏美术作品中选出，共计 50 件套，吴昌硕、齐白石、张大千、潘天寿、傅抱石、李可染、黄宾虹、林风眠、吴冠中等 23 位绘画大家的作品济济一堂，系统地向日本观众展示 20 世纪中国山水画的发展与成果。

【文心铸魂——吴为山雕塑艺术国际巡展· 联合国特展】

2012 年 9 月 4 日，“文心铸魂——吴为山雕塑艺术国际巡展· 联合国特展”在联合国总部大厦开幕。联合国秘书长潘基文，中国常驻联合国代表李保东大使，联合国副秘书长费尔特曼、苏和、朗斯基-蒂芬索、吴红波、联合国裁军事务高级代表凯恩等 200 余人出席开幕式。

本次联合国展览共展出了吴为山的 39 件雕塑作品，其中有以老子、孔子为代表的文化名人系列，以获得英国皇家雕塑协会“攀格林”奖的作品《睡童》为代表的儿童系列，还有侵华日军南京大屠杀遇难同胞纪念馆主题雕塑的手稿系列。

【美国当代写实油画展】

2012 年 9 月 14 日，“美国当代写实油画展”在中华世纪坛开幕。此次展览是中华世纪坛世界艺术馆与美中油画家联盟会同中国油画院及大连现代博物馆、天津美术馆、湖北省博物馆、浙江省博物馆、上海美术馆等多家博物馆联合主办。

本展为美国当代写实油画家首次在中国的联展，展品 100 件，题材包括人物肖像、静物和风景。作品选自美国当代的 51 位写实主义艺术家，他们之中有获得全美各类艺术展金奖者，也有中国观众熟知的艺术家。

【2012 中国水墨新艺术展 （瑞士）】

2012 年 9 月 17 日，“2012 中国水墨新艺术展”在日内瓦万国宫开幕。为期 5 天的展览展出了蔡广斌、冯斌、刘庆和、孙良、王非、魏青吉、武艺、郑重宾和张正民 9 位中国当代水墨画家的近八十幅作品。

这次展览由中国常驻联合国日内瓦办事处和瑞士其他国际组织代表团以及联合国日内瓦办事处联合主办，挑选了当代中国水墨一线画家的作品参展，展示中国当代水墨画发展的最新成果。

【内外兼修——中国当代艺术展 （土耳其）】

2012 年 9 月 20 日，作为 2012 土耳其中国文化年的重点展览项目之一，“内外兼修——中国当代艺术展”在土耳其伊斯坦布尔现代美术馆开幕。“中国当代艺术展”由中国文化部和土耳其文化旅游部共同主办，中国对外文化集团公司和伊斯坦布尔现代美术馆联合承办，汉雅轩、民生现代美术馆、民生当代艺术研究中心协办，获得了中远集团和土耳其皇家旅行社等社会力量的赞助。

此次展览是中国当代艺术首次在土耳其进行整体展示。曹吉冈、陈曦、丁乙、高蓉、冯梦波、刘建华、刘俐蕴、刘小东、缪晓春、秦玉芬、荣荣 & 映里、王冬龄、徐冰、杨福东和展望 15 位具有国际声誉和影响力的中国当代艺术家的作品参加了展览。

【来自世界的祝贺——国际美术珍品展】

2012 年 10 月 1 日，“来自世界的祝贺——国际美术珍品展”在中华艺术宫展出。展览呈现了来自大英博物馆、荷兰阿姆斯特丹博物馆、新西兰国家博物馆、法国雨果博物馆、美国惠特尼美术馆、日本北野美术馆以及墨西哥驻沪领馆等机构的 100 件艺术品。

【翰墨荟萃——美国收藏中国五代宋元等书画珍品展】

2012 年 11 月 2 日，美国大都会艺术博物馆、波士顿美术馆、纳尔逊艺术博物馆和克利夫兰美术馆所藏的 60 件中国书画珍品首次齐集在上海博物馆展出。作为上海博物馆建馆 60 周年系列庆祝活动之一，“翰墨荟萃——美国收藏中国五代宋元等书画珍品展”与观众见面。这一国宝级的书画盛会是继 2002 年“千年遗珍——晋唐宋元书画国宝展”和 2010 年“千年丹青——日本、中国唐宋元绘画珍品展”之后，上博举办的中国晋唐宋元书画系列大展的第三部曲，被称为“第三次书画国宝展”。

本次展览展出了北宋李成《晴峦萧寺图》、李公麟《孝经图卷》、赵佶《摹张萱捣练图卷》、乔仲常《赤壁赋图卷》、南宋夏圭《山水十二景图卷》、陈容《九龙图卷》等中国美术史上重要画家的标志性作品。书法中北宋黄庭坚《草书廉颇相如列传卷》、南宋《皇室书法册》、元赵孟頫《行书王羲之四轶事卷》、鲜于枢《草书石鼓歌卷》等，俱为书法巨作。此外，如南宋金处士、周季常、林庭硅的宗教画，元张羽才、罗稚川、张羽、姚廷美、刘贯道等人的画迹得以在国内首次展出。

【走向现代——英国美术 300 年】

2012 年 11 月 14 日至 12 月 21 日，由英国曼彻斯特大区博物馆联盟、国际巡展联盟、贝里艺术博物馆和中国中华世纪坛世界艺术馆、辽宁省博物馆等共同主办，全面展示 18 世纪中期至今英国绘画发展史的“走向现代——英国美术300年展”在中华世纪坛世界艺术馆举行。

展览分为“英国人的面貌”、“作为观察的艺术”、“自然风光”、“讲述故事”、“诗意的想象”和“现代主义”6个单元，作品全部来自于曼彻斯特及邻近城市的博物馆与美术馆，大都出自世界艺术史名家之手，较完整地呈现了英国工业革命以来的绘画发展状况。本次展览是国内首次全面展现英国历时300年的美术发展状况。展览先后在沈阳、南昌、广州、郑州和长沙5个城市巡展。

【米勒、库尔贝和法国自然主义：巴黎奥赛博物馆珍藏】

2012年11月16日至2013年2月28日，由上海中华艺术宫和奥赛博物馆共同举办的“米勒、库尔贝和法国自然主义：巴黎奥赛博物馆珍藏”在中华艺术宫开展。汇集了奥赛博物馆珍藏的19世纪中后期到20世纪早期的87件油画作品。

“米勒、库尔贝和法国自然主义：巴黎奥赛博物馆珍藏”展览集中围绕巴比松画派、自然主义、现实主义和写实主义等艺术流派展开，包括柯罗、米勒、库尔贝、博纳尔、勒帕热、罗尔、雷诺阿、巴比松艺术家群等。展览分为8个章节：“风景：从柯罗到库尔贝”、“米勒”、“写实主义”、“自然主义”、“画家‘梦蝶’”、“布尔乔亚的低调魅力”、“孩童”和“苍生疾苦 振臂一呼”。本展览为“第十四届中国上海国际艺术节”参展项目。

【中国当代美术作品展 （德国）】

2012年11月20日至12月2日，由中国美术家协会、荣宝斋、柏林中国文化中心共同主办的“中国当代美术作品展”在德国柏林中国文化中心举行。共展出刘大为、吴长江、杜滋龄等40位中国当代美术家以中国西部少数民族题材为主要表现内容的40幅作品。作品包括国画、油画、版画、雕塑、水彩等类别，主题聚焦中国西藏、新疆、青海、甘肃等西部少数民族地区风土人情以及当代社会风貌。

展览所依托的“中国美术世界行”系列活动，是中国美术家协会在开展国际美术交流过程中逐渐形成的涉外项目，目前已在7个国家的二十余座城市举办了中国美术作品展。

【委内瑞拉当代绘画展】

2012年11月20日，由中华人民共和国文化部、委内瑞拉玻利瓦尔共和国驻华大使馆共同主办，中国对外文化集团公司与中国美术馆联合承办的“委内瑞拉当代绘画展”在中国美术馆开幕。此次展览共展出了委内瑞拉10位现当代艺术家的20幅作品。

【中加国际书画艺术展】

2012年11月29日，由中华社会文化发展基金会主办的“中加国际书画艺术展”在中华世纪坛开幕。此次展览是一项民间文化交流项目，参展的7位加拿大艺术家以油画、版画和素描为主要呈现形式，38位中国艺术家则以国画为主，同时兼有版画、油画和书法。参展艺术家不仅有吴长江、郑作良、李砚强、韩辅天等画坛中坚，王雪涛、董寿平、黄胄和刘凌沧等12位近代艺术家也有作品展出。

【“电场：超越超现实”法国蓬皮杜中心藏品展】

2012年12月16日至2013年3月15日，“电场——超越超现实”法国蓬皮杜中心藏品展在上海当代艺术博物馆举行，这是上海当代艺术博物馆开馆后第一个国外邀请展，也是该中心第一次在中国内地展示其藏品。

“电场：超越超现实”的标题源自1919年安德烈·布勒东与菲利普·苏波合著的第一部超现实主义文学作品《磁场》，同时与由昔日发电厂改建而成的展览场地交相辉映。展览将由“相遇”、“爱神”、“自动主义”、“夜”、“诗的物象”、“文象”6个篇章组成，每个篇章都将由一系列超现实主义名作导入。这些名作各自代表一个主题，并为各个篇章定下不同的基调，由此基调延伸出其他当代艺术作品。各篇章的展览内容均包括以下几项：至少一部大屏幕的影像作品、绘画、雕塑、摄影、建筑模型和手稿。重量级展品有达达主义及超现实主义的代表人物之一马塞尔·杜尚的现成艺术品《瓶架》，现代艺术创始人巴勃罗·鲁伊斯·毕加索、西班牙超现实主义画家胡安·米罗、比利时超现实主义画家雷内·马格利特的绘画作品，德国摄影艺术家安德烈亚斯·古尔斯基的摄影作品《麦当娜》等。

蓬皮杜文化中心以其倡议者蓬皮杜总统的名字命名，可谓世界上最重要的当代艺术中心之一，与卢浮宫、奥赛博物馆并称为当今巴黎三大艺术宝库。它藏有1914年以后的6000余位艺术家创作的近8万件作品，涵盖现代派、抽象派、印象派、荒诞派、立体派、野兽派等各个流派的绘画和雕塑作品，囊括设计、摄影、录像、建筑模型等多种创作形式，其中，超现实主义作品在馆藏中占有举足轻重的地位。

【图与词：马格利特以来】

2012年12月21日，由中国美术馆、比利时瓦隆—布鲁塞尔国际关系总署共同主办的“图与词：马格利特以来”在中国美术馆开幕。此次展览在“2012欧盟—中国文化对话年”框架下展开，是中国与比利时瓦隆—布鲁塞尔大区联盟文化交流协议的重点艺术项目。

此次展览重在探讨绘画、造型艺术与书写、文学语言之间的关联，展览共展出95件（套）作品，其中81件（套）来自比利时，另有14件（套）中国当代艺术作品。创作语境迥异的作品在呼应之间，不求穷尽艺术史对“词图关系”探索的全部方向，但求获得一个宽广且扎实的视角。此外，马格利特的《本义》（1929）、《图的背叛》（1935，以及同系列中先后若干变体版本）、《微笑》（1951）等油画和素描手稿也一同亮相。

会议

【《中国美术分类全集》 出版座谈会】

2012 年 3 月 20 日，中宣部、新闻出版总署在北京召开《中国美术分类全集》出版座谈会。中共中央政治局委员、中央书记处书记、中宣部部长刘云山发来贺信，向为全集出版工作付出辛勤努力的专家学者和编纂人员致以敬意。刘云山在贺信中高度评价《中国美术分类全集》是一部汇集我国古往今来具有代表性美术佳作的皇皇巨著，必将对传承和发展中华文化艺术产生重大而深远的影响。勉励出版工作者认真总结实施重大文化出版工程的成功经验，倾力打造更多具有中国风格中国气派、在人类文明史上能够传之久远的文化精品，谱写出当代中华文化新的绚丽篇章。

20 世纪 80 年代，中宣部、新闻出版规划了这项美术遗产抢救整理工程，组织全国 30 多家出版社参与，在数百位艺术家、评论家、考古鉴定专家和 3000 多位编辑出版工作者的共同努力下，历经 25 年艰苦历程，终于在 2011 年底全部完成。《中国美术分类全集》涵盖绘画、雕塑、建筑、书法和工艺美术五大门类 30 个分类，收录了我国从新石器时代至 20 世纪 90 年代的绘画、雕塑、建筑艺术、书画篆刻和工艺美术 5 个方面数万件优秀作品，共 302 卷，是目前我国最完整的“中国美术全书”。

【第六届中国美术批评家年会】

2012 年 9 月 16 日至 17 日，第六届中国美术批评家年会在西安举办。本届年会在鼓励批评与艺术的共生互促的同时，致力于研究西方学术前沿与本土批评话语的结合现状，讨论当代艺术批评与公共媒体互动的可能性与发展趋向，提倡民主而严肃的艺术批评以及对艺术批评的批评，同时促进当代艺术批评的公众影响力。两天的年会议程进中，与会人员以“批评的理论与理论的批评”、“当代艺术批评与当代艺术现状”为主题展开讨论，分别由华南师大皮道坚、西安美院彭德担任主持。

【“中国现代美术之路” 课题成果发布会暨学术研讨会】

2012 年 9 月 24 日，由国家近现代美术研究中心、中央美术学院、中国美术馆共同主办的“中国现代美术之路”课题成果发布会暨学术研讨会在中国美术馆召开。发布会上，《中国现代美术之路》、《“四大主义”与中国美术的现代转型》、《现代性与中国文化自主性》、《自觉与中国现代性的探寻》、《中国现代美术之路图鉴》等相关学术论著面世，同时在中国美术馆举办“中国现代美术之路”展览，以学术论述、文献和图片的形式向观众展示了该课题对百年中国美术发展的梳理。

【“美术文献与鉴赏” 国际学术研讨会】

2012 年 11 月 2 日至 4 日，由中国美术学院艺术人文学院主办的“美术文献与鉴赏国际研讨会”召开。这次会议是许江策划的“中国画学——中国古代绘画史论系列研究工程”的子项目，经过两年多的准备，邀请了海内外的众多学者，并汇集了美术文献与鉴赏领域的最新研究成果。会议的议题包括“中国美术文献研究”与“中国书画鉴赏研究”两部分。

【第六届全国高等院校美术史学年会】

2012 年 11 月 24 日至 25 日，由全国高等院校美术史学年会组委会主办、中央美术学院人文学院承办的第六届全国高等院校美术史学年会在中央美术学院美术馆学术报告厅举行。

本次年会的主题是“美术史：拓展与深入”。整个年会为期两天，除了开幕式和闭幕式外，共有 6 场主题演讲与讨论。来自全国各地高等院校的美术史学家们对美术史的“拓展与深入”问题进行了全面、深入的探讨。

【2012’ 当代艺术与批评理论研讨会暨青年艺术批评奖颁奖会】

2012 年 12 月 7 日至 10 日，由中央美术学院《美术研究》杂志社、天津美术学院共同主办的“2012’当代艺术与批评理论研讨会暨青年艺术批评奖颁奖会”在天津美术学院召开。中央美术学院《美术研究》杂志社社长、博士生导师易英教授、北京大学艺术学院翁剑青教授、清华大学《装饰》杂志主编方晓风教授、广州美术学院谭天教授、深圳美术馆艺术总监鲁虹教授等专家学者，以及来自全国各高校和美术界的几十位代表出席了此次会议。

会议主要分为两个主题：一、对当前我国艺术与创作和艺术与批评等热点问题进行讨论，专家学者、参会代表进行交流、答疑；二、青年艺术批评奖获奖论文颁奖仪式及专题学术研讨会。

2012 年中央美术学院青年艺术批评奖最终获奖名单

一等奖

邓志龙 《政治波普强迫症倾向？——天安门广场，作为当代艺术中的经典母题》

二等奖

何卫平 《〈韩熙载夜宴图〉的当代图式演变与人体呈示》

孙晓霞 《从“海景”到“菜园”的视角迁移——关于当代乡村艺术活动的理论构想》

三等奖

张钰沆 《从报刊的马赛克形式特性浅析报刊的艺术传播功能》

杨莉莉 《从“摄影中心化”到“社交网络中心化”——中西个人摄影史比较研究》

王冬梅 《以结构主义视角解读女油画家的“自语式”绘画》

优秀奖

李安乐 《幽暗的历史：艺术社会学中的农民》

钟秦阳子 《历史 · 记忆与重构——中国当代绘画中的影像化问题》

孙　鹏 《中国民营美术馆的现状与发展模式分析——以上海民营美术馆为例》

王建玉 《区域概念的当代艺术，后人一步的命运？——以西安当代艺术为例》

曾群凯 《试论新疆当代文化艺术生态建构的地理方式与西域脉络》

机构

【首批9家国家重点美术馆在杭授牌】

2012年1月10日，国家重点美术馆授牌仪式暨全国美术馆专业委员会2011年年会在浙江杭州举办。文化部党组成员、副部长王文章出席会议，并为首批荣获“国家重点美术馆”称号的中国美术馆等9家美术馆授牌。

首批9家荣获“国家重点美术馆”称号的美术馆分别是：中国美术馆、上海美术馆、江苏省美术馆、广东美术馆、陕西省美术博物馆、湖北美术馆、深圳市关山月美术馆、北京画院美术馆、中央美术学院美术馆。来自全国45家美术馆的相关负责人参加会议，并进行了工作经验交流。

【中国艺术研究院中国雕塑院青岛分院成立】

2012年1月12日，中国雕塑院青岛分院成立仪式暨青岛中国雕塑馆雕塑园开馆开园仪式在山东青岛举行。文化部副部长王文章，中国文联副主席覃志刚，山东省委常委、青岛市委书记李群出席了仪式。青岛市与中国艺术研究院中国雕塑院合作成立了中国雕塑院青岛分院，将原“青岛海滨雕塑园”和“青岛雕塑艺术馆”修缮改造并分别更名为“中国雕塑院青岛雕塑园”和“青岛中国雕塑馆”。中国艺术研究院中国雕塑院院长吴为山兼任青岛分院院长。“青铜之声——庆祝中国雕塑院青岛分院成立作品邀请展”同时开幕。刘开渠、熊秉明、王朝闻以及曹春生、吴为山、景育民等不同时期艺术家的近就是件作品参展。

【饶宗颐美术馆落户东莞】

2012年4月16日，95岁高龄的饶宗颐来到广东省东莞市，授权饶宗颐美术馆落户该市长安镇。

2008年，饶宗颐捐出一批个人专著，在长安图书馆建立“选堂书室”，这是他在内地建立的首间个人书籍专藏室。饶宗颐是我国当代历史学家、考古学家，以及文学家、史学家、教育家和书画家，致力于文史哲艺的研究，是一位德高望重、蜚声世界的大师。

【国家主题性绘画创作研究中心成立】

2012年4月20日，由文化部艺术司与中央美术学院参与共建的“国家主题性绘画创作研究中心”在京成立，文化部艺术司司长董伟、副司长诸迪，中央美术学院院长潘公凯、副院长谭平，中央党史研究室第三研究部主任武国友，中国社会科学院当代中国研究所第三研究室副主任欧阳雪梅，以及詹建俊、曹春生、薛永年、广军、孙景波、孙家钵、唐勇力、王少伦等老中青艺术家出席了成立仪式。中央美术学院中国画学院院长唐勇力担任该中心主任，毕建勋、马刚任副主任。

【国家近现代美术研究中心、国家当代艺术研究中心成立】

2012年4月24日，国家近现代美术研究中心、国家当代艺术研究中心在京正式成立，邵大箴等43位知名专家学者被聘为两个中心的首批专家。文化部党组成员、副部长王文章出席成立仪式并为两个中心授牌。

国家近现代美术研究中心、国家当代艺术研究中心是文化部分别在中国美术馆、中国艺术研究院美术研究所设立的国家级美术研究中心，是“国家美术发展工程”的组成部分。其职能是规划并组织实施国家近现代美术、当代艺术研究方面的重大学术课题，搭建国家近现代美术和当代艺术理论研究、学术推广的开放性专业平台，推出代表国家水平的研究成果，并为政府制定美术发展战略规划和相关政策措施提供学术咨询。两个中心将分别依托中国美术馆和中国艺术研究院美术研究所的专业资源优势，规划、设立国家级课题，组织招标、评审、验收及成果推广，建立国家美术档案、文献数据中心，进一步发挥理论研究在美术生态中的重要作用。

文化部艺术司司长董伟出任国家近现代美术研究中心和国家当代艺术研究中心管理委员会主任，文化部艺术司副司长诸迪、中国美术馆馆长范迪安、中国艺术研究院美术研究所所长吴为山担任管理委员会副主任，范迪安、吴为山还分别兼任国家近现代美术研究中心、国家当代艺术研究中心主任。

这两个中心的专家委员会由管理委员会聘任当今美术理论界专家学者组成，其中，国家近现代美术研究中心首批获聘专家还包括港澳台地区以及海外的美术史论家。

【北京画院建院55周年暨齐白石艺术国际研究中心和传统中国绘画研究中心成立大会】

2012年5月14日，北京画院建院55周年暨齐白石艺术国际研究中心和传统中国绘画研究中心成立大会在京召开。中共中央政治局委员、北京市委书记刘淇发来贺电。文化部党组成员、副部长王文章，北京市委常委、宣传部部长、副市长鲁炜，国家博物馆馆长吕章申，中国文联副主席、书记处书记冯远，国务院参事室副主任、中国美协副主席、北京画院院长王明明，以及国内外艺术家、评论家、全国画院和美术馆负责人等百余人出席了大会。

北京画院的前身北京中国画院于1957年5月14日成立，是新中国建立的第一所专业画院。1965年，北京中国画院增设油画、雕塑、版画等专业，并更名为北京画院。

【中国艺术研究院中国画院创研基地（无锡）】

2012年6月7日，中国艺术研究院与江苏省无锡市人民政府举行了中国艺术研究院中国画院（无锡）创作研究基地签约仪式。全国人大常委会副委员长华建敏及文化部副部长、中国艺术研究院院长王文章出席签约仪式并讲话。

【李可染画院成立】

2012年8月19日，李可染画院在北京举行成立大会并揭牌。全国政协副秘书长孙怀山、蒋作君，国务院参事室主任陈进玉，文化部副部长王文章，中国文联副主席覃志刚、左中一，中国美术家协会主席刘大为，李可染先生夫人邹佩珠等出席并为画院揭牌。

2012年适逢李可染诞辰105周年，由李可染先生夫人邹佩珠发起、李可染艺术基金会倡议成立了李可染画院，其宗旨是研究李可染学术体系、艺术思想，传承中国画艺术，并通过开展各种学术活动和对外交流，推动当代美术事业蓬勃发展。邹佩珠任李可染画院理事会理事长兼画院院长，执行院长李庚。

【吴冠中艺术馆开馆】

2012 年 8 月 29 日，吴冠中艺术馆在江苏宜兴落成开馆。由中国美术家协会、宜兴市人民政府共同举办的“2012 吴冠中艺术馆开馆暨全国中国画作品展”系列活动随即展开，280 多幅中国画作品在该展览中亮相。

作为吴冠中生前唯一同意建设的艺术馆，“吴冠中艺术馆”等牌楼匾额均由吴冠中亲笔题写。该艺术馆由 7 幢江南仿古建筑组成，规划总用地面积 123. 3 亩、总建筑面积 12096 平方米。

【清华大学袁运甫艺术奖学励学基金】

2012 年 6 月 28 日，《袁运甫绘画》首发式暨“清华大学袁运甫艺术奖学励学基金”设立仪式在清华大学美术学院举行。继将《长江万里图》壁画稿等 5 幅代表作捐赠给故宫博物院后，袁运甫又将自己积攒的 100 万元稿费捐赠给清华大学设立艺术奖学金。这也是继“蒋南翔奖学金”、“梁思成林徽因励学基金”、“金涌金象奖学基金”等之后，清华大学设立的第 17 个以名师命名的奖学励学基金。

袁运甫，1933 年生于江苏南通，1954 年毕业于中央美术学院，是新中国成立后的第一届艺术专业毕业生。作为一名艺术家，袁运甫在绘画、壁画、公共艺术及艺术理论等方面，都取得了很大成就。

“清华大学袁运甫艺术奖学励学基金”由清华大学教育基金会代管，将每年对清华大学及其他艺术院校发放，对于在艺术理论、绘画艺术、公共艺术、现代设计、传统手工艺 5 个艺术领域中有独创精神、表现优秀、勤奋好学、经济上需要帮助的在读学生进行奖励和支持。

【陈之佛书画作品捐赠暨“陈之佛艺术史论研究奖金”设立仪式】

2012 年 8 月 24 日，陈之佛书画作品捐赠暨“陈之佛艺术史论研究奖金”设立仪式在北京中国国家博物馆举行。陈之佛后人将珍存的《雪雁》、《飞雪迎春》、《梅花鹦鹉》、《睡鹊》等 13 幅陈之佛遗作捐赠给国家博物馆，并向国博基金会捐款 100 万元设立“陈之佛艺术史论研究奖金”，用于奖励我国优秀中青年艺术史和理论研究工作者。

陈之佛（1896. 9. 23—1962. 1. 15），浙江余姚人。现代美术教育家、工艺美术家、画家。作为 20 世纪工笔花鸟画大师之一，他继承了宋、元以来工笔画优秀传统，将西画方法与图案规律融会贯通，形成了既有民族传统又不落窠臼的独特风格。作为艺术教育家的陈之佛桃李满天下，为中国艺术教育发展作出了重要贡献。

【靳尚谊专项基金】

2012 年 12 月 26 日，北京文化艺术基金会设立的“靳尚谊专项基金”在京宣告成立，专项基金将用于扶持和培养青年油画家，以此推动中国油画艺术的发展。

为专项基金的成立，靳尚谊捐赠其作品《培培》，并在北京华宝盈拍卖有限公司进行拍卖，以 505 万元成交，其成交款将用做该专项基金的启动资金。

博览会

【2012 中艺博国际画廊博览会】

2012 年 4 月 11 日，“2012 中艺博国际画廊博览会” 在北京中国国际贸易中心开幕。为期 4 天的博览会邀请了日、韩、美等国家和地区的画廊参展。

中艺博国际画廊博览会由北京中艺博文化传播有限公司于 2004 年春在北京创办，经过多年的发展已经成为全亚洲专业范围内最有影响力的艺术事件与交流平台之一。此次中艺博国际画廊博览会在继续深化与本土画廊合作的同时，也吸引了日本、韩国、美国、中国台湾地区等国家及地区的画廊参展。

【第二届中国画节暨第五届文展会】

2012 年 4 月 19 日，第二届中国画节・中国（潍坊）第五届文化艺术展示交易会在山东省潍坊市开幕。文化部党组成员、副部长王文章出席并宣布节会开幕。中国文联副主席、中国美术家协会主席刘大为，山东省委常委、宣传部部长孙守刚等出席开幕式。

文展会分为 10 个展区，其中潍坊市文化建设成果展重点展示潍坊近几年的文化建设成就，包括文化产业园区建设成果展、文化项目建设成果展、文艺精品创作成果展等内容；中国名砚精品展则重点打造潍坊市红丝砚品牌，同时还组织了包括端砚、歙砚等全国各类精品名砚的展示交易和现场鉴赏等活动；文展会还吸引了来自宜兴的紫砂壶专业机构，聚集了众多宜兴紫砂艺术大师，采取主题展示、精品推介、现场拍卖等多种形式展览交易紫砂艺术作品。

中国画节是文展会的子品牌，举办的展览集中了刘大为、冯远、郭怡孮等画家的作品，包括“中国画学会创会成员作品展”、“当代中国画名家个人特别展” 和 “中国画学会学术推荐展” 等。

本届文展会与中国画节共进行了 4 天，期间举办了首届 “潍水之春” 群众文艺会演、中国画论坛、中国紫砂收藏鉴赏高峰论坛等活动。

【2012 “艺术北京” 博览会】

2012 年 4 月 29 日，2012 “艺术北京” 博览会在北京全国农业展览馆开幕，来自中国、日本、韩国、美国、德国、台湾等国家和地区的近 200 家画廊、艺术机构、驻华使馆文化处及媒体参展。

已创办 6 年的 “艺术北京” 博览会以画廊为参展单位，是亚洲地区影响力最大的艺术博览会之一，此前一年两届，春季为当代艺术博览会，秋季为经典艺术博览会，本届首次将当代艺术与经典艺术同台推出，博览会分为当代艺术展区与经典艺术展区，展出面积近 2 万平方米，成为亚洲地区规模最大的艺术博览会之一。

“艺术北京” 常规性主题展 “艺术突破” 以关注和推介亚洲青年艺术家为己任。本届分为 “青年艺术 100” 推荐展、韩国当代青年艺术家推荐展、收藏家提名展，共有 30 余位中韩青年艺术家亮相，作品形式多样，涵盖油画、水墨、雕塑、装置、影像等多种媒介。“同分异构” 影像现象展则汇聚了日本、韩国、越南、英国、美国、意大利及多位中国艺术家的创作。

此外，还有 “境生象外——中国油画家作品邀请展”、“临流独坐——中国当代水墨邀请展”、“东方·东方——关玉良当代水墨画展”、“感受郭峰色块”郭峰绘画及音乐艺术作品展等多个展览。

【2012 杭州艺术博览会】

2012 年 5 月 24 日至 28 日，“2012 艺术杭州·第五届杭州艺术博览会”在杭州和平会展中心举行。

本届艺术博览会，聚集了来自国内外的 30 多家艺术机构、1 个推荐展、8 个主题展。本届艺术博览会有 5 大亮点：推出中青年推荐展，主打本土当代艺术家；桑火尧威尼斯双年展作品衍生展等 8 大主题展精彩纷呈，突显杭艺博当代特色；举办宁波市等 4 城市当代艺术巡展，举行本土当代艺术专场拍卖；组织艺术品系列讲座，提高杭艺博现场互动；中国美院创意公司等本土 10 大画廊重度参与，彰显当代艺术市场价值。

【第十五届北京国际艺术博览会】

2012 年 8 月 16 日至 20 日，以“新抽象——绘画的当代趋向”为主题的第十五届北京国际艺博会在北京中国国际贸易中心举办，展出了来自 16 个国家和地区的 90 多家画廊及艺术机构的 5000 余件作品。

在本届艺博会上，来自中国台湾地区的东门美术馆等 10 多家画廊和北京石齐美术馆、黑龙江省现代水彩画院、西安市保利艺术品投资管理有限公司等，以及美国迈阿密艺术中心、西班牙丽萃福斯特画廊等 80 多家艺术机构呈现了风格迥异的艺术作品。

此次艺博会举办了中国海峡两岸艺术作品推介展与“艺术品金融化时代的审美趋势与投资策略”论坛等高峰论坛。

【2012 中国艺术品产业博览会】

2012 年 9 月 26 日，由文化部和北京市人民政府共同主办的 2012 中国艺术品产业博览会在京开幕。

本届博览会以“打造国际级的艺术品产业交易交流平台”为目标，以“艺术放飞产业梦想，产业成就艺术未来”为主题，设置有开幕式、艺术品展览、高峰论坛和主题活动四大板块，在为期 5 天的时间里将举办 8 项主题展览，展示来自国内外九百余位艺术家的近五千件作品。作为 2012 中国艺术品产业博览会重点项目之一，“艺术·经典——中国国家画院美术作品展”9 月 27 日在北京宋庄上上美术馆开幕。该展汇集了中国国家画院及特邀画家 500 余人的 1000 多件作品，涵盖国画、版画、雕塑、公共艺术、书法篆刻等，集中了中国美术界老中青三代艺术家的优秀代表。

由中国国家画院与中国动漫集团承办的“全球化时代的艺术品产业国际高峰论坛”同时举办。

【2012 中国国际文化艺术博览会】

2012 年 11 月 2 日，由中国人民对外友好协会和文化部艺术服务中心共同主办的“2012 中国国际文化艺术博览会”在北京开幕。

艺术博览会为期三天，由百余位中外艺术机构和艺术家参展，展出作品逾千幅，展出面积上万平米。参展艺术门类涵盖了油画、国画、书法、版画、雕塑、装置艺术、艺术瓷等。

该艺术博览会不仅设立了名家云集的传统与经典展区，还汇集了实力与新锐艺术家的当代艺术展区，一批国际化的画廊和艺术机构也首次在本届艺术博览会上现身，比如吴作人、萧淑芳、田世光、白雪石、蒋采苹等，以及索卡艺术空间、哈格曼画廊、美丽道国际艺术机构等。另外，由来自于法国、澳大利亚、俄罗斯、德国、波兰、土耳其、朝鲜等国家的艺术机构组成了国际艺术展区，展示了充满异国特色的艺术作品。

本届艺术博览会还举办了一系列特色主题展，比如国内当代先锋艺术画廊展出的《自由的尺度》当代水墨主题展、《跨世纪的经典》十九世纪欧洲经典油画作品展等。

人物纪念

【美术家黄苗子逝世】

2012 年 1 月 8 日，漫画家、美术史家、美术评论家、书法家、作家黄苗子在北京辞世，享年 100 岁。

黄苗子 1913 年生于广东省中山市，曾用名黄祖耀。20 世纪 30 年代初到上海，从事美术漫画活动。1932 年至 1938 年任上海市政府租界办事处办事员，卫戍司令部中尉书记，上海市公安局科员兼大众出版社《大众画报》、《小说半月刊》编辑，南京《扶轮日报》编辑，上海市政府机要室科员，广东省政府秘书。1939 年至 1949 年任香港《国民日报》经理，国民党中央海外部部长室总干事、中央秘书处秘书长办公室总干事，中央信托局秘书处处长。1949 年后先在华北革命大学政治研究院学习，后任政务院秘书厅秘书，《新民报》副总经理，人民美术出版社编辑，民革中央监察委会常委。20 世纪 80 年代后，黄苗子曾任全国文学艺术界联合会委员、中国书法家协会常务委员、中国美术家协会理事等。是是第五、六、七届全国政协委员。1992 年以后，曾任澳大利亚昆士兰州的格里非斯大学客座教授、名誉教授。2011 年 12 月 19 日，获得首届中华艺文奖“终身成就奖”。

黄苗子的书画作品曾在日本、德国、韩国、台湾、香港等国家和地区展出。著有美术论著：《美术欣赏》、《吴道子事辑》、《画家徐悲鸿》、《八大山人传》、《画坛师友录》、《艺林一枝》；画册有《黄苗子与郁风》夫妇画集等；书法有《黄苗子书法选》、《中国书法精品选——黄苗子》、《草书木兰词》等。还出版过多种散文集和诗集。

【漫画家何韦逝世】

2012 年 1 月 20 日，漫画家何韦因病在北京去世，享年 78 岁。

何韦，1934 年 11 月生于黑龙江泰来县，原籍辽宁法库，满族。擅长漫画、美术评论。何韦历任《工人日报》社美术编辑、美术摄影部主任、高级记者等职，长期从事全国职工的美术与摄影等的组织和报道工作。从 1953 年开始，经何韦主编的“工人的画”专栏，至今已达到 1430 多期，扶持培养大批职工和青年画家，为我国的群众美术事业做出了重要贡献。

何韦曾担任中国美术家协会漫画艺术委员会委员，2002 年获“中国漫画金猴奖（成就奖）”。代表作有《冷餐席上的热战》（1985 年获全国新闻漫画奖）、《衣裳架子》、《酒歌图》等。出版有《何韦漫笔》、《笑的使者》、《笔情墨趣》、《翰墨情》、《智者的笑声》等书籍。其传记被收入英国、美国出版的《国际人物辞典》、《国际知识分子词典》、《国际杰出人物辞典》和《世界漫画百科》。

【版画家力群逝世】

2012 年 2 月 11 日，我国新兴版画的开拓者和奠基人之一，中国版画家协会名誉主席、山西省文联名誉主席、版画家力群在北京逝世，享年 100 岁。

力群原名郝丽春，1912 年出生于山西省灵石县郝家掌村，1931 年考入国立杭州艺术专科学校（中国美术学院前身），1933 年 2 月与进步学生组织“木铃木刻研究会”，1940 年到延安，任鲁迅艺术文学院美术系教员。1942年参加延安文艺座谈会。1949年参加第一届全国文代会，被选为中国文联委员、全国美协常委，并在同年参与和筹建了山西省文联，创办了《山西画报》，曾任《山西画报》主编、《美术》杂志副主编、《版画》杂志主编、北京人民美术出版社副总编，并曾担任山西艺术学校校长、山西省文联副主席、山西省政协常委。曾任中国文联委员，中国版画家协会副主席，中国美术家协会第一、二、三届常务理事，中国美术家协会党组成员、书记处书记。

力群的作品曾获"中国新兴版画杰出贡献奖"、"中国美术金彩奖成就奖"等。他在延安时期创作的《饮》堪称版画精品，被英国博物馆收藏，《北京冬雪》为俄罗斯艺术馆收藏，而在法国、美国、日本等多个国家的博物馆、美术馆、图书馆内也有力群的版画作品。为了支持山西家乡的版画事业，他将晚年创作的版画作品全部捐献给了灵石县，用以筹建力群美术馆。1992年，山西省委、省政府授予他"人民艺术家"称号。

【书画鉴定家徐邦达逝世】

2012年2月23日，故宫博物院研究员、国家文物鉴定委员会委员、书画鉴定家徐邦达在北京逝世，享年101岁。

徐邦达，字孚尹，号李庵，又号心远生、蝯叟，浙江海宁人，1911年生于上海。擅长中国美术史及古代书画鉴定，兼擅山水画、书法。早年从事美术创作，1947年曾在上海中国画苑举办个人画展。1950年调到北京国家文物局，主要从事古书画的鉴定工作。1953年以各地征集和收购到的3500幅珍贵书画作品为基础，重建故宫博物院书画馆。1978年起，受国家文物局和国家文物鉴定委员会之邀，徐邦达与启功、谢稚柳、刘九庵等人组成全国书画巡回鉴定专家组，甄别、评骘国内各省、市、自治区文博单位所藏历代书画作品，历时8年，成《中国古代书画图目》多卷，为我国古书画研究和博物馆建设事业做出杰出贡献。20世纪80年代以后，多次出访美国、澳大利亚、加拿大等国，考察海外流失中国书画并与国外专家进行学术交流，取得多项学术成果。著有：《古书画鉴定概论》、《古书画伪讹考辨》、《古书画过眼要录》、《历代书画家传记考辨》、《中国绘画史图录》、《重订清故宫旧藏书画录》、《改订历代流传绘画编年表》、《古书画伪讹考辨续编》等。

【美术家朱振庚去世】

2012年2月24日，中国美术协会会员，国画家、原湖北省美协中国画艺委会副主任、华中师范大学美术学院教授朱振庚因病辞世，享年74岁。

朱振庚，1939年12月出生于江苏徐州，当过铁路工人、民警、小学图画教员。1978年，他考入中央美术学院国画系研究生班，曾师从蒋兆和、叶浅予、吴作人、李可染、李苦禅等多位大师。毕业后曾在福建泉州华侨大学任教，1989年调至华中师范大学美术学院。朱振庚中国当代具有代表性的重彩写意画家，长期从事中国画教学和现代重彩画的创作和研究，代表作有《南京陷落》、《戏曲人物》系列、《水浒人物》系列、《观音壁》系列、《都市变相》系列等大量作品。

【书画鉴定专家张慈生逝世】

2012年2月25日，书画鉴定专家张慈生在天津逝世，享年91岁。

张慈生，1921年出生，曾任天津市文物公司研究室主任等职。他14岁师从靳伯声学习鉴定古代书画，并得到韩慎先等前辈的教诲，是第一批国家文物鉴定委员会委员。张慈生征集了唐周昉《挥扇仕女图》、宋徽宗《王济观马图》、元赵孟頫《北村图》等稀世珍品，并被博物馆收藏。

【雕塑家曾竹韶逝世】

2012 年 3 月 12 日，雕塑家、美术教育家、新中国雕塑事业奠基者之一曾竹韶在北京逝世，享年 104 岁。

曾竹韶，1908 年 7 月 7 日出生于福建省厦门市同安集美区的一个华侨家庭。1919 年，随父母离开家乡，举家移居到缅甸仰光，就读于缅甸仰光华侨中学。1922 年从缅甸回国。1928 年 3 月，考入杭州国立艺术专科学校，学习绘画和雕塑。成为国立杭州艺术专科学校首次开设雕塑专科的第一批雕塑学生。1929 年 9 月赴法国留学。先后在法国里昂国立美术学校、巴黎国立高等美术学院雕塑系学习，并师从雕塑家布夏（Bouchard），同时在巴黎西赛芳音乐学院学习小提琴，师从于小提琴家保罗·奥别多菲尔（Paul Oberdoeffer）。留法期间与冼星海等 5 人组织成立了“巴黎中国留法音乐学会”。与常书鸿、刘开渠、王临乙、吕斯百等人发起成立了“中国留法学生巴黎艺术学会”。与张悟真一道加入在巴黎组织的“华侨抗日救国会”和“抗日统一战线大同盟”。1939 年底，在第二次世界大战法国沦陷前夕，从法国马赛起程回国。先后受聘任教育部音乐教育委员会委员、四川华西大学石刻博物馆顾问、成都省立艺术专科学校教授，1944 年回重庆任国立艺专雕塑系教授。1947 年至 1949 年被重庆大学建筑系聘为教授。

解放以后，曾竹韶于 1950 年任职中国革命博物馆（现国家博物馆）筹建处。1952 年调入中央美术学院工作，同期，参与了人民英雄纪念碑的建设与浮雕创作。曾竹韶为中国雕塑事业的发展做出了开创性的贡献。他坚持革命的现实主义与革命的浪漫主义相交融，代表作品有：人民英雄纪念碑《虎门销烟》、中山公园《孙中山》、地质博物馆《李四光》、北京大学《蔡元培》、《陶铸》等。

1987 年，曾竹韶被文化部授予优秀共产党员称号。1991 年获国务院政府特殊津贴。由于曾竹韶先生在雕塑创作方面取得的突出成绩。2002 年获得文化部颁发的首届“造型表演艺术创作研究成就奖”。2003 年获中国文联、中国美协联合颁发的“中国美术金彩奖”暨中国美术专业终身成就奖。

【漫画家英韬逝世】

2012 年 3 月 25 日，漫画家英韬因病在北京逝世，享年 87 岁。

英韬，1925 年出生，原名杨筠生，男，天津人。1949 年毕业于华北联合大学艺术学院美术系。曾在华北大学做研究生，留在北平军事管制委员会、文化接管委员会美工队工作。历任《人民铁道报》编辑、记者，《人民日报》美术组编辑，《人民日报》文学艺术部副主任，《讽刺与幽默》主编。出版有《英韬漫画选》等。代表作品有《当代武松（1979）》、《两种失实（1987）》、《红与黑（1993）》等。

【美术史论家迟轲逝世】

2012 年 3 月 29 日，美术史论家迟轲在广州逝世，享年 87 岁。

迟轲别名迟雁鸣，1925 年生于天津，祖籍山东宁津。广州美术学院终身教授，原广东美学学会会长。中国西方美术史研究的重要学者，在西方美术史、西方美术理论研究方面成就卓著，其作品《西方美术史话》1983 年出版，累计印数 30 多万册，影响颇大。他的著作还有：《西方美术史话》、《画廊漫步》、《维纳斯与钟馗》、《寻回忘却的美》、《西方艺术批评史》、《西方美术理论文选》、《西方艺术事典》、《罗丹笔记》等。

【油画家张世范逝世】

2012年8月28日，天津美院原院长、天津美协原副主席、美术教育家、油画家张世范在天津去世，享年76岁。

1936年10月25日，张世范出生于河北省冀州市，1956年考入天津美术学院前身河北天津师范学院美术系，1959年7月1日加入中国共产党，1960年就读博巴的马尼亚油画训练班深造，1962年始留校任教，历任教师、油画研究室副主任、绘画系主任、教务处长、副院长（主持工作）。1991年任天津美术学院院长，并曾兼任天津美术家协会副主席、中国美术家协会理事、中国油画学会常务理事、中国艺术教育促进会理事等职，并享受国务院颁发的政府特殊津贴。

【美术家顾生岳逝世】

2012年9月15日，中国美术学院中国画系前主任、浙派人物画“五老”之一、美术家顾生岳教授因病在杭州去世，享年85岁。

顾生岳，1927年生。浙江普陀人，擅国画，浙江美术学院。1949年毕业于上海美专，1952年毕业于中央美术学院华东分院。历任浙江美术学院中国画系主任、副教授、教授，浙江画院副院长，杭州市美协主席，中国工笔画学会顾问，中国美术学院教授、浙江画院副院长。

顾生岳代表作有《春临东海》、《维族长老》、《弘一法师像》、《走进印第安》等。出版有《顾生岳人物速写选》、《吐鲁番速写》、《顾生岳工笔人物画》等。

【美术家涂克逝世】

2012年9月19日，广西壮族自治区文学艺术联合会原副主席、中国美术家协会广西分会主席、油画家、美术教育家涂克在南宁逝世，享年97岁。

涂克，1916年生于广西，1935年考入杭州国立艺专油画系就读。曾随陈毅将军部队进入上海，受命创办“上海美术工场”，任创作组长。他历任《苏中画报》社社长、《江淮画报》社副社长、《山东画报》社美术主任、上海文化局美术处处长、上海美专教务长兼油画雕塑系主任、上海美术设计公司经理、上海画报秘书长、广西书画院副院长、中国美术家协会理事、中国美术家协会广西分会主席、广西文联副主席等职。

涂克早年以人物画创作为主。代表作有《将军第一快速纵队的毁灭》、《淮海战役》、《分浮财》、《马归原主》、《黎明时的短休息》、《贫雇农小组会》、《缝新衣》、《春耕》等。出版《江淮之波》、《涂克画册》、《涂克画辑》和《桂林山水》等。

【沧海一粟——刘海粟美术精品特展】

2012年1月18日，“沧海一粟——刘海粟美术精品特展”在宁波博物馆开幕。此次展览展出刘海粟美术馆收藏的刘海粟山水及花鸟国画作品78幅，创作于20世纪20年代到80年代之间，其中包括其黄山系列。

【漫画一生——华君武捐赠作品展】

2012年2月9日至28日，“漫画一生——华君武捐赠作品展”在黑龙江省美术馆举行。此次活动由中国美术家协会、全国美术馆专业委员会、黑龙江省文联共同主办，黑龙江省美术馆、上海美术馆联合承办。期间还举办了公益讲座“中国漫画的旗手——华君武”。

华君武是我国漫画艺术领域的代表人物，曾创作了数以千计的漫画作品，出版了二十余部画集和文集。此次黑龙江省美术馆与上海美术馆特别选取了华君武196幅作品在哈尔滨举办展览，以表达对这位漫画大师的深切怀念。

【中国美术馆藏力群版画特展】

2012年3月2日至12日，中国美术馆推出“中国美术馆藏力群版画特展”。2006年及2008年，力群先后两次捐赠给中国美术馆共92件作品，此次纪念展展出了部分馆藏力群版画作品。

【永远的怀念——新兴木刻先驱力群、彦涵作品选展】

2012年3月7至15日，“永远的怀念——新兴木刻先驱力群、彦涵作品选展”在中国美术学院美术馆展出。力群、彦涵在晚年分别向中国美术学院捐赠了一批代表性版画作品。此次中国美术学院美术馆精选两位先生捐赠的81件版画作品举办展览。

【王憨山艺术展】

2012年3月16日，“王憨山艺术展”在中国美术馆开幕，以纪念这位隐居僻壤，在乡间笔耕不辍的艺术家。家属同时向中国美术馆捐赠了王憨山遗作。

展览集中展示了王憨山30年来创作的花鸟画作品70余件，这些作品体现了画家对写意花鸟画艺术探索和实践的成就。

【《黄远林漫画·文集》首发】

2012年3月24日，由《艺术》杂志社主办的《黄远林漫画·文集》发行仪式暨学术研讨会在京举行。中国美协漫画艺委会、中央美术学院、中国艺术研究院、首都师范大学、人民美术出版社、国家博物馆、故宫博物院等单位专家就黄远林的漫画史理论和漫画创作研究进行了深入讨论。由文化艺术出版社出版的《黄远林漫画·文集》全书共40万字，分上下两卷，上卷文集包括对他漫画创作、漫画家个案的研究以及对当代漫画史的学术著述，下卷漫画卷囊括了他的漫画作品200余幅。

黄远林，1940年生于四川新都，1965年毕业于中央美术学院美术史系。曾任《美术史论》编辑部主任、《美术观察》“美术学”专栏主持人、《中国美术报》编辑、《美术》编委、《艺术》执行主编，中国美协第二届漫画艺术委员会学术委员、中国艺术研究院美术研究所研究员和硕士生导师。2004年获得中国漫画金猴奖（成就奖）。2005年6月因病去世，享年65岁。

【艺无涯——陈大羽百年艺术展】

2012年3月30日，由文化部主办，中国美术馆承办，中国美术家协会、中国国家画院、江苏省委宣传部、江苏省文化厅、南京艺术学院、凤凰出版传媒集团、北京画院、陈大羽艺术研究会等单位协办的“艺无涯——陈大羽百年艺术展”在中国美术馆开幕。这次展览共展出陈大羽从1945年至2001年创作的180余件作品，包括花鸟、山水、人物、书法、篆刻等多个门类。中国美术馆同时出版《陈大羽·大道存真》画册，并举办了陈大羽学术研讨会。

陈大羽1912年出生于广东潮阳，21岁考入刘海粟创办的上海美术专科学校国画科，1944年得到齐白石欣赏并收为入室弟子。1947年起任教于上海美专、无锡华东艺专，1958年随校迁往南京，任教于南京艺术学院。历任南京艺术学院美术系主任、美术学院名誉院长，江苏省书法家协会副主席、江苏省美术家协会副主席、中国美术家协会常务理事。

陈大羽不仅是艺术家，同时也是教育家，他先后任教于上海美专、无锡华东艺专、南京艺术学院，桃李满天下。2001年6月1日，他在南京去世，享年90岁。展览举办之际，陈大羽的亲属向中国美术馆捐赠了陈大羽艺术作品50幅。

【中国现代美术奠基人系列——庞薰琹大型艺术展】

2012年4月12日至5月18日，由中国民生银行、炎黄艺术馆主办的“中国现代美术奠基人系列——庞薰琹大型艺术展”亮相北京炎黄艺术馆，61件作品全面展现了美术大师庞薰琹的艺术成就和20世纪中国第一个现代艺术社团“决澜社”的历史风貌。

本次展览从“现代美术引领者”、“民族美术开拓者”、“工艺美术启蒙者”三个角度出发，集中展出了庞薰琹油画、水彩、水墨、白描、图案设计等各个时期的代表作，并通过庞薰琹年表、生平照片、出版著作等珍贵文献，力求全面而立体地呈现庞薰琹的一生。展览同时通过图片、文献特设了“决澜社文献展”。

庞薰琹原名鏊，字虞弦，江苏常熟人。他早年弃医学画，赴法学习，结交了很多艺友。在学得西方现代美术后回国，开始系统地研究中国画论、画史。1932年，他发起和组织了中国现代美术史上第一个有宣言、有纲领的美术社团——决澜社。新中国成立后，帮助成立了中央工艺美术学院。

【百年回眸——韩景生油画艺术展】

2012年5月22日，由中国美术馆主办，哈药集团艺术馆、黑龙江省美术家协会协办的“百年回眸——韩景生油画艺术展”在中国美术馆开幕。

展览汇集了来自中国美术馆、哈药集团艺术馆和家属保存的画家创作的风景、人物、静物等油画二百余幅，创作时间跨度近七十年。

韩景生（1912—1998），祖籍河北昌黎县人，后迁居到黑龙江省哈尔滨市。韩景生儿时即跟随父亲学习国画，早年曾随俄罗斯画家学习素描和油画；1927年韩景生函授求学于上海美专肖像科，1938年任哈尔滨工业大学教员，期间师从日本画家佐藤功、石井柏亭。抗战胜利后，韩景生在哈尔滨市美术家协会服务部任职，生前为中国美术家协会会员。韩景生是东北地区油画先驱，是东北地区第一代风景油画家的代表人物之一。

【世纪文化与百年艺术人生——晏济元诞辰110周年书画作品展暨晏济元学术研讨会】

2012年5月27日至31日，由中国文学艺术界联合会、重庆市政协、中国美术家协会等机构共同主办，“世纪文化与百年艺术人生——晏济元诞辰110周年书画作品展暨晏济元学术研讨会”在全国政协礼堂举行。此次“晏济元诞辰110周年书画作品展”着重展示并探讨了晏济元1978年—2000年间艺术创作巅峰时期的作品。

【翎羽飞花——陈之佛工笔花鸟画展】

2012年7月19日，由山西博物院与南京博物院共同举办的“翎羽飞花——陈之佛工笔花鸟画展”在山西博物院开展。展览共展出70件陈之佛的工笔花鸟画作品，尤其是《松龄鹤寿图横幅》，纵148厘米、横295厘米，是1959年陈之佛为建国10周年特意创作的巨幅作品。

【黄宾虹绘画精品苏州特展】

2012年8月9日至9月9日，“黄宾虹绘画精品苏州特展”在苏州博物馆举办。展览取名“冰上飞鸿”是因黄宾虹曾言其所居是“冰上飞鸿馆”。此次展览集中展现了黄宾虹不同时期创作的55件作品。

【求其在我——孙宗慰百年绘画展】

2012年8月11日，在孙宗慰诞辰百年之际，由中国美术家协会、中央美术学院、中国美术馆、徐悲鸿纪念馆联合主办的“求其在我——孙宗慰百年绘画展”在中国美术馆开幕，展出的近百件作品不仅有油画、国画、水彩、素描、速写，还包括大量文献、实物资料及研究成果。

孙宗慰，1912年生于江苏常熟，1934年考入国立中央大学艺术系，受教于徐悲鸿、吕斯百、吴作人等先生。1941年，孙宗慰踏上了西行的长路，成为第一批涉足西北少数民族绘画题材的艺术家。他还以张大千助手的身份，参与了敦煌壁画的临摹与研究工作。抗战期间，孙宗慰参加“战地写生团”，画了大量速写，绘制抗日宣传画。1955年，孙宗慰调到中央戏剧学院，与冯法祀等先生共同研讨舞台美术基础教学，开创了戏装人物写生等教学的新形式。

【百年雄才——黎雄才艺术回顾展】

2012年8月12日，由中国美术馆、中国美术家协会、中共广东省委宣传部、广州美术学院、广东省美术家协会主办的“百年雄才——黎雄才艺术回顾展暨作品捐赠仪式”在中国美术馆举行。展览展出了黎雄才自20世纪30年代至晚年不同时期的山水、花鸟、书法等创作和写生稿约400件，其中包含代表作《武汉防汛图》。

【刀笔利痕——孙常非木刻展】

2012年8月22日，由中国美术馆、鲁迅美术学院主办的“刀笔利痕——孙常非木刻展”在中国美术馆举行。本次展览展出了版画、素描等148幅艺术作品及理论著作。在展览举办之际，孙常非的子女向中国美术馆捐赠了孙常非版画作品 58 幅。

【家国山河——周抡园国画作品捐赠展】

2012 年 8 月 27 日，“家国山河——周抡园国画作品捐赠展”在国家博物馆开幕。中国国家博物馆从画家周抡园的家属捐赠的 162 幅作品中选出 40 多幅代表作，举办了此次展览。

周抡园（1899—1988），河北大名府人。1924 年于河北邢台师范学校美术教员任上考取国立北平大学艺术学院，受教于萧谦中、萧俊贤先生，和王雪涛、赵望云、刘开渠、李苦禅、雷圭元是同学，毕业后应蔡元培先生之邀留校任教，与徐悲鸿、齐白石、黄宾虹等先生同事。抗战时期流寓四川，后定居成都。

【朗润旷远——白雪石绘画精品展】

2012 年 9 月 27 日至 10 月 8 日，为纪念山水画家白雪石逝世一周年，“朗润旷远——白雪石绘画精品展”在北京画院美术馆举办。

展览共展出了白雪石创作的艺术作品及写生画稿等 70 余件，按照创作时间分三部分：20 世纪 50 年代反映新中国社会主义建设的主题性创作，20 世纪 60 年代开始进行远游写生作品及教学课徒稿，以及独具白雪石个人风格的山水画作品。历年出版的白雪石画册及专著也一并展出。

【张充仁纪念展】

2012 年 9 月 29 日至 10 月 4 日，为纪念雕塑家张充仁诞辰 105 周年，由上海市文广局、闵行区人民政府等单位主办的“张充仁纪念展”在上海美术馆举行。

展览展出张充仁各个时期的代表作，包括雕塑作品 39 件、水彩画 25 幅、油画 3 幅、书法和国画 8 件，还有美术评论若干以及早年出售至国外的水彩、油画作品复制件与照片 14 幅，反映了张充仁纪念馆、张充仁艺术研究交流中心成立近 10 年来的研究成果。他的部分学生的作品也参加展览，包括艺术家邱瑞敏、夏葆元、魏景山、哈定等。

【吕斯百大型艺术展】

2012 年 10 月 19 日，吕斯百大型艺术展在北京炎黄艺术馆开幕，展出南京师范大学美术馆和中国美术馆提供的吕斯百各时期创作的油画作品 73 件，这些作品与同时展出的吕斯百年表、吕斯百图片等文献资料一起，较为完整地呈现了吕斯百的艺术人生。这次展览是炎黄艺术馆推出的“20 世纪中国民族油画开拓者系列”之一。

【张漾兮百年艺术展】

2012 年 12 月 25 日，由中国美协、浙江省文化厅、浙江省文联、中国美术学院共同主办，浙江美术馆、浙江省美术家协会、中国美术学院版画系承办的“刀锋民魂——张漾兮百年艺术展”在浙江美术馆举办。展览汇集了张漾兮后人捐赠的版画、速写、木刻原板等代表性作品近 200 幅，首次全面性地介绍张漾兮在版画、时政漫画、水墨、水彩、速写等多个绘画领域及艺术教育方面的成就。

张漾兮（1912—1964），四川成都人，版画家、艺术教育家。他一生创作版画、漫画、水墨、水彩等作品2500余幅。2012年正值张漾兮诞辰100周年，展览旨在纪念和缅怀，还原他的艺术创作与教育的成就。

大事记

1月5日至15日，“2012首届昆明美术双年展——云南省优秀美术作品展”在云南省博物馆举行。

1月8日，“启——中国雕塑学会青年推介计划巡回展（北京站）”在北京今日美术馆开幕。

1月8日，漫画家、美术史家、美术评论家、书法家、作家黄苗子，在北京朝阳医院辞世，享年100岁。

1月10日，国家重点美术馆授牌仪式暨全国美术馆专业委员会2011年年会在浙江杭州举办。

1月11日至2月13，北京画院举办“春蕴京华——京派画家花鸟画精品展”。

1月12日，中国雕塑院青岛分院成立仪式暨青岛中国雕塑馆雕塑园开馆开园仪式在山东青岛举行。

1月15日，“现实的幻象——2012米罗版画作品特展”在上海美术馆开幕。

1月16日，“邓拓捐赠中国古代绘画珍品特展”在中国美术馆开幕。

1月16日，“都市·田园——中国美术馆中国画提名展（2012）”在中国美术馆开幕。

1月17日至2月12日，“中国写实画派七周年特展”在西安美术馆展出。

1月18日，“沧海一粟——刘海粟美术精品特展”在宁波博物馆开幕。

1月20日，漫画家何韦因病于在北京去世，享年78岁。

2月9日至28日，“漫画一生——华君武捐赠作品展”在黑龙江省美术馆举行。

2月11日，中国版画家协会名誉主席、山西省文联名誉主席、版画家力群在北京逝世，享年100岁。

2月21日至3月4日，“第三届全国插画艺术展”在关山月美术馆举行。

2月23日，故宫博物院研究员、国家文物鉴定委员会委员、书画鉴定家徐邦达先生在北京逝世，享年101岁。

2月24日，中国美术协会会员，国画家、原湖北省美协中国画艺委会副主任、华中师范大学美术学院教授朱振庚因病辞世，享年74岁。

2月25日，第二届中国（铜陵）国际铜雕艺术展启动仪式新闻发布会在国家会议中心举办。

2月25日，书画鉴定专家张慈生在天津逝世，享年91岁。

2月28日至5月1日，“2012毕加索艺术大展”在成都当代美术馆举办。

2月29日至3月21日，“云烟纵览——周怀民绘画精品回顾展”在北京画院美术馆举行。

3月1日至15日，“水墨文章——当代水墨研究系列展第一回：写意精神”在上海刘海粟美术馆进行巡回展出。

3月2日至12日，中国美术馆推出“中国美术馆藏力群版画特展”。

3月2日，“托尼·克拉格：雕塑与绘画展”在京开幕。

3月3日，“木棉·岭南风骨——陈永锵专题作品展”在中国美术馆展出。

3月3日，“隋建国”大型个展在798佩斯北京拉开帷幕。

3月4日，“新疆好·新疆美术作品展”在中国美术馆开幕。

3月7至15日，“永远的怀念——新兴木刻先驱力群、彦涵作品选展”在中国美术学院美术馆展出。

3月12日，雕塑家、美术教育家、新中国雕塑事业奠基者之一曾竹韶在北京逝世，享年104岁。

3月13日，“大家·当代岭南中国画双年展”在广东美术馆1—4号展厅举行。

3月13日，“大者之美——王迦南蔡小丽伉俪画展”在中国美术馆开幕。

3 月 16 日，“王憨山艺术展” 在中国美术馆开幕。

3 月 18 日，“大荒西经——成渝当代雕塑邀请展” 在文轩美术馆拉开序幕。

3 月 20 日，中宣部、新闻出版总署在北京召开《中国美术分类全集》出版座谈会。

3 月 23 日至 4 月 11 日，海派画家朱屺瞻回顾展在北京画院举行。

3 月 24 日，《黄远林漫画 · 文集》发行仪式暨学术研讨会在京举行。

3 月 25 日，漫画家英韬先生因病在北京逝世，享年 87 岁。

3 月 29 日，美术史论家迟轲于在广州逝世，享年 87 岁。

3 月 30 日，“艺无涯——陈大羽百年艺术展” 在中国美术馆开幕。

3 月 31 日，“永远的风景——黄来铎油画展” 在中国美术馆开幕。

4 月 4 日，以 “气 · 悟 · 和——我的强国之梦” 为主题的赵成民大型雕塑作品展在中国美术馆开幕。

4 月 7 日，“天山魂——哈孜 · 艾买提美术作品展” 在中国美术馆拉开帷幕。

4 月 11 日，“2012 中艺博国际画廊博览会” 在北京中国国际贸易中心开幕。

4 月 12 日至 5 月 18 日，“中国现代美术奠基人系列——庞薰琹大型艺术展” 亮相北京炎黄艺术馆。

4 月 13 日，“庆祝金日成主席诞辰 100 周年朝鲜民主主义人民共和国美术展” 在北京孔庙和国子监博物馆开幕。

4 月 13 日至 5 月 2 日，“文心化境——张仃书法艺术展” 在北京画院美术馆举行，借以纪念张仃逝世两周年。

4 月 14 日，“2012 新写实油画展览” 在中国美术馆开幕。

4 月 15 日，“可见之诗——第二届油画写生作品展” 在中国美术馆开幕。

4 月 16 日，95 岁高龄的饶宗颐来到广东省东莞市，授权饶宗颐美术馆落户该市长安镇。

4 月 17 日，“吞吐大荒 · 许钦松山水画展” 在中国美术馆开幕。

4 月 18 日至 4 月 29 日，“孔柏基油画展” 在中国美术馆展出。

4 月 19 日，第二届中国画节 · 中国（潍坊）第五届文化艺术展示交易会在山东省潍坊市开幕。

4 月 20 日，文化部艺术司与中央美术学院参与共建的 “国家主题性绘画创作研究中心” 在京成立。

4 月 21 日至 5 月 21 日，“个园——中日当代艺术交流展” 在杭州人可艺术中心举行。

4 月 24 日，国家近现代美术研究中心、国家当代艺术研究中心在京正式成立。

4 月 26 日，“笔墨尘缘——冯远中国画作品展” 在中国美术馆开幕。

4 月 29 日，“情系故里——刘国松 · 八十回眸” 现代水墨作品展亮相山东青州。

4 月 29 日，2012 “艺术北京” 博览会在北京全国农业展览馆开幕。

4 月 30 日，“伯胡斯拉夫 · 雷聂克——捷克的现代隐士” 展览开幕式在中国美术馆举行。

5 月 1 日，“第二届架上连环画 · 插图邀请展” 在中国美术馆举行了开幕仪式。

5 月 4 日至 9 日，“神州情韵——谢欣从艺 70 年中国画展” 在北京画院美术馆举行。

5 月 8 日，“诗心化境——宋惠民油画作品展” 在中国美术馆开幕。

5 月 11 日至 5 月 25 日，“袁运甫水墨画展” 开幕式暨作品捐赠仪式在故宫博物院神武门展厅举行。

5 月 14 日，北京画院建院 55 周年暨齐白石艺术国际研究中心和传统中国绘画研究中心成立大会在京召开。

5 月 15 日，“中国风格——中国国家画院著名画家邀请展” 在纽约亚洲美术馆开幕。

5 月 15 日，北京画院藏齐白石作品系列展之九 “三百石印富翁——齐白石的金石心迹” 在北京画院美术馆开展。

5 月 16 日至 8 月 16 日，“重新生长：许江艺术展” 在德国德雷斯顿国家博物馆开幕。

5 月 17 日至 27 日，“黄河——中村贞夫油画展” 在中国国家博物馆举办。

5月17日，“生活·艺术——纪念毛泽东同志《在延安文艺座谈会上的讲话》70周年上海美术作品展”在上海美术馆开幕。

5月18日至28日，“形式感·2012中韩艺术作品交流展”在马鞍山市博物馆开幕。

5月18日，“纪念毛泽东同志《在延安文艺座谈会上的讲话》发表70周年全国美术作品展”在中国人民革命军事博物馆开幕。

5月18日，中央美术学院推出“武器——彦涵革命战争时期艺术作品展”、“生活——苏高礼捐赠作品展”和“传承——中国大同善化寺壁画重光”等系列活动。

5月18日，“纪念毛泽东同志《在延安文艺座谈会上的讲话》发表70周年重庆市美术作品展”在重庆美术馆拉开帷幕。

5月19日至2013年4月30日，天津美术馆展出“面向现代——馆藏20世纪中国画展（1900－1950）”。

5月21日，“从延安走来——纪念毛泽东同志《在延安文艺座谈会上的讲话》发表70周年美术作品展”正式开幕。

5月22日，“百年回眸——韩景生油画艺术展”在中国美术馆隆重开幕。

5月22日，“同在蓝天下——为农民工塑像中国画主题创作展”在国家博物馆开幕。

5月24日至28日，“2012艺术杭州·第五届杭州艺术博览会”在杭州和平会展中心举行。

5月25日至6月20日，朱屺瞻艺术馆和上海多伦现代美术馆联合举办了“水墨纵横——2012上海新水墨艺术大展”系列活动。

5月27日至31日，“世纪文化与百年艺术人生——晏济元诞辰110周年书画作品展暨晏济元学术研讨会”在全国政协礼堂举行。

5月29日，“中国当代油画精品展”开幕式在首尔中国文化中心举行。

5月30日至9月3日，“大器‘玩’成——中国美术馆藏民间玩具精品展”在中国美术馆展出。

6月3日，第二届云南国际版画展在昆明开幕。

6月5日，由天津美术学院主办的“蔡锦个展”在中国美术馆举行。

6月6日，“墨彩心象”——王辅民、王新伦、郭东健、赵星、王万成、张禾、巫卫东、周一新、龚涛、张培生水墨人物画作品展在中国美术馆开幕。

6月7日，中国艺术研究院与江苏省无锡市人民政府举行了中国艺术研究院中国画院（无锡）创作研究基地签约仪式。

6月9日，“大写神州——崔如琢艺术展”在国家博物馆开幕。

6月13日至26日，“文治风华——宋文治绘画艺术回顾展”在北京画院美术馆举办。

6月21日至7月29日，“千里之行——中央美术学院2012届毕业生优秀作品展”在中央美术学院美术馆举办。

6月28日，《袁运甫绘画》首发式暨“清华大学袁运甫艺术奖学励学基金”设立仪式在清华大学美术学院举行。

6月28日至7月11日，“尽写苍生——蒋兆和绘画艺术发现展”在北京画院美术馆举行。

6月30日，“再创唐风——唐勇力中国画作品展”在中国美术馆开幕。

7月1日，“金水长德——2012中国工笔画家十人作品展”在中国美术馆举行。

7月5日，“从马列维奇到康定斯基——欧洲的构成主义”在中国美术馆开展。

7月6日，“佛罗伦萨与文艺复兴：名家名作”展在国博开幕。

7月7日，“国博百年·中国雕塑百年作品展”在北京国家博物馆开幕。

7月11日，“情系白桦林——1990年代后留俄美术家联展”开幕式在中国美术馆方厅举行。

7月11日，“概念超越——2012新工笔文献展”在中国美术馆开幕。

7月11日，“水墨家园——李小可作品展”在中国美术馆开幕。

7月13日，创意城市·2012伦敦美术大展暨2012（伦敦）奥林匹克美术大会北京特邀展在中国美术馆开幕。

7月19日，“翎羽飞花——陈之佛工笔花鸟画展”在山西博物院开展。

7月20日，“劲松红岩——钱松嵒绘画艺术精品展”在北京画院美术馆开幕。

7月24日至31日，“北京文化周”活动在伦敦举办。

7月26日，“庆祝中国人民解放军建军85周年全国美术作品展暨第12届全军美术作品展”在中国美术馆开幕。

7月28日至29日，第一届中国（佛山）国际城市雕塑创作大展暨研讨会在佛山新城举行。

7月30日，“伦敦2012·中国艺术展”在英国皇家艺术学院揭幕。

8月1日至8月31日，“共同的眼睛：20世纪中国艺术“现代化”演进图考——上海美术馆馆藏精品展”在上海美术馆举行。

8月1日至9月30日，“风骨长安——陕西当代中国画名家作品展”在陕西省美术博物馆举行。

8月1日至10月31日，“沧海一粟——刘海粟作品陈列展”在上海刘海粟美术馆举办。

8月3日至19日，由国务院侨办、文化部、江苏省人民政府联合主办的“何香凝艺术精品展”在江苏省美术馆新馆举行。

8月8日，“风神兼彩——石鲁的创作与写生（1959—1964）”在北京画院美术馆开幕。

8月8日，“首届CAFAM未来展”在中央美术学院美术馆开幕。

8月9日至9月9日，“黄宾虹绘画精品苏州特展”在苏州博物馆举办。

8月10日至9月5日，“画说龙江——黑龙江省美术馆藏晁楣、张祯麒、杜鸿年、郝伯义经典版画作品陈列展”在黑龙江省美术馆展出。

8月11日，“求其在我——孙宗慰百年绘画展”在中国美术馆开幕。

8月11日，“万里江山——中国美术馆馆藏20世纪山水画精品展”在东京国立博物馆举行。

8月12日，“百年雄才——黎雄才艺术回顾展暨作品捐赠仪式”在中国美术馆举行。

8月16日至20日，第十五届北京国际艺博会在北京中国国际贸易中心举行。

8月16日至9月3日期间，“回望——江苏省美术馆馆藏民国美术作品展”在江苏省美术馆新馆隆重开展。

8月17日至9月8日，“湖北美术馆工业版画藏品展”在湖北美术馆展出。

8月18日至9月4日，“活泉照神——浙江美术馆馆藏精品展”在浙江美术馆举行。

8月18日至10月28日，“决澜长歌———庞薰琹艺术回顾展”在常熟美术馆举行。

8月19日，李可染画院在北京举行成立大会并揭牌。

8月21日至9月10日，“大道之行——广东美术馆馆藏美术作品专题展”在广东美术馆举行。

8月22日，“刀笔利痕——孙常非木刻展”在中国美术馆举行。

8月23日，“子恺杯”第九届漫画大展在浙江省桐乡市举行。

8月23日至9月29日，“传统与当代——深圳美术馆馆藏精品展”在深圳美术馆举行。

8月24日，陈之佛书画作品捐赠暨“陈之佛艺术史论研究奖金”设立仪式在北京中国国家博物馆举行。

8月25日，“中国·新疆首届当代艺术双年展”在乌鲁木齐新疆艺术中心开幕。

8月27日，“家国山河——周抡园国画作品捐赠展”在国家博物馆开幕。

8月28日，台湾画家、美术教育家江明贤先生画展“历史·美学——江明贤的墨彩河山”在国家博物馆开幕。

8月28日，天津美院原院长、天津美协原副主席、美术教育家、油画家张世范在天津去世，享年

76岁。

8月29日，吴冠中艺术馆在江苏宜兴落成开馆。

8月29日，“人文·北京——中国山水画邀请展”在中国美术馆举办。

8月31日，“刘国辉画展”在中国美术馆开幕。

9月1日，“雕塑中国：中央美术学院雕塑创作回顾展”在中央美术学院雕塑艺术创作研究所（小营校区）开幕。

9月1日至12月1日，河南省美术馆推出了“重现——河南省美术馆馆藏版画精品展”。

9月4日，“文心铸魂——吴为山雕塑艺术国际巡展·联合国特展”在联合国总部大厦开幕。

9月5日，“从现代出发——15位艺术家的15个表达”当代艺术展在中国美术馆开幕。

9月6日至26日，“学院的视野·湖北美术学院美术馆馆藏精品展”在湖北美术学院举办。

9月6日至11月6日，“岭南画派世纪经典展”在广州艺术博物院举行。

9月8日，“2012辽源东丰·中国农民画艺术节暨全国农民画展览”，在吉林东丰举行。

9月9日，“八荒通神——新人文·卢禹舜”画展在中国美术馆开幕。

9月9日至13日，“大漆之美——福建省美术馆馆藏漆画精品展”在乌鲁木齐文化馆展出。

9月9日至25日，“湖北省美术院美术馆馆藏精品展”在武昌昙华林展出。

9月10日，“2012港澳视觉艺术双年展”在北京中华世纪坛世界艺术馆开幕。

9月10日至10月9日，“漆彩华光——厦门市美术馆馆藏漆画精品展”在厦门美术馆展出。

9月12日，“中国当代著名画家中原行作品展”在北京中国国家博物馆开幕。

9月13日，“张颂南70油画展”在中国美术馆开幕。

9月14日，“美国当代写实油画展”在中华世纪坛开幕。

9月14日，“亲情中华——世界华侨华人美术书法展”在国家博物馆开幕。

9月15日，中国美术学院中国画系前主任、浙派人物画“五老”之一、美术家顾生岳教授因病在杭州去世，享年85岁。

9月16日，“水穷云起——杜大恺艺术作品展”在中国美术馆开幕。

9月16日至17日，第六届中国美术批评家年会在西安举办。

9月17日，“2012中国水墨新艺术展”在日内瓦万国宫开幕。

9月18日至10月31日，“传承·创新——合肥市赖少其艺术馆馆藏精品展”在合肥市赖少其艺术馆举行。

9月19日，广西壮族自治区文学艺术联合会原副主席，中国美术家协会广西分会主席、油画家、美术教育家涂克在南宁逝世，享年97岁。

9月20日，“内外兼修——中国当代艺术展”在土耳其伊斯坦布尔现代美术馆开幕。

9月22日，雕塑家李象群大型个展“行人”在中国美术馆开幕。

9月24日，“《收租院》群雕铸铜作品展”在黄桷坪四川美术学院美术馆《收租院》群雕陈列厅展出。

9月24日，“中国现代美术之路”课题成果发布会暨学术研讨会在中国美术馆召开。

9月26日，2012中国艺术品产业博览会在京开幕。

9月26日，“曾竹韶雕塑艺术奖学金”度获奖与入围作品展在山西省大同市开幕。

9月26日，“首届大同国际壁画双年展”在山西省大同市和阳美术馆开幕。

9月27日至10月8日，“朗润旷远——白雪石绘画精品展”在北京画院美术馆举办。

9月28日，“方召麟绘画作品捐赠展”在国家博物馆开幕。

9月28日，第四届广州三年展主题展“见所未见”在广东美术馆拉开序幕。

9月28日至10月17日，“继承传统，弘扬经典——河北美术馆馆藏精品展”在河北美术馆展出。

9月28日至10月17日，“云南少数民族壁画精品临摹展”在云南美术馆展出。

9月28日至10月18日，“笔墨·世界——亚明欧亚风情写生作品展”在合肥亚明艺术馆开幕。

9月28日至10月22日，“2012·第五届中国北京国际美术双年展”在北京中国美术馆举办。

9月29日至10月4日，“张充仁纪念展”在上海美术馆举行。

9月29日，“首届中国少数民族美术创作奖暨黄胄美术奖作品展”在北京炎黄艺术馆开幕。

9月29日至10月7日，“‘人民·人民’黄土画派作品展”在陕西省美术博物馆举行。

10月1日，“重新发电——第九届上海双年展”在上海当代艺术博物馆开幕。

10月1日，“锦绣中华——行进中的新世纪中国美术”在上海中华艺术宫开幕。

10月1日，“来自世界的祝贺——国际美术珍品展”，在中华艺术宫展出。

10月11日，“现代之路——云南现当代油画艺术”展在中国美术馆开幕。

10月14日至11月18日，“穿越·曾成钢雕塑展”在德国汉堡伦茨堡卡尔舒特艺术中心举行。

10月14日至11月26日，大型研究性展览“自在之物：乌托邦、波普与个人神学——王广义艺术回顾展”在今日美术馆举行。

10月18日，“2012全国中国工笔画展”在文化古城河北沧州名人植物园名人堂开幕。

10月19日，“写意中国——2012中国国家画院国画、版画邀请展”在上海展览中心举行。

10月19日，吕斯百大型艺术展在北京炎黄艺术馆开幕。

10月20日至11月6日，“高原之魂——吴长江作品展”和吴长江艺术研讨会在上海美术馆举办。

10月21日，“水墨阿尔卑斯——中国当代国画精品展”在北京荣宝斋美术馆开幕。

10月26日，“无所遁形——展望个展”在798长征空间拉开帷幕。

10月27日，“浩瀚草原——中国美术作品展”在中国美术馆开幕。

10月27日，“2012中国·芜湖第二届刘开渠奖国际雕塑大展暨第二届中国雕塑论坛”在安徽省芜湖市举办。

10月28日，“中央美术学院造型艺术年度提名2012于凡”：“置上——于凡作品（2000－2012）”展览在中央美术学院美术馆开幕。

10月28日，“高原·高原——第二届中国西部美术展油画年度展”暨颁奖典礼在陕西省美术博物馆举行。

10月30日，“原点的维度：2012上海国际版画展”在上海美术馆开幕。

10月31日，“民间·情歌——回眸张光宇艺术”展览在北京画院美术馆开幕。

10月31日，“个人方式——格物和内省”谭勋作品展在天津美术学院美术馆举行。

11月1日，“搜尽奇峰——20世纪中国山水画选展”在中国美术馆拉开帷幕。

11月1日，“水·印·象——第十一届‘姑苏之秋’当代水印版画邀请展暨桃花坞木刻年画文献展”在苏州美术馆开幕。

11月2日，“翰墨荟萃——美国收藏中国五代宋元等书画珍品展”在上海博物馆展出。

11月2日，2012中国国际文化艺术博览会在北京开幕。

11月2日至4日，“美术文献与鉴赏国际研讨会”召开。

11月5日，“2012第六届中国·嘉兴国际漫画双年展暨首届漫画节”在浙江省嘉兴市开幕。

11月6日，“吴门画派之沈周特展”在苏州博物馆展出。

11月9日，扬州大学扬州八怪研究所、扬州民间美术研究所揭牌暨扬州地方艺术理论建设研讨会在扬州大学瘦西湖校区举行。

11月9日至16日，“中国写实画派展”在中国油画院美术馆举行。

11月10日“闳约深美——南京艺术学院百年校庆师生美术作品展”在中国美术馆揭幕。

11月14日至12月21日，“走向现代——英国美术300年展”在中华世纪坛世界艺术馆举行。

11 月 16 日，“时代风采——2012 中国百家金陵画展（油画）”在江苏省美术馆开幕。

11 月 16 日至 27 日，“第十八届中国雕塑论坛暨首届中国当代抽象雕塑展”在古城西安拉开帷幕。

11 月 16 日至 2013 年 2 月 28 日，“米勒、库尔贝和法国自然主义：巴黎奥赛博物馆珍藏”在中华艺术宫开展。

11 月 17 日，“影子——张峰雕塑艺术作品展”在中国美术馆拉开帷幕。

11 月 18 日，“山月丹青——纪念关山月诞辰 100 周年艺术展”在北京中国美术馆开幕。

11 月 20 日，“委内瑞拉当代绘画展”在中国美术馆开幕。

11 月 20 日至 12 月 2 日，“中国当代美术作品展”在德国柏林中国文化中心举行。

11 月 21 日，“画忆江南”第二届中国长三角油画名家邀请展在上海刘海粟美术馆拉开帷幕。

11 月 23 日，“雕塑 2012：三官殿 1 号艺术展”在湖北美术馆开幕。

11 月 23 日，蔡志松个展“玫瑰·浮云”亮相艺美画廊。

11 月 23 日，“2012 中国杭州第四届西湖国际雕塑邀请展”在杭州市西溪湿地东门广场开幕。

11 月 23 日至 12 月 4 日，“阳光、空气、水——田黎明绘画展”在上海美术馆举办。

11 月 24 日至 25 日，第六届全国高等院校美术史学年会在中央美术学院美术馆学术报告厅举行。

11 月 25 日，“2012·飞龙在天——第三届中国当代百名老艺术家书画精品展”在香港展览中心展出。

11 月 26 日，“家园——黄格胜国画展”在中国美术馆开幕。

11 月 27 日至 2013 年 4 月 25 日，“中央美术学院美术馆藏国立北平艺专精品陈列（西画部分）》展”在中央美术学院美术馆学术报告厅举行。

11 月 29 日，“中加国际书画艺术展”在中华世纪坛开幕。

11 月 29 日，“笔墨春秋——吴昌硕、齐白石、傅抱石绘画作品展”在北京孔庙和国子监博物馆艺术厅拉开帷幕。

11 月 30 日，“第十届全国水彩粉画作品展”在广西民族博物馆举行。

12 月 1 日，第二届北京版画博览交易会在 798 艺术区百雅轩艺术中心开幕。

12 月 1 日，“第三届全国漆画展”在南京艺术学院美术馆开幕。

12 月 5 日至 2013 年 1 月 9 日，“临风听蝉——李可染的世界系列作品展（牧牛篇）”在北京画院美术馆举行。

12 月 7 日，首届“江海交融——上海、南京、合肥、武汉美术作品交流展”在上海展览中心开幕。

12 月 7 日，《谭平个展：1 划》在中国美术馆举办。

12 月 7 日至 10 日，“2012’当代艺术与批评理论研讨会暨青年艺术批评奖颁奖会”在天津美术学院召开。

12 月 8 日至 10 日，“荆浩国际学术论坛暨‘荆浩杯’中国画双年展”在河南省济源市举行。

12 月 12 日至 2013 年 1 月 5 日，“首届全国中青年油画展”在深圳市大芬美术馆开幕。

12 月 13 日至 16 日，2012 首届大学生艺术博览会在广州市保利世贸中心博览馆举办。

12 月 14 日，“画说龙江——黑龙江省美术馆 50 年馆藏经典版画作品特展”在中国美术馆开幕。

12 月 16 日至 2013 年 3 月 15 日，“电场——超越超现实”法国蓬皮杜中心藏品展在上海当代艺术博物馆举行。

12 月 16 日，“2012 第二届造型艺术新人展”在中国美术馆开幕。

12 月 21 日，“图与词：马格利特以来”在中国美术馆开幕。

12 月 23 日至 12 月 30 日，由上海美术馆和昊美术馆共同主办的“中国表现艺术展”在上海美术馆举行。

12 月 25 日，“刀锋民魂——张漾兮百年艺术展”在浙江美术馆举办。

12 月 26 日，“名家珍品集萃——孙照子女捐赠中国古代绘画珍品展”在国家博物馆开幕。

12 月 26 日，北京文化艺术基金会设立的“靳尚谊专项基金”在京宣告成立。

12 月 27 日，“吾土吾民系列油画邀请展”第四站——“鼎新华南”在广东美术馆开幕。

12 月 27 日，“全国第三届中国画线描艺术展”在河南省美术馆开幕。

12 月 28 日，“长卷视界——第二届杭州·中国画双年展”在浙江美术馆开幕。

12 月 28 日，“2012 全国中国画作品展览”在上海中华艺术宫开展。

12 月 29 日，“第二届兰州美术节暨走进兰州·全国名家美术作品邀请展”，在兰州市金城关文化风情区兰州荣宝轩艺术馆举办。

分卷主编：丛玲玲

中国艺术年鉴

2012年卷

工艺美术卷

年度述评

2012 年中国纤维艺术发展状况

◎林乐成　梁　开

一、“从洛桑到北京”第七届国际纤维艺术双年展暨学术研讨会（南通展年）

由清华大学美术学院、江苏省南通市人民政府、中国工艺美术学会纤维艺术专业委员会共同主办，南通国有置业集团承办的“从洛桑到北京”第七届国际纤维艺术双年展暨学术研讨会（南通展年）于2012 年 11 月 8 日至 12 月 15 日在江苏省南通市唐闸中国近代工业遗存保护区举行。本次展览以“回归与超越”为主题，展出来自美国、英国、波兰、加拿大、意大利、瑞典、丹麦、德国、巴西、荷兰、澳大利亚、格鲁吉亚、韩国、日本等 37 个国家和地区，及来自清华大学美术学院、鲁迅美术学院、广州美术学院、南京艺术学院、天津美术学院、四川美术学院、西安美术学院、湖北美术学院、沈阳大学美术学院、吉林艺术学院、山东工艺美术学院、杭州师范大学美术学院、苏州工艺美术学院、辽宁经济职业技术学院、香港理工大学、台南大学等 80 余所综合大学艺术院校和职业技术高校，以及来自江浙地区、南通市工艺美术行业特邀参展作品，共 307 件作品齐聚南通，拥有三个展区 5000 余平方米的展示空间，其规模之大，规格之高，堪称“中国唯一、世界最大”的国际纤维艺术展。

盛大的开幕式

2012 年 11 月 8 日上午 10 时，“从洛桑到北京”第七届国际纤维艺术双年展暨学术研讨会（南通展年）开幕式在南通唐闸中国近代工业遗存保护区广场举行。在南通市副市长朱晋先生的主持下，南通市委副书记、南通市人民政府市长张国华先生，江苏省委宣传部副部长梁勇先生，中国国家画院一级美术师、双年展总策展人邓林女士，中外艺术家代表、波兰洛兹美术学院教授、清华美院特聘教授爱娃·莱考斯基·塞斯卡（Eva Latkowska－Zychska）女士，清华大学副校长谢维和先生分别在开幕式上致辞。

张国华市长在致辞中指出：“100 多年前，清末状元、实业家、教育家张謇先生在南通建立近代中国第一家‘大生纱丝厂’等一批工业实体，本届展会选择在唐闸古镇举办，不仅可以有力促进南通城市及纤维艺术走向世界，也将极大地扩大国际纤维艺术的影响力。”梁勇副部长也表达了对展览的期望：“希望唐闸文化创意产业园借这次纤维艺术展的东风，进一步做好规划、搭好平台、深化发展，早日实现由‘工业文明活化石’到‘时尚创意新天地’的蜕变，努力跻身省和国家文化产业示范基地的行列，为江苏文化产业发展作出积极的贡献。”邓林女士也对展览场地做出高度评价：“在拥有百年纺织历史的工业老厂房里，在参差的红砖、斑驳的泥墙面上，纤维艺术作品融入了空间、融入了历史，此时，纤维艺术与老厂房浑然天成为一件完美的艺术品。”爱娃教授则在致辞中讲述了她与纤维艺术 35 年的情缘，她说：“艺术由人创造，并服务于人。感谢林乐成教授和他的学生们，感谢南通市为我们提供如此精彩的展示空间，是他们使得艺术家的相聚和艺术思想的交流成为可能。”谢维和副校长在致辞中感叹道：“在众多艺术形态发展、成长的今天，纤维艺术何以具有如此强大的生命力和吸引力呢？为什么在我们国家这么多城市和地区争相举办这样一个展览呢？为什么能在世界不同国家产生如此强烈的影响呢？我不是一个专家，但我深深地感到，就在于纤维艺术的大俗大雅，有着非常深厚而广阔的群众基础和人民基础。”他进一步指出现代纤维艺术已经走出家庭、走出艺术家的工作坊，开始走向企业、工厂，进一步走向社会，它有着非常强的经济发展潜力，具有难以估量的消费群体和消费市场。唐闸古镇举办的这届国际纤维艺术双年展必定具有深远的历史影响和意义。

随着礼炮响彻晴空，礼花纷扬舞台，中国纺织工业联合会名誉会长（国家纺织工业部部长）杜玉洲先生，清华大学副校长谢维和先生，双年展总策展人邓林女士，南通市委副书记、市长张国华先生，南通市政协主席王德忠先生，中国工艺美术协会秘书长王山先生，清华美院党委书记赵萌先生，江苏省委宣传部副部长梁勇先生，江苏省文化厅副厅长裴旭先生，中外艺术家代表爱娃女士，南通市委副书记陈斌先生，南通市委常委、宣传部长章树山先生，南通市政协副主席杨展里先生共同为开幕剪彩。

热烈的学术研讨会

本届双年展学术研讨会于11月9日下午2时到4时在南通唐闸中国近代工业遗存保护区礼堂举行，中国工艺美术学会纤维艺术专业委员会秘书长、北京电影学院副院长尼跃红教授担任本次研讨会的策划和主持工作。本次研讨会改变了以往演讲式的做法，采用嘉宾分组讨论的方式。参与讨论的嘉宾由本届双年展评审委员组成。根据讨论的主题，分为上下两个半场，分别由清华大学美术学院艺术史论系主任张夫也教授和中国装饰杂志社主编方晓风教授担任主持人。

上半场的嘉宾有评委会主席琼·舒尔茨（美国），委员张英兰（韩国）、福本繁树（日本）、莫妮卡·凯米莱斯卡·莱曼（波兰）、爱娃·莱考斯基·塞斯卡（波兰）。大家围绕“当代纤维艺术的发展趋势”各抒己见。福本繁树先生指出：“日本纤维艺术没有中国发展得好，因为日本主要致力于保护传统，而忽略创新。因此当代纤维艺术的发展，一方面要守护传统，另一方面要拓进，即在传统的基础上创新。”爱娃女士则首先肯定了在中国举办国际纤维展的包容性，允许来自不同国家的艺术家参展，并且向着共同的目标迈进，不分你我。同时她强调：“应该尊重艺术家的想法，给予艺术家充分的自由。尤其要保护青年艺术家，以及他们尚处在幼稚期的想法。但最重要的是，纤维艺术永远是艺术，应该先艺术，再纤维。”而莫妮卡女士则对爱娃的想法加以补充：“我们要制造一种艺术，一种以纤维艺术为基础的艺术。”张英兰女士则谈了自己从第三届到第七届担任了四届评审委员的感受，她认为展览规模越来越大，参展作品水平越来越高，参展作品的种类和面貌也越来越丰富。最后，舒尔茨不无幽默地说道：“如今，人人都想成为纤维艺术家，愿我们的队伍越来越壮大。”

下半场的嘉宾有评审委员刘光文（格鲁吉亚），利兹·威廉姆斯（澳大利亚）、德伯拉·考西尼（美国）、南希·科兹考斯基（美国）以及中国著名丝绸设计艺术家、清华大学美术学院秦岱华教授。讨论的话题集中针对本届双年展的评价。刘光文女士提出：“评价作品始终要以艺术为标准，而不能以技术为标准，如果作品匠气太重，艺术水准就会下降。评审应该有一定的标准，不能仅靠评委的个人趣味，这样的评审结果才更有引导意义。”澳大利亚新南威尔士大学艺术系主任利兹教授同样认为：评判的前提应是当代的、且属于纤维的艺术作品，应建立当代纤维艺术的评判和批评标准。美国圣何塞纺织艺术博物馆馆长德伯拉女士则认为：“纤维艺术作为艺术的分支，相对于繁杂的当代艺术，具有手工艺和传统的特色，相比更加纯粹，我们应该思考如何保护和发展纤维艺术。”南希女士则从艺术史的角度说道：“当代越来越多的艺术媒介的出现是一种非常好的现象。纤维艺术家要思考如何改变物质的结构，如何改变人们思考艺术史的方法，比如1895园区虽然都是工业老厂房，但纤维艺术改变了它的面貌。”秦岱华女士作为中国艺术家强调：“中国改革开放30年后的今天，正是中国文化复兴的时机，我们不仅要吸收世界优秀艺术的养分，更应该梳理、思考自己的传统，因为我们有太多的文化资源可以借鉴。因此，艺术家应该回观自己的艺术，回归内心，有自己的文化立场，这样纤维艺术的前景会更好。”随后，大家一起探讨了关于纤维艺术在公共空间的应用问题。最后，主持人方晓风先生结束道：“各位始终没有回答我的问题‘对展览、对作品做出评价’，但我愿意分享自己喜欢的一件作品——一件由小朋友制作的中国传统的‘百纳服’式的作品，它唤起了我童年的记忆，深深地感动了我。”

在这次研讨会上艺术家们也对纤维艺术未来的发展做出了深刻的思考与探讨。如何保护和发展纤维艺术？如何建立当代纤维艺术的评价标准、批评体系？如何处理传统与当代、技术与艺术、存在与空间的关系？无不是当今纤维艺术发展需要面对、思考和解决的重要问题。

隆重的颁奖典礼

4时30分，“从洛桑到北京”第七届国际纤维艺术双年展颁奖典礼在高大、宏伟的银光大剧院举行。100年前梅兰芳先生曾经表演过的地方，如今已成为纤维艺术作品的展示空间。明亮的聚光灯下人头攒动，人们屏息凝神，注视着最激动人心的一幕——大奖的揭晓。

本届双年展由于百年巨匠文化设计研究中心主任刘一峰先生的资助，设立了从洛桑到北京——国际纤维艺术双年展基金，历史上第一次为获奖者颁发奖金。颁奖典礼由中国工艺美术学会纤维艺术专业委员会副会长王凯教授主持，清华大学美术学院党委书记、雕塑家赵萌教授致辞，本届双年展评委会主席琼·舒尔茨（Joan Schulze）女士宣布评审结果。本届双年展参展作品307件，其中参评作品284件（评委和评审工作人员作品不参评），经过评审委员会的评审，评选出金奖1件、银奖2件、铜奖3件、优秀奖68件，获奖作品共计77件。洪兴宇、丁剑欣作品《荷韵》获得金奖，郑丹作品《织晓》和草间喆雄（Kusama Tetsuo日本）作品《破晓-1（Dawn-1）》获得银奖，马韫慧作品《毛衣》、李大鹏作品《家园》、袁警卫作品《乌镇印象》、路易斯·莱米克斯·博鲁伯（Louise Lemieux Berube，加拿大）作品《乔（Joe）》、李在京（Jae Kyung Lee，韩国）作品《挂毯1-3（Tapestry 1-3）》、王建作品《子曰》获得铜奖。来自日本、韩国、波兰、格鲁吉亚、美国、英国、拉脱维亚、加拿大、澳大利亚、瑞士、丹麦、匈牙利、芬兰、中国等68件作品获得优秀奖。

值得一提的是，为了体现评审的公正、公平，本届双年展评委会由11名评委组成，其中只有一名中国评委，全部作品采用隐名评审方式。所有评委以及为评审提供服务的组委会工作人员的作品，均不参加评奖，评审过程由南通国有置业集团纪委书记全程监督。在77件获奖作品中，中国的作品占获奖作品总数的65%，这说明中国作者的创作水平正在迅速提高，与国外艺术家的差距正在逐渐缩小。

从洛桑到北京——国际纤维艺术双年展已经走过了一个纪元，在十几年的时间里，有许多中外老艺术家自始至终坚定地走在这支队伍的前列，成为推动国际纤维艺术发展的中坚力量。为了表彰他们做出特殊的贡献，经中国工艺美术学会纤维艺术专业委员会讨论通过，自本届双年展起，设立“从洛桑到北京”国际纤维艺术成就奖。本届展览评委会主席、美国知名艺术活动家、清华大学美术学院特聘教授琼·舒尔茨（Joan Schulze），本届双年展评审委员、格鲁吉亚中格友好协会主席、亚非学院教授刘光文，日本著名纤维艺术家、多摩美术大学教授渡部裕子获得“从洛桑到北京”国际纤维艺术成就奖。同时，自本届双年展起，为担任评审委员的艺术家设立“特别奖”。美国新墨西哥州纤维艺术家协会主席南希·科兹考斯基（Nancy Kozikowski），澳大利亚新南威尔士大学艺术系主任利兹·威廉姆斯（Liz Williamson），波兰知名纤维艺术家莫妮卡·凯米莱斯卡·莱曼（Monique Chmielewska Lehman），波兰洛兹美术学院教授、清华大学美术学院特聘教授爱娃·莱考斯基·塞斯卡（Eva Latkowska-Zychska），波兰知名纤维艺术家、洛兹美术学院教授华洛戴克·塞根（Wlodzimierz Cygan），日本知名纤维艺术家、大阪大学教授久保田繁雄（Kubota Shigeo），日本著名纤维艺术家、大阪艺术大学教授福本繁树（Fukumoto Shigeki），韩国著名纤维艺术家、水原大学艺术学院教授张英兰（Chang Young-Ran），韩国著名纤维艺术家、弘益大学艺术系主任郑璟娟（Chung Kyoung Yeon），中国服装协会主席、清华大学美术学院教授李当岐获得“从洛桑到北京”第七届国际纤维艺术双年展特别奖。

在鲜艳的红地毯和高大的木梁结构围起的颁奖舞台上，在中国传统欢庆的丝竹音乐中，颁奖嘉宾依次为获奖作者颁奖，在场的嘉宾和各位艺术家、作者纷纷向获奖作者献上祝贺，共同为第七届国际纤维艺术双年展鼓掌喝彩。特别是获得国际纤维艺术成就奖的老艺术家，眼里噙着热泪。这个奖项令她们非常意外和激动，台下的观众也同样分享着她们喜悦。最后，总策展人邓林女士代表展览主办方做了简短发言，表达了“对所有付出劳动的艺术家”和“为国际纤维艺术双年展付出劳动的人”的感激，并对此次展览给予了高度评价。

颁奖典礼结束后，在南通市副市长朱晋先生的主持下，于金陵华侨宴会厅举行了答谢晚宴，全体参展艺术家和组委会工作人员约300人欢聚一堂，为祖国的文化大发展大繁荣，为世界各国艺术家的友谊举杯同贺。

二、中国当代纤维艺术展赴美国、哥伦比亚巡展

“正在改变的景观——中国当代纤维艺术展”（Changing Landscapes：Contemporary Chinese Fiber

Art）”赴美巡展继圣何塞织物艺术博物馆（San Jose Museum of Quilts & Textiles）和美国纺织历史博物馆（麻省卢威尔市）展览之后，于2012年3月24日于俄亥俄州代顿艺术中心博物馆（Dayton Art Institute Museum）开幕并继续展出，并结束本次中国当代纤维艺术历时三年的美国巡展。来自48位艺术家的45件参展作品，都是从历届“从洛桑到北京”国际纤维艺术双年展中精选出来的。参展作品从不同角度描绘了艺术家们身边不断变化的世界，表达了他们对中国的历史、文化和环境的认识与思考，展示了中国纤维艺术教育与创作的最新学术成果。本次巡展为增进中美两国之间的文化艺术交流、促进相互了解和友谊、推动国际纤维艺术发展起到了积极的作用。

2012年10月12日下午6时，由中国文化部和清华大学组织举办的“中国当代纤维艺术展”在哥伦比亚胡里奥·马修·圣多明哥艺术中心正式开幕。中国驻哥伦比亚大使汪晓源，清华大学副校长谢维和，文化部外联局副局长李际平，哥伦比亚银行行长卡洛斯·耶佩斯，胡里奥·马修·圣多明戈文化中心图书馆馆长玛丽，中国文化部美大处处长贺踊，中国驻哥伦比亚大使馆文化参赞吕德胜，清华大学美术学院党委书记赵萌、清华大学学位委员会副主席兼中国服装设计师协会主席李当岐、清华大学大学美术学院工艺美术系主任兼中国工艺美术学会纤维艺术专业委员会会长林乐成、辽宁经济职业技术学院工艺美术研究所所长兼中国工艺美术学会纤维艺术专业委员会副会长王凯出席了开幕仪式。

谢校长在开幕致辞中说道：“纤维艺术，是线的艺术，它自新石器时代开始，已经在中国绵延发展了几千年，著名的‘丝绸之路’印证了这根‘线’连通中西方的历程；纤维艺术，亦是观念的艺术，它描绘了中国艺术家面对他们身边不断变化的世界，表达了他们对中国历史、文化和环境的认识和思考。清华大学至今已有百年历史，而中国的纤维艺术事业和纤维艺术教育亦成长于此。”玛丽馆长亦发表了热情洋溢的致辞，高度赞扬中国当代纤维艺术展为中、哥两国文化艺术提供的对话与交流的机会，促进理解、加深友谊。

本次展览展出的51件（26件套）作品均为国际纤维艺术双年展获奖作品，作者来自中国18所著名艺术院校。艺术家们以独特的视角和不同的艺术手法表现正在飞速发展变化着的中国，从一个侧面向哥伦比亚人民展示中国当代艺术和文化风貌。这次展览为增进中、哥两国之间的友谊，加强两国文化艺术交流做出了积极贡献。

三、中国纤维艺术之参加“洛兹三年展”、“大同国际壁画双年展”

2013年5月6日下午3时，“洛兹国际纺织品与壁毯艺术三年展”在波兰工业重镇洛兹中央纺织博物馆隆重开幕。“洛兹三年展”是欧洲规模最大的纺织品与壁毯艺术三年展，自1975年创始以来已举办14届，本届展览除主题展还设“玛格达莲娜·阿芭卡诺维奇纤维艺术个展”、“mini纤维艺术展”、“波兰纤维艺术家作品展”、“青年纤维艺术家三年展”、“华洛戴克·塞根纤维艺术个展”、“洛兹美术学院纤维艺术展”、“清华大学美术学院纤维艺术特展”等十余子展览。清华大学美术学院纤维艺术专业师生及特邀纤维艺术家25人的24件作品参加了本届“洛兹三年展”。

“清华大学美术学院纤维艺术特展”（以下简称“特展”）是本届“洛兹三年展”唯一的特邀国外展，清华大学美术学院纤维艺术专业研究生、研修生、访问学者王凯、梁雪芳、解勇、刘鹏宇、刘辉、庞礴、任光辉、哀謦卫、王建、李慧、展菲等11名师生，及特邀的鲁迅美术学院吴青林、广州美术学院史培勇、吉林艺术学院宋海峰、人民大学艺术学院陈炯、深圳职业技术学院吴帆、内蒙赤峰力王工艺品公司王国利等6名教授、中国工艺美术大师的16件作品参加了本次特展。清华大学美术学院刘全华的《大地风情》、郑丹的《红和蓝》、张鎏鑫的《inside out》参加了主题展，李大鹏的《家园》、曾丽思的《绕》、曾锃沛的《围城》、陈冠汝的《在途中》、李璇的《苍茫》参加了“青年纤维艺术家三年展”，曾锃沛的《围城》获得了三等奖。

特展开幕式上，清华大学副校长谢维和，洛兹美术学院院长约兰塔·鲁兹卡·海比斯克，洛兹美术学院纺织和服装系主任兹比格涅夫、教授爱娃·莱考斯卡·塞斯卡发布热情洋溢的致辞。约兰塔院长首先表示对来自中国朋友们的欢迎，“能够目睹这么多来自中国的精美而独特的艺术作品，要感谢爱娃教授和林乐成教授，我希望这是我们双方的合作的开始。”而中国纤维艺术的老朋友爱娃教授说道：“我们的生活、工作和世界中充满了纤维材料，纤维是一种具有独特魅力的物质。正是由于纤维艺术，我们相聚在了一起。很高兴今天中国纤维艺术能够走进波兰，虽然是在这个不大的空间里，但却迈出了巨大的一步。”谢校长感叹在这里看到了很多熟悉的面孔，他在对洛兹美术学院表示感谢的同时，向所有的艺术家发出诚挚的邀请，希望他们以后能到中国参加“从洛桑到北京——国际纤维艺术双年展”。在谢校长的邀请下，林乐成教授发表简短的讲话，他感慨清华大学一直以来对学者和学术的尊重与支持才使得中国的纤维艺术走向世界，同时表达了对莫妮卡、爱娃、赛根三位著名波兰艺术家帮助中国纤维艺术走入“洛兹三年展”的感激之情。

由中国美术家协会和大同市政府联合主办的大同国际壁画双年展于2012年9月26日在大同和阳美术馆开幕。此次展览共计展出作品800余件，全国各大美院及相关艺术高校参加了本次展览。其中，来自全国各高校的纤维艺术作品达70余件，清华大学美术学院纤维艺术研究所有9件作品参展。纤维艺术以其特有的材料和展现方式成为本次壁画展的新亮点。

林乐成　清华大学美术学院工艺美术系教授、主任
梁开　清华大学美术学院工艺美术系

2012 年中国陶瓷艺术发展综述

◎郑　宁　陈健捷

2012 年，从年初到年尾，各种与陶艺相关的展览、竞赛以及学术会议始终不断。既有小规模的地方性展览，如 2012 年在湖北美术馆举行的“中、日、韩陶艺家邀请展”，也有在国家博物馆和世纪坛举行的大型展览、学术研讨会，如 2011 年底至 2012 年初在中国国家博物馆举行的“韩美林艺术大展”。景德镇、宜兴等陶瓷产区的陶艺展览也选择在北京、上海等大都市举行，以获得更大规模宣传效力与影响力。如在 2012 年 9 月，在中国国家博物馆举行的“2012 印象中国宜兴紫砂展”。透过这些大大小小展览与研讨会，我们可窥见当代陶艺的现状与发展趋势。

“学院派”对当代陶艺发展的推动与提升不容小觑

从 20 世纪 50 年代开始，中央工艺美术学院、浙江美术学院相继建立了陶瓷专业，随后景德镇也成立了景德镇陶瓷学院。半个世纪以来，这些高等学府的陶艺专业，顺应时代发展需要，密切联系各陶瓷产区。既学习传统，又在指导与引领整个陶瓷产业与陶艺的发展。这种高瞻远瞩的学术视野与锐意进取的探索精神，在 21 世纪的陶艺发展中依然发挥着重要作用。

21 世纪前后，随着中央工艺美术学院与清华大学合并，更名为清华大学美术学院。浙江美术学院更名为中国美术学院，在象山筹建了新校区。中央美术学院、西安美术学院、南京艺术学院、鲁迅美术学院等知名艺术高校也相继建立陶艺工作室或恢复了陶艺专业，各个高校陶艺专业的实力逐步增强。这些陶艺专业不仅培养了大量热爱陶艺的人才。由高校教师为主力形成的“学院派”陶艺家，一直没有停止在艺术风格上的探索。同时，各个美术学院陶艺专业的学科带头人，通过自身影响力，组织策划各种高水平的展览、学术会议，与国内外大学、学术机构的合作中不断提升中国陶艺的学术水平。

在中国传统纪年中，“12”这个数字，包含着轮回、循序渐进、周而复始的意味。2012 年是中国陶艺进入 21 世纪以来的第一个 12 年。我们从很多陶艺发展的现状，都会发现在世纪之交，开拓者为当代陶艺发展进行了大胆的探索，在这 12 年中，这些探索犹如萌芽，在原本深厚的积淀上，虽不引人注目，但一直没有停止成长、开枝散叶。在众多高等美术学院陶艺专业中，清华大学美术学院、中国美术学院、景德镇陶瓷学院一直在学科带头人的努力之下，根据自身特点，从上世纪末至今，坚持举办双年或跨年度的陶艺交流盛会。经过十几年的坚持，在 2012 年取得了初步成果。

在北京，以清华大学美术学院陶瓷艺术系的郑宁教授，联合日本东京艺术大学工艺系策划的“国际陶艺教育交流年会”最有影响力。自 1999 年首届举办，每两年举行一次。除首届在北京举行以外，往后历届的足迹走过日本、韩国、意大利、肯尼亚等国家，2013 年又将在土耳其举行。陶艺作品的征集与遴选，活动的策划与宣传等等事宜在 2012 年就已经有序进行。“国际陶艺教育交流年会”最初的参与者，以清华大学美术学院陶瓷系的校友为主。在十几年间，参与者也早已突破一校之范围，不仅有来自于中国美术学院、广东美术学院等美术高校的师生，还包括来自于钧窑、德化等陶瓷产区的陶艺工作者。在这种国际间的陶艺教育交流中，参与者的视野得到很大的提升，在潜移默化间，推动当代陶艺的发展。

在杭州，由中国美术学院陶瓷系的刘正、周武教授，联合当时的青年陶艺家，在 1998 年举行的“首届当代青年陶艺家作品双年展”也是在陶艺界有着较大知名度和影响力的展览盛会，在 2012 年 6 月 29 日举行了“第八届当代青年陶艺家作品双年展”。通过这个展览，不断有新的青年陶艺家展露头脚。本次展览不仅有来自中国各地的陶艺家参展，而且还特邀了日本东京艺术大学和澳大利亚国立大学两所国外院校的艺术家和学者与会。

在广州，2012 年 4 月 6 日由广东美术学院主办的“第二届广东当代陶艺大展”在该校美术馆举行。从本次展览的副标题“中国当代实验陶艺家邀请及提名展”中可以看出特点。这次展览邀请在国内具有知名度的实验陶艺家参加展览的同时，每人提名两位青年陶艺家一同参展。通过有影响力的陶艺家提名，挖掘并提携在中国当代陶艺发展之路上具有发展潜力的青年。这样的展览形式为青年陶艺家提供了交流与展示的良好平台。

2012 年最重要的陶艺展览，无疑是 2012 年 12 月 5 日，中国美术家协会主办，中国美术家协会陶瓷艺术委员会、凤凰出版传媒集团承办，在中华世纪坛举行的“中国当代陶瓷艺术大展”。这次盛会是当代陶艺学术动态的全面呈现。这次展览为了最大范围的展现中国当代陶艺发展的全貌，组织工作缜密严谨，且历时多年，在北京、景德镇、杭州、广州、武汉设置了 5 个分设点负责收件，组织动员广大陶艺家参展。由 5 个分设点的负责人、中国美术家协会陶瓷艺术委员会的主任、秘书长组成评委团，对全国各地参选的上千件陶艺作品，进行了严格、公平、透明的遴选。最终在“中国当代陶瓷艺术大展”上展出的陶艺作品，可以说代表了中国当代陶艺发展的最高水平。

陶艺专业毕业创作水平显著提高与陶艺青年的崛起

从 21 世纪初至今的 12 年间，各大美院通过各种展览和中外陶艺学术交流，为青年陶艺家创造通畅的交流渠道；搭建展示才华的平台。在景德镇“乐天陶社”、“景德镇陶社”等陶艺创作营兴起，为年轻陶艺工作者提供创作、交流、出售作品的场所。除此之外，近些年来涌现出了很多专门的陶艺期刊，比如由韩美林任主编，白明任执行主编的《中国陶艺家》、毛增印任主编的《中国陶瓷画刊》、吴先益任主编的《中国陶瓷》等等颇有影响力的陶艺类刊物也以推介新人新作视为工作重点。

当前无论是学术视野、交流平台，还是创作、展示的空间等“陶艺发展环境”日趋优化。青年学子们本身就具有非常大的潜力，良好的机遇激发了他们的热情与创造力。相当一部分陶艺专业学生毕业后，走向职业陶艺家的道路。大学是他们积累、发展自己艺术语言的重要阶段。《中国陶瓷画刊》2002 年 7 月刊以毕业展为主题，刊登了全国十一所高校陶艺专业毕业作品，同时，《中国陶艺家》、《中国陶瓷》也开辟出相应的篇幅，专门刊登了 2012 年度清华大学美术学院、中国美术学院、景德镇陶瓷学院陶艺专业毕业作品。从中我们发现可喜的变化，各高校陶艺专业毕业展作品的水平显著提高，又各具特点。清华大学美术学院的学生作品，不仅尝试外在形式美感上的突破，而且更注重作品中独特的思想表达；中国美术学院的学生作品，娴熟地运用釉色、造型等陶艺语言，而且作品中有意识的加入木、金属等其它材料；景德镇陶瓷学院的学生充分利用景德镇得天独厚的陶瓷生产环境，作品的材质、色彩、工艺丰富多彩。中央美术学院的毕业作品虽未在以上刊物刊登，但作品也很有水准。其它如鲁迅美术学院、南京艺术学院等陶艺专业的毕业作品也在不同的地域文化氛围熏陶、不同老师创作理念影响之下，呈现出陶艺语言的多样性。

不少陶艺系学生在校期间已经是国内外陶艺竞赛的获奖者。2012 年 11 月，在杭州举行的中国当代陶瓷艺术展上清华大学美术学院硕士研究生许浩、翟亚博等同学分获金、银、铜奖；2012 年 12 月 7 日，清华大学美术学院陶瓷艺术设计系的武超又凭借作品《游灵》获得了第六届“2012 法蓝瓷陶瓷设计竞赛”金奖。

很多陶艺专业毕业生在毕业后坚持创作，如 2000 年毕业于清华大学美术学院陶瓷系的金贞华，从韩国留学回来后，在景德镇成立陶艺工作室。金贞华的作品以白瓷为主，抽象地表现了植物之美。隐喻生命之生长、衰老、灭亡、繁衍——“生生不息”。已经成为具有自己独特风格的知名陶艺家。

年轻的陶艺家更需要相互间的鼓励、切磋。组成陶艺社团，定期一起举办展览就是一种很好的方式。由清华大学美术学院毕业生黄建、张民、沈历、许润辉、黑俊颖等 13 人组成了七月流火陶艺社小有成就，曾经在《装饰》杂志发表过作品。2011 年该陶艺社团在上海举行题为“罐容万象”陶艺展，2012 年 11 月 9 日在广东美术学院大学城美术馆成功举办了题为“手语泥容”的陶艺联展。

基于不同地域文化的区域性陶艺展览与研讨会丰富了当代陶艺的语汇

中国作为陶瓷母国，如云贵、安徽、湖北等地区都拥有悠久灿烂的陶瓷文化传统。但因为种种原因，在很长一段时间里，这些地区在当代陶艺的影响力与话语权，远远落后于北京、杭州、广州等地区。近年来，很多人也一直在为本地区传统陶艺文化的保护与当代陶艺的发展，进行开拓性的工作。

四川师范大学的教授周晓冰在2008年主编了《西部陶艺雕塑报》，策划了“2008中国西部陶艺精粹大展”推介西部陶艺家。在2011年年底，由中国美术家协会陶瓷艺术委员会和四川美术家协会主办，四川省美术家协会陶艺家专业委员会和成都大学美术学院共同承办，在成都国际非物质文化遗产博览园举行的“2011中国西部陶艺精品年度展”顺利开幕。集中展示了西部陶艺家的近期作品。在本次展览中，不仅有各种题材、类别的陶艺作品，在展览的开幕式上还播放青年陶艺家詹小英拍摄的关于西部陶艺文献资料的纪实性短片《佳戎藏族土陶艺术》和记述凉山州会理古陶风貌的跟踪记录短片《陶者西行记》。本次展览充分展现了西部地域文化特点和艺术创作内涵。

在陶瓷史中，安徽黄釉瓷的寿州窑、产彩陶的界首窑都是有历史地位的，然而由于安徽各个大学并无陶艺专业，很多安徽籍的陶艺家都在其它城市发展。安徽本地的陶艺创作并没有引起人们太多关注。近年安徽省的高校纷纷建立陶艺工作室，并引进陶艺专业研究生进行陶艺教学，促进了当代陶艺在安徽的普及与发展。2012年6月18日安徽美术家协会陶瓷艺术委员会正式成立。经过筹备，2012年10月在中国科技大学举办了“安徽省首届陶瓷艺术双年展”。其中的参展作品既有前卫的探索性的陶艺作品，也有立足于安徽本地陶瓷传统的陶艺作品。

湖北地区日渐消失的古代民窑让人们深感惋惜，很多湖北陶艺家从20世纪开始收藏、研究马口窑陶艺存物。湖北美术学院教授李正文先生在2005年出版的《即将消逝的文明——湖北马口·麻城·靳春民间陶艺研究》，是记录湖北地区民窑的重要学术成果。在2010年，很多湖北陶艺家萌生了要举办一次关于马口窑传统文化当代转化的专题展览的构想。历时两年的实验性探索，陶艺家们有意识的借用马口窑的成型、装饰、釉色表现工艺，创作了一批既富有浓厚本土性、又具有鲜明时代性的陶艺作品。这一构想和创作成果在2012年12月10日由湖北省文联、湖北省美术家协会、湖北美术学院联合举办的“第四届湖北现代陶艺展”中得以展现。

对于2012年中国陶艺发展的总结，或许还有很多活动被遗漏。对于全国的陶艺工作者来说，他们将在陶艺的道路上继续创作、创新。2012年既不是起点，也不是终点。

郑　宁　清华大学美术学院陶瓷艺术系教授

陈健捷　北方工业大学副教授

2012年中国玻璃艺术发展综述

◎关东海　李　静

2012年，以艺术院校为主导的中国当代玻璃艺术在教学、科研和各种社会活动方面取得了进一步的成果。

首先在教学上，各院校十分重视与国外艺术家的互动与交流，通过这些交流活动，使这些院校的师生开阔了眼界，大大丰富了教学的内容。新年伊始，清华大学美术学院迎来美国玻璃艺术马克·赫斯特（Mark Hursty）做访问学者。马克曾任教于美国 Jacksonville University（杰克森威尔大学），在玻璃的吹制热塑、压制等方面均有深的造诣，访问期间马克走访了山西、上海等地的工厂，向企业传授热塑技术。并应邀在苏州工艺美院、广东技术师范学院和香港浸会大学做教学交流，受到各相关学校学生的欢迎。

上海大学美术学院在3月份邀请爱尔兰玻璃艺术家 Marry 来访并举办学术讲座，介绍了爱尔兰当代艺术的发展概况。10月份，又邀请爱尔兰艺术家黛比·道森（Debbie Dawson）前来授课，并进行创作交流。

2012年3月中国美术学院邀请美国玻璃艺术家史蒂文·温伯格（Steven Weinberg）进行交流访问，开设《史蒂芬·温伯格玻璃艺术之路》讲座，此次讲座浓缩了斯蒂文30多年的艺术创作活动，分别介绍了他在不同时期的代表性作品，广大师生可以全面的了解一个艺术家的发展轨迹，和整个美国玻璃艺术的发展历程。12月，中国美术学院又邀请澳大利亚著名玻璃艺术家，国立大学美术学院玻璃工作室主任理查德·维特利（Richard Whiteley）开设"Inner space"讲座，维特利教授在讲座中介绍自身玻璃艺术创作理念、制作方法、教育理念以及澳大利亚国立大学美术学院玻璃工作室的教学情况等。

鲁迅美术学院大连校区的玻璃艺术工作室于2012年3月邀请了芬兰的玻璃艺术家到访，芬兰赫尔辛基阿尔托大学艺术与设计学院，原玻璃与陶瓷系主任塔皮欧·耶里维卡利（Tapio Yliviikari）教授和芬兰赫尔辛基阿尔托大学博士奥提·特佩妮（Outi Turpeinen）女士为师生做了题为"芬兰玻璃设计理念——材料与设计"的讲座。秋季，又迎来芬兰的四位玻璃艺术家奥提·特佩妮、柯尔斯蒂·塔薇欧拉（Kirsti Taiviola）、瑞卡·拉提阿萨姆培（Riikka Latva－Somppi）、瑞娜塔·扎考利夫（Renata Jakowleff）到玻璃艺术工作室进行创作交流，为"材料精神——中芬当代玻璃艺术展"制作参展作品。10月12日由中国工艺美术学会玻璃艺术专业委员会、芬兰阿尔托大学、白盒子艺术馆主办的"材料精神"中芬当代玻璃艺术展在798白盒子艺术馆开幕。中国参展艺术家有鲁迅美术学院大连校区玻璃艺术工作室主任胡金黎、中国美术学院玻璃艺术工作室主任李文、广州美术学院王朝红等。

大学院校是中国现代玻璃艺术起始之地，这一年由院校和科研机构组织和发起的大型学术展览主要有："2012·中国当代工艺美术精品大展"2012年4月在中国国家博物馆举办。此次大展由中国艺术研究院中国非物质文化遗产保护中心主办，中国国家博物馆、中国艺术研究院中国工艺美术馆承办，大展汇集了全国各主要产区、主要流派和主要门类的精品佳作及中国工艺美术馆的部分馆藏珍品，涉及玉雕、牙雕、石雕、木雕、陶瓷、金属工艺、玻璃、漆器、刺绣、织染和传统工艺家具等。此次展览以较高的规格，较全面的展示了中国近年的工艺美术精品。玻璃艺术家关东海、刘立宇、李付彪、庄小蔚、罗小成、李文、郑闻卿等参加了展览。由科克理工学院克劳福德艺术设计学院、都柏林国家艺术设计学院、贝尔法斯特阿尔斯特大学艺术设计研究院、北京清华大学美术学院、上海大学美术学院联合主办的"遗产——爱尔兰文化节艺术展"。爱尔兰文化节艺术展是每年3月份在北京举办的爱尔兰艺术节的重要组成部分，由一系列视觉艺术展览组成。这一系列展览旨在增进中国的观众对于当代爱尔兰文化的了解，展现“爱尔兰”这一文化元素的多样性和国际性，以及不同文化间开展创造性合作的可能。大型的商业展览有上海举办“2012 上海春季艺术沙龙——国际新玻璃艺术展”。展览期间，上海文化产权交易所、上海驰翰拍卖有限公司合办了拍卖会，开创了在中国和亚洲玻璃艺术品主题拍卖的先河。参展艺术家有庄小蔚、罗小戍、李文、郑闻卿等。

年轻一代玻璃艺术家经过多年的沉淀，多位艺术家在2012 年举办个展。2012 年5 月上海双城现代手工艺术馆主办“观·影——韩熙玻璃艺术个展”，新闻晚报、上海家居等媒体做了专访和报道。韩熙的玻璃作品试图透过一些符号的使用来传递艺术创作中观念的表达，比如建筑的抽象几何化形态、绘画中诗意的场景、标准化的人形等来表达人对于生存空间、生存状况的理解和思考。2012 年12 月上海玻璃博物馆主办了“心象——罗小戍玻璃艺术展”，罗小戍接受中央电视台、新华社、第一财经、上海新闻综合、上海教育电视台、东方早报、新民晚报、国际金融报等媒体采访。“心象”是艺术家经过思考后，由内心折射到头脑中的形象，作品反映了罗小戍作为中国玻璃艺术年轻一代的坚实力量对艺术创作、玻璃表达语言和自身文化定位的思考。

玻璃艺术家参加的主要群展：庄小蔚教授参加了英国伦敦佳士得/克里斯蒂拍卖行举办的“倍增2012”艺术品拍卖，以及在上海圣菱画廊由上海爱尔兰文化中心主办的“元素 Elements——中国、爱尔兰玻璃艺术交流展”。展览涵盖了当代中国学院派玻璃和爱尔兰艺术家的各种玻璃及陶土装置艺术作品。此展览试图通过众艺术家的作品表现中爱两国风景和文化的深层联系。罗小戍参加了在上海明园艺术中心举办的“2012 全国中青艺术家推荐展”，他的作品《夫子》参加了上海浦东三林镇政府主办的“浦东三林国际艺术区——当代艺术特展”，《太极》参加了上海爱尔兰文化中心主办的“元素 Elements——中国、爱尔兰玻璃艺术交流展”。李文作品《太虚》、《飞天》参加欧美同学会·留俄（苏）美术院校校友会年会暨中国美术馆画展创作研讨会。李玉普作品《蓝瓶》、《望．闻》参加上海玻璃博物馆“随心造化”展。郑闻卿玻璃装置作品《彩荷听雨》参加2012 中国杭州第四届西湖国际雕塑邀请展。作品《借古系列——滗酒器》参加2012 首届中国高等院校设计艺术大赛并获得优秀奖。韩熙作品《隐》参加浙江省美术家协会、浙江省文化艺术联合会主办的浙江省第五届青年美术作品展。梁丞作品《腾》参加“我们的献礼”、“8090”浙江当代青年美术大展。玻璃艺术家陆驰参加了费城美国国家解放博物馆“现代玻璃展”。王沁参加“一玻一璃一世一界”当代玻璃艺术展。参展艺术家有日本建筑师安藤忠雄、日本玻璃大师高桥直树、美国玻璃艺术家 Steven Weinberg、中国玻璃艺术家王沁。几位艺术家有不同的文化背景和个人经历，但玻璃是讲述他们内心世界的共同材料。

上海玻璃博物馆作为一个专业的玻璃艺术收藏、展览、教育机构，2012 年继续不断思考与探索，秉承“分享玻璃的无限可能”的办馆理念，创造了一种全新时尚的博物馆生活方式。“求索”、“明月华光，耳畔的私语”、“边界”、“心象”四个推陈出新的展览分别于2012 年的春夏秋冬四季与观众相约见面。在藏品方面，博物馆不断与玻璃艺术机构和收藏家合作，丰富着馆藏品的数量，并保持观赏的新鲜感。2012 年4 月上海玻璃博物馆举办“求索”复旦大学上海视觉艺术学院师生玻璃艺术作品展。此次展览的目的是把玻璃工作室在国内高校的教学情况、年轻一代艺术家个人艺术探索的状态，以作品的形式向公众展示。上海玻璃博物馆举办“明月华光，耳畔的私语”古玻璃耳饰展。人类在文明之始便开始用各种珍贵的材料装饰自我和美化生活。中国古代，玻璃作为最早被使用的人工合成材料之一，不同于西方的实用路线。中国的先民更喜欢用玻璃作为装饰品，表达自我对美的诉求。作为上海玻璃博物馆古玻璃系列展的开篇第一展，“玻璃耳饰”虽为极小的艺术门类，展览却能管中窥豹，感受中国古代玻璃的气质和静谧神秘之美。8 月、上海玻璃博物馆举办“边界”玻璃装置艺术展。在固有的观念中玻璃被认为是一种传统的工艺材料，此次展览遴选作品时旨在打破对玻璃材料的认识局限。现代艺术中，我们对艺术的定义在不断的扩充和更改，玻璃艺术也是一个开放的、动态的范畴。展览被命名为“边界”其实是想表达没有边界，或者说“跨界”。参展的国内外艺术家基于玻璃，作为自我表达的艺术材料。

专业玻璃画廊的出现更是推动2012年玻璃艺术的发展。上海双城画廊策划的展览主要有："五元素冬季展"，玻璃艺术家王沁、成乡、杨美华、范旻、冯静、Sheila Labbat等人参展。"五元素"之金、木、水、火、土是当代手工艺创作不可缺少的基本要素，双城画廊致力于继承传统手工精神，推广现代陶艺、玻璃、漆艺、艺术首饰等当代手工艺术。双城画廊推荐到Glass Art的一篇关于艺术家Sheila Labbat文章。由双城画廊策划的上海城市艺术博览会的玻璃特展。参展艺术家都是受到源于20世纪60年代美国和欧洲的"工作室玻璃艺术运动"的影响，在中国高校中相继成立玻璃艺术工作室的运动中出现的第一批中国当代玻璃艺术家，他们代表了当代中国学院派玻璃艺术的中坚力量，重视运用并发展各种艺术理论来进行艺术的表达。上海阆风艺术画廊2012年10月27日与荷兰艺术家波特·范·卢（Bert van Loo）携手举办2012捷克玻璃雕塑展并出版画册。此次展览共展出8位来自捷克共和国及斯洛伐克的玻璃艺术家的21件玻璃雕塑作品。每件作品都可谓别具匠心，各有特色。与意大利、法国相比，捷克玻璃艺术的最大特点在于丰富的几何造型，表达抽象的艺术思考，体现玻璃雕塑艺术的张力。

此外，2012年也有一批学术论文在不同的文献中发表。陆驰在美国国际玻璃协会的玻璃考古研讨会上发表了《古今玻璃铸造比较研究》的报告。韩熙《现代玻璃艺术教学研究——拟谈中国美术学院玻璃艺术专业的教学实践》在《浙江工业大学学报》第11卷第3期发表；孙净芳、韩熙《传统镶嵌玻璃艺术在当代建筑中的转型与应用》在《艺术教育》2012年第12期发表；李玉普、N. V玛拉特考娃《全球化背景下中国高校设计专业基础教育的现状分析》在《美术教育研究》2012年总第29期发表；郑闻卿《浅谈窑制铸造玻璃的Suckers现象》在《中国科技成果》2012年第13期发表，《移形幻影——浅析克劳斯·莫耶的玻璃艺术》在《新美术》2012年第5期发表。

这一年被博物馆机构收藏的作品有：关东海作品《剑》被琉园水晶博物馆收藏，作品《磬》、《兵器》被秦皇岛市玻璃博物馆收藏；庄小蔚作品分别被中国红十字基金会嫣然天使基金、上海慈善基金会瑷玲专项基金、秦皇岛市玻璃博物馆、上海刚泰美术馆收藏；罗小戍作品《啸风子》、《夫子》、《电影》被上海玻璃博物馆收藏。

总的来说，2012年除两三个较大规模的群展外，几位年轻艺术家的个人展览是这一年学术活动的突出亮点。新一代玻璃艺术家通过他们的不懈努力，作品日臻成熟，一大批在校学生的作品也不乏佳作，中国玻璃艺术的发展逐渐显露出发展并壮大的势头。

关东海　清华大学美术学院工艺美术系副教授
李　静　清华大学美术学院

2012年中国金属工艺发展概况

◎唐绪祥　郑鹏志　张　帆

2012年中国金属工艺的发展是传统与现代并进的一年，这一年的展览不但有强调传统金属艺术工艺性的“中国当代工艺美术双年展”，还有代表新观念和新设计的“十年·有声”当代国际首饰大展，这是2012年中最具有代表性的两个展览，他们的名字中虽然都有“当代”二字，但呈现出来的却是截然不同的两种状态，一种是对金属传统工艺性的传承，而另一种则是将金属和广义的现代艺术相结合，用材料体现我们的思想和时代的特征，而这两种状态也正是当下中国金属工艺的现状。艺术家和工艺家们都尝试在“传统”与“现代”这两条线上寻求焦点，在吸收与学习西方设计方法和设计思维的同时寻求中国金属工艺发展的方向，在民族性与自我性中不断地探索与进步。

首先是具有一定影响力的2012年“中国当代工艺美术双年展”，此次大型展览由中国艺术研究院主办、中国艺术研究院中国工艺美术馆承办、于2012年4月17日在中国国家博物馆开幕。为了促进中国当代工艺美术的传承与发展，将中国当代工艺美术创作的优秀成果和当代工艺美术家的精湛技艺展现给世人，中国艺术研究院携手工艺美术界的社会力量，策划并筹办了2012年“中国当代工艺美术双年展。大展汇集了全国各主要产区、主要流派和主要门类的精品佳作及中国工艺美术馆的部分馆藏珍品，共约1000件，涉及玉雕、牙雕、石雕、木雕、陶瓷、金属工艺、漆器、刺绣、织染和传统工艺家具等。

在这次的展览中金属工艺作为其中一部分展出，展品选自北京、上海、贵州、云南、山西、四川、浙江等地，多出自工艺美术大师和少数民族地区的金属艺术精品。展品形式多种多样，从器皿到首饰再到金属佛像，无一不透出浓厚的传统性和民族性，充分展现了中国悠久的历史文化和地域特色，材料多为金、银、铜、珐琅等。手工艺者们将先人的技艺之美进行了传承和发扬，其工艺手法也令人叹为观止，景泰蓝、乌铜走银、錾刻、雕金、铸造、花丝、镶嵌等一系列传统工艺形式在作品中得到了很好的展示，令观者赞叹不已。例如《三阳开泰银掐丝珐琅茶叶罐》，在继承了传统的工艺形式和艺术形式的同时将现代平面设计语言融入到其中；在体积不大的器物上充分地将手工艺秩序化，通过色与形、点与面结合达到了一种有秩序的、有变化的视觉效果，同时又包含着中华民族的文化底蕴。可以说这些展品代表着目前国内金属传统工艺的顶尖水平。

但在器物造型设计上、大多数作品还依然保持着相对传统和保守的设计模式，甚至有些作品是对传统的再复制，同现代艺术设计脱轨，没有将真正的“当代性”展现出来。虽然有些作品也有创新之处，但大都并没有质的改变。这一现象不单单只有金属工艺这部分有发生，在其他类别的工艺美术品也存在同样的问题。在当代艺术设计飞速发展的时期，产生这种结果的原因有很多：首先，展品作者大多为老一辈的工艺美术大师们和少数民族的工匠们，他们对现代艺术设计的认识与关注相对少，师傅带徒弟，年轻人的思维理念也不够开放，生活环境也相对闭塞；再次，目前的市场状况导致了古董仿制品大受欢迎，并且价格不菲，对贵金属的精雕细琢的传统题材工艺品依然是中老年主要购买群体眼中的珍品，而重视设计理念和材料革新的作品则很难在工艺品市场卖上价，从而制作者和设计师的设计水平不但停滞不前，反而有更往回发展的趋势。然而受过现代艺术设计教育的学生作品则太过实验性，工艺性又相对较弱还不够成熟。通过这些可以看出目前我们要走的路还很长，要做的调整还很大。作为艺术家和工艺美术大师首先要提高自己的艺术修养，市场大众的审美才能得以提高。但总的来说，这次“中国当代工艺美术双年展”还是相对全面地向世人们展示了目前工艺美术的现状，依然是成功的。而今后的转变则是一个漫长的过程，需要我们一起经历不断地失败、尝试和创新。

中国当代金属工艺的发展离不开艺术教育。从美术院校里传统的雕塑专业到公共艺术专业，金属一直都是师生们创作的主要材质，它们一直都是传统美术教育里的重要部分。然而，自1993年北京服装学院创办了全国第一个珠宝首饰设计专业起，中国当代金属工艺领域便另辟了一片新的天地，给金属工艺领域填注了新的活力与生机，同时也填补了中国当代首饰艺术教育的空白，成功地将中国的当代艺术教育与世界先进的教育系统对接。经过20年的发展，在一批投身于金属艺术的老师们的带领与培养下，我们不仅在努力实践中将中国传统金属工艺文化与现代设计美学思想紧紧相连，同时也在大力拓展中国金属工艺与国际一流艺术家、院校的交流学习，为艺术设计领域提供了众多的优秀人才。如今，清华大学美术学院、中央美术学院、北京服装学院、中国地质大学、中国美术学院、南京艺术学院等国内一流艺术类高校都已经相继开办珠宝首饰艺术等相关专业。各个学校经过多年的探索和尝试，也都形成了各自的教学特色。

由中央美术学院举办的“十年有声”当代国际首饰大展于2012年11月9日在中央美术学院美术馆开展，展览采取由实物与文献资料相结合的方式呈现，挑选了40多位来自中央美术学院首饰专业本科生、研究生、留学生、访问学者的优秀毕业作品，同时还结合优秀课程介绍、教学课程设置特色介绍等，可谓是该专业自2002年创办十年来首次教学成果的大汇报。而这次展览对于人们去认识当代首饰、当代艺术，以及整理当代首饰艺术教育的发展历史有很重要的启发。

在展览上，人们不仅可以看到中央美术学院首饰艺术教育的发展，而且最重要的在于，我们可以发现学院派的与众不同：学生们的作品向大家呈现的不是珠光宝气的金银宝石，也不是小巧精致的日常饰品，而是十年来该专业一直以来的教学主张，即首饰是一种精神载体，是人与人交流沟通的桥梁与媒介，它是时间与文化的载体，透过它甚至可以捕捉到一个时代的特征，颇具“以小见大”之特质。因为在当下这样一个不确定的时代，人类需要更多的人文关怀与精神慰藉。并且，当代首饰艺术重在研究与探寻首饰的内在价值，它早已摆脱了财富、豪华、奢侈、经久耐用及特权的寓意，而专注于对材料、形式、价值、色彩、身体与首饰等关系的研究。并且，当代首饰教学强调在首饰与人的关系中探究设计的原创性，关注不同学科间的融合与渗透，不同地域文化间的相互影响，并在不断的丰富、积淀中前行。

此外，“十年有声”当代国际首饰大展在展示十年教学成果的同时，还邀请了24位来自德国、法国、荷兰、英国、瑞士、丹麦、意大利、西班牙、奥地利、美国、澳大利亚、加拿大、日本、以色列等国际一线的首饰艺术家共同参展，以及知名传统工艺大师、资深文化学者、教育家、藏家及批评家等，为当代首饰最具前瞻性话题的沟通与研讨提供了一个国际化的交流平台，在总结与展示国内自身经验的同时，吸取众家之长，聆听国际新声。当然，该展览还不足以完全代表20年来中国首饰艺术教育领域的成果，但可以说它是中国当代首饰教育领域的优秀教学成果范例。

考量艺术教育的发展状况，最佳的地点就是每年一次的各校毕业作品展。在学生的毕业作品展中，都可以窥见当代金属工艺教育的成果。参观完这些学生的毕业作品展后，便也会对中国当代首饰艺术的发展有最鲜活的了解，因为艺术院校里的学生作品，是最活泼大胆的。当然，每个学校教学思路的不同，也为我们展示当代中国首饰艺术教育的概况。

从“北京服装学院珠宝首饰设计专业学生的毕业作品展”中，我们可以看到时尚与金属首饰的结合。学生的作品通常体量较大，并且具有夸张的戏剧感及颇具张力的舞台表现力。在展示方式上，北京服装学院也突出了学校自己的学科优势，将珠宝首饰专业与服装表演专业、时尚摄影专业、新媒体艺术专业相融合，通过动态走秀与静态陈列相结合的方式，向观众呈现当代首饰艺术的视觉盛宴。再来看“2012年南京艺术学院首饰艺术专业学生的毕业作品展”，他们也在材料上有着多样的尝试，如毛线、珐琅、树脂等。

虽然各个院校的教学特色各有不同，但不论怎样区分，学生们的作品都不同于商业品牌的珠宝饰品，也不同于传统的雕塑创作。首饰艺术专业的同学们都用最多元的材料、最丰富的创造力、最充沛的情感表达，来探索设计与工艺、设计与人、设计与文化、设计与社会的关联。并且，这些展览也都是他们完全走进社会前的第一次考核。许多国内外的艺术家、设计师、知名企业、兄弟院校的师生都会前去互相参观，许多好的作品，就会直接被观众买走就成为了当代艺术首饰价值的试金石，也考验着当代艺术首饰的市场。回顾当代首饰艺术教育的20年，成果颇丰，中国当代首饰艺术的全新20年，也已经开始。而这些70后、80后、90后学生们都已经相继毕业，这些年龄相差近30年的不同设计力量，将给中国未来的金属工艺界来来什么，我们满怀期待。

国内金属工艺创作队伍不断发展和壮大，很多企业都尝试将金属艺术和商业进行结合，并有诸多成功案例，如2012杭州珠宝玉石首饰展、深圳国际珠宝展等等，其中最具有代表性的就是“2012年TTF龙年生肖首饰设计作品展”，此展览于2011年12月29日下午在TTF国际珠宝设计大厦启幕。此次2012TTF龙年生肖跨界首饰设计作品展，以“龙”为设计主题，邀请了中国六位来自不同行业的新锐艺术家进行跨界首饰设计。他们分别来自首饰设计领域、建筑设计领域、摄影领域、绘画领域和平面设计领域，正因为他们的方向不同，面对同一个主题，每个人又都展现出了不一样的对首饰的理解，设计思维变得多元化。

将具有中国代表性的龙元素作为主题也体现了鲜明的民族个性，这是我们骨子里固有的民族特色。建筑设计师出身的李道德设计了一系列具有建筑风格的首饰，其灵感来自一种叫做莫比乌斯带的拓扑学结构，它由最简单的二维表皮形成复杂的无穷尽的三维空间，体现了能量守恒循环往复，永恒无限，象征着龙盘旋于云端的意象。将中国意象的思维方式和首饰相结合，呈现出了一只新的首饰艺术形态。中国首饰行业抄袭之风一直挥之不去，可以看出TTF举办的这次龙年生肖首饰设计展强有力地向世界展示了我们中国本土设计师的才华和原创性，可以看出企业和设计师都在为寻求具有中国特色的首饰设计作出大胆的尝试和创新。其目标和方向是正确的，同时，也得到了国际设计界的赏识与肯定，这是我们要为之努力发展的方向。

纵观2012年金属工艺的发展，我们看到了中国未来金属艺术的无限可能和美好前景，从传统工艺到现代设计、从学院派的创新再到同市场性和商业价值相结合，这一切都在我们的努力下朝着同世界金属艺术接轨的方向发展。虽然目前为止我们已经取得了一定的成就，但我们的设计思维还不够开阔，依然有很多的不足和很多需要互补与融合的地方。我们相信在在不远的将来，中国的金属艺术一定会在艺术的领域里占据举足轻重的地位，新一代热爱金属艺术的年轻人们一定会将这种艺术形式推向下一个高潮。

唐绪祥　清华大学美术学院工艺美术系教授

郑鹏志　清华大学美术学院

张　帆　清华大学美术学院

2012 中国漆艺发展大趋势

◎周剑石

2012 年，中国漆艺在经历了新世纪最初十年的复兴之路后，逐渐进入了追本溯源、回归传统的阶段，走入当代社会审美时尚的新视野。在这一年中，我国的漆艺作者们积极踊跃地参与了国内外各种具有影响力的重要展览，取得了令人可喜的学术成果，为国家民族漆艺事业争得了荣誉。广大的漆艺作者们参展的作品无论在数量上和质量上都有很大的提高。通过举办不同层次的研讨会、论坛和讲座等，对于中国漆文化内涵与特质的学术探讨与研究逐渐深化。全国艺术研究机构、大专、中等艺术院校在漆艺教学环境设施、师资能力和学生毕业创作水平，都有了相当幅度的提升。漆艺考古新发现令人欣喜。漆艺收藏界人士向博物馆的捐赠，使更多的人们可以近距离经常地了解和认识漆艺。漆艺市场随着国民生活水平的不断提高，消费人群逐渐形成。随着我国经济实力和文化影响力的日益提高，漆艺也同其他艺术品一样，在拍卖市场上亦有明显的上升之势。可谓，方兴未艾的中国漆艺发展大趋势，使几代漆艺人，特别是年轻的漆艺学子们，逐渐看到了中国漆艺的希望之光，他们充满信心，潜心钻研，开拓未来漆艺的新天地。

以下分为漆艺展览与学术动态、漆艺教学与交流、漆艺捐赠收藏与考古新发现、漆艺市场动态和漆艺地方讯息与漆艺国家标准五个方面，对于 2012 年中国漆艺发展大趋势给予简略述评。

一、漆艺展览与学术动态

2012 年 1 月，跨年度的“北京国际漆艺玩饰展”，集国内外 31 位漆艺新锐作者，展出了他们精心打造的 200 余件作品。此展作品，以大漆（天然漆）为材料，使用传统漆艺技法，表现今天人们对于漆艺美的时尚追求。作者中 10 位来自日本、1 位来自德国、1 位来自法国、19 位来自中国各地。他们的作品包括漆首饰、漆服饰和漆盒、漆盘、漆箸（筷）、漆文房具、香具、古琴等等。试图从当代生活的视角，发掘漆材料、漆表现技术与人类身体之间的亲密关系，透射出不同的文化背景和不同的生活方式。漆器在被用来装饰身体、被人们随身携带和使用的过程中，体现了独特的装饰性和功能性，散发出赏心悦目的视觉美、诱发出令人爱不释手的视觉美感，特别是那温润柔和的触觉美感，强调其与他材料所不同的肌理质地。

2011 年 12 月至 2012 年 1 月，汪天亮大漆艺术展在上海菲利普画廊举办。他以十年磨一剑的探索精神和严谨态度，投入大漆艺术的深入研究，从强调工艺特性的传统漆艺中跳出，在吸收必要的工艺手段为我所用的同时，通过对当代艺术内在理路的了解分析、对中国传统文化精神的深切领悟、对中国当代社会文化的敏感观察，以不偏不倚、不即不离的艺术理念面对传统和当代，为大漆艺术的国际化发展和如何步入当代艺术，进行了有意义的探索。

2012 年《装饰》杂志第 2 期特别策划了《漆器之美》专题，旨在从历史、现实和借鉴比较的视野，来探讨中国漆艺文化未来发展方向的问题。由栏目编辑周志组稿，采访了多位著名漆艺家，如中国艺术研究院漆艺家梁远。并发表了数篇具有学术价值的论文，如清华大学美术学院、漆艺家周剑石的《漆艺文化的传与承——日本漆艺“人间国宝”及其作品》、中央美术学院、漆艺家江黎的《漆文化的命脉》、故宫博物院、文物研究者韩倩的《从“用”到“赏”——中国古代漆工艺》，并着重介绍了活跃于各地一批青年漆艺家们的作品。通过《装饰》一贯以来对于民族文化艺术推介发展的坚持精神，借此平台，让更多大专艺术院校的莘莘学子们，更为全面的了解、认识中国漆艺的未来发展。

2012 年 1 月 25 日至 2 月 2 日。为使国内各艺术院校师生，能够深入考察日本现代漆艺的发展脉络、参观重要展览、走访重要的大学进行交流、亲眼目睹日本漆艺产业的制作现场的状况，由清华大学美术学院工艺美术系漆艺专业周剑石老师率团，组织了来自南京师范大学的吴可人老师、上海大学美术学院的金晖老师、上海应用技术大学的解芳老师、中国美术学院的冯晓娜老师及学生许琦、杭州师范大学的江崖老师及学生童双燕、江西南昌航天大学的刘逸老师、山东工艺美术学院的常瑞红老师、山西大学和大同大学的武贵文老师、江文老师以及上海室内独立设计师的劳江声共13人，结成了2012——第二届国际文化艺术考察交流“日本现代漆艺专访团”。先后考察了广岛、京都、金泽、轮岛四地区，参观了第58回“日本传统工艺展”、“国际漆艺—石川2012漆艺的新开拓展”及颁奖大会、“国际漆艺—石川”历届大奖作品展、第29回“日本传统漆艺展”等。其间，考察团与广岛市立大学艺术学院、金泽美术工艺大学、卯辰山工坊、高野漆店、轮岛漆艺研究所、轮岛市政府漆艺部、轮岛漆工研究会等进行了广泛的交流。还与大西长利、前史雄、田中信行、山村慎哉、大冢智嗣、金城一国斋、北村辰夫等日本漆艺大师进行了深入的讨论。本次考察由国内众多知名高校组成，日方高度重视，所到之处接待隆重、广行方便，使得本次考察成果斐然。

本次活动中，2012——第二届国际文化艺术考察交流“日本现代漆艺专访团”与广岛大学艺术学院共同举办了中日漆艺文化发展学术研讨会，清华大学美术学院周剑石老师作了《从河姆渡走来——中国漆艺的发展》的学术报告。广岛大学艺术学院大冢智嗣作了《日本漆艺发展的过去与今天》的学术报告。其后，研讨会由双方主持，吴可人老师、金城一国斋老师和王培老师以及金晖老师等分别就中日漆艺发展的不同特点、风格展开了讨论。

本次活动中又一亮点，是在第九届“国际漆展——石川2012漆艺的新开拓展”上，最高奖项——大赏获得者，被中国美术学院的4年级学生许琦摘取。她作品的名称是《相思》。这是中国人首次在“国际漆展—石川2012漆艺的新开拓展”展中获得最高奖项。评委特别奖的荣久庵宪司奖，被中国美术学院漆艺专业教师冯晓娜获得。她作品的名称是《雨后的小憩》。

“国际漆展—石川”展，曾为双年展，现为三年一届。首届于1989年举行，至今已经举办了9届，每届都有来自世界各地很多优秀艺术家踊跃参加。此展在国际漆艺界具有很高的知名度。评审委员都是世界顶级的艺术大师。往届从中国大陆和台湾参加的作者有谢震、周清、乔加、赖作明、顾琪君等。本届《国际漆展—石川2012漆艺的新开拓展》，从世界上7个国家和地区共募集作品151件作品，最终入围75件。经评审选出14件优秀作品，评委特别奖6件、奖励奖4件、银奖2件、金奖1件和大赏1件。其中，来自中国的25件作品中有3件入选，2件获奖。入选的3件作品分别为徐进的《生命的旅程》，中国美术学院4年级学生施鹏程的《空悟》和陈亚源的漆画《竹篮里的鱼》。在表彰授奖大会上，清华大学美术学院周剑石副教授代表中国著名漆艺家乔十光先生发言。他在向大会表示感谢的同时，希望能有更多的中国漆艺家在世界漆艺的舞台上展示出各自的光彩，为国家民族的漆艺事业争光。

此次参加2012——第二届国际文化艺术考察交流“日本现代漆艺专访团”的全体成员，通过自己的观察，对日本的漆艺展览、大学教育和产地均有了相对深入的认识。

2012年2月2日至8日，由福建省石狮日报社、石狮市美术家协会联合主办的“春之韵·漆画作品展”，于石狮日报社艺术画廊隆重举行。石狮市领导丁家全，石狮日报总编辑茅罗平，泉州市美术家协会原主席罗立人等为开幕式揭彩。中国壁画学会理事、中国美术家协会会员、中国版画家协会会员、泉州市美术家协会原主席罗立人，中国美术家协会会员、中国壁画学会会员、泉州市美术家协会副主席王绍昌等四位画家联合举办此次漆画展。四位画家将自己在水粉画、版画和工笔画上的多年造诣融化到40多幅漆画作品之中，使画面效果别具一格，蕴含迥异的时代气息。作为新中国成立以来泉州市首次漆画作品展，本次漆画展备受关注，吸引了来自省内外的近千位艺术爱好者前来参观。中国的漆艺发展特别是漆画的发展需要更多其他画种的作者参与，唯此才能够丰富漆画的表现形式。

2012年4月19日，“凿枘工巧——中国古代卧具艺术展”在中华世纪坛艺术馆开展，展览汇集了数十件中国古典床榻代表性作品，其中几乎都髹饰有大漆及纹样装饰，显示出过去时代大漆在人们生活中所占有的分量，系统地展现出中国古代家具艺术的非凡成就，将传统文化精髓以贴近生活的方式展现。

2012 年 9 月 14 日，“中国漆画第一人乔十光展”在中国第一别墅“运河岸上的院子”揭幕，三十多件漆画作品亮相“骊宫”。众位艺术家、文化、企业界人士以及外国使节和文化参赞慕名而来。半个世纪以来，乔十光对于漆画的不断探索创新，其深厚的艺术修养和漆艺造诣深深地影响着现代漆画的发展。本次展出的《江南水乡》、《泼水节》、《苍穹》、《青藏高原》、《圣火》等作品，使人们近距离欣赏了漆画艺术精湛的工艺、以及画面背后所洋溢的中华民族情感和深厚的底蕴。策展方引用白居易“源远者流长，根深者叶茂”……来喻比乔十光漆画艺术与“运河岸上的院子”。髹饰技艺与营造法式的现代转型与变身，在此成为了可以借鉴学习的楷模。中国文化寻根溯源、再度辉煌的创造精神，可以在此深刻体会。

2012 年 9 月 14 日，“漆的飨宴展——世界女漆艺家作品”展（策展人：松岛樱子、世井史惠），在东京山脇画廊拉开了帷幕，共展出东北亚、东南亚及欧美 32 位女漆艺家 66 件作品，表现形式则有漆器、漆造型、漆画、漆装身具等。10 月 6 日，展览移地京都市立艺术大学画廊；10 月 27 日移地福岛喜多方市美术馆。展览中，中国女漆艺家共 5 名，作品 15 件，既显示出对中国漆艺传统的坚守，又见出开放创新的意识和对各国髹饰工艺的借鉴。如乔加的《晶莹—迷你屏风》，沉静朴实，突出地表现着作者对漆艺最美的黑与漆艺最美的白的形式感知；俞峥作品《华》系列，厚髹中国漆器最为经典的黑漆红漆而于缠卷舒放的抽象造型中见现代意识；祝重华作品《花环》，轻盈规矩的脱胎造型显示出作者的工艺功力，细致的沈金则是对中华宋元戗金传统的传承；冯晓娜作品《林深人不知》，把中国传统的彰髹罩明工艺与镶嵌工艺巧妙结合了起来；还有马玉的绳胎作品《叶的记忆》，彰显出生活实用中的艺术表现富含着强大的力量。此次展览为参展漆艺家们提供了一次很好的学习和交流机会。展览出版了图录，其中包括各国参展作者的作品及由组委会指定题目的约稿文字——《中国漆艺的现状》。“漆的飨宴展——世界女漆艺家作品”是继 1999 年 9 月“中日韩法女漆艺家 9 人展”（于北京原中央工艺美院展出，策展人乔加）、2010 年 10 月“北京国际女子漆艺展”（于北京 798 乔十光漆画馆展出，策展人乔加）之后的第三次国际女子漆艺展览活动。女性艺术家参与漆艺创作，无疑是对于漆艺最好的普及。

2012 年 9 月 18 日，“‘心灵的巴别塔’——程向君绘画展”在杭州浙江美术馆开幕，此次展览展出了程向君自 20 世纪 80 年代至今的 136 件漆画作品，展览作品包括早期的写实系列、医书系列、藏域文化系列、《漆书》系列、以及最近的意象书法系列。此展，是他历年的个展中，作品最全、规模最大的一次。展览一方面展示了他历年来在漆画创作上的成果，同时，展出的一系列纸上和麻布上的漆画作品，以及作品风格的变化，充分的体现了他在漆画创作上的不断探索与尝试。

2012 年 9 月 20 日，“大漆之美”漆画展在福建省美术馆开展。福建省美术馆在上世纪收藏了 200 多件漆画精品，展出的 70 件漆画作品，全部为镇馆之宝，其中包括著名漆画家乔十光的《江南春色》、《20 世纪 60 年代的福州解放大桥》，工艺美术大师王和举的《老子出关》，吴川的《雾》、《草垛》，郑益坤的《静物》、《金鱼》和郑金胜、郑修铃、唐明修、汤志义等福建省中青年漆画家的获奖作品。展览期间，台湾著名漆艺家黄宝贤、福建师范大学美院副院长汤志义等举办了专题讲座。福建省美术馆是全国收藏漆画最多的美术馆，所处漆艺之乡的福州，可谓得天独厚，对中国漆艺发展的贡献之大，在全国省级美术馆中首屈一指。

2012 年 9 月 20 日，中国漆器秋季博览会在山西平遥古城唐都漆艺博物馆举办，数百件（组）精美的平遥漆器作品吸引了众多游客前来欣赏。唐都漆艺博物馆成立一年以来，已经收集了一批具有国内高水平的漆艺作品，经营者正在筹划收集世界级漆艺家的作品。

2012 年 9 月 22 日下午 3 时，“涉事·沉吟”2012 沈克龙大漆作品展在北京亚洲艺术中心开幕，本次展览展出的作品是沈克龙近年力作，其中包括《游园惊梦》系列、《长物》系列、《佛》系列以及一件大型漆器作品。展览于 11 月 18 日结束。涉事，是沈克龙表达艺术的方式；沉吟，是大漆诉说历史的方式。自幼学习书法的沈克龙，有着古代文人般的素养，艺术气质上的矜贵与精神品格上的脱俗，使得他在当代艺术家与漆艺从事中独树一帜。沈克龙的作品正如曹雪芹“繁而不烦，艳而不厌”的审美主张，他把大漆作为纯粹的艺术来表现，以天然大漆为媒介，创作出极富当代艺术理念的漆作。

2012年9月28日，由北京工业大学艺术设计学院教授钟声策划主办，北京大巢空间国际文化发展有限公司协办的“漆·东方精神——2012漆艺学术提名展”在北京宋庄漆艺馆开幕，展览从全国十多所高校及艺术单位，选出二十几位在漆艺界有学术价值和影响力的青年漆艺家参展，展出的作品中既有平面的漆画作品，又有观念鲜明的装置艺术，也有生活日用的实用器具，还有概念注入的家具设计。此次展览展出作品均以天然大漆为基本材料，旨在倡导漆艺家使用天然漆进行创作，弘扬中国漆艺术的民族精神与东方意象，着力于漆艺术的核心价值及学术定位。呼唤当代漆艺术的创新精神与东方神韵，完成中国传统漆艺术的现代变奏。

2012年9月29日，由上海市美术家协会主办，华东师范大学艺术学院、上海工艺美术职业学院、上海市美术家协会东外滩艺术空间承办的“漆彩东方——2012上海首届漆画作品展”在秦皇岛路32号上海市美协东外滩艺术空间开幕。本次展览活动共收到作品140余件，经评选，最终展出108件作品。此次展览整体水平较好，展示了近年来上海漆画作者队伍的建设以及创作的整体面貌，加强漆画家之间的沟通和交流，促进上海漆画艺术的繁荣发展。

2012年10月1日，上海双年展“重新发电”开幕，此次展览最令漆艺界关注的莫过于唐明修的漆艺装置作品《器物重生》。该作品是上海双年展主题展中“复兴”板块的一个项目。该部分是关于文化和历史遗存的涅槃与复兴。主要聚焦于废墟再生，各地工业遗址和社区改造，手工艺复兴和乡村建设等，展示世界各地对历史的重访和重塑的努力。并且通过重新进入日常生活，将艺术运用于日常实践，激活改造生活的努力。历史和日常生活的引入重新激活艺术，艺术的引入重新激活历史和日常生活，这样形成一种双向的活化的结构。该作品是中国漆艺作品第一次以当代艺术的形式介入当代艺术展。该作品的参展揭示着漆的多种可能性。

2012年12月1日上午，作为南艺百年校庆重要活动之一的“第三届全国漆画展”在南艺美术馆开幕。江苏省政协主席张连珍，省人大常务副主任林祥国，中国美协分党组书记、常务副主席吴长江，省委宣传部常务副部长章剑华，省文联副主席杨企鹏，省文化厅副厅长高云，省美协副主席兼秘书长尹石，中国美协漆画艺委会主任冯健亲，南艺党委书记米如群出席开幕式并为展览剪彩。国内漆画艺术家们和来自别的画种的画家对本次展览投入了极大的热情，创作出了众多具有时代特征、多元风格、中国特色、中国气派和个人风格的优秀漆画作品，许多当代漆画名家也推出了高质量的新作。展览在全国范围内共征集作品数量达1000件左右，为历届之最，最终有200件作品入围展览，并产生60件优秀作品。作品的艺术水准和漆画表现特性有了进一步的提升，体现了当代中国漆画发展的丰硕成果。

二、漆艺教学与交流

2012年4月19日，清华大学美术学院乔十光先生应邀来到美国新泽西州威廉帕特森大学，向美国的大学生生动介绍了中国七千年的漆文化历史。据了解，威廉帕特森大学是美国唯一一家开设中国美术实践课的大学，曾先后请来多名中国著名艺术家，让美国学生了解中国艺术，热爱中国艺术。

2012年5月至7月期间，以清华大学美术学院及中国美术学院为首的高校漆艺专业毕业展纷纷亮相。从毕业作品来看，漆艺教学在高校已取得了丰硕的成果。这些作品来自全国数十所美术院校，除清华大学美术和中国美术学院外，还有天津美术学院、湖北美术学院、西安美术学院、鲁迅美术学院、南京艺术学院、北京工业大学、山西大学美术学院、中南民族大学、江西师范大学等高校等。这些毕业生们结合自己对于艺术的追求，用年轻蓬勃的活力进行了卓有成效的探索，完成了一件件生命力旺盛的漆艺作品。无论从数量还是质量，都有所超越。近年来，全国高校师资水平的提高，传统漆艺在非遗中的被关注，天然、绿色健康环保观念的增强，艺术与设计在全民意识中的地位，是漆艺也同样逐渐受到青睐。

2012年7月10日，第六届全国漆画高研班在武汉举办。此次高研班分设中南民族大学和湖北美院两大教学点，分别由中南民族大学的刘吾香老师和湖北美院的蒲美合老师担任班主任，共有57名学员。相对以往漆画高研班不同的是，此次高研班在学员结构上有了很大的丰富性：他们有来自高校的本科生、研究生也有刚刚毕业的大学生，有高校教师也有画廊经营者，有从事多年漆画创作的进阶高手，也有刚刚入门的漆画爱好者，更有第二次参加高研班的“老学员”；在地域上，此次生源覆盖了东北、西北、华南、华中等全国大部分地区。此次高研班由李永清、吴嘉诠、吴可人、陈立德、汤志义、张泽国等国内著名漆艺家、教授担任指导教师；并邀请了漆画艺委会主任、南京艺术学院原院长冯健亲教授，漆画艺委会副主任、四川美术学院陈恩深教授，漆画艺委会副主任、中国美术学院唐明修教授，中国美协壁画艺委会主任、湖北美术学院原院长唐小禾教授，中南民族大学美术学院原院长钟孺乾教授，漆画艺委会原副主任、清华大学美术学院乔十光教授等一大批著名理论家、漆艺家为高研班的学员们举行了丰富多样的讲座。

三、漆艺捐赠收藏与考古新发现

2012年1月13日，香港实业家曹其镛夫妇从20世纪80年代起收藏中国古代漆器，是港岛著名的收藏家。为了报效桑梓，他们将收藏的160件（组）中国古代漆器捐赠给浙江博物馆收藏。曹其镛祖籍浙江宁波，现任浙江省政协常委、浙江省侨商会会长。13日上午，曹其镛与浙江省博物馆馆长陈浩签署了捐赠协议。他捐赠的这批漆器涵盖宋元明清四朝，主体为宫廷用器。其中，制作精致、造型优美的清乾隆御制雕漆漆器占了很大比例，同时还有不少明早期甚至更早的古代漆器。

2012年3月6日至11日，浙江省博物馆工作组一行六人，赴香港曹其镛先生家中开展有关漆器捐献的相关工作。在香港的几天中，工作组首先确定了曹其镛先生准备捐献的，已经著录在《重华绮芳——曹氏藏宋元明清漆器》中的130件（组）漆器。工作人员在上下三层楼的众多漆器中找出来，然后按照该书的文物序列号分别予以编号，在器物底部贴好标签，并在方位图中标明位置。工作人员在曹先生家里不同的三个位置放了温湿度检测仪，每隔一段时间记录一下温湿度的变化情况，以便文物从香港运到杭州能够保持相对稳定的环境。此行主要工作是确定《重华绮芳——曹氏藏宋元明清漆器》著录之外的30件（组）文物，工作人员从剩余的几百件漆器中精挑细选、反复比较，选出50件（组），由曹其镛先生确定30件（组）。然后，对选出的30件（组）文物进行拍照、量尺寸。最后两部分结合，制成捐献文物目录，许洪流副馆长和曹其镛先生分别在目录上签字，目录一式两份，双方各留一份。双方商定，等条件具备的时候，再将这160件（组）文物运回杭州。

越来越多的收藏家能够捐赠漆艺文物与国家、省级等博物馆，将对漆艺的普及、发展起到积极的作用。

2012年7月，经过6个多月的发掘清理，在西安市北郊建设工地发现的明代家族墓葬群中，共提取3座彩绘漆棺，其中1座漆棺上发现了巨幅描金漆画。如此大面积且保存完整的随葬漆画迄今在陕西为首次发现，在中国内地亦属罕见。该明代家族墓位于西安市高陵县的泾河工业园区内，是该省已知目前保存最完整的一座明代家族墓园，墓主人的身份是万历年间秦藩王府的知印张栋。3座彩绘棺椁保存完好，分别由石室、木椁、彩棺组成，令人惊奇的是棺椁之间采用隼卯结构，不用钉子而严丝合缝，工艺高超。考古人员从墓葬发掘现场整体打包提取出来，提取时将石室拆卸，到实验室后再将其复原，以便日后向公众展出。其中，编号为M5的张麟趾墓出土的彩棺最为精美，长达两米多的棺盖上绘满出水荷花，充分表达出“鱼戏彩莲间，莲叶何田田”的美丽意境，色彩鲜明，做工讲究。棺木的另一侧则绘着牡丹花的图案。目前已清理9座墓室，8具棺木中有3具彩棺，干燥的墓室及未遭盗掘是漆画保存下来的重要条件。为避免这些漆面受温度和湿度的影响而卷曲开裂，考古工作者将清理出的部分包上了塑料薄膜，以保持出土时的湿度。

漆器的考古发掘工作之后，离不开保存修复技术的支撑，将来在漆器文物的研究机构，高校需要培养一批漆艺保存修复技术的人才。

四、漆艺市场动态

2012 年 10 月 28 日，福建东南秋季艺术品拍卖会于正式开槌，本季拍卖会，福建东南拍卖有限公司和海峡文化产权交易所联手举办两个专场，分别是当代工艺精品专场和乔十光漆画专场。其中，乔十光漆画专场是本季拍卖会中的唯一个人专场，同时，作为国内首个漆画艺术家的个人作品专场拍卖，这一专场已经引起了漆画收藏家和业界的重点关注。此次拍卖包括人物、花卉、风景等题材的 14 幅漆画，最终 14 幅作品全部成交。总成交金额达到了 490.82 万元，在这场拍卖会上，乔十光的经典作品《象脚鼓声》、《水乡》、先后以 46 万元、37.95 万元成交。大幅漆画《徽州民居宏村月塘》则以 138 万元成交，成为自漆画进入拍场以来的首幅过百万作品。近年来，随着国内艺术市场的快速成长，新的艺术投资门类也不断地孕育，并且开始成为艺术投资价值成长的摇篮。这其中尤其值得关注的是，漆画艺术已经逐渐展露其作为新的投资亮点。福建作为中国现代漆画的发祥地之一，具有非常广阔的市场基础。福建东南拍卖有限公司与海峡文交所正是基于这一艺术门类的广阔前景和地域优势，积极地培育市场，也取得了初步的成效。如福建东南 2011 年秋季拍卖的“当代漆画名家专场”，以 414.58 万元的成交额、100% 的成交率，使敏锐的投资者看到了漆画艺术的市场潜力。据悉，本季拍卖，福建东南与海峡文交所联合举办的乔十光漆画专场，就是其对漆画市场培育、品质塑造的重要尝试。中国美术馆馆长范迪安先生对乔十光作出如下评价：“正是在时代召唤着漆画从传统漆艺脱胎的历史节点上，乔十光做出了历史性的担当，将中国传统的漆艺技法与现代绘画结合起来，几十年如一日，探索漆画概念的生成和漆画技巧的完善，成为中国现代漆画的重要开拓者。”乔十光被誉为“中国现代漆画之父”，他的探索与创作，使得漆画艺术内在的视觉力量和表达方式得以发掘，这是他对漆画艺术的最大贡献。

漆艺作品在艺术市场上的发展空间，才刚刚开始，值得关注。

五、漆艺地方讯息与漆艺国家标准

2012 年 7 月 22 日，厦门大学经济学院“漆艺融榕”实践小分队来到福州市闽侯县荆溪镇进行实地调研。荆溪镇可谓是“脱胎漆器之乡”，该镇的居民祖祖辈辈都精于脱胎漆器工艺制作，手艺传承至今已是名扬四海。早晨 9 点，实践队抵达最知名的作坊式脱胎漆器厂——闽侯恒兴脱胎漆器厂。该厂工艺美术大师张家文历时五年制作的 3.6 米高雕填镶嵌牡丹大花瓶，作为福建馆的镇馆之宝参加了 2010 年上海世博会，向世人呈现了脱胎漆器的风采，轰动了海内外，被誉为“世博瓶”。实践队又拜访了多家脱胎漆器作坊或企业，得到了许多有效的数据，也更加了解了脱胎漆器在基层的发展现状。

2012 年 9 月 11 日，在成都举行的中国工艺美术行业年会上，福州市被授予“中国脱胎漆艺之都”、“中国寿山石文化之都”和中国工艺美术行业特色区域荣誉称号。根据中国工艺美术协会要求，今年 3 月，福州市以市政府名义正式提交“两都”特色区域荣誉称号申请报告。6 月 25 日至 28 日，中国工艺美术协会组织来自全国各地的专家考评组来榕，对福州市寿山石、脱胎漆器行业的资源开采保护、人才培养使用、技艺传承创新、文化研究传播、产品生产销售等情况进行实地考察和综合评议。专家组一致认为，福州市已经具备了授予中国工艺美术行业特色区域荣誉称号的条件，同意向中国工艺美术协会推荐。中国工艺美术协会根据专家考评组提出的考评推荐意见，决定授予福州市“两都”荣誉称号。

2012 年 11 月，全国多名漆器行业专家齐聚扬州，就《漆器通用技术要求》进行最后审定，并完成了该标准的报批稿。该标准将正式上报国家标准化管理委员会，有望成为全国首部漆器“国标”。整个漆器“国标”规定了与漆器相关的术语和定义、产品分类、质量要求、检验方法和规则、标志、包装、储存和运输等，适用于漆器的设计生产和销售。在经济全球化的今天，“标准先行”，然而在传统手工艺行业，由于其生产的特殊性，有些时候很难界定、规范各自的标准，更多时候是依靠工人的经验去把握。《漆器通用技术要求》既是一种行业规范，同时更是弥补缺失的最佳手段，是对传统工艺最实际的保护。

纵观 2012 年中国漆艺的大事件，可以说国内的漆艺发展处于一个稳步上升的阶段，展览的作品水平比上一年有所提高，国际间的交流也日益频繁，形式也更加多样。不仅仅是邀请国外艺术家来参加国内展览，国内艺术家也逐渐在国际展览上崭露头角，中国的漆艺文化得以在更广阔的舞台上得到推广和发扬。漆艺教学也结出了累累硕果，各大院校毕业展上的漆艺作品获得了不少好评。漆艺考古的新发现使人们进一步认识到漆在中国古代百姓生活中的重要地位。随着国内艺术市场的快速成长，越来越多的人认识到了漆画艺术的收藏潜力，漆画艺术已经逐渐成为新的投资亮点。漆器“国标”的制定进一步规范了漆艺行业，更利于漆器产业的扩大化。无论学院、展览，，还是市场、民间，都呈现出一派生机勃勃的大趋势，漆艺未来发展的种种可能性逐渐清晰，正在以新的形式进入大众的视野，漆艺行业复苏的春天即在我们的面前。

但是，在漆艺展览的连续性与学术理论的深入探讨上，还有待坚持与研究。在漆艺教学体系与交流的深度与广度上，仍需我们通过各种形式的论坛、有目的地以走出去、引进来的互动方式，亦应逐步寻找更好的办法。这些都有待于我们漆艺工作者们再接再厉的努力，才会在将来得以实现。

然而，从2012年中国漆艺发展的大趋势的希望之光，给予了我们追求理想目标的坚定信念。

周剑石　清华大学美术学院工艺美术系副教授

数字化媒体改变工艺美术
——走向信息时代的中国当代工艺美术

◎周　志

今天，已经无人能够否认数字化技术对我们生活的影响。以互联网为标志的第五次信息技术革命已然度过了五十余个年头，甚至有人已经在预言第六次信息革命的开始。信息技术革命不仅为人类提供了新的生产手段，带来了生产力的大发展和组织管理方式的变化，还引起了人们生活方式的巨大变化。互联网在时空上拉近了人与人的距离，世界变得越来越小。移动媒体在近些年的迅猛发展更是令人与人之间的沟通速度令人难以置信，沟通的方式亦是如此的人性化。工艺美术，尽管从属于艺术领域，但是其实用艺术的根本属性决定了它与人们生活之间密切联系。尽管在谈到数字化媒体、信息技术对于艺术领域的影响这些话题时，人们更多的会联想到影视、音乐、舞蹈、戏剧，甚至是建筑、设计等门类，而对于似乎有着更加传统保守面貌的工艺美术并未引起重视。但是，数字化对工艺美术的影响无疑也是广泛而深刻的。当下，已经有不少学者在思考艺术市场网络营销的问题，而作为更贴近民众生活、更具有标准化基础的工艺美术，其实在这方面有着更为巨大的优势。相对其他艺术门类，工艺美术在应用数字化传媒与网络营销等手段方面起步较晚，较为滞后，但尽管如此，亦开拓了不小的局面，取得了不俗的成绩。

一、当代工艺美术的困境与数字化时代的挑战

有着悠久历史的中国工艺美术曾经历过辉煌的岁月，但在21世纪的今天，却遭遇到了不小的困境，尤其在面对日新月异迅猛发展的数字化技术的时候，更显得缩手缩足、逡巡不前。实际上，当代工艺美术所遭遇到的境遇并非如此艰难，只要分析出问题根源、放手一搏、勇于创新、扬长弃短、完全可以打开一个新的局面。而数字化媒体的迅猛发展，更会转化成为一股重要借力，推动与刺激工艺美术产业的良性发展。

粗略分析当前工艺美术产业在面对数字化挑战时所遭遇的困难，大致可以分为以下几点：

问题一：门类繁多，地域分散，从而导致工艺美术作品分类繁复，良莠不齐，缺乏权威性。

问题二：真假难辨。工艺美术中有许多分项涉及贵重材料，尤其是珠宝、首饰、古玩等专项，材料的真假与否直接关系到作品的整体价值。

问题三：传统用户居多，缺少上网习惯。与网络打交道更加频繁的多为新一代年轻人，他们大多成长在西风教育环境下，受现代审美趣味的影响较大，对于他们来说，现代感更为强烈的设计作品更加适合口味，面貌保守传统的工艺美术似乎并不在关注视线之内。

问题四：属性复杂，是目前几大艺术门类中边限界定最为困难的一类。工艺美术既可以以艺术品的面貌出现，又可以以实用品的面貌出现，家居装饰、古玩收藏、珠宝首饰甚至旅游礼品等等领域均可涉足。这既是其优势，也是其劣势。与传统社会中传播方式的点对面不同，数字化传媒讲求点对点、面对点的精确传播，工艺美术的这一特征，无疑对其发展有着巨大的阻碍。

当然，尽管有着以上的困难，数字化媒体对于工艺美术的推力仍然是巨大的。本文就拟从分析这一推力的现状出发，尝试寻找出扩大这股推力的途径。

总体而言，数字化媒体的对工艺美术行业的推力主要体现在非营利与营利性两个方向：

一、非营利性。工艺美术不仅仅是产品，更是一个民族传统文化的重要载体，通过数字化平台将工艺美术发展壮大，是业界不可推脱的重要责任。此方向以互联网及移动媒体为载体，重点在于新闻发

布、信息传播、互动交流以及教育和研究这五个方向，强调的是资料性、传播性、互动性、教育性与研究性。主要推动者为传统媒体、组织机构（含政府、协会、博物馆、研究所）、高等院校甚至是个人。

二、营利性。依托互联网诞生的电子商务和消费系统将会在未来的工艺美术产业中扮演更重要的角色。在这方面主要包括两种重要的形式，一种是销售平台建设，一种是链商平台的建设。确定经营主线，或以地域为线，或以门类为线，或地方主导，或品牌主导，进而形成线上线下，店铺网站平台的一体化建设。与此同时，加强连接各个企业之间交流的平台建设。从而做到既有整合平台，无处不在；又能体现特色和差异，以防淹没其中。

二、互联网与移动媒体

1. 互联网

随着互联网的发展，今天的网络资源已经空前的丰富，工艺美术行业的互联网自然亦不例外。大体分析起来，目前与工艺美术行业有关的互联网主要包括以下几个类别：

（1）全国性、综合性网站：如中国工艺美术网（http：//www. chinacrafts. org）、工艺美术家网（www. gymsj. com）等。此外，一些大型综合性艺术网站中也包含有工艺美术方面的大量信息，如雅昌艺术网（http：//www. artron. net/）以及非物质文化遗产网（http：//www. ihchina. cn/main. jsp）。

（2）机构网站：这类型的网站最多，包括了机关团体、行业协会、研究机构、大型展会，甚至是高等院校的网站。如：中国工艺美术协会官方网站（http：//www. cnaca. org/），中国工艺美术学会官方网站（http：//www. cnacs. org/）等。

（3）分类网站：工艺美术门类众多，仅仅从材质上即可分出十余种类别。此类网站亦不在少数，如中国陶瓷网（http：//www. ctaoci. com/），中华漆艺网（http：//www. sinolac. com/），中国南京云锦网（http：//www. njyunjin. cn/）。此外，由于工艺美术是收藏界的主要类别，许多大型收藏网站中都包含有大量的工艺美术行业信息。如中国古玩网（http：//www. cguwan. com/），民间紫砂网（http：//www. yxmjzs. com/）。

（4）媒体网站：当下，一些艺术、设计类杂志也创办了自己的官方网站。他们不仅接收新闻稿与网上发布，也经常会转载一些工艺美术类的文章、刊载展览讯息、刊登工艺作品以及介绍工艺名家。如装饰杂志官方网站（http：//www. izhsh. com. cn/）。

（5）相关其他：如个人博客等。

2. 移动媒体

根据 Strategy Analytics 发布的全球移动媒体预测报告，全球消费者在智能手机媒体内容、APP 以及服务上的开支在 2011 年首次突破了 1000 亿美元大关。2012 年，全球移动媒体市场总额更达到了 1382 亿美元。随着 iPhone5 以及三星安卓手机的火爆发售，以智能手机为重要载体的移动媒体成为数字化媒体新的引爆点。以微博等信息发布平台为代表的新的媒体类型更加完美地体现了信息时代数字化媒体的“精确传播”特点。借助这样的平台，工艺美术行业将大有可为。

但是目前看来，工艺美术界对于移动媒体信息平台的借力还非常有限。以微博为例，根据搜索所得结果，与工艺美术相关的平台非常有限，而且大多以营利性的商业店铺为主。从类别上看，也基本集中在一些较为时尚（如首饰类）以及与古玩收藏有关的工艺美术门类上。综合性的工艺美术微博平台少之又少。这些微博包括综合性的，如中国工艺美术协会微博、传统工艺美术研究院网微博、工艺美术网微博，以及地方性的，如上海工艺美术行业协会微博、江门工美微博、成都工美微博、莆田工艺美术城微博等。但是不容忽视的是，这些微博或者是影响力不足，或者是更新及建设相对缓慢。以工艺美术网微博及中国工艺美术协会微博为例，前者的粉丝数量仅有数百人；后者的粉丝数量虽然已经达到了 3 万多人，并不算少，但是其发布的微博却仅仅为可怜的 30 余条。从这种不对等的关系亦可以看出，工艺美术与信息时代的数字化媒体之间的对接虽大有可为，但却任重道远。

综合以上分析，工艺美术行业与数字化媒体之间的接力互动虽欣欣向荣，但却蕴含危机，面临着不少实质性的问题。主要有如下几点：

（1）定位模糊，标准混乱。工艺美术涵盖面广阔，综合性网站各类信息杂乱。传播方式仍然沿袭了传统的点对面的方式，用户很难从海量信息中寻找到所需要的重点资讯。

（2）各自为战，缺乏合力。交流平台建设不足，各地区、各门类、各机构之间缺乏资讯整合与经验交流。

（3）故步自封，模式单一。今日的互联网已不仅仅是信息发布平台，更重要的角色是搭建起人与人之间的互动平台。目前的工艺美术互联网与网络用户之间的互动可谓凤毛麟爪，欠缺一个活跃自由的论坛平台。

（4）更新缓慢，面目呆板。许多网站的更新速度十分缓慢，缺乏新时代的节奏，网站的形式保守传统，缺乏现代气息，很难吸引年轻人的关注。

三、网络营销

随着互联网普及程度的不断提高，电子商务平台近几年在中国的发展迅速，已呈现取代传统商业模式地位之势。今天，这一趋势对艺术领域的影响也开始显现，一些艺术机构纷纷建立了自己的在线销售平台。介乎于实用商品与艺术品之间的工艺美术的电子商务亦正在蓬勃发展。

网络时代提供了爆炸性的丰富资讯，开辟了全新的虚拟市场空间，针对这种虚拟市场，空间里看不见彼此的买卖双方如何进行交易？如何有效议价？如何付款取货？……种种实际买卖的机制，已经发展出各式各样的运营模式。① 早在2010年，由北京京都文化投资管理公司打造的琉璃厂文化商城（http：//www. llc2010. com/）就已经开始上线试运营，意图打造一个集资讯和电子商务为一体的、统一的琉璃厂电子商务平台系统。② 2011年6月，北京工美集团旗下购物网站工美艺城网（www. gmecity. com）正式上线试运行。工美艺城网购平台定位于中、高档工艺美术品市场，融合创新的电子商务手段与元素，核心业务涉及：商品订购、个性定制、流行团购以及实时拍卖等丰富电子商务业务应用。工美集团欲将工美艺城网建设成为全球最大的中国工艺美术购物平台，并希望以此为窗口，传播中国文化以及工艺品的核心价值。③ 此外，如中国艺购网（http：//www. hxjw. cn/）、原生态购物网（http：//www. sinobuy. cn/）、景德镇陶瓷艺术品交易网（http：//shop. 51ci. com/）、苗族工艺品网（http：//www. miaoling. net/）、苏工坊（http：//www. sugongfang. com/）等，以及淘宝网上面种类繁多的工艺美术类店铺也都在提示着人们工艺美术品网络交易日渐蓬勃的趋势。

此外，链商平台的建设亦是工艺美术行业网络营销的重要途径之一。链商，作为一种企业电子商务服务，主要是指根据企业的各种需求，提供企业网上营销推广的一种综合服务，包括DM直投媒体、EDM邮件直投、行业手机报和企业推广等。其中，国联资源网旗下行业垂直商务网站工艺美术网（http：//www. gyms. ibicn. com/）以致力于整合产业链资源，为产业链相关行业企业提供及时、专业、丰富的行业资讯和电子商务为己任，通过互联网、展会、定向推广等多种宣传形式，该平台让工艺美术相关企业得到了有效的推广。

当然，正如前文提到的，工艺美术与艺术品的网络销售重要的一个局限来自于对作品真伪的判断。尤其是贵重材料的工艺美术门类，这更是一个决定性的衡量标准。在这方面，业界也做出了自己的探索与努力。2012年3月15日，工艺美术网启动了“诚信身份证”服务工作。在2012年中国工艺美术精品博览会上，获奖作品录入“全国诚信数据库”并通过独立第三方数字化诚信信息检查平台全国检查，颁发全国统一的数字化收藏证书——“艺术品诚信身份证”。这种诚信身份证服务项目可以记录艺术品

---

① 陈义丰：《艺术网络营销》，中国艺术研究院博士论文，2010年，第89页。

② 《试水电子商务，北京琉璃厂文化商城正式启动》，琉璃厂文化商城，2010年7月22日，网址：http：//www. llc2010. com/

③ 《工美艺城网上线、艺术产业创意电子商务》，全网数商，2012年4月9日，网址：http：//www. aebiz. net/con_00gs155. htm

的原料产地、作品特性、规格、寓意、设计师、鉴定师的照片和介绍等信息，可增加艺术品的多角度照片，每件作品有唯一的编码，消费者通过“独立第三方诚信信息查验平台”，手机上网，二维码查验，是艺术品的可追溯诚信信息查验平台。①

尽管工艺美术的网络营销日渐蓬勃，但目前仍存在着不少严峻的问题，总结起来，主要包括以下几个问题亟待解决：1. 工艺美术品的网络营销缺乏整体规划，重视程度不足，未被提升到经营战略高度。2. 缺乏专业人员管理和负责网络营销。3. 对网络营销平台的建设和网络营销的管理、改进重视不足。4. 服务商水平参差不齐，无法保证服务的统一、专业、品质。

结语：数字化时代工艺美术的迫切任务

作为一名在全国知名的工艺美术期刊工作多年的编辑，笔者对于信息时代工艺美术行业的走向有着颇多的思考与感想。面对迅猛发展的数字化技术，以传统面貌呈现在世人面前的工艺美术无疑面临着重重困难，但同时也有着极为光明的发展前景。如果想借助数字化媒体的力量，再次迎接中国工艺美术的辉煌时代，业界必须大胆创新，勇于求变。

首先，在网络建设方面，除去部分综合性的网站之外，专业性网站一定要明确自身的定位，不必求全。无论古董收藏、珠宝首饰、民俗礼品还是高雅艺术，必须针对不同用户群分别使力。明确自己的位置与目的，方能确定自己的前进方向。

其次，扩大互动与互动。一方面明确自身定位，一方面促进交流，增加门类之间、地区之间的互通有无。在这方面，综合性的网站以及行业协会等机构的网站有着天然的优势。与此同时，加强工艺美术界与设计界、美术界、甚至收藏界、时尚界、学院群体间的良性互动。从无序无界走向有序跨界。

第三，工艺美术的创作生产模式要保持传统，但运营思路必须创新求变，不要固步自封，积极适应新的媒体变化。

总之，在信息化时代，工艺美术的价值正在重新为世人所认识。与工业化革命对工艺美术传统的破坏不同，信息产业革命给工艺美术带来的影响实际上是良性的。南京艺术学院的李立新教授曾经指出：“家庭作坊在传统手工业时代发挥出了巨大的作用。进入信息化的数字时代，这一生产方式将重新展现，只有在作坊式的工作场所才能实现设计与制作一体化，才能真正做到手工艺的单件实验，而数字时代将为手工艺的现代性提供技术保证，信息化时代设计者的素质修养将会不断强化手工艺的现代意识。”②因此，只要正视自身的问题根源，大胆革新求变，勇于面对挑战，数字化时代的工艺美术无疑将大有可为，前景广阔。

周　志　清华大学美术学院《装饰》编辑部

---

① 《艺术品诚信身份证为工艺美术网的提供服务》，艺超网，2012 年 4 月 10 日，网址：http：//www. cangcn. com/info/rdzx/2012 - 4 - 10/1005_ 63967. htm

② 李立新：《中国工艺美术研究的价值取向与理论视阈——近年来工艺美术研究热点问题透视》，《艺术百家》2008 年 4 月。

2012 年度苏州刺绣发展状况

◎单存德 俞宏清

以苏州刺绣为代表的“苏绣”，为全国四大名绣（苏绣、湘锈、粤绣、蜀绣）之首，具有二千年以上的历史。在漫长的历史发展过程中，苏绣形成了“精、细、雅、洁”的艺术风格和地域特色。

一、苏州刺绣发展概况

苏州刺绣以丝线刺绣为主，可以分为刺绣艺术品和日用刺绣品。刺绣艺术品包括屏风、屏条、中堂、台屏、地屏、册画等；刺绣日用品有被面、枕套、帐沿、靠垫、镜袱、香袋、钱袋、胸花、肚兜、荷包、小挂件及各类绣衣、绣鞋、绣帽等。

自宋代以来，苏州刺绣便取得了一定发展。据史料记载与《平江图》等实物考证，宋时苏州城出现了“绣线坊”、“绣衣坊”、“绣衣坊巷”、“绣锦坊”、“锦绣坊巷”等坊巷名称，说明当时的刺绣作为商品生产已呈现出集中的街巷。从 1956 年 3 月虎丘塔出土的宋代刺绣经帙和 1978 年 4 月瑞光塔出土的宋代刺绣经袱看，当时的绣品已开始运用散套、抢针、齐针、辫子股、斜缠、接针等针法，显示出配色和谐、绣面平服、丝缕合理、不露针迹的技艺特色。

在宋代，苏州刺绣欣赏品开始从实用品中分离，并受宋代院画工细雅丽的风格影响，以山水、楼阁、人物、花鸟为重要题材，且生动传神，精细典雅，达到了很高的艺术表现水平。

明代，苏州刺绣就有了“精细雅洁，称苏州绣”之称谓，其时出现了专门生产商品绣的绣庄，绣品开始大量生产，并有宫货绣、商品绣和闺阁绣之分。宫货绣专为宫廷供货，极尽富丽工巧，使苏州成为宫廷日用绣品的重要基地。明正德年间，昆曲的兴起和发展更带动了剧装戏衣业和刺绣业的发展。同时，苏州刺绣业受明代“吴门画派”及以韩希孟为代表的闺阁绣影响，与文人画相结合，开创了一代新风。

清代，苏州刺绣广泛流传，“家家有绣绷，户户在刺绣”，并形成了绣庄业、戏衣业、零剪业三个行业公所，有“绣市”之称。道光年间，苏州女子丁佩总结刺绣技艺，完成了中国第一部刺绣专业著作—《绣谱》。此时，苏州刺绣技艺开始向四方传播，与湘绣等其他地方绣种相互学习交流，并进一步丰富了苏绣的艺术内涵。

清末民初，苏州人沈寿进一步发展传统苏绣技艺，创制了仿真绣，拓展了苏绣的题材，提升了苏绣的艺术表现力，她“把刺绣从谋生的手段变成一门艺术追求”，“用工艺的方式再现了一个新的属于工艺的形式世界”。由于她的作品在国际获奖，使中国刺绣名闻海外。其晚年口述的《雪宧绣谱》对历代苏绣技艺进行了有条理的经验总结，为丰富苏绣技法、拓展苏绣的艺术表现力，开创苏绣的新世界作出了杰出贡献。

20 世纪 30 年代，苏绣名家杨守玉擅长传统苏绣的针法技艺，又善于吸收其它艺术的表现形式，在针法排列、色线施加上进行探索，创制了新的苏绣绣种—乱针绣，极大地丰富和扩展了苏绣所表现的题材内容，开创了中国刺绣与西方艺术交融的更高层次。

1954 年建立的苏州市文联刺绣小组，聚集了朱凤、任嘒閒等一批名家高手，并逐步发展成拥有一大批苏绣人才的苏州刺绣研究所。在老一辈刺绣艺术家的带领下，在新中国成立以后的半个多世纪的时间里，苏绣传统艺术的研究和创新日益发展，在内容题材上，从表现传统特色的“小猫”、“金鱼”到反映绘画、摄影作品；在表现形式上，从双面绣到双面双异绣、三异绣；从表现针法上，从平针、套针到乱针绣、虚实乱针绣，至今已形成了九大类四十多种针法。可以说，这几十年的刺绣创新、创作实践，使苏绣艺术达到了一个史无前例的高峰，使苏绣艺术品表现主题更加鲜明、形象更加生动、意境更加深邃、更体现了苏绣"平、齐、细、密、匀、光、和、顺"的传统技巧特点，也更加秀美高雅。

经几十年的发展，苏州刺绣形成了一定规模，培养造就了一支高素质的专业队伍。品种繁多的刺绣艺术品、工艺品不仅在国内市场占有较大的份额，而且进入了国际市场，在对外友好往来和文化艺术交流活动中发挥了极其重要的作用。苏绣精品一直被我国政府作为国家珍贵礼品赠送给外国政府首脑。据统计，苏绣作为国礼馈赠给国外元首的就达八十多件。

二、当前苏州刺绣产业的发展特点

近现代以来，苏绣的两大类产品一直是并驾齐驱，只是在近二十年，随着国内经济的不断发展，以及市场需求的变化，刺绣日用品逐渐淡出市场，刺绣艺术品则日益发展，比如苏州高新区镇湖刺绣的崛起。

在苏州刺绣研究所和老一辈刺绣艺术家的指导和技艺引领下，自改革开放以来，镇湖刺绣艺术欣赏品的生产制作大致经历了培育、萌芽、发展三个阶段，尤其是20世纪90年代以来，随着苏州各级政府对文化产业发展的重视和扶持，镇湖刺绣产业更是快速发展。一是产业聚集度日益提高。1998年以来，镇湖街道在市、区党委和政府的支持帮助下，先后建成了"绣品街"、"中国刺绣艺术馆"、"镇湖刺绣艺术展示中心"等刺绣文化载体，形成了集生产、展示、宣传、销售等服务平台，为镇湖刺绣产业化的形成和发展提供了强大基础。现镇湖拥有绣庄420余家，绣娘8000多人，加上刺绣配套设计、生产、销售及与其配套的印花、花线等相关人员，总人数达1万余人。二是培养和造就了一大批刺绣专业人才，其中有7人获江苏省工艺美术大师称号，11人获江苏省工艺美术名人称号；并有30人获得高级工艺美术师和研究员级高级工艺美术师，150多人获工艺美术师职称。在各级各类刺绣作品的评比中，镇湖绣娘的刺绣作品有1000多件获奖，其中获得金奖的达200多件。三是产业不断发展壮大，镇湖刺绣从以往的农村副业发展到一镇一品的主业，成为广大农民创业、就业的平台。1998年以来，镇湖刺绣销售量呈逐年增长趋势，2011年镇湖刺绣销售产值超过12亿元，2012年达到13亿余元，居民家庭收入的75%以上均来自刺绣收入。四是镇湖刺绣的品牌影响日益扩大。2000年，镇湖被文化部授予"中国民间刺绣艺术之乡"称号；2005年，镇湖刺绣成为"苏绣"这一国家级非物质文化遗产项目的重要组成部分；2006年，镇湖被文化部命名为"国家文化产业示范基地"，被国家旅游总局命名为"全国农业旅游示范点"；2011年绣品街成功晋级"全国特色商业街"行列，并成为全国最大的刺绣生产交易集散地。

三、苏州刺绣2012年的展览评比活动

2012年，苏州举办与组织参加的与刺绣有关的大的展览活动有二个：中国（苏州）工艺美术·丝绸艺术大展、江苏省工艺美术精品博览会"艺博杯"评比活动。

1. 中国（苏州）工艺美术·丝绸艺术大展

中国（苏州）工艺美术·丝绸艺术大展于11月9日至12日在光福中国工艺文化城举行，由苏州市人民政府、中国工艺美术协会、中国丝绸行业协会共同主办，苏州市经济和信息化委员会、苏州市工艺美术行业协会、苏州市丝绸行业协会、苏州市工艺美术学会、呈辉工艺文化城有限公司等单位承办。这是展示本市工艺与丝绸两大产业在新的历史条件下继承与发展成果的一次宏大盛会，凸显出当代苏州在现代产业快速发展的同时传统产业同样活力四射的新业态。

本次展览分为大师精品展示区和七大展示方阵。大师精品展示区陈列着79位国家级、省级、市级工艺美术大师的79件作品，其中既有老一代大师的代表作，又有中年才俊的鼎力之作，涉及苏绣、苏扇、苏玉、"苏式"家具、"苏式"红木小件、桃花坞木板年画、苏州缂丝、苏州核雕等著名"苏派"门类，其中刺绣大师的作品超过三分之一。

已故中国工艺美术（刺绣）大师、著名画家徐绍青设计并指导制作的缂丝《十六金扇》屏风，继承了明清泥金扇的传统，集山水、花鸟等题材内容于一体，并运用工笔花鸟、青绿山水、水墨写意多种

技法，通过金线缂造扇面，350 多种五彩丝线缂织图案，组成多姿多彩的系列画面，古朴典雅、绚丽夺目。七大展示方阵组成了姑苏工艺、镇湖刺绣、“苏作”家具、“苏作”玉雕、舟山核雕、东渚工艺、苏州丝绸七大阵容，1000 余件的陈列作品更使人目不暇接。

本次展览显示了苏绣的强大阵容，占本次展会 256 个展位数的近四分之一，参展数量达 300 余件（套），其中参评作品达 150 多件（套），获奖数量居苏州工艺美术各门类之首。镇湖刺绣以集群式的刺绣欣赏品展现，反映出当代刺绣之乡的日益进步和成果，彰显出“苏绣”、“精、细、雅、洁”的风格特色。

2. 2012 江苏省工艺美术精品博览会

2012 江苏省工艺美术精品博览会于 2012 年 12 月 18 日至 24 日在南京玄武门规划建设馆举行，由江苏省经济和信息化委员会主办，省人力资源和社会保障厅、省文化厅、省科学技术协会支持，省工艺美术行业协会、省工艺美术学会承办。南京、苏州、扬州、常州、无锡、南通、东海、东台等地区组团参展。苏州市工艺美术行业协会组团参展该次展览的展位数达 89 个，占展会的五分之二以上，参展企业或工作室达一百余家，参评作品更是达到 300 余件，共获得“艺博杯”金奖 33 个、银奖 41 个、铜奖 63 个和一批优秀奖，占全部获奖总数的近半数。刺绣、玉雕、“苏式”红木家具、核雕等更以数量众多，题材丰富而引人瞩目，获奖者大都为年富力强的中青年，其中既有名闻遐迩的大师，也有偶露峥嵘的才俊，还有初显才艺的新人，折射出当代苏州工艺美术人才不断涌现，技艺继往开来的崭新面貌。

苏州刺绣在展会上显示出强大的实力，姚惠芬的《佛影》、卢建英的《十香图》、李兰珍、李寅的《海伦》、黄林珍的《猫》、濮伟芳的《石寿》、张小娟的《鸢尾花》、方英的《高兴英芝图》、林多妹、林臻崎的盘金绣《金龙鱼》等荣登榜首。

四、2012 年苏州刺绣的重大事件

1. 苏绣巨作《春早江南》的再创作

2012 年初，人民大会堂全国人大常委会新会议厅落成。有关负责人决定以苏绣作为会议厅的装饰，计划征集一幅巨幅作品《春早江南》，并于 8 月底之前完成。

为了确保优质、高效、按时完成《春早江南》的创作任务，江苏省人大办公厅成立了以省人大副秘书长、办公厅主任滕勇为组长，机关纪检组长曹庆华、办公厅副主任唐健、行政处王俊杰、江泽鹏、财务处李文学组成的工作小组，并特邀江苏省工艺美术行业协会理事长、研究员级高级工艺美术师马达，苏州大学教授、博导、苏州工艺美术职业技术学院院长、书画家廖军，苏州市工艺美术博物馆馆长、研究员级高级工艺美术师马建庭，苏州刺绣研究所有限公司副总经理、江苏省工艺美术大师游伟刚，以及苏州刺绣界的中国工艺美术大师李娥瑛、顾文霞、张玉英、蒋雪英、余福臻等组成了专家指导组。

经镇湖姚建萍绣娘团队上下一致、紧张有序地努力，终于在三个月内高质量地按时完成了任务。工作人员将作品送至人民大会堂人大常委会新会议厅，并进行了后期的安装工作。全国人大常委会副委员长李建国对这幅刺绣作品给予了高度评价，称“《春早江南》表现了祖国江南春天的美景，具有强烈的艺术感染力，艺术效果令人赞叹不已！”是一幅中国刺绣工艺史上的“里程牌之作”、“绝冠之作”、“传世之作”。

2. 第五届中国刺绣文化艺术节

第五届中国刺绣文化艺术节于 2012 年 11 月 28 日至 12 月底在苏州高新区镇湖举行。活动重点为展示近年来全国各地刺绣在传承发展中华传统文化的基础上，不断创意创新的成果。艺术节期间，中国刺绣艺术馆向市民展出了包括四大名绣和汴绣、辽绣、晋绣、台绣等刺绣在内的全国各地 24 个绣种的精品佳作。同时，还专门设置展厅，展出镇湖“十佳刺绣新人”的创新作品。

中国刺绣文化艺术节是中国刺绣文化艺术界的一个重大活动，以“传承、创新、交流”为主题。为加强刺绣文化的对外交流，让中国的刺绣文化在丝绸之路上重现昔日的辉煌。在本届刺绣文化艺术节

开幕式上，文化部中外文化交流中心组织了来自俄罗斯、英国、土耳其等13个国家的驻华使节及其夫人会聚镇湖，共赏刺绣，传播刺绣文化。同时，镇湖刺绣也以此为契机，启动了镇湖刺绣“海外行”活动，将近年来镇湖绣娘大师创作的兼具历史与现代、传统与创新、艺术与人文之美的刺绣艺术精品，沿着丝绸之路，走向海外。

五、苏州刺绣技艺的传承和发展

近几十年来，苏州刺绣无论从技艺上，还是产业规模上，都在继承前人的基础上取得了很大发展，达到了史无前例的高峰。随着本世纪初国有企业体制、机制的改革和老一辈刺绣艺术家的陆续退休或离去，其技艺传承和发展受到了严峻挑战。而与此同时，以绣庄或工作室为主的民营企业却正日益显示出它的活力，例如镇湖刺绣，在近一二十年的时间里迅速成长为苏绣产业的重要集聚之地。

但是，仍不容忽视的是，当前苏绣技艺的传承和发展仍存在不少困难和问题。改革开放初期，苏州刺绣曾拥有十万绣娘，而目前尚不足三万人，而且30岁左右的有较高艺术水准的刺绣从业人员却曲指可数，三十岁以下的从业者也日益减少，即使是当前仍显兴旺的镇湖刺绣业，入行的年轻人也廖若晨星，使苏绣技艺的传承面临后继乏人的极大危机。另外，苏绣技艺经多年积累，发展至今天，市场对从事绣制艺术欣赏品人员的个人素质与艺术修养显然都提出了更高的要求，使许多缺少积累、文化水平又较低的绣娘因缺乏进一步提升的潜力而日益显得捉襟见肘。其三，刺绣设计与刺绣制作技艺的分离，使众多绣娘无所适从。历史上的苏绣，特别是近现代以来苏绣的发展，历来就与书画艺术紧密结合，并从中汲取营养，不断拓展其表现题材与艺术内涵，体现出与书画相融的艺术特征。原国有刺绣企业几乎都拥有一个强大的设计室及一批著名画家，但目前除苏州刺绣研究所有限公司及部分镇湖绣庄外，几乎绝大部分绣庄或工作室都缺乏有较高水平的刺绣设计人员，于是老题材老做，老做老题材已成为司空见惯的现象，创作创新更显乏力。

自2006年苏绣被列入国家级非物质文化遗产代表作名录项目以来，苏绣的技艺传承和发展主要体现在以下几个方面：

一是培养和提升人才。近几年来苏绣新增中国工艺美术大师2人，新增江苏省工艺美术大师14人，新增江苏省工艺美术名人14人。2012年，中国工艺美术学会评选了中国刺绣艺术大师，苏州刺绣共有13人获此殊荣，其中包括姚惠芬、姚建萍、蔡梅英3名中青年。旨在通过一批大师树立品牌，带动和引领市场，并激励广大技艺人员提高技艺水平，推动行业的升级发展。

二是加强对刺绣技艺人员的培训，提升刺绣从业者的综合素质。自2005年以来共培训中间层次的刺绣技艺人员近200人，并使他们分别获得了初、中级工艺美术职称，逐步形成了刺绣的人才梯队。对高层次的刺绣技艺人才则分别举办多种培训班和专家讲座，对提升人才素质，促进市场有序发展发挥了一定作用。

三是在引导技艺人员提高技艺水平，搭建促进产业发展的服务平台，加强知识产权保护，促进市场有序发展等方面做了大量工作，并正在逐步整合各方优势，规范和引导市场，促进市场的培育和发展，并积极争取有关政策，逐步将苏绣的产业做精、做强。

苏绣作为国家级非物质文化遗产项目，现拥有国家级代表性传承人8人，省级传承人3人，市级传承人2人。其中，第一批国家级传承人2人（李娥瑛、顾文霞）；第三批国家级传承人1人（姚建萍）；2012年新增第四批国家级传承人5人（蒋雪英、张玉英、余福臻、张美芳、姚惠芬）。

苏绣保护传承的总体目标，是以苏州刺绣研究所有限公司为技艺引领，镇湖刺绣为产业集聚，整合和凝聚全市苏绣技艺优势，高起点明确发展方向，通过大力培育人才队伍，传承和提升技艺水平，提高产品技艺文化含量，形成特色明显、风格多样的国家级非物质文化遗产生产性保护示范基地，继续在全国保持领先。

目前，苏绣的保护传承工作可分为三个层面：一是以苏州苏绣艺术创新中心为引领的苏绣艺术创新。该中心负责人张美芳大师曾长期担任苏州刺绣研究所的刺绣艺术总监。近几年来，她坚持传承苏绣

“精细雅洁”的技艺风格，挖掘整理传统刺绣针法、技法的精华，并大胆地创新丰富刺绣作品的文化艺术内涵，精心研制出一件件富有时代气息的刺绣精品，如《藻井》，整体运用了已有1000多年历史的古老针法“打籽绣”，30多万粒细小的“籽”密密排列，使得绣品层次丰富，韵律感十足。张美芳领衔研制的刺绣艺术品“藻井”、“唐卡”等刺绣艺术品经专家严格评议、审定，被文化部“中国工艺美术馆”收藏。

目前，苏州市苏绣艺术创新中心和其余3家机构被中国非物质文化遗产保护中心确定为首批国家级非遗保护研究基地。由苏绣艺术创新中心承担的“刺绣工艺创新研究与示范”项目，也已正式列为2012年度国家文化创新工程。

二是以苏州刺绣研究所有限公司为代表的传统苏绣技艺的传承。这家老字号的标杆企业曾经涌现了苏绣的八位中国工艺美术大师和一批高端技艺人才，拥有深厚的技艺积淀。尽管目前该企业面临人才严重青黄不接的境地，但在经历了半个多世纪的风雨后依然保持着青春的活力。近几年，他们在技艺传承上采取了两大措施，一是下决心从艺术类专业院校招收了二十余名有志于苏绣事业的学生，并加以重点培养；二是将已退休多年，健康状况尚可的老一辈刺绣艺术家全部请进所里，重点辅导培养青年学生。

在人才培养方法上，他们既有口传心授，又有技法研讨，还举办学生作品展览交流，不但使学生知道怎么做，还使他们明白为什么这做，使他们能做到举一反三、触类旁通。经几年的努力，这些学生的技艺水平得到了快速提高。

二是以镇湖绣庄为主的苏绣创新与传统技艺的传承。镇湖刺绣绣庄众多，现有376家为绣庄和刺绣工作室，从业人员超过12000人。镇湖现有高级工艺美术师38名，研究员级高级工艺美术师13名。其中：姚惠芬等7人获江苏省工艺美术大师称号，蔡梅英等11人获江苏省工艺美术名人称号。姚惠芬、姚建萍被文化部确定为非物质文化遗产（苏绣）代表性传承人，卢福英被江苏省文化厅确定为江苏省非物质文化遗产（苏绣）代表性传承人。近几年来，为了进一步传承苏绣技艺，提高现代绣娘的艺术修养，加快推动原创刺绣作品的发展水平，镇湖很多绣庄的绣娘们纷纷与其他相关领域的艺术家建立合作交流关系，并到清华大学等高等学府进行深造，传统的技艺逐渐发生了新的、质的变化，针法也开始有了新的变化、提升和突破，一批大师名人涌现出来。各级政府对于刺绣人才的培养更是给予了高度重视和大力扶持，积极开展各种刺绣高端学术交流，加快刺绣人才培养和刺绣技艺术的传承。苏州高新区政府也想尽办法组织大师名家参加全国性的展评比赛，并且连续举办了五届中国刺绣文化艺术节，组织开展“千女绣金秋”等大型活动，赢得了社会各界的普遍认同和赞誉。

单存德　苏州市工艺美术行业协会专职副秘书长、高级工艺美术师

俞宏清　苏州高新区镇湖刺绣协会

在“日用即道”的追寻中前行
——2012年中国工艺美术发展略述

◎丛玲玲

工艺美术在中国是一个古老课题，因为“工艺”和“美术”的结合，纯粹的工艺者容易耽著于对精湛技艺的追求而忽略美学及人文内涵，而美术家文人们又容易因为对技艺的生疏和隔膜只关注于简单的图案移植甚或轻视技艺。但因为与实际生活的密不可分，工艺美术仍旧灿烂了七千多年。

2012年的中国工艺美术，在政府的政策引导、高校的精英创作和民间产业的三足支撑下稳步发展，取得了较为可喜的成就。本文选取2012年部分有代表性的事例对工艺美术年度发展状况作一简略综述。

首先是传统工艺美术，主要在政府非物质文化遗产保护政策下，归于“传统技艺”分类下进行保护

从上个世纪90年代开始，以政府为主导，非物质文化遗产保护工作全面开展，《中国非物质文化遗产保护法》于2011年2月25日在第十一届全国人民代表大会常务委员会第十九次会议上通过，并于该年6月1日起施行。这样，原本在市场上生存艰难的传统工艺美术从国家政策层面得到了政策、资金上的支持，传承得到了一定的保障。非遗保护明确提出生产性保护的理念，很大程度上保护了传统手工艺市场，使得工艺美术事业与产业形成了良好的对接关系。2012年，非遗保护框架下最主要的活动是中国艺术研究院举办的中国当代工艺美术双年展。

2012年4月17日，中国当代工艺美术双年展在中国国家博物馆开幕。展览汇集了全国各主要产区、主要流派和主要门类的工艺美术作品及中国工艺美术馆的部分馆藏珍品，共约1000件，涉及玉雕、牙雕、石雕、木雕、陶瓷、金属工艺、漆器、刺绣、织染和传统工艺家具等门类。作者大多为老一辈的工艺美术大师和少数民族工匠，作品尽最大可能地延承了传统工艺美术的要素，这为当代工艺美术创作提供了历史、人文、技艺等的给养。

但是，也应该从中看到存在的问题，即参展的大部分作品对现代艺术设计的认识与关注相对少。因为所处环境简单、教育所受水平所限，即使是年轻作者的作品体现出的思维理念也不够开放，仍旧拘谨在传统的样式当中。时任中国艺术研究院院长助理、中国工艺美术馆馆长吕品田较客观、全面地评价了此次展览，他先是对从参展作品的材料、技艺、题材等进行了肯定：“当代工艺美术的工艺制作水平整体上有大幅度的提高，许多与工艺技术关系密切的表现形式明显地得到了工具和技术的支持。在材料选择方面，当代工艺美术也有了更大的空间，丰富的材料种类不仅增进了工艺美术形态的丰富性，也扩展了传统技艺施展的空间。题材表现也在大幅度地拓展，许多当代社会生活现象和新生事物被工艺美术家所关注，成为工艺美术的表现对象，就习惯于传统题材表现的工艺美术创作而言，这不能不说是个巨大的变化。”同时，他对当代工艺美术作品艺术品格的缺失也作了客观评价：“在不断加快的现代化进程中，在以规模求发展、以批量求效益、以科技求产能的现代市场经济环境中，当代工艺美术创作不免受到干扰性的影响。以量取胜以致粗制滥造，重工轻艺以致一味堆砌，炫耀浮夸以致刻意求大，作风失范以致品格下滑，创新失度以致文脉紊乱……都是违背工艺美术创作规律的一些问题表现。”

总体看来，此届中国当代工艺美术双年展上，传统题材、工艺的作品与少部分当代时尚的工艺作品共处一堂，两种艺术风格一同呈现在观众面前，对观众的审美可以说是一种冲击，也引发我们思考。为什么对工艺繁复、材料稀缺的工艺美术作品，专家学者提出要重视文脉传承、不应该过度重视其附加价值，但是民众最重视的、市场上卖价最高的却恰恰是这类附加价值高的工艺美术品。工艺美术发展的问题早已经不是简单的工艺领域或是美术领域的问题，它是一个民族的文化素养与人文涵养的问题。如何认识时尚、如何面对简单、如何用工艺美术品去装点自己的日常生活，恐怕还有很多人没有想好、想明白。

由中国艺术研究院主持的《中国工艺美术大师全集》工作也是2012年非遗保护工作中必须提到的重要事件。

自1979年开始，我国先后5次共评选出365名“中国工艺美术大师”，他们的作品代表了当代各个工艺美术门类创作的最高水平。这些国家级工艺美术大师往往年事已高，时至2012年，五届评选出来的365位人才中，有近四分之一已经离世。这些逝者的手艺、经验和思想没有得到整理和保留，很多奇妙和精湛的技艺因缺少记录而濒临灭绝，他们创作的一些工艺美术珍品没有得到更好的展示、保存、著录，有的甚至流失海外。因此，2007年9月，《中国工艺美术大师全集》课题在中国艺术研究院应运而生。文化部副部长、中国艺术研究院院长王文章亲任丛书主编，中国艺术研究院副院长吕品田等任副主编，并由国内工艺美术史界的著名专家学者组成编委会，工艺美术研究所负责人邱春林负责协调、推进各项具体工作。

丛书宗旨为“存留大师档案、抢救珍稀技艺，呈现经典作品，传承民族瑰宝”。丛书每卷独立研究一位大师，整套丛书保持风格的连贯性和研究水平的一致性。丛书各卷的主要内容包括：大师的口述史、专家对大师艺术成就的评述、大师作品、大师创作年表，以及大师作品的收藏和拍卖纪录等几个部分。

除了非遗保护框架下，传统工艺美术在民间产业中也是欣欣不衰。相对于纯美术来说，工艺性是工艺美术的独特之处之一。4月12日至22日举办的第四届“艺鼎杯”中国木雕现场创作大赛是具有成功经验的周期性现场创作类比赛，这类活动可以比较好地呈现出工艺美术作品产生的全过程，考验了艺术家对材料掌握的熟稔程度、整体构思的严谨程度以及艺术修养的全面程度。此次活动得到了业界一致肯定。大赛由中国工艺美术协会主办，各省、自治区、直辖市工艺美术协会、台湾文化观光产业联盟、莆田市工艺美术协会共同协办，福建省工艺美术协会木雕专业委员会、莆田工艺美术城管理委员会具体承办。来自辽宁、河北、云南、重庆、浙江、山西、福建及台湾地区的26位个人选手、22组团体代表入选本届大赛。此外组委会还邀请6位来自保加利亚、英国、西班牙和日本的雕刻大师与福建省高级工艺美术师黄献武先生同台竞技，参加首届国际木雕大师邀请赛。参赛者中既有当前木雕领域的领军人物，又不乏业界的后起之秀。本次大赛还打破了以往由男子选手垄断赛场的局面，有来自保加利亚、中国福州和惠安以及台湾的女选手参赛。

陶瓷是工艺美术中生态环境相对乐观的一个门类，无论是传统的还是时尚的陶瓷艺术都有较大的创作团体和受众范围。在陶瓷艺术创作这个领域中，真正传统的工艺被视为珍宝，时尚的前卫创作也同样受到青睐。这方面的活动，比如7月5日在位于北京前门大街的台湾会馆开幕的“守正出奇——唐宋名瓷现代传人与台湾陶艺名家两岸交流展”。展览邀请高水旺、任星航等唐宋名窑代表性传承大师9人，联合台湾当代陶瓷家11人，共展出两岸陶瓷家创作的作品50件。50件展品中，不仅有大陆各大名窑代表性传人的作品，还有台湾陶艺名家创制的具有现代感的作品。

其二是时尚的工艺美术，主要存在于学院体系中

在本年鉴的2011年卷及2012年卷中，工艺美术分卷连续策划了关于时尚的工艺美术专题，宗旨就是倡导脱离守旧趣味的时尚的工艺美术创作。笔者理解的“时尚”，其实就是尽可能地使工艺美术与生活随性结合。希望不要因为希求材料的贵重与工艺的繁冗，在外在上提高价值，而使得工艺美术品单纯地沦为猎奇性质的高档收藏品和投资品；也不要因为形式上的盲目仿古，让人对逐渐匮乏的原材料的滥用扼腕叹息。这也是本卷要倡导的工艺美术创作取向。

在2011年，中国艺术研究院曾经举办过以“日用即道”为主题的国际漆艺展览，笔者作为策展人之一起草了展览方案。明代哲人王艮把人的率性不造作的天性良知发挥至人伦日用中。首先，他借用慧能一系的哲理思路，认为良知是“现现成成，自自在在”的；为进一步说明这种现成性，又以马祖道一“平常心是道”的思想来阐释良知：“良知天性，古往今来，人人具足，人伦日用之间举而措之耳”，以及“百姓日用条理处，即是圣人之条理处”。于此，“王艮把无所不在的百姓日用提升到了“道”的高度，这一倡导，意图在于推举天然率性。他认为，良知自有，人人具足，只须顺心任性、自然而然，不必刻意修持、另寻他觅。”① 从中可以看出王艮认为“道”不是先天存在，也不是深不可测的神秘之物，它就存在于百姓衣食住行的日常生活中，也是人们从日常生活中能感悟到的。这样就把“道”由抽象的价值载体转换为具体的现世实际，将其从天上拉回人间。

其实，把“日用即道”这一思想应用于工艺美术中极为相宜。首先，从工艺美术的外涵——材料与工艺来看。如果作品要体现率性、自然、天然心，那么材料无须在意贵贱、工艺无需追求繁复。然后，从用的角度讲，既然工艺之果在于用，那么能用即可，过于贵重附加价值反而会一定程度地妨碍其“用”的发挥。自然可以理解为少作，为体；日用可以归于离利，为果；天然心可以阐释为不极端，为因。和宋代理学“存天理禁人欲”不同，王艮的“日用即道”主张人性的合理发挥，走的是不耽于二边的中道，这与禅宗的中庸思想不谋而合。即人欲的外显，如果过于彰显“贪”性，体现在工艺美术的创作上，就出现了求奇、求贵、求繁；另一方面，如果过于遏制人欲，也是不合理的，似乎有偏于“苦行”之嫌。在当下这个时代，最容易出现的还是过“贪”一边。民间的工艺美术创作，尤其是在当前，创作主体意识是相对比较薄弱的，一般都会随着市场的需求而转；而市场的目光，又会被产品所挟制或者限制，这就容易形成固步自封的瓶颈现象。在高校的创作群体中，还是可以看到这方面的一些可喜探索。

2012 年学院工艺美术类的活动中，最值得一提的是于 11 月 8 日开幕的“从洛桑到北京”第七届国际纤维艺术双年展暨学术研讨会（南通展年）。本届纤维展由清华大学美术学院、江苏省南通市人民政府、中国工艺美术学会纤维艺术专业委员会共同主办，南通国有置业集团承办。展览以“回归与超越”为主题，展出来自美国、英国、波兰、加拿大、意大利、瑞典、丹麦、德国、巴西、荷兰、澳大利亚、格鲁吉亚、韩国、日本等 37 个国家和地区，及来自清华大学美术学院、鲁迅美术学院、广州美术学院、南京艺术学院、天津美术学院、四川美术学院、西安美术学院、湖北美术学院、沈阳大学美术学院、吉林艺术学院、山东工艺美术学院、杭州师范大学美术学院、苏州工艺美术学院、辽宁经济职业技术学院、香港理工大学、台南大学等 80 余所综合大学艺术院校和职业技术高校，以及来自江浙地区、南通市工艺美术行业特邀参展作品，共 307 件作品齐聚南通，拥有三个展区 5000 余平方米的展示空间。祖籍南通的著名艺术家、教育家袁运甫先生也携其大型纤维艺术作品《喜马拉雅》参展。本届双年展为历届展览场地规模之最、参展国数量之最。

当代纤维艺术发源地是瑞士的洛桑，从 1962 年到 1995 年的 33 年时间里，洛桑双年展共举办了 15 届。1996 年洛桑双年展停办。2000 年，清华大学美术学院林乐成教授将国际纤维艺术展从瑞士洛桑带到中国北京，纤维艺术重新回归公共空间。时至今日，纤维艺术已在高等艺术院校中成为五大支柱学科之一。

此外，再举几例学院派的展览：

2012 年 12 月 5 日由中国美协主办、中国美协陶瓷艺术委员会承办的首届中国当代陶瓷艺术大展。展览地点在北京中华世纪坛，300 余件作品参展。集中并规模化地将陶艺作品进行高标准的检阅，建国以来尚属首次。

11 月 9 日至 12 月 9 日在中央美术学院美术馆举办的“十年·有声”当代国际首饰展。此次展览是当代首饰艺术家的作品第一次在中国以美术馆展览的形式集中亮相。展览邀请国际一线的首饰艺术家参展，包括德国、法国、荷兰等国的 24 位国际首饰艺术家参展。展览为中国当代首饰教育和当代首饰艺术与设计的发展提供引导，为当代首饰发展下一个十年沉淀认知。

---

① 梁愿《“百姓日用即道”与晚明本色论》，《文艺评论》2014 年第 2 期，P144－145。

3月3日至23日举办的“一玻一璃一世一界”当代玻璃艺术展，展览地点在上海市南京西路388号仙乐斯广场4楼苏冰艺术跨界工作室。艺术家高桥直树（日本）、安藤忠雄（日本）、史蒂芬温伯格（美国）、王沁（中国）参加此次展览。展览策展人为阮红杰，艺术总监为苏冰，视觉设计为NOVA品牌、朗图整合传播（上海）。日本玻璃大师高桥直树的创作理念在快乐与悠游的心境中寻找日本现代艺术作品与中国传统艺术形式的契合点。美国玻璃艺术家Steven Weinberg的作品体现了玻璃的光影交错的空间立体感和晶莹剔透的唯美意境。中国玻璃艺术家王沁尊重玻璃材料本身，与之对话，而使作品与玻璃的物性得到充分和谐。

3月26日由清华大学艺术与科学研究中心主办的“2012年第十二届全国纺织品设计大赛暨国际理论研讨会”，活动由中国工艺美术协会、中国家用纺织品行业协会、中国纺织服装教育学会、中国流行色协会、清华大学美术学院联合举办。此次活动以传统纺织文化为切入点，以“上善若水”为宗旨，倡导科学发展观，提倡自然、环保、人文。此次大赛规模比往届有所扩大，作品种类愈加丰富，体现出染织设计领域新一代设计师灵感的多元化和对传统的创新性。同期举办了2012年国际植物染织艺术展，展出了来自中国大陆、中国台湾、韩国、日本、美国、印度尼西亚、马来西亚、印度、非洲等国家与地区的近400件作品，展览持续至4月2日。国际理论研讨会于26下午和27日上午召开，来自美国、韩国、日本、马来西亚、印度尼西亚、中国大陆、中国台湾的植物染织专家发表了演讲。来自马来西亚的植物染织艺术家、世界手工艺理事会亚太地区分会副主席艾德瑞克也受邀参加了此次研讨会，并作了演说。

5月10日在上海春季艺术沙龙期间举办的国际新玻璃艺术展，这也是国际玻璃艺术家首次集体进入中国的艺术品市场。展览主席由组委会主席由英国普利茅斯大学美术学院院长Andrew Brewerton教授和中国轻工联合会日用玻璃协会理事长孟令彦先生担任，展览策展人由上海大学美术学院庄小蔚教授担任。展品包括70余位国内外玻璃艺术家携120多件作品亮相，如安东尼·勒彼里耶、基思·卡明斯、史蒂文·温伯格等世界级玻璃艺术家的作品。

2011年11月26日至2012年1月16日在北京798艺术区乔十光漆画馆举办的2012北京国际漆艺玩饰展。展品包括31位漆艺家的200余件精品，全部以大漆（天然漆）为主要材料，使用传统漆艺技法。作者中10位来自日本、1位来自德国、1位来自法国、19位来自中国各地。他们的作品包括漆首饰、漆服饰、漆佩饰；以及漆合、漆盘、漆箸（筷）、漆文房、香具、古琴等等。透射出不同的文化背景和不同的生活方式。展览试图从当代生活的视角，发觉漆与人类身体之间的亲密关系。

第三为企业主导的工艺美术活动等

工艺美术的实用性质决定了其最终归宿是通过市场走入生活。当企业或是相关机构站在艺术与市场结合的高度，开始考虑引导大众审美的问题时，由他们来组织艺术评奖活动是有一定益处的，这样使得比赛中的优胜作品可以在市场上较快地转化为生产对象，而迅速地融入艺术产业、文化产业的良性循环中。

首先要提到的是于2012年底结束的2012法蓝瓷陶瓷设计大赛，这也是第六届法蓝瓷陶瓷设计大赛。本届设计大赛由中国艺术研究院、台湾师范大学、台湾亚太文化创意产业协会共同主办，大赛主题为“觉”，强调“以瓷载灵、以瓷载心”。来自荷兰的设计学院Design Academy Eindhoven、与大陆、台湾、香港等各地总计四百多支队伍报名参加比赛。参赛作品跨出了刻板印象中瓷大量使用于餐具的局限，跨入空间与应用领域，与竹、木头、金属、织品等材质结合，创作出壁饰、灯具、时钟、枕头等令人意想不到的作品。展览给的另外一个提示是，好创意之外，还要注意市场营销，二者结合才能真正做到文化创意产业。清华大学美术学院陶瓷艺术设计系女生武超设计的作品《游灵》获金奖。此次活动台湾亚太文化创意产业协会的参与决定了其与市场对接的便宜性。法蓝瓷陶瓷设计大赛体现了少数企业的市场远瞻能力以及人文、美学方面的提升的要求，也是我们十分愿意看到的。

博览会、交易会之类的展会类活动一直是工艺美术走进市场、走入人们生活的一个方便方式，也是目前主要的方式。比如5月10日由中国民协、安徽省文联等主办的2012中国民间工艺品博览会，以及3月29日在扬州开幕的“第47届全国工艺品交易会”等等。

此外，2012年的工艺美术国际交流和学术活动也比较活跃，列举两例作为代表：1月31日由日中友好会馆和中国美术馆联合主办、中国驻日使馆及日中友好七团体为展览做后援的“山花烂漫——中国贵州蜡染展”在日本东京开幕。此次参展的60件蜡染艺术作品从中国美术馆收藏的400余件贵州蜡染作品中精选而出，涵盖了贵州著名的蜡染产地，反应了贵州蜡染艺术的多彩风貌。3月2日至20日，在泰国宋卡王子大学普吉分校举办的“一花一世界——上海大学手工艺术展”，展览遴选上海大学公共艺术技术实验教学中心11位师生以花草为题材的30件手工艺术作品参展。

结语

综上所述，2012年的工艺美术在各界的共同参与和推动下，可以说是一如既往的热闹。但是，我们期待的应该不仅仅是热闹而已，而是希望有愈来愈多契合日用的、兼具手作之美和自然率性之美的工艺美术品走入我们的视野和生活，依此得以处处感知王艮所说“百姓日用条理处，即是圣人之条理处”。也期待未来的工艺美术事业与产业在政府与各界的共同努力下健康前行。

丛玲玲　中国艺术研究院《中国艺术年鉴》编辑部

专题

中国当代工艺美术双年展

【概况】

2012 年 4 月 16 日，由中国艺术研究院·中国非物质文化遗产保护中心主办，中国国家博物馆、中国艺术研究院中国工艺美术馆承办的 2012 年“中国当代工艺美术双年展”在北京中国国家博物馆开幕。中宣部副部长翟卫华，文化部副部长王文章，全国妇联副主席、书记处书记赵东花和中国轻工业联合会名誉会长、全国政协常委潘蓓蕾等出席开幕式。

此次双年展展期为 4 月 17 日至 5 月 6 日，展出面积 11820 平方米，汇集了全国各主要产区、主要流派和主要门类的工艺美术精品佳作及中国工艺美术馆的部分馆藏珍品，总计近 1000 件，涉及玉雕、牙雕、石雕、木雕、陶瓷、金属工艺、漆器、刺绣、织染和传统工艺家具等。

本次展览作品展示与学术研讨、奖项评选同时进行。研讨会邀请国内工艺美术领域的专家与学者，围绕推动工艺美术批评、促进艺术创作繁荣与发展等主题展开深入的讨论与交流，组委会还组织专家对参展作品进行评奖。

来自中宣部、文化部、全国妇联、中国轻工业联合会和中国国家博物馆、中国艺术研究院的相关负责人，来自中国工艺美术学会、全国各地工艺美术行业协会、中国社科院、北京大学、清华大学等单位的专家学者和艺术家，以及各界来宾近千人参加了开幕式。

【观点】 工艺美术： 立足当代， 推进传承
——由中国当代工艺美术双年展谈

◎吕品田　邱春林　吴元新

检阅成果，也检视问题（吕品田）

中国工艺美术是中华艺术的重要组成，也是珍贵的非物质文化遗产。从 20 世纪 50 年代到 80 年代初，计划经济体制下的工艺美术为新中国的现代化建设立下过汗马功劳。80 年代中期以来，随着中国现代工业体系的完善和强化，工艺美术行业不断转型转制并形成以民营企业和个体作坊为主体的新格局。这种契合手工生产规律的格局变化，解放了工艺美术的生产力，促进了工艺美术创作的繁荣。广大工艺美术家在继承传统技艺的基础上开拓创新，创作了一大批反映时代精神、体现高端水平的精品力作，形成工艺美术领域百花齐放、欣欣向荣的生动局面。高度繁荣和快速发展的当代工艺美术现实，迫切需要一种制度性展览，以期形成全面检阅成果、及时总结经验、大力表彰优秀的常态机制，推动和引领工艺美术持续健康地向前发展。举办中国当代工艺美术双年展，正缘自这种现实需要。

从参展作品来看，当代工艺美术创作呈现贴近时代生活的诸多变化，艺术面貌具有鲜明的时代感。由于工具的改进和现代技术的运用，当代工艺美术的工艺制作水平整体上有大幅度的提高，许多与工艺技术关系密切的表现形式明显地得到了工具和技术的支持。在材料选择方面，当代工艺美术也有了更大的空间，丰富的材料种类不仅增进了工艺美术形态的丰富性，也扩展了传统技艺施展的空间。题材表现也在大幅度地拓展，许多当代社会生活现象和新生事物被工艺美术家所关注，成为工艺美术的表现对象，就习惯于传统题材表现的工艺美术创作而言，这不能不说是个巨大的变化。另外，基于工具、材料和题材等方面的变化，当代工艺美术更以精湛的制作工艺、宏大的体量形制以及缤纷的形式元素的交融

整合，呈现整体取向和风格面貌上的时代性变化。

在不断加快的现代化进程中，在以规模求发展、以批量求效益、以科技求产能的现代市场经济环境中，当代工艺美术创作不免受到干扰性的影响。以量取胜以致粗制滥造，重工轻艺以致一味堆砌，炫耀浮夸以致刻意求大，作风失范以致品格下滑，创新失度以致文脉紊乱……都是违背工艺美术创作规律的一些问题表现。通过本次展览，我们既检阅成果，同时也检视问题，探讨进一步激发工艺美术创造活力、提高工艺美术创作水平的途径。

中国当代工艺美术双年展，是对近年来我国工艺美术创作成果的集中展示。它有助于广大观众提高对工艺美术作为中华非物质文化遗产的独特性和精粹性的认识，激发人们的保护意识，也有助于通过优秀作品所呈现的价值取向和艺术作风，对当代工艺美术创作起到一定的启迪和引领，从而促进工艺美术的健康发展。

创新需要制随时变（邱春林）

文化，作为综合国力竞争的重要因素和社会经济发展的重要支撑，它既是软实力，也是硬实力。文化要大发展、大繁荣，当代工艺美术势必也要迎来发展的高峰。如何衡量其发展水平？关键是看当今的作品是否具有这个时代独特的创造性。一个时代的独特创造性一方面体现在工艺革新上，新工艺、新材料、新技巧当然是创新能力的具体体现；另一方面可能更重要，就是当代的作品要准确传递出这个时代的精神价值。优秀的工艺美术品既要传播中华文化的主流价值取向，又要敏锐地涵容当代审美新风。墨守成规不是真正的继承，一味追求新、奇、大，也不是真正的创新。我们要鼓励广大工艺美术工作者提高修养，深入生活，触发激情，以新颖而动人的艺术形式，创作出思想性、艺术性、观赏性相统一，人民喜闻乐见的时代精品。

即使是实用性较强的工艺美术品，也要努力突出这个时代独特的创造性。今日之用有别于昨天之用，因为社会在变迁，生活方式在改变，人们的物质和文化需求日新月异，日用器皿的功能、形制甚至质地也要随之变化。《天工开物》说得好："制随时变"，这是亘古不变的道理。工艺美术就是要紧跟时代的变化而变化，当代工艺美术要突出当代人的创造性。

培育"第二代"刻不容缓（吴元新）

两年前，我承担了清华大学艺术与科学研究中心的《中国蓝印花布传承人调研》课题，在调研中，我发现原本遍布全国各个乡镇的蓝印花布印染技艺，如今技艺传承人数已不足30人，且传承人的平均年龄在50岁以上，蓝印花布技艺传承已面临濒危的境地，培养传承人的工作迫在眉睫。

"开展传承活动、培养后继人才"是非遗法规定的传承人的首要义务，也是我们中国工艺美术大师的职责所在。3年来，我利用收集蓝印花布及承担国家重点图书《中国传统民间印染技艺》调研的机会，走访了山东、浙江、湖南、上海、贵州等地，就工艺美术和非物质文化遗产做了相关调研，采访了百余名国家级、省级非物质文化遗产传承人，了解了传承人的培养情况，老实说，情况不容乐观。据调查，首批国家级非遗传承人平均年龄已达69.7岁，面临着最现实的传承问题。

传承人的培养目前主要是子女传承和徒弟传承。很多项目由于学习的周期长、收益低、条件艰苦而少人问津，有一些则因为年龄、性别等特殊情况使得子女不适合从事祖辈技艺，传承由此遭遇断层。调查发现，目前技艺的传承53%是以家族式的模式，47%是师徒传承的模式。二代传承人的平均年龄为32.4岁，所掌握的技艺水平参差不齐。

在调研中发现传承的情况普遍存在如下的问题：一是各级文化机构对二代传承人的培训机制还不完善，偏重对国家非遗项目的申报，对于项目的保护、二代传承人培养等问题没有切实可行的政策措施。二是部分非遗技艺的精髓不能得到持续完整的传承。传承人对其经过艰苦传承下来的技艺有强烈的情感，有的传承人教授徒弟技艺时，有所保留，未将最完整最关键的步骤传授给徒弟。三是对技艺学习的进度没有确定的安排。往往在二代传承人还未学得技艺精髓时，老一辈的传承人过世，口传心授的过程不得不终止。四是部分二代传承人对传承目的和意义的认识不正确。他们凭自己的偏好和主观判断，急功近利，偏离了技艺传承的核心，影响了原真性的保护和传承。

因此，构建切实的二代传承人的培育机制迫在眉睫。首先，各级文化部门应针对性地做好青年工艺家的培训工作，不断提升年轻工艺家的综合素质。其次，可以通过有效的激励机制，对传承做得较好的二代传承人激励褒奖，设立年轻工艺家和传承人的展览、评比工作，建立中青年传承人论坛机制等，以促进更多的二代传承人迅速成长、成才。再次，要构建长效的发展机制。对学徒本身综合素质、技艺水平、社会责任感等都要长期培养，定期培训，这样才能使项目得到持续的传承。

当代工艺美术的发展和非物质文化遗产的传承，关键都在于以人为载体，因此传承人的保护和培养至关重要。无论是哪种传承模式，都要强化二代传承人文化传承的意识，重视二代传承人的培育工作，才能使当代工艺美术的艺术水准得以提升。

摘自《人民日报》2012 年 5 月 18 日

【观点】 工艺美术双年展上的两组词

◎云 菲

“每个展厅我都看了一下，相当精彩，总是让人兴奋。”2012 年 4 月 17 日至 5 月 6 日，由中国艺术研究院·中国非物质文化遗产保护中心主办，中国国家博物馆、中国艺术研究院中国工艺美术馆承办的 2012 年中国当代工艺美术双年展，让原中央工艺美术学院院长常沙娜难掩喜悦。在中国国家博物馆提供的 11820 平方米的泱泱 8 个展厅中，汇集了全国各主要产区、主要流派和主要门类的精品佳作及中国工艺美术馆的部分馆藏珍品，涉及玉雕、牙雕、石雕、木雕、陶瓷、金属工艺、漆器、刺绣、织染和传统工艺家具等，总计约 1000 件。作为工艺美术行业的国家级制度性展览，其展示规模、艺术品质和展览形式可谓首屈一指，尤其展品工艺精湛、形质兼美、品味高雅、特色鲜明，有着浓郁的时代特色、深厚的文化底蕴、生动的原创精神，展现出参展艺术家的灵心巧手与深厚积淀，以及推陈出新、继往开来的信心与力量。正如文化部副部长、中国艺术研究院院长王文章所言，这些细微的技艺构成了中国工艺美术传统非常丰富的内涵。纵观展场，记者觉得有两组词屡被业界提及，处理好它们之间的关系对于中国工艺美术事业的发展至关重要。

“匠气”与“学院派”

这是一个大师云集、精品荟萃的盛大场景。来自江苏的工艺美术大师张美芳，从事刺绣技艺 40 多年，刺绣有很多具体的针法、技法，都是经过多年实践经验总结提升并由老一辈传下来的优秀技艺，但她坦言，刺绣的时候都是一针一线从微观开始到宏观表现，有时只注意到微观、局部的细节，而忽视了整体效果。她至今还记得 20 世纪七八十年代每当有展览会，“学院派”带回来的信息就是：你们这个刺绣太匠气，有工匠味。“当时有一点不服气，觉得作品不是照样能够卖掉，为什么说我们这个不好那个不好。但是随着自己不断学习积累，新的知识对我们的冲击，觉得以往比较重视工，就是表现针法、技法，而忽视了艺，而这个艺跟我们自身的文化构成、艺术素养的差距有关。”

工艺美术发挥师徒传承的优势，创作的成功首先是技术上的成功，但工艺美术师们对于过分强调技艺有可能走到匠人那个方面去的担心始终存在。

“这方面靠艺人自身很难揪着自己的头发上天。”中国艺术研究院研究员王海霞对展览中很多设计师和工艺师结合而催生出的作品十分感兴趣，“现在中央美术学院一直坚持非遗进校园，确实得到了很好的结果，学生直接学到了传统的技艺，他们是非常活跃的一代，自然把学到的技艺应用到创作中，据说学生设计的作品 90% 以上都被企业买走了”。

其实，“匠”字并非贬义，还有着苦心经营、精心推敲的意思。清华大学美术学院教授陈若菊说自己年纪大了学拉坯，怎么也把不正，上来总是歪歪扭扭，当地的一位师傅拉坯技术非常好，5 分钟就把这个技术搞定了，“所以如果搞技艺的话就向这些人学习，他把技术传给我，而我会把我的一些主张、体会和设计样式传达给他，这样配合起来才能强大”。

“自由”与“束缚”

展览现场，清华大学美术学院教授张守智观察到，在宜兴紫砂和龙泉青瓷的展柜中，父亲的作品旁边就是儿子的作品，“父辈技艺承传得非常好，但下一辈作品的风格也确有新意，有一个刻画着一条龙的青瓷盘，底角做得像刀片一样薄，一看就是年轻人的作品”。此次大展，除了诸多国家级、省级工艺美术大师、非遗传承人有力作参展外，很多优秀的中青年艺术家也积极响应，于是，继承和创新的矛盾问题自然托出。

“创新方面出现了一些求大求奇的现象，这个奇就是作品怪异，很难理喻。”在中国工艺美术大师李春珂看来，不能为了创新而创新，传承没有做到位，创新也不可能做到位。

改革开放以后，中国工艺美术发展到了又一个新高潮，工艺美术家的创作自由度大大提升，对应的市场已经成形，但也导致商业和经济法则超越艺术法则的情况屡见不鲜。有些工艺美术师首先考虑的是要做成什么样、顾客喜不喜欢、做多大、做什么题材能够最大限度获得文化附加值，也就是利益。在这些条条框框的束缚下，中国艺术研究院工艺研究所副所长邱春林指出，当今工艺美术作品复古风、抄袭风盛兴，把古代的东西、传统文化，尤其是民俗的，还有吉祥文化的内容瞎拼凑的现象较为普遍。“我回顾了多年来工艺美术创作的题材，《清明上河图》在全国很多工艺门类中都有出现，另外一个时期又出现了唐卡的创作高潮。”广东工艺美术大师杨坚平的一席话也对此给予了印证。

“西方知名品牌有相当多都是从手工发展起来的，他们如何能够做大？能够在今天市场经济中既能保持文化品牌，同时影响力也会超越本地域和本民族？”清华大学美术学院教授杭间的发问，引来中国艺术研究院中国工艺美术馆馆长吕品田的应和：“现在很多人把时代需要理解为老板要求。然而，时代需要我们不仅要把握每一个人的具体需要，还要有一个更大的眼光——时代、社会、公众对工艺美术发展的诉求。”

摘自《中国艺术报》2012年5月2日

【观点】工艺美术业：在守望与突围之间

◎金　晶

正在国家博物馆举行的“中国当代工艺美术双年展”，让人们把目光再次聚焦到工美行业。近几年，工艺美术已成为各地文化产业的重要组成部分，全国工艺品生产和出口量整体呈快升趋势。工艺美术如何借力市场加快发展？如何在经济效益和艺术追求之间求得平衡？记者这些问题走进了国家博物馆。

近年来，我国非物质文化遗产保护事业的发展也对工艺美术的发展起到了提升和促进作用。部分民间工艺美术技艺已上升到非物质文化遗产内容范畴，对于工艺美术保护的内容也已列入《中华人民共和国非物质文化遗产法》中。这些都为工艺美术的发展创造了一个良好环境。

抓住“本”和“根”

工美作品的魅力在于蕴含其中的文化因素，而文化会随着时代不断丰富和改变。今天的市场，最缺的是代表当今文明成果的作品。把传统技艺与新时代的文化内涵融为一体，已经是众多工美大师的共识和努力方向。

“明有奇巧人曰王叔远，能以径寸之木为宫室、器皿、人物，以至鸟兽、木石，罔不因形，各具情态。”《核舟记》首句中的“奇巧”二字，已然概括出工美作品的主要特点。但对艺美术业的长远发展而言，仅凭精湛的技艺已远远不够，“技能为根，文化为本”的理念正得到越来越多的认同。

邱春林说，“工艺美术的本质是工艺与文化的融合，但文化是灵魂、是尺度。它作为尺括艺术尺度，还有道德尺度”。清华大学美术学院张夫也说，“细微的技艺构成了传统工艺美常丰富的内涵。人们赞叹工艺美术的‘技艺之美’，表达了对技艺的欣赏、赞赏和叹服。然技术的提升是有限的，艺术修养的提升更为重要，却很难在短期内达到。”此外，在玉雕、等“因材施艺”的领域，原料资源已呈减少趋势，节约而用愈发重要。众多大师疾呼，“千防工美作品‘以大取胜’之风”，以免造成原料的浪费。

自20世纪60年代便开始从事刺绣的张美芳，如今已是中国工艺美术学会刺绣专业委员长及苏州艺术创新中心主任兼艺术总监。快人快语的她讲述了自己过往的经历，“记得上世纪八十年代，我们参加了一些展览会，‘学院派’老是评价说我们的刺绣太‘匠气’”，就是有工匠此话她当时听来有些不服气，因为“匠气”作品做出来照样能卖掉。“后来随着不断学习积我们也意识到，之前确实比较重视‘工’，即针法、技法等，而忽视了‘艺’。这个‘艺’正们的文化构成、艺术素养有关。”几十年来不断提升自身文化修养，并融入刺绣作品的创作张美芳如今在刺绣领域已堪称大师，作品精妙，让人叹为观止。

文化部副部长、中国艺术研究院院长、中国非物质文化遗产保护中心主任王文章说，“还会制定相关政策支持工艺美术业发展，包括加强知识产权的保护、加大资金支持，以及帮助工艺美术家传承技艺等。”

做实“传”和“创”

“传承与创新”已成为工艺美术界一项常设的主题。无论是掌握传统工艺，还是开发新艺，抑或提高将传统转化为时尚的能力，工美行业的发展归根结底还是要落到提高对自身的要求及对行业规律的把握上。

在此次双年展期间举办的研讨会上，“传承与创新”成为与会数十位工艺美术大师及一线从业人员讨论的主要议题之一。从他们的话语中，记者可以感受到那种负责前行的力量。有着千年历史的钧窑，陶工创造了在铁的元素里面先还原出铜，让它出现红色的方法。而真原理，是改革开放后科学家们利用现代的陶瓷仪器找到的。清华大学美术学院陶瓷艺术系教授张守智认为，工艺美术的传承、创新需要坚持科学发展观科学的视角进行解读，在了解其工艺原理的基础上遵守工艺规律，在发展中保持特点。

“当下的氛围是大家都愿意听好话，不愿听批评。”广东省工艺美术师杨坚平认为，工艺美术的艺术批评目前落后于艺术创造，传承和创新需要引入更多的批评机制。提倡正确的审美既谈成绩、也谈问题，通过对工美作品正确的认知和评析，推动行业创作的进步和提高。

此外，“传承需扎实苦练”、“创新要有生活”、“创新要创出品牌”……研讨会上，话题关注点虽不尽相同，但对于传承与创新重要性的认知却始终不变。根据中国工艺美术大师、国家级非物质文化遗产传承人吴元新对非物质文化遗产二代传承的调研，首批国家级非遗传承人目前平均年龄已达69.7岁，需要面对最现实的传承问题。王文章在研讨会上提出，“工艺美术人才的培养已经成为当下头等重要的工作，需要建设一支与当济发展相适应的人才队伍。其中，民间的、少数民族的工艺美术传承和创新也十分重要。”

突出“精”和“妙”

陈列浮雕、家居摆设、服饰挂件……在社会生活多个领域，工艺美术作品日益受到人们青睐。随着人们欣赏水平不断提升，工艺美术作品的消费层面也在不断扩展。要想赢得越来越大的市场，先要赢得越来越“懂行”的消费者。

采用我国玉器艺术传统的套料工艺，集圆雕、深浅浮雕、镂空雕于一体，碧绿晶莹、灿目——国博里，作为本次双年展的“重头戏”之一、由中国工艺美术馆收藏的国宝级翡翠玉雕香聚瑞”球形花薰吸引了众多目光。

对于许多观众来说，双年展是一次难得的体验。这场展出面积约11820平方米的大展，展示了我国各主要产区、主要流派和主要门类的精品佳作及中国工艺美术馆的部分馆藏珍品，总达1000余件，涉及玉雕、牙雕、石雕、木雕、陶瓷、金属工艺、漆器、刺绣、织染和传统工具等多种类别，具体有西番莲琴台、蕉叶纹兽耳瓶、瓯江彩鲤太白尊、墨玉嵌金镶宝石福寿大瓶等等。

“这正是工艺美术的魅力所在。”国家级非物质文化遗产项目（雕漆技艺）代表性传承人文乾刚感慨到。他认为，工艺美术发展的品类将是多元化的，“比如大型作品并不是要每个人有，而是一种公共陈列的艺术作品。举办双年展，可以让更多的人走近工艺美术，渐渐懂得去欣赏工美作品。”

在大量作品涌现的当下，时代和公众对工艺美术的要求也日益提高。中国艺术研究院工艺美术研究所副所长邱春林指出：“眼下工艺美术品收藏虽然风生水起，但不能用工美作品的价格指代艺术价值的判断。电视台也上了很多收藏节目，但仍需真正的审美品鉴。我们这个时代的标准还很模糊。”

“按照我国现在的发展需要，工艺美术品需进一步做好分类。”我国著名设计艺术家、工艺美术教育家常沙娜建议：“即便是体量小、材质不同、便宜的旅游纪念品，也可在造型、颜色、纹饰上下功夫，做得精致些。”

摘自《经济日报》2012年5月3日

“从洛桑到北京” 第七届国际纤维艺术双年展暨学术研讨会

【展览】

2012年11月8日，由清华大学美术学院、江苏省南通市人民政府、中国工艺美术学会纤维艺术专业委员会共同主办，南通国有置业集团承办的“从洛桑到北京”第七届国际纤维艺术双年展暨学术研讨会（南通展年）在江苏省南通市唐闸中国近代工业遗存保护区举行开幕式。

本次展览以“回归与超越”为主题，展出来自美国、英国、波兰、加拿大、意大利、瑞典、丹麦、德国、巴西、荷兰、澳大利亚、格鲁吉亚、韩国、日本等37个国家和地区，及来自清华大学美术学院、鲁迅美术学院、广州美术学院、南京艺术学院、天津美术学院、四川美术学院、西安美术学院、湖北美术学院、沈阳大学美术学院、吉林艺术学院、山东工艺美术学院、杭州师范大学美术学院、苏州工艺美术学院、辽宁经济职业技术学院、香港理工大学、台南大学等80余所综合大学艺术院校和职业技术高校，以及来自江浙地区、南通市工艺美术行业的特邀参展作品，共307件作品齐聚南通，展示空间分为三个展区共5000余平方米。祖籍南通的著名艺术家、教育家袁运甫先生也携其大型纤维艺术作品《喜马拉雅》参展。南通本地参展作品16件。

当代纤维艺术发源地是瑞士的洛桑，从1962年到1995年的33年时间里，洛桑双年展共举办了15届。1996年洛桑双年展停办。

2000年，清华大学美术学院林乐成教授将国际纤维艺术展从瑞士洛桑带到中国北京，纤维艺术重新回归公共空间。本届双年展为历届展览场地规模之最、参展国数量之最。

本届双年展在江苏南通举行有着深刻的历史意义。中国人最早的自办纱厂诞生在江苏南通，中国近代第一家纱厂“大生纱丝厂”由中国近代实业第一人张謇建立，于1895年正式开机生产。南通市人民政府立足于当地百年纺织文化传统，建立了中国纤维艺术与手工文化创意产业园区，促进其民族文化产业的新发展、新繁荣。选择在南通举办新一届的国际纤维艺术双年展既是对中国纤维艺术、民族纤维企业的“百年回归”，亦是中国纤维艺术产业化、民族化、国际化发展新篇章的“世纪开幕”。

【研讨会】

本届双年展学术研讨会于2012年11月9日下午2时到4时在南通唐闸中国近代工业遗存保护区礼堂举行，中国工艺美术学会纤维艺术专业委员会秘书长、北京电影学院副院长尼跃红教授担任本次研讨会的策划和主持工作。本次研讨会改变了以往演讲式的做法，采用嘉宾分组讨论的方式。参与讨论的嘉宾由本届双年展评审委员组成。根据讨论的主题，分为上下两个半场，分别由清华大学美术学院艺术史论系主任张夫也教授和中国装饰杂志社主编方晓风教授担任主持人。

上半场的嘉宾有评委会主席琼·舒尔茨（美国），委员张英兰（韩国）、福本繁树（日本）、莫妮卡·凯米莱斯卡·莱曼（波兰）、爱娃·莱考斯基·塞斯卡（波兰）。大家围绕“当代纤维艺术的发展趋势”各抒己见。福本繁树先生指出：“日本纤维艺术没有中国发展得好，因为日本主要致力于保护传统，而忽略创新。因此当代纤维艺术的发展，一方面要守护传统，另一方面要拓进，即在传统的基础上创新。”爱娃女士则首先肯定了在中国举办国际纤维展的包容性，允许来自不同国家的艺术家参展，并且向着共同的目标迈进，不分你我。同时她强调：“应该尊重艺术家的想法，给予艺术家充分的自由。尤其要保护青年艺术家，以及他们尚处在幼稚期的想法。但最重要的是，纤维艺术永远是艺术，应该先艺术，再纤维。”而莫妮卡女士则对爱娃的想法加以补充：“我们要制造一种艺术，一种以纤维艺术为基础的艺术。”张英兰女士则谈了自己从第三届到第七届担任了4届评审委员的感受，她认为展览规模越来越大，参展作品水平越来越高，参展作品的种类和面貌也越来越丰富。最后，舒尔茨不无幽默地说道：“如今，人人都想成为纤维艺术家，愿我们的队伍越来越壮大。”

下半场的嘉宾有评审委员刘光文（格鲁吉亚），利兹·威廉姆斯（澳大利亚）、德伯拉·考西尼（美国）、南希·科兹考斯基（美国）以及中国著名丝绸设计艺术家、清华大学美术学院秦岱华教授。讨论的话题集中针对本届双年展的评价。刘光文女士提出：“评价作品始终要以艺术为标准，而不能以技术为标准，如果作品匠气太重，艺术水准就会下降。评审应该有一定的标准，不能仅靠评委的个人趣味，这样的评审结果才更有引导意义。”澳大利亚新南威尔士大学艺术系主任利兹教授同样认为：评判的前提应是当代的、且属于纤维的艺术作品，应建立当代纤维艺术的评判和批评标准。美国圣何塞纺织艺术博物馆馆长德伯拉女士则认为：“纤维艺术作为艺术的分支，相对于繁杂的当代艺术，具有手工艺和传统的特色，相比更加纯粹，我们应该思考如何保护和发展纤维艺术。”南希女士则从艺术史的角度说道：“当代越来越多的艺术媒介的出现是一种非常好的现象。纤维艺术家要思考如何改变物质的结构，如何改变人们思考艺术史的方法，比如1895园区虽然都是工业老厂房，但纤维艺术改变了它的面貌。”秦岱华女士作为中国艺术家强调：“中国改革开放30年后的今天，正是中国文化复兴的时机，我们不仅要吸收世界优秀艺术的养分，更应该梳理、思考自己的传统，因为我们有太多的文化资源可以借鉴。因此，艺术家应该回观自己的艺术，回归内心，有自己的文化立场，这样纤维艺术的前景会更好。”随后，大家一起探讨了关于纤维艺术在公共空间的应用问题。

【评奖】

2012年11月9日下午4时30分，“从洛桑到北京”第七届国际纤维艺术双年展颁奖典礼在银光大剧院举行。

本届双年展由于百年巨匠文化设计研究中心主任刘一峰资助，设立了从洛桑到北京——国际纤维艺术双年展基金，在国际纤维艺术双年展历史上第一次为获奖者颁发奖金。参展作品307件，其中参评作品284件，经过评审委员会的评审，评选出金奖1件、银奖2件、铜奖3件、优秀奖68件，获奖作品共计77件。洪兴宇、丁剑欣作品《荷韵》获得金奖，郑丹作品《织晓》和草间喆雄（Kusama Tetsuo 日本）作品《破晓-1（Dawn-1）》获得银奖，马韫慧作品《毛衣》、李大鹏作品《家园》、哀警卫作品《乌镇印象》、路易斯·莱米克斯·博鲁伯（Louise Lemieux Berube，加拿大）作品《乔（Joe）》、李在京（Jae Kyung Lee，韩国）作品《挂毯1-3（Tapestry 1-3）》、王建作品《子曰》获得铜奖。来自日本、韩国、波兰、格鲁吉亚、美国、英国、拉脱维亚、加拿大、澳大利亚、瑞士、丹麦、匈牙利、芬兰、中国等68件作品获得优秀奖。

为了体现评审的公正、公平，本届双年展评委会由11名评委组成，其中只有一名中国评委，全部作品采用隐名评审方式。所有评委以及为评审提供服务的组委会工作人员的作品，均不参加评奖。在77件获奖作品中，中国的作品占获奖作品总数的65%，这说明中国作者的创作水平正在迅速提高，与国外艺术家的差距正在逐渐缩小。

经中国工艺美术学会纤维艺术专业委员会讨论通过，自本届双年展起，设立“从洛桑到北京”国际纤维艺术成就奖。本届展览评委会主席、美国知名艺术活动家、清华大学美术学院特聘教授琼·舒尔茨（Joan Schulze），本届双年展评审委员、格鲁吉亚中格友好协会主席、亚非学院教授刘光文，日本著名纤维艺术家、多摩美术大学教授渡部裕子获得“从洛桑到北京”国际纤维艺术成就奖。同时，自本届双年展起，为担任评审委员的艺术家设立“特别奖”。美国新墨西哥州纤维艺术家协会主席南希·科兹考斯基（Nancy Kozikowski），澳大利亚新南威尔士大学艺术系主任利兹·威廉姆斯（Liz Williamson），波兰知名纤维艺术家莫妮卡·凯米莱斯卡·莱曼（Monique Chmielewska Lehman），波兰洛兹美术学院教授、清华大学美术学院特聘教爱娃·莱考斯基·塞斯卡（Eva Latkowska－Zychska），波兰知名纤维艺术家、洛兹美术学院教授华洛戴克·塞根（Wlodzimierz Cygan），日本知名纤维艺术家、大阪大学教授久保田繁雄（Kubota Shigeo），日本著名纤维艺术家、大阪艺术大学教授福本繁树（Fukumoto Shigeki），韩国著名纤维艺术家、水原大学艺术学院教授张英兰（Chang Young－Ran），韩国著名纤维艺术家、弘益大学艺术系主任郑璟娟（Chung Kyoung Yeon），中国服装协会主席、清华大学美术学院教授李当岐获得“从洛桑到北京”第七届国际纤维艺术双年展特别奖。

总策展人邓林女士代表展览主办方做了简短发言，表达了“对所有付出劳动的艺术家”和“为国际纤维艺术双年展付出劳动的人”的感激，并对此次展览给予了高度评价。

【观点】董雅教授谈第七届国际纤维艺术双年展

国际纤维艺术双年展从2000年开始至今走过了12年，已经成为世界最大、学术性最强、参与人数最多的国际纤维艺术展，当今纤维艺术的发展所呈现的特点或趋势，我认为有以下几点：

一、由以往平面的壁挂概念逐渐演变成了空间的概念。展示更加注重空间的分割、照明的配合、参观流线的设计，人们在走动的过程中就可以体会到丰富的变化。纤维艺术的展示与环境艺术、空间艺术相结合是一种艺术升华。

二、在不同的城市办展，有利于纤维艺术的传播和普及。至今纤维展已经在北京、上海、苏州、郑州、南通5个城市举办了7届，其影响在全国范围内迅速扩大，纤维艺术世界巡展也早已从北美、东欧行至南美，因此展览可以逐渐走出国门，到世界其它城市举办。

三、在每一个区域的展出，都对当地的大众文化产生积极的影响。我在展览现场看到一家退休的老人看展，并动手参与制作、体验，广泛的大众参与使这个展览更成为一种文化性活动。因此，纤维艺术亦是公共的艺术、普及的艺术。

四、来自37个国家和地区的300余位艺术家参展，他们来自不同的文化背景，有着不同的艺术表现语言，呈现一种文化对话和交融的态势。令我印象深刻的是一位美国艺术家南希的作品，她的作品表现的都是东方主题，如彩陶、汉代纹样，东方元素对她影响很大，足见文化与展览的包容性和传播性。纤维艺术正是这样一种质朴又高雅的艺术，因此能在国内外产生巨大的、深远的影响。

五、纤维艺术是一种大众性的艺术。在展览评选中，我们发现没有经过艺术专业训练的作者也能够获奖，他们可能是刺绣艺人、手工业者，甚至是工程师、律师，乃至公务员。纤维艺术是一种社会艺术，与人们生活密切相关，它有着广泛的群众基础，因此才能焕发如此强大的生命力。

因此，纤维艺术发展至今，已经成为一门环境艺术、空间艺术、公共艺术、社会艺术、大众艺术、普及艺术，真正做到了既传统又时尚，既高雅又通俗，既专业又综合，面向国际、面向社会、面向大众，上接传统、下接行业，进行着不断自我超越的发展与进步。

董雅　天津大学建筑学院教授、博士生导师，
中国艺术研究院客座教授、博士生导师，
教育部高等学校艺术类专业教学指导委员会委员

摘自艺术中国2012年11月22日

【观点】“中国风”弥漫的国际纤维艺术双年展

◎展　菲

斑驳的墙壁，发黑的木柱，仿佛还能嗅到一百多年前机器轰鸣的气息。婆娑的阳光透过高高的玻璃窗，投射到一件件具有灵性的现代纤维作品上。这里是第7届“从洛桑到北京”国际纤维艺术双年展的举办地——有着百年历史的南通唐闸中国近代工业遗存保护区的古老的厂房。在这里，古老的历史气息和现代艺术的灵动碰撞出美妙的火花。自从瑞士的洛桑双年展停办后，现代纤维艺术就失去了活动的大舞台，“从洛桑到北京”国际纤维艺术双年展的开办，重新燃起现代纤维艺术的火花，把纤维艺术的大舞台从欧洲转向了中国，从此，中国在世界纤维艺术的舞台上扮演了重要的角色，中国现代纤维艺术通过这个展览上走向世界，“中国风”逐渐在双年展中蔓延开来。

此次双年展上，不仅中国艺术家对“中国风”情有独钟，外国艺术家也开始尝试“中国风”的作品创作。如果说中国艺术家表现“中国风”是一种民族的情愫，那么外国艺术家就是对中国文化的崇敬和认可。这也表明着“从洛桑到北京”国际纤维艺术双年展作为纤维艺术的大舞台，不仅担负着展示纤维艺术的风采的责任，也让全世界的艺术家都开始认识到，具有中国特色的艺术正逐渐走向世界艺术的大舞台。因为，各国艺术家们开始尝试“中国风”创作而乐此不疲。

在题材上，“中国风”体现得淋漓尽致。金奖作品洪兴宇、丁剑欣的《荷韵》就是二者的完美结合，不仅表现内容是中国画中的荷花，而且表现手法也是中国传统的刺绣——卞绣。秦东的《云·水·气》用简洁的形象表现了中国传统的哲学思想，或动、或静、或空、或幻，此消彼长、瞬息万变、意蕴丰富。姜绶祥、苑国祥和杨妍丽合作的《亏·盈·长》，不仅名字极具中国特色，而且图案也用了中国传统图案作为装饰。于丽敏的《五蕴》表现的是佛教文化，中间部分为各种佛教的手势，周围装饰以各种佛像的形象。梁雪芳的刺绣作品《荷韵》，只用黑白二色描绘了残荷及其倒影的景色，极具意境之美。工艺是传统的，画面却极其简洁，意蕴传神，又具有现代的气息。

陈炯的《溪山行旅图》是一件立体的装置作品，四个前后不一的部分把中国画中的远景、中景和近景拉开了现实中的空间距离，虽然内容是传统的中国山水画题材，但是表现手法却是比较现代的空间装置的手法，用新的表现手法做到了中国传统的步步移景，让作品别有一番风味。范玉明的《风骨》则是缂丝与书法的结合，而展示手法也是空间立体的，把传统的变成现代的装置艺术。龚建培、王继生《经纬千秋》，用一系列的中国传统图案如窗格、竹子、荷花、龙纹、云气纹、宝相花等，用织机作为表达语言，来表现古老经纬织造技术的历史和沧桑。李薇的《空山鸟语》也是一件极具中国山水画特色的丝织品空间装置作品，丝织品透明的特性和中国画的结合，体现了空灵、悠远、宁静的意境。哀警卫的空间装置作品《乌镇印象》用蓝印花布搭成了拱桥的形状，错落有致，观者在欣赏作品时，仿佛置身江南水乡，眼前出现一幅美妙的水乡画面：朦胧的乌镇，小桥流水，窗格下，哼着呢喃小曲的江南姑娘，正在织机前织着布匹，岸边晾的，是刚刚从染缸里染出来的漂亮的蓝印花布。这是多么具有生活气息的一幅水乡图画，林乐成老师在接受采访时也评价这件作品为“传统的、民间的、生活的、时尚的、当代的”。

特别值得一提的是，美国艺术家苏珊·塔贝尔·艾维拉的《愉悦的花园》用刺绣的形式在折叠的小方块里绣满了各种各样的花，中间还穿插着许多具有美好意义的汉字，如“幸福、友谊、爱、如意、长寿”等。“中国风”特点在这件如此美好、如此喜庆的作品上溢于言表。通过这件作品可以看出，中国艺术已经在世界上占有一席之地，不仅中国人喜闻乐见，外国艺术家也开始借鉴和表现。“从洛桑到北京”国际纤维艺术双年展，有这样的魅力，能够吸引外国艺术家来以他们的独特视角展示中国传统的特色文化。另外一位参展美国艺术家同时也是此次双年展的评委南希·科兹考斯基也把“中国风”体现得淋漓尽致，她的个展与与双年展同时展出，几乎大部分作品都是与中国题材相关的。走进她的个展展厅，“中国风”迎面扑来，有中国刺绣的龙凤服装，还有高比林编织的中国古代陶器，可见她对中国文化的喜爱和了解。

“中国风”不仅体现在题材上，而且也体现在具有中国特质的媒材上。庞礴的《墨韵》运用的材料是中国书法特有的纸和墨作为材料，仿佛能闻到浓浓的墨香。王东的《水中菊之四》运用毛笔头作为材料，叉开笔毛粘在朦胧的亚克力板上，仿佛水中绽放的菊花，观者时常会驻足观察研究，对水中菊的材料产生了极大的兴趣，材料运用的巧妙之处可见一斑。刘娜的《落花无言，人淡如菊》，用中国传统扎染的手法，保留被绳子扎系部分的突起形态，布面染成黄色，扎系部分的突起呈现出白色，也像极了菊。

此次双年展的“中国风”弥漫，彰显着“从洛桑到北京”国际纤维艺术双年展把艺术风向标逐渐引向中国，中国的艺术的影响力逐渐增大。展望未来，让我们共同期待在以后的双年展中有更多的国内外艺术家的作品表现“中国风”。

展　菲　清华大学美术学院

融入时尚的工艺美术

【首届中国当代陶瓷艺术大展】

2012 年 12 月 5 日，由中国美协主办、中国美协陶瓷艺术委员会承办的首届中国当代陶瓷艺术大展在北京中华世纪坛开幕。

全国政协副主席郑万通、王志珍，中国艺术研究院院长王文章，全国政协副秘书长卢昌华，中国文联党组成员、副主席左中一，以及吴长江、刘健、韩美林等领导和艺术家出席开幕仪式。

本次展览从陶艺的角度反映了中华文化复兴的这一母语原创业态。入选的 300 余件作品，种类、风格多样，使不同工艺、材料、手段、形态、语言、观念的探索得到集成，国际主流陶艺思潮和前沿思想也展现无遗。

中国美协陶艺委员会主任、著名艺术家韩美林表示，陶艺可以称为中国的“母语文化原创”，中国传统文化能够经几千年不灭、不断、不衰，与我们对陶艺这样一种材料和工艺的智慧选择是有因果关系的。我们用一般美术形式去同世界文明对话，要么会因为时间、分量的不对称而失去底气，要么会因为自身的来路和血缘多多少少具有西方文化的因子而不能自信，唯有陶艺可以让我们自豪地、响亮地展现它的中国属性和中国身份。

【2012 法蓝瓷陶瓷设计大赛】

2012 年 12 月 7 日，2012 法蓝瓷陶瓷设计大赛在北京举行总决赛暨颁奖典礼，这也是第六届法蓝瓷陶瓷设计大赛。

本届设计大赛由中国艺术研究院、台湾师范大学、台湾亚太文化创意产业协会共同主办，大赛主题为“觉”，强调“以瓷载灵、以瓷载心”。

来自荷兰的设计学院 DesignAcademyEindhoven、与大陆、台湾、香港等各地总计四百多支队伍报名参加比赛。参赛作品跨出了刻板印象中瓷大量使用于餐具的局限，跨入空间与应用领域，与竹、木头、金属、织品等材质结合，创作出壁饰、灯具、时钟、枕头等令人意想不到的作品。评委代表资深策展人陆蓉之表示，本届设计作品让人眼睛一亮，但勉励大家除了有好创意之外，不要忽略市场营销，才能真正做到文化创意产业。

大赛邀请了北京大学文化产业研究院副院长向勇、台湾知名策展人陆蓉之及台湾奥美整合营销传播集团董事长白崇亮等多位各领域的专家担任总决赛评委。

台湾亚太文化创意产业协会理事长、法蓝瓷股份有限公司董事长陈立恒为清华大学美术学院陶瓷艺术设计系女生武超设计的作品《游灵》颁发金奖证书和 10 万人民币的奖金。本届大赛除了金、银、铜、优胜奖外，继续保留了去年设立的“创新设计奖”及“创意营销奖”，以奖励那些表现优秀的设计师。

【“十年·有声”当代国际首饰展】

2012 年 11 月 9 日至 12 月 9 日，“十年·有声”当代国际首饰展在中央美术学院美术馆举办。此次展览是当代首饰艺术家的作品第一次在中国以美术馆展览的形式集中亮相。展览邀请国际一线的首饰艺术家参展，包括24位国际著名首饰艺术家参展，他们来自德国、法国、荷兰、英国、瑞士、丹麦、意大利、西班牙、奥地利、美国、澳大利亚、加拿大、日本、以色列等。同时展出中央美术学院设计学院首饰专业十年来的教学成果，展出由中央美术学院设计学院首饰系本科生、研究生、留学生、访问学者中选出的近四十位活跃在国内外的优秀青年首饰艺术家及设计师的作品。为中国当代首饰教育和当代首饰艺术与设计的发展提供引导，为当代首饰发展下一个十年沉淀认知。

【一花一世界·上海大学手工艺术展】

2012年3月2日至20日，“一花一世界——上海大学手工艺术展”在泰国宋卡王子大学普吉分校举办。泰国前总理川立派先生，上海大学党委书记于信汇教授、校长助理龚思怡教授，泰国宋卡王子大学普吉分校副校长、校长助理，宋卡王子大学部分学生以及普吉各界人士共计200多人出席了3月2日的揭幕仪式。上海大学美术学院陈青教授策展并主持布展等活动。

本次展览遴选上海大学公共艺术技术实验教学中心11位师生以花草为题材的30件手工艺术作品参展。

【“一玻一璃一世一界”当代玻璃艺术展】

2012年3月3日至23日，“一玻一璃一世一界”当代玻璃艺术展在上海展出。展览地点在上海市南京西路388号仙乐斯广场4楼苏冰艺术跨界工作室。艺术家高桥直树（日本）、安藤忠雄（日本）、史蒂芬温伯格（美国）、王沁（中国）参加此次展览。展览策展人为阮红杰，艺术总监为苏冰，视觉设计为NOVA品牌、朗图整合传播（上海）。

日本玻璃大师高桥直树的创作理念为在快乐与悠游的心境中寻找日本现代艺术作品与中国传统艺术形式的契合点。美国玻璃艺术家Steven Weinberg的作品体现了玻璃的光影交错的空间立体感和晶莹剔透的唯美意境。中国玻璃艺术家王沁尊重玻璃材料本身、与之对话，而使作品与玻璃的物性得到充分和谐。

【国际新玻璃艺术展】

2012年5月10日，国际新玻璃艺术展在上海春季艺术沙龙期间举办，这也是国际玻璃艺术家首次集体进入中国的艺术品市场。

展览主席由组委会主席由英国普利茅斯大学美术学院院长Andrew Brewerton教授和中国轻工联合会日用玻璃协会理事长孟令彦先生担任，展览策展人由上海大学美术学院庄小蔚教授担任。展品包括70余位国内外玻璃艺术家携120多件作品亮相，如安东尼·勒彼里耶、基思·卡明斯、史蒂文·温伯格等世界级玻璃艺术家的作品。

【2012北京国际漆艺玩饰展】

2011年11月26日至2012年1月16日，2012北京国际漆艺玩饰展在北京798艺术区乔十光漆画馆举办。展品包括31位漆艺家的200余件精品，全部以大漆（天然漆）为主要材料，使用传统漆艺技法。作者中10位来自日本、1位来自德国、1位来自法国、19位来自中国各地。他们的作品包括漆首饰、漆服饰、漆佩饰；以及漆合、漆盘、漆箸（筷）、漆文房、香具、古琴等等。透射出不同的文化背景和不同的生活方式。展览试图从当代生活的视角，发觉漆与人类身体之间的亲密关系。漆器在被用来装饰身体、被人们随身携带和使用的过程中，体现了她独特的装饰性和功能性，散发出赏心悦目的视觉美、诱发出爱不择手的触觉美。

乔十光漆画馆位于北京798艺术区的中心地段，建筑风格是20世纪中叶德国包豪斯建筑设计风格，展示面积200平方米。乔十光漆画馆成立于2009年，致力于漆艺创作、展示交流以及漆文化推广。

【观点】 金属工艺的时尚转身——艺术首饰的新时代与新生代

◎郑鹏志

传统的工艺美术好像正与大众的现代生活渐行渐远，它们似乎走向了两个极端：大师的精品被束之高阁，供奉在博物馆中，成为供人瞻仰的历史文萃；作坊的量产，水准粗劣，沦为旅游景点里彰显“民族特色文化”的廉价纪念品。工艺美术如何才能更接地气地走进普通大众的现代生活呢？并且，现代社会的审美标准、文化思潮已经与百年前大有不同，但当今的工艺美术面貌似乎没有因时代的变化而变化，甚至显得有些“老土”。对于一直困扰着当代工艺美术人的两个问题，作为工艺美术金属门类中的首饰，或许率先在工艺美术的众多门类中找到了切合时代的发展方向——当代艺术首饰。

当代艺术首饰在中国的发展仅有20年时间，它广泛地吸取传统金属工艺的精华、当代艺术美学的思想，并且在现代经济、文化背景中探索出属于自己的发展之路，实现了从无到有，从边缘学科到时尚宠儿，从传统工艺到当代艺术的跨越。而2013年，即将迎来艺术首饰在中国开创的二十周年，值此周年跨越之际，撰以此文，来记录20年来中国当代艺术首饰领域所实现的阶段性成果。且此文将着重分析2012年中国当代艺术首饰呈现出的新特点，以此来激发大家对工艺美术在现代社会中的适应性与可能性的思考。并且文中还将特别分析以90后为代表的艺术首饰新生代们的特点与行为。希望对这两个问题的探讨，能为大家带来一个生动活泼的金属艺术的新貌与新期望。

多方共筑的艺术首饰新时代

2012年，中国当代艺术首饰领域终于走出无人问津、默默探索的初期，并且在当代艺术界、工艺美术界、时尚产业界等领域都得到了足够的认可与发展，终于以20年的积淀和求索迎来了充满正能量的上升发展期。而这个跨越，主要体现在2012年里，设计师群体、消费市场、营销模式和媒体支持等方面都真真切切地取得了显著的进步与拓展。艺术首饰的新时代已经到来。

其一，艺术首饰的设计群体初步形成老中青三代接力状态。回顾20年前，抑或是10年前，最早把艺术首饰引进国内的是北京服装学院、中国地质大学、中央美术学院里的教师，他们极具远见地将当代艺术的这一门类引入国内，并将其与中国传统金属工艺文化、商业设计需求、当代艺术美学思想相结合。而第二代艺术首饰艺术家、设计师多是70后、80初，如今他们中的多数在艺术院校里从事艺术首饰的教育工作，或在国内珠宝首饰企业里承担设计工作，也是目前整个领域的中坚力量。但在2012年，随着90后学生的毕业，中国当代艺术首饰领域形成了老中青三代共同创作的局面。十年前全国首饰专业毕业生不到100个，2012年全国有清华大学美术学院、中央美术学院、北京服装学院、中国美术学院、中国地质大学（北京）、中国地质大学（武汉）、广州美术学院、北京工业大学、南京艺术学院、上海大学等院校向国内输出艺术首饰领域的接班人。同时，又有从英国、美国、意大利、法国、德国、澳大利亚学习相关专业的学生归国，从事艺术首饰的创作工作。这就为整个行业的发展提供了充足的后备力量。

其二，艺术首饰的市场开拓进入大举进军阶段。艺术首饰在欧美发达国家的发展已80余年，但至今仍是小众艺术，市场也自然属于小众。所以这对于国内刚刚产生20年的艺术首饰领域来说，开拓市场依旧有很长的路要走。但在2012年，还是有几个现象是值得庆贺的。首先，北京、上海等地纷纷成立了许多艺术首饰设计工作室及艺术首饰设计师品牌，如国米首饰、懿心懿意、硬糖、骸等。并且一些成立了几年的设计师品牌也已开始形成影响力，如 angs 设计小学、源等。这些艺术首饰工作室或设计师品牌的作品为大众创造了一个寻求独特感官享受与心理体验的媒介，使得大众对首饰的认识不仅停留在商场中常见的以“周”字开头的品牌。其次，这些独立的艺术首饰设计工作室与设计师品牌的定位，不同于传统商业珠宝品牌的大众化或“大街化”，也不同于高档珠宝会所定位的“贵族化”。它们的成立，使得首饰与大众有了联系，为大众提供了买得起的“订制首饰”，而这也恰是工艺美术服务、妆点大众生活的属性所在。最后，对于消费者本身，常年浸泡在商业首饰“千店一面”、“大俗款”的视觉折磨中，消费者也已经寻求更具设计独特性的商品。这点与人们日益提升的生活条件、受教育水平，以及发达的网络社会提供了大量前沿的国际信息是直接相关的。以上三点都是中国当代艺术首饰发展的重要动力，并且这三点让许多怀揣艺术品牌梦的首饰人敢于尝试，加入到参与正在兴起的艺术首饰市场的行列。

其三，艺术首饰步入网络营销新时代。近些年，网络营销是许多领域新品牌的主打推广方式。这种方式相比传统纸媒、电视传媒、广播传媒，户外广告传媒，不仅价格低，而且受众广。特别是对于新近创业的年轻艺术首饰设计师来说，在资金紧张的情况下，可以在品牌或工作室成立的初期，自己利用微博、淘宝、微信、人人网、豆瓣网等平台推广自己的品牌和产品。他们不仅利用社交网站、电子商务平台提供的“标签分类”、“关键词搜索”来找寻目标客户群体，还通过这些网络平台去和同一领域内艺术家、设计师交流合作。特别具有代表性的是，在这些网络平台中，还出现了专门营销艺术首饰的代理商家，如新浪微博中的 Hey! Jewel、薄荷糯米葱等，它们就通过搭建艺术首饰展示与销售的平台，利用自己庞大的粉丝群来推广和销售被代理的设计师的作品，最后通过利润分成的形式达成合作。当然现在这些网络代理还存在工作流程与合作管理上的不足，比如在产品损坏、运输、利润分成等方面时有纠纷。他们在网络宣传与销售的同时，无形中为普通大众提供了接触艺术首饰的平台和机会，培育了艺术首饰的潜在消费者。但是，对于这些艺术首饰工作室或设计师品牌来说，他们更多采用的是网络营销与实体店铺相结合的方式，如在北京的国贸、三里屯、798 艺术区、后海烟袋斜街、南锣鼓巷，上海的田子坊等地就有很多的实体店。当然，有的是独立的品牌门面，有的则是寄卖首饰或创意产品的经销商，如薄荷糯米葱、红鼎首饰、白盒子艺术馆等。

其四，艺术首饰得到传媒媒体的更多关注与推广。传统媒体以往更关注的都是商业珠宝、传统金属工艺。而在 2012 年，就有许多主流媒体开始将注意力投向这块具有新闻点、独特性和市场前景的领域。作为中国第一本高端珠宝杂志《芭莎珠宝》，以往的杂志内容多围绕国际珠宝大牌及商业珠宝设计师。而在 2012 年，其在《珠宝艺术家》和《新锐设计师》栏目，利用通篇深度分析与访谈的形式，介绍了国内知名的首饰艺术家和许多年轻的艺术首饰设计师，并且其中很多设计师都是刚刚离开学校、创立自己品牌的行业新人。作为拥有每期几十万册发行量的主流珠宝首饰杂志来说，它对于推动艺术首饰的发展无疑具有重要作用。而《时尚芭莎》、*VOGUE*、《时尚》等知名时尚杂志近些年也都在力推本土时尚设计师，包括艺术首饰设计师。此外，2012 年中央电视台首次举办的“创意星空”珠宝首饰与服装配饰设计师大赛，也对艺术首饰的发展和新人的扶植起到重要推广作用。大赛采取真人秀的形式，分为两组，每组都根据命题设计首饰。经过半年的赛程，入围决赛的设计师都通过独特的视角、深刻的含义来呈现自己对艺术首饰的探讨与研究。

充满活力与潜力的艺术首饰新生代

2013 年是中国当代艺术首饰教育开创的 20 周年。而 2012 年的一个热议话题是：饱受争议的 90 后大学毕业，步入社会，开始人生的新阶段。在这两个时间交汇点上，研究当代艺术首饰与以 90 后为代表的新生代首饰设计师的关系，就显得具有特殊的意义。因为 2012 年活跃在中国当代艺术首饰领域的新生代们，他们不仅人数众多，而且在很多方面都有着不同于前两代艺术首饰人的闪光点。分析他们的特征，可以让大家看到新生代们对于壮大、激活整个艺术首饰领域，乃至工艺美术领域所起到的重要作用，同时有助于大家去预见艺术首饰在中国未来的发展可能性。

其一，新生代艺术首饰设计师在现代社会冲击中形成自我、创新、开放的个性特征。出生在20世纪80年代末期、90年代初期的他们多为独生子女，在科技信息时代的巨变、市场经济的沉浮、西方文化的充斥、传统文化的淡漠中成长。他们在集长辈亲友万千宠爱于一身的同时，将“唯我独尊”转化为追求自我生命能量的最大释放，勇于去寻找和创造为自我发展提供机会的可能，这也是2012年会有很多设计工作室和设计师品牌成立的原因。而且，他们在瞬息万变的社会进程中，更愿意去探索新的事物、新的领域、新的方法，以期在创作、艺术经营等方面得到拓展和发展，而这点就大大不同于第一代首饰艺术家的学术性和第二代首饰艺术家的保守性。此外，他们在接受西方文明、娱乐文化的同时，也让自己的思考维度多了份国际视野与趣味性，使得设计更加的多元而生动，步调紧跟国际艺术首饰领域的前进节奏，同时有意探索自己作品的独创性与标识性。

其二，新生代艺术首饰设计师注重人文社会深思下的艺术美学探究。值得注意的是，对于这些生来就带着叛逆与自我意识的新生代设计师们来说：他们的早熟并未使作品荒诞而无稽，有时在艺术思考上显得是那么的深沉与严肃。他们的首饰作品中都蕴含着创作者自我心灵体验的记录、对社会现实的回声、对哲学禅宗的阐释，亦或是对生命本身的思考。与当代雕塑、绘画、装置一样，首饰本身只不过是他们表达自己对人文、社会思考的物质载体而已。他们创作、销售他们的作品，不仅是期望获得经济上的利益，更希望购买者是带着欣赏艺术品的态度来认可其艺术主张和艺术表现，而不仅仅是买一个可以佩戴、用于装饰的小玩意儿。在人文社会思考之外，材质与工艺也是他们着力追求的重要部分。他们愿意尝试具有试验性质的材料，如树脂、木材、工业废件、纤维、毛发、新科技材料等，甚至无视和鄙夷传统的金玉宝石。同时，他们也大胆革新或发扬传统金属工艺中的花丝、珐琅、錾刻等工艺，力求传统工艺与当代艺术的结合。例如作品《倔强的铠甲》就将传统的珐琅工艺与夸张的造型设计相结合，营造出类似盔甲般的张力效果，以此来表达内心世界关于自我保护与外界冲突间的矛盾感，同时也突破了大家对传统首饰的小巧的印象。在艺术效果上，他们也并不都追求高级珠宝的华美闪耀，有时作品从视觉情感上看是颓废的、恬静的、粗野的、可爱的、冷峻的等等。如作品《纪念碑性系列首饰》就打破了戒指的指环造型和圆润感，用“方尖碑”般的神圣感来打造属于自己成长的纪念碑，高耸挺拔的造型和斑驳的錾刻数字都传达着创作者自己的故事。但是形式规律是新生代们时刻重视的，如点线面、黑白灰、主次、色彩、空间的关系等。因为，基本的形式美感是首饰外在美的最直观评判标准。

其三，新生代艺术首饰设计师具有主动的自我包装意识和经营策略。“做自己的经纪人”，或许是最贴切的形容。他们在创立品牌或工作室之初，就已经拥有较完备的品牌形象系统。品牌标志、店铺设计、网站界面、宣传册、名片等都拥有统一风格的视觉语言。此外，新生代们会利用现代社会的各种资源来提升自己的知名度与影响力，如主动与主流媒体杂志合作、主动参与国内外的专业展览、学术论坛、设计大赛、时装周等。在经营上，他们还会主动与艺术画廊、电子商务代理商、实体店代理商、商场联系，为自己的作品寻求更多的推广、销售机会。这种自信和主动，与整个社会创造的机会，以及娱乐文化中，如选秀节目推崇的张扬个性、积极争取、形象包装是相关的。并且，有的新生代设计师在毕业之前就已创办自己的品牌，或独自经营，或三两合作开办。而这和以往的毕业生多去商业首饰公司被“大俗款”设计工作洗脑，或自己成立工作室，只接订单，作坊般经营、忽视品牌培育的做法是截然不同的。如2012年毕业于中央美术学院首饰艺术专业的张晓宇在中关村时尚创意产业园开办自己的设计工作室，并与李忞联合成立自己的品牌“尤目 YVMIN”，同年参加中央电视台“创意星空”珠宝首饰与服装配饰设计师大赛，获得第三名。2013年，她还与中国本土服装设计师周翔宇合作，征战伦敦春夏时装周。

20年的时间，对于中国当代艺术首饰的发展来说还只是刚刚起步。虽然2012年较以往取得了明显的发展，但想让大众去接受当代艺术首饰，接受当代艺术，培育起良性的当代艺术市场还需要时间。最早一代的首饰艺术家们用毕生的精力去孕育与奠基整个领域，如今这个接力棒已经逐渐传递到这些新生代的手中，他们幸运地处于行业充满正能量的上升发展期。在未来，他们将把握行业的话语权与主动权，并且与国际权威对话。让我们期待中国当代艺术首饰的下一个20年，也期待中国工艺美术的全面复兴。

郑鹏志　清华大学美术学院

当代纤维艺术中的跨界现象

◎王晓丽

对于现代人来说，跨界并不陌生。跨界，是一种艺术自由的态度，当下，各行业、各专业、各领域在艺术创作、观念交流、市场活动等层面都产生了相互交融的互动态势。这种态势为艺术带来了综合性和多元化的发展契机，同时也吸引了更多的艺术和行业实践者去关注自己专业之外的艺术门类。平面、服装、建筑、新媒体、雕塑、绘画等诸多艺术门类的跨界合作越来越多的出现在我们的视线里，不同艺术风格、艺术门类间的彼此借鉴与融合，已经发展成为一种新的艺术模式，引领着如今的审美时尚与潮流。

当代纤维艺术的跨界现象是众多艺术跨界的一个典型代表，在多元文化发展的今天，纤维艺术以其特有的亲民性和深厚的文化内涵愈发独具价值。它已不再是仅仅有古老的缂丝、刺绣、地毯编织或是最普通的家庭妇女织毛衣等具有浓郁的古老文化的技法，而是将纤维与绘画、雕塑、设计，甚至是科技相融合。当代纤维艺术早已超越经纬编织的束缚，由单一走向多元，经过长久的积淀进入一个崭新的发展阶段。各专业、各行业、各领域在艺术创作、观念交流、市场活动等层面与当代纤维艺术形成相互交融的跨界态势，为纤维艺术带来多元化和综合性的发展契机。

现代纤维艺术作为一种多元化的艺术形式不仅创造了物质形态，更是艺术家们的生命感受，或轻盈而凝重，或缠绵而感伤，或温婉而纤柔，或纯净而素雅，它以丝丝入扣的方式折射出生活在现实中的艺术家们的内心感受，它是艺术家们内心情感的表达，同时也是文化的一种传递。其跨界现象不仅包括纤维艺术向其他科学领域的借鉴和发展，也包括其他学科领域向纤维艺术的探索。

一、跨出：纤维艺术家跨界其他艺术领域

在如今，纤维艺术家走出纤维艺术的领域，跨界到其他艺术门类的现象已普遍存在。

（一）跨界雕塑领域。波兰纤维艺术家玛格达莲娜·阿巴康诺维兹（Magdalena Abakanowicz）立体纤维艺术作品《80个背》（现收藏于韩国釜山现代艺术博物馆），就是一件典型的由纤维跨界雕塑的艺术作品，它是艺术家利用纤维结构的特质配合雕塑的创作手法，利用树脂和剑麻等综合材料塑造出80个夸张定型后的人体背部外壳，坚毅有力的错落排列，将平面的纤维编织上升到空间范畴，带来强大的视觉冲击力和感染力。

另一件由杭州师范大学美术学院周小瓯教授创作完成纤维跨界雕塑的艺术作品《蜕》，作品入选2009年“中国动力”国际雕塑年鉴展和第十一届全国美展雕塑展区展览。《蜕》与阿巴康诺维兹的《80个背》厚重磅礴，两者间的理念和创意有着异曲同工之妙。它们都是艺术家基于对纤维艺术新形式、新技法的创新探索，使材料的自然特性和表现力上升，形成一组仿佛失去灵魂、伪装束缚的空洞躯壳，令人深思。可见，现代纤维艺术已从平面走向立体，纤维材料的多样性在一定程度上丰富了雕塑材料的种类，雕塑空间和立体的创作形态又赋予了纤维新的创作形式，这也是纤维艺术与雕塑跨界融合后的独特魅力。

（二）跨界壁画领域。现代纤维艺术以其特有的材质肌理与极富个性的表现魅力，构成了纤维艺术无与伦比的审美特征。现代纤维艺术已经超越了对绘画性的追求，他们在对材料的认知和工艺的把握上更加自由灵活，无论是自然媒材，还是工业制成品，它们都能通过自己的主观处理，给观者带来多元的审美感受，这也正是纤维艺术跨界其它领域的魅力所在。因此，兼具绘画及装置展示功能、又综合了二维和三维的形态特征的纤维艺术作品，在非纤维专业的展览中更显独特、丰富和新颖。

2012 年，清华大学美术学院纤维艺术专业的多件师生作品入选大同国际壁画双年展（中国美术家协会主办）。其中，纤维艺术专业本科生蒋卓群的作品《这世界我来过》，作者通过摄影的视角结合纤维艺术的影印表达方式，将自我对生命的认知、对青春的感悟绘制成一幅幅穿越时空的视觉画面。而纤维艺术专业本科生金安莎运用塑料吸管，塑造出林立错落的高楼城市，其作品《城市森林》象征了平静祥和的人类生存环境正在被高度发达的工业硝烟慢慢吞噬，意在唤起民众对生态、对环保的重视。

为何多件纤维艺术作品会入选壁画双年展，可见其对纤维艺术跨界形式语言的关注和认可。大同国际壁画双年展对这些作品的认同，在一定意义上体现了当代纤维艺术具有壁画的造型特质和功能属性，同时也体现了壁画艺术正在朝着包容而多元的方向发展。

（三）跨界公共艺术领域。纤维艺术跨界公共艺术体现了纤维艺术在公共空间中的实用性和适应性。纤维艺术家跨界公共艺术，使公众能够亲密接触纤维艺术这门集实用和审美于一体、源于生活又高于生活的艺术门类，这也是纤维艺术的精神所在。

清华大学美术学院林乐成教授的大型立体纤维艺术作品《生命系列》，可谓跨界公共艺术的一组经典之作。此作品摘得 2009“中国营造”全国环境艺术设计大赛专业组公共艺术类金奖。《生命系列》共 16 幅，近百平方米，现陈设于北京凯晨世贸中心。林教授将亲和柔软的天然纤维融入到建筑空间，浑然天成，生命主题的演绎与室内装饰材面共生共存。这系列温暖人心的大型纤维作品，将室内环境设计与公共艺术作品紧密关联，使得纤维艺术的文化内涵在空间中得以延展。《生命系列》不仅带给观者视觉上的冲击和心灵上的震撼，更增进了当代文化语境下人与建筑交流互动的氛围。

二、跨进：其他领域艺术家跨界纤维艺术

同时，纤维艺术又是一门社会艺术、大众艺术。当代纤维艺术已发展成为一个综合的、当代的、充满着创意和时代感的艺术形式，它与高雅艺术密切联系，又与大众艺术息息相关，同时与工艺美术产业、服装产业、纺织设计产业等紧密相连，焕发着强大的生命力。纤维艺术正是以这样一种质朴又高雅的形式，融入当代人的生活，促使全社会公众逐渐去了解、喜爱，甚至拥有纤维艺术。

早在 20 世纪 60 年代，艺术跨界就已出现，自洛桑传统与现代壁毯艺术双年展开始，并逐渐发展成为展览中的一种普遍现象。著名的画家、雕塑家米罗的纪念馆序厅，映入眼帘的便是将其油画作品通过纤维编织技艺制作而成的巨型浮雕式壁毯。拉斐尔、马约尔、马蒂斯、毕加索、莱热、夏加尔等许多艺术大师也都从事过纤维艺术壁毯形式的设计与实践。随着 2000 年第一届“从洛桑到北京”国际纤维艺术双年展的成功举办，中国许多著名艺术家如张仃、吴冠中、袁运甫、邓林、杜大恺、刘巨德、潘公凯等纷纷跨界纤维艺术。他们将个人多年在绘画领域的理念和经验用纤维的形式呈现出来，其纤维艺术作品较之绘画效果更加温婉质朴、亲切动人。

艺术家选择纤维媒材和传统的手工形式来表现自己的画作，纤维材料丰富的肌理和其特有的编织语言能够为其带来不同的视觉、触觉和创作的新感受；而纤维材质其本身质地温婉，具有质朴性、亲民性，悄然触及人们内心深处，与观者达成共鸣，唤起人们对于手工时代的怀念和对自然的回归。

除了绘画领域，雕塑、建筑领域艺术家跨界纤维艺术带来的意象遄飞之灵感，以及空间内的巧构造型，更加彰显了艺术家对本领域的突破和创新。清华大学美术学院雕塑家李鹤运用纤维媒材结合其空间塑造的理念，创作出立体状态作品《心情》。一排排的线形白色塑料条融铸在带状金属上，流畅饱满，如秋收的麦穗、又如婀娜的人体，歌颂着作者心中的美好生活。而中央美术学院建筑学博士陈炯的作品《溪山行旅图》，作者从三围视角入手，结合纤维媒材以空间分割的表现形式解构传统，为宋人范宽的《溪山行旅图》植入了时代感和空间意义，这正是作者跨界纤维艺术的一次实验性探索。

此外，基于对纤维艺术亲民性的认知，亦有科学家、工程师跨领域参与纤维艺术创作。“从洛桑到北京”第二届国际纤维艺术双年展中，诺贝尔物理学奖获得者李政道的丝织工艺作品《北极光》，为纤维艺术注入了科学家的艺术智慧。作者将自己在极地观测采集的天文图以纤维艺术的形式展现在世人面前，神秘辽远。享受国务院特殊津贴待遇的工程师王振声的科研成果“丝光羊毛断染法”备受国内外

纤维艺术家关注。这位工程师从未涉足艺术领域，其作品《驿动的空间》是作者首次将丝光羊毛织成的长筒形的针织巾演绎成的当代纤维艺术作品，一举摘得“从洛桑到北京”第六届国际纤维艺术双年展银奖。

现代纤维艺术作为一种多元化的艺术形式不仅创造了物质形态，更是艺术家们的生命感受，或轻盈而凝重、或缠绵而感伤、或温婉而纤柔、或纯净而素雅，它以丝丝入扣的方式折射出生活在现实中的艺术家们的内心感受，它是艺术家们内心情感的表达，同时也是文化的一种传递。跨界现象为纤维艺术提供了更多的关注。各专业、各行业、各领域在艺术创作、观念交流、市场活动等层面与当代纤维艺术形成相互交融的跨界态势。这种态势为纤维艺术带来多元化和综合性的发展契机，同时也吸引了更多的艺术和行业实践者去关注和支持纤维艺术这样一门历久弥新的艺术门类。跨界现象为纤维艺术带来了更为广阔的发展空间。纤维艺术的跨界形式打破了各相对独立又各具艺术表现形式之间的界限，从不同的领域和全新的视角解读着当代纤维艺术的生命力，使纤维艺术走向更为广阔的创作空间，为艺术家的创新实践提供了新的方向、思路和目标。这些跨界纤维艺术作品，所带来的不同风格的审美形式、不同意味的境界，以及它所表现出的对纤维材料本身的尊重，反映出不同文化背景下的艺术家对这一艺术形式的不同诠释和思考，传递出文化关怀的温暖，为当代纤维艺术的创新汇入了新鲜养料，也让国际纤维艺术双年展更加充满生机与活力。

《中国工艺美术大师全集》

【《中国工艺美术大师全集》编辑出版工作会议】

2012 年 12 月 4 日，中国艺术研究院工艺美术研究所在北京西藏大厦举办了 2012 年《中国工艺美术大师全集》编辑出版工作会议。新闻出版总署副署长邬书林，中国艺术研究院院长、中国非物质文化遗产保护中心主任王文章，中国艺术研究院党委书记、副院长、中国工艺美术馆馆长高显莉，国家发改委产业协调司副司长夏农，文化部非遗司副司长马盛德，中国艺术研究院副院长吕品田等领导出席会议。原中央美术学院院长常沙娜，中国工艺美术大师王习三、徐秀棠等 60 余位来自全国各地的专家学者和中国工艺美术大师出席会议。

由王文章同志担任主编的《中国工艺美术大师全集》自 2007 年 9 月启动出版工程以来，已经编撰完成冯久和、徐秀棠等 25 卷国家级工艺美术大师个人全集的工作，正式出版发行了其中的 17 卷。中国艺术研究院通过组织开展《中国工艺美术大师全集》这套大型学术丛书的出版工作，以人为本，以点带面，以数十位，甚至上百位大师个案的研究，将串联起一部“有血有肉”的当代工艺美术史。

会上，总主编王文章副部长在首发式上发表讲话，他说：“该丛书的研究对象为获得过中国工艺美术大师荣誉称号的德艺双馨的工艺美术家；定位为‘学术经典性、文献性、系统性、生动可读性’；出版宗旨是‘存留大师档案、抢救珍稀技艺，呈现经典作品、传承民族瑰宝’。”在谈到策划此丛书的背景时，王文章说：“经过新时期以来国家对传统文化价值的重视和近年来非物质文化遗产保护工作的开展，曾经把工艺美术只是当成经济行为的片面认识基本得到了扭转，它的文化属性和非物质文化遗产属性得到广泛的社会认同，希望该丛书的出版能弥补以往当代工艺美术领域理论研究的不足。在一个重视文化保护与发展的思想解放的时代里，理应改变把手工技艺视为‘小道末技’的旧观念，大力总结和弘扬优秀的工艺美术文化。为后人留下一部可信的史书，这是我们编辑出版这套丛书的初衷。”

新闻出版总署副署长邬书林同志表示要大力支持此项具有创新性的、挑战性的文化出版事业，希望中国艺术研究院把此项出版工作进行下去，以繁荣社会主义文化。

文化部非遗司副司长马盛德同志立足非物质文化遗产保护工作，认为《中国工艺美术大师全集》的出版做到了对相关传统技艺的系统整体和价值发掘，是对传统技艺的很好的保护和传承。

常沙娜教授代表编委在会上发言，她说：“在世界手工艺发展史上，中国工艺美术不仅技艺精湛，而且延续性好、文化多样性强、杰出手艺人多。由国家级科研机构来主持研究这些大师的技艺，总结他们的创作经验，评价他们的艺术成就，帮助他们出版个人专集，这在历史上也是没有过的。所以说，这部丛书的编辑出版开创了传统工艺美术研究的新局面。”

在讨论会上，与会代表围绕《中国工艺美术大师全集》的学术价值和社会意义，以及如何加快推进此项出版工作展开了讨论。中国工艺美术大师，国家级非物质文化遗产保护项目宜兴紫砂传承人徐秀棠代表大师在会上致辞，他感谢文化部和中国艺术研究院领导重视这项出版工程，为工艺美术行业界做了一件大好事。他个人认为这套丛书的出发点好、学术水平高、社会意义重大。

【《中国工艺美术大师全集·吕尧臣卷》首发式暨吕尧臣紫砂精品展、吕尧臣紫砂艺术研讨会】

2012年4月10日上午，由中国艺术研究院主办、工艺美术研究所承办的《中国工艺美术大师全集·吕尧臣卷》首发式暨吕尧臣紫砂精品展在北京贵宾楼饭店举行。

文化部副部长、中国艺术研究院院长王文章同志与吕尧臣大师一块为新书揭幕。各位领导同志为吕尧臣紫砂精品展开幕式剪彩，随后在吕大师的陪同下观看展览。

下午，吕尧臣紫砂艺术研讨会在北京贵宾楼饭店承露轩艺术馆召开，来自文化艺术界的专家学者30余人参加了学术讨论。中国艺术研究院工艺美术研究所副所长邱春林担任主持人，常沙娜教授、陈若菊教授、张守智教授、中国艺术研究院院长助理吕品田研究员、北京大学张颐武教授、江苏省作家协会作家山谷等均在讨论会上充分肯定吕尧臣大师在紫砂艺术方面所做出的贡献。

【《中国工艺美术大师全集·夏侯文卷》首发式暨夏侯文青瓷精品展、夏侯文青瓷艺术研讨会】

2012年5月25日，由中国艺术研究院主办的《中国工艺美术大师全集·夏侯文卷》首发式暨夏侯文青瓷精品展在北京贵宾楼饭店举行。文化部副部长、中国艺术研究院院长王文章同志与夏侯文大师一起为新书发行揭幕。

中国艺术研究院院长助理、中国非物质文化遗产保护中心副主任吕品田代表主办方致辞。他肯定了夏侯文大师在青瓷艺术方面所做出的独特贡献，赞扬了他在这一工艺美术领域所表现出来的创造力。浙江省龙泉市市委书记蔡晓春在典礼上简要介绍了龙泉市市委近年来如何大力度传承和发扬青瓷烧造的传统技艺，对于文化部和中国艺术研究院近年来关心扶持龙泉青瓷的工作表示感谢。原中央工艺美术学院教授张守智与夏侯文有数十年的交往，他回忆了夏侯文如何在艰苦的环境中坚守阵地，为龙泉青瓷烧造技艺的恢复和发展做出重要贡献。中国工艺美术大师夏侯文在致辞中感谢中国艺术研究院对他的学术支持。

首发式和开幕式结束后，文化部副部长、中国艺术研究院院长王文章同志和嘉宾们在夏侯文大师的亲自讲解下，一起欣赏了60余件青瓷代表作。

下午，夏侯文青瓷艺术研讨会在北京贵宾楼饭店承露轩艺术馆召开，来自文化艺术界的学者20余人参加了学术讨论。原中央工艺美术学院院长常沙娜教授、温练昌教授、陈若菊教授、张守智教授，清华美院高峰副教授，中国艺术研究院工艺美术研究所负责人邱春林等人均在讨论会上肯定了夏侯文大师在恢复和发展青瓷艺术方面做出独特贡献，赞赏他延续和发展了青瓷艺术的优秀传统。

【《中国工艺美术大师全集·潘柏林卷》首发式暨潘柏林陶塑精品展、潘柏林陶塑艺术研讨会】

2012年7月24日上午，由中国艺术研究院主办，佛山市政府等多家单位协办的“《中国工艺美术大师全集·潘柏林卷》首发式暨潘柏林陶塑精品展”在北京贵宾楼饭店举行。文化部副部长、中国艺术研究院院长王文章同志与潘柏林大师一起为新书发行揭幕。

中国艺术研究院副院长吕品田代表主办方致辞，他肯定了潘大师在石湾陶塑艺术方面所做出的独特贡献，赞扬了他在这一工艺美术领域所表现出来的创造力。广东工美集团董事长舒海波和佛山市副市长麦洁华分别在典礼上介绍了佛山陶塑事业和产业发展的良好形势，肯定了潘柏林大师在传承和发扬佛山

"石湾公仔"艺术传统方面做出的重要贡献。中国工艺美术大师潘柏林感谢了文化部和中国艺术研究院对他的学术支持。

下午，中国艺术研究院工艺美术研究所负责人邱春林在展览现场主持了"潘柏林陶塑艺术研讨会"，来自全国文化艺术界的著名学者20余人参加了讨论。原中央工艺美术学院院长常沙娜教授、张守智教授、广州美术学院曹国昌教授、中国工艺美术学会副会长赵之硕等人均在讨论会上肯定了潘柏林在新时期将"石湾公仔"这一传统造型艺术推向一个新高度。

展览于7月31日结束。

【观点】弘扬传统工艺，传承民族瑰宝
——《中国工艺美术大师全集》的编纂意义

◎王　焕

作为促进工艺美术事业发展的一种积极手段，为了展示工艺美术成绩、表彰业内的德艺双馨人才，自1979年开始，国家先后5次共评选出365名"中国工艺美术大师"。这些被授予工艺美术大师称号的手工艺者，成为一个特殊的、身怀绝技绝艺的优秀群体，他们的作品代表了当代各个工艺美术门类创作的最高水平。

这些国家级工艺美术大师大部分年事已高，从非物质文化遗产保护的角度及时记录下他们的宝贵经验、及时记录下他们在手工技艺方面的创造，非常重要。时至今日，五届评选出来的365位人才中，有近四分之一的人已经作古，这不能不说是中国工艺美术界的巨大损失；更为遗憾的是，这些逝者的手艺、经验和思想没有得到整理和保留，很多奇妙和精湛的技艺因缺少记录而濒临灭绝，他们创作的一些工艺美术珍品没有得到更好的展示、保存、著录，有的甚至流失海外。因此，保护、传承和发展中国工艺美术的血脉，总结、记录、整理工艺美术人才的经验和思想，特别是对于一些依靠口传心授方式才能传承的手工技艺，就成为政府和社会主导的非常迫切的课题，《中国工艺美术大师全集》应运而生。

2007年9月，中国艺术研究院启动大型学术丛书《中国工艺美术大师全集》，文化部副部长、中国艺术研究院院长王文章任主编，中国艺术研究院副院长吕品田任副主编，并由国内工艺美术史界的著名专家学者组成阵营强大的编委会，工艺美术研究所负责人邱春林负责协调、推进各项具体工作。

丛书宗旨为"存留大师档案、抢救珍稀技艺，呈现经典作品，传承民族瑰宝"。根据这个精神和要求，至2003年出版发行了《冯久和卷》、《汪寅仙卷》、《徐秀棠卷》、《张同禄卷》、《双起翔卷》、《顾永骏卷》、《郑益坤卷》、《夏侯文卷》、《江春源卷》、《文乾刚卷》、《徐朝兴卷》、《黄松坚卷》、《潘柏林卷》、《高公博卷》、《陈培臣》、《吕尧臣卷》、《王笃纯卷》共17卷；正在编辑出版的有《毛正聪卷》、《陈扬龙卷》、《杨志卷》等10卷，涉及玉器、石雕、木雕、漆艺、紫砂、景泰蓝、泥塑、陶瓷、刺绣、织造、唐卡等主要工艺美术大类。

丛书的研究对象为德艺双馨的国家级工艺美术大师，他们掌握的技艺体现了中国传统手工艺的精湛性、精粹性，对他们的认识和了解，有助于我们深入了解传统手工艺的艺术特征和文化精神，打破了过去中国工艺美术史以器物为主的书写方式。

先前的中国传统工艺美术学术史，基本上是只见物不见人，往往是介绍各个年代的器物的造型、纹样，以及形式变化的规律，从器物来折射各个时代的一些工艺方面的突破，以及关于这些方面取得的成就、审美风气变迁等等。延续这个思路，各类工艺美术珍品出版物，如"国宝大观"、"文物鉴赏"之类，也是以器物归类点评的，这一方面是因为这些国宝，文物的作者不可知，另一方面或许是因为某些工艺流程是集体创作的结果，但也是长期以来"重物轻人"的观念所致，与社会地位"文士高于百工"的遗害有关。

丛书每卷独立研究一位大师，整套丛书保持风格的连贯性和研究水平的一致性。丛书各卷的主要内容包括：大师的口述史、专家对大师艺术成就的评述、大师作品、大师创作年表，以及大师作品的收藏和拍卖纪录等几个部分。

口述史部分，是工艺大师本人对人生之路的回顾，人生体验和艺术实践的经验总结，以及对作品审美的体会，包括鲜为人知的技术细节和个人传奇。内容贴近真实和现实，客观地记录了手艺人的艺术生活及其思想观念。

在大师作品图片的采集上，丛书各卷选取不同时期反映其个人技艺成长过程的代表作品，图片高度清晰，再现了作品的真实性和艺术性。

专家评述部分，是在大师口述史的基础上，对从业大师毕生取得的艺术成就做出的客观、公正的评价。

文件・文献

【中国工艺美术学会系统关于禁止从事艺术品经济价值评估活动的通知】

各专业委员会、分会及学会全员：

目前国内一些地区的产权及文化艺术品交易所陆续设立并运营交易活动中有违法违规问题。一些交易所为了经济利益，抬高交易品价值，影响了市场秩序。有的交易所还引用了中国工艺美术学会名义及下属专业委员会对艺术品经济价值的鉴定意见。在违法违规操作运营中，侵害了投资者合法权益，造成很坏的社会影响。

为贯彻国务院《关于清理整顿各类交易场所　切实防范金融风险的决定》（国发〔2011〕38 号），防范风险维护社会稳定，中国工艺美术学会特通知如下：

一、各专业委员会、分会负责人及学会会员要认真学习国务院《关于清理整顿各类交易场所　切实防范金融风险的决定》，结合自身特点查找问题，制定相应措施。

二、中国工艺美术学会及下属专业委员会、分会作为社会团体组织，在中国科协的业务指导下开展工作，以学术交流为主，从事技术服务，不得以任何形式对艺术品进行经济价值评估，包括：不得以组织形式发表对艺术品经济价值的鉴定意见书、不得以组织形式发表对艺术品经济价值的口头鉴定意见等。

三、各专业委员会、分会负责人要加强本单位印章的管理，制定印章使用管理制度，坚持专人管理公章。负责人对所有公函要亲自审批，经负责人签字后的公函方可加盖公章，所有加盖公章的文件必须进行登记和存档。

四、中国工艺美术学会及各专业委员会、分会的全体会员要在市场经济发展的大环境下，认真学习和执行国家相关法律法规，在国家法律法规允许的框架内开展个人的业务活动，为盲目追求经济效益所产生的个人违规行为，个人负责。

中国工艺美术学会
2012 年 2 月 3 日

【《工业和信息化部、文化部、人力资源社会保障部：关于第六届中国工艺美术大师名单的公告》】

（2012 年第 52 号）

根据国务院颁布的《传统工艺美术保护条例》（国务院令第 217 号），经国务院批准，工业和信息化部、文化部、人力资源社会保障部会同国家民委、民政部、财政部、国土资源部、国资委、中国轻工业联合会及中国珠宝玉石首饰行业协会联合成立第六届中国工艺美术大师评审工作领导小组，开展了第六届中国工艺美术大师评审工作。在各地推荐申报的基础上，经专家评审和领导小组审定，确定了 78 人为第六届中国工艺美术大师。现将名单予以公告。

附件：第六届中国工艺美术大师名单

工业和信息化部　文化部　人力资源社会保障部
2012 年 11 月 1 日

[第六届中国工艺美术大师名单]

（按姓名首字母排序，排名不分先后）

白静宜　曹加勇　曹亚麟　曹志涛　陈礼忠

陈文斌	陈益晶	陈毅谦	崔　磊	邓友谱
冯宇平	付国顺	甘而可	辜柳希	何福礼
洪新华	黄丽娟	黄泉福	黄小明	焦宝林
柯逢荣	李得浓	李凤荣	李一新	李竹玲
利成世	梁佩阳	林观博	林仕元	刘嘉峰
刘同保	刘　伟	柳建新	陆莲莲	吕　存
罗布占堆	罗　海	孟德芝	娘　本	邱　含
沈建元	沈新培	石　飚	田健桥	童永全
王笃芳	王光明	王国利	王　鹏	王树昌
王素花	翁耀祥	邬建美	吴通英	谢　华
邢伟中	熊声贵	徐经彬	杨国政	杨锐华
杨曙华	叶萌春	殷炳君	殷俊廷	于雪涛
俞　军	曾　瑾	张爱光	张来喜	张绍斌
张铁城	赵国安	赵红育	赵建忠	赵　敏
郑国明	钟汝荣	周东正		

注：参评申报者中有两个赵敏，此名单中为新疆维吾尔自治区赵敏。

纪事

展览评奖

【当代十大名窑艺术展】

2012年1月1日，由中国当代十大名窑文化产业联盟、中国当代十大名窑艺术馆主办的中国当代十大名窑艺术展在北京举行，展出的200多件艺术精品涉及中国白、钧瓷、定瓷、汝瓷、龙泉瓷、耀州瓷、珐琅彩瓷、潮州瓷、宜兴紫砂等多个品种。其中，中国白《世博和鼎》、汝瓷《孔雀洗》和《桃形洗》、紫砂作品《阴阳太极壶》、珐琅彩瓷《永久和平灯笼瓶》、钧瓷《大成盛鼎》和《如意樽》等，造型别致、寓意深刻，代表了中国当代陶瓷工艺的先进水准。

2011年7月成立的中国当代十大名窑文化产业联盟旨在推动“新名窑运动”，借助十大名窑优势，以“复兴和新兴”中国名窑为使命，构建当代名窑价值体系和产品标准、打造中国陶瓷文化的世界名片。

【“山花烂漫——中国贵州蜡染展”（东京）】

2012年1月31日，由日中友好会馆和中国美术馆联合主办、中国驻日使馆及日中友好七团体为展览做后援的“山花烂漫——中国贵州蜡染展”在日本东京开幕。日中友好会馆会长江田五月、副会长谷野作太郎、理事长村上立躬、中方代表理事王昆，日中友协会长白西伸一郎，中国美术馆党委书记游庆桥、副馆长马书林，中国驻日使馆文化参赞何静等参加了开幕式。

此次参展的60件蜡染艺术作品从中国美术馆收藏的400余件贵州蜡染作品中精选而出，涵盖了贵州著名的蜡染产地，反映了贵州蜡染艺术的多彩风貌。

【2012年第十二届全国纺织品设计大赛暨国际理论研讨会】

2012年3月26日，由清华大学艺术与科学研究中心主办的“2012年第十二届全国纺织品设计大赛暨国际理论研讨会”在清华大学美术学院举办。此次活动由中国工艺美术协会、中国家用纺织品行业协会、中国纺织服装教育学会、中国流行色协会、清华大学美术学院联合举办。

开幕式于3月26日上午举行，清华大学美术学院染织服装艺术设计系主任、教授田青主持了开幕式。

此次活动以传统纺织文化为切入点，以“上善若水”为宗旨，倡导科学发展观，提倡自然、环保、人文。

此次大赛规模比往届有所扩大，作品种类愈加丰富，体现出染织设计领域新一代设计师灵感的多元化和对传统的创新性。同期举办了2012年国际植物染织艺术展，展出了来自中国大陆、中国台湾、韩国、日本、美国、印度尼西亚、马来西亚、印度、非洲等国家与地区的近400件作品，展览持续至4月2日。

国际理论研讨会于26日下午至27日上午召开，来自美国、韩国、日本、马来西亚、印度尼西亚、中国大陆、中国台湾的植物染织专家发表了演讲。来自马来西亚的植物染织艺术家、世界手工艺理事会亚太地区分会副主席艾德瑞克也受邀参加了此次研讨会，并作了演说。

【第47届全国工艺品交易会】

2012年3月29日上午，由扬州市人民政府、中国工艺美术协会、中国工艺美术（集团）公司主办，扬州市经济和信息化委员会、扬州工艺美术集团有限公司承办，各省、市、自治区工艺美术协会共同协办的“第47届全国工艺品交易会”在扬州国际展览中心开幕。

本届展会共有来自全国各省、自治区、直辖市的700多个国内外工艺美术行业知名厂家、300多位国家级和省市级工艺美术大师携精品前来参展。同期举办“第七届中国玉石雕精品博览会”、“传统工艺美术保护国家级培训项目”三年成果展，以及“‘金凤凰·扬州赛区’创新产品设计大奖赛”，“中国玉石雕精品奖”的评审。交易会参展作品涉及11大类、上千个品种、数万件产品。2012年联合国教科文组织“杰出手工艺品徽章”项目也同时启动。获得“徽章”的作品由联合国教科文组织颁发获奖证书，并有机会参加国际交流、展览，为我国手工艺对外交流合作做出贡献。

【第四届“艺鼎杯”木雕现场创作大赛】

2012年4月12日至22日，第四届“艺鼎杯”中国木雕现场创作大赛在中国·莆田工艺美术城开赛。

本次大赛是由中国工艺美术协会主办，各省、自治区、直辖市工艺美术协会、台湾文化观光产业联盟、莆田市工艺美术协会共同协办，福建省工艺美术协会木雕专业委员会、莆田工艺美术城管理委员会具体承办。经过组委会公平而严格的筛选，来自辽宁、河北、云南、重庆、浙江、山西、福建及台湾地区的26位个人选手、22组团体代表入选本届大赛。此外组委会还邀请6位来自保加利亚、英国、西班牙和日本的雕刻大师与福建省高级工艺美术师黄献武先生参加首届国际木雕大师邀请赛。参赛者中既有当前木雕领域的领军人物，又不乏业界的后起之秀。本次大赛还打破了以往由男子选手垄断赛场的局面，有来自保加利亚的，中国福州和惠安的、台湾的女选手参赛。

来自重庆的杨恒清选手、与莆田的师徒组合“郑春辉木雕工作室”，各以作品《幸福》、《乡情悠悠》获“2012年度中国木雕状元”与“2012艺鼎杯团体赛金奖”。此外，2名个人赛选手和2组团体赛选手分获2个项目的第二名；3名个人赛选手和3组团体赛选手分获2个项目的第三名；4名个人赛选手和4组团体赛选手分获2个项目的第四名；10名个人赛选手和10组团体赛选手分获2个项目的入围奖。

【2012“深圳·金凤凰”工艺品创新设计奖】

2012年4月25日至27日，由中国工艺美术协会主办、深圳市工艺礼品行业协会承办的2012“深圳·金凤凰”工艺品创新设计奖评奖活动借助第二十届中国（深圳）国际礼品、工艺品、钟表及家庭用品展览会的平台在深圳举办。

参评作品总计206件（套），来自广东（广州、深圳、佛山、潮州）、江苏、山东、福建（福州、厦门、德化）、黑龙江等地，种类包括雕塑工艺品、陶瓷工艺品、金属工艺品、漆器工艺品、花画工艺品、民族工艺品、电子礼品、促销（赠）品等。

依据科学、公平、公正、公开的评审工作原则，由院校教授、行业专家、大师组成评委会，从设计构思、材料运用、技艺水平、市场销售前景和经济效益等方面对参评作品进行审议、评价，形成了最终评审结果。王宝元设计的《皇室座钟》、林戈创作的景泰蓝《镶玉花开富贵》詹剑铨与刘济荣合作的陶瓷茶具《克拉》等26件（套）作品获得金奖；庞国华与罗敏欣合作的木雕《稳坐钓鱼船》和周文波与张道进合作的工艺礼品《鸟巢挂件》等29件（套）作品获得银奖；曾凡翼设计的陶瓷灯罩《万家灯火》等35件（套）作品获得铜奖；21件（套）作品获得优秀奖。

【第七届中国（莆田）海峡工艺品博览会】

2012 年 4 月 28 日，以“弘扬中华优秀文化，促进产业合作发展”为主题的第七届中国（莆田）海峡工艺品博览会开幕。由中国轻工业联合会、中国工艺美术学会、中国轻工珠宝首饰中心共同主办的 2012 年中国工艺美术“百花奖”评选活动同期举行。

本届艺博会展出了来自海峡两岸的数万件作品，汇集两岸有代表性的工艺美术企业、工艺作品，展区总面积达 14.5 万平方米，其中展示中心展馆设标准展位 757 个，比上届增加了 91 个，同时还设置了台湾展区，共 56 个展位。

【2012 中国民间工艺品博览会】

2012 年 5 月 10 日，由中国民协、安徽省文联、合肥市人民政府主办，安徽省民协、安徽国际会展中心、中国民协（烟台）展览中心承办的 2012 中国民间工艺品博览会，在安徽省合肥市开幕。

本届博览会的主题是传承、交流、合作、发展、创新，共设国际标准展台 700 个，除民间工艺品展览展销外，还举办当代中国民间工艺品精品及大师推介活动、2012 中国民间工艺品博览会金银奖和最佳展台设计奖评选活动。

来自全国 31 个省市自治区、民间艺术家近年创作的各种类民间工艺品亮相展会，包括书画、剪纸、编织、刺绣、服饰、陶瓷、文房四宝、古典家具等。其中包括吴元新的南通蓝印花布、高水旺的高仿唐三彩、王玲的澄泥砚、曹美姐的缂丝绣品、吕俊杰的紫砂壶等艺术家的力作。

【大器“玩”成——中国美术馆藏民间玩具精品展】

2012 年 5 月 30 日至 9 月 3 日，中国美术馆举办大器“玩”成——中国美术馆藏民间玩具精品展。

中国美术馆共藏有民间美术作品近 7 万件，其中民间玩具的藏量就超过了 6000 件（套）。此次展览是中国美术馆历经 30 多年收藏与研究历程后，民间美术作品的首次大规模集中展出，展品有 370 组 800 多件。展览以“成长”和“成才”为主线，按照儿童成长和认知能力的发展顺序共分为“希冀”、“启智”、“尚德”三个部分。从“辈辈封侯”、“状元骑马”等表达家长希冀的婴幼儿玩具，到风筝、风车、提线木偶等培养观察和动手能力，开启智慧、增强学习兴趣的少儿玩具，再到“三国兵马”、“白蛇传”和“大闹天宫”等具有更深文化内涵和道德传授寓意的玩具，展览在营造欢乐愉快的氛围同时，引导孩子健康成长、通过民间艺术品开展教育的用意十分突出。

展览同期开展“中国美术馆小小讲解员”展厅导赏；推出了 3 张以玩具展藏品为依托的教育卡片免费发放，包括绘画、纸工、游戏不同内容；举办专题讲座，邀请清华大学美术学院教授讲解我国民间玩具的历史。结合展览中的玩具藏品，中国美术馆改变了以往的教育模式，以玩具为媒介，以玩为关键词，通过“在游戏中学习”的教育形式组织开展了多场专场体验活动，不仅邀请民间艺人、非遗传承人现场表演交流，儿童教育专家也参与到了教育活动中。

【守正出奇——唐宋名瓷现代传人与台湾陶艺名家两岸交流展】

2012 年 7 月 5 日，“守正出奇——唐宋名瓷现代传人与台湾陶艺名家两岸交流展”在位于北京前门大街的台湾会馆开幕。本次交流展邀请高水旺、任星航等唐宋名窑代表性传承大师 9 人，联合台湾当代陶瓷家 11 人，共展出两岸陶瓷家创作的作品 50 件。

50 件展品中，不仅有大陆各大名窑代表性传人的作品，还有台湾陶艺名家创制的具有现代感的佳作。

展览持续至 7 月 12 日。

【木雕工国家职业技能标准通过审定】

2012 年 8 月 17 日，由国家人社部授权浙江省职业技能鉴定中心和东阳市共同组织开发的木雕工国家职业技能标准，在杭州通过专家审定。

木雕工国家职业技能标准开发工作由东阳市人力社保局和东阳市工艺美术协会负责，浙江东阳、福建莆田等全国木雕主产区的国家级、省级工艺美术大师和专家学者承担起草工作。

8 月 16 日、17 日，全国工艺美术界 9 位工艺美术大师、专家对木雕工国家职业技能标准的报批稿进行审定，并一致同意通过。它填补了国家职业标准的空白，开启了我国木雕技艺这一非物质文化遗产保护的新纪元。

【第二届“亚太地区手工艺大师”评审】

2012 年 9 月 5 日，由世界手工艺理事会亚太地区分会秘书处组织的第二届“亚太地区手工艺大师”评审工作会议在中国苏州召开。此次评选邀请了世界手工艺理事会主席乌莎·克瑞斯娜，世界手工艺理事会亚太地区分会主席苏茄比·罗迦娜翁思，世界手工艺理事会亚太地区分会副主席、西亚地区副主席嘎达·易佳薇、世界手工艺理事会亚太地区分会副主席王良民，世界手工艺理事会亚太地区分会顾问、手工艺专家茹加·佛吉亚，国际手工艺专家新加坡人罗建金担任评委。

评审委员会对我协会推荐的 22 位中国区候选人进行了认真细致的评议、审核，宋世义、倪东方等 16 位中国工艺美术大师通过了评审，获得了“亚太地区手工艺大师”的荣誉称号。

［第二届亚太地区手工艺大师名单］（排名不分先后）

宋世义　冯道明　米振雄　倪东方　冯文土　高公博　赵锡祥　林学善　郑益坤　林亨云　薛生金　张广庆　刘泽棉　周金秀　郝淑萍　常世琪

【中国当代刺绣艺术品大展】

2012 年 9 月 15 日至 17 日，中国当代刺绣艺术品大展在湖南省展览馆举办。展览集中展示了全国 24 个地区近 70 家企业和个人的 300 余件刺绣品，除了人们熟知的四大名绣湘绣、苏绣、蜀绣、粤绣外，还有汴绣、杭绣、汉绣、辽绣等多种地方绣种和少数民族刺绣。大展不仅有国家和省级工艺美术大师的精品，还展出了 48 名新人的刺绣新作。现场开辟的中国刺绣文化艺术体验区，邀请了刺绣大师和专家进行现场表演。

9 月 16 日，在喜来登大酒店举行了中国刺绣高峰论坛。中共湖南省委宣传部副部长、湖南省文化创意产业办公室主任蒋祖烜，清华大学文化创意研究中心、新经济与新产业研究中心负责人李季，清华大学美术学院教授林乐成，中国工艺美术协会副会长兼秘书长王山，中国工艺美术学会副理事长唐克美，清华大学纤维艺术研究所副所长梁雪芳等主讲嘉宾就“传承与创新”的主题发表了演讲，共同探讨了中国刺绣产业如何与社会、经济、文化、生活深度融合，为中国刺绣行业的发展方向发表了真知灼见。包括 5 位中国工艺美术大师在内的刺绣专家、刺绣参展企业代表共 120 余人参加了论坛。

中国工艺美术协会组织专家评委进行了中国当代刺绣艺术品评选，湘绣、苏绣、蜀绣、广绣、汴绣、台绣、杭绣、晋绣、扬州写意绣、汉绣等绣种的 20 件作品获得创新技艺奖、刺绣语言奖、设计工艺奖、新人新作奖和最受网络欢迎奖。11 家刺绣企业获评中国刺绣行业成长进步型企业、市场营销创新奖、培育新人奖和中国刺绣艺术品大展最佳组织奖。

本次展会还开展了第二届湖南绣女技能风采大赛、湖南工艺美术品展示及贸易洽谈、第五届湖南工艺美术精品大奖赛、电视文艺颁奖晚会等主题活动。

[中国当代刺绣艺术品大展获奖名单]

一、创新技艺奖：

1. 汴绣《寒烟翠》，设计：周雪，制作：苗炜
2. 台绣《蜘蛛网绣时装和网络天下》，设计：林霞，制作：丁燕飞
3. 晋绣《顺民意》，设计：范素萍，制作：范素萍
4. 扬州写意绣《行旅图》，制作：吴晓平

二、刺绣语言奖：

1. 湘绣《名人名画》作品系列，设计：王雪涛，制作：韩超、尹静、李贵平，指导老师：李湘红、李群英
2. 湘绣《毛主席在一九六六》，设计：徐建朴，制作：苏桂云、沈敏
3. 苏绣《缤纷世界》，设计：Jackson · Pouock 制作：曹琦珍
4. 苏绣《朝露湿红衣》，制作：姚建萍

三、设计工艺奖：

1. 湘绣《菡萏潇湘》，工艺设计：李艳，制作：李露、周细慈、黄惠霞、任亚华、周运兰、李双、袁敏、周偲、马国纯、王利恒、余淑辉、辜金华、汤倚香、陶小燕、王湘林、王玉辉、袁晓勤
2. 蜀绣《彝族姑娘》，制作：郝淑萍
3. 广绣《千古留名》，设计：方楚雄，制作：梁少兰
4. 杭绣《蝶语》，设计：金家虹，制作：金家虹

四、新人新作奖：

1. 湘绣《春归》，工艺设计：昌妮，设计指导：李艳，制作：李薇、董金慧
2. 湘绣《和 · 荷》，工艺设计：卢登辉，制作：李小艳，指导老师：成新湘、李湘红
3. 湘绣《草鞋的故事》，设计：刘顺湘，制作：张秀秀、彭飘、李丹、刘艳冰、吴晶慧
4. 苏绣《腊梅山禽》，制作：徐苏凤

五、最受网络欢迎奖：

1. 汉绣《五虎上将马超》，制作：袁萍
2. 汉绣《昭君出塞》，制作：王凤梅
3. 湘绣《彩蝶恋花》，设计：熊佩，制作：潘智明、龙贵女、田春艳、彭海兰
4. 湘绣《女孩与小鸟》，设计：唐爱国，制作：刘畅、唐金凤

六、中国刺绣行业成长进步型企业：

1. 苏州姚建萍刺绣艺术有限公司
2. 长沙沙坪金球湘绣有限公司
3. 广东佛山顺德区富德工艺品有限公司

七、中国刺绣行业市场营销创新奖：

1. 苏州刺绣研究所有限公司
2. 湖南湘绣城集团
3. 成都郝淑萍蜀绣工艺美术大师工作室

八、中国刺绣行业培育新人奖：

1. 湖南省湘绣研究所
2. 湖南工艺美术职业学院

九、中国刺绣艺术品大展最佳组织奖：

1. 苏州高新区镇湖刺绣协会
2. 湖北省工艺美术协会
3. 开封汴绣厂

【“大河杯”工艺美术大师玉雕精品奖】

2012年10月28日至29日，中国工艺美术协会、《河南日报》报业集团和河南省工艺美术行业协会共同主办“大河杯”工艺美术大师玉雕精品展，300件来自全国的大师玉雕作品报名参加精品奖的评选活动。

本届“大河杯”工艺美术大师玉雕精品奖评出33个金奖、39个银奖、47个铜奖、58个优秀奖。本次展出的作品，整体上在传承、创新上都有新的起色。题材生动多样，艺术形式新颖，主题吉祥、和谐、团结。在原材料的发掘上，密玉和南阳独山玉作品俏色利用充分。近年来，河南玉雕注意吸收其他地区优秀的玉雕元素、技法，丰富了内容与表现形式，人才成长快、作品成长快，艺术水准、艺术品位、工艺技法都有了一个跨越式的发展。

【第十四届中国工艺美术大师精品博览会】

2012年11月3日至6日，第十四届中国工艺美术大师精品博览会在上海光大会展中心举行。本届博览会分为陶瓷馆、专题馆及综合馆，展出中国工艺美术领域上百个品种、三万余件作品，内容涵盖珠宝玉器、工艺家具、美术陶瓷、紫砂陶艺、文房四宝、刺绣、版画油画等。

创办于1999年的中国工艺美术大师精品博览会与中国上海国际艺术节同年诞生，是目前国内最具有影响力和高水准的工艺美术展览会之一。除了继续秉承“民族与世界融合”的宗旨，“传统与现代交融”是本届工艺美术大师精品博览会的最大亮点。入选展品大都是全国各地工艺美术大师的用心之作，在创作材料的选择、传统工艺技法的表现、作品的艺术品位及功能扩展等方面均有突破。

【第一届中国（惠安）国际雕刻艺术品博览会】

2012年11月9日，第一届中国（惠安）国际雕刻艺术品博览会在惠安县城南展览中心开幕。本届博览会由中国工艺美术协会、福建省文化发展改革工作领导小组办公室、福建省经济贸易委员会、福建省对外贸易经济合作厅、福建省城镇集体工业联合社、福建省国际贸易促进委员会、泉州市人民政府主办，中国建筑装饰协会等承办。

博览会以“让世界了解惠安让惠安走向世界”为主题。展馆面积达28000平方米，室内标准展位

700 个。展品范围覆盖了石雕、赏石、木雕、玉雕等各类雕刻工艺品。博览会期间还举办了雕艺精品拍卖会、雕刻艺术与城市建设论坛、雕刻艺术优秀作品评奖等一系列活动。

在 11 月 9 日下午举办的"雕刻艺术与城市建设论坛"上，受邀前来的世界手工艺理事会亚太地区分会副主席 Edric Ong、德国纽伦堡艺术学院教授、公共艺术家 Claus Bury、美国雕塑家 Jon Hudson 及美国学者 Kurt Aanensen 分别作了主题发言，并与观众互动，回答了关于雕塑与城市建设方面的问题。

张锠、庄南鹏、王则坚、刘能风、刘同保、卢思立等国内专家受聘担任本次评奖活动的评委，经过对作品的仔细审视和严谨的讨论，评出金奖 72 枚、银奖 81 枚、铜奖 92 枚。评奖结果于 11 月 13 日公布。

【第五届中国刺绣文化艺术节】

2012 年 11 月 28 日，第五届中国刺绣文化艺术节在位于苏州高新区镇湖街道的中国刺绣艺术馆广场举办。本届艺术节由苏州市人民政府、文化部中外文化交流中心、中国工艺美术协会主办，江苏省工艺美术行业协会、苏州市委宣传部、苏州高新区管委会承办。

本届刺绣艺术节以"传承创新交流"为活动主题，重点展示近年来刺绣在传承发展中华传统文化的基础上不断创意创新的成果，进一步加大对外文化交流和展示。本届艺术节包括多项活动：开幕式上，各国外交使节及夫人受邀会聚镇湖，共赏刺绣；镇湖刺绣正式启动"海外行"活动，将近年来镇湖绣娘大师创作的兼具历史与现代、传统与创新、艺术与人文之美的刺绣艺术精品，沿着丝绸之路，走向海外进行巡回展。除此之外，开幕式上江苏省质监局宣布"地理标志产品——镇湖刺绣"通过"江苏省地方标准"、举办中国创意产品设计研究院苏州分院揭牌仪式、镇湖"江苏省生态旅游示范区"授牌、表彰镇湖 2012 年"十佳刺绣新人"等。

自 2006 年组织承办第一届中国刺绣文化艺术节以来，镇湖刺绣对外影响迅速扩大，品牌效应和经济效益迅速提升，切实打响了"中国民间（刺绣）艺术之乡"、"中国刺绣基地镇"、"国家文化产业示范基地"、"全国农业旅游示范点"、"苏州城市名片"等荣誉称号品牌。

第五届中国刺绣文化艺术节持续至 2012 年 12 月底。

【第四届中国美术陶瓷技艺大赛】

2012 年 12 月 6 日，由中国工艺美术协会、钦州市政府、钦州市工业和信息化委员会主办，广西市工艺美术协会协办的"2012 国际陶瓷文化节暨第四届中国美术陶瓷技艺大赛"在钦州市体育中心开幕。

本次陶瓷技艺大赛为期 2 天，设有陶瓷造型技艺、陶瓷装饰技艺、陶瓷雕塑技艺三个比赛项目。参赛选手根据评审组的要求在 2 天的比赛时间内以命题及非命题的形式现场创作 2 件作品。来自广西、云南、黑龙江、湖南、河北、山西、重庆、广东、宁夏等 11 个省、区、市的 131 名选手参加了本次比赛。其中 42 人参加陶瓷造型技艺项目，65 人参加陶瓷装饰技艺项目，24 人参加陶瓷雕塑技艺项目。

【中国丝绸刺绣艺术展（伦敦）】

2012 年 12 月 11 日至 12 日，"中国丝绸文化暨刺绣艺术展览会"在英国伦敦金融城中国银行伦敦分行举行。

展览会主办方为中国丝绸协会。展览主要分为"中国丝绸历史文化"及"中国丝绸和刺绣展品"两大部分，展览展出 150 多件中国丝绸和刺绣珍品。展览中的一幅伊丽莎白女王二世真丝绣像由中国同源有限公司耗时一年多精心绣制而成。

11 日的开幕式后，展览会现场举办了英中纺织产业合作论坛。

【大方无隅”——第二届当代内画艺术展】

2012年12月12日至2013年1月12日，“大方无隅”——第二届当代内画艺术展在河北石家庄习三内画博物馆举行。

展览展出董雪、卢俊为、程桂森等26位画师的二百多件精品烟壶。

【第二届北京工艺美术创新设计大赛】

2012年12月23日，由北京市经济和信息化委员会主办。北京工艺美术行业发展促进中心、北京工艺美术行业协会共同承办的“第二届北京工艺美术创新设计大赛”在第七届北京国际文化创意产业博览会期间举办评审会。

参加这次大赛的艺徒151名。带来参赛作品166件（套）；59名青年大学生带来54件（套）作品参赛，共有210名作者或设计者带来的220件（套）作品参赛。共有92件（套）作品分别获得了不同奖项。其中艺徒作品获得一等奖11件（套）、二等奖18件（套）、三等奖40件（套）；青年大学生作品获得一等奖2件（套）、二等奖10件（套）、三等奖11件（套）。

会议

【中国民间文艺家协会举办民间工艺传承人培训班】

2012年5月6日至8日，中国民间文艺家协会、中国文学艺术基金会、上海市文学艺术界联合会在上海主办中国民间工艺传承人培训班，近百位民间工艺传承人、民间文化产业经营管理者参加培训。

陈勤建、张道一、郑土有、吴海燕、孙建君等专家学者分别作专题讲座。专家指出，随着城镇化进程的加速和市场因素的影响，许多优秀传统民间工艺传承链出现中断、传承机制弱化、雷同现象严重，如何从民俗生活中汲取力量并转化为个人的创造力，以当代经济社会需求激活传统民间艺术的生命力，广大传承人任重道远。

苏绣传承人姚建萍、剪纸艺术传承人李守白结合传统刺绣、剪纸等民间艺术的现代创意经济实践在培训班上作了交流发言。

【第二届“亚太地区手工艺大师”评审】

2012年9月5日，由世界手工艺理事会亚太地区分会秘书处组织的第二届“亚太地区手工艺大师”评审工作会议在中国苏州召开。此次评选邀请了世界手工艺理事会主席乌莎·克瑞斯娜、世界手工艺理事会亚太地区分会主席苏茹比·罗迦娜翁思、世界手工艺理事会亚太地区分会副主席、西亚地区副主席嘎达·易佳薇、世界手工艺理事会亚太地区分会副主席王良民、世界手工艺理事会亚太地区分会顾问、手工艺专家茹加·佛吉亚、国际手工艺专家新加坡人罗建金担任评委。16位中国工艺美术大师通过了评审，获得了“亚太地区手工艺大师”的荣誉称号。

［第二届亚太地区手工艺大师名单］

宋世义　冯道明　米振雄　倪东方　冯文士　高公博　赵锡祥　林学善　郑益坤　林亨云　薛生金　张广庆　刘泽棉　周金秀　郝淑萍　常世琪

【中国当选第17届（第11任）世界手工艺理事会主席国】

2012年10月7日至10日，2012世界手工艺峰会在印度金奈召开，来自世界35个国家的500名世界各国的手工艺界代表出席会议。在10月10日举办的第十七届世界手工艺理事会年会上，中国工艺集团公司作为世界手工艺理事会中国代表机构，全票通过当选2013—2016年第17届（第11个）世界手工艺理事会轮值主席国。

作为中国工艺美术行业的代表，中国工艺集团公司（原中国工艺美术集团公司）从1991年正式成为WCC会员，1997年和2008年分别承办了世界手工艺理事会亚太地区年会，第16届世界手工艺理事会年会的活动，并于1997年至2009年连续13年担任世界手工艺理事会东亚地区主席，亚太地区副主席等职位。

会上选举并通过了5个洲际WCC的理事长单位，欧洲地区的主席国由英国Rosy Greenlees（萝丝葛林丽斯）女士担任担任，亚太地区主席国为科威特的Dr. Ghada Hijjawi Qaddumi（嘎达·宜佳唯·噶杜密）博士，非洲地区的主席国由Mr. Evaristo Jose Madime担任，南美地区主席由Alberto de Betolaza（阿尔伯特·百特让叵）先生担任，北美地区主席由美国的 CINDY BOWEN（辛迪·鲍文）女士担任。

中国当选轮值国主席后，召开了第一次理事长工作会，来自五大洲的新当选的洲际主席、洲际副主席等参加了此次会议。会议针对 WCC 新一届理事会班子的工作进行了部署。新一届理事会的交接工作在 12 月底前完成，2013 年 1 月 1 日正式开始进行实际工作。

中国代表团在会上还递交了关于中国浙江省东阳市申报“世界木雕之都”的请示。大会对苏州市工艺美术职业技术学院申请“世界手工艺理事会创研营”称号进行了讨论，经过辩论，大会决定在 2012 年 12 月份第二次理事长工作会议上制定评审细则后，再根据评审标准确定是否授予苏州市工艺美术职业技术学院“世界手工艺理事会创研营”称号。

［世界手工艺理事会］

世界手工艺理事会（WCC）1964 年 6 月 12 日在美国纽约成立，是一个国际非政府组织（NGO），也是联合国教科文组织（UNESCO）中 A 级具有协商地位的国际组织。WCC 的主要目的是提高手工艺作为世界文化和经济重要组成部分的地位。WCC 与个人、团体、政府、私人机构共享关于手工艺的信息，并通过各种展会、国际学习访问、讲座来协助文化交流，并通过进出口调查等活动来努力促进手工艺在经济上的发展。

WCC 致力于全球范围手工艺活动，除举办有特色的地区性活动外，成员们还相互合作，组织大型的全球性活动，如研讨会、展览会、竞赛、交流项目和专家会议等；致力于增进世界手工艺者之间的联络和友谊；向手工艺者提供奖励、帮助和建议。

【当代中国工艺美术创新与发展学术论坛】

2012 年 11 月 28 日，“当代中国工艺美术的创新与发展”学术论坛在江阴举行。会议主题为讨论和研究“当代中国工艺美术的创新与发展”的课题，为中国工艺美术行业的发展寻找继续前进的方向。

中国工艺美术学会副理事长唐克美、张春雷，清华大学美术学院教授王建中，中国工艺美术学会副秘书长马佩、张淑荣，中国工艺美术馆副馆长王辉，中国工艺美术大师杨根连，中国工艺品进出口公司副总经理陈烈汉相继发言，从发展的角度阐述论点，对当代中国工艺美术的状况进行分析，寻找中国工艺美术作品创新的方向。

机构

【中国美术家协会工艺美术艺术委员会在京成立】

2012 年 2 月 8 日,中国美术家协会在北京召开工艺美术艺术委员会成立大会。

会议上,刘健宣读《中国美术家协会关于成立工艺美术艺术委员会及第一届成员的聘任决定》,并向受聘委员颁发聘书。刘健、潘鲁生分别在会议上致辞。这是中国美协成立的第 22 个专业艺术委员会。

之后,工艺美术艺委会召开了第一次委员工作会议,研究中国工艺美术的发展现状,商讨今后的工作任务及活动计划。工艺美术艺委会的成立提供了一个良好的平台,也表明了中国美协与时俱进,团结更广泛的专家,吸纳更多元化的艺术状态,为中国文化事业的发展、繁荣作贡献。这次会议对于今后工艺美术艺委会的发展具有重要的指导意义,也将推动中国美术事业的进步。

[中国美术家协会工艺美术艺术委员会组织机构]

主　任:

潘鲁生

副主任:(按姓氏笔画为序)

田奎玉　许　奋　吴小华　唐绪祥　滕　菲

秘书长:

冯小红

副秘书长:

孙　磊

委　员:(按姓氏笔画为序)

马　涛　王立德　王季华　冯小红　田奎玉　任焕斌

孙　磊　许　奋　余　强　吴小华　张连生　陈　青

唐绪祥　郭　鸣　廖　军　滕　菲　潘鲁生

【景泰蓝博物馆开馆】

2012 年 6 月 6 日，由北京非物质文化遗产保护中心、北京工艺美术行业发展促进中心、北京工艺美术行业协会主办，北京市珐琅厂有限责任公司承办的“追本溯源——仿宫廷景泰蓝艺术展暨景泰蓝博物馆”开馆仪式在北京市珐琅厂开幕。

景泰蓝博物馆一期建筑面积 450 平方米，馆藏展品以元、明、清时期制作风格的珐琅器（景泰蓝）为主。同时陈设有珐琅厂自建厂以来各时期的景泰蓝精品，各位大师、老艺人的经典作品。该馆通过电子媒体、互动触媒、网络媒介等多元展示手段，配套有实际的手工工艺制作车间及大师工作室，融科学性、知识性、趣味性、体验性和艺术性于一体，是一个针对广大人民群众和社会各阶层人士进行展览展示的公益性博物馆。珐琅厂计划在“十二五”期间对展馆进一步扩容，最终博物馆面积将达 1000 余平方米。

在为期两个月的展览期间，珐琅厂举办由国家级大师、老艺人、高级工艺技师、管理者参加的传统景泰蓝技艺交流活动及国内知名景泰蓝专家、学者参加的传统技艺研讨会。

【黑陶文化博物馆成立】

2012 年 10 月 11 日，中国黑陶文化博物馆在山东省日照市成立，这是国内第一座也是唯一一座黑陶文化博物馆。

该博物馆主体分为艺术家精品馆、陶艺家作品馆、古陶文化馆、黑陶文化馆 4 个展厅。其中，艺术家精品馆陈列有韩美林等知名艺术家的作品，陶艺家作品馆陈列着诸多黑陶艺术家的代表作品 300 多件，古陶文化馆陈列着从旧石器时代到新石器时代的一些器具，黑陶文化馆则展示了大汶口文化、龙山文化等不同时期的黑陶器具和古黑陶残片。

人物纪念

【中国工艺美术大师郭琳山陶瓷艺术回顾展暨座谈会】

2012年2月10日，由杭州市经济和信息化委员会主办，浙江省工艺美术行业协会、浙江省工艺美术研究所、浙江省青瓷行业协会、杭州工艺美术博物馆、杭州市工艺美术行业协会、杭州贵山窑陶瓷艺术研究室协办的中国工艺美术大师郭琳山陶瓷艺术回顾展在杭州中国刀剪剑博物馆举行。

郭琳山于2011年2月10日逝世。此次回顾展共展出中国工艺美术大师郭琳山的陶瓷作品75件、绘画作品13件，分别展现了不同时期的陶瓷艺术创作风格，展出时间为一个月。

同日，在杭州中国刀剪剑博物馆，杭州市经济和信息化委员会、杭州市工艺美术行业协会还召开了中国工艺美术大师郭琳山陶瓷艺术座谈会。

【中国工艺美术大师苏清河逝世】

2012年2月23日23时30分，中国工艺美术大师、中国陶瓷艺术大师苏清河因病逝世，享年72岁。

苏清河，号莹玉，1941年6月出生于德化后井窑陶瓷世家，1956年拜瓷雕名师苏勤明及雕刻家许光益为师，学习传统瓷雕艺术。他是第一位也是至今唯一一位国家级非物质文化遗产“中国白瓷烧制技艺”传承人，曾被评选为“影响中国陶瓷行业100人”，是公认的德化传统白瓷代言人。

从事陶瓷艺术创作56载，苏清河独创中国白传世之宝“莹玉红”艺术瓷，荣获福建省科技进步奖。

苏清河塑造的作品造型别致，优美传神，尤以佛教人物造像蜚声海内外。

苏清河一生留下了许多经典作品，他历时两年打造的巨型瓷雕“渡海观音”是目前世界上最大的瓷雕观音；《泰国佛》被国家博物馆收藏。他的作品广受国内外专家的赞誉与好评，产品畅销日本、菲律宾、新加坡、加拿大等国家以及中国台湾、中国香港地区。

【中国工艺美术大师林福照逝世】

2012年8月23日，中国工艺美术大师、青田石雕界代表人物林福照先生逝世，享年75岁。

林福照，1938年1月22日出生于青田县山口村石雕世家。1951年开始学习石雕技艺。1956年，进青田石雕二厂从事创作。1970年，组建青田石雕二厂创作组，指导技艺。1987年，调入青田石雕一厂，从事创作设计教研工作。历任青田山口石雕二厂厂长、青田县石雕研究院院长、青田集雅玉石艺术公司董事长等职务。1995年被中国民间文艺家协会和联合国教科文组织联合授予“民间工艺美术家”荣誉称号，2004年10月被中国宝玉石协会授予“中国玉石雕刻大师”荣誉称号，2001年，被青田县人民政府授予“青田石雕杰出贡献奖”。2006年被授予“中国工艺美术大师”称号，同年，其大型山水作品《锦绣河山》作为浙江省工艺品代表作荣晋北京人民大会堂。出版发行《林福照大师青田石雕作品》邮资明信片。

林福照将自己的毕生精力和智慧奉献给了青田石雕事业，一生致力于青田石雕技艺革新——20世纪60年代，大胆创新，首创青田石雕连续一次性放洞成型法；70年代，不断尝试探索，将大量废弃的石料用作于石雕制作，大大提高了青田石的利用率；80 年代，以高超的领导艺术和精湛的石雕技艺，带领全厂人员出色完成国家任务，使企业利润快速增长；90 年代以来，对山水、人物、花鸟、动物等几大题材进行综合运用，融会贯通，从而步入了个人石雕艺术的巅峰时期。他致力于青田石雕传统技艺的教研和传承，为人师表，诲人不倦。他致力于青田石雕理论学术的研究和艺术经验的总结，形成了系统的理论。

大事记

1月1日，由中国当代十大名窑文化产业联盟、中国当代十大名窑艺术馆主办的中国当代十大名窑艺术展在北京举行。

1月31日，由日中友好会馆和中国美术馆联合主办的“山花烂漫——中国贵州蜡染展”在日本东京开幕。

2月3日，《中国工艺美术学会系统关于禁止从事艺术品经济价值评估活动的通知》颁发。

2月8日，中国美术家协会在北京召开工艺美术艺术委员会成立大会。

2月10日，由杭州市经济和信息化委员会主办，浙江省工艺美术行业协会、浙江省工艺美术研究所、浙江省青瓷行业协会、杭州工艺美术博物馆、杭州市工艺美术行业协会、杭州贵山窑陶瓷艺术研究室协办的中国工艺美术大师郭琳山陶瓷艺术回顾展在杭州中国刀剪剑博物馆举行。

2月23日，中国工艺美术大师、中国陶瓷艺术大师苏清河因病逝世，享年72岁。

3月2日至20日，“一花一世界——上海大学手工艺术展”在泰国宋卡王子大学普吉分校举办。

3月3日至23日，“一玻一璃一世一界”当代玻璃艺术展在上海展出。

3月26日，由清华大学艺术与科学研究中心主办的“2012年第十二届全国纺织品设计大赛暨国际理论研讨会”在清华大学美术学院举办。

3月29日上午，由扬州市人民政府、中国工艺美术协会、中国工艺美术（集团）公司主办的“第47届全国工艺品交易会”在扬州国际展览中心开幕。

4月10日，由中国艺术研究院主办，工艺美术研究所承办的《中国工艺美术大师全集·吕尧臣卷》首发式暨吕尧臣紫砂精品展在北京贵宾楼饭店举行。

4月12日至22日，第四届“艺鼎杯”中国木雕现场创作大赛在中国·莆田工艺美术城开赛。

4月16日，由中国艺术研究院·中国非物质文化遗产保护中心主办，中国国家博物馆、中国艺术研究院中国工艺美术馆承办的2012年“中国当代工艺美术双年展”在北京中国国家博物馆开幕。

4月21日，中国工艺美术学会木雕艺术专业委员会年会在昆明举行。

4月25日至27日，由中国工艺美术协会主办、深圳市工艺礼品行业协会承办的2012“深圳·金凤凰”工艺品创新设计奖评奖活动借助第二十届中国（深圳）国际礼品、工艺品、钟表及家庭用品展览会的平台在深圳举办。

4月28日，以“弘扬中华优秀文化，促进产业合作发展”为主题的第七届中国（莆田）海峡工艺品博览会开幕。

5月6日至8日，中国民间文艺家协会、中国文学艺术基金会、上海市文学艺术界联合会在上海主办中国民间工艺传承人培训班。

5月10日，国际新玻璃艺术展在上海春季艺术沙龙期间举办。

5月10日，由中国民协、安徽省文联、合肥市人民政府主办，安徽省民协、安徽国际会展中心、中国民协（烟台）展览中心承办的2012中国民间工艺品博览会，在安徽省合肥市开幕。

5月30日至9月3日，中国美术馆举办大器“玩”成——中国美术馆藏民间玩具精品展。

6月6日，由北京非物质文化遗产保护中心、北京工艺美术行业发展促进中心、北京工艺美术行业协会主办，北京市珐琅厂有限责任公司承办的“追本溯源——仿宫廷景泰蓝艺术展暨景泰蓝博物馆”开馆仪式在北京市珐琅厂开幕。

7月5日，“守正出奇——唐宋名瓷现代传人与台湾陶艺名家两岸交流展”在位于北京台湾会馆开幕。

7 月 24 日上午，由中国艺术研究院主办，佛山市政府等多家单位协办的《中国工艺美术大师全集·潘柏林卷》首发式暨潘柏林陶塑精品展在北京贵宾楼饭店举行。

8 月 17 日，由国家人社部授权浙江省职业技能鉴定中心和东阳市共同组织开发的木雕工国家职业技能标准，在杭州通过专家审定。

8 月 23 日，中国工艺美术大师、青田石雕界代表人物林福照先生逝世，享年 75 岁。

9 月 5 日，由世界手工艺理事会亚太地区分会秘书处组织的第二届“亚太地区手工艺大师”评审工作会议在中国苏州召开。

9 月 11 日，在成都举行的中国工艺美术行业年会上，福州市被授予“中国脱胎漆艺之都”、“中国寿山石文化之都”和中国工艺美术行业特色区域荣誉称号。

9 月 15 日至 17 日，中国当代刺绣艺术品大展在湖南省展览馆举办

10 月 7 日至 10 日，2012 世界手工艺峰会在印度金奈召开，中国当选 2013—2016 年第 17 届（第 11 个）世界手工艺理事会轮值主席国。

10 月 11 日，中国黑陶文化博物馆在山东省日照市成立。

10 月 25 日，中国工艺美术协会、河南日报报业集团有限公司和河南省工艺美术行业协会共同主办的郑州国际玉文化博览会暨 2012 昆明泛亚石博览会郑州巡展在郑州开幕。

10 月 28 日至 29 日，中国工艺美术协会、河南日报报业集团和河南省工艺美术行业协会共同主办“大河杯”工艺美术大师玉雕精品展。

11 月 26 日至 2012 年 1 月 16 日，2012 北京国际漆艺玩饰展在北京 798 艺术区乔十光漆画馆举办。

11 月 1 日，《关于第六届中国工艺美术大师名单的公告（2012 年第 52 号）》颁发。

11 月 3 日至 6 日，第十四届中国工艺美术大师精品博览会在上海光大会展中心举行。

11 月 8 日，由清华大学美术学院、江苏省南通市人民政府、中国工艺美术学会纤维艺术专业委员会共同主办，南通国有置业集团承办的“从洛桑到北京”第七届国际纤维艺术双年展暨学术研讨会（南通展年）在江苏省南通市唐闸中国近代工业遗存保护区举行开幕式。

11 月 28 日，“当代中国工艺美术的创新与发展”学术论坛在江阴举行。

11 月 28 日，第五届中国刺绣文化艺术节在位于苏州高新区镇湖街道的中国刺绣艺术馆广场举办。

11 月 9 日，第一届中国（惠安）国际雕刻艺术品博览会在惠安县城南展览中心开幕。

11 月 9 日至 12 月 9 日，“十年·有声”当代国际首饰展在中央美术学院美术馆举办。

11 月 28 日，“当代中国工艺美术的创新与发展”学术论坛，在江阴华西村龙希国际大酒店友谊厅举行。

12 月 4 日，中国艺术研究院工艺美术研究所在北京西藏大厦举办了 2012 年《中国工艺美术大师全集》编辑出版工作会议。

12 月 5 日，由中国美协主办、中国美协陶瓷艺术委员会承办的首届中国当代陶瓷艺术大展在北京中华世纪坛开幕。

12 月 6 日，由中国工艺美术协会、钦州市政府、钦州市工业和信息化委员会主办，广西市工艺美术协会协办的“2012 国际陶瓷文化节暨第四届中国美术陶瓷技艺大赛”于在钦州市体育中心开幕。

12 月 7 日，2012 法蓝瓷陶瓷设计大赛在北京举行总决赛暨颁奖典礼。

12 月 11 日至 12 日，“中国丝绸文化暨刺绣艺术展览会”在英国伦敦金融城中国银行伦敦分行举行。

12 月 12 日至 2013 年 1 月 12 日，“大方无隅”——第二届当代内画艺术展在河北石家庄习三内画博物馆举行。

12 月 23 日，由北京市经济和信息化委员会主办，北京工艺美术行业发展促进中心、北京工艺美术行业协会共同承办的“第二届北京工艺美术创新设计大赛”举办评审会。

分卷主编：王　伟

中国艺术年鉴

2012年卷

摄影卷

年度述评

2012 年摄影艺术综述

◎李树峰

2012 年，中国摄影界在平稳发展的态势之下出现了一些新的发展趋向，如新媒体技术带来摄影艺术观念更新，摄影器材的大量普及形成摄影的日常化与大众化，摄影交流的加强等，摄影行业的这些新动态值得我们认真关注。

一、摄影艺术史前时代结束，摄影大众化、日常化时代开启

一门艺术，创作水平高低不论，只有在没有技术壁垒、人人可以介入为之的时候，才能算其历史的真正开始。如舞蹈的历史自原始人饱暖后有节奏地走路就开始了，绘画的历史自人类儿童时期用带颜色的石头在岩壁上描摹人形和动物就开始了，音乐和文学的历史自抬大木时的劳动号子“吭育吭育派”，就开始了。但摄影艺术，自什么时候开始呢？真正的摄影艺术的历史是从 2012 年开始的，因为在这一年，摄影实现了大众化和日常化，人人可为，时时可为，才形成了与舞蹈、绘画、音乐和文学一样的非残疾人都能参与的状态，才有了一样的公共起点。此前的 170 余年的历史，是艺术史前时代，主体是技术演进，穿插其间的，是摄影家在记录自然、人类社会事件和存在状态，以及拓展摄影的边界、探索语言表达方式和确立艺术路径、经典的活动。

1839 年法国公布的摄影术，严格地说，是影像存储技术。此后此类技术不断改进，而 164 年后的 2003 年度，数码相机销量首次超过胶片相机销量，这又是一个跃进。在此后不到 10 年的时间里，数字存储技术迅猛发展，在与光学系统、电子机械控制系统的配置上，在数字文件存储的速度和成像质量上，不断突破，日臻成熟。2012 年，微单和手机已经成为摄影大众的常用工具，使摄影实现了大众化和日常化，这是摄影艺术史上的分水岭。如果站位在 100 年后看现在，很少有人见过胶片，更少有人知道玻璃干版，那时的史学家会更加明晰地看到这一点。

在大众化摄影时代，摄影的使用者人数和影像产量以几何级数惊人地增长；影像生成方式发生根本性变革，数字影像已经成为基本形式；摄影的价值追求多维拓展。相机从一种奢侈品——一小部分人的玩具或职业摄影工作者谋生的工具，变成大众随时随地能拍摄、即拍即传播的工具，影像生产力获得极大解放，很多天赋视觉强者的艺术才能得到释放，这是人类社会的巨大进步，千年梦想终成现实。这种进步促使视觉记忆和影像艺术在更多的时间点上和更大范围里生成。

摄影大众化、日常生活化，给摄影带来众多的发展和变化，呈现出新的生态现象，首先是形成了现实与影子的双重世界。摄影者站在现实世界与影子世界之间，而读者站在影子世界和现实世界之间。贯穿始终的，是话语系统。影子世界充分生产，同时这些“影子”无论从整体、从细部，都有相应的话语融合在一起。通过影像与话语的融合，全人类更加直观和直接地交流，权力、文化更多地与影像结合在一起，形成意识形态产品，形成商品，推动消费。

新技术革命给摄影带来的第二个变化是视觉能力的延伸，影像作品更加多元化。高感光度下高品质影像使摄影人走进了暗光环境，去捕捉以往难以呈现的情景，如夜城市、夜乡村、夜森林、夜人物、夜生活；更为本质的一个变化是进入了私人空间，各种现场、各种机位、各种角度的影像，都有可能产生、也都在产生。“为大众拍、大众拍、拍大众”，酝酿着新的视觉风暴，“为大众拍”，突破了摄影原有的宣传工具局限；“大众拍”冲破了专业摄影人的行业垄断；“拍大众”，使过去有意和无意之间被遮蔽的事物进入了视野，在影像记录的平台上，社会上下层之间拉得更平，有了更多的对话和沟通机会。

每一个社会，都有集体无意识下的观看秩序。在传统社会里，摄影人的观看，意识形态框范下的观

看，起了塑造和示范作用。最主要的，是我们在照片、电影、电视触目相接的过程中，不由自主地养成了看什么和不看什么，以及怎么看事物的视觉思维定势，这些定势甚至被内化为下意识的、习惯性的眼球动作。规格越来越繁多的镜头，朝着聚焦更快、视力更广、更远的两端延伸，其实都是变相的人眼，习之既久，拓宽了人类的视阈，也深层次地改变了视觉心理习惯。

新技术革命给摄影带来的第三个变化是摄影组织如雨后春笋，在各个行业系统、各个层面上活动。摄影组织十分繁多，会员很多，数量增长很快，难以统计。这些组织有自己的领头人和骨干，有自成一体的会员系统，有财力和物力来源，他们在各自的价值体系中活动，既活跃了业余生活，也提高了艺术素养，甚至推出了不少人才和作品。

第四个变化是摄影活动在运作模式、作品价值走向多元。近几年，平遥国际摄影大展、连州国际摄影年展、丽水国际摄影节、大理国际影会、响沙湾国际摄影周等都举办过三届以上，形成了品牌。此外，在2001年后的十三年里，还有山东东营“一品”国际摄影节、贵州都匀国际摄影节、武夷山国际摄影节、青海“三江源”国际摄影节、北京摄影季、沈阳工业国际摄影节、北京国际摄影周等等。可谓此起彼伏，接连不断。而以摄影为载体、以策展人形式组织的各种主题展览，宣传性的，反映社会问题的，呈现自然地理的，提炼观念的，宣泄个人情绪的，追逐时尚的，创意的，难以尽数，总的特点是：展会相接，良莠并陈，呈现出各自组织、各自发展的生态景象。

五是技术革命不仅体现在获取和存储影像上，也体现在传播方式上。现今的传播，范围是全世界，时间是几秒种。任何一个使用3G手机的人，都可以随时拍照，随时发送，在几分钟内就让全世界的人看到，影像再无法垄断了，用影像言说的权力被从少数人手里解放出来了。流动的媒体普及到大众里，推进了图片的传播。我们对影像形成了依赖病，任何信息我们都渴望有影像呈现，所谓有图不一定有真相，但仿佛无图无真相。而技术仍然在强劲地推进，摄影在十年后、二十年后，究竟会给我们带来什么，现在难以预想。

二、更多职业摄影师走入了观念性的影像艺术创作

2012年在中国的摄影圈里，发生了一个明显的现象，那就是一批从传统方式走向成功的职业摄影师，开始进行影像艺术创作。这是一个新的动向。

在中国摄影业界，新闻摄影、风光摄影、民俗摄影、人像摄影是参与人数最多的几个行当。一个人一旦进入了这个圈子，基本上不再出圈子。而随着摄影生态的变化，部分人开始走向“观念摄影”，也可以更确当地说，走向了影像艺术。

在中国摄影的传统里，没有现代主义或后现代主义的观念艺术。从1990年代开始，有不少美术界的人士或当代艺术家用影像方式呈现他们对现实世界的认识和感受，逐步形成风潮。不过，这股风潮一直不被摄影界接受，摄影界与影像艺术圈互不介入，没有交集地带。原因很多，一则摄影界人士以技术本体自居，面对所谓观念的艺术作品，觉得离开了技术本体，不属于同一类东西，所以漠视；二则摄影界人士要么在新闻媒体工作，职业就是记者，面对现实层出不穷的社会事件，追逐不休，或为生存所困，无暇顾及所谓的艺术，要么属于摄影发烧友，到自然界和他乡异国以游玩为乐事，逃避身边的压力，根本不图做艺术家，他们对相当一批艺术家所表现出来的消沉、反抗、困惑、暧昧不理解；还有一个原因更为本质，就是中国当下的历史进程，正处于经济逐步放开、自由发展的阶段，向美好外界尽快扩张的理念占据社会思想的主导地位和大多数公民的思想主流地位，对于那些以私人性的流变情绪对抗现实、以碎片化的感受反思生活的所谓后现代主义作品，而影像艺术家常常追踪和模仿西方的这一类作品。历史进程的错位导致思想上的隔膜，生活方式上距离大，思想上也不同步，百姓把影像艺术家看成是不工作就能玩耍的浪漫青年。

但2012年这种情况有所改变，一批职业的记者和摄影师开始有了影像艺术的作品。如程玉扬，是优秀的职业记者，转艺术创作并在2012年获得成功，《返》系列作品销售很好。如浙江省摄影家协会举办了当代摄影新锐展，推出了一批颇有可看性的作品。如重庆摄影家协会的一批人在主席冯建新带领

下，在传统拍摄基础上，用后期加工方式，创作了系列作品。如果认真统计，在北京、上海、广东、深圳、浙江等地，都有转向的摄影家，数量不下百人。这与十年前显得很突然的转向者如刘铮、姜健等寥寥无几的人数完全不同了。

为什么会出现这种转向呢？一方面由于摄影专业高等院系增多，培养了大批学生，这批学生受现代主义思潮影响，同时没有条件更多地走向自然和社会，于是结合新世纪以来中国的特殊景观和生活感受，转而表达自己；另一方面是由于摄影的大众化和日常化，逼迫专业摄影人必须尽快拿出不一样的作品。强势压迫使职业摄影家“离家出走”，转向。三是传统图片市场价位低廉，艺术品价位走势良好，引导部分人转向了影像艺术。

三、影像发生学研究在“摄影家大 PK”活动中产生

自 2008 年 5 月开始，中国艺术研究院摄影艺术研究所、《中国摄影家》杂志社创办的“中国摄影家大 PK”从河北省涞源县白石山启动，到 2012 年达到高潮，已经在 20 余个省市的县级区域进行了 20 余场实地拍摄对抗，朱宪民、王文澜、贺延光、解海龙、李少白、王福春等全国近百位中国著名摄影家，世界著名图片社——玛格南图片社派出伊安・贝瑞、埃利・里德、久保田博二、布鲁诺・巴贝、米沙・厄维特等 10 余位摄影家，开展了个人之间、团体之间的拍摄对抗赛，同时，组织摄影理论评论家、图片编辑开展创作过程的现场分析和文化比较研究。这个活动在摄影界打开了一扇门，产生了广泛而深远的影响。

这样的 PK 与以往的任何比赛都不同。对选手来说，这样的活动既是挑战对方、超越自我，也是挑战自我、超越过去。在 PK 中，更为重要的是文化修养和发现的眼光，一样的山水，一样的百姓，这里比的主要不是镜头，而是观看的方式和认识的能力。选手是在众目睽睽之下，手机被封存，在大赛组委会统一提供的电脑设备上，独立选片，写说明和写文章，考察的是个人的编辑能力。摄影史上，摄影理论研究是从照片开始的，照片产生之后的意义—内容与形式、影像构成与作者视角……即使谈到摄影的理念和方法，也是从照片分析谈起。因为不研究拍摄过程，我们就只能根据照片来揣摩拍摄时的状态；因为不在过程中直接研究摄影家的特殊视角、方法、取式，理论研究就很难深入摄影家的内心。以往的研究侧重技术，包括机器、胶片、暗房工艺，这是作品形成过程的一部分，但这并不是作品形成过程的全部。其实，“拍什么”和“怎么拍”是一个更大的问题，在选择好拍摄地点和题材方向后的实地行走、观察、思考、拍摄，也是十分重要的环节。而摄影常常因为它的个体化劳动的属性，使我们无法看到这个过程。一个摄影家在某一地呆了一辈子、拍了一辈子，但镜头中很少有自己，学者们也从来不把摄影人的拍摄当作值得研究的对象来审视和研究—他们只研究照片，从照片中去推测，前期拍摄工作就像一个文件包，一直没有被打开过。现在开始了一种新的研究：在一个表面上论输赢的平台上，对着同一片土地和人们的生存样式，进行文化的挖掘，比眼力、比底蕴、比才情，当然也比了对影像瞬间的把握能力。而从事分析批评的人也到实地考察整个活动，全程视频的跟踪拍摄，更为研究提供了活性实证的样本。

大 PK 口号：“拍”是硬道理；摄影是“术”，更是“学”；“文化的目光，发现的眼睛”。寻常事不寻常，影像发生学就从这里开始。

四、摄影艺术组织迅速增多，推动影像艺术生产和消费快速发展

2012 年部分省市在社会团体登记和管理方面加大改革力度，放宽了对主管部门的限制。一大批摄影组织迅速成立，在旅游摄影、社会纪实摄影、民俗摄影、肖像摄影几个领域开展活动。这些组织以地方性、单位系统内为主，初步估计，全国有上千个。比较大的全国性的组织，如中国海关摄影协会、中国联通摄影协会、中国戏曲摄影协会、北京摄影艺术协会等，都是在 2012 年成立的。

各个系统、各个层级和各种单位摄影协会成立，带领会员外出创作，极大地促进了影像的生产和消费，同时也为摄影艺术发展注入了更大的活力。

李树峰　中国艺术研究院院长助理
文化发展战略研究中心主任

新锐与传统交织的多元化浪潮
——2012 年中国摄影创作述评

◎柴 选

2012 年，是中国摄影界活力和期待并存的一年。当年 12 月，在党的十八大之后召开的中国摄影家协会第八次全国代表大会，选举产生了以王瑶为主席的新一届主席团。新的机构，新的成员，新的气象，中国摄协提出的加快推进摄影事业发展繁荣的十二个要素，旨在推进中国摄影事业综合实力和国际影响力的提升，在提高和普及、学术和研究等诸多层面受到业界关注与热议。

在这一年，第九届中国摄影金像奖在经历了第八届相关风波引发的关注度之后稳健地评出了新一批获奖者，当年启动的第 24 届全国摄影艺术展览顺应潮流设立多媒体类，已成气候的中国摄影文化节庆活动的队伍中又出现了新的面孔……最重要的是，无论是传统的摄影组织和机构，还是自然生长的摄影俱乐部甚至商业机构，无论是正成为一种新现象的新锐摄影，还是一直默默坚持的摄影中坚力量，无论是媒介变化影响下的摄影新风，还是复古化的技艺探究重新成为时尚……一切都在借着国家层面乃至世界层面的摄影推动力量，向着全新的局面前进。多元化的思潮，多样化的样态，更趋国际化的视野，更为努力成熟的运作，无论作品还是市场，无论活动还是观点，都呈现出更多的激情与活力。

一、“新锐”当道的时代

任何事物的演进都有一个积蓄力量从而由量变达到质变的过程。诸多因素的推需求量，使得一批具有学院背景的年轻人开始唱主角，不约而同在 2011 年度推出“新锐”概念的 TOP20·2011 中国当代摄影新锐展（中国摄影家协会和浙江省文联主办）和色影无忌网寻找中国新锐摄影师之旅的成果，在 2012 年得到发酵。无论是有幸入围这两项赛事，还是观望、婉拒甚至遗憾落选的不少实力派年轻摄影师，都在 2012 年有了更多用武之地和展示之所。

自这一年起，色影无忌的影像力盛典暨年度新锐摄影师评选固定在江苏省常州市的运河五号创意园区举办。颇有意思的是，2012 年度的入选摄影师中包括年度大奖获得者张锦旗在内，许多人都籍籍无名，但也有像王争平、贺肖华以传统摄影形态开始进行相应探索的摄影宿将。“新锐”之所以得到更多的关注，一方面是因为中国摄影一贯以视觉新鲜感和社会意义来评判作品的方式正在改变，另一方面是通过国际摄影节庆活动和相关机构大量引进的国外优秀作品，甚至从互联网等渠道看到更多的国际资讯触发了中国摄影界积累的创造原动力，最重要的是，传统的摄影界也需要新的力量来刺激和警醒。

2012 年年初，青年摄影师卢彦鹏和黄晓亮先后在上海 M97 画廊举办联展，后又以《此景纷远》为题在北京 SEE + 画廊再次联袂登场。两位生长于南国的年轻摄影师都深谙中国传统文化意味，一个通过后期功夫展示他对于空灵之境的超然情怀，另一个则通过前期投影和执导式拍摄形成关于童年、乡愁甚至心灵的呓语等多重意象。类似以超然境界为追求，从中国传统文人趣味出发的摄影样态，被一些评论家称为“新沙龙摄影”，比之传统的沙龙摄影更具个人体验感和技术探索性。正在这一年，黄晓亮收获了大理国际影会“亚洲先锋摄影师成长计划”大奖，而卢彦鹏则是 2011 年度的平遥国际摄影大展年度优秀摄影师大奖获得者。

另一位从传统文化切入而做出成绩的摄影师，是获得第四届三影堂摄影奖大奖的化学博士张晋。这位美国纽约大学的化学博士的作品《又一季》，展现的是西北地区古丝绸之路的现实景象。他传统手工工艺拍摄制作的影像，诠释的是“当下生活的痕迹”和“诸物更替风行”等概念。

青年摄影师张克纯的《北流活活》尽管未脱景观摄影空灵大场景、淡雅色调等常规样态，但其从诗经中“河水洋洋，北流活活”的描述出发，关注中华民族最古老母亲河黄河两岸的现实生态，从另一个层面对中国传统文化做出反思。这一组作品则入选当年举办的以学术立身的第二届“徐肖冰杯”全国摄影大展（中国摄影家协会与浙江省桐乡市政府联合主办）。

作为一名以多种媒介进行创作的艺术家，陈晓云在摄影界引发关注，是因为其在2012连州国际摄影年展上获得新摄影奖，其作品《坠枯录》结合树枝和人像元素，由于其表象的略显不雅和语焉不详，被网友戏称为“连州国际摄影年展创立以来评出的最恶心的大奖”。但这个展览在香格纳画廊等处展示时，却被称为“具有独特的笔记体式的语义氛围，充满了焦虑和黑暗的气息”，甚至有人认为，陈晓云是“近十年来试验性艺术的重要艺术家之一”，《坠枯录》更是自虐题材摄影中的佼佼者。

作为已在国内外有相当影响力的摄影组合，“鸟头”（宋涛与季炜煜）自2004年合作后，一直用135胶片相机记录城市变化。2012年9月，他们的摄影展“欢迎再次来到鸟头的世界——北京2012”在北京香格纳画廊举办，其后，鸟头又迎来了职业生涯的另一高峰——作品被选入2012年度纽约现代艺术博物馆（MoMA）新摄影展，前往美国展出。MoMA副馆长兼摄影部负责人艾娃·瑞斯皮尼，称他们是挑战“摄影是纯粹的具象媒介”的典型代表之一。

来自成都的冯立，以同一组作品《白夜》先后获得2012济南国际摄影双年展最佳摄影师大奖、2012连州国际摄影年展新摄影年度评委会大奖。作为一个体制内的摄影工作者，他在业余时间拍摄的照片成就了自己的风格，也让“白夜”这样的作品贴上了自我的标签。在这一年度，因获奖而备受关注的新锐摄影师还包括李宇宁、孙彦初、孙诺、黄京等人，他们以自己的实力和创造力获得主流业界更多承认，也在各个舞台上集体成为当红明星。

不能不提的是，在女性摄影越来越受到关注的情况下，女摄影师的成长成为一种新现象。三影堂摄影奖专门设立的日本资生堂优秀女摄影师奖2012年度授予曾经的空姐、女自由摄影师王淋的《云中的郁金香》。经历了拍摄空乘私密生活空间的影像被公司指摘泄露隐私而遭停飞，后又打了两年官司的王淋在这一年度获得了有关方面的补偿金，也让空姐摄影师的标签正式废除。但航空题材、飞标符号及女性的生活等，依然是她照片中的主要意象。

受到关注的两组新疆题材作品都出自女摄影师之手。有着塔吉克血统的女摄影师李馨曌学过服装设计等诸多专业，也拍摄过纪录片，她的《距离》尽管在角逐中国摄影金像奖时遗憾落榜，但她本人却成为2012年5月在武当山举办的第九届中国摄影艺术节暨中国摄影金像奖颁奖典礼其间最受关注的摄影师之一。异域风情般的人物和环境，展示的是她不断寻找纯真世界的影像呈现。袁洁的《克拉美丽》则展示了富起来的维吾尔族中产阶级形象。在新疆的民族问题因为“7·5事件”等备受关注的情况下，她的作品向公众展示出不一样的维族人形象。

尝到了新锐摄影师推介甜头，以其突破传统的创新行动而备受关注的浙江省摄影家协会，开始借两年一度的全省摄影艺术展览之际，推出本土的“浙江当代摄影新锐评选”。入围的十位摄影师叶海军、吕林桦、吴梦娟、李楠、陈敏、欧阳世忠、唐咸英、唐慧敏、黄友平、储楚，有的已是国内崭露头角，有的刚刚出道未及多久，有的还混迹于网络快照空间，有的仍是在校学习的学生，但他们的作品组合成在一起，则向我们展示了一个不一样且不一般的新锐摄影地域文化现象。

二、多媒介创作与传播

摄影的媒介化功能，则因为媒体形态的不断变化，因为多媒体化的全媒体传播成为热潮，因为智能手机拍照功能的普及，因为移动终端成为新的传播主体，已开始悄然显现出转型之必要。多媒体化的传播改变着摄影的整体生态，无论新闻照片的快速传播，还是艺术影像的多元展示。

2012年8月19日，曾供职媒体多年的策展人曾翰在广州策划了号称“国内首个大型iPhone摄影展”的《城市闪影》，展出超过30名摄影师的近200张作品，成为当时国内规模最大的iPhone摄影展。曾翰为展览撰写的千字前言题目是《iPhoneography，又一个摄影时代的开始?》，向观众和摄影界提出他对“iPhone摄影”这一后科技时代摄影新动向的疑问与思考。作为一种便捷的摄影器具，手机在大幅度取代卡片相机等备用机的同时，也以其传播的便捷性，制造着全新的摄影生态。也就是从这一年开始，随着手机和微单两方夹击，卡片机市场开始出现回落。

同年小雪节气来临时，北京 798 艺术区的亦安画廊举行了以“生花”为主题的手机摄影展，展出青年摄影师郑福利、塔可、蔡雅妮、王东佳四个不同主题的作品。张莉华、李达、张葱策划的这个展览进入以艺术气质闻名的亦安画廊展出，亦有某种标志意义。在当年举办的 2012 中国凤凰国际摄影双年展上，南方周末图片总监李楠策划的该报记者三人联展中，资深摄影记者王轶庶展出的便全是手机作品。

2012 年底，快拍快拍网、成都图片网、拍者网、一路拍社区、东方拍客网等十家国内都市类媒体设立的拍客网站负责人齐聚成都，就这一全新摄影现象和同类网站运营等展开研讨。尽管这样的活动更多是朋友聚会为主，但自快拍快拍网发端的拍客网站成为一种新势力，显现着传统媒体摄影记者面临着的新竞争，也见证着以媒体为平台的摄影网站的独特运营思路。以快拍快拍网为例，每日上传照片数千张，“快拍小友”可凭借照片入选最佳的次数等晋级星级，选择刊发在都市快报的还将获得相应稿酬。公众的参与热情，促成了快拍快拍网着眼于公益的若干活动，也使得“快拍某某”成为一种新的摄影专题品牌。不过，除快拍快拍网全方位投入、成都图片网线上线下多平台发展外，其他网站还处于摸索运营阶段。

比拍客类网站风行更早的，是多家媒体进行全媒体化运营时以摄影为突破口的流媒体作品。正如摄影师用佳能 5D MARK Ⅱ 拍摄的纪录片能在这一年年初获奥斯卡提名一样，动静结合的流媒体影像在 2012 年由观望变成业界普遍的行动。作为其中的优秀代表，2012 年，南方都市报的视觉团队在多媒体领域的专业、精心与广泛涉猎，获得了更多全球同行的肯定。3 月，该报编委、图片总监王景春作为首个中国籍荷赛多媒体评委，参加了第 54 届荷赛多媒体评选，与世界同行分享和研究多媒体的评价标准等。8 月，他在第四届大理国际影会上主持从第二届起设立的新媒体论坛，与大家进行“荷赛多媒体的评选视野与经验分享”。最重要的是，荷赛基金会在 2012 年 7 月启动的“多媒体技术应用于视觉叙述的全球性萌生与发展”实况调查，中国作为重点调查区域之一，王景春作为协助调查者，操持了 12 月初荷赛基金会与南都全媒体在广州召开的多媒体学术研讨会。南方都市报 150 余人的视觉团队已成为中国平面媒体视觉部门转型尝试的典范，他们的摄影记者有的转型音视频采编，有的还尝试了评论员、主持人等角色。

在多媒体传播方面进行独创性实验的，还有京华时报的云图片。2012 年 5 月 17 日，京华时报正式发布“云报纸”产品，读者通过手机客户端拍摄报纸图像，经过图像识别和云计算技术，即可查看图像所链接的视频等内容。云报纸除了全媒体阅读，也实现了广告的立体展示。云报纸还与电子商务结合，读者在报纸上发现商品，通过手机牌照可自动跳转到该产品的电子商务平台，实现直接点击购物。

作为中国新闻摄影界乃至整个摄影界都非常关注的一项摄影赛事，荷赛每年获奖名单上的中国名字自然会成为关注对象。在 2012 年度的荷赛获奖者中，既有偶然拍到“跳楼新娘”的女摄影记者李杨，也有游走多家媒体的年轻人许少峰，更有以毛泽东故乡的相关文化现象为切入点拍摄的《还乡》而获奖的资深摄影师旷惠民。除旷惠民近年以其实力活跃在摄影界外，另两位偶露峥嵘的年轻人未来如何发展还不好说。

意在与荷赛相抗衡的中国国际新闻摄影比赛（华赛）2012 年度已办至第八届，尽管得奖作品与荷赛多有重复且仍没未突出特色，但在这一年获奖的年轻摄影记者贾代腾飞的《摇晃的财富——民间借贷风波下的温州》这样一组经济题材作品，获得更多的关注。2012 年 11 月，贾代腾飞成为新世纪以来第二位入选荷赛大师班的中国摄影记者，与全球 11 名学员一起，跟随 6 位杰出图片编辑、摄影师和策展人展开为期 5 天的理论和实践学习。要知道，这样的机会中国摄影师一共才获得过 7 次。就华赛来看，另一项值得关注的事件是，此次评出的年度新闻照片引起上一年度年度照片获得者、华商报资深记者张宏伟的质疑，经过诸多真假之辨和深入调查确认后，这张拍自利比亚内战现场的照片没有更多问题，但对于 PS 等数码处理手段的敏感，国内持续数年的关注度仍未有明显改变。

传统的将摄影作品集结成册已然并非传播首需，而是更多体现着同好分享的意趣。更多的摄影师开始尝试做自己的所谓“手工书”，以作为物的精美印制品来交流获得同道中人认可。这样用于分享的个性化出版样式，已被“假杂志”等机构成功实现了小规模的商业运作。这种得西风东渐之气而出现的新形式，显现着手感、触摸感等依然会被摄影者和观赏者所惺惺相惜。

三、复古化状态与心态

当数码影像技术陪伴着人们走过新世纪之后的十余年，当胶片相机逐渐成为老古董，一股复古倾向的风潮却在摄影界慢慢盛行开来。不论是着眼于业界数年前对中国摄影技术链条教育缺失的呼吁引来更多的暗房手工制作作品的尝试，还是一些对百余年的古老工艺的重新尝试，都有着许多颇值得玩味的话题。

对于传统摄影方式的关注是随着哈苏等中大画幅相机在中国的走俏开始的。随着更多以符合个人意趣的影像呈现方式个性化拍摄和展示作品的需求出现，手工银盐、铂钯影像、晒蓝技术，甚至是一些冷僻的工艺制作的作品也更多登堂入室。

技术的复古主义既有向传统致敬的因素和恋旧情怀，也在一定程度上体现着摄影人高大上的纯粹化追求。2012 年 6 月 9 日，由政府支持，上海市摄影家协会副主席陈海汶创办的上海老相机制造博物馆开馆。博物馆的“中国老相机制造厂家专区”汇集了上世纪 50 年代至 70 年代国内 34 个相机厂家生产的经典相机百余种及部分国外相机，最有意思的是，国内最后一条国产双反全机械 120 胶片老相机装配作业线在馆内重新启动生产，装配海鸥 4A－109 型相机。陈海汶希望大家可以用自己国家生产的照相机，拍摄自己的故乡，记录我们这个时代——这可能只能作为一份美好的愿望而存在。

在这一年度颁出的雅昌“艺术中国”年度盛典摄影艺术家中，一直坚持传统暗房制作，追求技术至臻境界的付羽荣膺这一荣誉。作为中国新一代摄影师的代表人物之一，低调而内敛的付羽与彦彰、路泞、卢恒等几位同道一直坚持着自己的创作方式，对于媒材的重视和工艺十分苛求，尽管业界对其坚持多有称赞，无论是参加靳宏伟收藏展“原作 100”展览还是在任何场合，他都坚称自己的东西“终归是习作”，在上海、广州、深圳、武汉等地美术馆展示亦命名为“习作”。不少摄影爱好者建暗房致敬传统也成为某种时尚，广东省青年摄影家协会副主席尹淦江用大片幅相机拍摄的关于中华门神文化的照片，都在自己的暗房中亲自手工制放，受到业界关注和肯定。

对于媒材、技术、表现方式的探索尽管在 2012 年仍坚持着湿版为主的调调，但有没有必要大干快上式地全复制湿版，则成为一个有意思的话题。摄影评论家孙京涛在评论曾入选“TOP20 · 2011 中国当代摄影新锐展”的摄影师骆丹作品时，认为他用湿版表现的怒江沿岸基督教徒的影像，是一种恰当的反向寻找，手法和内容结合甚佳，对其他光有技术热情的摄影师的跟风则持保留意见。

四川摄影家金平和西安理工大学摄影系主任张辉均以蓝晒工艺创作，分别指向沧源和渭河流域唐陵的两组作品，展示的是寺庙、图腾符号和遗迹，这些晃眼而有如尘封般的影像在首届西双版纳国际影像展期间亮相，让观众看到辉煌与落寞的时光反差；同样就职于西安理工大学的女摄影师彭敏，则用树胶重铬酸盐转印工艺，对陕西社火这种传统民俗活动进行了模糊化处理，间离了观众和被拍摄体的亲近关系。这样的技术探索在确立个性的同时，也让其作品更多受到关注。第二届“徐肖冰杯”全国摄影大展在偏重影像纪实的定位下，亦设立了“影像探索佳作”专项，对于视觉表现风格、方式等方面有所突破的作品给予鼓励。

另一方面，对于数码影像技术的应用探索也在不断出新，用数码拼接形成更大像素更大幅面的照片更成为新潮流，但应用到新闻传播领域的关注则始于 2012 年十一届全国人大五次会议和全国政协十一届五次会议期间，南方都市报记者胡可用数十乃至百余张照片拼接起来的可达数亿甚至十亿像素的会场全景照。这样的照片置于网络空间可放大看到每位代表委员的真容，当然，其现实状态也成为公众放大观看照片局部的最大理由。对于互联网照片的画质问题，这样的超大照片或许是有一种具有实效的反叛。

四、文化层面的思考探索

在西方摄影典籍越来越被摄影界重视与关注的氛围中，东方文化、东方意趣等成为业界热议和关注的话题。前文提及的张晋、黄晓亮、卢彦鹏等，都在从东方的故土文化中寻找摄影选题，进行更多思考。

与东方文化结合最紧密，且溯源远古传统的摄影实践，则首推塔可的《诗山河考》。这一组在前两个年度已引起更多关注的作品，2012 年 5 月在纽约前波画廊与崔斐的作品一起以《起源》为题展出。正如塔可感触的那样，在西方社会里生存与处世，反而更加对东方文化有感觉。他的这组作品走红及其引发的相关评说，无不印证着文化底蕴之于摄影思考的重要性。

塔可的拍摄依然采取了景观摄影的样式。景观摄影从对于中国现代化进程中出现的种种问题的无表情化立此存照，发展出更多元的影像题材，有些趋之若鹜的效仿，被青年摄影评论家宋志鹏称为“景观摄影的摄影景观”。曾翰策划的《中国景——当代语境下的景观摄影联展》在 2012 大理国际影会亮相，算是对于景观摄影现象进行汇总并加以批判的一个标本。尽管这个展览的首次亮相，及更早的《中国景观》影展都着眼于这一选题，但景观摄影的持续不衰在引发更多人产生对传统风光摄影样式的反判层面，有着重要的参考意义。

不能不提及的，是中国日报驻广西记者站站长火炎的作品《新桂林山水》。作为一名摄影记者，火炎以自己的静观，将东方意象中的桂林山水在人为干预下加速消减和扭曲的情景加以展示。人们在开发旅游等利益趋动下，主观臆断、画蛇添足地制造的“新元素、新景色”和毁灭性雕琢，呈现的是对山水文化的破坏，批判意义不言自明。

藏族摄影师扎西罗丹（汉名杨学光）的《静静的硕都岗河》，将其生活的云南香格里拉地区的藏民日常生活温情简约而又抒情化地加以表现，向我们展现了一个藏族摄影师眼中的净土及其受到的有形无形的外界影响。扎西罗丹既是感同身受的体验者，又是民族文化的传播者，还是对于现状及前路的思考者。一处并不起眼的藏族生存地，却被他用蕴含乡愁的影像语言，描摩出了对于土地及生活于此的人们的心灵观照。这组作品也成为 2012 年各个场域中得奖最多者之一。

自由摄影师马良从 2012 年 2 月起，与 6 个兄弟从上海出发，用 10 个月时间，完成了一次名为“我的移动照相馆”的旅游创作。他把工作室装上轮子，将器材、服装、道具、布景都安在一个 4 吨卡车上开始了全国巡游——不仅免费，还要亲自送上门去给别人拍照，总共行走 35 个城市。他的移动照相馆用传统摄影方式，辅以有趣的布景，创造性地为 1600 人拍摄了照相馆式照片。他觉得，为普通人拍照片是件特别美的事儿。他说他以前是闭门造车，而现在他把他的创造力献给了生活。通过这一程，马良的感悟是，艺术的最终目的是给人以安抚和幸福。此举也给传统的照相馆文化赋予了新的时代风采。

在众多的摄影节庆活动都着眼于综合大型国际等范儿的热潮中，越来越趋同的情况下展，云南省西双版纳傣族自治州结合澜沧江流域国家文化节而创办的西双版纳国际影像，立足于河流叙事和河流文化，定主题为“一条大河”，其所有展览都围绕这一主题展开，成为颇具地域文化特色的摄影品牌。

五、结合个案研究的批评

从理论家、评论家到批评家，摄影界写作者的称谓变化，和做摄影研究的相关人士对自己身份定位的进一步明晰，也让摄影批评更多地进入人们视野，不仅摄影家更为关注批评家怎么说，而且每有摄影展览类活动，请人著文立说，或召开相关摄影研讨会也成为标配。

互联网在摄影和学术民主化的进程中发挥着重要作用，许多重要文论更多地首先出现在互联网平台上，一些网站甚至开始以高额稿酬吸引相关作者资源。立足于纪实摄影和摄影批评的四月风摄影网，是为纪念四月影会的摄影传统而创立的，集纳的不少批评界人士和文论爱好者，以不同的视角和功底在这里畅所欲言，在辨析中明确着摄影的真理追求。四月风摄影网在平遥等地举办的推介活动也吸引了大批人士加入，颇成气候。

正如互联网上的争论更为开放一样，摄影的理论及批评体系的建设与完善，也出现了更多摄影人积极参与的多元化态势。在2012年，从文学跨界摄影的理论家藏策发表了自己的独家学说“元影像”。这种来源于“元理论”，也就是“理论的理论”的摄影观点提出的“回归本心本性”，就是要唤醒蛰伏乃至沉睡在人们心中的艺术原动力，找回走上艺术之路的“本心”。他认为唯有如此，才能够重新体验到艺术创造给心灵带来的真正的快慰和满足。这个观点通过王征主编的《非像说》中的访谈出街后就曾引发诸多议论，对其言辞激烈的批评文章，则要出现在2013年年中，由两位年轻的评论者撰写。

作为藏策“元理论”的承载体，《非像说》是摄影家王征进行摄影个案研究的基础上推出的一部访谈集，其中既有理论家谈其体系架构和新观点，亦有纪实摄影家说经历与感想。作为第四届济南国际摄影双年展学术出版物之一，《非像说》是对前一年王征主编的同类著述《像说》的延续。有业界人士认为，《像说》借他人之观点，成自我之体系，到了《非像说》已然更多由他本人主导。

作为济南国际摄影双年展的主要学术策划和协调人，王征还借此机会，与中国民族摄影艺术出版社联合推出了潘科的著作《底片——探寻熟悉的陌生人》。这是一本系统研究摄影家个案，尤其是以侯登科、胡武功为主的陕西群体个案的专著。作者从查阅著名摄影家侯登科、胡武功所拍摄的底片入手，以采用底片对比、多底关联分析等研究方法为主，辅以被研究对象的论文、日记等文本互证，试图还原摄影作品的产生过程，剖析摄影家的思考与拍摄，追寻他们的性格与精神层面的特质。由于作者和被研究者共同参与、经历了中国摄影界许多重大历史事件，在生活中也是私交甚好的朋友，因此比一般研究者掌握更多史实和细节。

作为中国摄影史上最受关注的群体之一，以“花椒欲望”为主题的四川摄影30年30人联展年初在中国美术馆亮相，这是新华社资深编辑陈小波和摄影家杨大洲策展，多位评论家撰文的继陕西群体、河南摄影现象等之后，又一项以主题策划带动的地域摄影文化研究项目。由此衍生的对于袁学军、王达军、王建军等3位摄影家联袂对中国西部进行大规模探寻式拍摄的风景摄影实践研究，也自这一年起开始策划，由雅昌集团董事长万捷、摄影家钟维兴等人襄助的这一项目也在探索着摄影作品收藏、传播等多方面的新样式。

《中国摄影家》杂志创办的以摄影师比对研究为特色的摄影家大PK活动，也在个案研究方面做出了特色，该刊物的摄影访谈栏目更成为一个很重要的呈现载体。

作为业界关注点的风向标之一，从以严肃出版物见长的世界图书出版公司到以技法书见长的人民邮电出版社，再到传统的摄影专业出版社，各类摄影理论和学术出版物层出不穷，被摄影评论家海杰视为摄影理论出版的井喷时期。理论评论类书籍成为关注对象，证明着中国摄影界的进步，也证实着中国摄影界更加重视文化品味。人民邮电出版社引进推出的英国原版教材《摄影批评导论》首版数千本当年很快售罄。

六、工程化的纪实摄影

在2012年度评出的第九届中国摄影金像奖，经历了第八届的诸多风波之后，显得更为谨慎，传统的知名摄影家更多被推出。从未参加过奖项评选的上海新民晚报摄影记者雍和、河南省摄影家协会主席于德水、深圳商报图片总监余海波、蒙古族摄影家阿音、人民日报摄影部主任李舸、以报道摄影见长的摄影家李亚隆、新华社资深摄影记者王建民等坚持多年纪录中国发展进程的摄影家荣膺这一奖项，让其更符合成就奖的定位。

除因获奖而露面抛头，更多摄影家鲜见的作品借不同平台得以推介。新中国成立之初工作在西藏的摄影家冀文正拍摄的墨脱专题，对这个中国最后一个通公路的县域的让其迅速走红，策展人曾翰也借以推介其综合服务摄影师和艺术家为主的图片机构真实视觉乃至后来的浮图网。而生活在河南辉县的摄影家王树洲除了对南太行的风景情有独钟、颇有见树之外，还对自己早年拍摄的乡村题材作品进行了整合出版，推出《20世纪70年代中国农村影像报告》一书。对于大多数整理老照片出版的摄影人来说，有这样意识固然重要，但不少带有时代印迹的照片除了附着着一定信息价值外，往往摄影语言方面乏善可陈，其影像的价值判断依然需要审慎进行。

生活在大连的摄影家李元奇坚持20余年拍摄沂蒙山区的成果，被梳理整合成一部厚厚的著作《沂蒙纪事：安身立命的乡村（1886－2012）》，配以作家王兆山的数万字风物描摩的他的数百幅作品，全景式地展示了沂蒙山区乡民20多年间生活细节和变化。这部图书不仅成为李元奇一生最为重要的著述之一，也成为一个摄影家个体艺术生命总结与展示的很好样本。这部书籍还获得美国班尼印刷大奖。对于李元奇来说，沂蒙山区这样一个浩大的摄影工程也就此告一段落。

把摄影做成一个工程，专题化、专业化地运作摄影项目已成为越来越多人的共识。2012年举办的第二届“徐肖冰杯”全国摄影大展定位主题为“在路上”，类似只征集数十幅作品组成的专题的摄影活动更多地出现。“徐肖冰杯“设立的深度专题等单项荣誉，正着眼于鼓励深度纪实，鼓励对于一个群体、一种现象、一个地域等进行长时间的影像记录。与“徐肖冰杯”全国摄影大展配套的“徐肖冰杯”青年摄影工作坊2012年4月首次在浙江省桐乡市举办，导师之一孙京涛著文《自个儿弄个专题吧》，进一步强化了这种观点。

摄影家欧阳星凯的两个专题在2012年都有新的收获。先是他的《洪江》专题入选莫斯科国际摄影双年展，而平遥国际摄影大展亮相的《人民路》则引起轰动，不仅因为他的实景设置和多媒体展示，获得了平遥国际摄影大展的年度优秀摄影师大奖，与钟维兴分享荣誉，而且因为这组作品拍摄的全是住在四平方米狭小空间里的打工者。这些打工者的居所，在这一年度被改造成时尚酒店。对于一种已逝生活状态的记录，也显现出摄影家基于社会学样本的集中记录的价值。

值得关注的以工程化方式进行纪实摄影实践的还有几位年轻人。曾就职于媒体的刘飞越回归自由摄影师身份并靠之养活自己，也是互联网影像传播愈加受到重视之后的新现象，但并不具有普遍意义。他拍摄的《煤尘暴》等多个专题通过各种媒体加以传播，获得不少声誉与读者关注，而第二届“徐肖冰杯”全国摄影大展的新人佳作荣誉，对于他来说实至名归。

以《非典后遗症》闻名的张立洁借其在中国残联直属单位工作的背景，以一组《罕见病》获得“徐肖冰杯”典藏作品。这组环境肖像充满人文关怀，显现出对中国弱势群体的尊重。她的作品还先后参与美国纽约卡托纳美术馆“中国当代摄影”群展，加拿大蒙特利尔国际人权报道摄影奖群展，美国伊利诺斯大学康耐特美术馆“中国当代摄影”群展等。她在同一年完成的“天真者的像”聚焦精神障碍者原生艺术作品展年底亮相798映画廊。这次拍摄的主体，是那些颇具艺术天赋的精神障碍艺术家。展览还利用幻灯技术，展现被摄者独特的精神世界，呈现出的除了一幅幅梦幻般的影像，还有人性的本真。

2012年春节，知名摄影家焦波接下国家电影局一个“命题作文”，要求找一个村庄，住上一年，拍一部反映农村生活的纪录片。一个多月后，焦波选定了自己熟悉的山东省沂源县中庄镇杓峪村，带着平均年龄21岁的团队进驻，开始了为期373天的拍摄。在拍纪录片的同时，他还用相机记录着这个乡村的变化。后来，作为成果的纪录片《乡村里的中国》获得包括华表奖在内的多个纪录片大奖。这样一种深入的精神和工程化的运作，以纪录片的形式给摄影人做出有益的榜样。

来自广西的摄影家蒋建雄因误服药品而患上尿毒症，即使身体承受力有限，却依然坚持着对一个名为尧告的苗族村寨数年的系统拍摄，以数万幅图片和百万计的文献资料，完成了一个少数民族村寨的整体描述。这项被评论家刘树勇称作“社区空间研究与视觉表达”典范的工程，呈现了当下中国摄影实践中罕见的样本。在2012中国凤凰国际摄影双年展上，蒋建雄的200余幅作品，从地理、体貌、生育、耕作、食物、教育、医疗、手工业、交际等20多个方面，依循社会学有关乡村研究的田野作业方式，对尧告村进行了冰山一角式的展示，其拍摄方式及其基于民俗摄影、社会纪实等范畴的参考意义和研究价值，成为一个阶段的热门话题。

值得关注的摄影样本，还有湖北十堰摄影家陶德斌以南水北调水源地移民为主题多年拍摄的专题《迁徙》（后获得2012第24届全国摄影艺术展览纪录类金质收藏作品），来自杭州的摄影爱好者唐志扬以别样方式拍摄的路边民工生活状况的《他们的早餐》（入选第二届“徐肖冰杯”全国摄影大展）。

2012 年，具有摄影师、评论家、教育工作者等多重身份的任悦以自创的 OFPiX 工作室为阵地，发起了“还乡计划，一个三线小城的纪实摄影研究”，招募到十余位年轻摄影师按照详细的拍摄提纲在 2012 年春节期间拍摄自己的家乡，并最终形成了一个包含多个省份小城影像展示的盒子。她还尝试与 NGO 合作，坚持让影像发声，义务为木兰社区活动中心教授摄影，鼓励那里的打工者用相机作为发声工具。任悦一直倡导着让摄影有用，让所有的摄影者发声。

这一年年底，王征、陈小波、藏策等人在“元影像”理论的指导下，进入宁夏回族自治区西吉县上圈组，对于这个行将搬迁的村组，由摄影家和村民同时拿起相机进行全方位拍摄。作为这一年启动的第三届全国农民摄影大展的配套活动之一，类似行动同期在广东东莞的步步高工厂、河南长垣和温县的乡村里进行着。这样的专项尝试，也为普泛化的活动样式增添了新光彩。

影响甚广的《看天下》杂志在 2012 年度举办了一次全国范围的图片故事征集评选，见刊即有 5000 元起的稿酬领先同类媒体，而大奖 8 万元也显现出诱惑力。在最终的评选过程中，面对几乎是同一环境中不同个体状态类型化复制拍摄的照片，和毕数年之功的大专题中选出的数张照片的竞争，许多评委纷纷提出见解，中国摄影报的报道借评委之口发问：“我们只会炮制短线图片故事了吗？”

这样的问题也应该抛给业界，抛给更多摄影人。摄影在时间纵轴和空间横轴上能走多深走多远，恰恰是碎片化传播时代摄影价值和使命中，必然会涉及和思考的话题。

七、业余主义的分享与分化

沙龙摄影、旅游摄影等中国最广大群众从事并坚持着的摄影门类，在客观评价其锻炼身体、陶冶情操甚至是教化社会的普泛功能之外，业余摄影爱好者对自己摄影方式及其成果的价值认知更为客观。

可以看到的现象是，几乎人人都可以追求的摄影爱好是在培训市场得到很好回应。中艺摄影学校的触角越伸越广，这个以培养业余爱好者摄影兴趣和技艺提升为主要培养目标的摄影学校，已发展出摄影俱乐部、摄影旅游团等多种业态，聚集了一大批摄影爱好者，成为一种全新的聚合体。自中艺走出的摄影教师创办的雅趣摄影学校亦有同样的追求与功效。一些影楼类培训机构也开始转而面向更广大的业余爱好者市场。

在这一年，以湖北报业传媒集团为依托的湖北传媒摄影职业培训中心一方面以其获得人事劳动部门的认可的职业摄影师资格认定进行相应培训，另一方面创办楚天摄影精英俱乐部，以培训更多摄影爱好者，尤其是有相应社会阅历和学识功底的摄影师走出沙龙化的单一面貌，进入更具深度的专题拍摄。该俱乐部在 2012 年举办的两次国际摄影大师班，直接邀请国内外知名摄影师授课，并现场点评学员同题作品，颇有特色。

在大多数摄影爱好者着眼于参赛获奖或者以周边朋友交流分享为乐的背景下，诸多互联网社区和线下摄影俱乐部等进一步促进了这种态势。由于手机摄影的出现和微博、微信等即时通讯工作的便捷，摄影作为分享媒介的趋势进一步明显。中国艺术报在 2012 年 4 月头版头条发文，分析了“摄影正成为一种社交语言”的趋势。

摄影在分享与交流过程中，依然会有对题材恰当把握会成就的热点。摄影师李忠借助农历龙年，推出自己坚持 12 年拍摄的“龙”系列作品，画面中的龙形，都是其借助高空视角发现的大地上的河流山川的象形。凭借这组作品年初的推广与传播，他的作品还赴台进行了交流展览。

一直坚持以业余身份从事摄影的钟维兴拿出的每一组作品都能引起业界关注与议论，不仅是因为其拍摄题材集中于秘鲁、马达加斯加、斯里兰卡等神秘国度，而且其旧作也因为有了新的展示方式而获得全新关注。他的《失落园》专题 2012 年在平遥国际摄影大展亮相，并以对展场的精心策划设计等获得年度优秀摄影师大奖。而这其中，策展人那日松及其拍摄运作团队功不可没。

因为高人指点或助阵而获得较高关注认可度的业余摄影师作品，还有王新妹的《心之极》。由孙京涛和南方周末图片总监李楠等共同策划的王新妹影展及同名画册，首次亮相中国凤凰国际摄影双年展时便让人感觉耳目一新，她不仅将极地动物拍出了女性的视角和母爱的感动，而且经由两位资深编辑对其所有作品阅读和反复筛选编辑，使得画册和展览得到极大提升。

都市快报摄影部主任傅拥军的《那么西湖》以其完全个性化的感受，将西湖别样的风情显现，淡然中有内敛，隐藏在相机背后的情愫与感悟则外化成时空片断。作为一个感性而热情的摄影师，他的作品让广大摄影爱好者和市民都感得到、摸得着。

这一年引人注意的业余摄影师还有唐民皓，这位就职于机关且以数码后期处理为追求的摄影师对于创意影像的追求非常有个性。2012 年，他独辟蹊径，自创新玩法，用影像素材“画”连环画，根据鲁迅名著《伤逝》改编并演绎拍摄出版了一本同名摄影集，在上海鲁迅纪念馆举办同名展览。作品通过 50 余幅连环画面、配图和简要文字，诠释和再现了百年前北京城里的一对青年知识分子从相遇、相爱、相离，直至逝去的悲情故事。他以摄影方式获取人像与景物等素材，并通过数码暗房技术把数万张影像素材进行合成完成。这组作品也成为 2012“伯奇杯”全国创意摄影大展创意插图摄影方向最大的亮点之一。

引人注意的是，业余摄影群体对于影像技法和影像表现风格的潮流模仿与借鉴是最快的，他们对于摄影流行文化的敏感，也造成许多新锐摄影师的风格和面貌很快能娴熟运用。但由于他们多是简单的效仿，而未能达到相应深度和高度，故其影响力和传播力仍有限，只能在某个层面多获几个奖项而已。

八、全面启动的影像收藏

2011 年末，美籍华人摄影家、收藏家靳宏伟的《原作 100》世界摄影大师作品收藏展亮相中国中央美术学院，2012 年起，又在全国不同城市进行巡展。这次巡展不仅让国人大开眼界，见证了一位华人对于摄影收藏的推动和热爱，也见识了诸多大名鼎鼎的摄影师的原作魅力。在推广自己收藏的同时，靳宏伟将目光转向国内，到各处游走观展，中国年轻摄影师的作品已进入他的法眼，国内摄影师的作品也有了新的机会。

“亲，你在淘宝上收藏摄影艺术品了吗？”2012 年夏，40 岁的自由摄影师严明将这样的话题抛给业界。他不声不响地通过代理公司将带有版次编号的收藏级作品上架淘宝，在为摄影家走向市场打开了另一种可能的同时，也引发了关乎摄影艺术品收藏的诸多热议。其实，通过互联网平台进行的摄影艺术品交易，也成为一种新现象，摄影作品作为接受程度最高的艺术门类，在这一翼的发展与进步则直接显现效果。与此同时，其他一些艺术拍卖交易类网站也开始涉足影像业务。

作为国内最早开设摄影艺术品专场拍卖，同时也唯一坚持不断的华辰拍卖公司在 2012 年终于把成交额做得超过了千万元。从开局时的备受关注到后来众多同行跟进再到华辰一家维系，最终实现 2011 年前后的爆发。让摄影收藏成为关注对象的不仅有华辰，还有许多支撑起这个市场的关键人物。在 2013 年中期因聚众淫乱而被警方刑事拘留的天使投资人薛蛮子在中国的摄影收藏市场中曾经耀眼，一则公开报道称，在 2012 年华辰春拍的影像专场中，他一个人包下半场藏品。据新华社资深编辑、影像史和收藏专家曾璜的了解，除薛蛮子之外，国内以数百万资金拟进入影像收藏领域的人士非常多，比如一直与薛蛮子明里暗中较劲儿的朱勇。

同样，摄影作品的拍卖价格也随着以老照片为主的稀缺原作受到更多关注节节攀升。据华辰影像部经理李欣在 2012 年春拍之后介绍，“去年，阿芳的照片，在华辰还有 6 千元左右的，今年，不过万拿不走了。现在，19 世纪名家的代表作，如果低于一万，都可以买，是漏，可以捡。”让李欣兴奋的是，当时便有十多家博物馆、美术馆、图书馆和档案馆来华辰竞拍影像藏品。不过，许多当代摄影家的作品，多数是通过线下交易或画廊交易而实现收藏的。

由吕厚民、朱宪民、王苗、王文澜、贺延光、解海龙、刘雷、刘阳、陈海汶等摄影家在 2007 年底发起，并且征得包括陈复礼、徐肖冰、侯波、简庆福等在内的百名摄影家参与，以 100 位摄影师每人一幅照片的不同的角度和地域，反映当代中国历史变迁和发展变化的《当代中国摄影百家典藏》，经过四年多筹备，在 2012 年问世。这种影像交换的收藏方式也是推动摄影收藏从业界做起的必要手段。

尽管摄影的收藏总体上还是个边缘话题，举牌书画的收藏家远比摄影者多，但随着国内一级市场慢慢复苏，拍卖带动的收藏认知越来越客观。不仅是国家级的博物馆等开始收藏摄影作品。新华社推出的新华典藏、国家典藏等，也是通过收藏老摄影家的原作的方式，为国家积累宝贵的影像财富。

中国摄影家协会2012年度推出“中国摄影推介”计划，包括典藏、图录、画廊三方面内容的该计划立足长远，秉持权威性、专业性、客观性和公益性，希望通过国家级摄影组织的实践，参与到中国摄影作品的收藏市场、特别是一级市场建设中来。列入首批典藏的则是历届诸多中国摄影金像奖终身成就奖获得者。

无论是官方主导还是民间的响应与配合，无论是活动先导还是摄影人自发，在2012年度，中国摄影界与往年一样充满着众多热闹与喧嚣，也在用很中国的方式推动着摄影前进与发展。因为涉及艺术、传播、商业等多个领域，本身作为一种媒介的摄影依然显现着无数可能性。

摄影交织着欲望与名利，摄影也见证着人心与世情。摄影既有光鲜的成就展示，也有直接的问题揭示。摄影者甘于默默地记录，也敢于向世界发问。摄影在面向公众普及中产生专业提升，正进入发展的第二个黄金期。对于前进中的中国来说，对于前进中的中国摄影来说，推进文化强国建设和提升文化软实力并不是一句空话，摄影发挥作用的空间，摄影家成长发展的空间才刚刚打开。

柴选　《中国摄影报》副总编

专题

摄影日常化与大众化

【观点】摄影史前时代结束，实现了大众化、日常化

◎李树峰

一门艺术，只有在没有技术壁垒、人人可以介入为之的时候，才能算其历史的真正开始。如舞蹈、音乐、文学等，自“吭育吭育派”，历史就开始了。

1839 年法国公布的摄影术，严格地说，是影像存储技术。此后此类技术不断改进，而 164 年后的 2003 年度，数码相机销量首次超过胶片相机销量，这又是一个分水岭。在此后不到 10 年的时间里，数字存储技术迅猛发展，在与光学系统、机械控制系统的配置上，在存储的速度和成像质量上，不断突破，日臻成熟。2012 年，微单和手机已经成为摄影大众的常用工具。

回顾摄影技术的发展历程，我们可以把当下摄影实现大众化、日常化的时代，看作是真正的摄影艺术史开始，这是一个分水岭，而此前 170 余年的历程，是探索摄影的各种可能性和树立典范的过程，是摄影的史前时代。

数字技术的革命，带来了摄影的大众化和日常化。摄影的使用者人数和影像产量惊人地增长；影像生成方式发生根本性变革，数字影像已经成为基本形式；摄影的价值追求多维拓展。相机从一种奢侈品——一小部分人的玩具或职业摄影工作者谋生的工具，变成今天这样随时随地能拍摄的工具，是人类社会的巨大进步，千年梦想终成现实。这种进步促使影像视觉记忆和影像艺术在更多的时间点上和更大范围里生成。

摄影的大众化与日常生活化，是并行的两个方面。大众化的直接成果是摄影进入日常生活，日常生活被大众随时随地地记录着；摄影的日常生活化需要大众的参与，大众在日常生活中分享影像生活。

摄影大众化、日常生活化，给摄影带来众多的发展和变化，呈现出新的生态现象，首先是形成了现实与影子的双重世界。

作为视觉文化的重要组成部分，摄影已经成为人们感知和认识世界的重要手段。“观察！将无形变成有形！我们在很大程度上通过影像建立认识；物体、进程、现象、地方、相貌，必须通过影像才能接触到的东西数不胜数……如果没有照片和影像，会有今天的生物学、地理学、天文学和医学吗？事关重大，不管我们承认不承认，我们的精神世界充满了来自科学生产的画面。”①

我们人类一边生产和生活，一边记录我们的生产和生活，就像有两个世界：一个是客观的世界，一个是影子的世界。影像不但是产品，也是思想；不但是记录性的信息，也是艺术作品；不但从属于我们，也左右着我们；不但是当前现实，而且会形成影像化的人类历史教科书。“从达·芬奇的肉眼到‘探索者号’的精密仪器，从文艺复兴时代有丰富的实物插图，但读者有限的基础读本，到在网络上大量传播所形成的视觉世界化，视觉机器管治着我们的知识和视觉。”② 浸泡在影像的大海里，我们不出门而看天下，通过影像感知和认识这个世界。网络以无差别的方式存贮、共享和无穷尽地生产影像。虚拟世界介入现实空间，对现实进行阐发、复制或扭曲，这种现实空间和虚拟空间的对比、紧张和焦虑为我们的生活内容增添了新内容和新感受，我们必须花费精力来区分哪个是现实世界，哪个是虚拟世界，

---

① ［法］莫妮卡·西尔卡《视觉工厂》，杨元良翻译，湖南文艺出版社 2001 年 9 月第 1 版。
② ［法］莫妮卡·西尔卡《视觉工厂》，杨元良翻译，湖南文艺出版社 2001 年 9 月第 1 版。

而且有时分不清楚二者的界限。

然而，“最不科学的东西莫过于影像，它一股脑儿地摊在你面前，无从着手，无法推论，因背景变化而改变意思，影像根本谈不上任何的严密性。它不提供可靠的解释，无法描述，无法用语言说得清楚。尤其是——虽然有各种各样客观的说法——它仅仅在感性认受的层面上起作用。”① 双重“摄影影像并不属于自然世界；它是人类工业的一个产品，是一种假象……然而，这一影像的特点就是让人觉得它好像是一种自然程序的产物……摄影是这样一种悖论式的影像，它没有厚度，没有物质，甚至可以说是完全‘非真实的’，但人们无法不认为，它通过它的物理——化学组成部分，以某种方式，留住了现实中的某种事物，而它就属于这一现实。这就是摄影影像本质上的欺骗性”。②

摄影者站在现实世界与影子世界之间，而读者站在影子世界和现实世界之间。贯穿始终的，是话语系统。“一图胜千言”指的并非影像可以脱离话语体系独立存在，而是指影像在特定的语境中有言语不及之处，可以增强现场信息传达和感染力。一个发达的社会，从视觉文化的角度来衡量，影子世界充分生产，同时这些“影子”无论从整体、从细部，都有相应的话语融合在一起。通过影像与话语的融合，全人类更加直观和直接地交流。

在传统社会里，一小部分人拥有摄影话语权，要么以自身的视角和意识形态选择现实世界的切片呈现给公众观看，公众的观看已经是被过滤后的二度观看；要么以时代流行的款式装扮人，给出特定社会环境下的人类肖像，塑造时代性的审美趣味和范式。由于技术的壁垒，一般公众被排斥在外。现在，由于获取影像自动化、机型袖珍化、存储便捷化的实现，任何人都可以拍照，相机已经成为与笔一样的东西，发挥着记录和表达功能。

大众化、日常化摄影时代的多元生态，有生生不息的动力；双重世界的存在增加了我们的视觉负载；大众的多方位、多角度观看已经实现；而艺术，永远是竖立在我们前方的一个目标。

新技术革命给摄影带来的第二个变化是视觉能力的延伸，影像作品更加多元化。高感光度下高品质影像使摄影人走进了暗光环境，去捕捉以往难以呈现的情景；多种影像软件的产生使我们很便捷地获得理想的效果。摄影更为本质的一个变化是进入了私人空间，各种现场、各种机位、各种角度的影像，都有可能产生、也都在产生。“大众拍大众，百姓拍百姓”，可以说，是我们这个时代的鲜明特征。“为大众拍、大众拍、拍大众”，酝酿着新的视觉风暴，“为大众拍”，突破了摄影原有的宣传工具局限；“大众拍”冲破了专业摄影人的行业垄断；“拍大众”，使过去有意和无意之间被遮蔽的事物进入了视野，在影像记录的平台上，社会上下层之间拉得更平，有了更多的对话和沟通机会。

每一个社会，都有集体无意识下的观看秩序。在传统社会里，摄影人的观看，意识形态框范下的观看，起了塑造和示范作用。最主要的，是我们在照片、电影、电视触目相接的过程中，不由自主地养成了看什么和不看什么，以及怎么看事物的视觉思维定式，这些定式甚至被内化为下意识的、习惯性的眼球动作。规格越来越繁多的镜头，朝着焦距更近、更远的两端延伸，其实都是变相的人眼，习之既久，拓宽了人类的视域，也深层次地改变了视觉心理习惯。

新技术革命给摄影带来的第三个变化是摄影组织如雨后春笋，在各个行业系统、各个层面上活动。摄影组织十分繁多，会员很多，数量增长很快，难以统计。这些组织有自己的领头人和骨干，有自成一体的会员系统，有财力和物力来源，他们在各自的价值体系中活动，既活跃了业余生活，也提高了艺术素养，甚至推出了不少人才和作品。

第四个变化是摄影活动在运作模式、作品价值走向多元。近几年，平遥国际摄影大展、连州国际摄影年展、丽水国际摄影节、大理国际影会、响沙湾国际摄影周等都举办过三届以上，形成了品牌。此外，在2001年后的十三年里，还有山东东营“一品”国际摄影节、贵州都匀国际摄影节、武夷山国际

---

① ［法］莫妮卡·西尔卡《视觉工厂》，杨元良翻译，湖南文艺出版社2001年9月第1版。

② ［法］莫妮卡·西尔卡《视觉工厂》，杨元良翻译，湖南文艺出版社2001年9月第1版。

摄影节、青海“三江源”国际摄影节、北京摄影季、沈阳工业国际摄影节、北京国际摄影周，等等。可谓此起彼伏，接连不断。而以摄影为载体、以策展人形式组织的各种主题展览，宣传性的，反映社会问题的，呈现自然地理的，提炼观念的，宣泄个人情绪的，追逐时尚的，创意的，难以尽数，总的特点是：展会相接，良莠并陈，呈现出各自组织、各自发展的生态景象。

第五个变化是技术革命不仅体现在获取和存储影像上，也体现在传播方式上。现今的传播，范围是全世界，时间是几秒钟。任何一个使用3G手机的人，都可以随时拍照，随时发送，在几分钟内就让全世界的人看到，影像无法再垄断了，用影像言说的权力被从少数人手里解放出来了。流动的媒体普及到大众里，推进了图片的传播。我们对影像形成了依赖病，任何信息我们都渴望有影像呈现，所谓有图不一定有真相，但仿佛无图无真相。而技术仍然在强劲地推进，摄影在十年后、二十年后，究竟会给我们带来什么，现在难以预想。

李树峰　中国艺术研究院院长助理、文化发展战略研究中心主任

摄影创作观念化

【第二届“徐肖冰杯”全国摄影大展揭晓】

中国摄影家协会和浙江省桐乡市人民政府共同主办的第二届“徐肖冰杯”全国摄影大展近日揭晓，本届大展的22组获奖作品经过评委的甄选，从1600余组参评作品中脱颖而出。这届大展，以专题——“在路上”为主题，面向全国征集，“命题作文”的形式，使得本届大展更具特色。

本届大展自1月1日至7月31日历时半年多面向全国进行征稿，共征集到695人的1668组专题作品。征稿采取专家推荐和摄影人自荐双轨并行的方式，由摄影家、理论评论家、教育家、策展人、经纪人、出版人、图片编辑及摄影媒体编辑等48人组成的推荐委员会共推荐了240余组作品，在最终入选的22个获奖席位中，有20名来自于推荐委员会的推荐，充分说明本次大展采取的这一举措在一定程度上保证了作品质量和学术水准。第二届“徐肖冰杯”全国摄影大展参评踊跃，参评者中，既不乏晓庄、李江树、杨延康、旷惠民、阿音等早已在摄影界功成名就的知名摄影家，也有被多位推委同时推荐的李宇宁、占有兵、卢彦鹏、孙彦初等近几年崭露头角的摄影新锐。多位并非推荐委员会委员的摄影界知名人士也在不同场合推介本届大展，推荐优秀作品参评。

本届大展评选继续以“影像关注社会，艺术传达思想”为主旨，在奖项设置上比上届大幅度减少，只征集专题作品的明确定位下，更加突出了徐肖冰先生的摄影方向和精神传承，初步打造出“徐肖冰杯”全国摄影大展的品牌特色。

作为大展主办方之一，中国摄协已把这一首个以摄影家个人名字命名的全国摄影大展列为中国摄协未来发展战略中的重要活动之一，中国摄协分党组副书记、副秘书长，大展评委会主任王郑生表示，中国摄协有责任、有义务继续把“徐肖冰杯”打造成全国成百上千个影展中最具影响力和学术性的独树一帜的品牌活动。担任评委的于德水、任悦、刘树勇、孙京涛、李楠、姜纬、顾铮、曾璜等专家学者，既有对纪实摄影进行深入研究、出版过多部摄影著作的教育家，也有资深的纪实摄影实践者、摄影家和资深图片编辑，更有兼具国内外学术视野的摄影评论家和学者。

评委们一致认为，本届大展的参评作品水准普遍比上一届有所提高，不仅在话题关注度上涉及各种社会现象，题材内容有所拓展，在作品表现性和探索性上也有很大进步。在遵循传统纪实手法的同时，看到了更多的表达样式，呈现出多元化格局。评选结束后，主办方还召开了评委座谈会，针对评选结果、评选过程中发现的作品问题以及反映出的当下摄影生态现象论道解析，亦对下一届大展的规划和操作提出了宝贵的意见和建议。

本届大展还特设评选观察员，浙江日报报业集团资深记者、影像评论人张海龙和中国美院在读研究生黄东黎全程观摩了评选过程。

作为徐肖冰的家乡和大展主办方之一，浙江省桐乡市市委常委、常务副市长吴炳泉高度赞扬活动对桐乡的文化和人文建设写下了重要一笔，并表示桐乡将对大展一如既往全力支持，“没有最好，只有更好”。

第二届“徐肖冰杯”全国摄影大展由中国摄影报社、中共桐乡市委宣传部、桐乡市文化广电新闻出版局承办。本届大展的所有入展作品将于11月在桐乡市举办首展及颁奖仪式。

入展名单

典藏作品（5 组）

《新桂林山水》	火　炎
《我们被包围了》	邓博仁
《排队的变迁》	吴国方
《被忘却的少数：罕见病群体》	张立洁
《藏传佛教》	杨延康

深度专题

《台湾旅店》	侯俊伟

影像探索

《客厅》	王维清

新人佳作

《大货夫妇：生活在路上》	刘飞越

优秀作品（14 组）

《静静的硕都岗河》	扎西罗丹
《殇痛渤海湾》	王　兵
《北流活活》	张克纯
《在路上》	李江树
《镀金时代》	李　林
《自助透析室》	李　强
《中国式童年》	苏　晟
《春运表情》	邱伟荣
《游牧·旅程》	阿　音
《人家物语》	郑忠民
《他们的早餐》	唐志扬
《他境》	唐浩武
《生命的终点亦起点》	雷　鹰
《灰领》	魏　民

来源：中国摄影家协会网 2012 年 10 月 6 日

纪事

摄影节

【中国·阿尔山国际摄影节】

2012 年 1 月 6 日，首届中国·阿尔山国际摄影节在内蒙古自治区阿尔山市开幕。包括来自俄罗斯、日本、韩国、蒙古国及全国各地的摄影家近百人齐聚阿尔山市。此次国际摄影节以聚焦阿尔山，畅游冰雪童话世界为主题。

【第二届海峡摄影交流季】

2012 年 3 月 31 日至 5 月 31 日，第二届海峡摄影交流季暨闽台（集美）影像交流中心揭牌仪式在厦门集美文化创意产业园举行。

本次海峡摄影交流季的主要内容是旅德摄影师、策展人连芷平策展的大型展览“溯源——李小镜摄影回顾展”。摄影回顾展展出 20 年来持续活跃于国际艺术界的台湾艺术家李小镜主题为《渊》、《梦》、《成果》、《丛林》、《夜生活》等代表作系列 197 幅作品。

4 月 1 日，由台湾摄影师沈昭良、陈伯义、吴政璋、钟顺龙等作为台湾摄影界的代表，与福建的摄影家共同启动了长期的两岸摄影合作项目——“岛·风·物——沿着海岸线”驻地摄影创作项目。

【第九届中国摄影艺术节】

2012 年 5 月 22 日，由中国文学艺术界联合会、湖北省委宣传部、中国摄影家协会主办的“第九届中国摄影艺术节”在湖北太极湖畔的武当山文化广场开幕。

本次摄影节包括金像奖主题展，历届回顾展，“武当·太极湖杯”引水思源创作之旅——南水北调中线工程纪实摄影主题展，“北建故宫、南修武当”主题摄影展，第二届中国武当国际摄影大展，摄影名家个展等和“百名摄影家看武当”，摄影图书展，摄影名家见面会、讲座、论坛等。

【第二届满洲里国际摄影节】

2012 年 7 月 5 日，“第二届满洲里国际摄影节”在内蒙古自治区满洲里市的迎宾广场开幕。

“满洲里国际摄影节”由中国艺术摄影学会和满洲里市政府共同主办。本届摄影节主题鲜明，10 位青年内蒙古摄影家用镜头剖析了内蒙古在经济飞速发展下人们的生活、城乡社会的变化，突出的生态环境等现实问题。另外，《摄影名家镜头中的满洲里》，凤凰卫视执行副总裁、中文台台长王纪言的《巧智慧心》摄影展，法国摄影家阎雷的《摄影中国 20 年》也参加了展览。

【2012 第四届大理国际影会】

2012 年 8 月 10 日，为期 6 天的“2012 第四届大理国际影会”在大理古城拉开帷幕。

本届影会以“生活在别处——美丽家园，幸福大理”为主题，延续了“以像观人，以影察世”的原则，更强调国际性、记录性和真实性。本届影会上，举办了“摄影历史——斯蒂芬·怀特收藏展”，并聘请了国内外十家画廊走进大理，以推动中国影像作品收藏交易市场的发展。本届影会有来自 10 多个国家和地区的摄影家参展，共有 200 多个影展。

【2012 中国（青海）三江源国际摄影节】

2012 年 8 月 11 日，由国务院新闻办公室、中国文学艺术界联合会、中国摄影家协会和青海省人民政府共同主办的“2012 中国（青海）三江源国际摄影节”在青海省西宁市开幕。

此次摄影节邀请了国内外、省内外大型展览、个人专题 160 余个；国内外、省内外 1500 多名摄影家的作品近万幅。其中，“影像世界·国际展”由美国、德国、意大利等 20 多个国家的国际摄影组织和国际摄影大师展 25 个；国内摄影名家和中国金像奖摄影展“国内外摄影家看青海”作品近 300 幅；“大美青海，寻道昆仑”专题展作品近千幅。

【第三届中国摄影家响沙湾国际摄影周】

2012 年 8 月 21 日，第三届中国摄影家响沙湾国际摄影周在响沙湾沙漠艺术宫开幕。本次摄影周由中国艺术研究院摄影艺术研究所与内蒙古达拉特旗人民政府联合主办，《中国摄影家》杂志社、内蒙古响沙湾旅游有限公司承办，中国女摄影家协会、中国水利摄影协会、全国公安摄影家协会、山西省摄影家协会、陕西省摄影家协会协办。

本届摄影周集中回顾 3 年多来中国摄影家大 PK、中外摄影家大 PK 的学术成果，举办了“中国·中外摄影家大 PK 系列作品展”，同时展开了中国内地摄影家、香港摄影家、澳门摄影家以及玛格南摄影家之间的友谊赛、展开了海峡两岸高校师生之间的友谊赛。参加 PK 的选手达到 26 人，他们是来自台湾世新大学的陈学圣教授和他所带领的三位学生李政卫、吴羿忻、陈奕雄，来自清华大学美术学院的冯建国副教授带领的三位学生居婧婷、周倩楠、黎敏斐，来自北京电影学院郑涛老师带领的三位学生袁柳、周民、洪亮；玛格南代表队布鲁诺·巴贝、米沙·厄韦特、格奥尔基·平卡索夫，香港代表队秦军校、黄松泽、黄国顺，澳门代表队洪火山、黄俊杰、黄明辉，内地代表队王福春、李建惠、刘宽新。

本届摄影周期间，响沙湾旅游有限公司和响沙湾摄影艺术研究中心在 8 月 22 日、23 日举办了两场图片交易会，直接向摄影师购买响沙湾内容的图片，这是推动摄影商业发展的一次全新尝试。

【第五届杭州市民摄影节】

2012 年 8 月 30，第五届杭州市民摄影节在杭州和平会展中心开幕。本届市民摄影节以“打造东方品质之城、建设幸福和谐杭州”为主题，展出近 2000 幅照片，设“品质之城幸福杭州”、“国际摄影节名家名作”、“摄影团体邀请展”展区。

【中国新疆喀纳斯第十二届金秋国际摄影节】

2012 年 9 月 14 日，中国·新疆喀纳斯第十二届金秋国际摄影节开幕。本次摄影节共收到 1080 幅参赛作品，经评选，共有 12 幅摄影作品分获一、二、三等奖，同日开启的喀纳斯金秋国际摄影展共展出摄影作品 92 幅。

【2012 上海国际摄影节暨上海第十一届国际摄影艺术展览】

2012 年 10 月 11 日，2012 上海国际摄影节暨上海第十一届国际摄影艺术展览在上海世贸展览中心开幕。

由上海市文学艺术界联合会、上海市摄影家协会发起并主办的“上海国际摄影艺术展览”每两年举办一届，已连续举办了十届。从第六届起，“上海国际摄影艺术展览”获得了美国摄影家学会（PSA）和英国皇家摄影学会（RPS）的认证，第九届开始获得世界影艺联盟（FIAP）的认证，大大提升了影展的专业性、权威性和国际性。从第八届起，这项展事升格为“上海国际摄影周”，2012 年，又提升为“上海国际摄影节”。

本届摄影节的主要架构由上海第十一届国际摄影艺术展览、国际摄影邀请展、国际摄影名家论坛、国际摄影画廊四大板块组成。本届国际影展展出的 800 幅获奖和入选作品，是经组委会邀请的 17 位国际和国内资深评委从 32 个国家和地区、29 个省市自治区参展的 16000 余幅作品中遴选而出的。

本次国际摄影邀请展邀请到了盖蒂图片社签约摄影家作品展和 2012 年第 55 届世界新闻摄影比赛“荷赛奖”作品展，还邀请到了国内外 60 多位摄影家的近千幅摄影作品集中展览。

展览

【深圳摄影学会成立30周年精品展】

2012年1月17日至2月12日，由深圳市文学艺术界联合会主办，深圳摄影学会、深圳美术馆共同承办，深圳市宣传文化发展专项基金后援支持的“深圳摄影学会成立30周年精品展”在深圳美术馆举办。来自深圳摄影学会的71位专业摄影师带来了120余件代表作。展览分为“1978年以前：一个时代一个摄影师”、“1981—1990：影像升腾蓄势待发”、“1991—2000：厚积薄发空前活跃”、“2001—2011：读图时代走向世界”四个部分，以时间顺序回顾深圳摄影学会30年的发展之路，展示深圳摄影师30年间的优秀作品。

【台北花博——两岸摄影家作品展】

2012年1月17日，由上海市人民政府台湾事务办公室、上海市摄影家协会、台北摄影学会和海风出版社联合主办的“台北花博——两岸摄影家作品展”在上海图书馆开幕。此次展览展出了海峡两岸23名摄影家的86幅摄影作品。

【首届全国农民摄影大展】

2012年2月6日，由中国文学艺术界联合会、中国摄影家协会和农业部农村社会事业发展中心共同主办的“中国文联、中国摄协2012‘送欢乐下基层’情系大赛——首届全国农民摄影大展巡展暨展出作品捐赠仪式”在山西省昔阳县大寨村举办。

首届全国农民摄影大展巡展活动自2011年7月启动以来，先后到辽宁、安徽、四川、福建等地基层农村展出，大寨村是最后一站，中国摄影家协会将展出的202件作品全部捐赠给了大寨村做永久收藏。

【“聚焦黔东南·相约甘囊香”中国·凯里全国摄影大展】

2012年2月9日，“聚焦黔东南·相约甘囊香”中国·凯里全国摄影大展入围作品展在凯里市万博广场开展。

本次影展是由中国摄影家协会、凯里市人民政府主办，《中国摄影》杂志、中国·凯里甘囊香国际芦笙节组委会、凯里市摄影家协会承办。“聚焦黔东南·相约甘囊香”中国·凯里全国摄影大展作品展共评出典藏、收藏、佳作、优秀及入选作品190幅（组）。翟向东《家似仙境》被评为典藏作品，曾钟滔《农家小院（组）》、胡绍德《从江侗族民间斗牛（组）》、沈晨《千灯万盏耀苗寨》等3幅作品被评为收藏作品；王敏《苗族银饰（组）》、康泰森《翘街》、潘焕启《闲聚》、吴元成《苗乡赶集》、周社臣《欢度鼓藏节（组）》、陈英《印象肇兴（组）》等6幅作品被评为佳作作品。

【不朽的丰碑　永远的榜样——雷锋事迹大型原创摄影作品展】

2012 年 3 月 2 日，由中国摄影家协会、中国人民革命军事博物馆、上海希望工程办公室联合主办，中国社会福利基金会学雷锋基金承办的“不朽的丰碑　永远的榜样——雷锋事迹大型原创摄影作品展”在军事博物馆开幕。

展览荟萃了为雷锋摄影的 8 位摄影人张峻、季增、董哲、张泽西、周军、陈文辉、赵之华、吴加昌的摄影作品，以及雷锋在照相馆所拍摄的所有照片，近 300 幅，其中有很多是首次公开发表。

【“新世纪　新女性”全国女性摄影作品展】

2012 年 3 月 2 日，由全国妇联宣传部、中国妇女儿童博物馆、中国女摄影家协会、中央直属机关妇女工作委员会、中央国家机关妇女工作委员会共同主办“新世纪　新女性”全国女性摄影作品展在中国妇女儿童博物馆举行。

此次摄影作品影展面向全国女性进行了广泛征集，从女性摄影爱好者和女摄影家投送的近七千幅作品中挑选了近 140 幅进行集中展示。

【我们 —— 微型金融摄影展】

2012 年 3 月 18 日，由中国艺术研究院《中国摄影家》杂志社与包商银行联合主办的“我们 —— 微型金融摄影展”在中国美术馆开幕。

展览汇集了 2010 年包商银行参加了世界银行扶贫协商小组（CGAP）主办的“微型金融摄影展”；包商银行与《大众摄影》联合举办的“小企业贷款”摄影大展中的优秀作品。

【首届全国青年摄影大展】

2012 年 3 月 20 日，首届全国青年摄影大展广州巡展在广州美术学院开幕。

首届全国青年摄影大展是由中国文学艺术基金会和中国摄影家协会共同主办。本次影展吸引了 2875 名青年作者参展，共收到 5732 组、计 42203 幅参展作品。

【第八届国际新闻摄影比赛（华赛）】

2012 年 3 月 25 日，第八届国际新闻摄影比赛（华赛）评选揭晓新闻发布会在中国杭州举行。高润·托马斯艾维克（Goran Tomasevic）拍摄的《利比亚冲突》获得本届年度新闻照片大奖。

第八届国际新闻摄影比赛由中国新闻摄影学会主办，浙江日报报业集团、杭州市西湖博览会组委会办公室、杭州市人民政府新闻办公室承办。

第八届国际新闻摄影比赛中国外参评作品占总数的 60% 多。除年度新闻照片大奖单列以外，大赛还设日常生活类新闻、战争灾难类新闻、非战争灾难类重大新闻、经济及科技类新闻、自然及环保类新闻、文化艺术与娱乐类新闻、体育类新闻和新闻人物 8 个参赛类别，每类别均设有单幅和组照奖项，而奖项则设有金、银、铜奖各 1 个和优秀奖 2 个。在 16 个金奖中，外国记者作品获得 11 个，中国记者作品获得了 5 个。

【浮光旧影——百年中国历史影像精选】

2012 年 4 月 11 日，“浮光旧影——百年中国历史影像精选”在中华世纪坛世界艺术馆一层中心展厅开幕。

展览展出了 23 位中外摄影师（照相馆）从 1858 年到 1945 年的影像作品，包括 1860 年英法联军随军摄影师费利茨·比托拍摄的北京城最早的照片，1869 年至 1872 年约翰·汤姆逊拍摄的香港、广州和北京风光，19 世纪 70 年代早期福州同兴照相馆拍摄的福州风光，朱利安·爱德华斯拍摄的福建土楼等共计 120 余件。

【2011·大美黄山（国际）摄影大展】

2012 年 4 月 18 日，“2011·大美黄山（国际）摄影大展”举行颁奖仪式，102 幅获奖作品首次集中展出。

本届大展赛自 2011 年 4 月 1 日启动至 2011 年 12 月 31 日收官，历时 9 个月，共收到来自韩国、日本、新加坡及全国 29 个省、市、自治区 2000 余位影友的投稿作品 18000 余幅。经过初评、复评和终评，最终入选作品金质收藏作品 1 幅、银质收藏作品 2 幅、铜质收藏作品 4 幅、优秀作品 95 幅。

【太行颂·艺术摄影展】

2012 年 4 月 28 日，为期六天的大型艺术摄影展《太行颂》在北京中华世纪坛开幕。

“太行颂·艺术摄影展”由中国艺术摄影学会、人民网、山西中华文化促进会主办，分为“太行雄风”、“当家作主”、“新的腾飞”、“大美太行”四个篇章，共计展出作品 176 幅。

【第二届全国农民摄影大展】

2012 年 6 月 5 日，由中国文联、农业部和中国摄影家协会主办的“第二届全国农民摄影大展”在中国美术馆开幕。本届摄影大展共收到来自 30 个省区市的 880 位农民摄影人的 15755 幅作品共有 192 幅作品入选，评选出纪录类等级收藏作品 28 幅、优秀作品 88 幅，艺术类等级收藏作品 16 幅、优秀作品 60 幅。

【首届中国建筑摄影艺术大展】

2012 年 6 月 30 日，由中国摄影家协会与中国建筑工程总公司共同主办的“首届中国建筑摄影艺术大展”在中国美术馆开幕。大展以“影像展示建筑艺术之美”为主题，分为艺术类、纪录类两大类，共有 219 幅（组）作品获奖，这次展出的是获得大展金、银、铜质收藏作品和优秀奖作品，共计 99 幅（组）。此外，本次大展还专门设立邀请展，特邀国内建筑摄影方面的名家参展，共计 12 幅（组）。

【“科学发展谱新篇——庆祝中国人民解放军建军 85 周年” 全军摄影展】

2012 年 7 月 29 日，由总政治部主办，总政治部宣传部、解放军报社承办的“科学发展谱新篇——庆祝中国人民解放军建军 85 周年”全军摄影展在中国人民革命军事博物馆开幕。

这次摄影展是军队系统庆祝建军85周年、迎接党的十八大胜利召开的重要活动，1084名作者推荐报送了4187幅作品。承办方组织专家评选出400幅参展作品，并从中评出金奖10个、银奖20个、铜奖30个，5个大单位获得组织奖。

【2012年“丝路·长城”中国嘉峪关国际摄影艺术大展】

2012年8月2日，2012年“丝路·长城”中国嘉峪关国际摄影艺术大展在嘉峪关市城市博物馆开幕。

展览共有国内外100多位作者的500余幅（组）作品入选。其中北京摄影家田琦的《边塞牧归》获得评委会特别推荐作品，北京电影学院青年教师朱涛的《嘉峪关近景》组照获评金质收藏作品，兰州王玫等6位摄影家的作品获评银质收藏作品，敦煌吴健等8位摄影家的作品获评铜质收藏作品。

【瞬间·甲子——湖北摄影家60年作品展】

2012年8月17日，由湖北省博物馆、湖北省摄影家协会联合举办的“瞬间·甲子——湖北摄影家60年作品展”在湖北省博物馆开幕。

本次展览展出59件（套）摄影作品，是湖北省56位摄影家在新中国成立60年来荣获的各种奖项的作品。

【广东艺术摄影精品巡展】

2012年8月20日，“广东艺术摄影精品巡展”在广州南城艺展中心闭幕。本次影展由中国艺术摄影学会、广东省艺术摄影学会、东莞市南城区办事处等单位共同主办，共展出当代摄影家杨元惺、吕厚民、朱宪民、陈纪萱等人的代表作品217幅，其中不乏《毛泽东畅游长江（1962年）》、《边疆女民兵（1969年）》等珍贵历史瞬间。

【宁夏首届伊斯兰风情摄影展】

2012年8月22日，由宁夏回族自治区政府主办、宁夏伊斯兰国际经济文化友好促进会承办的宁夏首届伊斯兰风情国际摄影大赛在银川文化艺术中心开幕。

大赛共收到来自新华社、外交部、中国摄影家协会，伊斯兰、阿拉伯国家驻华使馆及31个省区市摄影家协会及摄影爱好者提供的参赛作品18000多幅，内容涉及沙特、阿联酋、巴勒斯坦等21个国家及我国回族、维吾尔族、哈萨克族、东乡族等10个少数民族的风情风貌，选出了300多幅入选作品进行展览。

大赛评出了优胜奖、纪念奖和贡献奖，优胜奖包括金奖2名、银奖4名、铜奖6名。其中，来自上海的陈海汶和宁夏的马剑分别以作品《56个民族全家福》和《沙特印象（开戒）》获得金奖。

【2012平遥国际摄影大展】

2012年9月19日，以“回归·超越”为主题的2012年第十二届平遥国际摄影大展在平遥古城开展。

大展的国际性和艺术专业性更加凸显，分学术展、汇报展、邀请展、机构展、院校展、影像短片展、致敬展七大部分，呈现332个展览，其中国内展览304个，国外展览28个；参展摄影师1700余人，国外摄影师314人，展览图片近13000幅。美国《光圈》杂志国际摄影大师寇德卡也首次携作品在中国参展。首次设立的国家馆，也全景式集中展示了英国、新西兰和北欧四国几个国家的摄影发展和风土人情。

【第四届中国济南国际摄影双年展暨齐鲁国际摄影周】

2012年10月12日，第四届中国济南国际摄影双年展暨齐鲁国际摄影周在山东工艺美术学院开幕。共有来自30多个国家和地区的摄影组织负责人和摄影家们参与了此次活动。

本届双年展以“回顾与展望——从影像本体出发”为主题，一改以往的单一展示模式，将作品展示、学术交流与研究成果汇集成为彼此关联的“三位一体”。展览共设有“国际摄影大师原作展”、“学术（邀请）展”和“主题展”等三大类82项展览，展出作品1804件。

【甘肃省第三届摄影奔马奖暨甘肃省第十八届摄影艺术展览】

2012年10月16日，由甘肃省文学艺术界联合会、甘肃省摄影家协会主办的“甘肃省第三届摄影奔马奖暨甘肃省第十八届摄影艺术展览”在甘肃省艺术馆举行。开幕式上还对“甘肃省第三届摄影奔马奖和甘肃省第十八届影展”的获奖作者进行了颁奖。

此次展览的220余幅（组）作品，是从甘肃省各地近500位摄影工作者、爱好者手中征集来的5000余幅（组）作品中挑选出来的。苟晓燕的作品《法会·鸽子》获得艺术类金奖，许吉年的作品《烧毁的香蕉车》获得纪录类金奖。创意类金奖空缺。同时，来自敦煌的吴健获得了甘肃省摄影界的最高奖项“奔马奖”德艺双馨会员奖。

【第八届连州国际摄影年展】

2012年11月23日，“第八届连州国际摄影年展”开幕式暨新摄影奖颁奖典礼在连州市文化广场举行。

本届连州国际摄影年展的主题为“故事，离真相有多远?”总策展人是法国尼埃普斯摄影博物馆馆长弗朗索·萨瓦尔和段煜婷。弗朗索·萨瓦尔多年来致力于摄影历史文献的探究，在改革摄影博物馆体制和研究当代摄影生态方面是国际公认的权威人士。在国内展部分，段煜婷女士邀请了杨福东、庄辉、韩磊、严明四位中国当代艺术和摄影界具有代表性的人物来策划展览。国内艺术家个展部分，展出了陈晓云的《坠枯录》、蒋志的《情书》、阿斗的《阿斗》以及其他优秀摄影家的最新作品。国际展部分将向中国的观众介绍当下欧洲乃至全世界最活跃的摄影家个案，其中包括著名的美国当代艺术大师麦克·亚当斯（Mac Adams），《这就是当代摄影》的封面艺术家埃琳娜·博劳瑟斯（Elina Brotherus），神秘的匿名法国人等人的作品，同时展会还向中国观众展示了法国尼埃普斯摄影博物馆珍贵的馆藏作品。

2012连州摄影节年度新摄影奖中，陈晓云的作品《坠枯录》荣获新摄影年度大奖。新摄影年度艺术家奖由中国摄影家李宇宁和土耳其摄影家瑟卫·科契依特（Servet Kociygit）摘得。弗朗索·布尔根（François Burgun）和冯立获得了新摄影年度评委会大奖。

【浙江摄影系列大展】

2012 年 11 月 25 日，浙江摄影系列大展在浙江美术馆拉开帷幕。本次摄影系列大展共安排了浙江省第十四届摄影艺术展、“悠悠岁月”浙江省老摄影家作品展和 2012 浙江当代摄影新锐展等 3 个展览，近 530 幅（组）作品参展。

浙江省第十四届摄影艺术展共收到 2400 多位摄影人投送的作品近 2.6 万幅（组），最后选出纪录类、艺术类、商业类、青年组获奖作品 248 幅（组）、评委推荐作品 9 幅。

【2012 西双版纳国际影像展】

2012 年 11 月 27 日，2012 西双版纳国际影像展在云南省西双版纳傣族自治州景洪市开幕。

本届影像展为期 3 天，紧紧围绕澜沧江·湄公河流域国家的人文景观状态、生存状态、社会经济发展状态等影像内容作为主题展，来自东亚、欧洲、美洲、非洲等各大洲的多名摄影师带来了有关河流文化题材的摄影作品。

【“文明与遗产”——第二届“包商银行杯”中国国际摄影双年展】

2012 年 11 月 27 日至 12 月 2 日，由中国艺术研究院《中国摄影家》杂志社与包商银行联合主办的第二届“包商银行杯”中国国际摄影双年展在中华世纪坛世界艺术馆开幕。

本届展双年以“文明与遗产”为主题，除征集几十位中国摄影家作品外，主办单位与“我们的家”——世界遗产图片社合作，从中甄选作品。展出的 380 余幅作品，内容涉及世界范围内的“自然遗产”、“文化遗产”、“自然与文化复合遗产”和“文化景观”，包括各种在历史、艺术以及学术上具有杰出文化价值的纪念物、建筑群、场所和遗址遗迹，独特稀有的自然现象与地貌，具有罕见自然美的地域或人类设计、建筑的景观，以及尚存的珍稀或濒危动植物栖息地等。

【第四届海峡摄影展】

2012 年 12 月 12 日，第四届海峡摄影展在福建霞浦开幕。

在为期三天的摄影展活动期间，举办了第 23 届福建省摄影展、第二届“霞浦——我心中的那片海”摄影展、《故乡的海》霞浦摄影家艺术作品展、《激情海西摄影展》，邀请了美国、新加坡、马来西亚、菲律宾、越南、韩国及中香港等国家和中国澳门、中国台湾地区的摄影团体、各省市摄影家协会、全国知名摄影家组织作品参展。还举行了第四届海峡两岸摄影论坛暨第四届世界福建摄影大会，颁发了第二届福建摄影金像奖等一系列活动。

【首届中国凤凰国际摄影双年展】

2012 年 12 月 18 日，由中国摄影家协会、湘西自治州人民政府主办，中国摄影报社、凤凰县人民政府、凤凰古城旅游公司承办，湘西芙蓉镇旅游景点圈管理处协办的首届“中国凤凰国际摄影双年展”在凤凰古城开幕。

本次中国凤凰国际摄影双年展以“民俗·回家”为主题，由“摄影大赛、摄影展览和高峰论坛”三个部分组成，共收到各类参赛作品 57648 幅，邀请国内外优秀摄影家 530 人，参展作品 7130 幅。评选出三大类奖项，其中“走进湘西古村落”摄影大展共评出银奖3个，铜奖10个，优秀奖149个，“天下凤凰”摄影大展和“芙蓉镇旅游景点圈”摄影大展分别评出金奖1个，银奖3个，铜奖9个，优秀奖130个。

【第九届中国摄影金像奖获奖作品展览】

2012年12月30日，由中国文学艺术界联合会、中国摄影家协会、中共罗湖区委宣传部（文体局）联合主办，深圳市摄影学会、深圳市新闻摄影学会、深圳市职业摄影师协会、深圳市企业家摄影学会、深圳市广告摄影师专业委员会协办，深圳罗湖摄影学会和罗湖区文化馆承办的“第九届中国摄影金像奖获奖作品展览”在深圳市罗湖区创意文化广场展出。

本次展览推出20位第九届金像奖获得者的220幅获奖作品。开幕式后举办了“金像奖论坛”，深圳的历届金像奖获得者孙成毅、张新民、贺建华、余海波登上了高峰论坛。

个人展览

【广场·片场·现场——苏夏影像艺术展】

2012年3月18日，“广场·片场·现场——苏夏影像艺术展”开幕式在杭州浙江美术馆举行，本次展览以“寻找多元共生的城市灵魂”为主题，共展出摄影、电影、装置等作品100余件，展览运用影像综合体的方式来诠释当下城市精神的生命本源，通过“广场·片场·现场”三位一体的叙事方式来探寻城市的生命内涵，再现普世意义的城市精神力量。

作者苏夏是中国美术学院传媒动画学院教授，也是国内集广告导演、影像装置艺术、摄影师于一身的跨界艺术家，曾获第十一届全国美展金奖、纽约电影节最佳摄影金奖、美国国际电影节金摄影机奖、世界级广告节大奖等。曾担任2010年上海世博会大型环幕电影《城市广场》总导演。

【变迁——朱宪民40年珠江三角洲摄影作品展】

2012年4月11日至22日，由关山月美术馆主办，深圳企业家摄影协会、雅昌企业（集团）有限公司协办的“变迁——朱宪民40年珠江三角洲摄影作品展”在关山月美术馆举行。

此次展出的80幅摄影作品，是朱宪民40年来坚持不懈真实记录珠江三角洲经济发展、社会变革、人民生活日新月异变化的作品精粹。4月21日上午举办了“变迁——朱宪民40年珠江三角洲摄影作品展”的收藏仪式，展览全部作品被关山月美术馆永久典藏。

【拾回的记忆——杨元昌1980年代摄影作品展暨画册首发式】

2012年4月29日至5月7日，“拾回的记忆——杨元昌1980年代摄影作品展暨画册首发式”在上海尔冬强艺术中心开幕。

杨元昌是上海最早涉足观念摄影的摄影家，此次是他继1979年作品《师徒》获国际大奖至今首次举办个展及发行画册。本次展览的不少珍贵作品都在一场火灾中焚为乌有，杨元昌只得四处搜集资料，最终以扫描件的形式展示。

【吴品禾摄影展】

2012年7月6日，由南京市摄影家协会主办的“首届金像奖得主——吴品禾摄影作品展”在南京美术馆开幕。这次展出的近百幅作品，题材涉及人物、风光、小品等，是吴品禾摄影生涯中的第一个摄影个展。

获奖

【第七届人像摄影十杰揭晓】

2012 年 1 月 6 日，第七届全国人像摄影十杰评选最终结果揭晓。获得本届十杰的是：朱海、蔡敏亮、李泛、高中印、贾云龙、高伟、李皆慧、昊天、叶子、陈博。

【中国摄影师第 55 届“荷赛”获奖】

2012 年 2 月 10 日，第 55 届世界新闻摄影比赛（WPP）——“荷赛奖”获奖作品在荷兰阿姆斯特丹揭晓，三位中国摄影师许少峰、旷惠民、李扬获奖。

李扬的作品《跳楼新娘》获得突发新闻类三等奖，旷慧民拍摄的一组反映中国百姓纪念毛泽东的照片获得艺术娱乐类三等奖，许少峰拍摄的发生在 2011 年 11 月 22 日成都，一名男子爬上高压电线塔，要求获得房屋拆迁补贴款的照片获得当代热点单幅荣誉奖。

【第四届三影堂摄影奖】

2012 年 4 月 21 日，第四届三影堂摄影奖评选落下帷幕。张晋获得本届三影堂摄影奖大奖（奖金八万元），王淅获得日本 Shiseido 推选的优秀女性摄影师奖（奖金两万元），杨园园获得美国特尼基金会推选的特尼奖学金（奖学金五千美元）。

【第九届中国摄影金像奖】

2012 年 5 月 3 日，第九届中国摄影金像奖获奖名单正式公布，共有 36 人荣获本届金像奖。其中创作奖 20 名、理论评论奖 5 名、图片编辑奖 2 名、图书奖 3 名、终身成就奖 6 名。

中国摄影金像奖是由中国文联和中国摄协联合主办的摄影艺术领域全国性的最高个人成就奖。本届金像奖共有 294 人申报参评，经审核，其中 284 人符合参评条件。

第九届中国摄影金像奖获奖人名单

创作奖

纪录类：雍　和　于德水　阿　音　王建民　奚志农　李　舸　余海波　李亚隆　张国通　张　风

艺术类：孙晋强　王建军　陈海汶　姜　平　陈　锦　肖吉地　冯建国　刘瑞新　王　强

商业类：王敬民

理论评论奖：刘宽新　韩丛耀　丁遵新　黄一璜　晋永权

图片编辑奖：张蔚飞　张小文

图书奖：王　琛　张新泰　王达军

终身成就奖（按姓氏笔画排序）：张祖道　时盘棋　孟昭瑞　顾　棣　钱嗣杰　裴　植

第九届中国摄影金像奖组委会

名誉主任：赵　实

主　任：覃志刚　李前光

副主任：罗成琰　王郑生

委　员：王　悦　王　瑶　王文澜　王玉文　邓　维　朱宪民　李学亮　李伟坤　张桐胜
张　宇　罗更前　顾立群　高　琴　罗江华

秘书长：高　琴（兼）

办公室主任：罗江华（兼）　包旭东

第九届中国摄影金像奖评委会

主　任：李前光　罗成琰

副主任：王郑生

委　员（按姓氏笔画排序）：王文澜　孙京涛　吴　鹏　张华斌　李伟坤　李学亮　杨恩璞
陈长芬　周朝荣　闻丹青　高　琴　宿志刚　盛希贵

第九届中国摄影金像奖评选监审

罗江华　顾立群

第九届中国摄影金像奖观察员

阎　军　王诗戈

【第十一届上海国际摄影艺术展评奖】

2012 年 8 月 16 日，第十一届上海国际摄影艺术展览所有奖项揭晓，三大组类共 14 个金奖全被中国摄影师摘得。

本届影展共收到来自 32 个国家和地区的 1.5 万余幅摄影作品，经过来自英国、奥地利、摩洛哥、日本和中国的 17 位国际摄影艺术评委的不记名评审，三大组类——纪实类摄影组、电子影像组（艺术类、创意广告摄影类）、艺术类摄影组的各个奖项在上海揭晓，13 名中国摄影师荣获三大组类共 14 个金奖。

其中，纪实类照片组金奖 4 幅，刘锋兵作品《军垦爱情》、郭净作品《请愿》、沈雷作品《惊魂一刻》、王溶江作品《岁月如歌》；电子影像组（艺术类）金奖 3 幅，宋持月作品《路上》、Ming－Hui Cheng（中国台湾）作品《无题》、黄松辉作品《河边的早晨》；电子影像组（创意广告摄影类）金奖 2 幅，胡国庆作品《释放》、裴安海作品《火机广告》；艺术类照片组金奖 5 幅，何元华作品《瞻前顾后》、夏书亮作品《穿越时光》、石志强作品《节日群像》、毛翼作品《吹号手》、郭净作品《眼神》。

【全国地市报首届“十杰”、“优秀”青年摄影记者】

2012 年 8 月 21 日，全国地市报首届“十杰”、“优秀”青年摄影记者颁奖仪式在贵州镇远县举行。

获得青年摄影记者“十杰”的是《东莞日报》张村城、《余姚日报》陈斌荣、《东南早报》潘登、《嘉兴日报》沈志成、《福州日报》俞松、《湛江晚报》张锋锋、《江南晚报》陈亮、《驻马店日报》吴波、《北疆开发报》沈志君、《镇江日报》文雯。《东莞日报》郑志波等 30 名记者荣获“优秀”青年摄影记者称号。

【2012 平遥国际摄影大展颁奖】

2012 年 9 月 21 日，2012 平遥国际摄影大展颁奖典礼在山西省平遥县举行。

本届摄影大展的获奖名单

自然类摄影作品奖（5 人）：吴旭韬《到达北极点》，钟维兴《失落园》，李谊民《自然与生命》，石建敏《石建敏红外线摄影作品》，李秀《中国及非洲野生动物》

风光类摄影作品奖（5 人）：杨建川《风景本色》，曲长利《圣灵境影》，毛瑛《胡杨林》，谢远文《最美中国》，李宗献《夜色长城》

社会生活类摄影作品奖（5 人）：许海峰《观看中国》，欧阳星凯《人民路》，孔伟、林添福《手机摄影展》，李兴华《小河移民》

新闻报道类摄影作品奖（4 人）：占有兵《新工人》，刘远《红色影像之旅》，金平《古巴本色》，王庆祥《矸石山》

艺术类摄影作品奖（5 人）：马麟《嬗变》，扎西罗丹《静静的硕都岗河》，李伟光《历史舞台》，刘瑾《裸眼者——刘瑾观念摄影展》，古今《都市精灵》

凤凰卫视优秀摄影画册奖（10 人）：于沈光《彩墨丹青》，秦玉海《真水》，张纪元《野性柴达木》，闫平《沙漠轻轨》，解红灿《京津冀最美湿地衡水湖》，钟维兴《天玄地黄》，王树洲《20 世纪 70 年代中国农村影像报告》，杨越峦《中国·野长城》，吴建斌《香港》，陈茂盛《穿越南北极》

优秀摄影师特别奖（2 人）：黄增光、吴运生《飞天梦圆》

微电影作品奖：最佳影片奖《吹大号的小朋友》、最佳导演奖《黑鱼·沙漠》、最佳编剧奖《孤者定律》、最佳摄影奖《起死回生》、最佳纪录片奖《俏寒燕》、最佳美术指导奖《成绩单》、最佳电影剪辑奖《双人舞蹈》、最佳音效编辑奖《蔚蓝》、最佳视觉效果奖《礼物》、最佳化妆奖《拾荒少年》、最佳动画奖《阳台》、最佳女主角奖《远方》（杨静观）、最佳男主角奖《黑鱼》（祖峰）

映像国际优秀摄影师奖（5 人）：巴拉特·乔杜里（Bharat Choudhary）《异族的沉默》（The silence of others）、李小镜、帕布罗·洛佩慈（Pablo Lopez luz）《大地景象》（Terrazo）、克里斯·雷尼尔《边缘地带的文化》、阿曼达·伯格（Amanda Berg）《酒桶女皇》（Keg Stand Qeeus）

新人奖（10 人）、芝加哥哥伦比亚学院摄影系特别奖（1 人）：汪海《痕·伤》、李悠然《戒·色》、鲁成龙《自由之翼》、赵丽云《生存空间》、寇聪《难以聚焦的现代都市》、孙瑜《标志 508》、杨明《中国式旅游》、殷声《加油站》、司晓旭《双生花》、刘金梦《印象汽车》、陶昉呈《瞧》。

资助奖：陈卓《下》，戴建勇《我的那年 2009》

致敬奖：顾棣《战火中走出来的小八路》

最受关注的“优秀摄影师评审委员会大奖”，由《人民路》的拍摄者欧阳星凯和《失落园》的拍摄者钟维兴共同获得。

【“虎门杯”广东省第 24 届摄影展览颁奖】

2012 年 12 月 19 日，“虎门杯”第 24 届广东省摄影展览颁奖仪式暨虎门镇荣获“广东摄影之乡”授牌仪式在东莞虎门海战博物馆广场举行。

“虎门杯”广东省第 24 届摄影展览评定出纪录类、艺术类、商业类、青年组、少年组和策展人奖 6 个组别共 367 件的入选作品，其中 77 件获得金、银、铜奖。

会议

【第四届济南当代摄影双年展学术规划会】

2012年3月24日至25日，第四届中国（济南）当代国际摄影双年展学术规划会在山东省济南召开，规划研究双年展的整体转型以及第四届双年展改革与转型的相关议题。

齐鲁摄影学会执行主席、山东工艺美术学院美术馆馆长曾毅做了《关于“第四届中国（济南）当代国际摄影双年展”整体转型的基本设想》发言。摄影评论家孙京涛和刘树勇分别主持了两个阶段的规划研讨。宿志刚介绍了双年展中“世界大学生摄影艺术展”的策展方案；孙京涛介绍了约瑟夫·寇德卡和詹姆斯·纳赫特维展览的学术设想；潘科介绍了“侯登科、胡武功比较研究个案”的学术成果。

【第六届玄武摄影论坛】

2012年5月26日至27日，第六届玄武摄影论坛在南京召开。全国副省级城市、江苏省省辖市摄影家协会主席、秘书长以及南京摄影家200多人参会。

此次论坛邀请了中国摄影首届金像奖、中国摄影组织工作开拓杯奖获得者，浙江省摄影家协会名誉主席吴品禾和中国摄影金像奖、中国新闻图片编辑金烛奖获得者，资深图片编辑、策展人、评论家，《南方周末》图片总监李楠分别作了《摄影艺术创作与欣赏》与《中国当代新锐摄影》的专场演讲。

交流

【“旧京风物：德国摄影师镜头下的老北京”展】

2012 年 1 月 19 日，“旧京风物：德国摄影师镜头下的老北京”展览在国家图书馆古籍馆正式开幕。

展览展出了德国摄影师汉茨·冯·佩克哈默拍摄的 100 帧珍贵老北京照片，全部照片的数字版权均由收藏者独家提供。根据照片主题，展览划为四个部分，分别为宫阙园林、街衢市景、寺庙宫观和百姓生活，从宏观建筑到人物特写，全面地展现了 20 世纪初北京城的人文景观。同时，展览上还展出了国家图书馆馆藏——老舍剧作《龙须沟》的手稿。

【2012 年洛杉矶中国摄影节】

2012 年 3 月 3 日，由美国《侨报》文化发展中心、美中摄影家学会等机构主办，旨在促进中美两地摄影家和摄影爱好者专业交流与合作的洛杉矶摄影节在美国侨报文化发展中心开幕，推出了“中美摄影家联展”、“中国摄影之乡——丽水”、“上海国际‘郎静山摄影艺术奖’精品展”等活动。

【大师掠影——克莱夫·巴达 2012 摄影作品回顾展】

2012 年 3 月 10 日至 3 月 28 日，“大师掠影——克莱夫·巴达 2012 摄影作品回顾展”在国家大剧院东展厅举行。

此次展览展出了克莱夫·巴达（Clive Barda）挑选出的一百幅代表作品，作品时间跨度大，包括从 1968 年至 2011 年四十余年间的代表作，内容涵盖广，除了歌剧、音乐会之外，还有舞蹈及排练现场的图片。克莱夫·巴达专注于捕捉古典音乐人激情和灵感凝固的瞬间，他的摄影作品被誉为“凝固于纸上的音乐”。

【中国当代摄影艺术展】

2012 年 4 月 12 日，“中国式风景——中国当代摄影艺术展”在伦敦大学亚非学院的沃夫逊画廊开幕。这次摄影展由中国国家新闻出版总署、中国青年出版社、中国青年出版社（英国）国际出版传媒有限公司和伦敦大学亚非学院共同主办，是近年来在伦敦乃至欧洲展出的艺术家人数最多、艺术水准最高的中国当代摄影艺术展之一。

主办方邀请了《中国当代摄影艺术》主编、摄影评论家、策展人顾铮担任主策展人，从入选图书的 60 余名摄影家中甄选出 12 位在中国当前深受关注，活跃在世界艺术与摄影现场的艺术家姚璐、马良、刘立宏、王川、翁奋、封岩、杨泳梁、陆元敏、朱浩、张晓、和威、金江波等人的近四十幅作品。

【中国影像艺术展】

2012 年 4 月 24 日，由中国民生现代美术馆、民生当代艺术研究中心与普拉托市佩奇现代艺术博物馆合作举办的“中国影像艺术展”在意大利普拉托市佩奇现代艺术博物馆开幕。

此次展览是中国影像艺术在意大利的首次集体亮相。该展从学术角度展示了20多年来中国在影像艺术领域所取得的成就。展品中收录了张培力、杨福东等中国当代影像艺术家的代表作品。

【杉本博司个展】

2012年5月12日到7月7日，世界摄影艺术家杉本博司在中国的首个个展在798佩斯北京画廊举行。此次个展共展出近三十幅作品，展出了杉本博司的最新系列作品《闪电原野》，以及《概念形式》系列。

杉本博司于1948年生于日本东京，1974年起工作并居住在纽约。他曾在纽约大都会博物馆，洛杉矶当代艺术博物馆，休斯敦当代艺术博物馆，芝加哥当代艺术博物馆，东京原美术馆等地举办个展。他的作品被纽约大都会博物馆、东京当代艺术博物馆、伦敦国家画廊、东京国家现代艺术博物馆、华盛顿史密森艺术学会、伦敦泰特美术馆等众多公共机构收藏。

【“荒木经惟：感伤之旅/堕乐园1971—2012”摄影展】

2012年6月30日，“荒木经惟：感伤之旅/堕乐园1971—2012”摄影展在草场地三影堂摄影艺术中心开幕。150幅作品包括最早的“私写真”系列《感伤之旅》，也涵盖最新作品“堕乐园”。

荒木经惟1940年出生于东京。他从1971年自费出版了以新婚旅行为题材的成名作“感伤之旅”以来，发表了大量作品，发表了大约450余册的作品集，名声越来越大，成为目前日本最具国际影响力的摄影家之一。而他拍摄的对象和情色的拍摄方式直到现在都颇具争议。

【时尚魅影——英国摄影大师约翰·兰金作品展】

2012年7月5日，“时尚魅影——英国摄影大师约翰·兰金作品展”在武汉美术馆开幕。

本次展览共展出约翰·兰金13个系列的122件摄影作品，包括时尚杂志封面、人物肖像和开创性广告视觉作品等。在约翰·兰金20年的拍摄生涯里，其拍摄对象汇集了世界上部分最具影响力的政治家、流行歌手及超级名模。

约翰·兰金是当今最新锐时尚杂志《惶惑》的创始人之一，也是知名的影片导演。他以其多元百变的拍摄风格和新颖独特的艺术理念而享有“世界鬼才摄影师”的美誉。此次展览是约翰·兰金首次在中国举办作品展，该展览被列入2012年在中国举办的最大规模英国艺术盛会“艺述英国”的重要交流项目。

【再生——国际摄影师看汶川地震灾后重建摄影展】

2012年7月16日，“再生——国际摄影师看汶川地震灾后重建摄影展”在法国巴黎联合国教科文组织总部开幕。

“再生——国际摄影师看汶川地震灾后重建摄影展”已相继在中国驻美国、英国、意大利、澳大利亚等8个大使馆（领事馆）、9个中国文化中心举办，并在外交部及347个驻外使领馆网站、87个驻外机构橱窗展出。

【光荣与传承——“建工杯”2012北京奥林匹克城市国际摄影大展】

2012年7月28日，由北京奥运城市发展基金会主办，中国摄影出版社承办，北京建工集团有限责任公司协办的“光荣与传承——‘建工杯’2012北京奥林匹克城市国际摄影大展”在伦敦地标性建筑三一广场展出。作为第三届北京奥运城市体育文化节的展示项目之一，8月8日在位于北京奥林匹克公园中心区的奥展国际艺术汇面向国内公众展出。

本次大展共收到来自美国、马来西亚、日本等国家和地区以及全国29个省、市、自治区、特别行政区共500余位影友的作品近6000幅。评选出特级收藏作品1幅（组），金质收藏作品1幅，银质收藏作品2幅（组），铜质收藏作品4幅（组），优秀作品100幅（组），共有78人次的108幅（组）作品入选本次大展。

【“马里奥·特斯蒂诺：私视角”摄影作品展】

2012年11月3日至12月2日，“马里奥·特斯蒂诺：私视角”摄影作品展在上海美术馆举行。展览展出了特斯蒂诺近100幅摄影作品，以艺术家独特的视角呈现当代最引人注目的人物肖像。

机构

【广东省艺术摄影学会成立】

2012 年 2 月 11 日，广东省文化厅、广东省艺术摄影学会在广东省民间工艺博物馆（陈家祠）联合举办了广东省艺术摄影学会成立大会暨首届“广东省艺术摄影学会会员作品展”。

广东省艺术摄影学会由广东省文化厅直属管理，现有来自各行各业的会员近 200 名。此次展览共展出会员摄影作品 1200 幅。

【中国联通摄影协会成立】

2012 年 3 月 15 日，中国联通摄影协会成立大会在京召开。李勋当选中国联通摄影协会会长、董瑞当选常务副会长、吴少凡等 6 人当选副会长。该协会目前有会员 1177 人。

【吉林省长白山摄影家协会成立】

2012 年 10 月 10 日，长白山摄影家协会成立仪式暨首届长白山风光摄影艺术展在长白山保护开发区举行。

长白山摄影家协会选举高鹏飞为长白山摄影家协会第一届理事会主席，选举于宏伟等 8 人为副主席，选举徐连友为秘书长，选举刘增新等 6 人为副秘书长，选举王家胜等 28 人为理事会理事，聘任了魏敏学为长白山摄影家协会名誉主席，解海龙等 13 人为顾问。

人物

【徐道浙逝世】

2012年1月14日，温州市摄影家协会副主席、摄影家徐道浙去世，享年70岁。

徐道浙1942年9月出生于浙江永嘉。系中国摄影家协会会员、浙江省摄影家协会高级会士、温州市摄影家协会副主席，是永嘉县摄影协会创办人之一，曾担任三届协会主席。徐道浙有2000多幅艺术作品在国内外摄影大赛、摄影展览中入选，并有200多幅作品获奖。其代表作《晨炊》先后获香港摄影学会第五十届金禧国际摄影沙龙最高奖——美国摄影学会金牌奖、“康宝杯”全国摄影艺术大赛特等奖等七项大奖。

【谷威逝世】

2012年9月2日，新中国第一份全国发行的摄影专业报纸《人民摄影》报第一任总编辑谷威因病在山西太原辞世，享年76岁。

谷威，原名任国维，1936年4月29日出生于山西省寿阳县，长期从事报纸编辑工作。1983年在山西创办全国第一份公开发行的《摄影报》，后改名《中国摄影报》，后调入山西省体委主持工作。

【宋克章逝世】

2012年9月9日，河北省摄影家协会名誉主席、第二届中国摄影家协会河北分会主席、原河北日报社调研员、高级记者、摄影家宋克章因病在石家庄逝世，享年88岁。

宋克章1925年5月出生于河北省博野县宋家庄村，1939年1月参加革命工作，1943年8月加入中国共产党，先后在冀中军分区任宣传员、摄影员、宣传科干事、华北军区政治部画报社干事。1949年2月在河北日报社帮助工作，1954年转业到河北日报社，历任记者、美术摄影部副主任、主任，调研员。1958年7月28日当选第一届中国摄影家协会河北分会（河北省摄影家协会前身）副主席。1980年5月1日当选第二届中国摄影家协会河北分会主席。1986年12月26日被推任中国摄影家协会河北分会名誉主席。曾任中国摄影家协会、中国老摄影家协会理事。

【梁惠湘逝世】

2012年10月1日，广东省摄影家协会原主席、摄影活动家梁惠湘因病在广州逝世，享年82岁。

梁惠湘1930年4月5日出生于广东惠州。自1956年任广州日报摄影记者开始摄影生涯。历任广东省摄影家协会第四届、五届主席、名誉主席，中国摄影函授学院广东分院院长；曾任中国摄影家协会常务理事。1989年获中国摄影金像奖“开拓杯奖”；2006年获中国摄影家协会“突出贡献摄影家”称号；2007年获第七届中国摄影金像奖终身成就奖；2007年入选广东“读者喜爱的当代岭南文化名人五十家”；1992年起享受国务院政府特殊津贴。曾于内地、香港、美国举办个人摄影作品展，出版摄影作品集和摄影文集。

【光影惊沧——金石声摄影展】

2012年3月17日至28日，“光影惊沧——金石声摄影展”在刘海粟美术馆开幕，参展作品皆由金石声之子金华提供，尽可能接近原作效果。针对金石声摄影的研讨会同期召开，摄影评论人顾铮、林路及金石声之子金华等人在研讨会上针对民国影像研究的问题发言。

金石声本名金经昌，1910年生于武汉，1931年考入同济大学土木系，同年加入“三友影会”并在1936年参与创办并主编摄影杂志《飞鹰》，该杂志在中国摄影从画意摄影向现代主义转变的关键时刻扮演了一个重要角色。金石声的摄影作品里其实包含了现代主义摄影与画意摄影这两者间的纠结，但他的摄影实践后来把这两者包容兼蓄，因此有其独到的风格与蕴致。1956年中国摄影学会成立时，他当选常务理事。1952年，他与摄影家刘旭沧一起举办“刘旭沧、金石声摄影艺术展览会”，展览在上海、南京、北京等地展出。

【画影江山——郎静山摄影作品特展】

2012年4月10日，由湖北省博物馆、台北历史博物馆、安徽博物院联合举办的“画影江山——郎静山摄影作品特展”在湖北省博物馆开幕。

本次展览展出了郎静山摄影作品100件，从写实画意风景、集锦作品、人物作品、动物禽鸟与静物、现代影绘五个方面呈现了郎静山各个阶段的风格，完整地反映了一代摄影大师的创作历程。

【百年沙飞——纪念沙飞诞辰百年摄影作品捐赠展】

2012年5月4日，时值摄影家沙飞百年诞辰之际，“百年沙飞——纪念沙飞诞辰百年摄影作品捐赠展”在国家博物馆开展。沙飞的家属将106幅沙飞拍摄的原版摄影作品捐赠给国家博物馆。

沙飞是中国共产党领导的革命军队中第一代战地摄影记者，是人民摄影事业的开拓者。是中国战地摄影史上里程碑式的人物。他和他的战友们创办了中国共产党领导的第一份新闻摄影画报——《晋察冀画报》，拍摄和保存了中国革命战争时期完整的照片档案。

大事记

1 月 6 日，首届中国·阿尔山国际摄影节在内蒙古自治区阿尔山市开幕。

1 月 6 日，第七届全国人像摄影十杰评选最终结果揭晓。

1 月 14 日，温州市摄影家协会副主席、摄影家徐道浙去世，享年 70 岁。

1 月 17 日至 2 月 12 日，“深圳摄影学会成立 30 周年精品展”在深圳美术馆举办。

1 月 17 日，“台北花博——两岸摄影家作品展”在上海图书馆开幕。

1 月 19 日，“旧京风物：德国摄影师镜头下的老北京”展览在国家图书馆古籍馆正式开幕。

2 月 9 日，“聚焦黔东南·相约甘囊香”中国·凯里全国摄影大展入围作品展在凯里市万博广场开展。

2 月 10 日，第 55 届世界新闻摄影比赛（WPP）——“荷赛奖”获奖作品在荷兰阿姆斯特丹揭晓。

3 月 3 日，旨在促进中美两地摄影家和摄影爱好者专业交流与合作的洛杉矶摄影节在美国侨报文化中心开幕，

3 月 10 日至 3 月 28 日，“大师掠影——克莱夫·巴达 2012 摄影作品回顾展”在国家大剧院东展厅举行。

3 月 17 日至 28 日，“光影惊沧——金石声摄影展”在刘海粟美术馆开幕。

3 月 18 日，“广场·片场·现场——苏夏影像艺术展”开幕式在杭州浙江美术馆举行。

3 月 20 日，首届全国青年摄影大展广州巡展在广州美术学院开幕。

3 月 24 日至 25 日，第四届中国（济南）当代国际摄影双年展学术规划会在山东省济南召开。

3 月 25 日，第八届国际新闻摄影比赛（华赛）评选揭晓新闻发布会在中国杭州举行。

3 月 31 日，北京摄影家协会原主席郭志全在北京去世，享年 81 岁。

3 月 31 日至 5 月 31 日，第二届海峡摄影交流季暨闽台（集美）影像交流中心揭牌仪式在厦门集美文化创意产业园举行。

4 月 10 日，“画影江山——郎静山摄影作品特展”在湖北省博物馆开幕。

4 月 11 日，“浮光旧影——百年中国历史影像精选”在中华世纪坛世界艺术馆一层中心展厅开幕。

4 月 11 日至 22 日，“变迁——朱宪民 40 年珠江三角洲摄影作品展”在关山月美术馆举行。

4 月 12 日，“中国式风景——中国当代摄影艺术展”在英国伦敦大学亚非学院的沃夫逊画廊开幕。

4 月 18 日，“2011·大美黄山（国际）摄影大展”举行颁奖仪式，102 幅获奖作品首次集中展出。

4 月 21 日，第四届三影堂摄影奖评选落下帷幕。

4 月 24 日，“中国影像艺术展”在意大利普拉托市佩奇现代艺术博物馆开幕。

4 月 28 日，大型艺术摄影展《太行颂》在北京中华世纪坛开幕。

4 月 29 日至 5 月 7 日，“拾回的记忆——杨元昌 1980 年代摄影作品展暨画册首发式”在上海尔冬强艺术中心开幕。

5 月 3 日，第九届中国摄影金像奖获奖名单在正式公布。

5 月 4 日，时值摄影家沙飞百年诞辰之际，“百年沙飞——纪念沙飞诞辰百年摄影作品捐赠展”在国家博物馆开展。

5 月 12 日到 7 月 7 日，世界摄影艺术家杉本博司在中国的首个个展在 798 佩斯北京画廊举行。

5 月 22 日，“第九届中国摄影艺术节”在湖北太极湖畔的武当山文化广场开幕。

5 月 26 日至 27 日，第六届玄武摄影论坛在古都南京天宫大酒店召开。

6 月 30 日，“首届中国建筑摄影艺术大展”在北京中国美术馆开幕。

6 月 30 日，“荒木经惟：感伤之旅/堕乐园 1971 - 2012”摄影展在草场地三影堂摄影艺术中心开幕。

7 月 5 日，“第二届满洲里国际摄影节”在内蒙古自治区满洲里市的迎宾广场开幕。

7 月 5 日，“时尚魅影——英国摄影大师约翰·兰金作品展”在武汉美术馆开幕。

7 月 6 日，“首届金像奖得主——吴品禾摄影作品展”在南京美术馆开幕。

7 月 16 日，“再生——国际摄影师看汶川地震灾后重建摄影展”在法国巴黎联合国教科文组织总部开幕。

7 月 28 日，“光荣与传承——‘建工杯’2012 北京奥林匹克城市国际摄影大展”在伦敦地标性建筑三一广场展出。

7 月 29 日，“科学发展谱新篇——庆祝中国人民解放军建军 85 周年”全军摄影展在中国人民革命军事博物馆开幕。

8 月 2 日，“丝路·长城”中国嘉峪关国际摄影艺术大展在嘉峪关市城市博物馆开幕。

8 月 10 日，“2012 第四届大理国际影会”在大理古城拉开帷幕。

8 月 11 日，“2012 中国（青海）三江源国际摄影节”在西宁市城南国际会展中心开幕。

8 月 16 日，第十一届上海国际摄影艺术展览所有奖项揭晓。

8 月 17 日，“瞬间·甲子——湖北摄影家 60 年作品展”在湖北省博物馆隆重开幕。

8 月 20 日，“广东艺术摄影精品巡展”在广州南城艺展中心闭幕。

8 月 21 日，第三届中国摄影家响沙湾国际摄影周在响沙湾沙漠艺术宫开幕。

8 月 22 日，宁夏首届伊斯兰风情国际摄影大赛在银川文化艺术中心开幕。

8 月 30 日，第五届杭州市民摄影节在杭州和平会展中心开幕。

9 月 2 日，新中国第一份全国发行的摄影专业报纸《人民摄影》报第一任总编辑谷威因病在山西太原辞世，享年 76 岁。

9 月 9 日，河北省摄影家协会名誉主席、第二届中国摄影家协会河北分会主席、原河北日报社调研员、高级记者、摄影家宋克章因病在石家庄逝世，享年 88 岁。

9 月 14 日，中国·新疆喀纳斯第十二届金秋国际摄影节开幕。

9 月 21 日，第十二届平遥国际摄影大展颁奖典礼在山西平遥举行。

10 月 1 日，广东省摄影家协会原主席、摄影活动家梁惠湘因病在广州逝世，享年 82 岁。

10 月 11 日，2012 上海国际摄影节暨上海第十一届国际摄影艺术展览在上海世贸展览中心开幕。

10 月 12 日，第四届中国济南国际摄影双年展暨齐鲁国际摄影周在山东工艺美术学院开幕。

10 月 16 日，“甘肃省第三届摄影奔马奖暨甘肃省第十八届摄影艺术展览”在甘肃省艺术馆举行。

11 月 3 日至 12 月 2 日，“马里奥·特斯蒂诺：私视角”摄影作品展在上海美术馆举行。

11 月 23 日，“第八届连州国际摄影年展”开幕式暨新摄影奖颁奖典礼在连州市文化广场举行。

11 月 25 日，浙江摄影系列大展在位于浙江美术馆拉开帷幕。

11 月 27 日，2012 西双版纳国际影像展在云南省西双版纳傣族自治州景洪市开幕。

11 月 27 日至 12 月 2 日，第二届“包商银行杯”中国国际摄影双年展在北京中华世纪坛世界艺术馆开幕。

12 月 12 日，第四届海峡摄影展在福建霞浦开幕。

12 月 18 日，首届“中国凤凰国际摄影双年展”在凤凰古城开幕。

12 月 19 日，“虎门杯”第 24 届广东省摄影展览颁奖仪式暨虎门镇荣获“广东摄影之乡”授牌仪式在东莞虎门海战博物馆广场举行。

分卷主编：王　伟

中国艺术年鉴

2012年卷

书法·篆刻卷

年度述评

“帖学” 书风的深化与反思
——2012 年中国书法艺术述评

◎刘宗超

2012 年的中国书法发展状态，以人才和精品为核心，以展览评奖和学术研究为两翼，书法活动纷繁复杂，书法热潮此起彼伏。第四届中国书法兰亭奖的举办、“三名工程”的组织评审、全国第九届书学讨论会、系列名家提名展、翰墨传承——中国美术馆当代书法邀请展、全国第三届青年书法展、全国第三届行草书大展、全国第二届篆书作品展、第三届全国隶书大展，以及“瘗鹤铭奖”、“王羲之奖”、“张芝奖”、“孔子艺术奖”、“钟繇奖”、“赵孟頫奖”等全国书法作品展……以上全国性书法活动，烘托出本年度书法发展的浓厚氛围，也成为本年度的亮点。

通过以上缤纷复杂的活动，2012 年度特色也渐渐凸显出来，主要表现为：一批名家力作被推选出来，“帖学”书风取得新进展，“展览体”备受关注并得到有力修正，书法理论的专业化程度加深，书法批评的重要性不断凸显，书法艺术的文化属性及社会责任得到充分重视，书法教育问题被进一步关注。

深入传统经典

（一）推选名家力作

一个阶段书法繁荣发展的根本标志，是创作一批精品力作，产生一批经典大家。这是书法艺术不断创新、传承和发展的源泉所在。2012 年度精品力作的产生途径是多渠道的，中国书法家协会、书法专业媒体、中国美术馆、中国国家画院、社会性书法团体机构等都推出了名家力作。2012 年的书法创作状态通过所推选的名家名作活动展示出其高度。“三名工程”、中国书法第四届兰亭奖、翰墨传承——中国美术馆当代书法邀请展，以及各种形式的名家提名展成为本年度的重要创作展示活动。

1. “三名工程”

“三名工程”即中国书法家协会推选“名篇、名家、名作”的系列活动。该活动是由中国书法家协会主席张海提议，并经中国书法家协会六届二次主席团会议研究确定的精品工程。该活动首先选定一批历代诗文名篇（150 篇），由提名入围书家（109 人）书写名篇，最后筛选确定“三名工程”入选作品。这三个环节都组织专家严格评审，评委不参赛。2012 年 10 月 10 日，经过评委会、监委会三轮认真有序的初评、复评和终评，共选出入展作品 50 件。这 50 件作品包括了五种不同书体，相应书法家均为当代耳熟能详的实力派书家，作品均为书写古代名篇的精品力作，具有高度艺术水准、鲜明时代特征、个性风格和地域代表性。所书古代诗文名篇境界高雅，艺术性强，字数规模可观，以此为书写内容足以反映出书写者的艺术才能。50 件入选作品多为六尺、八尺以上的大尺幅、大规模，精心构思，精心创作，不断完善而成，这些作品不同于一般展览的流行体势，侧重艺术个性和书法本身笔墨语言的表现，能够淋漓尽致地展现出书法家在当下所能达到的艺术高度。

这 50 件作品书体的份额为：篆书 6 件，隶书 6 件，楷书 9 件，行书 13 件，草书 16 件。行草书所占比重为 58%，篆书 12%，隶书 12%，楷书 18%，这大致代表了当下展览的书体比重。

篆书作品的代表作，大致有：李刚田《司空图二十四诗品前五品》、王友谊《礼记》六条屏、刘颜涛《屈原橘颂》四条屏、高庆春《陶渊明饮酒诗》、许雄志《辛弃疾水龙吟》、郭伟《苏轼念奴娇赤壁怀古》。这些代表性作品，以技法严谨的篆书体势为主，而又多吸收了恣肆烂漫的楚篆或金文风格，结构匠心独具，笔墨或沉实或枯涩，形式语言丰富，古质端正而又颇多艺术趣味。

隶书作品的代表作，如周俊杰《李白古风》横幅、毛国典《王勃滕王阁序》屏条、张继《刘禹锡陋室铭》条幅、羊晓君《黄庭坚登快阁诗》中堂大幅、何来胜《曹操龟虽寿诗》条幅、张建会《岳飞词·小重山》立轴。这些作品多含篆书成分，有的以汉隶为主又借鉴清人隶书体势，以古拙劲敛为主格调。作品追求大气象和丰富的笔墨趣味。

楷书体势端严，多吸收行书或隶书成分，在法度中追求形式构成的现代感。一般字数繁多，规模宏大，有纯正之风。小楷册页写得尤为精到。代表性作品有：王学岭《宋玉风赋》中堂大幅、李啸《秋兴八首》册页、洪厚甜《魏曹植洛神赋》册页、张维忠《张益州画像记》册页、周剑初《小楷名篇九帧》、韦斯琴《赤壁赋》小楷横卷、曲庆伟《王勃滕王阁序》中堂、杨明臣《归去来辞》横卷、米闹《秋兴八首》立轴。

行书介于楷书和草书之间，更适合于表现出书法家的个性和笔墨情趣。在继承传统与个性风格方面，书法家的侧重是不同的。于明诠《白居易琵琶行》横卷、王金泉《韩愈师说》大幅中堂、刘恒《欧阳少师诗》立轴、柯云瀚《春江花月夜》大幅中堂、卜庆中《田园杂兴》四条屏等，或拙朴或厚重，个性表现较为突出。孙晓云《心经》横幅、王卫军《陈情表》册页、吴行《荀子劝学》四条屏、苗培红《诸葛亮出师表》四条屏、龙开胜等，以典雅纯正风格为主，继承传统因素更为突出。

草书是最为艺术化、抽象化的书法体势，书法家的才情和作品形式的丰富性能得到最为充分的表现。王厚祥《苏东坡念奴娇赤壁怀古》横幅、王乃勇《张孝祥词念奴娇洞庭青草》立轴、李有来《陶渊明归园田居》立轴、刘月卯《后赤壁赋》横卷、刘京闻《琵琶行》长卷、张世刚《贯休怀素草书歌》横幅等，形式纯古，草法精到，传统笔墨语言表现的很到位。陈新亚《苏轼后赤壁赋》横幅、陈加林《李白将进酒》横幅、刘洪彪《辛弃疾水龙吟》横幅等，个性风格渐趋强化，作品体势渐趋稳定。

以上 50 家的作品，在传统与创新、时代与个性的对立交融中都走得比较稳妥，这些作品足以成为 2012 年的年度精品，其影响将是长远的。

综合以上分析，篆、隶、楷作为相对静态的体势，以“边缘化”为特色。即绕开过于规范的体势，以具有过渡色彩的体势为主攻方向以建立自己的艺术风格。篆书不取秦小篆，而是取法金文、甲骨文或楚篆体势；隶书绕开汉代碑刻隶书精品，取法古隶或融入篆书成分；楷书绕开过于规范的唐楷，或取法晋代小楷、魏碑或近现代碑学体势。以上三体所选择的大都是具有过渡色彩和别具形式趣味的体势，然后塑造个性化笔墨语言。行草书多取法帖学经典体势，以抽象形式感、高度技巧化为主流。行草书创作与篆、隶、楷三种书体的创作具有互补互动的关系。正书的发展与创作离不开对行草书的取法，而行草书的发展亦有赖于正书的修养。

2. 中国书法第四届兰亭奖

中国书法兰亭奖是中宣部批准的书法界唯一的综合性奖项，也是中国书法艺术的最高专业奖。第四届兰亭奖是对近四年书法发展状况的一次总体检阅，也是中国书法兰亭奖设立 12 年来首次落户绍兴举办，可谓荣归故里，备受期待。相比前三届，本届兰亭奖奖项设置进行了调整：一是将原设的艺术奖分为两个部分：即佳作奖与艺术奖。佳作奖以作者投稿作品为对象进行评奖，艺术奖先由中国书法家协会团体会员和中国书法家协会篆、隶、楷、行、草、篆刻、刻字七个专业委员会各推荐一定数量的年龄在 50 岁以上的作者，然后再评审产生。与佳作奖以作品为评审对象不同，艺术奖是对提名书法家综合素质、艺术业绩的整体考察。这样设置，旨在鼓励不同年龄层次书法家的广泛参与，与兰亭奖的设立宗旨是一致的。本届艺术奖获奖共 10 位获奖者：黄惇、曹宝麟、丛文俊、孙晓云、王冬龄、华人德、林剑丹、吴行、王友谊、张荣庆。其中多位为高校博士生导师，创作与理论并重，培育英才众多，扎实勤奋而又耐得住寂寞，他们已经成为书法界备受瞩目的学者型书家。“三名工程”重在对作品本身的评审，兰亭奖艺术奖重在对书法家综合造就的评审，具有不同的评审指向、标准和效果。

3. 翰墨传承——中国美术馆当代书法邀请展

该展由中国美术馆主办，8 月 23 日在中国美术馆开幕。17 位应邀参展的书法家是：伦杰贤、魏哲、胡抗美、刘洪彪、鲍贤伦、孙晓云、张旭光、刘文华、陈振濂、吴东民、陈加林、陈洪武、王学岭、张继、王家新、陈忠康、龙开胜。这些书家是当代书坛承上启下的代表性书家，他们目前的书法创作都有深厚的传统功底，初具个性风格又有创变的广阔空间。他们中不乏“思想者”，对书法的时代问题有敏锐的感觉，对自己的创作方向和方法有理性的思考，有的通过撰写文章不断引发书法创作领域的热点话题。孙晓云、王家新坚持书法生活化生存方式；刘洪彪等人的形式追求又是在强调书法的“展厅式”生存方式；陈振濂的“意义追寻”、“社会责任”，张旭光关于书法“文人化”的观念，陈洪武对书法的诗性追求，都表现出他们对书法家社会作用和国学修养的重视。他们以自己深厚的笔墨风格诠释了“笔墨当随时代”的理念。

4. 2012《中国书法》年展·当代中青年 60 名家提名展

该活动由中国书法杂志社承办，11 月 24 日在京举行。此次展览是中国书法家协会“三名工程”的延伸和深化。入选书法家有高庆春、洪厚甜、李强、刘京闻、刘月卯、王厚祥、于恩东、张公者、张继、张建才、张维忠、周剑初、周祥林等 60 人。他们是从中国书法家协会历次展览获奖作者中提名，经《中国书法》读者投票、专家评审产生的。他们是活跃在当代书坛的中青年创作骨干，他们的书法创作既深入传统，又富于创新意识，代表着当代中青年书法创作的总体水平，引领着当代书法创作的审美走向。此次参展的 120 件作品由入选的 60 名家所创作。

另外一些评选活动值得记忆：

2012 年 4 月 19 日，由中国书法家协会主办的“2011 中国书法年度佳作评选活动”在北京举行，最终评选出 2011 年度佳作 15 件。李锐《唐诗数首》、周剑初《名山吟》、徐右冰《韩愈答李诩书》等作品成为 2012 年人们仍然看好的书家代表作。

9 月 15 日，《书法》杂志第四届中国书坛中青年百强榜评选揭晓。

10 月 6 日，“行草十家展”在辽宁美术馆开幕。该展共展出胡传海、张学群、陈洪武、王厚祥、洪厚甜、李远东、张纬东、刘京闻、王乃勇、林峰等 10 位当代行草名家的 100 幅新作，代表了他们在 2012 年的最新创作成果。他们是活跃在当代书坛的著名中青年行草书家群体，有多位作者多次在中国书法家协会主办的各类书法国展中获奖。该活动已连续举办 6 次。

言恭达大草《体育颂》长卷亮相 2012 伦敦美术大展，《体育颂》长卷开张遒厚，别具草情篆韵，张力十足。该作还通过各种媒体宣传开来，使其成了 2012 年的一件名作。

书法展览评审活动的频繁举办，容易造成创作平面化或快餐化的弊端。而有识之士对“经典”、“大家”的呼唤以及以上诸多名家名作的推选活动，正是矫正展览弊端的有效措施。当今书法发展状况是健康有为的，书法在经过回归传统、重温经典的阶段后，目前已经到了向纵深发展的关键阶段。

（二）反思“二王”书风

近十年来，帖学风气日盛，“重温经典”成为主流。作为帖学精华形式的“二王”书风更是主攻行草的书法家们顶礼膜拜的对象，“二王”风气成为当下行草书的主流体势。“二王”书风在各级各类展览中频频涌现或获奖。复兴行草书，创造复杂的艺术形式，表达丰富的个性，这是对清代中期以来碑学弊端的矫正，是当今有成就书家的明智选择。2012 年，“重温经典”的程度是不断深入的。

2012 年，“二王”书风仍为创作的主流，有关讨论及学术研究成为年度焦点。《中国书法》杂志在 2012 年第一期就推出了“兰亭特辑文丛”和“当代二王书风”专题，发表相关文章 20 余篇。2011 年 4 月 19 日，第 27 届中国兰亭书法节，设置“二王流派与中国书法史序列”主题，42 篇入选，论文在 2012 年的书法报刊不断刊出，产生了广泛影响。第四届兰亭奖理论奖就有三项帖学研究成果获奖。5 月 28 日，全国帖学名家学术邀请展在山西省晋中市举办；8 月 26 日，首届王羲之奖全国书法作品展在山东省博物馆开幕。这些成果和活动营造了本年度“二王”书风的浓厚氛围。

与往年不同的是，人们在今年开始审视“二王”书风，甚至出现了对“伪二王”现象的批评。一些人把徒有“二王”外形，或追摹今人“二王”风气，或背离“二王”精神的现象称为“伪二王”，认为是渐学渐远的表面现象。书法展览中那些靠色纸的堆砌、多组块的拼接、小草书的平面化处理、笔法的浮滑所形成的流行风气，作品虽能暂时入选或获奖，却是背离“二王”精神的平庸之作。这一方面表现了人们对肤浅化“二王”现象的批评，对当今展览流行行草风气的不满。另一方面也说明本年度深入“二王”的程度是渐深的。究竟什么才是真正的“二王”，学习“二王”究竟要学习什么，成为书法家们追问的热点问题，这表现出当今取法“二王”的做法是冷静和理性的。

（三）强调书法家的“文化责任”

2012年，人们对书法或书法家的文化责任非常看重。书法文化身份的再认同，文化属性的再探索，已经成为焦点。这是对2011年十七届六中全会国家关于文化大发展大繁荣举措的响应，当然也是契合书法健康深入发展的主要策略。5月，《书法报》开设“书法与文化大发展、大繁荣”论坛，推出一批专家专论。7月15日，2012中国书法·金陵论坛“国家文化战略与书法发展”开幕，赵长青、谢和平、苏叔阳、张颐武、肖云儒、陈振濂、黄惇、李一、周俊杰等40位专家学者撰写的文章入选，一些成果陆续在书法报刊发表。其中中国书法家协会分党组书记赵长青的论文《充分发挥书法在建设文化强国战略中的特殊作用》被多家报刊和网站转载，文章认为：“站在文化强国战略的高度看待书法事业和产业的发展，我们深深感到，中国书法肩负着神圣的历史使命。书法强则文化强，书法兴盛则国运兴盛。书法事业与国家文化建设合为一体，将成为文化强国进程中不可替代的生力军。”该文代表了中国书法家协会领导对书法文化战略的思考和策略。

与之密切相关，书法家的文化修养被格外强调。6月6日，章太炎、姚奠中师生书艺展在国家博物馆隆重开幕。6月29日，97岁的饶宗颐到西泠印社就任第七任社长。百岁老人姚奠中和饶宗颐成为人们敬仰的津津乐道的学者型长寿书法家。7月25日，第四届启功书法国际研讨会在京召开，《中国书法》第9期发表“启功百年诞辰专题”，人们依然深深怀念这位学者型书家。《美术观察》杂志第9期刊发“书法与文化养成”专题，人们对书家的字外功和综合修养格外看重。塑造当代书家艺术形象的字外功是高尚人格的养成与传统文化修养的强化，而字外功的深浅将决定书家最终成就的大小。这已经成为当今共识。

（四）“写意篆刻”与“义形刻字”的兴起

2012年的篆刻艺术活动，主要有“当代创意印风邀请展”和6月22日在杭州开幕的“印颂西湖——全国篆刻名家邀请展”。成果主要有黄惇编著的《中国印论类编》和李平主编《当代创意印风精品集》的出版。“创意印风”和“写意篆刻”成为当下篆刻创作的新取向。这些作品与秦汉印已经拉开距离，书体一般不取规整一路，而在甲骨吉金、战国地方性篆书体式中寻找灵感，多通过对形式构成特征的夸张和独特刀法来营造自我风格。赵熊、谢钦铭、孙慰祖、王丹、朱培尔、刘彦湖、燕守谷、戴文、许雄志等人的篆刻就呈现出浓郁的“写意”取向。

现代刻字艺术经过20余年的发展壮大，已经在2011年全国第十届国展中取得了与毛笔书法、篆刻共同竞技展示的平台。其中，中国书法家协会刻字研究会起到了突出的组织推动作用。7月初，第九届全国刻字艺术展评审结束。此次展览投稿6000余件，评选出入展作品539件，优秀奖10件。9月23日，第九届全国刻字艺术展暨第十四届国际刻字艺术展在永康市博物馆展出。共展出中国、日本、韩国、新加坡、马来西亚等国作品693件，体现了各国多元融合、同源异流的现代刻字艺术的魅力与风采。

现代刻字艺术是综合应用一定的绘画、雕刻、工艺美术手段表现书法美的艺术门类，它拓宽了书法艺术的表现形式。毛笔书法多鸿篇巨制，篆刻艺术偏于小幅印屏精雕细刻式的展示。而现代刻字则是介于二者之间规模的原件展览，作品的精美装潢、大书深刻、亮丽的色彩、独特的刀法肌理、立体构成、平面构成等艺术语言，使现代刻字具有不可替代的艺术美。现代刻字优秀作品，多受到王志安倡导的

"义形刻字"创作模式的影响，有鲜明的时代气息，与传统刻字拉开了距离。

对书法本体的思考与突破

围绕书法创变，2012年度出现了一些艺术"实验"：对书写内容的探索，对书法艺术形式本身的思考，都具有学术思考的特色。另外，理论研究的专业化走向和研究内容的变化，都显示出书法在2012年度的新突破。

（一）追求书法本体

2012年2月27日，"情感与形式——胡抗美、沃兴华书法展"在上海美术馆展出。胡抗美、沃兴华《情感与形式（宣言）》认为："情感与形式的表现是所有艺术中最根本的问题。"、"书法形式是情感的物化，形式的表现是形而上的，书法艺术靠形式来表现，靠形式来交流。书法家的使命就是要想方设法去创造新形式，表现新情感。"该展览因为与众不同而备受热议，在展览研讨会上，石开发表了"邪乎"、"自以为是，忘乎所以"的酷评，赢得人们激赏。8月29日，胡抗美书法艺术展在吉林长春开幕。胡抗美进一步阐明了他关于书法艺术的看法："写字不是书法，更不是艺术；唐诗宋词、名言警句等文本内容不是书法作品的内容；书法技法是书法家必备的条件，但技法不是艺术。"这是有意义的思考方式。只有排除那些"任笔为体，聚墨成形"的爱好者行为，书法艺术的严肃性才能得到保证。不过，一味强调情感与形式，也使有关探索渐离雅俗共赏的轨道，渐趋"形式化"走向。

（二）探寻新的书写内容

陈振濂的"社会责任"展览，试图探寻书法新的书写内容。6月12日，"社会责任——传播·阅读·创造：陈振濂综合书法群展"在浙江美术馆开幕。该展览在2012年的创新集中于"壬辰记史"和"民生叙事"两部分。"壬辰记史"部分，是个类似于新闻记事的系列，名字来源于壬辰龙年的称谓。在这里，你可以读到2012年发生的种种重要事件，关于社会政治、经济发展、人文教育、科技建设、民生需求等等。比如，《物联网服务民生》记录浙江高科技服务民生，《最具幸福感城市》阐述杭州再膺最具幸福感城市的十大理由。而"民生叙事"部分，是陈振濂通过微博、电子邮件、信函等方式，征集遴选出的60份具有普遍意义的民生内容，改编成浅近的文言体创作而成的书法作品。如《画家的画·微博述清洁工祖孙亲情》，讲述了环卫工人张景和在街头亲吻孙女的故事。陈振濂希望通过倡导书法与时代的衔接，让书法更贴近今天的年轻人。他认为书法可以与老百姓休戚相关，民生也需要用书法去表达。

陈洪武对书法有着诗性追求，他的作品多为书写自作诗文，如展于"翰墨传承——中国美术馆当代书法邀请展"中的小楷横幅《龙光阁记》（600余字）及行书信札数幅就是自撰诗文，境界雅致，很有可读性，也有效避免了作品内容的重复。

张旭光近年来创办"北兰亭"，通过办展、雅集、交流等活动，倡导书法"文人化"观念。他所主编《当代书法名家手札》一书于2012年3月出版，将他与当代书法名家的往来书信合集出版，此举把书法的实用性与艺术性，书法与文学与书家当下生活联系起来，诗文与书法辉映，温馨雅致。

以上基于书写内容的考虑，虽未触及书法本体创变，却试图把书法还原到生活之中，倡导书家书写自作诗文，增强社会责任，表达当下生活感悟，令人耳目一新。

反思展览与队伍

（一）审视展览

2012年，出现了一批有影响的各级各类展览，其中主要有：

按年龄分：全国第三届青年书法展、第二届全国老年书法作品展、八零点将录、70年代书家提名展十周年特展、"80榜样"全国80年代优秀书法家提名展。

按书体分：全国第三届行草书大展、全国第二届篆书作品展、当代篆书名家提名展、第三届全国隶书大展、行草十家展、章草16家展。

按奖项分：第四届中国书法"兰亭奖"、"中国瘗鹤铭奖"全国书法作品展、首届"王羲之奖"全国书法作品展、首届“张芝奖”全国书法大展、第二届“孔子艺术奖”全国书法篆刻作品展、首届“钟繇奖”全国书法篆刻作品展。首届“赵孟頫奖”全国书法作品展。

个展有：社会责任——传播、阅读、创造：陈振濂综合书法群展，正大气象——孙伯翔从艺70周年书画艺术展，张旭光书法全国巡回展，章太炎、姚奠中师生书艺展，陈巨锁墨迹展，醉东风——徐利明书画篆刻展等。

按地域分：河南省第四届篆刻艺术展、湖北省第七届书法篆刻展览开幕、宁夏第七届书法篆刻作品展等。

按形制分：全国第七届楹联书法作品展、册页展等等。

名目繁多的展览，此起彼伏，盛况空前。总体而言，这些活动活跃了书法气氛，推出了一批新人新作，但是也造成了帖学经典体势风行的弊端。一批人频频应付各级各类展览，静不下心来深度发展，浮躁之风有增无减。由此产生了一些参展“专业户”，他们同一体势、风格的作品在不同展览获奖或入展。迅速成为中国书法家协会会员成为一批年轻书者的心愿，流行风气大多与之有关。以中国书法家协会名义主办的展览，数量和质量都很可观，只是那些挂着中国书法家协会名义的地方性展览一定程度上降低了展览品牌的含金量。因此给展览适度降温，把展览办精办好，结合展览同期举办展览学术研讨会，增加展览的学术指向性，是展览主办方今后所应该慎重考虑的。

（二）书风转向

2012年，在全国性各级各类展览中，中国书法家协会举办的全国第三届青年书法篆刻展呈现出新的风格取向。该展把青年限定在年满18岁以上50岁以下，强调探索性、个性化。该展5月30日在军博展出，引起了人们的关注和热议。以往展览多为流行体势：色纸的拼贴组合，小字大尺幅，二王书风盛行，呈现形式化、精装饰、琐碎化的倾向，而本届展览则力矫此弊。该展评委会主任王家新认为：“此次青年展评委的共识是要遏制装饰过度现象，提倡大字大幅作品。为此要忍痛割爱，砍掉一些虽然写的很好，但太‘花哨’的作品，期望以此次青年展的评选表达一个鲜明的态度，那就是维护书法主体的纯洁性，恢复书法审美的纯粹性。这样做也许会矫枉过正，但势在必行。”评委会主任陈振濂认为：“一批按常态原本可能不会被评上的充满激情但并非正统的作品也脱颖而出。”（《中国书法》2012年第9期，第190、192页。）自十年前的第八届中青展之后，书法由“以丑为美”转向帖学的纯正雅和之风。而本届青年展又呈现出新的转向：有意舍去小字，小行草、正楷字及装饰过度的做法，发掘并推举大字、激情之作，哪怕是狂怪的表现也被看好。这是书风发展的自律所致。获奖作者中的陈亮、梅跃辉、牛耕等人的作品就体现出一种生拙、非正统的风气。三届青年展所树立的新导向，对流行风气的反拨作用是明显的。

对流行风气的自觉抵制还表现在本年度对地域性书风的倡导上。2012年，安徽书协通过全国第三届行草书大展和相关研讨会，大力打造“江淮书风”的旗帜。本年9月1日，海上风韵——上海海派书画精品展隆重开幕，报刊有“海派书法”的讨论。8月，首届“中国书法·中原论坛”开始征稿。这些活动，客观上具有张扬本地书风以抵制展览流行风气的作用。

（三）调整“展览体”

书法展览依然是当今书法发展的“风向标”和“晴雨表”。2012年的诸多展览，注重传统而又讲究形式，总体上是健康有为的。但在展览评奖的动力下，炫技的“展览体”已成为不良倾向。对于“展览体”，有人描述道：“尺幅必然要大；字数一定要多，即使写大字对联，落款也一定不能是穷款，字要多、要小、要密密麻麻；行草必然以二王为基调，至多杂以孙过庭、米芾及赵、董，连苏东坡、黄庭坚及前几年风行的王铎似乎也很稀罕见到了，线条点画必然以光亮、细腻、圆熟、漂亮为主；篆隶则必然是头重脚轻，犹如胖头娃娃，线质必然是毛涩琐碎，章法必然是若断若续，仿佛阿杜唱歌，要的就是那种上气不接下气的感觉；不管篆书、隶书还是楷书，落款一定是在最不该落款的地方落，字要小要多且最好不用黑色墨汁而是用朱砂或其他彩色颜料，像花花绿绿的牛皮癣。若换个‘学术性’语言来说，那就是现在所谓的书法艺术创作正在逐渐演变成为‘劳动密集型’和‘技术密集型’的工艺品，正进行着批量地生产与制作。”（于明诠：《说“展览体”》，《书法》杂志2011年第10期）简言之，“展览体”大致表现为：尺幅规模大、色纸拼贴组合，体势多为小行草，流行二王风气，字数多，用印多，书体组合等形式化、流行化现象。“展览体”的泛滥促使当下各级各类展览千篇一律，书法创作走入炫技的险境。而书法家文化修养的不足，导致书法脱离当下生活，逐渐失去时代责任和欣赏它的群众。“展览体”到了非纠正不可的程度！对于以往的书法创作太过重视继承表面的“书法传统”来说，我们下一步要强化书法的“创造力”，书法家要塑造纯正艺术个性，为这个盛世留下传世精品；对于“展览体”太过重视展厅效应、太讲究形式化的取向而言，只有不断追寻创作的“意义”，增强书法家的社会责任，增加书法家的综合修养和作品的文化品位，才有利于书法艺术的健康发展。

（四）艺术队伍分布不平衡

稳定的艺术梯队，均等的力量分布，是书法艺术持久健康发展的重要保证。但是，当前情况不容乐观。在本年度的书法展览和评比活动揭晓后的人员名单上，陌生名字日益增多，一些名不见经传的新人获得全国性大奖已经不是什么新鲜事。新人的陡然增多，一方面说明新生力量不断出现，书法队伍不断壮大；另一方面也说明书法创作的核心队伍还未最终形成，人员梯队还有待稳固。从书法活动的投稿数量和质量可以看出，当前的书法创作和书学研究还呈现地域化现象，“东边日出西边雨”，各省份研究力量分布很不平衡。如：第四届中国书法兰亭奖佳作奖入展共232人，各省情况为：河南（33人）、江苏（21人）、浙江（19人）、山东（17人）、北京（15人）、河北（15人）、辽宁（14人）、安徽（11人）、黑龙江（10人）、陕西（9人）、广东（8人）、广西（7人）、湖南（7人）、福建（6人）、吉林（5人）、甘肃（5人）、内蒙古（4人）、山西（4人）、江西（4人）、重庆（3人）、贵州（3人）、四川（3人）、海南（2人）、湖北（2人）、宁夏（2人）、上海（2人）、青海（1人）。文化积淀深厚的地域、东部经济发达的省份、省级书协组织工作好的地域参与者或入展者众多，（上海、天津有些例外），一些中西部或边远的欠发达省份投稿数量极少。

为解决艺术队伍分布不平衡的问题，2012年启动的西部书界新秀系列书法培训活动做出了积极努力。5月14日，由中国书法家协会主办、中国书法家协会主席张海资助的“西部书界新秀系列书法研修班（行草班）”在河南省偃师市张海书法艺术馆开班。本次“西部书界新秀系列书法研修班”培训对象为西部13个省、自治区、直辖市，年龄在45周岁（含）以下的书界新秀。计划两年内开设行草、隶书、楷书、篆书（篆刻）及书学理论五期研修班，每期一个月，共计招收学员300余名。研修班的举办，是中国书法家协会、张海主席为实现西部和全国书法事业同步发展的重要举措，对西部地区的书法作者尤其是年轻作者，是十分难得的机会。研修班的开办为西部书法的高端发展和崛起将会打下坚实基础。

理论的专业化走向与缺失

举办有序的全国书学讨论会和兰亭奖理论奖，如同创作中的“全国展”一样，都是近四年全国书学研究水平的集中展示。全国第九届书学讨论会共评出一等奖论文4篇，二等奖论文8篇，三等奖论文21篇，入选论文70篇。第四届中国书法兰亭奖理论奖一等奖3项，二等奖7项，三等奖9项，成果多为有分量的学术专著或论文组。

与往届不同的，一是呈现“专业化”特点。队伍上，获奖和入选论文的作者基本来自于院校或研究机构。在写作上的专业化，表现为严格的学术规范、旁征博引的论述方式，这种修养与社会上业余作者有明显的不同。书法理论队伍的专业化特征，其结果喜忧参半的，这促使理论研究的人员相对集中于学术机构，社会上非专业参与者热情不高，虽然有利于理论的提高但不利于普及。相对于“专业化”，2012出现了非专业机构理论家的标志性成果：楚默12卷560万字书法论著《楚默文集》出版；5卷120万字的《毛万宝书学论集》出版。生活在现代都市里的楚默，却是一个多年来家里无电话、至今袋里无手机的人。相对于专业研究机构的研究者而言，业余理论家楚默、毛万宝的研究状况值得关注。

二是在研究内容上有突破。全国第九届书学讨论会出现了近现代书法的研究成果，如四个一等奖中就有两篇：祝帅《在“科学”与“书学”之间——二十世纪前期中国书法理论研究的现代化进程及其学术反思》、李阳洪、张铁华《民国大中专学校书法教育课程研究——以师范、美术院校为重点》。这是前几届所未有的现象。另外，有关碑学、帖学的获奖和入选文章近10篇，切合当下对帖学的关注。第四届中国书法兰亭奖理论奖基本上是对古代书法的研究专著，内容上以对二王的研究为主。如：一等奖祁小春的专著《迈世之风：有关王羲之资料与人物的综合研究》、二等奖陈一梅的专著《宋人关于〈兰亭序〉的收藏与研究》，三等奖毛万宝的专著《兰亭学探要》就是有关研究成果。

相对于创作展览活动，书法理论研究也存在一些问题。在学术研究上，一些理论家或沉浸于自我研究或转向其他领域，对全国性讨论会失去了参与的热情，参与者多集中在高校等研究性院所，人数不多，圈子狭小，从而降低了全国性研讨会的规模和影响力。其中原因是多方面的：首先，功利因素对理论研究队伍的制约。除了真心投身理论研究的专家之外，理论研究由于见效慢、回馈少、工作清苦，这在很大程度上影响了作者的积极性。在市场经济的时代背景下，理论研究队伍处于不断流失的状态。其次，当前的理论队伍之间缺乏深入的沟通，重复研究、各自为政的现象造成了资源浪费，很难形成梯队。再次，研究方法有偏颇。在选题上“厚古薄今”，“重小抑大”，“重史轻论”，书法本体论、书法美学研究成果极少。在写作上“重考证轻阐释”，研究有些琐碎，缺乏大气、锐气，以及自由驾驭材料的能力。书学研究的深入发展和研究队伍的不断壮大还有待书法界不断努力。

书法批评的缺位。书法批评是对当前书法家及其创作、书法现象、书法展览活动等方面的客观评判，是书法健康发展的舆论环境。但是由于多种社会因素的制约，书法批评处于不太正常的状态。创作得不到理论的指导和印证，理论也没有创作的有力支撑，这是一个亟待解决的深层次的问题。中国书法家协会主席张海曾在《人民日报》（2011－3－31）发表长文《坚持健康的书法批评 为繁荣书法艺术鼓与呼》，深入探讨了当今评判诸问题。该文把一些不健康、不和谐的评判概括为“涂脂抹粉”、“主观武断”、“隔靴搔痒”、“以古衡今”四种。究其原因，大约有以下几个方面：一是批评者对书法艺术的当代发展以及书法艺术的发展规律缺乏深入的研究和宏观的把握；二是对当代代表性书家缺乏深入了解和真知灼见；三是理论与创作脱节；四是一些评论家缺乏社会责任感和应有的学术尊严。该文认为批评应该具备如下品格：客观性、现实性、前瞻性、导向性。张海主席的分析高屋建瓴，切中当下批评要害。问题的解决需要理论家、书法家、书协组织者、专业媒体的共同努力，一个健康的舆论环境才能真正形成。

目前各级各类媒体的书法批评，多为无原则的吹捧或居心叵测的诋毁，真正立足作品，把握艺术本体的评论不多。书法工作者应该坚守健康书法舆论阵地，培育良好的评论生态，建构健康的批评标准，抵制功利化和世俗化思潮对书法评论的影响。为此要进一步加强和改进书法评论工作，着力加强评论人才队伍建设，努力开创书法评论新风，推进艺术创新和理论创新。评论是立场的表达，开展科学、健康的评论，评论家要有好的人品和文品，要增强艺术批评的勇气和综合修养，勇于表达、认真表达和善于表达独特学术观点。始终把社会效果放在首位，掌握现代传媒规律，抵制低俗、恶俗和媚俗之风，敢于承担，切实为书法艺术创作和书法深入发展创造健康氛围。

“走下去”与“走出去”

2012年涌现出数量繁多的书法活动和书法交流，彰显出书法艺术的繁荣局面。这些活动和交流是由不同艺术团体所营造的。其中作用最为显著的团体是中国书法家协会及各省级协会、中国美术馆、中国文字博物馆、西泠印社、张海书法艺术馆、北兰亭、中国国家画院、中国艺术研究院、中国人民大学艺术学院等机构。

中国书法家协会具有强大的“领军”和“导向”作用。中国书法家协会在本年度继续推进展览、学术和培训“三位一体”的工作格局，2012年有影响的重大活动和事件大均由其引发。中国书法家协会充分发挥了去年成立的“中国书法传媒总公司”的作用，依托其旗下现有的《中国书法》杂志、《中国书法通讯报》、《中国书法手机报》（今年1月8日正式上线开通）、《中国书法家协会网》、大众文艺出版社等媒体，形成了多层次全方位的服务社会的书法文化产业链。

在本年度，中国书法家协会还开展了如下系列活动：

1. 隆重举办纪念毛泽东同志《在延安文艺座谈会上的讲话》发表70周年系列活动。5月10日，在京组织“百花扎根沃土，艺术奉献人民——纪念毛泽东同志《在延安文艺座谈会上的讲话》发表70周年书法作品展”。精心组织“中国书法进万家——走进革命圣地延安”系列活动，举办书法作品展和座谈会。组织参加由中国文联党组书记赵实率领的“纪念毛泽东同志《在延安文艺座谈会上的讲话》发表70周年·中国文联文艺志愿服务团”赴吉林市大荒地村、中国石油吉林石化公司采风慰问演出，赠送书法作品，引起良好社会反响。

2. 持续开展“中国书法家进万家”系列行动。从国民素质提升、国民精神文明建设的高度强化书法服务。中国书法家协会于2006年开始，在全国范围内常年组织实施“中国书法家进万家”行动计划，目前已成为中国书法家协会品牌性的活动之一。这项活动通过引导书法家进社区、进乡村、进工厂、进校园、进军营，举办培训、讲座、笔会、展览等形式，采取义卖和拍卖相结合的方式，广泛筹措资金，资助西部贫困地区、革命老区的学校、敬老院、福利院等公益单位，建立小型图书资料室，捐助家庭生活困难的学生。在这个过程中，中国书法家协会还命名一批“书法名山、书法城、书法之乡、书法公园、书法一条街、创作培训基地”。2012年授牌创作培训基地4个，中国书法之乡9个，中国书法城3个。中国书法家协会开展这些活动，一方面引导广大书法工作者进行自我教育，提升精神境界，增强社会责任感；另一方面普及书法知识，提升人们的道德文化修养，使书法艺术回到人民群众之中。

2012值得关注的活动还有：

2月22日，“墨舞神州”全国电视书法大赛颁奖晚会在郑州隆重举行。该活动由河南省多家单位联合举办，张海书法发展基金会倾力支持，分成人组、学生组，奖励优厚。全国政协副主席、中国文联主席孙家正，中国文联党组副书记、副主席覃志刚等领导，以及宋祖英、阎维文、姜昆等明星出席颁奖文艺晚会，该活动产生了积极广泛的社会影响。3月17日，兰亭雅韵2012——北兰亭上巳雅集电视书法晚会在京举行，嘉宾颇多，气氛热烈。4月16日，张海书法艺术馆扩建工程竣工典礼暨国内外书法作品展开幕。国家财政部科研项目《中国汉字历代字体检索数据库》工程于2月举办开题会，于7月举办阶段汇报会。这一数据库建设将极大促进图像材料的整理和方便人们的检索。10月9日，第五届中国（天津）书法艺术节开幕，为社会奉上了丰盛的书法艺术“套餐”。

2012值得关注的出版成果有：文物出版社历经八载编辑出版18卷本《中国法书全集》年初正式面世，这是《中国美术分类全集》系统工程的子工程，也是《中国美术分类全集》的收官之作。故宫博物院、江苏丹徒携手推出33卷本《米芾书法全集》，成为研究米芾书法的重要资料。

书法的对外交流传播是我国社会发展和文化自信力不断强化的结果，这意味着作为中华文化艺术核心形式的书法艺术面临新的深入发展的历史机遇。受国际外交影响，本年度对外书法交流的重点由日韩转向欧美。言恭达、张旭光、曾来德、李刚田、郑晓华、孙晓云、骆芃芃、王凯霞、洪亮等人赴欧美国家举办书法交流活动。年初，曾来德“墨乐巴黎”系列活动在法国国家议会宫举行，8月，伦敦奥运上演中国书法音乐会，李斌权当场表演书法。此外，“中国书画世界行”走进南非、加拿大、柬埔寨、泰国。海峡两岸书法活动值得记忆：4月14日，海峡两岸百位书法家创作百米长卷捐赠中山陵，9月7日，两岸汉字艺术馆落户枣庄，9月8日，“龙腾中华——海峡两岸百家书法邀请展”在京举行……对外书法交流可谓亮点不断，形式多样，吸引了国外友人的广泛关注。李刚田在《书法》杂志2012年第七期发表文章《一厢情愿的书法走向世界》，却道出了其中的尴尬。看来，如何让更多外国人真正理解中国书法艺术？这不是一个轻松的话题，道路还很漫长。

书法教育要抓好“两头”

中小学基础书法教育和高等书法教育是书法教育的“两头”，尤为重要。书法艺术是中国艺术和中国文化的灵魂，其文化价值非常独特。汉字是中华文化的“根”，在汉字美基础上发展起来的书法艺术，是中国人人格魅力的外在符号。书法艺术促成了中国文化、中国艺术的“写意精神”，可以说，书法广泛的实用书写基础培养了中国人的审美眼光和处事原则。受当今“键盘文化”的影响，书法原来的群众基础在削弱，书法教育的重要性比以往任何时候都显得迫切。

人们对基础书法教育的呼声渐高。国家教育部于2011年8月2日下发《关于中小学开展书法教育的意见》，要求全国各中小学从2011年秋季开设书法课，使书法重新回到普通教育的课堂。这对推动当前中小学书法教育的普及能够起到积极和重要的作用。以此为契机，书法基础教育和传统文化素养将大为改善。而落实情况不容乐观。当下中小学书法教育中亟待解决的问题有：各级政府和教育部门对书法教育的重视程度不一；各地在实施过程中短期难以解决师资匮乏问题；缺乏指定教材和明确收费问题，以致很多学校没有教材或使用的写字、书法教材种类虽多但标准不统一；没有将书法教育纳入应试教育，列入升学和中高考内容，不能从根本上解决中小学书法教育问题。2012年初，全国政协委员卢中南提交了《关于加强全国中小学书法教师培训、就业的建议》的提案。该举措同时得到了第二提案人欧阳中石、第三提案人苏士澍，以及李延声、赵学敏、王成喜、何家英等22名全国政协委员的联名签字响应。该提案建议：第一，书法应成为中小学和师范院校的常设学科，列入应试教育的内容之一。第二，抓好师资培训，加快书法专业班学生的培养，在有条件的中小学尽量配属一名专职书法教师，定人定岗。为此，多位全国政协委员还呼吁成立“燕京书法学院”，以加强全国中小学书法教师培训就业。对这些合理建议，有关政府部门应该尽快解决。

高等书法教育缺乏相应学科定位，书法专业的开设及课程设置存在混乱局面。2011年3月份，国家公布“艺术学”由原一级学科升级为学科门类，“艺术学”下设艺术五个一级学科，因至今未公布具体的二级学科，“书法”的学科定位悬而未决。建议有关政府部门在一级学科“美术学”下明确设立二级学科的“书法艺术”。这将对我国书法高等教育的发展提供合理依据，从而培养出更多合格的书法高学历人才。

中国书法家协会的教育培训多为社会性的参展或入会教育，在书法艺术的展览比赛方面成绩卓著，今后应该对书法教育的“两头”出谋划策，有效干预。对所命名的书法名山、书法城、书法之乡、书法公园、书法一条街、创作培训基地、等级考试中心等项目不断检查督促，切实抓好活动的落实和评估验收工作。

2012年是渐趋理性的一年。人们开始审视展览，呼吁给展览适度降温，把展览办精办好，呼吁增加展览的学术指向性。同时，书法教育问题得以凸显，加强基础书法教育的呼声渐高，中小学书法教育课程的开设和师资的配备成为大家关注的焦点。重新找回书法的文化属性，发挥书法独特的育人功能，关注书法在文化强国战略的中的独特作用，已经成为大家的共识。

刘宗超　河北大学艺术学院院长、教授

2012 中国书法创作述评

◎祝　帅

2012 年，是中国当代书法史上波澜不惊的一年。在这一年间，虽然并没有“国展”这样备受书法界注目的大型赛事，年底评选揭晓的“第四届中国书法兰亭奖”也要算到 2013 年才举行颁奖典礼。但是对于中国书法来说，2012 年又绝不是一个平凡的年份。在我们的观察中，2012 年“悄无声息”的背后，是书法风格取向、书法创作阵营等领域开启了悄然的转向。这种转向虽然还仅仅处在一种过渡式的阶段，并没有形成轰轰烈烈的效应，但值得我们耐心追究、品读。与此同时，在书法创作产生微妙变化的同时，书法批评空间的争夺、书法产业化进程的开启等现象，也预示着中国书法在未来可能出现的某些新变。

重技轻道的当代书法创作

2012 年，虽然并没有四年一度的“国展”，但由中国书协或地方主办的各种单项展依然繁荣，如全国第二届册页书法作品展、首届王羲之奖全国书法作品展、全国“乌海杯”书法作品大展、首届“张芝奖”全国书法大展、孔子艺术奖全国书法篆刻作品展、全国第二届篆书展，以及年底的第四届中国书法兰亭奖佳作奖等，令人眼花缭乱、目不暇接。在这个意义上，把 2012 年也称作一个书坛“展览年”似乎也并不为过。

然而同往年类似，各种展览书风趋同、千人一面的现象仍然没有改观。“二王风”仍是各展览作者主要的取法对象，并且愈发有流于形式、流于表面技巧的模仿等简单化的趋势。纵观各展赛作品中所暴露出的“技术化”倾向，不禁令人忧虑：重“技”轻“道”，已经成为制约当代书法创作朝更高目标发展的一个瓶颈。当代书法已经在“技术化”的道路上越走越远，甚至很多人相信当代一些高水平青年作者在技法的层面上已经超过了许多明清书家，可是按照《庄子》的说法，“技”的娴熟自然会晋升到“道”的高度，然而当代书法之“道”却迟迟没有进入我们的视野。究竟为何会出现这种情况？当代书法发展到今天究竟应该怎样突破“技术至上”的瓶颈？

其实，源远流长的中国书法，在韩国和中国民国时期曾被称之为“书艺”，而在日本则被称之为“书道”。顾名思义，书法之“法”、“艺”、“道”，都是书法本体的有机组成部分，也是书法之为艺术的必要条件。技术问题当然是书法之为书法的条件和标准，但古圣先贤所追求的境界乃是“技进乎道”，以书法为天地立心，为生民立命。当今书法热方兴未艾，加之各个层次书法教育、书法展览的勃兴，许多书法家在书写技术和基础训练层面取得了可喜的进展，对于帖学、“二王”书风的领悟与实践也达到了近四十年来前所未有的高度。然而也因为这种风气的导向，使得许多作者开始把“技术”当作评判书法的最高标准，各种展览上“炫技”的书风层出不穷。当技术的追求到达一定程度之后，书法创作的未来何去何从？在千人一面的“技术风”面前，理论界又该如何作为？

首先应该看到，“技”与“道”并不总是非此即彼、对立的范畴，而是在一定程度上存在相互转化的可能性。只是问题在于，当代一些书法作者所追求的“技”并不是真正的“技术”，而是偏执的“炫技”。当书法中所必须的技术训练和技术含量蜕化成一种“炫技”的时候，书法之“技”已经脱离了“近乎道”的这一应有的标准和航向，偏离了本体，从而走入了一去无返的技术漩涡，这是值得警惕的。换言之，追求技术、技术训练的倾向本身并没有错，但他们绝不是书法学习和训练的全部内容。技术训练作为基础训练的一个阶段是必要的，但当代书法要发展，绝对不能仅仅停留在技术性的基础训练阶段，还应该在许多其他方面设定目标。

其次，书法家对当下书法体制缺乏深层次的反思。展览为繁荣当代书坛做出了不可磨灭的贡献。当下中国书法界展览活跃，名目繁多，获奖者可以在一夜之间成为全国书法爱好者所追捧的“明星”，但当今屡见不鲜的“获奖专业户”，往往正是靠“炫技”形成自家风貌的那一批人。为了入展、出人头地，作者们争先恐后地模仿获奖作品，迎合评委口味，便成了再也正常不过的事情。这就造成了“千人一面”的当代书风的总根源。当下书法展览的局限性也显而易见了。古往今来，“书法”之为书法的目的都是为“入道”而不是“展览”，“展览”对繁荣当代书坛当然是有贡献的，但问题在于，当今人们除了入选各种“展览”，似乎在书法的理想方面缺乏更高的追求和目标。如果创作书法不去投稿各种“展览”，从而出名、暴富，当代书法作者还去追求什么？这无疑需要书法理论家、媒体加以积极的引领。

再次，书法家对当代书法创作的可能性缺乏思考，除技法外，没有明确的奋斗目标和方向。技术的追求是一个方面，而在技术之外，当代书法作者还应该追求多方面的人文修养、全面的艺术素质和广阔的学术视野。尽管书法已经失去了古代人文修为的整个生态背景，但当今，书法高等教育特别是书法专业硕士、博士研究生制度的建立与普及，也为书法家素养的提升创造了新的平台。在这样的平台上，当代书法创作从迈开技术的步伐出发，倘若能加以全方位的训练和熏陶，一定能够在未来三十年间创造在技术之上的新的高峰。

最后，在批评现状、反思弊端的同时，也应该肯定当今书坛正在悄然发生的一些积极的变化。以2012年底揭晓的第四届中国书法兰亭奖艺术奖的评选为例，本届兰亭奖的评选，除了沿用以往的“佳作奖（旧称艺术奖）”、“理论奖”之外，还新增设了“艺术奖”奖项的评选。新增设的“艺术奖”的评选并非单纯针对理论或者实践某一方面的考察，而是综合理论和创作方面的成绩，以全面的书法标准考察艺术家的艺术才能。此次“艺术奖”评选出来10位艺术家，大多是在理论和实践两方面都取得成就，甚至是以理论见长的代表人物，为青年书法家树立了新的标杆。同时，在拍卖场上，学者书法的受到追捧也反映出社会认识的某种变化。这些无疑是值得关注的新动向。

对于展览的组织者中国书协来说，在这种背景中并不应该总是成为被批评的对象。应该看到，目前书法创作的水准提升与当代书法体制的建立与建设密不可分，中国书法家协会及各地“书协”组织在近三十年来书法体制化、专业化的进程中扮演了最为重要的角色。中国书法家协会自从1981年5月成立以来，虽然从未间断受到各种不同背景的书法爱好者的批评，也不时从网络媒体上传出“解散中国书协”的呼声，但尽管如此，中国书协还是在全国书法爱好者中发挥着不可替代的公信力。在某种程度上，中国书协已经成为书法爱好者和广大公众心目中评价一个人书法成就高下的一个重要指标。虽然已故老一辈艺术家吴冠中也对“协会”这种体制有很多批判，但是从个人的角度来感受，“书协”这样的组织目前在中国可以说“聊胜于无”。至少在现阶段，书协作为一种书法爱好者的“共同体”，在对内、对外两方面都可以说发挥着积极的作用。对外，可以一种一致的形象，为书法界和书法活动的展开建树公众影响，谋取共同体的利益，对内，则可以通过设置必要的门槛和监管机制，建立一种促进机制，最终形成优胜劣汰。因此，至少在一段历史时期内，中国书协和各级书协作为一种历史的产物，是有其存在的合理性的。

总体说来，当代书法在现阶段走入一个“唯技术论”的怪圈，但风物长宜放眼量，我们相信这只是一个不可逾越的过程，一个必须经历的阶段，而并不总能一味归咎于各种展览和体制自身的原因。当代书法还在不断往前发展，而发展之路又往往是一种螺旋式的上升，经历了“技术”的阶段之后，必然会进入一个“入乎技而超乎技”的新的阶段。我们还无法准确描述它的整体面貌，但可以确知的是，那个阶段一定既能够满足书法创作在技术层面的必要标准，也能够在技术层面之上追求“技进乎道”。对此，我们已经看到了曙光。

理性回归的现代书法探索

曾几何时，受到日本“墨象派”、“少数字派”和美术界“85新潮”的影响，“最初的四个系列”、

“书法主义”、“学院派”、“主题性创作”、“汉字艺术”等等现代书法流派层出不穷，然而，进入21世纪以来，很多当年的现代书法流派似乎都逐渐走向低沉，学会消失、刊物停刊、展览停办，以至于多位现代书法的领军人物，都不约而同地转回传统书法或美术创作。但2012年，有几个代表性的事件，如2012年4月在深圳OCT当代艺术中心举办了王冬龄、邱振中、徐冰三位艺术家的联展，以及年底的“书法主义”二十年展。重新让“现代书法”进入了我们的视野，并在某种程度上重新建立起“书法”与“现代艺术”之间的联系。这似乎是一种偶然，又具有某种历史的必然性。而引领这股潮流的，依旧是当年“现代书法”阵营中的三位代表性人物：邱振中、王冬龄和洛齐。

作为现任中国美术学院现代书法研究中心主任、书法系教授、博士生导师，王冬龄身处艺术界主流而多年坚持从事现代书法创作。从学术背景来看，王冬龄有着令人羡慕的显赫经历。他不仅仅是新中国培养出的首批五位书法专业的硕士毕业生之一（浙江美术学院诸乐三、陆维钊、沙孟海指导），并且还曾经成为林散之的入室弟子，可谓兼具江苏、浙江两地的文化氛围与书法学统。在创作上，王冬龄的草书在当代书坛独树一帜，从20世纪80年代就已开始形成一种“熔铸碑帖”的个人风格，其偶然一见的小楷书，也在钟繇、王羲之基础上部分吸收了北朝写经的笔意，耐人寻味。不仅如此，与他的同学朱关田、邱振中、祝遂之、陈振濂等人一样，王冬龄在书法史论研究方面也具备系统的训练。

在我看来，王冬龄的现代书法创作在艺术上的意义在如下两个方面表现最为突出。一则如上所说，是王冬龄以主流的身份介入现代书法，且坚持不懈，这对全国已经涣散的现代书法阵营中的一部分认真的作者而言，有一种积极的示范和导向性的意义，其功劳会在未来的现代艺术史上体现出来。二则，其虽然没有开创流派，但其策划的几次大型活动无意之中所开创的“书法行为艺术”，却意外地与后现代观念艺术、行为艺术进行了一番有意味的对话，而对此，无论是王冬龄本人还是整个书法理论界的关注似乎都还很不及时。我们需要从一个理论层面去把握中国现代书法的历史格局和时代走向，从而在更加确定的意义上进行现代书法与当代艺术之间的有效对话。

此次展览上，中国现代书法的另外一位代表人物邱振中也推出了一批大幅新创作。从1989年的“新诗系列”经过2008年《阳台上的花布衫》作为过渡，这批新作在观念领域中对于个人诗歌作品与书法形式之间建立起来的联系，及其所探索的一种契合于个人气质的语言方式。更重要的是，邱振中在自己的诗歌创作与草书之间找到一种长期以来一直在寻觅的、最为贴切的个人语言形态。因此，这种回归工作还带有某种范式更新的方法论含义：作者（同时是诗歌的作者与书写者的作者）找到了某种语言，某种样式，这种语言或样式具有可复制性，可以保证自己在今后的工作中通过既定的途径和方法不断繁衍。

在被问及如何对现代水墨作品进行评价的时候，邱振中曾经提出这样一个双重标准——在笔墨方面，要经受传统技法标准的严格检验，这方面它的潜在对手是齐白石、黄宾虹这些一流的水墨画家；在形式和观念方面，要对当代艺术的最新进展不陌生。我们对于邱振中新诗书写等一系列现代作品的检验和评判，同样可以建立在这一由经典和时代所构成的双重标准的检验之上进行审视，进而明确它们在艺术史上的定位与价值。

2012年底，第十届书法主义展暨国际文字艺术展在马来西亚展出。洛齐作为学术主持的“书法主义”，是迄今为止中国现代书法创作中延续时间最长的一个自我命名的“流派”。“书法主义”之所以能够从1993年的“首展”至今延续二十年，在一个“复古思潮”高涨的时代仍然体现出它作为现代艺术顽强的生命力，除了以洛齐为代表的一批参与者个人的坚持以及作品本身的“内部”原因之外（这方面已经有很多评论），还有制度、环境、组织、归属等几方面学理上的“外部”条件。

要为“书法主义”这一流派做出风格学上的归纳和概括是困难和不切实际的，坦率说，任何一次展览的作品也总是有高下之分，这一点毫不奇怪。“书法主义”的观念和作品也还需要不断深化和发展。但我想，正如1999年在意大利主办的第四届“书法主义展”所提出的“开放的书法主义”一样，“书法主义”本身也是一个开放的概念，基于此，我们有理由对它期待更多。

备受挤压的书法批评空间

有规模、有质量的书法批评的开展，是书法研究和书法教育走向成熟的必然要求。然而必须指出的是，很难说中国当代的书法批评现状是令人满意的，书法批评未能与蓬勃发展的书法实践形成良好的互动，而书法批评学的建设目前更是理论的真空。2012 年，有关书法批评家张瑞田与《书法报》有关批评而惹的一场“笔墨官司”，更是让书法界中之人大跌眼镜。在此，先将事情原委略述如下。

2012 年 5 月 9 日《书法报》第 18 期第五版上刊发了张瑞田《从段成桂到毕政——对吉林书法界的谏言》一文，文中指出：“今天，曾任吉林日报社社长、现任吉林省文联主席的毕政先生担任了吉林省书协主席……看他的字便知，毕政是业余书法爱好者，其有幸当选主席，仅仅是工作需要而已。……担任省书协副主席的人员，多半是各地区书协的工作人员……多半没有入选过全国书法展，书艺乏善可陈，亟须学习和提高。”2012 年 5 月 30 日《书法报》第 21 期第五版上，刊登了一则“致读者”，全文如下：“本报近期所刊一篇言论文章，涉及吉林省书协现任主席毕政先生、原任主席周维杰先生，多有失实偏颇之处，给二位先生造成不良影响，此乃本报相关编审人员审稿把关不严所致，谨向毕正先生、周维杰先生表示歉意，并向广大读者致歉。”紧接着，张瑞田在《书法报》上开设六年之久的专栏遭遇停刊。随后，2012 年 6 月 13 日的人民网刊文“《书法报》专栏作者因批评吉林书协主席遭封杀”，对这种压抑书法批评的现象又进行的反批评。事情的结果是，张瑞田的专栏得以恢复，而毕政仍然位居吉林省书协主席。

其实，此次事件的双方孰是孰非已经非常明显，以“压制批评”的方式打击报复显然是不得人心的。但我们也应该注意问题的另一面，即批评者的批评在某种程度上也仅仅是一种缺乏学术价值的“表态”，这样的批评方式离学术的高度也的确还有很长的一段距离。进入 21 世纪以来，国内书法界在书法史方面的成果层出不穷，但书法批评则始终存在一种非学院化的倾向。目前见诸报纸和新闻媒体（包括资讯类期刊）上的这些批评，不论是出自记者、评论家还是书法爱好者的手笔，都有着感想、即兴、印象式和浅尝辄止的特点，不少文章甚至是商业性的吹捧，而缺乏符合学术规范、有理论价值的“批评”。本学科的一些基本的学术规范还没有建立，对于书法批评这个陌生的学科，很多人还缺乏明确的评判标准，这是令人担忧的。

近年来书法批评的专业化、学院化发展，与各种书法媒体的推动密不可分。传统的平面媒体（主要指报纸、杂志中最有影响也最具特色的，当属《书法》、《中国书法》两种刊物，以及《书法报》、《书法导报》这两份报纸。其中，《书法》近年来选择了一条“亲民”态度，迎合流行文化的“浅阅读”趋势，开始借鉴网络“酷评”式的文风，刊登了大量吸引读者的“一面之词”，为书法批评的繁荣创造了重要的学术空间。而报纸方面，相对而言，《书法报》定位似稍偏重于“普及”，而创刊较晚的《书法导报》则似乎稍偏重于“提高”。其中，《书法导报》大量刊发长篇的专业批评，而《书法报》则突出“精致”的特色，在兼顾高端研究的同时刊发一些短小精悍的文章，共同丰富了广大书法爱好者的精神空间。至于各种网络媒体更是名目繁多。其积极意义在于增进了书法爱好者之间的交流与互动，各种民间的声音，包括一些尖锐的批评与质疑，都在网络上暴露无遗，也诞生了一系列著名的“网络写手”、“网络批评家”，这势必对中国的书法批评产生深远的影响。但网络上的言论良莠不齐，固然有一些积极的言论，对于中国书法的发展起到了必要的监督和批评的作用，但也充斥着各种宣传、谣言甚至人身攻击、恶意中伤，更遑论学术规范。因此在今后相当长的一个时期内，传统的专业期刊、报纸很可能仍然是学院批评的主要阵地。

作为批评家，一方面需要提高自身的学术素养，以专业的水准提出有洞见和理论深度的见解，而不是说一些人人皆知的意见和肤浅的表态；另一方面，也应该注意用被批评者容易接受的语言和方式，这样才能形成有效的对话空间。近年来书法界批评的失语，也正体现为我国专业性和学术性书法批评的缺席。事实上，强调批评中的“感觉”、“趣味”，并不意味着文体的散漫和形式化理性的缺失，相反，学术规范和形式逻辑，对于任何学术性文章都是必须坚持的原则。书法批评的标准是需要多元互补的，而且很多标准还需要书法领域的研究者们在今后的批评实践过程中不断的反思、总结、摸索。但是，形式逻辑和学术规范这样的基本的问题，却是对书法批评文章写作设立的先在规定和必要条件。学理上的标准的设立，是指向书法批评作为一门书法专业课程的建设的，也是为了突破现有国内书法批评的非学院、非专业、非学术化的倾向。

当然，这并非意味着“书协”可以心安理得地不需要对自身进行任何与时俱进的改革。“张瑞田毕政事件”之后的半年，陕西省书协换届改选中，就又出现了非专业官员位居主席、最终共选出62位协会领导的咄咄怪事，这就显然有些耸人听闻了。在中国，“书协”和“足协”一样，既可以说是一种民间组织，又带有很大程度的“官办色彩”。在不可能彻底取消的前提下，一味和“书协”对抗除了赢得一些“悲壮”的舆论支持，对于书法行业的建设是无济于事的。当代中国就是这样的一个国家：你如果非要和体制对抗，那么在强势的“国家话语”面前你只能是失败者，但是，只要遵守体制所规定的“游戏规则”，就可以在这一前提下，反过来利用此一体制所提供的各种便利为我所用。在这样的现实制度面前，我们只能选择一种“渐进式”的革命，而不是一味地“对抗”，才能真正找到“建设”的途径。

从事中国当代书法批评，还有一系列的问题需要解决：例如，面对圈子里面“低头不见抬头见”的熟人和关系，批评家应该如何持守学术的独立性？书法家究竟在多大程度上会信服批评家，像美术界艺术家和身兼策展人的批评家一样形成良好的协作？但毫无疑问的是，作为一种学术性的批评，批评家只有以敢讲真话的“书法批评”的方式切入审视中国当代书法史，才能推进书法批评作为一门学科的建设。只有通过这样的努力，才能呼唤书法界关注中国当代书坛现状、进而为当代书法史的研究与梳理进行学术和资料上的积累。

方兴未艾的书法产业建设

2012年11月29日，浙江财经大学（原浙江财经学院）成立了全国高校首家“中国书法产业研究所”，中国书法家协会分党组书记、驻会副主席赵长青参加成立仪式并致贺辞。在此之前，2012年初，中国书协第六届工作委员会首次设立“中国书协产业发展工作委员会”，由中国书协副主席何奇耶徒、国家林业局原副局长赵学敏担任主任。可以想见，行业和学界为书法产业的提出与发展进行了许多的调研和准备，此时设立相关研究机构意义重大。虽然目前的工作还仅仅停留在“书法产业”政策出台前的筹备和论证阶段，但这毕竟是一些标志性的事件和积极的信号。它表明，书法“产业化”的问题，在最近几年中已经逐渐成为业界、学界和政府相关职能部门共同关心的一个热点。在书法界，业内人士对自身的认知从“事业”、“行业”上升为“产业”，从书法创作本体的艺术表现过渡到书法产业政策的讨论，是一种符合行业发展规律的可喜的进步。

但是在行业的现实中，作为一种“新生事物”，“书法产业”的提法和相关政策要想在书坛形成共识，进而在全社会进行普及，还有一些关键的问题有待解决。眼下中国书法产业发展所面临的现实，正是书法市场不够规范、书法交易缺乏监管、书法产业发展缺乏明确的规划等一系列的问题。针对这些问题，即或通过行政命令要求书法交易必须通过画廊来完成，那么且不说将会在管理的层面引起多大的连锁反应，要付出多大的代价，至少如果现行的艺术品交易制度和盈利模式不加以改变的话，我们势必将会面临GDP被重复计算等一系列更加复杂的问题。因此从目前的现状看，这种有欠规范的产业布局的存在是具有一定的合理性的，而且由于牵扯到多方的利益，这种行业定位的格局不可能在短时间内通过“书法产业”的研究和倡导加以改变。

当然，我们对此并非无可作为，“千里之行，始于足下”。书法市场的形成，往往需要具备这样几个必要条件：其一，在当地有良好的文化传统，有源远流长的书法历史和书法氛围；其二，当地具有一定的经济实力，拥有一些大的书法收藏家；其三，是地方政府高度支持、扶植书法产业的发展。要知道，书法产业的建立和发展，固然需要来自于政府行为的支持，但政府支持的一个前提是民生对于书法行业的一种自然的、内在的需要。人们对于书法产业的质量有很高的要求，而不是停留在一种认为书法只是茶余饭后“锦上添花”的东西的层面，只有这样，我们才能说现代书法在中国建立起了一个良好的社会认知环境，而这种环境目前在中国显然还是缺席的。

在现阶段，全国各地书法市场之间发展不平衡，各个书法经营者之间资本发展也是不平衡的。以山东省某地级市为例——该市有超过1000家以上的画廊从事书法经营活动，但真正有规模、经营正规化的画廊只是其中的一小部分，其余绝大多数的画廊要唯这几家画廊的马首是瞻；另一方面，这些大的画廊彼此之间也缺乏协调和整合，在艺术家资源、藏家资源和自身专业化服务能力三者的发展之间缺乏整合与规划，自身素质不高，服务意识不强，更遑论全国各地书法市场发展的不均衡性。但其实每一家画廊都可以发现自身的优势资源，进行强化，同时不断提升自身服务能力，以书法市场活跃的区域为中心建立全国辐射、国际化的视野，为建立整合的大型画廊、大型书法经营企业做好准备。海外的“佳士德”、“苏富比”，以及国内当代艺术领域的许多大型拍卖公司、大型画廊，都是通过这样的渠道建立起来的，比较之下，中国还缺乏这样具有战略眼光的大型书法经营企业和交易平台。

2012年11月29日，赵长青在浙江财经大学（原浙江财经学院）中国书法产业研究所成立仪式上表示：“加快发展文化产业，推动文化产业成为国民经济支柱性产业是中共中央深化文化体制改革，推进经济结构优化调整的重大决策，为文化创意产业带来了难得的战略机遇和有利的政策空间。书法产业的健康发展必将会为中国的经济、文化建设做出惊人的贡献。浙江财经学院中国书法产业研究所的设立是中国书法产业发展之路上一个重要标志，其后续研究与实践探索必将对繁荣社会主义文化事业，推进中国书法产业可持续发展产生积极而深远的影响。”笔者认为，这是一个积极的信号，提示我们中国书法产业发展的问题开始得到了政府相关部门和学术机构的重视和介入，相关政策的制定和执行开始提上了议事日程，书法学界也开始关注到产业研究是目前书法研究改变自身“从理论到理论”局面的必然要求。当然，中国书法产业的建立与发展，需要政府、行业和学界三方面的合力来完成，2012年还仅仅是一个开端。

祝帅　中国艺术研究院副研究员

2012 年书法理论研究概述

◎李群辉

近年来，书法热潮持续推进，大小展览令人应接不暇。相比之下，书法理论研究显得较为稳重、理性，整体上呈现出逐步深入、不断专业化的特点，更加令人欣慰的是，在老一辈书法理论家老当益壮频出力作的同时，书法理论研究领域又涌现出一批优秀的中青年理论研究工作者，在研究思路、研究方法等方面有较大突破并取得一系列突出的研究成果。2012 年，书法理论研究工作者辛勤劳作、成果斐然，笔者试图通过已经出版的著作、发表的报刊论文以及书学讨论会三大途径对这一年的书法理论研究作出简单概述。

书法研究专著

2012 年出版的书法专著涉及到书法史论、书法美学、书法思想与文化、书法创作、书法教材等多方面内容，笔者从中挑选二十来部进行简单介绍。

书　名	作　者	出版社	出版年月
中国书法理论体系	熊秉明	人民美术出版社	2012. 01
书法鉴赏	黄惇，金丹	江苏教育出版社	2012. 01
中国书法	任平	北京师范大学出版社	2012. 03
卷轴书法形制源流考述	吴晓明	上海社会科学院出版社	2012. 03
书法六问：饶宗颐谈中国书法	饶宗颐，王国华	人民美术出版社	2012. 04
历代书论名篇解析	王世征	文物出版社	2012. 05
迈世之风：有关王羲之资料与人物的综合研究	祁小春	文物出版社	2012. 05
20 世纪书法观念与书风嬗变	曹建	上海三联书店	2012. 06
陈振濂书法创作思想档案	陈振濂	杭州出版社	2012. 06
中国书法精神	何炳武	世界图书北京出版公司	2012. 07
中国艺术的表现性动作：从书法到绘画（英汉对照）	高建平	安徽教育出版社	2012. 07
东汉碑额书法艺术研究	陈星平	文津出版社	2012. 08
中国现代书法论文选 2	王冬龄	中国美术学院出版社	2012. 08
论斗方创作	沃兴华	上海古籍出版社	2012. 09
书法章法形式原理	汪永江	中国社会科学出版社	2012. 09
清代笔记、日记中的书法史料整理与研究	张小庄	中国美术学院出版社	2012. 10
诗法与书法：从唐宋论书诗看书法文献的文学性解读	由兴波	广西师范大学出版社	2012. 11
道教与书法	聂清	中央编译出版社	2012. 11
书法心理治疗	胡斌	暨南大学出版社	2012. 12
书法哲学：哲学视角下的中日书法思想演变研究	刘孟嘉	人民出版社	2012. 12

通过以上二十本相对重要的书法专著，我们可以发现 2012 年书法理论研究主要包含以下几个方面的成果：

1. 古今书法理论文章以及书法理论体系研究依然是核心内容。各个时期的书论直接反映了当时书法家对书法学习和创作方式方法的认识理解以及当时文人阶层的审美意识、文化心理，对后来的书法研究工作者来说是极为重要的第一手资料，所以对书论以及书论体系的研究意义十分重大。王世征所著《历代书论名篇解析》选择了自汉代至清末的历代传统书法理论名篇33篇，着重从书法的功用地位、本质特征、技法原理、创作规律、个性风格、审美追求、批评鉴赏以及学书方法等方面，概括其基本的书学主张，阐释其主要理论贡献，体现了中国书学总体的发展进程与思想脉络。王冬龄主编《中国现代书法论文选2》主要包含“书非书”——象征意义的艺术术语、“书非书”三种艺术方向以及一些现代艺术家与前卫艺术家等内容。熊秉明所著《中国书法理论体系》运用历史和哲学交叉融合、中西文化横向比较的视角，重新审视了我国古代繁杂的语录体书法理论，深入探索了中国古代书法理论家各自的审美哲学思想基础。

2. 书法史的研究不断推进，围绕书法史料的研究也愈发深入。曹建等人所著《20世纪书法观念与书风嬗变》阐述了20世纪文化、教育等方面对中国书法观念的影响，又论及书法风嬗变对教育的促进作用，可谓有独到之处。张小庄著《清代笔记、日记中的书法史料整理与研究》分为清代笔记、日记中的书法史料价值以及清代笔记、日记书法史料汇编两篇。包含书家传记、书法论评、碑帖鉴藏三部分内容，对研究清代的书法工作者来说有重要参考价值。吴晓明著《卷轴书法形制源流考述》本书以卷轴书法形制源流为主要考察对象，主要着重典章名物制度形成的渊源及文化内涵。陈星平著《东汉碑额书法艺术研究》对东汉碑额进行详细考察并对碑额书法作出客观的分析研究。祁小春著《迈世之风：有关王羲之资料与人物的综合研究》对王羲之相关的书法史料作出精心探究，在王羲之以及魏晋书法研究领域实属力作。

3. 书法创作研究。近年来，陈振濂先后举办了“心游万物——陈振濂书画网络展”、“线条之舞——陈振濂书法大展”、“意义追寻——陈振濂书法大展”，在艺术界引起很大反响，《陈振濂书法创作思想档案》即为其书法创作思想的总结与呈现。沃兴华著《论斗方创作》是其集个人学习书法之精要，将自己的书法理论与斗方创作实践相结合，在书法创作的形制研究方面有相对深刻的认识和理解。汪永江著《书法章法形式原理》对书法章法形式语言作出深入分析和探讨，对我们的书法创作来说具有借鉴意义。

4. 书法思想与文化研究。刘孟嘉著《书法哲学：哲学视角下的中日书法思想演变研究》是通过西方和中、日两国哲学、美学、书法的史料来研究中、日哲学思想历史演变，探讨书法中的创作和鉴赏问题，同时把日本的书法理论的演变及对西方哲学在书法理论方面的应用做了系统的整理。《书法心理治疗》主要包括书法的文化基础、书法运作的生理效应和心理效应以及书法心理治疗与其他心理治疗的联系等内容。《书法六问：饶宗颐谈中国书法》是国学大师饶宗颐谈书法艺术，深入简出，尤为珍贵。聂清所著《道教与书法》深入探讨道教书法艺术的内在本质以及发展历史，通过书法来演示道教对中国艺术发展的不可忽视的推动作用，特别提及“神仙境界”改变了书家的思维方式，打破传统书法艺术模式，创造新的艺术表现方法。何炳武主编《中国书法精神》讲述了书法的人本精神、中庸精神、自由精神、唯美精神等等，体现了书法作为一种文化样式传递出来的民族气质和内在心理。

5. 另外，书法教育方面的专著也不能忽视。黄惇、金丹所著《书法鉴赏》以及任平《中国书法》都是根据当前大学书法教育现状推出的普及性书法史论教程，让学生能清晰地了解从古至今各种书体以及书法经典作品的概况，其实用价值十分突出。

书法研究论文

书法理论研究性文章大多发表在《中国书法》、《书法》、《书法导报》、《书法报》上，笔者以这四类报刊为主要依据，提取了2012年书法研究者相对关注的重点内容：

文章题目	发表报刊	发表时间	作者
杨守敬的书法及其在日本的重大影响	书法	2012. 1	陈传席
“崇王”观念在清代的颠覆与重构	书法	2012. 1	于洁、陈学利
展览时代书法面面观	书法	2012. 2	李刚田
唐代写经书法的审美属性	书法	2012. 3	王元军
从主体动机看写经书法	书法	2012. 3	毛万宝
齐白石与吴昌硕交往考证（上）（下）	书法	2012. 6/7	侯开嘉
“高位”与“大家”	书法	2012. 8	张瑞田
论傅山对王铎书法评价中的遗民情结	书法	2012. 9	方匡水
能否不搞“开幕式”?	书法	2012. 11	斯舜威
清代“形学”问题的争论对汉碑观念的影响	书法	2012. 11	李以超
对中小学书法教育现状的思考	书法	2012. 11	程峰
从古典文人书法到社会民生书法——书法的“社会责任”新解	青少年书法	2012. 12	陈振濂
中国古代书法理论中书法地位的构建过程研究	艺术研究：哈尔滨师范大学艺术学院学报	2012. 1	刘亚刚
扬州八怪的款题与印章	中国书法	2012. 5	薛永年
古题新释——古代绘画款识书法小议	中国书法	2012. 5	梅墨生
古代书画结合的三种语境	中国书法	2012. 5	史忠平 马莉
中小学书法教育谈	中国书法	2012. 5	欧阳启明
从《菁华》大版卜辞看商人风俗与信仰	中国书法	2012. 6	沈建华
殷商巫文化下的甲骨文书法美学	中国书法	2012. 6	贺贵富
“兰亭论辩”及其当代回响——对新中国书法史主题演进学术谱系的一种描述	中国书法	2012. 6	祝帅
高等师范院校书法教育问题丛谈	中国书法	2012. 6	林婵琴
明代信札中的吴门文人生活	中国书法	2012. 7	薛龙春
射利与雅玩——论文彭书画鉴藏活动中的经济意识与行为	中国书法	2012. 7	刘东芹
明代制笺风尚之变	中国书法	2012. 7	彭志文
正德年间祝允明与顾应祥在岭南之交游	中国书法	2012. 7	朱圭铭
论怀素《自叙帖》墨迹本与宋刻本	中国书法	2012. 8	启功
论怀素《自叙帖》名家辨伪谈	中国书法	2012. 8	傅申、何传鑫、薛永年、徐自强、刘正成
八大山人的“涉事”	中国书法	2012. 9	朱良志
八大山人书法的艺术格调与分期问题	中国书法	2012. 9	邓宝剑
日本“书道“的原意	中国书法	2012. 9	河内利治（君平）
唐代院体书风考论	中国书法	2012. 10	于宁 李慧斌
盛中唐的名家书法	中国书法	2012. 10	朱关田
王羲之书法的符号性意义与当代书法的“伪二王”问题研究	书法导报	2012. 1	吕文明
当代形态的书法创作与理论观念	书法导报	2012. 2	胡抗美

续表

文章题目	发表报刊	发表时间	作者
当代书法创作三个审美向度批判	书法导报	2012. 3	朱中原
当代视觉文化背景下书法创作的审美趋向及文化去路	书法导报	2012. 4	常亚钧
当代书法何以被形式化了	书法导报	2012. 5	吴绍学
创作的意义	书法导报	2012. 7	朱以撒
在“科学”与“书学”之间——20 世纪前期中国书法理论研究的现代化进程以及学术反思	书法导报	2012. 7	祝帅
当代书法文化核心价值体系建设的思考	书法导报	2012. 11	言恭达
中国书法的现代境遇与普世价值	书法导报	2012. 12	张兴成
当代书法大众化之失与当代书法的文化失范	书法导报	2012. 12	姜寿田
“份额交易”的忧思	书法报	2012. 2	斯舜威

从以上四十余篇文章来看，2012 年书法理论研究工作者在各自研究领域取得丰富的成果，总体来讲则集中在以下几个方面：

1. 唐代书法。唐代书法研究的相关素材无论是官方还是民间都相当丰富，其中名家、名作、制度以及新出土的书法材料是书法理论工作者长期以来一直看重的内容。郭茂育有《新出土〈唐张履冰墓志铭〉简介》一文，王元军在《书法》发表《唐代写经书法的审美属性》；名作方面，围绕《自叙帖》的研究十分精彩，《中国书法》发表启功先生《论怀素《自叙帖》墨迹本与宋刻本》、傅申、何传鑫、薛永年、徐自强、刘正成等学者《论怀素《自叙帖》名家辨伪谈》、（日）土屋明美、饭野世子《论怀素《自叙帖》半卷本在日本的流传与考察》；名家书法和制度方面，于宁、李慧斌发表《唐代院体书风考论》、还有姜寿田《盛唐书法摭论》、朱关田《盛中唐的名家书法》等研究成果。

2. 明清书法。明清以来，随着社会变动、市场经济活跃，人们的思想得到解放，文人崇尚自由张扬个性，书画艺术也具备鲜明的时代特色。书法群体、书画市场、书法思潮变迁是众多书法理论家研究的重点。薛龙春《明代信札中的吴门文人生活》、刘东芹《射利与雅玩——论文彭书画鉴藏活动中的经济意识与行为》、彭志文《明代制笺风尚之变》、朱圭铭《正德年间祝允明与顾应祥在岭南之交游》关注明代吴门书家的书风、鉴藏、交游活动；陈传席《杨守敬的书法及其在日本的重大影响》、方匡水《论傅山对王铎书法评价中的遗民情结》、于洁、陈学利《“崇王”观念在清代的颠覆与重构》、李以超《清代“形学”问题的争论对汉碑观念的影响》、朱良志《八大山人的“涉事“》、邓宝剑《八大山人书法的艺术格调与分期问题》则对清代书学观念和清代书家的艺术成就进行学术化研讨。文人画兴盛以来，书画结合运用频繁，明清书画家以书入画、以画入书，大量的题画诗反映了当时艺术家的创作状态和文化心理，值得我们去关注探析。比较典型的文章有薛永年的《扬州八怪的款题与印章》、梅墨生《古题新释——古代绘画款识书法小议》、史忠平、马莉《古代书画结合的三种语境》、查律《书时用画法，画时用书法——石涛的题款书法》、程仲霖《书之关钮，透之于画——郑板桥的题款书法》等。

3. 当代书法教育。近几年来，政府重视汉字书写和书法教育问题，教育部连续出台相关政策推行书法教育普及工作，涉及到教程教材、教学方法、师资队伍建设等一系列内容。具体的书法教学过程中还不可避免地牵涉到汉字书写规范、传统用笔技巧、造型艺术表现等重要问题。欧阳启明《中小学书法教育谈程峰》、《对中小学书法教育现状的思考》、林婵琴《高等师范院校书法教育问题丛谈》等文章都对此进行了针对性的讨论。

4. 当代书法批评。书法热已经持续很长时间，书法创作队伍不断壮大、书法风格几经变迁，由于看问题的出发点和角度各不相同，大家对各种书法现象自然产生各自的看法，如何评价不同风格的书法作品？究竟书法好坏的标准是什么？这其中书法话语权的问题显得尤为突出。李刚田《展览时代书法面面观》、范美俊《坑爹的展览》、张瑞田《书协组织的纯洁性应该保持》、《“高位”与“大家”》等文章围绕中国书协组织展览开展活动提出独到见解，对书协的组织和管理提出严格要求，提倡更加客观地对待书协和展览；对书法创作风格以及审美的研究也在不断深入，这也会促进我们对当下书法创作潮流的真正深入思考，例如吕文明《王羲之书法的符号性意义与当代书法的“伪二王”问题研究》、张瑞田《“雅”缺失的年代》、常亚钧《当代视觉文化背景下书法创作的审美趋向及文化去路》、朱中原《当代书法创作三个审美向度批判》等；越来越多的人开始关注书法本身及其所处不同时代的文化背景，追问书法本身的意义在哪里，书法究竟应该走向何方，朱以撒在《书法导报》发表《创作的意义》一文，另外有严水石《当今社会书法面临的生存环境与价值拓展》、张兴成《中国书法的现代境遇与普世价值》、姜寿田《当代书法大众化之失与当代书法的文化失范》等；另外还有不少文章如斯舜威《能否不搞“开幕式”?》、《“份额交易”的忧思》以及杨卫列《泛滥的作品集》等针对当下一些书法现象进行反思提出独到意见。

5. 书法学科及书法研究体系。陈振濂《从古典文人书法到社会民生书法——书法的“社会责任”新解》、刘亚刚《中国古代书法理论中书法地位的构建过程研究》、祝帅《“兰亭论辩”及其当代回响——对新中国书法史主题演进学术谱系的一种描述》以及《在“科学”与“书学”之间——20世纪前期中国书法理论研究的现代化进程以及学术反思》从宏观的角度来探讨整个书法学科和书法理论研究体系在历史上的发展状况和进程，具有相当深刻的反思意味。

书法研讨会

书学研讨会的举办通常意味着书学思想的集体展示和书法理论研究成果的集中呈现，笔者挑选了2012年部分书学讨论会以供大家参考：

论坛主题	主（承）办单位	核心议题	日期	地点	文集
新·浙·派——浙江青年十人书法展”学术研讨会	自由策展	讨论浙派书法的历史由来、学术意义以及浙派代表书家对书法本体的的理解及创作思想。	3月16日	杭州	
兰亭国际书法学术研讨会	兰亭书会、中国书法家协会研究部主办	围绕兰亭书会为主题，对兰亭书会成立30年来各个时期的书法历史以及与绍兴书法史以及当代书法的发展展开相关讨论。	3月25日	绍兴	兰亭国际书法学术研讨会论文集
全国第九届书学讨论会	中国书法家协会、中共山西省古县县委、县人民政府主办	书法史、书法理论、书法教育三大主题	5月2日—5日	古县	全国第九届书学讨论会论文集
2012安徽汉字书法文化国际交流研讨会	安徽汉字书法文化国际交流中心主办	围绕“汉字书法文化国际影响与传播”、“汉字书法文化交流中心开展对外交流合作的方式和途径”两个主题讨论	5月20日	宁国	
第十五次汉字书同文学术研讨会	上海炎黄文化研究会主办	围绕繁体字和简体字如何并存及使用进行针对性讨论	6月16—17日	上海	第十五次汉字书同文学术研讨会论文集
明清篆刻史国际学术研讨会	江苏省文联、西泠印社、苏州市文联联合主办	迄今为止围绕明清篆刻史举行的首次专题学术研讨活动	11月6日	昆山	明清篆刻史国际学术研讨会文集

续表

论坛主题	主（承）办单位	核心议题	日期	地点	文集
四川省第三届书法理论研讨会	四川省书法家协会、眉山市文学艺术界联合会主办	围绕与苏东坡书法相关的内容，对四川的书法篆刻史、书法理论、书法美学、批评、创作展开讨论	11月17日	眉山	四川省第三届书法理论研讨会论文集
明清江南刻帖研讨会	中国书协学术专业委员会、《中国书法》杂志、江苏省书协、无锡市委宣传部、无锡市政府办公室、无锡市文联共同主办	以“江南刻帖与明清书法繁荣”为主题，对《停云馆帖》、《余清斋法帖》等各地刻帖展开讨论。	12月16日	无锡	明清江南刻帖研讨会论文集
浙江省书法家协会主办的浙北书法学术研讨会暨浙江省第二十三届书学研讨会	浙江省书法家协会主办	对浙北地区历代书法进行了系统梳理和深入研究，比较全面地展示了浙北书法的历史和文化内涵。	12月22日	湖州	浙北书法学术研讨会论文集

从以上各研讨会的主题来看，以第九届全国书学讨论会为代表的2012年书法学术研讨会呈现出国际化、专业化、高端化的特点，主要是围绕汉字与书法的关系、地域书法史论、著名书法家的创作及理论、书法教育等等展开研究讨论。

第九届全国书学讨论会、明清篆刻史以及明清刻帖研究等专题性研讨会的举办显得十分专业化、学术化。第九届全国书学讨论会的获奖、入选论文在研究角度上有一定拓展，代表了近年来的书学研究现状，而且本届研讨会有作者发言、专家点评、分组讨论诸多程序，具有很强的专业研讨氛围。整体上来看，获奖和入选论文基本上集中在书法史论和书法现象方面，而书写实践、书法理论方面所占比重较小，书法美学方面的文章明显缺失，这也是当下很多人担心的“为研究而研究”问题。明清篆刻史国际学术研讨研究面较广，涉及了明清篆刻史包含宏观的篆刻美学的发展史、印人专题的研究、印谱的研究等几大方面，在研究方法方面有的借鉴新资料的发现，或者旧资料的重新开掘梳理，应该说在理论研究还是指导实践方面都具有重大意义。明清江南刻帖研讨会针对处在薄弱状态的刻帖研究，力求探讨江南经济、江南望族的文化特征与书法氛围的关系，对刻帖的文献学、社会学意义以及江南经济与刻帖的关系进行论述。

汉字与书法的关系牵涉到书法艺术的本质问题，也关系到书法艺术风格的形成与流变，更关系到书法艺术与其他艺术门类的交流与传播以及如何走上国际舞台的问题。第十五次汉字书同文学术研讨会主要讨论世界各地之间中国汉字繁简两体如何使用交流的问题，海内外专家学者秉持“积极推动、先易后难、循序渐进、求同存异”的原则，展开热烈讨论，取得了不少共识。2012年安徽汉字书法文化国际交流研讨会旨在为世界各国的汉字书法文化的爱好者和传播者搭建一个交流联谊的平台，紧紧围绕“汉字书法文化国际影响与传播”以及“汉字书法文化对外交流合作的方式和途径”两个主题进行研究讨论。

不同地域的书法群体担负着书法创作、书法批评的重要使命，地域书法风格的形成流变以及对后来的影响实际上就成为书法史最重要的部分，因此地域书法研究意义十分重大。浙江地区文化底蕴深厚，书画历史悠久，在2012年多次成功举办书学研讨会，如新·浙·派——浙江青年十人书法展”学术研讨会、兰亭国际书法学术研讨会、浙江省书法家协会主办的浙北书法学术研讨会暨浙江省第二十三届书学研讨会等等。此外，围绕书法史上著名书法家的研究讨论也在不断深入进行，例如四川省第三届书法理论研讨会以苏东坡为核心，研究探讨该地区的书法篆刻史、书法理论、书法美学、书法批评、书法教育等诸多方面内容。

李群辉　中国人民大学艺术学院

2012 年中国篆刻概述

◎徐咏平

2012 年已经过去，在篆刻展览、印学研究、印谱出版、印社建设等方面，国内篆刻都取得了可圈可点的成绩。

篆刻展览

由中国书法家协会唱主角的全国性书法篆刻展览，在 2012 年办了不少活动，其中最重要的是第四届中国书法兰亭奖的启动，并在 11 月初于绍兴结束了评审工作。作为中国文联和中国书协联合主办的三年一届的全国性书法篆刻艺术最高奖项，本届兰亭奖的篆刻获奖作者，是大连的朱明月和河北的刘永清二位，前者代表着细朱文工稳一路，后者是古玺印风大开大合写意一路，代表了当前篆刻发展的两大主要潮流。从整体作品来看，工稳一路还难以形成自我表述语言，写意一路强调空间视觉效果，也不免粗犷有余，风神流动不足。这也说明当代篆刻的表现能力还需提升，而印人篆隶功夫的普遍不足，难以做到印从书出，是问题的主要症结所在。一些印人连自己的印屏题签都题不好，篆隶书技能的缺失对当代篆刻的影响，日益凸显。印学研究上，浙江丽水学院徐咏平《浙江篆刻史》一书，以其较好的印学发展史意识，从纵向分时期和横向分地区相结合的方式，对浙江篆刻发展史进行了系统梳理，捧得了本届兰亭奖唯一的篆刻类理论奖。自本届开始，中国书法兰亭奖将长期落户绍兴，这也将对我国的书法篆刻整体格局起微妙的调整作用。

今年中国书协主办的其他展览，有 4 月份在贵州举办的“百里杜鹃”全国书法作品展，5 月份在内蒙古自治区乌海市举办的全国“乌海杯”书法作品大展，8 月份在济南山东博物馆举行的首届“王羲之奖”全国书法作品展览，9 月份在山东曲阜举办的“孔子艺术奖”全国书法篆刻作品展及在甘肃敦煌举办的首届“张芝奖”全国书法大展等。这些展览都允许篆刻投稿，由此调动了全国各地印人的创作积极性。到本年底还传来消息，经中国书协篆刻委员会和赤峰市人民政府协商，全国第七届篆刻艺术展将由赤峰市人民政府斥资 400 万元承办。另在 7 月份，作为篆刻的姊妹艺术，第九届全国刻字艺术展在浙江省永康市博物馆举行，其中不少刻字的作者亦擅篆刻。

在对外交流上，“中国印·李岚清篆刻书法艺术展”于 11 月 1 日在英国伦敦大英博物馆隆重开幕，这是 2012 伦敦书展之中国主宾国活动中的一项展事。在开幕式前举办的中外记者新闻发布会上，中国美术馆馆长范迪安代表组委会介绍了中国篆刻艺术的发展简史及李岚清先生对当代篆刻所做的贡献。在本届 2012 伦敦书展中国主宾国活动中举办篆刻展的，还有中国篆刻艺术院常务副院长骆芃芃女士，她的“‘中国印’的世界——骆芃芃篆刻书法艺术展”，以其独特的中国传统文化内涵和富有时代气息的外在形式，荣获了本届对外交流活动的“优秀创意”奖。

作为中国篆刻艺术院院长，韩天衡先生于 10 月 10 日至 25 日在上海“大地艺术空间”主展厅，举办了“韩天衡书画篆刻展览”，并于展览期间举办了“韩天衡谈作品创作与鉴藏”专题艺术赏析讲座。11 月 1 日，作为第四届青田石雕艺术节主要活动之一，“石都印荟——2012 中国青田·全国篆刻名家邀请展”在浙江青田开幕，韩天衡、骆芃芃两位中国篆刻研究院正副院长担任了本次展会的艺术总监，并出席了开幕式。展览邀请了 100 多位篆刻家作品参展，包括名家篆刻青田原石 109 方、印屏 100 多件。

本年度不少省份也举办了诸类形式的篆刻展、书法篆刻展。6 月 16 日至 26 日在南京江宁博物馆举行办的“2012 江苏·江西书画篆刻名家提名精品展”，后于 7 月 15 日移师江西吉安市井冈山画院开幕。11 月 6 日，在西泠印社与江苏省有关部门联合举办“明清篆刻史国际学术研讨会”期间，昆山还举办了当代吴门篆刻名家暨苏州中青年篆刻家作品展。浙江省书法家协会于11月18日开始，在钱江新城杭州图书馆举办了祝贺省书协成立30周年的“浙风浙派・浙江省历届国展省展获奖作者书法篆刻精品展”开幕式，并于12月上旬在金华书画院举行了浙江省第六届“陆维钊奖”中青年书法篆刻展，两大展览均出版了作品集，比较全面地展示了浙江书法篆刻的现状。吉林省于2012年12月20日在吉林市博物馆举办了篆刻艺术展。黑龙江省第十五届篆刻展也于12月23日在大庆博物馆开幕。年底，安徽举办了安徽省第五届篆刻艺术大展，甘肃也筹办了甘肃青年十二人篆刻艺术展。

另外，全国各地印社也举办了各种形式的雅集、展览和印学研讨活动。龙渊印社于2月份，在浙南丽水举办了首届印社史料展和年度社员作品展。龙渊印社是1945年在抗战中成立的一大印社，当时印社聚集了一大批篆刻家，有着“天下第二印社”之称。11月份，岳麓印社成立大会在长沙市人民政府人民会堂举行，社员代表50余人参加了成立大会。

印学研究

本年度的印学研究，在深广度方面都有所拓展。印学著作方面，主要有《吴门篆刻史研究》、《秦西汉印章研究》等书的出版；印学论文方面成果，主要见于《中国书法》、《明清篆刻史国际学术研讨会论文集》及《印学研究》中。

江苏陈道义、周新月撰写的《吴门篆刻史研究》，8月份由文物出版社出版。在元、明、清三代将近五百年时间里，以苏州为核心的吴门篆刻，文人治印之风世代相沿，印人人数众多，篆刻传世作品也富，且在印论著述、印谱编辑上颇有建树，但在清朝民国，其整体不免缺乏鲜明风格和地域特色，这期间的历史沿革及兴衰缘由值得挖掘、探究，这便是本书的内容所在。

赵平安的《秦西汉印章研究》一书于12月份由上海古籍出版社出版。此书是一部对秦西汉印章研究具有总结性的学术著作，是1995年赵平安教授自河北大学来中国社会科学院历史研究所做博士后研究的成果，后又经十余年补充、修改后出版。作者具有从事中国古文字发展研究的深厚基础，考订颇为深入。李学勤先生为本书作序，称作者“以发掘出土材料为基础，充分搜集各家著录的其他材料，以严谨的古文字学方法进行分析释读，然后结合传世文献和各种出土文字材料，就印章的性质、用途、特点及其在历史文化研究中的意义，作了深入的研究讨论。这一工作是有突破性的，对秦汉制度的研究也有很大价值。”

本年度在杂志上发表的印学论文，首先值得一提的是《中国书法》杂志上的几大专辑。《中国书法》今年扩版后，大量刊发历代书印作品，成为其一大亮点。其中各期专刊，如第二期汉碑特辑、第三期龙门石窟题记特辑、第六期甲骨文特辑、第十一期古玺印特辑和第十二期的西泠八家书法特辑，都为印人提供了可资借鉴的史料。第二期汉碑特辑中的“小蓬莱阁访碑专题”，以乾嘉时期浙派篆刻大家黄易为例，向人们介绍了这位篆刻大家在金石学上的贡献。黄易的汉魏碑刻搜访及其对浙派篆刻的影响，是近年的一大研究热点。故宫博物馆藏有与黄易有关的汉魏碑刻40余件套，他们于2009年、2010年以“蓬莱宿约”为题，举办了故宫藏黄易汉魏碑刻藏品展，出版了展览特集。《中国书法》杂志第二期，也刊登了故宫博物馆秦明的《黄易的汉魏碑刻鉴藏》及山东石刻博物馆杨爱国的《黄易与金石学》二文。以“西泠八家”为代表的浙派是清朝最大的篆刻流派，《中国书法》第十二期的西泠八家书法特辑，介绍了西泠八家在诗书画印方面的深厚修养。西泠印社图书馆诸葛慧撰写了《西泠八家的篆刻艺术成因及其影响》一文，并附录了部分西泠印社藏八家篆刻原石及印蜕。

今年《中国书法》杂志第十一期是古玺印特辑，内容颇为丰富。刊发了河南许雄志鉴印山房、山东燕守谷半山印馆所藏的古玺印，以54个页面并赠送《古玺藏珍》增刊的形式，将一些古玺印面高清放大，向人们展示了古玺印无以伦比的魅力，震撼人心。同时刊发的“当代古玺印创作专题”，选取辛尘《古玺：作为印式的接收与运用》、赵熊《关于古玺印及“创・意”印风的思考》、范正红《“古玺”类篆刻创作摭析》、肖楠《草书意识与当代古玺印创作》、薛元明《古玺探源：“灵魂”与“形式”的融合》、李峰与陈靖《关于当代古玺创作的思考》、杨锁强《当代古玺印创作的文化担当与审美品格》

等文章，对古玺的形式和内在意味进行了多方面解读。另选辑当代印人印论而成的《重温古玺印——当代古玺印创作丛谈》一文，是当代不少古玺作者创作经验的总结，如陕西魏杰讲，古玺贵在“字形多变、文字奇特、同字异形、形式多样、章法布局险绝”，北京尹海龙称古玺妙在“文字独立含义的淡化，使得读者将视觉转向其空间的分割、线质的表现”，江苏赵明阐述了他对古玺创作的字形、刀法上的独到理解等，都是经验之谈。古玺印风创作，作为当代篆刻创作的一大主流，如何理解其基于汉字的象形意味而蕴育的生命感、阴阳互参互动形成的整体动感，确是值得深入探求，以便引领当代篆刻创作更好地做到变动有序。

相比《中国书法》杂志中的文章偏重实践指导，西泠印社的印学研讨会论文，更注重传统印学史料内涵的挖掘，二者具有一定互补性。2012 年 11 月 6 日，明清篆刻史国际学术研讨会在江苏昆山开幕。这是西泠印社与江苏省首次联合举办的学术研讨和交流活动，也是迄今为止围绕明清篆刻史举行的首次专题学术研讨活动。研讨会开始，孙慰祖以《文人用印体系形成的若干条件》、黄惇以《篆刻史论研究的思路和方法》为题作了主题发言，随后举行的论文交流发言，内容有对明清篆刻史宏观学理观念的把握，有专注于明清印学中逐渐呈现出来的流派意识，有讨论印谱体例变迁中显示出的古印观，有研究当时的篆刻理论文献，还有印人行踪考证、地域印人群体研究、印学与紫砂陶艺之关系等，体现出印学研究者开阔的研究视域和活跃的学术思维。最后，西泠印社副社长兼秘书长陈振濂总结指出，自明清以来，江南文人士大夫文化主要集中在苏沪杭即长江三角洲地域，这是江南一个独特的文化存在，明清徽派篆刻、清代浙派篆刻、上海与江浙为核心的清末民国百年篆刻，构成了一个有序的苏、徽、浙、沪等长三角文化圈中的篆刻发展脉络，这是一个有趣的江南地域文化史的命题。

另外，由山东吕金成主编的《印学研究（2012）》（印谱研究专辑）一书，也于 2012 年 11 月由山东大学出版社出版。本书的印谱研究，突出学术研究与印谱史料刊布两方面，在中国历代印谱综述的基础上，对苏州图书馆藏稀本明刊十部印谱、孙文楷《稽庵古印笺》及所存古印流向、童昌龄《史印》印谱、苏白《鲁迅笔名印谱》、王献唐所辑印谱及印学著述等进行了深入探讨，提出了印谱关联研究的新思路。另外也辑录了当代印谱研究的最新成果，如张炜羽《中国历代印谱概述》、杜志强《苏州图书馆藏稀本明刊印谱十部述录》、吕金成《〈稽庵古印笺〉及所存古印流向考迹初步》、李宏《童昌龄〈史印〉考略》等。还有徐在国《古陶文字考释六则》、李晓峰与杨冬梅《济南市博物馆藏西汉郡县封泥考》、王晓莲《临淄西周傅庄战国制陶窑址陶文考察》等，也都有一定的学术价值。

印学典籍整理及印谱出版

印学典籍整理上，本年度主要是台湾黄尝铭整理的《篆刻语录》一书的出版，这是继黄惇 2010 年出版《中国印论类编》后，又一重要的印学典籍史料分类汇编著作。

2012 年 11 月 4 日，在西泠印社壬辰秋季雅集“百年西泠 · 翰墨春秋”型系列活动期间，台湾真微书屋黄尝铭编撰的《篆刻语录》在杭州首发。这是继其 2001 年出版《篆刻年历 1051—1911》后的有一本呕心之作，也是其姐妹篇，是其所进行的计算机印学数据库建置成果之一。《篆刻语录》主要取材历代印学专着论文、印谱序跋、篆刻边款等，予以归属分类，编辑而成。内分通论篇、治印篇、赏鉴篇、史制篇及器用篇等五大篇，共 22 个章别，选录了 9065 则语录。全书总计 134 万余字，刊载有 1938 张论文图版，其内容宏富，条述赡精，图文并茂，使学印者得以遍观历代印学典籍。

在印谱出版上，则有《中国印谱全书》、《中国篆刻艺术精赏》等系列印谱及《南皇山人印萃》的出版。今年人民美术出版社出版的《中国印谱全书》，又有周秦古玺、簠斋古印集、伏庐藏印、齐白石印集等卷的刊布。福建美术出版社也出版了《中国篆刻艺术精赏》隋唐五代印章、宋元印章、吴让之卷等。10 月，中国海洋大学出版社出版了高志强整理的《南皇山人印萃》，此谱为高凤翰原印所拓百年孤本，收录高凤翰印蜕 117 方，大部分印首次公开面世，是研究明清篆刻一份难得的资料。

当代印汇，则有中国篆刻网李平主编的《国石雅韵——当代篆刻名家篆刻闲章》一套上下册，3 月份的出版。其中印作出于全国及日韩篆刻名家之手，印石是青田、寿山、昌化、巴林四大国石中的名品，可谓石美、印美、装帧也美。

另外，字典方面有10月份上海大学出版社出版的王大鹏编辑的《甲骨文常用字集字字典》、《甲骨文标准字集字字典》等。

西泠印社印学活动

西泠印社作为我国篆刻发展重镇，2012年迎来了它开拓发展的重要一年。

今年是西泠印社第八届理事会实施社团发展五年规划的收官之年，也是进一步落实世界级非物质文化遗产保护计划、推进社团事业建设的重要一年。印社围绕建设“名家之社”、“天下之社”、“博雅之社”和打造“国际印学研究中心”的目标，整合资源要素，完善运作模式，拓展交流领域，提升规模影响，开展了一系列工作，其运作活力和成绩都引人瞩目。

作为全年社团活动的重点，西泠印社在2012年秋在壬辰秋季雅集之际举办了“百年西玲·翰墨春秋”大型系列活动，其中包括“百年四冷·翰墨春秋”西泠印社诗书画印大型选拔活动和展览、艺聚西泠——饶宗颐社长书画艺术特展、西泠印社社员金石拓片题跋展、2012（国际）印社社长高峰论坛、明清篆刻史国际学术研讨会等子项目，涵盖创作选拔、艺术展览、学术研讨、交流论坛等内容。

由西泠印社倡议并发起、全国数十家重要篆刻社团参与的全国印社社长联席会议，于2012年4月18日在杭州举行。这是近年来我国篆刻界最高规格的以社团为主体的联席会议。会议以“密切联系、精诚合作、协调联动、共同发展”为宗旨，围绕印社组织建设和社团活动情况展开了交流、讨论。会议发表了《全国印社社长联席会议杭州宣言》，决定建立“全国印社社长联席会议制度”，定期召集，平等共商，在此基础上逐步组织以西泠印社为首的国际印社联盟。11月4日秋季雅集期间，西泠印社再次发起、举办了“2012印杜社长高峰论坛”，邀请海内外数十家印学社团主要负责人汇聚杭州，共商篆刻艺术社团发展之路。

9月20日至10月19日间，2012土耳其中国文化年“百年西泠·中国印”安卡拉特展在土耳其首都安卡拉隆重举行。这是“百年四冷·中国印”特展首次正式纳入中国文化部海外交流重点项目“中国文化年”系列活动，由国家驻外使馆担任主办单位。展览活动期间，西泠印社代表团与国外艺术机构、文博院馆、高校、汉学家等也进行了接触和交流，首次与欧洲汉学界建立起正式沟通渠道，为今后进一步加强学术交流和往来打下了基础。

另外，西泠印社还举办了其他一些活动。4月5日至6日间，西泠印社壬辰春季雅集暨诗岛清韵系列活动在温州江心屿举行。10月份举办了第七届西泠印社印文化博览会、2012第三届中国（杭州）艺术品收藏与鉴赏高峰论坛大会暨中国现代绘画艺术典藏大展等大型艺术活动。另外，中国印学博物馆作为西泠印社的重要宣传展示窗口，一年在来组织了九次规模较大的活动，对外文化交流活动也较为频繁。西泠印社书画篆刻院也取得了民办非企业单位法人资质，正式开展活动。西泠印社社友会也于5月份在山东潍坊举行了社友雅集。至年底，西泠印社官方微信、《西泠印社手机报》也开通了，显示出西泠印社对现代传媒的敏感。

作为商业化的篆刻拍卖活动，西泠印社拍卖有限公司举办的春秋两季“文房清玩·近现代名家篆刻专场”拍卖活动，以其拍品盈实、成交量大、影响广泛，也值得一提。拍品中有近现代篆刻名家赵之琛、释达受、钱松、徐三庚、吴昌硕、齐白石、钟以敬、吴隐、叶为铭、赵叔孺、陈衡恪、高野侯、王福厂、邓散木、方介堪、来楚生、韩登安、陈巨来等不少佳作，引人瞩目。其中，春拍中吴昌硕、陈巨来等所刻吴伯郊用印，徐三庚、徐新周、濮森、汪洛年、张越丞、益田香远刻杨守敬自用印及藏印，是拍卖的热点。秋拍中，江成之先生旧藏西泠八家中黄易、赵之琛、钱松三家共14方佳作，成了最大的热点。

另外，作为西泠印社社务委员会文物管理处处长的王佩智先生，继刊印《回望西泠印社六十年》等书后，今年又推出了《西泠印社缘何植根孤山南麓》一书，继续向世人介绍西泠印社的辉煌的历史。

自1980年到2012年，经三十余年的发展，我国篆刻的整体格局已成，其以展览为主导的展示模式，也使其优劣并存的时代性特征表露无遗。篆刻是相对保守的艺术，而印坛作为一种历时性的不断演变的动态结构，新人辈出，观念迭出，信息层出不穷，也一样在不断搅动着人们的思绪。更加成熟有序，是当前印坛的发展主旋律，我们身处这个时代，经历其风风雨雨，既感到荣幸，也需要更加发奋努力。

徐咏平　丽水学院副教授、龙渊印社社长

专题

情感·形式
——胡抗美、沃兴华书法展

【情感·形式——胡抗美沃兴华书法展亮相上海】

2012年2月27日，由中国书法家协会、中国艺术研究院中国书法院、上海市书法家协会共同主办的“情感·形式——胡抗美、沃兴华书法展”在上海美术馆隆重开幕。展览展出胡抗美、沃兴华先生新近创作的120余幅作品。作品最大的宽12米，高3米，最小的仅一平方尺，形式多样，风格各异，具有极强的震撼力。

上海市委、市人大、市政府、市政协的有关领导冯国勤、屠光绍、杨振武；中国书法家协会副主席申万胜、吴善璋、张改琴、陈振濂、聂成文，理事刘洪彪、张继、李一、肖丽、刘新德，篆刻艺术委员会秘书长崔志强；中国艺术研究院中国书法院院长王镛，副院长李胜洪，办公室主任曾翔，研究员石开、张景岳，副研究员徐海、张羽翔、杨涛、戴跃以及中国书法院学术部肖文飞、创作部陈海良；文化部全国文化信息资源建设管理中心副主任杨化玉，中国艺术研究院教授任平；著名影视艺术家张铁林，上海市书法家协会主席周志高，四川大学校长谢和平，艺术学院院长黄宗贤，书法研究所所长吕金光，中国金融书法家协会副主席李相国；首都师范大学教授叶培贵，南京师范大学文学院原院长何永康及夫人高永年教授，河南省文联副主席、河南省书协主席宋华平，辽宁省书法家协会主席王丹，江西省文联党组书记部海雷、书法家协会主席毛国典；中央书画数字频道、光明日报、新浪网、中国文化报等30余家新闻媒体及各界人士1000余人出席开幕式并观看了展览。

开幕式由张铁林主持。上海市委宣传部副部长陈东、中国书法家协会副主席申万胜、中国艺术研究院中国书法院院长王镛分别致辞；中国书法家协会名誉主席沈鹏、中国书法家协会主席张海专门发来贺信，对展览给予了高度评价。

陈东说：“胡抗美、沃兴华两位先生书法艺术的联展意义非凡，不仅是两位先生艺术思想与实践的交流与切磋，更是京味文化与海派文化的互补与交融，对于促进上海乃至全国书法艺术事业的发展，功莫大焉！”沈鹏在贺信中认为，这次两人办展，南北交流，是书坛盛事；张海认为，相信这次两人的展览一定会给书界带来启迪和思索，对推动书法发展起到积极作用。申万胜指出，此次展览的成功举办必将对书法艺术的深入研究和书法事业的健康发展起到重要的引领作用；王镛重点从学术角度对这次展览的主题予以肯定，他说“情感与形式”是书法艺术中最为根本的问题，他期待通过这个展览能对书法本体引起更加广泛的关注与讨论。

此次展览在展示作品的同时，突出强调艺术家思想观念的展示。展览前召开了作者与媒体见面会，两位作者向媒体阐述了各自的艺术立场、艺术观点和艺术主张，并从情感与形式的角度，对展出的大部分作品进行了解读。2月27日上午，来自全国的百余名知名学者举办了“情感·形式——胡抗美、沃兴华书法展学术研讨会”，研讨会由中国书法家协会副主席陈振濂主持，红学专家、南京师范大学教授何永康，艺术史学家、中国美术学院教授范景中，著名书法家、理论家王镛、石开、周志高、张铁林、刘洪彪、张继、姜寿田、李一、张羽翔、张培元等围绕书法的情感与形式展开了热烈而深刻的讨论。与会学者认为，书法创作在形式表现上的创新与探索，不仅是近30年书法最重要的时代表征，而且揭示了艺术发展的根本规律，即新的时代精神、艺术情感必须有新的形式来表现，而胡抗美、沃兴华两位先生在书法形式上的深度探索，无疑对当代书法发展具有重要的引领意义。研讨会上，近年涌现出的一批思维活跃的书法理论新锐肖鑫、姚宇亮、贺宏亮、汪海权，则从不同的视角，对书法的情感与形式问题表达了各自的观点。

【观点】论书法形式——“胡抗美、沃兴华书法展”前言

书法作为艺术，毫无疑问是表现情感的。但是，它在表现上必须借助形式。黑格尔在《美学》一书中说：“只有指向明确无疑的客体时，感情所有的丰富宝藏才会绽开展现。”又说：“只有恰当的方式把某种精神性的内容表现于乐音及其各种复杂组合的感性媒介中时，音乐才能升华到真正的艺术。”康德也说：“在所有美的追求中，最本质的东西无疑是形式。”凡此种种，无疑都在强调形式之于艺术的重要地位。最近几年，我在实践中越来越感觉到形式的重要。去年沈鹏先生提出：“书法是纯形式的，它的形式即内容”，又激发起我对各种形式问题的思考，诸如它的定义、内涵和审美作用等等。这次办展览，在创作的同时，不断地从表现形式上进行分析研究，认识越来越明确了。

我认为书法的形式就是：笔墨和空白的造型及其组合关系。这个定义包括两部分内容：一部分是笔墨和空白的造型，一般讲书法的造型就是点画和结体，我认为还不够，从图式的角度来看，书法艺术的造型元素不仅有笔墨，即点画和结体，而且还有被笔墨所分割出来的空白，笔墨和空白是书法作品中最大的形式构成，它们都是相对独立的整体，各有各的造型和审美内涵。因此我的创作在点画和结体的造型基础上，特别强调点画内、结体内、结体间、行列间以及作品周边空白的造型。

另一部分是各种造型的组合关系，点画与点画的组合，结体与结体的组合，字组的组合，行的组合，区域的组合，直至笔墨与空白的组合。这些组合从小到大，随着组合关系的不断扩大，审美内涵也逐渐丰富，希尔德勃兰特说：“当我用视觉注视一只手指时，获得了各部分的形状和大小的相对印象。当我注视整只手时，按与整只手的关系来看这只手指，获得了表达五个手指与手的关系的新印象。但我注意到手和手臂时，印象又变了等等。”书法作品中各种层次的组合都会带来新的审美内涵，系统论认为1+1大于2，整体大于局部之和，这种大于部分的审美内容就是由组合关系产生的。

书法的形式分造型和关系两大部分，比较来说，造型是“物因素”（海德格尔语），是客观的、具体的、可以感觉到的，属于表层形式。而造型的关系则比较隐晦，需要观者去领悟，带有一定的主观性，属于深层形式。克莱夫·贝尔在《艺术》中说：“线条、色彩以某种特殊的方式组成某种形式和某种形式之间的关系，激起我们的审美情感，这些线、色的关系和组合，这些审美的感人形式，我称之为‘有意味的形式’”。在这个著名的艺术观念中，“有意味的形式”就是由表层形式（线和色）和深层形式（某种形式之间的关系）构成的。书法艺术综合了造型的表层形式和关系的深层形式，因此成为“有意味的形式”，获得了非凡的艺术魅力。

一、表层形式——笔墨和空白的造型

笔墨和空白的造型内容相当广泛，从小往大说，主要包括这几个方面：首先是点画的造型和结体的造型，然后是字组的造型、行的造型和区域的造型。所有这些造型统称为笔墨，都是通过墨色表现出来，因此附带出一个墨色表现的问题。除此之外，还有与笔墨造型相对应的空白造型。

1. 点画的造型

书法的点画由起笔行笔和收笔三个部分组成，书写时通过提按顿挫的用笔可以产生各种造型变化，有粗有细、可方可圆、或者中锋和侧锋等等。它们造型不同，审美特征也不一样，其表现性如同音乐中的音色。一般来说，点画的粗细类似音色的高低，线条越细，音色越高，嘹亮清脆；线条越粗，音色越低，浑厚沉郁。点画的方圆类似音色的刚柔，内擫的点画边廓方折，棱角分明，骨力开张，有冲击力，有刺激性，视觉效果偏于阳刚。外拓的点画边廓圆转，“存筋藏锋，灭迹隐端”，视觉效果含蓄、温和、圆浑，偏于阴柔。点画的中锋和侧锋类似音色的厚薄。中锋就是“令笔心在点画中行”，墨水从笔尖流注纸面，线条的墨色中间浓两边淡，浑厚饱满，有立体感。侧锋指笔锋走在线条的两侧，相比中锋，侧

锋的特点是灵秀轻薄。总而言之，点画通过不同的造型，可以表现为流美与沉郁、发露与含蓄，浑厚与轻灵，阳刚与阴柔，具有各种各样的审美效果，可以做到像孙过庭《书谱》所说的“同自然之妙有”：“观乎悬针垂露之异，奔雷坠石之奇，鸿飞兽骇之资，鸾舞蛇惊之态，绝岸颓峰之势，临危据槁之形；或重若崩云，或轻若蝉翼；导之则泉注，顿之则山安；纤纤乎似初月之出天涯，落落乎犹众星之列河汉”。

2. 结体的造型

结体是点画的组合，结体中的点画都处在一定的空间关系中，其内容不再仅仅是本身的造型，还包括点画与点画所组成的造型。蔡邕《笔论》说：“为书之体，须入其形，若坐若行，若飞若动，若往若来，若卧若起，若愁若喜，若虫喜食木叶，若利剑长戈，若强弓硬矢，若水火，若日月，纵横可象者，方得谓之书矣。”结体要有生命的感觉，必须要有生动的造型。这种造型来自内部矛盾，只有让其中的点画左右倾侧，相互冲突，然后通过一定的组合方式来加以协调才会产生。古人对此极有研究，尤其是欧阳询的《三十六法》。所谓的排叠法、相让法、穿插法、借换法、增减法和朝揖法等，虽然表现形式不同，但是就其共同点来说，都是寻找一种力的平衡。首先通过体势变化来制造对立，“排叠法”将上下部分的轴线左右移挪，“朝揖法”将左右部分的轴线相互倾侧，“向背法”的左右部分相互穿插等等，目的都是要使局部造型成为不同方向、不同大小的互相冲突的力，然后通过组合，使它们相互抵消，达到平衡，例如“排叠法”将上下部分轴线处理成形或S形，感觉上仍然是直的。“朝揖法”将左右部分处轴线处理成 /\ 形或 \/ 形，感觉上仍然是平衡的。这样的结体方法让每一种造型都充满了势，洋溢着力，就好像拔河比赛中由于双方势均力敌而使绳子不动一样，虽然是静止的，内部却蕴含了巨大的能量。

《三十六法》将结体造型当作一个力场，力量的大小取决于点画的对比关系，反差越大，冲突越大，视觉效果就越大。用这种结体方法写出来的字，造型表现力极强，如唐代李阳冰所说的，“于天地山川，得方圆流峙之常；于日月星辰，得经纬昭回之度；于云霞草木，得霏布滋蔓之容；于衣冠文物，得揖让周旋之体；于须眉口鼻，得喜怒舒惨之分；于虫鱼禽兽，得屈伸飞动之理；于骨角齿牙，得摆拉咀嚼之势。随手万变，任心所成。可谓通三才之品汇，备万物之情状矣。”

3. 字组的造型

当构成需要一个狭长或者扁阔的局部造型时，过度拉长或者压扁一个字的形体会让人觉得做作，最好的办法就是由字组来承担这个任务。字组的连接方法是缩小字距与行距的空白，一旦当它们等于或者小于字形结构内的空白时，上下或者左右的字就连成一片了。要扁阔造型便缩小行距，左右两字连成一片；要纵长造型便缩小字距，上下两字连成一片。根据字距行距的或疏或密，可以制造各种各样的字组，并且由此调控章法的局部形态和相互关系。

组的作用除了协调通篇构成之外，还能够加强作品的视觉效果。方块的汉字大小差别不大，只有一种近乎相同的对比关系。字组在粘并时，一方面减少了作品的造型单位量，另一方面因为组合之后，或长或短，或宽或窄，丰富了对比关系的量。书法艺术的视觉效果不在于造型单位量的多少，而在于它们之间对比关系量的多少。造型单位量越多，重复越多，视觉效果越弱。对比关系量越多，对比反差越大，视觉效果越强。

4. 行的造型

行是字与组的组合，它的造型变化比较多，主要有三个方面：首先是长短变化，一行中要有单独的字，有两个或两个以上的字组。将长短不同的字与组参差错落地连接起来，就会产生节奏感。其次是大小正侧变化，一行中前面的字小了，后面的字要大；前面的字左斜了，后面的字要右倾。用墨的枯湿浓淡，用笔的收放开合等各种变化也是如此，都要相反相成，这种变化类似唐诗句法上的平仄变化，“异音相从谓之和”。最后是边廓变化，一行字的边廓如同一条线的边廓。古人主张线条两边要跌宕起伏，所谓“无一黍米不曲”。同样道理，行的两边也不能整齐划一，要让字形大大小小，让运笔收收放放，通过每个字的参差和收放，造成行线两边轮廓的跌宕起伏。这种起伏可以比较平缓，如颜真卿书法；也可以比较激烈，如杨维桢书法。平缓和激烈的视觉效果完全不同，表现情感也完全不同。

5. 区域造型

传统的书法组合层次有点画、结体、字组、行、行与行，这种组合层次从小到大逐渐展开，表现为一种绵延的线性过程，与文本的阅读方式相一致。然而当代书法强调图式，强调整体性的观看，需要以上下左右关系来打破单一的上下相连。因此，创作时必须在笔势和体势的基础上，利用相似性原理来整合作品中所有的造型元素。相似性原理认为：眼睛的扫描是由相似性因素引导的，“一个视觉对象的各个组成部分越是在色彩、明亮度、运动速度、空间方面的相似，它们看上去就越统一。”一件作品中上下左右分布着许许多多造型元素，不管它们处在哪个角落，相隔多么遥远，它们只要在墨色、字体或书风上相似，就会遥相呼应，连成一气。这是一种全新的组合方法，同时也带出一种全新的造型单位，由字体、大小或墨色大致相同的若干字所组成的造型单位，因为它们是一团团的，分散在各个位置上，因此我们称之为区域造型。区域造型之间为了营造对比关系，必须要有大小、方圆、长短等各种各样的形状，因而也会产生各种各样的表现力。大致来说，有尖的、方的和圆的，不同的造型给人不同的视觉感受，角度越尖，冲击性越强，情绪偏激烈，角度越钝，越接近圆形，冲击性越弱，情绪偏温和。

6. 墨色表现

宋代书法家讨论点画的审美标准，在“筋骨肉”之上，增加了血，血就是水墨。宋代书法家开始重视用墨，发挥墨色的表现力。但是，古代书法强调写字，书法作品作为读的文本，墨的枯湿浓淡变化总是被局限在一定的范围之内，没有重大突破。今天我们从图式的角度切入，打破写字概念，就使墨色的表现范围更加广阔，表现方法就更加自由，表现形式就更加丰富。

我们可以在浓淡变化上做文章。浓淡变化有两个作用：一是营造立体感，作品通篇的立体感来源于墨色变化，一般而言，枯、湿、燥、淡给人遥远的感觉，浓、涨、湿属近层特写。这种墨色远近的视觉效果，给人的心理感觉是立体的，有层次的。二是增加抒情能力，浓墨笔沉墨酣，富于力感，能表现雄健刚正的豪气，当情绪进入激越、高亢时可用其进行表达。淡墨清新素朴，淡雅空灵，能表现超凡脱俗的逸气。还有枯墨，苍古雄峻，与飞白一脉相承。大片的枯墨虚虚实实，虚实相生；若有若无，如佛家说的“妙有不有，真空不空”，极富表现力。

二、深层形式——组合关系

书法中的组合关系都是以对比的形式出现的，用笔的轻重快慢、点画的粗细长短、结体的大小正侧、章法的疏密虚实、墨色的枯湿浓淡等等。组合关系的原则是和而不同，首先是不同，如大小、正侧、粗细、方圆、疏密、虚实等，然后是和谐。这种和谐原则下的对比关系上升到理论高度，概括的表述就是阴阳关系。因此蔡邕说：“夫书肇于自然，自然既立，阴阳生矣。”

书法作品的对比关系越多，内涵就越丰富，对比反差越大，视觉效果就越强烈。但是这样一来，作品要想和谐组合就比较困难。因此不能不系统化，将它们归并为形和势两大系列。粗细方圆、大小正侧、枯湿浓淡等为形，提按顿挫、轻重快慢、离合断续等为势。因此蔡邕又说：“阴阳既生，形势出焉。”

自然万物千姿百态，归根到底是阴阳之间的对立统一；书法艺术千变万化，归根到底是形势之间的对立统一。形与势都以对方的存在为自己存在的前提。所有的形都是在运动中完成的，有一定的速度；所有的势都凝固在纸上，依赖一定的形。形必须靠势来激活，势必须靠形来显现。没有势的形是泥人木偶，没有形的势根本就不存在。形与势的存在相辅相成，形与势的表现相映成辉，形势合一，才能使书法艺术获得有血有肉的生命形象。

1. 点画的形势合一

古人论基本点画的写法，要求写一点要像石，这是形，而它必须具有高峰坠落之势。写一横要像云，这是形，而它必须具有千里摛展之势。写一撇要像象牙，这是形，而它必须具有陆断斩截之势。其余“万岁枯藤”、“崩浪雷奔”、“劲弩筋节”等等，都是同一种表述方法，比喻中既包括形，更包括这种形所具有的强大的运动之势。

形势合一是生命形象的基础，怎样才能写出形势合一的点画，古代书论常常是将它与用笔联系在一起来说的，点画的形势合一就是用笔的疾涩统一。蔡邕《九势》说：“书有二法：一曰疾，二曰涩。得疾涩二法，书妙尽矣。”书法用笔上的疾主要指平面运动，纵横挥洒，控制线条的速度感，表现为势，涩主要指垂直于纸面的上下运动，控制线条的粗细变化，表现为形。完整的书法运笔是纵横挥洒与上下提按的统一，平移中有提按，提按中有平移，因此就能将形和势统一起来。

2. 结体的形势合一

晋人成公绥的《隶书体》（晋人眼中的隶书今人称为行书）说：“或若虬龙盘游，蜿蜒轩翥；鸾凤翱翔，矫翼欲去；或若鸷鸟将击，并体抑怒，良马腾骧，奔放向路。”特别强调结体的形势合一，所有的“虬龙”、“鸾凤”、“鸷鸟”、“良马”等喻体都表示形，所有的“盘游”、“翱翔”、“将击”、“腾骧”等喻状都表示势，古人认为好的结体造型必须是形势合一的。

形势合一表现在创作上，就是要因势造型。唐戴叔伦的《怀素上人草书歌》说“心手相师势转奇，诡形怪状翻合宜，人人欲问此中妙，怀素自言初不知”。当连贯的笔势夭矫跌宕，磅礴而下的时候，结体造型必须随强大的笔势作夸张的变形，作剧烈的摇摆，只有诡形怪状的体势才能与这种夭矫奔放的笔势相合拍，笔势与体势的一致，才能产生难以言传的“此中妙”。

3. 章法的形势合一

章法是什么？从文本的角度来看，主要在笔墨，章法就是点画与结体的造型及其组合关系。从图式的角度来看，除了笔墨之外，还有空白，空白也具有重要的表现性。阿恩海姆在《艺术与视知觉》中说：“任何一个视觉形象（点、线、面）一定存在于某种背景之上，存在于其他视觉形象的相互关系中，它们都投射到眼中的视网膜上，作用于我们的感官，人们所看到的不是孤立的视觉元素，而是形与形、图与底的相互关系。”笔墨（图）与空白（底）同时作用于人们的感官，具有同等重要的视觉作用，因此必须一视同仁。这也就是说章法应当是作品中所有造型元素的组合，它包括三部分内容：一是笔墨的造型与组合关系；二是空白的造型与组合关系；三是笔墨和空白的组合关系。

书法的迷人之处在于黑白构成，不仅是它们各自的造型，更是它们之间的关系。黑所表示的笔墨，几千年来不断地被解读和阐释，相关研究非常丰富，而作品中的空白却很少被人关注，即使被关注，也只是笔墨的陪衬，无关紧要。这种状况对于以读的方式来观赏书法的文本式作品来说，还相适应，但是对于以看的方式来观赏书法的图式作品就不适用了。

当代书法强调图式，在章法上必须高度重视空白的表现性，书法创作应该打开思路，想一想怎么按照白的需要来处理黑，可以在构思中先谋划一下白的造型和位置，谋划一下空白与笔墨的构成，尤其是在创作大幅作品时，如果不“计白当黑”，是不会有出人意料的效果的。

空白要与笔墨相构成，必须和笔墨一样，成为一个相对独立的造型单位，而这需要两方面条件，一是整体化；二是图形化。这“二化”可以用四种方法来实现：一是点画多用枯笔，使切割出来的两边余白经由点画内丝丝缕缕的空白，保持藕断丝连的关系。二是结体尽量不作封闭形式，让字内空白与字外空白连成一体。三是一行字不作一笔到底的连绵，不时地拉开字距，让行与行之间的空白左右贯通。四是以逼边和出边的方法打破呆板的四周空白，让它产生各种变化，不只是横和竖的简单造型。这四种方法可以使周边空白、字距空白、行距空白、字内空白、点画内空白，作品中所有的空白都连成一片，而且大小疏密，参差错落，好像流动的空气，弥漫于上下左右和角角落落。如华琳的《南宗抉密》所说的：“务使通体之空白毋迫促，毋散漫，毋过零星，毋过寂寥，毋重复挑牙，则通之白即通体之龙脉矣。”

笔墨有笔墨的造型，空白有空白的造型，在一件完整的有机的作品中，笔墨和空白的造型必须通过一定的方法组合起来，组合的方法是模糊笔墨和空白的图底关系。阿恩海姆在《艺术与视知觉》中说：

“凡是被封闭的面都容易被看成图，而封闭这个面的另一个面，总是被看成底。”封闭性是产生图底关系的原因，应当被打破。具体方法有两个：一是在结体上，笔断意连，减少笔墨对空白的封闭。二是在章法上缩小甚至取消字距、行距和周边的空白，减少空白对笔墨的封闭，这样就能模糊图底关系，使笔墨造型与空白造型参差错落，浑然一体，使观者的视觉一接触到作品，看到的就是笔墨与空白的构成，唯观神采，不见字形。

三、表层形式与深层形式的关系

书法作品有两个维度，一个维度是在各个层次的造型上展开的，如点画、结体等，它们是直观的，属于表层形式。另一个维度是在各部分的组合关系中展开的，如点画与点画、结体与结体等，它们是内在的，属于深层形式。书法艺术无论创作还是观赏，其实都是在这两个维度上同时展开的。

就创作来说，如果只注重造型，忽视关系，停留在表层形式上，结果只能是停留在艺术的大门之外，顶多用对古人的一味模仿和简单拼凑去掩饰艺术性的缺失。米芾《海岳名言》说“壮岁未能立家，人谓吾书集古字，盖取诸长，总而成之。既老，始自成家，人见之，不知以为何祖也。”所谓“集古字”就是只注重造型，忽视了形与形之间的关系。创作应当在注重造型的基础上，追求和表现深层形式，强调各种造型之间的组合关系。有了关系，就有生命，而有了生命，就会有矛盾，因此一旦讲到关系，必然同时要追求和谐。为了整体和谐，所有被组合进来的因素，无论本身多么完美，都可能作出必要的让步。对比关系越多，对比反差越大，给人的想象越多，作品的意味越丰富。组合与对比是书法创作的必要手段，它使传统的精华得以传承，使作者的情感得以显现。因此董其昌说，“所谓神品，以吾神著之故也”。书法创作必须兼顾表层形式和深层形式，更重要的是强调通过表层形式去表现深层形式。

就书法欣赏来说，欣赏者只有进入书法作品的关系中，才算真正进入了欣赏。如果停留在表层形式上，仅仅关注点画怎样？结体如何？那很简单，因为千百年来，古人为我们创造了各种经典，积累了许多规范，都可以现成地拿来作为标准使用。用不着自己的独立思考，这样的欣赏充其量只是填图式的智力游戏。深层形式的欣赏必须在各种造型的基础上关注组合关系，体会各种对比所营造出来的气氛和意境，发现作品的“内在视域”，进而激发起自己的情感，参与到作品的关系之中。情感共鸣的基础是各种造型的组合关系，因此，法国哲学家狄德罗说，“总而言之，是这样一个品质，美因它而产生而增长，而千变万化，而衰退，而消失。然而，只有关系这个概念才能产生这样的效果”。因此他认为“美在于事物的关系。”

总而言之，深层形式寄寓在表层形式之中，是被表层形式所体现的，表层形式如果没有深层形式的注入，是没有生命的，是非艺术的。无论创作还是欣赏，表层形式与深层形式都需要统一。对于它们之间的这种关系，用传统的理论来说就是形神关系，表层形式关注造型，即形质，深层形式强调关系，即神采。南朝王僧虔说：“书之妙道，神采为上，形质次之，兼之者方可绍于古人。”神采与形质结合，才能直追古人，进入“书之妙道”。这与我们说的书法艺术只有表层形式与深层形式相结合，才能成为“有意味的形式”，本质上是一致的。这种观点在西方也可以叫做实际形式和知觉形式。阿道夫·希尔德勃兰特在《造型艺术中的形式问题》中，认为形式可分实际形式和知觉形式两种。实际形式是看得到的，能够从外观上推测得到作品的形式，这类似于点画和结体的造型，属于“形质”。知觉形式是在知觉中每一单独因素只有在与其他因素的关系中才具有的意义，它的发现需要主观参与，因此在内容上比实际形式丰富，这类似于点画和结体的关系，属于“神采”。

书法形式是表层形式与深层形式共同构成的，表层形式是手段，深层形式是目的。由于表层形式有它相对的独立性，有它自己的审美内涵，这会使人在关注它的造型之美的时候，止步不前，忽视和忘记对深层形式的追求。如果脱离甚至不知道深层形式即书法的内容，只是孤立地专注于表层形式的表现，必然远离书法艺术的本体。因此为改变这种状况，我们必须加强对书法形式的研究，要认识有表层形式与深层形式的区分，不仅要研究表层形式，更要进一步从艺术的角度去拓展对深层形式的研究。

【观点】 创造新形式　表现新情感

◎胡抗美　沃兴华

情感与形式的表现是所有艺术中最根本的问题。

由于历史的和现实的原因，人们普遍将书法的内容与形式截然分开，并且认为内容大于形式，高于形式，甚至决定形式。

在全民参与的书法界这种认识更加普遍，凌驾于形式之上的内容被各种各样的业余爱好者具体化为哲学、文学、文字学、考据学……谁谈谁就占有精神的制高点，就有批评的话语权，以至于谁要谈书法的形式问题——点画如何，结体如何，章法如何——谁就是自我放逐、自我边缘，自甘“堕民”。形式探索乏人问津，书之盛莫盛乎今，书之废莫废乎今！

有感于此，我们举办展览，并取名为“情感与形式”，是想以自己的微薄之力，引起人们对这个问题的关注和重视。

我们对情感与形式的表现是这样认识的：

书法的形式就是点画和结体的形势组合，点画的表现有粗细方圆和轻重快慢等，结体的表现有大小正侧和离合断续等，点画和结体的墨色表现有枯湿浓淡等。所有这一切以对比方式构成的表现都可以分为两大类型，一类是形，如粗细方圆、大小正侧、枯湿浓淡；另一类是势，如轻重快慢、离合断续。形的关注点从造形到构成，直到空间关系；势的关注点从运动到变化，直至时间节奏。书法形式的表现问题归根到底，是围绕时间和空间这两个问题展开的。时间和空间是人类与自然得以存在的形式，决不是形而下的问题，贬抑形式是片面的表现。

我们强调形式，但是不排斥情感，因为艺术一定是抒情的。艺术家的情感虽然是个人的，但是反映了一个时代、一个社会的文化精神。形式如果不带情感，就会失去这种具体的文化内容，模仿和抄袭古人的创作经验，成为没有灵魂的躯壳。形式要有生命，必须寄寓不同时代、不同个人的情感，必须让形式的一头连接着传统书法所积累下来的各种丰富的表现经验，另一头连接着具有时代特征的个人情感，让情感去激活传统。只有这样，形式才能够既是历史的，又是当下的；既能抒发作者的思想感情，又能引起观者的交流共鸣。我们所讲的形式，是有表现力、有生命力的形式。

我们既强调形式，又注重情感，我们认为情感与形式应当是统一的。情感离不开形式的表现，情感是被形式所表现的情感，情感就是形式；形式离不开情感的激活，形式是被情感激活的形式，形式就是情感。基于这种认识，我们强调书法创作必须将情感灌注到形式之中，书法家应当根据自己的情感去感受、理解、借鉴和发扬传统书法中的各种表现经验。为此，我们在形式表现上提出两点主张。

第一，当代文化强调整体，地球是一个村落，天人合一。人与人、人与自然的这种相处形式应该体现在书法艺术的形式之中，书法创作应当特别强调作品的章法，在点画和结体的基础上，进一步表现字与字、行与行，甚至笔墨与空白的构成。书法作品不是文本式的，而是图式的；不是阅读的，而是观看的。书法表现的叙述顺序不仅是从点画、结体到章法，更重要的是从宏观到微观，首先是笔墨与空白的构成，然后是行与行的构成，组与组的构成，最后是结体的构成和点画的构成。使观者面对作品真正能感受到“唯观神采，不见字形”的精彩。

第二，当代文化强调关系，主张各种文明的交流和对话。人与人、文明与文明的这种相处关系也应该体现在书法艺术的形式之中，因此我们特别重视作品中各种局部的组合关系。在点画上强调粗细方圆、轻重快慢的组合关系，在结体上强调大小正侧、收放开合的组合关系，在章法上强调笔墨与空白、时间与空间的组合关系。让书法艺术的魅力在点画和结体本身之美的基础上，进一步表现出点画与点画、结体与结体、字与字、行与行、笔墨与空白的关系之美。

我们认为书法形式是情感的物化，形式的表现是形而上的，书法艺术靠形式来表现，靠形式来交流。

书法家的使命就是要想方设法去创造新形式，表现新情感。

来源：《中国文化报》2012年2月14日

【对话】 书法的情感与形式

——张公者对话胡抗美

“情感与形式”是今年2月底在上海美术馆举办的胡抗美与沃兴华书法展的主题。他们的展览震撼心魄，对形式美的追求令观者或产生共鸣，或瞠目惊奇，或喜悦，或发怒……这些不仅仅是形式所带来的感受，因为在他们的作品中融入更多的是他们创作的情感，只有情感才能打动人，情感借助形式表现出来。每个人都有各种情感，却不是每个人都能很准确地表达出来，这便形成了差别，有了高低、雅俗。

张公者：内容与形式是艺术创作一个永恒的话题。在艺术创作中，把内容放在主体的观点占大多数；而把形式作为艺术创作至为重要位置的观点也同样影响很多艺术家。

胡抗美：情感与形式的表现是所有艺术中最根本的问题。由于历史的和现实的原因，人们普遍将书法的内容与形式截然分开，并且认为内容大于形式，高于形式，甚至决定形式。在书法艺术缺乏应有的门坎的情况下，这种认识更加普遍，凌驾于形式之上的内容被各种各样的所谓的书法家具体化为哲学、文学、文字学、考据学……谁谈谁就占有精神的制高点，就有批评的话语权，以至于谁要谈书法的形式问题，点画如何？结体如何？章法如何？谁就是自我放逐、自我边缘，自甘“堕民”。所以，形式探索乏人问津。书之盛莫盛乎今，书之废莫废乎今！

张公者：书法艺术相比其他艺术门类有其独特之处。它是书写文字的艺术，自诞生之初至今日，都与文字、文学紧密捆绑在一起，很多人便理所当然地认为书写的文字及其文学内容就是书法的内容，这几乎是人们的一个普遍误解。

胡抗美：沈鹏先生对此曾作过精辟的论述，他说：“书法是纯形式的，它的形式即内容。”我认为这是对书法本体的定位。既然“书法是纯形式的，它的形式即内容”，那么，我们需要对书法形式下一个定义。我认为，书法形式就是笔墨和空白的造型及其组合关系。这个定义包括两部分内容：一部分是笔墨和空白的造型，一般讲书法的造型就是点画和结体，我认为还不够，从图式的角度来看，书法艺术的造型元素不仅有笔墨，即点画和结体，而且还有被笔墨所分割出来的空白，笔墨和空白是书法作品中最大的形式构成，它们都是相对独立的整体，各有各的造型和审美内涵。因此我的创作在点画和结体的造型基础上，特别强调点画内、结体内、结体间、行列间以及作品周边空白的造型。

另一部分是各种造型的组合关系，点画与点画的组合，结体与结体的组合，字的组合，行的组合，区域的组合，直至笔墨与空白的组合。这些组合从小到大，随着组合关系的不断扩大，审美内涵也逐渐丰富，希尔德勃兰特说：“当我用视觉注视一个手指时，获得了各部分的形状和大小的相对印象。当我注视整只手时，按与整只手的关系来看这个手指，获得了表达五个手指与手的关系的新印象。但我注意到手和手臂时，印象又变了等等。”书法作品中各种层次的组合都会带来新的审美内涵，系统论认为$1+1>2$，整体大于局部之和。1局部+1局部≠2局部。首先，一旦局部与局部处于相加的时候，局部本身的价值已经远远大于原来的那个局部。其次，更重要的是局部与局部相加以后，其和不仅大于加数与被加数，而且收获了神奇的关系！书法的形式是点画和结体的形势组合，点画的表现有粗细方圆和轻重快慢等，结体的表现有大小正侧和离合断续等，点画和结体的墨色表现有枯湿浓淡等。所有这一切以对比方式构成的表现都可以分为两大类型，一类是“形”，如粗细方圆、大小正侧、枯湿浓淡……另一类是“势”，如轻重快慢、离合断续……形的关注点从造型到构成，直到空间关系。势的关注点从运动到变化，直至时间节奏。书法形式的表现问题归根到底，是围绕时间和空间这两个问题展开的。时间和空间是人类与自然得以存在的形式，决不是形而下的问题，贬抑形式是片面的表现。

张公者：您在定义形式时，首先讲到了笔墨和空白的造型，我想笔墨造型和空白造型的内容是极其广泛的，书法家在进行书法创作时，把这些内容梳理清楚了才有艺术追求的自觉性。

胡抗美：我大概理了理，笔墨和空白造型主要有以下几方面：

第一，点画的造型。书法的点画由起笔行笔和收笔三个部分组成，书写时通过提按顿挫的用笔可以产生各种造型变化，有粗有细、可方可圆，或者中锋和侧锋等等。它们造型不同，审美特征也不一样，其表现性如同音乐中的音色。一般来说，点画的粗细类似音色的高低，线条越细，音色越高，嘹亮清脆；线条越粗，音色越低，浑厚沉郁。点画的方圆类似音色的刚柔，内祀的点画边廓方折，棱角分明，骨力开张，有冲击力，有刺激性，视觉效果偏于阳刚。外拓的点画边廓圆转，“存筋藏锋，灭迹隐端”，视觉效果含蓄、温和、圆浑，偏于阴柔。

第二，结体的造型。结体是点画的组合，结体中的点画都处在一定的空间关系中，其内容不再仅仅是本身的造型，还包括点画与点画所组成的造型。结体要有生命的感觉，必须要有生动的造型。这种造型来自内部矛盾，只有让其中的点画左右倾侧，相互冲突，然后通过一定的组合方式来加以协调才会产生。古人对此极有研究，尤其是欧阳询的《三十六法》。所谓的排叠法、相让法、穿插法、借换法、增减法和朝揖法等，虽然表现形式不同，但是就其共同点来说，都是寻找一种力的平衡。首先通过体势变化来制造对立，“排叠法”将上下部分的轴线左右移挪，“朝揖法”将左右部分的轴线相互倾侧，“向背法”将左右部分相互穿插等等，目的都是要使局部造型成为不同方向、不同大小的互相冲突的力，然后通过组合，使它们相互抵消，达到平衡，例如“排叠法”将上下部分轴线处理成“ < > ”形或“S”形，感觉上仍然是直的。“朝揖法”将左右部分处轴线处理成“/ \ ”形或“ \ /”形，感觉上仍然是平衡的。这样的结体方法让每一种造型都充满了势，洋溢着力，就好像拔河比赛中由于双方势均力敌而使绳子不动一样，虽然是静止的，内部却蕴含了巨大的能量。

第三，字组的造型。当构成需要一个狭长或者扁阔的局部造型时，过度拉长或者压扁一个字的形体会让人觉得做作，最好的办法就是由字组来承担这个任务。字组的连接方法是缩小字距与行距的空白，一旦当它们等于或者小于字形结构内的空白时，上下或者左右的字就连成一片了。要扁阔造型便缩小行距，左右两字连成一片；要纵长造型便缩小字距，上下两字连成一片。根据字距行距的疏密，可以制造各种各样的字组，并且由此调控章法的局部形态和相互关系。组的作用除了协调通篇构成之外，还能够加强作品的视觉效果。方块的汉字大小差书艺别不大，只有一种近乎相同的对比关系。字组在粘并时，一方面减少了作品的造型单位量，另一方面因为组合之后，或长或短，或宽或窄，丰富了对比关系的量。书法艺术的视觉效果不在于造型单位量的多少，而在于它们之间对比关系量的多少。造型单位量越多，重复越多，视觉效果越弱。对比关系量越多，对比反差越大，视觉效果越强。

第四，行的造型。行是字与组的组合，它的造型变化比较多，主要有三个方面：首先是长短变化，一行中要有单独的字，有两个或两个以上的字组。将长短不同的字与组参差错落地连接起来，就会产生节奏感。其次是大小正侧变化，一行中前面的字小了，后面的字要大；前面的字左斜了，后面的字要右倾。用墨的枯湿浓淡，用笔的收放开合等各种变化也是如此，都要相反相成。最后是边廓变化，一行字的边廓如同一条线的边廓。古人主张线条两边要跌宕起伏，所谓“无一黍米不曲”。同样道理，行的两边也不能整齐划一，要让字形大大小小，让运笔收收放放，通过每个字的参差和收放，造成行线两边轮廓的跌宕起伏。这种起伏可以比较平缓，如颜真卿书法，也可以比较激烈，如杨维桢书法。平缓和激烈的视觉效果完全不同，表现情感也完全不同。

第五，区域造型。传统的书法组合层次有点画、结体、字组、行、行与行，这种组合层次从小到大逐渐展开，表现为一种绵延的线性过程，与文本的阅读方式相一致。然而当代书法强调图式，强调整体性的观看，需要以上下左右关系来打破单一的上下相连。因此，创作时必须在笔势和体势的基础上，利用相似性原理来整合作品中所有的造型元素。一件作品中上下左右分布着许许多多造型元素，不管它们处在哪个角落，相隔多么遥远，它们只要在墨色、字体或书风上相似，就会遥相呼应，连成一气。这是一种全新的组合方法，同时也带出一种全新的造型单位，由字体、大小或墨色大致相同的若干字所组成的造型单位，因为它们是一团团的，分散在各个位置上，因此我称之为区域造型。区域造型之间为了营造对比关系，必须要有大小、方圆、长短等各种各样的形状，因而也会产生各种各样的表现力。大致来说，有尖的、方的和圆的，不同的造型给人不同的视觉感受，角度越尖，冲击性越强，情绪偏激烈，角度越钝，越接近圆形，冲击性越弱，情绪偏温和。

第六，墨色表现宋代书法家讨论点画的审美标准，在“筋骨肉”之上，增加了血，血就是水墨。宋代书法家开始重视用墨，发挥墨色的表现力。但是，古代书法强调写字，书法作品作为读的文本，墨的枯湿浓淡变化总是被局限在一定的范围之内，没有重大突破。今天我们从图式的角度切入，打破写字概念，就使墨色的表现范围更加广阔，表现方法就更加自由，表现形式就更加丰富。

我们可以在浓淡变化上做文章。浓淡变化有两个作用：一是营造立体感，作品通篇的立体感来源于墨色变化，一般而言，枯、湿、燥、淡给人遥远的感觉，浓、涨、湿属近层特写。这种墨色远近的视觉效果，给人的心理感觉是立体的，有层次的。二是增加抒情能力，浓墨笔沉墨酣，富于力感，能表现雄健刚正的豪气，当情绪进入激越、高亢时可用其进行表达。淡墨清新素朴，淡雅空灵，能表现超凡脱俗的逸气。还有枯墨，苍古雄峻，与飞白一脉相承。大片的枯墨虚虚实实，虚实相生；若有若无，如佛家说的“妙有不有，真空不空”，极富表现力。

张公者：书法的内容与形式是不可分的，这是我们认识书法本体的一个基础。艺术的创作最终是感情的抒发。

胡抗美：我们强调形式，但是不排斥情感，因为艺术一定是抒情的。艺术家的情感一方面是个人的，另一方面甚至是人类的。因为艺术家的情感反映了一个时代一个社会甚或整个人类的文化精神。形式如果不带情感，就会失去具体的文化内容，模仿和抄袭古人的创作经验，成为没有灵魂的躯壳。书法形式要有生命，必须寄寓不同时代不同个人的情感，必须让形式的一头连接着传统书法所积累下来的各种丰富的表现经验；另一头连接着具有时代特征的个人情感，让情感去激活传统。只有这样，形式才能够既是历史的，又是当下的。既能抒发作者的思想感情，又能引起观者的交流共鸣。我们所讲的形式，是有表现力、有生命力的形式。

张公者：情感承载着内容。形式中没有情感，这样的形式也就没有了存在的意义。

胡抗美：所以，我们既强调形式，又注重情感，情感与形式应当是统一的。情感离不开形式的表现，情感是被形式所表现的情感，情感就是形式；形式离不开情感的激活，形式是被情感激活的形式，形式就是情感。书法创作必须将情感灌注到形式之中，书法家应当根据自己的情感去感受、理解、借鉴和发扬传统书法中的各种表现经验。

张公者：今天的书法生存环境完全不同于古人，那么在形式的表现上，作为书法人，您的立场或主张是什么？

胡抗美：我的主张很明确：当代文化强调整体，地球是一个村落，天人合一。人与人，人与自然的这种相处形式应该体现在书法艺术的形式之中，书法创作应当特别强调作品的章法，在点画和结体的基础上，进一步表现字与字、行与行，甚至笔墨与空白的构成。书法作品不是文本式的，而是图式的；不是阅读的，而是观看的。书法表现的叙述顺序不仅是从点画、结体到章法，更重要的是从宏观到微观，首先是笔墨与空白的构成，然后是行与行的构成，组与组的构成，再然后才是结体的构成和点画的构成。使观者面对作品真正能感受到“唯观神采，不见字形”的精彩。

张公者：您认为书法“不是阅读的，而是观看的”，“不是文本，是图式”等，实际上是强调书法艺术的主体作用，即强调书法家的创作结果。

胡抗美：书法作品作为视觉艺术，它一定是让人观看的，如果硬要说阅读的话，关键是读什么，如果读文本内容，那么，书法家辛辛苦苦地创作成果到哪里去了？既使在古人，也有阅读文本和阅读艺术本质的区别。例如张旭的《古诗四帖》、《千字文》等，不专门从事草书的人没有几个人能读懂他的文本，要读文本很简单，加上释文就可以了。但是，唐代人在读这些作品时并不是读它的文本内容，而是读书法作者的情感。例如，韩愈在《送高闲上人序》一文中说："往时张旭善草书，不治他技。喜怒窘穷，忧悲、愉佚、怨恨、思慕、酣醉、无聊、不平，有动于心，必于草书焉发之。观于物，见山水崖谷，鸟兽虫鱼、草木之花实，日月列星，风雨水火，雷霆霹雳，歌舞战斗，天地事物之变，可喜可愕，一寓于书。故旭之书，变动犹鬼神，不可端倪，以此终其身而名后世。"韩愈阅读的是张旭作品反映出来的情感。杜甫在观赏张旭草书之后说："锵锵鸣玉动，落落群松直，连山蟠其间，溟涨与笔力。"很显然，韩愈和杜甫都没有把古诗、千字文等文本的内容作为张旭狂草的内容，而把张旭喜怒哀乐的心情、心绪作为书法的内容。现在的情形更应该是这样，欣赏一幅作品可能不需要认识他书写的文本内容，所要认识的、所要观看的、所要玩味的是作者的情感，是组合和对比及其关系，是关系反映出来的美感。现在很多人把诗词警句等书写的素材当成书法的内容，比如名称为"自强不息"的作品，人们认为"自强不息"就是这幅书法作品的内容。但是作为书法家创作时考虑的并不是奋发向上的那种精神，也不是这种自强不息的文化传承，而是对空间分割的艺术构造，点画、结体、布白的组合关系，对比关系等。一句话，作者此时此刻的情感的符号化表达才是书法作品的内容。

张公者：您的创作在结体、章法上强调组合，突出形式，总是在大小、长短、开合、干湿、正侧等一对对一组组矛盾中追求起伏与震动、摇摆，最终实现整幅的和谐统一。

胡抗美：这一点应当说是时代的需要。当代文化强调关系，主张各种文明的交流和对话，提倡双赢的和谐。人与人，文明与文明的这种相处关系也应该体现在书法艺术的形式之中。在点画上强调粗细方圆、轻重快慢的组合，在结体上强调大小正侧、收放开合的组合，在章法上强调笔墨与空白、时间与空间的组合。让书法艺术的魅力在点画和结体本身之美的基础上，进一步表现出点画与点画、结体与结体、字与字、行与行、笔墨与空白的关系之美。

张公者：书法家的情感表现在各种关系中，同时又贯穿于书法创作始终，乃至书法的欣赏也受到这种情感的感染。

胡抗美：书法形式是情感的物化，形式的表现是形而上的，书法艺术靠形式来表现，靠形式来交流。书法家的使命就是要想方设法去创造新形式，表现新情感。

张公者：那么，书家的情感与创作的内容是否有直接的对应各种"关系"呢？或者说，点画的长短粗细、结体的大小正侧是否直接对应情感的喜怒哀乐？

胡抗美：这里有必要把情感做一个简要的解释。孙过庭在《书谱》中说"达其性情，形其哀乐"，性，应当包括作者性格一类那些属于先天性的东西；情，主要指心情、情感。应该说，孙过庭是站在艺术立场来看待问题。但是，必须指出的是，艺术家的情感除了个人的情感之外，还包括社会的情感、时代的情感，甚至是人类的情感。作为一个书法艺术家，按照传统的说法必须要有通常所讲的那种书外功，比如要读书、要修养，要讲道德的修为、社会的责任感等等，这些长期以来被认为是一种书外功。如果按照我们对情感的解释，我认为这些都应当是书内功。艺术家的情感建设除了艺术性修养外，难道不应该包括读书、修身、讲人格、讲道德吗？书法作品的艺术含量与书家情感厚度、高度成正比，书法创造的内容是情感的一种物化，或者说是一种外化，只有具备了丰富的高尚的深刻的情感，创作出来的作品才具有美感、生命感。书家的情感与点画造型、结体造型绝对不是简单对应关系。可以说，创作中各种造型的变化，大小也好，长短也好，粗细也好，浓淡也好，都与作者当时情感有密切关系。但是，不能因为如此就可以说各种造型变化与作者的情感是直接对应的。因为被表现在符号中的情感是经过过滤加工后的情感；还因为情感被表现的偶然性，即笔墨对某类情感的敏感性及捕捉能力的不同，必然导致情感在各种造型中的衰减或增加。但不管从那个维度看待问题，逢"中、行、斗"等都拉长竖画，逢"帝、虎"等都夸张缠绕，这肯定不是情感使然，而是经验的模仿和恶习的重复。

张公者：我们谈的内容、情感、形式，最终要解决的一个问题就是关于书法的本体。对内容形式、情感的不同理解，甚至偏颇，就是缘于对书法本体的理解有误所致。

胡抗美：本体和情感与形式是一致的。书法的本体是什么？肯定是艺术。我们现在提倡书法要走出去，那么书法怎么走出去？是派几个人出去，还是送几件书法作品出去？这些固然是一种走出去的方式，但我觉得最根本的是要让我们的书法理念、书法本体的东西走出去，这就是艺术。让外国人认为书法是艺术的，一看就懂，比如书法的点、线、面、色彩、节奏、运动、立体等等，这些既是书法艺术本体的基本要素，也是所有视觉艺术的基本要素，这些东西是没有国界的，只要在书法作品中充分表现了这些要素的空间结构、空间关系，外国人就会产生接受的愿望。毕加索、高更在创作中吸收东方艺术中以线为核心的元素，他们作品中体现出的时空节奏对比，与中国书法艺术在本质上是暗合的。所以，我认为把握书法的本体是走出去的前提条件。有些人以为讲本体就是强调技法，有些人把本体误认为宣传教育的工具，我觉得这可能在书法的艺术性和写字的实用性上有很大的误会。书法是"达其性情，形其哀乐"，是表情达意的，是抒情的，"书者，散也"，"书为心画"。写字是让人识读的，通过识读增长知识，从而实现"文以载道"的功能，这和艺术有本质区别。

张公者：形式美是美学研究的重要课题。我们曾一直把形式边缘化，早年吴冠中先生在《美术》发表了《绘画形式美》一文，曾引起广泛讨论。

胡抗美：在西方，形式理论有一个完整的体系，从古希腊毕达哥拉斯学派发现的"黄金分割律"对人体、雕刻、绘画和音乐等比例关系进行解释，用"数理形式"对事物进行美学的规定开始。继而，赫拉克利特对于人和猴子的美学区分，将审美判断的重心转向人本身。苏格拉底"美"、"善"合一论提出之后，柏拉图提出了"理式"，开辟了西方美学的新领域。近代西方美学中，康德对美的定义和形式的分析，认为"在所有美的艺术中，最本质的东西无疑是形式"，对西方形式美学的产生起到了重要的影响。黑格尔之后提出了形式重要还是内容重要的问题。进入 20 世纪，形式成为西方美学的中心话题，各种思潮流派纷呈，更趋于多元化。形式主义创始之父罗杰·弗莱提出"有意义的形式与表现性的形式"、克莱夫·贝尔的"有意味的形式"是一种"审美的感人的形式"、沃林格的"抽象冲动"以及"形式意志"，阿恩海姆的格式塔倾向完型形式、卡西尔的"艺术作为符号形式"、苏珊·朗格"艺术是人的情感的符号形式的创造"，直到格林伯格的"运用艺术关注艺术本身"、施坦伯格主张"回到视觉艺术本身，从艺术本身的角度分析艺术"等观点，都从不同的角度捍卫"艺术即形式"一元论的论断。以上这些理论，不可能不对中国书法产生作用。事实上，这些理论在王国维、朱光潜、宗白华、李泽厚、蒋孔阳等人的美学理论中都有阐述和运用，对书法艺术也有一定的影响。

张公者：作为中国书法艺术，您认为它的具体表现形式是怎样的？

胡抗美：中国书法的形式，我认为它有两种表现形式：一种是表层形式，一种是深层形式。表层形式，就是我们看得见、摸得着的形式，是笔墨和空白的造型，即点画和结体，还有被笔墨所分割出来的空白。深层形式，一个是组合，一个是对比。书法创作的主要手段就是组合和对比，把各种元素组合起来，局部与局部，局部与整体。这种组合并没有完成艺术，真正的艺术是组合后产生的关系，产生一种和谐的美，就是我们所讲的深层的形式。沈鹏先生提出"形式即内容"，我赞成这个观点，表层形式和深层形式也说明了这个问题。只有在形式中灌注了我们的情感，形式才是活的形式。如果书法艺术像写汉字一样横平竖直，那它只是一个躯壳，只是一个没有表情、没有活力的造型。只有具有情感的艺术，才是鲜活的。

张公者：只有情感的融入，形式才是活的，才是有内涵的。仅有孤立的形式，艺术是不能生存的，更不是好的艺术品。

胡抗美：这是我们现代书法环境发生变化以后要回答的一个问题。如果书法作品每一行都表现得整齐划一，就减弱了它的艺术性。我们提出在书法作品中，纵向上的左右摇摆，横向上的上下结合，而且是有机的结合，完全不能从表面上去看。假设写一竖，从上到下，怎样把速度、密度融入进去，如果没有情感的灌入，那肯定是一根死线，就像"死蛇挂树"一样，没有变化和生机。

张公者：人们在欣赏一幅书法作品时，习惯读它的内容，偏向从文学的角度去理解，而不是从书法艺术的角度去感知，这缘于书法重要载体（汉字）的表意性。同样人们在欣赏一幅绘画作品时，自然也会问这画的是什么。

胡抗美：说到这里，我想起柳永《雨霖铃》里一句，“今宵酒醒何处，杨柳岸，晓风残月”。这十三个字有三个意思，字面的意思，词的意思和书法内容的意思。作为字的意思，从这十几个字来理解，非常惬意，非常悠闲，很多人找我写，说你就给我写这几个字，太美了，但是他是一种误解。柳永这首词反映出来的是一种孤独和凄凉的心境。中秋节和朋友在一起喝酒，喝得醺醺大醉，快到晚上了，要分别了，要上船了，这个时候他是设想，而不是写实。想今宵，假设我现在醒了以后，我一个人漂流在什么地方？可能有杨柳，有沙岸，有晓风，有残月。用这种景来衬托他的孤独，衬托他的凄凉，物是人非，朋友没有了，只有一叶孤舟，自己坐在上面。这是艺术，但这是文学艺术，不是书法艺术。当我们利用这十三个字进行书法创作时，心情可能很喜悦，造型和关系都很飘逸，我们重视的是用笔的轻重快慢、点画的粗细长短、结体的大小正侧、章法的疏密虚实、墨色的枯湿浓淡，以及各种组合对比后产生的关系，这才是书法作品的内容。

张公者：书法发展到今天，实用性几近为零。今天的书法应该作为艺术而存在，艺术性成为第一要务，书法的本质属性发生了改变。

胡抗美：我在前面说过，书法发展到今天，欣赏方式由以可识、可读为主变为以可视为主，这是创作实践带来的艺术理论的发展。大家知道，过去书法与实用紧密结合在一起，作者都是文人士大夫，他们既从政，也搞科学，又搞管理，还是书法家，他们把书法当成小技。那时的核心价值观是修身齐家治国平天下，谁要把书法当成自己的终身追求，谁就公开违背了统治阶级的价值观，谁就会身败名裂。当今，社会分工越来越细化，书法艺术成了一个艺术门类，书法家成为一个崇高的职业，所以，我们要把书法艺术作得更纯粹一些，要尊重它，敬畏它，要自觉肩负起捍卫、发展的职责。

摘自《中国书画》2012 年第 3 期

现代书法探索

【“书与法”——王冬龄、邱振中、徐冰书法展】

书法是中国传统文化中非常重要的组成部分，因为它关乎中国文字的起源与演变，指引着中国绘画的发展方向。但是由于现代的学科分类和艺术理念的引入，切断了书法与中国文化的整体关系，它的价值观和美学趣味也屡遭质疑。但是今日的书法，作为一个独立的艺术门类，却显示出一种前所未有的活力，冠以书法名义的各类学校、协会乃至商业机构层出不穷。到底是当代艺术容不下书法？还是书法家对当代艺术不屑一顾？因此在3月17日于深圳何香凝美术馆OCT当代艺术中心举行的“书与法”——王冬龄、邱振中、徐冰书法展，三位具有当代艺术背景的书法家，用作品及现场挥毫来诠释他们对当代艺术与书法相互融合的理解。

用传统书法诠释当代语言

书写，是传统书法一个非常重要的课题，它的方式和过程，不仅关乎作品的美学品格，也关乎作者的意志情操、乃至生命观和宇宙观。因此在本次展览开幕前，邱振中与王冬龄进行现场题壁，用传统书法诠释当代语言。题壁是书法传统之一。汉末师宜官是可考的最早题壁者之一。据《晋书》卷三十六转引卫恒《四体书势》云：“至（汉）灵帝好书，时多能者，而师宜官为最，大则一字径丈，小则方寸千言，甚矜其能。或时不持钱，诣酒家饮，因书其壁，顾观者以酬酒，讨钱足而灭之。”题壁之风在唐宋时期为盛，元代后边渐渐式微。但是到了民国时期，题壁之风盛行一时后又再度式微。因此王冬龄认为，题壁虽然是一个传统的形式，但是是具有当代艺术的意义在里面，不光是表现书法家的书写能力，更表现了汉字的线条。

王冬龄是一位传统功力深厚的书法家。他的草书，不仅开拓了书法艺术的视觉经验，也探索了由案头书法向展示书法发展的各种可能性，探索了书写行为的各种可能性。本次题壁他选择了传统的书法题材《心经》。“般若波罗蜜心经”数个大字体现了王冬龄在用笔上的研究，他从运指、运腕、到运臂乃至运动全身都进行悉心尝试。近年来，他全力以赴，专攻巨幅，着力于对身体与作品的生发关系的体悟和表现。

而另一位参与题壁的艺术家邱振中是一位具有诗人气质的书法家。他志在传统书法向当代艺术的转化，通过扩展作品的造型题材，通过扩展作品的文字题材，为书法的创作，开辟了新的空间。本次题壁，邱振中书写的内容正是自己所写的诗。书写的内容与书写的形式，一直是书法发展过程中两个不可分离的基本要素。从字、句、篇，到用笔、结字、章法，书法的阅读和观赏，都关乎它的艺术品质，这是传统书法的核心价值所在。为了在一个更为开放的情景下体现这一核心价值，三十多年来，邱振中进行了严密的理论思考和不断的创作实践。

徐冰是一位出色的中国当代艺术家。文字，一直是他重要的创作主题。从《天书》、《新英文书法》到《地书》，二十多年来，他对文字的表现形式、它的意义和阅读的关系，进行了不同层面的探索。但是徐冰却自言自己不是书法家，只是在创作了《天书》之后就开始跟书法界产生了交集。因为书法界长期以来就有过一个课题的讨论，就是书法里面的字义和抽掉文字内容后它的意义和纯形式方面的内容探讨。字体的演进、字型的变化、字序的排列、字义的释读，都是促进书法发展的重要的因素。李斯、蔡邕、王羲之、颜真卿的出现是与篆书、隶书、草书和楷书的出现分不开的。明清之际以傅山为代表的大量怪异书法的出现，似乎也展示出艺术家在文字对与书写的制约方面的思考。而徐冰《天书》，就是把字的内容彻底抽空，然后又保存了中国字体的外表。为观众开辟了一个“文字”的全新世界，也为书法未来的发展提供了一个广阔的空间。

徐冰在介绍本次展出作品时认为，这次展览更多像是从《天书》到《地书》一个资料介绍的过程。其实徐冰在《天书》和《地书》之间有一个阶段对文字做过很多的实验，其中比较有成绩的是英文方块字这个系列。这个系列实际上是把中文和英文这两个截然不同的书写体的东西和文化体积的东西硬给他压在一起。最后这个书法成了一种表里不一的文字，或者可以说是戴着面具的文字，他给你一个熟悉的脸，但是你真的叫不出他们的名字。徐冰认为他真正的价值的在于对我们现有的文化的概念的一种挑战。

相较于《天书》的难懂，徐冰首次在大陆展出的《地书》则是号称连文盲都能看懂。徐冰介绍《地书》这个作品实际上是他在差不多十年以前开始的一个想法。当时他看到口香糖上的一些小的标志，这些标志讲了一个故事，这个故事就是说我们吃完了口香糖的胶状物要包在纸里面扔到垃圾筒里面。他认为既然用这几个标志可以写一个小的故事，为什么不可以用成千上万的故事写一篇长篇的小说出来。于是从那时候他开始搜集这样的一些符号和标志，不做任何的创造。因为他觉得整理搜集出来的标志是可认知的，而且是代有文字性质的。这个作品经过了七年的实验终于出版了，也成了一本在世界各地出版都不用翻译的书，而且是一本对任何人都是平等的书，不取决于你教育程度的高低也不却决于你是哪个文化范围的。而他在台湾诚品画廊展出时，组织了一个读者小组去解读这部作品。最后大家的解读让徐冰非常惊讶：几乎所有的读者都能用不同语言，不同文化背景来解读这部作品。徐冰希望，这部地书也能让大陆的观众去做不同的解读。

【心迹——邵岩水墨艺术展】

2012年4月21日，“心迹——邵岩水墨艺术展”在今日美术馆开幕。在此次2012新作展上，邵岩不仅带来他的“水”、“墨”艺术实验，还由今日美术馆主厅450m^2（面积）×12.5m（高）的巨大展示面积而发，创作出巨型“射墨”作品。

走进今日美术馆1号馆2层，眼前是在铺满整个展厅的长30米宽15米的巨型纸上的“射墨”草书，人们需要登上由脚手架搭起的回廊，借着架设在12.5米的展厅顶部的探照灯才能来回“扫视”眼前的巨大书法作品。在另一个展厅里，地面上“一”字排开20个多媒体屏幕，同时播放“射墨”线条经过水浸化后呈现出的各种不同变化；墙上则对应展出邵岩运用这种活的“水墨”艺术所创作的21幅作品。

【从《西厢记》到马蒂斯——邱振中水墨作品展】

2012年11月2日至12月6日，中央美术学院教授邱振中个展“从西厢记到马蒂斯——邱振中水墨作品展”在香港艺术门画廊开幕。展览主体部分是邱振中据《西厢记》明代木刻插图、马蒂斯油画与钢笔画改写的水墨作品，各三组，分别利用原作的图式，用不同的方法进行处理，其中包括水墨转写、擦拭、变形、抽象化和观念化等手段，以回答中国当代水墨与中国传统、与西方当代艺术融会的可能性及融会的途径。

当代任何创作，实际上都无法回避与中国传统、与西方当代艺术的关系，而邱振中直接面对所挑选的传统与现代杰作，用他的作品回答了这两个问题。原作图式的利用，尤为巧妙地表现出三者之间的张力，并因此而充满趣味和戏剧性。六组作品既表现了作者出色的想象力，亦为当代水墨给出了转化的方法与路径。有批评家指出，这些成功之作已经证明，中国水墨在吸取、转化传统与现代资源上无限的可能。

加拿大艺术批评家毛岱康（Catherine Maudsley）说：“只有像邱振中一样对中国水墨非常熟练的艺

术家才能达致这种境界”，他“在感觉的最深处，深深融入马蒂斯的风格中，同时在那里找到中国伟大传统中与之契合的要素”。

英国批评家、著名策展人保罗·穆尔豪斯（Paul Moorhouse）认为两部分作品之间保持着深刻的一致性，谈到《西厢记》组画时，他说：“它们非常了不起，因为仅仅凭借线条，他就抓住并保留了马蒂斯的异国情调和色彩的浓烈感。”

【对话】 当代书法还是当代艺术？

问：王冬龄老师和邱振中老师的书法作品在书法界享有盛誉，而徐冰老师的当代艺术作品也早已得到国际认可，请问你们怎么看待“现代书法”这样的说法？如果你们认同这一说法的话，“现代书法”和传统书法之间的联系和区别是什么？

邱振中：我想借一个故事来说明这个问题。实际上我们在谈一种东西的现代风格的时候，这要求我们从不同的层面认识它，比如你看到某一幅画，里面让你回忆起某种现代大师作品风格，如马蒂斯或毕加索等，但实际上这幅画并不是大师之作；还有另一种作品，看了以后你什么都不知道，从来没有见过的感觉，就像昆德拉讲的“人性中从未被揭示的内容”，我认为后者是最厉害的艺术家。但是人们常常在谈“现代艺术”、“当代书法”的时候谈的都是第一种作品。

我再讲一个故事，有一天在我们家几个朋友在那里坐着，突然我指着一张现代绘画说“你们看看这种画里有没有晋人的意味？”几个朋友看了以后说确实有，如果我说的跟你们感觉到的这件事情是成立的，那么这件事情太重要了。我们如果可以通过一件根本跟晋人根本没有关系绘画，重现了一种晋人的风格，这就非常厉害了，我们天天谈复兴传统、要从发掘传统，但我不知道人们是不是这样利用过、发掘过、呈现过伟大的传统？

现在我们可以回过头来讨论“现代书法”了，我一直很反对“现代书法”这个词，为什么呢？因为它把很多概念弄混了，我一直用的是“现代书法风格”。当人们掌握了一定的书法的一些规则和技巧，同时又有现代生存的体验，这种体验或许比较深刻，关键是你怎么表现出来？这是一件非常难的事情。就像写古体诗歌，一旦不符合格律，你写出来就不像古体诗，但也许你用古体诗又没有办法表现当下生活那种活生生的感觉。这些都不是我们真的需要的东西，我们需要的那个是能够带给我们既古老又新鲜，但是有一点从来没有被塑造过的东西。

所以好的书法必须符合两点：第一，它必须包含传统中核心的东西，要做到这点已经非常难。第二点更难，作品中要包括传统没有的东西，如果仅谈第二点那很容易，脚丫子夹一个笔随便涂一下就可以，但是这两点的共生非常难。

前几天几个朋友到我的画室来，看我的抽象绘画，其中有一位英国研究抽象绘画的理论家，他问我在画抽象绘画的时候有没有什么标准？我说开玩笑说，“因为你是老外，所以我把我的第二个标准提到第一个，第一个提到第二个”。实际上我说的是另一个问题：中国现代的抽象水墨要达到什么样的程度才是好作品？第一，笔墨的水平上必须达到20世纪的最高峰，艺术家的对手、目标或比较的对象是齐白石和徐悲鸿；第二，作品的图形（形式），必须是在整个20世纪的抽象文化里进行比较后，我们感觉是新颖的。这是我的理想和目标，否则做艺术有什么意思？我的意思是，一件作品的标签无论是现代艺术、当代艺术还是新文化等等都不重要，重要的是我刚才说的两点标准。

王冬龄：我是中国美术学院现代书法研究中心主任，也就是说中国美术学院把“现代书法”作为一个学术的研究课题立项，并且快有十年的历史，作为研究成果，我们做过几次“书非书”国际现代书法展。振中兄刚才讲他不太赞同“现代书法”这个名字，他后面加了两个字，“现代书法风格”，但我们为什么要要坚持“现代书法”四个字呢？尽管在学术界有不同的看法，但我们就是要坚持，这是最高学府的学术机构的坚持，就是要约定俗成，在找不到比这个更好的名字之前我们就这么做。

其实我从其他两位艺术家身上学到很多东西，徐冰是一个观念艺术家，所以他讲，实际上汉字也好、书法也好，他是用这个来表现一种艺术观念，他是要反应当下中国人性格的问题、文化的问题；振中兄是一位多才多艺的人，他在我们书法界应该说是理论造诣最深的，他又是一位优秀的诗人，所以他的作品是诗歌和书法结合起来的。我非常热爱书法也是个优秀的书手，希望我的字能写得像刚刚振中兄所讲的21世纪的最高水平。

徐冰：我并不是书法家，虽然小时候父亲逼着我每天写一篇大字描红。自从我做了《天书》这个作品以后，就和书法界发生了一些联系。因为书法界长期以来有关于文字、内容和和形式方面的探讨。我早期作品《天书》实际上把字的内容彻底抽空，同时又保留中国字体的外形，给书法界提供了一种新的思考角度。

本次展览展出了从《天书》到《地书》的资料总汇，这实际是我一直以来对文字做的尝试和实验。我觉得比较有成绩的是英文方块字书法这个系列，实际上我是把中文和英文这两个截然不同的书写体和文化压在一起，这有一点像包办婚姻，不管合适不合适都放在一起。最后这个书法成了一种表里不一的文字，或者是戴着面具的文字，它给你一个熟悉的脸，但是你真的叫不出他们的名字。我觉得作品真正的价值在于对现有的文化概念的认识进行挑战。

《地书》这个作品实际上是源于我十年前的一个想法，有一次我看到口香糖上的小标志，小标志告诉人们吃完了口香糖的胶状物要包在纸里然后扔到垃圾筒，既然用这几个标志可以写一个小的故事，为什么不可以用成千上万的小标志写一篇长篇小说，从那时候我开始搜集这样的符号和标志。我搜集标志和符号不经过任何创造，因为收集回来的标志都是在公共领域可以辨识的。经过了七年的实验，这件作品今天终于可以和大家见面了，我期待这本书成为一本在世界各地出版都不用翻译的书，并且是一本对任何人都是平等的书，阅读并不取决于你教育程度的高低，也不取决于你是哪个文化体系。二十多年前我做了一本《天书》，这本《天书》谁也看不懂，二十多年后的今天我又做了一本书，而这本书是谁都看得懂。

摘自艺术中国网2012年6月20日

【观点】 在书法与绘画之间

◎邱振中

一

书法与绘画的关系是中国美术史上最重要的命题之一。由于书法成熟早，绘画在很长的时间里接受书法的影响。后来情况有了很大的变化，绘画技巧日益丰富，转而对书法产生了影响。后世参与书法与绘画创作的人们往往有交集，不少人兼擅书法与绘画。这种情况一直维系到近代，虽然一位艺术家书法与绘画同臻一流的情况越来越罕见，但书法与绘画的关系却很少受到质疑。一般而言，画家普遍具有相当的书法水准。

问题出在现代。现代美术教育受到西方影响，为中国绘画留有一席之地，但书法却被拒之门外。虽然今天的中国画系中都象征性地设置几周书法课，但能起到多大作用，令人怀疑。人们都批评今天的中国画家书法水平不够，其实教育体制应当负主要的责任。

这种情况使得一位中国画家书法修养的获取，只有靠个人的觉悟。这种凭靠对于一个专业领域来说是脆弱的。应当改变书法在整个美术教育体制中的位置。20世纪60年代以来，潘天寿、朱乃正等人利用他们的影响，尽力作了推行的工作。书法虽然是今天美术领域发展最快的专业之一，但对中国画的影响十分有限。

这种情况应当在美术史研究和教学中得到重视。书法与绘画是中国美术中并重的两个方面，对书法的忽视，会使我们对绘画的深入遇到无形的阻隔，因此未来的美术史研究者必须兼通书法与绘画。在美术史专业中，书法史与绘画史具有同样的地位。

对历史的深入认识，有可能逐渐改变美术专业深层结构中书法与绘画的关系。

至于书法与绘画在实践中的联通，是需要专门进行研究的。例如教授书法专业和绘画专业的书法，便应当采用不同的方法。我们正在编著一本《中国画专业的书法教学》，正是从书法与绘画创作的不同特点入手，制定不同的教学目标和训练原则。

当代书法研究的进展使我们能够提出新的问题和设想。

多年以前，我曾说过："深入地剖析传统就是革命。"分析不一定是为了消解，它是深入的前提。一种现象，人们长久地对它进行审视，既有的方法、观念得不到改进，往往结成一层硬壳，人们再也没有进一步深入的能力和欲望。这时，不断深入的感受与剖析成为最为迫切的工作。一个缝隙、一个缺口，成为打开一扇门的契机，从这里才可能产生新鲜的感觉与思想。

二

人们希望从书法中获得对当代创作的支持，但不容易做到。书法与当代艺术不仅在人事上，在感觉深处似乎也分为两个阵营，彼此隔绝。

对书法能有所深入的大多保守，觉得传统尽善尽美，能够上前人就已欣喜万分。关心当代的大多舍不得化时间，也不知道怎样去化时间深入传统，粗涉皮毛，便急着"转化"，结果可想而知。

原因主要在于书法的自足性，人们无法破解书法这个形式、技法、观念的综合体。

原有的进入书法的方式，便是观赏、临写，通过长期反复的操作，把视觉、技法、内涵作为一个整体来接受，重视体验，绝少分析，靠的是长久的磨炼、渗透，成功率不高，因为先行者能传达的东西很有限，一切要靠自己的领悟，但是一旦悟入，则成为这个领域的佼佼者。不过，领悟是难以验证的东西，误解、迷信比比皆是。

我们的建议，是在这种体悟方式之外加上一重观察与感受，这就是在构成上深入单元空间——线（或者说点画）所分割的最小空间，在线的驾驭上深入控制书写的运动方式，在那里寻找与前人的契合之处。这样的书写往往与经典作品在运动方式上有默契，但在图形上却颇有距离——这其实正是一种求之不得的状态：看起来是另一种东西，但深处却联系紧密。个人风格往往就产生于这种并非经意的书写中。这是一种理想的状态。

这种对空间感觉和运动感觉的训练，与现当代艺术中的构成基础暗合。以这种感受方式面对现当代艺术，不会有丝毫的陌生之感。从书法转入现代视觉艺术，就像从一个房间漫步到另一个房间。

三

当代艺术中仅仅做图形的时代渐渐远去，仅仅做观念的时代也渐渐远去。今天创作一件作品，做观念的同时又必须做精彩的图形。

六十年代以来，观念艺术占据了一个重要的位置，但是人们对观念作品的视觉方面很少关注，更不会去思考有关图形在艺术史中的价值。然而，我们在艺术中希望获得的是多方面的满足，视觉的、心理的、历史的、哲学的，不厌其繁。但是我们发现许多"当代艺术"，只是包含一些类似常识的"观念"，同时在视觉上也不精彩。这让我们难以容忍。英国一位导演写了一篇文章：《清理当代艺术的垃圾桶》。他说，很多当代艺术是有意义的，但意义被大大高估。这反映了人们心底的疑惑。观念与视觉的分离，是人们不满的原因之一。——任何视觉作品图形的独创性，都必须与观念的尖锐、深刻、独到连在一起。

这种情势对艺术家提出了苛刻的要求。今天的平面作品——水墨包括于其中，如果不能在精神、思想上触动观众，无法立足于当代艺术。影像、装置强大的冲击力，对平面造成一种压倒的优势。基弗用30吨水泥废墟做成一件作品，"水墨"怎么在气势上与它一较短长？"水墨"必须靠图形，但同时要靠观念、靠智慧，以深入人心从未被触及之处。

昆德拉说："一部小说，如果不能揭示人性中从未被揭示的内容，是不道德的。"我们能不能这样来说当代艺术，说当代水墨？

当代艺术已经越过了仅仅创造图形的时代，也越过了对图形进行深入解析并重新组合的时代。也就是说，题材的探索和抽象图形的塑造已经不是今天的重点。这些才能仍然不可缺少，但不够。一件平面作品，如果不能在观念上带给我们新鲜的有分量的东西，不能在图形和观念的融合上激发我们的热情，我们是不会满足的。

"观念"应当渗透在作品中。它不能是抄袭，不能是人们熟悉的观念的挪用，不能是观念与图形生硬的粘合。而书法与传统的关系、书法在当代的喧闹，以及书法与当代各种艺术之间那种张望与对峙，都成为新的问题与观念滋生的沃土。

四

严格意义上的书法创作，在当代艺术中还有没有意义？

人们通常认为传统意义上的书法，有三个不可能：一是不可能真正深入传统书法的核心，在创作上与古人比肩而立；二是不可能在前人所创造的杰作之后继续高水平的创作，续写这部精彩的历史；三是不可能运用书法史所积累的丰富技巧创造出在当代艺术中具有重要意义的作品。他们认为，这是书法难以改变的现代处境。——这是人们心目中一个"不可能的世界"。

与此相对的是一个"可能的世界"。刚才所说的那三点都是有可能做到的。

这种可能性意义重大。

《当代书法八人集》前言："过去的作品所要求于我们的是感受、解读，更多的是对作品的接受和对当时境况的体察、思考，它是由外部进入事物内部的一个过程，而当代创作对应的是感觉状态的建立、调整和深化，是艺术创作所要求的敏感、智慧以及内部生活与形式的融合，是作为主体的人的改变和成长。这是一个活生生的关于人与传统的关系问题：传统的感觉与智慧，今天是否还有深化并对文化建设做出贡献的可能？"

它把"从外部进入并认识传统"和"在传统感觉、智慧基础上的生发"做了明确的区分。

后者有可能打开一条崭新的通往当代艺术的道路。

五

书法作为当代艺术中一个新的支点，源自书法的创作有一部分作品不属于任何既有的类别。它们既不同于现代艺术，也不同于当代艺术。

这里便引出一个重要的问题。

今天人们普遍认识到，我们必须创造出真正属于中国的当代艺术，它渗透着中国文化的基因，又充满当代精神，它既不同于世界艺术中的当代创作，也为中国艺术中从未经见。这是一种愿望，但是如果人们心中对"当代艺术"的认识还是源自以前所见到的中国和外国的作品，他们是无法对新出现的作品进行判断的。

固有的思路无法发现具有新的意义的作品，因为那种意义处于已有的意义系统之外。

人们一直在感叹艺术家的无能，他们为什么不能创作出让我们激动的真正属于中国的优秀作品？但是，我们是不是也可以转身反思中国当代理论的状况？如果没有新颖而深刻的从中国传统、中国当代文化中生长出来的理论，中国独特的当代艺术是一个不可能出现的事实。我们所期待的源自中国文化的当代杰作，注定与源自中国文化的杰出的当代理论一同生长。

邱振中　中央美术学院教授、书法与绘画比较研究中心主任

【观点】书法核心价值追问

◎邵　岩

书法有三种概念，分别是：书法是汉字造型的艺术；书法是线条的艺术；书法是汉字书写的艺术。只强调线条的唯一性，容易与抽象绘画混为一谈。相比于书法的线条属性，造型性与书写性更为重要。我想从书法的本体说起，谈谈书法的核心价值是什么。

书法是形式美的艺术，展览会上吸引我们眼球的一定是作品的形式而不是写的什么诗词内容，我们可以做一个试验，每次从书法展厅走出，每个人都在谈某某写得如何好，但问起书写内容时，却无人能说得出，哪怕对方写得字数不多的对联也回答不上来。这也如同我们称赞《丧乱帖》、《肚痛帖》等古代法帖一样，帖中无聊的内容与我们没有什么关系。故书法的美，是指其形式美，而不是书写的内容。是书法形式中所蕴含的富有生命力的意象和视觉感悟。而作为书写内容的汉字只是媒介。书法家借用汉字或依据众多具有诗意的汉字的连接以表达书写时的流畅和情感的发挥，通常有人会把它的字义、诗词的内容放在第一位，这是主次颠倒，书法和文学的区别即在于此。所以从视觉艺术的角度讲，书法是一门内容完全变成了形式的艺术，它没有题材，没有模仿，没有描述，但可以虚构现实，古代书论亦有如比表达。刘熙载在《艺概》中说："书，如也，如其学、如其才、如其志，总之曰如其人也。"黄山谷形容司马光的书法"左准绳，右规矩……"观其书，可以享尽其风采。这种"如也"也非如肖像画一般可以读其目睛毫发，乃一种抽象形式的神似。宗白华称，张旭草书不是事物的刻画，而是情景交融的意境。这意即"如也"，而绝非影像。变了形式的内容，那形式即内容。再不妨用英国贝尔《艺术论》一书中提出的"有意味的形式"的概念来评论中国书法更为贴切。因为中国书法最根本的元素是汉字，而汉字是一种完全抽象化了的符号，是在其抽象的表现形式上诠释人的情感。但"如也"之"如"乃是"器"的范畴，"器"与"道"是说不清楚的，但它是某种终极价值。人的一切行为包括艺术活动只有与这种超验的终极意义相连才能产生充实感与归依感。显而易见，书法艺术的道首要使命也不完全是形式、内容这些具体的"器"本身，而是如何以"器"寻"道"：进而达新的以书见"道"。

当下受西方文化与价值观的影响，中国人心中的"道"确实反映出古"道"的失落与迷离。传统书法不曾脱离儒道诸家所阐述的生命理想和人格价值，能否原本延续下去，都会影响着书法的发展。流行书风也好，现代书法也好，无疑都是在新的价值体系建立时期，书法家们对书法艺术的价值认同和精神指向。时代在变化着，书法巨大的变数空间成为书法家创新的舞台，书法的现代性表现使得原有的价值判断具有了多重标准而合乎艺术史发展的逻辑。书法艺术就其实质看，是一种充分发挥意象的表现艺术，它的美学原则是单纯的形式美，在世界上没有一种艺术像书法那样，与客观事物特征的距离如此遥远，它是极富于表现个性的艺术，它不依附任何观念，表现了艺术中最高形式的自由美。世界上任何视觉艺术下的秩序和节奏感，都能从书法中找到，这种抽象的形象通过我们先人几千年不断的"凭虚构像"，把文字升华到书法艺术的高度，它抽象的线条表达着生命最深处的难以言状的律动，体现着一个时代的脉搏。它是接近人的心灵的形式，是"人的本质力量的对象化"。它特有的艺术魅力，是对世界美学的巨大贡献，并越来越显示出它的能量。

当下书法家的创新意识实在减弱。由于受市场利益的诱惑与书法教育的近亲繁殖，书法家们过早追求个人风格的确立，而不顾及作品的品质与格调，书法家没有自己的代表作，没有代表作意识，或者根本不知道如何完成这一件代表作，足以说明传统书法中关于"书写性"和"道"的最高精神的离失，是导致目前书法现状的原因。其现状故然有其外在的因素，但我们有必要从汉字书法发展的空间作一个梳理和思考可能更有价值。传统书法艺术的创作，由于受可读性的制约，汉字单元所包含的元素、线的质感和运动、结构空间均难以自由离合，且对新的精神活动反应迟钝。对其他美术因素更难以借鉴和组合，因此它有限的变动性极易形成预期的共识和群体模式。而模式又只能在特定的范围内变动，导致新模式飘忽不定，时而像古人某处，时而又与今人相撞，结果众多的作者以十分相近的面貌出现，极大地限制了个性的发展和书法表现力的张扬。另外，一般人习惯于定向思维，由于惯性使然，书法对于人的自娱性、自足感，久之便形成了一种自恋，这种没有独特个性的作品实际上是种伪艺术。书法的门槛很低，人人都可以拿起毛笔写字，而且写上两三年，真能得周围人的喝彩，再加上中国人的审美方式和感知思维，使得书法的评判标准扑朔迷离，比如一幅刚入门但并没有把握好用笔，结体，章法关系的作品，一方说是功力欠佳，不得古人要旨，一方在说它追求奇拙串真，是不加修饰的自然美。所以无法量化的标准评判，会造成感知上的巨大差异．差异是表象的，关键是书法本身，书法与写毛笔字是两回事，好的书法是高雅的，是超精神体验的心灵迹化，非具备一定学识、功力，视觉经验，想象力而不能得其奥妙。

书法创作与创新的问题，我觉得书法家和西方艺术家不同之处在于你必须热爱汉字，了解汉字的产生、发展、演变，临摹古代碑帖，掌握传统书法中各家、各派、各时代书风的特征，熟练操控毛笔书写过程中的运笔技巧，掌握汉字间架结构与连接的变数，意在笔先，同时还得意存笔后，貌似心手双忘，实则精骛八极、心游万仞又随机应变、出奇制胜。书法创作、创新的诸多理论，古入书论早已涉及过，无需从西方艺术理论中找由头，挑词汇．清代书法家邓石如曰：“字画疏处可以走马，密处不使透风，常计白当黑，奇趣乃出。”如果我们将一个汉字写得大而放，几个笔画连的区域写的密不透风，而某些笔画所占面积比例大．且疏可走马，想象一下，这幅作品仅从结构处理上，就是一幅很现代的作品，疏密的对比关系越大．视觉张力、冲击力就越大。人们便会调动已有的视觉经验进行想象，作品的内涵与美学价值随之由传统过渡到现代。而孙过庭《书谱》论结体与笔画、点画谈到“违而不犯、和而不同”，《老子》“反者道之动”均是揭示形式美的奥秘，对立而形成和谐，相反而相成。它能帮助我们掌握书法形式美的规律，甚至郭若虚《图画见闻志》里讲“本自心愿想成迹形”，刘熙载《艺概·赋概》里的“凭虚构象”，都可作为现代书法创作的提示和理论依据。

了解了书法中的“器”与“道”，还应该深悟艺术与个性的关系，艺术个性跟个人气质、性格、悟性有关，这些不是每个学书法的人都可以培养或通过努力可以达到的。你要有反叛精神，将今人和传统的书法当作一个参照系之后，再叛离。而不仅是继承关系，继承也是为了叛离，是在高起点上的叛离，独执偏见一意孤行。走偏僻的路，抗拒所有大师的诱惑，并提出疑问，因为你想要表达的一定是发自内心的呐喊，是理性思考后的高度感性的“人的本质力量的对象化”的精神呈现。创新总是在众人的质疑和提问中走过来的，这是铁的规律，从历史来看．徐渭之于明代，八大之于清代，齐白石之于民国，凡·高、高更之于19世纪欧洲等，皆是如此，所以众人自有提问质疑的权利，艺术家则必须坚持。故创新有着顽强的排他性。它不是安抚，而是引爆，从而唤起对生命力的感悟和觉醒，写进历史。

如同法国熊秉明先生所言：“书法是中国文化核心的核心。”然而“水不流则腐”，万物进化则生生不息，当我们面对传统经典时，“我在哪里”便成了寻找自我价值的第一“追问”，传统是变化的，晋尚韵，唐尚法，宋尚意……我们这个时代“尚”什么？长久的未来会“尚”什么？

书法如何突破旧有的规范模式？如何建立新的价值取向？试图解决这些问题，没有什么范本，多少年来，只凭自己的激情书写，蹒跚前行。

最后，需要强调的是，现代书法之路并非偏食西方现代后现代思想就能解决其根本问题，恰恰相反，暴饮中国传统书法是相当必要的。西方现代后现代仅仅是推进中国书法继续前行的发酵剂，脱离中国传统书法这块面团，再好的发酵剂也于事无补。

摘自《中国书法》2012年第8期

【观点】谈当代书法

◎杜　浩

当代书法状态从大处来说主要有两块组成，一是与当代密切相关的以创新为宗旨的“流行书风”；二是古典书法观念与形态的延续。

首先我们来谈谈书法的当代文化背景。五四运动西学东进，语言上通行白话文，科学技术则完全以西方为模板，科学的、技术的思想深入人心，成为当代社会的思维操作平台，延伸到艺术领域则要求和科技一样日新月异，从这一点理解“流行书风”的产生则符合整个文化背景的理论逻辑。最早当倡导这一风气的当事人提出这一观点，立即得到理论界以及众多年轻人的追随和认同，其根源则是以当代文化为背景的理论逻辑发生了决定性作用。“流行书风”，作为一种现象，一种历史潮流，它已然成为我们这个时代的一个印记。

关于书法的“当代性”首先应当是文化背景的当代性，当思维方式以及语言已经和古人有了不少差距，必然要求认识艺术以及书法的层面上与古人有所差异，传统书法形态在当代面前只能成为参照而不应“因循守旧”，这也是当年倡导“创新”观念的当事人的基本出发点和立场，一个有所作为的书法家和理论家在这一形势下不能无动于衷，理论界也必须要结合当代的思维模式创造出适合当代读者的理论阐释。书法所能承载和无法承载的必须在这一潮流中前行而不是退缩，现代书法的探索，以及利用当代艺术手段嫁接的艺术品产生也是必然趋势，1989 年以邱振中为代表的一批书法家的“现代书法展”，以及邱振中先生的一系列理论文章都是对书法“当代性”的有力回应，这些非常有价值的探索也必将载入新中国以来书法发展的史册。

工具材料和展示方式的变化也为书法的“当代性”提供了另外一种可能。首先是宣纸的使用，我们知道宣纸的大量使用是从明末清初开始的，这一革命性的变化也已经体现在不少明清人的笔下，如王铎的“涨墨法”，林散之的长锋羊毫草书在宣纸上的新形式，都是对于材料所作出的某种积极回应，并已经成为新的经典为后人追捧和模仿的对象。

现代美术馆为艺术家提供了前所未有的展示空间，大尺幅作品显然同古人手中把玩的信札、长卷有明显差异，站在美术馆的展厅中，精致细腻的小尺幅作品所赢得的目光和大幅作品无法比拟，所谓“视觉冲击力”就是迎合了这一特殊展示环境的需要，要达到这一目的必须在对比性、视觉张力上下足功夫。还有一个显著的变化是，人们对于作品的观赏已经不仅仅停留在平面的二维空间上，现场书写也成为新的看点，观众参与到书法家书写的过程中，还有的书法家利用音乐节奏“现场表演”，这些融入了其他艺术媒介的书法现场，已经同传统书法拉开了距离，或者说这些探索已经不再是我们传统意义上的书法了。

当然在倡导变革传统书法这一潮流的同时，仍然有不少书法家，是经典的守望者和传承者，他们埋进经典中，仔细推敲古人的一笔一画，研读经典，数十年如一日。他们把书法经典中所蕴含的永恒性当做追求的对象。持有这一观点的践行者以及追随认同者亦不在少数。他们认为传统书法属于传统文化范畴，这一范畴要求书法的形态必然建立在经典基础上，在不断追寻古人的过程中实现自己的价值，这一追寻过程本身就有意义。利用特殊的工具——毛笔，书写我们所熟知的文字，如何和谐的掌控这一难以驾驭的工具，今人和古人并没有差别，古代的经典只是在这过程中所遗留的某种载体，其背后的精神是永恒的。可以说持有这一观点的人从整个社会来看还是大多数，有更广泛的群众基础。

书法作为中国传统文化非常重要的遗产，如何继承并随着时代发展而迸发出新的光芒？需要两者兼顾，既要照顾到书法的特性，又要看到当代的诸多特殊之处。邱振中先生有句话说的非常好，“既要有传统中的精髓又要有传统里所没有的东西”才是一副好的作品。然而哪些才是传统的精髓？哪些才是传统中多没有的东西？恐怕要仔细理清这个问题以及在理论探讨上达到一致，也并不是一件非常容易的事情，如何兼顾两者，不至偏废，不会走弯路，扎扎实实一步一个脚印承担起一个当代书法人应有的责任，成为我们这一代人面临的新的历史任务。

杜浩　恭王府管理中心副研究员

纪事

活动

【第二十八届兰亭书法节】

2012 年 3 月 24 日，第二十八届兰亭书法节开幕式在书法圣地兰亭开幕。本届书法节举行了全国书协主席写兰亭作品特展、全国残疾人书法大赛、历届书法节作品精品展、千人书法表演、中国书法图书展暨绍兴书法文献馆开馆仪式等活动，最大的亮点是中国书法最高奖“兰亭奖”重新回归书法圣地绍兴。

【第三届两岸汉字艺术节】

2012 年 9 月 5 日，第三届两岸汉字艺术节在山东枣庄开幕。全国人大常委会原副委员长许嘉璐、文化部副部长王文章以及两岸文化界的近百位专家、学者、艺术家出席开幕式。

第三届两岸汉字艺术节以“汉字的渊源与流变”为主题，举办书法、篆刻、多媒体展览，专题报告会和学术研讨会，汉唐乐府演出等活动。本届艺术节共展出书法、篆刻作品 151 件。书法作品主要以《论语》章句为内容，篆刻作品主要以二十四节气和传统节日为内容。

两岸汉字艺术节由中华文化联谊会、中国艺术研究院、台湾中华文化总会共同举办，已于 2010 年、2011 年在北京、台北成功举办两届。

【第五届中国（天津）书法艺术节】

2012 年 10 月 9 日，由天津市人民政府、中国文联、中国书协主办，天津市委宣传部等单位承办的“第五届中国（天津）书法艺术节”在天津国展中心开幕。

本届书法节推出第三届全国隶书作品大展、全国书法名家作品邀请展、全国书法百家精品展、历届“书法十杰”优秀作品展、全国名家联墨精品展、中国书画社书画展、北京汉风书画院书法作品展等二十多项大展。

综合展览

【2012 迎春 12 人书法精品展】

2012 年 4 月 30 日至 5 月 6 日，“2012 迎春 12 人书法精品展”在北京柯岚艺术馆举行，展览由中国书协中直分会和西城区文化委员会共同策划主办。

此展以欧阳中石、李铎两位书坛大家为首，邀请书法家郭子绪、周俊杰、张飙、白煦、张旭光、王家新、卢中南、王友谊、刘文华、于恩东的精品共二十二幅，这是中国书协中直分会成立以来的首次学术提名展。

【“中国瘗鹤铭奖”全国书法作品展】

2012 年 5 月 4 日，由中国书法家协会、江苏省文化厅、江苏省文联、镇江市人民政府联合主办，江苏省书法家协会、镇江市文广新局协办，镇江焦山碑刻博物馆、镇江市书法家协会承办的“中国瘗鹤铭奖全国书法作品展”在江苏省镇江市开幕。

“中国瘗鹤铭奖”全国书法作品展由中国书法家协会、省文化厅、省文联、市政府联合主办，经中国书法家协会组织专家进行初评和终评，最终评出 10 件优秀奖，20 件优秀提名奖，364 件入展作品。

【70 年代书家提名展十周年特展】

2012 年 5 月 6 日，“70 年代书家提名展”在南京奥体中心更斯艺术馆举行。展览由东南大学中国书法研究院、江苏省青年书法家协会主办。

参展作者有：林再成、胡紫桂、沈惠文、张东明、陈圣凯、戴家妙、冷柏青、李静、张恒奎、朱勇方、薛龙春、徐鸣浩、鞠稚儒、何连海、王忠勇、王卫军、赵永金、顾工、鲁大东、何国门、嵇小军、朱天曙、李双阳、李渊涛、黄国光、鞠闻天、梁文斌、方建光、刘元堂、许文林、蔡佰虎、杨建荣、陈靖、李锐、吴勇、栾金广、杨雯、卿三彬、李洋、徐强

“70 年代书家提名展”自 2002 年在苏州美术馆首展以来，已经在全国 11 个城市巡回举办，并不断调整充实参展人选。展览的提名对象，都是出生于 20 世纪 70 年代的代表性书法家。

【“中国书法城·乌海”城市形象展】

2012 年 5 月 19 日至 27 日，由内蒙古自治区政府新闻办和乌海市委、市政府主办的“中国书法城·乌海”城市形象展在北京举行。该展览在北京王府井步行街举行，分为“印象乌海”、“书城溯源”、“政府助推”、“书城命名”、“活力绽放”5 个板块。

2008 年，乌海市被中国书法家协会命名为“中国书法城”。

【首届全国帖学名家学术邀请展】

2012年5月28日至6月6日，首届全国帖学名家学术邀请展在山西晋中举行，展览展出言恭达、陈洪武、陈振濂、曹宝麟、徐本一等来自全国各地四十余名帖学名家的作品72幅。

此展由晋中市紫云轩艺术研究院主办，是一次以帖学为主旨的书法展览，集中展示了当代书坛老、中、青三代帖学名家的书法作品，全面反映当代帖学的创作成果。

【全国第三届青年书法篆刻作品展】

2012年5月30日，由中国书法家协会主办，江苏悦达集团、中国书法家协会艺术发展中心、北京锦龙堂文化艺术传播中心承办的“全国第三届青年书法篆刻作品展”开幕式在中国人民革命军事博物馆举行。

这次展览从2011年9月在全国征稿到2012年3月，共征到书法篆刻作品一万一千多件，共有398件作品入展，其中20件作品被评为优秀作品。

【全国著名女书法家作品邀请展】

2012年6月8日，中国书法家协会妇女工作委员会第一次会议在河南省新乡市召开，同时“全国著名女书法家作品邀请展”在平原博物院举办。展览展出了部分全国女书法家、中国书协妇女工作委员会的委员和部分河南女作者的作品64幅。

【2012江苏·江西书画篆刻名家提名精品展】

2012年6月16日，“2012江苏·江西书画篆刻名家提名精品展”在南京江宁博物馆举行。本次展览以书法作品为主，共展出毛国典、刘义砑、冯为民、萧海、肖文经等21位江西书法家以及邵希平、龚洪林、黄学江、王卫军、郭列平、邱世鸿、谭三喜等25名江苏书法家的近百件作品。

【“天工开物”——甘肃青年十二人篆刻艺术展】

2012年6月19日，由甘肃美术馆、兰山印社、甘肃金石篆刻研究院、甘肃书法院主办的“天工开物”——甘肃青年十二人篆刻艺术展在甘肃美术馆开展。本次展览展出王有君、邹紫楠、丁伟、薛虎峻、汪志刚、顾明鸿、麻晓雷、张大愚、梁陆平、马宏伟、王成、黄晓宇等12位甘肃青年艺术家的41幅篆刻印屏。

【印颂西湖·全国篆刻名家邀请展】

2012年6月22日，“印颂西湖·全国篆刻名家邀请展”在浙江杭州西子湖畔唐云艺术馆举行。《印颂西湖·全国篆刻名家邀请展作品集》同时首发，西泠印社副社长陈振濂、李刚田、童衍方，以及何水法、余正、王水法等为作品集题词。本届邀请展以写意篆刻的多元化为学术主题，汇集全国100位老、中、青三代印坛精英。

6月23日，“印颂西湖·经典与当代印风”学术研讨会在杭州举行，与会者就西湖与印文化、当代篆刻创作等展开研讨。

【翰墨传承——中国美术馆当代书法邀请展（2012）】

2012年8月23日，由中国美术馆策划主办的“翰墨传承——中国美术馆当代书法邀请展（2012）”在中国美术馆开幕。

展览确定了伦杰贤、魏哲、胡抗美、刘洪彪、鲍贤伦、孙晓云、张旭光、刘文华、陈振濂、吴东民、陈家林、陈洪武、王学岭、张继、王家新、陈忠康、龙开胜等17位书家参展。

展览开幕式之后举行了学术研讨会。与会学者就“申遗成功背景下当代书法的传承与发展”、“当代书法的审美取向与创作特征”、“当代书法生态环境与可持续发展”、“当代书法与当代文化的关系”等话题展开探讨。

【首届王羲之奖全国书法作品展】

2012年8月26日，由中国书法家协会主办，山东省委宣传部、省文化厅、省文联联合主办的“首届王羲之奖全国书法作品展”开幕式在山东省博物馆举行。

首届王羲之奖全国书法作品征集共收到来自全国各省、自治区、直辖市及海外书法作品近两万件，最终评选出优秀作品19件、入展作品318件（含优秀作品）。

在首届中国书法·王羲之论坛上，中国书协学术委员会副主任、南京艺术学院博士生导师黄惇作了题为《当代书坛格局的形成、由来及其走向》的学术报告。

【2012·北京——沈门七子书法作品展】

2012年9月2日，由国家画院、中国书协展览部主办，湖南隆回恒丰实业协办的“2012·北京——沈门七子书法作品展”在国家画院美术馆举行。

本次展览是国家画院沈鹏书法课题班部分学员组成的书法学术展，展览的作者王厚祥、刘京闻、龙开胜、周剑初、李明、张志庆、方建光是近年来全国书法大展获奖者，并在全国有着广泛影响的中青年书法家。

【龙腾中华——海峡两岸百家书法邀请展】

2012年9月8日，由全国政协港澳台侨委员会、全国政协书画室、中国书法家协会、中华书学会（台湾）、海峡两岸民意交流基金会（台湾）主办，人民政协报社、《中国书法》杂志社承办，人民政协报书画院协办的“龙腾中华——海峡两岸百家书法邀请展”在北京全国政协礼堂开幕。本次展览展出了海峡两岸百名书法家的100幅作品（大陆和台湾各50家）。

【第四届北京国际书法双年展】

2012年9月20日至25日，“第四届北京国际书法双年展”分别在北京劳动人民文化宫——太庙、中国人民革命军事博物馆、宋庄小堡艺术区开展。在“东方墨舞·北京精神”的主题口号下，本届双年展有全世界24个国家和地区的书法艺术作品一千二百余件，分别在“国际书法名家作品邀请展”、

“中国文化名人手札展”、“中日知名女书家作品邀请展”、“中韩书法名家精品交流展”、“第四届中国中青年书法家优秀作品邀请展”、“第一届北京市六城区书法艺术联展” 等8个展览中展出。

2005年，由北京市文学艺术界联合会和北京书法家协会发起，参照国际艺术双年展的模式，经中华人民共和国文化部批准立项，在中国书法家协会指导和支持下，创办了“北京国际书法双年展”。

【第九届全国刻字艺术展暨第十四届国际刻字艺术展】

2012年9月23日，由中国书法家协会、中国书法家协会刻字研究会、浙江省书法家协会联合主办，永康市人民政府和浙江省书法家协会刻字委员会承办，杭州典集文化艺术有限公司协办的第九届全国刻字艺术展暨第十四届国际刻字艺术展在浙江省永康市博物馆举行。

第九届全国刻字艺术展共收到投稿作品六千多件，在初评入选的679件刻字作品中，最终评选出入展作品539件。本届投稿数量居前三的省份有浙江984件，河南852件，江苏689件。入展数量居前三位的省份有浙江88件，河南61件，山东52件。展览还展出了中国、日本、韩国、新加坡、马来西亚等国的刻字艺术作品。

【北国逸韵·行草十家展】

2012年10月6日至10日，由中国书法家协会展览部、《书法》杂志社共同主办的“北国逸韵·行草十家展”，在辽宁省美术馆举行。此次展出胡传海、张学群、陈洪武、王厚祥、洪厚甜、李远东、张纬东、刘京闻、王乃勇、林峰等10位当代行草名家的100幅新作，代表了“行草十家” 今年的最新创作成果。

【第七届中国名人名家书画精品展】

2012年10月10日至18日，北京世纪名人国际书画院主办的“第七届中国名人名家书画精品展”，在首都体育馆一层的名人书画馆开幕。展览共展出欧阳中石、李铎、佟韦、张飙、赵长青、王家新、申万胜、陈洪武、张道诚、康成元等名人名家书画精品194幅。开幕式上还发行了该展览同名作品集。

【第二届 “四堂杯” 全国书法 精品大展颁奖典礼暨展览】

2012年10月15日，第二届“四堂杯”书法大展颁奖典礼暨展览开幕式在中国文字博物馆举行。第二届“四堂杯”全国书法精品大展征集书法作品共计二千四百余件，征集的书法作品形式多样、内容丰富，书体涵盖楷、行、隶、草、篆、甲骨文等，经过初评、复评、终评，共评出349件书法作品入展。共评出一等奖5名，分别是马健中、王大禾、陈则威、赵泉有、游建新；二等奖10名，三等奖15名。

【“石都印荟” ——2012中国青田·全国篆刻名家邀请展】

2012年11月1日，“石都印荟”——2012中国青田·全国篆刻名家邀请展在浙江省青田开展。本次展览由篆刻家韩天衡、骆芃芃担任艺术总监，100多位篆刻家的109件篆刻作品和100多件印屏作品参展。

【全国第三届行草书展】

2012年11月17日至20日，全国第三届行草书展在安徽省博物馆举行。本次行草书展由中国书法家协会、安徽省文联、合肥市政协主办，中国书法家协会行书委员会、草书委员会，安徽省书法家协会和合肥之友书画院承办。作为全国行草书法艺术界最高规格的行草书展，共征集作品1.2万余幅，共有367件作品脱颖而出，其中优秀作品19件。

【浙风·浙派——浙江省历届国展省展获奖作者书法篆刻精品展】

2012年11月18日，“浙风·浙派——浙江省历届国展省展获奖作者书法篆刻精品展”在杭州图书馆举行。本次展览汇集了浙江书协成立30年来，属下会员中在全国大展中获奖、在全省大展获得金奖以上的100位作者的作品。

【2012《中国书法》年展·当代中青年60名家提名展】

2012年11月24日，由中国书法家协会、中国文学艺术基金会主办，中国书法杂志社承办，CNTV艺术台、中央数字电视书画频道协办的“2012《中国书法》年展·当代中青年60名家提名展”在中央数字电视书画频道开幕。此次参展的120件作品由入选“当代书坛中青年60名家”的书家所创作。

开幕式结束后，举行了“当代中国文化与中青年书法创作”高峰论坛。陈振濂就《关于当代书法创作的价值观与方向感问题》作了主题演讲。

【全国第二届册页书法作品展】

2012年11月27日，由中国书法家协会主办，江门市人民政府、广东省文学艺术界联合会、广东省书法家协会和广东书法院联合主办，开平市人民政府和江门市英吉利华投资有限公司承办的“全国第二届册页书法作品展”开幕式暨开平市谭逢敬艺术院落成典礼在广东省开平市谭逢敬艺术院举行。全国第二届册页书法作品展共收到全国各地的投稿一万多件，最终评出优秀作品27件、入展作品383件。

【浙江省第六届“陆维钊奖”中青年书法篆刻展】

2012年12月6日，由浙江省书法家协会和市委宣传部共同主办的浙江省第六届“陆维钊奖”中青年书法篆刻展在浙江省金华书画院开幕。本届大展共收到参展作品2530件，经初评、复评、终评、评奖四个阶段评选，评出“陆维钊奖”1名，金奖5名、银奖10名、铜奖20名，入展作品427件，入选作品178件。

【翰耕墨耘50年书艺回顾展】

2012年12月22日，庆祝台湾中国书法学会成立50周年——翰耕墨耘50年书艺回顾展在台北举行。

本次展览不仅展出台湾中国书法学会历任领导，如于右任、曹秋圃等众大师和该会优秀会员的作品，还展出中国大陆、日本、韩国、新加坡、马来西亚、泰国、加拿大、巴西、英国、法国、比利时、意大利等国书法家作品，共计286件。

台湾中国书法学会是中国台湾地区创会最早、影响最大的书法社团。1962年，在书法家于右任的倡导下，由台湾42位书法家发起组成，目前该会会员近3000人。该会历任领导人皆为台湾社会贤达和在书坛享有声誉的书法家，如马寿华、李超哉、王壮为、曹秋圃、刘延涛、陈其铨、王恺和、连胜彦、释广元、谢季芸、沈荣槐。2011年10月，台湾中国书法学会与中国书法家协会联合在长城举办了“纪念辛亥革命100周年海峡两岸百位书法家百米书法长卷笔会”活动。2011年，台湾中国书法学会成为国际书法艺术联合总会台湾地区唯一的团体会员。

【“墨人印象”——黑龙江省第十五届篆刻展】

2012年12月23日，“墨人印象”——黑龙江省第十五届篆刻展在大庆博物馆开幕。本次篆刻展共收到黑龙江省篆刻家的作品359件，共评出优秀奖作品10件、优秀提名奖作品10件、入展作品100件。

个人展览

【天人交响——周韶华书法艺术展】

2012年2月18至3月11日，由中国书法家协会、湖北省文学艺术界联合会主办，湖北省书法家协会、湖北省美术家协会、书法报社协办，湖北美术馆承办的“天人交响——周韶华书法艺术展”在湖北美术馆举行。此展共展出周韶华书法作品六十余幅。

【“中国印”的世界——骆芃芃篆刻书法艺术展】

2012年4月14日，英国伦敦皇家艺术学院美术馆举行“中国印”的世界——骆芃芃篆刻书法艺术展开幕式。展览由新闻出版总署和中国艺术研究院主办，中国艺术研究院中国篆刻艺术院承办，伦敦大学孔子学院协办。

展览展出了书法家、篆刻家骆芃芃书法作品37件，篆刻作品54件，其中有“仁者乐山”、“清虚无为”等36枚诸子百家警句的印章，4枚《论语》巨型大印排布成“牡丹印阵”，还有把印章刻在茶壶、茶饼、邮票上的展示。

【国风墨韵·任平书法雅集展】

2012年4月22日，“国风墨韵·任平书法雅集”在北京大学举行，展出任平书法作品百余幅，涵盖篆、楷、隶、行、草诸体。北京大学校长周其凤、中国书法家协会副主席胡抗美等参与活动。

任平现为中国艺术研究院教授、博导，曾获“兰亭奖”。他多年来致力书法教育，开设文字学、书法学、中西文化比较等课程，培养博士、硕士20多人。

【“2012·东莞”邵秉仁书作展】

2012年5月25日，为纪念毛泽东同志《在延安文艺座谈会上的讲话》发表70周年，由中国书协、广东省文联共同主办，广东省书协、中国南方电网公司承办的“2012·东莞”邵秉仁书作展开幕式在广东东莞岭南美术馆举行。本次展览共70余件书法精品，部分作品内容为自撰诗联。

下午，邵秉仁在岭南美术馆报告厅作了题为“中国当代书法”的学术报告。

【薪火相传　翰墨流光——章太炎·姚奠中师生书艺展】

2012年6月6日，“薪火相传 翰墨流光——章太炎·姚奠中师生书艺展”在北京国家博物馆开幕。共展出章太炎先生、姚奠中先生120余幅书法作品。同时还展出章太炎先生其他几位弟子的作品。

姚奠中先生是教育家、书法家和国学大师，山西省稷山县人，他早年受教于章太炎先生，研习国学，是章太炎先生7位研究生中最年轻的一位，也是唯一健在的弟子。

此次展览由九三学社中央、山西省政协、山西省委宣传部、山西省委统战部、中国书法家协会、杭州名人纪念馆（章太炎纪念馆）、山西大学、山西省文联、山西省书协、余杭章太炎故居、山西省姚奠中国学教育基金会等多家单位联合举办。

【社会责任——传播·阅读·创造：陈振濂综合书法群展】

2012年6月12日，“社会责任——传播·阅读·创造：陈振濂综合书法群展”开幕式在浙江美术馆举行。

由中国文联、民盟中央、中国书协、中国画院、中国艺术教育促进会、省委宣传部、省委统战部、省文化厅、省文联、民盟浙江省委、浙江日报报业集团、杭州市人大常委会、杭州市政府等主办的“社会责任”——传播·阅读·创造：陈振濂综合书法群展，涵盖了近3年来陈振濂几次重要大展的主要作品，并结合2012年创作的一批直击时事与民生的书法新作，形成以“传播”、“阅读”、“创造”为主旨的本次“陈振濂综合书法群展”的主体内容。尤其是为本次展览主题之确立，陈振濂以“社会责任”为创意平台，在以前丰厚的成果积累基础上，又创作了“壬辰记史”和“民生叙事”两组崭新的原创性书法作品。

【佟韦章草书法艺术展】

2012年6月16日至22日，“佟韦章草书法艺术展”在北京柯岚艺术馆举行。此次展览共展出佟韦32件章草书法精品，其中大部分作品内容为自撰诗联。

佟韦，1929年生，原名佟遇鹏，满族，辽宁省昌图县人。现任中国书协顾问、中国书协中央国家机关分会名誉会长。

【水墨留痕——申万胜申晓轶书画作品联展】

2012年6月16日至26日，“水墨留痕——申万胜申晓轶书画作品联展”在北京饭店船艺术馆举行。本次展览汇集了申万胜父女的书画作品近50幅。

【醉东风——徐利明书画篆刻展】

2012年6月22日，由中国书法家协会、致公党中央画院、中共江苏省委宣传部、江苏省教育厅、江苏省文化厅、江苏省文联、南京艺术学院联合主办，江苏省书法家协会、江苏省书法创作研究中心承办的“醉东风——徐利明书画篆刻展”在江苏省美术馆新馆开幕。本次展出了二十余幅徐利明近期作品，包括诗、书、画、印、瓷，书法作品五体具备。

【江南龙城　地灵人杰——苏士澍书法艺术常州展】

2012年7月17日，“江南龙城 地灵人杰——苏士澍书法艺术常州展”在常州博物馆开幕。此次展览由全国政协书画室、全国政协教科文卫体专业委员会、江苏省政协联袂主办，常州市政协协办，常州市政协书画社、常州博物馆承办。此次展览共计展出包括书法篆刻、拓片题跋、题款文房用品工艺品等各类展品一百五十余件。

【陈巨锁墨迹展】

2012 年 7 月 21 日，由中国书协、山西省文联、山西省书协、中共忻州市委、忻州市人民政府主办的陈巨锁墨迹展在全国政协礼堂开幕。此次展览共展出陈巨锁多年来创作的书法作品 120 件，作品以章草为主。

陈巨锁曾担任中国书协理事、评审委员会委员，并于 2001 年荣获中国书法艺术荣誉奖。

【“墨华翰韵”尤中会书法艺术展】

2012 年 8 月 11 日，由中国书法家协会、中共湖北省委宣传部、湖北省文学艺术界联合会主办的，湖北白云边集团承办的“墨华翰韵”尤中会书法艺术大展在中国美术馆举行。尤中会这次展出的上百件书法作品涵及楷书、行书、章草、魏碑、篆书等多种书体，比较集中地推出了他的最新创作成果。

【“家在富春山”羊晓君隶书展】

2012 年 8 月 22 日，由中国书法家协会、中国文学艺术界联合会国内联络部、中国残疾人联合会宣传文化部、浙江省文学艺术界联合会主办，浙江省书法家协会、富阳市人民政府承办的“家在富春山”羊晓君隶书展开幕式在中国美术馆举行。本次展览集中呈现了书法家羊晓君的隶书作品四十余幅。

【胡抗美书法艺术展】

2012 年 8 月 29 日，由中国书法家协会、中国艺术研究院中国书法院、吉林省委宣传部、吉林省文联共同主办的“胡抗美书法艺术展”在长春开幕。

此次展览作为第三届中国长春·东北亚文化艺术周展览交易板块重要活动之一，重点推出了胡抗美近期创作的书法作品六十余件，包括长卷、对联、扇面、斗方、条幅等，篆、隶、楷、行、草等各种书体均有代表作。

【月满垂虹·张旭光书法全国巡展】

2012 年 9 月 28 日，“月满垂虹·张旭光书法全国巡展”在吴江博物馆开幕。“月满垂虹·张旭光书法全国巡展”由中国书法家协会、中国美术家协会、苏州吴江市委宣传部主办，北兰亭艺术中心、静悟堂艺术馆、书画新闻网承办。本次大展展出的 79 件书法作品，为张旭光新近创作。

【张瑞龄七十年作品回顾展】

2012 年 10 月 9 日，由全国政协书画室主办的“张瑞龄学习书法 70 年作品回顾展暨电影纪录片《张瑞龄》首映式”、“张瑞龄楷书《论语》首发式”在北京全国政协礼堂举行。

张瑞龄 1936 年 9 月生于河北唐山，6 岁习字，专攻楷书。他曾完成 125 米小楷长卷全部《古文观止》，出版小楷书法字帖《唐诗三百首小楷墨迹》、《宋词三百首小楷墨迹》、《元曲三百首小楷墨迹》，出版楷书《华夏正气歌》、《三字经》、《百家姓》、《千字文》。

【韩天衡书画篆刻展览】

2012年10月10日至25日，“韩天衡书画篆刻展览”在上海“大地艺术空间”展出。此次展览展出韩天衡的63件作品，其中包括“翠竹三鸟”、“风入松”等53幅书画作品及“蒸蒸日上”等8件篆刻作品。

评奖

【“墨舞神州” 全国电视书法大赛】

2012年2月22日，“墨舞神州”全国电视书法大赛颁奖晚会在河南省郑州市举行，现场为156名获奖者颁发奖金。

此次大赛由河南省教育厅、河南省广播电影电视局、河南省文联主办，河南电视台、河南省书法家协会承办，参赛者涵盖老中青少各年龄段，其中特别设立学生组（分为小学组、中学组、大学组）。同时，出版《“墨舞神州”全国电视书法大赛获奖作品集》，入选和获奖作品在张海书法艺术馆展出。

“墨舞神州”全国电视书法大赛获奖名单

成人组

特等奖、一等奖（共8名）：

余中元（江苏）丁建华（河南）曹向春（河南）司正博（陕西）吴 刚（河南）李守卫（江苏）王乃勇（河南）陈超勇（福建）

二等奖（10名）：

赵泉有（河南）张彦峰（黑龙江）张挥（江苏）陈显明（江西）顾建全（河南）宋红正（北京）秦 朋（河南）张国祥（河南）张永乐（河南）马健中（河南）

三等奖（33名）：

陈秉衡（广东）孟艳丽（河南）韩建军（河北）张春晓（山东）吴庆东（黑龙江）吴建军（江苏）马永林（河北）王凤伟（吉林）卢根水（江西）孟令华（河南）丁 斌（辽宁）杜思吾（河南）葛崇收（山西）程晓海（黑龙江）张哲峰（江苏）叶华洲（江苏）赵晓普（河北）荆 戈（新疆）嵇小军（山东）田 军（甘肃）薛小舟（陕西）李 峰（河南）杨 宁（湖北）曾 广（河南）董卫平（江西）董卫平（江西）王 昱（河南）关建洲（河北）彭双龙（广东）杨 涛（河南）刘长龙（辽宁）陈思杰（河南）李雪梅（河南）林凡强（山西）

入展名单（共367人，按拼音顺序）：

蔡长远	蔡兴洲	曹端阳	曹 峰	曹景超	曹向春	曹有福	岑 岚
晁亚州	陈秉衡	陈超勇	陈崇山	陈建邦	陈 亮	陈明春	陈培军
陈 鹏	陈思杰	陈希军	陈显明	陈炫光	陈炎城	陈炎权	陈永君
陈则威	陈泽雄	陈资城	成德刚	程 度	程二军	程 健	程晓海
仇高驰	崔成歧	崔东明	崔浩亮	崔 坦	邓文冲	丁 斌	丁建华
董卫平	杜庆龙	杜思吾	杜 为	段永成	樊新建	冯建军	冯明威
冯印强	傅绍尉	高 昂	高 崧	高 岩	高永河	葛崇收	耿其涛
顾建全	关建洲	管文博	桂 彬	郭红义	郭名高	郭全辉	郭西军
郭亚林	郭延兴	郭永生	郭志民	韩 榜	韩存利	韩 东	韩建军
何 超	何 勇	贺 剑	侯辉玉	胡海利	胡晓文	黄 河	黄杰雄
黄景春	黄训华	黄彦平	回金华	霍 威	姬江波	嵇小军	纪 松
贾 航	贾 伟	贾学礼	江国兴	蒋金玲	焦保峰	金泽珊	荆 戈
荆永庆	黎 健	黎兴华	李 彬	李 超	李 晨	李大庆	李德会

李　峰　李贵阳　李国月　李　海　李建水　李　杰　李聚精　李　利
李良东　李龙喜　李茂江　李　明　李平利　李　琪　李守卫　李桃增
李文阁　李向军　李晓芳　李孝正　李雪梅　李勋海　李在兵　李祉良
李志远　廉继东　梁　春　梁雯泉　廖圣明　林凡强　林冠明　林海涛
林李阳　刘安宗　刘长龙　刘东锋　刘丰中　刘贵森　刘慧女　刘建国
刘建中　刘路军　刘庆杰　刘新泽　刘银鹏　刘运轩　刘子安　刘宗阳
龙　友　娄鸿泰　卢　荻　卢根水　卢和华　卢　火　鲁建飞　陆　研
吕　楠　马健中　马俊杰　马文涛　马永林　马玉宝　马中伟　麦　录
孟凡伟　孟　浩　孟令华　孟艳丽　倪俊冬　聂海洲　聂　政　宁亚林
欧阳柳枝　潘　军　潘文志　庞科成　彭双龙　彭　彤　彭正勇　秦　朋
曲书锋　任光伟　邵路程　邵跃晰　申一勤　沈桂林　施桂红　史焕全
史书良　司正博　宋国志　宋红正　宋吉祥　宋新水　苏世明　孙宝发
孙　冲　孙　昊　孙　立　孙绍卿　覃业文　谭振声　唐德明　唐平甲
提俊丰　田　军　田利荣　汪　军　王北苏　王　波　王伯阳　王常福
王春昉　王大禾　王德营　王凤伟　王福君　王海生　王红方　王鸿斌
王怀阳　王建民　王军领　王　利　王乃勇　王　鹏　王少宇　王堂兵
王卫平　王文博　王向阳　王晓峰　王亚航　王有军　王　昱　王志安
王　壮　王灼湛　韦志端　温陈健　温　刚　闻毅敏　吴朝晖　吴德胜
吴　刚　吴建军　吴庆东　吴英昌　吴振宇　吴自标　席居法　夏仕勇
夏　云　向爱东　谢部生　谢　飞　谢振玉　刑怀章　徐　杰　徐　进
徐曙光　徐晓玲　许春梅　许建一　许晓女　许贻群　薛红伟　薛　卫
薛小舟　闫　振　严文斌　严亚军　严延旺　杨宝泉　杨　城　杨　刚
杨刚亮　杨浩奇　杨继赞　杨　宁　杨平秋　杨时亿　杨树玉　杨　涛
杨小贺　杨晓存　杨宇力　杨占林　姚　强　姚志军　叶华洲　叶来雄
叶韶霖　殷　涛　殷旭明　游建新　游之栋　于江涛　于学彪　余中元
袁景林　袁少厚　袁文甲　袁新利　曾长江　曾范波　曾　广　战　斗
张宝凤　张呈君　张承宗　张春晓　张东生　张国祥　张红杰　张红军
张宏伟　张　挥　张建祥　张建宇　张　明　张绍锋　张实惠　张伟民
张文斌　张雪峰　张彦峰　张业胜　张英俊　张永刚　张永乐　张　照
张哲峰　张志超　张忠华　张宗玉　赵广付　赵来勇　赵　亮　赵孟东
赵泉有　赵晓普　赵新阁　赵月秋　赵振文　郑德富　郑付忠　郑茜文
郑庆伟　周海阔　周海永　周华军　周建军　周建设　周利锋　周亚峰
朱承俭　朱国勇　朱银富　祝洪新　邹有昌

大学组

一等奖（5名）：

焦新帅（北京）寇　鑫（河北）韩　明（河北）姚亚飞（河北）张　宁（浙江）

二等奖（10名）：

王光伟（贵州）莫金龙（山东）李青飞（河北）郑　超（河南）李　永（浙江）冯光辉（广东）
李　灏（山东）高　明（甘肃）杨　雪（重庆）董浩然（河北）

三等奖（20名）：

王少凡（河南）刘振范（陕西）王振华（河南）宋　宁（河南）张　亮（重庆）王成博（广东）
张晓林（北京）曾　希（湖南）赵　明（河南）张　强（河南）田维贵（重庆）房　钢（江苏）

董滕飞（河北）庞学虎（河南）翟正炜（河北）王雨菡（陕西）司大林（河北）袁后青（陕西）张君卓（河南）李　勤（山西）

中学组

一等奖（5名）：

朱云龙（山东）周倩兰（重庆）李书赫（黑龙江）程　功（江西）魏高巩（河南）

二等奖（10名）：

唐文馨（浙江）徐　琛（山东）杨晓亮（福建）任丽君（甘肃）张琪琪（江苏）李添偲（山东）张亚林（河南）杨玉洁（四川）胡成森（河南）俄娅妮（甘肃）

三等奖（20名）：

李　婧（甘肃）刘座辰（甘肃）武　阳（山东）张　彤（河北）郭震宇（河南）朱冠彤（甘肃）游　欣（重庆）郭　越（河北）吴子胥（安徽）王祥琦（山东）丁中昊（河南）房书伊（辽宁）李智英（黑龙江）谷腾飞（安徽）张会锋（河南）张哲铭（辽宁）陈　杰（河南）纪　帅（辽宁）周艳玲（重庆）张海朋（山东）

小学组

一等奖（5名）：

谢宸章（宁夏）孙家欣（河南）许雨萌（河南）王威超（河南）黄微淇（广西）

二等奖（10名）：

杨媛媛（甘肃）张翔宇（河南）郭云天（山西）林雅怡（广东）谢忻倪（四川）李卓辉（浙江）华玮涵（河南）应丹勇（浙江）熊家醇（江西）彭锐涛（四川）

三等奖（20名）：

张化齐（河南）李康祺（广东）赵子烨（河南）余婉婷（四川）罗　琦（四川）罗文钦（四川）张悠然（浙江）李冠男（吉林）马星彤（北京）陈　兰（四川）汤　欢（重庆）李聿旸（安徽）伍文浩（四川）赵子航（河南）严珂宇（浙江）侯文浩（浙江）陈浩琳（浙江）顾诗艺（浙江）孙源辰（河南）乐佳欣（重庆）

【全国第九届书学讨论会获奖及入选论文】

一等奖（4篇）

论文题目	作者姓名	地　区
正史书家纪传的体例	张恒奎	辽宁
在“科学”与“书学”之间——二十世纪前期中国书法理论研究的现代化进程及其学术反思	祝帅	北京
图像学视角与书法史学研究中的“文献图像化”问题——以《袁安碑》、《袁敞碑》系列问题新考为例	杨频	北京
民国大中专学校书法教育课程研究——以师范、美术院校为重点	李阳洪	重庆陕西

二等奖（8篇）

论文题目	作者姓名	地　区
射利与雅玩——论文彭书画鉴藏活动中经济意识和行为	刘东芹	江苏
唐宋“身、言、书、判”试制度及其对书法的影响	张典友	河南
鸡距笔考	朱友舟	江苏

续表

论文题目	作者姓名	地　区
碑学：涵义的生成	周勋君	北京
民间书法知识的建构与传播——晚明日用类书中所载书法资料	方波	浙江
从书与画的并置看书法与绘画的关系	吴慧平	广东
书法遭遇“主义”——论沈尹默五六十年代书法理论的逻辑起点	薛帅杰	浙江
翁方纲与阮元书学观念异同论——早期碑学与帖学之分歧	吴高歌	北京

三等奖（21 篇）

论文题目	作者姓名	地　区
唐宋两代书学人才定位之比较研究	向彬	山东
论碑派书法中的“涩笔”	刘大龙	重庆
汉魏六朝石刻书人身份考释	王力春	辽宁
书法作为玩好：苏轼的焦虑及其超越	刘春雨	北京
魏晋南北朝佛教书法的交流与融合	盛东涛	江苏
论裹绞	潘池勇	重庆
西汉课试学童制度及其“书法因素”研究	杨二斌	山西
汉代谶纬学大背景下的儒家书学略论	梅学味	福建
张彦远：“书画同体而未分”论中的“同”、“分”疏义	张炬	吉林
三希堂：1746—1750 年乾隆皇帝的鉴赏品味与观念	邱才桢	北京
挥运之时：楷书的书写性向行草迁移的动机探源	李象松	重庆
试论“尊碑抑帖”造成的六大误区	颜敏忠	河北
论书法创作中非构成形式因素的字境理念	虞晓勇	北京
篆书名实由来新论	徐学标	山东
《述书赋》中的图像比拟评论方式探析	张耀辉	山东
从对“二王”经典的阐释论及碑学理论之构建	张冰	北京
从何绍基与山左北朝石刻之关系看其北碑观	王文超	山西
祝允明在岭南之交游事迹考略	朱圭铭	广东
屏风帖校理	王家葵	四川
妙在得笔：米芾“得笔”说推演	李永	广东
书法“底缘”论：一种书法形式构成现象的历史考察	赖起凤	江西

【2011 中国书法年度佳作评审】

2012 年 4 月 19 日，由中国书法家协会主办的 2011 中国书法年度佳作评选活动在北京举行。经严格评审，评委会从 263 件入围作品中评选出 31 件作品进入终评，经投票最终评选出 2011 年度佳作 15 件。

2011 中国书法年度佳作奖评审委员会名单

评委会主任：张　海

评委会秘书长：陈洪武　戴志祺

评委会副秘书长：刘　恒

评委会委员：（按姓氏笔画排列）

王学岭　王家新　申万胜　刘洪彪　何应辉　吴　行　张　继　李刚田
苏士澍　言恭达　陈洪武　胡抗美　聂成文

2011 中国书法年度佳作奖监审委员会名单

监审委员会主任：　赵长青
监审委员会副主任：张陆一

2011 中国书法年度佳作奖获奖作者名单

李　锐（广东）《唐诗数首》
周剑初（北京）《名山吟》
徐右冰（北京）《韩愈〈答李诩书〉》
曹端阳（江西）《溪山卧游录》
林光进（浙江）《碑学书论节录》
诸葛丽娜（江苏）《行草古诗卷》
王厚祥（河北）《唐诗数首》
王增军（河北）《读祁三公碑得句》
张胜伟（陕西）《岳阳楼记》
谢兴华（四川）《僧显万〈庵中自题〉》
李建明（江西）《诸葛孔明〈前后出师表〉》
王　瑞（山东）《篆刻》
吕雪峰（陕西）《鲁迅文》
喻世才（浙江）《孝经十八章》
刘颜涛（河南）《程兵先生诗二首》

【2011 中国书法十大年度人物】

2012 年 5 月 7 日，由《书法报》与《书法》杂志主办的“2011 中国书法十大年度人物”评选结果在湖北武汉揭晓，包括王冬龄、言恭达、陈洪武在内的 10 位书法家当选。

本次评选活动自 1 月初启动，组委会采取评委投票、大众评选团投票和网络投票三种方式同时进行。经过近两个月的评选，最终从 20 位候选人中，选出王冬龄、言恭达、陈洪武、张旭光、陈振濂、毛国典、李远东、胡抗美、韦克义、赵国柱为中国书法十大年度人物。

【沈鹏书法基金颁奖】

2012 年 9 月 2 日，由国家画院主办的中国国家画院沈鹏书法基金颁奖仪式在国家画院美术馆举行。

“沈鹏书法艺术基金”由沈鹏与中国国家画院共同设立。本次沈鹏书法艺术基金奖励的三个单位和个人分别为：中国第一部大型书法主题电视连续剧《书圣王羲之》剧组、560 万字大型书法论著《楚墨文集》的作者楚墨、《书法字海》的主编张文栋。

【“百惠杯”《书法》杂志第四届（2012 年）“中国书坛中青年百强榜”】

2012 年 9 月 15 日，代表书法民间最强声音之一的“百惠杯”《书法》杂志第四届（2012 年）“中国书坛中青年百强榜”评审在安徽合肥落幕。朱关田担任评审委员会主任，胡传海、兰干武、刘恒、卢辅圣、沈岩松、王亚洲、吴雪、张学群、赵国柱、郑晓华10人为评委。

第四届百强榜获奖作品名单：

一等奖：

仇高驰（江苏）

徐右冰（北京）

二等奖：

陈则威（河南）

林李阳（浙江）

施　辉（江西）

朱绍俭（安徽）

三等奖：

曾锦溪（福建）

秦　朋（河南）

潘志骞（陕西）

管布坤（云南）

【第五届中国书法节　“书法十杰”　暨全国第三届隶书大展颁奖】

2012年10月9日，第五届中国书法艺术节“书法十杰”暨全国第三届隶书大展颁奖仪式在天津举行。

第五届书法艺术节评选出新一届“书法十杰”，他们分别是：徐右冰（北京）、赵桂中（天津）、杨勇（湖北）、王三五（浙江）、仇高驰（江苏）、陈阳静（四川）、余海翔（天津）、刘聚森（河南）、逄春伟（山东）、于江涛（黑龙江）。

全国第三届隶书大展入围作品303件，获奖作品19件。

【首届全国　“三名工程”　书法作品】

2012年10月10日，由中国书法家协会主办的首届全国“三名工程”书法作品评审会于北京结束，共选出入展作品50件。

“三名”工程即“名篇·名家·名作”工程，是中国书法家协会开展的当代名家系统工程的重要活动之一。该活动是由中国书法家协会主席张海提议，并经中国书法家协会六届二次主席团会议研究确定的精品工程。该活动首先选定一批历代诗文名篇（150篇），由提名入围书家（109人）书写名篇，最后筛选确定“三名工程”入选作品。这三个环节都组织专家严格评审，评委不参赛。

这50件作品包括五种不同书体，相应书法家均为当代耳熟能详的实力派书家，作品均为书写古代名篇的精品力作。所书古代诗文名篇境界高雅，艺术性强，字数规模可观，以此为书写内容足以反映出书写者的艺术才能与功力。50件入选作品多为八尺以上的大尺幅，侧重艺术个性和书法本身笔墨语言的表现，能够淋漓尽致地展现出书法家在当下所能达到的艺术高度。

这50件作品书体的份额为：篆书6件，隶书6件，楷书9件，行书13件，草书16件。行草书所占比重为58%，篆书12%，隶书12%，楷书18%，这大致代表了当下展览的书体比重。

入选作者及作品名单（按书体顺序）：

书体	书法家	作品名称
篆书	李刚田	《司空图〈二十四诗品〉前五品》
	王友谊	《礼记》六条屏
	刘颜涛	《屈原〈橘颂〉》四条屏
	高庆春	《陶渊明〈饮酒诗〉》
	许雄志	《辛弃疾〈水龙吟〉》
	郭伟	《苏轼〈念奴娇·赤壁怀古〉》
隶书	周俊杰	《李白〈古风〉》横幅
	毛国典	《王勃〈滕王阁序〉》屏条
	张继	《刘禹锡〈陋室铭〉》条幅
	羊晓君	《黄庭坚〈登快阁诗〉》中堂大幅
	何来胜	《曹操〈龟虽寿诗〉》条幅
	张建会	《岳飞〈小重山〉》立轴
楷书	王学岭	《宋玉〈风赋〉》中堂大幅
	李啸	《秋兴八首》册页
	洪厚甜	《魏曹植〈洛神赋〉》册页
	张维忠	《张益州〈画像记〉》册页
	周剑初	《小楷名篇九帧》
	韦斯琴	《赤壁赋》小楷横卷
	曲庆伟	《王勃〈滕王阁序〉》中堂
	杨明臣	《归去来辞》横卷
	米闹	《秋兴八首》立轴
行书	于明诠	《白居易〈琵琶行〉》横卷
	王卫军	《陈情表》册页
	王金泉	《韩愈〈师说〉》大幅中堂
	卜庆中	《田园杂兴》四条屏
	刘恒	《欧阳〈少师诗〉》立轴
	吴行	《荀子〈劝学〉》四条屏
	苗培红	《诸葛亮〈出师表〉》四条屏
	龙开胜	《苏轼〈洞庭春色赋〉》八条屏
	柯云瀚	《春江花月夜》大幅中堂
	顾亚龙	《洛神赋并序》册页
	赵长刚	《陶渊明〈归去来辞〉》立轴
	刘一闻	《花明桂馥对联》
	孙晓云	《心经》横幅

续表

书体	书法家	作品名称
草书	王厚祥	《苏东坡〈念奴娇·赤壁怀古〉》横幅
	陈新亚	《苏轼〈后赤壁赋〉》横幅
	王乃勇	《张孝祥词〈念奴娇·洞庭青草〉》立轴
	陈加林	《李白〈将进酒〉》横幅
草书	刘洪彪	《辛弃疾〈水龙吟〉》横幅
	李有来	《陶渊明〈归园田居〉》立轴
	刘月卯	《后赤壁赋》横卷
	刘京闻	《琵琶行》长卷
	宇文家林	《醉翁亭记》长卷
	张世刚	《贯休〈怀素草书歌〉》横幅
	何连仁	《徐渭题画诗》立轴
	戴跃	《归去来辞》横卷
	白煦	《杜甫诗》八条屏
	何开鑫	《陆游〈书愤〉》立轴
	胡崇炜	《辛弃疾〈水龙吟〉》横幅大字
	谢少承	《李商隐〈无题〉》立轴

【第四届中国书法兰亭奖】

2012 年 12 月 2 日，由中国文联和中国书法家协会主办的“第四届中国书法兰亭奖”获奖入展名单公布。

本届中国书法兰亭奖共设理论奖、佳作奖、艺术奖和终身成就奖等 4 类奖项，共评出终身成就奖 3 人、艺术奖 10 人、佳作奖 28 人、理论奖 19 人。

第四届中国书法兰亭奖获奖入展名单

第四届中国书法兰亭奖艺术奖获奖名单（共 10 人）

黄　惇　曹宝麟　丛文俊　孙晓云　王冬龄

华人德　林剑丹　吴　行　王友谊　张荣庆

第四届中国书法兰亭奖佳作奖获奖名单

一等奖（共 5 人）

冯印强（内蒙古）凌海涛（安徽）朱明月（辽宁）

吴庆东（黑龙江）倪和军（山东）

二等奖（共 10 人）

李锐（广东）刘长龙（辽宁）刘永清（河北）牛耕（河南）柯学刃（福建）

季平（河南）曾锦溪（福建）潘文志（广西）王乃勇（河南）王官平（黑龙江）

三等奖（共 13 人）

刘伊明（河南）杨雯（山东）孙宪华（广东）吕金光（四川）薛党军（河南）

刘聚森（河南）王国柱（山西）徐右冰（北京）孙学辉（辽宁）朱志刚（江苏）

李　利（浙江）张红杰（河南）何来胜（浙江）

第四届中国书法兰亭奖佳作奖入展名单（共232人）

白旭丰　鲍佩红　蔡宝国　蔡礼礼　蔡兴洲　曹建平　曹景超　曹　洋
柴　力　陈敦良　陈　刚　陈高杰　陈国鸿　陈建明　陈龙发　陈其增
陈祥生　陈仲平　程　忠　仇高驰　崔　涛　丁忠兵　丁子同　董卫平
杜延平　段国永　范玉星　范振海　方　斌　冯　伟　冯学军　冯印强
冯泽松　冯征明　傅绍尉　谷松章　韩存利　韩　东　韩绍芳　何来胜
何效义　何　勇　贺　剑　贺炜炜　胡炳华　胡朝霞　胡文辉　胡学军
黄德杰　黄继革　黄绍进　黄文泉　季　平　江孝龙　姜美英　金　弋
金友华　柯学刃　孔祥宇　雷森林　李方振　李国明　李　骅　李　利
李　霖　李茂江　李锐（广东）　李锐（山东）　李世水　李树祥
李松涛　李西存　李旭东　李　由　李耘莉　李中华　李　忠　梁文斌
廖炳智　凌海涛　刘长龙　刘东干　刘广新　刘宏卫　刘　建　刘建丰
刘聚森　刘鲁旭　刘　睿　刘文秋　刘小平　刘小毅　刘颜涛　刘伊明
刘永清　刘月卯　楼金辉　楼小东　鲁建飞　吕　程　吕金光　栾金广
罗小平　罗小松　马成吉　马永林　马玉宝　米启伟　倪和军　倪俊冬
聂书春　牛　耕　牛　忠　潘文志　庞现军　彭双龙　亓汉友　钱松君
钱玉清　乔延坤　秦　朋　邱朝剑　史焕全　史维静　史文涛　帅　宵
宋旭安　孙合理　孙建芳　孙守合　孙万军　孙宪华　孙学辉　孙中伏
谭必清　汤忠辉　唐少平　唐永平　滕江华　田云峰　王　琛　王芳能
王　峰　王官平　王国柱　王鸿斌　王厚孝　王　荐　王　江　王　静
王军领　王乃勇　王　鹏　王铁成　王　伟　王伟卿　王向阳　韦开龙
文　佐　闻毅敏　吴健华　吴庆东　吴贤军　吴自标　夏碧波　肖朝晖
肖光豪　肖　慧　肖　楠　谢安辉　谢汉仁　谢全胜　谢扬科　辛　宏
徐圭逊　徐　健　徐全球　徐右冰　许晓俊　轩敏中　薛党军　闫　安
闫　增　羊晓君　杨　城　杨宏朝　杨江帆　杨　雯　杨玉剑　杨玉林
游之栋　于瑞欢　于唯德　余　军　余中元　袁江涛　袁少厚　袁文甲
曾锦溪　张　冰　张兵民　张呈君　张红杰　张其凤　张青山　张生春
张胜奇　张胜伟　张　伟　张伟民　张一冰　张永刚　张　豫　张志鸿
张忠勇　赵炳坤　赵红修　赵家兴　赵俊杰　赵立宾　赵雪松　赵永辉
郑存才　钟　成　仲伟迅　周建军　朱俊首　朱明月　朱起明　朱志刚
祝洪新　邹方臣

第四届中国书法兰亭奖理论奖名单（共19项）

一等奖（共3项）

祁小春（广东）《迈世之风：有关王羲之资料与人物的综合研究》（上、下）专著

张天弓（湖北）《张天弓先唐书学考辨文集》专著

李慧斌（山东）《宋代制度视阈中的书法史研究》专著

二等奖（共7项）

江　波（湖南）《〈后汉书·赵壹传〉辨误》等3篇系列论文

向　彬（山东）《中国古代书法教育研究》专著

张典友（河南）《宋代书制论略》专著

王晓光（山东）《秦简牍书法研究》专著

陈一梅（上海）《宋人关于〈兰亭序〉的收藏与研究》专著

蔡显良（广东）《宋代论书诗研究》专著

祝　帅（北京）《在“科学”与“书学”之间——二十世纪前期中国书法理论研究的现代化进程极其学术反思》等9篇系列论文

三等奖（9项）

吴　鹏（贵州）《舒卷炎凉：明人的书扇赠酬及其文化隐喻》论文

杨二斌（山西）《西汉“书法”制度研究》等3篇系列论文

曹建等（重庆）《20世纪书法观念与书风嬗变》合著

方　波（浙江）《民间书法知识的建构与传播——以晚明日用类书中所载书法资料为中心》论文

吴晓明（浙江）《卷轴书法形制源流考述》专著

刘东芹（江苏）《射利与雅玩——论文彭书画鉴赏活动中的经济意识和行为》等4篇系列论文

杨宝林（辽宁）《刘熙载书学研究》专著

徐咏平（浙江）《浙江篆刻史》专著

毛万宝（浙江）《兰亭学探要》专著

会议

【全国第九届书学讨论会】

2012 年 5 月 2 日至 5 日，由中国书法家协会、中共山西省古县县委、县人民政府主办，中国书协研究部、中共山西省古县县委宣传部承办的全国第九届书学讨论会在山西古县召开。

本届书学讨论会得到全国各地一千余名研究者的投稿。5 月 3 日举行讨论会。中国书协副主席、学术委员会主任陈振濂，中国书协分党组副书记、秘书长陈洪武，中国书协学术委员会专家学者朱以撒、曹宝麟、侯开嘉、胡传海等，以及获奖和入选作者共 50 余人参加了讨论会。

【第四届启功书法学国际研讨会】

2012 年 7 月 25 日，第四届启功书法学国际研讨会在北京师范大学召开。

来自中国书法家协会、北京师范大学艺术与传媒学院、中国艺术研究院、国家画院以及美国日本院校的三十多位知名书法家、学者参加研讨会。书法批评家梅墨生、日本书法学者大野修作、中国艺术研究院研究员王玉池教授等在研讨会上做专题演讲。专家们对于启功先生践行简化字书法的历史意义；启功书艺实践对当代书法教育的指导作用；启功先生的人文视野与书法艺术；启功先生汉字形态研究的启示等不同学术角度进行了研讨。

纪念启功百年遗墨展、纪念启功诞辰 100 周年艺术作品征集公益活动、出版《启功全集》等活动也先后举行。

【永远的王羲之——王羲之书法理论全国研讨会】

2012 年 8 月 5 日，由江苏省文联、江苏省书协等主办的“永远的王羲之——王羲之书法理论全国研讨会”在无锡崇安寺听松园举行。来自北京、浙江、江苏等地王羲之书法理论研究专家出席了会议。

全国“二王”书法理论研究专家、首届兰亭奖理论奖获得者王玉池研究员，中国书协理论部副研究馆员刘照剑，江苏省文联国家一级美术师、中国书协会员衡正安，无锡市书协主席、江南大学研究生导师王建源作了主题论文发言。他们从王羲之书圣地位的确立，王羲之对一千五百多年来中国书法史的卓越贡献，缘何王羲之书法“至善至美、难以逾越”，以及王羲之书法为何有如此大的生命力和永恒的审美价值等方面阐述了各自的学术新观点。

交流

【企盼和平——2012年新春书画作品展】

2012年1月10日至13日，由中国常驻联合国代表团和中国国家汉办共同举办的“企盼和平——2012年新春书画作品展”在纽约联合国总部开幕。联合国秘书长潘基文夫妇、负责维和事务副秘书长拉德苏、负责新闻事务副秘书长赤坂清隆、中国常驻联合国代表李保东大使夫妇、中国驻纽约总领馆董晓军副总领事、泰国、韩国常驻联合国代表，以及各国外交官、联合国职员、中外媒体等一百五十余人共同出席了当天的开幕式。

此展不仅展出了中国美协副秘书长、中国书协草书委员会副主任、书法家张旭光，华东师大教授、博士生导师周斌，中国艺术研究院美研所副研究员乙庄，中国驻纽约总领事馆领事王盈等名家作品，还呈现了部分联合国官员学习中国书法的成果。

【书法六十年——大乐华雪之世界】

2012年3月23日，由中国书法家协会展览部、中国书画收藏家协会、日本每日新闻社、每日书道会共同主办的“书法六十年——大乐华雪之世界”在中国美术馆举行开幕式。

此次共展出了大乐华雪从艺六十多年来的汉字书法作品37件“少数字”榜书作品，主要包括《无为》、《从心》、《我知言》、《悟》等较有代表性的作品。此次展览是大乐华雪从艺六十年来所取得的书艺成果的一次集中展示，同时也是日本前卫派书法艺术的现今创作的一次个体展示。

大乐华雪，1931年生于日本广岛县福山市，师从日本现代书法泰斗宇野雪。现任日本财团法人每日书道会常任顾问、每日书道会名誉会员、奎星会会长、全日本书道联盟理事，中国四川省书协名誉理事等职。他访华达30次，1984年曾在日本与刘炳森联合办展，两次在四川省成都市举办个人展。

【中国书法赴美交流展举行】

2012年4月2日，由中国人民大学和美国新泽西州肯恩大学联合主办的“中国书法赴美交流展”在肯恩大学开幕。肯恩大学校长达伍德·法拉希，中国人民大学艺术学院党委书记、副院长郑晓华以及肯恩大学师生和当地华人华侨共二百余人参加了开幕式。交流展共展出46件书法作品，囊括篆、隶、楷、行、草各字体。其中既有欧阳中石、张海等24位中国当代优秀书法家的作品，还有22位中国人民大学艺术学院书法专业学生的作品。

【中日书法家作品展】

2012年4月3日，为纪念中日邦交正常化40周年，“中日书法家作品展”在东京中国文化中心开幕。本次展览共展出中日两国81位书法家的作品，并于10月移师北京举行。展览结束后，参展的40名日本书法家的作品由中国国家博物馆收藏。

【第二届当代中国书法名家作品展】

2012 年 4 月 3 日至 7 日，由日本日中文化协会、中国书法研究院主办的“第二届当代中国书法名家作品展”在日本举办，开幕式在名古屋市中统奖学馆举行。展览展出了 9 位中国当代书法家的新作 54 幅。

【中韩书法名家展在韩国丽水举办】

2012 年 6 月 21 日至 26 日，由中国人民大学艺术学院东方艺术研究所、韩国东方文化发展交流协会合办的“庆祝中韩建交 20 周年中韩书法名家联展”在韩国全罗南道丽水市艺术会馆举行。本次展览汇聚了中韩两国老中青书家新近创作的九十余幅作品，展示了中韩两国书法家近期的创作水平和艺术审美趋向。

【汉字之美——中国书法展】

2012 年 7 月 3 日至 7 日，由文化部外联局、中国书法家协会、中国艺术研究院中国书法院联合主办，澳中文化科技促进会承办的“汉字之美——中国书法展”在澳大利亚美丽的滨海城市悉尼市政大厅举行。此次展览是继“汉字之美——中国书法展”在巴黎、柏林展出之后的延续，同时也是 2012 年澳大利亚“中国文化年”和中国书法家协会“中国书法环球行”活动的组成部分。

展览以图片和文字形式简要介绍中国书法、篆刻的起源与演变历史，同时展示了欧阳中石、李铎、张海、王镛等当代中国书法家、篆刻家、刻字家的 66 幅作品。

【第二届中韩优秀书画家邀请展暨中韩建交 20 周年纪念展】

2012 年 7 月 25 日，由中国书画杂志社、韩国国会议员书道会、韩国书法艺术院共同主办的“第二届中韩优秀书画家（韩国国会）邀请展暨中韩建交 20 周年纪念展”在韩国首尔国会议员会馆开幕。本次展览共展出中国书法家协会分党组书记、驻会副主席赵长青及武春河、韩亨林等 20 多名中国书协理事及韩国国会议员书道会教授高岗、国会前副议长文喜相等百余位中韩知名书画家的作品。

【第十届国际书法交流展】

2012 年 10 月 8 日，由国际书法家联合总会、马来西亚书艺协会和马来西亚创价学会联合主办的“第十届国际书法交流展”在马来西亚吉隆坡举行。

首届国际书法交流展举办于 1990 年，马来西亚曾于 1997 年主办过第四届国际书法交流展。本届展会共有来自中国、日本、韩国、新加坡和马来西亚等 21 个国家和地区的 363 位艺术家参加，规模为历届之最。

人物

【篆刻家马士达逝世】

2012 年 2 月 20 日，书法篆刻家、南京师范大学艺术系副教授马士达因病在南京逝世，享年 70 岁。

马士达系太仓城厢镇人，别署骧者、老马、玄庐。有学术专著《篆刻直解》、《马士达印谱》行世。

马士达初自学，后从吴门诸公学艺，尤受沙曼翁、宋季丁两位先生厚爱。1983 年篆刻“宁静”、“师竹友石”、“海外飘零”、“落叶归根”等作品，在《书法》杂志举办的首届全国征稿评比中获一等奖。他于 1987 年 2 月调入南京师范大学美术系任教，系中国书法家协会会员、江苏省书协理事、西泠印社社员；被权威部门评为全国十大篆刻家。他的多件作品被“中南海”及有关博物馆收藏。

【纪念启功先生百年诞辰——启功遗墨展】

2012 年 7 月 26 日，“纪念启功先生百年诞辰——启功遗墨展”在国家博物馆开幕。同时，《启功全集》同步发行。

“启功遗墨展”在国家博物馆和中华世纪坛世界艺术博物馆两个分场展览，共展览了启功各个时期的书法、绘画作品两百余件，全面反映了他的书画成就。与展览同时发布的 20 卷《启功全集》，前 10 卷为著述，包括诗词创作、讲学、口述历史、书信、日记等，后 10 卷为书画作品，汇集了启功创作的册页、成扇、手卷、横幅、立轴、字课、临写等。

大事记

1月10日至13日，“企盼和平——新春书画作品展”在纽约联合国总部开幕。

2月18至3月11日，“天人交响——周韶华书法艺术展”在湖北美术馆举行。

2月20日，书法篆刻家、南京师范大学艺术系副教授马士达因病在南京逝世，享年70岁。

2月22日，“墨舞神州”全国电视书法大赛颁奖晚会在河南省郑州市举行。

3月23日，“书法六十年——大乐华雪之世界”在中国美术馆举行开幕式。

3月24日，第二十八届兰亭书法节开幕式在书法圣地兰亭开幕。

4月2日，“中国书法赴美交流展”在肯恩大学开幕。

4月3日，“中日书法家作品展”在东京中国文化中心开幕。

4月3日至7日，“第二届当代中国书法名家作品展”在日本举办，开幕式在名古屋市中统奖学馆举行。

4月14日，英国伦敦皇家艺术学院美术馆举行“中国印”的世界——骆芃芃篆刻书法艺术展开幕式。

4月19日，由中国书法家协会主办的2011中国书法年度佳作评选活动在北京举行。

4月22日，“国风墨韵·任平书法雅集”在北京大学举行。

4月30日至5月6日，“2012迎春12人书法精品展”在北京柯岚艺术馆举行。

5月2日至5日，全国第九届书学讨论会在山西古县召开。

5月4日，“中国瘗鹤铭奖全国书法作品展”在江苏省镇江市开幕。

5月6日，“70年代书家提名展”在南京奥体中心更斯艺术馆举行。

5月7日，“ 2011中国书法十大年度人物”评选结果在湖北武汉揭晓。

5月19日至5月27日，“中国书法城·乌海”城市形象展在北京举行。

5月25日，“2012·东莞”邵秉仁书作展开幕式在广东东莞岭南美术馆举行。

5月28日至6月6日，首届全国帖学名家学术邀请展在山西晋中市龙湖紫云轩举行。

5月30日，“全国第三届青年书法篆刻作品展”开幕式在中国人民革命军事博物馆举行。

6月6日，“薪火相传 翰墨流光——章太炎·姚奠中师生书艺展”在北京国家博物馆开幕。

6月8日，中国书法家协会妇女工作委员会第一次会议在河南省新乡市隆重召开，同时“全国著名女书法家作品邀请展”在平原博物院举办。

6月12日，“社会责任——传播·阅读·创造：陈振濂综合书法群展”开幕式在浙江美术馆举行。

6月16日，“2012江苏·江西书画篆刻名家提名精品展”在南京江宁博物馆举行。

6月16日至26日，“水墨留痕——申万胜申晓铁书画作品联展”在北京饭店船艺术馆举行。

6月16日至22日，“佟韦章草书法艺术展”在北京柯岚艺术馆举行。

6月19日，“天工开物”——甘肃青年十二人篆刻艺术展在甘肃美术馆开展。

6月21日至26日，“庆祝中韩建交20周年中韩书法名家联展”在韩国2012世博会举办地全罗南道丽水市艺术会馆举行。

6月22日下午，“印颂西湖·全国篆刻名家邀请展”在浙江杭州西子湖畔唐云艺术馆举行。

6月22日，“醉东风——徐利明书画篆刻展”在江苏省美术馆新馆开幕。

7月，“第二届中韩优秀书画家（韩国国会）邀请展暨中韩建交20周年纪念展”在韩国首尔国会议员会馆开幕。

7 月 3 日至 7 日，“汉字之美——中国书法展”在澳大利亚美丽的滨海城市悉尼市政大厅举行。

7 月 17 日，“江南龙城 地灵人杰——苏士澍书法艺术常州展”在常州博物馆开幕。

7 月 21 日，陈巨锁墨迹展在全国政协礼堂开幕。

7 月 25 日，第四届启功书法学国际研讨会在北京师范大学召开。

7 月 26 日，“纪念启功先生百年诞辰——启功遗墨展”在国家博物馆隆重开幕。同时，《启功全集》同步首发。

8 月 5 日，“永远的王羲之——王羲之书法理论全国研讨会”在无锡崇安寺听松园举行。

8 月 11 日，“墨华翰韵”尤中会书法艺术大展在中国美术馆举行。

8 月 22 日，“家在富春山”羊晓君隶书展开幕式在中国美术馆举行。

8 月 23 日，“翰墨传承——中国美术馆当代书法邀请展（2012）”在中国美术馆开幕。

8 月 26 日，“首届王羲之奖全国书法作品展”开幕式在山东省博物馆举行。

8 月 29 日，“胡抗美书法艺术展”在长春开幕。

9 月 2 日，中国国家画院沈鹏书法基金颁奖仪式在国家画院美术馆举行。

9 月 2 日，“2012·北京——沈门七子书法作品展”在国家画院美术馆举行。

9 月 5 日，第三届两岸汉字艺术节在山东枣庄开幕。

9 月 8 日，“龙腾中华——海峡两岸百家书法邀请展”在北京全国政协礼堂开幕。

9 月 15 日，“百惠杯”《书法》杂志第四届（2012 年）“中国书坛中青年百强榜”评审在安徽合肥落幕。

9 月 20 日至 25 日，“第四届北京国际书法双年展”分别在北京劳动人民文化宫——太庙、中国人民革命军事博物馆、宋庄小堡艺术区开展。

9 月 23 日，第九届全国刻字艺术展暨第十四届国际刻字艺术展在浙江省永康市博物馆举行。

9 月 28 日，“月满垂虹·张旭光书法全国巡展”在吴江博物馆开幕。

10 月 6 日至 10 日，“北国逸韵·行草十家展”，在辽宁省美术馆举行。

10 月 8 日，“第十届国际书法交流展”在马来西亚吉隆坡举行。

10 月 9 日，“第五届中国（天津）书法艺术节”在天津国展中心开幕。

10 月 9 日，第五届中国书法艺术节“书法十杰”暨全国第三届隶书大展颁奖仪式在天津举行。

10 月 9 日，“张瑞龄学习书法 70 年作品回顾展暨电影纪录片《张瑞龄》首映式”、“张瑞龄楷书《论语》首发式”在北京全国政协礼堂举行。

10 月 10 日，首届全国“三名工程”书法作品评审会于北京圆满结束。

10 月 10 日至 18 日，“第七届中国名人名家书画精品展”，在首都体育馆一层的名人书画馆开幕。

10 月 10 日至 25 日，“韩天衡书画篆刻展览”在上海“大地艺术空间”展出。

10 月 15 日，第二届“四堂杯”书法大展颁奖典礼暨展览开幕式在中国文字博物馆举行。

11 月 1 日，“石都印荟”——2012 中国青田·全国篆刻名家邀请展在浙江省青田开展。

11 月 17 日至 20 日，全国第三届行草书展在安徽省博物馆举行。

11 月 18 日，“浙风·浙派——浙江省历届国展省展获奖作者书法篆刻精品展”在杭州图书馆举行。

11 月 24 日，“2012《中国书法》年展·当代中青年 60 名家提名展”在中央数字电视书画频道开幕。

11 月 27 日，“全国第二届册页书法作品展”开幕式暨开平市谭逢敬艺术院落成典礼在广东省开平市谭逢敬艺术院举行。

12 月 2 日，“第四届中国书法兰亭奖”获奖入展名单公布。

12 月 6 日，浙江省第六届“陆维钊奖”中青年书法篆刻展在浙江省金华书画院开幕。

12 月 22 日，庆祝台湾中国书法学会成立 50 周年——翰耕墨耘 50 年书艺回顾展在台北举行。

12 月 23 日，“墨人印象”——黑龙江省第十五届篆刻展在大庆博物馆开幕。

分卷主编：顾骁瑾

中国艺术年鉴

2012年卷

设计卷

年度述评

2012 年度中国设计理论界学术与思想动态

◎陈岸瑛

设计理论界的学术与思想动态，既包括设计史论研究，也包括设计教学、设计应用研究和设计出版的成果与动向。本年度设计理论界的大事，首推教育部学科评估，《中国工艺美术全集》编撰工程，南京艺术学院百年校庆，第三届艺术与科学国际作品展，韩美林艺术大展等活动，牵涉到设计教育和设计研究的方方面面。纵观 2012 年度的设计展览、研讨会、期刊论文和图书出版，本年度的热点可用四个关键词来概括：跨界、可持续、创新、传承。本年度，张道一先生八十大寿，诸葛铠先生病逝，设计史论学界基本由“50 后”和“60 后”学者执掌牛耳，但是在“70 后”和“80 后”的青年学者中也涌现了一批活跃分子，他们将在未来决定这一学科的发展方向。2012 年度的学术成果，主要体现在重大丛书的出版、学术期刊的建设以及中青年学者的著述、科研和学术活动上。

一、年度事件

（1）艺术学理论学科评估

2011 年，国务院学位委员会、教育部颁布了新的学科、专业目录，艺术学升级为与文学并列的门类。设计艺术学从隶属于艺术学（二级学科）的三级学科，变为艺术学理论（一级学科）的一部分；原来的设计艺术学则简化为设计学，专指实践类的设计学科（含工科），与艺术学理论并列。这一变化，使得设计史论和美术史论研究在艺术、设计院校中有了更高、更独立的学术地位，同时也促发了各院校相关部门的改革和竞争意识。2011 年末，东南大学艺术学院和《艺术百家》编辑部举办了“全国艺术学研究生教育暨庆贺张道一教授八十华诞学术研讨会”，山东工艺美术学院举办了“2011 全国艺术学科建设论坛暨张道一先生从教六十年及艺术学思想研讨会”，藉此机会对学科升级后的形势进行研讨。2012 年，随着教育部一级学科评估工作的展开，越来越多的艺术、设计院校开始意识到学科升级所带来的机遇和挑战。

总而言之，学科升级在 2012 年成为艺术、设计院校中一个热门话题，各院校负责人和学科带头人不约而同地开始对学科的传统、特色以及未来发展方向进行思考。艺术学理论成为一级学科，意味着设计、美术的理论研究，将与音乐舞蹈、戏剧影视的理论研究并列，综合性大学和综合性艺术院校在学科评估中将更具优势。事实上，2013 年初教育部公布的学科评估结果已初步印证了这一趋势。可以预见，学科升级所带来的影响还将在未来几年内持续发酵，原有的学科布局和资源配置将出现较大的调整和变化。①

（2）《中国工艺美术全集》编撰工程

2012 年，《中国工艺美术全集》编撰筹备工作全面启动。这一涉及全国各省市的大型学术工程，由中国工艺美术协会牵头，由国家财政部专项经费支持，李铁映任总主编，冯远任执行主编，预计将于 2017 年 12 月 31 日完成。经过一年的紧张筹备，各省市编撰小组成立，“截止至 2012 年 11 月 30 日《全集·国卷》部分已经有《全集·历史卷》、《全集·理论卷》以及《全集·技艺卷》三卷共 31 篇（册）执行主编签署了编撰协议，正式开始《全集·国卷》的编撰工作。同时，《全集·省卷》的工作也在有序进行中。试点省份除江苏省以外，黑龙江、贵州、福建、北京共 24 个篇（册）执行主编正式签署编撰协议进入编撰阶段。其他《全集·省卷》委编协会已经有辽宁、吉林、海南、湖北、重庆、云南、

---

① 《2012 年学科评估结果公布》，教育部学位中心官方网站，http：//www. cdgdc. edu. cn/xwyyjsjyxx/xxsbdxz/。

陕西、上海、四川、青海及安徽提交了立项报告的正式版本。其中，海南、陕西、浙江、上海、辽宁、青海、湖南及安徽也已经正式签署了《全集·省卷》协会委编协议”。①

《中国工艺美术全集》的编撰，是在全国范围内展开的对学界、业界和政府资源的大整合，对于工艺美术学及非物质文化遗产保护的学科建设，势必产生深远影响。

（3）南京艺术学院百年校庆

2012年，南京艺术学院（以下简称“南艺”）建校百年，在持续一年的时间内，举办了一系列展览、音乐会、研讨会和其他庆祝活动，出版了校史研究丛刊及美术学科名人丛书等多部学术著作和《百年校史》。学科升级后，南艺坐拥五个一级学科，本次百年校庆被视为梳理学术传统、大力推进学科建设的良机，“2011年，艺术学升格为门类学科后，我校获得艺术门类下全部一级学科的博士、硕士学位授予权；2012年，艺术学理论、音乐与舞蹈学、戏剧与影视学、美术学、设计学5个一级学科正式获批为‘十二五’省重点学科。百年校庆是南京艺术学院承前启后、继往开来的里程碑。”②

南艺对于艺术学在我国的发展，做出过独特而重要的贡献。就其中的工艺美术学及其后的设计艺术学而言，除了原中央工艺美院，在这方面具有开创性贡献的以南艺为最，其中尤以张道一先生为重要代表。张道一1932年生于山东，1953年起随陈之佛学习图案和美术史论，1956年赴中央工艺美院师从庞薰琹，1958年起任教于南艺，1994年调东南大学创建艺术学系，桃李遍天下。2012年岁末，《南京艺术学院学报（美术与设计版）》推出百年校庆特别专栏，张道一的门生故旧纷纷撰文纪念，如李立新的卷首语《百年南艺赞》，李砚祖的《南艺百年：从道统到学统》，潘鲁生的《忆南艺——写在母校百年校庆之际》，他们从不同角度追述了南艺的学统及其对艺术学理论的贡献。此外，梁玖也在《东南大学学报（哲学社会科学版）》2012年第2期发表《张道一先生的艺术学教学思想刍议》一文，追述其导师的风骨与成就。李立新另编有《造物》第一辑，作为南艺建校百年的献礼，其中载有张道一的《云锦的技艺》，以及中外学者关于佛像修理、工笔重彩人物画、古代家具、宣笔、古文字及艺术人类学的十余篇论文，体现出理解古代造物文明的独特视角。

作为南艺百年校庆活动的一部分，第三届全国设计学青年论坛在2012年12月中旬召开。全国设计学青年论坛于2009年由南艺设计学院创办，主要发起者为南艺新一代的学科带头人袁熙旸，该论坛以富于前瞻性的眼光，聚集了设计理论界的一大批青年人才。本届论坛以“设计与叙事”为主题，从叙事学入手，对当代设计实践、设计理论研究、设计展会和中国传统设计研究中的叙事学问题进行讨论，在以“70后”、“80后”为主体的青年学者和设计师的思想交流与碰撞中，产生了不少富于启发性的观点。同年9月，袁熙旸主编的《设计学论坛》第3卷由南京大学出版社出版，全书分为设计史方法研究、中西设计比较研究、中国古代设计史研究、中国近现代设计史研究、西方设计史研究、设计史与设计理论研究六个部分，体现了编撰者开阔的学术视野和青年学子面向新问题的思想活力。

在南艺百年校庆活动中，设计学院还举办了“第六届全国视觉传达设计教育论坛”，工业设计学院开展了“2012年中国美术家协会工业设计艺委会年会暨‘文化进入工业创新’主题论坛”等10个大型学术活动以及4场国际学术交流活动，传媒学院举办了“名师讲坛”等学术活动近20余次，这些都为国内设计理论和设计教育的交流与发展做出了贡献。③

（4）以艺术与科学展为代表的设计展览与理论研讨

通过策划大型展览来推进学科发展，是清华美院近年来的特色思路。如果说2011年清华美院带给

---

① 《中国工艺美术全集》相关资讯，中国工艺美术协会官方网站，http：//www. cnaca. org/work/p4zx_ 1_ 1. html。

② 《南京艺术学院百年校庆公告（第一号）》，南京艺术学院官方网站，http：//www. njarti. edu. cn/s/1/t/678/53/f2/info21490. htm。

③ 《我校隆重召开百年校庆总结表彰大会》，南京艺术学院官方网站，http：//www. njarti. edu. cn/s/1/t/678/60/2c/info24620. htm。

设计和设计理论界的亮点是“首届北京国际设计三年展暨系列研讨会”，2012 年则是“信息·生态·智慧——第三届艺术与科学国际作品展暨学术研讨会”。艺术与科学展缘起于中央工艺美院与清华的合并，发起者是李政道和吴冠中，已分别于 2001 年、2006 年成功举办过两届，与清华美院信息艺术、工业设计等学科的发展有着密切联系。2012 年 11 月 1 日至 3 日，第三届艺术与科学国际作品展开幕式暨学术研讨会在中国科学技术馆和清华大学举行。在《装饰》杂志社的主持下，来自世界各国的科学家、艺术家和设计师以及来自全国艺术、设计院校的近三百名代表，围绕“信息、生态、智慧”这一主题，结合参展作品和前沿案例，对设计改变生活的可能性进行了多角度的探讨。①《装饰》2012 年第 12 期对本次研讨会的相关成果进行了详细报道，另有长达 520 页的《第三届艺术与科学国际学术研讨会论文集》由中国工业出版社出版。

除上述活动外，作为“第四届清华大学国际艺术·设计学术月”一部分的“2012 年中国工业设计北滘论坛”也于 11 月在广东顺德北滘镇广东工业设计城举行，该论坛对于探索产学研结合和工业设计理论的发展，具有重要意义。改革开放以来，艺术设计教育开始迅猛发展，清华美院在这方面独树一帜，长期居于领先地位。在 2012 年的教育部学科评估中，清华美院的设计学稳居全国第一，并荣获 2012 年北京国际设计周最佳“设计教育奖”。② 工艺美术学作为设计学的前身，在这个学院中仍然保持着活力。2012 年 3 月 26 日，“2012 年第十二届全国纺织品设计大赛暨国际理论研讨会”在清华大学美术学院举办，并编辑出版了作品和论文集《2012 年第十二届全国纺织品设计大赛暨国际理论研讨会·2012 年国际植物染艺术设计大展暨理论研讨：纺织艺术设计》（中国建筑工业出版社）。清华美院艺术史论系作为全国最早建立的工艺美术史论系，将在 2013 年迎来它的三十年华诞，自 2012 年下半年开始，一系列温故知新、旨在促进学科发展的系庆计划逐渐酝酿成熟。2012 年 8 月 11 日至 9 月 20 日，清华美院工艺美术系在北京奥加美术馆筹划举办了“正在改变的传统——当代工艺美术作品展”，该展览汇集了美院师生在陶瓷艺术、漆艺、金属艺术、玻璃艺术、纤维艺术、首饰艺术六个专业方向上的 70 件作品，“展现了从中央工艺美院到清华美院一脉相承的优良学术传统”。③

11 月 8 日至 12 月 15 日，“从洛桑到北京——第七届国际纤维艺术双年展暨学术研讨会”在江苏省南通市“1895”文化产业园区举行，该展览由清华美院工艺美术系主任林乐成教授倡议发起，是迄今为止“中国唯一、世界最大”的纤维艺术展。④ 因为这一展览的成功举办，南通市政府拟与清华美院长期合作，并在 2013 年推出“1895 中国当代工艺美术系列大展暨学术论坛”。清华美院的李当岐教授，作为中国服装设计师协会主席，一直致力于推动中国时装产业的国际化发展，由他担任主席的中国国际时装周创始于 1997 年，每年 3 月和 10 月分春夏和秋冬两季在京举办。本年度的国际时装周引起了社会各界的广泛关注。

2012 年，与清华美院相关的重大展览，还有 2011 年 12 月 26 日至 2012 年 2 月 8 日在国博举办的“韩美林艺术大展”。韩美林是“原中央工艺美院第一届学生，老工艺美院的教育对他起了决定性的影响”，⑤ 2011 年 4 月被聘为清华大学教授，2012 年开始招收博士，其作品简洁有力的装饰风格被认为延续了原中央工艺美院的传统。2012 年 10 月 12 日至 31 日，清华美院平面设计大师余秉楠教授，在学院美术馆举办了“余秉楠教授执教 50 周年设计作品展”，其开幕式研讨引发了专业人士对字体设计的热议。⑥ 2012 年 11 月 17 日，清华美院举行环境艺术设计系成立 55 周年庆典，并举办“环境艺术设计系

---

① 陈岸瑛：《第三届艺术与科学国际学术研讨会新闻通稿》，《装饰》杂志社内部资料。
② 《清华大学美术学院获 2012 北京国际设计周“设计教育奖”》，《装饰》2012 年第 11 期，第 6 页。
③ 《正在改变的传统——当代工艺美术作品展开幕》，《装饰》2012 年第 9 期，第 6 页。
④ 《“从洛桑到北京”第七届国际纤维艺术双年展暨学术研讨会在南通举行》，《装饰》2012 年第 12 期，第 6 页。
⑤ 赵华、方晓风：《袭古通今，意生圆融——访艺术大师韩美林老师》，《装饰》2012 年第 3 期，第 40 页。
⑥ 《余秉楠教授执教 50 周年设计作品展在京开幕》，《装饰》2012 年第 11 期，第 7 页。

55年发展文献展”，通过一个系的历史折射出中国环境艺术设计教育从初兴到繁荣的轨迹。①

2012年12月7日，首届中国设计大展在深圳市民中心开幕，该展览由文化部和深圳市人民政府共同主办，以“时代·创造”为主题，涵盖平面设计、产品设计、空间设计和跨界设计四个领域。清华美院副院长、设计史论界知名学者杭间教授参与了展览的核心策划，并与同事李德庚一起担任“跨界设计”单元策展人。② 从2004年开始，杭间一直热心于策划学术性的设计展览，以展览推动设计理论和设计批评的发展。杭间自2010年开始介入包豪斯收藏与研究计划，于2012年3月1日被正式聘任为中国美院包豪斯研究院院长，参与到以包豪斯藏品为基础的中国国际设计艺术博物馆筹建之中，并最终调任中国美院。四川美院设计学系主任李敏敏，在清华美院师从杭间读博期间主要从事国际设计展览机制研究，作为其博士研究计划的一部分，本年度在《装饰》发表《圣泰田国际设计双年展机制研究》一文。

二、学术会议与学术期刊

（1）学术会议举办情况

行业协会、学会和院校是举办设计类学术会议的中坚力量。2012年，除上述由南艺和清华美院举办的学术会议外，还有如下比较重要的会议：5月中旬，中国美院艺术设计学院与港澳台等地大学在杭州联合举办了“‘跨界·综合’两岸四地设计教育高层论坛暨艺术院校学生优秀设计作品展”。③ 8月中旬，北京工业设计促进会第四次会员代表大会在京举行。9月中旬，中国工艺美术协会在成都主办的“第八届中国工艺美术行业年会”，该年会除讨论落实《工艺美术全集》的编撰工作外，还举办了“中国工艺文化产业发展论坛”、“中国工艺美术协会第五届理事会第四次常务理事会”、“工艺美术行业调研考察”等多项活动。④ 10月中旬，教育部高等学校工业设计专业教学指导委员会等在秦皇岛联合举办“2012年全国高等学校工业设计教育研讨会暨国际学术论坛”。11月中旬，中国机械工程学会工业设计分会主办在福州举办了“2012年国际工业设计研讨会暨第十七届全国工业设计学术年会”（自设计艺术学更名为设计学后，艺术院校与工科院校的工业设计专业将产生更为紧密的联系，⑤ 该年会今后势必引起艺术院校更多关注）。11月底，中国流行色协会在北京主办“2012年中国流行色协会学术年会”，以“色彩设计与产品创新”为主题，出版《纪念中国流行色协会成立三十周年：2012中国流行色协会学术年会学术论文集》。12月底，中国高等教育学会设计教育专业委员会在南昌举办了“‘南昌启意’——2012中国高等教育学会设计教育专业委员会学术年会暨全国设计教育学术研讨会”，围绕跨界设计与教育、地域性设计教育、设计教育的理念、方法与经验这三个议题进行研讨。⑥

（2）学术期刊建设情况

2012年11月17日，“第十届全国高等院校美术学报年会”在衡阳师范学院召开。⑦ 该年会由中央美院《美术研究》杂志社社长易英教授倡议发起，虽然名为美术学报年会，但也包括设计类学报在内，例如，《装饰》、《艺术设计研究》等设计类学报也在被邀请之列，而其他美术类学报也并不排斥设计类文章。迄今为止，在全国设计类期刊中，唯有创刊于1958年的《装饰》被列入国家级核心期刊，而该

---

① 《凝聚力量 继往开来 环境艺术设计系举办建系55周年庆典活动》，清华美院官方网站，http：//www. tsinghua. edu. cn/publish/ad/2836/2012/20121128100856528171374/20121128100856528171374_ . html。

② 中国设计大展2012官方网站，http：//main. chinadesign - cde. com/kjsj. php。

③ 《“跨界·综合”两岸四地设计教育高层论坛暨艺术院校学生优秀设计作品展》，《装饰》2012年第6期，第8页。

④ 《成都会议详细介绍》，中国工艺美术协会官方网站，http：//www. cnaca. orgworkzt_ 18. html。

⑤ 朱亮：《“2011设计学学科建设研讨会”综述》，《装饰》2012年第2期，第8页。

⑥ 《“南昌启意”——2012中国高等教育学会设计教育专业委员会学术年会暨全国设计教育学术研讨会》，《装饰》2013年第1期，第8页。

⑦ 张涛：《十年美术基础教育的践行与反思——第十届全国高等院校美术学报年会综述》，《美术观察》2013年第4期，第32页。

刊只到2007年后才明确定位于艺术设计。一个可以理解的原因是，与美术史论研究相比，设计史论研究长期处在相对边缘的地位。不过，在《中国学术期刊影响因子年报》历年发布的数据中，《装饰》始终排在美术和设计类学术期刊的第一位。据2012年12月发布的《中国学术期刊影响因子年报（人文社会科学）》显示，在艺术类学术期刊中，音乐、电影类学术期刊以及《文艺研究》、《艺术百家》等综合性文艺期刊依旧名列前茅，《装饰》位居第15，《艺术评论》第19，《美术研究》第21，《新美术》第24，《南京艺术学院学报（美术与设计版）》第29，《艺术设计研究》第36，《美术观察》第38，《艺术与设计（理论）》第44，《美苑》第52，《设计艺术（山东工艺美术学院学报）》第54。由此排名，可大致了解2011年度与设计史论研究相关的艺术类期刊的学术影响力（2012年的数据，需等到2013年底才能公布）。

2012年初，《装饰》杂志获得的第一个好消息，是“特别策划”栏目成功入选教育部“名栏”建设工程。“特别策划”栏目于2007年第4期由新任主编方晓风增设，自此以后，《装饰》每月推出一期封面话题，就设计业界和理论界的热点和前沿问题组织专题研讨。①2012年度，《装饰》“特别策划”栏目推出了12个富有学术价值和现实意义的专题：“设计批评何以可能”、“漆器之美”、“设计未来”、“创新的路径”、“巴洛克”、“快与慢”、“品牌奥运”、“毕业设计－环境艺术设计”、“老年设计”、“伦理的转向”、“办公的故事”、“第三届艺术与科学国际作品展暨学术研讨会”。如前所述，本年度设计理论界比较热门的话题包括跨界、可持续、创新、传承四个方面，按此衡量，专题“设计未来”、“创新的路径”涉及创新，专题“品牌奥运”、“第三届艺术与科学国际作品展暨学术研讨会”涉及跨界，“漆器之美”涉及传承，“快与慢”涉及可持续，可以说涵盖了2012年度的全部热点。此外，“老年设计”和“伦理的转向”两个专题，则体现了《装饰》对设计伦理问题的一贯关注，而“设计批评何以可能”则体现了对设计界长期呼吁建立设计批评机制的回应。为深入讨论“慢设计”这一与社会可持续发展相关的话题，《装饰》杂志社与杭州师范大学美术学院合作，于2012年4月在杭州举办了“快与慢——慢生活与慢设计研讨会”，邀请陈嘉映、格非、缘诗道（瑞典）、滕菲、叶宇轩、朱赢椿等14位各行业知名专家参会发言，受到了社会的广泛关注。《装饰》在本年度新设“第一线”专栏，对国内12个知名设计工作室进行调研和采访，鲜明体现了《装饰》“立足当代、关注本土”的办刊宗旨，增强了编辑部与设计业界的联系。

在《装饰》之外，中国工业设计协会主办的《设计》（月刊）在2012年度关注了平等设计、设计比慢、设计标准、设计转向、设计风险等话题，体现出主编海军对学术前沿问题的敏感。在该刊发表的文章中，中国工业设计协会会长朱焘的《从包豪斯到乔布斯——工业设计发展史上的两座丰碑及我们的思考》一文，呼应了2012年度对乔布斯与设计创新的普遍关注。此外，该刊组织的“2012装饰艺术趋势大家谈”也值得一读。北京服装学院学报《饰》自2009年更名为《艺术设计研究》（季刊）后，在陈芳教授主持下快速发展，影响因子从2010年度的第64位，快速提升到2011年度的第36位。《艺术设计研究》在2012年度对时尚理论进行了重点关注，对乔安妮·恩特维斯特尔、理查德·舒斯特曼、吉勒斯·利浦斯基、弗里德·戴维斯等西方学者关于时尚和身体的研究进行了译介。与北服的传统优势相关，“服饰研究”栏目继续发挥其学术引领作用，汇集了不少优秀的学术论文。此外，还聘请彭锋主持“艺术家与设计师”栏目，黄厚石主持“设计与文脉”栏目，卜从主持“学术立场”，杨道圣主持“书评”，约请并发表了不少设计史论方面的优秀稿件，如扬之水的《唐宋时代的床和桌》，黄厚石的《中国为什么这么“红”——关于中国设计的一种色彩分析尝试》，熊嫕的《档案、实物、语境——清代设计制度研究文献综述及利用》，海军的《从韩国到中国——逐渐延伸的亚洲设计整体竞争力》等。

2012年4月，《美术观察》（月刊）出刊200期。祝帅主持的“设计批评”栏目在这一年悄然更名为“批评”，似乎体现了单纯做设计批评的难以为继。学界一直呼吁设计批评，但设计批评家这一社会

① 《〈装饰〉“特别策划”栏目入选教育部“名栏”建设工程》，《装饰》2012年第2期，第6页。

角色始终难以确立，这并不仅仅是批评家“缺乏一种坦然面对的担当精神”的问题，① 而是折射出中国设计生态链的不成熟和不完整。《南京艺术学院学报（美术与设计版）》（双月刊）在既定编辑思路下前进，本年度除百年校庆专栏外，值得关注的文章有李立新的《我的设计史观》，李砚祖的《设计的身份“场域”：从个人到民族》，熊嫕的《明代设计制度研究的视野与视角》，李修建的《中国艺术人类学研究的拓展与深入——2012 年中国艺术人类学学术研讨会综述》和刘伟冬的《设计的文化力量——〈中国设计全集〉序论》等。山东工艺美术学院学报《设计艺术》（双月刊），本年度值得关注的有泰山学者论坛专题，中国北方村落文化遗产保护工作论坛专题，潘鲁生的《关于农村文化建设的思考》，黄晓曼的《慢文化与快餐建筑——浅谈王澍建筑》，祝帅的《从“设计”观天下——翟墨设计艺术学研究述评》，熊嫕的《图、谱、说、考——明代设计制度研究的文献基础》和丁朝虹的《变常有道——以宁波骨木镶嵌为例谈传统工艺与现代文化创意产业之间的关系》等文。

三、学术研究与出版

（1）工艺美术研究

2012 年的中国工艺美术学界，王家树先生（1929 年生）先于 2004 年辞世，田自秉先生（1924 年生）因病瘫痪在床，叶喆民先生（1924 年生）依然健旺，张道一先生（1932 年生）刚刚庆祝完八十大寿，苏州大学的诸葛铠先生（1941 年生）于 3 月 7 日在苏州病故，终年 71 岁。张道一先生在本年度出版了《剪子巷花样：山东民间刺绣剪纸》（山东教育出版社），主编出版了《徐州画像石》和《南京云锦》（“符号江苏”丛书），此外，他担任总主编的“中国工艺美术大师”丛书本年度出版了顾永骏、周长兴等 6 卷，此外还有《艺术三要素》（《艺术学界》，2012 年 12 月 31 日）和《中国文化传统与民艺层次》（《中国艺术报》，2012 年 6 月 29 日）等文章发表。

这一年，步入耳顺之年的尚刚先生出版了一部纪念性文集《古物新知》，文集收录 20 篇论文，记录了作者三十余载工艺美术研究的心路历程。此外，还在《文物》发表《古瓷札记两则》，在《装饰》发表《元朝刻丝的功用与其折射的文明》，在《书城》发表《故事：唐人好色》等文。近年来，尚刚教授指导硕博士研究生从事中国工艺美术史断代史研究，梳理文献与文物，成果与年俱增。扬之水先生（1954 年生）本年度出版了《曾有西风半点香》（生活 · 读书 · 新知三联书店）、《诗经名物新证》（天津教育出版社），《〈读书〉十年（三）一九九四——一九九六》（中华书局），此外还在《南方文物》、《紫荆城》、《中国典籍与文化》、《艺术设计研究》以及《东方早报》、《中华读书报》上发表了 18 篇论文和随笔，可谓成果丰硕。吕品田先生（1959 年生）与徐雯合作出版了《传统手工艺》一书（黄山书社），介绍了中国传统手工艺的发展历程、制作工艺和文化内涵。孙建君先生（1951 年生）积极推动民间艺术研究，参加 2012 无锡市民间文艺发展论坛等各类学术活动，发表《中国民间剪纸的文化意义》（《群言》）等文章。以科技史视角切入中国古代造物文明的戴吾三先生，与人合作翻译出版了《手艺中国：中国手工业调查图录》（鲁道夫 · P. 霍梅尔著，北京理工大学出版社），另在《装饰》上发表《从发明史看办公用品的演变》和《从科技史看创新的路径》等文。

在山东大力推进民艺研究的潘鲁生教授，本年度与唐家路合作出版了《民艺学概论》（山东教育出版社），并发表了《民间手工艺的知识产权保护与文化传承》（《传承》）、《蓝色文化产业的发展路径——关于山东半岛蓝色经济区文化产业发展的战略思考》、《齐鲁文化与制度建设》（《山东社会科学》）等文。艺术研究院方李莉教授近年来致力于推进艺术人类学建设，本年度在《中国社会科学报》刊发《“非遗”保护新高度：从“文化自觉”到“文化自信”》一文。陈芳教授近年来致力于明代工艺美术研究，本年度在《艺术设计研究》上发表了《晚明女子头饰“卧兔儿”考释》等文章。艺术研究院副研究员谷泉近年来致力于石文化研究，本年度推出专著《龙尾石谱》（荣宝斋出版社），以实地调研为基础，系统梳理龙尾砚历史文化。中国美院青年教师连冕研究与发表勤奋，本年度除在《美术

① 席卫权：《试论设计批评家的心态》，《美术观察》2012 年第 3 期。

报》刊发《古建遗址志》、《神话·造物·管理》等18篇专栏文章，其博士研究成果也在《苏州大学学报（哲学社会科学版）》上得以部分呈现（《旗纛之“巫”：礼制与纹样模式下的社会治理》），此外，还在《装饰》发表《书〈设计的善意〉后：关于“设计哲学”之启蒙、教育与社会》，对杭间教授近著进行评介。

2012年最值得关注的大型出版物，除了筹划中的《中国工艺美术全集》，还有本年度出版的《中国设计全集》。该全集总计20卷，由南艺和商务印书馆领衔合作，“项目从启动到成书，历时四年……各分卷编撰团队主要成员就来自全国十几所设计院校，编委会成员更涵盖了国内设计界众多知名学者”。① 该书从设计视角（功能设计、材料设计、工艺设计、形态设计）切入中国古代工艺美术史，涵盖华夏民族8000年物质文明发展史，分建筑类编（人居篇、城垣篇、装饰篇、家具篇）、服饰类编（衣裳篇、冠履篇、配饰篇、容妆篇）、餐饮类编（食具篇、饮具篇、厨具篇）、工具类编（生产篇、计量篇、武备篇）、用具类编（舟舆篇、灯具篇、民俗篇）、文具类编（礼娱篇、乐器篇、书印篇），囊括了中国历史上3000个经典设计案例，插图约18000余幅。

（2）艺术设计研究

在设计史论基础研究方面，李砚祖和张夫也教授主编出版了《中外设计简史》（中国青年出版社），成为本年度最值得推荐的设计史教材之一。李砚祖教授主持编辑了《艺术与科学·卷十二》（清华大学出版社），本卷以“空间、时尚与设计”为主题，分思想、设计、视界、探索、史学、理论、读书七部分，另在《艺术视角》发表《艺术专业研究型教学的探索与实践》一文（其他文章如前所述）。张夫也教授出版了《外国美术史》第2版（湖南大学出版社），从绘画、雕刻、建筑和工艺美术入手阐述，并在《陶瓷科学与艺术》上发表了《钦州坭兴陶审美探议》一文。杭间教授忙于展览策划和博物馆筹备，往来于京杭沪之间，本年度刊发《设计、生活与启蒙》（《人民日报》）、《“中国制造”与文化创意产业》（《中国艺术报》）、《一个陶艺家如何面对本土和世界——作为陶艺学者的陶艺家白明》（《美术》）、《全球化与“传统”——关于墨西哥现当代艺术》（《美术》）、《创意时代艺术的教与学》（浙江艺术职业学院学报）等文。王受之教授本年度出版了《世界现代建筑史》第2版（中国建筑工业出版社）。许平教授与梁梅、李新合作推出了《世界现代设计史》第2版（上海人民美术出版社）。郑巨欣教授主编出版了《浙江民间剪纸史》（杭州出版社）、《中国美术学院学科建设与教学创新文集》（中国美术学院出版社）和《2004—2010中国美术学院精品课程汇编》（中国美术学院出版社）。凌继尧教授本年度出版了《艺术设计概论》（北京大学出版社），并主编出版了《2011—2012中国品牌年度发展报告》（辽宁美术出版社）。

本年度值得关注的教学参考书，是年轻一代学者张朵朵翻译的《大设计：BBC写给大众的设计史》（彭妮·斯帕克著，广西师范大学出版社），周博、沈莹翻译的《20世纪的设计》（乔纳森·M. 伍德姆著，上海人民出版社），以及周志翻译的《当代设计的前世今生》（伊丽莎白·库蒂里耶著，中信出版社）。大卫·瑞兹曼《现代设计史》第二版翻译工作也在本年度完成，于2013年初出版。此外还有周浩明等翻译出版的《芬兰设计：一部简明的历史》（拜卡·高勒文玛著，中国建筑工业出版社）。本年度出版的教科书还有《外国近现代设计史》（胡天璇等，机械工业出版社），《现代设计史（白金版）》（王树良、张玉花，重庆大学出版社），《工业设计史》（王晨升，上海人民美术出版社），设计概论（薛保华主编，华中科技大学出版社），《工业设计概论》（吴志军等，中国轻工业出版社），《产品设计概论》（吴清、翁春萌主编，武汉大学出版社），《动漫概论》（吴琳、梁露主编，清华大学出版社）等。

此外，童慧明教授主编出版了工具书《建筑与设计英汉辞典》，何人可教授推出了《工业设计专业英语》（北京理工大学出版社），邬烈炎教授出版了《设计基础》（南京师范大学出版社），吕敬人教授

① 刘伟冬：《设计的文化力量——〈中国设计全集〉序论》，《南京艺术学院学报（美术与设计版）》2012年第3期，第4页。

撰写了《书籍设计》（湖北美术出版社）和《书籍设计基础》（高等教育出版社），马泉教授撰写了《城市视觉重构——宏观视野下的户外广告规划》（人民美术出版社），何洁、叶苹教授主编了“新世纪全国高等院校艺术设计专业十二五重点规划教材”，包括《字体设计》（方茜）、《包装设计》（耿凌艳）、平面构成（胡心怡），《版式设计》（葛芳，陈绘）等，由上海人民美术出版社出版。柳冠中先生继续为振兴中国工业设计奔走呼吁，本年度出版了《象外集：语录·访谈·文论·众说》（中国建筑工业出版社），主编出版了《工业设计在发展方式转型中的意义与价值：2011 年中国工业设计应用理论博士研讨会论文集》（宁波出版社），并发表了《美化？造型？还是设计？》（《装饰》）和《做中国的设计》（中国服饰）等文，此外还指导学生完成了洗衣机设计和研究项目。蔡军教授致力于推动设计管理、产学研结合与国际合作，本年度受摩托罗拉中国公司委托，进行中国消费者生活形态与审美趋势研究。湖南大学设计艺术学院青年教师季铁，继续从事工业设计方面的扎实研究，本年度在《装饰》上与潘英合作发表《基于社区和网络的设计与社会创新——从 UCD 到 CCD》一文。

中国美院的宋建明与许江教授合作主编《新设计丛集 7·比较设计》（中国美术学院出版社），并在《装饰》发表《创新成型于困境中》、《2012，在“信息·生态”的棋局中陷入的长考》，在《建筑与文化》发表《在实践中破解城市美学难题》一文。清华美院的郑曙旸教授主编出版了《中国环境设计学年奖：第十届全国高校环境设计专业毕业设计竞赛获奖作品集》（中国建筑工业出版社）。苏丹教授继 2011 年推出《问题与建议》一书后，本年度又撰写出版了《工艺美术下的设计蛋》（清华大学出版社），结合环艺教学 20 余年的丰富经验与案例，对设计教育问题进行深度思考。鲁晓波教授本年度忙于主持学院大局以及艺术与科学展的筹划，在《装饰》留下了相关文字，他对高新信息技术发展趋势的研究，部分体现在《新媒体时代的物联网信息设计与展望》（《物联网技术》）一文中。徐迎庆教授致力于推动信息技术与艺术的结合，本年度参加了“快与慢——慢生活与慢设计研讨会”和“第三届艺术与科学国际作品展暨学术研讨会”，并在《装饰》上留下了相应文字。

清华美院的其他青年教师，也各有专业论文在《装饰》发表，如方晓风的《巴洛克建筑的动感之路》、《后现代的伦理转向》，陈岸瑛的《机器与人民——现代主义设计伦理思想溯源》，陈彦姝的《宋代官署故事三则》，陈楠的《格律设计——针对格式系统规律预先设计的方法论》、《时尚伦敦 潮流奥运——解读动态进化的伦敦奥运会的视觉设计系统》，顾欣的《巴洛克衬线字体》，吴琼的《信息时代的设计伦理》等。其他如前述海军、周博、祝帅、熊嫕、周志、连冕以及郭秋惠、芦影、李江、张朵朵、滕晓铂、田君、姚之洁、张健、韩倩、顾浩、陈剑、王逸君、向谦、陈彦青等“70 后”、“80 后”的年轻学子，作为学界新生力量活跃在设计史论研究领域，前途未可限量。

陈岸瑛　清华大学美术学院艺术史论系副教授

2012 年度环境艺术设计的研究与发展述评

◎汪晓东

回顾2012年环境艺术设计（以下简称环艺）的发展，从大局来看，并没有出现特别让人震撼的事件以及设计活动。可以说，2012年是环艺专业发展较为平凡的一年，是承前启后的一年。在这一年中，各个方面的发展可以说是对过去所提出的设计思想或观念的一个巩固与加强。

对于环艺专业概念的界定，一直存在很大的争议，首先是对其内涵及边域的界定。按照专业泰斗张绮曼老师所说的："从广义上讲，环艺专业如同一把大伞，涵盖了当代几乎所有的艺术与设计，是一个艺术设计的综合系统。从狭义上讲，环艺的专业内容是以建筑的内外空间环境来界定的，其中以室内、家具、陈设诸要素进行的空间组合设计，称之为内部环境艺术设计；以建筑、雕塑、绿化诸要素进行的空间组合设计，称之为外部环境艺术设计。前者冠以室内设计的专业名称，后者冠以景观设计的专业名称，成为当代环境艺术设计发展最为迅速的两翼。"① 清华美术学院郑曙旸老师也持相同的观点，但他将环境艺术设计分割成两个概念，"环境艺术" 与 "环境设计"，他认为环境艺术应该是从属于环境设计的子系统。② 本文也无意于纠结概念的界定，但首先要确定环艺专业大致的域限范围，才能来归纳总结2012年环艺专业所取得的成就。

一、以高校为依托，进一步加强环艺专业的学术研究

环艺专业是一门新兴的专业，在一些学术活动中，基本上都是以教育部或省、市级高校为依托，结合企业或设计公司来进行学术交流。一方面，学校需要实践的场所，需要资金的支持；而企业或者设计公司需要高校的学术支持。在这些学术交流中，环艺专业的发展也取得了长足的进步，毕竟环艺专业时间短，也没有可资借鉴之处，③ 校企合作的方式可以取长补短。

在2012年，采用这种方式的设计活动非常多。如2012年4月19日，"快与慢——慢生活与慢设计学术研讨会" 在杭州举办。这是杭州师范学院与装饰杂志社联手主办的活动。在目前中国经济飞速发展的背景下，全国各地大搞开发，部分政府官员为了创造政绩，急功近利地要求快速地完成任务，他们往往一味地催促设计师尽快地拿出设计方案，尽快地完成任务。这就导致从事环艺专业的人几乎都有通宵达旦赶图的经历。在无可奈何的情况下，为了尽快地完成任务，许多人不惜抄袭别人的设计作品，或者套用模式化设计。显然，在这样的状态下，设计师是很难拿出新颖的设计作品来。众所周知，好的设计作品有时需要设计师细细地品味、慢慢地琢磨，方才有新的、酝酿成熟的设计方案。"慢工出细活"，好的设计作品能经得起时间的考验！对于环艺专业来说，全国各地的大拆大建，在利益的驱使下，无论是室内设计还是景观设计，大部分作品都显现出快节奏生活下特有的浮躁、急功近利等。当然，提倡慢设计并非完全反对快设计，但那种不求品质的快设计应该加以限制。此外，在2012年10月27日，"灯光与空间设计、设计管理与品牌战略论坛" 在南京艺术学院工业设计学院举办。这次论坛的主题是探讨中国制造向中国创造的转变，改变思想观念，重视设计理念，并为广大设计师提供最新的设计动态与趋势，指引大家前行的方向。

在校企合作的设计活动中，高校的实验性教学的尝试给企业注入了新鲜的血液。在目前大学环艺的

---

① 张绮曼：《室内设计的风格样式与流派》，中国建筑工业出版社2000年版，前言。

② 郑曙旸：《环境艺术设计辩义》，《雕塑》1997年第3期，第23－25页。

③ 国外的环艺专业和国内相比存在着很大的差别，国外的环艺专业更多地倾向于公共艺术专业。

的教学过程中，实验性的教学以及大学与企业合作的实验性教学活动对于大学生的创新思维有一定的促进作用。如2012年4月28日至4月30日，首届中国苏州文化创意产业交易博览会在苏州国际博览中心举行。作为苏州特色美术馆之一的“肯达美术馆”也参与其中，活动主题为“住进美术馆”，看肯达美术馆的创意产品。这次活动致力于将艺术融入生活，在美术馆的空间中探索艺术、设计与生活的完美结合，演绎“住进美术馆”的全新概念，将美术馆的空间作为一个生活家居的空间，从而将传统的美术馆的经营模式进行创新与突破。将家具、生活用品与空间进行对话与交融，试图营造悦人的意境，这其实也是环艺专业中室内设计的精髓部分。另外，在2012年7月1日，“2012上海国际创意设计工作营——设计工作坊”在复旦大学上海视觉艺术学院开幕。在这次活动中，对于景观设计、建筑设计、室内设计进行了多方面的互动研讨，并共同创作。2012年9月27日，“2012国际高校毕业设计作品展”在中国教育电视台高校创意总部基地开幕，其中，我们可以见到很多作品体现出实验性教学的作用。

二、进一步加强对外环艺专业的学术交流，提升国内或大陆设计水平

虽然国内的环艺专业并非等同于国外，但国内环艺专业的主要分支在国外高校均作为专业出现，如室内设计，建筑设计、景观设计、家具设计等。所以也丝毫不影响国内外的学术交流。回顾2012年，就环艺专业的对外交流相比以前则更为频繁，交流的地点不仅局限于国内，而且延伸至国外，使得国内外的设计师直面对接，互相沟通，从中可以得知国内外设计水平存在的差异，并取长补短，共同进步。这一系列的活动也推进了世界设计强国关注中国设计。

如2012年7月16日，“新意大利设计2.0”展览在北京“设计之都”大厦开幕。在这次展览中，汇聚了100多位意大利设计师的近300件作品，展品设计涉及很多方面，如室内设计、珠宝设计以及国内比较少见的美食设计等。从而使得国内的设计师更好地了解国外的设计作品，解读他们的设计理念。2012年9月19日，“中国·深圳—英国·伦敦设计创新合作交流会”在伦敦四季酒店宴会厅召开，这次活动由深圳市政府和伦敦市政府联合主办。这是中国第二次参加英国的百分之百设计，无论从展台或者展品设计上，中国的设计无疑拉近了同欧洲设计强国的距离，也改变了世界上许多国家认为中国仅仅是个制造大国的观念。特别是这次展出的家具设计，中国的设计师更多地融进了民族文化，也使得世人通过中国的设计领略中国的传统文化。2012年9月28日，北京设计周开幕。这次设计周的主宾城市是意大利的米兰。通过这次活动，一方面，可以促进国内设计师之间的交流；另一方面，一系列的活动为来自各国的设计师建立起交流的平台，如国际设计品交易会、国际信息设计展等。米兰是世界著名的设计之都，在这次活动中，米兰所带来的时尚设计、建筑装置、社区项目等将给中国的设计注入新的能量。2012年10月26日至12月7日，透过设计炫彩生活——芬兰当代设计与玛丽美歌时尚展在上海当代艺术馆展出。这次展览的内容从照明到服饰到建筑设计等，使得我们很好地了解设计大国——芬兰的设计水平。最为主要的是了解设计在芬兰人生活中所扮演的角色，以及芬兰人对设计的认识与态度。2012年11月8日到10日，第五届“100%设计”上海展暨国际家居装饰艺术展在上海展出。这次展出吸引了来自20个左右国家的180个品牌前来参展，促进中外环艺的交流。2012年11月16日，“设计的新创造”——2012 Andrew Martin 国际室内设计大奖在上海落幕。2012年12月16日，2012年度 Idea-Tops 国际空间设计大奖——艾特奖颁奖典礼在深圳国际会展中心举行。在这次颁奖盛会中，35个国家，2616幅作品的激烈角逐，从而也推动了国内环艺专业的发展。

从2012年设计专业频繁地组织国内外交流，可以得出这样的结论，其一，西欧设计强国看到了中国市场的潜力，他们急于想了解中国；其二，国内的设计师也希望了解设计强国的水平，需要与国际接轨，提高设计能力，开拓视野；其三，国内外高校之间、设计团体之间想通过一些活动增进了解。按照这样的趋势发展，环艺专业对外交流的机会会越来越多，交流的频率也会越来越高，在不久的将来，中国的设计水平一定能赶超欧洲的设计强国。

三、进一步加强生态设计

生态设计是20世纪90年代开始兴起的一种新的设计观念，体现人们在设计过程中，将环境作为设

计中重点考虑的对象，根据辛·凡得来恩和史都华·考文化的定义：任何与生态过程相协调，尽量使其对环境的破坏影响达最小的设计形式都称为生态设计，这种协调意味着设计尊重物种多样性、最少对资源的剥夺、保持营养和水循环、维持植物生境和动物栖息地的质量，以有助于改善人类及生态系统的健康。① 直至今日，生态设计逐渐成为衡量设计成功与否的标准之一。

在2012年众多的设计活动中，生态设计仍然作为活动的主题，如2012年3月21日，TASML国际艺术家驻留计划启动仪式在清华大学美术学院举行。TASML国际艺术家驻留计划研究的课题是“惊异之感”与“悬迫之域”，“惊异之感”旨在打破传统的人们以视听为主导的感知局限，扩大人的感知范围，把人们在日常生活中不易察觉的感觉得到充分的显现，并进行实验。“悬迫之域”主要关注的节能、环保的问题，如家庭式耕作、新型回收与再生等，借助于技术的干涉拓展都城生活空间；2012年9月10日，“BRAVOS”西班牙先锋设计展开幕式在清华大学美术学院美术馆举行。主要介绍西班牙的先锋设计，其中关于循环利用的生态设计理念也值得我们学习与借鉴；2012年11月17日至18日，第五届城市与景观“U+L新思维”国际学术研讨会暨“蚂蚁工坊”杯全国大学生概念设计竞赛在武汉召开，这次会议的主题是生态、文化、技术、教育。

人以文化的方式生存。人的自然本性是在自然价值的基础上创造文化价值。人类社会的发展是利用自然价值，创造和实现文化价值。② 在今天的中国，很多人仍然只关注文化价值，却忽略了自然价值，这就势必导致只强调经济的发展，却忽略环境保护。很多人认为环境就是为人服务的，离开了人，自然环境就无所谓价值，过去我们经常听到“设计以人为本”的口号，从某种角度上来看，这种思想就是忽略自然价值的体现。自然界的存在不仅仅是为了人的利益，当然包括其他种群的利益，但实质上人类对其他种群的危害最大。纵观历史，如果我们从文化发展的演变过程来看，可以归纳为：自然文化、人文文化、科学文化、生态文化。

其实，在我国先秦时期，人们就注意到了自然的威力，就意识到人类的发展要顺应自然的发展。如《荀子·王制篇》云：“网罟毒药不入泽，不夭其生，不绝其长也；春耕、夏耘秋收冬藏，四者不失时，故五谷不绝，而百姓有余食也；污池渊沼川泽，谨其时禁，故鱼鳖优多，而百姓有余用也；斩伐养长不失其时，故山林不童，而百姓有余财也。”③《逸周书·大聚解》中记载：“春三月山林不登斧，以成草木之长；夏三月，川泽不入网罟，以成鱼鳖之长。”④《韩非子·五蠹》中记载：“人民不胜禽兽虫蛇，有圣人作，构木为巢，以避群害”。⑤ 随着科学的进步，人的势力逐渐增强，“人定胜天”的思想占据了许多人的头脑，直到环境遭受破坏，我们的生活质量受到影响，人们才逐渐醒悟，开始花更大的精力、更多的时间来弥补先前的“放纵”。今天我们所提到的设计师的职责和社会担当，其中最重要的一个方面就是要有环保意识。

四、进一步加强为弱势群体的设计意识

设计的宗旨是要为大众服务，这其中包括各种特殊群体尤其是弱势群体，如残疾人、老年人、儿童等。另外，随着社会的变迁，城市化进程的加快，进城务工人员的增加，使得城市人口飞速增长，社会较之以前形成了越来越多的特殊群体，如“蚁族”、“农民工”、“留守儿童”、“空巢老人”等，他们生活空间的设计也逐渐成为设计师关注的焦点。特别在高校，将这些社会问题作为研究对象，并进行一系列的调研，然后分析他们的身体特点、活动范围、生活状态、心理因素等，并为他们营造属于他们自己的生活空间。

如在2012年6月13日至6月23日，清华大学美术学院染服、陶瓷、视觉传达、环艺等6个系的毕

---

① 俞孔坚：《绿色景观：景观的生态化设计》，《建筑科技》2006年第7期：第28页。
② 余谋昌：《生态文化论》，河北教育出版社2001年版，第66页。
③ 《法家著作选》编辑组：《荀子选注》：北京人民出版社1976年版，第46页。
④ 《诸子集成》：河北教育出版社1996年版，第38页。
⑤ 秦惠极校点，《韩非子》，辽宁教育出版社1997年版，第177页。

业设计展。在环艺的毕业展中，基本上都是采用图版与模型制作相结合的方式诠释设计思想。并且关注的范围较之以前则更广，作品中也透射出同学们对社会问题的思考，通过同学们的毕业设计，也反映出学校教育相对以前，更重视未来的设计师所要承担的社会责任。

为弱势群体设计，这种行为模式，与设计行为所包涵的伦理道德有关。社会在发展的不同阶段，设计的伦理道德的价值取向也在不断地演变。在手工业社会，设计是精英的设计；在工业社会，机器大生产带来的批量生产，设计是为大众服务，精英设计受到大众的民主设计挑战；现代主义设计最终实现了设计的民主，设计开始为广大的群众服务；在社会发展到今天，人性化设计成为主题。为弱势群体的设计，会形成一个完整的设计伦理体系，为人设计的思想，从权贵到民众，从普通到普适，最后纳入设计的知识结构，成为设计价值认识的思想基础。

五、进一步倡导环艺专业的跨界设计

在2012年6月27日，中国设计大展学术策划会议在深圳关山月美术馆举行。在这次大展中，主体展览分为四大块，跨界设计就是其中一个板块，中国美院杭间在原有的基础上进一步诠释了跨界设计。

“跨界”在中国设计界已经谈论了30多年了。对于环艺专业的跨界设计，应该从三个方面来探讨：其一是环艺专业阈限范围内的跨界，如有意识地混淆建筑的内外空间，混淆建筑的形式与功能，混淆建筑或室内设计的风格，有一段时间流行的“混搭”风格，从某种角度上来看，应属于跨界设计；其二是设计学科内部之间的跨界，杭间认为：“设计自工业革命以来，环艺、产品、平面、服装等专业就相互交叉，难分你我，设计本身就是社会生活的综合体，在未来，设计可能越来越不是一个专业，而是一个系统。我们现在学院里的专业都是不得已而为之的，平面管平面、媒体管媒体、环艺管环艺。这样划分对学生的创造性、对他的发展是没有好处的，今后的发展可能是放弃专业划分，而考虑整个社会系统。”① 其三是设计学科与其他学科之间的跨界。设计学科越来越关注社会问题、环境问题等。现在我们经常看到为弱势群体做设计，其实就是融合了社会问题。学科之间本来就很难有清晰的界限，环艺专业更是如此。跨界设计并非是简单的重复与组合，而是一种创新与探索。

六、对未来环境艺术设计方向的展望

关于未来环艺设计方向的把握，在2012年国内外的一些设计团体、高校组织了一些设计活动来进行研究，2012年3月19日至3月22日，深圳国际家具展奢华盛典，这次展览的主题是“关于未来生活方式的设计”。在这次展览中，国际一些知名的建筑大师也参与讨论，大家共同分析当代设计的潮流与未来走向，如何利用可再生能源以及可回收利用的材料，尽量减少对环境的破坏。社会的发展不可能停滞不前，高新技术的开发与利用，百年以来，设计基本上是考虑为人所用，但在未来，设计将人的生存环境作为首要的地位，有责任保护环境，且引导人们对生活环境的合理态度。2012年9月14日至23日2012台湾设计师周（2012 Taiwan Designers' Week）活动开幕。② 这次活动的主题定为《FLOW》，主要展现台湾设计师们对未来发展的无限可能和新机会的期许，内容主要涵盖大会主题展、设计论坛等13项主要活动，共有五百多位设计师一百多个设计品牌、作品与团队组织参展，可谓阵容强大，也展示了台湾的设计环境与氛围。

设计除了满足当下人们日常生活的需求外，还要指引导和规范人们的行为。环艺的目的是为人创造出符合人体科学需要，适应人们各项活动要求，舒适宜人的空间环境。③ 目前自然环境的不断恶化，人造环境设计的不合理，也使得许多有良知的设计师期盼改善这一现状，重视设计对人类未来的影响力，为解决自然与人造物之间日益尖锐的矛盾发挥作用，顺应自然、和自然和谐共生是未来设计的一个风向标。

尤其是环艺设计方面，建筑所产生的垃圾是造成环境污染的主要来源之一。室内污染的来源主要有

---

① 杭间：《设计的善意》，广西师范大学出版社2011年版，第8页。

② 台湾设计周是中国台湾一年一度最具规模与代表性，是由民间自发组织的活动，开始于2007年，发展至今已有6—7年了，活动的规模与影响逐年增长。

③ 李砚祖：《艺术设计概论》，湖北美术出版社2002年版，第8页。

两个方面：一方面与建筑或者室内本身有关，另一方面则与使用者的使用状况有关。与建筑有关的污染大多源于室外污染源，建筑与室内装修材料，建筑与室内环境中的各种设备，建筑与室内环境的建造方法，供暖、通风与空调系统，建筑与室内环境的维护等问题。① 另外，由于使用者在室内环境的活动所引起的空气污染一般不太为人所知，这主要是由人们个人的生活习惯所导致的，我们可以试图通过良好的设计来引导和规范人的行为，从而降低室内环境的污染。在室外环境方面，由于中国城市化进程的加快，城市的规模不断地扩大，势必侵占大片的良田与山林。一些政府官员一味地创造政绩，建造城市广场、开发区或工业园区等，人为的硬质铺装与种植“领导”着这样的区域，使得原本的生态环境失衡，土地固化严重，物种的多样性丧失。现今的城市出现的弊病大部分是源自人们对环境的破坏，如“雾霾”天气、沙尘暴以及持续高温天气等反常现象的出现等。

结束语

2012 年在环艺专业发展的二十几年中，可谓是平凡的一年，也是承前启后的一年。一些设计展览及活动的主旨也并无太多的新意，但所倡导的核心内容仍是至关重要的。也许在未来的几年、几十年、甚至几百年，我们都将会按照我们所预计的路子走下去。环艺专业不管在今后是否重新命名重新定义或者重新诠释但这个专业所研究的核心内容大则关注人类的生存。关注社会的发展以及存在的弊病，小则关注个人的生活空间，这些都是我们不容忽视的。社会需要专业精湛的设计师，更需要有社会担当、有良知的设计师。他们应该关注自然环境、社会环境，引领人们的生活环境朝着良性的方向发展。

2012 年已经过去，2013 年悄然而至，期待在这一年有更多更新、有突破性的设计理论、设计作品问世。飞速发展的中国经济迫切需要系统化、有配套的设计理念，成熟的身体一定要有成熟的思想，只有这样，我们的社会才能健康地成长。环境艺术设计一个新兴的设计专业方向，期望能够走得更好更远。

汪晓东　集美大学美术学院

---

① 周浩明：《可持续室内环境设计理论》，中国建筑工业出版社 2011 年版，第 10 页。

中国工业设计 2012 年度镜头集粹：热身中的期待

◎许　平

镜头一：习近平视察广东顺德工业设计产业城

网易新闻 2012－12－10 /09：13：26 报道：“2012 年 12 月 9 日，中共中央总书记，中央军委主席，习近平来到广东顺德，习近平在一家工业设计产业城视察了半个多小时，重点观看了现代家电业转型产品，有企业人士就盼望，中国未来能在自主设计产业，予以更多的扶持。”

相关报道称，习近平总书记对设计城展厅中展出的工业设计产品很有兴趣地提问，工作人员作了详尽的解答。“在展品区，习近平一眼就认出了一把椅子是仿照明式家具而设计。当听到介绍说，设计城正在研发既能坐得舒服又能坐得健康的椅子时，习近平肯定了研究方向，并表示，他也在寻找能坐得健康、舒服的椅子。‘你们要好好研究，这个市场很大。’”当听到工作人员汇报设计城现在已有八百名设计师时，总书记高兴地表示，希望下次再来时，能看到更多的设计师。（广东工业设计城网站 2012 年 12 月 13 日报道）

近年来，党和国家领导人高度关注我国工业设计各项事业的发展。早在 2007 年 2 月，时任国务院总理的温家宝就在中国工业设计协会提呈的一份报告上批示：“要高度重视工业设计”，这是中央高层关注“工业设计”发展的第一个重要信号。两年后的 4 月 19 日，刚刚出席完博鳌论坛的温家宝总理专程从海南来到广州，考察了工业设计企业毅昌科技公司等单位，并与几十位工业设计师亲切交谈。他鼓励年轻的设计师们“要想着整个国家的大局，甚至整个人类的未来。放开手脚，大胆创新，把知识的力量运用到产品设计的每一个环节。”（《南方日报》2009 年 4 月 23 日报道）。

2011 年 4 月 16 日，时任中共中央总书记的胡锦涛同志来到海南国际创意港考察。海南国际创意港是海南第一个以旅游产品、创意农业、建筑及会展设计等现代创意设计为主导的创意产业园区，首批签约入驻的企业包括德国 IF、韩国 DESIGNMALL、上海木马等多家国内外知名设计机构。在考察中，胡总书记对展出的创意设计产品表现出极大的兴趣，并高度评价创意产业是一个发展前景广阔的新兴产业，要让所有的人对这一产业更有信心。（中国时报“中国在线”网 2011－04－18 援引《南国都市报》消息报道）

本次习近平总书记在履新不久即专访广东工业设计城，再次传递出一个同样的信号：中央领导高度关注中国经济自主创新的战略坚定而明确，中国工业设计应当在这一难得的历史机遇中有所作为。

镜头二：浙江特色工业设计示范基地与高校宣讲对接

浙江省教育厅网站报道：“6 月 2 日上午，浙江省特色工业设计示范基地与高校设计类专业对接活动在中国美术学院象山校区隆重举行。12 个省级特色工业设计示范基地代表，全省 27 所高校领导及师生代表等近千人参加了对接活动。”（浙江省教育厅网站 2012 年 6 月 5 日报道）

报道称：此次活动由浙江省经信委、浙江省教育厅、浙江省人力资源与社会保障厅和中国美术学院共同举办，旨在深入开展校地校企合作，实现各高校设计专业人才和资源与各基地的经济产业发展相对接，在创业、培训和展览展示等多方面开展战略合作，推动我省块状经济发展。活动特意选择了中国美术学院等设计专业院校举办“毕业作品展”的时机举行，期冀借助毕业生择业创业在即的有利时机，打开高校和基地合作局面，切实将基地打造成为高校的创意成果转化基地。报道称，目前浙江省全省高校中工业设计专业在校生约 6263 人，今年毕业生约 1693 人。对接宣讲会上，12 个省级特色工业设计示范基地分别介绍了各自的基本情况和产业特色等，还与师生一起参观美院毕业作品展，基地代表与高校师生进行了现场对接洽谈，并达成部分签约意向。

出现在中国美院校园的这次“对接宣讲会”，是2012年度中国工业设计新闻的一个亮点，也是政府力图推进工业设计战略姿态的一种显示。2008年3月，国务院办公厅国办发〔2008〕11号文《国务院办公厅关于加快发展服务业若干政策措施的实施意见》中，“工业设计”被纳入现代服务业，这是中国政府正式将“工业设计”一词写入国家级政策文件的开始，随后，各级政府将工业设计纳入经济发展战略视野的举措逐层展开。2010年3月，国务院的《政府工作报告》中，将“工业设计”等生产性服务业增长的工作意见写入当年要完成的重大工作内容。就在这一年的7月22日，由工信部、教育部、科技部、财政部、人力资源和社会保障部等十一个国家部委联合签署的《关于促进工业设计发展的若干指导意见》正式颁布，参与文件制定的部门之多，在以往的产业政策文件中所罕见。事实上在此之前，有关中央领导已经布置了由工信部、教育部、文化部等六部委共同参加的全国设计产业大调研。这份《指导意见》正是在工信部等单位先后近十年产业调研的基础上形成。以打造促进工业设计发展的政策平台为基本思想，《指导意见》共提出八项二十三条意见，集中了众多企业及设计产业界专家的政策建言，在肯定我国“工业设计已初步形成产业，特别是在经济发达地区已初具规模”的基础上，也明确指出目前“我国工业设计发展仍处于初级阶段，与工业发展要求和发达国家水平相比还有很大差距”，要求解决目前工业设计发展中存在的一系列突出矛盾和问题。2010年《指导意见》出台之后，特别是进入2012年以来，北京、上海、广东、浙江、江苏等工业设计发展较为领先的省市地区，陆续加大了推动及支持工业设计产业发展的政策力度，政府期望促进设计发展的决心进一步明显。

本次由浙江省副省长亲自提议、省市各级经济领导机关及企业干部直接参与美院对接宣讲会的方式前所未有，现场促成重点产业与对口学校对接，具有另一层政策“试水”的意义，是政府加大企业创新推进力度的形势所致，同时也对工业设计高校形成一种“压力”，对我国高等设计教育如何适应企业深化改革需要、服务创新设计人才培养需求、高校“产学研”协同创新进一步与社会经济发展相适应，都提出全新的挑战。

镜头三：广东、浙江率先推行工业设计职业资格考试

2012年6月12日，广东省人力资源和社会保障厅、广东省经济和信息化委员会发出通知，为进一步拓宽工业设计从业人员评价领域，加快工业设计人才队伍建设步伐，推进“广东制造”向“广东创造”转变，在认真总结和分析近两年全省工业设计职业资格制度（专业技术人员）试点工作基础上，调整完善工业设计职业资格制度（专业技术人员）试点有关政策；9月28日，广东省人力资源和社会保障厅在出台《广东省工业设计职业资格制度（专业技术人员）试点工作暂行办法》基础上再次发出《关于设置广东省高级工业设计师职业资格评审委员会的通知》，这标志着广东省将全面地常态化地推行“工业设计职业资格考试”资格证书制度。（广东省人力资源和社会保障部网站报道）

工业设计在我国是一个新兴成长起来的专业领域，尤其是在与现代人力资源概念与职业评审制度接轨的职业资格长期处于空白，这不仅导致我国工业设计行业有其实而无其名，而且影响到企业在引进设计人才、设置设计机构、决定工业设计投入的经济决策都会受其掣肘；但是，由于工业设计在全国各省市地区发展态势不一，短时期内难以在全国劳动人事制度方面取得突破，因此，在时任省委主要领导的汪洋同志直接关怀与推动下，广东率先寻求打破僵局的办法，从2010年9月开始，经国家人力资源和社会保障部批准、作为国家职业资格证书制度统一规划中的地方试点，广东试点实行工业设计专业技术人员类职业资格考试；在2011年，广东首批工业设计师通过职业资格评审；2012年，浙江省评出首批工业设计师。我国工业设计制度建设获得重要突破。

镜头四：广东“促进产业转型升级现场会”在顺德工业设计城举行

2012年10月25日，广东省“设计创新促进产业转型升级现场会”在佛山市顺德区召开，时任中共中央政治局委员、广东省委书记的汪洋同志与朱小丹等广东省领导及与会代表一起来到位于佛山市顺德区北滘镇的广东工业设计城考察。（广东工业设计城网站报道）

近年来，全国各种类型的工业园、创意园区建设热潮不断，争议不断，但是建于顺德北滘的广东工业设计城以其务实的作风、高效的服务，迅速发展成国内最具代表性及影响力的工业设计专业研发园区之一。

广东工业设计城的策划始于2009年1月并于当年启动建设；2009年9月7日，工业设计城在北滘正式揭牌。根据规划方案，设计城将重点建设包括国家级创新成果产业化基地等三大产业基地、打造交易服务平台、成果转化服务平台等等工业设计六大服务平台，建设顺德工业设计园等九大重点项目；目前已经完成整体改造工程，总投资6000万元，改造面积达3万㎡，是一个比较完整地包括了工业设计研究、创新、营销、推广及社会教育等多项功能内涵的综合性工业设计园。目前园内已入驻来自北京、深圳、成都、香港、广州、意大利、德国、日本、韩国、顺德等地近57家工业设计公，驻场设计师约600人。由于广东省及顺德地区在我国制造业所处的特殊战略地位，工业设计城建城伊始即受到国内外工业设计业的广泛关注。短短几年中，园区建设实现了从“顺德设计园”到“广东工业设计城”的跨越，并获得国家知识产权局授予的“国家工业设计与创意产业基地”等一系列称号，纳入《广东省建设文化强省（2010—2020）规划纲要》，对顺德乃至珠三角的产业和城市产生积极的带动效应。

目前，位于这一中国制造业产业腹地的数以千计的中小企业已经开始感受到以工业设计城为依托的拉动效应。广东潜龙公司生产的木工雕刻机在此前是没人要的“仓底货”，设计团队进驻后，对全系列产品进行颠覆式的重新设计，关注使用者体验及安全性，重塑产品外观，很快打开市场。不仅产品大量出口欧洲，销售额和利润均达到以前的十几倍，而且摘获产品设计“红点奖”，提高了中国制造在国际上的美誉度。

汪洋在考察中高度肯定了园区的改革实践成果，他强调指出，“在第三次工业革命中，工业产品和农产品一样将成为附加值比较低的产品，人们的目光和生产会更多地向服务业比如研发、设计等领域集中，这是个大方向……顺德的工业设计园之所以在三年多时间里能够发展得这么快，就是顺应了这个趋势”。（广东工业设计城网站报道）

镜头五：我国首个国家级“工业设计优秀奖”隆重颁奖

工业和信息化部网站2012年12月3日报道：11月30日，由工业和信息化部主办的“2012年中国优秀工业设计奖”在厦门市举行隆重的颁奖典礼。工业和信息化部、中国工程院以及有关部委、各地政府主管部门、参评企业以及工业设计专家共1200余人参加了颁奖典礼。

经中央特别批准、由工业与信息化部主办的首届“中国优秀工业设计奖”经过长时间准备和多轮专家评审之后终于尘埃落定。它是中国首个国家级工业设计奖，可以说是首开国家奖励工业设计成果之先河。首次“中国优秀工业设计奖”最终评出北京华新意创工业设计有限公司防灾减灾无人驾驶飞机（2010）、海尔集团公司海尔水晶滚筒洗衣机（XQG80－HBDl626）、江苏“好孩子”儿童用品有限公司A2009婴儿车等9项设计金奖产品，圣泓工业设计创意有限公司SH0722扫描电脑一体机等1项概念设计金奖作品。获奖产品中，不少都是长期以来已为中国消费者耳熟能详的代表性品牌，如江苏“好孩子”童车近年来在国内外市场享有良好声誉，甚至在对儿童用品品质甚为严苛的欧美、日本市场也占有相当的市场份额，不仅拿到进入这些国际市场的通行证，而且有望成为该领域全球最重要的生产厂商。

首次“中国优秀工业设计奖”，很容易使人们注意的焦点集中于产品本身的超群表现，甚至集中于将这些作品所代表的“中国”水准与世界优秀设计相比。然而，对于获奖产品而言，更公平的评价，也许不应是其当下所呈现的有限的形态本身，而是产品背后设计成长的过程。比如北京华新意创公司的防灾减灾无人驾驶飞机，这家专业从事无人驾驶飞机设计、制造与销售的高科技企业，多年努力在研制开发可自主飞行的无人驾驶飞机领域集中当下导航技术、自动控制技术、计算机技术以及航空技术，人们可以从其产品中感受到技术含量以及设计的努力，但客观地说，单一的获奖产品并不能完全代表所有这些成功应用的技术，只能说它是正在成长中的无人驾驶航空企业、甚至也是其它同类型企业默默贡献的代表。对于今天的评奖而言，只有把这样的产品与企业，放在一个正在迅速崛起的设计轨迹上动态地把握和衡量，才是意义深远的。

镜头六："首届中国设计大展"展示我国工业设计高端创新水平

中国政府网 2012 年 12 月 10 日报道："12 月 7 日，由文化部和广东省深圳市人民政府共同主办的首届中国设计大展在深圳开幕。文化部党组成员、副部长董伟，联合国教科文组织副总干事汉斯·道维勒出席并致辞。中国文联副主席、中国美协主席刘大为，中国美术馆馆长范迪安等艺术界嘉宾，深圳市委常委、宣传部部长王京生，深圳市副市长吴以环等有关领导出席开幕式。《无止桥系列扶贫建设项目》等 14 件作品荣获首届中国设计大展优秀设计奖。"

"首届中国设计大展"是 2012 年度另一项由政府主管部门主持并推出的国家级设计展事，由文化部与深圳市人民政府共同主办、文化部艺术司、中共深圳市委宣传部、深圳市文体旅游局共同承办。与工信部针对优秀设计产品评奖表彰的方式不同，文化部推出的本次"中国设计大展"以"鼓励中国设计创新，促进社会生活进步"为宗旨，在组织框架及展出方式上更注重向社会推介中国设计的文化形态及其价值内涵。

"工业设计"是设计大展的主题板块之一，与"平面设计"、"空间设计"、"跨界设计"等主题平行展开。该板块更注重对 2008 年以来中国工业设计发展整体趋势的叙述，重点关注在民族品牌严重流失、工艺传统趋于弱化、产品设计往往为商业经营所"绑架"的现实之下、中国工业设计师的思考与作为。展览选择一批体现设计师创新追求与人文关注的优秀案例，重点显示了从早期的"红旗"、"上海"轿车到今天的"神舟"、"天宫"、"蛟龙"号、"和谐号"等航空、航天、航海及高速交通设备、"天河"超级计算机设计等一系列尖端科技项目与重大工程中工业设计的探索与贡献，第一次集中展示了我国工业设计高端创新的水平。

镜头七："2012 中国创新设计红星奖"颁奖，"原创金奖"空缺

中国创意同盟网站消息："12 月 19 日，2012 中国设计红星奖颁奖典礼在京举行，来自全国各地以及英国、韩国等获奖企业和设计师、创意园区代表、院校师生等 500 余人出席……

"2012 年，有包括美国、荷兰、日本、英国等 25 个国家和地区的 1279 家企业的 5348 件产品角逐中国设计红星奖，其中包括世界五百强企业 17 家、外资企业 84 家，其数量超过德国红点奖的全球征集量，并首次出现非洲企业参评。共有 154 家企业获奖。"（中国创意同盟网站 2012 年 12 月 21 日报道）

创新设计"红星奖"是由北京市人民政府与中国工业设计协会组织的专业性设计大奖，由于采取与国际接轨的"专家评审团"制度，突出中国特色与专业的公正性、权威性，近年来已在国内外形成较高的品牌影响力与号召力。在连续举办 7 届之后，今年在推动奖项向更加国际化、专业化方向挺进的同时，首次推出进一步鼓励"原创"的概念设计奖。2012 年的评审结果为：上海钴辘轩工业设计有限公司的"消防机器人"获得"2012 中国创新设计红星奖至尊金奖"；山东临工工程机械有限公司（SDLG）的"LG6210E 液压挖掘机"、南车株洲电力机车有限公司的马来西亚城际动车组等 9 款设计产品获得"2012 年度中国创新设计红星奖金奖"。人们寄以厚望的"原创金奖"空缺，仅有"单峰的 GARD LED 滑动控制灯"等四项产品获"原创设计"银奖。

2012 年度，在宏观经济调控的大背景下，中国工业设计各项活动持续升温，中国正在成为国际设计界乐于关注并参与其中的工作平台。这一年，卢吉·科拉尼、克劳斯·雷曼、原研哉、喜多俊之等一批国际著名设计师在中国各地往来不断；北京、上海、广州、深圳各地设计活动高度密集；为"全运会"、"青奥会"、"亚青运动会"等体育赛事而推行的形象或景观设计此伏彼起，"IF 奖"、"红点奖"、"金铅笔奖"等国际大奖在中国颁奖的新闻层出不穷；在各种创意园区或高校，"交流展"、"创作营"、"工作坊"、"毕业展"贯穿年度首尾，以各种学术名义组织的"论坛"、"研讨"更是绵延不绝。但在"热浪滚滚"的设计大潮背后，还是令人感到"外热而内冷"的一面。形成本年度热点的中国创新设计红星奖首届"原创金奖"结果的空缺，在某种程度上反映了"社会关注程度大于设计提升幅度，政府推动力度高于企业响应热度"的现实。其实，更为牵动人心的"空缺"还不仅于此，全国工业设计产

业界翘首以待的几个关键指标——“全国设计产业规模统计”、“工业设计人力资源统计”、全国经济普查中的“设计价值评估”等指标体系，在2012年度仍然未能出台。这几个真正关系到中国工业设计生存机制的国家统计指标，虽经课题组数年探索却迟迟不能到位。这或许也是提醒“热浪”之中的中国工业设计仍然需要冷静思考、需要付出更多切实努力的一个注脚。

镜头八：米兰家具展“中国当代坐具设计”响亮登场

事实上，中国设计界自身也在以各种方式呼吁冷静的思考与推进原创设计的努力。2012年的各种展事中，一项称为“坐下来”的“原创家具”展，展现了这种思考与探索的色彩，值得予以关注。

2012年4月，已经连续举办51年的米兰国际家具展首次迎来中国设计师群的“原创”设计展。“坐下来——中国当代坐具设计展”由北京国际设计周、红星美凯龙联合推出，集中了近60位中国前沿家具设计师的最新设计作品。一向被称为“拷贝”与“山寨”重灾区的中国家具界推出自己的设计原创作品，在米兰家具展现场，展览尚未开展就已经引起国际家具设计界的高度关注。与此同时，来自浙江余杭的品牌“品物流形”也在这一年的米兰国际设计周获得唯一的全场大奖，这也是中国家具设计首次从意大利捧回的大奖。多年来，中国家具行业的生产能力一直得到世界家具业的广泛承认，中国家具市场的包容性与代表性也为国际家具行业高度肯定。但是，中国家具设计的原创表现则远远低于产业业绩，由于不择手段地“拷贝”世界名牌，中国设计师经常被拒于多国展位门外，令中国制造与设计业整体蒙羞。但本次“中国当代坐具”整体地展现出不同以往的原创面貌及丰富的作品个性，展现了当代中国设计师内省、反思、行动的一面，策展人朱小杰设计师表示，整个展览最希望表达的是，“这是一个试图在当代中国社会情绪中树立发展与传承、科技与技艺关系的展览”，世界应当由此而“对中国人有新的认识”。

中国工业设计需要更多的“坐下来”这样的设计个案，为此，在深圳举办的“首届中国设计大展”特别邀请“坐下来”部分展品参展，以期公众舆论给中国原创设计以更多关注。

镜头九：2012年度“中国工业设计十佳大奖”评选结果公示

中国工业设计协会网站9月3日发布消息：“2012年度由中国工业设计协会主办的‘2012年度中国工业设计十佳大奖’评选工作结束”，评选结果正式公布。

“中国工业设计十佳大奖”是中国工业设计协会自2010年起每年推出的一项评比与表彰活动，旨在弘扬中国工业设计的卓越精神，传播中国工业设计优质品牌。随首评选活动的逐年推开，每年评选项目都有所丰富和发展，参评人事的内涵也在发生积极的变化。目前“十佳大奖”已形成“五大奖项、各奖十名”的稳定框架。本年度共推出：2012年度中国工业设计十佳创新型企业、2012年度中国工业设计十佳设计公司、2012年度中国工业设计十佳杰出设计师、2012年度中国工业设计十佳推广杰出人物、2012年度中国工业设计十佳教育工作者。经过报名、初评、答辩、终评等多层评选程序，最终确定海尔集团公司、腾讯科技（深圳）有限公司、上海家化联合股份有限公司、北京小米科技有限责任公司、飞亚达（集团）股份有限公司、广州毅昌科技股份有限公司、北京汉仪科印信息技术有限公司、深圳创维－RGB电子有限公司、深圳市嘉兰图设计有限公司、北京前门文化有限公司等十家单位荣获“2012年度中国工业设计十佳创新型企业”；深圳市浪尖设计有限公司、浩汉工业产品设计（上海）有限公司、青岛海高设计制造有限公司、北京长城华冠汽车技术开发有限公司、上海木马工业产品设计有限公司、北京宇朔创意工业设计有限责任公司、深圳心雷工业设计有限公司、杭州瑞德设计有限公司、佛山六维空间设计咨询有限公司、灏域联华科技（北京）有限公司等十家单位荣获“2012年度中国工业设计十佳设计公司”；张福昌等十人被评为“2012年度中国工业设计十佳教育工作者”；石振宇等十人被评为“2012年度中国工业设计十佳杰出设计师”。

镜头十：年度扫描

2012年度，中国工业设计是平稳推进的一年。这一年中，赛事不断，交流频繁，企业与设计之间有了更多的互动，设计师们也有了更多的斩获。工业设计正在人们的期待中，逐个地攻克促进经济结构调整、产业转型升级的每个项目，以提升服务水平和力度来巩固自身在国家经济创新中有所作为的阵地，争取社会更多的理解与支持，争取更多的话语权。2012 年年度镜头记录了其中的点滴过程，但这远远不够。2012 年度所发生的一切，有许多值得记存，但总体上，2012 仍然属于中国工业设计的热身期、成长期。

西方工业发达国家工业设计制度的成熟，经历了一个世纪、甚至更长时间的摸索与尝试，作为后发展国家，中国工业设计崛起的周期可以缩短，但其结构性的过程却不可回避。从对工业设计的陌生、抵制，到转向理解、接受和结构性嵌入，中国社会目前仍处于这样的过渡期之中，而这个过程中最关键的变量就是设计主体与社会主体之间相互的适配与契合。

产品形态从来就是制造经济与社会认同、消费需求之间相互平衡、制约的方式，产品设计则是这种机制的主动性、自觉性表现。在这个意义上，产品形态只能是社会意识主动选择的结果，而产品设计更不可能脱离社会生产力的现实语境而存在。“原创金奖”的空缺，是提醒我们真正有价值的“原创”设计生态的“空缺”，这是对“外热而内冷”的中国工业设计成长品质的真正挑战。

工业设计是一种高成本、高风险、高品质要求的经济创新方式，工业设计体系的形成是国家整体的经济水平、工业设计水平交叉支撑地发展到一定程度的结果。按照国际规律，经济偏冷但竞争犹在的市场拼夺阶段，才是设计发展的恰当时机。2012 年度的全球经济符合这样的条件，但对中国设计的发展则形成更为复杂的挑战。在 2008 年金融海啸以来的全球经济下滑中，中国经济连续三十年稳定发展，虽然困难重重，但经济总体的向上性使得世界优质产品资源与设计资源不约而同地涌入中国，中国不能拒绝这样的趋势，但却必须清醒地把握自身角色的变换。当以往神秘而高傲的大牌设计师也如游人一样平常地出现在北京、上海、甚至成都、昆明的街头时，谁都能明显地感到世界经济向中国开放、中国经济向设计开放的“窗口”已经打开，但站在这发射平台上等待机会的，却不仅仅是中国设计师自己。

在这个关键的时刻，中国社会应当为中国设计的发射创造更为有利的条件，建设开放的社会平台、提升社会对于设计的接受力与包容度，成为一项关系到中国设计生存与发展的重大工作。2012 年度出现的三项政府推动重大展（赛）事，符合这样的长远战略，所以值得予以关注。更值得欣慰的是，2012 年度中国工业设计各项事业，总体上符合这一发展的方向。尽管 2012 远未达到人们所期望的中国工业设计发展的高潮，但本年度报告所记录的点点滴滴，都是为了迎接这个高潮的真正到来。

未来会评价今天：在这一年中所发生的事情，都是有意义的。

许平　中央美术学院设计学院副院长

2012 中国工业设计年度述评

◎刘　军

2012 年是中国工业设计蓬勃发展、有很多事情值得纪念的一年。以《工业转型升级规划（2011 - 2015 年）》为纲要，各地方政府出台了一系列推进设计发展的相关政策，设计协会和相关企业举办了诸多设计活动，充分显现了设计在中国日益受到重视的趋势。

2012 年我国工业设计领域首个经中央批准设立的国家级政府奖项“中国优秀工业设计奖”（CEID）启动、北京被评选为继深圳、上海之后的又一个世界“设计之都”。至此，中国已有三个世界“设计之都”，而目前全世界只有八个“设计之都”（柏林、布宜诺斯艾利斯、蒙特利尔、名古屋、神户）。这一年，中国工业设计园区基础数据统计研究报告二期发布、中国首家设计交易市场落成及国内举办的各类国际设计会议、设计大赛等活动，在海内外产生积极影响，传播了中国设计的繁荣和阶段性成果。同时，党的十八大顺利召开，十八大报告中明确提出“实施创新驱动发展战略”，提升价值链和产品附加值，创新包括科技创新、体制创新，也包括了设计创新。

在此大背景下，工业设计迎来难得的发展机遇和宏观环境，这一年里呈现出更加积极活跃的新貌。在创新成为社会共识和时代主题的当前，人们更加意识到工业设计在国民经济发展、社会和谐、企业竞争力提升和文化发展中的典型意义与重要地位。2012 年，中国工业设计发展总体呈现政策由点到面的扩张和由“省域”向“市域”独立、强调跨界合作的基础研究和设计产业化实践、凸显“中国设计”意识。

一、具有较大社会影响的设计事件

2012 年有一些设计事件扩大了设计在社会层面影响力，自下而上地推动了设计影响和公众认知度；一些设计活动或政策从未来角度对工业设计发展产生长远影响，自上而下的完善了工业设计体系。

（1）具有较大社会影响的设计事件有：第十二届全运会志愿者标识正式发布；第二届亚洲青年运动会会徽揭牌；金砖国家领导人第四次会晤 LOGO 发布；2012 年亚洲羽毛球锦标赛徽标揭晓；“2012 大连设计节”在世界博览广场开幕；2014 年青岛世界园艺博览会会徽、吉祥物在北京发布；首届中国艺术品产业博览会在北京开幕；北斗系统标志公布。

（2）对工业设计发展具有长远影响的设计活动：中国设计奖（CDA，China Design Awards）在全球最受关注的意大利米兰设计周上正式启动，这是一个旨在定义“中国设计”的奖项，将在全球范围内引发“中国设计”风潮；由文化部、江苏省文化厅、苏州市政府联合主办的首届中国·苏州文化创意设计产业交易博览会开幕，增强了创意设计产业在整个经济发展产业链中的前端引擎作用；由北京市科学技术委员会与西城区政府合作共建的中国设计交易市场正式落成，这将加快设计要素和设计资源的流转速度，解决中国设计产业发展中资源分散、设计交易渠道短缺、产业氛围缺乏等关键问题，进一步推动设计产业快速发展；北京成为中国第三个世界“设计之都”，由此开展了一系列设计活动，大大提升了设计的影响力；中国香港特区政府宣布 2012 年为“香港设计年”，打造香港为亚洲设计创意中心。

二、宏观环境转折期：国家全面布局设计政策，各地方积极配套和细化

在 2012 年里，我们可以看到一个整体性的宏观环境趋势，即承接“十二五”良好开端，开启国家规划内容的全面实施。所以，2012 年是各项工作关键的一年，也是设计发展新局面正式拉开序幕的节点。在国家创新发展总体布局下，各部委全面布局设计政策内容，将工业设计作为促进经济结构调整的重要手段，并将其纳为高技术服务业的重要范畴。各省市以此为基础，进一步深化对设计的认识，积极

出台配套方案和实施策略。从国家到地方持续加强引导性政策措施，不断优化工业设计发展宏观环境。总体而言，政府政策呈现由点到面的扩张和由“省域”向“市域”独立。这一年是工业设计政策深入和完善的转折期，在全社会形成鼓励创意的浓郁氛围。

（1）设计政策由点到面的扩张体现在两个方面，一是由发达地区和城市向中西部地区展开，更多城市积极参与推动工业设计发展。除了珠三角紧锣密鼓得不断细化设计发展规划，其他地区也开始积极关注工业设计，浙江省要求2012—2015年，经信委、科技厅、科协每年必须拿出10%以上相关专项资金用于支持工业设计基地建设，省人才办、人力社保厅等有关单位也要有配套资金，各市、县政府和工业园区、产业集聚区、高新技术产业园区等也要给予相应支持。

一时之间，以长三角、珠三角经济发达地区为中心的工业设计浪潮扑面而来，工业设计推动经济发展成为全国共识，为各地方政府出台工业设计政策创造了舆论氛围和榜样。因而，一向沉寂的中西部也开始发力工业设计政策，武汉、长沙、郑州、合肥、重庆、成都等都有相关设计政策出台。如《长沙市文化创意产业发展规划（2012—2015年）》提出以湖南省工业设计创新平台建设为核心，推动长沙设计力量参与国际竞争；合肥市《关于承接产业转移进一步推进自主创新若干政策措施（试行）》合政（〔2012〕53号）提出促进企业工业设计能力，给予优惠补助，研究和制定工业设计行业发展指南；四川省政府2012年工作报告中明确提出加快发展工业设计服务业，成都市政府提出对新获工业设计中心的企业，一次性给予100万补助，成都市经信委发布《关于加快工业设计产业发展的意见［试行］的实施细则》（〔2012〕13号），提出加快发展成都工业设计产业，打造“成都设计”品牌；重庆市《关于推进新型工业化的若干意见》中明确提出大力发展工业设计，并开展了2012年工业设计体验中心建设试点。这既说明工业设计全民认知的提升，也反映出设计的重要价值和生存意义。

二是设计政策由单个部门支持转向多部门联合推动和多层面实施、由指导性文件转向全面具体的设计支撑行动。如工信部不仅开展了全国工业设计产业调查和出台政策，还为工业设计产业发展做好基础工作，启动大范围知识产权保护问卷调查活动；国家发展改革委公布关于设计行业的政策；商务部、中宣部、外交部、财政部、文化部、海关总署、税务总局、广电总局、新闻出版总署、国务院新闻办公告《文化产品和服务出口指导目录》，详细说明了工业设计等服务国际出口的规范性细节。

（2）设计政策呈现由“省域”向“市域”独立。特别是东部发达地区，各市县以本地产业结构为依托，有针对性地出台设计政策和进行相关活动。如深圳副市长陈应春率经贸团在瑞典斯德哥尔摩成功举办中国·深圳—瑞典·斯德哥尔摩设计创新项目合作，在创意设计、空间规划、营销渠道构建等方面进行“设计＋产品”的国际合作之路。深圳市政府五届六十四次常务会议通过《关于加快深圳工业设计发展若干措施》（深府〔2012〕137号）等事项。宁波市出台《工业设计产业发展专项资金使用管理暂行办法》（〔2012〕200号）；佛山2012年政府工作报告中明确说道，要引导企业通过工业设计提升产品品质，加强佛山广东工业设计城建设；绍兴市举办了工业设计成果展，提出把工业设计作为战略性新兴产业重点培育；中山市《工业发展专项资金管理暂行办法》专门单列了工业设计项目。

三、注重跨界研究，凸显产业主旨

（1）设计基础研究强调跨界合作

一是以企业界、政府、学界合作交流为主旋律，搭建政策、产业实践与学术研究的沟通桥梁。如教育部、科技部、文化部和北京市政府共同主办了2012北京国际设计周，展示设计对于促进城市可持续发展，带动社会经济文化进步，推动设计产业发展，促进设计交易与设计消费，提升公众生活幸福指数的重要性。中央美术学院设计学院与“北京文化硅谷”签订就业合作伙伴，文化硅谷依托其创意人才、学术资源为基础，结合自身企业技术资源打造产学研一体的产业园区。4月，深圳市政府、市经信委、南山科技局和市工业设计协会与赫尔辛基经济促进局合作推广中国·深圳—芬兰·赫尔辛基经贸交流会，聚合教育和企业资源，构建开放发展的工业设计体系。在北京，北京市科技委、北京工业设计促进中心与意大利米兰合作组织了“新意大利设计2.0”展，这是两国科技界、设计界、媒体界、教育界的有效合作。2012 清华大学美术学院与顺德北滘政府进行了战略合作，开展了“企业设计创新方法案例推介会”、“协同创新设计”工作坊等系列活动，为探索高校与产业领域及政府实施“协同创新”的思路与模式做出有益尝试，为工业设计研究理论的落地做出了示范。

此外，设计基础研究在跨界中更加开放，吸引了广泛群体参与，如中国首个用户体验俱乐部（IxDC）在广州正式成立，通过设计让用户体验走进更多人的生活。2012 中国交互设计体验日吸引了互联网、工业设计、消费电子、教育、娱乐、医疗、智能家居等不同领域人群。

二是工业设计学科交叉化研究活跃，不仅专业之间交融，设计学与自然科学、人文科学、社会科学之间的交叉也受到重视，纵观 2012 年被广泛关注的诸多设计研究热点话题，无论是可持续设计、后工业消费设计，还是创新设计人才培养或设计产业应对，这些都需要融合其他学科，进行跨界和交叉研究。事实上，这一年里几乎所有的设计研究合作都是交叉化，如清华大学艺术与科学中心媒体实验室与法国对外文化教育局、瑞士文化基金会合作设立以媒体艺术与技术研究为核心的新型艺术家研究驻留项目，在艺术家，设计师，以及科学家和技术工作者之间创造一个具备相互渗透、交叉学科的实验功能的孵化器，通过信息共享和知识转移，展开对媒介化社会形态的多种实验，借助于技术介入环境保护和生态再造，拓展都市生活空间，如城市家庭式耕作，新型回收及再生，节能系统等。在湖南大学举办的首届汽车用户界面与交互设计会议上，成立了跨学科和领域的新兴设计团队，从汽车和互联网两个领域整合创新。

三是设计的公益性和社会使命更加强烈。2012 年，社会责任感是工业设计研究与实践的重要内容，不少企业和重要会议开展了相关专题活动，这说明企业、消费者和设计师对工业设计走向变得越来越理性和审慎，也越来越重视人文思考在设计理论研究与实践中的重要意义。2012 年 4 月第一次在我国上海举办了奢侈品包装绿色革命大奖，探讨了从材料、设计到生产回收流程与环保的紧密结合；杭州举办了“慢生活与慢设计学术研讨会”，反思设计与人们如何重新安排生活；7 月，“字体之星”基金计划启动，这是一个专注于印刷字体设计公益性基金申领活动。此外，诺基亚（中国）与北京光华设计发展基金会联合发起“绿色设计青年梦想计划”，鼓励年轻人参与绿色设计和普及绿色理念，传达设计对建设节约型社会的重要作用。同年 10 月，中国光华设计基金会、欧中友好协会、国际设计联合会、新华社等联合主办了第二届世界绿色设计论坛暨绿色设计国际贡献奖颁奖典礼，搭建了生态保护与绿色产业国际对话平台，倡导从生产和消费源头（设计）进行环境保护。

（2）工业设计产业化实践是关注焦点

在过去的一年里，设计推动经济发展的认识更加统一，由于国家和地方政策对工业设计的大力引导，设计产业化研究成为关注焦点。广东省专门组织了 2012 省级工业设计发展专项资金申报，推动产学研合作；杭州、大连、北京、深圳等城市接连举办设计节或设计营商周，邀请设计领域专家、产业高管、国际设计奖项负责人、境内外机构代表等共同探讨设计产业化发展和搭建产业合作平台。“深圳—伦敦设计创新合作交流会”，从政府高层和经济贸易角度将深圳设计企业与伦敦进行实质性产业对接。

9 月，“北京设计产业高端论坛”在石景山区举行，政界、学界、企业界共聚一起讨论了设计产业发展和北京设计产业示范基地公共服务平台合作。北京市科学技术委员会与西城区政府合作共建了中国首家设计交易市场，为相关行业提供国内外设计信息、设计业务洽谈、设计交易、投融资服务等，培养一批有国际影响力的设计企业与设计师。同时，中国首届艺术品产业博览会开幕，以“打造国际艺术品产业交易交流平台”为目标，强调产业成就未来。

2012 清华美院与北滘政府以论坛形式将设计产业研究成果与商业界对接，尝试建立区别过去的设计高端服务模式，将产业转型、经济结构调整和有针对性的工业设计研究融合。进而为中国工业设计有效服务于制造业发展提供理论基础和良好经验。为此，中国工业设计园区基础数据统计研究报告进行了二期发布，重点统计和分析了工业设计园区结构，为后续工业设计数据分析和理论论证搭建了数据基础，这是我国关于工业设计园区产业化研究最详实和全面的一项基础工作，具有行业示范作用，对以后的设计政策制定、产业化研究具有重要参考价值。

此外，还有“2012揭阳—深圳工业设计展”以“产业升级”为主题策划了一对一的商务项目洽谈，2012创意中国城市巡展等，这些活动都以设计产业园区发展、设计与产业对接为主题，推动中国制造向中国创造转型。

四、文化复兴与“中国设计”品牌塑造

当前，设计逐渐成为国家品牌形象的重要方面，芬兰设计、德国设计、意大利设计、日本设计、韩国设计纷纷形成独具特色的系统内涵和认知脉络。随着中国经济发展，人们对设计的认识逐渐提高，设计需求不断增加，设计成为国家文化复兴的重要资源和日常生活内容。中国设计如何演绎自身特色，是世界重新认知中国形象的重要一环。显然，仅仅停留在宣传曾经的辉煌文明、漫长历史已经远远不够，中国设计也不仅是寻找视觉符号的演绎，更需要从中国文化、历史和社会现实中寻找中国设计的价值观、主张和个性。在2012年，我们明显看到中国设计从纯粹追求国际化形式到尝试自我品牌塑造的转变和努力过程，众多设计会议和政府活动纷纷提出和实践了文化复兴与塑造“中国设计”的主张和行动，“中国设计”诉求成为这一年里一个新的发展亮点。

一方面，文化多样性在今天渐成共识，文化传统保护和再创新被视为民族发展的关键问题，设计对此有不可推卸的责任。在深圳关山月美术馆召开的中国设计大展学术策划会议上，与会者一致提出要遵循中国设计在文化特性、风格化、审美情趣、实用性上的要求，关注中国设计，要把设计展办成持续讨论和跟踪中国设计及用来帮助建设文化强国的形式。香港著名设计师靳埭强先生特别说道，如果设计展不能表现中国人的标准和态度，表现我们自己的创新特征，那就没有必要为展览设立主题。

与此相关，中国设计师沙龙（CDS）和中央民族大学联合举办了首届《气韵中国》设计文化论坛，围绕“当代中国设计”发展进行了学术界与行业的对话，通过交流对我国传统文化及审美体系作了讨论与反思。同样，8月在海滨城市举行的大连设计节更是直接宣传了“设计立国”的战略理念，有力推动了辽宁和中国设计产业的快速发展。而2012年的设计研究中也是有大量内容集中于推动文化创新，强调地域文化与中国设计特色标签。

另一方面，中国各城市开始主动走出去，宣传中国设计理念。9月，“中国·深圳—英国·伦敦设计创新合作交流会”在伦敦举办，深圳市投资推广署署长王有明及深圳设计师代表首次在有“设计奥斯卡”之称的英国百分百设计展露面，向世界宣扬“中国设计”，并吸引了不少国际设计优势单位和项目进入中国。

在这样的背景下，代表中国工业设计最高水准之一的“红棉奖”毅然转型，全球唯一以“中国设计”为主题的“中国设计奖”（CDA）由此诞生，作为广州国际设计周活动之一，举办方在世界设计中心米兰开启了“中国设计”再定义的征程。中国开始向世界主张和推广具有“中国DNA”的优秀设计，以此帮助更多人深入了解和体会系统化的中国设计与文化。目前，“中国设计奖”活动已得到丹麦、德国、意大利、日本等国家设计协会的积极支持，并一起打造和同步推广。这个活动必将对中国设计产生深远影响，就像日本“Good Design Awards”、德国IF（Internationa lForum Design）和“红点奖”（red dot）、美国“IDEA奖”（International Design Excellent Award），“中国设计奖”（CDA）将成为中国品质的标签和证明，对构建开放式、外向型发展的工业设计新体系、新格局具有非同一般的意义和影响。

2012年11月，中国共产党第十八次全国代表大会和十八届一中全会顺利召开，会议报告对“实施创新驱动发展战略、推动经济结构战略调整和建设文化强国”进行了全面部署。创新产生于对社会生活和实践的深入理解与慎密思考，创新动力既来自科技创新，也离不开文化创新，文化为科技创新提供了不竭的内驱力。从设计角度而言，工业设计以文化为深层动力，以科技为技术载体，是推动创新发展和经济结构调整的重要手段，是体现中国文化魅力的关键途径，在创新中处于基层位置，其作用被有关国

际组织提升到了关系人类道德、文化、生存、发展与交流的高度。国家“十二五”规划中也明确了工业设计要“从外观设计向高端综合设计服务转变”，这将是政府、企业、设计者在今后共同努力的目标。总之，2012 年蓬勃发展的设计事业为未来的中国工业设计打下良好基础，也指明了未来发展趋势。

刘军　中国地质大学讲师

2012 年中国平面设计述评

◎陆丹丹　祝　帅

2012 年是中国设计非常活跃的一年，从南到北、从东到西，设计活动异常频繁，一些在业内享有盛誉的专家、学者恨不得自己有“七十二变”的分身绝技去参加各种各样的活动。这样的现象从表面看来，可以说是中国设计的“主体性”崛起，但在更深的层面上分析，可以说这是中国设计在自觉过程中对自我文化身份认同寻找的又一个新的转折点。

笔者认为，中国当代设计对这种文化身份认同的“寻找”在 2012 年发生了的转折性的转变：开创中国平面设计“传奇时代”的 50 后、60 后设计师渐渐完成了自我文化身份认同的寻找；70 后、80 后甚至 90 后新生代设计师登上历史的舞台，开始构建自己的文化身份。

新老设计师的更替

中国设计正在走向一个新老设计师更替的时期：成就了 20 世纪 90 年代平面设计“传奇时代”的老一辈设计师，成为中国设计的中坚力量，而很多 1976 年以后出生的年轻设计师日益走向成熟。

2012 年 9 月 25 日在香港落幕的 AGI2012 年会上，新任会长 Lars Muller 宣布了新接收的 AGI 会员名单，其中有四名为中国会员，他们分别是吴勇、黑一烊、陆智昌（香港）和聂永真（台湾）。这四位新的华人 AGI 会员中，黑一烊和聂永真均为 1976 年前后出生的年轻设计师，加上前几年的刘治治、何君等，年轻的 AGI 会员渐渐地开始显露出中国设计的未来。

其次，以首届中国设计大展为例，展览采取了独立设计师与院校设计教育工作者联合策展的工作方式，其中许多独立设计师都是 20 世纪 70—80 年代出生的新生代设计师。他们与自己老师一辈的专家共同策展、出任评审或参加展览，他们不再是以一种“被提携”、“被发现”的姿态参加这种全国性的大展，而是用属于这一代人的话语，用属于他们的世界观、价值观和前辈进行对话，并毫无掩饰地表现出他们的身份认同倾向，独立地登上了历史舞台。

“中国设计标准”之辩

由于两代人的成长经历和文化记忆的差异，这两代平面设计师所建立的价值标准也明显地出现了差异。从而，这两代人不同文化身份认同的碰撞成为了 2012 年设计实践领域的重大变化。

从 2011 年年末的 GDC“回到中国”展开始，建立“中国设计的价值标准”成为平面设计业内最热门的话题，各方发言热闹非凡。当然，这个话题也并未在 2012 年变得冷清。关于这个话题的讨论，在 2012 年 6 月的《首届中国设计大展》学术策划会议上达到了高峰，七六后年轻设计师、首届中国设计大展平面设计类策展人之一广煜在其个人微博上公开表示：

“对于将‘中国设计大展’的‘中国’理解为弘扬民族主义的部分设计专家和教授，我始终如一的保留我个人的看法。我个人认为，这个‘中国’仅代表此展览的规模和级别，还有参赛作品的征集范围。而不带有浓厚的民族主义色彩……”

这条微博引起了很大的关注，再次激起了业内对“中国设计标准”的争论热潮。在笔者看来，对这一话题的大范围讨论无疑与构建一种新型文化身份相关。

首届中国设计大展正是在各方期待和热议声中于 2012 年 12 月 7 日在深圳市民中心 B 区开幕；展览作品在为期四个月的征集期中共收到来自全国各地的作品 11200 件（套），其中包括港、澳、台地区的作品（展出为 77 件）；大展聘请了由学者、设计行业协会负责人及独立设计师组成平面设计、产品设计、空间设计及跨界（综合）设计四个策展组对参展作品进行初审、终审等评审。

一个不争的事实摆在面前：首届中国设计大展是在中国的领土上、由中国政府组织的、中国设计人员参加的设计大展，它没有任何一个客观因素不在彰显这个展览的“中国”性，那么，为何还要不断地强调建立“中国的”设计标准呢？从这个角度来说，“中国设计标准”的提出无疑是一个伪命题。但熟知中国设计发展历史的人知道，这并不是一个新问题，而是一个从20世纪八九十年代起一直与中国当代设计相纠缠的“老问题”。

众所周知，中国当代设计的发展起步于20世纪八九十年代，一群50后、60后设计师在改革开放的前沿阵地——深圳异军突起，特别是《92’平面设计在中国展》之后，深圳的设计师团体建立了独立设计师的行业，并享誉世界。在这个时期，设计界面临着两种不同声音的选择，一种主张向西方设计学习，全盘西化；另一种主张保持中国的民族性，从传统文化中吸取营养。我们不难看出，这两种声音代表着并存于当代中国设计界的两种“设计标准”：一种是西方主义的标准，另一种是民族主义的标准。这两种声音的争论从20世纪八九十年代一直持续到现在。起初，这种讨论此起彼伏，各方意见的比例悬殊并不大，大体上处于各自为政，各行其是的状态或仅仅只是小团体内部之间的明争暗斗。

但随着改革开放的深入，经济的飞速发展，我国综合国力的增强，民族自信心的大幅度提升，大部分设计师开始不满西方后殖民主义的文化霸权，他们批判现代化对传统文化毁灭性地破坏，他们不再认可西方的评判标准，因为这些标准并不能帮助他们解决出现在他们周围的“现实”问题等等；加之，一些投机取巧者打着实现“中国梦”的幌子，为捞取一已私利而摇旗呐喊。这些大多数来自实用主义和行动主义的缘由使中国设计界的民族主义声音越来越强烈，直到2012年，建立“属于中国人自己的设计标准”成为业内的一个思想争论爆发点。假设，我们把这样的“呐喊”看成是对西方后殖民主义文化侵略的一种反抗，那么，这种反抗的意志应该是建立在自由意志的基础之上的。然而，在广煜的微博转发评论中，笔者却发现有很多来自不同阶层的设计师对“设计必须背负‘民族主义’或‘爱国主义’的责任”表示反感，甚至觉得有剥夺他们创作自由之意。这里，我们不妨再摘录几段青年设计师广煜的微博评论：

“一位设计师，根据地域、信仰和生活习惯而做设计，应该叫因地制宜。至于他是不是只愿意解决本民族的问题，那是他自己的喜好。设计的出发点是优化人的生活，不是建立民族自尊心。”

“我个人觉得，是否背负民族责任感，这是一个很个人的话题，他可以选择背负，我也可以毫不关心…… 我不喜欢整天把‘中国人自己的标准’这类话挂在嘴边，很纳粹，与拳匪有何不同？”、“比起每天拿着中国标准去看外国的设计，任由中国设计烂下去的那些人，我觉得我更爱国。”

显然，广煜这几段话所反驳的民族主义立场并不是受“西方主义”影响的，而是带有一种个人主义色彩的人文主义和一种有责任的爱国主义。他反对“纳粹”的、虚假的、鼓吹的民族主义。他关心的是设计师个体的自由成长，关心的是实现设计的人文价值，也就是说，他在表达设计师个体及作为“普通人”的自由意志。那么，这种人文主义与反全球化、反后殖民主义、反霸权主义的自由意志是一脉相承的。从这个角度去理解的话，认同这种设计价值的设计师在全球化时代背景中并不会随波逐流而迷失自我，无数属于这些设计师的设计作品将自然而然地会显现出一种新型的中国设计的身份认同，而明显地区别于其他群体，成为中国设计师共享的一种世界观、价值观。所以，对这些设计师而言，建立“中国设计标准”无疑是“民族主义”者们矫揉造作的、浮夸的口号和限制设计自由发展的束缚。

第六届全国视觉设计教育论坛

平面设计领域2012年的一次重要的学术交流，是由中国美术家协会主办，中国美术家协会平面设计艺术委员会、南京艺术学院联合承办的“第六届全国视觉设计教育论坛”。该论坛于2012年11月24日在南京艺术学院召开。论坛分主题演讲、学术对话、教学报告和学生交流四大板块，加之十二个论坛相关的主题展览，举办规模大、内容丰富。活动当天，来自国内、外近百所设计院校的专家学者、学科带头人、设计师、工商企业与教师学生代表1000余人出席此次学术活动。

此次论坛的主题为“链接与升华”，呈现文化性、交叉性、国际性的特点。关注视觉传达设计的文化意义与本体形态，视觉传达设计在信息时代中的存在方式，在消费社会中的经济价值，以及视觉传达设计发展的多元取向；讨论视觉传达设计教育的新观念、新空间、新方法，多学科的交叉方式，实验性与研究型课程建构的途径等，以及建立在这些问题探讨基础之上的设计文化与视觉传达设计教育的未来发展。

纵观此次论坛，笔者认为最大的特点在于设计的文化价值被与会人员一提再提，消费社会中设计的人文价值取向、道德伦理及社会责任等成为了关键话题。从笔者的观察角度出发，这些主题讨论不再是脱离实际、缺乏案例和论证过程的夸夸其谈，而是回归理性的据理力争，甚至是针锋相对。这里，笔者简要地举两个例子：

其一是对设计教育的批评。对设计教育的批评几乎是设计教育界的共识，但一直以来，这种批评大多停留于对现象的陈述，比如在这次论坛上，来自中国美术学院的赵燕教授依然热衷于批评设计教育中“学生脱离学习的目的性而热衷参赛，教师资源来源单一，交流处于低水平循环，平面设计被复杂化，教师浮夸和惟竞赛是瞻风气盛行”等等现象。但令人欣慰的是，另外一些专家开始不满足于仅仅只是停留于对现象的批评，而去思考现象背后的根本问题。比如，作为企业管理者的高俊先生就一针见血地指出中国设计教育的问题是教育体制与市场经济竞争机制之间的矛盾所造成的。其次，长期在教育一线工作的南京艺术学院袁熙旸教授则把谈话的主要对象定位在学生身上，从教育体制方面介绍了 T 型人才培养计划，通过体制上的交叉性、灵活性和多样性，突破学科壁垒、学年限制、教师资源限制等局限为 T 型人才的培养提供条件。这样的培养模式可能并不是最合理、最有效的解决设计教育问题的“良药”，但至少说明了对于设计教育的批评已经不只停留于感性层面，而是进行更理性地思考、梳理与总结，并提出构建新型培养模式的途径和可能性。

其二是对设计文化的价值思考。在主题发言环节中，周宪、柳冠中和许平分别以《设计感与视觉文化》、《从造物到谋事的思维转变》和《20 世纪设计人文之群体实践》为题，从不同的研究方向提出“回归人性化设计”等重人文主义理念的设计话题。但在学术对话环节中，高峻和陈小林则不约而同地认为“当设计作为一种谋求生存的职业时，它的价值定位不再局限于个人思考的哲学层面而更多地与客观的市场需求、社会反馈信息、经济发展环境相关”。这两种不同的声音不仅表达出中国设计在市场经济迅猛发展的三十年后对设计在消费社会文化中身份认同的质疑，而且也反映了当代中国设计中同时存在的两种截然相悖的世界观、价值观之间相互交织的矛盾与冲突。

这种矛盾不由地让笔者联想到 1992 年陈绍华先生创作的“92’平面设计在中国展”的主题海报中那两条相互纠缠、界限分明但又必须艰难前行的左右腿。而 2012 年也正是“平面设计在中国展”的加冠之年。作为“92’平面设计在中国展”的直接产物——深圳平面设计师协会并未在这具有纪念意义的一年有大型的纪念活动，但年末的“镜像——韩家英设计展”在王序先生的策划之下给这一年画上了承前启后的标志性的符号。

韩家英设计展

“镜像——韩家英设计展”于 2012 年 12 月 8 日在中国首家以“设计”为主题的美术馆——深圳华・美术馆开幕，这是华・美术馆开馆以来首个中国设计师的个展，展览由王序作为策展人。展览集中向观众展示了从 1992 年至 2012 年这二十年间所有韩家英具有代表性的设计作品。包括屡获殊荣的《天涯》系列海报、《人以食为天》海报、《妙法自然》海报、《字象乾坤》海报、《怡宝》品牌形象塑造、深圳图书馆 LOGO 等，类别涉及海报设计、书籍设计、VI 导视设计、品牌形象塑造、装置艺术等多个门类。

在展览的同时还有一系列学术活动，比如展览开幕当天的“个体・群体・镜像——韩家英设计展学术研讨会”聚集了靳埭强、王序、吕敬人、毕学峰、刘治治、黑一烊、蒋子丹、单正平等著名的设计师及知名学者，以韩家英设计为个案，梳理中国改革开放后近三十年的平面设计发展轨迹。深圳展结束后又于 2013 年 4 月 5 日在北京中央美术学院美术馆巡展。笔者有幸作为“个体・群体・镜像——韩家英设计展学术研讨会”学术主持人及北京站的学术嘉宾参与了这次展览中的两项重要学术活动。

在有关此次展览的很多报道中，都可以看到这样一句评论：“中国设计师在对国外优秀经验及国内传统文化的选择、解读和表现上，经历了从学习、自省到自觉的过程。”在笔者看来，这次展览的意义是重大的。它以个案的方式，向我们展示了深圳50后、60后设计师在经历了所谓的“平面设计传奇时代”、“前奥运”及“后奥运”时期之后，完成了一个自我文化身份认同的自觉。其最主要的表现在于他们不再纠结于关于是“中国的”还是“西方的”的寻求，而是明确地看到了自己在以设计师的身份参与书写历史时，因受时代背景因素影响而拥有的“中国传统文化和时尚审美相结合的设计语言”；看到了“东西方文化的交汇点”原来是一个两种不同物种的“杂交”现象。而这种相悖物种间的“杂交”带来的矛盾和纠结、希冀和痛楚、焦虑和挣扎的复合主体体验恰恰正是发生在他们身上的文化身份的转变，也是这二十年来中国设计的文化身份认同。而“镜像——韩家英设计展”正是在真实地向观众展示了这样一种带有后现代文化逻辑的文化身份，展示了中国设计在信息革命带来的全球化进程中并不是个“特立独行者”，而是一种东西方后现代主义设计文化交汇的表征，是世界当代设计不可缺失的一部分。

“跨界”之争

从对上述三个典型事件的分析中，我们似乎可以乐观地认为，中国平面设计的发展正在有条不紊地构建着属于自己的发展轨迹。但根据德里达的解构延异观，身份认同则是一个旧身份不断分裂，而新身份不断形成的去中心化过程。正如笔者前面的分析，无论是老一代设计师在自觉过程中所认同的文化身份还是与新生代设计师逐渐构建的新身份之间的争辩，中国当代设计的文化身份认同系统充满着结构性的矛盾。所以，在去中心化的过程中又充满着哈贝马斯所说的“合理性危机”。这种合法性危机同时也存在于设计师的社会身份认同中。

由于信息、数码科技的飞速发展，互联网交互平台的出现，图文关系的传达呈现了新的局面。平面设计师的表现工具、技法和媒体已经远远超出传统的印刷媒介。设计师的社会身份认同同时也面临“危机”。在新型的媒体时代，平面设计专业内容的复杂性和综合性被大大地凸显出来。但由于中国平面设计理论的薄弱，对平面设计概念的模糊，对设计的现代性等相关课题讨论较少，致使业内认为“平面设计仅仅只是一门依靠印刷媒体作为载体的设计门类”的设计师和理论专家不在少数。

再次以“首届中国设计大展”为例，从最初在大展学术策划会议上的提出，到参展作品的评审，再到大展的展出，对于“跨界”设计单元的设立，一直都是最具争议的话题。在笔者看来，它的争议性很大方面是来自于名词（或概念）提出前的学术论证缺失。由于概念的模糊和定义的缺失，使大部分人无法真正的了解和明确“跨界”设计的概念和评审标准，也使得业内很多“大师”级别的领军人物无法认同，并提出质疑。特别对于平面设计界来说，“跨界”设计的提出无疑是一个沉重的打击。

熟知现代设计史的人都知道，早在现代设计早期的历史中有一段被 D. A. Hounshell 称为“技术与文化发生直接冲突”的重要时期，结果，“设计”成为了实现两者新和谐的手段。这也使得设计成为了“技术和文化的交界”，深入到“消费和生产两个领域”。Penny Sparke 认为，设计成为“现代性”概念的独特代表，就是因为它横跨了生产与消费两界。技术虽然造就了新材料，或者发明家利用现有的技术创造了新用品，但技术和发明本身并不能确保新材料在市场中得到应用或被接受，而设计师则在这些用品、制造业和消费者之间起联接作用。根据这些理论研究，设计本身就具有“跨界”的性质，并且，这种“跨界”性正是定义现代设计的一个重要方面。所以，首届设计大展中“跨界（综合）”设计单元如果不是“画蛇添足”的话，那无疑是向设计师的社会身份提出质疑和破坏性的挑战。

平面设计之所以与其他兄弟设计门类（诸如产品设计、空间设计等）平行于设计领域，是因为它在生产和消费间的联接作用至关重要，可以说，如果没有平面设计师的参与，一件产品几乎无法传达其社会文化价值而确立其在市场中扮演的社会文化角色。首届中国设计大展由于“跨界”单元的介入，大大减弱了平面设计师的社会身份，在 Graphic Design 单元所展出的 277 件作品中，除了海报、书籍、字体三大传统内容外，几乎没有其他的作品，而一些本该属于平面设计的包装、品牌等设计作品却出现在“跨界”单元中展出。这种以“平面媒体”阐释“平面设计”概念的展览方式，不得不让人联想到前两年在业内流行的“平面设计死了”一说。

总之，与二十年前深圳设计的“异军突起”、设计教育的发展滞缓、设计理论的缺失不同，对于中国当代平面设计来说，在不停地寻求摆脱“危机”，使中国当代平面设计获得主体解放的过程中，2012年是不平凡的一年。无论是设计实践领域，还是设计教育及设计理论领域，中国当代设计的发展开始从行动主义的激进转向理性主义的思考。而对于笔者而言，衷心希望这种理性的思考能为中国设计的未来注入“可持续发展”的潜力和“以人为本”的价值核心。

陆丹丹　苏州科技学院传媒与视觉艺术学院副教授
祝帅　中国艺术研究院《美术观察》编辑部栏目主持

2012年中国设计产业发展述评

◎海　军

过去十年是中国设计产业发展最为迅速的十年，受益于整体经济环境的利好，以及产业转型升级的趋势和大众生活的发展，设计产业获得了最佳的发展条件和机会。同时，在设计产业整体推进的过程中，来自政府、产业和公众对于设计认知的根本性突破成为关键性条件。

2006年3月，温家宝总理明确签署“一定要重视工业设计”。自那以来，中国开始在政策层面进入全面推动和促进设计产业发展的进程上，无论是国家层面的设计政策，还是企业的设计意识和大众生活消费都强化了对于设计的要求。在技术同质化的产品竞争中，设计被视为创造新的产品竞争力的有效手段，设计产业开始在政策支持、关联产业协作和大众消费认知中形成快速发展的契机。此外，在国家层面，设计竞争力价值的评价和传播成为国家综合创新竞争力评价的重要条件，而这也是目前世界上设计产业发达的国家采取的评价标准之一。而且，从目前世界重要国家对设计竞争力价值的传播和宣传来看，设计价值评估正在从影响产品、产业、经济内在竞争力的重要力量转变成一种整体的价值引导体系。英国曾在其2005年发表的未来发展计划中明确提出要使得设计所倡导的健康价值不仅要成为英国产业、经济价值的核心构成因素，而且希望最终把这种由设计所引导的价值转变成全体公民生活的健康价值观。

事实上，尽管经过十年的中国设计高速发展期，设计产业无论规模、形态上，或者政府、商业和用户对于设计的重视程度都远超过十年前的状态。但是，对于当代中国设计产业竞争力的整体评估和认知，以及设计价值传播的滞后仍然非常明显。尽管越来越多的政府、企业、组织都认识到设计的重要性，并且加强了对于设计的支持和使用，但是，对于我们仍然不能有效评估设计对于中国制造向中国创造转变过程所具有的核心条件价值，以及为它筹划清晰的发展途径和方式。因为，基于这种转型来理解设计的价值，分析和评价中国设计产业的竞争力，以及在全球化语境下中国设计的发展方向，需要需要全面研究与分析当代中国设计文化格局、设计产业的整体竞争力。

如果要评价一种事物的价值或者竞争力，事物所呈现出来的文化状态和质量是最高层的评价标准。从这个角度分析，中国当代设计在其文化的表达上充满了模糊性，因为，无论政府、企业、用户，还是设计产业本身都还未形成的一种自觉的文化意识。在重商主义、经济和实用原则下，设计的发展更多受到经济的制约，而来自政府和政策的支撑，一方面加强了设计发展的动力，但另一方面受制于官僚主义和形式主义主导，设计在一定程度上偏离了它的产业本质。

过去几年，一些设计个体和组织开始探索和实践中国设计的文化质量，基于本土化知识体系和全球化格局实践中国设计，显然，这种设计实践所呈现出来的文化自觉是中国设计产业经过十年高速发展后所沉淀出来的最有价值的部分。我们有理由相信，所有参与中国当代设计产业实践的人都会认同，当代中国设计的文化自觉不仅关系到中国设计的未来方向和设计的主体意识与文化认同感的建立，而且对于通过设计提升中国制造、产业、经济的竞争力至关重要。中国共产党“十七大”明确提出在未来几年要把建立社会主义核心文化价值体系作为核心的文化建设目标，中国设计产业竞争力及其所呈现的文化质量和标准也是整个社会主义文化价值和经济建设的重要组成部分，因为，设计的成长不仅是关于经济和产业的成长与成熟，更是有关大众和公共生活文化品质的发展。

1. 产业环境

经过十年的发展，从设计的角度看，中国整体的产业环境进入到最好的阶段。做出这种评价是基于两个条件，一方面，中国整体的产业发展状态对于设计的认知、理解都开始进入到最好的阶段。在此前很长时间，大多数企业处于产业链下游和初级竞争的状态，企业受制于产业链角色和利益目标，缺乏对于设计价值的完整理解和认知，企业更愿意推动能够直接帮助公司获取利益的项目和投资。而设计由于其无法确保准确直接的利益结果，并不被企业所重视。从这个角度看，设计的发展首先取决于企业对于设计价值的认知，愿意投入资金支持设计研发。

就经济生产的立场判断，设计的价值生产和转化至少包括两个环节，在第一个环节中，设计的价值生产完成于设计所服务的关联产业中，通过设计改善产品、服务的状态、竞争力和价值空间而使得企业、组织和产品产生新的巨大竞争力，提升产品和服务的附加值。美国工业设计协会曾经调查得出“在美国，企业每投入一美元设计费用，就可以获取6美元的产值。设计的投入产出比是1：6。”这个看似简单的数学等式并没有轻易被中国企业所认同，甚至直到今天，仍然有许多规模化的企业并不认同设计的价值。

由于设计产业的发展必须依赖于设计所服务的产业的状态，因此，设计行业的发展质量、标准和品质会直接受到关联产业和国家整体产业环境的影响。在某种程度上，设计产业的品质和发展状态也会在一定程度呈现一个国家整体的产业能力、质量和竞争力。回顾2012年中国设计产业发展的状态，以及过去十年中国设计产业的成长进程，也直接印证了第一、二、三产业的发展状态，以及其它新兴产业的发展需求。

首先，农业产业的转型为设计的发展创造了新的机会和空间。在传统的产业认知中，无论在农业产业的角度思考，还是在设计服务的立场评价，农业似乎和设计的并没有直接的协作关系。但是，新生活经济和农业产业转型的趋势下，设计进入农业产业，改善农业生产的品质和农作物产品的内涵和价值空间，创造性的发展了以创意和设计创新为竞争力的新农业经济。2012年，基于创意农业和新生活设计的农业项目开始大规模发展，特别是基于休闲经济、假日经济和体验生活方式而发展的农业项目快速推动了设计和农业产业的协作，也为设计产业的发展提供了新的产业环境支撑。

在工业主导的制造业领域，过去十年中国经历了最为深刻的转型和突破。这种转型不只是关于企业的业务方向、销售内容，还关系到企业如何提升产品竞争力的转型，正是在这种内因和外力双重作用下的中国制造业转型才催生了中国工业设计的快速发展。调查显示，即使在顺德这样的地区城市，也有超过50家提供设计服务的独立工业设计公司。显然，中国制造业所面临的全球竞争环境使得它比此前任何时候都更加重视设计的价值和作用，但是，在另一个角度看，工业企业目前在设计使用上，仍然由简单粗暴的功利主义立场主导，缺乏对于设计价值的完整理解和认同。

此外信息产业和互联网产业的发展，直接引发了交互设计、网络设计、基于互联网的用户体验设计等新兴设计行业的大规模发展。在腾讯公司，设计师数量总和达到二千多人，他们参与设计、改良、完善腾讯成千上万个面向用户终端的互联网产品。而且，腾讯相信设计的价值甚至要比人们描述的还重要，因为他们清晰地认识到，在互联网上，用户关掉一个网页或者离开一个网站可能只需要0.1秒的判断时间，而如果你想重新把用户再吸引过来则需要巨大的经济和智力成本。但在传统的线下生活中，用户就会变得更加容易妥协。如果你想吃麦当劳，但离你最近的是一家肯德基餐厅，麦当劳则需要开更远的车距，大多数用户在经过权衡后，都会选择就近的肯德基。互联网的用户体验设计和交互设计的规模化发展是基于用户需求的充分竞争后的结果，而且这种趋势可能会更加激烈和极致，因为用户的需求更加挑剔、极致和多样化。

当然，基于文化创意产业、现代服务业、金融产业、房地产业等各种产业、行业发展的基础，其中的设计服务也呈现出大规模发展的趋势，特别是最近几年快速发展的服务设计，是基于现代服务业对于如何提升服务质量的发展要求而快速成长的专业方向。

2. 设计形态

受益于整体产业环境的发展和生活经济的多样性，中国设计产业在过去十年获得了前所未有的机会。在这个过程中，整体产业环境和产业竞争能力也因为设计的介入而发生了本质性的变化，同样，设计自身也在这个过程中逐渐形成完整的产业形态和一定的设计竞争力。

设计产业形态的塑造首先直接源自整体产业环境的状态，并基于产业的发展状态形成了设计产业的形态、质量和规模。目前，建筑设计和室内设计行业是整体设计产业结构中发展最为迅速和规模最大的行业，这是因为中国城市化在过去十年经历了最为快速的发展阶段，以及相应的中国房地产行业的急速发展，这不仅为建筑和室内设计发展创造了最佳的条件，实际上也催生了围绕建筑的整个产业链的发展。截至2012年底，全球代表性200家国际建筑设计公司，80%都在中国设立了办事处，剩下20%尽管没有设立独立的办事处，但是已经在中国开展建筑设计业务。

工业设计和时尚设计是另外两个快速发展的设计行业，特别是对比于此前的产业状态，其所呈现的发展趋势更加明显。受到产业转型升级的外在和内在要求，工业设计、时尚设计在其所对应的产业中开始扮演关键角色，更多企业开始意识到设计作为一种战略投资所具有的价值。2012年，中国80%以上规模化的工业企业都进行了设计协作。此外，数字多媒体设计、游戏动画设计、交互和网络体验设计成为新兴发展的重要设计行业，并且迅速占据设计产业的重要发展版块。而且，目前工作在这三个行业中的设计师要远多于其它任何设计行业的设计师。

在基于专业发展的设计公司形态之外，设计组织还呈现出新的分化趋势，一种是朝向更加细分的专业化发展方向，比如产品设计中的家具设计机构，或者室内设计中的会所设计组织。这种细分的趋势使得设计解决问题的能力更加具体、系统和针对性。另一方面，一些资源整合性和系统性的设计机构开始寻求从咨询、策略、研究、调查到设计、营销、服务、系统的整体性解决架构和方案支持。

另外，在经营模式上，尽管因为专业领域不同，建筑、室内、产品、时尚等不同设计行业会呈现不同的商业模式和发展方式，但是根据我们对于过去十年中国设计产业发展形态的评估，在设计组织的经营上，大体呈现出三种类型，并且每一种类型的形成和模式的产生都受到设计公司创始人、设计公司业务范围、设计公司竞争力等多重因素的影响。首先是专业设计事务所类型，2012年北京有各种专业设计事务所（公司）7万家，这些事务所少者一两人，多者上百人、几百人不等。营业额少则入不敷出，多则可能达到几亿、十几亿、甚至更多，比如一些规模化的建筑设计公司2012年营业额都超过亿元，一些顶级建筑设计事务所甚至超过十亿元。但是，这些事务所都属于专业性设计事务所（公司），它们大多专注于某一固定设计领域，提供专业的设计服务。

第二类型是关于整体设计解决方案提供商的类型。一些具备更好的设计质量和设计资源协作能力的公司开始转化为提供整体设计解决方案的服务公司，比如为酒店提供从建筑设计、室内设计、家居设计、产品设计、形象设计、品牌和传播策略设计等系统设计解决方案的公司，甚至一些事务所还在营销、销售策略也提供系统性的支持。比如国内知名的品牌设计公司早晨设计，自2012年开始转型调整为早晨创意集团，为客户提供整体创意解决方案。

第三种类型指如何构建设计、生产、销售、品牌一体化系统的设计服务公司。据淘宝的数据显示，2012年在淘宝上开设自由品牌的设计公司呈现大规模增长趋势，设计公司从服务甲方的委托执行机构，开始构建基于自身的创造能力、设计能力，并搭建生产、销售、品牌管理系统等一体化的自主品牌和产品销售模式。

此外，从城市和设计公司发展的关系看。城市的状况、品质、规模、城市化的质量、城市产业形态、大众消费形态等直接影响到设计公司的组织形态、业务发展、质量、经营模式和成长机会等。比如，81%的国外设计公司进入中国时，更容易选择上海作为他们在中国的工作地点。同样，广州和深圳的设计机构则最大程度地受到珠三角制造业的影响。另外，在城市的格局上，中国设计产业的发展依托城市化程度呈现出清晰的“飞雁模式”。在这个“飞雁模式”发展序列中，北京、上海作为头雁，深圳、广州、杭州、南京、成都等重点省会城市作为中雁，其它城市作为尾雁的发展序列。整个设计产业的发展规律是由头雁牵动，中雁布局和尾雁跟随发展的模式。

3. 设计推动

在产业环境的支撑之外，设计产业发展的另一个重要动力机制是各种不同的力量所建构的设计推动和促进机制。它不仅成为设计发展不可或缺的部分，而且其自身就蕴含了大量的设计需求。目前，至少有来自三个方面的力量和因素构建了中国设计产业发展的促进机制，包括政策驱动、事件驱动和项目驱动。

政策驱动似乎是动静最小的，但其价值可能是最大的。中国产业发展的速度、规模和质量会最大程度地受到产业政策的影响，通常，在政府和政策关注的产业领域，会更加容易快速形成规模化发展趋势，因为政策资源、条件和措施具有比任何其它资源都更加强大的调配、使用、控制发展目标的作用。截至2012年，过去十年，中国政府完成了一系列设计政策的制定工作，从中央政府到地方机构，都制定和发布了不同程度、不同类型的设计产业促进政策，从财政、税收、资金、人才等各个角度对设计公司提供政策支持。而且，在设计政策的支持下，各种激励和推动设计发展的计划被快速执行，从设定大型设计活动和事件、规划建设专项支持的设计园区，通过政府扶持的设计激励项目等等，设计政策为中国设计产业发展创造了最大程度上的制度优势。

事件驱动是整体设计促进和推动机制中另一个重要因素。大规模设计事件、展览、活动的发生最大程度的传递了设计的价值，不仅有助于对公共提供系统的设计教育计划，促进公众的设计认知，而且极大地促进了设计资源、设计公司、设计师的对话、互动和协作。2012年，我们目睹了中国设计行业最大规模的设计事件、活动和展览计划，不仅有北京设计周、上海设计周、广州设计周、香港设计营商周、深圳工业设计周、大连设计节等以地方城市主导的大型设计促进项目，也有类似北京家居设计展、上海100%设计展、上海建筑师大会、成都建筑设计双年展、深港建筑设计双年展、北京国际设计三年展等各种专业的设计展览、活动和项目，同时，超过100种覆盖不同专业门类的设计竞赛被执行，所有这些设计活动都建构了基于事件驱动的的中国设计产业推动和促进机制。

大型公共设计项目的发展也是驱动设计产业快速成长的重要因素。奥运设计、世博会设计、大运会设计、亚运会设计等各种大型文化项目的设计成果不仅向世界传递了中国设计的能力，也极大地推动了各种层面对于设计效用和设计价值的理解和认知。此外，城市区域发展规划设计项目、大型公共建筑设计项目的发展则把设计的角色、责任和价值直接推向社会、产业和公众。

设计奖项的计划对于推动设计产业发展同样具有关键影响。2012年，建筑师王澍获得普利策奖不仅是对于中国建筑设计师的最高褒奖，这项全球建筑设计最高奖也向世界证明了中国建筑师的能力和成就。参与国际设计奖项角逐，不仅可以传播中国设计能力和成就，也能够鼓舞中国设计师的成长。

4. 设计师

设计产业的主体是设计师，评价一个国家设计产业发展的状态和程度，最主要的评价条件是评价其中的设计师的状态、能力和质量。中国目前有几百万设计师工作在各个设计门类和行业中，担任各种不同的设计工作和设计角色。

无论设计师以何种方式存在与组织和机构中，从设计师的工作方式看，设计师主要可以分为三种类型：企业设计师、设计公司设计师、自由设计师，这是目前中国设计师群体三种主要存在方式和工作类型。企业设计师的工作更加专注于企业内部委托项目，以及服务企业内部的创新发展需求，并且，设计结构和设计评价通常由企业内部人员给出；设计公司设计师则完全以输出设计服务为主，设计评价通常由设计项目的委托方给出，此类设计师占目前设计师类型的70%；自由设计师通常指个体设计师或者小型合作性设计工作室，这种类型设计师即不被更高级公司管理者管理，其自身也不管理任何其它个体设计师。

从薪酬的角度分析，根据2012年中国设计师薪酬调查分析，在所有设计专业的薪酬结构中，以建筑设计师、室内设计师、互联网交互设计师、动画游戏设计师、平面设计师、产品设计师等为例，整体薪酬的关系为依次减少的关系。目前，薪酬最高的设计工作集中在建筑与室内设计、互联网和游戏设计领域，根据调研数据显示，助理建筑师年度总薪酬位值为 6 万元以上，工作经验 5 年以上的建筑师年薪中位值为 15 万元以上，而注册建筑师的年薪超过 20 万。表现优异的建筑工程师上升到主任建筑师，年薪超过 40 万元，而企业总建筑设计师年薪超过 60 万，甚至更高。但是，同比产品设计师，毕业两年之内的产品设计师薪酬在 4 万—6 万元之间，5 年经验的产品设计师年薪在 12 万元左右。

此外，根据 2012 年的调查显示，中国设计师对于薪酬、成就感、职业规划、工作环境、团队等关键要素重视程度的排位中，此前处于成就感、职业规划之后排在第三位的薪酬因素被放在了第一位，这表明更多的设计师更加重视当下的实际收入，而不再把职业和成就感视为更重要的工作动力，这也表明了设计师首先作为一个个体正在面临更加严峻的经济压力，由于房价等各种生活成本的快速增加正在改变设计师的价值观。

在设计师的能力评价方面。经过十年的发展，中国设计产业开始从简单粗暴式生长方式转型为专业化、职业化的设计组织、机构发展模式。中国设计师无论在解决设计问题，或者参与国际设计协作、对话和交流都呈现更好的设计能力。其中，建筑设计、产品设计、平面设计、时尚设计等领域的一些代表性设计师开在国际设计领域被认同，而在更大数量的普通设计师层面，一系列大型设计项目证明了中国设计师的整体协作和解决问题的能力。但是，如果我们基于创新和创造的能力评价标准，中国设计师仍然具有一定差距，造成这种差距的原因不仅有整体产业环境创新能力低下的问题，也有中国设计教育在培养设计学生创造性能力方面的缺失的问题等。

5. 教育评价

根据中央美术学院设计文化与政策研究所“中国设计教育调查”项目的报告显示“2012 年中国高等学校招收设计专业学生达 30 万人，参与招生的高等学校 1300 余所，涉及所有一线城市、省会城市和重点区域的二三线城市。招生的专业包括十几类三十几个方向。其中视觉传达设计、数码多媒体设计、产品设计、室内与空间设计、服装设计仍然占主流。而在建筑学招生中，室内设计、景观设计、建筑设计保持平稳。”事实上，以过去十年中国毕业的设计学生总数计算，且不包括此前已经参与设计工作的从业人员，截至 2012 年，理论上中国设计从业人员至少已经超过 200 万人，而在以创意著称的英国，其所有设计从业人员总和不超过 20 万人。

高速发展的中国经济和城市化进程，同样催生了中国教育的规模化发展趋势，其中设计教育的规模化通过其中招生人数的大规模扩张可见一斑。但是，30 万设计学生和 1300 所设计招生学校是否真的合理？学生是否都具备成为设计学生的基本条件？学校是否具有规范、合格教学条件和系统的教学标准？从目前所呈现的状况分析，结果并不理想。

大多数情况下，无论是否具备合适的教学条件、资源，是否具有清晰的教学目标、理解和课程计划，以及所在地区是否具有相应的人才需求？许多设计专业、系所、院校的开设都放弃了这些基本的教育条件，甚至一些和设计教育几乎没有任何关系的大学都设了设计专业，比如医学院、外语学院中的设计系、所。

任何一种产业的发展和成熟，教育都是基础和本质。教育输送的不仅是能够工作的人，而且能够传递关于专业、责任、使命和价值感。对于缺乏清晰的教学目标、教学理念，无法获取合理的教育资源支撑的设计专业，如何能够培养出可以胜任工作的人，以及如何能够让这些人传递专业精神、社会责任感和价值标准。

在功利化的设计教育结构下，每年 30 万人数的设计毕业学生大多数都存在严重的能力缺陷，不仅不能有效的直接服务于设计产业的发展需求，而且还需要整个设计产业持续为这些设计学生提供更长时间的再教育工作，这个过程不仅会加大设计所服务的产业的发展风险，也制约了中国设计产业发展的质量和竞争力。在某种程度上，中国设计整体竞争力低下的本质原因是设计创新能力的低下，而造成这种原因的基础是中国设计教育的简单粗暴、功利化发展模式。

6. 制约和限制

尽管设计政策和政府支持对于整体设计产业的发展具有关键价值，但是由于政策和政府的介入，使得行政制约如今成为影响中国设计产业发展的重要因素，并且也在一定程度上影响了设计发展的速度和质量。

从设计产业发展趋势看，目前，行业市场和整体的产业环境对设计产业发展的制约非常明显。根据中国工业设计协会的调查报告指出，2012 年全国年产值超过 5000 万元的工业设计公司不超过 20 家，所有中国设计公司的产值总和甚至不如一家房地产企业的年营业额。一方面，这是因为设计价值的最大化并不在设计产业本身，而是存在于设计所服务的产业中；另一方面则表明中国设计的价值生产能力仍然存在较低的水准，相对于国际著名设计公司高昂的设计收费，国内大多设计机构只能采取“薄利多销”的策略。最后，设计机构内部的设计管理能力和设计创新能力也严重制约中国设计产业的发展。设计管理能力的低下，使得设计公司在设计项目组织、执行过程缺乏系统、完整的控制能力，而创新能力的低下则直接表现为设计品质、价值创造的能力和标准问题。

目前，还有至少有三个关键因素在制约和限制中国设计产业的发展：官僚主义、形式主义、商本位。在许多政府支持的设计项目和计划中，服务于政治目标和政府需求的设计工作，由于受到官僚主义制约，反而造成更多的负面影响。在一些政府组织和推动的设计促进项目中，官僚主义、形式主义和赤裸裸的商本位原则不但损害了项目对于设计产业推动和促进作用，而且更加恶化了设计的虚假现象。

此外，设计逐利本质和官僚化趋势使得设计的形式主义普遍化，特别是在面向政府和公共的设计项目中，形式主义的趋势愈加恶劣。一些大型公共设计促进项目甚至演化为如何为政府代表奉献一场虚假的“设计秀”过程，而对于如何通过设计项目推动和促进区域设计产业的发展并没有人真正重视和关心。尽管企业的本质是逐利，但完全的商本位中心对于设计产业的发展并不十分有益，商本位的设计立场以逐利为根本目的而放弃了对于设计所包含的创新价值、未来价值等价值观的尊重。

其它来自产业内部的消极因素也会影响到设计产业发展，比如仍然有许多企业期望通过抄袭、模仿和简单改良设计的方式进行产品升级，这种做法不仅不能帮助企业持续获利，其行为本身对于设计的发展会造成根本性的否定。

2012 年是一个独特的观察点，因为对于这一年中国设计产业发展的评价，其实就是对于过去十年中国设计产业高速发展进程的总结，我们还不能评价未来十年中国设计的发展状态，但是过去十年对于中国设计是独一无二的，这所有的变化、结果、问题都呈现为我们在 2012 年所感知到的中国设计。

海军　中央美术学院讲师、设计管理研究所主任、《设计管理》杂志主编

文件・文献

文件

【《关于加快工业设计业发展的若干措施》（深府〔2012〕137号）】

工业设计是产业转型升级的重点和方向，是制造业价值链的关键环节，是企业自主创新的重要内容和形式，发展工业设计业，对加快我市转变经济发展方式具有重要意义，为加快我市工业设计业发展，推动生产性服务业成长，努力实现有质量的稳定增长，可持续的全面发展，制定本指施。

一、指导思想和目标任务

（一）指导思想。深入贯彻落实抖学发展观，围绕建设国家创新型城市的战略目标，按照加快转变经济发展方式、创造深圳质量的总体要求，坚持政府引导和市场调节相结合、设计创新与技术创断相给合、专业化发展和开放融合发展相给合，加大政策支持力度，优化产业发展环境，增强设计创新能力，培育高端设计人才，全面提升我市工业设计业发展质量和国际竞争力。

（二）目标任务。加快工业设计业高端化、国际化、品牌化发展，用5年时间，即至2017年，全市工业设计业发展水平明显提升，国际影响力不断扩大，“深圳设计”知名度显著提高，努力将深圳打造成带动全省、辐射全国、面向全球的工业设计业集聚城市。

——工业设计业发展质量显著提升，培育若干家具有国际竞争力的知名设计企业、20家以上工业设计领军。

——工业设计业创新能力明显增强，建成10—20家国家及省级工业设计中心、50家市级工业设计中心，建设1—2个集聚国际顶级设计资源的工业设计支撑平台。

——工业设计产业集聚发展，建设2—3个国家级工业设计示范集聚区和一批各具特色的工业设计产业园区。

——工业设计国际化水平全面提高，引进一批国际顶尖设计机构落户深圳，吸引一批具有国际影响的工业设计展会在深圳举办。

——高端设计人才不断涌现，引进一批优秀设计创新团队和领军人物，培育一批国际化、高水平、具有创新活力的设计大师。

二、提升工业设计业创新能力

（三）鼓励开展设计创断攻关、针对关键领域和薄弱环节支持重点企业瞄准世界前沿技术和设计，开展关键工艺，核心技术、共性环节设计创新攻关，积极制定行业标准、国家标准直至国际标准，取得一批重大设计专利，形成对行业具有引领作用的设计成果，提高工业设计原始创新和集成创新能力。

（四）增强企业设计创新能力。发挥企业主体作用，鼓励有条件的企业创建工业设计中心，着力对新产品、新技术、新工艺进行开发设计，增强企业核心竞争力。组织开展市级工业设计中心认定，支持争创国家级工业设计中心。对经认定的国家级、省级、市级工业设计中心分别给予500万元、400万元和300万元的支持。

（五）构建工业设计创新体系。积级发挥行业协会作用，打造工业设计产业联盟。鼓励科研院校、设计机构与企业以产业链、产品链、技术链、服务链为纽带，联合开展设计创新，形成产学研用紧密结合的协同创新体系。

（六）促进工业设计成果转化和应用。加强设计成果与产业对接，支持基于新产品、新技术、新工艺、新材料的设计创新成果应用推广。鼓励工业设计在城市公共设施、社会民生等领域的深度应用。实施一批推进节能减排、发展先进制造、促进产业升级、提高城市品质的工业设计成果应用项目。

三、推动工业设计业高端化发展

（七）支持工业设计专业化发展。以市场为导向，支持和引导有条件的制造企业分离设计机构，设立工业设计企业，积极承接设计外包业务，提升工业设计专业化程度。鼓励企业加强设计和服务能力建设，创新服务模式，强化品牌创建，培育一批具有国际竞争力、成长性好、行业带动性强的工业设计领军企业。

（八）促进工业设计业集聚发展。加强产业规划，完善产业空间布局，在高断技术产业园等现有园区用地中规划工业设计功能区，满足工业设计企业用地需求，鼓励新建或通过城市更新建设工业设计产业集聚园区，建成一批辐射带动效应明显的工业设计示范园区，推动工业设计业规模化、集聚化发展。

（九）推动工业设计向价值链高端环节延伸。利用深圳产业优势，立足高起点，大力发展智能设计、时尚设计、品牌设计、社会设计、新媒体和体验交互设计等高端领域，鼓励“设计+品牌”、“设计+科技”、“设计+文化”等商业模式和新业态发展。

四、提高工业设计业国际化水平

（十）推动工业设计国际化发展。充分利用深圳“设计之都”平台，加强与国际知名设计城市和设计机构的交流合作，在更宽领域、更大范围内配置全球设计资源。鼓励工业设计企业加快全球布局，实施跨国并购，在境外设立设计研发中心和营销网络，获取国际市场、技术和品牌，增强国际竞争力。

（十一）引进国际顶尖设计机构。推动深港工业设计领域深层次交流合作。鼓励跨国公司和国际知名设计机构来深圳设立设计研发总总、分支机构或共建设计研究中心，引进最新设计理念。先进技术和管理经验，提升我市工业设计水平。

（十二）举办工业设计重大活动。支持举办中国（深圳）国际工业设计大展、中国（深圳）国际工业设计节、“红树奖”工业设计大赛、国际工业设计联合会年会以及高水平的设计创意展示展览等工业设计重大活动，加强国际交流合作，打造具有国际影响力的工业设计活动品牌，成为深圳城市名片。

五、构建工业设计公共服务体系

（十三）开展工业设计基础研究。编制工业设计发展规划建立工业设计统计调查制度，定期发布行业发展白皮书，加强行业发展趋势和竞争态势研究。支持建立工业设计研究院，开展基础性、通用性和前瞻性工业设计研究。支持工业设计知识普及教育，推广工业设计理念，增强全社会设计创新意识。

（十四）建设国际资源支撑体系。集聚全球工业设计创新资源，建设与国际接轨、实用高效的材料展示、检索及分析、色彩管理、专利资讯、人才数据库、信息资讯等工业设计资讯数据库，为行业发展提供高端资讯支撑。

（十五）构建开放式公共服务平台。完善工业设计业创断服务体系，规范公共服务平合建设，为行业提供快速成型、虚拟制造、成果展示、市场交易、知识产权、人才培训等专业服务，促进资源共享。对开放式、公益性、专业化、国际领先的公共服务平台建设，给予投资额50%。最高800万元的支持。

（十六）提升社会组织公共服务水平。加快推进行业协会、产业联盟等社会组织建设，强化行业自律作用。以市场为导向、企业为生体、社会组织为依托，广聚设计创新资源，形成多层次、专业化、社会化、常态化的公共服务体系。政府以购买服务的形式，支持社会组织提供行业信息资讯以及开展设计对接、宜传推广、人才培训、成果展示、高端论坛等服务活功。

六、强化工业设计高端人才培养

（十七）培育高端设计创新人才。建立工业设计人才培养激励、引进、评价机制，推进高级工业设计师认定和工业设计类职业技能资格认证工作。支持符合条件的工业设计企业和产业集聚区设立博士后工作站。鼓励优秀工业设计人才参与国际交流、培训和设计大赛，开展优秀工业设计企业、优秀工业设计师认定对红点奖、IF奖、中国优秀工业设计奖、深圳红树工业设计奖等国内外知名设计奖项获得者给予奖励。

（十八）支持工业设计特色教育。加强与国内外著名设计院校合作，引进先进设计教育办学理念，建设国际一流的工业设计特色学院。整合本地教育资源和社会培训力量，鼓励本市高等院校和职业培训机构设置工业设计专业和课程，支持培训机构、高等院校、行业协会和企业共建设计人才实训基地。

七、扩大“深圳设计”品牌影响

（十九）促进工业设计品牌化发展。支持企业发挥自身优势，建立面向珠三角、辐射全国的设计服务网络，增强品牌意识，开展品牌运营及设计推广，创建个性化设计品牌。鼓励行业整体参与国内外知名设计评奖、展览、竞赛等活动，塑造深圳设计整体形象。可使用“深圳设计”标识，提升“深圳设计”品牌影响力。

（二十）加强工业设计业宣传推广。建立工业设计业宣传推广长效机制，制定年度宣传推广计划，组织开展各类工业设计业推广活动，通过广播电视、平面、网络及户外等媒体加强工业设计业宣传，提高“深圳设计”知名度。

八、优化工业设计业发展环境

（二十一）加强组织保障。成立市工业设计业发展工作领导小组，全面统筹协调工业设计业发展及重大事项，分管副市长任组长，分管副秘书长任副组长。领导小组办公室设在市工业设计产业主管部门，负责领导小组日常工作。

（二十二）加大资金扶持力度。自2013年起连续5年，每年在市产业转型升级专项资金和市文化创意产业发展专项资金中各安排5000万元（共1亿元），专项用于支持工业设计业发展。各区（新区）设立相应的工业设计业发展专项资金，形成市、区联动工作机制。

（二十三）落实税收优惠政策。营业税改征增值税试点的工业设计企业从事技术转让、技术开发业务和与之相关的技术咨询、技术服务业务所得收入，免征增值税；经认定为国家级高新技术企业和技术先进型服务企业的，按照税法规定享受企业所得税优惠政策。工业设计企业新建或购置的新建房屋（不包括违章建造的房屋），自建成或购置之次月起，免征房产税三年。企业用于工业设计且符合税法条件的研究开发费用，可享受企业所得税前加计扣除政策。

（二十四）拓宽融资渠道。支持设立深圳工业设计发展基金，市创业投资引导基金可投入一定资金，引导社会资金投入工业设计领域。鼓励担保机构、银行拓宽工业设计企业的抵质押品范围，加强信贷和担保服务。支持有条件的工业设计企业发行债券或融资上市。鼓励国内外风险投资、创业投资、股权投资、天使基金等机构投资工业设计企业。

（二十五）优化人才安居创业环境。引进优秀设计创新团队，鼓励海外高层次设计人才来深圳创业，符合市海外高层次人才认定标准的，推荐入选“孔雀计划”，享受创新创业专项资助以及居留和出入境、住房、配偶就业、子女入学等优惠政策。将设计领军人才列入我市高层次专业人才认定范围，经认定后享受相关优惠政策。设计企业集聚区配套建设的公共租赁房优先向设计人才出租。重点企事业单位设计人才依规定享受人才安居政策。

（二十六）加大知识产权保护力度。完善工业设计知识产权交易和社会服务体系，创新知识产权保护手段，支持建立工业设计知识产权专利保护数据库，推广工业设计数字作品备案，鼓励企业和个人进行专利申请和著作权登记，鼓励在产品或包装上标注设计机构或设计者名称，保护工业设计创新成果和设计师权益。

九、附则

（二十七）市工业设计产业主管部门会同市财政部门制定工业设计专项资金管理办法。

（二十八）本措施支持的工业设计企业均需在深圳注册。本措施规定的优惠政策与我市其他相关优惠政策不重复享受。

（二十九）本措施自发布之日起实施，有效期限5年，由市工业设计产业主管部门负责解释。

深圳市人民政府办公厅

2012年12月11日印发

专题

首届中国设计大展

【概况】

2012 年 12 月 7 日，首届中国设计大展与深圳市第八届创意十二月开幕式合并在深圳市民中心举行。

首届中国设计大展是文化部与深圳市政府共同主办，文化部艺术司、中共深圳市委宣传部、深圳市“设计之都”推广办公室、深圳市文体旅游局承办的一项国家级专业设计展览，也是深圳获得联合国教科文组织命名的“设计之都”以来举办的规模最大的设计项目。该项目从 2012 年年初启动，5 月份在京召开了中国设计大展的新闻发布会，公布了大展方案及海报、LOGO，并向全国设计师发出了征稿邀请，特别包含了港澳台地区。大展的主体展览包括平面设计、产品设计、空间设计和跨界设计四个板块，征集作品自 2008 年 1 月截至 2012 年 9 月 30 日，10 月上旬完成初评审，11 月中旬完成终评审。

由于设计跨行业、跨学科的特点，造成了管理相对分散、行业发展情况不明朗的状况，根据有关专家的建议和深圳承办方的要求，文化部经过数次专家论证，将全国艺术设计展更名为“首届中国设计大展”，是带有探索性前瞻性的决策，旨在准确评判中国设计发展的状况，为中国设计未来的发展规划提供指引。大展名称确定后，由组委会多次召开专家论证会，将大展主题定为“时代·创造”，希望通过展览“鼓励中国设计创新，促进社会生活进步”。

大展成立了组委会、学术委员会及评审委员会，组委会主要由文化部和深圳市的有关领导组成，组委会办公室设在深圳关山月美术馆；学术委员会及评审委员会汇聚了中国设计界的领军人物及专家，四个策展小组分别由平面、产品、空间、跨界综合设计方面的知名专家担任组长；大展时间为 2012 年 12 月 7 日至 2013 年 2 月 26 日，展期 80 天；大展地点以深圳市民中心 B 区东西两厅（室内馆）和工业展览馆二楼为起点，向北跨越中心书城天台长廊至莲花山公园（户外），再转入关山月美术馆（室内馆）。其中，室内展馆面积约 1 万多平方米，室外面积约 1.5 万平方米，整体展览面积达 2.5 万平方米。

2012 中国设计大展分为初评审和终评审两部分。初评审评委由各板块策展人及部分学术委员（含港澳台）设计界知名专家组成。终审评委工作策展人不参与，一部分从中国设计大展学术委员会委员中直接聘任，其余从国内（含港澳台）设计界知名专家中选聘。中国设计大展评审委员会由中国设计大展学术委员会提名，经中国设计大展组织委员会审议通过后，报请文化部核准，并以文化部名义聘任组成。奖项名称为“中国设计大展优秀设计奖”，由文化部和深圳市政府共同颁发证书、奖金。自 5 月 30 日中国设计大展新闻发布会至 9 月 30 日收件截止，本次大展共收到作品 11200 件（套），其中策展人推荐作品 1017 件（套），公开征集作品 10183 件（套）。经过初评审，在 11200 件作品中，评选出入围作品 696 件，其中平面 277 件，产品 237 件，空间 151 件，跨界综合 31 件。经大展初评审评选出 696 件（套）作品参加了终评审，经过终评审有 644 件（套）作品拟入选大展，其中，平面作品 265 件，产品 206 件，空间 144 件，跨界综合 29 件，获奖作品 14 件（套）。本届大展汇聚了全国设计师共 644 件作品参展（含港澳台地区 77 件），展示了近年来我国设计发展的最新成果，代表了中国设计的发展方向，体现了民生、高科技、生态、环保的理念，引领从中国制造向中国创造转变。

中国设计大展论坛分为主旨论坛和专业论坛两部分，在总主题的框架下，根据设计大展各版块的内容延伸出相应的主题，相互交叉，互为补充，共同构成“中国设计”的当代命题。12 月 8 日上午 2012 中国设计大展主旨论坛在深圳市民中心 B 区报告厅举行，论坛主题：“时代·创造”，出席嘉宾有文化部和深圳市有关领导及联合国教科文组织副总干事汉斯·道维勒，中央美术学院院长潘公凯，中国美术馆馆长范迪安，西班牙巴塞罗那 Elisava 设计学院董事长 Jordi Cortada ，西班牙巴塞罗那 Elisava 设计学院院长 Daniel Moragas 等嘉宾。12 月 9 日全天专业论坛在深圳大学报告厅举行。四个专业论坛及其主题：1. 空间设计：中国空间设计策略；2. 产品设计：设计公信与设计价值；3. 视觉传达设计：原创力、视觉力、生命力、社会价值；4. 跨界设计：跨界 · 探索 · 合作。专业论坛邀请了中国（含港澳台）设计界的专家及知名设计师出席并发表演讲。

【首届中国设计大展开幕辞】

◎文化部党组成员、副部长　董　伟

各位领导、各位嘉宾，女士们、先生们：

今天，由文化部与深圳市人民政府共同主办的首届中国设计大展即将隆重开幕，我谨代表文化部向前来参加开幕式的各位专家、各位嘉宾表示热烈的欢迎，向为展览的筹备做出贡献的深圳市委、市政府，以及承办单位的同志们表示衷心的感谢！

设计，是人类智慧和创造力的结晶，设计的发展进步体现了人类对于美好生活的不懈追求。当今世界，设计作为蓬勃发展的创意产业的核心要素之一，体现着艺术创造力与经济技术实力的结合，已经成为世界各国核心竞争力的重要组成部分。同时，设计作为当代文化的一种重要形态，也是民族文化传承与创新的重要途径，不仅体现了一个民族的历史文化、审美观念和精神境界，也在引领着社会审美风尚，改变着人们的生产和生活方式。

改革开放以来，我国的现代设计取得了迅猛发展，设计产业覆盖到社会经济、科技、文化、生活等各个领域，为推动经济发展，改善人民生活，增强我国综合国力做出了重要贡献。

首届中国设计大展，是一个国家级、综合性的设计类展览和研究平台，首次整合了包括平面设计、产品设计、空间设计以及跨界综合设计在内的众多设计门类。展览以“时代 · 创造”为主题，凸显了当代中国设计与社会改革发展的紧密联系。我们希望，通过中国设计大展，能够汇集当代中国设计的优秀资源和人才，加强与世界各国设计界的交流与合作，大力倡导符合中国国情的、具有中国特色的优秀设计，不断提升中国设计的文化内涵，大力倡导“绿色设计”的理念，引领和促进中国设计的创新发展。

党的十八大勾画了在新的历史条件下全面建成小康社会、加快推进社会主义现代化、夺取中国特色社会主义新胜利的宏伟蓝图，从战略全局上对我国改革发展做出了规划和部署，开启了我国进入全面建成小康社会的决定性历史阶段。在全面协调推进国家经济、政治、文化、社会和生态文明建设的进程中，中国设计担当着时代赋予的神圣使命和历史责任，面临着更多的机遇和挑战。我真诚地希望，中国设计大展能够成为中国设计新的起点，为推动社会主义文化强国建设，建设美丽中国做出新的更大的贡献！

预祝首届中国设计大展圆满成功！

2012 年 12 月 7 日

【专家点评】

设计即生产力

许江（中国美术学院院长）：设计即生产力。设计对于今天中国人的生活生产、家园建设，意义重大。设计在今天不是一个问题，如何设计是一个问题，文化部主办的设计大展，是希望从文化思考、文化质量的角度来考察当代设计的状况。我觉得它有特殊的意义。首先呈现了中国文化人对设计的担当，体现了大家对设计当中所包含的文化活力、文化创造力的一个理想。虽然是第一届，在举办过程当中还有诸多问题，但是我想，只要我们能够坚持地走下去，一定会给中国的设计带来新的引领。中国人很早就有自己的设计，我们一方面要持续地开拓视野，面向国际学习，把新的科技引进来，另一方面，也要回到中国人的生活世界里，在中国人的造化链、生活链里去重新锻造自己的设计。让我们的传统在今天的生活中复活过来，提倡中国人当代生活方式的营造。

创新和创造是大展十分突出的特征

范迪安（中国美术馆馆长）："时代·创造"是首届中国设计大展的总主题，这次大展是立足于对过去几年来中国设计成果的综合反映，突出地反映了这几年来中国设计在中国经济社会和文化建设进程中所表现出来的思想探索与实践探索。"创造"是中国改革开放、社会发展的重要动力，创新和创造是这次大展十分突出的特征，新颖性的展览结构也是此次展览的一大亮点，很好地反映了整个设计生态和设计业态的实际情况，而且在策展的理念上达到了学术优先。本次大展通过产品设计、空间设计、平面设计和跨界设计4个板块，体现了设计上的一些总的特点，既有比较传统的经典设计样式，又有随着信息时代、媒体时代到来的一种综合性的新样式。

设计将为未来城乡建设找到有中国特色的成长发展道路

崔愷（中国工程院院士）：设计对于增强国家的综合实力，尤其是文化上的创新是不容忽视的一个领域，这和纯艺术是不一样的，应该说它和社会经济发展、老百姓的生活息息相关。中国设计应该反映时代的精神，同时展品应该具有创造性。

我觉得大部分的参展作品和中国的地域文化有某种联系并有所创新。中国城市发展有几千年的历史，今天在大规模的城乡建设当中设计师的思考和关注点，说明未来城乡建设当中，如何找到有中国特色的成长发展道路是很重要的一个节点。实际上作为设计行业领域来讲，主要是让空间怎样更好地为人服务。我觉得这一点是比较明确的，当然从历史上就是这样，从来也都是沿着人们社会生活的需求来发展。因此，我觉得将来这样的相互关系，一定是有延续地发展，同时要有创造性，使人们的生活更加的美好，这是设计者的责任。

大展让未来的设计更具前瞻性

吕敬人（清华大学美术学院教授、书籍设计师）：不是设计当下，而是设计未来；不是设计可能，而是设计未来的可能与不可能。首届中国设计大展通过作品提出了更多的思考性，让我们未来的设计更具前瞻性，更加具有内涵。

揭示未来社会的文化和生活方式

王受之（美国艺术中心设计学院教授、汕头大学长江艺术与设计学院院长）："跨界"一组具有一定的预示性，即说明中国设计未来要走的方向。跨界类的一个特点是它揭示了未来社会的文化和生活方式的发展趋势，让人们看到了未来二三十年的生活。跨界的作品重新审议了中国文化，如在村寨里做博物馆，在博物馆里生产民间的土布和首饰，并把这些土布和首饰设计成现代的时装，同时销售，进而回馈社会。博物馆的功能已经从根本上改变了，很难说是博物馆还是产品，非常有意义。

思考性、实验性和探索性的作品汇集

王澍（中国美术学院建筑艺术学院院长、2012普利克兹建筑奖得主）：这次大展在艺术的背景下第一次把设计单独分出来，本身已经很有意义了。它比较全面地展示了目前中国设计界的思考性、实验性和探索性的作品，同时还有青年工作室的作品、公益性作品等，覆盖面比较广。通过评选可以发现，几乎所有高票获奖的作品，都有比较强的建筑设计背景，建筑设计在思考的深度和技术的先进性以及思想方面等是这个学科的领头羊，几乎所有设计都是以它为依托存在的，所以将来设计大展恐怕还要讨论要不要把建筑设计也放进来。

跨界设计亮点多

杭间（中国美术学院教授、艺术史学者）：设计从来就不是一个孤立事件，它越来越跟人们的生活密切相连。随着社会的发展，原来那种有学科分类的如平面设计、产品设计、环境艺术设计等，已经变

得越来越综合、越来越跨界。如这次作品中有考虑城市化进程中所面临问题的跨界设计，有新农村建设的跨界设计，有关注弱势群体、关注社会服务的跨界设计，也有关注介于艺术和设计之间思考的跨界设计等。这次展览中的跨界和综合设计，有非常多的亮点，几乎每件作品都有一个新的想法，而这些想法都跟我们的生活、民生、未来的发展、设计乃至方方面面的联系相关。

从“中国制造”到“中国创造”要靠设计

王敏（中央美术学院设计学院院长）：今天我们到了需要从“中国制造”到“中国创造”的时期，而且我们已经具备了条件。经过前一段时间的快速发展，我们的设计教育已经有了很大变化，现在全国有超过 100 万的学生学习设计，我们的设计产业已经形成了一个很大的规模，更重要的是我们整个社会对设计产业及其发展有迫切的需求，所以在这个时候举办大展本身即具有时代意义。

大展举办具有战略眼光

柳冠中（清华大学美术学院教授）：中华民族五千年的文明要怎么体现？不能光靠书本、讲话、戏剧、电影，更重要是要引导出一个怎样的生存方式。设计对于衣、食、住、行都能体现，所以文化部做设计大展是绝对正确的，而且是具有战略眼光的。什么是中国的设计？中国的设计要体现什么样的中国？是 2000 年前的中国、还是 1000 年前的、500 年前的？或是当代和未来的中国？中国设计的含义绝对不是简单的回归，简单的符号的继承，或者是传统的一些纹样、纹饰的继承，而是我们要提倡一个中国的未来，这是非常重要的。

【2012 中国设计大展获奖名单】

Small Studios /何见平
NOKIA /李小龙 朱津京
字体 - 风雅楷宋 /刘永清
隔离的键盘（带光盘）/熊超
隐于此隐于彼 /郭东
健康办公椅 /石振宇
《泳动机》——浪泳发电平台 /秦国光
神七舱外航天服用表 /飞亚达公司
上海辰山植物园矿坑花园 /朱育帆
罗东文化工场 /黄声远
无止桥系列扶贫建设项目 /无止桥高校联合志愿者团队
德阳聋哑与智障儿童学校 /刘艺
FROM YuHang /张雷
地扪博物馆反馈项目 / Angel Chang

来源：视觉同盟专稿 2012 年 12 月 8 日

【媒体视点】首届中国设计大展：倡导中国文化内涵 引领当代设计发展

“来深圳久了，你会不会觉得它原来也是一座很有创意、很有人情味的城市？”这条有感于首届中国设计大展的微博在 12 月 7 日被网友纷纷转发，他们感慨，通过设计展看到了生活的美好和中国的美丽。当天下午，深圳市民中心二层的平台广场上彩带飘扬、人头攒动，由文化部与深圳市人民政府共同主办的“首届中国设计大展”盛大开幕。文化部党组成员、副部长董伟，深圳市委常委、宣传部部长王京生，联合国教科文组织副总干事汉斯·道维勒等领导和来自全国各地及港澳台地区的设计界代表出席了开幕仪式。展览以“时代·创造”为主题，通过平面设计、产品设计、空间设计和跨界设计4个板块，实现了对跨行业、跨学科的设计领域的“全覆盖”，一个具有专业影响力的国家级展览和研究平台呼之欲出。

“接地气”背后的时代需求

在开幕式现场，一位满头白发的李姓老人随着人潮走进了展馆，二楼展厅内熟悉的景象让老人惊喜连连。“我老家就是这种窑洞，我都多少年没回去了，没想到拍出来这么好看。”得知是用设计改造窑洞后，老人连连夸赞中国设计大展“接地气”，还特别开心地说：“原来我老家也有设计！”

像这样与百姓生活相关联的设计在展览上比比皆是。从日常生活到飞机、地铁列车等涉及我国航空航天、轨道交通等国家重大工程项目，设计作品无所不包。“每件作品都能在生活中找到原型，每一件展品都在讲故事。”网友“木木漂流”说。

作为一门应用极为广泛的交叉学科，设计以其复杂的多学科背景和强大的系统整合功能在技术与艺术、科学与伦理、物质与精神、传统与当代之间不断地探索和创造。无处不在的设计见证着人类对于美好生活的不懈追求。随着后工业时代的来临，设计对社会转型与产业升级的推动作用更加凸显，世界各国纷纷将设计作为发展国家核心竞争力的重要组成部分。“创新会成为全球未来焦点。”联合国教科文组织副总干事汉斯·道维勒盛赞此次大展，他指出，未来在经济、社会和文化的全球领先者必须要通过强大的文化产业来提高全球影响力，而设计与创意是其中重要的内涵。“我们常会听见‘中国是世界工厂’这一说法，但是我认为这种说法是守旧的、错误的，它的前提还是建立在旧的工业时代。中国通过智慧，不断地在教育、科学、文化和通讯技术领域，用软实力在全球中突围，这一点和联合国教科文组织不谋而合。”他还表示，文化并非一成不变，而是一个不断适应现实、再创造以及创新的过程。我们这个时代的新颖之处就在于创意产业的参与者相互影响的广度与深度前所未有。

改革开放以来，我国设计迅猛发展，设计产业覆盖到社会经济、科技、文化、生活等各个领域，成为国家综合国力迅速增长的重要推动力。特别是新世纪以来，在全球化的背景下，中国的发展与国际社会的依存度不断加深，设计行业在迎来前所未有的发展机遇的同时，也面临着更加艰巨的挑战。然而，对中国设计褒贬不一却是不争的事实。一方面，社会需求旺盛，对设计的关注度越来越高，几乎每个艺术院校都开设了设计类专业，甚至有百万在校生；另一方面，社会对设计的整体认知度不高，比如认为中国设计原创性不足、从“中国制造”到“中国创造”迈步艰难等呼声很高。“设计行业门类众多、跨领域及学科交叉性强，政府需要对当下的设计做全面的介绍和梳理，才能有整体的判断和中肯的评价。”文化部艺术司副司长诸迪在谈到大展举办的初衷时如此表示。深圳市市长许勤说，深圳作为一个创新型城市，创新能力强、创新氛围好，政策比较完善，规划的思路也比较清晰，文化部和深圳市政府共同举办此次设计大展是恰逢其时。文化部联手被联合国教科文组织授予的中国首个“设计之都”深圳，反映了政府文化部门在积极构筑有专业影响力展览平台、实现传统文化创新转换方面的思考与努力。

凸显文化理念　表达人文关怀

在产品设计展馆里，一件橙色底色印有大花的棉袄引起了不少人的关注，只见立体圆领以下部分，前后各两大块不规则形状的棉被缝制在一起。没错，这件衣服跟前几天微博上很火的那件“王菲款”羽绒服如出一辙！记者在展览现场看到，这件衣服在展馆里并没有占据黄金位置，很多观众边看边笑：真拿被子当棉袄了呀！

策展人沈榆告诉记者，他们联想到农村里很多人冬天穿着棉袄，夜晚睡觉也习惯将棉袄放在被子上加厚取暖，于是想出了将棉袄改良，冬天时既可穿着也可当被子盖的设计。据介绍，这一设计已经被做成成品，有一批还运送给了西藏困难家庭。

“文化是设计无法偏离的核心，只有以文化的宏观视野观照设计领域，才能使我们跨越设计门类的局限，对中国设计的发展方向有更为清醒的认识和把握。”董伟在大展的主论坛上作上述阐释。

设计的发展离不开科技创新与产业发展，更离不开民族文化的传承与创新。越来越多的设计师达成了这样的共识：在当代文化创造的进程中，设计不仅从深厚的传统文化土壤中汲取营养、孕育生发，而且是实现传统文化创新转换从而使文化历久弥新的重要途径。比如跨界综合设计板块中，获优秀设计奖的地扪博物馆反馈项目最让人感动的是，设计师和博物馆联合，不仅深入访问西南少数民族传统手艺人，学习他们的技艺，并结合当代设计，再造时尚实用的产品，而且将市场化的盈利反馈给当地的居民，以投入传统工艺的再研发与传承。

现代意义上的中国空间设计兴起较晚，但本次展览中不是以知名度和图像圈定参展作品，而是通过广泛的社会征集、各地设计事务所的走访和重要项目实地考察来确立展览架构，体现了空间设计师对社会生活的深刻影响和关怀。其中，获奖的四川德阳市聋哑及智障儿童学校则是一个面积仅 8000 平方米、投资 2000 万元的小成本设计作品。设计师刘艺说："我们是希望把这个校园做成一个温暖的家，因为孩子们是要在这里生活到 18 岁，考虑到残障人士的心理与生理需求，我们把它设计成一个小村庄，所有的空间都力求人性化。"

产品设计板块获得广泛认同的无人飞机摄影装置"筋斗云"是典型的设计与科技结合的产物。这款无人飞行器可以通过遥控完成高难度航拍人物，据说这一产品已经被好莱坞的影视制作公司购买，用于电影特技的拍摄。而在四川汶川地震期间，它甚至第一时间带回了最为珍贵的地震实况。

设计在引领风尚、改变生活方式、改变生活态度的方面作用越来越明显。它需要更多具有人文关怀的内涵。通过大展，观众可以看到，展出的作品不仅满足了功能要求、工艺要求、审美要求和材质要求，而且具有鲜明的社会价值和文化取向。设计师们不仅关注到了大众的需求，同时也关注到了边缘人群、弱势群体的需求，在绿色设计、可持续发展方面做出了思考、尝试，并取得了很好的效果。如无止桥项目就是就地取材，用基金的方式帮助当地群众解决实际需求。

"我有两个突出的感受，一个是这次大展向公众展示了过去 5 年来中国设计的重要成果，第二个就是特别提示了设计对于推动中国经济社会发展和彰显中国文化自觉的意义，这非常有助于在设计文化上形成更为广泛的社会认知。"中国美术馆馆长、首届中国设计大展学术委员会主任范迪安的话代表了很多专业人士的心声。

摘自《中国文化报》2012 年 12 月 11 日

北京国际设计周

【概况】

以“设计提升城市品质”为主题的2012北京国际设计周于2012年9月28日至10月6日在北京举办，活动由开幕式暨颁奖典礼、年度设计奖、国际设计品交易会、国际信息设计展、北京设计论坛、主宾城市和设计之旅七大主体内容组成。本届设计周活动邀请了来自伦敦、米兰、哥本哈根、赫尔辛基、首尔等国际城市设计周主席、设计产业领军人物等近千位嘉宾。举办各类综合性设计活动130余个，活动遍布北京市百个设计地标场所。

其中，设计周设计之路名人录邀请了15位重量级中外设计师，包括“法维拉”木椅创作者、巴西国宝级设计师坎波那兄弟，伦敦泰特现代艺术博物馆改造者、英国设计界的“鬼才”艾布·罗杰斯，苹果用户体验设计的主设计师提姆·考博，米兰设计周主席、米兰市副市长、建筑设计师斯丹法诺·博埃里，北京奥运会“金镶玉”奖牌设计团队负责人王敏等。

此外，今年设计周推出了最高荣誉奖项——年度设计奖，并首次将评奖范围从北京拓展为全国。受推荐的全国200余个参评项目，由评审专家评选出19个入围项目，并通过终审从中评选出10个获奖项目。

本届设计周重点将各类设计交易形式与市场培育融入到内容环节中。设计周的设计交易洽商签约成交项目20多个，交易总额超过20亿元，带动相关产业增加值逾300亿元。其中，设计交易签约项目涉及到城市建设、创意园区、创意农业与社会民生的各个领域，涵盖教育、文化、房产、科技、时尚、版权、电子商务等行业。

9月27日在751北京时尚设计广场七九罐的国际设计品交易会上，2012北京国际设计周设计交易签约仪式举行，高校创意设计转化运用推广的战略合作、中国本土视频素材版权交易平台、创意中国城市文化资产设计开发合作项目等20多个设计交易洽商签约。

2012年北京和设计周主宾城市米兰结为“姊妹设计周”米兰为北京带来的设计内容注重探求公共解决方案的提供，构建分享、合作和经营的平台，致力于创意社区的持续发展。其中，包括致力于探讨解决北京交通堵车问题而设立的“智慧城市”国际信息设计展，通过“城市规划、交通、通讯、社会、环境、安全”六大维度展示，首次从信息设计的角度探讨信息可视化对城市和产业未来发展的影响。北京设计论坛通过邀请8位设计规划大师观点碰撞，从古建保存、可持续发展、文化创意园区建设和城市交通四个角度分享通过设计提升城市品质的成功经验，并发起“北京设计智库”的建设计划。

【751国际设计节】

由北京国际设计周与751D·PARK北京时尚设计广场联手打造的“2012北京国际设计周——751国际设计节”在2012年9月28日至10月6日举办。

751老工业资源打造的五大特色建筑空间及园区设计师工作室全部开放，参展活动也更加注重内容的多样性以及互动性。荷兰设计会、荷兰设计时尚建筑学会以及荷兰大使馆共同带来了“DUTCH DESIGN ON THE MOVE IN CHINA”荷兰设计行，萧青阳、李明道及易介中带来了“IIIDOL我我偶像台湾经典唱片设计世界巡回展”。由《缤纷》主办的、多位设计师参与的关于空间的跨界设计概念展——“一间宅”，Unmade In China所展示的以多媒体手段表现设计师的创意，《时尚座驾》杂志带来的汽车摄影专题展览及论坛，以及美国 8 公司非凡体验场，意大利设计媒体 Design Lobby 带来的设计创意展，751HNLin 空间美学馆世界名椅展，ANDREW MARTIN 设计大奖图片展等国际优秀设计展。户外展示呈现水晶石带来的公共区域环保建筑展，清华大学美术学院及澳大利亚新南威尔士大学等国内外设计院校带来关于设计的学术交流和教育项目。其他展览及活动还有 Vibram 户外表演，创意城市全息演唱会与 3D 影像互动，人民建筑及乐高儿童教育主办的“一砖一瓦建北京”互动体验活动，751HNLin 空间美学馆世界名椅展，ANDREW MARTIN 设计大奖图片展等国际优秀设计展，韩国 3D 美术展，360°LIVE 3D 影像馆及机器人舞蹈展。

【北京设计产业高端论坛】

作为 2012 北京国际设计周的重要活动之一，“北京设计产业高端论坛”于 2012 年 9 月 27 日在石景山区举行。论坛以“创意石景山，设计核心区”为主题，邀请北京市领导、市相关部门负责人、国际知名设计大师、设计产业领军人才、设计企业代表、行业组织代表、媒体等参加，就加快推动北京设计产业发展、“设计之都”建设进行深入研讨交流。论坛由北京市科学技术委员会、石景山区人民政府、和首钢总公司联合主办，由石景山科学技术委员会、中关村石景山园管委会与歌华科意设计文化传播有限公司共同承办。

9 月 26 日，石景山区设计企业诗丰庭生活艺术品公司举办“设计让生活更美好”、“ Zivarly”品位生活沙龙，该活动将聚合设计界精英、意见领袖、品位生活的倡导者，共同开启追求品位生活的引领之旅，共同探讨设计对生活品位的提升。

来源：设计 · 中国 2012 年 9 月 27 日

【“纸张：纸的主张”设计展】

“纸张：纸的主张”设计展于 2012 年 9 月 25 日至 10 月 1 日在北京歌华大厦举办，由北京歌华文化创意产业中心、上海金汇通创意设计发展股份有限公司北京分公司联合主办。从历史文明、生活日用、科技博览、商业开发等 4 个角度，展示纸张的文化内涵、设计艺术和创新应用。

展览由海峡两岸的设计专家共同组成创意团队主持策划。策展人林磐耸，国际设计大师，曾担任 2008 年北京奥运会、2010 年上海世界博览会、香港东亚冬运会等国际大型活动策略顾问；策展人范克，中国包装联合会设计委员会副主任原秘书长、《中国设计年鉴》总编辑；策展人曾辉，北京歌华文化创意产业中心主任，北京国际设计周组委会办公室副主任；策展人胡育鸣，上海金汇通创意设计发展股份有限公司北京分公司总经理，产品包装专家，曾负责多个知名大型展览的策划策展。

整个展览汇聚了来自中国、韩国、德国、葡萄牙、新加坡、中国澳门、中国台湾、中国香港等多个国家和地区知名设计师的近百件纸张材料创意设计作品，集合了国内外多家艺术设计教育的专业院校、纸张设计的专业公司和纸张生产的专业企业的纸张创新应用示范案例与作品。展品从纸张的历史文明、生活日用、科技博览、商业开发等四个角度，向参观者展示纸张文化和创意设计，参观者可通过不同形式的纸张材料设计作品，了解纸的历史、纸的文化、纸的发展与流变，特别是纸材的艺术内涵和创新应用。

此次展览中的作品在北京地区（北京国际设计周）展出结束后，在中国的上海、武汉、广州、南京、西安、成都、深圳、大连等八个重点城市进行巡展。

【观点】纸的表情——2012 北京国际设计周暨设计之旅一瞥

◎张 明

引子：走进生活与社会的设计之旅

“北京国际设计周”在 2009 年和 2011 年成功举办了两届。今年金秋，第三届“北京国际设计周”在 9 月 28 日至 10 月 6 日期间如约而至，举办了开幕式、年度设计奖、主宾城市、北京国际设计品交易会、“智慧城市”国际信息设计展、北京设计论坛与“设计之旅”七项活动。其中的“设计之旅”活动以“设计走进生活、设计走进社会”为主题，将 751 北京时尚设计广场、大栅栏、草场地、世纪坛、石景山几个核心区与首都博物馆、歌华大厦、中央美术学院、清华大学美术学院、设计之都大厦、尤伦斯当代艺术中心及金宝街等全市百余个场所整合起来。通过特色设计街区、园区及主题日等活动共包含近 200 个项目。

纸是日常生活中最为常见的材料，对于发明了造纸术和活字印刷的中华文明来说，纸承载着历史的深度，有着特殊的意义。设计周精彩纷呈的展览与活动中，有几个展览通过不同方式体现了本土设计师与艺术家对纸的感情与敬意以及促进纸文化传播的努力。本期纸上展览选取了三个展览现场的本土设计师作品，呈现纸如何作为一种材料进行传承与创新，以及如何作为思想保存和传播的载体而被珍惜，随着新媒体的兴起，纸张在信息传播中的地位逐渐减轻，但在手工艺人和艺术家心中的感情却没有减少，而是通过新的艺术形式来创作与表达。

现场之一：纸张：纸的主张

“纸张：纸的主张”设计展是中国首个以纸张为主题的展览，2012 北京国际设计周设计之旅的重要展览之一，2012 年 9 月 25 日至 10 月 1 日在北京歌华大厦举行。纸雕艺术起源于汉代，通过单纯的材料，以巧妙的设计、对光影和结构的精准处理以及丰富的细节营造效果。虽然没有形态万千的变化，却一直充满创意精神，在民间艺术土壤中悄无声息地延续着。整个展览所展出的展品，从东方平面或立体的剪纸、折纸、纸扎（彩灯、欢门、戏曲人物等）到西方二维或多维的剪影、拼贴、构成、雕塑、装置、纸浆艺术、实用纸艺（纸什物、纸玩具、纸家具）等等，从历史文明、生活日用、科技博览、商业开发等 4 个角度，展示纸张的文化内涵、设计艺术和创新应用。本文选取了折纸、纸雕、纸艺、灯具等四种不同类型，都散发着浓郁本土气息的作品。除此之外，“不纸如此”工作室的简约手提包以及“悦来纸艺”工作室的《七彩凤凰》、《鲤鱼戏莲图》等均以各种形式的纸媒为笔墨，书写对纸的深厚记忆与敬意，在电子媒体盛行的当下愈加唤起人们充满诗意的情感。

现场之二：钻石之叶：艺术家手制书

艺术家手制书（Artist Books）是以书籍设计的形式出现的艺术作品，是将文本与图像整合的先锋性实验。从文字设计、书写、插图绘制、制版、印刷、着色、裁切、装订等等均由艺术家亲自制作，结合了纺织与纤维艺术、书籍装订、排版、书法、造纸等多种跨学科和多媒体手段，包括抽象拼贴、素描、绘画、摄影、印刷及数字技术，是出版、视觉信息研究与传媒设计实践的实验室。艺术家对书籍的迷恋，给观者提供了综合的美学体验。正如 19 世纪末摄影推动绘画向前发展一样，艺术也推动着书籍设计超越传统，在 21 世纪发展成为独立的艺术媒介，为公众提供了自我反思和自我批判的方式。中央美术学院组织的“钻石之叶——全球艺术家的手制书珍品展”是在中国举办的第一个大型当代艺术家手制书展览，向中国艺术界展现了艺术家手制书的魅力。本展包含主题展和三个卫星展：“中国古代书籍文化”、“欧洲传统书籍文化”和展出数字媒介、虚拟模式制作的艺术家自出版物的“梦想岛书店”。本刊选取主题展中五名中国艺术家的作品，感受本土艺术家对这种艺术形式的理解与表现。

现场之三：本能－独立出版/人/展

独立出版在面世之初是以拼贴设计、插画等粗糙的形式来作为未来、达达和超现实主义艺术家的文化传播武器。到了 70 年代初的美国，亚文化年轻人的独立精神催生了无数非商业限量出版物。在中国，独立出版尚处于起步阶段。独立出版的“本能”精神，对原创的需求和要与他人分享的愿望，没有地域和文化限制。在每个时代以不同的模式呈现。设计之旅期间在大栅栏举办的“本能－独立出版／人／展”是收集并记录中国独立的出版人与出版物的展览，呈现国内 100 余本独立出版物，30 个独立出版人的故事，并非是要对中国独立出版的一个诠释或总结，而是作为一个探索、体验和分享的起点，试图为创作者与观众搭建一个分享和交流的平台。本刊选取了四位出版人的 9 本独立出版物，通过这些青年摄影师的限量画册、独立漫画家的集体作品、地下演出发行的册子以及简陋复印纸做成的社区文字，进入那个真诚、执着、自由的“zine”世界。

獾和出版社：一名平面设计师于 2010 年成立，最初希望能够把实验性的内容和实验性的设计结合起来，以传统印刷的方式表现。侧重点渐渐转移到小众漫画和实验连环画上。

香蕉鱼书店：中国的一家独立刊物专营书店，致力于中国范围内独立出版文化的普及和推广。制作出版限量版摄影书和 zines，销售世界各地独立出版厂牌和艺术家个人制作的纸质艺术作品。

假杂志（社）：是言由和阿慢创办的摄影和艺术宣传出版工作间，致力于中国年轻摄影师和艺术家的推广以及限量画册的制作、出版和发行。

佐维视觉实验室：JV lab 是一个独立跨领域的工作室，参与并开发多种文化领域的独立项目，包括展览、讲座、出版物和工作坊等交流活动，尝试进一步探索艺术、设计、技术和生活的关系，并以此推动当代视觉文化的社会参与性。

结语：

2012 年 6 月 15 日，北京刚刚获得“设计之都”的称号，加入联合国教科文组织创意城市网络。无论是联合国教科文组织，还是国际工业设计联合会，都着重于提升社会对于“设计让生活更美好”的认识。此次“设计之旅”活动即将重点放在展示设计对于促进城市可持续发展，带动社会经济文化进步，推动设计产业发展，促进设计交易与设计消费，提升公众生活幸福指数的重要性等方面，力求促进社会挖掘自身设计传统，提高设计的社会化程度。本期纸上展览所选“设计之旅”的三个现场中，对纸张有特殊感情的本土自由设计师与独立艺术家，通过各种艺术形式，在设计材料和工艺研究、传统观念和现代手法的融合与创新方面不断进行尝试，继承传统的同时努力表达新鲜的观点，在社会上形成了一股推动的力量。这股力量以真诚的态度出现在“设计之旅”活动中，扩大着设计在社会上的影响，推动着北京“设计之都”的进程。

摘自《装饰》2012 年第 11 期

2012 年第五届中国（深圳）国际工业设计节

【概况】

2012 年 12 月 4 日，深圳市“创意十二月”重点活动——2012 年第五届中国（深圳）国际工业设计节举办。为促进深圳工业设计产业的发展，广泛吸纳国际先进设计理念和同行业资源，加大自主创新和实现产业升级，并逐步实现依托工业设计推动深圳由“制造型经济”向“创意型经济”升级转型，自 2008 年起由全国工业设计产业创新联盟、深圳市宝安区人民政府、深圳市工业设计行业协会等单位组织筹备的中国（深圳）国际工业设计节活动于每年 11 至 12 月间已成功举办四届，不仅成为深圳创意 12 月的重点文化品牌活动，同时也是一个国家级、国际化、专业化品牌盛会，更是中国工业设计界迄今为止最为盛大的行业盛会。

由中国机械工程学会工业设计分会、深圳市文体旅游局、宝安区人民政府、全国工业设计产业创新联盟主办，丹麦设计师协会、奥地利商务促进署、香港设计中心、台湾创意设计中心、深圳创意文化中心协办的 2012 年第五届中国（深圳）国际工业设计节，延续并进一步地扩大前四届工业设计节的规模和规格，以“跨界·共生”为主题，联合合作伙伴：北欧设计名城丹麦哥本哈根，通过高峰论坛、考察访问、展览展示、设计工作坊、全国联盟年会等专业领域的高端国际交流活动，促进深圳设计水平的国际提升、深圳与国际文化科技交流，将成为深圳打造“设计之都”的推动力量和重要载体。

东西方设计师带着“如何用设计撬动经济”这一课题，共同探讨“跨界·共生”。活动期间举办了高峰论坛、工作坊、HiUED 用户体验 2012 年会等在内的六大系列活动，有超过 1000 名来自国内外顶尖品牌企业设计师参与本届工业设计节的主题讨论，他们涵盖了 IT、通讯、电子、金融等设计的高端应用领域。

在来自世界各地的国际大师中，被视为全球设计典范的丹麦、德国、奥地利等欧洲四国设计师也组团参加，他们中有 Apogee Usability Asia 公司的首席可用性咨询顾问，DDF. UPA 中国香港分会的创始人和主席 Daniel Szuc、丹麦 David Lewis 设计事务所设计总监，丹麦皇室御用奢华视听品牌 Bang Olufsen 的主创设计师 Torsten Valeur、哥本哈根 Seidenfaden 设计公司的所有者兼 CEO Jonas Sverdrup - Jensen、策略及创新咨询公司 ReD Associates 策略总监以及欧洲区董事 Mikkel B. Rasmussen、蓝天组创始人 Wolfdieter Dreibholz、Mark Wallerberger 工业设计公司 CEO Mag. Mark Wallerberger、香港靳与刘设计公司大中华区总经理高少康、美国青蛙设计公司设计总监刘毅林、台湾 Kedo 生活设计品牌创办人李铨容等近五十位国际演讲嘉宾。

以及腾讯、百度、迅雷、长虹、奇虎、视觉中国、金蝶等注重跨界设计、走在设计前沿的中国品牌企业的顶尖设计师，其中有腾讯创新设计中心总经理唐沐、百度移动云平台首席用户体验师相辉、奇虎 360 用户体验总监张海龙、视觉中国网站总编辑雷海波、长虹创新设计中心主任叶根军等六十多个知名品牌设计者。

此次设计节历时超过一周，跨越深港两地。9 天的活动云集 50 多位国际演讲嘉宾，吸引参会的本土制造商和设计机构总数预计超过 600 家，近百家国内国际知名品牌，近千家制造商和院校研究机构，3 千余名专业设计师和业内人士参会。

【活动项目】

活动名称	主要内容	参会人员
深港双城设计游 香港：香港艺术中心、石硖尾 JCCAC 香港赛马会创意艺术中心、香港设计中心 深圳：F518 时尚创意园、先歌文化创意园、雁盟从酒店文化产业园	参观深圳、香港两地知名设计公司、创意园区、文化景点、文化活动等。	青年设计师、设计爱好者及深圳市民，每组 30 人
设计创新之旅——国际设计大师团巡游	参观深圳著名品牌企业和设计公司，如艾美特、先歌、三诺、腾讯等	国外设计大师及专家团队 20 人左右
全国工业设计产业创新联盟理事会暨学术年会	年度工作汇报及计划	联盟专家、理事及秘书处成员
深圳市体验设计专业委员会工作会议	年度工作汇报及计划	专家及秘书处成员
深圳市家居设计专业委员会工作会议	年度工作汇报及计划	专家及秘书处成员
欢迎晚宴	拟由宝安区人民政府宴请重要嘉宾	海外代表团、演讲嘉宾、参会贵宾
“工业设计在宝安”专题成果	展示自 2008 年以来宝安区在工业设计方面的成就	国际设计大师及深圳设计师代表、企业 CEO、深圳及珠三角地区制造业厂商管理人员、设计部门负责人，设计公司和品牌运营机构负责人等，600 人以上
2012 德国 IF 概念设计奖获奖作品展	2012IF 概念奖获奖作品平面展示	
第五届中国（深圳）国际工业设计节开幕式	1. 深圳・丹麦设计战略合作签约仪式； 2. 德国 IF 设计大奖入驻深圳签约仪式； 3. 宝安创意设计中心揭牌仪式	
2012 中国国际工业设计高峰论坛	国际顶尖设计大师演讲	重要嘉宾及媒体记者
设计师交流午宴	答谢海内外设计大师、院校学者、业内同人、媒体等各界朋友的支持	
专题工作坊（六组同时进行）	A 组：产品设计与品牌塑造 B 组：家居设计中的材料运用与技巧 C 组：产品交互中的界面设计 D 组：产品设计中的传统文化元素运用 E 组：工艺创新和材料处理	品牌企业设计总监以上级别，每组 30 人
工业设计从宝安开始——中外设计与产业对接会暨商业配对会	欧洲设计军团 20 多位资深国际品牌设计大师演讲及与当地企业互动，设计需求方和提供方进行面对面的业务洽谈	工业企业代表 150—200 人

续表

活动名称	主要内容	参会人员
BODW 香港设计营商周——深圳用户体验与工业设计论坛	香港设计营商周的同期活动，国际设计大师主题演讲及八场跨界体验设计工作坊	活动参与嘉宾及观众包括深港两地政府领导、设计大师及企业院校代表 300 至 400 人。
HiUED 用户体验 2012 年会	一次规模盛大的体验设计、品牌交流大会	指定观众，600 人

【十大主题设计工作坊】

为期九天的第五届中国（深圳）国际工业设计节中，主题工作坊是设计节的亮点。此次专题工作坊的特约嘉宾主要来自世界知名企业。其中特约嘉宾有香港靳与刘设计公司大中华区总经理高少康、美国青蛙设计公司设计总监刘毅林、台湾 kedo 生活设计品牌创办人李铨容、百度移动云平台首席用户体验师相辉、奇虎 360 用户体验总监张海龙、视觉中国网站总编辑雷海波、腾讯创新设计中心总经理唐沐、长虹创新设计中心主任叶根军等 60 多个知名品牌设计大师。他们都有着丰富的实战经验和品牌视野。

工作坊主题为设计品牌塑造与产品设计、家居设计的材料运用技巧、返璞归真——交互的未来、工艺创新和材料处理、工业产品的配色意图与色彩设计、如何“设计”创业、数字时代的黑胶情节、云时代的移动管理设计、当互联网走进客厅、游移在时尚与互联网之间等等。他们将在 IT、通讯、电子、金融、家居、服饰等行业进行深入的分析和探讨。面对现代设计元素趋向多元、立体化以及全方位的走势，设计师在项目中，经常遇到建筑，媒体，现代艺术，商业营销等其他专业的合作。在这样的态势下，如何和其他行业进行合作？如何在项目运行中保持设计师的价值？如何用设计撬动经济？在此次工作坊中都进行了研讨。

2012 中国创新设计红星奖

【概况】

中国创新设计红星奖，2012 年的征集工作于 3 月 15 日正式启动，6 月 30 日结束，共征集到来自 1279 家企业的 5348 件产品，参评企业和产品的数量及质量均超过 2011 年。

中国设计红星奖是北京市科学技术委员会支持的公益项目，由中国工业设计协会、北京工业设计促进中心等创办于 2006 年，是中国工业设计领域的最高奖项，得到了国际工业设计联合会认证。

2012 年，有包括美国、荷兰、日本、英国等 25 个国家和地区的 1279 家企业的 5348 件产品角逐中国设计红星奖，其中包括世界五百强企业 17 家、外资企业 84 家，其数量超过德国红点奖的全球征集量，并首次出现非洲企业参评。共有 154 家企业获奖。

2012 参评企业中，包括首都机场、中国船舶重工集团、三一重工、广汽集团、联想、海尔、京东方、中兴、小米手机等国内知名企业；美国戴尔、摩托罗拉、德国宝马、荷兰飞利浦、瑞典沃尔沃、德国博世、日本阿托拉斯规划设计、韩国三星电子、LG 电子，丹麦丹佛斯，英国翠丰，澳大利亚柏斯设计，芬兰诺基亚等外资企业，外企数量比 2011 年增长了 23.5%，来自南非、印度、新西兰、希腊等国家的企业首次参评。

今年的参评产品主要呈现出以下特点：首先，交通工具类和公共设施类产品报名数量比 2011 年增长近 150%，如马来西亚城际动车组、沃尔沃集团 LG6210E 液压挖掘机、平衡车等接近国际水平的产品均参评。其次，中小企业也注重使用节能环保的新材料和新技术，以此来降低成本、提高经济效益。第三，应用高新技术成果、高端综合设计的产品数量增多。例如小米手机、云电视、华硕超级本。同时，将中国传统文化融入设计之中的产品增多，以保证产品的独特性，提高产品的竞争力。例如，什刹海游船、邮票上的书画艺术、龙凤呈祥摆件等产品也积极参评。

2012 年 7 月 25 日，2012 中国创新设计红星奖初评在北京举行。来自北京、辽宁、湖北、湖南、重庆等 5 个省、市的设计领域及行业协会的 12 位评委对参评产品进行了评审。2012 年 12 月 19 日，颁奖典礼在京举行。

【获奖名单】

至尊金奖：

上海钴辘轩工业设计有限公司的消防机器人

金奖：

SDLG（山东临工工程机械有限公司）的 LG6210E 液压挖掘机

南车株洲电力机车有限公司的马来西亚城际动车组

北京墨臣建筑设计事务所的茧—天津万通生态城新新家园零能耗会所

北京智加问道科技有限公司的 G 型透视手术系统

深圳市无限空间工业设计有限公司的低频磁旋治疗系统

无锡小天鹅股份有限公司的小天鹅比佛利滚筒洗衣机（06 外观）

联想（北京）有限公司的 IdeaCentre A720

LG 电子的 3D 显示器
中交宇科（北京）空间信息技术有限公司的真三维道路智能设计系统

银奖：
斯巴科（北京）科技有限公司的木质拼装榫卯车
福建哥仑步户外用品有限公司的 Airflow 空气背包背负系统
汉斯格雅欧洲股份有限公司的雅生布鲁克面盆及龙头
宁波欧琳厨具有限公司的油烟机 CXW－200－F16
清华大学美术学院设计战略与原型创新研究所的垂直对流散热 LED 路灯
宁波柯怡工业设计有限公司的模块化办公及展览展示系统
康佳集团股份有限公司的康佳 9000 系列电视
北京光彩无限管理咨询有限公司的【有余·祝福中国】渔具设计
北京小米科技有限责任公司的小米手机 MiOne

2012 年中国设计红星原创奖大奖名单

金奖：空缺

银奖：
单峰的 GRAD LED 滑动控制灯
LG 电子中国设计中心的太阳花 LED 灯
FABLAB Ltd. 的空虚时间指示器
单峰的 ONEPLUG 可用单手拔的插头

【红星奖博物馆】

2012 年 7 月 16 日，红星奖博物馆在北京“设计之都”大厦地下一层进行了预展，展出了海尔“08 奥运风”空调、格兰仕 UOVO 智能微波烹饪炉、柿子沙发、智鲫鱼竿和交互感应机器人等近 200 件中国创新设计红星奖历年获奖精品。

原文署名：红星奖博物馆

设计之都

【联合国教科文组织授予北京 “设计之都”】

2012 年 6 月 15 日举行的联合国教科文组织授予北京“设计之都”仪式上，联合国教科文组织副总干事格塔丘·安吉达表示，北京将主流文化纳入发展战略的道路是与联合国教科文组织的目标相一致的。全国政协副主席林文漪，市委副书记、市长郭金龙和格塔丘·安吉达出席仪式并为北京“设计之都”标识揭牌。

“设计之都”设立于 2004 年，是联合国教科文组织创办的“创意城市网络”中的一部分。入选城市须经过严格的评审程序。北京市委市政府高度重视设计产业发展，从推动社会主义文化大发展大繁荣，发挥首都全国文化中心示范作用的高度，将设计产业融入科技和文化创新双轮驱动战略，取得了显著成绩，设计产业已成为北京文化创意产业的一支生力军。目前，北京拥有各类设计企业 2 万余家，设计从业人员近 25 万人；拥有 798 艺术区等 30 个设计产业集聚区，汇集上万家企业；涌现出绿色制版印刷等一系列重大科技成果，具有了建设“设计之都”的强大资源基础。

市委常委、教育工委书记赵凤桐致辞说，北京将在联合国教科文组织与中国联合国教科文组织全国委员会指导下，在社会各界的广泛参与和支持下，加快编制《北京“设计之都”建设发展规划纲要(2012—2020)》，认真履行各项“申都”承诺，大力推进“设计之都”建设，积极促进北京和世界设计融合发展，为提升经济、社会和文化发展水平，维护文化多样性的全球目标做出不懈努力。

教育部副部长、中国联合国教科文组织全国委员会主任郝平致辞说，“设计之都”的揭牌，是国际社会对北京建设世界城市，不断推动科技文化创新努力的高度认可，是北京市落实党的十七届六中全会精神，发挥首都全国文化中心示范作用取得的新成就。这将有助于北京吸引更多的海内外著名设计人才和机构，加快设计产业发展，提升北京设计的国际地位，为北京市推动文化大发展大繁荣提供更加广阔的空间。

格塔丘·安吉达致辞说，北京将主流文化纳入发展战略的道路是与联合国教科文组织的目标相一致的。北京已经成为一个设计和当代创造的国际平台。北京加入创意城市网络，是该网络发展进程中的重要机遇。他表示相信，北京将对该网络及其所有成员做出重要且持久的贡献。

格塔丘·安吉达向市委常委、宣传部部长、副市长鲁炜颁发了“设计之都”批准函。副市长苟仲文主持仪式。科技部党组成员、科技日报社社长王志学，文化部党组成员、部长助理高树勋出席。

【媒体视点】 设计之都： 彰显北京设计的力量

2012 年 5 月 7 日，联合国教科文组织总干事伊莲娜·博科娃致函北京市领导，接受北京市作为“设计之都”加入联合国科教组织创意城市网络。

在致函中，伊莲娜·博科娃表示，北京这一世界闻名的古城，其创新能力和与发展中国家城市精诚合作的精神，让人们看到了其建设“设计之都”的努力和实力，应该鼓励北京参与建设创意城市网络。

北京成功申请“设计之都”，亦得到国外同行的高度重视和赞扬。布宜诺斯艾利斯市创意产业与对外贸易部总干事首都设计中心主任恩里克·阿伏伽德罗（EnriqueAvogadro）表示，作为中国悠久历史和古老文明的代表，在新的世纪北京市正在通过大力促进设计创新来发展城市的经济并促进社会和文化的进步。

而对于北京来说，成功申请“设计之都”，不仅意味着在迈向世界城市的进程中，多了一张与世界交流的新名片。更重要的是，北京彰显了其在设计领域雄厚的资源禀赋和科技创新能力，由此，“设计之都”将进一步助推首都的经济结构调整和产业转型，促进首都经济社会的发展。

设计资源汇聚

要想获得“设计之都”荣誉，要求的苛刻，对申请城市是一项巨大的挑战。2004 年，联合国教科文组织设立创意城市网络，旨在经济和技术全球化形势下倡导和推动基于文化多样性的创新活动。“设计之都”称号授予城市要经过十分严格的评审程序和符合七条标准。已经形成一定规模和水平的设计产业；具有一定数量的设计学校和较高的师资水平、教学质量；具有成功举办国际级设计交易会、活动和展览的经验；具有设计特色的城市形象；设计人才、设计企业聚集度高和设计行业活动充满活力；设计产业发展环境良好；设计产业可带动城市创意产业的发展。但对于这些考核标准，北京却显得相对轻松。作为历史文化悠久的古都，北京迄今已有 3000 多年的建城史和 850 年的建都史，拥有故宫、天坛、长城等 6 处 UNESCO 世界遗产、8 个 UNESCO 人类非物质文化遗产代表作名录项目，各类不可移动文物 3500 余处。在北京居住的 2000 万人中，包括了全国 56 个民族，外来人口占到 36.8%，呈现出绚丽多彩的文化。北京还是中国科技创新之都。目前，北京拥有全国三分之一的国家级科研院所、实验室和技术中心，科技人员 47.3 万人。被誉为“中国硅谷”的中关村，以联想、普天、华旗、水晶石、新浪为代表的高新技术企业近 2 万家，高素质人才超过百万。北京也是中国教育的中心。全市有以中国最优秀的北京大学、清华大学为代表的 80 多所高校和 100 余所科研机构，在校大学生、研究生 80 多万人，各种学历教育、进修及培训超过 54 万人，外国留学生近 3 万人。其中，开设设计专业的院校（机构）112 所，每年近万名毕业生加入到设计行业。清华美术学院在中国最早开设工业设计教学，中央美术学院被美国《商业周刊》评为 2009 年度全球 30 所最佳设计院校之一。北京更是中国的文化中心。全市有国家图书馆等 47 座公共图书馆、故宫博物院等 156 座博物馆和 84 家影剧院、6 座广播电视台。245 家出版社占全国总量的 40% 以上，全市互联网用户已达到 1100 万户，网民和网站数量均居中国首位。北京是世界国际交往的大城市，还是全球前 10 名的国际会议城市，每年举办的国际会议 5000 余个，国际展览超过 240 个。

正是这样丰富的资源基础，使得北京申请“设计之都”变得颇有底气。联合国教科文组织总干事伊莲娜·博科娃等国际专家在评议北京“设计之都”的申请时，不约而同给出了肯定的建议。

创新的呼唤

“爱国、创新、包容、厚德”——“北京精神”是首都人民长期发展建设实践过程中所形成的精神财富的概括和总结。“创新”是梢髓，“包容”是特征。“北京精神”鼓励市民突破常规、推陈出新、积极进取、追求进步。而在城市形成和壮大的过程中，北京则彰显其宽容、容纳的胸怀，以开放的心态吸引、融合着各地区各民族的文化。

设计——是体现“创新”与“包容”的典范。

设计是一种把理念、创意、计划、设想运用科技手段通过视觉的形式传达出来的活动过程。设计的过程，是极具创新的过程，设计过程中的理念、创意、计划、设想，本身就是一种创新。而设计的过程，也要中西融合、古今贯通，其包容的理念不言自明。北京的设计产业链条十分完整，产业生态非常繁荣。

20 世纪 70 年代末 80 年代初，设计在北京崛起。当时，全国 80% 的高端印刷品都生于北京，全国各地的品牌都来这里寻求最满意的包装。设计师李红兵对此评价说，因为对外开放早，吸收的先进东西多，北京不仅拥有先进的设备，还有先进的管理模式、经营模式。

随着时代变迁，设计概念变得普及而宽泛，并对各行各业起到了重要支撑作用。以地标建筑为例，北京的设计理念无处不在，“鸟巢”、“水立方”、国家大剧院、国家图书馆二期等具有时代特色的建筑成为全新的景观；奥林匹克公园、地铁 10 号线、地铁 4 号线等充满现代感的设计给市民带来新鲜体验；

798 艺术区、宋庄艺术区、南锣鼓巷等创意街区使旅游和艺术得到双赢。

在“鸟巢”的构想与建设中，以巨大的钢网围合、覆盖着 9.1 万人的体育场；观众楼梯自然地成为结构的延伸；立柱消失了，均匀受力的网如树枝般没有明确的指向，让人感到每一个座位都是平等的，置身其中如同回到森林。

这些构想的提出，本身就是一个创新的过程。而在现代科学技术彰显北京奥运理念的时候，包容是必备的品格，只有秉持包容，才能促进西方科学技术与东方古老文明的融合。

而在科技与设计的融合发展过程中，北京更是具有独特的优势。围绕设计产业的发展需求，市科委整合 3D 扫描、渲染、RP 快速成型等共性技术，搭建首都科技条件平台，为 7000 余家设计企业提供技术服务。在设计产业发展的过程中，科技成为设计领域开动创新的引擎。

推动经济转型

近年来，北京市一直致力于调整经济结构和转变发展方式。经过多年努力，已取得明显成效。但是，为应对日益复杂严峻的国内外经济形势，北京市依然提出，转变经济发展方式，调整经济结构，虽然付出了一些代价，牺牲了一些增长速度，但能为长远发展积蓄了后劲。

北京把设计作为调整产业结构、节能减排、推动可持续发展的重点。2006 年以来，北京关停或搬迁了一部分耗能、耗水和排污多的企业，利用一些废旧厂房，建成 DRC 工业设计基地、798 艺术区、二通厂动漫游戏城等 30 个设计产业集聚区，汇集上万家企业，产生了巨大的经济效益。

与此同时，北京将年产 3154 万吨钢的首钢迁出北京，其工业遗址建设成为设计公园；将生态退化的永定河，建设成为绿色生态走廊；已有超过 3000 辆电动汽车在北京运行。

事实上，北京打造“设计之都”，是着眼于全球的战略布局，在全球制造业服务中，寻找世界城市的定位和资源配置，增强话语权。设计是从制造中分化出来的，具有高技术、高附加值的特点，是现代制造业中的高端部分。

北京市也在考虑，科技和文化作为重要驱动力，应该如何实现融合，如何助推经济转型和发展方式转变。在大量调研的基础上，北京市认识到，设计是提升传统产业、促进新兴产业发展的重要支撑。

正是这样的产业思路，北京市开展了全领域的设计创新。作为科技主管部门，市科委会同有关部门通过平台搭建、项目牵引、氛围营造，为首都设计产业链条的打通作了大量工作。历经数年发展，北京市已涌现出一批在设计领域颇有影响力的企业，并为经济的发展作出了重要支撑作用。

联想成立于 1984 年，代理销售 IBM 微机和 AST 微机。1996 年，联想成立了工业设计创新团队，设计的“天琴”电脑在当年创下 10 万销量。2001 年，联想成立全球创新设计中心，2004 年，联想收购 IBM 在全球的个人计算机。2005 年，YOGA（瑜珈）概念笔记本电脑获得德国红点至尊奖。

目前，联想全球创新设计中心取得设计专利 600 余项，赢得德国红点、IF 和中国创新设计红星奖等奖项 80 余项。根据美国《财富》2011 年度全球企业 500 强排行榜，联想排名第 449 位，年收入 215.944 亿美元。

北京“三一重工”是全球最大的混凝土机械制造商。每年研发经费占企业销售收入的 5% ~7%。优秀的工业设计和强大科技研发能力，使产品始终保持世界一流水平。2007 年，SWEL55 挖掘装载机获美国工业设计师协会颁发的“国际杰出设计大奖金奖”。2010 年，“三一重工”履带起重机在智利矿难的营救中成为现场唯一的大功率吊装设备。2011 年“三一重工”向日本捐赠了一台世界最长臂架 62 米混凝土泵车，用于福岛核电站抢险。2011 年，STR130C 双钢轮压路机荣获德国红点奖和中国创新设计红星奖。

正是从这些企业的身上，北京市经济转型和发展方式转变的影子，正一点点变得清晰、明显。而业界普遍认为，北京是潮流的创造者和引领者，无论是工业设计、建筑设计、园林设计等，都起着引领作用。一些企业也独立出来，如德信无线，引领着全球的手机设计；长城华冠，在汽车设计界也有着很强的影响力。

世界城市建设热潮

《北京城市总体规划（2004—2020）》中提出：按照国家实现现代化建设战略目标的总体部署，到2050年左右，北京要建设成为经济、社会、生态全面协调可持续发展的城市，进入世界城市行列。

“‘设计之都’将有力支撑北京的世界城市建设，并能够对北京城市的经济、社会、文化产生重要影响。”从现实看，“设计之都”对内将促进设计创意产业和现代服务业发展的重要支撑，有利于北京市经济“调结构、保增长”，加快创新型城市的建设步伐，推动“人文北京、科技北京、绿色北京”的建设。

对外，“设计之都”则能够吸引全球资源向北京集聚，将使北京能够站在更大更高的世界舞台上展示城市魅力，进一步提高北京在世界的影响力，加快北京建设“世界城市”目标的进程，提升中国文化在国际上的影响力。

2011年，意大利著名品牌Alessi设计梦工厂与北京工业设计促进中心首个合作项目“止”禁城项目在京启动。“止”禁城项目旨在探索中国产品设计的潜在可能。Alessi邀请了张智强、张雷、刘家琨、马岩松、王澍、张轲、张永和、URBANUS都市实践，建立了“中国设计、意大利制造”的跨国合作。

2010年，北京发布了《“海聚工程”2010年人才引进专项工作计划》，投入10亿元，计划5年引进1000名海外高层次人才，其中设计人才100名。这一举措，将在北京催生设计师群落的形成。

2006年，北京市推动设立中国创新设计红星奖，鼓励企业设计创新和知识产权保护。2011年，中国创新设计红星奖征集获得联想、三一重工、西门子、诺基亚、LG和飞利浦等世界18个国家、1000余家企业的5000多件产品参评，红星奖已成为中国设计界最具公信力和国际影响力的设计大奖。

设计领域创新、包容的特性，也吸引了北京市市民的积极参与。2010年，北京国际设计周、设计之旅、设计走进生活等420余场设计活动在京遍地开花，活动遍布企业、大学、社区、时尚广场和设计创意园等百余个场所，伦敦、米兰、赫尔辛基等5个主宾城市，美国、法国、日本等近百个国家的400多位设计师齐聚北京，参与市民近千万人。

北京设计的创新特性，使市民从中感受到了创意的快乐，而设计包容开放的理念，又让市民在享受设计带来生活品质提升的同时，视野也得以开拓。

科技文化双轮驱动

2008年，借助来源于中国传统纸卷轴的灵感，联想为北京奥运会设计了火炬。2010年，在美国举行的国际消费电子展（CES）上，以“乐Phone”、“skylight”、“ideapadU 1”为代表的联想移动互联网产品，获得了“CES最佳产品奖”（“Best of CES” award）在内的多项CES大奖。

“水晶石”数字影像，年轻的创意品牌，伴随着北京奥运会开幕式上巨大卷轴的斑斓画面，上海世博会中国馆灵动的清明上河图，世界记住了它。

这仅仅是科技与文化融合的一些经典案例。而在现实中，北京市将科技与文化作为经济发展的两种驱动力。

随着设计业的发展，以设计产业为核心区域在北京逐步成型。北京DRC工业设计创意产业基地、北京798艺术区和北京时尚设计广场等6家设计创意产业聚集区，都是利用废旧工厂改造而成。

北京DRC工业设计创意产业基地由北京市科委与西城区人民政府共建，利用508厂旧厂房改造而成，是国内首家工业设计产业基地。基地发挥北京科技资源优势，依托科技条件平台整合国内外47家企业、院校600台套价值5亿元仪器装备，为400余家企业提供技术支持，实现对外技术服务合同额近亿元。同时，DRC周边形成近4万平方米的设计创意产业集聚区。入孵企业150余家，注册资金千万元及以上企业27家，3家企业年销售收入过亿元。2011年，实现产值18亿元，利税近2亿元。先后培育出洛可可、致翔创新、视觉中国、智加设计、灏域科技、宇朔设计等一批本土设计领军企业，每年为社会培育各类设计人才3500名。

798艺术区是由20世纪50年代包豪斯建筑风格的工厂改造而成，面积60多万平方米。画廊、艺术家工作室、设计公司、餐饮酒吧等各种空间，形成了具有国际化色彩的SOHO式艺术聚落和LOFT生活方式，就像纽约的Soho、法国的左岸、德国的鲁尔区，吸引法国、意大利、英国、荷兰、比利时、德国、日本、澳大利亚、韩国等国家450余家企业入驻，年产值超过20亿元，2010年参观人数超过200万人次，成为北京都市设计文化的新地标。

始建于1919年的首都钢铁公司位于北京长安街的西端。2010年钢产量3154万吨，销售收入2200亿元，在北京经济中占据重要地位。但企业高能耗、高污染，因此政府决定停产，腾出了一块856平方公里的土地，用5年，在首钢工业遗址上设计规划了工业遗址公园，面积70公顷，包含“焦铁公园、冶钢公园、料场公园”等三个创意设计主题公园。

北京焦化厂1958年建厂，是中国最大的焦化厂，生产煤气、焦炭和煤等20多种化工产品，在它运营的47年间，上缴国家利税近30亿元。2009年，北京焦化厂全部停产改造，使北京每年减排工业废气43.33亿立方米，减排二氧化硫1617吨、烟尘64吨、污水392万吨。焦化厂原址占地45顷，将建成工业博览馆、科技馆、大型演艺中心等公共文化为主题的城市公园。

政府推手作用不可或缺

自2007年起，北京市科委每年新增投入1500万元，实施设计创新提升计划，用于支持工业、建筑、服装设计等领域的企业开展设计创新。

2010年，北京市出台了《北京市促进设计产业发展的指导意见》，通过实施企业成长、市场建设、人才培养、国际对接、品牌塑造、产业融合六大工程，全面推进设计产业发展。

北京市通过制定一系列政策，设立配套资金，组建促进机构，设立奖项、建立交易市场、加强人才培养、举办设计交流和科普活动等各种有效措施，全面推动设计产业发展。

2010年，北京市建设总面积达6万平方米的中国设计交易市场（简称CDM）。构建设计企业、设计用户和加工制造商的设计资源数据库，提供设计对接中介服务、设计合同登记、知识产权保护、法律援助、金融投资等项服务，对签订设计交易合同的实方企业，提供合同额5.5%的税费减免，CDM的建成将带动北京设计交易额突破300亿元。

而在未来，首都将依靠科技创新和文化创新驱动设计的大发展、大繁荣，用设计提升人民生活和城市发展水平，用设计把中国灿烂文明传承下去，把其他国家、民族的优秀文化融合起来，用创意设计开展广泛的国际交流合作，与各国共同推动基于文化多样性的设计创新，为“创意城市网络”提供一个独特的合作交流平台，在全球创意网络城市合作中，贡献与分享设计的价值。

来源：《北京日报》2012年6月16日

【观点】设计之都：价值与观念

◎陶海鹰

引言

在当前全球范围内，“设计之都”的评选主要有两个国际性非政府机构。首先，由国际设计联盟以及国际工业设计协会为评审组织，已经选出都灵、首尔以及赫尔辛基三座杰出设计城市，其对“设计之都”的定义为“在灵活运用各种设计发展经济与文化、改善市民生活质量等方面成果显著，科学地树立相关设计计划并积极付诸实践的城市。”①

此外，由联合国教科文组织设立的“设计之都”评选，是全球创意城市网络成员的其中一个称号，

① 转引自刘宏彦、聂艳梅、施寅娇、叶云、宋蒿、刘婕、漆婷婷：《设计、人与都市——“设计之都”城市形象传播策略研究》，《广告大观（综合版）》2011年第5期，第116页。

获选加入的“创意城市网络”成员分别被授予“音乐之都”、“电影之都”、“文学之都”、“音乐之都”、“设计之都”、“媒体艺术之都”、“民间艺术之都”与“美食之都”等称号，旨在搭建一个各成员城市“展示与交流文化资源”的国际平台，促进以创意、文化为主要经济动因的发展模式。在创意城市网络的八个荣誉称号之中，关于“设计之都”申报竞争的资格最为激烈，因为它不仅展示了一个现代城市在设计行业所取得的现实成就，也从更深层的社会、经济、文化领域有效地提升，并预留出创意设计、文化产业、城市环境及生活品质等方面未来的发展空间。目前，已经被授予“设计之都”称号的城市包括圣达菲、布宜诺斯艾利斯、柏林、蒙特利尔、名古屋、神户、首尔等12个城市。其中，我国深圳、上海、北京三座城市在评选中脱颖而出，分别于2008年、2010年和2012年获取该荣誉称号（见表1）。

表1　创意城市网络——“设计之都”称号

国　家	城　市	加入时间
美国	圣达菲	2005－07
阿根廷	布宜诺斯艾利斯	2005－08
德国	柏林	2005－09
加拿大	蒙特利尔	2006－05
日本	名古屋	2008－10
日本	神户	2008－10
中国	深圳	2008－11
中国	上海	2010－02
韩国	首尔	2010－07
法国	圣埃蒂安	2010－11
奥地利	格拉茨	2011－03

面对“设计之都”、“创意城市”这样一个新的概念与标签，我们如何在中国社会的语境中去理解？如何在全球视野中定位？“设计之都”的称号意味着创意设计面临着在城市文化、经济方略、社会转型等方方面面的新机遇与新挑战，而同时也肩负着创建一个独具特色的创意设计形制和城市品牌形象的重任。毋庸置疑，从城市自身历史脉络等人文及自然环境中生发出来的文化资源是具有差异性的，而设计所诠释和演绎的城市空间就显得举足轻重。“设计定位”便成为提升文化软实力和社会生活品质的首要因素。

在中国近三十年来的现代化道路中，伴随经济增长而出现的城市化进程取得了举世瞩目的成就，然而，要真正在国际竞争中立于不败之地，文化资源与文化发展便显得尤为重要。在物质条件明显改善的今天，人们追求更高品质的生活与自我价值全面实现的愿望越来越强烈。“文化软实力”的概念亦由学术界探讨上升至国家政策层面。而“设计”作为联结物质世界与精神世界的桥梁，是城市文化创新力的核心，具有拓展城市文化辐射力、聚集城市凝聚力，以及塑造城市品牌形象、显现城市特质和历史风貌的重要作用。2008年，深圳首先以现代化的新兴经济特区为优势，寻找到自己独特的城市形象与文化面貌，抢占先机，被评为“设计之都”；随后，上海作为中国现代设计的发祥地，以其近代以来积淀的商业文化传统，而跻身于“设计之都”行列；2012年，北京也因其丰厚的历史遗粹与古老文明的传承，及近年来在科技创新、文化创意、设计资源等方面所显示的成就，被予以肯定和鼓励，加入了联合国教科文组织“创意城市网络”。然而，处于社会转型和现代化进程中的我国城市现状，“设计之都”是一个有待深入考量的命题，是否能够称得上实至名归？在各种大型设计周、设计活动、设计论坛、设计项目、设计工程等异常活跃、光鲜夺目的现状背后，中国设计究竟是否真正成为“城市文化的活力中心”而转化成为一种“设计自觉”？在设计创新、与区域环境对话等层面，是否扎实地建构起“文化软实力”的内核？这些都将成为在当下亟待深思，于未来急需苦练内功的重要因素。

一、“设计之都”：内涵与外延

1.“城市母题”：设计的演绎与诠释

斯宾格勒曾说，“人类所有的伟大文化都是由城市产生的”。在以现代性为基础而搭建的城市体系中，聚集了不同文化、地域、职业背景的常住居民及流动人口，具有相对完善的政治体制和经济发展模式，市场运营显示多元化和稳定性特征，文化资源丰富而具有生命力，生活方式趋于多样而生活节奏逐渐加快，为设计的植根与生长提供适合有利的土壤。此外，从另外一个层面来读解，设计是一个非常宽泛的概念，从大的方面来看，囊括了城市规划，交通、区域的合理设置与划分，对城市景观的设定都牵涉到一座城市的历史与风貌，形象与特色。在今天城市高速发展的路径中，我们通常看到的城市设计案例往往是具体的“小设计”，而非在一个“大设计”理路基础上而进行的城市创意设计。从本质而言，设计作为一种工具和价值理念，与城市文化联结，改良一座城市的物质环境与精神文化氛围，由城市本体和人的价值出发，透过文化符号的凝结来塑造和再现健康、宜居的城市风貌，从而在真正意义上实现城市综合实力的提升。每一个“小设计”都不是孤立的存在，都隐含着“大设计”的理念，每一座建筑与空间的设计都指涉一种对城市“形而上下”的改造。

于2008年获得“设计之都”称号的“神户”是日本最具包容性和异国风情的港口城市，其设计理念旨在从空间设计、经济设计、文化设计三个维度渐进性发展，以“适宜居住的城市、乐意访问旅游的城市、持续发展的城市”为设计规划的基本目标。① 无论是从住宅区域的规划，城市绿化、水域的设置，还是到公共设施的设计，以及对城市景观“移步换景”的考虑，都围绕着营建一个优美舒适、健康而充满魅力的城市空间，而最终达至宜居生活，延续与再现城市历史文化的理想。经济与社会的转型是当下我国城市发展进程中的普遍现状，许多人将“创意城市”与“设计之都”理解为新的工程不断涌现，实质上是对未来设计理念的背离。诸如城市中无处不在的“小设计”作为城市创意的一个重要部分，是否真的体现出“设计时代”的到来？随着GDP持续增长和物质资源的丰裕，中国城市建设的硬件设施日趋完善，而对过往文明的传承和创新文化的发掘，则成为城市未来发展的重要方向。不容置疑的是，所谓“文化软实力”的开发不是一蹴而就的，需要一个从城市整体和长远的角度来综合考量，并慢慢积淀，在城市自身资源条件、文化特质基础之上建立一种“复兴与再生”的延展模式。

任何一个城市都必须依照自身的历史、人文和自然景观，梳理自身的文化特征，而今天中国城市发展的整体面貌是迅速从无到有，呈现出一种喷发式的状态，这也是中国城市化进程中必须面对的一个阶段。那么，这些新兴的城市具备了政治和经济的基础，然而历史和文化传统相对薄弱者甚多，其不足以作为城市发展的依托。因此，这些新兴的城市必须面对“未来型”城市发展的基本形态。而今天城市化带来的资源和环境问题日益紧迫，亟待解决。西方国家对现代城市的发展早有探索，都成为我们必须借鉴的有效方式。事实证明，以传统工业为基础的能源型城市面临着“死亡”的危险，不仅如此，环境和人口问题的恶化，以及社会群体矛盾的激化，使城市的发展陷入无法摆脱的困境。设计作为现代城市发展的核心因素之一，其能够合理地规划城市空间，解决现代城市发展的基本问题，而“设计之都”的概念是发达国家和发展中国家共同面临的课题，就城市未来发展而达成的一种共识。因此，设计在此就不仅仅是具体的行为概念，而是一种文化理念和思维方式。设计的概念在工业革命之后，业已成为现代国家经济组织和结构中最具活性的因子。设计作为一种解决问题的手段，不断受到新的肯定，也就是说，设计是可以得到不断改观，其作为一个“无尽”的概念，能够被延伸和继续扩展。因此，设计从来不是一个被固化的概念，而是一种不断生长的状态。与之不同的是，“设计之都”不是一个街道、一栋建筑、一座桥梁的形式和景观，而是一种更温情、更舒适的生存关系。

---

① 转引自褚劲风、香川贵志、崔国、李梓、王倩倩、邹琳：《创意城市网络下日本神户设计之都的规划与实践》，《世界地理研究》2011年第3期。

2. “国际视域”：时代的嬗变与诉求

全球城市都面临一种经济的文化转型，这种文化转型为城市发展提出了一些新的问题。能源与资源作为一种基本存在，并不能为未来城市的发展提供新的可能。然而，更合理和优化的城市空间、地理格局、区域住宅的设计能够使城市在全球化新经济语境中发挥更大的潜力。当然，这也是“设计之都”最普遍意义上的价值要求。在国际视野中，对创意城市的解读有着更具延展性的涵义，它不纯粹是一种文化概念。“欧康纳总结了有关创意城市的相关概念，提出创意城市第一阶段是以文化为主的城市拆建概念，第二阶段是以文化为主的城市再生概念，第三阶段主要表现为城市创意对各个行业的渗透而形成创意产业，从而提高城市竞争力，超越了以往的文化产业范畴”。① 因此，从某种程度而言，创意城市网络是以全球性为载体、具有活力的文化现象，不仅推动了城市未来的理想规划与发展，也为全球文化的兼容并蓄提供了有利的机遇。而其中，设计是现代社会一种潜在的催化剂，可以优化产业结构，接续历史人文的脉络，从本质上促使城市实现经济文化的华丽转型。

正是基于全球政治和经济一体化进程地不断加快，类似的设计风格和设计文化迅速蔓延至各个现代化国家，在今天的许多创意设计和产品中，我们甚至难以分辨是由哪个国家设计、制造或者销售。在国际视域下的现代设计开始遭到质疑，即在民族国家的界限之下，设计是否应当兼顾自身的文化属性？毫无疑问，这种文化属性是一个民族国家身份的象征，在今天全球的市场竞争中，也是重要的驱动力之一。众所周知，“设计之都”是以全球舞台为基础的，尤其对中国现代城市而言，提升设计从业人员的国家化水平，拓展设计产业的国际影响，从制造技术、创新观念的积累到商业资本的调配都需要站在国际化平台之上，同时也是城市未来的发展必须实践的新策略与新途径。诚然，从另一个角度来看，塑造自身文化特质的城市面貌，培养本土创意设计人才和设计品牌，不仅仅是提升市场竞争的关键要素，还能为城市精神文化的延续，及“后危时期”的城市发展注入新的生命力。因此，在文化关系上处于过去、现在与未来的交织。

韩国首府首尔，在2010年被评为“设计之都”，主要缘于其丰厚的历史文化遗产，独特的设计观念以及在诸多政策领域中所展现的良好的执行力和令人满意的成果。2003年7月，在首尔开动的“复原清溪川工程”是建设“生态城市”的一项重要举措。清溪川是首尔市中心的一条河流，因20世纪中期城市改造而被掩盖和污染。在政府的推动下，拆除了高架桥，挖通河道，在两岸种植植被、设计桥梁，至2005年9月修复完工，其周边环境等得到了极大的改善和美化，沿河形成优雅闲适的景观空间，清澈的河水与城市繁华的夜景相互映衬，坐落在现代建筑中的古桥与新桥并置，使人强烈地感受到首尔城市的文化风貌，即过去与现在，传统与未来的并存、碰撞与交融。

2012年5月7日，北京成功申请“设计之都”。与首尔相类似的是，北京作为中国历史文化渊源颇深的古都，拥有丰厚的世界遗产及人类非物质文化遗产代表作，古老的城市文脉与精湛的传统工艺，使北京显示出厚重多彩的文化风姿。在20世纪中后期以来的几十年中，北京以设计院校和科研单位为中心，着力于科研创新、文化研究与艺术探索。资料显示，“北京拥有全国三分之一的国家级科研院所、实验室和技术中心，科技人员47.3万人。被誉为‘中国硅谷’的中关村，以联想、普天、华旗、水晶石、新浪为代表的高新技术企业近2万家，高素质人才超过百万……其中，开设设计专业的院校（机构）112所，每年近万名毕业生加入到设计行业。清华美术学院在中国最早开设工业设计教学，中央美术学院被美国《商业周刊》评为2009年度全球30所最佳设计院校之一。”② 经过2008年奥运会的“洗礼”，北京设计的内涵与水平得到了极好的体现，达到了理想的社会效应和设计认知度。从近几年的北京国际设计周等活动中，也可以看出，“北京设计”在一定程度上已兼具国际视野与时代诉求。然而，

---

① O'Connor J. Creative cites: the role of creative industries in regeneration [O/L]. http://www.renew.co.uk/article-images/2006411_Creative_industries_FINAL.pdf. 转引自褚劲风、香川贵志、崔国、李梓、王倩倩、邹琳：《创意城市网络下日本神户设计之都的规划与实践》，《世界地理研究》，2011年第3期。

② 《设计之都：彰显北京设计的力量》，《北京日报》2012年6月16日第004版。

北京与真正意义上“设计之都”所定义的内涵与外延，还有相当的差距。这其中有历史的原因，也有现实的羁绊。在未来北京城市设计的发展中，需要克服并完善民族自尊、社会秩序、商业发挥、文化关系、生活状态和细部设计等诸多问题，从国家形象到民间生活，处处都体现出设计的创意与魅力。

二、“设计之都”：观念与生活

1.“设计伦理”：城市生活的改良与重塑

毋庸置疑的是，针对公共空间、交通规划、住宅格局、广告宣传甚至街头涂鸦的人性化设计，都能够在一定程度上消除现代城市的冷漠情绪，使居住在其中的人与城市获得一种“共生”的关系。换句话说，在物资丰饶和消费过剩的当代社会中，设计在某些方面可以起到改良城市面貌、营造健康社会生活的引导作用。

设计的研究对象是“物”，也就是说，设计要解决的是将一系列“物”，或者说是材料，转换成为可以被使用的“新物”。设计行为最为本质的特征，就是要解决现实生活的问题，从物质形态的嬗变到精神层面的审美，再将文化因素内植于物质形态之中，是设计的基本思维过程。在现代社会的思维观念与生产模式影响下，设计在新材料与新工艺的推动下，在外部形态上趋于简洁、便利、节约、健康与环保。当然，这仅仅是设计的基本属性，当现代主义设计走入瓶颈之时，“好的设计”还兼有政治、社会和文化身份的观念表达，已经超越了“设计—功能—经济利益”的意义结构，而进入社会学和思想史的价值体系之中。发生于20世纪初期德国的现代主义设计，便是以柯布西耶等人“设计为大众”的社会理想为基础的，通过新的现代社会形式和低成本的造价来满足大众的生活所需，从设计的角度重构带有民主意味的政治价值。在今天，设计的现实意义首先在于建构人们生活方式的合理性，解决人在现代城市生活中日益复杂的现实问题，诸如居住环境、交通拥堵、环境污染、资源匮乏、社会公正、城市设施等等。这也是城市化进程中不可避免的发展阶段。早在20世纪初，柯布西耶便认为城乡一体的城市发展观念存在致命的缺陷，在今天社会也得到了现实的验证，即城市的扩张使其在实际中成为中下阶层的居住区，从而加剧社会阶层的生活差异。那么，关于“设计之都”建设在社会伦理中所肩负的责任，我们应当意识到设计对城市生存、“文化民主”的促进作用，即便是一种“辅助性”而非“本质性”的价值工具，在不懈的努力和时间的积淀之后，也会潜移默化地改良不合理的社会现状，缓解社会压力与矛盾。

在城市高速发展的表象之后，常常会暴露出一系列社会弊病，交通恶化、地价攀升、住宅拥挤、环境污染等等，都表明了城市设计与社会生活之间密切的联系，显示出设计在道德层面的重要性。因而，城市设计的概念不仅仅是静止的空间形态的设计，而是在城市演进中的一种动态的城市重塑的过程。因为，不论是城市内在的文化特征，还是外部的环境条件，都是始终处于变化的延续过程。目前，我国大中城市普遍存在的堵车现象恐怕还不只是车多车少的问题，限购和限号非治本之策，合理地城市规划设计便能在问题出现之前予以很好地预计和解决。此外，城市的公共设计中处处体现着公共文化的价值，健康而宜居的城市环境可以创造一个相对平等、自由的社会氛围，甚至可以降低犯罪的频率。《美国大城市的生与死》一书的作者雅各布森认为，充满活力的人行道和住宅区可以营造更加宜人的居住环境，能够起到抑制犯罪的作用。雅各布森将其称为“街道中的眼睛”，城市中行人的目光形成了一种隐形的防卫功能。①

20世纪90年代以来，城市大规模更新虽然在客观上适应了现代社会所需求的宽阔的街道与广场，新兴的城市地标建筑业陆续落成，但同时大片传统住宅区域的拆迁也造成了文化环境的破坏，原本的街区特色与邻里关系随之消逝，新的社区环境又很难在短时间内建立起来。在某种程度上，1999年完工的北京平安大街的改造工程，就成为破坏北京旧城风貌的症结，事实证明，不仅原本典雅浓郁的传统街道面目全非，并且由于缺乏长远而合理的规划，并没有真正缓解交通拥堵的问题。因此，从设计改善社

---

① 宋云峰：《〈美国大城市的死与生〉及其对我国旧城区复兴的启示》，《规划师》2007年第4期。

会深层现实的角度，北京作为“设计之都”在文化转型的道路中仍需要诸多的思考与方略。那么，如何改善后工业时代城市所面临的这些种种问题呢？英国学者埃蒙·坎尼夫在《城市伦理——当代城市设计》中阐明，应充分体现当代城市中的伦理价值。他由此提出“四重模式”为构成城市伦理的四种元素，即格局、叙事、纪念和空间。“格局”指涉一种城市的场所精神和地域特质，不只是一种符号化的形态，更应重视历史在城市建设中的价值；“叙事”强调城市的文脉关系和情境性的城市景观；“设计之都”的营建应当具有独一无二性，展现自身不同的叙事。深圳、上海、北京三座“设计之都”的历史条件和创意定位都迥然相异；“纪念”是城市公共文化和历史记忆的体现，一座城市的地域性与包容性隐含在空间与建筑设计之中；“空间”主要以广场为代表，城市空间的优良设计可以“强化社会团体一致性的功能”①，塑造一种具有积极意义、伦理功能和市民价值的城市形态。对于“设计之都”的建设而言，设计师与设计团队要充分考虑如何使自己的设计与公众的认知相平衡，在消费主义的观念之外，是否站在伦理和道德的立场去关注社会底层的境况，并尽可能的在城市空间设置进程中，使平民设计参与其中成为可能。

2. “设计自主”：“创造”为核心价值的文化产业

设计自主的意义不言自明，意味着由自身的设计理念、设计创造的表达能力。设计要解决现实问题，在本质意义上仍是创造性的。对既有设计的改良，更重要的是对人的生活观念的构建，一种对自由、平等和民主精神的表达，而不是一种消费时代的商业符号。设计作为一种价值观念，解决的是具体的功能难题，也是一种思考方式的转变。

从文化观念建构的层面来看，创意城市的价值意义在于，如何在自身历史人文、生活样态、自然风貌、社会人情等特定条件之下融合新的文化价值，从而重新定义城市的精神内涵？当“创意城市”的概念迅速在我国的各个城市“活跃”的时候，实际上也暴露出在过去几十年的城市建设中，文化的“失语”和“偏颇”。“设计之都”的建设不能照搬西方的模式，从文化属性的角度，国家与城市的自主性是必要的，是抵制强势的全球化趋向在自身的边界内“后殖民”的一种重要途径。在饱经“山寨文化”困扰的中国社会，从政府、企业到行业组织都越来越强烈地意识到“中国自主设计”的概念。换句话说，中国政府和中国企业，也越来越深刻地意识到自主设计和研发的重要性，以及对中国未来经济可持续发展的战略性意义。上海是中国近代设计的发源地，早在20世纪初期便成为与西方同步的国际化都市。它不仅受到西方设计思潮的熏染，在商业运营、设计制造、产业发展等领域获得瞩目的成就，并且在自身文化的内部，自然而然地培育出带有本土特征的设计风格，如我们今天所熟知的月份牌广告和国货制品。上海文化中兼容并蓄的特点十分明显，海派文化、外来文化、本土文化等异质文化很好地融合在一种大的文化资源之中，形成了上海传统与时尚、国际与本土杂糅并置的文化特质。无论是在民族资本主义活跃的时期，还是计划经济时代，上海制造以其优良的品质、精美的设计和知名的品牌而享誉全国。然而，诚如杭间先生所说，“改革开放以后，现在中国一些著名的企业、著名的品牌几乎没有一个是上海的，所以这个问题也值得上海的企业、上海的产业、上海的设计界来思考”。② 那么，“设计之都”的理念为上海未来城市文化的发展与设计品牌的建立带来了机遇与挑战，而“创造”是激发上海城市魅力和人文精神的核心要素，从2010年上海世博会的成功举办，也从侧面体现出上海在文化、经济转型中的巨大潜力。

从经济转型的角度来看，建设“设计之都”，致力于“文创产业”的开发，首先要从城市自身的文化特质、社会环境与产业基础等条件出发，寻找适合的发展路径。“1998年，英国创意产业特别工作组首次对创意产业进行了定义：源自个人创意、技巧及才华，通过知识产权的开发和运用，具有创造财富和就业潜力的行业。”③ 现代社会制度是建立在契约精神的基础之上，规范化的经济秩序是保证现代工

① 秦红岭：《论埃蒙·坎尼夫的当代城市设计理论》，《中国名城》2012年6月。

② 刘莉娜：《上海：构建“美学城市”成为“设计之都”》，《批评先锋》2013年5月。

③ 王明旨：《以艺术设计的创造力增强》，《中国会议》2007年9月。

业生产和流动机制顺利进行的基本条件，这种机制涉及保护财产私有和技术的原创性，即保护一种竞争性的知识差异。只有保护这种知识权益，才能促使生产者不断研发技术、改进设计、提升品质以此来谋求更多的经济效益。“设计之都”的建设需要重视设计的高附加值，使之与传统产业相结合来推动中国当下制造型企业向设计型企业的升级。传统产业有赖于高新技术和设计创造的支撑，在传统产品中注入具有特色的文化元素与设计巧思，能够创造存在潜能的新兴市场，并注重开发后续的产业链和文化链。众所周知，深圳是一座见证中国改革开放成果的“年轻”城市，在30年高速的现代化和城市化发展中迅速崛起。深圳是中国第一座入选“设计之都”的城市，在改革初期便与创意文化与设计活动息息相关。从OCAT华侨城当代艺术中心、“田面”设计之都产业园、罗湖区创意文化广场、F518创意产业园等创意设计基地中可见一斑。今天，深圳的经济条件和传统工业基础非常优越，并注重自主品牌创新。如华为、中兴、比亚迪等国内外知名的大企业，都设有自己的品牌设计机构与技术研发中心。不仅如此，深圳的中小型企业也重视创新设计的文化与经济价值，灵活而多样地建立与设计师、设计组织的合作关系。诚然，政府的有力支持和积极拓进是至关重要的，从“创意十二月”、“首届中国设计大展”，到“活的传统，新的文化”的城市文化口号，显示出深圳文创活动在政策引导下所展现的活跃面貌。

3. “设计自觉”：设计融入日常生活

设计的本质亦即改善与提高人的生活质量与生活方式，从民生的角度与关注设计的行为与活动，就是将设计的目标定位在改善民众衣食住行的物质生活基础以及由此生发出的精神生活形态。这使得设计师进行设计的落脚点是社会，解决社会中大多数人共同面临的问题，而一改过去局限在设计本体内的形式研究，是为多数人服务，改善人民生活品质的设计。事实上，适度合理的设计确实可以改善民生，不仅满足了普通人的物质需求，更体现了对人、对社会的一种责任感。日本著名建筑设计师坂茂在“活环境再造建筑的力量”研讨会主题发言中这样说：“作为一个建筑师，我设计了美丽的建筑物。但同时，建筑师应该有社会责任。”

“设计之都”为城市带来的不仅是创意产业与经济的转型，更重要的是对城市生活的改善与精益求精。

日常生活的视角并非琐碎的、微观的、无关紧要的领域，从本质上看，潜藏着建构现代合理化社会的重要因素。诚如雅各布森所言：“要弄清城市表现出来的神秘莫测的行为，就要从日常生活出发，仔细观察最普通的场景和事件。”真正的“设计之都”不仅是发展城市经济、打造城市品牌的“噱头”，而应当肩负起“设计的社会责任”，将创意文化落实到生活的方方面面。“在首尔，设计不仅指专业领域的工业设计与艺术设计，更意味着遵循民众的意愿对城市面貌进行改造或再创造。经过数十年的现代化发展，首尔逐渐从单纯注重经济重建转为积极追求社会文化价值。首尔期望通过广大市民亲身参与的各种设计活动营造出崭新的设计文化空间，增强市民的设计意识，使首尔成为名副其实的‘国际设计之都’。”① 上海的市民文化极具特色，以“田子坊”为代表的创意产业园区，将上海里弄的城市社区文化与创意概念紧密结合，而成为在市民日常生活中融入设计思维的良好典范。而深圳的华侨城在艺术、创意设计等专业领域的活动之余，也逐渐转化为市民游览、悠闲的生活场所。

然而，将创意文化和设计观念融入日常生活，真正地转变为一种“设计自觉”，不止是城市空间的美化、商业街区的繁华与产业园区的活力，这仅是设计对日常生活表层的改变。从深层而言，还牵涉人们生活方式、社会环境、人文精神潜移默化地变化。“设计改变一切”在今天的中国社会迎来了转机与希望。“这一转机和希望这不只是来自不断引进与更新的科学技术、不断拓宽的商品生产和市场机制，因为，这样的技术引进和物质文明的发展从百年前就已开始以某种方式进行了。至关重要的是，我们在蓬勃发展的技术和经济现代化进程的背后，看到了更深层的微观的社会变动，这就是传统日常生活的沉

---

① 刘谦功：《魅力四射的设计之都——首尔》，《装饰》2011年12月。

重结构的真正松动和在千百万普通人正在悄悄萌生走出日常生活世界、超越传统日常生活图式的历史冲动”①。“设计自觉”是一种行为方式的内化，“设计之都”的建设不止是“奥运”、“世博”等涉及国家形象的大型设计工程，更应该是改善多数人生活质量，面向普通人的日常环境。此外，市民的积极参与也是未来城市发展的新契机与不竭动力。日本神户“设计之都”建设的主要目标便是以市民为主体的“宜居生活设计”，形成“市民彼此之间相互谅解、相互信任的城市与安全、安心的城市”。使市民多样化、个性化的生活形态成为可能，更加舒适、温情而有趣的生活在自己的城市之中。②

对于笔者而言，“设计之都”的创建对方兴未艾的城市化进程本身是一把“双刃剑”，它是对城市文化与精神内涵的延续与重塑的过程，需要时间的积淀与细节的打造，才能形成符合“设计之都”价值与观念的城市文化特质与城市品牌形象，才能使设计的行为活动内化到社会结构的深层，在文化价值与社会意义上实现“设计自主”与“设计自觉”，而不是借此成为片面谋求政绩与经济利益的幌子。那么必定无益于“文化软实力”的“培植”。此外，“创意城市”抑或“设计之都”的概念，只是城市文化建设的一种策略，每座城市都内含自身不同的文脉溯源，要准确合理地进行城市文化的定位至关重要。最后，在国际化的语境之中，全球其他城市“设计之都”的建设，对中国而言也有相当的借鉴作用，“它山之石可以攻玉”，异质文化的兼容并蓄是影响城市未来经济、政治、社会发展空间的重要砝码。

【从深圳出发——设计之都2012展】

2012年5月16日，从深圳出发设计之都2012展在坂田创意园开幕，展览论坛同期举行。

深圳“设计之都”在亚洲具有重镇地位，并且逐步推进文化产业走向高端化、国际化。这就预示着深圳必成为一个多元文化共存的城市。在设计这一领域，短短30年间，吸纳了6万多名各类专业设计师及艺术创作者融入。使得深圳成为具有国际影响力、国内领先的创意城市。

本次展览邀请了各领域设计精英，他们在近几年内囊括了全球顶级设计竞赛各类大奖。展览不仅从各领域展现了深圳设计30年的成果。同时，展览征选了部分大学生设计作品，联合组展，他们代表了深圳设计的新生力量。本次展览通过展示不同专业领域设计精英各种不同媒介的优秀作品，传达出深圳城市的先锋性和文化包容性，体现深圳独具的创新气质和文化融汇的城市形象。

【中国·深圳—芬兰·赫尔辛基经贸交流推介会】

2012年4月18日，由深圳市人民政府主办，市经济贸易和信息化委员会和市工业设计行业协会承办，赫尔辛基市经济促进局、南山区科技局、南山区科技创业服务中心协办的中国·深圳—芬兰·赫尔辛基经贸交流推介会取得圆满成功。来自深圳和赫尔辛基两座“设计之都”城市最具代表性和前瞻性的商界领袖、创意设计专家百余人参会。被国际工业设计联合会评定为“2012年世界设计之都”的赫尔辛基，与作为联合国评审加入“创意城市网络”的深圳“设计之都”之间的交流与对话是本次交流会的焦点内容。

来源：视觉同盟网站 2012-04-20

① 衣俊卿：《现代化与日常生活批判：人自身现代化的文化透视》，人民出版社2005年5月版。
② O'Connor J. Creative cites: the role of creative industries in regeneration [O/L]. http://www.renew.co.uk/article-images/2006411_Creative_industries_FINAL.pdf. 转引自褚劲风、香川贵志、崔国、李梓、王倩倩、邹琳：《创意城市网络下日本神户设计之都的规划与实践》，《世界地理研究》2011年第3期。

【中国·深圳—英国·伦敦设计创新合作交流会】

2012年9月19日，由深圳市政府和伦敦市政府主办，深圳市经济贸易和信息化委员会、英国贸易投资局协办的“中国·深圳—英国·伦敦设计创新合作交流会”，在伦敦四季酒店宴会厅召开。参加2012年伦敦百分百设计展的欧洲设计界代表150多人，中国深圳代表团50多人汇聚一堂，就中英两国以设计开展经济贸易合作进行交流。

2011年，深圳设计师代表中国大陆在SIDA的带领下，首次进入了百分百设计展，直面差距的同时也首次吸引了世界对中国设计的关注。此次交流会，不仅是2012年伦敦百分百设计展上中英两国经济贸易设计方面的一个政府高层洽谈专项会议，也是2012年中国参展团首次大规模全方位系统策划进行参展，在百分百设计展上向世界展示“中国设计”，介绍深圳企业的一个实质性的企业产业对接项目会议。

为了在百分百设计展舞台上更好的宣传“深圳设计”，让世界认识“深圳设计”，让“深圳设计”走向国际舞台，伦敦百分百设计展组委会和深圳工业设计行业协会共同策划了“伦敦百分百设计展——中国展区优秀参展商和组织单位”评选活动，并在“中国·深圳—英国·伦敦设计创新合作交流会”上举行了颁奖仪式。经过深圳工业设计行业协会的层层筛选，伦敦百分百设计展组委会特别对所推荐的中国深圳展区的参展作品、参展单位进行了再次的筛选，并从中评选出了“最佳原创设计奖”、“最具商业价值参展商”、“最具创意产品奖”和“最佳组织”四个奖项。

深圳市铁凝铁艺雕塑有限公司的“素纱蝉衣”，阐释现代设计与工艺的完美结合，演绎了现代金属美学和设计的魅力，在整个英国展中凸显而出，获得了组委会和众多国外参展商的一致认可，夺得了“最佳原创设计奖”。深圳市拓璞家具设计有限公司，整体展台中古色古香的展品散发出中国古典风情，同时又结合了现代设计浪潮中新中国风的设计元素，吸引了众多观众的眼光，获得百分百设计展组委会评委的一致推荐“最具商业价值参展商”。深圳市中世纵横设计有限公司的“太阳能电子蜡烛”，储存阳光幻化为温暖的烛光，太阳照射4小时可使用长达10小时，而且没有明火和碳排放的危害，切合了西方现代低碳环保的设计理念，获得了此次“最具创意产品奖”。作为2011年首次带领中国设计创进百分百设计展，2012年全方位组织伦敦百分百设计展最大参展团的组织者，深圳市工业设计行业协会，获得了2012年伦敦百分百设计展——中国展区的“最佳组织奖”。

此次38家的中国深圳展团中，有16家是2011年参加过此次设计盛会的企业，也有22家企业是第一次获得此次盛会的入场卷。其中，拓璞家具和中世纵横是第二次参加百分百设计展，其整体展台，无论是在展台布置，还是展品选择上面，都与第一次有了明显的差别，整体风格上与北欧的设计呈现出相当设计实力！拓璞家具设计的“风声”椅，以自然界的风为主题，散发出浓厚的现代家具恬静的自然田园气息，赢得ARTECK、宜家家居等国际顶尖同行的一致赞扬。

【观点】 发展北京设计创意产业打造世界设计之都

◎胡　鸿

创意产业又称创意工业、创造性产业、创意经济、文化创意产业等等，它是基于创造力而形成的产业。

自2005年底北京市确立大力发展文化创意产业的重大战略决策以来，经过5年发展，文化创意产业已经成为北京市仅次于金融业的第二大支柱产业，其中设计服务行业已经成为北京市经济增长速度最快的领域之一。2010年，北京市成立“申都委员会”准备向联合国教科文组织申报“世界设计之都”。因此，进一步促进北京设计创意产业与现代生产的有机融合，提高产品附加值，推动企业的产业升级，促进以工业设计为代表的面向生产的服务业发展，成为北京打造世界设计之都的工作重点。

1. 创意产业与世界设计之都

1.1 从创意产业到文化创意产业

1998 年，英国创意产业特别工作组首次对创意产业进行了定义。“那些源自个人的创造性、技能及智慧，通过对知识产权的开发和运用可创造潜在财富和就业机会的活动”统属创意产业，包括工业设计在内的 13 种行业。这一定义突出了创意产业的核心内容：文化和创意，以致文化创意产业这个概念后来被许多国家和地区采用，概念的内涵和范围也不断扩展。①

2006 年中共中央办公厅、国务院办公厅印发的《国家“十一五”时期文化发展纲要》，首次提出了“文化创意产业”这一概念。同年，北京市委市政府出台了《北京市促进文化创意产业发展的若干政策》，“文化创意产业”的称谓是对我国文化、政治、历史、经济的一种高度的融合，“其名称本身包含了文化、创意、产业 3 个内容，分别代表了文化创意产业既有区别又相互关联的 3 个阶段，三位一体，共同构成了文化创意产业的内涵。因此文化创意产业可以定义为：源于文化元素的创意和创新，经过高科技和智力的加工产生出高附加值产品，形成的具有规模化生产和市场潜力的产业②”。

1.2 设计创意产业的提出

经过近年来北京文化创意产业的发展，特别是金融危机的冲击之后，北京市政府对于以工业设计为代表的设计创意产业在北京产业经济中发挥的重要作用有了更深刻的认识，认识到设计创意产业有别于传统文化产业，是一个新型创意产业，对北京经济转型和企业的提升发挥着重要作用。

事实上，“设计创意产业”是英国提出“创意产业”的关键点，联合国教科文组织将创意产业定义为：“按照工业标准生产，在生产、储存及分配文化产品和服务的一系列活动”，这个定义把从事文化产品的生产经营活动以及为其提供相关服务的行业列入创意产业，使与庞大的工业联系紧密的设计创意产业发展为巨大的创造性产业和创造性经济。欧美几个主要发达国家率先发现了新“设计创意产业”的特征和发展端倪，感受到了设计产业对国家和地区的社会和经济所带来的巨大改造和增长潜力，纷纷提出了“设计立国”概念，并制定了“设计在内，制造在外”的国家产业发展战略，今天，设计创意产业已成为国际社会发展的主流和引擎。③

1.3 设计创意产业与世界设计之都

正是看到“设计”作为新产业革命所蕴含的改变世界的巨大能量，世界各大城市间展开了争当世界设计之都的激烈竞争，形成了国际上 2 个“设计之都”品牌。

面对国际经济发展的新动向，联合国教科文组织建立了“创意城市网络”，并在创意城市中设立了“设计之都”称号，目前已经命名的 6 个“设计之都”是：柏林、布宜诺斯艾利斯、蒙特利尔、名古屋、神户和深圳。此外，国际设计联盟（IDA）每 2 年举行一次国际竞选，选出一个世界杰出的设计城市并授予其“世界设计之都（WDC）”的称号。目前已经获此称号的城市有都灵、首尔、赫尔辛基。

设计创意产业对这些城市的经济、社会和文化发展起到巨大的推动作用，各城市不仅在竞争中重新定位了城市形象，将战略发展与设计规划结合起来，还为其居民创造了更高品质的生活，并以此为契机在世界上树立起自己在经济、社会、文化方面的城市品牌形象。

此外，当前国际公认的伦敦、纽约、东京、巴黎等四大世界城市，也无一不是世界级设计中心。

2. 北京设计创意产业的发展

2.1 服务业为主导的北京地方经济结构

北京以服务业为主导的经济结构与以上海为代表的长三角，深圳为代表的珠三角地区不同，后两者的设计发展与南方家电、家具、玩具、汽车等工业的发达紧密地联系在一起，而北京地区以软件、信息服

---

① 金元浦：《文化创意产业的概念解析》，《科技信息参考》2005 年。
② 张振鹏、王玲：《我国文化创意产业的定义及发展问题探讨》，《科技管理研究》2009 年第 6 期，第 192 页。
③ 贺艳：《创意产业在国外》，(2009－09－23) www. p5w. net/news/cjxw/200907/t2484789. htm.

务、研发为主的高新技术服务业为主，发展以移动通信、计算机及网络、集成电路、光电显示、生物为主的高新技术制造业。因此，北京的服务业结构以现代服务业中的生产性服务业、文化创意产业为特色。

现代服务业是现阶段世界经济与社会发展的核心力量，北京的服务业特别是现代服务业发展水平居于全国领先地位。2008 年，北京服务业增加值占地区生产总值（以下称地区 GDP）的比例高达 73.2%，已超过了 2006 年世界发达国家平均 72% 的水平。2007 年，北京服务业就业人数占就业总人数的比例达到 71.1%，已接近世界发达国家的平均水平。2008 年，北京现代服务业增加值占地区 GDP 的比例高达 51.7%，已超过理论上界定的反映后工业社会特征的新服务经济标准。从而在我国的省级区域和国际大都市中率先迈入新服务经济行列。

2.2　设计创意产业成为北京经济新的增长点

北京现代服务业的飞速发展，离不开成为北京经济支柱之一的文化创意产业。文化创意产业既是技术、经济、文化的交融，又包涵了城市的创造力和文化底蕴，是一种高风险，高附加值，资源节约生态型产业。以 2007 年为例，北京市服务业占 GDP 比重达 72.1%，而以设计创意产业为代表的现代服务业实现产值 4372.8 亿元，占全市服务业产值的 68.05%，数据显示，2006—2009 年，文化创意产业增加值平均增长 21.9%，高于全市 GDP 增长率 7.5 个百分点。2010 年上半年，北京文化创意产业实现增加值 804.3 亿元，占全市 GDP 比重为 12.6%，文化创意产业已经成为首都经济的重要支柱和新的增长点。

实际上，北京现代服务业不仅已进入国际大都市行列，而且正向生产性服务业主导的服务经济全面转型。2005—2009 年，北京市 GDP 累计现价增长 74.4%，其中生产性服务业的累计增长高达 109.8%，2004 年，北京市工业设计产业的产值为 100 亿元，从部分设计企业反馈的情况看，其中约 40% 的设计收入来自北京市工业企业。因此，北京市工业企业在工业设计上的投入达到了 40 亿元。设计创意产业成为拉动首都经济的强大引擎。

2.3　北京设计创意产业的规模化态势

2005 年在北京市政府的支持下，建立了全国第 1 个工业设计创意产业基地———北京 DRC 工业设计创意产业基地。到 2006 年的《北京市促进文化创意产业发展的若干政策》、2007 年的《北京市“十一五”时期文化创意产业发展规划》，2009 年广泛征求意见的《北京市关于支持设计创意产业发展的实施办法（草）》，2010 年的申办世界设计之都和《北京市促进设计产业发展指导意见》的公布。随着北京市政府对设计创意产业的认识不断深化，不仅出台了相关的扶持政策，而且市政府还直接参与、切实促进北京设计产业的建设发展，使北京设计创意产业呈现出规模化的态势，成为除上海、广东地区外国内设计力量最集中的地区。

据统计，近年来北京市设计产业实现快速发展，形成了建筑设计、规划设计、工业设计、集成电路设计等优势行业，涌现出一批年销售收入过亿元的龙头企业和一批高水平的专业设计机构。截至 2009 年底，北京现有包括工业设计在内的各类设计院所、设计公司 2 万多家，在北京的联想、方正、恒基伟业、LG 等一批高科技企业和跨国公司都建有独立的工业设计研发部门。设计从业人员约 25 万人，其中工业设计产业从业人员已达 10 万人，设计产业服务收入超过 800 亿元。在设计教育方面，北京开设设计专业的院校达 112 所，在校生 3 万余人，有 30 多所高校开设了工业设计类专业；此外，北京 DRC 工业设计创意产业基地、751 时尚设计广场等一批产业集聚区正不断发展壮大；“中国创新设计红星奖”已成为具有一定国际影响力的国内权威专业设计大奖。随着国际设计机构和企业大量涌入，制造业升级、国内设计需求不断增加，2010 年北京还成立了首家中国设计交易市场，以提升设计产业、打造世界设计之都①。

---

① 北京工业设计促进中心：《做大做强工业设计促进生产性服务业发展》，[2009-12-02]. www. docin. com/p-35820468. html。

3. 打造世界设计之都　树立北京世界城市形象

3.1　立足政府引导完善产业政策

2009年12月底，北京市委书记刘淇提出了北京“瞄准建设世界城市”的目标。而目前国际公认的世界城市无一不是世界设计的中心。因此，打造北京设计之都，必然成为北京总体发展战略。同时，北京设计创意产业的现状及其蓬勃的发展势头，也为向联合国教科文组织和国际设计协会申请国际设计之都称号打下了良好的基础。2010年，在以工信部为首的11个国家部委联合发布了《关于促进工业设计发展的若干指导意见》后，北京市人民政府在10月12日批转了市科委《北京市促进设计产业发展的指导意见》，明确提出了“用5—10年时间，推动北京成为全国设计核心引领区和具有全球影响力的设计创新中心，将北京建设成为世界设计之都”的发展目标①。

3.1.1　加强机制建设制定扶持政策

与美国政府不干预经济的自由竞争机制不同，中国的国情使政府的政策直接决定着国民经济的发展方向。因此，要发展创意设计产业，就需要政府完善法规、政策，通过在企业财政扶持、人才激励机制、保护知识产权、开展国际合作方面建立健全的机制，使政府控制和主导着创意产业的发展方向、发展进度、发展重点，引导和推动北京创意产业的发展。目前，《北京市促进设计产业发展的指导意见》从目标定位、提升产业竞争力、市场建设、人才建设、组织保障等九方面提出的一系列扶持政策。

3.1.2　规划创意产业蓝图推进企业聚集发展

通过政府对北京设计产业的宏观规划，打造不同定位的设计产业园区，带动区域设计产业和经济发展。一方面，市政府根据所辖区县的特点，因地制宜的制定差异化的区县设计产业发展方向，如海淀主攻集成电路设计和电子产品设计、石景山发展动漫游戏设计和工程设计、大兴打造工业设计等；另一方面，在市政府的引导下，各区县针对自己在全市的定位，制定出各具特色的设计发展政策，实现各区县产业的优势互补，形成鲜明的区域特色。

3.1.3　搭建中介平台提供支持服务

通过对当前设计产业的调查，可以看到如何让政府的政策得以实施，使设计企业受到切实的支持，已成为阻碍设计产业发展的难题。因此，建立政府和民间合作的专业性支持机构，搭建政府和企业间的中介平台已刻不容缓。中介组织从政府机构与公共团体等多渠道获得资金，接受政府部门的指导和监督，按照政府的意图开展工作。

3.2　实现产业升级促进经济发展

建设世界城市目标的提出，对北京经济增长方式的转变和产业结构升级产生了重大影响。在北京建设世界城市的产业结构调整中，设计创意产业作为生产服务业和文化创意产业的重要成员将发挥重要作用，到2012年，设计产业收入突破1300亿元。正如英国约翰·霍金斯说，21世纪的任何产业都将是创意产业，创意和创新无所不在，并将成为一切产业的核心。②

3.2.1　推动传统产业升级拓展现代服务业发展

一方面，通过设计服务，使制造业加速向高端化方向发展。2008年，以现代汽车、奔驰汽车等为代表的北京现代制造业实现增加值832.7亿元，占工业增加值的比重达37.9%。③ 但通过对制造企业的调查可以发现，要进一步提升北京制造业的竞争力和集约发展水平，将现代制造业由“中国制造”转型为“中国创造”，还有待通过设计提升产业到价值链的高端，因为设计的价值不仅体现在它自身的服务所得到的报酬，更体现在通过设计为企业所创造的高附加值上。另一方面，在第三产业中，进一步拓展现代服务业，加快设计、金融、信息服务等生产性服务业的发展，“结合北京特点和优势，重点发展

---

① 北京市科委：《北京市促进设计产业发展的指导意见》，[2010-12-01] zhengwu. beijing. gov. cn/gzdt/gggs/t1141496. htm。

② 约翰·霍金斯：《创意经济：如何点石头成金》，洪庆福、孙薇薇、刘茂玲译，上海三联书店2006年版。

③ 孟为：《北京第三产业比重居全国第一实现产业结构转变》，《北京日报》2009年9月2日。

工业设计、建筑设计、工程设计、规划设计等一批产业规模较大、集聚效应明显、具有一定国际影响力的设计行业”①。

3.2.2 提升自主创新能力推动产业结构调整

产业结构是指生产要素在各产业部门间的比例构成和它们之间相互依存、相互制约的关系。以工业设计为代表的设计创意产业不仅是北京现代服务业的一个重要组成部分，而且由于它在企业、市场中的特殊作用，在提高设计产业自主创新能力，加大设计技术和设计成果的推广应用力度方面，能够结合设计新技术的发展及行业应用特点，不断创新设计产品和服务，帮助北京实现产业结构优化升级，提升制造业和服务业整体发展水平和发展质量。依托资源优势和制造业空间布局，设计创意产业将优化北京生产性服务业空间结构；积极促进生产性服务业与现代制造业互动发展，由此扩大设计创意产业服务全国乃至全球的影响力，促进北京城市经济的发展②。

3.3 依托人才优势发展高端服务业

从伦敦、纽约、东京、巴黎4个世界级设计中心发展来看，“设计创意产业”的高地形成，必须是该国家最集中、最发达、最先进的高教育、高科技、高文化、高人才地区。北京汇集了众多的高校和科研机构，集中了大量的人才，高新技术的发展在国内居于最高水平，在抢占全国创意产业中心城市地位，进而发展为国际设计中心方面拥有得天独厚的优势。

3.3.1 多渠道设计教育培育人才资源

一是加大政府对创意人力资源开发的投资，加强北京高等院校设计专业的学科建设，鼓励产学研联合培养符合市场需求的实践型设计人才；二是发挥社会力量，利用多种形式、多种途径增加设计教育投入，如开展企业与院校的合作。企业为指定设计项目投入一定经费，学生得到实际锻炼，企业获得更多的创意，实现企业与院校的双赢；三是注重人才培训，树立“终身培训第一”的理念。

3.3.2 认定专业职称建立人才数据库

建立设计专业技术人员职称认定，既对设计行业人才的管理进行规范，又有助于吸引国内外优秀设计人才来京创业或从事设计创新工作，有利于企业招聘国内外高端设计人才，调动设计人才的积极性。同时，通过专业职称的认定，建立起自由设计师动态数据库，为设计师更好地在设计产业集聚区、企业设计部门和设计企业工作搭建平台，为设计师成长和创业创造便利条件。

3.4 提高城市国际化水平树立北京国际品牌形象

根据联合国教科文组织的创意城市网络章程，设计之都不仅可以在国际舞台上和顶尖创意城市进行交流、合作，引进国际上最新的创意理念和高端的创意活动创意，而且，加入创意城市网络在某种意义上是让享有设计之都称号的城市加入国际文化产品营销网，进入全球文化产品供应链。通过打造设计之都，使北京加入国际创意城市网络，将为北京提供一个国际化平台，使之向世界城市目标大步迈进。

3.4.1 建设国际合作平台拓展产业发展空间

要想北京创意产业在国际舞台上开辟新的发展空间和市场，提高城市国际化水平，中国设计既需要请进来，吸引国际设计组织、跨国公司和境外著名设计机构来京设立设计中心或分支机构，在京举办设计创新活动和商业活动；又需要走出去，“鼓励设计企业、机构和设计师积极参与国际设计领域竞争，与国际设计组织建立交流合作机制，与国际设计企业、机构及设计师建立多种形式业务往来，参与国际标准的制定，开展国际设计项目合作，共享设计信息渠道”。③

3.4.2 树立北京品牌增强产业辐射

将“北京国际设计周”、“北京服装周”等活动打造成国际知名的设计品牌，扩大“中国创新设计红星奖”等品牌奖项的国际影响力，使北京加入国际品牌城市行列。同时，举办设计活动和普及设计宣

---

①② 袁海霞：《2009年北京市服务业形势分析及2010年展望》，2009年12月。

③ 北京市科委：《北京市促进设计产业发展的指导意见》，[2010-12-01] zhengwu. beijing. gov. cn/gzdt/gggs/t1141496. htm。

传，使优秀设计得到大众的关注，通过优秀的设计产品的使用将设计意识渗透到市民的日常生活中去，增强城市对持续创新的自信，更全面地向世界展示北京城市的新形象。

3.5 提升北京软实力弘扬中国文化

文化软实力是21世纪的核心竞争力，当今世界先进城市都是文化软实力十分强大的城市，在城市发展战略中非常重视文化因素，千方百计抢占文化资本这一重要制高点。北京作为文化古都，具备多元的政治、经济、文化功能，大量的科技、智力资源，丰富的历史、文化遗产。深厚的文化奠定了北京在世界城市竞争中独特的文化软实力。

3.5.1 发扬工艺传统传承历史文化

北京有着深厚的传统工艺文化，凝聚着中国传统设计的思想和精湛的技艺；其丰富多彩的工艺美术设计，体现了北京的城市文脉和精神。要树立北京的品牌形象，促进北京旅游服务业的发展，既需要发展现代设计服务产业，又必须保留和发扬北京传统设计，通过对新时代环境下北京工艺美术设计的继承和发展，弘扬北京城市文化，以创造性、开拓性的创意把丰富深厚的历史文化资源转化为文化创意资本，加强具有浓郁北京特色和中国特色的首都文化创意品牌定位。

3.5.2 挖掘文化底蕴提升北京软实力

打造“设计之都”战略，不仅将借助全球创意城市网络平台，从其他创意城市那里学到先进的思想和理念，还可以通过深入挖掘北京文化底蕴，将设计创新与“人文北京”建设紧密结合起来。综合多种设计手段，在动漫游戏设计、电子产品设计等创意设计中释放文化因素，对内能主导文化市场，在外来文化的冲击下捍卫国家的文化主权；对外从设计和创意领域突破中西方文化的障碍，帮助中国文化和价值观走向世界，使博大精深的文化资源成为作用强大的“软实力”，全方位、多角度、整体地在国际上树立自己独具特色的形象，带动北京世界城市建设。

4. 结语

20世纪90年代以来，随着都市经济的发展，商务成本的提高，产业结构的调整，导致一些传统工业的衰退和外移。设计创意产业作为一种新生的产业力量正在全球范围迅速崛起，成为世界很多大都市经济增长的新亮点。“设计之都”称号是顺应当前世界城市发展潮流而产生的，它不仅能提高城市的知名度、美誉度，而且能树立城市品牌形象，成为城市巨大的无形资产。北京打造设计之都，将为北京设计创意产业带来更多的机会和发展的空间，进一步促进设计创意产业与现代生产的有机融合，以更宽广的国际视角高度推进以设计为核心的创意产业各个领域的整体发展，使北京的设计创意产业不仅能引领中国的创意产业，而且成为世界设计的中心。

设计学学科建设

【2011 设计学学科建设研讨会综述】

◎朱　亮

2011 年 12 月 29 日，“2011 设计学学科建设研讨会”在清华科技园会议中心举行。此次会议由国务院学位办设计学（临时）学科评议组召集人、清华大学美术学院常务副院长郑曙旸教授组织召开，近 70 位专家、学者参加了此次会议，他们是来自综合类、理工类、艺术类的 35 所院校的负责人和清华大学美术学院各系的负责人。会议由清华大学美术学院副院长何洁教授主持。

郑曙旸教授在上午的发言中作了题为“整合资源·设计学的科学发展”的主题报告，他首先向与会者介绍了国务院学位办设计学学科评议组在学科定位等方面的相关工作，从“艺术与科学属性”、“建立中国的设计学”、“学科范围”等方向论证了设计学成为一级学科的当代必要性。郑曙旸教授的发言还涉及设计学分类与学科交叉、美术学与设计学的差异性与关联性、理工类设计与艺术类设计的资源整合诸问题，并通过对“设计历史与理论”、“环境设计”、“工业设计”、“染织与服装设计”、“视觉传达与媒体设计”、“信息与交互设计”、“手工艺设计”、“设计教育”等设计学二级学科拟定框架具体分析，提出可持续设计的教育定位。

另一位国务院学位办设计学（临时）学科评议组成员、浙江大学的孙守迁教授作了“围绕国家战略需求——推动设计学科发展”的主题演讲。他以理工类设计面对的国家现实为背景，介绍了资源环境发展现状、经济产业现状，对国内外环境条件做了简单比较，从自身的发展角度提出设计的价值应与国家战略需求相吻合，分析了设计学的“宽博性”、“专业性”、“交叉性”和“新颖性”，从“绿色”、“智能”、“融合”、“服务”、“文化”几个设计学研究的发展方向论及设计学与信息科学、设计学与心理生理学的融合与衔接，最后谈到设计学科的定位，“既要面向区域经济发展，又要满足国家战略目标的需要。”

在下午会议的交流环节，何洁教授首先从教育部学科建设评估标准出发，从教学管理角度，以清华大学美术学院的国际评估实例谈及学院设计学教育的学科设置、学生培养、教师队伍建设、硬件设施诸多要求。各个院校的专家和领导分别就艺术学与设计学升位后的自身定位、发展方向等学科建设问题以及本学院的自身发展问题交换了意见。大家讨论的问题主要集中于设计学的概念定位、学科升级后的课程方向、是否需要建立一个设计学建设的“国家标准”以及设计教育专业的内涵等几个方面。

苏州大学艺术学院李超德教授提出：有必要对设计学广义和狭义的内涵做出区别，既要尊重设计学原有规律，又要面对设计学科发展现实。在涵盖了工程设计的设计学中，以前对“坛坛罐罐”思考比较多的艺术设计如何避免被边缘化的处境？

在概念上，与会者对“设计学科”与“设计学”的关系从名词到内涵也做了论证和探讨，广州美术学院赵健教授将其概括为：“学科”具有实操性，更多地是一种实践探索，以个案的形式呈现，而“学”则是多学科的总结梳理，通过文献式的工作找出规律。

在专业升级后的课程设置上，学校学科建设要有差异性是与会者基本达成的共识。大家一致认为：中国的设计学真正开始起步，各院校要避免大而全的专业设置，整合好各自的已有资源，做好自己该做的事情，建设各有特色的设计学课程。

最后，与会者倡议，在学科升级完成之后，对设计学学科建设能继续研讨，由各学院轮流组织，将这样的研讨会形成惯例，以引领中国设计学走向科学的发展之路。

来源：《装饰》2012 年第 2 期

【观点】以学科升位为契机深化设计教育改革

◎左小平

2011 年 3 月，国务院学位委员会、教育部发布 2011 年《学位授予和人才培养学科目录》，艺术学正式成为独立的学科门类，设计学为一级学科。设计学由二级学科升位为一级学科既拓展了设计艺术教育专业设置、人才培养的空间，增强了学校办学的自主性，同时也要求设计艺术教育深化改革，建立起与一级学科地位相适应的教育机制。作为设计艺术教育工作者，我们应该正确认识设计学成为一级学科对设计艺术教育改革的重要意义，在新的学科地位上建设和发展好设计艺术教育。

一、设计学升位为一级学科的必要性

我国设计艺术教育起步较晚，在 20 世纪 80 年代初才引入“设计”概念，直到 90 年代末“设计艺术”这个名称才基本为社会所认同。随着改革开放的不断深化，设计艺术教育也得到了快速发展。从规模上看，据不完全统计，目前全国 2000 多所高校中，开设有设计类专业的占到了近 70%，设计类专业在校大学生总数达 100 万人。二十多年来，我国高校设计艺术院系为社会输送了大量的毕业生，有力地推动了我国设计事业的发展。

从学科建设上看，各高校根据社会需求和自身实际，扬长避短，融会贯通，在不断总结经验的基础上，加强专业建设，形成了各具特色的专业门类，为设计艺术教育体系提供了强有力的支撑。我校的设计艺术教育起步于 20 世纪 80 年代末，当时只有一个艺术设计专业。经过二十余年的发展，目前已经成为具有艺术设计、工业设计、摄影、动画、服装设计五个专业九个方向的设计艺术学院。

为了专业建设需要，各高校还积极探索教学、研究、创造三位一体的教育模式，合理架构基础课、专业基础课和专业课程的课程体系，努力使设计教育、设计方法、设计艺术手段等诸方面与学生综合素质教育融为一体。设计艺术教育工作者在学科建设方面所做的努力为设计学学科升位打下了坚实的基础。

改革开放以来，我国取得了举世瞩目的成就，随着科技的发展，社会的进步，人民生活水平的日益提高，现代设计的范畴也随之应用于演艺、服务、零售、饮食、运输、航空、酒店、环保、旅游、商贸、房地产、制造业等行业，为这些行业的设计提供灵感、创意和想象力。特别是中国产品在技术、质量、功能等方面已逐渐接近国际标准，设计起着重要作用的“中国制造”产品不仅造福国内人民，更是远销海外。人们正生活在一个精心设计的世界之中，这个充满创造力的世界也需要更多更优秀的设计者的加入。在这样的形势下，提高设计学的学科地位，发展设计艺术教育事业亦是顺应社会进步、经济发展需要的明智之举。

二、以学科升位促进设计艺术教育改革

设计学成为一级学科之后，学科建设面对的不仅有鲜花和掌声，也有荆棘与考验。我们需要以更为宽广的胸襟和视野，审视以前学科建设的得失，进一步深化教育改革，在一个新的起点上，构建科学的教育体系。

（一）加强设计学的学理性研究，明确其学科内涵

学理，就是指科学上的原理或法则。长期以来，我们对设计学缺乏一种比较系统和完整深入的学理性研究，缺乏对各高校设计艺术教育经验教训的了解、比较和总结，因此往往会不假思索地或者将设计学与纯艺术混为一谈，或者用文理专业的教育指标来要求设计艺术教育。的确，设计学与纯艺术联系紧密，设计可以说是艺术联系社会的纽带，它把艺术带入设计，让艺术大众化，让人们更容易认识艺术接受艺术。但设计学与纯艺术之间又有着区别，纯艺术的创作来源生活但高于生活，而设计是先高于生活后回归生活。当设计师提取纯艺术作品的元素进行创新设计后，这些艺术品很快会变成人们身边最平常的日常用品，而且从中感受到艺术的魅力。同样，文理专业知识渗透于设计学之中。在一项优秀的设计

中往往要贯穿很多不同领域的学科知识，比如建筑设计需要了解数学、逻辑学、力学、物理学方面的专业知识；环境艺术设计需要生态、人文、地域、气候知识的支撑；工业设计需要联系人体工程、生物工程、材料学、市场学知识等等。

一个好的设计师必须具备深厚的知识底蕴，了解更多的设计背景和历史，运用多视角、宽领域的思维方式，才能设计出广大消费者认同并经得起时间考验的作品。所以设计艺术教育是多元的，在传授设计艺术专业知识的同时不能忽视其他专业知识的学习。但设计艺术教育与文理教育毕竟属于不同的学科类别，它需要理论指引，但更需要创造性思维，更注重教育的实践性、灵活性和开放性。

为了开发和培养学生的个性特征和创造性，设计艺术院校一般采用小班制和多元化的授课形式，这就决定了它的教育教学与文理专业的不同。

通过以上分析我们可以看出：设计之所以既是“艺术”的，又是一门学科，最根本的是它具有“艺术与科学技术相统一”的本质属性。它本身有它必须完成的任务，也有它必须遵循的基本规律以及必须经历的的过程。它既是审美的，又是实用的；它既需要艺术的创造，又脱不开实物品质的制约。因此，设计学不附庸于其他艺术专业和文理专业，是一门独立的学科，在艺术教育使命、目标、模式和方式方法等方面，是不能与美术或工艺美术、文理专业等而同之的，它完全应该有属于自己的一套完整的体系。明确这一点很重要，只有明确了设计学的“艺术与科学技术相统一”的学科内涵，我们才能按照它的质的规定性，科学地规划和建立设计学的学科体系，科学地制定和实践设计艺术教育的培养方案。

（二）建立与学科性质相适应的教育体系

我国设计艺术的教育体系基本上是从传统的工艺美术教育、绘画教育和20世纪80年代从西方引入的包豪斯“三大构成”模式发展而来的，长期的“路径依赖”，使其学科特色缺失。作为设计艺术教育工作者，我们应该认识到：设计艺术教育与工艺美术教育、绘画教育和“三大构成”模式的确有着这样或那样的联系，但毕竟它们是不同的学科，它们之间有着质的差别，即是说作为一门独立的学科，设计艺术教育必须遵从其自身的规律和要求，要在设计艺术教育的实际过程中，不断进行理论探讨和经验总结，逐步建立与设计学科性质相适应的教育体系。这个教育体系应该包括准确的培养目标定位、合理的专业培养方案、规范的课程体系、专业的教学大纲和教学计划、严格的教学过程和要求、先进的教学方法等等。这个教育体系尤其要加强实践教学环节。一是在课时的总体安排上加大实践课的学时量，科学规定实践课程内容，考核方式，评估标准，合理确定实践课的分配权重，以确保实践课质量；二是在校内建立实验与实践并重的教学中心，投入必要的设备和实践教学环境，配备有实践经验的教师、聘请有实战能力的设计师及有丰富工作经验的工程师作为实践教学的主干教师，以确保实践教学能良性地进行；三是加强校企合作，建立校外实践基地，可根据课程内容的差异和企业的特点，进行有针对性的实践性教学以锻炼学生对实际项目的操作经验，掌握实际项目的运作过程，关键是要在实践中培养学生分析问题和解决问题的能力，为他们走向社会奠定必要的基础。

在德国，许多设计艺术院校的教学大纲明确规定，学生对所设计的目标首先要进行功能性分析，竭尽一切可能开拓自己的思维，建立一个设计思维流程，去形成初步的构思，然后把设计各环节中的构思，以及设计理念与理论依据详尽地写出来，装订成册，作为作业的一部分，学生的创新意识、设计思维经过这种科学、缜密的训练逐渐培养起来，最终选择一个相对完善的创意方案再经过充分讨论后以实物表现出来，同学之间再进一步互评，在一定场合举办展览，邀请各年级、各学科的老师和同学列席，听取他们阐述设计理念，接受大家的建议与批评，然后进一步完善创意，把实战引入课堂。德国高校学生在校期间要经过两次实习，在基础实习阶段，第一到第四个学期期间，时间三个月，自己寻找实习单位，主要目的是让学生接触熟悉设计企业的日常运作和设计师的工作流程；在专业实习阶段，是第五到第十个学期当中，时间六个月，自己寻找实习单位，主要作为准设计师参与设计公司的设计项目，参与和企业项目客户的交流谈判，作为设计师助理完成几个设计项目，并开始做毕业设计，学生毕业后不存在适应社会的问题，马上能为企业解决实际困难，受到企业的欢迎。德国高校的这种教学模式是值得我们借鉴的。

（三）按照学科发展要求，加强师资队伍建设

师资队伍是设计艺术教育发展的最重要的资源。坚持教育创新，深化教育改革，提高教育质量，最根本的是教师素质提高。目前，高校设计艺术专业教师队伍建设严重滞后，已成为高校设计艺术教育发展的瓶颈。

一是专业教师数量严重不足。专业教师教学任务十分繁重，难于进行科学研究和社会实践。二是师资队伍结构不合理。现有的专任教师中一部分是从绘画专业转行到设计专业的老教师，另一部分是近年来设计艺术专业毕业的本科生或研究生。他们由学校到学校，形成了长于理论研究而疏于设计实践的学术风格，设计能力明显不足，同时，不少院校鲜有博士学位的专任教师。三是师德教育亟待加强。在社会大变革中，在一些不良思潮和价值观的冲击下，部分教师的思想行为发生了偏差，对教育工作缺乏应有的责任感、事业心，职业情感淡漠，学术作风浮躁，急功近利，甚至出现违背职业道德的现象。

笔者认为，应针对设计艺术专业师资队伍建设中存在的问题，根据高校教师特点及成长规律，以科学发展观和系统理论为指导，完整准确地界定高校设计艺术专业教师的素质要求，建立提高其素质的运行机制，努力建设一支高素质的专业师资队伍，为设计学科提高本专科教育质量，增加硕士、博士点授予权单位，尽快缩小与其他一级学科的差距创造最重要的条件。

1. 设计艺术专业教师的素质要求。素质是人的身心条件的总和，是人从事社会活动的基本条件。不同的行业对从业人员有着不同的素质要求。良好的思想道德修养、广博的理论知识、精深的专业能力和一定的学历学衔要求是高校教师的基本条件。高校设计艺术专业教师素质要求的基本面与高校教师的素质要求是一致的，但由于设计学科本身“艺术与科学技术的统一”的特殊内涵的要求，其素质要求也有其自身的特点。作为一名合格的设计艺术教师，他不仅要具备艺术学、美学等方面的理论知识和技能技巧，还要有产品、材料、工程、营销、市场等多方面的知识，是综合素质很强的现代复合型人才。正如优秀设计是设计师综合素质的产物一样，优秀的设计艺术专业毕业生总是由教师的综合素质熏陶出来的。因此，我们在选拔或培养设计艺术专业教师的时候，除了遵循高校教师的基本条件外，还应特别重视综合素质的要求，这是关乎培养什么样学生的大问题。

2. 努力建设高素质的专业师资队伍。首先，做好专业师资队伍建设的规划工作，对目前教师的数量、学缘、年龄结构、知识层次、招生计划、专业设置、师生比例、人才需求动态等进行调查研究，合理安排教师职数。同时，根据学科、专业方向发展需要，对现有教师年龄、学历、职称、研究方向等建立动态研究体系，着力抓好培养、引进、外聘三方面的工作，尤其注重抓好学科带头人和骨干教师的培养，抓好教授、博士的再提高工作，旨在造就一批名教授、名学者。其次，加强学科建设，提高教师教学科研水平。一是要整合资源，优化结构，统筹发展，不断凝练学科方向，打造高品质的学科专业。二是加强科研项目的经费配套和科研成果奖励力度，鼓励教师积极撰写论文，承担与设计产业相关的课题研究，以科学研究支撑学科专业建设。加快教师的科研成果转化，提高教师的设计创新能力。三是注重教学管理，打造优秀教学团队。对青年教师，要加强教学技能培训；对老教师，要不断提升教学水平；高校各设计艺术院系要整合教师力量，积极申报国家级、省部级和校级教改项目，争创精品课程，打造优秀教学团队。再次，创造产学研合作的教育环境，培养教师的实践能力。产学研合作教育是一种利用学校企业两种不同的教育环境和教育资源，采取课堂教学与学生参加实际工作有机结合来培养学生设计创新能力的教育模式。在产学研教育模式中，作为教育主体的教师可以发现自身能力的不足和知识结构的缺陷，以便在今后的工作中不断改进、完善，使自己的教学和科研能力进一步提升；而更重要的意义在于，它可以有助于专业教师弥补课本知识与校内专业技能训练的相对滞后性，积累教学所需要的实践技能和实践经验，提高自己的实践能力。最后，加强师资队伍的师德建设，总体上，应该加强社会主义核心价值观教育，增强教师提高道德修养的自觉性。在具体实施中，要不断完善师德建设制度和规范，明确基本的师德义务和师德要求，表彰和奖励师德优秀的教师，对违反师德要求的人和事要进行正面的

批评教育。同时，要建立学校、社会师德监督机制，形成督促师德建设的良好的校园环境和社会环境。

摘自《艺术教育》2012 年第 8 期

【观点】 当代景观设计学学科建设问题探析

◎张　勇

当前国内景观设计已经形成较为成熟的研究领域，相关建立新的学科方向的呼声也很高。就目前看国内许多高校对于景观设计专业教学问题一直是各校根据自己的理解和实际情况边教边改，同时学术上的探讨、论证、争议多集中在景观设计与现有相关学科专业的关系如何理顺的问题。以环境艺术设计为例，在学科专业建设方面给我们留下许多值得思考的问题。

环境艺术设计，是 20 世纪 80 年代末泊自日本的专业名词，先是由当时的中央工艺美术学院的室内设计系改为环境艺术设计系。而后各地方院校纷纷效仿，一时间环境艺术设计成为人们热议的时尚词，像一股潮流迅速推广开来，这也是改革开放初期，广泛引进、消化、吸收国外先进的理念与技术的指导思想下必然的结果，先不评说引进的是否恰当、科学，事实是通过这二十几年的发展，环境艺术设计不但打牢了专业基础，而且其内容和范畴得到迅速充实，对于环境艺术设计范畴和综合性特点的论述，则多来自引用外国理论家的解释，“环境艺术设计它比建筑范围更大，比规划的意义更综合，比工程技术更敏感，是一种实用艺术，胜过一切传统的考虑，这种艺术的实践与人的机能密切联系，使人们周围的事物有了视觉秩序而且加强和表现了人所拥有的领域”。从以上的表述可以看出，环境艺术设计是以艺术为核心、建筑为主体的，具有功能性、科学性的设计，客观上讲，目前环境艺术设计的教师和从业人员，以大美术圈为基本骨架，观念、技能也不可能脱离形态美的创新与表现的范畴，80 年代末那次环境艺术设计替代室内设计称谓，只是名称的改变，人员设计观念虽有所更新，但根深蒂固的美术烙印是师资队伍突出的特点，不管怎样环境艺术设计属于国家学科目录中设计艺术学科之下的一个专业，大多数师资的“艺术身份”也算是顺理成章的事情。如果将环境艺术设计替代室内设计称为现代中国设计教育的一次大的变革，当前关于景观设计学学科建设的探索，将预示中国设计教育的又一次大的变革的到来。

首先，国内的景观设计教学目前多是环境艺术设计的一个专业方向，因环境艺术设计专业一开始基本是室内设计专业翻版的继续和发展，经过广大学人的不懈努力，使环境艺术设计专业的内涵与外延有了很大的扩展，由于设计艺术学科的蓬勃发展，影响并带动了学科各专业教学体系建设的不断完善与创新和改革思潮。使环境艺术设计教学在室内设计和景观设计两个专业方向上得以迅猛推进，但需要指出的是，国内院校特别是美术类院校的景观设计专业方向，没有脱离艺术加设计的框架，研究对象主要以空间环境中视觉形象的设计为目的，这是与美术（艺术）院校的专业倾向性有关，和师资队伍的知识背景有关，虽然各地高校在2004 年 至2005 年前后陆续将环境艺术设计专业细分为室内设计和景观设计两个专业方向，但基本的核心指导思想没有改变，其景观设计基本可以理解为建筑的外部空间环境的设计，支撑点是依托城市规划和园林的相关知识对环境进行科学合理的设计，其中美化与装饰等相关的设计活动是主要内容，在此艺术性、视觉美具有决定性的地位。以上可以看出环境艺术设计专业下的景观设计方向，显然与当今景观设计的专业理念有较大的差距，专业定位显得比较狭窄，这也是因为没有学科为依托、专业课程体系不够系统、缺乏综合性所致。

其次，有景观设计专业的院校如建筑类、林业、以及少数综合类大学，也多根据自己的办学特色来理解和诠释景观设计专业。现代意义下的景观设计，是要具有综合性的学科知识，以生态环境建设的核心理念和高度的社会责任心，应对工业化、城市化、自然与社会问题，为重新找回我们健康安全的生活环境而规划设计。从这个层面上看，现有各院校的景观设计专业人才培养的综合能力指数，与实际景观设计师的职业要求相差太远，所以近年全国不同类型高校开设的“景观设计”专业，实质只能算是现代景观规划设计体系的某个分支方向的研究，如果打个形象的比方，现代景观规划设计体系是一个为地球开设的“医院”，那目前不同类型的院校所开设的“景观设计”专业，就是内科、外科、皮肤科、整形美容等组成的，实际在各司其职，认真履行“医生”的职责。在这里应当说没有全能的“医生”，但更需要的是“医院”的高级管理者，来协调各项工作。

再者，如对Landscape Architecture的中文解释，就有景观建筑、景园、造园、风景园林等，而持不同观点的学者则认为，对于“园林”就应界定在“传统园林”的范畴，显而易见现代景观设计人士对与园林的态度是从当今社会发展的角度看问题，传统园林在当今因大环境的改变，自身发展存在一定的局限，士大夫的闲情雅致，照般到现代人居公共环境中，自然存在许多的不和谐之处，但传统园林不止是私有空间的小桥流水，更有自然式园林的优秀范例，我国杭州的西湖就代表了园林与自然与城市的完美结合，西湖的建造史体现了人对于生存环境的治理、保护、利用的历程，西湖的规划初衷是对自然灾害的抵御和治理，这是它的实用性目的，但它同时所有具的精神含义，影响更为深远，中国式的自然山水园林充满诗情画意，体现了我国传统山水文化的精髓，并对城市的发展限定了基调。同样苏州的小桥流水人家所组成的“大园林”也是城市的排水系统，虽然它们都是农业时代的产物，但却符合现代景观设计所积极倡导的为生活而设计理念，和以生态观打造健康美丽的生存环境。这些恰恰说明我国传统园林艺术的博大精深，和所具有的丰厚的传统文化底蕴，它所折射出的古代文明思想的光辉，不但是民族的也是人类文化的宝贵遗产。创新与保守体现了我国传统文化艺术的特质，园林也不例外，所以当今的景观设计在探索发展的过程中，对于传统继承与扬弃问题必须认真面对，不可草率处理。

最后一不容忽视的问题是，近年艺术考生整体素质的下降，中学为提高升学率，考生因学习成绩不理想，艺考就成了一条捷径，为应付艺考而进行有针对性的练习，甚至只画有可能考试的物体，造成会画人物头像却不会画石膏头像，能画石膏像但不会静物写生，更有甚者只能画背下的物体或角度，写生时就不知所措了。这种起点的考生并不是个别现象，艺术特长并无多少优势可言，且文化成绩整体衡量又相对较弱，景观设计专业涉及面广内容丰富，需要较强的艺术素养和较全面的相关学科专业的知识背景，特别是要具有一定的实践经验，而不是纸上谈兵，相对于其他设计专业，景观设计是团队协作的大项目，本科生很难有全面的实践机会，这种学生专业和文化成绩都不占优的情况，直接影响景观设计学学科的建设发展，无疑是今后景观设计学学科建设过程中应认真解决的问题，国内目前以北京大学景观设计学研究院为代表，积极推动景观设计学学科的建设，并最早创办景观设计学硕士和风景园林职业硕士两个学位点，为推动学科建设做了大量工作，但从全国来看学科建设的专业人才队伍培养依然任重道远。

环境艺术设计专业的经验提示我们，新的专业的建立必须有高素质的师资队伍，成熟的学术共同体，和优秀的学术成果等等条件，正因如此才使室内设计专业顺利的完成了向环境艺术设计专业的全面转变，而不只是一个名称的改变。景观设计学学科是一跨学科的学科建设，不仅涉及对其他学科专业的整和，更是一种将相关知识系统化、制度化的过程。而现阶段与景观设计相关的学科、专业，大都围绕景观设计专业建设以及全能型人才的培养问题进行探索，说到学科建设问题时甚至有些焦虑。但忽略了当下各类型高校已在进行景观设计学学科领域的专业不同方向和层面的探索与实践，从大的发展趋势看，将现有景观专业汇集起来进行科学的整和梳理就是对现代景观规划设计体系比较完整的解读。

一种新的学科结构的诞生，必然向已有的传统学科发起挑战，建构自己的领域也是对现有传统领域的一种解构，如何将民族传统的文明成果，变为景观设计学学科建设可资借鉴的财富和发展的动力，而不是当作包袱甚至是传统的阻力。面对世界范围内的环境问题，只有东西方文明成果的相会、融合，并对原有“旧”的相关学科专业进行科学的优化，使其专业真正成为景观设计学学科的人才培养基地，才能开创适应当代的、新而中的景观设计学学科，并形成自己的专业特色。

纪事

项目 · 活动

【TASML 国际艺术家驻留计划】

2012 年 3 月 21 日，TASML 国际艺术家驻留计划启动仪式在清华大学美术学院举行。

TASML 清华大学艺术科学研究中心媒体实验室成立于 2010 年 6 月，是清华大学艺术与科学研究中心下属的专门从事媒体艺术与技术研究和创作的机构，TASML 整合清华大学不同研究机构和实验室的丰厚资源，在艺术家、设计师、以及科学家和技术工作者之间创造一个具备相互渗透、交叉学科的实验功能的孵化器。TASML 共同创办方分别为帕森斯设计学院（纽约），瑞士联邦理工大学媒体与设计实验室（洛桑）以及 V2 多变媒体中心（鹿特丹）。

TASML 国际艺术家驻留计划是 TASML 与法国对外文化教育局，歌德学院（中国）以及瑞士文化基金会合作设立的以媒体艺术与技术研究为核心的新型艺术家研究驻留项目。该计划借助清华大学的研究资源以及技术力量，以公开竞争的方式选择法国，德国及瑞士艺术家来清华大学进行驻留创作。

TASML 国际艺术家驻留计划围绕两个主题展开相应的研究课题：

1. “惊异之感”旨在揭示在当代技术条件下，人类经验范围的极大扩展，各种通常不宜觉察的感觉状态得以充分的显现。新感觉系统的启迪潜在地影响我们对自身的理解以及对于身体在媒介化空间中所拥有的新意义的认识，以期打破传统以视听为主导的感知局限。为我们去除感觉系统的等级观念，并进而为想象生物平等创造认知的可能。通过对感应技术以及穿戴技术，增强现实技术以及脑机接口技术的研究，展开对于媒介化社会形态的多种实验是该命题下的重点。

2. “悬迫之域”则将生命赖于依托的生态环境引入焦点，以艺术的启示唤起人们对环境破坏和生态失衡的关注，并以艺术家与科学家的想象力和策略，来介入环境保护和生态再造，倡导新型的公民觉悟和参与意识。

TASML 国际艺术家驻留计划还将和北京其他艺术机构合作，在驻留计划每一周期结束时，以展览和文献的形式向公众展示研究成果。在驻留期间，TASML 将安排艺术家和清华相应的科研机构接口，进行针对性的研究。

【首届中国 · 苏州文化创意设计产业交易博览会】

2012 年 4 月 28 日，由文化部文化产业司、江苏省文化厅和苏州市人民政府共同主办的首届中国 · 苏州文化创意设计产业交易博览会在苏州国际博览中心开幕。

本届创博会以“城市 · 文化 · 设计”为主题，共有来自法国、荷兰、意大利、日本等 10 多个国家和地区的 200 多家企业参展，展区面积超过 3 万平方米，全面展示了当前国内外文化创意产业的新内容、新技术、新成果。

2012 年 4 月 28 日至 30 日，首届中国苏州文化创意设计产业交易博览会上，陕西文化产业投资控股（集团）有限公司承办的“中国创意产品设计大赛”举行。本次大赛由中国西部文化产业博览会组委会、陕西中华文化促进会联合主办，以“传承文化、创新生活”为主题进行产品设计。

2012 年 4 月 28 日，首届中国 · 苏州文化创意设计产业交易博览会高峰论坛在苏州国际博览中心展开，多位国内外创意产业专家参与，为创意产业献计献策。

【第九届中国（无锡）国际工业设计博览会】

2012年5月26日，由国家知识产权局、科技部、江苏省人民政府联合主办，无锡市人民政府等承办的“第九届中国（无锡）国际工业设计博览会暨2012专利新产品博览会”，在无锡太湖国际博览中心开幕。

本届国际工业设计博览会主题为“创新改变生活，设计成就未来”，美国、英国、芬兰、澳大利亚、日本、韩国、伊朗等国17家设计机构和国内548家企业参展，总展出面积达32000平方米，分为国内外工业设计精品及家电数码类产品，交通工具产品，家居装饰、工艺美术及照明灯具产品设计展馆，江苏及无锡高新技术、专利新产品等4个主题展馆。在本届博览会上正式签约的科技项目有60项，总投资额达13.8亿元，118家无锡企业被政府正式确认设立“企业设计中心”。

本届博览会为期3天，期间举办了一系列博览会展示、科技项目签约仪式、中外工业设计学术交流、2012创新盛典暨首届中国（无锡）工业设计“太湖奖”颁奖仪式等配套活动。

【2012上海国际创意设计工作营——设计工作坊】

2012年7月1日，由复旦大学上海视觉艺术学院、上海市创意设计工作者协会以及上海顶题空间设计共同主办的“2012上海国际创意设计工作营——设计工作坊”在复旦大学上海视觉艺术学院开幕，并于2012年7月15日落下帷幕。

本届设计工作营旨在通过设计院校专业教授、企业设计师与创意设计工作营成员，共同探讨品牌设计、市场拓展最佳方案以及新设计方法的开拓与社会实践活动的探索；提供中外设计文化交流和学习的机会；为参与创意设计工作营的来自全国各地设计院校的优秀学生推荐为相关企业的设计师。创意设计工作营的主持设计师由路易教授、复旦大学上海视觉艺术学院张同教授、上海顶题空间设计总监李尚鸿领衔，针对了凡文化创意园设计（包含工业设计，文化产业平面产业规划，品牌包装设计等）；联化科技历史馆（景观设计，建筑设计，创意方案，室内设计）两个方向进行互动研讨、共同创作。

【“字体之星”基金计划】

2012年7月31日，“字体之星”基金计划启动。“字体之星”是由北京汉仪科印信息技术有限公司主办，专注于印刷字体设计的带有公益性质的基金申领活动。基金申领以竞赛方式进行，旨在推动国内字体设计行业的发展，提高国内字体设计水平。

“字体之星”基金计划对于申报的优秀作品及作者提供基金奖励。首届“字体之星”基金计划提供总额为30万元的基金奖励，单项设计奖金最高达5万元。其中，特别设计了奖励额为10万元的“新星成长”基金，对于在所有申报作品中脱颖而出的优秀中文字体设计作品，汉仪公司将与其字体设计师签约，共同完成全套字库的开发工作。

【2012大连设计节】

2012年8月2日，由北京光华设计发展基金会和大连市政府联合主办的“2012大连设计节”在世界博览广场开幕。数百位国内外设计界知名人士参加此次DDF中国设计论坛。首届中国设计业十大杰出青年、飞亚达（集团）股份有限公司设计总监、中国女航天表首席设计师孙磊做了《飞亚达“三源研发”体系介绍》的演讲；中国原创动画创始人、“喜洋洋”及“开心超人”之父黄伟明做了《从喜洋洋到开心超人》的演讲；全国三维数字化创新设计大赛组委会秘书长鲁君尚做了《3D数字化设计制造与第三次工业革命的讨论》；台湾形象策略联盟营企总监、中华美术设计协会理事长林采霖做了《文创产业的盈利模式》的演讲。

【2012 中国交互设计体验日】

2012 年 9 月 14 日，由 IxDC 主办的 2012 中国交互设计体验日在北京新世纪日航饭店开幕。本届体验日主题为“交互，让生活更美好”。

参加本届体验日大会的人数近 1200 人。参会人员分别来自北京、上海、广州、杭州、深圳、武汉等全国各地，从事行业覆盖互联网、移动互联网、工业设计、消费电子、教育、娱乐、医疗、智能家居等不同领域。

从 9 月 15 日至 16 日，来自青蛙设计、上海艺土、小米科技、思科、分众传媒、一淘网、支付宝、IDEO、百度、荷兰代尔夫特理工大学、奇虎 360、和硕设计、加意网、腾讯、淘宝、Ark Design、多玩 YY、阿里巴巴中国站、ThoughtWorks 中国、三星、网易、UC、新浪、Iconfans、通用电气医疗集团的 60 多位主讲人带来 33 场专业工作坊。9 月 15 日全天开设交互设计教育系列会议——对话与思考。

体验日活动同期举行交互科技展。本次交互科技展展出由韩国国民大学、和硕设计、中央美术学院、FEIT（韩国设计咨询公司）、加意网、网易游戏、韩国国民大学、代尔夫特理工大学、江南大学设计学院、北京工业大学带来的近 50 件作品，其中包括平面作品、视频作品以及实物作品。

【2012 杭州国际设计节】

2012 年 10 月 9 日至 15 日，2012 杭州国际设计节在杭州白马湖生态创意城国际会展中心举行。

本届设计节由中华人民共和国文化部华夏文化遗产保护中心、杭州市人民政府、意大利工业设计协会联合主办，属于中国杭州文化创意产业博览会重点项目。本次设计节得到了意大利工业设计协会、意大利时装商会、米兰理工大学、布雷拉艺术学院等设计领域机构院校的支持，还有设计类知名院校参展。三场 Workshop 研讨会突出设计节国际化与专业性的主旋律。

【广东设计创新促进产业转型升级现场会】

2012 年 10 月 25 日，广东省设计创新促进产业转型升级现场会在佛山市顺德区召开。汪洋、朱小丹等省领导出席会议并为第六届省长杯工业设计大赛专项赛及地方联赛代表授旗和广东“中国厨房”设计产业联盟授牌。

【2012 上海“设计之都”活动周】

2012 年 11 月 1 日至 7 日，上海“设计之都”活动周举行。活动周的指导单位为上海市文创办、上海市委宣传部、上海市经信委，主办单位为上海“创意城市”推进办公室，协办单位为各相关协会。活动周由上海世博发展（集团）有限公司承办。

在“设计驱动、城市转型”的大主题下，本年度的活动主题和口号是：设计点亮生活。首届“设计之都活动周”致力于让社会与设计有一次亲密接触，旨在提升“设计之都”的知晓度和影响力；同时，通过广泛的媒体宣传和公众参与，让公众发现设计、体验设计、享受设计；营造全社会重视设计、应用设计、尊重原创设计的氛围。

【第七届中国国际建筑装饰及设计艺术博览会】

2012年11月7日至9日，第七届中国国际建筑装饰及设计艺术博览会在北京农业展览馆举办。本届设博会展出面积达9000平方米，来自国内外的参展企业超过300家，百位设计师参加设博会。

本届设博会在渔阳饭店三层同期举办了中国国际设计名家对话论坛、国际设计选材高峰论坛、国际设计创新论坛暨颁奖典礼、国际设计师之夜酒会等一系列活动。“设博会”的主题为“共享、不同”，规划了第七届全球环境艺术设计创新作品联展、2012年度中国建筑装饰行业品牌装饰企业推介展、第七届设计创意展等专业展览。

在国际设计创新论坛暨颁奖典礼中，来自北京思远世纪室内设计顾问有限公司董事总设计师吴矛矛，凯里森建筑事务所副总建筑师李忠贤，OMA建筑事务所建筑师Viviano做了演讲。

本届设博会为数百名设计师及机构颁发了2011—2012年度国际环艺创新设计大赛奖2011—2012年度室内设计百强人物奖，2011—2012年度室内设计十大新锐人物奖，2011—2012年度最具创新设计人物奖，2011—2012年度国际环艺创新设计大赛（机构类）奖，2011—2012年度最具影响力设计机构奖，2011—2012年度设计师首选推荐材料品牌，2012年度中国建筑装饰协会推荐绿色节能装饰材料品牌/产品。

【第四届清华国际艺术·设计学术月——2012第二届中国工业设计北滘论坛】

2012年11月12日，在广东省经济与信息化委员会、中国工业设计协会、清华大学等部门的支持下，由清华大学美术学院、清华大学艺术与科学研究中心共同主办，广东工业设计城发展有限公司与清华大学艺术与科学研究中心设计战略与原型创新研究所承办的“第四届清华国际艺术·设计学术月——2012第二届中国工业设计北滘论坛”开幕式在广东顺德举行。

作为清华大学美术学院与顺德北滘政府战略合作框架协议的重要内容，本届清华国际学术月与北滘政府携手举办“2012第二届中国工业设计北滘论坛”，以“从中国制造走向中国设计——设计在制造业企业转型升级中的价值”为主题，通过系列活动来探索高校与产业领域以及政府实施“协同创新”的思路与模式，尝试建立设计服务模式从低端向高端的发展转型的推进模式，为中国设计产业在经济增长模式转型时期中的良性发展提供理论基础和经验借鉴。

来自国内外工业设计领域的专家学者、产业界精英、设计师以及院校师生近千人参加论坛，展开系列活动。在为期一个月的时间内，“从中国制造走向中国设计——设计在制造企业转型升级中的价值”国际专家论坛、2012中国工业设计园区基础数据统计研究报告发布会（二期）、“设计·两岸三地”主题论坛、“企业设计创新方法案例推介会”、“协同创新设计”工作坊等一系列活动举行。

本届论坛上，由清华大学柳冠中教授主持的第二期“中国工业设计园区基础数据统计研究”成果发布。在此基础上，2012年的研究不只关注园区重点数字情况，同时对园区相关形态结构也进行重点调查和分析，建立了一条更加适合中国工业设计产业结构分析的数据统计体系，完成了国内工业设计园区分析和评价领域第一份可以进行数据比较的文档。

“设计创新方法案例推介会”邀请了浙江大学工业设计研究院、深圳市嘉兰图设计有限公司、西北工大工业设计研究所、深圳超频三科技有限公司、上海工业设计协会、广东工业设计城发展有限公司、飞亚达集团、广东万家乐燃气具公司、中国工业设计协会、中国工业报社、广东工业设计培训学院、深圳市工业设计行业协会、深圳市设计联合会等专家学者、园区管理者、企业高管及设计公司高管，以其典型的设计创新理念、机制、方法、路径和实践范例为焦点，坐而论道，共同探讨工业设计发展在中国经济增长模式转型中的新模式。

协同创新工作坊的主题是“符合中国饮食方式的中国家庭厨房整合概念”。具体实施形式由来自大陆及港台的不同高校设计专业30名研究生、本科生，在5天时间内通过团队合作来完成整体系统设计概念的实施。

【清华美院环境艺术设计系建系55周年庆典活动】

2012年11月17日，清华大学美术学院环境艺术设计系建系55周年庆典在清华大学美术学院举行。

庆典同时举办题为“走向环境的设计”研讨会及展览。展览以清华大学美术学院环境艺术设计系发展为主线，从环境艺术设计教学、学术建设、社会服务、人才培养等四个方面系统梳理环境艺术设计系发展历程，并通过环境艺术设计系的发展历史折射我国环境设计的行业发展和建设成就。对中国环境艺术设计的历史、现状和未来进行梳理，为中国未来“环境设计”的发展共商对策。

【第六届广东工业设计活动周】

2012年12月6日，由广东省政府统一部署，省经济和信息化委员会主办的第六届广东工业设计活动周在广州拉开帷幕。工业和信息化部、中国工业设计协会、省直有关部门、各地市相关行业组织、园区、企业、专业设计机构以及院校代表近500人参加了开幕式。

本届活动周以“新设计、新广货、新生活”为主题，主要展示近两年来广东工业设计的新成果、“省长杯”工业设计大赛和“省长杯”优良工业设计奖的获奖精品，以及国内外顶尖设计作品等。展会面积超过1万平方米。活动周还增设了设计体验与互动，让观众在观展过程中既能体验优秀设计为生活带来的便利与舒适，也能亲身体验设计的创作过程和设计对生活的改变。

【首届深圳国际时尚设计节】

2012年12月8日，首届深圳国际时尚设计节在深圳拉开帷幕，本届深圳国际时尚设计节是今年第八届“创意十二月”系列活动的重点活动。

本次设计节的年度主题为“时尚珠宝设计”，内容包括开幕典礼、国际大师展、中国设计师展、时尚×艺术跨界展、高峰论坛、大师对话、闭幕派对等环节。不同文化背景、不同时尚领域的艺术家和设计师在这里实现时尚、设计与艺术跨界的展出。意大利珠宝设计大师 Fabio Salini、珠宝设计师 Dannis Chan 的等国际知名设计师加盟国际大师展示。活动邀请了国际空间设计师陈俊豪担任艺术总顾问。

深圳国际时尚设计节通过整合国际顶级时尚设计资源，搭建国际交流平台，来发掘中国优秀设计力量，支持原创精神。同时，为中国创意及时尚设计师开辟世界舞台、国际交流渠道、创建传播平台，提高中国设计师的国际认知度和美誉度。

【第六届中国（深圳）国际工业设计周】

2012年12月17日，由中国工业设计协会特别支持，深圳市文体旅游局、南山区人民政府、深圳市“设计之都”推广办公室主办，南山区人民政府文化产业发展办公室、深圳市设计联合会中国义乌工业设计中心承办的第六届中国（深圳）国际工业设计周在深圳设计产业园开幕。

“国际工业设计周”是深圳市“创意十二月”系列活动之一。本届工业设计周以“设计·未来”为主题，展示包括国内最前沿的概念化产品设计和与生活息息相关的产品设计，以及深圳工业设计近二十几年的设计成果。和开幕式同期举行的还有“国际工业设计展望对话”、“创意小天才体验营”、“设计人才交流会”、“深圳市优秀企业设计成果作品展”、“第六届省长杯家电与视听优秀作品展”、“知识产权宣传展”以及“未来‘设计师’创意展”等活动。

【第五届中国美术学院平面艺术节】

2012年12月25日，第五届中国美术学院平面艺术节在中国美术学院南山美术馆开幕，这次平面艺术节包括了2012第十三届白金创意全国大学生平面设计大赛颁奖典礼及作品展、网易轻博客LOFTER作品展、ADI藏品展一系列的平面设计展览及交流活动。本届大赛共收到包括来自中国大陆、香港、澳门、台湾和海外的众多设计院校的作品3657件/套。入围奖及以上的作品565件/系列。

开展当晚在象山校区举行了第十三届白金创意大赛颁奖典礼。现场揭晓并颁发了本届大赛八大类别共计30件等级奖，7件评审奖，7件特别评审奖，3件ADI新星奖，网易LOFTER青年创作奖1件、网易LOFTER人气创作奖34件、25件最佳组织院校奖、35件优秀指导老师奖以及1件白金创意大奖。并由中国美术学院领导以及兄弟院校嘉宾为获奖者颁发获奖证书。

展览

【十年·有声——中央美术学院与国际当代首饰艺术展】

2012年1月9日至12月9日，由中央美术学院、菜百首饰主办，中央美术学院设计学院、中央美术学院美术馆承办的“十年·有声——中央美术学院与国际当代首饰艺术展”在中央美术学院美术馆举行。十年·有声展览包括中央美院设计学院首饰教学成果展和国际首饰艺术作品展两个部分。其中，教学成果展展示了中央美术学院设计学院首饰艺术设计专业十年来优秀毕业生作品，优秀课程介绍，教学课程设置特色介绍等，由实物与文献资料相结合的方式呈现。参展者为中央美术学院设计学院首饰艺术设计专业历年本科生、研究生、留学生、访问学者中遴选出的近四十位活跃在国内外的优秀青年首饰艺术家及设计师。当代国际首饰艺术展邀请24位国际著名首饰艺术家参展，他们来自德国、法国、荷兰、英国、瑞士、丹麦、意大利、西班牙、奥地利、美国、澳大利亚、加拿大、日本、以色列等。展览旨在总结教学创作成果的同时，借此机会系统地将欧美当代首饰艺术及设计介绍给国人。

展览期间还举办了以“当代首饰艺术与教育”为主题的学术研讨会、专题首饰讲座，展开高端学术对话与交流。研讨会邀请了中外著名首饰设计师、传统艺术大师、资深文化学者、教育家、藏家及批评家与会，共同研讨首饰艺术设计及首饰教育的未来。与此同时，《十年·有声——当代首饰艺术展画册》与《当代首饰艺术与教育研讨会论文集》也于展览同期推出。相关学术活动由中央美术学院教授、设计学院首饰艺术设计专业负责人滕菲主持。

【设计的设计　原研哉中国展】

2012年3月10日至4月10日，“设计的设计　原研哉中国展”在上海市证大当代艺术空间展出。展览主办方为喜玛拉雅美术馆。本次展览的组织者为南宫忆，艺术总监为原研哉，策展人为朱锷。

【2012深圳国际家具展】

2012年3月19日至22日，深圳国际家具展在深圳会展中心启幕。主办方为深圳市家具行业协会、深圳市德赛展览有限公司。第27届深圳国际家具展以“关于未来生活方式的设计”为主题，组织了品牌家具展、设计巨蛋、家具网络销售模式体验馆三大展区。深圳国际家具展以创新设计为导向，展览面积约160000平方米。

【“坐下来”　中国当代坐具设计展亮相米兰设计周】

2012年4月17日至22日，“坐下来”中国当代坐具设计展在米兰托尔托纳地区的安萨尔多中心举办。本次展览由中国设计师朱小杰担当策展人，邀请中国顶尖设计师和优秀作品参展，致力通过椅子及其他坐具的设计、制作现状来反映中国当下日常生活的状况及对生活的思考。“坐下来”中国当代坐具设计展试图在当代中国社会情绪中梳理创新与传承、科技与技艺的关系。

【清华大学美术学院2012届本科毕业生作品展】

2012年6月13日至23日，清华大学美术学院2012届本科毕业生作品展开幕式于清华大学美术学院美术馆、A区多功能厅举行。本场展出的主要是染服、陶瓷、视传、环艺、工业、信息6个系181名同学（含留学生20名）的毕业设计作品，同时展出的还有艺术设计（数字娱乐设计方向）第二学位的12位同学的设计作品。

一年一度的本科毕业展不仅是学生四年学习成果的展示，也是清华大学美术学院人才培养质量和水平的展现，更是对近年来学院本科教学水平的一次集中检验。在本次毕业展上，很多作品体现出了清华大学美术学院学生对社会的关注和思考以及人文关怀的精神。

【无量心界——书籍设计家吾要作品展】

2012年7月9日至7月28日，由中国出版协会装帧艺术工作委员会、雅昌企业（集团）有限公司共同主办的“无量心界——书籍设计家吾要作品展”在北京雅昌艺术馆展出。展览展出书籍设计家吾要近年来部分书籍设计和绘画作品，以及藏书票等。

【2012 “新意大利设计2.0” 展览】

2012年7月16日，由北京市科学技术委员会主办，北京工业设计促进中心承办的“新意大利设计2.0”展览在北京“设计之都”大厦开幕。这是北京成为联合国教科文组织“设计之都”之后的第一场国际设计展览，也是“中国设计交易市场”开业前的预热活动。来自中、意双方三百余位科技界、设计界、媒体界、设计院校的代表和学生参加了当天的活动。

“新意大利设计2.0”展览，由设计师AndreaBranzi策展，被选送到京的参展作品由策展人及米兰三年展博物馆馆长Silvana Annicchiarico遴选。此次展览汇集了100位意大利设计师的300件作品，其中既有知名品牌的畅销产品，也有设计新人的样本模型。展品包括产品设计、平面设计、珠宝首饰设计、设计研究、美食设计和室内设计等当代设计的各个门类。

【第十届国际环境设计展】

2012年7月20日，第十届国际环境设计展在天津泰达图书馆开幕，活动由韩国环境文化联合主办，天津泰达图书馆档案馆协办，天津智道云创文化传播有限公司承办。展览共展出来自韩国、中国、日本、美国的设计师以“环保”为主题创作的海报及摄影作品150余件。

第十届国际环境设计展的参展设计师和艺术家，从身边的生活出发，对环保主题进行创意性表达，以多元化的文化视角阐释了人类与自然之间平等相处、和谐共生的关系。展出作品以海报及摄影为主，体现了同一主题下不同艺术样式的跨界融合。

【英国D&AD设计及广告大奖2012获奖作品展】

2012年9月4日至24日，英国D&AD设计及广告大奖2012获奖作品展在中国香港举行。D&AD为英国教育慈善机构。本次展览展出约百件由学生组别及专业人士组别组成的杰出作品，及D&AD颁发的铅笔奖作品。

【“BRAVOS” 西班牙先锋设计展】

2012 年 9 月 10 日至 10 月 10 日，“BRAVOS” 西班牙先锋设计展在清华大学美术学院美术馆举行。开幕式由清华大学美术学院白明主持，清华大学美术学院教授鲁晓波、苏丹，西班牙大使馆负责人出席了开幕式。

在 21 世纪占据引领地位的新西班牙设计有许多鲜明的特征，参与此次展览的 21 名设计师，每个作者都有自己的风格。新一代设计师的主要特征之一是他们对环境问题的敏感度，他们倾向于生态设计而不是表现知识分子的高姿态，和表现敌意情绪。他们这一代出生在绿色文化中，许多人都从循环利用起步进行工作，利用旧的家具或垃圾，并赋予其新的生命。

【微时代——全球字体设计展】

2012 年 9 月 13 日，“微时代——全球字体设计展” 在首都师范大学美术学院美术馆开幕。本次展览共收到国内外作品 600 余件，展出 146 件，许多为国内外新锐设计师的代表作。设计作品内容丰富，具有国际视野和地域文化特征，在表现上借助新媒介营造出强烈的视觉感受。

“微时代——全球字体设计展” 是经国际平面设计协会联合会（ICOGRADA）许可的专业活动。由北京国际设计周和首都师范大学联合主办，首都师范大学视觉设计与教育研究所承办。

【2012 创意中国城市巡展】

2012 年 9 月 22 日，2012 创意中国城市巡展在浙江宁波开幕，巡展时间为 9 月 22 日至 24 日。

CCII 国际设计中心执行主席任宝华、设计总监郑跃鲤、巡展代表许静书一行三人，应邀于宁波国际会展中心 CCII 展区举办了创意中国解读当代主题讲座。

CCII 国际设计中心主办的创意中国城市巡展暨创意中国解读当代系列活动，自 1999 年于北京清华大学启动后，长期倡导“从中国制造到中国创造” 这一理念与主张，探索实践从“中国创意到创意中国” 可行性发展道路。期间，CCII 得到全国百余座创意城市及大学和园区及其创意企业的支持与合作。

展览主要内容是，纽约 ADC88/89 作品、Young Guns8、国际商标标志双年奖部分获奖作品、CCII 教学成果及馆藏作品、为生命而设计等（平面、视觉、空间、影像、书籍）等主要作品。

【2012 国际高校毕业设计作品展】

2012 年 9 月 27 日至 10 月 2 日，“2012 国际高校毕业设计作品展” 在中国教育电视台高校创意总部基地开幕。

本届作品展是由中国教育电视台高校创意总部主办，2012 北京国际设计周组委会支持的大学生创意年度活动。“2012 国际高校毕业设计作品展” 共收集了来自国内外 150 多所高校的学生创意作品 3000 余件。共有十三大门类、300 多件作品参加本次的展览活动。毕业展系列活动同时围绕“演播室里的展览” 的核心概念展开，分别有“头脑风暴演播室”、“艺术展映演播室”、“创意秀场”、“创意免‘睡’店” 等展览区域。

【书籍之美——阅读感受设计展览】

2012 年 10 月 20 日，东莞图书馆举办“书籍之美 2012”年度阅读系列活动，展出“2012 年度德国最美的书”以及当代德国儿童图书和“世界最美的书”中国获奖设计师们的作品 200 余件。此外，还有来自中国书籍设计师们的对谈和来自德国插画师的专题讲座与工作坊体验活动。

展览分为三个主题，一是 2012 年度德国最美的书。本次展出 25 种最新出炉的 2012 年度德国最美的书，是从 889 本获得推荐的作品中挑选出来，获奖的作品不能是少量印刷的图书，而是必须在书店里销售。二是绝对中国制造的“世界最美的书”，邀请所有获得过“世界最美的书”称号的中国设计师们带来他们的设计作品，包括历年获得“世界最美的书”奖项的作品以及最新、最具代表性的作品。展览中既有充满中国典籍神韵的《梅兰芳（藏）戏曲史料图画集》，也有毫无修饰以创造性语言取胜的《土地》；既有呈现出中国书籍“新学院派”设计理念的《曹雪芹风筝艺术》，也有集文字语言、图像语言、纸张语言、工艺语言于一身的《After——之后》；除此以外还有 2012 年获得“世界最美的书”荣誉奖的《剪纸的故事》、《文爱艺诗集 2011》等。三是当代德国儿童图书，并大多配以中、英译本。书中配合内容而创作的插画既有国际知名大师的作品，亦有画坛新秀的作品，展示了各种可能的绘画效果和技巧，反映了德国插画绘本的最新趋势。

【2012 揭阳·深圳工业设计展】

2012 年 10 月 26 日，由揭阳市人民政府主办，广东省经济和信息化委员会支持，广东省工业设计协会、深圳市工业设计行业协会、揭阳高新技术产业开发区管理委员会、揭阳市经济和信息化局联合承办的“2012 揭阳·深圳工业设计展”在揭阳市开幕。来自深圳的麦锡、嘉兰图、熙龙玩具、源创尚品、洛可可、融一、心雷、上善等 16 家设计机构；海兴控股、吉荣空调、天籁电声、巨轮模具、中宝公等近百家广东省传统工业企业，共计约 600 人齐聚揭阳楼。

【“创意生态 +”展览】

2012 年 11 月 2 日至 2013 年 1 月 2 日，由香港设计中心主办的“创意生态 +”展览在香港文化博物馆举办。展览解构香港自 60 年代起的创意生态发展，呈现创意基础的建立、一代设计宗师及年青设计才俊的成长和发展。

“创意生态 +”展览是与康乐及文化事务署香港文化博物馆的合作伙伴计划及“2012 香港设计年”重点节目之一。期间举办了公众论坛及导赏团，希望透过展览丰富公众对香港设计的认识；让参观人士全面掌握香港以及亚洲区内设计的发展脉络；了解设计在经济、文化、社会发展中扮演的角色，及其对区内的影响，以至如何提升商业价值，改善市民生活。

作为香港设计中心成立十周年特别呈献之活动，“创意生态 +”由来自设计及文化界的刘小康、罗启妍、荣念曾及周婉美担任联合策展人。展览分为四大范畴，包括“香港设计推进的历史”、“亚洲创意城市”、“设计、品牌、商业与社会”及“创意新一代”。

“香港设计推进的历史”按时序展现具代表性或标志性的设计元素，展示香港创意生态及设计文化自 20 世纪 60 年代起，如何随着香港经济社会演变，说明香港不同年代设计业发展的重大历程。“亚洲城市”透过比较邻近 12 个亚洲城市，探讨内外力量如何推动或影响本地创意设计产业的发展；“设计、品牌、商业与社会”承接及加强 2010 年上海世博会香港官方活动《香港：创意生态——商机、生活、创意》的精神，展示香港设计的条件、环境与成果；“创意新一代”则介绍多位香港年青设计师，为香港设计业寻找新出路。

【2012 大声展】

2012 年 11 月 4 日至 20 日，由现代传播集团旗下《新视线》杂志主办的 2012 大声展在北京三里屯开幕。主策展人为现代传播集团旗下《新视线》创意总监、主编彭杨军。本届大声展战略合作伙伴为联合国开发计划署。

2012 大声展将由多个主题展览单元组成，全球范围内逾 100 位的项目或设计师、艺术家个人参展，由邱黯雄、刘治治、崔健、臧峰、BTR、Santiago Stelly、埃瑞克·卡瑟斯等国际知名艺术家、设计师担任单元策展人。单元共分：艺术、设计、音乐、时装、建筑、城市规划、影像、摄影等。

2012 大声展围绕“未来”展开讨论与展望。“未来”这个主题既是对人文关怀的回归，又是对未来设计的展望。从展场空间设计到穿梭在三里屯街区的“移动的房屋”作品，到各单元参展作品对未来形态的猜想和思考，无一不强调和凸显大众在设计中所扮演的角色，以及设计为大众的方向。

【第五届 “100% 设计” 上海展暨国际家居装饰艺术展】

2012 年 11 月 8 日到 10 日，第五届“100% 设计”上海展暨国际家居装饰艺术展在上海开幕。“100% 设计”上海展展示由设计评委会精选出的当代室内设计领先品牌。展会展示一系列原创的家具，灯饰，厨卫设备及地面和墙面装饰。旨在创造一个激发灵感的观展氛围，展示设计的创新和最新理念。

作为国内当代设计创意及室内家居装饰用品的展示平台，“100% 设计”上海展暨国际家居装饰艺术展（IHDD）于今年 11 月随励展博览集团的年度系列展会一起开幕。“100% 设计”上海展暨国际家居装饰艺术展（IHDD）有来自 20 个国家的 180 个品牌前来参展。

会展上展出的每一件原创作品都经过一个由九位成员组成的设计顾问组的严格筛选，评审委员会的成员由国际室内设计以及室内装饰行业的主要专家组成，成员的挑选根据他们在该行业的声誉、技能和专业知识进行。今年的评审委员会成员包括：“100% 设计”上海展创意总监 Michael Young、Kokaistudios 创建人及设计总监 Filippo Gabbiani、Gensler（上海）室内设计工作室总监 Tim Etherington、韩国工艺设计基金会主席兼 Kaywon 艺术设计学院展示设计系教授 Jeong Sim Choi、《家居廊》编辑总监颜宓、《Surface 中文版》执行出版人兼《艺术与设计》编委胡小惟、如恩设计研究室创始合伙人郭锡恩、如恩设计研究室创始合伙人胡如珊、多领域艺术家和建筑师米丘。

【德国现代设计百年展览】

2012 年 12 月 6 日至 2013 年 3 月 4 日，由香港知专设计学院主办的“德国现代设计百年展”在中国香港知专设计学院及香港专业教育学院 HKDI Gallery 举办。

德国现代设计百年展览展出逾 100 件自 20 世纪到 21 世纪初的德国设计，作品横跨古典和当代，探讨德国设计的演变和进化历程。本次展览是香港知专设计学院与德国慕尼黑国际设计博物馆及埃森红点设计博物馆合作，以两馆丰富的收藏为依托，从历史、文化及美学等多角度欣赏德国现代设计的历史。

【镜像·韩家英设计展】

2012 年 12 月 8 日，“镜像·韩家英设计展”在深圳华·美术馆开幕。深圳华·美术馆举办开馆以来的首次中国设计师个展——“镜像·韩家英设计展”，通过研究韩家英这位透过深圳这个东西方文化的交汇点，尝试探索中国平面设计的独有语境的践行者代表之一，向伴随改革开放的历史开创和投身设计实践的设计师群体致意。

此次展览是韩家英的首次个展，向观众集中展示韩家英1992—2012年这20年间的众多经典设计作品，包括屡获殊荣的《天涯》系列海报、《人以食为天》海报、《妙法自然》海报、《字象乾坤》海报、《怡宝》品牌形象塑造、深圳图书馆LOGO等，类别涉及海报设计、书籍设计、VI导视设计、品牌形象塑造、装置艺术等多个门类的创意表现。除此之外，还展出近年来韩家英在电影、文学、艺术、时尚等跨领域的新作品。展览通过展示韩家英20多年的设计作品，以个案研究的方式呈现中国平面设计师个体的设计历程，以“镜”呈“像”，折射出中国改革开放后近三十年的平面设计发展轨迹。

“镜像·韩家英设计展”由展览、学术论坛、讲座、创意坊共同组成。其中华·美术馆系列论坛“D-Talk第四回”结合本次展览，于2012年12月8日开幕当日在华·艺术沙龙召开，邀请了平面设计师、艺术家、学者共同参与，与观众进行探讨和互动。同时，展览结合韩家英作为设计教育者的身份，在香港理工大学和广州美术学院举办讲座《设计隐藏的本质——韩家英20年设计实践与文化探寻》。此外华·美术馆还于12月15日组织举办创意坊专场活动。

评奖

【中国工业设计发展十年优秀论文评选】

2012 年 3 月 10 日至 11 日，在中国工业设计协会指导下，由《设计》杂志社和中国工业设计协会专家工作委员会共同主办的“中国工业设计发展十年优秀学术论文评选”的终评结束。

经过 13 名终评评审联合审议研讨，共同评选出金奖论文 8 篇、银奖论文 17 篇、铜奖论文 29 篇，其中《设计是人类的未来不被毁灭的“第三种智慧”》、《返回居住的起点看农民住宅的标准》两篇文章被中国工业设计协会朱焘会长评为会长奖。此外，积极组织并参与此次论文评选活动的清华大学、武汉理工大学、青岛工业设计协会、中国美术学院、南京艺术学院工业设计学院、南京理工大学荣获优秀学术活动组织奖。

本次活动的评选委员会集结了蔡军、程建新、范圣玺、何人可、何晓佑、兰翠芹、李亚军、刘宁、柳冠中、鲁晓波、陆长德、马春东、汤重熹、童慧明、许平、杨向东、叶振华、张福昌、赵阳、郑建启等 20 位中国工业设计行业的专家学者，由《设计》杂志总编柳冠中教授出任评委会主席。

【CDA 中国设计奖】

2012 年 4 月 19 日，广州国际设计周携手《缤纷 SPACE》杂志社和意大利设计师协会在意大利米兰设计周创意分会场展区举行了意中设计师交流酒会。交流现场，广州国际设计周执行总监张宏毅宣布 CDA2012 中国设计奖正式启动，由此拉开了 CDA2012 中国设计奖欧洲启动的第一幕。

广州国际设计周是获得国际三大设计组织 ICSID、IFI、ICOGRADA 认证、全球同步推广的年度设计商务活动。CDA 中国设计奖，主张具有“中国 DNA”的优秀设计。它要求设计师和设计机构能从研发过程以及产品自身描述对中国设计的理解和定位，其参赛作品必须是融入中国文化或设计者能通过产品阐述中国文化对其设计意义的设计作品。

【Hiiibrand Awards 2011 国际品牌标志设计大赛】

“Hiiibrand Awards 2011”国际品牌标志设计大赛分为专业组和学生组两个级别。每个级别分别有品牌、标志和包装三个类别。截至 2011 年 12 月 31 日本届大赛共收到来自 40 多个国家和地区的有效参赛品 1103 件。经过 4 个多月的评审，于 2012 年 4 月最终评选出全场大奖、评审奖、金奖、银奖、铜奖、优异奖及入围作品共计 238 件，其中专业组 159 件，学生组 79 件。所有获奖及入围作品将刊载在《Hiiibrand Awards 2011 获奖作品集》iPad 出版物中，专业组优异奖和学生组铜奖以上获奖作品将刊载在《新平面》第 30 期。

【全国大学生海洋文化创意设计大赛】

2012 年 6 月 16 日，全国大学生海洋文化创意设计大赛作品评审会在中国海洋大学举行，来自清华大学、中国海洋大学、鲁迅美术学院、山东工艺美学学院、北京工业大学等多所高校的 17 位评审专家到会，大赛组委会主任、中国海洋大学副校长李巍然出席会议并致辞。

本次大赛共收到作品2300件，全国参赛高校达122所。作品类别涵盖平面、造型、包装、景观、视频、动画、策划案。

大赛组委会邀请国内相关专家对参赛作品进行评审，共评选出获奖作品340件，其中金奖13件；银奖30件；铜奖44件；优秀奖253件，优秀组织单位35个，优秀指导教师32个。获奖名单如下：

金奖名单

序号	作品名称	作品类别	作者姓名	学校	指导老师
1	饮食屠杀	平面设计	张燕楠	首都师范大学	李中扬
2	海南石梅湾景观设计	景观规划	李斯鸿　崔丽淼 王雪瑜	北京工业大学	杨晓娟
3	餐桌上的思考	平面设计	吴 蕊	燕山大学	秦崇伟
4	鱿鱼丝	包装设计	尚 彬	鲁迅美术学院	高驰　刘哲
5	水环境	平面设计	金军华　李芳炎	江西服装学院	
6	海洋探险系列	平面设计	崔振峰	青岛科技大学	辛敬林
7	海洋主题月历－海底世界	平面设计	王雪	青岛大学	王瑞荣　岳小泉
8	糕饼模具包装设计	产品造型	程 双	山东工艺美术学院	张培源　张瑞
9	捕鱼年表	平面设计	李娜	中国海洋大学	吴春晖
10	OCEAN	平面设计	王小峰　金乐 王鹏宇	中国海洋大学	吴春晖
11	演 变	平面设计	张芮　王程香 尚龙	山东工艺美术学院	张培源
12	让我们与大海一起奏乐	平面设计	龚 礼	四川音乐学院 成都美术学院	周靖明
13	水母环保节能台灯	产品造型	陈闽亮	四川大学锦江学院	游娅娜

优秀组织奖：首都师范大学、天津美术学院、燕山大学、太原工业学院、鲁迅美术学院、大连海洋大学、东北农业大学、哈尔滨师范大学、哈尔滨理工大学、哈尔滨商业大学、齐齐哈尔大学、上海海洋大学、上海市第二工业大学、上海行健职业学院、南京林业大学、江苏技术师范学院、淮海工学院、南京晓庄学院、集美大学、山东工艺美术学院、山东大学、中国海洋大学、青岛大学、青岛科技大学、青岛理工大学、聊城大学、临沂大学传媒学院、湖北美术学院、中国地质大学、武昌工学院、四川大学、四川音乐学院成都美术学院、深圳大学、广东海洋大学、韩山师范学院。

【2012红点传达设计大奖】

2012年6月28日，2012红点传达设计大奖揭晓，15名国际评委挑选出574名获奖者。

红点传达设计大奖（red dot award：communication design 2012）于2012年3月25日开始征集作品，评委从21个参赛组别挑选出了赢得国际红点设计品质标签的设计师。15名专业国际评委照惯例在德国埃森当场评估，测试和评定了每来自43个国家的6823份作品。评审注重识别价值与社会关联，讯息有效度和界面与美感的评估标准。

2012年，参与比赛的新人包括来自意大利设计新闻平台Design42day的董事Riccardo Capuzzo，来自葡萄牙在Coimbra University任教，R2设计室的董事Lizá Defossez Ramalho，以及Dragon Rouge执行董事Malgosia Pawlik－Leniarska。首次参与比赛评审的新评委各以他们的专业知识丰富了评审过程，并与其他的资深评委们评估了参赛的设计作品。

【第二届 “正泰电工杯” 国际创新设计大赛】

2012 年 9 月 11 日，由正泰电工、南京理工大学设计艺术与传媒学院主办，正泰南京工业设计研究中心承办的第二届“正泰电工杯”国际创新设计大赛颁奖典礼举办，来自全国各高等院校教授、各行业协会专家学者、正泰集团和正泰电工领导、大赛获奖人员及媒体记者共 200 余人出席了颁奖典礼。

大赛共评出金、银、铜、优秀、入围及最佳组织等共 41 个奖项，其中青岛理工大学张亚先的 Solar LED 作品获得金奖，南京艺术学院周鼎的 Mr. Smart 聪明插座作品、山东工艺美术学院姜志龙的兼容作品获得银奖。

本届创新设计大赛遵循“智慧、诗意、快乐”的理念，首先是让电工产品更“智慧”。传统的电工产品多以简单、快捷的方式满足电力控制与传输的需要，与人的交互过程缺少情感交流。当下面对更为复杂和智能化的家居环境，电工产品也应更具智慧性，使人的操控过程更舒畅，触感更温馨，乃至从中可以体验产品的“呼吸”。其次是让电工产品更“诗意”。传统电工产品造型、材料、色彩和工艺等无不着力显现工业化的特征，甚至显出人工制品的廉价、简陋，缺少人性的关爱和艺术美感。如何将自然融入到我们的生活，使人类“诗意的栖居”也是电工产品的关注点之一。再次是让电工产品更“快乐”。我们周围充满了千篇一律和固定样式的电工产品，人类在享受产品功能满足的同时还需要精神上的愉悦，快乐的、幽默的设计能够拉近产品和人的距离。

大赛从 3 月 20 日开始征集作品，6 月 10 进行了初评。大赛共收到参赛作品 5900 多幅，作品内容涵盖创意开关、插排、LED 手电筒等应急照明设备、智能家居等类别。其中国外的有日本千叶大学、意大利米兰理工大学、荷兰代尔夫特理工大学等高校学生参赛，国内的有南京理工大学、南京大学、武汉理工大学等数十所高校参加角逐。

【2012ASLA 荣誉奖】

2012 年 9 月 28 到 10 月 1 日（美国时间），2012ASLA 学生奖颁奖典礼于在美国亚利桑那州的凤凰城举行，由清华大学美术学院环境艺术设计系博士研究生、北京服装学院环境艺术设计系讲师董治年带领的北京服装学院环境艺术设计系王宏侠、王一鼎、樊昌林、周超所组成的 CHAOS Design Research Studio 设计研究实验室设计的《地景中的庇护空气蛹》获得住区设计类 Residential Design 荣誉奖。

【首届中国传媒设计大奖金美奖】

2012 年 10 月 20 日，由中国艺术研究院中国设计艺术院等单位主办、中国美编之家网承办的首届中国传媒设计大奖金美奖（CMD）颁奖典礼在昆明举行。山东工艺美术学院青年教师惠岩获首届中国传媒设计大奖金美奖（CMD）最佳书刊设计师大奖。

此届金美奖（CMD）170 余件获奖作品充分展示了中国媒体的设计风采，同时反映了我国传媒事业发展的业态趋势。中国传媒大奖由中国设计艺术院院长潘鲁生、暨南大学新闻与传播学院院长范以锦、清华大学美术学院教授吕敬人、山东工艺美术学院副教授顾群业等 12 位相关领域专家严格按照评选办法规定的程序，在来自全国各地报刊社和出版社送交的近 3000 件作品中分别评选出各传媒设计大类金、银、铜奖 23 个奖项 170 余件获奖作品。《南方都市报》、香港《星岛日报》、中国文联出版社等新闻出版单位获得金奖。

【2012 英国 Andrew Martin 国际室内设计奖】

2012 年 11 月 16 日，由深圳镎铁传播策划并承办的“设计的新创造”——2012 Andrew Martin 国际室内设计大奖在上海落幕。Andrew Martin2012 年入围奖、Andrew Martin 2012 年设计慧眼奖、Andrew Martin2012 年度设计大奖等在内的 10 余个奖项最终揭晓。

颁奖典礼上，壹正企划创始人兼设计总监罗灵杰、龙慧祺获年度大奖，成为 Andrew Martin 国际室内设计大奖开创 16 年来首位华人获奖者，并与施旭东、矩阵纵横设计机构、冯羽、郦波、唐忠汉、集美组设计机构、凌子达、梁志天、郑仕樑、张清平、洪约瑟、Thomas Dariel、TF Designs Global、邓子豪和叶绍雄均等两岸三地的设计师一同入选 2012 Andrew Martin 国际室内设计年鉴。为体现 Andrew Martin 室内设计奖的社会价值，本届颁奖典礼还特设慧眼奖，即表彰入选 2012 Andrew Martin 国际室内设计年鉴作品的业主方，希望通过该奖项让更多的业主用其智慧之目给予设计师们以支持。

活动当天，组委会还设立了“设计的新创造”大中华区杰出设计师主题论坛，旨在以全新的视角探讨、发现设计者在设计思维创作过程中，改变和构建关乎生活、影响生活的独特方式。

【2012 年度 “中国最美的书”】

2012 年 11 月 19 日，2012 年度“中国最美的书”在上海图书馆揭晓，20 种图书荣获本年度“中国最美的书”称号。

经过三轮无记名投票，《一个一个人》、《法国现代诗抄》、《荒漠生物土壤结皮生态与水文学研究》等 20 种图书最终脱颖而出，内容涵盖文学、艺术、科技、教育、历史、生活、儿童等方面。评委们认为，“中国最美的书”的评审标准重要依据包括：书籍装帧的整体性，书籍内容与形式的完美结合，书籍设计对于书籍本身功能的提升，设计风格与适宜手感的和谐统一，以及作为设计重要元素的技术手段的运用等等。图书设计师朱赢椿、陆智昌、刘晓翔都各有两部作品荣获本年度“中国最美的书”称号。

本届评委会主任由上海市新闻出版局局长方世忠担任，并特邀六位海内外资深设计家担任评委。根据评委轮换机制，来自德国的乌塔·史耐德女士、韩国的郑丙圭先生、中国台湾的王行恭先生、中国香港的韩秉华先生及北京的吕敬人先生和上海的袁银昌先生，组成了本年度的评委会。

“中国最美的书”获奖名单

1. 《穿墙术》浙江少年儿童出版社
2. 《吃在扬州》江苏科学技术出版社
3. 《法国现代诗抄》重庆大学出版社
4. 《顾城诗选》北京十月文艺出版社
5. 《十二美人》紫禁城出版社
6. 《荒漠生物土壤结皮生态与水文学研究》高等教育出版社
7. 《离骚》浙江古籍出版社
8. 《留园印记》江苏教育出版社
9. 《墓畔挽歌》安徽人民出版社
10. 《毛泽东同志〈在延安文艺座谈会上的讲话〉百位文学艺术家手抄珍藏纪念册》作家出版社
11. 《台北道地地道北京》文化艺术出版社
12. 《书与法》湖南美术出版社
13. 《蜗牛慢吞吞》广西师范大学出版社
14. 《象罔衣》山东美术出版社
15. 《一个一个人》湖南文艺出版社

16.《坐观》（上中下）中国建筑工业出版社
17.《杂花生树》河南文艺出版社
18.《“凿枘工巧”中国古卧具》文物出版社
19.《政协风格》江苏人民出版社
20.《组织学图谱》高等教育出版社

上海市新闻出版局于2003年开始每年举办“中国最美的书”评选。自2004年以来，先后有八批188种“中国最美的书”亮相德国莱比锡，其中11种图书荣获了“世界最美的书”称号。

【2012年度Idea－Tops国际空间设计大奖——艾特奖获奖名单】

2012年12月16日，2012年度Idea－Tops国际空间设计大奖——艾特奖颁奖典礼在深圳国际会展中心举行。来自美国、日本、荷兰、西班牙、新加坡及中国深圳、北京、上海、台湾等地的设计师和设计机构分获13个专业类别的艾特大奖。

本届艾特奖年度典礼由深圳市“设计之都”推广办公室、深圳市文体旅游局、福田区人民政府、清华大学美术学院、中央美术学院、天津美术学院与中华室内设计网联合主办，香港室内设计师协会、澳门设计师协会、台湾室内设计协会以及中国大陆30家多省市设计协会担任协办单位。

国际评审包括：Gensler设计总监Graeme Scannell、荷兰设计师Mark Hemel，BBG－BBGM建筑与室内设计公司董事Robert J. Gdowski，Woods bagot（伍兹贝格）全球总监Rodger Dalling等国际设计师，与中国清华大学美术学院博士生导师郑曙旸教授。

最佳商业空间设计奖：
得奖者：Dear Design（西班牙）
获奖作品：Custo Barcelona Flagship Store
最佳文化空间设计奖：
得奖者：Hagy Belzberg（美国）
获奖作品：Los Angeles Museum of the Holocaust（LAMotH）
最佳办公空间设计奖：
得奖者：i29 interior architects（荷兰）
获奖作品：Office 04
最佳别墅豪宅设计奖：
得奖者：APOLLO Architects & Associates（日本）
获奖作品：SBD25 Residential
最佳陈设艺术设计奖：
得奖者：葛亚曦（中国·深圳）
获奖作品：北京绿城御园
最佳展示空间设计奖：
得奖者：Ministry of Design（MOD）（新加坡）
获奖作品：VANKE TRIPLE V GALLERY
最佳娱乐空间设计奖：
得奖者：徐旭俊（中国·上海）
获奖作品：我们的—108沙龙
最佳公寓设计奖：
得奖者：伊太空间设计事务所（中国·台湾）

获奖作品：淡水时尚潮流休闲住宅设计

最佳光环境艺术设计奖：

得奖者：Bluarch（美国）

获奖作品：Cienna Ultralounge

最佳餐饮空间设计奖：

得奖者：深圳市斯考利王装饰设计有限公司（中国·深圳）

获奖作品：龙源湖国际广场茶馆

最佳样板房设计奖：

得奖者：阿栗、梁浩、王博瑜（中国·北京）

获奖作品：燕西台36号

最佳会所设计奖：

得奖者：深圳市新冶组设计顾问有限公司（中国·深圳）

获奖作品：1982红酒音乐生活馆会所

最佳酒店设计奖：

得奖者：DiLeonardo International（美国）

获奖作品：St. Regis Sanya Yalong Bay Resort

【光华龙腾奖第八届中国设计业十大杰出青年】

2012年12月21日，由光华设计基金会主办的“光华龙腾奖（2012）第八届中国设计业十大杰出青年”评选活动最终结果在京揭晓。

2005年光华龙腾奖评委会评选出了第一届中国设计业十大杰出青年。连续七届共评出70个中国设计业十大杰出青年。“中国设计业十大杰出青年”获奖人均在国家重大项目及社会活动中做出积极贡献，充分展示青年设计人才在创新型国家建设中所发挥的积极作用。本届活动经过组织推报、组委会的遴选、媒体公示、评委会评审等环节最终产生2012中国设计业十大杰出青年。

光华龙腾奖（2012）第八届中国设计业十大杰出青年（以姓氏拼音首字母为序）：

黄　峰　上海唐硕信息科技有限公司

蒋　洋　中建材（镇江）光电应用技术研究院有限公司

侯正光　上海木马设计机构

娄永琪　同济大学创意设计学院

林晓洁　广州市珈钰服装设计有限公司

翟　音　浙江理工大学

刘　洋　北京工业大学

马小申　北京前门文化有限公司

苏　峻　北方工业大学艺术学院

郑永先　李宁（中国）体育用品有限公司

【成都建筑装饰第十三届空间艺术设计大赛】

2012年12月26日，由成都市建筑装饰协会主办的成都建筑装饰第十三届空间艺术设计大赛、2013年设计师迎春年会暨成都陈设艺术行业协会成立大会在成都举行。成都市建委相关领导、设计师、精锐联盟成员、家装行业百强设计师成员、材料商、开发企业代表、大型综合卖场代表等约500余人参加了颁奖典礼。

2012年共有235件参赛作品，大会共颁发新锐组、中青组、高端组、陈设配饰类金银铜奖共79件、特别奖2件、团队奖11件、“2012年度优秀设计师”22位、“2012年度最佳优质服务商城”2家。成都市建筑装饰协会副会长兼秘书长严静对成都陈设艺术行业协会筹备工作的相关情况作了工作报告。大会通过了《成都陈设艺术行业协会章程》成都陈设艺术行业协会成立。

会议·论坛

【第一届汽车用户界面与交互设计会议】

2012年4月13日，由汽车车身先进设计制造国家重点实验室和湖南大学设计艺术学院主办的第一届汽车用户界面与交互设计会议在长沙举办。会议由湖南大学汽车车身先进设计制造国家重点实验室造型部主任赵江洪教授主持。东风汽车设计总监郑素霖、通用泛亚汽车技术中心内饰零部件设计经理倪旻霁、创新工场设计总监吴卓浩、诺基亚研究院资深研究员王巍以及汽车车身先进设计制造国家重点实验室曹立波教授、湖南大学设计艺术学院何人可教授、杨雄勇教授、谭浩博士等参加会议并发表主题演讲。

随着网络信息技术和移动通讯设备在汽车中的广泛应用以及新能源汽车的发展，汽车用户界面和人机交互方式正在发生革命性的变化。汽车内室设计在传统的面向设计对象的造型、材料、色彩等方面的设计的基础上，增加了面向用户的交互、界面、服务等新的设计模式。探索新的情境下车内交互与界面设计的发展方向以及设计策略，如何从企业界和学术界开展相关的设计、研究工作是本次会议的主要议题。

【快与慢——慢生活与慢设计学术研讨会】

2012年4月19日至21日，“快与慢——慢生活与慢设计学术研讨会”在杭州举办。本次研讨会由中国装饰杂志社和杭州师范大学美术学院联合主办，邀请各领域相关专家围绕“快与慢”这一主题，对“慢生活与慢设计”这一时代思潮进行研讨。本次研讨会将结合杭州慢生活案例以及国内外经典设计案例，在多学科背景中对未来可能的慢生活和慢设计提供多样性的思考。应邀参加本次研讨会的有哲学家陈嘉映、文学家格非、艺术史家杭间、艺术家滕菲、设计师叶宇轩、设计学专家周小瓯、王雪青、徐迎庆等。

【“跨界·综合” 两岸四地设计教育高层论坛暨艺术院校学生优秀设计作品展】

2012年5月17日至23日，“跨界·综合”两岸四地设计教育高层论坛暨艺术院校学生优秀设计作品展在中国美术学院美术馆举办。

这次系列学术活动由中国美术学院艺术设计学院联合台湾师范大学、香港理工大学、澳门理工学院、澳门科技大学共同主办。论坛邀请到两岸四地设计教育界和学术界的百余位教授、学者，旨在讨论如何在全球一体化的背景下，激起更多关注本土设计艺术行业的思考，如何使传统的本土的设计智慧在当代教育和实践中传承和发展。思考如何建构既有别于西方的体系、又具鲜明本土特色的设计艺术教育体系，弘扬“造图、造物、造境”的智慧。

两岸四地艺术院校学生优秀设计作品展，吸引了各地约50余所高等院校的设计类专业的学生参加。本届展览邀请了两岸四地知名的设计教育家组成评审团，分成初选、中选和终评，按照国际惯例选取优秀作品。活动共收到两岸四地院校学生将近两千件设计参赛作品，选出四百余件优秀作品编入《“跨界·综合”——两岸四地艺术院校学生优秀设计作品集》，其中评选出金奖3件，银奖8件，铜奖10件，评审奖5件。

【2012 “世界向东” 国际设计师西湖高峰论坛】

2012年7月5日，2012“世界向东”国际设计师西湖高峰论坛在杭州举行。近200名设计师参加论坛。杭州西湖当代美术馆、雁南艺术机构担纲本届大会的展览艺术指导。中国台湾室内设计协会“展览筹备委员会”执行主委谭精忠，分享了“设计与艺术对话后的新生活空间”的独特理念，并与设计师们进行互动。

【第三届深港文化创意论坛】

2012年7月5日，第三届深港文化创意论坛举行。

论坛上首个深港合作高端设计培训项目——“深港设计人”共建计划正式签约，将借助香港方面的优势培训资源为珠三角的设计行业工作者提供学习提升的平台。创意香港办公室、深圳市设计之都推广办公室将于2013年起共同主办深港设计双年展，其计划以“设计·城市·人文”为展览主题，两年一届，深港两地交替进行，首届拟于2013年在香港举办。

【首届 “气韵中国” 设计文化论坛暨主题邀请交流展】

2012年10月26日，论坛暨主题邀请交流展开幕仪式在中央民族大学美术馆举行。中央民族大学艺术学院代表、创研综合设计研究所代表以及部分知名设计师莅临开幕现场。

活动分为首届“气韵中国”设计文化论坛、“气韵中国，中国当代设计的文化反思”邀请交流展两部分，围绕“当代中国设计的发展方向”进行深入的探讨与剖析。10月26日下午召开创研综合设计研究所针对学生专场的主题演讲，10月27日设计师魏来与叶宇轩进行主题演讲。

首届“气韵中国”设计文化论坛暨主题邀请交流展由中国设计师沙龙（CDS）主办，是我国商业视觉设计行业与设计学术界的一次对话。

【灯光与空间设计、 设计管理与品牌战略主题论坛】

2012年10月27日，由南京艺术学院工业设计学院和南京市室内设计学会、同济大学联合主办的“灯光与空间设计、设计管理与品牌战略论坛”在南京艺术学院工业设计学院举办。论坛由工业设计学院副院长、南京市室内设计学会副会长朱飞副教授主持。南京市室内设计学会会长高祥生教授作了致辞。本次论坛“南京艺术学院百年校庆”系列学术交流活动之一。主题是探讨在中国乃至全球市场中，中国设计企业、设计驱动型公司如何满足中国制造向中国创造的转变，以及提升人类生活质量的需求，为广大设计师提供最新的设计动态与趋势，帮助大家了解、实践，并最终将新观念和新模式应用到设计与管理实践活动中去。

【中国工业设计协会设计研究专业委员会筹备会议】

2012年11月14日，中国工业设计协会设计研究专业委员会筹备会议在南京艺术学院工业设计学院大会议室召开。会议研讨了设计研究专业委员会运作的有关事宜。筹备会议由中国工业设计协会设计研究专业委员会主任委员、南京艺术学院副院长何晓佑教授主持。

中国工业设计协会执行副会长兼秘书长刘宁，上海视觉艺术学院副院长、教授、博士生导师张同，南京艺术学院工业设计学院院长、教授、硕士生导师李亦文，南京理工大学设计与传媒学院教授、硕士生导师张锡，上海视觉艺术学院教务处处长、教授、硕士生导师叶苹，南京艺术学院工业设计学院副院长、副教授、硕士生导师张明，东南大学艺术学院副院长、副教授、硕士生导师崔天剑，江南大学设计学院院长助理、副教授、硕士生导师巍洁，杭州飞鱼工业设计有限公司总经理余飚，东华大学艺术学院工业设计系主任、教授、硕士生导师吴翔，江南大学设计学院基础教学部主任、教授、硕士生导师陈嘉全，江南大学设计学院工业设计系主任、副教授、硕士生导师邓嵘，江南大学设计学院公共艺术系主任、副教授、硕士生导师赵昆仑等专家学者参加了筹备会议。

【第五届城市与景观 “U + L 新思维” 国际学术研讨会暨 “蚂蚁工坊” 杯全国大学生概念设计竞赛】

2012 年 11 月 17 日至 18 日，由华中科技大学主办的第五届城市与景观“U + L 新思维”国际学术研讨会暨“蚂蚁工坊”杯全国大学生概念设计竞赛在武汉召开。

会议主题为，一级学科背景下的城市与景观。如今，风景园林、城乡规划、建筑学均已成为一级学科，三者共同支撑起人居环境学科大厦。一级学科背景下的风景园林、城乡规划、建筑学有了各自独立生长的空间，便于学科内涵的深化。各学科的交融与配合便成为时代的焦点；这种交融与配合还会延伸到城市与景观的生态、文化、技术、教育等的方方面面。原子分裂产生能量，交叉碰撞激发火花；新的时代需要新的方法，是基于历史的创新而非割裂历史的革命。

【第六届全国视觉传达设计教育论坛】

2012 年 11 月 24 日至 26 日，由中国美术家协会主办，中国美术家协会平面设计艺术委员会、南京艺术学院联合承办的“第六届全国视觉传达设计教育论坛”在南京艺术学院举行。

本届论坛的主题为“链接与升华”，呈现文化性、交叉性、国际性的特点。论坛关注视觉传达设计的文化意义与本体形态，视觉传达设计在信息时代中的存在方式，在消费社会中的经济价值，以及视觉艺术与设计发展的多元取向；讨论视觉传达设计教育的新观念、新空间、新方法，多学科的交叉方式，实验性与研究型课程建构的途径等，以及建立在这些问题探讨基础之上的设计文化与视觉传达设计教育的未来发展。

本论坛包含主题论坛、学术对话、教学报告、学生交流、学术评比、主题展览、专题展览等板块。

主题论坛“链接与升华”，邀请国内外 6 位学者与设计师进行主题演讲。

学术对话对话主题为“设计文化与设计教育”，邀请 6 位院校负责人与教授同台进行互动研讨，展开学术对话。

教学报告报告主题为“视觉传达设计教育的新理念、新模式、新方法、新内容”、“概念性设计、实验性设计、交叉性设计、主题性设计”、“研究型与原创性课题设计”、“国际合作课程与工作坊教学”、“国外留学、考察文本与影像”。

学生交流发言主题为“获奖感言与设计体验”、“学习交流与个性表达”、“问题反思与批评建议”，邀请本届“未来之星”各院校获奖学生代表交流发言。

学术评比举办“链接与升华——第六届‘未来之星’全国大学生视觉设计大赛优秀作品展”出版《链接与升华——2012 年全国视觉传达设计教育论坛优秀论文集》。

主题展览第六届“未来之星”全国大学生视觉设计大赛优秀作品展于2012年11月20—30日于南京艺术学院新美术馆举办。

专题展览包括：第二届全国大学生书籍设计展；国际大学生公益主题海报设计展；荷兰平面设计100年展；国际平面设计联盟（AGI）10人展；美国平面设计师协会（AIGA）年度最佳作品展；赵清平面设计展；民国平面设计展；从吴印咸到宋尧——南京艺术学院校友图像艺术作品展；多元的图式——视觉艺术设计作品展；中国文字艺术设计作品展，展览于2012年11月20—30日在南京艺术学院新美术馆举办。

【2012设计营商周论坛】

2012年12月6日至8日，“设计营商周论坛”在香港湾仔会议展览中心举行。

今年设计营商周邀请到丹麦多位设计师，以及来自世界各地的设计师，有英国设计师Thomas Heatherwick、日本建筑设计师妹岛和世、日本广告创作室PARTY Creative Lab总监Masashi Kawamura、中国建筑设计师马岩松、德裔工业设计师Richard Sapper等出席论坛，详述他们的创意与作品制作过程。

【“文化进入工业创新”论坛】

2012年12月7日，由中国美术家协会工业设计艺委会主办的“文化进入工业创新”主题论坛在南京艺术学院举办。

论坛的演讲主题及演讲嘉宾有：“文化进入工业创新主题演讲”，演讲人为中国美术家协会工业设计艺委会主任、清华大学美术学院教授、博士生导师王明旨；“第三次工业革命与中国设计产业的选择”，演讲人为中国美术家协会工业设计艺委会副主任、中央美术学院教授、博士生导师许平；“让智慧随心飞翔——艺术与科学融合的设计创新”，演讲人为中国美术家协会工业设计艺委会副主任、清华大学美术学院教授、博士生导师鲁晓波；“建立工业设计教学优势——中国美术学院的实践”，演讲人为中国美术家协会工业设计艺委会副主任、中国美术学院教授赵阳；“基于产业转型升级的设计创新策略与人才培养”演讲人为中国美术家协会工业设计艺委会委员、广州大学教授汤重熹；“设计交易服务平台”演讲人为中国美术家协会工业设计艺委会秘书长曾辉；“接地气——工业设计教学改革”演讲人为中国美术家协会工业设计艺委会副主任、广州美术学院教授童慧明。

【“设计与叙事”第三届全国设计学青年论坛】

2012年12月15日，“设计与叙事——第三届全国设计学青年论坛”在南京艺术学院拉开帷幕。

南京艺术学院设计学院院长、博士生导师邬烈炎教授主持了本次论坛开幕式。随后，南京艺术学院教务处处长、博士生导师袁熙旸教授在总结前两届设计学青年论坛活动的基础上，阐述了本次论坛的选题——设计与叙事。

来自中国叙事学研究中心的龙迪勇、清华大学美术学院的陈楠、中国传媒大学广告学院的芦影、中央美术学院设计学院的周博、中央美术学院设计学院的海军、上海交通大学设计系的韩挺、南京林业大学艺术设计学院的张旸、广州美术学院工业设计学院的张剑、安徽工程大学艺术学院的张学东、湖南科技大学工业设计系的吴志军、山西大学美术学院的王志俊、湖北美术学院设计系的李海平、南京艺术学院传媒学院的孙为、法国Université Paul Valéry - Montpellier III的艺术博士陆丹丹、上海大学美术学院的冯易、上海大学美术学院的吴小勉、南京艺术学院教务处的袁熙旸、清华大学美术学院的陈岸瑛、北京印刷学院设计艺术学院的滕晓铂、清华大学美术学院的张朵朵、中国美术学院设计艺术学院的姚之洁、中国美术学院设计艺术学系的连冕、南京艺术学院设计学院的边千慧、江南大学产品创意与文化研究中心，江南大学设计学院的杨祥民、哈佛大学设计学院的唐克扬、南京大学建筑学院的胡恒、中国艺术研究院的陶海鹰、汕头大学长江艺术与设计学院的陈彦青、湖南师范大学的陈剑、上海戏剧学院舞台美术系的李芽、云南大学艺术与设计学院的吴白雨在论坛上发言。

论坛分为两天展开，共五场，分别是："叙事学对当代设计学的启示"、"当代设计实践中的叙事问题"、"当代设计理论研究中的叙事问题"、"当代设计展会的叙事问题"、"中国传统设计研究中的叙事问题"。共有31位青年学者，围绕"叙事学"与"设计"的命题，结合所在专业的情况发表演讲，并做深入交流与探讨。

【2012城市公共艺术论坛】

2012年12月19日，由中国国家画院公共艺术院、中国艺术研究院中国设计艺术院主办的"2012城市公共艺术论坛"在山东工艺美术学院举行。论坛主题词为：公共艺术与城市生态。论坛主要议题包括：1. 基于城市视野的公共艺术；2. 公共艺术的人文价值；3. 新媒介与公共艺术；4. 大学公共艺术教育的思考。

随着我国城市化进程的加速和发展，城市的形态及功能也在不断变化和拓展。如果我们把城市看作一个有机的整体，那么公共艺术在其中充当着怎样的角色，如何更好地发挥其功能与价值，值得我们深入探讨。在城市建设和人们对生存质量不断关注的今天，公共艺术不仅是城市文化的表征，更是通过对人的无形影响为建立起人与人、人与环境、人与社会的和谐共生，人类生存质量的提升，人格的培育和升华起到潜移默化的助推作用。

论坛在当代背景下，基于公共性视角，深度探讨公共艺术的功能与价值，手段与形式，使公共艺术更加深度地参与城市生态优化，更好地行使艺术的话语权。

论坛配有相关展览"国际城市公共艺术作品（图片）展"，并且与会者联合签发了《2012繁荣我国公共艺术宣言》。

机构

【中国设计交易市场】

2012 年 5 月 28 日，“中国设计交易市场”亮相首届京交会。“中国设计交易市场”设计板块由北京市科委主办，中国工业设计协会、北京工业设计促进中心和北京技术市场管理办公室承办，主要开展中国设计交易市场设计专题展览、中国设计交易市场大会和交易协议签约三大内容。

就在此活动的半个月之前，北京市正式成为联合国教科文组织创意网络城市的设计之都，北京市也成为继柏林、蒙特利尔、名古屋和中国上海、深圳之后的第十二个全球“设计之都”城市。

在本次京交会“中国设计交易市场设计专题展览”中，有来自中国、美国、非洲等国家的 33 家设计机构参展，领域涉及汽车、建装、工业产品、品牌形象、数字艺术、服装家居等。开展设计服务外包，对接国际跨国企业。例如：东道设计为宝马汽车提供了全产业链设计服务。参展企业有：汽车设计公司长城华冠、建筑装饰设计公司弘高装饰、标志设计公司正邦、工业设计公司洛可可、综合设计企业嘉兰图、企业形象设计机构柏林视觉，还有北京—内罗毕设计创新中心、红星奖、DRC 工业设计基地、中关村设计企业协会、宁波工业设计联合会等组织集体参展。同时，组织了 200 余家国内外科研机构和设计公司参加场内和场外对接洽谈；通过全国工业设计园区联盟、设计技术联盟及各国设计组织邀请了来自德国、美国、俄罗斯、韩国、肯尼亚、英国和中国的采购商、制造企业、政府部门前来采购交易。承办单位还与广交会产品设计与创新中心合作组织了参加广交会的外贸企业前来交易洽谈。

中国设计交易市场大会主要包括：中国设计趋势发布、产业政策与品牌推介、国际设计交易大会。大会邀请了国际工业设计协会联合会（Icsid）主席 Lee Soon－in（韩国）、国际传播设计协会（Icograda）主席 Leimei Julia Chiu（日本）、国际室内建筑师与设计师团体联盟（IFI）主席 Shashi Caan（美国）、中国工业设计协会会长朱焘等围绕“国际化的设计服务”在大会上发表演讲。

会上，共有 10 个设计创意服务类项目签约，交易额 1 亿元。

【浙江省特色工业设计示范基地与高校设计类专业对接活动】

2012 年 6 月 2 日，浙江省特色工业设计示范基地与高校设计类专业对接活动在中国美术学院象山校区举行。12 个省级特色工业设计示范基地代表，27 所高校领导及师生代表等近千人参加了对接活动。

此次活动由浙江省经信委、浙江省教育厅、浙江省人力资源与社会保障厅和中国美术学院共同举办，旨在深入开展校地校企合作，实现各高校设计专业人才和资源与各基地的经济产业发展相对接，打通“源”、“本”、“流”，在创业、培训和展览展示等多方面开展战略合作，发挥辐射带动作用，推动省块状经济发展。同时，借助毕业生择业创业在即的有利时机，打开高校和基地合作局面，切实将基地打造成为高校的创意成果转化基地，实现高等人才与企业共成长、与块状经济同成功。

人物纪念

【苏州大学艺术学院举办 “诸葛铠教授追思会”】

2012年3月7日，诸葛铠教授在苏州九龙医院逝世，享年71岁。2012年3月13日，苏州大学艺术学院举办了“诸葛铠教授追思会”，纪念刚刚故去的诸葛铠教授。

诸葛铠，1941年10月生。苏州大学教授、博士生导师。主要研究方向为设计艺术理论和设计文化研究。诸葛铠教授长期从事设计艺术和设计艺术理论教学，并从事设计史和设计理论的交叉研究。

出版专著：《图案设计原理》、《中国纹样辞典》、《墨朱流韵——中国古代漆器艺术》、《敦煌石窟装饰图案》、《云岗石窟装饰》、《设计艺术学十讲》、《文明的轮回——中国服饰文化的历程》、《裂变中的传承》等，参编《工业设计全书》、《中国衣经》等。

在境内外专业刊物《装饰》、《美术家》等发表《中国服饰文化的儒学内涵》、《唐代外来纹样民族化的几点意见》、《Design汉译雏议》、《敦煌花卉图案》等近七十篇，主持国家哲学社科艺术项目“中国装饰艺术史”。目前担任艺术设计原理、设计文化、中国古代装饰艺术、中外设计思想比较等硕、博士课程，现担任苏州大学非物质文化遗产研究中心主任、中国工艺美术学会理论委员会常务理事、江苏省非物质文化遗产专家委员会委员。曾获江苏省教育厅优秀教学质量二等奖、江苏省优秀图书奖。1992年起享受国务院颁发的政府特殊津贴。

出版

【《中外设计简史》】

2012年1月1日，由中国青年出版社出版，张夫也、李砚祖主编的《中外设计简史》面世。《中外设计简史》力图对外国设计历程的文化背景、设计思潮和典型作品进行初步的梳理，为读者勾勒出一条相对清晰的外国设计发展脉络，并对各时期、各区域设计理念的成因及其影响，做出详分析和论述。

本书由清华大学美术学院博士生导师李砚祖教授，清华大学美术学院史论学部主任、博士生导师张夫也教授担任主编。将中、外设计史合二为一，本书囊括所有设计史学科要点，贴合院校教学和学生学习的需要，而且有利于中外比较研究。

【《工业设计史》】

2012年1月1日，由王晨升等编著的《新世纪全国高等院校工业设计专业“十二五”重点规划教材：工业设计史》由上海人民美术出版社出版。《新世纪全国高等院校工业设计专业“十二五”重点规划教材：工业设计史》梳理了设计史中典型的事件、重要的流派、代表人物，讲述了设计的发展轨迹，发展全貌，力求给读者一个清晰连贯的史实，同时又搜集和整理了当代重要、知名的设计协会、设计公司、设计师，力求给读者一个明确、横向的设计现状。

【《大设计（BBC写给大众的设计史）》】

2012年1月1日，《大设计（BBC写给大众的设计史）》中译本出版发行。本书作者为英国设计史学者彭妮·斯帕克，译者为张朵朵。

本书分五个章节，引导读者穿越时空，依照时间顺序游历现代设计：从19世纪的工业化生产；到现代设计运动，包括包豪斯及其他相关设计活动，经历简朴生活和战争时期；再到战后繁荣及对新材料、新技术的探索；最后在21世纪以设计参与到各种最新的活动与事件中结尾。

《大设计（BBC写给大众的设计史）》与BBC的同名系列节目相应，追溯的不仅仅是过去200年间的“设计英雄”，同时也捍卫了大机器生产和大众消费背后的民主力量。它始终围绕着我们生活环境中一个中心议题——“什么造就了好的或坏的设计”，这也是本书的出发点与归宿。

【《世界现代设计史（第2版）》】

2012年3月1日，由上海人民美术出版社出版，梁梅撰写，许平、李新主编的《世界现代设计史（第2版）》出版发行。

《世界现代设计史（第2版）》将现有可知的世界现代设计仔细梳理、归纳分类，强调古代设计、近代设计等对现代设计的影响。针对设计与建筑设计与日常用品、设计与新技术等的关系做了详细的研究。阐述了艺术与设计、设计与生活的紧密关系。

【《书籍设计基础》】

2012 年 3 月 1 日，吕敬人等编著的《书籍设计基础》由高等教育出版社出版。《书籍设计基础》以装帧设计延伸到书籍设计的新概念，从中国传统书籍艺术、西方书籍设计艺术、20 世纪现代书籍设计流派，以及当今信息传达视觉化的阅读需求的角度，阐明中国书籍（包括刊物）由“装帧”向“书籍设计”概念转换的必要性。通过各章节系统地叙述一本完整的书籍设计要求经历装帧、编排设计和编辑设计三个层面的工作，即“BookDesign”是一个信息视觉化再现的过程。《书籍设计基础》着重强调书籍编辑设计是书籍整体设计的核心，是探究文本内涵，并通过完成信息的解构与重组，构建文本传递的视觉化系统，赋予受众顺畅而有效阅读的设计过程，构建便于受众理解的视觉化信息系统，演绎出有趣、有益、有效的信息传达的语言和语境。其次，指出信息视觉化设计是书籍整体深度设计的重要补充，“书籍设计 3+1”的概念是学习该学科不可或缺的新课题。《书籍设计基础》以理论与实例分析相结合，全面讲解了现代书籍设计的基本要求，介绍书籍信息设计的思维方法和运行流程，以及使书籍物化的必要技术和手段，来实现内容与形式、形而上与形而下、艺术与工学的完美结合。本教材还列举多种形式进行工作坊（Workshop）的教学实验案例，提出“现场主义”的设计教育理念，供各专业院校老师参考和交流。

【《城市视觉重构——宏观视野下的户外广告规划》】

2012 年 4 月 1 日，马泉教授撰写的《城市视觉重构——宏观视野下的户外广告规划》由人民美术出版社出版。《城市视觉重构——宏观视野下的户外广告规划》是其多年研究户外广告规划的成果。介绍了城市户外广告总体规划的原则，各区域自己规划有利于构建区域属性的个性化空间，规划更好的城市户外广告商业文化视觉景观，优化城市现有的视觉语境和秩序，是未来户外广告规划乃至城市规划的方向。为城市规划设计者和管理者提供了整体联动思路。

【《新设计丛集 7・比较设计》】

2012 年 4 月 1 日，中国美术学院宋建明与许江教授合作主编的《新设计丛集 7・比较设计》由中国美术学院出版社出版。《新设计丛集》着力于搭建一个服务中国的产品规划、开拓与传播中国设计智慧、梳理设计文脉及其周遭设计现状、记录心得、畅通国际交流的学术平台。《新设计丛集 7・比较设计》主要内容包括，中国美术学院中德研究生院教学实例：访布克哈特・施密茨教授，中国美术学院中德硕士项目综合设计教学回顾与总结，在碰撞中融合——中德硕士项目建筑专业教学回顾和展望等。

【《设计基础》】

2012 年 5 月 1 日，邬烈炎教授撰写的《设计基础》由南京师范大学出版社出版。《艺术设计专业教材：设计基础》的撰写与编辑，通过提供一系列的开放性课题，通过解题的练习，在一系列方法的引导下实现课程目标。全书分为看法、语法、手法三个系列的课题设计。在关于看法的课题作业中，学习如何辨识各种隐匿在表象之中的视觉现象，把握从普遍事物与常态物象中发现特殊的形式要素的方法，并进行初步处理上升为基本语言的能力，培养深层的视觉体验与交流经验，逐渐形成进行视觉图式思维的能力。

【《2011—2012 中国品牌年度发展报告》】

2012 年 6 月 1 日，由辽宁美术出版社出版，凌继尧、张晓刚编《2011—2012 中国品牌年度发展报告》出版发行。《2011—2012 中国品牌年度发展报告》分为十章，第一章为 2011—2012 中国平牌年度发展总报告，第二章为中国传媒娱乐行业品牌年度发展报告，第三章是中国服装行业品牌发展报告，第四章为 2011—2012 中国汽车行业品牌发展报告，第五章为中国房地产及相关行业品牌发展报告，第六章为中国品牌组织机构及其活动研究报告，第七、八章为 2011 年度中国、国外品牌研究热点综述，第九章是对 2011—2012 年中国企业品牌经典案例的分析，最后一章介绍了 2011—2012 年中国品牌年度人物聚焦。

【《艺术与科学 （卷 12）》】

2012 年 7 月 1 日，由清华大学出版社出版，清华大学美术学院博士生导师李砚祖教授主编的《艺术与科学（卷 12）》出版发行。

《艺术与科学（卷 12）》以“空间、时尚与设计”为主要议题，国内外设计理论与历史研究（包括城市规划、服装、工业、信息等设计领域）、技术史、美术史、美学、社会学等领域的资深专家及年轻学者围绕本主题进行了深入论述。其中，由国际设计史学家佩妮·斯帕克教授撰写的《离家在外：家庭生活与现代主义》、美国加州大学伯克利分校的城市规划学院尼泽·阿尔萨义德教授撰写的《既非同质，亦非异质：伊斯兰世界中的建筑与城市形态》、国内学者周岚撰写的《由“工业”到“艺术”——798 空间的意义转换研究》诸文，选择了私人、公共，建筑、城市规划空间作为研究对象，着重探讨了空间变化背后深层的社会、文化原因。王佳从“场”的角度提出以创造交互行为为核心的可持续发展设计研究及张建宇对中西方绘画中远近法与透视术的对比研究，则是对其他形式的“空间”及背后的空间观念的探索。此外还包含，《设计艺术中色彩、材料与表面装饰（CMF）的研究与应用》、《时尚中的人体与空间》、《设计史的微观话语：日常生活与女性主义历史观》等文。

【《20 世纪的设计》】

2012 年 8 月 1 日，由上海人民出版社出版，周博、沈莹翻译的《20 世纪的设计》中译本出版发行。本书作者为布莱顿大学的设计史教授、设计史研究中心主任乔纳森·M. 伍德姆。

本书是西方当代艺术史丛书，采用开放式的出版理念，用前沿观点与新颖材料阐述艺术史核心问题，被誉为“通向 21 世纪艺术史的大门”。中文版第一辑，邀美术史家、中央美术学院易英教授主持编选翻译工作，侧重于构建西方艺术史的核心脉络，并兼顾富于当代性的新选题。

作者重新审视了欧陆、斯堪的纳维亚、北美和远东的众多设计与工业文化问题，深入探讨了民族认同，意识形态与商业方法的“美国化”，跨国公司的兴起，波普与后现代主义，以及关于怀旧和遗产的当代观念。这部设计史清晰地阐明了设计的本质：一种关于审美、社会、经济、政治和技术力量的强力且复杂的表达。

【《当代设计的前世今生》】

2012 年 9 月 1 日，由伊丽莎白·库蒂里耶著，周志翻译的《当代设计的前世今生》由中信出版社出版。伊丽莎白·库蒂里耶（Lisabeth Couturier），记者、艺术批评家与电视制作人。

《当代设计的前世今生》是一本当代设计的实用欣赏指南。作者回答了究竟什么是设计？设计师都在做些什么？设计究竟是怎样改变了我们的生活？

本书从“什么是设计”开始讲起，讲述了从19世纪20年代开始每个十年间的设计潮流，介绍了三十位有影响力的设计师和他们的创新设计，讲解了不同设计风格，包括一些设计相关用语。本书提供了最基本的信息，以便读者可以更好的理解当代设计。以一种参与性与高可读性的纪实风格，作者详细分析了设计是如何贯穿于我们周围的生活并提高我们的生活质量的。

【《象外集：语录·访谈·文论·众说》】

2012年9月1日，柳冠中先生撰写的《象外集——语录·访谈·文论·众说》由中国建筑工业出版社出版，全书共分为语录、访谈、文论、概念图表、众说五个部分，内容包括设计文化论、系统设计、设计方法论、设计的未来等内容。柳冠中先生以其自身的思想、言论、实践、行动，以及对于学生、政府、企业、大众的持续影响，注释着他的生命价值，推动了近三十年来中国工业设计产业的发展与繁荣。“超以象外，得其圜中”是柳冠中先生多年来一直坚持追求和贯彻的思想，也是《象外集——语录、访谈、文论、众说》一书贯穿始末的文脉。

【《工业设计概论》】

2012年10月1日，吴志军等编著的《全国高等院校工业设计专业“十二五”规划教材：工业设计概论》由中国轻工业出版社出版发行。《全国高等院校工业设计专业“十二五”规划教材：工业设计概论》适应当前高等教育教学改革中的模块化和专题化教学，致力于解决设计基础理论教学中的问题，对工业设计理论进行了专题整合，简化了对设计史的发展描述，以学科知识、思维能力和应用能力为重点，将全书内容分为6个模块，整合了国际上最新的设计理论内容和设计案例资源，如交互设计、创意文化产业、面向生产性产业的服务业、红点及IF等设计奖项；提供了主要教学资源的出处，便于课堂讲授、课后自学，重点培养学生的国际化视野和应用理论分析、解决设计问题的能力。

【《芬兰设计：一部简明的历史》】

2012年10月1日，由拜卡·高勒文玛著，周浩明等翻译的《芬兰设计：一部简明的历史》由中国建筑工业出版社出版发行。

拜卡·高勒文玛教授的最新著作《芬兰设计（一部简明的历史）》，全面而系统地展示了芬兰设计万花筒。

19世纪晚期以来，实用艺术和设计对芬兰的文化和经济发展产生了重要的影响。在这个发展过程中，它们逐渐形成为一个统一的整体，并在国际上树立了芬兰的国家形象。《芬兰设计（一部简明的历史）》为读者勾勒出了从19世纪70年代芬兰设计的初创时期到21世纪初的整个发展脉络。在此期间的工业、培训与教育、文化、设计师和产品等几个重要方面是本书介绍的重点。设计一直在艺术和工业的冲突中不断发展，直至今天仍然如此，设计绝不仅从属于其中之一，而是同属于二者。这正是设计领域的吸引力所在，也是设计领域多维发展的重要源泉。设计同时服务于日常生活，同时也提升着人们的生活品质。

【《工业设计在发展方式转型中的意义与价值：2011 年中国工业设计应用理论博士研讨会论文集》】

2012 年 10 月 1 日，柳冠中主编的《工业设计在发展方式转型中的意义与价值：2011 年中国工业设计应用理论博士研讨会论文集》由宁波出版社出版。主要内容包括，2011 年中国工业设计应用理论博士研讨会背景介绍、汽车设计产业链创新研究、探索工业设计教育新方向——产品服务系统设计、香港经济转型与设计整合发展等。

【《工艺美术下的设计蛋》】

2012 年 10 月 1 日，苏丹教授撰写的《工艺美术下的设计蛋》由清华大学出版社出版。

《工艺美术下的设计蛋》结合苏丹教授在环境艺术设计领域内 20 余年的教育教学经验与实践操作案例，描述了技术、职业、设计、教育等的相互作用关系，表述了“虽以设计为职业，但不以设计为边界”的立场。书中还收录了清华大学 CICA 的两篇调研报告，8 篇关于设计的对话与精心挑选的 30 个学生作业。这些文献是清华美院环境艺术设计系发展历程客观事实的准确记录，也向读者展示了国内外环境艺术设计的现状以及作者对该现状的忧思。

【《世界现代建筑史（第 2 版）》】

2012 年 11 月 1 日，由中国建筑工业出版社出版，王受之教授撰写的《世界现代建筑史（第 2 版）》出版发行。

《世界现代建筑史（第 2 版）》是修订版，修订的基本要求是修改错误、补充不足、增加新内容。修订的标准是：存在错误的地方、不准确的地方、过于绝对的说法一律修改。这里有内容、理论阐述的错误，也有文字的错误和不准确的修改。人名的翻译进行了统一，并且在书后有人名翻译对照一览表；为了保持相对准确，在人物、建筑物、建筑运动和艺术运动出现在《世界现代建筑史（第 2 版）》第一次的时候都在后面附加了原文的名称；日文中的汉字中国读音和日本读音不同，因此全部用罗马拼音注出。

原书中关于后现代主义的八、九两章合并为一章。原布局，是基于后现代主义正处在高潮的情势，现在后现代主义已经衰落，因而布局上已无须给予大的篇幅。

最后的第十章是新增内容，目的是反映 21 世纪以来建筑的发展情况，介绍和讨论当代各个国家的建筑设计，添加了诸多国家和建筑家、建筑事务所以及他们相关作品的介绍和简单的评价，以适应读者了解当代建筑情况的需求。

【《中国设计全集》】

《中国设计全集》总计 20 卷，由南艺和商务印书馆领衔合作，“项目从启动到成书，历时四年。各分卷编撰团队主要成员来自全国十几所设计院校，编委会成员更涵盖了国内设计界众多知名学者”。该书从设计视角（功能设计、材料设计、工艺设计、形态设计）切入中国古代工艺美术史，涵盖华夏民族 8000 年物质文明发展史，分建筑类编（人居篇，城垣篇，装饰篇，家具篇），服饰类编（衣裳篇，冠履篇，配饰篇，容妆篇），餐饮类编（食具篇，饮具篇，厨具篇），工具类编（生产篇，计量篇，武备篇），用具类编（舟舆篇，灯具篇，民俗篇），文具类编（礼娱篇，乐器篇，书印篇），囊括了中国历史上 3000 个经典设计案例，插图约 18000 余幅。

大事记

2 月 5 日，“手艺农村——山东传统手工艺生产性保护与农村文化产业调研成果展”开幕。

3 月 3 日，“一玻一璃一世一界”当代玻璃艺术展在上海展出。

3 月 10 日，“设计的设计”原研哉中国展在上海举办。

3 月 10 日，中国工业设计发展十年优秀论文评选揭晓。

3 月 16 日，苏夏影像艺术展开幕。

3 月 20 日，广西师范大学建校 80 周年校庆标识正式启用。

3 月 26 日，“打造创意产业，助力文化硅谷”——中央美术学院设计学院与“北京文化硅谷”就业合作伙伴签约仪式在中央美术学院举行。

3 月 21 日，TASML 国际艺术家驻留计划启动仪式在清华大学美术学院举行。

3 月 23 日，香港设计年：“设计创业”驱动城市系列活动举办。

3 月 25 日，发布第十二届全运会志愿者标识。

3 月 27 日，第二届亚洲青年运动会会徽和口号揭牌。

3 月 28 日，上海国际会议中心举行第五届上海国际奢侈品包装展。

3 月 28 日，2012 年金砖国家领导人第四次会晤 LOGO 发布。

4 月 13 日，2012 金铅笔奖入围名单公布，中国共 10 项作品入围。

4 月 13 日，第一届汽车用户界面与交互设计会议在湖南大学举办。

4 月 18 日，中国·深圳—芬兰·赫尔辛基经贸交流推介会举行。

4 月 18 日，第二十六届中国国际塑料橡胶工业展览会在上海新国际博览中心开幕。

4 月 19 日，“快与慢——慢生活与慢设计学术研讨会”在杭州举办。

4 月 19 日，CDA 中国设计奖在米兰启动。

4 月 20 日，郑州旅游形象标识发布。

4 月 20 日，深圳与斯德哥尔摩成功举行设计创新项目合作交流会。

4 月 21 日，上海市市民运动会会徽吉祥物揭晓。

4 月 23 日，2012 年亚洲羽毛球锦标赛徽标揭晓。

4 月 26 日，东道设计联手罗伯特·博世公司推出汽车人机交互界面。

4 月 28 日，首届中国·苏州文化创意设计产业交易博览会在苏州开幕。

4 月 28 日，苏州博览会关注“中国创意产品设计大赛”。

5 月 28 日，“中国设计交易市场”亮相首届京交会。

5 月 4 日，Hiiibrand Awards 2011 国际品牌标志设计大赛结果揭晓。

5 月 16 日，从深圳出发设计之都 2012 展在坂田创意园开幕，展览论坛同期举行。

5 月 23 日，中国式原创力推广计划启动仪式暨中国传媒大学与中国光华科技基金会捐赠签约仪式举行。

5 月 16 日，《首义之光——海报设计展》在武汉辛亥革命博物馆多功能厅开幕。

6 月 2 日，清华大学美术学院视觉传达设计系与雕塑系 2012 届本科生毕业作品展在 798 艺术区开幕。

6 月 8 日，杭州西湖 LOGO 发布。

6 月 14 日，第二十一届时报金犊奖颁奖典礼在北京大学百周年纪念讲堂举行。

6月16日，全国大学生海洋文化创意设计大赛作品评审会在中国海洋大学举行。

6月27日，中国设计大展学术策划会议在深圳关山月美术馆召开。

6月28日，“2012照明设计高峰论坛”在深圳会展中心召开。

7月1日，“2012上海国际创意设计工作营——设计工作坊”在复旦大学上海视觉艺术学院开幕。

7月16日，红星奖博物馆在北京“设计之都”大厦预展。

7月20日，第十届国际环境设计展在天津泰达图书馆开幕。

7月25日，2012中国创新设计红星奖初评在北京举行。

7月31日，“字体之星”基金计划启动。

7月16日，“新意大利设计2.0”展览在北京“设计之都”大厦开幕。

7月5日，2012“世界向东”国际设计大师西湖高峰论坛在杭州举行。

7月5日，第三届深港文化创意论坛举行。

7月9日，无量心界——书籍设计家吾要作品展开幕。

7月20日，第十届国际环境设计展在天津泰达图书馆开幕

8月1日，“2012澳门旅游纪念品设计大赛”启动。

8月2日，“2012大连设计节”开幕

8月3日，2012中国设计大展北京推介会在北京画院举行。

8月21日，北京工业设计促进会第四次会员代表大会举行。

8月29日，首届红星原创奖评审在京举行。

8月30日，2012中国4A金印奖评审工作启动。

9月4日，英国D&AD设计及广告大奖2012获奖作品展在香港举行。

9月10日，“BRAVOS”西班牙先锋设计展开幕式在清华大学美术学院美术馆举行。

9月13日，2012微时代——全球字体设计展（北京站）在首都师范大学美术学院美术馆开幕。

9月14日，2012台湾设计师周（2012 Taiwan Designers' Week）活动开幕。

9月14日，2012中国交互设计体验日在北京新世纪日航饭店开幕。

9月19日，“中国·深圳—英国·伦敦设计创新合作交流会”在伦敦四季酒店宴会厅召开。

9月20日，诺基亚·绿色设计青年梦想计划，在北京工业大学礼堂举办启动仪式，诺基亚绿色设计大讲堂第一讲同期举行。

9月22日，2012创意中国城市巡展宁波站于在宁波国际会展中心举办。

9月24日，“2014年青岛世界园艺博览会”会徽、吉祥物在北京发布。

9月25日，“纸张：纸的主张”设计展在北京歌华大厦举办。

9月26日，首届中国艺术品产业博览会在北京通州区开幕。

9月27日，“北京设计产业高端论坛”在石景山区举行。

9月27日，“凤舞东方”第十届中国艺术节倒计时一周年暨吉祥物、志愿者标志揭晓晚会在山东省济南市举行。

9月27日，“2012国际高校毕业设计作品展”在中国教育电视台高校创意总部基地开幕。

9月28日，北京设计周开幕。

10月4日，2012 Pentawards国际包装设计奖在法国巴黎Opera Ballroom举行了第6届颁奖典礼。

10月9日，杭州国际设计节在滨江区白马湖国际会展中心（动漫广场）举办。

10月11日，第二届世界绿色设计论坛暨绿色设计国际贡献奖颁奖在比利时首都布鲁塞尔举行。

10月12日，2012中国杭州文化创意产业博览会在杭州开幕。

10月20日，莞城图书馆将举办“书籍之美2012”年度阅读系列活动。

10月20日，首届中国传媒设计大奖金美奖（CMD）颁奖典礼在昆明举行。

10 月 26 日，透过设计炫彩生活——芬兰当代设计与玛丽美歌时尚展开幕。

10 月 26 日，设计文化论坛暨主题邀请交流展开幕仪式在中央民族大学美术馆举行。

10 月 26 日，“2012 揭阳·深圳工业设计展”在揭阳市揭阳楼开幕。

10 月 26 日，中华骨髓库志愿服务总队标识公示。

10 月 30 日，2012 年第六届“创意未来”百校巡讲活动在北京林业大学启动。

10 月 27 日，“灯光与空间设计、设计管理与品牌战略论坛”在南京艺术学院工业设计学院举办。

11 月 2 日至 2013 年 1 月 2 日，《创意生态＋》展览在香港文化博物馆举办。

11 月 4 日至 20 日，2012 大声展在北京三里屯 VILLAGE 橙色大厅开幕。

11 月 4 日至 7 日，50/100 新锐展在上海国际时尚中心开展。

11 月 7 日，第七届中国建筑装饰及设计艺术博览会在北京农展馆广场举办开幕式。

11 月 8 日至 10 日，第五届“100% 设计”上海展暨国际家居装饰艺术展在上海开幕。

11 月 9 日，“让好的管理成就好的设计”设计管理专家论坛举办。

11 月 9 日至 12 月 9 日，“十年·有声”当代国际首饰展在中央美术学院美术馆举办。

11 月 12 日，“第四届清华国际艺术·设计学术月——2012 第二届中国工业设计北滘论坛”开幕。

11 月 14 日，中国工业设计协会设计研究专业委员会筹备会议在南京艺术学院召开。

11 月 16 日，“设计的新创造”——2012 Andrew Martin 国际室内设计大奖在上海落幕。

11 月 17 日至 18 日，第五届城市与景观“U＋L 新思维”国际学术研讨会暨“蚂蚁工坊”杯全国大学生概念设计竞赛在武汉召开。

11 月 24 日至 26 日，“第六届全国视觉传达设计教育论坛”在南京艺术学院举行。

12 月 4 日，深圳市“创意十二月”重点活动——2012 第五届中国（深圳）国际工业设计节举办。

12 月 6 日，第六届广东工业设计活动周在广州拉开帷幕。

12 月 7 日，首届中国设计大展与深圳市第八届创意十二月开幕式合并在深圳市民中心举行。

12 月 7 日，2012 法蓝瓷陶瓷设计大赛总决赛结果揭晓。

12 月 6 日至 2013 年 3 月 4 日，“德国现代设计百年展”在香港知专设计学院及香港专业教育学院 HKDI Gallery 举办。

12 月 7 日，2012 年中国美术家协会工业设计艺委会“文化进入工业创新”主题论坛在南京艺术学院美术馆报告厅举办。

12 月 8 日，镜像·韩家英设计展在深圳华·美术馆隆重开幕。

12 月 8 日，首届深圳国际时尚设计节在深圳开幕。

12 月 6 至 8 日，“设计营商周论坛”在香港湾仔会议展览中心举行。

12 月 19 日至 23 日，第七届文博会“设计创意展”开幕。

12 月 15 日，“设计与叙事——第三届全国设计学青年论坛”在南京艺术学院拉开帷幕。

12 月 16 日，2012 年度 Idea－Tops 国际空间设计大奖——艾特奖颁奖典礼在深圳举行。

12 月 17 日下午，第六届中国（深圳）国际工业设计周在深圳设计产业园开幕。

12 月 19 日，“2012 城市公共艺术论坛”在山东工艺美术学院举行。

12 月 21 日，第八届中国设计业十大杰出青年”评选活动最终结果在京揭晓。

12 月 22 日至 24 日，“南昌启意”—— 2012 中国高等教育学会设计教育专业委员会学术年会暨全国设计教育学术研讨会在南昌大学举办。

12 月 25 日，“2012 第五届中国美术学院平面设计艺术节”在杭州开幕。

12 月 27 日，中国设计交易市场正式落成开业。

12 月 28 日，北斗系统标志公布。

分卷主编：顾骁瑾

中国艺术年鉴

2012年卷

索引卷

专业艺术机构名索引

省级以上文化行政部门名索引

艺术创作与演出单位

G

H

J

S

Z

专业艺术院校及研究机构名索引

艺术组织、服务机构名索引

B

D

G

H

人名索引

A

B

C

G

H

J

M

N

O

P

Q

R

S

T

X

Y

Z

编后记

中国艺术研究院自确立科研、创作、教育三足鼎立的发展格局之后，各项工作都迈向了新台阶，发展进入了新阶段。为全国的艺术研究、艺术创作、艺术教育服务，是我院的宗旨之一。当前全国文化艺术呈现出大发展大繁荣的局面，艺术活动无比丰富，艺术现象空前复杂，艺术创作繁荣昌盛，学术研究成果丰硕，艺术前沿热点不断，各艺术门类之间的融合与良性互动进一步增强。为了加强对全国艺术信息的全面掌握，为文化艺术决策服务，发挥我院作为我国唯一的国家级综合性艺术科研机构的优势，我们通过年鉴这种形式，对各种艺术信息进行分类、筛选、分析、综合，以系统记录我国艺术事业的发展状况，期以更高的水平为国家艺术事业的发展服务。《中国艺术年鉴》2011 年卷出版发行以后，受到许多关心文化艺术事业人士的关注，并收获了很多改进建议，他们的更高要求是我们继续编好《中国艺术年鉴》的动力。

《中国艺术年鉴》2012 年卷增加了艺术学卷和艺术设计卷。这两卷的内容是在听取专家建议后增设的，当然也是学科发展的必然。没有艺术学，就不能体现我国艺术理论与学术发展的水平；没有设计学，就不能体现艺术与社会发展的良性互动和深度融合。增加了艺术学卷和艺术设计卷后的《中国艺术年鉴》，以更全面的视角和更深广的范围反映了我国艺术事业的发展。

本年鉴在编辑宗旨、体例框架、专题题目、条目遴选、约稿内容等方面，都以会议、交谈、书面的形式多次征求了院内外许多专家的意见和建议。正是得益于这些中肯的意见，年鉴的工作思路才逐步明晰。中国杂协的高伟先生为杂技魔术卷提供了全部内容，上海音乐学院当代音乐周办公室为我们提供了 2012 年上海音乐学院当代音乐周·第二届中国当代音乐评论比赛的获奖名单和作品资料。艺术学卷由孙晓霞主编，中国艺术研究院研究生院艺术学博士生张珺、王永健，在站博士后李新、博士生秦佩等协助完成了这一卷的资料收集、选目、审校等编辑工作，李心峰老师自始至终为完成这一卷付出了很多心血。约稿作者也为本年鉴的年度述评文章付出了大量精力，提交了高质量的稿件。在此，我们谨向以上专家学者致以诚挚的谢意！

还要感谢年鉴所摘引的各类内容的原载报纸、期刊和网站等媒体机构，感谢为这些信息、内容付出劳动和智慧的编辑、记者和作者们。

精益求精地编好《中国艺术年鉴》是我们的追求，但尽善尽美是一个无止境的过程。由于经验、能力、时间等原因，随着工作的开展，我们也发现思路和方法上还存在很多需要改善之处，尤其是对于如何在保持体例框架统一性的同时又能适应不同艺术门类特性，如何突出各艺术门类间的联系性等问题，还需要做更深入的思考和更多的摸索，同时编辑部的全体成员期待大家为我们提出宝贵的建议。

中国艺术研究院《中国艺术年鉴》编辑部
2014 年 7 月 15 日